人民币衍生产品

（第四版）

第一册

张光平　著

中国金融出版社

责任编辑：张智慧　王雪珂
责任校对：潘　洁
责任印制：程　颖

图书在版编目（CIP）数据

人民币衍生产品（Renminbi Yansheng Chanpin）/张光平著．—4版．
—北京：中国金融出版社，2016.5
ISBN 978 - 7 - 5049 - 8404 - 3

Ⅰ．①人…　Ⅱ．①张…　Ⅲ．①人民币—金融衍生产品—研究
Ⅳ．①F822.1

中国版本图书馆 CIP 数据核字（2016）第 036788 号

出版
发行　中国金融出版社

社址　北京市丰台区益泽路 2 号
市场开发部　（010）63266347，63805472，63439533（传真）
网 上 书 店　http：//www.chinafph.com
　　　　　　　（010）63286832，63365686（传真）
读者服务部　（010）66070833，62568380
邮编　100071
经销　新华书店
印刷　北京市松源印刷有限公司
尺寸　169 毫米 × 239 毫米
印张　122.75
字数　2305 千
版次　2016 年 5 月第 1 版
印次　2016 年 5 月第 1 次印刷
定价　286.00 元（全书共四册）
ISBN 978 - 7 - 5049 - 8404 - 3/F. 7964
如出现印装错误本社负责调换　联系电话（010）63263947

《人民币衍生产品》第四版前言

如果加上笔者 2004 年在境外最早出版的 *Chinese Yuan Derivative Products* 一书，本版《人民币衍生产品》应该是笔者该领域第五版书了。实际上，2006 年国内《人民币衍生产品》首版确实是在 *Chinese Yuan Derivative Products* 的基础上更新和扩充而成的，而且之后的每个版本都纳入了境内外人民币衍生产品的最新品种且对较为成熟的市场进行了尽可能的分析。从 2003 年最初着手写作《人民币衍生产品》到现在已经有整整 12 年了。12 年来，境内外人民币衍生产品市场从寥寥无几的几个产品和很低的市场流动性发展到了除利率期权、利率掉期期权等国际市场上主要产品外，涵盖了国际市场上大多主要产品，而且主要市场的流动性持续提高。汉语第一版 76 万字增长到了本版 200 多万字的篇幅就是境内外人民币衍生产品市场发展历程的最好记录。

本书第三版 2012 年出版到现在已经有三年多的时间。三年多来，国内外场内外衍生产品市场发生了巨大的变化。这些变化虽然难以用一两句话准确概述，然而却可以较为准确地概括为后金融危机时期全球场内外衍生产品市场发展相对于金融危机前显著减缓，市场发展呈现出合理调整的、较为理性的发展态势。这种国际态势为境内外人民币衍生品市场追赶创造了较为良好的国际环境。2012 年到 2015 年，境内外场内外人民币衍生产品市场总体呈现出快速增长态势，特别是境外人民币市场得到了飞速的发展，为人民币国际化创造了较好的市场环境。由于境内外人民币市场产品逐渐丰富的同时，大多原来已有市场的活跃度也有了明显的提高，数据也随之丰富，因此，本版的篇幅也从第三版的 56 章和 155 万字增加到了 64 章和 200 多万字，文字数增加了三成多。如本书前版前言所言，本书不同版本实际上为不同时期境内外人民币衍生产品的发展历程做了记录。

一、近年来全球衍生产品市场的持续调整

与金融危机前 2001 年到 2007 年的 6 年全球衍生产品市场高速发展相比，2007 年到 2013 年的 6 年间全球衍生产品市场总体呈现出缓慢增长甚至下降的势头。2001 年到 2007 年，全球场外外汇和利率衍生产品日均成交金额从 1.342 万亿美元增长到了 4.005 万亿美元，年均复合增长率高达 20.0%，而 2007 年到

2013 年的 6 年全球场外外汇和利率衍生产品日均成交金额从 4.005 万亿美元增长到了 5.642 万亿美元，年均复合增长率仅为 5.9%，不到危机前年均复合增长率的三分之一，显示金融危机后全球衍生产品市场急速回缓的明显趋势。具体来说，2007 年到 2010 年和 2010 年到 2013 年的两个 3 年内，全球场外外汇和利率衍生产品日均成交金额年均复合增长率从 4.3% 略微回升到了 7.5%，显示金融危机后的后 3 年全球衍生产品市场恢复的速度略高于危机后的前 3 年。

虽然全球场外市场仅有每三年的国际清算银行的数据，最新的数据为 2013 年 4 月的日均数据，我们难以准确知悉 2013 年以来全球场外衍生产品市场的活跃度。但是，由于场外衍生产品每个时段内成交金额与其存量金额或持仓金额间有着较为固定的关系，国际清算银行每半年公布的全球半年内衍生产品存量金额从 2013 年到 2015 年上半年持续下降的数据间接显示，2013 年到 2015 年全球场外衍生产品市场活跃度也应该处于缓慢增长甚至下降的态势。

由于全球场内外市场成交金额的相互关联的关系，全球场内衍生产品市场的年度准确成交金额数据及持仓金额数据可以更为准确地反映出金融危机前后全球衍生产品市场的变化趋势。国际清算银行的数据显示，2000 年到 2007 年全球场内期货和期权总成交金额年均复合增长率高达 29.1%，相应的年度总成交金额与当年世界 GDP 比例也从 11.7 倍提高到了 39.8 倍的历史高位，而 2007 年到 2014 年全球场内期货和期权总成交金额年均复合增长率仅为 -2.4%，相应的年度总成交金额与当年世界 GDP 比例也从 2007 年的 39.8 倍持续下降到了 2012 年的 21.6 倍，2012 年到 2014 年略微回升到了 25.1 倍，相当于 2004 年的 26.6 倍，表明金融危机后全球衍生产品市场总体处于减缓或下调状态。这些变化在本版第一篇和第三篇中有详细的介绍和简析。

二、国内场内人民币衍生产品的快速发展

与金融危机后全球衍生产品市场整体缓慢和下调状态相比，国内场内衍生产品市场总体呈现出快速发展的态势。从产品种类来看，2013 年国债期货正式推出，黄金期权和交易所交易基金期权也分别于 2015 年正式推出（本版在第三版的基础上增加了第 34 章国债期货和第 35 章股指期权），场内衍生产品种类逐渐齐全。从 2010 年沪深 300 指数期货成功推出之后，2015 年 4 月国内股指期货又添加了上证 500 和中证 500 两只股指期货品种。虽然国内商品期货成交金额在 2010 年创下 227 万亿元历史纪录后两年显著下调，但是 2013 年和 2014 年成交金额重回 100 万亿元的水平；除黄金期货和期权及国债期货成交金额较低外，2012 年到 2014 年国内股指期货成交金额从 75.8 万亿元持续增长到了 162.2 万亿元，年度成交金额与国内 GDP 比例保持在显著高于 200% 的高位，2014 年国内股指期货成交金额的全球占比高达 16.9%，显著超过当年我国 GDP 的世界占比

13.4%，成为我国场内外唯一一个成交金额世界占比超过国内生产总值占比的金融衍生产品。然而，国内股指期货过快增长包含有显著的投机成分，2015 年9 月以来该市场活跃度显著下降应该是其重回理性发展的表现，然而 2015 年 9月以来月度成交金额与当月股票市场成交金额比例下降到了不到一成的低位，市场功能难以有效发挥，值得关注。国内场内市场人民币产品如上最新动态在第五篇有详细的介绍，而且第五篇最后对国内场内人民币市场进行了简要的概述。

三、国内场外人民币衍生产品市场的持续发展

与近年来国内场内衍生产品市场产品增多相比，2012 年以来国内场外（银行间）衍生产品市场却没有任何新的品种推出，与此同时，国内债券远期、远期利率协议和信用风险缓释合约三个市场几乎全部处于停滞状态，到了没有任何交易的非正常状态；外汇远期市场活跃度也呈现出总体下降的非正常趋势。但是，2011 年到 2014 年，国内外汇期权市场和货币掉期市场，由于之前市场规模很低，3 年年均复合增长率却分别高达 185.6% 和 151.2%，2015 年上半年也皆保持了同比 100% 以上的增长率；同时，国内外汇掉期市场和利率互换市场成交金额 3 年年均复合增长率分别为 36.4% 和 16.3%，2015 年上半年该两市场成交金额同比增长率分别高达 51.7% 和 110.1%，显示该两市场趋于活跃的良好势头。

近年来国内外汇期权、货币掉期、外汇掉期和利率互换等市场总体呈现较快的增长态势，但是，这些市场日均成交金额仍然没有一个达到全球市场 1% 的份额，与我国经贸显著超过全球 10% 的国际地位仍有数量级的差距，显示国内场内衍生产品市场发展的巨大潜力。

四、境外人民币市场高速发展及对国内市场的倒逼作用

与二十多年的境内人民币市场相比，境外人民币市场 2010 年 10 月才在中国香港正式启动。然而经过了仅仅几年的高速发展，境外人民币市场，特别是境外人民币外汇市场已经成为境内外人民币外汇市场的重要组成部分。根据伦敦金融城公布的境外人民币市场数据，2011 年到 2014 年，包括境外人民币外汇远期、掉期、期权、货币掉期在内的境外人民币外汇衍生产品市场日均成交金额年均复合增长率高达 156.3%，比同期国内人民币外汇衍生产品成交金额年均复合增长率 32.1% 高出 124.2%；同期包括境外人民币即期和人民币外汇衍生产品在内的境外人民币外汇日均成交金额年均复合增长率高达 161.6%，比同期国内人民币外汇成交金额年均复合增长率 13.9% 高出十倍多。由于境外人民币外汇衍生产品市场的飞速发展，早在 2013 年境外人民币外汇日均成交金额就接近国

内市场，2014 年境外人民币外汇市场日均成交金额不仅超过了境内，而且超过境内市场一倍以上，显示近年来境内外人民币市场的巨大落差。境内外人民币外汇市场增速巨大的差别已经形成了明显的落差，境外人民币市场倒逼国内市场发展的市场格局已经形成。

近年来我国大陆经济和贸易占世界的比重分别超过了八分之一和十分之一，然而境内外汇和债券市场及其衍生产品市场的成交金额还没有一个达到 1% 的世界份额。境外人民币市场在启动后 3 年左右日均成交金额就超过了国内，而且在启动不到 4 年就超过了国内 1 倍以上的事实表明，境内市场流动性过低，市场定价功能和风险管理功能难以有效发挥，人民币产品定价功能旁落境外是境内外人民币市场发展不均衡的必然结果。由于境内人民币外汇即期、远期、掉期和期权等产品的流动性皆低于境外市场，境内人民币外汇定价功能仍不得不受境外市场的影响甚至左右。换句话说，境内人民币汇率的定价权在很大程度上仍旁落境外，境内很多较为复杂的产品仍需从境外进口，然后贴牌在国内批发和零售。境内外人民币外汇市场发展不协调问题在今后几年将更为突出。所以，加速发展国内市场，提高市场流动性，夺回人民币定价权已经迫在眉睫。

五、人民币国际化将为境内外人民币市场发展注入新的活力

2015 年 11 月 30 日，国际货币基金组织执行董事会投票决定，2016 年 10 月 1 日人民币将正式纳入该组织特别提款权一揽子货币（SDR），成为继美元、欧元、日元和英镑后，成为一篮子货币的第五个货币，而且届时人民币在一揽子货币中的比重仅低于美元和欧元 41.73% 和 30.93% 的占比，同时高于日元和英镑的比重 8.33% 和 8.09%，为 10.92%。人民币成功纳入国际货币基金组织特别提款权一篮子货币实际上就相当于人民币正式成为五大国际储备货币，而且随着境内外人民币市场的发展人民币有望在今后数年成为仅次于美元和欧元第三大国际货币。

研究国际货币基金组织 2015 年 8 月公布的判断人民币纳入一篮子货币的评估报告中人民币入篮的两大条件的满足程度，我们发现人民币在十年前就已满足入篮的出口条件，然而人民币"可自由使用"的四个相关子参数却排名在全球第 5 位到第 7 位的边际地位。人民币"可自由使用"相关四个子参数中与市场最为相关的是境内外人民币外汇交易的规模和全球排名。国际货币基金组织评估报告利用了 2013 年国际清算银行公布的该年 4 月全球外汇市场数据，该年人民币外汇日均成交金额全球占比 2.2%，排名第 9 位，比 2010 年排名第 17 位提高了 8 位；而同期国内人民币外汇日均成交金额全球占比仅为 0.8%，仅排第 20 位（如果仅考虑国内人民币外汇市场成交金额，2013 年人民币国际排名比 2010 年排名第 21 位仅提高了一位），表明近年来人民币国际化程度的显著提高主要的贡献来自境外人民币市场。

由于人民币国际化在境内外人民币市场中的作用不断提高，本版在第三版的基础上在第八篇增加了第55章和第56章，分别介绍和分析货币的结算功能和储蓄功能及人民币相应功能的提升程度；同时本版也增加了第59章和第60章，分别介绍和分析境外人民币中心的现状、分布和发展及境外人民币市场的现状和发展，使得本版对人民币国际化各个主要方面的内容更加完全。

境外人民币市场是推动人民币国际化不可或缺的重要组成部分，而且已经成为了推动人民币国际化的主力军。但是，尽管境外市场必不可少，仅靠境外市场而国内人民币市场不相应地加速改革以增加活跃度，境内市场不协调地发展，人民币国际化也难以持续健康地推进，人民币也难以达到其应有的国际化水平。

六、衍生经济学

本书的绝大多数读者主要关注的应该是境内外人民币衍生产品的结构、定价、功能及风险管理特征，这当然是本书的主要目的。由于联系境内外人民币市场的主要因素是跨境资金的流动，笔者从2003年开始研究境内外人民币衍生产品市场之初，就开始持续关注和探讨"热钱"或跨境资金流动与境外人民币升、贬值之间的关系。本币对美元升值或贬值是跨境资金流入和流出所致，换句话说，跨境资金流入和流出直接导致本币对美元的升值和贬值。由于国内人民币汇率形成机制仍需进一步市场化，人民币即期汇率仍难以充分反映市场因素的变化，而境外人民币远期汇率却能较好地反映市场因素的变化。本书从第二版到第四版都用了大量的篇幅研究探讨境外人民币外汇远期变化的原因及其与跨境资金流动的关系，目的就是利用境外人民币外汇远期这个能够较好代表人民币兑美元贬值和升值的市场信息，研究、探讨和估算十多年来"热钱"或跨境资金流入和撤离我国大陆的规模，进而使我们对跨境资金对我国经贸和金融市场的影响有较为系统深入的理解。

宏观经济学主要是基于物价指数、贸易、投资、消费、工业产值、就业、汇率等宏观经济数据对宏观经济进行研判。由于大多转型经济的汇率形成机制和资本项目管控等领域需要不同程度地改善，即期汇率往往难以有效地反映市场因素，而境外外汇衍生产品市场价格经常会对市场因素有更好的反映。本版第23章和第24章及第37章和第38章分别对境内外人民币外汇远期市场的发展和影响这些汇率变化的中美因素进行了较为系统的研究和分析，并在第50章对境内外人民币外汇市场的相互影响进行了系统的分析，最后在第52章和第53章对十多年来跨境资金从流出到流入两个循环及2014年下半年以来流出加速与同期人民币从贬值预期到升值预期两个循环及2014年下半年以来加速贬值的关系进行了系统深入的研究。应该说，2001 年我国加入世贸组织后，主要通过虚假贸易流入我国的大量"热钱"对我国经贸和金融市场产生了巨大的影响。由于这些研究的依据是境外人民币外汇远期等人民币衍生产品的信息，我们可以将如上相关内容称为"衍生经济学"。

不利用境外人民币外汇远期、掉期和期权市场的价格和交易信息就难以对跨境资金的流动有深入的认识和把握，进而就难以对跨境资金对我国经济、贸易和金融市场的影响有系统的把握，难以明了我国经贸和金融市场与国际资本互联互通的程度。所以，衍生经济学是对传统宏观经济学的补充。随着境内外人民币市场的持续快速发展，境内外人民币外汇市场的信息将更为充分，为我们系统研究人民币衍生经济学提供更好的渠道和数据。

本版基于十多年来境内外人民币衍生产品市场数据更为充分，对跨境资金流动的系统研究结果也更为全面，进而对中国宏观经济的影响分析结果也更为可靠。因此，笔者这里提出衍生经济学的主要目的是提示广大读者在重视人民币衍生产品结构、定价和风险管理功能的同时，重视其信息功能对跨境资金流动和宏观经济的不可或缺的重要作用。

张光平

2016 年 1 月 20 日

致　谢

　　正如前言，由于境内外人民币衍生产品市场的快速发展和人民币国际化程度的显著提升，本版章节和篇幅均比 2012 年的第三版有了显著增加，充实和更新所需的时间和精力也相应地显著增加。记得在第三版更新过程中，笔者就已经有了力不从心的感觉，因此第四版的更新和充实工作许久没敢启动。一年前有几家银行资金部老总告知笔者，本书从十多年前最初版本出版以来对国内金融市场发挥了可观的推动作用。在人民币利率市场化和汇率市场化加速、国内资本项目开放程度逐步提高和人民币国际化快速推进的大环境下，境内外人民币衍生产品市场经过多年的探索和实践必将迎来期待多年的高速发展期，因此，更新本书很有必要。在诸多业界同仁的鼓励下，笔者终于鼓起勇气，于 2015 年启动了本版的充实和更新工作。在此，笔者首先感谢诸多同仁的鼓励。

　　如前版一样，如果没有诸多机构和其他业界同仁和朋友的帮助，本版更新工作根本不可能完成，甚至连启动都不易。笔者首先要感谢参与《人民币衍生产品》第四版更新工作的兴业银行资金部总经理马大军、兴业银行首席经济学家鲁政委和他们的同事郭草敏、郭嘉沂、朱飞飞、陈天翔、万凝、李庆水和刘刚；感谢兴业银行私人银行部薛瑞峰总经理和刘道百博士等及兴业银行上海分行徐芸先生；特别感谢招商银行资金部总经理戴志英女士及其同事张治青和刘彼得等；感谢平安银行资金部总经理王伟先生和他的同事周玥婷、袁忆秋等。此外，笔者要感谢工商银行邹江博士、建设银行徐斌博士、浦发银行资金部王亚斌先生和建设银行资金部王承基先生为本版更新提供的可贵支持和帮助。

　　笔者还要感谢兆尹信息科技股份有限公司的尹留志博士、何成弥先生、孟庆欣女士和中国科技大学韦勇凤教授等，感谢他们为本书第五篇、第六篇和第七篇做了大量的数据处理和分析工作，并为本书涉及世界银行全球治理指数部分做相关更新和分析工作，使本书对人民币升、贬值的境内外因素和境内外人民币产品价格相互影响、我国国家治理水平的提升及国际比较等问题的认识达到了新的水平。

　　笔者要特别感谢星展银行（中国）执行董事兼交易主管谭梓杨先生及他的团队、杨睿先生和刘家明小姐等对本数第四版相关图表的更新，还要感谢他们数年来每日坚持将境外相关人民币市场数据发给笔者，使笔者能够对境外人民币市场的动态有持续的跟踪和了解。

笔者还要特别感谢张志强、黄鑫冬、刘怀元、肖丽娟、孙圣轩、任河柳和吴珣轩等在本版修改和校对过程中的支持和帮助。从第三版出版到现在的三年多时间，笔者也得到了很多境内外业界同仁和朋友的鼓励、支持和帮助，这里难以一一列举，借此机会一起向他们表示诚挚的感谢。

最后，笔者要特别感谢中国金融出版社领导多年来对笔者数版书的支持和关注，特别要感谢张智慧主任和王雪珂编辑，感谢她们扎实认真的工作态度，对本版数次校稿提出了宝贵的修改意见。

张光平

2016 年 3 月 6 日

《人民币衍生产品》第三版序言

20世纪70年代，全球经济"滞胀"和经济理论变迁推动了金融领域深刻变革，布雷顿森林体系崩溃，金融管制逐步放松，金融自由化随之兴起。在这一过程中，信贷市场与资本市场、商业银行与投资银行、场内市场与场外市场的边界日益模糊，金融产品创新空前发展，金融投机交易迅速膨胀，促进了金融业的极大繁荣，同时也累积了系统性金融风险。2007年3月，美国次贷危机爆发，至2008年已升级为一场历史罕见、冲击力极强、波及范围很广的国际金融危机。在危机中，高杠杆、复杂性衍生产品泛滥，风险链条被肆意拉长，助推了危机的进一步蔓延，危机前处于巅峰的金融创新产品旋即被指为危机祸首之一。无论是理论界还是实业界，都对金融创新尤其是场外金融衍生产品创新进行了深刻反思。溯本求源，金融衍生产品本质上是风险管理工具，旨在防范、缓释、控制市场风险，进一步降低市场交易成本，促进实体经济发展。但是，危机前大量衍生产品已经严重偏离正轨，通过极其复杂的设计、误导性销售，全然不顾投资者利益，盲目追求巨额盈利，在高杠杆作用下积聚了大量的风险。

针对积弊，世界各国达成了加强金融衍生产品市场监管的基本共识，并在监管制度的顶层设计上稳步推进。2009年9月，二十国集团（G20）匹兹堡峰会发布"领导人声明"，各国一致同意"最迟至2012年底，所有合适的标准化场外衍生产品合同应在交易所或电子平台上交易，并通过中央对手方（CCP）清算。场外衍生产品合同需向交易信息库报告。非集中清算的场外衍生产品合同应具有更高的资本要求。"2010年10月，金融稳定理事会（FSB）推动成立的场外衍生产品工作组发布了《关于实施场外衍生品市场改革的报告》，构建了场外衍生产品市场改革的总框架。美国和欧盟相关法案也规定将大多数的场外金融衍生产品进行中央清算的义务，并赋予监管者对清算义务的决定权，等等。尽管国际组织规则与各国的具体做法不尽相同，但在交易机制、监管要求和法律制度等方面已呈现出一些共性和趋势。

借鉴经验，汲取教训，我国金融衍生产品市场应当遵循规律、规范发展。20世纪90年代，我国境内人民币衍生产品就已起步。1994年后，中国外汇交易中心曾开展美元外汇远期业务。2005年，人民币汇率形成机制进一步完善，国内人民币衍生产品取得了长足发展，人民币远期交易、人民币汇率掉期、人民币债券远期、人民币利率互换、利率远期协议、人民币信用风险缓释合约、人民币外汇期权等银行间人民币衍生产品纷纷推出，2010年推出的股指期货更是填补了国内金融期货的缺位。但是，相比于发达国家的过度发展，我国金融衍生产品市场发展仍处于初级阶段，无论是规模还是市场环境都落后于基础金融产品市场发展。如何稳步发展仍然是当前市场的第一要务。结合国情，一方面要积极推动简单的、基础性产品创新和相关机制创新，加强市场基础性建设，拓展金融衍生产品市场发展的广度和深度；另一方面，要进一步完善以功能监管为主、机构监管为辅的监管体系，厘清部门职责，加强协调配合，充分发挥自律组织的积极作用，健全衍生产品市场信息披露制度、强化信息报备要求，提高市场参与者信息披露和报备的及时性、准确性和完整性。

潜心研究，弥足珍贵。作为有多年境外金融机构从业经历，对国外金融创新理论和实践有独到见解的中青年学者，张光平同志回国后一直跟踪、研究和探索国内人民币衍生产品市场的发展，并于2006年和2008年先后出版了《人民币衍生产品》第一版和第二版。随着人民币衍生产品市场的快速发展，新情况、新问题不断出现，在本书（第三版）中，光平同志对原有产品和市场做了细化分析，不仅介绍了境内外新的人民币衍生产品，梳理了境内外人民币市场之间的关系，而且还对货币国际化度量、人民币国际化的定量研究、人民币国际化进程中的多边市场关联等诸多问题进行了探讨。值得回味的是，《人民币衍生产品》第一版出版于2007年美国次贷风波爆发的前一年，第二版则是在2008年全球金融危机爆发之前出版，如今第三版恰逢对2008年金融危机进行全面反思，欧债危机风起云涌，国际货币体系改革在即之时，因而对于金融衍生产品市场发展更加具有理论和现实意义。

在此危机交迭之际，机遇与挑战并存。党的十六届五中全会作出了建设创新型国家的重大战略决策，"十二五"规划再次重申了推进创新型国家建设的要求，可以憧憬"十二五"期间金融创新将会实现跨越式发展。希望有更多的专业人士深入研究我国金融市场的发展实践，对金融市场监管制度、产品创新、人才培养等各个领域进行理论总结和反思，积极借鉴国际经验和教训，更好地探索、推进我国金融市场尤其是衍生产品市场的创新和发展，加快建设多元化、多层次的中国金融市场体系。

中国人民银行副行长

刘士余

2011年8月

《人民币衍生产品》书评

斯时，第三版《人民币衍生产品》即将付梓，而席卷全球的金融危机余波未远，争议声中的市场前景依旧扑朔迷离。这样的环境背景，温读这样一份书稿，滋味别样，意味深长。

在本轮金融危机的"风暴眼"里，金融衍生品似乎已经成了"人人皆曰可诛"的"首恶"。殷鉴不远，为什么我们还要致力于推动在中国培育、发展甚至壮大金融衍生品市场？这个问题的答案，微观层面可以用转移、分散风险的产品功能来解答，中观层面可以用有利于国计民生、有利于金融市场发展来诠释，宏观层面则触及到马克思主义哲学中对待事物"鼓励创新"和"防范风险"一分为二的矛盾论视角。

——应该说，新版《人民币衍生产品》就是这样一份兼具了"鼓励创新"之"矛"和"防范风险"之"盾"的基础性理论与实务读本。

我国金融衍生品市场的发展始终坚持"发展是市场建设的第一要义"，充分兼顾"鼓励创新、发展市场"和"加强监管、防范风险"的关系，高度重视吸取国内外衍生品市场的建设发展经验，坚持不懈地为市场构建严谨的、规范的、可行的发展路径和制度框架。仅以我所在的交易商协会的工作经历为例，自2007年开始，在中国人民银行和相关监管部门的支持下，协会组织广大市场成员就金融衍生产品交易标准文本的制定和推广开展了一系列的工作，推动了我国人民币衍生产品交易从"没有主协议"阶段发展到"一个产品，一个主协议"阶段，再经"两份主协议并存"阶段直到现在的"统一主协议"阶段。正是在不断夯实基础性制度的前提下，人民币汇率掉期、债券远期、利率互换、利率远期协议、外汇期权、信用风险缓释工具（CRM）等一系列符合我国金融市场特征、适应市场需求的衍生产品在近年来得到了蓬勃而健康的发展。2010年，中国银行间市场人民币利率类衍生产品累计成交1.8万亿元人民币，同比增长62.2%；人民币汇率类衍生产品累计成交13 163亿美元，同比增长62.2%。2011年以来，市场交易规模持续增加。截至2011年11月底，其中人民币利率互换共发生交易19 366笔，名义本金总额2.45万亿元，突破2010年全年交易量；人民币汇率类衍生品共成交1.8万亿美元。值得关注的是，我国信用衍生产品（信用风险缓释工具CRM）自2010年推出后得到平稳健康发展，截至

2011 年 11 月底已有 42 家 CRM 交易商，25 家 CRM 核心交易商，28 家凭证创设机构，合约（CRMA）交易累计成交 25 亿元，凭证（CRMW）累计创设 7.4 亿元。

可以说，探索一条适合中国金融衍生品市场的发展道路，是监管部门、自律组织和业界同仁的共同愿望。第三版《人民币衍生产品》的出版，正是这种探索和思考的集中反映。它凝聚了作者既是学者又是监管者的经验和智慧，反映了作者在反思危机、探索规律、重构市场秩序方面的思考和认识。全书博采众长、视野宏大，在高度重视国际经验的同时更加注重中国特色；框架明确、逻辑清晰，既重视介绍市场框架的全面性，也重视讲解具体问题的操作性；内容丰富、指导性强，既可作为学习的金融衍生品普及教材，也可从中一窥未来金融衍生品市场建设的路径和方向。应当说，张光平博士的这本专著为我国人民币衍生产品市场的理论普及和实务梳理做了一件重大而有意义的事情。

"沧海横流安足虑，世事纷纭从君理"，《人民币衍生产品》第二版修订时，正值全球金融危机的"风暴"肆虐之际，又恰逢中国金融衍生品市场大发展"风景这边独好"之期，可以说是"风险"和"风景"并存，挑战与机遇同在，新版文稿在此时出版，颇具反思和启迪作用。经过多年的市场洗礼，我们坚信，在监管部门、自律组织和市场成员的共同努力下，继续在制度建设、产品创新、自律管理等方面深入推进，人民币衍生产品市场的明天会更加美好！

中国银行间市场交易商协会执行副会长、秘书长

2011 年 12 月 15 日

第二版序言

党的十七大报告指出，要提高自主创新能力，建设创新型国家，提高银行业、证券业、保险业竞争力。创新是社会发展的动力，金融创新是金融市场发展的主旋律。金融创新是创新型国家的重要组成部分，也是提高整个金融业竞争力的核心内容。改革开放以来，我国经济发展取得了举世瞩目的成绩，我国金融业各个领域皆取得了可喜的成就。截至2007年9月底，我国银行业总资产达到50.62万亿元人民币；截至2007年年底，我国A股市值达到32.71万亿元人民币，证券化程度首次超过100%，达到132.6%，保险业总资产达到3万亿元人民币。在这些传统领域快速发展的同时，我国金融创新也取得了可喜的成绩，场内外新产品层出不穷，许多产品从无到有，增长速度可观。金融机构提高竞争力的落脚点就是提高产品创新能力和与之相应的服务水平。作为我国各类金融机构和个人资产的本币，人民币产品创新就成了我国各类金融机构产品创新的重中之重。

随着我国经济的持续快速发展和综合国力的显著提升，我国贸易和投资的国际依存度也显著增加，国内市场受国际因素的影响程度也随之明显增加，各种不确定性因素增多，各种新的问题层出不穷。例如，随着外汇储备逐年增多，引发了如何有效利用外汇储备和如何对相应的投资进行风险管理的问题；人民币持续升值情况下贸易顺差的持续增长和外来投机性资金的持续流入对国内货币政策、汇率政策的影响问题；如何防止经济增长由偏快向过热、价格由结构性上涨演变为明显通货膨胀等问题。这就需要我们在努力推动金融创新的同时，充分注重风险防范和风险管控。

金融风险有很多类型，而大多数的风险可以通过市场工具和市场的方法来化解和规避。国际市场几十年来的经验表明，市场参与者可以根据各自的需求和风险偏好，使用各类场内外金融衍生产品，达到管理风险的目的。所以说新型金融产品不仅是创新的必由之路，而且也是防范、化解和对冲风险的必需工具。

张光平同志有十多年在海外金融业实际工作的经验。回国工作四年多的时间内，他参与了期货市场产品开发工作，也直接参与了银行业金融创新的推动和相应的风险管控工作，对国内外金融创新工作相当熟悉。他还敏感地关注了境外人民币升值的市场动态并结合多年境外工作的经验，研究境内外各种人民币相关产品及其发展。早在 2004 年就在海外出版了《人民币衍生产品》的英文版，在国外有一定的影响。《人民币衍生产品》中文首版 2006 年出版以来，已经被国内金融机构广泛学习和借鉴。

　　本书在首版的基础上对原有章节进行了更新和充实，同时增加了我国国际投资头寸、商品期货、债券远期、利率互换、股指期货、认股权证等新的篇章，对境内一年多来出现的人民币新产品和新市场进行了系统全面的介绍、分析和探讨，是对境内外人民币衍生产品的一个全面介绍。本书还对我国经济和金融体系目前面临的新问题进行了实证分析，其实证分析结果有一定的借鉴意义。相信本书的出版对我国金融创新和风险管理的理论研究和实务操作都会有一定的启发。

中国证券监督管理委员会主席助理

2008 年 3 月

《人民币衍生产品》首版序言（一）

改革开放以来，我国经济得到了飞速的发展，取得了举世公认的成绩。从1978年到2005年，我国国内生产总值年均增长率高达9.6%，人均国民收入也从225美元增至1 700美元。在发展过程中，经济的外向型趋势十分明显，进出口贸易对我国国民经济的贡献越来越大，贸易依存度从1978年的9.6%上升到1990年的29.1%，在2005年更是升至63.0%。经济的持续快速发展使我国在世界经济中的比重越来越大。按当年汇率计算，我国1978年的国内生产总值仅占世界国内生产总值的2.7%，但在2005年该比例已经升至5.4%。随着我国贸易额的快速增长和综合国力的不断提升，我国的国际地位以及与其他国家在国际贸易中的关系也发生了重大变化，并且这些变化在今后还会继续加大。这些新的变化将使我国在国际经济、贸易和金融等发展中不断面临新的问题。

境外离岸市场人民币衍生产品有哪些主要类型并且是如何进行交易的？这些产品的活跃交易对我国汇率机制的形成有什么影响？境外离岸市场人民币衍生产品的活跃交易对国内金融市场的发展有什么影响？什么因素影响人民币汇率和远期汇率？这些都是我们金融工作者在目前应该积极思考研究的问题。本书对上述问题作了详细的介绍和回答。张光平博士长期在美国、日本和中国香港从事外汇等银行间产品的研究和操作，对汇率的形成机制和金融衍生产品有着深厚的理论基础和丰富的实践经验。2003年，张光平博士回到国内，在上海期货交易所从事衍生产品开发和研究工作，并撰写此书，而且于2004年完成首稿（英文版）。在本书中，作者对我国经济、银行体系、资本市场、汇率机制和银行间人民币远期市场进行了全面的介绍和分析，从而能使读者了解人民币衍生产品所依托的基础市场。本书使用大量的篇幅分析境外人民币升值压力的变化情况，并提出了基于市场交易数据衡量人民币升值压力的具体方法，该方法与传统的基于经济模型分析汇率方法相比，是一次创新。本书还对影响人民币升值的政治、经济和金融因素进行了深入的分析。

本书在对流行于国际市场上的各类主要场内外外汇衍生产品介绍的基础上，着重介绍和分析了流行于境外离岸市场上的主要人民币衍生产品。由于离岸市场上交易的衍生产品没有公开系统和连续的数据，尤其是人民币衍生产品近年来才刚刚开始活跃交易，对这些金融产品的研究不仅在国内少有，即使在国际市场也相当罕见。作者历时两年多，收集整理了大量宝贵的数据，在他以前的专著《奇异期权——第二代期权导论》的基础上形成的许多权威性的研究成果都体现在此书中。这本书还通过大量的实例使读者更容易地理解各种人民币衍生产品的定价及其用途，数据主要以表格和图表的形式进行罗列和分析，使读者能够一目了然。

随着金融创新业务在发达国家和地区的不断发展，传统存贷业务在西方国家商业银行盈利中所占份额不断下降，增值服务所带来的利润越来越占重要地位。增值服务中绝大部分产品和服务都直接或间接地与金融衍生产品相关联。至今，我国加入世界贸易组织已超过四年，2006 年将是我国加入世界贸易组织调整期的最后一年。可以预见，这些享受"国民待遇"的外资金融机构将会凭借其多年在产品设计、交易和风险管理等方面的经验和优势，与国内金融机构就创新业务和增值服务展开激烈竞争。为了保证我国金融机构在今后数年内创新业务的发展能够较容易地适应新的竞争环境，中国银监会于 2003 年 10 月 11 日发布了《金融机构衍生产品交易业务管理暂行办法》（以下简称《办法》），并于 2004 年 2 月 4 日正式开始实施。在《办法》推出之后，已有四大国有银行、光大银行和民生银行等 10 多家国内银行以及 40 多家外资银行拿到衍生产品业务牌照。在《办法》的推动下，银行间衍生产品交易在我国有了稳步发展。我国商业银行在目前甚至在今后很长一段时间内的主要业务仍将是人民币业务，人民币产品创新将是我国银行今后数年内的重要任务。了解、熟悉和掌握这些产品的特点、定价、应用和风险管理等领域对我国境内人民币产品创新、衍生产品市场的发展以及增值业务的扩张有着非常重要的意义。

随着人民币汇率形成机制的不断完善，国内人民币衍生产品也将不断丰富，其交易亦将逐步活跃；同时境外各类人民币衍生产品也将进一步活跃。境外人民币衍生产品，特别是期权类产品对国内人民币衍生产品有直接的借鉴作用。为了向其客户提供所需的服务，我国银行也需主动参与境内外这些产品的交易。如何对国内银行间人民币衍生产品和金融机构在境外人民币产品交易进行有效监管，也将成为我国银行业监管部门面临的新问题。该书对境内外人民币衍生产品全面和深入的介绍和分析，对我们今后开展此类业务的监管工作也有着相当重要的参考作用。

国外关于衍生产品的书籍品种多样，但张光平博士的这本著作在人民币衍生产品领域的研究迈出了可喜的一步。当然，随着人民币汇率形成机制的不断完善，书中的很多内容还需要不断更新。我希望，随着境内外人民币衍生产品业务的不断发展与逐渐成熟，本书也能与时俱进，不断总结新的经验。

中国银行业监督管理委员会主席

刘明康

2006 年 2 月 9 日

《人民币衍生产品》首版序言（二）

　　我一直对外汇及其衍生产品很感兴趣，但却苦于找不到合适的参考书籍。张光平博士此书的出版，为像我这样的没有任何实际经验却又急于入门的人提供了一个极好的学习机会。

　　在国际金融市场上，外汇衍生产品市场具有巨大的重要性。外汇市场是全球最大而且最活跃的金融市场。由于世界经济和金融市场全球化的发展，全球外汇市场成交额快速增长，特别是自2001年以来其增长率高达两位数，超过同期世界经济的年增长率数倍。目前全球外汇市场日均成交金额已超过2万亿美元。但是，在这2万多亿美元的外汇日均成交金额中，外汇即期成交额的份额却不到1/3，而外汇掉期和远期的份额超过了2/3。除外汇掉期和远期这些传统的银行间外汇衍生产品之外，国际外汇市场上还有外汇期货、期货期权等场内外汇衍生产品和各种各样的外汇期权、掉期期权等银行间的外汇衍生产品。这些产品琳琅满目，多不胜数。这些场内和场外的外汇衍生产品，在外汇即期市场的基础之上构成了多层次、多功能的国际外汇市场结构。

　　早在1995年，张光平博士在美国纽约大通银行和瑞士银行工作期间，他就完成了系统介绍和分析这些复杂衍生产品的专业著作——《奇异期权——第二代期权导论》，然后于1997年年初正式出版了该专著的英文第一版。由于出版后广受欢迎，此专著又于1998年完成了其第二版。该专著近十年来广泛受到国际银行、交易所、基金管理公司和大专院校的重视和应用，在国际上产生了较大影响。

　　积累了十几年的对国际金融衍生产品的研究和实践经验之后，2003年张光平博士正式回国工作。在国内工作两年多以来，他密切跟踪国内外人民币相关产品的市场动态，对各类人民币衍生产品进行了系统深入的研究、分析和探讨。在2004年，他独立撰写并出版了英文版《人民币衍生产品》一书，该书出版以来在国际上产生了一定的影响。此后他再接再厉、开拓创新，在英文版的基础上又增加了我国国内情况的新内容，包括国内外人民币衍生产品的最新动态、完善人民币汇率形成机制方案、推行实施对人民币产品的影响，以及人民币在国际市场上的影响等新章节，终于为读者奉上了这本《人民币衍生产品》的中文专著。

　　翻阅此书，是一次富有教益的学术旅行。我国自改革开放以来，经济建设取得了举世瞩目的成就，金融体系的改革也在不断地深化。国际资本流动以及相应的结售汇交易也不断增长。国内外汇交易额自 2000 年以来一直保持在 30% 以上的年增长率。但是，外汇成交金额占国内生产总值比例与国际情况相比仍然很低。在外币对人民币交易方面，资本管制条件下的国内人民币结售汇业务虽然已经试点了多年，但是交易仍不够活跃。一方面，除了有限的人民币远期业务之外，国内其他人民币衍生产品品种较少且流动性较差；另一方面，境外的人民币交易，如境外离岸市场上人民币衍生产品的交易，却变得日益活跃而且品种也在增加。这种状况呼吁着我们加强对人民币外汇交易和衍生产品的研究。

　　我很高兴张光平博士的著作能够适应我国经济、金融建设的迫切需要而及时出现。该书不仅对人民币的基础——中国经济和金融体系进行了系统介绍，还系统、深入地分析了流行于国际外汇市场上的主要场内外外汇衍生产品的概念、定价、交易、发展状况等。这对我们了解人民币衍生产品的现状和将来发展有相当重要的意义。

　　同时，此书也分析了目前国内外交易的各类人民币衍生产品，这对我国读者有很大帮助。我重点留意了本书的第四篇，它对流行于国内外的各类人民币衍生产品进行了系统、深入的分析和介绍。第五篇[①]也相当精彩，它专门对境内外人民币产品之间的关系，市场对人民币汇率形成机制改革方案的反应和我国人民币衍生产品今后的发展等热点问题进行了探讨。就我目前所阅读的相关著作而言，该书或许是坊间关于人民币衍生产品方面最系统、最全面的著作，当然，这包括国内，也包括国际。张光平博士对相关专题的研究也是相当深入的，不仅对贸易、投资、银行等实际业务可能有直接的应用价值，而且对我们研究人民币汇率形成机制的完善、金融风险管理等领域也会有重要的参考价值。

　　除此之外，张光平博士的著作中对以下专题的研究，我感到也相当有启发意义。

一、人民币升值压力的判断

　　任何金融产品价格发生变化时，如果没有相应的成交额作支持，我们往往难以准确判断这种价格变化本身的支撑程度。当前的情况是，国内外人民币最活跃的交易产品——人民币无本金交割远期和期权每日的交易价格可以获得，但是由于境外柜台交易产品的特点，特别是由于无本金交割产品的隐蔽性，相应的成交量却难以获得。本书在分别分析了人民币无本金交割远期和期权交易

---

　　① 第二版为第六篇。

的基础上，将这两种产品的价格结合起来的相关系数，作为我们判断境外人民币升值压力随时间变化的一个参数。不仅如此，作者还认为这可能是一个更加可靠的判断人民币升值压力的参数，是一种有益的探讨。

二、政治和基础因素对人民币汇率影响的分析

汇率是一国或地区的货币以外币来表示的价格。其升降变化，主要反映不同经济体之间经济增长幅度、贸易差额、利率变化等基本经济面及相应的市场期望。由于我国人民币汇率形成机制改革的时间较短，这些因素或许还需要一个过程，才能在人民币即期汇率上迅速和充分地反映出来。张光平博士在该书中对近年来境外人民币升值压力出现以来，影响人民币/美元无本金交割远期汇率的中美政治因素、主要国际机构对人民币升值的态度等政治因素进行了系统的跟踪和分析。在对政治因素分析的基础上，该书对 2002 年以来影响人民币升值的中美两国的贸易、国内生产总值、外汇储备、利率等主要经济和金融因素对人民币/美元无本金交割远期交易的影响，进行了实证的分析和研究。这些研究结果可以使读者对人民币远期汇率的变化或升值压力的产生和发展过程有一个具体而深入的认识。这些结果对今后进一步完善人民币汇率形成机制也应当会有重要的参考价值。

三、国内外人民币产品的差异和比较

随着人民币汇率形成机制的不断完善和我国金融体系改革的不断深入，境内外人民币产品的价格和交易方式从长远来说将趋于基本一致。本书比较研究了近年来国内外人民币远期和无本金交割远期交易，进而分析了机制变迁对外汇衍生产品的作用和影响。这种研究及其成果相当值得重视。

汇率形成机制的完善需要一个相对复杂而漫长的过程。在今后数年人民币汇率形成机制不断完善的过程中，境外人民币衍生产品会更加活跃而且品种也将更加丰富。同时，国内人民币衍生产品品种也会不断地被推出而且交易也将更加活跃。学习和借鉴发达国家和一些发展中国家汇率改革的经验对我们完善人民币汇率形成机制无疑是很重要的，但是这些经验与我国的实际情况还有一定的距离。由各类外汇衍生产品构成的多层次的外汇市场将是我国多层次的金融市场的重要组成部分。在学习和借鉴国外经验的同时，我们必须立足于我国经济发展的实际及其对人民币汇率形成机制的要求，密切跟踪和研究人民币汇率形成机制完善进程中必然要涉及的各种人民币衍生产品。而在我国传统的关于人民币汇率问题的研究中，这方面的研究尚付阙如。因此，张光平博士此书的研究，对我们拓宽和加深对汇率机制的研究，是十分有意义的。

随着我国经济持续、协调和稳步增长，人民币在亚洲以至全球的影响也将

进一步增加。研究人民币的国际影响以及以此为代表的我国的金融崛起对亚洲和世界经济的可能影响，以及它对于我国经济的健康发展，皆有十分重要的意义。张光平博士的研究在这方面开了一个很好的头，我希望今后数年这方面有更多的研究成果出现。

本书集金融理论与业务运作于一体，自成体系，通俗易懂。书中很多技术性的论述和分析来自作者英文版的专业著作《奇异期权——第二代期权导论》。以此为基础，作者通过具体实例和图表介绍各类人民币产品，可读性强。随着我国完善人民币汇率形成机制方案实施以来，国内人民币衍生产品创新的力度明显加快。因此，对人民币衍生产品的研究需求也日益强烈。我很高兴看到本书及时出版。张光平博士的独立钻研精神和专业上求精求新的敬业态度值得鼓励。希望作者能够再接再厉，继续跟踪并研究国内外该领域的新动态和新品种，同学术界和实务界的同事们一起努力，更上一层楼。

中国社会科学院世界经济与政治研究所所长
中国人民银行货币政策委员会委员

余永定

2005 年 10 月 20 日

第三版致谢

从一定的角度来看，《人民币衍生产品》见证并记录了八年多来境内外人民币产品创新和市场发展的轨迹。本书从 2004 年的英文版开始，从 2006 年中文首版五篇 30 章扩展到 2008 年第二版六篇 40 章，进而扩展到了本版八篇 56 章，字数也从首版的 76 万字扩展到了第二版 114 万字，进一步扩展到了本版的一百五十万字左右。原计划 2010 年出版第三版，但由于各种原因未能如愿，第三版经过反复研究和修改，对之前有些内容进行了一些删减，努力使篇幅不要太长，但由于近年来境内外人民币市场有了很大的发展，产品逐渐增多的同时，市场也逐渐走向成熟，数据也越来越多，需要研究和探讨的问题也不断增多，需要分析的内容随之增加，结果还是扩展到了一百五十万字左右。记得在 2008 年准备第二版更新时，想要达到境内外人民币衍生产品市场一个大全手册的目标已经感到有些力不从心，这次在扩充和更新第三版的过程中这种力不从心的感觉更加明显。没有诸多领导、境内外诸多专业人士和朋友们的鼓励、鞭策、关心、支持和帮助，如此大的工程笔者个人根本无法完成。因此，在这里我要对相关领导和朋友致以衷心的感谢。

首先感谢人民银行副行长刘士余多年来对笔者的鼓励、鞭策和关心，特别感谢他为本书第三版作序；特别感谢中国银行间市场交易商协会执行副会长时文朝为本版写了书评，给与笔者很大的鼓励和鞭策；非常感谢原银监会主席刘明康为本书首版写序；特别感谢证监会主席助理姜洋为本书第二版作序；非常感谢人大财经委副主任吴晓灵为本书简写版《人民币产品创新》第二版作序。笔者要特别感谢中国社科院副院长李扬多年来对笔者研究的鼓励、支持和指导；感谢社科院余永定教授对本书从首版到第三版以来持续的鼓励、关心和支持，特别感谢余教授为本书首版作序。笔者欣慰的是余教授欣然答应将他 1998 年亚洲金融危机爆发不久的研究成果作为本书第 20 章，使本书第四篇更加充实，这里特别致谢。作者还要特别感谢人民银行上海总部金融市场管理部王振营副主任与作者几次交流，对本书几个方面的提高很有意义。

笔者要特别感谢社科院金融所所长王国刚和副所长殷剑峰；感谢中央国债登记结算有限责任公司王平副总经理、刘凡、管盛义、李靖等；感谢外汇交易中心王庆淮先生；感谢中国银联彭桂林女士和刘海平先生；感谢上海期货交易所总经理杨迈军、张灿博士；特别感谢中国金融期货交易所总经理朱玉辰、副总经理胡正；感谢工商银行票据中心总经理应俊惠、副总经理肖小和和邹江博士；感谢农业银行资金部副总经理彭向东；感谢建设银行银行卡中心张伟和朱中南同志；感谢建设银行资金部副总经理王勇和雷鸣先生；感谢中国银行个人金融总部罗鹏宇先生和中国银行上海分行邓磊先生；感谢交通银行资金部总经理涂宏和肖丽娟女士；感谢交通银行金融租赁有限责任公司总经理陈敏和高思翔先生；特别感谢兴业银行资金交易中心总经理陈世镛、梁鸿、鲁政委、刘道白、张翀等；感谢兴业银行上海分行的徐芸先生；感谢浦发资金交易中心总经理谢伟、杨再宾博士和孙日蓬女士等；感谢深圳发展银行资金交易中心副总经理王伟和高永先生；感谢申银万国刘怀元和黄鑫冬先生；感谢国金证券私募基金总经理丁坚；感谢国信证券的宋丽女士；感谢国投基金副总经理王世海和他的同事们；感谢海通证券总经理宫里启晖和总经理助理郭新；感谢中融国际信托董事长刘洋、总经理范韬和黄威等；感谢海通期货研究所所长郭洪钧，感谢海富通基金的张志强先生，国开证券陈思涵女士；感谢第一财经传媒有限公司总经理秦朔和副总编杨燕青；特别感谢摩山投资管理公司董事长严骏伟；感谢上海环融信息技术有限公司执行总裁李大鹏博士等。

特别感谢毕马威陈少东、冯光明、方海云及他们的同事们为本书简写版《人民币产品创新》首版相应的英文版的出版和发行所做的大量工作，该英文版的编辑和整理工作对本书第八篇的改进和完善发挥了很大推动作用；特别感谢花旗银行大中华区首席经济学家沈明高博士，花旗银行（中国）副行长兼市场部总经理胡盛华博士、姚振华、尤炯，花旗银行北京分行的马堃先生；感谢摩根大通银行（中国）首席执行官贲圣林博士；感谢瑞穗证券亚洲首席经济学家沈建光博士；感谢纽约梅隆银行上海分行的程兵博士；感谢德意志银行的章勇先生；感谢星展银行（中国）总经理戴敏峰、谭梓杨先生和刘家明先生；非常感谢澳新银行（中国）行长李全和杨瑞琪先生；特别感谢渣打银行（中国）叶长远董事总经理和董述寅先生；非常感谢法国东方汇理银行董事总经理、资本市场中国主管何昕博士；感谢恒生银行（中国）副董事长刘鉴坤和吴立峰先生；亚洲银行家吴平凡女士和亚洲风险管理杂志 Georgina Lee 女士为本书更新提供了很多有用的资料，这里一并表示感谢。还有很多中外专业人士和朋友直接或间接地对笔者有指导和帮助，难以一一列举，这里对他们深表谢意。如上中外金融机构的诸多专业人士和朋友为本书修改和更新过程中在查找资料、数据整理、研究甚至有些章节的写作等方面做了大量的工作。没有这些帮助和支持，本版一定难以完成。

笔者还要特别感谢学生葛崇阳、杜晗、王承基、孙圣轩同学等，他们对笔者几年来的研究工作，特别是本书第三版及相应的简写版《人民币产品创新》

两个版本写作和修改过程中查找资料、数据整理、研究等方面做了大量的工作，这里对他们表示感谢。

最后，笔者要特别感谢中国金融出版社魏革军社长和张智慧主任对本书三个版本和《人民币产品创新》两个版本的重视、关心和支持，特别感谢马杰先生，感谢他扎实、细致、认真的职业精神和努力、积极、进取的工作态度，没有他们努力辛苦的工作，本版不会这么快出版，质量也不会达到精益求精的水平。

书山有路勤为径，学海无涯苦作舟。虽然笔者获得了诸多领导、专家、朋友的指导和帮助，由于本版涉及面广，篇幅较长，特别是笔者自己在专业等各方面的修炼程度仍然有限，书中在所难免地存在不少问题甚至错误，这些问题和错误的责任全在作者自己。希望各界同仁不吝指教，自己今后将进一步修炼，努力与各界同仁一起为推动境内外人民币衍生产品市场以至国内整个金融市场的发展，为持续推动人民币国际化做一点贡献。

在本版即将付印之际，正值2012年元旦将至、龙年春节在即。前天上海市银行业工会举行了联欢晚会，会上上海市屠副市长在团拜致词结束时又出一上联"小兔迎大龙谁说兔子尾巴长不了"，笔者欲以拙对"白银购黑金怎忍银宫嫦娥寂弗乐"给多年来对自己指导、关心、关怀、支持和帮助的领导和各界同仁拜年。

张光平

2011 年 12 月 30 日于上海

《人民币衍生产品》第三版前言

《人民币衍生产品》第二版 2008 年出版至今已经三年多了。第二版出版以来，世界经济和金融体系发生了巨大的变化，席卷全球的金融危机给世界经济和金融体系带来了巨大的冲击，金融衍生产品市场不仅在所难免，而且首当其冲。其间，中国经济和金融市场也受到冲击和影响，但是在国家有效抵御金融危机一系列政策的作用下，中国经济，特别是金融市场相对于其他国家和地区受到的冲击和影响较小，国内人民币衍生产品市场整体维持了较好的发展势头。《人民币衍生产品》第三版在对国际金融市场特别是对国际金融衍生产品市场在金融危机之后的变化做一回顾和总结的基础上，对境内外人民币衍生产品及其市场进行了充实、更新和更系统地分析。

除了金融危机因素和对原有内容进行更新外，相对于《人民币衍生产品》第二版，第三版有如下几个方面的特点：

第一，第三版的结构与第二版的结构有很大的不同。由于金融危机是三年来国际金融市场发展变化的主要原因，在增加了新内容后，我们将第二版中的第一篇分为两篇——第一篇介绍世界经济、金融和金融衍生产品之间的关系，金融危机的起因及今后国际监管新趋势和人民币创新的必要性和迫切性等宏观问题，第二篇介绍中国经济和金融体系及外汇市场这些中国宏观问题。另外，第三版将人民币衍生产品分为第五篇国内人民币衍生产品和第六篇境外人民币衍生产品两篇，两篇分别包括 14 章和 13 章内容，为全书最主要的内容。最后，第三版专门增加了一整篇，介绍和研究今后影响境内外人民币衍生产品和市场最重要的内容——人民币国际化趋势下境内外人民币衍生产品市场的发展。这样，第三版的结构更加合理，各篇之间的逻辑性也更强。

第二，《人民币衍生产品》第三版包括了很多第二版没有的新内容。比如，第 2 章金融危机和金融创新的关系及今后国际金融衍生产品监管趋势；第 20 章香港在 1997 年亚洲金融危机中的"保卫战"；第 30 章人民币黄金期货；第 31 章 A 股指数期货（增加到原来股票指数期货一章中了）；第 32 章人民币信用风险缓释合约；第 33 章人民币外汇期权；第 41 章境外人民币无本金交割利率互换；第 44 章 H 股指数期货；第 45 章 H 股指数期权；第 46 章人民币升值、贬值的度量及其与境外人民币相关资产的关系；第 47 章香港离岸人民币市场的形成和发展；第 50 章国际货币基金组织对跨境资金流动的监管新态度；第53章国际储备货币主要功能和货币国际化度量；第54章日元国际化的经验和教训；第55章人民币国际化的现状和未来发展；第56章人民币国际化趋势下的人民币产品创新和市场发展等16章新内容，包含近几年来境内外推出的绝大多数人民币新产品和相关新内容。

第三，原有产品和市场的内容更加充实。比如，最早而且是最主要的境内外人民币产品包括境外人民币无本金交割远期和国内人民币远期两个市场的成交数据皆难获得，而第三版包括了国家外汇管理局定期公布的国内人民币远期结售汇数据和外汇交易中心公布的月度远期成交数据，境外人民币无本金交割远期的月度成交金额也有了职业经纪商提供的估算数据，使得我们对这两个市场的了解和把握达到更细致的程度；又如，第二版出版时国内 A 股指数期货还未推出，而第三版中包括了 A 股指数期货一年多的交易数据和其他情况，使得我们对国内 A 股指数期货和香港 H 股指数期货之间可以直接进行比较；再如，利用境外人民币无本金交割远期汇率和无本金交割期权隐含波动率数据推算出的人民币升值、贬值指数也经受过了金融危机的"冲击"和验证，结果更加可靠等。

第四，第三版中分析跨境资金对国内经济和金融体系影响的篇幅显著增加。第七篇分析了境内外人民币远期市场之间相互引导的关系，并在度量人民币升、贬值压力的基础上，研究和判断跨境资金流入与撤离中国的问题，进而得出跨境资金流动对中国经济和金融市场的影响。利用人民币衍生产品市场的信息功能对十年来中国经济发展提出了一个新的视角，也对我们判断境内外金融和经济互动提供了很好的案例。

第五，第三版视野比第二版更加广阔。比如，第二版第三篇侧重介绍外汇市场衍生产品，而第三版第四篇在介绍国际金融衍生产品时，不仅包括外汇衍生产品，而且包括利率和股票类衍生产品等；又如，第四篇增加了亚洲金融危机爆发后中国香港特区政府成功抵御危机冲击过程中涉及的金融衍生产品和其他配套政策，以及香港当时的经济基本面。这些内容使得原来的内容在深度和广度上皆有了进步。

第六，第三版增加了人民币国际化这个重要的议题。在《人民币衍生产品》第二版出版之前，笔者就打算将人民币国际化这个重要议题加入书中，然而由于当时推动人民币国际化的各种举措效果还不很明显，市场数据也相对较少，所以此议题就没有放入第二版中。随着 2009 年 7 月人民币跨境贸易结算试点的推进、境外人民币直接投资业务的推动和境外人民币债的发行等业务的持续稳步推动，人民币国际化的步伐显著加快。笔者在 2010 年出版的《人民币产品创新》和 2011 年在海外出版的英文书 "*Chinese Yuan Internationalization and Financial Products in China*"（人民币国际化和金融产品）对人民币国际化有系统且较为细致的研究和探讨，特别是在 2011 年出版的《人民币产品创新》第二版中，对 2010 年以来各类涉及人民币国际化的新领域和新数据进行了系统的介绍和分析。本打算将这些内容全部放入第八篇，但考虑到这样会大幅度地增加第三版篇幅，最后决定仅将部分内容更新后放入，这样既照顾到了人民币国际化对人民币衍生产品和市场发展的推动作用，又不使第三版本篇幅过度增加。

《人民币衍生产品》第三版还有其他一些特点，这里就不一一介绍了。从笔者第一本人民币产品方面的书，即 2004 年英文版的 *Chinese Yuan Derivative Products* 到 2006 年《人民币衍生产品》第一版出版之时，国内人民币产品确实有限，第一版仅有不到第三版一半的内容，而且当时大多人民币产品是境外人民币产品。2008 年第二版出版时，国内人民币产品开始逐渐增多；到现在境内外人民币衍生产品，特别是国内人民币衍生产品几乎包括境外金融衍生产品的主要类型，显示国内人民币产品创新和市场发展方面几年来取得了显著的成绩。从一定程度上讲，《人民币衍生产品》三个版本反映了境内外，特别是国内近年来人民币产品和市场不断向广度和深度迈进的历史进程。

金融以至整个经济学不是也不可能是像自然科学那样严格的科学，所以我们计算不出市场变化的 99%。但是，只要我们能够根据各种可靠信息和市场数据，依靠科学的工具和方法，对这些数据进行系统、细致、科学的分析，从而获得合乎市场规律的知识，对市场发展和走势能够有基本方向的判断就很不错了；如果基于这些符合市场发展规律的知识能够制定出有利于市场发展的政策那就更好了。

近年来国内金融市场日新月异，新产品不断涌现，呈现出生机勃勃的繁荣景象。然而在肯定成绩的同时，我们还应该承认我国在金融创新方面与国际市场仍然有相当大的距离。推动人民币产品创新涉及金融基础环境的建设，金融机构产品设计、定价等技能的提高，金融机构内部风险控制和风险管理技术的建立和提升等问题，与各项政策之间的相互协调配套等问题。要解决这些领域的问题，还需要较长的时间。但是，只要我们不断努力探讨和积极推动，就可积累越来越多的经验，就可望达到逐步提升金融创新和竞争力的目标。

笔者力图使《人民币衍生产品》成为境内外人民币衍生产品和市场发展的一部大全。但是，由于笔者的学力和专业水平有限，特别是近年来没有直接在境内外市场一线工作，尽管力图做到系统、全面、客观、专业，但是对国际金融衍生产品市场的走势，特别是境内外人民币产品和市场发展这么大范围的专业和市场情况的把握，难免出现这样或那样的不足或差错。因此，笔者恳请各界领导、学者、专家和职业人士批评指正，帮助笔者尽可能地达到系统、全面、客观、专业的《人民币衍生产品》大全书的目标，从而为推动人民币产品创新和市场发展，为推动人民币国际化尽到我辈些许责任并作出一点贡献。

张光平

2011 年 12 月 18 日于上海

目　　录

第五篇　国内人民币衍生产品

第三册

第六篇　境外人民币产品

第七篇　境内外产品市场的关系及未来的发展

第四册

第八篇　人民币国际化趋势下产品创新和未来发展

第一篇 经济、金融和金融衍生产品

　　经济是货币的基础，货币是经济的"衍生产品"。在介绍和分析人民币衍生产品之前，我们首先要对世界经济、传统金融市场和金融衍生产品有基本的了解和掌握。由于经济和金融体系涉及的领域相当广泛以至于不可能在有限的篇幅里论述得较为深刻，本篇向读者介绍了世界经济和金融及其衍生产品之间的关系，从而为我们了解世界经济和传统金融市场的规模及其金融衍生产品市场的规模，进而了解我国经济、传统金融和金融衍生产品市场的发展现状，特别是我国金融市场和金融衍生产品发展与世界先进水平的距离。我们将在第1章介绍经济、传统金融与金融衍生产品之间的关系；第2章简单介绍国际金融危机和金融创新的关系；第3章简单介绍人民币国际化的程度和今后的发展态势，进而分析人民币国际化趋势下的境内外人民币衍生产品今后发展的趋势。

第1章 经济、传统金融与金融衍生产品

从严格的意义来讲，金融是经济的延伸或"衍生产品"，因为所有金融活动皆为经济服务，而且任何金融业的回报都离不开相应的实体经济。比如股票实际上是上市公司的所有权，债券是债券发行人为了融资而发行的契约，外汇实际上是相应国家或地区的"股票"。没有经济的持续发展，经济对金融的需求就会有限，难以持续发展起来，过快的金融发展必然包含有可观的金融泡沫存在；同样，没有传统金融业如债券、股票、外汇等业务的发展，基于债券、股票、外汇等传统金融业的各式各样的金融衍生产品市场也难以发展起来，经济活动的规模和效率也会受到制约。

本章从国际市场发展的进程出发，在简要说明经济和传统金融业发展概况后，简单介绍了全球金融衍生品市场和规模及其与经济和传统金融的关系。通过本章的介绍，我们可以对世界经济、传统金融业和金融衍生产品有整体的了解和把握，对近年来人民币升值的演变过程有一个系统的了解，从而有利于我们下文逐步探讨在人民币国际化趋势下的境内外各类人民币产品的交易以及这些产品对国内人民币产品创新的作用和意义，进而探讨人民币衍生产品对人民币国际化和我国经济的影响。

1.1 世界经济变迁

经济是金融的基础。没有经济的发展，金融就难以发展起来。根据经合组织 2003 年发表的麦迪逊（Maddison）教授的研究成果，从公元元年到 1000 年，世界经济年均增长率仅仅为 0.013%，换句话说，每百年仅增长 1.3%；但是从 1000 年到 1500 年，年均增长率为之前 1000 年的 11.5 倍达到 0.15%；从 1500 年到 1600 年年均增长率进一步增长到了 0.29%，增长速度明显加快；从 1700 年到 1870 年的 170 年和从 1870 年到 1913 年的 43 年间年均增长率分别为 0.93% 和 2.11%，增长速度进一步加快，显示工业革命的巨大威力。由于两次世界大战的影响和冲击，从 1913 年到 1950 年世界经济年均增长率略微下降到了 1.85%，但是从 1950 年到 1973 年年均增长率达到历史最高的 4.91%，如此高的世界经济增长率的重要原因之一是在此期间日本经济创造了年均增长率高达 9.3% 的世界奇迹。

1.1.1 历史变迁

从公元 1000 年（北宋真宗咸平 3 年）到公元 1500 年（明孝宗宏治 13 年），中国国内生产总值从占全球 22.7% 的比例缓慢增长到了 25.0%，但是同时西欧国家相应的比重却从 8.7% 大幅度地上升到了 17.9%。虽然此间文艺复兴和宗教改革还没有在西欧国家真正启动，但是西欧国家早在中世纪后期就为后来的文艺复兴、宗教改革、航海技术、海外扩张、君主立宪和工业革命在思想观念、科技创新、机制改革等方面打下了较好的基础。从 1500 年到 1700 年，中国经济虽然在后明时期有了较快的发展，但明末清初的农民起义、改朝换代对生产力的破坏又显著地降低了生产力水平，同时西欧诸国向海外掠夺扩张的步伐不断加大，中国经济占世界经济的比重从 1500 年的 25.0% 下降到了 22.3%，同时西欧诸国经济占的比重却从 20.0% 上升到了 22.5%，首次超过中国。

虽然没有西欧国家工业革命的刺激和推动，康熙经过平定三藩、收复台湾和平定准噶尔之后促使中国社会逐步稳定，经济开始恢复和发展。康熙后期经过雍正 13 年（1722—1735）的改革和"乾隆盛世"（1735—1795），从 1700 年（康熙 39 年）到 1820 年（嘉庆 25 年），中国人口从 1.38 亿增长了 176% 到 3.81 亿（占当时世界人口的 36.6%），中国经济占世界经济的比例从 22.3% 上升到了 32.9%，同期西欧诸国经济占比从 22.5% 上升到了 23.6%。然而从 1820 年到 1870 年（同治 9 年）的半个世纪之间，西欧国家工业革命的威力充分发挥并支持了其海外殖民扩张，西欧经济占世界经济的比重从 23.6% 上升到了 33.6%，成为全球经济的中心，同时年轻的美国经济世界占比也从 1.8% 猛增到了 8.9%，而中国相应的份额却下降了近一半到了 17.9%；从 1870 年到 1913 年，西欧经济占世界经济的比重保持在略高于 1/3 的份额，美国经济的占比却猛增到了 19.1%，而中国相应的份额却又下降了近一半到了 8.9%；从 1913 年到 1950 年，西欧经济占世界经济的比重从 1/3 的份额下降到了略高于 1/4 的程度，美国经济的占比猛增到了 27.3%，超过了西欧诸国成为全球经济龙头，而中国相应的份额却再下降了近一半到了 4.5%。我们在第 4 章和第 62 章还会对相关经济规模进行详细的比较。

1.1.2 近几十年来世界经济的变化

从 1973 年到 1998 年，由于受能源危机等因素影响，世界经济年均增长率为 3.0%，比 1950 年到 1973 年的 4.9% 显著下降。1973 年到 1998 年全球经济增长最快的四个国家——中国、印度、美国和日本的年均增长率分别为 6.84%、5.07%、2.99% 和 2.97%，这四国 1998 年的国内生产总值占世界经济份额分别为 3.2%、1.4%、21.9% 和 7.7%。由于麦迪逊教授研究的方法是基于购买力平衡的方法，他的研究结果与用汇率折算的方法有一定的区别。

　　根据国际货币基金组织以汇率换算来统计的 2014 年世界各个国家和地区的国内生产总值数据，2014 年国内生产总值在 1 万亿美元以上的世界前十五大经济体分别为美国、中国、日本、德国、英国、法国、巴西、意大利、印度、俄罗斯、加拿大、澳大利亚、韩国、西班牙和墨西哥，这些国家国内生产总值分别占 2014 年世界总值 77.3 万亿美元的 22.53%、13.43%、5.97%、4.99%、3.81%、3.68%、3.04%、2.78%、2.65%、2.40%、2.31%、1.87%、1.83%、1.82% 和 1.66%。2014 年欧盟区国内生产总值比美国高出 1.39%，而欧元区国内生产总值比美国低 5.21%。根据国际货币基金组织以汇率换算来统计的 1980 年到 2014 年世界各个国家和地区的国内生产总值数据，主要经济体 34 年以美元计价的名义 GDP 年均复合增长率最高的是中国，年均增幅高达 10.9%；其次为韩国、巴西和印度，相应的年均复合增长率分别为 9.5%、8.4% 和 7.4%；再次分别为澳大利亚、土耳其和印尼，其年均复合增长率分别为 6.6%、6.5% 和 6.5%，其他主要经济体相应的复合年均增长率皆低于 6%。我们在第 4 章介绍中国经济时会进一步比较世界主要经济体的规模和人均收入的差别。

　　上文的介绍显示，欧、美、日等发达国家和地区经济经过了一百多年的发展已经趋于成熟，除美国之外的主要发达国家人口近年来已经开始出现下降的趋势，经济难以再恢复到较高的增长速度。发展中国家经济今后增长的潜力仍然巨大，中国、巴西、印度和俄罗斯这四个主要发展中国家经济国内生产总值总和占世界经济的比重从 2004 年的 9.04% 上升到了 2014 年的 21.53%，离同年美国经济占比 22.53% 仅差 1%；同时欧盟、美国和日本的占比从 31.5%、28.3% 和 10.7% 分别下降到了 23.9%、22.5% 和 6.0%，欧盟、美国和日本经济总和世界占比从 2004 年的 70.5% 下降到了 2014 年的 52.4%，10 年下降了 18.1%，而如上四个主要发展中国家经济总和世界占比却上升了 12.5%。主要发展中国家经济世界占比的持续上升和经济持续较高增长将继续成为世界经济增长的主要推动力。

1.2　金融业的发展和规模

　　金融与经济的发展密不可分，金融的发展应该与经济的发展相当，但是现代金融的概念、市场和操作实践却仅有几百年的历史。现代银行的雏形是在 17 世纪后期英国出现的，最早的政府债券 18 世纪初在英国开始发行，最早的股票交易所——伦敦股票交易所 17 世纪末在英国成立，大约一个世纪之后在美国出现，最早的现代期货交易所于 1848 年在美国芝加哥建立，现代的外汇市场从 20

世纪 70 年代才初步形成。

1.2.1 债券市场

债券市场比股票市场历史要早很多，而且前者规模也比后者大很多。政府债券历来为世界债券市场中最重要的组成部分。相比较在 2008 年国际金融危机中遭受重创的衍生品市场，债券现货市场基本上渡过了危机。自 2010 年以来，无论是政府债券还是金融机构和企业债券整体都呈现稳步上扬的态势。

根据国际清算银行公布的数据，2001 年到 2014 年底全球国际债券存量分别高达 7.5 万亿美元到 21.8 万亿美元，相应地全球国内债券总额分别高达 30.7 万亿美元到 66.4 万亿美元，全球债券总额从 38.2 万亿美元上升到了 99.7 万亿美元，相当于全球各国国内生产总值的 114.7% 到 129.0%，显示十多年来全球债券市值持续显著超过全球各国国内生产总值，而且前者超过后者的幅度仍在明显增长。

全球债券市场仍以发达国家债券为主，近年来全球总债券中九成上下的债券为发达国家的债券，而发达经济体 GDP 总和近年来占世界各国 GDP 的比重仅略过 6 成，显示发达经济体债市总值与 GDP 比例在全球比例的 1.5 倍左右。表 1-1 给出了 1997 年到 2014 年主要发达国家政府债券、非政府债券和总债券市值分布。表 1-1 显示，主要发达国家债券总额仍然以美国债券为主，2014 年总额超过 35 万亿美元，超过同年美国 GDP 两倍多；其次为日本，2014 年债券总额超过 12 万亿美元，超过同年日本 GDP2.6 倍；最后为英国、法国、意大利、德国、加拿大、西班牙和澳大利亚。2014 年该 9 个主要发达国家总债券市值超过 70 万亿美元，超过同年全球债券总市值的 8 成。表 1-1 同时显示，国际金融危机后除日本、德国和意大利总债券额略有下降外，其他主要发达国家债券总额仍保持一定的增幅。

表 1-1　1997—2014 年主要发达国家总债券、政府债券和非政府债券规模

单位：万亿美元

总债券市值									
国家 年份	美国	日本	英国	法国	德国	意大利	西班牙	加拿大	澳大利亚	总计
1997	12.54	5.21	1.38	1.31	1.92	1.42	0.36	0.82	0.34	25.30
1998	13.67	6.00	1.53	1.43	2.22	1.58	0.40	0.82	0.34	27.99
1999	14.94	7.30	1.62	1.33	2.13	1.41	0.39	0.91	0.39	30.42
2000	15.74	6.68	1.67	1.31	2.12	1.37	0.37	0.89	0.36	30.51
2001	17.06	6.26	1.70	1.37	2.09	1.39	0.38	0.89	0.36	31.49

续表

总债券市值

国家\年份	美国	日本	英国	法国	德国	意大利	西班牙	加拿大	澳大利亚	总计
2002	18.33	7.36	2.06	1.71	2.62	1.72	0.49	0.90	0.43	35.63
2003	19.78	8.72	2.49	2.22	3.33	2.16	0.68	1.08	0.61	41.07
2004	22.18	9.74	3.03	2.58	3.81	2.48	0.91	1.18	0.73	46.63
2005	23.84	9.13	3.16	2.38	3.46	2.28	1.01	1.24	0.77	47.26
2006	25.84	9.07	3.99	2.84	4.02	2.69	1.42	1.30	0.95	52.13
2007	28.37	9.64	4.70	3.51	4.66	3.18	1.90	1.50	1.25	58.72
2008	30.03	12.25	4.09	3.73	4.57	3.37	1.98	1.33	1.15	62.50
2009	30.82	12.23	5.28	4.16	4.81	3.81	2.32	1.65	1.51	66.60
2010	31.47	14.50	5.26	4.14	4.49	3.59	2.26	1.81	1.74	69.25
2011	32.11	15.67	5.56	4.37	4.38	3.69	2.30	1.94	1.86	71.88
2012	33.29	14.55	5.77	4.52	4.36	3.89	2.42	2.14	2.04	72.97
2013	34.49	12.26	5.75	4.74	4.36	4.07	2.39	2.19	1.85	72.11
2014	35.34	12.06	5.90	4.53	3.95	3.65	2.11	2.20	1.93	71.68

政府债券市值

国家\年份	美国	日本	英国	法国	德国	意大利	西班牙	加拿大	澳大利亚	总计
1997	4.55	2.84	0.55	0.61	0.74	1.17	0.30	0.57	0.13	11.47
1998	4.52	3.49	0.61	0.70	0.83	1.26	0.33	0.54	0.12	12.39
1999	4.48	4.44	0.55	0.62	0.75	1.10	0.30	0.57	0.11	12.94
2000	4.18	4.27	0.50	0.61	0.73	1.04	0.29	0.54	0.09	12.25
2001	4.30	3.94	0.45	0.61	0.71	1.02	0.28	0.52	0.08	11.91
2002	4.67	4.60	0.54	0.79	0.91	1.21	0.35	0.53	0.09	13.69
2003	5.16	5.55	0.64	1.06	1.18	1.47	0.42	0.64	0.11	16.22
2004	6.42	6.24	0.77	1.24	1.38	1.64	0.46	0.68	0.12	18.95
2005	6.79	5.80	0.77	1.14	1.27	1.47	0.41	0.71	0.11	18.47
2006	7.05	5.81	0.93	1.28	1.49	1.69	0.45	0.72	0.12	19.53
2007	7.39	6.16	1.03	1.49	1.72	1.93	0.50	0.83	0.15	21.19
2008	8.66	8.04	0.95	1.54	1.66	1.92	0.54	0.77	0.14	24.23

续表

政府债券市值

国家 年份	美国	日本	英国	法国	德国	意大利	西班牙	加拿大	澳大利亚	总计
2009	10.25	8.26	1.39	1.83	1.87	2.11	0.75	1.01	0.26	27.73
2010	11.91	10.06	1.65	1.82	2.04	2.07	0.80	1.14	0.38	31.87
2011	12.93	11.23	2.04	1.91	2.08	2.08	0.87	1.21	0.49	34.84
2012	14.04	10.54	2.22	2.05	2.18	2.18	0.97	1.31	0.58	36.08
2013	14.82	9.03	2.35	2.25	2.25	2.39	1.13	1.30	0.52	36.05
2014	15.21	8.98	2.52	2.15	2.08	2.27	1.10	1.24	0.57	36.12

非政府债券市值

国家 年份	美国	日本	英国	法国	德国	意大利	西班牙	加拿大	澳大利亚	总计
1997	7.99	2.37	0.83	0.70	1.17	0.25	0.06	0.25	0.21	13.83
1998	9.15	2.51	0.93	0.73	1.39	0.32	0.07	0.28	0.22	15.59
1999	10.46	2.87	1.08	0.70	1.37	0.30	0.09	0.33	0.28	17.48
2000	11.56	2.41	1.17	0.71	1.39	0.33	0.08	0.35	0.27	18.27
2001	12.76	2.32	1.25	0.76	1.38	0.37	0.09	0.37	0.28	19.58
2002	13.66	2.76	1.52	0.93	1.71	0.52	0.14	0.37	0.34	21.94
2003	14.62	3.17	1.85	1.17	2.15	0.69	0.26	0.44	0.50	24.84
2004	15.76	3.50	2.26	1.34	2.43	0.84	0.45	0.49	0.61	27.68
2005	17.05	3.33	2.39	1.24	2.18	0.81	0.60	0.53	0.65	28.79
2006	18.80	3.27	3.07	1.56	2.53	1.00	0.97	0.59	0.83	32.60
2007	20.99	3.48	3.67	2.02	2.94	1.25	1.40	0.67	1.10	37.53
2008	21.37	4.21	3.14	2.19	2.91	1.45	1.43	0.57	1.01	38.27
2009	20.57	3.98	3.90	2.34	2.94	1.70	1.57	0.63	1.25	38.87
2010	19.55	4.43	3.61	2.31	2.45	1.52	1.46	0.67	1.36	37.37
2011	19.18	4.44	3.52	2.45	2.30	1.61	1.43	0.73	1.38	37.04
2012	19.24	4.01	3.55	2.46	2.18	1.71	1.45	0.82	1.46	36.89
2013	19.68	3.23	3.40	2.49	2.10	1.68	1.25	0.89	1.33	36.06
2014	20.13	3.09	3.38	2.37	1.88	1.38	1.02	0.96	1.36	35.56

数据来源：国际清算银行网站，www.bis.org。

表 1 - 2　　　　　　　　1997—2014 年主要发达国家总债券、
政府债券和非政府债券市值与 GDP 比例分布　　　单位：%

国家 年份	美国	日本	英国	法国	德国	意大利	西班牙	加拿大	澳大利亚	总计
1997	145.7	120.5	95.7	89.4	86.4	114.7	61.0	125.3	80.0	120.7
1998	150.4	153.2	100.2	94.3	99.0	124.7	64.8	130.0	89.6	132.1
1999	154.6	164.8	104.2	88.4	96.7	112.5	62.0	134.3	95.3	136.3
2000	153.0	141.1	107.6	95.8	108.6	119.2	62.4	120.5	91.0	134.0
2001	160.6	150.4	111.4	98.9	107.1	119.2	60.4	120.9	95.4	139.7
2002	167.0	184.8	122.7	113.8	125.9	135.7	69.3	120.0	101.4	152.4
2003	171.8	202.5	127.8	120.0	132.8	137.5	75.1	121.3	112.4	157.8
2004	180.7	209.3	131.6	121.1	135.1	137.5	85.0	115.4	110.7	162.3
2005	182.0	199.8	130.7	107.9	120.8	122.7	87.0	106.8	104.5	157.2
2006	186.5	208.3	154.4	122.0	134.0	138.4	112.0	99.5	121.8	165.9
2007	196.0	221.3	158.5	131.8	135.4	144.0	128.3	102.9	131.7	172.7
2008	204.0	252.6	145.4	127.0	121.5	140.1	120.4	86.4	109.1	175.0
2009	213.7	243.0	227.8	154.1	140.6	173.8	154.0	120.1	152.0	196.1
2010	210.3	263.8	218.1	156.1	131.4	168.6	157.3	112.3	139.2	195.8
2011	206.9	265.4	214.2	152.4	116.7	161.7	154.0	108.2	124.3	190.6
2012	205.9	244.4	219.9	168.1	123.2	187.5	178.6	116.6	130.9	193.1
2013	205.7	249.2	214.6	169.0	116.7	190.6	171.4	119.0	123.1	190.9
2014	202.9	261.3	200.3	159.1	102.4	170.1	150.1	123.2	133.8	186.3

政府债券市值与 GDP 比例

国家 年份	美国	日本	英国	法国	德国	意大利	西班牙	加拿大	澳大利亚	总计
1997	52.9	65.8	38.2	41.8	33.5	94.2	50.9	87.6	31.5	54.7
1998	49.7	89.0	39.7	46.3	36.8	99.4	54.0	86.1	31.7	58.5
1999	46.4	100.1	35.2	41.5	34.3	88.1	48.1	85.2	27.7	58.0
2000	40.7	90.2	32.0	44.2	37.2	90.8	49.3	73.5	22.6	53.8
2001	40.5	94.7	29.6	44.1	36.2	87.3	45.2	71.1	20.9	52.8
2002	42.5	115.6	32.0	52.3	43.7	95.1	49.0	70.8	21.2	58.5
2003	44.8	128.9	32.8	57.0	47.2	93.5	46.0	72.0	20.4	62.3
2004	52.3	134.0	33.5	58.1	48.9	90.9	43.1	67.1	17.8	66.0
2005	51.8	126.9	31.8	51.7	44.5	79.1	35.2	60.9	15.6	61.4

政府债券市值与 GDP 比例

国家 / 年份	美国	日本	英国	法国	德国	意大利	西班牙	加拿大	澳大利亚	总计
2006	50.8	133.3	35.8	55.0	49.8	86.9	35.7	54.7	15.6	62.1
2007	51.0	141.5	34.6	55.9	49.9	87.4	33.6	57.3	15.4	62.3
2008	58.9	165.8	33.7	52.6	44.2	79.9	33.0	49.6	13.6	67.8
2009	71.1	164.0	59.8	67.6	54.7	96.5	49.6	74.0	26.1	81.7
2010	79.6	183.1	68.4	68.8	59.7	97.1	55.5	70.9	30.2	90.1
2011	83.3	190.2	78.6	66.8	55.4	91.1	58.2	67.4	32.5	92.4
2012	86.9	177.0	84.7	76.4	61.6	105.1	71.7	71.7	37.1	95.5
2013	88.4	183.7	87.5	80.2	60.4	111.9	81.4	70.4	34.7	95.4
2014	87.3	194.4	85.5	75.7	53.8	105.7	77.9	69.5	39.8	93.9

非政府债券市值与 GDP 比例

国家 / 年份	美国	日本	英国	法国	德国	意大利	西班牙	加拿大	澳大利亚	总计
1997	92.8	54.8	57.6	47.7	52.9	20.5	10.1	37.7	48.5	66.0
1998	100.7	64.2	60.5	48.1	62.2	25.2	10.8	43.9	57.9	73.6
1999	108.3	64.7	69.0	46.9	62.4	24.4	14.0	49.1	67.6	78.3
2000	112.4	51.0	75.6	51.6	71.4	28.4	13.1	47.0	68.4	80.2
2001	120.1	55.7	81.8	54.8	70.9	32.2	15.2	49.9	74.5	86.8
2002	124.5	69.2	90.6	61.5	82.1	40.6	20.3	49.3	80.2	93.9
2003	127.0	73.6	95.0	63.0	85.6	44.0	29.1	49.3	92.0	95.4
2004	128.4	75.3	98.1	63.0	86.2	46.6	41.9	48.3	92.9	96.4
2005	130.2	72.9	98.9	56.2	76.3	43.6	51.7	45.9	88.9	95.8
2006	135.7	75.0	118.5	67.0	84.2	51.5	76.3	44.8	106.2	103.7
2007	145.0	79.9	123.9	75.9	85.3	56.6	94.7	45.6	116.3	110.4
2008	145.2	86.8	111.7	74.4	77.4	60.2	87.3	36.8	95.5	107.1
2009	142.6	79.0	168.0	86.5	85.9	77.4	104.8	46.0	125.9	114.5
2010	130.7	80.6	149.7	87.3	71.7	71.5	101.8	41.5	109.0	105.7
2011	123.6	75.2	135.5	85.6	61.3	70.6	95.8	40.8	91.7	98.2
2012	119.1	67.4	135.1	91.7	61.6	82.4	106.9	44.9	93.8	97.6
2013	117.3	65.6	127.0	88.8	56.3	78.7	89.7	48.5	88.4	95.4
2014	115.5	66.9	114.9	83.4	48.6	64.4	72.2	53.7	94.0	92.4

数据来源：根据表 1-1 的数据和国际货币基金组织 2015 年 4 月公布的各国 GDP 数据计算得出。

表 1-2 显示，日本债券总值与 GDP 比例最高，超过 260%，日本债券近年来有 3/4 左右为政府债券，非政府债券占比仅为 1/4 上下，显示近年来日本政府债务负担程度；金融危机后英国总债券市值与 GDP 比例超过美国，近 6 成的债券为政府债券；美国债券以非政府债券为主，占美国总债券市值的近 6 成，显示美国政府和非政府负债皆高的特征。

表 1-5 给出了 2001 年到 2014 年全球场内外债券市场年底存额和年成交金额及与当年 GDP 比例的相关比较。表 1-5 显示，2001 年到 2007 年全球债券总额从 38.2 万亿美元持续增长到了 80.3 万亿美元，6 年年均增长 13.2%，债券总额与当年世界各国国内生产总值的比例从 115.8% 上升到了 139.7%，显示金融危机前国际债券市场高速增长的态势；然而 2007 年到 2014 年全球债券总额从 80.3 万亿美元持续增长到了 99.7 万亿美元，7 年年均增长 3.1%，不到之前 6 年年均增长率的 3 成，显示国际金融危机后国际债券市场由于降低杠杆增长显著减缓的趋势，2007 年到 2014 年全球债券市值与当年世界各国国内生产总值的比例也从 139.7% 下降到了 129.0%。

1.2.2 股票市场

股票市场直接融资的重要方式，也是居民金融财富积累的主要渠道，在全球广受关注。根据世界交易所联盟 2013 年 12 月公布的数据，2012 年到 2014 年底全球股票市场总市值从 51.2 万亿美元增长到了 65.2 万亿美元和 68.0 万亿美元，2013 年和 2014 年全球股市市值分别相当于同年世界国内生产总值比例的 80.4% 和 97.0%。换句话说，2013 年和 2014 年全球证券化程度分别为 80.4% 和 97.0%，显示该两年全球股票市场规模分别比世界国内生产总值低 19.6% 和 3.0%。显然由于 2008 年金融危机的冲击全球证券化程度从 2007 年的 107.1% 大幅度下降到了 2008 年底的 52.0% 的低位，2009 年至今虽然有所回升，但是离 100% 还有一定的距离。

表 1-4 给出了 2004 年到 2010 年全球股票市场市值及其与世界经济的比例等数据。表 1-4 显示，2004 年到 2007 年全球股票成交总额从 42.27 万亿美元持续增长到了 101.19 万亿美元，与同年年底股票市场总值比例从 114.7% 持续增长到了 166.3%；受金融危机的冲击，虽然股票市场行情有所回升，但是 2009 年和 2010 年全球股票市场总成交额比 2008 年大幅度下降，保持在 60 多亿美元的水平，2011 年到 2014 年成交金额基本维持在 60 多万亿美元到 80 多万亿美元的水平；2010 年到 2014 年全球股市成交金额与年底市值比例保持在 100% 到 120% 之间，与 2004 年的比例相当，显著低于 2007 年 166.3% 的高位；2013 年全球股票市场市值基本超过了 2007 年的水平，2014 年比 2013 年进一步上升，从市值来判断近两年来全球股市已经恢复到了金融危机前的水平，然而以全球

股市市值与世界各国国内生产总值比例，即全球证券化程度来衡量离 2007 年的 107.1% 仍有一定的差距。

1.2.3　外汇市场

　　1971 年 12 月 13 日，世界主要工业国家的财政部长聚集在华盛顿的史密森学会，正式宣布放弃布雷顿森林体系，并策划出了一个新的方案，允许世界主要货币对美元的波动范围扩大到官方汇率上下的 2.25%。该方案的实施实际上标志着现代外汇交易市场的产生，同时也刺激了外汇以至整个衍生产品市场的产生和发展，我们下文会详细介绍。外汇市场长期以来被认为是流动性最高、最活跃、规模最大的市场。根据国际清算银行 2013 年 12 月公布的数据，2010 年 4 月全球外汇市场日均成交金额为 5.35 万亿美元，比 2010 年 4 月日均成交额增长了 34.6%（年均复合增长率为 10.4%），比 2007 年到 2010 年相应的 3 年增长率 19.5%（年均增长率为 6.1%）高 15.1%（年均增长率高 4.3%），表明国际金融危机对国际外汇市场产生冲击后，2010 年到 2013 年外汇市场成交量得到了较为明显的恢复。然而 2010 年到 2013 年 3 年全球外汇市场年均复合增长率 10.4% 不仅与金融危机前 2004 年到 2007 年 3 年年均复合增长率 19.8% 有巨大的差距，而且与 2001 年到 2004 年 3 年年均复合增长率 16.0% 也仍有显著的差距，显示金融危机后全球外汇市场在很大程度上恢复到了相对理性的程度。

　　以 2010 年 4 月到 2013 年 4 月全球外汇市场日均增长率的年均复合增长率计算，我们可以得出 2011 年 4 月和 2012 年 4 月全球外汇市场日均成交金额分别为 4.39 万亿和 4.84 万亿美元，2010 年到 2013 年全球年外汇成交金额（日均成交额乘以 250 个工作日）分别为 923 万亿、1166 万亿、1232 万亿和 1336 万亿美元，分别为相应年世界国内生产总值的 15.2 倍、16.1 倍、16.8 倍和 17.7 倍。如此巨大的外汇市场交易额中一大半以上的交易实际上并不是外汇现货或即期交易，而是外汇远期、外汇掉期和外汇期权为主的外汇衍生产品。我们下文和本书其他章节还会详细论述。表 1-3 给出了十多年来全球外汇市场交易的相关数据及与当年 GDP 比较数据。

1.3　金融衍生产品的规模和发展

　　金融衍生产品是基于股票、债券、外汇以及这些产品相关指数之上的远期、期货、掉期、互换和期权等产品。虽然简单金融衍生产品的历史可以追溯到数百年甚至一千年前，但是国际金融市场上金融衍生产品活跃交易也才仅有不到半个世纪的时间。最早的衍生产品是商品期货，最早的金融期货是外汇期货。外汇期货是在商品期货的基础上演变而来的。本节对金融衍生产品市场和规模做简单的介绍，为我们全书起到总体的引领作用。

1.3.1 外汇衍生产品

由于 1971 年底布雷顿森林体系的崩溃，国际外汇市场的风险大幅度地增大。芝加哥商业交易所经过了几年的准备于 1972 年推出了全球第一个金融期货品种，即外汇期货。外汇期货的推出标志着后来近半个世纪金融期货以至整个金融衍生产品行业的诞生。由于外汇即期市场是以银行为主的银行间场外市场，外汇衍生产品市场主要也是以银行间市场为主的场外市场。上文我们介绍了 2013 年 4 月全球外汇市场日均交易金额高达 5.35 万亿美元。实际上国际清算银行公布的外汇市场日均成交金额不仅包括外汇即期交易，而且包括远期、掉期和期权等外汇衍生产品的交易金额，而且外汇衍生产品交易显著超过了外汇即期的交易金额。2001 年 4 月和 2004 年 4 月外汇日均成交金额中即期交易仅占不到 1/3 的份额，2007 年即期交易占比进一步下降到了 30.2%，外汇衍生产品占比接近 7 成。由于国际金融危机的影响，2010 年外汇即期交易占比回升到了 37.4%，与 1998 年的占比 37.2% 相当，2013 年外汇即期交易占比继续小幅上扬至 38.3%，表明国际金融危机后国际外汇市场向传统产品转变的趋势。

表 1-3 给出了 2001 年到 2015 年全球外汇即期成交金额、场外衍生产品（外汇远期、外汇掉期、货币掉期和外汇期权）成交金额和场内衍生产品成交金额（交易所期货和期权）及其与当年世界各国国内生产总值的比较。从表 1-3 可以看出，2001 年到 2013 年全球外汇即期交易总成交金额分别为 96.5 万亿到 511.5 万亿美元，相当于当年全球各国国内生产总值的 2.90 倍和 6.78 倍；同时全球外汇场外（银行间）衍生产品成交金额分别为 213.5 万亿美元到 824.8 万亿美元，相当于当年全球各国国内生产总值的 6.41 到 10.93 倍；外汇衍生产品占总外汇成绩金额比重从 68.90% 下降到了 61.70%，前者超过后者的幅度呈现下降趋势；交易所交易的外汇期货和期权成交金额在 3.5 万亿美元到 35.6 万亿美元，仅占场内外外汇衍生产品总成交金额的 1.6% 到 4.1%，表明全球外汇市场衍生产品主要以银行间的场外市场为主。2007 年到 2013 年场内外外汇衍生产品成交金额在 604.4 万亿美元到 860.4 万亿美元之间，相当于全球各国国内生产总值的 10.51~11.40 倍。

表 1 - 3　　　　**2001—2015 年全球外汇市场即期和衍生产品成交金额及**

与世界经济的规模比较　　　单位：万亿美元，%

成交金额等或比例/年份	2001	2004	2007	2010	2013	2014	2015
世界国内生产总值	33.3	43.4	57.5	65.3	75.5	77.3	73.2
即期年成交金额	96.5	157.8	251.3	372.5	511.5	522.9	520.7
外汇即期年成交金额与当年世界 GDP 比例	2.9	3.63	4.37	5.7	6.78	6.77	7.11
场外衍生产品年成交金额	213.5	325.8	579.8	622.5	824.8	833.4	820.5
远期、掉期和货币互换	198.5	296	526.8	570.8	740.5	747.8	735.8
场外期权	15	29.8	53	51.8	84.3	85.6	84.6
外汇场外市场年成交金额	310	483.6	831.1	995	1336.3	1356.3	1341.1
外汇衍生产品年成交额与当年世界 GDP 比例	6.41	7.5	10.08	9.53	10.93	10.79	11.21
外汇场外市场衍生产品年成交金额占比	68.90	67.40	69.80	62.60	61.70	61.45	61.18
场外外汇市场年成交额与当年世界 GDP 比例	9.31	11.13	14.45	15.23	17.71	17.55	18.32
场内（交易所）衍生产品年成交金额	3.5	8	24.6	38.7	35.6	32.8	31.8
外汇期货	3.2	7.4	22.5	35.7	32.6	28.3	27
交易所期权	0.4	0.6	2.1	3	3	4.5	4.8
场内衍生产品成交金额与当年世界 GDP 比例	0.11	0.18	0.43	0.59	0.47	0.42	0.43
场内外衍生产品总成交额	217	333.8	604.4	661.2	860.4	866.2	852.2
场内外外汇衍生产品与当年世界 GDP 比例	6.52	7.68	10.51	10.12	11.4	11.21	11.64
场内外衍生产品总成交金额/既期交易额比例	2.25	2.12	2.41	1.78	1.68	1.66	1.64
场内衍生产品成交额占场内外总量比例	1.60	2.40	4.10	5.90	4.10	3.80	3.70
场外衍生产品成交金额占场内外总量比例	98.39	97.60	95.93	94.15	95.86	96.22	96.27

数据来源：外汇即期和场外衍生产品数据是根据国际清算银行 2007 年、2010 年和 2013 年 4 月外汇市场日均成交金额数据增长率计算得出的，交易所外汇衍生产品自国际清算银行网站公布的季度外汇交易金额和 2015 年公布的 2014 年和 2015 年日均成交金额整理和计算得出，国内生产总值数据来自国际货币基金组织和国际货币基金组织网站 2015 年 10 月公布的国内生产总值数据；2014 年 4 月和 2015 年 4 月场外外汇衍生产品日均成交金额、外汇即期成交金额数据是根据 2014 年和 2015 年上半年国际外汇衍生产品存量估算结果，更新了张光平和马钧（2015）的结果而得（参见第 63 章附表 2），相应的外汇远期、外汇掉期和货币互换及外汇期权金额是在假设 2014 年和 2015 年外汇期权日均成交金额在全球场外外汇市场日均成交金额占比保持 2013 年的占比 6.3% 不变的条件下计算得出。

1.3.2　股权衍生产品市场

以股票衍生产品为主的衍生产品是基于股票及其指数的期货和期权等产品，包括股票期货、股票期权、股票指数期货、股票指数期权、认股权证及与股票（权益）及其指数挂钩的各类衍生产品。由于股票是以股票市场为主的场内市场，股票衍生产品也以场内为主。股票衍生产品是以交易所为主的场内市场，以柜台交易的场外市场交易规模相对较小。表 1 - 4 给出了 2004 年和 2015 年全球股票年底总市值、总成交金额、场内衍生产品成交金额（期货和期权）、场外衍生产品估计成交金额及其与当年世界各国国内生产总值的比较。表 1 - 4 显示，2004 年到 2007 年，全球股票市场总市值从 36.85 万亿美元持续增长到了60.86 万亿美元，与同年世界 GDP 的比例从 84.9% 持续增长到了 105.9%，3 年累计增长了 65.2%，年均复合增长率高达 18.2%，比同期全球名义 GDP 年均增长率 9.8% 高出 8.4%，表明金融危机之前几年全球世界股票市场猛涨态势，全球证券化程度显著增高；然而受金融危机的冲击，2008 年年底全球股票市场市值比 2007 年下降了 46.5% 到 32.58 万亿美元，仅相当于同年世界 GDP 的52.3%，股市受金融危机冲击巨大；2009 年开始全球股票市场虽然总市值持续回升，但是 2010 年到 2015 年底全球股票市场总市值仍然仅分别相当于当年世界GDP 的 84.2% 到 91.3%，离 2007 年 105.9% 的水平仍有显著的差距。

表 1 - 4　　2004—2015 年全球股票及衍生产品成交金额和年底存量及与
世界经济的比较　　　　　　　单位：万亿美元，%

成交额或存额及比例/年份	2004	2007	2010	2013	2014	2015
世界国内生产总值	43.4	57.5	65.2	75.5	77.3	73.5
年底全球股市总市值	36.85	60.86	54.88	65.2	68.00	67.08
与当年世界 GDP 比例	84.9	105.9	84.2	86.4	88.0	91.3
年成交金额	42.27	101.19	63.09	68.99	81.00	113.74
与当年年底市值比例	114.7	166.3	115.0	105.8	119.1	169.6
与当年世界 GDP 比例	97.4	176.1	96.7	91.4	104.8	154.7
场内衍生产品成交额	96.1	289.67	247.76	242.97	255.5	317.2
股票指数期货	42	132.6	107	124.9	139.84	191.02
股票指数期权	51.4	152.3	134.8	105.8	101.86	115.66
个股期货	0.44	0.64	0.62	2.27	2.77	4.93
个股期权	2.26	3.73	3.34	3.27	3.39	4.53
认股权证		0.4	2	6.73	7.64	1.06
场内衍生产品成交金额/股票成交额倍数	2.27	2.86	3.93	3.52	3.15	4.73
股票指数期货成交金额/股票成交额比例	99.4	131.0	169.6	181.0	172.6	284.8
场外权益衍生产品年底存额	4.39	8.47	5.64	6.56	6.96	7.45
场内股票类衍生产品年底存额	46.3	78.86	67.97	64.1	57.60	63.31
场内衍生产品成交金额与世界 GDP 比例	2.21	5.04	3.8	3.22	3.31	4.33
场内衍生产品年底存量占场内外总量比例	91.3	90.3	92.3	90.7	89.2	89.3
场外衍生产品年底存量占场内外总量比例	8.7	9.7	7.7	9.3	10.8	10.5

　　数据来源：场内衍生产品数据来自世界交易所联盟网站 2007 年到 2015 年公布的数据；场外数据来自国际清算银行网站公布的数据，世界国内生产总值来自国际货币基金组织 2015 年 10 月公布的全球 GDP 数据，2015 年 GDP 数据为预测数据。

表1-4显示，2004年到2007年全球场内股票衍生产品交易总成交金额从96.1万亿美元持续增长到了289.7万亿美元，三年年均复合增长率高达44.5%，比同期股票市场成交金额年均复合增长率33.8%高出10.7%，与全球国内生产总值的比例从2.21倍持续增长到了5.04倍，与相应全球股票市场总成交金额的比例从2.27倍持续增长到了2.86倍，显示金融危机前全球股票衍生产品交易比股票本身要活跃得多，为风险管理需求和投机因素共同所致。股票衍生产品市场同样受到了金融危机的影响，但是比现货市场影响要轻微许多，2007年到2010年全球股票场内衍生产品成交金额年均复合下降率仅为5.1%，仅略高于同期股票市场成交金额年均复合增长率14.6%的三分之一；2010年到2014年，全球股票衍生产品成交金额几乎处于徘徊状态，4年年均复合增长率仅为0.8%，仅相当于同期股票市场成交金额年均复合增长率6.4%的八分之一；2014年到2015年全球股票市场成交金额增长了40.4%到113.74万亿美元，首次超过了2007年历史峰值101.19万亿，同期全球股票衍生产品成交金额增长了24.1%到317.2万亿美元，同样首次超过了2007年的历史峰值289.7万亿美元。这些数据显示，金融危机后全球股票相关衍生产品增幅明显低于股票市场增幅，表明金融危机后股市投机因素明显降低。

表1-4还显示，2004年到2015年与全球股票（权益）关联的场外衍生产品成交规模比场内要小得多，仅有不到十万亿美元的年底存量，证明全球股票衍生产品市场主要以场内市场为主；2004年到2015年场外权益衍生产品的存额占比从8.7%提高到了10.5%，显示全球场外权益衍生产品市场的作用略有提高。

1.3.3 利率/债券衍生产品

由于债券价格对利率的高度敏感性，国际上将债券衍生产品通常也叫作利率衍生产品。利率/债券衍生产品是国际金融衍生产品市场的主力军。表1-5给出了2004年到2015年全球债券市场年底总市值、年度总成交金额、场内衍生产品成交金额（期货和期权）、场外衍生产品（远期、掉期、期权）成交金额及其与当年世界各国国内生产总值的比较。

表1-5显示，2001年到2007年，场内债券年底存量、场内外债券成交金额、场内利率衍生产品年底存量、场内（交易所）利率衍生产品成交金额等皆达到历史最高峰，而且多项截止2015年也仍未达到2007年的水平；2007年到2013年，场外利率衍生产品成交金额仍保持显著的增长态势，年均复合增长率高达11.3%，同期场内利率衍生产品却保持了持续下降的态势，年均复合增长率为-3.2%；2013年到2015年，场外利率衍生产品成交金额由升转降，年均复合下降率高达14.2%，但是2015年场外利率衍生产品成交金额456.5万亿美

元却仍然显著高于 2007 年 325.8 万亿美元的水平，同期场内利率衍生产品仍保持了持续下降的态势，年均复合增长率为 -3.5%；金融危机后场外利率衍生产品成交金额整体提高导致场外利率衍生产品成交金额占场内外市场总成交金额比重从八分之一提高到了 2013 年接近四分之一的高位，进而回落到了 2015 年五分之一以上的水平，显示金融危机后场外利率衍生产品市场近年来更好的作用。

表 1 - 5　　　**2001—2015 年全球利率/债券和衍生产品成交金额和**

年底存量及与世界经济的比较　　单位：万亿美元，%

年份	2001	2004	2007	2010	2013	2014	2015
世界国内生产总值	33	43.4	57.5	65.2	75.5	77.3	73.5
国际债券总值	7.5	13.9	22.7	27.7	22.8	21.9	21.48
发达国家国际债券总值	5.3	10	16.3	18.2	18.5	17.3	16.07
发达国家国际债券总值占比	70.7	71.9	71.8	65.7	81.1	79.0	74.8
国内债券总值	30.7	44.5	57.6	67.5	77.3	77.9	66.34
债券总值	38.2	58.4	80.3	95.2	100.1	99.7	87.82
债券总值与当年世界 GDP 比例	115.8	134.5	139.7	146.0	132.6	129.0	119.5
交易所债券交易债券年底金额		42.8	71.1	61.9	55.4	56.8	—
交易所债券成交金额		11.7	15.2	23.8	18.4	18.8	17.85
场外债券成交金额*	254.5	408.7	507.5	446.9	408	365.2	379.4
场内外债券总成交		420.3	522.6	470.7	426.4	384.0	397.3
场内利率衍生产品年底存额	21.8	42.8	71.0	61.9	57.0	57.2	63.0
场外利率衍生产品年底存额	77.6	190.5	393.1	465.3	584.8	505.5	434.7
场内利率衍生产品年底存额/场外利率衍生产品年底存额	28.0	22.5	18.1	13.3	9.7	11.3	14.5
场外利率衍生产品年成交量	239.8	213.3	325.8	579.8	620.8	537.8	456.5
场外利率衍生产品年成交量/年底存量比例	3.09	1.12	0.83	1.25	1.06	1.06	1.05
场内（交易所）衍生产品年成交金额	593.1	1142.0	2289.0	1989.3	1882.8	1936.5	1751.9
利率期货	445.7	830.6	1586.5	1383.0	1415.4	1450.5	1278.8
交易所期权	147.4	311.4	702.5	606.4	467.4	486.0	473.1
场内外利率衍生产品年成交量	832.9	1355.3	2614.8	2569.1	2503.6	2571.6	2208.4
场内外债券年成交额与当年世界 GDP 比例		9.68	9.10	7.22	5.65	4.97	5.40
场外利率衍生产品年成交额与当年世界 GDP 比例		4.91	5.67	8.89	8.23	8.22	6.21

续表

年份	2001	2004	2007	2010	2013	2014	2015
场内利率衍生产品年成交额与当年世界GDP比例		26.3	39.84	30.51	24.95	25.05	17.40
场内外利率衍生产品总成交额与当年世界GDP比例		31.21	45.51	39.4	33.17	33.27	30.05
场内外利率衍生产品总成交额与当年场内外债券交易额比例		3.22	5	5.46	5.87	6.7	5.56
场内利率衍生产品年底存金额占场内外年底总存金额比例	21.9	18.3	15.3	11.7	8.9	10.2	12.6
场外利率衍生产品年底存金额占场内外年底总存金额比例	78.1	81.7	84.7	88.3	91.1	89.8	87.4
场内利率衍生产品成交金额占场内外总量比例	71.2	84.3	87.5	77.4	75.2	78.3	79.3
场外利率衍生产品成交金额占场内外总量比例	28.8	15.7	12.5	22.6	24.8	21.7	20.7

数据来源：国际债券和国内债券数据来自国际清算银行2016年3月和之前公布的季度数据，2015年的数据为三季度末数据；场内交易数据来自国际清算银行2016年3月公布和更新的数据；世界经济数据来自国际基金组织网站2015年10月公布的数据，2015年GDP为预测数；由于缺乏全球场外现券交易，而美国债券市值多年来占世界比重在4成上下，我们根据美国债券市场协会公布的2001年到2015年美国债券日均成交金额数据，并假设美国场外债券交易占世界的一半而估算出全球场外债券交易金额；其他数据来自世界交易所联盟；2014年场外利率衍生产品成交金额按照2004年到2013年四个年份场外利率衍生产品成交金额与年底利率衍生产品存量比例的平均比例1.06和2014年年底全球利率衍生产品存量估算得出；2015年场外利率衍生产品成交金额按照2007年到2013年及2014年四个年份场外利率衍生产品成交金额与年底利率衍生产品存量比例的平均比例1.05和2015年年底全球利率衍生产品存量估算得出。

　　表1-5显示，虽然场内利率衍生产品年底存额远低于场外利率衍生产品，2001年到2013年前者与后者的比重从28.0%持续下降到了9.7%，2013年到2015年回升到了14.5%，略高于七分之一，但是场内利率衍生产品市场交易金额却远高于场外市场，2007年场内利率衍生产品成交金额为场外市场成交金额的7倍，2013年到2015年前者为后者的3倍回升到了3.8倍。这些数据证明了场内利率衍生产品作为场外衍生产品对冲利率风险的事实；2004年到2007年，全球场内外债券成交金额与当年全球GDP比例从9.68下降到了9.10，而同期全球场内外利率衍生产品成交金额与同年全球GDP比例却从31.21提高到了45.51的历史高位，2007年到2015年场内外债券成交金额与同年世界GDP比例下降到了5.40，同时全球场内外利率衍生产品成交金额与世界GDP比例也下降到了

30.05 的十年低位。

值得关注的是，表 1 - 5 显示，场外利率衍生产品的存额远高于场内衍生产品，换句话说，场外衍生产品规模远超场内衍生产品，然而场外衍生产品的活跃度远低于相应的场内市场。所以利率衍生产品市场是个场内外相互补充、相互竞争的市场，两者缺一不可。

1.4　金融衍生产品与传统金融之间的关系

上文我们分别简单介绍了全球外汇、股票和债券三个主要传统金融市场及在它们之上演变出来的衍生产品市场近年来的整体情况。表 1 - 6 给出了这些市场现货交易、衍生产品交易总和及与全球国内生产总值的比例关系。表 1 - 6 显示，十多年来，外汇和债券市场交易规模相近，而股市交易额相对较低，2004 年到 2007 年全球外汇、股票和债券（利率）三个主要传统金融市场总成交金额与当年世界各国国内生产总值的比重从 14.30 上升到了 15.22，2007 年到 2014 年比例持续下降到了 12.78，2015 年有回升到了 14.09，仍然低于 2007 年的峰值 15.22；2004 年到 2007 年这些市场的衍生产品总成交金额与世界国内生产总值的比例却从 41.13 上升到了 61.02，2007 年到 2015 年这些市场上的衍生产品总成交金额与世界国内生产总值的比例从 61.02 持续下降到了 46.14；2004 年到 2007 年衍生产品总成交金额比相应的传统金融市场成交金额比例从 2.88 倍上升到了 4.01 倍，然而从 2007 年到 2015 年两者比例持续下降到了 3.27，仍低于 2007 年的峰值 4.01 倍；2007 年到 2015 年，全球外汇、股票和债券成交金额整体呈现增长的态势，复合年均增长率 2.1%，而同期全球外汇、权益和利率衍生产品成交金额年均复合变化率却下降 0.5%，显示金融危机对全球衍生产品市场的影响高于传统金融市场。

表 1 - 6　　　　**2004—2015 年全球场内外衍生产品**

成交金额及其与世界经济的比较　　单位：万亿美元，%

成交金额或比例/年份	2004	2007	2010	2013	2014	2015
外汇即期年成交金额	157.8	251.3	372.5	511.5	522.9	520.7
外汇即期年成交金额与当年世界 GDP 比例	3.64	4.37	5.70	6.77	6.76	7.11
场内外债券总成交额	420.4	522.7	470.7	426.4	384.0	397.3
债券交易与当年世界 GDP 比例	9.69	9.09	7.21	5.65	4.97	5.43
股票年成交总金额	42.3	101.2	63.1	69.0	81.0	113.7
股票年成交金额与当年世界 GDP 比例	0.97	1.76	0.97	0.91	1.05	1.55
外汇、债券、股票年成交总金额	620.5	875.2	906.3	1006.9	987.9	1031.7

成交金额或比例/年份	2004	2007	2010	2013	2014	2015
与当年世界 GDP 比例	14.30	15.22	13.88	13.34	12.78	14.09
外汇场内外衍生产品年成交总金额	333.8	604.4	661.2	860.4	866.2	852.2
与当年世界 GDP 比例	7.69	10.51	10.13	11.40	11.21	11.64
债券场内外衍生产品年成交总金额	1355.3	2614.8	2569.1	2503.6	2571.6	2208.4
与当年世界 GDP 比例	31.23	45.47	39.34	33.16	33.27	30.17
股票场内外衍生产品年成交总金额	96.1	289.7	247.8	243.0	255.5	317.2
与当年世界 GDP 比例	2.21	5.04	3.79	3.22	3.31	4.33
外汇、债券、股票场衍生产品年成交总金额	1785.2	3508.9	3478.1	3607.0	3693.3	3377.8
与当年世界 GDP 比例	41.13	61.02	53.26	47.77	47.78	46.14
衍生产品年成交总金额/现货市场成交总金额	2.88	4.01	3.84	3.58	3.74	3.27

数据来源：根据表 1-3 ~ 表 1-5 数据结果计算得出。

场内外衍生产品的主要功能是其相应的基础市场风险管理的工具。场外衍生产品主要是为客户服务的、具有个性化的非标准化特征，市场流动性较低；场内衍生产品是标准化的期货和期权产品，市场流动性很高，这些产品是市场参与者对冲基础市场和相应的场外衍生产品风险的工具。所以交易所交易的场内产品成交金额远高于相应的场外衍生产品。因此，场内外衍生产品皆有其规避风险的功能，区别仅在于交易的场所不同而已。所有衍生产品除规避风险功能外皆具有投机的功能和杠杆效应。正是由于这种两面的功能和杠杆效应，衍生产品才会在几十年内发展成为国际金融市场不可或缺的重要组成部分；不仅不可或缺，而且衍生产品的规模已经数倍于其所依赖的传统市场了。

1.5 国际金融危机对世界金融市场和金融衍生产品市场影响简析

上文我们在介绍国际外汇、股票和债券市场及其衍生产品市场时对 2008 年爆发的金融危机对这些市场的影响已经有了一些简单的描述，这里我们简单地对这些影响进行系统的介绍。

国际金融危机对全球衍生产品市场带来了巨大的影响和冲击。从几年前的数据难以看清危机的具体影响，现在较为充足的数据将危机前后国际市场巨变的趋势展现得很清楚。表 1-3 的数据显示，2001 年到 2007 年，全球场外外汇衍生产品年均复合增长率高达 18.1%，略高于同期全球外汇即期交易年均复合增长率17.9%；而2007年到2013年，全球场外外汇衍生产品年均复合增长率仅为6.1%，仅相当于前6年年均复合增长率18.1%的三分之一，而且不到同期全球外汇即期交易金额年均复合增长率12.6%的一半，表明国际外汇衍生产品市场受金融危机影响显著且外汇市场回归传统即期交易的趋势。

根据表1-3的数据和国际清算银行2004年到2013年国际外汇市场的数据，我们可以容易地计算出国际外汇现货交易和各个主要外汇衍生产品交易三年累计增长率。计算结果显示：2008年爆发的金融危机使得外汇现货交易和各个主要外汇衍生产品交易增长率显著低于2004年到2007年相应的增长率，而且也使国际外汇市场回归传统。表1-4显示，金融危机对股票市场产生巨大影响，经过两年多的恢复，到2010年底全球股票市场总市值还仅仅相当于2007年的9成，同时成交金额才仅仅相当于2007年的6成稍多点。2010年以后全球股票市场成交量有所恢复，但是全球证券化程度比危机前100%以上的水平仍有可观的距离。

受金融危机影响最大的是国际债券市场。表1-5显示，金融危机爆发之前，国际债券市场持续增长，金融危机前全球杠杆持续增大，整个金融市场泡沫明显；而金融危机后，各个主要国家特别是发达国家为了应对金融危机的冲击而大量发行债券，导致国际债券市场存量进一步显著增长，债券交易金额与GDP比例在金融危机后持续提高，而场内外利率衍生产品成交金额与GDP的比例却在显著下降。

总体来看，金融危机对全球场内外衍生产品市场带来显著的影响，全球场内外市场增长减缓的同时，传统金融市场增长稳健，表明金融危机后全球市场回归传统的趋势明显。尽管如此，全球场内外衍生产品市场在全球金融市场中仍然保持着非常重要的地位，需要我们持续跟踪观察和研究。

1.6　境外衍生产品市场发展新趋势

金融危机给国际金融市场及其衍生产品市场带来了冲击，今后国际市场也难期望这些市场再有突变式的、更高的发展速度。国际衍生产品市场今后高速发展的主要希望就是开拓新的基础领域。

信用衍生产品在金融危机爆发之前就有了飞速的发展，但是金融危机对该领域冲击巨大，我们在下一章会专门进行介绍和分析。除了信用衍生产品之外，另外一个领域是二氧化碳排放权的衍生产品交易。为了人类免受气候变暖的威胁，1997年12月，《联合国气候变化框架公约》第3次缔约方大会在日本京都召开。149个国家和地区的代表通过了旨在限制发达国家温室气体排放量以抑制全球变暖的《京都议定书》。《京都议定书》规定，到 2010 年，所有发达国家二氧化碳等 6 种温室气体的排放量，要比 1990 年减少 5.2%。具体地说，各发达国家从 2008 年到 2012 年必须完成的削减目标是：与 1990 年相比，欧盟削减 8%，美国削减 7%，日本削减 6%，加拿大削减 6%，东欧各国削减 5% 至 8%。新西兰、俄罗斯和乌克兰可将排放量稳定在 1990 年水平上。议定书同时允许爱尔兰、澳大利亚和挪威的排放量比 1990 年分别增加 10%、8% 和 1%。在此框架下，有 3 种机制，排放交易（Emission Trading）、共同实行（Joint Implementation）和清洁发展机制（Clean Development Mechanism）。目前，控制温室气体排放已经逐渐成为各国的现实任务。

据统计，2006 年世界排放权交易总额达到 280 亿美元，为 2005 年的 2.5 倍，换算成二氧化碳的交易数量达到 13 亿吨，为 2005 年的两倍以上；清洁发展机制项目成交额也同比增长 15%，达到约 32 亿美元。被称为世界期货之都的芝加哥，推动排放权交易方面也走在了全球前列。芝加哥气候交易所（Chicago Climate Exchange）成立于 2003 年，是世界上第一个以温室气体减排为目标和贸易内容的市场平台，并对减排量承担法律约束力。该交易所现有会员近 200 个，分别来自航空、汽车、电力、环境、交通等数十个不同行业。开展的减排交易涉及二氧化碳、甲烷、氧化亚氮、氢氟碳化物、全氟化物、六氟化硫等 6 种温室气体。月交易量达 2037400 吨二氧化碳。芝加哥气候交易所在全球运作，目前也已经有了 5 家来自中国的交易会员。芝加哥气候交易所在 2004 年 9 月建立了芝加哥气候期货交易所（CCFE）。芝加哥气候期货交易所进行空气污染物的期货合约交易。交易所的电子交易平台是由亚特兰大的国际大陆交易所提供的交易平台。2004 年，芝加哥气候交易所在欧洲建立了分支机构——欧洲气候交易所（ECX），2005 年与印度商品交易所建立了伙伴关系，此后又在加拿大建立了蒙特利尔气候交易所。

近年来，激烈的市场竞争使大部分碳交易所出现了融合的趋势。2010 年，ICE（伦敦洲际交易所）收购了作为欧洲气候交易所（European Climate Exchange，ECX）、芝加哥气候交易所以及芝加哥气候期货交易所运营商的气候交易集团，至此 ICE 成为全球主要排放权交易所。早在 2011 年，ICE 排放权开仓合约规模便已超过 10 亿吨。ICE 针对排放权的衍生品种类众多，包括 EUAs（欧盟配额）、CERs（核准抵扣额）、ERUs（排放权抵扣单位）等，各品种分别上市了期货和期权合约（境外碳排放权交易市场的发展及运行机制，新浪财经转引期货日报，2015 年 3 月 24 日）。由于环境变化，特别是气候变暖对整个人类影响深远，我们相信排放量衍生产品在今后数年以至数十年将成为世界衍生产品的另外一个高速增长领域。

1.7　人民币国际化趋势下境内外人民币衍生产品市场的发展趋势

从 1978 年到 2012 年的 30 多年时间内，中国经济保持了 9.7% 以上的高速增长率，2012 年以来我国经济进入中高速增长期。虽然近年来我经济进入中高档增长期，但是经济在主要经济体中仍然保持较高的增速。2014 年我国大陆国内生产总值首次超过 10 万亿美元，世界占比 13.4%，2015 年我国国内生产总值占世界比重有望超过 15%，保持了全球第二大经济体的位置。2013 年我国大陆贸易总额首次超过了美国成为全球最大的贸易国，2014 年和 2015 年我国仍然保持了全球最大贸易国的位置。我国经济和贸易的规模几年来保持了世界前两名的水平，为人民币成为主要国际货币之一打下了较好的经贸基础。但是我国资本市场，特别是外汇市场的发展程度与我国经济和贸易地位很不相称。2013 年到 2015 年，虽然国内外汇市场有了一定的增长，但是国内人民币外汇成交金额占全球外汇交易比重仍然不到 1%（张光平，2016），表明国内人民币外汇市场，特别是人民币外汇衍生产品市场有待显著活跃，为人民币国际化的推动作出应有的贡献。

随着国内利率市场化的加速推进和人民币汇率形成机制的不断完善，汇率、利率和股票市场风险也将进一步增加，汇率、利率和股票等类场内外衍生产品必将逐渐在我国产生并活跃交易，成为各类金融机构和个人管理这些风险的工具。另外，人民币国际化进程的推进也需要我国资本市场和外汇市场及其衍生产品市场有进一步的发展。我们会在本书主要篇章对境内外各类人民币衍生产品市场的发展进行系统详细的介绍和分析。

1.8　本章总结

本章整体介绍了世界经济的发展和规模、传统金融市场的发展和规模、金融衍生产品市场的发展和规模及这些市场间的关系，为我们了解和把握世界传统金融市场和这些传统市场上的各类金融衍生产品市场之间的关系勾画出了一张整体的图片。这张图片显示，尽管受金融危机的影响，全球衍生产品市场的规模仍然比传统金融市场规模高出几倍，对全球金融市场以至经济产生重要的影响。

我们在本书第三篇和第四篇会对国际衍生产品市场进行更为详细的介绍和分析，并在第五篇和第六篇对境内外各类人民币衍生产品进行较为详细的介绍和分析。

参考文献

［1］张光平：《人民币国际化和产品创新》（第六版），北京，中国金融出版社，2016。

［2］张光平、马钧：《货币国际化程度的准确度量》，金融论坛，2015 （12）。

［3］Maddison, Angus. Contours of the World Economy I – 2030AD, Oxford University Press, ISBN 978 – 0199227204, 2007.

第2章　国际金融危机和金融创新

波及全球的国际金融危机从爆发到现在虽然已经7年多了，但是国际金融危机对全球金融体系的影响和冲击似乎还未结束。金融危机爆发后不久，世界各地普遍流传着各种各样关于金融衍生产品和金融创新的说法，很多人认为金融危机是衍生产品和金融创新过度所致，幸好国内金融衍生产品当时还较少而且市场还不够活跃，我们没有受到多大的冲击，因此今后不应该大力推动金融衍生产品的发展，金融创新也要慎重。这些说法在金融危机爆发后不久还有些市场，但7年多的国内外市场实践证明，国内金融创新不仅没有过度，而且明显不足。

本章在对国际金融危机爆发的主要原因进行探讨之后，对金融危机前后涉及的主要金融衍生产品的作用也将进行简析，从而确认金融危机并不是金融衍生产品所致；在介绍和分析国际金融危机之后，我们还将介绍金融危机后美国和欧盟在加强金融监管方面的立法工作和实施情况及对国际金融市场的影响。

2.1　美国房地产市场金融危机之前十年的发展

房地产市场是包括美国经济在内的各个经济体中非常重要的组成部分。爱尔兰从1996年到2006年房地产高峰时价格累计升值170%；美国从1996年6月底到2006年6月底的10年内累计升值191%；日本从1980年到1990年大城市的商业用地价格上升了525.9%（徐滇庆，2006）。任何市场的发展都有一定的规律和制约，过快地增长迟早都会有可观的回调甚至出现危机。

从1987年底到1997年底，美国房地产市场价格指数10年内年均增长率仅为1.6%，比同期名义国内生产总值的年均增长率5.8%低4.2个百分点。然而从1997年开始，美国房地产价格增长幅度显著加速，从1997年到2005年8年的时间内，房地产市场价格指数累计增长了169.6%，年均增长率竟达到13.2%，超过同期美国名义国内生产总值年均增长率5.2%共8.0个百分点。图2-1给出了1987年1月到2015年1月美国标准普尔公司公布的美国10个城市的房地产价格指数（Case-Shiller）数据，图2-2给出了1988年1月到2015年8月美国10个城市的房地产价格指数同比变化趋势。

从图2-1和图2-2可以清楚地看出，美国房地产价格指数在2006年6月达到了历史最高峰226.29，之后就持续下降。从2007年初开始美国房地产价格指数就出现了同比下降，美国次级债危机也随之开始显现。从2006年6月高峰到 2008 年 8 月金融危机爆发前累计下滑了 21.9%。超过 20% 的房地产指数的累计下滑给美国银行业带来了一定的不良资产，2008 年 9 月下旬金融危机爆发会使房地产指数下降幅度加剧，2009 年 1 月同比下降达到了历史最高的 19.44%。虽然 2009 年 1 月到 2010 年 1 月同比下降的幅度逐渐减缓，而且从 2010 年 2 月到 2010 年 10 月同比出现了回升，表明金融危机的影响渐行渐远。但是 2010 年 11 月以来同比再次出现下降的趋势，直到 2012 年下半年美国房地产价格指数才真正进入了较为稳固的上扬通道。

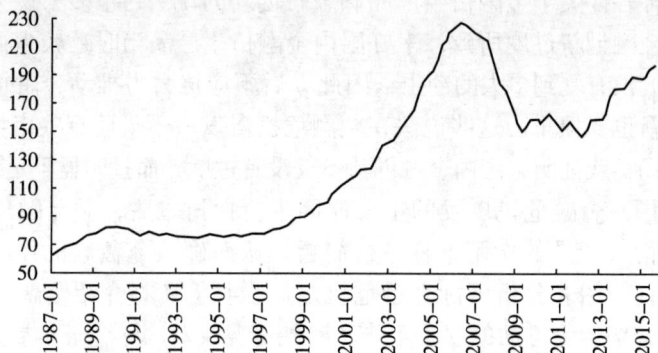

数据来源：标准普尔网站 http：//www. standardandpoors. com。

图 2 - 1　美国标准普尔公司公布的美国 10 个城市的房地产价格指数（Case – Shiller Index）（1987 年 1 月到 2015 年 8 月）

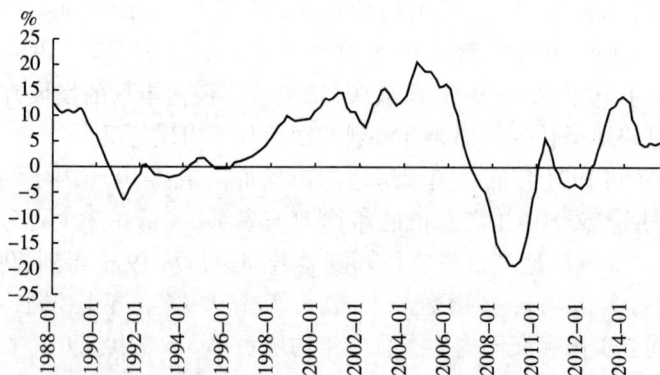

数据来源：标准普尔网站 http：//www. standardandpoors. com。

图 2 - 2　美国标准普尔公司公布的美国 10 个城市的月度房地产价格指数同比变化（1988 年 1 月到 2015 年 8 月）

表 2 - 1 给出了 1988 年到 2015 年美国房地产价格指数的年增长率。从表 2 - 1 可以清楚地看出，1989 年到 1997 年，美国房地产价格增长相当缓慢；然而

从 1998 年开始到 2005 年，除 1998 年当年和 2001 年之外，价格指数年增长率均超过 10%。由于价格指数在 2006 年前半年持续增长，后半年持续下滑，2006 年底房地产价格指数比 2005 年底仅增长了 0.22%，2007 年到 2011 年则分别下降了 9.77%、19.23%、2.42%、1.34% 和 4.14%。从 2012 年开始，美国房地产市场摆脱了下跌的态势，特别是 2012 年到 2013 年美国房地产指数增长了 10% 以上，但是 2013 年到 2015 年增速显著减缓到了不到 5% 的程度。

表 2 – 1　　　　1988—2015 年美国房地产价格指数的年增长率　　　　单位：%

年份	变化幅度	年份	变化幅度
1988	10.48	2002	15.00
1989	6.15	2003	13.43
1990	− 3.61	2004	18.70
1991	− 1.75	2005	15.93
1992	− 1.68	2006	0.22
1993	− 1.26	2007	− 9.77
1994	1.69	2008	− 19.23
1995	− 0.40	2009	− 2.42
1996	1.88	2010	− 1.34
1997	5.36	2011	− 4.14
1998	9.12	2012	6.03
1999	10.79	2013	13.54
2000	14.12	2014	4.30
2001	8.88	2015 *	4.66

数据来源：根据图 2 – 1 中的数据计算得出；" * "表示 2015 年数据为 2015 年 8 月的同比数据。

2.2　1997 年到 2006 年间美国房地产市值高速增长的原因

观察到图 2 – 1 和表 2 – 1 美国房地产价格指数的变化，我们不禁想探究美国房地产市场价格从 1998 年到 2005 年之间高速增长的原因。导致美国新世纪转折前后房地产价格高速增长的原因众多，本节主要从宏观经济、金融政策和金融体系业务创新等方面来进行分析。

2.2.1　科技股泡沫导致 20 世纪 90 年代末房地产市场的高涨

1997 年到 1999 年以网络科技股泡沫为代表的美国股票市场泡沫应该是当时

美国房地产市场飞涨的主要原因之一。1996 年和 1997 年，代表美国股票市场整体市值的标准普尔 500 综合指数年增长率分别达到 20.9% 和 29.5%，代表网络等高科技股的纳斯达克综合指数同期分别增长 22.7% 和 21.6%，两者相差较小；然而 1998 年和 1999 年，纳斯达克综合指数分别增长 39.6% 和 85.6%，比同期的标准普尔 500 综合指数的增长率分别高出 16.0% 和 65.5%，表明当时科技股泡沫显著。由于高科技公司集中在美国加利福尼亚州的洛杉矶、圣地亚哥和旧金山三个城市附近，1995 年底到 1999 年底的四年间，这三大城市房地产价格指数比美国十大城市房地产价格指数同期增幅分别高出 1.6%、8.6%、13.4% 和 13.0%，证明了当时高科技股泡沫对美国房地产市场的推动作用。

2.2.2 网络科技股泡沫破裂和"9·11"事件导致美国低利率

从 2001 年 1 月科技股泡沫破裂开始，美国经济经历了一次温和的衰退。为了减缓科技股泡沫破裂对经济的影响，美国政府逐渐下调利率。图 2-3 给出了 2000 年 1 月到 2015 年 3 月美国 10 年期国债回报率。

数据来源：路透。

图 2-3 2000 年 1 月到 2015 年 3 月美国 10 年期国债回报率

2001 年"9·11"事件之后，时任美联储主席格林斯潘将利率进一步下调至 1%，为后来巨大的信贷泡沫埋下了隐患。美联储前主席伯南克（Bernanke，2011）通过数据分析得出结论，2003 年到 2007 年大量流入美国的国际资金购买 AAA 级债券促使美国利率下降。利率的下调使房地产贷款成本大幅下降，从而导致 2000 年以后房地产贷款大规模上升，造成了房地产市场的高速增长。从 2000 年开始，股市泡沫破裂和经济衰退导致了近 40 年来最低的利率和低收入增长率，而美国房地产价格变化则呈现出与房主收入变化相反的趋势，房地产泡沫急剧膨胀。从 1996 年到 2005 年底，美国家庭房地产总市值从 9.2 万亿美元持续上升到 23.5 万亿美元，增长了 155%；同期美国家庭净财富总量从 42.3 万亿美元增长到 57.4 万亿美元，仅增长 35.7%（根据美国联邦储备银行季度公布的"美国基金账户资金流"数据计算得出）。

2.3　次级债及其他非传统贷款

贷款是房地产业发展的重要支柱。传统的房地产按揭贷款，或者称优质贷款，要求贷款者有良好的信用背景或者信用历史，没有破产记录；从未迟付账单或其他债务；能够提供支付能力证明，如年度工资收入等。不能够满足上述条件的按揭贷款则被归为次级贷款或另类贷款。其中，另类贷款（Alternative Documentation Loan，Alt－A）实际上是指贷款人有良好的信用记录，但是贷款审批标准与传统贷款不同的贷款。申请另类贷款者无须提供收入证明或者资产证明，审批贷款的主要依据是根据申请者其他信息计算出来的信用评分。另类贷款的申请者通常为企业家、个体企业者和主要收入来源为各种佣金的个人。除了上述的次级按揭贷款和另类按揭贷款之外，还出现了无首付按揭贷款以及前两年付低利息而后支付高利息按揭贷款等其他类型的按揭贷款，放松了贷款的基本要求。

2003 年以前，次级债贷款总额占整个住宅贷款总额的比例还不足 7.9%，但是 2004 年、2005 年和 2006 年，该比例分别上升到了 18.2%、20.0% 和 20.1%，同期另类贷款占比分别达到 6.3%、12.2% 和 13.4%。与次级贷款和另类贷款增幅显著相比，传统贷款的占比相应持续下降。由于没有正常的收入凭证，次级贷款和另类贷款的风险显著高于传统按揭贷款。房地产价格持续上升时，按揭风险还不明显，但是在房地产价格持续下降的情况下，各类问题不断出现，次级贷款的违约风险会大幅度上升，导致银行不良资产猛增。从图 2－1 可以看出，美国房地产价格指数在 2006 年 6 月达到历史最高峰之后便持续下降，当 2007 年初房地产价格指数开始出现同比下降时，很多次级债抵押贷款公司就开始面临资金紧张的问题。2007 年 4 月 2 日，美国第二大"次贷"供应商新世纪金融公司宣告破产，这标志着次贷危机的爆发。其后，美国次贷行业崩溃，几十家次贷供应商宣布破产、遭受巨额损失或寻求被收购，导致房地产价格持续下滑。2007 年 8 月 6 日，美国住房抵押贷款投资公司宣布破产。8 月 16 日，美国第一大商业抵押贷款供应商全国金融公司濒临破产，后来该公司从银行财团获得 110 亿美元紧急贷款才逃过一劫。美国房地产价格指数从 2007 年 1 月开始同比下降，到 2008 年 9 月下降幅度达 19.1%，自此，金融危机爆发。2009 年 1 月，美国房地产价格指数同比下降 19.4%，为历史最大降幅，之后的 13 个月内，月度指数显现持续减缓下降的趋势；直到 2012 年美国房地产才实现了企稳上扬。

2.4　证券化产品

证券化产品在金融危机中扮演了重要的角色。个人向银行等放贷机构申请住房抵押贷款，放贷机构再将住房抵押贷款作为一种资产卖给房利美和房地美等机构。后者将各种住房抵押贷款打包成资产支持证券（ABS），由标准普尔等评级公司评级，然后再出售给保险公司、养老基金和对冲基金等投资者。

通俗地讲，所谓资产证券化，就是将一定数量的资产放入一个篮子里，然后将这个篮子中资产的回报以一定的优先级切割成不同的份额，这样每一份就可当作证券来销售。如果被证券化的资产是按揭的，那么证券化的资产就叫按揭证券化产品（MBS）。随着美国房地产市场价格的持续增长，按揭证券化产品成为美国固定收益证券最主要的组成部分之一。1997 年底，美国房地产按揭证券化资产市值仅为 2.68 万亿美元；2000 年底，该市值首次超过美国联邦政府债券；截至 2007 年底，该市值迅速增长到 8.93 万亿美元，比美国联邦政府债券 4.92 万亿美元的市值还高出 81.5%。

从 1997 年底到 2007 年底的 10 年间，资产支持证券的市值从 0.54 万亿美元大幅增长 357.4% 至 2.47 万亿美元，比同期按揭证券化证券市值增长率 233.2% 高出 124.2 个百分点。我们下文还会介绍最近按揭证券化市场的情况。按揭证券化产品中有一部分被称作私人 MBS，其在 2006 年底的规模达到 2003 年底的 3 倍，市值近 2 万亿美元。从 2002 年底到 2007 年底，美国按揭证券化产品和未证券化的按揭总量从 6.4 万亿美元上升到了 11.1 万亿美元（伯南克等，2011）。许多私人 MBS 产品都是以次级贷款、浮动利率贷款及非传统抵押产品为支持的。

这些证券化产品的价格随着房地产价格的持续下降而下降，给持有这些产品的各类金融机构造成了巨大损失。2007 年 3 月和 4 月，美国房地产价格骤降，次级抵押贷款市场危机爆发，波及担保债务证券市场。当时美国第五大投行贝尔斯登旗下两只投资次级抵押贷款证券化产品的基金大幅缩水，2007 年 7 月中旬，贝尔斯登宣布高级信贷策略杠杆基金价值几乎化为乌有，同时高级信贷策略基金的价值也所剩无几。2007 年 7 月 31 日，贝尔斯登宣布为两只陷入困境的对冲基金向法院提交文件，申请破产保护。

美国银行 2014 年 8 月 21 日宣布，已与美国司法部达成协议，同意支付 166.5 亿美元用于了结抵押贷款支持证券的相关诉讼，这是美国联邦政府史上针对单一公司的最大罚单（凤凰咨询网，"美国银行被罚 166.5 亿美元"，2014 年 8 月 23 日）。继美国银行支付天价和解费后，2014 年 8 月 25 日，高盛同意支付 31.5 亿美元和解美国联邦住房金融局（Federal Housing Finance Agency）对其的控告（"高盛支付 31.5 亿美元和解 FHFA 和解"，第一财经日报，2014 年 8 月

26 日）。这是金融危机爆发后近 6 年后美国监管部门对美国主要金融机构的天价处罚，表明金融危机的余波仍未平息。

2.5　债务抵押债券

债务抵押债券（Collateralized Debt Obligations，CDO）是一种新兴的投资组合，它以一个或多个类别且分散化的抵押债务信用为基础，重新分割投资回报和风险，以满足不同风险偏好投资者的需要。债务抵押债券源于美国的住宅抵押贷款证券化。1980 年以来，为支付大量的购房资金需求，抵押贷款被组成资产池，发行包含多个不同投资期限的有担保的按揭证券化产品。此后构造资产池的基础资产的范围逐渐扩大，汽车贷款、信用卡贷款、学生贷款、企业应收账款和不动产等都可用来充当质押资产，发行不同优先顺序的债务凭证。公司债券（Bonds）、资产支持证券等债务工具与不同期限的资产债权一样，未来具有稳定的现金流，同样可以用来构造资产池，发行不同次序的债务凭证。以银行贷款（Bank Loans）为主要质押资产发行的债务凭证被称为担保贷款凭证（Collateralized Loan Obligations，CLO），以公司或政府债券为质押资产发行的债务凭证被称为担保债券凭证（Collateralized Bond Obligations，CBO）。由于银行贷款、债券、ABS、MBS 等质押资产都是债务，因此可统称为债务抵押债券。从债务抵押债券的发展过程可以看出，债务抵押债券把证券化技术延伸至范围更广的资产债权类型，是在证券化基础上的再证券化，是广义的 ABS。

在美国，债务抵押债券在资产证券化产品中的市场比重由 1995 年的 1% 以下提升至 2005 年的 15% 左右，增长速度十分惊人。由于债务抵押债券的利率通常高于定期存款或是一般国债，因此在当时的微利时代，债务抵押债券在国际金融市场上有着相当大的吸引力，成为证券化产品中的新主流。出现在次级抵押贷款上的问题蔓延到了债务抵押债券，危及了市政及抵押担保保险公司和再保险公司。由于各种证券化资产以及证券化资产的再证券化资产实际上都还属于有债券属性的资产，所以持有这些资产的人也要承担房屋贷款的风险。

不少金融机构将它们持有的 CDO 和其他相关债务抵押债券再抵押给银行，换取贷款后，再次购买投行发行的 CDO 和其他产品，加大投资杠杆力度。这样，房地产领域的风险就通过各类证券化产品传导到了金融领域。整个金融体系的杠杆率随之上升，累积的风险也随着杠杆倍数的上升而放大。

2.6　拍卖利率证券

拍卖利率证券（Auction – Rate Securities，ARS）是一种期限多为 30 年或 40

年的长期债券，一般7天、28天或35天进行一次利率标售，承销商综合卖家和买家的报价采用落价拍卖（Dutch Auction）的模式确定收益率。承销商即拍卖者自动落价，直到有人愿出资购买，因此卖家和买家都愿意以最低的利率进行交易。ARS名义上是长期利率债券，实际上却是一种利率可变的债券，因为ARS的利率在每一个短期内都可在市场上以拍卖的方式重新确定。这是一种既具有长期利率债券的低风险、高稳定性特点，又具有短期利率债券的高流动性特点的金融创新产品。ARS的发行方通常是免税债券发行机构，如学校贷款机构、公立医院、市政债券等，承销商通常是美林、高盛、瑞银等投资银行，投资方（拍卖参与者）通常为现金流充裕的基金或个人投资者。ARS最初是为机构投资者设计的，但投行为了赚取更多的佣金和手续费，将门槛由最初的25万美元降到了2.5万美元，以吸引个人投资者。对于购买者而言，ARS比其他货币市场产品收益率略高，并享受联邦政府和州政府的免税优惠。因此，自面世以来，ARS市场迅速发展。

ARS的发行方一般是发放免税长期债券的机构。比如学校要贷款给学生，假设长期利率为7.5%，如果学校不想出这些钱或者没有这么多钱，则可以把贷款打包成债券，以较低利率卖给承销商，比如4.5%，那么中间3%的利差就可以吸引投资者来买；对学校而言，既完成了贷款，又立刻拿到了4.5%的利息。

华尔街投资银行用短短20年时间把ARS经营成了一个规模达3300亿美元之巨的赚钱机器，然而信用危机导致的市场崩溃却给投资者带来了巨大损失。在正常的市场环境下，ARS确实有一定的市场吸引力。因此，在2008年之前，标售失败的案例相当罕见。但是当次级债风波来临时，投资者现金流趋紧，变现意愿强烈，导致在拍卖ARS时缺乏买方，产品价格大幅度下降。为吸引投资者入市，投资银行自己会先购买一些ARS产品，以维持市场稳定。然而信用危机改变了这一切，整个信用体系，特别是投资银行的诚信受到质疑，投资者担心这些债券到期无法得到偿付，变现意愿极强以至于市场变得越来越冷淡。

2008年2月7日，汤姆森路透数据中ARS市场最大的四家承销商花旗、瑞银、摩根士丹利和美林均表示不会作为ARS的"最后报价者"。随后的两次标售成了ARS市场的滑铁卢：2008年2月13日，有80%的产品标售失败；2月20日，641笔标售中又有395笔以失败告终。在以纽约州首席检察官库莫（Andrew Cuomo）为首的监管者的压力下，2008年8月中旬，瑞银宣布将向个人和机构客户回购共194亿美元的ARS，美联银行（Wachovia Corporation）宣布将回购价值88亿美元的ARS，摩根士丹利表示将按面值回购个人客户所持有的45亿美元ARS并为机构投资者提供流动性，此前花旗、美林也均已宣布与个人客户达成回购协议。至此，五大银行的回购规模已逾400亿美元。

2.7　信用违约掉期和其他金融衍生产品

金融危机爆发不久，我们听到最多的一个产品可能就是信用违约掉期（Credit Default Swap，CDS，有时翻译为信用违约互换）。2008 年 9 月 15 日，雷曼兄弟公司申请破产保护，仅仅 3 天后，即 9 月 17 日，美国国际集团（AIG）因巨额亏损被迫大规模出售资产，美联储向濒于破产的 AIG 提供了 850 亿美元的紧急贷款。2009 年初，AIG 宣布其 2008 年第四季度亏损额高达 620 亿美元。

2009 年 3 月 2 日，奥巴马政府随即宣布再次为 AIG 注资 300 亿美元。加上此前美联储的援助，AIG 总共获得了 1820 亿美元的政府资金援助。美国政府向 AIG 提供巨额援助资金，主要是担心一旦这个保险业巨头倒闭，可能会导致美国金融系统崩溃。AIG 接受如此巨额的援助资金，主要就是用于支付几年前卖出大量信用违约掉期所造成的巨额亏损。

2.7.1　信用违约掉期的概念

实际上，世界上第一份掉期合约早在 1981 年就出现了，早期的掉期主要限于外汇、货币和利率等方面。最早的信用违约掉期则是 1997 年由摩根大通银行开始的（Tett，2006；Teather，2008），但当时的信用违约掉期仅仅是掉期这一概念在银行贷款领域的扩展，属于信用衍生产品系列。通俗地讲，信用违约掉期就是贷款或者其他资产的保险。当一个金融机构觉得它所持有的某个公司的贷款或者债券有某项具体的风险时，它可以向第三方，如保险公司购买一份保险，如果在保险期内该贷款出现了保险合约中指定的违约事件，那么保险公司就要向保险买方支付由于该违约事件的发生所导致的损失。最初的信用违约掉期主要是以银行贷款保险为主，后来扩大到了债务抵押债券等其他资产。不少持有 CDO 等高风险产品的机构当时感觉这些产品的风险确实很大，就每年拿出一部分钱来买保险，"白送"给保险公司，但是风险出现时，保险公司就难逃其责了。

2.7.2　信用违约掉期的规模

表 2-2 给出了 2004 年下半年底到 2015 年上半年末全球信用违约掉期的存量金额。从表 2-2 可以看出，从 2004 年下半年到 2007 年上半年，全球信用违约掉期存额以超过 100% 的速度飞速增长，2007 年下半年到 2008 年上半年增幅显著减缓；2005 年底，全球信用违约掉期的存量金额为 10.67 万亿美元，仅占当年全球 GDP46.26 万亿美元的 23.1%，然而该比例到 2007 年底持续增长到 79.0% 的历史高位。受美国次级债风波的影响，到 2008 年下半年，全球信用违

约掉期的存量金额同比增长率首次出现显著减缓增长迹象，之后持续下降了整整两年半时间，到 2011 年才出现了稍许的回升，2012 年却重新显著下降，持续下降的势头截至 2015 年上半年才出现了截止的迹象。截至 2014 年下半年末，全球信用违约掉期的存量金额降低到了 12.23 万亿美元的后危机历史最低位，接近 2006 年一季度年末信用违约互换的规模，显示金融危机对全球信用违约互换市场的巨大冲击。表 2-2 的数据也显示，金融危机前差不多一年的时间，全球信用违约互换市场已经流露出金融危机的些许迹象。

表 2-2　　　　　全球信用违约掉期的存量金额及其增长率

（2004 年下半年底到 2015 年上半年末）　单位：万亿美元，%

时间	2004H2	2005H1	2005H2	2006H1	2006H2	2007H1	2007H2	2008H1
总额	4.65	7.66	10.67	15.73	22.57	32.98	44.60	45.95
同比变化率			129.38	105.38	111.49	109.67	97.60	39.32
报告交易商	2.74	4.86	6.99	10.67	16.23	23.29	31.62	33.4
同比变化率			154.99	119.70	132.26	118.23	94.85	43.45
其他金融机构	1.64	2.55	3.33	4.66	5.78	9.23	12.54	12.01
同比变化率			103.30	82.95	73.78	98.24	117.01	30.09
银行和证券公司	0.37	0.82	1.84	2.56	2.74	4.85	6.83	6.98
同比变化率			399.07	210.84	49.30	90.00	148.84	43.88
时间	2008H2	2009H1	2009H2	2010H1	2010H2	2011H1	2011H2	2012H1
总额	33.88	28.02	25.51	23.25	22.77	25.18	22.89	21.62
同比变化率	-24.04	-39.02	24.70	-17.01	-10.76	8.30	0.53	-14.15
报告交易商	25.05	19.25	17.7	15.78	14.99	17.27	16.62	15.71
同比变化率	-20.80	-42.37	29.32	-18.04	-15.32	9.47	10.88	-9.03
其他金融机构	8.53	7.95	6.99	7.02	7.57	7.77	6.14	5.78
同比变化率	-32.01	-33.79	18.05	-11.69	8.36	10.59	-18.90	-25.54
银行和证券公司	5.84	5.64	5.12	4.04	3.83	3.19	1.87	1.61
同比变化率	-14.48	-19.28	12.43	-28.30	-25.20	-21.04	-51.17	-49.53
时间	2012H2	2013H1	2013H2	2014H1	2014H2	2015H1	2015H1 *	
总额	19.84	19.26	16.22	14.78	12.23	14.60	19.35	
同比变化率	-13.30	-10.91	-18.26	-23.26	-24.60	-1.24		
报告交易商	14.1	13.71	11.02	9.52	7.7	6.51	-15.52	
同比变化率	-15.18	-12.74	-21.84	-30.56	-30.13	-31.67		
其他金融机构	5.61	5.42	5.08	5.14	4.41	7.89	78.80	
同比变化率	-8.60	-6.27	-9.48	-5.17	-13.19	53.40		
银行和证券公司	1.61	1.22	0.96	1.09	0.74	1.23	66.08	
同比变化率	-10.21	-24.22	-40.37	-10.66	-22.92	12.75		

数据来源：国际清算银行网站（http://www.bis.org/statics/index.htm）；2015H1 * 相应的增长率为环比增长率。

　　图 2－2 显示，美国房地产价格在 2008 年持续下降，导致各类金融机构收益减少，证券化产品回报率下降，进而使得相关机构信用等级降低，触发了信用违约掉期的保险功能，所以卖出信用违约掉期的机构要为相应购买保险的金融机构支付巨额赔偿。从表 2－2 的数据我们也可以看出，2008 年 6 月底，全球信用违约掉期的存量金额高达 45.9 万亿美元，以此为基础仅仅 0.2% 的损失就会高达 918 亿美元。AIG 在 2008 年第三、第四季度的亏损额分别达 245 亿美元和617 亿美元，其中大部分应该是信用违约掉期造成的。我们下文还会进一步讨论金融危机前后的各类衍生产品。

2.7.3　信用违约掉期的时间结构

　　了解信用违约掉期的规模对于我们判断该类产品的潜在风险有很大帮助，要进一步判断这些产品的影响，我们还必须了解它们到期的时间结构。表 2－3 给出了 2004 年 12 月底到 2015 年 6 月底全球信用违约掉期存量的到期时间结构。

表 2－3　　　　　　　全球信用违约掉期存量的时间结构

（2004 年下半年底到 2015 年上半年末）　单位：万亿美元，%

到期时间	2004H2	2005H1	2005H2	2006H1	2006H2	2007H1	2007H2	2008H1
一年或之内	0.36	0.57	0.83	1.33	1.97	2.34	2.78	3.33
占比	7.72	7.46	7.78	8.43	8.71	7.09	6.23	7.24
一到五年	3.38	5.32	7.44	9.99	13.25	18.95	27.72	29.54
占比	72.74	69.49	69.68	63.54	58.71	57.47	62.16	64.29
五年以上	0.91	1.77	2.41	4.41	7.35	11.69	14.10	13.08
占比	19.54	23.05	22.54	28.02	32.58	35.44	31.61	28.47
总量	4.65	7.66	10.67	15.73	22.57	32.98	44.60	45.95
到期时间	2008H2	2009H1	2009H2	2010H1	2010H2	2011H1	2011H2	2012H1
一年或之内	2.44	3.03	2.75	2.60	2.56	3.15	4.38	4.62
占比	6.56	9.04	8.91	9.15	11.23	12.53	19.13	21.37
一到五年	21.48	17.93	16.56	15.88	16.13	17.82	15.56	14.57
占比	57.73	53.58	53.57	55.82	70.85	70.82	67.98	67.39
五年以上	13.29	12.51	11.59	9.97	4.08	4.19	2.95	2.43
占比	35.72	37.38	37.51	35.03	17.92	16.65	12.89	11.24
总量	37.20	33.47	30.91	28.45	22.77	25.16	22.89	21.62

续表

到期时间	2012H2	2013H1	2013H2	2014H1	2014H2	2015H1	2015H1 *
一年或之内	4.15	3.56	2.94	2.93	2.38	2.43	
占比	20.89	18.51	18.12	19.84	19.46	17.09	-2.37
一到五年	14.17	14.38	12.36	10.91	9.09	10.54	
占比	71.41	74.68	76.16	73.84	74.33	74.27	-0.06
五年以上	1.53	1.31	0.93	0.93	0.76	1.23	
占比	7.70	6.81	5.71	6.32	6.21	8.64	2.43
总量	19.84	19.26	16.22	14.78	12.23	14.20	

数据来源：国际清算银行网站（http://www.bis.org/statics/index.htm）；2015H1 * 相应的占比数据为占比环比变化率。

从表 2-3 可以看出，虽然信用违约掉期在 2004 年下半年到 2008 年上半年的 4 年间有了飞速发展，但是这期间短期信用违约掉期的时间结构并未发生大的变化，以 1 年和 1 年之内的产品为例，其占比保持在 7.72% 到 7.24% 之间的水平；但是，金融危机后，2008 年下半年到 2012 年上半年 1 年和 1 年之内的产品占比从 6.56% 持续上升到了 21.37%，显示金融危机后市场参与者对短期信用违约掉期偏好的提高；从 2004 年下半年底到 2008 年上半年底，1 年到 5 年的产品占比在持续下降，而同期超过 5 年期限的产品的占比却持续上升，这表明 2004 年下半年到 2008 年上半年，市场参与者对长期保险越来越感兴趣；但是，从 2007 年下半年开始，由于当时美国房地产价格持续下降导致市场对美国次贷危机的预判，很多金融机构已经预感到了事态的严重程度，5 年以上的信用违约掉期的占比开始下降，同时 1 年到 5 年的信用违约掉期的占比却在上升；比较 2008 年 6 月底和 2008 年底的份额，三类产品的占比虽然发生了趋势的变化，但是变化程度却不大。金融危机之后，从 2009 年 6 月底到 2015 年 6 月底，1 年和 1 年之内的信用违约掉期占比虽然较之前显著上升，但是存量却显著下降，同时 5 年期以上的信用违约掉期的占比仍在持续萎缩。

2.7.4 雷曼兄弟愿意和解的衍生产品金额

由于银行间衍生产品交易的隐蔽性，我们经常难以获得各类产品买卖双方的准确数据。十几年来国际金融市场发生的主要事件，比如 1995 年巴林银行倒闭、1997—1998 年的亚洲金融危机导致的相关法律诉讼往往可为我们提供一些交易的产品及相关的主要对手的情况。雷曼兄弟（Leman Brothers Holdings Inc）2010 年 5 月 31 日提出衍生品诉讼和解方案，拟与 13 家大型华尔街银行（美国银行、巴克莱、法国巴黎银行、花旗集团、瑞信、德意志银行、高盛、摩根大通、美林、摩根士丹利、苏格兰皇家银行、法兴和瑞银）就衍生品交易诉讼提出和解方案（Palmer，2011）。2010 年 6 月，多达 30 余家金融机构向雷曼兄弟提出高达 220 亿美元的衍生品交易索偿，而根据雷曼兄弟提出的和解方案，赔偿金额将缩水至 100 亿美元。雷曼兄弟在金融危机前参与交易了大量的商业按揭支撑证券，并交易了大量相关的衍生产品。这些衍生产品的具体产品分类及占比我们难以获得，但是高达百亿美元的交易索偿额和和解金额显示出这些衍生产品的规模。

2011 年 6 月 29 日，雷曼兄弟控股公司（LEHMQ）已经就一项总额 650 亿美元的清盘计划达成协议，协议的另一方包括以对冲基金保尔森基金（Paulson & Co）为首的债券持有人团体，以及高盛集团和摩根士丹利等衍生品债权人。雷曼兄弟表示，该公司旗下衍生品部门将向债权人分配 142 亿美元资金。

2.8 信贷标准下降是祸根，国际流动资金是基础

2.8.1 信贷标准下降是祸根

信贷标准的下降是美国监管当局对市场采取放任态度的必然结果，监管者认为市场可以自我调节，因此没有对市场进行及时地控制或纠正。结果，在房地产价格上升时皆大欢喜；但在价格持续回落时，问题全部浮出水面，最终导致巨大损失。

2.8.2 美国联邦储备银行对金融危机成因的解释

美联储前主席伯南克 2011 年 2 月 18 日在法兰西银行午餐会的演讲（Bernanke，2011）和他提交给在巴黎召开的法国央行会议的报告中，对金融危机的爆发作出了最新的解释。伯南克强调金融危机的主要原因在国内，即美国金融系统的糟糕表现以及监管的松懈，而美国未能富有成效地使用和监管从其他国家流入的巨额资金是金融危机爆发的主要外因。伯南克的具体研究则集中于海外投资者购买评级不当的 AAA 级美国证券如何拉低了利率，进而助长了过度冒险和举债，这些行为是美国房产泡沫的背后推手。

伯南克与 3 位美联储经济学家共同署名的长达 38 页的报告特别提到了欧洲。报告认为，21 世纪前 10 年中期，欧洲对于安全性和流动性较好的美国国债和机构债券的需求也十分强烈，这与以中国为首的储蓄过剩的亚洲国家以及中东石油出口国类似。但欧洲投资者购买的美国证券的范围更大。更重要的是，与亚洲和中东国家不同的是，欧洲的经常项目处于平衡状态，因此，当时是通过发债来为购买这些证券提供资金，而亚洲和中东国家则是凭借巨额贸易顺差来购

买美国证券。在寻求拓宽资产范围的同时，欧洲投资者依然重视安全性。

美国的"金融工程师们"因此产生了强烈的动力，开发那些将高风险贷款转化为高评级证券的投资产品，比如抵押贷款支持证券。伯南克的演讲将金融危机的内在原因总结为房地产市场按揭和证券化相关激励机制有缺陷，金融机构风险管理不到位，信用评级机构利益冲突，政府支持的房地产相关企业的资本不足和激励不足，金融监管结构有差距和不足及监管失误。外在原因就是对跨境资金监管的缺位和不足。即使美国这个世界最大的经济体和最大的金融市场对跨境资金监管不到位也会对经济和金融体系带来巨大的冲击，跨境资金监管对其他国家，特别是对新兴市场国家更具挑战性。

2.9 金融创新在金融危机中的作用

美国次级债风波爆发几年来，特别是金融危机爆发后一年多时，国内外众多专家和金融从业人士对此次危机爆发的根源做过多种探讨和研究，但由于问题涉及面广，同时涉及诸多结构复杂的金融产品，均难以对危机爆发的原因有系统、深入、全面的介绍和分析。金融危机前后涉及的主要金融产品如证券化产品和信用违约掉期等都有多年的发展历史，几十年来国际市场上并没有发生过如此巨大的系统性危机，却唯独在 2008 年发生了。究其原因，从产品历史和危机爆发的时间来判断，并不是产品本身导致了金融危机的爆发。因为所有的金融衍生产品皆有一个基础市场，这些基础市场就像我们盖房或者盖楼的地基，如果地基打得不牢固，那么建在地基之上的楼房轻则发生倾斜，重则发生倒塌，所以，危机爆发的主要原因是房地产市场泡沫的破裂导致房地产价格持续下降，进而引发建立在各类房地产贷款之上的各类金融产品价格急剧下降，并对大量金融机构造成冲击。

金融危机爆发之前，美国房地产业贷款标准下降的现象并没有得到及时校正，诸如无首付按揭、推迟首付贷款和次级贷款等实际上并不是真正意义上的金融创新，而是连基本的审慎商业原则都没有遵循的金融投机活动。这从另外一个方面为金融创新正了名。

诚然，金融危机爆发之前，监管相对缺位，证券化产品再证券化、衍生产品和抵押贷款等操作使杠杆率过高，这些均导致金融资产缩水加速，对危机的恶化起了一定的推波助澜作用，但是我们不能简单地说是金融创新导致了金融危机。

2.10 金融危机对美国债券市场的影响

债券市场是资本市场最重要的组成部分，也是支撑相应国际货币最重要的场所。金融危机给美国债券市场带来了重要的影响。本节简单介绍金融危机后美国债券市场的主要变化，对我国债券市场的发展有一定的借鉴意义。

2.10.1 金融危机对美国债市结构的影响

美国债券市场是一个庞大的市场，金融危机虽然使得整个美国债券市场规模增速有所减缓，但是并没有使得整个市场的规模下降。尽管整个美国债市市值没有下降，但是，资产支持债券、货币市场和联邦机构债券的市值却下降显著。

图 2-4 给出了 1990 年到 2014 年美国债券市场主要债券类型年底市值占比。该图显示，受到次贷危机的冲击，按揭相关债的市值占比持续下降，从 2008 年的 28.57% 下降至 2014 年的 22.39%，相比之下受到超低利率的刺激，美国企业发债意愿持续上升，于是企业债成为次贷危机后占比有所上扬的主要债券品种，企业债的市值占比从 2008 年的 16.34% 上升至 2014 年的 20.11%。不过次贷危机后美国债券市值结构变化中，最引人注目的是美国联邦政府债占比的大幅攀升，美国联邦债的市值占比从 2008 年的 17.44% 飙升至 2014 年的 32.07%，取代次贷危机之前无限风光的按揭相关债重回最大的债券类型的位置。美国政府大幅度地发行联邦政府债券对美国联邦政府信誉和美元的信誉产生了相当大的负面影响，同时也对世界其他国家和地区的经济和金融市场产生了很大的冲击。

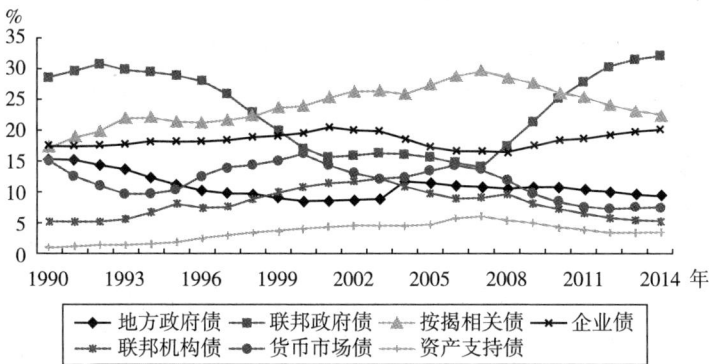

数据来源：证券业和金融市场协会（The Securities Industry and Financial Markets Association, SIFMA）。

图 2-4 1990—2014 年美国债券市场主要债券类型年底市值占比

2.10.2 金融危机对美国债券市场交易的影响

金融危机不仅对美国债券市场结构产生了巨大的影响，同时对债券市场的流动性及其分布也产生了重要的影响。图 2-5 给出了 1996 年到 2015 年 3 月美国债券市场主要债券类型日均成交额占比。该图显示，美国联邦政府债的成交量明显超过所有其他任何类型的债券，仅 2009 年除外，美国联邦政府债的成交量超过整个债券市场一半以上；从 2004 年到 2009 年，虽然美国联邦政府债的成交量占比持续缓慢下降，但是 2009 年到 2015 年，该占比重新回升到接近 70% 的高位。这些数据表明，由于流动性使得美国政府债券变得更为重要。该图同时显示，按揭相关债券的流动性仅次于美联邦政府债，地方政府债再次之。

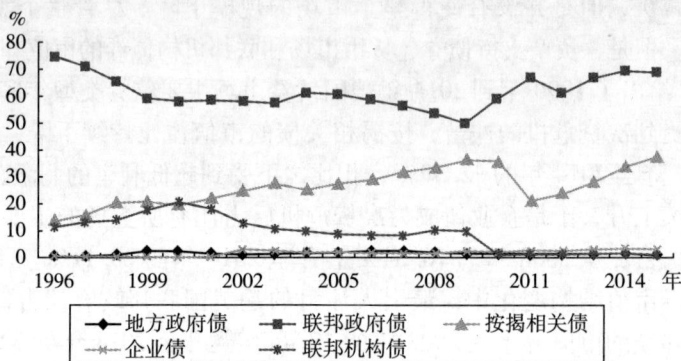

数据来源：证券业和金融市场协会（The Securities Industry and Financial Markets Association, SIFMA）。

图 2-5　1996—2015 年美国债券市场主要债券类型日均成交额占比

从 2007 年到 2015 年 3 月，美国联邦政府债券日均成交额从 5702 亿美元下降到了 5245 亿美元，下降了 457 亿美元；而同期其他债券日均成交额从 4447 亿美元大幅下降到了 2405 亿美元，下降了 2042 亿美元，导致联邦政府债日均成交金额占比不降反升。

2.10.3　金融危机对美国债券市场"换手率"的影响

图 2-5 给出的美国债券市场不同类型的债券交易占比数据没有像我们期望那样显示出金融危机带来的巨大变化，因为联邦政府债券和按揭相关债券成交占比拐点皆出现在 2009 年，并不是 2007 年或者 2008 年。这是因为图 2-5 仅考虑到总成交金额占比，而没有考虑到交易规模相应的市场规模，即不同类型债券对应的市值。应该注意的是，2007 年底到 2014 年底美国联邦政府债券的市值增长了 176%，而同期成交额不仅没有上升而且还下降了 11.4%，表明美国政府债活跃度明显下降了。

我们将股票市场换手率的概念（年成交金额与年底市值比例）引入美债券市场。图 2-6 给出了 1996 年到 2014 年美国债券市场主要债券类型的"换手率"。该图显示，从 1996 年到 2000 年按揭"换手率"并没有发生多大的变化，而从 2000 年到 2008 年持续增长到了接近 9.12 的高位，但是金融危机后持续下降，近两年又有所回升，到了 2014 年末为 7.09；地方政府债券和政府机构债券的"换手率"则在 2008 年金融危机后持续下跌，丝毫没有回升的迹象。

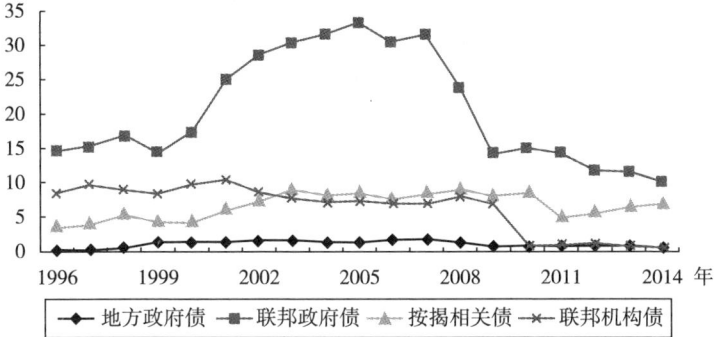

数据来源：根据图 1-4 和图 1-5 的数据计算得出。

图 2-6 1996—2014 年美国债券市场主要债券类型的"换手率"

相比之下，美国联邦政府债券的"换手率"却发生了巨大的变化：1996 年到 1999 年保持在 15 上下的水平，而从 1999 年到 2005 年持续显著增长到了超过 33 的高位；从 2007 年开始，美国联邦政府债券的"换手率"就一路下滑，到 2014 年末已经只有 10.1，不仅显著低于金融危机前的高峰，而且明显低于 1996 年 15 的水平。虽然美国联邦政府债券的"换手率"在 2008 年金融危机进入高潮前就已经开启了下降的轨道，但是金融危机很显然加速了美国联邦政府债券"换手率"的急剧下跌；金融危机后不仅美国政府债券换手率大幅度地下降，而且联邦机构债、按揭相关债券和地方政府债券的换手率也不同程度地有了下降。

2.11 美、欧金融危机后加强金融衍生产品监管的新举措及其影响

2.11.1 美国金融危机后加强金融衍生产品监管的新举措

美国在金融危机爆发不久就对金融衍生产品对美国金融体系的影响进行了研究和探讨，危机爆发之后不到一年，美国国会于 2010 年 7 月 21 日通过《多德—弗兰克法案》（Dodd - Frank Act，简称 DFA），对美国金融机构和非金融机构衍生产品加强监管，同时建立金融消费者保护机构局，专门加强金融消费者的保护工作。有兴趣的读者可参考 Morrison & Foerster（2010）。

2.11.1.1 "沃尔克规则"（Volcker Rule）

《多德—弗兰克法案》最引人注目的是第六款——"沃尔克规则"（Volcker

Rule）：禁止银行机构和其他具有系统重要性的非银行金融机构参与自营交易、赞助或投资对冲基金和私募基金。"沃尔克规则"实施的时间为 DFA 确立之后两年或实施细则公布后一年两者较早的时间。《多德—弗兰克法案》通过快三年了，但是该规则实施的时间看来要推迟了，因为它受到了美国银行界相当程度的抵制。按照 2010 年生效的《多德—弗兰克法案》，2012 年 7 月 21 日"沃尔克规则"将开始生效。美国财政部、美联储、联邦储备保险公司和美国证监会于 2011 年 10 月 11 日公布的一个长达 298 页的"沃尔克规则"，这里拟不细述。

2012 年 4 月 19 日，美联储公布一项规定，允许银行在两年的时间内达到"沃尔克规则"的要求，之后监管当局会加大该规则的执法力度。如果该时间不再推迟，2014 年 4 月应该是该规则切实实施的时间起点。2013 年 12 月美联储、美国存款保险公司、美国货币监理署、美国证监会和期监会五个金融监管部门同意并签署了"沃尔克规则"的最后版本，要求美国金融机构截至 2015 年 7 月 21 日为实施该规则的最后时间（"U. S. regulators approve Volcker rule, seeking to limit Wall Street trades"，新华网，2013 年 12 月 11 日）。

2014 年第三季度，"沃尔克规则"开始生效（窦海洋，2014），该规则的实施将对美国以致国际金融市场产生重要的影响，第 1 章国际外汇、股票和债券市场交易，特别是场内外衍生产品市场的回落应该与该规则的实施有关。可以预期，2015 年以后至今几年国际场内外衍生产品市场将会出现持续多年的回调或低速增长。

2.11.1.2　第七款授权美国金融监管机构对衍生产品加强监管

《多德—弗兰克法案》第七款授权美国期监会（CFTC）对互换（Swaps），美国证监会（SEC）对证券互换，美国其他审慎监管机构如财政部、美联储、存款保险公司（FDIC）、美国货币监理署（OCC）、农业信贷局（FCA）、美国房屋金融监管机构（FHFA）等机构对金融衍生产品加强监管。该条款要求银行转移所有衍生产品业务从而与其非银行子机构的衍生产品业务相隔离；允许银行控股公司保留互换子公司；存款保险公司保险的存款性金融机构可以继续开展对冲、利率和汇率互换及中央结算的信用违约互换（CDSs）等。有兴趣的读者可参考 Morrison & Foerster（2010），从而了解更多的相关情况。

"《多德—弗兰克法案》是对防止 2008 年事件重演这一艰巨任务的大体上正确的回应。该法案需要得到切实地执行。但现在，信心不足（而非过度自信）才是问题所在，它有必要成为政策关注的重点"。

2.11.2　欧盟金融危机后加强金融衍生产品监管的新举措

为了应对美国立法对金融衍生产品加强监管的新举措，欧盟委员会于 2010

年 9 月 15 日公布了对银行间（OTC）衍生产品和市场微观结构监管的一系列新要求。这些要求主要包括对银行间衍生产品交易的新要求和中央清算机构等内容。欧盟监管要求直接可以应用于欧盟成员国，不需欧盟成员国再另外发布其他的监管要求，从而促使欧盟成员国间监管协调。欧盟委员会授权欧洲证券和市场监管局（European Securities and Markets Authority，ESMA）监管。欧盟市场微观结构监管中的欧盟市场微监管（European Market Infrastructure Regulation，E-MIR）要求银行间衍生产品通过中央清算并提出了中央清算的相应监管，银行间衍生产品的监管包括金融机构和非金融机构的监管，对超过清算界限的非金融机构只需满足中央清算的要求。欧盟委员会对银行间衍生产品的监管还对银行间清算和为清算的衍生产品提出了更高的报告要求：所有衍生产品必须在第二个工作日结束前向监管当局汇报。有兴趣的读者可参考 Clifford Chance（2010），从而了解更多的相关情况。

2.11.3　美、欧盟加强金融衍生产品监管举措的实施对亚洲及国内衍生产品市场发展的影响

随着《多德—弗兰克法案》的实施，美国金融机构由于在美国从事自营交易会有一定限制，柜台交易的衍生产品的活跃性会有一定的下降，同时作为对冲工具的场内衍生产品交易也会受到一定的影响。金融危机后 2010 年和 2011 年全球交易所金融期货和期权的成交金额又适度回升后，2012 年金融期货和期权的年成交额比 2011 年下降 27.4%，降幅超过 2009 年下降的幅度 24.9%。这些数据证实了我们上文的判断：《多德—弗兰克法案》的实施会对全球衍生产品市场产生显著的影响，对投机会有可观的制约。美国对金融机构自营交易的限制很有可能将相应的交易推移到中国香港和新加坡这样以自由著称的亚太地区的金融中心的金融衍生产品市场，这要求我们密切关注中国香港特别行政区和新加坡两地市场的变化，从而为国际金融衍生产品通过该两地流入我国境内做好监测和监管的准备。特别是新加坡在金融危机爆发以来积极开拓发展空间、提升国家竞争力方面的诸多努力显示，新加坡在容忍美欧资金流入会比中国香港采取更积极的努力，我国应该多加关注。

2.11.4　美国、欧盟加强金融衍生产品监管举措实施的时间及对国际金融衍生产品市场的影响

美国和欧盟委员会对金融衍生产品的监管要求皆将于今后两年内逐渐开始实施。虽然两地监管的细节还有待进一步地细化和落实，但是加强监管是必然的趋势。这些举措的实施一定会对国际场内外衍生产品市场带来重大的影响。因为具体细节和实施的力度还没有明确，而且距离实施完成还有一段时间，我

们目前难以对这些监管措施对国际金融衍生产品市场的影响进行具体的分析，但是我们可以很有把握地估计，这些监管措施的有效实施一定会促使国际金融市场健康地发展，因为它们将对多年来国际市场过度投机带来一定的约束，对国际金融市场的风险管控很有益处。

2.11.5 美国、欧盟加强金融衍生产品监管举措的实施对我国金融市场发展的影响

上文介绍了美国、欧盟加强金融衍生产品监管举措的实施对国际金融市场的影响，这些影响对我国逐渐更加开放的金融市场的发展将带来更好的外部环境，但是我们要学习和追赶的任务仍然很艰巨。

美国、欧盟加强金融衍生产品监管举措的实施对我国金融市场发展的另外一个方面是对中国香港的影响，特别是通过中国香港对我国内地的影响。上文我们简单介绍了美国"沃尔克规则"将在美国国内对投机性交易进行限制，欧盟也有了一定的应对措施，而中国香港和新加坡两个多年来以"自由"著称的亚洲城市金融中心将很可能是在其国内不好充分发挥功能的美国的银行最合适的场所。特别是新加坡，今后数年作为境外人民币交易中心的地位将更加突出，国际金融机构通过中国香港将各种投资性的产品和交易带入内地，对风险识别和管理经验仍然有限的我国企业和金融机构将带来较大的影响，我们不得不提前做好相关的监测、监管等准备。

2.12 本章总结

本章我们对金融危机爆发的主因及其涉及的主要产品进行了较为系统、简洁的介绍和分析。我们认为，金融危机爆发的主要原因是美国房地产信贷标准持续下降并且没有得到及时纠正。由于杠杆效应，相关证券化产品和衍生产品对危机的爆发和蔓延在一定程度上起到了推波助澜的作用，但并不是危机爆发的真正起因。

很多信贷标准下降的业务根本算不上真正意义上的金融创新，而是连基本的审慎商业原则都没有遵循的金融投机活动。因此，我们不能说金融危机是金融创新惹的祸。在当前国内外经济金融形势下，我们不仅不能因噎废食，还要在风险可控的前提下加速我国金融创新的进程。

根深才能叶茂，源远才能流长。经济是金融的主体，金融服务实体经济，不能脱离实体经济任意发展。虽然目前我们对本次金融危机还不能下最后的结论，但是杠杆过高、监管缺位和随意发展的金融模式显然是难以持续的。尽管金融危机爆发于美国，但是我们不能忽视美国在科技和金融等领域的创新能力，

正如摩根大通主席兼首席执行官杰米·戴蒙（Jamie Dimon）所说，"不要小看美国经济的自我修复能力"。这种自我修复能力除了与美国资本市场的深度和广度、美国自主创新能力密不可分外，也与美国巧妙利用其地缘政治和军事实力及时打压潜在竞争者的能力密不可分。几年前的欧债危机和今年以来北约对俄罗斯的制裁可使我们清楚地看出国际金融危机后美元的地位未降反升的战略思路和实施。今后我们仍然要密切跟踪、仔细分析美国乃至国际市场在金融危机后的变化，继续学习别人的长处，取长补短。只有这样，我们才能梳理脉络，"强身健体"，通过加速创新来继续完善我们的金融体系，更好地为实体经济服务。

第 1 章国际金融危机前后国际衍生产品市场变化的数据显示，以美国为首的西方发达国家国际金融危机后对金融危机爆发的原因有一定程度的反省，而且也采取了一系列法律措施，对自营和投机交易有更严格的限制和监管，这些法律法规已经在市场上有了一些反映。随着这些监管措施的逐渐实施，国际衍生产品市场将会出现较为良性的增长，为人民币国际化的推动和境内外人民币衍生产品市场以至整个人民币金融市场的发展营造较好的国际环境。

随着美国《多德—弗兰克法案》，特别是"沃尔克规则"的实施，美国金融机构在美国国内过度投机将受一定程度的制约，然而美国金融机构的相应交易很可能会转移到中国香港特区和新加坡这样的亚洲金融中心。由于中国香港是我国内地通向海外的桥头堡，也是境外最大的人民币中心，新加坡 2013 年取代日本成为亚洲最大的外汇交易中心和除中国香港外境外最大的人民币中心的特殊地位，我们今后需要对中国香港和新加坡金融市场的动态，特别是金融监管的变化高度关注。

参考文献

［1］郑博宏：《美国五大行回购超 400 亿 ARS 危机探金融创新底线》，载《21 世纪经济报道》，2008 - 08 - 19。

［2］徐滇庆：《房价与泡沫经济》，北京，机械工业出版社，2006。

［3］窦海洋：《美国金融监管机构颁布"沃尔克规则"》，光明网 - 光明日报，2014 - 09 - 21。

［4］张光平：《人民币国际化和产品创新》（第六版），中国金融出版社，2016。

［5］Teather，David："The Woman Who Built FinancialWeapon of Mass Destruction"，The Guardian，September 20，2008. Accessed3 - 17 - 09.

［6］Engdahl，William."Credit Default Swaps the Next Crisis"，July 6，2008.

http：//www. financialsense. com/editorials/engdahl/2008/0606. html.

［7］Tett, Gillian："The Dream Machine：Invention of Credit Derivatives", Financial Times, March 24, 2006. Accessed3 - 17 - 09.

［8］Dell'Ariccia, Giovanni, Deniz Igan, Luc Laeven： "Credit Booms and Lendings Standards：Evidence from the Subprime Mortgage Market", February 2008.

［9］Bernanke, 2011, "Global imbalances - links to economic and financial stability", at the Banque de France Financial Stability Review Launch Event, Paris, 18 February.

［10］Bernanke, Ben S. B, Carol Bertaut, Laurie Pounder De Marco, and Steven Kamin, 2011, "International Capital Flows and the Returns to Safe Assets in the United States, 2003—2007", Board of Governors of the Federal Reserve System, International Finance Discussion Papers, Number 1014, February 2011.

第3章　国际化趋势下
人民币产品创新和风险管理的迫切性

创新是人类社会发展和进步的永恒动力，是竞争和生存的力量源泉。从某种意义上说，人类历史就是一部创新史。任何一种文化、一个民族、一个国家的存亡兴衰，无不与其对学习、进取和创新的态度及力度密切相关。在岁月的长河中能留下来的只有创新的浪花和涟漪。十八大报告要求金融业"加快发展多层次资本市场，稳步推进利率和汇率市场化改革，逐步实现人民币资本项目可兑换；加快发展民营金融机构；完善金融监管，推进金融创新，提高银行、证券、保险等行业竞争力，维护金融稳定"，为广大金融业工作者指明了方向。报告要求"坚持走中国特色自主创新道路，以全球视野谋划和推动创新，提高原始创新、集成创新和引进消化吸收再创新能力，更加注重协同创新"，把创新提升到了新的高度。十八届三中全会决定明确指出要"鼓励金融创新，丰富金融市场层次和产品"。

2014 年中央经济工作会议明确指出要稳步推动人民币国际化。经过三十多年的发展，我国经济、贸易和资本市场规模等都达到了全球前三位的排名，为人民币成为主要国际货币打下了较为坚实的经贸基础。然而多年来我国外汇和资本市场虽然有了可喜的发展，但对人民币成为主要国际货币的支持力度仍需显著提高，资本市场层次，特别是金融产品创新能力还有待显著提高。

尽管受到国际金融危机的冲击，经济全球化和金融全球化的步伐在不少国家和地区均受到了不同程度的影响，但是经济全球化和金融全球化的历史车轮仍将继续前进。在经济全球化和金融全球化浪潮的推动下，特别是随着我国国际经济地位的进一步提升，我们不能仅仅满足于自身纵向比较，更应该积极主动地与发达经济体及其货币，与世界平均水平相比，从中找出差距，找到我们需要改进和提高的方面，进而为人民币成为国际储备货币和主要国际货币做好准备。

随着我国经济发展速度的稳步增长和世界排名的提升，中国企业"走出去"的步伐逐步加快，境外机构和企业来华投资的规模也随之增加，外币业务占我国金融业的比重将进一步增大，特别是人民币业务随着人民币国际化的步伐的加速将迅速增长。人民币作为我国的本币，今后多年我国金融机构的绝大部分资产仍将是人民币资产，人民币产品的创新和市场的发展将是我国金融创新的重中之重。随着人民币国际化进程的稳步推进，无论中国的投资者还是境外投资者，对人民币产品创新的需求都会逐步增加，理念创新、机制创新和管理创新等都是金融创新的重要内涵。但是，各类金融机构的业绩和利润都要通过产品和服务来实现，因此金融创新落到实处的还是产品的创新。所以，人民币产品创新是我国金融创新的关键所在。我们在前一章着重分析了美国金融危机的起因和金融创新的作用，结论表明，金融危机并非由金融创新所致。尽管我国也受到金融危机的冲击，但是我们不能因噎废食，放缓金融创新的步伐，反而应该有步骤地推进我国金融创新的进程。在本章，我们将着重分析人民币国际化的经贸基础和产品创新的迫切性。

3.1 人民币国际化的经贸基础已经具备

2014 年我国国内生产总值占世界比重提升到了 13.4%，人均 7589 美元。2014 年我国贸易总额 4.3 万亿美元，占世界贸易的比重从 2012 年的 10.3% 上升到了 10.9%。表 3 - 1 给出了 2014 年美国、欧元区、日本、英国和中国大陆国

表 3 - 1 　　　　　　　2014 年主要货币经济母体生产总值、贸易、
外汇交易占比等主要市场相关世界占比和排名　　　　单位：%

国家和地区	美国	欧元区	日本	英国	中国大陆	中国大陆排名
国内生产总值世界占比	22.53	17.32	5.97	3.81	13.43	3
贸易世界占比	10.3	24.2	4.4	3.1	10.9	2
出口世界占比	8.3	24.9	4.2	2.8	11.5	2
进口世界占比	12.3	24.1	4.7	3.4	10.2	3
货币贸易融资占比*	81.08	6.64	1.36	0.25	8.66	2
货币国际支付占比	44.64	28.30	2.69	7.92	2.17	5
国际债券存量占比	40.42	41.14	1.97	9.63	0.54	8
股票市场市值占比	40.16	11.84	7.59	6.52	8.95	3
股票市场年成交额占比	52.07	6.63	10.92	1.35	15.01	2
在世界银行的投票权	15.85	19.67	7.62	4.17	2.77	5
国际货币基金组织特别提款权份额占比	17.70	23.23	4.51	6.57	4.00	5
国际货币基金组织投票权	16.75	22.49	4.29	6.23	3.81	5
本币在外汇市场日均成交金额世界占比	42.75	17.60	10.75	6.26	1.23	12

数据来源：GDP 数据根据国际货币基金组织 2015 年 4 月公布的世界各国 GDP 数据计算得出，贸易占比数据根据世界贸易组织 2014 年公布的主要国家 2013 年贸易增长数据和 2012 年贸易数据计算得出；股票市值和交易额占比数据根据世界交易所联望数据计算得出，债券占比根据国际清算银行数据计算得出，本币外汇交易占比根据国际清算银行 2013 年 12 月公布的 2013 年 4 月日均交易数据结果；世界银行投票权和国际货币基金组织的投票权及份额来自这两家机构的网站；人民币相应的日均成交占比是挤出水分后的合理数据（张光平，2014）；货币跨境数据为环球同业银行金融电讯协会（SWIFT）2014 年 12 月的数据。

内生产总值、贸易、股票市值及其年交易额、本币外汇市场成交额世界占比及排名。由于我们的目标是比较主要货币母体的经贸等相关内容，因此将欧元区作为一个整体来排名。

表3-1显示，2014年我国国内生产总值世界占比13.4%，排名第3，贸易总额世界排名第2（如果按照国家和地区经济排名皆为第2，欧元区作为一体则皆排名第3），占世界比重分别为12.1%和10.0%，其中出口和进口分别排名第2和第3。2012年我国经济和贸易的世界占比首次同时超过了一成，贸易世界占比与美国占比仅差0.04%，2013年中国大陆贸易占比首次超过美国，2014年保持了世界贸易最大国的地位，表明人民币作为主要国际货币的经济和贸易规模已经达到了可观的水平，人民币成为世界第三大货币的经贸基础已经基本具备。

以上经贸宏观指标已经达到世界前三的排名，为人民币国际化打下了较好的基础。良好的经贸基础为人民币成为主要国际储备货币创造了条件。我们下文介绍，2015年人民币有望成为国际货币基金特别提款权一揽子货币的第5个，标志着人民币国际化的阶段性成就。但是我国外汇市场仍然处于初级阶段，2010年我国人民币外汇成交金额全球排名仅为21位，表3-1显示2014年人民币外汇成交金额世界排名提高到了9位，4年提高了12位，成绩显著。实际上，2010年到2014年人民币国际化水平显著提高的主要贡献是境外人民币市场的快速发展所致；如果仅以国内人民币外汇交易占比计算，2013年到2014年国内人民币外汇交易世界占比从0.84%提高到了0.93%，世界排名保持在第20位不变，仅比2010年提高了1位，显示国内人民币外汇市场发展相对缓慢，需要显著提高。

人民币国际化的进展要求境内外人民币外汇市场要协调、持续、稳步、快速发展。无论从外汇市场的成交量还是从外汇市场的产品种类来看，人民币目前仍然是一个很小的币种，与我国的经贸地位极不匹配。人民币国际化程度越高，境内外投资机构对国内资本市场和银行业的人民币产品种类的需求就会越高，相应的风险管理要求也会越高。换句话说，人民币国际化的逐步推进，需要国内有更加成熟和完善的人民币产品市场，而成熟和完善的人民币产品市场需要我们通过人民币产品创新来逐步实现。

我们虽然在人民币跨境贸易结算、人民币国际债券的发行和交易、人民币投资等方面获得了可喜的成绩，然而这些领域的持续稳步发展皆需要人民币外汇市场相应地持续稳步发展。没有人民币外汇市场的协调、稳步、健康发展，人民币的各项国际功能难以持续稳步发挥。除人民币外汇市场外，国内人民币债券和利率风险管理市场、股指期权、利率期权等市场也需要持续稳步增长，我们在第五篇将介绍国内人民币主要产品和市场发展情况。

3.2 2016年人民币纳入国际货币基金一揽子货币并成为国际储备货币

国际货币基金组织总裁拉加德在国际货币基金组织和世界银行2015年春季会议上表示，国际货币基金组织年内决定是否将人民币纳入"SDR（特别提款权）货币篮子"，"拉加德强调，人民币的'可使用性爷将成为年内的评审重点"（"IMF总裁拉加德表示：人民币'可使用性爷成为评审重点"，中国经济网，2015年4月20日）。中国人民银行周小川行长在2015年3月29日博鳌亚洲论坛上表示"我们今年有希望可以对《外汇管理条理》做一次彻底的梳理。从新的规则来讲，我们认为中国将基本实现资本项目可兑换"（中国人民银行网站，2015年4月2日）。2015年我国资本项目可兑换的加速推进将有效提高人民币的"可使用性"，加上今年夏天人民币成为全球第4大支付货币将会增加2015年底前国际货币基金组织评估人民币进入其特别提款权的可能性。人民币进入国际货币基金组织特别提款权货币篮子将是人民币国际化进程中的重要里程碑。

国际货币基金组织2015年8月3日公布了该组织2015年7月16日完成的"国际货币基金组织一揽子货币估值方法评估——初步考量"（REVIEW OF THE METHOD OF THE VALUATION OF THE SDR—INITIAL CONSIDERATIONS）报告。该报告对人民币纳入一揽子货币主要指标进行了评估（我们在第63章将详细介绍相关指标达标的程度）。基于这些评估结果，国际货币基金组织总裁于2015年11月13日宣布，"基于对国际货币基金组织一揽子货币的5年评估的结果，人民币已经连续多年满足了纳入一揽子货币的出口标准，而且也满足了该组织"可自由使用"的相关标准。因此该组织提议将人民币加入一揽子货币交给该组织执行董事会在2015年11月30日投票决定"（国际货币基金组织网站，"Statement by Ms. Christine Lagarde on IMF Review of SDR Basket of Currencies"，2015年11月13日）。"人民银行欢迎国际货币基金组织总裁的声明，对基金组织工作人员有关人民币加入SDR的分析和建议表示赞赏，这也是对中国经济发展和改革开放所取得成绩的肯定。中方认为，人民币加入SDR有助于增强SDR的代表性和吸引力，完善现行国际货币体系，对中国和世界是双赢的结果。中方希望各方支持人民币加入SDR。中方期待并尊重11月30日执董会讨论的结果。今后中方将继续坚定不移地推进全面深化改革的战略部署，稳步推动金融改革和对外开放"（"中国人民银行有关负责人就国际货币基金组织总裁拉加德关于SDR审查的声明答记者问"，人民银行网站，2015年11月14日。）

2015年11月30日，国际货币基金组织执行董事会决定，从2016年10月1日起人民币将纳入国际货币基金组织特别提款权一揽子货币（SDR），成为国际第五货币。这是人民币国际化进程的重要里程碑，可喜可贺。2016 年 2 月 18 日，国际货币基金组织公布了基于 2015 年 11 月 30 日作出的人民币开始正式纳入一揽子货币的决定，该组织将从 2016 年第四季度开始将对人民币在全球外汇储备构成（Currency Composition of Official Foreign Exchange Reserves）中单独识别。换句话说，从人民币将于 2016 年 10 月开始正式成为国际储备货币，而且从 2016 年第四季度开始我国将有人民币国际储备的可比数据。

3.3　近年来人民币在亚太地区的影响力显著提高

随着人民币国际化的持续推动，特别是境外人民币市场的快速发展，近年来人民币对亚太地区的外汇市场的影响也在持续提高。作为亚太地区绝大多数国家和地区的最大贸易伙伴，人民币在亚太地区的影响力显著提升。近年来多个研究报告（Shu, Chow and Chan（2007），Fratzscher and Mehl（2011），Henning（2012）and Subramanian and Kessler（2012））显示，2005 年 7 月汇改之后，人民币对亚洲货币的影响力显著增强。2005 年到 2010 年人民币对其他亚洲货币的影响应该主要是我国大陆与其他亚洲国家和地区密切的贸易关系所致，然而近年来人民币汇率灵活性和人民币国际化推动的一系列举措的实施为人民币对其他亚太货币的影响注入了新的动力。

根据 2010 年 9 月 1 日到 2013 年 9 月 30 日超过 3 年的数据，国际清算银行 Shu、He 和 Cheng（2014）的最新研究表明，国内人民币汇率和境外人民币汇率近年来都对其他亚洲货币产生显著的影响力。具体来说，如果国内人民币对美元升值1%，那么其他亚洲货币对美元平均将升值0.61%；如果境外人民币对美元升值1%，那么其他亚洲货币对美元平均将升值0.38%，显示国内人民币对美元汇率比境外人民币兑美元汇率对其他亚洲货币有更大影响力。国内人民币汇率对其他亚洲货币的影响力可能是市场参与者对国内货币等政策信号解读释放所致。

3.4　国内人民币产品创新和发展是境外市场倒逼的必然结果

前文指出，近年来人民币的国际化程度显著提高，对亚太地区其他货币的影响力持续增强。第六篇和第八篇诸多章节显示，近年来境外人民币外汇即期、远期、掉期和期权市场持续快速增长，而国内相应的市场增长率却相对平缓，境外人民币市场流动性超过国内人民币市场的流动性的格局已经形成，而且内外不平衡的状态还在扩大。具体来说，2010 年离岸人民币市场才启动，到 2013 年离岸市场人民币外汇日均成交金额达到了国内的 2/3 上下，而 2014 年前则首次超过后者，2015 年前则有望超过后者一倍多。随着境外人民币中心人民币业务的加速发展，境外人民币市场创新的力度也随之加大，各类境外人民币产品将通过各种渠道流入国内，推动和带动国内人民币市场的发展。

以近年来境内外人民币市场发展的格局和态势来判断，今后几年境外人民币市场倒逼国内市场发展的格局将逐渐清晰。通过境外市场倒逼国内市场的改革和发展当然是一件好事，但是如果境外市场流动性相对国内过高，国内大多产品的定价也如之前多年依赖境外人民币无本金交割产品一样依赖境外人民币可交割市场，对国内人民币市场的发展提出更高的要求。

3.5 金融创新和市场发展有利于市场机制逐步完善

党的十八届三中全会决定明确指出要"鼓励金融创新，丰富金融市场层次和产品"，为国内金融市场发展指明了方向。

3.5.1 远期和期货市场的功能

坚持市场经济的方向并让市场逐步发挥决定性作用的战略决策不会随世界经济和金融形势的变化而变化。市场经济的发展需要按照市场的原则和规则来投资、生产和消费。投资和生产的决策不仅需要现货市场的即期价格信息，而且需要未来市场的价格信息。现货市场的价格只能反映出当前的市场供求关系，而未来市场的供求关系只有通过远期或者期货市场来反映。所以，在我们有了相对完整的商品、股票、外汇、债券等现货市场后，还必须有相应的远期和期货市场，这样我们才能对商品、股票、外汇和债券市场的未来价格有较好的、基于市场因素的把握，才能对生产和投资进行更好的计划或规划。

3.5.2 期权市场的功能

所有商品、股票、外汇和债券等资产的价格都有不确定性和市场风险，仅仅拥有这些资产的未来价格信息并不够，我们还必须在一定程度上掌握这些资产价格变化的不确定性，但是资产价格的不确定性却难以从即期或远期市场反映出来。国际市场已经发展了 100 年左右，特别是 20 世纪 70 年代以来的经验表明，期权市场最能反映出资产价格的不确定性。没有期权市场提供的有效信息，即资产价格不确定性的隐含信息，我们就难以从历史数据中准确判断资产价格的未来不确定性。期权市场的隐含波动率是即期、远期或期货市场难以反映出来的重要市场信息，这些信息对于我们把握资产价格未来走势至关重要。所以，我们在发展现货市场的同时，必须积极推动远期和期货市场的发展，并且适时建立期权市场。

可喜的是，2010 年 2 月 14 日国家外汇管理局批准中国外汇交易中心在银行间外汇市场组织开展人民币对外汇期权交易，并发布《国家外汇管理局关于人民币对外汇期权交易有关问题的通知》（汇发〔2011〕8 号，以下简称《通知》）。《通知》自 2011 年 4 月 1 日起施行。银行间外汇期权的推出有利于形成完整的外汇市场结构，完善国内外汇市场人民币对外汇衍生产品体系，进一步便利企业、银行等市场主体规避汇率风险，有利于不断推进国内外汇市场发展，充分发挥市场在资源配置中的基础性作用。2014 年 7 月，国家外汇管理局发布汇发〔2014〕34 号文，企业客户在之前单一进行买入期权的基础下，允许实需条件下卖出期权，促进了市场活跃度。银行间外汇期权市场的启动，改变了我国场外市场多年来期权缺位的状况。

2015 年 2 月 2 日和 9 日，上海黄金交易所和中国金融期货交易所分别成功启动开启了我国黄金现货期权和股指期权交易，标志着我国期权市场产品的逐渐丰富，对我国资本市场的发展将发挥重要的作用。我们在第五篇会详细介绍和分析相关产品和市场，并比较国内外市场的差距。

3.5.3 人民币定价机制的逐步形成和完善

人民币国际化已经启动并且取得了可喜的成绩，我们在第八篇会对相关内容进行系统介绍和分析。国际化的货币除能够部分以至完全兑换外，货币的价格能够以市场因素合理确定是货币国际化的另外一个必要条件，否则没有一定的定价机制任何货币难以最终成为国际储备货币，在市场上也难以进行活跃交易。

国际货币基金组织副总裁朱民博士谈到人民币国际化时，说到"更关键的是要有以人民币计价的金融产品，最终还是制度建设、基础建设和市场建设"（李增新，2011）。要有以人民币计价的金融产品，而且这些产品还要有一定的流动性，不然定价作用难以有效发挥。当然，人民币价格的确定还需要有人民币利率市场化等机制方面的进一步完善，而人民币利率市场化的推动带来的利率风险也需要有利率远期、期货、互换、期权等金融衍生产品和市场来对冲。因此，人民币产品创新和市场的发展是人民币国际化的需要及我国市场机制逐步完善的需要。我们在本书第五篇和第六篇介绍境内外人民币主要产品和市场后，在第八篇会进一步探讨这些问题。

3.6 金融创新和市场发展能满足投资者多样化的投资需求

只有通过金融创新来为广大群众提供多样化的投资产品，才可能使他们拥有更多的财产性收入。改革开放三十多年来，我国经济取得了年均持续高速增长，人均 GDP 从 1978 年不到 400 元人民币到 2014 年超过了 4.6 万元人民币，增长了 122 倍，年均增长率达到了 14.3%，居民收入也随经济的持续增长而增长。从 2001 年到 2014 年的 13 年，我国储蓄存款额从 7.4 万亿元增长到了 51.5 万亿元，增长了 6 倍多。党的十八大报告指出到 2020 年"实现国内生产总值和城乡居民人均收入比 2010 年翻一番"，相信今后多年我国储蓄仍会以较快的速度增长。巨大的储蓄存款为我国消费的扩大奠定了坚实的基础，也为金融业务，特别是银行理财、私人银行、资产管理等新型业务的发展打下了很好的基础。要吸引部分储蓄进行投资，我们首先必须为广大的投资者提供多样化和个性化的投资产品，这些投资产品的设计和开发就只能通过金融创新来完成。

有了多样化的投资产品，投资者才能根据各自的风险偏好进行投资，才能"让更多群众拥有财产性收入"。财产性收入增加了，我国广大居民的金融资产也会随之增加，从而为扩大消费增加"釜底之薪"，为经济转型发展作出贡献。

3.7 金融创新和市场发展对风险管控的作用和需求

市场经济中任何产品的价格都会因受到国内外宏观因素的影响而变化，都会面临各种市场风险。由于受利率、汇率和通货膨胀等因素的影响，金融资产的市场风险更加显著。除这些国内风险之外，随着我国对外开放在广度和深度上的迈进，我国各类金融机构甚至非金融机构、个人投资者和消费者受各种国际风险的影响程度也必将增大。面对国内外各种各样的市场风险，投资者需要有相应的风险管理工具进行对冲，各种风险管理功能正是通过各类远期、期货、掉期和期权等产品来实现的。没有这些风险管理工具，风险对冲就难以实现，而远期、期货、掉期和期权等产品的设计和交易正是金融创新的表现和结果。

3.7.1 商品期货和股票指数期货功能初步显现

2009 年中国商品期货成交量占全球总成交量的 43%，跃居全球第一（《金融时报》，2010 – 09 – 13），成交金额相当于同年国内生产总值的 3.8 倍；2010 年我国商品期货成交金额比 2009 年增长了 73.9%，相当于同年国内生产总值的

5.7 倍；虽然 2011 年和 2012 年交易规模有所下降，但这两年商品期货成交金额仍然分别相当于国内生产总值的 1.98 倍和 1.83 倍；2013 年成交重新活跃，成交金额仍然分别相当于该年国内生产总值的 2.22 倍，2014 年成交金额仍然分别相当于该年国内生产总值的 2.62 倍，商品期货的风险管理功能逐步显现。根据美国期货业协会（FIA）对全球 84 家衍生品交易所的最新统计，2013 年中国 3 家商品期货交易所累计成交商品期货合约 18.68 亿张，占全球商品期货和期权交易量的 46.13%，继续保持全球最大商品期货市场的地位。

2010 年 4 月 16 日，期盼已久的国内股票指数期货成功在中国金融期货交易所推出。2011 年到 2015 年，国内股票指数期货累计成交金额分别高达 43.8 万亿元、75.8 万亿元、140.8 万亿元、162.2 万亿元和 288.1 万亿元，与当年股票市场成交金额的比例分别高达 103.8%、241.0%、300.4%、218.1% 和 207.1%。2013 年 9 月国内国债期货重新交易，2014 年和 2015 年成交总额分别为 6797.8 亿和 57865.5 亿元人民币，分别相当于该两年股指期货成交金额的 0.42% 和 2.01%，显示国内利率期货市场的活跃度有待显著提高。我们在第五篇会详细讨论相关问题。

股指期货和国债期货的成功推出和稳步发展改变了长期以来我国金融期货缺位的现状，为股票和债券市场投资者提供了风险对冲的工具和场所，也为外汇等其他金融期货的推出打下了一定的基础。

3.7.2　商品期货和金融期货市场有待健全和完善

虽然我国商品期货成交量在 2009 年就达到了世界第一，但是我国商品期货市场仍然缺乏国际市场上重要的品种——石油期货。作为世界最主要的能源消费国之一，我国石油期货在准备多年后仍然缺位，在全球石油定价体系中不能发挥应有的作用。除了石油期货之外，我国金融期货市场目前仅有沪深 300 指数期货和国债期货两个品种，汇率期货、股票期货等尚未推出，相对发达国家在衍生产品定价上仍处于落后阶段，期货市场有待健全和完善。

3.7.3　丰富市场产品

商品市场风险对冲的功能还难以充分发挥，同时，股指和利率期货外的其他金融期货及场内期权至今仍然缺位。虽然人民币远期结售汇业务早在 1997 年就已经推出，外汇远期、外汇掉期、利率互换、债券远期和远期利率协议等产品近年来也实现了从无到有，但是这些产品的市场流动性仍然相对较低，而且不少市场近年来成交不增反降，难以充分发挥风险对冲的作用。随着我国汇率形成机制的不断完善和利率市场化的逐步推进，特别是 2012 年 4 月中旬我国人民币对美元汇率日间波幅的提高，市场风险将成为广大投资者面临的重要风险。只有有计划地提升外汇、利率的远期交易及互换市场的流动性，逐步推出外汇、债券和股票等期货及期权产品，投资者才能对其面临的风险进行有效的对冲，市场才能稳步发展。

3.7.4　风险管理模型的有效实施

风险管理的另外一个侧面是风险管理模型的实施。国际金融市场十多年的风险管理实践经验表明，建立和实施风险管理模型对于准确把握一个部门乃至整个公司的风险至关重要。巴塞尔新资本协议就要求银行业实施包括市场风险、信用风险和操作风险在内的风险管理模型。任何风险管理模型的实施都需要来自市场的参数。没有有效的市场参数，用这些模型难以计算出有效的结果。风险管理模型的实施不但需要现货市场的价格参数，同时需要远期市场、期货市场的参数，更加需要期权市场的参数。所以，如果期货和期权市场没有达到一定的活跃程度，任何风险管理模型皆难以实施，更难以达到期望的结果。

3.8　国内机构对其境外投资进行外汇风险管理的必要性增加

自 2006 年中国人民银行、国家外汇管理局设立合格境内机构投资者（QDII）制度起，已经有几十家国内外商业银行、基金公司、证券公司和保险公司为国内客户提供了境外投资的服务。根据国家外汇管理局网站信息，截至 2015 年 4 月 28 日发布的名录显示，已经有 132 家合格境内机构投资者获得了国家外汇管理局批准在境外开展投资业务，总投资额度 899.93 亿美元。另外，截至 2015 年 3 月底，我国外汇储备 3.73 万亿美元，这些储备绝大多数已经投资到以美元和其他主要国际货币计价的资产中，而且可观一部分也投资到了资源类资产中。对这些资产进行风险管理的一个重要内容就是管理人民币与这些货币之间的汇率风险。未来国家对现有外汇储备逐步进行结构性调整的过程实际上就是对不同货币计价的资产进行重新投资，汇率风险管理仍然是一个重要的内容。

随着我国资本项目的逐步开放，国内企业和个人在境外投资的需求也将逐渐增加。除了境外证券类投资外，国家近年来还鼓励企业"走出去"，开拓多种境外业务。根据国家外汇管理局网站信息，自 2011 年 12 月启动到 2016 年 1 月 27 日，人民币合格境外机构投资者（RQFII）后 4 年多时间内，国家批准了 157 家 RQFII，累计批准额度 4698 亿元人民币，成为人民币资本项目开始的重要渠道。不管是境外证券类投资，还是境外直接投资，都涉及人民币与外币之间的汇率风险，因此，如何管理和规避相应的汇率风险就成为境外投资非常重要的环节。虽然近年来我国外汇远期和掉期市场取得了可喜的成果，但是市场流动性仍然很低，难以满足企业和客户对冲人民币汇率风险的要求。所以，我们要继续努力提升外汇市场现有产品的流动性，同时还要推出其他人民币汇率风险管理工具。

3.9　境外机构对其境内投资或境外人民币产品投资进行外汇风险管理的需求增加

早在 2002 年底，中国证监会、中国人民银行、国家外汇管理局就联合公布了《合格境外机构投资者境内证券投资管理暂行办法》。根据国家外汇管理局网站信息，截至 2016 年 1 月 27 日发布的名录显示，已经有 279 家合格境外机构投资者（QFII）获得了国家外汇管理局和其他相关机构的批准在境内开展证券投资业务，总投资额度 807.95 亿美元。合格的境外机构投资者与合格的境内机构投资者构成了境内外投资的双向开放试点，随着我国资本项目管制的逐渐放开，这两类机构投资者的业务都将增加。

2010 年 8 月 17 日，《中国人民银行关于境外人民币清算行等三类机构运用人民币投资银行间债券市场试点有关事宜的通知》发布，该通知允许相关境外机构进入银行间债券市场投资试点。该通知的发布标志着境外人民币业务和交易的启动。与合格境内机构投资者在境外投资一样，合格境外机构投资者在境内投资或者在境外投资各类人民币计价的产品同样需要对人民币与外币之间的汇率风险进行管理。没有外汇风险管理市场的成熟发展，这两类机构投资者的业务将受到显著制约，人民币国际化的进程将受到制约。

3.10　金融创新对国际金融中心建设和自贸区等试点的意义

《国务院关于推进上海加快发展现代服务业和先进制造业建设国际金融中心和国际航运中心的意见》（以下简称《意见》）于 2009 年 4 月 14 日正式发布，国务院新闻办在上海召开新闻发布会，对上海"两个中心"的建设予以解读，上海国际金融中心和国际航运中心的建设正式拉开帷幕。金融中心的建设是与人民币国际化密切相关的必要举措。加快金融、航运"两个中心"建设的意义具有全局性和战略性，这既是上海实现又好又快发展的需要，也是更好地服务于全国的需要。换句话说，"两个中心"的建设不仅是上海的事，也是全国产业升级和国家金融发展战略的重要组成部分。

2008 年国务院批准《珠江三角洲地区改革发展规划纲要》和 2009 年批准

《深圳市综合配套改革总体方案》及 2010 年签订的《粤港合作框架协议》都不断确定粤港深化合作的战略。2010 年 8 月 26 日，国务院批复"原则同意《前海深港现代服务业合作区总体发展规划》"，为粤港合作开拓了良好的渠道空间。2013 年 8 月国务院批准了中国（上海）自由贸易试验区，2013 年 9 月上海自贸区挂牌成立，银监会、保监会和证监会同月发布支持自贸区的相关政策措施。2013 年 11 月召开党的十八届三中全会明确决定，要加快自由贸易区建设。2013 年 12 月 2 日中国人民银行发布《关于金融支持中国（上海）自由贸易试验区建设的意见》，标志着上海自贸区在金融改革和对外开放的关键支持政策落地。

2015 年 3 月 24 日，中共中央政治局审议通过广东（三大片区：广东南沙自贸区、深圳蛇口自贸区和珠海横琴自贸区）、天津、福建自由贸易试验区总体方案，进一步深化上海自由贸易试验区改革开放方案。这些重大开放试点举措将"进一步促进贸易投资便利化，扩大金融对外开放，推动试验区在更高平台参与国际竞争"，"着力推进人民币跨境使用、人民币资本项目可兑换、利率市场化和外汇管理等领域改革"，为国内金融创新创造更好的环境。

为了贯彻落实党中央、国务院关于金融改革开放和自贸试验区建设的总体部署，紧紧围绕服务全国、面向世界的战略要求和上海国际金融中心建设的战略任务，坚持以服务实体经济、促进贸易和投资便利化为出发点，根据积极稳妥、把握节奏、宏观审慎、风险可控原则，成熟一项、推进一项，加快推进资本项目可兑换、人民币跨境使用、金融服务业开放和建设面向国际的金融市场，不断完善金融监管，大力促进自贸试验区金融开放创新试点与上海国际金融中心建设的联动，探索新途径、积累新经验，及时总结评估、适时复制推广，更好地为全国深化金融改革和扩大金融开放服务，2015 年 10 月 30 日，中国人民银行、商务部、银监会、证监会、保监会、外汇局、上海市人民政府发布关于印发《进一步推进中国（上海）自由贸易试验区金融开放创新试点加快上海国际金融中心建设方案》。由于该方案涉及率先实现人民币资本项目可兑换、进一步扩大人民币跨境使用、不断扩大金融服务业对内对外开放、加快建设面向国际的金融市场、不断加强金融监管，切实防范风险等方面自贸区金融改革四十条内容，媒体简称上海自贸区金改四十条。金改四十条的逐步落实将对上海自贸区建设和上海国金融中心发挥重要的推动作用。

3.11　人民币市场活跃的迫切性

十几年来我国金融业取得了巨大的成就，在金融创新方面的成绩同样可喜，商品期货市场、外汇远期结售汇业务、股指期货、外汇期权、国债期货和股指期权等产品和市场实现了从无到有的巨大变化，尤其是近几年来，外汇远期、掉期，债券远期，利率互换和利率远期协议等市场也逐渐发展起来，外汇期权、黄金期权和股指期权也分别在银行间市场和交易所成功推出，国内期权市场逐渐丰富。但是，与国际市场相比，除商品期货和股指期货市场外，我国上述市场都仍处于刚刚起步的阶段，平均年成交金额还达不到世界总额的 1%，这与我国经贸的世界地位极不相称。诚然，近年来国际市场由于杠杆过度和投机过度等因素导致成交额增长过快，但是即使将世界成交额"拦腰折半"计算，我国上述市场的世界占比仍然显著低于我国经济的世界占比。我们不是为了提高交易量而推动市场，但是过低的市场流动性不利于市场功能的正常发挥。

不仅现有市场不够活跃，甚至很多国际市场常见的金融产品，到目前为止在我国仍然缺位。这些缺位的产品主要包括外汇期货、股票期权、利率期权和商品期货期权等场内产品。由于我国场内外市场产品要么缺位，要么流动性相对较低，加上国内金融机构产品创新能力仍然普遍较低，人民币结构性理财产品等技术含量较高的金融产品大多由外资金融机构设计。所以，我们要走的路仍然很长，不仅不能放缓反而要有计划地逐步提高人民币产品创新的力度。我们应该在加速健全国内金融市场体系和丰富产品的同时，采取有效措施提升现有市场的流动性。

2011 年 2 月 19 日，前国际货币基金组织总裁斯特劳斯—卡恩（Strauss - Kahn）在法国表示，他希望人民币加入国际货币基金组织储备货币——特别提款权一篮子货币，但是人民币必须首先至少可部分兑换。"纳入国际货币基金组织储备货币——特别提款权一篮子货币的另外一个条件是这个货币的价值可以在市场上自由估价，而人民币目前还不行"（Winning 和 Horobin，2011）。四年多过去了，境外人民币市场有了快速的发展，而国内市场在市场定价方面仍然没有显著的变化。只有人民币市场产品丰富，市场流动性达到一定的程度，利率市场化取得一定的进展，人民币各类产品才会逐渐可以在市场上自由估价，人民币的价值也才可以根据市场因素评估，人民币国际化的市场基础才会逐渐牢固。

最后，笔者还要特别强调衍生产品的风险管理问题。本章简单介绍了金融衍生产品对金融风险管理的必要性，没有这些产品利率、汇率、股票和商品等金融风险将难以管控，金融市场将难以持续、健康、有效发展，金融对实体经济的支持作用也难以有效发挥。但是，随着国内金融衍生产品市场的活跃，特别是随着国内企业和金融机构"走出去"程度的快速提高，境外金融风险管控绝对不能小视或忽视，否则不仅可能投资损失显著，而且还可能血本无归。企业不得不利用境内外金融衍生产品来管控投资相关的汇率和利率等市场风险，而且还要管控好自身衍生产品交易的风险，否则像巴林银行这样的百年老店（张光平，1996）和美国长期资产管理公司（LTCM）这样的王牌投资公司可能会在几天或几周内烟消云散。

3.12　本章总结

美国在信贷标准下降的同时监管相对缺位，从而导致了金融危机的爆发。很多导致信贷标准下降的业务根本算不上真正意义上的金融创新，实际上是连基本的审慎商业原则都没有遵循的金融投机活动。因此，我们不能说金融危机是金融创新惹的祸。我国近年来在金融创新方面虽然取得了可喜的成绩，但是众多国际金融市场上常见的产品仍然缺位，现有产品的市场流动性普遍过低，市场功能难以发挥。所以，在当前国内外经济金融形势下，我们不仅不能因噎废食，还要在风险可控的前提下加大金融创新的力度，丰富金融市场层次和产品。

2009 年 5 月 20 日，在由中国外汇管理杂志社与英国外汇周刊联合举办的外汇年度论坛上，中国银行全球金融市场部首席交易员孙晓凡做了一个非常形象的比喻，他说："在时限为每小时 120 公里的国际高速公路上，美国以每小时 180 公里的速度超速行驶，出问题是可以预期的，而中国是以每小时 40～60 公里的速度行驶，速度过低，高速公路的作用还根本没有发挥出来"。换句话说，美国是做过了头，而我们还没有达到应有的水平。这个比喻虽很形象，然而如本书第二篇的主要章节显示，我们别说是以 40～60 公里的速度行驶，我国银行间人民币市场大多连每小时 10 公里的速度都不到。过之为过，不及亦为过也。所以，我们首先要制定并熟悉"高速公路"的规则，提升"车辆"的性能和功能，同时还要提高驾驶"车辆"的技术和应变能力，更重要的是还要设定好适合自己的"交通规则"并且严格遵守，这样才能有望逐渐提升时速，发挥"高速公路"的作用，向既定目标稳步迈进。

虽然金融创新方法多样，渠道众多，然而产品创新是金融创新的核心。没有产品的创新，金融服务将难以找到落脚点或者抓手。党的十八届三中全会决定指出要"鼓励金融创新，丰富金融市场层次和产品"实际上也是强调产品创新。本书整体以产品和市场为主线，以产品创新为全书的总纲，在对经济和传统金融及境外金融衍生产品介绍的基础上对境内外各类人民币进行系统地介绍和分析，并探讨分析境内外市场之间的互动和相互影响，对读者了解、熟悉和把握境内外人民币衍生产品市场的动态和问题有很好的参考作用。

参考文献

[1] 李增新：《人民币国际化是长过程——专访 IMF 总裁特别助理朱民》，载《新世纪周刊》，2011－02－14，52～55 页。

［2］张光平：《人民币国际化和产品创新》（第六版），中国金融出版社，2016。

［3］张光平：《巴林倒逼与金融衍生工具》，上海，上海人民出版社，1996。

［4］Nicolas Winning and William Horobin，"IMF's Strauss – Kahn Wants The Yuan In SDR"，Dow Jones News Wires，February 19，2011．

［5］Chang Shu，Dong He and Xiaoqiang Cheng，"One currency，two markets：the renminbi's growing influence in Asia – Pacific，" BIS Working Papers No. 446，Monetary and Economic Department，Bank for International Settlements，April，2014. http：//www. bis. org.

［6］Henning，C："Choice and coercion in East Asian exchange rate regimes"，Peterson Institute for International Economics，Working Paper，No. 12 – 15，2012.

［7］Fratzscher，M and A Mehl："China's dominance hypothesis and the emergence of a tripolar global currency system"，CEPR Discussion Paper，No. 8671，November，2011.

［8］Shu，C，N Chow and J – Y Chan："Impact of the renminbi exchange rate on Asian currencies"，China Economic Issues，No. 3/07，Hong Kong Monetary Authority，January，2017.

［9］Subramanian，A and M Kessler："The renminbi bloc is here：Asia down，rest of the world to go?"，Peterson Institute for International Economics，Working Paper，No. 12 – 19，2012.

第二篇　中国经济和
金融市场

　　经济是货币的基础，从广义的概念来讲，货币应该是经济的"衍生产品"。在我们介绍和分析境内外人民币衍生产品之前，最后介绍和分析人民币国际化的现状和未来前，我们必须对中国经济和金融体系有一个系统的了解和掌握。本篇的目的是系统介绍我国经济和金融体系。

　　传统的经济包括融资、生产、承销、消费等很多环节。在工业革命之后的一百多年时间里，西方发达国家的经济主要是以实体经济为主的经济，"二战"之后的半个世纪之间，特别是近二三十年主要发达国家经济逐步向以金融为主的服务领域发展。从 20 世纪 70 年代开始，特别是从 20 世纪 90 年代到现在，传统金融又逐渐地向金融衍生产品的高层次发展。进入 21 世纪，金融衍生产品市场的发展不但比经济实体发展快得多，而且比传统金融业的发展要高出多倍。2008 年波及全球的国际金融危机虽然对全球金融业，特别是银行间金融衍生产品业有了相当的影响，金融危机后国际金融衍生产品业增长虽然比 2008 年之前显著减缓，回归到了与全球实体经济增长较为协调的程度，场内外金融衍生产品年成交金额与同年世界 GDP 比例回到了金融危机前一年的水平，显示金融危机对国际金融衍生产品市场的影响显著，国际金融衍生产品市场回归到了较为良性的发展状态。

　　从 20 世纪 70 年代末我国开始实行改革开放政策以来，中国的经济和金融体系在过去的 36 年里发生了翻天覆地的变化。由于中国改革开放的时间相对较短，金融体系的建立和发展的时间更短，建立在传统金融业之上的金融衍生产品行业才刚刚起步不久，近年来虽然取得了可喜的成绩，但不仅离发达国家仍然有很大的距离，而且离全球平均水平都有可观的距离。本篇的主要目的是为读者提供中国经济和金融市场的基本情况，从而使读者更容易理解影响人民币汇率的主要经济因素，容易理解从实体经济到传统金融、再到基于传统金融的各类境内外人民币衍生产品的逻辑关系。

由于经济和金融体系涉及的领域相当广泛以至于不可能在有限的篇幅里论述得那么深刻，本篇为读者提供的仅为理解人民币衍生产品必需的中国经济和金融系统基础知识。本篇结构如下：第 4 章介绍中国宏观经济概况和改革开放36 年来取得的巨大成就，分析中国经济存在的主要问题及今后发展的趋势；第5 章介绍中国银行业的发展状况和存在的问题；第 6 章介绍中国的股票市场、债券市场、基金管理和资本市场的其他主要组成部分；第 7 章主要介绍中国的外汇市场和现行的外汇管理政策；第 8 章介绍中国的国际头寸并与主要发达国家和地区进行比较。

第4章　中国经济

由于经济涉及很多领域，要系统深入地介绍和分析超出了本书的范围。我们在本章里简要介绍和分析一下我国经济的主要方面、36 年来取得的巨大成就及目前存在的主要问题，从而为我们理解人民币产品创新打下必要的基础。

4.1　我国人口

"文武之道，未坠于地，在人"（《论语》子张篇第十九）。人是千万年文化、基因的载体，是一切社会生产、实践和消费活动的主体，同时也是思想、科技等领域继承、学习和创新的主体。只要有了善于学习、扎根于人类创造的所有优秀文化、勇于探索和创新的人，任何人间奇迹都可以创造出来。

4.1.1　改革开放以来我国人口增长

在 1949 年中华人民共和国成立时，中国已经是世界上人口最多的国家，占当时世界人口总数的 1/4 左右。尽管人口众多给我国发展带来诸多问题，但从另一个角度来说人口众多却是非常难得的宝贵资产。众多人口中蕴藏着大量的智力、劳力等人力资源，从而整个经济蕴藏有巨大的消费和创造的潜力。巨大的人力资源对我国经济的可持续发展是必不可少的，改革开放以来 36 年的发展证明人力资源是我国经济保持持续高速增长的最主要因素之一。但是，人口众多也有很多严重问题，包含人均收入、社会福利、教育，等等。如果不考虑我国人口因素，研究任何中国宏观经济政策和金融市场的发展都不会有很大的意义。

从 1953 年我国第一次人口普查到 1982 年，我国人口从 5.94 亿增长了 4 亿多从而超过了 10 亿。由于认识到人口增长的潜在问题，国家早在改革开放初期就开始寻找合适的措施来控制人口的增长。早在 1962 年中共中央、国务院发出《关于认真提倡计划生育的指示》中就强调："在城市和人口稠密的农村提倡节制生育，适当控制人口自然增长率，使生育问题由毫无计划的状态逐步走向有计划的状态。"这是制定我国计划生育政策的一个里程碑式的文件。1964 年，成立了国务院计划生育委员会，一些地区也相应成立了类似的计划生育工作机构，尤其是在城市地区先后建立了计划生育组织机构，这也是我国建立相应组织机构来推广节制生育工作的尝试。1973 年 12 月，国务院计划生育领导小组办公室召开全国第一次计划生育工作汇报会，会上提出"晚、稀、少"的生育政策。1972 年，政府提出了"实行计划生育，使人口增长与国民经济发展相适应"的战略思想。1982 年 9 月党的十二大确定"实行计划生育，是我国的一项基本国策"。同年 12 月全国人大通过的《中华人民共和国宪法》明确规定："国家推行计划生育，使人口的增长同经济和社会发展计划相适应。"确立了计划生育的法律地位，走上了依法行政的道路。从那时到现在计划生育政策已实施 30 多年，对控制我国人口增长有相当重要的意义。表 4 - 1 给出了从 1978—2015 年我国人口总数和每年的人口净增长率情况。

表 4 - 1　　　　1978—2014 年中国人口总数和人口年净增长率　单位：万人，‰

年份	总人口	增长率	年份	总人口	增长率
1978	96259	12.00	1999	125786	8.22
1979	97542	13.33	2000	126743	7.61
1980	98705	11.92	2001	127627	6.97
1985	105851	72.4	2002	128453	6.47
1986	107507	15.64	2003	129227	6.03
1987	109300	16.68	2004	129988	5.89
1988	111026	15.79	2005	130756	5.91
1989	112704	15.11	2006	131448	5.29
1990	114333	14.45	2007	132129	5.18
1991	115823	13.03	2008	132802	5.09
1992	117171	11.64	2009	133462	5.06
1993	118517	11.49	2010	134125	2.68
1994	119850	11.25	2011	134735	4.55
1995	121121	10.6	2012	135404	4.97
1996	122389	10.47	2013	136072	4.93
1997	123626	10.11	2014	136782	5.22
1998	124761	9.18	2015	137462	4.96

资料来源：国家统计局历年统计年鉴，2014 年数据来自 2015 年 2 月 26 日的国家统计局 2014 年国民经济和社会发展统计公报。2015 年数据为国家统计局 2016 年 1 月 19 日公布的数据。

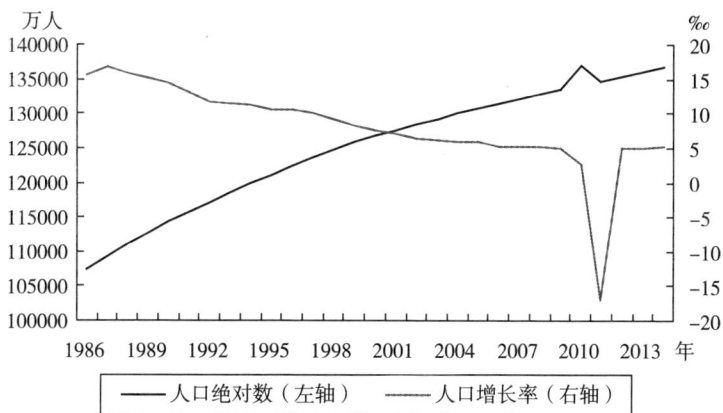

资料来源：国家统计局历年统计年鉴，2014 年数据来自 2015 年 2 月 26 日的国家统计局 2014 年国民经济和社会发展统计公报。

图 4 - 1　我国总人口和人口增长率变化图（1986—2014 年）

4.1.2　计划生育政策的成效及相应的问题

实践证明，我国的计划生育政策是相当成功的。在 1980 年以后人口每年的增长率基本控制在 2% 以内，从 1998 年开始人口的增长率都控制在 1% 以内，远低于 50 年代到 70 年代。但计划生育确实也存在诸多负面影响，如人口性别结构、人口老龄化等问题。党和政府早已意识到了这些问题并及时采取了一定的措施。2001 年 12 月 29 日，第九届全国人大常委会第 25 次会议审议通过，自 2002 年 9 月 1 日起施行《中华人民共和国人口与计划生育法》，对夫妻双方均为独生子女的、少数民族公民等已经有了特殊的政策，允许其生育两个小孩。根据新华社报道，我国人口在 2005 年 1 月 6 日已经超过了 13 亿。我国人口从乾隆年间占世界人口比例的三分之一以上，下降到了 1949 年的四分之一，进而下降到了 2006 年的五分之一。根据 2004 年联合国世界各国人口增长预测调整的研究报告数据计算，我国人口在 2015 年、2025 和 2050 年占世界人口比例将分别下降到 19.3%、18.2% 和 15.3%。

计划生育政策确实是我国的基本国策，对几十年来的改革开放发挥了作用。但是计划生育政策也带来了诸多的负面作用。诸多负面作用中最严重的是人口老龄化。2000 年 11 月底第 5 次人口普查显示，65 岁以上老年人口已达 8811 万人，占总人口 6.96%；60 岁以上人口达 1.3 亿人，占总人口 10.2%，以上比例按国际标准衡量，均已进入了老年型社会。"我国老龄化速度快于经济发展速度，呈现了'未富先老'的特征"（我国老龄化社会的特点、问题和对策，朱庆芳：中国社会学网）。国务院发表的《中国老龄化事业的发展》白皮书透露，进入 21 世纪后，中国人口老龄化速度不断加快，老年人口正以每年约 3% 的速度增长。2005 年底我国 60 岁以上老年人占总人口的比例已经超过 11%，约 1.44 亿。2010 年底第 6 次人口普查显示，60 岁及以上人口为 1.78 亿人，占 13.26%，其中 65 岁及以上人口为 1.19 亿人，占 8.87%，与 2000 年第 5 次全国人口普查相比，60 岁及以上人口的比重上升 2.93 个百分点，65 岁及以上人口的比重上升 1.91 个百分点；2014 年我国 60 岁及以上人口为 2.12 亿人，占比进一步上升到了 15.5%。人口的老龄化将对我国经济，特别是社会保障体系、医疗体系的进一步完善提出新的要求。

经济学家们将人口结构变化对经济增长的正面作用用"人口红利"这个名词来表达。中国社科院人口与劳动经济研究所所长蔡昉认为，中国经济之所以能持续保持高增长，得益于中国独特的人口结构所带来的人口红利。人口结构较好，社会就可以获得充足的劳动力供给。1983—2000 年，中国的劳动适龄人口快速上升，总抚养比下降对人均 GDP 增长的贡献率在 26.8%。也就是说，这一时期我国可以获得的人口红利对 GDP 增长的贡献率占到 26.8%。从 2006 年开始，最先从珠三角开始，然后蔓延到沿海其他一些地区，我国逐渐出现了"民工荒"现象。原来劳动力被认为是可以源源不断且无限供给的，但突然间一些企业面临"招不到工"的难题，这是我国改革开放以来从未出现过的一种新经济现象。蔡昉认为，中国享受了 20 多年的人口红利将逐渐消失。中国急需把经济增长转到提高劳动生产率上来，以缓解人口结构变化对经济发展带来的不利影响。人口红利如果消失，将意味着劳动力供给不会像原来那样源源不断而且那么廉价。因此，若没有其他措施，过去那种用投入来刺激经济增长的生产方式已经走到尽头，迫切需要转移到依靠生产率提高及技术进步来推动经济增长。这是一个必然过程。

4.1.3　人口增长对经济增长影响的研究成果

传统经济增长理论侧重资本、劳动力、技术进步和机制变化等因素，人口结构的变化长期以来却没有被重视。早于 1789 年的人口理论家——英国经济学家马耳萨斯就认为：每当社会财富快速积累，人口快速增长，就会出现战争、瘟疫、自然灾害来削减人口。长期以来学术界主要关注的是人口增长对经济的负面影响。但是他的理论却难以解释"二战"以来发展中国家经济增长的事实。1958 年考勒和胡佛（Coale and Hoover）基于印度数据的实证研究就表明了年轻人口占整个人口的比例对经济增长的正面作用。《世界银行世界发展报告 1984》对发展特别快的经济有过精彩的描述："高于 2% 的年人口增长率对于经济增长会起到负面作用"，"人口在一定的增长范围内是可以支撑经济增长的"（第 79 页）。在她 1988 年发表的"人口增长与经济增长"的文章中，玻德萨耳（Birdsall）指出"人口的快速增长只是在特殊的环境下降低经济增长的，而且一般的情况下其影响是有限而且较弱的"（第 529 页）；凯利（Kelley，1988）表明"虽然人口的增长对经济的增长作用在一些国家微乎其微，在有些国家甚至会有正面作用，但在一般情况下人口增长较慢会使经济增长较快"；凯利和史密特（Kelley and Shmidt，2000）实证结果表明从 1960 年到 1995 年，很多国家的人口增长对其人均收入的增长贡献在 20% 左右。20 世纪 90 年代以来的学术研究基本转变了从前人口对经济增长负面作用的简单结论。有兴趣的读者可以参考凯利和史密特文章中的其他相关文献。

4.1.4　探讨"最佳"的人口增长模式

如上介绍的 20 世纪 80 年代以来的研究表明，过高的人口增长纵然会制约经济的增长，但适度的人口增长会支持经济的增长。经济的持续增长需要有一定数量的劳动力来支持实体经济的发展，众多的科技工作者来开发和推动科技创新，受过良好教育和培训的、具有综合知识和技能的专业人士来管理和经营经济体内各个领域和经济实体。虽然改革开放以来我国创造了近 30 年 9.8% 的年均增长奇迹，但是目前人均国内生产总值仍然处于世界中下等的水平。从人均水平来看，我国目前仍然处在发展的初级阶段，但是"未富先老"的特征却过早地出现了。长期以来我们过多地重视了人口对经济增长的负面作用，然而人口却是改革开放以来中国经济增长贡献最主要的因素，而且适度的人口增长将是支持我国经济持续发展的必要条件。1982 年通过的宪法明确指出国家推行计划生育的目的是使人口的增长同经济和社会发展计划相适应。二十多年以来，我国经济和社会发生了巨大的变化，现在我们应该综合考虑中国融入世界经济以及今后几十年在世界经济中的地位和角色，中国经济今后持续发展和谐社会建设等因素，借鉴国外几十年来研究和实践的经验，研究探讨能够支持我国经济在今后十几年以至几十年持续、高效、稳步发展的"最佳"人口增长模式，从而避免重蹈日本和其他发达国家人口老化速度过快对经济发展的负面影响的时候了。这些远远超出了本书的范围，盼望其他经济研究者能够在该领域作出贡献。

4.1.5　"单独"子女生二胎政策的启动

中共十八届三中全会审议通过了《中共中央关于全面深化改革若干重大问题的决定》提出，坚持计划生育的基本国策，启动实施一方是独生子女的夫妇可生育两个孩子的政策，逐步调整完善生育政策，促进人口长期均衡发展。这标志着延宕多年的"单独二胎"政策将正式实施。这是随我国经济发展应对我国人口老龄化的重大举措。表 4－1 的数据显示，2014 年我国人口增长率

0.522%首次出现了多年的回升，达到了仅低于2006年0.529%的水平，显示我国人口增长对国家政策的敏感性。

4.1.6 二胎政策

2015年10月，党的第十八届中央委员会第五次全体会议公报指出"坚持计划生育基本国策，积极开展应对人口老龄化行动，实施全面二孩政策"。这是继2011年全国启动"双独二孩"政策和2013年党的十八届三中全会审议通过的"单独二孩"后我国计划生育政策的又一重大举措，对缓解我国人口老龄化和刺激经济增长将产生积极的影响。

4.2 教育和人力资源

4.2.1 36年的巨大成就

主体思想素质和能力素质的提高是经济增长和社会发展最终达到个人全面发展的前提和基础。教育正是提高这两种素质的必需过程和每个国家经济发展和社会进步的基础。改革开放以来，我国在教育领域取得了巨大的成就。改革开放初期，政府意识到教育体制在"文革"后期存在的严重问题，国家在改革开放初期就决定恢复1966—1976年"文化大革命"期间被中断的高考制度。1977年，大学生开始通过全国统一入学考试，直接从应届高中毕业生和在"文革"期间没有机会上大学的人中挑选。与此同时，大量的学生和学者被送到国外发达国家和地区去学习和深造。这些不仅增加了我国与其他国家的交流，也对我国近三十年的经济持续发展发挥了重要作用。

在我国历史上从来没有这么多的学生进入各种各样的职业学校、学院、大学和研究所。表4-2给出了从1977年到2014年我国每年大学生和研究生的入学人数。

表4-2　　我国大学生和研究生年入学人数（1977—2014年）　　单位：万人

时间	研究生在学人数	研究生毕业生数	普通高等学校在校学生数	普通高等学校毕业生数
1977	—	—	62.5	19.4
1978	1.1	0	85.6	16.5
1979	1.9	0	102	8.5
1980	2.2	0	114.4	14.7
1981	1.9	1.2	127.9	14
1982	2.6	0.4	115.4	45.7

续表

时间	研究生在学人数	研究生毕业生数	普通高等学校在校学生数	普通高等学校毕业生数
1983	3.7	0.4	120.7	33.5
1984	8.7	1.7	170.3	31.6
1986	11.0	1.7	188	39.3
1987	12.0	2.8	195.9	53.2
1988	11.3	4.1	206.6	55.3
1989	10.1	3.7	208.2	57.6
1990	9.3	3.5	206.3	61.4
1991	8.8	3.3	204.4	61.4
1992	9.4	2.6	218.4	60.4
1993	10.7	2.8	253.6	57.1
1994	12.8	2.8	279.9	63.7
1995	14.5	3.2	290.6	80.5
1996	16.3	4.0	302.1	83.9
1997	17.6	4.7	317.4	82.9
1998	19.9	4.7	340.9	83
1999	23.4	5.5	413.4	84.8
2000	30.1	5.9	556.1	95
2001	39.3	6.8	719.1	103.6
2002	50.1	8.1	903.4	133.7
2003	65.1	11.1	1108.6	187.7
2004	82.0	15.1	1333.5	239.1
2005	97.9	19.0	1561.8	306.8
2006	110.5	25.6	1738.9	377.4
2007	119.5	31.2	1884.9	447.8
2008	128.3	34.5	2021.4	511.5
2009	140.5	37.1	2144.7	531.1
2010	153.8	38.4	2231.8	575.4
2011	164.6	43.0	2308.5	608.2
2012	172.0	48.6	2391.3	624.7
2013	179.4	51.4	2468.1	638.7
2014	184.8	53.6	2547.7	659.4

　　资料来源：中国统计年鉴（1978—2014 年）各期整理，2014 年数据来自 2015 年 2 月 26 日的国家统计局 2014 年国民经济和社会发展统计公报。

从表 4 - 2 我们可以看出，2014 年我国大学生在校人数已经达到 2547.7 万人，毕业人数达到 659.4 万人，分别是 2000 年的 4.6 倍和 6.9 倍，分别为 1977 年的 40.8 倍和 34 倍。从 2000 年到 2014 年，我国研究生的入学人数比大学的入学人数增长还要快：2000 年研究生在校总人数为 30.1 万人，毕业人数为 5.9 万人；2014 年研究生在学人数为 184.8 万人，毕业人数为 53.6 万人，分别比 2000 年增长 514% 和 808%。2013 年全国高等学校举办的各类成人教育结业人数达 933.8 万人，在校学生 678.6 万人。全国职业技术培训学校（机构）11.2 万所，职业技术培训机构共培训结业学员 4715.6 万人次，注册学生数 4516 万人。在我国，大部分学校为公立学校。为了充分利用社会资金办学，教育部于 1999 年正式批准民营办学，在国务院批转的《面向 21 世纪教育振兴行动计划》强调了办学体制的改革，要求在"今后 3 ~ 5 年，基本形成以政府办学为主体、社会各界共同参与、公办学校和民办学校共同发展的办学体制"。

从 1999 年到 2013 年，私立学校在我国得到了迅猛发展。2006 年民办高校达 278 家，在校生达到了 133.8 万人；2013 年民办高校达到 718 所，在校生人数达到 557.22 万人。民办中等职业技术教育学校 2482 家，在校生 207.9 万人。民办高中达到 2375 家，在校生人数达到 231.6 万人。教育的进步提供给我国充分的人力资源来研究和开发以及合格的人力来确保经济的稳定发展。

4.2.2 人力资源

随着科技的飞速发展，知识和信息的快速传播，很多在学校里学到的知识很快老化，我们不得不在学校毕业之后不断接受培训进行知识更新，学习和跟踪科技、商业、管理等领域的新知识、新动态和新前景。因此，人力资本培训不仅包括在学校里学到的，更包括"工作"中的教育。"培训"不仅发生在学校，也发生在公司、工厂等地方——即发生在一个广阔的市场里。职业培训在发达国家越来越普遍，国外这些年来越来越多地进行各类职业培训，各种培训机构迅速发展。但我国企业培训目前还不够流行。

芝加哥大学经济学教授、2000 年诺贝尔经济学奖获得者詹姆斯·赫克曼曾在北京大学发表了题为《中国的人力资本投资》的演讲，对我国的人力资源进行了分析。赫克曼教授认为，人力资本有两个好处：第一点好处就是进行人力资本投资可以提高工人的技术，如果能够通过投入提高技工和工程师的技能，这对于公司来说是很好的事情。第二点好处就是人力资本投资可以提高社会资源的适用性，并且使得资源的配置更加有效。

赫克曼教授认为中国人过多地把眼光放在早期的学校教育上，或者在大多数人的思想里，人力资本投资就是指对学校教育的投资。其实，学校教育只是人力资本投资的一部分，占人生受教育生涯的 30% 左右。人生的后期教育很重要。联系实际、结合社会需要的教育，能够更好地培养社会、公司需要的人力资源，从而使公司看到人力资本投资的回报。当然，这种后期培训，也是人们对自我的一种投资。

数字更能说明问题。图 4 - 2 给出了联合国环境规划署《2012 年包容性财富报告》给出的 2008 年主要经济体人力资本与产出资本比例。图 4 - 2 显示，我国人力资本与产出资本比例在 13 个主要经济体中最低，不到 1.5 倍，而英国比例却接近 8 倍，美国接近 4 倍，沙特和巴西比例超过 3 倍，法国和加拿大在 3 倍上下，日本和德国在 2.6 倍左右。这些比例显示我国人力资本相对于产业资本还有巨大的发展空间。随着中国融入世界市场程度的加深，中国经济成为全球经济的一个重要组成部分，我国经济当中的很多因素都已经或进一步与世界接轨，我国对于技术工人的需求也会不断增加，对科技创新需求也将急剧增加，对具有国际从业经验的管理人才的需求亦会大幅度地增大。自然资源是有限的，但通过对人力资源的开发来提高社会资源的利用效率将变得更加重要而且越来越迫切。

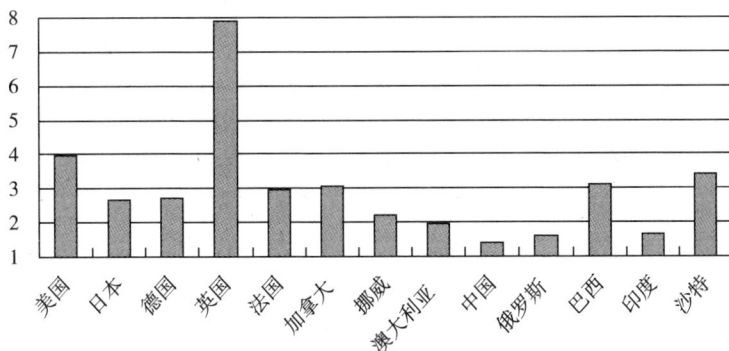

数据来源：根据联合国环境规划署《2012 年包容性财富报告》给出的 2008 年相关数据计算得出。

图 4 - 2　2008 年主要发达国家和主要发展中国家人力资本/产出资本比例

4.2.3　教育投资的国际比较

我国教育自 1978 年以来取得了惊人的发展，但和国际水平相比仍有相当的距离。詹姆斯·赫克曼在北京大学的演讲中指出，1985 年，我国各级政府对人力资本的投资额不是很大，只占到国民生产总值的 2.5%，但在当时这些地方政府的实物资本投资中还是非常高的，已经占 30%；而同年美国对于人力资本的投资占国内生产总值的 5.4%，但是对物质资本的投资是 17%。可见我国人力资本投资比例占国内生产总值比例远低于美国，跟其他的国家来比也相当低，印度的比例为 3.3%，泰国达到了 4.1%，德国也达到 4.8%，所以我国人力资本投资的比例相对来讲是比较低的。

2005 年 12 月 23 日，时任总理温家宝主持国务院常务会议，决定发出《国务院关于深化农村义务教育经费保障机制改革的通知》。《通知》要求按照"明确各级责任、中央地方共担、加大财政投入、提高保障水平、分步组织实施"的基本原则，将农村义务教育全面纳入公共财政保障范围，建立中央和地方分项目、按比例分担的农村义务教育经费保障机制。主要内容有：（一）从 2006 年开始，全部免除西部地区农村义务教育阶段学生学杂费，2007 年扩大到中部和东部地区；对贫困家庭学生免费提供教科书并补助寄宿生生活费。免学杂费资金由中央和地方按比例分担，对贫困家庭学生免费提供教科书的资金，中西部地区由中央全额承担，补助寄宿生生活费资金由地方承担。（二）提高农村义务教育阶段中小学公用经费保障水平。（三）建立农村义务教育阶段中小学校舍维修改造长效机制，校舍维修改造所需资金，中西部地区由中央和地方共同承担，东部地区主要由地方承担，中央适当给予奖励性支持。（四）巩固和完善农村中小学教师工资保障机制。

此次改革受惠覆盖面大，经费投入幅度大，保障水平明显提高。据教育部统计，2006 年新机制实施第一年就直接减轻农民经济负担 100 多亿元，农村贫困家庭小学生每人每年平均可免除书本费和学杂费 210 元，初中生可免除 320 元，其中寄宿生还可享受 200 元至 300 元的生活补助。2006 年，西部地区约有 20 万辍学学生重返校园。2007 年，全国各级财政安排农村义务教育经费预算达到 2235 亿元，比 2006 年的 1881 亿元增加了 354 亿元。2006 年，中央财政安排的校舍维修改造专项资金达到 35 亿元；西部地区小学预算内学生人均公用经费达到 140 元，初中达到 200 多元。

农村义务教育在我国全面建设小康社会、构建社会主义和谐社会当中，具有基础性、先导性和全局性的重要作用。普及和巩固农村义务教育，是深入实施科教兴国战略和人才强国战略的根本保证，是一件功在当代、利在千秋、影响深远的大事，也是建设社会主义新农村、推进公共财政建立、减轻农民负担的重大举措。这项改革将从根本上解决农村义务教育投入责任不清、总量不足的问题，是我国教育发展史上的又一重要里程碑（请参看教育部的官方网站，www. moe. edu. cn）。

2011 年政府工作报告中披露："十一五"期间，全国财政教育支出累计 4.45 万亿元，年均增长 22.4%。全面实现城乡免费义务教育，所有适龄儿童都能"不花钱、有学上"。义务教育阶段教师绩效工资制度全面实施。中等职业教育对农村经济困难家庭、城市低收入家庭和涉农专业的学生实行免费。加快实施国家助学制度，财政投入从 2006 年的 18 亿元增加到 2010 年的 306 亿元，覆盖面从高等学校扩大到中等职业学校和普通高中，共资助学生 2130 万名，还为

1200 多万名义务教育寄宿生提供生活补助。加快农村中小学危房改造和职业教育基础设施建设。全面提高高等教育质量和水平，增强高校创新能力。

2015 年政府工作报告指出："国家助学贷款资助标准大幅上调。中等职业学校免学费补助政策扩大到三年。实行义务教育免试就近入学政策，28 个省份实现了农民工随迁子女在流入地参加高考。贫困地区农村学生上重点高校人数连续两年增长 10% 以上。经过努力，全国财政性教育经费支出占国内生产总值比例超过 4%。"并提出了中国教育事业未来发展的方向是"促进教育公平发展和质量提升"。"深化省级政府教育统筹改革、高等院校综合改革和考试招生制度改革。加快义务教育学校标准化建设，改善薄弱学校和寄宿制学校基本办学条件。落实农民工随迁子女在流入地接受义务教育政策，完善后续升学政策。全面推进现代职业教育体系建设。引导部分地方本科高校向应用型转变，通过对口支援等方式支持中西部高等教育发展，继续提高中西部地区和人口大省高考录取率。建设世界一流大学和一流学科。加强特殊教育、学前教育、继续教育和民族地区各类教育。促进民办教育健康发展。为切实把教育事业办好，我们要保证投入，花好每一分钱，畅通农村和贫困地区学子纵向流动的渠道，让每个人都有机会通过教育改变自身命运。"

4.2.4　存在的问题

尽管在过去的 35 年里，我国的教育取得了巨大成绩，但是我国的教育体系也存在诸多严重的问题。我们在本节介绍了人力资源整体投入较低、教育体系对职业培训重视程度不够等问题。实际上我国教育体系还有很多其他的问题。其中一个重要问题就是人力资本投资在国内不同地区之间，特别是在同一地区农村和城镇之间的分配是不均衡的，而且效率很低。中国的很多省份对教育的补贴水平很低，而且教育资金主要来自地方政府；教育的普及性在全国范围内并不平均，每个学生的支出因地区的不同而不同。我国大部分的人口仍然在广大的农村，然而农村适龄学生高中入学率和毕业率皆呈下降趋势。2013 年全国高中平均入学率为 52.7%，其中城市高中平均入学率（这里的入学率为高中招生人数与初中毕业人数之比）为 81.4%，县城高中入学率仅为 53.4%，而农村高中入学率仅为 9%，仅有城市高中入学率的一成多（中国统计年鉴，2014）。

表 4-3 给出了 1996—2013 年我国农村中学高中招生与毕业人数对比情况。从表中可以看出，2002—2009 年农村高中毕业人数占招生数比例显著上升，不过这种上升势头在 2009 年以后有所放缓。同时农村高中毕业人数占招生数比例提高的同时农村高中的招生和毕业人数却都处于不断下滑的状态。

表4-3　农村中学高中招生人数与毕业人数对比情况（1996—2013年）

时间	招生人数	毕业人数	比例（%）
1996	448731	316245	70.5
1997	481742	323035	67.1
1998	515102	354577	68.8
1999	551471	357857	64.9
2000	643581	392038	60.9
2001	663713	374043	56.4
2002	776413	397991	51.3
2003	814224	477856	58.7
2004	959722	621222	64.7
2005	879611	657376	74.7
2006	823960	675637	82
2007	698530	666902	95.5
2008	647304	669269	103.4
2009	595318	627150	105.3
2010	567141	562639	99.2
2011	366342	335839	91.7
2012	291746	313025	107.3
2013	281232	260421	92.6

资料来源：中国统计年鉴（1997—2014）。

虽然从1978年以来我国城市化进程加快，但到2004年我国乡村人口仍然占整个人口的58.2%。广大农村二十几年来人口增长速度高于城镇，由于城镇人口老龄化程度高于农村，农村基础教育对我国今后发展将会发挥更大的作用，所以提高农村教育程度对提高我国人口素质，特别是对我国今后保持经济持续发展至关重要。

赫克曼教授总结了以下原因：劳动力市场政策和教育政策扭曲了全国的投资组合；人力资本投资被引向了实物资本投资；内地人力资本投资被引向了沿海地区；农村地区的人力资本投资被抑制等等。其次，发展教育的信贷市场，减少地区间教育权利和对父母收入依赖性的不平等，以提高经济绩效。劳动力的自由流动，必须以人力资本投资为补充来减少不平等。另外，赫克曼教授认为鼓励教育和培训的方法之一是进行补贴，但是进一步提高政府直接补贴可能是不可行的，因此要求助于市场：使人力资本在劳动力市场更加自由，提高资本市场和劳动力市场的自由流动性。

近年来，我国劳动力供给压力空前加大。2006 年是中国劳动年龄人口增量的峰值年，预计全年城镇需要安排就业总量达到 2500 多万人。从需求情况看，城镇可安排就业约 1100 万人（包括补充自然减员）。劳动力供求缺口达到 1400 多万人，比 2005 年增加 100 多万人（发改委：就业形势严峻，劳动力供给压力加大）。面对如此失衡的供求关系，大学毕业生的就业压力极为严峻。

麦克斯《2010 年中国大学生就业报告》指出：2009 届大学毕业生毕业半年后就业率是 86.6%，比 2008 届 85.6% 高 1 个百分点，比 2007 届 87.5% 低 0.9 个百分点；约 1/3 以上的就业是在毕业后半年内实现的；2009 届有半职工作的比例为 1.5%。2009 届"211"院校本科毕业生半年后月薪为 2756 元，比 2008 届（2549 元）有明显回升，但仍低于 2007 届（2949 元）；2009 届非"211"本科院校毕业生半年后月薪为 2241 元，比 2008 届（2030 元）有所回升，但仍低于 2007 届（2282 元）。2009 届高职高专毕业生半年后的月薪为 1890 元，比 2008 届（1647 元）有较显著的增长，明显高于 2007 届（1735 元）。与 2008 届相比，2009 届各类型院校毕业生的月薪均有较显著的增长。其中高职高专院校毕业生的月薪增长最多。随着中国人口红利逐渐消失，从事传统意义上较为低端职业的人员收入增速快速提高，与传统意义上"白领"较高端职业的收入差距缩小。

4.2.5　小结

笔者在 20 世纪 80 年代后期刚去美国读书不久，曾问一位美籍犹太朋友，犹太人是否比其他人聪明。他富有哲理而幽默的回答我一直记在心里：智慧和美貌一样是正态分布的，每个国家都有很漂亮的人，同时也有很聪明的人。按照正态分布的假设，我国有全球最高的人口基数，应该有全球最多的智力储备。正是由于这个理由，我们在本章第一节开始说人口众多也是最宝贵的资产和财富。

如何开发、利用我国这个巨大的智力资源，如何激发整个社会的创造动力、发挥潜能，从而逐步建立与我国今后经济国际地位相一致的、更加国际化的、富有创新意识的教育和培训体系，促进经济长期持续、稳步、和谐地发展是一个关系到我国经济与社会和谐发展的重大课题。经济的持续发展必须有一定数量的适龄劳动力来支撑，保持人口一定程度的增长是必需的前提条件。特别是在今后世界人均有形资源越来越低的情况下，开发和有效利用我国巨大的人力资源从而更有效地利用自然资源将变得更加重要而迫切。

4.3　外来直接投资

自 20 世纪 70 年代末我国改革开放以来，国外直接投资（Foreign Direct Investment，FDI）在我国经济的发展过程中起到了非常重要的作用。从 1978 年改革开放以来我国已从封闭的计划经济体系逐步走向持续增长、以市场为主导的开放型经济。国外直接投资不仅使我国获得急需的外资，更重要的是，国外直接投资将技术和管理也带入了我国，从而推动了我国经济的发展并将我国经济与世界经济密切地联系起来。外来投资直接为国内带来了就业，增加了我国的税收。持续增长的国外直接投资显示了国际投资者对我国经济发展的信心。

表 4 - 4　　中国实际利用外商直接投资及年增长率（1978—2015 年）

单位：亿美元，%

年份	FDI	增长率	年份	FDI	增长率
1978—1980	1.0		1998	454.6	0.5
1981	2.0	100.0	1999	403.2	-11.3
1982	4.0	100.0	2000	407.2	1.0
1983	6.0	50.0	2001	468.8	15.1
1984	12.6	110.0	2002	527.4	12.5
1985	19.6	55.2	2003	535.1	1.4
1986	22.4	14.7	2004	606.3	13.3
1987	23.1	3.1	2005	603.3	-0.5
1988	31.9	38.0	2006	630.2	4.5
1989	33.9	6.2	2007	747.7	18.6
1990	34.9	2.8	2008	924.0	23.6
1991	43.7	25.2	2009	900.3	-2.6
1992	110.1	152.1	2010	1057.4	17.4
1993	275.2	150.0	2011	1160.1	9.7
1994	337.7	22.7	2012	1117.2	-3.7
1995	375.2	11.1	2013	1175.9	5.3
1996	417.3	11.2	2014	1195.6	1.7
1997	452.6	8.5	2015	1262.7	6.4

资料来源：国家统计局网站。

　　表 4 - 4 给出了 1978—2015 年流入我国的国外直接投资的金额。表 4 - 4 显示从 1978 年到 2010 年流入我国的累计国外直接投资首次超过 1 万亿美元大关，达到了 10468.4 亿美元，2010 年以来外来直接投资每年保持在 1000 亿美元以上。在过去的 36 年里，我国的国外直接投资经历了两个主要高速增长期，一个是 1979 年到 1984 年的改革初期，年增长率在 100% 以上；另一个是 1991 年到

1993 年改革的深化期,即邓小平南方谈话和社会主义市场经济体制的确立时期。
2005—2008 年也有一个加速增长期,但这一时期内的 FDI 中有一部分与"热钱"
流入有关。两次金融危机带来外商直接投资的下降:东亚金融危机的影响导致
1998—1999 年外来直接投资年下降 11.31%,2008 年爆发的金融危机导致 2009
年我国外来直接投资下降 2.6%。

国外直接投资为我国带来了资金、技术和管理等我国经济发展需要的因素,
直接推动了我国对外出口业务,同时也为我国提供了大量的就业机会。我们在
下节提供的具体实证结果将支持这些结论。除了这些积极的因素外,外来投资
也不可避免地加重了我国污染、增大了能耗和其他资源消耗等问题。在近年来
我国外汇储备持续升高、银行存贷差居高不下的情况下,如何适度调整利用外
资政策、减少以至取消对外资的优惠政策从而更有效地利用国内资金,同时又
有选择地利用外资已经成为我国当前面临的新的挑战。

4.4　国际贸易

进出口贸易在过去的三十多年里,尤其是在我国加入世贸组织后的 10 年来
对我国的经济增长发挥了非常重要的作用。本节我们主要介绍我国的外贸行业
发展概况,进而分析出口对我国就业、税收、物价、国际收支和国内生产总值
的影响。

4.4.1　三十多年来我国外贸的发展

随着大量国外直接投资的流入及我国生产和管理能力的提高,我国生产能
力不断增强,国际化程度不断提高,对外贸易在我国经济增长中扮演着越来越
重要的作用。表 4-5 给出了从 1980 年到 2015 年我国年进出口情况,以及总贸
易量占国内生产总值的百分比。

表 4-5　　　　1980—2015 年中国对外贸易金额和贸易依存度　单位:亿美元,%

指标名称　年份	出口金额	年增长率	进口金额	年增长率	进出口金额	年增长率	贸易额/GDP
1980	181.2		200.2		381.4		12.3
1985	273.5	8.6	422.5	16.1	696.0	12.8	22.3
1988	475.2	20.2	552.7	9.4	1027.9	13.9	25.0
1989	525.4	10.6	591.4	7.0	1116.8	8.6	24.3
1990	620.9	18.2	533.5	-9.8	1154.4	3.4	28.5
1991	719.1	15.8	637.9	19.6	1357.0	17.6	32.0

指标名称 年份	出口金额	年增长率	进口金额	年增长率	进出口 金额	年增长率	贸易额/GDP
1992	849.4	18.1	805.9	26.3	1655.3	22.0	33.1
1993	917.4	8.0	1039.6	29.0	1957.0	18.2	30.5
1994	1210.1	31.9	1156.1	11.2	2366.2	20.9	40.6
1995	1487.8	22.9	1320.8	14.2	2808.6	18.7	37.1
1996	1510.5	1.5	1388.3	5.1	2898.8	3.2	32.5
1997	1827.9	21.0	1423.7	2.5	3251.6	12.2	33.0
1998	1837.1	0.5	1402.4	-1.5	3239.5	-0.4	31.0
1999	1949.3	6.1	1657.0	18.2	3606.3	11.3	32.8
2000	2492.0	27.8	2250.9	35.8	4742.9	31.5	39.8
2001	2661.0	6.8	2435.5	8.2	5096.5	7.5	38.7
2002	3256.0	22.4	2951.7	21.2	6207.7	21.8	42.6
2003	4382.3	34.6	4127.6	39.8	8509.9	37.1	51.6
2004	5933.3	35.4	5612.3	36.0	11545.6	35.7	59.4
2005	7619.5	28.4	6599.5	17.6	14219.0	23.2	62.2
2006	9689.4	27.2	7914.6	19.9	17604.0	23.2	63.0
2007	12177.8	25.7	9559.5	20.8	21737.3	23.5	62.0
2008	14306.9	17.5	11325.6	18.5	25632.5	17.9	56.4
2009	12016.6	-16.0	10056.0	-11.2	22072.6	-13.9	43.2
2010	15779.3	31.3	13948.3	38.7	29727.6	34.7	50.0
2011	18986.0	20.3	17434.6	25.0	36420.6	27.4	49.8
2012	20489.3	7.9	18178.3	4.3	38667.6	6.2	46.1
2013	22100.4	7.9	19502.9	7.3	41603.3	7.6	43.9
2014	23427.5	6.0	19602.9	7.8	43030.4	3.4	41.5
2015	22749.5	-2.9	16819.5	-14.2	39569.0	-8.0	34.8

数据来源：贸易数据来自商务部网站和海关总署网站；贸易依存度根据 2015 年国际货币基金组织公布的我国 1980 年以来的以美元计价的 GDP 数据计算得出。

4.4.2 外贸的增长幅度和贸易依存度

从表 4-5 可以看出，我国外贸总额从 1980 年的仅仅 381.4 亿美元，经过整整 8 年到 1988 年首次超过 1000 亿美元的水平；从 1988 年的 1000 多亿美元到

1994 年 2000 多亿美元仅仅用了 6 年的时间；从 1994 年的 2000 多亿美元到 1996
年再到 2001 年仅用了 7 年的时间，我国贸易总额就首次超过 5000 亿美元大关；
2001 年我国加入世界贸易组织，我国对外贸易的增长明显加快，一年一个新台
阶，2001 年到 2004 年仅用了 3 年的时间，我国贸易总额首次超过万亿美元大
关；2004 年到 2007 年又首次超过 2 万亿美元大关，入世后我国对外贸易增长显
著加速；虽然 2008 年的国际金融危机导致我国对外贸易出现了 1998 年以来首次
负增长，然而 2010 年我国对外贸易总额就接近 3 万亿美元，2013 年首次超过 4
万亿美元。

　　表 4-5 显示，贸易在我国经济中的作用持续增长，从 1980 年到 2010 年我
国外贸年均增长率为 15.6%，远高于相应经济增长率 12.7%。2001 年我国加入
世界贸易组织之后我国外贸增长速度明显加快，从 2002 年到 2007 年 5 年连续增
长超过 20%，年均增长率为 27.5%。研究表明，我国经济的增长对发达国家和
发展中国家经济增长都具有不可忽视的推动作用。表 4-5 也显示，1997—1998
年的东亚金融风暴对我国外贸也产生了一定的冲击，使我国 1998 年对外贸易额
出现了从 1982 年到 1998 年 16 年间首次出现下降；但国家采取了积极的财政政
策和一系列鼓励出口的政策，1999 年贸易增长率又回到了两位数。2008 年爆发
的金融危机对我国贸易产生了巨大的冲击，2009 年我国出口下降了 1980 年以来
首次下降，贸易额也出现了 13.9% 的负增长，表明金融危机对我国经济的影响
比 1997—1998 年的东亚金融危机影响更大。

　　表 4-5 显示，1980 年我国贸易依存度（贸易总金额与国内生产总值比例）
仅为 12.3%，不到八分之一；从 1980 年到 1985 年的 5 年时间内，我国对外贸
易依存度就超过了 20%；1985 年到 1990 年，又过 5 年的时间，贸易依存度首次
超过 30%；虽然 1994 年我国贸易依存度首次超过 40%，而之后数年内又显著回
落到了低于三分之一的水平；2001 年我国加入世界贸易组织，对外贸易增长明
显加快，贸易依存度从 2001 年到 2006 年持续上升，2006 年达到了 63.0% 的历
史最高水平；从 2006 年以来我国贸易依存度呈显著整体下降的趋势：2010 年我
国贸易依存度上升到了 50.0%，而 2010 年以来重新步入逐步下降的趋势，2014
年我国贸易依存度仅为 41.5%，2015 年可能会下降到不到 40% 的低位。表 4-5
给出的我国贸易依存度是根据国家公布的我国名义贸易数据和国际货币基金组
织公布的我国名义 GDP 数据计算得出的，没有考虑到二十多年来我国虚假贸易
的问题。张光平（2014）对 1995 年到 2014 年上半年我国虚假贸易进行了系统
的分析和估算，张光平（2015）将张光平（2014）的研究扩展到了 1990 年到
2014 年。剔除虚假贸易后我国贸易依存度会有明显的下降，我们将在第 54 章介
绍相关的结果。

4.4.3　进出口的增长

从表 4-5 我们计算出从 1980 年到 2010 年的 30 年里我国出口和进口平均年增长率分别为 16.1% 和 15.2%，分别比相应的国内名义生产总值年均增长率 12.7% 高出 3.4% 和 2.5%，表明 30 年间进出口对经济增长起到了拉动作用。虽然出口比进口年均增长率高出 1.0%，但是从 1998 年到 2010 年的 12 年里，进口年增长率有 8 年高出相应出口年增长率，且 12 年进口年增长率与出口年增长率差额平均为 1.1%，特别是 2007 年到 2010 年的 4 年内进口年增长率与出口年增长率差额平均为 2.08%，表明中国通过进口对世界经济也发挥了重要作用。

4.4.4　外资企业对我国贸易的贡献

在我国的对外贸易中，外资企业起着非常重要的作用。随着大量外资企业和外来投资在我国的增加，外资企业在我国进出口总额中所占比例不断上升，从 1980 年仅占 9.4% 到 2001 年的 50.0%，再到 2002 年的 50.2%（新华社，2003 年 2 月 18 日）。2002 年外资企业的出口增长远大于国内企业出口增长，外国企业的总出口达到了 169.94 亿美元，比 2001 年增长了 27.6%，比总的增长率高出 5.3 个百分点，比国内公司高出 10.5 个百分点。根据商务部公布的数据，2002 年到 2006 年，外资企业占我国出口比例从 52.2% 持续上升到了 58.2%，同时进口从 54.3% 持续上升到了 59.7%；虽然 2006 年到 2014 年外商投资企业占我国出口和进口的比重分别持续下降到了 45.9% 和 46.4%，外企对我国贸易的贡献仍然很大，仍然保持了我国对外企业的最大类型的企业。虽然 2013 年我国成为全球第一大出口国和第二大进口国，但是如果扣除外资企业接近一半的贸易额，我国的贸易国际排名会显著下降。我们在第 54 章会详细探讨相关问题。

4.4.5　贸易依存度的国际比较

表 4-5 给出了 30 多年来我国贸易依存度，表 4-6 给出了 2007 年、2010 年和 2013 年七国集团中所有的发达国家以及墨西哥、巴西、印度和中国等发展中国家的贸易依存度。表 4-6 显示，七国集团中贸易依存度最高的是德国，2013 年贸易依存度高达 70.8%，其次是加拿大 2013 年贸易依存度为 50.7%，再后的次序是西班牙、意大利和法国，这些国家 2013 年贸易依存度分别为 47.3%、46.7% 和 45.0%。令我们有些吃惊的是日本和美国这两个商品贸易额绝对量很高的经济体，其贸易依存度却并不十分突出：日本 2007 年、2010 年和 2013 年贸易依存度分别仅为 30.7%、26.6% 和 31.5%；世界最大经济国美国 2013 年贸易依存度仅为 23.3%。"金砖五国"中贸易依存度最高的是南非，其次是中国、印度、俄罗斯和巴西。

表 4－6			主要国家贸易依存度比较（2007 年到 2013 年）单位：亿美元，%					
国别	商品贸易总额			GDP			贸易依存度		
	2007	2010	2013	2007	2010	2013	2007	2010	2013
美国	3169	3248	3909	14478	14964	16768	21.9	21.7	23.3
中国	2177	2974	4159	3505	5950	9469	62.1	50.0	43.9
德国	2376	2314	2643	3440	3418	3731	69.1	67.7	70.8
日本	1337	1464	1548	4356	5495	4920	30.7	26.6	31.5
法国	1190	1135	1262	2667	2652	2807	44.6	42.8	45.0
英国	1080	1007	1197	2964	2409	2680	36.4	41.8	44.7
意大利	1012	934	998	2207	2131	2138	45.8	43.9	46.7
加拿大	811	790	933	1458	1614	1839	55.6	49.0	50.7
西班牙	643	581	658	1481	1434	1393	43.4	40.5	47.3
俄罗斯	578	649	865	1300	1525	2079	44.5	42.6	41.6
墨西哥	562	609	771	1043	1051	1262	53.9	57.9	61.1
印度	380	577	780	1239	1708	1875	30.6	33.8	41.6
巴西	287	393	493	1396	2209	2391	20.6	17.8	20.6
南非	158	188	222	299	375	366	52.9	50.1	60.7

资料来源：商品贸易数据来自世界贸易组织；各国以美元计价的 GDP 数据来自 IMF 数据库。

4.4.6　我国大陆的主要贸易伙伴

了解中国主要的贸易伙伴对我们了解中国贸易和相关金融业务的发展很有必要。表 4－7 给出了 2014 年与我国贸易总额超过 100 亿美元的 53 个国家和地区与我国贸易金额、占比和分布及这些国家和地区 2014 年对我国大陆的贸易依存度。

4.4.6.1　我国大陆主要区域贸易伙伴及分布

从表 4－7 可以看出，亚洲是我国最大的贸易区，2014 年我国大陆与亚洲贸易伙伴贸易额占我国总贸易额比重的 52.9%，该年有 25 个亚洲国家和地区（除"中华人民共和国"外，我们下文会介绍我国相关贸易的问题）与我国大陆贸易总额超过 100 亿美元，表 4－7 中 8 个与我国大陆与贸易总额超过 1000 亿美元的国家和地区有 5 个在亚洲；欧盟为我国贸易第二大伙伴，2014 年我国与 13 个欧洲国家贸易总额超过 1000 亿美元，与欧洲贸易总额占我国大陆总贸易额的 18.0%；北美洲是我国第三大贸易伙伴洲，2014 年我国与北美洲贸易总额占我国大陆与总贸易额的 14.2%；拉丁美洲和非洲分别为我国第四和第五大贸易伙伴洲，2014 年该两洲与我国大陆贸易总额占比分别为 6.1% 和 5.2%。

表 4 - 7   我国大陆主要贸易伙伴及对我国的贸易依存度（2014 年）

单位：亿美元，%

国家和地区	贸易额	占比	贸易依存度	国家和地区	贸易额	占比	贸易依存度
亚洲	22742	52.9		**欧洲**	7752	18.0	
中国香港	3761	8.7	129.9	德国	1778	4.1	4.6
日本	3124	7.3	6.8	俄罗斯联邦	953	2.2	5.1
韩国	2905	6.8	20.5	英国	809	1.9	2.7
中国台湾	1983	4.6	37.4	荷兰	743	1.7	8.6
中华人民共和国	1448	3.4		法国	558	1.3	2.0
马来西亚	1020	2.4	31.2	意大利	480	1.1	2.2
越南	836	1.9	45.0	瑞士	436	1.0	6.1
新加坡	797	1.9	25.9	西班牙	277	0.6	2.0
泰国	727	1.7	19.4	比利时	273	0.6	5.1
印度	706	1.6	3.4	波兰	172	0.4	3.1
沙特阿拉伯	691	1.6	9.2	瑞典	140	0.3	2.4
印度尼西亚	636	1.5	7.2	捷克	110	0.3	5.3
阿联酋	548	1.3	13.6	丹麦	106	0.2	3.1
伊朗	519	1.2	12.8	**拉丁美洲**	2635	6.1	
菲律宾	445	1.0	20.1	巴西	866	2.0	3.7
伊拉克	285	0.7	3.5	墨西哥	434	1.0	3.4
阿曼	259	0.6	33.3	智利	341	0.8	13.2
缅甸	250	0.6	39.8	哥伦比亚	156	0.4	4.1
土耳其	230	0.5	9.2	委内瑞拉	170	0.4	8.2
哈萨克	224	0.5	7.9	阿根廷	129	0.3	2.4
巴基斯坦	160	0.4	7.5	秘鲁	143	0.3	7.0
科威特	134	0.3	7.8	**北美洲**	6106	14.2	
孟加拉国	125	0.3	6.8	加拿大	552	1.3	3.1
以色列	109	0.3	3.6	美国	5551	12.9	3.2
卡塔尔	106	0.2	5.0	**大洋洲及太平洋**	1562	3.6	
土库曼	105	0.2	21.8	澳大利亚	1369	3.2	9.5
非洲	2219	5.2		新西兰	142	0.3	7.2
南非	603	1.4	17.2	**东南亚联盟**	4804	11.2	
安哥拉	371	0.9	28.8	欧盟	6151	14.3	
尼日利亚	181	0.4	3.2	亚太经合组织	27209	63.2	
埃及	116	0.3	4.1	**总　计**	43030	100.0	

资料来源：贸易数据来自国家海关总署网站，www.chinacustomsstat.com；贸易依存度根据相关国家和地区与我国贸易数据除国际货币基金组织 2015 年 4 月公布的各个国家和地区 2014 年 GDP 数据。

4.4.6.2　我国大陆主要发达国家贸易伙伴

从表 4-7 可以看出，七国集团中的七个发达国家美国、日本、德国、法国、英国、意大利和加拿大 2014 年分别为我国第 1、第 3、第 6、第 19、第 12、第 22 和第 20 大贸易伙伴，这个排序与这些国家在七国集团的国内生产总值排序相似。

4.4.6.3　我国大陆主要亚洲其他贸易伙伴

除这些发达国家外，中国香港特别行政区和台湾地区分别为我国 2014 年第 2 位和第 5 位对外贸易伙伴，保持了 2004 年以来的排位，2014 年两地贸易总额占同年我国大陆外贸总额的 8.7%。值得关注的是中韩两国近年来贸易合作增长迅速，韩国 2004 年已经成为我国第 4 位对外贸易伙伴并保持了此排名，2007 年占我国同年贸易总额的 7.4%，仅比排名第 2 位的中国香港低 1.9%，同时比第 5 位的中国台湾高出 2.2%。

表 4-7 中我国大陆 53 个最大贸易合作伙伴中有 25 个为亚洲国家，除日本、中国香港、韩国和中国台湾分别列第 2、第 3、第 4 位和第 5 位外，还有 21 个亚洲国家，其中主要国家分别为马来西亚、越南、新加坡、泰国、印度、沙特、印尼、阿联酋、伊朗和菲律宾，这些国家 2014 年与我国大陆贸易总额排名分别为第 8、第 11、第 13、第 14、第 15、第 16、第 18、第 19 位和第 23 位。

4.4.6.4　我国大陆特殊的贸易伙伴——"中华人民共和国"

表 4-7 中值我国特别关注的是我国非常特殊的贸易伙伴——"中华人民共和国"，2014 年我国与"中华人民共和国"贸易总额高达 1448 亿美元，占当年我国贸易总额的 3.4%，排名第 7；如果我们仔细查看我国贸易数据，我们发现我国与"中华人民共和国"的贸易仅有进口而无出口。如果按照进口排名，那么 2013 年和 2014 年我国从"中华人民共和国"进口总额分别占我国总进口的 8.1% 和 7.4%，为仅次于日本和韩国外我国大陆第 3 大进口伙伴。如此奇怪而巨大的数据乍听起来觉得奇怪，难以解释。调研方知我国与"中华人民共和国"的进口主要是我国从国内诸多"离岸"贸易区进口所致，也可能是贸易统计口径不同所致。真正的原因需要深入研究，原因可能很多，但是人民币升值预期是一个重要的因素，此类研究超过了本书的范围。

4.4.6.5　外贸对我国就业、税收、物价、国际收支等方面的影响

上文介绍可以看出进出口贸易对我国经济有着非常重要的作用。这里我们简单分析贸易，特别是出口对我国就业、税收、物价、国际收支等方面的具体影响。这里主要引用国家统计局 2005 年出版的《外贸对中国经济影响的实证分析》一书方法并在此基础上对其结果进行了更新。

4.4.6.5.1　外贸对我国就业的影响

实证结果显示，从 1978 到 2002 年，我国进出口直接拉动就业增长 9.1 个百

分点，对就业增长的贡献率为 10.8%。其中，出口累计直接创造就业机会 3.7
亿个，进口消灭就业机会 3.35 亿个。不考虑技术因素，同期进出口总体拉动就
业增长 70.8%，对就业增长的贡献为 84.6%；进出口导致的技术节约劳动投入
26%，对于就业增长的负面贡献为 31.1%；进出口总体拉动我国就业增长
44.8%，对就业增长的贡献为 53.6%。

4.4.6.5.2　外贸对我国物价的影响

如上实证研究表明，商品出口价格与国内居民消费价格指数、商品零售价
格指数、工业品出场价格指数均不相关，而商品出口价格与国内投资品价格显
著相关，但是影响却非常小。其他条件不变的情况下，进口增加 1% 将导致国内
居民消费价格指数下降 0.306%，商品销售价格指数下降 0.339%。

4.4.6.5.3　外贸对我国国际收支的影响

如上实证研究表明，外贸是我国经常项目变动的决定性因素，经常项目差
额规模主要取决于货物贸易差额。1978 年到 1994 年，经常项目和货物贸易差额
同为顺差时，后者与前者的比例均小于 100%，然而从 1997 年到 2002 年，该比
例每年显著高于 100%，平均为 155.3%，表明货物差额对经常项目的主导作用。
然而从 2003 年到 2006 年，该比例却显著下降，平均仅有三成左右。实际上，这
种变化与 2002 年以来境外人民币显著持续升值，导致境内外企业通过经常项目
将外汇资金流入中国从而从人民币升值中获利有关。我们会在本书第七篇分析
人民币升值压力下的境内外人民币产品的关系时详细深入地分析。

进出口与资本项目互为因果，以直接投资和汇率为桥梁，直接或间接地彼
此影响。实证研究结果表明，是外商直接投资的变化导致了净出口的变化，而
不是相反。1982—2003 年年度数据回归分析结果表明，当期直接投资与净出口
负相关，表明当期直接投资流入相当部分被用于所需设备和原材料进口，而上
期的直接投资与本期净出口正相关，说明外商投资企业的出口导向性较强，外
商投资增加会带来更大的出口增长。

4.4.6.5.4　外贸对我国税收的影响

研究表明，2002 年进口环节税、对出口产品征税等于进口直接相关的税收
为 3355 亿美元，占当年全部税收的 19%。从 1999 年到 2002 年，一般贸易出口
每增加一元，大体上可以增加税收收入 0.4~0.5 元。

4.4.6.6　外贸对我国生产率和国内生产总值的影响

如上实证研究表明，从 1978 年到 2003 年出口每增加一个单位会带来当期进
口增加 0.617 单位，投资增加 0.539 单位，消费增加 0.128 单位，总的带动当期
国内生产总值增加 1.050 单位（0.539 + 0.128 + 1.000 − 0.617 = 1.050）（如果
考虑进口对国内消费的抵消，则产出的出口乘数为 0.667）；工业品进口每增长
1% 拉动国内生产总值增长 0.14%，对生产率变化的影响系数约为 46%。

4.4.7　近年来我国大陆出口产品复杂程度的变化

改革开放初，我国贸易额仅仅几百亿美元，占国内生产总值仅仅不到 10%，到 2006 年贸易总额超过 1.76 万亿美元，占国内生产总值比例高达 66%。中国崛起成为贸易大国在国际上引起极大的关注。但是中国 32 年来的出口产品技术含量、复杂程度等方面实证的研究结果却不很多。研究者们注意到一个特点，即中国出口产品的复杂性一直在稳步提高。这可以从三个方面看出。首先，如 Schott（2004，2006）指出，中国的出口产品结构和那些高收入国家越来越像，这在中国既有的禀赋和发展水平下似乎是很不寻常的；其次，如 Rodrik（2006）所述，与出口中国卖给世界的一揽子商品的国家相匹配的典型的人均 GDP 水平要远远高于中国的实际收入水平；再次，G - 3 国家（美国，欧盟的 15 个成员国和日本）出口而中国不出口的生产线部分正在逐渐缩小。显然，这三个趋势并不是相互独立的。这些研究结果表面上看，它们可能说明中国不仅与发展中国家的生产者，而且也同样和发达国家的生产者进行着激烈的竞争，这在很多国家引起了很大的忧虑。

王志（美国国际贸易委员会）和魏尚进（哥伦比亚大学）两位学者（Wang and Wei，2007）对 1995 年到 2005 年中国三十几个省级行政区以及他们的经济开发区、出口加工区、高科技园区内不同类型的出口企业、不同类型出口形式、不同出口产品类型进行了系统详细的实证分析得出如下结论。他们的研究显示对于中国与高收入国家出口结构的日益重叠，无论是加工贸易还是外商投资企业（总体上），都没有起到重要作用。反之，人力资本的提高和以税收优惠的高新技术产业区为形式的政府政策似乎对中国出口产品复杂性的提高有显著贡献。对于单位价值的分析增加了重要的结论。加工贸易和较高的单位价值正相关。由于没有进口投入品与国内投入品增加价值的对比数据，因而很难确定加工贸易是否给中国带来显著的技术升级。但是，调节加工贸易的影响之后，外商投资企业的出口系统地趋向于具有较高的单位价值。政府建立的政策区域也有较高的单位价值（除了促进这些区域的加工贸易）。因此，外商投资和政府政策区域都有助于提高产品的复杂性，一些证据显示为中国与高收入国家出口结构的日益重叠，一些证据则显示为较高的单位价值。系统深入地研究 32 年来我国出口产品在技术含量、单位价值、复杂性的上升等对于我国今后出口业以至整个经济的发展非常重要，但是这些研究超过了本书的范围。我们期盼国内外学者专家该领域新的研究成果。

我国贸易和结算还有很多其他相关问题需要探讨和研究，我们将在第 54 章研究和探讨其他问题，这里不再赘述。

4.5 我国大陆外汇储备和外债

我国的外汇储备也随着我国进出口的稳步增长而增长。外汇储备的迅猛增加在一定程度上反映了我国综合国力的提升，然而过多的外汇储备为我国外汇管理在一定程度上也带来一定的难度。我们在本节介绍我国外汇储备的变化和外债的变化，为我们下文分析外汇储备变化做好准备。

4.5.1 中国外汇储备的变化

实际上，我国的外汇储备在改革开放初期很少，1978 年底仅有 1.67 亿美元，1990 年底外汇储备首次突破 100 亿美元，1996 年底首次超过 1000 亿美元，2006 年 10 月底首次超过了万亿美元大关，2009 年 4 月底（从 2006 年 10 月经过了两年半时间）首次超过了 2 万亿美元大关，2011 年 3 月底（从 2009 年 4 月经过了不到两年时间）又首次超过了 3 万亿美元。表 4 - 8 给出了从 1978 年到 2015 年 3 月底我国的外汇储备额。

表 4 - 8　　　　我国大陆的外汇储备额（1978—2015 年）　　单位：亿美元，%

年份	国家外汇储备余额	增长率	年份	国家外汇储备余额	增长率
1978	1.67		1997	1398.90	33.20
1979	8.4	403.00	1998	1449.59	3.60
1980	− 12.96	− 254.30	1999	1546.75	6.70
1981	27.08	− 309.00	2000	1655.74	7.00
1982	69.86	158.00	2001	2121.65	28.10
1983	89.01	27.40	2002	2864.07	35.00
1984	82.2	− 7.70	2003	4032.51	40.80
1985	26.44	− 67.80	2004	6099.32	51.30
1986	20.72	− 21.60	2005	8188.72	34.30
1987	29.23	41.10	2006	10663.44	30.20
1988	33.72	15.40	2007	15282.49	43.30
1989	55.5	64.60	2008	19460.30	27.30
1990	110.93	99.90	2009	23991.52	23.30
1991	217.12	95.70	2010	28473.38	18.70
1992	194.43	− 10.50	2011	31811.50	11.72
1993	211.99	9.00	2012	33115.90	4.10
1994	516.2	143.50	2013	38213.00	15.39
1995	735.97	42.57	2014	38430.20	0.57
1996	1050.49	42.70	2015	33303.2	− 13.3

数据来源：1978 年到 1999 年的数据为年底数据，来源于国家外汇管理局网站，www.safe.gov.cn，2000 年到 2015 年的年度数据来源于中国人民银行网站，www.pbc.gov.cn。

从表 4-8 我们可以容易地看出除 1992 年外，1990 年到 2014 年我国的外汇储备持续增长。在此期间，中国的外汇储备有两个时期增长缓慢甚至下降，一个时期是 1991 年到 1993 年，当时中国的年经济增长率超过 10%，另一个时期是 1998 年到 2000 年，当时受到亚洲金融危机的影响。在 1996 年和 2001 年中国的外汇储备分别超过 1000 亿美元和 2000 亿美元，从 2000 年到 2004 年中国外汇储备稳定增长，特别是从 2003 年到 2006 年的三年时间里，外汇储备每年增加 2000 亿美元以上；2006 年到 2010 年的四年里，每年增加 4000 亿美元以上，表明金融危机对我国外汇储备的增长都没有产生可观的影响。不过，随着人民币的持续升值以及我国经济发展战略更侧重经济转型而非数量扩张，2012 年起我国外汇储备增速较之 2009 年之前有所放缓，2012 年和 2014 年的外汇储备增速均为个位数的 4.10% 和 0.57%。2015 年我国外汇储备比 2014 年下降了 5126.6 亿美元，降幅高达 13.3%，下降金额创 30 多年来之最，降幅创 1986 年以来 20 年之最，显示 2015 年人民币兑美元贬值导致资金撤离我国加速，需要引起高度关注。

2006 年 2 月底，中国外汇储备首次超过日本，成为全球外汇储备最多的国家，2014 年底，我国外汇储备比第二大外汇储备国日本的外汇储备 1.2 万亿美元多高出 2.17 倍。外汇储备的持续增加很长时间内已经成为境外人民币升值的主要原因之一，而且也成为当前我国宏观经济和金融市场主要的焦点问题之一，我们会在本书其他部分分别进一步论述。

4.5.2 我国外汇储备的变化与世界外汇储备变化的比较

上文我们介绍了 1978 年到 2015 年 3 月末中国外汇储备变化情况。这里我们将中国近十几年来外汇储备与世界外汇储备进行比较。表 4-9 给出了 1998 年到 2014 年中国外汇储备及其年度变化与世界外汇储备及其年度变化。

表 4-9　我国大陆的外汇储备与世界外汇储备的比较（1998—2015 年）

单位：亿美元，%

年份	世界外汇储备额	世界外汇储备年度变化额	中国外汇储备	中国外汇储备占世界外汇储备额比重	中国外汇储备年度变化额	中国外汇储备年度变化额占/世界外汇储备额变化比重
1998	16435.9	275.5	1449.6	8.8	50.7	18.4
1999	17817.3	1381.4	1546.8	8.7	97.2	7.0
2000	19358.6	1541.3	1655.7	8.6	109.0	7.1
2001	20492.4	1133.8	2121.7	10.4	465.9	41.1
2002	24075.8	3583.4	2864.1	11.9	742.4	20.7
2003	30246.8	6171.1	4032.5	13.3	1168.4	18.9
2004	37481.1	7234.3	6099.3	16.3	2066.8	28.6

续表

年份	世界外汇储备额	世界外汇储备年度变化额	中国外汇储备	中国外汇储备占世界外汇储备额比重	中国外汇储备年度变化额	中国外汇储备年度变化额占/世界外汇储备额变化比重
2005	43199.6	5718.5	8188.7	19.0	2089.4	36.5
2006	52529.9	9330.3	10663.4	20.3	2474.7	26.5
2007	67044.3	14514.5	15282.5	22.8	4619.1	31.8
2008	73459.1	6414.8	19460.3	26.5	4177.8	65.1
2009	81645.8	8186.7	23991.5	29.4	4531.2	55.3
2010	92647.4	11001.5	28473.4	30.7	4481.9	40.7
2011	102054.5	9407.1	31811.5	31.2	3338.1	35.5
2012	109522.2	7467.8	33115.9	30.2	1304.4	17.5
2013	116829.7	7307.5	38213.2	32.7	5097.3	69.8
2014	115907.1	-922.6	38430.2	33.2	217.0	-23.5
2015*	112033.6	-3873.5	35141.2	31.4	-3289.0	84.9

数据来源：中国外汇储备数据来自表4-8，世界外汇储备来自国际货币基金组织网站，www.imf.org。2015年底公布的全球2015年前三季度外汇储备数据，2015年数据为该年第三季度末数据。

表4-9显示1998年到2000年，中国外汇储备还不到世界总储备的10%，同期中国外汇储备增长额占世界外汇储备增长额平均也仅仅在10%左右；但是从2001年到2005年，中国外汇储备占世界总储备的比例在10%到20%之间，同期中国外汇储备增长额占世界外汇储备增长额平均接近30%；从2006年到2010年，中国外汇储备占世界总储备的比例在20%~30%，同期中国外汇储备增长额占世界外汇储备增长额平均超过了40%。特别值得关注的是表4-9显示，2008年中国外汇储备增幅占世界同年外汇储备增幅的65.5%，接近三分之二，2008年到2012年该占比持续下降到了17.5%，不到五分之一；2013年我国外汇储备增量达到了历史峰值5097.3亿美元，占同年世界外汇储备增额比重也再创历史新高69.8%；2014年我国外汇储备增长了217亿美元的同时，全球外汇储备却下降了922.6亿美元，两者比例-23.5%，明显不合理；2015年前三季度我国外汇储备下降3289亿美元，占同期全球外汇储备降额3873.5亿美元的84.9%，显示2013年到2015年我国外汇储备变化量占世界外汇储备变化量比重很不合理的同时，表明近年来我国已经成为跨境资金大幅度流入和流出的最主要国家。

4.5.3 我国外债余额及其占外汇储备比例

表4-10给出了1985年到2014年我国的外债余额和外债占外汇储备的比

例。我们容易看出改革开放初期到 1998 年，不但外汇储备数量较低，而且当时经济处于早期发展时期外债增长较快，外债总额超过相应年底外汇储备总额；然而从 1999 年到 2003 年的 4 年间，我国的外债余额占外汇储备比例持续下降，一直保持在 50% 到 100% 之间；2004 年到 2007 年的 4 年间，由于外汇储备增速显著超过同期外债的增速，外债/外汇储备比例急剧下降到了 20% ~ 40%；2008 年到 2010 年的 3 年间，由于外汇储备增幅更高，外债/外汇储备比例进而下降到了 20% 之内，2011 年至 2014 年的 4 年间，由于外汇储备增幅有所放缓，外债/外汇储备比例温和上扬至 20% ~ 25%。

表 4 - 10 　　　　　　我国大陆外债、外汇储备
和外债占外汇储备的比率（1985—2014 年）　　单位：亿美元，%

年份	外债	外汇储备	外债/外汇储备	年份	外债	外汇储备	外债/外汇储备
1985	158.3	26.4	599.6	2000	1457.3	1655.7	88.0
1986	214.8	20.7	1037.7	2001	1701.1	2121.7	80.2
1987	302.0	29.2	1034.2	2002	1713.6	2864.1	59.8
1988	400.0	33.7	1186.9	2003	1936.3	4032.5	48.0
1989	413.0	55.5	744.1	2004	2286.0	6099.3	37.5
1990	525.5	110.9	473.9	2005	2810.5	8188.7	34.3
1991	605.6	217.1	278.9	2006	3229.9	10663.4	30.3
1992	693.2	194.4	356.6	2007	3736.2	15282.5	24.4
1993	835.7	212.0	394.2	2008	3746.6	19460.3	19.3
1994	928.1	516.2	179.8	2009	4286.5	23991.5	17.9
1995	1065.9	736.0	144.8	2010	5489.4	28473.8	19.3
1996	1162.8	1050.5	110.7	2011	6950.0	31811.5	21.9
1997	1309.6	1398.9	93.6	2012	7369.9	33115.9	22.3
1998	1460.4	1449.6	100.7	2013	8631.7	38213.0	22.6
1999	1518.3	1546.8	98.2	2014	8954.6	38430.2	23.3

资料来源：1985 年到 2014 年资料来源于中国外汇管理局网站，www. safe. gov. cn。

一国外汇储备的高低在一定程度上反映该国综合国力，但是外汇储备也并不是越高越好。过高的外汇储备不仅会带来该国货币的升值压力，同时也带来了如何有效利用外汇储备的问题。我们在本书第六篇的实证研究证明，我国 2002 年到 2010 年外汇储备的持续高速增长是这些年境外呼吁人民币升值的主要依据。外汇储备的有效利用目前也成为中国急需解决的问题。

2006 年 1 月 21 日结束的第三次全国金融工作会议将该项工作放到了重要的日程里。中国投资有限责任公司于 2007 年 9 月 29 日成立，它是依照《中华人民共和国公司法》（以下简称《公司法》）设立的从事外汇资金投资管理业务的国有独资公司。财政部通过发行特别国债的方式筹集 15500 亿元人民币，购买了

相当于2000亿美元的外汇储备作为中投公司的注册资本金。中投公司的成立是我国外储利用方式改革的一种探索。在"十二五"期间，如何管理外汇储备数量、提高外汇储备的利用效率是政府和学界共同关注的问题。

4.5.4　中国外汇储备的比重结构

中国超过万亿美元的外汇储备额数年来吸引着众多国内外职业人士和专家学者的注意力。由于国家从未公布过我国外汇储备的币种构成，国内外众多学者几年来有越来越多的学者用多种方法研究中国外汇储备的币种构成和管理效率。详细讨论该问题超出了本章的范围，这里我们简单地对这些研究中最新的研究报告进行简单的介绍。Sheng（2010）利用几组月度数据对2000年到2007年中国外汇储备比重构成进行研究后得出如下结论：从2002年到2007年中国对其外汇储备进行了显著而且卓有成效的分散化，将外汇储备中欧元的比例从5%提升到20%以上；截至2007年末，中国外汇储备中美元、欧元、澳元、英镑和日元资产占比分别为67.3%、22.0%、4.7%、3.5%和2.5%。

4.6　国内生产总值与人均国内生产总值

改革开放36年来，中国经济建设取得了举世公认的成绩。我们在本章前面章节介绍了中国经济的几个重要组成部分，本节我们着重介绍国内生产总值（GDP），人均国内生产总值及其国际比较。表4-11给出了从1978年到2015年以人民币计价的中国GDP及相应的实际年增长率、以美元计算的中国GDP及相应的人均GDP。

表4-11　　　　我国大陆国内生产总值及年增长率（1978—2015年）

单位：亿元人民币，亿美元，%

年份	GDP（人民币）	年实际增长率	人均GDP（人民币）	GDP（美元）	年增长率	人均GDP（美元）
1978	3624.1	11.7	376.5	2298.0	22.5	239.0
1979	4038.2	7.6	417.0	2699.0	17.4	277.0
1980	4551.6	7.8	457.7	3090.6	14.5	313.1
1981	4898.1	5.2	488.8	2923.7	-5.4	292.2
1982	5333.0	9.1	525.7	2865.6	-2.0	281.9
1983	5975.6	10.9	582.2	3074.7	7.3	298.5
1984	7226.3	15.2	695.4	3165.2	2.9	303.3
1985	9039.9	13.5	849.2	3127.8	-1.2	295.5
1986	10308.8	8.8	956.0	3031.8	-3.1	282.0

续表

年份	GDP（人民币）	年实际增长率	人均 GDP（人民币）	GDP（美元）	年增长率	人均 GDP（美元）
1987	12102. 2	11. 6	1103. 2	3300. 6	8. 9	302. 0
1988	15101. 1	11. 3	1354. 5	4117. 4	24. 7	370. 8
1989	17090. 3	4. 1	1501. 1	4597. 8	11. 7	408. 0
1990	18774. 3	3. 8	1626. 7	4045. 0	− 12. 0	353. 8
1991	21895. 5	9. 2	1870. 4	4241. 2	4. 9	366. 2
1992	27068. 3	14. 2	2274. 6	4998. 6	17. 9	426. 6
1993	35524. 3	14. 0	2916. 0	6410. 6	28. 2	540. 9
1994	48459. 6	13. 1	3894. 0	5826. 7	− 9. 1	486. 2
1995	61129. 8	10. 9	4746. 9	7569. 6	29. 9	625. 0
1996	71572. 3	10. 0	5462. 1	8920. 1	17. 8	728. 8
1997	79429. 5	9. 3	5916. 2	9850. 4	10. 4	796. 8
1998	84883. 7	7. 8	6169. 2	10452. 0	6. 1	837. 8
1999	90187. 7	7. 6	6405. 9	11007. 8	5. 3	875. 1
2000	99776. 3	8. 4	6963. 4	11928. 5	8. 4	941. 2
2001	110270. 4	8. 3	7500. 4	13172. 4	10. 4	1032. 1
2002	121002. 0	9. 1	8061. 8	14555. 6	10. 5	1133. 1
2003	136564. 6	10. 0	10510. 2	16505. 1	13. 4	1277. 2
2004	160714. 4	10. 1	12299. 3	19446. 7	17. 8	1496. 0
2005	185895. 8	10. 4	14061. 5	22872. 6	17. 6	1749. 3
2006	217656. 6	10. 7	15930. 5	27931. 6	22. 1	2124. 9
2007	268019. 4	13. 0	19473. 7	35046. 1	25. 5	2652. 4
2008	316751. 7	9. 6	23648. 0	45477. 2	29. 8	3424. 4
2009	345629. 2	9. 1	25513. 4	51057. 7	12. 3	3826. 0
2010	408903. 0	10. 4	29935. 8	59496. 5	16. 5	4437. 0
2011	484123. 5	9. 3	35113. 7	73144. 8	22. 9	5428. 8
2012	534123. 0	7. 7	38399. 3	83866. 8	14. 7	6193. 8
2013	588018. 8	7. 7	41804. 7	94691. 3	12. 9	6958. 9
2014	636363. 0	7. 4	46521. 7	103803. 8	9. 6	7589. 0
2015	676708. 0	6. 9	49228. 7	113847. 6	9. 9	8280. 1

资料来源：人民币计价的 GDP 及年增长率来自国家统计局网站和相应的调整数据；1980 年到 2015 年美元计价的 GDP 和人均 GDP 数据来自国际货币基金组织网站 2015 年 10 月公布的数据，1978 年和 1979 年的美元计价的 GDP 根据国家统计局公布的数据和当年人民币兑美元汇率兑换得出；人均 GDP 根据国家统计局公布的各年人口计算得出。

根据表 4-11 的数据，我们可以算出从 1978 年到 2014 年 36 年间我国人民币计价和美元计价的名义 GDP 平均年均增长率分别为 15.4% 和 11.2%；1978 年到 2012 年以人民币计价的我国实际 GDP 年均增长率高达 9.74%，34 年保持 9.7% 以上的平均实际 GDP 的持续增长不仅在中国历史少见，在世界经济史上也属罕事。大家经常说到的日本战后经济奇迹实际上是从 1955 年到 1970 年的 15 年间日本实际国内生产总值平均年均增长率为 9.71%。我国改革开放后经济奇迹不仅年均增长率超过日本，而且高速增长的时间超过日本一倍多。然而，如此长的高速增长期也是有代价的，我们下文会进一步讨论。

从 1986 年我国经济首次超过 1 万亿元人民币到 2002 年首次超过 10 万亿元人民币用了 16 年的时间；2006 年又首次超过了 20 万亿元的水平，仅用了 4 年时间；2008 年首次超过 30 万亿元水平，2010 年超过 40 万亿元又用了 4 年的时间，2012 年超过 50 万亿元仅用了 2 年的时间。

4.6.1 国际比较

表 4-12 给出了 2009 年到 2013 年主要经济体经济增长率。表 4-12 显示我国国内生产总值从 2009 年到 2013 年年均增长率达到 8.9%，增速在世界主要国家中排名第一。2009—2013 年五年间世界经济年平均增速为 3.2%，中国经济增速是世界平均水平的 2.8 倍。五年间发达经济体中增速最快的是美国（1.1%），其次是日本（0.3%），再次是欧元区（-0.5%）。金砖五国中中国经济增速最高，之后依次是印度（7.4%）、巴西（3.2%）、南非（1.7%）和俄罗斯（1%）。

表 4-12　　　2009—2013 年世界主要国家和地区经济增长率比较　　　单位:%

国家和地区	2009 年	2010 年	2011 年	2012 年	2013 年	2009—2013 年平均增长率
世界总计	0.0	5.4	4.2	3.4	3.4	3.2
美国	-2.8	2.5	1.6	2.3	2.2	1.1
欧元区	-4.5	2.0	1.6	-0.8	-0.5	-0.5
日本	-5.5	4.7	-0.5	1.8	1.6	0.3
中国	9.2	10.4	9.3	7.8	7.8	8.9
中国香港	-2.5	6.8	4.8	1.7	2.9	2.7
韩国	0.7	6.5	3.7	2.3	3.0	3.1
新加坡	-0.6	15.2	6.2	3.4	4.4	5.5
南非	-1.5	3.0	3.2	2.2	2.2	1.7
印度	8.5	10.3	6.6	5.1	6.9	7.4
俄罗斯	-7.8	4.5	4.3	3.4	1.3	1.0
巴西	-0.2	7.6	3.9	1.8	2.7	3.2

资料来源：国际货币基金组织 WEO 数据库。

表 4-13　　　　　　1980—2015 年我国大陆国内生产总值（GDP）
居世界位次变化

年份	位次	国内生产总值（亿美元）	占世界比重（%）	相当美国的比例（%）
1980	51	3038	2.73	10.61
1985	51	3078	2.51	7.08
1990	49	3925	1.77	6.56
1995	22	7320	2.39	9.55
2000	10	12053	3.60	11.72
2005	6	22686	4.82	17.33
2006	5	27298	5.36	19.70
2007	4	35233	6.13	24.34
2008	4	45589	7.23	30.97
2009	3	50597	8.48	35.09
2010	3	60395	9.24	40.36
2011	2	74925	10.35	48.28
2012	2	84615	11.47	52.38
2013	2	94908	12.58	56.96
2014	2	103565	13.40	59.70
2015	2	113848	15.55	63.36

资料来源：2015 年 4 月国际货币基金组织网站，www.imf.org 公布的 WEO 数据。

中国经济的高速增长使得中国 GDP 在世界的排名不断提升。表 4-13 显示 1980 年到 1990 年以美元计价的中国 GDP 仅为 3000 多亿美元，全球排名第 50 位上下，占世界 GDP 的比重仅为 2% 上下，也仅相当于美国 GDP 的 8% 左右；然而 2000 年中国 GDP 首次超过 1 万亿美元，超过美国经济 1 成，世界排名提高到了第 10 位；2005 年首次超过两万亿美元，排名进一步提高到了第 6 位，世界占比接近 5%；2008 年中国 GDP 首次超过了 4 万亿美元，排名再次提高到了第 4 位，占美国 GDP 比例首次超过了 3 成；2009 年取代德国成为全球第三大经济体，与美国 GDP 比例首次超过了三分之一；2011 年超过日本跃升为全球第 2 大经济体，占世界 GDP 比重首次超过了一成，接近美国经济的一半；2012 年中国经济首次超过了美国经济的一半，占世界 GDP 比重进一步提高到了 11.47%。根据国际货币基金组织 2015 年 10 月公布的 2014 年世界各经济体 GDP 的数据，中国 GDP 首次超过了 10 万亿美元大关，与美国 GDP 比例接近 6 成；根据如上国际货币基金组织公布的全球 2015 年 GDP 估算数据，2015 年我国 GDP 首次超过 11 万亿美元，占世界 GDP 比重超过 15%，与美国 GDP 比例也首次超过 6 成。

4.6.2 中国经济对世界经济的贡献及比较

根据国际货币基金组织 2015 年 10 月公布的世界主要经济体 GDP 的最新数据，1980 年至 2000 年 20 年间，我国大陆 GDP 累计增长了 9015 亿美元，占全球 GDP 增量 22.3 万亿美元的 4%，不到同期美国经济累计增量 7.42 万亿美元和世界经济增量贡献比 33.3% 的八分之一；2000 年到 2010 年，我国大陆 GDP 累计增长了 4.83 万亿美元，占同期全球 GDP 累计增量 31.88 万亿美元的 15.2%，超过了同期美国经济增量 4.68 万亿美元和世界经济增量贡献率 14.7%；2010 年到 2015 年，我国大陆 GDP 累计增长了 5.35 万亿美元，占同期全球 GDP 累计增量 7.85 万亿美元的 68.1%，显著超过了同期美国经济累计增量 3.00 万亿美元和世界经济增量贡献率 38.2%，显示国际金融危机后我国经济对全球经济增长的贡献显著超过了美国。

金融危机后我国经济对全球经济的贡献可以从金融危机后三年的数据看得更为清楚：2007 年到 2010 年我国大陆 GDP 累计增长了 2.52 万亿美元，占同期全球 GDP 累计增额 7.82 万亿美元的 32.2%，而同期美国经济仅累计增长了 0.49 万亿美元，占同期世界经济累计增量比重仅为 6.2%，不到同期我国经济对世界经济贡献率 32.2% 的五分之一，显示我国成功抵御国际金融危机的显著成就。

4.6.3 人均国内生产总值

尽管我国 GDP 在过去的 36 年里取得了世界经济少有的长期快速增长，但是中国人均 GDP 仍然相当低。表 4-14 给出了 1980 年到 2014 年相关年份我国人均 GDP 与主要发达国家和地区及主要发展中国家人均 GDP 数据及比较。表 4-14 显示改革开放初期的 1980 年，我国大陆人均 GDP 仅为 313 美元，仅为主要发达国家和地区人均的 3% 多点；到 1990 年，我国大陆人均 GDP 为 354 美元，与 1980 年没有显著的变化；到 2000 年我国大陆人均 GDP 为 941 美元，接近 1000 美元，接近主要发达国家人均的 4%，同时接近主要发展中国家人均的五分之一；2010 年我国大陆人均 GDP 达到 4437 美元，略超主要发达国家人均的一成，同时接近主要发展中国家人均的一半；2014 年我国大陆人均 GDP 达到 7589 美元，接近主要发达国家人均 GDP 的六分之一，同时超过主要发展中国家人均 GDP 的 7 成，显示我国近十多年来经济发展迅速，人均 GDP 增长也随之快速增长。

表 4 – 14　我国大陆人均 GDP 与世界主要国家和地区人均 GDP 比较

（1980—2014 年）　　　　单位：美元，%

年份 国家 和地区	1980	中国 占比	1990	中国 占比	2000	中国 占比	2010	中国 占比	2014	中国 占比
澳大利亚	10999	2.8	18841	1.9	20846	4.5	56296	7.9	61219	12.4
奥地利	10695	2.9	21683	1.6	24589	3.8	46542	9.5	51307	14.8
加拿大	11212	2.8	21519	1.6	24128	3.9	47531	9.3	50398	15.1
丹麦	13886	2.3	26921	1.3	30799	3.1	57783	7.7	60564	12.5
芬兰	11498	2.7	28903	1.2	24301	3.9	46186	9.6	49497	15.3
法国	13111	2.4	22599	1.6	23318	4.0	42249	10.5	44538	17.0
德国	11004	2.8	20056	1.8	23741	4.0	41814	10.6	47590	15.9
中国香港	5704	5.5	13374	2.6	25578	3.7	32421	13.7	39871	19.0
意大利	8336	3.8	20112	1.8	20125	4.7	35996	12.3	35823	21.2
日本	9313	3.4	25140	1.4	37304	2.5	42917	10.3	36332	20.9
韩国	1704	18.4	6516	5.4	11948	7.9	22151	20.0	28101	27.0
荷兰	13364	2.3	20956	1.7	26033	3.6	50433	8.8	51373	14.8
新加坡	5004	6.3	12766	2.8	23793	4.0	46569	9.5	56319	13.5
西班牙	6157	5.1	13748	2.6	14831	6.3	30803	14.4	30278	25.1
瑞士	18832	1.7	38583	0.9	37940	2.5	74582	5.9	87475	8.7
中国台湾	2368	13.2	8178	4.3	14877	6.3	19262	23.0	22598	33.6
英国	10039	3.1	19197	1.8	26352	3.6	38698	11.5	45653	16.6
美国	12576	2.5	23914	1.5	36433	2.6	48309	9.2	54597	13.9
阿根廷	9013	3.5	5237	6.8	9460	9.9	11508	38.6	12873	59.0
巴西	1283	24.4	3241	10.9	3789	24.8	11301	39.3	11604	65.4
智利	2568	12.2	2493	14.2	5064	18.6	12733	34.8	14477	52.4
中国	313	100.0	354	100.0	941	100.0	4437	100.0	7589	100.0
哥伦比亚	1630	19.2	1639	21.6	2479	38.0	6307	70.4	8076	94.0
埃及	552	56.8	1779	19.9	1562	60.2	2779	159.7	3304	229.7
印度	266	117.8	385	91.8	463	203.2	1430	310.3	1627	466.4
印尼	707	44.3	766	46.2	870	108.2	3178	139.6	3534	214.8
马来西亚	1769	17.7	2374	14.9	3992	23.6	8659	51.2	10804	70.2
墨西哥	3297	9.5	3423	10.3	6776	13.9	9197	48.2	10715	70.8
菲律宾	744	42.1	796	44.4	1055	89.2	2155	205.9	2865	264.8
波兰	1592	19.7	1626	21.8	4476	21.0	12533	35.4	14379	52.8
俄罗斯	n/a	n/a	n/a	10.671	1775	53.0	10671	41.6	12926	58.7
沙特	17630	1.8	7735	4.6	9257	10.2	19113	23.2	24454	31.0

续表

年份 国家 和地区	1980	中国 占比	1990	中国 占比	2000	中国 占比	2010	中国 占比	2014	中国 占比
南非	2891	10.8	3179	11.1	3123	30.1	7389	60.0	6483	117.1
泰国	696	45.0	1521	23.3	1983	47.5	4736	93.7	5445	139.4
土耳其	2235	14.0	3857	9.2	4149	22.7	10002	44.4	10482	72.4
阿联酋	40015	0.8	26622	1.3	34689	2.7	34612	12.8	43180	17.6
发达经济体 平均	9767	3.2	20167	1.8	24830	3.8	43363	10.2	47418	16.0
发展经济体 平均	4344	7.2	3433	10.3	4802	19.6	8957	49.5	10663	71.2
世界	2802	11.2	4413	8.0	5563	16.9	9592	46.3	10880	69.8

数据来源：国际货币基金组织网站，www.imf.org 2015 年 4 月 WEO 数据库。

虽然纵向比较我们取得了非常大的成绩，但横向比较我们与发达国家的差距还非常巨大。表 4 – 14 显示，2014 年我国人均 GDP 7589 美元不到巴西的三分之二，阿根廷和俄罗斯六成上下，马来西亚和墨西哥的七成左右，与发达经济体的差距更大。总而言之，虽然我们的经济在过去 30 多年获得了巨大发展，总量上已经跃居世界第二，但人均水平还处于较为落后的位置。我国在全面建设小康社会这条路上还有很长的路要走。我们在下文还会进一步讨论今后我国人均国内生产总值的增长。

4.6.4 外企对中国国内生产总值的贡献

从我们如上对外来投资、外贸的介绍和分析可以看出，外资在我国 36 年的改革开放过程中发挥了重要的作用。外贸诚然对我国 36 年的持续发展起到了非常重要的作用，外企近年来占我国外贸比例一半左右，表明外企 36 年来对我国国内生产总值的贡献也应该是非常显著的。由于没有直接可以利用的数据，我们难以准确地估算出外资对我国经济增长的贡献份额。但是利用如上国家统计局对 1978—2003 年的实证研究结果，出口对中国经济增长的贡献为 66.7%，乘上外资出口份额 60%，我们可以估算出 1978 年到 2003 年外企对中国经济增长的贡献率在 40% 左右。由于 2004 年到 2007 年出口对经济的贡献进一步增长，所以近年来外资对中国经济贡献应该在四成上下。

4.6.5 第三产业对国内生产总值的贡献

第三产业是国民经济的重要组成部分，它不仅能够多方面地满足人民生活的需要，提供广阔的就业门路，而且还以其特有的服务职能，促进第一、第二产业的发展。因此，第三产业在社会经济格局中占有非常重要的地位。我国自改革开放以来，第三产业得到了党和政府的高度重视，并有了较快的恢复和发展，尤其是进入 90 年代，各级党和政府都把发展第三产业作为加快经济发展的一项重要任务。为更好地制定第三产业发展规划和政策，提供全面真实的基础资料，国务院决定 1993 年对全国第三产业进行一次全面普查。根据《国务院关于开展全国第三产业普查工作的通知》（国发［1993］47 号）的精神，特制定全国第三产业普查实施方案（国家统计局普查中心，2001 年 11 月 21 日）。中国政府 2005 年 12 月 16 日发布了首次全国经济普查的第三号公报，历数了第三产业发展现状，指出中国第三产业从业人数已达 15257.3 万人。2014 年 4 月人力资源和社会保障部发布《2013 年度人力资源和社会保障事业发展统计公报》，指出 2013 年末，全国第三产业即服务业就业人员占全国就业人员比例为 38.5%，分别超过第一产业和第二产业就业比例，已经连续 3 年在三个产业中就业占比最高。表 4－15 给出了 1978 年到 2013 年中国大陆第三产业产值及其主要成分占国内生产总值比例。

表 4－15　　　　　1978 年到 2013 年中国大陆第三产业产值
及其主要成分占 GDP 比例

年份	GDP	第三产业占比	交通运输、仓储及邮电通信业占比	批发零售贸易及餐饮业占比	年份	GDP	第三产业占比	交通运输、仓储及邮电通信业占比	批发零售贸易及餐饮业占比
1978	3645.2	23.9	5.0	7.9	1996	71176.6	32.8	5.3	9.7
1979	4062.6	21.6	4.8	6.0	1997	78973.0	34.2	5.3	10.0
1980	4545.6	21.6	4.7	5.3	1998	84402.3	36.2	5.5	10.3
1981	4891.6	22.0	4.5	5.8	1999	89677.1	37.8	5.8	10.5
1982	5323.4	21.8	4.6	4.4	2000	99214.6	39.0	6.2	10.4
1983	5962.7	22.4	4.6	4.5	2001	109655.2	40.5	6.3	10.5
1984	7208.1	24.8	4.7	6.4	2002	120332.7	41.5	6.2	10.6
1985	9016.0	28.7	4.7	10.4	2003	135822.8	41.2	5.8	10.5
1986	10275.2	29.1	4.9	9.9	2004	159878.3	40.4	5.8	10.1
1987	12058.6	29.6	4.7	10.3	2005	184937.4	40.5	5.8	9.8
1988	15042.8	30.5	4.6	11.5	2006	216314.4	40.9	5.6	9.9
1989	16992.3	32.1	4.8	10.7	2007	265810.3	41.9	5.5	10.0
1990	18667.8	31.5	6.3	8.4	2008	314045.4	41.8	5.2	10.4
1991	21781.5	33.7	6.5	10.5	2009	340902.8	43.4	5.0	10.6
1992	26923.5	34.8	6.3	11.1	2010	408903.0	44.2	4.6	8.8
1993	35333.9	33.7	6.2	10.0	2011	484123.5	44.3	4.5	9.0
1994	48197.9	33.6	5.8	9.9	2012	534123.0	45.5	4.5	9.3
1995	60793.7	32.9	5.3	9.8	2013	588018.8	46.9	4.4	9.6

数据来源：国家统计局网站，www.stats.gov.cn。

表 4 - 15 显示 1978 年以来第三产业占比一直处于增长的趋势。1978 年到 1983 年的 6 年，第三产业占比不到四分之一；1984 年首次超过了四分之一的水平后持续上升到 1992 年的 35%，8 年增长近 10 个百分点；从 1992 年到 1996 年 4 年的小幅度下降后，从 1996 年到 2002 年持续上升到了历史最高点 41.5%；2003 年至 2004 年开始第三产业占比略微下降，从 2005 年起第三产业占比又重新步入上升轨道，至 2013 年底第三产业占比达到 46.9%。

2007 年初出版的 2007 年财经蓝皮书《中国服务业发展报告 No.5——中国服务业体制改革与创新》指出，与世界上人均收入和中国相近的国家相比，中国的服务业增加值占 GDP 的比重仍然明显偏低。20 世纪 60 年代初，世界主要发达国家的经济重心开始转向服务业，产业结构呈现出"工业型经济"向"服务型经济"转型的总趋势。目前，全球服务业增加值占国内生产总值比重达到 60% 以上，主要发达国家达到 70% 以上，即使是中低收入国家也达到了 43% 的平均水平。因此，中国服务业占整个 GDP 比重不仅比发达国家甚至全球平均比重低得多，甚至比中低收入国家还要低。

"十二五"期间中国的第三产业有望迎来巨大的发展机遇。2011 年度中国社科院《中国服务业发展报告——面向"十二五"的中国服务业》对中国"十二五"时期服务业发展主要目标进行了预测，预计"十二五"期间，服务业增加值占 GDP 的比重上升大约 4 个百分点，即占 GDP 比重约为 47%，服务业增长速度可能快于同期 GDP 增长速度 2 个百分点；服务业就业比重将上升 5 个百分点左右，即服务业就业人数占全部就业比重近 40%；服务贸易总额约为 7000 亿美元，年均增长速度不低于 17%；服务业吸引外商投资速度不低于 20%，利用外资规模达到 1100 亿美元。国家统计局最新公布的数据显示，2014 年，第三产业占国民经济增长的比重提高了 1.2% 到 48.1%，2015 年进一步提高了 2.4% 到 50.5%，首次超过一半，显示近年来我国产业结构持续加速优化的良好态势。

4.7　国内生产总值的局限性和包容性财富

2012 年 6 月联合国"里约 + 20"峰会在巴西召开，此次峰会推出了由联合国环境规划署、联合国大学全球环境变化的人类行动项目、联合国水机制十年能力发展方案和自然资本项目公共完成的《包容性财富报告 2012》。该报告提供了一个 GDP（国内生产总值）和 HDI（人类发展指数）之外另外一个能够衡量一个经济体能否持续发展的指标，对各国持续发展有一定的指导和参考作用。

4.7.1 包容性财富指数产生的背景

国内生产总值（GDP）刚刚度过了它八十岁生日（俄裔美国著名经济学家西蒙·库兹涅茨 1934 年 1 月 4 日向美国参议院提出了第一套统计经济活动总量的国民经济核算体系，虽然多年后 GDP 才被美国采纳并正式公布，西蒙·库兹涅茨被公认为 GDP 之父）。GDP（国内生产总值）多年来一直是政府、企业、民众和学者关注一个国家或经济体发展最主要的内容。GDP 虽然有很多方便之处，但是却有很多局限性。首先，GDP 是一个流量，通常度量一个季度、两个季度或者一年内经济体内生产出的产品和服务的总价值；其次，GDP 只核算最终产出和总收入，而对成本投入的核算不够重视，特别是较少考虑生产和消费活动对自然资源和生态环境产生的负面影响；最后，GDP 核算不能反映收入分配结构，而不同收入分配方式产生不同的收入分配结果和社会福利格局。任何一个经济体的发展密切依赖其经济、社会、地理和生态等诸多因素，而社会、地理和生态的变化无疑对经济的发展，特别是可持续发展产生重要的作用。因此，GDP 忽略了经济发展对环境的破坏程度和社会收入分配和合理程度，仅从一个侧面度量了社会生产和福利。鉴于经济的持续发展已经成为绝大多数经济体越来越重要的问题，改进 GDP 核算方法，或者建立更好反映经济持续发展和人民生活水平改善的参数或指标多年来成为学者研究的内容。

绿色 GDP 是考虑土地、森林、矿产、水和海洋等自然要素与生态环境、自然环境和人文环境等影响之后经济活动的最终成果，是将经济活动中资源耗损成本和环境降低成本从 GDP 中扣除的 GDP，是有效产出的 GDP。人类发展指数是联合国开发计划署从 1990 年开始发布的用于衡量各国社会发展程度的标准，在经济指标之外增加了与生活品质有关的健康指标和教育指标，换句话说，人类发展指数是在实际人均 GDP 的基础上还将人均预期寿命和教育程度等纳入指标。该两个参数实际上是对 GDP 的扩展或改进，比 GDP 更加广泛，但是仍然没有考虑到社会财富存量对经济持续发展的作用。

4.7.2 包容性财富指数的主要内涵

包容性财富包括七类财富或者资产。第一，可再生资本，即传统意义上的生产性资本，包括生产活动所需的厂房、机器及社会生活中使用的道路、交通工具等。第二，人力资本，既包括劳动者的教育、技能和健康状况等。人力资本可以提升个人的生产能力，对未来产出有间接影响，因此具有实际价值。人力资本的积累需要成本，并且不能无成本地从一个人转移到另外一个人。第三，知识资本，即指科学技术知识。知识资本一旦被发掘出来理论上可被所有人使用，而其他人使用知识却需要有投入和其他知识的积累。第四，自然资源资本，即包括当地的生态系统、生态群落和水资源、化石资源和稀有金属等地下矿藏资源。第五，人口，即包括人口数量和人口结构。第六，制度，即指人与人之间正式的和非正式的，在当前和未来都会影响资源配置的某种制度安排。制度在社会生产过程中会影响其他资本的价值，如司法体系的有效性、腐败程度等都会影响其他资本价值。换句话说，包容性财富将国家治理的一些因素也已考虑在内。第七，时间。随着时间的推移，某些资产即使在没有投入的情况下也可能升值。

4.7.3　部分国家包容性财富估算结果

各国包容性财富与相应的 GDP 规模相当，数字往往巨大不易把握，然而我们可以从它们与 GDP 的数量关系来把握。图 4 - 3 给出了 2000 年和 2008 年主要经济体和其他国家包容性财富与 GDP 比例。图 4 - 3 显示，不同国家包容性财富与 GDP 比例相差巨大，其中日本最高，高达 11 左右；其次为沙特和美国，比例高达 8 左右；再次为加拿大、俄罗斯和南非，比例高达 6 上下；之后为澳大利亚、智利和德国比例在 5 上下；再后为哥伦比亚、英国、印度、法国和巴西，比例为 4 上下；比例最低的为中国和挪威，比例不到 4 或者平均不到 4。包容性财富与 GDP 比例越高，表明传统 GDP 对相应的国家或地区国家财富低估的程度越高。

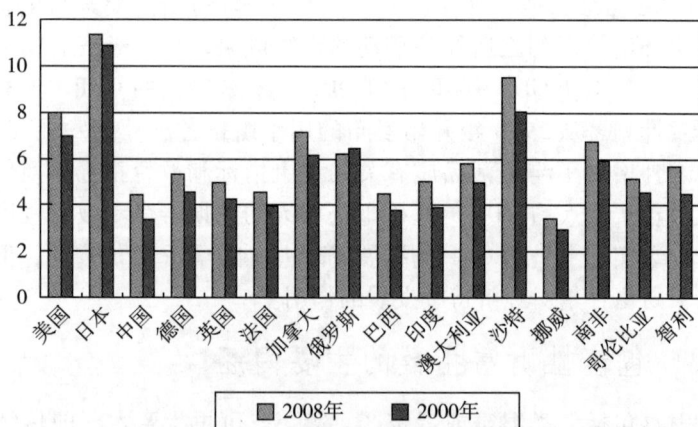

数据来源：根据联合国环境规划署《2012 年包容性财富报告》给出的 2000 年和 2008 年包容性财富数据和国际货币基金组织公布的相应 GDP 数据计算得出。

图 4 - 3　主要经济体和其他部分国家
包容性财富与 GDP 比例（2000 年和 2008 年）

假设 2012 年各国包容性财富与 GDP 比例为图 4 - 3 给出的各国 2000 年和

2008 年包容性财富与 GDP 比例的平均值，那么我们可以根据国际货币基金组织公布的各国 GDP 数据计算出 2012 年各国包容性财富。图 4 - 4 给出了 2012 年主要经济体包容性财富额度。图 4 - 4 显示，美国包容性财富冠居全球，总额高达 121.6 万亿美元；日本包容性财富高达 66.2 万亿美元，为美国包容性财富的 54%；中国包容性财富总额为 32 万亿美元，不到日本的一半，仅略超过美国包容性财富的四分之一。尽管 2012 年我国 GDP 为 8.39 万亿美元，比日本同年 GDP5.95 万亿美元高出近四成多，但我国相应的包容性财富还不到日本的一半。

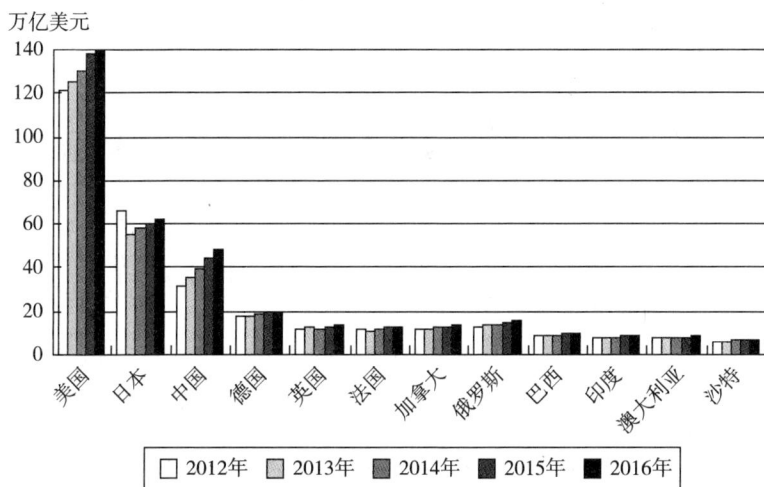

数据来源：根据图 4 - 2 给出的各国 2000 年和 2008 年包容性财富数据与 GDP 平均比例和国际货币基金组织公布的各国相应的 2012 年 GDP 数据计算得出；2013 年到 2016 年的 GDP 数据为国际货币基金组织公布的估算数据。

图 4 - 4　主要经济体 2012 年包容性财富规模和 2013 年到 2016 年规模估算

4.7.4　中日两国 GDP 和包容性财富的差异及含义

根据国际货币基金组织 2015 年 4 月公布的各国 GDP 数据和今后几年的估算数据，日本 2013 年到 2016 年 GDP 估算值分别为 4.92 万亿美元、4.62 万亿美元、4.21 万亿美元和 4.35 万亿美元，分别仅占我国大陆同期 GDP 的 52.0%、44.5%、37.6% 和 36.3%。然而，同样按照如上假设 2013 年到 2016 年各国包容性财富与 GDP 比例保持 2000 年和 2008 年的平均水平，那么我们同样可以估算出 2013 年到 2016 年各国包容性财富，图 4 - 5 给出了相应的结果。附录图 105 显示，2012 年到 2016 年我国包容性财富持续显著增长，从 32 万亿美元持续上升到了 48.3 万亿美元。尽管如此，虽然日本 GDP 占我国比重逐年进一步缩小，但由于日本包容性财富平均是 GDP 的 11.11 倍，比我国相应的平均倍数

3.89 高出近两倍，2013 年到 2016 年我国包容性财富分别仅为日本包容性财富的 67.4％、78.7％、93.2％和 96.4％，表明我国近年来 GDP 虽然显著超过日本，然而我国包容性财富与日本仍有一定的差距。

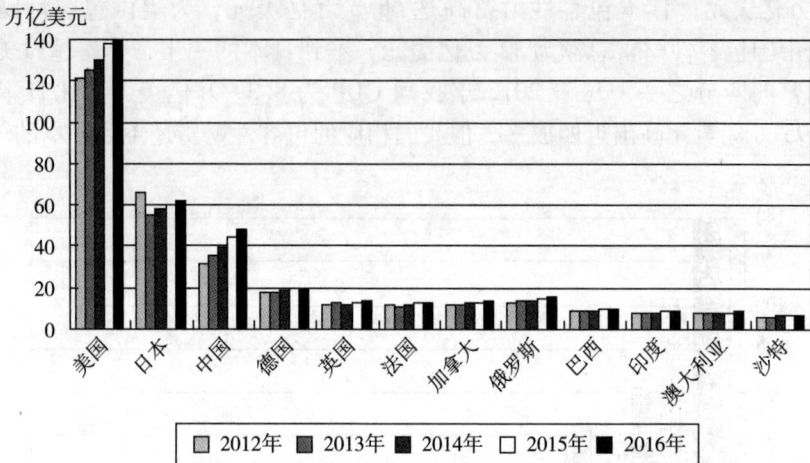

数据来源：根据附录给出的各国 2000 年和 2008 年包容性财富数据与 GDP 平均比例和国际货币基金组织公布的各国相应的 2012 年 GDP 数据计算得出；2013 年到 2016 年的 GDP 数据为国际货币基金组织公布的估算数据。

图 4 - 5 主要经济体 2012 年包容性财富规模和 2013 年到 2016 年规模估算

按照国际货币基金组织对中日两国今后几年经济发展的估算，2017 年日本 GDP 可能降至我国 GDP 的三分之一略高，然而由于我国包容性财富与 GDP 比例 3.89 仅相当于日本比例 11.11 的三分之一，2017 年我国包容性财富才有望首次超过日本的包容性财富。包容性财富与 GDP 比例大小主要取决于包容性财富中产出资本、人力资本和自然资本的结构，特别是人力资本相对于产出资本的规模。研究表明，我国产出资本占我国包容性财富比例在 13 个主要经济体中占比最高，高达 30.6％，不仅超过了主要发达国家，而且也超过了主要发展中国家相应的占比，表明我国近年的发展仍然带着强烈的"重金主义"色彩，对人力资源的忽视仍然没有多大的改善，我国包容性财富与 GDP 比例在主要经济体中最低。今后几年我国加大学习、教育、科技创新、产品品牌的推广等方面的力度已经成为经济升级换代的必然之路，如果我国人力资本与产出资本比例从 2008 年的 1.42 提高到 46％，那么我国包容性财富与 GDP 比例会提高到 4.65，利用该比例计算我国 2017 年的包容性财富才可能与日本相当。

另外，日本学者和外国学者早于 1841 年就开始了日本国民财富的统计工作。1906 年日本经济学家就出版了《日本国民财富》一书，估算出了 1904 年底日本本土国民财富和净资产额。1905 年日本银行首次正式组织了国民财富调查，之后每隔 3～5 年进行一次。"二战"期间日本的统计工作出现停滞，"二战"结束后日本经济研究署在 1953 年发布了日本《1951 年国民收入统计报告》，此后国民收入统计每年公布；1955 年经济规划署再次启动国民财富调查，于 1957 年发布正式结果。日本的国家资产负债表研究始于 20 世纪 70 年代。20 世纪 90 年代后期，日本国家资产负债表正式进入日本国民账户体系。日本学习、借鉴和采纳国际研究和统计方法的时间和力度也比我国要早多年。

任何一人或一国，只有将别人的长处、优点和强项学习到手，并在别人长、优、强的基础上真正创新，自己才能真正有所长进、更加优秀、更加强大。我们与日本在学习、科技、品牌等方面仍然存在明显的差距，包容性财富与 GDP 比例就是最好的证明。近年来，特别是 2010 年我国 GDP 超过日本以来，越来越多的国人认为我国的国力显著超过日本，日本衰落很快将成为事实。这种以 GDP 论英雄的认识有一定的道理，然而我国 GDP 中有相当的比重属于外资在国内贡献，而并非全是我国的贡献。上文给出的包容性财富的计算结果显示即使从 2014 年到 2016 年我国加大人力资本方面的推动力度，到 2015 年前后我国包容性财富才可能达到与日本相当的程度。因此，继续努力奋斗，继续学习别人的优点和长处，将深化改革的各项工作做好做实，我们才能真正离中华民族伟大复兴的中国梦更近，我国才能以各种国际认可的方法成为名副其实的强国，才能真正有实力彻底洗刷民族百年的耻辱。

4.7.5　建立我国包容性财富指标体系的重要性

经济三十多年的高速发展，我国经济已经到了转型升级的关键时期，重视环保、收入分配、社保等成为我国经济转型的主要内涵。传统的 GDP 对环保收入分配、社保等难以估算，而包容性财富不仅将这些重要内容包含其中，而且很多国家和联合国已经公布该数据。因此，计算全国和各地利用包容性财富并开始以此为依据考核地方政府政绩，对于我国经济转型意义重大。包容性财富的理论和核算体系已经相对成熟，多个国家已经开始在使用。经过一两年的学习和培训就可开始统计和编制全国和各地包容性财富报告并定期公布，成为我国可持续发展的重要考核指标体系。另外，公开接受联合国包容性财富核算方法对于准确估算我国经济实力和在国际上降低"中国威胁论"的噪音也有帮助。

4.8　购买力平价法计算的国内生产总值及与传统的汇率折算法比较

2014 年 12 月美国诺贝尔经济奖得主约瑟夫·斯蒂格利茨在美国《名利场》

杂志发表了《中国世纪》一文，引起世界广泛关注。该文指出，按照购买力平价方法计算出的 2014 年中国大陆国内生产总值首次超过美国，成为全球最大的经济体。"中国也不是很确信自己是否应该把自己叫做世界第一大经济体。不过，在 2012 年到 2015 年之间，中国已经在储蓄方面高过美国，现在中国大概有四万亿美元的储蓄，占 GDP 的 51% 左右，而这一数字比美国的 2.8 万亿美元大了一半左右。"斯蒂格利茨表示（斯蒂格利茨："中国世纪"从 2015 年开始，中国经济新闻网，2015 年 3 月 22 日）。根据国际货币基金组织 2015 年 4 月公布的更新的 2014 年以购买力平价法计算的中美两国 GDP 分别为 17.617 万亿美元和 17.419 万亿美元，前者高出后者 1984 亿美元。

尽管国内多年来没有认可购买力平价法计算的国内生产总值，但是我们还是应该对该方法有一定的了解，从而对境外评估我国经济的不同声音有职业性的判断。本节在简单介绍购买力平价理论后，比较用该方法计算的主要经济体国内生产总值与传统的外汇折算法计算出的结果的差别，进而得出两种方法差异的直观原因。

4.8.1 购买力平价理论

购买力平价理论实际上是一个古老的经济学理论，早在 1802 年由英国经济学家桑顿提出，其后成为李嘉图的古典经济理论的一个组成部分，最后由瑞典经济学家古斯塔夫·卡塞尔（Gastav Cassel）加以发展和充实。卡塞尔购买力平价的著名例子是，如果在美国买一蒲式耳小麦需要 4 美元，而且如果日元与美元的汇率为 120，那么一蒲式耳小麦在日本就值 480 日元。换句话说，1 美元在美国的购买力与其汇率转换价值在日本的购买力之间应该有平价关系。如果汇率不在平价点上，该汇率就处于非均衡状态，那么存在的"套利"会使得汇率或者购买力调整到均衡点上，使得"套利"消失。购买力平价理论已成为当今汇率理论中最具影响力的理论之一，近一个世纪以来在汇率决定理论中保持着重要的地位，对当今西方国家的外汇理论和政策仍产生重大影响。

4.8.2 利用购买力平价方法计算国内生产总值的假设和问题

上文介绍的购买力平价概念显示，购买力平价实际上是通过去除"套利"空间达到的平价均衡点汇率。显示，这种概念没有考虑国际贸易中的交易费用、信息不完全和国与国间的不尽相同的贸易条件等因素。包括发达国家在内的很多国家常常使用关税和配额等形式限制进口，保护本国产业，出口国也常常使用出口退税等形式补贴出口商以达到刺激出口来提高国际竞争力的目的等。另外，该理论没有考虑外汇管制、价格补贴等市场不完全因素。最后，也许最重要的是购买力平价理论假设所有商品都是可交易或可贸易的，没有考虑到商品不完全流动的特性。购买力平价理论还有其他很多假设，这里难以——列举。

4.8.3　购买力平价计算出的国内生产总值与汇率折算法计算出的国内生产总值的区别

购买力平价理论比较抽象，然而利用该方法计算出的各个国家和地区的 GDP 与汇率折算法计算出的 GDP 之间的差异可以容易地看出两种方法的区别。表 4-16 给出了 1980 年到 2014 年主要经济体两种方法计算出的结果的差异。表 4-16 显示，瑞士、澳大利亚、瑞典、英国、加拿大等发达国家利用购买力平价法计算出的 GDP 比用汇率折算法计算出的 GDP 低三分之一到一成；而比利时、法国、荷兰、德国和意大利利用购买力平价法计算出的 GDP 比用汇率折算法计算出的 GDP 低不到一成；两种方法计算出的美国 GDP 结果一样，日本、西班牙、韩国和中国台湾地区用购买力平价法计算出的 GDP 比用汇率折算法计算出的 GDP 分别高 2.9%、11.3%、25.5% 和 102.9%，显示购买力平价法低估了大多数发达国家的 GDP。

表 4-16　购买力平价法计算出的主要经济体 GDP 与汇率折算方法计算的
GDP 差异比较（差异占汇率折算法计算出的 GDP 比重，1980—2014 年）

单位：%

国家或地区＼年份	1980	1985	1990	1995	2000	2005	2010	2013	2014
瑞士	-9.6	38.7	-21.9	-33.2	2.3	-17.5	-28.9	-33.4	-33.6
澳大利亚	-5.1	33.0	-0.6	8.9	37.8	-0.5	-26.5	-30.0	-24.2
瑞典	-33.9	16.3	-33.2	-24.0	0.0	-14.6	-19.0	-25.4	-21.4
英国	-13.3	43.0	-10.8	-2.9	-1.9	-18.2	-7.3	-8.6	-13.5
加拿大	2.5	14.4	-6.1	13.9	22.8	-0.7	-16.0	-16.8	-11.0
比利时	-12.7	72.5	-1.1	-16.2	27.8	-3.9	-10.0	-10.5	-9.9
法国	-17.9	44.3	-13.0	-17.0	22.3	-7.3	-11.8	-9.7	-9.3
荷兰	-12.3	60.2	0.6	-10.9	27.0	-6.9	-11.1	-8.6	-7.8
德国	2.0	80.1	2.9	-21.6	24.4	-2.1	-4.1	-3.3	-3.6
意大利	26.6	86.9	-0.5	16.4	42.2	3.3	-2.5	-1.5	-0.9
美国	0.0	0.0	0.0	0.0	0.0	0.0	0.0	0.0	0.0
日本	-8.3	14.5	-24.0	-46.5	-31.6	-15.6	-21.4	-4.8	2.9
西班牙	29.0	125.5	12.1	19.9	63.4	11.7	4.8	9.3	11.3
韩国	28.1	67.5	15.4	-2.1	37.7	21.9	34.6	30.1	25.5

续表

年份 国家或地区	1980	1985	1990	1995	2000	2005	2010	2013	2014
巴西	276.0	229.0	111.3	66.7	141.2	129.9	26.9	34.3	38.7
阿联酋	86.8	152.4	164.9	177.7	148.4	109.3	63.8	41.8	49.3
哥伦比亚	70.5	135.2	197.5	112.6	167.1	144.3	71.3	59.5	66.3
墨西哥	65.9	147.8	136.5	152.7	77.1	70.3	69.9	63.7	66.9
中国大陆	-3.5	104.8	169.8	190.0	202.5	182.3	103.1	70.8	69.7
波兰	196.8	186.6	301.6	124.7	158.2	88.9	67.2	73.1	74.6
尼日利亚	24.2	350.5	309.6	80.9	356.2	188.6	114.0	86.4	82.9
土耳其	58.6	168.1	84.4	116.2	145.8	90.6	61.9	75.8	87.1
俄罗斯	na	na	na	314.9	489.4	203.0	98.8	67.9	91.9
中国台湾	71.3	77.0	22.9	18.8	45.1	75.2	100.4	99.7	102.9
沙特	52.7	146.7	218.2	239.2	216.2	160.5	131.2	105.2	113.4
马来西亚	81.5	136.2	177.1	140.0	211.7	187.4	128.3	121.5	128.2
菲律宾	151.1	222.1	227.9	145.5	222.3	256.2	157.5	136.4	142.9
泰国	124.7	214.3	173.1	136.5	259.9	260.8	161.6	149.1	163.6
印尼	97.1	201.3	282.9	247.9	434.0	336.4	165.3	175.2	201.1
印度	112.9	169.6	205.5	293.3	340.7	292.4	214.4	261.8	259.9

数据来源：根据国际货币基金组织网站 2015 年 4 月公布的不同经济体两种方法计算的结果计算得出。

表 4-16 也显示，购买力平价法低估绝大多数发达国家 GDP 的同时，高估了所有发展中经济体的 GDP：巴西和阿联酋的 GDP 被高估了 4 成上下，墨西哥和我国大陆被高估了 2/3 多些，波兰、尼日利亚、土耳其和俄罗斯分别高估了 3/4 到 9 成左右，沙特、马来西亚、菲律宾、泰国和印尼分别被高估了 1 倍到 2 倍多些，而印度被高估了近 2.6 倍。下文我们试图找出不同国家和地区 GDP 被高估或低估的原因。

4.8.4 购买力平价法计算结果差异与世行全球治理结果的一致性

表 4-16 的结果显示，购买力平价法低估了大多发达国家的 GDP 的同时，却高估了所有发展中国家和地区的 GDP，然而不同国家和地区 GDP 被低估或高估的程度却难以解释。实际上与这些差异结果与相应经济体的治理结果有很大的一致性。张光平（2015）利用世界银行全球治理指标体系的结果，研究和比较了 1996 年到 2013 年 40 个主要发达经济体政府效能、司法有效性和腐败控制

等指标之间的关系，结果显示，瑞士、瑞典、荷兰、加拿大和澳大利亚等发达国家政府效能和司法有效程度在发达国家中排名靠前，表明这些经济体市场化程度较高，因此上文介绍的购买力平价理论相关假设满足的程度总体也更高。因此，如果以这些市场化程度排名最高的为基准，那么购买力平价法也将高估美国的 GDP。

总结如上购买力平价方法的相关结果，我们可以得出如下结论：购买力平价法计算出的各国和地区 GDP 结果更多的是该经济体在市场化程度很高时的潜能，而并非实际。各个国家经济体制有其特点，改革的难度也不尽相同，潜能发挥需要不同的时间。因此，不能将之当作当前的真实水平。

4.9　我国巨大的消费潜力和挖掘潜力的路径

4.9.1　三十多年来我国消费增长趋势

得益于经济的巨大发展，中国居民消费在改革开放以来也有了较快的增长。表 4 – 17 给出了 1985 年到 2014 年我国居民消费价格指数和零售商品总额增长率。表 4 – 17 显示，除了 1989 年外，其余年份中国居民实际消费均实现了正增长，且大部分年份实现了两位数以上的增长。20 世纪 80 年代的全民普惠改革为绝大部分民众创造了财富，居民消费快速增长。但由于通货膨胀如影随形，在 1988 年更是达到了 18.8% 的高位。过高的通胀和随之而来的社会动荡使得居民消费迅速降温，1989 年居民消费出现 8.9% 的负增长。1990 年通胀下降到 3.1%，居民消费又开始迅速增长，1991 年重新实现了 10.50% 的高速增长。1992 年小平同志南巡讲话后中国经济发展迎来一个新高峰，当年居民消费实现了 11.4% 的高增长。经济高速增长又引发了高通胀，所幸那次宏观调控中政府汲取了上一次的教训，成功实现软着陆，居民消费增长并未受到较大影响。但 1997 年爆发的亚洲金融危机又给中国经济带来了较大的影响。1998 年和 1999 年中国的居民消费价格指数（CPI）增长率皆为负值，这种情况在 20 世纪 70 年代末改革开放以来还从未出现过。消费增长率由两位数（1995 年为 12.0%，1997 年为 14.1%）降到一位数（1998 年为 9.4%，1999 年为 9.8%），反映了消费者对未来经济形势缺乏信心（见表 4 – 17）。2000 年到 2002 年，我国的消费增长率有所回升，但到了 2003 年，这一指数重又滑落到 9.2% 的水平。2004 年开始居民消费进入了一个快速提升的阶段，十多年居民零售商品总额增长率保持在 10% 以上；即使 2008 年爆发的国际全球金融危机也未使我国居民零售商品总额增幅有明显的减缓；然而 2014 年居民零售商品总额增幅虽然仍然超过 10%，但是却达到了 2005 年以来最低水平。

表 4 –17 我国居民消费价格指数和零售商品总额增长率
（1985—2014 年） 单位：%

年份	居民消费价格指数	居民零售商品总额增长率（剔除价格因素）	年份	居民消费价格指数	居民零售商品总额增长率（剔除价格因素）
1985	9.3	18.7	2000	0.4	11.2
1986	6.5	9.0	2001	0.7	10.9
1987	7.3	10.3	2002	−0.8	13.1
1988	18.8	9.3	2003	1.2	9.2
1989	18.0	−8.9	2004	3.9	10.2
1990	3.1	0.4	2005	1.8	10.9
1991	3.4	10.5	2006	1.5	12.7
1992	6.4	11.4	2007	4.8	12.0
1993	14.7	0.2	2008	5.9	15.7
1994	24.1	8.8	2009	−0.7	16.2
1995	17.1	12.0	2010	3.3	15.1
1996	8.3	14.1	2011	5.4	17.3
1997	2.8	9.4	2012	2.6	14.3
1998	−0.8	9.4	2013	2.6	16.2
1999	−1.4	9.8	2014	2.0	10.9

资料来源：2014 年前数据来自 Wind 资讯，2014 年数据来自国家统计局"2014 年国民经济和社会发展统计公报"。

4.9.2 我国巨大的消费潜力

市场经济的最终推动者是消费者而不是生产者，任何产品或服务的市场价值最终是由它对消费者的价值决定的，而且任何市场价值是最终通过消费者现实的。所以，消费在国民经济中的比例很大程度上反映了经济的市场化程度。

图 4 – 6 给出了 1978 年到 2014 年我国最终消费占国内生产总值比例和相应的投资占比。从图 4 – 6 可以看出，1981 年到 2010 年的 30 年间，我国消费率整体上呈逐渐下降的趋势。1995 年到 2000 年虽然有一个小幅反弹，但是持续时间不长；从 2000 年到 2010 年的 10 年消费率进入加速下降轨道，2010 年的消费率达到了 49.1% 的历史低谷；2010 年到 2014 年，消费率出现了持续缓慢的回升，然而回升的幅度较低。与此同时，我国投资率呈整体上升趋势，但波动较大，可以分成四个明显的阶段：第一阶段为 1978—1985 年，投资率从 38.2% 降至 31.9% 又回升到 38.1%；第二阶段为 1986—1993 年，投资率从 37.5% 降到 34.8%，进而提高到 42.6%；第三阶段为 1994—2004 年，投资率从 40.5% 下降到 35.3% 后，提高到 43.2%；第四阶段从 2005 年开始，投资率稳定在 40% 以上，2011 年更是达到了 47.3% 的历史最高水平；2011 年以来出现了缓慢下降的趋势。

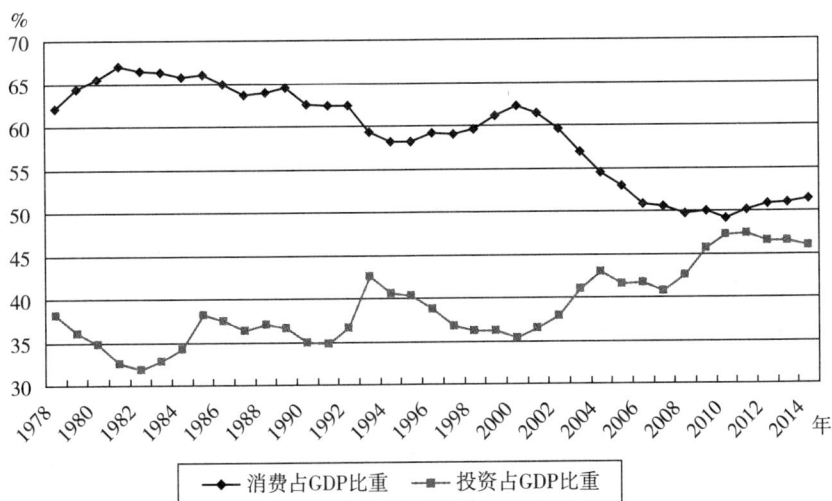

数据来源：国家统计局网站，www.stats.gov.cn。

图 4-6　1978—2014 年我国最终消费率/消费率与资本形成率/投资率的变化趋势

表 4-18　主要经济体消费/国内生产总值比重比较（2005—2014 年）　　　单位：%

年份 国家	2007	2008	2009	2010	2011	2012	2013	2014	平均	中国大陆 平均占比
美国	85.9	87.5	88.7	88.7	88.9	84.2	83.5	83.1	86.3	57.7
英国	84.4	85.2	87.3	87.0	86.5	85.8	85.1	84.4	85.7	58.1
土耳其	84.1	83.4	82.7	84.4	86.2	85.0	85.9	84.2	84.5	58.9
法国	79.6	80.2	82.9	82.2	81.6	79.5	79.6	79.7	80.7	61.7
意大利	78.1	79.2	81.7	81.9	82.0	81.2	80.6	80.6	80.7	61.7
日本	75.4	76.8	80.0	79.0	81.0	81.1	81.6	81.3	79.5	62.6
波兰	78.4	80.1	79.6	80.2	79.3	79.5	79.1	78.4	79.3	62.7
墨西哥	75.3	75.5	78.0	77.6	76.4	79.2	80.9	80.5	77.9	63.9
西班牙	75.7	76.7	77.9	79.4	79.3	78.3	77.6	77.7	77.8	63.9
德国	73.7	74.4	78.6	76.9	76.7	74.6	74.0	73.4	75.3	66.1
匈牙利	76.7	76.0	77.1	74.8	73.8	73.8	72.1	70.5	74.3	66.9
澳大利亚	73.1	71.6	73.1	71.7	71.4	72.8	73.3	74.8	72.7	68.4
加拿大	74.9	75.3	80.8	79.7	9.1	77.1	77.0	76.7	68.8	72.3
印度	67.3	69.4	69.7						68.8	72.3
印尼	71.9	69.0	68.3	65.8	64.5	65.6	66.8	66.8	67.3	73.9
俄罗斯	66.1	66.7	75.4	71.2	68.3	69.1	72.5	7.4	62.1	80.2
中国大陆	49.7	48.9	49.7	48.3	47.7	50.9	51.2	51.8	49.8	100.0

资料来源：根据经合组织（OECD）网站，www.oecd.org 数据整理计算得出。

表 4 – 18 给出了 2007 年到 2015 年经合组织统计的世界主要经济体与我国的非公消费支出与国内生产总值比例。表 4 – 18 显示，主要发达国家消费率总体高于发展中国家。英、美两国明居表 4 – 18 之首，其 2007 年到 2014 年消费率平均皆超过 85%；法国、意大利和日本平均消费率也高达 80% 上下；西班牙、德国和澳大利亚平均消费率也在 75% 上下；加拿大平均消费率排主要发达国家最低为 68.8%。土耳其消费率平均高达 84.5%，排发展中国家之首，波兰平均消费率接近 80%，匈牙利平均消费率也高达 74.3%；印度、印尼和俄罗斯平均消费率虽然在发展中国家中排名较低，在 62% 到 69% 之间，但皆超过我国平均消费率，显示我国消费率不仅显著低于主要发达国家，而且也显著低于主要发展中国家。

表 4 – 18 的数据显示，2007 年到 2014 年的 8 年，我国年均消费率分别比表中 9 个主要发达国家和 7 个其他主要发展中国家平均消费率低 28.8% 和 23.7%，表明消费对我国经济增长的影响潜力巨大。我国消费率很低的原因很多，主要原因包括我国社保体系急需完善和充实，国民收入分配急需公平，以及城乡差距急需缩小等。我们下文会进一步探讨相关问题。

4.9.3 社会保障体系急需完善和充实

多年来国内外众多经济学者和职业人士以各种形式介绍并分析了我国居民高储蓄倾向是消费低的主因。这种说法听起来没有问题，对我国高储蓄率和低消费率并存的现象解释得较为清楚。尽管如此，笔者多年来一直探寻我国高储蓄倾向的原因，但是却未找到满意的答案。2013 年党的十八届三中全会《关于全面深化改革若干重大问题的决定》公布后，身受鼓舞，在认真学习和研究我国深化改革的相关问题和中外相关数据比较后似乎找到了答案。这里与诸位一起分享。

社会保障体系是非常复杂的，不同国家和地区都有与其经济、社会、历史和文化相应的社保体系。研究发达国家和地区社保体系显示，主要发达国家和地区社保体系包括基本社保基金、公开退休金和私人退休金等部分构成。公开退休金和私人退休金越多，需要基本社保基金支持的人数就越少，国家社保基金支付的压力就越小。因此，很多发达国家通过个人税收等方面的优惠而鼓励退休金或年金的积累，从而降低社会对基本社保的支付压力，这些退休金的一定比例投资于股市又可为股市提供中长期资金，推动股市持续健康发展，为企业直接融资创造了更好条件的良性循环体系。

4.9.3.1 主要经合组织国家社会保障基金市值与 GDP 比例

表 4 – 19 给出了进入 21 世纪以来部分经合组织国家社保基金市值与 GDP 比例。表 4 – 19 显示，各国社会保障基金市值与 GDP 的比例差异较大，荷兰在 100以上，而美国、英国、加拿大和澳大利亚则在 60% ~ 90%，德国和比利时则低于 6%。同为新兴经济体，中国与韩国之间也存在着不小的差距。

表 4－19　　　　　经合组织统计的各国社会保障基金市值与 GDP 比例

（2001—2013 年）　　　　　　　　　单位：%

国家\年份	澳大利亚	比利时	加拿大	中国	德国	英国	韩国	荷兰	美国
2001	73.55	5.49	51.24	…	3.46	70.02	…	102.62	70.69
2002	68.44	4.91	47.15	…	3.51	57.37	1.47	85.50	62.46
2003	67.15	3.90	50.32	…	3.66	62.66	1.53	101.19	71.78
2004	69.77	3.97	52.53	0.31	3.82	66.01	1.60	108.12	73.41
2005	78.11	4.39	56.68	0.36	4.07	76.00	1.73	120.67	74.53
2006	87.53	4.19	61.63	0.41	4.23	80.62	2.79	124.37	77.11
2007	106.09	4.41	60.96	0.57	4.64	76.52	2.84	135.10	78.02
2008	93.10	3.29	50.10	0.61	4.77	63.45	2.98	112.74	59.56
2009	82.53	4.05	58.73	0.73	5.32	79.32	3.55	118.60	70.05
2010	89.52	3.74	63.06	0.70	5.41	86.77	3.95	129.54	74.68
2011	92.74	4.23	62.19	0.76	5.71	93.95	4.46	136.19	71.77
2012	91.41	4.59	65.58	0.91	6.29	102.88	5.36	155.43	74.32
2013	103.27	5.16	71.27	1.09	6.24	105.78	6.52	160.64	83.02
平均	84.86	4.33	57.80	0.64	4.70	78.57	3.23	122.36	72.41

数据来源：根据经合组织网站，www.oecd.org 给出的各国社保基金市值和相应的 GDP 计算得出。

4.9.3.2　主要经合组织国家企业年金市值与 GDP 比例

企业年金是大多主要发达国家和地区社保的重要组成部分。表 4－20 给出了 2003 年到 2013 年部分国家企业年金市值与 GDP 比重。表 4－20 显示，经合组织企业年金市值与 GDP 比例差异也很大，美国在 70% 以上，加拿大则高于 50%，相比之下大多数国家不到 10%。

表 4－20　　　　部分国家企业年金市值与 GDP 比重（2003—2013 年）　　　　单位：%

年份\国家	2001	2002	2003	2004	2005	2006	2007	2008	2009	2010	2011	2012	2013
澳大利亚	…	…	…	…	…	…	40.9	36.6	31.7	35.1	37.0	36.8	42.2
加拿大	51.2	47.1	50.3	52.5	56.7	61.6	61.0	50.1	58.7	63.1	62.2	65.6	71.3
法国	…	…	…	…	…	0.0	0.0	0.1	0.1	0.2	0.2	0.3	0.3	0.4
日本	13.6	14.1	10.7	7.6	6.1	0.6	0.7	0.7	0.1	5.7	…	…	…
韩国	…	…	…	0.4	0.5	2.7	2.6	3.0	3.5	4.0	4.5	5.4	6.5
新西兰	8.8	7.7	6.9	7.1	7.2	8.0	7.4	6.8	7.5	8.3	8.56	8.3	8.9
挪威	5.5	5.5	6.5	6.5	6.7	6.7	7.0	6.0	7.4	7.6	7.3	7.6	8.3
葡萄牙	10.7	10.8	11.1	9.9	12.0	12.9	12.9	11.5	12.7	11.2	7.5	8.5	8.9
西班牙	2.5	2.6	2.6	2.7	2.8	2.8	3.0	3.0	3.0	3.0	3.0	3.2	3.3
美国	70.7	62.5	71.8	73.4	74.5	77.1	78.0	59.6	70.0	74.7	71.8	74.3	83.0

数据来源：根据经合组织网站，www.oecd.org 给出的各国企业年金市值和相应的 GDP 计算得出。

4.9.3.3 部分经合组织国家私人退休金市值与 GDP 比例

私人退休金是主要发达国家社保的重要组成部分，私人退休金越充足，社会上对国家基本养老金需要的人就越少。表 4 – 21 给出了 2003 年到 2013 年部分国家私人退休金市值与 GDP 比例。表 4 – 21 显示，各国私人退休基金市值与 GDP 的比重也有着较大的差异，较高的美国近年来均在 10% 以上，而意大利和葡萄牙则低于 1%，由此可见不同经济体之间的社会保障也有其不同的模式。

表 4 – 21　部分国家私人退休基金市值与 GDP 比重（2003—2013 年）　　单位:%

年份 国家	2003	2004	2005	2006	2007	2008	2009	2010	2011	2012	2013
捷克	2.98	3.41	3.96	4.35	4.57	4.98	5.74	6.13	6.47	7.10	7.66
西班牙	3.56	3.94	4.40	4.71	5.26	4.56	5.16	5.04	4.96	5.22	5.71
爱沙尼亚	0.82	1.77	2.66	3.58	4.41	4.53	6.82	7.45	6.99	8.50	9.61
匈牙利	5.26	6.85	8.46	9.76	11.07	9.67	13.31	14.95	3.84	3.96	4.08
以色列	3.35	4.02	4.88	5.59	6.51	6.33	8.67	10.25	10.86	12.71	14.93
意大利	0.11	0.14	0.19	0.22	0.22	0.23	0.33	0.39	0.43	0.54	0.66
日本	0.38		0.43	0.51	0.04	0.06	0.62	0.81	0.82	…	…	…
墨西哥	5.22	5.55	6.37	7.04	7.65	8.14	9.54	10.44	10.80	12.23	12.78
新西兰	4.84	4.67	4.38	4.56	4.23	3.78	4.36	5.94	7.20	8.46	10.23
葡萄牙	0.30	0.30	0.30	0.31	0.32	0.25	0.26	0.25	0.22	0.21	0.23
斯洛伐克	0.02	0.00	0.49	2.41	3.72	4.75	6.32	7.41	8.41	9.59	9.98
美国	9.46	9.75	8.51	11.01	12.10	9.14	12.12	13.25	14.12	15.15	17.58

数据来源：根据经合组织网站，www.oecd.org 给出的各国私人退休基金市值和相应的 GDP 计算得出。

4.9.3.4 日本年金市值与 GDP 比例

日本的社保体系或年金体系有其独特性，对我国有很好的参考意义。表 4 – 22 给出了 1961 年到 2012 年日本年金年度余额、年均增长率及占年度 GDP 比例。表 4 – 22 显示，1961 年日本年金体系才刚刚启动不久，年金累计金额与 GDP 比例还不到 1%；然而从 1961 年到 1970 年日本年金发展迅速，累计余额年均复合增长率接近 27%，比同期 GDP 增速高 10% 以上。实际上，日本经济从 1955 年到 1970 年处于高速增长期，表 4 – 22 的数据显示，日本年金体系在日本经济高速增长初期就开始形成，而且高速增长期后虽然年金累计余额增速减缓，但是从 1970 年到 1999 年的近 30 年里，日本年金累计余额年增长率保持了高于相应的 GDP 年均增长率，因此到 1999 年日本年金累计余额与 GDP 比例达到了历史最高位 28.7%。

表 4 - 22　　　　　　　　**1961—2012 年日本年金年度余额、**
年均增长率及与年度 GDP 比例　　单位：万亿日元，%

年份	年金累计余额	年金累计余额年均增长率	GDP	GDP 年均增长率	年金累计余额/GDP	年金累计余额年均增长率 - GDP 年均增长率
1961	0.6		80.2		0.7	
1965	1.6	27.8	111.3	8.5	1.4	19.2
1970	5.1	26.1	188.3	11.1	2.7	15.0
1975	14.2	22.7	234.5	4.5	6.1	18.2
1980	30.6	16.6	246.5	1.0	12.4	15.6
1985	53.4	11.8	330.3	6.0	16.2	5.8
1990	80.5	8.6	449.4	6.4	17.9	2.2
1995	118.8	8.1	476.4	1.2	24.9	6.9
1996	126.3	6.3	488.0	2.4	25.9	3.9
1997	134.3	6.3	490.9	0.6	27.4	5.7
1998	139.8	4.1	495.7	1.0	28.2	3.1
1999	143.9	2.9	501.7	1.2	28.7	1.7
2000	142.5	-1.0	511.9	2.0	27.8	-3.0
2006	104.0	-5.1	506.7	-0.2	20.5	-4.9
2007	114.0	9.6	513.0	1.2	22.2	8.4
2008	120.0	5.3	501.2	-2.3	23.9	7.6
2009	108.0	-10.0	471.1	-6.0	22.9	-4.0
2010	124.0	14.8	481.8	2.3	25.7	12.6
2011	117.0	-5.6	468.2	-2.8	25.0	-2.8
2012	114.0	-2.6	474.6	1.4	24.0	-3.9
1961—1985 年年均	17.6	17.5	198.5	5.2	0.1	12.3
1985—1999 年年均	123.9	6.1	483.7	2.1	0.3	3.9
1999—2012 年年均	117.9	0.7	491.1	-0.5	0.2	1.2

数据来源：1961 年到 1999 年年金余额数据来自日本社会保险研究所，《日本 1999 年年金白皮书、年金储备运用》，表 1 - 3 - 1；其他年份年金数据为当年 3 月底的年金余额，数据来自野村证券研究所《Japan's Asset Management Business 2012/2013》；GDP 数据来自国际货币基金组织网站。

4.9.3.5　加速完善和充实我国社保体系的迫切性

上文日本年金体系的建立健全经验显示，日本早在其经济高速增长前期就开始了年金体系的建设，而且从其经济高速增长初期到 1999 年日本年金累计余额增长率在 40 年的时间内保持了超过其经济增长的程度，显示日本从经济高速增长期开始就对社保体系足够地重视。上文显示，2012 年我国经济告别了长达三十多年的高速增长期，然而到目前我国社保体系不仅没有建立起来，而且连全国统筹都没有达到。2014 年我国社保基金总结存 5.22 万亿元，与当年 GDP 比例才达到 8.2%，仅相当于日本 20 世纪 70 年代后期的水平，然而 2014 年我国社保支出与 GDP 比例就高达 5.18%，接近美国 2012 年 5.21% 的水平。根据财政部公布的 2015 年全国社会保险基金预算数据，2015 年我国社保基金预算支出 38463.97 亿元，比 2014 年增长 14.2%，支付增速高于预算收入增速 10%（2015 年中国社保基金预算收入同比增长 10%，新华社，北京 2015 年 5 月 8 日）。根据我国 2015 年经济增长的预测，2015 年我国社保支出与 GDP 比例可能高达 5.5% 上下，高于美国 2013 年 5.36% 的水平，表明我国社保体系虽未健全而负担很快将超过美国。我国社保体系严重滞后的发展状况实际上是在经济高速发展时期就欠下的巨额账，如果不尽早偿还，不仅今后的代价会更高，而且对当前经济转型所急需的拉动消费也难作出应有的贡献。

4.9.4 收入分配差别过大

收入差别过大是我国消费不能显著提高的另外一个主要原因。国际上通常用基尼系数来判定收入分配均等程度。基尼系数是介于 0 ~ 1 的数值，系数在 0.2 以下表示绝对平均；0.2 ~ 0.3 表示比较平均；0.3 ~ 0.4 表示较为合理；0.4 ~ 0.5 表示差距较大；0.5 以上为差距悬殊。改革开放初期，我国居民收入较为平均，1980 年基尼系数为 0.330；90 年代以后，我国的收入不平等出现扩大趋势，2003 年我国的基尼系数扩大到 0.458，到 2009 年进一步提高到了 0.490；从 2010 年到 2014 年，国家统计局公布的我国基尼系数分别为 0.481、0.477、0.474、0.473 和 4.469，虽然呈逐步略微回落趋势，实际上并未发生些许改观（2010 年到 2014 年，基尼系数累计下降幅度仅为 0.27%，年均降幅还不到 7‰）。换句话说，国家统计局公布的今年以来我国基尼系数并未发生显著的变化，或者说近年来我国收入不公的问题并未得到多少改观。

实际上，很多非官方研究机构调研的关于我国收入分配的结果显示，近年来我国收入分配不仅没有改善，而且不平等情况还在加剧，基尼系数接近甚至显著高于很多发达国家。第一财经"西南财大课题组详解基尼系数 0.61 调查过程"（2013 年 4 月 11 日）报道称 2012 年我国基尼系数超过 0.61。中国经济网 2014 年 7 月 30 日报道（记者邹桥），北京大学中国社会科学调查中心发布的《中国民生发展报告 2014》指出，2012 年我国家庭净财产的基尼系数达到 0.73，顶端 1% 的家庭占有全国 1/3 以上的财产，底端 25% 的家庭拥有的财产总量在 1% 左右。如上两个结果比国家统计局公布的 2012 年我国 0.474 的基尼系数分别高出 29% 和 54%，显示近年来我国收入分配不均问题的严重程度。

4.9.4.1 我国收入差别过大的原因简析

收入差距是市场经济的必然产物，因为收入分配过于平均不利于调动市场参与者的积极性，然而收入分配差距过大也不利于社会稳定，与和谐社会的发展目标不相一致。上海证券报（2007－07－18）有关研究表明，我国的收入差距体现在城乡之间（城乡居民的收入差距2005年为3.2∶1，全国收入差距的60%以上出自于此）、区域之间（东中西部已有的收入差距，由于倾斜式发展战略实施而被进一步扩大）、行业之间（有数据表明从2000年到2004年，4年间行业差距扩大了1.6倍，按全要素收入来分析，最高收入与最低收入之间相差5~10倍）、阶层之间（收入最高的20%群体的收入，是收入最低的20%群体的收入的33倍）（中国经济周刊，2006－06－26）。

在新旧体制转轨过程中，由于法制不健全、政策不完善等原因而对寻租现象缺乏有效的调控手段，助长了收入分配差距的扩大。收入分配中存在的这些问题，对经济和社会发展正在产生越来越明显的不利影响：一是农民收入增长缓慢和城镇低收入群体扩大，严重制约了城乡市场开拓和消费需求扩大，影响国民经济的良性循环；二是由垄断和不公平竞争带来收入差距的扩大，使得人民群众的生产劳动积极性、创造性受到挫折，不利于效率的提高；三是群众对分配不公的不满情绪增加，影响社会稳定（上海证券报，2005－09－16）。

"我们收入差距在不断地扩大，农村的收入差距也在扩大，城市的收入差距也在扩大，全国的收入差距也在扩大，现在的基尼系数已经达到0.48，另外我们当中城乡收入差距在扩大"（"李实：提高农产品价格将缩小城乡收入差距"，李实教授在2011年3月19日国务院发展研究中心主办的"中国发展高层论坛2011"的演讲，新浪财经，2011－03－19）。

"十二五"规划中把缩小贫富差距、促进社会公平放在非常突出的位置，提出"推进基本公共服务均等化，加大收入分配调节力度，坚定不移走共同富裕道路，使发展成果惠及全体人民"的方针。第32章中专门论述了如何合理调整收入分配关系，提出要通过"深化工资制度改革"、"健全资本、技术、管理等要素参与分配制度"、"加快完善再分配调节机制"以及"整顿和规范收入分配秩序"等四个方面改善收入分配的合理性（摘自"十二五"规划）。规划的目标很明确，但是却没有具体改善的数量考核目标，所以一年一年过去，2015年作为"十二五"最后一年，贫富差距不仅难以有效地削减，而且还可能有所扩大。

相对于城乡居民（尤其是农村居民）收入增长速度和国民收入（如GDP）的增长速度而言，政府财政收入增长相对过快，企业利润增速相对过快，少数人的财富增长速度相对过快，这种国民收入分配的相对失衡正是造成中国消费率持续下滑的主要原因。这种不利状况已经极大地遏制了中国内需的有效扩张，进而制约中国经济高速增长的可持续性。

4.9.4.2 我国基尼系数的国际比较

没有比较就难以知道我国当前收入分配不公的严重性。表 4-23 给出了 18 个主要发达国家近二十多年来基尼系数的变化情况。表 4-23 显示，除荷兰外，其他 17 个发达国家基尼系数都出现了不同程度的提高，提高幅度最高的分别为日本、意大利、英国、葡萄牙、芬兰和德国；2011 年基尼系数最高的三个国家为希腊、葡萄牙和英国，基尼系数超过 0.50 的国家还有法国、德国、美国和意大利，可见在主要发达经济体中均出现了基尼系数上升的现象。上文介绍的国家统计局公布的 2009 年我国基尼系数 0.49 就超过了表 4-23 中 14 个发达国家。如果给上文介绍的西南财经大学课题组的 0.61 的结果打九折，那么我国近年来的基尼系数就超过了表 4-23 中的除希腊外的主要发达国家。

表 4-23　　主要发达国家 20 世纪 80 年代来以来再分配前的基尼系数

时间\国家	20 世纪 80 年代中期	1990 年前后	20 世纪 90 年代中期	2000 年前后	21 世纪前 10 年中期	21 世纪前 10 年后期	2011 年
澳大利亚	…	…	0.467	0.476	0.465	0.468	0.460
比利时	0.449	…	0.472	0.464	0.494	0.469	0.483
加拿大	0.395	0.403	0.43	0.44	0.436	0.441	0.438
丹麦	0.373	0.396	0.417	0.415	0.417	0.416	0.431
芬兰	0.387	0	0.479	0.478	0.483	0.465	0.486
法国	…	…	0.473	0.49	0.485	0.483	0.512
德国	0.439	0.429	0.459	0.471	0.499	0.504	0.506
希腊	0.426	…	0.446	0.466	0.454	0.436	0.555
以色列	0.472	0.476	0.494	0.504	0.513	0.498	0.481
意大利	0.42	0.437	0.508	0.516	0.557	0.534	0.502
日本	0.345	…	0.403	0.432	0.443	0.462	0.488
荷兰	0.473	0.474	0.484	0.424	0.426	0.426	0.424
新西兰	0.408	0.468	0.488	0.484	0.473	0.455	0.453
挪威	0.351	…	0.404	0.426	0.447	0.41	0.423
葡萄牙	…	0.436	0.49	0.479	0.542	0.521	0.537
瑞典	0.404	0.408	0.438	0.446	0.432	0.426	0.435
英国	0.419	0.439	0.453	0.512	0.5	0.506	0.525
美国	0.436	0.45	0.477	0.476	0.486	0.486	0.506

数据来源：经合组织网站，www.oecdchina.org 和国际货币基金组织网站，www.imf.org。

4.9.4.3 国外削减收入分配不公的方法和效果简介

表 4-23 给出的是这些国家再分配前的基尼系数，而非真正的基尼系数。顾名思义，这些国家通过政府再分配调整了居民收入分布，从而降低了基尼系数。表 4-24 给出了与表 4-23 相同的发达国家政府再分配后的基尼系数。比较

表 4-23 和表 4-24 给出的政府再分配前后主要发达国家基尼系数，我们会容易地发现政府再分配政策大幅度地下调了国家的基尼系数，使得国家的收入更公平。利用该两表的数据，我们可以计算出不同国家不同时期通过再分配政策下调基尼系数的幅度：比利时从 20 世纪 90 年代中期到 21 世纪前 10 年后期通过再分配政策下调基尼系数下降了 40.3% 到 44.8%，下调幅度最大；其次为芬兰，下调幅度仅次于比利时；下调幅度第三为德国，从 20 世纪 90 年代中期到 21 世纪前 10 年后期通过再分配政策下调基尼系数下调幅度保持在 42.3% 左右。从 20 世纪 90 年代中期到 21 世纪前 10 年后期，表 4-24 给出的 18 个发达经济体通过再分配政策使其基尼系数总体下调的幅度超过 1/3，以 2011 年的数据来看，经过政府再分配，所有基尼系数超过 0.50 的国家均大幅下降，表明政府再分配政策在缓解收入不均方面的作用巨大。

表 4-24　　主要发达国家 20 世纪 80 年代以来政府再分配后的基尼系数

时间 国家	20 世纪 80 年代中期	1990 年 前后	20 世纪 90 年代中期	2000 年 前后	21 世纪前 10 年中期	21 世纪前 10 年后期	2011 年
澳大利亚	…	…	0.309	0.317	0.315	0.336	0.324
比利时	0.274	…	0.282	0.289	0.271	0.259	0.264
加拿大	0.293	0.287	0.289	0.318	0.317	0.324	0.316
丹麦	0.221	0.226	0.215	0.226	0.232	0.248	0.253
芬兰	0.209	0	0.218	0.247	0.254	0.259	0.261
法国	0.3	0.29	0.277	0.287	0.288	0.293	0.309
德国	0.251	0.256	0.266	0.264	0.285	0.295	0.293
希腊	0.336	…	0.336	0.345	0.321	0.307	0.335
以色列	0.326	0.329	0.338	0.347	0.378	0.371	0.377
意大利	0.309	0.297	0.348	0.343	0.352	0.337	0.321
日本	0.304	…	0.323	0.337	0.321	0.329	0.336
荷兰	0.272	0.292	0.297	0.292	0.284	0.294	0.278
新西兰	0.271	0.318	0.335	0.339	0.335	0.33	0.323
挪威	0.222	…	0.243	0.261	0.276	0.25	0.250
葡萄牙	…	0.329	0.359	0.356	0.385	0.353	0.341
瑞典	0.198	0.209	0.211	0.243	0.234	0.259	0.273
英国	0.309	0.354	0.336	0.352	0.331	0.342	0.344
美国	0.337	0.348	0.361	0.357	0.38	0.378	0.389

数据来源：经合组织网站，www.oecdchina.org 和国际货币基金组织网站，www.imf.org。

　　发达国家利用政府再分配政策合理调整居民收入分配的做法很多年前就被其他发展中国家学习和借鉴，而且创造了不同程度的成绩，这里不一一列举。利用政府再分配手段合理调整居民收入分配也应该是我国学习和借鉴的重要方法，对刺激和扩大消费有重大推动作用，这里不宜细述。

4.9.5 扩大消费的另一重要因素是提高居民收入占 GDP 的比重

除社保体系需要健全和完善及收入分配差距需要缩小外，影响我国消费增加的另外一个重要问题是居民收入占 GDP 比例过低。数据显示，近年来我国居民总收入占的比例仅略超过四成，基本上不到主要发达经济体美国相应比例的一半。由于居民分享到的国民收入过低，不到一半，所有能够来消费的资源就有限。近年来，特别是 2008 年以来政府财政存款和机关团体存款高速增长的事实就是政府占据资源过多，然而政府占据的资源如财政性存款和机关团体存款大多闲置或者部分闲置，对经济发展的潜能有待进一步发挥。

4.9.6 用活闲置和部分闲置资产和资源是扩大消费的关键所在

提高消费在经济中的比重是 30 年来我国经济的主题。图 4－5 显示，改革开放初期消费占我国经济的比重还曾经高达 2/3，然而几十年的发展，特别是投资拉动式的发展使得投资将消费的比重不断蚕食，使得到目前为止只要我们需要稳增长就会想方设法以投资拉动。投资对稳增长的作用诚然不可否认，但是几十年来持续的投资拉动，使得投资拉动的边际效应显著降低，而且相应的社会需求还未充分产生之时，继续采取投资拉动方法的效果应该有限。

多年来主要发达国家和地区应对国际金融危机的举措表明，主要发达国家和地区除了大量发行国债或大量印钞票以量化宽松外，没有其他有效的方法或资源可以利用，表明主要发达国际和地区的公共资源基本已经用足或者有效利用了。然而我国却仍有巨大共有资源，或者闲置，或者部分闲置。截至 2015 年 3 月底，我国财政性存款高达 3.44 万亿元，机关团体存款 19.06 万亿元，政府存款共 22.5 万亿元，比 2009 年同期增长了 5.7 倍，年均复合增长率高达 33.6%，比同期我国储蓄存款年均复合增长率 13.7% 高出近 20%，比 2009 年到 2014 年我国名义国内生产总值复合年均增长率 13.3% 高出 20.4%，表明政府存款增速超过居民储蓄和国内生产总值的增幅 1 倍以上，显示政府收入增长过快的同时，这些资金需要用到扶贫、调整国民收入、惠民等经济转型急需的领域。

4.10 我国经济发展亟待改进的问题

经济的持续增长使我国的综合国力有了大幅度的提升，举世公认。成绩有目共睹，但也存在很多较为严重的问题。这些问题如不得到及时有效的解决，我国经济难以在今后一定的时期内保持持续、健康、较快、有效、和谐地增长。

系统探讨这些问题超出了本书的范围，这里仅就几个问题简单介绍。

4.10.1　能源利用效率急需提高

随着中国经济的持续增长，能源消耗近年来变成了经济增长越来越重要的因素。根据世界银行的数据，2001 年我国每公斤石油当量能耗仅能生产国内生产总值 1.04 美元，同年日本为 8.02 美元，美国为 4.39 美元，阿根廷为 4.66 美元，巴西为 2.75 美元，墨西哥为 4.09 美元，土耳其为 2.0 美元（江小涓，2005）。根据英国石油公司（BP）从 1965 年到 2013 年对全球 65 个国家的年石油消费数据和世界银行国内生产总值的数据，我们计算出了 2009 年和 2013 年不同国家每吨石油消费产生的国内生产总值和我国每吨石油消费产生的国内生产总值与部分国家的相应比例，结果见表 4 - 25。从表 4 - 25 可以看出，2009 年我国每吨石油消费产生的国内生产总值仅为 12300 美元，在全球主要经济体中仅高于印度，分别仅为英国、德国、法国、意大利、日本和美国这些发达国家的42.3%、47.2%、49.7%、47.5%、59% 和 74.1%；同时也分别为墨西哥和巴西的 68.8% 和 85.8%。表 4 - 25 也显示，2013 年，我国每吨石油消费产生的国内生产总值提高到了 18200 美元，增幅达 48%。我国的石油使用效率均有较大幅度的提高，就每吨的 GDP 产值而言，我国的石油使用效率已经超过了同为新兴经济体的巴西、印度和墨西哥，也超过了作为发达经济体的加拿大，逼近发达经济体中石油使用效率相对较低的美国，不过相对于发达经济体中石油使用效率较高的欧洲各国，我国还有很大的提升空间。

表 4 - 25　部分国家 2009 年和 2013 年国内生产总值/石油消费比例

2009 年			
国家	国内生产总值 （万亿美元）	石油消费 （百万吨）	国内生产总值/石油消费 （千美元/吨）	中国比例/ 他国比例（%）
美国	14.04	842.9	16.7	74.10
日本	4.14	197.6	20.9	59.00
德国	2.98	113.9	26.1	47.20
英国	2.17	74.4	29.2	42.30
法国	2.17	87.5	24.8	49.70
意大利	1.95	75.1	26	47.50
中国	4.99	404.6	12.3	100.00
西班牙	1.48	72.9	20.3	60.70
加拿大	1.27	97	13.1	93.90
印度	1.3	148.5	8.8	141.00
墨西哥	1.54	85.6	18	68.80
巴西	1.5	104.3	14.4	85.80

续表

国家	2013 年			
	国内生产总值 （万亿美元）	石油消费 （百万吨）	国内生产总值/石油消费 （千美元/吨）	中国比例/ 他国比例（%）
美国	16.77	831	20.2	90.19
日本	4.92	208.9	23.6	77.28
德国	3.73	112.1	33.3	54.70
英国	2.68	69.8	38.4	47.40
法国	2.81	80.3	35.0	52.01
意大利	2.15	61.8	34.8	52.31
中国	9.24	507.4	18.2	100.00
西班牙	1.39	59.3	23.4	77.64
加拿大	1.83	104.3	17.5	103.73
印度	1.86	175.2	10.6	171.43
墨西哥	1.26	92.3	13.7	133.32
巴西	2.25	132.7	17.0	107.34

资料来源：英国石油公司。

随着我国经济的持续发展，我国经济对原油的需求也会持续增长，这就迫切要求我国在能源利用效率上下大工夫，使得我国尽快从能源粗放型经济向节约型经济转变。提高能源利用效率已经成为我国一大挑战。

国家早就认识到了这个问题。2005 年 6 月 30 日下午 3 时，时任国务院总理温家宝主持全国电视电话会议，对建设节约型社会近期具体落实工作进行全面部署。此前不久，国家发改委提交的《关于做好建设节约型社会近期重点工作》在国务院常务会议上讨论通过；中共中央政治局第二十三次集体学习开讲"如何建立资源节约型国民经济体系和资源节约型社会"。

2006 年，各地区更加重视节能环保工作，积极落实国家各项节能降耗政策，加大节能基础设施建设，积极推进重点行业、重点企业和重点工程的节能工作，大力发展循环经济，普遍建立节能减排的目标责任制。全国全年能源消费总量 24.6 亿吨标准煤，比上年增长 9.3%，万元国内生产总值能源消耗 1.21 吨标准煤，比上年下降 1.23%（金融时报，2007-05-31）。这在一定程度上说明国家的节能降耗政策已初见成效，但是能源利用率与发达国家甚至大多发展中国家仍有相当大的距离。

2010 年 9 月 8 日，国务院常务会议审议并通过《国务院关于加快培育和发展战略性新兴产业的决定》，10 月 10 日正式颁布决定。国家确定节能环保、新一代信息技术、生物、高端装备制造、新能源、新材料和新能源汽车七个产业为战略性新兴产业。国家把节能环保行业定为战略性新兴产业首位表明了国家提高中国能源效率的重视（中央政府门户网站，www. gov. cn，2010 年 10 月 18 日）。

4.10.2　环境污染情况严重急需高度重视

伴随着我国经济的持续增长，我国环境污染情况日趋严重。根据国家统计局 2006 年的统计年鉴，2008 年，全国废水排放总量 571.7 亿吨，比上年增加 2.7%。其中，工业废水排放量 241.7 亿吨，比上年减少 2.0%，工业废水排放量占废水排放总量的 42.3%，比上年略有降低。生活污水排放量 330.0 亿吨，比上年增加 6.4%。生活污水排放量占废水排放总量的 57.7%，比上年略有上升。2008 年，全国工业废气排放量 403866 亿立方米（标态），比上年增加 4.0%。除这些参数外，危险废物、工业固体废物、工业粉尘、烟尘排放等问题也都非常严重。虽然近年来政府采取了一些措施，但是效果仍然不很显著。增强环保意识、加大环保力度不仅是经济持续发展的基础和先决条件，而且是保证人民健康的基础。只有进一步增强环保意识并加大力度，才能使发展建立在持续的基础上。

为落实党中央、国务院提出的科学发展观，建立中国绿色 GDP 核算体系和环境污染经济损失估算体系，2005 年年初，国家环保总局和国家统计局在 10 个省市启动了以环境核算和污染经济损失调查为内容的绿色 GDP 试点工作。绿色 GDP，指用于衡量各国扣除自然资产损失后新创造的真实国民财富的总量核算指标。简单地讲，就是从现行统计的 GDP 中，扣除由于环境污染、自然资源退化、教育低下、人口数量失控、管理不善等因素引起的经济损失成本，从而得出真实的国民财富总量。绿色 GDP 不仅能反映经济增长水平，而且能够体现经济增长与自然保护和谐统一的程度，可以很好地表达和反映可持续发展观的思想和要求。绿色 GDP 占 GDP 的比重越高，表明国民经济增长的正面效应越高，负面效应越低（新华社，2004 - 05 - 12）。

国家环保总局和国家统计局曾于 2006 年 9 月 7 日联合发布《中国绿色国民经济核算研究报告 2004》。报告称，2004 年，全国因环境污染造成的经济损失为 5118 亿元，占当年 GDP 的 3.05%；虚拟治理成本为 2874 亿元，占当年 GDP 的 1.80%。这是中国第一份经环境污染调整的 GDP 核算研究报告，标志着 2004 年 3 月启动的中国绿色国民经济核算研究取得了阶段性成果。

倡导"绿色 GDP"对我国现阶段发展尤其有借鉴意义。一方面，实行绿色 GDP 核算指标以后，资源损耗部分和环境污染等外部效应部分将从 GDP 总量中扣除，鉴于资源成本在 GDP 总量中所占比重较大，绿色 GDP 核算体系的建立将可有效地遏制住地方政府投资冲动，进而为我国经济增长方式转型创造良好外部条件。另一方面，建立绿色 GDP 核算体系以后，地方政府将从追求投资、出口为主导手段的 GDP 拉动向以科技创新、服务增值等由劳动创造价值为主导手段的 GDP 增长方式转变，进而真正地推动我国经济增长方式转型，实现社会和谐、环境友好的社会建设目标。然而，建立绿色 GDP 核算体系并非易事。迄今为止，全世界还没有一套公认的绿色 GDP 核算模式，技术上、管理上也存在诸多困难。虽然困难重重，但是相信该方法的进一步研究和最终实施将对我国改善政绩观，全面落实科学发展观，从而保证我国经济持续发展和小康社会的建设具有不可估量的作用。

2011 年 3 月颁布的"十二五"规划中把节能环保放在非常突出的位置，规划中的第六篇"绿色发展建设资源节约型、环境友好型社会"专门阐述了对节能环保的发展规划。规划中提出从"积极应对全球气候变化、加强资源节约和管理、大力发展循环经济和加大环境保护力度"等四个方面达成节能环保目标。规划中还提出了"新增森林面积 1250 万公顷、新增 5000 万亩高效节水灌溉面积、单位国内生产总值建设用地下降 30%、工业固体废物综合利用率达到 72%、资源产出率提高 15%、城市污水处理率和生活垃圾无害化处理率分别达到 85% 和 80%"等具体指标。可以预见节能环保在"十二五"期间有望获得长足进步（摘自"十二五"规划）。

4.10.3　自主创新能力不足

"当前，我国科技创新能力在 49 个主要国家中居 28 位，处于中等偏下的位置"（"我们的科技输在哪里"，人民论坛，2010 年 4 月 5 日）。我国在关键技术上自给率低，对外技术依存度在 50% 以上，而发达国家都在 30% 以下，美国和日本则在 5% 左右。在设备投资中，有 60% 以上要靠进口来满足，高技术含量的关键装备基本上依赖进口。我国的发明专利累计授予量不仅远远低于发达国家水平，也远落后于我国台湾和韩国等新兴工业化国家和地区。

从 1991 年到 2000 年，我国累计投入研发经费约为 553 亿美元，仅为美国同期的 1/36，约为韩国的 1/2。2003 年我国研发经费约为 190 亿美元，也仅相当于美国的 1/16（江小涓，2005）。近年来，我国科技研发（R&D）经费投入不断增加。在"十五"期间，年均增长率为 22.2%。2004 年我国 R&D 支出 1966 亿元，占 GDP 的 1.23%，而美国的这一比例为 2.68%，瑞士为 2.94%，韩国为 2.85%，我国台湾为 2.56%，日本和芬兰则更是分别高达 3.13% 和 3.51%；2005 年我国 R&D 支出达到 2450 亿元，占 GDP 的 1.34%。R&D 支出的增加为我国科技发展提供了有力的支撑。但与发达国家以及同等发展水平的发展中国家相比，我国科技投入水平还不高。以 2004 年为例，我国研发经费仅相当于美国的 8%（同年国内生产总值相当于美国的 14%）；全国从事研究开发人员年平均经费分别只有韩国的 14% 和日本的 8%。早在 1995 年中央《关于加速科学技术进步的决定》就提出到 2000 年全国科研经费投入达到国民生产总值的 1.5%，这一目标仍未实现。2006 年，世界上包括美国、日本、芬兰、韩国等在内的近 20 个创新型国家 R&D 投入占 GDP 的比例平均在 2% 以上，美国和日本已经分别达到 2.8% 和 3.1%，而我国仅为 1.4%。可见，我国科研经费无论是占国内生产总值的比重还是绝对数量仍然偏低（刘燕华，大力开展创新方法工作全面提升自主创新能力）。

2005 年，在三种专利（发明，实用新型，外观设计）授权中，瑞士所占全球的比例为 2.60%，荷兰为 3.15%，法国为 3.95%，德国为 8.75%，韩国为 7.72%，美国为 17.92%，日本高达 43.46%。据统计，目前中国大陆获得的美国专利授权量只占其总量的 0.12%，尚不及中国香港的 0.13%，远不及中国台湾的 3.00%。虽然两组数据并不完全可比，但由于专利的申请以及获取专利的数量在一定程度上反映出一个国家或地区的科技自主创新能力，因而可以看出，到目前为止，我国的科技发展以跟踪模仿为主，自主创新较少。而与之相对应的情况则是，2005 年我国国外技术引进合同金额共计 190 亿美元，其中专利技术的许可或转让占比 6.71%，专有技术的许可或转让占比 26.76%，技术咨询及技术服务占比 24.83%，进口的成套设备、关键设备及生产线等占比 28.01%；若按行业分类，制造业占合同总金额的 57.3%，交通运输、仓储及邮电通信业占比 17.39%，电力、煤气及水的生产和供应业占比 8.7%，三者合计超过合同总金额的八成。由此可见，我国关键技术自给率低，自主创新能力不强，产业技术的一些关键领域存在着较大的对外技术依赖，不少高技术含量和高附加值产品主要依赖进口（以上数据来自于国家统计局官方网站，www.stats.gov.cn）。

从目前的科技发展状况以及发展趋势看，我国科技发展水平及能力仍明显落后于发达国家，科学思维创新不足、民众科学素养的相对缺乏以及科技手段与方法上的落后等严重制约着我国的自主创新能力，进而影响到科技事业本身的发展。自主创新能力不足将是制约我国经济进一步升级的重要瓶颈。在境外人民币汇率形成机制不断完善，人民币面临持续升值压力的情况下，加速提升我国产品创新能力和技术含量将是我国经济面临的非常重要的任务。

目前，在我国，提升自主创新能力的氛围基本形成。这不仅体现在国家和各级政府出台一系列政策来鼓励和推动创新，也体现在以前在体制机制中存在的一些问题被逐渐发现并得到重视。2006 年 1 月 9 日，胡锦涛同志在全国科学技术大会上发表题为"坚持走中国特色自主创新道路，为建设创新型国家而努力奋斗"的讲话，部署实施《国家中长期科学和技术发展规划纲要（2006—2020 年）》，指出必须下更大的气力、做更大的努力，进一步深化科技改革，大力推进科技进步和创新，带动生产力质的飞跃，推动我国经济增长从资源依赖型转向创新驱动型，推动经济社会发展切实转入科学发展的轨道；明确我国科技发展的总体目标是：到 2020 年，使我国的自主创新能力显著增强，科技促进经济社会发展和保障国家安全的能力显著增强，基础科学和前沿技术研究综合实力显著增强，取得一批在世界具有重大影响的科学技术成果，进入创新型国家行列，为全面建设小康社会提供强有力的支撑。

"十一五"期间中国科技创新事业取得了一定成就。"十一五"以来，以高技术研究发展（863）计划、国家重点基础研究发展（973）计划、集中解决重大问题的科技攻关（支撑）计划等主体性计划和火炬计划、星火计划等产业化计划为代表的各项科技计划顺利实施。据初步统计，5 年间国家共安排了 8200 多项"863"计划课题，在节能与新能源汽车、先进钻井技术与装备、天然气水合物勘探开发关键技术、主要动植物功能基因组研究、信息技术、生物医药等领域取得了重大进展，部分领域达到国际先进水平；共安排 4800 多项科技支撑计划课题，重点解决重大公益技术和产业共性技术问题，着力突破能源、环境、人口健康等技术瓶颈，为经济社会持续协调发展提供全面有力的支撑。"十一五"期间，我国专利部门累计受理境内专利申请 363.6 万件，授予专利权 202.8 万件，境内专利申请量和授权量分别以 24.7% 和 35.4% 的年平均增长速度递增。2008 年《科学引文索引（SCI）》、《工程索引（EI）》、《科学技术会议录索引（ISTP）》三种国际上较有影响的主要检索工具分别收录我国论文 11.7 万篇、8.9 万篇和 6.5 万篇，分别是"十一五"期初的 1.7 倍、1.6 倍和 2.1 倍，世界排名分别从第 5 位、第 2 位、第 5 位上升到第 2 位、第 1 位和第 2 位（国家统计局《"十一五"经济社会发展成就系列报告之十五——科技发展成果丰硕》）。

一个世界级强国的主要标志就是其科技水平和与之相应的产品技术含量。没有高水平的科技创新和与之相应的产品技术含量，就只能跟在别人的后面玩别人玩过或玩腻了的玩具或游戏，吃别人吃过或吃厌了的饭或菜，走别人走过或走烦了的路。以上各种数据显示我国在科技领域与发达国家的差距比我们经济在全球的地位还要低。没有强有力的科技作后盾，主要以低劳动成本发展起来的世界经济地位也难以保持。只有树立全民的创新意识，在努力学习和借鉴别人的基础上，逐步登上巨人的肩膀，发挥全民族的聪明智慧，逐步创造出世界级的科技能力，才能保持经济的持续健康发展。

4.10.4 缺乏品牌

出口无疑对我国经济的发展起到了非常巨大的作用。虽然出口增长如此之大，但是我国出口长期以来以加工为主，至今仍缺乏国际认可的品牌。品牌代表形象和质量，能够带来更高的附加值，品牌的建立对于树立国际形象和全球"品牌价值"非常重要。由于没有国际认可的品牌，我国出口的产品只能在低档次、附加值低、劳动密集型的层次内打拼。日本在其经济高速发展前的好多年就注重国际品牌的树立，索尼、东芝、三菱、丰田等品牌享誉全球，这样使世界消费者在出口商品上贴上"日本制造"的标签时不再"发笑"了。品牌的树立需要一个过程，但是一个没有高技术含量和品牌的出口大国难以成为真正的出口大国。

品牌中国产业联盟在 2008 年 12 月 31 日发布的《改革开放 30 年中国品牌发展》中称，作为一个经济大国和制造大国，中国却少有世界级的自主品牌，"中国制造"在世界范围内还没有摆脱"低质、低价"的整体形象。

《报告》回顾了改革开放 30 年中国品牌建设的历史进程，总结了中国品牌发展的七大基本特征：一、品牌建设取得了巨大成就，主要体现在形成了大量全国性知名品牌，并涌现出一批国际知名品牌，各行各业品牌建设卓有成效，区域品牌集群蓬勃发展等方面；二、企业打造品牌的动力不断增强，主要表现为企业申报"驰名商标"、"名牌产品"越来越积极，设立专业品牌管理部门的企业越来越多，企业营销活动的品牌导向越来越强等方面；三、品牌建设的社会环境不断改善，主要表现在统一开放的市场体系初步形成，法制环境日益优化，政策支持力度不断加大，消费者观念日益成熟等方面；四、民营企业成为品牌建设的重要力量，在食品、饮料、服装、制鞋、日用化工、家电、建材、IT、大型机械制造、化学工业、金属冶炼及加工、交通运输设备制造等国民经济 20 个主要行业，国家质检总局自 2005 年以来评定的 1436 个"中国名牌产品"中，属于民营企业的品牌占了近 60% 的比重；五、企业品牌管理能力普遍较弱，大多数企业缺乏完善的品牌管理体系，品牌管理人才匮乏，在品牌战略规划、品牌形象推广、品牌危机管理等方面的能力亟待改善；六、各地区品牌发展不平衡，东部沿海地区是改革开放的最前沿，经济比较发达，品牌发展相对更加成熟，但是广大中西部地区的品牌建设还非常滞后，中国名牌产品拥有量非常少；七、品牌国际化程度较低，突出地表现在自主品牌出口比重低、世界级自主品牌少两个方面，目前，在全部出口总值中，自主品牌出口所占的比重大约在 15% 至 20% 的水平，由于具备较高国际知名度和美誉度的世界级自主品牌少，中国还是一个"品牌弱国"（摘自品牌中国推出的《改革开放 30 年中国品牌发展》，2008 年 12 月 31 日）。

4.11　中国经济中长期发展估计及相应的国际比较

如果我们可以适时、有效地解决上文探讨的影响或者制约我国经济持续发展的主要问题，即有效控制外汇储备的增幅及提高外汇资产的利用率，大幅度提高能源、水资源和其他原材料的利用率，大力提升自主创新能力，有效提高农民及其他低收入阶层的收入从而降低收入差别，逐步健全和完善社会保障体系、医疗体系和教育体系、提高居民收入占国内生产总值的比重、提高收入分配的公平度等从而有效地刺激消费，经济转型将会取得明显的成绩，我国经济有望在今后十年多的时间内保持 7.5% 上下的中高速速度。本节在本章上文的基础上介绍、分析和预测中国经济今后 10～20 年之间的增长及在世界经济中的地位。

4.11.1 "十二五"（2011—2015 年）稳固世界第二大经济体的地位和提高人均 GDP

2010 年我国大陆国内生产总值首次超过日本，正式成为世界第二经济体，然而当年我国大陆人均收入仅为 4437 美元，仅为日本人均 42917 美元的一成略高点；2014 年我国大陆国内生产总值首次超过 10 万亿美元，为同年美国和日本国内生产总值的 59.7% 和 225.0%，然而当年我国人均国内生产总值仅分别为美国和日本的 13.9% 和 20.9%。2015 年我国国内生产总值将会首次超过美元国内生产总值的六成，同时超过日本国内生产总值的 166%，第二大经济体的地位会进一步巩固。

4.11.2 "十三五"期间（2016—2020 年）GDP 可望超过百万亿元、人均产值超过世界平均水平

"十三五"期间我国 GDP 有望首次超过一百万亿元人民币，人均 GDP 可望超过 6 万元人民币，即超过 1 万美元，达到或超过届时世界人均国内生产总值一万多美元的水平，跳出中等收入陷阱，为我国经济进一步持续发展打下更好的基础。

4.11.3 国际机构对中国大陆经济今后数十年的预测简介

众多国际机构近年来对中国经济今后数十年的发展有很多版本的预测，我们这里主要介绍其中最有代表性的几个。高盛董事总经理兼全球经济研究部主管吉姆·奥尼尔早在 2003 年 10 月就首度发布对金砖四国：巴西、俄罗斯、印度和中国（英文单词 BRICs 是该四国英文名称 Brazil、Russia、India、China 字头正好是 BRICs，即砖头的意思）的预测：40 年内，BRICs 的美元 GDP 将可能超过G6（美国、日本、德国、法国、意大利和英国）；2041 年，世界经济的格局将发生巨变，中国将可能成为世界第一大经济强国。2006 年 5 月，当他再次来到中国时，他向那些认为他的预测过于乐观的人士强调，预测不仅没有过于乐观，而是过于保守。这是因为，BRICs 的实际增长已经超过最初预测。吉姆·奥尼尔先生根据 BRICs 最近的表现，预计该四国进入世界六大经济强国之列的时间比

2006 年的估计还将提前，中国 2032 年可能超过美国成为世界最大经济体（"金砖四国"正以"超高速"迅猛发展，参考消息 2007 年 8 月 9 日，第 9 页）。高盛金砖四国的研究是基于一定的经济模型的，近年来在世界范围产生了很大的影响，各界对该研究有不同的评论，介绍和评判这些评论超过了本章的范围。我们这里要指出的是任何模型都是在很多的假设前提下建立起来的，这些预测结果的准确程度在很大程度上取决于今后解决上文介绍的中国经济存在的主要问题的时间和同期内世界经济的发展环境。

其他很多国际机构对今后经济增长有中国的预测，这些预测大多基于购买力平衡理论（PPP），而该理论预测的结果有很大的差异。早在 2011 年年初，彭博报道根据美国彼得森研究所估算 2010 年中国 GDP 就达到了 14.8 万亿美元，超过了同年美国 GDP 的 14.6 万亿美元（"China Surpasses U. S. in Purchasing Power"，January 16th，2011，*Bloomberg*）；英国经济学人杂志预测中国 2019 年超过美国经济（*The Economist*，2010）；普华永道（PWC）估算中国经济 2020 年超过美国（Hawksworth，2010，Hawksworth & Tiwari，2011）。

4.11.4　潜力发挥的条件

发达国家现代国内生产总值统计数据在 20 世纪初才开始公布，更早时期的各国国内生产总值数据及相应的比较数据难以找到。可喜的是经合组织 2003 年发表了麦迪逊（Maddison）教授对世界、主要国家和区域从公元元年到 1998 年的国内生产总值、人口、人均产值估计的研究结果。该研究表明，中国从公元元年到 1820 年（嘉庆 25 年），中国人口占世界人口比例保持在 22.0% 到 36.6% 之间；国内生产总值保持在 22.3% 到 32.9%。1600 年（万历 28 年），中国国内生产总值占世界的 29.1%，从后明时期内忧外患到 17 世纪中后期改朝换代，再到 1700 年（康熙 38 年），国内产值占比下降到了 22.3%；经过康乾"盛世"到了嘉庆 25 年，中国人口占世界人口比例达到 36.6%，国内生产总值占世界比重上升到了 32.9%。经过道光和咸丰两朝四十多年到同治 9 年（1870 年），中国产值占世界比例下降近一半到 17.2%，从同治 9 年到 1913 年又下降近一半到 8.9%，再到 1950 年再次下降几乎一半仅剩下 4.5%。康熙盛世时期（1662—1722 年），英国已经经过了宗教改革、文艺复兴和君主立宪，为后来的工业革命做好了思想上的准备；到了乾隆盛世时期（1735—1795 年），欧美工业革命方兴未艾，蒸汽代马，船坚炮利，所向披靡。西欧产值世界占比从公元 1000 年的仅仅 8.7% 上升到了 1820 年的 23.58%，进而上升到了 1870 年的 33.61%。

从嘉庆 25 年（1820 年）经过 200 年到 2020 年前后，中国 GDP 的世界占比有望达到甚至超过 20%，同时有望重新回到世界第一大经济的位置。除上文讨论过的深化改革和提高共有资金资源效率之外，最主要的条件在于创新，即科学和技术的创新，机制和制度的创新，文化和理念的创新。科学技术的先进程度是一个国家是否是一流国家的主要标志，机制和体制效率的发挥程度是保障一个经济是否能够成为一流经济体的主要条件，文化和理念的创新程度是一个国家能否保持一流地位的动力源泉。能否在今后达到或接近嘉庆 25 年的世界经济占比，从而重新回到并保持世界最大经济地位取决于我们在如上三个领域的创新进展速度、力度和程度，或者说取决于全国贯彻落实"四个全面"的力度。要达到这个历史目标需要我们学习、熟知、掌握、借鉴、继承其他国家在科学技术、机制制度、文化理念等方面最新的经验、成果及未来的走向，充分发挥整个中华民族的聪明智慧在科学技术、机制制度、文化理念等方面的重组和再造。我们非常高兴地看到，党的十八大报告提出"要坚持走中国特色自主创新道路，以全球视野谋划和推动创新，提高原始创新、集成创新和引进消化吸收再创新能力，更加注重协同创新。"为今后多年我国经济和社会持续健康发展指明了方向。

4.11.5 贯彻落实"四个全面"的路线图和时间表

习近平总书记从坚持和发展中国特色的社会主义全局出发，提出了全面建成小康社会、全面深化改革、全面依法治国、全面从严治党的"四个全面"的战略布局。"四个全面"相辅相成，相互促进，逻辑相扣，覆盖面广，含义深刻。全面从严治党是"四个全面"的基础，是扫除全面建成小康社会、全面深化改革和全面依法治国的组织保证，更是全面依法治国的必要条件；全面依法治国是全面深化改革的法律保障，是"把权力关进制度的笼子"的必然要求；全面深化改革是全面建成小康社会的必要条件。张光平（2015b）利用世界银行全球治理参数中的腐败控制、司法有效性和政府效能三个子指标和国际货币基金组织给出的各个国家和地区人均收入数据，分别作为从严治党、依法治国、深化改革和建设小康社会的相关衡量参数，对包括中国大陆在内的 40 个主要发达国家和地区及主要发展中国家 1996 年到 2013 年的相关评估结果进行了介绍和比较，从而使我们对从严治党、依法治国、深化改革和小康社会建设的现状、前十五年推动的成效及与其他主要发达和发展中经济体相对的差距有较为清楚的认识。

世界银行最新公布的全球治理评估结果显示，2014 年我国国家治理水平比 2013 年提高了 1.12%，增幅排名全球第 4，一年增幅超过 2002 年到 2013 年 11 年累计增幅 0.53% 一倍以上，显示 2014 年我国贯彻落实"四个全面"的显著成绩。随着全党全国持续推动国家治理现代化和贯彻落实"四个全面"，今后我国国家治理水平有望保持甚至以更快的速度提高，到"十三五"末或我党百年华诞，我国国家治理水平有望超过绝大多数主要发展中国家，到中华人民共和国百年华诞第二个一百年我国国家治理水平有望达到甚至超过主要发达国家和地区的平均程度，继我国三十多年经济增长世界奇迹后再创国家治理的世界奇迹，中华民族伟大复兴的中国梦将发出更加夺目的光彩。

4.12　本章总结

2011 年中国名义 GDP 达到了改革开放初期 1978 年的近 100 倍，1978 年到 2011 年我国大陆 GDP 年均增长率达到 9.8%，同期人均国内生产总值增长 70 倍，综合国力有了大幅度的提升；2011 年到 2014 年我国国内生产总值年均增长率回落到了 7.6%，进入了中高档增长期。尽管我国大陆经济发展取得了举世公认的巨大成就，但是人均国内生产总值还相对较低，2014 年人均国内生产总值 7589 美元仍仅相当于同年世界人均 10880 美元的三分之二。我们小康社会建设的征途还有较长的路要走。

众多的人口蕴藏着无限的人力资源和智力储备，但这巨大的储备要通过有效的教育和各类职业培训来开发。全球最多的人口和智力储备使我们有条件将世界上最优秀的物质和文化知识学习和借鉴过来，从而才能站在巨人的肩膀上创新、升华和飞跃。众多的人口同时也蕴藏着巨大的消费潜力。虽然近年来放宽了"单独"二胎生育政策，而且 2014 年我国人口增长率也略有反映，但是数据显示"单独"二胎政策力度还不够，我国人口老化的速度还将加速，未富先老的情景在我国将逾明显。逐步完善社会保障体系、医疗体系和教育体系、提高闲置和部分闲置的共有资源的利用率，采取有效的方法来拉动消费，使我国经济保持在稳步、持续、高效、和谐、又好又快的增长道路上。

今后 5 年左右，我国国内生产总值有望分别达到世界经济份额的两成左右，之后有望达到更高的比例。逐步建立、健全和完善市场机制将是达到此目标的制度保障。我们只有对科技政策、产业政策、融资政策、货币政策、外汇政策、分配政策、消费政策、财政政策等政策进行调整、完善和优化，把握好利率、汇率和税率对整个金融和经济体进行合理的设计和调节，才能有望逐步达到对外贸易和资本项目平衡的目标。随着我国人均国内生产总值从 2014 年接近世界平均水平的三分之二到达甚至超过世界平均水平，我国的国际地位将进一步提升，相应的国际竞争环境也将发生一系列显著的变化。为了保持今后持续、稳步发展，应该在诸多方面做好准备。本章仅就中国经济的主要方面进行了简单的介绍和分析，还有很多重要领域需要探讨，但这些问题超出了本书的范围。介绍中国经济为我们理解人民币衍生产品打下基础的同时，也为我们在第七篇分析跨境资金对我国经济的影响做好准备。

我国经济进入深化改革的深水区，下行压力不减虽然是"新常态"下的新现象，然而从三十多年平均接近10%的高增长期转换到7%到8%的增长应该才能算作中高档增速，低于7%的增速尽管好于后发达经济体和其他发展中经济体高速增长期过后不到高速增长速度一半的增长率，然而却未能充分利用我国现有的资源和潜力。我国居民收入占GDP比重相对其他主要经济体过低，仅略超过4成，与大多数发展中国家和发达国家有很大的距离。居民收入占GDP比重过低是消费占GDP比重过低的主要原因。

国际金融危机后主要发达国家和地区除发债和量化宽松外已经没有其他有效的方法稳增长，而我国却仍有巨大的公共资源或者闲置，或者部分闲置，对稳增长有巨大的潜在作用。没有任何经济体在公有资源未充分发挥作用的同时，经济增长潜力能够发挥充分的案例。采取切实可行的措施在今后几年逐步提高居民收入占GDP的比重，同时将超过二十多万亿元的政府存款中的一部分用于惠民对稳增长将会发挥立竿见影的作用。

参考文献

［1］张光平：《人民币国际化和产品创新》（第六版），北京，中国金融出版社，2016。

［2］张光平：《我国虚假贸易和跨境资金流动探讨和估算》，金融论坛，2015（10），41–54页。

［3］张光平：《贯彻落实"四个全面"的路线图和时间表》，载《中国战略和管理杂志》，中国战略和管理研究会，2015（6）。

［4］Sheng，Liugang，"Did China Diversify Its Foreign Reserves?"，Department of Economics，University of California，Davis，December 18，2010；http：//apps. olin. wustl. edu.

第5章 中国的银行体系

我国的金融体系和日本、德国的类似，以银行为主导。根据中国银监会的统计数据，截至 2014 年末，银行业金融机构境内本外币资产总额达到 172.3 万亿元。从机构资产来看，大型商业银行资产总额 71.0 万亿元，占 41.2%；股份制商业银行资产总额 31.4 万亿元，占 18.2%；城市商业银行资产总额 18.1 万亿元，占 10.5%；其他类金融机构资产总额 51.8 万亿元，占 30.1%。鉴于银行在中国金融体系中的主导地位，本章就从中国的银行系统开始介绍。

5.1 中国人民银行

中国人民银行与其他金融部门有密切关系，是我国最重要的金融机构。因此，金融部门的每一个从业人员和每一个想对中国金融业有所了解的人都很有必要了解我国中央银行——中国人民银行职能的演变过程。在某种程度上，从中国人民银行的职能演变就可以了解中国金融市场的改革历程。读者可上中国人民银行网站查找中国人民银行的主要职能及其演变，这里不再赘述。

5.2 中国银行业监督管理委员会

中国银监会根据第十届全国人大常委会第二次会议通过的《关于中国银行业监督管理委员会履行原由中国人民银行履行的监督管理职责的决定》，统一监督管理银行、金融资产管理公司、信托投资公司及其他存款类金融机构，维护银行业的合法、稳健运行。中国银监会自 2003 年 4 月 28 日起正式履行职责。有兴趣的读者请参考中国银监会网站关于中国银监会的职能和法制建设等介绍。

5.3 我国银行类金融机构

5.3.1 我国金融机构的类型和数量

银行类金融机构可分为银行性金融机构和非银行性金融机构。表 5 - 1 给出了截至 2014 年底我国各类银行类金融机构的数量和法人金融机构相应的从业人员数。

表 5－1　　　　　　中国银行业金融机构法人机构和从业人员情况表

（截至 2014 年底）　　　　　　单位：人、家

机构/项目	从业人员数	法人机构数
大型商业银行	1764617	5
政策性银行及国家开发银行	62520	3
股份制商业银行	410816	12
城市商业银行	346816	133
农村信用社	423992	1596
农村商业银行	373635	665
农村合作银行	32614	89
企业集团财务公司	9095	196
信托公司	16683	68
金融租赁公司	2851	30
汽车金融公司	6072	18
货币经纪公司	605	5
消费金融公司	11871	6
新型农村金融机构和邮政储蓄银行	245437	1218
资产管理公司	8399	4
外资金融机构	47412	41
银行业金融机构合计	3763435	4089

资料来源：中国银行业监督管理委员会 2014 年年报。

从表 5－1 可以看出，2014 年末，我国有大型商业银行、政策性银行、股份制银行、资产管理公司、城市商业银行、外国银行的分支机构、外国银行的代表处、城市信用合作社、农村信用合作社，农业商业银行、信托投资公司、财务公司和金融租赁公司等金融机构。除农村信用社外，其他银行业金融机构总数为 2493 家，其中外资金融机构 41 家。而从从业人数来看，五家大型商业银行的从业人员数占到了我国法人金融机构从业人员总数的一半左右，农村信用合作社从业人员占比次之，达到了 11.3%。外资金融机构从业人员 47412 人，占我国法人金融机构从业人员总数的 1.3%，较上年下降了 0.02 个百分点。随着外资金融机构法人机构的增加和外资金融机构在我国业务范围的增加和扩张，这一占比会增加。我们会在本章下面分别介绍这些金融机构。

5.3.2　我国主要金融机构简介

我国的银行体系实行政策性金融和商业金融分离制度。改革开放初期，从

人民银行中分离出的专业银行，既办理商业性业务，也办理政策性信贷。20 世纪 90 年代中期，为推动专业银行商业化改革，实行银行商业性业务和政策性业务的分离。三家政策性银行分别于 1994 年相继成立。这三家政策性银行是国家开发银行（SDB）、中国进出口银行（EIBC）和中国农业发展银行（ADB），分别承担向国有大型工程提供长期贷款、为农业提供粮棉购销贷款和向外贸企业提供进出口信用支持的职能[①]。国家开发银行在基础项目投资和开发新产品上具有很大优势，其不良贷款率最低，收益率则是全国所有银行中最高的一个。

我们会在下节介绍我国的银行体系，专门介绍国有商业银行、股份制银行和其他银行。完整的金融体系还包括两大证券交易中心、两大电子证券交易网络和数目众多的包括经纪人、经销商和保险商的资本市场机构。我们将在本书下章详细讨论中国的资本市场。

5.3.3　我国金融机构资产分布

表 5-2 和表 5-3 给出了 2003 年到 2014 年我国银行业金融机构总资产、总负债情况。从表中可以看出，大型商业银行在我国金融体系中仍占主导地位，但近年来地位有所下降，股份制银行的地位在逐步提升。大型商业银行在所有金融机构总资产中的比例，从 2003 年的 58.03% 下降到 2014 年的 41.2%，同期股份制银行的这一比例从 10.7% 上升到 18.2%；而大型商业银行的负债由 57.91% 下降到 41.07%，股份制银行则从 10.76% 上升到 18.41%。

表 5-2　　　　银行业金融机构总资产情况表（2003—2014 年）　　　　单位：亿元

年份 机构	2003	2004	2005	2006	2007	2008	2009	2010	2011	2012	2013	2014
银行业金融机构	276584	315990	374697	439500	531160	631515	795146	953053	1132873	1336224	1513547	1723355
政策性银行及国家开发银行	21247	24123	29283	34732	42781	56454	69456	76521	93133	112174	125278	156140
大型商业银行	160512	179817	210050	242364	285000	325751	407998	468943	536336	600401	656005	710141
股份制商业银行	29599	36476	44655	54446	72742	88337	118181	149037	183794	235271	269361	313801
城市商业银行	14622	17056	20367	25938	33405	41320	56800	78526	99845	123469	151778	180842

[①]　请参看本书附录关于这三家政策性银行的网站，了解其职能和发展。

续表

机构 ＼ 年份	2003	2004	2005	2006	2007	2008	2009	2010	2011	2012	2013	2014
农村商业银行	385	565	3029	5038	6097	9291	18661	27670	42527	62751	85218	115273
农村合作银行	—	—	2750	4654	6460	10033	12791	15002	14025	12835	12322	9570
城市信用社	1468	1787	2033	1831	1312	804	272	22	30	—	—	—
农村信用社	26509	30767	31427	34503	43434	52113	54945	63911	72047	79535	85951	88312
非银行金融机构	9100	8727	10162	10594	9717	11802	15504	20896	26067	32299	39681	50123
外资银行	4160	5823	7155	9279	12525	13448	13492	17423	21535	23804	25628	27921
新型农村金融机构和邮政储蓄银行	8984	10850	13787	16122	17687	22163	27045	35101	43536	53511	62110	70981

注：2003—2006 年为境内合计，2007—2010 年为法人合计。

资料来源：中国银行业监督管理委员会 2014 年年报。

表 5-3　　　　　银行业金融机构总负债情况表（2003—2014 年）　　　单位：亿元

机构 ＼ 年份	2003	2004	2005	2006	2007	2008	2009	2010	2011	2012	2013	2014
银行业金融机构	265945	303253	358070	417106	500763	593614	750706	894731	1060779	1249515	1411830	1600222
政策性银行及国家开发银行	20291	23005	27760	33006	39203	52648	65393	72159	88231	106647	118966	148704
大型商业银行	154002	172180	200453	228824	269176	306142	386036	440332	502591	506879	611611	657135
股份制商业银行	28621	35333	43320	52542	69350	83924	112541	140872	173000	222130	253438	294641
城市商业银行	14123	16473	19540	24723	31521	38651	53213	73703	93203	115395	141804	168372
农村商业银行	380	538	2873	4789	5767	8756	17546	25643	39208	57841	78492	105954
农村合作银行	—	—	2574	4359	6050	9381	11940	13887	12959	11796	11232	8732

机构 年份	2003	2004	2005	2006	2007	2008	2009	2010	2011	2012	2013	2014
城市信用社	1464	1766	2001	1781	1247	757	255	21	24	—	—	—
农村信用社	26646	30035	30106	33005	41567	49893	52601	61118	68575	75521	81434	83270
非银行金融机构	7683	7745	9126	9424	7961	9492	12649	17063	21310	26194	31952	40384
外资银行	3751	5329	6530	8532	11353	12028	11818	15569	19431	21249	22896	24832
新型农村金融机构和邮政储蓄银行	8984	10850	13787	16122	17568	21942	26713	34365	42247	51712	59812	67972

注：2003—2006 年为境内合计，2007—2010 年为法人合计。

资料来源：中国银行业监督管理委员会 2014 年年报。

5.4　中国的商业银行

亚洲金融危机使我们清楚地认识到银行体系的现代化和风险管理对任何一个国家都至关重要。由于历史的原因，我国商业银行曾经存在着巨额不良贷款。自从 20 世纪 90 年代开始，政府就采取改革措施来加强银行资本的监管，同时减少政策性贷款，建立现代化管理机制，从而提高银行经营效率。经过 20 多年的努力，我国目前形成了以五大商业银行为主的，股份制商业银行、城市商业银行和其他金融机构为辅的银行体系。本节主要介绍我国的商业银行。

5.4.1　大型商业银行

中国工商银行（ICBC）、中国农业银行（ABC）、中国银行（BOC）和中国建设银行（CCB）四家大型银行为我国传统的四大银行；2006 年中国银监会将交通银行纳入大型银行之列，从此我国五大银行体系正式确立。

20 多年来，五家大型银行对我国改革开放以来经济的持续增长有相当大的贡献，目前仍为我国金融体系的中坚力量，在我国的银行体系中占有主导地位。截至 2003 年 11 月，四大国有银行占私人存款份额的 60%，占结算份额的 80%，占贷款份额的 56%，总资产占银行体系的 60%。多年来，四大国有商业银行主要向国有大型企业提供贷款，其贷款份额高达总贷款份额的 80%。目前，在对大型国有工程的贷款中，四大国有商业银行的贷款总额高达 70%（唐双宁，2003）。表 5-2 显示五家大型商业银行 2014 年总资产仍占我国金融机构总资产的 41.2%。

截至 2010 年底，四大国有商业银行都已完成了股份制改造，并挂牌上市。其中，中国建设银行于 2005 年 11 月 9 日在香港联交所成功上市，成为我国第一个在香港上市的国有商业银行；2006 年和 2010 年中国银行、中国工商银行和中国农业银行先后在境内外成功上市，开创了我国银行业"A 股 + H 股"的上市模式先河，成为国有商业银行股份制改革和近年资本市场发展的亮点。2014 年，在世界 1000 家大银行一级资本排名中，中国工商银行、中国农业银行、中国银行和中国建设银行分别位居第 1、第 2、第 7、第 9 位，取得了前所未有的成绩。

交通银行是在 1987 年中国人民银行和商业银行职能分离后，开始恢复主要业务而重组的商业银行，它成立于 1908 年，总部设在上海。交通银行也是中国第一家以 50% 国有资本注册的有限责任公司。2001 年 6 月，根据《中国人民银行办公厅关于外资参股交通银行的批复》，交通银行即已开始引资工作。2004 年 6 月 30 日即告基本完成了剥离不良资产、获得政府注资、进行财务重组等一系列股改工作。2004 年 8 月 6 日，交通银行与香港上海汇丰银行正式签署入股协议，并于 8 月 18 日完成了资金交割。按照协议安排，汇丰银行投资总额为人民币 144.61 亿元（约合 17.47 亿美元），成为持有交通银行 19.9% 股权的第二大股东。2005 年 6 月 23 日，交通银行成功在香港上市，首日股价较 2.5 港元的发行价高出 13%，成为第一家在香港上市的国内银行。我们会在本章后面专门介绍我国银行海外上市的情况。继香港上市后，交通银行于 2007 年 5 月 15 日回归 A 股，在上海证券交易所上市，上市首日收盘价 13.54 元/股，较发行价上涨了 71.39%。

5.4.2　全国股份制商业银行

除了四大商业银行以外，还有一批股份制银行在我国成长壮大起来。表 5－4 给出了我国主要股份制银行的名称和总资产。

表 5－4　　　　　　　　2014 年我国主要股份制银行概况一览表　　　单位：亿元人民币

银行名称	总资产	营业利润	净利润	上市场所
中信银行	41388.15	544.04	414.54	上海证券交易所、香港联交所
光大银行	27370.1	384.16	289.28	上海证券交易所
华夏银行	18516.28	238.91	180.23	上海证券交易所
深圳发展银行	21864.59	261.94	198.02	深圳证券交易所
招商银行	47318.29	727.69	560.49	上海证券交易所、香港联交所
上海浦东发展银行	41959.24	617.51	473.60	上海证券交易所
兴业银行	44063.99	601.9	475.3	上海证券交易所
民生银行	40151.36	594.79	455.67	上海证券交易所

资料来源：各家银行网站。

这些股份制银行由于股份结构比较灵活，而且在筹集资本时具有更大的弹性，近年来发展迅速，占整个金融资产的比重从 1993 年的 5.77% 上升到 2001 年的 12.27%，进而上升到 2014 年的 16.4%。股份制银行已经成为我国银行体系的一股重要力量。如表 5-4 所示，截至 2014 年底，我国已有 2 家股份制商业银行以 A+H 的形式在上海证券交易所和香港联交所上市。

5.4.3　民营商业银行

私有商业银行直到近些年来才变得具有代表性，但是私有商业银行的不断出现表明其广阔的发展前景。民生银行是我国第一家主要由非公有制企业入股的全国性股份制商业银行，成立于 1996 年 1 月，当时由 59 家私人企业入股，2000 年 12 月 19 日在上海证券交易所成功上市。近年来，民生银行取得了迅速的发展，体现了我国民营经济的活力。

2015 年 5 月 27 日，备受市场关注的浙江网商银行终于获准开业。至此，前海微众银行、天津金城银行、温州民商银行、上海华瑞银行和浙江网商银行等首批 5 家民营银行均已成功获准开业。这些新成立的银行没有历史负担，容易适应以市场为导向的商业环境。新型银行的增长推动了现存银行体系向以市场为导向的商业银行的发展方向改革，使得其经营更有弹性和以客户为导向。在过去的 20 年里，我国银行的服务水平明显提高，但是，和其他国际银行相比，还有很长的路要走。

5.5　中国境内的外资银行

5.5.1　境内外资银行

自从 1979 年日本住友银行在北京设立代表处（我国第一家外资银行代表处）以来，1981 年，南洋商业银行在深圳设立了分行（境内第一家外资银行，作为对外开放的窗口）。随后，很多外资银行在我国先后设立了分行或代办处①。2002 年 3 月 19 日，花旗银行成为第一家获准在中国内地从事居民外汇业务的外资银行；紧接着，汇丰银行于 2002 年 3 月 27 日取得在京、沪两地同时全面经营外汇业务的资格。截至 2014 年底，在中国注册的外资独资和合资法人银行业机构共 41 家，下设 1000 家分支行及附属机构，47 个国家和地区的 158 家银行在华设立 182 家代表处；15 个国家和地区的银行在华设立 38 家外商独资银行（下设 296 家分行）、2 家合资银行（下设 3 家分行）、1 家外商独资财务公司；另有

---

① 人民网，2004-08-18。

26 个国家和地区的 66 家外国银行在华设立 97 家分行，其中台湾土地银行、第一商业银行、合作金库银行和彰化银行成为首批进入大陆地区设立分行的台资银行。截至 2014 年底，62 家外国银行分行、35 家外资法人银行获准经营人民币业务，28 家外国银行分行、31 家外资法人银行获准从事金融衍生产品交易业务。表 5－5 给出了在我国有分行的主要外资银行。

表 5－5 　　　　　在我国境内有分行的主要外资银行一览表

银行名称（国家）	分行所在地	代表处所在地
花旗银行（美国）	上海、北京、广州、深圳、成都、天津、杭州、大连、重庆、贵阳、南京、长沙、无锡	厦门
三菱东京日联银行（日本）	上海、苏州、无锡、武汉、成都、青岛、北京、大连、天津、沈阳、广州、深圳	
瑞穗实业银行（日本）	上海、北京、深圳、大连、无锡、天津、青岛、广州、武汉、苏州、合肥	南京、厦门
三井住友银行（日本）	上海、广州、北京、深圳、沈阳、重庆、杭州、苏州、天津	大连
渣打银行（英国）	上海、北京、广州、杭州、南京、厦门、天津、重庆、珠海、苏州、深圳、哈尔滨、南昌、大连、青岛、宁波、呼和浩特、西安、武汉、佛山、济南、长沙、福州、郑州、太原、昆明	
汇丰银行（香港上海）	北京、长沙、成都、重庆、大连、东莞、佛山、广州、上海、杭州、哈尔滨、惠州、合肥、南京、济南、昆明、昆山、宁波、南宁、青岛、沈阳、深圳、太原、唐山、厦门、天津、珠海、苏州、无锡、扬州、中山、西安、武汉、郑州	
星展银行（新加坡）	北京、广州、上海、深圳、苏州、杭州、东莞、天津、南宁、重庆	福州
摩根大通银行（美国）	上海、北京、天津、广州、成都、哈尔滨、苏州、深圳	—
瑞士联合银行（瑞士）	北京、上海、广州、深圳	
德意志银行（德国）	北京、上海、广州、天津、重庆、青岛	北京、上海证券业务代表处

资料来源：各银行网页以及其他资料。

直到 1996 年底，外国银行才允许向设立在我国的外资企业提供人民币业务。1997 年 1 月，9 家外国银行被允许经营人民币业务。中国银监会 2004 年 7

月 19 日发布的统计数据显示,截至 2004 年 7 月 15 日,获准经营人民币业务的在华外资银行机构达到 100 家,占外资银行营业性机构总数的 50%。其中,上海 53 家、深圳 19 家、天津 8 家、大连 6 家、广州 7 家、珠海 2 家、青岛 2 家、福州 2 家、武汉 1 家。在上述 100 家机构中,53 家已获准向中资企业提供人民币服务。与 2001 年年底相比,可经营人民币业务的外资银行机构总数增加了 70 家。截至 2006 年底,115 家外资银行机构获准经营人民币业务,业务品种超过 100 种。

表 5-2 和表 5-3 显示,外资银行从 1995 年到 2001 年资产、负债皆没有显著变化。时任中国银监会副主席史纪良 2005 年 4 月 26 日在北京"第一届金融改革高层论坛"上透露,从 2001 年底到 2004 年底外资银行在我国的资产、存款和贷款占我国银行业的比重由 3.0%、0.5% 和 0.2% 调整为 3.0%、1.0% 和 2.0%,显示外资银行在我国吸收存款和贷款方面的份额显著提升。从 2004 年到 2007 年,外资银行在我国的发展明显加速。尤其是在上海,根据上海市金融办的统计,截至 2007 年 5 月底,上海外资银行人民币存款余额为 999.44 亿元,同比增长 48.38%;贷款余额为 1388.65 亿元,同比增长 70.66%。而同期上海中资银行存贷款余额同比分别增长 9.5% 和 11.45%。2006 年底上海外资银行资产总额达 5904 亿元,同比增长 51%,在上海银行业总资产中占比达到 14%。另外,上海外资银行外汇贷款市场占比已超过中资银行,外资银行在外汇业务上的优势基本建立。截至 2007 年 5 月底,上海中资金融机构外币存款和 2006 年年底基本持平,贷款同比下降 2.85%。但是上海外资银行外币存贷款余额同比分别增长了 26.15% 和 16.46%。外资金融机构外币存贷款余额的市场占比分别为 32.56%、57.82%[①]。根据银监会公布的数据,2010 年底外资银行在我国总资产为 17423 亿元人民币,是 2003 年的 4.19 倍,该增长率比我国大型商业银行相应的增长率 2.50 倍高出近 169%,这充分说明外资银行在中国呈现出加速发展的趋势。

外资银行数量在 2002 年出现下降以后,2003 年、2004 年出现恢复性上升。截至 2004 年 10 月,外资银行在华设立代表处 223 家,营业性机构 223 家,数量超过历史最高水平。与之相对应,外资银行资产规模也在不断扩大,占中国银行业总资产的份额呈现上升趋势。截至 2004 年 10 月,外资银行资产总额约比 2001 年增长 12 倍[②]。外资银行近年来在我国银行间市场的作用大幅度提升,2005 年上半年,外资银行在我国银行间债券市场的结算量达到 1429.85 亿元,相当于 2004 年同期的 5.73 倍,市场占有率从 2004 年年底的 0.26% 上升到

---

① 《香港商报》,2007-07-03。
② 《中国经济时报》,2005-03-03。

0.73%；参与我国银行间债券市场的外资银行数量也从 2004 年年底的 14 家上升到了 23 家①。

2006 年 11 月 11 日，国务院修订颁布《中华人民共和国外资银行管理条例》（以下简称《外资银行管理条例》）。11 月 24 日，银监会发布《中华人民共和国外资银行管理条例实施细则》（以下简称《外资银行管理条例实施细则》）。自 2006 年 12 月 11 日起，取消对外资银行经营人民币业务的地域和客户限制，取消对外资银行在华经营的非审慎性限制。根据新修订的《外资银行管理条例》，在允许外资银行自主选择商业存在形式的前提下，鼓励机构网点多、存款业务规模较大并准备发展人民币零售业务的外资银行分行转制为在我国注册的法人银行。转制后，外资法人银行在注册资本、设立分支机构、营运资金要求以及监管标准方面，完全与中资银行相同，并可以继续保留一家隶属于其总行的分行。

根据我国的相关规定，在正式完成本地注册之前，外资银行境内分行只能开展面对境外居民和企业客户的存贷款业务，以及境内居民单笔人民币 100 万元以上的定期存款业务。而注册成为法人银行后，外资银行将得以进行全面的零售银行服务。截至 2006 年底，银监会批准首批 9 家外资银行将境内分行改制筹建为法人银行，它们分别是：渣打银行、东亚银行、汇丰银行、恒生银行、日本瑞穗实业银行、日本三菱东京日联银行、新加坡星展银行、花旗银行、荷兰银行。截至 2014 年底，在中国注册的外资独资和合资法人银行业机构共 41 家。越来越多的外资银行参与人民币业务，一定程度上加剧了我国金融机构之间的竞争，同时，外资银行在我国的发展将进入一个新的阶段。

随着我国加入世界贸易组织五年过渡期的结束，外国银行在我国的业务限制已初步取消，外资银行在我国银行业的作用将进一步扩展。我们在本章后面还会进一步探讨和分析。

5.5.2 两岸开展金融合作情况

2009 年 4 月 26 日，大陆海协会与台湾海基会在南京签署《海峡两岸金融合作协议》，双方同意相互协助履行金融监督管理与货币管理职责，加强金融领域广泛合作，共同维护金融稳定。

2009 年 11 月 16 日，两岸银行、证券和保险业监督管理机构签署监管合作备忘录，双方同意相互协作履行监督管理职责。

2010 年 6 月 29 日，大陆海协会与台湾海基会在重庆签署《海峡两岸经济合作框架协议》（ECFA），双方同意加强两岸经济、金融的交流与合作，明确了早

---

① 《上海证券报》，2005 – 07 – 12。

期收获阶段两岸金融服务业的具体开放措施，为两岸互设银行机构、开展有关业务铺平了道路。

5.5.2.1　新台币兑换业务

1987 年 10 月，大陆批准中国银行、中国工商银行、中国农业银行、中国建设银行、交通银行、中信银行和招商银行等 7 家银行为台胞办理新台币现钞兑入业务。

2003 年 6 月，大陆批准福州、泉州、漳州、莆田、厦门 5 地的中国银行试点办理新台币与人民币的双向兑换业务。

2009 年 9 月，大陆批准将新台币现钞双向兑换业务试点范围由福建省五个地区的中国银行扩大至福建全省中国银行。

2010 年 3 月，大陆批准交通银行和兴业银行在福建省（含厦门市）已取得结售汇业务经营资格的分支机构试点办理新台币与人民币现钞双向兑换业务，同时，为配合上海市举办世博会的金融服务需要，批准交通银行在上海市已取得结售汇业务经营资格的分支机构试点办理新台币兑换业务。

5.5.5.2　台湾人民币现钞兑换业务

2005 年 10 月，台湾当局允许台湾地区的金门、马祖两地的金融机构试办人民币兑换业务，凡符合"小三通"入出境规定的金马地区民众、台湾地区民众或大陆旅客，均可向经过许可的金融机构兑换人民币，每次以人民币 2 万元为限。

2008 年 7 月，台湾当局允许台湾的金融机构办理人民币兑换业务，经许可的金融机构和外币收兑处，可为台湾居民或外地游客办理人民币现钞兑换，每人每次上限为 2 万元人民币。

2010 年 7 月 13 日，中国人民银行与中国银行（香港）有限公司（中银香港）签署《关于向台湾提供人民币现钞业务的清算协议》，授权中银香港为台湾人民币现钞业务清算行，负责向台湾人民币现钞业务提供清算服务。10 月 18 日正式开通有关业务。

5.5.2.3　银联卡台湾受理业务

2009 年 8 月 10 日，中国银联和台湾联合信用卡处理中心在台北举行仪式，宣布正式开通银联卡台湾受理业务。自此，赴台大陆居民可在台湾享受到便利、安全、高效的银联卡服务。

5.5.2.4　海峡两岸监管当局共同推进两岸银行业互设机构

2001 年，台湾当局开放岛内银行来大陆设立代表处的政策。

2002 年，大陆批准彰化银行、国泰世华银行、第一商业银行、土地银行、合作金库银行、中国信托商业银行、华南银行等 7 家银行机构在大陆设立代表处。2002 年 8 月，中国人民银行发布了《关于建立两岸商业银行直接业务往来关系的通知》，允许大陆的商业银行与台湾的银行建立代理行关系，办理直接通汇业务。

2010年，银监会与台湾金融监管机构就现阶段两岸银行业相互准入事项达成共识。由银监会参与，商务部、国台办牵头的《海峡两岸经济合作框架协议》（ECFA）于2010年6月正式签署，为台湾银行业金融机构来大陆开展业务提供6项优惠措施。同时，台湾方面对大陆银行赴台湾设立机构做出1项减让措施。在两岸达成ECFA协议的基础上，银监会分别于9月和10月，分2批共批准6家台资银行在大陆筹建分行，分别是台湾土地银行、第一商业银行、合作金库银行和彰化银行、台湾国泰世华商业银行股份有限公司、华南商业银行股份有限公司。12月，其中5家台湾银行在大陆的分行完成筹建并获得开业批准。这是两岸银行业交流与合作进程中取得的又一历史性突破，标志着两岸银行业的交流与合作进入崭新的阶段，将对推动两岸经贸关系发展起到积极作用。台湾方面于2010年9月、10月分别批准中国银行、交通银行和招商银行在台湾设立代表处。两岸银行实现互设机构标志着两岸银行业合作进入实质性阶段，为两岸银行业全面深入合作创立良好的开端。

5.5.2.5 证券及保险业合作

1997年至今，大陆共批准15家台资证券公司在大陆设立25个代表处；批准11家台资保险公司在大陆设立15个代表处；批准设立1家台资保险经纪人公司及4家保险合资公司；11家台资企业在大陆证券交易所上市。

2010年9月8日，首家在台湾上市的大陆企业——扬子江船业台湾存托凭证（TDR）正式在台湾证交所上市挂牌，这是两岸经济合作框架协议（ECFA）签署之后，首家大陆企业来台上市，堪称两岸金融实质性合作的重要一步。

5.5.3 内地与香港、澳门建立更紧密经贸关系的安排（CEPA）

为进一步提高内地与香港、澳门特别行政区银行业开放与合作水平，根据商务部分别与香港、澳门特别行政区政府签署的《〈内地与香港关于建立更紧密经贸关系的安排〉补充协议七》和《〈内地与澳门关于建立更紧密经贸关系的安排〉补充协议七》，自2011年1月1日起，港澳银行在内地设立营业性机构可以享受数项优惠措施，这里不再重复。

5.6 非银行金融机构

我国非银行金融机构从1979年开始发展，目前有四种类型：信托投资公司、证券公司、企业集团财务公司和金融租赁公司。到1996年底，信托投资公司 244 家，所有者权益 428 亿元，总资产 6143 亿元；证券公司 94 家，所有者权益 174 亿元，总资产 1590 亿元；财务公司 67 家，所有者权益 70.4 亿元，总资产 1321 亿元；金融租赁公司 16 家，总资产 168 亿元。以上机构从业人员约 15 万人。非银行金融机构在中国金融业中异军突起，发展迅速，但其地位众说纷纭，其发展过程也是历经坎坷，大起大落。特别是信托投资公司，作为非银行金融机构的重要部分，经历数次治理整顿，其业务范围和市场定位至今没有明确①。截至 2014 年末，我国各类非银行金融机构资产总额达到 50123 亿元，负债总额为 40384 亿元，所有者权益为 9738 亿元，实现利润 1265.2 亿元（银监会网站）。2014 年末我国非银行金融机构总资产比 1996 年末的 9222 亿元上升了 443.5%，非银行金融机构总资产仅占同期我国银行业总金融资产 173.2 万亿元的 2.9%。

　　在中国的金融改革进程中，非银行金融机构的发展和作用始终是一个充满争议的课题。受亚洲金融危机的影响，广东国际信托投资公司（以下简称广东国投），由于资不抵债非常严重（破产时的资产总额为 214.71 亿元，负债为 361.65 亿元，资产负债率 168.44%，资不抵债 146.94 亿元），广东省高级人民法院 1999 年 1 月宣布该公司破产。这是中国首宗非银行金融机构破产案，也是全国法院迄今为止受理涉及财产金额最大的破产案件。广东国投破产后，我国政府在全国范围内重建信托投资公司，从那时起政府对非银行金融机构的发展也采取了审慎的态度。这些年来我国发展最快的非银行金融机构是汽车金融公司，因为我国的汽车工业在过去的几年里增长迅猛。

5.7　我国的金融调控工具

　　我国的金融体系主要以间接融资为主。改革开放以后，一个以间接调控为主的货币政策调控体系正在逐步建立，但仍然保留了一些直接控制工具。这些控制工具包括利率、准备金制度、公开市场操作和人民币汇率。随着中国金融管制的逐步放松，货币当局对银行系统一些传统的直接控制手段越来越难以发挥作用，但是，由于间接控制还没有充分发展起来，在很多时候，直接控制仍然非常有效。

5.7.1　利率

5.7.1.1　利率机制

我国的利率形成机制呈现明显的二元特征。在由中国人民银行制订商业银

---

① 谢平：《中国非银行金融机构研究》。

行的贷款利率和存款利率的同时，银行同业拆借利率、政府债券利率已经实现了完全的市场化。目前，政府已经意识到了利率在宏观经济调控中的作用，利率杠杆的使用也逐渐频繁起来。1998 年我国经济陷入通货紧缩以后，政府就曾经连续 8 次降息，在 2004 年 10 月至 2007 年 12 月 9 次提高利率，而 2008 年又 6 次降息，在 2010 年 10 月至 2011 年 4 月再次 4 度提高利率，在 2014 年 11 月至 2015 年 3 月 2 次降息（见表 5 - 6），通过调整利率来调整企业资金使用成本，促进投资。

表 5 - 6 　　　　中国人民银行 1996—2015 年 5 月历次利率调整一览表 　　　　单位：%

	1996 年 5 月 1 日	1996 年 8 月 23 日	1997 年 10 月 23 日	1998 年 3 月 25 日	1998 年 7 月 1 日	1998 年 12 月 7 日	1999 年 6 月 1 日	2002 年 2 月 21 日
一年期存款利率	9.18	7.47	5.67	5.22	4.77	3.78	2.25	1.98
一年期贷款利率	10.98	10.08	8.64	7.92	6.93	6.39	5.85	5.31
	2004 年 10 月 28 日	2006 年 4 月 28 日	2006 年 8 月 19 日	2007 年 3 月 18 日	2007 年 5 月 19 日	2007 年 7 月 20 日	2007 年 8 月 22 日	2007 年 9 月 15 日
一年期存款利率	2.25	2.25	2.52	2.79	3.06	3.33	3.6	3.87
一年期贷款利率	5.58	5.85	6.12	6.39	6.57	6.84	7.02	7.29
	2007 年 12 月 21 日	2008 年 9 月 16 日	2008 年 10 月 9 日	2008 年 10 月 19 日	2008 年 10 月 30 日	2008 年 11 月 27 日	2008 年 12 月 23 日	2010 年 10 月 20 日
一年期存款利率	4.14	4.14	4.14	3.87	3.6	2.52	2.25	2.50
一年期贷款利率	7.47	7.20	6.93	6.93	6.66	5.58	5.31	5.56
	2010 年 12 月 26 日	2011 年 2 月 9 日	2011 年 4 月 6 日	2014 年 11 月 22 日	2015 年 3 月 1 日	2015 年 5 月 11 日		
一年期存款利率	2.75	3.00	3.25	2.75	2.50	2.25		
一年期贷款利率	5.81	6.06	6.31	5.60	5.35	5.10		

资料来源：《中国人民银行利率实用手册》有关各册。

利率管制的弊端已经有目共睹，但是，考虑到中国银行体系在中国金融体系中的核心地位以及中国的银行对利率风险的管理能力和承受能力，政府采取了渐进式的利率改革策略。1996 年以后，中国人民银行已经采取了一系列的措施来决定利率市场机制的形成（见表 5 - 7）。在 2003 年 2 月举行的正式年会上，中国人民银行宣布在 2004 年要采取有力措施来加速利率市场化机制的形成。

表 5 - 7　　　　　　　　　　中国的利率市场化进程（1996—2006 年）

时间	措施
1996 年 6 月 1 日	放开银行间同业拆借利率，实现由拆借双方根据市场资金供求自主确定拆借利率
1997 年 6 月	银行间债券市场正式启动，放开银行间债券市场债券回购利率和现券交易利率
1998 年 3 月	改革再贴现利率及贴现利率的生成机制，放开贴现和再贴现利率
1998 年 9 月	放开政策性银行发行金融债利率
1999 年 9 月	实现国债在银行间债券市场利率招标发行
1999 年 10 月	对保险公司大额定期存款实行协议利率，对保险公司 3000 万元以上、5 年以上大额定期存款，实行保险公司与商业银行双方协商利率的办法
2000 年 9 月	实行外汇利率管理体制改革，放开了外币贷款利率；300 万美元以上的大额外币存款利率由金融机构与客户协商确定
2002 年 3 月	将境内外资金融机构对中国居民的小额外币存款，纳入人民银行现行小额外币存款利率管理范围，实现中外资金融机构在外币利率政策上的公平待遇
2002 年	扩大农村信用社存贷款利率浮动幅度试点范围；进一步扩大农信社利率浮动幅度；统一中外资金融机构外币利率管理体制
1998—2002 年	逐步扩大金融机构贷款利率浮动权，简化贷款利率种类，探索贷款利率改革的途径。1998 年将金融机构对小企业的贷款利率浮动幅度由 10% 扩大到 20%，农村信用社的贷款利率最高上浮幅度由 40% 扩大到 50%；1999 年允许县以下金融机构贷款利率最高可上浮 30%，将对小企业贷款利率的最高可上浮 30% 的规定扩大到所有中型企业；2002 年又进一步扩大试点。同时，简化贷款利率种类，取消了大部分优惠贷款利率，完善了个人住房贷款利率体系
2004 年 1 月	扩大金融机构贷款利率浮动区间。商业银行、城市信用社贷款利率的浮动区间上限扩大到贷款基准利率的 1.7 倍，农村信用社贷款利率的浮动区间上限扩大到贷款基准利率的 2 倍
2004 年 3 月	实行再贷款浮息制度
2004 年 10 月 29 日	金融机构（不含城乡信用社）的贷款利率原则上不再设定上限，贷款利率下浮幅度不变。允许存款利率下浮，存款利率不能上浮
2005 年 3 月 17 日	放开金融机构同业存款利率
2005 年 9 月 21 日	修改和完善人民币存贷款计结息规则，允许金融机构自行确定除活期和定期整存整取存款外的其他存款种类的计结息规则，为商业银行加强主动负债管理和业务创新、改善金融服务提供了有利条件
2006 年 8 月 19 日	推进商业性个人住房贷款利率市场化，商业性个人住房贷款利率的下限由贷款基准利率的 0.9 倍扩大为 0.85 倍，其他商业性贷款利率下限保持 0.9 倍不变
2006 年 10 月	启动了中国货币市场基准利率体系建设。上海银行间同业拆放利率（Shibor）于 2006 年 10 月至 12 月进行试运行，从 2007 年 1 月 4 日起正式运行，尝试为金融市场提供 1 年以内产品的定价基准

资料来源：各期中国人民银行《货币政策执行报告》。

5.7.1.2　货币市场基准利率——Shibor

上海银行间同业拆放利率 Shibor 自 2007 年 1 月公布之后，每日各期限档次的 Shibor 形成了一条从隔夜至 1 年期的完整利率曲线，具有较好的平滑特征，且各期限档次利率能够综合反映货币市场的资金供求状况和利率的期限结构，为货币市场的产品定价提供了初步参考。各种以其作为基准的金融产品不断涌现，丰富了货币市场产品种类，有利于货币市场的深化。截至 2007 年第一季度末，共发生以 Shibor 为基准的金融产品创新 19 笔，产品种类包括利率互换、远期利率协议、同业借款、转贴现、债券买卖、金融理财产品、货币互存业务等，部分商业银行还将内部转移资金价格以及绩效考核办法与 Shibor 挂钩，Shibor 的影响力以及基准性正在初步显现[①]。

2007 年 4 月，国内首只以货币市场基准利率 Shibor 为基准的企业债券——2007 年中国化工集团公司企业债券成功进行了市场化发行，投资者认购踊跃。这只在企业债券领域首次以新的市场基准利率 Shibor 定价的债券，就是让该企业债券发行利率由市场基准利率加上中国化工集团公司自身价值构成的点差两部分组成。这种利率构成方式表明我国企业债券利率市场化形成机制改革又向前迈进了重要的一步。该债券的利率定价为完善我国企业债券利率市场化形成机制揭开了序幕[②]。

5.7.2　公开市场操作

1984—1993 年，对国有商业银行的再贷款曾是中央银行投放基础货币的主要渠道，中国人民银行由此提供的基础货币占基础货币增量的 80% 以上。其中，1993 年曾达到 84%。1994 年实行强制结售汇制度以来，外汇占款一度成为基础货币投放的主要渠道。1994 年，外汇占款增加额在基础货币增加额中的占比高达 78%。

1998 年以后，公开市场操作成为中央银行控制基础货币投放的主要货币政策工具。经过 1996 年和 1997 年两年的曲折发展之后，中央银行的货币政策操作重点开始转向根据金融运行的实际情况，及时、灵活运用公开市场业务控制调节基础货币投放，保证基础货币的总体适度。目前，公开市场操作已经得到市场参与主体的认可。不仅各商业银行的参与度和参与频率明显提高，同时，参与公开市场业务的一级交易商的数量和类型也得到了明显拓展。2004 年 8 月以后，中国人民银行在原来每周二固定的公开市场操作以外，又在每周四增加了一次中央银行票据发行。这意味着，在目前强调以间接调控为主的货币政策中，

---

① 中国人民银行网站。
② 《金融时报》，2007 - 04 - 02。

公开市场操作作为中国人民银行的主要货币政策工具之一，正发挥着越来越重要的作用。

5.7.3　准备金制度

存款准备金制度是中国人民银行对信贷进行控制的有效工具。20 世纪 80 年代初，在成立四大国有商业银行的同时，我国政府也按照国际惯例，着手建立了存款准备金制度。从当时的政策考虑来看，中国建立准备金制度的着眼点是保障中国人民银行掌握相当数量的信贷资金。但从实际操作效果来看，准备金制度对商业银行的派生存款创造能力构成了限制，具有了现代货币创造的雏形。1998 年的存款准备金制度改革以后，原有准备金制度下集中资金、调整信贷结构的色彩大大削弱，准备金的流动性管理、调控货币供应量和清算支付等功能明显强化。

在利率仍然受政府严格管制、中国人民银行缺乏足够的货币政策调控工具的条件下，存款准备金制度在中国的货币政策执行当中发挥着比发达国家更为重要的作用。2003 年 8 月，中国人民银行宣布提高存款准备金率一个百分点，成功冻结了 1500 亿元的资金，使得在存贷款利率没有发生变化的情况下，有效遏制了货币供应量增长过快的势头。2004 年 4 月，中国人民银行再次提高了存款准备金率，再次冻结了约 1100 亿元的资金。存款准备金率政策和其他宏观调控措施的配合使用，使得中国经济在 2004 年避免了经济过热。2006 年，在国际收支顺差导致的流动性过剩压力持续存在的局面下，中国人民银行搭配使用存款准备金和其他对冲工具，大力回收银行体系过剩流动性，从 2006 年起，多次小幅上调金融机构存款准备金率，至 2008 年 6 月 25 日调至 17.5%。此外，为加强外汇信贷管理，从 2006 年 9 月 15 日起提高外汇存款准备金率 1 个百分点。存款准备金率的调整增强了中央银行调控的主动性和有效性。2010 年年内六次上调存款准备金率，大型银行存款准备金率达 18.5%。2011 年上半年又连续上调 6 次存款准备金率，大型银行存款准备金率高达 21.5%，成为历史最高点。而后，自 2011 年 12 月至 2015 年 4 月先后 7 次下调存款准备金率，大型银行存款准备金率下调到 18.5%，表 5 - 8 给出了 1984 年以来存款准备金率历次调整时间及相应的幅度。

表 5 - 8　　　　　　　1984 年以来存款准备金率历次调整一览表

次数	时间	调整前（%）	调整后（%）	调整幅度（百分点）
49	2015 年 4 月 20 日	（大型金融机构）19.50	18.50	- 1.0
		（中小金融机构）16.00	15.00	- 1.0
48	2015 年 2 月 5 日	（大型金融机构）20.00	19.50	- 0.5
		（中小金融机构）16.50	16.00	- 0.5

次数	时间	调整前（%）	调整后（%）	调整幅度（百分点）
47	2014年6月16日	对符合审慎经营要求且"三农"和小微企业贷款达到一定比例的商业银行（不含2014年4月25日已下调机构）下调0.5个百分点		
46	2014年4月25日	下调县域农村商业银行2个百分点，下调县域农村合作银行0.5个百分点		
45	2012年5月18日	（大型金融机构）20.50	20.00	-0.5
		（中小金融机构）17.00	16.50	-0.5
44	2012年2月24日	（大型金融机构）21.00	20.50	-0.5
		（中小金融机构）17.50	17.00	-0.5
43	2011年12月5日	（大型金融机构）21.50	21.00	-0.5
		（中小金融机构）18.00	17.50	-0.5
42	2011年6月20日	（大型金融机构）21.00	21.50	0.5
		（中小金融机构）17.50	18.00	0.5
41	2011年5月18日	（大型金融机构）20.50	21.00	0.5
		（中小金融机构）17.00	17.50	0.5
40	2011年4月21日	（大型金融机构）20.00	20.50	0.5
		（中小金融机构）16.50	17.00	0.5
39	2011年3月25日	（大型金融机构）19.50	20.00	0.5
		（中小金融机构）16.00	16.50	0.5
38	2011年2月24日	（大型金融机构）19.00	19.50	0.5
		（中小金融机构）15.50	16.00	0.5
37	2011年1月20日	（大型金融机构）18.50	19.00	0.5
		（中小金融机构）15.00	15.50	0.5
36	2010年12月20日	（大型金融机构）18.00	18.50	0.5
		（中小金融机构）14.50	15.00	0.5
35	2010年11月29日	（大型金融机构）17.50	18.00	0.5
		（中小金融机构）14.00	14.50	0.5
34	2010年11月16日	（大型金融机构）17.00	17.50	0.5
		（中小金融机构）13.50	14.00	0.5
33	2010年5月10日	（大型金融机构）16.50	17.00	0.5
		（中小金融机构）13.50	不调整	—
32	2010年2月25日	（大型金融机构）16.00	16.50	0.5
		（中小金融机构）13.50	不调整	—

续表

次数	时间	调整前（％）	调整后（％）	调整幅度（百分点）
31	2010 年 1 月 18 日	（大型金融机构）15.50	16.00	0.5
		（中小金融机构）13.50	不调整	—
30	2008 年 12 月 25 日	（大型金融机构）16.00	15.50	− 0.5
		（中小金融机构）14.00	13.50	− 0.5
29	2008 年 12 月 5 日	（大型金融机构）17.00	16.00	− 1
		（中小金融机构）16.00	14.00	− 2
28	2008 年 10 月 15 日	（大型金融机构）17.50	17.00	− 0.5
		（中小金融机构）16.50	16.00	− 0.5
27	2008 年 9 月 25 日	（大型金融机构）17.50	17.50	—
		（中小金融机构）17.50	16.50	− 1
26	2008 年 6 月 7 日	16.50	17.50	1
25	2008 年 5 月 20 日	16	16.50	0.50
24	2008 年 4 月 25 日	15.50	16	0.50
23	2008 年 3 月 18 日	15	15.50	0.50
22	2008 年 1 月 25 日	14.50	15	0.50
21	2007 年 12 月 25 日	13.50	14.50	1
20	2007 年 11 月 26 日	13	13.50	0.50
19	2007 年 10 月 25 日	12.50	13	0.50
18	2007 年 9 月 25 日	12	12.50	0.50
17	2007 年 8 月 15 日	11.50	12	0.50
16	2007 年 6 月 5 日	11	11.50	0.50
15	2007 年 5 月 15 日	10.50	11	0.50
14	2007 年 4 月 16 日	10	10.50	0.50
13	2007 年 2 月 25 日	9.50	10	0.50
12	2007 年 1 月 15 日	9	9.50	0.50
11	2006 年 11 月 15 日	8.50	9	0.50
10	2006 年 8 月 15 日	8	8.50	0.50
9	2006 年 7 月 5 日	7.50	8	0.50
8	2004 年 4 月 25 日	7	7.50	0.50
7	2003 年 9 月 21 日	6	7	1
6	1999 年 11 月 21 日	8	6	− 2
5	1998 年 3 月 21 日	13	8	− 5

续表

次数	时间	调整前（%）	调整后（%）	调整幅度（百分点）
4	1988 年 9 月	12	13	1
3	1987 年	10	12	2
2	1985 年	央行将法定存款 准备金率统一调整为10%	—	—
1	1984 年	央行按存款种类规定法定 存款准备金率，企业存款20%， 农村存款25%，储蓄存款40%	—	—

资料来源：财经网。

5.8 银行同业市场

5.8.1 银行同业市场的历史演变

银行同业市场就是我们所说的银行同业之间往来的市场。这个市场的参与者是银行和金融中介机构。在 1979 年以前，信贷分配是垂直的，即通过中国人民银行进行信贷分配。当时的金融业务由人民银行一家机构统揽，银行同业活动不存在，也就没有银行同业市场。

1979 年"存贷挂钩"的改革，使得商业银行得以根据其吸收存款的能力来发放贷款。1981 年非官方的银行同业市场产生。这种银行机构之间的水平交易方式标志着对以前的垂直交易方式的改变。实践证明，银行之间的交易很成功。作为早期放松金融管制的结果，零星的特殊的金融机构之间的交易出现于 1985 年。银行同业市场需求的增加是由于 1985 年中国人民银行实行紧缩性的货币政策而导致银行流动性的短缺。到 1987 年年底，银行同业市场几乎存在于所有地方。但是由于缺少必要的监管体系和规章制度，货币当局允许金融机构进行创新并不限制未经批准业务的发展，例如短期的借款和长期的贷款。当中国人民银行宣布没有任何机构可以干预银行同业市场后，各种形式的银行同业活动在全国范围内如雨后春笋般成长起来。

新建立的许多所谓的"融资公司"以及非法的融资活动充斥于同业拆借市场，例如，借来的短期资金被用作长期贷款。1989 年这些金融公司被中国人民银行关闭，银行同业之间标准的交易规则在 1990 年开始生效。银行同业活动集中于上海、武汉、北京、天津、沈阳、西安和重庆等一些地方。在上海，随着 1986 年 8 月中国工商银行"上海货币市场"的建立，其组织更加规范。虽然原则上任何金融机构在征得中国人民银行的同意后都可以经营此业务，但是中国工商银行占所有银行同业业务总和的 3/4 以上。

5.8.2　银行同业市场的主要参与者及其市场份额

从 1996 年 6 月 1 日开始，中国人民银行对银行同业之间的市场利率不再限制，在 1997 年银行间债券市场形成后，债券的回购利率和价格完全由市场供求决定。表 5 – 9 给出了 2004 年、2009 年和 2014 年主要金融机构的总交易额和它们在银行同业市场的份额。

表 5 – 9　　　**2004—2014 年银行同业市场主要金融机构的交易额**

单位：亿元，%

年份 机构类型	2004		2009		2014	
	交易额	市场份额	交易额	市场份额	交易额	市场份额
全国性商业银行	61752	37.7	1154653	45.5	1933374	27.3
城市商业银行	40831	24.9	617783	24.3	1615996	22.8
农村商业银行 和合作银行	16205	9.9	238993	9.4	771157	10.9
外资或合资机构	1326	0.8	128577	5.1	371689	5.3
其他金融机构	43692	26.7	396540	15.6	2386071	33.7
总和	163806	100	2536545	100	7078286	100.0

注：1. 城市商业银行含城市信用社，农村商业银行和合作银行含农村信用社；2. 2014 年交易量为 2014 年 5 月至 2015 年 4 月交易量合计数。

资料来源：Wind 资讯。

从表 5 – 9 我们可以看出，银行同业市场近年来交易活跃，并且交易额增长迅速，2009 年和 2014 年分别比前五年增长了 14.5 倍和 2.8 倍。2014 年，银行同业市场累计成交额达到 707.8 万亿元，是 2004 年累计成交额的 43.2 倍；同时，这一数据是当年我国国内生产总值的 11 倍。其中，全国性商业银行（包括国有银行和股份制商业银行）成交额的市场份额保持在第一的位置而且市场占有率持续增长；外资银行交易额及其所占份额也在迅速增长。

5.8.3　银行同业市场的产品品种

银行同业之间的交易共有三种：同业拆借、国债回购和国债交易。随着中国人民银行允许以市场的供求为主导调整利率后，银行同业的交易额将会上一个新的台阶。

2005 年 5 月 16 日，中国人民银行发布《全国银行间债券市场债券远期交易管理规定》，将在银行间债券市场推出债券远期交易。该规定自 2005 年 6 月 15

日起开始实施。市场各方期盼已久的远期交易终于步入市场。债券远期交易的推出，可以有效规避风险，有利于完善市场价格发现，提高市场流动性，促进银行间债券市场的发展。2005 年 6 月 15 日，由工商银行和兴业银行做成的首笔交易，揭开了银行间市场债券远期交易的序幕。当天，债券远期交易共计成交 5 亿元，成交笔数为 13 笔。国债远期是我国银行间市场首只真正的衍生产品，它的推出和活跃交易标志着我国银行间衍生产品市场跨上了新的台阶。

2006 年 1 月 24 日，中国人民银行发布了《关于开展人民币利率互换交易试点有关事宜的通知》（以下简称《通知》），明确了开展人民币利率互换交易试点的有关事项。《通知》发布之后，国家开发银行与中国光大银行完成了首笔人民币利率互换交易，人民币利率衍生工具在中国金融市场正式登场。随后，2007 年 4 月 10 日中国外汇交易中心暨银行间同业拆借中心发布了《银行间市场人民币利率互换交易操作规程》（以下简称《规程》）。《规程》规定，交易成员在备案材料通过合规性检查之后次一交易日便可开展人民币利率互换交易，交易系统将提供公开报价、双边报价和对话报价三种报价方式。

在国内金融市场上，此前还没有利率衍生产品，缺乏有效地规避利率风险的金融衍生工具。随着我国利率市场化进程和资本市场的发展，金融机构和企业对利率避险工具的需求日益迫切。在我国推进利率市场化的进程中，适时推出人民币利率互换产品非常必要。

5.8.4 市场的规模

作为我国银行同业市场最主要的组成部分，债券回购与同业拆借市场交易活跃，交易量增长迅速。2014 年银行间市场人民币交易累计成交 302.46 万亿元，日均成交 1.21 万亿元，日均成交同比增长 28.5%；2014 年银行间债券回购交易累计成交 224.4 万亿元，同比增加 66.2 万亿元，日均成交 8977 亿元，同比增长 41.9%；2014 年同业拆借累计成交 37.7 万亿元，同比增加 2.2 万亿元，日均成交 1507 亿元，同比增长 6.0%；质押式债券回购隔夜品种市场份额为 78.1%，比上年同期低 0.3 个百分点；同业拆借市场隔夜品种市场份额为 78.3%，比上年同期低 3.2 个百分点。2014 年银行间现券交易累计成交 40.36 万亿元，同比减少 1.24 万亿元，同比下降 3%，日均成交 1614 亿元[1]。

5.9 中国银行体系存在的主要问题

尽管在过去的几年里我国的银行系统取得了一些进步，但是仍面临着很多

---

[1] 2014 年第四季度《中国货币政策执行报告》。

问题，最严重的问题是较高的呆账、坏账比率和相应的低资本充足率，缺乏行之有效的风险管理方法和体系，产品相对单调，激励机制有待进一步提高，等等。本节我们主要介绍这些问题。

5.9.1　治理机制

银行治理机制不尽合理目前仍然是我国银行业最为突出的问题之一。首先产权结构相对单一，国有商业银行的资本金长时期由国家财政全额拨付，国家拥有全部或大部分产权。但是，国家是一个抽象的非人格化的概念，需要由政府部门代为行使所有者职能，就出现了产权虚置的状态。产权虚置直接导致了国有银行治理结构有效性低下、过度的行政干预、职业经理人制度难以形成、内部人控制盛行以及对经理层的有效激励与约束机制难以建立等弊病。虽然引进战略投资伙伴和境外上市可以改变产权结构单一的情况，但并不能改进国有资本产权虚置的现状。

缺乏人格化的产权主体导致了企业委托—代理机制的扭曲。对于经理层的选择基本上采用行政化的干部考核制度，真正的委托—代理机制难以建立，即使建立，也存在着行政干预下的扭曲和效率低下。在缺乏有效的委托—代理机制下，经理层很容易产生内部人控制和道德风险，也难以建立有效的激励与约束相容的经营管理机制，从而使得国有银行很难像国外银行一样吸引职业管理者。目前，国有银行经营管理者的收入与经营业绩严重脱钩，责任和激励不对称，拥有剩余控制权的经理层基本上没有剩余索取权，经理层掌握的剩余控制权就成为"廉价投票权"。国有银行内部"廉价投票权"的普遍存在，在层层委托、分级代理的委托—代理链条下，难以形成对各级管理者的有效约束。

从 2004 年开始，大型银行相继开始进行股份制改革，到 2010 年 10 月，大型商业银行已经完成股份制改革并成功完成境内外上市。通过股改，特别是境内外上市，建立现代公司治理机制和提高银行治理的透明度，各大银行的治理结构和机制普遍得到了进一步的完善。随着大型商业银行上市的成功，特别是主要商业银行在中国银监会的要求下积极准备实施巴塞尔新资本协议，我国银行业的治理机制有望不断改善，走上新的台阶。

5.9.2　贷款结构

当前，中国银行业贷款结构中存在着"一高三低"的问题：

"一高"就是经过长期积累，商业银行的长期贷款占总贷款的比例不断提高，比如说一年期以上的贷款、五年期以上的贷款，占总贷款的比例，有些可能高达 70%，长期贷款占比过高和贷款金额过大，对于商业银行的经营，特别是对于流动性管理将造成非常大的压力。

"三低"，一是商业银行对生产、流通、服务业的贷款占比较低，还不能完全适应生产、流通、服务行业对 GDP 贡献的要求，目前生产、流通、服务行业对 GDP 贡献率在 60% 左右，商业银行对这一领域的贷款比例一般在 40% ~ 45%。二是商业银行对小微企业的信贷支持不够，占比较低。因为大型企业的信贷风险相对较低，商业银行积极性都很大。而现在从地方政府到国务院都注意对小微企业的支持，各种政策、支持都要求商业银行对小微企业要有倾斜。而小微企业目前的总资产，对 GDP 的贡献，以及对就业的作用应该受到充分重视。三是中国金融消费中电子化消费在整个金融信贷支持中比例较低。如现在中国的商业银行用信用卡进行融资的比例大概占商业银行的贷款比例不到 1%，一般发达国家借助信用卡融资提供的金融服务占 15%，因此如何配合启动内需、加强国内消费、服务广大老百姓的生活提供金融服务，也是需要认真思考的问题。

因此在今后一段时间，我国银行业在结构调整上，特别是在信贷结构调整上要迈出新的步伐，实现新的突破。

5.9.3 贷款程序

国有银行发展的另一障碍是历史上曾作为中央的行政管理机构，和政府部门几乎一样。近年来虽然开始实行资产分类，但绝大部分商业银行还没有自己的对不同类型客户信用评估的历史数据，因而还做不到对不同客户因不同的信用程度而确定不同的贷款利率。与此相关的是整个贷款审批程序还有很多人为的因素，建立在历史和经验基础上的程序化的贷款程序应用还不普遍。巴塞尔新资本协议对商业银行信用风险管理有非常系统和严格的要求。随着我国主要商业银行对巴塞尔新资本协议的逐步实施，商业银行的贷款程序会进一步改善，信用风险会得到进一步的控制。

5.9.4 风险管理系统

风险管理在现代银行管理中变得如此重要，以致很多国外银行管理专家将银行管理看成银行风险管理。在很多重大金融风险事件发生之后，国外银行业对风险管理越来越重视，形成了一套相对系统而完整的风险管理理论、方法和程序。尤其是将实施的巴塞尔新资本协议 III，把基于风险的资本充足率作为银行业全面风险管理的第一支柱。我国利率、汇率等机制市场化程度还有待提高，我国银行业风险意识还有待加强，风险管理的方法还有待完善，风险管理系统还有待健全。

5.9.5 创新能力薄弱

创新是市场发展的原动力。国际金融市场几十年的发展就是不断创新的历史。由于历史原因，我国银行产品创新能力普遍较低，银行业非利差收入占整个收入的比例仍然较低。表 5 – 13 和表 5 – 14 显示 2010—2014 年我国主要商业银行利差收入仍占整个收入的 80% 左右。在目前国际市场上以金融衍生产品为代表的银行中间业务的主要特征是产品的创新和市场的开拓。中国银行机构急需增强产品创新能力，扩展利润来源。我们会在本书其他各章节从各个方面介绍人民币产品创新的进展、问题和今后发展的趋势。

5.10　加入世界贸易组织的承诺

我国加入世界贸易组织的申请文件中有很多条款，下面我们简单地介绍一下与银行相关的条款。

5.10.1　区域覆盖

对外资银行在我国经营外币将不会有任何限制。对人民币来说，区域限制如表 5 – 10 所示。

表 5 – 10　　　　　　　　外资银行在中国经营人民币业务的地区

年限	时间	允许经营人民币业务的城市	货币
加入	2001 年 12 月 11 日	上海，深圳，天津，大连	自由外国货币
1 年	2002 年 12 月 11 日	广州，珠海，青岛，南京，武汉	只有外国货币
2 年	2003 年 12 月 11 日	济南，成都，重庆，福州	中国企业人民币
3 年	2004 年 12 月 11 日	北京，昆明，厦门	中国企业人民币
4 年	2005 年 12 月 11 日	汕头，宁波，沈阳，西安	中国企业人民币
5 年	2006 年 12 月 11 日	没有地域限制	中国企业人民币

资料来源：http：//www. docsonline. wto. org/DDFDocuments/t/WT/ACC/CHN49 A2. doc/。

5.10.2　客　户

对外国企业来说，外国金融机构在中国境内被允许不受限制地提供金融服务。对中国企业来说，我国加入世界贸易组织 2 年后，外国金融机构将被允许向中国企业提供服务。加入世界贸易组织 5 年后，外国金融机构将被允许向中国所有客户提供服务。

5.10.3　许可证

在我国加入世界贸易组织 5 年后，任何限制外国金融机构所有权、运作及司法条款的现存措施都将被废除。满足条件的外国金融机构将被允许在我国建立一个附属的金融机构或金融公司。在本书中我们不需要重复一些具体细节。

在我国加入世界贸易组织后 5 年内，即 2006 年 12 月 10 日之前，我们对外资银行取消以上所有限制来实现承诺。如上分析，外资银行在我国加入世界贸易组织之前在我国发展缓慢，但近年来明显加快了其在我国发展的步伐。凭借其资本、信用评级和信用体系、产品创新能力和经验、风险管理能力和经验、国际业务的经验等优势，在 2006 年 12 月之后我国对外资银行业务很多限制被取消之后，外资银行在我国有了巨大的发展空间。这将大大改变我国银行业的竞争环境，同时推动我国银行业的发展。

5.11　我国银行业的基金业务

为了适应我国金融市场在加入世界贸易组织后调整期结束后的新环境，加速我国金融市场改革力度，人民银行、银监会和证监会在 2005 年出台了我国银行基金和货币基金的试点管理办法。银行基金和货币基金的推出对我国金融市场的整体改革将有所推动。本节我们简单介绍这两只基金的情况。

5.11.1　我国银行业基金管理

经过数年的酝酿，中国人民银行、银监会和证监会于 2005 年 2 月 21 日正式推出了共同制定的《商业银行设立基金管理公司试点管理办法》（以下简称《试点办法》）。该《试点办法》的出台，被业界视为我国金融业混业经营的一个重要信号。作为我国第一家"银字号"基金，工银瑞信基金管理公司于 2005 年 6 月 4 日获得证监会的成立批准，并于 2005 年 6 月 21 日在国家工商行政管理总局注册成立。工银瑞信基金管理公司的股东分别是工商银行（55%）、瑞士信贷第一波士顿（25%）和中国远洋运输（集团）总公司（20%）。注册资本金为 2 亿元人民币，注册地在北京。2005 年 7 月 6 日，中国人民银行行长助理刘士余在工银瑞信基金管理公司开业典礼上说，经银监会、证监会、人民银行的批准，工行、交行、建行出资设立的基金公司将分别于 2005 年 7 月、8 月、9 月推出各自的第一只基金产品。相信"银字号"基金的推出和今后的不断壮大会促进我国股票市场的发展，增加机构投资者并增强投资者的信心。银字号基金的推出和今后的壮大对我国商业银行资产多元化将有重要意义。

5.11.2　我国货币业基金管理

2005 年 6 月 28 日至 29 日，银监会主席刘明康主持召开银监会第 35 次主席会议，在会上审议通过了《货币经纪公司试点管理办法》。货币经纪公司是一种金融机构资产交易中介，业务涉及货币市场、资本市场和外汇市场的主要产品。

银监会方面表示，引进货币经纪制度，设立货币经纪公司，对于增强市场的流动性和透明度，提高资金在金融市场上的运作及配置效率，促进金融市场的健康发展具有积极作用，银监会将采取先行试点、逐步放开的市场准入政策。货币基金的推出和提高对我国金融市场的整体效率有重要作用。

2005 年 12 月 20 日，国内首家货币经纪公司上海国利货币经纪有限公司正式开业。与此同时，直接连接全球货币市场及数百家金融机构的货币经纪业务随之展开。上海国利货币经纪公司是由上海国际信托投资有限公司与英国货币经纪公司德利万邦有限公司共同组建的合资公司。公司注册资本金为人民币4000 万元，其中上海国际信托投资有限公司出资比例为 67%，德利万邦有限公司出资比例为 33%。国利公司正式营业的第一天，截至下午 3 点，公司达成的交易已增加到 30 多笔，总金额达 40 多亿美元。首日成交的业务主要为外币存款业务，币种涉及欧元、日元、美元等主要国际货币，包括工商银行、中国银行等国内的几家大型商业银行均参与了交易。根据中国银监会批准的经营范围，公司从事的经纪业务将主要包括：境内外外汇市场交易、境内外货币市场交易、境内外债券市场交易和境内外衍生产品交易。

截至 2006 年末，我国仅有一家货币基金公司——上海国利货币经纪有限公司。从国际经验看，货币经纪业的竞争十分激烈，对货币经纪公司的经验、信誉、管理人员和从业人员的职业操守要求非常高。中国货币经纪业的发展在遵守循序渐进、逐步规范原则的基础上，由银监会根据金融业开放的步骤和金融市场的发育程度，对货币经纪公司的设立实行逐步放开的市场准入政策。

5.12　我国银行的外资股东、我国银行境外上市及国际化进程

2003 年，中国银监会公布了《境外金融机构投资入股中资金融机构管理办法》这一允许外资银行入股我国商业银行的文件，外资银行近年来纷纷入股我国银行。本节介绍外资金融机构入股我国银行的情况。

5.12.1　我国银行的外资股东

2004 年 8 月 6 日，交通银行和汇丰控股有限公司在北京人民大会堂联合召开新闻发布会，正式宣布汇丰银行以"香港上海汇丰银行"的名义，投资144.61 亿元人民币，入股我国最大的股份制商业银行交通银行，成为仅次于财政部的第二大股东。根据双方协议，汇丰银行将持有 77.75 亿股交通银行股份，并参与交通银行的经营管理。

2005 年 6 月 17 日上午，中国建设银行与美国银行签署了关于战略投资与合

作的最终协议，美国银行将分阶段对中国建设银行进行投资。首期投资 25 亿美元购买中央汇金投资有限公司持有的 9% 中国建设银行股份，第二阶段将在中国建设银行计划的海外 IPO 时认购 5 亿美元的股份，未来数年内美国银行还可增持中国建设银行股份，最终持股可达 19.9%。

截至 2006 年 12 月底，已有 29 家境外机构投资入股 21 家中资银行，入股金额为 190 亿美元。其中，商业银行 18 家，占 62.1%，投资银行 3 家，占 10.4%，其他金融机构 8 家，占 27.6%；所属国家和地区分别为：美国（6家）、德国（5家）、英国（4家）、新加坡（3家）、国际金融机构（2家）、荷兰（2家）、中国香港（2家）、澳大利亚（2家）、瑞士（1家）、法国（1家）、加拿大（1家）。外资金融机构投资入股不仅增强了中资银行的资本实力，改变了中资银行单一的股权结构，更重要的是促进了中资银行公司治理水平的提高，促进了管理模式和经营理念与国际先进银行逐步接轨（见表 5 - 11）。

表 5 - 11　　　　　　　　　　外资投资中国银行业情况表

被投资方	投资方	金额	比例	时间	备注
中国工商银行	高盛集团	约 18 亿美元		2005.8	三方组成财团收购总计 10% 的股份，已签署谅解备忘录
	安联保险公司	约 10 亿美元	10%	2005.8	
	美国运通公司	2 亿~3 亿美元		2005.8	
中国建设银行	淡马锡	10 亿美元		2005.7	子公司亚洲金融控股还将在首次公开发行时认购 10 亿美元
	美洲银行	25 亿美元	9%	2005.6	首期投资 25 亿美元，公开发行时再认购 5 亿美元，未来增持到 19.9%
中国银行	苏格兰皇家银行	31 亿美元	10%	2005.8	苏格兰皇家银行 16 亿美元，美林 7.5 亿美元，长江实业 7.5 亿美元
	淡马锡	31 亿美元	10%	2005.8	
	瑞银集团	5 亿美元			三年内不可转让
	亚洲开发银行	7500 万美元		2005.10	三年内不可转让
交通银行	香港上海汇丰银行		19.9%	2004.8	境外 IPO 又增持 8.8 亿股
	境外 IPO 51.84 亿股	17.5 亿美元	11.23%	2005.6	

被投资方	投资方	金额	比例	时间	备注
浦发银行	花旗银行海外投资公司	6 亿元人民币	4.62%	2002.12	至 2008 年 4 月 30 日，花旗银行可通过行使认股权增持浦发股份至 24.9%
深发展	NEWBRIDGE ASA AIV III		17.89%	2004	
兴业银行	恒生银行有限公司	16.26 亿港元	15.98%	2003.12	另报道为 17.26 亿元人民币
	新加坡政府直接投资公司		5%	2003.12	
	国际金融公司		4%	2003.12	
民生银行	国际金融公司		1.08%	2004.7	
	淡马锡		4.55%	2004.11	
渤海银行	渣打银行		19.9%	2004	2005 年 9 月成立
华夏银行	德意志银行	1.1 亿美元	5%	2005.10	共出资 26 亿元人民币，合计持股 13.98%
	萨尔奥彭海姆银行		4.08%	2005.10	
	德意志银行卢森堡股份有限公司		2.88%	2005.10	
光大银行	亚洲开发银行			1999	
西安商业银行	国际金融公司	5376 万元人民币	1%	2002.9	未来四年入股比例提高到 24.9%
	加拿大丰业银行		4%	2002.9	
南京市商业银行	国际金融公司	2700 万美元	15%	2001.11	
	法国巴黎银行		19.2%	2005	新股发行后持股比例摊薄到 12.15%
济南市商业银行	澳大利亚联邦银行	首次投入 1.43 亿元人民币	首次持有 11%	2004.9	2008 年 5 月 14 日之前，总持股比例可以达到 20%
杭州市商业银行	澳大利亚联邦银行	8000 万美元	19.9%	2005.4	
北京银行	荷兰国际集团	17.8 亿元人民币	19.9%	2005.3	
	国际金融公司	4.47 亿元人民币	5%	2005.4	

被投资方	投资方	金额	比例	时间	备注
上海银行	汇丰银行		8%	2001.12	
	上海商业银行		3%	2001	
	国际金融公司		7%	1999.9	
南充市商业银行	德国投资与开发有限公司	300 万欧元	10%	2005.7	
	德国储蓄银行国际发展基金	100 万欧元	3.3%	2005.7	
重庆商业银行	香港大新银行	6.9 亿元人民币	17%	2006.12	
宁波商业银行	华侨银行	5.7 亿元人民币	12.2%	2006.1	
天津银行	澳新银行	超过 1 亿美元	20%	2005	

资料来源：余云辉、骆德明：《谁将掌握中国的金融》，载《上海证券报》，2005－10－25。

5.12.2　已经在境外上市的我国银行

我国数家银行的部分海外业务已经在香港成功上市，为我国银行体系的进一步改革积累了一定的经验。

5.12.2.1　工商银行香港分行成功收购香港上市银行

中国工商银行香港分行 2000 年 7 月以 18 亿港元成功收购香港上市银行——友联银行，控股 53.24%，成为我国第一家控股境外上市银行。收购后改名为中国工商银行（亚洲），在香港交易所上市，股票代码：0349。中国工商银行（亚洲）又于 2004 年完成收购华比银行，两家银行自收购后已开始紧密合作，积极开拓证券买卖和存款业务。收购华比银行之后中国工商银行（亚洲）进一步提高了零售银行业务的竞争力，为新旧客户提供更全面的服务。

5.12.2.2　中银香港在香港成功上市和成功配股

由香港中银集团 12 家银行重组而成的中国银行（香港）有限公司（以下简称中银香港）于 2001 年 10 月 3 日正式对外营业。作为中国银行管理体制改革的一个先例，中银香港当时的重组，不是将原有机构简单地合并，而是按照现代银行经营理念和"最佳做法"，重新设计了新型的组织架构和经营策略，对一向以传统方式经营的中银集团来说是一次真正脱胎换骨的改造。中银香港在合并时的总分行有 369 家，其中在香港的有 354 家（其中包括南商和集友的 65 家）。重组后中银香港的存款和贷款分别为 7140 亿港元和 3230 亿港元，成为仅次于汇丰的香港第二大银行。此外，在零售银行和企业银行业务等多个领域，中银香港也都名列前茅。同时，中银香港将继续作为香港的发钞银行之一，其市场地位和影响力将进一步提高。中国银行总行是中银香港的最终控股人。

　　经过一年多的精心筹备，中银香港于 2002 年 7 月 25 日正式在香港联交所挂牌上市（股票代码：2388）。作为首家在境外上市的国有商业银行，中银香港在香港成功上市意义深远，这不仅是香港投资市场的一件大事，更是中国金融改革的重要一步，它标志着国有商业银行在境外上市有了成功的先例。时任中国银行行长、中银香港董事长的刘明康当日说，中银香港上市不仅是中国银行发展的一个新里程，更将使中国金融改革进入一个新纪元。中银香港此次环球招股约 23 亿股，集资总额为 195 亿港元（约 25 亿美元）。

　　中银香港在 2003 年年底香港价位高峰期成功配股也为我国银行利用资本市场创立了一个典范。2003 年 12 月 15 日下午，中银香港发布公告向投资者出售10.77 亿股公司股份，每股配售价为 13.70 港元。配售价较该股在 12 月 12 日于香港联交所的每股收市价 15.60 港元折让 12.18%，较该股于 11 月 13 日至 12 月12 日一个月期间的平均收市价折让 5.04%，配售股份占本公司已发行股本的10.12%。通过减持 10.12% 的股份，中国银行在对中银香港的控制权没有减弱的情况下，募集 147 亿港元冲销不良贷款。

5.12.2.3　交通银行在中国香港成功上市

　　曾经一度不良资产率高达 21% 的我国第五大商业银行，最大的股份制银行——交通银行 2005 年 6 月 23 日成功在港上市，标志着国内银行第一次成功在港上市。早在 2001 年 6 月，根据《中国人民银行办公厅关于外资参股交通银行的批复》，交行即已开始引资工作，但引资工作进展缓慢。2004 年 6 月 14 日，国务院批准交行深化股份制改革整体方案。从此，凭借外部资金的迅速注入，交通银行骤然间以一种颇显中国特色的方式跑步奔向改革前沿。剥离不良资产、获得政府注资、进行财务重组，一系列繁杂工作赶在 2004 年 6 月 30 日即告基本完成。2004 年 8 月 6 日，交通银行与香港上海汇丰银行正式签署入股协议，并于 8 月 18 日完成了资金交割。按照协议安排，汇丰银行投资总额为人民币144.61 亿元，约合 17.47 亿美元，成为持有交行 19.9% 股权的第二大股东。第一大股东财政部持股比例 25.53%，第三大股东社保基金和第四大股东汇金公司的持股比例依次为 14.22% 和 7.68%。成功引入汇丰这一国际银行参股，对于交行日后率先走向海外具有举足轻重的意义。

　　2004 年 9 月 23 日，交行召开临时股东大会，通过按境外上市要求修订的公司章程，调整了董事会成员，成立了董事会专门委员会。汇丰银行作为第二大股东，派出 2 名董事，并分别参加董事会人事薪酬委员会和风险管理委员会，直接参与交行董事会决策。另外，2005 年 4 月 5 日，交行董事会审议通过聘任原汇丰银行中国业务总裁叶迪奇为交通银行副行长的议案。交行股票向散户发售部分获 205 倍认购，是自 2004 年 3 月中芯国际 18 亿美元 IPO 以来，10 亿美元以上募股中散户投资者反应最为热烈的一次。

5.12.2.4　中国建设银行于香港成功上市

中国建设银行于 2005 年 10 月 19 日为其初次上市定价，并于 2005 年 10 月 27 日成功挂牌上市交易（股票代码：0939）。根据该计划，这些股份中 95% 将向国际机构投资者发售，其余 5% 将自 10 月 14 日向香港散户公开招股。

2005 年 11 月 9 日，该行首次公开发行超额配售部分（即通常所称的"绿鞋"）全部发行完毕，以每股 2.35 港元超额发售 39.7 亿股。初次上市和配售发行总数达 305 亿股，相当于发行后总股本的 13.5%。筹资金额高达 715.8 亿港元，折合 92.3 亿美元。这是当时全球银行业规模最大的 IPO，同时也创下 2001—2005 年全球首次公开发行的最高纪录。

5.12.2.5　中国银行在香港成功上市

继交通银行、建设银行在香港成功上市后，中国银行于 2006 年 6 月 1 日在香港联交所挂牌上市（股票代码：3988）。此次 IPO 于 2006 年 5 月 24 日确定发行价为每股 2.95 港元，共发行 H 股 294 亿股，相当于中国银行扩大后总股本的 10.5%。中国银行此次招股正值全球股市低迷之际，但依然受到投资者的追捧，创下香港股票市场新股冻结资金的纪录。发行当日，中国银行以 3.15 港元开盘，最高上涨到 3.425 港元，最后以 3.4 港元收盘，较发行价上涨了 15%，成交金额为 200.6 亿港元，相当于平常香港股市一天的成交量。中国银行在港发行上市，总筹资金额为 754.27 亿港元。

5.12.2.6　招商银行于香港成功上市

招商银行于 2006 年 9 月 22 日成功在香港联合交易所挂牌上市。这是第一家在股份制改革后以 A＋H 形式到香港上市的内地企业，也是第一家在上海证券交易所挂牌又到香港上市的内地企业。

招商银行于 2006 年 9 月 8 日至 13 日在香港公开招股，招股价介于 7.3 港元至 8.55 港元之间，全球发售 22 亿股 H 股，香港发售 1.1 亿股 H 股，每股面值人民币 1 元，股票代码：3968，集资额为 206.9 亿港元。2006 年 9 月 22 日，招商银行以高于发行价 27% 的价格上市开盘后，走势稳健，在不到 7 分钟时间内攀升至 11.14 港元高位，成交活跃。招商银行公开招股获约 265 倍超额认购，以招股价上限定价，冻结资金约 2500 亿港元，国际配售超额认购达 51 倍。

5.12.2.7　工商银行以"A＋H"模式境内外同步上市

2006 年 3 月中旬，工行赴香港上市的申请已获得银监会的批准。2006 年 9 月 23 日，中国证监会披露中国工商银行招股说明书，同时在香港联交所发布消息，将在香港发行 354 亿股 H 股，10 月下旬在香港挂牌上市。工行成为首家同时在内地和香港上市的公司。

2006年10月18日，中国工商银行（股票代码：1398）公开招股结束，H股公开发售部分获得超额认购76倍，冻结资金4181亿港元，打破了中国银行5月创出的2746亿港元的纪录，也打破了香港有史以来的IPO集资纪录。2006年10月27日，中国工商银行H股在香港联合交易所上市。工行上市首日成交额为374.52亿港元，是香港历年单一上市公司在单一交易日最大的成交额。

5.12.2.8 中信银行以"A＋H"模式在境内外同步上市

2007年4月27日，中信银行股份有限公司（以下简称中信银行）（股票代码：上海601998，香港998）作为第二家A股和H股同步上市的中资企业，分别在上海证券交易所、香港联合交易所同时挂牌上市。中信银行本次发行受到了境内外投资者的高度关注和追捧，"绿鞋"前合计融资规模近54亿美元，是2007年以来全球融资规模最大的IPO，历史上第五大中资企业IPO。

中信银行H股和A股发行均获得了创纪录的需求。H股公开认购及国际配售部分分别获得230倍及90倍的超额认购，发行认购倍数居中资金融类H股发行第一，总需求仅次于工行，位列第二位。在A股方面，网上网下共冻结资金超过1.4万亿元人民币，创新股申购冻结资金量新高，估值水平也再创中资银行股新高。

5.12.2.9 中国农业银行以"A＋H"模式在境内外同步上市

中国农业银行采取A＋H同步发行上市模式，分别于7月15日、16日上海证券交易所、香港联合交易所挂牌上市。根据农行A股安排，发行人按照本次发行价2.68元，在初始发行222.35亿股A股的基础上，超额发行33.35亿股A股，即约15%，集资额增加89.39亿元，令A股总集资额增至685.29亿元。连同农行7月底H股超额认购权所募集到的122亿港元，A股、H股两股的新股集资总额合共为221亿美元，超越工行在2006年创下的220亿美元的全球最大集资纪录。至此，大型商业银行股份制改革圆满完成。

5.12.3 我国银行在境外上市

民营银行民生银行延迟赴港上市被认为是可能受到交行股票定价过低的影响。凭借其香港分行在香港的成功上市经验和在境外广泛的业务网络，相信中国民生银行的境外上市步伐也会相当顺利。工行、农行、中行、建行四大行都在境外上市之后，我国整个商业银行的格局将发生重大变化，管理机制、市场效率等方面无疑将有所上升，整体竞争力也有望大幅度提升。但是上市只是进入国际市场并规范化管理的起步，今后在提高银行业效益和控制银行风险等方面还有很多事情要做。表 5 - 12 给出了到 2009 年为止我国商业银行直接引进外资和通过境外上市引进外资的整体情况。

表 5 - 12　　　　商业银行引进外资情况表（截至 2010 年底）

单位：家，亿美元

项目＼年份	2003 年以前	2004	2005	2006	2007	2008	2009	2010	2010 年底余额
引进境外投资的中资银行	5	6	7	6	5	6	0	1	32
引进投资	2.6	23.5	116.9	52.2	17.6	115.2	2.1	54.3	384.2
境外筹资额	—	—	113.9	299	42.2	0	39.3	136.5	630.8
合计	2.6	23.5	230.8	351.2	59.8	115.2	41.4	177.3	1015

注：自 2011 年后银监会年报不再公布我国商业银行引进外资情况。
资料来源：中国银监会 2010 年年报。

从表 5 - 12 我们可以看出，随着我国主要商业银行的股改和境外上市，银行业引进外资的步伐从 2004 年以来大幅度加大。到 2010 年年底，商业银行引进外资累计总额达到 1015 亿美元，相当于 2010 年我国商业银行总资产的 0.69%。从表 5 - 12 我们还可以看出，通过境外上市募集的资金额 630.8 亿美元超过直接引进资金额 384.2 亿美元的 164.2%，外资的引进对提高我国商业银行的资本充足率和改善银行公司治理发挥了重要的作用。

5.12.4　我国银行的国际化进程

随着金融改革的不断深化，我国商业银行国际化已经进入了起步阶段，积累了一些经验，我国已陆续加入一些国际金融组织。我国已先后成为国际货币基金组织、世界银行集团、亚洲开发银行的会员。我国商业银行在海外已设立了一些分支机构。目前，中国银行在境外近 40 个国家和地区建立了 600 多家分支机构，中国工商银行在境外 42 个国家和地区设有近 400 家机构，我国其他商业银行也纷纷进行跨国经营，积极进入国际市场。下面，以中国工商银行国际化发展为例，反映近年来我国银行业国际化进程。

工行国际化始于 1993 年新加坡分行的开设，22 年来，通过兼并收购与申设分行"两条腿走路"的方式，目前在境外 42 个国家和地区设有近 400 多家分支机构，还在 140 多个国家和地区拥有 1700 多家外资代理行，形成横跨亚、非、拉、美、欧、澳的全球服务网络。工商银行在迈出了跨国经营步伐伊始便确立了"壮大亚洲、巩固欧洲、突破美洲"的海外机构布局原则。从这一历程可以看出，工商银行国际化经历了境外拓展由自主申设为主到申设与收购并举、目标市场由新兴市场到成熟市场、客户结构由中资企业到跨国公司、服务内容从传统业务到现代金融服务等一系列积极转变。

首先，从自主申设到收购兼并、从新兴市场到成熟市场，工商银行全球服务网络日臻完善。工商银行的境外拓展方式主要有以下两种。一是自主申设方式。以 1992 年设立新加坡代表处为标志，工商银行正式启动了跟随企业"走出去"的国际化进程，之后相继在多个国家和地区的重要城市设立了营业机构。二是收购兼并方式。自 1999 年起，工商银行在申设基础上着手并购，实现了境外机构尤其是在港机构的快速发展。

其次，从中资企业到跨国公司，从传统业务到现代金融服务，全球服务能力逐渐增强。通过内外联动和特色经营，工商银行国际化服务的专业水平和产品创新能力不断提升，客户基础也不断扩大。截至 2010 年 6 月末，工商银行已支持"走出去"企业 70 余户，为客户提供各项融资约 61 亿美元，业务遍布五大洲的 24 个国家和地区。2010 年 5 月，工商银行与商务部签署了《支持企业"走出去"备忘录》，形成了银政合作支持中国企业开展境外投资、承包工程、基础设施建设、大型成套设备出口的商业模式。通过海外发展，我国商业银行能够在更大范围内、更合理地配置金融资源，进一步提高银行盈利能力和国际竞争力，实现我国商业银行成为国际一流、现代商业银行历程中的新跨越。

5.12.5　我国银行业境外资产和利润占比

上文介绍了我国主要银行近年来"走出去"的主要举措和成绩，然而这些举措还难以准确表明我国银行业近年来国际化程度的提升。银行业境外资产和利润占总资产和利润的比例能更好地显示银行业国际化程度的提高。利用 2013 年和 2014 年我国 5 个大型银行报表数据，我们可以计算出 2013 年到 2014 年工商银行、建设银行、农业银行、中国银行和交通银行境外资产占总资产比例分别从 6.8%、4.6%、2.5%、27.7% 和 8.7% 提高到 7.0%、5.6%、3.3%、29.6% 和 9.8%，显示我国大型银行国际化程度皆有不同程度的提高，五大行总境外资产占比从 9.8% 提高到 10.7%；2013 年到 2014 年前四大行境外利润占总利润比例分别从 4.1%、1.3%、1.0% 和 19.3% 提高到了 5.1%、2.0%、1.4% 和 22.8%，四大行境外总利润占比从 5.8% 提高到了 7.1%，同样显示我国主要四大银行国际化程度皆有不同程度的提高。仔细分析如上境外资产和利润占比我们发现，2013 年到 2014 年我国主要银行国际化程度略有提高外，这些银行境外利润占比却显著低于其境外资产占比，显示我国主要银行境外竞争力仍然有待显著提高。

5.13 中国银行业的国际地位

在我们结束本章之前，我们有必要从整体上了解我国银行业目前在亚洲以至全球的地位，从而有助于了解中国银行业今后发展的趋势。

5.13.1 中国进入亚洲300强的银行及其资产

表5－13给出了中国2010年进入亚洲银行500强的110家银行的总资产、总贷款额、总储蓄、净利息收入、总操作收入和净利息收入／总操作收入比例。从表5－13我们可以看出，从2009年到2010年我国银行业有了一定的发展，2009年我国有91家银行列入亚洲500强，而2010年却有110家银行进入亚洲500强。我国前四大商业银行2009年和2010年的总资产保持在前10名，排名都前进了一位。

表5－13　　　　　我国2010年进入亚洲500强的110家银行一览表

单位：百万美元，%

2010年排名	2009年排名	商业银行名称	资产	贷款	存款	存贷差额	净利息收入	总营运收入	利息收入／总营运收入比例
2	3	中国工商银行	1725938	817664	1577709	760045	36015.60	45313.70	79.48
4	5	中国建设银行	1409355	687289	1285274	597985	31045.50	39373.20	78.85
6	7	中国银行	1391214	441135	934539	493404	28362.30	32552.40	87.13
5	6	中国农业银行	1281183	702587	1102006	399419	23289.00	32760.30	71.09
12	11	中国交通银行	484628	279597	443049	163452	9773.10	11947.20	81.80
16	18	招商银行	302853	170150	262785	92635	5911.40	7540.90	78.39
18	23	中信实业银行	260138	153844	236809	82965	5269.90	6002.00	87.80
20	21	上海浦东发展银行	237649	133345	219864	86519	4911.70	5336.70	92.04
24	25	中国民生银行	205631	126870	185301	58431	4648.50	6159.70	75.47
25	26	兴业银行	195131	71917	119214	47297	3832.30	4353.40	88.03
27	33	中国光大银行	175397	92574	150973	58399	2870.70	3552.30	80.81
37	39	华夏银行	123818	61429	97234	35805	2315.00	2508.30	92.29
44	50	广东发展银行	97608	53694	85460	31766	1918.60	2213.60	86.67
50	59	深圳发展银行	86086	52073	77440	25367	1901.90	2212.40	85.97
57	70	北京城市商业银行	78127	39168	69194	30026	1604.40	1735.60	92.44
61	74	上海银行	68252	34875	60590	25715	1325.70	1381.90	95.93
86	116	江苏银行	48425	27717	41891	14174	1143.30	1233.90	92.66

续表

2010 年排名	2009 年排名	商业银行名称	资产	贷款	存款	存贷差额	净利息收入	总营运收入	利息收入/总营运收入比例
97	137	北京农商行	43002	16999	39040	22041	842.6	873.1	96.51
127	167	平安银行	32319	15640	26402	10762	501.6	622	80.64
130	196	恒丰银行	31306	13615	24866	11251	418	436.4	95.78
131	146	上海农商行	31035	17039	26240	9201	731	736.4	99.27
161	229	浙商银行	23933	12658	20313	7655	454	485	93.61
162	201	宁波商业银行	23923	11829	18983	7154	520.5	611.5	85.12
171	160	汇丰银行（中国）	22520	7889	18620	10731	460	787.4	58.42
173	205	杭州银行	21966	12376	19854	7478	472	535.9	88.08
174	215	南京城市商业银行	21904	9608	16516	6908	463.8	515.2	90.02
175	202	天津城市商业银行	21870	9027	18765	9738	511.3	506.2	101.01
184	176	徽商银行	19212	10939	16192	5253	480.5	652.8	73.61
193	N	成都农商行	18486	9742	16469	6727	428.1	520.6	82.23
194	209	渣打银行（中国）	18171	9450	14326	4876	382.9	606.8	63.10
199	258	渤海银行	17210	10090	15063	4973	264.8	323.9	81.75
202	N	盛京银行	16604	7404	14163	6759	241.9	441.6	54.78
207	N	吉林银行	15843	9171	12791	3620	486.8	519.2	93.76
219	N	花旗银行（中国）	14242	5095	11038	5943	239.6	521.8	45.92
237	226	大连银行	12517	6566	11482	4916	403.6	434.6	92.87
245	N	东京三菱日联银行（中国）	11706	7762	7141	−621	206.4	391.7	52.69
253	N	成都银行	10609	5601	9250	3649	346	358	96.90
260	257	东莞城市商业银行	10248	3996	7919	3923	247.7	320.2	77.36
265	256	华商银行	9357	6256	4720	−1536	270	311.9	86.57
267	283	哈尔滨银行	9264	4825	8025	3200	220.3	309.4	71.20
270	282	包商银行	9062	3349	7521	4172	111.3	255.3	43.60
280	N	三井住友银行（中国）	8321	3829	5123	1294	74.6	112.5	66.49
282	295	重庆银行	8258	4115	6921	2806	266.6	279.9	95.25
292	277	长沙城市商业银行	7505	2501	5483	2982	99.3	168.5	58.93
294	286	齐鲁银行	7249	4065	6643	2578	265.8	279.3	95.17
303	298	厦门国际银行	6451	4039	5118	1079	132.3	171.5	77.14
304	339	青岛银行	6390	3295	5406	2111	112.4	159.7	70.38
306	318	汉口银行	6297	3033	5442	2409	171.6	188	91.28
308	N	河北银行	6227	2827	5074	2247	146.4	149.7	97.80
315	298	厦门城市商业银行	5862	3546	5380	1834	125.1	152.6	81.98
316	309	荷兰银行（中国）	5806	2076	1472	−604	117.5	306.8	38.30

续表

2010 年排名	2009 年排名	商业银行名称	资产	贷款	存款	存贷差额	净利息收入	总营运收入	利息收入／总营运收入比例
323	307	西安城市商业银行	5621	3444	4544	1100	155.1	152.6	101.64
324	316	星展银行（中国）	5421	4214	3015	-1199	162.4	158.6	102.40
327	N	恒生银行（中国）	5327	3579	3024	-555	104.9	125.1	83.85
329	323	锦州银行	5204	2886	4713	1827	156.9	161.4	97.21
331	354	南昌城市商业银行	5134	2481	4420	1939	168.2	208.7	80.59
337	344	温州银行	4995	2948	4047	1099	176.5	181.5	97.25
339	320	富滇银行	4916	2310	3363	1053	67	108.1	61.98
344	408	南洋商业银行（中国）	4700	3663	2054	-1609	68.1	75.4	90.32
345	336	江苏江阴农商行	4691	2827	4160	1333	195.3	199.2	98.04
347	331	福州城市商业银行	4506	2286	3672	1386	88.2	132.6	66.52
350	N	德意志银行（中国）	4373	1905	2132	227	44.9	190.4	23.58
352	368	绍兴城市商业银行	4299	2637	3666	1029	128.8	133.3	96.62
353	363	宁夏银行	4289	2360	3617	1257	172.4	182.7	94.36
357	319	法国巴黎银行（中国）	4203	1232	1062	-170	67.9	73	93.01
359	342	郑州商业银行	4160	1818	3380	1562	98.7	101.6	97.15
360	348	兰州城市商业银行	4015	2236	3629	1393	70.5	83.4	84.53
361	355	烟台银行	3978	2258	3213	955	106.2	106.6	99.62
369	N	辽阳城市商业银行	3699	2233	3342	1109	115.6	117.7	98.22
371	359	齐商银行	3638	2220	3241	1021	162.7	166.7	97.60
384	407	富邦华一银行	3166	2241	2755	514	62	75.3	82.34
387	369	洛阳商业银行	3131	1539	2476	937	56.7	82.2	68.98
393	379	威海城市商业银行	2913	1719	2271	552	61.7	73.6	83.83
394	395	昆山农商行	2853	1829	2619	790	92.4	110.8	83.39
396	384	浙江稠州商业银行	2749	1650	2421	771	75.9	83.1	91.34
397	386	日照银行	2657	1458	2021	563	129.6	134.4	96.43
398	391	摩根大通银行（中国）	2580	726	1776	1050	47	74.8	62.83
401	405	临商银行	2498	1480	2208	728	130.4	138.2	94.36
402	387	台州城市商业银行	2477	1565	2258	693	111	119.1	93.20
406	393	鞍山城市商业银行	2347	1362	2134	772	60.9	72.2	84.35
413	400	金华城市商业银行	2162	1419	1955	536	70.4	82.2	85.64
420	419	德阳城市商业银行	1841	925	1617	692	54.4	69.3	78.50
423	415	营口城市商业银行	1811	1039	1540	501	63	63.6	99.06
426	418	莱商银行	1776	1094	1208	114	67.7	73.8	91.73

续表

2010 年排名	2009 年排名	商业银行名称	资产	贷款	存款	存贷差额	净利息收入	总营运收入	利息收入/总营运收入比例
428	426	永亨银行（中国）	1692	1224	697	-527	41.5	47.8	86.82
431	424	浙江泰隆商业银行	1629	1014	1494	480	54.2	56	96.79
432	425	嘉兴城市商业银行	1611	972	1459	487	52.7	59.1	89.17
435	427	大同城市商业银行	1573	726	1414	688	27	35.4	76.27
436	428	湛江城市商业银行	1559	861	1425	564	49.4	53.2	92.86
438	N	德州城市商业银行	1516	938	1330	392	73.1	76.6	95.43
441	431	攀枝花城市商业银行	1459	1041	1354	313	49.6	50.5	98.22
442	432	南宁城市商业银行	1456	375	1371	996	46.2	47	98.30
444	434	浙江民泰商业银行	1388	537	1200	663	33.3	34.1	97.65
447	438	新乡城市商业银行	1304	761	1128	367	47.3	55.3	85.53
450	444	长治城市商业银行	1229	658	993	335	41.1	42.8	96.03
456	446	柳州城市商业银行	1196	699	1083	384	38.1	40.4	94.31
457	447	焦作城市商业银行	1188	711	1014	303	37.5	43.2	86.81
459	450	湖州城市商业银行	1168	693	887	194	45.5	46.3	98.27
462	459	常熟农商行	1088	540	896	356	25.6	28.7	89.20
463	454	绵阳城市商业银行	1078	515	810	295	20	27.8	71.94
464	456	沧州城市商业银行	1040	580	959	379	29.4	39.1	75.19
470	461	桂林城市商业银行	984	474	772	298	27.1	30.5	88.85
471	462	赣州城市商业银行	971	607	887	280	30.8	34	90.59
475	N	衡阳城市商业银行	893	443	783	340	11.5	12.5	92.00
477	N	承德城市商业银行	823	360	779	419	27.5	28.1	97.86
481	N	济宁城市商业银行	745	507	663	156	34.6	35.8	96.65
482	N	许昌城市商业银行	738	370	529	159	23.2	26.9	86.25
486	N	鄂尔多斯商业银行	701	291	328	37	22.9	23.1	99.13
487	N	荆州城市商业银行	698	235	505	270	7.6	13.8	55.07
489	N	上饶城市商业银行	647	359	573	214	14.7	15.1	97.35
		五大银行总额	6292318	2928272	5342577	2414305	128486	161947	79.34
		占总额比例	71.03	68.22	71.18	75.12	70.73	71.93	—
		九大股份制银行总额	1684311	915896	1435080	519184	33580	39879	84.20
		占总额比例	19.01	21.34	19.12	16.16	18.49	17.71	—
		总额	8858612	4292254	7505979	3213725	181660	225136	80.69

数据来源：亚洲银行家网站。

从表 5－13 我们也可看到，这 110 家主要银行 2010 年总资产 8.86 万亿美元相当于我国 2010 年底银行业总资产 95.3 万亿人民币的 61.8％，显示具有规模的银行资产占我国银行业资产的六成以上。

表 5－14　　　　　　我国 2014 年进入亚洲 500 强的 128 家银行一览表

单位：百万美元，%

2014 年排名	2013 年排名	商业银行名称	资产	贷款	存款	存贷差额	净利息收入	总营运收入	利息收入/总营运收入比例
1	1	中国工商银行	3100051	1586493	2395914	809421	72665.83	94698.64	76.73
2	3	中国建设银行	2517568	1370176	2002988	632813	63907.64	83732.79	76.32
4	5	中国农业银行	86291	1131116	1935535	804419	61648.20	76166.42	80.94
5	6	中国银行	2273581	1219150	1654724	435574	46560.04	65042.11	71.58
9	9	中国交通银行	976818	523247	681344	158097	21427.80	26839.11	79.84
10	—	中国邮政储蓄银行	913485	239784	853184	613399	22773.50	23714.28	96.03
14	15	招商银行	658167	352047	454784	102738	16208.87	21745.38	74.54
17	18	上海浦东发展银行	603062	282798	396515	113718	13966.80	16381.59	85.26
18	16	兴业银行	602621	216420	355654	139234	14067.42	17908.85	78.55
19	19	中信实业银行	596682	311340	434530	123190	14041.69	17175.70	81.75
20	17	中国民生银行	528679	252269	351778	99509	13606.61	19025.63	71.52
24	23	中国光大银行	395760	187162	263057	75895	8335.24	10737.91	77.62
27	29	平安银行	309999	136361	199430	63069	6668.36	8552.21	77.97
31	31	华夏银行	274064	131215	192972	61757	6374.87	7410.04	86.03
34	35	广东发展银行	240864	115289	163039	47750	4261.68	5641.29	75.54
36	37	北京银行	219055	93218	136746	43528	4307.58	5025.10	85.72
40	44	上海银行	160219	70620	102585	31964	3127.57	3517.86	88.91
47	56	恒丰银行	126536	32894	60665	27771	2074.84	2707.41	76.64
48	51	江苏银行	125071	65544	97699	32155	3237.86	3650.14	88.71
63	74	渤海银行	93113	26908	49775	22867	1723.03	2095.57	82.22
70	83	重庆农商行	82336	32471	57008	24537	2573.58	2660.49	96.73
72	90	浙商银行	79988	34834	52405	17571	1770.93	2201.17	80.45
76	97	宁波银行	76672	27416	41832	14417	1844.82	2091.11	88.22
79	85	北京农商行	76278	36986	62578	25592	1223.91	1820.05	67.25
85	108	南京银行	71129	23443	42631	19188	1490.61	1717.09	86.81
87	—	成都农商行	69967	19949	42246	22297	1249.89	1308.85	95.50

续表

2014 年排名	2013 年排名	商业银行名称	资产	贷款	存款	存贷差额	净利息收入	总营运收入	利息收入/总营运收入比例
91	103	上海农商行	68972	36546	57009	20462	1620.54	1833.44	88.39
93	125	天津银行	66480	23620	40347	16727	1280.61	1329.69	96.31
96	116	徽商银行	62616	31345	44703	13358	1573.67	1666.97	94.40
98	106	广州农商行	62052	25561	51246	25685	1738.18	1968.13	88.32
100	126	汇丰银行（中国）	59948	24336	32742	8406	1268.58	1437.68	88.24
105	119	盛京银行	58239	21558	43083	21525	1285.00	1435.00	89.55
111	115	杭州银行	55747	27746	40844	13098	1500.67	1601.88	93.68
116	137	哈尔滨银行	52795	16963	36736	19773	1117.32	1400.08	79.80
122	—	广州银行	49936	15550	30898	15348	843.39	927.60	90.92
129	143	大连银行	46545	18892	35024	16132	1088.33	1213.41	89.69
141	158	吉林银行	42974	19934	31459	11525	896.42	1223.03	73.30
143	148	成都银行	42815	17685	31958	14273	1089.00	1158.00	94.04
144	167	厦门国际银行	42744	13097	22349	9252	577.97	732.83	78.87
148	178	昆仑银行	40249	9885	21211	11325	750.43	919.39	81.62
154	165	包商银行	39748	11832	24345	12513	1020.00	1234.00	82.66
167	166	东亚银行（中国）	34543	18406	27091	8685	743.17	876.79	84.76
168	162	天津农商行	34279	16270	27550	11280	663.84	1047.92	63.35
171	203	重庆银行	33886	14525	24384	9859	850.04	956.33	88.89
173	186	渣打银行（中国）	32518	14793	18709	3916	939.75	1076.53	87.29
175	185	东莞农商行	32098	15116	26022	10906	681.73	1021.57	66.73
179	—	长沙银行	31686	9330	21755	12425	782.00	843.00	92.76
182	205	广东顺德农商行	30569	14462	22300	7838	824.04	901.42	91.42
184	242	锦州银行	29477	12574	15188	2614	625.74	639.54	97.84
185	192	汉口银行	29205	11367	20585	9218	737.00	904.00	81.53
200	233	苏州银行	26868	8715	15789	7074	375.92	738.96	50.87
201	221	东莞银行	26830	10815	17717	6902	661.82	782.63	84.56
207	—	花旗银行（中国）	25031	10060	15834	5774	426.52	713.29	59.80
210	244	河北银行	24980	9950	19164	9214	635.42	693.38	91.64
213	—	郑州银行	24471	10084	16731	6647	672.23	697.21	96.42
215	226	华融湘江银行	24270	7623	14408	6785	304.93	674.70	45.19

续表

2014 年排名	2013 年排名	商业银行名称	资产	贷款	存款	存贷差额	净利息收入	总营运收入	利息收入/总营运收入比例
220	230	东京三菱日联银行（中国）	23503	11472	16231	4759	310.27	464.06	66.86
233	265	青岛银行	22235	8866	15778	6912	506.00	577.64	87.60
236	261	晋商银行	21596	6399	14598	8199	541.24	564.49	95.88
237	256	广东南粤银行	21559	7045	14030	6984	160.17	511.82	31.29
240	257	南充城市商业银行	21320	4677	11987	7310	473.98	581.16	81.56
241	263	珠海华润银行	21234	5654	10818	5163	343.23	388.21	88.41
246	—	南昌银行	20588	7699	14401	6702	521.48	795.98	65.51
247	—	兰州银行	20547	10563	16698	6135	527.38	578.31	91.19
249	300	九江银行	20194	5172	13748	8576	580.36	601.39	96.50
253	259	贵阳银行	19754	8886	17627	8741	648.42	614.98	105.44
254	260	富滇银行	19720	9299	13627	4328	529.71	546.29	96.96
271	289	浙江稠州商业银行	17426	7902	10854	2952	414.72	593.78	69.84
272	280	厦门银行	17330	3115	10112	6997	222.37	252.20	88.17
273	295	温州银行	17052	8460	11879	3419	402.63	453.59	88.76
274	318	桂林银行	17051	3834	11139	7305	149.94	444.99	33.70
275	—	杭州联合银行	16815	9061	13615	4554	509.94	529.36	96.33
276	316	威海城市商业银行	16671	6458	11609	5151	216.05	379.49	56.93
281	272	星展银行（中国）	15877	7879	11425	3546	238.10	354.73	67.12
283	294	齐鲁银行	15340	8373	13565	5192	416.15	462.20	90.04
288	245	广西北部湾银行	15009	5757	9521	3764	624.84	660.49	94.60
289	301	恒生银行（中国）	14777	7759	6588	−1171	140.72	244.13	57.64
290	335	华商银行	14767	4346	6285	1939	181.63	230.19	78.91
295	293	三井住友银行（中国）	14500	6039	10010	3971	183.99	264.09	69.67
297	—	天津滨海农商行	14411	6339	9350	3010	160.30	412.18	38.89
298	311	南洋商业银行（中国）	14350	6763	9617	2854	235.20	267.10	88.06
301	306	瑞穗银行（中国）	13851	6431	9921	3490	199.41	262.08	76.09
302	319	福建海峡银行	13823	6333	9413	3080	388.85	383.75	101.33

续表

2014 年排名	2013 年排名	商业银行名称	资产	贷款	存款	存贷差额	净利息收入	总营运收入	利息收入/总营运收入比例
304	—	无锡农商行	13727	7002	11012	4010	321.33	337.44	95.23
311	324	宁夏银行	13058	6737	10395	3658	503.82	514.52	97.92
314	337	浙江泰隆商业银行	12730	6612	9945	3334	505.26	602.14	83.91
315	—	重庆三峡银行	12578	3563	9261	5698	301.21	358.04	84.13
316	312	江苏江阴农商行	12455	7043	9559	2516	356.70	375.05	95.11
321	320	台州银行	12283	6708	9950	3242	523.70	589.92	88.77
323	—	辽阳银行	12197	5196	10498	5302	295.16	319.60	92.36
324	344	浙江民泰商业银行	12016	6722	8919	2196	513.78	576.70	89.09
325	317	江苏张家港农商行	11881	5745	8408	2664	317.37	363.58	87.29
326	358	邯郸银行	11858	2934	7353	4419	178.18	293.87	60.63
330	—	营口银行	11691	5578	10164	4586	347.54	399.59	86.97
333	342	鞍山银行	11200	6057	9819	3763	241.36	313.55	76.98
334	362	阜新银行	11156	4521	9031	4510	140.27	263.80	53.17
335	330	柳州银行	11106	3162	7870	4708	349.81	379.84	92.09
340	338	德意志银行（中国）	10756	3048	4681	1633	189.60	258.59	73.32
342	357	日照银行	10597	4960	8301	3341	373.22	398.72	93.61
348	343	江苏吴江农商行	10239	5366	8446	3079	347.12	374.24	92.75
351	—	齐商银行	10007	5284	8473	3189	328.10	353.81	92.73
354	360	华侨银行（中国）	9664	2937	4412	1475	121.62	118.51	102.63
355	—	攀枝花城市商业银行	9661	3249	6285	3036	269.73	310.45	86.88
363	370	德阳银行	8886	3443	5877	2434	232.14	244.84	94.81
369	410	广东华兴银行	8503	2238	3491	1252	139.85	142.21	98.34
370	381	莱商银行	8404	3984	5733	1749	274.78	315.87	86.99
371	374	绍兴银行	8377	4786	6438	1651	198.55	210.58	94.29
372	409	法国巴黎银行（中国）	8201	1606	2866	1260	168.60	119.70	140.85
373	377	富邦银行（中国）	8095	4958	7222	2264	144.57	182.13	79.38
384	401	沧州银行	7703	3670	6594	2924	251.45	243.72	103.17
393	406	摩根大通银行（中国）	7122	2108	3852	1744	127.00	131.29	96.73

续表

2014 年排名	2013 年排名	商业银行名称	资产	贷款	存款	存贷差额	净利息收入	总营运收入	利息收入/总营运收入比例
399	402	大华银行（中国）	6878	3089	4762	1673	155.94	154.14	101.17
402	—	金华银行	6489	3934	5633	1699	151.71	186.11	81.52
403	415	东营银行	6383	3353	5343	1990	216.68	221.36	97.89
404	—	厦门农商行	6294	2534	4528	1994	133.00	204.00	65.20
414	—	江苏海安农商行	5785	3114	4474	1360	131.10	163.87	80.00
419	—	廊坊银行	5674	2300	4121	1821	151.42	159.15	95.14
424	434	承德银行	5442	2502	4962	2461	211.72	212.67	99.55
431	—	济宁银行	4971	2802	4288	1486	211.08	219.67	96.09
435	—	珠海农商行	4841	2543	3925	1382	147.00	177.00	83.05
440	—	大同城市商业银行	4501	1879	4148	2269	100.06	102.70	97.43
447	437	永亨银行（中国）	4336	2433	3485	1052	92.00	93.70	98.18
450	447	韩亚银行（中国）	4124	1937	3553	1616	66.96	72.29	92.62
464		苏格兰皇家银行（中国）	3649	960	1100	140	70.60	74.50	94.77
471	459	友利银行（中国）	3192	1637	2541	904	54.23	65.31	83.03
476	485	新韩银行（中国）	3076	1528	2457	929	49.18	53.35	92.19
478	458	法兴银行（中国）	3009	1199	2009	810	43.29	66.56	65.04
500	—	曼谷银行（中国）	2444	750	1289	539	45.03	38.62	116.59
五大银行总额			11254309	5830182	8670505	2840323	266210	346479	76.83
占总额比例			57.28	62.18	59.67	55.10	58.04	59.74	—
九大股份制银行总额			4209899	1984900	2811760	826860	97532	124579	78.29
占总额比例			21.43	21.17	19.35	16.04	21.27	21.48	—
总额			19649169	9376083	14530712	5154629	458633	579991	79.08

资料来源：亚洲银行家网站。

对比表 5-13 和表 5-14，我们可以看出，2014 年我国进入亚洲 500 强的各家银行的总资产、总贷款和总存款较 2010 年有较大增加。在 128 家银行中，五家大型银行总资产、总贷款和总存款均占 57% 以上，但较 2010 年，其占比均有所下降，而股份制商业银行的总资产、总贷款和总存款占比有所增加。2014 年进入亚洲 500 强的我国 128 家银行总资产 19.65 万亿美元，占该年底我国银行业总资产 172.3 万亿元人民币的 69.8%，接近 7 成。从表 5-14 中我们还可以看到，我国 128 家银行的平均利息收入占总营运收入的比值依然很高，高达 79.08%。

5.13.2　近年亚洲 500 家大银行总资产和存贷比较

表 5 - 15 给出了亚洲银行家杂志对 2010 年亚太地区 500 家最大银行的总资产、总贷款、总储蓄和总利润等在不同国家或地区的分布进行了研究。从表 5 - 15 我们可以看出，虽然在 2010 年中国超过日本成为全球第二、亚洲最大的经济体，但日本进入亚洲 500 强的总数、总资产和总贷款额领先于其他国家和地区。中国大陆有 110 家银行进入亚洲 500 强，总数仅次于日本，但在总储蓄、总存贷差和总利润方面超越日本并领先其他国家和地区。中国大陆进入亚洲 500 强银行总资产 8.859 万亿美元，占总额的 32.19%，为日本的 90%。印度、中国台湾、印度尼西亚、越南、马来西亚、中国香港的银行总数分别在亚洲排第三至第八位。从表 5 - 15 也可以看出，中国大陆 110 家进入亚洲 500 强的银行总存贷差接近总量的 60%，为日本总存贷差 30% 的近一倍。

表 5 - 15　2010 年亚太地区 500 家最大银行的总资产、存贷和利润分布

单位：百万美元，%

国家或地区	总数	总资产	总资产占比	总贷款	总贷款占比	总储蓄	总储蓄占比	总存贷差	总存贷差占比	总利润	总利润占比
澳大利亚	16	2389930	8.68	1575751	10.90	1121536	5.62	-454215	-8.23	20043	8.53
中国大陆	110	8858612	32.19	4292254	29.70	7505979	37.59	3213725	58.26	116352	49.50
中国香港	18	1142985	4.15	444605	3.08	871755	4.37	427150	7.74	15530	6.61
印度	45	1260006	4.58	623490	4.31	845020	4.23	221530	4.02	16492	7.02
印度尼西亚	31	217472	0.79	117723	0.81	175602	0.88	57879	1.05	4770	2.03
日本	123	9779699	35.54	5030964	34.81	6699553	33.55	1668589	30.25	31605	13.45
马来西亚	19	420608	1.53	243795	1.69	340507	1.71	96712	1.75	6028	2.56
新西兰	8	230439	0.84	180797	1.25	132438	0.66	-48359	-0.88	1986	0.85
巴基斯坦	16	67843	0.25	34610	0.24	53671	0.27	19061	0.35	990	0.42
菲律宾	16	98548	0.36	40685	0.28	77682	0.39	36997	0.67	1146	0.49
新加坡	4	488547	1.78	228422	1.58	354237	1.77	125815	2.28	5830	2.48
韩国	13	1213463	4.41	829556	5.74	678823	3.40	-150733	-2.73	6771	2.88
中国台湾	35	958688	3.48	567182	3.92	819217	4.10	252035	4.57	2054	0.87
泰国	14	272991	0.99	176838	1.22	208711	1.05	31873	0.58	3825	1.63
越南	26	102379	0.37	59624	0.41	79409	0.40	19785	0.36	1507	0.64
文莱	1	1834	0.01	1050	0.01	1648	0.01	598	0.01	40	0.02
柬埔寨	2	1670	0.01	1031	0.01	864	0.00	-167	0.00	66	0.03

续表

国家或地区	总数	总资产	总资产占比	总贷款	总贷款占比	总储蓄	总储蓄占比	总存贷差	总存贷差占比	总利润	总利润占比
缅甸	2	11955	0.04	4224	0.03	1976	0.01	-2248	-0.04	9	0.00
老挝	1	562	0.00	165	0.00	520	0.00	355	0.01	21	0.01
合计	500	27518231	100	14452766	100	19969148	100	5516382	100	235063	100

资料来源：数据来自亚洲银行家网站，总存贷差和占比根据原始数据计算得出。

表 5–16 给出了《亚洲银行家》杂志对 2014 年亚太地区 500 家最大银行的总资产、总贷资料。

表 5–16　　2014 年亚太地区 500 家最大银行的总资产、存贷和利润分布

单位：百万美元，%

国家或地区	总数	总资产	总资产占比	总贷款	总贷款占比	总储蓄	总储蓄占比	总存贷差	总存贷差占比	总利润	总利润占比
澳大利亚	12	3142380	7.01	2191248	9.68	1591896	5.04	-599353	-6.71	26405	6.68
孟加拉国	11	49600	0.11	26523	0.12	41458	0.13	14934	0.17	539	0.14
中国大陆	128	19649169	43.83	9376083	41.43	14530712	46.03	5154629	57.67	227012	57.43
中国香港	19	1848818	4.12	880715	3.89	1263063	4.00	382348	4.28	29208	7.39
印度	43	1827096	4.08	1128713	4.99	1345229	4.26	216516	2.42	13650	3.45
印度尼西亚	27	341809	0.76	228168	1.01	252109	0.80	23941	0.27	7649	1.94
日本	102	12011647	26.79	5152211	22.77	8598505	27.24	3446294	38.56	47702	12.07
马来西亚	19	704971	1.57	440945	1.95	512886	1.62	71941	0.80	8530	2.16
新西兰	7	292924	0.65	237832	1.05	178906	0.57	-58926	-0.66	2990	0.76
巴基斯坦	13	84717	0.19	32663	0.14	66236	0.21	33574	0.38	1052	0.27
新加坡	4	838427	1.87	483804	2.14	565921	1.79	82118	0.92	8196	2.07
韩国	12	1778734	3.97	1126089	4.98	920255	2.92	-205834	-2.30	3571	0.90
中国台湾	38	1345978	3.00	795554	3.52	1053672	3.34	258118	2.89	7562	1.91
泰国	14	451265	1.01	296446	1.31	313152	0.99	16706	0.19	6656	1.68
菲律宾	16	194557	0.43	89249	0.39	150845	0.48	61595	0.69	2445	0.62
越南	20	169833	0.38	94378	0.42	115609	0.37	21231	0.24	1215	0.31
文莱	1	5024	0.01	2177	0.01	3611	0.01	1434	0.02	90	0.02
中国澳门	5	43308	0.10	24598	0.11	31775	0.10	7177	0.08	398	0.02
缅甸	2	13603	0.03	298	0.00	4761	0.02	4463	0.05	24	0.01
斯里兰卡	7	36478	0.08	20775	0.09	26258	0.08	5484	0.06	406	0.10
合计	500	44830338	100.00	22628469	100.00	31566859	100.00	8938389	100.00	395300	100.00

数据来源：亚洲银行家网站，总存贷差和占比根据原始数据计算得出。

总贷款、总储蓄和总利润等在不同国家或地区的分布进行了研究。从表 5 – 16 我们可以看出，中国大陆作为当时全球第二、亚洲最大的经济体，在进入世界最大 500 家银行总数、总资产、总储蓄和总贷款额方面不仅大幅超过日本，并遥遥领先于其他国家和地区，而且总资产、总储蓄和总贷款额皆超过了总量的 40%。日本、印度、中国台湾、印度尼西亚、越南的银行总数分别在亚洲排第二、第三、第四、第五和第六。中国大陆 128 家进入亚洲 500 强银行总资产 19.6 万亿美元，占总额的 43.83%。从表 5 – 16 也可以看出日本 102 家进入亚洲 500 强银行，比 2010 年减少了 21 家，银行总资产占总额的 26.79%，比 2010 年下降了 8.75 个百分点。

5.13.3　利润和资产回报率比较和排名

表 5 – 15 显示，2010 年中国大陆的 110 家银行的总利润占整个 500 家银行总利润的 49.5%，遥遥领先于其他国家和地区；日本、澳大利亚、印度和中国香港占区域主要银行总利润的比例分别排名在前 2 名到前 5 名。我们利用表 5 – 15 给出的各国/地区银行总资产和总利润计算出资产回报率（总利润/总资产）。由于 2010 年占整个 500 家银行总资产接近 1/3 的中国大陆 110 家银行盈利增长迅速，2010 年 500 家大银行的总资产回报率为 0.85%，是 2005 年的 2.5 倍。值得注意的是，老挝 2010 年进入亚洲 500 强的 1 家银行的总资产回报率最高，高达 3.7%，远高于排名第 2 的印度尼西亚的 31 家银行总资产回报率 2.19% 和排名第 3 的文莱的 1 家银行总资产回报率 2.15%；排名从第 4 到第 8 的国家和地区分别为马来西亚的 19 家、泰国的 14 家、中国香港的 18 家、中国大陆的 110 家、印度的 45 家，其资产回报率分别为 1.43%、1.40%、1.36%、1.31%、1.30%。作为亚太地区的两大金融中心的中国香港排名从 2005 年的第 2 下降到了 2010 年的第 7。

表 5 – 16 显示，2014 年中国大陆的 128 家银行的总利润占整个 500 家银行总利润的 57.43%，遥遥领先于其他国家和地区；日本、澳大利亚、印度和马来西亚占区域主要银行总利润的比例分别排名在前 2 名到前 5 名。印度尼西亚 2014 年进入亚洲 500 强的 27 家银行的总资产回报率最高，为 2.24%，大大高于排名第 2 的文莱的 1 家银行总资产回报率 1.79% 和排名第 3 的中国香港的 19 家银行总资产回报率 1.58%；排名从第 4 到第 8 的国家和地区分别为泰国的 14 家、菲律宾的 16 家、巴基斯坦的 13 家、马来西亚的 19 家和中国大陆的 128 家，其资产回报率分别为 1.48%、1.26%、1.24%、1.21%、1.16%。由于 2014 年整个 500 家银行总资产超过 40% 的中国大陆 128 家银行盈利持续增长，2014 年进入 500 家大银行的总资产回报率比亚洲银行的平均水平高出 0.28 个百分点，表明中国近年来银行体系改革取得了显著成绩。

5.13.4 我国主要银行股本金和股权回报与亚洲主要银行的比较

表5-17给出了《亚洲银行家》杂志对2014年亚太不同国家和地区进入500家最大银行的总股本金及相应占比和股本回报比例。从该表中我们可以清楚地看出，中国大陆进入亚洲500强的128家银行总股本占500家银行总股本的43.3%，日本的102家银行总股本位于第二，占比为22.1%。而缅甸进入亚洲500强的2家银行股本回报率以50.61%位于第一，而新西兰、印度尼西亚、孟加拉国和斯里兰卡分列第二、第三、第四、第五名，其股权回报率分别为32.80%、16.78%、16.05%和15.84%。韩国的12家银行、日本的102家银行和越南的20家银行股本回报率分别为3.61%、6.07%和7.54%，远低于亚洲300强银行的平均股本回报率14.86%。

表5-17　　　　2014年亚洲500家大银行股本金和股权回报比较

单位：百万美元，%

地区或国家	总数	总股本金	总股本/总资产	总股本占比	股本回报比例
澳大利亚	12	191810	6.10	6.71	10.14
孟加拉国	11	3917	7.90	0.14	16.05
中国大陆	128	1238386	6.30	43.31	15.57
中国香港	19	153801	8.32	5.38	12.85
印度	43	124584	6.82	4.36	9.33
印度尼西亚	27	40872	11.96	1.43	16.78
日本	102	630816	5.25	22.06	6.07
马来西亚	19	59097	8.38	2.07	13.39
新西兰	7	23429	8.00	0.82	32.80
巴基斯坦	13	7688	9.07	0.27	12.93
新加坡	4	68152	8.13	2.38	12.24
韩国	12	144437	8.12	5.05	3.61
中国台湾	38	88069	6.54	3.08	9.48
泰国	14	44280	9.81	1.55	12.95
菲律宾	16	18767	9.65	0.66	14.43
越南	20	14197	8.36	0.50	7.54
文莱	1	895	17.81	0.03	10.42
中国澳门	5	3313	7.65	0.12	14.20
缅甸	2	25	0.19	0.00	50.61
斯里兰卡	7	2606	7.15	0.09	15.84
合计（平均值）	500	2859142	8.08	5.00	14.86

资料来源：亚洲银行家网站。

5.13.5　中国境内主要银行的国际排名

在 2014 年英国《银行家》杂志的全球银行 1000 强排名中，我国共有 105 家商业银行进入全球银行 1000 强，比 2010 年增加 21 家，这体现出我国银行业的发展迅速，整体竞争力不断增强。

表 5 - 18　　　　　　　　　2014 年世界前十大银行排名表

按一级资本排名			按总资产排名			按税前利润排名		
排名	银行名称	一级资本（百万美元）	排名	银行名称	总资产（十亿美元）	排名	银行名称	税前利润（百万美元）
1	中国工商银行	207614	1	中国工商银行	3100	1	中国工商银行	55480
2	中国建设银行	173992	2	汇丰控股	2671	2	中国建设银行	45855
3	摩根大通	165663	3	中国建设银行	2518	3	中国农业银行	35099
4	美国银行	161456	4	法国巴黎银行	2483	4	中国银行	34870
5	汇丰控股	158155	5	三菱 UFJ 金融集团	2451	5	富国银行	32283
6	花旗集团	149804	6	摩根大通	2416	6	摩根大通	25914
7	中国银行	149729	7	中国农业银行	2386	7	汇丰控股	22565
8	富国银行	140735	8	法国农业信贷银行	2354	8	花旗集团	19656
9	中国农业银行	137410	9	中国银行	2274	9	美国银行	16181
10	三菱 UFJ 金融集团	117206	10	德意志银行	2223	10	三菱 UFJ 金融集团	14654

资料来源：英国《银行家》杂志网站（2014 年全球 1000 强银行排名）。

表 5 - 18 给出了 2014 年全球 1000 强银行分别按照一级资本、总资产和税前利润排名的前十位银行。其中中国工商银行凭借 2076.14 亿美元的一级资本保持全球第 1 位，中国建设银行、中国银行、中国农业银行分别以 1739.92 亿美元、1497.29 亿美元和 1374.10 亿美元列第 2 位、第 7 位和第 9 位。同时，中国工商银行以 554.8 亿美元的税前利润排名榜首，中国建设银行、中国农业银行和中国银行分别以 458.55 亿美元、350.99 亿美元和 348.70 亿美元列第 2、第 3 和第 4 位。

5.14　中国商业银行非利息收入及其国际比较

5.14.1　中国主要银行的非利息收入

表 5 - 14 显示，2014 年我国商业银行以利息收入为主要收入，整个 128 家银行的净利息收入占运营收入的平均比例为 79.08%。五大商业银行的净利息收

入占总运营收入的 76.83%，略低于整个 128 家银行的平均比例；九大主要股份制银行相应的比例达到了 78.29%。五大商业银行的存贷差占总存贷差的 55.10%，低于相应资产占比 2.18 个百分点；九大主要股份制银行的存贷差占总存贷差的 16.04%，低于相应资产占比 5.39 个百分点。高利息收入/运营收入比例表明我国银行业仍然以传统的商业存贷业务为主，新型的增值服务和产品还处于初期发展阶段，今后有相当大的发展空间。我们会在本书后面几篇系统介绍银行业产品创新业务。

5.14.2 亚洲其他国家和地区主要银行的非利息收入

表 5-19 给出了《亚洲银行家》杂志对 2014 年亚太地区不同国家和地区进入 500 家最大银行的总利息收入、总运营收入以及前者占后者的比例。从该表我们可以清楚地看出，这 500 家银行的平均利息收入占比为 66.9%，而非利息收入占比为 33.1%。其中缅甸进入 500 强的一家银行利息收入占比最低，仅有 16.66%，而绝大部分收入来自非利息收入业务；其他国家和地区银行的利息收入占比均高于 50%。菲律宾的 16 家银行利息收入占比较低，仅为 59.58%，接近一半的收入来自于非利息收入业务。在 500 家银行中，中国大陆的 128 家银行利息收入占比最高，为 79.08%，而相应的非利息收入占比却低，为 20.92%，排名最低，显示我国银行业创新发展程度仍处于很低的水平。

表 5-19		2014 年亚洲主要银行的收入构成比例		单位：百万美元，%
国家或地区	总数	净利息收入	总营运收入	利息收入占总运营收入比重
澳大利亚	12	54882.2	82226.6	66.75
孟加拉国	11	1256.0	2001.0	62.77
中国大陆	128	458633.3	579991.1	79.08
中国香港	19	27054.3	45070.5	60.03
印度	43	46819.2	66236.6	70.68
印度尼西亚	27	17225.4	22554.5	76.37
日本	102	104547.4	167402.0	62.45
马来西亚	19	13659.8	22327.8	61.18
新西兰	7	6200.3	7967.2	77.82
巴基斯坦	13	2819.4	3887.3	72.53
新加坡	4	11317.9	18895.8	59.90
韩国	12	33084.5	41487.5	79.75
中国台湾	38	13702.7	22196.1	61.73

国家或地区	总数	净利息收入	总营运收入	利息收入占 总运营收入比重
泰国	14	12799.0	19908.5	64.29
菲律宾	16	4535.0	7611.9	59.58
越南	20	4328.5	5504.3	78.64
文莱	1	162.0	206.0	78.64
中国澳门	5	509.4	711.4	71.61
缅甸	2	6.7	40.1	16.66
斯里兰卡	7	1364.7	1761.8	77.46
合计（平均值）	500	814907.7	1117988.0	66.90

资料来源：亚洲银行家网站。

5.14.3　中国主要银行与亚洲其他国家和地区主要银行的比较

从表 5 - 19 中我们可以看到，我国进入亚洲 500 强的 128 家银行平均利息收入占比达到了 79.08%，这一比例比 500 家银行平均利息占比高出了 12.18 个百分点，同时也比 2010 年我国 110 家银行的相应指标 80.69% 降低了 1.61 个百分点，由表 5 - 14 和表 5 - 15 比较可以看出，我国五家大型银行利息收入占比的减少（由 2010 年的 79.34% 下降到了 2014 年的 76.83%），这些都说明我国银行业收入结构正在逐步转变，但仍然以传统的商业存贷业务为主，中间业务收入很少，新型的增值服务和产品还处于初期阶段。我们会在本书后面几篇系统介绍银行业产品创新业务。

5.15　中国银行业实施巴塞尔新资本协议的计划

5.15.1　巴塞尔新资本协议介绍

1988 年的巴塞尔协议主要针对的是信用风险，旨在通过实施统一的资本充足率标准来强化国际银行系统的稳定性，消除因各国资本要求不同而产生的不公平竞争。过去 20 多年来，巴塞尔协议已经成为国际银行业的通用规则和国际惯例。近年来，随着科技和商业活动的发展，金融创新一日千里，资本市场之间的联系更加紧密，银行风险管理水平大大提高。尤其是大型综合性银行可以不断调整资产组合，使其在不违反现行的资本标准的前提下参与金融市场交易等业务。这些变化导致最初的协议在部分发达国家已名存实亡。巴林银行倒闭事件表明，仅仅依靠资本充足率标准不足以保障银行系统的稳定。

针对国际金融领域的变化，在1999年6月公布的《新的资本充足比率框架》基础上，2004年6月，巴塞尔委员会发布了《统一资本计量和资本标准的国际协议：修订框架》（以下简称新资本协议）。新资本协议继承了原协议的银行资本充足率监管框架，并把它作为有效资本监管的第一支柱，同时还增加了第二支柱"监管当局的监督检查"和第三支柱"市场约束"。对于第一支柱的银行资本充足率监管的最低标准，新资本协议提出了一个能对风险计量更敏感，并与当前市场状况相一致的新资本标准，明确将市场风险和操作风险纳入风险资本的计算和监管框架，并要求银行对风险信息进行更多地公开披露，从而使市场约束机制成为监管的有益补充。新资本协议对银行信用风险资本、市场风险资本和操作风险资本的计量均分别给出了基础法和高级法，允许风险管理水平较高的银行采用资本计量的高级法，从而获得资本监管激励；在计算信用风险的标准法中，新资本协议允许银行采用评级公司的评级结果确定风险权重，废除以往以经合组织成员确定风险权重的做法，同时允许风险管理水平较高的银行使用自己的内部评级体系计算资本充足率。

2010年9月12日，在巴塞尔银行监管委员会管理层会议上，与会的27个成员经济体对《巴塞尔协议Ⅲ》达成一致。根据巴塞尔银行监管委员会的新闻稿以及相关报道，巴塞尔协议Ⅲ主要提高了银行资本对于风险损失的吸收能力相关要求，主要有以下几个方面：第一，普通股充足率最低要求由原来的2%提高到4.5%。该要求于2015年1月开始执行。一级资本充足率最低要求由4%提高到6%，一级资本包括普通股和其他满足一级资本定义的金融工具。第二，在最低资本要求基础上，银行应保留2.5%的资本留存缓冲，以更好地应对经济和金融冲击，银行有权在危机时使用资本留存缓冲。第三，各国可依据自身情况要求银行实施逆周期资本缓冲（占普通股的0～2.5%）或其他能充分吸收损失的资本。设置逆周期资本缓冲的目标在于基于更广泛的宏观审慎目标，保护银行体系免受信贷激增所带来的冲击。逆周期资本缓冲仅在信贷急剧扩张而可能引发系统性风险时使用。在实际操作中，可将逆周期资本缓冲作为资本留存缓冲的延伸。

当然，这些更高的资本要求并非要求在短期内达到，根据巴塞尔银行监管委员会的评估，按照新标准计算，2009年底大型银行需要补充相当数量的资本，才能达到新资本框架的要求。如果短期内要求这些银行达到新资本要求，很可能导致新一波的金融动荡，因此，会议就对新准则的过渡期安排达成了一致意见，确保银行业通过收益留存和其他资本补充等方式达到新的资本要求。会议将2011年和2012年作为监管检测期，要求在2019年达到相关要求（见表5-20）。

表 5 – 20　　　　　　　　　　《巴塞尔资本协议Ⅲ》执行时间表

	过渡期安排								
	2011 年	2012 年	2013 年	2014 年	2015 年	2016 年	2017 年	2018 年	2019 年 1 月 1 日起
杠杆率	监管监测期		过渡期为 2013 年 1 月 1 日至 2017 年 1 月 1 日 从 2015 年 1 月 1 日开始披露					纳入第一支柱	
普通股充足率最低要求			3.5%	4.0%	4.5%	4.5%	4.5%	4.5%	4.5%
资本留存缓冲最低要求						0.625%	1.250%	1.875%	2.5%
普通股充足率加资本留存缓冲最低要求			3.5%	4.0%	4.5%	5.125%	5.750%	6.375%	7.0%
扣减项的过渡期				20%	40%	60%	80%	100%	100%
一级资本充足率最低要求			4.5%	5.5%	6.0%	6.0%	6.0%	6.0%	6.0%
总资本充足率最低要求			8.0%	8.0%	8.0%	8.0%	8.0%	8.0%	8.0%
总资本充足率加资本留存缓冲最低要求			8.0%	8.0%	8.0%	8.625%	9.125%	9.875%	10.5%
不符合新资本定义的资本工具的过渡期	从 2013 年 1 月 1 日起分 10 年逐步删除								
流动覆盖比率（LCR）	开始监测				开始实施				
净稳融资比率（NSFR）		开始监测						开始实施	

资料来源：巴好胜：《巴塞尔协议Ⅲ与中国银行业发展》，载《西部论丛》，2010（10）。

5.15.2　国外银行实施新资本协议的计划

新资本协议提高了资本监管的风险敏感度和灵活性，有助于商业银行改进风险管理和推动业务创新。新资本协议的实施将推动银行监管技术进步，强化市场约束的有效性，增强国际银行体系的安全性。鉴于此，巴塞尔委员会积极推动新资本协议在全球范围内的实施，近百个国家、地区明确表示将实施新资本协议。

欧盟的资本充足指引（CAD3）计划在 2006 年末达到巴塞尔新资本协议的标准法和内部评级法（IRB）的基础版本的要求，2007 年末达到内部评级法（IRB）高级版本的要求。相对于欧盟，美国在实行巴塞尔新资本协议的道路上进度相对缓慢，其主要标志是 2005 年 10 月 6 日，美国当局明确表示将巴塞尔新资本协议在美国的执行时间由 2007 年推迟到 2008 年。同时，美国计划在巴塞尔新资本协议实施后将监管资本制度分为两部分，将有两种并存的基于风险的资本要求：一种基于巴塞尔新资本协议，一种基于对现有的资本充足监管的修改。基于巴塞尔新资本协议的要求针对核心银行（core bank，主要是资产超过 2500 亿美元或国外应收账款超过 350 亿美元的超大型银行）和自主性银行（opt-in-bank，自愿选择执行高级法），核心银行和自主性银行必须满足一定的监管框架要求（包括遵守详细的信用风险和操作风险的监管标准）以及进行详尽的公众披露才能获准使用高级法。基于对现有资本监管修改的要求针对普通银行（general bank）。从不同经济体对于巴塞尔新资本协议的实施目标来看，除亚洲外，大多数银行计划在 2010 年之前采用内部评级法（IRB）高级方法。

5.15.3 市场风险和巴塞尔新资本协议

市场风险是由于利率、汇率、股票、商品和黄金等价格变化导致金融机构损失的风险。1988 年的巴塞尔协议主要针对的是信用风险，没有对市场风险专门规定。20 世纪 90 年代前期，特别是 1994 年美国加州橙县（Orange County）由于交易利率衍生产品不慎导致其社会保证基金破产和 1995 年英国巴林银行倒闭等重大风险事件，使得国际银行界对市场风险的危害有了进一步的认识，同时也使监管当局对市场风险有了更充分的重视。巴塞尔委员会在 1996 年 1 月及时推出了"《资本协议》关于市场风险的修订案"，以作为 1988 年《巴塞尔资本协议》的一个补充部分，将市场风险纳入其资本监管要求范围内；在 1996 年"修订案"的基础上，1998 年的《有效银行监管的核心原则》提出了包括市场风险在内的全面风险管理的监管理念。1999 年至今的《巴塞尔新资本协议》，吸纳了 1996 年"修订案"和 1998 年的"核心原则"中的内容，将市场风险资本监管要求全面应用于"巴塞尔资本协议"中；2005 年 11 月巴塞尔委员会对1996 年版"《资本协议》关于市场风险的修订案"进行了重新修订，更加明确和细化了市场风险的资本监管要求。至此，市场风险与信用风险和操作风险一起，成为巴塞尔新资本协议关注的三大风险之一。由于市场风险比信用风险和操作风险有更大的突变性和不确定性，市场风险导致的损失比其他风险还要大，所以必须引起足够的重视。

中国银监会早在 2005 年 12 月就发布了《商业银行市场风险监管指引》。时任银监会主席刘明康于 2006 年 12 月发表署名文章《全面提高我国银行业的市场风险管控能力》，明确指出，"如果不重视市场风险管理且采取有效措施对风险进行有效管理，即使是百年老店也可能遭受灭顶之灾"。2006 年 9 月，原银监会副主席唐双宁发表署名文章《努力提高中资银行市场风险防范能力》指出 20 世纪 90 年代以来，震惊中外的金融风险事件大多是由于市场风险管理不善造成的。

由于之前汇率和利率皆没有市场化，我国银行业当时面临的市场风险确实有限。然而随着人民币汇率形成机制的不断推进和利率市场化的加速，我国金融界市场风险管理变得越来越重要。市场风险管控将成为我国金融业以至全球金融业今后多年非常重要的工作之一。

5.15.4　我国银行业实施新资本协议的计划

2007 年 2 月 28 日，中国银监会印发了《中国银行业实施新资本协议指导意见》（以下简称《指导意见》）。《指导意见》明确了实施《统一资本计量和资本标准的国际协议：修订框架》的时间表，要求新资本协议银行从 2010 年年底起开始实施新资本协议，如果届时不能达到银监会规定的最低要求，经批准可暂缓实施新资本协议，但不得迟于 2013 年末。

《指导意见》规定，实施新资本协议要按照分类实施、分层推进、分步达标的原则进行。在其他国家或地区（含中国香港、澳门等）设有业务活跃的经营性机构、国际业务占相当比重的大型商业银行为新资本协议银行。其他商业银行可以自愿申请实施新资本协议；若不选择实施新资本协议，将继续执行现行资本监管规定。

《指导意见》公布后，包括工商银行、中国银行、交通银行和招商银行在内的一些银行都开始着手准备推行新资本协议。实施新资本协议的银行应在 2007 年 10 月底前完成规划制定工作，并报银监会备案。银监会将于 2008 年末前，陆续发布有关新资本协议实施的监管法规，修订现行资本监管规定，在业内征求意见。2009 年开始进行定量影响测算，评估新资本协议实施对商业银行资本充足率的影响。银监会自 2010 年年初开始接受新资本协议银行的申请。商业银行至少提前半年向银监会提出实施新资本协议的正式申请，经银监会批准后方可实施新资本协议。

5.16　本章总结

经过数年的艰苦努力，中国在银行改革方面取得了举世瞩目的成绩，积累了相当的经验，同时也得到了国际社会的广泛认可。从加入世贸组织初期到后期调整结束，我国经济和金融体系波澜不惊。但是新的市场格局对中国银行业今后的发展提出了新的要求。尤其在人民币汇率形成机制进一步完善、利率市场化进程加速、中国贸易依存度提高、境外投资增加等新的环境下，市场对产品创新的需求和风险管理的要求也将进一步提升。我们会在以后各篇逐步介绍相关内容。目前，世界贸易组织后调整期已结束，在外资银行的业务限制取消之后，中国的银行业将发生新的变化。我国主要商业银行已基本完成股份制改造和境外上市工作，完成上市的我国国有商业银行将以更新的姿态参与世界贸易组织后调整期结束后的银行业竞争格局，下一个战略目标应该是打造与我国世界经济位置相一致的、名副其实的中国世界级银行。

我国已有四家商业银行凭借一级资本、总资产和税前利润进入世界十大银行行列，这是多年来我国银行业改革巨大成绩的表现，也是改革措施得到国际社会认可的结果，值得我们高兴和骄傲。但是我们应该清楚地认识到虽然四家商业银行进入前十行列，但是我国银行产品创新能力、风险管理能力等很多方面与国际主要银行还有非常大的距离。我国银行业还需在很多方面加大创新力度，才能逐步满足人民币国际化趋势下我国企业走向全球的需求，我们在本书其他章节还会介绍相关内容。

第6章 中国资本市场

我国的资本市场主要包括股票市场、债券市场等几个部分。近年来我国股票市场和债券市场有了很大的发展，国内 A 股市值从 2004 年末的仅 3.71 万亿元人民币上升到 2014 年末的 37.25 万亿元，10 年增长了 9 倍多。虽然我国股票市场市值有了飞跃式的发展，但我国股市在很多方面与发达国家和其他发展中国家相比还有很大的距离。股票市场和债券市场在我国经济中发挥了重要的作用而且仍然有着巨大的发展潜力。本章简单介绍股票、债券市场和基金管理行业等。

6.1 中国大陆股票市场

6.1.1 简介

我国最早的股票交易可以追溯到 19 世纪 90 年代的上海。在 1920 年上海建立了股票交易中心，像股票、债券、期货等其他有价证券在 1930 年交易得相当活跃，当时上海是亚洲的金融中心（上海证券交易所，www.sse.com.cn）。

早在 20 世纪 80 年代前期，即我国改革开放早期就开始了零星的场外股票交易。在 1990 年我国两大证券交易所分别在上海和深圳成立，即上海证券交易所和深圳证券交易所。我国的资本市场近年来发展态势良好。

6.1.2 股票市场的规模

在我国内上市的股票分为 A 股和 B 股。A 股起初只针对我国投资者（我们将在本章第 4 节讨论外国参与），B 股起初只针对外国投资者，但到 2001 年 2 月 B 股被允许国内投资者交易。虽然 B 股在 1991 年 A 股交易不久就开始交易，但是从表 6 – 1 可以看出 B 股只占我国股票市场份额中很小一部分，和 A 股相比 B 股的流动性也相当差。

根据中国证券监督管理委员会（简称"证监会"）网站信息，截至 2015 年 3 月底，我国上市 A 股有 2579 家，B 股有 104 家，境外上市（H 股）公司有 205 家；2683 家 A 股和 B 股上市公司总市值已经达到 47.70 万亿元，其中流通股市值 39.51 万亿元，占整个总市值的 82.83%。表 6 – 1 给出了我国从 1998 年到 2015 年 3 月底股票市场上市公司总数、总市值和年成交金额。

表 6 – 1　　　　1998—2015 年我国大陆股票市场总市值和年成交金额

单位：亿元人民币

年份 　市值等	上市公司数（A、B 股）	市价总值	流通市值	筹资金额	股票成交额
1998	851	19505.7	5745.6	840.1	23544.3
1999	949	26471.2	8214.0	944.3	31319.6
2000	1088	48090.9	16087.5	2103.0	60826.7
2001	1160	43522.2	14463.2	1199.2	38305.2
2002	1224	38329.1	12484.6	961.8	27990.5
2003	1287	42457.7	13178.5	1357.8	32115.3
2004	1377	37056.0	11688.5	1511.0	42333.9
2005	1381	32430.3	10630.5	1882.5	31663.6
2006	1434	89403.9	25003.6	5594.3	90468.9
2007	1550	327140.8	93064.4	8858.7	460556.2
2008	1625	121366.4	45213.9	4581.8	267112.6
2009	1718	243939.1	151258.7	6857.7	535986.7
2010	2063	265422.6	193110.4	12638.7	545633.5
2011	2342	214758.1	164921.3	6780.5	421646.7
2012	2494	230357.6	181658.9	1115.6	314667.4
2013	2489	230977.2	199579.5	6884.8	39672.0
2014	2613	372547.0	315624.3	8412.4	743913.0
2015	2827	531304.2	417925.4	3458.1	2550538.3

资料来源：中国证监会网站，www.csrc.gov.cn；中国货币网 www.chinamoney.com.cn。

6.1.3　两个证券交易所

上海证券交易所成立于 1990 年 11 月 26 日，在同年 12 月 19 日开始营业。经过 20 多年的探索和实践，上海证券交易所在上市公司数目、上市公司总市值、股票成交金额、政府债券交易额等方面已经成为我国大陆最大的证券交易所。表 6 – 2 给出了 1999 年到 2013 年年底上海证券交易所的一些基本资料。从表 6 – 2 我们可以看出，上海证券交易所在 1999 年的成交金额为 1.70 万亿元，2000 年成交金额出现快速增长，达到 3.14 万亿元。但从 2001 年开始中国 A 股市场又进入一个熊市，到 2005 年成交金额降到 2 万亿元以下。2006 年和 2007

年中国 A 股市场又出现了大牛市行情，2006 年的成交金额达到 5.78 万亿元，比 2005 年增加了 200.5%，而 2007 年成交金额达到 30.54 万亿元，又在 2006 年的基础上增长了 428.3%。观察上海证券交易所的年末平均市盈率，可以发现市盈率的相对高点在 2000 年和 2007 年，这两年股市出现大幅上涨行情，市盈率分别达到了 58.22 倍和 59.24 倍，远高于其他年份。而市盈率最低的年份出现在 2013 年，这是 2007 年大牛市结束后市场长期陷入低迷后的产物。

表 6 - 2　　　　　　上海证券交易所发展概况（1999—2013 年）

年份	上市公司数量（家）	市值	市值占比（%）	总交易额（亿元）	年增长率（%）	投资者数量（万户）	年末平均市盈率	每年累计交易日
1999	484	14574.9	55.06	16965.79	37.34	2281	37.09	239
2000	572	26923.5	55.98	31373.86	84.92	2958	58.22	239
2001	646	27585.6	63.38	22709.38	-27.62	3420	37.71	240
2002	715	25359.2	66.16	16959.09	-25.32	3556	34.43	237
2003	780	29803.7	70.20	20824.14	22.79	3651	36.54	241
2004	837	26014.8	70.20	26470.6	27.11	3786	24.23	243
2005	834	23096.1	71.22	19240.21	-27.31	3856	16.33	242
2006	832	71612.38	80.10	57816.6	200.50	4101	33.3	241
2007	860	269838.9	82.48	305434.29	428.28	5673	59.24	243
2008	864	97251.9	80.13	180429.95	-40.93	10450	14.85	246
2009	888	184655.2	75.70	346511.91	92.05	12038	28.73	244
2010	894	179007.2	67.44	304312	-12.18	13391	21.61	242
2011	931	148376.22	69.09	454651.56	49.40	8705.02	13.4	244
2012	954	158698.44	68.89	547535.22	20.43	8996.4	12.3	243
2013	953	151165.27	65.45	865098.34	58.00	9097.69	10.99	238

资料来源：www. sse. com. cn，www. chinabond. com. cn。

深圳证券交易所成立于 1990 年 12 月 1 日，是我国另一个证券交易所。作为我国改革开放的前沿阵地，深圳在我国股票市场的发展前期发展迅速并对我国整个股票市场的发展有很大的推动作用。但是由于上海后来的发展更快，深圳证券交易所在我国股票市场的总成交分额和上市公司总数等方面落后于上海证券交易所。2013 年，深圳证券交易所股票市值占我国大陆市场总股票市值的比重为 34.6%。

6.2 股票市场市盈率、换手率和证券化程度及其国际比较

由于我国经济处于从计划经济向市场经济的转型过程中，股权分置改革以前，上市公司的大部分股份由政府或政府代理机构持有，这部分股份不能在市场上流通，只有少数企业政府没有持股。截至 2006 年底，93% 的上市公司已经股权分置改革完毕或者正在进行股权分置改革，其股票市值已占据总市值的96%，股权分置改革基本完成。股权分置改革的基本完成解决了我国股票市场机制上的一大难题，从而股票市场近年来有了可喜的发展。本节主要介绍我国股票市场市盈率、换手率和证券化程度及其国际比较。

6.2.1 市盈率及其国际比较

2014 年年底上海证券交易所加权平均市盈率为 15.77 倍，比 2013 年年底的13.22 倍高 19.29%；2014 年年底沪深 300 指数市盈率为 15.51 倍，比 2013 年10.55 倍的市盈率高 46.92%；2015 年 3 月底上海证券交易所加权平均市盈率为18.53 倍，比 2014 年 3 月底的 10.50 倍高出 76.48%。2014 年我国沪深 300 指数市盈率相比于 46.92% 的涨幅高居主要国家/地区股票市场市盈率涨幅榜首。

表 6 - 3　　　2013 年和 2014 年底主要国家/地区股票市场市盈率水平　　　单位：%

国家（地区）	指数	全年涨跌幅		市盈率		市盈率年增长率
		2013 年	2014 年	2013 年	2014 年	
发达市场						
美国	S&P500	29.60	11.39	17.22	18.24	5.92
日本	Nikkei 225	56.72	7.12	22.12	19.77	-10.65
欧元区	Euro Stoxx 50	17.95	1.20	21.15	19.02	-10.10
英国	FTSE100	14.43	-2.71	16.75	22.62	35.06
法国	CAC40	17.99	-0.54	25.61	21.56	-15.80
德国	DAX	25.48	2.65	18.24	16.45	-9.81
新加坡	FSSTI	0.01	6.24	13.64	14.9	9.25
中国香港	HIS	2.87	1.28	10.87	9.85	-9.41
	HSCEI	-5.42	10.80	7.92	8.5	7.29
中国台湾	TAIEX	11.85	8.08	17.11	14.7	-14.09
平均		17.15	4.55	28.44	27.60	-2.94

续表

国家（地区）	指数	全年涨跌幅		市盈率		市盈率年增长率
		2013 年	2014 年	2013 年	2014 年	
新兴市场						
韩国	KOSPI	0.72	-4.76	15.3	21.74	42.04
泰国	SET	-6.70	15.32	14.59	19.81	35.73
墨西哥	Mexico Bolsa	-2.24	0.98	23.9	28.52	19.35
印度尼西亚	JCI	-0.98	22.29	19.72	21.28	7.91
马来西亚	KLCI	10.54	-5.66	17.59	16.26	-7.55
菲律宾	PSEI	1.33	22.76	17.31	20.34	17.50
巴西	Bovespa	-15.50	-2.91	29.66	24.13	-18.66
印度	Sensex	8.98	29.89	16.69	19.32	15.77
平均			-0.39	7.79	19.35	21.43	10.75
中国大陆	SHSZ300	-7.65	51.66	10.55	15.51	46.92

资料来源：彭博资讯；SHSZ300 指沪深 300 指数。

表 6-3 给出了 2013 年和 2014 年主要国家和地区股票市场市盈率。表 6-3 显示，2013 年底到 2014 年底，发达国家和地区股票市场市盈率平均下降了 2.94%，同时除我国大陆外新兴市场股票市场市盈率平均上扬了 10.75%，国内股票市场市盈率平均上扬了 46.92%。不过，由于 2014 年的国内股市市盈率大幅抬升是在前几年的较低基数上取得，因此 2014 年底我国股市 15.51 的市盈率绝对水平在新兴经济体中仍居于中游程度。

6.2.2　换手率及国际比较

"换手率"也称"周转率"，指在一定时间内市场中股票转手买卖的频率，是反映股票流通性强弱的指标之一。可以用一定时期的股票成交量与股票发行股数之比来计算，也可用股票成交额与总市值之比来计算。股票的换手率越高，意味着该只股票的交投越活跃，流通性好。从表 6-4 可以看出，2006 年中国沪、深两市的换手率水平已经超过了美国的纽约证券交易所，其中深交所的换手率水平与纳斯达克市场已十分接近，同时沪市换手率高于纽约证券交易所；表 6-4 显示 2014 年除少数几个交易所换手略有上升外，大多交易所换手率普遍下降。我国沪深两市的换手率显著地高于发达国家的股票市场，深圳证券交易所得换手率更是居各个市场之冠。我国的股市换手率与韩国、土耳其等新兴经济体处在大体相当的水平，这一方面表明中国股票市场交易日趋活跃，另一方面也表明中国的股票市场目前依然不脱新兴市场短线投机交易过于活跃的特征。

表 6 - 4　主要国家/地区证券市场换手率情况（2005—2014 年部分年份）

国家（地区）	交易所	换手率（%）			
发达市场		2005 年	2006 年	2013 年	2014 年
美国	纽约证券交易所	99.1	134.3	76.3	82.0
	纳斯达克市场	250.4	269.9	157.5	175.3
欧元货币区	欧洲交易所	112.8	116.4	46.4	58.8
	OMX 北欧联合证交所	116.7	134.5	49.3	60.4
爱尔兰	爱尔兰证券交易所	59.5	59.6	8.5	12.7
卢森堡	卢森堡证券交易所	0.5	0.3	0.2	0.2
德国	德意志证券交易股份公司	149.4	173.7	0.7	84.5
挪威	奥斯陆证券交易所	118.8	144.3	46.1	67.4
瑞士	瑞士证券交易所	114.7	130.2	43.9	53.3
日本	东京证券交易所	115.3	125.8	138.8	124.4
西班牙	BME 西班牙股票运营商	161.2	167.0	80.0	110.6
澳大利亚	澳大利亚证券交易所	84.0	88.4	64.5	62.7
中国台湾	台湾证券交易所	131.4	141.7	75.8	83.6
新加坡	新加坡证券交易所	48.4	58.2	37.7	27.8
韩国	韩国证券交易所	206.9	171.4	104.1	111.4
中国香港	香港证券交易所	50.3	62.1	42.7	47.0
奥地利	维也纳证券交易所	41.6	50.2	22.0	32.6
以色列	特拉维夫证券交易所	46.1	46.6	26.4	25.5
希腊	雅典证券交易所	48.8	58.6	28.8	66.9
新兴市场		2005 年	2006 年	2013 年	2014 年
墨西哥	墨西哥交易所	27.2	29.6	33.7	32.6
巴西	圣保罗证券交易所	42.8	45.5	79.4	86.3
智利	圣地亚哥证券交易所	14.8	19.0	16.5	12.4
阿根廷	布宜诺斯艾利斯证券交易所	11.2	7.2	6.3	8.0
土耳其	伊斯坦布尔证券交易所	168.5	141.3	214.2	179.3
马来西亚	马来西亚股票交易所	28.3	36.2	29.6	33.4
印度	印度国家证券交易所	75.6	67.8	43.0	41.6
	孟买证券交易所	35.4	31.9	7.4	7.9
印度尼西亚	雅加达证券交易所	54.7	44.8	33.5	22.5
新西兰	新西兰证券交易所	43.5	51.6	13.7	12.6
泰国	泰国证券交易所	80.7	72.7	106.1	73.0
菲律宾	菲律宾证券交易所	19.7	21.8	21.5	16.3
中国大陆	上海证券交易所	82.1	153.8	149.4	154.7
	深圳证券交易所	128.9	251.7	265.7	286.7

资料来源：国际货币基金组织 International Financial Statistics。

6.2.3　证券化程度及其国际比较

证券化比例指的是一国各类证券总市值与该国国民生产总值的比例，实际计算中证券总市值通常用股票总市值来代表。证券化比例越高，意味着证券市场在国民经济中的地位越重要，因此它是衡量一国证券市场发展程度的重要指标。虽然十几年来我国股票市场获得了相当的发展，但我国 A 股市场的证券化程度还是比较低，并且发展过程呈现一定的波动，证券化比例从 1998 年的 25.3% 上升至 2000 年的 54.5% 之后开始回落，至 2005 年达到谷底 17.6%，而 2006 年又迅速上升至 42.4%，接近 2001 年下降之初 45.5% 的水平。2014 年我国 A 股市场的证券化成都已经高达 57.84%。表 6 - 5 给出了主要国家和地区 2005 年和 2006 年及 2013 年和 2014 年的证券化程度。从表 6 - 5 可以看出经济发展水平与证券化程度之间存在正相关的关系，成熟市场的证券化程度一般比新兴市场要高，美国、日本、瑞士等国的证券化比例正常情况下超过或接近 100%，而新兴市场的证券化水平普遍偏低。当然，新兴经济体内部证券化程度也是参差不齐，既有阿根廷这样证券化程度超低的国家，也有诸如新加坡、中国香港这样地区金融中心超高的证券化水平。从表 6 - 5 可以看出，中国的证券化水平在新兴市场处于中游水平，证券化程度已经超出了一些证券化程度较低的发达经济体，不过相比于美国和日本这样的主要发达国家仍有可观的差距。随着我国经济尤其是我国资本市场的进一步发展，我国股票市场证券化水平将会逐渐提升，股市财富将进一步积累，对消费的拉动作用也将进一步显现。

表 6 - 5　主要国家和地区的证券化程度比较（2005—2014 年部分年份）

国家（地区）	交易所	证券化比例（%）			
		2005 年	2006 年	2013 年	2014 年
发达市场					
美国	纽约证券交易所	109.2	122.9	107.1	111.1
	纳斯达克市场	28.9	33.1	36.3	40.1
欧元货币区	欧洲交易所	86.4	31.5	27.3	24.8
爱尔兰	爱尔兰证券交易所	60.3	61.5	73.3	58.2
卢森堡	卢森堡证券交易所	148.3	3.4	130.7	101.2
德国	德意志证券交易股份公司	46.1	54.2	51.9	45.1
挪威	奥斯陆证券交易所	67.9	90.5	50.8	43.9
瑞士	瑞士证券交易所	269.1	282.4	224.6	210.0
日本	东京证券交易所	107.4	106.6	92.4	94.8
西班牙	BME 西班牙股票运营商	90.0	94.6	80.1	70.6
澳大利亚	澳大利亚证券交易所	118.2	115.9	91.0	89.2
新加坡	新加坡证券交易所	220.3	234.4	246.3	244.4

续表

国家（地区）	交易所	证券化比例（%）			
发达市场		2005 年	2006 年	2013 年	2014 年
韩国	韩国证券交易所	90.0	88.2	94.6	85.6
中国香港	香港证券交易所	591.9	706.4	1128.1	1116.3
奥地利	维也纳证券交易所	43.7	50.7	27.5	22.1
以色列	特拉维夫证券交易所	101.9	113.8	70.0	66.0
希腊	雅典证券交易所	67.9	75.2	34.1	23.2
新兴市场		2005 年	2006 年	2013 年	2014 年
墨西哥	墨西哥交易所	30.8	38.8	41.7	37.4
巴西	圣保罗证券交易所	57.3	56.9	42.7	35.9
智利	圣地亚哥证券交易所	108.8	106.7	95.9	90.4
阿根廷	布宜诺斯艾利斯证券交易所	26.9	34.1	8.5	11.1
土耳其	伊斯坦布尔证券交易所	44.6	39.1	23.8	27.3
马来西亚	马来西亚股票交易所	137.8	139.4	159.8	140.4
印度	印度国家证券交易所	65.9	68.9	59.4	74.2
	孟买证券交易所	70.6	74.2	60.7	76.0
印度尼西亚	雅加达证券交易所	29.3	29.9	38.0	47.5
新西兰	新西兰证券交易所	38.3	41.5	35.5	37.6
泰国	泰国证券交易所	71.6	67.3	91.5	115.2
菲律宾	菲律宾证券交易所	39.0	44.0	79.9	91.9
中国大陆	上海证券交易所	12.6	34.0	26.4	37.9
	深圳证券交易所	5.1	8.4	15.3	20.0

资料来源：国际货币基金组织 International Financial Statistics。

6.3 中国大陆的交易所交易基金（ETF）及国际比较

交易型开放式指数基金（Exchange Traded Funds，ETF）是以追踪某一特定指数（简称"目标指数"）走势为投资目标，通常采用一篮子股票进行申购赎回，基金份额在证券交易所上市交易的特殊形式的开放式证券投资基金。这种交易制度使该类基金存在一二级市场之间的套利机制，可有效防止类似封闭式基金的大幅折价。ETF 交易价格取决于它拥有的一篮子股票的价值，即"单位基金资产净值"。

ETF 自 1993 年在美国推出后，迅速在美国乃至全球发展起来。中国第一只 ETF 是上海证券交易所于 2004 年 11 月底推出的上证 50 指数基金，截至 2014 年

12 月，中国共有 98 只 ETF 分别在上交所和深交所交易。表 6 - 6 给出了 2013 年和 2014 年全球主要交易所 ETF 成交金额和成交金额占比。

表 6 - 6　　　2013 年和 2014 年全球主要的交易所交易基金成交额分布

交易所名称	ETF 成交金额（亿美元）		成交金额占比（%）		ETF 交易量（千份）	
年份	2013	2014	2013	2014	2013	2014
美洲						
墨西哥交易所	1049.04	754.43	0.91	0.58	780.9	963.72
纽约证券交易所	35892.41	43829.05	31.01	33.43	134583.98	181979.43
圣保罗证券交易所（巴西）	113.67	108.74	0.10	0.08	1138.99	1558.88
多伦多证券交易所（加拿大）	738.25	701.38	0.64	0.54	6278.88	6535.77
亚太地区						
澳大利亚证券交易所	74.87	93.75	0.06	0.07		
马来西亚股票交易所	0.44	0.17	0.00	0.00	2.8	2.16
香港证券交易所	1164.31	1505.57	1.01	1.15	2890.72	3340.27
韩国证券交易所	1787.25	1469.49	1.54	1.12	34319.72	27328.51
印度国家证券交易所	21.33	19.57	0.02	0.01	3751.23	2333.66
新西兰证券交易所	0.60	0.58	0.00	0.00	5.53	4.55
上海证券交易所	1092.41	1641.99	0.94	1.25	8446	10546
深圳证券交易所	367.07	503.13	0.32	0.38	3703.73	3559.83
新加坡证券交易所	25.91	18.54	0.02	0.01		
台湾证券交易所	94.97	141.15	0.08	0.11	1754.65	2366.19
东京证券交易所	1631.70	3066.44	1.41	2.34		
欧洲、非洲、中东地区						
BME 西班牙股票运营商	57.32	129.78	0.05	0.10		
德意志证券交易股份公司	1629.59	1867.82	1.41	1.42	2185.69	1850.5
欧洲交易所	1007.48	1320.91	0.87	1.01	1714.81	1794.94
爱尔兰证券交易所	0.19	0.13	0.00	0.00	0.45	0.56
伊斯坦布尔证券交易所（土耳其）	43.51	17.49	0.04	0.01	371.6	284.16
OMX 北欧联合证交所	155.94	168.56	0.13	0.13	399.78	451.5
奥斯陆证券交易所（挪威）	47.37	55.83	0.04	0.04	176.42	208.58
瑞士证券交易所	980.75	987.98	0.85	0.75	931.58	911.88
维也纳证券交易所（奥地利）	0.05	0.03	0.00	0.00	0.36	0.29
总计	115749.58	131090.19	100.00	100.00	427167.76	516905.64

数据来源：世界交易所联盟（World Federation of Exchanges）网站，www. world - exchanges. org。

表6-6显示，2013年和2014年，上海证券交易所ETF成交金额全球占比从0.94%上升到了1.25%，同时深圳证券交易所ETF成交金额全球占比从0.32%上升到了0.38%，沪深两市ETF成交金额全球占比从1.26%上升到了1.63%。2013年和2014年沪深两市ETF成交金额全球2%不到的世界占比与我国股票市场总市值和总成交金额世界占比还有很大的距离。

6.4　证券公司

目前我国还没有国际概念的投资银行，从事证券的公司主要是证券公司。根据中国证券业协会发布的2014年度证券公司经营数据，截至2014年12月31日，120家证券公司总资产为4.09万亿元。4.09万亿元的资产规模虽然绝对量较大，但是相对于中国银监会披露的2014年底中国银行业金融机构172.34万亿元的资产规模，前者仅相当于后者的2.37%。

根据中国加入WTO的协议，金融业在2006年12月11日后履行全面对外开放承诺。证监会于2006年7月23日公布了《证券公司风险控制指标管理办法》和《关于发布证券公司净资本计算标准的通知》，确定以净资本为核心的风险控制指标，并且支持合规券商通过上市融资、定向增资、引入战略投资者等途径充实资本。

根据中国证券业协会发布的2014年度证券公司经营数据，120家证券公司全年实现营业收入2602.84亿元，各主营业务收入分别为代理买卖证券业务净收入1049.48亿元、证券承销与保荐业务净收入240.19亿元、财务顾问业务净收入69.19亿元、投资咨询业务净收入22.31亿元、资产管理业务净收入124.35亿元、证券投资收益（含公允价值变动）710.28亿元、融资融券业务利息收入446.24亿元。从我国证券公司营业收入的构成来看，经纪业务和自营业务虽然仍然是收入最大的来源，融资融券和资产管理等新兴业务也在不断地多元化着证券公司的收入构成。

6.5　香港股票交易所

中国大陆的公司除了在大陆上市外，还在香港交易所和其他国际证券交易所上市。香港作为亚太地区主要金融中心之一，改革开放以来内地通过香港股票市场上市募集到了可观的资金，对内地股票市场的发展也起到了很大的借鉴和推动作用。本节主要介绍内地到香港市场上市的企业及这些上市公司在香港交易所的地位。

6.5.1 在港集资情况

截至 2015 年 4 月底，总共有 183 个 H 股和 138 个红筹股在香港主板交易，24 个 H 股和 5 个红筹股在香港创业板上市。H 股是内地注册的公司在港交所上市的股票，红筹股是在境外注册、在香港上市的那些带有中国大陆概念的股票。表 6 - 7 给出了从 1993 年到 2015 年 4 月底我国 H 股和红筹股在香港交易所首次招股和上市后集资每年总额。

表 6 - 7　　　　　我国内地在香港交易所主板通过 H 股

和红筹股募集资金额（1993—2015 年）　　　单位：百万港元

年份	H 股			红筹股		
	首次招股集资	上市后集资	总集资额	首次招股集资	上市后集资	总集资
1993	8141.5	—	8141.5	950.5	14128.7	15079.2
1994	9879.8	—	9879.8	1541.4	11685.2	13226.5
1995	2011.4	980.0	2991.4	1569.8	5103.9	6673.6
1996	6834.2	1037.5	7871.7	3427.3	15581.8	19009.1
1997	32037.5	1046.7	33084.2	39394.8	41590.0	80984.8
1998	2072.4	1480.2	3552.5	142.4	17232.5	17374.9
1999	4263.7	—	4263.7	1985.5	53191.8	55177.4
2000	51750.7	—	51750.7	44096.5	249562.2	293658.7
2001	5570.8	497.3	6068.1	12060.1	7021.2	19081.3
2002	16873.6	—	16873.6	20950.6	31771.7	52722.2
2003	46252.6	592.0	46844.6	2962.4	1930.2	4892.6
2004	40016.8	19230.0	59246.7	14548.6	11816.7	26365.3
2005	137184.8	21493.2	158678.0	1037.5	21352.9	22390.3
2006	290026.7	13796.3	303823.0	2763.8	48004.2	50767.9
2007	74773.3	10952.4	85725.7	49592.2	65382.0	114974.2
2008	29488.4	4619.0	34107.3	—	223800.6	223800.6
2009	114176.4	7551.2	121727.6	8015.8	69993.1	78008.9
2010	138456.1	152420.8	290876.9	6291.2	49124.8	55416.0
2011	51901.3	37286.5	89187.7	5902.5	54875.0	60777.5
2012	63823.1	59848.9	123672.0	1955.9	38058.2	40014.1
2013	89698.5	45923.3	135621.9	3179.1	63138.2	66317.3
2014	119597.6	73840.3	193437.9	8187.3	356709.6	364897.0
2015*	43589.6	590.0	44179.6	—	29335.9	29335.9

数据来源：香港交易所网站，www.hkex.com.hk，2015 年数据为 2015 年 4 月底的数据。

我们可以从表6-7计算出从1993年到2015年4月底H股总募集资金1.83万亿港元，红筹股总募集资金1.71万亿港元，总计3.54万亿港元，这些资金对我国大陆三十几年来经济发展起到了非常重要的作用。

6.5.2　内地在港上市公司股票在港交易情况

表6-8给出了从1993年到2015年4月底H股和红筹股在香港交易所年成交金额及占整个香港股票市场的份额。该表显示，2006年以来，H股和红筹股成交占香港股市比例超过一半，表明国内公司在香港股票市场的重要作用。

表6-8　主板H股和红筹股年成交金额及占市场份额（1993—2015年）

单位：百万港元，%

类型 年份	H股		红筹股		合计	
	成交量	占成交比例	成交量	占成交比例	成交量	占成交比例
1993	33037.8	3.0	88290.3	8.1	121328.1	11.1
1994	34209.0	3.3	57515.4	5.6	91724.4	8.9
1995	17291.7	2.3	45856.6	6.0	63148.3	8.3
1996	24890.4	1.9	135359.2	10.5	160249.5	12.5
1997	297769.6	8.5	1043672.5	29.7	1341442.1	38.2
1998	73538.7	4.6	369386.8	23.1	442925.5	27.7
1999	102788.5	5.8	354818.0	20.0	457606.5	25.8
2000	164309.6	5.7	674856.9	23.6	839166.6	29.3
2001	245201.0	13.5	497246.0	27.3	742447.0	40.8
2002	139711.4	9.5	309354.0	21.0	449065.7	30.5
2003	501496.9	22.1	493945.5	21.8	995442.3	43.9
2004	933860.8	27.5	614727.4	18.1	1548588.2	45.6
2005	949155.2	26.5	603820.8	16.8	1552976.0	43.3
2006	2521764.1	39.3	1100508.9	17.1	3622273.0	56.4
2007	7748899.6	46.9	2725604.5	16.5	10474504.1	63.4
2008	6130592.8	48.5	2283227.6	18.1	8413820.4	66.6
2009	5152805.6	44.6	1936589.4	16.8	7089395.0	61.3
2010	4700842.4	38.3	1928712.1	15.7	6629554.5	54.0
2011	4662787.3	38.8	1699518.8	14.2	6362306.1	53.0
2012	3681421.4	38.8	1459847.9	15.4	5141269.2	54.1
2013	4217366.3	37.9	1704419.2	15.3	5921785.5	53.1
2014	4398535.1	35.3	1897810.5	15.2	6296345.6	50.5
2015[*]	2657167.2	42.6	871689.4	14.0	3528856.7	56.6

数据来源：香港交易所网站，www.hkex.com.hk，2015年数据为2015年4月底的数据。

6.5.3 作为恒生指数成分股的内地公司

表6－9给出了内地企业成为恒生指数成分股的时间和累计占比。从该表可以看出，1997年7月31日华润创业计入恒生指数是内地公司计入恒生指数的开始。2000年以后，特别是2005年以后，随着大陆大型国企上市步伐的加快，越来越多的内地企业股票计入恒生指数，截至2015年4月底，在恒生指数50只成分股中，内地公司（包括红筹股和H股公司）已经占据23个席位。从数量来看，内地公司已占到成分股数量的46%，如果考虑到这些企业的庞大的市值和流通市值，内地公司已经在恒生指数中占据主导地位。

表6－9　　　　恒生指数成分股中的内地企业名单、加入时间及占比

加入指数时间	公司名称	占比
1997年7月31日	华润创业	1/33
1998年1月27日	中国电信（后更名为中国移动）	3/33
	上海实业	
2000年8月2日	联想集团	4/33
2001年6月1日	中国联通	5/33
2001年7月31日	中国海洋石油	6/33
2004年9月6日	招商局国际	7/33
2006年3月6日	中国网通	8/33
2006年9月11日	建设银行	9/34
2006年12月4日	中国石油化工	11/36
	中国银行	
2007年3月12日	工商银行	13/38
	中国人寿	
2007年6月4日	中国平安	14/39
2007年9月10日	交通银行	15/40
2007年12月10日	中国石油天然气公司	18/43
	中国神华	
	中国海外发展	
2010年9月6日	百丽国际	20/45
2010年9月6日	中煤能源	21/45
2012年12月10日	昆仑能源	22/50
2013年3月4日	联想集团	23/50
2014年3月10日	蒙牛乳业	23/50

数据来源：恒生指数服务公司 http：//www.hsi.com.hk/。

6.5.4 内地在港上市公司市值

2014 年 H 股和红筹股在港成交金额接近 6.3 万亿港元，占整个香港交易所年成交金额的 50% 以上。随着我国银行和其他重要企业在港继续上市，H 股和红筹股在港成交金额继续攀升。表 6 - 10 给出了从 1993 年到 2015 年 4 月底在香港上市的 H 股和红筹股年底总市值。从表 6 - 10 可以看出 H 股和红筹股 2015 年 4 月底总市值为 13.66 万亿港元。中国股票市场境内外两大板块对我国国民经济的发展起到不同的促进作用，今后仍将继续发挥各自的优势，对我国经济和社会的发展持续作出各自的贡献。

表 6 - 10　　1993—2015 年香港交易所 H 股和红筹股市值及市场份额

单位：百万港元，%

类型	H 股		红筹股		合计	
年底	市价总值	占总值比例	市价总值	占总市值比例	市价总值	占总市值比例
1993	18228.7	0.61	124129.5	4.17	142358.2	4.78
1994	19981.3	0.96	84279.3	4.04	104260.7	5.00
1995	16463.8	0.70	110702.0	4.71	127165.7	5.42
1996	31530.6	0.91	263330.9	7.58	294861.5	8.48
1997	48622.0	1.52	472970.4	14.77	521592.4	16.29
1998	33532.7	1.26	334966.2	12.58	368498.9	13.84
1999	41888.8	0.89	956942.3	20.24	998831.1	21.13
2000	85139.6	1.78	1203552.0	25.10	1288691.5	26.87
2001	99813.1	2.57	908854.8	23.39	1008667.9	25.96
2002	129248.4	3.63	806407.4	22.66	935655.8	26.29
2003	403116.5	7.36	1197770.8	21.87	1600887.3	29.23
2004	455151.8	6.87	1409357.1	21.26	1864508.9	28.13
2005	1280495.0	15.78	1709960.8	21.08	2990455.8	36.86
2006	3363788.5	25.39	2951581.1	22.28	6315369.5	47.67
2007	5056820.1	24.62	5514059.5	26.85	10570879.6	51.47
2008	2720188.8	26.53	2874906.7	28.04	5595095.5	54.57
2009	4686418.8	26.37	3862143.3	21.73	8548562.0	48.11
2010	5210324.7	24.88	4380687.9	20.92	9591012.0	45.80
2011	4096659.8	23.47	3999091.9	22.91	8095751.7	46.39
2012	4890925.9	22.36	4835257.7	22.11	9726183.6	44.47
2013	4906583.2	20.52	4815316.9	20.14	9721900.1	40.66
2014	5723993.5	22.99	5214967.6	20.95	10938961.1	43.94
2015 *	7071917.6	23.03	6583983.5	21.44	13655901.0	44.48

数据来源：香港交易所网站，www.hkex.com.hk，2015 年数据为 2015 年 4 月底的数据。

我国内地企业除了在中国香港上市外，还在美国、新加坡和其他国际证券交易所上市。随着我国经济的进一步发展、国际化程度加深和我国在世界资本市场的参与程度加深，越来越多的国内企业会在世界主要的金融中心上市。我国股票市场将有很大的发展潜力。

6.6　中国大陆债券市场结构及国际比较

国内债券市场包括央行票据、国债、金融债、各类机构/公司债券等。本节首先介绍国内债券市场构成，在介绍和简析美国债券市场构成的基础上分析我国债券市场的合理结构。

6.6.1　国内债券市场结构

国内债券市场包括央行票据、国债、金融债、各类金融机构债券、公司债券和资产支持证券等。表 6 - 11 给出了 2009 年到 2014 年底我国债券市场的主要类型的债券托管面额。

表 6 - 11　　　　2009—2014 年中国大陆债券市场托管面额一览表　单位：亿元，%

年份 债券性质	2009 年	2010 年	2011 年	2012 年	2013 年	2014 年	2015 年 4 月底	2015 年 4 月底占比	2014 年与国内生产总值比例
储蓄国债	2083.9	3000.4	3305.6	3561.6	5041.8	5922.4	5950.0	2.04	0.93
记账式国债	53327.5	59627.9	64533.4	70674.3	78122.8	85529.5	86075.3	29.48	13.44
地方政府债	2000.0	4000.0	6000.0	6500.0	8616.0	11623.5	11623.5	3.98	1.83
央行票据	42326.1	40908.8	21289.7	13439.7	5521.7	4281.7	4281.7	1.47	0.67
政策性银行债券	44498.3	51603.7	64778.1	78582.3	88719.6	99574.4	103029.2	35.29	15.64
政府支持机构债券	0	1090.0	1090.0	8250.0	9800.0	11025.0	11025.0	3.78	1.73
短期融资券	4561.1	6530.4	5023.5	0	0	0	0	0	0
非银行金融机构债	570.0	567.0	542.0	373.0	362.0	451.0	451.0	0.15	0.07
国际机构债券	40.0	40.0	40.0	40.0	31.3	31.3	31.3	0.01	0
商业银行债券	5884.0	6095.2	9242.5	12652.6	12938.0	12533.7	12787.1	4.38	1.97
中期票据	8622.0	13536.0	19742.7	23972.0	26323.4	20634.8	19224.9	6.58	3.24
资产支持证券	398.6	182.5	95.3	76.3	171.4	2688.9	2971.9	1.02	0.42
企业债	10970.7	14511.1	16799.5	19302.2	23358.7	29366.5	30539.8	10.46	4.61
集合票据	12.7	55.1	93.7	145.0	91.6	50.1	43.9	0.02	0.01
合计	175294.7	201748.0	213576.0	237569.1	259113.3	287297.0	291970.6	100.00	45.14

数据来源：国债登记公司。

从表 6-11 可以看出，截至 2015 年 4 月末，政策性银行债券在整个债券市场托管量的占比高达 35.29%，成为我国境内最大的债券类型，2015 年 4 月底总托管额高达 10.3 万亿元。记账式国债以 8.61 万亿元的托管量成为第二大债券类型。

用表 6-11 的数据我们可以容易地计算出 2015 年 4 月底央行票据，国债（记账式国债加储蓄国债）和金融债总托管额高达 21.1 万亿元，占整个市场总额的 72.26%，相当于 2014 年国内生产总值 63.64 万亿元的 33.16%。虽然国债和政策性金融债依然是中国债券市场最主力的债券品种，但是近年来企业债得到了快速地发展。2014 年 5 月底，企业债的托管量已经高达 3.05 万亿元，占整个债券市场的 10.46%。当然，这样较低的比例意味着与美国等发达国家相比，我国企业债券市场有很大的发展空间。

6.6.2 美国债券市场结构

美国是全球最大的经济体，拥有全球规模最大的股票市场和最大的债券市场。表 6-12 给出了 1996 年到 2014 年 19 年各类债券规模数据。表 6-12 显示，2014 年年底美国联邦政府债券是美国债券市场最大的品种，2014 年占整个市场份额 32.1%；其次为按揭相关债，占总份额的 22.4%。企业债券排名第三，2014 年占整个市场份额的 20.1%。除如上三大类债券外，货币市场债券（即短期债券）、联邦政府机构债券、地方政府债券和资产支持债券分别占 7.5%、5.2%、9.4% 和 3.4%。

表 6-12　　　　美国债券市场各类债券年底市值（1996—2014 年）

单位：亿美元，%

债券类型 年份	地方 政府债	联邦 政府债	按揭 相关债	企业债	政府 机构债	货币 市场债	资产 支持债	总额
1996	12616.3	34597.0	26064.3	22406.6	9258.0	15630.7	2968.4	123541.2
1997	13185.3	34568.0	28717.7	24502.1	10218.0	18638.7	3925.1	133754.9
1998	14027.3	33555.0	32433.8	27720.2	13021.0	20895.1	4777.6	146429.9
1999	14570.3	32660.0	38322.0	31126.2	16200.0	24506.7	5834.7	163220.4
2000	14807.1	29519.0	41193.1	33931.3	18537.0	28138.8	6995.4	173121.0
2001	16034.0	29675.0	47109.6	38172.4	21574.0	27149.4	8119.0	187833.2
2002	17628.2	32049.0	52862.8	40280.5	23777.0	26380.7	9019.8	201997.9
2003	19003.2	35749.0	57079.6	43023.8	26262.0	26154.7	9927.2	217200.1
2004	28211.8	39436.0	62890.6	45301.6	27006.0	30260.4	10967.0	244073.5
2005	30192.6	41659.0	72064.1	45962.2	26160.0	35571.8	12750.4	264360.1
2006	31892.9	43229.0	83760.0	48347.3	26339.6	41563.7	16427.8	291560.2

续表

年份 \ 债券类型	地方政府债	联邦政府债	按揭相关债	企业债	政府机构债	货币市场债	资产支持债	总额
2007	34247.8	45167.0	93725.9	52455.2	29062.5	43282.6	19386.8	317327.7
2008	35171.6	57742.0	94576.4	54087.8	32105.8	39393.0	17991.4	331068.0
2009	36724.7	72498.0	93415.8	59259.8	27275.0	32584.4	16820.0	338577.7
2010	37721.4	88530.2	92214.5	65438.0	25387.8	29740.8	14761.9	353794.7
2011	37193.7	99284.4	90438.5	66181.0	23269.3	27326.8	13298.5	356992.1
2012	37144.3	110460.9	88149.0	70505.0	20958.1	26116.3	12534.1	365867.8
2013	36712.3	118544.4	87200.6	74579.0	20568.6	27669.5	12522.7	377797.0
2014	36523.8	125047.8	87291.5	78403.0	20287.5	29031.9	13356.1	389941.6
2014 年各项占比	9.4	32.1	22.4	20.1	5.2	7.5	3.4	100.0

数据来源：美国债券市场协会（The Bond Market Association）网站，www.sifma.org。

6.6.3　中、美两国债券市场结构比较

比较表 6 - 11 和表 6 - 12 给出的中、美两国债券市场结构，我们可以容易地发现，由于金融危机对美国按揭相关债的冲击，美国联邦政府债重夺美国债券市场头把交椅，尽管国债都是中美两国债券市场较为主力的品种，但是其在整个市场上的重要性却存在差异。2014 年美国联邦政府债券占 32.1%，加上地方政府债券占整个市场总份额的 41.4%，约占整个市场的四成，而同年中国政府债券（国债、政策性银行债券、地方政府债加央行票据）占整个市场份额高达72.3%，约占整个市场的七成多。2014 年美国企业债占整个市场份额为 20.1%，超过五分之一，而我国企业债虽然经历了近年来的高速发展，仅占整个市场的10.5。2014 年美国按揭相关债券和资产支持债券占市场份额的 25.8%，超过四分之一，而中国这类产品才刚刚起步，同年市场份额仅为 1.0%。

中美两国市场机制、市场结构、发展程度、市场规模等方面皆有很大的不同，所以我们不能直接对比和模仿。但是美国市场对中国有一定的借鉴意义。首先国内企业债券市场比例过低，有很大的发展空间；其次是按揭和资产支持证券，这些新型的债券类产品今后有很大的发展空间，但是要发展这些市场，还需要在市场基础如可靠的利率曲线、信用评级等方面花大气力，我们下文还会论述。2014 年美国债市总市值分别相当于其国内生产总值的 2.2 倍，而同期中国债券市值仅相当于同年国内生产总值的 45.1%。这些比例也显示我国债券市场还有巨大的发展空间。

6.7 央行票据市场

表6-11 显示，2015 年4 月底央行票据托管额为4282 亿元人民币，仅为2009 年底托管额4.23 万亿元的十分之一，这表明央行票据在完成了特定时期的历史使命后逐步退出了中国债券市场的历史舞台。2013 年央行票据逐渐进入了暂停发行的状态，因此随着其存量债券的逐步到期，央行票据在中国债券市场存量中的占比逐步下降。央行在 2007—2010 年持续发行央行票据，四年间分别发行了40721.3 亿元、42960.0 亿元、39740.0 亿元和46608.0 亿元的央行票据，对控制流动性过剩发挥了一定的作用。央行票据的发行主要是为了吸纳由于换汇产生的过多流动性。2007 年到 2010 年贸易顺差折合成人民币为 4.46 万亿元，相当于 2010 年末票据托管总本金额 3.12 万亿元的 142%。

央行票据的发行对控制流动性发挥了一定的作用，但是效果却不明显。央行票据对冲在实际操作过程中由于其他金融机构在资金投放的"机会成本—收益"对比中能够找到更有利可图的投资渠道，也就是社会对资金的内生需求很高，所以购买央行票据的积极性并不高（从期限的不断缩小、利率的逐步提升可以发现），效果也不明显（高正平和李睿，2003）。大量发行票据也存在一些问题。央行票据采用定向的指令性发放（2005 年和 2006 年央行分别定向发行420 亿元和3751 亿元票据），对商业银行的自主商业化运营和市场机制的逐步建立带来一定的负面作用。其他问题超出了本书的范围，这里不再细述。

6.8 国债市场

中国大陆的债券市场开始于 1981 年，当年我国政府恢复发行国库券，从那时开始我国的债券市场发展迅速。目前我国债券市场有银行间的市场，同时部分债券也在交易所交易。一个相对来说比较成熟的政府债券的一级市场和二级市场是国内的债券市场的主体。根据发行者来分，我国的债券可分为三类，政府债券、金融债券和企业债券。政府债券由财政部发行，金融债券由国家政策性银行发行，而企业债券由企业发行。政府债券和金融债券在整个债券市场中占主导地位，企业债券在国内的债券市场中的份额相对较低。

6.8.1 国债发行和外存量

表6-13 给出了 1981 年到 2014 年我国政府债券年发行的数量，本金和利息支付额、政府债券的外存总数量及占相应国内生产总值比例。

表 6 - 13　　　　　1981 年到 2014 年我国政府债券一览表　　　单位：亿元，%

年份	发行量	国内债务还本付息	年底余额	年底余额/GDP 比例
1981	48.7	—	48.7	1.0
1982	43.8	—	92.5	1.7
1983	41.6	—	134.1	2.3
1984	42.5	—	176.6	2.5
1985	60.6	—	237.2	2.6
1986	62.5	8.0	291.7	2.9
1987	117.1	23.2	385.6	3.2
1988	132.2	28.4	489.4	3.3
1989	263.9	19.3	734.0	4.3
1990	197.2	113.4	817.8	4.4
1991	281.3	156.7	942.4	4.4
1992	460.8	342.4	1060.7	4.0
1993	381.3	224.3	1217.7	3.5
1994	1028.6	365.0	1881.4	4.0
1995	1510.9	784.1	2608.2	4.5
1996	1847.8	1266.3	3189.6	4.7
1997	2412.0	1820.4	3781.3	5.1
1998	3228.8	2245.8	4764.2	6.1
1999	3715.0	1792.3	6686.9	8.1
2000	4157.0	1552.2	9291.7	10.4
2001	4483.5	1923.4	11851.8	12.6
2002	6081.4	2467.7	15465.5	15.1
2003	6283.4	2499.7	19249.3	16.5
2004	5115.2	2400.3	21964.1	16.1
2005	5042.0	2121.3	24884.8	13.5
2006	6933.0	4340.5	27477.4	13.1
2007	23483.3	4708.0	46252.6	18.8
2008	8615.0	5721.0	53271.5	17.0
2009	16213.6	9323.9	60237.7	18.0
2010	17878.2	10400.2	67715.9	17.0
2011	15997.9	21306.1	73839.1	15.6
2012	16062.3	19609.8	80735.9	15.1
2013	19044.0	10805.0	91780.7	15.6
2014	20247.4	12258.5	103075.5	16.2

资料来源：2003 年中国统计年鉴，2004—2014 年数据来源于中国债券信息网，GDP 数据来自国家统计局。

从表 6 – 13 我们可以看到尽管政府债券发行量整体上不断攀升，但是近年来政府债券余额占 GDP 的比例却从 20 世纪 90 年代的逐步上扬态势变得平稳，2010 年以来政府债券余额占 GDP 的比例基本稳定在 15% ~ 17%。2014 年政府债券外存总量首次超过了 10 万亿元人民币，占当年国内生产总值 16.2%。

十届全国人大常委会第四十次委员长会议 2005 年 12 月 16 日通过了全国人大常委会预算工作委员会关于实行国债余额管理的意见。这意味着自 2006 年起，我国将参照国际通行做法，采取国债余额管理方式管理国债发行活动，以科学地管理国债规模，有效防范财政风险。国债发行余额管理即把未清偿的国债的存量数值作为发行国债的年度控制指标，考核年度末未清偿的国债的存量数值是否超过规定的控制目标，而不再考核当年实际发行的国债规模。之前，我国采取逐年审批年度发行额的方式管理国债。年度额度管理限制了国债管理期限选择，财政部倾向于选择发行长期国债（等于可变相增加资金的使用量），少发和不发一年内的短期国债。这种方式会导致两个问题：一是，由于缺少短期国债，特别是一年内的短期国债，会使债券品种定价缺少比较基准。二是，多发长期债券使得债券存量每年滚动增加数量较大。例如，2004 年国债发行量较 2003 年增加了 895 亿元，但 2004 年末的国债余额却比 2003 年增加了 2470 亿元，余额的增加大大超过了年度国债发行量的增加。如果只注意当年国债发行量而忽视国债余额的管理，就有可能增加导致潜在债务风险的增加。国债余额管理方法将有效增加中短期国债，尤其是一年期国债的发行量。在资金供给不变的情况下，会带来短期国债收益率水平的上升。

6.8.2　交易所债券交易

表 6 – 14 给出了从 1994 年到 2014 年我国交易所交易的国债现货、回购的年成交额、回购占总成交额的比例和总成交额与国债余额的倍数。表 6 – 14 显示从 1994 年开始到 1996 年，我国交易所交易的国债在短短两年的时间内超过 1.5 万亿元人民币，从 1998 年到 2001 年的三年内交易额徘徊在 2 万亿元人民币上下，但从 2001 年到 2003 年猛增到 5.8 万亿元人民币，超过了 2003 年我国股票市场总成交额 3.21 万亿元的 81%。但是，虽然从 2002 年到 2003 年回购成交金额增加了一倍多，同期现货成交金额却下降了 34%。从 2003 年到 2004 年，交易所交易的现货债券和回购分别下降了 48% 和 17%。2005 年债券交易额继续下降，国债回购交易总量较上年下降了 46.4%，然而从 2005 年到 2006 年，国债现货、回购成交额皆进一步大幅度下降。2007 年后国债现货、回购成交额逐步回升。在国债现货交易相对稳定的同时，债券回购成交却迎来爆炸式增长。

表 6 – 14　　　交易所交易的国债现货和回购成交额（1994—2014 年）

单位：亿元，%

年份	现货年度总成交金额	回购年度总成交金额	总年度总成交金额	回购/总年度总成交金额	总年度总成交金额/国债余额
1994	713.6	49.7	763.2	6.50	0.41
1995	764.4	1171.6	1936.0	60.50	0.74
1996	4091.1	12439.2	16530.3	75.30	5.18
1997	3344.7	11912.2	15256.9	78.10	4.03
1998	6032.6	15188.5	21221.1	71.60	4.45
1999	5276.8	12124.1	17400.9	69.70	2.6
2000	3657.1	13147.2	16804.3	78.20	1.81
2001	4815.6	15487.6	20303.2	76.30	1.71
2002	8708.7	24419.7	33128.3	73.70	2.14
2003	5756.1	52999.9	58756.0	90.20	2.98
2004	2961.5	44086.2	47047.7	93.70	2.14
2005	2779.1	23621.2	26393.8	89.50	1.06
2006	1540.7	15413.3	16954.0	90.90	0.617
2007	1200.6	18345.1	19545.7	93.86	0.37
2008	2122.5	24268.7	26391.1	91.96	0.5
2009	2085.1	35475.9	37561.0	94.45	0.6
2010	1661.6	65877.8	67539.4	97.54	0.95
2011	1252.9	204469.8	205722.7	99.39	3.03
2012	878.5	368535.8	369414.3	99.76	4.98
2013	783.1	630720.9	631504.0	99.88	7.59
2014	1197.1	878705.5	879902.6	99.86	9.62

资料来源：1994—2000 年的数据来自上海证券交易所网站，2001—2013 年的数据源于中国人民银行网站。由于上证所 2002 年和 2003 年国债现货和回购交易总额占全国的 99.66% 和 99.53%，上证所 1994—2000 年的历史数据基本可以代表我国交易所交易的国债总体。2005—2006 年数据来自中国证券监督管理委员会官方网站 http://www.csrc.gov.cn。2007—2010 年数据来自中国人民银行网站，2011—2014 年数据来自上海证券交易所和深圳证券交易所网站。

　　交易额绝对数值不能反映市场的活跃程度。表 6 – 14 给出的交易额/国债余额倍数很好地反映出交易所国债交易的活跃程度。虽然 1996—1998 年交易额/国债余额倍数高达 4~5，但当时市场成熟度还不够。从 2001 年到 2003 年交易持续活跃以来，该倍数持续从 1.71 上升到 2.98，超过了 2003 年我国股票市场总成交额/流通股总市值的倍数（2.44）。但从 2003 年开始该倍数又持续下降，到 2007 年降至 0.37，达到最低水平。从 2008 年到 2009 年，该倍数缓慢上升，但仍在 1 以下。不过，从 2011 年开始，由于回购市场的迅猛发展，目前国债现货加回购交易的成交金额/国债余额的倍数已经接近 10。

6.8.3　银行间市场债券交易

1995 年 8 月，国家正式停止了场外国债交易，国债交易统一在证券交易所进行。中国人民银行发文明确从 1997 年 6 月 16 日起，全国银行间同业拆借中心开办国债现券业务。从此我国场内场外并行的国债交易系统形成。2004 年 4 月 12 日颁布《全国银行间债券市场债券买断式回购业务管理规定》，是当年中国证券市场重要的创新之一，但自 2004 年 12 月 6 日上证所国债买断式回购正式推出之后出现意料之外的冷清局面。上海证券交易所于 2005 年记账式（二期）国债上市日（2005 年 3 月 21 日）起，在竞价交易系统推出国债买断式回购业务。至此，所有买断式回购挂牌品种同时在竞价交易系统和大宗交易系统进行交易。表 6-15 给出了 1997 年到 2014 年我国银行间市场国债现货、回购的年成交额、回购占总成交额的比例和总成交额与国债余额的倍数。

表 6-15　　我国银行间市场国债现货和回购成交额（1997—2014 年）

单位：亿元，%

年份	现货年度总成交金额	回购年度总成交金额	总年度总成交金额	回购/总年度总成交金额	总年度总成交金额/国债余额
1997	10.0	307.0	317.0	96.8	0.1
1998	50.0	1021.0	1071.0	95.3	0.2
1999	75.3	3949.0	4024.3	98.1	0.6
2000	678.0	15782.0	16460.0	95.9	1.8
2001	836.7	40133.3	40970.0	98.0	3.5
2002	4412.0	101885.2	106297.2	95.8	6.9
2003	30848.4	117203.4	148051.8	79.2	7.5
2004	25011.4	93160.0	118117.4	78.9	5.4
2005	63463.8	165078.0	228541.9	72.2	9.2
2006	109411.1	273512.6	382923.7	71.4	10.8
2007	154974.4	462872.0	617846.4	74.9	11.6
2008	368221.0	599953.6	968174.6	62.0	18.2
2009	466145.9	725730.1	1191876.0	60.9	19.0
2010	149423.0	947929.5	1097352.0	86.4	15.4
2011	179262.8	1121477.2	1300740.0	86.2	19.2
2012	203665.3	1475955.5	1679620.8	87.9	22.6
2013	113697.4	1589265.9	1702963.3	93.3	20.5
2014	115647.3	2135540.5	2251187.8	94.9	24.6

资料来源：2001 年到 2006 年回购数据来源于中国人民银行网站和 www.chinamoney.com.cn。2007—2014 年数据来自中国债券信息网。其他数据来自李扬（2002）。

　　表 6 - 15 显示虽然起步较晚，但银行间国债交易发展迅猛。经过 3 年多的时间，银行间国债总成交额在 2000 年几乎与交易所的场内交易额相当，达到 1.646 万亿元；到 2001 年成交额 4.097 万亿元超过了同年场内成交金额 2.03 万亿元的两倍。2002 年和 2003 年的成交额更是远远超过了后者。表 6 - 15 同时表明，银行间国债交易额/国债余额倍数从 1997 年开始持续从 0.08 上升到 24.6，同样大大超过了交易所相应的倍数。

　　但是与交易所市场一样，债券市场交易以回购为主，债券二级市场很不活跃。表 6 - 15 显示 1997 年到 2002 年国债回购占整个交易的九成五以上。虽然从 2003 年开始该比重有所下降，但是仍在 60% 以上，2010 年开始该比重再度一路上扬，到 2014 年已经达到 94.9%。

6.8.4　我国国债交易总额及其活跃程度

　　将表 6 - 14 和表 6 - 15 给出的场内外国债成交额相加，我们可以容易地得出我国国债的总成交额及相应的交易活跃程度。表 6 - 16 给出了相应的结果。

表 6 - 16　　　　　　　我国国债现货和回购成交额（1994—2014 年）　　　单位：亿元，%

年份	现货年度总成交金额	回购年度总成交金额	年度总成交金额	回购/总年度总成交金额比例	总年度总成交金额/国债余额	总年度总成交金额/GDP 比例
1994	713.6	49.7	763.2	6.5	0.41	1.6
1995	764.4	1171.6	1936.0	60.5	0.74	3.4
1996	4091.1	12439.2	16530.3	75.3	5.18	24.7
1997	3354.7	12219.2	15573.9	78.5	4.12	21.3
1998	6082.6	16209.5	22292.1	72.7	4.68	28.6
1999	5352.1	16073.1	21425.2	75.0	3.20	25.7
2000	4335.1	28929.2	33264.3	87.0	3.58	36.8
2001	5652.3	55620.9	61273.2	90.8	5.17	63.0
2002	13120.7	126304.9	139425.5	90.6	9.02	130.4
2003	36604.5	170203.3	206807.8	90.2	10.47	177.2
2004	27972.9	137246.2	165219.1	83.1	7.52	120.1
2005	174244.7	188699.2	254935.7	74.0	10.24	139.2
2006	110780.9	287242.9	398023.8	72.1	11.20	190.1
2007	156175.0	481217.1	637392.1	75.5	11.94	258.5
2008	370343.5	624222.3	994565.8	62.8	18.67	330.8
2009	468231.0	761206.0	1229437.0	61.9	19.61	361.1
2010	151084.6	1013807.3	1164891.9	87.0	16.36	292.7
2011	180515.7	1325947.0	1506462.7	88.0	22.21	318.4
2012	204543.7	1844491.3	2049035.0	90.0	27.60	383.6
2013	114480.5	2219986.8	2334467.3	95.1	28.07	397.0
2014	116844.4	3014246.0	3131090.4	96.3	34.24	492.0

数据来源：用表 6 - 14 和表 6 - 15 的数据计算得出。

表 6-16 显示我国国债 2003 年成交量首次超过 20 万亿元，超过我国同年国内生产总值 11.6694 万亿元的 77.2%，同时超过相应的国债余额 10 倍。但是 2004 年成交量下降到 16.52 万亿元，仅超过我国同年国内生产总值 13.65 万亿元的 21%。2005 年和 2006 年国债交易活跃，都在 20 万亿元以上。2007 年到 2010 年年度总成交量增长较快，2009 年和 2010 年更是达到 100 万亿元以上。2010 年以后，由于回购业务的迅猛发展，国债年度总成交量不断攀登新的高峰，2012 年突破 200 万亿元而 2014 年更是达到 300 万亿元以上。

6.8.5 场内外市场份额比较

比较表 6-14 和表 6-15 给出的场内外市场数据，我们可以容易地发现场内外市场于 2000 年基本持平之后，场外市场交易量飞速增长，2003 年场外市场的市场份额已经超过 70%，而场内不到 30%，2006 年到 2010 年场外市场份额均在 90% 以上。这种银行间市场占主导的格局至今都没有发生根本性的变化。

6.8.6 国债市场活跃程度比较

表 6-12 显示虽然 2014 年美国联邦政府债券市值仅占市场份额约为三分之一，然而 2014 年联邦政府债券日均成交金额却占整个市场的 69%；占市值份额三分之二的其他债券日均成交金额仅占总日均成交金额的 31%，显示美国国债的流动性非常活跃，是交易的主要产品。按每年 250 个工作日计算，2012 年到 2014 年美国仅联邦政府债券年成交金额总量就分别为 129.7 万亿美元、136.4 万亿美元和 126.4 万亿美元，分别为当年美国国内生产总值的 7.9 倍、8.0 倍和 7.1 倍。活跃交易的国债为整个金融市场发展提供了不可或缺的流动性和利率信息。

表 6-14 和表 6-15 显示虽然近年来由于回购市场的发展，国债成交金额相比于 GDP 的比例在 2014 年已经接近 5 倍，但是与美国等发达国家相比，与中国经济自身的巨大体量相比，场内外国债二级市场皆不够活跃！国债二级市场流动性低是我国债券市场以至整个资本市场和金融市场一个重大的问题。由于国债二级市场流动性低，现有的有限债券品种价格难以准确地反映出相应的市场利率信息，为国债收益率曲线的构建带来了麻烦。由于没有可靠的人民币利率曲线，其他金融产品如企业债券、证券化产品难以定价，各类衍生产品也难以定价，从而难以发展起来。

6.8.7 国债市场存在的问题

上文分析了国债市场的几个基本方面。我们容易发现国债市场存在诸多问题。这里对这些问题简单进行介绍，从而使我们容易理解人民币利率衍生产品市场发展所面临的问题。

国债发行机制不够完善

近几年，财政部作为国债发行人为国债的基准利率的形成发挥了积极的作用，如公布一级市场发行的部分基准期限品种，以及定期滚动发行部分关键期限国债。然而，一级市场基准期限品种的发行与二级市场基准利率的形成还未形成良性互动的局面，国债的滚动发行的间隔还比较大。此外，当前记账式国债与凭证式国债存在着较大利差（3 年、5 年期记账式国债发行利率分别比相同期限凭证式国债低 1.96%、2.34%），凭证式国债发行利率偏高导致供不应求。

场内外市场分割、国债跨市场交易不够顺畅

2004 年以来，财政部扩大了在交易所和银行间跨市场流通的国债品种，但由于交易所国债转托管体系还存在时滞，导致国债跨市场交易仍不够顺畅，影响了投资者进行跨市场实时交易和套利，并致使同一只债券在银行债券市场与交易所债券市场的收益率经常存在差距。这一定程度上影响了国债交易，也弱化了国债市场的定价能力。此外，作为银行间市场的一部分，以广大个人投资者为主的商业银行债券柜台市场近几年取得了显著的发展，柜台债券做市商报价连续、稳定，但是，由于债券柜台市场开通的网点较少，上柜流通的债券品种较少（仅 93 只），期限结构不齐全，当前柜台市场的价格揭示作用未能得到充分发挥。

做市商制度不够健全

对于以场外交易为主的银行间债券市场，做市商发挥着为市场提供流动性作用，其做市的效果直接影响债券市场流动性的高低。根据当前我国做市商做市的情况和效果，做市商制度还不够健全，主要问题表现为：报价券种较少，报价期限品种不全。从券种看，银行间债券市场中做市商报过价的券种不足总数的五分之一。从期限看，做市商报过价的券种的最短期限为 0.5 年，最长期限为 7 年，10 年期以上品种基本没有报价，长期债券报价缺乏使国债长期收益率缺少相应基准。报价缺乏连续性，做市商影响力不足。当前每天有做市商双边报价的券种平均有 7~8 只，而平均每天每家做市商报价的仅有 1 个券种。双边报价的 90 只债券平均日报价频率最高为 76%，最低的报价频率只有 1%，平均大约为 20%，做市商影响力还不够大。银行间债券市场做市商仅有 15 家，通过双边报价完成的交易仅占 33% 左右。从发达国家债券市场实践看，债券二级市场的绝大多数交易都由做市商完成，占交易总量的比例超过 95%。

要使我国资本市场以至整个金融市场驶入持续发展的航线，我们必须进行好金融基础建设。国债市场是整个金融市场的基础，要克服如上问题，逐步提高国债二级市场流动性，建立有效可靠的国债汇报曲线，我们还有很多工作要做。

6.9 金融债、企业债和其他债券种类

6.9.1 金融债券

金融债券是指依法在中华人民共和国境内设立的金融机构法人在全国银行间债券市场发行的、按约定还本付息的有价证券。首先，发行金融债券有利于提高金融机构资产负债管理能力，化解金融风险；其次，发行金融债券有利于拓宽直接融资渠道，优化金融资产结构；最后，发行金融债券有利于丰富市场信用层次，增加投资产品种类。为了进一步规范我国金融债券市场的发展，中国人民银行制定的《全国银行间债券市场金融债券发行管理办法》（以下简称《管理办法》）于2005年4月27日颁布并于6月1日开始实施。

我国金融债券主要由国家开发银行等政策性银行发行。表6-17给出了从1997年到2014年我国金融债发行和年末托管面额情况。比较表6-17和表6-11，我们可以发现2011年到2014年底我国金融债券托管面额分别为相应国债托管面额的95.5%、105.9%、106.7%和108.9%，表明金融债券已经具有相当规模，近年来已经成为中国债券市场绝对的主力品种。

表6-17　　　　　　　　　1997年到2014年我国金融债发行情况　　　　　单位：亿元，%

年份	发行次数	发行面额	发行面额年增长率	年末托管只数	年末托管面额	年末托管面额年增长率
1997	16	2823.5	—	33	3491.7	—
1998	7	1930.2	−56.3	17	5106.9	−48.5
1999	20	1851.0	185.7	24	6089.0	41.2
2000	17	1645.0	−15.0	35	7301.4	45.8
2001	28	2590.0	64.7	52	8383.6	48.6
2002	37	3211.3	32.1	81	9795.1	55.8
2003	39	4725.0	5.4	95	11609.7	17.3
2004	35	4353.0	−10.3	110	13729.8	15.8
2005	53	6068.0	51.4	140	17723.6	27.3
2006	64	8996.0	20.8	172	22878.0	22.9
2007	67	10931.9	21.5	190	28783.9	29.1
2008	58	10809.3	−1.1	222	36720.1	25.8
2009	54	11678.1	8.0	243	44498.3	27.6
2010	70	13192.7	13.0	267	51603.7	21.2
2011	113	19972.7	51.4	329	64778.1	25.5
2012	175	21400.0	7.2	383	78582.3	21.3
2013	285	19960.3	−7.0	448	88719.6	12.9
2014	426	22980.5	15.1	482	99574.4	12.2

数据来源：中央国债登记结算有限责任公司。

6.9.2 我国企业债

我国的企业债券市场发展较早，比国债发行仅晚一年，但是由于很多原因，目前市场规模仍然很小，远远落后于国债和金融债。从 1982 年开始到 2006 年，我国企业债券市场大致经历了如下五个阶段。

1. 自发阶段（1982—1986）。从 1982 年开始，少量企业开始自发地向社会或企业内部集资，这一阶段的集资行为既没有政府审批，也没有相应的法律法规制约，缺乏管理。

2. 起步管理阶段（1987—1992）。针对企业自发的集资行为，政府开始研究对企业债券的管理。1987 年 3 月，《企业债券管理暂行条例》由国务院颁布实施。

3. 波动阶段（1993—1997）。1993 年我国经济处于过热的顶端，年初国家批准发行近 500 亿元的债券规模，但由于通货膨胀，使当年的国债发行困难。1993 年 8 月，国务院发布了关于坚决制止乱集资和加强债券发行管理的通知，《企业债券管理条例》出台。条例规定，由国家有关部门拟订全国企业债券发行的年度规模和规模内的各项指标，报国务院批准，明令未经国务院同意，任何地方、部门不得擅自突破企业债券发行的年度规模，又一次关紧了发行债券的闸门。

4. 政策调整过渡阶段（1998—2004）。1998 年底，中国人民银行提出了调整企业债券管理制度的建议，得到国务院领导原则同意，至此，《管理条例》停止实施。

5. 快速发展阶段（2005 年至今）。中国人民银行 2005 年 5 月 24 日发布《企业短期融资券管理办法》，企业开始用备案方式发行短期融资券进行短期融资。企业债券细分市场开始形成。从 2005 年 5 月至今，短期融资券发行规模突飞猛进。2005 年底，中国人民银行发布了《公司债券进入银行间债券市场交易流通的有关事项公告》（〔2005〕第 30 号），简化审核程序，将公司债券交易流通审核从事前审批改为核准制，允许所有银行间债券市场投资者投资公司债券，要求发行人进行持续信息披露和跟踪信用评级，鼓励做市商和承销商对公司债券进行双边报价等。这一系列举措均在制度层面上加速了企业债券市场的发展（参见《经济观察报》，2006 年 11 月 13 日，作者：木同）。

2003 年是从 1992 年以来我国企业债券发行量最大的一年，22 家公司总共发行了企业债券 452 亿元，比 2002 年增长 41.3%（联合资信评估有限公司研究报告）。值得注意的是，这 22 家仅有 9 家企业在证券交易所发行（8 家在上海证券交易所、1 家在深圳证券交易所）（见联合资信评估有限公司）。表 6－18 给出了从 1986 年到 2010 年我国企业债券每年的总融资金额和年增长率。

表6-18　　　　　　　　我国企业融债年融资额（1986—2014年）　　　　单位：亿元，%

年份	融资额	年增长率	年份	融资额	年增长率
1986	100	—	2001	245	175.3
1987	30	-70.0	2002	320	30.6
1988	75	150.0	2003	452	41.3
1989	75	0.0	2004	326	-27.8
1990	236	214.7	2005	654	100.6
1991	250	5.9	2006	995	52.1
1992	684	173.6	2007	1720	72.9
1993	236	-65.5	2008	2367	37.6
1994	162	-31.4	2009	4214	78.0
1995	301	85.8	2010	3627	-13.9
1996	269	-10.6	2011	2485	-31.5
1997	255	-5.2	2012	6499	161.5
1998	148	-42.0	2013	4752	-26.9
1999	158	6.8	2014	6962	46.5
2000	89	-43.7			

数据来源：1986年到2002年来自杨庆育（《金融时报》），2003年和2004年来自联合资信评估有限公司研究报告；2005年到2014年数据来自中国债券信息网 www.chinabond.com.cn。

比较表6-18中企业债券的年融资金额与前文国债、金融债相关数据，我们发现，企业债券的规模还相当低，仅占国债的几个百分点。2005年，企业在债券市场的融资规模的增长速度迅猛，比2004年增长超过一倍，2006年在2005年的基础上又增长了52.1%，表明我国企业债从2005年开始进入快速增长期。2009年，企业债市场发行总量超过4000亿元，规模和期数均创历史新高。2010年，受发行政策影响，企业债市场全年活跃度前高后低，由2009年的爆发式增长回归平稳发展。企业债券市场的发展有很多问题仍有待解决，这些超出了本书的范围。

6.9.3　我国资产支持债券

资产支持证券，也称资产证券化，是指将缺乏流动性但能够产生可预见的稳定现金流的信贷资产，通过一定的结构安排，对资产中风险和收益要素进行分离和重组，进而转换成在金融市场上可以出售和流通的证券。证券化产品发源于 20 世纪 70 年代的美国，90 年代在欧洲和东南亚取得了较快发展。

2005 年 4 月 20 日，中国人民银行和中国银行业监督管理委员会公布了《信贷资产证券化试点管理办法》，经由国务院同意，在试点阶段，由国家开发银行和中国建设银行分别进行信贷资产和住房抵押贷款证券化试点。2005 年 11 月 7 日，银监会公布了《金融机构信贷资产证券化监督管理办法》，并于 2005 年 12 月 1 日起施行。

国家开发银行于 2005 年 12 月 15 日和 2006 年 4 月 25 日分别推出了两只信贷资产支持证券，融资额分别为 41.77 亿元和 57.30 亿元；建设银行于 2005 年 12 月 25 日推出第一只个人住房抵押贷款支持证券，融资额为 29.26 亿元。此外，据中国资产证券化网披露的信息，2006 年共有 9 家证券机构发行了资产支持证券，融资总额达 176.37 亿元。

2008 年国际金融危机爆发后，我国资产支持证券化试点几年停滞。2011 年重新启动，特别是 2013 年试点扩大。截至 2014 年底，资产支持证券托管金额 2688.9 亿元，比 2013 年底的 171.4 亿元增长了近 15 倍。"截至 2015 年 4 月末，金融机构共发行 112 单信贷资产支持证券，累计近 4500 亿元，余额近 3000 亿元。这个市场的潜力非常大。"潘功胜用数据说话，"从贷款市场结构来分析，我国现有贷款余额近 93 万亿元，其中人民币贷款余额近 88 万亿元，信贷资产证券化余额是 3000 亿元，约占整个贷款市场余额的 0.3%；从债权市场来看，截至今年 4 月底，中国债券市场余额为 37 万亿元，其中国债、政策性金融债和公司类信用债各占三分之一左右，3000 亿元的信贷资产证券化规模不足整个债券市场余额的 1%；从国际市场来看，截至 2014 年年底，美国的资产证券化余额是 10 万亿美元，我国 3000 亿元的规模相当于美国资产证券化市场余额的 0.5%。这都预示着中国信贷资产证券化市场的未来发展空间是巨大的"。（"信贷资产证券化试点扩容送东风"，国际商报，2015 年 5 月 21 日）

6.10　国际机构在国内债券发行和境内机构到境外发行债券

6.10.1　国际机构在我国发行人民币债券

中国人民银行、财政部、国家发展和改革委员会、中国证监会 2005 年 2 月 18 日联合发布的《国际开发机构人民币债券发行管理暂行办法》，允许国际金融机构在我国发行人民币债券。这是我国金融体系改革的重要尝试，有利于学习、借鉴国际经验，推动国内债券市场在较高起点上规范发展；有利于增强国际投资者对华投资信心，提高我国的国际形象，为资本账户的有序开放积累经验；有利于在亚洲债券市场建设中，提高国内债券市场水平，争取亚洲债券市场建设的主导权；有利于深化、拓展与国际金融机构的合作与交流；有利于扩大境内投资主体，促进资本形成，改善金融结构；有助于促进中国内地与香港的金融合作，促进香港形成以人民币业务为基础的国际金融中心。根据报道，财政部批准三家国际金融机构在中国境内发行总额为 40 亿元的人民币债券，这三家机构分别是：世界银行下属的国际金融公司（IFC）、亚洲开发银行（ADB）和日本的国际协力银行。经国务院批准，国际金融公司将成为首批在华发行人民币债券的国际多边金融机构。国际金融机构在我国发行人民币债券标志着我国债券市场对外开放和国际化程度又向前迈出一步。

6.10.2 境内机构在境外发行债券

2007 年 6 月 8 日，中国人民银行与国家发改委联合发布了《境内金融机构赴香港特别行政区发行人民币债券管理暂行办法》。国家开发银行于 6 月 27 日至 7 月 6 日在香港面向机构和个人投资者发行 50 亿元人民币债券，获得了香港市民和机构的积极追捧，总认购额达到 140 亿元人民币，开创了内地金融机构在境外发行人民币债券之先河。中国进出口银行 8 月 10 日开始在香港发行总额为 20 亿元的人民币债券。据悉，除了以上两家政策性银行外，中国银行和中国建设银行也提交了赴港发行人民币债券的申请。在进出口银行之后，中国银行和中国建设银行将成为第三批到港发行人民币债券的内地金融机构。2007 年 9 月 12 日下午，中国银行在香港举行人民币债券发行仪式，宣布于 9 月 13 日至 21 日在香港发行人民币债券。这是首只由商业银行在港发行的人民币债券。中行这次债券发行量为 30 亿元人民币，债券面值为 1 万元人民币，发售对象为香港个人和机构投资者。境内金融机构赴港发行人民币债券不仅有利于巩固香港的国际金融中心地位，也将加快人民币国际化步伐，促进亚洲债券市场发展与金融合作。我们在第八篇介绍人民币国际化时还会介绍近年来国内机构在境外发行债券的情况。

6.11 直接融资和间接融资的关系

直接融资是指通过股票市场或债券市场融资，间接融资是指通过银行贷款融资。本节在简单介绍我国直接、间接融资现状的基础上，进而讨论推动我国直接融资的途径。

利用表 6-1、表 6-7 和表 6-18 给出的大陆股票、香港股票市场和内地企业债融资数据，我们可以容易地计算出中国大陆直接融资占间接融资——银行信贷比例。表 6 - 19 给出了大陆资本市场融资总额、相应年份银行总信贷、大陆资本市场融资额占银行信贷比例及香港股市融资额占大陆银行信贷比例。

表 6 - 19　　　　　国内股票和债券市场融资情况（1999—2014 年）　　单位：亿元，%

年份	股票市场融资额	债券市场融资额	资本市场融资额	香港股市融资额	银行信贷总额	大陆资本市场融资/银行信贷比例	香港股市融资/银行信贷比例
1999	944	158	1102	633	93734	1.2	0.7
2000	2103	89	2192	3667	99371	2.2	3.7
2001	1199	245	1444	267	112315	1.3	0.2
2002	962	320	1282	738	131294	1.0	0.6
2003	1358	452	1810	550	158996	1.1	0.3
2004	1511	326	1837	910	177364	1.0	0.5
2005	1883	654	2537	1907	194690	1.3	1.0
2006	5594	995	6589	3639	225285	1.0	1.6
2007	8859	1720	10579	1081	261691	4.0	0.4
2008	4582	2367	6949	1969	303395	2.3	0.7
2009	6858	4214	11072	686	399685	2.8	0.2
2010	12639	3627	16266	471	479196	3.4	0.1
2011	6780	2485	9266	492	447488	2.1	0.1
2012	1116	6499	7615	320	509457	1.5	0.1
2013	6885	4752	11637	517	578307	2.0	0.1
2014	8412	6962	15374	2919	651469	2.4	0.5

数据来源：表 6 - 1、表 6 - 7 和表 6 - 18；银行信贷数据来自中国人民银行网站。

表 6 - 19 显示，除 2000 年直接融资（股票市场融资和债券市场融资总和）占相应年份比例超过 2% 之外，1999 年到 2006 年，内地资本市场融资仅占相应间接融资 1% 多些。不过随着 2007 年中国股票市场一轮牛市的加速以及企业债的快速发展，2007 年内地资本市场融资占间接融资的比例超过了 4%。近年来内地资本市场融资占间接融资的比例常在 2% 左右。

比较上文中、美两国债券市场结构我们可以容易地发现，企业债券比例过低是我国债券市场一大问题。通过大力发展企业债券市场可以有效提升直接融资比例。

6.12　基金管理

以基金为主的机构投资者经过几年的发展已经成为我国资本市场的重要组成部分。本节简单介绍我国基金行业近年来的发展和我国基金业的国际地位。

6.12.1　中国基金业的发展

在我国基金管理几乎和股票市场产生于同一时期。我国的第一只投资基金"南山风险基金"在1991年11月开始对外出售。"南山风险基金"的发行标志着我国基金业的开始。在早期，大多数基金的发行要得到当地政府或中国人民银行的批准。由于基金的发行需要吸引大量的资本，所以他们的投资领域特别广，包括证券投资和非上市公司的净资产投资到房地产投资。和相对标准的投资基金相应，当时基金被称为"旧式基金"。这种旧式基金发展相当迅速，截止到1997年，一共有75只旧式基金，注册资本达到58亿元人民币，市值达到100亿元人民币。可是，旧式基金在很多方面都很不规范，包括发行、运作、信息披露、监督和管理，很多日常性的运作困难导致了1994年的中止。这标志着我国基金管理的早期阶段。

1997年11月14日，中国证监会发布了《证券投资基金管理暂行办法》来规范我国的基金业。随后颁布了更详细的规章制度，详细阐述了基金的发行、资本的筹集和交易、基金的托管和管理、基金持有者的权利和义务、基金的运作、监督和管理。这些规则的颁布对我国投资基金的投资行为具有极大的影响。

1998年3月，两只新基金，基金开元（由南方基金管理有限公司发行）和金泰基金（由国泰基金管理有限公司发行）在4月成功发行上市。由于这些新式基金只被允许投资于我国的证券市场，所以他们被称为证券投资基金。从监管的角度看，基金的设立主要有两个目的，一是发挥专家管理的优势以提供给投资者一种有效的投资工具，二是培养机构投资者来促进我国证券市场的持续、稳定、健康发展。

6.12.2　中国基金业的现状

经过十多年的发展，截至2015年4月，我国共有2098只基金，净值总额达5.5万亿元人民币，其中按规定可投资股票的基金的资产净值有2.8万亿元，占到我国股市流通市值的5.9%，占总市值的7.1%，占居民定期储蓄存款的8.0%。按投资对象分，股票型基金共有767只，资产净值共有1.56万亿元，占到全部基金资产的20.4%；混合型基金共有512只，资产净值共1.2万亿元，占到全部基金资产的20.6%；货币型基金近年来因为互联网金融的推动而快速崛起，2014 年 4 月末共有 233 只，资产净值共有 2. 25 万亿元，占到全部基金资产的 46. 6%；债券型基金共有 481 只，资产净值共有 3184 亿元，占到全部基金资产的 6. 6%。2014 年末 1892 只基金中，开放式基金为 1872 只，封闭式基金为132 只（见表 6 – 20 和表 6 – 21）。

表 6 – 20　　　　　　基金净值及占 A 股市值比例（1998—2015 年）　　单位：亿元，%

年份	流通市值	市价总值	居民定期存款总额	基金净值	占流通市值比例	占市价总值比例	占居民定期存款的比例
1998	5769	19487	N. A	107	1. 9	0. 6	N. A
1999	8214	26471	N. A	458	5. 6	1. 7	N. A
2000	16088	48091	46142	775	4. 8	1. 6	1. 7
2001	14463	43522	51435	704	4. 9	1. 6	1. 4
2002	12485	38329	58789	959	7. 7	2. 5	1. 6
2003	13179	42458	74477	1364	10. 4	3. 2	1. 8
2004	11689	37056	83396	2316	19. 8	6. 2	2. 8
2005	10631	32430	96917	2355	22. 2	7. 3	2. 4
2006	25004	89404	106536	7413	29. 6	8. 3	7. 0
2007	93064	327140	107335	31012	33. 3	9. 5	28. 9
2008	45214	121366	141727	13664	30. 2	11. 3	9. 6
2009	151259	243939	162865	23075	15. 3	9. 5	14. 2
2010	193110	265423	180902	22076	11. 4	8. 3	12. 2
2011	214758	164921	212779	17092	8. 0	10. 4	8. 0
2012	230358	181658	250068	17776	7. 7	9. 8	7. 1
2013	230977	199580	285354	17102	7. 4	8. 6	6. 0
2014	372547	315624	321908	21360	5. 7	6. 8	6. 6
2015 *	477018	395085	350748	28208	5. 9	7. 1	8. 0

数据来源：根据 Wind 资讯、2007 年基金中报数据、人民银行网站统计数据计算得出。数据均为每年年末时点数据，2015 年数据为 4 月底数据。

表 6-21　　　　　　　　　　　各类型基金数量变动表　　　　　　　　单位：只

截止日期	全部基金	开放式基金	封闭式基金	股票型基金	混合型基金	债券型基金	保本型基金	货币市场型基金
1998 年 6 月	4	0	4	4	0	0	0	0
1998 年 12 月	5	0	5	5	0	0	0	0
1999 年 12 月	18	0	18	18	0	0	0	0
2000 年 12 月	25	0	25	25	0	0	0	0
2001 年 12 月	37	3	34	37	0	0	0	0
2002 年 12 月	56	17	39	51	3	2	0	0
2003 年 12 月	95	56	39	69	10	13	1	2
2004 年 12 月	146	107	39	95	22	14	5	10
2005 年 12 月	208	169	39	118	38	17	5	30
2006 年 12 月	307	268	39	161	63	28	6	49
2007 年 12 月	346	312	35	120	122	21	4	40
2008 年 12 月	439	408	32	157	139	57	5	40
2009 年 12 月	557	528	32	234	158	77	6	43
2010 年 12 月	704	668	47	327	167	95	5	46
2011 年 12 月	914	886	58	457	200	155	0	51
2012 年 12 月	1174	1143	92	553	227	232	0	95
2013 年 12 月	1552	1522	122	620	298	398	0	148
2014 年 12 月	1892	1872	132	696	398	468	0	230

数据来源：根据 Wind 资讯。

6.12.3　中国基金业的结构和地域简析

从结构来看，在成立初期是股票型基金独霸天下的局面，2002 年混合型基金和债券型基金被推出市场，分流了一部分股票型基金的资金。而其中，混合型基金依靠自身能灵活配置资产的优势迅速赢得市场认可，2002 年只占基金市场份额的 5.7%，经过 12 年发展，到 2014 年 12 月已占到整个基金市场的 14.59%。货币型基金于 2003 年推出后短短几年就经历了一个兴衰周期。由于 2004 年和 2005 年 A 股市场的低迷，货币型基金受到市场追捧，在 2005 年底资产净值达到 1953 亿元，占到整个基金市场资产净值的 41.8%。但从 2006 年开始 A 股市场进入强牛市，货币市场基金管理的资产在整个基金行业管理资产大幅增加的情况下却急剧萎缩，到 2007 年 8 月下降到 640 亿元，市场份额跌到 3.4%，但是近年来随着互联网与货币基金的有效对接，货币市场基金得到了迅猛发展，目前已经占据基金净值的接近50%（见表6-22）。

表6-22　　　各类型基金资产净值和比例变动（1998—2014年）

单位：只，亿元，%

截止日期	全部基金		开放式基金		封闭式基金		股票型基金	
	总数	资产净值	资产净值	占比	资产净值	占比	资产净值	占比
1998年6月	4	82	0	0	82	100.0	82	100.0
1998年12月	5	107	0	0	107	100.0	107	100.0
1999年12月	18	458	0	0	458	100.0	458	100.0
2000年12月	25	775	0	0	775	100.0	775	100.0
2001年12月	37	704	86	12.2	618	87.8	704	100.0
2002年12月	56	1036	396	38.2	641	61.8	900	86.8
2003年12月	95	1482	711	48.0	771	52.0	1171	79.0
2004年12月	146	3034	2310	76.2	723	23.8	1725	56.9
2005年12月	208	4668	3935	84.3	733	15.7	1776	38.0
2006年12月	307	8536	7077	82.9	1459	17.1	5303	62.1
2007年12月	346	32756	30393	92.8	2395	7.3	15652	47.8
2008年12月	439	19389	18695	96.4	716	3.7	6903	35.6
2009年12月	557	26454	25212	95.3	1270	4.8	12917	48.8
2010年12月	704	24861	23451	94.3	1438	5.8	12266	49.3
2011年12月	914	21678	20605	95.1	1073	5.0	10530	48.6
2012年12月	1174	27971	26662	95.3	1309	4.7	11196	40.0
2013年12月	1552	29309	28176	96.1	1132	3.9	10565	36.1
2014年12月	1892	44526	42956	96.5	1571	3.5	12135	27.3

截止日期	混合型基金		债券型基金		保本型基金		货币市场型基金	
	资产净值	占比	资产净值	占比	资产净值	占比	资产净值	占比
1998年6月	0	0	0	0	0	0	0	0
1998年12月	0	0	0	0	0	0	0	0
1999年12月	0	0	0	0	0	0	0	0
2000年12月	0	0	0	0	0	0	0	0
2001年12月	0	0	0	0	0	0	0	0
2002年12月	59	5.7	77	7.4	0	0	0	0
2003年12月	149	10.1	115	7.7	44	0.2	3	0.2
2004年12月	479	15.8	107	3.5	112	0.6	611	20.1

截止日期	混合型基金		债券型基金		保本型基金		货币市场型基金	
	资产净值	占比	资产净值	占比	资产净值	占比	资产净值	占比
2005 年 12 月	481	10.3	361	7.7	98	0.5	1953	41.8
2006 年 12 月	1979	23.2	225	2.6	130	0.7	899	10.5
2007 年 12 月	11741	35.8	633	1.9	142	0.4	1110	3.4
2008 年 12 月	5382	27.8	1833	9.5	147	0.8	3892	20.1
2009 年 12 月	7907	29.9	784	3.0	245	0.9	2595	9.8
2010 年 12 月	7414	29.8	1252	5.0	228	0.9	1533	6.2
2011 年 12 月	5986	27.6	1637	7.6	0	0	2949	13.6
2012 年 12 月	5954	21.3	3119	11.2	0	0	7075	25.3
2013 年 12 月	5939	20.3	3374	11.5	0	0	8832	30.1
2014 年 12 月	6496	14.6	3468	7.8	0	0	21914	49.2

数据来源：根据 Wind 资讯。

从地域来看，中国基金业呈现北京、上海和深圳三足并立的局面。近年来由于货币市场基金的迅猛发展，因为余额宝而蜚声基金界的天弘基金因注册在天津使得北京、上海和深圳鼎立的格局有所动摇。上海的基金公司数最多，但是基金公司资产净值平均值和基金资产净值平均值则相对较小。就资产净值规模而言，上海、深圳和北京依然是名列三甲（见表 6-23）。

表 6-23　　　　　　　　　　基金公司地域分布统计　　　　　　单位：家，亿元，只

地域分布	基金公司数	资产净值	基金数	基金公司资产净值平均值	基金资产净值平均值
北京	18	9316.7	289	517.6	32.2
上海	44	20022.7	967	455.1	20.7
深圳	23	13053.3	619	567.5	21.1
珠海	3	4551.6	157	1517.2	29
其他	10	8118.6	89	811.9	91.22
总计	93	55062.9	2121	592.1	26

数据来源：根据 Wind 资讯。

6.12.4　中国基金业的集中度简析

从单个基金公司来看，规模最大的基金公司为华夏基金管理有限公司，年报数据显示，公司管理的基金共有 25 只，资产超过 2200 亿元，占整个行业的

8.7%。表 6-24 给出了 2014 年年末规模最大的十家基金公司，统计显示前十大基金公司管理资产近 12100 亿元，占到整个市场的 34.35%，表明我国基金行业已有一定的集中度。

表 6-24　　　　基金公司资产规模排名前十（2014 年年末）

单位：只，亿元，%

基金公司	基金数量	份额合计	资产合计	市场占比
天弘基金管理有限公司	22	7369.8	7379.1	15.48
华夏基金管理有限公司	54	2661.8	3384.5	7.10
工银瑞信基金管理有限公司	59	2521.6	2661.2	5.58
易方达基金管理有限公司	71	2349.1	2633.9	5.52
嘉实基金管理有限公司	73	2164.8	2604.5	5.46
南方基金管理有限公司	64	1836.0	1963.7	4.12
汇添富基金管理股份有限公司	52	1619.8	1963.0	4.12
广发基金管理有限公司	68	1583.1	1835.5	3.85
招商基金管理有限公司	46	1525.7	1644.9	3.45
中银基金管理有限公司	47	1281.8	1391.2	2.92
总计	556	24913.6	27461.4	57.59

数据来源：根据 Wind 资讯。

从单只基金来看，截至 2015 年 3 月规模最大的基金是天弘增利宝基金，资产净值为 7117.24 亿元。表 6-25 给出了规模最大的十只基金，统计显示前十大基金管理的资产净额共为 1.3 万亿元，占基金行业管理资产总额的 21.04%。

表 6-25　　　　基金资产净值排名前十（2015 年 3 月）　单位：亿份，亿元

名称	份额	资产净值	基金管理人	投资类型
天弘增利宝	7117.24	7117.24	天弘基金管理有限公司	货币市场型基金
工银瑞信货币	995.00	995.00	工银瑞信基金管理有限公司	货币市场型基金
华夏现金增利 E	735.00	735.00	华夏基金管理有限公司	货币市场型基金
华夏现金增利 A	735.00	735.00	华夏基金管理有限公司	货币市场型基金
上投摩根货币 B	719.57	719.57	上投摩根基金管理有限公司	货币市场型基金
兴全添利宝	698.67	698.67	兴业全球基金管理有限公司	货币市场型基金
华夏财富宝	545.14	545.14	华夏基金管理有限公司	货币市场型基金
中银货币 B	534.26	534.26	中银基金管理有限公司	货币市场型基金
南方现金增利 A	515.12	515.12	南方基金管理有限公司	货币市场型基金
申万菱信中证申万证券 A	186.09	461.89	申万菱信基金管理有限公司	被动指数型基金

数据来源：根据 Wind 资讯。

6.12.5 中国基金业与成熟市场的比较

中国的基金业从 1998 年开始的十多年中发展迅猛，从 1998 年 6 月至 2007 年 6 月 9 年的年均增长率（几何平均）为 82.2%。但与成熟市场相比我们还处于发展的起步阶段。图 6-1 是世界共同基金行业的资产分布图。美国共同基金的权威研究机构——投资公司研究所（Investment Company Institute，ICI）[1] 2015 年报告显示，截至 2014 年底世界共同基金行业的总净资产为 31.4 万亿美元，各经济体占的份额分别为：美国最大，占 50.52%；欧洲其次，占 30.52%；再次为亚太区（剔除中国大陆），占 9.36%；中国大陆占的份额仅为 2.26%。从上述数据可以看出中国基金业还处于发展的初级阶段，今后还有很大的发展空间。

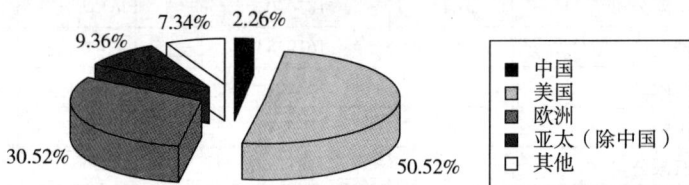

7.34%　2.26%
9.36%
30.52%
50.52%

图例：
- 中国
- 美国
- 欧洲
- 亚太（除中国）
- 其他

数据来源：根据 ICI2015 年度报告数据整理计算得出。

图 6-1　2014 年末世界共同基金的净资产地理分布

美国现代基金业从 1924 年[2] 开始历经八十多年的发展已经非常成熟，截至 2014 年年底，美国共同基金业的资产总额为 15.9 万亿美元，占世界共同基金市场的 50.5%。资产构成方面，股票市场型基金占 52%，债券型基金占 22%，货币市场型占 17%，混合型基金占 9%（见图 6-2、表 6-26 和表 6-27）。从上述数据可以看出美国共同基金业占据主导的是股票型基金，但债券型、货币市场型占的份额也不小。与中国现有的基金结构比较可以发现，中国共同基金构成与美国最大的差异在于货币市场基金在中国基金资产净值中几乎占据半壁江山，这既是过去几年中国股票市场低迷压缩了股票型基金的比例，也与互联网金融的快速发展密切相关。

---

① 投资公司研究所（ICI）是美国投资公司行业的联合会，成立于 1940 年，其成员拥有 8806 只共同基金，667 只封闭式基金和 449 只交易所交易基金，是美国基金行业研究和数据发布的权威机构。网址：www.ici.org。

② 数据来源：ICI 2015 年度报告。

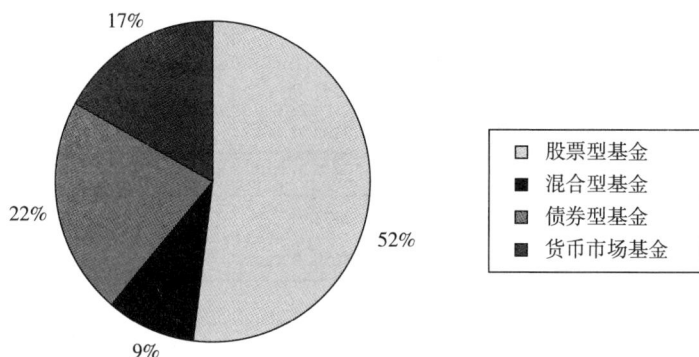

数据来源：根据 ICI 2015 年度报告数据整理计算得出。

图 6 – 2　2014 年美国共同基金的构成

表 6 – 26　　美国共同基金总资产与基金数量（1940 年底到 2014 年底）

单位：亿美元，只

年份	净资产总额	基金数量	年份	净资产总额	基金数量
1940	5	68	2003	74144	8126
1950	25	98	2004	81069	8041
1960	170	161	2005	89048	7975
1970	476	361	2006	104136	8120
1980	1348	564	2007	120002	8041
1990	10652	3079	2008	96029	8039
1996	35258	6248	2009	111126	7666
1997	44682	6684	2010	118330	7554
1998	55252	7314	2011	116319	7587
1999	68463	7791	2012	130522	7588
2000	69646	8155	2013	150348	7713
2001	69749	8305	2014	158523	7923
2002	63904	8244			

数据来源：ICI 2015 年度报告，数据中未包括"基金的基金"的资产。

表 6 - 27　　　　　美国共同基金各类型基金资产总额（1985—2014 年）　单位：亿美元

年份	行业总额	股票型基金	混合型基金	债券型基金	货币市场基金
1985	4954.0	1113.0	176.0	1227.0	2438.0
1990	10652.0	2395.0	361.0	2913.0	4983.0
1995	28113.0	12491.0	2103.0	5989.0	7530.0
1996	35258.0	17260.0	2526.0	6454.0	9018.0
1997	44682.0	23680.0	3171.0	7242.0	10589.0
1998	55252.0	29779.0	3650.0	8306.0	13517.0
1999	68463.0	40419.0	3788.0	8125.0	16132.0
2000	69646.0	39619.0	3463.0	8112.0	18453.0
2001	69749.0	34182.0	3463.0	9251.0	22853.0
2002	63904.0	26625.0	3255.0	11305.0	22720.0
2003	74144.0	36842.0	4305.0	12478.0	20520.0
2004	81069.0	43841.0	5193.0	12904.0	19132.0
2005	89048.0	49398.0	5673.0	13572.0	20405.0
2006	104136.0	59116.0	6532.0	14944.0	23545.0
2007	120006.0	65159.0	7190.0	16800.0	30858.0
2008	96026.0	37043.0	4995.0	15666.0	38322.0
2009	111207.0	49576.0	6407.0	22062.0	33162.0
2010	118329.9	55966.2	8414.1	25910.2	28039.3
2011	116318.9	52129.9	8830.6	28444.3	26914.2
2012	130522.3	59387.5	10292.6	33907.0	26935.3
2013	150347.8	77627.2	12673.3	32863.9	27183.3
2014	158523.4	83143.2	13518.4	34609.3	27252.6

数据来源：ICI 2015 年度报告，数据中未包括"基金的基金"的资产。

6.12.6　中国基金行业今后的发展

经过十多年的发展，尤其是从 2006 年开始的大牛市中的快速发展，中国的基金业已经在资本市场中占据重要地位。得益于中国"金融深化"过程中资金从银行流向资本市场的大趋势，中国的基金行业未来发展前景非常广阔。近年来由于互联网金融的创新，货币市场基金成为基金市场的弄潮儿。合格的境外机构投资者（QFII）和合格的境内机构投资者（QDII）在整个基金行业的影响将显著提升。

在快速发展中，中国的基金行业也暴露出一些急需解决的问题，包括：收费方式单一，迫使基金公司一味追求通过扩大资产规模来多收管理费；由于规模发展迅速但同时缺乏足够的激励措施，人才短缺和人才流失并存；基金经理面临过于频繁的短期考核指标压力，致使资产配置和股票池趋于雷同，基金经理不能坚持自己的投资风格。这些问题解决得好坏直接影响整个基金行业以及基金公司的持续发展。

6.13 我国保险业

我国的保险业开始于 1980 年，尽管在过去的 34 年里保险业一直保持着高增长率，但无论是和我国金融业的其他组成部分相比还是和其他国家的保险业相比，其规模还是相当小。

6.13.1 保险业的发展概况

1995 年《保险法》的颁布为我国保险业的发展确立了一个里程碑，建立了保险业的法律体系。1998 年 11 月 19 日中国保险监督管理委员会（以下简称保监会）的建立标志着我国保险业发展的另外一个里程碑。从成立以来，保监会颁布了 200 多条细则来更好地监管我国的保险业。表 6－28 提供了从 1999 年到 2007 年 6 月我国保险公司的保费收入、投资额、政府债券的持有量、银行存款数目、政府债券数和银行存款占整个投资比率、投资在基金的数额及总资产。我国保险业保持了快速的增长势头，1999 年底，我国保险业资产共 2604 亿元，占我国国内生产总值的 2.9%，经过近 7 年的发展，到 2006 年底我国保险业资产达到 19731.3 亿元，已占我国国内生产总值的 9.4%，年几何平均增长率为33.5%。到 2010 年底我国保险业资产达到 50481.6 亿元，已占我国国内生产总值的 13.0%，年几何平均增长率为 26.5%。

表 6－28　　　　　　1999 年到 2014 年我国保险业规模　　　　单位：亿元，%

年份	保费收入总计	投资总计	投资—债券		投资—股票和证券投资基金		银行存款	资产总额
	年度累计	期末余额	期末余额	占比	期末余额	占比	期末余额	期末余额
1999	1393.2	891.4	678.5	76.1	14.8	1.7	926.0	2604.1
2000	1595.9	1303.2	956.0	73.4	133.5	10.3	1235.4	3373.9
2001	2109.4	1712.6	795.8	46.5	209.0	12.2	1930.6	4591.3
2002	3053.1	2504.1	1107.9	44.2	307.8	12.3	3026.3	6494.1
2003	3880.4	3828.9	1406.9	36.7	463.2	12.1	4549.7	9122.8
2004	4318.1	5711.9	2651.7	46.4	673.2	11.8	5537.9	11853.6

续表

年份	保费收入总计	投资总计	投资—债券		投资—股票和证券投资基金		银行存款	资产总额
	年度累计	期末余额	期末余额	占比	期末余额	占比	期末余额	期末余额
2005	4927.3	8894.4	3588.3	40.3	1099.2	12.4	5241.4	15226.0
2006	5641.4	11796.3	3647.0	30.9	912.0	7.7	5989.1	19731.3
2007	7035.8	20205.7					6516.3	29003.9
2008	9784.1	22465.2			1646.4	0.1	8087.6	33418.4
2009	11137.3	26897.4					10519.7	40634.8
2010	14528.0	32136.7					13910.0	50481.6
2011	14339.3	37736.7					17737.2	60138.1
2012	15487.9	45096.6					23446.0	73545.7
2013	17222.2	54232.4	33375.4	43.4	7864.8	10.2	22641.0	82887.0
2014	20234.8	68003.7	35599.7	38.2	10325.6	11.1	25310.7	101591.5

数据来源：主要来自保监会网站，www.circ.gov.cn，而保监会网站的数据披露项并不总是一致，因此造成了表6－28中的相关指标在2013—2014年有数据，但是在2007—2012年却有缺失。

表6－28也揭示出了我国保险业资产管理思维的一些变化。从表中可以看出，2004年12月之前我国保险业的资产配置上银行存款一直多于投资金额。但从2004年12月开始，投资金额开始快速增长，截至2014年年底，我国保险业的投资金额达到6.8万亿元，是同期银行存款的2.7倍多。

另外，我国保险业在其组成结构上的一个显著特点是：在2002年时，中外合资的保险机构的数量已经超过了我国本土保险公司的数量。不过，虽然国有保险公司的数量有所减少，但是仍然在我国的保险市场中占有主导地位。

6.13.2 保险业持有银行股权

2006年9月30日，中国保监会发布了《关于保险机构投资商业银行股权的通知》，明确保险集团（控股）公司、保险公司、保险资产管理公司可以投资境内商业银行，以此鼓励中小保险公司进行一般投资，提高投资的收益水平，同时鼓励大中型保险公司进行一般投资或重大投资，加快保险业参与综合经营的试点，实现大中型保险公司的跨越式发展。

截止到2006年年底，不包括保险公司在二级市场上直接购买股票的方式，保险公司参股或有意向参股的银行已经达到18家之多。被参股的银行包括四大国有银行、股份制商业银行和城市商业银行等。其中，中国人寿和平安保险在投资银行股权方面走得最深最远。

从 2005 年开始，中国人寿动用了 2.5 亿美元认购 4 亿股建行 H 股，随后又出资 23.5 亿港元认购中行 H 股股份，获配 78842 万股。2006 年 8 月，中国人寿又通过股权拍卖方式，以每股 5.6 元认购了 7000 万股兴业银行股票。2006 年 10 月，中国人寿还耗资近 120 亿元，在沪港两市购得约 39 亿股工行股份。2006 年 11 月在广州发展银行重组中，中国人寿出资 56.7 亿元人民币获得广发行 20% 的股权。

平安保险也是进入银行业的典范。平安保险于 2006 年 5 月 30 日获配售中国银行 H 股 47305.2 万股，战略投资 2.8 亿元获中国银行 A 股 0.9 亿股。平安保险于 2006 年 8 月出资人民币 49 亿元收购深圳商业银行 89.24% 的股权。而在此前 2004 年平安保险还以旗下子公司平安信托的名义与汇丰控股联合收购了福建亚洲银行，并得到了银行准入牌照。平安保险旗下的平安人寿于 2006 年 10 月 16 日以 11 亿元人民币认购工商银行 A 股；并于 2007 年 6 月斥资 54.48 亿元认购民生银行非公开发行股票 7.14 亿股。

6.13.3　保险公司海内外上市情况

2003 年 11 月 7 日，中国人民财产保险股份有限公司以 H 股在香港联交所成功上市，成为首家在境外整体上市的国有金融企业，拉开了国有保险公司上市改制的序幕。2003 年 12 月 17 日、18 日，中国人寿保险股份有限公司在纽约证券交易所和香港联交所成功上市，成为首家在美国、中国香港两地上市的中国内地金融企业。2004 年 6 月 24 日，平安保险集团以金融集团的形式在香港上市。中保集团旗下的香港民安保险 2006 年 12 月 11 日起在香港招股，并宣布将于 12 月 22 日在香港主板上市，该公司成为第四家在港上市的中资保险公司。

2006 年 5 月 6 日和 5 月 17 日，中国证监会分别发布了《上市公司证券发行管理办法》和《首次发行股票并上市管理办法》，重新启动中国 A 股的上市发行。2007 年 1 月 9 日和 3 月 1 日，中国人寿和中国平安先后在中国 A 股市场上市，这两家公司一共募集资金达 672 亿元。2009 年 12 月，中国太平洋保险公司在香港上市，发行价为 28 港元，取其招股价范围的中间值，募集资金总额约为 240 亿港元。

6.14　合格境外机构投资者（QFII）

吸引合格的境外机构投资者是我国改革开放的重要内容，也是资本项目开放的特殊形式。经过多年的准备，2002 年 11 月 8 日，中国证监会和中国人民银行联合颁布了《合格境外机构投资者境内证券投资管理暂行办法》，2003 年 6 月开始我国合格的境外机构投资者（QFII）授权审批。本书第 63 章附表 63－4 给出了 2003 年到 2016 年 1 月 27 日国家授权的 279 家合格境外机构投资者名称、批准时间和批准额度等。整理本书第 63 章附表 63－4 给出的数据，我们发现 2003 年到 2006 年，国家批准的 QFII 额度持续增长，2006 年批准总额度为 15 亿美元；2007 年批准额度仅为 0.5 亿美元，2008 年和 2009 年批准的额度也不到 10 亿美元，显示国际金融危机的影响；2010 年国家批注的总额度达到了 16 亿美元的历史最高值，然而 2011 年批准额度略低于 2010 年仅为 15.2 亿美元；2011 年到 2012 年批准额度增长了 6 倍多，首次超过 100 亿美元达到 110.18 亿美元，虽然 2013 年批准额度重新低于 100 亿美元，而 2014 年批准额度比 2013 年增长了 222.4%，创下 318.72 亿美元的历史新高；2015 年第一季度批准总额高达 100.7 亿美元，超过 2013 年全年批准总额，比 2014 年第一季度同比增长了 52.3%，显示 2014 年以来国家批准合格境外机构投资者大幅度加速，而且 2015 年增长趋势仍未减缓。

如上分析表明，国内股市快速增长时国家批准的合格境外机构投资者额度减速，如 2017 年批准总额度仅为 0.5 亿美元，为 2004 年以来最少的，而当股市低迷时国家批准 QFII 的速度明显提高，政府通过利用合格境外机构投资者资金额调控股市的意图明显。然而，国内股市缺乏的并不是资金，而是投资者对股票市场的信心。我国总储蓄额超过美国、日本、德国、俄罗斯、印度和法国等全球第二到第七的储蓄总和，表明我国股市缺乏的不应该是资金，而是信心。

国际媒体经常报道发达国家金融监管当局对金融机构的处罚，罚金往往高达数亿或者数十亿美元。对于同样的这些境外金融机构在国内股市已经投资超过十年的时间，但是我们却难以发现我国监管部门对哪家合格境外机构投资者进行过处罚。同样的国际金融机构在发达国家经常受到处罚，而在我国国内却少有处罚表明国内监管过于宽松，对中小投资者保护不足，或者是监管的专业性和职业性有待提高。

6.15　我国加入 WTO 在证券和保险业方面的承诺及外资的投资情况

在第 5 章我们介绍了中国加入 WTO 在银行服务方面的承诺，这里我们简单介绍中国加入 WTO 在证券和保险方面的承诺。

6.15.1　我国加入 WTO 在证券和保险业方面的承诺

外国证券机构可以直接进行 B 股的交易。加入世贸组织以后，外国证券机构在我国的代表处将会变成我国股票交易中特殊的一员。外国投资者可以持股高达 33% 参与组建中外合资证券公司。在我国加入世贸组织的 3 年内，将允许外国投资者将持股限额提高到49%。外国证券机构被允许进行风险投资，从事A股保证金、B股保证金、H股、政府和企业债券及基金交易，但是个人投资额不应超过1/3。具体承诺请参看附录给出的世界贸易组织官方网站或中国证券监督管理委员会官方网站。

6.15.2　外资投资我国基金业和证券业的情况

在我国进入世界贸易组织的承诺下，近年来外资投资我国基金业和证券业非常活跃。截至2009年9月底，已经有33家外资金融机构投资我国33家基金公司。表6－29给出了这些外资金融机构的名称、投资的中国基金名称、投资金额、占相应基金的份额、投资时间及其他事项，也给出了外资金融机构投资中国证券公司的相应情况。

表6－29　　　　　　　　外资投资中国基金和证券业情况表

基金公司名称	外资公司	投资金额	所占股份	投资时间	备注
招商基金公司	荷兰国际集团	4800万元人民币	30%	2002－12	
华宝兴业基金公司	法国兴业资产管理公司	3300万元人民币	33%	2003－02	
国联安基金公司	德国安联集团	3300万元人民币	33%	2003－04	
海富通基金公司	欧洲富通基金管理公司	3300万元人民币	33%	2003－04	
富国基金公司	加拿大蒙特利尔银行	2000万元人民币	20%	2003－09	2004年12月蒙特利尔银行占注册资本的27.775%
景顺长城基金公司	美国景顺资产管理公司	4900万元人民币	49%	2003－06	
湘财荷银基金公司	荷兰银行	3300万元人民币	33%	2003	
光大保德信基金	美国保德信投资管理公司	3300万元人民币	33%	2004－04	
申万巴黎基金公司	法国巴黎资产管理公司	3300万元人民币	33%	2004－08	
上投摩根富林明基金公司	摩根富林明资产管理公司	5000万元人民币	33%	2004－05	
中银国际基金公司	美国美林投资管理公司	1650万元人民币	16.5%	2004－08	
国海富兰克林基金	美国坦伯顿国际股份公司	3300万元人民币	33%	2004－09	

续表

基金公司名称	外资公司	投资金额	所占股份	投资时间	备注
友邦华泰基金公司	友邦投资管理公司	原投资3300万元	49%	2005-08	苏州高新向AIG-GIC转让了8%的股份，江苏交通向其转让了4%的股份
国投瑞银基金公司	瑞银集团	4900万元人民币	49%	2005-05	
嘉实基金	德意志资产管理公司	1950万元人民币	30%	2005-06	
工银瑞信公司	瑞士信贷第一波士顿	5000万元人民币	25%	2005-07	
交银施罗德基金	施罗德投资管理公司	6000万元人民币	30%	2005-08	
信诚基金	英国保诚集团		49%	2005-09	
建信基金	美国信安金融集团	4000万元人民币	25%	2005-08	待银监会核准
汇丰晋信基金	汇丰投资管理有限公司	9800万元人民币	49%	2005-11	中方为山西信托，注册资本为2亿元人民币
信达澳银基金	康联首域集团有限公司	4600万元人民币	46%	2006-06	
诺德基金	诺德·安博特公司	4900万元人民币	49%	2006-05	注册资本1亿元人民币，长江证券出资3000万元，占30%股权；清华控股出资2100万元，占21%股权
中欧基金	隆巴达和皮埃蒙特银行	5900万元人民币	49%	2006-07	中方为国都证券，持股47%，平顶山煤业持4%。注册资本1.2亿元人民币
金元比联基金	比利时联合资产管理公司	7350万元人民币	49%	2006-11	注册资本1.5亿元人民币，金元证券占51%股权

续表

基金公司名称	外资公司	投资金额	所占股份	投资时间	备注
长盛基金管理公司	新加坡星展资产公司	5500 万元人民币	33%	2007 – 01	
鹏华基金管理公司	意大利欧利盛金融集团	7350 万元人民币	49%	2007 – 06	
融通基金管理公司	日兴资产管理公司	1 亿元人民币	40%	2007 – 06	
浦银安盛基金管理公司	法国安盛投资资产公司	7800 万元人民币	39%	2008 – 01	
兴业全球基金管理公司	荷兰全球人寿保险国际公司	7350 万元人民币	49%	2008 – 04	
农银汇理基金管理公司	东方汇理资产管理公司	6600 万元人民币	33.33%	2008 – 03	
摩根士丹利华鑫基金管理公司	摩根士丹利国际控股公司	3400 万元人民币	34%	2008 – 05	
民生加银基金管理有限公司	加拿大皇家银行	6000 万元人民币	30%	2008 – 11	
中海基金管理有限公司	法国爱德蒙得洛希尔银行	4500 万元人民币	15.385%	2008 – 11	
中国国际金融公司	三家外资机构		49.3%	90 年代投资，2010 年 12 月再转让	
华欧国际证券	里昂证券	1.67 亿元人民币	33.33%	2003 – 04	
长江百富勤证券	法国巴黎银行集团	2 亿元人民币	33.33%	2003 – 11	
海际大和证券	大和证券 SMBC 株式会社	1.67 亿元人民币	33.33%	2004 – 11	
高华证券	名义上为国内券商	10.72 亿元人民币		2004 – 10	
中银国际证券有限责任公司	中银国际控股有限公司				
光大证券有限公司	中国光大控股有限公司				
瑞银证券有限责任公司	瑞士银行有限公司	2.98 亿元人民币	20%	2005 – 10	

续表

基金公司名称	外资公司	投资金额	所占股份	投资时间	备注
瑞信方正证券有限责任公司	瑞士信贷	2.664 亿元人民币	33.3%	2006 – 06	
中德证券有限责任公司	德意志银行	6.66 亿元人民币	33.3%	2009 – 01	

资料来源：中国证监会网站；《上海证券报》2005 年 10 月 25 日 A11 版《谁将掌控中国的金融》，作者：余云辉、骆德明。

6.15.3 外资投资我国保险的情况

外资投资我国保险业比证券和基金更早，近年来也更加活跃。表 6 – 30 给出了这些外资保险公司的名称、投资的中国保险公司名称、投资金额、占相应保险公司的份额、投资时间及其他事项的情况。

表 6 – 30 外资投资中国保险业情况表

保险公司	外资公司	投资金额	所占股份	投资时间	备注
平安保险	汇丰保险集团	6 亿美元	9.99%	2003 – 10	
		81.04 亿港元	9.91%	2005 – 05	从摩根士丹利的高盛处购得转让股权，持股总数为 19.9%
瑞泰人寿	瑞典斯堪的亚公共保险	1 亿元人民币	50%	2004 – 01	
海康人寿	荷兰 AEGON 保险集团	1.5 亿元人民币	50%	2003 – 04	
中保康联人寿	澳大利亚联邦银行	9800 万元人民币	49%	2000 – 06	
恒安标准人寿	英国标准人寿保险	6.5 亿元人民币	49.99%	2003 – 12	
海尔纽约人寿	美国纽约人寿保险	1 亿元人民币	50%		
安联大众人寿	德国安联保险集团		51%	1998 – 10	
信诚人寿	英国保诚集团	2.5 亿元人民币	50%	2000 – 10	
广电日生人寿	日本生命保险相互会社	1.5 亿元人民币	50%	2003 – 01	
首创安泰人寿	荷兰国际集团	2.5 亿元人民币	50%	2002 – 12	
太平洋安泰人寿	荷兰国际集团	2.5 亿元人民币	50%	1998 – 10	

保险公司	外资公司	投资金额	所占股份	投资时间	备注
新华人寿	苏黎世保险公司	不详	14.5%	2004－09	
	国际金融公司	不详	1.50%	2004－09	
	明治安田生命保险	不详	不详		
中意人寿	意大利忠利保险	2.5 亿元人民币	50%	2002－01	
中英人寿	英国英杰华保险集团	2.5 亿元人民币	50%	2003－01	
中宏人寿	加拿大宏利集团	2.55 亿元人民币	51%	1996－11	
光大永明人寿	加拿大永明金融	1 亿元人民币	50%	2002－04	
招商信诺人寿	美国信诺北美人寿保险	1 亿元人民币	50%	2003－09	
华泰财产保险	美国 ACE 集团	1.5 亿美元	23.13%	2003－05	
中国大地财产保险	九家境外机构投资者	1 亿元人民币	10%	2003－10	

资料来源：《上海证券报》2005 年 10 月 25 日 A11 版《谁将掌控中国的金融》，作者：余云辉、骆德明。

6.15.4　外资投资我国信托和其他金融领域的情况

除银行、证券、基金、保险外，外资金融机构也投资我国信托业和其他金融机构。表 6－31 给出了这些外资信托和汽车金融公司的名称、投资的中国相应公司的名称、投资金额、占相应公司的份额、投资时间及其他事项。

表 6－31　　　　　　　　外资投资中国信托和其他金融业情况表

信托公司名称	外资公司	投资金额	所占股份	投资时间	备注
天津北方信托	香港津联集团	1.57 亿港元	11.02%	2002	
山西信托	汇丰投资（欧洲）管理公司	2 亿元人民币		2004－09	成立合资基金管理公司汇丰晋信基金公司
爱信信托	香港名力集团	3.5 亿元人民币	46.6%	2004－11	
金信信托	苏格兰银行旗下苏格兰泛盈投资	4.975 亿元人民币	19.9%	2005－07	
北京国际信托	英国安石投资管理公司		19.9%	2007－11	
联华国际信托	澳大利亚国民银行	3 亿元人民币	20%	2007－09	
杭州工商信托股份有限公司	摩根士丹利国际控股公司	2 亿元人民币	19.9%	2008－04	

续表

信托公司名称	外资公司	投资金额	所占股份	投资时间	备注
苏州信托	苏格兰皇家银行	1.18亿元人民币	19.9%	2008－07	
新华信托	英国巴克莱银行	1亿元人民币	19.9%	2008－07	
华澳信托股份有限公司	麦格理集团	6000万元人民币	19.9%	2009－08	
上海通用汽车金融公司	通用汽车金融服务公司	3亿元人民币	60%	2004－08	
	上汽财务公司	2亿元人民币	40%		
福特汽车金融公司	福特金融（美）	5亿元人民币	100%		外方独资
大众汽车金融公司	大众汽车金融服务股份公司（德）	5亿元人民币	100%		外方独资
丰田汽车金融公司	丰田金融（日）	5亿元人民币	100%		外方独资

资料来源：《上海证券报》2005年10月25日A11版《谁将掌控中国的金融》，作者：余云辉、骆德明；《证券日报》2009年9月4日B1版《麦格理设立华澳信托初期目标盯住高端理财市场》，作者：张艺良。

6.16　总结

　　资本市场是任何国家金融市场的重中之重，其深度和广度是决定其本币国际化程度的重要基础。经过二十多年的发展，我国国内股市虽然经历了不少波折，但是还是回到了增长的态势。2007年我国证券化程度达到了127.1%的历史最高位，然而2007年到2013年却持续下滑到了42.0%，不及2007年的1/3；2014年底沪深股市总市值已达37.25万亿元人民币，比2013年增长了55.8%，2014年证券化程度迅速回升到了58.5%；2015年3月末我国股市市值比2014年底又增长了28%，2015年我国证券化程度有望达到80%上下。股市持续增长不仅对消费产生拉动效果，而且对企业直接融资等方面产生积极的作用。表6－5显示我国证券化水平不仅与美国、瑞士、卢森堡、中国香港和新加坡等发达市场有距离，而且与印度、马来西亚、泰国、菲律宾、智利等新兴市场也有距离，显示我国股票市场增长潜力巨大。但是，各国股市发展经验告诉我们，过快的增长通常伴随着剧烈的回调。大起大落不仅对广大投资者风险管理不利，而且也对股票市场中长期融资的功能不利。

　　表6－4的结果显示，我国股市换手率不仅显著高于所有新兴市场，而且也显著高于所有发达经济体市场，表明我国股市投机成分过重，股市中长期融资功能有待显著提高。逐步建立健全股票市场机制，从而使市场步入稳步持续发

展的道路更为重要。

　　二十多年来我国债券市场有了很大的发展，市场规模和流动性持续上升，债券种类分布也更趋合理。然而，我国债券市场规模仍然较低，2014 年债券市场市值仅为 28.7 万亿元，仅相当于 4.7 万亿美元。如果 2015 年到 2020 年人民币作为国际储备资产占全球外汇储备比重达到 2% 到 8%，那么国际市场对人民币债券的储备需求将达到 1200 亿到 5000 亿美元，境外持有的人民币债券比例可能超过 10%，对我国债券市场的影响将趋显著。我们将在第八篇研究相关问题。我国债券市场呈显著与发达债券市场很不相同的特征，2012 年以来场内外债券现货交易额不仅没有提高反而持续下降，场外债券市场交易以回购为主。尽管近年来利率市场化进程加速，利率互换交易呈现持续增长的态势，然而债券远期和远期利率协议这两种国际市场上通常用来管理利率风险的工具的交易不仅没有呈现持续活跃的趋势，而且近几年来交易为零或接近零，由此推出近两年的债券期货活跃度也有待提高，表明我国债券市场风险管理问题仍然没有理顺，我们在第五篇还会详细介绍和分析这些市场和产品。

第 7 章 中国外汇市场

人民币在 1948 年 12 月 1 日随中国人民银行一起诞生。人民币由我国的中央银行——中国人民银行发行和管理。中国人民银行对人民币的对外汇率实行有控制的浮动管理，国家外汇管理局实行国家对外汇的集中管理。

在本篇的前几章里我们分别介绍了我国的经济、银行体系和资本市场。由于本书介绍和分析各类人民币衍生产品，国内人民币外汇市场对本书极为重要。本章的重点是介绍我国在 2005 年 7 月推出并实施新的人民币汇率形成机制前后的外汇管理、外汇市场和其他相关问题，新的汇率形成机制以及市场对其的反映我们专门在第五篇详细介绍和分析。本章的内容可以使读者熟悉中国大陆的外汇管理政策，从而容易理解未来汇率形成机制方面进一步的改革措施及其有效性，进而理解本书各篇介绍和分析的各类人民币衍生产品。

7.1 国家外汇管理局

国家外汇管理局是管理外汇和外国货币相关的主要政府机构，是国家授权对外汇收支、买卖、借贷、转移以及国际间的结算、外汇汇率和外汇市场等实行管制措施的机构。国家外汇管理局由中国人民银行管理。

7.1.1 国家外汇管理局的主要职责

在 1998 年机构重组后，国家外汇管理局的主要职责包括：

（一）设计、推行符合国际惯例的国际收支统计体系，拟定并组织实施国际收支统计申报制度，负责国际收支统计数据的采集，编制国际收支平衡表；

（二）分析研究外汇收支和国际收支状况，提出维护国际收支平衡的政策建议，研究人民币在资本项目下的可兑换；

（三）拟定外汇市场的管理办法，监督管理外汇市场的运作秩序，培育和发展外汇市场；分析和预测外汇市场的供需形势，向中国人民银行提供制订汇率政策的建议和依据；

（四）制订经常项目汇兑管理办法，依法监督经常项目的汇兑行为；规范境内外外汇账户管理；

（五）依法监督管理资本项目下的交易和外汇的汇入、汇出及兑付；

（六）按规定经营管理国家外汇储备；

（七）起草外汇行政管理规章，依法检查境内机构执行外汇管理法规的情况、处罚违法违规行为；

（八）参与有关国际金融活动。

7.1.2　国内机构设置及其功能

国家外汇管理局由如下几个职能部门来履行其职责。如欲了解其部门的具体职责，请参看国家外汇管理局的官方网站，www.safe.gov.cn。

综合司组织协调国家外汇管理局机关日常工作和政务信息化管理工作；研究金融外汇方面的重大政策，提出政策建议；负责国家外汇管理局的法律事务；负责新闻发布、对外宣传、信息管理工作；负责国家外汇管理局的外事工作；负责国家外汇管理局机关的财务工作；负责文档管理、信访、保密工作。

国际收支司负责国际收支、外汇收支、银行结售汇、外汇账户及相关管理项下的统计制度的设计、实施和相应报表的编制；负责对银行外汇收支业务进行监管；负责对人民币汇价执行情况进行监管，研究人民币汇率形成机制，提出人民币汇率政策建议；负责对银行间外汇市场运行和境内外币清算业务进行监管；负责对国际收支、外汇收支进行分析和预测。

经常项目管理司负责经常项目外汇监管；制定经常项目外汇业务监管的规章制度并组织实施；负责对出口收汇核销、进口付汇核销和外汇账户进行监控及非现场检查；承办规定由国家外汇管理局办理的经常项目外汇管理业务。

资本项目管理司依法负责资本与金融项目交易的管理；负责资本与金融项目外汇收支、结售汇及账户的管理；负责资本与金融项目统计监测与预警工作；依法制定业务管理的规章制度并组织实施。

管理检查司拟定外汇检查工作的有关规章制度；负责对各种违反国家外汇管理法规行为的检查、调查和处罚；负责组织、协调外汇管理反洗钱工作；对分支机构外汇检查工作进行部署和指导。

储备管理司根据国家外汇储备经营战略、原则，负责国家外汇储备的经营管理，及经批准受托经营中国人民银行的外汇存款准备金等。

7.2　我国外汇管理体制的沿革

改革开放以前，中国实行高度集中的计划经济体制，由于外汇资源短缺，中国一直实行比较严格的外汇管制。1978 年改革开放以来，中国外汇管理体制改革沿着逐步缩小指令性计划、培育市场机制的方向，有序地由高度集中的外汇管理体制向与社会主义市场经济相适应的外汇管理体制转变。1996 年 12 月中国实现了人民币经常项目可兑换，对资本项目外汇进行严格管理，初步建立了适应社会主义市场经济的外汇管理体制。新中国成立以来，中国外汇管理体制大体经历了计划经济时期、经济转轨时期和市场经济时期三个阶段。

7.2.1　计划经济时期的中国外汇管理体制（1953—1978年）

新中国成立初期，即国民经济恢复时期，中国实行外汇集中管理制度，通过扶植出口、沟通侨汇、以收定支等方式积聚外汇，支持国家经济恢复和发展。当时私营进出口商在对外贸易中占很大的比重，国内物价波动较大，中国采取机动调整人民币汇率来调节外汇收支。人民币汇率政策以出口商品国内外价格的比价为主，同时兼顾进口商品国内外价格的比价和侨汇购买力平价，逐步调整，起到鼓励出口、奖励侨汇、兼顾进口的作用。从1953年起，中国实行计划经济体制，对外贸易由国营对外贸易公司专管，外汇业务由中国银行统一经营，逐步形成了高度集中、计划控制的外汇管理体制。国家对外贸和外汇实行统一经营，用汇分口管理。外汇收支实行指令性计划管理，一切外汇收入必须售给国家，需用外汇按国家计划分配和批给。国际收支平衡政策"以收定支，以出定进"，依靠指令性计划和行政办法保持外汇收支平衡。实行独立自主、自力更生的方针，不借外债，不接受外国来华投资。人民币汇率作为计划核算工具，逐步脱离进出口贸易的实际，形成汇率高估。

7.2.2　经济转型时期的中国外汇管理体制（1979—1993年）

为了调动创汇单位的积极性，扩大外汇收入，改进外汇资源分配，从1979年开始实行外汇留成办法。在外汇由国家集中管理、统一平衡、保证重点的同时，实行贸易和非贸易外汇留成，区别不同情况，适当留给创汇的地方和企业一定比例的外汇，以解决发展生产、扩大业务所需要的物资进口。外汇留成的对象和比例由国家规定。留成外汇的用途须符合国家规定，有留成外汇的单位如本身不需用外汇，可以通过外汇调剂市场卖给需用外汇的单位使用。留成外汇的范围和比例逐步扩大，指令性计划分配的外汇相应逐步减少。

建立和发展外汇调剂市场在实行外汇留成制度的基础上，产生了调剂外汇的需要。为此，1980年10月起中国银行开办外汇调剂业务，允许持有留成外汇的单位把多余的外汇额度转让给缺汇的单位。以后调剂外汇的对象和范围逐步扩大，开始时只限于国营企业和集体企业的留成外汇，以后扩大到外商投资企业的外汇，国外捐赠的外汇和国内居民的外汇。调剂外汇的汇率，原由国家规定在官方汇率的基础上增加一定的幅度，1988年3月放开汇率，由买卖双方根据外汇供求状况议定，中国人民银行适度进行市场干预，并通过制定"外汇调剂用汇指导序列"对调剂外汇的用途（或外汇市场准入）加以引导，市场调节的作用日益增强。

7.2.2.1 实行贸易内部结算价和对外公布汇率双重汇率制度

汇率高估不利于对外贸易的发展，因此，1981 年，中国制定了一个贸易外汇内部结算价，按当时全国出口商品平均换汇成本加 10% 利润计算，定为 1 美元合 2.8 元人民币，适用于进出口贸易的结算，同时继续公布官方汇率，1 美元合 1.5 元人民币，沿用原来的"一篮子货币"计算和调整，用于非贸易外汇的结算。两个汇率对鼓励出口和照顾非贸易利益起到了一定作用，但在使用范围上出现了混乱，给外汇核算和外汇管理带来不少复杂的问题。随着国际市场美元汇率的上升，我国逐步下调官方汇率，到 1984 年底，官方汇率已接近贸易外汇内部结算价。1985 年 1 月 1 日取消内部结算价，重新实行单一汇率，汇率为 1 美元合 2.8 元人民币。

7.2.2.2 根据国内外物价变化调整官方汇率

改革开放以后，中国物价进行改革，逐步放开，物价上涨，为使人民币汇率同物价的变化相适应，起到调节国际收支的作用，1985—1990 年根据国内物价的变化，多次大幅度调整汇率。由 1985 年 1 月 1 日的 1 美元合 2.8 元人民币，逐步调整至 1990 年 11 月 17 日的 1 美元合 5.22 元人民币。这几年人民币汇率的下调主要是依据全国出口平均换汇成本上升的变化，汇率的下调滞后于国内物价的上涨。

7.2.2.3 实行官方汇率和外汇调剂市场汇率并存的汇率制度

为配合对外贸易，推行承包制，取消财政补贴，1988 年 3 月起各地先后设立了外汇调剂中心，外汇调剂量逐步增加，形成了官方汇率和调剂市场汇率并存的汇率制度。从 1991 年 4 月 9 日起，对官方汇率的调整由以前大幅度、一次性调整的方式转为逐步缓慢调整的方式，即实行有管理的浮动，至 1993 年底调至 1 美元合 5.72 元人民币，比 1990 年 11 月 17 日下调了 9%。同时，放开外汇调剂市场汇率，让其随市场供求状况浮动，汇率波动较大。在国家加强宏观调控和中国人民银行入市干预下，1993 年底回升到 1 美元合 8.72 元人民币。

7.2.2.4 允许多种金融机构经营外汇业务

1979 年前，外汇业务由中国银行统一经营。为适应改革开放以后的新形势，在外汇业务领域中引入竞争机制，改革外汇业务经营机制，允许国家专业银行业务交叉，并批准设立了多家商业银行和一批非银行金融机构经营外汇业务；允许外资金融机构设立营业机构，经营外汇业务，形成了多种金融机构参与外汇业务的格局。

7.2.2.5 放宽对境内居民的外汇管理

个人存放在国内的外汇，准许持有和存入银行，但不准私自买卖和私自携带出境。对个人收入的外汇，视不同情况，允许按一定比例或全额留存外汇。从 1985 年起，对境外汇给国内居民的汇款或从境外携入的外汇，准许全部保留，在银行开立存款账户。1991 年 11 月起允许个人所有的外汇参与外汇调剂。个人出国探亲、移居出境、去外国留学、赡养国外亲属需用外汇，可以凭出境证件和有关证明向国家外汇管理局申请，经批准后卖给一定数额的外汇，但批汇标准较低。

7.2.3 1994 年开始建立社会主义市场经济以来的中国外汇管理体制

1993 年 11 月 14 日，党的十四届三中全会通过的《中共中央关于建立社会主义市场经济体制若干问题的决定》中明确要求，"改革外汇管理体制，建立以市场供求为基础的、有管理的浮动汇率制度和统一规范的外汇市场，逐步使人民币成为可兑换货币"。这为外汇管理体制进一步改革明确了方向。从 1994 年至今，围绕外汇体制改革的目标，按照预定改革步骤，中国外汇管理体制主要进行了以下改革：

7.2.3.1 实行银行结售汇制度，取消外汇上缴和留成，取消用汇的指令性计划和审批

从 1994 年 1 月 1 日起，取消各类外汇留成、上缴和额度管理制度，对境内机构经常项目下的外汇收支实行银行结汇和售汇制度。除实行进口配额管理、特定产品进口管理的货物和实行自动登记制的货物，须凭许可证、进口证明或进口登记表，相应的进口合同和与支付方式相应的有效商业票据（发票、运单、托收凭证等）到外汇指定银行购买外汇外，其他符合国家进口管理规定的货物用汇、贸易从属费用、非贸易经营性对外支付用汇，凭合同、协议、发票、境外机构支付通知书到外汇指定银行办理兑付。为集中外汇以保证外汇的供给，境内机构经常项目外汇收入，除国家规定准许保留的外汇可以在外汇指定银行开立外汇账户外，都须及时调回境内，按照市场汇率卖给外汇指定银行。

7.2.3.2 汇率并轨，实行以市场供求为基础的、单一的、有管理的浮动汇率制度

1994 年 1 月 1 日，人民币官方汇率与市场汇率并轨，实行以市场供求为基础的、单一的、有管理的浮动汇率制，并轨的人民币汇率为 1 美元合 8.70 元人民币。人民币汇率由市场供求形成，中国人民银行公布每日汇率，外汇买卖允许在一定幅度内浮动。五年多来，人民币汇率基本上稳中有升。

7.2.3.3 人民币经常项目下的可自由兑换

1994 年人民币实现了经常项目有条件可兑换。1996 年 12 月 1 日，中国正式宣布接受第八条款，实现人民币经常项目完全可兑换。经常项目的自由兑换是我国外汇管理方面的重大举措，向人民币最终走向自由兑换迈出了坚实的一步。

7.3 国内汇率机制改革之前的外汇管理

正如我们本章前面所介绍，自从改革开放以来我国就开始了对僵硬的汇率机制进行改革，并且确立了人民币浮动的最终目标。这期间汇率机制的改革取得了不少成果，但是这个进程随着国内外经济和金融形势的变化也应该进一步改革。

7.3.1 管理浮动制

1993 年 12 月 28 日，中国人民银行宣布改革我国的外汇体系。这种如我们前面所讨论的基于有管理的浮动汇率机制汇率体系在 1994 年 1 月 1 日成为现实，直到今天它还有重要的地位。关于这些改革一些观点在前面我们已经有所论述，下面我们主要介绍同期采取的主要措施。

介绍一种通过银行来买卖外汇的体制来代替政府的行政审批，在这种体系下，企业可以在文件和法规指定的银行，把经常项目下的人民币转换成外汇。

中国人民银行每天早晨基于前一天的银行间外汇市场的汇率公布人民币兑美元的汇率，这个汇率也依据其他主要国际外汇市场的汇率进行波动。指定的外汇银行根据中国人民银行公布的汇率在小幅度范围内波动，报出人民币和美元的买卖价。

建立外汇债务返回基金。为了保护我国对外贸易的可信度及加强外汇债务的返回，政府鼓励有外债的机构、部门和企业在指定的银行存入相当于外债一定比例的外汇存款，这些账户下的外汇只能用于偿还本金和利息而不能用于日常花费。禁止外汇的自由流通。所有形式的外汇结算都被废除，不能再发行外汇计价资产凭证。

7.3.2 具有重要意义的措施

国家外汇管理局在 2003 年初宣布了在中国的外国公司外汇交易自由化的重要意义。这些条例从 2003 年 4 月开始生效，代表了我国投资环境的提高。这些措施包括如下主要内容：

除了结算和资金账户外，外国投资者现在还被允许开立多货币的投资账户，用于企业建设、工程合同、自然资源开发和风险投资（组合投资和风险投资者）。特别账户可以用来记录购置资产、市场调研、设计和保证供应等支出。

为了推动投资，可以引入一个新的离岸账户分类，现有的外国投资者可以实现向现存外国企业的转换。如果发行了资本收入证明，那么资金的转换不需要中国外汇管理局的批准。新的银行账户体系使外资公司不用设在中国就可以在国内市场进行商品交易。

在过去，外国投入的资本只被限制在自由兑换货币、进口设备、知识产权和人民币税后利润。从 2003 年 4 月开始，他们被允许（即得到国家外汇管理局的批准）投资于资本公积。这些公积金来自原先的外国投资企业的未分配利润、未实现的投资收益、从出售股票或者再投资的资产获得的收益以及他们自己可以在国内银行往来账户上保持的外汇。外国投资者可以通过从国外汇入的资本或者通过在中国运作和其他合法拥有的资产产生人民币利润来购买中国公司新发行的股票，当然这需要国家外汇管理局的批准。

为进一步满足境内居民个人合理的用汇需求，方便境内居民个人办理购汇手续，2005 年 8 月 3 日，国家外汇管理局正式发布了《关于调整境内居民个人经常项目下因私购汇限额及简化相关手续的通知》。《通知》提高了境内居民个人经常项目下因私购汇指导性限额，简化了相关购汇手续。除自费留学购汇外，其他有实际出境行为的个人购汇指导性限额，出境时间在半年以下的，由等值 3000 美元调整为等值 5000 美元；出境时间在半年（含）以上的，由等值 5000 美元调整为等值 8000 美元。2006 年 4 月 13 日，国家外汇管理局印发《国家外汇管理局关于调整经常项目外汇管理政策的通知》，规定从 5 月 1 日起，对境内居民个人购汇实行年度总额管理，将居民年度购汇额度调至 2 万美元；2007 年 1 月 5 日，国家外汇管理局发布《个人外汇管理办法实施细则》，规定从 2 月 1 日开始，个人年度购汇总额由以前的 2 万美元大幅提高到 5 万美元。外管局的负责人士表示，额度的提高将有利于更好地满足境内个人的用汇需求，藏汇于民（国家外汇管理局网站）。

最早提出"藏汇于民"新思路的是央行吴晓灵副行长。在 2006 年 3 月 18 日召开的"2006 中国金融形势分析、预测与展望专家年会"上，时任央行副行长吴晓灵表示，外汇储备增长过快，是国际收支不平衡的反映，是长期以来我国在政策上鼓励出口、鼓励外商直接投资和外汇政策"宽进严出"取向的结果。维护国际收支平衡，也要以政策调整来促进结构调整，逐步实现国际收支平衡。三项政策调整包括：一是继续调整"宽进严出"的外汇政策取向，解决外汇储备过快增长的政策源头；二是进一步扩展外汇资金运用方式，变"藏汇于国"为"藏汇于民"；三是有序可控地拓宽资本流出入渠道，稳妥推进对外投资，构建完整的"走出去"外汇管理促进体系（《经济观察报》，2006 年 3 月 20 日）。变"藏汇于国"为"藏汇于民"的政策含义是从国家持有外汇为主到逐渐放宽持有和使用外汇的政策限制，让民间更多地持有外汇，从而利用市场化手段化解和消化过多的或是结构不够合理的外汇储备，让企业、机构和个人更多地进入外汇市场，并推出更多的外汇交易品种和工具，不断地扩大资金流动效率。

7.4 人民币/美元汇率

1948 年 12 月 1 日人民币与中国人民银行一起诞生，1949 年 1 月 18 日，中国人民银行天津分行首次公布了人民币兑资本主义国家货币的汇率，从此人民币开始有了对外汇率。

这里我们简单介绍人民币从新中国成立以来，特别是改革开放以来人民币兑美元的汇率。表 7-1 给出了从 1949 年到 2015 年 4 月底官方公布的人民币兑美元的汇率及相应的年升贬幅度。

表 7-1　　1949 年到 2015 年人民币/美元汇率（100 美元兑人民币）

年份	人民币/美元	贬值/升值	年份	人民币/美元	贬值/升值
1949	230.0		1982	192.27	-9.22%
1950	275.0	-16.36%	1983	198.09	-2.94%
1951	223.8	22.88%	1984	279.57	-29.14%
1952	261.7	-14.48%	1985	293.66	-4.80%
1953	261.7	0	1986	345.28	-14.95%
1954	261.7	0	1987	372.21	-7.24%
1955	246.18	6.30%	1988	372.21	0
1956	246.18	0	1989	376.51	-1.14%
1957	246.18	0	1991	532.33	-29.27%
1958	246.18	0	1992	551.46	-3.47%
1959	246.18	0	1993	576.2	-4.29%
1960	246.18	0	1994	861.87	-33.15%
1961	246.18	0	1995	835.1	3.21%
1962	246.18	0	1996	831.42	0.44%
1963	246.18	0	1997	828.98	0.29%
1964	246.18	0	1998	827.91	0.13%
1965	246.18	0	1999	827.83	0.01%
1966	246.18	0	2000	827.84	0
1967	246.18	0	2001	827.65	0.02%
1968	246.18	0	2002	827.73	-0.01%
1969	246.18	0	2003	827.67	0.01%
1970	246.18	0	2004	827.65	0
1971	226.73	8.58%	2005	807.02	2.56%
1972	224.01	1.21%	2006	780.87	3.35%
1973	202.02	10.89%	2007	730.46	6.90%
1974	183.97	9.81%	2008	683.46	6.88%
1975	196.63	-6.44%	2009	682.82	0.09%
1976	188.03	4.57%	2010	662.27	3.10%
1977	173	8.69%	2011	630.09	4.86%
1978	157.71	9.70%	2012	628.55	0.24%
1979	149.62	5.41%	2013	609.69	3.00%
1980	153.03	-2.23%	2014	611.9	-0.36%
1981	174.55	-12.33%	2015	649.36	-5.77%

资料来源：1949 年到 1984 年的数据来自《人民币汇率研究》（吴念鲁、陈全庚著），2002 年，第 165-166 页；1985 年到 2000 年的数据来自《中国统计年鉴》；2001 年到 2015 年的数据来自国家外汇管理局网站。

从表7-1我们可以看出，改革开放之前的计划经济时期，人民币兑美元大部分时间保持在2.46上下。改革开放以来，国家根据当时我国经济和贸易情况，经过1981年、1984年、1986年、1991年和1994年5次主要调整（每次人民币兑美元年贬值幅度超过10%）之后，从1998年到2005年汇率基本稳定在8.2765上下。仔细观察表7-1，我们可以发现，除1955年到1970年之间汇率基本没有变化之外，从1996年到2004年，人民币/美元汇率基本稳定在8.27上下。

2005年7月21日完善汇率形成机制方案实施以来，人民币兑美元汇率波动性加大。表7-1显示人民币兑美元在2005年和2006年分别较上年升值2.56%和3.35%，表现出相对缓慢的升值步伐；然而2007年和2008年两年分别升值6.90%和6.88%，升值步伐明显加快；受金融危机的影响，2009年人民币对美元几乎没有多少变化，仅升值0.09%；随着汇改的重新启动，2010年人民币兑美元升值3.1%；2011年第一季度内人民币兑美元累计升值超过了1%，全年升值应该会在4%以上。2014年人民币相对美元贬值0.36%，宣告人民币告别了此前的单边升值状态，进入双向波动的新常态。2015年人民币兑美元累计贬值5.77%，创1994年以来历史纪录。

观察表7-1我们可以容易地看出，2005年人民币汇改启动至今近10年来，人民币兑美元累计升值超过35.38%，仅比1994年人民币对美元贬值的幅度33.15%略高些。换句话说，汇改至今近10年，人民币累计升值还不到1994年前一年1993年人民币兑美元的汇率水平5.672。

7.5 中国外汇交易中心及其职能

中国外汇交易中心于1994年3月1日开始试运营，于4月18日正式成立。正式的交易准则在1995年1月14日被相关部门批准。开始时，中国外汇交易中心只提供人民币兑美元的交易，港元于1994年4月5日开始交易，日元于1995年3月1日开始交易。政府规定人民币兑美元、港元和日元的汇率在官方公布的汇率上下浮动分别不超过0.3%、1.0%和1.0%，超过此幅度均为非法并不被电子系统接受。

截至2010年底，银行间即期外汇市场会员总数达293家，比2009年增加了18家（新增会员主要是财务公司和中小银行），其中远期市场、外汇掉期市场和货币掉期市场会员总数分别为75家、73家和27家，中化、中石化财务、中石油财务、上汽财务等22家企业集团财务公司入市交易。它的会员包括中国的银行及其分支机构、外国银行和非银行金融机构。它是中国人民银行的一个不以盈利为目的的经济实体，中国人民银行通过宏观经济政策和人民币汇率的稳定性来直接指导此中心。中国外汇管理中心和国内所有的外贸中心展开合作。上海的外汇交易中心公布全国范围内统一的人民币汇率，通过这些来为人民币的完全可自由兑换做准备。

7.5.1　基本职能

中国外汇交易中心暨全国银行间同业拆借中心（以下简称交易中心），为中国人民银行直属事业单位，主要职能是：组织全国银行间外汇交易、人民币同业拆借及债券交易和票据报价业务。办理外汇交易的资金清算、交割，负责人民币同业拆借及债券交易的清算监督；提供外汇市场、债券市场和货币市场的信息服务；开展经人民银行批准的其他业务。

7.5.2　组织架构

交易中心总部设在上海，备份中心建在北京，目前在广州、深圳、天津、济南、大连、南京、厦门、青岛、武汉、重庆、成都、珠海、汕头、福州、宁波、西安、沈阳、海口 18 个中心城市设有分中心。

7.5.3　发展概况

根据中国人民银行、国家外汇管理局发展市场的战略部署，交易中心贯彻"多种技术手段，多种交易方式，满足不同层次市场需要"的业务工作方针，于1994 年 4 月推出外汇交易系统；1996 年 1 月启用人民币信用拆借系统；1997 年 6 月开办银行间债券交易业务；1999 年 9 月推出交易信息系统；2000 年 6 月开通"中国货币"网站；2001 年 7 月试办本币声讯中介业务；2001 年 10 月创办《中国货币市场》杂志；2002 年 6 月开办外币拆借中介业务；2002 年 10 月受托运行黄金交易系统；2003 年 6 月开通中国票据网，推出中国票据报价系统；2005 年 6 月推出债券远期交易；2005 年 8 月推出外汇远期交易；2006 年 2 月利率互换试点；2006 年 4 月推出外汇掉期交易。初步建成了交易、信息和监管服务"三大平台"，在支持人民币汇率稳定、传导央行货币政策、服务金融机构和监管部门等方面发挥了重要的作用。我们在第四篇会详细介绍并分析这些市场及其产品。

7.5.4　交易服务

组织原则：国家外汇管理局为外汇市场的监管部门，中国人民银行公开市场业务操作室为外汇市场调控部门，交易中心负责外汇市场组织运行。

会员构成：外汇市场实行会员制的组织形式，凡经中国人民银行批准可经营结售汇业务的外汇指定银行及其授权分支机构可成为外汇市场会员。

交易方式：即期外汇市场采用两种交易方式。会员可以通过交易中心的交易系统进行竞价交易或询价交易。竞价交易是指会员通过现场或远程交易终端自主报价，交易系统按"价格优先、时间优先"撮合成交。会员可选择 DDN、FR 或拨号上网等方式实现远程联网。询价交易由交易双方协商议定交易的币种、金额和汇率，交易系统生成成交单。

交易时间：每周一至周五（节假日除外）9:30～17:30。

交易品种：人民币兑美元、港元、日元、欧元和英镑的即期交易、远期交易和掉期交易。

汇价形成：中国人民银行授权中国外汇交易中心对外公布当日人民币兑美元、欧元、日元和港元汇率中间价，作为当日银行间即期外汇市场（含询价和竞价方式）以及银行柜台交易汇率的中间价。中国外汇交易中心于每日银行间外汇市场开盘前向 15 家银行间外汇市场做市商询价，并将全部做市商报价作为人民币兑美元汇率中间价的计算样本，去掉最高和最低报价后，将剩余做市商报价加权平均，得到当日人民币兑美元汇率中间价，权重由中国外汇交易中心根据报价方在银行间外汇市场的交易量及报价情况等指标综合确定。

7.5.5　清算服务

清算原则：外汇市场实行"集中、双向、差额、一级"的清算原则，由交易中心在清算日集中为会员办理人民币、外汇资金收付净额的清算交割。

清算速度：外汇市场本、外币资金清算速度为 T＋1，交易日后的第一个营业日办理资金交割。

清算方式：人民币资金清算通过中国人民银行支付系统办理，外汇资金清算通过境外清算系统办理。

中国外汇交易中心的外汇交易活动共有 3 个层次，银行和客户之间的交易，成员金融机构之间的交易，成员金融机构和中国人民银行之间的交易。市场的汇率主要由市场的供求关系决定。

7.6　外汇市场主要货币和市场参与者

十几年来，特别是 2005 年完善人民币汇率形成机制实施以来，我国外汇市场在产品丰富性和市场活跃程度等方面皆有了飞速的发展。本节我们简单介绍我国外汇即期市场的主要货币、市场参与者和成交额。

7.6.1　外汇市场的主要货币

到 2006 年底，在我国外汇交易中心交易的有五种货币，美元、港元、日元、欧元和英镑。美元是最活跃的交易货币,2002 年到 2004 年美元的交易额分别达到中国外汇交易中心总交易额的 97.86%、97.81% 和 97.78%;港元的份额为 2% 左右;日元和欧元所占份额不到 1%。2005 年和 2006 年美元的交易额分别达到中国外汇交易中心总交易额的 97.86% 和 97.78%;港的份额为 2% 左右;日元和欧元所占份额不到 1%。

表 7 - 2 给出了 2015 年 6 月人民币外汇交易的比重构成。表 7 - 2 显示,2015 年 6 月,人民币兑美元外汇交易占比下降到了 93.14,人民币兑欧元和兑日元占比都接近 2%。值得注意的是,人民币兑新加坡元的外汇交易超过了人民币兑港元的外汇交易额 10.35 亿美元,前者占比超过了后者 0.39%,显示新加坡近年来在推动人民币业务方面努力的结果;人民币与澳大利亚元的外汇交易占比为 0.38% 超过了人民币与英镑的外汇交易占比 0.16% 的 1.4 倍;人民币与加拿大元、马来西亚林吉特和与俄罗斯卢布的外汇交易还不到 1 亿美元的规模。

表 7 - 2　　　　　　　　　2015 年 6 月人民币交易比重构成

币种	成交金额（亿美元）	成交金额占比分布
人民币兑美元	2492.2	93.14%
人民币兑欧元	48.39	1.81%
人民币兑日元	46.36	1.73%
人民币兑新加坡元	40.95	1.53%
人民币兑港元	30.6	1.14%
人民币兑澳元	10.28	0.38%
人民币兑英镑	4.29	0.16%
人民币兑新西兰元	1.68	0.06%
人民币兑加拿大元	0.51	0.02%
人民币兑马来西亚林吉特	0.15	0.01%
人民币兑卢布	0.38	0.01%
合计	2675.79	100%

数据来源:2015 年 6 月外汇交易统计报告,中国货币网（http://www.chinamoney.com.cn/fe/Chan-nel/21478）。

7.6.2　外汇市场的新货币

中国外汇交易中心于 2010 年 8 月 19 日宣布,中国银行间外汇市场正式推出人民币对马来西亚林吉特的交易。林吉特也因此成为首个在中国银行间外汇市场交易的新兴市场货币;2010 年 11 月 22 日,中国外汇交易中心宣布,经人民银行授权,自当日起,在银行间外汇市场开办人民币对俄罗斯卢布的交易。截至 2011 年 4 月底，在我国外汇交易中心交易的货币增加到了 7 个。

7.6.3 主要市场参与者

即期外汇市场做市商是外汇市场的主要参与者。截至 2015 年 4 月，外汇市场即期做市商有 30 家，其中中资 19 家，外资 11 家。表 7-3 给出了外汇即期做市商、远期和掉期做市商和相应的尝试做市商名单。

7.6.3.1 即期做市商

表 7-3 给出的 30 家即期外汇做市商绝大多数是 2014 年底之前就被批准的做市商。这些中外银行做市商是我国外汇市场的主要参与者。

表 7-3　　　银行间人民币即期外汇市场做市商（截至 2015 年 4 月）

	银行名单	即期做市商	远期掉期做市商	即期尝试做市	远期掉期尝试做市
1	中国银行	✓	✓		
2	中国农业银行	✓	✓		
3	中国工商银行	✓	✓		
4	中国建设银行	✓	✓		
5	交通银行	✓	✓		
6	中信银行	✓	✓		
7	国家开发银行	✓	✓		
8	上海浦东发展银行	✓	✓		
9	中国光大银行	✓			✓
10	华夏银行	✓			✓
11	兴业银行	✓	✓		
12	花旗银行（中国）有限公司	✓	✓		
13	渣打银行（中国）有限公司	✓	✓		
14	汇丰银行（中国）有限公司	✓	✓		
15	德意志银行（中国）有限公司	✓	✓		
16	三井住友银行（中国）有限公司	✓			✓
17	三菱东京日联银行（中国）有限公司	✓	✓		
18	苏格兰皇家银行（中国）有限公司		✓	✓	
19	招商银行	✓	✓		
20	中国民生银行	✓	✓		

续表

银行名单	即期做市商	远期掉期做市商	即期尝试做市	远期掉期尝试做市
21	东方汇理银行（中国）有限公司			✓	✓
22	广东发展银行	✓	✓		
23	宁波银行	✓	✓		
24	蒙特利尔银行（中国）有限公司	✓	✓		
25	法国巴黎银行（中国）有限公司	✓	✓		
26	瑞穗实业银行（中国）有限公司	✓	✓		
27	星展银行（中国）有限公司	✓	✓		
28	美国银行上海分行	✓	✓		
29	摩根大通银行（中国）有限公司			✓	✓
30	中国邮政储蓄银行	✓			✓
31	上海银行	✓			
32	平安银行	✓	✓		
33	南京银行	✓			
34	法国兴业银行			✓	
35	中国进出口银行				✓

资料来源：国家外汇管理局及外汇交易中心网站。

7.6.3.2　远期和掉期做市商

表 7 - 3 显示 30 家即期外汇做市商中的 25 家同时也是外汇远期和掉期的做市商，其中 14 家为中资银行，11 家为外资银行。

7.6.3.3　尝试做市商

表 7 - 3 给出了 4 家即期尝试做市商，其中 4 家均为外资银行；表 7 - 3 还给出了 6 家远期和掉期尝试做市商，其中 4 家为即期做市商（其中 3 家皆为中资机构，1 家为外资机构）。

7.6.3.4　外汇市场交易排名

中国外汇交易中心的"2006 年 1~5 月银行间外汇市场交易排名"显示，在即期交易量 30 强中，外资机构占了 13 席，并有 4 家外资金融机构进入了前十。其中，美国花旗银行上海分行外汇即期交易量排名第二，仅次于中国银行，加拿大蒙特利尔银行广州分行、汇丰上海分行和渣打上海分行则位居第 8 至第 10 位。排名第 3 至第 7 位的中资机构分别是中信银行、农行、交行、工行和建行

（《中国证券报》，2006 年 6 月 21 日）。2006 年第四季度，竞价交易方式下，买入外汇量前 4 位的是东京三菱银行上海分行、蒙特利尔银行广州分行、汇丰银行上海分行和兴业银行，卖出外汇量前 4 位的是蒙特利尔银行广州分行、东京三菱银行上海分行、汇丰银行上海分行和兴业银行；询价交易方式下，买入外汇量前 4 位的是中国银行、花旗银行上海分行、中信银行和中国农业银行，卖出外汇量前 4 位的是中国银行、花旗银行上海分行、中信银行和交通银行。2007 年 4 月，竞价交易方式下，买入外汇量前 4 位的是渣打银行上海分行、荷兰银行上海分行、中信银行和蒙特利尔银行广州分行，卖出外汇量前 4 位的是中国农业银行、渣打银行上海分行、东莞市商业银行和蒙特利尔银行广州分行；询价交易方式下，买入外汇量前 4 位的是中国银行、中国农业银行、中信银行和花旗银行上海分行，卖出外汇量前 4 位的是中国银行、中国农业银行、中国建设银行和中信银行（中国货币市场，2006.12，2007.5）。由此可见，在即期交易这一中资机构曾经的优势领域，外资银行已奋起直追，甚至大有后来居上之势。

7.6.3.5 外汇市场优秀做市商

中国外汇交易中心通过系统指标考核、市场投票及监管部门的评定，评选出 2010 年度银行间外汇市场"最佳即期做市商"中信银行、中国工商银行和交通银行；三家最规范即期做市商汇丰银行（中国）、中信银行和中国工商银行；三家最受欢迎即期做市商蒙特利尔银行（中国）、中国银行和中信银行；3 家最佳非美货币做市商蒙特利尔银行（中国）、交通银行和中国银行。

7.7 国内外汇市场年成交金额及其国际比较

在过去的几年里，中国外汇交易中心的交易额有了较大的增长。本节介绍十几年来中国外汇交易情况及今后的发展。

7.7.1 1994 年到 2004 年之间的交易额

表 7-4 给出了从 1994 年到 2015 年中国外汇年成交金额及其年增长率，年贸易金额及其年增长率。从表 7-4 我们可以看出，除 1995 年到 2001 年这 7 年间，外汇交易金额在 655 亿美元到 750 亿美元之间，没有发生很大变化外，年均增幅仅为 0.6%；从 2001 年到 2004 年外汇交易金额较快增长，2004 年成交金额达到 2090 亿美元，年均增幅达到 49.2%；2004 年到 2007 年，我国外汇交易规模快速增长，年增长率约为 123.1%，2007 年到 2010 年增长有所放缓，年均增长率降低到了 42.2%；2010 年到 2014 年年均增幅进一步减缓到 18.2%，不到 2004 年到 2007 年年均增幅的一半；2015 年第一季度同比增长率降低到了仅为

11.3% 的历史低位。

表 7 - 4　1994—2015 年中国外汇市场的年成交金额及与我国贸易额的比较

单位：亿美元

年份	外汇年成交金额	外汇成交金额年增长率（%）	年贸易额	贸易额年增长率	年度外汇交易总额/年度贸易总额（%）
1994	408.0		2366.2		17.2
1995	655.0	60.5	2808.6	18.7	23.3
1996	628.0	- 4.1	2898.8	3.2	21.7
1997	700.0	11.5	3251.6	12.2	21.5
1998	520.0	- 25.7	3239.5	- 0.4	16.1
1999	315.0	- 39.4	3606.3	11.3	8.7
2000	422.0	34.0	4743.0	31.5	8.9
2001	750.0	77.7	5096.5	7.5	14.7
2002	972.0	29.6	6207.7	21.8	15.7
2003	1511.0	55.5	8509.9	37.1	17.8
2004	2090.0	38.3	11545.5	35.7	18.1
2005 *	5003.3	139.4	14219.0	23.2	35.2
2006 *	10009.0	100.0	17604.4	23.8	56.9
2007 **	23220.0	132.0	21765.7	23.6	106.7
2008 *	33011.8	42.2	25632.6	17.8	128.8
2009 *	46932.8	42.2	22075.4	- 13.9	212.6
2010	66724.2	42.2	29727.6	34.7	224.5
2011	86431.8	29.5	36420.6	22.5	237.3
2012	91797.0	6.2	38667.8	6.2	237.4
2013	112471.0	22.5	41603.3	7.6	270.3
2014	127562.0	13.4	43030.4	3.4	296.4
2015	182447.1	43.0	39569.0	- 8.0	461.1

　　资料来源：贸易数据来自商务部网站和海关总署网站；1994 年到 2004 年的数据来源于中国外汇交易中心官方网站；2011 年到 2014 年的外汇交易数据来自中国人民银行货币政策执行报告，2010 年的年度外汇交易数据根据 2011 年人民银行季度货币政策执行报告给出的国内外汇季度交易同比变化率计算得出；2007 年外汇交易数据根据国际清算银行公布的当年 4 月我国外汇日均成交金额 92.88 亿美元计算得出；2005 年和 2006 年的年度外汇数据是根据下文国家外汇管理局国际收支分析小组公布的 2006 年《中国国际收支报告》"2006 年，我国银行间外汇市场年成交量首次超过 1 万亿美元，同比翻了一番"和 2004 年到 2007 年外汇成交额年均增长率 123.1% 估算得出；2008 年到 2009 年的年度外汇数据是根据 2007 年到 2010 年外汇成交金额年均增长率 42.2% 估算得出。

7.7.2 2005年到2009年国内外汇交易额的估算

从2005年完善人民币汇率形成机制方案实施到2010年的6年，人民银行停止了公布外汇年度成交金额数据。国家外汇管理局国际收支分析小组公布的2006年《中国国际收支报告》中指出"2006年，我国银行间外汇市场年成交量首次超过1万亿美元，同比翻了一番。"由于国家没有公布年度外汇交易额，我们难以对2005年到2009年外汇交易金额进行准确判断。可喜的是，国际清算银行（BIS）2007年在其每三年4月的全球外汇市场日均数据里有国内日均外汇和本币日均外汇交易的数据，我们可以根据BIS的数据对2007年国内外汇年度成交金额有较为准确的估算。

BIS 2007年公布了该年4月世界主要国家外汇和主要币种日均成交金额。根据该报告，我们得知2007年4月国内外汇日均交易额分别为92.88亿美元，利用国际通常的简单算法，将日均数据乘以250个工作日就可获得该年全年的外汇成交总额，因此我们计算出该两年国内外汇成交金额分别为2.322万亿美元。利用2004年到2007年国内外汇年成交金额数据，我们可以计算出2004年到2007年的年均增长率123.1%，然后利用该年均增长率我们可以估算出2005年和2006年国内外汇年成交金额，结果如表7-3所示。表7-3显示，2006年国内外汇市场年成交金额10406.2亿美元，首次超过1万亿美元，年均增长123.1%，与如上国家外管局给出的该年外汇市场交易数据相近。

7.7.3 2011年第一季度以来中国外汇市场季度交易额

人民银行2011年第一季度货币政策执行报告首次公布了2005年以来我国外汇市场季度交易额及相应的同比增长率，表7-3给出了2011年第一季度的数据。人民银行2011年第一季度以来每季度公布的外汇交易额及相应的同比增长率，因此2011年以来我国外汇市场交易有了准确数据，而且根据2011年第一到第四季度的同比数据我们还可以推算出2010年第一到第四季度国内外汇市场交易额（表7-3给出了推算出的2010年国内外汇市场交易金额），这对我们判断国内外汇市场的发展有很重要的意义。

同样，利用2007年和2010年国内外汇市场年度成交金额，我们可以计算出该三年内国内外汇市场年均增长率42.2%，并以该年均增长率估算出2008年和2009年国内外汇市场成交金额，表7-3给出了相应的结果。

7.7.4 近年来中国外汇交易额与国际贸易额比例

表7-4显示近年来我国外汇交易有了显著的增长，年度外汇成交总额与年度贸易总额比例从1994年到2004年的20%上下上升到了2005年的32.8%，进

而上升到了 2006 年的 59.1%，表明 2005 年的汇改对外汇市场的活跃和发展产生了可观的推动作用；2007 年国内外汇年成交金额首次超过同年贸易总额，2009 年到 2014 年，年度外汇交易额与贸易额比例持续增长，接近 300%，2015 年外汇交易与贸易额比例首次超过 400%，表明近年来我国外汇市场活跃度相对于贸易持续显著提高。

7.7.5　近年来国内外汇交易情况与国际市场的简单比较

表 7-4 给出了国内近年来年度外汇交易额与贸易总额比例，2007 年国内比例首次超过了 1。利用世界贸易组织（WTO）公布的 2007 年主要国家和地区及世界贸易数据，我们可以类似地计算出美国、日本、英国、德国和法国 2007 年外汇交易额与贸易额比例分别为 56.0 倍、46.3 倍、346.9 倍、8.8 倍和 25.6 倍。该五个发达国家总比例为 71.9 倍，同时世界相应的比例为 36.2 倍，表明主要发达国家的外汇市场相对于其贸易规模比世界平均水平高出近一倍。表 7-3 显示 2007 年国内外汇交易额与贸易额比例 106.7% 相当于世界平均水平的 1/36，同时仅相当于主要发达国家的 1/70；2013 年如上五国外汇交易金额与贸易总额比例分别为 64.7 倍、48.4 倍、456.4 倍、8.4 倍和 30.1 倍，该五个发达国家总比例为 88.5 倍，同年世界相应的比例比 2007 年的 36.2 别略微下降到了了 35.8 倍，而表 7-4 显示 2013 年我国相应的比例上升到了 2.7 倍；这些数据显示 2007 年到 2013 年五个主要发达国家外汇成交金额与贸易金额比例除德国略有下降外，其他四个国家的比例皆有不同程度的提高，而 2013 年我国外汇成交金额与外贸比例 2.7 倍仍不到五个发达国家的 88.5 倍的 32 分之一，也不到同年世界比例 35.8 倍的 13 分之一，表明我国外汇市场活跃度急需显著提高。

上文我们将国内外汇市场成交额与贸易成交额比例与主要发达国家和世界平均水平进行了比较。实际上，我国不仅与世界平均水平有巨大的差距，而且与其他发展中国家也同样有不小的距离。利用如上同样的数据，我们计算出 2007 年和 2013 年印度外汇交易额与贸易额比例分别为 13.75 倍和 8.0 倍，分别比国内同年比例高出 10 倍多和近两倍，显示我国外汇交易不仅与发达国家有巨大的差距，而且与其他发展中国家也仍有一定的差距。

7.7.6　中国外汇交易今后的发展

差距的另一个侧面就是发展的潜力。在外汇市场上，我们不仅与发达国家和世界平均水平有巨大的差距，而且与其他发达国家也有一个数量级以上的差距，这表明我国外汇市场仍然有非常大的发展空间。2009 年 7 月，人民币跨境贸易结算试点以来，特别是 2010 年下半年以来，人民币跨境贸易结算额增长迅猛。贸易的增长，特别是人民币跨境贸易的增长为人民币外汇市场的发展打下了坚实的基础。最近，国际货币基金组织的一份研究报告（McCauley，2011）显示，一个国际或者地区外汇交易的活跃程度与其国民平均收入有正相关关系。表4-14显示，从1980年到2000年，我国以美元计价的人均收入增长了一倍多，2000年到2014年的14年间又增长了7倍多，今后多年我国人均收入还会有持续地增长。这表明我国外汇市场今后应该会有飞跃式的发展。

市场发展潜力还仅是潜力，表7-3显示2011年以来国内外汇市场成交金额增速不仅没有提高反而还呈现持续下降的趋势，表明国内外汇市场深化改革势在必行，否则外汇市场的发展难以满足人民币国际化进程的需要，我们在第八篇还将进一步讨论。

7.8 主要人民币汇率变化介绍

美元是国内外汇交易中心最主要的货币。图7-1给出了从2002年4月到2015年4月人民币/美元汇率日变化图。从图7-1我们可以看出，从2005年初到2005年7月21日汇率改革之前，人民币/美元汇率仅在8.2765和8.2775之间变化，变化幅度较低；然而从2005年7月21日汇率改革到2008年4月，人民币兑美元一直呈升值的趋势；从2008年4月到2010年6月，人民币兑美元汇率重新保持在6.8上下的水平；从2010年6月下旬，人民币重启汇改后人民币升值的趋势再次开始，人民币兑美元重新回到了升值的趋势；2014年2月起，人民币兑美元进入双向波动新常态。

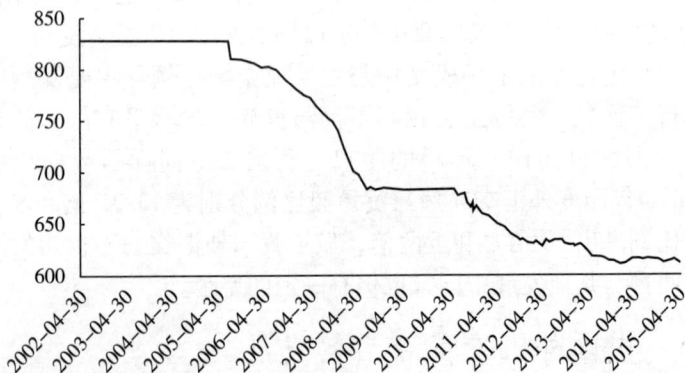

资料来源：国家外汇管理局网站，www. safe. gov. cn。

图7-1　人民币/美元汇率日变化图（2002年4月至2015年4月）

图7-2给出了2002年4月至2015年4月每100港元的人民币/港元日汇率变化图。从图7-2可以看出，2005年7月人民币汇率改革方案实施之前，人民

币/港元汇率保持在 106 以上，波动性很低；2005 年 7 月人民币汇率改革之后，汇率从 104 持续下降，下降趋势与图 7-1 人民币兑美元的升值趋势非常相似，这是因为港元与美元汇率保持在 7.8 上下很小的波动范围之内，所以人民币兑美元升值也就同样地兑港元升值。图 7-2 与图 7-1 的相似性反映出港元与人民币的可替代性。我们在第五篇和第六篇会进一步解释人民币和港元之间的关系。

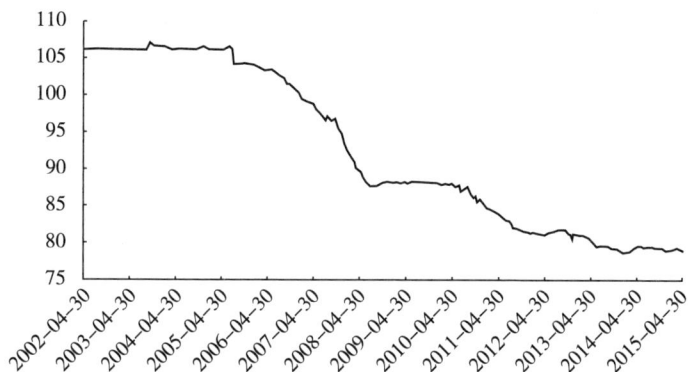

资料来源：国家外汇管理局网站，www. safe. gov. cn。

图 7-2　人民币/港元汇率日变化图（2002 年 4 月至 2015 年 4 月）

图 7-3 给出了 2002 年 4 月至 2015 年 4 月每 100 欧元的人民币/欧元汇率日变化图。从图 7-3 我们可以看出，从 2002 年 7 月到 2004 年 7 月，人民币兑欧元呈急剧的贬值趋势；从 2004 年 7 月到 2005 年 11 月中旬，人民币兑欧元略显回升；然而从 2005 年 11 月到 2007 年 8 月，在人民币兑美元持续升值的情况下，人民币兑欧元却重新回到了持续的贬值趋势。之后人民币对欧元又经历了两轮

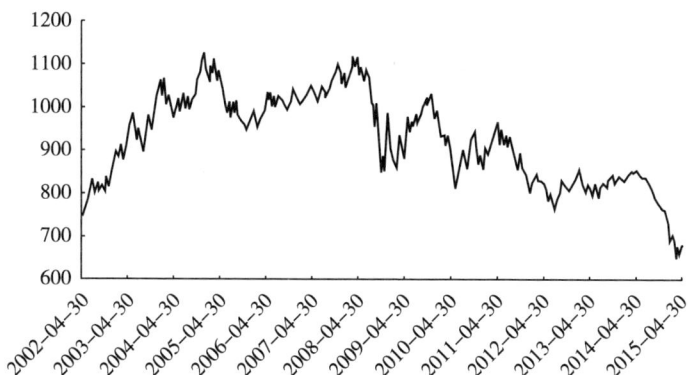

资料来源：国家外汇管理局网站，www. safe. gov. cn。

图 7-3　人民币/欧元汇率日变化图（2002 年 4 月至 2015 年 4 月）

升值到贬值的循环，这里不拟细述。随着2014年美元重启升值周期，人民币对欧元再度经历升值阶段。

图7-4给出了从2002年4月到2015年4月每一百日元的人民币/日元汇率日变化图。从图7-4我们可以看出，从2002年1月到2004年11月下旬，人民币兑日元保持了持续的贬值趋势；从2004年12月到2007年1月人民币兑日元升值，人民币兑日元汇率基本回到了2002年初的水平；然而从2007年初开始到2010年4月，人民币兑日元又保持了贬值的趋势。此后，人民币兑日元重启升值波段。

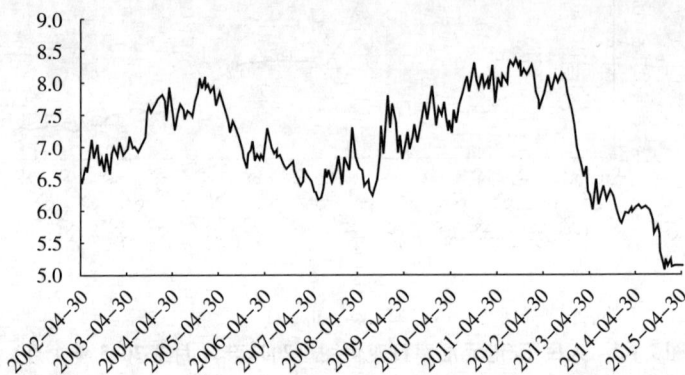

资料来源：国家外汇管理局网站，www. safe. gov. cn。

图7-4 人民币/日元汇率日变化图（2002年4月至2015年4月）

根据表7-5给出了2005年到2015年人民币兑美元、欧元、日元和港元升值和贬值的情况。表7-5显示，2005年到2015年4月底人民币兑美元、欧元、日元和港元分别累计升值30.71%、51.71%、42.92%、30.32%。

表7-5 2005年到2015年人民币兑美元、
欧元、日元和港元年度升值、贬值情况 单位：%

年份	美元	欧元	日元	港元
2005	2.56	17.57	15.99	2.25
2006	3.35	-6.69	4.70	3.55
2007	6.90	-3.75	2.40	7.29
2008	6.88	10.43	-15.32	6.18
2009	0.09	-1.41	2.53	0.16
2010	3.10	11.25	-9.20	3.47
2011	4.86	7.31	0.19	4.73

续表

年份	美元	欧元	日元	港元
2012	0.24	-1.90	9.93	-0.02
2013	3.00	-1.22	20.91	3.04
2014	-0.36	11.44	11.08	-0.34
2015*	0.09	8.68	-0.29	0.01
累计	30.71	51.71	42.92	30.32

数据来源：根据国家外汇管理局网站数据计算得出，2015 年数据为截至 2015 年 4 月底的数据，贬值或者升值相对于 2014 年底。

7.9　2005 年汇率改革的主要措施

2005 年中国的外汇市场改革进一步向纵深发展，人民币汇率形成机制发生重大变化，外汇市场建设加快。从 2005 年 7 月 21 日起，中国开始实行以市场供求为基础、参考一篮子货币进行调节、有管理的浮动汇率制度。汇率机制改革后，人民币汇率总体保持平稳升值的趋势，波动幅度有所扩大。为加大市场深度，充分发挥市场在汇率发现和外汇资源配置中的作用，配合人民币汇率机制改革，中国外汇市场采取了一系列措施。

7.9.1　增加外汇市场交易品种

推出外币买卖业务。2005 年 5 月 18 日，中国外汇交易中心推出国际上流行的 8 个货币对外币的买卖业务。采取做市商驱动的电子交易模式，会员银行可以点击报价、订单报价和 RFQ 询价方式进行交易。扩大远期结售汇业务范围。2005 年 8 月 2 日起，按照实需原则，所有经常项目外汇收支、外债、直接投资和境外上市等部分资本项目下的外汇收支都包含在远期结售汇业务范围中。

2005 年 8 月，中国外汇交易中心获准推出外汇远期交易。截至 2007 年 3 月，共有 80 家中外资银行参与到银行间远期外汇市场。2006 年 4 月 24 日，银行间外汇市场推出人民币外汇掉期交易。截至 2007 年 4 月，共有 71 家外汇市场掉期会员。获得银行间远期外汇市场会员资格 6 个月以上的银行可以成为外汇掉期市场会员。2006 年 8 月，中国外汇交易中心开始推出英镑货币对的交易，银行间外汇市场的交易币种扩大到 5 个，进一步便利了贸易结算。我们在第三篇会详细分析外汇远期和掉期业务。

7.9.2　扩大外汇市场交易主体

允许符合条件的非银行金融机构和非金融性企业进入银行间即期外汇市场。

截至 2007 年 4 月，银行间即期外汇市场成员增加到 265 家。中国中化集团公司成为第一家非金融企业会员。

7.9.3 丰富交易方式

增加了以双边授信为基础，通过自主双边询价、双边清算的更为灵活的外汇询价交易模式。此种方式由于具有灵活、成本低和风险分散等优点，受到了市场参与者的偏好。同时保留集中交易、集中清算的竞价交易方式。2006 年 1 月 4 日，银行间外汇市场引入做市商制度。做市商制度是国际外汇市场的基本制度。做市商通过自身的连续报价和交易，为市场提供流动性，提高交易效率，并通过买卖价差盈利。

7.9.4 修改交易规则

为方便会员银行及时平补结售汇头寸，即期询价交易时间延长至 17 点 30 分。交易清算速度从 T＋1 改为 T＋2，周六和周日休市。为进一步提高市场参与主体的积极性，降低交易费用。询价交易方式费用降低到十万分之一。

7.10 外汇市场做市商制度的引进

外汇市场做市商机制的引进大大提升了外汇市场的效率，本节主要介绍外汇市场做市商的引进及其对外汇市场的影响。

7.10.1 引进新的货币和交易币种

中国人民银行于 2005 年 5 月 17 日正式公布批准外汇交易中心引进外汇兑外汇交易做市商。中国外汇交易中心在 2005 年 5 月 18 日正式推出了外汇兑外汇的买卖交易，交易基础是在当时已有的美元、港元、日元和欧元四种外汇品种的基础上，增加了英镑、加元、澳元和瑞士法郎四种货币，推出基于这八种货币的外汇兑外汇之间的 8 类新的外汇交易币种，即欧元/美元、澳元/美元、英镑/美元、美元/日元、美元/加元、美元/瑞士法郎、美元/港元和欧元/日元。这些交易品种也是目前国际市场上主要的交易品种（《引入"做市商"交易制度 汇率改革涉入深水区》，中国货币网，2005 年 3 月 24 日）。

7.10.2 做市商银行

首批作为中国外汇交易中心外汇做市商的有 10 家国内外银行，其中 7 家是外资银行，3 家是中资银行。7 家外资银行分别是德意志银行、花旗银行、汇丰银行、荷兰银行、荷兰商业银行、苏格兰皇家银行、加拿大蒙特利尔银行；3 家中资银行分别是中国银行、中国工商银行和中信实业银行。这些银行是国内外从事外汇交易的主要银行，他们直接参与我国外汇交易市场，对我国外汇市场国际化、加快人民币汇率形成机制的改革有重要意义。截至 2007 年 4 月底，中国外汇交易中心外汇做市商增加到了 16 家国内外银行，其中 12 家是外资银行，4 家是中资银行；截至 2010 年 12 月底，中国外汇交易中心外汇做市商进一步增加到了 26 家。这些新增加的中外银行进一步扩大了做市商的银行体，对我国外汇市场的发展有很大的意义。

7.10.3　引入外汇做市商交易制度的意义

引入做市商交易制度之前，中国银行间外汇市场实际上只是一个外汇指定银行结售汇头寸的平补市场，交易品种仅包括人民币兑四种外币的即期交易。由于中国金融机构的国际信用级别普遍不够理想，且彼此差距较大，因此在外汇市场中存在相互授信不对等、交易渠道不畅通的问题。尤其是一些中小金融机构，受限于自身风险评级和规模限制，根本无法在国际外汇市场直接参与交易。引入了新的交易制度后，我国银行间市场由此走向一个"真正的、能够转换和管理汇率风险的外汇市场"。实际上，外币买卖的意义不仅仅在于此。在现有人民币兑外币市场的基础上，发展一个与之并行不悖的外币买卖市场，不仅可以为人民币衍生品市场的培育和发展提供试验平台，而且可以通过模拟性或影子性的国际外汇市场的子市场运行模式，为未来规范化的外汇市场运行积累经验。

人民币可兑换进程的推进，人民币自由化和国际化的发展，必然要求一个与之相称的、与国际外汇市场紧密联结的人民币产品定价平台和交易中心。外币买卖业务引入国际通行的交易范式、活跃的国际做市商，以及与全球市场同步的报价，使中国外汇市场首次融入国际市场，这将为人民币产品的全球定价平台和交易中心建设奠定基础。

外汇交易中心引入外汇做市商机制将为今后人民币兑美元做市商做准备。值得注意的是，目前国内外币交易还仅限于人民币兑美元，逆向的美元兑人民币尚未获准在市场中进行公开交易。中国外汇交易中心的一位官员称，此次引入外币间汇率交易的另一目的是可以在本地汇市引入做市商机制，为人民币交易产品提供试验平台，并帮助开发和培育基于人民币的衍生业务（《引入"做市商"交易制度　汇率改革涉入深水区》，中国货币网，2005 年 3 月 24 日）。

7.10.4　进一步完善银行间外汇市场做市商制度

2005 年 7 月人民币汇率形成机制改革以来，我国外汇市场加快发展，市场机制逐步完善。2006 年 1 月，银行间外汇市场引入做市商制度，做市商根据自身的风险能力和市场判断持续提供买卖双向报价。截至 2010 年 6 月末，26 家商业银行成为银行间外汇市场做市商，其在保障市场流动性、提高市场交易效率、转移和分担风险，促进市场发展等方面发挥了重要作用。为进一步发挥市场在做市商选择中的重要作用，适应银行间外汇市场交易产品不断丰富、商业银行市场定位日益细分的新形势，2010 年 8 月国家外汇管理局发布新的《银行间外汇市场做市商指引》，推出银行间外汇市场尝试做市业务，降低非做市商开展做市竞争准入门槛；建立做市商分层制度，提高远期掉期等衍生市场流动性和交易效率；完善做市商优胜劣汰考核机制，增强做市商做市积极性（国家外汇管理局网站"国家外汇管理局进一步完善银行间外汇市场做市商制度"，2010 - 12 - 30）。

7.10.5 人民币做市商的引进

2005 年 11 月 24 日，国家外汇管理局发布了《银行间外汇市场做市商指引（暂行）》，决定在银行间外汇市场引入做市商制度。《指引》明确了做市商的基本条件、权利义务和对做市商交易的管理等内容。并允许从《指引》发布之日起，凡符合条件的外汇指定银行均可持规定的申请材料，向国家外汇管理局申请做市商资格，经核准后，履行做市义务，并接受定期评估（国家外汇管理局）。

从国际主要外汇市场情况看，做市商在提供外汇市场的流动性、提高市场交易效率、转移和分担风险，促进市场发展等方面具有重要作用。2002 年，我国银行间外汇市场在欧元和港元交易中进行了做市商制度的试点。现在正式引入做市商制度，是我国进一步发展银行间外汇市场，完善人民币汇率形成机制的配套举措，有利于活跃外汇市场交易，提高外汇市场流动性，增强中央银行调控的灵活性，进一步提高人民币汇率形成的市场化程度，更好地发挥市场在资源配置中的基础作用（国家外汇管理局）。

在市场看来，做市商制度的推出是中国汇率制度改革迈出的"革命性一步"，其意义并不亚于 2005 年 7 月 21 日的汇改。此前，央行在中国银行间外汇市场上承担着实际做市商的角色。作为宏观调控职能部门，央行在市场操作中难免更多地考虑政策目标而淡化市场因素。银行间市场引入做市商，意味着央行将从这个最重要的市场上逐步"隐退"，将其控制权拱手让与市场。与有过多行政色彩的央行相比，充当做市商的商业性银行在指定买入卖出价格时，无疑需要多方面考虑其外汇头寸、资金成本等因素，这意味着"市场"将取代"政策"成为汇率定价的主导，甚至决定性要素（新华网，2005 年 11 月 28 日）。

事实证明，2006 年 1 月 4 日银行间外汇市场做市商制度实施以来，取得了良好的效果，市场成交活跃，流动性显著提高，市场主体参与交易的自主性增强，对汇率行情的反映更加敏感和快捷，人民币汇率形成机制的灵活性得到进一步改善。可见，做市商的引进，增强了外汇指定银行的报价能力，增加了市场竞争力度，提高了银行间外汇市场的市场化程度和交易效率（国家外汇管理局）。

7.11 银行间即期外汇市场上引入询价交易

中国人民银行2006年初发布公告（中新网1月3日），自2006年1月4日起，在银行间即期外汇市场上引入询价交易（简称OTC方式），改进人民币汇率中间价的形成方式。OTC方式是指银行间外汇市场交易主体以双边授信为基础，通过自主双边询价、双边清算进行的即期外汇交易。OTC方式是国际外汇市场上的基本制度。全球即期外汇市场的绝大部分交易量都集中在OTC市场，以美国为例，OTC方式的交易量占全部外汇交易量的比例超过90%。外汇交易的国际性及外汇交易主体的广泛性、差异性决定了OTC方式具有成本低、信用风险分散等优点。OTC方式凭借其灵活性更好地适应了外汇市场主体多元、需求多样的特点，因而取得了迅猛发展，OTC方式的产品也日益丰富。本节简单介绍银行间即期外汇市场上引入询价交易。

7.11.1 OTC方式介绍

OTC方式是指银行间外汇市场交易主体以双边授信为基础，通过自主双边询价、双边清算进行的即期外汇交易。它与撮合方式的差异主要表现在：一是信用基础不同，OTC方式以交易双方的信用为基础，由交易双方自行承担信用风险，需要建立双边授信后才可进行交易，而撮合方式中各交易主体均以中国外汇交易中心为交易对手方，交易中心集中承担了市场交易者的信用风险；二是价格形成机制不同，OTC方式由交易双方协商确定价格，而撮合方式通过计算机撮合成交形成交易价格；三是清算安排不同，OTC方式由交易双方自行安排资金清算，而撮合方式由中国外汇交易中心负责集中清算（《上海证券报》，2006年1月4日）。

7.11.2 推出OTC方式并保留撮合方式的原因

全球即期外汇市场的绝大部分交易量都集中在OTC市场。以美国为例，OTC方式的交易量占全部外汇交易量的比例超过90%。外汇交易的国际性及外汇交易主体的广泛性、差异性决定了OTC方式具有成本低、信用风险分散等优点。OTC方式凭借其灵活性更好地适应了外汇市场主体多元、需求多样的特点，因而取得了迅猛发展，OTC方式的产品也日益丰富。1994年我国实施外汇管理体制改革，在信用基础薄弱、原有外汇调剂市场区域分割的条件下，直接引入

OTC方式还不现实，为顺利实行以市场供求为基础的、有管理的浮动汇率制度，实现人民币汇率并轨，人民银行决定建立集中统一的银行间撮合外汇市场。11年来，银行间撮合外汇市场取得了长足发展，2004年银行间外汇市场成交量已达2090亿美元，是1995年的3.2倍。随着外汇市场交易量增大、交易主体增多，市场主体的交易和避险需求也日益多样化，客观上要求引入OTC方式，鼓励金融机构在有效控制风险的前提下，充分发挥OTC方式和撮合方式的比较优势，进行金融创新，满足企业和居民的避险需要。

2005年7月21日，完善人民币汇率形成机制改革顺利实施。人民币汇率改革的总体目标是，建立健全以市场供求为基础的、有管理的浮动汇率体制，保持人民币汇率在合理、均衡水平上的基本稳定。因此，遵循国际外汇市场发展规律，拓展外汇市场的广度和深度，形成多种交易方式并存、分层有序的外汇市场体系，充分反映市场供求关系的变化，是完善人民币汇率形成机制的重要环节。为了贯彻主动性、可控性和渐进性原则，2005年8月，人民银行在银行间人民币远期市场率先推出了场外交易，4个多月来银行间人民币远期市场运行平稳，交易日趋活跃，交易量不断增大。为进一步发展外汇市场，完善人民币汇率形成机制，提高金融机构的核心竞争力，人民银行决定于2006年1月4日引入OTC方式。

考虑到在引入OTC方式的初期，中小金融机构在短期内获取授信存在一定困难，为满足中小金融机构的外汇交易需要，仍有必要保留银行间即期撮合方式。

7.11.3 改进人民币汇率中间价的形成方式的意义

根据有管理的浮动汇率制度的需要，遵循国际外汇市场发展规律，在银行间即期外汇市场引入OTC方式、改进人民币汇率中间价的形成方式，一是有利于建立多种交易方式并存、分层有序的外汇市场体系和联动的汇率传导机制，促进外汇市场向纵深化发展，为完善人民币汇率形成机制奠定坚实的市场基础。二是有利于在新的市场结构下提高人民币汇率中间价的代表性。做市商向中国外汇交易中心的报价反映了做市商当日预期的结售汇和做市头寸及其对国际外汇市场走势的判断，因此以报价为基础公布当日外汇市场人民币汇率中间价，有利于进一步体现人民币汇率以市场供求为基础、参考一篮子货币进行调节的规律。三是有利于培育外汇市场的价格形成与反馈机制，鼓励金融机构进行主动的风险管理，促进国际收支调节机制的建立与完善，使外汇市场供求逐步趋于平衡，增强国民经济应对外部冲击的弹性，提高资源配置效率。四是有利于提高金融机构特别是做市商的自主定价能力、创新能力等核心竞争力，建立市场导向的正向激励机制，鼓励金融机构为企业和居民提供更加丰富多样的汇率风险管理工具。

7.12　中国大陆合格的境内机构投资者（QDII）

我们在第 6 章介绍了合格境外机构投资者。合格的境外机构投资者越多，它们在国内资本市场交易越活跃，国内人民币外汇市场就越活跃。同样，合格境内机构投资者是境内机构投资者向境外投资，这些机构同样对国内外汇市场的活跃发挥重要作用。本节简单介绍这类机构。

合格境内机构投资者（QDII）是经主管部门批准投资国外资本市场并由国家外汇管理局批准投资额度的境内机构投资者，包括银行、证券公司、基金管理公司、保险公司等，是人民币资本项下不可兑换、资本市场未开放条件下有控制地允许境内机构投资境外的制度安排。2006 年 4 月 13 日，中国人民银行发布 "2006 年第 5 号公告" 对部分外汇管理政策进行了调整，对银行、基金管理公司和保险公司进行境外理财业务和证券投资业务的条件和范围作出了相关规定，合格境内机构投资者 QDII 制度开始启动；2006 年 4 月 17 日，人民银行、中国银监会和国家外汇管理局共同发布《商业银行开办代客境外理财业务管理暂行办法》，允许境内机构和居民个人委托境内商业银行在境外进行金融产品投资，于发布之日起施行；2007 年 6 月 18 日中国证监会公布了《合格境内机构投资者境外证券投资管理试行办法》，并于 2007 年 7 月 5 日起施行；2007 年 7 月 25 日，中国保监会会同人民银行及外汇管理局正式发布《保险资金境外投资管理暂行办法》，允许保险机构运用自有外汇或购汇到境外投资，而保险公司境外投资占总资产的比例为 15%，即日生效。

本书第 63 章附表 63 - 5 给出了截至 2016 年 1 月 27 日我国合格的境内机构投资者机构名称、批准时间和批准资金额度等。本书第 63 章附表 63 - 5 显示，截至 2016 年 1 月 27 日我国合格境内机构投资者（QDII）已扩充至 132 家，总审批额度达到 899.93 亿美元。实际上，根据本书第 63 章附表 63 - 5 给出的数据，我们可以得知，截至 2007 年 8 月 10 日，南方、华夏、嘉实和上投摩根四家基金公司获得了 QDII 资格，尚没有证券公司获得批准；2007 年 8 月生命人寿保险股份有限公司也收到保监会批复，获准委托开展外汇资金境外投资，以自有外汇资金投资香港市场的 H 股和红筹股；截至 2011 年 4 月 29 日，国家外汇管理局累计批准 103 家 QFII 机构投资额度 206.9 亿美元，批准 92 家 QDII 机构投资额度 726.46 亿美元。国家外汇管理局将根据我国国际收支的发展变化情况，继续稳妥有序地推进合格机构投资者投资额度审批工作（国家外汇管理局网站，"国家外汇管理局稳妥有序推进合格机构投资者投资额度审批工作"，发布时间：2011 - 04 - 29）。根据如上数据我们得知，2011 年 4 月 29 日到 2015 年 4 月 28 日的 4 年时间内，我国合格的境内投资者机构批准总额才仅仅增长了 173.47 亿美元，占总额不到两成，与同期合格的境外机构投资者批准额度大幅度增长形成了明显的对照（请参见本书第 63 章附表 63 - 5）。

本书第 63 章附表 63 - 5 的数据同时显示，证券类、保险类和银行类合格境内机构投资者合计金额分别为 375.5 亿元、308.53 亿元和 138.4 亿美元，显示证券类和保险类合格境内机构投资者为我国主要的合格境内机构投资者。随着"沪港通"额度的提高和"深港通"的批准，合格的境外机构投资者境外投资的步伐也将加快，对活跃我国外汇市场将发挥积极的推动作用。

7.13　总结

2005 年我国汇改前国内外汇市场交易很不活跃，2004 年国内外汇市场年成交金额才略超过 2000 亿美元，与同年我国外贸总额比重还不到两成；2005 年汇改到 2007 年我国外汇市场活跃度显著提高，年均增长率高达 123.1%；然而 2007 年到 2010 年国内外汇市场年均增幅下降到了 42.2%，仅相当于前三年年均增幅 123.1% 的 1/3；2010 年到 2014 年年均增幅进一步下降到了 17.6%，不到前三年年均增幅 42.2% 的一半；可喜的是，2015 年外汇市场成交金额比 2014 年增长了 43.0%，为 2010 年以来年度增幅最高，显示 2015 年国内外汇市场加速改革的明显效果。

十多年来我国外汇市场的成绩显著，年度外汇交易与年度外贸比例首次超过了 300%，然而国内外汇市场不仅与发达经济体而且与一些发展中经济体相比仍然有着巨大的差距，外汇年成交金额与相应的贸易总额比例仍然仅为世界平均水平的三十分之一上下，处于非常低的水平。2014 年国内外汇市场成交金额比 2013 年仅增长了 13.4%，显著低于境外人民币外汇市场增幅（请参见第八篇境外人民币外汇市场发展的相关内容）；2015 年增速虽然达到了近年来最高的程度，但是 2016 年前两个月国内外汇市场成交数据显示，2016 年外汇市场同比增速又出现了明显的减缓迹象。在大力推动人民币跨境贸易结算、人民币境外直接投资、人民币境外债券发行等的同时，我们应该高度重视人民币外汇市场的发展，使得国内外汇年成交金额与相应的贸易总额比例逐渐接近国际平均水平。境外人民币市场是人民币国际化的必要组成部分，然而没有任何一个主要货币的国际化能仅靠境外市场来完成。所以，加速我国人民币利率市场化和人民币汇率市场化改革以加速国内人民币外汇市场的发展已经成为人民币国际化的迫切要求。否则境内外人民币外汇市场的不协调发展将在一定程度上影响人民币国际化的进程。

早在 1993 年召开的十四届三中全会上，国家便确定了"逐步使人民币成为可兑换的货币"的汇率改革目标。十八大报告中又明确指出要"深化金融体制改革，……发展多层次资本市场，稳步推进利率和汇率市场化改革，逐步实现人民币资本项目可兑换。加快发展民营金融机构。完善金融监管，推进金融创新，维护金融稳定。"党的十八届三中全会决定又明确指出要"完善人民币汇率市场化形成机制，加快推进利率市场化，……推动资本市场双向开放，有序提高跨境资本和金融交易可兑换程度，建立健全宏观审慎管理框架下的外债和资本流动管理体系，加快实现人民币资本项目可兑换。"党的十八届三中全会决定为今后多年我国金融市场深化改革指明了方向。只要我们切实落实十八届三中全会决定，持续推动利率市场化、汇率市场化和资本项目可兑换，相信国内外汇市场将会迎来飞跃式发展，为人民币国际化打好必要的市场基础。

参考文献

McCauley, Robert, 2011, "Foreign exchange trading in emerging currencies: more financial, more offshore", BIS Quarterly Review, March 2011, pp. 67 – 75.

第8章 中国的国际投资头寸及其国际比较

本篇前几章里我们分别介绍了国内经济、银行体系、资本市场和外汇市场。作为本篇最后一章，我们将介绍近年来我国的国际投资头寸并与主要发达国家和地区进行比较。本章的内容可以使读者熟悉我国近年来的国际投资情况，从而容易理解今后数年我国国际投资的发展趋势，进而理解随着我国国际投资的现状，了解、熟悉、掌握以至熟悉运用国际市场上各类风险管理工具的必要性。通过本章的内容，我们还可以了解大力推动国内各类人民币衍生产品的推出，特别是提高产品流动性对我国今后多年人民币国际化推动的重要性。

8.1 中国全行业对外直接投资

2007 年 9 月 14 日，商务部、国家统计局、国家外汇管理局联合发布《2006 年度中国对外直接投资统计公报》，这是三部门首次共同发布中国全行业对外直接投资统计数据。本节简单介绍国内企业对外直接投资情况（国家外汇管理局网站，www.safe.gov.cn）。公报数据分别从中国的对外直接投资概况、中国对外直接投资的特点、中国投资主体的构成、对外直接投资企业的分布、综合统计数据五个部分对中国对外直接投资进行阐述。最新一期的报告为 2014 年 9 月公布的《2013 年度中国对外直接投资统计公报》，该《公报》分为中国对外直接投资概况、中国对外直接投资特点、中国对主要经济体的投资、中国对外直接投资者构成、对外直接投资企业的地区和行业分布、综合统计数据等六个部分，下文我们将利用这些公报数据介绍相关内容，数据出处不再重复。

8.1.1 中国对外直接投资现状及其在全球对外直接投资中所处的位置

概况部分主要揭示中国的对外直接投资现状及其在全球对外直接投资中所处的位置。2009 年，中国对外直接投资净额（以下简称流量）为 565.3 亿美元，其中非金融类 478 亿美元，同比增长 14.2%，占 84.5%；金融类 87.3 亿美元，占 15.5%；截至 2006 年底，中国 1.2 万家境内投资主体共在全球 177 个国家（地区）设立境外直接投资企业近 1.3 万家，对外直接投资累计净额（以下简称存量）2457.5 亿美元，其中非金融类 1997.6 亿美元，占 81.3%；金融类 459.9

亿美元，占 18.7%。

联合国贸发会议（UNCTAD）发布的 2010 年世界投资报告显示，2009 年全球外国直接投资（流出）量为 1.1 万亿美元，存量为 19.98 万亿美元，以此为基期进行计算，2009 年中国对外直接投资分别相当于全球对外直接投资（流出）流量、存量的 5.1% 和 1.3%，2009 年中国对外直接投资流量位于全球国家（地区）排名的第 5 位，发展中国家（地区）首位；该机构网站公布的数据显示，2013 年全球外来直接投资（流出）量增长到了 1.4 万亿美元，存量增长到了 26.3 万亿美元，我国对外直接投资占当年全球流量和存量比重分别提高到了 7.2% 和 2.3%，投资流量在全球国家（地区）的排名提高到了仅次于美国和日本的第 3 位，保持了发展中国家首位。虽然近年来我国对外直接投资有了显著增长，但是相对于我国外汇储备规模，对外直接投资占比还比较低。

8.1.2　中国对外直接投资流量、存量的特点

公报的第二部分分析了 2009 年中国对外直接投资流量、存量的特点。2009 年中国对外直接投资流量突破 550 亿美元；通过收购、兼并实现的直接投资约占三成；流向商务服务业、采矿业、金融业、批发和零售业、交通运输业、制造业的投资占到当年对外直接投资流量的 93.8%；流量上亿美元的国家（地区）较上年增加 9 个，中国香港、开曼群岛、澳大利亚、卢森堡、英属维尔京群岛、新加坡、美国聚集了当年流量近九成；对非洲投资下降幅度较大，但非金融类投资同比增长 55.4%；从地区分布情况来看，对欧洲、北美洲、拉丁美洲的投资较上年成倍增长；地方对外投资快速增长，上海、湖南、广东名列各省市区非金融类对外直接投资流量前三。

2009 年末中国对外直接投资存量超过两千亿元，投资覆盖的国家（地区）较上年增加 2 个；行业分布继续保持多元化的格局；地区分布不均衡，亚洲、拉丁美洲是存量高度集中的地区。对发达国家（地区）的投资存量占 7.4%；中国对外直接投资存量在 10 亿美元以上的国家（地区）较上年增加 6 个；国有企业和有限责任公司占到存量份额的九成；在非金融类对外直接投资存量中，中央企业和单位占 80.2%，地方企业占 19.8%。

2013 年，我国投资流量首次突破千亿美元大关，蝉联全球第三大对外投资国。在全球外国直接投资流出流量较上年增长 1.4% 的背景下，中国对外直接投资流量创下 1078.4 亿美元的历史新高，同比增长 22.8%，连续两年位列全球三大对外投资国。2013 年，我国投资存量全球排名前进两位，投资覆盖国家或地区更为广泛。截至 2013 年底，中国 1.53 万家境内投资者在国（境）外设立 2.54 万家对外直接投资企业，分布在全球 184 个国家（地区），较上年增加 5 个；中国对外直接投资累计净额（存量）达 6604.8 亿美元，较上年排名前进两

位，位居全球第 11 位。

2014 年，地方企业对外直接投资 451.1 亿美元，同比增长 36.8%，占同期对外直接投资总额的 43.8%，较上年比重增加 7.2 个百分点。其中广东、北京、山东位列前三，对外直接投资额分别为 96.01 亿美元、55.47 亿美元、44.11 亿美元（商务部网站，2015 年 1 月 21 日）。

8.1.3 从所有制类型、所属行业等角度分析境内投资主体构成

公报的第三部分主要从所有制类型、所属行业等角度对境内投资主体构成进行分析。从 2009 年对外直接投资主体的数量分布来看，多元化格局继续凸显，有限责任公司所占比重仍超过国有企业位居首位；国有企业占了 13.4%，位于第二位；私营企业 7.5%，排第三位。在非金融类对外直接投资者中，中央企业占 4.9%，地方占 95.1%；浙江省的境内投资主体数量居首位，占境内主体总数的 21.4%；七成的私营企业投资主体来自浙江、福建两省。从境内投资主体的行业分布看，批发和零售业占 36.6%，是对外直接投资最活跃的领域；制造业占 31.9%，建筑业占 4.5%。

2013 年，我国地方企业对外投资稳步增长，非金融类投资存量地方企业占比首破三成。2013 年，地方企业非金融类对外直接投资流量达 364.15 亿美元，同比增长 6.5%，占全国非金融类对外直接投资流量的 39.3%，广东、山东、北京位列前三。截至 2013 年底，地方企业非金融类对外直接投资存量为 1649 亿美元，在全国占比首次突破三成，达到 30.3%。与此同时，非国有企业占比不断扩大，国有企业流量占比降至四成。截至 2013 年底，在非金融类对外直接投资 5434 亿美元存量中，国有企业占 55.2%，非国有企业占比 44.8%，较上年提升 4.6 个百分点。2013 年，非金融类对外直接投资流量 927.4 亿美元，其中国有企业占 43.9%；有限责任公司占 42.2%，股份有限公司占 6.2%，股份合作企业占 2.2%，私营企业占 2%，外商投资企业占 1.3%，其他占 2.2%。

8.1.4 对外直接投资企业的国家（地区）分布和行业分布

公报的第四部分主要就中国对外直接投资企业（以下简称境外企业）的国家（地区）分布、行业分布进行了说明。从境外企业家数的地区分布看，2009 年底，中国的 1.3 万多家境外企业共分布在全球 177 个国家和地区，占全球国家（地区）的 72.8%，亚洲、非洲地区投资覆盖率分别达到 90% 和 81.4%。

从境外企业的行业分布看，制造业占 30.2%，批发和零售业占 21.9%，商务服务业占 13.1%，建筑业占 6.8%，采矿业占 6.3%，农、林、牧、渔业占

5%。从境外企业的设立方式看，子公司及分支机构占境外企业数量的95.1%，联营公司仅占4.9%；浙江、广东、江苏、山东、北京、福建、上海、河南、黑龙江七省二市的境外企业数量占境外企业总数的六成，其中浙江省是中国在外投资设立境外企业数量最多的省份。

2013年，除对欧洲地区投资下滑外，对其他地区均呈不同程度的增长。2013年，中国对欧洲地区的投资59.5亿美元，同比下降15.4%；对拉丁美洲、大洋洲、非洲、亚洲分别实现了132.7%、51.6%、33.9%、16.7%的较快增长；对北美洲投资较上年实现0.4%的微增长。2013年，我国对外投资涉及国民经济各行业，五大行业集中度超八成。截至2013年底，中国对外直接投资覆盖了国民经济所有行业类别，租赁和商务服务业、金融业、采矿业、批发和零售业、制造业，五大行业累计投资存量达5486亿美元，占我国对外直接投资存量总额的83%，当年流量占比也超过八成。

此外，2013年我国对外投资呈现并购领域多元化，单项交易金额创历史之最。2013年，中国企业共实施对外投资并购项目424个，实际交易金额529亿美元，其中直接投资337.9亿美元，占比63.9%；境外融资191.1亿美元，占比36.1%。并购领域涉及采矿业、制造业、房地产业等16个行业大类。中国海洋石油总公司148亿美元收购加拿大尼克森公司100%的股权项目，创迄今中国企业海外并购金额之最。

8.1.5　外来直接投资情况简介

2014年实际投入外资金额排名前十位的国家/地区（中国香港、新加坡、中国台湾、日本、韩国、美国、德国、英国、法国、荷兰）合计投入1125.9亿美元，占全国实际使用外资金额的94.2%，同比增长2.7%。其中，韩国和英国对华投资增长较快，实际投入金额分别为39.7亿美元和13.5亿美元，同比增长29.8%和28%（商务部网站，2015年1月21日）。2015年前十位国家/地区（以实际投入外资金额计）实际投入外资总额1186.3亿美元，占全国实际使用外资金额的94%，同比增长5.4%。对华投资前十位国家/地区依次为：中国香港（926.7亿美元）、新加坡（69.7亿美元）、中国台湾（44.1亿美元）、韩国（40.4亿美元）、日本（32.1亿美元）、美国（25.9亿美元）、德国（15.6亿美元）、法国（12.2亿美元）、英国（10.8亿美元）和中国澳门（8.9亿美元）（商务部网站，2016年1月20日）。2015年日本和英国对我国大陆投资排名分别下降了一位。2015年该十个国家和地区对我国大陆总投资额1186.4亿美元，占该年总外来投资1262.7亿美元的94%。

2014年，外商投资企业进出口总额同比增长3.4%，占全国总额的46.1%。根据国家统计局和国家税务总局数据，2014年1—11月，规模以上外商投资工业企业实现利润总额 1.37 万亿元，增长 10.3%，高于全国平均增幅 5 个百分点。2014 年 1—9 月，外商投资企业缴纳税收 1.9 万亿元，增长 8.6%，比全国税收增幅高 1 个百分点，占全国税收收入的比重为 19.4%，比 2013 年同期提高 0.2 个百分点（商务部网站，2015 年 1 月 21 日）。

8.1.6　中国外来直接投资和对外直接投资的国际比较

介绍了我国对外直接投资和外来直接投资后，本节简单介绍我国外来直接投资和对外直接投资的世界比较。表 8-1 给出了 2013 年 38 个主要对外投资国家和地区外来（流入）直接投资和对外（流出）存量及世界占比。表 8-1 给出的 38 个国家和地区 2013 年累计流入外来直接投资存量总额 22.45 万亿美元，占世界总流入存量总额 25.46 万亿美元的 88.2%，同年这些国家累计流出直接投资存量总额 25.08 万亿美元，占世界总流出存量总额 26.31 万亿美元的 95.3%，有较好的代表性。

表 8-1　　　　　2013 年主要对外投资国家和地区外来（流入）
直接投资和对外（流出）存量及世界占比　单位：亿美元，%

国家/地区	流入	流入占比	流出	流出占比	净流出	净流出占比
美国	49352	19.4	63495	24.1	14143	166.7
日本	1709	0.7	9929	3.8	8220	96.9
德国	8515	3.3	14942	5.7	6427	75.7
瑞士	7474	2.9	12594	4.8	5119	60.3
法国	10815	4.2	15031	5.7	4216	49.7
荷兰	6701	2.6	10718	4.1	4017	47.3
英国	16055	6.3	18848	7.2	2793	32.9
意大利	4037	1.6	5984	2.3	1946	22.9
中国台湾	551	0.2	2459	0.9	1908	22.5
爱尔兰	3777	1.5	5029	1.9	1252	14.8
丹麦	1590	0.6	2561	1.0	971	11.4
加拿大	6450	2.5	7324	2.8	874	10.3
比利时	9240	3.6	10090	3.8	850	10.0
英属维尔京群岛	4593	1.8	5233	2.0	639	7.5
瑞典	3781	1.5	4360	1.7	579	6.8
奥地利	1836	0.7	2380	0.9	545	6.4
韩国	1674	0.7	2191	0.8	517	6.1

续表

国家/地区	流入	流入占比	流出	流出占比	净流出	净流出占比
卢森堡	1414	0.6	1816	0.7	402	4.7
挪威	1924	0.8	2311	0.9	387	4.6
马来西亚	1447	0.6	1340	0.5	− 107	− 1.3
开曼群岛	1655	0.6	1294	0.5	− 361	− 4.3
南非	1796	0.7	1118	0.4	− 678	− 8.0
匈牙利	1110	0.4	396	0.2	− 714	− 8.4
俄罗斯	5757	2.3	5012	1.9	− 745	− 8.8
西班牙	7160	2.8	6432	2.4	− 728	− 8.6
中国香港	14439	5.7	13524	5.1	− 916	− 10.8
印度	2267	0.9	1198	0.5	− 1069	− 12.6
智利	2155	0.8	1019	0.4	− 1135	− 13.4
土耳其	1455	0.6	297	0.1	− 1158	− 13.6
澳大利亚	5916	2.3	4718	1.8	− 1198	− 14.1
泰国	1855	0.7	586	0.2	− 1269	− 15.0
沙特	2083	0.8	393	0.1	− 1690	− 19.9
波兰	2520	1.0	550	0.2	− 1971	− 23.2
印度尼西亚	2303	0.9	161	0.1	− 2143	− 25.3
墨西哥	3891	1.5	1439	0.5	− 2452	− 28.9
新加坡	8377	3.3	4979	1.9	− 3398	− 40.0
中国大陆	9568	3.8	6136	2.3	− 3432	− 40.5
巴西	7246	2.8	2933	1.1	− 4314	− 50.8
总计	224488	88.2	250817	95.3	26329	310.3
世界	254642	100.0	263126	100.0	8485	100.0

数据来源：联合国贸发会议（UNCTAD）网站，http：//unctadstat. unctad. org。

表 8 - 1 显示，美国、日本和德国为世界前三大直接投资净输出国，其中美国净流出额几乎等于日本和德国净流出额总和；瑞士、法国、荷兰和英国分别为全球第 4 到第 7 直接投资净输出国；意大利、中国台湾和爱尔兰分别为全球第 8 到第 10 直接投资净输出国，净输出额在 1000 亿美元到 2000 亿美元；丹麦、加拿大等 9 个发达经济体净输出总额为 5764 亿美元；2013 年全球前 19 个直接投资净输出国皆为发达国家。

值得关注的是，西班牙、中国香港、澳大利亚和新加坡四个发达经济体

2013 年也与其他发展经济体一样为直接投资净输入国（净输出为负数）；巴西和中国大陆分别为全球前两名最大的净直接投资输入国，墨西哥和印度尼西亚分别为排名第 4 和第 5 的净直接投资输入国，土耳其、印度和俄罗斯分别为排名第 10、第 12 和第 15 的净直接投资输入国。

8.1.7　2015 年我国对外投资合作情况

2015 年，我国对外非金融类直接投资创下 1180.2 亿美元的历史最高值，同比增长 14.7%，实现中国对外直接投资连续 13 年增长，年均增幅高达 33.6%。"十二五"期间，我国对外直接投资规模是"十一五"的 2.3 倍。2015 年末，中国对外直接投资存量首次超过万亿美元大关。2015 年，我国对外直接投资流量上亿美元的国家/地区有 54 个，其中 10 亿美元以上 13 个，分别为中国香港、开曼群岛、美国、英属维尔京群岛、新加坡、荷兰、澳大利亚、哈萨克斯坦、卢森堡、老挝、印度尼西亚、加拿大和巴西。我国企业共对"一带一路"相关的 49 个国家进行了直接投资，投资额合计 148.2 亿美元，同比增长 18.2%，占总额的 12.6%，投资主要流向新加坡、哈萨克斯坦、老挝、印尼、俄罗斯和泰国等（商务部网站，2016 年 1 月 20 日）。然而 2015 年我国对外直接投资总额 1180.2 亿美元仍比同年外来直接投资总额 1262.7 亿美元低 82.5 亿。随着我国对外直接投资的加速，2016 年我国对外投资将首次超过外来直接投资，成为资本净输出国。

8.2　中国大陆国际投资头寸

国际投资头寸（International Investment Positions，IIP）是国际货币基金组织资本账户下可自由兑换第八款要求所有基金会员向基金组织报告的内容。国际投资头寸反映一国国际资产水平、行业分布、对外负债的时间结构等因素，这些数据在一定程度上反映了一国的综合国力和国际市场依赖程度，也提供了该国金融体系脆弱程度的重要信息。在我们介绍了中国大陆经济、银行业、资本市场和外汇市场之后，本节我们将简单介绍中国国际投资头寸。

经过二十几年的持续发展，中国大陆国际投资头寸也得到了持续增长。根据国家外汇管理局公布的数据，2015 年底中国国际总资产达到 62189 亿美元，总国际负债 46225 亿美元，净资产达到 15965 亿美元，占当年国内生产总值的 14.0%。表 8-2 给出了 2004 年到 2015 年中国国际投资头寸。从该表我们可以看出，中国国际投资净头寸与相应的国内生产总值比例从 2004 年的 14.2% 持续上升到了 2007 年的 33.7%，超过了三分之一；2007 年到 2009 年，由于经济增长速度较快，该比例持续下降到了 29.5%；2009 年到 2014 年又持续下降至

17.2%；2015 年进一步下降到了 14.0% 的历史低位，低于 2014 年的 14.2%。随着我国对外投资的加速提高，相信今后几年中国海外净资产与 GDP 比例有望重回上升的趋势。

表 8 - 2　　2004—2015 年中国国际投资头寸及其占国内生产总值的比例

单位：亿美元，%

项目 ＼ 年份	2004	2005	2006	2007	2008	2009	2010	2011	2012	2013	2014	2015
净头寸	2764	4077	6402	11881	14938	14905	16880	16884	18665	19960	17764	15965
A. 资产	9291	12233	16905	24162	29567	34369	41189	47345	52132	59861	64087	62189
1. 对外直接投资	527	645	906	1160	1857	2458	3172	4248	5319	6605	7443	11293
2. 证券投资	920	1167	2652	2846	2525	2428	2571	2044	2406	2585	2625	2613
3. 其他投资	1658	2164	2539	4683	5523	4952	6304	8495	10527	11867	15026	14185
4. 储备资产	6186	8257	10808	15473	19662	24532	29142	32558	33879	38804	38993	34061
B. 负债	6527	8156	10503	12281	14629	19464	24308	30461	33467	39901	46323	46225
1. 外国来华直接投资	3690	4715	6144	7037	9155	13148	15696	19069	20680	23312	26779	28423
2. 证券投资	566	766	1207	1466	1677	1900	2239	2485	3361	3865	5143	8105
3. 其他投资	2271	2675	3152	3778	3796	4416	6373	8907	9426	12724	14402	9643
国内生产总值	19417	22686	27298	35233	45589	50597	60395	74925	84615	94908	103565	113848
净头寸与国内生产总值比例	14.2	18.0	23.5	33.7	32.8	29.5	27.9	22.5	22.1	21.0	17.2	14.0
资产与国内生产总值比例	47.8	53.9	61.9	68.6	64.9	67.9	68.2	63.2	61.6	63.1	61.9	54.6

数据来源：根据国家外汇管理局网站和国际货币基金组织 2015 年 10 月公布的以美元计价的我国国内生产总值数据计算得出；2015 年数据为国家外汇管理局按照最新国际标准公布中国国际投资头寸表" 公布的该年数据。

表 8 - 2 显示中国国际投资总资产额与相应的国内生产总值比例从 2004 年的 47.8% 上升到了 2007 年的 68.6%，超过三分之二的历史最高水平；2008 年该比例下降到了 64.9%，2008 年到 2010 年持续回升到了 68.2% 后，2010 年到 2014 年持续下降到了 61.9% 的低位；2015 年又加速下降 7.3% 到 54.6%，仅略高于十年前 2005 年 53.9% 的水平，显示国际金融危机后我国境外资产与 GDP 的比例持续显著下降。相信今后多年我国国际投资总资产有望重回上升的轨道。

表 8 - 2 给出的 2015 年数据为国家外汇管理局 2016 年 3 月 31 日按照最新国际标准公布的该年国际投资头寸数据。由于该年数据是按照最新的国际标准首次公布的此类数据，该数据难以与之前的数据进行比较。实际上，表 8 - 2 中2015 年数据采用的国际货币基金组织《国际收支和国际投资头寸手册》（第六

版）早于 2008 年 12 月就已定稿，其他国家多年前就已经采用。表 8−2 的数据清楚显示，在 2015 年我国对外直接投资比 2014 年增加 3850 亿美元，增长 51.7% 的情况下，2015 年我国境外总资产、净资产等不仅没有增长，反而比 2014 年分别下降了 3.0% 和 10.1%，导致我国境外投资净头寸和总资产与 GDP 的比例皆比之前出现大幅度下调，反映出近年来我国境外投资的效率继续提高。我们下文还会进一步讨论该问题。

8.3　日本国际投资头寸

作为 2010 年前全球第二大经济体和主要的出口国，日本十几年来在外汇政策和对外投资方面的成功经验和失败教训对中国皆有非常大的借鉴意义。虽然 2011 年我国国内生产总值就超过了日本，而且多年前来我国外汇储备和国际贸易额也超过了日本。但是，我国境外资产和净资产却与日本仍有着巨大的差距。表 8−2 显示，2015 年我国境外净资产仍不到 1.6 万亿美元，不到日本 2004 年境外净资产 1.72 万亿美元；2014 年日本境外资产 3.46 万亿美元，比 2015 年我国境外净资产 1.6 万亿美元高出一倍多，显示我国境外净资产规模与日本仍有十多年的差距，离快速提高的人民币国际化的要求仍有巨大的差距。我们将在第 58 章介绍日元国际化时对中日两国境外资产和投资效率进行详细的比较，这里不再多述。

8.4　德国国际投资头寸

作为全球第四大经济体和主要的出口国，德国国际投资方面的成功经验对中国也有一定的借鉴意义。表 8−3 给出了 1996 年到 2014 年德国国际投资头寸及其占国内生产总值的比例。表 8−3 显示，德国国际资产占当年国内生产总值的比例从 1996 年的 70.2% 持续增长到 2014 年的 262.6%，仅在 2002 年、2008 年和 2013 年略有下降；同期德国国际负债占当年国内生产总值的比例从 1996 年的 66.0% 持续增长到 2014 年的 226.2%，也仅在 2002 年、2008 年和 2013 年略有下降；而同期国际净资产占当年国内生产总值的比例总体偏低并有较大的波动，其中 1998 年、2000 年、2002 年和 2007 年都有较大幅度的下降，而 1999 年、2001 年、2004 年、2005 年、2006 年、2008 年和 2009 年均有较大幅度增长。比较德国与日本国际资产占相应国内生产总值的比例我们发现，1999 年到 2009 年，前者比后者要高出 50% 以上，同时前者的负债比例也比后者高出许多，表明德国国际投资杠杆要远高于日本。但从净资产占国内生产总值的比例来看，德国要远低于日本同期水平。

表 8 - 3　　　1996—2014 年德国国际投资头寸及占国内生产总值的比例

单位：亿欧元，%

年份	资产	资产/ GDP 比例	负债	负债/ GDP 比例	净资产	净资产/ 资产比例	净资产/ GDP 比例
1996	13505.0	70.17	12704.0	66.00	801.0	5.93	4.16
1997	16030.0	81.59	15243.0	77.59	787.0	4.91	4.01
1998	18895.0	93.76	18821.0	93.39	74.0	0.39	0.37
1999	25066.9	121.58	24429.6	118.49	637.3	2.54	3.09
2000	29256.1	138.42	28916.2	136.82	339.9	1.16	1.61
2001	32275.6	148.27	30853.4	141.74	1422.2	4.41	6.53
2002	31913.5	144.65	31357.3	142.13	556.2	1.74	2.52
2003	33671.0	151.87	32789.5	147.90	881.5	2.62	3.98
2004	36418.1	160.60	34537.7	152.31	1880.4	5.16	8.29
2005	42515.1	185.02	38381.4	167.03	4133.7	9.72	17.99
2006	47423.8	198.41	41394.9	173.19	6028.9	12.71	25.22
2007	52145.5	207.74	46084.2	183.59	6061.3	11.62	24.15
2008	50990.0	199.33	45051.3	176.12	5938.7	11.65	23.22
2009	52436.9	213.45	45069.2	183.46	7367.7	14.05	29.99
2010	65405.0	253.88	57471.8	223.09	7933.2	12.13	30.79
2011	68495.0	253.77	60757.8	225.10	7737.2	11.30	28.67
2012	72806.9	264.76	66331.7	241.22	6475.2	8.89	23.55
2013	69101.8	245.96	60797.5	216.40	8304.3	12.02	29.56
2014	76256.7	262.61	65694.4	226.24	10562.3	13.85	36.37

数据来源：德国中央银行网站，www. bundesbank. de。

　　通过更深一层的分析，我们还可以发现 2003 年到 2009 年德国的国际资产主
要集中在企业和个人、银行类金融机构手中，其中前者占总国际资产的一半上
下，银行类金融机构占总国际资产比重在四成五左右，政府和中央银行仅占总
国际资产的不到 5%；同期德国的国际负债主要集中在银行类金融机构、企业和
个人手中，其中前者占总国际负债接近一半，企业和个人占总负债三成到三分
之一之间，而政府却占总国际负债接近两成的份额；所以德国企业和个人是德
国国际净资产的主要持有者，同期分别占德国净国际资产的 435.4%、281.9%
和 196.5%；德国央行之外的政府是德国国际净负债的主要承担者，同期分别占
德国净国际资产的 - 367.8%、- 228.9% 和 - 147.0%；由于国际资产和负债占

比比较相当，德国银行类金融机构同期的国际净资产占比分别为 - 30.3%、12.9% 和 22.9%；由于资产占比显著高于相应的负债占比，德国央行同期的国际净资产占比分别为 62.9%、34.1% 和 27.7%。如果以国际净资产与国内生产总值比例来看，中国大陆 2014 年的国际资产程度与德国 2005 年的水平相当，相差近十年。

8.5 中国香港特别行政区国际投资头寸

香港特别行政区在我国改革开放三十多年来的过程中，在进出口贸易、引进外来投资、境外直接融资等各个方面对内地发挥了不可或缺的作用。所以香港在国际投资方面的成功经验对内地也有一些参考意义。表 8 - 4 给出了中国香港特别行政区从 2000 年到 2014 年国际投资头寸及其占国内生产总值的比例。表 8 - 4 显示，中国香港国际资产与其当年国内生产总值的比例远远高出德国数倍；同时其国际负债与当年国内生产总值的比例也远高出德国几倍；表明中国香港这个地区金融中心在国际投资过程中的杠杆比德国还要高出很多。

表 8 - 4   2000—2014 年香港国际投资头寸及其占国内生产总值的比例

单位：亿港元，%

年份	资产	资产/GDP 比例	负债	负债/GDP 比例	净资产	净资产/资产比例	净资产/GDP 比例
2000	92493	692	75298	563	17195	19	129
2001	87548	663	67081	508	20468	23	155
2002	84619	652	57877	446	26743	32	206
2003	97026	772	66162	526	30864	32	246
2004	111235	845	78136	593	33099	30	251
2005	120940	856	86183	610	34756	29	246
2006	155744	1036	114656	763	41088	26	273
2007	219050	1327	180676	1095	38374	18	232
2008	181928	1065	132928	779	49000	27	287
2009	206797	1246	149775	903	57022	28	344
2010	232300	1308	180589	1017	51711	22	291
2011	240620	1244	185391	958	55229	23	286
2012	268580	1318	212662	1044	55918	21	275
2013	291248	1366	232478	1091	58770	20	276
2014	323416	1440	259429	1155	63988	20	285

数据来源：香港金管局网站，www.info.gov.hk/hkma/。

8.6　美国国际投资头寸

作为全球最大的经济体和最大的金融市场，美国的国际投资头寸对中国有很大的借鉴作用。实际上，美国国际净负债从 1989 年的 470 元大关到了 1.0338 万亿美元，仅仅用了三年时间又翻了一番到 2.2951 万亿美元，2008 年再次超过了 3 万亿美元达到了 3.9953 万亿美元的危机前高位；由于美国量化宽松政策稀释了美国的负债，到 2010 年美国负债资产下降到了 2.5118 万亿美元；2010 年到 2014 年 4 年连续年均复合增长 40.15%，达到了 6.9153 万亿美元，接近同年美国 GDP 的四成。从 1989 年到 2004 年的 16 年间，美国国际净负债平均年增长率高达 30%，而从 2010 年到 2014 年平均增幅超过了 40%。

表 8 - 5　　1996—2014 年美国国际投资头寸及其占国内生产总值的比例

单位：亿美元，%

年份	资产	资产/GDP 比例	负债	负债/GDP 比例	净资产	净资产/总资产比例	净资产/GDP 比例
1996	47918	59.16	51201	63.21	-3283	-6.85	-4.05
1997	55365	64.31	63247	73.47	-7882	-14.24	-9.16
1998	63686	70.07	74024	81.44	-10338	-16.23	-11.37
1999	76114	78.79	86137	89.16	-10023	-13.17	-10.37
2000	76417	74.30	91786	89.24	-15368	-20.11	-14.94
2001	71700	67.50	94651	89.11	-22951	-32.01	-21.61
2002	70652	64.36	94761	86.32	-24110	-34.12	-21.96
2003	86209	74.89	109139	94.82	-22930	-26.60	-19.92
2004	105890	86.27	129524	105.52	-23634	-22.32	-19.25
2005	133570	102.01	152149	116.20	-18579	-13.91	-14.19
2006	164099	118.43	182183	131.48	-18085	-11.02	-13.05
2007	207045	143.01	219840	151.85	-12795	-6.18	-8.84
2008	194234	131.97	234187	159.11	-39953	-20.57	-27.14
2009	194265	134.73	220541	152.95	-26276	-13.53	-18.22
2010	217678	145.46	242796	162.25	-25118	-11.54	-16.79
2011	222089	143.12	266639	171.83	-44550	-20.06	-28.71
2012	225203	139.33	270986	167.66	-45782	-20.33	-28.33
2013	237098	141.40	290928	173.50	-53830	-22.70	-32.10
2014	246932	141.76	316085	181.46	-69153	-28.00	-39.70

数据来源：美联储网站，www.federalreserve.gov。

表 8 - 5 给出了 1996 年到 2014 年美国的总国际资产及其占相应年份国内生产总值的比例、总负债及其占相应年份国内生产总值的比例、净资产及其占相应年份总资产的比例、净资产及其占相应年份国内生产总值的比例。表 8 - 5 显示，美国从 1996 年以来一直是净负债，而且净负债占国内生产总值的比例从 1996 年的 4.64% 上升到了 2002 年的最高比例 23.6%；从 2002 年到 2007 年该比例持续下降到了 15.22%；然而 2008 年再次创下新高 24.14%，2014 年高达近 40%。

比较表 8 - 2 到表 8 - 5 给出的数据，我们发现 2014 年日本、中国大陆和德国这三个主要净资产国的总净资产比同年美国的负资产还要低，显示当前国际金融体系的严重问题。

8.7　中国大陆国际投资头寸的国际比较和今后的增长趋势

上文中我们分别对中国内地、日本、德国、中国香港和美国的国际投资头寸进行了简单介绍。这里我们对我国与这些主要发达国家和地区及英国和加拿大的国际头寸进行简单比较，从而简单估计我国国际投资头寸今后数年的增长趋势。

8.7.1　我国国际投资头寸与主要发达国家和地区的比较

表 8 - 6 给出了美国、日本、德国、英国、法国、意大利、加拿大、中国香港和中国内地 2004 年到 2014 年国际投资头寸及其占相应国内生产总值的比例。表 8 - 6 显示，美国是世界上最大的净国际负债国，日本为最大的净国际资

表 8 - 6　　　　　　2004—2014 年主要国家和地区国际投资头寸

及其占国内生产总值的比例　　　　单位：十亿美元，%

2005	总资产	总资产/GDP	总负债	总负债/GDP	净资产	净资产/总资产	净资产/GDP	GDP
美国	13357.00	102.01	15214.90	116.20	- 1857.87	- 13.91	- 14.19	13093.70
日本	4294.88	93.94	2763.13	60.44	1531.75	35.66	33.50	4571.87
德国	4977.19	173.87	4426.89	154.65	550.299	11.06	19.22	2862.52
英国	8276.56	342.71	8713.68	360.81	- 437.117	- 5.28	- 18.10	2415.05
加拿大	1378.26	118.39	1516.64	130.28	- 138.38	- 10.04	- 11.89	1164.18
中国香港	1560.01	859.18	1111.68	612.26	448.326	28.74	246.92	181.57
中国内地	1229.11	53.74	815.971	35.67	413.136	33.61	18.06	2287.26

续表

2006	总资产	总资产/GDP	总负债	总负债/GDP	净资产	净资产/总资产	净资产/GDP	GDP
美国	16409.90	118.43	18218.30	131.48	-1808.47	-11.02	-13.05	13855.90
日本	4697.21	107.81	2889.04	66.31	1808.17	38.49	41.50	4356.75
德国	6207.29	206.82	5357.37	178.50	849.918	13.69	28.32	3001.25
英国	11890.70	459.71	12651.00	489.11	-760.22	-6.39	-29.39	2586.55
加拿大	1666.79	127.16	1705.85	130.14	-39.0532	-2.34	-2.98	1310.80
中国香港	2003.26	1035.09	1474.77	762.02	528.497	26.38	273.08	193.534
中国内地	1690.43	60.52	1050.62	37.61	639.808	37.85	22.91	2793.16
2007	总资产	总资产/GDP	总负债	总负债/GDP	净资产	净资产/总资产	净资产/GDP	GDP
美国	20704.50	143.01	21984.00	151.85	-1279.49	-6.18	-8.84	14477.63
日本	5360.12	123.04	3165.17	72.66	2194.95	40.95	50.39	4356.35
德国	7621.39	221.52	6675.98	194.04	945.408	12.40	27.48	3440.45
英国	15519.20	523.52	16169.60	545.46	-650.442	-4.19	-21.94	2964.40
加拿大	2049.48	140.58	2221.44	152.38	-171.966	-8.39	-11.80	1457.87
中国香港	2807.8	1326.94	2315.92	1094.49	491.877	17.52	232.46	211.599
中国内地	2416.2	68.94	1228.46	35.05	1187.74	49.16	33.89	3504.61
2008	总资产	总资产/GDP	总负债	总负债/GDP	净资产	净资产/总资产	净资产/GDP	GDP
美国	19423.40	131.97	23418.70	159.11	-3995.30	-20.57	-27.14	14718.58
日本	5731.50	118.20	3242.13	66.86	2489.37	43.43	51.34	4849.19
德国	7096.29	188.50	6269.79	166.54	826.492	11.65	21.95	3764.68
英国	16007.40	568.75	16158.30	574.11	-150.936	-0.94	-5.36	2814.48
加拿大	1468.42	95.19	1566.84	101.57	-98.4217	-6.70	-6.38	1542.56
中国香港	2347.31	1070.46	1715.09	782.15	632.216	26.93	288.31	219.28
中国内地	2956.69	65.01	1463.24	32.18	1493.45	50.51	32.84	4547.72
2009	总资产	总资产/GDP	总负债	总负债/GDP	净资产	净资产/总资产	净资产/GDP	GDP
美国	19426.50	134.73	22054.10	152.95	-2627.63	-13.53	-18.22	14418.73
日本	6039.04	119.94	3125.23	62.07	2913.81	48.25	57.87	5035.14
德国	7554.06	220.77	6492.66	189.75	1061.39	14.05	31.02	3421.63
英国	14056.70	606.21	14549.50	627.46	-492.771	-3.51	-21.25	2318.78
加拿大	1920.27	140.08	2115.25	154.30	-194.98	-10.15	-14.22	1370.84
中国香港	2666.46	1245.74	1931.21	902.24	735.247	27.57	343.50	214.046
中国内地	3436.9	67.31	1946.39	38.12	1490.52	43.37	29.19	5105.77

续表

2010	总资产	总资产/GDP	总负债	总负债/GDP	净资产	净资产/总资产	净资产/GDP	GDP
美国	21767.80	145.46	24279.60	162.25	−2511.79	−11.54	−16.79	14964.40
日本	6893.14	125.44	3751.26	68.26	3141.88	45.58	57.17	5495.39
德国	8739.31	255.66	7679.30	224.65	1060.01	12.13	31.01	3418.37
英国	15501.00	643.35	16062.90	666.67	−561.883	−3.62	−23.32	2409.41
加拿大	2180.68	135.10	2460.11	152.42	−279.425	−12.81	−17.31	1614.07
中国香港	2987.98	1306.87	2322.84	1015.95	665.138	22.26	290.91	228.637
中国内地	4118.86	69.23	2430.83	40.86	1688.03	40.98	28.37	5949.65
2011	总资产	总资产/GDP	总负债	总负债/GDP	净资产	净资产/总资产	净资产/GDP	GDP
美国	22208.90	143.12	26663.90	171.83	−4455.00	−20.06	−28.71	15517.93
日本	7498.59	126.97	4083.39	69.14	3415.19	45.54	57.83	5905.63
德国	8862.56	235.99	7861.44	209.33	1001.11	11.30	26.66	3755.55
英国	16877.80	650.62	17292.10	666.59	−414.346	−2.45	−15.97	2594.11
加拿大	2126.73	118.90	2396.73	133.99	−270.006	−12.70	−15.09	1788.74
中国香港	3098.57	1246.84	2387.36	960.65	711.21	22.95	286.19	248.514
中国内地	4734.5	64.73	3046.08	41.64	1688.42	35.66	23.08	7314.48
2012	总资产	总资产/GDP	总负债	总负债/GDP	净资产	净资产/总资产	净资产/GDP	GDP
美国	22520.30	139.33	27098.60	167.66	−4578.24	−20.33	−28.33	16163.15
日本	7664.08	128.71	4240.46	71.21	3423.63	44.67	57.50	5954.48
德国	9606.12	271.73	8751.79	247.56	854.331	8.89	24.17	3535.20
英国	16129.30	614.62	16521.50	629.56	−392.237	−2.43	−14.95	2624.29
加拿大	2384.08	130.08	2692.2	146.90	−308.125	−12.92	−16.81	1832.72
中国香港	3465.33	1319.48	2743.85	1044.76	721.473	20.82	274.71	262.629
中国内地	5213.16	62.16	3346.68	39.90	1866.48	35.80	22.26	8386.68
2013	总资产	总资产/GDP	总负债	总负债/GDP	净资产	净资产/总资产	净资产/GDP	GDP
美国	23709.80	141.40	29092.80	173.50	−5383.00	−22.70	−32.10	16768.05
日本	7584.48	154.17	4498.04	91.43	3086.43	40.69	62.74	4919.56
德国	9529.78	255.39	8384.56	224.70	1145.23	12.02	30.69	3731.43
英国	15746.70	587.54	15814.70	590.07	−68.013	−0.43	−2.54	2680.12
加拿大	2702.45	146.96	2681.08	145.79	21.3696	0.79	1.16	1838.96
中国香港	3756.34	1366.64	2998.36	1090.87	757.979	20.18	275.77	274.859
中国内地	5936.83	62.70	3965.23	41.88	1971.61	33.21	20.82	9469.13

续表

2014	总资产	总资产/GDP	总负债	总负债/GDP	净资产	净资产/总资产	净资产/GDP	GDP
美国	24693.20	141.76	31608.50	181.46	-6915.26	-28.00	-39.70	17418.93
日本	7893.21	170.98	4771.03	103.35	3122.18	39.56	67.63	4616.34
德国	9258.35	239.88	7975.97	206.66	1282.38	13.85	33.23	3859.55
英国	—	—	—	—	—	—	—	2945.15
加拿大	2864.79	160.16	2739.13	153.13	125.658	4.39	7.03	1788.72
中国香港	4170.15	1439.83	3345.09	1154.96	825.062	19.78	284.87	289.628
中国内地	—	—	—	—	—	—	—	10380.38

数据来源：根据表8-2到表8-5数据和英国、加拿大中央银行网站数据整理得出。

产国。由于英国是国际外汇、场外衍生产品等方面最主要的金融中心，英国的国际资产与 GDP 的比例从 2009 年到 2014 年保持在 600% 附近的水平，在这些主要发达国家中比例最高，甚至为美国和日本相应比例的十倍上下。中国香港作为亚太地区的金融中心，近年来其相应的比例又是英国的两倍，这表明英国和中国香港国际市场上杠杆程度非常高。

我国 2014 年总国际资产占 GDP 的比例 61.7% 相当于日本 1999 年的水平，我国同年国际净资产与 GDP 的比例 17.1% 与日本 1999 年的水平相当（见表8-2 和表58-5），表明 2014 年我国国际投资水平与日本相差接近 15 年左右；我国 2014 年总国际资产占 GDP 的比例与美国 2002 年相当，表明 2014 年我国的国际投资水平与美国 12 年前相当（见表8-5）；我国 2014 年总国际资产占 GDP 的比例低于德国 1996 年的水平。

8.7.2 我国国际投资头寸与日本和德国的比较

美国是全球最大的经济金融体，同时也是全球最大的负债国，与我国的可比性不高；英国是世界级的外汇和衍生产品中心，虽然其国际资产占 GDP 比例很高，但是净资产却很低，近年来净资产皆为负值，与我国的可比性也不高；中国香港作为亚洲的金融中心，其经济主要以转口贸易为主，经济规模与其他发达国家相比很小，与中国内地可比性也不高。

日本和德国都是出口型经济，而且两国国际净资产总额近年来也在全球排名前列，与我国可比性强。按照国际资产占 GDP 比例比较，我国 2010 年和日本 9 年前相当，但与德国相差 10 年以上；按国际净资产占 GDP 比例比较，我国 2010 年和日本 2001 年相当，相差 9 年，然而与德国 2008 年到 2009 年相当，相差仅近一年。所以日本的国际资产和负债比例与我国可比性最强，日本十几年来的国际投资、汇率机制改革、资本项目开放、产业调整升级等方面的经验和教训对我国有最直接的借鉴性。

8.8　中国内地国际投资头寸今后的增长趋势

我们在第 4 章中曾介绍，随着我国外汇储备的持续和加速增长，有效提高外汇资产利用率，降低外汇储备增幅已经成为我国今后数年的一项重要任务。近年来我国商业银行、政策性银行、证券公司和其他企业与境外公司和机构开展了诸多合作和收购方面的商谈，有些已经达成协议。随着亚投行和金砖银行的成功开业，今后中外合作、参股入股、收购兼并的业务会加速增长，2016 年我国国际总资产和净资产与国内生产总值的比例有望重回上升轨道。估计今后 5 到 10 年我国境外资产与国内生产总值比例会向 100% 的水平靠近。

国际资产的大幅度增长直接对国际投资经验和相应的风险管理提出更高的要求，不然不但难以在竞争日趋激烈的国际市场上获得合适的回报，而且还必然要面临国际市场上巨大的各类风险。

8.9　国际投资相关风险

境外投资涉及国别风险、法律风险、劳资风险和外汇风险等诸多国内投资涉及不到的风险，这些风险的管控水平直接影响境外投资的效率和质量，甚至决定投资的成败。因此，在境外投资前必须对投资项目所在地相关风险要有尽可能深入详尽地研究，对各种风险有职业的评估和判断，进而对各种风险在投资决策前有防范的计划和准备，这样投资风险才可能较好地规避和防范。

境外投资风险最重要的是国别风险。不同国家和地区，特别是发展中国家和地区的政治、文化、法律、环保、劳工保护、经济发展水平等方面皆有与其他国家和地区不同的地方，投资前需要对这些情况进行仔细地职业性研究和评估。对不同国家和地区国别风险评估是一个相当职业性的工作，国际上专业信用评估公司如美国的标准普尔公司和穆迪公司有一百多年的行业经验，目前对全球一百多个国家和地区的主权债券和公司进行评估，其评估结果作为跨国企业和其他境外投资国别风险判断的依据。由于我国境外投资才有十年风雨历程，我国企业境外投资或者凭国内投资直观经验，或者参考国际评估机构的职业评估结果作为投资决策的依据，国内提供的适合国内公司的、对境外不同国家的评估报告结果很少。可喜的是，2014 年 12 月中国社科院世界经济和政治研究所国际投资研究室发表了《2014 年中国海外投资国家风险评级报告》，给出了美、日、德等 12 个发达国家和地区以及马来西亚、俄罗斯和印尼等 24 个发展中国家的风险评级结果，对我国企业境外投资有很好的参考意义。

除国家风险外，外汇风险是境外投资的另一类主要风险。很多国内企业，甚至包括国内银行，由于缺乏外汇风险管理和对冲的经验，投资收益的很大比例经常损失于汇兑。虽然我国近年来用于外汇风险管理的外汇衍生产品市场有了一定的发展，但是市场流动仍然较低，很多外汇风险对冲所需要的头寸仍然难以在国内市场找到交易对手；同时我国企业和金融机构对境外外汇市场衍生产品交易的熟悉度还不够，外汇风险管理的技能需要显著提高，这是我国境外投资需要加强的另外一个重要方面。

8.10　中国内地国际投资依赖度的增加和风险管理工具需求的增长

国际资产占国内生产总值的比例在很大程度上反映一个国家和地区的金融国际依存度。国际资产的增加必然要面临国际市场上外汇、利率、商品价格等市场风险，同时还要面临国际市场上的信用、操作、政治、军事等诸多风险。

8.10.1　国际资产占国内生产总值的比例——国际投资依存度的标志

众所周知的贸易依存度——国际贸易额与国内生产总值的比例，实际上是衡量一个国家或地区实物方面的国际依存度。国际资产额与国内生产总值的比例实际上是衡量一个国家或地区金融方面的国际依存度。中国香港特区金融国际依存度与英国相当，2006 年超过 1000%；2003 年到 2006 年德国金融国际依存度皆在 150% 到 200% 之间；日本和美国国际资产与国内生产总值的比例比较接近，2005 年皆在 100% 上下，2006 年皆在 110% 上下。我国 2006 年金融国际依存度首次超过了 60%，2007 年首次超过了 70%，2008 年和 2009 年虽然略有下降，但是 2010 年重新回到了 70% 以上的水平。由于我国贸易依存度已经超过了所有主要发达国家和绝大多数发展中家，今后还会进一步增加；金融国际依存度今后数年也会加速增长。贸易和金融这两个国际依存度不断提升，使我国今后多年将在更大程度上面临各种各样的国际风险。

8.10.2　国际资产持有分布

日本是全球持有国际净资产最多的国家，多年来一直也是全球外汇储备最多的国家。日本不同部门持有国际资产的比重分布对我国今后国际投资和外汇储备的有效利用有一定的参考作用。表 8 - 7 给出了 1996 年到 2014 年日本国际资产持有分布情况。表 8 - 7 显示，公有部门占总资产的份额从 1999 年的一成持续下降到了 2014 年的 2.47%；银行业占比从 1997 年的四成持续下降到了不足四分之一；同时其他部门占比却在 1998 年到 2014 年保持了震荡上升的势头，2014 年达到约 41.75%；直接投资占比保持在 10%～15% 的水平。特别值得关注的是外汇储备占比虽然从 1998 年到 2006 年保持了持续增长的趋势，但是 2004 年到 2006 年占比保持在 20% 上下的水平，而且稳中略有下降，2007 年开始，外汇储备占比持续下降至 15% 左右。日本银行也和其他行业近年来持有国际资产超过日本总国际资产 6 成以上，同时公共部门占比从 10 年前 10% 左右持续下降到不到 5% 的低位，外汇储备仅占不到 20% 的合理分布对我国今后国际资产的分布有很好的借鉴意义。

表 8－7 　　　日本 1996—2014 年不同部门持有国际资产比例分布情况 　　　单位：%

部门 年份	公共部门	银行业	其他行业	直接投资	外汇储备
1996	9.10	37.60	35.10	9.90	8.40
1997	8.50	40.30	32.80	10.20	8.30
1998	9.30	37.00	37.00	9.30	7.40
1999	10.20	28.90	42.80	8.40	9.70
2000	9.30	28.20	40.90	9.40	12.20
2001	8.50	27.30	39.90	10.40	13.90
2002	8.30	27.80	38.50	10.00	15.30
2003	6.90	24.80	40.30	9.30	18.70
2004	6.00	23.40	41.50	8.90	20.20
2005	4.80	24.50	42.00	9.00	19.60
2006	4.30	22.30	44.70	9.60	19.10
2007	5.69	22.34	44.00	10.13	18.06
2008	5.57	24.04	40.82	11.89	17.91
2009	4.89	20.54	45.06	12.29	17.44
2010	4.44	26.74	40.18	12.01	15.85
2011	3.19	26.83	38.84	12.96	17.24
2012	2.99	26.77	38.92	13.85	16.61
2013	2.68	26.06	38.74	14.96	16.74
2014	2.47	23.66	41.75	15.23	15.98

数据来源：日本中央银行网站，www.boj.or.jp。

8.10.3 风险管理工具需求的增长

由于今后数年我国国际资产与国内生产总值的比例会持续向 100% 的水平迈进，因此国内各类机构和个人将面临越来越高的国际市场风险，这将给国内各类企业、机构和个人带来新的、重大的、前所未有的挑战。大量的国际投资需要熟练地应用国际市场上的汇率、利率、股票、商品等场内外衍生产品来规避这些市场上的风险，同时还需要加大力度开发和推动人民币兑外币的各类场内外衍生产品，从而为国内机构和个人提供风险管理的工具。为了对冲各类风险，不仅要广泛参与境外场内外衍生产品，开发和推动国内人民币相关的衍生产品，而且还要逐步建立各类风险模型，从而使风险管理切实可行。

随着我国国际资产的快速增长，我国必须在相对较短的时间内对国际市场上的各类风险管理工具从了解向熟悉、掌握的程度进发，最终要达到运用自如的程度；同时也要求国内各类人民币风险管理工具从无到有，流动性也要达到足以对冲各类风险的程度。

8.11　本章总结

近年来我国境外投资快速增长，然而我国境外投资的净资产不但未随投资的增长而增长，反而有显著的下降，表明我国境外投资的效率和质量需要显著地提高。大不一定强，投多未必回报个高，投资效率和质量的提高才是投资的关键所在。虽然 2014 年我国经济规模、贸易额、外汇储备总额等方面都达到了日本两倍多，然而我国境外净资产还不到日本的六成，净资产与 GDP 比例还不到日本相应比例的三分之一，显示我国国际投资效率和质量方面还有巨大的提升空间。

国际投资经验只能在实践中学习摸索，没有现成的经验和模式可以复制或模仿。日本在 20 世纪 80 年代投资美国房产和 90 年代中期前后投资东亚的教训值得我国深刻反思。然而，近年来我国企业和个人境外投资房产犹如 20 世纪 80 年代日本在美国投资的重演，2008 年国际金融危机后我国境外投资的总体表现与东亚金融危机后日本的境外投资总体表现相近，特别是 2013 年以来我国境外投资效率和质量需要我们高度关注。尽管我国 2014 年境外投资的表现与去年以来境外石油等大宗产品价格大幅度下降密切相关，然而从 2012 年开始我国境外投资回报率下降的事实显示，近年来我国投资回报效率和质量急需提高还有大宗产品价格下降外的其他原因。鼓励企业"走出去"是我国今后多年发展的趋势，但重投资轻效率的问题已经显现出了弊端，而且今后多年还可能进一步显现。

日本近二十年来国际投资头寸数据显示，2005 年以来日本国际投资净头寸中共有占比从 44.6% 持续下降到了不到五分之一的低位，显示民营企业在日本国际投资中作用持续大幅度的提高。我国企业今后在既需适应国家产业国际布局的需要，又需适合企业境内外发展布局需求的前提下，扩大境外投资的前景广阔，但是境外投资既要抓住时机，同时又要有投资的风险管控能力。提高我国企业境外投资效率和质量将是我国境外投资今后多年的任务。

由于国家外汇管理局2015年第一季度才开始采用国际货币基金组织2008年公布的《国际收支和国际投资头寸手册》（第六版），而且之前的数据也未根据新标准进行调整，导致我们难以将我国数据与其他国家和地区数据直接进行比较。尽管如此，表8-2给出的数据清楚显示，利用新标准除我国的国际负债被严重低估外，国际资产特别是国际净资产被严重高估，从而我们可以直观地判断我国境外投资的水平比之前公布的数据显示的程度更差，应该引起各界高度关注。利用不同标准公布出的数据差异再次显示，量大不一定质高，控制境外投资负债水平和提高我国境外投资效率已经到了非常紧迫的程度。

国内各类机构和个人利用国际市场上的汇率、利率、股票、商品等场内外衍生产品来规避市场风险的需求将持续、加速增长，同时对各类人民币场内外衍生产品的需求也将增长，而且还必须在尽可能短的时间内达到足够的市场流动性，不然这些市场上的风险将难以管理，面临的损失将不可避免。我们在本书第二篇将系统地介绍和分析国际市场上的主要衍生产品，然后在第四篇介绍和分析活跃于境内外的各类人民币外汇衍生产品，在第五篇介绍和分析人民币利率、股票、商品等衍生产品，最后一篇我们探讨其他相关内容。

一个国家的国际资产规模和国际净资产规模是其母币国际化程度的直接反应。尽管2015年前的十多年我国外汇储备持续显著增长，境外投资也呈现出持续增长的态势，但是我国境外总资产规模和净资产规模却相对较小，境外总资产和净资产与GDP的比例也相对较低，与全球第三大经济体日本仍有显著的差距，与不断提高的人民币国际化水平的需求也有显著的差距。2016年人民币将正式纳入国际货币基金组织一揽子货币，而且人民币在一揽子货币中的权重也显著超过日元的权重，表明人民币国际化需要我国境外资产和净资产皆需显著提高。

参考文献

［1］中国社会科学院世界经济与政治研究所，国际投资研究室，国家风险评级课题组：《2014年中国海外投资国家风险评级报告》，2014-12-01。

［2］马钧，李东平：《风险管理是境外投资效率和质量的保障》，2015。

第三篇 国际外汇、债券和其他衍生产品市场

在我们系统介绍和分析人民币衍生产品之前，我们首先应该对国际外汇市场、债券市场和股票市场及其常见的衍生产品有一个全面和系统的认识。外汇市场是全球流动性最强的金融市场，债券市场是全球规模最大的市场，股票市场也是全球专注度最高的市场。经过四十多年的创新和发展，这些市场的衍生产品无论在场外还是在场内都已经得到了充分地发展，成为国家金融市场的重要组成部分。本部分将对国际外汇、债券市场和股票市场及其衍生产品进行较为全面、深入地介绍和分析，为我们在第五篇系统介绍和分析国内场内外人民币衍生产品和市场做好必要准备。

本篇结构如下：第9章介绍外汇和债券市场的作用、规模、主要币种、主要国际外汇交易中心以及亚太地区主要外汇交易中心；第10章介绍最基本的衍生产品，即远期和掉期；第11章介绍有管制货币的无本金交割外汇远期和无本金交割外汇掉期；第12章介绍期货；第13章介绍和分析外汇期权和期货期权；第14章介绍和分析柜台或者银行间交易的主要期权。

第9章 外汇市场、债券和股票市场

传统的外汇市场只有外汇现汇或外汇即期交易。除现汇交易外，最早推出也最流行的另一种产品是外汇远期交易。除外汇现货和远期交易外，外汇期货、掉期、期权等产品目前流行于国际外汇市场；国际债券市场除现货市场外，利率远期、期货、互换和期权部分；股票市场除股票现货交易外，股票指数期货和期权也非常活跃。本章的重点是对国际外汇市场、债券市场和股票市场进行简单介绍，从而为我们后面理解这些市场相关的衍生产品打下基础。

9.1 外汇市场的规模和发展情况

20 世纪 50 年代，第二次世界大战后格局的变化引起了大规模的资本流动，从而动摇了在《布雷顿森林协定》中规定的外汇汇率。到了 20 世纪 80 年代，随着计算机的出现、科学技术的飞速发展，亚洲、欧洲和美洲跨国界的资本流动更加迅速。全球外汇日均成交金额从 1989 年的 5900 亿美元飙升至 1998 年的 1.49 万亿美元。根据国际清算银行 2013 年 12 月公布的对 2013 年 4 月全球外汇市场和衍生产品活动的调查结果，全球 2013 年 4 月外汇日均成交金额高达 5.345 万亿美元，比 2010 年同期上升了 34.3%。表 9–1 给出了 1989 年到 2013 年每隔 3 年的全球外汇日均成交金额及相应的增长率。

表 9–1 全球外汇交易日均成交金额及年增长率

（1989 年 4 月到 2013 年 4 月） 单位：万亿美元，%

年份	1989	1992	1995	1998	2001	2004	2007	2010	2013
成交额	0.59	0.82	1.19	1.527	1.239	1.934	3.324	3.981	5.345
三年累计增长率	—	39.0	45.1	28.3	−18.9	56.1	71.9	19.8	34.3
三年间年均增长率	—	11.6	13.2	8.7	−6.7	16.0%	19.8	6.2	10.3

资料来源：国际清算银行（BIS）1989 年到 2013 年每三年公布的 4 月外汇和衍生产品日均交易的统计结果（Triennial Central Bank Survey, Global Foreign Exchange Market Turnover in 2013）。

从表 9–1 我们可以看出，全球 2013 年 4 月外汇市场日均总成交金额是 1989 年的 9 倍多。除 1998 年至 2001 年这 3 年期间由于受欧元的正式启用影响而下降外，外汇交易日均成交金额在其他年份均有可观的增长。表 9–1 显示，2007 年全球外汇日均成交金额比 2004 年增长了 71.9%，超过 1989 年以来任何一个 3 年期的同比增长幅度，显示 2008 年金融危机之前国际外汇市场呈高速发展态势。从 2004 年到 2007 年，全球外汇年均成交金额增速高达 19.8%，比 1989 年到 2004 年 5 个 3 年期内最高的年均增长率 16.0% 还高出 3.8%，显示金融危机前世界经济全球化和金融市场国际化显著增长的同时，投机程度很高。然而受金融危机的影响，2007 年到 2010 年 3 年全球外汇总成交金额仅仅增长了 19.8%，成为 1989 年到 2010 年除 1989 年到 2001 年之外最低的增长率。但 2010 年至 2013 年 3 年全球外汇总成交金额增长了 34.3%，表明外汇市场在遭受金融危机的打击之后逐步恢复。

外汇市场是全球最大而且最活跃的金融市场。举个例子，全球股票 2013 年全年成交总额为 65.2 万亿美元，日均成交金额仅为 0.26 万亿美元，仅为 2013 年全球外汇日均成交金额 5.345 万亿美元的 4.9%；由于全球外汇日均成交额 5.345 万亿美元中包括外汇远期和掉期的成交量，2013 年 4 月外汇现货日均成交金额为 2.046 万亿美元，全球股票 2013 年日均成交金额仅为 0.26 万亿美元也才仅仅相当于全球外汇现货日均成交金额的 12.7%，表明外汇市场也是当今世界上流动性最强的市场。正因为外汇市场的规模如此之大，汇率难以被任何个人或公司显著影响。事实上，甚至中央银行也认识到对大多数主要货币如美元、欧元、日元、瑞士法郎、加拿大元或者澳大利亚元的汇率施加影响的难度也越来越大。

外汇市场是一个 24 小时连轴转的交易市场，从亚太的金融中心如奥克兰（新西兰）、悉尼（澳大利亚）、东京（日本）、香港（中国）和新加坡开始，然后到欧洲的金融中心如法兰克福（德国）、巴黎（法国）、苏黎世（瑞士）和伦敦（英国），再到美洲的金融中心——纽约（美国）、芝加哥（美国）以及多伦多（加拿大）。虽然外汇市场连轴在三大洲际间转，但是主要国际银行和跨国公司在全球每个主要城市都有其分行、分部和相应的交易部门，他们积极参与并支持这个连轴转的市场。

外汇市场是一个分散但规模庞大的国际市场，它的参与者直接或者通过经纪商、商业银行或投资银行间接地进行外汇交易，我们在下面会专门介绍外汇市场的主要参与者及其份额。在银行间的直接交易市场，参与者一般会长期或短期地持有一种货币（即期交易需在两个工作日内结算），并且提供报价。

9.2 外汇交易产品的构成

全球外汇市场的交易中包括不同类型的产品，其中有外汇现货（即期交易）、外汇远期、外汇掉期、货币互换和外汇期权等产品。表 9 - 2 给出了 2007 年到 2013 年国际外汇市场即期、远期、掉期和期权日均成交金额分布数据。

表 9－2　　　　　　　国际外汇市场主要货币即期、远期、
掉期和期权日均成交金额分布（2007 年 4 月到 2013 年 4 月）　单位：%

年份 货币 货币/产品类型	2007 年			2010 年			2013 年			
	即期交易	远期交易	外汇掉期	即期交易	远期交易	外汇掉期	即期交易	远期交易	外汇掉期	外汇期权
美元	29.7	10.9	59.4	35.2	11.6	48.5	36.4	12.6	43.6	6.3
欧元	36.9	12.1	51.1	44.4	9.6	40.3	42.2	10.0	42.9	3.9
日元	40.4	12.1	47.5	39.7	15.2	37.8	49.7	10.0	27.0	12.5
英镑	32.5	10	57.4	41.6	10.7	43.9	35.9	11.0	47.8	4.6
澳大利亚元	25.7	10	64.3	36.8	9.6	48.6	42.4	10.8	39.6	5.9
瑞士法郎	42.2	10.1	47.7	36.4	7.5	50.9	30.6	9.8	54.1	4.9
加拿大元	29.7	11.8	58.6	37	12.5	47.6	38.3	14.8	41.3	4.8
墨西哥比索	37.4	11.7	50.9	36.3	10.8	48.2	42.0	10.2	42.8	4.5
人民币	61.4	31.3	7.4	23.7	41.6	20.1	28.4	23.5	33.4	14.3
新西兰元	29.4	11.3	59.3	34.2	8	53.3	37.0	10.9	47.6	3.0
瑞典克朗	20.7	10	69.3	21.5	9.8	65.2	28.7	12.5	55.9	2.0
俄罗斯卢布	70.7	5	24.3	50.6	6.3	40.2	42.8	10.3	43.2	3.2
港元	18.4	7	74.6	19.9	4	74.4	26.9	9.6	61.3	1.6
挪威克朗	18.4	9.7	71.9	23.4	11.7	61.2	27.9	13.2	55.9	2.6
新加坡元	22.5	7.9	69.6	27.7	7.8	59.7	27.4	14.3	53.6	3.9
土耳其里拉	61.4	11.4	27.2	27.2	10.4	49.6	22.4	13.8	55.5	4.7
韩元	44.7	29.4	25.9	35.1	29.9	29.1	30.3	37.2	24.9	6.6
南非兰特	19.9	12.1	68	31.7	9.9	54.8	32.6	11.9	52.3	2.9
巴西雷亚尔	50.2	47.3	2.5	31.3	47.3	4.3	19.3	56.9	1.4	18.1
印度卢比	42.6	27.5	29.8	35.8	36.1	18.1	28.9	46.2	19.1	5.2
丹麦克朗	21.8	10.3	67.9	21.2	12.4	66	17.4	12.4	69.5	0.2
波兰兹罗提	20	10.9	69.1	22.4	11.1	60	28.8	14.8	52.7	2.8
新台币	47.1	40.6	12.3	31.9	35.9	25.5	23.2	45.0	25.9	4.9
匈牙利福林	34.1	15.7	50.2	24.1	10.6	58.1	33.0	15.6	45.9	4.3
其他货币	43.7	39.3	17	40.9	44.2	12.2	31.8	30.6	31.1	5.7
全部货币	30.2	10.9	51.6	37.4	11.9	44.3	38.3	12.7	41.7	6.3

资料来源：根据表 9－1 相应的数据计算得出。

9.2.1 外汇现货/即期交易

外汇现货交易也称即期交易，是指交易双方以商谈确定的汇率交换两种货币，并在交易之时起的两个交易日内进行现汇交割的外汇交易。现货交易是外汇交易中最传统的交易方式，在20世纪80年代末之前占整个传统外汇交易总额的一半以上。但是，随着外汇远期特别是外汇掉期的迅速增长，外汇现货交易占整个外汇交易的份额持续下降。1989年4月其占日均成交总金额的53.6%，但是到1998年外汇即期占整个外汇交易的比重下降到了38.10%，到2007年进一步下降到了30.2%；然而到2010年比重却回升到了37.4%，到2013年比重进一步回升到了38.3%，显示国际外汇市场受金融危机的影响向传统回归的趋势。

9.2.2 外汇远期交易

外汇远期交易是指交易双方以商谈确定的汇率交换两种货币，在未来一定的时间内进行现汇交割的外汇交易。外汇远期交易占整个外汇交易的份额在近十几年来持续上升，1989年4月其仅占日均成交总金额的4.6%，从1992年到1998年从7.1%上升到了8.4%；从1998年到2007年从7.1%进一步上升到了10.9%；从2007年到2010年，在即期比重回升的同时，远期交易额占比却进一步上升到了11.9%，到2013年进一步上升到了12.7%（见表9-2），表明外汇远期交易并未受国际金融危机的影响占比持续上升的趋势明显。

9.2.3 外汇掉期交易

外汇掉期是指交易双方以一定的合约面值和商定的汇率交换两种货币，然后以相同的合约面值在未来确定的时间反向交换同样的两种货币。外汇掉期包括现货对远期以及远期对远期的两种掉期。外汇掉期是近十几年来外汇市场传统产品中增长最快的品种，其占外汇交易日均成交总金额的份额从1989年4月的32.2%逐渐持续上升到1998年4月的48.1%，到2007年4月进而上升到了51.6%；然而从2007年4月到2010年4月，外汇掉期占比却下降到了44.3%，2013年进一步降至41.7%（见表9-2）。表9-2显示，虽然2007年以来外汇掉期日均成交占比持续下降，但是仍然为外汇市场最主要的产品。

9.2.4 其他外汇衍生产品

除了如上三类外汇产品外，外汇市场还有很多其他衍生产品如货币互换、外汇期权、掉期期权等。这些产品在外汇市场扮演着重要的角色。表9-2的数据显示，这些产品从2007年4月到2013年4月日均成交金额占比累计不到

10%，我们在本篇其他章节还会进一步介绍这些产品及流动性。

9.3 国际外汇市场的主要货币和外汇市场的功能

9.3.1 国际外汇市场的主要币种

国际清算银行每3年对全球数千家金融机构在外汇市场的交易情况进行统计。表9-3列出了从1995年到2013年世界前20大货币在全球外汇交易日均成交总金额的所占比例。我们从表9-3可以看出，美元是全球最重要的货币，它的份额比排在第二位的欧元高出一倍还要多，美元所占的比例从1995年4月的83.0%持续上升到2001年的89.9%，但从2001年到2010年却持续下降到了84.9%，2013年反弹至87%；2001年到2010年在美元占比下降的同时，欧元的份额却有所上升，从37.9%上升到39.1%，但2013年回落至33.4%；日元从1995年到2007年在全球外汇市场交易占比整体呈现下降的趋势，近几年日元占比稍有回升，但是这种回升主要是国际金融危机所致，今后也难以维持；英镑近几年整体呈现下降的趋势。

表9-3　　全球主要货币及其在全球外汇交易日均成交金额中的份额

（1995年4月到2013年4月）　　　　　　　　　　单位：%

货币	1995年	1998年	2001年	2004年	2007年	2010年	2013年
美元	83.0	86.8	89.9	88.0	85.6	84.9	87.0
欧元	—	—	37.9	37.4	37.0	39.1	33.4
日元	24.6	21.7	23.5	20.8	17.2	19.0	23.0
英镑	9.3	11.0	13.0	16.5	14.9	12.9	11.8
澳大利亚元	2.6	3.0	4.3	6.0	6.6	7.6	8.6
瑞士法郎	7.2	7.1	6.0	6.0	6.8	6.3	5.2
加拿大元	3.4	3.5	4.5	4.2	4.3	5.3	4.6
墨西哥比索	—	0.5	0.8	1.1	1.3	1.3	2.5
人民币	—	0.0	0.0	0.1	0.5	0.9	2.2
新西兰元	0.2	0.2	0.6	1.1	1.9	1.6	2.0
瑞典克朗	0.6	0.3	2.5	2.2	2.7	2.2	1.8
俄罗斯卢布	—	0.3	0.3	0.6	0.7	0.9	1.6
港元	1.1	1.0	2.2	1.8	2.7	2.4	1.4
挪威克朗	0.2	0.2	1.5	1.4	2.1	1.3	1.4
新加坡元	0.5	1.1	1.1	0.9	1.2	1.4	1.4

续表

货币	1995年	1998年	2001年	2004年	2007年	2010年	2013年
土耳其新里拉	—	—	0.0	0.1	0.2	0.7	1.3
韩元	—	0.2	0.8	1.1	1.2	1.5	1.2
南非兰特	0.3	0.4	0.9	0.7	0.9	0.7	1.1
巴西雷亚尔	—	0.2	0.5	0.3	0.4	0.7	1.1
印度卢比	—	0.1	0.2	0.3	0.7	1.0	1.0

注：由于每笔外汇交易中涉及两种货币，因此每年所有货币比例的总和为200%。

数据来源：国际清算银行2014年2月公布的2013年4月日均交易数据。

除了上述四大货币外，澳元增长迅猛，从1995年到2013年澳元占比几乎每三年增长一个百分点；瑞士法郎占比稳步下降的同时，加元占比也稳步上升。

我们详细观察表9-3可以发现，前四大主要货币的总份额从2001年4月到2004年4月几乎没有发生变化，分别为164.4%和162.7%；而从2007年到2013年总份额却下降到了155%左右。由于份额总和为200%（因为每种货币被计算两次），四大货币表9-3中2013年共占了155.3%，相当于它们占了全球外汇日均成交总金额的155.3%/2=77.65%，表明四大货币在全球外汇市场成交总额占比总体呈现下降的趋势。

9.3.2 其他货币

上面介绍了国际外汇市场中的交易中心、主要参与者和最活跃的货币。这些货币主要是发达国家的货币，我们本节对新兴市场的货币做简要的介绍。

从表9-3可以看出，墨西哥比索1998年4月交易占比仅占为0.5%，而到2001年和2004年分别上升到0.8%和1.1%，2007年和2010年占比保持在1.3%，2013年占比猛增至2.5%，一跃成为后发展中国家最主要的货币；人民币2004年在世界外汇占比仅为0.1%，到2007年增长到了0.5%，到2010年进一步增长到了0.9%，2013年迅速增至2.2%，排名第9位，表明人民币国际化进程近年加快了步伐；俄罗斯卢布1998年在世界外汇市场占比仅为0.3%，到2004年就持续增长到了0.6%，随后稳步增长至2013年的1.6%；港元一度保持着后亚洲发达经济体最主要的货币地位，但近些年其在国际外汇市场的占比不断下降，从2007年的2.7%下降到2010年的2.4%，2013年进一步降至1.45%；新加坡元1995年占比仅有0.5%，然而到1998年就上升到了1.1%，但是从1998年到2007年几乎没有多大变化，2010年和2013年占比保持在1.4%，接近港元的占比。

9.3.3　外汇市场的作用

由于外汇交易的主要目的是为国际贸易提供支付手段，因此，国际贸易主要参与者的货币便成了流通性最高的货币，例如美元、欧元、日元和英镑等。

除为国际贸易提供支持外，外汇市场的投资作用也越来越明显。国际清算银行公布的报告显示，近年来在商业银行占外汇成交份额逐渐下降的同时，非金融机构的份额保持稳定，其他金融机构例如共同基金、退休基金和保险公司的参与程度则保持稳定的增长并获得越来越高的市场份额，这表明外汇市场的投资作用在增强。根据纽约联邦储备银行的统计报告，从 2001 年到 2004 年，美国的跨境外汇投资交易增长显著，特别是对冲基金和商品交易顾问公司进行的外汇交易增长迅速。

经济和资本市场的全球化使得越来越多的跨国公司通过参与外汇市场来进行投资，同时通过外汇衍生产品的交易来规避汇率风险。这种趋势也使外汇市场的投资和避险功能得到增强，在这里我们不做详细介绍。

9.4　全球主要外汇交易中心

与其他一些金融市场有所不同的是，外汇市场不只局限于某个单一的区域，因为外汇交易不可能就在一个交易大厅进行，而是通过电话或者互联网等通讯工具连接世界各地的交易者。表 9 - 4 给出了全球 1995 年 4 月到 2013 年 4 月世界 8 个外汇交易日均成交金额占比最高的国家和地区。从表 9 - 4 我们可以看到，英国一直保持了全球最大的外汇交易中心地位，2013 年其外汇交易占比超过了美国占比的一倍；美国多年来保持了第二大外汇交易中心的地位；日本多年保持世界第三大外汇交易中心的地位，但在 2013 年被其后的新加坡超越；中国香港特区和瑞士则分列世界第五和第六。

表 9 - 4　　　　　　　　主要国家和地区外汇日均交易金额占比

年份 国家/地区	1995	1998	2001	2004	2007	2010	2013
英国	29.3%	32.6%	32.0%	32.0%	34.6%	36.7%	40.9%
美国	16.3%	18.3%	16.1%	19.1%	17.4%	17.9%	18.9%
新加坡	6.6%	6.9%	6.1%	5.1%	5.6%	5.3%	5.7%
日本	10.3%	7.0%	9.0%	8.0%	5.8%	6.2%	5.6%
中国香港特区	5.6%	3.8%	4.0%	4.1%	4.2%	4.7%	4.1%
瑞士	5.4%	4.4%	4.5%	3.3%	5.9%	5.2%	3.2%

续表

国家/地区 \ 年份	1995	1998	2001	2004	2007	2010	2013
法国	3.8%	3.7%	2.9%	2.6%	3.0%	3.0%	2.8%
澳大利亚	2.5%	2.3%	3.2%	4.1%	4.1%	3.8%	2.7%
荷兰	1.6%	2.0%	1.8%	2.0%	0.6%	0.4%	1.7%
德国	4.8%	2.7%	5.4%	4.6%	2.4%	2.1%	1.7%
丹麦	1.9%	1.3%	1.4%	1.6%	2.1%	2.4%	1.5%
加拿大	1.9%	1.8%	2.6%	2.3%	1.5%	1.2%	1.0%
俄罗斯	NA	0.3%	0.8%	1.1%	1.2%	0.8%	0.9%
卢森堡	1.2%	1.1%	0.8%	0.6%	1.0%	0.7%	0.8%
韩国	NA	0.2%	0.6%	0.8%	0.8%	0.9%	0.7%
中国内地	NA	0.0%	0.0%	0.0%	0.2%	0.4%	0.7%
瑞典	1.2%	0.8%	1.5%	1.2%	1.0%	0.9%	0.7%
西班牙	1.1%	1.0%	0.5%	0.5%	0.4%	0.6%	0.6%

资料来源：根据国际清算银行 2014 年 2 月公布的 2013 年 4 月及之前的外汇日均成交金额计算得出。

9.5　亚太地区外汇市场的主要参与者

亚太地区的主要货币有日元、人民币、港元、韩元、新台币、新加坡元和澳元。关于人民币的衍生产品我们会在第五篇集中进行详细论述，关于人民币外汇交易等详细情况我们将在第八篇介绍，这里只介绍上述后面几种货币外汇远期市场的主要参与银行。

9.5.1　2003 年和 2004 年亚太地区外汇市场的主要参与者

表 9-5 给出了 2003 年和 2004 年亚太地区主要货币的主要市场参与者。从表 9-5 可以看出，在港元远期交易市场，汇丰银行和渣打银行是主要的两个参与银行，分别占 30.3% 和 17.2% 的份额，并连续两年名列第一和第二。其实，这与它们曾是香港发钞行的历史有关。在中国香港回归祖国之前，这两家英国老牌银行经过多年的发展，已经深深融入香港，实现了本土化。不仅在外汇衍生产品市场，在其他金融产品或服务领域，这两家银行在香港也占有一定的份额。可能读者会比较意外的一点是，为何目前香港规模最大的银行——中银香港并不在榜上。这是因为，作为一家中资银行，中银香港在外汇衍生产品市

还比较年轻，中国银行于1997年4月1日才在国内首家推出人民币远期结售汇业务。近年来，中银的外汇理财业务发展比较迅速，已开发出自己的估值模型，对一些外汇衍生产品也可以自己报价。

表9-5　　　2003年和2004年亚太地区外汇远期市场的主要参与银行

港元（被评上的银行数量：17家）				日元（被评上的银行数量：22家）			
银行	百分比	2004年	2003年	银行	百分比	2004年	2003年
汇丰银行	30.3%	1	1	德意志银行	19.2%	1	—
渣打银行	17.2%	2	2	瑞士银行	13.8%	2	—
美洲银行	11.1%	3	—	JP摩根银行	8.0%	3	4
JP摩根银行	7.1%	4		日本瑞穗实业银行	8.0%	3	3
UBS	5.1%	5	—	Nikko花旗	8.0%	3	—
经纪商：Tullet Liberty				经纪商：Garban Totan			

韩元（被评上的银行数量：23家）				新台币（被评上的银行数量：15家）			
银行	百分比	2004年	2003年	银行	百分比	2004年	2003年
Kookmin Bank	19.7%	1	2	汇丰银行	13.1%	1	1
渣打银行	18.0%	2	3	JP摩根银行	13.1%	1	4
德意志银行	10.9%	3	5	ABN Amro	11.5%	3	—
JP摩根银行	10.9%	3	1	渣打银行	11.5%	3	3
花旗银行	6.2%	5	3	花旗银行	9.8%	5	1
经纪商：Cantor - Fitzgerald				经纪商：Tullet Liberty			

新加坡元（被评上的银行数量：10家）				澳元（被评上的银行数量：20家）			
银行	百分比	2004年	2003年	银行	百分比	2004年	2003年
星展银行	18.4%	1	1	德意志银行	16.1%	1	1
汇丰银行	12.5%	2	—	澳大利亚联邦银行	10.3%	2	3
DKB	11.8%	3	—	澳大利亚国家银行	10.3%	2	4
ABN Amro	8.1%	4	—	ABN Amro	9.7%	4	—
渣打银行	8.1%	4	4	Westpac	7.7%	5	1
经纪商：万邦有利				经纪商：万邦有利			

资料来源：《亚洲风险》杂志（2005）。

在日元远期交易市场，德国金融巨头，德意志银行独占鳌头。而在2003年，它还排不上前五名。近年来，德意志银行一直非常注重发展其在亚太市场的业务，也取得了一定成绩。在日元远期市场排名上的急速上升，只是其中的一个反映。事实上，在外汇期权交易市场，它也同样占据着越来越大的份额，我们会在第13章对此进行详细介绍。排在第二的是瑞士联合银行（UBS），其份额为13.8%。Mizuho Bank、JP摩根和Nikko花旗并排第三位，各占8%的份额。

与港元、日元远期市场不同的是，在韩元远期市场所占份额排名第一的是韩国当地银行。这反映了韩国近年来不仅在交易所交易衍生产品市场取得了巨大的成就，在发展柜台交易衍生产品方面，韩国的银行也取得了不俗的成绩。渣打银行从2003年的第三位升至第二位，德意志银行从第五位升至第三位，而同时JP摩根则让出榜首位置，与德意志银行并列第三位。

在韩元远期市场让出榜首位置的JP摩根，在新台币远期市场却有所斩获，其2004年的排名从2003年的第四位升至第一位，与汇丰银行并列，各占13.1%的份额。全球最著名的银行之一——花旗银行只排在第五位。

在新加坡元远期市场，星展银行拥有18.4%的份额，名列第一。汇丰银行排在第二，德意志银行没能跻身前五。但在澳元远期市场，德意志银行连续两年排名第一，紧随其后的是澳大利亚联邦银行和澳大利亚国家银行，它们各占10.3%的份额，并列第二。另外，按照笔者的经验，澳元作为一种可自由兑换的货币，它在短期内的走势通常比较平稳，不像欧元、瑞士法郎那么频繁地急升急跌。而且澳元的利率比较高，因而通常是外汇市场上稳健投资者比较偏好的币种之一。

综合观察表9-4可以发现，在亚太地区的外汇远期市场，欧美的大型跨国银行占据主导地位，我们在第13章分析外汇期权市场时，可以得到相同的结论。

9.5.2 2009年和2010年亚太地区外汇市场的主要参与者

表9-6给出了2009年和2010年亚太地区外汇市场的主要参与银行。表9-6显示，港元、日元、韩元、新台币、新加坡元和印度卢比这些主要亚太地区货币的主要市场参与者在2008年国际金融危机之后发生了明显的变化，美国银行、汇丰银行和瑞士银行的参与度下降的同时，渣打银行、法国巴黎银行、德意志银行、荷兰银行、法国兴业银行等的参与度却明显上升。特别是德意志银行和法国巴黎银行成为港元、日元、韩元、新台币、新加坡元和印度卢比等地区主要货币的主要参与银行，显示金融危机后欧洲银行在亚太外汇市场

的参与度显著提高。表 9－6 给出的信息有些令人费解：作为香港最大的银行汇丰银行的港元参与度从 2009 年的第 2 位下降到了 2010 年的第 4 位，而新加坡星展银行却首次成为港元的第 5 大参与银行；2009 年到 2010 年，日元的前 5 大参与银行竟没有一家日本银行，而法国巴黎银行蝉联日元最大的参与银行，显示金融危机后日本银行业对本币的参与度与外资都难以比较，瑞士银行对日元的参与度排名从第 2 下降到了第 5，花旗银行竟排除的日元参与的前 5 大银行，显示金融危机后国际大行在亚太竞争格局的显著变化。

表 9－6　　　2009 年和 2010 年亚太地区外汇远期市场的主要参与银行

港元				日元			
2010 年	2009 年	银行	百分比（%）	2010 年	2009 年	银行	百分比（%）
1	3	渣打银行	23.0	1	1	法国巴黎银行	20.3
2	1	法国巴黎银行	17.2	2	—	德意志银行	17.3
3	—	德意志银行	11.5	3	4	JP 摩根银行	13.5
4	2	汇丰银行	9.8	4	2	巴克莱银行	9.0
5	—	星展银行	9.0	5		瑞士银行	8.3
韩元				新台币			
2010 年	2009 年	银行	百分比（%）	2010 年	2009 年	银行	百分比（%）
1	—	荷兰商业银行	17.8	1	—	渣打银行	26.4
2		法国兴业银行	15.6	2	—	法国巴黎银行	15.4
3	—	渣打银行	15.0	3		法国兴业银行	14.3
4	3	德意志银行	13.9	4		德意志银行	9.9
5	5	法国巴黎银行	8.3	5	1	JP 摩根银行	8.8
				5	—	瑞士银行	8.8
新加坡元				印度卢比			
2010 年	2009 年	银行	百分比（%）	2010 年	2009 年	银行	百分比（%）
1	1	星展银行	25.5	1	1	渣打银行	39.1
2	5	德意志银行	21.3	2	—	法国巴黎银行	17.4
3	—	渣打银行	17.0	3	4	汇丰银行	10.1
4	3	法国巴黎银行	9.6	4	2	法国兴业银行	8.7
4	—	法国兴业银行	9.6	5	—	德意志银行	7.2

资料来源：《亚洲风险》杂志（2011）。

9.5.3　2013 年和 2014 年亚太地区外汇市场的主要参与者

表 9－7 给出了 2013 年和 2014 年亚太地区外汇市场的主要参与银行。表 9－7 显示，2014 年汇丰银行重回港元最大的参与银行，法国兴业银行超过渣打银行成为港元第二大参与银行，渣打银行和德意志银行港元参与银行排名各降一位的同时，摩根大通银行重回港元前 5 名之列；法国兴业银行取代法国巴黎银行成为日元的最大参与银行，花旗从 2013 年日元参与度排名第 4 上升到了 2014 年排名第 2；2014 年东京三菱日联银行成为日元参与度排名第 3 的银行；2014 年美国摩根大通银行和法国东方汇理银行分别成为日元参与度排名第 4 和第 5 银行。

表 9－7　　　2013 年和 2014 年亚太地区外汇市场的主要参与银行

港元			日元		
2014 年	2013 年	银行	2014 年	2013 年	银行
1	4	汇丰银行	1	—	法国兴业银行
2	—	法国兴业银行	2	4	花旗银行
3	2	渣打银行	3		东京三菱日联银行
4	3	德意志银行	4		摩根大通银行
5	—	摩根大通银行	5	—	法国东方汇理银行
韩元			新台币		
2014 年	2013 年	银行	2014 年	2013 年	银行
1	5	法国兴业银行	1	2	花旗银行
2	—	法国东方汇理银行	2	—	德意志银行
3	—	花旗银行	3	4	摩根大通银行
4	1	摩根大通银行	4	3	汇丰银行
5	—	德意志银行	5	—	法国兴业银行
新加坡元			印度卢比		
2014 年	2013 年	银行	2014 年	2013 年	银行
1	1	星展银行	1	—	汇丰银行
2	—	花旗银行	2	—	摩根大通银行
3	—	德意志银行	3	—	联昌国际银行
4	—	法国兴业银行	4	—	高盛
5	—	汇丰银行	5	3	渣打银行

资料来源：《亚洲风险》杂志（2014）。

比较表9-5到表9-7给出的金融危机前后十年多亚太外汇市场的主要参与银行结果,我们可以发现最明显的变化时法国兴业银行的崛起,成为与汇丰银行和花旗相当的亚太外汇市场三强之一。法国兴业、英国汇丰、德意志银行、渣打银行等欧资银行成为亚太地区外汇市场的主力,而美国银行在亚太外汇市场的总参与度明显下降。这些重要的信息对今后人民币国际化的推动有着重要的战略意义。

9.6 国际债券市场

债券市场是国际金融市场中规模最大而且影响也最大的组成部分。债券市场包括国内债券和国际债券两大部分。我们分别对这两大组成部分作简单介绍。

9.6.1 国际债券市场

表1-5给出了2001年到2014年国际债券年底市值,显示国际债券主要为发达国家的债券。2001年到2004年国际债券市场总额从7.5万亿美元增至13.9万亿美元,增长率为85.3%,到2007年这一数值升值22.7万亿美元,三年增长了63.3%,表明2008年国际金融危机之前国家通过大量发行国际债券从而提升其杠杆交易的情况;2008年金融危机爆发,2010年国际债券总值为27.7万亿美元,三年国际债券总值仅增长了22.0%,大幅低于危机前的增速,2013年和2014年这一数值更是降至22.8万亿美元和21.9万亿美元,表明国际债券市场仍未从金融危机的打击中完全恢复。

9.6.2 主要货币在国际债券市场的作用

不同货币在国际债券市场的发行量和存量在很大程度上也反映该货币的国际化程度。表9-8给出了2001年到2015年第一季度18种主要货币的国际债券存量。表9-8显示,在欧元推出后的第5年,即2003年,以欧元发行的浮动利率、固定利率和股权相关的国际债券总额首次超过了以美元发行的相应的国际债券存量,2003年到2014年,欧元国际债存量持续超过了美元的国际债存量,显示欧元在国际债券市场上的重要地位;从2003年到2009年,欧元国际债券余额占比超过美元占比幅度从3.7%持续上升到了20.1%;然而从2009年到2014年,前者超过后者的幅度又持续下降到了1.5%;2015年第一季度末欧元国际债存量十多年来首次低于美元,表明欧元在国际债券市场的优势也受到了美元的冲击。

表 9 - 8 以主要货币发行的国际债券存量
（2001 年到 2015 年） 单位：亿美元

年份 货币	2001	2003	2005	2007	2009	2011	2013	2014	2015Q1
欧元	19168	40008	51122	88219	102869	97926	103080	90496	81302
美元	30180	36532	42163	54764	61346	69902	81299	87278	88968
英镑	5104	7951	10948	17753	21894	20231	21428	20691	19945
日元	4246	5166	5099	5857	6924	7764	5021	4391	4314
瑞士法郎	1284	1958	2131	3130	3745	4067	3734	3157	3048
澳元	341	867	1410	2172	2462	3169	2914	2881	2668
加元	460	760	1416	2556	2804	3159	2626	2093	1824
人民币	1	1	4	52	115	370	715	954	977
瑞典克朗	85	161	230	468	697	1043	1294	1081	974
挪威克朗	56	222	191	295	510	831	953	703	650
港元	310	469	551	711	696	771	660	602	619
新西兰元	67	121	365	516	429	393	424	457	455
新加坡元	46	81	128	228	278	366	402	399	394
巴西雷亚尔	0	0	55	216	242	492	483	448	368
墨西哥比索	3	2	37	185	163	218	329	311	305
南非兰特	55	94	182	304	364	329	298	306	290
土耳其里拉	0	0	57	168	168	216	301	317	270
俄罗斯卢布	4	3	6	94	119	209	351	208	207
总额	61658	94694	116488	178559	206815	212616	227352	217798	208507
前7占比	98.6%	98.5%	98.1%	97.7%	97.7%	97.0%	96.8%	96.9%	96.9%
欧元占比	31.1%	42.3%	43.9%	49.4%	49.7%	46.1%	45.3%	41.6%	39.0%
美元占比	48.9%	38.6%	36.2%	30.7%	29.7%	32.9%	35.8%	40.1%	42.7%
欧元占比与 美元占比差	17.9%	-3.7%	-7.7%	-18.7%	-20.1%	-13.2%	-9.6%	-1.5%	3.7%

数据来源：国际清算银行网站，www. bis. org；2015 年数据为该年第一季度末数据。

表 9 – 8 的数据也显示，2001 年到 2015 年欧元和美元国际债券存量占总存量比重从 80% 持续上升到了 81.7%，显示两大国际货币在全球国际债券市场的重要地位；以港元发行的国际债券额从 2009 年到 2015 年不仅没有显著变化，而且还有明显的下降，表明港元在国际债券市场上的影响有限。

9.6.3　国内债券市场

表 1 – 5 也给出了 2001 年到 2014 年全球国内债券年底市值。表 1 – 5 给出的全球国内债券年底市值显示出与国际债券相似的增长态势，即国内债券市场总额从 2001 年的 30.7 万亿美元增至 2004 年的 44.5 万亿美元和 2007 年的 57.6 万亿美元，三年增速分别高达 45.0% 和 29.4%。2008 年国际金融危机爆发，2010 年国内债券总市值为 67.5 万亿美元，比 2007 年仅增长了 17.2%，2013 年和 2014 年这一数值微增至 77.3 万亿美元和 77.9 万亿美元，增速大大降低。

9.6.4　全球债券市场交易

表 1 – 5 也给出了 2001 年到 2014 年世界债券市场年度成交金额。交易所交易的债券年度成交金额容易统计，但是，银行间的债券成交金额如任何其他银行间市场一样，难以获得准确数据。表 1 – 5 给出的银行间债券年度成交额是根据美国债券市场协会公布的 2004 年到 2010 年美国债券市场日均成交金额和世界债券日均成交金额比美国日均成交金额高出一倍的假设估算出来的。比较 2010 年到 2013 年全球外汇市场日均成交金额和场内外债券市场日均成交金额，我们发现，2010 年和 2013 年债券日均成交金额为 18828 亿美元和 17056 亿美元，分别超过了相应年份全球外汇市场现货日均成交金额 57 亿美元和 82 亿美元，表明了债券市场的重要性。

9.7　发达国家和地区政府债务及其今后的发展趋势

9.7.1　发达国家和地区政府债务及其今后的发展

2004 年到 2010 年，全球政府债券与同年国内债券总额比例在 50% 上下，而金融危机之后由于主要经济大国应对金融危机的冲击，政府债券增长幅度远高于其他类型的债券，显示政府债券在世界债券市场的重要性；同时全球政府债券中发达国家政府债务占了绝对比重。因此，判断国际债券市场今后发展的最重要的因素之一就是判断今后发达国家公债的变化。表 9 – 9 给出了 2001 年到 2014 年主要发达国家和地区公共债券与国内生产总值之间的比例。

表 9 - 9　　　　　　　　主要发达国家和地区公共债务与 GDP 比例

（2001 年到 2014 年）　　　　　　　单位：%

年份 国家或地区	2001	2007	2008	2010	2010	2012	2014	2001 年到 2007 年 年均增幅	2007 年到 2014 年 年均增幅
美国	53.0	64.0	72.8	94.7	94.7	102.5	104.8	1.8	5.8
日本	153.6	183.0	191.8	215.8	215.8	236.6	246.2	4.9	9.0
德国	57.9	63.8	65.2	80.6	80.6	79.3	74.6	1.0	1.5
英国	36.2	43.6	51.8	76.4	76.4	85.8	89.4	1.2	6.5
法国	57.9	64.2	67.9	81.5	81.5	89.4	95.6	1.0	4.5
意大利	104.7	99.7	102.3	115.3	115.3	123.1	132.1	-0.8	4.6
加拿大	82.2	34.6	31.6	36.0	36.0	37.1	41.1	-7.9	0.9
澳大利亚	17.2	9.7	11.7	20.5	20.5	27.9	33.9	-1.3	3.5
西班牙	54.2	35.5	39.4	70.2	70.2	84.6	97.7	-3.1	8.9
荷兰	50.7	45.3	58.5	59.0	59.0	66.1	67.9	-0.9	3.2
比利时	107.8	86.8	92.2	99.5	99.5	103.9	106.6	-3.5	2.8
希腊	99.9	102.8	108.8	145.7	145.7	156.5	177.1	0.5	10.6
葡萄牙	50.6	68.4	71.7	96.2	96.2	125.8	130.2	3.0	8.8
芬兰	40.9	34.0	32.7	47.1	47.1	52.9	59.0	-1.2	3.6
爱尔兰	33.2	23.9	42.4	86.8	86.8	120.2	107.6	-1.6	11.9
卢森堡	6.6	7.0	14.4	19.6	19.6	21.5	22.1	0.1	2.2
韩国	17.7	28.7	28.0	31.0	31.0	32.3	36.0	1.8	1.0
新加坡	15.6	17.5	19.6	23.8	23.8	30.5	35.0	0.3	2.5
中国香港	3.2	1.1	0.9	0.7	0.7	0.6	0.1	-0.3	-0.2
中国台湾	30.0	32.1	33.3	36.7	36.7	39.3	37.9	0.3	0.8

数据来源：国际货币基金组织网站，www.imf.org。

　　表 9 - 9 显示 2001 年到 2017 年国际金融危机前，主要发达国家公债与 GDP 的比例增长还相对比较缓慢，除日本、韩国、美国和应该年均增长显著超过 1% 外，其他国家和地区年均增幅皆在 1% 或者更低的水平；但是，金融危机后，爱尔兰、希腊、日本、西班牙、葡萄牙、英国和美国等发达国家债务水平大幅度提高，2007 年到 2014 年 7 年平均每年分别增长了 11.9%、10.6%、9.0%、8.9%、8.8%、6.5% 和 5.8%；意大利、法国、荷兰和澳大利亚年均增幅分别为 4.6%、4.5%、3.6% 和 3.5%；德国、比利时、卢森堡、新加坡等增幅相对较低，显示不同发达国家应对金融危机不同的政策。

表9-9显示,2001年到2007年欧元区主要国家平均负债程度不仅没有提高反而还有下降,2007年到2014年欧元区主要国家平均负债水平虽有提高,但是平均增幅低于美国;日本这个全球第三大经济体的负债水平早在1996年就首次超过了100%,金融危机后负债加速增长,早在2009年负债水平就超过了200%,2014年高达246.2%而冠居全球;除日本外全球负债水平超过100%的有希腊、意大利、葡萄牙、爱尔兰、比利时和美国;德国、加拿大、澳大利亚、韩国、韩国、新加坡和中国台湾负债水平相对较低。

9.8　债券/利率衍生产品市场

由于所有债券的价格与利率密不可分,或者说债券的价格主要由利率来确定,债券衍生产品经常又称利率衍生产品。本章上文对国际外汇市场上各类主要衍生产品进行了介绍,实际上,国际利率衍生产品的种类、规模和交易活跃度比外汇衍生产品还要多而且更加活跃。除各类债券的现货交易外,利率远期、利率期货、利率互换、利率期权、利率互换期权等各类场内外利率衍生产品是国际场内外金融衍生产品的主体,占场内外金融衍生产品的绝大多数。我们在本篇如下几章会对国际市场上主要类型的利率衍生产品进行较为系统的介绍。

9.9　国际股票市场

表1-4显示,2004年到2007年,世界股票市场市值持续高速增长,与当年世界国内生产总值比例从84.9%持续上升到了105.9%,表明金融危机之前全球范围内股票市场乐观的态势;然而2008年金融危机爆发,冲击全球股票市场,世界股票市场市值与当年世界国内生产总值的比值在2010年降至84.2%,2013年回升到86.4%,2014和2015年分别进一步升至88.0%和91.3%,表明全球股票市场有了相当程度的恢复。

2004年到2007年股票市场在金融危机前持续上涨时股票交易也持续攀升,全球年度股票成交金额与同年世界国内生产总值比例从97.4%持续上升到了176.1%。在金融危机的冲击下,2010年这一比例降至96.7%,2013年进一步降至91.4%,2014年和2015年分别反弹至104.8%和154.7%,与2007年的历史峰值比例176.1%距离显著缩小。

表1-4显示,2004年到2007年,全球股票市场成交总额却比股票市值要高出14.7%到66.3%;受金融危机影响,2010年和2013年全球股票市场成交总额比股票市场市值分别高出15.0%和5.8%,2014年高出19.1%,2015年高出69.6%,超过了2007年高出的水平66.3%,显示近两年来全球股市持续恢复

的态势。

与国际外汇和债券市场相比，虽然股票市场规模和成交皆最小，但是股票及股票指数期货、期权等场内外产品大多集中在场内交易所交易，市场透明度高，而且个人投资者参与度高，因此，股票及其衍生产品市场对社会的影响往往比外汇和债券还要大。另外，股票是社会金融财富积累的主要渠道之一，股票市场的健康稳定发展对经济的稳健发展，特别是消费的刺激有着其他市场难以发挥的作用。

9.10　本章总结

我们在本章对外汇市场的概况、规模、功能、主要产品、主要货币、主要交易中心、主要市场参与者和新兴市场等方面进行了简要的介绍。从日均成交金额来看，外汇市场确实是全球最大的金融市场。随着世界经济全球化和资本市场国际化进程的加速，外汇市场的成交金额今后还会保持稳定的增长。在前面的介绍里，我们已经了解到外汇远期和掉期交易占传统外汇品种交易总金额的比例也在持续增长，这说明它们在整个外汇交易中的作用也随之增强。除了外汇远期和掉期这些传统的外汇衍生产品以外，外汇期权在外汇市场中也起着相当重要的作用，在本部分后面的章节我们也会对其进行系统的阐述和详细的分析。

从前面的介绍大家已经知道，2013 年 4 月全球日均外汇总成交金额为 5.345 万亿美元，外汇现货所占比例为 38.3%，即 2.046 万亿美元。按一年 250 个工作日计算，2013 年全球外汇现货的成交金额为 511.5 万亿美元，是同期全球生产总值 75.5 万亿美元的 6.775 倍。而同样在 2013 年，我国外汇现货成交金额只有 5.75 万亿美元，仅为同年我国国内生产总值 9.47 万亿美元的 60.7%，仅相当于全球平均水平的 9%。所以我国外汇市场与国际水平仍然有非常大的距离，同时也显示我国外汇市场发展的巨大潜力。

第 10 章　远期和掉期

在对国际外汇市场、债券市场和股票市场有了基本了解后,我们从本章开始对这些市场上的衍生产品进行深入的介绍和简单的分析。本章内容集中于最主要的基本衍生产品,即远期以及与远期特性相类似的掉期和货币掉期。远期合约是最早的衍生产品类型,许多金融衍生品种也是在远期合约的基础上发展起来的。随着过去几十年柜台衍生产品的快速发展,远期和外汇掉期的交易量也在稳步增长,而与之相对应的现货交易量却呈下降趋势。

本章的结构如下:第 10.1 节介绍外汇远期的概念及其市场;第 10.2 节简要介绍如何对外汇远期进行定价;第 10.3 节简要介绍新兴市场的外汇远期交易情况;第 10.4 节举例阐述外汇掉期及其应用;第 10.5 节讨论货币掉期及其应用;第 10.6 节介绍利率远期和远期利率协议;第 10.7 节介绍利率互换;第 10.8 节介绍外汇远期和利率远期市场的主要参与者;第 10.9 节总结本章并简述外汇远期市场的发展前景。

10.1　外汇远期

10.1.1　外汇远期的概念

在外汇远期交易中,两种货币按照一个既定的远期汇率兑换,并在交易日起两个以上营业日后才进行结算,这样就可以事先确定汇率并减少期间可能发生的汇率波动风险。远期合约中的主要款项如合约面值或金额、到期时间、兑换汇率等都可以由双方通过谈判确定,实际上是一种为客户"量体裁衣"的合约,这点与交易所交易的期货合约标准化有所不同(在后面章节我们将会专门介绍)。但如果远期合约的条款一旦确定并签约,它将很难更改或转手。

10.1.2　外汇远期交易的发展

外汇远期交易近 20 年来有了迅速的发展,也成为传统外汇市场中的主要品种之一。表 10 - 1 给出了 1998 年 4 月到 2013 年 4 月国际外汇市场上主要类型的外汇衍生产品的日均成交金额及增长率。如表 10 - 1 所示,外汇远期交易日均成交金额从 1998 年的 1280 亿美元上升到 2013 年的 6800 亿美元,增长了 4.3 倍,占外汇交易成交总金额的比重也从 1989 年的 8.4% 持续增长到 2013 年的

12.7%；同时，1998 年至 2013 年外汇远期交易年均增长率 11.8%，显著高于外汇现货交易同期年均增长率 8.9%。

表 10 - 1　　　　　全球外汇市场主要产品日均成交金额　　　单位：亿美元，%

年份	1998	2001	2004	2007	2010	2013
外汇现货	5680	3860	6310	10050	14900	20460
增长率		- 32.0	63.5	59.3	48.3	37.3
外汇远期	1280	1300	2090	3620	4750	6800
增长率		1.6	60.8	73.2	31.2	43.2
外汇掉期	7340	6560	9540	17140	17650	22280
增长率		- 10.6	45.4	79.7	3.0	26.2
货币互换	100	70	210	310	430	540
增长率		- 30.0	200.0	47.6	38.7	25.6
外汇期权	870	600	1190	2120	2070	3370
增长率		- 31.0	98.3	78.2	- 2.4	62.8
总额	15270	12390	19340	33240	39800	53450
增长率		- 18.9	56.1	71.9	19.7	34.3

资料来源：国际清算银行（BIS）2013 年 4 月及之前外汇和衍生产品交易的统计结果。

从表 10 - 1 还可以发现，外汇现货交易所占比重从 1998 年的 37.2% 持续下降到 2007 年的 30.2%，而到 2010 年占比回升到了 37.4%，重新回到了 1998 年的水平，2013 年进一步升至 38.3%；而同时外汇远期所占比重却从 8.4% 持续上升到 12.7%。

表 10 - 1 给出的是国际清算银行每三年全球范围内 4 月的日均交易数据很好，但是三年间的数据却难以获得，我们只能用三年的数据进行插值来估算。可喜的是，国际清算银行每半年公布一次全球范围内每半年的各类主要外汇衍生产品的存量，对我国把握这些产品不同时间段内的变化情况有很好的参考意义。表 10 - 2 给出了这些数据及年度变化情况。

表 10 - 2　　　　　全球外汇市场主要衍生产品年底存量　　　单位：亿美元，%

年份	2001	2002	2003	2004	2005	2006	2007
外汇衍生产品总额	167	184	245	293	314	403	562
增长率		10.20	32.70	19.70	7.10	28.40	39.60
外汇远期和掉期	103	107	124	150	159	199	291
增长率		3.70	15.60	20.70	6.20	25.30	46.60
外汇互换	39	45	64	82	85	108	143
增长率		14.20	41.50	29.10	3.40	26.90	32.90
外汇期权	25	32	57	61	70	96	127
增长率		30.60	77.20	7.00	14.20	37.40	32.80

续表

年份	2008	2009	2010	2011	2012	2013	2014
外汇衍生产品总额	500	492	578	634	674	706	759
增长率	−11.00	−1.70	17.50	9.70	6.30	4.70	7.50
外汇远期和掉期	245	231	284	305	317	332	371
增长率	−16.00	−5.60	22.90	7.40	3.90	4.70	11.60
外汇互换	149	165	193	228	254	254	242
增长率	4.10	10.50	16.70	18.30	11.50	0.10	−4.90
外汇期权	106	95	101	101	102	119	146
增长率	−16.80	−10.00	5.80	−0.30	1.50	16.30	22.80

数据来源：国际清算银行网站（www. bis. org）。

从表 10-2 我们可以看到，从 2001 年到 2007 年，外汇远期、掉期、外汇互换和外汇期权年底存量保持了 6 年的持续增长，特别是 2006 年到 2007 年，增长幅度皆超过了 30%，达到 7 年历史最高峰；然而金融危机爆发后的 2008 年和 2009 年，除外汇互换外，其他各项皆出现了连续的下降，2010 年之后各项才逐渐恢复增长。由表 10-1 和表 10-2 可以得出结论，国际金融危机减缓了国际外汇市场过快增长的势头。

10.1.3　外汇远期交易的实例

外汇远期合约广泛应用于国际贸易或国际投资，主要用于规避汇率波动风险。下面我们举例说明外汇远期的功能和作用。

例 10.1　一个进口商计划在半年内进口一套价值 1000 万美元的设备，美元/日元的即时汇率为 1：120.00。那么他应该如何使用日元远期合约以规避汇率风险呢？

解：该进口商并不确切知道半年后的美元/日元汇率将如何变动。如果他预期日元升值，他就可以签订一份半年到期的、汇率为 119.70 日元/美元的日元远期合约。这份合约将美元/日元汇率确定在 1：119.70。这样他需要花费的日元数量是 1000 万美元×119.70 日元/美元＝119700 万日元。与现有汇率相比，远期合约使他节省了（120.00－119.70）日元/美元×1000 万美元＝300 万日元。

例 10.2　位于上海浦东张江科技园区内的一个高科技公司需要出口到美国价值 1000 万美元的设备，美元/人民币的现汇率是 1：6.2060。考虑到中国经济增速放缓带来的人民币贬值压力，该公司应该如何利用人民币远期结算合约增加其收到的人民币数额？

解：虽然美元/人民币的汇率保持在 1：6.206 左右，然而一年期的美元/人民币远期结算汇率在 2016 年 5 月上旬却在 6.3360 上下。该公司可以签订一份一年到期的、汇率为 1:6. 3360 美元/人民币的远期结汇合约。这份合约将美元/人民币汇率确定在 1:6. 3360。这样他们将收到的人民币数额是 1000 万美元 × 6. 3360 人民币/美元 = 6336 万元人民币。与现有汇率相比，远期合约使该公司多增加了（6. 3360 – 6. 2060）人民币/美元 × 1000 万美元 = 130 万元人民币收入。

10. 2　外汇远期的定价

我们在上节介绍了外汇远期。许多读者可能会想知道外汇远期的价格通常是如何确定的，我们现在对此进行探讨。

"无套利"原则，意即"世界上没有免费的午餐"，是教科书上对远期、期货、期权等金融衍生品定价时所采用的标准原则（张光平，1998）。远期是最简单的衍生产品，当然也可以采用这个原则来进行定价。

外汇远期定价实际上是用利率平价理论来确定的。利率平价理论认为，两个国家利率的差额等于远期兑换率与现货兑换率之间的差额。由凯恩斯和爱因齐格提出的远期汇率决定理论认为，均衡汇率是通过国际抛补套利所引起的外汇交易形成的。在两国利率存在差异的情况下，资金将从低利率国流向高利率国以谋取利润。但套利者在比较金融资产的收益率时，不仅考虑两种资产利率所提供的收益率，还要考虑两种资产由于汇率变动所产生的收益变动，即外汇风险。套利者往往将套利与掉期业务相结合，以避免汇率风险。大量掉期外汇交易的结果是，低利率国货币的现汇汇率下浮，期汇汇率上浮；高利率国货币的现汇汇率上浮，期汇汇率下浮。远期差价为期汇汇率与现汇汇率的差额，由此低利率国货币就会出现远期升水，高利率国货币则会出现远期贴水。随着抛补套利的不断进行，远期差价就会不断加大，直到两种资产所提供的收益率完全相等，这时抛补套利活动就会停止，远期差价正好等于两国利差，即利率平价成立。因此利率平价说的基本观点是，远期差价是由两国利率差异决定的，并且高利率国货币在期汇市场上必定贴水，低利率国货币在期汇市场上必定升水。

在实际中，套利者们在不同的市场上寻找价差，以较低价格买入，然后以较高价格卖出，以寻求在无任何投资成本的情况下获利，这样的获利机会被称为套利机会。每个投资者都希望能够获得这样的无风险套利机会。但是，如果对不同市场的运作流程和相互影响没有一个很好的理解和把握的话，很难找到这样的套利机会。套利可能会存在，但是却不可能长时间存在下去。

就像经济学理论通常需要很多假设一样，我们同样也需要许多假设才能得出外汇远期定价公式。有兴趣的读者可以参考《股指期货与期权》（张光平，2003），这里不再详细介绍。在假设条件的前提下，我们可以得出远期定价公式：

$$F = S \times e^{(r-r_f)\,t} \tag{10.1}$$

其中，F 为远期汇率，S 为即时汇率，r 为第二个货币利率，r_f 为第一个货币利率，t 为远期合约到期时间。

下面我们通过实际例子来熟悉外汇远期的定价。

例 10.3 2015 年 5 月 20 日，欧元兑美元汇率为 1.1140，欧元一年期 Libor 为 0.17429%，美元一年期 Libor 为 0.72510%，请计算一年期欧元兑美元远期汇率。

在此例中，$S = 1.1140$，$r = 0.0072510$，$r_f = 0.0017429$，$t = 1$，可得

$$F = S \times e^{((r-r_f)\times t)} = 1.1140 \times e^{((0.0072510 - 0.17429))\times 1} = 1.1202$$

从上例可以看出，欧元一年期利率比美元一年期利率要低，相应计算得到的一年期远期汇率中，欧元兑美元升值。

需要特别注意的是，两种货币所采用的利率，必须与远期合约到期时间相对应。例如，远期合约到期时间为 3 个月，那么上述例子中的欧元与美元也相应采用 3 个月利率，具体如例 10.4 所示。

例 10.4 2015 年 5 月 11 日，欧元兑美元即时汇率为 1.1140，欧元 3 个月期 Libor（年率）为 -0.01500%，美元 3 个月期 Libor（年率）为 0.27600%，请计算 3 个月期欧元兑美元远期汇率。

在此例中，$S = 1.1140$，$r = 0.0027600 \div 4 = 0.0006900$，$r_f = 0.0001500 \div 4 = 0.0000375$，$t = 0.25$。将这些参数代入公式（10.1）可得

$$F = \times e^{((r-r_f)\times t)} = 1.1140 \times e^{(0.0006900 - (-0.0001500))\times 0.25} = 1.1148$$

从上例可以看出，欧元 3 个月期 Libor（年率）比美元 3 个月期 Libor（年率）要低，相应计算得到的 3 个月期远期汇率中，欧元兑美元升值。

10.3 新兴市场的外汇远期交易

与发达国家相比，新兴市场中的外汇市场有着很大的不同。发展中国家的外汇市场主要以现货交易为主，远期交易相对来说并不是很活跃。同时，新兴市场的国家或地区有着不同程度的外汇管制。这些管制使定价公式（10.1）的很多假设在不同程度上得不到满足，所以此公式往往并不能准确计算新兴市场的远期汇率。根据国际货币基金组织的一份调查（Canales - Kriljenko，2004），在被调查的新兴市场中，仅有 9% 的国家或地区认为它们的外汇远期市场是发达、流动并具有一定市场深度的，同时 30% 的被调查国家或地区认为它们的外汇远期市场不发达、缺乏流动性并且市场深度不够。但有 75% 的新兴市场能允许并接受外汇远期交易。在那些禁止外汇远期交易的国家里，法律还规定禁止

其他类似可获利合约的交易。

实际上，远期市场的不发达可以反映出很多问题，包括中央银行对汇率提供保险，即限制汇率波动。除此之外，远期市场的不发达也可以反映出作为远期汇率定价基础的利率收益曲线的缺位。这会导致做市商银行很难在一个欠发达的货币市场上规避隐含的远期汇率风险。这是因为，如果银行不能对未来利率进行较准确的预测，就不能对汇率进行准确的定价。

欠发达的货币市场常常也会对短期资本的流动性加以限制。在某些国家，外汇远期交易被施加一定的控制。例如，远期合约仅仅被允许用于规避合法外汇交易中的汇率风险。在一些被调查的国家中，甚至还需要事先提交一份经核准的国际交易合同。在一些国家，对远期合约的到期日也有所限制，有时还把它和合同的期限联系在一起。

在发展中国家，大多数被法律允许的外汇交易发生在国内市场，并且受本国货币及外汇法规的管制。大多数接受问卷调查的国家同意本国货币可以在国内与外币进行交易。法规禁止离岸交易本国货币并且限制本国货币的进出口。尤其是，大约一半接受调查的国家明令禁止在离岸市场上交易本国货币。

当然，可以用间接的方式通过国外银行分支机构来交易本国货币。如果双方都愿意，本国的经纪商也可以通过外国经纪商联系交易本国货币，这就是新兴市场货币的离岸业务。由于外汇、资本项目管制和其他方面的限制，发展中国家的外汇远期交易难以像发达国家那样容易进行定价。这在一定程度上推动了无本金交割外汇远期合约的流行，我们在本书的第11章会专门对此进行介绍和分析。

10.4 外汇掉期

如表10-1所示，外汇掉期是最主要的传统外汇衍生产品。从1998年至2001年，外汇掉期交易的日均成交金额占全部传统外汇衍生产品交易成交总金额的比重从48.1%上升到了52.9%；虽然2004年外汇掉期占比重新下滑到了49.3%，但是到2007年，占比再次超过50%达到51.6%；由于金融危机的影响，2010年外汇掉期占比下降到了44.3%，回到了与1995年的占比44.9%相当的水平；2013年外汇掉期占比继续下降至41.7%。

10.4.1 外汇掉期的概念

外汇即期交易是指在两个交易日内进行交割的交易，外汇远期交易一般是指交割时间介于两个交易日到一年的交易。虽然也有超过一年才进行交割的外汇远期合约，但其交易却不活跃。外汇掉期（Foreign Exchange Swaps）交易之所以如此活跃，主要是因为它可以满足很多贸易公司和投资者控制外汇风险的需求。外汇掉期实际上是在确定的时间内，把一定数额（这个数额称作外汇掉期的合约金额或名义金额）的两种货币以商定的汇率进行交换，同时还设定在某一未来时间（掉期到期或执行时间）把同等数额的两种货币，以另一个商定的汇率进行反向交换。根据以上定义，外汇掉期包括"现—远掉期"和"远—远掉期"两种，它们的区别在于第一个交换的时间是在现在还是在未来。同时，外汇掉期还包括"明日—后日掉期"这样的短期交易。

为了进一步明确外汇掉期的概念，我们将其主要特征罗列如下：

（1）固定的到期时间；

（2）一个确定的交换汇率，即掉期率；

（3）确定的合约名义金额；

（4）有两个交换时间：起始交换时间和终止交换时间。

掉期率是指终止交换时的交换汇率，它通常是在即期汇率的基础上，根据交易双方对相应货币增贬值的程度增加或降低一定的幅度。这个幅度在实际操作中称作掉期点数。例如欧元兑美元的即期汇率为 1.1140，则 80 点的掉期率为，$1.1140 + 0.0080 = 1.1220$。

名义金额固定的掉期为普通掉期，大部分外汇掉期的名义金额在合约中予以确定。在国际柜台交易市场上，还有很多名义金额随其他市场参数变化而变化的掉期合约，这些掉期合约属于第二代掉期或者奇异掉期。这些类型的掉期超出了本章的范围，有兴趣的读者可以参考《奇异期权》（张光平，1998）。

10.4.2　外汇掉期的实例

例 10.5　德国某公司需要一笔 200 万美元的款项，并需要占用 90 日。虽然该公司可向银行贷款得到这些资金，但成本较高。通过与银行做一笔外汇掉期交易，该公司可降低成本并达到同样的效果。该公司与银行进行的外汇掉期交易过程如下：

（1）公司以商定的汇率 1.1140 向银行支付等值于 200 万美元的欧元，即 2000000/1.1140 = 1795332.14 欧元，同时银行支付 200 万美元给该公司。

（2）双方商定掉期点数为 12080 点，那么掉期汇率为 1.1140 + 0.0080 = 1.1220，公司将以该汇率把美元换回欧元。在 90 天后，该公司向银行返还 200 万美元，而银行则向其支付 2000000/1.1220 = 1782531.19 欧元。

公司在掉期交易开始时向银行支付了 1795332.14 欧元，在交易结束时拿回 1782531.19 欧元，之间的差额为 12800.95 欧元。这个差额反映出欧元与美元在这 90 天中的利率差以及欧元升值所带来的成本。通常对公司而言，掉期交易的成本比向银行借贷然后承担汇率风险的成本要低。

10.4.3　外汇掉期的风险

外汇市场的风险比较显著，因为汇率波动通常是比较剧烈的。签订外汇掉期合约，实际上是为了在未来一定时间内可以以固定的汇率来交换所需外汇，从而锁定风险。由于外汇掉期是为企业或者个人"量体裁衣"式的特殊服务，一旦签订就很难再更改，这给进行掉期交易的公司也带来了一定的风险。

如果公司不签订掉期合约，同时我们假设借贷无须支付利息。那么在例10.5 中，如果欧元对美元升值低于 80 点，那么公司所承担因汇率波动带来的损失将少于掉期交易中必须支付的差额。例如，如果在 90 天内欧元对美元升值幅度仅为 50 点，那么该公司所承担的损失仅为 8022.04 欧元，少于掉期交易的差额 12800.95 欧元。如果欧元不但没升值反而贬值，那么公司甚至可以从中获利。例如，如果在 90 天内欧元对美元贬值 100 点，那么该公司可额外获利16262.07欧元。

但是，如果不签订掉期合约，在欧元对美元升值幅度超过 80 点的情况下，公司将承担很大的汇率风险。例如，如果升值达到 200 点，那么该公司将承担31663.71 欧元的损失。从理论上讲，这种风险甚至是无限的。

总而言之，外汇掉期交易可让公司、企业锁定汇率风险，避免因汇率剧烈波动可能带来的巨大损失，其代价是必须牺牲可能的获利机会。对于那些厌恶风险的公司而言，外汇掉期交易是一种成本较低的汇率风险规避方式。

10.5　货币掉期（Currency Swaps）

自 20 世纪 70 年代以来，随着经济全球化进程的加快，各种国际业务也迅速增长，很多企业因此产生了对不同货币的融资需求。货币互换可让企业满足此种需求，同时还可让利率和汇率风险保持在较低的水平。

10.5.1　货币掉期的概念

货币掉期是从贷款的概念演化而来的，货币掉期可让跨国公司规避跨境资本管制。我们可以通过以下这个具体的案例来理解货币掉期的概念。我国仍然实行一定程度的资本管制，其中一个目的是希望通过管制可以让外资企业将赚取的利润重新在中国进行投资，从而扩大国内就业机会并促进经济增长。现在我们来考虑一个已在华经营数年、盈利丰厚的某欧洲跨国企业。由于中国存在资本管制，该企业不能方便地将它获取的人民币利润汇回欧洲。这样可能使该企业难以让其在中国的收益和在国际上的债务达到平衡，而且这种状况常常会持续一年甚至更长的时间。在寻找合理规避资本管制的途径时，它们发现中国没有相关法律规定，跨国公司不得将人民币借贷给其他同样有兴趣在中国进行投资的境外企业。这样该欧洲企业的母公司可以在国际市场募集等量的人民币并贷给这家在中国的子公司从而解决了它们在国内人民币利润不能容易转出的问题。

货币掉期（Currency Swaps）与外汇掉期有相似之处，同时也有很大的区别。相同点在于两种掉期都与汇率有关，而且都有一个固定汇率和合约金额。但外汇掉期交易双方支付的是同一种货币，而货币互换交易双方却分别支付不同的币种，而且双方会在到期日按照约定的汇率交换不同货币的利息和本金。支付频率可以是一个月、一个季度、半年或一年。

10.5.2 货币掉期交易的实例

我们在这里举一个全球最主要的两种货币——美元和欧元之间的货币掉期的例子。

例 10.6 美国公司 A 在德国投资并有欧元利润收入，德国公司 B 在美国拥有美元利润收入。它们签订了一份货币掉期合约，其中美元/欧元汇率为 1.350，合约金额为 100 万美元，美元和欧元利息分别为 6.5% 和 4%。同时，设定支付频率为半年，到期时间为两年。表 10-3 列出了美国公司 A 与德国公司 B 这两年内相互之间所支付的货币金额。

表 10-3 货币掉期实例

支付方向	时间（半年）	0	1	2	3	4
B→A	汇率（美元/欧元）	1.35				
	金额（美元）	1000000				
	支付利息		65000	65000	65000	65000
	支付本金					1000000
	折现率		0.94	0.88	0.82	0.78
	现金流量值		61100	57200	53300	50700
A→B	金额（欧元）	740741				
	支付利息		29630	29630	29630	29630
	支付本金					740741
	折现率		0.96	0.92	0.89	0.85
	现金流量值		28445	27260	26371	654815

从表 10-3 可以看出，此掉期交易的合约金额为 100 万美元，用掉期汇率折算后得出掉期的欧元金额为 740741 欧元。掉期交易双方在前三个半年互相支付

两种货币的利息，在最后一个半年互相支付利息加本金。

10.5.3 货币掉期的规模和发展

世界上第一份货币掉期合约，也是第一份掉期产品类型的合约，是由隶属于世界银行的国际开发银行与 IBM 公司在 1981 年签订的。国际开发银行在全世界范围内筹集资金，然后贷款给发展中国家以支持它们的战后重建。国际开发银行根据它借款的利率向需要贷款的国家征收利息。世界银行的目的很明确，就是要尽力降低它的借款成本。1981 年，由于美国联邦储备银行执行反通货膨胀的紧缩货币政策，导致美国出现历史上最高利率 17%，而当时联邦德国的利率为 12%；瑞士更低，只有 8%。当时的主要问题在于，瑞士政府限制世界银行在瑞士的借款金额。世界银行只能在瑞士政府所批准的限额内进行借款，在联邦德国也是如此。与此同时，IBM 公司拥有大量必须以瑞士法郎和德国马克进行清偿的债务。于是 IBM 公司与世界银行共同商定了一个解决方案，即世界银行承担 IBM 的瑞士法郎和德国马克的付款责任；作为交换的条件，世界银行在美国金融市场借入美元并把美元付款责任转让给 IBM。自世界银行和 IBM 首次进行掉期合约交易后，掉期市场就突飞猛进地发展起来，现在全球各种类型掉期合约的名义总金额已高达数百万亿美元。

表 10-1 显示，1998 年 4 月全球外汇互换日均总成交额为 100 亿美元，虽然到 2001 年 4 月下降到了日均 70 亿美元，但是到 2004 年 4 月和 2007 年 4 月持续增长到了 210 亿元和 310 亿美元；从 2007 年 4 月到 2010 年 4 月，日均成交金额升至 430 亿美元，增长率高达 38.7%，高于外汇远期和外汇掉期相应的增长率，到 2013 年 4 月进一步增至 540 亿美元，显示货币互换抵御金融危机的能力增强。

10.5.4 货币掉期的估值

要对货币掉期进行估值，我们首先必须理解"利率结构"的含义。利率结构可以理解为利率和到期时间的关系，也可以理解为货币的收益率曲线。如果到期时间越长，收益率越高，那么收益率曲线就是向上倾斜的；如果收益率随着到期时间的延长而减少，那么收益率曲线会向下倾斜。而一条水平的收益率曲线意味着对所有的不同到期时间而言，收益率都保持不变。

在不存在拖欠风险的情况下，一个货币掉期可以看成是由两个长期的债务工具——基金所组成的。我们考虑把美元作为本币，货币掉期的估值公式可表达如下：

$$PV(\$) = S \times PV(B_{FF}) - PV(B_\$) \tag{10.2}$$

其中，$PV(\$)$ 为货币掉期的美元现值，S 为即时汇率（一单位外币折合多少美元），$PV(B_{FF})$是非美国基金中的外币现值，$PV(B_\$)$是美国基金中的美元现值。在此定义下，货币掉期的价值由本币的利率结构、外币的利率结构和即时汇率决定。

现在我们举一个货币掉期的估值例子。一家银行安排一个三年的美元—日元掉期，本金是 1000 万美元，12.5 亿日元，即时汇率为 0.800 美元/100 日元。美国和日本的利率分别是 5% 和 2.5%。在利率给定的情况下，此银行安排了一个货币掉期，它每半年可从一家美国公司那里获得 1.5% 的利息（3% 的日元年借贷利息）。同时，该银行每半年向此公司支付 2% 的美元利息。也就是说，银行每年节省了 1% 的美元回报支付，同时获得 0.5% 的以日元计价的收益。此交易的相关信息如表 10 - 4 所示。

表 10 - 4　　　　　　　　　美元—日元掉期合约描述

	即时汇率	本金	美元利率	借入利率	日元利率	借出利率
美元	0.800 美元/100 日元	1000 万美元	5%			
银行				4%		3%
日元		12.5 亿日元			2.5%	

使用表 10 - 4 中的信息，我们可以计算出美元交易中的累积美元现值 PV（B $）是 972 万美元，如表 10 - 5 所示。类似地，日元交易中累积日元现值 PV（BFF）是 13.7569 亿日元。

表 10 - 5　　　　3 年美元—日元掉期中的美元现值（每半年支付利息）

项目 ＼ 时间	0	1	2	3	4	5	6
1. 即时汇率	0.80						
2. 本金（百万美元）	10.00						
3. 本金（百万日元）	1250.00						
4. 利息支付 ［（4/2）%，美元］		0.20	0.20	0.20	0.20	0.20	0.20
5. 贴现率（5/2）%		0.98	0.95	0.93	0.91	0.88	0.86
6. 现值（百万美元）		0.20	0.19	0.19	0.18	0.18	8.8
7. 累积现值（百万美元）	9.72						
8. 获取利息 ［（4/2）%，日元］		37.50	37.50	37.50	37.50	37.50	1287.50
9. 贴现率（2.5/2）%		0.99	0.98	0.96	0.95	0.94	0.93
10. 现值（百万日元）		37.04	36.58	36.13	35.68	35.24	1195.03
11. 累积现值（百万日元）	1375.69						
12. 累积现值（百万美元）	11.01						
13. 货币互换的价值（百万美元）	1.28						

最后，我们可得出该货币互换的价值为 1.28 万美元。

10.6 远期利率协议

由于利率风险是整个金融市场中最主要的风险，债券是全世界金融体系中最主要的组成部分，利率衍生产品是全世界金融衍生品中最主要的组成部分。利率衍生产品在场内外皆占有重要地位，远期利率协议是利率风险管理的重要产品，我们本节介绍远期利率协议（Forward Rate Agreement，FRA），下节介绍利率互换。

表 10 - 6 给出了 2001 年到 2014 年世界利率衍生产品的年底存量。表 10 - 6 显示，从 2001 年到 2014 年世界利率衍生品远期年底存量从 776 亿美元增长到接近 5055 亿美元，在 2001—2011 年，世界利率衍生品保持了持续增长的势头；即使 2008 年金融危机爆发之后，利率衍生品存量仍然保持了一定程度的增长，但近两年出现了调整和反复。

表 10 - 6　　　　　　　世界利率衍生品年底存量　　　　　　单位：亿美元，%

年份	2001	2002	2003	2004	2005	2006	2007
总额	776	1017	1420	1905	2120	2916	3931
增长率		31.10	39.70	34.20	11.30	37.60	34.80
远期利率协议	77	88	108	128	143	187	266
增长率		13.60	22.50	18.80	11.60	30.80	42.50
利率互换	589	791	1112	1506	1691	2297	3096
增长率		34.30	40.60	35.40	12.30	35.80	34.80
利率期权	109	137	200	271	286	432	570
增长率		25.70	45.60	35.30	5.60	51.10	31.80
年份	2008	2009	2010	2011	2012	2013	2014
总额	4327	4499	4653	5041	4926	5848	5055
增长率	10.10	4.00	3.40	8.40	-2.30	18.70	-13.60
远期利率协议	416	518	516	506	720	788	808
增长率	56.30	24.60	-0.40	-1.90	42.20	9.50	2.60
利率互换	3411	3493	3644	4026	3723	4567	3810
增长率	10.20	2.40	4.30	10.50	-7.50	22.70	-16.60
利率期权	500	488	493	509	484	493	436
增长率	-12.30	-2.30	1.00	3.30	-5.00	1.90	-11.50

数据来源：国际清算银行网站，2010 年数据为上半年数据，相应的变化率为同比变化率。"为"数据来源：国际清算银行网站，www.bis.org。

远期利率协议是一种重要的利率衍生产品。表 10 - 6 给出了世界三种主要利率衍生产品的年底存量，表 10－7 给出了 1998 年 4 月到 2013 年 4 月主要利率衍生产品日均成交金额。表 10－7 显示，1998 年 4 月远期利率协议日均成交金额仅有 740 亿美元，但是到了 2013 年 4 月日均成交金额就超过了 7540 亿美元，15 年内增长了 9 倍多，显示远期利率协议在利率衍生产品市场持续增强的作用。我们在第五篇介绍国内人民币远期协议市场发展时会对国内外远期利率协议进行详细的比较。

表 10－7　　　　　　　银行间利率衍生产品日均成交金额　　　　单位：亿美元，%

年份	1998	2001	2004	2007	2010	2013
总额	2650	4890	10250	16860	20850	23430
增长率		84.5	109.6	64.5	23.7	12.4
远期利率协议	740	1290	2330	2580	6010	7540
增长率		74.3	80.6	10.7	132.9	25.5
利率互换	1550	3310	6210	12100	12750	14150
增长率		113.5	87.6	94.8	5.4	11.0
期权和其他产品	360	290	1710	2170	2080	1740
增长率		-19.4	489.7	26.9	-4.1	-16.3

数据来源：国际清算银行 2014 年 2 月公布的 2013 年 4 月银行间衍生产品日均成交金额数据。

10.7　利率互换

这里我们专门介绍利率互换（Interest Rate Swaps，IRS）——全世界金融市场中最主要的金融衍生产品。利率互换实际上是指交易双方签订协议，在一定的时间内根据不同种类的利率，相互之间定期支付利息的行为。买卖双方不交换本金，作为名义金额的本金只是作为计算利息的基数。经过十几年的发展，利率掉期已经在国际金融市场上起着不可缺少的作用，而且看起来似乎要取代政府债券。虽然利率掉期的历史比货币掉期要短，但利率掉期的增长速度和规模却已经远远超过了货币掉期和外汇掉期，成为掉期市场的最活跃产品。表 10－6 显示，2001 年到 2014 年全球利率互换年底存量从 589 亿美元持续增长了 5.47 倍达到 3810 亿美元。表 10－7 显示，1998 年 4 月到 2013 年 4 月，全球利率互换日均成交金额从 1550 亿美元持续增长到了 14150 亿美元，15 年内增长了 8 倍多，年均增长率高达 15.9%。

利率互换还包括不同币种的利率互换。欧元利率互换市场甚至在形成单一货币以前就已经超过了美元利率互换市场。自 1999 年以后，欧元利率互换市场的发展更是突飞猛进。同时，利率互换交易的用途也被扩展到套期保值、价格发现等其他功能上，而这些正是美国财政部所希望美元互换市场能发挥的作用。

目前，美元市场的发展正在紧迫着欧元市场，并越来越多地使用掉期以达到套期保值等目的。

表 10-8 给出了 1998 年 4 月到 2013 年 4 月银行间单一货币的利率互换日均成交金额。表 10-8 所示，2001 年 4 月，世界第一大货币——美元的利率互换日均成交金额就低于欧元利率互换，而且前者占比尚不足后者 1/3，而欧元利率互换日均成交金额占比却超过了 50%；2004 年 4 月美元利率互换占比略微上升的同时，欧元利率互换占比有所下降，但是后者占比仍然比前者高出 15 个百分点；虽然 2007 年 4 月到 2010 年 4 月欧元利率互换占比比 2004 年进一步微降，保持在 44% 左右，但是仍然比美元利率互换的相应占比分别高出 16.8 个和 20.4 个百分点；到 2013 年 4 月，欧元利率互换占比提升至 49%，比美元占比高出 23 个百分点，显示欧元在国际利率互换市场中的龙头地位，这也是欧元在国际衍生产品市场中很少出现超过美元的现象。值得注意的是，2013 年 4 月的数据显示，巴西雷亚尔、人民币、韩元、墨西哥比索利率互换的日均成交额已经超过瑞士法郎，巴西雷亚尔成交金额甚至已经超过瑞典克朗，反映出近年来新兴市场国家货币利率互换的迅速发展。

表 10-8　　　　　　　主要货币利率互换日均成交金额及其比例　　　　单位：亿美元

年份	1998	2001	2004	2007	2010	2013
欧元	—	1730	2880	5250	5620	6930
美元	360	1000	1950	3220	3020	3740
日元	140	160	350	1100	1140	600
英镑	80	230	590	1240	1420	920
瑞士法郎	50	40	70	140	80	50
加元	30	40	50	120	380	270
澳元	10	40	70	140	280	630
瑞典克朗	0	10	40	130	70	150
其他	870	50	200	740	730	870

资料来源：国际清算银行公布的 1998 年 4 月到 2013 年 4 月日均成交金额。

10.8　外汇和利率远期市场的主要参与银行

我们在本章前面介绍了主要的两种外汇衍生产品——外汇远期和外汇掉期，利率市场上的利率远期、远期利率协议和利率互换，这里我们简单介绍这些市场的主要参与者。细心的读者可以发现，在我们用实例介绍如何利用这两种衍生产品来规避汇率风险时，我们都把银行作为交易的一方。的确，外汇远期和外汇掉期交易绝大部分都是在银行与其客户之间进行的，也就是我们所称的

"柜台交易"，银行在其中扮演着一个非常重要的角色。下面我们就对亚太地区各主要货币外汇远期、外汇掉期和主要利率衍生产品市场的主要参与银行进行简单介绍。

10.8.1　2003 年和 2004 年外汇远期市场的主要参与银行

前面我们已经提到，外汇掉期是最主要的传统外汇衍生产品。表 10 - 9 给出了 2003 年和 2004 年亚太地区主要外汇掉期的参与银行。表 10 - 9 显示，在港元掉期市场，占据主要地位的是汇丰银行和渣打银行，它们分别拥有 35.7% 和 10.7% 的份额，汇丰银行的领先优势比较明显。

表 10 - 9　　　　　　　　亚太地区外汇掉期市场的主要参与银行

经纪商：万邦有利				经纪商：万邦有利			
港元（被评上的银行数量：17 家）				日元（被评上的银行数量：17 家）			
银行	占比（%）	2004 年	2003 年	银行	占比（%）	2004 年	2003 年
汇丰银行	35.7	1	1	德意志银行	17.1	1	2
渣打银行	10.7	2	5	JP 摩根	12.9	2	1
JP 摩根	8.3	3	—	Nikko 花旗	10.0	3	—
花旗银行	7.1	4	—	BNP Paribas	7.1	4	4
德意志银行	7.1	4	5	UBS	7.1	4	—
经纪商：万邦有利				经纪商：Garban Totan			
韩元（被评上的银行数量：17 家）				新台币（被评上的银行数量：15 家）			
银行	占比（%）	2004 年	2003 年	银行	占比（%）	2004 年	2003 年
德意志银行	14.1	1	1	花旗银行	24.8	1	4
巴克莱	10.9	2	—	ABN Amro	19.1	2	—
BNP Paribas	9.8	3	—	BNP Paribas	10.5	3	4
花旗银行	8.7	4	5	JP 摩根	10.5	3	3
ABN Amro	7.6	5	—	中国信托（台湾）	7.0	5	—
经纪商：Tullet Liberty				经纪商：Icap/Tullet Liberty			
新加坡元（被评上的银行数量：14 家）				澳元（被评上的银行数量：20 家）			
银行	占比（%）	2004 年	2003 年	银行	占比（%）	2004 年	2003 年
星展银行	24.2	1	1	德意志银行	12.4	1	—
汇丰银行	17.6	2	2	荷兰银行	10.7	2	—
德意志银行	15.4	3	—	澳大利亚国家银行	10.7	2	1
花旗银行	11.0	4	—	Westpac	10.7	2	5
渣打银行	9.9	5	3	澳大利亚财富银行	6.6	5	—

资料来源：《亚洲风险》杂志（2005）。

德意志银行不仅在日元远期市场排名第一，在日元掉期市场同样也占据榜首，而且比排在第二的 JP 摩根高出 5 个百分点，这显示德意志银行在日元衍生产品交易上的领先地位比较稳固。我们可以发现，在表 10-9 列出的主要参与银行中，德意志银行在日元、韩元和澳元掉期市场都排在第一，同时 2004 年在各市场的排名要么保持领先，要么比 2003 年有所上升，这再次说明了德意志银行在亚太地区外汇衍生产品业务强劲的发展势头并且占据着重要地位。

其他的主要参与银行和上面外汇远期市场所列出的银行基本上没有很大变化，只是在各货币市场的排名有所不同，这里我们不再赘述。和上面相同的一点是，在亚太外汇掉期市场，占据主导地位的还是欧美各大银行。

资料显示，在欧美大型商业银行中，中间业务收入占据了很大的比例，一般在 40% 以上，有的甚至高达 60% 至 70%。反观国内商业银行中间业务收入远低于国外银行。衍生产品交易作为一种银行中间业务，不仅能给公司和企业提供规避风险的有效渠道，同样也能给商业银行带来可观的利润。这是目前国内商业银行除了因为要吸引外汇存款外，竞相推出外汇理财业务的主要原因之一。

从表 10-9 可以发现，世界著名银行花旗银行在亚太各货币远期和掉期市场的排名并不靠前，在一些市场上甚至榜上无名。不过这并不让我们感到惊讶，因为花旗银行在亚太地区，包括在中国一直采取的是争夺高端客户的策略。例如，目前它在中国开展的外汇理财业务中，所设立的门槛要比国内商业银行高得多。对花旗银行而言，对 10% 高端客户的追求也许正是它们撬动中国市场的砝码。

商业银行在大力发展外汇理财等衍生产品业务的同时，如何有效地控制风险，避免巴林银行类似事件在我国发生，是一个十分重要且迫切的课题。

10.8.2 2011 年和 2012 年外汇远期市场的主要参与银行

表 10-10 给出了 2011 年和 2012 年亚太地区主要外汇掉期的参与银行。表 10-10 显示，在港元掉期市场，汇丰银行保持了其主要参与银行的地位，而渣打银行的地位却下降到了第 4；花旗银行从 2004 年的第 4 下降到了 2011 年的第 5 之后，2012 年重回第 2；德意志银行从 2004 年的第 4 下降到了 2011 年的第 5，2012 年上升到了第 3，显示德意志银行在港元远期市场的地位有所提升；2004 年摩根大通银行在港元远期市场排名第 3，而 2011 年和 2012 年排名却在前 5 之后。

表 10 - 10　亚太地区外汇掉期市场的主要参与银行（2011 年和 2012 年）

港元			日元		
银行	2012 年	2011 年	银行	2012 年	2011 年
汇丰银行	1	1	巴克莱银行	1	—
花旗银行	2	—	德意志银行	2	2
德意志银行	3	5	花旗银行	3	—
渣打银行	4	4	瑞士银行	4 =	—
巴克莱银行	5	—	摩根大通银行	4 =	—
韩元			新台币		
银行	2012 年	2011 年	银行	2012 年	2011 年
德意志银行	1	2	富邦银行	1	
汇丰银行	2	—	巴克莱银行	2	
美国银行	3	—	中国信托	3	
巴克莱银行	4	—	花旗银行	4	
瑞士银行	5	—	台新银行	5	
新加坡元			印度卢比		
银行	2012 年	2011 年	银行	2012 年	2011 年
渣打银行	1	4	巴克莱银行	1	—
花旗银行	2	—	渣打银行	2	1
摩根大通银行	3	—	德意志银行	3	5
德意志银行	4	3	汇丰银行	4	4
巴克莱银行	5	—	苏格兰皇家银行	5	—

资料来源：《亚洲风险》杂志（2012）。

表 10 - 10 显示，2012 年日元远期市场的主要参与银行与 2004 年发生了较大的变化：巴克莱银行从之前的前 5 之后上升到了第 1 位，而德意志银行排名却从之前的第 1 下降到了第 2；摩根大通从之前的第 2 下降到了第 4；花旗银行和瑞士银行分别保持了第 3 和第 4 的排名，显示在日元远期市场的竞争激烈。除港元和日元外，韩元、新台币、新加坡元和印度卢比远期市场，欧洲银行和美国银行仍然保持主要的市场参与者。

由于《亚洲风险》杂志 2013 年以来改变和之前市场参与者排名的方法，我们难以获得 2012 年以来亚洲主要货币远期市场参与者的可比信息，而表 10 - 10 给出的 2011 年和 2012 年的信息对我们了解近年来亚洲主要外汇远期市场的主要参与银行还是有一定的意义。

10.9 本章总结

我们在本章对外汇市场的主要衍生产品——外汇远期和外汇掉期，利率主要衍生产品——利率远期和利率互换作了介绍。外汇掉期实际上是有固定支付频率的远期组合。由于具有套期保值的功能，外汇远期和外汇掉期市场近十几年来得到了飞速的发展。表 10-1 和之前的数据清楚地表明，外汇现货交易成交金额占总外汇交易成交总金额的比重 1998 年为 37.2%，到 2007 年降至 30.2%，到 2013 年又回升到 38.3%；外汇掉期交易的占比从 1998 年的 48.1% 升至 2001 年的 52.9%，其后又逐渐波动回落到 2013 年的 41.7%；外汇远期的比重也从 1998 年的 8.4% 持续上升到了 2013 年的 12.7%。从数据来看，虽然外汇掉期的市场份额近年来有所回落，但包括外汇远期、外汇掉期和货币互换在内的外汇衍生产品仍然在外汇市场上占据主要地位，其份额在 2013 年仍然占整个外汇市场的 55.4%。我国外汇现货市场从 1993 年起有了飞速的发展，2004 年的成交金额已是 1993 年的 5 倍以上，2007 年和 2010 年国内外汇交易总额分别超过了 2004 年成交金额 11 倍和 23 倍，但是仍然不到国际外汇市场总成交金额的 1%，2013 年我国外汇现货成交金额继续快速增长至 5.75 万亿美元，在国际市场占比上升到了 1.12%，但与我国经济全球占比接近 13% 的水平相比，仍有巨大的差距。随着人民币国际化进程的持续推动，外来和对外投资的持续增长，大力发展我国外汇远期和掉期市场，给各市场主体提供规避汇率风险的有效渠道，已经变得越来越迫切。我们在本书第五篇会对此进一步系统深入的探讨。

第11章　无本金交割远期和掉期

在第10章我们介绍了外汇远期、外汇掉期、货币互换和利率远期和利率互换。这些衍生产品在发达国家的流动性较高，同时，这些产品主要是在金融机构、企业、保险公司以及其他组织之间进行交易。然而，在一些后发达国家特别是新兴市场和发展中国家，往往有这样或那样的外汇管制，汇率也不能自由浮动，这导致外汇现货、远期和掉期等衍生产品的流动性并不是很高。在本章，我们把焦点聚集在另一种衍生产品——无本金交割的外汇远期和掉期上。

如果一个国家或地区没有任何资本管制措施，让它的汇率自由浮动，那么其外汇远期市场一般来说会相当活跃。但如果存在某种程度的资本项目管制，其外汇远期市场通常难以充分发展，同时会给无本金交割远期提供存在的理由。我们在本章将对无本金交割远期的概念、存在的理由及其主要特点进行全面的阐述和探讨，为我们介绍人民币衍生产品做好准备。

本章的结构如下：第11.1节主要介绍无本金交割远期的概念；第11.2节举例说明如何利用无本金交割远期交易进行套保或投机；第11.3节介绍无本金交割远期市场的规模估算和发展；第11.4节介绍人民币无本金交割远期市场的发展，第11.5节讨论无本金交割远期标准合约的主要条款；第11.6节介绍无本金交割掉期（NDS）；第11.7节讨论无本金交割远期和无本金交割掉期市场存在的主要问题；第11.8节讨论无本金交割掉期交易对现货市场的潜在影响；第11.9节介绍参与无本金交割远期和无本金交割掉期交易的主要金融机构；第11.10节介绍与无本金交割远期和无本金交割掉期交易相关联的服务；第11.11节对本章进行总结。

11.1　无本金交割远期

外汇市场过去十年尤其是亚洲金融危机期间的剧烈波动，已经突出地表明市场参与者有着强烈的规避汇率风险的实际需求。我们在第9章已指出，发达国家外汇远期市场的流动性通常很强，因此能为外汇市场的套利或投机活动提供较好的避险工具。然而，由于存在外汇管制等原因，新兴市场和发展中国家的外汇远期市场并没有得到充分的发展。而这又给一种特殊的外汇远期产品——无本金交割远期（Non-Deliverable Forwards，NDF）提供了存在和发展的空间。

由于新兴市场国家限制国外投资者进入本国货币市场，先前没有无本金交割远期这种产品的时候，这些货币被认为是"不可规避风险的"。无本金交割远期的产生，为国外投资者提供了一个能够完成货币避险功能的离岸机制。对于这些货币来说，无本金交割远期充当着补充外汇远期交易的角色。

无本金交割远期是柜台交易的衍生产品，交易双方并不是以基础货币来进行交割，而是根据合同确定的远期汇率与到期时实际即期汇率之间的差额，以可自由兑换货币（通常为美元）进行净额支付。无本金交割远期与外汇远期在概念上非常相似。无本金交割远期合约像外汇远期合约一样也有名义金额、远期汇率和到期日，这些都在合约中予以确定。不同之处就在于无本金交割远期交易在交割时并没有等于名义金额"实物"货币的交换，用于交割的货币通常是美元。也就是说，无本金交割远期交易的净额交割是以美元或其他可自由兑换货币来进行的。另外，它与外汇远期交易还有一个重要的区别，即无本金交割远期交易处于相应货币的管理当局的直接管辖范围之外，因此其定价无须受国内利率的影响。

实际上，无本金交割远期合约是专门为非自由兑换或交易量稀少的货币特别设计的远期合约。通过无本金交割远期交易，国际金融机构、投资者或投机者可以对东欧、中欧、南美和亚太地区的货币进行保值或间接持有，同时无须直接买进或卖空这些货币。所以，对国际金融机构、企业和投资者而言，无本金交割远期有着任何其他衍生产品不具备的作用和功能。

哪怕由于外汇管制或者其他原因使得外汇远期市场无法存在，无本金交割远期也能使市场参与者有效控制外汇交易的风险。无本金交割远期市场允许离岸交易者在不需要对许多亚洲、非洲和东欧的货币进行实际交割的情况下，同样可以控制这些货币的汇率波动风险或者对这些货币进行投机。因此，通过无本金交割远期交易，市场参与者可以规避持有当地货币的风险并节省开设相关账户的费用。此外，许多大型国际金融机构积极参与无本金交割远期市场，它们能够向客户提供套利交易的指导。

印度尼西亚卢比无本金交割远期市场的形成是一个很好的例子。以前，新加坡离岸市场的卢比远期交易相当活跃，因此当时并不需要一个卢比无本金交割远期市场。但是，2002 年 1 月开始的资本管制明令禁止了离岸交易，这导致一个月后马上就出现了一个新的卢比无本金交割远期市场。这是在非国际化政策激励下建立无本金交割远期市场的一个典型案例（Watanebe，2002）。

实际上，无本金交割远期交易主要是用来解决相关货币流动性的问题。我国台湾地区也是一个因为外汇管制而发展无本金交割远期市场的典型案例。在2003 年 8 月 6 日前，台湾地区还禁止海外投资者参与新台币的现货和远期交易，此后台湾地区"中央银行"确定离岸银行基金（Offshore Banking Units）可以从事无本金交割远期交易。同时，它们确信这可以被看做是迈向自由资本市场的重要一步。无本金交割远期能够为投资者提供套期保值渠道，并促进国际贸易和资本流动。然而，由于无本金交割远期并不涉及新台币（TWD）的直接买入或卖出，因此它也就不能对当地市场产生直接的影响。

在缔结一个无本金交割远期合约时，远期汇率同时也被确定下来，同时也会详细说明如何确定到期日的固定汇率，这个到期日一般是指结算前的两个工作日。通常，固定的现货汇率基于路透社或者德利财经（Telerate）提供相关市场的四个主要交易商报价。结算通常以美元等主要货币进行，并依据合约中的远期汇率和即期汇率之间的差额来确定是银行向客户还是客户向银行支付净额。

11.2 无本金交割远期交易的实际应用

11.2.1 利用无本金交割远期交易规避外汇风险实例之一

假定 2015 年 5 月 20 日，公司 A 向银行 B 出售一份名义金额为 110 亿韩元、远期汇率为 1100.00 韩元/美元、在 2015 年 11 月 23 日到期的无本金交割远期合约。通过此交易，公司 A 锁定 6 个月的韩元远期卖出汇率为 1100.00 韩元/美元，即公司 A 将以此汇率向银行 B 购买 1000 万美元。2015 年 11 月 20 日，固定到期日，汉城上午 11 时，交易双方要对无本金交割远期汇率与即时汇率进行比较。可能出现三种情况：

（1）即时汇率正好等于远期汇率 1100.00；

（2）即时汇率高于远期汇率 1100.00；

（3）即时汇率低于远期汇率 1100.00。

我们对出现这三种情况后银行和公司必须进行的支付情况进行了分析，如表 11 -1 所示。

表 11 -1	套期保值举例之一
第一种情况	假定 2015 年 11 月 20 日韩元/美元即时汇率正好等于 1100.00，那么就与无本金交割远期汇率没有任何差异，因此交易双方都无须向对方支付任何款项，此交易期满结束。
第二种情况	假定 2015 年 11 月 20 日韩元/美元汇率为 1150.00，韩元下挫 50 点，这意味着公司 A 以 110 亿韩元只能购买到 956 万美元。因为其已经用无本金交割远期合约将汇率锁定在 1100.00，因此银行 B 必须在交割日（2015 年 11 月 23 日）向公司 B 支付 1000 - 956 = 44 万美元的净差额（注意此时 110 亿韩元没有变动，实际交割也不涉及韩元）。
第三种情况	假定 2015 年 11 月 20 日韩元/美元的汇率为 1050.00，韩元升值 50 点，也就是说 110 亿韩元等于 1048 万美元。因为无本金交割远期合约已将汇率锁定在 1100.00，因此公司 A 必须在交割日（2015 年 11 月 23 日）向银行 B 支付 1048 - 1000 = 48 万美元的净差额。

11.2.2 利用无本金交割远期交易规避外汇风险实例之二

一名国际投资者在韩国股票市场上投资了 400 万美元做股票，投资期为一年。他希望股票市场上涨，但又担心韩元下跌。他可以利用韩元无本金交割远期交易来规避外汇风险。市场上一年期韩元无本金交割远期汇率为 1 美元兑换 1100 韩元，这个价格与银行和消费者的意愿持平。

无本金交割远期名义金额为 400 万美元。一年后韩元汇率可能低于、等于或者高于远期汇率。我们将这三种可能发生的情形列在表 11 - 2 中。

表 11 - 2　　　　　　　　　　　　套期保值举例之二

结果 A	结果 B	结果 C
贬值	持平	升值
1200	1100	1000
3666666. 67	4000000. 00	4400000. 00
银行向投资者支付333333.33 美元	无须相互支付	投资者向银行支付400000.00 美元

综合观察实例中可能出现的三种情况，我们可以发现，和外汇远期交易相类似，通过无本金交割远期交易可让公司、企业锁定汇率风险。当汇率波动朝不利于自己的方向发展时，能从交易对手（通常为银行）那里得到等额的补偿，而其必须付出的代价，则是必须牺牲可能的获利机会。与外汇远期交易的主要不同点在于，无本金交割远期交易的交易双方只支付净额，而且是以美元等主要货币来进行结算和交割。前面已有详细的相关介绍，这里不再赘述。

11.2.3 利用无本金交割远期交易进行投机增值

假设投机者相信，韩国经济增长强劲，韩元会在今后半年内对美元进一步升值。然而由于韩国资本项目仍然管制，国外投资者不能在外汇市场上随便购得韩元。但是投资者可以直接到新加坡或中国香港的银行，那里的外汇交易相当活跃，近年来韩元本金交割远期合约的流通性也很强。半年期韩元无本金交割远期合约的远期汇率为 1080 韩元/美元。那么名义金额为 100 万美元的韩元无本金交割远期合约半年后的回报如何呢？

半年后会出现与前面所述相同的三种情况，我们将这三种可能发生的结果列在表 11 - 3 中。

表 11 - 3　　　　　利用韩元无本金交割远期合约进行投机举例

项目 \ 结果	结果 A	结果 B	结果 C
美元/韩元	贬值	持平	升值
半年到期汇率	1120	1080	1020
换算价值（万美元）	96.4286	100	105.8824
结算结果（万美元）	投机者向银行支付 3.5714	不需互相支付	银行向投机者支付 5.8824

在结果 A 中，投机者因为韩元没有如期升值而遭受损失；而在结果 C 中，投机者由于预期正确，达到了他的投机目标，并获得盈利。

11.3　无本金交割远期市场的规模估算和发展

通常情况下，一国货币的非国际化将导致该货币在离岸市场上"无本金交割远期"市场的发展和膨胀（参见 Watanabe、Akama 以及 Mifune 的全面研究，2002）。以前，在无本金交割远期市场上进行交易的通常是拉丁美洲以及东欧的货币，20 世纪 90 年代中期以后，东亚的货币也开始在此市场广泛地进行交易。

11.3.1　无本金交割远期市场的区域分类

据 IMF 调查统计（Canales - Kriljenko，2004），在 2001 年，59% 的发展中转轨经济体认为可以允许无本金交割远期交易存在，与此形成对比的是，89% 的国家同意允许隔夜远期交易；实行固定汇率制度国家的比率为 33%；实行无本金交割远期交易和隔夜远期交易的比率为 70%。显而易见，无本金交割远期交易并不如远期交易那么广泛。

世界上在无本金交割远期市场上进行交易的主要是三个区域的货币：东欧和俄罗斯、拉丁美洲以及亚洲。东欧和俄罗斯货币的大部分无本金交割远期交易在伦敦进行，拉丁美洲货币在纽约，而亚洲货币则在新加坡和中国香港。当非该国居民需要对这些地区的货币进行套期保值时，这些国家或地区要么没有远期交易，要么不允许国外企业和投资者参与他们境内的远期交易，无本金交割远期交易因此在离岸市场应运而生。在拉美国家以及几个其他发展中国家和地区，远期市场的交易税及相关费用不断上涨，这也间接促进了无本金交割远期市场的发展。

11.3.2　无本金交割远期市场的交易量

新兴市场交易者协会（Emerging Market Traders Association，EMTA）于2004年4月14日发布的数据显示，2003年第一季度14个国家和地区无本金交割远期交易总量达到1870亿美元。表11-4列出了进行无本金交割远期交易的五个主要货币的同期成交总金额、相应的日均成交金额以及市场份额。

表11-4　　　新兴市场无本金交割远期的交易量（2003年第一季度）

单位：亿美元，%

项目 货币	成交总金额	日均成交金额	市场份额
韩元	865.63	13.8	50.00
巴西雷亚尔	325.81	5.4	18.50
智利比索	164.14	2.5	8.20
新台币	160.55	2.5	8.20
人民币	95.40	1.6	5.70
其他	127.95	1.7	6.30
合计	1739.48	27.6	100.00

资料来源：EMTA基于18个统计参与者信息的《无本金交割远期和信用衍生产品统计》（2003年第一季度）。

表11-4显示，全球无本金交割远期交易量最大的三个货币分别是韩元（韩元/美元）、巴西雷亚尔（雷亚尔/美元）和新台币（新台币/美元）。2003年第一季度，排在第二的亚洲货币是新台币，它在1987年第一季度的日均成交金额还不到1.5亿美元，在2003年第一季度已达到2.5亿美元，增长了近67%。2003年8月，中国台湾当局取消了不准当地金融机构参与无本金交割远期交易的禁令，这又促进了新台币交易量的进一步增长。

表11-5列出了2003年第二季度主要货币无本金交割远期的交易量。比较表11-4和表11-5，我们可以发现2003年第二季度的无本金交割远期交易总量比第一季度高出近84%，但这主要是因为统计参与者从18个增加到了21个。在第二季度，韩元、巴西雷亚尔、智利比索的无本金交割远期交易量保持了较好的发展势头，而玻利维亚比索和智利比索的无本金交割远期交易量却在第二季度出现了有史以来最大幅度的下滑。

表 11 - 5　　　　**新兴市场无本金交割远期的交易量（2003 年第二季度）**

单位：亿美元，%

项目 货币	成交总金额	增长率	日均成交金额	市场份额
韩元	1091. 66	25. 30	17. 3	34
巴西雷亚尔	657. 15	81. 20	10. 3	21
智利比索	487. 33	206. 30	7. 8	15
新台币	324. 65	102. 21	5. 1	10
中国人民币	214. 98	125. 34	3. 6	7
其他	428. 30			13
合计	3203. 07	84. 14	50. 8	100. 00

资料来源：EMTA 基于 18 个统计参与者信息的《无本金交割远期和信用衍生产品统计》（2003 年第一季度）。

遗憾的是，自 2003 年第二季度后，EMTA 未再发布新兴市场 NDF 交易量的季度统计数据。

11.3.3　无本金交割远期合约的单位面值

银行间无本金交割远期交易的规模通常为每笔 200 万 ~ 500 万美元。表 11 - 6 给出了 2002 年到 2004 年亚洲主要货币远期和无本金交割远期合约的平均单位面值。货币的流动性对合约的平均面值影响较大，通常货币流动性越强，合约

表 11 - 6　　　　　　　**亚洲货币一般合约单位面值和成交金额**　　　　单位：百万美元

金额 货币	交割或者无本金交割		离岸掉期	
	合约平均单位面值	日均成交金额	普通单位面值	日均成交金额
韩元	5	100 ~ 200	8. 5	150 ~ 200
新台币	5 ~ 10	250	3 ~ 5	20 ~ 30
新加坡元*	20 ~ 30	150 ~ 200	30	500
泰铢	2 ~ 5	50	3	10 ~ 20
菲律宾比索	2	40 ~ 80	3	5
印尼卢比*	5	103	3	5
港元*	10 ~ 20	500	25 ~ 50	200
人民币	10	100	NA	NA

注：带 * 号的数据为国内交易数据，其他为离岸市场数据；"NA"代表没有相关数据。

平均面值就越大（只有人民币例外）。例如，新加坡元和港元是可自由兑换货币，这两种货币的合约平均面值要比其他货币大得多。

从表 11－6 我们可以看出，人民币的合约平均单位面值比韩元、泰铢、菲律宾比索、印尼卢比都要高，但日均成交金额却仅高于泰铢和菲律宾比索。

11.4 全球主要无本金交割远期交易的最新数据

无本金交割远期数据确实难以获得，使得我们难以判断无本金交割远期市场的动态。可喜的是英国中央银行，英格兰银行支持的伦敦外汇市场联席常务委员会（The London Foreign Exchange Joint Standing Committee，简称 FXJSC）从 2015 年开始公布伦敦外汇市场 4 月和 10 月日均成交金额和无本金交割远期市场日均成交金额。这些数据为我们了解和判断全球无本金交割远期市场提供了难得的必要数据。表 11－7 给出了 2015 年 4 月和 2015 年 10 月全球主要无本金交割产品的日均成交金额。

表 11－7   主要无本金交割远期合约日均成交金额
（2015 年 4 月和 2015 年 10 月）   单位：亿美元，%

2015 年 4 月日均					
货币对/机构	报告经销商	银行	其他金融机构	非金融机构	总计	经纪商
美元对其他货币	232.06	100.42	271.21	16.63	620.32	196.63
韩元	46.30	15.02	44.70	1.35	107.37	30.64
印度卢比	45.11	15.44	48.41	2.36	111.32	37.49
巴西雷亚尔	32.09	23.23	45.38	2.84	103.54	37.05
人民币	31.20	10.40	30.04	1.64	73.27	21.35
俄罗斯卢布	5.64	2.54	9.39	1.03	18.60	3.33
其他货币	71.72	33.79	93.30	7.42	206.22	66.77
欧元对	3.82	1.80	3.28	4.81	13.71	1.33
英镑对	0.38	0.14	1.23	2.10	3.86	0.19
其他所有货币对	2.08	0.76	3.39	0.25	6.48	2.74
总计	238.35	103.12	279.11	23.79	644.36	200.89
美元货币对占比	97.4	97.4	97.2	69.9	96.3	97.9
成交笔数	3554	1469	8254	919	14196	5721

续表

2015 年 10 月日均

货币对/机构	报告经销商	银行	其他金融机构	非金融机构	总计	经纪商
美元对其他货币	211.33	101.12	180.74	26.92	520.11	153.46
韩元	49.57	23.10	41.19	5.88	119.74	34.37
印度卢比	38.41	13.61	26.51	4.68	83.21	23.62
巴西雷亚尔	19.67	15.58	36.73	1.95	73.92	36.82
人民币	27.68	11.14	15.26	1.77	55.85	8.95
俄罗斯卢布	5.40	1.86	7.10	1.87	16.22	3.11
其他货币	70.61	35.84	53.95	10.77	171.17	46.60
欧元对	2.74	1.35	4.69	2.44	11.22	1.14
英镑对	0.58	0.16	2.24	0.28	3.26	0.37
其他所有货币对	1.43	1.14	2.57	0.19	5.32	2.12
总计	216.08	103.77	190.24	29.82	539.91	157.10
美元货币对占比	97.8	97.4	95.0	90.3	96.3	97.7
成交笔数	4240	1574	6560	1453	13826	5495

数据来源：TheLondon Foreign Exchange Joint Standing Committee 网站，www. bankofengland. co. uk。

表 11 - 7 显示，2015 年 4 月和 10 月，美元无本金交割远期日均成交金额占整个伦敦市场无本金交割远期市场96.3%的比重，比表 9 - 3 给出的近十年来美元在全球外汇市场的占比不到45%（表 9 - 3 给出的占比是双边计算的占比，因此需要对该表的数据除以二）的比重高出一倍多，显示美元在全球外汇市场中的绝对垄断地位；2015 年 4 月，印度卢比兑美元无本金交割远期日均成交金额高达 111.32 亿美元，排名第一，比排名第二的韩元日均成交金额107.37 亿美元高出 3.96 亿美元；巴西雷亚尔无本金交割远期日均成交金额103.54 亿美元，比排名第二的韩元日均成交金额低 3.83 亿美元，排名第三；人民币和俄罗斯卢布无本金交割远期日均成交金额分别仅为 73.27 亿和 18.60 亿美元，分别排名第 4 和第 5；伦敦市场无本金价格远期日均成交金额 644.36 亿美元，占伦敦整个外汇市场日均成交金额 9728.13 亿美元的 6.6%，显示无本金价格远期市场在整个伦敦外汇市场的比重较低。

表 11 - 7 页显示，2015 年 10 月，韩元无本金交割远期日均成交金额比同年 4 月提高了 12.37 亿美元，重回排名第 1 的地位；而印度卢比、巴西雷亚尔、人

民币和俄罗斯卢布的日均成交金额皆有不同程度的下降，排名分别从第 2 到第 5；伦敦市场无本金价格远期日均成交金额 644.36 亿美元，比 2015 年 4 月日均成交金额下降了 104.45 亿美元。表 11 - 7 也显示，2015 年全球最活跃的无本金交割远期货币除了韩元外，其他四种货币皆为主要金砖国家货币，显示金砖国家可交割外汇市场仍有不同程度的问题，无本金交割市场才有一定的存在空间。

11.5 人民币无本金交割远期

11.5.1 人民币无本金交割远期的发展历史

20 世纪 90 年代中期以来，中国吸引外国直接投资（FDI）不断增加，一些大型跨国公司对他们在中国的投资有了保值需求；同时，随着墨西哥金融危机的爆发，出于对人民币贬值的忧虑，这些跨国公司也产生了对人民币的保值需求。中国香港和新加坡的金融机构率先认识到了这些需求，进而推出了人民币无本金交割远期交易，人民币无本金交割远期市场随之在这两个市场逐渐发展起来。在形成初期，市场发展较为缓慢，合约期限最长仅为 6 个月，交易也不活跃，为完成一笔交易，常常需要等待几个小时甚至几天的时间。1997 年夏天，亚洲金融危机爆发，人民币面临着巨大的贬值压力，此后随着世界经济的复苏以及中国加入 WTO，中国贸易顺差持续扩大，外汇储备攀升，人民币面临的升值压力日益增强，然而其间中国汇率体制一直保持相对稳定。在这种情况下，投机需求带动人民币无本金交割远期交易金额稳步上升，人民币衍生产品品种不断丰富。目前，最长的人民币无本金交割远期合约到期时间已经发展为 3 年，不过 1 年期及以下的合约最为活跃。

11.5.2 人民币无本金交割远期合约

本节所用的合约版本是新加坡外汇交易委员会（SFEMC）、新兴市场交易商协会（EMTA）和外汇交易委员会（FEC）于 2004 年 12 月 1 日正式开始生效的最新版本。

合约的标的货币为人民币，结算货币为美元。结算汇率是 1 美元兑换的人民币数额，是国家外汇管理局在计算日下午 5 时左右公布的官方汇率。结算汇率会在路透终端页面 CNYSAEC（CNY01）显示。估值日期为合约到期的前一个工作日。如果遇到未计划的公假日（到估值日之前两个工作日的上午 9 时，根据公开信息还不知道某日是不是工作日的日期，称作未计划的公假日），那么估值日为随后的第一个工作日。如果估值日按照随后的工作日调整，那么交割日应该是估值日之后最近的一日，任何情况下都不能超过估值日之后两个工作日。

如果估值日按照随后的第一个工作日做了调整而且估值在计划（即合约）估值日之后 14 个连续日（包括 14 日）之内没有发生的那段时间称作估值推迟期。估值推迟期之后的第一个工作日应该是估值日。由于价格渠道发生意外、未计划的公假日等导致交割推迟的最长时间是 14 个自然日。

目前在银行间市场交易的人民币无本金交割远期合约有 1 周、2 周、3 周、1 个月、2 个月、3 个月、4 个月、5 个月、6 个月、9 个月、1 年、2 年、3 年、4 年、5 年等期限类型，但 2 周、3 周、4 个月、5 个月、2 年、3 年、4 年和 5 年期限合约的流动性很差，往往连价格信息都没有；而 1 周、1 个月、2 个月、3 个月、6 个月和 1 年期限合约的流动性比较好；9 个月期合约的流动性介于二者之间。

11.5.3　人民币无本金交割远期市场

大多数国际性银行都可以为它们的客户提供无本金交割远期业务。在人民币无本金交割远期市场上，外资银行是交易最活跃的银行机构，如汇丰银行、渣打银行、苏格兰皇家银行、德意志银行、摩根大通银行、BNP 银行、巴克莱银行等等。

因为大多数柜台交易的衍生产品缺乏透明度，所以我们难以找到可靠渠道去查明人民币无本金交割远期的真实交易量。新兴市场交易商协会（Emerging Market Traders Association，EMTA）调查并公布了 2003 年前两个季度全球主要的无本金交割远期的交易量，公布的 2003 年前两个季度人民币无本金交割远期成交金额分别为 95.4 亿美元和 214.98 亿美元，但该协会此后没有再公布过此类数据。

随着市场的发展和流动性的提高，国际经纪公司从 2006 年以来提供银行间人民币无本金交割远期月成交金额的估计数据，给我们研究该市场提供了重要的支持。我们将在第 37 章详细介绍主要国际经纪商提供的人民币无本金价格远期月成交金额估计平均值、年成交金额、年度日均成交金额及其年增长率，从而对境外人民币无本金交割远期市场有更为系统的认识和把握。

11.6　国际掉期和衍生品协会（ISDA）的无本金交割远期主协议

制定金融产品特别是柜台交易衍生产品的合约无疑是一个复杂的过程。虽然无本金交割远期的结构比较简单，但也并不例外，而产品条款的制定问题尤其突出。值得庆幸的是，世界上主要的行业组织和委员会，例如外汇交易委员会（Foreign Exchange Committee，FEC）、国际掉期和衍生品协会（International

Swap & Derivatives Association，ISDA），已经开始着手解决这些问题，而采取的主要方式是让各市场参与者签署标准协议，以减少可能出现的问题。

无本金交割远期交易实际上是外汇远期交易，外汇交易委员会（FEC）在这个领域发挥着重要的作用。为了尽量降低风险，FEC鼓励市场参与者简化交易流程，自动确认无本金交割远期交易过程。银行间外汇经销商使用标准的IS-DA、IFEMA（国际外汇主协议）或者其他主协议。目前无本金交割远期市场普遍使用三种重要的主协议，它们分别是FEC主协议、ISDA主协议和EMTA（新兴市场交易者协会）主协议。FEC、ISDA和EMTA这三家机构在实现包括无本金交割远期在内的外汇衍生品合约标准化方面共同发挥着重要作用。

这些主协议就无本金交割远期交易的非经济条款和含义等方面取得了一致。它们主要包括以下内容：

（1）交易条款

交易条款包括一些重要款项，如交易日期、交易币种、名义数量、名义交易量、远期汇率、相关国家的买方/卖方、结算货币（一般为美元）、交割日期、结算汇率选择权、定价日以及其他项目等，包括用于定价的工作日。不同货币的结算日是不同的。

（2）中止交易和清退

中止交易通常是因为定价来源中断或者出现合约中约定的其他事件，而违约则包括延期定价、指定定价机构或其他的事件。无法获得结算汇率会造成延期定价，定价来源中断则无法确定随后的首个工作日。

（3）清算代理

假如在一个交易日中交易双方没有达成一致意见，相关机构会倾向于指定独立的高级交易商负责处理货币交易和结算事务。由于独立高级交易商不在相关货币辖区之内，且是由交易机构共同选择的，所以行使代理结算人的职能，所发生的费用和开销由交易双方共同分摊。

（4）账户详细资料

账户详细资料包括买卖双方账户的所有信息。

（5）提议

提议是指如下情况：免责（在代理自己的账户时，交易者自主决定从事交易，判断交易是否合适和恰当，这些都基于他自身的判断力。当他认为咨询者提出的投资建议正确的话，他也能够采纳这些建议）、评估和理解（他可以通过自身的行为推定利益的大小，或者通过独立的专业人士意见承受了有关交易的认识、期限、条件和风险，他也有能力评估交易风险的大小）。

外汇和货币市场执行委员会（MPC）采纳了新兴市场交易者协会（EMTA）的无本金交割远期交易样板条款，包括中国香港特别行政区在内的许多国家和地区的市场参与者已经在使用这些条款，许多亚洲货币无本金交割远期交易就在这些市场上进行。这些支持外汇和货币市场执行委员会的会员协会包括香港金融市场协会、香港银行协会、香港有限特许银行及存取款公司协会和香港外汇和存款经纪商协会。

11.7　无本金交割掉期

11.7.1　无本金交割掉期的基本概念

无本金交割掉期（Non‑Deliverable Swaps，NDS）是无本金交割远期交易的自然延伸，正如在可自由兑换货币的外汇市场一样，掉期是远期的自然发展和延伸。由于大多数无本金交割远期交易的期限为一天至一年，而到期时间更长的无本金交割远期合约则存在流动性问题，因此它们难以满足众多交易者经常性交易的多样化需求。为满足交易者的需求，无本金交割掉期交易也逐渐发展起来，而无本金交割远期市场也为无本金交割掉期的发展提供了必要的条件。同时，由于一些 5 年期以上的无本金交割远期交易仍有流动性，无本金交割跨币种掉期交易使更长期限的套期保值方案成为可能。

无本金交割掉期是一种以美元进行交割的交叉货币掉期交易，是无本金交割远期市场的延伸。与无本金交割远期相比，无本金交割掉期的期限较长，一般为一年或一年以上。大部分的无本金交割掉期交易集中在新台币上，这样的交易每周约有 5 到 6 笔，成交金额通常在 500 万 ~ 600 万美元。另外韩元、菲律宾比索和人民币也有一定量的掉期交易。

无本金交割掉期类似于交叉货币掉期，只是相关货币没有真正实际交割。在交易到期前的每个付息期间里，交易双方同意交换可自由兑换货币和不自由兑换货币的本金和利息的现金流。这种交易的清算程序与无本金远期交割相似：在每个期间都以固定的比率将非自由兑换货币的本金和利息转换为对应的等值可自由兑换货币，其中的差额可以通过自由兑换货币进行支付。

11.7.2　人民币无本金交割外汇掉期

人民币无本金交割掉期市场是人民币无本金交割远期市场的延伸。大多数人民币无本金交割掉期涉及的掉期货币为美元。在一个典型的人民币无本金交割掉期合约中，一方在收到固定利率的人民币的同时，支付 6 个月浮动同业拆借市场利率的美元。大多数人民币无本金交割掉期合约与人民币无本金交割远期合约相类似，每隔 6 个月以美元结算，且期限一般不超过 3 年，3 年之内的掉期合约的流动性较好，若期限超过 3 年，则人民币无本金交割掉期在报价时必须予以表明。一张标准的人民币无本金交割掉期合约的面值为300万美元。

人民币无本金交割掉期市场比相应的人民币无本金交割远期市场规模要小得多并且与其他无本金交割产品一样，难以获得可靠的境外人民币无本金交割掉期的流动性数据。然而可喜的是，伦敦金融城近年来每半年公布境外人民币可交割产品市场日均成交金额，也公布了相应的境外人民币无本金交割产品市场的日均成交金额。由于伦敦在国际外汇市场的独特地位，各类国际金融机构在当地均有规模不等的交易，因此伦敦金融城公布的数据具有一定的可靠性，这为我们研究这些市场提供了一定的抓手。根据伦敦金融城2012年到2014年上半年公布的数据，2011年到2012年，境外人民币无本金交割掉期日均成交金额从3.6亿美元增长到12.5亿美元，增长了247%；而从2012年到2013年却从12.5亿美元下降到3.1亿美元，下降了75%，不到相应的境外人民币可交割掉期日均成交金额217.1亿美元的1.5%。同样，从2011年到2012年，境外人民币可交割掉期日均成交金额从27.97亿美元增长到98.91亿美元，增长了253.6%；从2012年到2013年又增长了119.5%到217.14亿美元，是2013年境外人民币无本金交割掉期日均成交金额3.1亿美元的70倍，显示境外人民币可交割掉期市场增长迅猛，远远超过了无本金交割掉期市场。

11.8 无本金交割远期和掉期交易中存在的问题

我们在前面已经指出，无本金交割远期无论是从套期保值还是在投机角度来看都优于外汇远期，而且由于税收、监管、现金管制及其他原因，它甚至比现货市场更具有优势。正是因为这些优势，使无本金交割远期交易在市场上被广泛接受，并且在许多存在政府严格管制的货币上仍然运作得非常成功。不过，由于无本金交割远期和掉期交易主要是在离岸市场上进行，因此在监管及其他很多方面存在着许多严重的问题。在本节我们对其中的一些主要问题进行讨论。

（1）流动性

缺乏流动性是大部分无本金交割远期交易与生俱来的问题，主要原因是在岸市场的监管。除了一些主要的无本金交割远期市场，例如韩元、新台币、巴西雷亚尔等外，流动性不强是在其他大部分无本金交割远期市场中所存在的严重问题，在情况不稳定的市场中更是如此。倘若无本金交割远期合约的买方想在到期之前抛售合约，而市场缺乏流动性的话，会妨碍他们实现这种想法。只有在流动性足够强的市场，金融机构才可以向客户承诺能够较容易对冲头寸。

（2）定价

定价可能是无本金交割远期交易中最难的一个环节，原因是相关外汇市场的非国际化。定价体系会随着当地的利率机制、货币发展的程度和外资介入深度的不同而变化。前面用来对外汇远期合约进行定价的"无风险套利"原则，不能简单地用于无本金交割远期合约的定价，因为大多数进行无本金交割远期交易的货币并不具备或符合相关的前提和假设条件。

另一个可用来对无本金交割远期合约进行定价的重要工具是经济学中的供求原则。在此原则下，任何"商品"或"产品"的价格都可以由供求平衡来确定。例如，越南盾的无本金交割远期合约交易无法借助当地货币市场进行定价，因为在越南根本不存在这样的货币市场。这意味着越南盾的无本金交割远期合约交易价格是由供求关系决定的。在这种情况下，如果双方没有兴趣在某个价格点上进行交易，那么双方可以进行谈判，以达成大家都满意的价格。

国内货币市场越不发达的国家，无本金交割远期市场的流动性就越差，供求关系在定价中的作用也就越重要。

这可在 2003 年以来人民币无本金交割远期合约的定价情况中得到证实。从 2002 年至 2003 年，虽然市场的基本情况并没有改变，但人民币的无本金交割远期合约交易价格却从 2002 年的贬值 10000 点（即人民币兑美元的隐含汇率超过 10.01）上升到升值 5400 点贴水（即人民币兑美元的隐含汇率为 7.737）。这是因为境外对人民币升值的预期不断升温。

像韩国、中国台湾、捷克和波兰这些国家或地区拥有相对较发达的货币市场，因此无本金交割远期交易定价更具透明性。由于缺乏数据，关于在不同国家或地区中无本金交割远期价格影响因素的实证研究极少，而关于无本金交割远期定价的令人满意的理论性研究就更少了。我们认为，一个令人满意的无本金交割远期合约定价模型应当包含以下这些因素：货币市场的发展程度、货币政策的松紧程度、潜在交易的流动性以及进入潜在交易市场的难度等。这些已经超出了本书的范围。

（3）套期保值问题

无本金交割远期交易的另一个问题是如何套期保值。由于没有工具能在分散外币交换风险的同时避免利率风险，因此金融机构不得不将短期头寸进行展期。而且，金融机构对投机者或套保者的对冲交易持不同观点。

（4）政策变化风险

所有无本金交割远期合约都要面临的一个严重问题就是当地货币不再存在的情况，等值的新货币一般会取而代之。尽管无本金交割远期交易并不直接受汇兑风险的影响，但如果可兑换性发生变化，还是会影响无本金交割远期合约的价值。例如，在一个国家的外汇政策从可兑换转变为严格管制的情况下，市场利率会受很大影响。这种情况曾在马来西亚于 1997 年亚洲金融危机爆发时发生，甚至可以说是一个典型案例。

政策变化风险的另一个例子，是 2002 年阿根廷颁布的外汇法。2002 年 2 月 6 日，阿根廷颁布了其公共紧急法案和汇率改革法案，宣布了一项新的对外交易政策，并表示其外汇交易市场将从 2002 年 2 月 8 日起开放。这种法律法规的变化导致无法为阿根廷比索无本金交割远期合约进行定价。

（5）交易成本

交易成本会使交易变得过于昂贵。一项无本金交割远期交易需收取 5% 至 10% 不等的佣金，这具体取决于市场的流动性及其他因素。

（6）法律因素

尽管外汇委员会、国际掉期和衍生产品协会与新兴市场交易者协会对无本金交割远期合约的标准化付出了艰苦努力，但如果无本金交割掉期赖以存在的相关固定利率出现，即不同在岸和离岸交易出现，或出现其他被合约隐藏的因素时，对于这种合约的质疑就会发生。尽管这种可能性很小，但假如像马来西亚于 1997 年 8 月开始货币管制这样的情况发生，你不能确定你的合约将会出现何种问题——特别是长期交易。

11.9 无本金交割远期和掉期的影响

衍生产品对它们各自相应的基础市场有着不同程度的影响，它们能影响价格、交易量、基础资产的波动性等。当这些衍生产品日益成熟时，它们的影响作用会更加显著。由于柜台衍生品的市场数据匮乏，因此只有极少的关于无本金交割远期如何影响其外汇交易市场的实证研究。一个极端的说法是，无本金交割远期对一个地区的货币市场没有任何影响，因为所有的无本金交割远期都可以使用可自由兑换货币如美元完成交易。这种观点对于那种交易量很少而且很难获得的货币的无本金交割远期可能是正确的。但事实上，一定量的无本金交割远期交易可能会对区域货币市场产生显著影响。Ishii（2001）等人发现一个有益的论点，即无本金交割远期能够影响当地货币。利用无本金交割远期进行套期保值，尤其是投机活动能够影响当地外汇交易市场。无本金交割远期市场形成的汇率通过以下途径对国内市场产生影响：

（1）国内市场和离岸市场的套利

当居民（国内银行）被允许参与离岸无本金交割远期市场时，国内银行将会通过在国内外汇市场的本币交易来调节其在无本金交割远期交易中的头寸。

（2）银行头寸的调整

举例来说，如果银行 A 新加坡分行的消费者拿出一张泰国铢的无本金交割远期合约准备出售，新加坡分行不会直接兑现此合约，而是让其曼谷分行在曼谷市场上兑现此合约。因此，这种交易能够影响泰国的国内外汇市场。但这种交易会被限制在一定的范围内，因为银行 A 曼谷分行的头寸是受限的。

（3）市场情绪

无本金交割远期市场的走势将会影响国内外汇交易市场参与者的情绪。虽然监管当局基本上都没有直接的办法可以限制无本金交割远期这样的离岸交易。但是，他们能够采取措施断绝无本金交割远期市场和国内市场之间的套利活动，例如禁止国内银行参与无本金交割远期交易。权威人士同样能够公布关于无本金交割远期市场的负面信息，这些信息能够降低国外银行在某国内的支行进行无本金交割远期离岸交易的积极性。无本金交割远期交易仍然是投机新兴国家货币的潜在途径，所以监管当局必须谨慎地把握市场趋势。捷克克朗和波兰兹罗提市场是无本金交割远期交易影响当地货币的两个典型例子。捷克克朗目前是一种可自由兑换货币，但很多交易者仍然将其用于无本金交割远期交易，主要原因是大宗的交易能够影响其国内的定价。就像在波兰兹罗提市场上一样，离岸交易者能够控制一笔 75 万美元的交易，如果这种情况出现在布拉格或者华沙市场，它就能影响价格。一个经常进行无本金交割远期离岸交易的参与者通常会宁愿冒一些风险，也不会将在国内市场的整个交易进行对冲，详情请参照Thompson 的讨论。

新台币的无本金交割远期市场同样证明了无本金交割远期交易对本币的影响作用。中国台湾地区的"中央银行"在必要时会对无本金交割远期市场进行干预，以消除在岸无本金交割远期交易和离岸无本金交割远期交易之间巨大的差异所带来的异常情况。在 1998 年 5 月，"中央银行"禁止国内市场参与者进行无本金交割远期交易，以缓解新台币市场的投机压力。2003 年 8 月，中国台湾地区允许在岸交易银行进行无本金交割远期交易以后，中国台湾地区市场的投机程度大幅下降。

韩国在此方面是一个成功的典型。韩国允许无本金交割远期现付票据的存在，并允许其在全国范围内进行交易，同时保障其外汇市场没有发生动荡。我们在第三篇研究外汇衍生品在亚洲金融危机中所扮演的角色时，会回顾这一点。

11.10 亚太地区无本金交割远期和掉期市场的主要参与银行

大部分主要国际银行在新兴市场的分支机构都提供无本金交割远期交易服务。这里我们简单介绍无本金交割远期和掉期市场的主要参与银行。

11.10.1 2003 年和 2004 年无本金交割远期和掉期市场的主要参与银行

根据《亚洲风险》杂志的报道，摩根大通银行、花旗银行、渣打银行和德意志银行在韩元、新台币及其他无本金交割远期市场上处于领先地位，它们的经纪商是 Nittan AP 或万邦有利。表 11 - 8 给出的专项调查数据显示，除了渣打银行从 2003 年韩元无本金交割远期的排名第 3 上升到了 2004 年的第 1 外，亚洲无本金交割远期市场其他主要参与银行的排名均比较稳定。

表 11 - 8　2003 年和 2004 年亚太地区无本金交割远期交易的主要参与银行

韩元（被评上的银行数量：13 家）			
参与银行	所占份额（%）	2004 年	2003 年
渣打银行	18.5	1	3
德意志银行	13.8	2	3
JP 摩根	13.8	2	1
花旗银行	9.2	4	2
BNP Paribas	7.7	5	—
汇丰银行	7.7	5	—
经纪商：万邦有利			
新台币（被评上的银行数量：10 家）			
参与银行	所占份额（%）	2004 年	2003 年
渣打银行	24.3	1	2
JP 摩根	23.0	2	1
花旗银行	10.8	3	5
德意志银行	10.8	3	3
汇丰银行	8.1	5	4
经纪商：Tullet Liberty			
其他货币（被评上的银行数量：10 家）			
参与银行	所占份额（%）	2004 年	2003 年
渣打银行	22.2	1	2
德意志银行	17.8	2	3
JP 摩根	15.6	3	1
花旗银行	11.1	4	4
汇丰银行	6.7	5	5
经纪商：万邦有利			

资料来源：《亚洲风险》杂志，2005（3）。

从表 11 - 8 可以看出，在韩元、新台币及其他货币无本金交割远期市场，排名前三位的银行所占的总份额分别为 42%、48%、62%。这说明在流通量增大的情况下，无本金交割远期市场的份额不再集中于三大主要银行，因为流通性越强，参与的机构就会越多。

11.10.2　2009 年和 2011 年亚太地区无本金交割远期市场的主要参与银行

表 11 - 9 给出了 2009 年和 2010 年韩元、菲律宾比索、新台币、印度卢比和印尼卢比无本金交割远期交易的主要参与银行（我们在第 37 章专门介绍人民币无本金交割远期市场的主要参与者）。比较表 11 - 8 和表 11 - 9，我们发现，渣打银行在 5 个主要亚太地区无本金交割远期市场 2010 年的排名迅速上升，除韩元和菲律宾比索排名第三外，其他三个币种无本金交割远期 2010 年排名皆为第一，显示渣打银行在亚太地区无本金交割远期市场的重要地位；汇丰银行于 2004 年在韩元、新台币和其他货币无本金交割远期市场排名皆为第五，而 2010 年除菲律宾比索无本金交割远期市场排名第一和新台币排名第四外，其他三种货币无本金交割远期市场皆未进入前五名；德意志银行和法国巴黎银行 2010 年在五种亚太货币无本金交割远期市场皆进入前五名，表明这两家银行近年来在亚太地区无本金交割远期市场的重要作用。

表 11 - 9　2009 年和 2010 年亚太地区无本金交割远期交易的主要参与银行

韩元					
2010 年	2009 年	银行	百分比（%）	2010 年	经纪商
1	—	荷兰商业银行	22.2	1	Tradition
2	—	法国兴业银行	15.9	2	BGC
3	—	渣打银行	12.6	3	Icap
4	3	德意志银行	9.7		
5	1	摩根大通银行	8.7		

菲律宾比索					
2010 年	2009 年	银行	百分比（%）	2010 年	经纪商
1	—	汇丰银行	19.5	1 =	Icap
2	—	德意志银行	15.9	1 =	Tullett Prebon
3		渣打银行	14.6		
4	2	花旗银行	13.4		
5	1	法国巴黎银行	12.2		

续表

		新台币			
2010 年	2009 年	银行	百分比（%）	2010 年	经纪商
1	—	渣打银行	20.4	1	Icap
2	1	法国巴黎银行	15	2	Tradition
3	4	德意志银行	13.3	3	Tullett Prebon
4	3	汇丰银行	11.5		
5	1 =	花旗银行	8.8		

		印度卢比			
2010 年	2009 年	银行	百分比（%）	2010 年	经纪商
1	5	渣打银行	25.3	1	Tullett Prebon
2	3	德意志银行	13.9	2	Icap
3	—	法国巴黎银行	12.7	3	BGC
3	2	摩根大通银行	12.7		
5	1	花旗银行	8.9		

		印尼卢比			
2010 年	2009 年	银行	百分比（%）	2010 年	经纪商
1	2	渣打银行	24.1	1 =	Icap
2	—	摩根大通银行	20.7	1 =	Tullett Prebon
3	1	法国巴黎银行	17.2	3	BGC
4	—	德意志银行	13.8		
5	—	苏格兰皇家银行	12.1		

资料来源：《亚洲风险》杂志，2011（3）。

11.10.3 2011 年和 2012 年亚太地区无本金交割远期市场的主要参与银行

表 11 - 10 给出了 2011 年和 2012 年亚太地区无本金交割外汇远期市场的主要参与银行。表 11 - 10 显示，2011 年和 2012 年，亚洲主要无本金交割远期市场的参与银行发生了大幅度的变化：进入 2010 年韩元无本金交割远期前 4 大银行，没有一个进入 2012 年前 5 大韩元无本金交割远期参与银行之列，只有 2010 年排名第 5 的摩根大通银行 2012 年成为了韩元无本金交割远期最大的参与银行，显示全球最活跃的无本金交割远期市场——韩元无本金交割远期竞争的激烈程度。

2010 年新台币无本金交割远期参与机构排名分别为第 1 和第 4 的渣打银行

和汇丰银行皆未进入 2012 年新台币无本金交割远期参与银行前 5 之列；德意志银行从 2010 年的第 3 下降到了 2011 年的第 4，进而提高到了 2012 年的第 1；法国巴黎银行从 2010 年的第 2 提高到了 2011 年的第 1，进而下降到了 2012 年的第 3；花旗银行从 2009 年的排名第 1 下降到了 2010 年的第 5，进而分别提高到了 2011 年和 2012 年的第 3 和第 2，显示新台币无本金交割市场竞争的激烈程度。

表 11 – 10　2011 年和 2011 年亚太地区无本金交割远期交易的主要参与银行

韩元		
2012 年	2011 年	银行
1	3	摩根大通银行
2	—	美国银行
3	4	法国巴黎银行
4	—	巴克莱银行
5	—	瑞士银行
新台币		
2012 年	2011 年	银行
1	5	德意志银行
2	3	花旗银行
3	1	法国巴黎银行
4	—	瑞士信贷
5	—	摩根士丹利银行
印度卢比		
2012 年	2011 年	银行
1	3	渣打银行
2	2	德意志银行
3	1	汇丰银行
4	—	苏格兰皇家银行
5	—	摩根大通银行

资料来源：《亚洲风险》杂志，2012 和 2013。

由于《亚洲风险》杂志 2013 年以来不再按照之前的格式公布亚太地区无本金交割远期市场参与者信息，我们无从准确把握 2013 年以来亚洲无本金交割远期市场的参与者的变化情况。然而表 11 – 8 到表 11 – 10 给出的信息对我们了解该市场的参与者还是有一定的帮助。

表 11 – 8 到表 11 – 10 的信息显示，2003 年以来，亚洲货币无本金交割远期市场仍以欧美银行为主导，而欧洲银行参与度明显提高的同时，美国银行参与

度有所下降。由于在岸可交割远期受资本项目和监管限制，外资银行仍只能通过不受监管的无本金交割远期市场进行对冲交易。随着资本市场的自由化和监管的逐步开放，无本金交割远期市场最终会被可交割远期市场逐步取代。尽管如此，由于资本自由化的推动需要时日，且如韩国这样的国家对推动资本项目自有化历史的教训，无本金交割远期市场一下子还难以被取代。

11.11　无本金交割远期和掉期市场的服务

我们在 11.8 节讲到无本金交割远期和掉期涉及的许多问题，其中很多问题不易解决。不过国际上主要的期货业机构已经开始着手为解决这些问题而努力。

1998 年 8 月，俄罗斯无本金交割远期市场的代表与芝加哥商品交易所（CME）讨论了莫斯科银行间货币交易（MICEX）中卢布对美元交易缺乏固定性的有关问题。这个汇率既是俄罗斯卢布对美元的无本金交割远期合约标准的"交割汇率"，也是芝加哥商品交易所经常用于处理远期合同中俄罗斯卢布远期及期权交易的汇率。新兴市场交易者协会（EMTA）要求与芝加哥商品交易所合作，以开始一项经常性调查来确定日常的指导汇率。这种指导汇率在 EMTA 网站的卢布页面每日公布，芝加哥商品交易所也在其频道内每日公布 CME/EMTA 指导性汇率。1998 年 8 月 11 日，国际掉期和衍生品协会（ISDA）、新兴市场交易者协会及外汇委员会（FEC）证实了 CME/EMTA 指导汇率的另一个来源，即增加了 1998 年外汇和货币期权定义的俄罗斯卢布。这项举措使卢布对美元无本金交割远期交易围绕 CME/EMTA 指导性汇率变动成为现实（详情请参照www. cme. org. com）。

11.12　本章总结

无本金交割远期是资本项目有管制的货币的远期。只要一个货币有任何程度的资本项目管制，该货币在离岸市场上就有无本金交割远期交易的可能。虽然人民币资本项目逐渐放开已经成为基本国策，但是人民币资本项目的开放将是一个相对漫长的过程。在这个过程中，境外人民币无本金交割远期将会持续存在，而且对境内的人民币远期交易持续产生不同程度的影响。我们将在第四篇用相当的篇幅从不同角度研究境外人民币无本金交割远期的交易，并在第六篇探讨境外离岸市场上的人民币无本金交割远期和境内人民币远期之间的相互影响关系。

第 12 章　金融期货

获得 1990 年诺贝尔经济学奖的莫顿·米勒在 1986 年介绍金融期货时，称金融期货为"近 20 年来最重要的金融创新"。从 1986 年至今的二十多年里，全球期货市场发生了全面、深刻的变化，经历了空前的发展和增长，成为世界金融市场风险管理中不可缺少的工具。值得明确指出的是，全球第一个金融期货产品就是芝加哥商业交易所（CME）于 1972 年推出的外汇期货。所以，外汇期货的推出可以说标志着全球巨大金融衍生产品市场发展的开始。

正如我们在第 9 章介绍外汇市场时指出的，随着汇率浮动幅度在 20 世纪 70 年代初开始放宽，外汇风险也随之增大。为了给企业和金融机构提供有效规避外汇市场风险的途径，芝加哥商品交易所于 1972 年设立了国际货币市场（International Monetary Market，IMM）并首先推出了外汇期货合约，成为世界上第一个推出金融期货合约的交易所。自此，很多以其他资产为标的的金融期货相继推出。三十多年来，金融期货的交易量和持仓量大幅增长。

本章主要目的是系统地介绍金融期货的功能和作用，同时还介绍外汇和股票指数期货及其应用。

本章结构如下：第 12.1 节阐述外汇期货的推出对其他金融期货的带动作用；第 12.2 节介绍金融期货市场的起始和发展；第 12.3 节介绍世界主要外汇期货交易所及其产品；第 12.4 节讨论外汇期货合约的基本内容；第 12.5 节介绍金融期货的成交量和近年来最活跃的期货分布等；第 12.6 节介绍金融期货的成交金额、持仓量和全球排名等；第 12.7 节举例介绍外汇期货合约的定价；第 12.8 节简述金融远期和期货的区别；第 12.9 节详细介绍外汇和股票指数期货及其作用；第 12.10 节简述外汇期货在国际贸易中的作用；第 12.11 节介绍主要新兴市场国家和地区的外汇期货市场及其产品；第 12.12 节总结本章。

12.1　从外汇期货到其他金融期货

商品期货从 1848 年芝加哥期货交易所成立至今已有 159 年的历史，而金融期货的历史，是以外汇期货的面世为开端的。世界经济在 20 世纪 70 年代早期经历了两个重要事件：一是布雷顿森林协议（该协议管理外汇比率）的废除，二是欧佩克（OPEC）石油禁运带来的石油危机。这两个历史性事件导致汇率的剧烈波动和通货膨胀的迅速上升，金融风险也随之大大增加。而金融创新的初始目标，就是对冲这些增加的风险。

在金融衍生品的历史上，1972 年芝加哥商品交易所国际货币市场（IMM）的建立是最重要的里程碑之一。为了规避布雷顿森林体系废除后所剧增的外汇风险，国际货币市场在 1972 年开始进行外汇期货交易。外汇期货的推出之所以具有里程碑的意义，在于它对期货概念进行了丰富和创新：其标的资产为金融产品或其指数。商品期货大都有交割的要求，但以外汇期货为开端的金融期货却不必进行交割，以基础标的产品或指数为参考用现金进行轧差结算即可。我们在下节会专门介绍外汇期货，这里主要简述金融期货的发展过程。

在外汇期货推出的激励下，其他金融期货品种随之先后诞生。1975 年 10 月，芝加哥期货交易所（CBOT）在政府国民抵押协会存款票据的基础上推出了抵押存款票据期货合约（又称 GNMA – CDA），但 GNMA – CDA 合约后来没有取得成功。继 1972 年推出外汇期货后，芝加哥商品交易所于 1976 年又成功推出了 90 天联邦票据期货。1977 年 8 月 22 日，芝加哥期货交易所又推出了美国联邦政府债券期货，这后来成为国际市场上主要的金融期货之一。在利率波动增加时，许多投资者把兴趣从长期政府债务工具转移到中期债务工具上。为了满足市场需求，芝加哥期货交易所随后又推出了中期债券期货。

推出外汇和利率期货之后，芝加哥商品交易所在 1981 年推出了欧洲美元期货，并成为目前芝加哥商品交易所乃至全球市场上最活跃的期货品种之一。另一个重要的金融期货是股票指数期货，全球第一只股票指数期货——基于价值线（Value Line Index）股票指数于 1982 年 2 月 24 日在美国堪萨斯交易所面世。同年 4 月 21 日芝加哥商品交易所又推出了基于标准普尔 500 指数的股票指数期货，该合约很快成为全球最活跃的期货品种之一。在美国推出股票指数期货后的几年里，股票指数期货在全球其他主要发达国家和地区也相继推出并取得巨大成功，成为金融期货的主要品种类型之一。表 12 – 1 列出了主要金融期货推出的时间、品种及其上市的交易所。

表 12 – 1　　　　　　　　金融期货产品推出的主要历程

年份	期货品种	交易所
1972	外汇期货	国际货币市场/芝加哥商品交易所
1975	房地产凭证期货	芝加哥期货交易所
1976	90 天联邦票据期货	芝加哥商品交易所
1977	美国国库券期货	芝加哥期货交易所
1981	欧洲美元期货	国际货币市场/芝加哥商品交易所
1982	股票指数期货	堪萨斯期货交易所、芝加哥期货交易所、纽约期货交易所
1985	市政债券指数期货	芝加哥期货交易所

续表

年份	期货品种	交易所
1988	5 年美国国库券期货	芝加哥期货交易所
1989	30 天利率期货	芝加哥期货交易所
1992	3 个月欧元期货与期权	芝加哥商品交易所
2001	股票期货	伦敦国际金融期货交易所
2010	股指期货	中国金融期货交易所
2011	欧元美元汇率波动率	芝加哥期货交易所
2013	国债期货	中国金融期货交易所

资料来源：张光平（Peter G. Zhang），2011。

从表 12 - 1 我们可知，股票期货 2001 年在英国伦敦国际金融期货交易所推出。虽然第一只金融期货已于 1972 年在美国诞生，但时隔 30 年股票期货才在英国面世，2002 年才开始在美国交易。由于推出时间较短，股票期货所占份额还相当小。因篇幅所限，我们这里就不再对其他类金融期货进行详细介绍。

表 12 - 2 给出了 1994 年至 2014 年三类主要金融期货的全球年成交总金额。从表 12 - 2 我们可知，全球金融期货从 1999 年到 2007 年的 8 年时间内持续增长，2005 年总成交金额首次超过千万亿美元大关达到 1003.1 万亿美元；受金融危机的影响，2008 年和 2009 年两年持续下降；2011 年、2011 年两年有所回升，但是两年的平均增长率 16.54% 低于 2002 年到 2007 年之间任何一年的年增长率。2012 年期货成交额再次出现明显下降，2013 年、2014 年连续两年回升，但还未达到 2011 年的水平。

表 12 - 2　　　　全球金融期货年成交金额（1994 年到 2015 年）

单位：万亿美元，%

年份	1994	1995	1996	1997	1998	1999	2000	2001	2002	2003	2004
总成交金额	282.7	278.3	270.3	294.5	317.8	289.2	317.8	445.7	501.4	624.2	830.5
年增长率	51.00	- 1.60	- 2.90	9.00	7.90	- 9.00	9.90	40.20	12.50	24.50	33.10
利率期货成交金额	270.1	264.6	254.8	275.7	296.3	265	292.2	421	472.8	588.7	783.1
年增长率	52.30	- 2.00	- 3.70	8.20	7.50	- 10.60	10.30	44.10	12.30	24.50	33.00
外汇期货成交金额	3.2	3.2	2.7	2.7	2.6	2.8	2.9	3.2	3	4.5	7.4
年增长率	14.50	- 0.30	- 17.30	3.20	- 6.40	10.90	1.20	9.80	- 4.00	48.50	64.50
股指期货成交金额	9.5	10.5	12.8	16.1	18.9	21.4	22.7	21.6	25.5	31	40
年增长率	34.20	10.60	22.20	26.10	17.40	12.80	6.40	- 5.10	18.30	21.30	29.10

续表

年份	2005	2006	2007	2008	2009	2010	2011	2012	2013	2014	2015 *
总成交金额	1003.1	1260.3	1584.6	1545.7	1126.5	1380.5	1526.4	1170.2	1415.4	1450.5	368.9
年增长率	20.80	25.60	25.70	-2.50	-27.10	22.50	10.57	-23.34	20.95	2.48	1.22
利率期货成交金额	939.6	1169.3	1433.8	1392.6	1016.4	1235.9	1358.6	1025.4	1244.2	1266.6	312.5
年增长率	20.00	24.40	22.60	-2.90	-27.00	21.60	9.93	-24.53	21.33	1.80	-2.83
外汇期货成交金额	12.11	16.61	22.4	26.4	24.6	35.8	37.2	32.0	32.6	28.8	7.3
年增长率	63.60	37.20	35.10	17.70	-6.90	45.40	3.85	-14.03	2.04	-11.58	0.40
股指期货成交金额	51.4	74.4	128.4	126.8	85.6	108.9	130.6	112.8	138.5	155.0	49.0
年增长率	28.40	44.80	72.70	-1.30	-32.50	27.20	19.96	-13.64	22.85	11.88	38.17

资料来源：国际清算银行网站（www.bis.org）；2015年数据为该年第一季度数据。

从表12-2我们可以看出，利率期货是金融期货中最重要的期货产品，2007年成交金额达到1433.8万亿美元，相当于同年世界国内生产总值的26.4倍，占当年整个金融期货总成交金额的90.5%；2008年金融危机使得世界利率期货成交金额出现2000年以来首次下降，2009年进一步下降了27%；虽然2010年世界利率期货年成交金额比2009年回升了21.6%，但是总成交额1235.9万亿美元仅相当于同年世界国内生产总值的19.6倍，或者相当于2007年年成交总额高峰时的86.2%，在当年三类金融期货总成交金额的占比为89.5%。2011年至2014年，利率期货成交额也经历了上升、下降、再上升的过程，其中2012年降至1025.4万亿美元，仅略高于2009年的水平，2013年、2014年有所回升后，成交金额仍低于2008年的水平。

股指期货仅次于利率期货，但是份额比利率期货要小很多。2007年股票指数期货成交金额达到128.4万亿美元，相当于同年世界国内生产总值的2.4倍，占当年整个金融期货总成交金额的8.1%；2008年金融危机对世界股票指数期货成交金额影响较小，当年股票指数期货成交金额微幅下降1.3%，而2009年则下降了32.5%；虽然2010年世界股票指数期货年成交金额比2009年回升了27.2%，但是总成交额108.9万亿美元仅相当于同年世界国内生产总值的1.7倍，或者相当于2008年年成交总额高峰时的85.8%，在当年三类金融期货总成交金额的占比为7.9%。2011—2014年，除2012年出现较为明显的下滑之外，股指期货成交金额增幅都保持在10%以上，并在2013年超过金融危机前的水平，2014年总成交金额进一步增长至155万亿美元。

我们在第9章介绍过，由于外汇市场主要是银行间的场外市场，外汇期货是三类金融期货中最不够活跃的产品，其份额占整个世界金融期货市场的比重也最小。表12-2显示，从2001年到2007年，全球外汇期货交易连年持续增长，2008 年金融危机对世界外汇期货成交金额影响很小，当年外汇期货成交金额进一步上升了 17.7% 达到 26.4 万亿美元，相当于同年世界国内生产总值的 43.9%，仅占当年整个金融期货总成交金额的 1.7%；2009 年全球外汇期货成交金额小幅下降了 6.9%，而 2010 年却大幅度回升了 45.4%，总成交额创历史最高 35.8 万亿美元，相当于同年世界国内生产总值的 56.9%，在当年三类金融期货总成交金额的占比上升到 2.6%。但成交金额在 2011 年进一步创出历史新高 37.2 万亿美元后，2012 年、2014 年两年均有所下降，成交额降至不到 30 万亿美元，在当年三类金融期货总成交金额的占比为 1.99%。

12.2　金融期货的推出、近年来的发展和分布

12.2.1　外汇期货的推出

全球第一只金融期货——外汇期货的推出是一系列因素的综合结果。1967 年每英镑从 2.8 贬值到 2.4，搅乱了世界，这使得曾经不可一世的大英帝国的"有形和无形"版图又进一步缩小。从那时起，外汇和货币价值等话题在新闻中反复出现，在各大报纸的金融版面上关于汇率和重新估值等问题的讨论也越来越多。

时任芝加哥商品交易所理事长的利奥·梅拉梅德先生一直对外汇市场重要事件和风险变化保持关注，并为芝加哥商品交易所扩展业务范围和转型而准备。从 19 世纪 60 年代成立一直到推出外汇期货之前，芝加哥商品交易所的产品只有黄油、鸡蛋、土豆、洋葱、猪腩和活牛。1970 年 4 月，国际商业交易所（International Commodity Exchange，ICE；前身是纽约农产品交易所，于 1970 年 4 月更名）开始进行货币期货合约交易。但当时 ICE 推出的货币期货合约面值仅为 1.5 万~2 万美元，主要是为个人投资者和投机者而设，而不是作为商业用途，这导致 ICE 的货币期货合约没有取得成功。ICE 货币期货没有取得成功的另一个重要原因就是，虽然外汇风险增加，但当时布雷顿森林体系还没有废除，外汇期货推出的合适时机还没有真正到来。

在 20 世纪 70 年代初期，只有几百家美国公司在海外的业务会受到汇率波动的影响。但随着 1971 年 12 月 13 日布雷顿森林体系被正式废除，国际外汇市场发生了翻天覆地的变化。在浮动汇率制度下，数以千计的公司必须学习如何利用外汇市场特别是外汇期货市场来有效规避外汇风险，进行套期保值交易。芝加哥商品交易所从 1970 年便积极准备推出外汇期货，正是适应了当时市场的需求，同时也是芝加哥商品交易所从鸡蛋和肉类等商品期货向金融期货领域迈出的关键一步。

为了让学术界及社会更好地理解和重视外汇期货，芝加哥商品交易所请求弗里德曼教授撰写一篇关于外汇期货的文章，并支付了 5000 美元稿费。这篇文章对芝加哥商品交易所推出外汇期货起到了很大作用。经过两年多的准备，芝加哥商品交易所终于在 1972 年 5 月 16 日正式推出了 7 种外汇期货合约：英镑、加拿大元、德国马克、意大利里拉、日元、墨西哥比索和瑞士法郎，并取得了巨大的成功。在推出后的 21 天内，总共交易了约 2.2 万张合约，日均成交量近 1000 张。外汇期货是全球第一个金融期货产品，"这将是有史以来最伟大的市场。"本节内容主要摘自梅拉梅德先生自传《逃向期货》的第二部分"市场之美"。

12.2.2 外汇期货二十年来的发展

从表 12-2 我们可以看出，1994 年到 2002 年全球范围内外汇期货的年成交金额不仅没有上升，反而从 3.2 万亿美元下降到了 3.0 万亿美元。但是从 2002 年至 2008 年，外汇期货交易额的增长速度超过了其他类型期货的增长率。2002 年到 2005 年，外汇期货的年增长率分别为 48.5%、64.5% 和 63.6%，超过利率、股票指数相应年增长率的一倍以上；2005 年到 2008 年又保持了三年的连续增长。表 12-2 显示，2009 年全球外汇期货受金融危机影响下降幅度最低，而且 2010 年恢复程度超过 45%，高于任何其他期货市场。但进入 2011 年以来，外汇期货成交金额有所下降。

12.2.3 外汇期货的全球分布

美国是全球场内金融衍生产品市场和绝大多数场外交易衍生产品市场的发源地。但在经历 1987 年股票市场"黑色星期一"，特别是在 20 世纪 90 年代几次重大金融风险事件之后，美国国内企业对场外衍生产品的兴趣明显下降，从此美国的场外衍生产品市场的龙头地位逐渐移交给了英国，同时美国场内交易衍生产品在全球的份额也显著下降。以美国为主的北美金融期货市场从 1986 年占全球份额的 71.57% 下降到了 1995 年的 45.61%，其间外汇期货的份额也从 98.08% 降至 74.41%。进入 21 世纪，美国的主要交易所在欧洲两大期货交易所（欧洲交易所，European Exchange，Eurex；泛欧交易所，Euronext），特别是在欧洲交易所的竞争压力下，开始加快推进电子交易方式，市场份额又有了显著回升。以美国为主的北美金融期货市场从 2000 年占全球的 47.46% 上升到了 2006 年的 56.52%，进一步上升到 2014 年的 61.26%；相应期间外汇期货的份额也从 62.39% 上升到了 82.34%，后又小幅回落至 76.33%。从以上数据我们可以看出，美国仍然是场内金融期货，特别是外汇期货的主要市场。

欧洲金融期货市场的发展可以说相当迅速，1986 年其全球市场份额仅仅为

7.04%，2006 年已上升到 36.19%，2014 年小幅回落至 29.51%。但欧洲的外汇期货市场发展却较为缓慢，其全球市场份额 1986 年仅为 0.25%，2006 年为 0.28%，2014 年也才 2.68%。

亚太地区的金融期货市场在 20 世纪 80 年代发展迅速，其全球市场份额从 1986 年的 21.40% 上升到 1990 年的 32.56%。但随着日本经济泡沫的破灭，亚太地区金融期货市场的全球市场份额在 2004 年持续下降到 5.85%。但近两年有所回升，2006 年为 6.49%，2014 年进一步回升至 7.78%。亚太地区外汇期货全球市场份额在 1986 年仅为 1.67%，2001 年小幅升至 2.74%，但在 2006 年又降为 0.97%，随后在 2010 年回升至 4.47%，2014 年又上升至 5.11%。

12.2.4　利率期货的发展

表 12-2 显示，利率期货是紧随外汇期货之后全球第二类金融期货。虽然推出时间比外汇期货时间晚，但利率期货很快成了全球金融期货中的主力军。根据表 12-2 的数据我们可以计算出，1994 年到 2006 年，利率期货年成交金额占整个期货成交总金额比例在 13 年内平均 93.8%，虽然从 2007 年到 2014 年，利率期货的占比平均下降到了 89.1% 的水平，但是仍然是所有金融期货中最主要的产品，表明利率期货在整个金融期货领域的老大地位难以动摇。

12.2.5　股票指数期货的发展

表 12-2 显示，因为推出时间相对较晚，股票指数期货是全球第三类金融期货。虽然推出时间比外汇期货时间晚，但是股票指数期货成交很快超过了外汇期货的成交金额。表 12-2 显示，1994 年到 2006 年全球股票指数期货成交金额占全球金融期货比重 13 年平均为 5.3%，远超过了同期外汇期货占比的平均比重 0.9%；从 2007 年到 2014 年，全球股票指数期货成交金额占全球金融期货比重上升到了 8.8%，显著超过同期外汇期货平均比重的 2.1%。因此，股票指数期货为仅次于利率期货的第二类主要金融期货种类。

12.3　主要的外汇期货交易所及其产品

在芝加哥商品交易所率先推出外汇期货后，很多其他交易所也纷纷跟进。本节我们将介绍这些交易所及其主要的外汇期货合约。

12.3.1　主要交易所及其市场份额

表 12-3 列出了全球 11 个拥有外汇期货品种的主要交易所及其 2004 年和 2014 年的成交量。从表 12-3 我们可以清楚地看出，全球第一个推出外汇期货

的交易所——芝加哥商品交易所的外汇期货成交量一直独占鳌头，而印度股票交易所后来居上，占据第二把交椅，巴西商品期货交易所和莫斯科交易所分列三、四位。这些交易所的产品及其成交金额、持仓量、价格等信息均可从其网站上获得。我们把这些网站列在本书后面的"重要相关网址"上。

表 12 – 3　　　　　　　　　　主要外汇期货交易所及其市场份额

交易所	2004 年	2014 年
印度股票交易所（NSE India）	—	1880362513
印度 MCX 证券交易所（MCX – SX）	—	133751848
芝加哥商业期货交易所（CME）	48480480	3442766942
巴西商品和期货交易所（BM&F）	24741970	1417925815
莫斯科交易所（MOEX）	—	1413222196
阿根廷罗萨里奥期货交易所（ROFEX）		65187932
韩国期货交易所（Kofex）	2081538	677789082
布达佩斯股票交易所（BSE）	2965818	725841680
墨西哥衍生品交易所（MexDer）	1400448	29913972
布达佩斯商品交易所（BCE）	1016944	
纽约期货交易所（Nybot）	589473	

资料来源：期货业协会（Futures Industry Association）。

　　由于不同期货合约大小相差很大，期货成交量，即期货成交合约总量难以准确反映出不同期货市场真正活跃程度，我们在下文还会进一步讨论期货成交金额并对不同合约的成交金额进行比较。

12.3.2　芝加哥商品交易所的外汇期货合约

　　作为全球外汇期货乃至金融期货的发起者，芝加哥商品交易所经过三十多年的发展，目前已成为品种最齐全并且成交量最大的外汇期货交易所之一。表12 – 4列出了在芝加哥商品交易所上市的所有 101 种外汇期货，其中包含 87 种标准合约，14 种小型合约。小型合约包括迷你（mini）型合约和微型（micro）合约。微型合约的大小是标准合约的十分之一，交割方式是实物交割。这 101个外汇期货品种中，前 20 个的标的产品是各主要货币及美元指数的期货；第 21个到第 38 个是美元兑加元、日元、瑞士法郎等货币的汇率的期货；第 39 个到第44 个合约是澳元、英镑等货币兑美元的汇率的期货；第 45 个到第 75 个合约是交叉汇率合约，第 76 个到第 87 个合约是小型合约，第 90 个到第 101 个合约是汇率的年、半年或季度波动率合约。

表 12 - 4 芝加哥商品交易所外汇期货产品清单

	英文名称	中文名称	交易所
1	Australian Dollar Futures	澳元	CME
2	British Pound Futures	英镑	CME
3	Canadian Dollar Futures	加元	CME
4	Brazilian Real Futures	巴西雷亚尔	CME
5	Euro FX Futures	欧元	CME
6	Japanese Yen Futures	日元	CME
7	New Zealand Dollar Futures	新西兰元	CME
8	Norwegian Krone Futures	挪威克朗	CME
9	Swedish Krona Futures	瑞典克朗	CME
10	Swiss Franc Futures	瑞士法郎	CME
11	Czech Koruna Futures	捷克克朗	CME
12	Hungarian Forint Futures	匈牙利福林	CME
13	Israeli Shekel Futures	以色列谢克尔	CME
14	Korean Won Futures	韩元	CME
15	Mexican Peso Futures	墨西哥比索	CME
16	Polish Zloty Futures	波兰兹罗提	CME
17	Russian Ruble Futures	俄罗斯比索	CME
18	South African Rand Futures	南非兰特	CME
19	Turkish Lira Futures	土耳其里拉	CME
20	FX $ Index Futures	美元指数	CME
21	U. S. Dollar/Canadian Dollar Future (USD/CAD) Physically Deliverable Future (CLS Eligible)	美元兑加元，实物交割	CMED
22	U. S. Dollar/Japanese Yen (USD/JPY) Physically Deliverable Future (CLS Eligible)	美元兑日元，实物交割	CMED
23	U. S. Dollar/Swiss Franc (USD/CHF) Physically Deliverable Future (CLS Eligible)	美元兑瑞士法郎，实物交割	CMED
24	Standard - Size USD/Offshore RMB (CNH) Futures	标准型美元兑离岸人民币	CME
25	U. S. Dollar/South African Rand Futures	美元兑南非兰特	CME
26	U. S. Dollar/Chilean Peso Futures	美元兑智利比索	CME
27	USD/Chinese Renminbi Futures	美元兑人民币	CME
28	U. S. Dollar/Brazilian Real (USD/BRL) Cash Settled Future	美元兑巴西雷亚尔，现金交割	CMED
29	U. S. Dollar/Chinese Offshore Renminbi (USD/CNH) Physically Deliverable Future	美元兑离岸人民币，实物交割	CMED

续表

	英文名称	中文名称	交易所
30	U. S. Dollar/Chinese Renminbi （USD/CNY） Cash Settled Future	美元兑人民币，现金交割	CMED
31	U. S. Dollar/Indian Rupee （USD/INR） Cash Settled Future	美元兑印度卢比，现金交割	CMED
32	U. S. Dollar/Israeli Shekel （USD/ILS） Physically Deliverable Future （CLS Eligible）	美元以色列谢克尔，实物交割	CMED
33	U. S. Dollar/Korean Won （USD/KRW） Cash Settled Future	美元兑韩元，现金交割	CMED
34	U. S. Dollar/Mexican Peso （USD/MXN） Physically Deliverable Future （CLS Eligible）	美元兑墨西哥比索，实物交割	CMED
35	U. S. Dollar/Russian Ruble （USD/RUB） Cash Settled Future	美元兑俄罗斯比索，现金交割	CMED
36	U. S. Dollar/South African Rand （USD/ZAR） Physically Deliverable Future （CLS Eligible）	美元兑南非兰特，实物交割	CMED
37	U. S. Dollar/Turkish Lira （USD/TRY） Physically Deliverable Future	美元兑土耳其里拉，实物交割	CMED
38	U. S. Dollar/Ukrainian Hryvnia （USD/UAH） Cash Settled Future	美元兑乌克兰格里夫纳	CMED
39	Australian Dollar/U. S. Dollar （AUD/USD） Physically Deliverable Future （CLS Eligible）	澳元兑美元，实物交割	CMED
40	British Pound/U. S. Dollar （GBP/USD） Physically Deliverable Future （CLS Eligible）	英镑兑美元，实物交割	CMED
41	Indian Rupee/USD Futures	印度卢比兑美元	CME
42	Euro/U. S. Dollar （EUR/USD） Physically Deliverable Future （CLS Eligible）	欧元兑美元，实物交割	CMED
43	New Zealand Dollar/U. S. Dollar （NZD/USD） Physically Deliverable Future （CLS Eligible）	新西兰元兑美元，实物交割	CMED
44	Chinese Renminbi/USD Futures	人民币兑美元	CME
45	Euro/British Pound （EUR/GBP） Physically Deliverable Future （CLS Eligible）	欧元兑英镑，实物交割	CMED
46	Euro/Danish Krone （EUR/DKK） Physically Deliverable Future （CLS Eligible）	欧元兑丹麦克朗，实物交割	CMED
47	Euro/Norwegian Krone （EUR/NOK） Physically Deliverable Future （CLS Eligible）	欧元兑挪威克朗，实物交割	CMED

续表

	英文名称	中文名称	交易所
48	Euro/Swedish Krona（EUR/SEK）Physically Deliverable Future（CLS Eligible）	欧元兑瑞典克朗，实物交割	CMED
49	Australian Dollar/Canadian Dollar Futures	澳元兑加元	CME
50	Australian Dollar/Japanese Yen Futures	澳元兑日元	CME
51	Australian Dollar/New Zealand Dollar Futures	澳元兑新西兰元	CME
52	British Pound/Japanese Yen Futures	英镑兑日元	CME
53	British Pound/Swiss Franc Futures	英镑兑瑞士法郎	CME
54	Canadian Dollar/Japanese Yen Futures	加元兑日元	CME
55	Euro/Australian Dollar Futures	欧元兑澳元	CME
56	Euro/British Pound Futures	欧元兑英镑	CME
57	Euro/Canadian Dollar Futures	欧元兑加元	CME
58	Euro/Japanese Yen Futures	欧元兑日元	CME
59	Euro/Norwegian Krone Futures	欧元兑挪威克朗	CME
60	Euro/Swedish Krona Futures	欧元兑瑞典克朗	CME
61	Euro/Swiss Franc Futures	欧元兑瑞士法郎	CME
62	Swiss Franc/Japanese Yen Futures	瑞士法郎兑日元	CME
63	Euro/Japanese Yen（EUR/JPY）Physically Deliverable Future（CLS Eligible）	欧元兑日元，实物交割	CMED
64	Euro/Swiss Franc（EUR/CHF）Physically Deliverable Future（CLS Eligible）	欧元兑瑞士法郎，实物交割	CMED
65	Chinese Renminbi/Euro Futures	人民币兑欧元	CME
66	Czech Koruna/Euro（CZK/EUR）Cross Rate Futures	捷克克朗兑欧元	CME
67	Hungarian Forint/Euro（HUF/EUR）Cross Rate Futures	匈牙利福林兑欧元	CME
68	Polish Zloty/Euro（PLN/EUR）Cross Rate Futures	波兰兹罗提兑欧元	CME
69	Turkish Lira Euro Futures	土耳其里拉兑欧元	CME
70	Euro/Chinese Offshore Renminbi（EUR/CNH）Physically Deliverable Future	欧元兑离岸人民币，实物交割	CMED
71	Euro/Chinese Renminbi（EUR/CNY）Cash Settled Future	欧元兑人民币，现金交割	CMED
72	Euro/Czech Koruna（EUR/CZK）Physically Deliverable Future	欧元兑捷克克朗，实物交割	CMED
73	Euro/Hungarian Forint（EUR/HUF）Physically Deliverable Future	欧元兑匈牙利福林，实物交割	CMED

续表

	英文名称	中文名称	交易所
74	Euro/Polish Zloty（EUR/PLN）Physically Deliverable Future	欧元兑波兰兹罗提，实物交割	CMED
75	Euro/Turkish Lira（EUR/TRY）Physically Deliverable Future	欧元兑土耳其里拉，实物交割	CMED
76	E – mini Euro FX Futures	迷你型欧元	CME
77	E – mini Japanese Yen Futures	迷你型日元	CME
78	E – micro American Dollar/Canadian Dollar Futures	微型美元兑加元	CME
79	E – micro American Dollar/Japanese Yen Futures	微型美元兑日元	CME
80	E – micro American Dollar/Swiss Franc Futures	微型美元兑瑞士法郎	CME
81	E – micro Australian Dollar/American Dollar Futures	微型澳元兑美元	CME
82	E – micro British Pound/American Dollar Futures	微型英镑兑美元	CME
83	E – micro Canadian Dollar/American Dollar Futures	微型加元兑美元	CME
84	E – micro Euro/American Dollar Futures	微型欧元兑美元	CME
85	E – micro Indian Rupee/USD Futures	微型印度卢比兑美元	CME
86	E – micro Japanese Yen/American Dollar Futures	微型日元兑美元	CME
87	E – micro Size USD/Offshore RMB（CNH）Futures	微型美元兑离岸人民币	CME
88	E – micro Swiss Franc/American Dollar Futures	微型瑞士法郎兑美元	CME
89	E – micro USD/Chinese Renminbi Futures	微型美元兑人民币	CME
90	Australian Dollar Annual Variance Futures	澳元年波动率	CME
91	Australian Dollar Quarterly Variance Futures	澳元季度波动率	CME
92	Australian Dollar Semi – Annual Variance Futures	澳元半年波动率	CME
93	British Pound Annual Variance Futures	英镑年波动率	CME
94	British Pound Quarterly Variance Futures	英镑季度波动率	CME
95	British Pound Semi – Annual Variance Futures	英镑半年波动率	CME
96	Euro Annual Variance Futures	欧元年波动率	CME
97	Euro Quarterly Variance Futures	欧元季度波动率	CME
98	Euro Semi – Annual Variance Futures	欧元半年波动率	CME
99	Japanese Yen Annual Variance Futures	日元年波动率	CME
100	Japanese Yen Quarterly Variance Futures	日元季度波动率	CME
101	Japanese Yen Semi – Annual Variance Futures	日元半年波动率	CME

资料来源：芝加哥商品交易所网站（www.cmegroup.com）；产品种类信息截至 2015 年 5 月。

比较表 12 - 4 给出的截至 2015 年 5 月底芝加哥商品交易所交易的 101 个外汇期货产品和本书第三版表 12 - 4 给出的该交易所截至 2011 年 5 月底的产品，我们发现在整整 4 年时间内，该交易所的外汇期货产品总数从 52 个增长到了 101 个，增幅接近 100%，显示该交易所产品创新的力度；仔细观察表 12 - 4 我们还会发现，芝加哥商品交易所交易的外汇期货产品几乎覆盖表 9 - 2 给出的全球二十多个主要货币的几乎所有币种与美元的外汇期货及这些货币间的外汇期货，全球没有任何其他交易所有如此大的产品和货币阵容。下文会进一步讨论芝加哥商品交易所在全球外汇期货市场的成交量和成交金额等方面的垄断地位。

12.3.3　巴西商品和期货交易所的外汇期货合约

巴西商品和期货交易所的成交金额十年来一直名列全球前十，是发展中国家外汇期货交易最活跃的期货交易所之一。虽然它的外汇期货推出时间较晚，品种也不如芝加哥商品交易所齐全，但 2004 年其成交金额仅次于芝加哥商品交易所，成为外汇期货领域第二大交易所，而且地位十分稳固。

巴西商品和期货交易所于 2002 年 4 月 22 日推出了雷亚尔（巴西货币）兑美元汇率的期货合约。从成交量角度看，该合约是 2004 年全球最活跃的外汇期货合约，占 2004 年全球外汇期货成交总量的 29.5%。由于其合约面值较小，每手仅为 5 万美元，因此，其成交金额所占份额远远小于芝加哥商品交易所的相关合约。在本章后面几节我们会对此作进一步介绍。为了进一步吸引个人投资者，巴西商品和期货交易所也推出了迷你型美元期货合约，其合约面值仅为 5 000 美元，是其标准美元合约的 1/10。它的成交量也并不是很大，2004 年成交量比 2003 年下降了 53%，仅为其标准合约的 3.3%。同时，巴西商品和期货交易所也拥有雷亚尔/欧元期货合约，但其成交量却远远低于雷亚尔/美元期货合约。

12.4　外汇期货合约介绍

商品期货合约是一种标准化的商品远期合约，其中商品的质量、数量、交易地点和交割时间都是标准化的。同样，外汇期货是在商品期货的基础之上设计并推出的，其合约的大小、到期时间等也都是标准化的。

12.4.1　外汇期货标准合约月份和最后交易日

我们这里主要介绍芝加哥商品交易所外汇期货合约的月份和到期时间。芝加哥商品交易所以下的外汇合约月份为三月份季度周期（三月、六月、九月、十二月）的 6 个月份：澳元、澳元/加元、澳元/日元、澳元/新西兰元、英镑、英镑/日元、英镑/瑞士法郎、加元、加元/日元、美元指数期货、捷克克朗、欧元、欧元/澳元、欧元/英镑、欧元/加元、欧元/捷克克朗、欧元/匈牙利福林、欧元/日元、欧元/挪威克朗、欧元/波兰兹罗提、欧元/瑞典克朗、欧元/瑞士法郎、匈牙利福林、日元、新西兰元、挪威克朗、波兰兹罗提、瑞典克朗、瑞士法郎以及瑞士法郎/日元。

另外，巴西雷亚尔为连续 12 个合约月份，墨西哥比索和南非兰特为连续 13 个日历月份和两个远期月份三月份季度周期合约月份，迷你欧元和迷你日元合约月份为三月份季度周期（三月、六月、九月、十二月）的 2 个月份，俄罗斯卢布为三月份季度周期（三月、六月、九月、十二月）的 4 个月份。

在最后交易日方面，除加元、巴西雷亚尔和俄罗斯卢布外，在合约月的第三个星期三之前的第二个营业日（通常为星期一），美国中部标准时间上午 9:16 停止交易。加元期货在合约月的第三个星期三的前一个营业日（通常为星期二），美国中部标准时间上午 9:16 停止交易。巴西雷亚尔期货在合约月的前一个月、巴西中央银行的最后一个营业日，美国中部标准时间下午 2:00 停止交易。俄罗斯卢布期货合约在该月的第 15 天（如果这一天不是莫斯科银行间外汇市场的交易日，则在下一个交易日），莫斯科时间上午 11:00 停止交易。

各交易所的合约设计有所不同。巴西商品和期货交易所美元合约的最长到期时间不超过两年，此时间内每个月都有合约。到期时间是每个合约月份的第一个工作日。假设今天是 2015 年 5 月 22 日，2015 年 5 月的美元合约已经过期，现有的合约为 2015 年 6 月、7 月一直滚动至 2017 年 5 月，共有 24 个合约可供交易。

12.4.2 外汇期货合约面值

与场外交易的外汇远期合约的一个重要区别是，场内交易的外汇期货合约面值是确定的。这些面值往往以不同的货币表示，例如芝加哥商品交易所上市交易的欧元、英镑、人民币期货的合约面值分别为 10 万欧元、10 万英镑和 100 万元人民币。表 12-5 列出了在芝加哥商品交易所（CME）交易的八个主要外汇期货合约的面值。

表 12-5　芝加哥商品交易所（CME）交易的主要外汇期货合约的面值

货币合约	面值（万单位相关货币）	外汇/美元汇率（2015.5.23）	合约面值（万美元）
欧元/美元	10	1.1015	11.0
人民币/美元	100	0.1614	16.1

续表

货币合约	面值（万单位相关货币）	外汇/美元汇率（2015.5.23）	合约面值（万美元）
英镑/美元	10	1.5488	15.5
澳元/美元	10	0.7826	7.8
印度卢比/美元	500	0.0158	7.9
美元/加元	10	—	—
美元/日元	10	—	—
美元/墨西哥比索	10	—	—

数据来源：芝加哥商品交易所（CME），汇率信息来自和讯网。

从表 12-5 可以看出，芝加哥商品交易所交易的八个主要外汇期货合约的面值都在 10 万美元以上。其中人民币期货合约面值超过 16 万美元，是面值最高的合约，这部分归功于近年来人民币对美元的大幅升值。我们从表 12-5 也可看出，除澳元和印度卢比合约外，其他合约面值均在 10 万美元以上。

12.4.3 外汇期货日价格变动限制

有些交易所并没有对外汇期货价格变动进行限制，例如芝加哥商品交易所，而有些交易所为了控制风险则作了相关规定，例如巴西商品和期货交易所规定，其美元合约每日价格与前一日的结算价格相比，涨跌幅度不能超过 7.5%，但该限制对最近合约的最后三个交易日不起作用，或者说最后三个交易日没有价格限制。在存在严重风险的情况下，巴西商品和期货交易所有权利在任何交易日的 30 分钟内改变日价格变动限制幅度。

12.5 外汇期货成交量和最活跃期货合约排名

前面我们已经对外汇期货合约的重要参数作了简单的介绍，本节我们将对反映外汇期货流动性的重要参数之一——成交额进行系统的介绍和分析。

12.5.1 外汇期货日成交量

日成交量是衡量产品交易活跃程度最主要的一个参数，也是衡量产品成功程度的重要参数。顾名思义，某个期货合约的日成交量即当日合约的成交总手数，某个交易所的日成交量即该交易所当日所有合约的成交总手数。

12.5.1.1 2005 年初到 2015 年 12 月中旬主要外汇期货日成交量

表 12-6 列出了芝加哥商品交易所和纽约期货交易所的主要外汇期货合约

在 2005 年 1 月前三个交易日的成交量、持仓量及其日平均量。我们可以看到，欧元和日元的成交量远远高于其他币种；欧元期货日均成交金额比日元期货和英镑期货日均成交金额分别高出 2.6 倍和 5.8 倍，显示欧元期货比日元和英镑期货要重要很多，与该三大储备货币的国际地位相当。

表 12－6 　　　　　　　主要外汇期货日成交量、
持仓量及其日均量（2005 年 1 月 4—6 日）　　　　单位：手

合约	月份	交易所	1月4日		1月5日		1月6日		日均	
			成交量	持仓量	成交量	持仓量	成交量	持仓量	成交量	持仓量
日元	三月	CME	23532	136667	51089	138773	36943	135655	37188	137032
日元	六月	CME	3	20068	13	20075	5	20063	7	20069
加元	三月	CME	21232	66376	32773	65939	23384	66782	25796	66366
英镑	三月	CME	16907	80638	24431	7729	18405	75954	19914	77934
瑞士法郎	三月	CME	26762	59153	33087	54015	20617	50816	26822	54661
澳元	三月	CME	8772	8572	11557	14068	8348	15847	9559	12829
墨西哥比索	三月	CME	6461	6143	14299	23161	8883	29567	9881	19624
欧元	三月	CME	114359	148086	161529	146886	129841	138282	135243	144418
欧元	六月	CME	117	1409	151	1461	247	1530	172	1467
美元/欧元	三月	NYBOT	15	433	77	404	553	375	215	404
日元/欧元	三月	NYBOT	592	24601	1827	24555	1724	23325	1381	24160
英镑/欧元	三月	NYBOT	428	6201	340	6350	356	6369	375	6307

资料来源：《华尔街日报》，2005 年 1 月 5 日、6 日和 7 日，第 B5 页。

表 12－7 给出了 2015 年 12 月中旬 3 个交易日芝加哥商品交易所的主要外汇期货合约的日成交量和持仓量。比较表 12－6 和表 12－7 给出的 2005 年初和 2015 年 12 月芝加哥商品交易所主要外汇期货成交量和持仓量，我们发现，除瑞士法郎期货日均成交量近 11 年内下降了 24％外，其他期货成交量皆有了不同程度的提高，其中澳元期货、六个月的日元期货和墨西哥比索期货日均成交量增幅最大，分别增长了 7.25 倍、5.00 倍和 4.55 倍，显示十年多来这些期货合约的活跃度显著提高；这些期货合约日均成交量显著提高的同时，其相应的日均持仓量也有了显著的提高。

表 12 - 7　　　　　　　　　主要外汇期货日成交量、
持仓量及其日均量（2015 年 12 月 11 日、14 日、15 日）单位：手，%

合约	月份	交易所	12 月 11 日		12 月 14 日		12 月 15 日		日均	
			成交量	持仓量	成交量	持仓量	成交量	持仓量	成交量	持仓量
日元	三月	CME	171527	177390	135425	192257	115495	195398	140816	188348
日元	六月	CME	60	461	19	489	46	483	42	478
加元	三月	CME	85089	133651	76808	152953	48042	152822	69980	146475
英镑	三月	CME	80269	143232	71865	159010	83727	161601	78620	154614
瑞士法郎	三月	CME	22153	52929	20480	53625	18582	52346	20405	52967
澳元	三月	CME	82414	98133	77093	105507	77062	105885	78856	103175
墨西哥比索	三月	CME	64289	143684	59329	145705	40833	141342	54817	143577
欧元	三月	CME	282255	357950	225101	401628	220146	404734	242501	388104
欧元	六月	CME	247	2016	362	2093	993	2192	534	2100

资料来源：Bloomberg 及各交易所网站。

12.5.1.2　2009 年到 2010 年全球主要外汇期货的日均成交量变化

表 12 - 6 和表 12 - 7 给出的只是几个交易日的交易情况，而且仅为芝加哥商品交易所的主要外汇期货合约并没有很好的代表性。为了让大家对全球外汇期货有一个更清晰的了解，表 12 - 8 给出了 2009 年和 2010 年全球最活跃的 18 个外汇期货合约相应的交易所、成交量等情况。

12.5.1.2.1　2009 年到 2010 年全球主要外汇期货成交量的货币分布

表 12 - 8 显示，2009 年和 2010 年全球 18 个最活跃的外汇期货中有 13 个，即六成五的合约是美元期货合约，2009 年和 2010 年这些美元期货成交量占 18 个最活跃的期货成交量比重从 90.8% 提高到了 91.7%，显示美元期货在全球外汇期货市场的重要作用；18 个最活跃的外汇期货中有 5 个是欧元期货，2009 年和 2010 年这些欧元期货成交量占 18 个最活跃的期货成交量比重从 9.4% 略升至 9.5%；18 个最活跃的外汇期货中日元期货也有 5 个，2009 年和 2010 年这些日元期货成交量占 18 个最活跃的期货成交量比重从 10.9% 下降到了 6.9%；由于表 12 - 8 中最活跃的两大外汇期货是美元与印度卢比的外汇期货，另外还有两个欧元与印度卢比的外汇期货，4 个印度卢比外汇期货在表 12 - 8 中的占比总额比重从 54.3% 提高到了 71.8%，仅次于美元期货的占比；英镑和澳元皆有两个期货合约，然而从 2009 年到 2010 年该两币的期货合约成交量占比皆出现了下降，从 4.7% 和 4.2% 分别下降到了 2.2% 和 2.7%，显示美元、欧元和日元该 3 个主要国际货币在全球外汇期货市场的地位与其国际地位相当，而英镑的地位却略低于澳元，表明英镑在国际外汇期货市场的地位略低于澳元。

表 12 – 8　　　　　　　　2010 年全球成交量排名前 18 的

外汇期货合约成交量及与上年增长率等　　　单位：手，%

排名	合约名称	交易所	2010 年 成交量	日均 成交量	2009 年 成交量	年度同比 增长率	2010 年成 交量占比
1	美元兑印度卢比	印度 MCX 证券交易所（MCX – SX）	821254927	2250013	224273548	266.2	37.09
2	美元兑印度卢比	印度股票交易所（NSE India）	705319585	1932382	226362368	211.6	31.85
3	欧元	芝加哥商业期货交易所（CME）	86232358	236253	54393644	58.5	3.89
4	美元	巴西商品和期货交易所（BM&F）	82453621	225900	66776180	23.5	3.72
5	美元兑俄罗斯卢布	俄罗斯股票交易所（RTS）	81122195	222253	8468200	858.0	3.66
6	美元	韩国期货交易所（Kof-ex）	64256678	176046	41161819	56.1	2.90
7	美元	阿根廷罗萨里奥期货交易所（ROFEX）	61729396	169122	51107696	20.8	2.79
8	欧元兑印度卢比	印度 MCX 证券交易所（MCX – SX）	46411303	127154	0	NA	2.10
9	欧元兑美元	俄罗斯股票交易所（RTS）	39476420	108155	13658237	189.0	1.78
10	澳元兑日元	东京金融期货交易所（TFX）	34272436	93897	17793787	92.6	1.55
11	日元	芝加哥商业期货交易所（CME）	31862793	87295	24853787	28.2	1.44
12	英镑	芝加哥商业期货交易所（CME）	30220239	82795	22749569	32.8	1.36
13	美元兑日元	东京金融期货交易所（TFX）	27551634	75484	20198781	36.4	1.24
14	澳元	芝加哥商业期货交易所（CME）	25903355	70968	16732682	54.8	1.17
15	加元	芝加哥商业期货交易所（CME）	22083807	60504	15481166	42.6	1.00

续表

排名	合约名称	交易所	2010 年成交量	日均成交量	2009 年成交量	年度同比增长率	2010 年成交量占比
16	欧元兑日元	东京金融期货交易所（TFX）	19921565	54580	9961673	100.0	0.90
17	欧元兑印度卢布	印度股票交易所（NSE India）	17326787	47471	0	NA	0.78
18	英镑兑日元	东京金融期货交易所（TFX）	17108444	46872	16266521	5.2	0.77
	合计		2214507543	0	830239658	266.7	100.00

资料来源：期货业协会（Futures Industry Association）；合计和合计增长率根据原始数据计算得出。

12.5.1.2.2　2009 年到 2010 年全球主要外汇期货成交量的交易所和国家分布

表 12 - 8 显示，2010 年全球 18 个最活跃的外汇期货中活跃度最高的两个期货合约的交易所既不是美国的，也不是其他发达经济体的，而是印度的两大交易所，2010 年该两个交易所的两个美元期货合约的总成交量占同年全球最活跃的 18 个期货合约的总比重高达 68.9%；此外排名第 8 和排名第 17 的两个欧元期货合约分别在印度 MCX 证券交易所交易和印度股票交易所交易，2010 年该合约成交量占比分别为 2.1% 和 0.8%，2010 年三个印度交易所交易的 4 个期货合约总成交量占比高达 71.8%，显示当年印度外汇期货的活跃度。

表 12 - 8 也显示，2010 年全球第 3 大最活跃的外汇期货，即欧元与美元外汇期货和排名分别为 11、12、14 和 15 的日元、英镑、澳元和加元兑美元外汇期货皆在美国芝加哥商品交易所交易，该 5 个期货合约 2010 年成交量占同年全球 18 个最活跃的外汇期货总成交量比重总计仅为 8.9%，不到表 12 - 8 给出的印度 3 个交易所交易的 4 个美元期货成交量占比 71.8% 的八分之一；其次，日本东京金融期货交易所有 4 个进入表 12 - 8 中全球最活跃的外汇期货市场，2010 年该 4 个期货合约总成交量占 18 个期货合约总成交量比重为 4.5%，略超过同年美国芝加哥商品交易所交易的 5 个合约占比 8.9% 的一半；再次，俄罗斯股票交易所有 2 个进入表 12 - 8 中全球最活跃的外汇期货市场，2010 年该 2 个期货合约总成交量占 18 个期货合约总成交量比重为 5.4%，超过同年日本金融期货交易所交易的 4 个合约占比 4.5%；最后，巴西、韩国和阿根廷的期货交易所的美元期货合约分别排名 2010 年全球第 4、第 6 和第 7 最活跃的外汇期货，成交量占比分别为 3.7%、2.9% 和 2.8%。

12.5.1.2.3　2009 年到 2010 年全球主要外汇期货成交量在发达经济体和发展中经济体间分布

如上简介表明，印度、俄罗斯、巴西和阿根廷四个发展中国家有 8 个外汇期货合约进入 2010 年全球前 18 个最活跃的外汇期货之列，而且该 8 个外汇期货合约 2010 年总成交量占该年全球最活跃的 18 个外汇期货合约总成交量比重高达 83.8%，超过同年全球 18 个最活跃外汇合约中 10 个发达经济交易所合约总成交尽量占比 16.2% 四倍以上，表明 2010 年新兴经济体外汇期权交易活跃程度超过发达经济体，显示我国外汇期货市场有着巨大的潜力。

12.5.1.3　2014 年全球主要外汇期货的日均成交量变化

表 12 - 9 给出了 2013 年和 2014 年全球最活跃的 16 个外汇期货合约交易所、成交量情况及年增长情况，使我们对全球近年来最活跃的外汇期货有更清楚的认识。

表 12 - 9　　　　　　　　　2014 年全球成交量排名前 16 的
外汇期货合约成交量及与上年成交量变化率等　　　单位：手，%

排名	合约名称	交易所	2014 年成交量	日均成交量	2013 年成交量	年度同比	2014 年成交量占比
1	美元兑俄罗斯卢布	莫斯科交易所（Moscow Exchange）	656476373	1798565	373466315	75.8	39.13
2	美元兑印度卢比	印度股票交易所（NSE India）	294069368	805670	566399936	-48.1	17.53
3	美元兑印度卢比	布鲁塞尔证券交易所（BSE）	171642176	470253	N/A	N/A	10.23
4	美元兑印度卢比	印度大都会股票交易所（MSXI）	112458176	308105	496230881	-77.3	6.70
5	美元	巴西商品和期货交易所（BM&F）	82365540	225659	93426499	-11.8	4.91
6	美元	阿根廷罗萨里奥期货交易所（ROFEX）	64700492	177262	50360076	28.5	3.86
7	欧元外汇期货	芝加哥商品交易所（CME）	52208275	143036	61285617	-14.8	3.11
8	美元	韩国证券期货交易所	48663722	133325	51814466	-6.1	2.90
9	日元	芝加哥商品交易所	38319796	104986	42762257	-10.4	2.28
10	美元兑南非兰特	约翰内斯堡证券交易所（JSE）	26997868	73967	16348258	65.1	1.61

排名	合约名称	交易所	2014 年成交量	日均成交量	2013 年成交量	年度同比	2014 年成交量占比
11	欧元兑美元	莫斯科交易所（Moscow Exchange）	26179646	71725	66436523	-60.6	1.56
12	英镑	芝加哥商品交易所（CME）	24837008	68047	29237763	-15.1	1.48
13	澳大利亚元	芝加哥商品交易所（CME）	22728891	62271	26332299	-13.7	1.35
14	欧元兑俄罗斯卢布	莫斯科交易所（MoscowExchange）	20982195	57485	8210577	155.6	1.25
15	墨西哥比索兑美元	墨西哥衍生品交易所（MexDer）	19855606	54399	13535162	46.7	1.18
16	加拿大元	芝加哥商品交易所（CME）	15096546	41360	17427832	-13.4	0.90
	合计		1677581678		1913274461	202.1	100.00

资料来源：期货业协会（Futures Industry Association）；合计和合计增长率根据原始数据计算得出。

12.5.1.3.1　2013 年和 2014 年全球主要外汇期货成交量变化的总体分析

表 12-9 显示，2014 年全球最活跃的 16 个外汇期货合约相对于 2013 年有 9 个出现了成交量同比下降的合约，7 个合约成交量有不同程度的增长，16 个合约总成交量比 2013 年增长了 202.1%，增幅比表 12-8 给出的 2009 年到 2010 年增幅 266.7% 明显下降，而且表 12-8 中所有 18 个合约相对于 2009 年都有不同程度的增长。这些比较显示，2014 年全球最活跃的交易所交易期货成交量增速比 2010 年显著减缓。

12.5.1.3.2　2013 年到 2014 年全球主要外汇期货成交量的货币分布

表 12-9 显示，2013 年和 2014 年全球最活跃的 16 个外汇期货中有 15 个都是美元期货合约，比表 12-8 给出的 2009 年和 2010 年美元期货数更多；2013 年到 2014 年 15 个美元期货成交量占 16 个最活跃的期货成交量比重从 99.6% 略降到了 98.7%，比表 12-8 给出的 2009 年和 2010 年美元成交量占比显著提高，显示美元期货在全球外汇期货市场的作用比表 12-8 给出的更高；16 个最活跃的外汇期货中有 3 个是印度卢比期货，2014 年这些卢比期货成交量占 16 个最活跃的期货成交量比重为 34.5%，不到表 12-8 给出的 2010 年卢比期货成交量占比 71.8% 的一半；16 个最活跃的外汇期货中有 3 个是欧元期货，2013 年到 2014 年这些欧元期货成交量占 16 个最活跃的期货成交量比重从 7.1% 下降到了

5.9%，仅略高于表 12-8 给出的 2009 年欧元期货成交量占比 9.5% 的一半；俄罗斯卢布期货有 2 个进入 16 个期货之列，2013 年到 2014 年该两个卢布期货成交量占 16 个最活跃的期货成交量比重从 23.4% 提高到了 41.9%，占比仅次于美元期货占比；日元、英镑、澳元、墨西哥比索和加元 5 币皆有 1 个期货合约进入 2014 年最活跃的外汇期货之列，从 2013 年到 2014 年该 5 币的期货合约成交量占比持平或略有上升，从 2.2%、1.5%、1.4%、0.7% 和 0.9% 分别变动到了 2.3%、1.5%、1.4%、1.2% 和 0.9%。如上数据显示，除美元期货在全球外汇期货市场的垄断地位外，欧元、日元和英镑等主要国际货币在全球外汇期货市场的地位比其国际地位要低很多，俄罗斯卢布和墨西哥比索外汇期货成交量却超过了澳元和加元。

12.5.1.3.3　2013 年和 2014 年全球主要外汇期货成交量的交易所和国家分布

表 12-9 显示，2014 年莫斯科交易所一跃成为全球最大的外汇期货交易所，不仅该年其美元与俄罗斯卢布期货成交量冠居全球，而且该年该交易所的欧元兑美元和欧元兑俄罗斯卢布期货合约成交量也分别排名世界第 11 和第 14；2014 年莫斯科交易所 3 个外汇期货总成交量占 16 个外汇期货总成交量比重比 2013 年的占比 23.4% 提高了 18.5% 到 41.9%；印度股票交易所虽然保持了第二大外汇期货交易所的地位，但其 2014 年的美元与卢比成交量占比却从 2010 年的 31.8% 下降到了 2013 年的 29.6%，进而下降到了 17.5%，印度大都会股票交易所的美元兑印度卢比合约的成交量从 2010 年排名第一下降到了 2013 年的第二，进而下降到了 2014 年的第四，2014 年的成交量占比下降到了 6.7%；2014 年进入全球最活跃的 16 个外汇期货合约名单的印度卢比合约仅有两个，总成交量占比下降到了 24.2%，略高于表 12-8 给出的 4 个印度外汇期货总占比 71.8% 的三分之一。

表 12-9 也显示，2014 年全球第 7 成交量最活跃的外汇期货，即欧元与美元外汇期货和排名分别为 9、12、13 和 16 的日元、英镑、澳元和加元兑美元外汇期货皆在美国芝加哥商品交易所交易，该 5 个期货合约 2014 年成交量占同年全球 16 个最活跃的外汇期货总成交量比重总计为 9.1%，比 2013 年占比 9.3% 略有下降，但比表 12-8 的总占比 8.9% 略高，显示芝加哥商品交易所期货成交量占比稳中略升的态势；2014 年比利时布鲁塞尔交易所、南非约翰内斯堡证券交易所和墨西哥衍生品交易所的美元期货交易分别排名第 3 位、第 10 位和第 15 位，成交量占比分别为 10.2%、1.6% 和 1.2%，同年，日本东京金融期货交易所进入表 12-8 的 4 个期货合约没有一个进入表 12-9，显示近年来日本外汇期货交易迅速下降；最后，2014 年巴西商品和期货交易所、阿根廷罗萨里奥期货交易所和韩国证券期货交易所的美元期货合约排名分别从 2010 年的第 4、第 7

和第 6 分别下降到了第 5、第 6 和第 8，成交量占比分别提高到了 4.9%、3.9% 和 2.9%。

12.5.1.3.4　2013 年到 2014 年全球主要外汇期货成交量在发达经济体和发展中经济体间分布

表 12 - 9 如上简介表明，2014 年俄罗斯和印度分别有 3 个和 2 个外汇期货合约进入了 2014 年全球最活跃的 16 个外汇期货合约之列，巴西、阿根廷、南非和墨西哥等 4 个国家分别有 1 个外汇期货合约 2014 年进入全球前 16 个最活跃的外汇期货之列，该 6 个发展中国家进入 2014 年 16 个最活跃外汇期货总数 9 个，比表 12 - 8 给出的发展中经济体进入 2010 年全球最活跃的 18 个外汇期货的 8 个多一个；2014 年该 9 个外汇期货总成交量占 16 个外汇期货成交量总比重 77.7%，比 2013 年的 88.0% 下降了 2.3%，也比表 12 - 8 给出的 8 个发展中经济体进入 2010 年 18 个最活跃外汇期货的 8 个期货总数占比 83.8% 略有下降。这些数据显示近年来新兴经济体外汇期货交易活跃程度持续超过发达经济体的良好势头，对我国外汇期货市场今后的推出和发展有很好的支撑作用。

12.6　外汇期货成交金额和持仓量

期货成交量固然是一个衡量期货合约交易活跃程度的重要参数，但如前所述，成交量并没有把不同合约的面值大小考虑在内，因此它还不能准确反映不同期货合约的交易情况。成交金额能够克服这个缺点，因为它将成交量和合约面值很好地结合起来。

一个外汇期货合约的成交金额等于该合约成交价格与面值的乘积。同时，一个合约每次成交的手数和成交价格并不一定相同，因此一个合约的日成交金额实际上是当日所有成交手数、相应成交价格与合约面值的乘积的总和。一个外汇合约的年总成交金额是其所有不同月份合约的成交金额的总和。我们很难获得可比的全球主要外汇期货合约的成交金额数据。如果要计算这些合约的年成交金额，我们必须知道这些合约在一年内不同时间所有交易的成交价格和相应手数，这更困难。

12.6.1　2010 年全球最活跃的外汇期货成交金额、分布和排名

为了获得和表 12 - 6 可比的结果，我们用表 12 - 8 中 18 个合约 2010 年的成交量和相关货币 2010 年底的汇率，计算出这些合约的 2010 年成交金额，并将结果列入表 12 - 10 中。

表 12 – 10　　　　2010 年全球主要外汇期货成交金额、占比及分布　　　单位：亿美元

合约名称	交易所	2010 年成交量（手）	成交量份额（％）	合约面值	成交金额（亿美元）	成交金额占比（％）	2010 年成交金额排名
美元	印度 MCX 证券交易所	821254927	37.09	1000USD	8212.5	2.30	7
美元	印度股票交易所	705319585	31.85	1000USD	7053.2	1.98	8
欧元	芝加哥商业期货交易所	86232358	3.89	125000Eur	144459.7	40.52	1
美元	巴西商品和期货交易所	82453621	3.72	50000USD	41226.8	11.56	3
美元	俄罗斯股票交易所	81122195	3.66	1000USD	811.2	0.23	14
美元	韩国期货交易所	64256678	2.90	10000USD	6425.7	1.80	9
美元	阿根廷罗萨里奥期货交易所	61729396	2.79	1000USD	617.3	0.17	16
欧元	印度 MCX 证券交易所	46411303	2.10	1000Euro	622.0	0.17	15
欧元	俄罗斯股票交易所	39476420	1.78	1000Euro	529.1	0.15	17
澳元	东京金融期货交易所	34272436	1.55	10000AUD	3348.2	0.94	10
日元	芝加哥商业期货交易所	31862793	1.44	12500000 Yen	49105.6	13.77	2
英镑	芝加哥商业期货交易所	30220239	1.36	62500GBP	29482.1	8.27	4
美元	东京金融期货交易所	27551634	1.24	10000USD	2755.2	0.77	11
澳元	芝加哥商业期货交易所	25903355	1.17	100000AUD	25305.8	7.10	5
加元	芝加哥商业期货交易所	22083807	1.00	100000CAD	21967.6	6.16	6
欧元	东京金融期货交易所	19921565	0.90	10000Euro	2669.9	0.75	13
欧元	印度股票交易所	17326787	0.78	1000Euro	232.2	0.07	18
英镑	东京金融期货交易所	17108444	0.77	10000GBP	2670.5	0.75	12
合计		2214507543			347495	97.47	
全球总计					356514	100.00	

资料来源：根据表 12 – 9 给出的 2010 年最活跃外汇期货成交量数据、各交易所合约面值和 2010 年底相关汇率计算而得；全球总计成交金额数据来自国际清算银行网站。

　　表 12 – 10 给出的 2010 年 18 个最活跃的外汇期货总成交金额 348750 亿美元，占当年全球外汇期货总成交金额 35.6514 万亿美元的 97.47％；成交金额占比与成交量占比区别巨大，前者可比性强，而后者不同合约间实际上不能直接对比，因此成交量或成交量占比排名并不能较好地反映市场变化及分布；2010年全球外汇期货成交总额与当年全球国内生产总值比例 54.6％，表明外汇期货在全球金融市场的规模相对较小。

12.6.2　2014 年全球最活跃的外汇期货成交金额、分布和排名

利用同样的方法，我们用表 12 – 9 中 16 个合约 2014 年的成交量和相关货币 2014 年底的汇率，计算出这些合约的 2014 年成交金额，并将结果列入表 12 – 11 中。

表 12 – 11　　2014 年全球主要外汇期货成交金额、占比及分布　　单位：亿美元

成交量排名	合约名称	交易所	2014 年成交量	日均成交量	2014 年成交金额	2014 年成交量占比	2014 年成交金额占比	成交金额排名
1	美元兑俄罗斯卢布	莫斯科交易所（MoscowExchange）	656476373	1798565	6564.8	39.13%	2.28%	7
2	美元兑印度卢比	印度股票交易所（NSEIndia）	294069368	805670	2940.7	17.53%	1.02%	9
3	美元兑印度卢比	布鲁塞尔证券交易所（BSE）	171642176	470253	1716.4	10.23%	0.60%	11
4	美元兑印度卢比	印度大都会股票交易所（MSXI）	112458176	308105	1124.6	6.70%	0.39%	12
5	美元	巴西商品和期货交易所（BM&F）	82365540	225659	41182.8	4.91%	14.28%	2
6	美元	阿根廷罗萨里奥期货交易所（ROFEX）	64700492	177262	647.0	3.86%	0.22%	13
7	欧元外汇期货	芝加哥商品交易所（CME）	52208275	143036	79031.8	3.11%	27.41%	1
8	美元	韩国证券期货交易所	48663722	133325	4866.4	2.90%	1.69%	8
9	日元	芝加哥商品交易所	38319796	104986	39995.0	2.28%	13.87%	3
10	美元兑南非兰特	约翰内斯堡证券交易所（JSE）	26997868	73967	270.0	1.61%	0.09%	15
11	欧元兑美元	莫斯科交易所（MoscowExchange）	26179646	71725	317.0	1.56%	0.11%	14
12	英镑	芝加哥商品交易所（CME）	24837008	68047	24195.0	1.48%	8.39%	4
13	澳大利亚元	芝加哥商品交易所（CME）	22728891	62271	18595.0	1.35%	6.45%	5

续表

成交量排名	合约名称	交易所	2014年成交量	日均成交量	2014年成交金额	2014年成交量占比	2014年成交金额占比	成交金额排名
14	欧元兑俄罗斯卢布	莫斯科交易所（Moscow Exchange）	20982195	57485	254.1	1.25%	0.09%	16
15	墨西哥比索兑美元	墨西哥衍生品交易所（MexDer）	19855606	54399	1985.6	1.18%	0.69%	10
16	加拿大元	芝加哥商品交易所（CME）	15096546	41360	13024.4	0.90%	4.52%	6
	合计		1677581678		236710	100.00%	82.09%	
	总计				288372		100.00%	

资料来源：根据表12-10给出的2014年最活跃外汇期货成交量数据、各交易所合约面值和2014年底相关汇率计算而得；全球总计成交金额数据来自国际清算银行网站。

表12-11显示，2014年16个最活跃的外汇期货总成交金额23.6710亿美元，比2010年18个最活跃的外汇期货总成交金额下降了33.6%，占当年全球外汇期货总成交金额38.8372万亿美元的82.09%，占比显著低于表12-10给出的2010年最活跃的18个外汇期货占当年全球外汇期货成交比例97.47%，显示2014年全球外汇期货的集中度显著下降的同时，显示全球外汇期货市场的活跃度明显下降；2014年全球外汇期货成交总额23.671万亿美元与当年全球国内生产总值77.3万亿美元的比例为30.6%，比2010年相应的比例54.6%下降了24.0%，表明外汇期货在全球金融市场的作用不增反降。

12.6.3 芝加哥商品期货交易所主要外汇期货成交金额占比比较

表12-10显示，芝加哥商品交易所交易的美元/欧元合约的成交量只占2010年全球最活跃外汇期货合约总成交量的3.89%，然而其成交金额所占份额却高达40.52%，全球排名第1；芝加哥商品交易所交易的美元兑日元、英镑、澳元和加元外汇期货的成交量分别占当年全球外汇期货的比重分别为13.77%、8.27%、7.10%和6.16%，分别排名第2、4、5和6，该交易所进入表12-10的5个期货总成交占比高达75.82%，超过当年全球外汇期货市场的四分之三，显示该交易所在全球外汇期货市场的相对垄断地位。

表12-11显示，芝加哥商品交易所交易的美元/欧元合约的成交金额所占份额虽比2010年的占比40.52%大幅度地下降到了27.41%，降幅高达

13.1％（主要由于 2010 年到 2014 年欧元兑美元大幅度贬值 9.6％等因素所致），但仍保持了全球第 1 的排名；芝加哥商品交易所交易的美元兑日元和英镑外汇期货的成交量分别占当年全球外汇期货的比重分别略降到了 13.87％和8.39％，前者排名下降到了第 3，后者保持了第 4 的排名；该交易所交易的澳元和加元期货成交金额占比分别略增到了 6.46％和 4.52％，排名保持了第 5和 6；该交易所进入表 12 - 11 的 5 个期货总成交占比从 2010 年的 75.82％显著下降到了 60.63％，但是仍超过六成，显示该交易所在全球外汇期货市场的重要地位。

12.6.4　全球外汇期货成交金额的交易所和国家分布

表 12 - 10 和表 12 - 11 显示，除上文介绍的芝加哥商品交易所 2010 年和2014 年外汇成交金额占全球比重超过全球六成外，2010 年和 2014 年巴西商品和期货交易所的美元期货成交金额分别占全球比重分别高达 11.56％和 14.28％，分别排名全球第 3 和第 2，不仅在所有发展中国家排名最前列，而且排名超过其他任何发达国家和地区的外汇期货交易所，显示巴西商品和期货交易所在全球外汇期货市场的重要地位；表 12 - 10 显示，印度和日本 2010 年皆有 4 个外汇期货合约进入全球最活跃的外汇期货名单，但印度 4 个合约成交金额占全球比重4.52％，而日本 4 个合约成交金额占比仅为 3.21％；表 12 - 11 显示，印度 2014年进入全球最活跃的 16 个外汇期货合约数下降到了 3 个，而且该 3 个外汇期货总成交金额占比也下降到了 1.41％，不到 2010 年总占比 4.52％的三分之一，日本 2010 年进入全球最活跃的 4 个外汇期货合约没有一个进入 2010 年最活跃的名单，显示近年来日本外汇期货市场大幅度下滑的态势；表 12 - 10 和表 12 - 11 显示，2010 年到 2014 年，俄罗斯进入全球最活跃的外汇期货合约从 2 个增长到了3 个，相应的总成交金额占全球外汇期货合约的总比重从 0.38％提高到了2.47％，显示俄罗斯近年来外汇期货市场的飞跃发展的态势；2010 年和 2014 年韩国证券交易所有一个合约进入全球最活跃外汇期货名单，其成交金额占全球外汇期货总成交金额比重从 1.80％下降到了 1.69％，但排名却从第 9 提高到了第 8（由于 2014 年全球外汇期货总成交金额比 2010 年显著下降）；2010 年和2014 年阿根廷罗萨里奥交易所也有一个合约进入全球最活跃外汇期货名单，其成交金额占全球外汇期货总成交金额比重从 0.17％提高到了 0.22％，排名却从第 16 提高到了第 13；另外，表 12 - 11 显示，2014 年墨西哥衍生产品交易所和南非约翰内斯堡证券交易所分别有一个外汇合约进入当年全球最活跃的 16 个外汇期货名单，其成交金额占当年全球外汇期货成交金额比重分别为 0.69％和0.09％，排名分别为第 10 和第 15。

12.6.5 发达经济体和发展中经济体外汇期货成交金额分布

利用表 12-10 给出的数据，我们可以计算出 2010 年发达国家和发展中国进入全球最活跃的 18 个外汇期货合约的总数分别为 10 个和 8 个，前者成交金额占全球外汇期货成交金额比重高达 80.84%，而后者仅为 19.16%，后者仅接近前者的五分之一，显示发达经济体在全球外汇期货领域的主导地位。实际上，10 个发达国家进入 2010 年全球最活跃外汇期货名单的一半为美国芝加哥商品交易所的合约，该 5 个合约当年成交总金额占世界比重高达 75.82%，另外日本 4 个和韩国 1 个进入名单的 5 个发达经济体外汇期货总成交金额占比仅为 5.02%，显示全球发达经济外汇期货主要集中在美国，欧洲和英国在全球外汇期货市场已经几乎没有任何地位。

利用表 12-11 给出的数据，我们可以计算出 2014 年发达国家和发展中国进入全球最活跃的 16 个外汇期货合约的总数分别为 6 个和 10 个，前者成交金额占全球外汇期货成交金额比重下降到了 62.32%，而后者却提高到了 37.68%，后者显著超过了前者的一半，显示近年来发展中经济体在全球外汇期货领域的地位明显上升。实际上，6 个进入 2014 年全球最活跃外汇期货名单的发达国家交易所的期货合约有 5 个在美国芝加哥商品交易所交易，另外一个在韩国证券交易所交易，日本进入 2010 年全球最活跃外汇名单的 4 个合约全部出局，显示全球发达国家外汇期货更加集中于美国，欧洲、英国和日本在全球外汇期货市场已经几乎没有任何地位。

表 12-10 和表 12-11 显示，巴西商品和期货交易所 2010 年成交金额占比高达 11.82%，超过同年澳元、英镑和加元 3 个国际货币外汇期货成交金额占比，比相应的成交量占比 3.72% 高出两倍多，也比表 9-3 给出的巴西雷亚尔 2010 年在全球外汇市场成交金额占比 0.685% 高出更多，2014 年巴西商品和期货交易所的美元期货成交金额占比进一步提高到了 14.28%，排名仅次于芝加哥商品交易所的美元兑欧元期货，显示巴西外汇期货市场在全球外汇市场中的领先地位；俄罗斯 2010 年进入全球最活跃的 18 个期货合约两个，该两合约总成交金额占比仅为 0.4%，还不到表 9-3 给出的同年俄罗斯卢布在全球外汇市场成交金额占比 0.9% 的一半，而 2014 年俄罗斯进入全球最活跃的 16 个期货合约增加到了 3 个，该 3 个合约总成交金额占比增长到了 2.5%，仅次于巴西，在发展中国家排名第 2；印度 2010 年进入全球最活跃的 18 个期货合约多达 4 个，这些合约总成交金额占比 4.6%，比表 9-3 给出的同年印度卢比在全球外汇市场成交金额占比 0.95% 高出 3 倍多，2014 年进入 16 个最活跃的外汇期货名单印度交易所仅为 2 个，其总成交金额占比仅为 1.41%，不到 2010 年占比 4.6% 的三分

之一。这些数据显示，发展中经济体外汇期货市场发展很不平衡。

12.6.6 外汇期货成交金额的货币分布

利用 12.10 给出的数据，我们可以计算出 2010 年进入全球最活跃的 18 个外汇期货合约的 13 个美元期货总成交金额占比高达 94.8%，比相应的成交量总占比 92.1% 高出 2.7%；2014 年进入全球最活跃的 16 个外汇期货合约中的美元期货提高到了 15 个，然而该 15 个美元期货总成交金额占比却下降到了 82%，略低于表 9 - 3 给出的 2013 年美元在全球外汇市场成交金额占比 87%；2010 年进入全球最活跃的 18 个外汇期货合约的 5 个欧元期货总成交金额占比高达 41.7%，而 2014 年进入 16 个活跃外汇期货名单的欧元期货仅为 2 个，其总成交金额占比下降到了 27.5%；2010 年进入全球最活跃的 18 个外汇期货合约的 5 个日元期货总成交金额占比高达 17.0%，而 2014 年进入 16 个活跃外汇期货名单的日元期货仅为 1 个，其总成交金额占比下降到了 13.9%；2010 年进入全球最活跃的 18 个外汇期货合约的 2 个英镑期货总成交金额占比 9.0%，而 2014 年进入 16 个活跃外汇期货名单的英镑期货仅为 1 个，其总成交金额占比下降到了 8.4%。2010 年美元、欧元、日元和英镑这 4 个国际储备货币的外汇期货成交金额占比分别为 94.8%、41.7%、17.0% 和 9.0%，与表 9 - 3 给出的 2010 年该 4 种货币在全球外汇市场的成交额占比 84.9%、39.1%、19.0% 和 12.9% 相当。准确地讲，除表 9 - 3 给出的 2010 年美元和欧元在全球外汇市场的成交金额占比 84.9% 和 39.1% 分别低于同年美元期货成交金额占比 94.8% 和 41.7% 外，日元和英镑在全球外汇市场成交金额占比皆高于这些货币的外汇期货成交金额占比，表明美元期货的成交金额比重超过其在外汇市场的成交比重，欧元期货成交比重仅略超过其在全球外汇市场总体比重，而日元和英镑的外汇期货活跃度皆低于其在全球外汇市场的活跃度。

除如上 4 个国际储备货币的外汇期货外，2010 年 2 个澳大利亚元外汇期货成交金额总占比 8.0%，2014 年 1 个澳大利亚元外汇期货成交金额总占比 6.5%；2010 年 1 个加元外汇期货成交金额总占比 6.2%，2014 年 1 个加元外汇期货成交金额总占比 4.5%，显示澳元和加元近年来在国际外汇期货市场的地位与该两种货币在表 9 - 3 给出的它们在国际外汇交易占比排名相当。

12.6.7 外汇期货持仓量

日成交量是衡量所有产品交易活跃程度的最主要参数。外汇持仓量越大，则表明市场参与者对标的外汇的看涨情绪越高；持仓量越小，则表明市场对标的外汇越看跌。我们经常把持仓量和成交量相比较，如果持仓量/成交量比例很低，或者成交量/持仓量比例很高，就表明相应的期货合约换手率很高。较高的换手率常常意味着市场的投机性较强。

表 12 – 12 给出了 CME 上交易的主要外汇期货 2015 年 5 月的成交量与月底持仓量比例以及相应持仓量与成交量比例。成交量/持仓量比例越大，表明合约越活跃，同时也表明合约投机性越强。欧元和日元的合约中成交量/持仓量比例高于 15，英镑和加元的合约成交量/持仓量高于 12。另外，印度 MCX 证券交易所及巴西商品和期货交易所的美元合约成交也较为活跃，相关数据读者若有兴趣，可去其官网查看。

表 12 – 12　　　　2015 年 5 月 CME 主要外汇期货成交量和持仓量比例　单位：手，%

合约名称	交易所	5 月成交量	5 月持仓量	5 月成交量/5 月持仓量	5 月持仓量/5 月成交量
欧元	芝加哥商业期货交易所（CME）	7240816	430568	16. 82	5. 95
日元	芝加哥商业期货交易所（CME）	3908102	254463	15. 36	6. 51
英镑	芝加哥商业期货交易所（CME）	2147838	175075	12. 27	8. 15
澳元	芝加哥商业期货交易所（CME）	1556786	145740	10. 68	9. 36
加元	芝加哥商业期货交易所（CME）	1480622	121106	12. 23	8. 18

注：根据 5 月 27 日的日成交量及持仓量估算所得。

资料来源：芝加哥商品交易所网站。

12.6.8　外汇期货持仓金额

持仓量和持仓金额之间的关系，与成交量和成交金额的关系类似，持仓量是未平仓的合约总量，但它不能反映所持合约的总金额。持仓金额表示一定时间点上所有未平仓合约的总金额。我们这里不再细述。

12.7　外汇期货的定价

除前面计算成交金额时必须用到外汇期货成交价格外，到目前为止我们还没有涉及外汇期货的价格问题。实际上，外汇期货价格与相应的外汇远期价格相近，外汇期货的定价方法也与外汇远期基本相同。我们本节通过一些例子说明如何对外汇期货进行估价。

表 12–13 列出了 2015 年 5 月 14 日（星期二）在美国芝加哥商品交易所的欧元/美元、英镑/美元和人民币/美元三个外汇期货合约的开盘价、最高价、最低价、收盘价、清算价格、交易量和持仓量等信息。

表 12–13　　　　　2015 年 5 月 14 日外汇期货价格

合约	开盘价	最高价	最低价	收盘价	清算价格以及价格倒数	平常交易时间交易量	电子交易时间或 GLOBEX 电子平台交易量	持仓量
欧元/美元期货（micro）								
2015 年 6 月	1.1354	1.1448	1.1346	—	1.1400 (0.87719)	—	21550	6852
2015 年 9 月	1.1418	#1.1468	1.1370	—	1.1414 (0.87612)	—	28	60
英镑/美元期货（micro）								
2015 年 6 月	1.5736	#1.5819	1.5727A	—	1.5763 (0.63440)	—	1805	1311
2015 年 9 月	1.5735	#1.5735	1.5735	—	1.5753 (0.63480)	—	3	5
人民币/美元期货								
2015 年 6 月	0.16354	#0.16354	0.16343A	—	0.16335 (6.12182)	—	5	78
2015 年 9 月	0.16272	#0.16272	0.16267A	—	0.16240 (6.15764)	—	3	334
2015 年 11 月	—	—	—	—	0.16183 (6.17932)	—	—	9
2015 年 12 月	0.16179	#0.16179	0.16185A	—	0.16157 (6.18927)	—	3	162
2016 年 3 月	0.16016	#0.16033	0.16016	—	0.16071 (6.22239)	—	3	23

资料来源：芝加哥商品交易所，《每日交易信息报告》，2015–05–14；A 代表 ASK（卖出价）；B 代表 BID（买入价）；N 代表 Nominal（名义），#代表新合约高价。

例 12.1　已知欧元/美元目前汇率为 1.1122，欧元和美元的年利率分别为 3.75% 和 5.25%，请计算欧元/美元汇率 3 个月期货合约的价格。

解：将 $S = 1.1122$、$r = 0.0375$、$r_f = 0.0525$、$t = 90$ 代入第 10 章的公式（10.1），我们可以得出

$F = 1.1122 \times [1 + 0.0525 \times 90 \div 360]/[1 + 0.0375 \times 90 \div 365] = 1.1164$

即欧元/美元汇率 3 个月期货合约价格为 1.1164。

例 12.2 已知日元/美元目前汇率为 0.008400，日元和美元的年利率分别为 0.50% 和 5.25%，请计算日元/美元汇率 6 个月期货合约的价格。

解：将 $S = 0.008400$、$r = 0.0525$、$r_f = 0.0050$、$t = 180$ 代入公式（10.1），我们可以得出：

$F = 0.0084 \times [1 + 0.0525 \times 180 \div 360]/[1 + 0.0050 \times 180 \div 360] = 0.008599$

即日元/美元汇率 6 个月期货合约价格为 0.008599。

例 12.3 已知欧元/英镑目前汇率是 0.7100，欧元和英镑的年利率分别为 3.75% 和 5.25%，计算欧元/英镑汇率 6 个月期货合约的价格。

解：将 $S = 0.7100$、$r = 0.0525$、$r_f = 0.0375$、$t = 180$ 代入公式（10.1），我们可以得出：

$F = 0.7100 \times [1 + 0.0525 \times 180 \div 365]/[1 + 0.0375 \times 180 \div 365] = 0.7157$

即欧元/英镑汇率 6 个月期货合约价格为 0.7151。

12.8 外汇期货与远期的区别

12.8.1 保证金和日结算

期货合约的买家和卖家在进行交易时实际上并不见面，他们的买卖是通过交易所这个"庄家"进行的。远期合约在签订的时候，不存在现金的交换。然而，期货交易则不同。所有期货市场参与者根据期货交易所的要求，需要将一定数额的保证金存入交易所。在建立账户并满足保证金存款要求后，就可以进行交易了。所有期货合约交易的损失和盈利都实行每日结算，或者在每日闭市的时候结算。保证金制度实际上是为了避免任何一方违约，以保护交易者。由于每天期货价格的变化，每日收盘时如果交易者保证金不足，交易所会通知这些交易者在一定时限内补交足够的保证金，否则会对其仓位强行平仓，损失由交易者自己承担。

12.8.2 标准化和流动性

所有期货合约的面值、到期时间、地点和货币等条款都是标准化的，但在远期合约中，双方可以对这些条款进行谈判。由于远期合约的非标准化，买卖双方一旦签订协议，就很难更改双方的地位。然而，期货交易在从交易开始至合约到期的期间内，卖方都可以通过购买相等数量的合约进行对冲，买方也一样。所以，远期合约的流动性低于期货合约。

12.8.3　信用风险

期货合约由交易所保证履行，所以违约风险很低。除非发生重大系统性风险，例如亚洲金融危机期间香港恒生指数一天下降 900 多点、东南亚货币急速贬值、巴林银行倒闭之前新加坡期货交易所面临的风险等，一般情况下交易所的风险有限，期货合约的履行也没有问题。但柜台交易远期合约的履行在很大程度上依赖于交易双方的信用，因此远期合约的信用风险是一个不可忽视的风险。总的来说，期货交易的信用风险远低于远期的信用风险。

交易所担保合约的交割和履约，同时交易者也要向交易所支付一定数目或比例的交易手续费。由于交易所担保合约履行，场内交易的信用风险比场外交易低得多。

12.8.4　交易手续费和交易成本

除要向期货交易所缴纳保证金外，交易双方还要向交易所支付一定数目或比例的交易手续费，其中一部分是风险准备金，用来承担履约风险。而远期合约是柜台交易产品，金融机构之间往往相互不收交易费。但在客户与银行之间的远期合约交易中，客户要向银行缴纳比期货交易手续费高得多的服务费。所以，期货交易比远期交易成本要低。

12.8.5　透明性

期货的即时价格可以通过公开信息渠道获得。除期货的即时价格外，期货合约的日交易量、持仓量等信息都是公开透明的，投资者可以掌握这些信息，从而作出投资决定，然而柜台交易的远期合约价格却远不如期货交易那么透明。如果要与某金融机构进行远期交易，投资者必须向该机构询价。这些价格及其他需求信息是不公开的，所以期货市场的透明性要远高于远期市场。由于外汇期货和远期的相似性，投资者往往利用或参考期货市场的信息，以更好地进行远期交易。

12.8.6　其他

期货虽然相比远期有很多优势，但它也有不如远期的方面。例如期货的到期时间是确定的，而这些确定的时间往往不能满足客户的具体要求，所以客户往往不得不转向远期交易。另外，期货交易所往往对客户的持仓比例加以限制，以防止出现操纵市场行为，这种持仓比例往往不能满足客户的具体业务要求。期货市场还有一个主要的缺点，即期货交易的流动性或大部分交易量主要集中在近期合约上，这样往往难以满足客户中长期贸易或投资的需求。

总而言之，期货和远期各有利弊，但在实际应用中，两种产品互为补充。客户往往利用期货市场的公开信息，特别是利用短期合约来对冲其远期合约的流动性风险。我们在第 12.10 节还会对外汇期货和远期进行更深入的比较。

12.9 外汇指数期货

国际上主要的期货交易所已经有了成熟的美元外汇期货和期权产品交易。本节的目的是介绍和分析能够反映美元对主要货币整体升值或贬值的指数之上的期货——美元指数期货。

正如其他市场一样，在基础市场发展到一定的阶段时，会产生相应的指数产品，因为指数产品有着其他产品难以发挥的作用和功能。汇率能反映两个币种之间的强弱，但如果只依靠单个汇率，难以就一种货币对其他货币是整体走强还是走弱作出判断。例如，美元对欧元走强的同时，有可能对日元走弱。因此，美元对其他单个货币的汇率，不能直接反映美元对所有货币的整体走势。正是基于对美元整体走势进行判断的需要，美元指数被设计出来了。同时，在外汇远期和期货市场迅速发展的基础上，美元指数期货和期权根据市场需求应运而生，并且其增长速度远高于外汇期货合约。我们在此通过美元指数期货来介绍和分析外汇指数期货的功能和特性。

12.9.1 美元指数

就像道琼斯指数是美国最主要的股票指数一样，美元指数（the U. S. Dollar Index，USDX）是美元国际价格的主要指数，反映美元国际价值的一般走势。美元指数是六种主要国际货币对美元汇率相对于基准时期（1973 年 3 月）变化的几何平均加权值。这六种货币包括欧元、日元、英镑、加元、瑞典克朗和瑞士法郎。分别使用这六种货币的 17 个国家（其中 12 个处于欧元区）是美国的主要贸易伙伴，它们拥有发展良好的外汇市场，其汇率也全是由市场自由决定的。

美元指数是基于全球大约 500 家银行提供给路透（Reuters）的汇率数据来进行计算的。实际上，美元指数衡量的是相对于基准点 90（1973 年 3 月）而言美元当前的一般价值。一个 "95.50" 的报价意味着美元自基准时期以来，价值已上升了 5.5%；一个 "82.50" 的报价意味着美元自基准时期以来，贬值 17.5%。

1973 年 3 月之所以被选择成为基准时期，因为它代表了外汇交易历史一个极其重要的里程碑。在那时，世界上主要的贸易国同意让它们相互之间的汇率自由浮动，布雷顿森林体系就此成为历史。

美元指数波动幅度比较大，图 12 – 1 为美元指数从 1971 年 1 月至 2015 年 5

月的走势图。1989 年，美元指数曾达历史最高点 161.95，2008 年跌至历史最低点 71.802，但美国 20 世纪 90 年代大部分时间经济整体表现良好，同时克林顿政府推行强势美元政策，这有力地推动美元指数不断上升并在 2001 年到达 120.90 左右。近年来，随着美国逐步退出 QE，以及美联储加息预期愈加强烈，美元指数一路飙升至 100 附近受到阻力，目前徘徊在 95 附近。

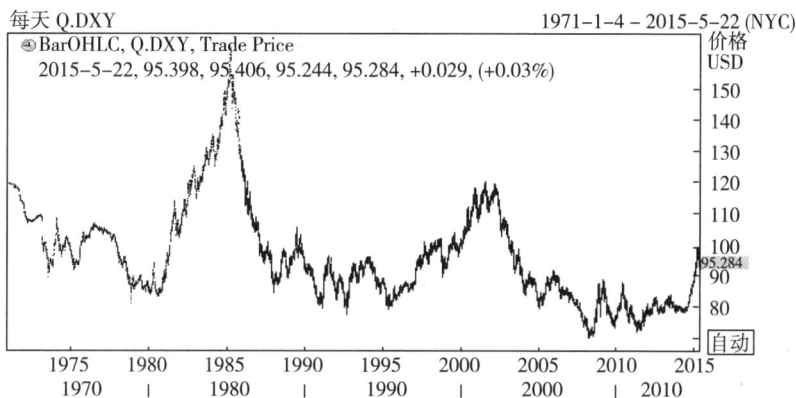

资料来源：路透社（Reuters）。

图 12 - 1   美元指数走势图（1971 年 1 月至 2015 年 5 月）

12.9.2   美元指数的构成

美元指数和美国联邦储备局的美元交易加权指数所使用的外币及其权重是一样的，其构成如图 12 - 2 所示。

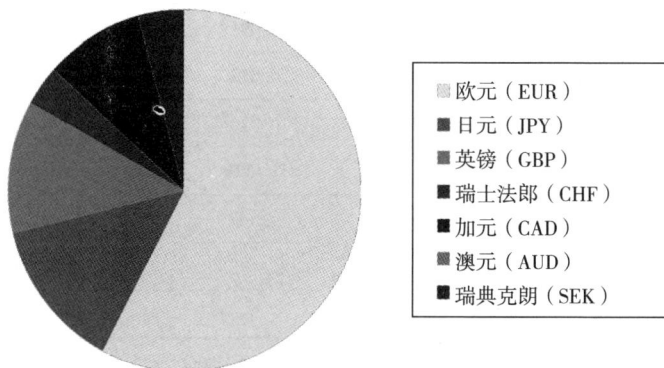

资料来源：纽约期货交易所（NYBOT）。

图 12 - 2   美元指数构成

欧元的权重占整个权重的 57% 以上，显示欧元对美元指数具有极其重要作用；日元为第二大权重的币种，权重超过 1/8；英镑和加元分别代表英国国际外汇中心的地位和美国邻国加拿大对美国贸易的作用，两者总权重略微超过 1/5。

12.9.3 美元指数的计算

根据美元指数的构成，美元指数按照以下公式进行计算：

$$USDX_t = 50.14348112 \times (EUR_t)^{-0.576} \times (JPY_t)^{-0.136} \times (GBP_t)^{-0.119}$$
$$\times (CAD_t)^{-0.091} \times (SEK_t)^{-0.042} \times (CHF_t)^{-0.036}$$

其中，$USDX_t$ 是美元指数在时间 t 的水平，EUR_t 是欧元在时间 t 的即时汇率（欧式报价，即 1 欧元折合若干美元）。同样，其他五个按顺序分别是每日元、英镑、加元、瑞典克朗和瑞士法郎在时间 t 的美元即时汇率。

我们设定基准点 $USDX_t = 90$，并将基准期（1973 年 3 月）相应货币兑美元的汇率代入上述公式。通过公式反演，可得出系数 50.14348112。因为基准点 90 是恒定的，所以 50.14348112 是一个常数。

运用上述公式对 2015 年 5 月 22 日的美元指数水平进行计算，得出结果为 92.29，详细过程如表 12 – 14 所示。

表 12 – 14　　　　　　　2015 年 5 月 22 日美元指数水平

货币	汇率	权重	（汇率）$^{-权重}$
欧元（EUR）	1.1127	0.576	0.9403
日元（JPY）	0.0083	0.136	1.9187
英镑（GBP）	1.5676	0.119	0.9479
加拿大元（CAD）	1.2184	0.091	0.9822
瑞典克朗（SEK）	0.1201	0.042	1.0931
瑞士法郎（CHF）	0.9365	0.036	1.0024
总和	—	1.000	—
乘积	—	—	1.8405
公式常数			×50.14348112
美元指数水平			92.29

注：数据来源于路透，使用不同数据来源会导致美元指数水平存在差异。

12.9.4 美元指数期货

美元指数期货于 1985 年 11 月 20 日开始在纽约期货交易所（New York Board

of Trade，NYBOT）分部金融产品交易所（Financial Instruments Exchange，FINEX）进行交易，比这些货币与美元的外汇期货晚推出 13 年多。在此之前，人们无法把美元的一般走势作为交易的标的物，因为美元汇率都是对某一特定货币而言的，例如欧元、日元或英镑等。即使某公司对美元整体趋势判断准确，也难以方便地进行交易，仍然可能要承受很大风险。美元指数期货正是为了满足客户此种需求而设计并推出的。纽约期货交易所（NYBOT）在 2007 年被 Intercontinental Exchange（ICE）收购，现更名为 ICE Futures US。作为国际结算货币，美元的走势会对国际贸易产生巨大影响。美元指数期货给那些需要进行汇率风险规避的跨国公司、机构投资者等市场参与者提供了方便的工具和渠道，也让交易者可以把美元的一般走势作为对象来进行套期保值或投机。总的来说，美元指数期货的产生，使投资者可以低成本高效率地管理汇率风险。在纽约期货交易所（即 ICE Futures US）交易的美元指数期货合约的面值为 1000 美元乘以美元指数。假设美元指数为 85.00，则合约面值为 $1000 \times 85.00 = 85000$ 美元。按照纽约期货交易所规定，美元指数期货合约的交割月份与芝加哥商品交易所外汇期货相同，为每年的三月、六月、九月和十二月，相应的结算日期为合约月份的第 3 个星期三，结算以美元现金完成。

图 12-3 给出了纽约期货交易所从 1999 年 1 月至 2015 年 2 月美元指数最近月份期货合约的持仓量和交易量。

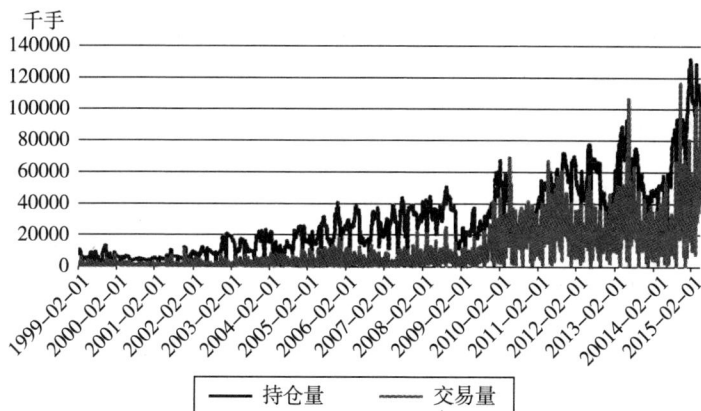

资料来源：纽约期货交易所（NYBOT）。

图 12-3　美元指数最近月份期货合约交易量和持仓量（1999 年至 2015 年）

如图 12-3 所示，近年来美元指数最近月份期货合约交易趋于活跃，持仓量增幅更大，但其波动相当剧烈。从图 12-3 我们可以发现，美元指数期货持仓量从最初成交量的数十倍甚至上百倍，下降到 2014 年以来的 2~3 倍，而据统计主要外汇期货持仓量仅为成交量的 10% ~ 20% ，这表明美元指数期货的持仓量/成交量比例是主要外汇期货相应比例的 15 倍左右，显示美元指数期货交易活跃程度低于主要外汇期货。根据美元期货合约的面值，我们可以将纽约期货交易所美元指数期货合约的年交易量和持仓量转换成相应的总金额。2000 年至 2015 年纽约期货交易所美元指数期货合约年交易量、成交金额、持仓量和持仓金额如表 12 - 15 所示。

表 12 - 15　　　　　　　2000 年到 2015 年纽约期货交易所

美元指数期货年成交量和持仓量

最近月份合约			
年份	成交量（万手）	成交金额（亿美元）	持仓量（万手）	持仓金额（亿美元）
2000	23	260	119	1310
2001	27	320	141	1680
2002	32	360	233	2590
2003	43	440	361	3510
2004	55	490	341	3080
2011	704	560	1303	1050
2012	575	460	1347	1070
2013	737	590	1501	1200
2014	631	570	1600	1440
2015*	396	380	930	900

第二最近合约			
年份	成交量（万手）	成交金额（亿美元）	持仓量（万手）	持仓金额（亿美元）
2000	5.6	61	6	66
2001	5.9	69	5.8	68
2002	8.2	90	8.2	91
2003	12.2	120	8.6	82
2004	7.9	70	6.4	57
2011	71	57	114	91
2012	57	45	104	83
2013	68	54	121	97
2014	79	71	181	164
2015*	54	53	107	103

续表

第三最近合约

年份	成交量（万手）	成交金额（亿美元）	持仓量（万手）	持仓金额（亿美元）
2000	0.7	7.9	3.3	37.0
2001	0.8	9.6	3.0	35.0
2002	0.9	9.7	5.0	56.0
2003	0.9	8.4	5.2	49.0
2004	0.7	5.9	4.0	36.0
2011	0.2	0.2	1.3	1.0
2012	0.2	0.2	1.2	0.9
2013	0.2	0.2	1.2	1.0
2014	0.8	0.7	6.2	5.6
2015*	0.6	0.6	9.8	9.5

最远月份合约

年份	成交量（万手）	成交金额（亿美元）	持仓量（万手）	持仓金额（亿美元）
2000	0.0006	0.0067	0.0011	0.0
2001	0.0004	0.0045	0.0069	0.1
2002	0.0027	0.0311	0.0387	0.4
2003	0.0069	0.0683	0.0736	0.7
2004	0.0186	0.1625	0.1234	9.9
2011	0.0006	0.0005	0.0103	0.0
2012	0.0003	0.0002	0.0141	0.0
2013	0.0007	0.0006	0.0119	0.0
2014	0.1877	0.1694	1.5593	1.4
2015*	0.1597	0.1544	1.8270	1.8

总和

年份	成交量（万手）	成交金额（亿美元）	持仓量（万手）	持仓金额（亿美元）
2000	29	330	128	1410
2001	34	400	150	1780
2002	41	460	246	2740
2003	56	570	375	3640
2004	64	570	352	3170

		总和		
年份	成交量（万手）	成交金额（亿美元）	持仓量（万手）	持仓金额（亿美元）
2005	115	1010	34	300
2006	116	1000	39	340
2007	110	880	40	320
2008	182	1400	46	350
2009	252	2030	37	300
2010	636	5170	49	400
2011	775	620	1418	1140
2012	632	500	1452	1160
2013	805	650	1625	1300
2014	711	640	1789	1610
2015*	451	440	1048	1010

数据来源：ICE Futures US；2015 年数据为前 4 个月数据。

从表 12-15 可以看出，越近月份的美元指数合约交易越活跃，这与主要外汇期货合约相同。在 2011 年以前，无论是成交金额还是持仓金额，美元指数期货都保持稳定增长的趋势，然而近两年，交易量略有下降。从成交总量和总金额来看，纽约期货交易所的美元指数期货合约活跃性不断增加，显示越来越多的投资者利用其来规避汇率风险。

我们对美元指数期货年成交金额和主要外汇期货年成交金额进行比较，发现美元指数期货的成交金额还小于最小的主要外汇期货，显示美元指数期货的发展还有相当的空间。

12.9.5 美元指数期货的定价

表 12-16 列出了 2015 年 5 月 7 日和 2015 年 5 月 15 日纽约期货交易所（NYBOT）美元指数期货的价格。

表 12-16　　　　　　　　　　美元指数期货价格　　　　　　　单位：千美元，手

2015 年 5 月 7 日					
合约	开盘价	最高价	最低价	收盘价	清算价	持仓量
六月	94.250	94.940	93.975	94.765	94.749	92450
九月	94.605	95.295	94.350	95.045	95.062	5285
十二月	94.800	95.600	94.620	95.420	95.357	1008
三月	95.650	95.395	95.650	95.935	95.767	162

续表

2015 年 5 月 15 日

合约	开盘价	最高价	最低价	收盘价	清算价	持仓量
六月	93.475	94.085	93.170	93.305	93.180	0
九月	93.750	94.380	93.475	93.590	93.465	0
十二月	94.470	94.615	93.835	93.840	93.770	0
三月	94.740	94.740	94.110	94.110	94.130	0

资料来源：ICE Futures US。

美元指数期货的价格像其他单个美元汇率期货价格一样，受短期利率变化的影响。这个关系无论对长期还是短期期货合约都是适用的。因为利率是上下浮动的，所以美元指数期货价格有时比现货价格高，有时则低。然而由于成分货币升贬变化方向不同，成分货币期货价格变化时，美元指数期货的价格可能不发生变化。所以美元指数期货的定价比单个美元对其他货币汇率期货定价要复杂很多。

为了明白如何对美元指数期货进行定价，我们只考虑一种较为简单的情况，即构成美元指数的六种外国货币汇率水平在将来不存在不确定性。表 12 - 17 列出这六种外国货币在 2015 年 5 月 22 日对美元的即时汇率、1 年无风险利率（伦敦银行间同业拆借利率），以及由此根据公式（10.1）推导出的 1 年隐含远期汇率。

表 12 - 17　　　　　　　　　　隐含远期汇率

外国货币	即期汇率	外国货币 1 年利率	美元 1 年利率	1 年隐含远期汇率
欧元	1.1127	0.17214	0.73935	1.1190
日元	0.0083	0.25186	0.73935	0.0083
英镑	1.5676	0.99525	0.73935	1.5636
加拿大元	1.2184	0.73935	0.73935	1.2184
瑞典克朗	0.1201	0.73935	0.73935	0.1201
瑞士法郎	0.9365	- 0.58260	0.73935	0.9490

资料来源：路透。

外国货币汇率水平在将来不存在不确定性的假设，意味着欧元在 1 年后对美元的汇率刚好为 1.1190。运用相同方法可得出其他五种货币的 1 年隐含远期汇率，把它们代入美元指数计算公式，即可求得 1 年远期美元指数水平为 81.46。计算过程如下：

$USDXt$ 期货 $= 50.14348112 \times (1.1190)^{-0.576} \times (0.0083)^{-0.136} \times (1.5636)^{-0.119}$
$$\times (1.2184)^{-0.091} \times (0.1201)^{-0.042} \times (0.9490)^{-0.036} = 91.97$$

一般情况下，美元指数期货的定价比我们上面所介绍的不考虑不确定性的情况要复杂很多。我们会在下章介绍如何利用美元指数期权市场数据对美元期货进行定价。

12.9.6 芝加哥商品交易所美元指数及其期货

本文介绍的美元指数期货是在纽约期货交易所交易的美元指数期货。实际上，全球最大的外汇期货交易所——芝加哥商品交易所也有一个美元指数期货。芝加哥商品交易所美元指数是上述六种货币再加上澳大利亚元这七种货币的美元指数。与纽约期货交易所美元指数相同，该指数也是一个几何加权指数，但是这些货币在指数中的权重不同。

表 12-18　　　芝加哥商品交易所美元指数（CME $ INDEX）　　　单位:%

货币	权重	纽约期货交易所指数权重	权重差别
欧元	36.4	57.6	-21.2
日元	18.2	13.6	4.6
英镑	18.2	11.9	6.3
瑞士法郎	9.1	3.6	5.5
加元	9.1	9.1	0
澳元	9.1	0	9.1
瑞典克朗	0	4.2	-4.2

资料来源：芝加哥商品交易所网站（www.cme.com）。

比较表 12-18 给出的芝加哥商品交易所美元指数中主要货币权重和这些货币在纽约期货交易所美元指数中的权重，我们可以看出，芝加哥商品交易所美元指数中欧元和瑞典克朗的权重远远低于其在纽约期货交易所美元指数中所占的权重。同时，其他货币如日元、英镑、瑞士法郎和澳元的权重却远高于纽约期货交易所美元指数。由于各货币在指数中的权重不同而且币种也有所不同，两个指数给出的美元指数自然不同，我们这里不专门进行详细的比较。

芝加哥商品交易所于 2003 年 3 月开始交易基于其美元指数的期货和期货期权，合约的乘数与纽约期货交易所美元指数期货相同，即指数的 1000 倍。除合约乘数相同外，两个交易所合约的月份也相同，即三月、六月、九月和十二月合约。芝加哥商品交易所的美元指数期货的活跃程度远低于纽约期货交易所。由于篇幅有限，我们在这里不能详细介绍和分析这两个指数期货之间的关系。有兴趣的读者可以上芝加哥商品交易所网站了解其详细情况。

12.10　外汇期货和外汇指数期货

上面介绍了美元指数的计算和美元指数期货的定价等，现在我们分析外汇期货的一个重要功能，即外汇期货对国际贸易中规避汇率风险的作用。

12.10.1　主要外汇期货成交金额份额和美元指数中成分货币的比重

如果只考虑表 12－7 所示的 2010 年全球主要外汇期货中在美国交易的期货，即在芝加哥商品交易所和纽约期货交易所交易的外汇期货，可以计算出在美国交易的主要货币与美元的期货成交的份额，并将其列入表 12－19 中。

表 12－19　非美元外汇期货成交金额份额与美元指数货币权重的比较　　单位:%

合约	交易所	期货成交金额份额	纽约美元指数货币权重	份额与权重差额	芝加哥美元指数货币权重	份额与权重差额
欧元	芝加哥商品交易所	41.37	57.60	－16.23	44.75	－3.38
日元	芝加哥商品交易所	14.08	13.60	0.48	22.09	－8.01
加元	芝加哥商品交易所	6.32	9.9	－3.58	2.86	3.46
英镑	芝加哥商品交易所	8.46	11.90	－3.44	16.46	－8.00
瑞士法郎	芝加哥商品交易所	5.09	3.60	1.49	5.38	0.29
澳元	芝加哥商品交易所	7.60	—	—	3.58	4.02

资料来源：根据表 12－8 计算得出。

表 12－19 所示的主要外汇期货份额与图 12－2 所示的美元指数中，同一货币所占的份额惊人地相似。从表 12－19 可以看出，根据期货成交金额计算出的欧元比重 41.37% 比美元指数中欧元比重 57.60% 低 16.23%，而日元份额 14.08% 仅比美元指数中日元比重高 0.48%。同时英镑和加元份额与其在美元指数中的比重也仅差 3% 左右。而芝加哥商品交易所的美元指数中欧元的权重却远远低于其相应期货的成交份额，然而其日元、加元和英镑的份额却比纽约期货交易所的美元指数权重更加接近，差额仅在 2% 上下。

表 12－19 的主要外汇期货成交金额份额与图 12－2 的美元指数成分货币份额惊人地相似，而美元指数成分货币的份额又与相应国家或地区和美国间贸易的份额大概相同，这说明美国外汇期货交易是以国际贸易为基础的。换句话说，期货市场的交易金额是相应国家或地区与美国贸易及金融业务量的反映，国际贸易参与者对汇率风险规避的需求是外汇期货市场的主要驱动力量。

12.10.2 外汇期货和远期成交金额比较

从表 10 - 1 可知，从 1998 年 4 月到 2013 年 4 月，从日均成交份额角度来看，外汇远期占整个外汇市场的份额从 8.4% 持续上升到 12.7%，同时外汇市场日均成交金额也从 1.527 万亿美元持续上升到 5.345 万亿美元。以每年 250 个工作日计算，2004 年、2007 年、2010 年和 2013 年全球外汇远期成交金额分别为

0.209 × 250 = 52.25 万亿美元

0.362 × 250 = 90.50 万亿美元

0.475 × 250 = 118.75 万亿美元

0.680 × 250 = 170 万亿美元

根据表 12 - 2 的数据，2004 年外汇期货的成交总金额只有 7.4 万亿美元，仅占远期市场的 7.4/52.25 = 14.16%；2010 年外汇期货的成交总金额只有 35.8 万亿美元，仅占远期市场的 35.8/118.75 = 30.15%，比 2004 年相应的比例 14.16% 增长了 15% 以上；2013 年外汇期货的成交总金额只有 32.6 万亿美元，仅占远期市场的 32.6/170 = 19.8%，比 2010 年相应的比例 30.15% 减少了 10% 以上。

12.10.3 外汇期货和远期相互补充

外汇远期成交金额远高于外汇期货主要是因为外汇远期市场和期货市场不同的结构和特性。期货之所以能在例如商品、能源等很多市场取代远期合约的最主要原因，是期货市场比远期市场的信用风险或违约风险要低得多，因为期货交易由交易所担保履约。而在外汇市场，金融机构之间的信用风险相对较低，而且银行与其客户之间同样有着相对稳定的信用关系。银行是大多数贸易公司的主要信贷提供者，在为客户提供信贷的同时，银行可以方便地为其客户提供与贸易信贷时间结构相似的外汇远期服务。这些服务通常在期货市场难以获得，因为期货的流动性通常集中在短期合约上。这样，外汇远期的活跃程度远高于外汇期货就容易理解了。

如前所述，表 12 - 19 的主要货币份额与图 12 - 2 的美元指数比重有着惊人的相似，这不但为国际贸易参与者是外汇期货的主要力量提供了证据，同时也证明了外汇期货和远期等外汇衍生产品的确有着规避风险的作用。

12.11　主要新兴市场国家的外汇期货市场发展经验借鉴

在结束本章之前，我们专门对发展中国家或后发达国家的外汇期货做一个

简单的介绍。事实上，这些国家的经验对我国今后发展外汇期货市场有更直接的借鉴意义。

根据 IMF 的调查，只有少数后发达国家的货币可以在主要国际交易所进行交易，在国际期货交易所进行期货交易的发展中国家货币就更少了。我们在本节简要介绍主要发展中国家外汇期货的发展经验。

12.11.1　巴西雷亚尔

在巴西商品和期货交易所交易的巴西雷亚尔/美元期货合约是全球最活跃的外汇期货合约之一，2004 年成交量全球最高，当年成交金额高达 1.197 万亿美元，相当于巴西同年国内生产总值的 2.384 倍。2009 年和 2010 年成交金额分别高达 3.339 万亿美元和 4.123 万亿美元，分别为当年国内生产总值的 2.00 倍和 1.87 倍，分别占当年全球外汇期货成交金额的 13.54% 和 11.56%；2013 年巴西外汇期货成交金额增长到了 4.67 万亿美元，与当年巴西 GDP 比例回升到了 1.95 倍，占当年全球外汇期货成交金额比重提高到了 14.32%；然而 2014 年巴西外汇期货成交量明显下降，成交金额与 GDP 比例下降到了 1.76，占当年全球外汇期货成交金额比重略降到了 14.28%，不仅冠居全球所有发展中国家之首，而且还高于美国外所有发达国家，显示巴西外汇期货市场的成效。芝加哥商品交易所也有美元/巴西雷亚尔期货合约，但其成交量却不如巴西类似的期货合约很活跃。巴西外汇期货发展的经验显示，如果本国本币外汇期货市场不够活跃，那么相应的期货就会在境外，如美国芝加哥商品交易所活跃交易。

在衍生产品领域的发展进程上，巴西一直走在全球发展中国家和地区的前列。在巴西，不仅外汇期货发展很快，其他金融衍生产品的发展也很迅速，近十几年来巴西商品和期货交易所经常位于全球十大交易所之列。巴西在金融期货领域的经验值得我国学习和借鉴。

12.11.2　印度卢比

印度卢比是近年来全球外汇期货市场上的"新星"，成交量巨大。2010 年印度股票交易所和 MCX 证券交易所两家有 4 个卢比外汇期货合计交易美元/卢比合约占全球的外汇期货总成交量比重高达 71.8%；由于印度外汇期货合约面值仅有 1000 美元，2010 年印度外汇期货成交量折合成金额，占全球 4.6% 的份额；2009 年到 2010 年，印度外汇期货成交金额分别高达 4506 亿元和 15903 亿美元，分别占当年印度 GDP 比重分别高达 33.0% 和 93.1%，同时分别占当年全球外汇期货成交金额比重为 1.8% 到 4.5%；由于 2013 年到 2014 年印度两大交易所外汇期货成交量不仅没有增长，反而大幅度下降，2013 年到 2014 年印度外汇期货成交金额分别为 12639 亿元和 6079 亿美元，占当年印度 GDP 比重从

67.4%下降到了 29.6%，同时分别占当年全球外汇期货成交金额比重为 3.9%到 2.1%，2014 年印度在全球外汇期货市场成交量最大的地位被俄罗斯莫斯科交易所取代。尽管 2014 年印度外汇期货市场活跃度明显下降，但是印度在全球发展中国家中外汇期货仍然排名较高。

12.11.3　墨西哥比索

墨西哥的外汇期货市场近年来发展也相当迅速。2004 年墨西哥衍生产品交易所比索/美元合约成交量的排名，在后发达国家和地区中相当靠前。墨西哥比索也在美国芝加哥商品交易所进行交易，2004 年芝加哥商品交易所比索合约的活跃度在全球排名第 8。如果把境内外两个比索合约的成交量相加，2004 年比索期货合约的成交总量远远超过韩元期货合约。虽然墨西哥衍生产品交易所的比索/美元合约在 2004 年的成交量比芝加哥商品交易所比索合约的成交量要小，但其 2004 年的增长率为 1621%，远远高于芝加哥商品交易所比索合约的年增长率 53%。2007 年，墨西哥境内美元与墨西哥比索期货成交量为 322.3 万手，仅占相应芝加哥商品交易所墨西哥比索期货成交量 515.4 万手的 62.5%，比 2004 年的相应比例 81.6%显著下降，表明芝加哥商品交易所交易的墨西哥比索期货仍然比墨西哥境内期货活跃得多，要超过境外已经活跃交易的类似期货的成交量并不容易。然而表 12 -9 显示，2013 年到 2014 年，墨西哥衍生品交易所比索兑美元期货成交量从 1353.52 万手增长了 46.7%到 1985.56 万手，超过了同年芝加哥商品交易所墨西哥比索兑美元期货合约的成交金额，成为 2014 年全球第 15 位最活跃的外汇期货，夺回了本币外汇期货定价权，并成功扭转了本币期货旁落他国的被动局面。2013 年和 2014 年墨西哥外汇期货成交金额与 GDP 比例从 40.9%增长到了 52.2%，同时占当年全球外汇期货成交金额比重从 1.6%上升到了 2.3%，显示墨西哥外汇期货近年来的持续发展的良好态势。墨西哥近年来外汇期货和其他金融期货方面的经验对我国有一定的借鉴作用。

12.11.4　韩国韩元

韩国期货交易所的美元合约 2004 年的成交量在全球名列第 10 位。韩国之所以有如此高的排名，与其在亚洲金融危机之后加速金融改革是分不开的。1997 年亚洲金融危机之前，韩国外汇市场与我国外汇市场的现状相差不大，外汇远期还受"真实需求原则"管制而不能快速发展。然而金融危机促使韩国政府下定决心，加速了金融系统的改革并取得了相当大的成效。但到目前为止，韩元仍然有所管制，资本项目还未完全放开，这也是在全球无本金交割远期市场上，境外韩元无本金交割远期最为活跃的一个主要原因。

表 12 -8 的数据显示，2009 年到 2010 年韩国期货交易所的韩元兑美元期货

成交量从 4116.2 万手增长了 21% 到 6425.7 万手，相应的成交金额从 4116.2 亿美元上升到 6425.7 亿美元，占同年韩国 GDP 的比重从 45.6% 提高到了 58.7%，同时占当年全球外汇期货成交比重从 1.67% 提高到了 1.80%，成为 2010 年全球第 6 最活跃的外汇期货；表 12 - 9 显示，2013 年韩国期货交易所韩元期货成交量比 2010 年下降了 19.4% 到 5181.4 万手，2014 年比 2013 年进一步下降了 6.1% 到 4866.4 万手，2013 年和 2014 年相应的成交金额分别为 5181.4 亿美元和 4866.4 亿美元，占同年韩国 GDP 比重从 2010 年的 58.7% 分别下降到了 39.7% 和 34.5%，同时占当年全球外汇期货成交比重从 1.59% 恢复到了 1.69%（即回到了与 2010 年 1.67% 相当的水平），在全球外汇期货市场的排名从 2010 年的第 6 下降到了 2014 年的第 8。尽管如此，韩国韩元外汇期货的成功交易使得韩元与巴西雷亚尔、墨西哥卢比和印度卢比一样，本币外汇期货在境内的成交金额超过了芝加哥商品交易所相应的外汇期货成交金额，本币外汇期货定价权成功夺回境内，这些经验值得我国学习和借鉴。

12.11.5　俄罗斯卢布

俄罗斯外汇期货近年来得到了快速的发展，根据表 12 - 8 的数据计算得出，2010 年俄罗斯股票交易所美元和欧元兑俄罗斯卢布外汇期货皆计入当年全球最活跃的 18 个外汇期货之列，分别排名第 5 和第 9，2009 年到 2010 年，该两期货成交量分别增长了 858% 和 189%，两个期货合约总成交金额从 317.2 亿美元增长到了 1616.3 亿美元，增长了 409.5%，占当年俄罗斯 GDP 比重从 2.6% 提高到了 10.6%，同时占当年全球外汇期货成交金额比重从 0.13% 提到了 0.45%。表 12 - 9 显示，2014 年莫斯科交易所有 3 个期货合约进入该年全球最活跃的 16 个外汇期货合约之列，其中卢布兑美元和卢布兑欧元成交量分别排名全球第 1 位和第 14 位，欧元兑美元排名第 11 位；根据表 12 - 9 的数据计算得出，2013 年到 2014 年俄罗斯股票交易所两个卢布外汇期货该两期货成交量金额从 5258 亿美元增长到了 8204 亿美元，增长了 56%，占当年俄罗斯 GDP 比重从 28.3% 提高到了 39.5%，同时占当年全球外汇期货成交金额比重从 1.6% 提到了 2.8%，低于上文介绍的 2014 年巴西外汇期货成交金额全球占比 14.3%，而显著高于印度、墨西哥和韩国 2% 上下的占比。如上数据显示，尽管 2014 年以来俄罗斯卢布显著贬值，但以美元计价的俄罗斯外汇期货成交金额仍高速增长，结果确实来之不易。俄罗斯近年来推动外汇期货等市场发展的举措和经验值得我国学习和参考。

12.11.6　其他发展中国家外汇期货简介

关于匈牙利改革的研究和探讨在我国改革开放初期还常见于报刊杂志，但近年来在国内已经很少见到有关该国经济和金融市场的研究。如表 12 – 3 所示，布达佩斯商品交易所交易的匈牙利福林/美元合约和匈牙利福林/欧元合约在 2004 年的成交量分别列全球第 12 位和第 18 位；布达佩斯股票交易所交易的瑞士法郎/日元合约则名列全球第 11 位。匈牙利福林合约也在芝加哥商品交易所进行交易，但其成交量较小。

要推出外汇期货实际上并不难，难的是推出后要达到一定的市场流动性。特别是对于处于经济转型时期的国家或地区而言，利率和汇率市场化程度仍需显著提高，市场流动性的提高不是易事。推出并能够让交易保持活跃，甚至在国际同类产品上占一席之地就更不容易了。

12.12 本章总结

本章对外汇期货和外汇指数期货及其功能进行了系统的介绍。由于透明度高、成本低、流动性强等特点，外汇期货在国际外汇市场中发挥着重要的作用。

虽然外汇期货是最早推出的金融期货品种，但在成交量、成交金额和持仓量等方面，都要比后来推出的利率期货及股票指数期货小得多。数据显示，2002 年到 2012 年，外汇期货年度成交金额从 3.0 万亿美元持续增长到了 28.8 万亿美元，12 年年均复合增长率高达 20.6%，外汇期货年度成交金额占相应的全球金融期货总成交金额的比重从 0.6% 持续增长到了 2.7%，显示全球外汇期货在全球金融市场中的地位在持续提高；然而 2012 年到 2014 年占比又持续下降到了 2.0%，2015 年前三季度占比再回 2.3%，显示全球外汇期货市场在全球金融期货市场的地位达到了略超过 2% 的水平，显示外汇期货相对于银行间外汇远期来说流动性仍然很有限。这主要是因为与外汇期货类似的产品——外汇远期在银行间市场相当活跃。正如我们在第 8 章和本章所指出的那样，对包括远期合约在内的所有柜台交易产品而言，最重要的风险是信用风险。然而在银行间市场，银行与客户，特别是银行与银行间的信用风险相对较低，所以客户与银行通常不是使用外汇期货，而是大量使用银行间的外汇远期来规避汇率风险，这导致外汇期货的交易量和活跃程度远不如外汇远期。然而从国际清算银行公布的 2007 年 4 月外汇远期日均成交金额来看，今后外汇期货的增长速度要远高于银行间市场，占相应远期的比重今后会进一步提升。

本章的研究结果显示，欧元区、英国、日本、澳大利亚和加拿大这些主要发达国家和地区货币的外汇期货或者在境内少有交易，或者主要或全部在美国芝加哥商品交易所交易，成为芝加哥商品交易所最活跃的 5 大外汇期货；而巴西、印度、俄罗斯、墨西哥和韩国等国通过近十年来发展国内本币外汇期货市场，将在芝加哥商品交易所相似的外汇期货流动吸引回国，使得国内本币外汇期货成为其外汇期货的主要场所，夺回了本币外汇期货的定价权。如果本国本币外汇期货市场不够活跃，那么相应的期货就会在境外如美国芝加哥商品交易所活跃交易。巴西、印度、俄罗斯、墨西哥和韩国等国外汇期货的成功经验值得我们学习和借鉴。

各国在经济、金融的发展和改革中都有自己不同的途径，但取得成功的国家大多都"付过学费"。巴西、印度、俄罗斯、墨西哥、匈牙利和韩国等国的外汇期货市场近年来取得了飞速的发展，这些国家在外汇改革和开放过程中的经验和教训对我国具有相当重要的借鉴意义。从长远来看，我国会逐步建立起汇率市场形成机制，规避外汇风险显得日益重要。我们在第八篇将介绍，由于国内外汇市场发展相对缓慢，近年来美国芝加哥、中国香港、新加坡、俄罗斯和中国台湾等地已经先后退出了人民币外汇期货交易。在人民币纳入国际货币基金组织特别提款权一篮子货币在即，及时推出国内人民币外汇期货对于建立国内完善、有效、活跃的多层次外汇市场，对推动人民币国际化、推动"一带一路"战略实施、维护和促进我国国民经济的重回中高档增长都具有极其重要的意义。

第 13 章 期 权

本部分前几章分别介绍了外汇和债券远期、无本金交割远期和期货，我们在本章集中介绍和分析各类外汇期权。与期货和远期不同的是，期权既可在交易所交易，也可在柜台交易。所以期权有很多类型，内容相当复杂广阔，而且对整个金融市场具有相当重要的意义。

虽然比第一个金融期货晚推出一年，但期权目前无论是在总交易量还是在持仓量方面都高于各类期货的总和。经过多年的发展，期权目前已经广泛地在所有基础金融资产如外汇、股票和债券，以及这些基础产品的价格指数上交易，同时也在很多期货之上交易。期权已经成为全球绝大部分交易所主要的产品类型，当然它也是外汇市场中一种重要的产品类型。不仅如此，期权同时还是柜台交易衍生产品的重要组成部分。本章的目的是对交易所交易的外汇期权和柜台交易的主要外汇期权进行系统的介绍和适当的分析，从而为我们在后面介绍人民币期权做好准备。

期权不论在技术上还是在交易策略上都要比期货复杂得多。详细地介绍外汇期权的各个方面及其实际知识，需要几本书的篇幅，我们在本章内难以做到。在这里我们尝试用一定的篇幅对外汇期权的主要方面作一个系统的介绍。

本章结构如下：第 13.1 节介绍期权交易的历史和发展；第 13.2 节介绍期权的两个类型——看涨期权和看跌期权；第 13.3 节介绍期权的主要概念；第 13.4 节介绍外汇现货期权和外汇期货期权，以及全球主要的外汇期货交易所；第 13.5 节介绍期权合约的主要内容；第 13.6 节介绍决定外汇期权价格的主要因素和如何对外汇期权进行定价；第 13.7 节介绍期权的虚实度；第 13.8 节介绍期权的主要风险参数；第 13.9 节介绍期权的隐含波动率及其用途和意义；第 13.10 节介绍期权常用的主要交易策略；第 13.11 节介绍期权和期货的主要区别；第 13.12 节对本章进行总结。

13.1 介绍

13.1.1 期权的简要历史

虽然根据西方的文献（Shamah, 2004），我们可以把最初的期权交易追溯到希腊时代，但目前除了对那时的交易进行有限的介绍以外，并没有任何可以考评的资料。离现在较近的期权交易，是我们比较熟悉而且很多文献都提到的 17 世纪初期荷兰爆炒郁金香时期。那时候一些郁金香生产者除了买卖郁金香期货以外，还买进郁金香看跌期权，即以一定价格卖出郁金香的权利，相当于为郁金香买了保险。买进郁金香看跌期权后，生产者可以确定他们生产的郁金香可以以好价钱卖出，从而降低了风险并确保了他们的回报。我们可以想象，那时的郁金香期货和期权市场并没有相应的监管。1737 年上半年，郁金香价格过于离谱地飞涨，致使该市场逐渐消失。

现代意义上最初的期权是 100 多年前在伦敦股票交易所交易的股票期权。这些期权是买卖双方之间的合约，也就是我们在本章后面会详细介绍的柜台交易的期权，伦敦股票交易所对这些期权没有任何的责任或义务。股票期权后来被传到其他金融中心，例如纽约。随后，期权的概念、合约、交易方式等有所发展并修正。但由于这些期权全是在柜台上交易，透明度很低，因此其交易的数量、价格、持仓量等数据都无从查询。在那时，研究期权概念和交易的人群还仅限于少数实际操作者和研究人员。一直到全球第一个期权交易所成立并推出期权交易后，期权才开始迅速发展和普及。

13.1.2　全球第一个期权交易所

由于期权最初的柜台交易产品的标的主要是股票，全球第一个交易所推出的第一个期权合约是股票期权。虽然成立的时间比芝加哥商业交易所早好多年，但由于没能最早推出第一个金融期货，芝加哥期货交易所（Chicago Board of Trade，CBOT 或 CBT）在产品创新方面落后于芝加哥商业交易所。但芝加哥期货交易所在另一个领域领导了世界的潮流。它经过数年的准备，终于在 1973 年设立了芝加哥期权交易所（Chicago Board of Options Exchange，CBOE）并推出了股票期权。芝加哥期货交易所最初仅推出了基于 16 个在美国最活跃的股票之上的看涨期权或认买期权。到了 1976 年看跌期权或认卖期权才被推出，并逐渐扩大到其他股票。随后几年，其他股票交易所如美国股票交易所（American Stock Exchange，AMEX）、费城股票交易所（Philadelphia Stock Exchange，PHLX）等也开始交易股票期权。

13.1.3　期权定价的方法

从合约数量、定价方法、交易策略等方面来讲，期权比期货要复杂得多。期货市场的参与者通常是重"市"轻"价"，即重视期货市场走势而不太重视期货的价格，因为期货买卖双方在交易所交易时并没有现金转手，保证金实际上还是交易者自己的钱。但是期权则不同，在购买期权合约时，买方像买其他任何产品一样要向卖方支付期权费或期权金，才能获得在对买方有利的情况下执行合约的"权利"。如我们在本章后面所介绍，期权定价是比较复杂的。实际上在芝加哥期权交易所正式推出期权的时候，业界还没有一个公认的期权定价方法。由于期权的价格难以确定，交易也就很难顺利进行和普及。

值得庆幸的是，在芝加哥期权交易所成立的同一年，举世公认的、影响世界期权市场乃至整个衍生产品市场的重大理论成就——我们本章后面将要详细介绍的布莱克—斯科尔斯（Black – Scholes）期权定价理论于1973年正式发表，并很快被期权业界认可并采纳。有了业界公认的定价方法，期权的价格可以相对较容易地算出并被买卖双方接受，交易也随之顺利进行。后面我们会详细介绍如何对期权进行定价。

13.1.4 期权品种的逐步齐全

从1973年第一个期权交易所成立之后的10年里，股票期权的成交量飞速增长，年成交量从1973年的102万手增加到了1982年的13726万手。随着股票期权交易的不断活跃，期权的概念、交易方法、定价方法等得到了迅速的普及。期权标的也逐渐从股票扩展到其他基础产品，如外汇、债券、期货和指数等。表13－1列出了期权市场发展的主要历程。

表13－1　　　　　　　　各类期权的推出时间和相应的交易所

年份	期权类型	推出交易所
1973	股票看涨期权	芝加哥期权交易所
1975	股票看跌期权	美国股票交易所、费城交易所
1976	股票看涨期权	太平洋交易所
1977	股票看涨期权	芝加哥期权交易所等
1981	黄金期权	阿姆斯特丹交易所
1982	外汇期权	费城交易所
1982	美国政府债券期货期权	芝加哥期权交易所
1983	股票指数期权	芝加哥期权交易所
1985	外汇期货期权	芝加哥商品交易所
1987	铜期货期权	伦敦金属交易所
1988	铜期货期权	纽约商品交易所
1990	长期期权	芝加哥期权交易所
1993	灵活期权	芝加哥期权交易所
1993	恒生指数期权	香港交易所
2001	台湾证券交易所股指期权	台湾期货交易所
2015	黄金询价现货期权	上海黄金交易所

资料来源：张光平：《股票指数期货和期权》，2004。

13.1.5　全球场内期权交易情况

虽然交易所交易期权的推出时间比期货晚一个多世纪，但期权的发展却并未落后期货的发展。我们这里简单介绍全球交易所交易的期权的交易情况。

表 13－2 给出了从 1994 年到 2015 年全球交易所交易的期权的成交量情况。从表 13－2 可以看出，2001 年全球期权成交金额比 2000 年增长超过了 123%，而且从 2000 年到 2007 年 7 年平均增长率高达 43.04%，比同期期货成交金额的平均年增长率 26.1% 高出 17%。受金融危机影响，2008 年、2009 两年的期权成交金额负增长，但这两年的平均降幅仍略低于期货的成交金额的平均降幅。2010 年、2011年期权成交额回到增长状态，但 2012 年期权成交额较 2011 年大幅下降 33.91%，同年期货成交额也下降逾 23%。近两年期权和期货成交额增长率波动较大。

表 13－2　　　　全球场内交易期权年成交金额（1994 年到 2015 年）

单位：万亿美元，%

年份	1994	1995	1996	1997	1998	1999	2000	2001	2002	2003	2004
总成交金额	55.9	53.4	52.4	61.9	70.5	62.2	66.3	148.4	191.3	249.2	312.1
年增长率	38.30	－4.50	－1.90	18.20	13.80	－11.80	6.70	123.70	28.90	30.20	25.25
利率期权成交金额	46.4	43	41.1	48.7	55.6	45.8	47.4	122.8	154.5	205.4	260.1
年增长率	41.60	－7.30	－4.50	18.50	14.20	－17.70	3.40	159.10	25.90	32.90	26.60
外汇期权成交金额	1.4	1.3	1.3	0.9	0.5	0.3	0.2	0.4	0.4	0.5	0.6
年增长率	－2.30	－4.80	－2.50	－31.60	－38.50	－46.90	－26.60	68.00	18.80	16.50	19.60
股指期权成交金额	8.1	9.1	10	12.3	14.3	16.1	18.7	25.2	36.4	43.3	51.4
年增长率	30.20	11.90	10.30	23.50	15.90	12.30	16.70	34.70	44.10	19.00	18.80
年份	2005	2006	2007	2008	2009	2010	2011	2012	2013	2014	2015Q1
总成交金额	402.5	546.3	701.9	664.7	533.6	606.7	635.4	419.9	467.4	486.0	119.2
年增长率	29.00	35.70	28.50	－5.30	－19.70	13.70	4.73	－33.91	11.30	3.98	－3.46
利率期权成交金额	328.8	446	547.6	526.6	434.6	468.9	466.3	308.6	354.4	334.8	79.3
年增长率	26.40	35.70	22.80	－3.80	－17.50	7.90	－0.56	－33.82	14.84	－5.52	－13.32
外汇期权成交金额	0.9	1.12	2.1	2.8	2	3	2.5	2.4	3.0	3.1	1.0
年增长率	60.40	18.60	91.10	30.00	－28.80	53.90	－15.83	－5.65	26.90	1.54	41.27
股指期权成交金额	72.7	99.2	152.1	135.3	97.1	134.7	166.6	109.0	110.0	148.1	38.8
年增长率	41.40	36.30	53.40	－11.00	－28.30	38.80	23.69	－34.59	0.93	34.67	24.42

资料来源：国际清算银行（BIS）网站（www.bis.org），2015 年的数据为第一季度数据，相应的增长率为同比增长率。

图 13－1 给出了 1996 年到 2014 年全球交易所交易的期货和期权年底持仓量。从图 13－1 可以看出，1996 年到 1998 年，期货和期权年底持仓量皆较低，

三年多时间不到 2000 万手，而且期货持仓量高于期权的持仓量；而从 1999 年到 2002 年，期权持仓量超过了期货相应的持仓量；从 2001 年到 2006 年期货持仓量持续高速增长，2005 年和 2006 年期货持仓量显著增加，重新超过了期权持仓量；而从 2006 年到 2010 年，期货持仓量持续稳步下降的同时，期权持仓量却仍然保持了缓步上升的势头，2008 年到 2010 年三年期权持仓量显著超过了期货的持仓量。从 2011 年到 2014 年，期货持仓量在 9000 万手上下波动，期权持仓量则在 1.2 亿手上下波动。

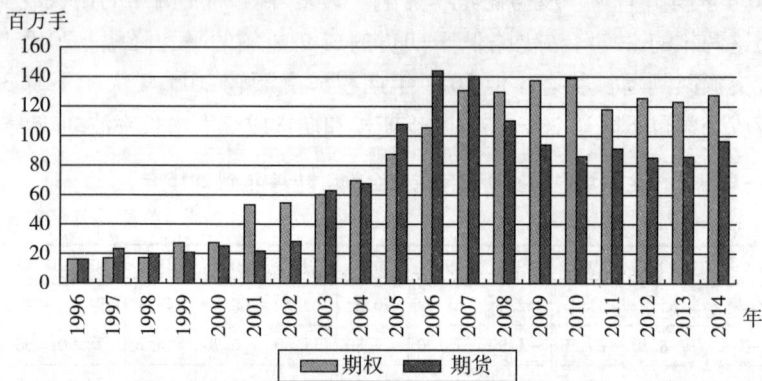

数据来源：国际清算银行网站，www. bis. org。

图 13 - 1 全球场内交易期权和期货合约年底持仓量（1996—2014 年）

13. 2 看涨期权和看跌期权

在介绍完期权的基本历史和发展情况之后，我们从本节开始系统介绍期权的各个主要方面。由于基础产品很多，结算和交割方式也各有不同，期权有各种各样的形式，因此期权有很多不同的分类办法。最常见的分类方式是将期权分为看涨期权和看跌期权两大类型。

13. 2. 1 期权的概念

期权实际上是期望的权利。具体地说，一个期权是一种金融合约，它赋予买者或者持有者在事先确定的时间内或时间点执行合约的权利。如果执行合约对持有者有利，那么持有者将执行，否则持有者会任由期权过期作废。比如加入一个职业团体，交纳会员费后会员有选举权和被选举权。但如果你认为几个候选人都不如意，那么你可以选择放弃权利而不投票给任何人。

期权的英文名称为 Options，即表示在未来执行合约与否的选择权。对于任何资产，今后价格变化的可能只有上升或下跌两种，所以期权的基本类型也只有两种，即看涨期权和看跌期权。顾名思义，看涨期权是持有者期望基础资产价格上涨的权利；而看跌期权是持有者期望基础资产价格下跌的权利。当投资者认为某资产价格会下降，他会支付一定的现金买进一个看跌期权。买进看跌期权实际上相当于为基础资产购买保险。

13.2.2 看涨期权

看涨期权是一种金融合约，它赋予买者或者持有者在特定时间内以特定价格购买标的资产的权利。这个特定时间称为到期时间，特定价格称为执行价格。如果期权只可以在到期时执行，那么这种期权称做欧式期权；如果它既可以在到期时也可以在到期前执行，那么这个期权就是美式期权。期权的买者称为期权多头，卖者称为空头。

看涨期权的英文名称是 Call Options，也被译为认购期权。图 13 - 2 描述了一个在香港联交所交易的，2015 年 6 月 15 日到期、执行价格为 107.5 港元的中国移动股票看涨期权的回报。

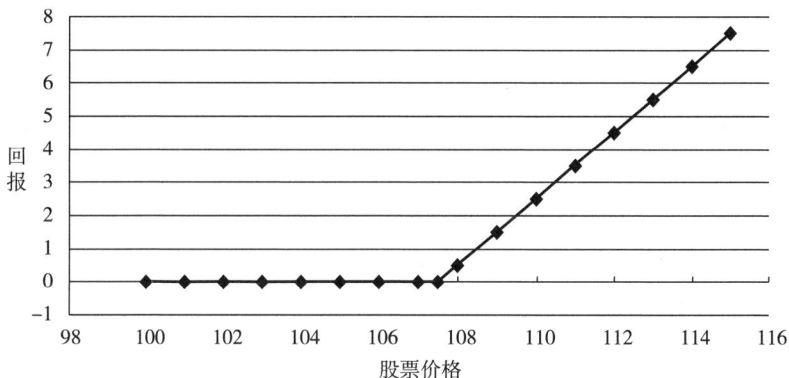

图 13 - 2 中国移动股票看涨期权回报图

从图 13 - 2 我们可以清楚地看出，如果股票价格在期权到期时等于或超过期权执行价格 107.5 港元，那么该看涨期权的回报为股票价格与执行价格之间的差值；如果股票价格在期权到期时低于期权执行价格 107.5 港元，那么该看涨期权的回报为零。换句话说，当看涨期权多头的预测准确时（即股票在期权到期时的价格高于执行价格），看涨期权的回报可能是无限的。

从上面的看涨期权回报图我们还可以看出，看涨期权的回报是一个向右上方 45 度的直线，该直线的转折点是期权的执行价格。对看涨期权持有者最好的情况，就是股票价格无限地上涨，看涨期权的收益也就无限制地增加。对购买期权的人来说，最坏的情况是期权没有任何价值而损失了期权金。这也就是通常所说的——看涨期权有有限的责任（期权费）和无限的回报。

13.2.3 看跌期权

看跌期权也是一种金融契约，是赋予购买者或者多头在特定时间内以特定价格卖出标的资产的权利。这个特定价格称为执行价格，特定时间称为到期时间。如果看跌期权仅可在到期时执行，那么该期权就是欧式看跌期权；如果看跌期权既可在到期时，也可在到期前的任何时间执行，那么该期权就称做美式看跌期权。购买一个看跌期权和购买一份保险合约相似。看跌期权的英文名称为 Put Options，又被译为认沽期权。图 13 – 3 描绘了一个在香港联交所交易的、2015 年 6 月 15 日到期、执行价格为 100 港元的中国移动股票看跌期权的回报图。

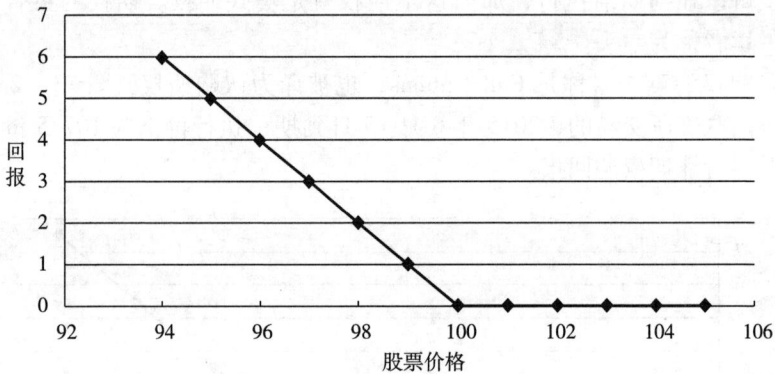

图 13 – 3　中国移动股票看跌期权回报图

和看涨期权的回报直线相似，看跌期权的回报直线同样在执行价格处有个拐点。然而，在欧式看跌期权中，回报直线是向左上方 45 度倾斜，而看涨期权的回报直线则是向右上方 45 度倾斜。从图 13 – 3 我们可以清楚地看出，当股票价格在期权到期时等于或超过期权执行价格 100 港元时，那么该看跌期权的回报为零；如果股票价格在期权到期时低于期权执行价格 100 港元，那么该看跌期权的回报为执行价格与股票价格之间的差值。换句话说，如果股票在期权到期时低于执行价格，看跌期权的多头有权行使其权利——以较高价即期权执行价格将股票卖出。这样，购买一个看跌期权实际上等于为股票买了保险。

与看涨期权向右上方 45 度的回报直线相比，看跌期权的回报是向左上方 45 度的直线，而且该直线也是以期权执行价为起点的直线。看涨期权和看跌期权的两个回报图形都是非线性，而且两个图形都在执行价格处有一个转折点。

13.2.4 期权与保险

如上所述，看跌期权实际上是现货多头的保险，因为如果基础资产例如股票的价格下跌，看跌期权的买方还可以执行价格来卖出基础资产，从而规避了其价格下跌的风险。同样，看涨期权也是基础资产如期货的空头保险。空头担心的是基础资产例如期货的价格会上涨，购买了看涨期权就相当于为期货空头买了保险，因为如果期货价格果真上升，看涨期权的回报正好与其期货空头的损失相抵消，从而起到了保险的作用。

13.3　期权的其他重要概念

13.3.1　美式期权和欧式期权

上面我们着重介绍了根据对基础资产看涨或看跌来将期权分为看涨期权和看跌期权两类的方法，这里我们将着重介绍另外一种常用的期权分类方法：根据期权执行的时间来分类。如果期权只能在到期时间才能执行，那么这种期权就是欧式期权。当然欧式期权自然有欧式看涨期权和欧式看跌期权。如果期权不仅能在到期时间执行，同时也能在期权到期之前任何时间执行，那么这种期权就称做美式期权。同样美式期权有美式看涨期权和美式看跌期权。

在美国交易所交易的大多数期权是美式期权，而很多在欧洲交易所交易的期权是欧式期权。为了使其推出的产品能更好地满足客户的需求从而扩大成交量，美国很多主要的交易所近年来也不断推出欧式期权。

虽然美式期权和欧式期权从分类角度看，仅仅是在执行的时间上有所不同，但实际上两种期权还是有相当区别的。首先美式期权给予投资者更大的选择权，所以它对多头（即期权的购买者或持有者）更有利从而更有吸引力；同时美式期权对空头（即期权的卖出者）而言意味着更大的风险，因为对多头越有利，对空头便越不利。换句话说，在其他条件相同的前提下，美式期权的价格一般情况下比相应的欧式期权的价格要高。我们在下面介绍期权定价时会进一步比较这两种期权。

13.3.2　期权的虚实度

从看涨期权的概念我们可以知道执行价格越高的看涨期权执行的可能性越小，同时执行价格越低的看涨期权执行的可能性越大。期权的虚实度实际上就是一个衡量期权执行的可能性大小的重要参数。在期权理论和实践中，期权分为虚值期权、平值期权和实值期权三种。如果期权"立刻"执行的回报大于零，那么期权称做实值期权；如果"立刻"执行的回报正好为零，那么该期权称为平值期权；如果"立刻"执行的回报小于零，那么该期权称做虚值期权。

具体来讲，当期权的执行价格等于现货价格时，该期权称做平值期权。平值期权的"平"字可以这样来理解：如果期权立即执行，看涨期权和看跌期权的回报皆为零。如果股票价格的上涨和下跌的可能性一样，那么平值期权执行的可能性在50%左右。

执行价格小于现货价格的看涨期权是实值期权，因为如果这种看涨期权现在执行，现货价格减去执行价格大于零；执行价格高于现货价格的看涨期权称为虚值看涨期权，因为如果马上执行，这种看涨期权的回报为负数。在上节中国移动股票看涨期权的例子中，中国移动股票在香港交易所的现货价格为105.2港元，所以图13-3所示的执行价格为107.5港元的看涨期权是个虚值期权；执行价格为105.2港元等等的看涨期权为平值期权；而执行价格小于105.2港元的中国移动股票看涨期权则为实值期权。

因为相同执行价格的看涨期权与看跌期权的回报直线是对称的，所以如果执行价格相同的看涨期权是实值的话，那么相应的看跌期权就一定是虚值的，反之则相反。因为平值期权执行的可能性一般在50%上下，实值期权执行的可能性一般高于50%，而虚值期权执行的可能性一般低于50%。我们会在第13.7节专门介绍如何计算期权的虚实度。

13.4 外汇期权和外汇期货期权

我们在第11章介绍了外汇期货是全球第一只金融期货，然而正如我们本章前面所述，外汇期权并不是全球最早的期权。虽然外汇期货推出的时间很早，但外汇期权的推出却用了很多年。本节主要介绍外汇期权和外汇期货期权的推出，以及主要的外汇期权交易所等。

13.4.1 外汇期权和外汇期货期权的概念

外汇现货期权和外汇期货期权一般统称为外汇期权。顾名思义，外汇期权是设在外汇之上的期权合约。如股票期权一样，外汇期权也有看涨期权和看跌期权。但由于外汇汇率涉及两个币种，对一个货币看涨，意味着对另外一个币种就看跌。例如美元/欧元汇率之上的看涨期权，实际上是欧元看涨期权，同时也是美元看跌期权。在实际应用中经常称上述期权为美元看跌期权/欧元看涨期权。正是由于这个原因，我们在上节使用图13-2和图13-3介绍看涨期权和看跌期权时选用了一个大家较熟悉的股票期权，以避免在开始时产生不必要的混淆。设在外汇汇率之上的期权经常还称作外汇现货期权，因为这些期权在执行时需要相应的货币来交割。我们下面会专门详细介绍外汇现货期权。

与外汇现货期权相应的是外汇期货期权，在国际场内外汇市场上（在交易所交易的外汇衍生产品市场），外汇期货期权的成交量远大于相应外汇现货期权，我们下面会详细介绍两者的区别和联系。顾名思义，外汇期货期权是设在外汇期货之上的期权。换句话说，外汇期货期权是要用相应的外汇期货来交割的。实际上，外汇期货期权是衍生产品的衍生产品，因为外汇期货已经是基本的衍生产品。

因为期货价格是建立在现货价格基础上的，而且还反映了从现在到期货合约到期这段时间的不确定性，所以期货市场通常比其相应现货市场的波动性更大。波动性越大的市场，风险度越高，从而期权交易就越活跃。所以，正如我们后面所介绍，在芝加哥商业交易所交易的外汇期货期权比在费城交易所交易的外汇现货期权要活跃得多。

13.4.2 全球第一个外汇期权交易所

1982 年，费城股票交易所的外汇市场首次推出期权。虽然费城股票交易所推出外汇期权比芝加哥商业交易所的国际货币市场推出的第一个外汇期货合约晚了 10 年，费城股票交易所仍然是全球第一个外汇期权交易所，因为芝加哥商品交易所在 1985 年才推出了第一个外汇期货期权，我们在后面探讨外汇期货期权时还会进一步介绍。

费城股票交易所最早将期权引进交易所外汇市场。费城股票交易所推出的外汇期权是外汇现货期权，因为这些期权的执行需要用相应的货币进行交割。与外汇期货相似，外汇期权的合约条款如合约大小、到期时间、报价等是标准化的。像芝加哥商业交易所推出的主要外汇期货一样，费城股票交易所推出了这些货币的标准期权，包括欧式和美式两种类型。表 13 - 3 给出了这些期权在 2005 年 2 月 4 日的成交量和持仓量。

表 13 - 3　　费城股票交易所外汇期权的日成交量和持仓量

（2005 年 2 月 4 日）　　　　　　　　单位：手

期权名称/类型	成交量	持仓量
澳元	46	4030
英镑	0	850
加元	67	5703
日元	0	1245
瑞士法郎	36	1738
欧元	233	5198
总计	382	18764
美式期权	184	6421
欧式期权	198	12343

资料来源：费城股票交易所网站。

如表13-3所示，费城交易所交易的外汇期权并不很活跃。日成交量仅有数百手。实际上，令人遗憾的是，作为全球第一个推出外汇期权的交易所，在2005年和2006年外汇期权成交量仅排全球第六位，分别占0.9%和0.6%；而同期成交金额也排名全球第六位，该两年占全球总份额分别仅为0.03%。我们下面对最活跃的外汇期权进行比较时可以发现，费城股票交易所2004年交易最活跃的合约——欧元期权合约的年成交量，仅占全球2004年最活跃的8个外汇合约总成交量的0.3%。我们从表13-3还可以看出，在费城交易所交易的外汇期权中，美式和欧式的交易量相当，然而欧式期权的持仓量几乎是美式期权的两倍，表明欧式期权交易较美式期权活跃。

2007年11月7日，纳斯达克宣布以6.52亿美元的价格收购费城股票交易所，2008年7月24日，收购交易完成，二者合并成为美国第三大的期权交易所。2014年，有约3600种权益期权、15个指数期权以及一系列外汇期权在新的纳斯达克交易所上交易。

13.4.3 全球主要外汇期权成交量及交易所分布

我们上面介绍了费城股票交易所外汇期权的情况。表13-4给出了2004年

表13-4   2004年全球最活跃的外汇期权合约、

成交量和持仓量及其交易所等   单位：手

合约	交易所	交割类型	日均成交量	12月底持仓量	持仓量/成交量	2004年成交量	年增长率
美元期权	巴西商品与期货交易所（BMF）	欧式	22556	347265	73.31%	3477670	37%
美元期权	以色列股票交易所（TASE）	欧式	19798	184644	42.39%	5819577	-30%
欧元期货期权	芝加哥商品交易所（CME）	美式	10724	155648	65.97%	1492887	26%
日元期货期权	芝加哥商品交易所（CME）	美式	3210	68836	97.48%	465261	-5%
欧元期权	以色列股票交易所（TASE）	欧式	2455	24942	46.18%	596712	53%
加元期货期权	芝加哥商品交易所（CME）	美式	1283	23896	84.63%	190976	-8%
欧元/美元	泛欧交易所（Euronext）	欧式	830	16970	88.85%	139758	88%
美元/欧元	费城股票交易所（PHLX）	美式/欧式	127	5198	186.41%	31547	-35%

资料来源：期货期权周刊（FOW），2005年1月25日，费城交易所的数据是从其交易所直接获得，从而与其他交易所的产品可以进行比较。

全球最活跃的 8 个外汇期权合约、相应的交易所、期权交割类型、2004 年底的持仓量、2004 年的总成交量及年增长率，表 13 - 5 和表 13 - 6 分别给出了 2010年和 2014 年最活跃的 8 个外汇期权的相应数据，使我们对近十年来全球外汇期权市场的发展有具体的了解。

13.4.3.1　2004 年全球最活跃的外汇期权合约和成交量及分布等

表 13 - 4 显示，2014 年全球最活跃的外汇期权有三个为美国芝加哥商品交易所交易的美元兑欧元、美元兑日元和美元兑加拿大元外汇期权，分别排名第3、第 4 和第 6 位，该交易所的美元兑英镑和兑澳大利亚元外汇期权还不在 8 个最活跃的产品之列；其次，以色列股票交易所交易的美元和欧元期权成交量分别排名第 2 和第 5，显示 2004 年以色列股票交易所在全球外汇期权市场中的重要地位；巴西商品与期货交易所的美元兑巴西雷亚尔外汇期权成交量分别排名第 1，显示 2004 年巴西商品与期货交易所的重要地位；另外，泛欧交易所的欧元兑美元外汇期权和费城股票交易所的美元兑欧元期权分别排名第 7 和第 8。从期权货币的角度来看，表 13 - 4 给出 2004 年全球最活跃的 8 个外汇期权中除以色列欧元期权外，其他 7 个期权合约皆为美元外汇期权，显示美元在全球场内外汇期权市场的重要地位。

表 13 - 4 同时显示，除芝加哥商品交易所进入 2004 年全球最活跃的外汇期权名单的 3 个外汇期权皆为美式期权外，美国外的其他交易所交易的外汇期权皆为欧式期权，费城股票交易所交易的外汇期权既有美式也有欧式。

13.4.3.2　2010 年全球最活跃的外汇期权成交量及分布

表 13 - 5 给出了 2010 年全球最活跃的 8 个外汇期权相关信息。表 13 - 5 显示，进入 2010 年全球最活跃的 8 个外汇期权与 2004 年相比发生了巨大的变化：除巴西商品与期货交易所交易的美元期权和芝加哥商品交易所交易的 3 个美元外汇期权保留在名单外，表 13 - 4 中其他 4 个交易所交易的外汇期权全部出局；芝加哥商品交易所交易的美元兑英镑和美元兑加拿大元外汇期权进入 2010 年 8大外汇期权名单，分别排名第 6 和第 8；另外印度股票交易所交易的美元兑印度卢比期权和俄罗斯股票交易所交易的美元兑俄罗斯卢布外汇期权也进入 2010 年最活跃的 8 大外汇期权名单中，分别排名为第 1 和第 5。另外，表 13 - 5 给出的8 个全球最活跃的外汇期权全部为美元兑其他货币的外汇期权，显示美元期权在全球交易所交易的外汇期权市场中的垄断地位。

表 13 - 5 显示，巴西商品和期货交易所交易的美元期权成交量占比最高为59.8%，其次为芝加哥商品交易所交易的美元兑欧元期权 14.7%，再次为印度股票交易所交易的美元兑印度卢比占比 13.7%，该 3 个期权 2010 年成交总量占8 个期权总成交量比重高达 88.3%，其他 5 个交易所交易的 5 个期权总成交量占比仅为 11.7%，显示 2010 年全球交易所交易的外汇期权成交量主要集中在巴西

商品和期货交易所、芝加哥商品交易所和印度股票交易所，其他 5 个交易所交易 2010 年期权成交量占比平均仅为 2% 上下。

表 13 – 5　　2010 年全球主要外汇期权合约、成交量、持仓量及其交易所　　单位：手

合约	交易所	交割类型	12 月月度成交量	12 月日均成交量	12 月底持仓量	2010 年成交量	年增长率	2010 年成交量占比
美元期权	印度股票交易所（NSE India）	美式	3064530	102151	327589	6197229		13.7%
美元期权	巴西商品与期货交易所（BMF）	欧式	1551260	51709	1367210	26986547	9.47%	59.8%
欧元期权	芝加哥商业交易所（CME）	美式	509199	16973	272330	6651318	201.29%	14.7%
日元期权	芝加哥商业交易所（CME）	美式	103466	3449	72737	1366149	80.10%	3.0%
美元期权	俄罗斯股票交易所（RTS）	美式	119996	4000	113864	1280316	-31.31%	2.8%
英镑期权	芝加哥商业交易所（CME）	美式	85328	2844	52291	1208577	159.68%	2.7%
澳大利亚元期权	芝加哥商业交易所（CME）	美式	61658	2055	43343	551060	101.47%	1.2%
加拿大元期权	芝加哥商业交易所（CME）	美式	50746	1692	34134	889708	91.23%	2.0%
合计			5546183	184873	2283498	45130904		100.0%

数据来源：Futures and Options World。

13.4.3.3　2014 年全球最活跃的外汇期权合约和成交量及分布等

表 13 – 6 给出了 2014 年全球最活跃的 8 个外汇期权及成交量等。表 13 – 6 显示，2014 年全球最活跃的 8 个外汇期权名单与 2010 年全球最活跃的 8 个外汇期权的名单保持不变，表明 2010 年到 2014 年的 4 年间全球交易所交易的外汇期权格局基本稳定。尽管如此，2014 年全球最活跃的 8 个外汇期权成交量的分布却发生了巨大的变化：印度股票交易所美元期权成交量占比增长了 45.1% 到 58.8%，从 2010 年全年总成交量排名第 3 提高到了 2014 年的第 1；俄罗斯股票交易所交易的美元期权 2014 年成交量占比从 2010 年的 2.8% 增长了 22.9% 到 25.7%，排名第 2；前两大交易所美元期权成交总量占比高达 84.5%，其他 6 个期权产品总成交金额占比仅为 15.5%，其中芝加哥商品交易所的 5 个期权成交

总量占比仅为 9.9%，不到一成。印度和俄罗斯外汇期权成交量巨大的主要原因是期合约面值很小，下文会进一步讨论。

表 13 - 6　2014 年全球主要外汇期权合约、成交量、持仓量及其交易所等　单位：手

合约	交易所	交割类型	12 月月度成交量	12 月日均成交量	12 月底持仓量	2014 年成交量	年增长率	2014 年成交量占比
美元期权	印度股票交易所（NSE India）	美式	14140228	642737.64	1262433	98750882	-61%	58.8%
美元期权	巴西商品与期货交易所（BMF）	欧式	449379	22469	648067	9388952	-5%	5.6%
欧元期权	芝加哥商业交易所（CME）	美式	1010618	45937.18	348171	7630825	18%	4.5%
日元期权	芝加哥商业交易所（CME）	美式	337436	15338	191722	3009287	-18%	1.8%
美元期权	俄罗斯股票交易所（RTS）	美式	14407204	654873	2686132	43240578	11050%	25.7%
英镑期权	芝加哥商业交易所（CME）	美式	200754	9125.18	103056	3033414	65%	1.8%
澳大利亚元期权	芝加哥商业交易所（CME）	美式	128283	5831.05	70030	1563533	-10%	0.9%
加拿大元期权	芝加哥商业交易所（CME）	美式	100550	4570	53474	1400169	27%	0.8%
合计			36433039	1589501	7724060	168017640		100.0%

资料来源：Bloomberg 及各交易所网站。

13.4.3.4　巴西商品和期货交易所（BMF）

第 12 章表 12 - 8 显示，巴西商品与期货交易所的美元期货合约是 2010 年全球最活跃的外汇期货合约之一。表 13 - 4 到表 13 - 6 显示，巴西商品与期货交易所的美元期权合约在十多年内保持了全球最活跃的外汇期权交易所的地位。巴西商品与期货交易所不但有美元现货期权、美元期货期权，同时还有允许客户自行设计的"灵活"性外汇期权。表 13 - 5 显示，巴西商品与期货交易所美元期权 2010 年成交量比 2009 年增长 9.47%，达到 2698 万手，成为全球最活跃的外汇期权。虽然 2014 年巴西商品与期货交易所的美元期权成交量低于印度，但是其成交金额却显著高于印度，巴西商品与期货交易所活跃的合约、丰富的产品类型和创新精神使巴西商品与期货交易所排名国际主要交易所之列。

13.4.4.5　印度股票交易所（National Stock Exchange of India，NSE India）

印度股票交易所在2010年10月才推出了美元卢比期权合约。如表13-5显示，NSE美元期权仅仅推出两个月时间，12月当月的成交量已排名第一，达到306万手，而巴西商品与期货交易所的美元期权合约12月成交了155万手，印度交易所的美元期权成交量是巴西的两倍。表13-6显示，2014年印度股票交易所的期权成交量虽然比2013年下降了61%，但是仍比巴西交易所成交量超过了十倍，显示印度股票交易的美元期权的活跃度。下文期权成交金额分析表明，由于印度期权合约面值很小，印度巨大的期权成交量并不能很好地反映期权的流动性。

13.4.3.6　芝加哥商品交易所（CME）

作为全球外汇期货最重要的交易所，芝加哥商业交易所在外汇期权方面的表现同样相当出色。芝加哥商业交易所交易的外汇期权是其外汇期货之上的期权。虽然该所推出外汇期权的时间比费城交易所晚三年，但是依靠其出色的外汇期货市场，芝加哥商品交易所推出的外汇期货期权表现得十分出色。表13-4显示全球最活跃的8个外汇期权产品中，芝加哥商品交易所就占了3个，这些合约的成交金额超过所有其他产品，而且表13-5和表13-6显示，2010年和2014年芝加哥商业交易所交易进入全球前8个最活跃外汇期权名单的期权数增长到了5个，超过一半，显示该交易所在全球外汇期权市场的重要地位。

除进入前5个榜上有名的期货期权之外，芝加哥商品交易所还有25个期货期权产品。表13-7给出了芝加哥商品交易所交易的所有外汇期货期权产品。

表13-7　　　　　芝加哥商业交易所外汇期货期权的标的产品

1. 澳元 Australian Dollar	13. 韩元 Korean won
2. 巴西雷亚尔 Brazilian Real	14. 波兰兹罗提 Polish Zloty
3. 英镑 British Pound	15. 俄罗斯卢布 Russian Ruble
4. 加元 Canadian Dollar	16. 南非兰特 South African Rand
5. 捷克克朗 Czech Kronua	17. 瑞士法郎 Swiss Franc
6. 欧元 Euro FX	18. 欧元/英镑
7. 匈牙利福林 Hungarian Forint	19. 捷克克朗/欧元
8. 日元 Japanese Yen	20. 匈牙利福林/欧元
9. 墨西哥比索 Mexican Peso	21. 欧元/日元
10. 新西兰元 New Zealand Dollar	22. 波兰兹罗提/美元
11. 伊拉克谢克尔 Israeli Shekel	23. 欧元/瑞士法郎
12. 人民币 Chinese Renminbi	

资料来源：www.cmegroup.com，截至时间为2015年7月。

芝加哥商品交易所 5 个期权成交总量占比不到一成的主要原因是印度和俄罗斯等交易所外汇期权合约面值过低，导致后者成交量过高所致。下文还会专门讨论外汇期权的成交金额。

13.4.3.7 俄罗斯股票交易所

表 13 - 5 显示，2010 年俄罗斯股票交易所的欧元兑美元外汇期权进入全球最活跃的 8 个外汇期权之列，排名第 5；表 13 - 6 显示，2014 年俄罗斯股票交易所的欧元兑美元外汇期权成交量比 2013 年增长了 110.5 倍，成为当年全球第 2 最活跃的外汇期权，显示俄罗斯外汇期权近年来的高速发展的态势。

13.4.3.8 以色列太拉维股票交易所（The Tel - Aviv Stock Exchange, TASE）

以色列太拉维股票交易所从 1994 年 10 月开始交易外汇期权。表 13 - 4 显示，虽然 2004 年的成交量下降了 30%，以色列太拉维股票交易所的美元期权成交量仍然独占鳌头，接近 600 万手，占该表总量的 47.6%；太拉维股票交易所的欧元期权从 2001 年 11 月开始交易，该期权 2004 年成交量近 60 万手，在 2004 年全球外汇期权排名第 4；该两个合约皆为现货期权，相加的总量超过表 13 - 5 总量的 52.5%。所以从成交量来看，以色列太拉维股票交易所是 2004 年全球最活跃的外汇期权交易所之一。尽管表 13 - 5 和表 13 - 6 显示，2010 年和 2014 年太拉维股票交易所的两个外汇期权没有一个保留在全球最活跃的外汇期权之列，以色列外汇期权交易还是有其成功的经验可以借鉴。

13.4.3.9 泛欧交易所（Euronext）

在 2004 年全球最活跃的外汇期权产品中，泛欧交易所的欧元期权也榜上有名。实际上泛欧交易所不但交易欧元/美元现货期权，同时也交易美元/欧元现货期权。虽然榜上有名，泛欧交易所在表 13 - 4 中的成交占比较低，排名第 7，而且与以色列交易所一样，2010 年到 2014 年泛欧交易所的外汇期权被挤出全球最活跃的期权之列，显示国际外汇期权市场竞争激烈性。

13.4.3.10 费城股票交易所（PHLX）

作为全球最早推出外汇期权的交易所，费城股票交易所的排名确实令人失望。实际上，在期货期权周刊公布的 2004 年全球最活跃的外汇期货和期权中，费城股票交易所连一个产品都未入围。为了便于比较全球第一个外汇期权交易所最活跃的期权产品与 2004 年全球最活跃的外汇期权，我们将 2004 年费城股票交易所最活跃的合约美元/欧元也放入表 13 - 4 中。表 13 - 4 显示，费城交易所的美元/欧元期权合约的年成交量还不到最后一名（泛欧交易所的美元/欧元期权）的四分之一。

本节主要介绍了外汇期权的推出、外汇现货期权和期货期权的区别以及全球主要外汇期权交易所。我们在本节的比较是基于成交量的大小。正如我们在上章分析的那样，由于各种合约大小相差很大，成交量不能很好地反映外汇期权的活跃程度。

13.5　外汇期权合约的主要内容

13.5.1　外汇期权合约月份和到期时间

世界主要外汇期权交易所——以色列太拉维股票交易所的美元期权每月都有新的合约推出。三月、六月、九月和十二月这四个季度月份上有六个月到期的期权；其他月份，一月、二月、四月、五月、七月、八月、十月和十一月有 3 个月到期的期权合约。该交易所欧元期权和美元期权合约的到期时间和其他主要内容基本相同。

巴西商品与期货交易所的美元现货期权是每个月份之上都有合约，合约的总数不多于 24 个，即合约最长到期时间为两年。巴西商品与期货交易所除了美元现货期权之外，还有在该交易所交易的美元期货之上的期货期权。巴西交易所期货期权与其现货期权相近，也是每月都有，每月的期货期权的到期时间是当月的第一个工作日，相应的期货到期日为每月的最后一个交易日。

芝加哥商业交易所的外汇期权合约都是期货期权合约，即在其期货合约之上的期权合约。对于四个主要季度的月份，即三月、六月、九月和十二月这四个季度月份上有 6 个月到期的期权。

13.5.2　外汇期权合约面值和成交金额

与外汇远期合约相同，交易所交易的外汇期权合约面值也是确定的。外汇现货期权有具体的面值，即期权执行时要交割的货币数目，而外汇期货期权的面值则是相应外汇期货合约的面值。表 13-8 给出了世界 10 个主要外汇期权的合约面值。

表 13-8　　　　　　　　　　主要外汇期权合约面值

合约	交易所	合约面值	面值货币
美元期权	印度股票交易所（NSE India）	1000	美元
美元期权	巴西商品与期货交易所（BMF）	50000	美元
欧元期权	芝加哥商业交易所（CME）	125000	欧元
日元期权	芝加哥商业交易所（CME）	12500000	日元
美元期权	俄罗斯股票交易所（RTS）	1000	美元
英镑期权	芝加哥商业交易所（CME）	62500	英镑

合约	交易所	合约面值	面值货币
澳大利亚元期权	芝加哥商业交易所（CME）	100000	澳元
加拿大元期权	芝加哥商业交易所（CME）	100000	加元
美元期权	以色列太拉维股票交易所（TASE）	10000	美元
欧元期权	以色列太拉维股票交易所（TASE）	10000	欧元

资料来源：相关交易所网站。

从表 13 - 8 可以看出，这些期权的面值相差几倍到一百多倍。合约面值最小的是印度股票交易所和俄罗斯股票交易所的美元期权合约，面值仅为 1000 美元，面值最大的合约为芝加哥商业交易所的欧元期货期权，面值为 12.5 万欧元，后者为前者 150 多倍。所以表 13 - 4 到表 13 - 6 所示的期权成交量不是衡量期权交易活跃程度的好指标。利用我们在第 12.5 节计算外汇期货合约面值的方法，我们计算出表 13 - 4 主要外汇期权的成交金额，结果如表 13 - 9 所示。

表 13 - 9   **主要外汇期权 2004 年成交金额**   单位：亿美元，%

合约	交易所	2004 年成交量（手）	合约面值	成交金额（亿美元）	份额
美元期权	巴西商品与期货交易所（BMF）	3477670	50000 美元	1738.8	29.6
美元期权	以色列股票交易所（TASE）	5819577	10000 美元	582	9.9
欧元期货期权	芝加哥商品交易所（CME）	1492887	125000 欧元	2332.6	39.7
日元期货期权	芝加哥商品交易所（CME）	465261	12500000 日元	558.3	9.5
欧元期权	以色列股票交易所（TASE）	596712	10000 欧元	74.6	1.3
加元期货期权	芝加哥商品交易所（CME）	190976	81560 加元	127	2.2
欧元/美元	泛欧交易所（Euronext）	139758	10000 美元	17.5	0.3
美元/欧元	费城股票交易所（PHLX）	31547	62500 欧元	24.6	0.4
合计		12214388		5455.4	92.9
全球总计				5872.6	100.0

资料来源：根据表 13 - 8 和表 13 - 4 的数据进行计算得出，全球总计数据来自国际清算银行网站。

表 13 - 9 显示，2004 年芝加哥商品交易所交易的欧元兑美元外汇期权的成交金额最高，占当年全球外汇期权成交比重高达 39.7%，其次为巴西商品与期货交易所交易的美元期权，占比高达 29.6%；以色列股票交易所和芝加哥商品交易所的期权成交金额占比分别为 9.9% 和 9.5%，排名分别为第 2 和第 4；其他四个期权的成交金额占比较低，合计仅为 11.3%；芝加哥商品交易所交易的 3 个期权成交金额占比总计 51.4%，超过全球一半，显示该交易所在全球外汇期

权中的重要地位；8 个期权成交金额占当年期权外汇期权成交金额比重高达 92.9%，表明该 8 个全球最活跃的外汇期权成交总额在全球外汇市场的重要性。

表 13 - 10　　　　　　　　主要外汇期权 2010 年成交金额　　　　单位：亿美元，%

合约	交易所	2010 年成交量（手）	合约面值	成交金额（亿美元）	份额
美元期权	印度股票交易所（NSE India）	6197229	1000 美元	62	0.2
美元期权	巴西商品与期货交易所（BMF）	26986547	50000 美元	13493	44.3
欧元期权	芝加哥商业交易所（CME）	6651318	125000 欧元	11640	38.2
日元期权	芝加哥商业交易所（CME）	1366149	12500000 日元	2135	7.0
美元期权	俄罗斯股票交易所（RTS）	1280316	1000 美元	13	0.04
英镑期权	芝加哥商业交易所（CME）	1208577	62500 英镑	1209	4.0
澳大利亚元期权	芝加哥商业交易所（CME）	551060	100000 美元	583	1.9
加拿大元期权	芝加哥商业交易所（CME）	889708	100000 美元	854	2.8
合计		45130904		29988.5	98.4
全球总计				30484.6	100.0

资料来源：根据表 13 - 8 和表 13 - 5 的数据进行计算得出。

　　表 13 - 10 显示，2010 年巴西商品与期货交易所交易的美元期权成交金额最高，占当年全球外汇期权成交金额比重高达 44.3%；芝加哥商品交易所交易的欧元兑美元外汇期权的成交金额排名第 2，占当年全球外汇期权成交比重高达 38.2%，该两个交易所的总占比高达 82.5%；芝加哥商品交易所交易的日元、英镑、加元和澳元期权的成交金额占比分别为 7.0%、4.0%、2.8% 和 1.9%，分别排名为 3、4、5 和 6；印度和俄罗斯的美元期权成交金额占比分别仅为 0.2% 和 0.04%；芝加哥商品交易所交易的 5 个期权成交金额占比总计 53.9%，略高于表 13 - 9 中 3 个期权占比总和 51.4%，显示该交易所在全球外汇期权中的重要地位；8 个期权成交金额占当年期权外汇期权成交金额比重高达 98.4%，比表 13 - 9 给出的 8 个总占比 92.9% 提高了 5.5%，表明 2010 年 8 个全球最活跃的外汇期权成交总额在全球外汇市场的重要性进一步提高。

表 13 - 11　　　　　　　　主要外汇期权 2010 年成交金额　　　　单位：亿美元，%

合约	交易所	2014 年成交量（手）	合约面值	成交金额	份额
美元期权	印度股票交易所（NSE India）	98750882	1000 美元	988	3.2
美元期权	巴西商品与期货交易所（BMF）	9388952	50000 美元	4694	15.3
欧元期权	芝加哥商业交易所（CME）	7630825	125000 欧元	11539	37.6

续表

合约	交易所	2014 年成交量（手）	合约面值	成交金额	份额
日元期权	芝加哥商业交易所（CME）	3009287	12500000 日元	3143	10.2
美元期权	俄罗斯股票交易所（RTS）	43240578	1000 美元	432	1.4
英镑期权	芝加哥商业交易所（CME）	3033414	62500 英镑	2953	9.6
澳大利亚元期权	芝加哥商业交易所（CME）	1563533	100000 美元	1276	4.2
加拿大元期权	芝加哥商业交易所（CME）	1400169	100000 美元	1205	3.9
合计		168017640		26230.2	85.4
全球总计				30696.9	100.0

资料来源：根据表 13 - 8 和表 13 - 6 的数据进行计算得出。

表 13 - 11 显示，2010 年芝加哥商品交易所交易的欧元兑美元外汇期权的成交金额重回全球外汇期权第 1 名的地位，占当年全球外汇期权成交比重高达37.6%；巴西商品与期货交易所交易的美元期权成交金额下滑到了第 2 的位置，占当年全球外汇期权成交金额比重大幅度下降到了 15.3%，该两个交易所的总占比也大幅度地下降到了 52.9%；芝加哥商品交易所交易的日元、英镑、澳元和加元期权的成交金额占比分别提高到了 10.2%、9.6%、4.2% 和 3.9%，分别排名为 3、4、5 和 6；印度和俄罗斯的美元期权成交金额占比也分别提高到了3.2% 和 1.4%；芝加哥商品交易所交易的 5 个期权成交金额占比总计提高到了65.5%，接近三分之二，显示该交易所在全球外汇期权中的重要地位；8 个期权成交金额占当年期权外汇期权成交金额比重下降到了 85.4%，显著低于表 13 - 9和表 13 - 10 给出的 8 个总占比超过九成的比重，表明 2014 年 8 个全球最活跃的外汇期权成交总额在全球外汇市场的集中度略有下降。

从期权的标的币种来看，近 10 年来，美元和欧元期权始终是最活跃期权中的主力。2004 年、2010 年美元和欧元期权的成交金额的合计高达 83.9%，到2014 年美元和欧元期权的合计占比有所下降，但也达到了 65.7%，而日元和英镑期权的成交金额占比有所提升，都达到了 11% 以上。从交易所来看，芝加哥商业交易所在全球外汇期权市场的重要性进一步提升，其上榜的 5 个产品的成交金额合计占比从 2010 年的 55% 上升至 2014 年的 76.7%。

13.5.3　标的汇率单位和执行价步长

虽然大部分外汇期权的标的是以单位本币为单位的，但有些外汇期权的标的却是汇率的整数倍，从而汇率的精确位数会提高。以巴西的美元现货期权为例，期权面值为 5 万美元，但期权的标的是每 1000 美元的雷亚尔。如雷亚尔/美元汇率是 3.0395，那么美元期权的标的为 3039.5，同时期权的倍数为 50000/1000＝50。由于汇率标的扩大了 1000 倍，标的的精确度提高到了小数点后三位数。这样执行价格就可以是 3040、3050、3055 等数值了。根据扩大后的标的和相应的执行价格，计算出的期权价格只要乘上倍数 50 就是整个外汇期权的价格了。

13.5.4 外汇期权的交易费用

交易者买卖外汇期权必须向交易所支付几种费用。这些费用通常分为交易佣金、执行佣金、执行费和登记费等。不同交易所的费用的分类方法、收取方法和收取比例常常不同，我们这里不详细介绍。有兴趣的读者可以在本书后面所列的主要国际外汇期权交易所网站查找他们关于交易费用的详细规定。

13.6 期权定价和期权费

从看涨期权和看跌期权的定义来看，期权的预期回报都会大于零，因为图 13－2 和图 13－3 所示的回报最小为零。像买其他任何商品一样，期权的购买者必须向期权卖出者支付期权费，或者期权价格。期货交易时交易者要向交易所缴纳一定数目的保证金，但这些保证金实际上还是属于交易者的，因为在期货交易时并没有现金转手。而期权却不同，在交易时，买方必须向卖方支付期权金，才能从卖方那里获得执行权。

由于执行价格越低，看涨期权执行的可能性越高，因此执行价格越低的看涨期权的价格就越高。相反，执行价格越低的看跌期权执行的可能性越小，因此执行价格越低的看跌期权的价格越低。

13.6.1 期权利润图

图 13－2 和图 13－3 分别为看涨期权和看跌期权的回报图。如果我们考虑到看涨期权的期权费，那么，我们可以画出与图 13－2 相应的看涨期权利润图（图 13－4）。从图 13－4 我们可以看出，当基础资产价格在期权到期时等于或低于执行价格时，期权的利润实际上是零减去该期权的价格 2.65 港元（中国移动股票期权 2015 年 5 月 13 日的最后成交价格，资料来源于彭博）；当基础资产价格在期权到期时大于执行价格时，看涨期权的利润是资产价格与执行价格的差额再减去该期权的价格 2.65 港元。比较图 13－4 和图 13－2，我们可以看出图 13－4 所给出的利润直线，实际上就是根据期权的价格将图 13－2 中的回报直线垂直下移。

同样我们根据看跌期权的价格，将图 13－4 中的回报直线垂直下移，我们可以得到看跌期权的利润直线。图 13－5 为看跌期权的利润图（期权价格为 2.04 港元，数据来源同上）。

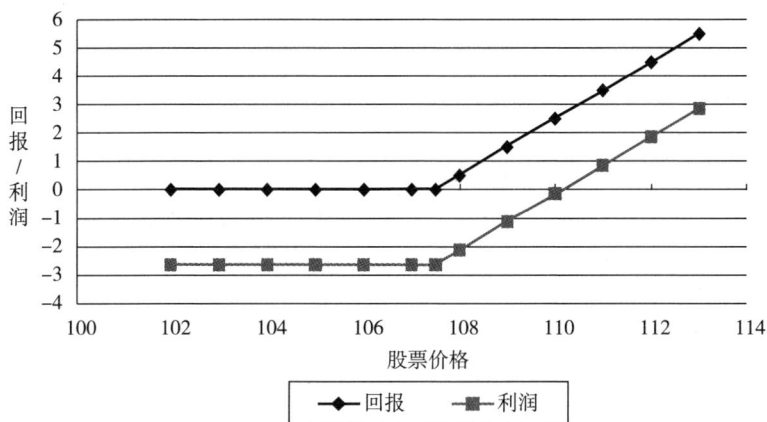

图 13－4 看涨期权利润图

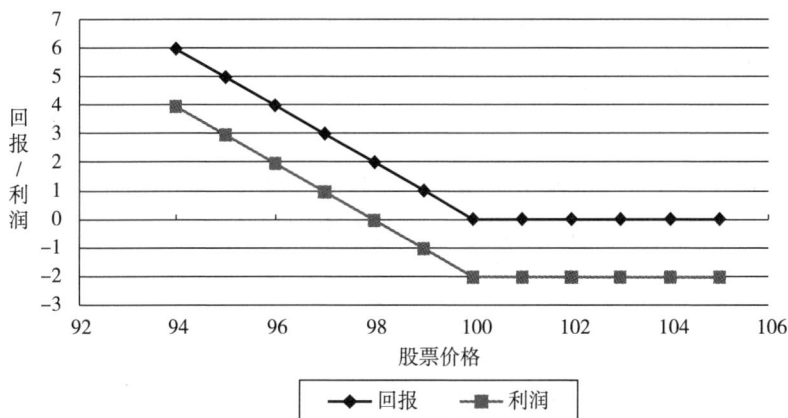

图 13－5 看跌期权利润图

13.6.2 期权定价的原则

期权定价的原则与远期和期货一样。正如我们在第 10.2 节所介绍的，"无套利"原则或者"没有免费的午餐"原则是所有衍生产品定价的基本原则。由于利用该原则来推导定价公式比较复杂，我们这里不会详细介绍，有兴趣的读者可以参考《奇异期权》（张光平，1998）第二章。

13.6.3 决定期权价格的因素

（1）当前汇率

当前汇率是决定外汇期权价格的主要参数之一，因为当前汇率是期权到期时汇率变化的基础，同时也是决定期权虚实度的最重要参数。对于看涨外汇期权来说，给定执行价格，当前汇率越高，看涨期权的价格越高，因为越高的汇率，看涨期权执行时的虚实度越高。

（2）执行价格

执行价格是期权最重要的参数，因为不同的执行价格代表不同的期权。对于同样的当前汇率，执行价格越高的看涨期权执行的可能性越低，从而期权的价格就越低；对于看跌期权来说，执行价格越高的看跌期权执行的可能性却越高，从而期权的价格就越高。

（3）本国利率

一个国家的利率是确定该国金融相对成本的决定性因素，利率越高，该国的货币相对外币就会升值。本国利率是影响期权价格的重要因素。

（4）外币利率

除本国的利率之外，汇率相应的另外一个货币的利率也是影响外汇期权的重要因素，因为外国利率和本国利率差决定汇率未来水准，即外汇远期的价格水平。外汇远期的高低在很大程度上反映当前汇率在未来的高低，从而影响外汇期权的价格。

（5）到期时间

在其他因素确定的情况下，期权到期的时间越长，标的外汇变化的可能性也越大，从而期权的价格也越高。时间是确定期权价格的重要参数，也是决定期权时间价值的最主要参数。

（6）外汇的波动率

以上五个参数或者在期权合约中写明（执行价格和到期时间），或者可以直接从市场观察到（当前汇率、本国和外国利率），这些参数很容易确定。但是决定期权价格还有另外一个最主要的参数，即标的汇率的波动率，这也是外汇期货没有涉及的一个重要参数。实际上，波动率是决定所有期权价格最重要的参数，因为波动率越低，汇率变化的幅度越小，市场对期权的需求越小，期权的价格也越低；同时波动率越高，汇率变化的幅度越大，市场对期权的需求越高，期权的价格也越高。上面的五个参数可以直接或间接获得，而波动率却需要利用历史数据才能计算出来。我们下面会利用全球最主要的汇率美元/欧元的日汇率来介绍汇率波动性是如何计算的。

波动率实际上是汇率日回报的均方差。如果汇率在 t 日为 $S_{(t)}$，同时在 $t-1$ 日为 $S_{(t-1)}$，那么，t 日的回报是

$$[S_{(t)} - S_{(t-1)}]/S_{(t-1)} = S_{(t)}/S_{(t-1)} - 1$$

由于绝大部分资产的日回报接近几个百分点，我们通常在实际工作中用 $\ln[S_{(t)}/S_{(t-1)}]$ 代表日回报，这里 $\ln(x)$ 代表正数 x 的自然对数，$\ln(x)$ 约等于 $x -$

1。要计算出美元/欧元的波动率，我们必须首先利用自然对数计算出日回报，这一过程如表 13 - 12 所示。

表 13 - 12　　　　　美元/欧元波动率的计算例子

（2014 年 11 月 3 日—2015 年 4 月 15 日）

日期	欧元/美元	日回报（%）	对数日回报（%）	日期	欧元/美元	日回报（%）	对数日回报（%）
2014 - 11 - 3	1.2482	- 0.34	- 0.34	2014 - 12 - 15	1.2437	- 0.20	- 0.20
2014 - 11 - 4	1.2546	0.51	0.51	2014 - 12 - 16	1.2511	0.59	0.59
2014 - 11 - 5	1.2486	- 0.48	- 0.48	2014 - 12 - 17	1.2342	- 1.35	- 1.36
2014 - 11 - 6	1.2375	- 0.89	- 0.89	2014 - 12 - 18	1.2286	- 0.45	- 0.45
2014 - 11 - 7	1.2455	0.65	0.64	2014 - 12 - 19	1.2229	- 0.46	- 0.47
2014 - 11 - 10	1.2421	- 0.27	- 0.27	2014 - 12 - 22	1.2230	0.01	0.01
2014 - 11 - 11	1.2475	0.43	0.43	2014 - 12 - 23	1.2172	- 0.47	- 0.48
2014 - 11 - 12	1.2438	- 0.30	- 0.30	2014 - 12 - 24	1.2196	0.20	0.20
2014 - 11 - 13	1.2477	0.31	0.31	2014 - 12 - 25	1.2225	0.24	0.24
2014 - 11 - 14	1.2525	0.38	0.38	2014 - 12 - 26	1.2183	- 0.34	- 0.34
2014 - 11 - 17	1.2450	- 0.60	- 0.60	2014 - 12 - 29	1.2152	- 0.25	- 0.25
2014 - 11 - 18	1.2536	0.69	0.69	2014 - 12 - 30	1.2156	0.03	0.03
2014 - 11 - 19	1.2554	0.14	0.14	2014 - 12 - 31	1.2098	- 0.48	- 0.48
2014 - 11 - 20	1.2539	- 0.12	- 0.12	2015 - 1 - 1	1.2104	0.05	0.05
2014 - 11 - 21	1.2391	- 1.18	- 1.19	2015 - 1 - 2	1.2002	- 0.84	- 0.85
2014 - 11 - 24	1.2442	0.41	0.41	2015 - 1 - 5	1.1933	- 0.57	- 0.58
2014 - 11 - 25	1.2474	0.26	0.26	2015 - 1 - 6	1.1890	- 0.36	- 0.36
2014 - 11 - 26	1.2506	0.26	0.26	2015 - 1 - 7	1.1839	- 0.43	- 0.43
2014 - 11 - 27	1.2467	- 0.31	- 0.31	2015 - 1 - 8	1.1793	- 0.39	- 0.39
2014 - 11 - 28	1.2452	- 0.12	- 0.12	2015 - 1 - 9	1.1842	0.42	0.41
2014 - 12 - 1	1.2470	0.14	0.14	2015 - 1 - 12	1.1834	- 0.07	- 0.07
2014 - 12 - 2	1.2383	- 0.70	- 0.70	2015 - 1 - 13	1.1773	- 0.52	- 0.52
2014 - 12 - 3	1.2311	- 0.58	- 0.58	2015 - 1 - 14	1.1789	0.14	0.14
2014 - 12 - 4	1.2379	0.55	0.55	2015 - 1 - 15	1.1633	- 1.32	- 1.33
2014 - 12 - 5	1.2283	- 0.78	- 0.78	2015 - 1 - 16	1.1567	- 0.57	- 0.57
2014 - 12 - 8	1.2317	0.28	0.28	2015 - 1 - 19	1.1606	0.34	0.34
2014 - 12 - 9	1.2374	0.46	0.46	2015 - 1 - 20	1.1550	- 0.48	- 0.48
2014 - 12 - 10	1.2448	0.60	0.60	2015 - 1 - 21	1.1610	0.52	0.52
2014 - 12 - 11	1.2411	- 0.30	- 0.30	2015 - 1 - 22	1.1366	- 2.10	- 2.12
2014 - 12 - 12	1.2462	0.41	0.41	2015 - 1 - 23	1.1204	- 1.43	- 1.44

续表

日期	欧元/美元	日回报（%）	对数日回报（%）	日期	欧元/美元	日回报（%）	对数日回报（%）
2015 - 1 - 26	1.1238	0.30	0.30	2015 - 3 - 6	1.0844	- 1.69	- 1.70
2015 - 1 - 27	1.1381	1.27	1.26	2015 - 3 - 9	1.0852	0.07	0.07
2015 - 1 - 28	1.1287	- 0.83	- 0.83	2015 - 3 - 10	1.0698	- 1.42	- 1.43
2015 - 1 - 29	1.1320	0.29	0.29	2015 - 3 - 11	1.0547	- 1.41	- 1.42
2015 - 1 - 30	1.1291	- 0.26	- 0.26	2015 - 3 - 12	1.0635	0.83	0.83
2015 - 2 - 2	1.1341	0.44	0.44	2015 - 3 - 13	1.0496	- 1.31	- 1.32
2015 - 2 - 3	1.1481	1.23	1.23	2015 - 3 - 16	1.0568	0.69	0.68
2015 - 2 - 4	1.1345	- 1.18	- 1.19	2015 - 3 - 17	1.0597	0.27	0.27
2015 - 2 - 5	1.1477	1.16	1.16	2015 - 3 - 18	1.0864	2.52	2.49
2015 - 2 - 6	1.1316	- 1.40	- 1.41	2015 - 3 - 19	1.0660	- 1.88	- 1.90
2015 - 2 - 9	1.1325	0.08	0.08	2015 - 3 - 20	1.0821	1.51	1.50
2015 - 2 - 10	1.1321	- 0.04	- 0.04	2015 - 3 - 23	1.0946	1.16	1.15
2015 - 2 - 11	1.1336	0.13	0.13	2015 - 3 - 24	1.0924	- 0.20	- 0.20
2015 - 2 - 12	1.1403	0.59	0.59	2015 - 3 - 25	1.0970	0.42	0.42
2015 - 2 - 13	1.1394	- 0.08	- 0.08	2015 - 3 - 26	1.0884	- 0.78	- 0.79
2015 - 2 - 16	1.1355	- 0.34	- 0.34	2015 - 3 - 27	1.0889	0.05	0.05
2015 - 2 - 17	1.1411	0.49	0.49	2015 - 3 - 30	1.0833	- 0.51	- 0.52
2015 - 2 - 18	1.1397	- 0.12	- 0.12	2015 - 3 - 31	1.0731	- 0.94	- 0.95
2015 - 2 - 19	1.1368	- 0.25	- 0.25	2015 - 4 - 1	1.0763	0.30	0.30
2015 - 2 - 20	1.1381	0.11	0.11	2015 - 4 - 2	1.0880	1.09	1.08
2015 - 2 - 23	1.1335	- 0.40	- 0.41	2015 - 4 - 3	1.0969	0.82	0.81
2015 - 2 - 24	1.1340	0.04	0.04	2015 - 4 - 6	1.0922	- 0.43	- 0.43
2015 - 2 - 25	1.1361	0.19	0.19	2015 - 4 - 7	1.0814	- 0.99	- 0.99
2015 - 2 - 26	1.1198	- 1.43	- 1.45	2015 - 4 - 8	1.0781	- 0.31	- 0.31
2015 - 2 - 27	1.1196	- 0.02	- 0.02	2015 - 4 - 9	1.0659	- 1.13	- 1.14
2015 - 3 - 2	1.1184	- 0.11	- 0.11	2015 - 4 - 10	1.0604	- 0.52	- 0.52
2015 - 3 - 3	1.1176	- 0.07	- 0.07	2015 - 4 - 13	1.0567	- 0.35	- 0.35
2015 - 3 - 4	1.1078	- 0.88	- 0.88	2015 - 4 - 14	1.0655	0.83	0.83
2015 - 3 - 5	1.1030	- 0.43	- 0.43	2015 - 4 - 15	1.0684	0.27	0.27

注：①自然对数回报日均方差 0.7413%，自然对数回报年均方差 11.66%；

②正常定义回报日均方差 0.7404%，正常定义回报年均方差 11.71%。

资料来源：根据路透网站外汇日汇率数据计算得出。

表 13 - 10 给出了从 2014 年 11 月 3 日到 2015 年 4 月 15 日的近半年中 119 个欧元/美元的日汇率。第一列为日期，第二列为欧元/美元日汇率，第三列代表正常定义 $[S(t) - S(t-1)]/S(t-1)$ 的日回报率，第四列是自然对数日回报率。利用 Excel 表格中常用函数中统计函数 STDEVA（计算样本总体的标准均方差），我们可以容易地计算出日回报的正常定义的日回报日均方差为 0.7404%，自然对数日回报日均方差为 0.7413%，两者的差别仅为 0.0009%，说明两种回报的定义虽然不同，但是在实际中相差不大。在期权定价模型中，波动率和利率等参数总是以年为单位的，所以我们必须根据如下公式将日均方差转化为年均方差：

年波动率 = 日波动率 × 年工作日数

利用 250 个工作日和根据 Excel 计算出的日均方差 0.7413%，我们可以容易地得到自然对数回报年波动率为 0.7413% × 250^0.5 = 11.66%，而正常定义的回报年波动率为 0.7404% × 250^0.5 = 11.71%。

13.6.4 外汇现货期权的定价

我们在本章开始时讲到了期权定价对整个期权市场发展的作用，同时也简单介绍了期权定价的难度。上面我们专门介绍了期权的利润图，这里我们专门介绍外汇期权是如何定价的。

我们在本章开始时介绍了布莱克—斯科尔斯（Black - Scholes）期权定价理论对整个期权业乃至整个衍生产品市场的重大作用。实际上，在该定价理论于 1973 年发表之前，全球经济和金融理论界对期权定价研究已有一百年左右，也有多种定价模型，但这些模型没有一个被广泛应用。其主要原因是这些模型中有很多参数无法容易地从市场获得。

自从 1973 年布莱克—斯科尔斯理论发表之后，该理论在各个方面得到了扩展并在越来越多的市场得到广泛应用。1982 年，在费城交易所首次推出外汇期权之时，Garman 和 Kohlhagen 首次将布莱克—斯科尔斯模型扩展到了外汇现货期权市场。布莱克—斯科尔斯定价理论的最重要特点是它所需要的参数除波动率之外都可以直接或间接地从合约和市场上观察到。所有的欧式期权，包括外汇期权都可以用布莱克—斯科尔斯定价公式定价。

根据 Garman 和 Kohlhagen 的理论，欧式外汇现货看涨期权的价格 C 由如下公式给出：

$$C = Se^{-r_f\tau}N(d_1) - Ke^{-r\tau}N(d_2) \tag{13.1}$$

式（13.1）中，

$$d_1 = \frac{\ln\left(\dfrac{S}{K}\right) + (r - r_f + \sigma^2\tau)/2}{\sigma\sqrt{\tau}}$$

$$d_2 = d_1 - \sigma\sqrt{\tau}$$

其中，S 和 K 分别表示外汇现货汇率和期权执行价格；r 为本国利率；r_f 为外国利率；τ 代表以年为单位的期权到期时间；σ 为外汇的波动率；$N(\cdot)$ 为标准正态分布累积分布函数。

同样，看跌期权（Put）的价格 P 可以类似表示为：

$$P = -Se^{-r_f\tau}N(-d_1) + Ke^{-r\tau}N(-d_2) \tag{13.2}$$

此处所有参数与看涨期权公式（13.1）中的相同。

我们下面用例子来解释如何用公式（13.1）和公式（13.2）来确定外汇现货期权的价格。

例 13.1 已知欧元/美元的汇率为 1.14，美元利率为 0.275%，欧元利率为 0.058%，汇率的波动率为 10.0%。请算出三个月到期的在费城股票交易所交易的平值看涨期权和看跌期权的价格。

解： 平值期权的执行价格与现在的汇率相同。该汇率上的看涨期权是欧元看涨期权，同时也是美元看跌期权。将 $S = K = 1.14$，$r = 0.00058$，$r_f = 0.00275$，$\sigma = 0.10$，$\tau = 3/12 = 0.25$ 代入公式（13.1），我们可以算出 $d_1 = 0.0033$，$d_2 = d_1 - 0.05 = -0.0467$。利用正态分布累积函数表，我们可以查到 $N(d_1) = 50.13\%$ 和 $N(d_2) = 48.13\%$。正态分布的积累函数的数值可以方便地用 Excel 常用函数中统计函数 NORMSDIST 求得。将这些数值代入公式（13.1），我们得出看涨期权的价格：

$$C = 1.295 \times e^{-r_f\tau} \times N(0.0029) - 1.295 \times e^{-r\tau} \times N(-0.0472)$$
$$= 0.0250 = 2.50\%$$

以上是期权合约面值为 1 欧元时的期权价格，因为费城交易所每一个欧元期权合约的面值是 6.25 万欧元，所以该平值欧元看涨期权/美元看跌期权的价格为 $62500 \times 2.24\% = 1400$ 美元。

同样，将已知参数代入公式（13.2），我们可以计算出相应平值欧元看跌/美元看涨期权的价格为：

$$P = -1.295 \times e^{-r_f\tau} \times N(-0.0029) + 1.295 \times e^{-r\tau} \times N(0.0472)$$
$$= 0.0264 = 2.64\%$$

相应的期权价格为 1437.5 美元。

例 13.2 请算出执行价格为 1.13 美元/欧元的欧元看涨期权/美元看跌期权和相应的欧元看跌期权/美元看涨期权的价格（其他参数与例 13.1 中的相同）。

解： 执行价格 1.13 小于现在汇率 1.14，所以该欧元看涨期权/美元看跌期权为实值欧元看涨期权，同时欧元看跌期权为虚值期权。将 $S = 1.14$，$K = 1.13$，$r = 0.00058$，$r_f = 0.00275$ $\sigma = 0.10$，$\tau = 3/12 = 0.25$ 代入公式（13.1），我们可以算出：

$$C = 1.295 \times e^{-r_f \tau} \times N(0.7102) - 1.25 \times e^{-r\tau} \times N(0.6602)$$
$$= 0.0526 = 5.26\%$$

该期权价格为 $62500 \times 2.76\% = 1725$ 美元。

同样，欧元看跌期权/美元看涨期权的价格为：

$$C = 1.295 \times e^{-r_f \tau} \times N(0.7102) - 1.25 \times e^{-r\tau} \times N(0.6602)$$
$$= 0.0526 = 5.26\%$$

该期权价格为 $62500 \times 2.76\% = 1725$ 美元。

同样，欧元看跌期权/美元看涨期权的价格为

$$P = -1.295 \times e^{-r_f \tau} \times N(-0.7102) + 1.25 \times e^{-r\tau} \times N(-0.6602)$$
$$= 0.0093 = 0.93\%$$

相应的期权价格为 $62500 \times 1.82\% = 1137.5$ 美元。

例 13.3 请计算波动率为 15% 的欧元看涨期权/美元看跌期权和相应的欧元看跌期权/美元看涨期权的价格。（注：其他参数与例 13.1 中的相同）

解： 将 $S = 1.14$，$K = 1.14$，$r = 0.00058$，$r_f = 0.00275$，$\sigma = 0.15$，$\tau = 3/12 = 0.25$ 代入公式（13.1），我们可以算出 $d_1 = 0.023$，$d_2 = d_1 - 0.075 = -0.052$。可求出看涨期权的价格如下：

$$C = 1.295 \times e^{-r_f \tau} \times N(0.0227) - 1.295 \times e^{-r\tau} \times N(-0.0523)$$
$$= 0.0378 = 3.78\%$$

相应的期权价格为 $62500 \times 3.38\% = 2112.5$ 美元。

同样，欧元看跌期权/美元看涨期权的价格为：

$$P = -1.295 \times e^{-r_f \tau} \times N(-0.0227) + 1.295 \times e^{-r\tau} \times N(0.0523)$$
$$= 0.0392 = 3.92\%$$

即：$62500 \times 3.92\% = 2143.75$ 美元。

比较例 13.1 和例 13.3 的结果，我们可以看出欧元看涨期权和欧元看跌期权的价格均随着波动率的增加而增加。说明波动率越高，汇率波动越大，市场对期权的需求也越大，从而期权的价格也就越高。我们在本章后面讨论期权风险参数时会进一步讨论。

13.6.5 外汇期货期权定价

外汇期货期权的成交金额实际上比外汇现货期权还要大很多。由于外汇期货期权交易比较活跃，在芝加哥商业交易所交易的主要外汇期货期权每天的收盘价格可以从《华尔街日报》、《金融时报》等主要国际金融报刊获得。当然主要信息媒体也都有这些数据，但大多需要付费。表 13-13 给出了 2005 年 1 月 6 日在芝加哥商业交易所交易的五个最活跃的外汇期货期权的价格。

表 13 - 13 芝加哥商业交易所外汇期货期权价格
（2005 年 1 月 6 日，星期四）

执行价格	看涨期权			看跌期权		
日元期货期权	日成交量（手）	899			482	
	持仓量（手）	35176			32033	
12500000	日元	美分/100 日元				
执行价格	一月	二月	三月	一月	二月	三月
9450	…	…	2.13	0.08	…	1.03
9500	0.75	1.46	1.83	0.15	0.86	1.23
9550	0.45	1.20	1.58	0.35	1.10	1.48
9600	0.22	0.98	1.35	0.62	1.38	1.75
9650	0.12	0.79	1.15	1.02	1.69	2.05
9700	0.06	0.63	0.98	1.46	2.03	2.37
加元期货期权	日成交量（手）	821			350	
	持仓量（手）	11625			12749	
100000	加元	美分/加元				
执行价格	一月	二月	三月	一月	二月	三月
8000	0.98	1.50	1.80	0.06	0.58	0.88
8050	0.55	1.19	1.51	0.13	0.77	1.09
8100	0.25	0.92	1.24	0.33	1.00	1.32
8150	0.15	0.71	1.02	0.73	1.29	1.60
8200	0.10	0.54	0.83	1.18	1.62	1.91
8250	0.04	0.40	0.67	1.62	1.98	2.24
英镑期货期权	日成交量（手）	149			211	
	持仓量（手）	5384			5044	
62500	英镑	美分/英镑				
执行价格	一月	二月	三月	一月	二月	三月
1850	1.83	…	3.61	0.18	1.38	1.97
1860	1.05	…	3.05	0.40	1.80	2.40
1870	0.46	1.90	2.54	0.81	2.25	2.89
1880	0.20	1.49	2.11	1.55	2.84	3.45
1890	0.06	1.15	1.73	2.41	3.49	4.07
1900	0.01	0.88	1.41	3.36	4.22	4.75

续表

执行价格	看涨期权			看跌期权		
瑞士法郎	日成交量（手）	76			85	
期货期权	持仓量（手）	1800			2507	
125000	瑞士法郎	美分/瑞士法郎				
执行价格	一月	二月	三月	一月	二月	三月
8450	…	…	…	…	…	…
8500	0.62	…	1.73	0.22	0.94	1.33
8550	0.30	…	…	0.40	1.17	…
8600	0.14	0.85	1.26	0.74	1.45	1.86
8650	0.08	…	…	1.18	1.76	2.14
8700	0.05	0.53	0.90	1.64	2.13	2.49
欧元期货期权	日成交量（手）	9952			18447	
	持仓量（手）	87019			87804	
125000	欧元	美分/欧元				
执行价格	一月	二月	三月	一月	二月	三月
13100	0.99	1.94	2.52	0.21	1.16	1.74
13150	0.65	…	2.26	0.37	1.38	1.98
13200	0.40	1.41	2.01	0.62	1.63	2.23
13250	0.23	1.19	1.79	0.95	1.91	2.51
13300	0.12	0.99	1.58	1.34	2.21	2.79
13350	0.07	0.82	1.39	1.79	2.54	3.10

资料来源：《华尔街日报》，2005 - 01 - 07。

表 13 - 13 中的符号"…"表示该期权当日没有交易。我们下面会分析表 13 - 11 中的价格是否合理，并且在第 13.8 节会进一步分析，我们可以从该表中获得的对期权交易非常有用的信息。

上面我们介绍了外汇现货期权的定价，但是公式（13.1）和公式（13.2）不能直接用来对外汇期货期权进行估值。布莱克—斯科尔斯理论的第一个学者布莱克先生早在 1975 年就将他们的期权定价模型扩展到了期货期权的定价。

我们将第 10 章外汇远期的定价公式（10.1）改写成 $S = Fe^{(r_f - r)\tau}$ 并代入看涨期权定价公式（13.1），获得看涨期货期权的定价公式如下：

$$C = e^{-r\tau}[FN(d_1) - KN(d_2)] \tag{13.3}$$

式中，

$$d_1 = \frac{\ln(F/K) + \sigma^2\tau/2}{\sigma\sqrt{\tau}}$$

$$d_2 = d_1 - \sigma\sqrt{\tau}$$

其中，F 表示外汇期货的现价；K 表示期货期权的执行价格；r 为本国利率；τ 为以年为单位的期权到期时间；σ 为外汇期货的波动率；$N(\cdot)$ 为标准正态分布累积分布函数。

公式（13.3）中的期货波动率参数 σ 同样可以用表 13-11 的办法来获得，其他参数和现货期权一样，可以直接或间接从期权合约或市场获得。

同样，期货看跌期权（Put）的价格 P 可以类似表示为：

$$P = e^{-r\tau}[-FN(-d_1) + KN(-d_2)] \tag{13.4}$$

其中，所有参数与期货看涨期权公式（13.3）中的相同。

我们比较公式（13.1）至（13.4），可以发现公式（13.3）、（13.4）包含 5 个参数，即期货现价 F、执行价格 K、本国利率 r、期权到期时间 τ 和期货波动率 σ。换句话说，我们将外汇现价 S 用期货现价 F 取代。期货期权定价公式比现货期权定价所需的参数少一个，即外国利率。这是因为外汇期货定价公式中已经包含国外利率的信息。下面我们用例子来说明如何利用公式（13.3）和（13.4）来确定外汇期货期权的价格。

例 13.4 已知 2015 年 5 月 14 日欧元/美元期货（2015 年 6 月 15 日到期）的收盘价格为 1.14 美元，美国利率为 0.275%，欧元/美元期货的波动率为 10%。请算出 2015 年 7 月到期的、在芝加哥商业交易所交易的、执行价格分别为 1.145、1.15 和 1.16 的欧元看涨期权/美元看跌期权和欧元看跌期权/美元看涨期权的价格。

解：在芝加哥商业交易所交易的 7 月到期的欧元/美元期货期权到期时间为 2015 年 7 月 15 日。2015 年 5 月 14 日到 2015 年 7 月 15 日共 62 个工作日，折合成以年为单位的到期时间为（美国的平均年工作日为 252）：$\tau = 62/252 = 0.246$。将期权到期时间、期货价格 $F = 1.14$、$K = 1.145$、$r = 0.275\%$ 代入公式（13.3）和公式（13.4），可得结果如下：

$$C = e^{(-0.0025 \times 0.1854)} \times [1.30269 \times N(-0.1452) - 1.31 \times N(-0.1797)]$$
$$= 0.0145 = 1.45\%$$
$$P = e^{(-0.0025 \times 0.1854)} \times [-1.30269 \times N(0.1452) + 1.31 \times N(0.1797)]$$
$$= 0.0218 = 2.18\%$$

同样，执行价为 1.15 的看涨期货期权和看跌期货期权的价格可计算如下：

$$C = e^{(-0.0025 \times 0.1854)} \times [1.30269 \times N(-0.366) - 1.32 \times N(-0.4)]$$
$$= 0.0106 = 1.06\%$$
$$P = e^{(-0.0025 \times 0.1854)} \times [-1.30269 \times N(0.366) + 1.31 \times N(0.4)]$$

$$= 0.028 = 2.8\%$$

执行价为 1.16 的看涨期货期权和看跌期权的价格可计算如下：

$$C = e^{(-0.0025 \times 0.1854)} \times [1.30269 \times N(-0.5851) - 1.33 \times N(-0.6195)]$$

$$= 0.0076 = 0.76\%$$

$$P = e^{(-0.0025 \times 0.1854)} \times [-1.30269 \times N(0.5851) + 1.33 \times N(0.6195)]$$

$$= 0.0349 = 3.49\%$$

例 13.5 请算出波动率为 12% 的所有欧元看涨期权/美元看跌期权的价格和相应的欧元看跌期权/美元看涨期权的价格。（注：其他参数与例 13.4 中的相同）。

解：将期权到期时间 $\tau = 62/252 = 0.246$，期货价格 $F = 1.14$，$K = 1.145$，$r = 0.275\%$ 和波动率 $\sigma = 12\%$ 代入公式（13.3）和公式（13.4），可得结果如下：

$$C = e^{(-0.0025 \times 0.1854)} \times [1.30269 \times N(-0.0825) - 1.31 \times N(-0.1341)]$$

$$= 0.0234 = 2.34\%$$

$$P = e^{(-0.0025 \times 0.1854)} \times [-1.30269 \times N(0.0825) + 1.31 \times N(0.1341)]$$

$$= 0.0307 = 3.07\%$$

同样，执行价为 1.15 的看涨期货期权和看跌期权的价格可计算如下：

$$C = e^{(-0.0025 \times 0.1854)} \times [1.30269 \times N(-0.2296) - 1.32 \times N(-0.2813)]$$

$$= 0.0192 = 1.92\%$$

$$P = e^{(-0.0025 \times 0.1854)} \times [-1.30269 \times N(0.2296) + 1.32 \times N(0.2813)]$$

$$= 0.0365 = 3.65\%$$

执行价为 1.16 的看涨期货期权和看跌期权的价格可计算如下：

$$C = e^{(-0.0025 \times 0.1854)} \times [1.30269 \times N(-0.3757) - 1.33 \times N(-0.4274)]$$

$$= 0.0156 = 1.56\%$$

$$P = e^{(-0.0025 \times 0.1854)} \times [-1.30269 \times N(0.3757) + 1.33 \times N(0.4274)]$$

$$= 0.0429 = 4.29\%$$

13.6.6 看涨—看跌期权价格均衡

我们在前面分别介绍了看涨期权和看跌期权是如何用不同的公式进行定价的。实际上，对执行价格相同的外汇现货看涨期权与看跌期权而言，它们的价格之间有如下关系：

$$C - P = Se^{-r_f \tau} - Ke^{-r\tau} \tag{13.5}$$

同样，我们也可以得出，相同执行价格的期货看涨期权和看跌期权，它们之间的价格关系如下：

$$C - P = e^{-r\tau}(F - K) \tag{13.6}$$

读者可以用公式（13.1）和公式（13.2）验证公式（13.5）给出的均衡关系，同时还可以用例13.1～例13.3的结果验证。公式（13.6）同样可以用公式（13.3）和公式（13.4）验证。由于篇幅关系，我们这里不再细述。

13.7　期权的虚实度

期权定价公式中有5～6个参数，每个参数对期权价格的影响程度不同。对于期权交易员来说，掌握期权价格如何随这些定价参数变化是其交易成功的基础。期权价格对不同参数敏感性也经常被称作期权的风险参数。

我们在本章开头介绍期权概念时简单介绍了期权虚实度的概念。在介绍完期权定价理论之后，我们现在可以详细介绍期权虚实度的其他含义和计算方法。虚实度接近100%的期权实际上和基础产品接近，而且价格也非常高，所以投资者和投机者都对这类期权没有很大的兴趣。虚实度很小的期权实际上和基础产品相差很大，而且价格也非常低，所以投资者和投机者都对这类期权有很大的兴趣，因为这类期权的杠杆效应显著。

13.7.1　期权虚实度（Delta）的计算公式

期权虚实度首先是期权价格对现货价格（或期货期权价格对期货价格）变化的偏导数，即单位现货价格变化导致期权价格变化的幅度。分别用公式（13.1）和公式（13.2）对现货汇率求偏导，我们可以得出现货看涨期权和看跌期权虚实度的公式：

$$现货看涨期权虚实度 = e^{-r_f \tau} N(d_1) \tag{13.7}$$

$$现货看跌期权虚实度 = - e^{-r_f \tau} N(- d_1) \tag{13.8}$$

上述公式的参数与公式（13.1）和公式（13.2）中的相同。

同样，我们可以得出期货看涨和看跌期权虚实度的公式分别如下：

$$期货看涨期权虚实度 = e^{-r\tau} N(d_1) \tag{13.9}$$

$$期货看跌期权虚实度 = - e^{-r\tau} N(- d_1) \tag{13.10}$$

上述公式的参数与公式（13.3）和公式（13.4）中的相同。

13.7.2　期权虚实度的计算实例

例13.6　请计算例13.1～例13.3中6个现货期权的虚实度。

解：将例13.1～例13.3中的外国利率、到期时间和 d_1 分别代入公式（13.7）和公式（13.8），我们可以得出例13.1中的看涨和看跌平值期权的虚实度分别为

$$e^{(-0.0259 \times 0.25)} N(0.0029) = 49.79\%$$

$$- e^{(-0.0259 \times 0.25)} N(-0.0029) = -49.79\%$$

例 13.2 中的看涨和看跌平值期权的虚实度分别为

$$e^{(-0.0259 \times 0.25)} N(0.7102) = 75.63\%$$

$$- e^{(-0.0259 \times 0.25)} N(-0.7102) = -23.73\%$$

例 13.3 中看涨和看跌平值期权的虚实度分别为

$$e^{(-0.0259 \times 0.25)} N(0.0227) = 50.58\%$$

$$- e^{(-0.0259 \times 0.25)} N(-0.0227) = -48.78\%$$

例 13.7　请计算例 13.4 中的 6 个期货期权的虚实度。

解：将例 13.4 中的本国利率、到期时间和 d_1 分别代入公式（13.9）和公式（13.10），我们可以得出执行价格为 1.31 的看涨和看跌平值期权的虚实度分别为

$$e^{(-0.0025 \times 0.1854)} N(-0.1452) = 44.21\%$$

$$- e^{(-0.0025 \times 0.1854)} N(0.1452) = -55.75\%$$

执行价为 1.32 的看涨和看跌平值期权的虚实度分别为

$$e^{(-0.0025 \times 0.1854)} N(-0.366) = 35.7\%$$

$$- e^{(-0.0025 \times 0.1854)} N(0.366) = -64.25\%$$

执行价为 1.33 的看涨和看跌平值期权的虚实度分别为

$$e^{(-0.0025 \times 0.1854)} N(-0.5851) = 27.91\%$$

$$- e^{(-0.0025 \times 0.1854)} N(0.5851) = -72.04\%$$

例 13.8　请计算例 13.5 中的 6 个期货期权的虚实度。

解：将例 13.5 中的本国利率、到期时间和 d_1 分别代入公式（13.9）和公式（13.10），我们可以得出执行价为 1.31 的看涨和看跌平值期权的虚实度分别为

$$e^{(-0.0025 \times 0.1854)} N(-0.0825) = 46.69\%$$

$$- e^{(-0.0025 \times 0.1854)} N(0.0825) = -53.26\%$$

执行价为 1.32 的看涨和看跌平值期权的虚实度分别为

$$e^{(-0.0025 \times 0.1854)} N(-0.2296) = 40.9\%$$

$$- e^{(-0.0025 \times 0.1854)} N(-0.2296) = -59.05\%$$

执行价为 1.33 的看涨和看跌平值期权的虚实度分别为

$$e^{(-0.0025 \times 0.1854)} N(-0.3757) = 35.34\%$$

$$- e^{(-0.0025 \times 0.1854)} N(0.3757) = -64.61\%$$

13.7.3　期权虚实度的一般结果

将平值期权的 $S = K$ 代入公式（13.7）和公式（13.8），我们可以得到。对于期货期权虚实度公式（13.9）和公式（13.10），$d_1 = 0.5\sigma\sqrt{t}$。由于大多交易所交易的期权到期时间较短，一般在三个月左右，也就是说 $\tau = 0.25$ 左右。所

以平值期权的 d_1 在 0 左右，从而平值看涨期权的虚实度在 $N(0) = 0.50 = 50\%$ 左右。

例 13.7 和例 13.8 的结果也证明了这一点。

平值期权虚实度在 50% 左右意味着，基础期货或现货价格每变化一个单位，看涨期权的价格就随之变化 50%。实（虚）值看涨期权的执行价小（大）于平值期权，所以是其 d_1 大（小）于平值期权的 d_1，所以实值看涨期权的虚实度高（低）于平值看涨期权。期权的虚实度越低，期权价格对基础现货或期货价格的反应敏感度也越低。

看跌期权对基础现货价格或期货价格变化的反应方向与看涨期权相反，所以公式（13.8）所示的看跌期权虚实度总是负数。平值看跌期权的虚实度在 -50% 左右，实值看跌期权的虚实度在 -100% 和 -50% 之间，而虚值看跌期权的虚实度在 -50% 和 0 之间。

13.7.4　期权虚实度与期权被执行可能性的关系

在布莱克—斯科尔斯模型中，看涨期权被执行的可能性为 $N(d_2)$，看跌期权被执行的可能性为 $N(-d_2)$。这两个可能性表达式只是比期权虚实度公式（13.7）～（13.10）少了折现因子 e^{-rr}。由于利率一般只有几个百分点，同时大部分交易所交易的期权的到期时间仅有三个月左右，折现因子常常很接近于 1，所以公式（13.7）～（13.10）给出的期权虚实度也经常被解释为期权被执行的可能性。

13.7.5　外汇期权虚实度的实证结果

上面我们通过数据说明了外汇期权成交金额是一个比成交量更好的、反映不同期权交易活跃程度的指标，因为成交金额将期权合约的大小，即面值考虑在内。虽然成交金额已经比成交量更加合理，但期权与期货不同，成交金额还不能准确反映期权交易的实际情况。期权和期货有很多不同，其中最大的不同点在于期货在交易成交时，买方和卖方除了向交易所缴纳一定数额的保证金外（保证金实际上还是缴纳者的资金），都没必要相互支付任何现金，或者说没有现金转手。但是期权却不同，买方或多头在购买期权时必须向交易所支付一定数额的期权金。期权卖方不但在卖出期权时不能得到期权金，还必须向交易所缴纳与卖出期权所相应的保证金，期权金只有在期权到期后买方没有执行期权的情况下才由交易所转付给期权卖方。所以期权价格的确定是期权买卖成功的最重要因素。

根据各类期权市场实际统计数据分析，绝大多数期权是虚实度较低的期权，这些期权被执行的可能性远低于相应平值期权的虚实度 50%，同时这些期权的价格也远低于相应平值期权的价格。如我们从第 13.6 节那些接近市场实况的例子中可知，平值外汇期权的价格往往只是其合约面值的百分之几，这样虚值期权的价格会比平值期权的更低。遗憾的是绝大部分交易所和国际机构只定期公布期权的成交量，很少公布期权的交易总金额的数据。不过值得高兴的是费城股票交易所按月公布其外汇期权月成交量和相应的期权金总额，这为我们计算期权金占合约面值的平均比例提供了很好的实证依据。表 13 – 14 给出了费城股票交易所 6 个外汇期权合约在 2004 年 12 月和 2004 年全年的平均期权金占成交金额的比例。

表 13 – 14   **2004 年费城股票交易所外汇期权的期权金**

期权合约	2004 年总成交量（手）	2004 年期权金总额（美元）	2004 年 12 月 28 日汇率	合约面值（美元）	2004 年总成交金额（美元）	期权金平均比例（%）
欧元	63093	58288680	1.3565	84781	5349103406	1.09
澳元	49654	40690485	0.7711	38555	1914409970	2.13
英镑	16460	11030289	1.8600	58125	956737500	1.15
加元	41955	24420945	0.8156	40780	1710924900	1.43
日元	47189	52145146	0.0096	60000	2831340000	1.84
瑞士法郎	12428	10246895	0.8791	54944	682840925	1.50
期权合约	2004 年 12 月总成交量（手）	2004 年 12 月期权金总额（美元）	2004 年 12 月 28 日汇率	合约面值（美元）	2004 年 12 月总成交金额（美元）	期权金平均比例（%）
欧元	5577	5759956	1.3565	84781.25	472825031	1.22
澳元	1996	1269305	0.7711	38555	76955780	1.65
英镑	514	473938	1.86	58125	29876250	1.59
加元	1881	1198955	0.8156	40780	76707180	1.56
日元	3884	3996313	0.0096	60000	233040000	1.71
瑞士法郎	280	701188	0.8791	54943.75	15384250	4.56

资料来源：费城股票交易所网站。

观察表 13 – 14 中期权金总额/期权总成交金额的平均比例，我们发现在费城股票交易所交易的 6 个外汇现货期权的期权金，在 2004 年平均仅占其合约面值的 1.09% 到 1.84%。这说明绝大部分在费城股票交易所交易的现货期权是虚值期权，我们可以发现这些期权的虚实度在 25% 到 45% 之间。

13.8 期权的其他风险参数

13.8.1 期权的波动率敏感性

除了上面我们所介绍的期权虚实度外，期权价格对标的资产价格波动率变化的敏感性也是一个重要的参数。我们把例 13.1 ~ 例 13.3 的结果和例 13.4 ~ 例 13.5 的结果相比较，可以容易地发现，波动率越高，期权的价格也越高。用同样的办法，我们可以得到外汇现货期权价格对波动率变化的敏感性的计算公式如（13.11）。详细的推导过程请参见《奇异期权》（张光平，1998）第三章。

$$期权波动率敏感性 = S \times e^{-r_f\tau} \times \sqrt{\tau} \times f(d_1) > 0 \qquad (13.11)$$

其中，r_f 是外国利率，$f(d_1)$ 是标准正态分布的密度函数。

同样，我们可以得到外汇期货期权对波动率敏感性的计算公式如下：

$$期权波动率敏感性 = Fe^{-r_f\tau} \sqrt{\tau} \frac{1}{\sqrt{2\pi}} e^{-\frac{d_1^2}{2}} > 0 \qquad (13.12)$$

其中，r 是本国利率；$f(d_1)$ 是标准正态分布的密度函数。

细心的读者可能会问，为何上面没有区分看涨期权和看跌期权。实际上，执行价格和其他参数都相同的看涨期权和看跌期权对波动率的敏感性是一样的。我们用实例来计算期权价格对波动率的敏感性。

例 13.9 请计算例 13.4 中的 6 个期货期权对波动率的敏感性。

解：将例 13.4 中的本国利率 $r = 0.275\%$、到期时间 $\tau = 0.246$ 和 d_1 分别代入公式（13.10）得到：

当执行价格 = 1.145 时，期权波动率敏感性为

$$1.30269 \times e^{(-0.0025 \times 0.1854)} \times \sqrt{0.1854} \times f(-0.0825) = 0.2621$$

当执行价格 = 1.15 时，期权波动率敏感性为

$$1.30269 \times e^{(-0.0025 \times 0.1854)} \times \sqrt{0.1854} \times f(-0.2296) = 0.2296$$

当执行价格 = 1.16 时，期权波动率敏感性为

$$1.30269 \times e^{(-0.0025 \times 0.1854)} \times \sqrt{0.1854} \times f(-0.3757) = 0.1984$$

我们可以看出，不同执行价的期权对波动率敏感性的价格相差并不大。执行价为 1.15 的期权对波动率的敏感性为 0.2486，表示当波动率变化 1% 时，相应的期权价格将随之变化 0.002486。看涨期权和相应看跌期权的价格对波动率的敏感程度是一样的。

13.8.2 期权的利率敏感性

外汇期权的价格对利率相当敏感，因为外汇汇率变化的主要原因是本国利

率和外国利率的变化。我们可以得到外汇现货看涨和看跌期权价格对本国利率
敏感性的计算公式如下：

现货看涨期权对本国利率敏感性 $= \tau \times K \times e^{(-r\tau)} N(d_2)$ （13.13）

现货看跌期权对本国利率敏感性 $= -\tau \times K \times e^{(-r\tau)} N(-d_2)$ （13.14）

其中，τ、K 和 r 分别代表期权的到期时间、执行价格和本国利率；d_2 是定
价公式（13.1）中的参数。

例 13.10 请计算例 13.1 中的平值期权对本国利率的敏感性。

解：将期权到期时间 $\tau = 0.25$、执行价 $K = 1.14$、美国利率 $r = 0.275\%$ 和期
权定价参数 $d_2 = -0.0467$ 代入公式（13.13），我们可以得到看涨期权对本国利
率的敏感性为：

$$0.25 \times 1.295 \times e^{(-0.0295 \times 0.25)} N(-0.0472) = 0.1548$$

同样将期权到期时间 $\tau = 0.25$、执行价 $K = 1.14$、美国利率 $r = 0.275\%$ 和期
权定价参数 $d_2 = -0.0467$ 代入公式（13.4），我们可以得到看跌期权对本国利
率敏感性为

$$-0.25 \times 1.295 \times e^{(-0.0295 \times 0.25)} N(0.0472) = -0.1669$$

13.8.3 期权的时间敏感性（Theta）和时间价值

所有期权的价格随着到期时间的变化而变化。等到期权到期时间为零时，
期权的潜在价值就是期权的回报，如图 13-6 所示。期权到期时间越长，期权
的价格也越高，因为在波动率和其他参数给定的前提下，时间越长，基础市场
就越有可能发生更大幅度的变化。利用期权定价公式（13.1），我们计算出不同
到期时间的看涨期权的价格，结果如图 13-6 所示。图 13-6 中分别代表到期时

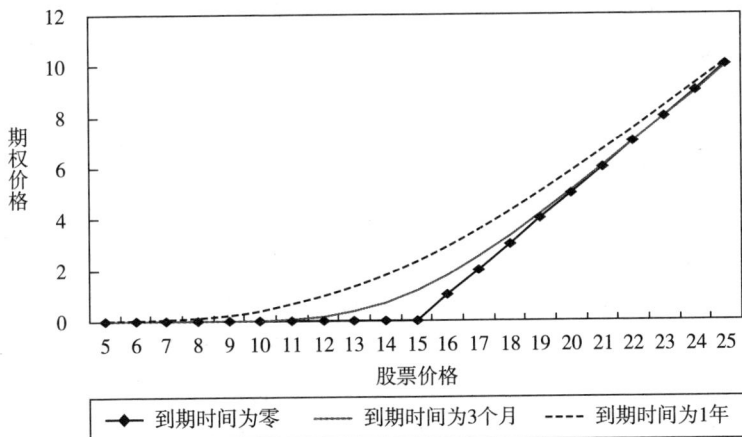

资料来源：根据定价公式计算。

图 13-6 看涨期权的时间价值

间为 1 年、3 个月和零的中国移动股票期权价格。从图 13 - 6 可以看出期权到期时间越长，其价格越高，等到期权到期时，其价格曲线将变成该期权的回报曲线。

从图 13 - 6 可以看出，越接近到期时间，期权回报越接近其到期时的回报曲线。没到期的期权价格与到期时的回报之间的差值称做期权的时间价值。比如执行价格为 15 港元，到期时间分别为 3 个月和 1 年的期权时间价值分别为 1. 188 港元和 2. 327 港元（图 13 - 6 中实线、虚线分别表示与块状线的差值）。

期权价格对时间的敏感性公式比较复杂，我们这里不必写出，有兴趣的读者可以参见《奇异期权》（张光平，1998）关于时间敏感性的详细公式和推导过程。

13.8.4　期权敏感性总结

期权的风险参数是期权交易者最关心的数值，因为很多规避风险的交易策略都建立在期权的风险参数上。由于期权风险参数在英文中全部用希腊字母代表，比如虚实度、波动率敏感性和时间敏感性分别用 delta（δ）、vega（γ）和 theta（θ）代表，所以期权风险参数在英文中也称做"现代希腊字母"。由于篇幅有限，我们这里只简单介绍几个重要的风险参数。还有其他重要参数如虚实度对标的资产现货或期货价格的变化度（gamma）、期权价格对利率的敏感度等我们这里不能细述。

13.9　期权的隐含波动率

我们在本章前面介绍了期权的各个主要方面，这些都是期权的基本知识，实际上决定期权交易最重要的因素是波动率。整个期权的核心就是对波动率的把握或预测。

13.9.1　历史波动率的问题

上面我们介绍了如何利用历史数据来计算汇率或外汇期货的波动率，用期权定价公式对期权进行定价，波动率是必须输入的参数。我们在表 13 - 10 中所演示的波动率计算，使用了从 2014 年 11 月初到 2015 年 4 月中旬 6 个月 119 个日数据。由于计算机存储技术、计算速度、网络等技术的发展，近期数据包含的信息比很早的历史数据要更加有效。如果我们将所用数据从 6 个月缩减到离 2015 年 4 月底最近的 3 个月、2 个月、3 个星期、2 个星期、1 个星期和 3 天，同样我们也可以得到历史日均方差，同样我们可以得到年化的汇率波动率并将结果放在表 13 - 15 中。

表 13 − 15	历史波动率计算的比较		
时段	工作日数	日均方差	年均方差
12 个月	261	0.57%	9.26%
6 个月	130	0.72%	10.83%
4 个月	88	0.80%	11.11%
3 个月	64	0.90%	12.28%
2 个月	43	0.90%	13.64%
1 个月	23	0.98%	14.90%
3 周	15	0.70%	9.80%
2 周	10	0.78%	11.14%
1 周	5	0.76%	9.09%

资料来源：根据彭博社数据计算而得。

从表 13 − 15 我们可以清楚地看出，选择不同时段的或者不同频率的历史数据得出的年均方差不同。不但不同，而且结果相差很大，时段为 12 个月的年均方差 10.72% 比时段为 1 周的年均方差 6.34% 高出 4 个多百分点或者高出近 69%。由于用不同时段的数据得出不同的年均方差，那么用哪个时段或者哪个年均方差来计算期权的价格确实成了一个严重的问题。

不但使用什么时段或频率的数据是一个问题，利用历史数据也是基于一个隐含的假设，即历史还会重复。但我们知道，虽然历史会在某种程度上重演，但确实不会简单地重复。所以，即使数据时段或频率的选择不成问题，历史数据的重复性也是一个问题，因为期权定价公式（13.1）～（13.4）所依赖的波动率，严格意义上讲并不是历史波动率，而是从现在至期权到期日这段时间的波动率。

13.9.2 隐含波动率的概念及其计算

为了克服基于历史数据所获得的历史波动率的问题，从期权业发展的开始，市场从业人员和理论工作者便开始使用隐含波动率的概念和数据来为期权交易提供更加准确的依据，并为期权风险管理打下良好的基础。

由于外汇现货期权定价公式（13.1）和公式（13.2）中的前 5 个参数都可以直接从期权合约中获得（执行价和到期时间）或者从市场得到（当前汇率、本国和外国利率），只有波动率待确定，同时交易所交易的期权的价格也可以直接从市场观察到。这样期权定价公式（13.1）或公式（13.2）左边的期权价格已经从市场获得，而右边的定价公式中仅有一个未知数。这个方程中仅有的未知数便是通过市场期权价格反映或隐含的波动率。

用简单的语言来解释，隐含波动率实际上是根据期权市场中期权价格反推出来的波动率。我们用例子来介绍如何计算银行波动率。

例 13.11 已知 8 月 15 日到期的在芝加哥商业交易所交易的平值看涨期权的价格为 0.0253 美元，请计算出期权的隐含波动率（注：其他参数与例 13.1 中的相同）。

解： 由于定价公式（13.1）是复杂的非线性函数，我们不能得到隐含波动率的解析解，只能采用试探法来求得答案。

将 $S = K = 1.14$，$r = 0.00058$，$r_f = 0.00275$，$\tau = 3/12 = 0.25$ 和 $\sigma = 0.09$ 代入公式（13.1），我们可以算出 $C = 0.0201 < 0.0253$。从期权的波动率敏感性公式（13.10），我们得知期权价格是波动率的递增函数，所以隐含波动率应该大于 9%。

将 $S = K = 1.14$，$r = 0.00058$，$r_f = 0.00275$，$\tau = 3/12 = 0.25$ 和 $\sigma = 0.13$ 代入公式（13.1），我们可以算出 $C = 0.0292 > 0.0253$。所以隐含波动率应该小于 13%。这样我们知道隐含波动率应该在 9% 和 13% 之间。

选择 9% 和 13% 的中间值 11% 进行新的测试，得到 $C = 0.0247 < 0.0253$，这样，隐含波动率应该在 11% 和 13% 之间。我们再用 11% 和 13% 的中间值 12% 来测试，得到 $C = 0.027 > 0.0253$，这样隐含波动率应该在 11% 和 12% 之间。继续如上的测试，我们可以不断逼近答案，最后可得出标准答案 11.28%。

例 13.11 实际上是向大家显示如何通过测试而获得正确的隐含波动率。实际上，利用计算机实施牛顿算法可以容易地解出隐含波动率。

通过上面的介绍和计算演示，我们知道隐含波动率实际上是基于期权的市场价格倒推出来的市场波动率。期权的市场价格反映出市场对期权的供求情况，同时还反映出从现在至期权到期的时间内外汇现货市场的未来波动率。历史波动率是向后"回顾"的，而隐含波动率是向前"展望"的。这样，隐含波动率依据市场力量在很大程度上解决了历史波动率面临的两个主要问题，即回顾时段的确定和历史重复的程度。

13.9.3 波动率"微笑"

如果布莱克—斯科尔斯期权定价理论是正确的，而且市场是如布莱克—斯科尔斯理论假设的那样理想，那么不同执行价格的期权所隐含的波动率应该是相同的。但是期权市场的实际数据并非如此，不同执行价格的期权的隐含波动率实际上是很不相同的。相同到期时间、不同执行价格期权的隐含波动率曲线在期权实践和理论上称做期权的波动率"微笑"。之所以用"微笑"两字，是因为不同执行价格的期权的隐含波动率通常在平值附近较低，而在虚值和实值时较高，曲线形状与我们微笑时下唇相似。

例 13.12 请计算表 13 – 11 中在芝加哥商品交易所的一月欧元期货期权的隐含波动率，并将这些隐含波动率画成图形。

解： 表 13 – 11 中在芝加哥商品交易所交易的一月欧元期货期权价格是 2005 年 1 月 5 日的收盘价格，该期权在一月第二个星期五到期。所以期权一月欧元期货期权的到期时间为 $\tau = 7/252 = 0.0278$。用与例 13.11 中相同的方法，但是用期货期权的定价公式（13.3）和公式（13.4）而不是现货期权的定价公式（13.1）和公式（13.2）来反推计算隐含波动率。用定价公式（13.3）和表 13 – 13 中看涨期权的价格，我们可以算出一月看涨期权的隐含波动率；同样用定价公式（13.4）和表 13 – 13 中看跌期权的价格，我们可以算出一月看跌期权的隐含波动率。由于篇幅有限，详细计算过程我们不能细述。我们将结果放在图 13 – 7 中。

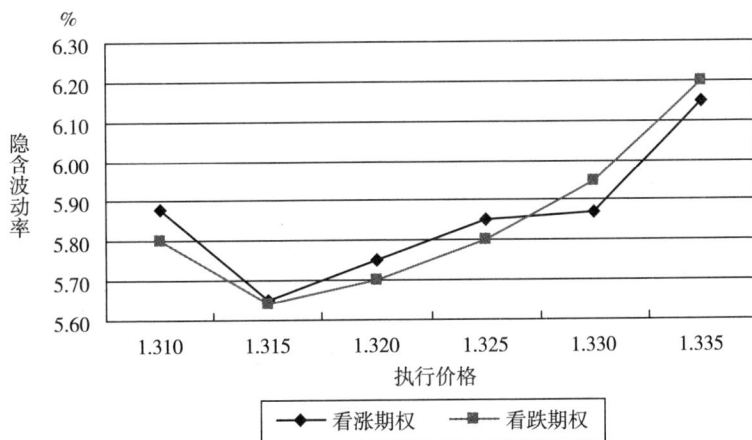

图 13 – 7 期权的波动率"微笑"

从图 13 – 7 可以看出，最接近平值期权的执行价格为 1.315，该期权的隐含波动率也最低。虽然该"微笑"还不是一个理想的"微笑"，因为左边较短而右边有点过长，但该"微笑"确是市场真正的"微笑"，同时该图也显示出了波动率"微笑"的含义。

波动率"微笑"是在市场的基础之上"笑"的，因而可以"笑"出市场对未来的判断。比如"微笑"幅度很大的话，说明虚值期权的价格比相应的平值期权要高很多，反映市场对基础现货或者期货市场看涨。

13.9.4 隐含波动率的时间结构

期权的波动率"微笑"实际上给出的是不同执行价格所反映出的不同隐含波动率。由于市场上相同标的资产之上往往有多个不同到期时间的期权在交易，隐含波动率的时间结构是指执行价格相同而到期时间不同的期权的隐含波动率。我们下面仍然通过实例来说明波动率时间结构的形状和意义。

例 13.13 请计算表 13 – 13 中在芝加哥商品交易所的执行价格为 1.31、1.32 和 1.33，到期时间为一月、二月和三月的欧元期货期权的隐含波动率，并将这些隐含波动率画成图形。

解： 表 13 – 13 在芝加哥商品交易所交易的一月欧元期货期权的价格是 2005 年 1 月 5 日的收盘价格，该期权在一月第二个星期五到期，之间有 7 个工作日。所以该一月欧元期货期权的到期时间为 $\tau_1 = 7/252 = 0.0278$；同样我们可以得到二月和三月到期期权的到期时间为 27 个和 47 个工作日，所以它们到期时间是 $\tau_2 = 27/252 = 0.1071$ 和 $\tau_3 = 47/252 = 0.1865$。和例 13.12 中采用的方法一样，利用定价公式（13.3）和表 13 – 13 中看涨期权的价格，我们可以算出执行价格分别为 1.31、1.32、1.33 的一月、二月和三月看涨期权的隐含波动率，结果如图 13 – 8 所示。

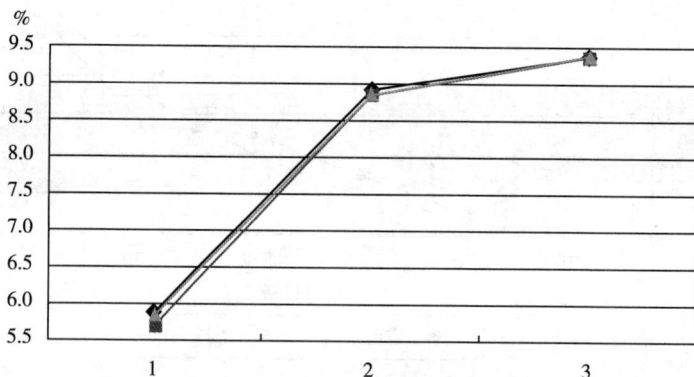

图 13 – 8　波动率的时间结构

从图 13 – 8 我们可以看出，欧元期货期权的时间结构曲线是向上的，即到期时间越长，隐含波动率越高。上升的隐含波动率曲线常常代表基础标的产品会在相应的时间内升值。由于我们分析的是美元/欧元外汇期货期权，基础标的物是美元/欧元外汇期货，标的产品价值上升标志着欧元会升值。从图 13 – 8 我们还可以看出，不同执行价格的期权的波动率时间结构相差不大。

13.9.5　隐含波动率曲面及其用途

上面我们分别介绍了不同执行价格的期权的隐含波动率即波动率"微笑"和不同到期时间的期权的隐含波动率即波动率的时间结构。这两种方法是从两个侧面来对波动率进行分析的。如果我们将执行价格和到期时间作为两个"自变量"，那么我们将获得一个"立体"的隐含波动率曲面。隐含波动率曲面实际上是将波动率"微笑"和波动率时间结构的结果放在一起，有两个变化参数的三维结果。由于交易所交易的期权是透明的，我们可以根据交易所交易的期权价格来画出某标的外汇或外汇期权的隐含波动率曲面。

如上所述，波动率"微笑"和波动率时间结构都是在市场价格的基础上构造出来的，所以都可以反映出市场对标的外汇或外汇期货的走势判断。将"微笑"曲线和到期时间曲线反映出的走势通过波动率曲面结合起来分析，对期权交易有很大的意义。隐含波动率通常要与相应期权的成交量相结合进行分析，因为必须通过成交量我们才能知道期权的流动性，从而知道相应的隐含波动率的代表性。这些内容属于较深入的内容，因为篇幅有限，我们这里不进一步介绍和分析。

波动率曲面还有一个更大的功能，即进行风险管理的基础。波动率曲面是建立在交易所交易的期权的价格之上的。对于那些与交易所交易的期权相比，在执行价格或到期时间方面有所不同的柜台交易的期权而言，如何选择波动率来进行定价是个更困难的问题。有了交易所交易的期权的价格反映出来的波动率曲面后，我们可以通过插值的办法求出柜台交易的期权"应该"有的波动率，这为对柜台交易的期权进行定价奠定了一定的基础。由于隐含波动率每天随市场变化，波动率曲面实际上成了金融机构进行风险管理，尤其是"逐日盯市"的基础。

13.9.6　期权风险逆转差

除了上面我们所介绍的隐含波动率的"微笑"、时间结构以及将两者结合在一起而构成的波动率曲面，隐含波动率的另一个重要概念我们还没有涉及，这就是期权波动率风险逆转差。本章前面我们多次比较了执行价格相同的看涨期权和看跌期权的价格，比如看涨—看跌期权价格均衡。但是比较相同执行价格的看涨期权和看跌期权的价格没有很大的实际意义，因为执行价格相同的看涨和看跌期权的虚实度往往差别很大。

期权风险逆转差（Risk Reversal）是指虚实度相同的看涨期权与相应看跌期权的隐含波动率之间的差值。比如虚实度为 25% 的看涨期权的隐含波动率为 10.2%，而虚实度为 25%（在实际工作中，看跌期权虚实度的负号常常被忽略）的看跌期权的隐含波动率为 9.5%，那么，10.2% － 9.5% ＝0.7%，即是虚实度为 25% 的期权的风险逆转差。由于虚实度相同，看涨期权和相应的看跌期权被执行的可能性相近，也就是说这对期权离平值期权的"距离"相同，所以它们的隐含波动率之间的差值反映了市场对基础外汇现货或外汇期货走势的看法。比如，如果虚实度同为 25% 的看涨期权和相应看跌期权的风险逆转差为正值（例如上面的 0.7%），那么反映看涨期权比看跌期权的价格要高，显示市场对基

础外汇现货或外汇期货看涨；如果它们的风险逆转差为负值（例如 –0.50%），
那么反映了看涨期权比看跌期权的价格要低，显示市场对基础外汇现货或外汇
期货看跌；如果风险逆转差为零，则反映了看涨期权和看跌期权的价格相当，
显示市场对基础外汇现货或外汇期货走势持中性态度。我们用实例来说明如何
计算风险逆转差。

例 13.14 请算出表 13 – 13 中在芝加哥商品交易所交易的一月、二月和三
月的欧元期货期权的风险逆转差。

解： 根据表 13 – 13 中一月、二月和三月的欧元期货看涨和看跌期权的价
格，以及本节计算隐含波动率的方法，我们可以求出这些期权的隐含波动率和
相应的虚实度（忽略看跌期权虚实度的负号），并将结果列在表 13 – 16 中。

表 13 – 16　　　　　　　　　外汇期货期权的隐含波动率和虚实度

执行价格	看涨期权价	虚实度	隐含波动率	看跌期权价	虚实度	隐含波动率
一月期权						
1.31	0.99	72.90%	5.88%	0.21	27.00%	5.80%
1.315	0.65	59.10%	5.65%	0.37	40.90%	5.72%
1.32	0.4	43.30%	5.75%	0.62	56.70%	5.68%
1.325	0.23	29.00%	5.85%	0.95	71.20%	5.78%
1.33	0.12	17.40%	5.87%	1.34	82.80%	5.80%
1.335	0.07	10.40%	6.15%	1.79	89.30%	6.21%
二月期权						
1.31	1.94	58.50%	8.90%	1.16	41.20%	8.84%
1.315		53.30%	8.88%	1.38	46.30%	8.86%
1.32	1.41	48.20%	8.85%	1.63	51.50%	8.86%
1.325	1.19	43.00%	8.87%	1.91	56.60%	8.86%
1.33	0.99	38.00%	8.83%	2.21	61.60%	8.86%
1.335	0.82	33.10%	8.83%	2.54	66.40%	8.86%
三月期权						
1.31	2.52	56.40%	9.37%	1.16	43.00%	9.36%
1.315	2.26	52.70%	9.39%	1.38	46.70%	9.36%
1.32	2.01	49.00%	9.35%	1.63	50.40%	9.36%
1.325	1.79	45.30%	9.38%	1.91	54.10%	9.40%
1.33	1.58	41.60%	9.38%	2.21	57.70%	9.38%
1.335	1.39	38.10%	9.38%	2.54	61.30%	9.38%

资料来源：根据表 13 – 13 的相关数据计算得出。

从表 13 - 16 我们可以发现，一月期权中可比的只有虚实度为 43.3%（执行价为 1.32）的看涨期权和虚实度为 40.9%（执行价为 1.315）的看跌期权，这对期权的隐含波动率差值为 5.75% - 5.72% = 0.03%。虚实度为 29.0%（执行价为 1.325）的看涨期权和虚实度为 27.0%（执行价为 1.31）的看跌期权也较可比，这对期权的隐含波动率差值为 5.85% - 5.80% = 0.05%。在期权实践中，往往只比较虚值期权的风险逆转差，原因是实值期权的交易量很少，因为它们的价格太高，和基础外汇现货或期货太接近，杠杆作用较小。

同样我们可以发现二月期权中可比的只有虚实度为 43.0%（执行价为 1.325）的看涨期权和虚实度为 41.2%（执行价为 1.31）的看跌期权，这对期权的隐含波动率的差值为 5.87% - 5.84% = 0.03%。

三月期权中可比的只有虚实度为 41.6%（执行价为 1.335）的看涨期权和虚实度为 43.0%（执行价为 1.31）的看跌期权较可比，这对期权的隐含波动率的差值为 9.38% - 9.36% = 0.02%。其他较可比的还有虚实度为 49% 的看涨期权与虚实度为 50.4% 的看跌期权，以及虚实度为 45.3% 的看涨期权和虚实度为 46.7% 的看跌期权，它们的风险逆转差分别为 - 0.01% 和 0.02%。

综合观察以上不同月份期权的风险逆转差，我们可以看出风险逆转差虽然为正数（隐含欧元升值），但大于零的程度并不显著。这表明欧元有升值的趋势，但势头并不是很强。风险逆转差是一个很敏感的反映基础市场走势的参数。在正常市场状况下，风险逆转差接近零。当市场有明显趋势时，它才会显著地大于零或者显著地小于零。由于篇幅原因，我们这里不再进一步介绍这些内容。

13.9.7 隐含波动性小结

隐含波动率是期权交易的核心，因为它是在市场成交价格的基础上反推出来的波动率。对隐含波动率进行分析，同时适度地结合相应的历史波动率，可以帮助我们做出判断：如果发现某个期权被低估了，则可考虑买进该期权；如果发现某个期权被高估了，那么则可考虑卖出该期权以达到获利目的。这些内容是期权的核心。

13.10 期权的常用交易策略

期权和期货的主要区别之一就是有不同执行价格的期权拥有比期货更多而且更灵活的交易策略。实际上，期权交易往往不是以简单的单个期权进行，而是采用各种策略用不同的期权组合来进行的。只有对期权的主要交易策略有了一定的了解，我们才能对期权的作用有更深入的理解。

13.10.1　卖出看涨期权

图 13 - 4 实际上是买入一个看涨期权的收益图。与买入相反的简单交易策略是卖出一个看涨期权。图 13 - 9 是卖出或者做空一手看涨期权的收益图。图 13 - 9 给出的情形与图 13 - 4 的正好相反：当基础资产价格上升时，空头会损失；当基础资产价格下降时，空头才会有收益——卖出期权的期权费收入。

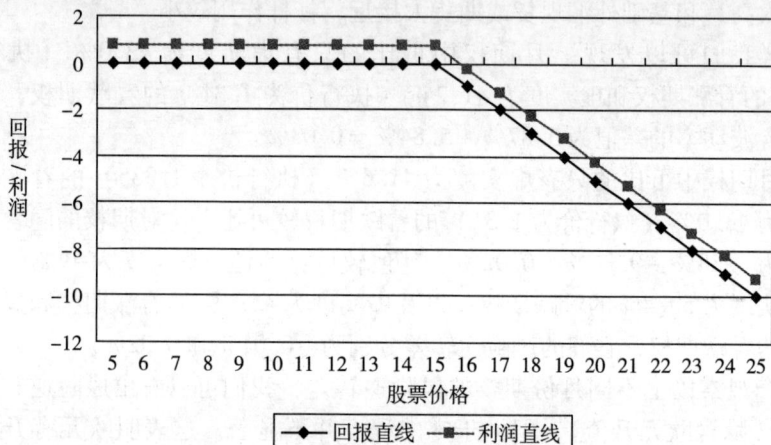

图 13 - 9　一手看涨期权空头的收益图

13.10.2　卖出看跌期权

图 13 - 5 实际上是买入一个看跌期权的收益图。与买入相反的简单交易策略是卖出一个看跌期权。图 13 - 10 是卖出或者做空一手看跌期权的收益图。图

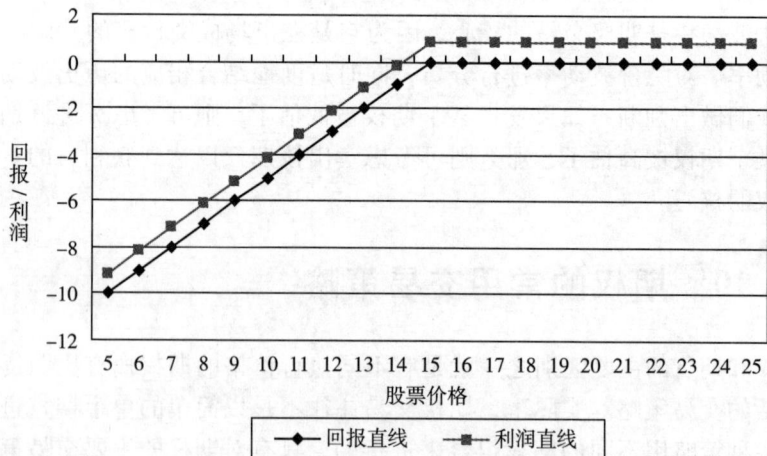

图 13 - 10　一手看跌期权空头的收益图

13 – 10 给出的情形与图 13 – 5 正好相反：当基础资产价格下降时，空头会损失；当基础资产价格上升时，空头才会有收益——卖出期权的期权费收入。

13.10.3 涨—跌期权差/跌—涨差

图 13 – 4、图 13 – 9 和图 13 – 5、图 13 – 10 所显示的仅仅是单个期权多头或空头的简单交易策略。涨—跌期权差是指买进一手看涨期权同时卖出一手执行价格相同的看跌期权。图 13 – 11 给出了涨—跌期权差的收益图。图 13 – 11 中当股票价格低于执行价时，看涨期权回报为零，同时看跌期权回报为正，两者差额为负；当股票价格高于执行价时，看涨期权回报为正，同时看跌期权回报为零，两者差额为正，结果实际上成为一条从左下角到右上角的直线，显示该交易策略的收益完全与基础市场一致。

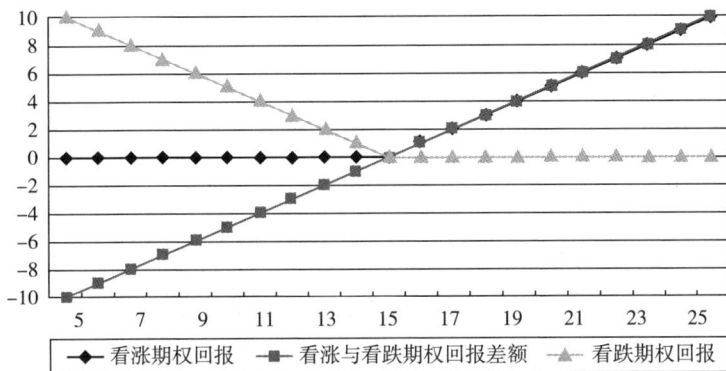

图 13 – 11 涨—跌期权差的收益图

该策略实际上是一个相当牛市的策略。如果没有期货和期权，交易者只能用相当于基础资产市值的资本去购买该资产，从而获得其升值的潜力。有了期货，投资者可以做多期货从而获得相应的升值潜力，但投资者必须支付相当的保证金。有了期权，投资者可以购买看涨期权，同时卖出相同数目的看跌期权，购买看涨期权的资本可以部分或全部由卖出看跌期权的期权金补偿。这样，涨—跌差策略与单纯的期货交易相比，前者的成本较低。

跌—涨期权差是涨—跌期权差的反方向，即买看跌期权同时卖相同数目的看涨期权，跌—涨期权差是一个典型的熊市策略。我们不专门画其收益图。

13.10.4 牛市/熊市看涨期权差

顾名思义，看涨期权差是一种同时做多和做空不同执行价格的看涨期权的交易策略。如果买入一个执行价格较低的看涨期权的同时，卖出一个执行价格较高的看涨期权，那么这种策略是适度牛市的。这种牛市看涨期权差策略的收益如图13－12所示。图13－12是一个执行价格为1.29的看涨期权多头和一个执行价格为1.35的看涨期权空头的组合。买入执行价格较低的看涨期权，实际上是把未来市场价格比此执行价格要高的所有可能性全包括在内；同时卖出执行价格较高的另一个看涨期权，实际上意味着把未来市场价格比此执行价格还要高的可能性卖出。这种看涨期权差策略实际上还是牛市的，只是投资者预测标的资产市场价格的上涨幅度有限。

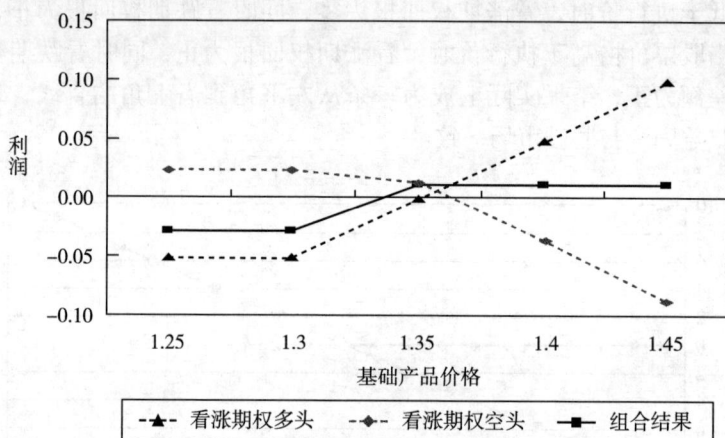

图13－12　牛市看涨期权差的收益图

相反，投资者也可以买入一个执行价格高的看涨期权，同时卖出一个执行价格低的看涨期权。这实际上是一个熊市看涨期权差，其收益如图13－13

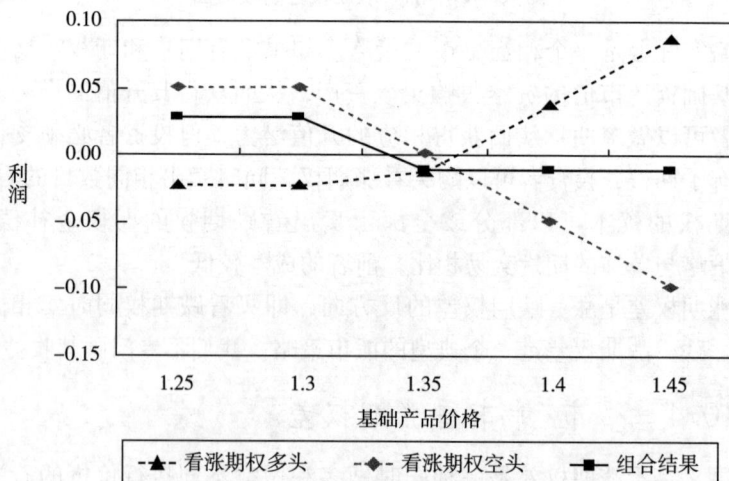

图13－13　熊市看涨期权差的收益图

所示。

13.10.5　看跌期权差

和看涨期权差相似，两个不同执行价格的看跌期权差也可以构成牛市策略和熊市策略。不同的是，做空执行价格较低的看跌期权同时做多执行价格较高的看跌期权可以构成牛市看跌期权差；而做多执行价格较低的看跌期权同时做空执行价格较高的看跌期权可以构成熊市看跌期权差。牛市和熊市看跌期权差的形状与图 13 – 12 和图 13 – 13 相近，我们这里不必重复。

13.10.6　勒束式策略

勒束式策略的具体操作方法为同时卖出一对执行价格不同的看涨期权和看跌期权。当基础资产价格只在这两个执行价格之间的范围内波动时，通过该策略投资者可以获利，即卖出期权所收取的两个期权金，其收益如图 13 – 14 所示。但当基础资产的市场价格远超过较高的执行价格或者远低于较低的执行价格时，使用该策略的投资者会面临重大损失。

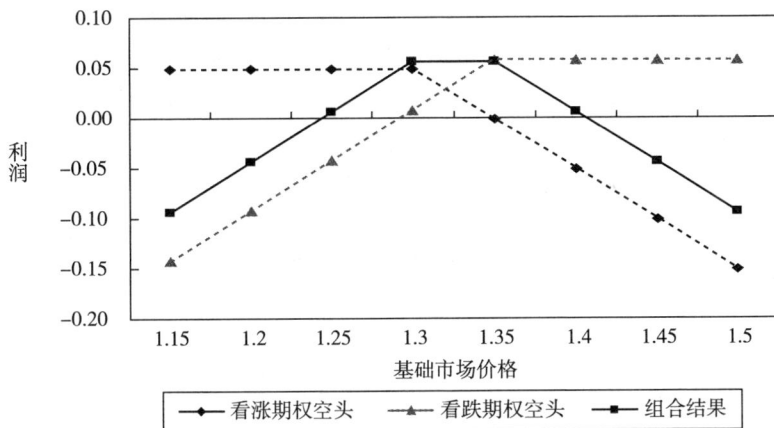

图 13 – 14　勒束式策略（同时卖出一对看涨期权和看跌期权）

13.10.7　蝶式策略

到目前为止我们只介绍了涉及一个或者两个期权的交易策略。在实际交易操作中，常常遇到涉及多于两个期权的策略。蝶式策略就是一个涉及三个期权的例子。典型的蝶式期权策略即买入两个执行价格不同的看涨期权，同时卖出两个执行价格相同的看涨期权，被卖出的期权的执行价格为买入的两个期权的执行价格的均值。图 13 – 15 为一个蝶式策略的收益图。

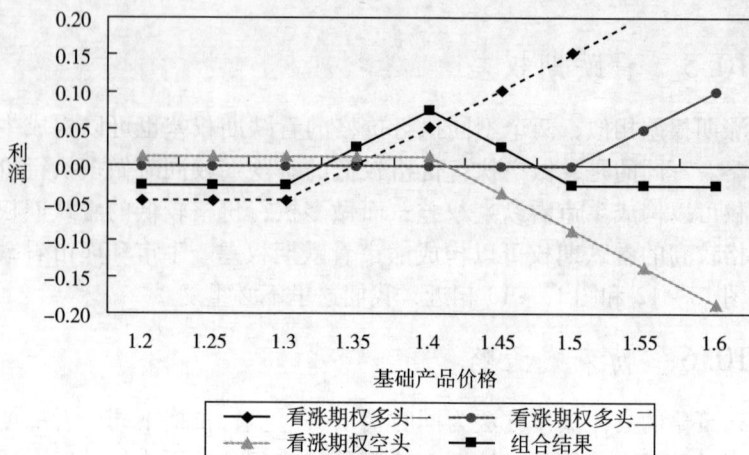

图13－15 蝶式策略

从图13－15我们可以看出，当基础资产的市场价格在买入的两个看涨期权的执行价格之间的范围内波动时，使用蝶式策略会盈利；当基础资产价格比较低的那个执行价格还要低，或者比较高的执行价格还要高时，使用蝶式策略会亏损。但是亏损的幅度不会像勒束式策略那样无限，因为两个看涨期权多头已经将基础资产价格向下或向上所带来的风险限制在一定的范围内了。

还有很多其他期权交易策略，但它们超出了我们本节的范围。有兴趣的读者可以参考《期权策略》（科特尼，1996）关于各种主要期权策略的详细介绍。

13.11　期货和期权的主要区别

在介绍了期权的主要基础知识之后，很有必要将外汇期货和外汇期权的区别系统地罗列出来。期货和期权有一些相同的地方，但期权是在期货发展到一定时期的产物，与期货有很大的不同。

13.11.1　期权与期货的相同之处

期权和期货存在不少共同的特征，比如两种产品都是为了规避基础资产价格不确定性风险而设计出来的，两种产品都可以在某种程度上达到规避基础资产价格波动风险的目的。两种产品都有杠杆效应，期货的杠杆效应为1/期货保证金比率，期权的杠杆效应为1/期权的虚实度。例如，保证金比例为5%的期货的杠杆效应为1/5% ＝20，虚实度为10%的期权的杠杆效应为1/10% ＝10。虚实度越低，期权的杠杆效应越高，因为虚实度越低期权的价格也就越低。相反，实值期权的成交量较少，因为实值期权的杠杆效应较低（小于 1/50% = 2），而且价格通常很高。期货和期权都要付保证金，我们在后面还要详细介绍期权和期货保证金支付的区别。

13.11.2 期权与期货的主要区别

（1）合约类数量和风险分拆

一个到期时间或月份通常只有一个期货合约，而期权有两类，即看涨期权和看跌期权。而且每类期权还有多个合约，即不同执行价格的看涨期权和看跌期权。如果同一个到期时间的期权有 10 个不同的执行价，那么该到期时间的看涨期权有 10 个，同时看跌期权也有 10 个。这 10 个看涨期权的虚实度互不相同，而且是从虚到实，将基础现货或期货风险切割成 10 个不同的风险段。买一个执行价的看涨期权同时卖出另一个执行价的看涨期权可以让投资者容易地锁定基础市场一个确定的价格段（如上述的看涨期权差），准确地进行风险管理操作。而给定到期时间的期货合约只有一个，除做多或做空这样笼统地进行交易外，没有其他选择。

（2）权利与义务

期货合约代表合约双方双边的义务，而期权合约表达了购买合约者或多头的权利，同时也代表卖出合约方或空头的义务。因此，在期权到期之前，假如执行期权对多头有利，多头可以执行期权，否则可以放弃。执行期权是多头的权利，当多头执行时，空头有义务满足多头的要求。所以期权多头与空头的权利和义务是不对称的。

（3）保证金

期货的买卖双方都要向交易所支付保证金，而期权的多头或买方向交易所支付过期权金之后，就不需要向交易所缴纳任何保证金了。但是期权的空头或者卖出方不但不能马上收到应该获得的期权金，还必须向交易所支付一定数额的保证金，以防多头要求执行而空头却不能履行其义务。所以期权买卖双方的责任和权利是不对称的。

（4）期权金

期权多头或购买者不得不在得到权利前支付期权金或期权费以获得执行期权的权利，然而期货多头或购买者仅仅需要初始保证金和之后保证金的变化额。期货保证金实际上还是购买者自己的钱，而期权金是直接通过交易所支付出去的。所以期货在成交时没有现金转手而期权在交易时买者必须"一手交钱，一手交货"。

（5）"市"和"价"侧重和并重

期货市场的参与者通常是"重市"而"轻价"，即注重市场的走势，而不重视期货的价格。因为如果市场看涨便做多，看跌便做空，价格本身的水准并不那么重要。而期权的交易者必须既"重市"也"重价"，因为只有预测了市场的走势，才能知道该为多头的"跌"还是该为空头的"涨"买保险。在确定了走势之后，交易者必须确定期权的价格，因为那是必须立刻支付的现金。对于用期权来进行套利或投机的交易者，更必须既"重市"也"重价"。

（6）交易策略

一个到期时间的期货合约仅有一个，期货市场上的交易策略数目有限，而同一到期时间的期权数目众多，期权的交易策略多种多样，反映交易者对基础市场走势的不同看法，所以期权比期货要有更大的灵活性。

（7）交易场所

期货只是在交易所交易的产品，而期权既可以在交易所交易，也可在柜台交易。对于外汇期权来说，交易所交易的期权仅占整个外汇期权的很小比例，而柜台交易的外汇期权在品种类型、交易量、交易金额等方面皆超过交易所交易的期权。

13.12 本章总结

期权是场内外金融衍生产品的两大重要组成部分之一，而且也是绝大多数银行间复杂衍生产品的基本构件，同时还是结构性理财产品的必要构件。没有期权，特别是场内交易所期权的活跃交易，市场对未来不定性难以有效把握，风险管理的任何模型都难以有效发挥作用，风险管理难以落实。没有活跃的期权市场，任何现代的金融市场都难以有效发挥风险管理功能。

我们在本章对期权市场的历史和发展、期权的概念、执行方式和时间等基本概念做了较为系统的介绍。与期货相比，期权有更大的丰富性和灵活性，为投资者、套保者、套利者和投机者等市场参与者提供了很多交易的组合，并且提供了期货和现货市场难以获得的有用的隐含信息。本章以全球交易所/场内外汇市场为例，对全球场内外汇期权市场近十年来的发展及全球主要场内外汇期权的分布进行了介绍和简析。由于外汇市场以银行间的场外市场为主，交易所外汇期权自然不是全球外汇期权市场的主体。尽管如此，场内外汇期权市场成交量/成交金额、持仓量等准确信息是场外外汇期权市场无法获得的重要信息，对我们准确了解和掌握全球场内期权市场的发展有难以或缺的作用。有了场内期权产品的活跃交易，银行间含有期权的结构性理财产品的定价才有可能做到逐日盯市场，定价才能做到有依据，风险管理才可能有把握。

第14章　场外柜台交易期权

我们在第 13 章介绍了外汇期权的概念、定价、交易策略、风险参数、隐含波动率等，着重介绍的是交易所交易的外汇期权，由于在柜台交易的外汇期权比交易所交易的外汇期权无论在数量还是在金额上都要高出很多，因此在我们结束本部分之前，很有必要介绍场外柜台外汇期权的发展和主要种类。

本章的结构如下：第 14.1 节介绍交易所交易的外汇期权和柜台交易的外汇期权各自的份额和它们的区别；第 14.2 节介绍主要币种柜台交易期权及其成交量；第 14.3 节介绍从交易所交易的期权向柜台交易期权的发展；第 14.4 节介绍最简单的外汇奇异期权，脉冲期权；第 14.5 节介绍外汇亚式期权，即外汇平均汇率期权；第 14.6 节介绍柜台交易最活跃的外汇期货期权——外汇屏障期权及其性能和用途；第 14.7 节介绍交易所交易的外汇期权与柜台交易的外汇期权之间的关系；第 14.8 节介绍新兴市场外汇期权交易的情况；第 14.9 节介绍柜台交易外汇期权市场的主要参与银行；第 14.10 节总结本章。

14.1　交易所外汇期权和柜台交易期权的区别

我们在第 13 章介绍了期权（主要是交易所交易的期权）的各个主要方面。在本节我们首先对交易所交易期权（场内）和柜台交易的外汇期权（场外）作简单比较，然后介绍主要的柜台交易的期权。

14.1.1　柜台交易期权和交易所交易的期权份额比较

柜台交易市场实际上是银行间的交易市场。表 13 - 2 给出了 1994 年到 2015 年全球交易所交易的期权总成交金额及利率期权、外汇期权和股票指数期权的年成交金额。从表 13 - 2 我们可以看出，全球交易所交易的期权在 20 世纪 90 年代初首次超过 50 万亿美元之后，1995 年和 1996 年连续两年略微下降和 1999 年显著下降外，从 1999 年到 2007 年 8 年保持了持续较高的增长幅度，累计增长超过了 10 倍，年均增长幅度高达 35.4%；受金融危机的冲击，2007 年到 2009 年两年持续下降，2010 年和 2011 年两年有所回升，但是 2012 年又大幅下降 33.91%，2013 年和 2014 年虽然两年有所回升，然而离 2007 年的高峰仍然有相当的差距。

14.1.2　柜台交易的期权与交易所交易期权的持仓量比较

柜台交易的期权不像交易所交易的期权，它们的成交金额没有准确地统计数据，因此我们难以直接比较柜台交易的期权和相应的交易所交易期权的活跃度。然而，国际清算银行每半年公布一次全球未到期的外汇期权合约的总面值，同时国际清算银行每个季度公布全球交易所交易的期权的持仓金额（未到期期权合约的总面值）。2004年到2014年和2015年上半年末的柜台交易期权和交易所交易期权数据列在表14-1中。

表14-1　　全球年底未到期的柜台交易外汇期权
持仓金额和交易所交易的持仓金额　　　单位：万亿美元

年份	2004	2005	2006	2007	2008	2009
柜台	257.89	297.69	414.85	595.74	598.15	603.9
外汇期权	6.12	6.99	9.6	12.75	10.61	9.54
利率期权	27.08	28.6	43.22	56.95	49.97	48.81
权益期权	3.63	4.62	5.72	6.24	4.84	4.29
交易所	18.92	21.6	25.68	28.07	19.52	21.57
外汇期权	0.11	0.12	0.18	0.18	0.13	0.15
利率期权	18.16	20.71	24.48	26.77	18.73	20.63
权益期权	0.62	0.77	1.03	1.12	0.66	0.98
柜台/交易所比例	13.63	13.78	16.15	21.22	30.64	28.00
外汇期权	53.82	57.44	53.53	70.34	83.09	65.31
利率期权	1.49	1.38	1.77	2.13	2.67	2.37
权益期权	5.82	5.99	5.56	5.57	7.33	4.39
年份	2010	2011	2012	2013	2014	2015*
柜台	601.05	647.81	635.69	710.63	629.14	552.91
外汇期权	10.09	10.07	10.22	11.89	14.6	13.56
利率期权	49.3	56.29	48.35	49.4	43.6	40.15
权益期权	3.81	4.24	4.21	4.5	4.47	4.74
交易所	22.31	22.91	24.07	25.79	27.15	28.05
外汇期权	0.17	0.22	0.23	0.24	0.23	0.23
利率期权	21.01	21.71	22.63	24.17	25.35	26.12
权益期权	1.13	0.97	1.21	1.38	1.57	1.70
柜台/交易所比例	26.94	28.28	26.41	27.55	23.17	19.71
外汇期权	58.74	44.96	44.11	48.76	62.46	58.23
利率期权	2.35	2.59	2.14	2.04	1.72	1.54
权益期权	3.37	4.36	3.47	3.26	2.84	2.79

资料来源："＊"表示国际清算银行2015年柜台交易期权的数据为同年6月底数据，其他数据皆为年底数据。

从表 14 - 1 我们可以看出，2004 年到 2006 年柜台交易的外汇期权年底存量比交易所交易的外汇期权的年底持仓合约金额要高出 55 倍左右；2007 年至 2010 年柜台交易的外汇期权年底存量比交易所交易的外汇期权的年底持仓合约金额要高出 60 多倍至 80 多倍；而 2011 年至 2013 年却下降到了 45 倍左右；2013 年之后反弹至 60 倍上下，回到了比 2005 年略高的水平，显示柜台交易期权持仓量比交易所交易期权持仓量要高几十倍，证明柜台交易的外汇期权是外汇期权的绝对主力市场。

表 14 - 1 也显示，柜台交易的利率期权年底持仓量仅比交易所交易的利率期权高出一半到一倍多些：从 2004 年到 2006 年，柜台交易的利率期权持仓量平均仅比交易所交易期权持仓量高出 50% 左右，而 2007 年到 2008 年，前者比后者高出 113% 到 167%；2009 年和 2010 年，前者与后者的比例保持在 2.36 上下；2010 年到 2011 年，前者超过后者的幅度再次回升到了 159%；而从 2011 年到 2015 年，前者超过后者的幅度持续下降到了 54%，回到与 2004 年和 2005 年略高的水平。十多年来柜台交易的利率期权持仓金额比交易所仅高出 38% 到 167% 的数字表明，柜台交易的利率期权比交易所交易的利率期权存量高出的幅度远低于相应的外汇期权。

表 14 - 1 同时显示，柜台交易的权益期权年底持仓金额与交易所交易的权益期权的年底持仓金额比例介于外汇期权和利率期权之间。这些数据表明，柜台交易的外汇期权比交易所交易的外汇期权要活跃很多，换句话说，柜台交易市场是外汇期权的绝对主力市场，柜台交易的权益期权和利率期权的持仓量仅比交易所交易的期权略高出 0.38 倍到 6.33 倍，仅相当于外汇期权相应倍数的十分之一。

14.1.3　柜台交易期权和交易所交易期权的年度成交金额比较

虽然柜台交易期权的成交金额没有年度的准确数据，但是，国际清算银行每三年公布银行间外汇期权和利率期权 4 月份的日均成交金额。根据国际清算银行 1998 年到 2013 年公布的每三年 4 月银行间外汇和利率期权日均成交金额，我们可以计算出三年间的年均增长率，从而获得 1998 年到 2013 年每年 4 月的柜台外汇期权和利率期权 4 月份的日均成交金额，然后按照每年平均 250 个工作日可以简单估算出这些年的柜台其全年度成交总额。表 14 - 2 给出了 1995 年到 2015 年全球柜台交易外汇期权和利率期权年度成交金额估值及其与相应的交易所交易期权的年度成交金额的比较。

表 14 - 2　　全球柜台交易的外汇和利率期权年度成交金额与相应的
交易所交易期权的年度成交金额的比较　　单位：万亿美元

年份	2000	2001	2002	2003	2004	2005	2006	2007
柜台外汇和利率期权成交总额	24.77	22.25	31.94	47.34	72.5	82.35	93.83	107.25
外汇期权	16.98	15	18.85	23.68	29.75	36.06	43.72	53
利率期权	7.79	7.25	13.1	23.66	42.75	46.28	50.11	54.25
交易所外汇和利率期权成交总额	47.59	123.12	154.93	205.88	260.65	329.73	447.22	549.76
外汇期权	0.21	0.36	0.42	0.49	0.59	0.95	1.12	2.14
利率期权	47.38	122.77	154.51	205.39	260.06	328.78	446.1	547.62
柜台/交易所比例	0.52	0.18	0.21	0.23	0.28	0.25	0.21	0.2
外汇期权	80.16	42.13	44.59	48.1	50.54	38.06	39.2	24.79
利率期权	0.16	0.06	0.08	0.12	0.16	0.14	0.11	0.1
年份	2008	2009	2010	2011	2012	2013	2014	2015 *
柜台外汇和利率期权成交总额	106.07	104.90	97.00	105.19	115.01	126.75	140.73	157.35
外汇期权	52.58	52.16	51.75	60.88	71.62	84.25	99.11	116.59
利率期权	53.49	52.74	45.25	44.31	43.40	42.50	41.62	40.76
交易所外汇和利率期权成交总额	537.98	436.67	471.91	468.80	310.95	357.39	337.88	151.36
外汇期权	2.80	1.98	3.05	2.53	2.38	3.02	3.07	1.93
利率期权	535.18	434.69	468.86	466.27	308.57	354.37	334.81	149.43
柜台/交易所比例	0.2	0.24	0.21	0.22	0.37	0.35	0.42	1.04
外汇期权	18.78	26.34	16.98	24.11	30.06	27.87	32.29	60.30
利率期权	0.1	0.12	0.10	0.10	0.14	0.12	0.12	0.27

资料来源：表 13 - 2 数据和 1998 年、2001 年、2004 年、2007 年、2010 年、2013 年国际清算银行公布的三年调查数据，2014 年、2015 年的增长率沿用 2010—2013 年的年均增长率估算得出；2015 年数据为上半年数据。

　　从表 14 - 2 我们可以看出，2000 年到 2006 年柜台交易的外汇期权年成交金额与交易所交易的外汇期权的年成交金额比例从 80 多倍下降到了接近 40 倍，降幅超过一半；从 2006 年到 2008 年又从 39.2 倍大幅度下降到了 18.78 倍，又下降了一半多；虽然 2009 年比例回升到了 26.34 倍，达到与 2007 年相当的水平，而 2010 年的比例却进一步下降到了 16.98 倍，降低到了 1996 年和 1997 年的平均水平上下，此后又逐渐回升到了 2013 年的 27.87 倍和 2014 年的 32.29 倍。因此，柜台交易的外汇期权交易还是比交易所交易的外汇期权要活跃很多。表 14 - 2 也显示，柜台交易的利率期权年成交金额远低于交易所交易的利率期权，2006 年到 2014 年，前者仅略高于后者的十分之一，2015 年比例上升四分之一左右，显示虽然柜台交易的利率期权持仓金额显著超过交易所交易的期权，但是前者的活跃度却远低于后者，表明交易所交易的利率期权的对冲功能远高于柜台利率期权。

14.1.4　柜台交易外汇期权的到期时间

表 14 - 3 给出了从 2004 年 12 月底到 2015 年 6 月底全球柜台交易外汇期权的未到期面值总额。根据表 14 - 3 我们可以容易地算出，从 2004 年到 2009 年，1 年或短于 1 年到期的柜台交易外汇期权总面值占总额的比例在逐年下降，但都保持在 60% 以上。此后又逐渐反弹，2015 年 6 月末该比例反弹至 84.58%，基本与 2004 年末持平。

表 14 - 3　　2004—2015 年全球柜台交易外汇期权的到期时间结构

单位：万亿美元，%

时间结构	2004 年	2005 年	2006 年	2007 年	2008 年	2009 年
1 年或短于 1 年	5.312	5.753	7.587	9.144	6.782	5.847
占比	86.90	82.30	79.20	71.70	63.90	61.30
1 年到 5 年	0.71	1.115	1.772	2.377	2.765	2.157
占比	11.60	16.00	18.50	18.60	26.10	22.60
5 年以上	0.093	0.119	0.22	1.227	1.061	1.539
占比	1.50	1.70	2.30	9.60	10.00	16.10
总量	6.115	6.987	9.579	12.748	10.608	9.543
时间结构	2010 年	2011 年	2012 年	2013 年	2014 年	2015 年
1 年或短于 1 年	6.368	7.26	7.438	9.511	12.242	11.467
占比	63.11	72.13	72.78	80.01	83.86	84.58
1 年到 5 年	1.996	2.237	2.243	1.884	1.965	1.738
占比	19.78	22.23	21.95	15.85	13.46	12.82
5 年以上	1.727	0.568	0.539	0.492	0.392	0.353
占比	17.11	5.64	5.27	4.14	2.69	2.60
总量	10.091	10.065	10.22	11.887	14.599	13.558

资料来源：国际清算银行，2015 年数据为 2015 年 6 月的数据。

根据表 14 - 3，我们也可以看出从 2004 年到 2010 年，到期时间短于 1 年的期权占期权总额的绝大多数，然而其占比却从 90% 以上持续下降到了 60% 多些；与此同时，1 年到 5 年的中期期权占总量的比例却从 4.7% 持续上升到了 20% 以上；到期时间超过 5 年的长期柜台外汇期权的占比从不到 1% 持续上升到了 10%，表明柜台外汇期权的到期时间在向中长期扩展。2010 年以后却又发生了反向变化，到期时间又向短期化方向发展。

14.2　主要币种柜台外汇期权近年发展及其成交金额

上节我们介绍了交易所交易期权与柜台交易期权的区别及其成交量，本节我们主要介绍国际主要货币和主要后发达国家和地区货币的期权交易情况。这些数据对我们判断今后人民币期权的发展有重要的参考意义。

14.2.1 2004—2013 年主要货币期权交易简析

表 14-4 给出了 2004 年 4 月、2007 年 4 月、2010 年 4 月和 2013 年 4 月美元、欧元、日元和英镑期权买卖日均成交金额。

表 14-4（a） **2004 年、2007 年、2010 年 4 月和**
2013 年 4 月美元日均成交金额 单位：百万美元，%

	汇报机构			其他金融机构		
	本地	跨境	合计	本地	跨境	合计
卖出						
2013	33178	50971	84149	46703	46110	92813
2010	16349	30867	47216	27862	19359	47221
2007	14870	30071	44941	9977	23100	33077
2004	11387	27077	38464	5968	11200	17168
增长率	102.94	65.13	78.22	67.62	138.18	96.55
年均增长率	26.61	18.20	21.24	18.79	33.55	25.26
买入						
2013	33080	50554	83634	44767	45588	90354
2010	15463	29996	45459	23627	18758	42385
2007	20809	41449	62258	14431	30457	44888
2004	14765	35626	50391	7058	14923	21981
增长率	113.93	68.53	83.98	89.47	143.03	113.18
年均增长率	28.85	19.00	22.53	23.74	34.45	28.70
	非金融机构					
	本地	跨境	合计	本地	跨境	合计
卖出						
2013	4789	7134	11923	84671	104215	188885
2010	4552	6540	11092	48763	56766	105529
2007	10187	10034	20221	35034	63205	98239
2004	3574	4403	7977	20929	42680	63609
增长率	5.21	9.08	7.50	73.64	83.59	78.99
年均增长率	1.71	2.94	2.44	20.19	22.45	21.42
买入						
2013	6689	7755	14444	84536	103897	188433
2010	5402	7757	13159	44492	55294	101003
2007	10148	11685	21833	45388	83591	128979
2004	4900	6353	11253	26723	56902	83625
增长率	23.83	-0.02	9.77	90.00	87.90	86.56
年均增长率	7.38	-0.01	3.16	23.86	23.40	23.10

资料来源：根据国际清算银行数据整理计算得出。

从表 14 - 4（a）～（d）我们可以看出，美元仍然是银行间期权交易的最主要货币，其次为欧元、日元和英镑。四个主要币种期权的日均增长率日元最高，买入和卖出日均成交金额增长率分别高达 173.61% 和 46.39%。

从表 14 - 4（a）可以看出，美元货币期权成交金额整体有大幅增长，其中增长最高的是跨境其他金融机构的卖出期权，2010 年至 2013 年年均增长率为 33.55%

表 14 - 4（b）　　**2004 年 4 月、2007 年 4 月、2010 年 4 月和**
　　　　　　　　　　2013 年 4 月欧元期权日均成交金额　　单位：百万美元，%

	汇报机构			其他金融机构		
	本地	跨境	合计	本地	跨境	合计
卖出						
2013	9572	13829	23400	11203	9717	20920
2010	8887	15924	24811	12117	13733	25850
2007	7617	15775	23392	5817	11251	17068
2004	6319	14676	20995	2954	5994	8948
增长率	7.71	- 13.16	- 5.69	- 7.54	- 29.24	- 19.07
年均增长率	2.51	- 4.59	- 1.93	- 2.58	- 10.89	- 6.81
买入						
2013	9150	13735	22885	9559	9567	19126
2010	9198	17434	26633	8879	12450	21329
2007	7892	15130	23022	5466	11487	16953
2004	6668	15472	22140	3084	6798	9882
增长率	- 0.52	- 21.22	- 14.07	7.66	- 23.15	- 10.33
年均增长率	- 0.17	- 7.64	- 4.93	2.49	- 8.40	- 3.57
	非金融机构					
	本地	跨境	合计	本地	跨境	合计
卖出						
2013	1447	1763	3210	22222	25308	47530
2010	2864	3919	6783	23868	33576	57444
2007	4464	6747	11211	17898	33773	51671
2004	1595	3019	4614	10868	23689	34557
增长率	- 49.48	- 55.02	- 52.68	- 6.90	- 24.62	- 17.26
年均增长率	- 20.36	- 23.38	- 22.08	- 2.35	- 8.99	- 6.12
买入						
2013	1940	1969	3909	20649	25271	45920
2010	2750	4270	7020	20827	34154	54981
2007	4874	6396	11270	18232	33013	51245
2004	1719	3153	4872	11471	25423	36894
增长率	- 29.46	- 53.88	- 44.31	- 0.86	- 26.01	- 16.48
年均增长率	- 10.98	- 22.74	- 17.73	- 0.29	- 9.55	- 5.83

资料来源：根据国际清算银行数据整理计算得出。

从表 14 - 4 (b) 我们可以看出，欧元期权成交金额整体上在呈下降趋势，特别是跨境非金融机构卖出期权，其 3 年年均下降 23.38%；其次是本地非金融机构；本地汇报机构是唯一增长的机构。

表 14 - 4 (c)　　　　2004 年 4 月、2007 年 4 月、2010 年 4 月和
2013 年 4 月日元期权日均成交金额　　单位：百万美元，%

	汇报机构			其他金融机构		
	本地	跨境	合计	本地	跨境	合计
卖出						
2013	16296	22730	39026	27175	23891	51067
2010	4990	7239	12229	14411	4988	19399
2007	5625	12838	18463	4942	8327	13269
2004	4654	11269	15923	1984	4851	6835
增长率	226.57	213.99	219.13	88.57	378.98	163.25
年均增长率	48.36	46.43	47.23	23.55	68.57	38.08
买入						
2013	16342	23726	40068	27854	25835	53689
2010	3171	7458	10629	13282	4396	17678
2007	6237	12952	19189	4426	8929	13355
2004	4759	11797	16556	2636	5014	7650
增长率	415.36	218.12	276.97	109.71	487.70	203.71
年均增长率	72.73	47.07	55.63	28.00	80.46	44.82
	非金融机构					
	本地	跨境	合计	本地	跨境	合计
卖出						
2013	1423	2869	4293	44895	49491	94386
2010	1386	1482	2868	20787	13709	34496
2007	2877	4437	7314	13444	25602	39046
2004	1280	1487	2767	7918	17607	25525
增长率	2.69	93.62	49.68	115.98	261.01	173.61
年均增长率	0.89	24.64	14.39	29.26	53.41	39.87
买入						
2013	1901	2847	4749	46097	52408	98506
2010	1343	1748	3090	17796	13602	31398
2007	3118	3710	6828	13781	25591	39372
2004	1494	1720	3214	8889	18531	27420
增长率	41.57	62.89	53.68	159.03	285.30	213.73
年均增长率	12.29	17.66	15.40	37.34	56.77	46.39

资料来源：根据国际清算银行数据整理计算得出。

从表 14 - 4 (c) 我们可以看出，日元卖出期权增长率最高的是其他金融机构的跨境交易，其 3 年年均增长率高达 60% 以上，高于美元和欧元同期相应的增长率；日元其他金融机构卖出、买入期权增长率均高于非金融机构。

表 14 - 4 (d) **2004 年 4 月、2007 年 4 月、2010 年 4 月和**

2013 年 4 月英镑期权日均成交金额 单位：百万美元，%

	汇报机构			其他金融机构		
	本地	跨境	合计	本地	跨境	合计
卖出						
2013	4632	5187	9819	4833	3756	8588
2010	2524	3715	6239	2449	2831	5280
2007	2956	5213	8169	2448	3401	5849
2004	1945	3048	4993	742	1137	1879
增长率	83.50	39.63	57.38	97.33	32.66	62.66
年均增长率	22.43	11.77	16.32	25.43	9.88	17.60
买入						
2013	4805	5502	10308	4357	3608	7965
2010	2443	3991	6435	1898	3011	4909
2007	2903	5575	8478	2861	3611	6472
2004	2003	3224	5227	948	1395	2343
增长率	96.70	37.87	60.18	129.58	19.82	62.25
年均增长率	25.29	11.30	17.01	31.92	6.21	17.51
	非金融机构					
	本地	跨境	合计	本地	跨境	合计
卖出						
2013	571	470	1041	10035	9412	19448
2010	442	905	1347	5415	7451	12866
2007	1366	1760	3126	6770	10374	17144
2004	385	519	904	3072	4704	7776
增长率	29.19	-48.10	-22.74	85.32	26.32	51.16
年均增长率	8.91	-19.64	-8.24	22.83	8.10	14.76
买入						
2013	789	513	1302	9952	9623	19575
2010	607	1473	2080	4948	8475	13423
2007	1408	2236	3644	7172	11422	18594
2004	495	694	1189	3446	5313	8759
增长率	30.04	-65.17	-37.38	101.13	13.55	45.83
年均增长率	9.15	-29.64	-14.45	26.23	4.33	13.40

资料来源：根据国际清算银行数据整理计算得出。

从表 14 - 4 (d) 我们可以看出，不同类型金融机构英镑期权增长率从高到低的顺序与美元相同，分别为非金融机构、其他金融机构和汇报机构，因为在英国这个世界外汇和柜台衍生品中心，参与交易的主要机构为各类美国机构。

14.2.2 2004 年 4 月、2007 年 4 月、2010 年 4 月和 2013 年 4 月其他主要货币期权交易简析

表 14 - 5 给出了 2004 年 4 月、2007 年 4 月、2010 年 4 月和 2013 年 4 月四

大主要货币之外其他三个柜台期权交易最活跃的货币：墨西哥比索、韩圆和巴西利亚元期权买卖日均成交金额。从表 14 – 5（a）～（c）我们可以看出，2013 年 4 月墨西哥比索期权日均买卖金额皆接近 40 亿美元；韩元卖出和买入期权的日均成交额接近 27 亿美元；而巴西利亚元期权买卖日均成交金额也皆超过 70 亿美元。三种货币期权的流动性皆达到了一定的程度。

表 14 – 5（a）　　　2004 年 4 月、2007 年 4 月、2010 年 4 月和

2013 年 4 月墨西哥比索日均成交金额　　单位：百万美元，%

	汇报机构			其他金融机构		
	本地	跨境	合计	本地	跨境	合计
卖出						
2013	630	1444	2073	989	848	1838
2010	231	608	839	225	387	612
2007	182	457	639	561	740	1301
2004	34	248	282	46	66	112
增长率	172.60	137.46	147.13	339.73	119.20	200.28
年均增长率	39.69	33.41	35.20	63.83	29.90	44.27
买入						
2013	617	1668	2285	1029	750	1779
2010	253	530	783	253	356	609
2007	244	556	800	300	702	1002
2004	36	290	326	36	54	90
增长率	143.92	214.74	191.85	306.71	110.69	192.12
年均增长率	34.61	46.55	42.91	59.62	28.20	42.95
	非金融机构					
	本地	跨境	合计	本地	跨境	合计
卖出						
2013	37	40	77	1656	2332	3988
2010	44	100	144	500	1095	1595
2007	209	156	365	952	1353	2305
2004	75	18	93	155	332	487
增长率	-15.90	-60.33	-46.75	231.22	112.94	150.02
年均增长率	-5.61	-26.52	-18.95	49.06	28.65	35.72
买入						
2013	106	62	168	1752	2480	4232
2010	36	104	140	542	990	1532
2007	204	404	608	748	1662	2410
2004	65	44	109	137	388	525
增长率	193.60	-40.06	20.02	223.21	150.55	176.26
年均增长率	43.19	-15.69	6.27	47.85	35.82	40.32

资料来源：根据国际清算银行数据整理计算得出。

从表 14 – 5（a）我们可以看出，2013 年 4 月墨西哥比索期权买卖金额飞速增长，年均增长率分别达到 35.72% 和 40.32%。墨西哥比索期权增长最快的是

其他金融机构，3 年年均增长率皆超过 40%。

表 14 - 5（b）　　　　　　　2004 年 4 月、2007 年 4 月和
　　　　　　　　　2010 年 4 月韩元日均成交金额　　单位：百万美元，%

	汇报机构			其他金融机构		
	本地	跨境	合计	本地	跨境	合计
卖出						
2013	304	1001	1305	388	636	1024
2010	525	942	1467	341	495	836
2007	82	423	505	23	79	102
2004	39	200	239	14	26	40
增长率	- 42. 05	6. 28	- 11. 02	13. 84	28. 39	22. 46
年均增长率	- 16. 63	2. 05	- 3. 82	4. 42	8. 69	6. 99
买入						
2013	340	999	1339	373	599	972
2010	484	857	1341	467	371	838
2007	73	378	451	7	60	67
2004	29	172	201	25	40	65
增长率	- 29. 75	16. 60	- 0. 13	- 20. 07	61. 44	16. 02
年均增长率	- 11. 10	5. 25	- 0. 04	- 7. 19	17. 31	5. 08
	非金融机构					
	本地	跨境	合计	本地	跨境	合计
卖出						
2013	433	94	527	1125	1731	2856
2010	81	136	217	947	1573	2520
2007	1300	19	1319	1405	521	1926
2004	74	24	98	127	250	377
增长率	434. 22	- 30. 88	142. 73	18. 81	10. 02	13. 33
年均增长率	74. 81	- 11. 58	34. 39	5. 91	3. 23	4. 26
买入						
2013	313	96	409	1026	1694	2720
2010	117	143	260	1068	1371	2439
2007	765	8	773	845	446	1291
2004	125	28	153	179	240	419
增长率	167. 25	- 32. 67	57. 29	- 3. 93	23. 59	11. 54
年均增长率	38. 77	- 12. 35	16. 30	- 1. 33	7. 32	3. 71

资料来源：根据国际清算银行数据整理计算得出。

表 14 - 5（b）显示，2013 年 4 月韩元期权买卖金额高速增长，年均增长率分别达到 4. 26% 和 3. 71%；韩元期权增长最快的是本地非金融机构，2010 年到

2013 年 4 月期权买卖日均成交金额 3 年年均增长率分别达到 74.81% 和 38.77%；本地汇报机构卖出和买入期权年均分别下降 – 16.23% 和 – 11.10%。

表 14 – 5（c）　　　2004 年 4 月、2007 年 4 月、2010 年 4 月和
2013 年 4 月巴西雷亚尔日均成交金额　单位：百万美元，%

	汇报机构			其他金融机构		
	本地	跨境	合计	本地	跨境	合计
卖出						
2013	1007	2666	3673	1124	2698	3822
2010	637	869	1506	457	932	1389
2007	126	352	478	258	255	513
2004	18	76	94	24	15	39
增长率	58.09	206.77	143.88	145.89	189.50	175.15
年均增长率	16.49	45.30	34.60	34.97	42.52	40.13
买入						
2013	1048	3291	4339	985	1740	2725
2010	631	1004	1634	426	1030	1456
2007	117	402	519	286	230	516
2004	10	83	93	40	25	65
增长率	66.13	227.79	165.56	131.12	68.95	87.14
年均增长率	18.44	48.55	38.48	32.22	19.10	23.23
	非金融机构					
	本地	跨境	合计	本地	跨境	合计
卖出						
2013	27	46	74	2158	5410	7569
2010	59	86	145	1153	1887	3040
2007	42	61	103	426	668	1094
2004	108	16	124	150	107	257
增长率	– 53.55	– 45.96	– 49.05	87.18	186.72	148.97
年均增长率	– 22.56	– 18.55	– 20.13	23.24	42.06	35.53
买入						
2013	23	67	90	2056	5098	7154
2010	41	56	97	1098	2090	3188
2007	13	38	51	416	670	1086
2004	87	10	97	137	118	255
增长率	– 44.00	19.46	– 7.36	87.24	143.92	124.40
年均增长率	– 17.58	6.11	– 2.52	23.25	34.61	30.92

资料来源：根据国际清算银行数据整理计算得出。

表 14 – 5（c）显示，2013 年 4 月巴西利亚元期权买卖金额比相应的 2010 年皆增长了 148.97% 和 124.40%。本地和跨境其他金融机构巴西利亚元期权买卖

金额年均增长率皆超过 80%，其中跨境年均增长率比相应的本地增长率还高出 20% 以上；同时本地汇报机构买卖金额的增长率皆达到 200% 上下；在本地非金融机构巴西利亚元期权买卖金额下降 40% 上下的同时，跨境非金融机构买入期权增长 20% 左右。

14.2.3 四大主要货币和三大次主要货币期权交易简单比较

上文我们分别对 2004 年 4 月到 2013 年 4 月四大主要货币和三大次主要货币期权日均买卖金额进行了介绍和简析。除日元买卖年增长率达到 40% 上下外，美元、欧元和英镑期权买卖金额年均增长率皆在 20% 以下；而同时三大次主要货币买卖期权成交总额的年均增长率呈现分化趋势，韩元货币买卖期权的成交金额的年均增长率均不到 10%，其他两种货币的买卖货币期权成交金额年均增长率在 30% 左右。

14.3 从交易所外汇期权到柜台外汇期权

如我们在第 13 章开头介绍的，期权最初是在柜台场所进行交易的，然后开始也在交易所交易。在交易所交易的期权迅速增长，大大地提高了期权的普及率，使期权知识在更大的范围内流行。虽然交易所的规范性期权合约对提高期权的流动性和普及性等都有好处，但这些规范的期权合约却还不易满足客户的具体和特别的需求，所以，这又有效地促进了柜台交易期权的进一步发展。我们接下来将介绍从外汇简单期权到外汇奇异期权的发展。

下文主要参考 "Exotic Options – A guide to second generation options"（Zhang，1998）。读者也可直接参考《奇异期权》（张光平，2014）。

14.3.1 普通期权和奇异期权

交易所交易的期权要么是欧式期权要么是美式期权，这些期权的到期时间、执行价格和合约面值等都是标准化的。美式期权和欧式期权统称为普通期权。虽然有了很大的发展，普通期权还是不能满足很多顾客的需要。随后，普通期权的概念在每个方面得到了扩展，这些经扩展或者更新的期权统称第二代期权或者奇异期权，有的文献也称之为结构性期权。它们主要在柜台场所交易，很多金融机构在柜台交易各种类型的期权。

奇异期权有很多种类型，绝大多数都在柜台交易。奇异期权可以分成三个主要的种类：路径依赖外汇期权、多资产外汇期权和其他外汇奇异期权。我们不打算在这里对这些种类进行仔细的描述，而只对最主要的外汇奇异期权进行较为详细的介绍。

14.3.2 奇异期权的发展

从某种意义上说，奇异期权在金融市场上并不新奇。在芝加哥期权交易所诞生前它就存在了。在芝加哥期权交易所成立前，标准期权的交易量非常少，而非标准期权的交易量就更少了。当交易所的标准期权被更好地了解后，其交易量有所增长，同时金融机构开始寻找可选择的期权形式来满足他们客户的特殊需求，以增加他们的业务量。

在20世纪80年代晚期和90年代早期，奇异期权在日常交易中开始活跃起来，其使用者一般为大公司、金融机构、基金管理者等机构。虽然近年来有些交易所推出了类似奇异期权的产品，但大部分的奇异期权仍在柜台进行交易。在交易所交易的奇异期权只占所有奇异期权交易量中的一小部分，这点我们在后面会进一步介绍。由于柜台交易产品的价格、成交量、持仓量等信息不如交易所交易的产品那么透明，因此奇异期权对大部分投资者、专家，甚至对标准期权非常了解的人来说，仍然是难以理解的。目前这些奇异期权已经被直接或间接地应用于各种金融投资组合之中，很多金融机构甚至觉得如果没有这些奇异期权就无法生存。

奇异期权也被称为特殊目的的期权，这意味着每种类型的奇异期权在某种程度上都可以提供普通期权所不能提供的服务。它们的名字也解释了为什么奇异期权可以存在，为什么它们的种类和交易量的增长可以如此之快。虽然不同种类的奇异期权之间有很大的区别，但它们总的来说都用某种方式直接或者间接地拓展了普通期权的概念。

14.3.3 主要的外汇奇异期权

奇异期权各种各样，任何一种奇异期权都至少在一个方面不同于普通期权。本节我们先简要介绍柜台交易场所最活跃的三种外汇奇异期权，即外汇脉冲期权、外汇亚式期权（包括外汇指数期权）和外汇屏障式期权。

（1）外汇脉冲期权

脉冲期权也可以翻译为二进制期权或数字期权。脉冲期权是奇异期权中最简单的一种，实际上最简单的数字期权比普通期权还要易懂，因为它实际上与彩票相似。

举个例子，比如美元/欧元汇率现在为1.2985，如果该汇率在三个月内的任何时间超过1.32，该数字期权的持有者可以获得1美元；反之，就什么也得不到。这是一个美式数字期权的例子。之所以是美式，是因为它的条件是只要在期权到期前的任何时间超过期权执行价1.32均可。如果是只能在汇率于期权到期时超过1.32的情况下该期权持有者才可获得1美元，这个数字期权就是欧式的。欧式意味着，即使在期权到期前汇率曾经超过 1.32，但后来在期权到期时又回落到此水平之下，该欧式数字期权的持有者仍然不能获得 1 美元。

之所以称此类期权为脉冲期权是因为这类期权的回报非常简单，要么为零，要么为 1 个货币单位或 1 个货币单位的固定倍数。我们在后面还会对这类期权进行详细的介绍。

（2）外汇亚式期权

我们在前面介绍了美式期权和欧式期权，两者的区别在于期权执行的时间范围。亚式期权实际上是均值期权，具体来说，亚式期权的回报是由基础资产在一定时间内的平均价格而不是由某个具体时间点上的价格来确定的。亚式期权在石油市场，尤其在外汇市场相当活跃。亚式期权在外汇市场的应用实际上就是外汇汇率平均期权。由于平均有算术平均、几何平均等不同类型，亚式期权也有算术均值期权和几何均值期权。算数均值和几何均值一般都是等权均值，但在实际工作中我们还经常用到加权均值，即不同的价格或汇率给予不同的权重，因此亚式期权还包括加权均值期权。我们在上章介绍的美元指数实际上就是一个几何加权平均值，所以美元指数期权实际上是几何加权均值期权的具体应用。我们在后面还会专门介绍。

（3）外汇屏障期权

屏障期权在外汇市场的应用相当广泛。屏障期权除了具有普通期权有的 6 个基本参数外（外汇现货期权有 6 个参数而外汇期货期权有 5 个），还有另外一个参数，即屏障参数。如果屏障高于现在的标的汇率，那么这个屏障称做上屏障；如果屏障低于现在的标的汇率，那么这个屏障称做下屏障。屏障期权可以简单地称做条件期权。如果从期权生效起至到期之前的任何时间，标的外汇的汇率达到了上屏障，那么屏障期权的多头可获得一个普通期权，这个屏障期权就是一个"上得"期权；如果上屏障被碰着之后屏障期权的多头获得一个固定回扣或什么也得不到，这个屏障期权就是一个"上失"期权。屏障期权比普通期权更能反映出交易者对基础外汇走势的判断，而且更重要的一点，是屏障期权比相应的普通期权要便宜。我们在后面会详细介绍。

（4）其他外汇奇异期权

除了上述三种主要的外汇奇异期权外，还有很多外汇奇异期权如外汇期权的期权（即以期权为标的物的期权或复合期权）、选择期权和双屏障期权等。这些期权超出了本章的范围，有兴趣的读者可以参阅《奇异期权》（张光平，1998），该书对这些期权进行了深入的研究。

14.3.4 主要外汇奇异期权的交易量

表 14-6 给出了 2001 年全球主要外汇奇异期权的交易量。我们可以清楚地

看到，屏障期权是最重要的外汇奇异期权，占整个外汇奇异期权市场的 3/4 以上，其次是亚式期权（均值期权）。我们在下面几节将会详细介绍这些主要的外汇奇异期权。

表 14－6　　　　　　　　2001 年主要外汇奇异期权的成交金额　　　单位：十亿美元，%

币种	屏障期权	亚式期权	脉冲期权	其他奇异期权	总量
美元/欧元	345.8	37.0	4.1	53.5	440.4
美元/日元	327.9	23.4	7.6	41.6	400.5
欧元/日元	127.7	6.4	2.2	9.3	145.6
美元/英镑	49.1	12.9	2.3	8.1	72.4
美元/澳大利亚元	42.2	0.8	0.3	4.8	48.1
美元/加拿大元	17.9	5.4	0.3	2.6	26.2
美元/瑞士法郎	48.2	0.6	0.8	9.2	58.8
英镑/欧元	33.0	3.1	2.0	4.1	42.2
欧元/瑞士法郎	14.9	0.3	0.3	4.8	20.3
美元/其他	4.6	1.4	0.7	31.9	38.6
欧元/斯堪的纳维亚货币	8.1	0.1	0.0	1.5	9.7
美元/非欧盟区的其他欧洲货币	10.8	0.6	0.1	1.5	13.0
总额	1030.2	92	20.6	172.9	1315.7
所占比例	78.30	7.00	1.60	13.10	100.00

资料来源：《风险》，2001（11）。

14.4　外汇脉冲期权

顾名思义，脉冲期权的回报就像我们传统电子线路中所讲的脉冲，即电路接通时为"1"，而不通时为"0"。正是这个原因，此类期权也常被翻译为二进制期权，因为结果只有"0"或"1"。由于这种"0"或"1"的特征，脉冲期权也常被称做数码期权。由于外汇数字期权是最简单的外汇期权，同时也是最重要的外汇奇异期权之一，我们在本节对它进行详细介绍。

14.4.1　欧式脉冲期权

欧式脉冲期权是最简单的期权，而且欧式脉冲期权比本章前面介绍的普通欧式期权还要简单，因为脉冲期权的回报是常数而普通欧式期权的回报是基础外汇汇率的函数。汇率或外汇期货在给定时间超过某一给定目标值的可能性，也就相当于普通欧式看涨期权被执行的可能性。在上一章，我们介绍了在布莱克—斯科尔斯模型里，看涨期权被执行的可能性为 $N(d_2)$。同样，当汇率或外汇期货在给定时间低于某一给定值时，也就相当于普通欧式看跌期权被执行的可能。在布莱克—斯科尔斯模型里，看跌期权被执行的可能性为 $N(-d_2)$。由于被执行的可能性表示欧式脉冲期权的期望价值，超过目标值 K 的欧式脉冲的价格为

$$欧式超标脉冲期权价格 = e^{-r\tau}N(d_2) \qquad (14.1)$$

其中，参数 d_2 与公式（13.1）中的相同，执行价格 K 即为目标汇率。

同样，低于目标值 K 的欧式脉冲的价格为

$$欧式低标脉冲期权价格 = e^{-r\tau}N(-d_2) \qquad (14.2)$$

其中，参数 d_2 与公式（13.1）中的相同，执行价格 K 即为目标汇率。

上面的欧式脉冲期权定价公式，实际上与我们在第 13.7 节所介绍的普通期权虚实度公式相似。我们现在通过实际例子来让大家熟悉如何对欧式脉冲期权进行定价。

例 14.1　已知美元/欧元的汇率为 1.3050（2005 年 2 月 17 日），其他参数与例 13.1 中的相同。请分别计算半年到期的、汇率超过和低于 1.335 美元/欧元、回报为 1 美元的欧式脉冲期权的价格。

解：将目标汇率 $K = 1.335$，$S = 1.3050$，$r = 0.02147$，$r_f = 0.0259$，$\sigma = 0.10$ 和 $\tau = 0.50$ 代入公式（14.1），我们可以算出：

$$欧式超标脉冲价格 = e^{-0.02147 \times 0.5} \times N(-0.388) = 0.3415 美元$$

将目标汇率 $K = 1.335$，$S = 1.3050$，$r = 0.02147$，$r_f = 0.0259$，$\sigma = 0.10$ 和 $\tau = 0.50$ 代入公式（14.2），我们可以算出：

$$欧式低标脉冲价格 = e^{-0.02147 \times 0.5} \times N(0.388) = 0.6372 美元$$

14.4.2　美式脉冲期权

美式脉冲期权和欧式脉冲期权唯一的差别是，前者衡量确定汇率是否超过或低于给定汇率所采用的时间段是期权到期时间之前，而不是仅在期权到期之时。看起来美式脉冲期权只是比欧式脉冲期权复杂了一点点，然而这一点点在理论上却有很大的区别，同时使得定价的困难度增加了许多。《奇异期权》（张光平，1998）一书已推导出超过和低于目标值 K 的美式脉冲期权的价格公式为：

$$美式脉冲期权价格 = \left(\frac{K}{S}\right)^{q_1} N(\theta Q_1) + \left(\frac{K}{S}\right)^{q_{-1}} N(\theta Q_{-1}) \qquad (14.3)$$

当 $\theta = -1$ 时，公式（14.3）为上碰美式脉冲期权定价公式；当 $\theta = 1$ 时，公式（14.3）为下碰美式脉冲期权定价公式。

其中，

$$\psi = \sqrt{\left(r - r_f - \frac{1}{2}\sigma^2\right)^2 + 2r\sigma^2}$$

$$q_1 = \frac{r - r_f - \frac{1}{2}\sigma^2 + \psi}{\sigma^2}$$

$$q_{-1} = \frac{r - r_f - \frac{1}{2}\sigma^2 - \psi}{\sigma^2}$$

$$Q_1 = \frac{\ln(K/S) + \tau\psi}{\sigma\sqrt{\tau}}$$

$$Q_{-1} = \frac{\ln(K/S) - \tau\psi}{\sigma\sqrt{\tau}}$$

上述公式中，K 为目标汇率，S 为即时汇率，其他参数与公式（14.1）中的相同。上述美式脉冲期权的定价公式与欧式脉冲期权的定价公式有很大的区别。我们通过实际例子来介绍如何对美式脉冲期权进行定价。

例 14.2 请计算出与例 14.1 相应的美式脉冲期权的价格。

解： 由于目标汇率高于现汇汇率，美式脉冲期权为上碰期权。将目标汇率 $K = 1.3350$，$S = 1.3050$，$r = 0.02147$，$r_f = 0.0259$，$\sigma = 0.10$ 和 $\tau = 0.50$ 代入公式（14.3），我们可以算出：

$$\psi = \sqrt{(0.02147 - 0.0259 - 0.5 \times 0.10^2) + 20.5 \times 0.10^2}$$
$$= 0.0276675$$

$$q_1 = \frac{0.02147 - 0.0259 - 0.5 \times 0.10^2 + 0.0276675}{0.10^2} = 1.33367$$

$$q_{-1} = \frac{0.02147 - 0.0259 - 0.5 \times 0.10^2 - 0.0276675}{0.10^2} = 3.21967$$

$$Q_1 = \frac{\ln(1.3350/1.3050) + 0.5 \times 0.0276675}{0.10\sqrt{0.5}} = 1.078704$$

$$Q_{-1} = \frac{\ln(1.3350/1.3050) - 0.5 \times 0.0276675}{0.10\sqrt{0.5}} = 0.358756$$

同时已知 $\theta = -1$，由此我们可得上碰美式脉冲期权价格为

$$\left(\frac{1.3350}{1.3050}\right)^{1.33367} N(-1 \times 1.078704) + \left(\frac{1.3350}{1.3050}\right)^{3.21967} N(-1 \times 0.358756) = 0.745 \text{ 美元。}$$

上碰美式脉冲期权与低于欧式脉冲期权相当，只是执行的时间比欧式期权灵活。我们看到例 14.2 中上碰美式脉冲期权的价格 0.745 比例 14.1 中的低于欧式脉冲期权价格 0.688 要高 8.3%，这也是合理的，因为在期权到期前任何时间从下碰到目标汇率的可能性要比仅在到期时间时低于目标汇率的可能性要大很多。

14.4.3　欧式和美式脉冲期权的区别

通过上面的实例，我们看到欧式和美式脉冲期权除了执行时间有所不同外，还有其他重要区别。如果目标汇率高于现汇汇率，那么美式脉冲期权只有上碰脉冲期权一种，而相应的欧式脉冲期权可以有上超过脉冲期权和上低于脉冲期权两种；如给定目标汇率低于现汇汇率，那么美式脉冲期权只有下碰脉冲期权一种，而相应的欧式脉冲期权可以有下超过脉冲期权和下低于脉冲期权两种。所以，欧式脉冲期权的数量比美式脉冲期权多一倍。除期权品种和数量有区别之外，美式脉冲期权比相应的欧式脉冲期权的价格要高。

14.5　外汇亚式期权是除外汇屏障期权以外最主要的外汇奇异期权

我们本节的主要内容是介绍亚式期权的概念，同时介绍亚式期权的一个特别例子——美元指数期权。

14.5.1　亚式期权的应用

全球最活跃的金属交易所——伦敦金属交易所同时拥有铜期货和铜期货期权交易，然而这些期权不能很好地满足铜生产商和消费商规避他们月度铜平均价格波动风险的目的，所以铜月均价格期权在铜柜台交易市场变得非常活跃。

同样，贸易公司每月要做很多笔业务，常常需要对其外汇月度汇率风险进行规避。他们虽然可以通过买卖普通外汇期权来规避汇率风险，但这些普通外汇期权的到期时间往往不合适，进行大量的普通外汇期权的交易也不方便。另外，还有一个重要问题是普通外汇期权比亚式期权要贵很多。

14.5.2　算术亚式期权与几何亚式期权

市场上大部分的亚式期权是算术亚式期权，因为这些期权的回报是根据标的资产或外汇的算术平均值来确定的。亚式期权之所以流行，是因为它们为贸易公司、投资公司或个人投资者提供了规避平均汇率风险或平均价格波动风险的方便工具，同时也因为亚式期权总是比相应的普通期权要便宜。

亚式期权之所以比其相应的普通期权便宜，是因为通过"分散效果"，平均价格或平均汇率的波动性比相应的单个价格或汇率的波动性低。

算术亚式期权比几何亚式期权流行，但前者却有一个后者无法克服的困难，即在布莱克—斯科尔斯模型里，几何亚式期权有如公式（14.1）～（14.3）那样的显式定价公式，但算术亚式期权却没有。由于篇幅有限，我们不打算在这里介绍几何亚式期权的定价公式，有兴趣的读者可以参考《奇异期权》（张光平，1998）。

14.5.3 美元指数期权

前文所介绍的在纽约期货交易所交易的美元指数，实际上是一个加权的几何平均指数。两个正数 A 和 B 的几何平均数为 $\sqrt{A \times B}$，它实际上是这两个数的等权集合平均数。同样 6 个正数的几何平均数为 $\sqrt[6]{A \times B \times C \times D \times E \times F}$，这 6 个数的权重也是相等的，都为 1/6。而 6 个数的加权几何平均数（Au）则为

$$Au = A^{w_1} \times B^{w_2} \times C^{w_3} \times D^{w_4} \times E^{w_5} \times F^{w_6} \tag{14.4}$$

其中，

$$w_1 + w_2 + w_3 + w_4 + w_5 + w_6 = 1$$

等权几何平均指数实际上是加权几何平均指数的特例，我们只要将这些权重设定为 1/6，就可得到等权平均指数。

前文所介绍的纽约期货交易所的美元指数和芝加哥商业交易所的美元指数皆为加权几何平均指数。算数平均指数和算数加权平均指数没有与公式（14.1）~（14.3）相类似的显式定价公式，但加权几何平均指数却有。通过应用这些美元指数期权定价公式和看涨看跌期权价格均衡关系，我们可以得到美元指数期货定价公式。显然这种定价公式包括 6 种成分货币的波动性、它们之间的相关性、指数权重等。由于该定价公式过于复杂，这里不宜介绍，有兴趣的读者可以参阅《奇异期权》（张光平，1998）中关于加权几何亚式期权的定价和相关实例。

14.6 外汇屏障/障碍物期权

外汇屏障期权（Barrier Oration）是最流行的外汇奇异期权。外汇屏障期权之所以如此流行，主要是因为它可以比普通期权更好地反映交易者对汇率变化趋势的判断，同时也因为屏障期权的价格比相应的普通期权便宜。我们将在本节详细介绍外汇屏障期权的主要特性。

14.6.1 屏障期权的概念和实例

屏障期权分上屏障和下屏障两种。比如美元/欧元汇率是 1.3045，上屏障如果设定为 1.45，如果从现在起至期权半年后到期之前，美元/欧元汇率达到或者超过 1.45，屏障期权多头可获得一个普通期权（可以是看涨期权也可以是看跌期权），这个 1.45 就是"上得"屏障；如果从现在起至期权半年后到期之前，美元/欧元汇率达到或者超过 1.45，屏障期权多头什么也得不到，这个 1.45 就

是"上失"屏障。同样，设定屏障为 1.20，如果从现在起至期权半年后到期之前，美元/欧元汇率达到或者低于 1.20，屏障期权多头可获得一个普通期权（可以是看涨期权也可以是看跌期权），那么这个 1.20 就是"下得"屏障；如果从现在起至期权半年到期之前，美元/欧元汇率达到或者低于 1.20，而屏障期权多头什么也得不到，这个 1.20 就是"下失"屏障。

假设美元/欧元即时汇率为 1.30，交易员如果认为半年内欧元汇率不大可能超过 1.45，那么他买屏障为 1.45 的"上失"期权比较合适，因为碰到屏障的可能性小，他可以通过"上失"期权减少他的成本。我们在下面的实例中还会进一步介绍屏障期权的功能和用处。

14.6.2 屏障期权的分类

如上面介绍，屏障期权有"上得"、"上失"、"下得"和"下失"四类。由于所得到的期权可以是看涨期权，也可以是看跌期权，因此通过组合我们可得到八种屏障期权，它们分别为：

"上得"看涨期权、"上得"看跌期权；

"上失"看涨期权、"上失"看跌期权；

"下得"看涨期权、"下得"看跌期权；

"下失"看涨期权、"下失"看跌期权。

14.6.3 "得"期权与"失"期权的价格关系

对于给定的上屏障或者下屏障，只有两种可能，即屏障在期权到期前未被冲破或者被冲破，所以"上得"期权与"上失"期权的价格之和与相应的普通期权价格总是相等的，即：

"上得"期权价格 + "上失"期权价格 = 普通期权价格   (14.5)

同样，下屏障期权的价格关系如下：

"下得"期权价格 + "下失"期权价格 = 普通期权价格   (14.6)

因为任何期权的价格不可能为负数，等式（14.5）表明"上得"期权和"上失"期权的价格均低于它们相应的普通期权。这个结果对"下得"期权和"下失"期权也适应。我们在下面还会通过实例来证明如上价格关系。

14.6.4 屏障期权的定价公式

可想而知，屏障期权的定价比普通期权要复杂很多。我们直接引用《奇异期权》（张光平，1998）屏障期权定价公式如下：

$$屏障期权价格(S, B, K, \tau, r, r_f, \sigma)$$

$$= \omega S e^{-r_f \tau} N_2 [\omega d_1(K), \theta \varphi d_1(H), \omega \theta \varphi]$$

$$- \omega K e^{-r\tau} N_2 \left[\omega d_2(K), \theta\varphi d_2(H), \omega\theta\varphi \right] - \psi\left(\frac{H}{S}\right) \omega S e^{-r_f \tau} \left(\frac{H}{S}\right)$$

$$N_2 \left[\omega d_1(K) + \omega \frac{2a}{\sigma\sqrt{\tau}}, \theta d_1(H) + \theta \frac{2a}{\sigma\sqrt{\tau}} \right] \tag{14.7}$$

$$- \omega K e^{-r\tau} N_2 \left[\omega d_2(K) + \omega \frac{2a}{\sigma\sqrt{\tau}}, \theta d_2(H) + \theta \frac{2a}{\sigma\sqrt{\tau}}, \omega\theta\varphi \right]$$

其中，ω 为看涨看跌期权符号（"1"代表看涨期权，"-1"代表看跌期权）；

θ 代表上下屏障符号（"1"代表下屏障、"-1"代表上屏障）；

φ 代表"得失"符号（"1"代表失期权、"-1"代表得期权）；

B 代表屏障，$a = \ln(B/S)$，如果 $B > S$，θ 为 -1，如果 $B < S$，θ 为 1；

$$d_1(X) = \frac{\ln(\frac{S}{X}) + (r - r_f + \frac{1}{2}\sigma^2) \times \tau}{\sigma\sqrt{\tau}}; d_2(X) = d_1(X) - \sigma\sqrt{\tau};$$

$N_2(a, b, \rho)$ 代表二维正态分布的累计函数值；

其他参数与公式（14.1）中的相同。

定价公式（14.7）比公式（14.1）多了一个市场参数，即屏障 $B > 0$，其他6个参数与公式（14.1）中的相同。定价公式（14.7）有三个正负数码符号：看涨看跌符号 ω，上下符号 θ 和"得失"符号 φ。这三个符号皆为1或-1，所以总共有8种组合：

1、1、1；　　1、1、-1；　　1、-1、1；　　1、-1、-1；

-1、1、1；　-1、1、-1；　-1、-1、1；　-1、-1、-1。

这些组合分别代表 14-6-2 中所指的八种屏障期权。比如1、-1、1 和 -1、1、-1分别代表"上失"看涨期权和"下得"看跌期权。

14.6.5　屏障期权定价实例

定价公式（14.7）确实比普通定价公式（14.1）～（14.4）复杂，但是它却将八种屏障期权用一个统一的公式来代表，简化很多。我们通过如下实际例子来介绍如何应用定价公式（14.7）。

例14.3　已知上屏障为1.35，其他参数与例14.1中的相同，请计算出"上得"和"上失"期权的价格。

解：将 $a = \ln(B/S) = \ln(1.35/1.295) = 0.04159$、$\omega = 1$、$\theta = 1$、$\varphi = -1$、$S = 1.295$、$K = 1.295$、$r = 0.02147$、$r_f = 0.0259$、$\sigma = 0.10$ 和 $\tau = 3/12 = 0.25$ 代入公式（14.7），我们可以算出"上得"看涨期权的价格：

$UIC = 0.02215 = 2.215\%$，即 $62500 \times 2.215\% = 1384.33$ 美元，仅为例 13.1

中的普通看涨期权价格的 88.7%。

同样，将 $a = \ln(B/S) = \ln$（1.35/1.295）$= 0.04159$、$\omega = 1$、$\theta = -1$、$\varphi = 1$、$S = 1.295$、$K = 1.295$、$r = 0.02147$、$r_f = 0.0259$、$\sigma = 0.10$、$\tau = 3/12 = 0.25$ 代入公式（14.7），我们可以算出"上失"看涨期权的价格：

UOC $= 0.00282 = 0.282\%$，即 $62500 \times 0.282\% = 945.63$ 美元，仅为例 13.1 中普通看涨期权价格的 11.3%。

上面的"上得"看涨期权的价格与"上失"看涨期权的价格之和为

$$\text{UIC} + \text{UOC} = 2.215\% + 0.282\% = 2.497\%$$

正好是相应的普通或无屏障看涨期权的价格。

将 $a = \ln(B/S) = \ln$（1.35/1.295）$= 0.04159$、$\omega = -1$、$\theta = -1$、$\varphi = -1$、$S = 1.295$、$K = 1.295$、$r = 0.02147$、$r_f = 0.0259$、$\sigma = 0.10$、$\tau = 3/12 = 0.25$ 代入公式（14.7），我们可以算出"上得"看跌期权的价格为

UIP $= 0.00136 = 0.136\%$，即 $62500 \times 0.136\% = 84.89$ 美元，仅为例 13.1 中普通看跌期权价格的 5.15%。

同样，将 $a = \ln(B/S) = \ln$（1.35/1.295）$= 0.04159$、$\omega = -1$、$\theta = -1$、$\varphi = 1$、$S = 1.295$、$K = 1.295$、$r = 0.02147$、$r_f = 0.0259$、$\sigma = 0.10$、$\tau = 3/12 = 0.25$ 代入公式（14.7），我们可以算出"上失"看跌期权的价格为

UOP $= 0.02504 = 2.504\%$，即 $62500 \times 2.504\% = 1564.82$ 美元，仅为例 14.1 中普通看涨期权价格的 94.84%。

上面的"上得"看跌期权的价格与"上失"看跌期权的价格之和为

$$\text{UIC} + \text{UOC} = 0.136\% + 2.504\% = 2.64\%$$

正好是例 14.1 中相应的普通或无屏障看跌期权的价格。

例 14.4 已知上屏障为 1.45，其他参数与例 14.1 中的相同，请计算出相应的"上得"和"上失"看涨期权的价格。

解：将 $a = \ln(B/S) = \ln$（1.45/1.295）$= 0.11305$、$\omega = 1$、$\theta = -1$、$\varphi = -1$、$S = 1.295$、$K = 1.295$、$r = 0.02147$、$r_f = 0.0259$、$\sigma = 0.10$、$\tau = 3/12 = 0.25$ 代入公式（14.7），我们可以算出"上得"看涨期权的价格为

UIC $= 0.00325 = 0.325\%$，即 $62500 \times 0.325\% = 202.94$ 美元，仅为例 13.1 中的普通看涨期权价格的 13.0%。

同样，我们可以算出"上失"看涨期权的价格为：

UOC $= 0.02172 = 2.172\%$，即 $62500 \times 2.172\% = 1357.67$ 美元，仅为例 13.1 中普通看涨期权价格的 87.0%。

上面的"上得"看涨期权的价格与"上失"看涨期权的价格之和为：

$$\text{UIC} + \text{UOC} = 0.325\% + 2.172\% = 2.497\%$$

正好是相应的普通或无屏障看涨期权的价格。

比较例 14.3 和例 14.4，我们可以看出，上屏障越高，碰着的可能性越小，所以"上得"看涨期权的价格越低（上屏障从 1.35 上升到 1.45，"上得"屏障期权的价格从相应的普通看涨期权价格的 88.7% 下降到 13.0%）；同时"上失"看涨期权的价格却越大（上屏障从 1.35 上升到 1.45，"上失"屏障期权的价格从相应的普通看涨期权价格的 11.3% 上升到 87.0%）。而"上得"期权与"上失"期权价格之和总等于相应的例 13.1 中的普通或无屏障看涨期权的价格，这证明了公式（14.5）给出的价格关系。

用例 14.3 和例 14.4 的方法，我们可以算出不同上屏障参数、其他参数与例 14.1 中相同的"上得"屏障期权和"上失"屏障期权的价格，并将这些期权的价格画在图 14-1 上。如图 14-1 所示，"上得"看涨期权的价格随上屏障升高而下降，当上屏障超过 1.50 时，"上得"期权的价格就相当小了；同时，"上失"看涨期权的价格随上屏障上升而增长，当上屏障超过 1.50 时，"上失"期权的价格就和普通期权的价格差不多了。

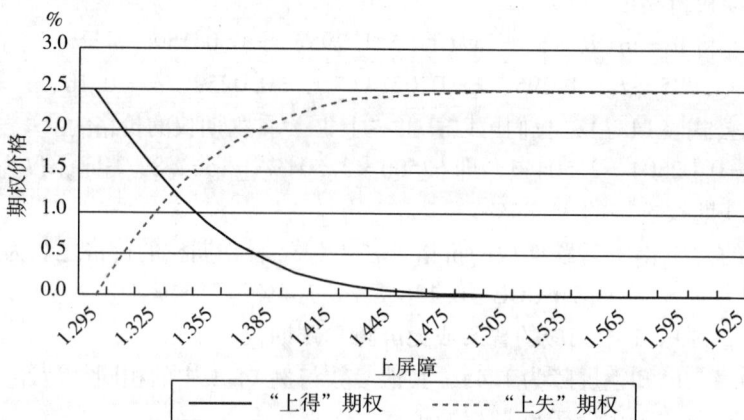

图 14-1　"上得"期权与"上失"期权价格的关系

不管定价有多复杂，我们可以知道屏障期权应该有的特性。当上屏障趋于无穷大时，碰上上屏障的可能趋近于零，所以"上得"期权的价格趋近于零，同时"上失"期权的价格趋近普通期权的价格；同样，当上屏障接近现货价格时，碰上上屏障的可能趋近于 100%，所以"上得"期权的价格趋近普通期权的价格，同时"上失"期权的价格趋近零。

例 14.5　已知屏障为 1.25，其他参数与例 14.1 中的相同，请计算下屏障期权价格。

解：将 $a = \ln(B/S) = \ln(1.25/1.295) = -0.0354$、$\omega = 1$、$\theta = -1$、$\varphi = -1$、$S = 1.295$、$K = 1.295$、$r = 0.02147$、$r_f = 0.0259$、$\sigma = 0.10$、$\tau = 3/12 = $

0.25 代入公式（14.7），我们可以算出"下得"看涨期权的价格为

DIC = 0.00232 = 0.232%，即 62500 × 0.232% = 144.79 美元，仅为例 13.1 中普通看涨期权价格的 9.28%。

同样，将 $a = \ln(B/S) = \ln\ (1.25/1.295)\ = -0.0354$、$\omega = 1$、$\theta = -1$、$\varphi = 1$、$S = 1.295$、$K = 1.295$、$r = 0.02147$、$r_f = 0.0259$、$\sigma = 0.10$、$\tau = 3/12 = 0.25$ 代入公式（14.7），我们可以算出"下失"看涨期权的价格为

DIC + DOC = 0.232% + 2.265% = 2.497%

正好是相应的普通或无屏障看涨期权的价格。

14.6.6　外汇屏障期权的现汇敏感度

我们在第 13 章介绍了普通期权的价格敏感度（delta）。看涨期权的价格敏感性与其虚实度相同，它总是在 0 和 100% 之间，而相应的看跌期权的虚实度在 -100% 到 0 之间。但是，由于屏障期权在屏障价格上下发生急剧变化，屏障看涨期权的敏感度会超出 0 和 100% 的范围，而屏障看跌期权的敏感度也会超出 -100% 到 0 的范围。由于屏障期权的定价公式（14.7）相当复杂，有相当多涉及现汇价格的地方，因此要推导出简洁的敏感度公式比较困难。我们这里以"下得"期权为例，分析屏障期权的敏感性。引用《奇异期权》（张光平，1998）的相关结果，"下得"期权的 delta 可由如下公式给出：

$$\text{"下得"期权的现汇敏感度} = -\omega \frac{H^2}{S^2} e^{-r_f \tau} N\left[\omega d_{bs1}\left(\frac{H^2}{S}, K\right)\right] \quad (14.8)$$

其中，

$$d_{bs}\left(\frac{H^2}{S}, K\right) = \frac{\ln\left[H^2/(SK)\right] + (r - r_f - \sigma^2/2)\tau}{\sigma\sqrt{\tau}}$$

$$d_{bs1}\left(\frac{H^2}{S}, K\right) = d_{bs}\left(\frac{H^2}{S}, K\right) + \sigma\sqrt{\tau}$$

其他所有参数与公式（14.7）中的相同。

我们下面通过实例来计算下屏障期权的敏感度。

例 14.6　请计算例 14.5 中下屏障期权的现汇敏感度（delta）。

解：将 $a = \ln(B/S) = \ln\ (1.25/1.295)\ = -0.0354$、$\omega = 1$、$\theta = -1$、$\varphi = 1$、$S = 1.295$、$K = 1.295$、$r = 0.02147$、$r_f = 0.0259$、$\sigma = 0.10$、$\tau = 3/12 = 0.25$ 代入公式（13.8），我们可以算出"下得"看涨期权的敏感度为

DIC 敏感度 = -0.0731 - 0.0031 = -7.49%

"下得"看涨期权的敏感性竟然为负数，即现汇汇率越高，"下得"看涨期权的价格却越低。这是因为在下屏障水平给定的情况下，现汇汇率升高任何一点，"下得"期权得到的可能性就越低，所以价格就越低，即价格变化与"下

得"看涨期权的价格相反。

根据公式（14.6），我们可以得出：

DOC 敏感度 = 普通看涨期权敏感度 − DIC 敏感度 = 0.4979 − （ − 0.0749）= 57.28%

例 14.7 请计算出其他参数与例 14.6 相同，下屏障分别为 1.250，1.255，1.265，1.270，1.275，1.280，1.285，1.290 和 1.294 的"下得"和"下失"看涨期权现汇敏感度并将结果画图。

解： 利用例 14.6 的方法，我们可以计算出这些"下得"看涨期权的敏感度并同样算出相应"下失"期权的敏感度，我们将这些敏感度画成图 14 − 2。

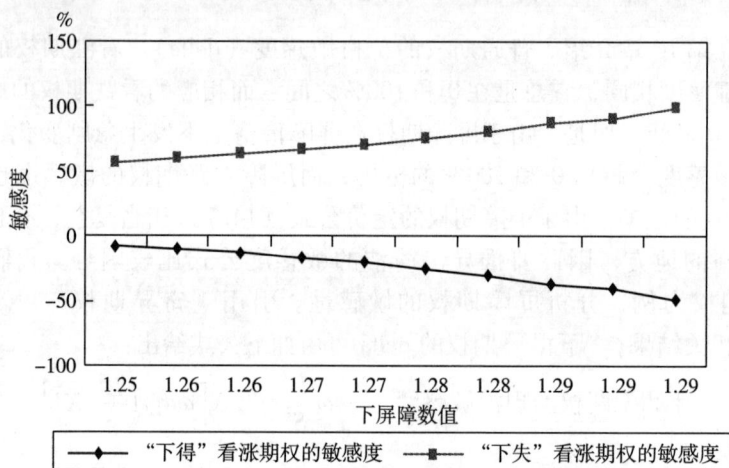

图 14 − 2 不同屏障的"下得"和"下失"期权的现汇敏感度

从图 14 − 2 我们可以看出"下得"看涨期权的敏感度为负数，即现汇汇率越高，"下得"看涨期权的价格却越低；同时"下失"看涨期权的敏感度为正数，即现汇汇率越高，"下得"看涨期权的价格也越高。"下失"看涨期权的敏感度远高于相应普通期权的敏感度，而且"下失"看涨期权的敏感度可以接近 100%。

14.6.7 其他屏障期权

我们在本节介绍了八种屏障期权及它们的定价。通过这些介绍，我们可以清楚地看出屏障期权确实比普通期权具有更大的灵活性、更低的价格和更大的吸引力等特点。这八种期权对于初次接触屏障期权的读者看起来可能相当复杂，但实际上这些屏障期权还只是最简单的屏障期权，因为还有很多屏障期权，比如双屏障期权，即上屏障与下屏障同时生效的屏障期权；"窗户"屏障期权，即屏障仅在期权有效时间内的一个时段有效；标的与支付资产不相关的屏障期权，如标的资产为美元/欧元汇率然而支付资产为铜期货，等等。这些期权远超出了本书的范围。有兴趣的读者请参阅《奇异期权》（张光平，1998）关于这些屏障期权的详细介绍和分析。

14.7　场内期权和场外期权之间的关系

14.7.1　从柜台到场内

期权是从柜台交易转入交易所交易的，而且在正式转入交易所的初期阶段，期权还主要是股票期权。外汇期权的出现相对较晚，第一个交易所交易的外汇期权的推出时间比第一个外汇期货晚了 10 年左右。而股票指数期权的推出却比相应的股票指数期货仅晚了一年。场内期权的推出和发展大大推动了期权概念及其基础知识的普及，使期权逐渐成为资本市场中不可缺少的重要产品。

14.7.2　从场内期权到奇异期权

交易所交易期权的普及推动了交易量和交易金额的增长。这些标准化产品虽然流动性很好，但却很难满足客户在到期时间、执行价格、合约大小、执行方式等方面特别的需求。为了满足客户这些特别的需求，奇异或非标准化期权开始有了很大的发展。费城交易所成交量的变化正好证明了这点。在外汇期权推出的前几年里，费城交易所外汇期权的交易量增长迅速，但随着银行不断增大柜台外汇期权的推出力度，费城交易所的成交量开始增长缓慢，致使这个全球第一个推出外汇期权的交易所，没有任何一个产品能进入 2004 年全球最活跃的交易所交易的期权产品行列。

14.7.3　从奇异期权到灵活期权

随着奇异期权的普及，交易所感觉到了竞争的压力。为了吸引流入柜台市场的资金回流，交易所开始改善它们交易产品的特性。全球第一家期权交易所——芝加哥期权交易所，在其交易情况良好的标准普尔 100、500 指数期权的基础上，于 1993 年推出了标准普尔 100、500 指数"灵活"期权。所谓灵活期权是指客户可以选择期权的到期时间、执行价格、执行方式等，但是合约面值不得小于 1000 万美元。

费城交易所后来也允许客户自行定制外汇期权合约的主要方面，如可选择执行价格、定制不超过两年的有效期、选择贴水报价作为外汇单位或者每份标的资产价值。目前巴西交易所也有外汇"灵活"期权。这些"灵活"期权包括我们上面介绍的八种外汇屏障期权。

14.7.4 场内期权为柜台期权风险管理提供依据

我们在第13.8节专门分析了交易所交易的期权的隐含波动率的计算及其用途。由于柜台交易期权的价格或者波动率的透明度远低于相应的交易所交易的期权，后者的隐含波动率经常被用来作为柜台交易期权定价的参考。不仅如此，交易所交易期权的隐含波动率还被用来作为银行等金融机构定期（每周或每月）估算其外汇资产价格的基础，从而使得金融机构的资产价格建立在透明的市场基础之上。

表14-8给出了主要柜台交易汇率期权在2004年年底，1个月和11个月月期权的隐含波动率、日变化量、月变化量、25%虚实度风险逆转差及其日和月变化。这些隐含波动率可以与交易所交易期权的隐含波动率进行比较，从而发现两者之间的区别并作为交易的基础。

表14-7中的25%虚实度风险逆转差及其日和月变化是一个很重要的参考数据，正如我们在第13.8节所分析的那样，虚实度风险逆转差是判断基础外汇汇率变化的一个非常敏感而且有效的参数。从该表我们知道，伦敦柜台交易的一个月欧元/美元期权的25%虚实度风险逆转差，从2004年11月30日的0.90%下降到11月31日的0.05%，即虚实度为25%的看涨期权的隐含波动率比相应的看跌期权的隐含波动率高出的程度从0.90%下降到了0.05%。这表明虽然看涨期权仍然比看跌期权要"贵"，但是贵的程度却比一日前下降了很多，这进一步表明一个月的欧元/美元仍然要上升或者说美元对欧元要升值（经过一年多的贬值要调整），但美元对欧元升值的力度却大幅度下降。

表14-7　　　　　　　　伦敦主要柜台外汇期权隐含波动率

2004年12月31日	到期时间	平值期权隐含波动率（%）	日变化量（%）	月变化量（%）	25%虚实度风险逆转差（%）	日变化量（%）	月变化量（%）
欧元/美元	1月	10.1	-1.6	-1.6	0.05	-0.85	-0.85
	12月	10.48	-0.03	0.03	0.45	0	-0.18
美元/英镑	1月	5.98	0	0.15	0.4	0	0.05
	12月	6.85	0.02	-0.13	0.35	0	0
美元/日元	1月	10.13	0	0.38	-0.95	0	0.6
	12月	9.45	-0.3	-2.15	0	-0.05
英镑/美元	1月	9.6	0	0.45	0.05	0	-0.45
	12月	9.8	0	0.2	0.35	0	-0.15

资料来源：英国《金融时报》，2005-01-06。

除了隐含波动率之外，金融机构还使用其他交易所交易产品的隐含信息和参数作为其风险管理系统的必需参数。

14.7.5 柜台与交易所两个市场特性比较

我们在本节对交易所交易外汇期权与柜台交易外汇期权之间的关系进行了较为详细的介绍。在我们结束本节之前，我们要将两者之间的特性进一步比较。表 14 - 8 列出了两者特性之间详细的比较结果。

表 14 - 8　　　　　　交易所市场与柜台交易市场特性比较

	交易所市场	柜台交易市场
合约特性	标准化 & 客户化	客户化
监管	证券交易委员会或商品期货交易委员会	自身监管
市场类型	公开喊价、竞价市场	交易者市场
交易对手	AAA 级期权清算公司（OCC）	银行为交易一方
透明性/价格可知	是	否
空头头寸的保证金要求	是	否
下单在市场上以匿名方式显示	是	否
每天标明头寸的要求	是	否
检查方式	完全连续、每项交易都进行检查	否
市场参与者	公众、公司和机构投资者	公司和机构投资者

14.8　新兴市场上的外汇衍生产品

到目前为止，我们介绍的绝大多数外汇期权是在发达国家市场上交易或者建立在发达国家货币上的外汇期权。由于发达国家和地区的外汇是国际贸易和国际金融市场的主要货币，这些货币的期权当然成为国际外汇期权市场的主力军。与此同时，外汇期权在新兴市场上的应用并不十分广泛。

表 14 - 9 列出了对 90 个新兴市场上主要外汇衍生产品进行调查的结果。我们可以发现外汇期权的接受度比外汇期货更高，有 77% 的新兴市场接受外汇期权，而仅有 61% 的新兴市场接受外汇期货。

表 14 - 9　　　　　　　**2001 年新兴市场接受外汇衍生产品程度表**

调查标准	调查的新兴市场	汇率制度		
		其他	固定	中间
接受远期的市场	88	63	70	58
不接受远期的市场	5	24	18	8
不能确定的市场	7	13	12	34
允许的产品类型				
完全的远期合约	89	63	70	58
无本金交割合约	59	28	33	42
期货	61	30	39	42
期权	77	30	45	42

资料来源：Canales - Kriljenko（2004），国际货币基金组织调查报告（WP/04/4）。以回复调查的新兴市场数目为基准计算得出的百分比。

14.9　亚太地区柜台交易外汇奇异期权的主要参与银行

外汇期权的交易主要集中在柜台上交易，也就是银行与其公司客户、机构投资者之间进行的交易。也许有些读者会问，有哪些银行是新兴市场柜台交易的主要参与者呢？它们又各自占了什么样的地位呢？下面我们就从这个衍生产品的角度出发，对新兴市场柜台交易的主要参与银行作一个比较详细的介绍。

表 14 - 10 给出了 2003 年和 2004 年日本、澳大利亚和不包括日本在内的亚洲地区柜台奇异外汇期权市场的主要参与者。从表 14 - 10 的排行榜我们可以再次确认，德意志银行在亚太地区的柜台交易外汇期权领域，的确扮演着一个很重要的角色，它在日本、日本以外的亚洲地区和澳大利亚都排名第一。作为德国最大的银行，德意志银行在外汇交易方面十分活跃，在柜台交易衍生产品领域也发展很快。

表 14 - 10　　　　　　**2003 年、2004 年亚太地区柜台交易的**
　　　　　　　　　　　　　　外汇奇异期权的主要参与银行

亚洲（不包括日本：被评上的银行数量：23 家）

银行	百分比	2004 年	2003 年
德意志银行	14.9%	1	2
JP 摩根	10.2%	2	3
渣打银行	10.2%	2	—
苏格兰皇家银行	9.3%	4	—
花旗银行	7.6%	5	6

经纪商：万邦有利			
日本（被评上的银行数量：19 家）			
银行	百分比	2004 年	2003 年
德意志银行	19.7%	1	1
苏格兰皇家银行	13.6%	2	—
UBS	10.6%	3	4
JP 摩根	7.6%	4	2
Nikko 花旗	7.6%	4	—
经纪商：Garban Totan			
澳大利亚（被评上的银行数量：18 家）			
银行	百分比	2004 年	2003 年
德意志银行	16.7%	1	2
Westpac	12.5%	2	—
ANZ	11.1%	3	3
花旗银行	8.3%	4	1
UBS	6.9%	5	—
经纪商：万邦有利			

资料来源：《亚太风险杂志》（*Asia Risk*），2004（11）。

除了德意志银行外，苏格兰皇家银行也在此领域占据了较重要的地位，它在日本和日本外的亚洲地区都排名第二。与前面相同的一点是，表 14 – 10 中所列的银行同样绝大部分都是非本地银行。这再次说明了，在亚太地区，甚至可以说在整个新兴市场，欧美的著名跨国银行在柜台交易衍生产品市场占据了绝对的主导地位。

表 14 – 11 给出了 2009 年和 2010 年亚太地区柜台交易主要奇异期权的主要参与银行。

表 14 –11　　　　　2009 年、2010 年亚太地区柜台交易
主要奇异期权的主要参与银行

美元/日元屏障期权				美元/其他货币屏障期权			
2010 年	2009 年	参与机构	百分比(%)	2010 年	2009 年	参与机构	百分比(%)
1	2	法国巴黎银行	23.1	1	1	法国巴黎银行	20.3
2	3	德意志银行	11.5	2	—	渣打银行	17.3
2	—	法国兴业银行	11.5	3	3	JP 摩根银行	13.5
4	—	渣打银行	10.6	4	—	花旗银行	9.0
5	—	高盛	7.7	4	—	荷兰商业银行	8.3
5	—	瑞士银行	7.7				

续表

数码期权				指数—揽子期权			
2010 年	2009 年	参与机构	百分比(%)	2010 年	2009 年	参与机构	百分比(%)
1	—	法国巴黎银行	29.2	1	1	法国巴黎银行	31.3
2	—	法国兴业银行	18.5	2	—	法国兴业银行	20.9
3	—	德意志银行	12.3	3	2	德意志银行	13.4
4	—	瑞士信贷	9.2	4	—	瑞士信贷	11.9
5	—	花旗银行	7.7	5	4	瑞士银行	10.4

资料来源：《亚太风险杂志》(*Asia Risk*)，2011（1）。

14.10 本章总结

本章对柜台交易的期权，即银行间交易的主要期权进行了较为详细的介绍，并对交易所交易和柜台交易的外汇期权进行了较为详细的比较。柜台交易的外汇期权比交易所交易的外汇期权要活跃很多，柜台利率期权和柜台权益期权相对交易所期权来说流动性相对较低。虽然交易所交易的外汇期权金额较小而且不够活跃，但这些期权为柜台交易的期权提供了非常重要的市场信息，特别是隐含波动性及其他风险管理系统所必需的重要参数。

值得我们重视的是，虽然外汇期权在全球交易所市场中的份额相对较小，而且新兴市场在全球衍生产品市场总的份额也很低，但新兴市场国家交易所市场的发展却远快于其相应的柜台交易市场。巴西和韩国在外汇、股票指数和债券方面的成绩尤为可观，成为全球新兴市场的榜样，以色列和匈牙利的成绩也值得借鉴。

国内人民币外汇期权经过了多年的准备终于于 2011 年 4 月 1 日正式在银行间推出，我们在第五篇会详细地介绍。由于推出的时间还较短，国内银行间的人民币奇异期权还需要较长的时间。探讨新兴市场整个衍生产品发展的路径，特别是交易所市场和柜台交易之间的关系超过了本书的范围。新兴市场国家或不发达国家或地区的市场机制相对不很健全，首先着重发展场内市场即交易所市场，为柜台交易提供有效依据，从而促进柜台交易的规范和发展，这应该是上述成功市场的经验。我们希望在今后继续探讨这方面的内容，从而为我国发展外汇乃至整个衍生产品市场提供有用的资料和支撑。

参考文献

［1］张光平著，马晓娟、任涤新、蒋涛等译：《奇异期权》，机械工业出版社，2014。

［2］Zhang，Peter G.（张光平），1998，"Exotic Options – A guide to second generation options"，2nd Edition，World Scientific Publishing；

人民币衍生产品

（第四版）

第二册

张光平 著

中国金融出版社

目　　录

第三册

第六篇　境外人民币产品

第七篇　境内外产品市场的关系及未来的发展

第四册

第八篇　人民币国际化趋势下产品创新和未来发展

第四篇　亚洲金融危机前后的金融衍生产品和跨境资金流动

　　1997 年 7 月爆发的亚洲金融危机震撼了全球金融市场，对全球金融体系的影响在很多方面都可与 2008 年爆发的国际金融危机相比。亚洲金融危机爆发后，世界上许多学术机构、学者和主要的国际组织都对此做了大量研究，即使是简单回顾这些研究也需要花费很长的篇幅。这些研究或是关注导致危机的经济基础面的原因、政府采取应对危机的措施的有效性分析，或是关注未来如何能够预测危机的再次发生。但是对金融危机期间衍生产品的研究，特别是这些衍生产品的详细描述和交易数据却相当有限。本篇的目的是介绍外汇衍生产品在亚洲金融危机中的作用，回顾和分析危机期间涉及的衍生产品和这些产品在亚洲金融危机前后起到的作用。

　　亚洲金融危机前后的各类衍生产品的交易皆是基于亚洲货币贬值期望下的投机和避险交易，而我们在本书介绍和分析的各种人民币衍生产品从 2002 年到 2007 年大多是基于人民币升值期望下的类似投机交易，二者的区别只在期望从"贬值"变成了"升值"，因此，相应的交易策略也变换了方向，而从 2008 年 9 月到 2009 年 3 月的半年时间内人民币兑美元重新回到了贬值预期；2009 年 4 月到 2014 年 9 月，人民币兑美元总体升值预期减缓，而 2014 年 10 月以来人民币兑美元再次回到了贬值预期。亚洲金融危机前后国际流动资本向东亚地区的流动幅度近年来也随辖内货币兑美元升值和贬值而变化。正是由于这个原因，我们用 6 章的篇幅来介绍亚洲金融危机前后外汇衍生产品的作用，从而使我们更容易理解目前活跃于境外离岸市场而且今后数年会更加活跃的人民币衍生产品并且了解国际短期资本在人民币升值过程中的作用。

　　虽然亚洲金融危机爆发到现在已经整整 18 年过去了，它对整个亚洲经济和金融产生了巨大的影响和冲击，许多国家在很多方面似乎已经吸取了教训，然而在风险管理、跨境资金流动监管等方面的教训似乎还未得到多数国家的足够重视。

亚洲金融危机已经过去，但是境内外至今仍然对其进行反思。因此，我们继续保持本篇在本书中的位置，并对之前的内容进行了一定的更新。本篇的结构如下：第15章概括介绍亚洲金融危机前后主要的东亚经济和金融市场以及金融衍生产品在其中起到的作用；第16章介绍亚洲金融危机期间外汇远期的作用；第17章介绍亚洲金融危机前后无本金交割远期的作用；第18章介绍亚洲金融危机前后不同类型的掉期的作用；第19章介绍期权在亚洲金融危机中的作用；第20章介绍中国香港在亚洲金融危机期间的主要措施并总结本篇。

第 15 章　亚洲金融危机

亚洲金融危机在 1997 年 7 月 2 日爆发，持续时间超过一年，不仅影响了所有的东亚经济和金融市场，也很快影响了拉丁美洲和俄罗斯，最终导致了"最好的、最耀眼的、最傲慢的"美国长期资产管理公司（LTCM）的破产（Marthinsen，2003），这使全球的金融行业都为之震惊。亚洲金融危机虽然已过 18 年了，但是很多相关问题并未过时，对整个亚洲，特别是中国大陆仍有着许多需要继续深入思考的问题。本章我们将简要介绍亚洲金融危机期间东亚的金融市场以及金融衍生产品在这场危机中所起到的作用。

15.1　泰铢的浮动和危机的开始

众所周知，1997 年 7 月 2 日泰国政府未能防御泰铢而使之自由浮动，亚洲金融危机便从泰国开始爆发。随着泰铢的贬值，其他东南亚货币在接下来的两个月放弃了和美元的挂钩，也开始贬值。在 1997 年第三季度的外汇市场上，泰国、马来西亚、菲律宾和印度尼西亚都经历了最严重的压力，同时新加坡和其他一些亚洲国家也都受到了影响。表 15 - 1 给出了从 1997 年 7 月 1 日到 1998 年 2 月 3 日这些地区的主要货币贬值比率，从中可以观察到印度尼西亚的卢比贬值了 85%，同一时期，韩元、泰铢和马来西亚林吉特分别贬值 49%、48% 和 47%，其他货币贬值的程度要低一些。

表 15 - 1　　　　　　　东亚主要国家货币兑美元外汇贬值情况

国家	货币	贬值比例
泰国	泰铢	48%（从 26.07 到 50.00）
马来西亚	林吉特	47%（从 2.50 到 4.75）
菲律宾	比索	27%（从 30 到 41）
印度尼西亚	卢比	85%（从 2500 到 17100）
韩国	韩元	49%（从 900 到 1750）
新加坡	新加坡元	19%（从 1.25 到 1.55）

资料来源：张光平（1998）。数据来自 1997 年 7 月 1 日到 1998 年 2 月 3 日。

张志伟（2001）用自动回归条件损失模型来研究亚洲金融危机期间的投机冲击确定了亚洲货币受冲击的时间。我们在表 15 - 2 中列出了他研究的结果。

从表 15-2 可以观察到泰铢早在 1997 年 5 月就受到了冲击（在第 16 章我们将做详细介绍），印度尼西亚卢比、马来西亚林吉特和菲律宾比索在泰铢刚刚浮动后的 7 月也受到了冲击，韩元则在 1997 年 10 月受到了冲击。

表 15-2   亚洲主要货币受冲击的时间

月份（1997）	印度尼西亚	韩国	马来西亚	菲律宾	泰国
一月	0	0	0	0	0
二月	0	0	0	0	0
三月	0	1	0	0	0
四月	0	0	0	0	0
五月	0	0	0	0	1
六月	0	0	0	0	0
七月	1	0	1	1	1
八月	1	0	1	0	1
九月	0	0	1	1	0
十月	0	1	0	0	0
十一月	0	1	0	0	1
十二月	1	1	1	1	1

资料来源：张志伟（2001）。

15.2 新加坡和中国香港

所有亚洲国家和地区都受到了危机的冲击，包括新加坡和中国香港这两个地区性金融中心。

15.2.1 新加坡

作为东南亚金融中心以至亚洲金融中心，新加坡元受到了亚洲金融危机直接的冲击，新加坡元从 1997 年 7 月 1 日（泰铢浮动的前一天）的 1.25 新加坡元/美元的高价跌到了 1998 年 2 月 3 日的 1.55 新加坡元/美元，跌幅为 19.35%。然而，从表 15-1 可以看出，其他地区性货币在同一时期的贬值幅度更大。这意味着新加坡元兑换美元虽然是贬值了，但它兑换其他地区性货币如泰铢和印度尼西亚卢比却是升值了。

新加坡股票市场也受到了危机的严重冲击。1997 年 1 月新加坡海峡时报指数（straits times index）为 2055.44 点，到 1998 年 9 月该指数跌到了截至当时 10

年的最低点 856. 43 点，20 个月跌幅接近 60%。从房地产市场上可以看到，私有产权指数从 1997 年第一季度的 270. 0 点跌到 1998 年第四季度的 163. 7 点，一年时间内下跌了 40%。如果政府没有在 1996 年 5 月采取紧急措施冷却房地产市场泡沫，新加坡房地产市场的跌幅会更大。

1998 年新加坡的商业银行活动和离岸金融业务皆有收缩。商业银行的保险业务量从 1997 年的 20 亿美元跌至 1998 年的 5. 48 亿美元，保险业务费用从 1997 年的 1240 万美元缩减到 1998 年的 320 万美元，商业银行的费用收入也跌了 4%。但是，合并、收购和其他金融咨询服务的费用却从 970 万美元增加到了 1800 万美元（新加坡货币当局 1999 年数据）。

15. 2. 2　中国香港的"双向操作"

亚洲金融危机期间，港元受到四次主要冲击。首次冲击开始于 1997 年 8 月 15 日，当天港元/美元溢价从 178 点增加到 826 点，并在 8 月 18 日进一步上升到 1157 点。在前一周新台币贬值之后，10 月 20 日港元面临的冲击达到最高点，10 月 23 日港元溢价达到 2840 点的最高点。

银行利率被投机交易推到了历史高位后，对香港经济和社会产生了严重后果。由于 1997 年 10 月 21 日和 22 日抛售港元的交易强化，10 月 23 日中午，香港银行间利率高达 280%，当天恒生指数下滑 10% 以上。为了对抗在香港外汇市场和股票市场的双重冲击，香港政府采取了果断措施，从 1998 年 8 月 14 日到 28 日，香港金管局在香港股票市场买入总数为 150 亿美元的股票和股指期货，占当时整个香港股票市场总市值的 7%。购买的这些证券由香港外汇基金投资有限公司（Exchange Fund Investment Limited）持有并管理（细节参阅 Chakravorti 和 Lall，2000）。

香港特区政府的入市目标被解释为针对特别的投机者群体，他们操纵香港股票市场和外汇交易市场，其利润源自"双向操作"，也就是对股票市场和外汇市场的同时冲击（Tsang，1998）。专家观察到投机者以卖出港元来抬高利率，从香港联系汇率安排的调整机制中获利，同时起到打压股票价格的作用，进而从股票期货市场上建立的空头仓位赚取利润。

中国社会科学院金融和政治研究所所长余永定教授在亚洲金融危机爆发不久就带领数位研究人员对香港十多家金融机构和香港金管局进行调研，在调研的基础上于《国际经济评论》1998 年第 3 ~ 4 期发表了《对香港股灾发展过程的经济分析》的文章（其他两位合作者为王洛林教授和李薇博士）。该文章对亚洲金融危机在香港的过程，特别是对投机者的投机战略和操作过程有系统、深入和全面的研究和分析。现在看来，该文有极强的参考意义。我们在本篇第 20 章专门引用余教授的研究成果，对香港应对亚洲金融危机进行系统地介绍和分析。

15.2.3 两个金融中心银行的业绩

Weston 和 Ford（2002）的研究发现，对比泰国、马来西亚、韩国和印度尼西亚，中国香港和新加坡银行部门的表现相对较好。虽然这一期间新加坡和中国香港银行的业绩下降，但并没有像泰国、马来西亚、韩国和印度尼西亚那样发生银行破产的现象，原因是新加坡和中国香港的银行拥有更充足的资本金和更丰富的职业经验以及更好的风险防范体系。

15.3 跨境资金流动和亚洲金融危机

国际货币基金组织（IMF）1998 年的经济和金融调查显示，外国直接投资（FDI）的稳定增长是 20 世纪 90 年代私人资本大量流入新兴市场的重要表现。从 1991 年到 1996 年，流入亚洲的私人资本总量有相当大的增长，平均每年增加40%。本节主要介绍短期流动资本对亚洲金融危机的作用。

15.3.1 资本流入亚洲市场

表 15-3 给出了从 1991 年到 2000 年流入亚洲国家和地区的净私人资本流、净直接投资、净组合投资、储备金变化、其他净私人资本流量和经常账户。从表 15-3 可以看出，净资本流入总量从 1993 年到 1996 年持续增长，年增长率分别为 61.5%、16.5% 和 64.6%，三年累计净增长了两倍多，但 1996 年到 1997 年却下降了 114.0%，变成了净流出；1991 年到 1996 年直接投资变化幅度较小；组合投资资本变化幅度巨大，从 1994 年的 113 亿美元增长到了 1996 年的 263.2

表 15-3　　　　流入亚洲各国的各类资本数据（1991—2000 年）　　单位：亿美元

年份 资本类型	1991	1992	1993	1994	1995
净私人资本流	249.3	208.9	206.5	333.5	388.5
净私人直接投资	59.6	63.4	66.7	65.3	88.1
净私人组合投资	25.3	94.9	170.9	113.0	176.5
其他净私人资本流量	164.4	50.6	-31.1	155.2	124.0
净官方流入量	34.1	26.8	32.7	8.6	149.4
储备金变化	-96.8	-180.9	-205.9	-61.0	-189.9
经常账户	-251.9	-162.9	-135.3	-232.1	-391.0

续表

年份 资本类型	1996	1997	1998	1999	2000
净私人资本流	639.6	− 89.8	− 327.1	− 90.6	− 101.6
净私人直接投资	98.3	104.9	109.1	78.3	85.9
净私人组合投资	236.2	72.1	− 92.8	36.2	40.0
其他净私人资本流量	305.1	− 266.8	− 343.4	− 205.0	− 227.4
净官方流入量	− 38.5	145.8	178.0	− 55.7	25.5
储备金变化	− 54.5	394.5	− 469.5	− 393.3	− 229.1
经常账户	− 530.3	− 254.6	699.0	629.5	448.0

资料来源：国际货币基金组织（IMF）：《世界经济展望》，基本数据表格，2001。

亿美元，两年累计增长一倍多，但到 1997 年却突然下降了近 700%；其他私人资本这几年变化的情况与总净私人资本和组合投资资本趋势相似，但 1996 年到 1997 年下降的幅度比前两者更大。

由于统计系统误差，国际货币基金组织认为 1997 年从亚洲新兴市场流出的资本流的统计数据相当保守，实际数据应该比表 15 − 3 所示数据还要大。

15.3.2　亚洲金融危机爆发后美国银行的借贷量

表 15 − 3 的数据针对的是整个亚洲地区，表 15 − 4 给出了 1997 年 9 月到 1998 年 12 月主要东亚国家/地区、俄罗斯和巴西从美国银行获得的季度贷款总量及相应季度增减率。从表 15 − 4 我们可以观察到从亚洲金融危机开始的 1997 年第三季度到 1997 年第四季度，泰国、新加坡和俄罗斯 1997 年 9 月到 12 月的下滑应该不是受亚洲金融危机的影响，因为 1998 年第一季度比 1997 年第四季度又有所回升，而 1998 年第三季度和第四季度连续 69.7% 和 43.1% 的下滑幅度明显表明俄罗斯政府债券违约后的影响。从美国银行获得的贷款数额下降速度最快，下滑速度超过 17%，中国香港、中国内地和韩国的下降幅度均超过 10%。但随着危机的加深，各国/地区下滑的幅度加大，其中泰国、马来西亚和印度尼西亚下滑幅度分别为 44.9%、33.6% 和 30.3%，中国内地、中国香港、中国台湾、新加坡和韩国的季度下降幅度也在 12% 到 23% 之间。1998 年第二季度之后下滑的幅度开始有所减缓，这表明危机最剧烈的时期已经逐渐过去。表 15 − 4 的数据及其变化明显表明了国际资本在亚洲金融危机中起到的作用。

表 15 – 4　　　　　　美国银行向亚洲相关国家和地区的季度借贷

（1997 年 9 月到 1998 年 12 月）　　单位：百万美元，%

国家/地区	1997 年 9 月	1997 年 12 月	1998 年 3 月	1998 年 6 月	1998 年 9 月	1998 年 12 月
中国大陆	2595	2275	1758	1618	1351	1161
季度增长率		– 12.3	– 22.7	– 8.0	– 16.5	– 14.1
中国台湾	3539	3728	3211	3106	2661	2686
季度增长率		5.3	– 13.9	– 3.3	– 14.3	0.9
印度尼西亚	4593	4349	3031	2331	2194	2057
季度增长率		– 5.3	– 30.3	– 23.1	– 5.9	– 6.2
韩国	15019	13487	11778	10102	8601	7836
季度增长率		– 10.2	– 12.7	– 14.2	– 14.9	– 8.9
马来西亚	1805	1900	1262	1042	630	746
季度增长率		5.3	– 33.6	– 17.4	– 39.5	18.4
菲律宾	2029	1991	1807	1730	1617	1556
季度增长率		– 1.9	– 9.2	– 4.3	– 6.5	– 3.8
泰国	3382	2806	1546	1397	1157	887
季度增长率		– 17.0	– 44.9	– 9.6	– 17.2	– 23.3
中国香港	5837	5053	4054	3362	4341	3198
季度增长率		– 13.4	– 19.8	– 17.1	29.1	– 26.3
新加坡	3821	3131	2698	2540	2675	3502
季度增长率		– 18.1	– 13.8	– 5.9	5.3	30.9
俄罗斯	6318	4382	5086	4842	1467	835
季度增长率		– 30.6	16.1	– 4.8	– 69.7	– 43.1
巴西	16881	17434	19400	18058	14710	14080
季度增长率		3.3	11.3	– 6.9	– 18.5	– 4.3

资料来源：美国联邦金融机构检查委员会（Federal Financial Institution Examination Council, FFIEC），美国向不同国家和地区的季度贷款报告，1997 年 12 月、1998 年 3 月、1998 年 6 月、1998 年 9 月和 1998 年 12 月。

15.3.3　十多年来亚洲金融危机后美国银行向亚太地区借贷量变化

表 15 – 4 的数据针对的亚洲金融危机爆发后 6 个季度主要东亚国家和地区等从美国银行获得的季度贷款总量及相应季度增减率，表 15 – 5 给出了 1997 年到 2014 年亚太主要国家和地区从美国银行获得的季度贷款总量及相应季度增减率。表 15 – 5 显示，1997 年到 2000 年，美国银行给主要东亚国家和地区的总贷款 3

年持续下降，3 年累计降幅 45%，接近一半；2000 年到 2001 年虽然从 212.8 亿美元微增到了 213.0 亿美元，2002 年比 2001 年进一步下降了 5.1%，但是 2002 年到 2007 年 5 年持续显著增长，5 年累计增长 209.1%，年均增幅 25.3%；受国际金融危机冲击，2008 年比 2007 年下降了 30.2%，略低于 1998 年比 1997 年的降幅 39.0%；2009 年主要东亚国家和地区从美国银行获得的季度贷款总量比 2008 年增长了 203.7%，2009 年到 2012 年 3 年累计增幅 25.2%，显示美国量化宽松政策对主要东亚国家和地区的重大影响；虽然 2013 年比 2012 年下降了 5.9%，但是 2014 年比 2013 年又增长了 21.6%，表明 2014 年美国宣布退出量化宽松政策后其银行对主要东亚国家和地区的总贷款并未出现如 1997 年和 2008 年两次金融危机后的显著影响。

表 15-5　美国银行向亚洲相关国家和地区的借贷（1997—2014 年）

单位：百万美元，%

国家/地区 \ 年份	1997	1998	1999	2000	2001	2002	2003	2004	2005
中国大陆	2275	1161	963	761	937	769	1921	1866	5526
年增长率	-12.3	-14.1	-13.2	-6.5	-1.1	-19.6	31.3	10.7	5.9
中国台湾	3728	2686	2198	2110	2740	2699	3142	3795	3699
年增长率	5.3	0.9	-9.9	14.0	8.6	-5.0	-7.2	-3.3	1.2
印度尼西亚	4349	2057	2039	1665	1055	648	553	579	1064
年增长率	-5.3	-6.2	-15.5	-8.7	-11.1	-6.1	-21.5	9.5	4.3
韩国	13487	7836	7624	6588	6485	7051	8136	7498	8059
年增长率	-10.2	-8.9	-12.7	-2.6	5.4	2.3	6.8	-13.1	-8.1
马来西亚	1900	746	834	1072	722	916	1323	1650	1233
年增长率	5.3	18.4	-22.5	6.0	17.4	25.5	20.6	0.8	-8.4
菲律宾	1991	1556	1662	1391	1772	1444	1644	1546	2122
年增长率	-1.9	-3.8	6.1	-1.1	10.3	-7.8	-4.8	-5.0	15.4
泰国	2806	887	714	689	452	434	528	633	616
年增长率	-17.0	-23.3	-1.8	-8.0	-19.7	-25.4	-0.4	35.0	-22.8
中国香港	5053	3198	2760	4095	3812	4126	5050	6192	7222
年增长率	-13.4	-26.3	-4.5	-3.6	9.6	4.2	7.2	3.2	-0.6
新加坡	3131	3502	2484	2904	3324	2131	2235	2969	3342
年增长率	-18.1	30.9	-16.1	1.3	-12.9	-10.3	-5.7	1.0	-3.0
合计（亿美元）	387.2	236.3	212.8	212.8	213.0	202.2	245.3	267.3	328.8
年增长率		-39.0	-9.9	0.0	0.1	-5.1	21.3	9.0	23.0

续表

年份 国家/地区	2006	2007	2008	2009	2010	2011	2012	2013	2014
中国大陆	14433	10972	6402	50855	46456	47576	45306	49750	66741
年增长率	52.5	-25.7	-44.1	56.3	-6.3	-12.6	9.5	-5.7	18.5
中国台湾	5031	5604	2475	12091	21276	15575	13367	13477	16882
年增长率	-12.4	22.0	-50.0	28.6	20.6	-17.4	-2.9	-31.6	4.7
印度尼西亚	1565	4268	2616	3711	8603	8371	8911	7344	8500
年增长率	18.5	22.8	-31.1	-5.4	9.7	-3.4	18.0	-2.2	10.8
韩国	13367	18809	14889	36572	33693	32141	36729	31207	37536
年增长率	-8.1	7.9	-32.5	15.1	-14.1	-4.7	7.2	-10.3	6.1
马来西亚	2003	2765	1902	3487	5542	6251	9000	5432	3917
年增长率	6.2	-15.2	-15.8	-12.9	12.8	6.1	-2.4	-7.9	-39.0
菲律宾	1307	1489	1283	1097	2445	2385	3107	3185	3336
年增长率	0.0	-0.2	-19.3	-31.3	69.6	2.9	19.3	6.1	19.2
泰国	2329	1520	830	1104	2976	1925	4630	2923	2092
年增长率	-18.2	-17.8	30.5	19.9	51.0	-48.9	13.7	-36.8	7.2
中国香港	10488	9525	8075	14698	18117	18247	21226	19903	21825
年增长率	10.9	-15.0	-28.1	7.7	4.2	-20.5	0.2	-3.4	1.9
新加坡	4407	7536	5138	8849	13893	24649	23545	22837	28984
年增长率	5.6	-9.8	-16.3	15.6	-0.8	-14.5	-21.1	-21.1	-6.5
合计（亿美元）	549.3	624.9	436.1	1324.6	1530.0	1571.2	1658.2	1560.6	1898.1
年增长率	67.0	13.8	-30.2	203.7	15.5	2.7	5.5	-5.9	21.6

数据来源：美国联邦金融机构检查委员会（Federal Financial Institution Examination Council, FFIEC），美国向不同国家和地区的季度贷款报告，1997 年 12 月、1998 年 3 月、1998 年 6 月、1998 年 9 月和 1998 年 12 月。

15.4　与资本流动相关的衍生产品

资本的流出流入与相关衍生产品的交易在亚洲金融危机中扮演着重要角色。亚洲金融危机前不同形式的外国资金流入亚洲不同的国家和地区，这些不同形式的资本流入与各种衍生产品密切关联。本节我们将重点分析与资本流入相关的衍生产品的规模和程度。

与外来资本相关的金融衍生产品包括外汇远期、外汇无本金交割远期、外汇掉期、利率掉期、利率远期、利率期权、信用掉期等柜台交易的金融衍生产品。

要获得柜台交易衍生产品的交易数据不是件容易的事，同样，要获得亚洲金融危机期间各种衍生产品的交易数据则更加困难，但是我们仍然可以从美国联邦金融机构检查委员会（FFIEC）季度数据中获得一些相关的数据。美国货币中心银行是世界主要的借款和相关衍生产品交易的参与者，它们的活动不仅包括借款，还包括伴随衍生产品的外汇头寸对冲交易。Kregel（1998）利用美国 FFIEC 提供的数据对衍生产品和国际资本流进行了很好的研究。我们扩展了 Kregel（1998）的研究成果，加入了中国大陆、中国台湾、新加坡和中国香港以及稍后受亚洲金融危机影响的其他两个国家俄罗斯和巴西，结果如表 15 - 6 所示。

表 15 - 6　美国货币中心银行的国家和地区风险头寸（贷款和衍生产品）

单位：百万美元，%

国家/地区	贷款总额（除了衍生品外）（A）	由于汇率和衍生品导致的跨境风险（B）	B/A（1997年 12 月）	B/A（1998年 3 月）
中国大陆	1683（1294）	375（380）	22.3	29.4
中国台湾	2580（2068）	171（159）	6.6	7.7
印度尼西亚	3000（2284）	2266（1612）	75.5	70.6
韩国	9791（9155）	4633（2890）	47.3	31.6
马来西亚	1543（1070）	555（266）	36.0	24.9
菲律宾	1533（1357）	40（157）	2.6	11.6
泰国	1771（920）	2509（1145）	141.7	124.5
中国香港	4039（2956）	2190（1318）	54.2	32.6
新加坡	1986（1793）	1565（1268）	78.8	70.7
俄罗斯	4982（4621）	49（117）	1.0	2.5
巴西	11813（13157）	537（575）	4.5	4.9

资料来源：美国联邦金融机构检查委员会（Federal Financial Institution Examination Council, FFIEC），美国向不同国家和地区的季度贷款报告，1997 年 12 月和 1998 年 3 月；表中 A 和 B 两列中小括号内的数据是 1998 年 3 月 31 日的数据，括号外的数据为 1997 年 12 月 31 日的数据，格式与 Kregel（1998）相同。

表 15 - 6 中的美国货币中心银行包括美洲银行、信孚银行、大通银行、花旗银行、第一芝加哥银行和 JP 摩根银行。表 15 - 6 给出了这六家货币中心银行向相应国家和地区的贷款总额、因汇率和衍生产品导致的跨境风险以及两者在 1997 年 12 月底和 1998 年 3 月底的比例。

表 15 - 6 显示，1997 年底泰国由于汇率和衍生产品导致的跨境风险与泰国从美国货币中心银行总贷款比例最高，达 141.7%，其次是新加坡、印度尼西

亚、中国香港、韩国、马来西亚和中国大陆，相应比例分别为78.8%、75.5%、54.2%、47.3%、36.0%和22.3%，显示了这些国家或地区与美国货币中心银行之间衍生产品交易的程度。1998年第一季度末，除中国大陆、中国台湾、菲律宾、俄罗斯和巴西的相应比例略有上升外，其他国家和地区的比例皆显著下降，泰国相应的比例仍然最高，达124.5%，其次是新加坡、印度尼西亚、中国香港、韩国和马来西亚，相应比例分别为70.7%、70.6%、32.6%、31.6%和24.9%，显示出这些国家或地区与美国货币中心银行之间的衍生产品交易活动在金融危机半年之后有显著下降。

15.5　外汇远期市场的波动、交易成本和流动性

当市场缺乏流动性的时候，衍生产品的交易成本就增加了。伴随着外汇市场的波动，即期、远期和其他外汇衍生产品市场的交易成本增加，流动性下降。1997年下半年其他新兴市场上也存在流动性压力，特别是在拉丁美洲、东欧和俄罗斯。亚洲货币的大幅度贬值严重损害了已经被削弱的资产负债表和没有对冲的国内金融机构和公司，导致非盈利贷款的急剧增加。结果，1997年我们看到了自20世纪90年代以来新兴市场的私人资本流量的首次大量减少，以及资本市场对新兴市场风险的重新全面估计。

在经历了1997年下半年大幅度贬值和剧烈波动之后，很多亚洲货币开始在1998年早期有所恢复，这时这些地区的资本流出缓慢，经常账户则很快回流。韩国与国际货币基金组织的协议提高了该地区的恢复信心，恢复和重建了韩国的外部短期银行债务。但印度尼西亚的经济和政治情况不稳定造成了市场恶化，汇率波动仍然剧烈。很多亚洲新兴市场的货币在日本经济严重恶化的预期情况下面临恢复压力，日元也面临了下跌压力。

15.6　对冲基金

对冲基金在亚洲金融危机期间相当活跃。虽然很难得到特定国家涉及的对冲基金的金融产品数据，但是它们的作用是非常重要的。在国际货币基金组织深入研究泰铢受冲击的过程后，市场参与者估计泰国银行的远期账户在1997年6月底前有260亿美元，其中宏观对冲基金占了70亿美元，超过总量的1/4。

一些实证研究注意到了对冲基金对外汇市场的动态影响，这些研究试图确定这些投资者可以直接"转移"到偏好的这些市场，或者通过他们自己的行为或其他市场参与者跟随他们领导的趋势来达到他们的目的。美国总统的金融市场工作团队关于《对冲基金、杠杆和1999年4月长期资本管理公司》的深度报

告也给出了长期资本管理公司在金融危机后期的作用。

15.7　涉及的机构

亚洲金融危机涉及很多国际金融机构和相应各国的国内金融机构，了解危机期间市场上的主要参与者可以帮助我们更好地理解危机的发生。

15.7.1　美国货币中心银行

表 15 – 6 显示美国货币中心银行广泛参与了亚洲金融危机前后的各类活动，我们在本部分后面几章的介绍中还会了解到美国金融机构参与的更具体的例子。很难发现美国货币中心银行在亚洲金融危机中关于衍生产品的损失方面的数据。根据美国审计总署（General Accounting Office，GAO）的报告，1997 年第四季度，美国 JP 摩根银行核销了 2400 万美元的"亚洲衍生产品"，并认定 5.87 亿美元的亚洲衍生产品合约为"不良"合约；花旗银行公布由于亚洲金融危机收益下降了 2.5 亿美元；大通银行报告了与亚洲金融危机相关的 0.78 亿美元的税前损失。这些数据也从另外一个侧面反映出美国货币中心银行在亚洲金融危机前后参与该区域衍生产品的交易情况。

15.7.2　欧洲金融机构

除美国货币中心银行之外，欧洲的金融机构也积极地参与了亚洲金融危机前后的很多交易。根据报道，德意志银行提取了 7.77 亿美元（双倍于 1996 年的损失）来弥补在韩国、泰国、印度尼西亚和马来西亚交易衍生产品的损失（Aandrews，1998）。法国兴业银行核销了 1.64 亿美元来弥补 68 亿美元总头寸（包括主要借给韩国公司的 40 亿美元）（Lavin，1998）。其他欧洲银行也参与了很多交易，我们会在本部分后面的章节中提及。

15.7.3　地区投资银行

除了美国和欧洲的金融机构之外，很多地区性的金融机构也不可避免地卷入了金融危机之中，最具代表性的是百富勤证券。从某种程度上讲，百富勤在亚洲金融危机中的作用比很多国际金融机构更大。

在 1998 年 1 月倒闭前，百富勤急速增长，成为除日本以外亚洲最大的投资公司。百富勤的增长和亚洲 20 世纪 90 年代的投资银行活动有紧密联系，它是亚洲固定收入市场的先驱，是亚洲最大的股票承销商，也是亚洲衍生产品比如外汇掉期、亚洲债券和股票总回报率提高收益掉期的主要参与者，百富勤的活动开拓了亚洲地区的外汇债务市场。百富勤的活动包括整个投资银行领域，包括证券承销、高收益债务融资、资产管理和衍生产品。百富勤还与韩国公司和其他区域机构投资者有着密切的业务往来。

百富勤印度尼西亚公司的衍生产品头寸是它通过直接债务工具得到的直接债务的 10 倍。值得注意的是百富勤倒闭之前并没有注册投资银行业务，所以它很少受到管制。但事实上它是由 200 个各种各样的子公司或者离岸公司组成，其中大约 175 个是有特别目的的特殊公司，它们中的大部分是在离岸市场上注册的。百富勤的破产主要是受了所承销的印度尼西亚公共汽车公司和另外一个公司大笔债务存货的压力。在波动的亚洲金融市场环境中，百富勤没能卖出这些票据，导致自己账上持有 2.70 亿美元此类票据，占总资产的 1/3。随着印度尼西亚卢比的崩溃，这些债务存货无法兑现，最终导致了百富勤公司的倒闭（国际货币基金组织：《亚洲危机：资本市场动态和溢出》，1998）。

15.8　亚洲金融危机爆发的原因

15.8.1　早期研究结果

早在 20 世纪 90 年代初，香港中文大学校长刘遵义（Lawrence Lau）在《东亚新兴工业化国家经济增长的源泉》和《东亚是否是一新的墨西哥》等论文中，首先提出了东南亚国家经济发展中的缺陷，如经济增长主要依赖高投入、缺乏技术进步等问题，及对亚洲经济的可能影响，他的一些假设和结论在后来的亚洲金融危机中得到了证实。他指出，东亚在技术进步方面没有赶上西方发达国家，因此一旦其生产和劳动成本升得太高时，新的经济增长基础就不复存在了。美国经济学家保罗·克鲁格曼（P. Krugman）引用和总结刘遵义的分析结果，在美国的《外交》（*Foreign Affairs*）杂志 1994 年第 6 期上发表了题为《亚洲奇迹的神化》（*The Myth of Asia's Miracle*）的文章，对东亚的经济奇迹提出质疑。保罗·克鲁格曼认为，东亚奇迹远不是人们所认为的那样了不起，因为东亚地区的经济增长主要是通过大量投入资本和劳动取得的，而不是通过提高总和要素生产率实现的，因此东亚的经济增长不可能持久。不幸的是，果真如刘遵义和克鲁格曼等人所预言的那样，1997 年亚洲经济真的出现了问题。

尽管学术界对东亚经济增长模式的研究也有与刘遵义和克鲁格曼等人的结果不一致的，经济学界围绕着亚洲金融危机的成因做了种种不同的解释，其中比较有影响的解释主要有宏观经济基础恶化论、金融体系脆弱论和金融恐慌论等。但是亚洲金融危机的爆发及对地区大多经济体的巨大冲击在一定程度上证明了他们研究的正确性。从宏观经济方面看，东亚国家的高增长所造成的后果是产业结构失衡、产品的国际竞争力下降、高新技术产业发展滞后、出口产品结构低级化、经常项目增长等问题确实是亚洲金融危机爆发的重要原因。

15.8.2 近期反思

关于东亚金融危机的理论模型很多,大致有货币危机模型、道德风险模型、金融恐慌模型、金融系统不稳定性模型、流动性市场无效率模型、危机传染模型、孪生危机模型、羊群危机模型,等等。袁明洁(2013)从货币危机模型和新古典经济增长模型两个角度来描绘亚洲金融危机理论模型基础。从新古典经济增长模型看,由于短时间内密集投入资本和劳动而没有技术进步因此导致的经济虚假繁荣;从货币危机模型看,过度扩张的量化宽松政策和固定汇率之间的不协调性给予国际炒家乘虚而入的机会。同时现实中存在三个推动金融危机发生的原因,分别是不协调性导致的流动性过剩,对银行体系缺乏监管但政府又承担着银行恶性贷款的隐性担保,以及亚洲价值观在背后的推动力。政府应加强金融中介的监管,防止银行恶性贷款的膨胀。密切关注自身的财政政策和汇率制度的结合,不给国际炒家乘虚而入的机会。从经济发展的角度来说,要有技术生产力的提高,而并非全依靠短时期内的资本和劳动力投入带动经济的繁荣。为此,国家应结合公共政策辅助经济的长远发展,例如环境和资源的保护,公平和可持续的经济发展,传统文化的保留,优良的治理制度等等。该文还结合美国次贷危机和东亚金融危机对我国的经济现状进行反思。第一,无论是在亚洲金融危机还是美国次贷危机期间,我国的贸易出口都受到了影响。出口环境的恶化是外因,根本原因在于长期以来我国对外贸易依存度高,一旦国际市场发生影响,贸易的波动就会变得很大。应该着力于调整宏观结构,把经济重点放到扩大内需上,挖掘国内的消费潜力,同时调整出口商品的结构,发展资本密集型和高技术含量的行业,并且更新产品结构促进经济的健康发展;第二,加大金融市场的监管力度,亚洲金融危机与美国次贷危机发生的原因之一就是因为金融监管不力,金融体系不健全。在金融自由化的今天,开放和管制都各有利弊,过度开放或过度管制都不足取。应在监管的范围内进行金融创新,不要使金融衍生品成为投机者兴风作浪的工具。同时,也应注意在资本市场上要合理引导外资流入,适度利用外资,防止一旦外资撤走以后对我国经济带来破坏性的影响。

王宇鹏等(2015)研究指出,金融体系脆弱是东南亚危机的根本原因。文章分别从信贷市场、资本市场和金融衍生产品市场三个角度分析了金融发展对宏观经济波动的影响机理,以 1961—2012 年 214 个国家的宏观数据为样本,引入了利率、外来直接投资(FDI)、劳动力、出口、M_2、政府公共支出、汇率等控制变量,采用时间维度的固定效应模型,验证了金融发展与 GDP、投资、消费增速波动率的统计关系。结果表明,金融发展与以上三者存在显著的负相关关系，即金融发展程度越高，宏观经济波动率越低，这将有助于解释为什么新兴市场国家波动率高于发达国家的经济现象。为什么新兴市场国家比发达国家的经济波动率高，文章认为有以下两个因素导致了这一结果：首先，发达市场国家金融发展程度高，发达的信贷市场、完备的资本市场和品种齐全的金融衍生产品市场提高了金融市场深度和广度，金融市场良好的弹性能够有效降低冲击对宏观经济的影响，从而降低了宏观经济波动率；其次，新兴市场国家FDI波动程度要大于发达国家，由于新兴市场国家人均有效资本比较低，因此，边际产出比较高，国外资本涌入新兴市场国家的欲望比较高，在经济繁荣的时候，国际资本大量流入，当经济遇到不利冲击、大萧条时，资本又会大量流出，资本的流进流出会比较频繁，导致新兴市场国家经济波动率高。

15.9 亚洲金融危机对区域主要经济体的影响

虽然亚洲金融危机到现在已经接近18年，然而它对亚洲以至全球经济的影响至今让人印象深刻，有很多方面的教训仍然值得我们认真地总结并引以为戒。整体研究亚洲金融危机对亚洲经济的影响比较复杂，超过了本章的范围，这里我们可以利用国际货币基金组织的数据，容易地计算出亚洲主要国家和地区花费了多长时间才使其经济恢复到了亚洲金融危机之前的水平。表 15 - 7 给出了这些结果。

表 15 - 7　　　　　　主要亚洲国家和地区国内生产总值

和亚洲金融危机恢复的年数（1996—2006 年）单位：亿美元，年

年份 国家/地区	1996	1997	1998	1999	2000	2002	2003	2004	2005	2006	恢复 年数
中国大陆	8561	9526	10195	10833	11985	14538	16410	19316	22569	27129	1
印度	3790	4241	4275	4565	4799	5143	5954	6903	8097	9080	1
中国台湾	2879	2987	2751	2990	3262	3011	3105	3400	3648	3763	2
韩国	5730	5322	3575	4618	5334	5759	6438	7220	8449	9518	7
马来西亚	1024	1017	733	803	938	1008	1102	1247	1380	1571	7
新加坡	952	993	850	849	943	906	960	1127	1254	1453	7
巴基斯坦	773	763	760	712	741	727	835	981	1096	1275	7
菲律宾	844	837	666	762	759	768	796	869	988	1175	8
印度尼西亚	2507	2384	1055	1547	1655	1956	2348	2570	2859	3644	8
中国香港	1590	1763	1669	1633	1691	1638	1586	1659	1778	1899	8
泰国	1819	1509	1119	1226	1227	1269	1426	1613	1764	2071	10

数据来源：国际货币基金组织网站。

表 15-7 显示，中国大陆和印度受亚洲金融危机的冲击较小，1997 年和 1998 年经济仍然保持了一定幅度的增长；中国台湾受亚洲金融危机影响也较小，1997 年的生产总值没有下降，1998 年虽然略有下降，但是仅仅用了两年时间，到 1999 年经济就恢复到了与危机前相当的水平；韩国、马来西亚、新加坡和巴基斯坦四个国家用了 7 年的时间经济才恢复到了 1996 年或者 1997 年的水平；而菲律宾、印度尼西亚和中国香港用了 8 年的时间经济才恢复到了 1996 年或者 1997 年的水平。受危机冲击最大的国家，也是危机的发源地泰国，到了 2006 年以美元计价的国内生产总值才首次超过了危机前 1996 年的水平。换句话说，亚洲金融危机使泰国经济停滞了整整 10 年，其他主要东亚经济体大多也用了 7 ~ 8 年时间才恢复到了危机前的水平。可见亚洲金融危机对东亚经济冲击的严重程度。

15.10　本章总结

亚洲金融危机爆发到现在已经 18 年了。跨境资金流动确实是亚洲金融危机爆发的直接原因。东南亚国家为了吸引外资，一方面保持固定汇率，另一方面又扩大金融自由化，给国际炒家提供了可乘之机。如泰国就在本国金融体系没有理顺之前，于 1992 年取消了对资本市场的管制，使短期资金的流动畅通无阻，为外国炒家炒作泰铢提供了条件。在资金持续流入的情况下，这些国家的外汇储备持续增长，投资增长、经济增长、资产价格增长，呈现出一片繁荣的景象。但是当资金撤离时，情况皆出现逆转，外汇储备、投资、经济、资产价格等皆下降，给经济和金融体系带来了巨大的冲击，多年难以恢复原状。亚洲金融危机为 2011 年 4 月国际货币基金组织公布的对跨境资金流动管控的建议政策组合提供了证明。我们在第七篇会专门介绍和讨论国际货币基金组织公布的对跨境资金流动管控方面态度的转变等。

研究亚洲金融危机的报告大多为经济领域，有些为国际资金流动方面的研究。由于银行间衍生产品数据难以获得，很少研究侧重金融衍生产品在亚洲金融危机中的作用。对衍生产品在亚洲金融危机期间所扮演的角色进行分析时，因场外衍生产品交易没有系统地记录，获取数据成为很大的难题。因此，在很多案例中，案例报道和发达国家主要投资银行对衍生产品头寸的市场参与估计是主要的信息来源。本章使用的数据主要是整体数据，本篇其他章节我们将使用官方数据以及一部分案例报道数据来研究亚洲金融危机期间涉及的主要衍生产品。

虽然用翔实的数据分析亚洲金融危机期间不同的衍生产品起到的特殊作用非常困难，目前这个领域的研究也非常有限，但是国际货币基金组织和其他机构提供的数据和研究却也给出了很多涉及亚洲金融危机的衍生产品的资料。从美国联邦金融机构检查委员会关于美国货币中心银行向亚洲诸国和地区的贷款及相应的衍生产品数据中，我们可以间接地看出衍生产品在亚洲国家和地区的作用。

虽然亚洲金融危机爆发到现在已经18年，亚洲金融危机爆发之后的几年里，国内外对亚洲金融危机爆发的原因及防范再次爆发拟采取的措施有很多研究，然而从2008年爆发的国际金融危机到现在，国内外学术和职业界的主要注意力几乎全都在这次金融危机爆发的原因、今后的走势、国际货币体系的问题及改革的必要性及相应措施等方面，亚洲金融危机几乎快被历史所淹没。但是，亚洲金融危机反映出的是东亚经济增长模式和金融体系开放和发展节奏方面的问题，这些问题对中国经济持续增长和金融体系的进一步开放和发展有很大的借鉴意义，我们还拟继续研究和探讨。

参考文献

［1］刘遵义，Lawrence Lau：《东亚新兴工业化国家经济增长的源泉》，1993。

［2］刘遵义，Lawrence Lau：《东亚是否是一新的墨西哥》，1995。

［3］袁明洁：《对东亚金融危机的再认识》，上海财经大学，载《合作经济与科技》，2013。

［4］王宇鹏等：《金融发展与宏观经济波动——来自世界214个国家的经验证据》，载《国际金融观察》，2015-02。

［5］Krugman, Paul. "The Myth of Asia's Miracle", Foreign Affairs, No. 6, 1994.

［6］Zhang, Peter G.（张光平），1988, IMF and Asian Fianncial Crisis, Singapore World Scientific Publishing Ltd.

第16章　亚洲金融危机中的外汇远期

亚洲金融危机前后，很多市场投机者打赌该地区货币贬值并做空外汇远期。外汇远期是投机者在金融危机前后应用最广泛的产品之一。中央银行试图通过垄断弱势货币市场来打压这些投机者以维持其固定汇率体系。外汇远期交易为中央银行和投机者提供了有效的工具。本章的目的是介绍和分析外汇远期在亚洲金融危机中的作用。

在关于亚洲金融危机的现有研究中，国际货币基金组织的工作论文《亚洲危机：资本市场动态和溢出》对危机过程和亚洲外汇远期作用的介绍和分析最为系统和深刻。本章在很大程度上参考了这篇论文。

16.1　中央银行对远期市场的干预

众所周知，中央银行干预外汇市场是根据宏观政策和目标来调整宏观经济的工具。但是我们并不常听说中央银行对外汇远期市场进行干预。本节我们简单介绍中央银行在外汇远期交易市场的干预行为。

16.1.1　远期市场干预

在 1997 年 7 月之前的几个月，泰国银行已积累了巨大的远期债务，需要卖出美元并同时买进泰铢的金额超过 250 亿美元。韩国银行也在远期市场上对韩国货币进行干预，据报道是为了在离岸无本金交割远期（NDF）市场"试水"。本章我们将特别研究韩国的无本金交割远期。英格兰银行在 1992 年欧洲汇率机制危机时同样也在英镑的远期市场上进行了干预。

16.1.2　获得当地货币外汇价格的方法

外国企业为了交割它们的远期合约必须得到某种具体货币。中央银行的对手有很多种办法得到交割所需的货币。基本的直接方法是外国公司以即期汇率从中央银行那里换到货币。在这种情况下，购买当地货币将直接导致中央银行外汇储备的增加。地方货币和外汇交易的对方以远期交易率进行交割，其结果将带来货币发行银行储备的损失。对外国企业而言，得到地方货币的另一种方法是在即期外汇交易市场上购买。

16.1.3   远期干预对外汇储备的影响

中央银行采用第一种直接方法首先得到本国货币，然后损失储备。在当前即期汇率和约定远期汇率之间对储备的净影响有所不同，按照远期合约安排的概念价值加倍。中央银行干预远期市场涉及的储备从远期合约开始，汇率的贬值要乘以合约的名义价值。比如，泰国银行对美国 260 亿美元的远期合约贬值25%，就会损失 65 亿美元的外汇储备。

16.2   泰铢远期和亚洲金融危机

在 1997 年 7 月 2 日危机爆发前，泰国银行（BOT）长期干预远期外汇市场。外汇远期的卖出使得泰国外汇储备减少，但在即期的外汇储备数据中却得不到显示。泰国中央银行与外国及国内对手签订合约，许诺以特定的远期汇率供应美元，交易对手因而持有泰铢空头和美元多头。

泰国中央银行主要是通过卖出泰铢远期合约，并承诺以美元交割来干预外汇市场，包括在外汇掉期市场上的运作。泰国中央银行在 1997 年 6 月底建立起超过 260 亿美元的远期负债（后面我们会对细节进行描述）。市场的参与者看到了中央银行承诺在泰国外汇储备交易时将以美元进行交割，因此在实际中建立了大量的外汇账户。这种预期加剧了对泰铢的冲击和汇率的贬值。

16.2.1   前期贬值压力

早在 1996 年 7 月泰国盘古商业银行破产后被泰国银行清算并给予了支持，泰铢就开始承受了贬值的压力。据报道，早期的压力很大程度上来自于国际商业和投资银行。

16.2.2   第二股贬值压力

1996 年第四季度，泰国较差的财政和出口数据在 1997 年 1 月公布之后，泰铢贬值压力变得严重，遭遇了 1997 年早期的强大压力之后的第二股力量。考虑到同一时期金融部门非盈利资产开始扩散，1 月市场参与者了解到几家房地产开发商或者没有能力，或者决定停止支付金融公司的贷款利息。1997 年 2 月 5 日，有明显的信息暗示很多金融公司有巨大的房地产投资，这些投资很多难以收回，房地产开发商 Somprasong Land 没有能力支付国外债务。

16.2.3   最严峻的冲击

1997 年 3 月到 4 月底的市场看起来仍然相对比较安静，但这是为以后泰铢承受的压力聚集更多能量。在 5 月 7 日（星期三）的晚上，有报告称主要的泰国银行香港分行开始大量卖出泰铢，买入美元。在这种情况下，市场上的交易者相信泰国金融公司在争夺美元。考虑到银行存款增加后外部融资越来越困难，其他泰国国内企业也开始退出。一夜之间，据说泰国中央银行直接和一些外国商业和投资银行签约，提供大量泰铢兑美元的远期卖出合约。在同一周的周四和周五，市场参与者估计泰国中央银行卖出了 60 亿美元，泰国净储备从 320 亿美元降到了 260 亿美元。

16.2.4　冲击的高潮

市场参与者估计，在 1997 年 5 月 12 日和 13 日这两天，泰国中央银行失去了大概 50 亿美元的外汇储备。5 月 14 日（周三）投机冲击达到高潮，在这天泰国中央银行估计卖出了超过 100 亿美元。泰国中央银行大规模干预远期市场基本上没有减少泰铢的压力。5 月 15 日（周四），泰国中央银行停止干预，允许利率上涨，制定了在岸和离岸市场的资本金控制缺口。

表 16 - 1　　　　　　　　　　　**泰铢浮动前的主要里程碑**

1996 年 7 月	盘古商业银行破产
1997 年 2 月 5 日	房地产开发商 Somprasong Land 不能支付外债
1997 年 3 月	泰国政府宣布从金融公司买入 39 亿美元贷款来解决它们的流动性问题，但是操作失败
1997 年 5 月 7 日（周三）	泰国银行香港分行卖出泰铢，买入美元
1997 年 5 月 9 日（周五）	泰国银行卖出美元，买入泰铢
1997 年 5 月 12 日（周一）	泰国银行干预远期市场
1997 年 5 月 13 日（周二）	泰国银行卖出 50 亿美元
1997 年 5 月 14 日（周三）	投机性冲击到达高潮 泰国银行卖出 100 亿美元
1997 年 5 月 15 日（周四）	泰国银行停止对远期市场的干预 利率上升，制定资本金控制
1997 年 6 月底	泰国银行积累了 260 亿美元的远期（对冲基金 80 亿美元，其他离岸对手 70 亿美元，离岸外国银行 90 亿美元，国内银行 20 亿美元）
1997 年 7 月 2 日	泰国银行浮动了泰铢汇率

资料来源：表格来自国际货币基金组织论文 "The Asian Crisis: Capital Markets Dynamics and Spillover"，44 - 47 页。

16.2.5　主要市场参与者

市场参与者估计，在 1997 年 6 月底泰国中央银行有相当于 260 亿美元的泰铢空头远期合约，其中宏观对冲基金持有 80 亿美元，占总量的近 31%；"其他"离岸市场参与者持有 70 亿美元，占总量的近 27%；离岸市场上的外国银行持有 90 亿美元，占总量的近 35%；泰国国内银行持有仅 20 亿美元，占总量不到 8%。然而包括国内和国外其他银行的很多头寸是私人头寸，是为其他交易方的利益做中介。对冲基金的头寸可能比报道的 70 亿美元还要多。

16.2.6 市场反应

1997 年 7 月 2 日泰铢浮动政策的宣布虽然令市场震惊，但市场起初对浮动汇率政策的反应是良好的，股票市场上涨。据报道，外国投资者也打算为外国居民支付可用股票的溢价。然而，由于考虑到泰铢贬值的影响和金融部门的高额利率以及泰国中央银行为建立大额的外汇远期负债而消耗自身的"净"储备，这种状况限制了央行支持泰铢干预市场的能力，敏感的市场很快就急剧下跌了。

16.3 韩元远期

16.3.1 韩国国内银行的外汇储备账户

如表 16-2 所示，韩元在 1997 年 10 月危机蔓延到东北亚的时候受了攻击。韩国中央银行（韩国银行）的外汇储备从 1997 年 10 月底报道的 310 亿美元降到了 12 月的 240 亿美元。然而，12 月中央银行的"可用"储备仅为 60 亿美元。实际外汇储备和可用外汇储备之间的巨大差额是由韩国中央银行的外汇储备政策导致的：韩国中央银行将部分外汇储备存入韩国在海外的银行分支机构以提高其流动性。这样，这些存入海外银行分支机构的储备就不能及时收回。韩宝公司事件后，1997 年 1 月，韩国的数家海外银行分行发生了流动性问题，韩国中央银行给予了这些银行流动性支持。1997 年 3 月底，用于这种流动性支持的外汇储备增加到了 80 亿美元。最后，随着 1997 年 11 月韩元贬值压力的增大，到了 12 月初，用于流动性支持的外汇储备超过了 100 亿美元。除部分储备用于韩国海外分支银行流动性支持外，还有部分储备借给韩国公司投资到了新兴市场。要收回这些储备，韩国商业银行就不得不在当时糟糕的市场条件下清算资产，从而面临巨大的损失。我们会在后面几章进一步介绍相关事项。

16.3.2 远期交易量

根据韩国中央银行的数据，韩元远期成交量在危机前后相当低。表 16-2 给出了从 1996 年到 2000 年韩元即期、远期和掉期的年成交金额。从表 16-2 中我们可以观察到，远期总成交金额在 1996 年仅为 1140 亿美元，但是由于外汇大幅度波动，1997 年成交金额跳升到 2200 亿美元，上升了近一倍。然而，1998 年成交金额却降到了 750 亿美元，仅为 1997 年成交金额的 1/3 多一些。1999 年韩国开始摆脱金融危机冲击的影响，韩元远期成交金额比 1998 年增加一倍多，2000 年又进一步有了显著增长。这些数据表明韩元远期在亚洲金融危机中得到了广泛应用。

表 16 - 2 　　　　　　韩国外汇远期成交金额（1996—2000 年）　　　单位：亿美元，%

年份 类型	1996	1997	1998	1999	2000
即期	10140	13980	7040	10820	13720
远期	1140	2200	750	1510	2600
掉期	1460	2160	1840	4120	7070
总量	12730	18340	9620	16450	23380
增长率		44.0	-47.5	71.0	42.1

资料来源：使用韩国银行的平均每日换手量数据计算。网址：www.bok.or.kr。

16.3.3　不同参与者的利润和损失

根据 Park（1998）的研究，1997 年韩国 26 家银行的账面损失为 3.92 万亿韩元（按照 1672 韩元/美元的兑换比率，相当于 23.4 亿美元；按照 1997 年韩元/美元平均兑换率 1286 计算，相当于 30.5 亿美元）；39 家外国银行的净利润是 9304.8 亿韩元（按照年末汇率 1672 换算，相当于 5.6 亿美元；按照年平均汇率 1286 换算，相当于 7.2 亿美元）。中国工商银行和第一波士顿信贷是仅有的两家在韩国遭受损失的外资银行。

16.4　新加坡的外汇远期市场

由于新加坡是东南亚的金融中心，并且为该地区提供很多金融产品和服务，所以新加坡受到亚洲金融危机的直接影响。受冲击的新加坡和其他东南亚国家的本地及国际参与者都有大量的套期保值需求，新加坡元远期交易量在亚洲金融危机期间相当大。表 16 - 3 给出了 1995 年 4 月和 1998 年 4 月新加坡元日均成交金额。遗憾的是，1997 年的相应数据不易得到。我们可以从表 16 - 3 观察到 1998 年 4 月的新加坡元远期平均换手量比 1995 年 4 月高出 50%。

表 16 - 3　　　1995 年 4 月和 1998 年 4 月平均每日外汇换手量（净值）

单位：亿美元，%

市场/时间	1998 年 4 月		1995 年 4 月		1998 年比 1995 年增长幅度
	交易金额	份额	交易金额	份额	
即期	599	43.1	443	42.0	35.2
远期	44	3.2	29	2.8	51.7
掉期	747	53.7	582	55.2	28.4
总量	1390	100.0	1054	100.0	31.9

资料来源：国际清算银行：《外汇和衍生产品统计》，1998 - 09。

16.5　港元远期

正如我们在第 15 章中描述的那样，亚洲金融危机期间，港元受到了四次冲击，中国香港受到了亚洲金融危机的严重打击。从 1984 年开始，港元就钉住了美元，香港金管局（HKMA）为了维持港元汇率机制，与投机者进行了有效对抗。

在亚洲金融危机期间，香港金融管理局也干预了外汇远期市场。图 16 - 1 描述了从 1996 年 1 月到 1999 年 10 月香港金管局的现货未平仓净额（买入额与卖出额之差）和远期未平仓净额（买入额与卖出额之差）。

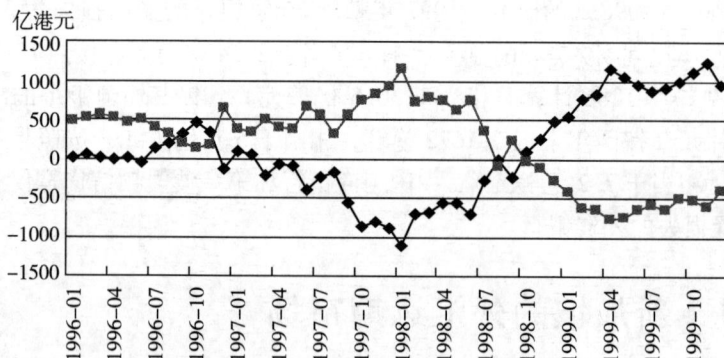

资料来源：使用香港金融管理局 2003 年统计数据计算。

图 16 - 1　香港金管局现货未平仓净额和远期未平仓净额
（1996 年 1 月至 1999 年 10 月）

从图 16 - 1 中我们可以观察到，从 1996 年 1 月到 1997 年 4 月香港金管局港元现货未平仓净额几乎保持在零上下；然而，从 1997 年 7 月开始到 1998 年 1

月，现货未平仓净额持续下降到 1998 年 1 月的最低点 1109 亿港元；从 1998 年 2 月开始，港元现货未平仓净额开始持续回升。与现货未平仓净额相反，从 1997 年 9 月到 1998 年 1 月，远期未平仓净额持续上升到 1159 亿港元的最高峰，显示当时港元受冲击的程度最大。从 1998 年 10 月开始，港元又开始有适度的升值压力，远期的未平仓净额开始为负数（卖出超过买入），同时现货未平仓净额开始为正值（买入超过卖出）。

16.6　本章总结

本章我们介绍和分析了外汇远期在亚洲金融危机中的作用。我们的资料显示泰国中央银行利用了泰铢远期，但是远期的利用给泰国央行的外汇储备带来了相当大的负面影响。我们关于韩国和新加坡的资料和数据有限，但是香港金管局的数据明显地表明，港元远期对香港金管局相当有用，对于缓解港元的贬值压力、成功抵御危机的冲击起到了相当重要的作用。

第 17 章 亚洲金融危机期间的
外汇无本金交割远期

在第 16 章我们介绍和讨论了外汇远期在亚洲金融危机期间的作用。虽然外汇远期非常重要，但是由于亚洲国家和地区很多货币仍然有不同程度的外汇管制，外汇远期在该区域还不够活跃，有些货币甚至还没有远期。这种情况下外汇无本金交割远期在该区域就有了自己发展的空间，无本金交割远期自然卷入了亚洲金融危机之中。本章我们主要介绍无本金交割远期在亚洲金融危机期间的作用。

17.1 亚洲的无本金交割外汇远期市场

在 1997 年的亚洲金融危机之前，大部分亚洲货币是可交割的，并具有相当的流动性，许多国家对无本金交割远期没有很大的需求。其实，早在 1995 年墨西哥危机爆发不久，无本金交割远期就开始在亚洲交易了，主要交易的是韩元、新台币、菲律宾比索、印度卢比、人民币和越南盾的无本金交割远期。这些货币没有实现完全的自由兑换，存在远期非交割利率的空间。在 1997 年金融危机前，大部分这样的无本金交割远期的流动性相对较差。当 1997 年 7 月亚洲金融危机从泰国爆发之后，随着各国资本控制的逐渐加强，交换约束的逐渐增加，无本金交割远期的交易活动才开始活跃起来。

17.1.1 交易量

1997 年亚洲金融危机爆发后，亚洲无本金交割远期平均每日交易量显著增加。从 1997 年上半年的 6 亿美元增加到同年下半年的 9 亿美元。相应的韩元和新台币交易量分别从 1997 年上半年的 2.5 亿美元和 2 亿美元增加到 4.5 亿美元和 3.2 亿美元。表 17 - 1 给出了亚洲国家主要四种货币的无本金交割远期平均每日交易量。从表中我们可以看到韩元和新台币是每日交易量最高的两种亚洲货币，印度卢比和菲律宾比索的无本金交割远期交易量非常小。

表 17 - 1 　　　　亚洲主要无本金交割远期日均交易量（1998 年） 单位：百万美元

印度卢比	韩元	新台币	菲律宾比索
70	450	320	75

资料来源：国际货币基金组织，2002。

　　图 17 - 1 给出了从 1999 年到 2002 年韩元、新台币和菲律宾比索无本金交割远期成交量的变化情况。我们从图 17 - 1 可以看出，韩元和新台币无本金交割远期成交量从 2000 年到 2001 年显著增长（年增长率在 50% 左右）；从 2001 年到 2002 年韩元无本金交割远期成交量飞速增长（年增长率 350/150 = 133%），远超过了新台币的增长幅度；菲律宾比索的无本金交割远期成交量却从 1999 年到 2002 年持续下滑，2002 年的成交量仅有 1999 年的一半左右。

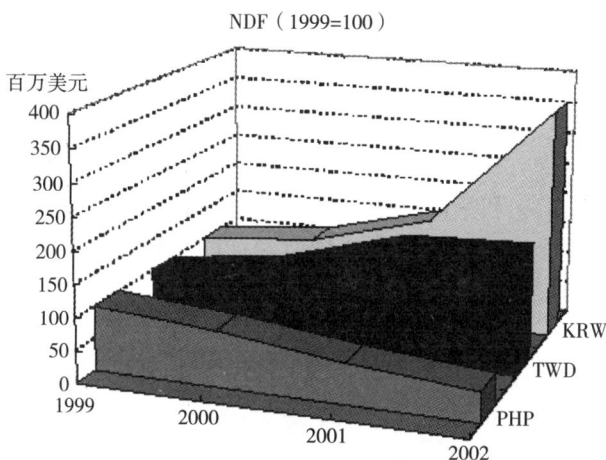

资料来源：日本日元国际化推进学院（Institute to Promote the Internationalization of Japanese yen, No. 5）。

图 17 - 1　韩元、新台币和菲律宾比索无本金交割远期成交量
（1999—2002 年）

17.1.2　新加坡和中国香港

　　新加坡和中国香港这两个地区性金融中心是亚洲无本金交割远期的主要交易中心。相对于中国香港来说，更多的韩元和印度卢比无本金交割远期是在新加坡交易的，但在 1998 年，人民币和新台币无本金交割远期更多的是在中国香港进行的。新加坡和中国香港无本金交割远期的主要交易者是美国、欧洲的银行和机构投资者。

17.1.3　东京

　　根据东京外汇市场委员会（Tokyo Foreign Exchange Market Committee）在 2003 年 2 月到 5 月的调查，超过一半的日本国内被调查者（38 个里面有 18 个回复）没有操作过无本金交割远期。然而，大约90%回复的被调查者正在进行无本金交割远期的交易，并且交易的数量正在增加；外国在日本银行的被调查者（14个被调查者中的5个）交易无本金交割远期。调查显示，市场规模逐渐增加。70%的日本参与者和所有海外被调查者都显示对无本金交割远期交易的强烈兴趣。同样比例的被调查者说他们将考虑通过直接操作或者经纪人的渠道来进行无本金交割远期的交易。没有任何调查者（包括国内和海外）表示无本金交割远期业务在减少。调查显示70%的调查者对于无本金交割远期业务的将来持乐观态度。

5个问卷回答的在日外资银行的结果表明，交易韩元（KRW）、新台币（NTD）、人民币（CNY）、印度卢比（INR）和菲律宾比索（PHP）无本金交割远期比例分别为5:5:3:1:1；相应的日本银行的回应者比例为9:9:2:3:1。因此，日本国内和国外银行交易的无本金交割远期主要是韩元和新台币，人民币和印度卢比紧随其后排第三和第四。结果显示韩元和新台币当时是亚洲无本金交割远期合约的主要货币，而人民币无本金交割远期当时还不够活跃。要了解这些调查细节，请参看东京外汇市场委员会网站。

17.2 韩元无本金交割远期

正如表17-1所示，韩元无本金交割远期是全球最活跃的无本金交割远期合约。韩元无本金交割远期在2003年第一季度占全球无本金交割远期交易量的一半。本节我们介绍和分析亚洲金融危机期间韩元无本金交割远期，我们在后面还会深入研究韩元无本金交割远期对韩元/美元现货汇率等方面的影响。

17.2.1 主要政策的改变

表17-2对韩元即期市场和无本金交割远期市场进行了比较。表17-2显示，在亚洲金融危机的前三个月，韩元还没有受到严重冲击，但从1997年10月开始韩元受到严重冲击。1997年11月10日，韩国政府放弃了对外汇市场的干涉，使市场遭受痛击。1997年12月，根据国际货币基金组织的要求，韩国政府削减了对韩元/美元汇率的每日波动界限和外汇资本流动的管制。1998年1月19日，外国债权人同意韩国债务清偿的时间表，国际货币基金组织与韩国正式签订了解救计划。从此韩国外汇市场的大幅度波动开始平息（Park，2001）。

表 17 - 2 韩元即期市场和无本金交割远期市场的比较

产品	中值（%）	标准差（%）	偏度	峰度
改革前（数据数 = 310）				
（1996 年 8 月到 1997 年 11 月）				
即期	0.06	0.279	0.660	1.283
无本金交割远期	0.083	0.537	2.300	20.050
改革后（数据数 = 431）				
（1997 年 1 月到 1999 年 10 月）				
即期	- 0.067	1.135	- 0.350	9.980
无本金交割远期	- 0.062	1.171	- 1.150	17.000

资料来源：Park（2001）。

17.2.2 韩元无本金交割远期市场的发展

金融危机之前，韩国在岸外汇衍生产品市场的发展受到很多法律约束，远期交易都必须满足"真实需求规则"，这也促进了韩元在离岸市场上无本金交割远期（NDF）市场的发展。1999 年，这些限制被取消，很多离岸交易逐步转到了韩国国内，导致离岸无本金交割远期价格与韩国国内韩元远期价格逐渐一致。

如果得不到韩国国内信用或者远期市场的交易许可，外国投资者就不能从事在岸业务，而实际上这样的许可非常少。当时韩元无本金交割远期市场规模也很小，据市场参与者报道，离岸交易的大量时间和精力（半天）都用来处理几百万美元的小额头寸。

17.2.3 无本金交割远期和即期市场的比较

因为 1999 年韩元无本金交割远期才得到在韩国国内交易的许可，所以亚洲金融危机期间，韩元无本金交割远期的交易量数据很难得到。韩国银行关于韩元无本金交割远期的数据是从 2000 年开始的，1999 年之前没有有效的数据可以采用。在有限的韩元无本金交割远期的研究中，Park（2001）提供了韩元即期和无本金交割远期之间关系的很好证据。表 17 - 2 总结了 Park（2001）的结果。我们可以从表 17 - 2 看出，韩元无本金交割远期的标准差、偏度（三阶矩）和峰度（四阶矩）都远大于金融危机前后的即期市场，显示出无本金交割远期比相应即期利率的波动性更大。

17.2.4 在岸和离岸无本金交割远期市场

韩国中央银行一直密切观察和监视无本金交割远期的在岸交易和离岸交易。

韩国央行的国际部门外汇组的李承镐先生（Lee Seugho）发表的一篇题为《即期市场上交易的韩元远期非交割利率》的文章，研究了 1999 年以来韩元无本金交割远期的很多方面。李承镐先生的研究表明韩元无本金交割远期的交易对韩元/美元现货汇率、韩元掉期等产品的价格皆有显著影响。我们会在后文中详细介绍这篇文章的内容和结果。

17.2.5　远期和无本金交割远期的比较

表 17 – 2 显示韩元即期和远期的流动性在 1998 年都显著下降，但是离岸市场上韩元无本金交割远期的交易量却显著增加。1998 年平均每天韩元无本金交割远期的交易量达到 4.5 亿美元，相当于 1125 亿美元的年成交额，高出相应的韩元远期市场交易额 750 亿美元的 50%。

17.3　新台币无本金交割远期

新台币无本金交割远期可能是亚洲最早的无本金交割远期。据报道，新台币的无本金交割远期早在 1995 年就在中国台湾开始交易。

17.3.1　新台币无本金交割远期的早期发展

新台币无本金交割远期在中国台湾比在亚洲其他地区发展得迅速。新台币无本金交割远期在开始时期就有很多在岸机构的活跃参与。根据报道，1998 年有 13 家外国银行和 6 家投资机构在中国香港交易新台币无本金交割远期；10 家外国银行和 2 家地区银行在新加坡交易新台币无本金交割远期；25 家外国银行在中国台湾地区交易该产品。由于货币当局认为新台币无本金交割远期的交易加速了新台币的贬值，新台币无本金交割远期交易在 1998 年 5 月被禁止在中国台湾地区进行交易。

17.3.2　无本金交割远期交易的紧急措施

1997 年上半年到 1997 年下半年，平均每日新台币无本金交割远期交易量增加了 60%，从 2 亿美元增加到了 3.2 亿美元。根据报道（Sonali，1998），中国台湾地区"中央银行"采取了紧急措施来加强对无本金交割远期交易的管制，措施要求所有新台币无本金交割远期交易都必须每日报告，对于每笔超过 500 万美元的无本金交割远期交易银行必须马上电话报告"中央银行"。

17.3.3　新台币无本金交割远期交易的干预

根据 Chang 和 Shen（2002）的报道，韩国中央银行和中国台湾"中央银行"

在亚洲金融危机期间频繁干预国内即期和远期外汇市场。从 1996 年 7 月到 1997 年 5 月，两个市场的远期汇率非常接近于即期汇率。从 1997 年 5 月开始到 1997 年 12 月，无本金交割远期汇率开始偏离即期汇率，这意味着市场预期新台币的贬值。然而，由于中国台湾"中央银行"的干预，台湾境内远期汇率持续紧紧跟随即期利率。Park 和 Rhee（2000）提供了韩元远期汇率和即期汇率之间的关系。

17.3.4　在岸和离岸无本金交割远期市场共存

新台币无本金交割远期和韩元无本金交割远期市场结构一样，离岸市场和在岸市场交易并存。

17.4　菲律宾比索无本金交割远期

菲律宾比索远期市场很不活跃，离岸市场上比索无本金交割远期市场流动性也较低，境外机构不易获得在岸信用，这些都严重限制了外国投资者持有比索头寸的能力。另外，在菲律宾有业务的国外商业银行和投资银行、菲律宾国内银行可以很容易获取比索信用，这些菲律宾国内外银行在亚洲金融危机爆发之后建立了相当的比索空头头寸，成为比索贬值压力的主要来源。

尽管和其他亚洲货币如韩元和新台币（见表 17–1）相比交易量比较小，菲律宾比索无本金交割远期在危机期间仍然起了一定作用。我们没有获取这方面的具体数据，因而不易做进一步分析。

17.5　俄罗斯卢布无本金交割远期

虽然在 1998 年中期以前，俄罗斯的财政窘境尽人皆知，但是俄罗斯政府 1998 年 8 月 17 日宣布延期 90 天支付外部债务还是令人吃惊的。估计在俄罗斯宣布延迟外债支付时，未交割的俄罗斯卢布无本金交割远期名义金额在 100 亿美元到 1000 亿美元之间（国际货币基金组织：《国际金融稳定性报告》，"金融衍生产品在新兴市场中的作用"，2002）。根据市场资料，1997 年到 1998 年，与俄罗斯银行进行交易的国际金融机构在卢布/美元上的损失超过了它们在亚洲贷款的损失。俄罗斯政府债券违约事件证明，即使新兴市场头寸有避险措施，可转换的风险还会存在。该事件也提出了当所需的官方外汇汇率信息无法获取时，相应的无本金交割远期合约如何定价的严重问题。与菲律宾比索无本金交割远期相似，我们没有获取卢布无本金交割远期方面的具体数据，因而不易进一步分析。

17.6 人民币无本金交割远期

17.6.1 早期发展

早在 1996 年，中国香港就开始了人民币无本金交割远期的交易，不久之后就传到了新加坡。中国香港和新加坡是人民币无本金交割远期的两个主要交易中心。早期参与人民币无本金交割市场的都是国际顶尖的金融机构，并且这些金融机构的客户中很多是在中国投资并有人民币收入的跨国公司。由于投资和收入都是以人民币计算的，收入的汇率风险无法对冲。人民币无本金交割远期市场恰恰满足了这些客户的需求。

17.6.2 危机期间贬值的压力

像东亚的所有其他货币一样，人民币在亚洲金融危机期间也面临巨大的贬值压力。由于得到国内人民币信用额度的困难，以及人民币远期市场不易参与，国际参与者仅能参与离岸市场的人民币无本金交割远期市场交易。

图 17－2 描绘了从 1997 年 9 月到 1998 年 3 月一年期人民币无本金交割远期汇率。我们从图 17－2 可以看出，当港元受到严重冲击时，一年期人民币无本金交割远期汇率从 1997 年 10 月后期的 8.5 跳跃到了 9.4；1997 年 12 月进一步增长到了 9.8；1998 年 1 月初曾经超过了 10.0，表明人民币贬值幅度超过了17%（根据 10.0 的无本金交割汇率计算）。

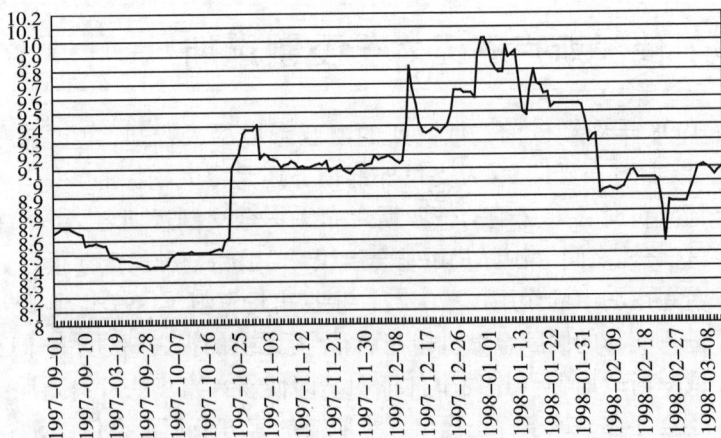

资料来源：路透社。

图 17－2 一年期人民币无本金交割远期汇率
（1997 年 9 月到 1998 年 3 月）

17.6.3　区域责任和贬值压力逐步减缓

在亚洲金融危机期间，我国政府顶住了市场要求人民币贬值的呼声，保持人民币的汇率不贬值，对于整个亚洲地区金融市场的稳定发挥了重要作用，人民币在区域的影响力初步显现。从 1999 年 9 月到 2001 年，1 年期人民币无本金交割远期汇率逐渐下降，人民币贬值的压力随之减轻，2001 年我国加入世贸组织的消息使得境外人民币首次出现了短期的升值预期，而且到 2002 年第四季度境外人民币首次出现了持续的升值压力，我们将在本书的第六篇用很大的篇幅介绍和分析人民币无本金交割远期市场自 2002 年以来的变化及其原因。

17.7　本章总结

亚洲国家和地区货币的无本金交割远期合约主要在中国香港和新加坡进行交易。在亚洲金融危机前后，该地区的无本金交割远期合约主要为韩元、新台币、菲律宾比索、人民币和印度卢比/美元的合约。这些无本金交割远期合约在亚洲金融危机期间的流动性还不是很高，但在危机前后还是起到了一定的作用，而且在危机爆发几年之后流动性却显著提高。我们在第三篇介绍过，获得标准的柜台交易的衍生产品的准确成交数据不容易。像无本金交割远期这样的离岸外汇产品，由于其存在本身就是对货币当局外汇政策的直接或间接的"批评"，要获取其交易的数据会更加困难。缺乏数据和资料使我们不能对这些产品进行系统深入的分析，所以我们本章的内容主要是描述性的。但是，相信这些描述性的内容对我们介绍和分析人民币衍生产品会有一定的意义。

第 18 章 外汇掉期

从结构上说，掉期是不同期限远期的组合，一个掉期通常包括一组远期。在介绍亚洲金融危机中所涉及的外汇远期和无本金交割远期之后，我们接下来在本章介绍该危机中涉及的另外一个重要的衍生产品——掉期。本章将介绍各种类型的掉期产品以及他们在亚洲金融危机中的作用。

18.1 货币掉期

18.1.1 马来西亚林吉特货币掉期

马来西亚从 1997 年 7 月到 1998 年 2 月深陷金融危机，林吉特在此期间贬值 47%。1997 年 9 月马来西亚政府采用了资本控制这种和其他国家截然不同的方式来应对危机的冲击。受金融危机波及的大量马来西亚公司拥有巨额的衍生产品交易。图 18 - 1 描绘了从 1996 年 1 月到 2001 年 5 月林吉特兑美元掉期和即期每个月的交易量情况。

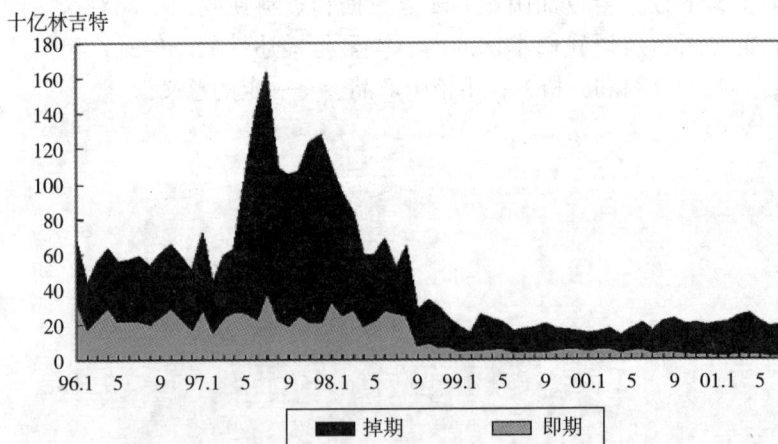

资料来源：Watanabe 等（2002），15 页。

图 18 - 1 马来西亚外汇交易情况（林吉特兑美元）

图 18 - 1 清楚表明，在危机发生前的一段时间内，林吉特兑美元的掉期交易量从 1996 年 1 月到 1997 年 6 月与即期市场上的交易量相当；1997 年 7 月，月

掉期交易量由 300 亿林吉特到 400 亿林吉特增加到 1300 亿林吉特以上；但从 1998 年底开始，即期交易量比危机前大幅度下降并保持平稳态势；掉期从 1997 年 5 月至 8 月的 1000 亿林吉特以上下滑至 1998 年 5 月至 7 月的 500 亿林吉特到 600 亿林吉特，在 1998 年 9 月之后更是下滑至 200 亿林吉特以下。马来西亚林吉特掉期交易的活跃程度是货币掉期在亚洲金融危机中发挥作用的很好证据。

18.1.2　印度尼西亚卢比货币掉期

印度尼西亚国内银行和公司曾有一段时间看涨印度尼西亚卢比，在持有大量外汇掉期的同时卖出期权，以对冲卢比贬值的风险，另外期权费也成为收入的一个来源。1997 年 7 月 11 日，印度尼西亚银行为了防止投机，抢先将其汇率浮动区间从 8% 扩大到了 12%，并买了足够的卢比以期望能在一段时间内推动卢比上涨。这些交易的另一方多半为看跌卢比的国际商业和投资银行。它们预期到在这一地区存在外币竞相贬值的可能，并预测到在竞相贬值过程中汇率浮动区间会被扩大。大量由国际商业和投资银行牵头的外国投资者看跌卢比，而且国内银行也很快改变了立场——在两天之内。紧接着是国内的企业，因为它们不仅需要对冲其外债，而且还需要对冲它们的掉期和期权头寸。

18.1.3　韩元货币掉期

深陷外汇远期交易的韩国金融机构，其交易对手不仅有美国和欧洲的金融机构，也包括亚洲的机构。获得相关案例的准确数据是很困难的，但我们可以从韩国金融机构与其交易对手的诉讼案例中得到一些信息。

美国 JP 摩根银行和韩国金融机构之间有过很多宗交易。例如，在 JP 摩根和韩国 Boram 银行之间曾有一次美元兑韩元的货币掉期交易。在直接货币掉期中，交易双方交换掉期的本金和利息。韩国 Boram 银行交付美元并得到韩元，摩根支付韩元相联系的利息（在 1997 年 2 月掉期交易开始时韩元和美元的利差比大约为 2:1，这意味着不同的利率可带来巨额的利润）。当掉期交易到期进行交割时，本金数额通常以事先安排的比率为准进行归还，因此 Boram 将不得不以掉期开始时商定的汇率为准进行支付，其价值大约是掉期初始时的 3 倍。

为了转移汇率风险，Boram 银行和韩国 SK 证券公司进行了一系列相似的掉期交易。Boram 银行向 SK 证券支付美元，这种支付带有外汇交易风险，但相比韩元贷款，这种行为增大了在国内市场利率上借贷的客户，SK 证券以便宜的美元利率得到借款。摩根诉讼的案例涉及 1.89 亿美元。考虑到汇率变化，原始的本金可能少于 2.5 亿美元。虽然 Boram 准备支付摩根，但 SK 向韩国法院发起了诉讼阻止支付，希望免除支付 Boram 银行债务（Kregel，1998）。

18.2　信用违约掉期

18.2.1　信用衍生产品

虽然信用衍生产品市场只是全球衍生产品市场的一小部分，但它是增长最快的产品之一。国际清算银行每隔三年公布的调查数据显示，截至 2001 年 6 月，全球信用衍生产品市场头寸从 1998 年 6 月底的 1180 亿美元增至 6930 亿美元，三年来增长了近 5 倍。

在新兴市场上最普遍的信用衍生产品为信用违约掉期（Credit Default Swap，CDSs）、总收益掉期（Total Return Swap，TRS）和信用联系型票据（Credit Linked – Notes，CLNs）等产品。政府债券的信用违约掉期是新兴市场上流动性最强的信用衍生产品，占名义本金总额的 85%。我们将在本节介绍在亚洲金融危机中信用违约掉期的交易情况。

18.2.2　信用违约掉期

信用违约掉期（CDSs）具有纯粹的信用风险转移功能，它也因此成为全球市场上交易最活跃的信用衍生产品。从本质上讲，信用违约掉期是一种保险协议，用于保护信用违约掉期买方免受发生信用风险事件导致的损失，从而降低信用风险。信用违约掉期的买方在给定掉期的有效期内，根据互换的名义价值（通常被确定为与一定贷款或债券相等的名义价值）定期支付固定比例，例如 0.10% 或 0.15%，这取决于债券或贷款的信用级别，而卖方则不需要支付任何资金给买方，除非发生合约中确定的信用风险事件。信用风险事件包括违约、破产、重组等。

18.2.3　区域差别和在外流通的名义本金量

万邦有利（Prebon Yamane）和《衍生产品周刊》于 1998 年公布的关于标的资产发行者的数据，对我们理解信用衍生产品有一定的意义。在亚洲，发行者大部分是政府（93%），而在美国，大部分发行者是企业（60%），剩下的分别是银行（30%）和政府（10%）。在欧洲，发行者更趋于三足鼎立的情形：政府占 45%，银行占 29%，公司占 26%。像大部分场外交易的衍生产品一样，信用违约掉期成交量和未交割量的数据也难以获得，我们只能采用间接的办法来估计交易情况。在 1997 年亚洲金融危机期间，区域信用情况恶化导致很多信用违约掉期合约无法履行。Skinner 和 Diaz（2003）关于信用违约掉期的实证研究也表明，该产品在亚洲金融危机期间起着重要的作用。

18.2.4　信用违约掉期定价存在困难

为信用违约掉期进行定价是相当难的技术性的问题。当信用违约掉期市场缺乏流动性时，很难获得足够的关于违约概率的信息，定价也由此变得相当困难。有兴趣的读者可以参考 Skinner 和 Diaz（2003）的相关文献。

18.3　总收益掉期

18.3.1　总收益掉期的概念

总收益掉期（TRS）是买卖一方在一定的时间内以一定的频率将给定标的贷款或者债券的总收益（利率和本金）支付给对方，对方以同样的名义金额、支付频率和利率向对方进行支付（利率通常以伦敦银行间利率 Libor 为基准，再加上一定的由标的贷款或债券信用级别决定的利差）。通过总收益掉期交易，银行实际上可以将其现存贷款转给其他愿意接受的金融机构，同时也不会影响银行与贷款企业之间的关系。

18.3.2　韩国和印度尼西亚

亚洲金融危机前后，总收益掉期交易在很大程度上加快了金融危机在区域的蔓延。从 1995 年到 1997 年，印度尼西亚很多企业和银行大部分的信用贷款都来自韩国的银行，两国银行间存在大量的总收益掉期和其他衍生产品的交易。这使得韩国的银行面临着大量的来自印度尼西亚的信用风险。当金融危机在东南亚蔓延时，印度尼西亚的银行和企业的信用程度下降，这样韩国银行的风险随之增加，这促使了金融危机从南向北的蔓延。

18.3.3　JP 摩根银行和韩国证券公司

JP 摩根银行与韩国 SK 证券公司之间的法律诉讼案件给我们提供了在亚洲金融危机中的总收益掉期交易实例。如果能提供合理的担保，这些交易就可以进行。韩国证券监督委员会报告说韩国机构运作超过 100 只离岸投资基金，投资组合价值大概有 30 亿美元，其中 2/3 为韩国资产（Kregel，1998）。JP 摩根和韩国离岸投资基金之间的其他相关掉期交易由 SK 证券和 Shinsegi 投资信托完成，这些交易包含离岸市场的股票掉期和总回报掉期。

18.3.4　韩国信托

韩元在金融危机期间的大幅度贬值使韩元资产随之大幅度缩水，这使得韩国金融机构支付掉期合约所要求的美元利息更加困难。韩国信托与 JP 摩根之间的诉讼案件表明韩国信托不能履行掉期周期性的美元利息支付。据报道，在约 100 家的韩国信托中，大约有 40 家与 JP 摩根从事类似的掉期交易。在对韩国金融机构的 34 亿美元的风险暴露中，20 亿美元和衍生产品相关。这也许可以解释为何 JP 摩根极力鼓动将韩国银行的短期债务转变成为政府债务（Kregel，1998）。

18.4　新加坡外汇掉期

表 18 - 1 给出了 1995 年 4 月、1998 年 4 月和 2001 年 4 月在新加坡进行交易的外汇掉期的日均成交金额。从表 18 - 1 我们可以知道，由于亚洲金融危机，1998 年 4 月在新加坡交易的外汇掉期比 1995 年同期增长了 116.7%。由于 1998 年之后地区金融市场趋于稳定，2001 年 4 月在新加坡交易的外汇掉期仅为 1995 年同期的一半，甚至不到 1998 年同期的 1/4。新加坡的数据显示掉期产品在亚洲金融危机中确实起到了重要作用。我们在本书第八篇还会介绍新加坡在亚洲外汇交易市场的重要作用。

表 18 - 1	新加坡日均外汇掉期成交金额		单位：亿美元，%
时间	2001 年 4 月	1998 年 4 月	1995 年 4 月
外汇掉期	3.0	13.0	6.0
年增长率	-76.9	—	116.7

资料来源：国际清算银行（BIS），2001 年《外汇和衍生产品调查》。

18.5　本章总结

尽管缺少系统分析所需要的数据，但从本章的介绍中，大家已经可以看出掉期产品在亚洲金融危机期间所起的重要作用。马来西亚的掉期交易数据清楚地说明了掉期在危机前后的重要作用。韩国与印度尼西亚之间的信用掉期交易应该是金融危机从东南亚向东北亚蔓延的一个因素。

第19章 期权、结构性票据和其他产品

票据和其他产品期权是在交易所与柜台交易的衍生产品的主要部分，尤其是在外汇市场。卷入亚洲金融危机的期权是在场外交易的货币期权以及嵌入在传统的债务合约中的期权。多种类型的结构性票据也卷入了那场危机，许多这样的票据有嵌入期权。本章的目的是介绍亚洲金融危机中所涉及的嵌入期权、货币期权、结构性票据及其他相关性产品。

19.1 可赎回与可卖出的债务

19.1.1 嵌入式期权的概念

嵌入式衍生产品、贷款和债券合同中的嵌入式期权对相应的贷款和债券的特性有非常大的影响。有些有嵌入式期权的债券允许贷方在一定条件下赎回本金。可赎回债券是在债券中嵌入看涨期权，它是成熟资本市场中常见的一种金融工具。可赎回债券由传统债券与看涨期权组成，允许发行人以特定的执行价格或者是在将来一段时间后的价格赎回债券的本金。发行人利用可赎回债券来减少他们的利率风险。

表 19-1 提供了从 1993 年到 1997 年新兴市场中嵌入式期权以及相应的总债务的交易量。我们可以看到，嵌入式期权和担保债务的交易量占总交易量的比例从 1993 年和 1994 年的极少一部分，到 1995 年的超过 21% 和 1997 年的 1/4。

表 19-1 亚洲新兴市场上二级债券市场交易的债务工具（1993—1997 年）

单位：亿美元，%

年份	1993	1994	1995	1996	1997
总交易量	19789	27662	27388	52969	59159
年增长率		39.8	-1.0	93.4	11.7
嵌入期权和认股权证的债务	1424	5934	12738	15060	
年增长率		148.1	316.7	114.7	18.2
有嵌入式期权和认股权证债务交易量/总成交量比例	2.9	5.1	21.7	24.0	25.5

资料来源：国际货币基金组织论文Ⅱ：亚洲危机，资本市场，动态过程和溢出。

19.1.2　有嵌入式期权的亚洲债务

东亚债务市场上嵌入式期权通常是看跌期权而非看涨期权，嵌入式看跌期权给新兴市场的金融市场稳定性带来潜在的问题。一个可卖出的债券赋予债权人，而不是债务人赎回本金的权利。外国债权人在贷款和债券上附加条款，以减少在不利的宏观经济环境下或其他情况下债务人偿还债务能力降低的风险，同时这也减少了利率风险。表19-2列出了1999年在主要的亚洲国家和地区可卖出的债券总数。从表19-2我们可以看到，韩国的市场份额最高，接近40亿美元，占37.5%。

表19-2　　　　　东亚发行可卖出债券（1999年或2000年到期）

单位：百万美元，%

国家或地区＼可卖出债券、占比	可卖出债券	占比
印度尼西亚	963	9.10
泰国	1313	12.30
马来西亚	1730	16.30
中国香港	2642	24.80
韩国	3986	37.50
总计	10634	100.00

资料来源：Dodd（2000），15页。

19.1.3　嵌入式看跌期权的类型

嵌入式看跌期权可以分为"硬"和"软"两种形式。硬看跌期权通常附加一张票据或债券，赋予债权人在确定日期后有要求偿还本金的权利。例如，一份5年期票据可能一年之后允许卖出。软看跌期权经常附加一份贷款，赋予债权人在发生某些不利事件时重新修改贷款期限的权利。硬看跌期权通常是"百慕大"或"中大西洋"期权，因为它们可以在期权的有效期之前以一定的频率执行，表明它们是介于欧式和美式期权之间。大多数硬看跌期权更接近欧式期权。该期权赋予持有人仅可以在特定日期或半年或一年执行期权的权利。在极少情况下这类期权可以像美式期权那样持续执行［可参见Dodd（2000）关于这类期权的详细介绍］。

19.1.4　国际货币基金组织对可卖出债务的估计

1999年，国际货币基金组织估计，到2000年底，所有的新兴市场国家和地区可卖出的债务总额高达 320 亿美元。其中，超过 70% 的发行者来自于东亚国家和地区。当然，由于 1997 年的亚洲金融危机，大量的可卖出债务可能已经卖给了债务人。到 2000 年底，东亚的可卖出债务中有 115 亿美元是票据和债券，120 亿美元是贷款。据估计，这其中 90% 是私人发行的，而非政府。

根据国际货币基金组织一份写于 1997 年 7 月的备忘录，有证据表明在东亚发行的一些债券中看涨期权和看跌期权同时存在。当利率下跌时，发行人可用看涨期权，而投资人在发行人的信用等级下降时可用看跌期权。

19.2 新加坡的外汇期权

1998 年新加坡的货币期权交易迅速增加，1998 年 4 月成交金额达 612 亿美元，比 1997 年同期高出 0.9%。大部分（85.6%）的货币期权都是与新加坡以外的交易对手进行交易的。表 19-3 列出了 1998 年 4 月、1995 年 4 月和 2001 年 4 月新加坡外汇期权日均交易量。我们可以看到，1998 年 4 月的外汇期权日交易金额比 1995 年 4 月高出 283.3%，比 2001 年 4 月高出 64.3%。1998 年交易金额的大幅度增长是由金融危机导致外汇市场风险上升所致。2001 年 4 月在新加坡交易的外汇掉期仅比 1998 年下降 39.1% 的原因可以理解为 1998 年之后金融危机导致的外汇市场动荡下降，所以成交量随之下降。

表 19-3　　　　1998 年 4 月和 1995 年 4 月新加坡日均外汇期权金额

单位：亿美元，%

时间	2001 年 4 月	1998 年 4 月	1995 年 4 月
外汇期权	28	46	12
年增长率	-39.1	283.3	—

资料来源：国际清算银行（BIS），2001 年《外汇和衍生产品调查》。

19.3 亚洲金融危机期间在中国香港交易的期权

19.3.1 外汇期权和利率期权

伴随着亚洲金融危机期间金融市场波动性的增加，货币期权交易量显著增加。表 19-4 列出了 1995 年 4 月和 1998 年 4 月，中国香港场外市场交易的外汇期权和利率期权的日均交易金额。从表 19-4 容易看出，1998 年 4 月在香港交易的外汇期权日均成交金额比 1995 年增长了 57.3%；利率期权的日均成交金额比 1995 年下降了 10.5%。以每年 247 个工作日计算，我们可以估计出 1995 年和

1998 年在香港交易的外汇期权和利率期权年成交金额，并计算出这些成交金额
与 1998 年香港特区生产总值的比例，表 19 - 4 给出了相关结果。表 19 - 4 显示
1995 年和 1998 年在香港交易的外汇期权和利率期权年成交金额分别比 1998 年
香港特区生产总值高出 10% 和 62%。

表 19 - 4　　　　1995 年 4 月和 1998 年 4 月香港场外期权日均成交金额

单位：百万美元，%

时间及其他	1995 年	1998 年	1995 年的百分比变化	1995 年年成交金额	1998 年年成交金额
外汇期权	625	983	57.3	154375.0	242801.0
利率期权	105	94	- 10.5	25935.0	23218.0
总量	730	1077	47.5	180310.0	266019.0
总量/1998 年香港 GDP				1.10	1.62

资料来源：根据香港金管局 1998 年 11 月数据计算得出。

19.3.2　股票指数期权

正如我们在第 20 章中讨论的，亚洲金融危机期间在中国香港的"双向操
作"表明投机者同时盯上港元汇市和股市。在股市上做空头有许多方法，例如
卖出蓝筹股、卖空股指期货、卖空股指看涨期权或买入股指看跌期权等。表
19 - 5 列出了从 1996 年到 2002 年香港恒生指数期权的成交量、持仓量及年增
长率。

表 19 - 5　　　　　　　1996—2002 年恒生指数期权统计数据　　　　单位：手，%

年份	交易日数	日均成交量	年成交量	年增长率	日均持仓量	年增长率
1996	249	4393	1093871		56841	
1997	245	4683	1147374	4.9	33013	- 41.9
1998	245.5	3253	798712	- 30.4	33547	1.6
1999	244.5	2922	714309	- 10.6	24120	- 28.1
2000	247	2203	544047	- 23.8	10519	- 56.4
2001	241.5	2965	716114	31.6	29741	182.7
2002	245	4369	1070431	49.5	66813	124.6

资料来源：香港联交所网站，www.hkex.com.hk。

从表 19 - 5 可以看出，1997 年恒生指数期权的成交量达到了顶峰，然而相
应的持仓量却比 1996 年下降了四成多，表明当时市场投机性大幅度上升。经过
了整整 6 年的时间，恒生指数期权的成交量和持仓量才达到了 1996 年的水平。

仔细分析 1996 年到 2002 年香港交易所股票指数看涨期权和看跌期权的年成交量变化，我们发现 1997 年看跌期权的成交量大幅度上升，表明市场当时的熊市特征。

19.4　结构性票据

19.4.1　结构性票据的概念

结构性票据是一种附有息票支付的投资工具，结构性票据大多含有嵌入式期权，对初始投资产生杠杆作用。很多票据可以记作一般的投资并避开发行的一些监管。在墨西哥危机前后，这种结构性票据就流行起来了。

结构性票据是 20 世纪 90 年代东亚地区资本创新浪潮的一个部分。它们为发行人和投资者提供比相似级别的证券更好的收益率，或者更好地捆绑风险特性。在某些情况下，人们设计结构性票据来规避会计准则或政府监管。

19.4.2　亚洲结构性票据

在亚洲国家和地区使用的结构性存款经常被设计成其收益与一种或几种货币或是发展中国家的股票指数相联系。这些结构性票据的发行人是来自发达资本市场的金融机构，投资者通常是东亚的金融机构，并且这些投资者更愿意承担他们自己的或者他们相邻的发展中国家的汇率风险。其中的一个原因是他们自认为比来自发达资本市场的投资者更了解他们自己国家的经济。

19.4.3　本金汇率连结票据（PERL）

一类著名的结构性票据被称作本金—汇率连结票据（Principle Exchange Rate Linked Note，PERL）。这种票据以美元计算盈亏，它产生的现金流与一个新兴市场货币的多头相关联。如果汇率保持稳定，它的收益比相似级别的美元票据的收益率要高得多，但一旦发生相关货币大幅贬值情况，其收益可能变为负值。

19.4.4　嵌入式期权的结构性票据

许多结构性票据都提供高于市场的利率回报，这种高于市场的利率回报实际上是通过"销售一种相关的嵌入式看跌期权来实现的"。

基于长期泰铢和马来西亚林吉特在金融危机之前盯住美元的外汇政策，一些韩国的金融机构通过它们在离岸市场上的子公司购买了一些结构性票据。实际上，这些结构性票据是通过借入日元来投资，博弈美元与上述两国间的汇率。当它们的长期不懈努力崩溃后，这些投资者背上了大量的债务，这使得韩国金融机构在面临本国货币贬值的打击后更加雪上加霜。

19.5　长期资本管理公司事件

1998 年底，美国长期资本管理公司（Long Term Capital Management，LTCM）濒临破产的事件震惊了世界金融界。这个事件是在亚洲金融危机的影响下直接由俄罗斯政府债券违约引起的，因为该事件与亚洲金融危机有关而且该公司也交易了大量的衍生产品，我们在本节简要地介绍一下该事件。这里我们主要引用美国总统工作组关于金融市场 1999 年的报告。

19.5.1　背景与业绩

长期资本管理公司成立于 1994 年。虽然其本身是在特拉华州注册的一个有限合伙制公司，主要的办公地点坐落于康涅狄格州，但它实际是一个开曼群岛的合伙制公司。从成立之初，长期资本管理公司在对冲基金界地位卓著。一方面是因为它的合伙人的声誉，另一方面是因为它大量的初始资本金。长期资本管理公司的收益，除去费用，在 1995 年和 1996 年大约是 40%，1997 年的收益稍低于 20%。在 1997 年底，长期资本管理公司给投资者偿还了大约 27 亿美元，资本金减少了大约 36%，达到 48 亿美元。

19.5.2　交易的产品

长期资本管理公司的资产负债表中大约 80% 的资本投资于七国集团的政府债券。然而，公司在其他许多市场上也很活跃，包括证券市场、汇率期货市场和场外衍生产品交易，交易遍及世界各地，横跨北美、欧洲和亚洲的市场，主要产品包括政府债券、抵押支持证券、公司债券、新兴债券和权益产品。它在十几个世界主要的期货市场上从事期货交易，包括一些大宗头寸。

长期资本管理公司与几十个交易对手从事场外衍生产品交易。这些头寸包括掉期、远期合约和期权，并且主要集中在利率市场和权益市场。长期资本管理公司参与外汇交易以支持它在多国市场进行的交易。虽然公司有时持有开放外汇户头，但是它并不将主要精力用于外汇市场。

19.5.3　投资组合的规模

长期资本管理公司的显著特点在于它交易的范围、在某些市场上的大额头寸和杠杆程度。据报道，该公司自己记录的交易超过 6 万宗，包括超过 500 亿美元的各类多头证券和相同数量的空头头寸。在 1998 年 8 月底，该公司在主要国际期货交易所的总合约的名义金额超过了 5000 亿美元，掉期名义金额超过了

7500亿美元，期权和其他场外衍生产品的名义金额超过1500亿美元。

19.5.4　长期资本管理公司濒临破产

1998 年 7 月 31 日，长期资本管理公司持有 41 亿美元资本金，与当年年初相比大约降低了 15%。在 1998 年 8 月一个月中（俄罗斯卢布贬值并在 1998 年 8 月 17 日宣布延期偿贷），长期资本管理公司雪上加霜，又损失了 18 亿美元，导致该年度的所有者权益损失超过一半。公司的资本总额当时仅有 23 亿美元，长期资本管理公司向投资者公布其正寻找新的资金注入。

到 1998 年 9 月 21 日，长期资本管理公司的资金流动性状况前景暗淡。纽约联邦储备银行提供讨论方案，并鼓励相关公司寻找对它们集体利益损失最小的解决方案。最后相关公司达成协议，一致认为除了违约没有别的选择。

19.6　本章总结

作为风险管理的工具，衍生产品为套期保值者、投资者和投机者提供了非常有用的选择，也使得资本市场的结构得以完善，从而提高了资本市场的效率。期权是场内外衍生产品的重要组成部分，它们在亚洲金融危机中得到了广泛应用。我们在本部分介绍的产品及其交易表明衍生产品的交易也增加了区域内国家和地区金融市场间的相互传染。

在亚洲金融危机前后，大量的衍生产品是在市场参与者预测或期望区域货币贬值的情况下交易的，这些产品的交易给亚洲国家和地区的货币贬值带来了压力并加快了区域货币贬值的步伐。亚洲金融危机前后交易的主要衍生产品对我们了解目前在境外交易活跃的人民币衍生产品有很大的借鉴作用。

第 20 章　中国香港应对亚洲金融危机过程中金融产品发挥的作用

　　进入 1997 年以来，由于看好香港回归的政治经济前景，香港股市一路暴涨。外资大量涌入香港股市，外国投机者也大量借入港元购买港股。现在来看，在香港回归前后，港股价格连续大幅度上升在很大程度上是由外国投机资本涌入造成的。在此期间，只要港股价格上升幅度超过 6%（超过美元利息率），投机者就赚到了钱。1997 年 8 月 7 日，香港恒生指数涨到 16673 点的历史最高位。与同年 4 月的 1075 点相比，仅仅四个月股市就上涨了 38%。其中恒生中国企业指数更是从 7 月 3 日的 996 点上升到 8 月 25 日的 1727 点。在一个多月的时间内竟上升了 73.39%（《中国证券报》，1997 - 10 - 14）。此时的香港股市早已孕育着暴跌的危险。

　　1997 年 7 月 2 日泰国金融危机突然爆发。随后金融危机迅速波及马来西亚、印度尼西亚、菲律宾等其他东亚国家和地区。由于亚洲"龙舌兰酒"效应，外国资本对整个东亚地区的近期经济前景突然看淡。为了保证在股市上赚到的钱在汇出时不会因港元贬值而遭受损失，外国投资者（以及投机者）开始在外汇远期市场上出售港元。与此同时，对港元本身的投机活动也开始活跃起来。本来一直相当稳定的港元远期汇率从 1997 年 7 月起开始下跌。港元远期汇率对现货汇率的贴水率明显增加（请参见 Jarding Fleming Research：Currency Fallout，1997 年 9 月，17 页）。香港股市从 8 月底开始出现剧烈动荡，当时人们已普遍认为，年内香港股市将会跌破 12000 点。10 月初，台湾当局放弃一直坚守的 28.48 元新台币兑换 1 美元的汇率。10 月 21 日新台币跌到 30.7 元兑换 1 美元。以新台币贬值为契机，金融风暴祸水东移。10 月 22 日投机者开始全线出击，大举沽空港股和港汇。长线投资者对香港联系汇率制度的信心发生动摇。为了避免损失，他们慌忙抛售港元、港股。承盘银行也被迫卖出港元进行对冲。由于投机者、承盘银行和长线投资者都在抛售港元，港元汇率在现货和远期市场受到强大压力。港元汇率直逼 7.75 港元兑换 1 美元的底线，一年期远期汇率则下降到 8.02 港元兑换 1 美元。

　　由于外汇市场上港元抛售压力剧增和香港金融管理局所采取的紧缩银根措施（关于这一点在香港是有争议的，详见下文），香港银行间拆借市场利率急剧上升，且一度上升到 300%。由于利息率的急剧上升，在 1997 年 10 月 23 日香港恒生股票指数由 11700 点暴跌至 10600 点，跌幅达 10.4%。次日股票价格出现反弹。但在 10 月 28 日恒指再次大幅下跌，跌至 9069 点。若以香港股票市场 7 月 3 日的 2000 亿美元市值计算，到 1997 年 10 月 28 日，已只剩下 1000 亿美元，损失约 1000 亿美元。红筹市值在同一时期内由 450 亿美元跌至 190 亿美元，损失 260 亿美元［王星：《衍生产品和金融风暴》，巴克莱德胜亚洲有限公司，1997（未发表）］。在外汇市场上，香港金融管理局则成功地捍卫了联系汇率制度。港元对美元汇率基本稳定。到 10 月 29 日港元汇价不但没有下降，反倒从危机前的 7.75 港元兑换 1 美元的"底线"上升到 7.73 港元兑换 1 美元。投机者开始在外汇即期市场买进港元以套取高息，同时对港股逢低吸纳。金融风波终于暂时平息。到目前为止，恒生股指在 10000 点至 12000 点之间波动；港元对美元的汇率则基本稳定在危机前的水平。分析家认为，香港的金融危机是否已经过去，还要看香港的各种利息率是否能够回落到正常水平而不引起新的一轮风波（香港股灾的发展过程可参见李罗力：《金融风暴》，贵州人民出版社，1997。石镜泉的"经济与投资专栏"，香港《经济日报》10 月 30 日—11 月 1 日，11 月 4 日—11 月 8 日以及陈文鸿等：《东亚经济何处去》，经济管理出版社，1998）。香港特区政府在股灾发生过程中的出色表现得到了中国政府的高度赞扬和国际金融界的普遍好评。

到目前为止，国内对香港股灾的经过已进行过详尽报道。但是，对于股灾发生过程中各种经济因素相互作用的因果链条，特别是以联系汇率制度为基本特征的香港金融体系是如何对国际投机风潮做出反应的一系列问题，我们还有一些不甚了解之处。本章力图根据国际金融的有关理论和在香港进行实地考察的第一手资料，对股灾发生的过程做出具体的经济解释并澄清有关香港股灾的一些模糊认识。[①]

20.1　发钞局制度

在一般的固定汇率制度下，特别是在不存在资本管制的情况下，固定汇率是靠中央银行对外汇市场的经常性干预来维持的。当本币汇率低于事先确定的汇率变动下限时，中央银行就在外汇市场上投放外币买进本币；当本币汇率低于事先确定的汇率变动上限时，中央银行就在外汇市场上投放本币买进外币。此外，中央银行还可以通过提高利息率，从而增加本币资产吸引力的办法来维

① 注：本章基于王洛林、余永定和李薇在亚洲金融危机爆发之后不久的研究成果，发表于《国际经济评论》1998 年第 3 - 4 期。本文作者在香港调研期间曾得到香港金融管理局和香港特区政府其他各部门负责人、香港学者和金融界人士的大力帮助并得到日本国际交流基金亚洲中心的资助。作者谨此向有关人士和机构表示衷心感谢。笔者特别感谢余永定教授允许笔者将他们的研究成果在本书发表，从而使本章的内容更加系统且充实，这里笔者对本章三位作者一并表示感谢。

持固定汇率。香港所实行的汇率制度是一种特殊的固定汇率制度——联系汇率制度。这种汇率制度是以"发钞局制度"为基础的。发钞局制度（currencyboard system）（更通常的译法是"货币局制度"。但这种译法不准确，因为 currency 是指现钞而不是指含义更为宽广的货币。它是殖民地时期主要在英国殖民地实行的一种货币制度。殖民地货币当局负责在本地发行现钞，但发行现钞必须有百分之百的英镑做准备。最早的发钞局是 1849 年在毛里求斯建立的。第二次世界大战之前，发钞局制度达到其鼎盛时期，一共有 70 多个国家和地区实行这种制度。目前，世界上只剩下十来个国家和地区实行这种制度，其中比较重要的国家和地区有阿根廷、拉脱维亚、立陶宛、中国香港和文莱，其他都是很小的地区如百慕大、马尔维纳斯、直布罗陀等（见 Tsang Shu－ki（1997）：Attack at the Safe Heaven：Wither Hong Kong's Currency Board System，BRC Papers on China，Hong Kong Baptist University）。发钞局制度是一种极端形式的固定汇率制度。同一般的固定汇率制度不同，实行发钞局制度的国家或地区不仅要求本国（地区）货币同美元（或某种国际储备货币）保持固定比率，而且要求本国（地区）现钞的发行要有百分之百的美元（或某种国际储备货币）准备。以阿根廷为例，阿根廷比索同美元保持 1 美元兑换 1 比索的固定汇率；同时，阿根廷银行每新发行 1 比索现钞必须有 1 美元的新增外汇储备作为准备金。

20.2　套利（arbitrage）

同一般的汇率制度不同，在以发钞局制度为基础的汇率制度下，给定的固定汇率（不是给定的汇率变动范围）在理论上可以通过市场的力量自动维持，而不需要中央银行进行任何形式的干预。在发钞局制度下，给定固定汇率是通过银行和公众的套利活动实现的。套利又分为套汇和套利两个方面。在这里，前者是指利用汇差获利，后者是指利用利差获利。以港元为例，如果在外汇市场上，港元兑美元的汇价是 8 港元兑换 1 美元，根据贱买贵卖的原则，套利者（arbitrageurs）（套利者的特点是在一个市场买进某种金融工具的同时在另一个市场卖出同一种（或类似）金融工具，以谋取无风险的利润）将会在外汇市场上买进港元。例如，用 100 万美元买进 800 万港元。然后，他们将按 1 美元兑换 7.8 港元的固定汇率把这 800 万港元卖给香港金融当局以换回 102.56 万美元，从而赚取 2.56% 的收益。只要外汇市场上港元对美元的汇率低于 1 美元兑换 7.8 港元的官方汇率，套利过程就会继续进行下去。另外，套利的进行意味着外汇市场上对港元需求的增加。在外汇市场上港元汇率将随对港元需求的增加而回升。当外汇市场上港元对美元的汇率恢复到 1 美元兑换 7.8 港元的官方汇率时，套利活动就将自动停止。反之，如果港元对美元的汇率过高，反方向的套利活动就会出现，直至外汇市场上港元对美元的汇率恢复到 1 美元兑换 7.8 港元的官方汇率。在上例中，我们并未考虑套汇者把港元源源不断地卖给香港金融当局会对利息率有何影响。事实上，套利者把港元卖给金管局意味着货币市场上货币供应的减少。而这又将导致银行间拆借利息率及其他相关利息率的上升。为了获得较高的利息收入，套利者将在外汇市场上买进港元。同套利者的套汇活动相似，套利活动也将导致外汇市场港元汇率趋于 1 美元兑换 7.8 港元的给定固定汇率（Dresdner Kleinwort Benson Research：Hong Kong's Banking System，1ˢᵗ December 1997，p. 3.）。

20.3　联系汇率制度

香港的联系汇率制度同一般的以发钞局制度为基础的固定汇率制度（以下简称发钞局制度）有所不同。香港的联系汇率制度是发钞局制度的一种特殊形式。同一般的发钞局制度相比，香港的联系汇率制度的最主要特点是：在香港，现钞是由三大发钞行（汇丰银行、渣打银行和中国银行）发行的（发钞行把所持外汇卖给金管局的外汇基金。作为交换，发钞行得到外汇基金发放的相应面值的外汇负债证书。在发钞行的资产负债表中，外汇负债证书记入发钞行的资产方；与此相对应，发钞行所发行的等额现钞记入负债方）。在实行发钞局制度的其他国家（地区），现钞由货币当局（中央银行）发行。换言之，香港实行的是一种没有发钞局的发钞局制度。在联系汇率制度下，港元进入和退出流通是在两个层次上实现的。首先，三大发钞行可以按 1 美元兑换 7.8 港元的官方汇率直接同香港金融管理局（香港的货币当局）下的外汇基金从事外汇买卖。发钞行在外汇基金缴付存入美元后即可取得负债证书（ICs）并按 1 美元兑换 7.8 港元的比率发行港元。负债证书是发行港元的授权书，记入发钞行的资产方。发钞行把负债证书退还给外汇基金后就可按 1 美元兑换 7.8 港元的比率得到美元，而相应的港元就将退出流通。其他银行不能同香港金融管理局直接进行交易。其次，一般银行可以按 1 美元兑换 7.8 港元的比率把美元存入发钞行或把等量的港元存款转入发钞行，并从发钞行得到所需港元。它们若从事反向操作，港元就将退出流通。在香港的联系汇率制度下，实际存在着两个外汇市场：银行间的外汇市场和一般公众与银行间的外汇市场。前者涉及外汇基金和发钞行之间以及发钞行和其他银行之间的外汇交易。后者涉及发钞行和一般公众以及其他银行和一般公众之间的外汇交易。香港的外汇市场汇率是指在一市场上由外汇的供求关系所决定的汇率（参见 Hong Kong Policy Research Institute：A Study of The Linked Exchange Rate System and Policy Option for Hong Kong，1996）。香港联系汇率制度的另一重要特点是：在香港没有准备金制度，而实行发钞局制度的国家一般都有准备金制度。

在有准备金制度的情况下，按固定汇率与美元兑换的不仅仅是现钞而是所有基础货币（参见 Policy Bulletin, No. 3, January 1998, Hong Kong Policy Research Institute, p. 7）。

一般认为，由于一般公众不能参与套汇，而发钞行和其他银行出于交易成本和其他种种考虑又不愿从事套汇活动。此外，当香港利息率上升时，银行由于担心汇率风险也不愿买进港元以从事套利活动。因而香港的联系汇率制度不能充分发挥典型发钞局制度所具有的自动维持固定汇率的功能。事实上，在相当长的时间内，在外汇市场上港元对美元的汇率一直处于1美元兑换7.8港元之下的强势水平。尽管在理论上存在通过套利获利的机会，套利活动却没有发生。由于香港的联系汇率制度并未充分发挥理论上的自动维持固定汇率的作用，早在几年前一些香港经济学家就提出了对联系汇率制度进行改革，使套利活动充分发挥作用的建议。在这次香港股灾之后，香港经济学家更是提出了改革联系汇率制度的种种方案（Tsang Shu－ki（1997）: Attack at the Safe Heaven: Wither Hong Kong's Currency Board System, BRC Papers on China, Hong Kong Baptist University）。

20.4 投机者的投机战略和操作过程

为了更好地了解国际投机者是如何对香港进行攻击的，我们首先有必要对外国投机者对一种货币进行投机的操作过程有所了解。

攻击一种货币的最简单办法是在外汇即期市场上沽空（沽空即卖空（short－selling），在香港卖空被称作"沽空"。据说这是因为"买"和"卖"两字发音接近，故港人把"卖空"称为"沽空"，以避免将其同"买空"相混淆）该种货币。即如果投机者预期一种货币将会在未来的某一时刻对美元贬值或可迫使其对美元贬值，他们便先借入该种货币，然后再在外汇即期市场上按当前汇率卖出这种货币买进美元。若这种货币果真贬值，投机者就可以按较低汇率（即用较少美元）买回这种货币以还贷并支付利息。还本付息后所剩余的美元即构成投机收益。如果预期的货币贬值没有发生，投机者就会因必须支付贷款利息而遭受损失。通过外汇即期市场进行投机的首要问题是投机者从哪里取得投机对象国的货币？一般来说，投机者主要可以从三个来源取得投机所需的货币：（1）投机对象国的国内货币市场；（2）国际金融市场；（3）抛售对象国的股票和债券。投机者通过上述途径取得投机对象国货币的难易程度取决于对象国资本自由化的程度和其货币的国际化程度。泰国的资本自由化程度相当高。同时，在新加坡等国际金融市场上又很容易得到泰铢。这就使泰国很难抵御外国投机者在泰国外汇即期市场上对泰铢进行投机。在泰国金融危机发生后，泰国货币当局采取了一系列措施以限制投机者获得泰铢。例如，泰国货币当局限制在外汇即期市场上对非居民出售泰铢，限制外国持股者在泰国证券交易所出售股票换取泰铢等（请见 IMF Staff Team：International Capital Markets，IMF Washington，DC，November，1997，35 页）。与此相比，香港的资本自由化程度很高，但港元的国际化程度却不很高。投机者难以在香港以外的国际金融市场上获得港元（参见 Jarding Fleming Research：Currency Fallout，1997 年 9 月。但投机者还是可以从海外得到港元的。例如，1984 年投机者就曾在伦敦对港元发起过攻击），而必须主要从香港境内的金融市场借入港元（投机者还可以从其他一些途径得到用于投机的港元。例如，据香港报纸报道，投机者可以通过海外公司从持有大量股票的香港托管银行借股票，然后在香港股市抛空以套取港元（见《苹果日报》，1997 - 11 - 13，财经新闻）。在这种情况下，香港货币当局较容易察觉国际投机者的动向，并及时采取措施以阻止外国投机者得到港元。

如果难以得到投机对象国的货币因而无法直接在外汇即期市场沽空该种货币，投机者可能采取的另一种办法是在远期货币市场上发起攻击。投机者在远期货币市场上出售所攻击货币的远期合约，如果在远期合约期满时该种货币贬值，投机者就可获利。例如，在不考虑利差的情况下，投机者按 7.76 港元兑换 1 美元的远期汇率出售 3 个月期的 100 亿港元远期合约。如果 3 个月后的即期汇率下跌到 7.9 港元兑换 1 美元，投机者用 12.6582 美元从外汇即期市场买进 100 亿港元履约，可以获利 2284 万美元。同利用即期市场进行投机相比，这种方法的一个重要特点是：在从出售远期合约到履约的期间内（可能是一个月、两个月、三个月或一年等）投机者无须买进或借入所抛空的货币。这种投机虽然可以说是无本万利但风险也极高。例如，如果三个月后的即期汇率没有下降反而上升到 7.5 港元兑换 1 美元，投机者就可能必须在即期市场上用 13.33 亿美元买入 100 亿港元以履行合约。其结果是损失 4467 万美元。专业投机者往往会同时订立上千个履约期不同的远期合约。虽然他们并不能正确预测每一履约日的即期汇率，但只要预测的基本方向正确，他们就能获利。随着时间的推移，对未来即期汇率预测（即当初的远期汇率）发生错误所造成的损失必将被未来即期汇率预测正确（即合约成交时的即期汇率低于当初市场所预期的未来即期汇率）所带来的利润所抵消（Manville Harris：International Finance，Barron's，1992，第 60 页）。在泰国金融危机初期，外国投机者所使用的主要方法之一就是向泰国大量沽空泰铢远期合约。

根据抛补利息平价（covered interest parity）理论，在平衡状态，一种货币的远期汇率对其即期汇率的贴（升）水率等于该种货币资产与外币资产的利差（参见 Gunter Dufey 等：The International Money Market，Prentice Hall International，

1993，111－113；Tirlwall：Balance of Payments Theory, Macmillan Press, 1986，33～37）。换言之，当一种货币的远期汇率对即期汇率的贴水率等于该种货币资产与外币资产的利差时，在外汇即期和远期市场之间不会有套利活动。例如，假设港元的即期汇率和一年期的远期汇率分别是 7.75 港元兑换 1 美元和 7.7866 港元兑换 1 美元；香港和伦敦的同业拆借利息率分别是 6.5% 和 6%。由于利差约等于港元远期汇率对即期汇率的贴水率（0.5%），可以证明，无论套利者是在即期市场买进港元，在远期市场卖出港元抑或反之，都不会得到额外的收益。假设套利者用 10 万美元在即期市场上买进 77.5 万港元后将其投放在香港的货币市场，同时在远期市场上卖出 82.5375 万港元。一年后，套利者从 77.5 万港元投资中收回本息 82.5375 万港元。在履行远期合约时套利者在支付 82.5375 万港元后得到 10.599 万美元。10 万美元的资产本来就可以提供 0.6 万美元的利息。套利活动并没有给套利者带来额外收益。同样，假设套利者用 77.5 万港元在即期市场上买进 10 万美元后将其投放在欧洲货币市场，同时在远期市场上买进 82.537 万港元。一年后，套利者从 10 万美元投资中得到 10.6 万美元。履行远期合约时套利者在支付 10.6 万美元后得到 82.537 万港元，以港元计套利者获利 5.037 万港元。77.5 万港元本来就可以给投资者带来 5.037 万港元的利息（利息率 6.5%）。套利活动也没有给套利者带来额外收益。既然如此，套利活动就不会发生，即期汇率、远期汇率以及利息率也不会发生变化。

投机者在外汇远期市场大量抛售远期合约，将导致远期汇率下跌。根据抛补利息平价理论，一种货币远期汇率下跌必将导致该货币利息率的上升或（和）即期市场上汇率的下降。从某种平衡状态出发，如果远期汇率下跌，套利者就可能按以下顺序采取行动：（1）从国内银行间同业拆借市场借入本币；（2）在外汇即期市场上抛售本币买进美元；（3）在伦敦欧洲货币市场上将美元贷出；（4）在从国内同业拆借市场借入本币的同时买进本币的远期合约；（5）用在欧洲货币市场贷放期满的美元履行购买本币的远期合约。远期汇率较处于平衡状态时低意味着用较少美元即可买到用于履约的本币。套利者履约后所余美元即为套利利润。由于存在套利的空间，套利者将不断从货币市场借入本币，然后再到外汇即期市场抛售本币。在供给不变的情况下，同业拆借市场上对本币需求的增加必然导致同业拆借利息率的上升（尽管承盘银行在外汇市场上买进的港元可能会通过各种渠道重新回到同业拆借市场。但利息率不会因此而保持不变。因为基本形势可以理解为：在货币市场上货币需求曲线右移，供给曲线保持原位。结果是成交量增加（实现的供给和需求等量增加）和利息率上升）；在外汇市场上对美元需求的增加必然导致本币即期汇率的下降。例如，假设港元的即期汇率仍是 7.75 港元兑换 1 美元，香港和伦敦的同业拆借利息率仍然分别是 6.5% 和 6%；但由于远期市场上的抛售压力，一年期的港元远期汇率由

7.7866 港元兑换 1 美元的均衡远期汇率下跌到 7.9 港元兑换 1 美元。套利者可从货币市场借入 775 万港元并在即期市场上将其转换为 100 万美元。与此同时，套利者还将购买 825 万港元的远期合约。一年后，套利者将得到 106 万美元，其中的 104 万美元被用于履行远期合约。这样，在偿还港元贷款本息之后，套利者可得到 2 万美元的利润。由于可以得到利润，套利者将不断地从货币市场上借入港元，在外汇即期市场上抛售港元购买美元。香港同业拆借市场利息率将会上升，港元的即期汇率将会下降，直至套利利润消失。

投机者大量沽空投机对象国货币远期合约将对该货币的远期汇率造成下跌的巨大压力。远期汇率下降的趋势必将引起正常投资者的恐慌，为了避免可能遭到的损失，大批投资者将通过出售该国货币远期合约的方式进行对冲。这就造成了远期汇率的进一步下跌。当前货币远期汇率的下降将导致当前即期汇率的下降，而那些早已沽空该货币远期合约并应在当前履约的投机者将因此而获利。

另外，即期市场上本币汇率的下跌或（和）利息率的上升则将导致远期合约价格的下降。例如，如果本国货币市场利息率上升，套利者将在外汇市场抛售外币买进本币并将其在国内货币市场贷出。与此同时，套利者还将出售本币远期合约。结果，本币的远期汇率将会下降。同样，即期市场上本币汇率的下降也将导致本币远期汇率的下降。

面对远期市场上本币贬值的压力，货币当局可以采取不同的政策。例如，在外汇远期市场上进行反向操作买进远期合约，提高货币市场利息率和在即期市场上买进本币等。例如，在金融危机初期，泰国中央银行对远期外汇市场进行了广泛干预，大量买进泰铢远期合约以维持泰铢的稳定（事实上，在 1997 年 5 月，当大批远期合约期满、泰铢合约的外国出售者需按合约交付泰铢以换取美元时，泰国货币当局紧缩银根使外国投机者难以在泰国货币市场借到泰铢。外国投机者只好高息借入泰铢或到外汇即期市场购买泰铢。这就使泰铢汇率在外汇即期市场回升而外国投机者损失惨重。但是，大量购买泰铢远期合约的泰国政府在履约时必须大量支付美元。由于外汇储备消耗过大，当实力雄厚的外国投机者在 7 月卷土重来时，泰国政府最终还是败下阵来（请见 IMF Staff Team：International Capital Markets，IMF Washington，DC，November，1997）。

到 1997 年 8 月，泰国为履约而必须在未来 12 个月中动用的外汇储备高达 234 亿美元，但当时泰国的外汇储备只有 304 亿美元（Financial Times，Bangkok：Thai foreign reserves continue to fall，TUESDAY SEPTEMBER 16 1997，ByTed Bardacke in Bangkok）。与泰国不同，香港金融管理局则专心固守 7.8 港元兑换 1 美元的联系汇率，一般不对外汇远期市场直接进行干预。在远期汇率下降的情况下，以捍卫即期汇率为目标的金融当局的传统做法：即在货币市场实行紧缩、提高利息率以消除套利空间，从而抑制即期汇率的下降。但是，一些经济学家担心提高利息率将导致远期汇率的新一轮下降和投机的加剧（Chen Nai – fu: Defending the dollar in a crisis, South China Morning Post, Nov. 22）。

　　一种更为复杂的投机方法是先在投机对象国的证券市场沽空该国的债券、股票或股票期货，然后再在外汇远期市场上沽空该种货币。远期汇率下跌将通过套利活动而导致利息率的上升和（或）即期汇率的下跌。在固定汇率下，为了维持即期市场上的固定汇率目标，货币当局可能还会紧缩银根从而进一步导致利息率的上升。总之，不管原因如何，投机者在外汇远期市场的卖空操作必将导致投机对象国利息率的上升。而利息率的上升又意味着投机对象国债券和股票价格的下跌（这是因为利息率的上升意味着持有股票的机会成本上升。在其他条件相同的情况下投资者将减少股票的持有量，增加可带来利息收入的金融资产（如储蓄存款）的持有量。此外，利息率的上升还可能导致投资者对经济前景（未来收益）的看淡，从而导致他们减少对股票的需求量）。由于投机者早已事先沽空了该国的股票、股票期货和债券，股票、股票期货和债券价格的实际下跌将使投机者在证券市场获利。

　　在实际的投机过程中，上述种种方法经常是混在一起的。当投机风潮出现的时候，除在证券市场沽空股票、股票期货和债券，然后再在外汇远期市场上沽空对象国货币外，投机者还同时在外汇即期市场沽空该种货币。这样，如果投机者在外汇远期市场和即期市场沽空货币所造成的巨大压力迫使投机对象国放弃固定汇率制度，或使货币贬值，投机者就可在外汇市场获利。另外，面对外汇远期市场和即期市场的巨大抛售压力，尽管投机对象国保卫固定汇率取得成功，该国利息率上升所导致的股票、股票期货和债券的价格下降必将使投机者在股票市场和债券市场获利。这样，如果投机者在证券的即期和期货市场以及外汇的即期和远期市场全线出击，他们就可能会给自己造成一种"双赢"局面：如果受到攻击的国家和地区最终贬值或放弃固定汇率制，投机者就将同时在证券市场和外汇市场获利；如果固定汇率未被攻破，投机者就一定能在证券市场上获利。投机者为此付出的代价是为取得用于投机的货币和其他金融工具所支付的利息等。从理论上说，如果固定汇率并未被攻破，投机者在证券市场的获利不一定能抵消在外汇市场的损失。但投机者凭借其强大的金融实力和投机对象国自己为他们提供的各种可资利用的金融工具，他们往往能稳操胜券。即便在最难以取胜的香港，投机者在股票市场上的获利也大大超过了他们在外汇市场的损失。

　　自1997年7月2日泰国金融危机发生以后，中国香港就一直处于山雨欲来风满楼的形势之中。可以说，香港居民一直在等待一场难以避免的金融风暴的到来。在香港股灾爆发之前，许多香港金融机构就已对国际投机者对港元发动攻击（港人把这叫做"狙击"）所可能采取的策略和办法进行了相当充分的研究（参见 Jarding Fleming Research：Currency Fallout, 1997 年 9 月）。香港金融管理局对随后到来的金融风暴更是早已做好了如何应对的周密准备。

20.5   对冲者

在这次亚洲金融危机中，投机者兴风作浪，是造成亚洲货币暴跌的元凶。但对冲者（hedgers）或避险者的对冲活动（hedging）也对亚洲货币的暴跌起到了重要作用。投机者在证券即期和期货市场，外汇即期、期货和远期市场沽空一种货币是为了投机，而对冲者的类似操作则是为了避险。然而，在一场金融危机中，对冲活动将大大加深金融动荡的幅度。1997 年 7 月 2 日泰铢贬值后，一天之内泰铢在国内外汇市场和离岸市场分别下跌了 14% 和 19%。泰铢的贬值幅度之所以大大超过泰国中央银行的预期，其中一个重要原因是它们没有料到外债负担沉重的泰国公司会如此不顾一切地在即期市场上抛出泰铢买进美元以进行对冲（参见 Jarding Fleming Research：Currency Fallout, 1997 年 9 月，第 49页）。

在实行固定汇率制度的国家和地区，如果该国或地区的汇率比较稳定，利用外汇期货和远期合约避险一般是没有必要的。但是，如果该国或地区的货币突然贬值，那些需要把本币换成外币的人就会遭受严重损失。为了避免因本币出乎意料地贬值而遭受损失，人们往往要在外汇期货和远期市场抛售本币。例如，三个月后一香港厂商需偿还 10 万美元的债务。如港元贬值，该厂商的以港元计的债务就会增加。如 3 个月后美元—港元汇率由当前远期外汇市场上的1:7.8 变成 1:9，本来 78 万港元的债务就变成了 90 万港元。为了避免汇率变动所造成的风险，香港厂商可以在外汇远期市场上沽空港元，即签订一个出售 78 万港元的 3 个月期的远期合约。设三个月后港元贬值到 1 美元兑换 9 港元，该厂商的债务以港元计由 78 万港元增加到 90 万港元。然而，由于意外地贬值，3 个月后按远期合约以 78 万港元买到的 10 万美元，在即期市场上可换回 90 万港元。这样多付的 12 万港元债务恰好被远期市场上的 12 万港元盈利所抵消。可以验证，不管 3 个月后港元汇率发生什么变化，只要做了对冲，厂商就可以避免汇率变动所带来的意外损失。当一国货币出现贬值危险的时候，厂商的大量对冲活动必将使外汇远期市场上的形势大大恶化。

在外汇市场上港元银行承盘银行也是对冲活动的重要参与者。与投机者沽空远期港元的活动相对应，银行是远期港元的主要买主。买入远期港元意味着银行将在今后（如 3 个月后）得到一笔港元，但要支付一笔相应的美元。这样，在银行的收入与支付表上就出现了币种的不匹配。3 个月后如果港元贬值，银行就会出现损失。此外，期限（maturity）的不匹配也会使银行遭受损失。为了避免损失，银行往往要进行复杂的涉及货币即期、远期和掉期的对冲操作，以便使收入与支付表上的币种和期限实现匹配。例如，在买进投机者卖出的远期港元合约之后，承盘银行通常立即在外汇即期市场上卖出等量港元，买进相应美元，并在两天后交割（详见 IMF Staff Team：International Capital Markets, IMF Washington, DC, November, 1997, 37－38）。显然承盘银行的对冲活动将增加本币在即期市场上的贬值压力。

在 1997 年 5 月前，香港远期汇率对即期汇率的贴水率很低。1 年期的远期汇率在 7.8 港元兑换 1 美元以下。但是亚洲金融危机发生以后，港元远期汇率明显下跌。到 1997 年 8 月港元兑美元的汇率已下降到 8 港元兑换 1 美元以上。造成这种现象的原因除投机者的兴风作浪外，还因为正常投资者由于对联系汇率制度的信心发生动摇而开始利用外汇远期市场进行对冲。而这又为投机者对港元远期市场施加压力以便实现"双赢"战略提供了绝好帮助。因此，为了迫使港元在远期市场大幅下跌，投机者最大限度地制造恐慌情绪，以动摇人们对联系汇率制度的信心，使越来越多的人加入对冲者的行列。投机的力量加上对冲的力量就很可能会使一种货币同时在远期和即期市场上"一泻千里"。本意在于避险的对冲操作对货币稳定的巨大破坏作用是造成东南亚国家和地区货币在放弃固定汇率制度后溃不成军，而香港金融当局绝不轻言放弃联系汇率制度的重要原因之一。

20.6　恒生期指和认股权证

投机者对香港进行投机时可使用的金融工具主要有港元远期合约、恒生期指、外汇基金票据（Exchange Fund Bills and Notes）（相当于一般国家的中央银行债券，是外汇基金中的负债方的一项。香港在 1990 年发行这种债券是为了便于开展公开市场业务）以及港元和股票现货等。在这次香港股灾之中，恒生期指起了重要作用。恒生期指是恒生指数期货合约的简称。期货合约是指买卖双方同业在某一时间内或某一特定时间以预先达成的价格去买卖某种物品。这种期货物品可以是实物，也可以是股票、股市指数、外汇和债券等金融工具。恒生期指所代表的期货物品是恒生指数。恒生期指合约不需要在特定日期交割。如某人买入一张 9 月份的期指，他可以在 9 月份最后一个交易日的前一天之前的任何一天平仓。每张恒生指数期货合约的价格为恒生指数期货价格（即恒生股票指数的点数）乘以 50 港元。假设恒指期货成交为 10000 点，则合约的价格为 500000 港元。设一个人在 12 月 1 日沽出一手点数为 10000 点的 1 月份恒指合约；在 12 月 2 日由于市场看淡股票市场的前景，1 月份恒指点数下降到 9000 点。如

果此人在 12 月 2 日平仓,他就可获利 50000 港元 [= 50 港元 × (10000 –
9000)]。

在 1997 年 10 月 20 日恒指的点数为 12860,第二天、第三天恒指的点数分
别为 11700 和 10600,一周后(10 月 28 日)恒指跌到 9069。从 10 月 22 日到 10
月 23 日,一日之内恒指下跌了 1100 点。如果投机者在 10 月 22 日沽空 60000 张
恒生期指,以每点 50 港元计,一天内他就能盈利 33 亿港元(约合 4.26 亿美
元)。对应于 12860 点,一张恒指合约的价值是 64300 港元。出售这张合约应交
按金(押金)60000 港元,成本杠杆比率为 10.72。杠杆回报率高达 101%。在
从 10 月 20 日到 10 月 28 日的一周内,恒指下降 3791 点,投机者可盈利 114 亿
港元(约合 15 亿美元);一周的杠杆回报率更是高达 316%(王星:《衍生产品
和金融风暴》,巴克莱德胜亚洲有限公司,1997)。

投机者在实施双赢战略时,既可沽空股票现货也可沽空股票期货。但是在
大规模沽空股票现货时,股票价格将会迅速下跌。因而很可能出现这样的情况:
在股票还没在较高价位售出之前,股票价格早已大幅下跌。这样,即使投机成
功获利也会大大减少。沽空股票期指由于可以迅速大量出货则可避免这种情况。
更重要的是,作为一种衍生金融工具,由于恒指的成本杠杆比率为 10.72,1 亿
港元的资金可以产生 11 亿港元的投机效果,因而恒指成为投机者在香港股市兴
风作浪的最主要工具。

在香港股灾中扮演了重要角色的另一衍生金融工具是认股权证(Warrant)。
认股权证是一种期权合约,是发行商(一般是投资银行)赋予持有者在规定时
间内、按一定价格从发行商处购买股票权利的证明文件。发售认股权证可以使
发行商筹得额外资金。购买认股权证使购买者有机会以较低价格得到股票。如
果股票的市场价格在认股权证到期时低于认股权证所规定的价格,持证者将放
弃凭证购买股票的权利。因为投资者可以以较低价格在股票现货市场买到所需
股票。如果股票的市场价格在认股权证到期时高于认股权证所规定的价格,持
证者将行使认股权利。因为投资者可以以较低价格从发行商处买进股票,然后
再将股票在股票市场按市价卖出,从而获利。在股票价格上涨期间,越来越多
持证者将行使买进股票的权利。为了保证能够履约,发行商必须不断增加所持
的股票。当股市大跌的时候,越来越多持证者将不会行使买进股票的权利。发
行商必须减仓以减少自身损失。1997 年初,投资者看好香港股市,许多投资银
行发行了认股权证。1997 年 10 月底股市暴跌时,香港有 300 多只认股权证挂
牌,其中有 44 只认股权证将在 10 月底或 11 月底到期。由于此时有一半以上股
价已跌破发行价,发行商被迫减仓至零。这就加速了股市下跌的速度和幅度
[王星:《衍生产品和金融风暴》,巴克莱德胜亚洲有限公司,1997。备兑认股权
证(covered warrants)或简称备兑证是由上市公司股票的大量持有者(通常是投

资银行）发行的对该公司股票的期权。认股权证（warrants）是上市公司自己发行的对本公司股票的期权。参见饶余庆：《走向未来的香港金融》，三联书店，1993，225 页。但有些被称作 warrants 的期权实际上是备兑认股权证。在香港，业内人士有时把备兑认股权证也称作认股权证（warrants）]。

不难看出，衍生金融工具的使用，大大加剧了香港股灾的严重程度。

20.7 阴谋论（conspiracy）

许多评论家认为，香港股灾的发生完全是国际炒家的阴谋所使然。但香港金融管理当局的负责人和金融界的一些从业人士则认为并不存在一种有组织的阴谋。对阴谋论持反对意见的人士的主要论据是，在外汇远期市场沽空港元者与在股票市场上抛售期指和沽空港股者不是同一机构。在双赢战略一节中，我们已指出，投机者为了在股票市场沽空获利，将在外汇远期市场沽空港元以造成利息率的上升。但事实上，对港元的压力似乎同时来自即期市场和远期市场。

外汇远期市场上的压力似乎主要来自对冲活动而不是投机者的双赢战略。另外，似乎也没有哪个投机者拥有如此巨大的控制力，以至他可以确信：在外汇远期市场付出巨大代价之后，一定能够在今后的某个时刻在股市获利，而不是仅仅为其他投机者创造"搭便车"的机会。阴谋论者则认为，查不出确凿证据，并不能说明没有大户操纵。为了出其不意，投机大户一定会化整为零，把"蛛丝马迹"掩盖好。

20.8 利息率飙升与香港银行同业市场的运作

1996 年 10 月 23 日，在一个很短的时间内，香港银行间同业拆借利息率曾一度达到 300%。由于股市的暴跌和利息率居高不下，香港经济界的一些人士，对于金管局对危机的处理颇有微词。他们指责金管局只有升息这"一招"。金管局则一再强调，面对投机者对港元的抛售，金管局并没有采取紧缩银根、提高利息率的措施，利息率上升是市场的自动反应而不是金管局的政策使然。当远期汇率下跌时，由于套利的结果，同业市场利息率将会上升。特别是当即期汇率不变时，利息率的上升幅度将会更大一些。然而，香港同业市场利息率一度飙升到 300% 显然已不是抛补利息平价理论所能解释的，甚至也不是非抛补利息平价理论所能解释的（非抛补利息平价理论认为，利差与本币的预期贬值程度有关。本国利息率相对于国际利息率越高，意味着市场预期的本币贬值幅度越大。高利息率是对持有本币的一种补偿）。为了搞清这个问题，我们必须对香港金融体系中的银行间同业拆借市场（或称港元同业市场）、香港的流动资金机制

（Liquidity Adjustment Facility，LAF）和香港的即时全额结算体系（Real – Time Gross Settlement System，RTGS）做一简短讨论。香港的港元同业市场是香港最重要的货币市场。在这一市场上，香港本地认可银行是港元资金的最主要提供者，而外国银行则是港元资金的最主要需求者。通过港元同业市场，大部分一年以内的资金由存款者经零售银行进入同业拆借市场转到没有分行网络或只有很少分行的海外注册银行，然后再转到最终借款人手中。对于本地银行来说，港元同业市场是短期资金的最好投资场所（HKMA：Money and Banking in Hong Kong，1995，95 – 103）。中小银行由于缺乏资金，传统上是同业拆借市场上的资金需求方，而大银行则是资金的供给方。香港同业市场也是进行外汇（货币）掉期（swap）的重要市场。外汇掉期是外国银行从同业市场取得港元资金的最重要方式之一。

香港的流动资金调节机制建立于 1992 年，它相当于一般国家中央银行的贴现窗口。在同业拆借市场关闭之后的一段时间内（星期一到星期五下午 4 点到 5 点，星期六中午 11 点半到 12 点），商业银行可以通过这一窗口把结算账户上的多余资金存入自己在外汇基金开设的账户，也可以以外汇基金票据和其他有效票据的回购协议的方式通过这一窗口从金管局借出短期资金（隔夜）。总之，香港金管局通过流动资金调节机制充当最后贷款人的角色。流动资金调节机制的存贷利率是由香港金管局决定的。一般情况下，流动资金调节机制的存贷利率决定了同业拆借利息率的下限和上限。

香港的即时全额结算体系建立于 1996 年底。根据这一体系，香港的所有持牌银行都必须直接在金融管理局开设结算账户［HKMA：Money and Banking in Hong Kong，Vol. 2，1997，159 ~ 168。此前实行包括 1 家管理银行（汇丰银行）、10 家结算银行和 159 家次级结算银行的三级结算体系。次级结算银行在各自的结算银行开设结算账户；各家结算银行在管理银行开设结算账户。根据 1988 年确立的新结算制度，在外汇基金开设结算账户，汇丰银行在这一账户上所维持的数量由金管局决定。汇丰银行负责管理银行体系其余部分的净结算余额（NCB）。参见 HKMA：Money and Banking in Hong Kong，1995，114 ~ 115］。并且直接进入这一体系进行相互之间交易的结算。所有银行不得在其结算账户上进行隔日透支。换言之，在每个交易日结束时，所有银行都必须保证其结算账户上的结算余额为正值（这里是结算余额，而不是准备金。在香港没有准备金制度）。如果一个银行在大量出借资金之后无法保证其结算余额为正，该银行就必须同一天在同业市场上或通过流动资金调节机制借入港元，以避免隔日透支。在香港，银行间同业拆借市场流动性被定义为所有持牌银行结算账户上的结算余额的总和（HKMA：Money and Banking in Hong Kong，1995，113）。

由于套利活动，远期汇率下降必然导致货币市场利息率的上升。远期汇率下降是货币市场利息率上升的基本原因。除此之外，同香港金融体系中的上述特殊安排有关的许多因素对香港同业拆借利息率的暴涨也起了重要的作用。首先，发钞银行在从外汇市场买进港元后，港元并未重新流入同业市场。作为承盘银行的发钞行在外汇市场买进港元之后有三种选择：（1）将港元转卖给香港金融管理局以取得套利利润；（2）把这些港元留做准备金以增加银行的流动性；（3）把港元贷给其客户或通过同业拆借市场贷给其他银行。为了稳定港元，金管局并不急于把新买进的港元重新投入银行体系。由于担心贷款的价值因港元贬值而贬值，发钞银行不想把港元贷给其客户或通过同业拆借市场贷给其他银行。这样，由于从同业拆借市场流出的港元并未流回，同业拆借市场上的货币供给减少。

其次，在正常情况下，结算账户面临透支危险的银行有三种选择：（1）在外汇即期市场出售美元以取得港元；（2）透过流动资金机制借入港元；（3）从同业市场拆入港元。在发生危机的 10 月 21 日，第一个选择行不通，因为外汇交易必须要等待两个交易日才能实现交割，而银行在当天就需向其结算账户注入港元。第二个选择会冒被罚息的危险，并给金管局留下有参与投机之嫌的坏印象。在正常情况下，如果中、小银行无法找到足够资金以应付正常业务，它们可以求助于流动资金机制。然而在 10 月 21 日，当港元跌至 7.75 港元兑换 1 美元的底线时，香港金融管理局发出警告："重复"利用流动资金调节机制（借款）的银行将被处以"惩罚性"高息。由于害怕被罚息，资金短缺的中、小银行不敢利用流动资金机制。于是，银行只剩下第三种选择：从同业拆借市场借入所需港元（Dresdner Kleinwort Benson Research：Hong Kong's Banking System，1st December 1997，3）。由于缺乏资金的银行，特别是中、小银行不顾一切地从同业市场寻找资金，因而同业拆借市场上需求压力进一步增加。

此外，投机者为了在外汇市场抛售港元，必须从货币市场借入港元。沽空港元的投机者为了履约也必须从货币市场借入港元。这些也是造成货币市场上港元供不应求因而利息率上升的原因。

最后，人们还怀疑香港金管局从同业市场借走了（或买走了）大笔港元从而有意推动同业市场利息率的上升。无论事实如何，在理论上，金管局可以酌情使用下述几种方法调节同业市场的流动性，从而影响拆借利息率：（1）在同业市场上借入或贷出港元 [以上的许多情况是由 AIG Inv Gorp（Asia）Lit. 的 Andrew Suan 先生提供]；（2）买卖外汇；（3）买卖外汇基金票据；（4）在财政和外汇基金之间转移资金。事实上，通过改变同业市场的流动性来影响拆借利息率的所谓"流动性管理本来就是金管局的重要日常工作（HKMA：Money and Banking in Hong Kong，1995，114 - 121）。有些评论家认为，香港金融管理局不应通过收缩银根的方式干预外汇市场，而应让联系汇率的自动调节机制充分发挥作用。在现有情况下，这种论点显然是不现实的。尽管香港外汇储备超过 880 亿美元足以应付所有 M_1 兑换成美元。但是如果发生恐慌，香港居民要提取存款并将这些存款兑换成美元，则外汇基金将无法应付。截止到 1997 年第二季度末，体现为 M_3（M_1 加持牌银行的储蓄存款和定期存款、有限持牌银行以及接受存款公司的存款）加掉期的香港货币总量近 17000 亿港元，相当于 2180 亿美元。如果所有货币都要兑换成美元，则外汇储备全部用光也是不够的（《苹果日报》，财圈纵横，1997 - 11 - 21）。

一般情况下，虽然同业市场的交易量很大，但其日结算余额只有 20 亿港元。因而同业拆借利息率对同业市场的流动性十分敏感。总之，在 10 月 23 日由于几乎所有银行（可能包括金管局）都在利用同业拆借市场拆出港元，几乎没有银行向同业拆借市场投放港元，同业市场的流动性极度紧张，这就造成了香港同业拆借利息率的飙升。

20.9　股灾和香港经济的基本面

一般认为，一个国家或地区之所以会遭到国际投机者的攻击是因为这个国家或地区经济的基本面出了问题，"苍蝇不叮没缝的蛋"。这种说法有一定道理，但不够全面。所谓基本面（fundamentals）并没有什么标准定义，我们可以将其理解为以下几个方面：（1）银行体系是否健全，其中主要是看是否存在大量不良债权等。（2）通货膨胀状况如何，特别是是否存在以资产价格过高为标志的泡沫经济。（3）是否存在大量财政赤字、国债余额对 GDP 之比是否可以接受。（4）是否存在大量经常项目逆差、外债余额对 GDP 之比是否在国际公认的安全线之下。从以上几个方面来看，香港的经济状况是非常好的。唯一有问题的是香港的股票和房地产价格特别是房地产价格偏高（从市盈率的角度看，香港的股票价格总的来说不能说很高。但香港的楼宇价格，用董建华先生的话来说则是"高得离谱"）。如果香港股票和房地产价格不是偏高，国际投机者是否就不会冲击香港了呢？答案大概应该是否定的。在国际投机风潮中，"龙舌兰酒"效应或"传染"效应极为巨大。或大或小，或迟或早，国际投资者都是要在香港"走一遭"的。基本面好并不能阻止国际投机者的攻击，但基本面的好坏却能决定投机对象国是否能在国际投机浪潮面前成功地保卫本国或本地区货币。

在固定汇率制度下，从根本上说，保卫本国（地区）货币主要有两种方法：动用外汇储备和提高利息率。香港金融管理当局在保卫港元的过程中没有动用外汇储备（危机结束之后，香港的外汇储备不但没有减少反而增加。港元汇率也高于危机前的水平）。而仅仅使用了提高利息率这"一招"——不管是香港金管局主动提高了利息率还是市场机制使然。但是，其他亚洲国家和地区却不能使用这简单的一招。其原因就在于这些国家和地区经济的基本面问题比香港严重得多。例如，在此次亚洲金融危机中，泰国政府之所以未能成功地保卫泰铢，在很大程度上是因为泰国存在严重不良债权，当外国投机者沽空泰铢时，泰国货币当局不敢大幅度提高利息率以遏制和惩罚投机者。因为利息率的大幅度提高必将导致早已为不良债权所困扰的大批金融机构和企业的破产。泰国政府更多的是依靠中央银行对外汇市场的干预，然而在外汇储备有限的情况下，这种干预迟早是要失败的。而这种干预一旦失败，由于其间外汇储备的流失，几十年苦心积累的国民财富就可能在短短几天之内付诸东流。中国香港则提供了一个相反的例子，由于金融体系健康，不存在不良债权问题，中国香港经济对高利息的承受能力要比泰国好得多。这样，尽管在股市上遭受了沉重损失，香港货币当局毕竟成功地保卫了香港的联系汇率制度。香港经济在这次风浪中并未受到致命的伤害。股灾之后，香港的经济泡沫破灭。在一定程度上，坏事已经或正在变成好事。香港的经济前景是光明的。

20.10 本章总结

本章对亚洲金融危机不久后中国香港金融受危机冲击和香港应对亚洲金融危机的过程进行了详细的介绍和分析。虽然后金融危机过去 18 年了，如此详细透彻分析香港应对危机的研究着实不多。本章对外汇远期、股指期货、认股权证的介绍及在危机前后发挥的作用的分析，对我们了解这些产品及其风险有很大的借鉴意义。由于杠杆的作用，金融衍生产品的使用，加剧了香港股灾的严重程度。本章对亚洲金融危机中投机者的投机战略和操作过程的详细介绍和分析尤其具有价值，对国内市场今后的发展和相应的风险管理和监管有很大的参考意义。

香港应对亚洲金融危机的过程不可谓不惊险，其过程至今对应对金融风险和国家炒家的敬仰仍然具有一定的研究价值。2008 年国际金融危机的爆发和延续使得人们对亚洲金融危机爆发的原因、解救的方法、应对的措施等相对淡忘不少。实际上，亚洲金融危机值得我们引以为戒的东西不少，在一定程度上东亚金融危机与 2008 年波及全球的金融危机有很多相似之处，我们在本书后文很多章节将比较两次危机的差异。我们还需继续努力学习、探讨，从而找到稳定金融市场的有效方法。

第五篇 国内人民币衍生产品

　　我们在第三篇介绍了国际市场上的主要金融衍生产品，并在第四篇介绍了东亚金融危机前后金融衍生产品发挥的作用。这些皆为我们系统地介绍和分析境内外各类人民币衍生产品做好了准备。

　　本篇是本书的重中之重，将介绍和分析国内各类人民币衍生产品，包括商品、外汇、债券和利率、股票指数等相关人民币衍生产品。具体来说，这些产品包括商品期货、人民币外汇远期、外汇掉期、货币互换、国债远期、国债期货、利率互换、股票指数期货和期权、可转换债券、认股权证、黄金期货和期权、人民币外汇期权，以及流行于国内的各类人民币理财产品等。随着我国金融体系市场化程度的逐渐提高，特别是利率和汇率市场化程度的提高和人民币国际化程度的推进，市场对风险管理工具的需求会更加强烈，人民币衍生产品的种类将逐步健全而且市场也将更加活跃。

　　本篇的章节安排的顺序基本按照不同产品和市场推出的时间来确定。本章结构如下：第21章简单介绍和分析国内最早的衍生产品——商品期货二十多年来的发展历程及其在国际上的地位；第22章介绍可转换债及其他包含嵌入式期权的债券；第23章介绍人民币外汇远期结售汇和远期交易；第24章分析影响人民币远期汇率的主要因素；第25章介绍债券远期；第26章介绍人民币认股权证；第27章介绍人民币外汇掉期和人民币外汇货币掉期；第28章介绍和分析人民币利率互换；第29章介绍人民币远期利率协议；第30章介绍黄金期货和黄金期权；第31章介绍和分析A股指数期货；第32章介绍人民币信用风险缓释合约；第33章介绍人民币外汇期权及今后的发展潜力；第34章介绍国债期货；第35章介绍股指期权；第36章介绍理财业务及主要产品。

第 21 章　商品期货

商品期货是世界上最早的衍生产品，也是我国国内最早的衍生产品。1992年10月深圳有色金属期货交易所推出特级铝标准合约，标志着商品期货交易在我国真正开始。目前，商品期货在国内已经有近23年的历史。特别是2002年以来，国内商品期货稳步、持续、高速发展，产品种类逐步丰富，市场规模逐步扩大，近年来我国商品期货成交量保持了全球第一的地位。本章简单介绍全球商品期货市场的同时，介绍我国商品期货市场的发展和国际地位。

21.1　现代期货市场的发展

19世纪中叶，伴随着席卷全球的工业革命浪潮和大规模农业生产的实现，商品经济的发展催生着商品交易形式的不断进化，一种具备价格发现和规避风险功能的交易形式——期货交易应运而生。经过一百多年的实践，当今的期货市场和期货交易准则逐步完善。

现代意义上的期货交易产生于19世纪中期的美国芝加哥，最初的交易对象是谷物等农产品。1848年，芝加哥的82个商人发起组建了芝加哥期货交易所（CBOT），目的是为了改进储运条件、为会员提供价格信息服务、促成买卖双方成交。最初的交易方式是商人们在大街上讨价还价，没有固定场所，也没有组织形式。1851年引进远期合同；1865年推出标准化合约，实行保证金制；1882年允许以对冲方式免除履约责任；1883年成立结算协会，对冲机制基本形成；1925年芝加哥期货交易所结算公司（BOTCC）成立，现代意义上的期货结算机构由此初具雏形。

期货交易起源于商品市场，交易品种逐步从农产品领域扩大到金属、能源等领域。商品期货的长足发展促进了期货市场范围的扩大，交易品种也由最初的商品期货扩展到金融期货。

1972年芝加哥商业交易所（CME）推出英镑、德国马克、法国法郎、瑞士法郎、加拿大元、日元等外汇期货；1975年、1977年，芝加哥期货交易所（CBOT）先后推出抵押债券、长期国债期货；1982年堪萨斯期货交易所（KCBT）推出价值线综合平均指数的股票指数期货合约。金融期货由此逐步形成汇率、利率、指数等三大系列。

期货交易兼有商品交换和金融活动的双重属性，期货市场的基本经济功能是发现价格和规避风险。在发达国家有大量跨国企业利用期货市场来规避经营风险。期货交易特有的经济功能逐渐得到了广泛认可，期货交易所在世界许多国家相继开设。目前，期货市场已成为现代市场体系的重要组成部分，覆盖全球绝大多数国家和地区，交易量已达到非常庞大的规模。

21.2 国际商品市场十几年来的发展

随着市场经济的发展，需要进行风险管理的行业越多，就越需要品种丰富、功能齐全的期货市场来分散和转移风险。以美国为例，早在19世纪后半期就先后出现了谷物、棉花、咖啡、可可、柑橘等多种农产品期货交易。进入20世纪，商品期货市场的品种创新进入工业领域，原油、铜、铝、钢材、聚乙烯、黄金、白银等成为商品期货领域的主角。遗憾的是，国际期货行业多年来形成了惯例，每年公布商品期货交易数据仅仅为成交量。由于世界各地商品期货合约大小相差很大，成交量确实难以准确反映市场真正的变化，特别是难以与金融市场进行比较。可喜的是，国际清算银行定期公布全球每半年的商品类柜台交易的商品衍生产品未平仓金额。表21-1给出了2001年到2014年世界银行间商品衍生产品年底存额或持仓金额。

表21-1 全球银行间市场商品衍生品持仓合约金额（2001—2014年）

单位：亿美元

类型＼年份	2001	2002	2003	2004	2005	2006	2007
黄金和其他贵金属	2615	3723	3824	4223	3965	7159	6973
远期和互换	1167	1623	1755	1541	1566	1716	2504
期权	1448	2100	2069	2682	2399	5443	4469
其他商品	3366	5508	10235	10211	50380	63991	77582
远期和互换	2012	3757	3982	5368	18806	27800	50343
期权	1353	1751	6253	4843	31574	36191	27239
总和	5981	9231	14059	14434	54345	71150	84555

类型＼年份	2008	2009	2010	2011	2012	2013	2014
黄金和其他贵金属	5060	5303	5189	6529	6425	4039	3885
远期和互换	2135	2767	3203	3716	3585	2336	2124
期权	2925	2536	1987	2813	2841	1703	1761
其他商品	39211	24137	24026	24381	19446	18002	14798
远期和互换	24096	15990	16908	16802	12996	12282	10020
期权	15115	8148	7118	7578	6450	5720	4779
总和	44271	29440	29215	30910	25871	22041	18684

数据来源：国际清算银行网站，www.bis.org。

表 21 - 1 显示，2001 年底到 2014 年底，全球银行间市场商品衍生产品持仓金额从 2001 年的 5981 亿美元上升至 2014 年的 18684 亿美元，增幅高达 212.4%，年均增幅 9.2%；2001 年年底黄金和其他稀有贵金属衍生产品的持仓金额占总商品衍生产品持仓金额比重高达 44%，然而到 2014 年底，黄金和其他稀有贵金属衍生产品的持仓金额占总商品衍生产品持仓金额比重却下降到了 21%，显示近年来由于贵金属价格的低迷其在整个商品市场的地位在持续减弱。

21.3　中国期货市场的发展

21.3.1　中国早期期货市场的发展

中国期货市场的雏形出现于 19 世纪末 20 世纪初，最初起始于外国商人或国内行业设立的"公所"、"工会"。如由欧美商人成立的上海股份公所、上海股票商业公会等。截至 1921 年 10 月，在上海设立的交易所就有 140 余家，交易品种有证券、股票、债券、货币、面、纱、布、茧、丝、麻、粉麸、杂粮、烟酒、五金等数十种。之后，汉口、天津、哈尔滨、南京、苏州、宁波等地也竞相效仿开设各种交易所。旧中国期货市场经过短暂的畸形繁荣后，很快走向衰败，至 1936 年，维持经营的只有上海证券物品交易所、上海金业交易所等 15 家交易所。解放后，这些交易所被逐步关闭（资料来源：期货博物馆）。

21.3.2　改革开放以来期货市场的发展

中国的期货市场的发展大致可分为三个阶段。第一阶段从 1990 年到 1995 年，为盲目发展阶段，当时遍布全国各地的交易所数目一度超过 50 家，年交易量达 6.4 亿手，交易额逾 10 万亿元，期货品种近百种，可谓相当活跃。但是由于当时的法规监管较为滞后，发生了不少问题，国务院决定全面清理整顿期货市场，建立适用于期货市场的监管法规，将交易所数目减少至 15 家，期货经纪公司数目大幅缩减，并限制了境外期货交易。

第二阶段是从 1996 年至 2000 年，国家继续对期货市场进行清理整顿，加上中国证券市场迅速发展，期货市场步入低潮。1998 年，国家把交易所数量进一步削减至 3 家，即上海期货交易所、大连商品交易所和郑州商品交易所。

从 2001 年至今是第三阶段，期货市场逐渐复苏，期货法规与风险监控逐步规范和完善。

改革开放以来，中国期货市场走过了盲目发展、清理整顿、恢复性增长以及新的发展机遇等各阶段。1988 年，中国期货市场被批准"同意试点"，自此，中国期货市场建设进入了酝酿期。20 世纪 90 年代初，郑州粮食批发市场、深圳有色金属交易所、上海金属交易所等先后开业。1992 年，广东万通期货经纪公司、中国国际期货经纪公司等开业。截至 1993 年下半年，全国各类期货交易所达 50 余家，期货经纪机构多达近千家。

1993 年 11 月，国务院提出发展期货市场必须"规范起步，加强立法，一切经过试验和严格控制"，由此开始了期货市场第一次治理整顿，先后审批 15 家交易所为试点，关停十多个交易品种，重新审批注册的期货经纪公司减为 300 家等。

1998 年，按照"继续试点，加强监管，依法规范，防范风险"的原则，对现有 14 家期货交易所进行整顿和撤并，只在上海、郑州、大连保留 3 家期货交易所。同时，交易品种取消了 23 个，压缩到 12 个，并提高部分品种的交易保证金。

1999 年以来，期货市场逐步走出低谷，出现了恢复性增长。特别是 2004 年 2 月，国务院发布了《关于推进资本市场改革开放和稳定发展的若干意见》，当年推出燃料油、棉花、玉米等期货交易品种。

21.4 我国商品期货市场品种

21.4.1 前期品种

1990 年 10 月 12 日，中国郑州粮食批发市场经国务院批准，作为我国第一个商品期货市场正式开业，迈出了中国期货市场发展的第一步。随后深圳有色金属交易所和上海金属交易所也先后成立。这个时候交易品种很多，主要包括：钢材、煤炭、食糖、粳米、菜籽油、国债、红小豆、铜、铝、胶合板、天然橡胶、籼米、小麦、绿豆、花生仁、大豆、豆粕、啤酒大麦等。

21.4.2 清理整顿期后的品种

经国务院同意，中国证监会于 1995 年批准了 15 家试点期货交易所，陆续停止其他数十家交易所的期货交易。1998 年，根据中央金融工委的要求和国务院文件，对期货交易所再次进行精简合并，成立了上海期货交易所，保留了郑州商品交易所和大连商品交易所，确定这三家为试点期货交易所。同时交易品种由 35 个削减为 12 个，即上海期货交易所的铜、铝、胶合板、天然橡胶和籼米；郑州商品交易所的小麦、绿豆、红小豆和花生仁；大连商品交易所的大豆、豆粕和啤酒大麦。

21.4.3 目前市场品种

我国期货市场经过 1993 年和 1998 年的两次清理整顿，进入了规范发展阶段。国内商品期货市场的成交额也从 2000 年的 1.60 万亿元的最低点恢复至 2004 年的 14.69 万亿元，2014 年和 2015 年全国商品期货交易金额已经分别达到了 127.97 万亿元和 135.63 万亿元。表 21 - 2 给出了国内三大商品期货交易所 2007 年至 2015 年的交易情况。

表 21 - 2　　　2007—2015 年国内三大商品期货交易所交易情况一览表

单位：万亿元，万张

年份　　　　交易所、成交金额和成交量	上海期货交易所		郑州商品交易所		大连商品交易所	
	成交金额	成交量	成交金额	成交量	成交金额	成交量
2007	22.69	16631.20	6.24	19832.30	11.82	36978.60
2008	28.87	28052.60	15.56	44511.40	27.49	63831.90
2009	73.76	85972.80	19.11	45422.50	37.64	83356.50
2010	123.48	124379.60	61.79	99181.00	41.71	80633.60
2011	43.45	30823.91	33.42	4064.39	16.88	28904.70
2012	44.60	36532.94	17.37	34709.15	33.32	63304.30
2013	60.42	64247.40	18.90	52529.90	47.15	70050.08
2014	63.24	83745.20	23.24	67634.33	41.49	76963.70
2015	63.56	105049.41	30.98	107033.56	41.09	111632.34

数据来源：中国证监会网站，http://www.cfachina.com/。

随着期货市场的发展，新品种也不断推出。2003 年 3 月 28 日，优质强筋小麦期货合约在郑州商品交易所上市交易；2004 年 6 月 1 日，棉花期货合约在郑州商品交易所上市交易；8 月 25 日，燃料油期货合约在上海期货交易所上市交易；9 月 22 日、12 月 22 日，玉米、黄大豆二号期货合约相继在大连商品交易所上市交易。

2006 年年初，白糖和豆油期货上市，年底全球首个精对苯二甲酸（PTA）期货在郑州商品交易所上市。2007 年 3 月 26 日，锌期货在上海期货交易所上市，菜籽油期货、聚乙烯期货、棕榈油期货相继在郑州、大连商品交易所上市。

2008 年 1 月 9 日，上海期货交易所上市黄金期货，郑州商品交易所 2008 年 3 月 24 日上市新硬麦期货。

2009 年 3 月 27 日，上海期货交易所上市了螺纹钢和线材期货，郑州商品交易所于 4 月 20 日上市早籼稻期货，大连商品交易所于 5 月 25 日上市 PVC 期货。

2011 年 3 月 24 日，上海期货交易所上市了铅期货，郑州商品交易所于 10

月 28 日上市甲醇期货，大连商品交易所于 4 月 15 日上市焦炭期货；2012 年 5 月 10 日上海期货交易所上市白银期货；2013 年共有 8 个商品期货新品种在三大交易所上市：3 月 22 日焦煤期货在大连商品交易所上市交易，9 月 26 日动力煤登陆郑州商品交易所，10 月 9 日全球首个沥青期货品种在上海期货交易所挂牌交易，10 月 18 日铁矿石期货合约在大连商品交易所上市，11 月 8 日鸡蛋期货在大连商品交易所上市，11 月 18 日粳稻期货合约在郑州商品交易所挂牌交易，12 月 6 日大连商品交易所上市纤维板期货，12 月 6 日胶合板期货在大连挂牌。

2014 年 3 月 21 日热轧卷板期货在上海期货交易所挂牌。2014 年上期所、大商所、郑商所再陆续推出 21 个品种开展连续交易，加上 2013 年首批推出的黄金、白银期货，目前中国期货市场已经有 23 个品种开启了夜盘交易，占到全期货市场的一半品种。包括期货市场中最活跃的 16 个品种，如螺纹钢、铁矿石、PTA、豆粕、菜粕、焦炭、焦煤等品种；2015 年 3 月 27 日上海期货交易所上市交易镍和锡期货。截至 2015 年 5 月 19 日，我国期货市场上市交易的商品期货共有四大类 47 个品种，基本涵盖了基本金属、贵金属、能源和化工、农产品等领域。除原油期货外，国际市场主要大宗商品期货品种都已经在我国上市交易。

21.4.4　今后宜推出发展的品种

我国期货市场经过二十多年的探索和实践，大豆、铜、小麦等大宗商品期货品种运作比较成熟，其他品种也逐渐健全，较好地发挥了经济功能。但是随着流通体制的改革，许多大宗商品的价格也逐渐开放，生产经营者回避价格风险的需求日益迫切。因此，积极推进我国大宗商品新品种的开发，成为当务之急。今后宜推出的期货品种主要有以下几种。

（1）能源期货

国际上的能源期货始于 1978 年，产生较晚但发展较快。能源期货包括原油、取暖油、燃料油、汽油、天然气等多个品种，其中原油期货最为活跃。原油的生产主要集中在中东地区，沙特、科威特、伊朗、伊拉克都是主要的石油生产国。而美国、日本和欧洲各国都是石油的主要消费国。多年来，国际市场上的石油价格波动一直比较剧烈，巨大的价格风险给许多进出口石油的国家带来损失，从而也推动了国际石油期货市场的发展扩大。上海期货交易所在 2004 年 8 月推出燃料油期货合约之后，使得我国燃料油企业也能借助期货市场的套期保值功能，锁定经营风险，从而避免国际歧视性价格给燃料油企业带来的经营风险和损失。今后可以考虑推出其他能源期货品种，如原油、取暖油、汽油、天然气等，进一步丰富期货市场。

（2）推出大宗商品期货期权

与商品期货相关联的商品期权和商品期货期权是国际商品市场上的重要品

种，推出在运行已经成熟的商品期货产品之上的期货期权以及商品指数期货等新品种不仅是丰富商品期货市场的必要，而且对期货市场风险管理也是非常必要的。

（3）其他

我国地域辽阔，自然资源丰富，是一些大宗基础性产品的主要生产国、消费国和贸易国，因此我们还可以考虑推出高粱等农产品期货。

21.5　我国商品期货交易规模

中国商品期货市场在 2009 年成交金额达到了 130.5 万亿元，首次超过 100 万亿元，2010 年再次刷新年度成交额新高，达到了 226.98 万亿元，之后的 2011—2012 年中国商品期货成交金额跌落到 100 万亿元以下，2013—2015 年又回升至 130 万亿元左右。表 21-3 给出了从 2003 年到 2015 年我国商品期货市场总的成交量、成交金额、成交金额年增长率和成交额/GDP 比例。

表 21-3　　　　我国商品期货市场交易数据（2003—2015 年）

单位：万手，万亿元，%

成交 年份	成交量	成交额	成交额年增长率	成交额/GDP 比例
2003	27986.4	10.84		0.80
2004	30569.8	14.69	35.6	0.92
2005	32300.0	13.45	-8.5	0.73
2006	44947.0	21.00	56.2	1.00
2007	72846.0	40.97	95.1	1.59
2008	136000.0	71.90	75.5	2.29
2009	215742.0	130.51	81.5	3.83
2010	304194.2	226.98	73.9	5.65
2011	63793.0	93.75	-58.7	1.98
2012	134546.4	95.29	1.6	1.78
2013	186827.4	126.47	32.7	2.15
2014	228343.2	127.97	11.8	2.01
2015	323715.31	135.63	150.8	2.04

数据来源：数据来源：期货成交量和成家金额数据更具中国证监会网站，中国期货业协会网站，http：//www.cfachina.com/公布的数据计算得出；GDP 数据来自国家统计局公布的数据。

表 21-3 显示，中国期货市场成交额 2003 年才刚刚超过了 10 万亿元，但是到 2009 年就显著超过了 100 万亿元，而且 2010 年又超过了 200 万亿元；从 2003

年到 2005 年，期货市场成交额还一直低于同年的国内生产总值；2006 年首次达到了与国内生产总值相当的程度，然而从 2007 年至 2010 年不仅超过同年国内生产总值，而且超过多倍，2010 年达到了超过近 5 倍的历史峰值。2010 年到 2012 年，虽然由于商品期货成交金额较 2010 年显著下降，导致成交金额相对于同期国内 GDP 的比例持续下降到了 1.78；2013 年到 2015 年期货成交金额与 GDP 比例保持在略高于 2 的较为稳定的水平。

我们在本篇介绍其他国内人民币产品市场时会发现，这种比例在国内任何市场都难以看到，表明国内商品期货市场流动性充足的同时，市场也发展到了相当的水平。除了这些正面的肯定外，期货市场投机性过高，也是导致交易高速增长的重要原因之一。我们下文还会讨论。

21.6　三家商品期货交易所及保证金监控中心

21.6.1　上海期货交易所（SHFE）

上海在我国建立期货市场的过程中发挥了很大的作用。从 1992 年到 1995 年，上海相继成立了 6 个交易所，即上海金属交易所（SHME）、上海粮油商品交易所（SHCOE）、上海石油交易所、上海建筑材料交易所、上海农资交易所和上海化工制品交易所。后 4 个交易所在 1995 年 4 月 19 日合并为上海商品期货交易所（SHCE）。按照 1998 年 8 月国务院关于进一步整顿和规范期货市场的要求，上海金属交易所、上海纺织品与石油交易所和上海商品期货交易所合并为上海期货交易所（SHFE），并于 1999 年 12 月开始正式运营。上海期货交易所目前上市交易的有铜、铝、锌、铅、镍、锡、燃料油、天然橡胶、黄金、螺纹钢、线材、白银、沥青、热轧卷板等十四种期货合约。

上海期货交易所坚持以科学发展观为统领，深入贯彻国务院关于推进资本市场改革开放和稳定发展的战略决策，依循"夯实基础、深化改革、推进开放、拓展功能、加强监管、促进发展"的方针，严格依照法规政策制度组织交易，切实履行市场一线监管职责，致力于创造构建安全、有序、高效的市场机制，营造公开公平公正和诚信透明的市场环境，长期目标：努力建设成为规范、高效、透明、综合性、国际化的衍生品交易所；未来五年的目标：建设成为一个在亚太地区以基础金属、贵金属、能源、化工等大宗商品为主的主要期货市场，发挥期货市场发现价格、规避风险的功能，为国民经济发展服务。

表 21-2 显示，2007 年以来上海期货交易所成交金额保持了三大商品期货交易所龙头老大的地位，近年来成交金额占全国比重接近一半，显示该交易所在全国商品期货领域的领头地位。

21.6.2 郑州商品交易所（CZCE）

郑州商品交易所（以下简称郑商所）是经国务院批准成立的我国首家期货市场试点单位、目前全国四家期货交易所之一，隶属中国证券监督管理委员会垂直管理。目前，经中国证券监督管理委员会批准，郑商所上市交易的期货合约有小麦（包括优质强筋小麦和硬白小麦）、棉花、白糖、精对苯二甲酸、菜籽油、早籼稻等。

郑商所实行会员制，会员大会是郑商所的权力机构，由全体会员组成；理事会是会员大会的常设机构，下设监察、交易、交割、财务、调解、会员资格审查、技术等 7 个专门委员会。郑商所实行保证金制、每日涨跌停板制、每日无负债结算制、实物交割制等期货交易制度，并积极适应市场发展要求，不断优化制度安排，更新监管理念，丰富监管手段，及时控制和化解市场风险，确保市场平稳运行。

郑商所拥有功能完善的交易、交割、结算、风险监控、信息发布和会员服务等电子化系统。会员和投资者也可以通过远程交易系统进行期货交易。期货交易行情信息通过路透社、彭博资讯、世华信息等多条报价系统向国内外同步发布。

郑商所注重加强与国际期货同业的交流与合作。1995 年 6 月加入国际期权（期货）市场协会。先后与日本关西农产品交易所、芝加哥期权交易所、巴西期货交易所、芝加哥商业交易所、东京谷物交易所、印度商品交易所、蒙特利尔交易所、尼日利亚证券与商品交易所、纽约—泛欧交易所集团等国外多家期货交易所签订了友好合作协议，定期交换市场信息，进一步扩大了郑商所在国际上的影响力。

21.6.3 大连商品交易所（DCE）

大连商品交易所成立于 1993 年 2 月 28 日，是经国务院批准并由中国证监会监督管理的四家期货交易所之一，也是中国东北地区唯一一家期货交易所。经中国证监会批准，目前上市交易的有玉米、黄大豆 1 号、黄大豆 2 号、豆粕、豆油、棕榈油、线型低密度聚乙烯和聚氯乙烯等品种。

成立十多年以来，大商所规范运营、稳步发展，已经成为我国重要的期货交易中心。近几年来发展尤为迅速，在发现商品价格、保护农民利益、引导农产品生产与流通、为市场主体提供避险工具等方面，发挥了重要作用，也为大连区域性金融中心建设、东北亚航运中心建设和东北地区振兴作出了积极贡献。

2006 年底，大商所领导班子提出了用一流的人才、一流的管理、一流的技术、一流的服务建设、一流期货交易所的目标，积极向综合性和全国性、国际化的交易所转变。2007 年 8 月国务院批准的《东北地区振兴规划》中提出，

"依托大连商品交易所，大力发展期货贸易，建设亚洲重要的期货交易中心"，对大商所的建设提出了新的更高的要求，也为大商所的发展提供了新的机遇。目前，大商所正朝着这一崭新的目标不断努力。

表 21-2 显示，2007 年以来大连商品交易所大多年份成交量保持了全国三大交易领先的地位。根据世界交易所联合会最新公布的数据，2015 年大连商品交易所成交量超过了上海期货交易所，成为全球最活跃的大宗商品期货交易所。

21.6.4 中国期货保证金监控中心（CFMMC）

中国期货保证金监控中心有限责任公司（以下简称中国期货保证金监控中心）是经国务院同意、中国证监会决定设立，由上海期货交易所、郑州商品交易所、大连商品交易所共同出资，于 2006 年 3 月 16 日在国家工商行政管理总局注册登记的非营利性公司制法人。2009 年 1 月成立中国期货保证金监控中心上海总部。中国期货保证金监控中心主管部门是中国证监会，其业务接受中国证监会领导、监督和管理。其主要职能是：建立和完善期货保证金监控、预警机制，及时发现并向监管部门报告影响期货保证金安全的问题；为期货投资者提供有关期货交易结算信息查询及其他服务；代管期货投资者保障基金，参与期货公司风险处置；负责期货市场运行监测监控系统建设，并承担期货市场运行的监测、监控及研究分析等工作；承担期货市场统一开户工作；为监管机构、交易所等提供信息服务；中国证监会规定的其他职能等。

21.7 中国期货市场在世界期货市场中的地位

21.7.1 2014 年我国商品期货成交量和成交金额世界占比

根据美国期货业协会的统计，2014 年全球期货与期权（包括金融、农产品、能源、贵金属、非贵金属以及其他类等）成交总量约为 218.67 亿手，其中商品期货成交约为 38.04 亿手，约占全球期货与期权成交总量的 17.40%。同年中国期货市场（包括上海、大连和郑州三家期货交易所）共成交商品期货约 22.83 亿手，占全球期货与期权成交总量的 9.6%，占全球商品期货和期权成交总量的 60.0%，中国商品期货成交量已经超过美国成为全球第一大商品期货市场。

期货与期权等衍生品市场发展在国际上已有一百多年历史，特别是在 1972 年到 1982 年间发生了一场重要变革。当时美国芝加哥商业交易所开创先河，先后推出外汇、利率与股指等金融期货品种，为期货行业注入新的活力和巨大发展空间。2014 年全球金融期货与金融期权的交易量，已占全球期货期权交易总量的 80.97%，是衍生品市场的主流产品（见表 21-4）。

表 21－4　　　　　　　　2014 年全球期货和期权成交手数的品种分布

品种	成交手数（亿手）	占比（%）
个股	64.93	29.69
股指	58.28	26.65
利率	32.68	14.94
汇率	21.19	9.69
农产品	14.00	6.40
能源	11.60	5.30
工业金属	8.73	3.99
贵金属	3.71	1.70
其他	3.55	1.64
总计	218.67	100

数据来源：美国期货业协会 2014 年年度统计报告。

相对于成熟的国际市场而言，尽管我国商品期货市场这些年取得了长足的进步，但总体上仍处于初级阶段。2009 年以来虽然我国已经成为全球第一大商品期货市场，但我国的期货交易额仅占世界期货期权交易额的 10.46%，比重仍与我国在全球的经济体量不太相称。

27.2.2　近年来我国商品期货成交量和成交金额的世界占比

上文介绍的我国商品期货市场发展情况显示，近年来我国商品期货市场规模达到了一定的水平。根据世界交易所联合会最新公布的数据，2014 年和 2015 年全球商品期货和期权成交量分别高达 34 亿和 43 亿份合约；根据表 21－3，该两年我国商品期货成交量分别为 22.83 亿和 32.37 亿份合约，分别占全球商品期货和期权成交量的 66.9% 和 75.3%，分别超过三分之二和四分之三，显示我国商品期货市场的地位显著提升。

正如第 12 章和第 13 章显示，由于不同期货和期权的合约大小差别很大，期货和期权成交并不是这些市场较好的衡量标准，而相应的成交金额却更好地反应出不同交易所和不同期货合约的活跃程度。表 21－3 给出的 2014 年和 2015 年我国商品期货成交金额分别相当于 20.91 万亿和 20.89 万亿美元，分别相当于世界交易所联合会最新公布的数据该两年全球商品期货成交金额分别为 93.91 万亿和 77.95 万亿美元的 22.3% 和 26.8%，显著超过该两年我国 GDP 世界占比 13.4% 和 15.6%，成为我国股指期货外我国金融市场成交金额占比唯一超过我国 GDP 世界占比的领域，显示近年来我国商品期货市场的成绩。

21.7.3 2015 年我国商品期货成交金额与美国商品期货成交金额比较

根据世界交易所联合会最新公布的数据，美国芝加哥商业交易所集团是最大的大宗商品衍生品交易所，2015 年成交金额达 41.15 万亿美元，占该年全球商品期货和期权成交金额 84.23 万亿美元的 48.9%，接近一半，而同年我国商品期货成交金额进展当年全球商品期货和期权成交金额 84.23 万亿美元的 24.8%，仅相当于同年美国占比超过 48.9% 的一半，显著低于同年我国 GDP 与美元 GDP 比例 63.4%，显示我国商品期货市场的活跃度与美国仍有明显的差距。

21.7.4 我国商品期货价格对国际市场价格的作用

随着中国期货市场的发展和规模的不断扩大，中国期货市场与国际期货市场的联系日益紧密。一些重要产品，如铜、大豆品种的价格对国际市场的影响日益增强。以铜为例，目前国际上进行铜期货交易最有影响力的期货交易所包括伦敦金属交易所（LME）、上海期货交易所（SHFE）、纽约商业交易所（NYMEX）。随着时间的推移，上海铜期货市场在国际铜定价中的作用和影响力呈明显的上升趋势。随着我国期货市场的不断完善和发展，我国期货产品势必将对国际市场价格发挥更为重要的作用。

21.8 我国商品期货市场存在的问题

我国期货市场从初创到现在已经有 20 多年的时间，既有超常规发展的初创期，也经历了问题迭出的整顿期。近年来我国期货市场呈平稳较快发展，但是和国外市场相比，我国的期货市场还是一个新兴的市场，许多问题亟待解决。

21.8.1 产品仍不够齐全

2004 年以来，我国期货市场的产品创新速度加快。截至 2015 年 4 月底，我国期货市场的交易品种已经增至 47 个。分别为上海期货交易所的铜、铝、锌、铅、镍、锡、燃料油、天然橡胶、黄金、螺纹钢、线材、白银、沥青、热轧卷板；郑州商品交易所的硬麦、强麦、棉花、白糖、PTA、菜籽油、早籼稻、甲醇、玻璃、菜籽、菜粕、动力煤等；大连商品交易所的大豆一号、大豆二号、豆油、豆粕、玉米、塑料、棕榈油、PVC 等；中国金融期货交易所的沪深 300 指数期货和 5 年期国债期货。但是总的来看，我国期货市场的产品仍然不足，诸如利率、汇率等金融期货还不够丰富，一些很重要的大宗商品（如原油）还缺乏相应的交易品种。我国期货市场还需要在规范市场的同时，不断加强品种创新。

21.8.2 投机成分过重

期货市场在市场经济中的重要功能，是使各种生产者和工商业者能够通过套期保值规避价格风险，从而安心于现货市场的经营。期货市场要实现这种功能必须要有投机者的参与。投机者在寻求风险利润的同时，也承接了市场风险，因此一个正常的期货市场上，投机者是必需的和必要的。但如果一个市场投机者占了绝对支配地位，非但期货市场的积极功能不能很好发挥，反倒会对整个金融市场造成冲击，干扰经济的健康发展。目前在我们的市场上，大部分市场参与者在交易的过程中，投机的心理占了上风。甚至在需要参与市场进行套期保值的企业中，也有不少做投机交易的。比如，有些粮油加工企业在期货市场上却成为了空方的大户，等等。在这种市场，商品价格的高低在很大程度上取决于买卖双方对未来价格的预期，而远远脱离了这种商品的现时基础价值，从而可能导致了价格"越买越贵"或"越抛越跌"的正反馈循环。在这种情况下，就很容易出现价格往极端发展的风险。

21.8.3 市场参与者不够成熟

由于目前我国期货业的专业投资管理公司和专业的经纪人队伍还没有完全建立和规范起来，所以实际的投资大部分还得依靠投资者自己来完成，其投资行为具有很大的盲目性。要想降低期货市场风险，对投资者的教育和促进其走向成熟是一条必经之路（中国期货业协会：《期货市场教程》（第五版），中国财政经济出版社，2007）。

21.8.4 期货期权仍然缺位

期权的推出虽然比期货晚了一个多世纪，但是从产生开始就得到飞速发展，交易量不断放大，品种迅速增加。期权已经成为期货交易所最重要的交易品种，增长速度已经超过了相应期货。从功能来看，期货能够为现货市场提供规避风险的工具，期权又能够为期货提供规避风险的工具。期货头寸的多空仅能反映现货市场走向的涨跌，然而不能进一步反映在确定时间内涨跌的强度。在同一交割时间，不同执行价的期货期权将期货价格分成不同的风险级别，这些期权的价格可以反映市场对不同价格区域的走势强度。期货期权不但为标的期货提供市场风险规避工具，同时也为包括现货、期货和期权等产品的组合资产的风险管理提供重要的参数。

在国际市场上，几乎所有的期货产品都有相应的期权交易。而我国目前还没有期货期权的品种，期货期权势必成为我国期货市场发展的重要内容。

21.9　我国商品期货今后的发展

21.9.1　进一步丰富商品期货的交易品种

中国与美国同为大宗基础性产品，如农产品、能源、矿产资源等主要原材料的生产国、消费国和贸易国。以农产品为例，中国的小麦产量排在世界第一位，玉米产量为世界第二位，大豆产量为世界第四位，进口量为世界第二。中国具有充分运作农产品等大宗商品期货的雄厚现货基础和巨大的避险需求。但在期货交易品种数量方面，中国却与美国期货市场有着巨大差距。

美国共有商品期货和期权 32 类 114 个上市品种，其中仅农产品期货和期权就有 12 类 50 多个品种；能源期货和期权 7 类 28 个品种；贵金属期货和期权 5 类 16 个品种（2003 年数据）。金融衍生品中，6 家交易所上市 33 个股票指数期货合约，7 家交易所提供了 100 多个指数期权合约。而经过近年来密集的新品种上市，我国的期货市场品种连金融和商品期货在内也仅有 49 个，不仅如此期货市场到目前为止也还没有引入期权合约。因此，不断丰富市场交易品种是我国未来商品期货发展的重要方向之一。

21.9.2　专业化市场

期货市场的产生、发展与创新密不可分，我国期货市场的发展也在创新中不断前进。随着我国期货市场的发展，新品种将不断被开发，各个交易所在自身核心品种的研究和创新方面也会不断努力，并设计出适应市场需求的产品。在此基础上，期货公司会以满足客户需求为前提不断探索，以期能够提供新的服务手段和服务方式。通过期货市场各个组成部分的共同努力，必将形成一个功能完善、注重理性投资的专业化市场（中国期货业协会：《期货市场教程》(第五版)，中国财政经济出版社，2007）。

21.9.3　期货市场功能不断发挥和完善

期货市场的基本功能是规避风险和价格发现。对整个国民经济而言，期货市场还有一个重要功能——定价。期货市场较之现货市场，具有辐射面大的优势。在过去 10 年中，中国期货市场辐射面已有很大改善。但是，由于长久以来期货投资基金处于非合法地位，期货公司也只被允许从事经纪业务，造成机构投资者仅局限于有现货背景的套期保值企业，套利与投机交易中缺乏机构的参与。同时，由于中国期货交易所市场的会员结构单一，未形成分层次会员体系，因此难以吸引不同性质的更多资金入场。此外，由于中国期货市场对外资封闭，在全球范围的辐射面始终有限。

从定价功能来看，现代大宗商品国际贸易的定价方式是期货价格＋升贴水。在国际大宗商品的定价市场中，拥有定价发言权的是那些拥有专业巨型基金参与的期货市场。这些基金拥有专业的研发团队和操作团队，它们根据市场供求变化，特别是远期供求预测，进行套期保值和投资，牢牢把握了世界大宗商品的定价权。而且，自 20 世纪 70 年代石油危机以及相应的资源类期货市场建立以来，拥有资源的定价权与话语权成为发达国家争夺国际资源最有效的手段。随着经济全球化的步伐加快，石油、钢铁、铜等基础原材料价格的国际性不断提高，期货市场在国际定价中的作用愈发凸显。因此，中国应不断提高期货市场的国际地位和国际定价话语权，以期货市场的发展促进经济的良性发展。

现在我国期货市场在国内开始初步发挥其定价功能，典型的是大连商品交易所的黄大豆一号期货合约与上海期货交易所的铜合约，它们在提升现货质量、提高现货交易的信用水平、延伸相关产品产业链以及理顺国内商品流通关系等方面发挥了重要作用。

期货市场的风险管理功能，体现在企业能够在期货市场上找到足够的工具，来管理自身生产经营过程中所面临的价格风险。影响期货市场风险管理功能的因素包括：期货品种结构、合约设计、交易时间与交易系统设置、市场流动性等。目前，我国期货市场的发展现状明显不能满足市场风险管理的需求。

21.9.4 加强监管，完善市场法制建设

2007 年 4 月 15 日，国务院颁布了修订后的《期货交易管理条例》，中国期货市场法律法规建设取得了一些进展，"十五"期间，法律法规框架逐步搭建完善。目前，中国期货市场已形成了"一个条例"、"一个司法解释"、"五个办法"的法律法规基本框架。

2000 年之前，期货监管体系比较混乱：一是"政出多门"，缺少统一的监管部门；二是监管部门以"管得住"作为监管思路，在监管手段上以行政性指令为主，与国际成熟的期货市场相比差距甚远。进入"十五"之后，期货监管体系基本理顺，监管思路、监管方式有所转变。

首先，期货监管权全部划归中国证监会。证监会下设期货监管部，专门负责期货市场监管，各地证管办变更为证监局后，也下设期货处，负责监管当地期货市场与期货机构，这就理顺了从中央到地方的监管体系。

其次，由行政指令性监管向市场化监管转变。近年来，证监会把"按市场化原则规范期货市场和根据国民经济发展的要求发展期货市场"作为监管工作的两个基本原则，在品种推出、分类监管、期货公司风险管理和推动市场技术

创新方面都做了一些有实效的工作。

最后，从单纯监管到监管与服务并重。证监会相继修订相关法规，研究、开发和试点运行客户保证金存管系统、投资者保护基金，致力于保护中小投资者利益。这说明，监管部门已逐步开始将服务中小投资者和期货公司作为任务之一。

2007 年 4 月 15 日，国务院通过了《期货交易管理条例》并颁布实施。新条例分别对期货交易所的组织架构、期货公司的业务范围、期货交易规则、期货业协会的权利义务、期货监督管理的原则与措施等进行了详细阐述，很多细则都是首次提出，为中国期货市场的积极稳妥发展奠定了坚实的制度基础。2007 年 3 月的十届人大五次会议上，温家宝总理再次明确了"积极稳妥地发展期货市场"的指导思想，为期货市场的科学和谐发展指明了方向。

但是我国目前在法律法规与监管体制等方面仍然存在一些问题，不断完善市场法制建设是期货市场未来发展的一项长期任务。

21.10 本章总结

我国期货市场经过 20 多年的发展，已经取得了较大的成绩。然而无论是从交易量、市场规模、交易品种，还是从在国际市场中的地位等方面来看，我国期货市场还存在很多问题，与国际市场有很大的差距。从国际贸易角度来看，目前在国际贸易当中，很多种类的商品交收价格多是通过以相应品种的期货市场价格为基准，再考虑升贴水而决定的，即所谓"点价"贸易，尤其是在国际大宗农产品贸易中，期货市场更是成为价格发现与风险管理的核心市场。因此，一个贸易大国理所应当是一个期货大国，而期货市场的发展也应在一定程度上跟随贸易总额的增长。

我国是世界第一大铁矿石进口国。2009 年铁矿石进口 6.3 亿吨，同比增长 41.6%，对外依存度从 2002 年的 44% 提高到 69%。进口铁矿石总金额约为 501.1 亿美元，折算全年进口铁矿石平均价格为 79.8 美元/吨。2010 年进口铁矿砂 6.2 亿吨，减少 1.4%，进口均价为每吨 128.4 美元，上涨 60.6%，进口总金额约为 796 亿美元。我国是世界第二大石油和能源产品消费国。2009 年我国累计进口原油 2.04 亿吨，年度进口规模首次突破 2 亿吨，比 2008 年同比增长 13.9%，原油对外依存度达到 52%，价值 892.6 亿美元。2010 年我国累计进口原油 2.39 亿吨，同比增长 17.5%，价值 1351 亿美元，同比增长 51.4%，石油对外依存度约为 55%，而 2009 年我国原油对外依存度为 52%，首次突破 50% 的警戒线。对进口依存度奇高的背后，潜在着巨大的风险和挑战不容忽视，这其中蕴藏的价格风险迫切需要一个有效的渠道进行释放。而期货市场可以有效地管理风险、稳定收益、降低成本，从而取得比较价格优势。

虽然我国商品期货近年来成交量达到了全球第一的水平，但是我国在原油和大宗商品领域仍然少有定价权。国际原油和大宗商品价格仍然由国际机构把持，而且国际市场上操纵价格的情况时有发生。可喜的是，2011 年 4 月 24 日美国商品期货交易委员会（Commodity Futures Trading Commission，CFTC）向美国帕尔农能源公司、英国阿卡迪亚石油公司和瑞士阿卡迪亚能源公司提起民事诉讼。被告清单包含两名交易员，分别是澳大利亚人詹姆斯·戴尔和美国人尼古拉斯·怀尔德古斯。诉状写道，自 2007 年年底至 2008 年 4 月，上述三家机构伙同两名被告交易员购入数以百万桶计现货头寸，以控制供应紧张的西得克萨中间基原油，"即使他们并无对原油的商业需求"。推升油价后，他们向市场投放囤积的原油，令油价急挫，自己则因提前设置空单而入账丰厚利润。诉状写道："被告主导一个（油价）操纵循环，推升西得克萨中间基原油价格至人为新高，然后回撤跌落，赚取非法利润。"这场诉讼源于商品期货交易委员会三年来针对原油投机交易的调查，恰逢美国总统贝拉克·奥巴马誓言平抑国内汽油价格上涨并确保油价不受人为操控（《现代金报》，2011 - 05 - 26）。美国监管部门加强监管对抑制国际原油和大宗商品价格会产生一定的好的效果，对国际商品期货市场的健康发展有一定的意义。

国内原油期货上市的消息令我们高兴。"在三个月左右的时间内原油期货就可以上市了"，上海期货交易所理事长宋安平在 2015 年 6 月 27 日的陆家嘴金融论坛上表示。原油期货得益于上海自贸区的建设，"国际能源平台设在自贸区内，国际原油平台的建设也得益于自贸区政策的使用"（"上海期货交易所：原油期货将在 3 个月内上市"，中新社上海 6 月 27 日）。原油期货的推出将使得我国期货市场最重要的产品缺位得到充实，我国在国际原油市场上的定价权将得到逐步发挥并提高。

因此可以预见，我国未来的商品期货市场仍有较大的发展空间。国内商品期货市场只有通过不断的创新，推出市场需要的期货品种，不断优化市场结构，充分发挥期货市场价格发现和避险的功能，同时完善市场法制建设，加强监管，才能够不断繁荣发展。

第 22 章　可转换债券和其他有嵌入式期权的债券

人民币可转换债券市场实际上是国内最早的与人民币衍生产品相关的市场，早在1992年，最早的人民币可转换债券在国内就开始发行，与国内商品期货市场的起步时间相差不多。本章我们专门介绍国内外可转换债券。

可转换债券是指可以转换为普通股股权的债券。因其具有筹资成本低、便于发行筹集资金等优点而越来越成为企业长期融资的重要工具。与传统的固定收益证券不同，可转换债券包含有嵌入式期权在内，嵌入期权性质使其在设计条款上更加灵活也使其定价和应用更加复杂。所以可转换型债券具有债券和股权双重功能。本章在简单介绍国外可转换债券市场发展的基础上，主要介绍我国可转换债券市场的现状、存在的主要问题和今后的发展方向。

22.1　可转换债券简介

许多金融产品具有将选择权给一方或多方的特点，可转换债券就是这样一种具有嵌入式期权（Embedded Option）性质的金融产品。从理论上说，可转债券可以被视为一种普通债券与一个认股权证，以及其他期权的叠加。具体地，一个典型的可转债包含五个组成部分：

表 22 − 1　　　　　　　　　　可转换债券的组成

可转换债券				
纯债券 Straight Bond	认股权证 Warrant	赎回条款 Callability	回售条款 Puttabilty	转换价修正条款 Refix Clauses

下面对这五个组成部分分别加以说明。

可转换债券是一种公司债券，属固定收益证券，具有确定的债券期限和定期利率，并为可转换债券投资者提供稳定利息收入和还本保证。在企业资产负债表上，可转换债券属于企业"或有负债"，在转换成股票之前，是属于企业的负债资产。可转换债券的持有者不同于股票投资者，他不是企业的拥有者，不能获取股票红利，不能参与企业决策。

认股权证（Warrant）实际上是企业发行的看涨期权，它与看涨期权的一个重要区别在于认股权证的执行需要公司发行新股，这就增加了公司的股票数。

而看涨期权的执行只需要卖方交割已经发行的股票，公司总股数不变。与看涨期权的另一个不同在于，当认股权证的持有者以执行价格购买股票时会为公司带来现金流。投资者通过持有可转换债券可以获得股票上涨的收益。也有可转债设置了强制性转股条款，即可转换债券到期时，发行公司强制尚未转股的可转换债券持有人按照预先制定好（在到期时通常已经被调整过）的转股价进行转股。

一个含有赎回条款的可提前赎回债券（Callable Bond）包含了允许发债公司在未来某一时间以预先确定价格购回债券的条款。这种债券的持有者出售给发行者一个看涨期权。在该期权中的执行价格即赎回价格是该债券发行者必须支付给该债券持有者的预先确定价格。

一个含有回售条款的可提前退还债券（Puttable Bond）包括允许持有者在未来某一时间内以预先确定价格退还债券收回现金的条款。这种债券的持有者不但购买了债券本身而且还购买了债券的看跌期权。

由于企业分发红利、送股、配股等因素，可转换债券中一般包含转换价修正条款，这使得可转换债券的价值不再与股价的路径无关。

正是由于这诸多的因素交织在一起，可转换债券的属性变得比普通债券更为复杂。

22.2　国外可转换债券市场的发展

可转换债券是一个全球性的金融品种。1843 年，美国的 New York Erie 公司发行了世界上第一张可转换公司债券，之后，可转换债券独特的金融性质逐渐为投资者们所熟悉并受到了广泛的欢迎。目前，在美国、欧盟、日本和东南亚等国家和地区，可转换债券市场已经成为金融市场中不可或缺的重要组成部分，为这些国家和地区金融市场的繁荣和企业竞争力的提升起到了积极的推动作用。

在十几年前，可转换债券的投资者还只集中在一个范围很小的圈子里。当时，只有一些分散在全世界的可转换债券投资基金和对冲基金才会专注于可转换债券。然而在如今，全球范围内可转换债券市场的发展，无论是在广度还是在深度上，都已经发生了质的变化，并且日趋成熟和繁荣。特别是在最近的四五年时间里，由于网络股泡沫破灭所引致的全球股票市场的震荡，令可转换债券的优势凸显无疑；加上各国利率水平的不断下调，可转换债券的融资成本大幅下降，全球可转换债券市场的资本规模和发行金额因此不断创出新纪录。根据有关资料的统计，截至 2003 年 3 月，全球可转换债券市场的资本规模（Market Capitalization）已经接近 5000 亿美元，而每年新发行的可转换债券规模（Issuance）也超过了 1000 亿美元。以下介绍海外可转换债券市场发展的特征。

22.2.1 全球可转换债券市场规模与分布

20世纪90年代以来，可转换债券在全球市场上发展迅速，主要集中在美国、日本、欧洲和亚洲的一些国家，其中日本在1999年以前，一直是世界上最大的可转换债券发行和交易市场。由于泡沫经济的破灭和银行坏账引起的信用问题，日本可转换债券市场的资本规模在最近两年出现了较大幅度的下降。但是美国和欧洲的可转换债券市场保持了良好的发展势头，市场规模逐步扩大。目前美国已经超越日本成为世界上最大的可转换债券市场。欧洲更是发展迅猛，现已与日本持平。而亚洲一些国家和地区的可转换债券市场，在经历了金融危机的风暴后，经过短暂地调整，也已恢复到了危机前的水平，见表22-2。

表 22-2　　　　　　　　　全球可转换债券市场的规模与分布　　　　　单位：亿美元，%

国家和地区	市场规模（2011年）	市场规模（2012年）	市场规模（2013年）	市场规模（2014年）	增长幅度
美国	20.9	19.7	36.5	37.4	2.47
日本	24.02	21.79	48.04	72.16	50.18

资料来源：Wind 资讯。

22.2.2 美国市场

美国是可转换公司债券的诞生地，并且在20世纪70年代迅速发展起来，特别是1998年以后，发行数量和融资规模呈现出急速扩张的态势。图22-1给出了2011年到2014年美国可转换债市场规模。图22-1显示，2011年到2012年，美国可转换债券市场略有下降，但是从2012年到2013年，美国可转换债券市场发展迅猛，增长了85.3%；2013年到2014年略有增加；路透金融终端的信息显示，截至2015年6月末，美国共有未到期的可转债186笔，市场规模38.7亿

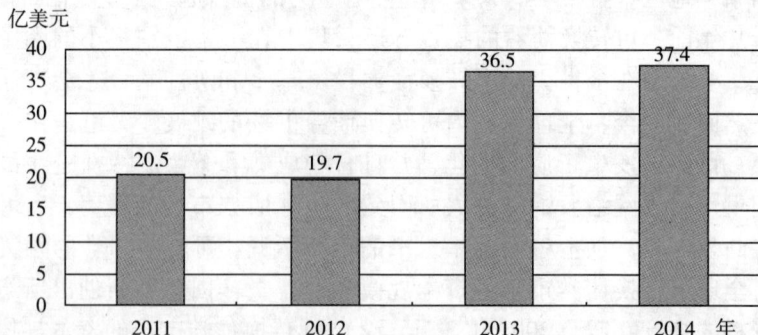

数据来源：Wind 资讯。

图 22-1　美国可转换债券市场存量规模（2011年到2014年）

美元。

随着可转换债券吸引了越来越多的融资者和投资者，可转换债券的流通性有了很大的好转，其交易模式也日趋成熟。在美国，可转换债券的交易主要采用做市商制，通过 OTC（Over the Count，柜台交易）的方式，由庄家撮合最高的买价和最低的卖价。为了促进可转换债券的市场流通性，美国的可转换债券被分成了两种，一种为非注册（Not Registered）可转换债券，按美国证券交易委员会（SEC）的 144A 法则发行，只能由有资格的机构投资者（Qualified Institutional Buyers，QIBs）购买；另一种是在美国证券交易委员会注册的（Registered）可转换债券，广大的普通投资者也可以购买。目前，美国 80% 以上的可转换债券都是经过注册的，因此，一般投资者也很容易就购买到可转换债券。

22.2.3 欧洲市场

欧洲的可转换债券市场在过去几年中也取得了突飞猛进的发展。资料显示，在 2001 年，欧洲各国发行的可转换证券（其中 95% 以上为可转换债券）规模为 476.37 亿欧元；而在 1998 年，这一数字还只有 270.35 亿欧元，四年间可转换证券的发行规模增长了 76.2%。表 22-2 给出了 1998 年到 2015 年主要欧洲国家可转换债券市场分布。表 22-2 显示，可转换债券的发行市场过去主要集中在法国、德国和瑞士，而十多年来法国保持了欧洲一枝独秀，成为欧洲最大的可转换债券发行地，瑞士在欧洲可转债市场的地位下降的同时，英国的地位有明显的上升。

表 22-3　欧洲可转换债券未到期笔数分布（1998 年到 2015 年 6 月末）

年份	1998	1999	2000	2001	2015 年 6 月末	
					发行笔数（笔）	占比
发行额（增幅）	270.35	304.87（+13%）	339.10（+11%）	476.37（+40%）		
法国	22%	46%	26%	37%	72	23.7%
瑞士	21%	9%	5%	15%	16	5.3%
德国	20%	10%	25%	6%	48	15.8%
英国	8%	10%	16%	10%	43	14.1%
意大利	7%	—	11%	14%	38	12.5%
荷兰	13%	9%	13%	5%	11	3.6%
比利时	4%	4%	—		13	4.3%
其他欧洲国家	5%	12%	4%	7%	38	12.5%
其他国家	—	—	—	6%	25	8.2%

资料来源：1998 年到 2001 年数据来自 www.westlbpanmure.com，根据 Capital DATA Bonovere 数据整理；2015 年数据来自路透金融终端。

22.2.4 日本市场

相比之下，日本的可转换债券交易模式与美国有比较大的差异。日本的可转换债券都是挂牌交易的（Listed），由证券交易所的电子报价系统自动撮合成交。这种交易模式加快了可转换债券的流动，也使日本成为世界上最活跃的可转换债券交易市场。2001年日本每年的可转换债券交易额超过5万亿日元（约合400亿美元），其中最大的东京证券交易所，每月可转换债券的交易量可以达到3500亿日元以上（约合28亿美元）（见表22-4）。表22-3给出了2009年到2014年日本可转换债券市场的成交金额。

表22-4　　　　　　　　**日本可转换债券市场的成交金额**　　　单位：亿日元/亿美元

地点	日本东京证券交易所					
	(TSE)					
期间	2009	2010	2011	2012	2013	2014
交易量（日元）	2107	2712	2990	2712	5980	8981
交易量（美元）	16.93	21.79	24.02	21.79	48.04	72.16

数据来源：Wind资讯，美元与日元的兑换比例为1美元:124.46日元。

22.3　国外可转换债券市场承销商

海外可转换债券市场的发展与世界级大券商的积极推动也是密不可分的。特别是在最近几年全球IPO市场出现急剧萎缩的情形下，券商们纷纷将眼光放到了迅速发展的可转换债券承销业务上。从表22-5中可以看出，从2000年到2001年，全球十大券商在股票首发的承销业务上大幅下滑，仅有第一波士顿和美洲银行略有增长；而在可转换债券的承销领域，则几乎都出现了30%以上的增长，所罗门、JP摩根、UBS和美洲银行更是增幅翻番。在2001年，十大券商的可转换债券承销额全部都超过IPO的承销额，像美林、所罗门等券商的业务重心，更是几乎全部转移到了可转换债券市场。

表22-5　　　　　　**十大券商可转换债券承销与IPO承销的比较**　单位：亿美元，%

券商	可转换债券承销			股票首发（IPO）承销		
	2000年	2001年	增幅	2000年	2001年	增幅
美林	149.6	236.5	58.1	167.6	19.7	-88.2
高盛	124.3	166	33.5	343.5	124	-63.9
所罗门史密斯巴尼	44.7	162.6	263.8	30.5	3.8	-87.5
第一波士顿	87.3	135.9	55.7	101.4	103.1	1.7

续表

券商	可转换债券承销			股票首发（IPO）承销		
	2000 年	2001 年	增幅	2000 年	2001 年	增幅
摩根士丹利	86.9	131.8	51.7	147.5	75.3	−48.9
雷曼兄弟	39	71.1	82.3	30.4	17.8	−41.4
J. P 摩根	11.2	48.2	330.1	—	1.4	—
UBS 证券	9	30.8	242.2	11.6	2.5	−78.4
美洲银行	3.6	23.1	541.7	6	6.6	10
德意志银行	17.9	19.1	6.7	22.3	4	−82.1

注：可转换债券的承销额仅为美国市场数据，不包括这些券商在其他国家和地区的承销额；IPO 的承销额按主承销商统计，为全球市场数据。

资料来源：根据 www.convertbond.com 和 www.ipomonitor.com 网站提供的资料整理。

22.4　国外可转换债券的收益

1993 年，有两位美国学者研究了 1973 年到 1992 年可转换债券的投资收益情况，发现在这 20 年间，美国市场上的可转换债券每年的复合收益率达到了 11.75%，比同期的标准普尔指数还要高出 0.42 个百分点。这一研究成果引起了众多基金管理人的注意。之后，越来越多的基金管理者将可转换债券作为重要的头寸，打入资产组合包中。随着可转换债券市场规模的日益扩大和流动性的日益增强，一些专门以可转换债券作为投资品种的基金也出现了。目前海外市场上的可转换债券基金主要有两类，一类是普通的、以可转换债券本身作为投资对象的基金，如可转债基金（Convertible Bond Fund）、可转债共同基金（Convertible Bond Mutual Fund）等；另一类是专门将可转换债券作为避险或套利工具的基金，如可转债对冲基金（Convertible Bond Hedge Fund）、可转债套利基金（Convertible Bond Arbitrage Fund）等。据统计，现在全球专门从事可转换债券套利的对冲基金大约有 120 家，规模达到了 100 亿美元。从过去几年的表现来看，这些可转换债券投资基金业绩超过了同期股票指数的收益水平，见表 22 − 6。

表 22 − 6　　1973 年到 1992 年可转换债券与其他资产投资收益的比较

资产类别	复合年收益率（%）	财富指数（1972 年 =1）	标准方差（%）
可转换债券	11.75	9.22	12.75
标准普尔 500	11.33	8.56	17.5
长期公司债券	9.54	6.19	12.55
中期公司债券	10.08	6.83	8.92

资料来源：Scott L. Lummer, Mark W. Riepe: Convertible Bond as an Asset Class, September 1993 Issue of the Journal of Fixed Income。

22.5 可转换债券的发行条款及其对投资价值的影响

当可转债没有赎回条款、回售条款和转换价格修正条款，有效期内标的股票不发放股利的特殊情况下，可转债价值可以确切地表示为

$$CB = SB + W$$

其中 CB 为可转债价值，SB 和 W 分别为其中纯债券和认股权的价值。

纯债券部分的价值可以通过发行条款中约定的票面利息和同期企业债市场的收益率水平贴现得到，纯债券价值应为转债价值的下限。通常在转换期权处于极度虚值状态时，投资者取得转股收益的预期较小，转债价格接近其纯债券价值。

转债中各种嵌入期权相互交错、相互影响，对各部分独立估价简单相加是不行的，需要作为整体来考虑。决定转债价值的期权主要有：认股权、回售权、赎回权以及价格修正条款和存续期（包括转换期和不可转换期），反映在具体的设计条款上为初始转股价（溢价幅度）、回售条件和回售价格、赎回条件和赎回价格、存续期和转换期、转股价格调整和转股价格修正条款。表 22 - 7 给出了一个可转换债的案例。

表 22 - 7　　　　　　　　　案例分析万科转债发行条款

发行企业	万科企业股份有限公司	股票简称及代码	万科 A　　　000002
发行总额	1500000000 元	票面金额	100 元
期限	5 年（2002 年 6 月 13 日—2007 年 6 月 13 日）	票面利率	1.5% 每年付息一次
转换期	2002 年 12 月 13 日至 2007 年 6 月 13 日	转股价格	初始转股价格为 12.10 元/股，溢价 2%
赎回条款	2002 年 12 月 13 日以后，如果公司 A 股股票收盘价连续 30 个交易日高于当期转股价的 130%。则公司有权以面值加当年利息的价格赎回	回售条款	2002 年 12 月 13 日以后，如果公司 A 股股票连续 30 个交易日的收盘价格低于当期转股价的 70% 时，可转债持有人回售价格 102%（含当年利息）

资料来源：《万科可转换公司债券募集说明书》，2002 年 6 月。

我们在下文将对可转换债券的发行条款及其对可转债投资价值的影响做详细说明。

22.5.1　发行规模

可转换债券的发行规模不仅影响企业的偿债能力，而且还可能影响未来企业的股本结构，因此发行规模是可转换公司债券很重要的因素。根据《可转换公司债券管理暂行办法》，我国企业可转换债券的发行额不少于 1 亿元，发行后资产负债率不高于 70%。

22.5.2　票面金额

我国可转换债券面值是 100 元，最小交易单位是 1000 元。境外可转换债券由于通常在柜台系统交易，最小交易单位通常较高，如台湾市场，其最小交易单位为十万台币。

22.5.3　发行期限和转换期

发行期限和转股期的共同作用，形成一个转股期间，对债券价值的期权部分产生很大影响。可转换债券发行公司通常根据自己的偿债计划、偿债能力以及股权扩张步伐来制定可转换债券的期限，国际市场上可转换债券期限通常较长，一般在 5 ~ 10 年，但我国发行的可转换债券的期限规定为 3 ~ 5 年，发行公司调整余地不大。我国已经发行上市的可转换债券绝大多数发行期限为 5 年。

转换期是指可转换公司债券转换为股份的起始日至结束日。根据不同的情况，转换期通常有以下四种情况：

（1）发行一段时间后的某日至到期日前的某日；

（2）发行一段时间后的某日至到期日；

（3）发行后日至到期日前的某日；

（4）发行后日至到期日。

在前两种情况下，发行可转换公司债券之后，发行公司锁定了一段特定的期限，在该期限内公司不受理转股事宜，它这样做的目的是不希望过早地将负债变为资本金而稀释原有的股东权益；在后两种情况下，发行公司在可转股之前对可转换公司债券没有锁定一段期限，这样做的目的主要是为了吸引更多的投资者。

我国可转换公司债券的管理办法只对转换期的起始日有所规定，根据 2001年《上市公司发行可转换公司债券实施办法》，规定"可转换公司债券自发行之日起六个月后方可转换为公司股票。可转换公司债券的具体转股期应由发行人根据可转换公司债券的存续期及公司财务情况确定"。该办法为未来上市公司延长非转股期提供了依据。

由于对转换期的截止日没有政策规定，因此我国以往发行的可转换公司债券在这方面做法各异，在国内发行的几只可转换公司债券，如南化、丝绸、茂炼、虹桥、鞍钢等转换期的截至日都是可转换公司债券到期日，而在海外发行的可转换公司债券，如中纺机、南玻、庆铃汽车、镇海炼油转换期的截止日都是到期日前的某日。我国已经发行的可转换债券绝大多数从发行日后 6 个月后开始可以转股，发行期限为 5 年，转换期为 54 个月。其中阳光转债的转换期最短为 24 个月。

22.5.4　票面利率

票面利率约定了可转换债券投资者可能有的最低收益，是决定可转债债券价值的主要因素。票面利率越低，转债的纯债券价值越低。在其他条件相同的情况下，较高的票面利率对投资者的吸引力较大，因而有利于发行，但较高的票面利率，转股的可能性就越小，发行公司也将为此支付更高的利息。可见，票面利率的大小对发行者和投资者的收益和风险都有重要影响。

22.6　初始转股价格（初始转换溢价率）

初始转股价格是指可转换债券转换为每股股票所支付的价格，与转股价格紧密相联的两个概念是转换比率与转换溢价率。转换比率是指一个单位的债券转换成股票的数量，即转换比率 = 单位可转换公司债券的面值/转股价格；转换溢价是指转股价格超过可转换公司债券的转换价值的部分；转换溢价率则指转换溢价与转换价值的比率，即

转换溢价率 =（转股价格 - 股票价格）/股票价格

根据《上市公司发行可转换公司债券实施办法》，转股价格的确定应以公布募集说明书前 30 个交易日公司股票的平均收盘价格为基础，并上浮一定幅度。一般来讲初始的溢价幅度越低，股价在未来超过转股价的可能性和超出幅度也就越大，转债投资者在未来更有可能取得较大的转股收益。

22.7　转股价格调整条款

22.7.1　股权调整

一经合同约定，一般不能修改。但在下列情形下，由于发行人股权遭受稀释，可转换债券的转换价值必然发生贬损，有将转股价格向下调整的必要。若遇公司送红股、增发新股或配股、派息等情况，为避免可转债的贬值，保护转债投资者的利益，通常在转债发行条款中规定，如果公司发行新股、派送股或

派息，必须按相应比例调整转股价格。

设初始转股价为 P_0，送股率为 n，增发新股或配股率为 k，增发新股价或配股价为 A，每股派息为 D，调整转股价为 P。通常的调整方法：

送股或转赠股本：$P = P_0 / (1 + n)$

增发新股或配股：$P = (P_0 + Ak) / (1 + k)$

两项同时进行：　$P = (P_0 + Ak) / (1 + n + k)$

派息：　　　　　$P = P_0 - D$

相对溢价幅度 =（转股价 - 基础股价）/ 基础股价 × 100%

22.7.2　特别向下调整

特别向下修正条款是指，转债在一定时期内，若公司股价表现不佳，连续低于转股价一定水平，公司董事会将有权或无条件修正转股价格。转股价格的向下修正主要是为了保障转债投资者在持有期内，因标的股票价格持续走低而无法行使转换权利时，仍能在约定的时点进行转股价格的重新设定，促使调整后的转股价格较能接近目前的股票价格。若转股价格远远高于目前股价，将使转股不能进行。我国转债市场在这方面是有教训的。比如 1992 年发行的宝安转债，由于该转债未有类似的向下修正条款，加之深宝安 A 股股价的下滑，到 1995 年年底转债到期日，深宝安股价仅为 2.8 元左右，而除权除息后的转换价格却高达 19.39 元，因此，最终宝安转债转换成股票的比例只有发行额的 2.7%。宝安公司在转债到期日被迫支付约 5 亿元现金，对公司的生产经营造成了一定的负面影响。

特别向下修正条款主要包含三个要素：

（1）修正时期

修正时期是指可以对转债转股价进行修正的时间段。目前国内大多数转债规定可以行使修正权的是在转债的存续期间，只有钢钒转债和雅戈转债规定在转股期内才可以行使修正权。

（2）修正条件

修正条件是指公司股价达到什么条件触发修正条款。为了防止公司股价由于某种非正常的原因造成临时性下跌，转债一般要求股价在连续的一段时间内持续走低，并低于一定幅度才可以行使修正权。

（3）修正权限

修正权限又包含了三个小要素。第一个小要素是修正权利，指的是当股价满足修正条件时，董事会是必须无条件执行修正还是可以有权选择修正。目前国内发行的转债当中只有钢钒转债是无条件修正，其他都是董事会有权修正。修正权限的第二个小要素是修正幅度。在有权修正的时候，董事会可以在一定幅度内修正，若修正幅度超过原定限度需提交股东大会，经批准方可修正。修正权限的第三个小要素是修正次数，指一年内董事会可行使修正权的次数。目前国内的转债有些修正次数不受限制，但大部分一年内不能超过一次。

对于发行人来说，存在特别向下修正条款，可以鼓励转债持有人，即使在股市低迷时期，也可以选择转股而获利，从而避免转债到期一次性还本付息给发行人造成极大的现金流压力（如前面所述的宝安转债）。特别是股市低迷时期一般也是经济萧条时期，公司的经营状况本来就比较艰难，大额现金流出会对公司的经营造成极大的不利影响。同时，对许多投资者来说，特别向下修正条款也是有利的。特别是在股市持续走熊的时期，由于可以不断修正转股价，因此，转债的价值可以维持在一个相对高的价位，至少不至于像投资于股票那样可能被深度套牢。

22.8　赎回条款

赎回条款是指发行人的股票二级市场价格在一段持续的时间内，连续高于转股价格达到一定幅度时，发行人可以按约定价格买回全部或部分未转股的转债的特权。

赎回条款在性质上等同于发行者持有的、以其发行在外的可转债券为标的物的美式看涨期权。自然，投资者一旦收到公司的赎回要约，就会在之后一个短暂的缓冲期内执行换股权利，因为没有人会愿意放弃换取较赎回价格更高的溢价的股票。所以，公司拥有的买权实际上绝无实现的时候，其功效只是迫使投资者立即换股。赎回条款又被称为"加速条款"。赎回条款实际为可转债的价值设定了一个上限，降低了发行公司的发行成本，起到保护发行公司和原有股东的权益的作用。

赎回条款典型地包含了四个要素：

（1）不可赎回期（Hard Non – call Period）

这是指可转换公司债券从发行日至第一次赎回日的期间。不可赎回期越长，股票增长的可能性就越大，赋予投资者转换的机会就越多，对投资者就越有利。

（2）赎回时间

不可赎回期过后，便是赎回期。按照赎回时间的不同，赎回方式可以分为定时赎回和不定时赎回。定时赎回是指公司按事先约定的时间和价格买回未转股的可转债；不定时赎回是指公司根据公司标的股票价格的走势按事先约定以一定价格买回未转股的可转债。

（3）赎回条件

在标的股票的价格发生某种变化时，发行公司可以行使赎回权利。这是赎回条款中最重要的要素。按照赎回条件的不同，赎回可以分为无条件赎回和有条件赎回。无条件赎回是指公司在赎回期内按事先约定的价格买回未转股的可转换公司债券，它通常和定时赎回有关；有条件赎回是指在标的股票价格上涨到一定幅度（如 130%），并且维持了一段时间之后，公司按事先约定的价格买回未转股的可转换公司债券，它通常和不定时赎回有关。

（4）赎回价格

赎回价格应该高于债券价格一定比例，以便保护投资人权益。价格越高，债性越强；价格越低，股性越强。

22.9　回售条款

回售条款是指发行人股票二级市场价在一段持续的时间内，连续低于转股价格达到某一幅度时，可转换债券持有人按约定的价格，将所持有债券的全部或部分卖给发行人的一种特权。

回售条款在性质上等同于可转换债券投资者持有的、以可转换债券为标的物的美式看跌期权。它是为投资者提供的一项安全性保障，当可转换公司债券的转换价值远低于债券面值时，持有人必定不会执行转换权利，此时投资人依据一定的条件可以要求发行公司以面额加计利息补偿金的价格收回可转换公司债券。为了降低投资风险吸引更多的投资者，发行公司通常设置该条款。它在一定程度上保护了投资者的利益，是投资者向发行公司转移风险的一种方式。

回售条款典型地包含以下三个要素：

A. 回售条件

a. 有条件回售

有条件回售是指公司股票价格在一段时期内连续低于转股价格并达到某一幅度时（如 70%），可转换公司债券持有人按事先约定的价格将所持债券卖给发行人，因此当股价下降幅度没有满足回售条件的话，投资者利益也很难得到保障。

b. 无条件回售

无条件回售是指无特别指定原因设定回售。通常的做法是当标的股票的价格在较长时间内没有良好的表现，转股无法实现，可转换公司债券持有者有权按照指定的收益率将所持债券卖给发行人，由于收益率一般远高于可转换公司债券的票面利率，因此投资者的利益就能得到很好的保护。

B. 回售期间

所谓回售期间就是投资人可以行使回售权的期间，该期间一般是可转换债券存续期中的后半段，回售期间越长，回售的可能性越大，转股的可能性越小，债性越强。回售时间根据回售条件分为两种，一种是固定回售时间，通常针对无条件回售，它一般定在可转换公司债券偿还期的 1/3 或一半之后时，对于 10 年期以上的可转换公司债券，回售时间大多定在 5 年以后，国内可转换公司债券也有在可转换公司债券快到期时回售，所起的作用与还本付息相似，如机场转债。另一种不固定回售时间，针对有条件回售，指股票价格满足回售条件的时刻。

C. 回售价格

回售价格是事先约定的，它一般比市场利率稍低，但远高于可转换公司债券的票面利率，因此使得可转换公司债券投资者的利益受到有效保护，降低了投资风险，因此附有回售条款的可转换公司债券通常更受投资者的欢迎。

22.10 中国的可转换债券的发展和相关政策法规

22.10.1 中国的可转换债券的发展阶段

国内可转债市场的发展可以分为如下几个阶段。

（1）1990 年开始，深南玻 B 股、中纺机股、庆玲汽车、镇海炼油股份有限公司、华能国际股份有限公司和中国移动在国际资本市场发行了可转债；

（2）1992 年 11 月，中国宝安集团股份有限公司在国内证券市场第一次公开发行转债；

（3）1997 年南化转债、丝绸转债、茂炼转债非上市公司转债；机场转债、鞍钢转债上市公司转债；

（4）2002 年，阳光转债发行，成为核准制下第一家转债。

中国首只可转换债券可以追溯到 1992 年深圳宝安集团发行的宝安转债。在此以后到 2001 年的 10 年间市场上又陆续出现了鞍钢转债、丝绸转债 1、南化转债、茂炼转债和机场转债等寥寥数只可转债。

由于缺乏必要的法规，这段时间内可转债市场发展速度极为缓慢。如果按照目前的规定和国际公认标准，2001 年以前大量非上市公司发行的可转债不是真正意义上的可转债。这其中最典型的是茂炼转债。

2001 年 4 月 28 日《上市公司发行可转换公司债券实施办法》的颁布标志着我国的可转债市场进入一个全面启动、规范发展的新阶段。在此短短两年时间内，发行可转债已经成为了我国上市公司的主导再融资方式。特别是在 2003 年，上市公司通过可转换债券募集的资金规模达到了 185 亿元，超过了当年配股和增发的总规模。2003 年 23 只可转换债券的交易量达到 663 亿元。据统计，2004 年发行可转债的上市公司多达 27 家、367 亿元。

22.10.2　国内可转换债相关政策法规

22.10.2.1　可转债涉及的主要法律法规

A. 1994 年 7 月 1 日起施行的《中华人民共和国公司法》；

B. 1997 年 3 月 25 日起施行的《可转换公司债券管理暂行办法》；

C. 2001 年 4 月 26 日起施行的《上市公司发行可转换债券的实施办法》；

D. 2002 年 1 月 28 日起施行的《关于做好上市公司发行可转换公司债券发行工作的通知》；

E. 2002 年 11 月 4 日修订并施行的《上海证券交易所可转换公司债券上市规则》、《深圳证券交易所可转换公司债券上市交易规则》；

F. 2006 年 5 月 8 日起实施的《上市公司证券发行管理办法》。

22.10.2.2　国内有关可转换公司债券法律规定中值得关注的事项

a.《可转换公司债券管理暂行办法》第九条规定，"可转换公司债券发行后，资产负债率不高于 70%"。金融企业若严格按照此规定操作，可能会成为其发行可转债的障碍，尽管已有特例出现。1993 年 4 月 22 日起施行的《股票发行与交易管理暂行条例》第九条规定，发行人"发行前一年末，净资产在总资产中所占比例不低于 30%，无形资产在净资产中所占比例不高于 20%，但是证券委另有规定的除外"。

b. "115 号"文第三条规定，发行人股东大会应按有关"实施办法"规定，"对发行规模、向原股东配售的安排、募集资金用途、转股价格的确定及调整原则、转股价格修正等事项必须进行逐项表决，且需作出具体安排，不得授权董事会决定"。其第五条规定，"募集说明书设置转股价格修正条款的，必须确定修正底线；修正幅度超过底线的，应当由股东大会另行表决通过"。上述条款表明，关涉可转债发行成功与否的重要条款，股东大会一旦确定，不得由董事会任意改动。此规定使发行人的发行条款设置必须考虑股东利益，同时因地制宜制订符合自身情况的方案，为吸引投资者而可能"牺牲"发行人利益的让步须得到程序上的规治。

c. 沪深证交所的有关"规则"，是在 1998 年 3 月 23 日旧规则基础上的修订。"规则"对信息披露作了严格要求，强调停牌、复牌比照上市公司股票执行，对暂停上市、终止上市、恢复上市以及违规处罚也有明确规定。《可转换公司债券管理暂行办法》第九条规定"可转换公司债券的利率不超过银行同期存款的利率水平"。上述规定可能使可转债的债性特点被抑制，对发行认购肯定不利。但"规则"回避了对可转债上市后利率的限制性规定，有利于投资者认购。

22.10.2.3　发行条件

d. 公司最近三个会计年度加权净资产收益率平均在 10% 以上，扣除非经常性损益后最近三个会计年度的净资产利润率平均值原则上不得低于6%；能源、原材料、基础设施可以调低到7%。

e. 上市公司发行可转债前，累计债券余额不得超过公司净资产的40%；发行后累计债券余额不得高于净资产额的80%。

f. 发行后资产负债率不超过70%。

g. 上市公司发行可转债所募集的资金必须用于公司的主营业务，用于对外投资的，对外投资项目应当与主营业务密切相关。

h. 可转债必须具有保证人，保证人净资产额不得低于本次发行可转换债的金额，证券公司和上市公司不得担当保证人。

i. 每年分红派现。

22.10.3 国内可转换债券的规模

表22-8给出了2006年以来沪深两个证券交易所交易可转换债的发行和交易情况。从表22-8可以看出，国内可转换债券市场真正的发展应当是在2002年开始，最高规模达到过300亿元，一度可转债融资超过了增发和配股的再融资总和，但由于投资者对可转换债券的不熟悉，市场规模一度徘徊在300亿~400亿元，随着市场对可转换债券的熟悉和认可，可转换债券的市场规模日益扩大，2015年沪深两市可转换债券的总成交金额突破了5400亿元。

表22-8　　　　2006年以来上海和深圳两个证券交易所
交易可转换债券发行和交易情况

	年份	总成交金额（亿元）	总成交量（亿手）	总成交笔数（百万）
上海	2006	169.03	0.15	0.19
	2007	211.83	0.13	0.32
	2008	301.59	0.26	0.56
	2009	418.32	0.31	0.47
	2010	1300.19	1.15	0.54
	2011	2041.14	1.93	1.10
	2012	2177.36	2.12	1.02
	2013	4793.97	4.4	3.61
	2014	7761.18	6.50	5.16
	2015*	4986.81	3.31	3.75
深圳	2006	105.47	0.09	0.14
	2007	197.40	0.11	0.18
	2008	140.54	0.12	0.24

	年份	总成交金额（亿元）	总成交量（亿手）	总成交笔数（百万）
深圳	2009	218.08	0.17	0.22
	2010	260.40	0.18	0.28
	2011	2217.95	1.37	0.21
	2012	2274.95	0.91	0.06
	2013	4960.13	1.43	0.28
	2014	8072.97	2.59	0.36
	2015 *	5441.58	2.02	0.45

数据来源：上海证券交易所（www.sse.com.cn）、深圳证券交易所（www.szse.cn）；其中 2015 年数据为上半年数据。

22.10.4　国内可转换债券的行业分布

图 22 - 2 给出了 2010 年上交所挂牌的可转债的行业分布。从图 22 - 2 可以看出，可转债涉及的行业分布较为单一，主要集中在钢铁、制造、能源、银行等领域。可转债发行量最大的行业是银行，同时发行可转债面额最大的行业也是银行，中行转债（113001）发行总额达到 400 亿元。

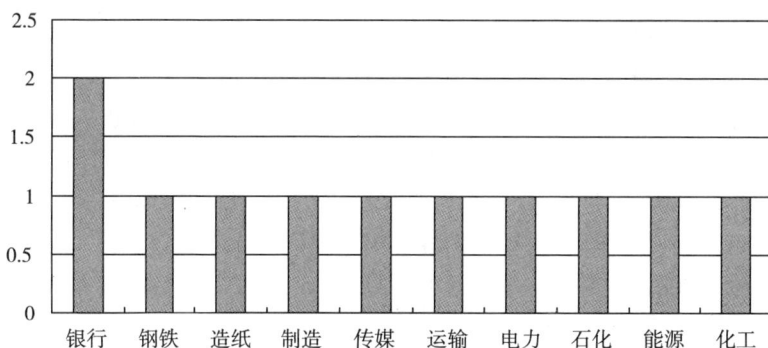

数据来源：上海证券交易所（www.sse.com.cn）。

图 22 - 2　2011 年 6 月上海证券交易所可转债公司的行业分布

22.11　国家开发银行发行的具有嵌入期权的金融债

国家开发银行（以下简称"国开行"）是我国人民币债券市场上仅次于财政部的第二大发行体。从 1998 年起，国开行开始采用市场化招投标方式发行人民币金融债，不断进行债券品种和发行方式的创新探索。从 2002 年开始，国开行陆续发行了一系列含有内嵌期权的金融债，在普通金融债中赋予投资方或者筹资方一定的选择权，主要包括以下三种类型。

（1）含利率掉期期权债券

2001 年 8 月，国开行分别发行了起息日、到期日相同的两只固息债和浮动债。其中固息债为 01 国开 09，票面利率为 3.738%，期限 7 年期，起息日为 2001 年 8 月 27 日，兑付日为 2008 年 8 月 27 日。浮动债为 01 国开 08，基本利差 0.648%。

2003 年 10 月，国开行又发行了嵌含利率掉期的 03 国开 22。其缴款日为 2003 年 10 月 28 日，票面利率、起息日和到期日同 01 国开 09，中标利率为 3.626%。03 国开 22 的持有者有权利选择在债券第一次付息（2004 年 8 月 27 日）或第二次付息（2005 年 8 月 27 日）（以下简称执行日）后将持有的全部或部分债券按面值 1:1 调换为该行发行的 01 国开 08。这期债券如调换成 01 国开 08，将同 01 国开 08 合并交易；否则在 2005 年 9 月 1 日选择权中止之前，作为一只单独的债券进行交易，在选择权中止之后与 01 国开 09 合并交易。

如果投资人在执行日行使转换的权利，就表明要损失每年 3.738% 的票息，获得利差为 64.8 个基点的浮动利息，这相当于以一只固定利率债券与浮动利率债券进行了互换（黄勤：《互换期权的定价浅析》，载《中国货币市场杂志》，2003 年 12 月，总第 26 期）。

（2）投资人选择权债券

国开行于 2002 年 4 月首次招标发行了 20 年期固定利率投资人选择权债券，债券持有人可选择在第 10 年首日由发行人以本金全部或部分赎回债券。

国开行于 2003 年 8 月 20 日发行 2003 年第十五期 10 年期投资人选择权债券和第十六期 20 年期投资人选择权债券各 100 亿元。

国开行于 2007 年 8 月 1 日发行了一只 10 年期固定利率投资人选择权债券，发行总量为 200 亿元，最终票面利率为 4.13%。

国开行于 2007 年 11 月 15 日发行了一只六个月期投资人选择权债券，发行总量 100 亿元，投资人可选择在 2008 年 5 月 15 日向发行人全部或部分回售该债券（回售价格为 100 元/百元面值）或继续持有该债券至 2008 年 11 月 15 日。

国开行于 2008 年 9 月 10 日首次发行了一只非对称期限变动利率投资人选择权债券，发行总量 100 亿元，期限 10 年，票面利率 4.28%。根据该债券规则，投资人可选择在 2011 年 9 月 23 日向发行人全部或部分回售该债券（回售价格为 100 元/百元面值）或继续持有该债券至 2018 年 9 月 23 日。同时该债券前三年（2008 年 9 月 23 日—2011 年 9 月 23 日）的票面利率由承销商通过本次招投标确定，如投资人选择继续持有本期债券，则后七年（2011 年 9 月 23 日—2018 年 9

月 23 日）的债券票面利率在前三年票面利率的基础上加 65 个基点（债券依据算头不算尾的原则计息）。详见国家开发银行网站，www.cdb.com.cn。

当在持有期内市场利率大幅上升，或投资人找到更好的投资机会时，投资人可要求发行人将债券按面值提前赎回，因此这种债券给予投资人一个欧式期权，使投资人在对其资产的期限管理上更加灵活。显然，投资人需为这个期权支付成本，例如国开行首期投资人选择权债券的中标利率比当时 20 年期普通金融债的二级市场收益率低 85 个基点，比 10 年期普通金融债的收益率还低 15 个基点。

（3）发行人选择权债券

自 2002 年 6 月首次推出以来，国开行至今已发行了三期 10 年期发行人普通选择权金融债（02 国开 06、02 国开 15 和 02 国开 18）。这三期债券都规定发行人可选择在发行后的第 5 年首日以面值全部赎回债券，且偿还次序在一般债券之后，即性质相当于次级债。

国开行规定这三期债券的招标标的为前五年的票面利率，即投资人在投标时需考虑的是 5 年期普通金融债的收益率和发行人期权的价格。在实际的中标结果中，02 国开 06 占此品种创新的先机，且当时市场整体向好，中标利率2.1466% 与 5 年期普通金融债的收益率几乎相当；02 国开 15 和 02 国开 18 的中标利率都比发行时 5 年期普通金融债的收益率高出 40 个基点左右，此利差体现了发行人选择权的成本。

22.12　本章总结

可转换债券是具有嵌入式期权的固定收益证券，期权的嵌入增加了可转换债券这种金融工具在条款设计以及应用上的复杂性和灵活性。本章对可转换债券中可能涉及的条款做了具体的说明，并分析了其可能对债券价值产生的影响。20 世纪 70 年代以来，可转债以其独有的优势在美国以及全球市场上迅速发展。作为同时具有股权性质和债权性质的投资工具，可转换债券在为投资者提供最低收益保障的同时也为其提供了通过转换股权在股票市场获取高额风险收益的权利，是一种无论市场好坏都具有投资价值，"进可攻退可守"的投资工具，其设计条款的灵活性可以满足投资者多方面的需要。正因为如此，可转债的发行较之传统固定收益证券容易且成本较低，同时还可使发行人免去部分到期还债的压力，对发行人来说也是一种有效的筹资工具。

中国的可转换债券市场起步较晚，在 2001 年《上市公司发行可转换债券实施办法》颁布之前，由于缺乏必要的法规，可转换债券市场的发展极为缓慢。随着法规的逐步完善，企业开始越来越多地发行可转换债券筹资，发行可转换债券已经成为我国上市公司的主导再融资方式。伴随着股票市场的繁荣，可转换债券中嵌入期权的价值越来越受到重视，交易也相当活跃。在产品创新方面，以国家开发银行为首推出了可本息分离的转换债券，以及嵌入期权的金融债，进一步丰富了可转换债券市场的产品结构。可转换债券市场的繁荣发展，对中国资本市场的完善与发展具有积极意义。

第 23 章　人民币外汇远期结售汇和远期交易

外汇远期是最早且最基本的外汇衍生产品，不仅可以用来对外汇进行套期保值，还可以用来投机。外汇远期在所有发达国家和大多数发展中国家的货币市场上广泛地进行交易，尽管 2008 年的国际金融危机使得外汇掉期等外汇衍生产品成交额占比有所下降，但是外汇远期交易占比不仅没有下降，反而有所增长，显示外汇远期在全球外汇市场中的重要性。人民币外汇远期结售汇业务是我国商品期货之后最早推出的人民币衍生业务，或者说是我国银行间最早的人民币衍生产品。我们首先要介绍的人民币衍生产品就是人民币远期。本章将对人民币远期市场的现状、发展以及存在的主要问题进行系统的阐述和分析。

23.1　人民币外汇远期市场的发展简史

中国外汇交易中心（CFETS）于 1994 年开始进行外汇即期交易，一年后，中国外汇交易中心正式试行人民币远期交易，但由于成立时间较短，外汇交易系统还处在起步阶段，在许多方面都有待改进，所以人民币远期交易的第一次试验并没有取得成功。中国人民银行认识到了人民币远期交易的重要性，并着手进行深入研究，于 1997 年 1 月 18 日颁布了《人民币远期结售汇业务暂行管理办法》（以下简称《办法》）。《办法》为推出人民币远期业务扫清了障碍，并提供了必要的监管依据（叶永刚、李源海，2001）。

在《办法》正式颁布两个多月后，中国银行作为中国境内唯一获授权的试点银行于 1997 年 4 月 1 日起开始开展人民币远期结售汇业务，这距离中国外汇交易中心于 1994 年 4 月推出外汇即期交易已过三年。虽然对发达国家，甚至对许多发展中国家而言，外汇远期已是一项很普遍的业务，但是对中国来说，人民币远期结售汇业务在中国银行的推出，可以说是中国外汇衍生产品市场发展的一个里程碑。人民币远期的诞生使得进出口企业和其他公司对外汇进行套期保值以规避汇率风险成为可能。

继中国银行之后，其他国有商业银行和股份制银行也得到授权开展此项业务。中国建设银行（CCB）和中国农业银行（ABC）在 2002 年，中国工商银行（ICBC）在 2003 年 1 月先后从国家外汇管理局（SAFE）获得授权，但在业务开展初期，这三家国有银行的交易量很少，几乎可以忽略不计。现在，五个大型银行都能从事人民币远期结售汇业务，招商银行和中信银行也于 2004 年年底和 2005 年年初先后获准开展此项业务。在 2003 年和 2004 年两次扩大试点的基础上，2005 年 8 月 2 日发布《中国人民银行关于扩大外汇指定银行对客户远期结售汇业务和开办人民币与外币掉期业务有关问题的通知》，扩大办理人民币对外币远期业务的银行主体，只要银行具有即期结售汇业务和衍生产品交易业务资格，备案后均可从事远期结售汇业务。银行可根据自身业务能力和风险管理能力对客户报价，从而增强市场价格发现功能，促进交易，为客户提供更好的服务。2010 年 12 月 28 日，国家外汇管理局发布了《国家外汇管理局关于合作办理远期结售汇业务有关问题的通知》，进一步扩大了办理人民币远期业务的机构，即具备一定资格的银行及其分支机构通过与已经可以从事远期业务的银行的合作，也能够为客户提供远期结售汇业务。通过合作方式，扩大了能够为金融机构提供规避汇率风险服务的主体范围，而且一些规模较小的银行机构也可以积累远期结售汇业务经验，为进一步放开从事远期结售汇业务的主体做准备。

2008 年，国务院颁布了《中华人民共和国外汇管理条例》（国务院 2008 年第 532 号令），为进一步开展外汇业务奠定了基础。随后，2014 年，根据《中华人民共和国中国人民银行法》、《中华人民共和国外汇管理条例》，中国人民银行制定了《银行办理结售汇业务管理办法》（中国人民银行 2014 年第 2 号令），该办法进一步规范了银行办理结售汇业务，保障外汇市场平稳运行、健康发展。

国家外汇管理局 2014 年印发《银行办理结售汇业务管理办法实施细则》的通知（汇发〔2014〕53 号，以下简称通知），通知贯彻落实简政放权的改革思路，整合了银行结售汇市场准入、即期结售汇业务管理、人民币与外汇衍生产品管理、银行结售汇综合头寸等方面的相关法规，并调整了部分管理内容。如：整合了银行即期结售汇、人民币与外汇衍生产品业务的市场准入管理，简化银行结售汇信息变更备案程序，取消设置个人本外币兑换统一标识的要求，明确了银行办理对私结售汇业务应在醒目位置设置个人本外币兑换标识等。

23.2　中国人民银行的试行方法

中国人民银行颁布的《办法》对全国的人民币远期业务设定了监管的原则和基础。为了对我国的人民币远期市场有一个更好的了解，我们下面介绍这一《办法》的几个主要方面。

23.2.1　覆盖面

《办法》覆盖外汇结算、买卖和支付等业务，允许市场参与者在指定银行对外汇进行套期保值，以规避汇率风险。

23.2.2　外汇远期结售汇的批准

要开办外汇远期结售汇业务，银行必须从国家外汇管理局获得授权，其分支机构也必须向当地外汇管理分局提出申请，由分局报国家外汇管理局批准后方可开办。外汇指定银行的分支机构申请开办远期结售汇业务时应当提交以下文件：申请书、经营外汇业务许可证、银行总行的授权证明等。

23.2.3　远期结售汇合同的管理

人民币远期合同必须列明远期结汇或售汇所依据的外汇收入的来源或支出的用途。按照《结汇、售汇及付汇管理规定》，银行应当要求签订远期结售汇合同的境内机构提供所需的全部有效凭证，并进行审核。境内机构不能按时提供全部有效凭证的，远期合同到期时不得履行。银行可以要求办理远期结售汇的境内机构提供履约保证金。通常，保证金比例至少为名义金额的 3%（叶永刚、李源海，2001）。

23.2.4　币种和期限

远期结售汇的货币可以是人民币对各种可自由兑换货币。远期结售汇的期限以前规定应当在 120 天以内，在 1999 年延至 170 天。

中国银行的人民币远期合同的期限共有 14 类，分别是 7 天、20 天、1 个月、1.5 个月、2 个月、2.5 个月、3 个月、3.5 个月、4 个月、4.5 个月、5 个月、5.5 个月、6 个月和 12 个月。6 个月期的合同到期后可以延展 6 个月，这样合同的最长期限就是 12 个月。

23.2.5　中国银行人民币远期交易的业务流程信息

申请办理远期结售汇业务的客户应在中国银行开立相关账户。

与中国银行签订"远期结汇/售汇总协议书"，一式两份，客户与银行各执一份。

委托审核。客户需填写"远期结汇/售汇委托书"，同时向中国银行提交按照结汇、售汇及付汇管理规定所需的有效凭证；中国银行对照委托书和相关凭证进行审核。客户委托的远期结汇或售汇金额不得超过预计收付汇金额，交易期限也应该符合实际收付汇期限。

交易成交。中国银行确认客户委托有效后，客户交纳相应的保证金或扣减相应授信额度；交易成交后，由中国银行向客户出具"远期结汇/售汇交易证实书"。

到期日审核和交割。中国银行根据结汇、售汇及收付汇管理的有关规定，审核客户提交的有效凭证及/或商业单据，与客户办理交割。

展期。客户因合理原因无法按时交割的，可申请展期。

违约。客户未能完全履约的，银行有权于最后交割日后对未履约交易部分主动进行违约平仓。

以上信息均来源于中国银行网站（www. boc. cn）。

23.3　中国银行的人民币外汇远期业务

作为我国境内第一家被批准开办人民币远期业务的银行，中国银行在此项业务上一直保持领先的地位。本节以中国银行的实践为例，介绍人民币远期业务。

23.3.1　中国银行人民币远期结售汇业务的申请条件

目前，中国银行不仅可以为经常项目下的贸易业务，还可以为部分资本项目下的贸易业务提供人民币远期外汇买卖，例如向中国银行偿还贷款、偿还在国家外汇管理局登记过的外币债务和其他外汇管理局批准的外币现金流等。

23.3.2　中国银行人民币远期结售汇业务的币种

中国银行是我国外汇业务的主要银行，也是人民币外汇远期结售汇业务开始试点以来最主要的远期业务提供银行。目前中行提供了人民币对 8 种外币的远期业务，表 23 - 1 给出了 2015 年 4 月 21 日在中国银行交易的主要人民币远期的期限和价格。

表 23 - 1　2015 年 4 月 21 日中国银行人民币远期外汇牌价（中间价）

货币 时间	类型	美元	欧元	日元	港元	英镑	瑞士法郎	澳门元	加元
七天	买入	618.5	661.83	5.1634	79.71	919.77	645.47	473.79	503.78
	卖出	621.52	670.2	5.229	80.45	928.63	651.79	480.05	509.06
一个月	买入	619.88	663.39	5.1782	79.85	921.19	647.38	473.93	504.37
	卖出	623.07	671.82	5.2426	80.61	930.41	654.16	480.44	509.98
三个月	买入	623.23	667.23	5.2063	80.25	925.54	652.22	475.38	506.37
	卖出	626.47	675.75	5.2729	81.03	934.86	659.32	481.93	512.03
六个月	买入	627.56	672.45	5.2494	80.76	930.7	658.91	476.11	509.02
	卖出	630.81	681.04	5.3163	81.54	940.15	666.49	482.76	514.76
九个月	买入	631.04	677.72	5.2924	81.21	935.86	666.33	476.51	511.61
	卖出	634.48	686.59	5.3603	82.02	945.73	673.62	483.51	517.54
十二个月	买入	634.2	683.05	5.3289	81.61	940.15	672.21	477.22	513.77
	卖出	637.75	692.21	5.3978	82.43	950.26	680.51	484.12	519.99
汇利宝	买入	619.86	664.47	—	79.99	—	—	—	—
	卖出	620.66	666.15	—	80.09	—	—	—	—

注：1. 每 100 外币兑换人民币；2. 以上人民币牌价系当日市场开盘价，仅作参考。中国银行交易报价随市场波动而变化，如需交易，价格以我行当时报价为准。

资料来源：中国银行网站（www. boc. cn）。

23.3.3　人民币远期交易的程序

中国银行的人民币远期交易主要有三个步骤。首先银企双方签署《保值外汇买卖总协议》。其次是在协议签署后，企业必须在银行开立外币保证金账户，交存不低于交易本金 10% 的保证金，保证金币种限于美元、港元、日元和欧元。如果该企业已经在中国银行贷款，或在中国银行开立了信用证进行远期外汇买卖，或是中国银行 100% 担保项目下的外汇买卖，可视具体情况，经批准后，相应地减免保证金。最后一步是填写《保值外汇买卖申请书》，经企业法人代表或有签字权的人员签字，并加盖公章，到银行询价交易。在中国银行分支机构贷款、信用证或担保项下的远期外汇买卖，客户可填妥《保值外汇买卖申请书》委托相应的分支机构进行询价交易。在交易方式上，客户也可以预留指令，要求在什么价位购买何种货币，或者向银行提交授权书。授权书内容具有法律约束力，原则上客户必须在交易前填写；也可以在授权书中授权交易人士通过电话向银行询价交易。客户通过电话达成交易后第二个工作日必须向银行补交成交确认书。若有分歧以银行交易电话录音为准。

23.3.4　交割的展期和提前

客户因故不能按期办理交割，需要展期的，应在交割日的三个工作日之前向银行提出展期申请。同样，客户如要提前交割，也应在交割日的三个工作日之前向银行提出申请。

23.3.5　追加保证金通知

客户所做的远期外汇买卖如同在交易所进行期货合约交易，会产生浮动收益或浮动亏损。一旦浮动亏损达到客户存入保证金的 50% 时，银行将即时通知客户追加保证金，客户应及时补足保证金。这在本质上与大多数期货交易所实行的"维持保证金规定是一样的。如果客户不能及时追加或拒绝追加保证金，银行将视情况予以强制平仓，由此产生的一切费用及损失由客户负责承担。

23.4　人民币外汇远期的交易金额和币种

23.4.1　早期人民币远期结售汇业务成交金额

由于此项业务还处于试验性阶段，人民币远期交易的数据很难获得。根据叶永刚和李源海（2001）的统计，人民币远期交易的总金额在第一年仅有 7.67 亿美元。表 23 - 2 列出了 1997 年每月中国银行人民币远期业务的交易金额。从表 23 - 2 我们可以看出，在人民币远期刚推出的前 5 个月内，只有结汇业务而没有售汇业务。从 1997 年 4 月到 12 月，结汇业务波动很大，但从 9 月到 12 月售汇业务持续增长。这些数据虽然为我们提供了一些人民币远期市场初期情况的信息，但由于其时间跨度太短，不能说明很多问题。

表 23 - 2　　　　　1997 年试点后每月中国银行远期结售汇交易金额　单位：百万美元

月份	4 月	5 月	6 月	7 月	8 月
结汇额	2. 218	5. 097	66. 73	9. 575	53. 13
售汇额	—	—	—	—	—
总计	2. 218	5. 097	66. 73	9. 575	53. 13
月份	9 月	10 月	11 月	12 月	年度总计
结汇额	105. 61	194. 906	2. 999	215. 301	655. 566
售汇额	2. 812	4. 191	23. 488	81. 18	111. 671
总计	108. 422	199. 097	26. 487	296. 481	767. 237

资料来源：叶永刚、李源海（2001），第 119 页。

23.4.2　2005 年 7 月汇改前后人民币远期结售汇业务成交金额

表 23 - 3 给出了 1997 年以来人民币远期合约成交金额。该表利用了如数据来源所述的新的估算假设，从而估算结果更为合理：表中远期结售汇金额与即期交易金额比例、即期交易金额与贸易额比例和远期结售汇金额与贸易额比例皆显示出的连续性表明，表 23 - 3 给出的远期结售汇估算数据更为合理。该表显示，从 2005 年到 2007 年人民币远期结售汇业务有了飞速增长，这不仅与 2004 年开展该业务的银行从中国银行一家增至四家有关，而且也与 2005 年汇率改革密切相关。事实上最重要的原因是，2003 年至 2005 年，境外人民币升值压力持续上升，利用人民币远期合约规避汇率风险和套利投机的公司和企业显著增加。我们在下节会进一步分析人民币远期合约价格如何随境外人民币升值压力的变化而变化，从而证明境外人民币升值压力是近期人民币远期交易趋于活跃的最主要因素。

表 23 - 3　　　　　　　我国银行远期结售汇金额及
占即期交易额和贸易总额的比例（1997—2015 年）

单位：亿美元，%

年份	远期结售汇总金额	远期结售汇金额年增长率	即期市场成交金额	远期结售汇金额与即期交易金额比例	即期与贸易金额比例	远期结售汇金额与贸易金额比例
1997	8.0		700	1.14	21.5	0.2
1998	21.0	162.5	520	4.04	16.1	0.6
1999	37.0	76.2	315	11.75	8.7	1.0
2000	120.8	226.5	422	28.63	8.9	2.5
2001	92.2	-23.7	750	12.29	14.7	1.8
2002	37.6	-59.2	972	3.87	15.7	0.6
2003	85.2	126.6	1511	5.64	17.8	1.0
2004	96.1	12.8	2090	4.60	18.1	0.8
2005	163.9	70.6	4943	3.32	34.8	1.2
2006 *	738.5	350.6	9360	7.89	53.2	4.2
2007 *	1313.1	77.8	19845	6.62	91.3	6.0
2008 **	1778.7	35.5	28357	6.27	110.6	6.9
2009 **	2244.2	26.2	38817	5.78	175.9	10.2
2010	2709.8	20.7	53398.4	5.07	338.4	17.2
2011	3871.0	42.9	62543.0	6.19	329.4	20.4
2012	3641.0	-5.9	61441.0	5.93	299.9	17.8
2013	5721.0	57.1	70864.0	8.07	320.6	25.9
2014	5450.0	-4.7	72487.0	7.52	309.4	23.3
2015	4594.1	-15.7	86783.0	5.29	381.5	20.2

资料来源：1997 年到 1999 年数据来自张光平《Chinese Yuan Derivative Products》（2004）；2000 年到 2005 年成交额来自赵小凡（2006），并根据假设中国银行在 2003 年、2004 年、2005 年占整个市场的份额分别为 90%、80% 和 70% 估算得出；2007 年远期结售汇数据是根据国际清算银行 2007 年公布的该年 4 月人民币外汇日均成交金额，参考第 59 章给出的 2012 年第一季度到 2015 年第一季度国内远期结售汇占总外汇交易季均比例 4.3%，假设 2007 年国内人民币远期结售汇金额占外汇交易比重 3.5% 的条件下估算得出；2006 年远期结售汇交易估算额为 2005 年和 2007 年估值的算术平均值；2012 年到 2015 年远期结售汇数据来自国家外汇管理局网站 http：//www.safe.gov.cn 公布的年度《中国国际收支报告》；2008 年到 2011 年远期结售汇数据根据 2007 年估算数据和 2012 年数据线性插值法估算得出；2005 年以来即期成交额根据表 7 - 3 给出的年度外汇交易额减去相应的远期结售汇、远期交易、外汇掉期和外汇期权数据（这些交易数据如第五篇相关章节详细介绍）得出；贸易数据来自商务部和海关总署公布的数据。

此外，外资银行参与人民币远期交易规避风险，也是 2005 年人民币远期交易活跃的另一个原因。2005 年第三季度，上海仅有一家外资银行参与了人民币远期交易，到 2005 年第四季度末，上海已有多家外资银行参与了人民币远期交易，且交易规模呈放大趋势。从交易面临的风险敞口来看，尽管第四季度的人民币远期合约名义价值余额达到 5.94 亿美元，是第三季度末的 10.8 倍，但外资银行的市场风险头寸仅为第三季度末的 1/3，也就是虽然交易量大了，但敞口头寸小了，市场参与者的市场风险显著下降。

人民币兑美元汇率波动率的增大也是近年来人民币远期交易活跃的重要原因之一。从 2005 年完善人民币汇率形成机制方案实施以来，人民币对美元波动率显著提升。特别是 2007 年 5 月以来，人民币对美元波动率从一年前的 1% 上下上升到了 2% 左右。增大的汇率波动率是远期交易活跃的主因之一。我们在本篇其他章节中还会详细介绍和分析人民币兑美元波动率的变化和期权等市场的变化情况。

23.4.3 人民币远期结售汇业务成交金额

从表 23 - 3 可以看出，1999 年到 2001 年，人民币远期结售汇每年交易金额与即期交易金额比例在 20% 左右，而 2002 年到 2005 年相应的比例仅为 4% 上下，如此大的比例差别可能是由于估算出的远期结售汇数据问题所致；2006 年到 2011 年，远期结售汇金额占相应的即期交易额的百分比从 7.89% 持续下降到了 5.07%；而从 2010 年到 2013 年，相应占比却持续上升到了 8.07%，然而从 2013 年到 2015 年相应的比例却持续下降到了 5.29%，显示国内人民币远期结售汇业务发展缓慢。

23.4.4 远期结售汇业务近年来的发展

表 23 - 3 显示，2005 年到 2007 年人民币远期结售汇业务有了飞跃式的增长，交易金额从 2005 年不到 200 亿美元增长了 7 倍多，首次超过 1000 亿美元的水平。这些数据反映出 2007 年前两年市场有了很大的发展，但是也可能是由于数据估算的问题所致。2012 年是国家外汇管理局第一年正式公布远期结售汇数据的一年，当年远期结售汇全年总额为 3641 亿美元，2013 年远期结售汇金额比 2012 年增幅了 57.1%，然而 2013 年到 2015 年国内远期结售汇金额连续两年不增反降，两年累计下降 19.7%，表明近年来国内远期结售汇业务还未买入持续增长的正常轨道。

23.5 人民币远期结售汇汇率

23.5.1 早期人民币/美元远期结售汇汇率

人民币远期业务刚刚开始时，人民币远期汇率数据在公开出版物里很难找到。叶永刚和李源海在他们于 2001 年出版的《远期结售汇——人民币兑外汇远期市场研究》一书中，有 1997 年 4 月至 1998 年 4 月 1 个月人民币/美元远期的月度汇率数据，以及 1997 年 4 月至 1999 年 4 月 3 个月人民币/美元远期的月度汇率和相应的月平均即期汇率数据。我们把这些数据列在表 23-4 中。从表 23-4 可以看出，在人民币/美元远期推出的前 12 个月内，3 个月人民币/美元远期汇率的变化幅度较大，在 831 和 840 之间；而在之后的 13 个月，变化幅度却相对较小，基本上在 830 和 832 之间。这些变化说明人民币有贬值的压力，但压力还不是很大。同时也说明在那时候，境外无本金交割远期市场上人民币贬值的压力还没有直接传入国内的人民币远期市场。我们在第六篇会详细介绍和分析境外人民币无本金交割远期市场，进而详细分析人民币远期市场与境外无本金交割远期市场之间的关系。

表 23-4　　　　　中国银行 1 个月和 3 个月人民币/美元远期汇率

（1997 年 4 月到 1998 年 4 月）　单位：人民币元/100 美元

月份	1997 年 4 月	1997 年 5 月	1997 年 6 月	1997 年 7 月	1997 年 8 月	1997 年 9 月	1997 年 10 月
月平均即期汇率	829.570	829.290	829.210	829.110	828.940	828.720	828.380
1 个月远期美元	832.670	832.580	832.210	832.575	832.236	831.834	830.845
3 个月远期美元	840.085	839.670	840.110	837.625	836.380	839.291	834.159
月份	1997 年 11 月	1997 年 12 月	1998 年 1 月	1998 年 2 月	1998 年 3 月	1998 年 4 月	
月平均即期汇率	828.110	827.960	827.900	827.920	827.970	827.910	
1 个月远期美元	829.616	830.193	829.980	829.980	829.362	828.724	
3 个月远期美元	833.806	833.758	837.662	837.662	831.106	831.539	
月份	1998 年 5 月	1998 年 6 月	1998 年 7 月	1998 年 8 月	1998 年 9 月	1998 年 10 月	
月平均即期汇率	827.930	827.970	827.990	828.000	827.800	827.800	
3 个月远期美元	832.189	830.994	830.780	830.903	830.109	830.846	
月份	1998 年 11 月	1998 年 12 月	1999 年 1 月	1999 年 2 月	1999 年 3 月	1999 年 4 月	
月平均即期汇率	827.820	827.890	827.780	827.900	828.000	827.900	
3 个月远期美元	830.451	830.204	830.444	830.733	830.984	830.153	

资料来源：叶永刚和李源海（2001），表 6-2、表 6-4 和表 6-5。

本节我们提供汇改前后人民币远期汇率的变化情况。由于美元在人民币远期交易中占主导作用，所以我们在本节以人民币/美元远期汇率分析为主，介绍人民币远期市场的特征。

23.5.2　汇改前后的人民币远期结售汇汇率

下面我们分析人民币兑美元远期结售汇汇率在 2005 年汇改前后的变化。图 23－1 给出了 2000 年 1 月 3 日到 2006 年 5 月 15 日中国银行 1 年期人民币兑美元远期结售汇的中间汇率。

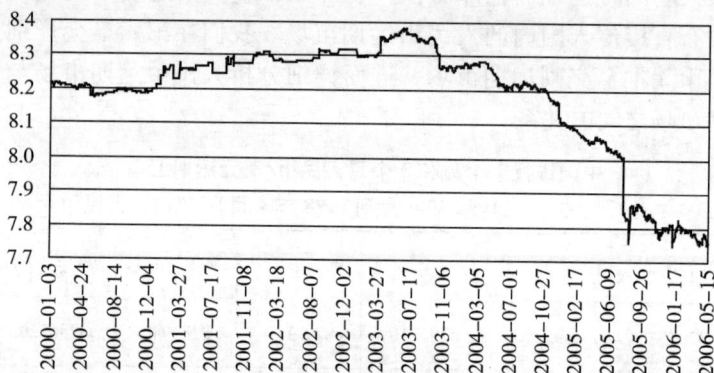

数据来源：赵小凡（2006）。

图 23－1　1 年期人民币兑美元远期结售汇中间汇率（2000 年 1 月到 2006 年 5 月）

图 23－1 显示，从 2000 年 1 月初到 2003 年 9 月 25 日，1 年期人民币兑美元远期结售汇汇率从 8.2152 上升到了 8.3543，表明国内汇率远期市场在 2003 年 9 月下旬之前没有反映出人民币兑美元升值的压力；然而于 2003 年 10 月、2004 年 5 月以及 2004 年 12 月人民币兑美元远期结售汇汇率经历了三次大跌直至 8.1 左右；到 2005 年 7 月 22 日，该汇率又持续下降到了 8.006，这显示从 2003 年 9 月下旬到 2005 年 7 月下旬汇率改革方案实施之前，国内人民币远期市场持续反映出了人民币升值的压力；2005 年 7 月 23 日，1 年期人民币兑美元远期汇率从 22 日的 8.006 下降 0.163 到 7.843，下降幅度与相应的即期汇率下降幅度 0.1665 相当；2005 年 7 月汇改之后近 10 个月的数字显示，1 年期人民币兑美元远期汇率持续显示人民币升值的压力。

远期汇率对本币升值信息反映明显，我们在下文还会多次比较国内人民币远期结售汇汇率与境外人民币无本金结售汇汇率，在分析境外人民币升值压力产生原因的基础上得出国内人民币远期升值的压力是从境外逐步传导到国内的。

23.5.3　近年人民币远期结售汇汇率

图 23－2 给出了 2006 年 5 月到 2015 年 5 月 1 年期人民币远期结售汇汇率变

化情况。图 23 - 2 显示，从 2006 年 5 月到 2008 年 3 月下旬，1 年期人民币远期结售汇汇率持续下降，反映当时人民币的升值压力；从 2008 年 3 月下旬到 2008 年 12 月下旬，1 年期人民币远期结售汇汇率持续上升到了超过 6.9 的高位，表明当时受金融危机的影响，人民币贬值压力显著；从 2008 年 12 月到 2014 年，1 年期人民币兑美远汇率持续下降到 6.1 上下的水平，后续有所回升，目前在 6.2 附近运行。

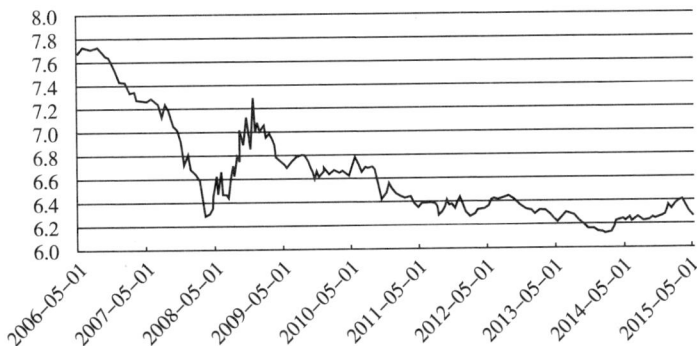

数据来源：彭博。

图 23 - 2　1 年期人民币兑美元远期结售汇中间汇率（2006 年 5 月到 2015 年 5 月）

23.6　结汇和售汇金额反映人民币升值的压力

成交金额是和价格同样重要的市场信息。没有相应成交金额支持的市场价格信息，其可靠性是有限的。一定时间期限内结汇和售汇金额的变化可以相当准确地反映出货币的贬值或升值的幅度。如果人民币在一定的时期内贬值压力增大，那么人民币结汇金额就会降低，同时售汇金额会增加；反之则相反。图 23 - 3 给出了 2000 年 1 月到 2006 年 4 月中国银行 1 年期人民币兑美元月度远期结汇和售汇金额。

从图 23 - 3 我们可以清楚地发现，2000 年 1 月到 2001 年 3 月，结汇金额变化不大，但是售汇金额却持续上升，表明该时期内人民币贬值压力显著；从 2001 年 3 月到 2001 年 10 月，售汇金额下降到了约 200 万美元，同时期结汇金额变化不大，表明该时期内人民币贬值压力较前期有所下降；从 2001 年 10 月到 2004 年 3 月，售汇额持续下降到了约 20 万美元，然而结汇额却从 2003 年 3 月的 160 万美元持续上升到了 2003 年 9 月接近 2000 万美元的历史高位，表明这半年内人民币升值压力持续上升，而从境外人民币无本金交割远期市场分析境外人民币升值压力可以看出，2003 年 9 月境外人民币升值压力也恰巧达到历史高

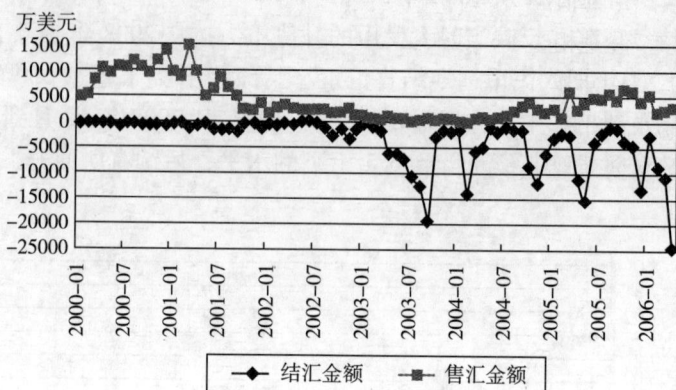

数据来源：根据赵小凡（2006）的数据计算得出。

图23-3　中国银行月度远期结汇和售汇金额（2000年1月到2006年4月）

峰。同样从图23-3我们可以看出，2004年2月、2004年11月、2005年5月、2005年12月和2006年4月，在售汇金额变化不大的情况下，结汇金额均分别超过了1000万美元的峰值，表明这些月份中人民币升值的压力在增大。这些结果与境外人民币无本金交割远期市场给出的结果有着惊人的相似性，表明国内远期结售汇市场对境外人民币升值的反应是相当及时和准确的。我们下文还会进一步分析这些方面。

23.7　远期汇率和成交金额联合判断人民币升值的压力程度

没有相应成交量或者成交金额的价格信息的可靠性是有限的。我们分别介绍了人民币兑美元远期汇率（汇率实际上是一个货币相对另外一个货币的价格）和相应的结汇和售汇金额，同时介绍了如何利用这些信息来判断人民币兑美元汇率在不同时期的升贬值压力的变化程度。实际上文分别为价格信息和成交金额信息，但是不知道一定价格相应的成交金额，我们很难较准确地判断价格支持的程度。本节我们把人民币兑美元远期汇率与相应的结售汇成交金额结合在一起来判断人民币兑美元贬值、升值压力的变化。图23-4给出了2000年1月到2006年4月人民币兑美元1年期远期结售汇汇率和结售汇金额。从图23-4我们可以清楚地看出，2003年9月和10月人民币升值幅度很大时（分别较上月底下降0.0070和0.061），相应的结汇金额也非常大；2004年11月和12月远期汇率下降迅速时（分别较上月底下降0.041和0.051），相应的结汇额也非常大；2005年5月远期汇率较4月下降了0.029，同样相应的结汇额也非常大，表明在此三个时期内人民币升值的压力达到高峰。图 23 - 4 也显示,虽然 2004 年 2 月结汇金额达到高峰,但是相应的汇率却没有发生很大的变化,表明 2004 年 2 月不是一个升值高峰;2004 年 4 月汇率较前月下降了 0.038,相应的结汇额也较显著,表明 2004 年 4 月为人民币升值的另外一个峰值(小于如上三个高峰)。我们在下章探讨境外人民币无本金交割远期时还会进一步探讨人民币升值的表现和原因。

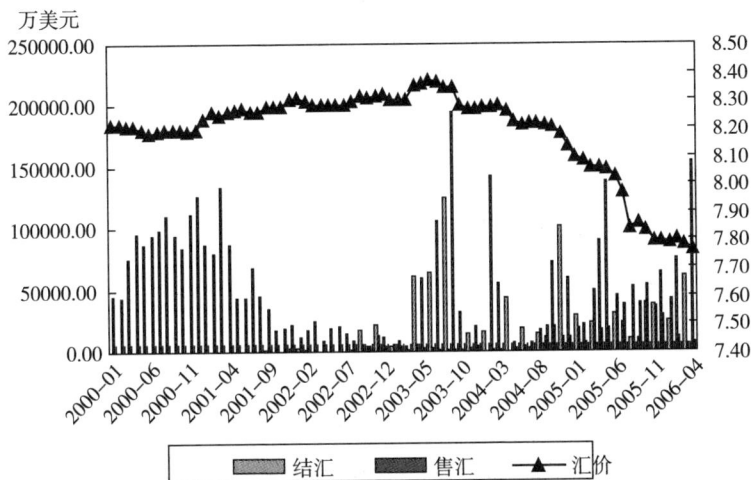

资料来源:由图 23 - 3 的数据整理而得。

图 23 - 4 2000 年 1 月到 2006 年 4 月人民币兑美元 1 年期远期结售汇汇率和结售汇金额

23.8 中国外汇交易中心人民币外汇远期交易情况

外汇远期交易业务 2007 年下半年才推出,推出前几年市场活跃度较低,该方面的研究较少。虽然人民币外汇交易开始到现在已经有 8 年的时间,但是人民币外汇远期交易仍然不够活跃,市场功能未能有效发挥。本节对人民币远期交易进行简单介绍和分析。

23.8.1 外汇交易中心人民币远期交易产品的推出

中国人民银行人民币汇率形成机制改革方案的实施明显加快了人民币产品创新业务的步伐。在汇改方案实施不久后,2005 年 8 月 2 日发布的《中国人民银行关于扩大外汇指定银行对客户远期结售汇业务和开办人民币与外币掉期业务有关问题的通知》和 2005 年 8 月 8 日发布的《中国人民银行关于加快发展外汇市场有关问题的通知》对于扩大银行间即期外汇市场交易主体范围、推动人民币远期和掉期等衍生产品的发展有着十分重要的意义。

　　人民银行公布上述两个通知仅仅一个星期后，中国外汇交易中心（China Foreign Exchange Trade System, CFETS）于 2005 年 8 月 15 日正式推出了银行间远期外汇交易品种。作为汇率改革的配套措施之一，银行间远期外汇交易品种的推出为银行规避汇率风险提供了工具。但是人民币远期外汇交易在刚推出时并不活跃，主要原因有以下三个方面：其一，人民币汇率波动率仍然较低，市场参与者没有足够的规避汇率风险的需求；其二，企业或机构不得不考虑参与银行间远期市场的成本因素；其三，外汇市场产品创新与利率市场化程度密不可分，但是，我国利率市场化程度有限，尚未形成合理可靠的人民币/美元远期汇率估值方法。因此，我国外汇衍生产品市场的发展尚需一定的时间来提高市场参与者的市场风险意识和进一步加大利率市场化程度。

23.8.2　人民币远期交易做市商

　　经过多年的实践和发展，中国外汇交易中心的人民币远期交易的活跃程度较推出前期已大大提高，市场参与机构数量和成交金额都有很大提高。从表 23－5 可以看出，截至 2015 年 4 月，中国外汇交易中心银行间人民币外汇远期掉期做市商共有 27 家，另有 5 家尝试做市机构。

表 23－5　银行间人民币外汇市场远掉做市商名单（截至 2015 年 4 月）

人民币外汇市场远掉做市机构					
序号	机构	英文简称	序号	机构	英文简称
1	中国工商银行股份有限公司	ICBC	2	中国农业银行股份有限公司	ABCI
3	中国银行股份有限公司	BCHO	4	中国建设银行股份有限公司	CCBH
5	交通银行股份有限公司	BCOH	6	中信银行股份有限公司	CTIB
7	招商银行股份有限公司	CMHO	8	广发银行股份有限公司	DEVE
9	平安银行股份有限公司	DESZ	10	兴业银行股份有限公司	IBCN
11	中国民生银行股份有限公司	CMSB	12	国家开发银行	CDBB
13	宁波银行股份有限公司	NBCB	14	法国巴黎银行（中国）有限公司	BNPC
15	上海浦东发展银行	SPDB	16	星展银行（中国）有限公司	DBSC
17	美国银行有限公司上海分行	BASH	18	汇丰银行（中国）有限公司	HKSH
19	蒙特利尔银行（中国）有限公司	BMCN	20	花旗银行（中国）有限公司	CTSH
21	渣打银行（中国）有限公司	SCCN	22	苏格兰皇家银行（中国）有限公司	RSSH
23	摩根大通银行（中国）有限公司	JPSH	24	东方汇理银行（中国）有限公司	CALS
25	德意志银行（中国）有限公司	DBSH	26	瑞穗银行（中国）有限公司	MHSH
27	三菱东京日联银行（中国）有限公司	TMSH			

序号	机构	英文简称	序号	机构	英文简称
1	中国光大银行	EBBC	2	华夏银行股份有限公司	HXBJ
3	中国进出口银行	EIBC	4	中国邮政储蓄银行	PSBC
5	三井住友银行（中国）有限公司	SMSH			

人民币外汇市场远掉尝试做市机构

资料来源：中国外汇交易中心网站。

23.8.3　人民币远期交易会员

截至2015年4月，中国外汇交易中心银行间远期外汇市场会员由2005年10月24日的54家增加至104家。表23－6给出了截止到2015年4月的中国外汇交易中心银行间远期外汇市场会员。

表23－6　中国外汇交易中心银行间远期外汇市场会员（截至2015年4月）

序号	机构	英文简称	序号	机构	英文简称
1	中国工商银行股份有限公司	ICBC	2	中国农业银行股份有限公司	ABCI
3	中国银行股份有限公司	BCHO	4	中国建设银行股份有限公司	CCBH
5	交通银行股份有限公司	BCOH	6	中信银行股份有限公司	CTIB
7	招商银行股份有限公司	CMHO	8	中国光大银行	EBBC
9	华夏银行股份有限公司	HXBJ	10	广发银行股份有限公司	DEVE
11	平安银行股份有限公司	DESZ	12	兴业银行股份有限公司	IBCN
13	中国民生银行股份有限公司	CMSB	14	浙商银行股份有限公司	CZSB
15	渤海银行股份有限公司	BOHC	16	中国进出口银行	EIBC
17	国家开发银行	CDBB	18	北京银行股份有限公司	BOBJ
19	中船财务有限责任公司	ZCFC	20	中海石油财务有限责任公司	COFC
21	中油财务有限责任公司	CPFC	22	中国邮政储蓄银行	PSBC
23	上海银行股份有限公司	BKSH	24	东航集团财务有限责任公司	CESF
25	上海汽车集团财务有限责任公司	AGFC	26	上海电气集团财务有限责任公司	SEFC
27	申能集团财务有限公司	SNGF	28	国泰君安证券股份有限公司	GJST
29	上海农村商业银行股份有限公司	SHRB	30	重庆农村商业银行股份有限公司	CRCB
31	河北银行股份有限公司	SJCB	32	包商银行股份有限公司	BTCB
33	锦州银行股份有限公司	JZCB	34	哈尔滨银行股份有限公司	HBCB
35	南京银行股份有限公司	NJCB	36	江苏银行股份有限公司	JSBK
37	杭州银行股份有限公司	HZCB	38	宁波银行股份有限公司	NBCB

续表

序号	机构	英文简称	序号	机构	英文简称
39	徽商银行股份有限公司	HSCB	40	厦门银行股份有限公司	XMCB
41	海尔集团财务有限责任公司	HRFC	42	中广核财务有限责任公司	DYBF
43	东亚银行（中国）有限公司	BEAI	44	韩亚银行（中国）有限公司	HNBK
45	南洋商业银行（中国）有限公司	NCBC	46	友利银行（中国）有限公司	WBCL
47	中信银行国际（中国）有限公司	KWBC	48	新韩银行（中国）有限公司	SHBC
49	企业银行（中国）有限公司	IBKC	50	富邦华一银行有限公司	FSBK
51	厦门国际银行股份有限公司	XIBH	52	华商银行	CMBH
53	法国巴黎银行（中国）有限公司	BNPC	54	嘉实基金管理有限公司	JSFM
55	上海浦东发展银行	SPDB	56	星展银行（中国）有限公司	DBSC
57	美国银行有限公司上海分行	BASH	58	汇丰银行（中国）有限公司	HKSH
59	蒙特利尔银行（中国）有限公司	BMCN	60	花旗银行（中国）有限公司	CTSH
61	渣打银行（中国）有限公司	SCCN	62	苏格兰皇家银行（中国）有限公司	RSSH
63	摩根大通银行（中国）有限公司	JPSH	64	法国兴业银行（中国）有限公司	SGSH
65	东方汇理银行（中国）有限公司	CALS	66	三井住友银行（中国）有限公司	SMSH
67	首都银行（中国）有限公司	MBSH	68	瑞士信贷银行股份有限公司上海分行	CSSH
69	澳大利亚和新西兰银行（中国）有限公司	ANZC	70	德国商业银行股份有限公司上海分行	CBSH
71	比利时联合银行股份有限公司上海分行	KBCS	72	盘谷银行（中国）有限公司	BBPS
73	意大利联合圣保罗银行股份有限公司上海分行	ISSB	74	恒生银行（中国）有限公司	HSSH
75	荷兰合作银行有限公司上海分行	RNSH	76	荷兰安智银行股份有限公司上海分行	INGS
77	大华银行（中国）有限公司	UOBS	78	法国外贸银行股份有限公司上海分行	NXSH
79	德意志银行（中国）有限公司北京分行	DBBJ	80	德意志银行（中国）有限公司	DBSH
81	美国纽约梅隆银行有限公司上海分行	BNYS	82	马来西亚马来亚银行有限公司上海分行	MASH
83	集友银行有限公司厦门分行	CYXM	84	加拿大丰业银行有限公司上海分行	BNSS
85	加拿大丰业银行有限公司广州分行	BNSG	86	永亨银行（中国）有限公司	WHSZ

序号	机构	英文简称	序号	机构	英文简称
87	华侨银行（中国）有限公司	OCBS	88	瑞穗银行（中国）有限公司北京分行	MHBJ
89	瑞穗银行（中国）有限公司大连分行	MHDL	90	瑞穗银行（中国）有限公司	MHSH
91	瑞穗银行（中国）有限公司深圳分行	MHSZ	92	瑞士银行（中国）有限公司	UBSB
93	瑞典商业银行公共有限公司上海分行	SHSH	94	印度国家银行上海分行	SISB
95	挪威银行公共有限公司上海分行	DNSH	96	三菱东京日联银行（中国）有限公司	TMSH
97	日本三井住友信托银行股份有限公司上海分行	STBJ	98	德国北德意志州银行上海分行	NLSH
99	瑞典北欧斯安银行有限公司上海分行	SEBH	100	英国巴克莱银行有限公司上海分行	BBSH
101	瑞典银行有限公司上海分行	SDSB	102	澳大利亚西太平洋银行有限公司上海分行	WPSH
103	北欧银行瑞典有限公司上海分行	ABSH	104	西班牙桑坦德银行有限公司上海分行	BSSH

资料来源：中国货币网（www.chinamoney.com.cn）。

23.8.4 人民币远期交易成交金额

成交额是反映任何市场流动性的最主要参数，图 23 - 5 给出了 2006 年第一季度至 2015 年第四季度中国外汇交易中心每季度的人民币外汇远期成交金额。

23.8.4.1 2006 年到 2009 年人民币远期交易成交金额

从图 23 - 5 中可以看出，人民币远期交易在 2006 年第一季度尚不足 10 亿美元，但其后持续高速增长，到 2006 年第四季度已高达 87.5 亿美元；但此后的一年半时间，即 6 个季度的交易额都没有达到过 2006 年第四季度的总额；2008 年第二季度，人民币远期交易量创下其面世以来的历史高位 110.5 亿美元的季度纪录；但金融危机爆发对国内人民币远期市场产生了巨大的影响，人民币远期交易的活跃程度急剧下降，2008 年第四季度到 2009 年第二季度成交额连续三个季度不到 20 亿美元；虽然 2009 年第四季度达到了金融危机之后的高峰 44.9 亿美元，但是之后三个季度又持续下降到了不到 20 亿美元的低位。

23.8.4.2　2010 年到 2012 年人民币远期交易成交金额

可喜的是，2010 年第四季度，成交金额达到 255 亿美元的历史高位。从 2010 年 6 月进一步推进人民币汇率形成机制改革后，人民币小幅升值，双向浮动特征明显，汇率弹性明显增强，人民币汇率预期总体平稳。2010 年年底，人民币兑美元汇率中间价为 6.6227 元，比上年末升值 2055 个基点，升值幅度为 3%；人民币兑欧元、日元汇率中间价分别为 1 欧元兑 8.8065 元人民币、100 日元兑 8.1260 元人民币，分别较 2009 年底升值 11.25% 和贬值 9.20%。2010 年，人民币对美元汇率中间价最高为 6.6227 元，最低为 6.8284 元，242 个交易日中 133 个交易日升值、6 个交易日持平、103 个交易日贬值。全年最大单日升值幅度为 0.43%（295 点），最大单日贬值幅度为 0.36%（247 点）。2010 年第四季度到 2012 年第二季度连续 7 个季度远期交易成交金额超过 110 亿美元，达到国内人民币远期交易市场以来最活跃的时期；然而 2012 年第三季度远期成交金额下降到了 53 亿美元，不到 2012 年第二季度 111 亿美元的一半，虽然 2012 年第四季度比第四季度上升了两倍多，达到了 168 亿美元，然而 2013 年市场重新回到徘徊甚至下降的趋势。

2010 年 6 月汇改重启之后人民币的汇率波动性比之前一年多显著，这也在一定程度上增加了市场对人民币汇率波动的避险需求。然而汇改重启从 2010 年 6 月开始，而银行间人民币外汇远期成交金额猛增是从 2010 年 11 月开始的，说明汇改重启不能解释 2010 年 11 月以来人民币外汇远期的猛增。实际上 2010 年 10 月 20 日发布的《国家外汇管理局关于银行结售汇综合头寸管理有关问题的通知》对国内银行间外汇头寸管理的新要求是 2010 年 11 月以来银行间人民币外汇远期成交猛增的真正原因。由于交易猛增是政策所致，在银行间交易对该政策适应一段时间后有可能重新回到新的平衡，实际上在该政策终止，综合头寸管理从收付实现制回归应收应付基础之后，远期交易量又大幅缩减。

23.8.4.3　2013 年以来人民币远期交易成交金额

图 23－5 显示，2013 年第一季度远期交易金额下降到了 21 亿美元，回到了 2008 年第四季度到 2009 年第三季度平均交易额差不多的低位；虽然 2013 年第一季度到第四季度，交易额达到了 215.3 亿美元，创下 2013 年以来季度成交额最高峰，但是 2013 年第四季度以来成交金额却再回下降和徘徊的趋势，显示功能人民币外汇交易市场仍然存在严重的问题，我们在第八篇还会进一步讨论。

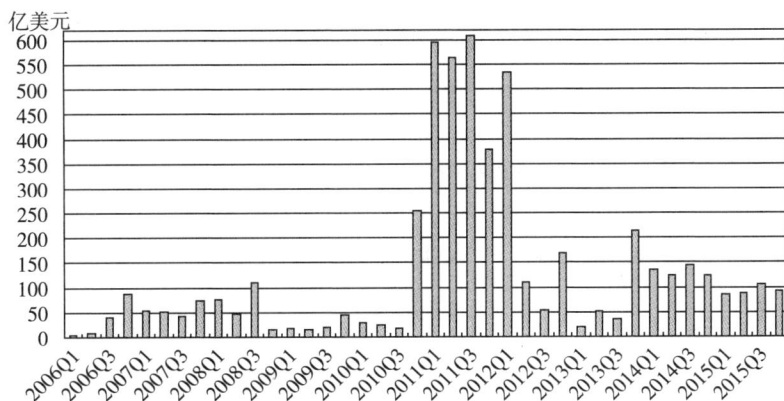

注：Q指季度，Q1和Q3分别指第一季度和第三季度。

数据来源：中国人民银行2006年第二季度到2015年第四季度《中国货币政策执行报告》。

图23－5　中国外汇交易中心人民币外汇远期季度成交金额情况

（2006年第一季度至2015年第四季度）

23.8.5　人民币远期合约成交金额构成

上文我们介绍了外汇交易中心2006年以来的季度成交金额，这里我们简单介绍一下外汇交易中心人民币远期汇率不同合约活跃度的构成。表23－7给出了2015年6月不同合约的成交金额、成交占比、成交笔数和单位交易的金额。

表23－7　　　　　2015年6月不同到期时间的远期合约成交金额、

成交占比、成交笔数和单位交易的金额

单位：百万美元，％，笔

品种期限	成交金额	成交金额占比分布	成交笔数	平均每笔成交金额
1天	938.4	26.8	41	22.9
1周	239.4	6.8	27	8.9
1月	84.5	2.4	11	7.7
3月	96.9	2.8	12	8.1
6月	201.2	5.8	21	9.6
9月	15.5	0.4	2	7.8
1年	127.5	3.6	24	5.3
其他	1794.0	51.3	214	8.4
合计	3497.4	100.0	352	9.9

数据来源：中国货币网（http://www.chinamoney.com.cn/fe/Channel/21478）。

从表 23－7 可以看出，2015 年 6 月 1 天合约是最活跃的外汇远期合约，总成交金额为 9.4 亿美元，占总成交金额的 26.8%；除 1 天合约外，1 周、6 个月、1 年和 3 个月的远期合约的活跃度分别排名第 2、第 3、第 4 和第 5；从平均每笔交易金额来看，1 天合约最高，为 2289 万美元，其次为 6 个月合约，平均每笔交易金额为 958 万美元；1 周、9 个月、1 个月平均每笔交易金额分别排名第 3、第 4 和第 5；表 23－7 同时显示，其他合约成交金额占比高达 51.3%，并且其他合约平均每笔交易有 838 万美元。

23.8.6 人民币远期的币种构成

我国银行间外汇交易仍以美元为主，其次是港元、日元和欧元。根据中国人民银行公布的 2002 年至 2004 年月度外汇交易的币种分布数据，在外汇成交总额中，美元所占的份额约为 97.8%，港元份额约为 1.5%，日元份额在 0.4% 至 0.7% 之间，而欧元的份额仅为 0.1% 左右。根据中国人民银行行上海总部的统计，2008 年有美元/人民币、港元/人民币、日元/人民币和欧元/人民币四个品种发生远期交易，成交额分别达到 169 亿美元、10 亿港元、3 亿日元和 2 亿欧元。2009 年的成交金额为 93 亿美元、7.3 亿港元、24 亿日元、2.4 亿欧元。由于金融危机的原因，图 23－2 显示人民币升值的步伐在 2009 年变缓不少，因此美元/人民币的远期交易量下降了四成左右，同时与美元挂钩的港元的成交量也下降了三成左右。2009 年，日元/美元的汇率波动幅度加大间接导致人民币/日元汇率波动幅度加大，因而成交量大幅上升。

23.9 2012 年 1 月以来人民币外汇远期结售汇业务数据及国际比较

国家外汇管理局从 2012 年 1 月开始每月公布银行间人民币远期结汇和售汇总额，在数据公布方面向国际化迈出了重要的一步，也为我们研究银行间人民币外汇业务提供了很大的方便。有了银行间人民币远期结售汇数据和远期交易数据，我们即可容易地比较整个远期交易占总外汇交易的比重。表 23－8 给出了 2012 年第一季度到 2015 年第四季度国内银行间人民币远期结售汇业务金额、银行间人民币远期交易金额及其总和占人民币外汇交易总额的比重。

表 23 -8　　国内银行间人民币远期结售汇业务金额、远期交易金额及其
总和占人民币外汇交易比重（2012 年第一季度到 2015 年第四季度）

单位：亿美元，%

季度	远期结汇	远期售汇	远期结售汇总额	远期结售汇差额	国内银行间远期交易金额	银行间远期交易/银行间外汇远期结售汇金额	结售汇和远期交易	结售汇和远期交易占外汇交易比重
2012Q1	488.0	363.0	851.0	125	534.0	62.7	1385.0	6.1
2012Q2	351.0	529.0	880.0	(178)	111.0	12.6	991.0	4.3
2012Q3	396.0	498.0	894.0	(102)	53.0	5.9	947.0	3.9
2012Q4	580.0	436.0	1016.0	144	168.0	16.5	1184.0	4.9
2013Q1	777.0	613.0	1390.0	164	21.0	1.5	1411.0	5.3
2013Q2	920.0	581.0	1501.0	339	51.3	3.4	1552.3	5.5
2013Q3	820.0	521.0	1341.0	299	36.1	2.7	1377.1	4.5
2013Q4	1004.0	485.1	1489.2	518.9	215.3	14.5	1704.5	5.2
2014Q1	1164.4	868.8	2033.2	295.6	136.0	6.7	2169.2	6.7
2014Q2	563.3	566.5	1129.9	(3.2)	123.0	10.9	1252.9	4.1
2014Q3	683.3	681.5	1364.9	1.8	145.0	10.6	1509.9	4.4
2014Q4	595.7	543.1	1138.8	52.6	125.0	11.0	1263.8	3.5
2015Q1	410.6	880.3	1291.0	(469.7)	85.0	6.6	1376.0	3.7
2015Q2	502.0	717.3	1219.3	(215.3)	88.0	7.2	1307.3	3.2
2015Q3	291.2	1150.4	1441.6	(859.2)	106.0	7.4	1547.6	2.9
2015Q4	114.3	394.5	508.8	(280.2)	93.0	18.3	601.8	1.2
2012 年	1815.0	1826.0	3641.0	(11.0)	866.0	23.8	4507.0	4.9
2013 年	3521.0	2200.1	5721.1	1320.9	323.7	5.7	6044.8	5.4
2014 年	3006.7	2660.0	5666.7	346.7	529.0	9.3	6195.7	4.9
2015 年	1318.1	3142.5	4460.6	(1824.4)	372.0	8.3	4832.6	2.7

数据来源：远期结售汇数据来自国家外汇管理局网站（http://www.safe.gov.cn），远期交易数据与图 23 -5 相同；外汇交易数据来人民币银行 2006 年第一季度到 2015 年第四季度《中国货币政策执行报告》；表中年度远期结售汇数据根据季度数据相加得出，结果与表 23 -3 给出的国家外汇管理局公布的年度远期结售汇数据略有出入。

23.9.1　远期结汇与售汇差额及含义

表 23 -8 显示，2012 年第二季度和第三季度远期结汇额低于相应的售汇额，

反映出当时人民币兑美元的贬值预期；同样 2014 年第二季度和 2015 年第四季度前者也低于后者，2014 年第三和第四季度结汇虽然高于售汇，然而两者差额较小，反映出 2014 年第二季度以来人民币兑美元总体的贬值预期。人民币远期结、售汇金额差额的正负和大小在很大程度上反映人民币升值压力或贬值压力的大小，也在一定程度上反映资金流入国内或撤离的强度。这些数据反映出的人民币升贬值预期，与图 23 - 3 和图 23 - 4 给出的结果相似。有兴趣的读者可参考和比较第 37 章关于人民币兑美元升值和贬值的相关判断。

23.9.2 远期交易金额与远期结售汇金额比较

表 23 - 8 显示，2012 年第一季度国内人民币远期交易金额与远期结汇金额比例高达 62.7%，创下历史最高纪录，反映出该季远期交易显著活跃；然而 2012 年第一季度到第三季度该比例却持续下降到了 5.9%，反映出相应季度远期交易缓慢的问题；虽然 2012 年第四季度和 2013 年第四季度远期交易与远期结售汇金额比例略微回升到了 15% 上下，但是 2013 年第一季度以来两者季均比例还不到 10%，2013 年到 2014 年两者比例从 5.7% 略升到了 9.3%，但是 2015 年该比例又略降到了 8.3%，显示国内人民币远期交易很不活跃的问题。

23.9.3 人民币远期结售汇市场与远期交易市场的关系

如上所述，外汇交易中心人民币远期交易实际上是为银行远期结售汇业务提供对冲和平盘的平台。因此，银行间远期结售汇业务是银行间远期交易的基础，前者规模越大，后者交易也应该越活跃。有了外管局定期公布的人民币远期结售汇业务月度数据，我们就可以容易地看出两者之间的关系。表 23 - 8 显示，从 2012 年第一季度到第三季度，银行间人民币远期结售汇业务持续缓慢增长，但是相应的远期交易却大幅度地下降；另外 2012 年第四季度到 2013 年第二季度远期结售汇同样持续显著增长，而相应的远期交易不但没有增长，反而大幅地下降；其他季度远期结售汇与远期交易也少有如上理论推断出的相互推动增长的关系，表明我国银行间外汇远期市场仍然存在较为严重的结构性或机制性问题，我们下文会进一步探讨该问题。

23.10 国际比较

有了政府正式公布的人民币远期数据，我们就可以容易地比较国内远期市场与国际市场，从而清楚国内人民币外汇远期市场与世界的差距。

23.10.1 与全球外汇远期市场总体比较

表 23 - 8 显示，2013 年国内远期结售汇年总额为 5721.2 亿美元，加上同年外汇交易中心的远期交易金额 323.7 亿美元共 6044.9 亿美元，相当于同年国内人民币外汇总交易额的 5.2%，比 2012 年相应的占比 4.8% 提高了 0.4%，而 2014 年相应的占比 4.7% 却比 2013 年占比 5.2% 下降了 0.5%。2013 年国内人民币外汇远期成交金额占外汇交易总额比重 5.2%，不到表 9 - 2 给出的同年全球外汇市场外汇远期日均成交金额占外汇日均成交金额比重 12.7% 的一半，也是表 9 - 2 给出 2013 年全球 24 个主要货币中远期交易占比最低的比重，显示国内人民币外汇远期市场的发展仍然有着巨大的潜力。

23.10.2 中印两国外汇远期市场的比较

虽然我国经济、贸易、外汇储备等各方面都比印度高出很多倍，但是在国内外汇市场发展方面我国却与印度仍然有着一定的差距。

根据国际清算银行 2013 年公布的 2013 年 4 月外汇即期和远期日均成交数据，人民币外汇即期日均成交金额为 339.5 亿美元，比相应的印度卢比即期成交金额 152.3 亿美元高出一倍多，然而人民币远期日均成交金额 281 亿美元，仅比印度卢比远期日均成交金额 244 亿美元高出 37 亿美元；印度卢比远期日均成交金额与即期日均成交金额比例为 1.60 倍，而相应的人民币远期日均成交金额与即期日均成交金额比例仅为 0.83，仅略高于印度相应比例的一半，显示人民币外汇远期交易相对于即期交易不够活跃；另外，表 9 - 2 显示，2013 年 4 月，印度卢比远期日均成交金额占卢比外汇日均成交金额比重 46.2%，比人民币远期日均成交金额占人民币外汇日均成交金额比重 23.5% 高出近一倍，同样显示人民币远期交易的活跃度需要提高。

2015 年以来，印度月均贸易总额不到我国月均贸易总额的 1/5，而 2015 年 5 月印度远期结售汇金额 481 亿美元却比国内人民币远期结售汇金额 391.9 亿美元高出 22.7%，2015 年 5 月印度每一美元贸易的远期结售汇金额 0.87 美元，而国内每一美元贸易的远期结售汇金额仅为 0.12 美元，不到印度的 1/7，显示国内人民币远期结售汇业务相对于贸易离印度仍有巨大的差距。

另外，根据印度中央银行印联储网站（www.rbi.org.in）公布的 2015 年 5 月印度外汇交易数据，卢比远期结售汇（即银行与客户间的远期数据）为 481 亿美元，相应银行间卢比远期交易金额为 228.8 亿美元，后者为前者的 47.6%；国家外汇管理局 2015 年 6 月公布的 2015 年 5 月国内人民币远期结售汇金额仅为 391.9 亿美元，同月银行间远期交易金额也仅为 30 亿美元左右，后者仅为前者的 7.7%，显示国内银行间人民币远期交易相对于远期结售汇的活跃度还不到印度的 1/6。

如上数据显示，国内人民币远期结售汇业务，特别是银行间远期交易市场活跃度不仅与发达国家和全球总体有相当的距离，而且离印度这样的发展中国家也有着巨大的差距。随着人民币国际化的快速推动，境外人民币外汇市场高速发展，而国内包括人民币远期结售汇和远期交易在内的人民币外汇市场发展相对缓慢，需要研究推动市场发展的具体措施，从而使得境内外人民币外汇市场能够更加协调地发展，我们在第八篇还会讨论相关问题。

23.11　人民币远期结售汇市场存在的问题

人民币远期交易自 2007 年推出以来，交易量一直都比较低，而且人民币远期交易与远期结售汇间的比例关系及相关性也较低，表明国内的人民币远期市场存在比较严重的问题。本节简单介绍这些问题。

23.11.1　参与人民币远期结售汇交易的限制比较严格

中国人民银行规定人民币远期交易适用"真实需求"原则，要求市场参与者在结算日之前需提供进出口贸易或其他保值背景的证明文件，否则银行有权终止合同，由此产生的后果必须由参与者自己承担。这些限制使得参与者无法通过人民币远期交易来满足一些特殊需要，因此参与人民币远期交易的积极性也大为降低。日本、韩国等其他国家在发展外汇衍生产品市场的初期也曾经采用过真实需求原则，但是随着其市场的逐步发展成熟，这些国家最终都取消了这一限制，进而极大地推动了其外汇市场的自由化进程。对任何金融产品而言，投机和投资都是不可缺少的交易行为，而且它们往往很难区分，事实上，没有任何投机性质的金融产品很难取得成功。目前制约我国外汇远期市场发展的最主要问题是对市场参与者的限制过于严格，如果不减轻或取消这些限制，远期市场便很难发挥其正常功能。

23.11.2　人民币汇率的波动率过低

人民币兑美元汇率在汇率改革之后的半年内平均波动率仅为 0.4% 左右，之后的一年增长到了约 1.0%，2007 年 8 月 15 日进一步增长到 1.5%，2007 年底则达到了 2% ~ 4% 的水平；受金融危机的影响，2008 年第四季度到 2009 年 12 月之间波动率持续下降到了不到 0.2% 的历史低位；2010 年 6 月人民币汇率机制再次重新启动后几个月，人民币兑美元年化的波动率曾经高达 10% 上下，但是到 2011 年 2 月之后不久重新回到了 5% 以下，此后一直到 2015 年年初，美元兑人民币实际波动率一直在低位徘徊，逐步收敛到 2% 上线的水平。汇率波动率较低，直接导致参与者缺乏进行套期保值或投机的动机。

尽管 2012 年 4 月和 2014 年 3 月人民币兑美元日交易浮动幅度分别提高到了 1% 和 2%，然而图 33 - 3 显示，国家外汇管理局每天公布的人民币兑美元中间价的波动率相对于 2012 年 4 月不仅没有提高，反而呈现出明显下降的趋势。这些市场数据表明扩大的人民币兑美元日浮动区间并没有有效利用，国内人民币兑美元汇率的波动性并没有因为人民币兑美元汇率日浮动区间扩大而提高；图 33 - 10 显示，2008 年 12 月到 2015 年 5 月，国内人民币兑美元波动率保持在仅相当于欧元兑美元汇率及日元兑美元汇率波动率的一成上下。过低的人民币汇率是人民币外汇远期市场不够活跃的主要原因之一。

23.11.3　隐含利差和实际利差之间存在巨大差异

从理论上讲，即期汇率和远期汇率必须满足一个平价关系。但是，叶永刚和李源海（2001）利用中国银行人民币/美元远期业务开展初期的数据所进行的实证研究表明，这种平价关系显示出很大的波动性，1 个月远期的隐含利差和实际利差之间有较大的差额，差额有时为正有时为负，似乎差额也不存在规律的变化模式。我们在第 33 章介绍人民币外汇期权时会系统深入地讨论人民币汇率波动性问题。

23.11.4　缺乏利率市场化机制

尽管近年来利率市场化已经取得了一些进展，但到目前为止我国还没有建立起真正的利率市场化机制。没有一个相对确定的收益率曲线，这将对外汇远期合同的定价造成一定困难。人民币远期市场还有其他许多问题值得我们探讨，但由于篇幅限制，我们在这里不再继续介绍。

23.12　本章总结

外汇远期是传统外汇交易的重要组成部分，也是最简单的外汇衍生产品。我国外汇远期结售汇业务从 1997 年试点至今已经超过了 18 年，银行间外汇远期交易试点交易虽比远期结售汇晚了 8 年多，但至今也有 10 多年的经验。十多年远期结售汇和远期交易的试点取得了可喜的成绩，市场有了一定的规模，但是市场流动性，特别是远期交易市场流动性仍然过低，不仅低于发达国家和全球平均水平，而且还显著低于印度这样的主要发展中国家。

外汇远期市场不活跃有很多原因，其中最主要的原因包括：汇率波动率较低，企业没有规避外汇风险的积极性，人民银行对参与外汇远期交易的限制，即采取真实贸易需求原则对远期市场交易的限制作用相当大等。实际上，2013

年我国远期结售汇总额比 2012 年增长了 57.1%，然而 2014 年却比 2013 年下降了 1.0%，2015 年第一季度比 2014 年同期下降了 36.5%，2012 年以来银行间远期交易总体处于下降态势，国内人民币远期市场快速发展的态势仍难以看出端倪，需要我们研究探讨市场徘徊不前原因，才能找到推动市场持续发展的措施。

人民币汇率形成机制改革方案的推出和实施大大加快了人民币产品创新的步伐。《中国人民银行关于扩大外汇指定银行对客户远期结售汇业务和开办人民币与外币掉期业务有关问题的通知》和《中国人民银行关于加快发展外汇市场有关问题的通知》的发布对今后我国人民币远期市场的发展有相当大的推动作用。同时，中国外汇交易中心及时推出的银行间外汇远期产品，更为银行间相互规避外汇远期风险提供了场所和工具。随着我国利率市场化程度的提高和企业外汇风险防范意识的增强，我国外汇远期市场在今后数年将有更加广阔的发展空间。

国内的外汇即期市场目前仍处于初级阶段，远期市场比即期市场程度更差，后者近年来处于徘徊不前的状态。2012 年国内远期结售汇和远期交易年度总成交额与年度贸易比例仅为 11.7%，2013 年和 2014 年比例分别上升到了 14.5% 和 14.4%，近两年来徘徊在略高于 14% 的低位，还不到世界超过 300% 比例的 1/20（2007 年和 2010 年全球外汇远期总成交额与同年世界贸易总额比例达到 300% 上下；2013 年全球外汇远期总成交额与同年世界实物贸易总额比例增长到了 463%，即使加上 2013 年服务贸易额，2013 年全球外汇远期总成交额与同年世界贸易总额比例也高达 370%）。距离越大说明发展潜力越大。即使将国内人民币远期市场年成交金额与贸易比例提高到世界水平的 1/3，国内人民币远期市场年成交金额就会比 2014 年提高十倍左右。

除上述外贸因素外，外国直接和我国加速对外直接投资，获准参与国内资本市场的合格境外机构投资者（QFII）、获准参与境外资本市场的合格境内机构投资者（QDII）和人民币合格境外机构投资者（RQFII）的数量以及获批的资金额度的不断增加，也必然会促使我国现汇交易和远期交易的需求逐年上升。这些因素必然会促使我国现汇交易和远期交易的需求逐年上升。我们相信，随着我国更深入地融入世界经济，对外贸易占 GDP 的比例将会进一步提高，境外资产占 GDP 的比例将会加速提高，会有越来越多的进出口公司、"走出去"的企业和金融机构积极地对其外汇风险进行规避。特别是近年来人民币国际化步伐明显加速，今后人民币远期市场会出现高速发展的态势。可以预见，在未来的几年里，国内利用外汇远期市场将会迎来快速发展期。

外汇远期是外汇市场最简单的外汇衍生产品，也是外汇市场的重要组成部分。我们在第八篇将会较为详细地介绍近年来人民币国际化的进程和境内外市场发展态势。我们基于境内外市场数据的研究表明，近年来境外人民币远期市场发展迅速，然而本章上文的数据显示国内人民币远期市场却处于徘徊状态，境内外市场形成了巨大的反差。我们只有深入、细致、扎实地研究国内人民币远期市场不够活跃的原因，才能找到活跃市场的方法，进而促进境内外市场平衡发展，为人民币国际化增加釜底之薪。

第24章 影响人民币远期和即期汇率的因素

我们在第23章简要介绍了人民币远期市场的发展历程，描述并分析了人民币远期结售汇业务和外汇交易中心外汇远期交易业务。由于篇幅有限，我们没能对人民币远期价格变化的原因进行深入的分析。本章的目的是探讨影响人民币远期价格的主要因素，并对这些因素的影响程度进行系统的分析；另外，还将对2005年10月以来影响人民币即期价格的主要因素以及影响程度进行系统的分析。

24.1 影响人民币远期和即期价格的主要因素

我们在第23章对人民币远期市场成交不活跃的原因进行了简单的介绍，主要原因包括：现货汇率波动很小，企业规避外汇风险的积极性不足；人民银行坚持真实贸易需求原则等对远期外汇市场交易也有一定的影响。上述因素都可以归结为政策因素。随着我国人民币汇率机制的不断完善，规避汇率风险的积极性将得到提高，国内外经济、金融因素对人民币远期和即期价格的影响作用将会逐步增强。本节着重介绍和分析影响人民币远期和即期价格的一些主要因素。

政治因素无疑是影响人民币远期和即期价格的主要因素。事实上，影响人民币无本金交割远期的主要政治争论和事件同样显著地影响人民币远期和即期价格，我们在第38章将介绍和分析影响境外人民币无本金交割远期汇率，感兴趣的读者可以参考第23章和第38章的相关内容。

24.1.1 经济和金融因素

虽然影响人民币即期和远期汇率的主要因素仍然是国际政治因素，但随着汇率机制改革的推进，主要宏观经济和金融指标对人民币远期和即期的影响将逐步加强。我们将对我国的月度外汇储备、外贸数据、季度国内生产总值、月度通货膨胀数据和利率等对人民币即期和远期汇率影响进行介绍，然后进行定量分析。这些量化的分析对我们理解人民币即期和远期有相当重要的意义。

由于美元是我国外汇交易的最主要货币，而且人民币/美元也是人民币即期和远期最主要的货币对，因此，我们除了研究我国经济和金融因素的影响外，也会对美国的月度外贸数据、季度国内生产总值、月度通货膨胀数据和利率变化的影响进行介绍，然后同样进行定量分析。

24.1.2 市场投机因素

在政治因素和经济金融这两类因素的影响下，各类市场参与者对人民币升值有不同的期望或预测，从而采取各类投机和套保交易策略。我们在本章会对市场因素进行介绍。

政治因素仍然是决定人民币远期和即期变化的最主要因素之一，但是经济和金融因素对人民币远期和即期也产生重要的影响。在政治和经济金融这两大类因素的影响和带动下，市场参与者对人民币升值产生了各种期望和预测。这些因素共同推动了人民币远期和即期价格大幅度的变化。我们在本章对这些因素进行系统、深入地介绍和分析。

24.1.3 影响人民币远期汇率的政治因素

我们在本书第 38.2 节将介绍影响人民币无本金交割远期的政治因素，主要包括中国政府、美国国会、美国政府、七国集团（G7）国家以及其他新兴市场的官员、学术界和其他领域。这些影响人民币无本金交割远期的主要原因实际上也是影响国内人民币远期和即期市场的主要原因，因为国内人民币远期市场在很大程度上受境外人民币无本金交割远期汇率的影响。由于人民币无本金交割远期和远期之间又有一定程度的互动性，请读者参考这些影响人民币无本金交割远期的政治因素。

24.2 我国经济和金融因素的影响

人民币远期结售汇业务已经试点了近 20 年，人民币外汇远期交易也有近 11 年的历史。随着我国由固定汇率制转为浮动汇率制，规避汇率风险的积极性将会提高，参与银行间远期市场的成本将会降低，参与群体将逐渐增加，人民币远期市场从 2004 年以来活跃程度明显增强。

2005 年 7 月 21 日汇率改革以来，中国人民银行适时根据市场状况和经济金融形势，调整现货波动区间。人民币现货汇率波动性虽仍然比美元、欧元、日元等主要货币低得多，但随着市场参与主体的日渐增多以及宏观经济形势向好，近期相对于汇改初期已经得到了较大的提高，表 24 - 1 给出了 2005 年 8 月以来国内主要经济和金融数据对人民币即期和远期汇率的影响。

表 24 - 1　　　　　　　　　我国外汇储备、进出口、

GDP 等主要经济数据对 1 年期人民币远期的影响

公布日期	数据类型	人民币即期汇率升贴水点数日变化	1 年期人民币远期汇率升贴水点数日变化
2005 年 8 月 11 日	海关总署公布上月进出口统计数据	- 60	- 180
2005 年 8 月 14 日	中国人民银行公布外汇储备数据	- 22	- 19
2005 年 9 月 12 日	海关总署公布上月进出口统计数据	- 32	- 46
2005 年 9 月 15 日	中国人民银行公布外汇储备数据	- 25	48
2005 年 10 月 11 日	海关总署公布上月进出口统计数据	15	13
2005 年 10 月 14 日	中国人民银行公布外汇储备数据	11	- 2
2005 年 10 月 20 日	国家统计局发布 GDP 统计数据	- 19	- 15
2005 年 11 月 10 日	海关总署公布上月进出口统计数据	- 10	- 42
2005 年 11 月 11 日	中国人民银行公布外汇储备数据	9	11
2005 年 12 月 9 日	海关总署公布上月进出口统计数据	- 15	262
2005 年 12 月 16 日	中国人民银行公布外汇储备数据	- 5	- 17
2006 年 1 月 11 日	海关总署公布上月进出口统计数据	25	- 20
2006 年 1 月 13 日	中国人民银行公布外汇储备数据	24	99
2006 年 1 月 20 日	国家统计局发布 GDP 统计数据	- 72	33
2006 年 2 月 13 日	海关总署公布上月进出口统计数据；中国人民银行公布外汇储备数据	- 45	- 37
2006 年 3 月 13 日	海关总署公布上月进出口统计数据	0	85
2006 年 3 月 17 日	中国人民银行公布外汇储备数据	- 74	- 34
2006 年 4 月 11 日	海关总署公布上月进出口统计数据	- 14	29
2006 年 4 月 14 日	中国人民银行公布外汇储备数据	- 5	45
2006 年 4 月 20 日	国家统计局发布 GDP 统计数据	- 20	144
2006 年 4 月 28 日	中国人民银行宣布提高利率	- 21	187
2006 年 5 月 12 日	海关总署公布上月进出口统计数据；中国人民银行公布外汇储备数据	20	117
2006 年 6 月 12 日	海关总署公布上月进出口统计数据	76	100
2006 年 6 月 16 日	中国人民银行公布外汇储备数据	5	- 140
2006 年 7 月 10 日	海关总署公布上月进出口统计数据	41	118
2006 年 7 月 14 日	中国人民银行公布外汇储备数据	56	234
2006 年 7 月 20 日	国家统计局发布 GDP 统计数据	- 108	- 123

续表

公布日期	数据类型	人民币即期汇率升贴水点数日变化	1 年期人民币远期汇率升贴水点数日变化
2006 年 8 月 10 日	海关总署公布上月进出口统计数据	− 62	− 100
2006 年 8 月 11 日	中国人民银行公布外汇储备数据	50	70
2006 年 8 月 19 日	中国人民银行宣布提高利率	59	19
2006 年 9 月 11 日	海关总署公布上月进出口统计数据	57	34
2006 年 9 月 15 日	中国人民银行公布外汇储备数据	− 30	− 21
2006 年 10 月 11 日	海关总署公布上月进出口统计数据	37	− 122
2006 年 10 月 13 日	中国人民银行公布外汇储备数据	− 133	− 159
2006 年 10 月 24 日	国家统计局发布 GDP 统计数据	34	107
2006 年 11 月 8 日	海关总署公布上月进出口统计数据	− 84	− 82
2006 年 11 月 13 日	中国人民银行公布外汇储备数据	22	243
2006 年 12 月 10 日	海关总署公布上月进出口统计数据	9	103
2006 年 12 月 14 日	中国人民银行公布外汇储备数据	− 80	− 91
2007 年 1 月 11 日	海关总署公布上月进出口统计数据	− 122	− 149
2007 年 1 月 15 日	中国人民银行公布外汇储备数据	− 66	− 89
2007 年 1 月 25 日	国家统计局发布 GDP 统计数据	− 20	− 41
2007 年 2 月 12 日	海关总署公布上月进出口统计数据	94	81
2007 年 2 月 16 日	中国人民银行公布外汇储备数据	− 129	− 107
2007 年 3 月 12 日	海关总署公布上月进出口统计数据	75	59
2007 年 3 月 15 日	中国人民银行公布外汇储备数据	60	70
2007 年 3 月 18 日	中国人民银行宣布提高利率	− 80	− 83
2007 年 4 月 10 日	海关总署公布上月进出口统计数据	10	6
2007 年 4 月 12 日	中国人民银行公布外汇储备数据	10	20
2007 年 4 月 19 日	国家统计局发布 GDP 统计数据	− 53	17
2007 年 5 月 9 日	中国人民银行宣布提高利率	− 25	− 20
2007 年 5 月 11 日	海关总署公布上月进出口统计数据；中国人民银行公布外汇储备数据	− 170	− 180
2007 年 5 月 19 日	中国人民银行宣布提高利率	− 23	331
2007 年 6 月 11 日	海关总署公布上月进出口统计数据	82	− 33
2007 年 6 月 15 日	中国人民银行公布外汇储备数据	− 176	− 183
2007 年 7 月 10 日	海关总署公布上月进出口统计数据	− 205	− 108

续表

公布日期	数据类型	人民币即期汇率升贴水点数日变化	1年期人民币远期汇率升贴水点数日变化
2007年7月11日	中国人民银行公布外汇储备数据	−179	−131
2007年7月19日	国家统计局发布GDP统计数据	−8	−161
2007年7月21日	中国人民银行宣布提高利率	108	−71
2007年8月10日	海关总署公布上月进出口统计数据	94	−430
2007年8月13日	中国人民银行公布外汇储备数据	75	199
2007年8月22日	中国人民银行宣布提高利率	94	55
2007年9月10日	中国人民银行公布外汇储备数据	−181	−113
2007年9月11日	海关总署公布上月进出口统计数据	18	18
2007年9月15日	中国人民银行宣布提高利率	55	58
2007年10月12日	海关总署公布上月进出口统计数据；中国人民银行公布外汇储备数据	68	118
2007年10月25日	国家统计局发布GDP统计数据	−106	−79
2007年11月12日	海关总署公布上月进出口统计数据；中国人民银行公布外汇储备数据	15	−473
2007年12月11日	海关总署公布进出口统计数据；中国人民银行公布外汇储备数据	−147	131
2007年12月20日	中国人民银行宣布提高利率	−74	121
2008年1月11日	海关总署公布上月进出口统计数据；中国人民银行公布外汇储备数据	−99	−27
2008年1月24日	国家统计局发布GDP统计数据	−32	−366
2008年2月18日	海关总署公布进出口统计数据	−202	−130
2008年3月10日	海关总署公布进出口统计数据	−81	−432
2008年4月11日	海关总署公布上月进出口统计数据；中国人民银行公布外汇储备数据	149	199
2008年4月16日	国家统计局发布GDP统计数据	−7	218
2008年5月12日	海关总署公布进出口统计数据	−36	229
2008年6月11日	海关总署公布进出口统计数据	−71	−146
2008年7月10日	海关总署公布进出口统计数据	−142	−122
2008年7月14日	中国人民银行公布外汇储备数据	110	317
2008年7月17日	国家统计局发布GDP统计数据	100	67

续表

公布日期	数据类型	人民币即期汇率升贴水点数日变化	1 年期人民币远期汇率升贴水点数日变化
2008 年 8 月 11 日	海关总署公布进出口统计数据	−11	−90
2008 年 9 月 10 日	海关总署公布进出口统计数据	4	−33
2008 年 9 月 16 日	中国人民银行宣布下调利率	40	30
2008 年 10 月 9 日	中国人民银行宣布下调利率	34	139
2008 年 10 月 14 日	海关总署公布上月进出口统计数据；中国人民银行公布外汇储备数据	132	−51
2008 年 10 月 20 日	国家统计局发布 GDP 统计数据	−41	−61
2008 年 10 月 30 日	中国人民银行宣布下调利率	−90	−466
2008 年 11 月 11 日	海关总署公布进出口统计数据	−15	18
2008 年 11 月 27 日	中国人民银行宣布下调利率	−7	−32
2008 年 12 月 10 日	海关总署公布进出口统计数据	−102	−142
2009 年 1 月 13 日	海关总署公布上月进出口统计数据；中国人民银行公布外汇储备数据	−29	46
2009 年 1 月 22 日	国家统计局发布 GDP 统计数据	−7	−112
2009 年 2 月 11 日	海关总署公布进出口统计数据	7	34
2009 年 3 月 11 日	海关总署公布进出口统计数据	−8	7
2009 年 4 月 10 日	海关总署公布上月进出口统计数据；中国人民银行公布外汇储备数据	−11	59
2009 年 4 月 15 日	国家统计局发布 GDP 统计数据	2	56
2009 年 5 月 12 日	海关总署公布进出口统计数据	−14	−11
2009 年 6 月 11 日	海关总署公布进出口统计数据	14	49
2009 年 7 月 10 日	海关总署公布进出口统计数据	11	29
2009 年 7 月 14 日	中国人民银行公布外汇储备数据	2	−21
2009 年 7 月 15 日	国家统计局发布 GDP 统计数据	−13	−70
2009 年 8 月 11 日	海关总署公布进出口统计数据	6	1
2009 年 9 月 11 日	海关总署公布进出口统计数据	−4	12
2009 年 10 月 14 日	海关总署公布上月进出口统计数据；中国人民银行公布外汇储备数据	0	−265
2009 年 10 月 21 日	国家统计局发布 GDP 统计数据	8	293
2009 年 11 月 11 日	海关总署公布进出口统计数据	−9	−74

公布日期	数据类型	人民币即期汇率升贴水点数日变化	1 年期人民币远期汇率升贴水点数日变化
2009 年 12 月 11 日	海关总署公布进出口统计数据	10	80
2010 年 1 月 11 日	海关总署公布进出口统计数据	−11	−186
2010 年 1 月 14 日	中国人民银行公布外汇储备数据	5	15
2010 年 1 月 21 日	国家统计局发布 GDP 统计数据	−3	−18
2010 年 2 月 10 日	海关总署公布进出口统计数据	35	−12
2010 年 3 月 10 日	海关总署公布进出口统计数据	−4	−94
2010 年 4 月 12 日	海关总署公布上月进出口统计数据；中国人民银行公布外汇储备数据	18	−132
2010 年 4 月 15 日	国家统计局发布 GDP 统计数据	3	−62
2010 年 5 月 10 日	海关总署公布进出口统计数据	8	−337
2010 年 6 月 10 日	海关总署公布进出口统计数据	27	95
2010 年 7 月 10 日	海关总署公布进出口统计数据	−26	−61
2010 年 7 月 12 日	中国人民银行公布外汇储备数据	−24	−14
2010 年 7 月 15 日	国家统计局发布 GDP 统计数据	40	85
2010 年 8 月 10 日	海关总署公布进出口统计数据	49	39
2010 年 9 月 10 日	海关总署公布进出口统计数据	−140	−170
2010 年 10 月 13 日	海关总署公布上月进出口统计数据；中国人民银行公布外汇储备数据	−93	−108
2010 年 10 月 20 日	中国人民银行宣布提高利率	72	82
2010 年 10 月 21 日	国家统计局发布 GDP 统计数据	−15	−100
2010 年 11 月 10 日	海关总署公布进出口统计数据	−103	−4
2010 年 12 月 10 日	海关总署公布进出口统计数据	6	31
2010 年 12 月 26 日	中国人民银行宣布提高利率	−161	94
2011 年 1 月 10 日	海关总署公布上月进出口统计数据；中国人民银行公布外汇储备数据	97	72
2011 年 1 月 20 日	国家统计局发布 GDP 统计数据	30	80
2011 年 2 月 9 日	中国人民银行宣布提高利率	0	−170
2011 年 2 月 14 日	海关总署公布进出口统计数据	47	17
2011 年 3 月 10 日	海关总署公布进出口统计数据	26	46
2011 年 4 月 6 日	中国人民银行宣布提高利率	−39	6

续表

公布日期	数据类型	人民币即期汇率升贴水点数日变化	1 年期人民币远期汇率升贴水点数日变化
2011 年 4 月 10 日	海关总署公布进出口统计数据	−66	−161
2011 年 4 月 14 日	中国人民银行公布外汇储备数据	−25	−25
2011 年 4 月 15 日	国家统计局发布 GDP 统计数据	10	10
2011 年 5 月 10 日	海关总署公布进出口统计数据	−20	53
2011 年 6 月 10 日	海关总署公布进出口统计数据	43	53
2011 年 7 月 6 日	中国人民银行宣布提高利率	−6	24
2011 年 7 月 10 日	海关总署公布进出口统计数据	−8	−8
2011 年 7 月 12 日	中国人民银行公布外汇储备数据	51	51
2011 年 7 月 13 日	国家统计局发布 GDP 统计数据	−46	29
2011 年 8 月 10 日	海关总署公布进出口统计数据	−125	−148
2011 年 9 月 10 日	海关总署公布进出口统计数据	42	37
2011 年 10 月 13 日	海关总署公布进出口统计数据	235	210
2011 年 10 月 14 日	中国人民银行公布外汇储备数据	−35	−25
2011 年 10 月 19 日	国家统计局发布 GDP 统计数据	−38	−18
2011 年 11 月 10 日	海关总署公布进出口统计数据	57	92
2011 年 12 月 10 日	海关总署公布进出口统计数据	28	110
2012 年 1 月 10 日	海关总署公布进出口统计数据	4	−69
2012 年 1 月 13 日	中国人民银行公布外汇储备数据	−112	−101
2012 年 1 月 18 日	国家统计局发布 GDP 统计数据	−30	−100
2012 年 2 月 10 日	海关总署公布进出口统计数据	34	54
2012 年 3 月 10 日	海关总署公布进出口统计数据	−58	−91
2012 年 4 月 10 日	海关总署公布进出口统计数据	30	45
2012 年 4 月 12 日	中国人民银行公布外汇储备数据	−8	5
2012 年 4 月 13 日	国家统计局发布 GDP 统计数据	−43	0
2012 年 5 月 10 日	海关总署公布进出口统计数据	43	26
2012 年 6 月 7 日	中国人民银行宣布下调利率	0	−5
2012 年 6 月 10 日	海关总署公布进出口统计数据	70	20
2012 年 7 月 10 日	海关总署公布进出口统计数据	−55	−5
2012 年 7 月 12 日	中国人民银行公布外汇储备数据	47	37
2012 年 7 月 16 日	国家统计局发布 GDP 统计数据	−2	58

续表

公布日期	数据类型	人民币即期汇率升贴水点数日变化	1年期人民币远期汇率升贴水点数日变化
2012 年 8 月 10 日	海关总署公布进出口统计数据	10	10
2012 年 9 月 10 日	海关总署公布进出口统计数据	−54	−94
2012 年 10 月 13 日	海关总署公布上月进出口统计数据；中国人民银行公布外汇储备数据	−98	−258
2012 年 10 月 18 日	国家统计局发布 GDP 统计数据	−42	−82
2012 年 11 月 10 日	海关总署公布进出口统计数据	21	−4
2012 年 12 月 10 日	海关总署公布进出口统计数据	150	140
2013 年 1 月 10 日	海关总署公布上月进出口统计数据；中国人民银行公布外汇储备数据	−18	−93
2013 年 1 月 21 日	国家统计局发布 GDP 统计数据	59	34
2013 年 2 月 8 日	海关总署公布进出口统计数据	3	11
2013 年 3 月 8 日	海关总署公布进出口统计数据	−55	−65
2013 年 4 月 10 日	海关总署公布进出口统计数据	−85	−140
2013 年 4 月 11 日	中国人民银行公布外汇储备数据	24	49
2013 年 4 月 15 日	国家统计局发布 GDP 统计数据	−51	−46
2013 年 5 月 8 日	海关总署公布进出口统计数据	−131	−165
2013 年 6 月 8 日	海关总署公布进出口统计数据	−27	−37
2013 年 7 月 10 日	海关总署公布进出口统计数据	46	58
2013 年 7 月 12 日	中国人民银行公布外汇储备数据	23	28
2013 年 7 月 16 日	国家统计局发布 GDP 统计数据	−28	−68
2013 年 8 月 8 日	海关总署公布进出口统计数据	33	−7
2013 年 9 月 8 日	海关总署公布进出口统计数据	6	28
2013 年 10 月 12 日	海关总署公布进出口统计数据	48	−47
2013 年 10 月 14 日	中国人民银行公布外汇储备数据	−127	−187
2013 年 10 月 19 日	国家统计局发布 GDP 统计数据	−14	−49
2013 年 11 月 8 日	海关总署公布进出口统计数据	−3	72
2013 年 12 月 8 日	海关总署公布进出口统计数据	−96	−126
2014 年 1 月 10 日	海关总署公布进出口统计数据	−29	−69
2014 年 1 月 15 日	中国人民银行公布外汇储备数据	48	−49
2014 年 1 月 21 日	国家统计局发布 GDP 统计数据	−22	−7

续表

公布日期	数据类型	人民币即期汇率升贴水点数日变化	1 年期人民币远期汇率升贴水点数日变化
2014 年 2 月 12 日	海关总署公布进出口统计数据	18	18
2014 年 3 月 8 日	海关总署公布进出口统计数据	75	80
2014 年 4 月 10 日	海关总署公布进出口统计数据	120	170
2014 年 4 月 15 日	中国人民银行公布外汇储备数据	29	29
2014 年 4 月 17 日	国家统计局发布 GDP 统计数据	− 24	− 39
2014 年 4 月 22 日	中国人民银行宣布下调利率	101	151
2014 年 5 月 8 日	海关总署公布进出口统计数据	− 63	− 61
2014 年 6 月 8 日	海关总署公布进出口统计数据	− 46	− 87
2014 年 7 月 10 日	海关总署公布进出口统计数据	29	39
2014 年 7 月 15 日	中国人民银行公布外汇储备数据	21	21
2014 年 7 月 17 日	国家统计局发布 GDP 统计数据	− 2	93
2014 年 8 月 8 日	海关总署公布进出口统计数据	− 52	− 42
2014 年 9 月 8 日	海关总署公布进出口统计数据	26	66
2014 年 10 月 13 日	海关总署公布进出口统计数据	− 50	− 50
2014 年 10 月 16 日	中国人民银行公布外汇储备数据	− 28	− 7
2014 年 10 月 22 日	国家统计局发布 GDP 统计数据	− 27	− 2
2014 年 11 月 8 日	海关总署公布进出口统计数据	106	116
2014 年 11 月 21 日	中国人民银行宣布下调利率	4	− 9
2014 年 12 月 8 日	海关总署公布进出口统计数据	225	335
2015 年 1 月 13 日	海关总署公布进出口统计数据	− 53	− 95
2015 年 1 月 15 日	中国人民银行公布外汇储备数据	− 76	− 114
2015 年 1 月 21 日	国家统计局发布 GDP 统计数据	− 27	− 32
2015 年 2 月 4 日	中国人民银行宣布下调利率	− 104	− 94
2015 年 2 月 8 日	海关总署公布进出口统计数据	− 74	− 128
2015 年 3 月 8 日	海关总署公布进出口统计数据	− 33	− 69
2015 年 4 月 13 日	海关总署公布进出口统计数据	87	126
2015 年 4 月 14 日	中国人民银行公布外汇储备数据	− 49	− 43
2015 年 4 月 16 日	国家统计局发布 GDP 统计数据	− 85	− 134
2015 年 5 月 8 日	海关总署公布进出口统计数据	25	− 77

资料来源：商务部网站，www.mofcom.gov.cn；国家统计局网站，www.stats.gov.cn；外管局网站，www.safe.gov.cn；新华网：www.xinhua.org；公布日期为周五或者公休假日，1 年期人民币远期升贴水点数取最近的一个工作日数据。

表 24－1 包括 238 个经济和金融数据。其中，59 个为外汇储备数据，118 个为月度进出口数据，39 个为国内生产总值数据，另 22 个为利率数据。根据表 24－1 的数据，我们可以计算出外汇储备、进出口贸易和国内生产总值及利率四类主要因素对 1 年期人民币远期和即期贴水点数的影响频率，并将结果放入表 24－2 中。从表 24－2 可以清楚地看出，进出口和外汇储备数据是影响 1 年期人民币远期和即期市场的最主要因素，国内生产总值次之。

表 24－2　各种因素对 1 年期人民币远期和即期升贴水点数影响范围频率

人民币远期升贴水点数影响范围					
升贴水范围	所有因素	外汇储备	进出口	利率	国内生产总值
< －200	11	3	6	1	1
[－200，－100)	38	12	19	2	5
[－100，0)	77	18	36	6	17
[0，100]	78	18	41	7	12
(100，200]	24	5	12	5	2
>200	10	3	4	1	2

人民币即期升贴水点数影响范围					
升贴水范围	所有因素	外汇储备	进出口	利率	国内生产总值
< －200	2	0	2	0	0
[－200，－100)	23	9	9	3	2
[－100，0)	104	22	45	9	28
[0，100]	98	25	55	9	9
(100，200]	9	3	5	1	0
>200	2	0	2	0	0

资料来源：根据表 24－1 数据计算得出。

24.2.1　进出口统计数据

表 24－1、表 24－2 显示对 1 年期人民币远期和即期影响最大的基础因素是进出口数据。如表 24－2 所示，在表 24－1 的 237 组数据中，对 1 年期人民币远期影响超过 100 点的 83 个数据中，有 41 个为月度进出口数据；有 23 个为外汇储备数据；有 10 个为国内生产总值数据；9 个为利率数据。影响超过 200 点的 21 个数据中，有 10 个为进出口数据，有 6 个为外汇储备数据；有 3 个为国内生产总值数据，有 2 个为利率数据。如上数据显示进出口数据或者贸易顺逆差是影响人民币远期汇率最主要的因素。

进出口贸易额也是影响即期汇率的重要因素。如表 24－2 所示，表 24－1 的

237 组数据公布后，对人民币即期影响超过 100 点的有 36 次，其中 18 次是进出口贸易数据导致；无论对于人民币远期还是即期而言，贸易数据都有着重要的影响。我国贸易顺/逆差对人民币远期和即期市场影响的问题，我们在第 24.4 节还会深入探讨。

24.2.2　外汇储备

如表 24-2 所示，从 2005 年 8 月到 2015 年 5 月，表 24-1 的 237 组数据公布后，导致 1 年期人民币远期贴水点数下降共有 126 次，其中 33 次在外汇储备量公布之后；人民币即期贴水点数下降共有 128 次，其中 31 次在外汇储备量公布之后。这些结果说明外汇储备量是影响人民币远期和即期主要的基础因素。我们在下节会利用线性回归进一步分析外汇储备量对人民币远期和即期的影响。因此，外汇储备数据对人民币远期汇率的影响是仅次于贸易数据的最主要的国内数据。

24.2.3　国内生产总值

在国际外汇市场上，国内生产总值及其增长率是影响汇率变化的重要因素。观察表 24-1，我们可以发现，国内生产总值数据对人民币远期的影响有限，表中包含的 39 个国内生产总值数据中，对人民币远期影响超过 100 点的仅有 4 次；对人民币即期影响不如远期明显，对人民币即期影响超过 100 点的仅有 0 次。

24.2.4　通货膨胀

我国通货膨胀对人民币无本金交割远期也有着一定的影响。通货膨胀在国外发达市场是中央银行确定基准利率调整的最重要指标之一，它对人民币无本金交割远期市场应该有类似的作用。而人民币无本金交割远期市场与人民币远期市场具有较强市场联动性。表 24-3 给出了我国从 2005 年 9 月到 2015 年 4 月居民消费价格指数（CPI）所表示的通货膨胀率的变化。

表 24-3　　我国 2005 年 9 月到 2015 年 4 月消费价格指数（CPI）

时间	公布日期	同比增长率（%）	人民币即期汇率升贴水点数日变化	1 年期人民币远期汇率升贴水点数日变化
2005 年 9 月	2005 - 10 - 21	0.9	-20	-28
2005 年 10 月	2005 - 11 - 11	1.2	9	11
2005 年 11 月	2005 - 12 - 12	1.3	5	-5
2005 年 12 月	2006 - 01 - 25	1.6	5	-13
2006 年 1 月	2006 - 02 - 22	1.9	10	-13

时间	公布日期	同比增长率	人民币即期汇率升贴水点数日变化	1年期人民币远期汇率升贴水点数日变化
2006 年 2 月	2006 - 03 - 13	0.9	0	85
2006 年 3 月	2006 - 04 - 21	0.8	55	- 61
2006 年 4 月	2006 - 05 - 12	1.2	20	117
2006 年 5 月	2006 - 06 - 12	1.4	76	100
2006 年 6 月	2006 - 07 - 18	1.5	- 66	- 68
2006 年 7 月	2006 - 08 - 11	1.0	50	70
2006 年 8 月	2006 - 09 - 11	1.3	57	34
2006 年 9 月	2006 - 10 - 18	1.5	- 5	56
2006 年 10 月	2006 - 11 - 13	1.4	22	243
2006 年 11 月	2006 - 12 - 11	1.9	105	1
2006 年 12 月	2007 - 01 - 25	2.8	- 20	- 41
2007 年 1 月	2007 - 02 - 14	2.2	- 87	0
2007 年 2 月	2007 - 03 - 13	2.7	- 90	- 104
2007 年 3 月	2007 - 04 - 19	3.3	- 53	17
2007 年 4 月	2007 - 05 - 14	3.0	37	67
2007 年 5 月	2007 - 06 - 12	3.4	- 196	- 220
2007 年 6 月	2007 - 07 - 19	4.4	- 8	- 161
2007 年 7 月	2007 - 08 - 13	5.6	75	199
2007 年 8 月	2007 - 09 - 11	6.5	18	18
2007 年 9 月	2007 - 10 - 25	6.2	- 106	- 79
2007 年 10 月	2007 - 11 - 13	6.5	212	180
2007 年 11 月	2007 - 12 - 11	6.9	- 147	131
2007 年 12 月	2008 - 01 - 24	6.5	- 32	- 366
2008 年 1 月	2008 - 02 - 19	7.1	- 43	76
2008 年 2 月	2008 - 03 - 11	8.7	0	293
2008 年 3 月	2008 - 04 - 17	8.3	- 80	- 100
2008 年 4 月	2008 - 05 - 12	8.5	- 36	229
2008 年 5 月	2008 - 06 - 12	7.7	- 109	- 134
2008 年 6 月	2008 - 07 - 17	7.1	100	67
2008 年 7 月	2008 - 08 - 12	6.3	55	158
2008 年 8 月	2008 - 09 - 10	4.9	4	- 33

续表

时间	公布日期	同比增长率	人民币即期汇率升贴水点数日变化	1 年期人民币远期汇率升贴水点数日变化
2008 年 9 月	2008 - 10 - 20	4.6	-41	-61
2008 年 10 月	2008 - 11 - 11	4.0	-15	18
2008 年 11 月	2008 - 12 - 11	2.4	-120	-110
2008 年 12 月	2009 - 01 - 22	1.2	-7	-112
2009 年 1 月	2009 - 02 - 10	1.0	-12	-223
2009 年 2 月	2009 - 03 - 10	-1.6	12	12
2009 年 3 月	2009 - 04 - 16	-1.2	4	15
2009 年 4 月	2009 - 05 - 11	-1.5	12	22
2009 年 5 月	2009 - 06 - 10	-1.4	-20	-61
2009 年 6 月	2009 - 07 - 16	-1.7	-3	23
2009 年 7 月	2009 - 08 - 11	-1.8	6	1
2009 年 8 月	2009 - 09 - 11	-1.2	-4	12
2009 年 9 月	2009 - 10 - 22	-0.8	19	254
2009 年 10 月	2009 - 11 - 11	-0.5	-9	-74
2009 年 11 月	2009 - 12 - 11	0.6	10	80
2009 年 12 月	2010 - 01 - 21	1.9	-3	-18
2010 年 1 月	2010 - 02 - 11	1.5	44	201
2010 年 2 月	2010 - 03 - 11	2.7	7	4
2010 年 3 月	2010 - 04 - 15	2.4	3	-62
2010 年 4 月	2010 - 05 - 11	2.8	25	90
2010 年 5 月	2010 - 06 - 11	3.1	15	-38
2010 年 6 月	2010 - 07 - 15	2.9	40	85
2010 年 7 月	2010 - 08 - 11	3.3	30	-5
2010 年 8 月	2010 - 09 - 13	3.5	-74	-134
2010 年 9 月	2010 - 10 - 21	3.6	-15	-100
2010 年 10 月	2010 - 11 - 11	4.4	-80	-680
2010 年 11 月	2010 - 12 - 10	5.1	6	31
2010 年 12 月	2011 - 01 - 19	4.6	-5	20
2011 年 1 月	2011 - 02 - 15	4.9	-81	-76
2011 年 2 月	2011 - 03 - 11	4.9	-1	-6
2011 年 3 月	2011 - 04 - 15	5.4	10	10

时间	公布日期	同比增长率	人民币即期汇率升贴水点数日变化	1 年期人民币远期汇率升贴水点数日变化
2011 年 4 月	2011 - 05 - 11	5.3	11	14
2011 年 5 月	2011 - 06 - 14	5.5	-27	-22
2011 年 6 月	2011 - 07 - 09	6.4	-8	-8
2011 年 7 月	2011 - 08 - 09	6.5	-54	-19
2011 年 8 月	2011 - 09 - 09	6.2	42	37
2011 年 9 月	2011 - 10 - 14	6.1	-35	-25
2011 年 10 月	2011 - 11 - 09	5.5	-60	-85
2011 年 11 月	2011 - 12 - 09	4.2	28	110
2011 年 12 月	2012 - 01 - 12	4.1	23	2
2012 年 1 月	2012 - 02 - 09	4.5	7	-21
2012 年 2 月	2012 - 03 - 09	3.2	-58	-91
2012 年 3 月	2012 - 04 - 09	3.6	22	2
2012 年 4 月	2012 - 05 - 11	3.4	-34	-74
2012 年 5 月	2012 - 06 - 09	3.0	70	20
2012 年 6 月	2012 - 07 - 09	2.2	70	137
2012 年 7 月	2012 - 08 - 09	1.8	-25	-50
2012 年 8 月	2012 - 09 - 09	2.0	2	57
2012 年 9 月	2012 - 10 - 15	1.9	35	45
2012 年 10 月	2012 - 11 - 09	1.7	21	-4
2012 年 11 月	2012 - 12 - 09	2.0	19	-41
2012 年 12 月	2013 - 01 - 11	2.5	-83	-108
2013 年 1 月	2013 - 02 - 09	2.0	3	11
2013 年 2 月	2013 - 03 - 09	3.2	-55	-65
2013 年 3 月	2013 - 04 - 09	2.1	-9	-19
2013 年 4 月	2013 - 05 - 09	2.4	-101	-126
2013 年 5 月	2013 - 06 - 09	2.1	-27	-37
2013 年 6 月	2013 - 07 - 09	2.7	-42	-47
2013 年 7 月	2013 - 08 - 09	2.7	5	-25
2013 年 8 月	2013 - 09 - 09	2.6	5	23
2013 年 9 月	2013 - 10 - 14	3.1	-127	-187
2013 年 10 月	2013 - 11 - 09	3.2	-3	72

续表

时间	公布日期	同比增长率	人民币即期汇率升贴水点数日变化	1 年期人民币远期汇率升贴水点数日变化
2013 年 11 月	2013 - 12 - 09	3.0	- 94	- 144
2013 年 12 月	2014 - 01 - 09	2.5	38	38
2014 年 1 月	2014 - 02 - 14	2.5	32	27
2014 年 2 月	2014 - 03 - 09	2.0	75	80
2014 年 3 月	2014 - 04 - 11	2.4	- 12	- 87
2014 年 4 月	2014 - 05 - 09	1.8	0	- 25
2014 年 5 月	2014 - 06 - 10	2.5	- 154	- 199
2014 年 6 月	2014 - 07 - 09	2.3	- 23	- 58
2014 年 7 月	2014 - 08 - 09	2.3	- 52	- 42
2014 年 8 月	2014 - 09 - 11	2.0	1	- 5
2014 年 9 月	2014 - 10 - 15	1.6	12	26
2014 年 10 月	2014 - 11 - 10	1.6	- 33	- 2
2014 年 11 月	2014 - 12 - 10	1.4	- 87	- 97
2014 年 12 月	2015 - 01 - 09	1.5	- 59	- 49
2015 年 1 月	2015 - 02 - 10	0.8	- 56	- 156
2015 年 2 月	2015 - 03 - 10	1.4	- 24	- 31
2015 年 3 月	2015 - 04 - 10	1.4	20	31
2015 年 4 月	2015 - 05 - 09	1.5	25	- 77

资料来源：国家统计局网站，www. stats. gov. cn。

从表 24 - 3 我们可以看出，通货膨胀率数据发布后影响人民币远期变化超过 100 点的幅度共有 28 次，其中影响最大的一次是 2010 年 11 月 11 日，有 680 点的变化；人民币即期变化超过 100 点的幅度共有 10 次，其中影响最大的是 2007 年 11 月 13 日，有 212 点的变化。根据以上的定性分析我们可以看出，通货膨胀率水平对人民币远期和即期都有着一定的影响。我们在下节还会进一步分析通货膨胀率对人民币远期的影响。

24.2.5　利率

除了上述因素外，利率也是影响汇率的一个重要因素。2005 年以来，我国利率调高有 14 次，我国利率调低有 8 次。表 24 - 1 显示，2006 年 4 月 28 日公布从次日起上调金融机构存贷款基准利率，当天 1 年期人民币远期汇率上升 74 个点，即期汇率下跌 21 个点。2007 年 3 月 8 日公布从次日起上调金融机构存贷款基准利率，当天 1 年期人民币远期汇率下跌 85 个点；即期汇率上升 18 个点。2008 年 9 月 16 日公布从次日起下调金融机构存贷款基准利率，当天 1 年期人民币远期汇率下跌 198 个点；即期汇率上升 11 个点。2010 年 10 月 20 日公布从次日起上调金融机构存贷款基准利率，当天 1 年期人民币远期汇率上升 75 个点，即期汇率上升 80 个点；2011 年 2 月 9 日公布从次日起上调金融机构存贷款基准利率，当天 1 年期人民币远期汇率上扬 87 个点，即期汇率也上扬 22 个点；2012 年 6 月 7 日公布从次日起下调金融机构存贷款基准利率，当天 1 年期人民币远期汇率下跌 3 个点，人民币即期汇率下跌 1 个点。2014 年 4 月 22 日公布从次日起下调金融机构存贷款基准利率，当天 1 年期人民币远期汇率下跌 57 个点，人民币即期汇率上升 10 个点。2015 年 2 月 4 日公布从次日起下调金融机构存贷款基准利率，当天 1 年期人民币远期汇率下跌 28 个点，人民币即期汇率下跌 101 个点。这表明人民币无本金交割远期市场还相当不成熟，对主要基础信息反映很不充分。

2004 年 10 月 29 日的利率上调标志着我国利率市场化的开始。利率市场化对我国整个金融体系，特别是外汇市场将产生重要影响。利率市场化的开始也标志着汇率形成机制改革的基础开始充实。利率上升和上调的期望还会影响到人民币无本金交割期权的隐含波动率曲线，我们会在第 27 章详细介绍和分析。

24.2.6　本节小结

虽然与政治因素相比，贸易、外汇储备、国内生产总值、利率调整和就业等经济和金融因素对人民币远期和即期市场的影响较小，但是它们的影响也的确十分重要，而且这些基础因素也成为市场预测人民币升值的根据和基础。随着利率市场化程度的深入和人民币汇率形成机制改革的深化和逐步完善，我们可以期望这些基础因素对人民币远期和即期的影响将会更加系统、持续和充分。

外贸是外汇储备增加的重要源泉，但从 2004 年以来，贸易顺差已经不是外汇储备增加的主要渠道。这也就解释了月贸易数据对人民币远期和即期的影响为何没有月度外汇储备数据那么高。人民币远期和即期价格虽然已经反映主要经济和金融信息，但这种反映还不很充分，我们会在下文进一步介绍和分析。

24.3　中国经济金融因素的影响分析

在本节，我们利用上面介绍的数据作为自变量，对人民币远期进行简单线性回归，从而得出这些因素对人民币远期影响更加系统的结果。

表 24-4 和表 24-5 分别给出了我国从 2005 年 9 月到 2015 年 4 月贸易差额

和月底外汇储备总额以及相应公布日期。利用这些数据，我们可以分析贸易顺差和外汇储备量对人民币远期的影响。

表 24 - 4　　　　我国 2005 年 9 月到 2015 年 4 月贸易差额　　　　单位：亿美元

时间	公布日期	贸易差额	人民币即期汇率	人民币远期汇率
2005 年 9 月	2005 - 10 - 11	75.7	8.0879	7.8279
2005 年 10 月	2005 - 11 - 10	120.1	8.0847	7.8077
2005 年 11 月	2005 - 12 - 09	105.4	8.0765	7.7928
2005 年 12 月	2006 - 01 - 11	110.2	8.0682	7.8017
2006 年 1 月	2006 - 02 - 13	96.5	8.0460	7.7992
2006 年 2 月	2006 - 03 - 13	25.6	8.0505	7.7980
2006 年 3 月	2006 - 04 - 11	111.6	8.0050	7.7503
2006 年 4 月	2006 - 05 - 12	104.8	8.0061	7.7536
2006 年 5 月	2006 - 06 - 12	130.1	8.0188	7.7812
2006 年 6 月	2006 - 07 - 10	144.9	7.9900	7.7582
2006 年 7 月	2006 - 08 - 10	146.2	7.9710	7.7646
2006 年 8 月	2006 - 09 - 11	188.0	7.9542	7.7512
2006 年 9 月	2006 - 10 - 11	153.0	7.9149	7.7051
2006 年 10 月	2006 - 11 - 08	238.3	7.8661	7.6692
2006 年 11 月	2006 - 12 - 10	229.2	7.8245	7.6466
2006 年 12 月	2007 - 01 - 11	210.0	7.7949	7.5994
2007 年 1 月	2007 - 02 - 12	159.0	7.7570	7.5525
2007 年 2 月	2007 - 03 - 12	238.0	7.7520	7.5579
2007 年 3 月	2007 - 04 - 10	68.7	7.7350	7.5436
2007 年 4 月	2007 - 05 - 11	169.0	7.6766	7.4916
2007 年 5 月	2007 - 06 - 11	224.5	7.6632	7.4041
2007 年 6 月	2007 - 07 - 10	269.0	7.5810	7.3195
2007 年 7 月	2007 - 08 - 10	243.6	7.5740	7.1771
2007 年 8 月	2007 - 09 - 11	249.7	7.5232	7.2782
2007 年 9 月	2007 - 10 - 12	239.0	7.5125	7.2212
2007 年 10 月	2007 - 11 - 12	270.5	7.4123	7.0172
2007 年 11 月	2007 - 12 - 11	262.8	7.3805	6.8124
2007 年 12 月	2008 - 01 - 11	226.9	7.2620	6.7477
2008 年 1 月	2008 - 02 - 15	194.9	7.1825	6.7066
2008 年 2 月	2008 - 03 - 11	85.6	7.1029	6.4372

时间	公布日期	贸易差额	人民币即期汇率	人民币远期汇率
2008 年 3 月	2008 - 04 - 11	134.1	7.0065	6.4115
2008 年 4 月	2008 - 05 - 13	166.8	6.9889	6.6814
2008 年 5 月	2008 - 06 - 12	202.1	6.9075	6.6625
2008 年 6 月	2008 - 07 - 10	213.5	6.8428	6.6323
2008 年 7 月	2008 - 08 - 12	253.0	6.8632	6.7361
2008 年 8 月	2008 - 09 - 10	286.9	6.8385	6.7721
2008 年 9 月	2008 - 10 - 14	293.0	6.8390	6.8407
2008 年 10 月	2008 - 11 - 12	352.4	6.8295	6.8530
2008 年 11 月	2008 - 12 - 11	400.9	6.8513	6.9068
2008 年 12 月	2009 - 01 - 13	389.8	6.8341	6.8596
2009 年 1 月	2009 - 02 - 11	391.1	6.8333	6.8643
2009 年 2 月	2009 - 03 - 11	48.4	6.8404	6.8744
2009 年 3 月	2009 - 04 - 10	185.6	6.8336	6.8341
2009 年 4 月	2009 - 05 - 13	131.4	6.8224	6.8246
2009 年 5 月	2009 - 06 - 11	133.9	6.8348	6.8348
2009 年 6 月	2009 - 07 - 10	82.5	6.8328	6.8496
2009 年 7 月	2009 - 08 - 11	106.3	6.8350	6.8530
2009 年 8 月	2009 - 09 - 11	157.0	6.8290	6.8346
2009 年 9 月	2009 - 10 - 14	129.3	6.8265	6.7550
2009 年 10 月	2009 - 11 - 11	239.9	6.8259	6.7464
2009 年 11 月	2009 - 12 - 11	190.9	6.8276	6.7426
2009 年 12 月	2010 - 01 - 11	184.3	6.8264	6.7264
2010 年 1 月	2010 - 02 - 10	141.7	6.8302	6.7630
2010 年 2 月	2010 - 03 - 10	76.1	6.8259	6.7524
2010 年 3 月	2010 - 04 - 12	- 72.4	6.8257	6.7327
2010 年 4 月	2010 - 05 - 11	16.8	6.8290	6.7320
2010 年 5 月	2010 - 06 - 10	195.3	6.8308	6.7771
2010 年 6 月	2010 - 07 - 12	200.2	6.7711	6.6796
2010 年 7 月	2010 - 08 - 10	287.3	6.7720	6.7181
2010 年 8 月	2010 - 09 - 10	200.3	6.7692	6.7237
2010 年 9 月	2010 - 10 - 13	168.8	6.6641	6.5276
2010 年 10 月	2010 - 11 - 10	271.5	6.6337	6.5487

续表

时间	公布日期	贸易差额	人民币即期汇率	人民币远期汇率
2010 年 11 月	2010 - 12 - 10	228.9	6.6556	6.5911
2010 年 12 月	2011 - 01 - 10	131.0	6.6377	6.5927
2011 年 1 月	2011 - 02 - 10	64.6	6.5865	6.5415
2011 年 2 月	2011 - 03 - 10	- 73.0	6.5747	6.4967
2011 年 3 月	2011 - 04 - 10	1.4	6.5354	6.4404
2011 年 4 月	2011 - 05 - 10	114.3	6.4919	6.3972
2011 年 5 月	2011 - 06 - 10	130.5	6.4802	6.4052
2011 年 6 月	2011 - 07 - 10	222.7	6.4650	6.3960
2011 年 7 月	2011 - 08 - 10	314.8	6.4181	6.3664
2011 年 8 月	2011 - 09 - 10	177.6	6.3882	6.3377
2011 年 9 月	2011 - 10 - 13	145.1	6.3820	6.3465
2011 年 10 月	2011 - 11 - 10	170.3	6.3459	6.3284
2011 年 11 月	2011 - 12 - 10	145.3	6.3647	6.3790
2011 年 12 月	2012 - 01 - 10	165.2	6.3150	6.3463
2012 年 1 月	2012 - 02 - 10	272.8	6.2986	6.3171
2012 年 2 月	2012 - 03 - 10	- 314.8	6.3107	6.3177
2012 年 3 月	2012 - 04 - 10	53.5	6.3115	6.3280
2012 年 4 月	2012 - 05 - 10	184.3	6.3140	6.3410
2012 年 5 月	2012 - 06 - 10	187	6.3705	6.3965
2012 年 6 月	2012 - 07 - 10	317.2	6.3659	6.4164
2012 年 7 月	2012 - 08 - 10	251.5	6.3600	6.4660
2012 年 8 月	2012 - 09 - 10	266.6	6.3376	6.4631
2012 年 9 月	2012 - 10 - 13	276.7	6.2672	6.4132
2012 年 10 月	2012 - 11 - 10	319.9	6.2450	6.3960
2012 年 11 月	2012 - 12 - 10	196.3	6.2451	6.3836
2012 年 12 月	2013 - 01 - 10	316.2	6.2244	6.3254
2013 年 1 月	2013 - 02 - 08	291.5	6.2325	6.3160
2013 年 2 月	2013 - 03 - 08	152.5	6.2147	6.3207
2013 年 3 月	2013 - 04 - 10	- 8.8	6.1939	6.2834
2013 年 4 月	2013 - 05 - 08	181.6	6.1410	6.2425
2013 年 5 月	2013 - 06 - 08	204.25	6.1335	6.2525
2013 年 6 月	2013 - 07 - 10	271.24	6.1341	6.2554

续表

时间	公布日期	贸易差额	人民币即期汇率	人民币远期汇率
2013 年 7 月	2013 – 08 – 08	178. 18	6. 1225	6. 2325
2013 年 8 月	2013 – 09 – 08	285. 19	6. 1205	6. 2108
2013 年 9 月	2013 – 10 – 12	152. 07	6. 1206	6. 1816
2013 年 10 月	2013 – 11 – 08	311. 07	6. 0905	6. 1425
2013 年 11 月	2013 – 12 – 08	338. 01	6. 0817	6. 1302
2013 年 12 月	2014 – 01 – 10	256. 41	6. 0521	6. 0836
2014 年 1 月	2014 – 02 – 12	318. 69	6. 0624	6. 0894
2014 年 2 月	2014 – 03 – 08	– 229. 89	6. 1260	6. 1375
2014 年 3 月	2014 – 04 – 10	77. 06	6. 2125	6. 2665
2014 年 4 月	2014 – 05 – 08	184. 55	6. 2280	6. 2920
2014 年 5 月	2014 – 06 – 08	359. 22	6. 2502	6. 3221
2014 年 6 月	2014 – 07 – 10	315. 64	6. 2028	6. 2868
2014 年 7 月	2014 – 08 – 08	473. 00	6. 1567	6. 2512
2014 年 8 月	2014 – 09 – 08	498. 36	6. 1412	6. 2702
2014 年 9 月	2014 – 10 – 13	309. 43	6. 1259	6. 2584
2014 年 10 月	2014 – 11 – 08	454. 05	6. 1229	6. 2689
2014 年 11 月	2014 – 12 – 08	544. 74	6. 1727	6. 3325
2014 年 12 月	2015 – 01 – 13	496. 13	6. 1983	6. 3678
2015 年 1 月	2015 – 02 – 08	600. 32	6. 2447	6. 4347
2015 年 2 月	2015 – 03 – 08	606. 19	6. 2629	6. 4659
2015 年 3 月	2015 – 04 – 13	30. 81	6. 2167	6. 3951
2015 年 4 月	2015 – 05 – 08	341. 34	6. 2094	6. 3464

数据来源：国家统计局网站，www. stats. gov. cn。

表 24 – 5　　　　我国 2005 年 10 月到 2015 年 3 月外汇储备　　　　单位：亿美元

时间	公布日期	外汇储备	人民币即期汇率	人民币远期汇率
2005 年 10 月	2005 – 11 – 11	7849	8. 0856	7. 8088
2005 年 11 月	2005 – 12 – 16	7942	8. 0735	7. 7484
2005 年 12 月	2006 – 01 – 13	8189	8. 0683	7. 8093
2006 年 1 月	2006 – 02 – 13	8452	8. 0460	7. 7992
2006 年 2 月	2006 – 03 – 17	8537	8. 0316	7. 7806
2006 年 3 月	2006 – 04 – 14	8751	8. 0180	7. 7635
2006 年 4 月	2006 – 05 – 12	8950	8. 0061	7. 7536

续表

时间	公布日期	外汇储备	人民币即期汇率	人民币远期汇率
2006 年 5 月	2006 - 06 - 16	9250	8.0020	7.7555
2006 年 6 月	2006 - 07 - 14	9411	7.9980	7.7698
2006 年 7 月	2006 - 08 - 11	9546	7.9760	7.7716
2006 年 8 月	2006 - 09 - 15	9720	7.9430	7.7349
2006 年 9 月	2006 - 10 - 13	9879	7.9015	7.7000
2006 年 10 月	2006 - 11 - 13	10141	7.8667	7.6763
2006 年 11 月	2006 - 12 - 14	10402	7.8185	7.6313
2006 年 12 月	2007 - 01 - 15	10663	7.7918	7.5895
2007 年 1 月	2007 - 02 - 16	11115	7.7426	7.5397
2007 年 2 月	2007 - 03 - 15	11568	7.7440	7.5523
2007 年 3 月	2007 - 04 - 12	12020	7.7260	7.5350
2007 年 4 月	2007 - 05 - 11	12455	7.6766	7.4916
2007 年 5 月	2007 - 06 - 15	12891	7.6254	7.3552
2007 年 6 月	2007 - 07 - 11	13326	7.5631	7.3064
2007 年 7 月	2007 - 08 - 13	13663	7.5815	7.1970
2007 年 8 月	2007 - 09 - 10	13999	7.5214	7.2764
2007 年 9 月	2007 - 10 - 12	14336	7.5125	7.2212
2007 年 10 月	2007 - 11 - 12	14549	7.4123	7.0172
2007 年 11 月	2007 - 12 - 11	14969	7.3805	6.8124
2007 年 12 月	2008 - 01 - 11	15282	7.2620	6.7477
2008 年 3 月	2008 - 04 - 11	16822	7.0065	6.4115
2008 年 6 月	2008 - 07 - 14	18088	6.8450	6.6560
2008 年 9 月	2008 - 10 - 14	19056	6.8390	6.8407
2008 年 12 月	2009 - 01 - 13	19460	6.8341	6.8596
2009 年 3 月	2009 - 04 - 10	19537	6.8336	6.8341
2009 年 6 月	2009 - 07 - 14	21316	6.8329	6.8536
2009 年 9 月	2009 - 10 - 14	22726	6.8265	6.7550
2009 年 12 月	2010 - 01 - 14	23992	6.8273	6.7458
2010 年 3 月	2010 - 04 - 12	24471	6.8257	6.7327
2010 年 6 月	2010 - 07 - 12	24543	6.7711	6.6796

时间	公布日期	外汇储备	人民币即期汇率	人民币远期汇率
2010 年 9 月	2010 – 10 – 13	26483	6.6641	6.5276
2010 年 12 月	2011 – 01 – 10	28473	6.6377	6.5927
2011 年 3 月	2011 – 04 – 14	30447	6.5315	6.4340
2011 年 6 月	2011 – 07 – 12	31975	6.4722	6.4032
2011 年 9 月	2011 – 10 – 14	32017	6.3785	6.3440
2011 年 12 月	2012 – 01 – 13	31811	6.3066	6.3412
2012 年 3 月	2012 – 04 – 12	33050	6.3073	6.3266
2012 年 6 月	2012 – 07 – 12	32400	6.3733	6.4258
2012 年 9 月	2012 – 10 – 13	32851	6.2672	6.4132
2012 年 12 月	2013 – 01 – 10	33116	6.2244	6.3254
2013 年 3 月	2013 – 04 – 11	34426	6.1963	6.2883
2013 年 6 月	2013 – 07 – 12	34967	6.1375	6.2585
2013 年 9 月	2013 – 10 – 13	36627	6.1079	6.1629
2013 年 12 月	2014 – 01 – 15	38213	6.0460	6.0760
2014 年 3 月	2014 – 04 – 15	39481	6.2220	6.2680
2014 年 6 月	2014 – 07 – 15	39932	6.2080	6.3005
2014 年 9 月	2014 – 10 – 16	38877	6.1231	6.2569
2014 年 12 月	2015 – 01 – 15	38430	6.1881	6.3536
2015 年 3 月	2015 – 04 – 14	37300	6.2118	6.3908

资料来源：国家统计局网站（中国人民银行 2007 年以前是每月公布一次外汇储备数据，2008 年以后是一个季度公布一次外汇储备数据）。

24.3.1　外汇储备

外汇储备是影响人民币远期市场最主要的基础因素，我们这里将分析从 2005 年 10 月到 2015 年 3 月我国公布的外汇储备数据和公布当日 1 年期人民币远期数据及即期数据，得出外汇储备对人民币远期及即期的准确的影响程度。

我们用对应月度外汇储备额作为自变量，以月外汇储备公布当日人民币远期最后价格作为因变量，对 2005 年 10 月到 2015 年 3 月这 56 对数据进行简单线性回归分析，其中以金融危机为分界线，表 24 - 6A 给出的是从 2005 年 10 月到 2008 年 6 月的回归结果，表 24 - 6B 给出的是 2009 年 3 月到 2015 年 3 月的回归结果。

表 24 -6A **外汇储备对人民币远期和即期影响的回归结果**
(2005 年 10 月到 2008 年 6 月)

对人民币远期的回归结果			
回归系数	- 0.000132	回归常数	8.970125
系数标准误差	8.09E - 06	常数标准误差	0.095537
回归相关性（R^2）	90.79%	Y 标准误差	0.392497
F 统计	266.1155	自由度	29
残差标准误差	0.121310	残差平方和	0.397334
对人民币即期的回归结果			
回归系数	- 0.000112	回归常数	9.020078
系数标准误差	3.87E - 06	常数标准误差	0.045736
回归相关性（R^2）	96.86%	Y 标准误差	0.323148
F 统计	839.9629	自由度	29
残差标准误差	0.058074	残差平方和	0.091059

表 24 -6B **外汇储备对人民币远期和即期影响的回归结果**
(2009 年 3 月到 2015 年 3 月)

对人民币远期的回归结果			
回归系数	- 3.26E - 05	回归常数	7.470475
系数标准误差	2.78E - 06	常数标准误差	0.089272
回归相关性（R^2）	85.63%	Y 标准误差	0.213876
F 统计	137.0339	自由度	25
残差标准误差	0.082825	残差平方和	0.157779
对人民币即期的回归结果			
回归系数	- 4.29E - 05	回归常数	7.772720
系数标准误差	2.98E - 06	常数标准误差	0.095618
回归相关性（R^2）	90.00%	Y 标准误差	0.274643
F 统计	207.0250	自由度	25
残差标准误差	0.088713	残差平方和	0.181010

资料来源：根据表 24 -1 的数据和数据公布之日 1 年期人民币远期和即期汇率进行简单线性回归得出。

从表 24 -6 我们可以看出，金融危机前后对人民币远期回归系数均为负值，说明外汇储备越高，1 年期人民币/美元远期汇率越低，隐含人民币升值幅度越大。表 24 - 6A 和表 24 - 6B 显示回归相关性（R^2）分别高达 90.79% 和 85.63%，显示外汇储备对人民币远期变化的解释度相当高，外汇储备确实是人民币升值的重要基础因素。表 24 – 6 显示回归的 F 统计数据也高达 266.12 和 137.03。比较表 24 – 6A 和表 24 – 6B 的结果我们还可以清楚地看出金融危机前后国内外汇储备对人民币远期影响程度的巨大差别。首先，表 24 – 6A 和表 24 – 6B 显示金融危机爆发前后，人民币远期回归系数分别为 – 0.000132 和 – 3.26E – 05，相当于外汇储备增加 1000 亿美元，人民币远期汇率就分别有下降 – 0.132 和 – 0.00326 的压力，前者为后者 40 倍左右，表明金融危机爆发之前外汇储备增长对人民币远期下降的压力超过金融危机爆发之后 40 倍多。相应的回归的 F 统计数据也支持如上判断。

上文解释了表 24 – 6A 给出的国内外汇储备增长对人民币远期汇率的回归系数 – 0.000132 相当于外汇储备每增加 1000 亿美元，人民币远期汇率就分别下降 – 0.132。实际上，从 2002 年到 2003 年，我国外汇储备增加 1000 多亿美元；2004 年和 2005 年的两年，我国外汇储备每年增长超过 2000 亿美元；2006 年我国外汇储备增长 2000 多亿美元；2007 年增长 4000 多亿美元；2008 年上半年又增长 2800 多亿美元。根据表 24 – 6A 得出的线性回归结果，我国可以用每年外汇储备的增量来估算当时人民币远期的汇率和相应的升值幅度，并且与人民币兑美元实际升值幅度进行了比较。结果放入表 24 – 7 中。

表 24 – 7　　外汇储备对人民币远期汇率影响结果估算人民币升值幅度
与实际升值幅度的比较（2004 年到 2008 年上半年）

年份	外汇储备（亿美元）	外汇储备增幅（亿美元）	回归估算远期汇率	期末人民币/美元汇率	回归估算远期对人民币升值预期（%）	人民币实际升值幅度（%）
2004	6099.3	2066.8	8.5970	8.2765	– 3.7	0.0
2005	8188.7	2089.4	8.3346	8.0702	– 0.7	2.6
2006	10663.4	2474.7	8.0238	7.8078	3.1	6.0
2007	15282.5	4619.1	7.4436	7.3046	11.2	13.3
2008H1	18088.3	2805.8	7.0912	6.8591	16.7	20.7

数据来源：根据 2004 年以来我国外汇储备数据和表 24 – 6A 的线性回归估算得出；人民币实际升值幅度根据国家外汇管理局公布的人民币兑美元即期汇率计算得出。

表 24 – 7 显示，2003 年到 2004 年，虽然回归结果估算的人民币升值预期幅度与人民币实际升值幅度之间有较大的差别，但是差别在下降；2005 年差别仅有 3.3%；2006 年差别进一步下降到了 2.9%；2007 年差别再进一步下降到了 2.1% 的程度。表 24 – 7 显示 2006 年到 2008 年上半年回归估算的人民币升值预期幅度与人民币实际升值幅度之间较小的差额。回归结果显示，我国外汇储备

确实对人民币远期有非常重要的影响力。我们在第 38 章还会对外汇储备对境外
人民币无本金交割远期进行分析并比较外汇储备对境内外人民币远期汇率影响
的差异。

对人民币即期回归系数也为负值，说明外汇储备越高，人民币即期汇率越
低，隐含人民币升值幅度越大。表 24 - 6 显示回归相关性（R^2）分别达
96.86% 和 90.00%，金融危机爆发之后，即期回归相关性稍低于远期回归相关
性，说明外汇储备对人民币远期的影响超过对即期的影响。比较表 24 - 6A 和
表 24 - 6B 回归对远期和即期的回归系数，我们可以清楚地看出，外汇储备对
远期的影响显著超过对即期的影响，相应的回归 F 统计数据也支持如上判断，
这里不再细述（所做的回归分析，影响不一样，因为数据增多了，结论应稍做
修改）。

24.3.2　贸易顺差

我们用月度贸易顺/逆差作为自变量，以月贸易数据公布当日 1 年期人民币
远期和即期最后汇率作为因变量，对 2005 年 10 月到 2015 年 4 月这 107 对数据
进行简单线性回归分析，其中以金融危机为分界线，表 24 - 8A 显示的是从 2005
年 10 月到 2008 年 6 月的回归结果，表 24 - 8B 显示的是 2009 年 3 月到 2015 年 4
月的回归结果。相应的回归结果如表 24 - 8 所示。

表 24 - 8A　　我国贸易差额对人民币远期和即期影响的回归结果

（2005 年 10 月到 2008 年 6 月）

对人民币远期的回归结果			
回归系数	- 0.002391	回归常数	7.773802
系数标准误差	0.001211	常数标准误差	0.224239
回归相关性（R^2）	11.16%	Y 标准误差	0.464994
F 统计	3.894249	自由度	33
残差标准误差	0.445292	残差平方和	6.146845
对人民币即期的回归结果			
回归系数	- 0.002286	回归常数	8.049495
系数标准误差	0.000971	常数标准误差	0.179808
回归相关性（R^2）	15.15%	Y 标准误差	0.381533
F 统计	5.536924	自由度	33
残差标准误差	0.357060	残差平方和	3.952254

表 24 - 8B 我国贸易差额对人民币远期和即期影响的回归结果

（2009 年 3 月到 2015 年 4 月）

对人民币远期的回归结果			
回归系数	- 0.000289	回归常数	6.504535
系数标准误差	0.000153	常数标准误差	0.039946
回归相关性（R^2）	4.70%	Y 标准误差	0.213373
F 统计	3.553466	自由度	74
残差标准误差	0.209737	残差平方和	3.167241
对人民币即期的回归结果			
回归系数	- 0.000574	回归常数	6.536286
系数标准误差	0.000187	常数标准误差	0.048633
回归相关性（R^2）	11.63%	Y 标准误差	0.269770
F 统计	9.479500	自由度	74
残差标准误差	0.255347	残差平方和	4.694559

资料来源：根据表 24 - 2 的数据和数据公布之日 1 年期人民币远期和即期汇率进行简单线性回归得出。

从表 24 - 8 我们可以看出，贸易差额对人民币远期回归系数为负值，说明我国贸易顺差越高，1 年期人民币远期的隐含汇率越低，隐含升值幅度越大。表 24 - 8 显示回归相关性（R^2）在金融危机前后分别为 11.16% 和 4.70%，相应的 F 统计数据为 3.89 和 3.55，表明贸易差额在金融危机之前确实是影响人民币远期的重要因素，但是影响不如同期外汇储备强烈，因为回归相关性仅有 11.16%；而贸易差额在金融危机之后对人民币远期的影响进一步下降，甚至到了微乎其微的程度，因为回归相关性仅有 4.70%，而且相应的 F 统计数据仅为 3.55。

贸易差额对人民币即期汇率回归系数也为负值，说明贸易顺差越高，人民币即期汇率越低，隐含人民币升值幅度越大。表 24 - 8A 显示贸易差额对人民币即期汇率回归相关性（R^2）为 15.15%，略高于远期回归相关性 11.16%，同时相应的回归 F 统计数据 5.53 也高于远期相应的 F 统计数据 3.89，说明贸易差额对人民币即期的影响度低于对远期的影响。表 24 - 8B 显示国内贸易差额对人民币远期和即期汇率的影响都显著低于金融危机之前，金融危机爆发之后贸易差额对即期回归的 F 统计数据 9.48 比相应对远期回归的 F 统计数据 3.55 稍高，但置信度仍然仅有 70%，表明金融危机之后国内贸易差额对人民币远期和即期的影响皆有限。

中美两国贸易统计的方法不同，中美贸易差额数据相差很大，比如 2004 年我国数据显示中美贸易顺差为 802.0 亿美元，而美国统计的对我国贸易逆差为 1619.77 亿美元，两者相差一倍多（张欣，2005）。我们在分析时暂时用我国总的贸易顺差来进行，在第 38 章分析中美贸易对境外人民币无本金交割远期汇率的影响时我们会进一步探讨。

24.3.3　国内生产总值

表 24 - 9 给出了 2005—2015 年第一季度我国季度国内生产总值。利用表 24 - 9 给出的每个季度国内生产总值数据公布时间，我们可以容易地找到对应的人民币即期汇率和远期汇率。分别以季度国内生产总值及其增长率为自变量，相应人民币即期汇率和远期汇率为因变量，我们可以得出季度国内生产总值和其增长率对人民币即期汇率和远期汇率影响的简单线性回归结果，其中以金融危机为分界线，表 24 - 10A 显示的是从 2005 年第三季度到 2008 年第二季度的回归结果，表 24 - 10B 显示的是 2009 年第一季度到 2015 年第一季度的回归结果。如表 24 - 10 所示。

表 24 - 9　　　　　　　　我国 2003 年第四季度到 2015 年第一季度
季度国内生产总值年内累计数据

时间	公布日期	GDP（亿元）	同比增长率（%）	人民币即期汇率	人民币远期汇率
2005Q3	2005 - 10 - 20	126657	11.1	8.0905	7.8538
2005Q4	2006 - 01 - 20	184937	11.3	8.0601	7.8011
2006Q1	2006 - 04 - 20	45316	12.4	8.0115	7.7689
2006Q2	2006 - 07 - 20	95429	13.1	7.9920	7.7298
2006Q3	2006 - 10 - 24	147341	12.8	7.9025	7.7008
2006Q4	2007 - 01 - 25	216314	12.7	7.7705	7.5675
2007Q1	2007 - 04 - 20	54756	14.0	7.7179	7.5409
2007Q2	2007 - 07 - 19	115999	14.5	7.5632	7.2914
2007Q3	2007 - 10 - 25	180101	14.4	7.4820	7.1727
2007Q4	2008 - 01 - 24	265810	14.2	7.2288	6.7566
2008Q1	2008 - 04 - 17	66284	11.3	6.9838	6.4318
2008Q2	2008 - 07 - 17	140478	11.0	6.8213	6.6400
2008Q3	2008 - 10 - 20	217026	10.6	6.8299	6.8289
2008Q4	2009 - 01 - 22	314045	9.6	6.8371	6.8761
2009Q1	2009 - 04 - 16	69755	6.5	6.8326	6.8351
2009Q2	2009 - 07 - 16	148081	7.4	6.8313	6.8489
2009Q3	2009 - 10 - 22	231139	8.1	6.8292	6.7612

时间	公布日期	GDP（亿元）	同比增长率（%）	人民币即期汇率	人民币远期汇率
2009Q4	2010－01－21	340507	9.1	6.8268	6.7468
2010Q1	2010－04－15	81622	11.9	6.8260	6.7245
2010Q2	2010－07－15	172840	11.1	6.7785	6.6930
2010Q3	2010－10－21	268660	10.6	6.6504	6.5154
2010Q4	2011－01－20	397983	10.3	6.5854	6.5554
2011Q1	2010－04－15	96311	9.7	6.8260	6.7245
2011Q2	2011－07－13	204459	9.60	6.4676	6.4061
2011Q3	2011－10－18	320692	9.40	6.3813	6.3508
2011Q4	2012－01－17	471564	9.20	6.3150	6.3515
2012Q1	2012－04－13	107995	8.10	6.3030	6.3265
2012Q2	2012－07－13	227098	7.80	6.3789	6.4319
2012Q3	2012－10－18	353480	7.70	6.2503	6.3948
2012Q4	2013－01－18	519322	7.80	6.2154	6.3119
2013Q1	2013－04－15	118855	7.70	6.1871	6.2786
2013Q2	2013－07－16	248009	7.60	6.1350	6.2510
2013Q3	2013－10－19	386762	7.70	6.0968	6.1458
2013Q4	2014－01－21	568845	7.70	6.0505	6.0665
2014Q1	2014－04－17	128213	7.40	6.2190	6.2645
2014Q2	2014－07－17	269044	7.40	6.2045	6.3080
2014Q3	2014－10－22	419908	7.40	6.1185	6.2552
2014Q4	2015－01－21	636463	7.40	6.2115	6.3873
2015Q1	2015－04－16	140667	7.00	6.1967	6.3638

资料来源：商务部网站，国家统计局网站，外管局网站，新华网。

表 24－10A　我国季度国内生产总值对人民币远期和即期影响的回归结果

（2005 年第三季度到 2008 年第二季度）

对人民币远期回归结果			
国内生产总值单独为自变量			
回归系数	－1.07E－06	回归常数	7.500494
系数标准误差	2.32E－06	常数标准误差	0.349733
回归相关性（R^2）	2.08%	Y 标准误差	0.497061
F 统计	0.212536	自由度	12
残差标准误差	0.515869	残差平方和	2.661210

续表

增长率单独为自变量			
回归系数	0.332848	回归常数	7.312226
系数标准误差	11.74905	常数标准误差	1.503596
回归相关性（R^2）	0.01%	Y 标准误差	0.497061
F 统计	0.000803	自由度	12
残差标准误差	0.521301	残差平方和	2.717552

总值和增长率皆为自变量			
总值回归系数	−1.12E−06	增长率回归系数	1.331860
总值回归系数标准差	2.48E−06	增长率回归系数标准差	12.44758
回归常数	7.337373	回归常数标准差	1.568414
回归相关性（R^2）	2.21%	Y 标准误差	0.497061
F 统计	0.101487	自由度	12
残差标准误差	0.543428	残差平方和	2.657829

对人民币即期回归结果

国内生产总值单独为自变量			
回归系数	−8.30E−07	回归常数	7.748777
系数标准误差	2.01E−06	常数标准误差	0.303167
回归相关性（R^2）	1.68%	Y 标准误差	0.430001
F 统计	0.171006	自由度	12
残差标准误差	0.447182	残差平方和	1.999714

增长率单独为自变量			
回归系数	0.693989	回归常数	7.546974
系数标准误差	10.16199	常数标准误差	1.300489
回归相关性（R^2）	0.05%	Y 标准误差	0.430001
F 统计	0.004664	自由度	12
残差标准误差	0.450884	残差平方和	2.032963

总值和增长率皆为自变量			
总值回归系数	−8.83E−07	增长率回归系数	1.485097
总值回归系数标准差	2.15E−06	增长率回归系数标准差	10.78570
回归常数	7.566888	回归常数标准差	1.359015
回归相关性（R^2）	1.89%	Y 标准误差	0.430001
F 统计	0.086594	自由度	12
残差标准误差	0.470875	残差平方和	1.995511

表 24 - 10B 我国季度国内生产总值对人民币远期和即期影响的回归结果

（2009 年第一季度到 2015 年第一季度）

对人民币远期回归结果			
国内生产总值单独为自变量			
回归系数	− 6. 52E − 07	回归常数	6. 632549
系数标准误差	2. 56E − 07	常数标准误差	0. 081474
回归相关性（R^2）	22. 07%	Y 标准误差	0. 222583
F 统计	6. 489791	自由度	25
残差标准误差	0. 200799	残差平方和	0. 927368
增长率单独为自变量			
回归系数	5. 725607	回归常数	5. 967345
系数标准误差	3. 086004	常数标准误差	0. 264620
回归相关性（R^2）	13. 02%	Y 标准误差	0. 222583
F 统计	3. 442312	自由度	25
残差标准误差	0. 212055	残差平方和	1. 034248
总值和增长率皆为自变量			
总值回归系数	− 5. 96E − 07	增长率回归系数	4. 822755
总值回归系数标准差	2. 48E − 07	增长率回归系数标准差	2. 833757
回归常数	6. 208828	回归常数标准差	0. 260996
回归相关性（R^2）	31. 08%	Y 标准误差	0. 222583
F 统计	4. 960673	自由度	25
残差标准误差	0. 193000	残差平方和	0. 819479
对人民币即期回归结果			
国内生产总值单独为自变量			
回归系数	− 8. 50E − 07	回归常数	6. 664312
系数标准误差	3. 27E − 07	常数标准误差	0. 104032
回归相关性（R^2）	22. 76%	Y 标准误差	0. 285587
F 统计	6. 775980	自由度	25
残差标准误差	0. 256396	残差平方和	1. 511998
增长率单独为自变量			
回归系数	10. 67719	回归常数	5. 524975
系数标准误差	3. 614920	常数标准误差	0. 309974
回归相关性（R^2）	27. 50%	Y 标准误差	0. 285587
F 统计	8. 724018	自由度	25
残差标准误差	0. 248399	残差平方和	1. 419153

续表

总值和增长率皆为自变量		
总值回归系数	$-7.39E-07$	增长率回归系数	9.556683
总值回归系数标准差	$2.86E-07$	增长率回归系数标准差	3.265715
回归常数	5.824674	回归常数标准差	0.300780
回归相关性（R^2）	44.40%	Y 标准误差	0.285587
F 统计	8.783957	自由度	25
残差标准误差	0.222420	残差平方和	1.088351

资料来源：根据表 24 - 1 的数据和数据公布之日 1 年期人民币远期和即期汇率进行简单线性回归得出。

　　表 24 - 10 显示，季度国内生产总值越高，人民币即期汇率和远期汇率越低（系数为负数）。我们对季度国内生产总值及其增长率分别单独进行回归分析的原因是要得出两者各自对市场作用的结果。两者共同作为自变量的简单二元线性回归结果在表 24 - 10 后面。对人民币远期来讲，季度国内生产总值回归有效性在金融危机前后大约都为 2.08% 和 22.07%，并且 F 统计数据在 0.21 和 6.49，结果不显著；国内生产总值增长率回归有效性在金融危机前后最高为 13.02% 且 F 统计数据为 3.44；二元简单回归的有效性为 31.08%，略高于两个单独回归的有效性，同时二元简单回归的 F 统计数据为 4.96，高于国内生产总值增长率作为单独自变量的回归的 F 统计数据，低于总值作为单独自变量的回归的 F 统计数据。

　　对人民币即期来讲，季度国内生产总值回归有效性在金融危机前后仅为 1.68% 和 22.76%，并且 F 统计数据为 0.17 和 6.78，置信水平低于 95%；国内生产总值增长率回归有效性为 0.05% 和 27.50%，且 F 统计数据为 0.00 和 8.72，置信度水平低于 95%；二元简单回归的有效性为 1.89% 和 44.40%，同时二元简单回归的 F 统计数据为 0.09 和 8.78，稍高于季度国内生产总值和增长率作为单独自变量的回归的 F 统计数据的最大值。二元简单回归的 F 统计数据二元回归置信度低于 95%。

　　季度国内生产总值对人民币远期和即期二元回归的有效性最高值分别为 31.08% 和 44.40%，低于表 24 - 6、表 24 - 8 给出的外汇储备的回归相关性，但高于贸易差额的回归相关性，说明与人民币无本金交割远期相同，在影响人民币远期和即期汇率方面，国内生产总值影响力高于贸易差额。季度国内生产总值二元回归的相关性虽然还不很高，但是对起步阶段的人民币远期和即期市场还是相当可观的。

24.3.4 通货膨胀

表 24-11 给出了通货膨胀率数据（居民消费者价格指数增长率）。按照前面对外汇储备、贸易和 GDP 相同的分析方法，分别以居民消费者价格指数（CPI）同比增长率为自变量，相应 1 年期人民币远期和即期汇率为因变量，我们同样可以得出消费者价格指数增长率（通货膨胀率）对 1 年期人民币远期和即期影响的简单线性回归结果，其中以金融危机为分界线，表 24-12A 显示的是从 2005 年 9 月到 2008 年 6 月的回归结果，表 24-12B 显示的是 2009 年 3 月到 2015 年 4 月的回归结果。如表 24-12 所示。

表 24-11　　我国 2005 年 9 月到 2015 年 4 月消费价格指数（CPI）

时间	公布日期	同比增长率（%）	人民币即期汇率	人民币远期汇率
2005 年 9 月	2005 - 10 - 21	0.9	8.0885	7.8511
2005 年 10 月	2005 - 11 - 11	1.2	8.0856	7.8088
2005 年 11 月	2005 - 12 - 12	1.3	8.0770	7.7923
2005 年 12 月	2006 - 01 - 25	1.6	8.0619	7.8185
2006 年 1 月	2006 - 02 - 22	1.9	8.0475	7.7882
2006 年 2 月	2006 - 03 - 13	0.9	8.0505	7.7980
2006 年 3 月	2006 - 04 - 21	0.8	8.0170	7.7628
2006 年 4 月	2006 - 05 - 12	1.2	8.0061	7.7536
2006 年 5 月	2006 - 06 - 12	1.4	8.0188	7.7812
2006 年 6 月	2006 - 07 - 18	1.5	7.9982	7.7719
2006 年 7 月	2006 - 08 - 11	1.0	7.9760	7.7716
2006 年 8 月	2006 - 09 - 11	1.3	7.9542	7.7512
2006 年 9 月	2006 - 10 - 18	1.5	7.9077	7.7069
2006 年 10 月	2006 - 11 - 13	1.4	7.8667	7.6763
2006 年 11 月	2006 - 12 - 11	1.9	7.8350	7.6467
2006 年 12 月	2007 - 01 - 25	2.8	7.7705	7.5675
2007 年 1 月	2007 - 02 - 14	2.2	7.7575	7.5595
2007 年 2 月	2007 - 03 - 13	2.7	7.7430	7.5475
2007 年 3 月	2007 - 04 - 19	3.3	7.7165	7.5365
2007 年 4 月	2007 - 05 - 14	3.0	7.6803	7.4983
2007 年 5 月	2007 - 06 - 12	3.4	7.6436	7.3820
2007 年 6 月	2007 - 07 - 19	4.4	7.5632	7.2914
2007 年 7 月	2007 - 08 - 13	5.6	7.5815	7.1970

续表

时间	公布日期	同比增长率（%）	人民币即期汇率	人民币远期汇率
2007 年 8 月	2007 - 09 - 11	6.5	7.5232	7.2782
2007 年 9 月	2007 - 10 - 25	6.2	7.4820	7.1727
2007 年 10 月	2007 - 11 - 13	6.5	7.4335	7.0352
2007 年 11 月	2007 - 12 - 11	6.9	7.3805	6.8124
2007 年 12 月	2008 - 01 - 24	6.5	7.2288	6.7566
2008 年 1 月	2008 - 02 - 19	7.1	7.1580	6.7013
2008 年 2 月	2008 - 03 - 11	8.7	7.1029	6.4372
2008 年 3 月	2008 - 04 - 17	8.3	6.9838	6.4318
2008 年 4 月	2008 - 05 - 12	8.5	6.9882	6.6757
2008 年 5 月	2008 - 06 - 12	7.7	6.9075	6.6625
2008 年 6 月	2008 - 07 - 17	7.1	6.8213	6.6400
2008 年 7 月	2008 - 08 - 12	6.3	6.8632	6.7361
2008 年 8 月	2008 - 09 - 10	4.9	6.8385	6.7721
2008 年 9 月	2008 - 10 - 20	4.6	6.8299	6.8289
2008 年 10 月	2008 - 11 - 11	4.0	6.8251	6.8508
2008 年 11 月	2008 - 12 - 11	2.4	6.8513	6.9068
2008 年 12 月	2009 - 01 - 22	1.2	6.8371	6.8761
2009 年 1 月	2009 - 02 - 10	1.0	6.8326	6.8609
2009 年 2 月	2009 - 03 - 10	- 1.6	6.8412	6.8737
2009 年 3 月	2009 - 04 - 16	- 1.2	6.8326	6.8351
2009 年 4 月	2009 - 05 - 11	- 1.5	6.8230	6.8247
2009 年 5 月	2009 - 06 - 10	- 1.4	6.8334	6.8299
2009 年 6 月	2009 - 07 - 16	- 1.7	6.8313	6.8489
2009 年 7 月	2009 - 08 - 11	- 1.8	6.8350	6.8530
2009 年 8 月	2009 - 09 - 11	- 1.2	6.8290	6.8346
2009 年 9 月	2009 - 10 - 22	- 0.8	6.8292	6.7612
2009 年 10 月	2009 - 11 - 11	- 0.5	6.8259	6.7464
2009 年 11 月	2009 - 12 - 11	0.6	6.8276	6.7426
2009 年 12 月	2010 - 01 - 21	1.9	6.8268	6.7468
2010 年 1 月	2010 - 02 - 11	1.5	6.8346	6.7831
2010 年 2 月	2010 - 03 - 11	2.7	6.8266	6.7529
2010 年 3 月	2010 - 04 - 15	2.4	6.8260	6.7245

续表

时间	公布日期	同比增长率（%）	人民币即期汇率	人民币远期汇率
2010 年 4 月	2010－05－11	2.8	6.8290	6.7320
2010 年 5 月	2010－06－11	3.1	6.8323	6.7733
2010 年 6 月	2010－07－15	2.9	6.7785	6.6930
2010 年 7 月	2010－08－11	3.3	6.7750	6.7176
2010 年 8 月	2010－09－13	3.5	6.7618	6.7103
2010 年 9 月	2010－10－21	3.6	6.6504	6.5154
2010 年 10 月	2010－11－11	4.4	6.6257	6.4807
2010 年 11 月	2010－12－10	5.1	6.6556	6.5911
2010 年 12 月	2011－01－19	4.6	6.5824	6.5474
2011 年 1 月	2011－02－15	4.9	6.5885	6.5410
2011 年 2 月	2011－03－11	4.9	6.5746	6.4961
2011 年 3 月	2011－04－15	5.4	6.5325	6.4350
2011 年 4 月	2011－05－11	5.3	6.4930	6.3985
2011 年 5 月	2011－06－14	5.5	6.4803	6.4028
2011 年 6 月	2011－07－09	6.40	6.4650	6.3960
2011 年 7 月	2011－08－09	6.50	6.4306	6.3811
2011 年 8 月	2011－09－09	6.20	6.3882	6.3377
2011 年 9 月	2011－10－14	6.10	6.3785	6.3440
2011 年 10 月	2011－11－09	5.50	6.3402	6.3192
2011 年 11 月	2011－12－09	4.20	6.3647	6.3790
2011 年 12 月	2012－01－12	4.10	6.3178	6.3513
2012 年 1 月	2012－02－09	4.50	6.2952	6.3117
2012 年 2 月	2012－03－09	3.20	6.3107	6.3177
2012 年 3 月	2012－04－09	3.60	6.3085	6.3235
2012 年 4 月	2012－05－11	3.40	6.3106	6.3336
2012 年 5 月	2012－06－09	3.00	6.3705	6.3965
2012 年 6 月	2012－07－09	2.20	6.3714	6.4169
2012 年 7 月	2012－08－09	1.80	6.3590	6.4650
2012 年 8 月	2012－09－09	2.00	6.3430	6.4725
2012 年 9 月	2012－10－15	1.90	6.2707	6.4177
2012 年 10 月	2012－11－09	1.70	6.2450	6.3960
2012 年 11 月	2012－12－09	2.00	6.2301	6.3696

续表

时间	公布日期	同比增长率（%）	人民币即期汇率	人民币远期汇率
2012 年 12 月	2013 - 01 - 11	2.50	6.2161	6.3146
2013 年 1 月	2013 - 02 - 09	2.00	6.2325	6.3160
2013 年 2 月	2013 - 03 - 09	3.20	6.2147	6.3207
2013 年 3 月	2013 - 04 - 09	2.10	6.2024	6.2974
2013 年 4 月	2013 - 05 - 09	2.40	6.1309	6.2299
2013 年 5 月	2013 - 06 - 09	2.10	6.1335	6.2525
2013 年 6 月	2013 - 07 - 09	2.70	6.1295	6.2495
2013 年 7 月	2013 - 08 - 09	2.70	6.1230	6.2300
2013 年 8 月	2013 - 09 - 09	2.60	6.1210	6.2130
2013 年 9 月	2013 - 10 - 14	3.10	6.1079	6.1629
2013 年 10 月	2013 - 11 - 09	3.20	6.0905	6.1425
2013 年 11 月	2013 - 12 - 09	3.00	6.0723	6.1158
2013 年 12 月	2014 - 01 - 09	2.50	6.0550	6.0905
2014 年 1 月	2014 - 02 - 14	2.50	6.0668	6.0858
2014 年 2 月	2014 - 03 - 09	2.00	6.1260	6.1375
2014 年 3 月	2014 - 04 - 11	2.40	6.2113	6.2578
2014 年 4 月	2014 - 05 - 09	1.80	6.2280	6.2895
2014 年 5 月	2014 - 06 - 10	2.50	6.2250	6.2840
2014 年 6 月	2014 - 07 - 09	2.30	6.1999	6.2829
2014 年 7 月	2014 - 08 - 09	2.30	6.1567	6.2512
2014 年 8 月	2014 - 09 - 11	2.00	6.1300	6.2584
2014 年 9 月	2014 - 10 - 15	1.60	6.1259	6.2576
2014 年 10 月	2014 - 11 - 10	1.60	6.1196	6.2687
2014 年 11 月	2014 - 12 - 10	1.40	6.1768	6.3423
2014 年 12 月	2015 - 01 - 09	1.50	6.2086	6.3796
2015 年 1 月	2015 - 02 - 10	0.80	6.2416	6.4211
2015 年 2 月	2015 - 03 - 10	1.40	6.2620	6.4670
2015 年 3 月	2015 - 04 - 10	1.40	6.2080	6.3825
2015 年 4 月	2015 - 05 - 09	1.50	6.2094	6.3464

资料来源：商务部网站，国家统计局网站，外管局网站，新华网。

　　为了进一步了解二者之间的影响深度，我们对二者通过计量模型进行了检验。结果如表 24 - 12 所示。

表 24 – 12A　我国月度消费价格指数对人民币远期和即期的回归结果
（2005 年 9 月到 2008 年 6 月）

对人民币远期的回归结果

回归系数	– 16.61552	回归常数	7.994039
系数标准误差	0.717769	常数标准误差	0.033021
回归相关性（R^2）	94.36%	Y 标准误差	0.464836
F 统计	535.8680	自由度	34
残差标准误差	0.112055	残差平方和	0.401805

对人民币即期的回归结果

回归系数	– 13.57905	回归常数	8.168501
系数标准误差	0.780102	常数标准误差	0.035889
回归相关性（R^2）	90.45%	Y 标准误差	0.388026
F 统计	302.9955	自由度	34
残差标准误差	0.121786	残差平方和	0.474622

表 24 – 12B　我国月度消费价格指数对人民币远期和即期的回归结果
（2009 年 3 月到 2015 年 4 月）

对人民币远期的回归结果

回归系数	– 4.622621	回归常数	6.560319
系数标准误差	1.200388	常数标准误差	0.038349
回归相关性（R^2）	17.08%	Y 标准误差	0.214708
F 统计	14.82974	自由度	74
残差标准误差	0.196868	残差平方和	2.790498

对人民币即期的回归结果

回归系数	– 3.074670	回归常数	6.494566
系数标准误差	1.618752	常数标准误差	0.051715
回归相关性（R^2）	4.77%	Y 标准误差	0.270181
F 统计	3.607748	自由度	74
残差标准误差	0.265481	残差平方和	5.074574

资料来源：根据表 24 – 1 的数据和数据公布之日 1 年期人民币远期和即期汇率，进行简单线性回归分析得出。

表 24 – 12 显示，消费者价格指数（CPI）增长率越高，1 年期人民币远期和即期汇率越高（系数分别为 – 16.61552、– 4.622621 和 – 13.57905、– 3.074670）。其中，对人民币远期回归相关性（R^2）94.36% 和 17.08%，对人民币即期回归

相关性（R^2）90.45% 和 4.77%，而且 F 统计量分别为 535.87、14.83 和 303.00、3.61，表明置信度金融危机前比较高，危机后很低。

表 24 - 12 中回归系数为负数，因此通货膨胀率越高，人民币价值稀释的程度越小，人民币兑美元的汇率应该越低。与人民币无本金交割远期不同，我国通货膨胀数据对人民币远期和即期汇率具有合理的影响。

24.3.5　本节小结

我们在本节分别对我国外汇储备、贸易顺差、国内生产总值和通货膨胀对人民币远期汇率进行回归分析。分析结果显示，外汇储备是影响人民币远期和即期汇率最重要的基础因素，回归有效性分别高达 95.52% 和 80.58%；月度贸易差额和国内生产总值重要性紧随其后；消费价格指数影响最为微弱。上述分析显示国际市场的重点是关注我国外汇储备和经济的增长势头，随着贸易顺差对我国外汇储备贡献逐步增加，其影响力也越来越大。

24.4　美国经济和金融因素的影响

由于美元是人民币远期和即期的标的和结算货币，我们这里类似地分析美国月贸易赤字、财政赤字、国内生产总值、通货膨胀、利率、失业率等经济金融因素对人民币/美元远期和即期汇率的影响。

24.4.1　贸易赤字数据

持续增长的美中贸易赤字是美国要求人民币升值的主要因素。表 24 - 13 列出了美国 2005 年 10 月到 2015 年 3 月贸易赤字数据、发布的时间以及相应的 1 年期人民币远期和即期汇率。我们从表 24 - 13 可以看出，美国贸易赤字的公布确实对 1 年期人民币远期和即期汇率有着重要的影响。

表 24 - 13　　　　美国 2005 年 10 月到 2015 年 3 月贸易赤字　　　单位：亿美元

时间	公布时间	贸易赤字	人民币即期汇率	1 年期人民币远期汇率
2005 年 9 月	2005 - 11 - 10	201.287	8.0847	7.8077
2005 年 10 月	2005 - 12 - 14	204.837	8.0746	7.7566
2005 年 11 月	2006 - 01 - 12	186.186	8.0659	7.7994
2005 年 12 月	2006 - 02 - 10	163.162	8.0505	7.8029
2006 年 1 月	2006 - 03 - 09	179.856	8.049	7.796
2006 年 2 月	2006 - 04 - 12	138.331	8.012	7.7615
2006 年 3 月	2006 - 05 - 12	156.642	8.0061	7.7536

续表

时间	公布时间	贸易赤字	人民币即期汇率	1 年期人民币远期汇率
2006 年 4 月	2006 – 06 – 09	172. 267	8. 0112	7. 7712
2006 年 5 月	2006 – 07 – 12	178. 835	7. 9917	7. 7507
2006 年 6 月	2006 – 08 – 10	196. 868	7. 971	7. 7646
2006 年 7 月	2006 – 09 – 12	198. 257	7. 9465	7. 7384
2006 年 8 月	2006 – 10 – 12	221. 101	7. 9148	7. 7159
2006 年 9 月	2006 – 11 – 09	231. 096	7. 8665	7. 667
2006 年 10 月	2006 – 12 – 12	245. 033	7. 8308	7. 6458
2006 年 11 月	2007 – 01 – 10	231. 793	7. 8071	7. 6143
2006 年 12 月	2007 – 02 – 13	190. 934	7. 7662	7. 5595
2007 年 1 月	2007 – 03 – 09	212. 51	7. 7445	7. 552
2007 年 2 月	2007 – 04 – 13	185. 06	7. 7217	7. 5355
2007 年 3 月	2007 – 05 – 10	172. 977	7. 6936	7. 5096
2007 年 4 月	2007 – 06 – 08	195. 376	7. 655	7. 4074
2007 年 5 月	2007 – 07 – 12	201. 611	7. 5673	7. 3091
2007 年 6 月	2007 – 08 – 14	215. 092	7. 576	7. 1924
2007 年 7 月	2007 – 09 – 11	239. 352	7. 5232	7. 2782
2007 年 8 月	2007 – 10 – 11	228. 717	7. 5057	7. 2095
2007 年 9 月	2007 – 11 – 09	241. 071	7. 4108	7. 0645
2007 年 10 月	2007 – 12 – 12	260. 225	7. 3721	6. 7665
2007 年 11 月	2008 – 01 – 11	241. 992	7. 262	6. 7477
2007 年 12 月	2008 – 02 – 14	191. 077	7. 1904	6. 7129
2008 年 1 月	2008 – 03 – 11	206. 363	7. 1029	6. 4372
2008 年 2 月	2008 – 04 – 10	183. 978	6. 9916	6. 3916
2008 年 3 月	2008 – 05 – 09	161. 459	6. 9918	6. 6528
2008 年 4 月	2008 – 06 – 10	203. 004	6. 9255	6. 6905
2008 年 5 月	2008 – 07 – 11	213. 589	6. 834	6. 6243
2008 年 6 月	2008 – 08 – 12	217. 425	6. 8632	6. 7361
2008 年 7 月	2008 – 09 – 11	250. 126	6. 8465	6. 7834
2008 年 8 月	2008 – 10 – 10	256. 224	6. 8357	6. 8465
2008 年 9 月	2008 – 11 – 13	278. 211	6. 83	6. 869
2008 年 10 月	2008 – 12 – 11	279. 49	6. 8513	6. 9068
2008 年 11 月	2009 – 01 – 13	230. 841	6. 8341	6. 8596

续表

时间	公布时间	贸易赤字	人民币即期汇率	1 年期人民币远期汇率
2008 年 12 月	2009 - 02 - 11	199.688	6.8333	6.8643
2009 年 1 月	2009 - 03 - 13	205.838	6.838	6.8703
2009 年 2 月	2009 - 04 - 09	141.838	6.8347	6.8282
2009 年 3 月	2009 - 05 - 12	156.455	6.8216	6.8236
2009 年 4 月	2009 - 06 - 10	167.592	6.8334	6.8299
2009 年 5 月	2009 - 07 - 10	174.781	6.8328	6.8496
2009 年 6 月	2009 - 08 - 12	184.242	6.835	6.8573
2009 年 7 月	2009 - 09 - 10	204.018	6.8294	6.8334
2009 年 8 月	2009 - 10 - 09	202.801	6.8256	6.7896
2009 年 9 月	2009 - 11 - 13	221.296	6.8263	6.7313
2009 年 10 月	2009 - 12 - 10	226.785	6.8266	6.7346
2009 年 11 月	2010 - 01 - 12	201.676	6.8271	6.7271
2009 年 12 月	2010 - 02 - 10	181.451	6.8302	6.763
2010 年 1 月	2010 - 03 - 11	183.176	6.8266	6.7529
2010 年 2 月	2010 - 04 - 13	165.026	6.8256	6.7331
2010 年 3 月	2010 - 05 - 12	168.914	6.8273	6.7316
2010 年 4 月	2010 - 06 - 10	193.195	6.8308	6.7771
2010 年 5 月	2010 - 07 - 13	222.972	6.772	6.687
2010 年 6 月	2010 - 08 - 11	261.094	6.775	6.7176
2010 年 7 月	2010 - 09 - 09	259.276	6.7832	6.7407
2010 年 8 月	2010 - 10 - 14	281.656	6.6508	6.5048
2010 年 9 月	2010 - 11 - 10	280.824	6.6337	6.5487
2010 年 10 月	2010 - 12 - 10	256.66	6.6556	6.5911
2010 年 11 月	2011 - 01 - 13	250.884	6.6046	6.5611
2010 年 12 月	2011 - 02 - 11	206.74	6.5919	6.5469
2011 年 1 月	2011 - 03 - 10	233.596	6.5747	6.4967
2011 年 2 月	2011 - 04 - 12	188.614	6.5403	6.4478
2011 年 3 月	2011 - 05 - 11	180.359	6.493	6.3985
2011 年 4 月	2011 - 06 - 09	215.798	6.4759	6.3999
2011 年 5 月	2011 - 07 - 12	249.389	6.4722	6.4032
2011 年 6 月	2011 - 08 - 11	265.078	6.3945	6.3315
2011 年 7 月	2011 - 09 - 08	269.943	6.384	6.334

续表

时间	公布时间	贸易赤字	人民币即期汇率	1 年期人民币远期汇率
2011 年 8 月	2011 – 10 – 13	289. 525	6. 382	6. 3465
2011 年 9 月	2011 – 11 – 10	280. 486	6. 3459	6. 3284
2011 年 10 月	2011 – 12 – 09	280. 785	6. 3647	6. 379
2011 年 11 月	2012 – 01 – 13	267. 677	6. 3066	6. 3412
2011 年 12 月	2012 – 02 – 10	231. 246	6. 2986	6. 3171
2012 年 1 月	2012 – 03 – 09	260. 578	6. 3107	6. 3177
2012 年 2 月	2012 – 04 – 12	193. 201	6. 3073	6. 3266
2012 年 3 月	2012 – 05 – 10	216. 195	6. 314	6. 341
2012 年 4 月	2012 – 06 – 08	245. 5	6. 3705	6. 3965
2012 年 5 月	2012 – 07 – 11	259. 789	6. 3686	6. 4221
2012 年 6 月	2012 – 08 – 09	274. 726	6. 359	6. 465
2012 年 7 月	2012 – 09 – 11	294. 166	6. 3351	6. 4626
2012 年 8 月	2012 – 10 – 11	286. 662	6. 277	6. 439
2012 年 9 月	2012 – 11 – 08	290. 887	6. 2429	6. 3964
2012 年 10 月	2012 – 12 – 11	294. 346	6. 246	6. 3465
2012 年 11 月	2013 – 01 – 11	289. 567	6. 2161	6. 3146
2012 年 12 月	2013 – 02 – 08	245. 489	6. 2325	6. 316
2013 年 1 月	2013 – 03 – 07	278. 107	6. 2202	6. 3272
2013 年 2 月	2013 – 04 – 05	236. 087	6. 201	6. 298
2013 年 3 月	2013 – 05 – 02	177. 606	6. 156	6. 2423
2013 年 4 月	2013 – 06 – 04	241. 876	6. 1286	6. 2461
2013 年 5 月	2013 – 07 – 03	278. 702	6. 1308	6. 2508
2013 年 6 月	2013 – 08 – 06	266. 676	6. 1217	6. 2353
2013 年 7 月	2013 – 09 – 04	300. 824	6. 1201	6. 2091
2013 年 8 月	2013 – 10 – 24	298. 149	6. 082	6. 1475
2013 年 9 月	2013 – 11 – 14	306. 306	6. 0922	6. 1505
2013 年 10 月	2013 – 12 – 04	287. 435	6. 0916	6. 1456
2013 年 11 月	2014 – 01 – 07	270. 428	6. 0512	6. 0912
2013 年 12 月	2014 – 02 – 06	244. 917	6. 06	6. 083
2014 年 1 月	2014 – 03 – 07	278. 396	6. 126	6. 1375
2014 年 2 月	2014 – 04 – 03	208. 616	6. 2107	6. 2507
2014 年 3 月	2014 – 05 – 06	204. 035	6. 2257	6. 2842

时间	公布时间	贸易赤字	人民币即期汇率	1 年期人民币远期汇率
2014 年 4 月	2014 – 06 – 04	272. 843	6. 2504	6. 3239
2014 年 5 月	2014 – 07 – 03	287. 697	6. 2129	6. 2959
2014 年 6 月	2014 – 08 – 06	300. 582	6. 1633	6. 2548
2014 年 7 月	2014 – 09 – 04	308. 63	6. 1386	6. 2636
2014 年 8 月	2014 – 10 – 03	301. 974	6. 1395	6. 2725
2014 年 9 月	2014 – 11 – 04	355. 635	6. 1152	6. 2624
2014 年 10 月	2014 – 12 – 05	325. 543	6. 1502	6. 299
2014 年 11 月	2015 – 01 – 07	299. 374	6. 2125	6. 3772
2014 年 12 月	2015 – 02 – 05	283. 001	6. 2521	6. 4475
2015 年 1 月	2015 – 03 – 06	286. 064	6. 2629	6. 4659
2015 年 2 月	2015 – 04 – 02	225. 403	6. 197	6. 3685
2015 年 3 月	2015 – 05 – 05	312. 347	6. 2062	6. 3547

资料来源：美国国家统计局（U. S. Census Bureau）网站，www. census. gov/foreign – trade。

24.4.2　财政赤字数据

　　持续增长的美国财政赤字是影响美元汇率的另外一个重要因素，也是影响人民币/美元汇率的另一主要因素。表 24 – 14 列出了美国 2005 年 10 月到 2015 年 4 月财政赤字数据、发布的时间以及相应的人民币远期和即期汇率。我们从图 24 – 6 可以看出，美国财政赤字呈周期性变化，但同时期人民币/美元即期汇率和远期汇率呈下降状态，因此美国财政赤字影响力度可能如第 38 章对人民币无本金交割远期一样，解释力度相对较小。我们会在第 24.6 节系统分析美国财政赤字对 1 年期人民币远期汇率和即期汇率的影响。

表 24 – 14　　　**美国 2005 年 10 月到 2015 年 4 月财政赤字**　　　单位：亿美元

时间	公布时间	财政赤字	人民币即期汇率	1 年期人民币远期汇率
2005 年 10 月	2005 – 11 – 10	472. 77	8. 0847	7. 8077
2005 年 11 月	2005 – 12 – 12	830. 72	8. 077	7. 7923
2005 年 12 月	2006 – 01 – 12	– 109. 67	8. 0659	7. 7994
2006 年 1 月	2006 – 02 – 10	– 209. 64	8. 0505	7. 8029
2006 年 2 月	2006 – 03 – 10	1192. 37	8. 0505	7. 7895
2006 年 3 月	2006 – 04 – 12	852. 81	8. 012	7. 7615
2006 年 4 月	2006 – 05 – 10	– 1188. 41	8. 0037	7. 7487

续表

时间	公布时间	财政赤字	人民币即期汇率	1 年期人民币远期汇率
2006 年 5 月	2006 – 06 – 12	429. 07	8. 0188	7. 7812
2006 年 6 月	2006 – 07 – 13	– 205. 17	7. 9924	7. 7464
2006 年 7 月	2006 – 08 – 10	331. 64	7. 971	7. 7646
2006 年 8 月	2006 – 09 – 13	647. 17	7. 9486	7. 7492
2006 年 9 月	2006 – 10 – 12	– 561. 67	7. 9148	7. 7159
2006 年 10 月	2006 – 11 – 13	493. 21	7. 8667	7. 6763
2006 年 11 月	2006 – 12 – 12	730. 42	7. 8308	7. 6458
2006 年 12 月	2007 – 01 – 13	– 419. 61	7. 7984	7. 5984
2007 年 1 月	2007 – 02 – 13	– 382. 36	7. 7662	7. 5595
2007 年 2 月	2007 – 03 – 13	1199. 93	7. 743	7. 5475
2007 年 3 月	2007 – 04 – 12	962. 7	7. 726	7. 535
2007 年 4 月	2007 – 05 – 11	– 1776. 74	7. 6766	7. 4916
2007 年 5 月	2007 – 06 – 13	676. 99	7. 636	7. 376
2007 年 6 月	2007 – 07 – 13	– 274. 81	7. 5695	7. 3173
2007 年 7 月	2007 – 08 – 11	364. 47	7. 574	7. 1771
2007 年 8 月	2007 – 09 – 14	1169. 73	7. 516	7. 2764
2007 年 9 月	2007 – 10 – 12	– 1128. 66	7. 5125	7. 2212
2007 年 10 月	2007 – 11 – 14	568. 38	7. 4253	6. 9986
2007 年 11 月	2007 – 12 – 12	982. 38	7. 3721	6. 7665
2007 年 12 月	2008 – 01 – 11	– 482. 61	7. 262	6. 7477
2008 年 1 月	2008 – 02 – 12	– 178. 39	7. 184	6. 7151
2008 年 2 月	2008 – 03 – 12	1755. 63	7. 101	6. 4304
2008 年 3 月	2008 – 04 – 10	482. 12	6. 9916	6. 3916
2008 年 4 月	2008 – 05 – 12	– 1592. 82	6. 9882	6. 6757
2008 年 5 月	2008 – 06 – 11	1659. 27	6. 9184	6. 6759
2008 年 6 月	2008 – 07 – 11	– 335. 47	6. 834	6. 6243
2008 年 7 月	2008 – 08 – 12	1027. 67	6. 8632	6. 7361
2008 年 8 月	2008 – 09 – 11	1119. 14	6. 8465	6. 7834
2008 年 9 月	2008 – 10 – 14	– 457. 34	6. 839	6. 8407
2008 年 10 月	2008 – 11 – 13	1555. 33	6. 83	6. 869
2008 年 11 月	2008 – 12 – 10	1252. 01	6. 8633	6. 9178
2008 年 12 月	2009 – 01 – 13	517. 54	6. 8341	6. 8596

时间	公布时间	财政赤字	人民币即期汇率	1 年期人民币远期汇率
2009 年 1 月	2009 - 02 - 11	634.57	6.8333	6.8643
2009 年 2 月	2009 - 03 - 11	1938.59	6.8404	6.8744
2009 年 3 月	2009 - 04 - 10	1915.89	6.8336	6.8341
2009 年 4 月	2009 - 05 - 12	209.07	6.8216	6.8236
2009 年 5 月	2009 - 06 - 10	1896.51	6.8334	6.8299
2009 年 6 月	2009 - 07 - 13	943.32	6.8327	6.8557
2009 年 7 月	2009 - 08 - 12	1806.8	6.835	6.8573
2009 年 8 月	2009 - 09 - 11	1035.55	6.829	6.8346
2009 年 9 月	2009 - 10 - 16	452.07	6.8268	6.7388
2009 年 10 月	2009 - 11 - 12	1763.63	6.8266	6.7336
2009 年 11 月	2009 - 12 - 10	1202.87	6.8266	6.7346
2009 年 12 月	2010 - 01 - 13	914.1	6.8268	6.7443
2010 年 1 月	2010 - 02 - 17	426.34	6.833	6.7815
2010 年 2 月	2010 - 03 - 10	2209.09	6.8259	6.7524
2010 年 3 月	2010 - 04 - 12	653.87	6.8257	6.7327
2010 年 4 月	2010 - 05 - 12	826.89	6.8273	6.7316
2010 年 5 月	2010 - 06 - 10	1359.27	6.8308	6.7771
2010 年 6 月	2010 - 07 - 13	684.22	6.772	6.687
2010 年 7 月	2010 - 08 - 11	1650.43	6.775	6.7176
2010 年 8 月	2010 - 09 - 13	905.26	6.7618	6.7103
2010 年 9 月	2010 - 10 - 15	346.07	6.6412	6.4962
2010 年 10 月	2010 - 11 - 10	1404.32	6.6337	6.5487
2010 年 11 月	2010 - 12 - 10	1503.94	6.6556	6.5911
2010 年 12 月	2011 - 01 - 12	781.34	6.6038	6.5603
2011 年 1 月	2011 - 02 - 10	497.96	6.5865	6.5415
2011 年 2 月	2011 - 03 - 10	2225.07	6.5747	6.4967
2011 年 3 月	2011 - 04 - 12	1881.54	6.5403	6.4478
2011 年 4 月	2011 - 05 - 11	403.87	6.493	6.3985
2011 年 5 月	2011 - 06 - 10	576.41	6.4802	6.4052
2011 年 6 月	2011 - 07 - 13	430.8	6.4676	6.4061
2011 年 7 月	2011 - 08 - 10	1293.76	6.4181	6.3664
2011 年 8 月	2011 - 09 - 13	1341.43	6.3991	6.3516

续表

时间	公布时间	财政赤字	人民币即期汇率	1 年期人民币远期汇率
2011 年 9 月	2011 - 10 - 15	627.5	6.3785	6.344
2011 年 10 月	2011 - 11 - 10	984.66	6.3459	6.3284
2011 年 11 月	2011 - 12 - 12	1373.02	6.3606	6.3741
2011 年 12 月	2012 - 01 - 12	859.67	6.3178	6.3513
2012 年 1 月	2012 - 02 - 10	274.07	6.2986	6.3171
2012 年 2 月	2012 - 03 - 12	2316.77	6.3265	6.3278
2012 年 3 月	2012 - 04 - 11	1981.57	6.3081	6.3261
2012 年 4 月	2012 - 05 - 10	-591.17	6.314	6.341
2012 年 5 月	2012 - 06 - 12	1246.36	6.3703	6.3998
2012 年 6 月	2012 - 07 - 12	597.41	6.3733	6.4258
2012 年 7 月	2012 - 08 - 10	696.04	6.36	6.466
2012 年 8 月	2012 - 09 - 13	1905.33	6.3296	6.4604
2012 年 9 月	2012 - 10 - 12	-751.8	6.2672	6.4132
2012 年 10 月	2012 - 11 - 13	1199.95	6.2265	6.375
2012 年 11 月	2012 - 12 - 12	1721.12	6.2518	6.3443
2012 年 12 月	2013 - 01 - 11	11.91	6.2161	6.3146
2013 年 1 月	2013 - 02 - 12	-28.86	6.2325	6.316
2013 年 2 月	2013 - 03 - 12	2035.39	6.2162	6.3232
2013 年 3 月	2013 - 04 - 10	1065.3	6.1939	6.2834
2013 年 4 月	2013 - 05 - 10	-1128.89	6.1417	6.2407
2013 年 5 月	2013 - 06 - 12	1387.32	6.1335	6.2525
2013 年 6 月	2013 - 07 - 11	-1165.01	6.1352	6.2557
2013 年 7 月	2013 - 08 - 12	975.97	6.1223	6.2303
2013 年 8 月	2013 - 09 - 12	1479.05	6.118	6.209
2013 年 9 月	2013 - 10 - 24	-751.14	6.082	6.1475
2013 年 10 月	2013 - 11 - 13	905.84	6.0928	6.1506
2013 年 11 月	2013 - 12 - 11	1352.26	6.0717	6.1217
2013 年 12 月	2014 - 01 - 13	-532.2	6.0434	6.0784
2014 年 1 月	2014 - 02 - 12	105.2	6.0624	6.0894
2014 年 2 月	2014 - 03 - 12	1935.32	6.145	6.1655
2014 年 3 月	2014 - 04 - 10	368.95	6.2125	6.2665
2014 年 4 月	2014 - 05 - 12	-1068.53	6.2375	6.301

时间	公布时间	财政赤字	人民币即期汇率	1 年期人民币远期汇率
2014 年 5 月	2014 - 06 - 11	1299. 71	6. 2279	6. 2923
2014 年 6 月	2014 - 07 - 11	- 705. 19	6. 2037	6. 2912
2014 年 7 月	2014 - 08 - 12	946. 21	6. 1583	6. 2558
2014 年 8 月	2014 - 09 - 11	1286. 77	6. 13	6. 2584
2014 年 9 月	2014 - 10 - 15	- 1058. 03	6. 1259	6. 2576
2014 年 10 月	2014 - 11 - 13	1217. 13	6. 1248	6. 2648
2014 年 11 月	2014 - 12 - 10	568. 18	6. 1768	6. 3423
2014 年 12 月	2015 - 01 - 13	2 18. 64	6. 1983	6. 3678
2015 年 1 月	2015 - 02 - 11	175. 46	6. 2427	6. 4212
2015 年 2 月	2015 - 03 - 11	1923. 5	6. 2623	6. 4658
2015 年 3 月	2015 - 04 - 10	529. 18	6. 208	6. 3825
2015 年 4 月	2015 - 05 - 12	- 1567. 14	6. 2092	6. 341

资料来源：美国财政部（The U. S. Department of Treasury）网站，http：//www. fms. treas. gov。

24.4.3 通货膨胀率

通货膨胀率是美联储调整利率时最重要的参考因素之一。这里我们分析美国消费价格指数和生产价格指数对人民币远期汇率的影响。表 24 - 15 和表 24 - 16 分别列出了美国 2005 年 10 月到 2015 年 5 月美国消费价格指数和生产价格指数的数据，以及发布日人民币即期和远期汇率。我们在下节会对这两个指数的影响进行分析比较。

表 24 - 15 美国 2005 年 10 月到 2015 年 4 月月度消费价格指数同比增幅

时间	公布日期	消费指数（%）	人民币即期汇率	1 年期人民币远期汇率
2005 年 10 月	2005 - 11 - 16	4. 3	8. 0835	7. 7895
2005 年 11 月	2005 - 12 - 15	3. 5	8. 0740	7. 7501
2005 年 12 月	2006 - 01 - 18	3. 4	8. 0685	7. 8294
2006 年 1 月	2006 - 02 - 22	4. 0	8. 0475	7. 7882
2006 年 2 月	2006 - 03 - 16	3. 6	8. 0390	7. 7840
2006 年 3 月	2006 - 04 - 19	3. 4	8. 0135	7. 7545
2006 年 4 月	2006 - 05 - 17	3. 5	8. 0025	7. 7661
2006 年 5 月	2006 - 06 - 14	4. 2	8. 0005	7. 7685
2006 年 6 月	2006 - 07 - 19	4. 3	8. 0028	7. 7421

时间	公布日期	消费指数（%）	人民币即期汇率	1 年期人民币远期汇率
2006 年 7 月	2006 – 08 – 16	4.1	7.9885	7.7657
2006 年 8 月	2006 – 09 – 15	3.8	7.9430	7.7349
2006 年 9 月	2006 – 10 – 18	2.1	7.9077	7.7069
2006 年 10 月	2006 – 11 – 16	1.3	7.8715	7.7015
2006 年 11 月	2006 – 12 – 15	2.0	7.8275	7.6402
2006 年 12 月	2007 – 01 – 18	2.5	7.7710	7.5670
2007 年 1 月	2007 – 02 – 21	2.1	7.7426	7.5397
2007 年 2 月	2007 – 03 – 16	2.4	7.7360	7.5440
2007 年 3 月	2007 – 04 – 17	2.8	7.7291	7.5456
2007 年 4 月	2007 – 05 – 15	2.6	7.6868	7.5081
2007 年 5 月	2007 – 06 – 15	2.7	7.6254	7.3552
2007 年 6 月	2007 – 07 – 18	2.7	7.5640	7.3075
2007 年 7 月	2007 – 08 – 15	2.4	7.5858	7.2188
2007 年 8 月	2007 – 09 – 19	2.0	7.5135	7.2985
2007 年 9 月	2007 – 10 – 17	2.8	7.5154	7.2111
2007 年 10 月	2007 – 11 – 15	3.5	7.4228	6.9833
2007 年 11 月	2007 – 12 – 14	4.3	7.3715	6.8040
2007 年 12 月	2008 – 01 – 16	4.1	7.2324	6.7217
2008 年 1 月	2008 – 02 – 20	4.3	7.1436	6.6824
2008 年 2 月	2008 – 03 – 14	4.0	7.0894	6.4393
2008 年 3 月	2008 – 04 – 16	4.0	6.9918	6.4418
2008 年 4 月	2008 – 05 – 14	3.9	7.0030	6.7305
2008 年 5 月	2008 – 06 – 13	4.2	6.9018	6.6568
2008 年 6 月	2008 – 07 – 16	5.0	6.8113	6.6333
2008 年 7 月	2008 – 08 – 14	5.6	6.8600	6.7254
2008 年 8 月	2008 – 09 – 16	5.4	6.8490	6.7860
2008 年 9 月	2008 – 10 – 16	4.9	6.8297	6.8287
2008 年 10 月	2008 – 11 – 19	3.7	6.8285	6.8685
2008 年 11 月	2008 – 12 – 16	1.1	6.8465	6.9065
2008 年 12 月	2009 – 01 – 16	0.1	6.8374	6.8769
2009 年 1 月	2009 – 02 – 20	0.0	6.8372	6.8707
2009 年 2 月	2009 – 03 – 18	0.2	6.8347	6.8642

续表

时间	公布日期	消费指数（%）	人民币即期汇率	1 年期人民币远期汇率
2009 年 3 月	2009 - 04 - 15	- 0.4	6.8322	6.8336
2009 年 4 月	2009 - 05 - 15	- 0.7	6.8258	6.8305
2009 年 5 月	2009 - 06 - 17	- 1.3	6.8374	6.8369
2009 年 6 月	2009 - 07 - 15	- 1.4	6.8316	6.8466
2009 年 7 月	2009 - 08 - 14	- 2.1	6.8342	6.8552
2009 年 8 月	2009 - 09 - 16	- 1.5	6.8258	6.8310
2009 年 9 月	2009 - 10 - 15	- 1.3	6.8287	6.7487
2009 年 10 月	2009 - 11 - 18	- 0.2	6.8270	6.7420
2009 年 11 月	2009 - 12 - 16	1.8	6.8280	6.7485
2009 年 12 月	2010 - 01 - 15	2.7	6.8269	6.7439
2010 年 1 月	2010 - 02 - 19	2.6	6.8330	6.7815
2010 年 2 月	2010 - 03 - 18	2.1	6.8261	6.7691
2010 年 3 月	2010 - 04 - 14	2.3	6.8257	6.7307
2010 年 4 月	2010 - 05 - 19	2.2	6.8274	6.7465
2010 年 5 月	2010 - 06 - 17	2.0	6.8291	6.7676
2010 年 6 月	2010 - 07 - 16	1.1	6.7750	6.6925
2010 年 7 月	2010 - 08 - 13	1.2	6.7957	6.7397
2010 年 8 月	2010 - 09 - 17	1.1	6.7235	6.6923
2010 年 9 月	2010 - 10 - 15	1.1	6.6412	6.4962
2010 年 10 月	2010 - 11 - 17	1.2	6.6425	6.5324
2010 年 11 月	2010 - 12 - 15	1.1	6.6555	6.5890
2010 年 12 月	2011 - 01 - 14	1.5	6.5900	6.5475
2011 年 1 月	2011 - 02 - 17	1.6	6.5871	6.5321
2011 年 2 月	2011 - 03 - 17	2.1	6.5744	6.4924
2011 年 3 月	2011 - 04 - 15	2.7	6.5325	6.4350
2011 年 4 月	2011 - 05 - 13	3.2	6.4977	6.4097
2011 年 5 月	2011 - 06 - 15	3.6	6.4822	6.4122
2011 年 6 月	2011 - 07 - 15	3.6	6.4630	6.4025
2011 年 7 月	2011 - 08 - 18	3.6	6.3877	6.3332
2011 年 8 月	2011 - 09 - 15	3.8	6.3920	6.3445
2011 年 9 月	2011 - 10 - 19	3.9	6.3775	6.3490
2011 年 10 月	2011 - 11 - 16	3.5	6.3456	6.3266

续表

时间	公布日期	消费指数（%）	人民币即期汇率	1年期人民币远期汇率
2011 年 11 月	2011 – 12 – 16	3.4	6.3484	6.3694
2011 年 12 月	2012 – 01 – 19	3.0	6.3167	6.3387
2012 年 1 月	2012 – 02 – 17	2.9	6.2991	6.3251
2012 年 2 月	2012 – 03 – 16	2.9	6.3227	6.3292
2012 年 3 月	2012 – 04 – 13	2.7	6.3030	6.3265
2012 年 4 月	2012 – 05 – 15	2.3	6.3182	6.3402
2012 年 5 月	2012 – 06 – 14	1.7	6.3703	6.4013
2012 年 6 月	2012 – 07 – 17	1.7	6.3729	6.4349
2012 年 7 月	2012 – 08 – 15	1.4	6.3625	6.4840
2012 年 8 月	2012 – 09 – 14	1.7	6.3145	6.4430
2012 年 9 月	2012 – 10 – 16	2.0	6.2640	6.4085
2012 年 10 月	2012 – 11 – 15	2.2	6.2334	6.3814
2012 年 11 月	2012 – 12 – 14	1.8	6.2415	6.3565
2012 年 12 月	2013 – 01 – 16	1.7	6.2165	6.3275
2013 年 1 月	2013 – 02 – 21	1.6	6.2405	6.3345
2013 年 2 月	2013 – 03 – 15	2.0	6.2135	6.3195
2013 年 3 月	2013 – 04 – 16	1.5	6.1831	6.2764
2013 年 4 月	2013 – 05 – 16	1.1	6.1492	6.2582
2013 年 5 月	2013 – 06 – 18	1.4	6.1285	6.2625
2013 年 6 月	2013 – 07 – 16	1.8	6.1350	6.2510
2013 年 7 月	2013 – 08 – 15	2.0	6.1125	6.2195
2013 年 8 月	2013 – 09 – 17	1.5	6.1215	6.2115
2013 年 9 月	2013 – 10 – 16	1.2	6.1025	6.1405
2013 年 10 月	2013 – 11 – 15	1.0	6.0922	6.1487
2013 年 11 月	2013 – 12 – 17	1.2	6.0710	6.1308
2013 年 12 月	2014 – 01 – 16	1.5	6.0557	6.0802
2014 年 1 月	2014 – 02 – 20	1.6	6.0834	6.1004
2014 年 2 月	2014 – 03 – 18	1.1	6.1920	6.2320
2014 年 3 月	2014 – 04 – 15	1.5	6.2220	6.2680
2014 年 4 月	2014 – 05 – 15	2.0	6.2306	6.2986
2014 年 5 月	2014 – 06 – 17	2.1	6.2269	6.3022
2014 年 6 月	2014 – 07 – 22	2.1	6.2037	6.3073

续表

时间	公布日期	消费指数（%）	人民币即期汇率	1 年期人民币远期汇率
2014 年 7 月	2014 - 08 - 19	2.0	6.1418	6.2523
2014 年 8 月	2014 - 09 - 17	1.7	6.1401	6.2636
2014 年 9 月	2014 - 10 - 22	1.7	6.1185	6.2552
2014 年 10 月	2014 - 11 - 20	1.7	6.1245	6.2675
2014 年 11 月	2014 - 12 - 17	1.3	6.1975	6.3683
2014 年 12 月	2015 - 01 - 16	0.8	6.2066	6.3769
2015 年 1 月	2015 - 02 - 26	- 0.1	6.2589	6.4487
2015 年 2 月	2015 - 03 - 24	0.0	6.2053	6.4077
2015 年 3 月	2015 - 04 - 17	- 0.1	6.1978	6.3636
2015 年 4 月	2015 - 05 - 22	- 0.2	6.1976	6.3247

资料来源：美国劳工部劳工数据局网站，www.bls.gov。

表 24 - 16　　　　**美国 2005 年 10 月到 2015 年 4 月月度**
生产价格指数（PPI）同比增幅

时间	公布日期	生产指数（%）	人民币即期汇率	1 年期人民币远期汇率
2005 年 10 月	2005 - 11 - 15	5.9	8.0845	7.7888
2005 年 11 月	2005 - 12 - 20	4.4	8.0740	7.7642
2005 年 12 月	2006 - 01 - 13	5.4	8.0683	7.8093
2006 年 1 月	2006 - 02 - 17	5.6	8.0483	7.7983
2006 年 2 月	2006 - 03 - 21	3.9	8.0277	7.7872
2006 年 3 月	2006 - 04 - 18	3.6	8.0240	7.7685
2006 年 4 月	2006 - 05 - 16	4.1	8.0030	7.7585
2006 年 5 月	2006 - 06 - 13	4.5	8.0035	7.7662
2006 年 6 月	2006 - 07 - 18	4.9	7.9982	7.7719
2006 年 7 月	2006 - 08 - 15	4.2	8.0015	7.7971
2006 年 8 月	2006 - 09 - 19	3.7	7.9363	7.7331
2006 年 9 月	2006 - 10 - 17	0.9	7.9082	7.7012
2006 年 10 月	2006 - 11 - 14	- 1.2	7.8669	7.6739
2006 年 11 月	2006 - 12 - 19	0.9	7.8212	7.6317
2006 年 12 月	2007 - 01 - 17	1.1	7.7740	7.5752
2007 年 1 月	2007 - 02 - 16	0.1	7.7426	7.5397
2007 年 2 月	2007 - 03 - 15	2.4	7.7440	7.5523
2007 年 3 月	2007 - 04 - 13	3.1	7.7217	7.5355

续表

时间	公布日期	生产指数（%）	人民币即期汇率	1年期人民币远期汇率
2007年4月	2007-05-11	3.2	7.6766	7.4916
2007年5月	2007-06-14	3.9	7.6430	7.3735
2007年6月	2007-07-17	3.3	7.5629	7.2972
2007年7月	2007-08-14	4	7.5760	7.1924
2007年8月	2007-09-18	2.2	7.5228	7.2904
2007年9月	2007-10-12	4.4	7.5125	7.2212
2007年10月	2007-11-14	6.1	7.4253	6.9986
2007年11月	2007-12-13	7.3	7.3692	6.7685
2007年12月	2008-01-15	6.2	7.2421	6.7459
2008年1月	2008-02-26	7.4	7.1580	6.6120
2008年2月	2008-03-18	6.5	7.0815	6.4530
2008年3月	2008-04-15	6.7	6.9925	6.4200
2008年4月	2008-05-20	6.4	6.9735	6.7075
2008年5月	2008-06-17	7.3	6.8915	6.6143
2008年6月	2008-07-15	9.2	6.8211	6.6481
2008年7月	2008-08-19	9.8	6.8655	6.7435
2008年8月	2008-09-12	9.6	6.8450	6.7830
2008年9月	2008-10-15	8.7	6.8320	6.8473
2008年10月	2008-11-18	5.2	6.8284	6.8702
2008年11月	2008-12-12	0.48	6.8427	6.8972
2008年12月	2009-01-15	-0.9	6.8363	6.8703
2009年1月	2009-02-19	-0.9	6.8354	6.8682
2009年2月	2009-03-17	-1.4	6.8372	6.8677
2009年3月	2009-04-14	-3.4	6.8320	6.8280
2009年4月	2009-05-14	-3.5	6.8250	6.8273
2009年5月	2009-06-16	-4.8	6.8341	6.8348
2009年6月	2009-07-14	-4.6	6.8329	6.8536
2009年7月	2009-08-18	-6.8	6.8339	6.8525
2009年8月	2009-09-15	-4.3	6.8289	6.8340
2009年9月	2009-10-20	-4.8	6.8265	6.7065
2009年10月	2009-11-17	-2	6.8265	6.7355
2009年11月	2009-12-15	2.2	6.8280	6.7481

续表

时间	公布日期	生产指数（%）	人民币即期汇率	1 年期人民币远期汇率
2009 年 12 月	2010 - 01 - 20	4.3	6.8271	6.7486
2010 年 1 月	2010 - 02 - 18	4.5	6.8330	6.7815
2010 年 2 月	2010 - 03 - 17	4.2	6.8260	6.7660
2010 年 3 月	2010 - 04 - 22	5.9	6.8263	6.6813
2010 年 4 月	2010 - 05 - 18	5.4	6.8274	6.7351
2010 年 5 月	2010 - 06 - 16	5.1	6.8323	6.7733
2010 年 6 月	2010 - 07 - 15	2.8	6.7785	6.6930
2010 年 7 月	2010 - 08 - 17	4.2	6.7921	6.7231
2010 年 8 月	2010 - 09 - 16	3.1	6.7248	6.6858
2010 年 9 月	2010 - 10 - 14	3.9	6.6508	6.5048
2010 年 10 月	2010 - 11 - 16	4.3	6.6379	6.5264
2010 年 11 月	2010 - 12 - 14	3.4	6.6551	6.5876
2010 年 12 月	2011 - 01 - 13	3.8	6.6046	6.5611
2011 年 1 月	2011 - 02 - 16	3.6	6.5885	6.5410
2011 年 2 月	2011 - 03 - 16	5.4	6.5713	6.4913
2011 年 3 月	2011 - 04 - 14	5.6	6.5315	6.4340
2011 年 4 月	2011 - 05 - 12	6.6	6.5000	6.4080
2011 年 5 月	2011 - 06 - 14	7.1	6.4803	6.4028
2011 年 6 月	2011 - 07 - 14	7	6.4576	6.3959
2011 年 7 月	2011 - 08 - 17	7.2	6.3871	6.3336
2011 年 8 月	2011 - 09 - 14	6.5	6.3964	6.3474
2011 年 9 月	2011 - 10 - 18	7	6.3813	6.3508
2011 年 10 月	2011 - 11 - 15	5.8	6.3465	6.3305
2011 年 11 月	2011 - 12 - 15	5.6	6.3735	6.4060
2011 年 12 月	2012 - 01 - 18	4.7	6.3120	6.3415
2012 年 1 月	2012 - 02 - 16	4.1	6.3016	6.3291
2012 年 2 月	2012 - 03 - 15	3.4	6.3300	6.3343
2012 年 3 月	2012 - 04 - 12	2.8	6.3073	6.3266
2012 年 4 月	2012 - 05 - 11	1.8	6.3106	6.3336
2012 年 5 月	2012 - 06 - 13	0.6	6.3691	6.4019
2012 年 6 月	2012 - 07 - 13	0.7	6.3789	6.4319
2012 年 7 月	2012 - 08 - 14	0.5	6.3586	6.4766
2012 年 8 月	2012 - 09 - 13	2	6.3296	6.4604

续表

时间	公布日期	生产指数（%）	人民币即期汇率	1 年期人民币远期汇率
2012 年 9 月	2012 - 10 - 12	2.1	6.2672	6.4132
2012 年 10 月	2012 - 11 - 14	2.3	6.2252	6.3737
2012 年 11 月	2012 - 12 - 13	1.5	6.2329	6.3414
2012 年 12 月	2013 - 01 - 15	1.4	6.2136	6.3206
2013 年 1 月	2013 - 02 - 20	1.5	6.2376	6.3276
2013 年 2 月	2013 - 03 - 14	1.8	6.2155	6.3205
2013 年 3 月	2013 - 04 - 12	1.1	6.1922	6.2832
2013 年 4 月	2013 - 05 - 15	0.5	6.1459	6.2519
2013 年 5 月	2013 - 06 - 14	1.6	6.1308	6.2578
2013 年 6 月	2013 - 07 - 12	2.3	6.1375	6.2585
2013 年 7 月	2013 - 08 - 14	2.1	6.1196	6.2301
2013 年 8 月	2013 - 09 - 13	1.3	6.1188	6.2091
2013 年 9 月	2013 - 10 - 29	1.1	6.0902	6.1472
2013 年 10 月	2013 - 11 - 21	1.3	6.0932	6.1327
2013 年 11 月	2013 - 12 - 13	1.1	6.0712	6.1232
2013 年 12 月	2014 - 01 - 15	1.2	6.0460	6.0760
2014 年 1 月	2014 - 02 - 19	1.3	6.0764	6.0924
2014 年 2 月	2014 - 03 - 14	1.2	6.1502	6.1837
2014 年 3 月	2014 - 04 - 11	1.4	6.2113	6.2578
2014 年 4 月	2014 - 05 - 14	1.8	6.2289	6.2942
2014 年 5 月	2014 - 06 - 13	2.1	6.2107	6.2805
2014 年 6 月	2014 - 07 - 16	1.8	6.2047	6.2987
2014 年 7 月	2014 - 08 - 15	1.9	6.1470	6.2565
2014 年 8 月	2014 - 09 - 16	1.9	6.1462	6.2727
2014 年 9 月	2014 - 10 - 15	1.6	6.1259	6.2576
2014 年 10 月	2014 - 11 - 18	1.5	6.1213	6.2588
2014 年 11 月	2014 - 12 - 12	1.3	6.1869	6.3554
2014 年 12 月	2015 - 01 - 15	0.9	6.1881	6.3536
2015 年 1 月	2015 - 02 - 18	0	6.2551	6.4470
2015 年 2 月	2015 - 03 - 13	- 0.6	6.2595	6.4708
2015 年 3 月	2015 - 04 - 14	- 0.8	6.2118	6.3908
2015 年 4 月	2015 - 05 - 14	- 1.3	6.2012	6.3253

资料来源：美国劳工部劳工数据局网站，www.bls.gov。

24.4.4　利率

利率是影响汇率最重要的基础因素。由于我国利率市场化刚刚起步，没有系统的数据可以分析人民币利率对人民币远期汇率的影响。表 24－17 列出了 2005 年 11 月到 2015 年 5 月美国联邦基金利率（Federal Funds Rate）的公布时间、调整幅度、相应的利率水平，以及发布日人民币即期和远期汇率。我们会在下节专门分析美国联邦基金利率对人民币远期和即期汇率的影响。

表 24－17　　　美国 2005 年 11 月到 2015 年 5 月基准利率调整表

年份	公布日期	调整幅度	利率（％）	人民币即期汇率	1 年期人民币远期汇率
2005	2005－11－01	0.25	4.00	8.0860	7.8233
2005	2005－12－13	0.25	4.25	8.0751	7.7779
2006	2006－01－31	0.25	4.50	8.0608	7.8161
2006	2006－03－28	0.25	4.75	8.0206	7.7850
2006	2006－05－10	0.25	5.00	8.0037	7.7487
2006	2006－06－29	0.25	5.00	7.9955	7.7636
2007	2007－09－18	－0.5	4.75	7.5219	7.3060
2007	2007－10－31	－0.25	4.50	7.4627	7.1220
2007	2007－12－11	－0.25	4.25	7.3807	6.8430
2008	2008－01－22	－0.75	3.50	7.2391	6.7234
2008	2008－01－30	－0.5	3.00	7.1915	6.7472
2008	2008－03－18	－0.75	2.25	7.0815	6.4668
2008	2008－04－30	－0.25	2.00	6.9878	6.5728
2008	2008－10－08	－0.5	1.50	6.8174	6.8195
2008	2008－10－29	－0.5	1.00	6.8485	6.8880
2008	2008－12－16	－0.75	0.25	6.8457	6.8978

资料来源：纽约联邦储备银行网站，www. ny. frb. org。

24.4.5　失业数据

失业数据是经济增长的重要指标。表 24－18 给出了美国 2005 年 10 月到 2015 年 4 月月度失业率数据、相应发布时间，以及发布日人民币远期和即期汇率。美国失业率数据应该是影响人民币远期和即期汇率的重要因素。我们会在下节专门对该因素的影响进行分析。

表 24 - 18　　　　　　美国 2005 年 10 月到 2015 年 4 月月度失业率

年份	公布日期	失业率（%）	人民币即期汇率	1 年期人民币远期汇率
2005 年 10 月	2005 - 11 - 04	5.0	8.0856	7.8242
2005 年 11 月	2005 - 12 - 02	5.0	8.0806	7.7659
2005 年 12 月	2006 - 01 - 06	4.9	8.0668	7.7773
2006 年 1 月	2006 - 02 - 03	4.7	8.0616	7.8118
2006 年 2 月	2006 - 03 - 10	4.8	8.0505	7.7895
2006 年 3 月	2006 - 04 - 07	4.7	8.0111	7.7561
2006 年 4 月	2006 - 05 - 05	4.7	8.0140	7.7776
2006 年 5 月	2006 - 06 - 02	4.6	8.0230	7.7890
2006 年 6 月	2006 - 07 - 07	4.6	7.9859	7.7464
2006 年 7 月	2006 - 08 - 04	4.7	7.9784	7.7764
2006 年 8 月	2006 - 09 - 01	4.7	7.9532	7.7408
2006 年 9 月	2006 - 10 - 06	4.5	7.9041	7.7141
2006 年 10 月	2006 - 11 - 03	4.4	7.8716	7.6797
2006 年 11 月	2006 - 12 - 08	4.5	7.8245	7.6466
2006 年 12 月	2007 - 01 - 05	4.4	7.8047	7.6157
2007 年 1 月	2007 - 02 - 02	4.6	7.7560	7.5525
2007 年 2 月	2007 - 03 - 09	4.5	7.7445	7.5520
2007 年 3 月	2007 - 04 - 06	4.4	7.7213	7.5307
2007 年 4 月	2007 - 05 - 04	4.5	7.7039	7.5159
2007 年 5 月	2007 - 06 - 01	4.4	7.6473	7.4023
2007 年 6 月	2007 - 07 - 06	4.6	7.6010	7.3141
2007 年 7 月	2007 - 08 - 03	4.7	7.5680	7.3030
2007 年 8 月	2007 - 09 - 07	4.6	7.5395	7.2877
2007 年 9 月	2007 - 10 - 05	4.7	7.5061	7.1986
2007 年 10 月	2007 - 11 - 02	4.7	7.4558	7.1249
2007 年 11 月	2007 - 12 - 07	4.7	7.4030	6.8317
2007 年 12 月	2008 - 01 - 04	5.0	7.2730	6.7496
2008 年 1 月	2008 - 02 - 01	5.0	7.1890	6.7243
2008 年 2 月	2008 - 03 - 07	4.9	7.1110	6.4511
2008 年 3 月	2008 - 04 - 04	5.1	7.0158	6.4258

续表

年份	公布日期	失业率（%）	人民币即期汇率	1 年期人民币远期汇率
2008 年 4 月	2008 - 05 - 02	5.0	6.9875	6.5775
2008 年 5 月	2008 - 06 - 06	5.4	6.9230	6.6430
2008 年 6 月	2008 - 07 - 03	5.6	6.8510	6.6507
2008 年 7 月	2008 - 08 - 01	5.8	6.8425	6.6674
2008 年 8 月	2008 - 09 - 05	6.1	6.8422	6.7807
2008 年 9 月	2008 - 10 - 03	6.1	6.8485	6.8231
2008 年 10 月	2008 - 11 - 07	6.5	6.8255	6.8550
2008 年 11 月	2008 - 12 - 05	6.8	6.8812	6.9748
2008 年 12 月	2009 - 01 - 09	7.3	6.8356	6.8566
2009 年 1 月	2009 - 02 - 06	7.8	6.8344	6.8584
2009 年 2 月	2009 - 03 - 06	8.3	6.8400	6.8715
2009 年 3 月	2009 - 04 - 03	8.7	6.8348	6.8148
2009 年 4 月	2009 - 05 - 08	9.0	6.8218	6.8225
2009 年 5 月	2009 - 06 - 05	9.4	6.8330	6.8230
2009 年 6 月	2009 - 07 - 02	9.5	6.8314	6.8383
2009 年 7 月	2009 - 08 - 07	9.5	6.8318	6.8503
2009 年 8 月	2009 - 09 - 04	9.6	6.8300	6.8640
2009 年 9 月	2009 - 10 - 02	9.8	6.8263	6.8079
2009 年 10 月	2009 - 11 - 06	10.0	6.8273	6.7443
2009 年 11 月	2009 - 12 - 04	9.9	6.8270	6.7195
2009 年 12 月	2010 - 01 - 08	9.9	6.8275	6.7450
2010 年 1 月	2010 - 02 - 05	9.8	6.8271	6.7689
2010 年 2 月	2010 - 03 - 05	9.8	6.8265	6.7715
2010 年 3 月	2010 - 04 - 02	9.9	6.8256	6.7521
2010 年 4 月	2010 - 05 - 07	9.9	6.8257	6.7567
2010 年 5 月	2010 - 06 - 04	9.6	6.8288	6.7578
2010 年 6 月	2010 - 07 - 02	9.4	6.7711	6.6721
2010 年 7 月	2010 - 08 - 06	9.4	6.7683	6.7084
2010 年 8 月	2010 - 09 - 03	9.5	6.8038	6.7458
2010 年 9 月	2010 - 10 - 08	9.5	6.6706	6.5431

续表

年份	公布日期	失业率（%）	人民币即期汇率	1 年期人民币远期汇率
2010 年 10 月	2010 – 11 – 05	9.4	6.6566	6.5006
2010 年 11 月	2010 – 12 – 03	9.8	6.6633	6.5918
2010 年 12 月	2011 – 01 – 07	9.3	6.6280	6.5855
2011 年 1 月	2011 – 02 – 04	9.2	6.5938	6.5658
2011 年 2 月	2011 – 03 – 04	9.0	6.5686	6.4976
2011 年 3 月	2011 – 04 – 01	9.0	6.5479	6.4584
2011 年 4 月	2011 – 05 – 06	9.1	6.4938	6.3863
2011 年 5 月	2011 – 06 – 03	9.0	6.4796	6.3926
2011 年 6 月	2011 – 07 – 08	9.1	6.4650	6.3960
2011 年 7 月	2011 – 08 – 05	9.0	6.4404	6.3939
2011 年 8 月	2011 – 09 – 02	9.0	6.3826	6.3331
2011 年 9 月	2011 – 10 – 07	9.0	6.3859	6.3529
2011 年 10 月	2011 – 11 – 04	8.8	6.3392	6.3247
2011 年 11 月	2011 – 12 – 02	8.6	6.3597	6.3560
2011 年 12 月	2012 – 01 – 06	8.5	6.3095	6.3530
2012 年 1 月	2012 – 02 – 03	8.3	6.3028	6.3179
2012 年 2 月	2012 – 03 – 09	8.3	6.3107	6.3177
2012 年 3 月	2012 – 04 – 06	8.2	6.3063	6.3233
2012 年 4 月	2012 – 05 – 04	8.2	6.3062	6.3357
2012 年 5 月	2012 – 06 – 01	8.2	6.3690	6.3975
2012 年 6 月	2012 – 07 – 06	8.2	6.3644	6.4032
2012 年 7 月	2012 – 08 – 03	8.2	6.3727	6.4737
2012 年 8 月	2012 – 09 – 07	8.0	6.3430	6.4725
2012 年 9 月	2012 – 10 – 05	7.8	6.2849	6.4409
2012 年 10 月	2012 – 11 – 02	7.8	6.2415	6.3965
2012 年 11 月	2012 – 12 – 07	7.7	6.2301	6.3696
2012 年 12 月	2013 – 01 – 04	7.9	6.2303	6.3533
2013 年 1 月	2013 – 02 – 01	8.0	6.2270	6.3300
2013 年 2 月	2013 – 03 – 08	7.7	6.2147	6.3207
2013 年 3 月	2013 – 04 – 05	7.5	6.2010	6.2980

续表

年份	公布日期	失业率（%）	人民币即期汇率	1 年期人民币远期汇率
2013 年 4 月	2013 - 05 - 03	7.6	6.1556	6.2451
2013 年 5 月	2013 - 06 - 07	7.5	6.1335	6.2525
2013 年 6 月	2013 - 07 - 05	7.5	6.1326	6.2531
2013 年 7 月	2013 - 08 - 02	7.4	6.1294	6.2444
2013 年 8 月	2013 - 09 - 06	7.3	6.1205	6.2108
2013 年 9 月	2013 - 10 - 22	7.2	6.0935	6.1570
2013 年 10 月	2013 - 11 - 08	7.3	6.0905	6.1425
2013 年 11 月	2013 - 12 - 06	7.0	6.0817	6.1302
2013 年 12 月	2014 - 01 - 10	6.7	6.0521	6.0836
2014 年 1 月	2014 - 02 - 07	6.6	6.0634	6.0909
2014 年 2 月	2014 - 03 - 07	6.7	6.1260	6.1375
2014 年 3 月	2014 - 04 - 04	6.7	6.2123	6.2566
2014 年 4 月	2014 - 05 - 02	6.3	6.2593	6.3258
2014 年 5 月	2014 - 06 - 06	6.3	6.2502	6.3221
2014 年 6 月	2014 - 07 - 03	6.1	6.2129	6.2959
2014 年 7 月	2014 - 08 - 01	6.2	6.1798	6.2758
2014 年 8 月	2014 - 09 - 05	6.1	6.1412	6.2702
2014 年 9 月	2014 - 10 - 03	5.9	6.1395	6.2725
2014 年 10 月	2014 - 11 - 07	5.8	6.1229	6.2689
2014 年 11 月	2014 - 12 - 05	5.8	6.1502	6.2990
2014 年 12 月	2015 - 01 - 09	5.6	6.2086	6.3796
2015 年 1 月	2015 - 02 - 06	5.7	6.2447	6.4347
2015 年 2 月	2015 - 03 - 06	5.5	6.2629	6.4659
2015 年 3 月	2015 - 04 - 03	5.5	6.1950	6.3602
2015 年 4 月	2015 - 05 - 08	5.4	6.2094	6.3464

资料来源：美国劳工部劳工数据局网站，www.bls.gov。

24.4.6 美国国内生产总值

国内生产总值是影响本国货币的重要指标，也是影响人民币—美元远期汇率的重要因素。表 24 - 19 给出了美国 2005 年第三季度到 2015 年第一季度的 31

个季度的名义国内生产总值及其增长率、相应首次公布日期及对应的人民币1
年期远期和即期汇率。

表 24 – 19 　　　　美国 2005 年第三季度到 2015 年第一季度

国内生产总值及其增长率

时间	公布日期	名义 GDP（亿美元）	名义 GDP 增长率（%）	人民币即期汇率	1 年期人民币远期汇率
2005Q3	2005 – 10 – 28	132065	1.78	8.084	7.8389
2005Q4	2006 – 01 – 27	133833	1.34	8.0616	7.8118
2006Q1	2006 – 04 – 28	136498	1.99	8.014	7.7776
2006Q2	2006 – 07 – 28	138029	1.12	7.9705	7.753
2006Q3	2006 – 10 – 27	139105	0.78	7.8896	7.6836
2006Q4	2007 – 01 – 31	140684	1.14	7.7739	7.5689
2007Q1	2007 – 04 – 27	142350	1.18	7.7135	7.5255
2007Q2	2007 – 07 – 27	144245	1.33	7.5623	7.2831
2007Q3	2007 – 10 – 31	145719	1.02	7.463	7.0992
2007Q4	2008 – 01 – 30	146900	0.81	7.1916	6.7517
2008Q1	2008 – 04 – 30	146729	− 0.12	6.9875	6.5775
2008Q2	2008 – 07 – 31	148171	0.98	6.8318	6.6406
2008Q3	2008 – 10 – 30	148443	0.18	6.838	6.8723
2008Q4	2009 – 01 – 30	145467	− 2.00	6.838	6.8875
2009Q1	2009 – 04 – 29	143812	− 1.14	6.8255	6.838
2009Q2	2009 – 07 – 31	143421	− 0.27	6.8321	6.8516
2009Q3	2009 – 10 – 29	143844	0.29	6.828	6.785
2009Q4	2010 – 01 – 29	145641	1.25	6.8268	6.7493
2010Q1	2010 – 04 – 30	146725	0.74	6.8252	6.6847
2010Q2	2010 – 07 – 30	148792	1.41	6.775	6.7101
2010Q3	2010 – 10 – 29	150498	1.15	6.6708	6.5292
2010Q4	2011 – 01 – 28	152317	1.21	6.586	6.558
2011Q1	2011 – 04 – 28	152429	0.07	6.5015	6.3955
2011Q2	2011 – 07 – 29	154619	1.44	6.4366	6.3896
2011Q3	2011 – 10 – 27	156118	0.97	6.3595	6.3405
2011Q4	2012 – 01 – 27	158187	1.33	6.339	6.3535
2012Q1	2012 – 04 – 27	160416	1.41	6.3102	6.3402
2012Q2	2012 – 07 – 27	161604	0.74	6.3807	6.4747

时间	公布日期	名义 GDP （亿美元）	名义 GDP 增 长率（%）	人民币即 期汇率	1 年期人民币 远期汇率
2012Q3	2012 - 10 - 26	163560	1.21	6.2489	6.3994
2012Q4	2013 - 01 - 30	164203	0.39	6.2204	6.3234
2013Q1	2013 - 04 - 26	165353	0.70	6.165	6.254
2013Q2	2013 - 07 - 31	166334	0.59	6.1289	6.2444
2013Q3	2013 - 11 - 07	168476	1.29	6.0908	6.1353
2013Q4	2014 - 01 - 30	171025	1.51	6.06	6.083
2014Q1	2014 - 04 - 30	171496	0.28	6.2593	6.3258
2014Q2	2014 - 07 - 30	172947	0.85	6.1717	6.2712
2014Q3	2014 - 11 - 30	175354	1.39	6.145	6.2795
2014Q4	2015 - 01 - 30	177107	1.00	6.251	6.4378
2015Q1	2015 - 04 - 29	177100	0	6.1997	6.3496

资料来源：美国商务部经济分析局网站，www. bea. doc. gov。

24.5　美国经济金融因素的影响分析

我们在第 24.2 节和第 23.3 节就我国主要经济和金融因素对人民币远期的影响进行了较为详细地介绍和简单分析，并在第 24.4 节对美国主要经济和金融数据进行了介绍。在本节，我们把第 24.4 节所介绍的数据作为自变量，对人民币远期和即期汇率进行回归分析，从而得出这些因素影响力度的定量结果。

24.5.1　贸易赤字

如前所述，巨额贸易赤字是美国要求我国人民币升值的主要原因。我们用表 24 - 13 给出的美国月度贸易赤字作为自变量，月度贸易赤字公布当日人民币远期和即期最后价格作为因变量，对 2005 年 9 月到 2015 年 4 月的数据进行简单线性回归分析，其中以金融危机为分界线，表 23 - 20A 显示的是从 2005 年 9 月到 2008 年 6 月的回归结果，表 24 - 20B 显示的是 2009 年 3 月到 2015 年 4 月的回归结果。结果如表 24 - 20 所示。

分析美国贸易逆差对人民币/美元远期汇率的影响应该用美国与我国贸易的逆差。由于两国贸易统计的方法不同，中美贸易差额数据相差相当大，所以我们在分析时暂时用美国总的贸易逆差来进行。

表 24 –20A　　美国贸易差额对人民币远期和即期影响的回归结果

（2005 年 9 月到 2008 年 6 月）

对人民币远期的回归结果

回归系数	– 0.046445	回归常数	8.277009
系数标准误差	0.028247	常数标准误差	0.575952
回归相关性（R^2）	7.79%	Y 标准误差	0.471217
F 统计	2.703549	自由度	34
残差标准误差	0.459505	残差平方和	6.756648

对人民币即期的回归结果

回归系数	– 0.038316	回归常数	8.402728
系数标准误差	0.024004	常数标准误差	0.489437
回归相关性（R^2）	7.38%	Y 标准误差	0.399536
F 统计	2.547956	自由度	34
残差标准误差	0.390482	残差平方和	4.879242

表 24 –20B　　美国贸易差额对人民币远期和即期影响的回归结果

（2009 年 3 月到 2015 年 4 月）

对人民币远期的回归结果

回归系数	– 0.028119	回归常数	7.138893
系数标准误差	0.004318	常数标准误差	0.109383
回归相关性（R^2）	37.40%	Y 标准误差	0.211119
F 统计	42.41530	自由度	73
残差标准误差	0.168212	残差平方和	2.008976

对人民币即期的回归结果

回归系数	– 0.038702	回归常数	7.375388
系数标准误差	0.005166	常数标准误差	0.130890
回归相关性（R^2）	44.15%	Y 标准误差	0.267452
F 统计	56.11554	自由度	73
残差标准误差	0.201286	残差平方和	2.876633

资料来源：根据表 24 –10 的数据和数据公布之日 1 年期人民币远期和即期汇率进行简单线性回归得出。

从表 24 –20 我们可以看出回归系数为正值，说明美国贸易赤字越高（数值越负），1 年期人民币远期和即期的隐含汇率越低，隐含人民币升值幅度越大。表 24 –20 显示对人民币远期回归相关性（R^2）仅有 7.79% 和 37.40%；对人民币即期回归相关性（R^2）为 7.38% 和 44.15%，略高于对远期回归性；两次回归

F 统计数据显示超过 95% 的置信度。表 24 - 20 中对远期 37.40% 的回归相关性低于表 24 - 4 中我国外汇储备对 1 年期人民币远期汇率回归相关性 95.01%，但又高于其他回归相关性，显示美国贸易赤字对人民币远期汇率的影响确实相当显著。

24.5.2 财政赤字

如前所述，财政赤字应该是影响人民币/美元汇率的重要原因之一。我们用表 24 - 14 给出的美国月度财政赤字作为自变量，月财政赤字公布当日 1 年期人民币远期和即期最后价格作为因变量，对 2005 年 9 月到 2015 年 4 月的数据进行简单线性回归分析，其中以金融危机为分界线，表 24 - 21A 显示的是从 2005 年 9 月到 2008 年 6 月的回归结果，表 24 - 21B 显示的是 2009 年 3 月到 2015 年 4 月的回归结果。结果如表 24 - 21 所示。

表 24 - 21A 美国财政赤字对人民币远期和即期影响的回归结果

（2005 年 9 月到 2008 年 6 月）

对人民币远期的回归结果			
回归系数	- 0.000315	回归常数	7.361390
系数标准误差	0.000963	常数标准误差	0.085134
回归相关性（R^2）	0.34%	Y 标准误差	0.468284
F 统计	0.106861	自由度	33
残差标准误差	0.474959	残差平方和	6.993178

对人民币即期的回归结果			
回归系数	- 6.48E - 06	回归常数	7.651112
系数标准误差	0.000788	常数标准误差	0.069687
回归相关性（R^2）	0.00%	Y 标准误差	0.382662
F 统计	6.76E - 05	自由度	33
残差标准误差	0.388784	残差平方和	4.685749

表 24 - 21B 美国财政赤字对人民币远期和即期影响的回归结果

（2009 年 3 月到 2015 年 4 月）

对人民币远期的回归结果			
回归系数	0.000713	回归常数	6.385444
系数标准误差	0.000264	常数标准误差	0.031903
回归相关性（R^2）	9.22%	Y 标准误差	0.213705
F 统计	7.314592	自由度	74
残差标准误差	0.205022	残差平方和	3.026440

对人民币即期的回归结果			
回归系数	0.000969	回归常数	6.338152
系数标准误差	0.000331	常数标准误差	0.040014
回归相关性（R^2）	10.65%	Y 标准误差	0.270174
F 统计	8.585009	自由度	74
残差标准误差	0.257145	残差平方和	4.760882

资料来源：根据表 24-14 的数据和数据公布之日 1 年期人民币远期和即期汇率进行简单线性回归得出。

从表 24-21 我们可以看出对金融危机前，远期和即期的回归系数均为正值，说明美国财政赤字越高，1 年期人民币远期汇率越低，人民币升值幅度越大；而即期汇率也是相同的情况。金融危机后，情况刚好相反。表 24-21 显示远期回归相关性（R^2）甚至较小，即期回归相关性也为很小，F 统计数据置信度都低于 95%。

美国财政赤字数据对人民币/美元汇率的影响很不显著可以从表 24-15 的数据直接看出。我们在第 24.5 节观察到月度财政赤字数据呈现周期性变化，而人民币远期和即期汇率则基本呈明显的下降趋势，因此月度财政数据很难解释人民币远期和即期汇率的变化。

24.5.3 通货膨胀

通货膨胀指数是央行调整利率的重要指标。我们把表 24-16 列出的美国月度消费价格指数作为自变量，相应数据公布当日 1 年期人民币远期和即期最后价格作为因变量，对 2005 年 9 月到 2015 年 4 月的数据进行简单线性回归分析，其中以金融危机为分界线，表 24-22A 显示的是从 2005 年 9 月到 2008 年 6 月的回归结果，表 24-22B 显示的是 2009 年 3 月到 2015 年 4 月的回归结果。结果如表 24-22 所示。

表 24-22A　美国消费价格指数对人民币远期和即期影响的回归结果
（2005 年 9 月到 2008 年 6 月）

对人民币远期的回归结果			
回归系数	-0.185335	回归常数	7.971513
系数标准误差	0.085139	常数标准误差	0.293301
回归相关性（R^2）	13.26%	Y 标准误差	0.461471
F 统计	4.738697	自由度	33
残差标准误差	0.436666	残差平方和	5.911004

续表

对人民币即期的回归结果			
回归系数	− 0. 126144	回归常数	8. 065390
系数标准误差	0. 073125	常数标准误差	0. 251914
回归相关性（R^2）	8. 76%	Y 标准误差	0. 386454
F 统计	2. 975809	自由度	33
残差标准误差	0. 375049	残差平方和	4. 360520

**表 24 –22B　美国消费价格指数对人民币远期和即期影响的回归结果
（2009 年 3 月到 2015 年 4 月）**

对人民币远期的回归结果			
回归系数	− 0. 069710	回归常数	6. 552693
系数标准误差	0. 017593	常数标准误差	0. 035472
回归相关性（R^2）	17. 90%	Y 标准误差	0. 212817
F 统计	15. 70079	自由度	74
残差标准误差	0. 194163	残差平方和	2. 714342

对人民币即期的回归结果			
回归系数	− 0. 057120	回归常数	6. 504225
系数标准误差	0. 023632	常数标准误差	0. 047649
回归相关性（R^2）	7. 51%	Y 标准误差	0. 269327
F 统计	5. 842152	自由度	74
残差标准误差	0. 260816	残差平方和	4. 897783

资料来源：根据表 24 – 15 的数据和数据公布之日 1 年期人民币远期和即期汇率进行简单线性回归得出。

从表 24 – 22 我们可以看出远期的回归系数为负值，说明美国消费价格指数越高，1 年期人民币远期汇率越低，隐含人民币升值幅度越大。在其他因素不变的情况下，美国通货膨胀率越高，表明美元由于通胀稀释作用而购买力下降，从而隐含人民币/美元汇率也越低，所以上述回归系数为负是合理的。表 24 – 22 显示远期回归相关性（R^2）仅为 13. 26% 和 17. 90%，而且相应的 F 统计数据为 4. 74 和 15. 70，即期回归相关性（R^2）稍低些，为 8. 76% 和 7. 51%，相应地 F 统计数据为 2. 98 和 5. 84，显示美国消费价格指数对人民币远期汇率的影响很不显著。

我们对美国生产价格指数做了同样的回归分析，如表 24 – 23 所示，结果与消费价格指数类似，对远期回归系数、回归相关性和 F 统计数据分别为 − 0. 124894、38. 50% 和 19. 41 以及 − 0. 017079、5. 87% 和 4. 49；对即期回归系数、回归相关性和 F 统计数据分别为 - 0.093309、31.46% 和 14.23 以及 - 0.006141、0.47% 和 0.34。这些结果表明美国生产价格指数对 1 年期人民币远期和即期汇率影响如同美国消费价格指数，可以说微乎其微。

表 24 - 23A　美国生产价格指数对人民币远期和即期影响的回归结果

（2005 年 9 月到 2008 年 6 月）

对人民币远期的回归结果			
回归系数	- 0.124894	回归常数	7.887024
系数标准误差	0.028349	常数标准误差	0.137931
回归相关性（R^2）	38.50%	Y 标准误差	0.468791
F 统计	19.40872	自由度	33
残差标准误差	0.373510	残差平方和	4.324793
对人民币即期的回归结果			
回归系数	- 0.093309	回归常数	8.045726
系数标准误差	0.024734	常数标准误差	0.120343
回归相关性（R^2）	31.46%	Y 标准误差	0.387441
F 统计	14.23127	自由度	33
残差标准误差	0.325882	残差平方和	3.292175

表 24 - 23B　美国生产价格指数对人民币远期和即期影响的回归结果

（2009 年 3 月到 2015 年 4 月）

对人民币远期的回归结果			
回归系数	- 0.017079	回归常数	6.477138
系数标准误差	0.008060	常数标准误差	0.029190
回归相关性（R^2）	5.87%	Y 标准误差	0.212283
F 统计	4.489678	自由度	74
残差标准误差	0.207384	残差平方和	3.096577
对人民币即期的回归结果			
回归系数	- 0.006141	回归常数	6.428187
系数标准误差	0.010544	常数标准误差	0.038184
回归相关性（R^2）	0.47%	Y 标准误差	0.270048
F 统计	0.339199	自由度	74
残差标准误差	0.271279	残差平方和	5.298647

资料来源：根据表 24 - 16 的数据和数据公布之日 1 年期人民币远期和即期汇率进行简单线性回归得出。

24.5.4　利率

我们在第 24.4 节介绍了美国 2004 年到 2008 年的利率调整情况。利率应该是影响汇率的最重要的基础因素。这里我们对美国利率变化对人民币远期汇率的影响进行分析。按照表 24 - 16 给出的美国联邦基金利率及其调整日期找出 1 年期人民币远期和即期汇率，并以前者作为自变量，后者作为因变量，对这 27 对数据进行简单线性回归分析。表 24 - 24 列出了相应的分析结果。

表 24 - 24　　　　　　　美国利率对人民币远期和即期影响的回归结果

对人民币远期的回归结果			
回归系数	22. 16250	回归常数	6. 435699
系数标准误差	6. 364455	常数标准误差	0. 238103
回归相关性（R^2）	46. 41%	Y 标准误差	0. 508080
F 统计	12. 12593	自由度	16
残差标准误差	0. 384983	残差平方和	2. 074966
对人民币即期的回归结果			
回归系数	27. 32924	回归常数	6. 541028
系数标准误差	4. 317287	常数标准误差	0. 161516
回归相关性（R^2）	74. 11%	Y 标准误差	0. 495826
F 统计	40. 07127	自由度	16
残差标准误差	0. 261151	残差平方和	0. 954796

资料来源：根据表 24 - 17 的数据和数据公布之日 1 年期人民币远期和即期汇率进行简单线性回归得出。

从表 24 - 24 我们可以看出回归系数为正值，说明美国利率越高，1 年期人民币远期和即期的隐含汇率越高，隐含人民币升值幅度越小。表 24 - 24 显示远期回归相关性（R^2）为 46.41%，且相应的 F 统计数据仅有 12.13，即期回归相关性（R^2）为 74.11%，且相应的 F 统计数据为 40.07，显示人民币/美元汇率与美元利率的关系显著。这说明人民币远期市场能够部分反映美国利率。

24.5.5　失业率

我们在第 24.4 节介绍了美国从 2005 年 9 月到 2015 年 4 月的月度失业率。按照表 24 - 19 给出的美国失业率及其公布日期找出相应的 1 年期人民币远期和即期汇率，并以前者作为自变量，后者作为因变量，对数据进行简单线性回归分析，其中以金融危机为分界线，表 24 - 25A 显示的是从 2005 年 9 月到 2008 年 6 月的回归结果，表 24 - 25B 显示的是 2009 年 3 月到 2015 年 4 月的回归结果。

表 24 – 25 列出了相应的回归结果。

表 24 – 25A　美国失业率对人民币远期和即期影响的回归结果
（2005 年 9 月到 2008 年 6 月）

对人民币远期的回归结果			
回归系数	– 0.978348	回归常数	12.00775
系数标准误差	0.241168	常数标准误差	1.146374
回归相关性（R^2）	34.68%	Y 标准误差	0.464538
F 统计	16.45693	自由度	33
残差标准误差	0.381458	残差平方和	4.510816

对人民币即期的回归结果			
回归系数	– 0.792501	回归常数	11.41872
系数标准误差	0.197009	常数标准误差	0.936469
回归相关性（R^2）	34.30%	Y 标准误差	0.378378
F 统计	16.18184	自由度	33
残差标准误差	0.311612	残差平方和	3.010154

表 24 – 25B　美国失业率对人民币远期和即期影响的回归结果
（2009 年 3 月到 2015 年 4 月）

对人民币远期的回归结果			
回归系数	0.111811	回归常数	5.540866
系数标准误差	0.012742	常数标准误差	0.104708
回归相关性（R^2）	51.68%	Y 标准误差	0.214681
F 统计	77.00581	自由度	74
残差标准误差	0.150264	残差平方和	1.625698

对人民币即期的回归结果			
回归系数	0.164855	回归常数	5.083477
系数标准误差	0.012451	常数标准误差	0.102319
回归相关性（R^2）	70.89%	Y 标准误差	0.270265
F 统计	175.3121	自由度	74
残差标准误差	0.146835	残差平方和	1.552351

资料来源：根据表 24 – 19 的数据和数据公布之日 1 年期人民币远期和即期汇率进行简单线性回归得出。

　　从表 24 – 25 我们可以通过回归系数的正负来判断，当回归系数为负数时，说明美国失业率越高，1 年期人民币远期汇率越低；正数时则相反。因为美国失业率越高，表明美国经济增长乏力，美元相对人民币的价值也应该走弱，人民币应该走强，人民币/美元汇率应该越低。表 24 – 25 显示对远期汇率的回归相关性（R²）为 34.68% 和 51.68%，而且相应的 F 统计数据分别为 16.46 和 77.01（置信度远超过 99%），显示人民币/美元汇率与美元利率的关系相对显著。这同样说明人民币远期市场可以反映出应该反映的基础因素。

24.5.6 国内生产总值

我们在第 24.4 节介绍了美国从 2005 年第三季度到 2015 年第一季度的国内生产总值及其增长率。我们按照表 24 – 20 给出的美国名义国内生产总值和相应的增长率及其公布日期找出相应的 1 年期人民币远期和即期汇率，并以前者两个作为自变量，后者作为因变量，对这 27 对数据进行简单线性回归分析。其中以金融危机为分界线，表 24 – 26A 显示的是从 2005 年到 2008 年 6 月的回归结果，表 24 – 26B 显示的是 2009 年 3 月到 2015 年 4 月的回归结果。表 24 – 26 列出了相应的回归结果。

表 24 – 26A   美国季度国内生产总值对人民币远期和即期影响的回归结果

（2005 年第三季度到 2008 年第二季度）

对人民币远期的回归结果			
国内生产总值单独为自变量			
回归系数	– 0.000811	回归常数	18.81191
系数标准误差	0.000116	常数标准误差	1.635089
回归相关性（R²）	83.09%	Y 标准误差	0.477860
F 统计	49.12501	自由度	12
残差标准误差	0.206116	残差平方和	0.424837
增长率单独为自变量			
回归系数	63.65107	回归常数	6.651165
系数标准误差	20.34174	常数标准误差	0.248574
回归相关性（R²）	49.47%	Y 标准误差	0.477860
F 统计	9.791186	自由度	12
残差标准误差	0.356255	残差平方和	1.269176
总值和增长率皆为自变量			
总值回归系数	– 0.000702	增长率回归系数	17.01823
总值回归系数标准差	0.000151	增长率回归系数标准差	15.37469
回归常数	17.07868	回归常数标准差	2.250885
回归相关性（R²）	85.11%	Y 标准误差	0.477860
F 统计	25.72833	自由度	12
残差标准误差	0.203833	残差平方和	0.373931

续表

<table>
<tr><td colspan="4" align="center">对人民币即期的回归结果</td></tr>
<tr><td colspan="4" align="center">国内生产总值单独为自变量</td></tr>
<tr><td>回归系数</td><td>−0.000735</td><td>回归常数</td><td>18.00447</td></tr>
<tr><td>系数标准误差</td><td>9.92E−05</td><td>常数标准误差</td><td>1.402148</td></tr>
<tr><td>回归相关性（R^2）</td><td>84.58%</td><td>Y标准误差</td><td>0.429104</td></tr>
<tr><td>F统计</td><td>54.83226</td><td>自由度</td><td>12</td></tr>
<tr><td>残差标准误差</td><td>0.176752</td><td>残差平方和</td><td>0.312412</td></tr>
<tr><td colspan="4" align="center">增长率单独为自变量</td></tr>
<tr><td>回归系数</td><td>55.26187</td><td>回归常数</td><td>7.013820</td></tr>
<tr><td>系数标准误差</td><td>18.84040</td><td>常数标准误差</td><td>0.230228</td></tr>
<tr><td>回归相关性（R^2）</td><td>46.25%</td><td>Y标准误差</td><td>0.429104</td></tr>
<tr><td>F统计</td><td>8.603418</td><td>自由度</td><td>12</td></tr>
<tr><td>残差标准误差</td><td>0.329961</td><td>残差平方和</td><td>1.088744</td></tr>
<tr><td colspan="4" align="center">总值和增长率皆为自变量</td></tr>
<tr><td>总值回归系数</td><td>−0.000663</td><td>增长率回归系数</td><td>11.22168</td></tr>
<tr><td>总值回归系数标准差</td><td>0.000133</td><td>增长率回归系数标准差</td><td>13.54620</td></tr>
<tr><td>回归常数</td><td>16.86160</td><td>回归常数标准差</td><td>1.983191</td></tr>
<tr><td>回归相关性（R^2）</td><td>85.67%</td><td>Y标准误差</td><td>0.429104</td></tr>
<tr><td>F统计</td><td>26.89907</td><td>自由度</td><td>12</td></tr>
<tr><td>残差标准误差</td><td>0.179592</td><td>残差平方和</td><td>0.290278</td></tr>
</table>

表 24−26B 我国季度国内生产总值对人民币远期和即期影响的回归结果
（2009 年第一季度到 2015 年第一季度）

<table>
<tr><td colspan="4" align="center">对人民币远期的回归结果</td></tr>
<tr><td colspan="4" align="center">国内生产总值单独为自变量</td></tr>
<tr><td>回归系数</td><td>−0.000158</td><td>回归常数</td><td>8.970697</td></tr>
<tr><td>系数标准误差</td><td>2.32E−05</td><td>常数标准误差</td><td>0.371880</td></tr>
<tr><td>回归相关性（R^2）</td><td>66.85%</td><td>Y标准误差</td><td>0.215419</td></tr>
<tr><td>F统计</td><td>46.37421</td><td>自由度</td><td>25</td></tr>
<tr><td>残差标准误差</td><td>0.126704</td><td>残差平方和</td><td>0.369239</td></tr>
<tr><td colspan="4" align="center">增长率单独为自变量</td></tr>
<tr><td>回归系数</td><td>−14.14068</td><td>回归常数</td><td>6.556183</td></tr>
<tr><td>系数标准误差</td><td>6.265153</td><td>常数标准误差</td><td>0.063642</td></tr>
<tr><td>回归相关性（R^2）</td><td>18.13%</td><td>Y标准误差</td><td>0.215419</td></tr>
<tr><td>F统计</td><td>5.094216</td><td>自由度</td><td>25</td></tr>
<tr><td>残差标准误差</td><td>0.199104</td><td>残差平方和</td><td>0.911778</td></tr>
</table>

续表

总值和增长率皆为自变量			
总值回归系数	− 0.000147	增长率回归系数	− 7.991245
总值回归系数标准差	2.24E − 05	增长率回归系数标准差	3.842890
回归常数	8.852555	回归常数标准差	0.352219
回归相关性（R^2）	72.29%	Y 标准误差	0.215419
F 统计	28.70055	自由度	25
残差标准误差	0.118434	残差平方和	0.308585

对人民币即期的回归结果			
国内生产总值单独为自变量			
回归系数	− 0.000224	回归常数	9.997504
系数标准误差	2.02E − 05	常数标准误差	0.323711
回归相关性（R^2）	84.23%	Y 标准误差	0.271915
F 统计	122.8777	自由度	25
残差标准误差	0.110292	残差平方和	0.279780

增长率单独为自变量			
回归系数	− 13.25806	回归常数	6.522561
系数标准误差	8.291578	常数标准误差	0.084227
回归相关性（R^2）	10.00%	Y 标准误差	0.271915
F 统计	2.556735	自由度	25
残差标准误差	0.263503	残差平方和	1.596983

总值和增长率皆为自变量			
总值回归系数	− 0.000218	增长率回归系数	− 4.115472
总值回归系数标准差	2.07E − 05	增长率回归系数标准差	3.552386
回归常数	9.936662	回归常数标准差	0.325593
回归相关性（R^2）	85.14%	Y 标准误差	0.271915
F 统计	63.02387	自由度	25
残差标准误差	0.109481	残差平方和	0.263693

资料来源：根据表24 − 20的数据和数据公布之日1年期人民币远期和即期汇率进行简单线性回归得出。

我们对美国季度国内生产总值及其增长率分别单独进行回归分析的原因是要得出两者各自对市场作用的结果。两者共同作为自变量的简单二元线性回归结果在表24 − 26里面。对人民币远期来讲，季度国内生产总值回归有效性达83.09%和66.85%，并且F统计数据为49.13和46.37，远高于99%的置信水平；国内生产总值增长率回归有效性为 49.47% 和 18.13%，且 F 统计数据为 9.79 和 5.09；金融危机之后，回归有效性不明显。二元简单回归的有效性更是高达 85.11% 和 72.29%，高于两个单独回归的有效性，同时二元简单回归的 F 统计数据为 25.73 和 28.70，同样远超过 99% 的置信水平。

对人民币即期来讲，季度国内生产总值回归有效性为 84.58% 和 84.23%，并且 F 统计数据为 54.83 和 122.88，同样高于 99% 的置信水平；国内生产总值增长率回归有效性为 46.25% 和 10.00%，且 F 统计数据为 8.60 和 2.56，金融危机之后，回归有效性不明显。二元简单回归的有效性为 85.67% 和 85.14%，二元回归的有效性比较高，同时二元简单回归的 F 统计数据为 26.90 和 63.02，高于国内生产总值增长率作为单独自变量的回归的 F 统计数据，显示超过 99% 的置信水平。

季度国内生产总值对人民币远期和即期二元回归的有效性最大值为 85.67%，跟表 24-6、表 24-8 给出的外汇储备和贸易差额的回归相关性相差无几，说明美国季度生产总值影响力跟国内经济指标的影响基本相当。

24.5.7　本节小结

我们在本节对美国的贸易赤字、财政赤字、物价指数、利率、失业率和国内生产总值等主要经济和金融数据对 1 年期人民币远期和即期汇率的影响进行了回归分析。我们的分析结果表明，美国季度国内生产总值和增长率是影响人民币远期和即期汇率最重要的基础因素，美国财政赤字对人民币远期和即期汇率的影响有限。我们的结果也表明，美国贸易赤字和消费价格指数也是影响人民币远期和即期汇率的重要因素，然而美国国内生产总值、利率和失业率数据对人民币远期和即期的影响有明显的"问题"。从 2004 年到 2010 年的分析结果与传统经济理论相矛盾，说明美国利率、失业率和国内生产总值数据在人民币远期市场没有正常地反映出来。我们在下节会试图予以说明。

24.6　投机因素

上文的分析结果表明，在政治因素倡导人民币升值的国际环境下，我国经济因素也为人民币升值提供了相应的支持（外汇储备持续增加、大多数月份贸易顺差、国民经济稳步持续地高增长等），同时美国贸易赤字的增加也为人民币升值提供了部分支持，这些因素正是国际市场上呼吁人民币升值的根据。我们前面的分析结果似乎正好验证了 2002 年 5 月 1 日美国国会关于人民币低估的声明。但是，市场对其他中美基础数据，例如美国财政赤字、利率、失业率等，却反映得不够明显，甚至有与理论相矛盾的反映。

　　对我国基础数据的反映也是有选择的。2004 年 5 月底我国外汇储备总额从 2 月底的 4266 亿美元增至 4490 亿美元，上升了 224 亿美元，然而 12 个月人民币远期却升水了 250 点；2004 年 2 月我国进口远大于出口，大幅度逆差，然而 12 个月人民币远期却在贸易数据后不升反降 450 点。这些反常表现说明两年多以来，人民币远期市场还是在人民币升值的期望主导之下运行的，还很不成熟，同时也说明市场参与者在政治因素的引导下对人民币升值有了明确认识，即使基础数据不利，但市场升值的期望仍然不变。

　　由于国内人民币远期汇率在很大程度上受境外人民币无本金交割远期市场的影响，而境外人民币无本金交割远期市场是受各类投机因素影响的市场，所以境外投机因素通过无本金交割远期汇率对国内人民币远期市场产生影响。

24.7　基础数据对人民币远期和即期汇率影响程度比较

　　本章对中、美两国的主要经济数据对人民币对美元远期和即期汇率的影响分别进行了实证分析。我们将这些回归结果汇集在表 24 - 27，以便进行比较。

表 24 - 27　　中美主要基础数据对 1 年期人民币远期和即期汇率的影响

对人民币远期的影响					
数据类型		回归系数	回归相关性	F 数据	回归相关性和 F 数据乘积
中国外汇储备	金融危机前	- 0.000132	90.79%	266.1155	241.61
	金融危机后	- 0.000033	85.63%	137.0339	117.34
中国贸易差额	金融危机前	- 0.002391	11.16%	3.894249	0.43
	金融危机后	- 0.000289	4.70%	3.553466	0.17
中国国内生产总值增长率	金融危机前	0.332848	0.01%	0.000803	0
	金融危机后	5.725607	13.02%	3.442312	0.45
中国价格指数	金融危机前	- 16.615520	94.36%	535.868	505.65
	金融危机后	- 4.622621	17.08%	14.82974	2.53
美国贸易赤字	金融危机前	- 0.046445	7.79%	2.703549	0.21
	金融危机后	- 0.028119	37.40%	42.4153	15.86
美国利率		22.162500	46.41%	12.12593	0
美国失业率	金融危机前	- 0.978348	34.68%	16.45693	5.71
	金融危机后	0.111811	51.68%	77.00581	39.8
美国国内生产总值	金融危机前	- 0.000811	83.09%	49.12501	40.82
	金融危机后	- 0.000158	66.85%	46.37421	31

续表

对人民币即期的影响					
数据类型		回归系数	回归相关性	F 数据	回归相关性和 F 数据乘积
中国外汇储备	金融危机前	-0.000112	96.86%	839.9629	813.59
	金融危机后	-0.000043	90.00%	207.025	186.32
中国贸易差额	金融危机前	-0.002286	15.15%	5.536924	0.84
	金融危机后	-0.000574	11.63%	9.4795	1.1
中国国内生产总值增长率	金融危机前	0.693989	0.05%	0.004664	0
	金融危机后	10.677190	27.50%	8.724018	2.4
中国价格指数	金融危机前	-13.579050	90.45%	302.9955	274.06
	金融危机后	-3.074670	4.77%	3.607748	0.17
美国贸易赤字	金融危机前	-0.038316	7.38%	2.547956	0.19
	金融危机后	-0.038702	44.15%	56.11554	24.78
美国利率		27.329240	74.11%	40.07127	0.12
美国失业率	金融危机前	-0.792501	34.30%	16.18184	5.55
	金融危机后	0.164855	70.89%	175.3121	124.28
美国国内生产总值	金融危机前	-0.000735	84.58%	54.83226	46.38
	金融危机后	-0.000224	84.23%	122.8777	103.5

资料来源：根据第 24.4 节、第 24.7 节结果整理。

从表 24-27 我们可以看出，人民币兑美元远期汇率对中、美两国的两类主要数据的反应皆比相应的即期汇率显著。具体来说，两者对中国外汇储备和贸易差额的反应回归相关性皆达 90.79% 和 11.16%，前者有效性比后者高，前者回归系数绝对值也分别比后者高，表明两种汇率对该两基础数据皆有了显著反应，远期汇率对该两主要数据远比即期显著。远期和即期汇率对中国国内生产总值增长率反应的回归系数分别为 5.725607 和 10.67719，同时前者的回归相关性 13.02% 比后者的 27.50% 稍低，表明远期跟即期对中国国内生产总值增长率敏感性差不多；远期和即期汇率对中国价格指数在危机前反应的回归系数分别为 -16.61552 和 -13.57905，前者比后者低，同时前者的回归相关性 94.36% 比后者的 90.45% 稍高，表明远期比即期对中国物价指数敏感性差不多。

远期汇率对美国贸易赤字、利率、失业率和国内生产总值的反应也显示出比即期汇率更加显著的敏感性。这些结果对我们理解完善人民币汇率形成机制方案实施以来汇率对即期和远期汇率的变化提供了有效的依据。

24.8　本章总结

我们在本章对影响人民币远期和即期的经济因素进行了系统深入的介绍和
实证分析。我们的分析表明：美国经济数据对人民币远期的影响力度远小于国
内经济数据；国内外汇储备是影响人民币远期和即期汇率最重要的基础因素，
其次是美国国内生产总值、我国国内生产总值、国内贸易差额、美国利率和美
国失业率；美国财政赤字应该是影响人民币远期和即期汇率的重要因素。人民
币远期对中、美这些主要因素的反应敏感性皆高于对人民币即期汇率的影响。
我们在第 38 章类似地分析本章所述主要数据对境外人民币无本金交割远期汇率
影响后会专门比较这些中、美数据对境内外人民币远期汇率影响的差别及相应
的原因。

第 25 章　债券远期

债券远期是最基本的利率衍生产品之一，也是国内银行间市场推出较早的利率风险管理产品。本章简单介绍国内债券远期市场从 2005 年到现在五年来的发展情况和今后的发展预测。

25.1　我国债券远期市场简介

我们在第 21 章介绍了我国商品期货业十几年来的发展。实际上，早在 1992 年 12 月至 1995 年 5 月之间，我国曾进行了国债期货的试点，但不幸夭折。表面上看，国债期货试点的失败，肇始于"327 事件"和"319 事件"中机构蓄意违规，但深层次原因则在于，当时国债现货市场不发达，且交易品种有限，极易发生逼仓问题。另外，当时对国债期货采取的是现货管理机制，信息披露不规范，期货市场法制不健全，利率市场化程度低，缺乏避险需求，导致定价机制扭曲。

2005 年 6 月 15 日，由工商银行和兴业银行做成的首笔债券远期交易，拉开了银行间市场债券远期交易的序幕。当天，债券远期交易共计成交 5 亿元，成交笔数为 13 笔。首笔债券远期成交的券种为剩余期限 4.86 年的 0503 券，期限品种为 2 个月，远期收益率为 3.3908%。银行间市场对债券远期交易表现出了很强的兴趣。为抢得首笔成交，银行间市场债券远期交易系统于 7 点 30 分提前开市后，首批加入债券远期交易的金融机构即踊跃报价，截至 9 点交易开盘前，已有公开报价 2 笔，确认报价 13 笔，其中首笔公开报价由兴业银行发出。当日，被用于实行远期交易的债券品种共有 8 只，全部为短期国债和一年以下的央行票据，而且各占一半。成交数据显示，机构首日操作行为仍处于尝试性状态中。远期交易成交期限较短，最长的不过两个月。在 13 笔成交记录中，7 天短期品种占了 8 笔，2 个月品种仅有 2 笔。同时，从债券期限结构看，一年期以下的品种占了四分之三，一年期以上品种只有 0215 券和 0503 券 2 只中短期国债。

25.2　债券远期交易管理规定

中国人民银行 2005 年 5 月 16 日发布《全国银行间债券市场债券远期交

易管理规定》（中国人民银行公告〔2005〕第 9 号，以下简称《规定》）。根据这一《规定》，银行间债券市场将从 6 月 15 日起推出债券远期交易。《规定》所称的债券远期交易，是指交易双方约定在未来某一日期，以约定价格和数量买卖标的债券的行为。远期交易的债券包括已在银行间债券市场进行现券交易的中央政府债券、中央银行债券、金融债券和经央行批准的其他债券券种。债券远期交易的制度安排，主要由四部分组成：首先，由央行制定《规定》，搭建债券远期交易的政策框架；其次，全国银行间同业拆借中心和中央国债登记结算有限公司根据《规定》，分别制定配套的债券远期交易规则和结算规则；再次，由央行组织全国银行间同业拆借中心、中央国债登记结算有限公司和市场参与者共同拟订和签署《主协议》，作为市场参与者共同遵守的行业自律性文件；最后，央行对债券远期交易信息披露等事项加以规定。

《规定》对远期交易的交割期限及交易规模做了明确要求：远期交易从成交日至结算日的期限（含成交日，不含结算日）由交易双方确定，但最长不得超过 365 天。到期应实际交割资金和债券。任何一家市场参与者单只债券的远期交易卖出与买入总余额分别不得超过该只债券流通量的20%，远期交易卖出总余额不得超过其可用自有债券总余额的200%。基金管理公司运用基金财产进行远期交易的规模，以单只基金计算。任何一只基金的远期交易净买入总余额不得超过其基金资产净值的100%，任何一家外资金融机构在中国境内的分支机构的远期交易净买入总余额不得超过其人民币营运资金的100%，其他机构的远期交易净买入总余额不得超过其实收资本金或者净资产的100%。

25.3 我国推出债券远期交易的意义

债券远期交易的启动对我国债券市场乃至整个金融市场功能的增强有着重要意义。

25.3.1 债券市场基本结构的进一步健全

债券远期交易的推出增加了债券市场功能，有利于货币政策间接调控体系的进一步完善。债券远期能够促进债券市场价格发现，形成完善的收益率曲线，为中央银行制定和执行货币政策提供可靠的依据。同时，债券远期交易的推出为中央银行通过公开市场业务操作实现间接调控提供了新的可操作工具。债券远期推出后，中央银行可将现有的现券买卖、回购与远期交易适当组合，创造更为复杂的工具来实现其宏观调控目标。

25.3.2 有利于利率市场化的推进

债券远期交易的推出有利于加速利率市场化改革进程。首先，债券远期交易能够有效完善债券市场价格发现功能，促进合理的市场基准收益率曲线形成，有利于金融机构的利率定价，为利率市场化的推进提供良好的市场环境。其次，债券远期交易使债券市场具备风险管理功能，使得广大机构投资者可以通过债券市场建立利率风险管理机制，有利于加快利率市场化的推进进程。此外，债券远期交易形成的远期利率代表投资者对未来利率的市场预期，而这种市场预期是由供需双方来决定的，和官方的管制利率不同，从某种意义上来说，这种远期利率本身就是利率市场化的一个重要组成部分。

25.3.3 有利于金融机构风险管理

债券远期交易的推出有利于促进金融企业体制改革。债券远期等衍生产品的推出有利于促进金融企业对企业内控机制和风险管理机制的完善。同时，由于债券远期本身就是一种风险管理的手段，这也有助于金融机构风险管理机制的健全。此外，金融市场产品的丰富，也能够优化金融企业的盈利模式、促进经营机制的转换，有助于金融企业真正成为符合市场经济要求的微观经济金融主体。

债券远期的推出有利于维护金融稳定。债券远期可以为债券市场的交易主体提供规避风险的工具。与传统风险管理手段相比，利用债券远期进行风险管理具有更高的准确性和时效性。当前，我国银行体系积聚了较大风险，为我国金融稳定埋下了风险隐患。而商业银行是债券市场的投资主体，债券远期高效的避险功能，有利于商业银行为拥有的巨额债券资产规避风险，也有利于其通过债券远期化解资产负债期限错配所带来的风险，这对维护金融稳定具有重要意义。债券远期的推出也可以为不拥有债券资产的其他机构提供避险工具。

25.3.4 有利于整个金融市场协调发展

债券远期的推出有利于促进金融市场体系协调高效发展。债券远期的推出能够极大地促进债券市场发展。首先，债券市场产品品种的增加能够吸引新的投资者进入市场参与交易，这有助于促进现券交易，提高现货市场流动性；其次，债券远期为市场引入了做空机制，可避免市场形成单边市，降低市场波动性；再次，债券远期能够促进市场的价格发现，对市场功能的有效发挥具有重要作用；最后，债券远期的推出开了金融衍生产品交易先河，为今后推出债券期货等其他衍生产品奠定基础，对今后大力发展金融衍生产品市场具有重要意义。

25.3.5 有利于推进多样化操作

债券远期交易的推出为市场提供多样化操作工具。债券远期交易的推出为投资者提供了多样化操作工具。一是提供了避险工具，二是创造了新的投机工具，三是丰富了套利模式。此外，债券远期的多空双向交易机制可以避免资金在债券价格下跌时出现闲置，从而有效降低交易成本。

由此可见，随着市场各层面对债券远期的逐步认识、了解和熟悉，作为我国债券市场首次面市的金融衍生工具，债券远期交易业务的发展前景会非常广阔，将会为债券市场其他衍生工具的推出奠定良好的市场基础，必将在我国金融市场体系完善的过程中发挥越来越重要的作用。

25.4 我国债券远期市场的发展现状

自从 2005 年 6 月 15 日兴业银行与中国工商银行达成了首笔债券远期交易以来，债券远期交易在债券市场上的表现日渐活跃。表 25 - 1 给出了 2005 年到 2015 年我国债券远期成交金额和年变化幅度。

表 25 - 1　　　2005 年至 2015 年我国债券远期市场成交量和成交金额

单位：亿元，%

年份	交易笔数	成交金额	交易额较上年度金额变化	年增长率
2005	108	178.0	177.3	—
2006	398	664.5	486.5	273.3
2007	1238	2518.1	1853.6	279.0
2008	1327	5008.1	2490.0	98.9
2009	1599	6556.4	1548.3	30.9
2010	967	3183.4	(3373.0)	− 51.4
2011	436	1030.1	(2153.3)	− 67.6
2012	56	166.1	(864.0)	− 83.9
2013	1	1.0	(165.1)	− 99.4
2014	0	0.0	(1.0)	− 100.0
2015	0	0.0	0.0	—

数据来源：1995 年到 2015 年人民币银行货币政策季度执行报告。

25.4.1 我国债券期货市场前期的高速增长

表 25-1 显示，2005 年到 2016 年，债券远期成交量从 108 笔快速增长到了 398 笔，相应地成交金额从 178.0 亿元增长了 273.3% 到 664.4 亿元（由于 2005 年债券远期推出仅有半年多的时间，2005 年到 2006 年的年度比较不能很好地反映市场初期的增长情况）；2006 年到 2007 年，债券远期成交量从 398 笔快速增长到了 1238 笔，相应的成交金额从 664.5 亿元增长了 279.0% 到 2518.1 亿元，年度增幅超过了 2006 年全年相对仅半年多些的 2005 年，显示债券远期推出前两年市场大幅度地增长；2007 年到 2008 年，债券远期成交量从 1238 笔增长到了 1327 笔，增幅显著减缓，相应的成交金额从 2518.1 亿元增长到了 5008.1 亿元，年度增幅仅为 98.9%，不到前两年增幅的一半。2005 年到 2008 年 3 年年均复合增长率高达 204.2%，显示该市场推出前 4 年市场高速增长的态势。

25.4.2 我国债券远期市场中期增速减缓和显著萎缩

表 25-1 显示，从 2008 年到 2009 年，债券远期成交量从 1327 笔增长到了 1599 笔，增速进一步减缓，相应的成交金额从 5008.1 亿元增长到 6556.4 亿元，增长率仅为 30.9%，不到 2007 年到 2008 年增幅的三分之一，表明市场增长进一步减缓；2009 年到 2010 年，成交量从 1599 笔下降到了 967 笔，降幅不到四成，然而相应的成交金额却从 6556.4 亿元下降到了 3183.4 亿元，降幅高达 51.4%；2010 年到 2012 年，债券远期成交量分别下降到了 436 笔和 56 笔，成交金额分别下降到了 1030.1 亿元和 166.1 亿元，年度降幅分别高达 67.6% 和 83.9%，其中 2012 年成交金额 166.1 亿元甚至低于 2005 年市场启动仅半年的成交金额 178 亿元，表明市场经过 7 年的发展回到了 2005 年启动的状态。

25.4.3 我国债券远期市场从萎缩到停滞

表 25-1 显示，2012 年国内债券远期成交金额达到了低于 2005 年市场刚刚推出的水平；2013 年成交量仅有一笔，成交金额也仅为 1 亿元人民币；2014 年第一季度以来市场处于停滞状态，没有任何交易，成交金额为零。

25.5 债券远期市场的基础债券品种

下面，我们从债券远期市场的基础债券品种、期限品种和参与机构类型三个方面分别介绍我国债券远期市场的发展现状及特点。

我国债券远期市场的基础交易品种分布伴随着这几年市场的发展发生了较大的变化，表 25 - 2 给出了 2005 年至 2012 年历年我国债券远期市场品种的分布情况。

表 25 - 2　　　　2005 年至 2012 年历年债券远期市场各品种分布　　　　单位：%

债券品种	2005 年	2006 年	2007 年	2008 年	2009 年	2010 年
合计	100.0	100.0	100.0	100.0	100.0	100.0
一、政府债券	73.8	48.2	3.3	2.0	2.8	7.9
二、中央银行债	3.4	19.1	50.7	65.7	24.7	0.5
三、金融债券	8.4	6.1	30.8	26.7	54.8	54.8
（一）政策性银行债	8.4	5.8	29.5	26.4	54.5	54.5
（二）商业银行债	—	0.3	1.1	0.3	0.3	0.2
（三）非银行金融机构债	—	—	0.2	—	0.02	0.03
（四）证券公司债	—	—	0.04	—	—	0.02
（五）证券公司短期融资券	—	—	—	—	—	—
四、企业债	2.8	1.8	0.7	1.3	5.1	15.1
五、短期融资券	11.6	24.8	14.5	2.8	1.2	0.1
六、资产支持证券	—	—	—	—	—	—
七、票据				1.4	11.3	21.4
八、其他					0.02	0.1

数据来源：中央国债登记结算有限责任公司。

从表 25 - 2 可以看到，2005 年我国债券远期交易的绝对主力品种是国债，市场占比高达 73.8%；2006—2008 年，央行票据的占比逐年快速上升，由 19.1% 增至 65.7%；2009 年以来，政策性银行债逐渐成为主力品种，2012 年占比已经高达 87.7%。

25.6　债券远期市场品种的时间结构

债券远期市场的期限品种主要有 7 天至 21 天的短期，以及 1 个月至 1 年期等不同品种，表 25 - 3 给出了 2005 年至 2012 年我国债券远期市场各期限品种的交易情况。

表 25 - 3　　2005 年至 2012 年我国债券远期市场各期限品种交易分布情况

单位：亿元，%

期限品种	2005 年		2006 年		2007 年		2008 年		2009 年		2010 年	
	面值额	比重	面值额	比重	面值额	比重	面值额	比重	面值额	比重	面值额	比重
合计	177.3	100	658.5	100	2496.5	100	4980.1	100	6409.4	100	3108.2	100
F07D	41.2	23.2	396.8	60.3	2009.5	80.5	3722.6	74.8	4075.6	63.6	2305.1	74.2
F14D	36	20.3	83.5	12.7	283.5	11.4	537.9	10.8	1484.4	23.2	446.2	14.4
F21D	3.2	1.8	23.5	3.6	69.3	2.8	239.4	4.8	305.6	4.8	175.9	5.7
F01M	8.2	4.6	0.9	0.1	55.7	2.2	463.2	9.3	376.1	5.9	117.5	3.8
F02M	20.1	11.3	11.1	1.7	61.5	2.5	11.1	0.2	160.3	2.5	26.5	0.9
F03M	5.2	2.9	1.3	0.2	6.5	0.3	6.0	0.1	3.4	0.1	22.0	0.7
F04M	12.4	7.0	4.0	0.6	3.0	0.1	—	—	—	—	—	—
F05M	9.4	5.3									6.0	0.2
F06M	—										9.0	0.3
F07M	5.0	2.8	—		—		—		—		—	
F09M	6.0	3.4										
F10M	—								3.0	0		
F11M	—				3.4	0.1			1.0	0		
F01Y	30.7	17.3	137.4	20.9	4.0	0.2	—		—		—	

数据来源：中央国债登记结算有限责任公司。

从远期交易的期限品种来看，1 个月以下的短期品种处于绝对支配地位，7 天期品种最为活跃，2012 年 7 天期品种的交易金额占比高达 71.1%；其次为 14 天期品种，占比为 27.0%。

25.7　债券远期市场的参与者

我国债券市场的参与者与债券的持有者有很大的不同。表 25 - 4 给出了 2005 年到 2012 年债券市场主要参与者。

表 25 - 4　　　　**2005 年到 2012 年我国债券远期市场参与者分布**　　单位：亿元，%

债券品种	2005 年 面值额	比重	2006 年 面值额	比重	2007 年 面值额	比重	2008 年 面值额	比重	2009 年 面值额	比重	2010 年 面值额	比重
合计	354.6	100.0	1316.9	100.0	4993.0	100.0	9960.2	100.0	12818.7	100.0	6216.4	100.0
一、特殊结算成员	0.5	0.1	0.4	0.0	—	—	—	—	—	—	—	—
二、商业银行	212.1	59.8	881.1	66.9	4658.2	93.3	9427.7	94.7	12421.3	96.9	5913.7	95.1
（一）国有银行	37.5	10.6	164.8	12.5	671.8	13.5	2537.2	25.5	699.4	5.5	17.8	0.3
（二）股份制银行	130.3	36.7	478.8	36.4	2274.7	45.6	4146.2	41.6	5438.6	42.4	1935.3	31.1
（三）外资银行	0.2	0.1	77.9	5.9	208.6	4.2	167.9	1.7	2.0	0.03
（四）城市银行	44.1	12.4	159.6	12.1	1503.1	30.1	2567.6	25.8	6269.6	48.9	3889.6	62.6
（五）农村银行	—	—	—	—	—	—	1.9	0.0			69.1	1.1
（六）其他	—	—	—	—	—	—	6.9	0.1	13.7	0.1	—	—
三、信用社	23.9	6.7	17.7	1.3	14.2	0.3	44.9	0.5	98.8	0.8	229.6	3.7
四、非银行金融机构	93.9	26.5	259.8	19.7	—	—	—	—	—	—	—	—
五、证券公司	24.3	6.8	152.4	11.6	282.1	5.7	439.2	4.4	298.6	2.3	73.1	1.2
六、保险公司	—	—	5.6	0.4	32.2	0.6	48.4	0.5				
七、基金	—	—	—	—	6.3	0.1						
八、非金融机构												
九、其他												

注：表中数据为买方卖方双向统计数据。

数据来源：中央国债登记结算有限责任公司。

从表 25 - 4 中可以看出，在债券远期交易的机构中，股份制银行和城市商业银行的积极性一直较高，成交量也较大；国有商业银行交易量市场份额 2005 年为 10.6%，2008 年最高为 25.5%，到 2012 年市场份额降为 0；除了 2010 年和 2011 年外，股份制银行都是债券远期交易的主要参与者，占比稳定在 45% ~ 50%。非银行金融机构的市场份额 2005 年为 26.5%，2006 年为 19.7%，2007 年以后则没有交易；保险公司和信用社交易量一直较小，基金几乎未参与。从市场参与者的机构类型可以看出，我国债券远期交易还没有与套期保值需求完全配套。

25.8　本章总结

作为银行间债券市场推出的首个衍生产品，我国的债券远期交易于 2005 年

6 月 15 日在全国银行间同业拆借中心交易系统顺利上线。这是自国债期货试点 1995 年被叫停后，央行正式推出的第一个金融衍生产品。债券远期推出后的前两个完整年内，市场交易活跃，年均复合增长率高达 276.1%，增长幅度显著；然而 2009 年比 2008 年增幅仅略高于 30%，更有甚者，2010 年到 2012 年两年年均复合降幅高达 77.2%，2013 年成交金额仅为 1 亿元，2014 年以来成交为零，市场处于停滞状态，成为十年来国内场内外市场推出最早而且处于停滞状态的市场（第 29 章和第 32 章分别介绍的远期利率协议和信用缓释工具也同样处于停滞状态）。

随着债券远期交易的进一步活跃，债券远期将成市场参与者规避风险的重要工具，对于促进债券市场价格的有效发现以及形成完整合理的收益率曲线结构具有重要意义。虽然债券远期市场前期增长较快，但是目前市场流动性仍然很低。债券远期流动性低的主要原因是债券二级市场流动性较低。同时，我国债券远期市场弥漫着功利的气氛，很多债券远期交易并不是出于避险和资产配置的动机。

两年前我国利率市场化加速推动之前，利率风险相对有限，债券远期成交额下降还可理解，但是近两年来利率市场化加速，利率风险显著提高，作为利率风险管理的工具，债券远期成交额不仅没有增长，反而急剧下降到了停滞状态的现象反映出很不正常的市场态势，使我们不得不深思，需要我们深入地研究其原因。我国债券远期市场以至整个利率衍生产品市场要发挥应有的风险管理作用，还有很长的路要走。

第 26 章 认股权证

认股权证实际上是由金融机构推出的单个股票期权，它事实上是中国境内交易所交易的最早的金融衍生产品之一。早在 2005 年建设银行在香港成功上市不久，港交所就批准十几家金融机构发行了建行认股权证。建行和交行权证的推出和活跃交易表明我国上市银行在国际市场上的产品结构进一步丰富和完善。

权证的交易不仅为投资者提供了规避风险的工具，而且也为相应银行进行风险管理提供了可靠和有用的市场参数。本章将对认股权证这一金融工具进行全方面的介绍，其中包括认股权证的类型、发展历史、发展现状，在各种权益类衍生产品中的地位、与股票期权的比较，它的推出对标的证券交易会具有什么样的影响，在公司首次上市发行（IPO）中的用途等，最后介绍在我国推出认股权证可能会带来的影响以及在解决股权分置中起到的作用。在国际市场上，认股权证的交易市场已经具有相当的规模，并且目前仍在快速增长。但是在现有的权益类衍生产品中，认股权证的交易规模是最小的。

本章的目的是在简单介绍认股权证在国际市场发展的基础上，介绍国内认股权证市场的发展和内地主要在香港上市的股票认股权证近年来的发展。

26.1 认股权证的类型和发展历史

认股权证实际上就是一种期权，有看涨期权，也有看跌期权，有美式的，也有欧式的。具体而言，认股权证有两大类型：股本权证（Equity Warrant）和衍生权证（Derivative Warrant）。其中，衍生权证是在香港交易所的名称，在国际上又称为备兑权证（Covered Warrant）、合成权证（Synthetic Warrant）或者第三方权证（Third Party Warrant）。

26.1.1 股本权证

股本权证由上市公司或其任何附属公司发行。股本权证必须以股票实物交割，即权证持有人全数交付行权价后，权证发行人必须交付有关股票，从而会增加上市公司在外流通的股份数量，即股本权证的到期行权具有股权稀释效应。

26.1.2 衍生权证

衍生权证的发行机构是与权证本身所涉及证券的发行人或其附属公司并无

关系的独立第三者，一般都是投资银行，其标的资产既可以是股票，也可以是债券、股价指数、货币、商品或者一篮子证券等。衍生权证既有用实物交割的，也有用现金交割的。并且，由于衍生权证的标的是已发行在外的证券，因此衍生权证的到期行权没有稀释效应。

26.1.3　两类权证的比较

股本权证与衍生权证相比，它们主要在以下四个方面存在区别：

（1）发行人

股本权证是由上市公司自身发行的，而衍生权证一般是由独立于标的证券发行公司的第三方，通常是投资银行发行的。

（2）标的证券

股本权证的标的证券是股票，而衍生权证的标的既可以是股票，也可以是指数、债券、货币或一篮子证券等。

（3）稀释效应

股本权证的到期行权具有稀释效应，而衍生权证的到期行权没有稀释效应。

（4）交割形式

股本权证必须以股票实物交割，衍生权证的交割则除了用证券实物交割之外，还有用现金交割的。

通过上述比较，显而易见，衍生权证要比股本权证更灵活，有更广泛的适用性。正因为如此，在全球的权证市场上，衍生权证的数量和交易量要远远超过股本权证。

26.1.4　认股权证的发展简史

从发展历史来看，股本权证的出现先于衍生权证。最早的股本权证由美国电力公司在1911年发行。20世纪60年代，许多美国公司利用股本权证从事并购其他企业筹措资金的金融工具，70年代上市公司为刺激债券买卖，在发行债券时附随赠送股本权证。我国香港市场上首只股本权证上市的时间是1973年，首只衍生权证上市的时间是1989年（吴祖尧，2003）。

26.2　认股权证在境外的发展

26.2.1　近年来全球权证挂牌数量和成交金额

表26－1给出了根据国际证券交易所联盟（World Federation of Exchange, WFE）提供的2007年到2014年全球市场权证挂牌数量和交易金额及与相应的

股票市场比较。表 26 - 1 显示，在世界交易所联盟的 54 个成员证券交易所（包括全球所有主要的证券交易所）中，2007 年年底在全球各成员交易所挂牌交易的衍生权证数量达 317049 只，超过同期挂牌的上市公司数量 46492 只的 5.8 倍；2008 年到 2010 年，权证挂牌数量超过了相应的上市公司数量十倍以上；2011 年和 2014 年权证挂牌数量分别超过了相应的上市公司数量的 20 倍和 30 倍，显示权证挂牌数量增速显著。

　　尽管挂牌数量增速显著，但是交易金额却相对较小。表 26 - 1 显示，全球衍生权证的交易金额不仅还远小于股票的交易金额，而且 2007 年以来权证成交金额总体呈现明显的下降趋势，2007 年到 2012 年全球权证成交金额平均占相应股票成交金额的 1.2%，然而从 2011 年到 2014 年，占比持续从 1.4% 下降到了 0.7%。

表 26 - 1　2007 年到 2014 年全球市场权证的挂牌数量和交易金额及比较

单位：亿美元，%

年份	年底挂牌数量	权证交易金额	上市公司数量	股票交易金额	年底权证挂牌数量/上市公司数量	权证交易金额/股票交易金额
2007	317049	14491.3	46492	1129683.8	6.8	1.3
2008	489315	10448.4	45735	1141466.7	10.7	0.9
2009	503211	8583.9	45338	808273.4	11.1	1.1
2010	712299	11070.1	41433	793266.9	17.2	1.4
2011	1081347	11319.3	42413	817325.1	25.5	1.4
2012	1255596	6361.7	42979	658768.5	29.2	1.0
2013	1419699	6090.9	43407	746148.0	32.7	0.8
2014	1534104	5788.3	45499	780298.0	33.7	0.7

注：统计范围为 WFE 在全球的 54 个成员交易所，未包括中国的权证市场。

资料来源：世界交易所联盟（World Federation of Exchange）网站（http：//www. worldexchanges. org/）。

26.2.2　近年来全球权证挂牌数量和成交金额在洲际间的分布

　　从地区分布看，无论是挂牌数量还是交易金额，欧洲都是全球最主要的权证市场（见表 26 - 2），其中以德国市场最多，其次为意大利、瑞士和奥地利，澳大利亚证券市场的权证市场也具有一定的规模。在亚太地区，以中国香港规模最大，新加坡和中国台湾的认股权证市场也具有一定规模，并处于迅速发展之中。

表 26 - 2   2010 年权证市场在全球的地区分布*

单位：个，百万美元，%

地区	挂牌数量		权证交易金额	
	数量	占全球比例	金额	占全球比例
欧洲、非洲和中东	693630	96.66	211590.5	18.76
亚太	23774	3.3	914719.8	81.11
美洲	179	0.04	1396.5	0.14
总和	717583	100	1127706.7	100

注：*表示统计范围为 WFE 在全球的 54 个成员交易所，未包括中国的权证市场。

资料来源：世界交易所联盟（World Federation of Exchange），网站（http://www.worldexchanges.org/）。

26.2.3 全球权证主要交易所介绍

表 26 - 3 给出了 2010 年全球衍生权证交易金额最大的前三家证券交易所和挂牌数量最多的前三家证券交易所。从表 26 - 3 可以看出，德意志交易所为全球权证最大的交易所；中国香港交易所权证成交金额排名第一。权证挂牌数量排名第二和第三的分别为瑞士交易所和泛欧交易所，其挂牌数量远少于排名第一的德意志交易所。

表 26 - 3   2010 年全球衍生权证交易金额和挂牌数量前三强*

交易金额前三强		挂牌数量前三强	
交易所名称	交易金额（百万美元）	交易所名称	挂牌数量
中国香港交易所	533929.6	德意志交易所	618362
韩国交易所	354346.8	瑞士交易所	30604
德意志交易所	79651.1	泛欧交易所	18661

注：*表示不包括中国的两个证券交易所。

资料来源：世界交易所联盟（World Federation of Exchange）网站（http://www.worldexchanges.org/）。

美国虽然具有全球最发达的证券市场，但是权证市场并不发达，这是因为美国具有发达的股票期权和股票指数期权市场，而认股权证与股票期权之间具有较强的替代性。我们在下文会进一步比较该两类产品。

26.2.4 不同类型权证的换手率比较

从品种结构上看，由于衍生权证要比股本权证更灵活、有更广泛的适用性，所以衍生权证的数量和交易量要远远超过股本权证。以香港市场为例，认股权证主要在主板市场挂牌交易，在港交所的创业板市场上，也有认股权证挂牌交易，但是数量很少。例如 2007 年 9 月，在创业板市场挂牌的认股权证只有 3 只。

表 26 - 4 给出了 2011 年第一季度港交所主板市场交易的认股权证及其交易

状况。表 26 - 4 显示，港交所挂牌的权证总数为 5714 只，其中 5689 只是衍生权证，股本权证只有 25 只；衍生权证相应的市价总值和交易金额所占的比重都在 99% 以上。从表 26 - 4 还可以看出，衍生权证当期换手率高达 557%，而同期股本权证的换手率只有 32%，衍生权证的交易远比股本权证的交易活跃。

表 26 - 4　　　　　　**2011 年第一季度香港交易所主板认股权证的**

挂牌数量与交易状况权证类型挂牌数量市价总值当期成交额当期换手率

单位：百万港元，%

权证类型	挂牌数目		市价总值		当期成交额		当期换手率
	数目	占市场百分比	金额	占市场百分比	金额	占市场百分比	当期成交额/市价总值
股本权证	25	0.1	1217.46	1	393.42	0.01	32
衍生权证	5689	99.9	148882.52	99	829434.95	99.99	557
总计	5714	100.0	150099.98	100.0	829828.37	100.0	553

资料来源：香港交易所网站（www.hkex.com.hk），挂牌数量、市价总值均为当期期末市场统计数据。

26.3　认股权证在权益类衍生产品中的地位

表 26 - 5 汇总了 2005 年到 2014 年间以美元计算的全球衍生权证、股票期货、股票期权、股指期货、股指期权的交易金额。在这五种权益类衍生产品中，衍生权证的全球交易金额是最小的，尤其是跟股指期货期权相比，衍生权证的全球交易额仅为后两者的 1% 左右。即使与股票期权相比，衍生权证的交易额也较小。因此，认股权证在整个权益市场中的地位很低，还不如股票期货和股票期权。

表 26 - 5　　　　　**衍生权证交易在全球权益类衍生产品中的地位**　　　单位：百万美元

年份	2010	2009	2008	2007	2006	2005
衍生权证交易金额	1128066.7	817152.7	1041982	1449130	767573	411282
股票期货交易金额[a]	2629312.3	1138485	2320318	2500209	1558352	679137
股票期权交易金额[b]	4162601.4	4856939	9281014	10118010	4889799	3680882
股票指数期货交易金额[c]	91899676.5	74015876	12097955	11980694	73134006	51353987
股票指数期权交易金额[d]	99105880.4	70001876	110000444	132829442	81419448	59511665

a　统计范围缺马来西亚交易所衍生工具市场（Bursa Malaysia Derivatives）、斯德哥尔摩期权交易所（OMX）。

b　统计范围缺波士顿期权交易所（Boston Options Exchange）、布宜诺斯艾利斯证券交易所（Buenos Aires SE）、美国国际证券交易所（ISE）、芝加哥期权结算公司（Options Clearing Corp.）、太平洋证券交易所（Pacific SE）、大阪证券交易所（Osaka SE）、奥斯陆证券交易所（Oslo Bors）；

c　统计范围缺芝加哥期货交易所（CBOT）、纽约期货交易所（NYBOT）；

d　统计范围缺芝加哥期货交易所（CBOT）、美国国际证券交易所（ISE）、纽约期货交易所（NYBOT）、芝加哥期权结算公司（Options Clearing Corp.）、费城证券交易所（Philadelphia SE）、大阪证券交易所（Osaka SE）、奥斯陆证券交易所（Oslo Bors）。

资料来源：World Federation of Exchange，http：//www.world-exchanges.org/。

不过在香港交易所，认股权证的交易额是股票期权交易额的几倍。2006 年香港交易所衍生权证交易额累计 2304.1 亿美元，而同期股票期权的交易额累计只有 883.7 亿美元。除中国香港以外，在欧洲和北美的主要交易所，股票期权的交易额都要大于衍生权证的交易额。我们在下节会专门介绍认股权证和股票期权之间的差别。

26.4　认股权证与股票期权的比较

本节我们将比较认股权证与股票期权之间的差别。通过比较可以看到，单纯从可交易性上看，股票期权的设计要比认股权证优越，这可以部分解释为什么股票期权在全球的交易量要比认股权证的交易量大。

在认股权证与股票期权之间并不存在本质性的区别。标的资产为股票的认股权证本质上就是一种股票期权。不过，从全球现有的认股权证和股票期权在交易所交易中所采取的形式看，它们在如下五个方面存在区别。

（1）存续期

认股权证的存续期（即发行日至到期日之间的时间长度）通常比股票期权的存续期长。认股权证的存续期一般在一年以上，而股票期权的存续期一般在一年以内。

（2）标准化

认股权证通常是非标准化的，在发行量、行权价、发行日和存续期等方面，发行人通常可以自行设定，而交易所交易的股票期权则是标准化合约。

（3）卖空

认股权证的交易通常不允许卖空，即使允许卖空，卖空也必须建立在先借入权证实物的基础上。如果没有新发行和到期的权证，则流通中的权证数量是固定的。而股票期权在交易中，投资者可以自由地卖空，并且可以自由选择开平仓，股票期权的净持仓数量随着投资者的开平仓行为不断变化。

（4）信用风险

认股权证的结算在发行人和持有人之间进行，而股票期权的结算则由独立于买卖双方的专业结算机构进行结算。因此，股票期权的信用风险要略低于认股权证的信用风险。

（5）做市商

认股权证的做市义务通常由发行人自动承担，即使是没有得到交易所的正式指定，发行人也通常需要主动为其所发行的认股权证提供流动性。而股票期权的做市商必须经由交易所正式授权。正是因为在认股权证与股票期权之间并不存在本质性的区别，所以加莱和施内勒（Galai 和 Schneller, 1978）证明，给定相同的条件，认股权证的价格与股票期权的价格应该相等。不过，弗德和弗波文（Veld 和 Verboven，1995）研究了在荷兰阿姆斯特丹股票交易所（ASE）交易的存续期长达一年以上股票买权与条件相似的股票衍生权证之间的价格关系，结果发现在整个存续期间，衍生权证的价格显著高于相应的股票期权的价格。为了解释这一现象，他们对市场进行了调查，发现在阿姆斯特丹股票交易所，衍生权证的交易者中散户居多，市场进入的门槛比股票期权的低，并且交易费用也比股票期权的交易费用低。

总之，弗德和弗波文的研究表明，导致认股权证和股票期权之间价格差异的原因是市场的微观结构因素，而并不是因为它们之间存在本质性的差别。

26.5　认股权证对标的证券的影响

研究表明认股权证对标的证券的影响主要表现在如下几方面：

（1）在认股权证的发行日前后，标的证券的价格有显著的异常上涨，同时伴随着交易量的显著增加。

（2）在认股权证的到期日前后，标的证券的交易量也有显著增加，同时价格也有显著变化，但是这种变化视到期日认股权证的状况有不同：到期日之前，价内认股权证的标的证券价格有显著上涨，而价外认股权证的标的证券价格有显著下跌；到期日之后，价内认股权证的标的证券价格有显著下跌，而价外认股权证的标的证券则无显著变化。

（3）认股权证的上市交易不仅不会显著增加标的证券价格的波动性，反而可能会降低标的证券价格的波动性。

（4）认股权证上市交易以后，其价格和成交量与标的证券的价格和成交量之间紧密相关，并且这种关系不是一方显著主导另一方的单向关系，而是双向的，它们之间相互作用，相互引导。

（5）在认股权证的发行日和到期日前后，除了正常的交易行为之外，还存在发行人及其他相关机构操纵标的证券价格的行为，导致标的证券的价格和成交量在这两个事件日前后有异常显著的变化。

26.6　认股权证与公司首次上市发行——打包发行（Unit IPO）

在境外，公司在上市发行股票的时候，经常会把股票与认股权证捆绑发行，或者也可以说是，对于发行的每一股股票，公司会赠送一定数量的认股权证（通常是认购权证）。一股股票，加上附随赠送的权证数量，称为一个发行单位

（Unit），相应地，这种发行股票同时赠送股本权证的做法，称为打包发行。打包发行在美国称 Unit IPO，在澳大利亚称 Package IPO。当然在境外，公司上市的时候，上市公司除了向投资者赠送权证之外，还有一种常用做法是向承销商赠送认股权证，赠送的这部分权证作为承销费用的一部分。

据统计，在美国，从 1980 年以来打包发行占所有 IPO 数量的比例在 15% 到 21%（Schultz，1993；Jain，1994）；在澳大利亚从 1979 年以来打包发行（Package IPO）占所有 IPO 数量的比例在 15% 到 34%（How 和 Howe，2001；Lee 等，2003）。由此可见，打包发行在境外是一种常见的做法。另外，据舒尔茨（Schultz，1993）的统计，在美国的打包发行中，发行的股票数量与权证数量的比率在 1/4 到 1/3，中位数比率为 2，也即每两股股票送一份权证。

上市公司在 IPO 中随股票赠送认股权证，是希望能借此增加 IPO 对投资者的吸引力。当然，增加 IPO 吸引力的另一种做法是降低发行价格。在 IPO 中，股票发行定价偏低是在全世界广泛存在的现象。但是，把股票的发行价降低，会降低 IPO 的融资额。所以，从增加首次融资额的角度，赠送认股权证要优于单纯降低股票发行价格。

从长远的角度看，如果一个公司上市以后能够较长时间保持良好的业绩，那么，在 IPO 中单纯降低发行价格与在 IPO 中同时赠送认股权证这两种做法不会有本质的区别。这是因为，业绩良好的公司可以在 IPO 之后，进行增发再融资。而一家业绩良好的公司在 IPO 之后，其股票价格会在公司业绩的支持下上涨，使得认股权证在到期后会得到行权。认股权证的行权，同样会导致公司的股本增加，其效果相当于增发再融资。但问题是，如果这家公司的业绩不好，或者经营风险很大，或者原始股东对公司 IPO 以后能不能达到增发再融资的条件缺乏信心，则他们必然会希望在 IPO 时尽量一次性圈得尽可能多的资金，从而会更倾向于采用在 IPO 中赠送认股权证，而不是单纯降低股票发行价格的做法。

26.7　奇异权证

由于权证与股票期权类似而且后者的成交远比前者活跃，权证产品的发展在很大程度上直接学习和借鉴了柜台交易的期权市场。期权经过了数十年的演变和发展，特别是从 20 世纪 70 年代后期，普通的美式和欧式期权不能方便地满足客户的特别需求，奇异期权或者第二代期权二十几年来在国外有了飞快发展，我们在第 13 章做了介绍，这里不再重复。活跃的奇异权证包括红利收集型权证、平均汇报权证、屏障式权证、窗口屏障式权证等。介绍这些权证超出了本章的范围。

26.8　国内企业在港交所认股权证的交易情况

继 2005 年 10 月 27 日成功挂牌上市和 2005 年 11 月 9 日首次公开发行超额配售部分（即通常所称的"绿鞋"）全部发行完毕之后，中国建设银行在 2005 年 11 月 28 日又一次吸引了国内外投资者的眼球。港交所通知各大机构，批准这些机构自 11 月 28 日起发行建行股票的衍生权证，并允许其于 12 月 5 日挂牌交易。港交所批准发出后，第一天就有 13 家发行商共推出 24 只衍生权证，其中 22 只为认购权证，另两只是认沽权证。获准发行建行权证的 18 家机构中有 13 家第一时间加入了发行建行衍生权证的行列，包括法兴、中银、法巴、瑞士信贷第一波士顿、瑞银、摩根士丹利、荷银、比联和麦格理等金融机构，平均每家发行两只，其中，瑞士信贷第一波士顿发行了 4 只，法兴及瑞银各自发行 3 只。

实际上，早在 2005 年 11 月 7 日德意志等金融机构在新加坡就发行了 3 只建设银行权证；交通银行 2005 年 6 月 23 日在香港成功上市 32 个交易日后，即香港交易所对交通银行权证解禁的第一天，就有 9 只交行认股权证开始交易。建行和交行权证的推出和活跃交易标志着我国上市银行在国际市场上的产品结构的丰富和完善。

近年来，以在香港交易所上市的 H 股和红筹股为标的的认股权证相当活跃。表 26-6 给出了香港交易所以 H 股和红筹股为标的的认股权证的挂牌交易情况。

表 26-6　2010 年香港交易所主板基于 H 股和红筹股的权证的交易情况

认股权证类型	标的股票类型	成为认股权证标的的股票数	认股权证挂牌数量
股本权证	H 股	0	0
	红筹股	0	0
	H 股 + 红筹股	0	0
	香港交易所总计	19	22
	H 股与红筹股所占比例	0	0
衍生权证	H 股	65	2031
	红筹股	29	756
	H 股 + 红筹股	94	2787
	香港交易所总计	228	5148
	H 股与红筹股所占比例	41%	54%
认股权证合计	H 股	65	2031
	红筹股	29	756
	H 股 + 红筹股	94	2787
	香港交易所总计	247	5170
	H 股与红筹股所占比例	38%	54%

资料来源：根据香港交易所网站（www.hkex.com.hk）相关数据整理得出。

截至 2010 年年底，在港交所主板上市的 H 股共有 132 只，在港交所上市的红筹股有 98 只。表 26-6 显示，在香港交易所主板挂牌交易的总计有 5170 只权证，以 H 股作为标的股票的权证数量有 2031 只，涉及 65 只 H 股股票；以红筹股作为标的股票的权证数量有 756 只，涉及 29 只红筹股。两者累计共 2787 只权证，共涉及 94 只 H 股和红筹股，超过香港交易所主板挂牌交易权证总数的 1/2 以上。

从表 26-6 可以注意到的一个特点是，截至 2010 年 12 月，在以 H 股和红筹股为标的股票的认股权证中，没有股本权证，全部是由投资银行发行的衍生权证。另一个特点是，以 H 股和红筹股为标的股票的衍生权证发行数量多。如表 26-6 所示，2010 年，在港交所挂牌交易，以 H 股和红筹股为标的股票的 2787 只权证中，全部是衍生权证，但是作为标的股票的 H 股和红筹股只有 94 只，平均 1 只标的股票拥有 30 多只衍生权证。这其中，拥有衍生权证数量最多的是红筹股中国移动（HK. 0941），以它为标的股票的衍生权证数多达 205 只，分别由 18 家投资银行独立发行。

26.9　国内权证的发展

在我国证券市场成立初期，上海证券交易所和深圳证券交易所都相继推出过数只权证，但由于当时证券市场处于起步阶段，市场主体的自我约束能力不足，法律法规不健全，使得权证市场投机过度，极大地损害了普通投资者的权益。1996 年，权证市场在推出 4 年后被关闭，导致权证逐渐淡出市场。

2005 年，股权分置改革启动不久，作为股改支付对价的权证重新回到了 A 股市场。上海证券交易所于 2005 年 8 月 22 日开始交易宝钢权证以来，特别是 2005 年 11 月下旬武钢认沽权证发行以来，权证在我国交易相当活跃，并吸引了各界的关注。投资 A 股的权证，可能在一天中就能达到百分之几百的收益，也可能在一天中血本无归。2006 年，中国 A 股市场在仅有 20 多只认股权证可交易的情况下，权证市场成交额就达到 19899. 56 亿元，折合 2496. 05 亿美元，超过中国香港市场居全球第二。

表 26-7 给出了在我国 A 股市场上市的全部认股权证的基本情况。截至 2010 年年底，中国权证市场陆续上市了 55 只认股权证，为 A 股证券市场带来了一个新的交易品种。

表 26-7　　　　　　　　　A 股认股权证基本情况一览表

代码	名称	认购/认沽	股本/衍生	行权价格	行权比例	总存续期（天）	存续起始日	存续截止日
030001. SZ	鞍钢 JTC1	认购权证	衍生权证	3. 386	1	366	2005-12-05	2006-12-05
030002. SZ	五粮 YGC1	认购权证	衍生权证	4. 898	1. 4023	731	2006-04-03	2008-04-02

代码	名称	认购/认沽	股本/衍生	行权价格	行权比例	总存续期（天）	存续起始日	存续截止日
031001. SZ	侨城 HQC1	认购权证	股本权证	6.958	1	365	2006－11－24	2007－11－23
031002. SZ	钢钒 GFC1	认购权证	股本权证	3.266	1.209	730	2006－12－12	2008－12－11
031003. SZ	深发 SFC1	认购权证	股本权证	19	1	183	2007－06－29	2007－12－28
031004. SZ	深发 SFC2	认购权证	股本权证	19	1	365	2007－06－29	2008－06－27
031005. SZ	国安 GAC1	认购权证	股本权证	35.5	0.5	731	2007－09－25	2009－09－24
031006. SZ	中兴 ZXC1	认购权证	股本权证	42.394	0.92	730	2008－02－22	2010－02－21
031007. SZ	阿胶 EJC1	认购权证	股本权证	5.434	1	365	2008－07－18	2009－07－17
038001. SZ	钢钒 PGP1	认沽权证	衍生权证	3.16	1.5349	546	2005－11－04	2007－05－03
038002. SZ	万科 HRP1	认沽权证	衍生权证	3.638	1	274	2005－12－05	2006－09－04
038003. SZ	华菱 JTP1	认沽权证	衍生权证	4.718	1	731	2006－03－02	2008－03－01
038004. SZ	五粮 YGP1	认沽权证	衍生权证	5.627	1.4023	731	2006－04－03	2008－04－02
038005. SZ	深能 JTP1	认沽权证	衍生权证	6.692	1	183	2006－04－27	2006－10－26
038006. SZ	中集 ZYP1	认沽权证	衍生权证	7.302	1.37	548	2006－05－25	2007－11－23
038008. SZ	钾肥 JTP1	认沽权证	衍生权证	15.1	1	365	2006－06－30	2007－06－29
580000. SH	宝钢 JTB1	认购权证	衍生权证	4.2	1	378	2005－08－18	2006－08－30
580001. SH	武钢 JTB1	认购权证	衍生权证	2.62	1	365	2005－11－23	2006－11－22
580002. SH	包钢 JTB1	认购权证	衍生权证	1.94	1	365	2006－03－31	2007－03－30
580003. SH	邯钢 JTB1	认购权证	衍生权证	2.73	1	365	2006－04－05	2007－04－04
580004. SH	首创 JTB1	认购权证	衍生权证	4.4	1	365	2006－04－24	2007－04－23
580005. SH	万华 HXB1	认购权证	衍生权证	6.38	1.4097	365	2006－04－27	2007－04－26
580006. SH	雅戈 QCB1	认购权证	衍生权证	3.66	1	365	2006－05－22	2007－05－21
580007. SH	长电 CWB1	认购权证	股本权证	5.35	1	365	2006－05－25	2007－05－24
580008. SH	国电 JTB1	认购权证	衍生权证	4.77	1	365	2006－09－05	2007－09－04
580009. SH	伊利 CWB1	认购权证	股本权证	7.97	1	365	2006－11－15	2007－11－14
580010. SH	马钢 CWB1	认购权证	股本权证	3.33	1	730	2006－11－29	2008－11－28
580011. SH	中化 CWB1	认购权证	股本权证	6.52	1	365	2006－12－18	2007－12－17
580012. SH	云化 CWB1	认购权证	股本权证	17.95	1	730	2007－03－08	2009－03－07
580013. SH	武钢 CWB1	认购权证	股本权证	9.91	1	730	2007－04－17	2009－04－16
580014. SH	深高 CWB1	认购权证	股本权证	13.85	1	731	2007－10－30	2009－10－29
580015. SH	日照 CWB1	认购权证	股本权证	14.25	1	366	2007－12－03	2008－12－02
580016. SH	上汽 CWB1	认购权证	股本权证	26.91	1	730	2008－01－08	2010－01－07
580017. SH	赣粤 CWB1	认购权证	股本权证	10.4	2	731	2008－02－28	2010－02－27
580018. SH	中远 CWB1	认购权证	股本权证	19.26	1.01	547	2008－02－26	2009－08－25
580019. SH	石化 CWB1	认购权证	股本权证	19.15	0.5	730	2008－03－04	2010－03－03
580020. SH	上港 CWB1	认购权证	股本权证	8.28	1	365	2008－03－07	2009－03－06

代码	名称	认购/认沽	股本/衍生	行权价格	行权比例	总存续期（天）	存续起始日	存续截止日
580021. SH	青啤 CWB1	认购权证	股本权证	27.82	0.5	550	2008 – 04 – 18	2009 – 10 – 19
580022. SH	国电 CWB1	认购权证	股本权证	7.47	1	730	2008 – 05 – 22	2010 – 05 – 21
580023. SH	康美 CWB1	认购权证	股本权证	5.36	1	365	2008 – 05 – 26	2009 – 05 – 25
580024. SH	宝钢 CWB1	认购权证	股本权证	12.16	0.5	730	2008 – 07 – 04	2010 – 07 – 03
580025. SH	葛洲 CWB1	认购权证	股本权证	7.66	0.59	580	2008 – 07 – 11	2010 – 01 – 10
580026. SH	江铜 CWB1	认购权证	股本权证	15.4	0.25	730	2009 – 08 – 19	2010 – 10 – 09
580027. SH	长虹 CWB1	认购权证	股本权证	5.23	1	730	2009 – 08 – 19	2011 – 08 – 18
580989. SH	南航 JTP1	认沽权证	衍生权证	7.43	0.5	365	2007 – 06 – 21	2008 – 06 – 20
580990. SH	茅台 JCP1	认沽权证	衍生权证	30.3	0.25	365	2006 – 05 – 30	2007 – 05 – 29
580991. SH	海尔 JTP1	认沽权证	衍生权证	4.29	1	365	2006 – 05 – 17	2007 – 05 – 16
580992. SH	雅戈 QCP1	认沽权证	衍生权证	4.09	1	365	2006 – 05 – 22	2007 – 05 – 21
580993. SH	万华 HXP1	认沽权证	衍生权证	9.22	1.4097	365	2006 – 04 – 27	2007 – 04 – 26
580994. SH	原水 CTP1	认沽权证	衍生权证	4.9	1	300	2006 – 04 – 19	2007 – 02 – 12
580995. SH	包钢 JTP1	认沽权证	衍生权证	2.37	1	365	2006 – 03 – 31	2007 – 03 – 30
580996. SH	沪场 JTP1	认沽权证	衍生权证	13.36	1	365	2006 – 03 – 07	2007 – 03 – 06
580997. SH	招行 CMP1	认沽权证	衍生权证	5.45	1	549	2006 – 03 – 02	2007 – 09 – 01
580998. SH	机场 JTP1	认沽权证	衍生权证	6.9	1	365	2005 – 12 – 23	2006 – 12 – 22
580999. SH	武钢 JTP1	认沽权证	衍生权证	2.83	1	365	2005 – 11 – 23	2006 – 11 – 22

资料来源：Wind 资讯。

26.9.1 早期权证市场的高速增长

从表 26 – 7 可以看到，2005 年 8 月，上海证券交易所推出第一只认股权证之后，我国权证市场在接下来的 3 个月内仅有 1 只权证。随后，A 股市场权证数量快速增加，到 2006 年 6 月底达到最多的 27 只。随着权证的逐渐到期，2007 年以来，A 股认股权证数量逐步下降。截至 2007 年年底，仍在上海证券交易所和深圳证券交易所挂牌交易的权证有 12 只；在两个交易所交易过的认股权证（包括到期的和未到期的）累计 41 只，其中有认购权证 23 只、认沽权证 18 只，衍生权证 28 只、股本权证 13 只。虽然 A 股权证数量不能与德国、我国香港等证券市场成千上万的权证数量相比，但其活跃程度却完全能够与这些发达的权证市场相媲美，如 2006 年境内两个交易所的权证总成交金额已经超越我国香港市场位居全球第二，2007 年全年的总成交金额更是达到了 75872 亿元。

表26-8　　　　　　**A股权证市场历年成交概况（2005年到2015年）**

交易所	年份	年度总成交笔数（万笔）	年度总成交量（亿份）	年度总成交金额（亿元）	成交金额年变化率（%）	累计交易日
上交所	2005	1268.6	1274.8	1763.1	—	90
	2006	8157.3	14182.6	14941.1	747.4	241
	2007	16503.4	27673.7	47938.1	220.8	242
	2008	22212.8	43769.9	59621.2	24.4	246
	2009	15300.0	12820.7	49007.4	−17.8	243
	2010	4967.1	10736.0	14397.6	−70.5	242
	2011	1030.5	1395.9	3474.8	−75.87	244
	2012	—	—	—	—	243
	2013	—	—	—	—	238
	2014	—	—	—	—	245
	2015*	—	—	—	—	122
深交所	2005	330.1	422.9	425.5	—	20
	2006	3004.5	4539.6	4958.5	1065.4	241
	2007	8860.9	6283.4	27933.9	463.4	242
	2008	3730.1	2420.9	10064.1	−64	246
	2009	1600.0	583.2	4639.3	−53.9	243
	2010	202.9	116.9	588.8	−87.3	242
	2011	—	—	—	—	244
	2012	—	—	—	—	243
	2013	—	—	—	—	238
	2014	—	—	—	—	245
	2015*	—	—	—	—	122
两个交易所总计	2005	1598.6	1697.7	2188.5	—	90
	2006	11161.8	18722.2	19899.6	809.3	241
	2007	25364.2	33957.2	75872.0	281.3	242
	2008	25942.9	46190.8	69685.3	−8.2	246
	2009	16900.0	13403.9	53646.7	−23	243
	2010	5210.3	10852.9	15067.5	−71.9	242
	2011	1030.5	1395.9	3474.8	−76.94	244
	2012	—	—	—	—	243
	2013	—	—	—	—	238
	2014	—	—	—	—	245
	2015*	—	—	—	—	122

资料来源：上海证券交易所网站（www.sse.com.cn）和深圳证券交易所网站（www.szse.cn）数据整理得出；2015年数据为上半年数据。

表 26 - 8 给出了境内两个交易所 2005 年到 2015 年权证市场历年的成交概况。自上交所 2005 年 8 月推出宝钢权证后，在随后的四个多月中，权证的总成交金额就达到了 1763.07 亿元。从表 26 - 8 可以看出，自 2005 年重新推出认股权证到 2007 年，国内权证成交量和总成交金额都呈现出快速增长趋势，特别是上海证券交易所，2006 年权证日均成交金额为 62 亿元，是 2005 年日均成交金额 19.6 亿元的 3.16 倍；2006 年到 2007 年，上交所日均成交金额也由 2006 年的 62 亿元增加到了 198.1 亿，增幅 3.20 倍；同期深交所日均成交金额也由 2006 年的 20.6 亿元增加到了 115.4 亿元，增幅 5.6 倍；2007 年两个交易所的权证成交总额 75872 亿元，创下年度历史最高纪录，比 2006 年的 1899.6 亿元增长了 281.3%。

26.9.2 2007 年权证市场的疯狂

2007 年 A 股权证市场交易金额呈现爆发式增长趋势，并且这种增长是建立在到期权证数量逐步减少条件下的，也就是说，平均每只权证的成交量及成交金额实际的增长幅度更大。表 26 - 9 给出了 2007 年各月 A 股权证市场的成交量与成交金额，从中我们能够更好地分析 2007 年我国权证市场的变化。

表 26 - 9　　　　2007 年 1 月到 12 月 A 股认股权证市场每月成交量、
成交金额与日均换手率

月份	月末上市权证数（只）	累计交易日	总成交量（亿份）	总交易金额（亿元）	日均换手率（%）
1 月	26	20	1659.01	3073.31	56.97
2 月	25	15	1680.00	2698.53	82.23
3 月	25	22	2112.34	4106.78	73.87
4 月	22	21	1477.39	3386.48	65.40
5 月	15	21	1912.80	4051.35	116.57
6 月	17	21	5868.77	18781.66	284.44
7 月	16	22	5168.50	10627.94	144.43
8 月	16	23	7784.73	9889.14	198.49
9 月	15	22	2031.81	8421.82	71.52
10 月	16	18	1461.75	4545.06	48.29
11 月	13	22	2485.29	4724.21	67.29
12 月	13	20	1591.86	3521.32	48.38

资料来源：Wind 资讯。

从表 26 - 9 我们可以看到，2007 年前 4 个月权证数量维持在 20 只以上，而每月总成交量与总成交金额变化不大，日均换手率保持在 100% 以下。从 5 月开始，权证数量减少到了 15 只，而该月成交量与成交金额比前一个月还要多，日均换手率也达到了 116%。权证市场交易真正的爆发式增长始于"5·30"之后。2007 年 5 月 30 日，由于财政部出乎意料地提高了股票交易的印花税，造成股市连续 4 个交易日暴跌，使得当时市场上仅有的 5 只认沽权证成为了投资者的避风港，在短短几天里认沽权证的价格翻了十几番，同时其每日成交量也增长了十几倍。在随后的股市反弹行情中，认购权证又受到人们的追捧，6 月权证总成交量达到了 5868.77 亿份，总成交金额达到 18781.66 亿元，分别比前一个月增长了 206.8% 和 363.6%，日均换手率达到了 284.4% 的历史最高水平。虽然 7 月、8 月 A 股权证的交易金额有所下降，但权证交易的总交易量、总交易金额和日均换手率都远远高于"5·30"之前的水平，原因主要是权证交易不需要缴纳印花税和过户费，这使得权证的交易成本相对低廉。另外，股票实行"T+1"交易方式，而权证实行的"T+0"的交易方式更有利于投资者控制下跌风险。尤其是在 2007 年 8 月 24 日这一天，上海证交所的认沽权证南航 JTP1（580989）的日成交金额达到史无前例的 310.48 亿元，创下了中国证券市场有史以来单个证券品种单日最大成交金额的历史纪录。

事实上从 2007 年 5 月以来，中国权证市场的交易额主要是由认沽权证贡献的。到 9 月以后，为了抑制市场对认沽权证过于疯狂的炒作，上海和深圳两个证券交易所针对认沽权证均采取了相应的措施。上海证券交易所通过允许创新类券商对当时仅存的一只认沽权证——南航 JTP1 进行无限量创设来抑制市场的疯狂炒作。深圳证券交易所通过修改交易规则，先是对深度价外的认沽权证盘中实施异动连续临时停牌，继而采取大幅度缩小其每日最大涨幅、取消跌幅限制的措施来抑制市场的炒作的。这些抑制措施实施后，市场上对认沽权证的炒作开始消退，直接表现为权证的交易量、交易额、换手率等指标从 9 月开始逐步下滑，如表 26-9 所示。

虽然我国证券市场中认股权证个数还比较少，但交易量与交易金额已达到相当规模，并且还呈现出快速增长的势头，权证市场上的交易非常活跃。

26.9.3　2008 年以来权证市场的大幅度滑坡

表 26-8 显示，2008 年，国内权证市场高速发展的态势不再：2008 年上交所成交金额比 2007 年增长了 24.4%，然而深交所相应的成交金额却下降了 64%，导致 2007 年两市总成交金额 69685.3 亿元，比 2007 年下降了 8.2%；2009 年到 2011 年，两市总成交金额分别比前年下降了 23.0%、71.9% 和 76.9%，到 2012 年以来成交金额为零，该市场几乎名正言顺地寿终正寝了。权证市场持续大幅下降以至寿终正寝的格式，与第 25 章介绍的国内债券远期和第 29 章介绍的国内远期利率协议市场几乎完全相同。

26.10 权证价格和隐含波动率

26.10.1 权证价格

权证价格是指认股权证买卖双方成交的价格，但与股票价格的形成机制有所不同的是，权证价格实际上随着标的股票的价格与行权价格之差（即权证的内在价值）的变动而变动。对于认购权证来说，当标的股票价格高于行权价格时，该权证的内在价值为正；当标的股票价格低于行权价格时，则该权证的内在价值为零。同理，对于认沽权证来说，当标的股票价格低于行权价格时，该权证的内在价值为正；而当标的股票价格高于行权价格时，则该权证的内在价值为零。一般地，当股票价格上升时，认购权证到期行权的可能性越大，则其价格应该越高；而认沽权证到期行权的可能性则越小，其价格应该越低。也就是说，在成熟的权证市场中，认购权证的价格应该跟标的股票的价格正相关，而认沽权证的价格应该与标的股票的价格负相关，两类权证的价格都应围绕其内在价值波动。

从 2005 年我国证券市场重新推出权证产品以来，认购与认沽权证的价格经常偏离其内在价值，并且有时偏离的幅度很大。宝钢 JTB1（580000）作为首只股改权证上市，在上市当天开盘时直接涨停，随后的两个交易日内，其成交价格最高上涨至 2.088 元，而此时宝钢 JTB1 的内在价值仅仅几分钱。这样的偏离有过度炒作的成分，同时也是由于在权证推出初期，大多数投资者都并不了解这种产品与股票的区别。另外，由于缺乏足够的套利机制和能够有效维持权证合理价格的做市商，使得权证价格在很大程度上只取决于市场供求关系，这造成了权证市场定价效率不高，权证与标的股票走势的联动性差。

2007 年以来，随着投资者对权证产品的认识逐步加深，认购权证市场的投机因素有所减弱，其价格的上涨基本是由标的股票的价格上涨所带动，甚至一些认购权证的溢价率长期为负。但认沽权证市场的平均溢价率一直居高不下，尤其是 2007 年 5 月 30 日之后，认沽权证的炒作完全脱离了其内在价值，隐含了极大的市场风险。

表 26 – 10 随机选取 2007 年 9 月作为例子，给出了当时仍在 A 股市场上交易的全部 14 只权证自开始交易以来的每日收盘价与标的股票的每日收盘价之间的相关系数。从表 26 – 10 我们可以看到，除武钢 CWB1（580013）外，其余 9 只认购权证的每日收盘价与其标的股票的相关系数均在 0.85 以上，表明其价格变化趋势合理。但与理论相悖的是，4 只认沽权证与标的股票价格的相关系数均为正值，且都在 60% 左右，说明这 4 只认沽权证的价格与其内在价值偏离较远，与标的股票的相关性差，价格形成机制极不合理。

表 26 - 10　　　　　 2007 年 9 月 A 股市场权证每日收盘价与标的
股票收盘价的相关系数一览表

类型	代码	名称	权证收盘价与标的股票收盘价的相关系数
认购权证	030002.SZ	五粮 YGC1	0.93944
	031001.SZ	侨城 HQC1	0.99742
	031002.SZ	钢钒 GFC1	0.94001
	031003.SZ	深发 SFC1	0.9007
	031004.SZ	深发 SFC2	0.87557
	580009.SH	伊利 CWB1	0.97727
	580010.SH	马钢 CWB1	0.93989
	580011.SH	中化 CWB1	0.96973
	580012.SH	云化 CWB1	0.88188
	580013.SH	武钢 CWB1	0.68923
认沽权证	038003.SZ	华菱 JTP1	0.65377
	038004.SZ	五粮 YGP1	0.68181
	038006.SZ	中集 ZYP1	0.59447
	580989.SH	南航 JTP1	0.53316

资料来源：根据 Wind 资讯相关数据整理，收盘价数据均截止到 2007 年 9 月 14 日。

表 26 - 11 给出了这 4 只认沽权证的价格及其内在价值，从中我们可以很清晰地看到，由于行权价格设定得很低，这 4 只认沽权证在到期日行权的可能性很小，处于深度价外状态，内在价值均为零，并且在目前牛市的背景下，认沽权证行权的可能性很小，因此其价格到期归零几乎不可避免。但这 4 只认沽权证的收盘价最低的也达到了 2.01 元，溢价率均在 85% 以上。由于市场上认沽权证数量较少，稀缺性导致市场资金的追捧，其价格决定的投机性因素较强，过分炒作使其价格完全脱离了其自身的内在价值。

表 26 - 11　　　　　 2007 年 9 月 14 日 A 股市场认沽权证价格一览表
代码名称收盘价格标的股票价格行权价格内在价值溢价率

单位：元，%

代码	名称	收盘价格	标的股票价格	行权价格	内在价值	溢价率
038003.SZ	华菱 JTP1	3.768	14.05	4.718	0	93.2
038004.SZ	五粮 YGP1	4.99	39.3	5.627	0	94.7
038006.SZ	中集 ZYP1	3.848	29.79	7.302	0	84.9
580989.SH	南航 JTP1	2.01	25.85	7.43	0	86.8

资料来源：Wind 资讯。

26.10.2 权证隐含波动率

我们在第13章详细介绍了期权的隐含波动率。权证的隐含波动率是利用权证当前的市场价格，由权证的定价公式反推得到的标的股票的价格波动率数值，表明了市场对标的股票价格波动率的预期。具体的含义与计算方法在本书第13章中有详细讲解，这里不再赘述。2007年以来，A股市场上认购权证和认沽权证的价格决定因素分化非常明显，使得两类权证的隐含波动率差异较大。

表26-12给出了2007年9月A股市场14只权证的溢价率和隐含波动率，10只认购权证中的6只价格低于内在价值，溢价率为负，隐含波动率小于其标的股票的历史波动率；溢价率为正的权证中，除云化CWB1（580012）的隐含波动率略微低于100%之外，其他权证的隐含波动率都超过100%。4只认沽权证的隐含波动率均在200%以上，最高的华菱JTP1（038003）竟达到了465%。

事实上，进入2007年以后，认沽权证的平均隐含波动率一直高于认购权证，而其标的股票的历史波动率均在50%左右，这表明认沽权证的风险远远高于认购权证，其实际价格偏离理论价格较远。

表26-12　　2007年9月A股市场14只权证的溢价率和隐含波动率　　单位：%

权证类型	代码	名称	溢价率	隐含波动率	标的股票历史波动率
认购权证	030002. SZ	五粮 YGC1	-13.0	<58.0	58.0
	031001. SZ	侨城 HQC1	-11.1	<53.8	53.8
	031002. SZ	钢钒 GFC1	-6.9	<52.9	52.9
	031003. SZ	深发 SFC1	3.2	112.5	57.9
	031004. SZ	深发 SFC2	21.5	171.7	57.9
	580009. SH	伊利 CWB1	5.7	390.5	59.5
	580010. SH	马钢 CWB1	-22.0	<47.9	47.9
	580011. SH	中化 CWB1	-3.9	<59.8	59.8
	580012. SH	云化 CWB1	8.5	94.2	46.5
	580013. SH	武钢 CWB1	-11.0	<50.8	50.8
认沽权证	038003. SZ	华菱 JTP1	93.2	465.1	48.9
	038004. SZ	五粮 YGP1	94.7	382.6	58.0
	038006. SZ	中集 ZYP1	84.9	425.7	47.7
	580989. SH	南航 JTP1	86.8	258.7	53.5

资料来源：根据 Wind 资讯数据整理。

从期权理论来看，期权的隐含波动率应该低于100%。世界各地期权或权证市场的实证研究也极为少见超过100%的隐含波动率。大量而且持续超过100%

的隐含波动率表明国际上通用的股票期权和权证定价理论在国内还很不适宜，因为用来推算隐含波动率的期权定价理论的众多假设在我国资本市场的初期还远不能满足，特别是卖空机制等条件缺位，利用国际成熟理论会存在严重的问题。国内股票市场规范程度虽然有所提高，但使之完善仍有非常大的空间。同时，国内权证市场尚在发展初期，市场存在很大程度上的炒作和不正规操作。我们在下文还会进一步讨论这些问题。

26.11　国内权证市场存在的问题

自 2005 年 8 月我国推出权证产品至今，A 股权证市场发展迅速，成交量与成交金额加速增长，市场交易极其活跃。但经过两年的发展，我国权证市场仍然处于起步阶段，在活跃交易的繁盛背后，仍存在着一些不能忽视的严重问题。

首先，权证市场经过两年的发展，其挂牌交易的权证累计只有 38 只，而到 2007 年 9 月，A 股两个交易所仍在交易的权证仅仅 14 只。过少的权证数量与庞大的交易量形成鲜明对比，A 股市场中的十几只权证不能满足投资者的需要。在权证类型构成方面，世界发达权证市场中一般以衍生权证为主，股本权证数量很少，而我国衍生权证占比还较低，与国际市场仍存在差距。

其次，A 股权证市场中存在过度投机现象，尤其是对认沽权证的炒作使得许多投资者损失惨重。过度炒作与市场中能够投资的权证数量很少不无关系，同时认沽权证行权价设定较低，使其内在价值几乎一直为零，实际价格相对便宜，炒作起来更加容易。在这样的炒作下，权证价格常常偏离其内在价值。虽然上海证券交易所在 2005 年 7 月出台的《权证管理暂行办法》中增设创设机制，允许合格机构创设同种权证，以熨平因供给不足导致的权证价格的非理性波动。深交所停盘 30 分钟的措施使得过度炒作有所抑制，但解决问题的根本在于增加权证产品尤其是衍生权证的供给，提供足够的套利机制和能够有效维持权证合理价格的做市商，使权证市场在发展中归于理性。

再次，对于权证这样一个较为复杂的衍生产品，在发展之初的两年中，对投资者教育显然不够，使得大量中小投资者在临近到期日的轮番炒作中损失惨重。加强对投资者的教育，加深其对权证产品的认识，尤其是权证与股票的区别，有利于我国 A 股权证市场进一步健康发展。

最后，权证定价理论需要改进，从而使之比较适用于国内市场环境。我们在第 13 章介绍了国际最著名的期权定价理论——布莱克—斯科尔斯模型。布莱克—斯科尔斯模型和其他大多数期权定价模型的绝大多数假设与成熟或较为成熟的资本市场环境和监管环境较为接近，所以适用性较高。而我国资本市场仍属初级发展阶段，需要进一步完善的方面很多。特别是股票卖空机制仍然缺位，期权定价理论的最主要条件之一根本不具备。这样，用国际定价模型来对国内权证进行估值一定会存在许多严重的问题。由于国内资本市场的完善需要数年的时间，但是权证、期权这样的产品的发展却不能等到市场完善之后再推出，所以在利用国际期权定价理论的基础上，研究出适应境内资本市场环境的期权定价理论是我国金融业创新发展和风险管理的重大需求。

26.12 本章总结

上文显示，2010年年底H股与红筹股权证在港挂牌数量已超过香港权证市场60%以上，成交量也超过一半以上。随着建设银行权证在港的活跃交易和其他境内股份制银行和大型企业在港上市及今后相应权证的推出，H股与红筹股权证在港挂牌数量和成交量将进一步增加。同时境内股票权证市场在宝钢权证和武钢权证推出之后也逐步发展壮大并不断规范发展起来。股票权证的交易，特别是权证市场的成交量和隐含波动率为市场提供了股票市场本身难以反映出来的重要信息，这些信息对银行风险管理有着重要的意义。此外，由于股票权证与股票期权的相似性，股票权证的发展为境内今后股票指数期权、股票期权、外汇期权、商品期货期权、利率期权等其他场内外期权的推出做了一定的准备。

期权是风险管理必不可少的产品类型，各类期权也是其他产品如挂钩类理财产品不可或缺的嵌入部件，同时期权隐含波动率也是现代金融风险管理必需的市场信息。随着境内股票指数期货和股票指数期权的推出，股票期权、外汇期权、商品期货期权、利率期权等国际上活跃交易的期权也会逐步推出并活跃交易。由于权证是国内场内外市场首个期权类产品，其推出的意义巨大。

本章在对比认股权证与股票期权异同的基础上，介绍了认股权证对标的股票价格及波动率的影响，介绍了权证在IPO等实务操作中的应用，并根据全球衍生产品市场交易情况，着重介绍了近年来认股权证在世界范围内的发展及交易情况，尤其对香港证券交易所中与H股和红筹股有关的权证交易以及境内权证市场做了详细介绍。金融危机前两年，作为我国证券市场上少有的期权类衍生产品，认股权证在国内证券市场上交易相当活跃，发展极为迅速。但值得注意的是，国内认股权证数量当时还很少，市场投机性因素过多，权证定价理论极不完善。与金融危机前两年高速增长相对应，金融危机后国内权证市场高速下滑，到2011年两个交易所几乎没有多少交易，2011年以来该市场实际上已经名存实亡或者寿终正寝了。这种过山车式的市场发展确实有中国特色，在全球其他地方难以找到。但是，如何合理控制权证交易风险，规范交易行为，丰富权证品种，尤其是衍生权证数量，完善定价机制，完善交易所管理模式和产品设计这些都需要市场参与者、交易所和监管部门反思。

第27章　人民币外汇掉期和货币掉期

外汇掉期是外汇市场最主要的产品类型，近年来占全球外汇市场成交额比重超过四成，比外汇即期还要高。本章主要介绍人民币外汇掉期和货币掉期。

国内银行间人民币外汇掉期交易于 2006 年 4 月 24 日正式运行，标志着银行间外汇市场上的一个重要产品开始在国内启动，一年多以后，2007 年 8 月，银行间外汇市场又推出了人民币外汇货币掉期交易，标志着国内人民币外汇市场主要产品除人民币外汇期权外已经大多推出。虽然人民币外汇掉期推出时间晚于相应的人民币外汇远期交易，但人民币外汇掉期市场运作 9 年多以来，成交量逐年持续增长，增长速度远高于人民币远期。本章将对人民币外汇掉期和人民币外汇货币掉期进行简单介绍和分析。

27.1　外汇掉期简介

外汇掉期交易是指交易双方约定在前后两个不同的交易日，进行方向相反的两次货币交换。在前一次货币交换中，一方按照约定汇率用外币向另一方换入本币，在后一次货币交换中，该方再按照另一约定汇率用本币向另一方换回第一次换出的等额外币。其中交割日在前的交易称为交易近端，交割日在后的交易称为交易远端。

第一次交换所使用的汇率同第二次交换所使用的汇率的差称为掉期点。

以美元和人民币的 1 年期掉期交易为例，图 27 - 1 给出了掉期交易的资金流向。

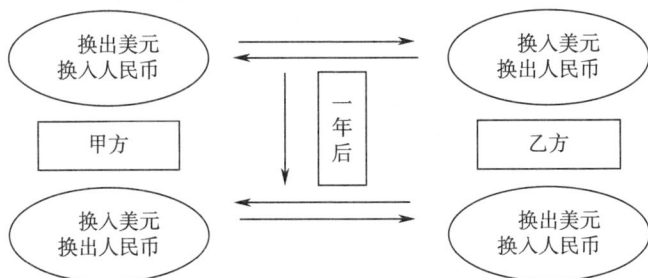

图 27 - 1　掉期交易的资金流向

对于客户来说，相对于单独的即期或远期交易，掉期交易具有多种优势，我们在下节会对此进行详细介绍。

27.2 外汇掉期的功能

27.2.1 锁定汇率风险

当一家公司（尤其是进出口相关企业）预先知道在未来的两个不同时点公司将会有两笔方向相反的外汇交易需求的时候，可以通过外汇掉期与即期交易搭配的策略来锁定汇率风险。

27.2.2 降低交易费用

一方面，掉期由一笔即期交易和一笔远期交易，或两笔期限不同的远期交易构成，若是企业分别就每笔交易签订一个合约，银行收取的费用一定会比只签订一个掉期合约要高；另一方面，掉期业务使银行更容易管理敞口头寸，所以掉期点会比单独两笔交易的升水或者贴水幅度相加之和来得小，这样企业规避汇率风险的成本也就相对减小了。

27.2.3 降低融资成本

假如一家公司现在需要融资 1000 万元人民币，并且可以在人民币与日元之间选择，1 年期人民币和日元的贷款利率分别是 7.02% 和 2.25%，该公司融资后需要支付的货币是人民币。假如人民币与日元的即期汇率为 15.2585 日元/人民币，1 年期远期汇率为 15.2015 日元/人民币，那么该公司可以借用日元贷款，之后通过掉期交易，先把借来的日元通过即期交易变成人民币，再通过 1 年期远期交易将人民币换成日元，以归还日元贷款。通过计算，相比直接借用人民币，该公司可以节约利息支出 43.87 万元。所取人民币对日元即期汇率为 2007 年 9 月 6 日的市场价格。

正是由于外汇掉期能够有效帮助企业、银行及个人更好地管理本币现金流、外币现金流和相应的汇率风险，所以成为国际上流行并且十分重要的一种外汇交易产品。

另外，人民币外汇掉期交易还有其他好处。首先是能够提供部分中短期外汇资金来源，成为维护外汇流动性的有效手段；其次是通过一定时期内的人民币外汇互换，可以主动地调剂本外币资金余缺，从而提升银行资金筹措与管理的灵活性，降低资金综合成本，改善经营效益；最后是通过参与新兴市场交易，有助于提高银行资金业务的整体水平，同时也对推动国内人民币衍生产品的发展发挥积极作用。

27.3　国内人民币外汇掉期市场的发展过程

2005 年 8 月 8 日，根据《中国人民银行关于加快发展外汇市场有关问题的通知》的精神，银行间外汇市场正式引入了人民币远期询价交易。根据相关规定，远期外汇市场会员自获得远期交易备案资格起 6 个月后，可按即期交易与远期交易的相关管理规定，在银行间市场开展即期与远期、远期与远期相结合的人民币对外币掉期交易。国内银行间人民币外汇掉期交易于 2006 年 4 月 24 日正式开始交易，交易从当日上午 9 时 30 分开始，至下午 5 时 30 分结束，参与机构的报价以及交易热情都较高。中国进出口银行与中国银行达成了银行间人民币外汇掉期市场开市后的首笔交易。回顾 2005 年到 2007 年的银行间人民币外汇掉期交易市场，我们可以将其分为三个时间段来加以介绍。

27.3.1　2005 年 8 月到 2006 年 7 月的起步阶段

在这一阶段，银行间外汇掉期交易远没有银行间远期外汇交易活跃，并且银行间外汇掉期交易大量集中在短期限操作上。造成这种现象的主要原因有两点：

第一，对于非做市商银行来说，结售汇综合头寸的管理采用的是现金收付制，银行对客户结售汇业务、自身结售汇业务和银行间外汇市场交易在资金实际收付日计入结售汇综合头寸。这样的头寸管理方式，使得部分市场参与者可以通过在银行间市场抛售即期或者远期美元来获得美元对人民币的负头寸，进而在人民币预期升值的大环境下，使得这些银行在符合综合头寸监管要求的同时，能够继续保持短美元长人民币的敞口头寸，获取人民币升值的收益。这种做法不仅虚增了美元对人民币的升值压力，也造成了银行间外汇掉期交易大量集中在短期的现象。

第二，境内美元对人民币远期同境外不可交割美元对人民币远期之间存在明显差价，人们可以通过卖出境内远期，买入境外期限相同、本金相同的不可交割远期来实现跨市场的无风险套利。境外远期由于有大量的投机者存在，价格波幅相对较大，也带动了境内远期/掉期价格的经常性波动。对于寻求对冲工具以锁定汇率风险的市场参与者来说，这样的市场并不具有太大的吸引力，市场参与者不愿意进入这样的市场，从而限制了境内人民币外汇掉期市场的发展。

27.3.2　2006 年 7 月到 2007 年 5 月的成长阶段

2006 年 6 月下发的《国家外汇管理局关于调整银行结售汇综合头寸管理的

通知》要求所有银行的结售汇综合头寸管理都转为权责发生制，要求银行将对客户结售汇业务、自身结售汇业务和银行间外汇市场交易在交易订立日计入结售汇综合头寸。同现金收付制相比较，权责发生制完全禁止银行保持隔夜的短美元长人民币敞口头寸。这样境内境外美元对人民币远期无风险套利的一个重要基础就被打破了，境内美元对人民币的定价开始真正以利率平价为基础进行计算。

这一阶段，美元对人民币外汇掉期交易主要反映了美元利率和人民币利率之间差价的变化。由于利率波动性比汇率波动性要小，加上排除了境外不可交割远期价格对境内远期价格的影响，市场的稳定性有了很大提高。随着市场稳定性的加强，越来越多的参与者愿意加入到这个市场中来，从而大大增加了银行间远期/掉期交易的活跃程度，报价的买卖价差也大幅收窄。根据中国人民银行 2007 年上半年《中国货币政策执行报告》的统计，2007 年上半年，银行间远期外汇交易名义本金额折合为 107 亿美元，日均成交 0.9 亿美元，是 2006 年日均交易量的 1.6 倍；人民币与外汇掉期为 1334 亿美元，日均成交量约为 11.4 亿美元，是 2006 年日均交易量的 3.8 倍。同时，以 1 年期掉期为例，银行间市场的报价价差由市场起步时的 400 个基点缩窄到 30 个基点。

27.3.3　2007 年 5 月到 2007 年底的发展阶段

在这一阶段，美元对人民币掉期贴水迅速加剧，人民币外汇掉期的隐含人民币收益率不断下降，甚至一度为负。外汇掉期市场的流动性下降，市场波动加剧，买卖价差也拉大到了 100~200 个基点。影响该阶段银行间外汇掉期市场发展的主要因素是国家外汇管理局对外汇市场的进一步开放和短期外债限额的大幅削减所造成的境内美元流动性紧张。2006 年 10 月下发的《国家外汇管理局关于外汇指定银行对客户远期结售汇业务和人民币与外币掉期业务有关外汇管理问题的通知》中，对银行间远期和掉期市场影响最大的条款莫过于明确了"远期结售汇业务实行履约审核。银行可根据自身经营和风险管理需要决定与客户办理远期签约。远期合约到期时，银行凭客户提供的相应有效凭证为其办理结售汇"。在这之前，客户办理远期结售汇业务，在订立远期合约当日就必须向银行提供相关的审核材料，但由于远期外汇买卖需求本身具有相当大的不确定性，所以这一规定将相当一部分有类似需求的客户挡在了银行大门之外，而 2006 年 10 月新规定的出台为这部分客户寻求银行提供汇率风险对冲的服务提供了便利。中国是一个出口大国，再加上人民币稳步升值的单边预期，新规定的出台大大增加了客户要求远期结汇，即抛售美元的需求。除了需求量增加以外，中国出口产业链的升级更是对远期结售汇以及银行间外汇掉期市场的期限提出了新的要求。造船、机械等工业领域的出口，其时间周期往往长达数年之久，客户需要对冲的不单单是 1 年以内的汇率风险，还有 2 年、3 年甚至更长期限的风险敞口。客户的需求催生了超远期外汇掉期市场的形成。但由于境内银行风险管理能力不足，再加上资金流动性紧张，所以超远期外汇掉期市场的活跃程度相较一年及以内的外汇掉期市场要相差很多。同时，新规定由于放松了对远期合约订立时的审核要求，又催生了另一类客户的需求，也就是我们前面提到的境内远期与境外远期之间的套利。我们在前文中说到，在国家外汇管理局改革并统一银行结售汇综合头寸的管理办法实施之后，银行无法再利用境内境外远期的差价进行套利，境内外 1 年期远期的差价因此一度拉宽到近 3000 个基点。

对于境内的跨国企业来说，它们本身并不存在结售汇综合头寸的监管要求，新规定又放松了对它们抛售境内远期美元的管制。跨国企业可以同境内银行订立卖出远期美元的合约，同境外银行订立买入期限相同、本金相同的不可交割远期美元的合约。在两个合约到期时，境外合约会自动按照当日的中间价进行差额清算；而对于境内合约，企业可以选择提供相关凭证来进行清算，如果没有有效的凭证，也可以选择按市价取消该笔合约，从而平仓获利。

上述两类客户的大量需求，使得境内各家银行都积累了为数众多且方向相同的外汇掉期敞口头寸。即期换入美元、远期换出美元的需要，推动美元兑人民币掉期点不断下滑，在短短 3 个月时间里，1 年期美元兑人民币掉期点一度从原来的 −1800 点下降到 −4000 点。

从理论上看，如果美元兑人民币的掉期点不断下降，造成人民币隐含利率下跌，会形成对央行票据和其他人民币资产的套利空间，这样套利活动应该会将掉期点推回到正常水平。但是，短期外债的大幅削减打破了这种平衡。2007 年 3 月，为进一步加强外债管理，严格控制短期外债规模，进一步规范金融机构借用短期外债的行为，维护国家经济金融安全，促进国际收支基本平衡，《国家外汇管理局关于 2007 年度金融机构短期外债管理有关问题的通知》规定，各金融机构 2007 年度短期外债指标均被调减。中资银行短期外债指标调减为 2006 年度核定指标的 30%，非银行金融机构以及外资银行调减为 2006 年度核定指标的 60%。短期外债指标的调减，意味着境内金融机构无法再从境外无限度地借入美元或其他外币资产，境内美元利率由此一飞冲天。截至 2007 年 8 月底，1 年期境内美元拆借利率达到 Libor + 180 个基点。境内美元的短缺破坏了利率平价所要求的平衡，原来的套利交易者因为无法获得美元而纷纷止损离场，进一步加剧了境内美元对人民币掉期贴水的增加。

表 27 − 1   短期外债调减指标

截至	中资银行
2007 年 6 月 30 日	短期外债余额调整至 2006 年核定额度的 45% 以内（2006 年核定额度为 256.01 亿美元）
2007 年 9 月 30 日	短期外债余额调整至 2006 年核定额度的 40% 以内
2007 年 12 月 31 日	短期外债余额调整至 2006 年核定额度的 35% 以内
2008 年 3 月 31 日	短期外债余额调整至 2006 年核定额度的 30% 以内
2008 年 6 月 30 日	短期外债余额调整为 80.16 亿美元
2010 年 3 月 31 日	短期外债余额调整为 98.55 亿美元
2010 年 6 月 30 日	短期外债余额调整为 99.38 亿美元
2011 年 3 月 30 日	短期外债余额调整为 101.68 亿美元
2013 年 2 月 20 日	短期外债余额调整为 116.22 亿美元
2014 年 3 月 20 日	短期外债余额调整为 139.04 亿美元
截至	外资银行
2007 年 6 月 30 日	短期外债余额调整至 2006 年核定额度的 85% 以内（2006 年核定额度为 356.45 亿美元）
2007 年 9 月 30 日	短期外债余额调整至 2006 年核定额度的 75% 以内
2007 年 12 月 31 日	短期外债余额调整至 2006 年核定额度的 65% 以内
2008 年 3 月 31 日	短期外债余额调整至 2006 年核定额度的 60% 以内
2008 年 6 月 30 日	短期外债余额调整为 127.21 亿美元；另核准各地区用于下发其辖区内城商行农商行以及未对短期外债实行集中管理的外资银行分行等地区指标 86.6 亿美元
2010 年 3 月 31 日	短期外债余额调整为 145.73 亿美元；核定各地区用于下发其辖区内城商行农商行以及未对短期外债实行集中管理的外资银行分行等地区指标 84.48 亿美元
2010 年 6 月 30 日	短期外债余额调整为 145.49 亿美元；核定各地区用于下发其辖区内城商行农商行以及未对短期外债实行集中管理的外资银行分行等地区指标 79.04 亿美元
2011 年 3 月 30 日	短期外债余额调整为 146.25 亿美元；核定各地区用于下发其辖区内城商行农商行以及未对短期外债实行集中管理的外资银行分行等地区指标 76.08 亿美元
2013 年 2 月 20 日	短期外债余额调整为 153.05 亿美元；核定各地区用于下发其辖区内城商行农商行以及未对短期外债实行集中管理的外资银行分行等地区指标 103.80 亿美元
2014 年 3 月 20 日	短期外债余额调整为 165.44 亿美元；核定各地区用于下发其辖区内城商行农商行以及未对短期外债实行集中管理的外资银行分行等地区指标 129.44 亿美元

数据来源：国家外汇管理局网站。

27.3.4 2008 年以来的持续发展阶段

2008 年年初以来，人民币外汇掉期市场进入了持续发展阶段。尽管金融危机爆发后不久的 2008 年第四季度，人民币外汇掉期交易额仍保持了 37.8% 的同比增长率；2009 年第一季度人民币外汇掉期市场确实受到了金融危机的影响，然而季度成交金额不仅没有萎缩，反而同比增长了1.4%；人民银行季度货币政策执行报告中公布的数据显示，从2009年第二季度到2014年第三季度，人民币外汇掉期季度交易量从1834亿美元增长至1.24万亿美元，增长达到4.6倍之多。并且，从2014年第二季度开始，外汇掉期的交易量已经超过外汇即期业务，首次成为人民币外汇市场成交量最大的业务品种，显示该市场呈现持续稳步发展的态势。

27.4　人民币外汇掉期的成交金额及国际比较

27.4.1　国内人民币外汇掉期市场流动性介绍

自2006年4月24日银行间人民币外汇掉期交易推出以来，其成交金额呈现快速上升态势。2006年全年，人民币外汇掉期交易成交金额即高达508亿美元，市场成功起航。图27-2给出了2007年第一季度到2015年第四季度银行间外汇掉期季度成交金额。到2007年第一季度，成交金额在单个季度就超过了500亿美元达到557.2亿美元，2007年第三季度成交金额首次超过1000亿美元；尽管受国际金融危机的影响，但2008年每个季度成交额仍保持在1000亿美元以上，全年总成交金额达到4403亿美元，比2007年增长了39.7%；即使在金融危机最严重的2009年第一季度，成交金额仍然保持在1000亿美元以上，2009年全年成交金额达到8108亿美元，比2008年增长了82.1%；2010年成交金额保持了持续增长的势头，全年成交金额首次超过万亿美元，达到1.3万亿美元；2011

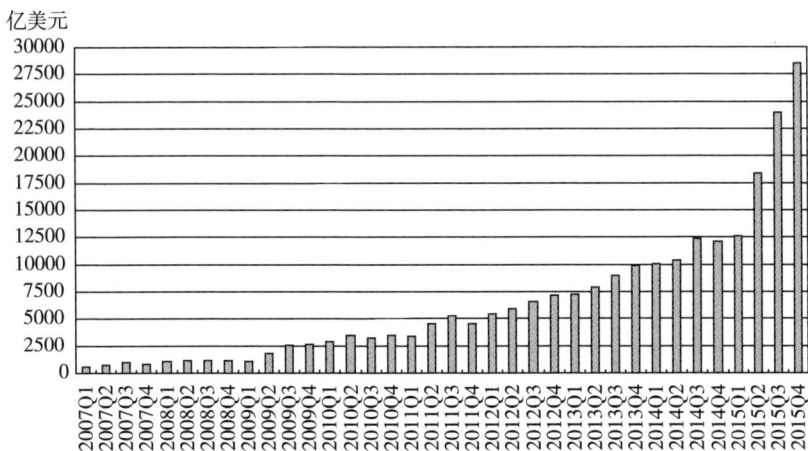

数据来源：中国人民银行2007年第一季度到2015年第四季度《中国货币政策执行报告》。

图27-2　中国外汇交易中心人民币外汇掉期季度成交金额情况

（2007年第一季度到2015年第四季度）

年总成交金额比 2010 年增长了 36.2% 达到了 1.77 万亿美元；2012 年总成交金额首次超过 2 万亿美元达到 2.52 万亿美元，比 2011 年增长了 42.3%；2013 年和 2014 年总成交金额分别首次超过了 3 万亿美元和 4 万亿美元，分别高达 3.40 万亿美元和 4.49 万亿美元，比上一年分别增长了 35.0% 和 31.9%；2015 年第二季度到第四季度成交金额分别为 1.84 万亿美元、2.40 万亿美元和 2.85 万亿美元，同比增长率分别高达 76.8%、93.9% 和 135.2%，显示 2015 年第二季度以来国内外汇掉期市场高速增长的态势。2015 年国内外汇掉期总成交金额 8.35 万亿美元，比 2014 年增长了 86%，成为国内增长最快的银行间市场产品。

从图 27-2 可以看出，国际金融危机对人民币外汇掉期市场交易影响较小，从 2009 年第一季度到 2015 年第四季度市场保持了国内市场少见的多年持续快速的增长态势：2008 年到 2015 年的 7 年年成交金额年均复合增长率高达 52.3%，为国内银行间市场持续增长最快的市场。由于国内外汇掉期市场的持续快速增长，外汇掉期年成交金额占国内外汇交易总额比重从 2010 年的 19.5% 持续增长到了 34.4%，超过三分之一，2015 年第第一季度到第四季度占比从 35.4% 持续上升到了和 54.7%，2015 年全年外汇掉期成交金额占外汇成交金额比重从 2014 年的 35.2% 提高到了 45.8%，不仅超过了表 9-2 给出的 2013 年全球外汇掉期市场日均成交金额占整个外汇市场日均成交金额比重 41.7%，也超过了表 9-2 给出的 2010 年全球外汇掉期日均成交金额占比 44.3%（2015 年第四季度国内外汇掉期成交金额占比 54.7% 也超过了表 9-2 给出的 2007 年全球外汇掉期市场日均成交金额占比 51.6%），成为国内人民币外汇市场首个占比超过国际水平的市场组成部分，显示近年来国内外汇掉期市场持续高速发展的可喜势头。

27.4.2 国际比较

表 10-1 显示，外汇掉期是全球外汇市场上最活跃的产品类型，其日均成交金额比外汇即期还要高；图 27-2 显示，国内人民币外汇掉期保持了 7 年来持续高速增长。尽管如此，国内人民币外汇掉期的国际地位仍然很低。上文显示 2013 年国内人民币外汇掉期年成交金额 3.4 万亿美元，仅相当于表 10-1 给出的该年全球外汇掉期日均成交金额 1.765 万亿美元 1.93 倍，不到 2013 年全球外汇掉期市场两天的成交金额；利用图 27-2 给出的 2013 年全年国内外汇掉期成交金额，我们可以计算出该年日均成交金额仅为 136 亿美元，仅占表 10-1 给出的 2013 年全球外汇掉期市场日均成交金额 17650 亿美元的 0.77%，与同年我国经济和贸易超过全球 1 成以上地位极不相称。即使 2013 年到 2015 年国内外汇掉期市场成交金额保持了可喜的增长态势，国内人民币外汇掉期市场的国际占比仍然很低。只有我们认清与世界的差距，才能找到我们努力改进的目标。由于近年来国际外汇掉期市场增长相对缓慢，同时国内外汇掉期市场高速增长，

2015 年国内外汇掉期日均成交金额占全球外汇市场的比重有望显著提高。即使如此，国内外汇掉期日均成交金额才可能提高到略高于国际市场 1% 的水平。由于近年来国际外汇掉期市场增长相对缓慢，同时国内外汇掉期市场高速增长，2015 年国内外汇掉期日均成交金额占全球外汇市场的比重有望显著提高。即使如此，国内外汇掉期日均成交金额才可能提高到略高于国际市场 1% 的水平。只有我们认清与世界的差距，才能找到我们努力改进的目标。

27.5　国内外汇掉期的期限结构、产品结构和币种

27.5.1　国内外汇掉期的期限结构

表 27-2 给出了 2007 年上半年的人民币外汇掉期期限结构分布，相应的数据是由各期限产品的成交金额除以相应时段内的总成交额得到的。从表 27-2 可以看出，期限在 1 个月以内的交易占到了总交易金额的 70% 多，期限在 1 周以内的交易占到了 50% 左右，最高可达将近 70%，而期限在 1 年以上的交易占比非常低。这说明市场参与者对短期汇率风险的对冲需求比较高，而对于处理长期汇率风险则比较审慎。由于该数据原来在中国货币市场杂志公布，自 2007 年 10 月开始该数据不再系统性公布，因此我们难以得知 2007 年以后国内外汇掉期相应的期限结构。

表 27-2　　人民币外汇掉期期限结构分布表（按成交金额占比计算）　　单位：%

合约期限\统计时间段	<1w	1w-1m	1m-3m	3m-6m	6m-9m	9m-1y	>1y
2007 年 1 月	39.5	23.9	16.0	9.6	5.3	5.6	0.1
2007 年 2 月	44.6	22.4	18.4	4.7	2.7	6.7	0.5
2007 年 3 月	54.9	16.6	14.6	3.1	2.0	8.5	0.3
2007 年 4 月	48.1	28.6	9.0	4.7	2.3	6.6	0.7
2007 年 5 月	59.5	10.6	4.6	4.3	5.8	11.7	3.5
2007 年 6 月	64.4	12.2	6.1	6.0	3.0	7.6	0.7
2007 年 7 月	57.7	8.0	4.6	4.8	3.2	10.9	10.8
2007 年 8 月	68.5	6.7	3.7	4.1	1.8	14.1	1.0
2006 年第四季度	52.9	17.1	14.3	5.4	2.6	7.4	0.3
2006 年全年	51.8	18.9	14.1	5.9	2.6	6.4	0.2
2007 年第一季度	46.6	20.8	16.2	5.8	3.4	7.0	0.3
2007 年上半年	52.9	18.5	10.6	5.3	3.6	8.0	1.1

数据来源：中国货币网，《中国货币市场》2006 年和 2007 年各期外汇运行报告。

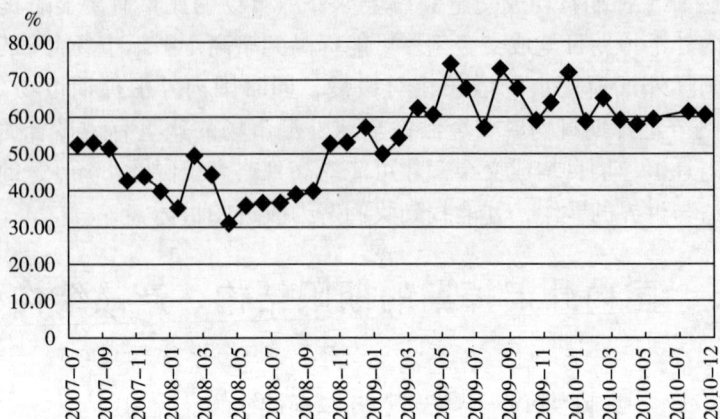

数据来源：中国货币网，《中国货币市场》2007 年、2008 年和 2009 年各期外汇运行报告。

图 27 - 3　人民币外汇掉期隔夜成交占比图（2007 年 7 月到 2010 年 12 月）

图 27 - 3 给出了 2007 年 7 月至 2009 年 4 月人民币外汇掉期隔夜成交占比图。从图 27 - 3 可以看出，在 2008 年 9 月国际金融危机爆发之前，该比例一直在 30% ~ 50% 的范围内，2008 年 9 月之后该比例急剧上升，反映了金融危机环境下市场参与者偏好隔夜交易以规避风险需求。

27.5.2　国内外汇掉期的产品结构

自人民币外汇掉期交易推出以来，即期/远期和远期/远期两种产品类型中，前者始终占据主导地位。图 27 - 4 给出了两种产品的成交金额分别占总成交金额的比例。从该图中可以看出，绝大部分时间即期/远期类产品占的份额在 95% 以上，2007 年 3 月最高占到 99%。

以上产品结构数据原来在中国货币市场杂志公布，自 2007 年 10 月开始该数据不再披露，而隔夜占比的数据在 2010 年下半年开始也基本不再公布，取而代之的是将所有交易按照隔夜、即期对远期和远期对远期分为三大类型，在中国货币网上可查询到 2014 年 4 月至最新 2015 年 3 月的数据，目前的外汇掉期业务中各类型的交易占比基本稳定，隔夜产品占比处于 50% ~ 60% 的区间，而远期对远期类型的交易量占比始终稳定在 10% 以内。

27.5.3　国内外汇掉期币种分布

《中国人民银行关于在银行间外汇市场开办人民币外汇货币掉期业务有关问题的通知》中规定：现阶段在银行间外汇市场开办人民币兑美元、欧元、日元、港元、英镑五个货币对的货币掉期交易。在实际的人民币外汇掉期交易中，美

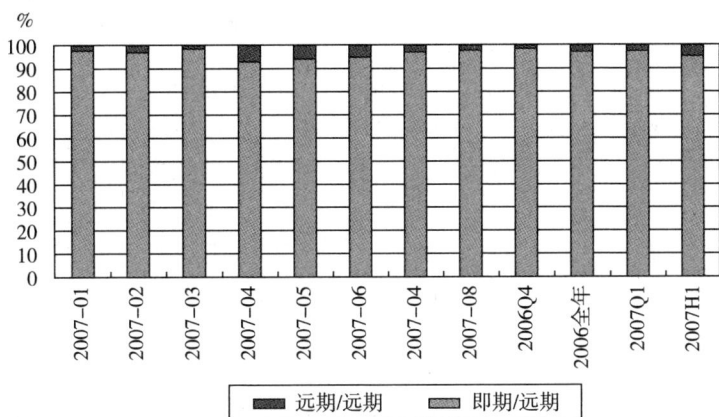

数据来源：中国货币网，《中国货币市场》2006 年和 2007 年各期外汇运行报告。

图 27 - 4　人民币外汇掉期产品结构变动图（按成交金额计算）

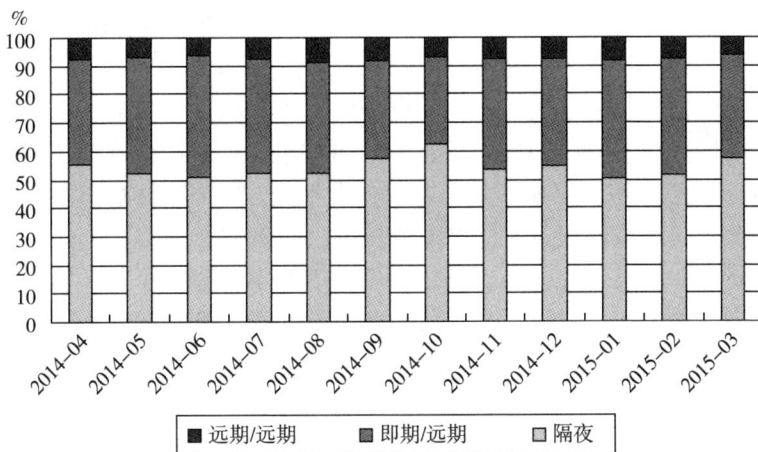

数据来源：中国货币网（http：//www.chinamoney.com.cn/fe/Channel/21478）。

图 27 - 5　人民币外汇掉期产品结构变动图（按成交金额折美元计算）

元是最主要的掉期币种。2008 年，有美元/人民币、港元/人民币、日元/人民币和欧元/人民币 4 种品种发生掉期交易，成交额分别达到 4394 亿美元、38 亿港元、153 亿日元和 2 亿欧元；2009 年，仍是上述四个币种有发生掉期交易，成交量分别达到了 8012 亿美元、4.2 亿港元、45.6 亿日元和 3.3 亿欧元（数据来源于《中国货币市场》杂志，2009 年之后不再公布掉期分币种成交数据），显示 2008 年到 2009 年美元/人民币外汇掉期占比显著提高的同时，欧元/人民币掉期略有提高的同时，港元/人民币和日元/人民币外汇掉期大幅度下降。

27.5.4　人民币外汇掉期市场的参与者

《中国人民银行关于在银行间外汇市场开办人民币外汇货币掉期业务有关问题的通知》中规定：具备银行间远期外汇市场会员资格的境内机构可以在银行间外汇市场开展人民币外汇货币掉期业务。国家外汇管理局对人民币外汇货币掉期业务实行备案制管理。据《中国货币市场》杂志披露，截至 2009 年 4 月，共有 73 家机构成为外汇掉期市场的会员，较 2007 年年底的 78 家减少了 5 家；截至 2015 年 4 月，有 103 家机构成为外汇掉期市场的会员（中国货币网最新数据），比 2009 年 4 月增加了 30 家。

27.6　标准化人民币外汇掉期交易

为了活跃银行间外汇衍生产品市场，2015 年 2 月 16 日，中国外汇交易中心推出标准化人民币外汇掉期交易（C - Swap）。标准化人民币外汇掉期交易主要通过现有外汇交易系统新增的 C - Swap 功能模块实现，以双边授信为基础，采用自动匹配报价方式成交。2015 年 2 月通过 C - Swap 模块达成的标准化人民币外汇掉期交易共 227 笔，成交金额约 240 亿元人民币，规模可观，其中 2 月 16 日通过 C - Swap 达成的交易共 104 笔，成交金额约 73 亿元人民币，分别占当日人民币外汇掉期市场总交易笔数和总交易量的 16. 19% 和 6. 03%。参与机构涵盖了政策性银行、国有商业银行、股份制商业银行、外资银行、城市商业银行等多种类型的会员。总体来看，C - Swap 模块下，8 个标准化人民币外汇掉期品种在交易时段买卖双向均有较高深度的市场报价，且双边报价点差较小，会员报价积极，市场交易活跃，有效地推动了掉期市场价格发现功能和市场深度。

27.7　外汇掉期市场面临的主要问题

27.7.1　掉期市场法律文本建设起步较晚

外汇掉期作为一种外汇衍生产品，在法律上需要对交易双方的权利义务以及交易合同中的主要要素有一个明确的定义。在境外成熟市场上，经过多年的发展，各个银行之间形成了一个明确的法律文件，即国际掉期与衍生产品总协议（International Standard of Derivative Agreement，ISDA），以此来约束相关各方的行为，从而减少风险、降低交易成本。同时，还以一系列的信用保证文件或条款来防止违约对交易对手方的伤害和对整个市场稳定性的影响。

我国在场外金融衍生产品市场发展的初期，由于缺乏经验和自律组织，市场参与者只能采用简单地签订一对一合同的形式达成交易。合同文本或由各机构自行拟定，或照搬 ISDA 主协议等国际通用协议文本（丘壑，2009）。2007年，国家外汇管理局和中国人民银行分别发布了《全国银行间外汇市场人民币外汇衍生产品主协议》和《中国银行间市场金融衍生产品交易主协议》，两份主协议在适用范围方面有一定的交叉，场外金融衍生产品交易的"一市两协议"局面给市场交易带来诸多不便。对此，中国人民银行于 2008 年 8 月召开行长专题会议，明确对两份主协议进行合并，并确立我国衍生产品市场统一的主协议文本——《中国银行间市场金融衍生产品交易主协议》，并由中国银行间市场交易商协会于 2009 年 3 月 16 日发布，这为中国金融衍生产品市场的发展清除了一道技术障碍。

27.7.2　银行间授信额度的滞后

同即期交易相比，银行间远期外汇交易和掉期交易由于牵涉到未来现金流的交换，所以要求交易对手方之间有相当的授信额度作为支持。但由于以下几种原因，这方面的建设相对滞后。首先，由于我国法律不支持抵消操作，造成对同一对手方两笔到期日相同、方向相反的交易需要计算两次授信额；其次，外资银行本地化使其资本金大大减小，信用评级相对原外资银行分行也有所降低，进而减少了中资银行对外资银行和外资银行之间的相互授信额度；最后，相当一部分的本地中小型金融机构，尽管存在远期和掉期的需求，但由于它们很难从大型金融机构尤其是外资金融机构获取授信额度，阻碍了它们参与人民币外汇远期和掉期市场的脚步。市场的发展，交易各方对彼此的熟悉和信任，都需要时间的积累，因此我们有理由相信，随着中国外汇市场的不断深入，这些问题都将会得到解决。

27.7.3　人民币短期利率曲线/境内美元短期利率曲线的构建

在成熟的国际市场上，外汇掉期交易的发展同本币利率曲线尤其是短期利率曲线的构建息息相关，如我们之前所介绍的，掉期点的计算结果理论上应当是两种货币利率差的体现。从相反的角度来看，外汇掉期又可以反过来帮助市场更好地发现并构建短期利率曲线。从目前国内的情况来看，美元方面，由于外债额度的限制，导致短期美元利率曲线有所扭曲，但还是基本如实地反映了境内美元拆借市场的基本情况；人民币方面，由于我国的资金大多数集中在以国有商业银行为主的大银行手中，主要的银行间借贷集中在短期如隔夜、1 周或者 1 个月等交易上，所以市场无法探知稍长期限如 6 个月、1 年的货币市场利率，这在一定程度上影响了类似期限的人民币外汇掉期的定价。针对这个问题，我国需要进一步放开利率管制，让市场来决定货币的价格。2007 年 1 月 4 日，人民银行推出 SHIBOR，其性质类似境外美元短期利率曲线 LIBOR，这正是一种利率市场化的尝试和良好的开始。2013 年 9 月 24 日，人民银行为了进一步推进利率市场化，建立了市场利率定价自律机制，一共有 103 家成员，分别为 10 家核心成员机构和 93 家基础成员组织。从此在符合国家有关利率管理规定的前提下，由市场机构组织的自律机制将开始对金融机构自主确定的货币市场、信贷市场等金融市场利率进行自律管理，维护市场正当竞争秩序，促进市场规范健康发展。

27.8　人民币货币掉期

虽然货币掉期（Currency Swaps）推出时间比外汇掉期早很多年，然而货币掉期十多年来活跃程度与外汇掉期相差较大，但是货币掉期仍然是国际外汇市场上一个重要的产品类型。我们在第 10.5 节对货币掉期的概念和历史及估值方法做了介绍，本节我们简单介绍国内人民币货币掉期的交易情况。

27.8.1　人民币外汇货币掉期的推出

中国人民银行 2007 年 8 月 20 日发布通知，为进一步完善金融市场体系，发展外汇市场，满足国内经济主体规避汇率风险的需要，决定在银行间外汇市场开办人民币外汇货币掉期业务。这是 2005 年汇改以后，银行间外汇市场继先后推出人民币外汇远期和人民币外汇掉期交易之后推出的又一重要的人民币外汇衍生产品。人民银行表示，人民币外汇货币掉期业务的开展将进一步丰富银行间外汇市场交易品种，满足不同市场参与者的资产管理需要。

27.8.2　人民币外汇货币掉期的定义

人民币外汇货币掉期，是指在约定期限内交换约定数量人民币与外币本金，同时定期交换两种货币利息的交易协议。本金交换的形式包括：在协议生效日双方按约定汇率交换人民币与外币的本金，在协议到期日双方再以相同的汇率、相同金额进行一次本金的反向交换；中国人民银行和国家外汇管理局规定的其他形式。利息交换指双方定期向对方支付以换入货币计算的利息金额，可以固定利率计算利息，也可以浮动利率计算利息（《中国人民银行关于在银行间外汇市场开办人民币外汇货币掉期业务有关问题的通知》）。

27.8.3　进一步推动人民币外汇货币掉期市场的举措

为进一步满足市场主体规避汇率风险的需求,不断推动外汇市场发展,国家外汇管理局日前发布《关于外汇指定银行对客户人民币外汇货币掉期业务有关外汇管理问题的通知》(以下简称《通知》),在银行对客户市场推出人民币外汇货币掉期业务。《通知》自2011年3月1日起实施。《通知》的主要内容包括:一是简化市场准入管理,凡取得对客户人民币外汇掉期业务经营资格满1年的银行,可以直接对客户开办货币掉期业务,国家外汇管理局不再实施事前资格审批;二是便利市场交易,银行对客户办理货币掉期业务的币种、期限等交易要素由银行自行确定;三是货币掉期中的利率由交易双方协商确定,并符合中国人民银行关于存贷款利率的管理规定。

27.8.4　人民币外汇货币掉期的交易

2011年3月1日,美国银行上海分行与一家亚洲食品行业跨国公司在上海签署共计4笔外汇人民币货币掉期业务合约。此交易为中国国内首笔人民币外汇货币掉期交易。据悉,这笔交易共计4笔,本金合计约800万美元,期初期末交换本金,该交易期限为1年,交换利率为客户收取人民币固定利率3.00%,同时支付美元固定利率。人民币外汇货币掉期交易较为清淡,2011年第一季度总成交5笔,金额仅为0.5亿美元。

图27-6给出了2011年以来国内外汇货币掉期市场每半年的成交金额。图27-6显示,2011年到2012年,国内人民币外汇货币掉期市场推出初期,市场流动性较低;然而从2012年上半年到2015年上半年,成交金额持续高速增长,2015年下半年出现了2012年上半年以来首次回调。2011年到2015年,国内外汇货币掉期成交金额从143亿美元高达增长到了2519亿美元,4年年均复合增长率高达104.9%,超过同期外汇掉期年均复合增长率47.4%,成为国内银行间外汇市场增长最快的产品之一。

27.8.5　外汇货币掉期成交金额占国内外汇市场的比重及国际比较

利用图27-6给出的数据,我们可以计算出外汇货币掉期成交金额占国内外汇市场总成交金额比重从2011年的0.17%持续快速增长到了2014年的1.78%,然而2015年却首次出现下降,从2014年的1.78%下降到了1.39%。尽管如此,2015年的占比1.39%仍然显著超过2013年全球外汇货币掉期日均成交金额占全球外汇市场比重1.01%,使得国内人民币外汇货币掉期成为除外汇掉期外,成交占比超过国际市场相应占比的产品,显示近年来国内人民币外汇

亿美元

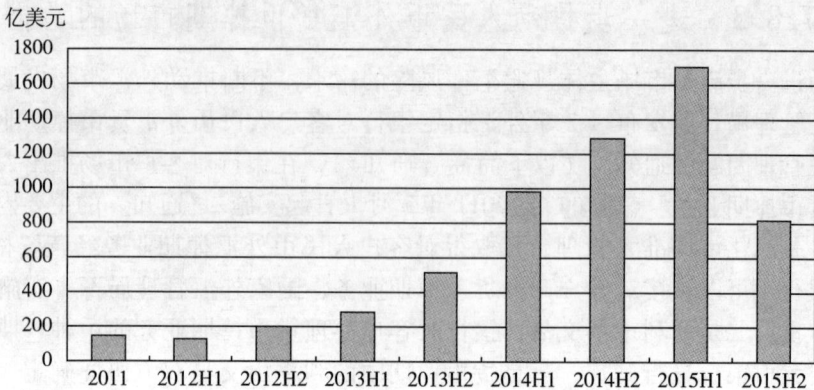

数据来源：根据国际外汇管理局 2012 年来每半年公布的《中国国际收支报告》公布的国内外汇掉期和货币掉期成交总金额和人民银行季度政策执行报告给出的外汇掉期成交金额计算得出。

图 27 - 6   国内外汇货币掉期成交金额（2011 年到 2015 年下半年成交金额）

货币掉期市场快速发展的可喜成绩。

27.9   本章总结

实际上，外汇掉期是国际外汇市场中非常重要的组成部分。如果从国际外汇市场产品结构的角度来看，外汇掉期甚至是国际外汇市场中最主要的部分。根据国际清算银行公布的数据，在 1995 年，外汇掉期的日均成交金额首次超过了外汇即期交易。进入 21 世纪，外汇掉期成交金额在国际外汇市场总交易量中的占比保持在 50% 以上的水平，而外汇即期交易只有三分之一左右。我国外汇掉期起步相对较晚，虽然 2008 年以来保持持续高速度增长，但是外汇掉期在外汇市场中的比重仍然过于偏低，不到国际市场 1% 的水平。2010 年到 2014 年，国内外汇掉期成交金额占整个外汇市场总交易量的比重仅分别为 19.5%、20.5%、27.5%、30.3% 和 35.2%，显示国内外汇掉期市场占比持续显著提高；2015 年占比进一步上升到了 46% 的高位，首次超过 2013 年国际市场相应占比 41.7%。随着国内人民币外汇掉期市场的持续快速增长，国内人民币外汇掉期占比还会持续增加，外汇市场结构也会进一步优化。

虽然国内外汇货币掉期市场比外汇掉期市场启动晚了 3 年多，但是外汇货币掉期启动 4 年多来却保持了持续高度增长的态势，2011 年到 2015 年外汇货币掉期年度成交金额年均复合增长率高达 104.9%，比同期持续快速增长的国内外汇掉期年均复合增长率 47.4% 还高出一倍多，2014 年和 2015 年国内外汇货币掉期成交金额占国内外汇市场比重皆显著超过 2013 年国际相应的比重 1.01%，显示国内外汇货币掉期市场近年来可喜增长态势。但是，2015 年下半年国内外汇货币掉期市场出现 2012 年上半年以来首次下调需要关注。

总体来说，国内外汇衍生产品市场刚开始起步，虽取得了一定的成绩，但仍存在许多不足。国内人民币外汇掉期市场虽然比外汇远期市场启动晚半年多，但是前者 7 年多来保持了持续高速增长的态势，市场流动性显著高于后者。中国外汇交易中心 2015 年 2 月推出的标准化人民币外汇掉期对国内银行间人民币外汇掉期市场流动性有了明显的促进作用。相信今后几年国内人民币外汇掉期市场还会保持可观的增长速度，对活跃国内人民币外汇市场作出更大的贡献。

第 28 章　人民币利率互换

利率风险是全球金融市场中最大的市场风险。在国际市场上，企业主要通过与金融机构签订利率互换来管理利率风险，使得利率互换成为全球重要利率风险管理工具，即成为场外即银行间最主要的金融衍生产品。

利率互换是国际金融衍生产品市场最重要而且最活跃的产品。表 10 – 7 显示，全球利率互换市场日均成交金额从 1998 年 4 月的 1550 亿美元持续增长到 2007 年的 6200 亿美元，6 年增长了 3 倍，年均增幅 6%；2004 年 4 月到 2007 年 4 月，3 年累计增幅 95.2%，年均增幅 25%；2007 年 4 月到 2010 年 4 月，3 年累计增幅 5.1%，年均增幅 1.7%；2010 年 4 月到 2013 年 4 月，3 年累计增幅 11.2%，年均增幅 3.6%，显示国际金融危机前 9 年全球利率互换市场高速增长，而金融危机后恢复正常的态势。本章在介绍国内人民币利率互换近年来市场发展的基础上，比较境内外市场，从而把握境内外利率互换市场的差异。

为丰富全国银行间债券市场投资者风险管理工具，规范和引导人民币利率互换交易，加快利率市场化进程，中国人民银行于 2006 年 2 月 9 日发布《中国人民银行关于开展人民币利率互换交易试点有关事宜的通知》（银发〔2006〕27号），规范国内人民币利率互换交易。根据该通知，市场投资者中，经相关监督管理机构批准开办衍生产品交易业务的商业银行，可根据监督管理机构授予的权限与其存贷款客户及其他获准开办衍生产品交易业务的商业银行进行利率互换交易或为其存贷款客户提供利率互换交易服务；其他市场投资者只能与其具有存贷款业务关系且获准开办衍生产品交易业务的商业银行进行以套期保值为目的的互换交易。人民币利率互换自 2006 年 2 月 9 日正式开展，其后发展迅速，特别是 2007 年以来交易量迅速扩大。本章将对人民币利率互换交易进行全面介绍与探讨并将国内市场与国际市场进行比较。

28.1　人民币利率互换的主要概念

利率互换（Interest Rate Swap，IRS）又称利率掉期，是指交易双方同意于约定期间内进行利息支付的交换。利息支付的互换金额以预定本金金额为计算基础，其中预定本金金额称为名义本金金额，交易双方的每一方支付给对方的金额为合同预定的期间利率与名义金额的乘积。交易双方互换的金额仅仅是利息支付额而非名义本金额。在大多数普通类型的互换交易中，合同一方同意在交割日支付对方合同有效期内的固定利息支付额，称为固定利率支付者；同意在到期日以某一参照利率支付额予以浮动的另一方，称为浮动利率支付者。

利率互换具有如下特征：（1）利率互换的双方具有相同的身份，或双方均为债务人，或双方均为债权人。互换的对象是不同种类的利率，包括固定利率与浮动利率的互换和以不同种类的基础利率为参考的浮动利率的互换，可以是利息收入互换，也可以是利息支付的互换。（2）在利率互换协议中，规定了一个协议金额，这一金额只是计算利息的基础，本身并不发生互换，因此称为名义金额。（3）对于利率互换的任何一方而言，互换交易与实际的借贷行为相互独立。在实际借贷活动中，贷款者不必关心其借款者是否从事互换交易。互换中每一方都承受了对方不如期支付利息的风险，万一一方违约，另一方也将遭受不能收到对方互换支付的风险。但是，互换并未使双方推卸其向各自的贷方如期偿还本金和利息的义务。

利率互换出现于 20 世纪 80 年代，起初利率互换主要是为了满足在固定利率和浮动利率市场上具有不同比较优势的双方降低融资成本的需要。随着越来越多的投资者利用利率互换进行利率风险管理或资产负债管理，利率互换市场迅猛发展，目前已成为全球最大的金融市场之一。它具有降低筹资成本、规避利率风险、弥合不同金融工具间缺口、增加资金筹措途径及增加资产负债管理的有效性等功能。

国际贸易中比较优势理论是英国著名经济学家大卫·李嘉图（David Ricardo）提出的。他认为，在两国都能生产两种产品，且一国在这两种产品的生产上均处于有利地位，而另一国均处于不利地位的条件下，如果前者专门生产优势较大的产品，后者专门生产劣势较小（即具有比较优势）的产品，那么通过专业化分工和国际贸易，双方仍能从中获益。利率互换是比较优势理论在金融领域最生动的运用。根据比较优势理论，只要满足以下两种条件就可进行互换：双方对对方的资产或负债均有需求，双方在两种资产或负债上存在比较优势。

人民币利率互换交易的概念，是交易双方约定在未来的一定期限内，根据约定数量的人民币本金交换现金流的行为，其中一方的现金流根据浮动利率计算，另一方的现金流根据固定利率计算。

28.2　人民币利率互换的类型

随着互换的普及和发展，利率互换不断创新。利率互换有三种主要类型：

息票互换、基础互换和交叉货币互换。

息票互换（Coupon Swap）是同种货币的固定利率和浮动利率之间的互换，即交易的一方向另一方支付一系列固定利率的利息款项换取对方支付的一系列浮动利率的利息款项。从交易的对方而言，则是支付一系列浮动利率的利息款项换取一系列固定利率的利息款项。这是利率互换中最基本的交易方式。

基础互换（Basis Swap）是同种货币基于不同参考利率的浮动利率对浮动利率的利息互换，即以一种参考利率的浮动利率交换另一种参考利率的浮动利率。在基础利率互换交易中，交易双方分别支付和收取两种不同浮动利率的利息款项。两种浮动利率的利息额都以同等数额名义本金为基础计算。

交叉货币利率互换（Cross Currency Interest Rate Swap）是不同货币、不同利率的互换，即一种货币固定利率与另一种货币浮动利率的交换。或者说，就是在一笔互换交易中，既有不同货币的互换，又有不同利率的互换。

中国人民银行在2006年2月9日发布的《中国人民银行关于开展人民币利率互换交易试点有关事宜的通知》中指出，利率互换是指交易双方约定在未来的一定期限内，根据约定数量同种货币的名义本金交换利息额的金融合约。按照该通知，当时国内人民币市场不包括交叉货币利率互换在内。

2007年8月17日，中国人民银行发布《中国人民银行关于在银行间外汇市场开办人民币外汇货币掉期业务有关问题的通知》，对在银行间外汇市场开办人民币外汇货币掉期业务的有关事宜进行规定。按照该通知，将在银行间外汇市场开办人民币兑美元、欧元、日元、港元、英镑五个货币对的货币掉期交易。通知中所指的人民币外汇货币掉期，是指在约定期限内交换约定数量人民币与外币本金，同时定期交换两种货币利息的交易协议。本金交换的形式包括：在协议生效日，双方按约定汇率交换人民币与外币的本金，在协议到期日，双方再以相同的汇率、相同金额进行一次本金的反向交换；中国人民银行和国家外汇管理局规定的其他形式。利息交换指双方定期向对方支付以换入货币计算的利息金额，可以固定利率计算利息，也可以浮动利率计算利息。该通知的发布，标志着我国市场已拥有上述全部三种主要类型的人民币利率互换。

28.3 人民币利率互换的推出和发展

中国人民银行于2006年2月9日发布的《中国人民银行关于开展人民币利率互换交易试点有关事宜的通知》，标志着人民币利率互换交易在国内的诞生。互换交易可以通过同业中心的交易系统进行，也可以由交易双方通过电话、传真等其他方式进行。从事互换交易的市场投资者应在每旬后的 3 个工作日内将本旬互换交易情况报同业中心备案（通过同业中心交易系统达成的交易除外）。同业中心应按照中国人民银行的规定和授权，及时向市场披露互换交易的有关信息。

自 2006 年 2 月人民币利率互换推出以来，国内人民币利率互换市场呈现出蓬勃发展的态势，已成为中国目前最主要的衍生产品市场。2007 年 4 月，全国银行间同业拆借中心下发了《银行间市场人民币利率互换交易操作规程》的通知。至此，人民币利率互换交易的参与者有了更为细致的交易指引。

人民币利率互换交易的浮动端参考利率，最初主要有两种，一种是银行间债券市场具有基准利率性质的质押式回购利率，主要以 7 天回购定盘利率（FR007）为基准；还有一种是人民银行公布的一年期定期存款利率。2007 年 1 月，上海银行间同业拆放利率（Shibor）正式面世，并成为人民币利率互换交易浮动端参考利率的选择之一，这其中主要包括 3 个月 Shibor、1 周 Shibor 和隔夜 Shibor。

2007 年 8 月 17 日，中国人民银行发布《中国人民银行关于在银行间外汇市场开办人民币外汇货币掉期业务有关问题的通知》，明确具备银行间远期外汇市场会员资格的境内机构可以在银行间外汇市场开展人民币外汇货币掉期业务。同时规定，货币掉期中人民币的参考利率，应为经中国人民银行授权全国银行间同业拆借中心发布的具有基准性质的货币市场利率，或中国人民银行公布的存贷款基准利率；货币掉期中外币参考利率由交易双方协商约定。

国家开发银行于 2006 年 5 月 8 日开始在彭博（Bloomberg）提供 1 个月到 10 年期的人民币 R007 利率互换双边报价，随后中国银行于 7 月 3 日加入到银行间债券市场的人民币利率互换双边报价，两家银行开始担任人民币利率互换的做市商。9 月初两家外资银行——花旗银行和渣打银行也加入了报价，随后第三家中资银行——兴业银行和外资银行——汇丰银行、摩根大通银行加入报价。截至 2007 年 6 月，一共有 7 家银行在彭博提供人民币利率互换的公开报价，其中 3 家为中资银行，即国家开发银行、中国银行和兴业银行；另 4 家为外资银行，即花旗银行、渣打银行、汇丰银行和摩根大通银行。

2007 年 1 月 18 日，兴业银行与花旗银行达成首笔基于上海银行间同业拆放利率（Shibor）的人民币利率互换交易。这笔在岸人民币利率互换交易，离央行正式推出 Shibor 只隔两周时间。在 Shibor 推出前，互换交易基本只能以 7 天回购利率和一年期定期存款利率为基准，但这两种基准利率均存在期限错配问题。因为按照国际惯例，利率互换的付息周期一般为三个月或半年，因此基于 7 天回购利率或一年期定存利率进行的利率互换交易可能会出现定价扭曲。同时，7

天回购利率主要反映的是短期市场资金状况，对短期资金波动敏感，难以反映市场利率的水平变动及趋势，因此以7天回购利率为基准的利率互换在规避利率风险方面也存在问题。而一年定期存款利率不能随市场浮动，在规避利率方面存在天然缺陷。

利率互换合约设计的关键是基准浮动利率。理想的基准浮动利率应满足三个基本条件：第一，交易商能够按照这个利率在货币市场大量融入和融出资金；第二，基准浮动利率的定盘利率由权威的中介机构确定，确定方法透明，不受交易双方操纵；第三，有大量的资本市场浮动利率工具，如浮动利率债券、浮动利率贷款与该利率指数挂钩。Shibor的推出，有希望满足利率互换的设计需求。在Shibor稳步发展并形成活跃的市场后，三个月及一年期的Shibor都是很好的市场基准利率，以其为基准的浮息债、利率互换、利率期权等产品可以很好地匹配发行人或投资者的资产负债，定价也相对简单，有着十分广阔的发展前景。

为建立以货币市场基准利率为核心的市场利率体系，指导货币市场产品定价，进一步培育上海银行间同业拆放利率（Shibor），推动货币市场、衍生产品市场的发展，全国银行间同业拆借中心发布《关于开展以Shibor为基准的票据业务、利率互换报价的通知》（中汇交发〔2007〕158号），在货币市场基准利率网（www.Shibor.org）上开发了以Shibor为基准的票据转贴现、票据回购和利率互换报价信息发布界面，并于2007年7月4日正式上线运行，由报价机构每日对规范品种进行报价，为市场交易提供定价基准。首批以Shibor为基准的利率互换业务报价银行包括中国农业银行、中国银行、中国建设银行、交通银行、招商银行、中信银行、兴业银行、北京银行、上海银行、汇丰银行。

为了更好地服务银行间市场会员，中国外汇交易中心于2011年3月28日通过电子化方式推出利率互换交易确认业务，并发布了《全国银行间同业拆借中心利率互换交易确认细则》。通过本币交易系统提供电子化确认平台，并出具统一格式的确认书。该业务有助于市场成员缓解手工处理纸质确认书过程存在的确认时滞与操作风险，又可提升利率互换市场的标准化程度、提高市场效率。为扩大利率互换交易确认功能的使用范围，提高双边确认效率，交易中心组织机构多边签署了《全国银行间同业拆借中心利率互换交易确认功能使用承诺函》，截至7月1日，已有25家机构通过交易系统进行电子化确认。目前，通过交易中心完成交易确认的利率互换交易已达到全部系统交易的90%以上。

28.4　人民币利率互换合约的主要内容

人民币利率互换合约的内容主要包括交易对手、交易日、起息日、到期日、名义本金、固定利率支付规定、浮动利率支付规定、付息频率、付息日调整、计息调整、计算代理人和交易员签章等内容。其中，固定利率支付规定包括固定利率支付方、固定利率、计息天数和计息方式等内容，浮动利率支付规定包括浮动利率支付方、浮动利率、计息天数和计息方式等内容。

在人民币利率互换合约中，最为关键的两个要素是浮动利率与固定利率，因为利率互换的实质就是将未来两组利息的现金流量（浮动利率部分和固定利率部分）进行交换。在此交换中，双方当事人最为关心的就是利率互换的价格。为了便于计算和比较，一般都将这两组现金流量折算成现值后再进行测算。在这两组现金流量现值的折算过程中，贴现率是可以通过债券价格推算出来的，但浮动利率部分现金流量的今后各期利率是一组未知数；如果固定利率已知，固定利率部分现金流量的现值是很容易计算的，但我们最终所要求出的恰恰就是这个固定利率。因此，从表面上看，这种计算肯定会进入"死循环"。但是经济学的基本理论和充分发达的债券市场可以给我们一些启发：在同一时点上，一个充分有效和完全竞争的债券市场，对风险系数相同、期限结构相同的浮动利率债券和固定利率债券的收益偏好是一致的，也即其中隐含的货币的时间价值应该是一致的，否则就会出现套利。因此，这两组利息现金流量的绝对值应该是等值的，于是我们可以得出结论：任何一组浮动利率现金流量必然可以"找出"与之相匹配（时间结构上的匹配）的某一组固定利率的现金流量，其未知数固定利率可以从债券市场上其他已知的债券收益率中推算出来。这便是计算利率互换报价的基本思路。

如前所述，人民币利率互换浮动利率端可以以 FR007、一年期定存或 Shibor 为基准。按照这三种不同基准进行分类的人民币利率互换交易合约参考样本见表 28 – 1、表 28 – 2 和表 28 – 3。其中，表 28 – 1 为一笔以 FR007 为浮动利率基准的人民币利率互换交易实例，而表 28 – 2 和表 28 – 3 则为合约参考样本。值得指出的是，不同的浮动利率基准，其浮动利率重置的规定是有很大不同的，这是由该浮动利率的性质决定的。

表 28 - 1　　　　　人民币利率互换确认书（以 FR007 为浮动利率）

甲方：	××银行
乙方：	××银行
交易日：	2007 年 06 月 06 日
起息日：	2007 年 06 月 07 日
到期日：	2011 年 06 月 07 日
名义本金：	人民币 50000000 元
固定利率支付规定：	
固定利率支付方：	甲方
固定利率：	年利率 4.27%
计息天数和计息方式：	实际天数/365，单利
浮动利率支付规定：	
浮动利率支付方：	乙方
浮动利率：	FR007，即 7 天回购定盘利率，由全国银行间同业拆借中心每天上午 11 点发布。
计息天数和计息方式：	实际天数/365，复利
浮动利率重置：	（1）浮动利率 FR007 每七天重置；每 7 天为一个计息期，若最后一个计息期不足 7 天，仍按照该计息期利率重置日的 FR007 计息； （2）首个计息期利率为 FR007，以后每个计息期的利率重置日为该计息期开始前的一个工作日； （3）如果利率重置日为法定假日，以重置日前一个工作日的 FR007 为该计息期的重置利率。
付息频率：	季付
付息日调整：	修正的下一个工作日。即如果合同付息日为国家法定假日，先检查下一个工作日是否跨入了下一个日历月，如果没有跨入下一个日历月，则调整到下一个工作日；如果跨入了下一个日历月，则调整到合同付息日的前一个工作日。 国家法定节假日以中华人民共和国法定节假日为准。
计息调整：	按付息日调整后的实际付息日计算当期利息。
计算代理人：	甲方

××银行：

我方确认对上述人民币利率互换交易。

××银行交易员
签章：_____
2007 年 06 月 06 日

表 28 - 2　　　　　人民币利率互换确认书（以一年定存为浮动利率）

甲方：	××银行
乙方：	××银行
交易日：	年　月　日
起息日：	年　月　日
到期日：	年　月　日
名义本金：	人民币×××元
固定利率支付规定：	
固定利率支付方：	×方
固定利率：	年利率×%
计息天数和计息方式：	实际天数/365，单利
浮动利率支付规定：	
浮动利率支付方：	×方
浮动利率：	人民币一年期定期存款利率
计息天数和计息方式：	实际天数/365，单利
浮动利率重置：	（1）每年为一个付息期。 （2）首个付息期利率为　　年　月　日适用的人民币一年期定期存款利率，即×%。以后每个付息期的利率重置日为该付息期开始日的前一个工作日，重置利率为中国人民银行公布的当日适用的人民币一年期定期存款利率。 （3）如果利率重置日是法定假日，以重置日前一个工作日的人民币一年期定期存款利率为该付息期的重置利率。 （4）如果在掉期持续期间人民银行不再公布该利率，则根据人民银行下达的相关处理办法，在双方协商的基础上确定新的浮动指标。
付息频率：	年付
付息日调整：	修正的下一个工作日。即如果合同付息日为国家法定假日，先检查下一个工作日是否跨入了下一个日历月，如果没有跨入下一个日历月，则调整到下一个工作日；如果跨入了下一个日历月，则调整到合同付息日的前一个工作日。 国家法定节假日以中华人民共和国法定节假日为准。
计息调整：	按付息日调整后的实际付息日计算当期利息。
计算代理人：	×方

××银行：

我方确认对上述人民币利率互换交易。

交易员

签章：_____

年　月　日

表 28－3　　　　人民币利率互换确认书（以 SHIBOR 为浮动利率）

甲方：	××银行
乙方：	××银行
交易日：	年　月　日
起息日：	年　月　日
到期日：	年　月　日
名义本金：	人民币×元
固定利率支付规定：	
固定利率支付方：	×方
固定利率：	年利率×%
计息天数和计息方式：	实际天数/365，单利
浮动利率支付规定：	
浮动利率支付方：	×方
浮动利率：	××SHIBOR，即 3 个月上海银行间同业拆放利率，由全国银行间同业拆借中心每日上午 11:30 对外公布。
计息天数和计息方式：	实际天数/360，单利
浮动利率重置：	（1）每三个月为一个计息期，首个计息期利率为××SHIBOR，以后每个计息期的利率重置日为该计息期开始前的一个工作日； （2）如果利率重置日为法定假日，以重置日前一个工作日的××SHIBOR 为该计息期的重置利率。
付息频率：	
付息日调整：	修正的下一个工作日。即如果合同付息日为国家法定假日，先检查下一个工作日是否跨入了下一个日历月，如果没有跨入下一个日历月，则调整到下一个工作日；如果跨入了下一个日历月，则调整到合同付息日的前一个工作日。 国家法定节假日以中华人民共和国法定节假日为准。
计息调整：	按付息日调整后的实际付息日计算当期利息。
计算代理人：	双方

××银行：

我方确认对上述人民币利率互换交易。

交易员

签章：＿＿＿＿＿＿＿＿

年　月　日

28.5 人民币利率互换的用途和意义

利率互换最基本的形式，是固定利率与浮动利率的互换，因而利率互换有两大基本作用：一是降低融资成本，二是实现固息资产负债与浮息资产负债的转换。降低融资成本是基于比较优势理论，当一家公司在固息融资市场具有比较优势而需要浮动融资，另一家公司在浮息融资市场具有比较优势而需要固息融资时，两家公司可以分别进行固息融资与浮息融资，然后相互之间签订利率互换协议，从而实现浮息融资与固息融资，利率互换协议可以有效降低两家公司的融资成本。考虑到违约风险及寻找对手的难度，银行等金融机构逐渐成为利率互换的中介，即企业只需要与银行签订利率互换协议而无须寻找另一家与之匹配的公司。当利率互换逐渐成为一种广泛交易的金融工具时，它被更多地应用到了浮息与固息资产或负债的转换，若一家公司具有浮息资产而不愿意承担现金流的变动风险时，可以通过利率互换将浮息资产转换成固息资产。

目前我国的利率互换市场中，利率互换更多的是银行等金融机构进行利率风险管理的工具，利率互换与浮息债组合构成固息债或者利率互换与固息债组合构成浮息债。现在的利率互换有三种，分别是基于一年期定期存款的利率互换、基于 7 天回购定盘利率（FR007）的互换、基于 Shibor（主要是 3 个月 Shibor）的利率互换，相应的浮息债也有基于一年期定存的、基于 7 天回购利率的、基于 Shibor 的浮息债三种。若投资者拥有固息债券，则通过买进利率互换（以固息交换浮息，相当于支付固息的价钱）来将其转换成浮息债券，利率上行则投资者在利率互换多头头寸上获利弥补了全部或部分在固息债上面的价差损失；若投资者具有浮息债券，则通过卖出利率互换（支付浮息收到固息），投资者相当于合成了一个固息债券。如果在考虑了基差风险（浮息债与利率互换的基准利率不完全相同）之后的收益率高于相应期限的固息债，则投资于合成的固息债优于普通的固息债。除了规避利率风险之外，利率互换也是一种很好的利率投机工具。利率互换是建立在其基准利率之上的衍生产品，投资者通过买卖利率互换可以投机基准利率的上升或下降。若预期基准利率会上升，则买入利率互换；若预期利率会下降，则卖出利率互换。由于利率互换无须本金，成熟市场的流动性也会很好，利率互换的使用较债券更为方便快捷，互换利率也会成为利率走势的一个风向标，可以有效促进利率价格的发现，对于研判利率走势有一定的参考价值。

对于整个市场而言，利率互换促进了浮息债与固息债的定价，例如浮息债与卖出利率互换合成的固息债与相应期限的固息债比较，可以消除浮息债或固息债定价方面的偏差，其定价更为准确。更进一步，利率互换也提高了浮息债与固息债的流动性，因为有利率互换，从而对浮息债的需求更多，固息债在套利之下的买卖也更多。

正因为利率互换的上述作用，我国的利率互换市场发展极为迅速，在 2007 年 1 月至 7 月，人民币利率互换交易量达到了 1160 亿元。在我国利率上行的大环境下，利率互换在利率风险管理中的应用会进一步扩大与深化。

28.6　人民币利率互换交易实例与基本交易方法

决定是否进行一笔人民币利率互换交易，在很大程度上取决于对利率走势的判断。正确地判断市场，能在持有到期获得利润，或者降低资金成本。

例如，2006 年 5 月 9 日，一年期人民币利率互换交易的报价为 2.08% 到 2.18%，而这一年内真实的 FR007 平均值为 2.35%。如果以当日价格买入一张一年期人民币利率互换合约（多头，付固息收浮息），则在 2006 年年底时已可获利约 20 个基本点。进入 2007 年，由于中国人民银行数次加息，该合约到期时，多头一方可获得非常可观的利润。

又如，2007 年 5 月 31 日，某银行通过融资购买债券，假设融资成本为 R007（或为盯住 FR007，或以 FR007 为考核指标），购买的是三年期的央行票据，年收益率为 3.43%。如果该银行不叙做利率互换，则成本为 FR007，收益为 3.43%。如果该银行进行利率互换，按照 5 月 31 日的市场报价 3.78% ~ 3.88%，则该行收固息付浮息，即每季度收取固息 3.78%，支付浮息 FR007（每 7 天重置一次的复利）。因此，相对购买三年期央行票据，叙做利率互换能提高收益 35 个基本点。

市场参与者还可以通过判断市场，利用市场波动赚取利润。例如，2007 年人民币加息预期强烈，同时人民币利率互换交易价格波动较大。某家银行于 2007 年 5 月 1 日买入三年期央行票据，利率为 3.33%，同时做多一笔人民币利率互换，市场报价为 3.25% ~3.35%，即支付固息 3.35%。2007 年 5 月 19 日央行宣布升息。2007 年 5 月 24 日，卖出三年期央行票据，利率为 3.43%，市场报价为 3.85% ~3.95%，即收取固息 3.85%。此笔组合交易中，央票损益为 -10 个基点，人民币利率互换损益为 50 个基点，则该交易组合的综合利润为 40 个基点。

市场参与者还可以直接利用债券和人民币利率互换进行套利。例如，2007 年 2 月 27 日，某银行准备通过融资购买债券，假设融资成本为 R007（或为盯住 FR007，或以 FR007 为考核指标），购买的是一年期央行票据，年收益率为 2.80%。如果该银行不叙做利率互换，则其成本为 FR007，收益为 2.80%。如果该银行进行利率互换，按照 2 月 27 日的市场报价 2.55% ~ 2.65%，则该行付固息收浮息，即每季度支付固息 2.65%，收到浮息 FR007（每 7 天重置一次的复利）。由于收到的浮息正好为融资成本，而支付的固息利率小于央行票据利率，因此这两笔交易构成一个套利组合，收益为 15 个基本点。

28.7　人民币利率互换近年来的成交金额

28.7.1　人民币利率互换市场早期流动性

人民币利率互换推出之初，其参考利率只有 FR007 和一年期定存两种。在 2006 年 11 月，市场首次出现一年期定存 + 利差的方式。2007 年 1 月，Shibor 正式面世，作为中国未来的基准利率，Shibor 面世后两周就成为人民币利率互换实际交易的参考利率。由于 Shibor 在推出初期本身活跃程度等原因，以其为参考利率的人民币利率互换并不是很活跃，但 Shibor 与 FR007 和一年期定存相比，在作为人民币利率互换参考利率方面不存在天然缺陷，因此其发展前景十分广阔。在 2007 年 1 月和 2 月，市场还先后出现了以半年期定存和三年期贷款利率为参考利率的人民币利率互换交易，但目前只有少数几笔。

28.7.2　2008 年以来人民币利率互换近年来的成交金额

人民币利率互换业务从 2006 年 2 月 10 日正式开展，初期交易量并不是很高。图 28 - 1 给出了 2007 年第一季度到 2015 年第四季度的成交金额。从该图可以看出，在整个 2007 年，人民币利率互换交易都不是很活跃，每个季度成交金额皆不到 90 亿美元，2007 年全年成交总额仅为 287.7 亿美元；然而 2008 年第一季度利率互换成交金额首次超过 100 亿美元达到了 116.9 亿美元，2008 年第一季度到第三季度成交金额达到接近 200 亿美元，虽然 2008 年第四季度成交金

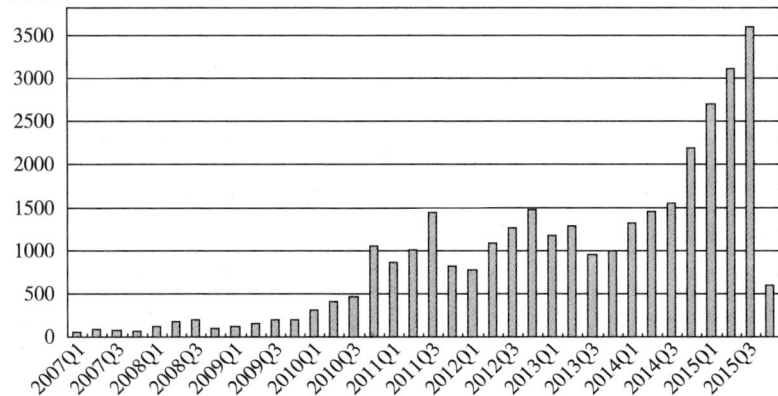

资料来源：历季中国货币政策执行季度报告。

图 28 - 1　2007 年第一季度至 2015 年第四季度人民币利率互换每季交易量

额回落到了 97.2 亿美元，2008 年全年成交金额达到了 593.4 亿美元，比 2007 年增长了 106.3%；2009 年第一季度成交金额重回 100 亿美元，从第一季度到第四季度持续上升到了超过 200 亿美元大关，2009 年全年成交总额 675.8 亿美元，比 2008 年增长了 13.9%；2010 年第一季度成交金额首次超过 300 亿美元，之后持续高速增长到了第四季度首次超过 1000 亿美元，达到 1051.2 亿美元，2010 年全年成交金额高达 2224.3 亿美元，比 2009 年增长了 225%；2010 年到 2014 年利率互换年成交金额分别比上年增长了 78.4%、8.5%、-6.0% 和 47.9%，2008 年到 2014 年利率互换金额年均增幅高达 28.8%；2015 年第一季度和第三季度成交金额分别比 2014 年同期分别增长了 105.1%、114.6% 和 131.7%，显示 2015 年前三个季度持续高速增长的可喜态势。但是，2015 年第四季度，利率互换成交金额同比下降了 72.8%，降幅超过了 2013 年第四季度同比降幅 32.6% 的一倍以上，下降到了 2010 年第四季度以来季度最低水平。这种大幅度下降的态势需要我们高度关注和进一步研究。

28.7.3　人民币利率互换的主要参考利率

国内人民币利率互换有不同的参考利率，表 28-4 给出了 2006 年到 2014 年不同主要参考利率相应的利率互换名义金额占比。从表 28-4 我们可以看出，在一开始，一年期定期存款利率是最主要的参考利率，但随着 2007 年上海银行间同业拆放利率（Shibor）推出后，Shibor 成为最主要的参考利率；不过，由于 Shibor 刚推出时的缺陷，2008 年 7 天回购定盘利率（FR007）成为最主要的参考利率，但后来随着 Shibor 报价机制的完善，FR007 的份额又逐渐被 Shibor 侵蚀；不过，2014 年以 FR007 为参考利率的利率互换名义本金占比突然增至 82%。综合来看，目前 FR007 是人民币利率互换最重要、最流行的参考利率，但 Shibor 也有着较大的市场份额。

表 28-4　人民币利率互换参考利率种类及市场占比情况（2006—2014 年）

单位：%

参考利率	2006	2007	2008	2009	2010	2011	2012	2013	2014
FR007	0	0	76	72	55	52	46	67	82
一年定存	100	38	4	1	5	3	3	1	0
SHIBOR	0	62	20	27	40	45	50	32	17
6 月贷款	0	0	0	0	0	0	0	0	0
1 年贷款	0	0	0	0	0	0	1	1	0
3 年贷款	0	0	0	0	0	0	0	0	0
合计	100	100	100	100	100	100	100	100	100

数据来源：中国货币网（http://www.chinamoney.com.cn/fe/Channel/21478）。

28.8　人民币利率互换成交金额在国际市场中的地位和发展潜力

利用图 28 - 1 给出的 2007 年第一季度到 2015 年第一季度人民币利率互换季度成交金额我们可以容易地计算出 2007 年到 2014 年国内利率互换年成交金额和日均成交金额。利用 2007 年到 2013 年人民币利率互换的年度成交金额和表10 - 3 给出的 2007 年到 2013 年全球利率互换日均成交金额，我们可以容易地计算出 2007 年、2010 年和 2013 年国内人民币利率互换日均成交金额占世界利率互换日均成交金额比重分别为 0.01%、0.07% 和 0.12%，表明虽然近年来国内人民币利率互换市场流动性持续显著提高，但是国内利率互换日均成交金额还不到一个百分点的八分之一，离近年来我国经济和贸易世界占比超过 1 成的水平仍然有数量级的差距。差距也是发展的动力，不到世界利率互换市场份额的 0.15% 的低位显示国内利率互换市场仍然具有巨大的发展潜力。

随着国内利率市场化的持续推动，利率风险管理将成为金融机构、企业和个人金融投资活动的重要组成部分。基于国内市场对规避利率风险的巨大需要，人民币利率互换业务在未来几年仍将保持高速发展的趋势，FR007 在一定时期内仍然是最主要的参考利率，但 Shibor 的重要性会不断上升，以 Shibor 为参考利率的人民币利率互换预计在未来将会成为主流。

28.9　标准利率衍生产品

2014 年 11 月 3 日，全国银行间同业拆借中心推出了标准利率衍生品。推出了标准利率衍生产品。标准利率衍生产品对利率互换、远期利率协议等利率衍生产品的到期日、期限等产品要素进行了标准化设置，首批推出 1 个月标准隔夜指数互换、3 个月标准 Shibor1W 利率互换、3 个月标准七天回购利率互换和 3 个月标准 Shibor3M 远期利率协议。根据全国银行间同业拆借中心《关于推出标准利率衍生产品的通知》的说明，银行间利率衍生产品市场成员均可参与标准利率衍生产品交易；标准利率衍生产品在 X - Swap 系统上采用双边授信方式通过匿名点击达成交易，现阶段与 X - Swap 系统利率互换产品共用授信额度；交易达成后交易双方在交易中心交易后处理服务平台完成确认，确认流程与现有利率互换一致，距最后交易日不足 4 个工作日达成的交易，应在最后交易日中午 12 点前完成交易确认；市场成员可选择双边自行清算和中央对手方清算两种方式。合约交割日交易双方根据交易后处理服务平台生成的交割单进行现金交割。

2014 年 11 月 3 日标准利率衍生产品首日上市交易，各市场成员踊跃参与。中信银行和星展银行达成首笔 1 个月标准隔夜指数互换，平安银行和广发银行达成首笔 3 个月标准 Shibor1W 利率互换，农业银行和宁波银行达成首笔 3 个月标准七天回购利率互换，中信银行和德意志银行达成首笔 3 个月标准 Shibor3M 远期利率协议。国开行、工商银行、交通银行、兴业银行、民生银行、上海银行、南京银行、法国巴黎银行、汇丰银行、三菱东京日联银行、美国银行上海分行、花旗银行、渣打银行和国泰君安证券也积极参与标准利率互换产品的首日交易。

表 28 - 5   **1 个月标准隔夜指数互换产品要素**

合约品种	以 ShiborO/N 为标的的 1 个月标准隔夜指数互换：ShiborO/N_1M
合约代码	SS011M_1411、SS011M_1412 等
合约月份	最近 12 个月份合约。举例： （1）当前交易日为 2014 年 5 月 5 日（5 月第三个周三之前），挂牌交易合约为 2014 年 5 月合约至 2015 年 4 月合约这 12 个日历月合约； （2）当前交易日为 2014 年 5 月 26 日（5 月第三个周三之后），挂牌交易合约为 2014 年 6 月合约至 2015 年 5 月合约这 12 个日历月合约。
交割日（D 日）	合约月份的第三个星期三，如果这一天不是营业日，则为经调整的下一个营业日。
最后交易日	交割日前一个营业日（D-1 日） 最后交易日的交易结束时间与 ShiborO/N 的发布时间保持一致
新合约上市日	旧合约最后交易日之后的第一个营业日，即 D 日 举例：2014 年 5 月 1 日合约最后交易日为 5 月 20 日、5 月 21 日为新合约开始挂牌交易日
报价方式	系统采用收益率的报价方式。收益率：R； R 为预期的 ShiborO/N 的 1 个月复合利率（年化），用于计算复合利率的基准利率重置规则与基于 ShiborO/N 的利率互换相同，重置期的第一个营业日为该重置期的利率确定日。合约计息期尾日为交割日，计息期首日为计息期尾日往前一个月度对应日历日；合约计息期首日不按营业日准则调整。 举例：2014 年 5 月合约的交割日为 5 月 21 日（第三个周三），合约计息期尾日为 5 月 21 日，计息期首日为 4 月 21 日，R 即为 4 月 21 日至 5 月 21 日这一计息期的复合利率（年化），算头不算尾。
交易时间	周一至周五：北京时间 9:00 - 12:00，13:30 - 16:30，节假日除外
单位报价量	5000 万元人民币
单位变动点	0.005%（即 0.5BP），对应于单位报价量的价值变动为 50000000 × 0.005% × A/365，A 为计息期实际天数 [注：计息基准可调整，以下同]
交割方式	现金交割

每日结算利率	合约每日结算利率确定方法： （1）取当日最后 1 小时成交的加权价格，该时段因系统故障等原因导致交易中断的，扣除中断时间后向前取满相应时段； （2）若最后 1 小时成交笔数少于 5 笔，则取当日最后 5 笔交易的加权价格； （3）若全天该合约成交笔数少于 5 笔，取最后一小时的（bid 的平均 + ofr 平均）×0.5； （4）若无报价或出现其他难以确定结算利率的情况，则可取前一日结算利率（如为合约上市首日，则取挂牌基准利率）。 挂牌基准利率为基于合约上市前一个营业日交易中心利率互换收盘曲线推算出的新合约对应计息期的远期利率。
到期结算利率	$$R = \left\{ \prod_{t=1}^{k} \left[1 + ShiborON_i \times \frac{d_i}{360} \right] - 1 \right\} \times \left(\frac{360}{D} \right)$$ ShiborO/N$_i$ 表示计息期内第 i 个重置期适用的基准利率，ShiborO/N$_i$ 根据 Shibor 网站（www. shibor. org）每个交易日公布的 ShiborO/N 利率值计算，计息基准为 A/360；k 表示计息期包含重置期个数；d$_i$ 在某一营业日后继一天也为营业日的情况下为"1"，在某一营业日后继一天为非营业日的情况下，等于自该营业日起（含该日）至下一营业日（不含该日）止的日历天数。D 表示计息期包含的日历总天数。
到期结算金额	合约到期结算利率/100 × 合约面值 × A/360 – 合约成交价/100 × 合约面值 × A/365 若结算金额大于零，则为卖方向买方支付；若结算金额小于零，则为买方向卖方支付。

资料来源：全国银行间同业拆借中心（http：//www. chinamoney. com. cn/fe/Info/9443138）。

表 28 – 6　3 个月标准 Shibor1W 利率互换产品要素

合约品种	以 Shibor1W 为标的的 3 个月标准利率互换：Shibor1W _ 3M
合约代码	SS1W3M _ 1412、SS1W3M _ 1503 等
合约月份	4 个最近的季月合约。举例： （1）当前交易日为 2014 年 6 月 5 日（6 月第三个周三之前），挂牌交易合约为 2014 年 6 月、2014 年 9 月、2014 年 12 月和 2015 年 3 月这 4 个季月合约； （2）当前交易日为 2014 年 6 月 26 日（6 月第三个周三之后），挂牌交易合约为 2014 年 9 月、2014 年 12 月、2015 年 3 月和 2015 年 6 月这 4 个季月合约。
交割日（D 日）	合约月份的第三个星期三，如果这一天不是营业日，则为经调整的下一个营业日。
最后交易日	交割日前一个营业日（D – 1 日） 最后交易日的交易结束时间与 ShiborO/N 的发布时间保持一致
新合约上市日	旧合约最后交易日之后的第一个营业日，即 D 日 举例：2014 年 5 月合约最后交易日为 5 月 20 日，5 月 21 日 2015 年 5 月合约开始挂牌交易

续表

报价方式	系统采用收益率的报价方式。收益率：R； R 为预期的 Shibor1W 的 13 周复合利率（年化），用于计算复合利率的基准利率重置规则与基于 Shibor1W 的利率互换相同，重置期首日的前一个营业日为该重置期的利率确定日。 合约计息期尾日为交割日，计息期首日为计息期尾日往前 13 周对应日历日；合约计息期首日不按营业日准则调整。 举例：2014 年 5 月合约的交割日为 5 月 21 日，合约计息期尾日为 5 月 21 日，计息期首日为 5 月 21 日往前 13 周对应日历日（2 月 19 日），R 即为 2 月 19 日至 5 月 21 日这一计息期的复合利率（年化），算头不算尾。
交易时间	周一至周五：北京时间 9：00 - 12：00，13：30 - 16：30，节假日除外
单位报价量	5000 万元人民币
单位变动点	0.005%（即 0.5BP），对应于单位报价量的价值变动为 50000000 × 0.005% × A/365，A 为计息期实际天数［注：计息基准可调整，以下同］
交割方式	现金交割
每日结算利率	合约每日结算利率确定方法： （1）取当日最后 1 小时成交的加权价格，该时段因系统故障等原因导致交易中断的，扣除中断时间后向前取满相应时段； （2）若最后 1 小时成交笔数少于 5 笔，则取当日最后 5 笔交易的加权价格； （3）若全天该合约成交笔数少于 5 笔，取最后一小时的（bid 的平均 + ofr 平均）×0.5； （4）若无报价或出现其他难以确定结算利率的情况，则可取前一日结算利率（如为合约上市首日，则取挂牌基准利率）。 挂牌基准利率为基于合约上市前一营业日交易中心利率互换收盘曲线推算出的新合约对应计息期的远期利率。
到期结算利率	$$R = \left\{ \prod_{i=1}^{k} \left[1 + Shibor1W_i \times \frac{d_i}{360} \right] - 1 \right\} \times \left(\frac{360}{D} \right)$$ $Shibor1W_i$ 表示计息期第 i 个重置期所适用的 Shibor1W，$Shibor1W_i$ 根据 Shibor 网站（www. shibor. org）每个交易日公布的 Shibor1W 利率值计算，计息基准为 A/360；k 表示计息期包含重置期个数；d_i 表示计息期的第 i 个基准利率 $Shibor1W_i$ 适用于 d_i 个日历日，对于一个完整的重置期，d_i 为 7 天；D 表示合约计息期内共有 D 个日历日，即计息期间首日至尾日（算头不算尾）。
到期结算金额	合约到期结算利率/100 × 合约面值 × A/360 - 合约成交价/100 × 合约面值 × A/365 若结算金额大于零，则为卖方向买方支付；若结算金额小于零，则为买方向卖方支付。

资料来源：全国银行间同业拆借中心（http：//www. chinamoney. com. cn/fe/Info/9443138）。

表 28 – 7	3 个月标准七天回购利率互换产品要素
合约品种	以 FR007 为标的的 3 个月标准互换：FR007 _3M
合约代码	SR073M _ 1411、SR073M _ 1412 等
合约月份	4 个最近的季月合约及不在季月循环里的最近的 2 个日历月合约 举例： （1）当前交易日为 2014 年 5 月 5 日（5 月第三个周三之前），挂牌交易合约为 2014 年 6 月、2014 年 9 月、2014 年 12 月和 2015 年 3 月这 4 个季月合约，及 2014 年 5 月和 2014 年 7 月这两个日历月合约； （2）当前交易日为 2014 年 5 月 26 日（5 月第三个周三之后），挂牌交易合约为 2014 年 6 月、2014 年 9 月、2014 年 12 月和 2015 年 3 月这 4 个季月合约，及 2014 年 7 月和 2014 年 8 月这两个日历月合约。
交割日（D 日）	合约月份的第三个星期三，如果这一天不是营业日，则为经调整的下一个营业日。
最后交易日	交割日前一个营业日（D－1 日） 最后交易日的交易结束时间与 FR007 的发布时间保持一致
新合约上市日	前一合约最后交易日的下一个营业日，即 D 日
报价方式	系统采用收益率的报价方式。 收益率：R； R 为预期的 FR007 的 13 周复合利率（年化），用于计算复合利率的基准利率重置规则与基于 FR007 的利率互换相同，重置期首日的前一个营业日为该重置期的利率确定日。 合约计息期尾日为交割日，计息期首日为计息期尾日往前 13 周对应日历日；合约计息期首日不按营业日准则调整。 举例：2014 年 5 月合约的交割日为 5 月 21 日，合约计息期尾日为 5 月 21 日，计息期首为 5 月 21 日往前 13 周对应日历日（2 月 19 日），R 即为 2 月 19 日至 5 月 21 日这一计息期的复合利率（年化），算头不算尾。
交易时间	周一至周五：北京时间 9：00 – 12：00，13：30 – 16：30，节假日除外
单位报价量	5000 万元
单位变动点	0.005%（即 0.5BP），对应于单位报价量的价值变动为 50000000 × 0.005% × A/365，A 为计息期实际天数［注：计息基准可调整，以下同］
交割方式	现金交割
每日结算利率	合约每日结算利率确定方法： （1）取当日最后 1 小时成交的加权价格，该时段因系统故障等原因导致交易中断的，扣除中断时间后向前取满相应时段； （2）若最后 1 小时成交笔数少于 5 笔，则取当日最后 5 笔交易的加权价格； （3）若全天该合约成交笔数少于 5 笔，取最后一小时的（bid 的平均 + ofr 平均）× 0.5； （4）若无报价或出现其他难以确定结算利率的情况，则可取前一日结算利率（如为合约上市首日，则取挂牌基准利率）。挂牌基准利率为基于合约上市前一个营业日交易中心利率互换收盘曲线推算出的新合约对应计息期的远期利率。

续表

到期结算利率	$$R = \left\{ \prod_{i=1}^{k} \left[1 + FR007_i \times \frac{d_i}{365} \right] - 1 \right\} \times \left(\frac{365}{D} \right)$$ FR007$_i$表示计息期第 i 个重置期所适用的 FR007，FR007$_i$根据中国货币网（www.chinamoney.com.cn）每个交易日公布的 FR007 利率值计算，计息基准为 A/365；k 表示计息期包含重置期个数；d$_i$表示计息期的第 i 个基准利率 FR007$_i$适用于 d$_i$个日历日，对于一个完整的重置期，d$_i$为 7 天；D 表示合约计息期内共有 D 个日历日，即计息期间首日至尾日（算头不算尾）。
到期结算金额	（合约到期结算利率 – 合约成交价）/100 * 合约面值 × A/365 若结算金额大于零，则为卖方向买方支付；若结算金额小于零，则为买方向卖方支付。

资料来源：全国银行间同业拆借中心（http://www.chinamoney.com.cn/fe/Info/9443138）。

表 28 – 8 　　　　　　　**3 个月标准 Shibor3M 远期利率协议产品要素**

合约品种	以 Shibor3M 为标的的 3 个月标准远期利率协议：Shibor3M _ 3M
合约代码	SS3M _ 1412 等
合约月份	8 个最近的季月合约、季月合约后的 3 年的 12 月合约及不在季月循环里的最近的 2 个日历月合约
交割日（D）	合约月份的第三个星期三，如果这一天不是营业日，则为经调整的下一个营业日
最后交易日	交割日前一个营业日（D – 1 日）最后交易日的交易结束时间与 Shibor3M 的发布时间保持一致
新合约上市日	前一合约最后交易日的下一个营业日，即 D 日
报价方式	系统采用收益率的报价方式。收益率：R；R 为预期的最后交易日 Shibor3M 的值，为年利率。
交易时间	周一至周五：北京时间 9：00 – 12：00，13：30 – 16：30，节假日除外
单位报价量	5000 万元
单位变动点	0.005%（即 0.5BP），对应于单位报价量的价值变动为 50000000 × 0.005% × A/365，A 为计息期实际天数 [注：计息基准可调整，以下同]
交割方式	现金交割
每日结算利率	合约每日结算利率确定方法：（1）取当日最后 1 小时成交的加权价格，该时段因系统故障等原因导致交易中断的，扣除中断时间后向前取满相应时段；（2）若最后 1 小时成交笔数少于 5 笔，则取当日最后 5 笔交易的加权价格；（3）若全天该合约成交笔数少于 5 笔，取最后一小时的（bid 的平均 + ofr 平均）× 0.5；（4）若无报价或出现其他难以确定结算利率的情况，则可取前一日结算利率（如为合约上市首日，则取挂牌基准利率）。挂牌基准利率为基于合约上市前一个营业日交易中心利率互换收盘曲线推算出的新合约对应计息期的远期利率。

到期结算利率	R 为（www. shibor. org）网站公布的最后交易日的 Shibor3M 值，对应计息期首日为交割日，尾日为与计息期首日相对应的三个月后的日历日，计息期尾日不按营业日准则调整，计息期算头不算尾。
到期结算金额	（合约到期结算利率/100 × 合约面值 × A/360 − 合约成交价/100 × 合约面值 × A/365）／（1 + Shibor3M × A/360） 若结算金额大于零，则为卖方向买方支付；若结算金额小于零，则为买方向卖方支付。

资料来源：全国银行间同业拆借中心（http：//www. chinamoney. com. cn/fe/Info/9443138）。

　　根据人民银行 2015 年第二季度《货币政策执行报告》，2015 年上半年标准利率衍生产品成交 640 笔，成交金额 2745 亿元人民币，其中 2015 年第一季度和第二季度成交笔数分别为 346 笔和 294 笔，成交金额分别为 1295.5 亿元人民币和 1449.5 亿元人民币，显示第二季度交易笔数略有下降，但是成交金额却略有上升；2015 年上半年标准利率衍生产品成交金额 2745 亿元占同期银行间利率互换成交总额 56944.1 亿元的 4.8%，显示标准利率衍生产品推出不久就对活跃利率互换市场发挥了一定的作用。

28.10　本章总结

　　虽然人民币利率互换交易自 2006 年 2 月才正式开展，但在一年多的时间里，它已发展成为我国最主要的人民币衍生产品市场，显示利率互换在人民币金融衍生产品市场的重要作用。特别是进入 2007 年以来，交易量迅速增长，其中最根本的原因是金融机构和公司企业等市场主体本身有着强烈的规避人民币利率风险的内在需求。

　　人民币利率互换交易的核心在于其浮动端参考利率的设计与固定利率的定价，以及市值重估和风险控制。浮动端参考利率最初主要有两种：一种是银行间债券市场具有基准利率性质的质押式回购利率，主要以 7 天回购定盘利率（FR007）为基准，还有一种是人民银行公布的一年期定期存款利率。2007 年上海银行间同业拆放利率（Shibor）的正式面世，为人民币利率互换提供了一个重要基准。由于 Shibor 不像 FR007 和一年期定存那样存在期限错配问题等天然缺陷，以 Shibor 为基准的人民币利率互换交易有望在将来成为主流。

　　2007 年 8 月 17 日发布的《中国人民银行关于在银行间外汇市场开办人民币外汇货币掉期业务有关问题的通知》进一步完善了人民币利率互换的交易品种，是人民币利率互换市场走向成熟与完善的重要里程碑。在人民币外汇货币掉期交易中，人民币与外汇本金也进行等额互换，考虑更多的是为了满足市场参与者的现实需求。该通知的发布，标志着三种主要类型的利率互换在境内人民币市场中也已全部具备。

利率风险是全球金融市场中最重要的市场风险，随着人民币利率市场化步伐的不断前进，国内机构、企业和个人所面临的利率风险将越来越大。在此大环境下，人民币利率互换交易作为规避利率风险、进行负债管理或进行投机的重要衍生产品，在我国市场将有巨大的发展前景。2008 年到 2014 年的 6 年，虽然国内利率互换年成交金额复合年均增长率高达 28.8%，但却显著低于同期国内外汇掉期年均复合增长率 47.3%，而且利率互换近年来的成交金额也显著低于人民币外汇掉期的成交金额，因此国内利率互换仍然是国内仅次于外汇掉期市场的第二大主要市场。虽然国内利率互换市场近年来保持了持续较快的增长态势，但是国内利率互换市场的成交金额占全球的比重仍然不到 1%，离我国经贸的世界占比仍有数量级的差距。我们在第 43 章介绍了境外人民币利率互换后还会对境内外人民币利率互换进行比较，并比较人民币利率互换市场流动与全球利率市场的流动性。相信随着人民币利率市场化的进一步推动，国内人民币利率互换市场将会迎来更好的发展期。

第 29 章 人民币远期利率协议

远期利率协议是最基本的利率衍生产品，对于利率市场的发展有很重要的作用。本章将简要介绍我国远期利率协议市场的发展现状及趋势。

29.1 远期利率协议简介

远期利率协议是指交易双方约定在未来某一日交换协议期间内一定名义本金基础上分别以合同利率和参考利率计算利息的金融合约。其中，远期利率协议的买方支付以合同利率计算的利息，卖方支付以参考利率计算的利息。

远期利率协议作为一种直接以利率为标的的衍生产品，拥有很多独有的特点：（1）远期利率协议的标的不是一个真实的资产，而是一个参考利率。参考利率一般为市场认知度高的浮动利率，如 Libor，在我国主要为 Shibor。（2）远期利率协议的交割完全为现金交割，不存在标的资产的实物交割。（3）每一份远期利率协议均存在两个期限，即远期期限和合约期限。远期期限为远期利率协议成交日与结算日之间的天数，而合约期限为结算日到到期日之间的天数。远期利率协议的期限一般表示为 n-m，其意义为远期利率协议的到期期限为 m，远期期限为 n，合约期限为 m-n。

29.2 我国远期利率协议交易管理规定

2007 年 9 月 29 日，中国人民银行公布《远期利率协议业务管理规定》（中国人民银行公告〔2007〕第 20 号）。该规定明确定义了在我国银行间市场进行交易的远期利率协议的概念，即交易双方约定在未来某一日交换协议期间内一定名义本金基础上分别以合同利率和参考利率计算利息的金融合约。

同时，该规定还限定了远期利率协议交易者的三个层次：（1）具有做市商或结算代理业务资格的金融机构可与其他所有市场参与者进行远期利率协议交易；（2）其他金融机构可以与所有金融机构进行远期利率协议交易；（3）非金融机构只能与具有做市商或结算代理业务资格的金融机构进行以套期保值为目的的远期利率协议交易。

规定还要求金融机构在开展远期利率协议交易前，应将其远期利率协议的内部操作规程和风险管理制度报送交易商协会和交易中心备案。内部风险管理制度至少应包括风险测算与监控、内部授权授信、信息监测管理、风险报告和内部审计等内容。远期利率协议交易既可以通过交易中心的交易系统达成，也可以通过电话、传真等其他方式达成。未通过交易中心交易系统的，金融机构应于交易达成后的次一工作日将远期利率协议交易情况报送交易中心备案。

29.3 我国推出远期利率协议的意义

作为一种典型的利率衍生产品，远期利率协议业务的推出具有非常重要的意义。

第一，有利于增强投资者管理利率风险的能力。随着我国金融体制改革的深入，利率市场化的程度也在逐步加深，投资者开始面对更大的利率波动风险。远期利率协议可以让投资者锁定从未来某一时刻开始的利率水平，从而有效地管理短期利率风险。

第二，有利于促进市场稳定，提高市场效率。远期利率协议通过锁定未来的利率水平实现了风险的转移和分散，能够深化市场功能，提高市场稳定性，同时可以在客观上降低投资者的交易成本，提高市场效率。

第三，有利于发挥市场的价格发现功能，为中央银行的货币政策操作提供参考。远期利率协议所达成的利率水平集中体现了来自套期保值、套利、投机等各方面的需求，是各种市场信息和对未来预期的综合反应，有助于发挥市场的价格发现功能，其价格水平的变动可以为中央银行的货币政策操作提供重要的参考。

第四，有利于整个金融衍生产品市场的协调发展。我国金融衍生产品市场发展的时间不长，在远期利率推出之前只有债券远期和利率互换两个品种。远期利率协议的推出，不仅可以进一步丰富金融衍生产品的种类，使投资者更灵活地选择适合自身需要的风险管理工具，还可以为现有的利率衍生产品提供有效的对冲手段，从而促进整个金融衍生产品市场的协调发展。

29.4 我国远期利率协议市场的现状

我国的远期利率协议交易始于 2007 年 11 月 1 日，第一笔交易由中信银行与另一家机构达成，参考利率为 3 个月期 Shibor，期限为 3~6 个月，名义本金为 2 亿元。自 2007 年 11 月中信银行和另一家机构达成我国第一笔远期利率协议以来，我国的远期利率协议市场短暂火爆后迅速趋冷。图 29-1 给出了 2008 年第一季度到 2015 年第二季度国内远期利率协议的交易金额。

图 29-1 显示，从 2008 年第一季度到第四季度，远期利率协议成交金额从

14.1 亿元快速增长到了 41 亿元，然而从 2008 年第四季度到 2009 年第三季度，成交金额从 41 亿元又快速下降到了仅仅 3 亿元；2009 年第四季度成交金额略微回升到了 9 亿元，然而 2010 年第一季度出现了市场启动后第一次零交易；虽然 2010 年第一季度到第三季度成交金额重新回到了 14.5 亿元，但是从 2010 年第三季度到 2011 年第一季度成交金额回落到了仅仅 2 亿元，同年第二季度成交金额出现了市场启动后的第二个零交易；2011 年第二季度以后市场基本处于停滞状态，2013 年第三季度以后没有任何一个季度有交易，市场完全处于停滞状态，成为推出晚于债券远期，但是停滞却比债券远期还要早的国内银行间产品。

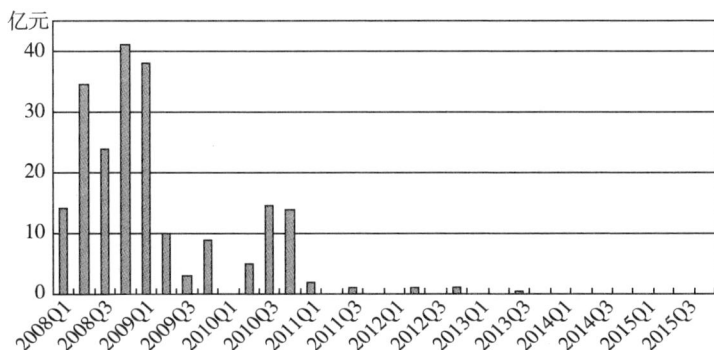

数据来源：中国人民银行：《中国货币政策执行报告》2008 年第一季度至 2015 年第四季度。

图 29 - 1　人民币远期利率协议成交金额（2008 年第一季度到 2005 年第四季度）

虽然远期利率协议是在 2007 年 11 月推出的，但当年交易额高达 10.5 亿元；2008 年增长到了 113.6 亿元，然而，2010 年以后，远期利率协议的交易额在个位数，其中 2014 年没有一笔成交。这些数据表明该市场不仅仍然处于相当初期的阶段，市场基本处于停滞状态，存在诸多严重的问题。

从市场规模来看，利率远期协议年度成交金额最高的 2008 年成交金额才仅仅 113.6 亿元，流动性过低，在我国银行间市场的地位还很边缘化。可视为远期利率协议组合的利率互换交易自 2006 年 2 月 10 日推出以来，成交日渐活跃，与远期利率协议交易的冷清局面形成了鲜明的对比。

29.5　国际利率远期协议流动性和我国利率远期协议的发展潜力

利率远期协议是国际市场上利率风险管理的重要工具之一，其流动性仅次于利率互换。表 29 - 1 给出了 1995 年 4 月到 2013 年 4 月全球利率衍生产品日均成交金额和占比及远期利率协议日均成交金额与利率互换日均成交金额比例。表 29 - 1

显示，1995 年到 2007 年，全球利率远期协议日均成交金额占银行间利率衍生产品比重从 44.8% 持续下降到了 15.8%，而从 2007 年到 2013 年占比重新回升到了 32.0%，接近三分之一，2013 年远期利率协议占比接近相应的期权和其他产品占比 7.6% 的四倍，为国际利率衍生产品市场中仅次于利率互换的重要产品。

表 29 - 1   全球利率衍生产品日均成交金额和占比及远期利率协议日均

成交金额与利率互换日均成交金额比例

（1995 年 4 月到 2013 年 4 月）　　　　　　单位：亿美元，%

产品 ＼ 年份	1995	1998	2001	2004	2007	2010	2013
远期利率协议	933.6	965.7	1801.6	3026.6	3433.2	7899.7	8824.2
占比	44.8	28.1	26.6	22.7	15.8	29.8	32.0
利率互换	843.8	2011.4	4593.5	8229.4	15560.2	16297.1	16657.3
占比	40.5	58.5	67.9	61.9	71.6	61.5	60.4
期权和其他产品	308.3	459.2	365.7	2048.9	2738.7	2291.7	2104.3
占比	14.8	13.4	5.4	15.4	12.6	8.7	7.6
总计	2085.6	3436.2	6760.8	13304.9	21732.1	26488.4	27585.8
远期利率协议/利率互换	110.6	48.0	39.2	36.8	22.1	48.5	53.0

数据来源：国际清算银行网站：www. bis. org，"Triennial Central Bank Survey, Interest rate derivatives market turnover 2013, Monetary and Economic Department, December 2013" T＿08＿01 到 T＿08＿04。

表 29 - 1 同时显示，1995 年国际利率远期协议日均成交金额高于相应的利率互换，然而 1998 年两者比例首次低于 50%；1998 年到 2007 年，两者比例持续下降到了 22.1%；2007 年到 2013 年两者比例重新回到了 53%，超过后者的一半，再次显示远期利率协议在国际利率风险管理市场的重要性。

利用图 28 - 1 给出的国内季度利率互换数据，我们可以计算出 2014 年国内利率互换成交金额为 4.03 万亿元人民币。即使 2014 年国内利率远期协议与国内利率互换比例达到 2013 年国际相应比例 53.% 的十分之一，2014 年我国利率远期协议成交金额也会高达 2138 亿元人民币，显示国内利率互换市场的潜力。

29.6   我国远期利率协议市场的期限结构

正如第 29.1 节所介绍的，远期利率协议有两个期限，即远期期限和合约期限。其中合约期限一般与参考利率的期限相同，我国占名义本金总额 98.72% 的远期利率协议的参考利率为 3 个月期 Shibor，直到 2009 年才出现了以 7 天期 Shibor 为参考利率的远期利率协议，其协议期限为 7 天。因此，我国远期利率协议的合约期限结构比较单一。在本节中，我们主要讨论远期利率协议的远期期限结构。由于从 2011 年起，远期利率协议的成交非常清淡，2011—2013 年成交笔数分别是 3 笔、3 笔和 1 笔，因而，这里主要统计 2007 年 11 月到 2010 年 12 月我国远期利率协议市场的远期期限结构，见表 29 - 2。

表 29 - 2 　　　　　　我国远期利率协议市场的远期期限结构

（2007 年 11 月到 2010 年 12 月）

远期期限	名义本金额（万元）	比重（%）
7 天	100000	3.88
1 月	250000	9.70
2 月	89000	3.45
3 月	1545000	59.98
4 月	10000	0.39
6 月	448000	17.39
9 月	123000	4.77
10 月	3000	0.12
12 月	8000	0.31

数据来源：根据中国货币网数据整理。

从远期利率协议开展以来到 2010 年的远期期限结构看，3 个月、6 个月和 1 个月期的品种占据了主导地位，其比重分别达到 59.98%、17.39% 和 9.70%，总名义本金额达 224.3 亿元。

下面我们考察我国远期利率协议市场远期期限结构的变动，表 29 - 3 给出了 2007 年第四季度到 2010 年第四季度我国远期利率协议市场远期期限结构的变动情况。

表 29 - 3 　　　　　各季度远期利率协议市场的期限结构变动

（2007 年 11 月到 2010 年 12 月）　　　　　　单位：%

	2007 Q4	2008 Q1	2008 Q2	2008 Q3	2008 Q4	2009 Q1	2009 Q2	2009 Q3	2009 Q4	2010 Q1	2010 Q2	2010 Q3	2010 Q4
7 天						5.30	66.67						
1 月	19.00	14.70	33.90	45.80									
2 月		7.40	1.70	29.20	1.00								
3 月	59.00	15.40	23.70	12.50	56.60	52.60	33.33	100.00	100.00		100.00	100.00	100.00
4 月				4.20									
6 月	9.50	26.50	23.70	8.30	39.50	39.50							
9 月	9.50	30.10	16.90		2.90	2.60							
10 月		2.20											
12 月	2.90	3.70											

数据来源：根据中国货币网数据整理。

从远期期限结构变动看，我国远期利率协议市场的期限结构并没有明显的变动趋势。比重较大的期限品种变动幅度很大，如 1 个月期的品种，在 2008 年第三季度之前比重节节攀升，最高几乎达到了 50%，但到 2008 年第四季度却停止了成交。远期利率协议市场这种不规则的变动与其交易的不活跃性是有很大关系的，因为交易不活跃，每笔交易对于期限结构的影响都比较大，所以对于期限结构的把握就比较困难。但我们可以看出，在期限结构的变动中，远期利率协议交易存在向某些期限品种集中的趋势。从 2009 年下半年开始 3 个月期的品种几乎成了市场上的单一品种，这标志着 Shibor_3M 利率已经成为市场的主要参考利率。

29.7　本章总结

远期利率协议自 2007 年 11 月 1 日推出以来，一直没有成为我国银行间市场主要的衍生产品，也没有获得应有的市场地位。从远期利率协议推出至今，成交量低到了停滞的地步，成为近年来银行间新市场中最不活跃的两个产品之一。利率互换可以与浮动利率债券构成套期保值组合，这是机构进行利率互换交易的重要原因，而远期利率协议由于其短期和一次结算的特性，无法直接与基础资产构成套期保值组合，因而在与利率互换的竞争中处于下风。2012 年以前国内银行利率市场化步伐相对缓慢，远期利率协议流动性很低还可以理解，但是 2012 年以来国内利率市场化步伐明显加速，金融机构利率风险显著增大，而国内远期利率协议不仅没有活跃起来反而呈现停滞的状态，表明国内金融机构利率风险管理的意识、方法等方面需要显著提高。

国际市场上，远期利率协议是仅次于利率互换的重要利率风险管理工具，近年来其日均成交金额在利率互换一半上下，显示远期利率协议在利率风险管理方面的重要作用。随着我国利率市场化进程的推进和金融技术的成熟，远期利率协议在管理利率风险方面的灵活性和有效性将得到很大的提升，相信远期利率协议交易将会逐渐活跃起来。

第 30 章 黄金期货和期权市场

黄金既具有金属属性，同时也具有一定的货币属性，在全球贵金属以至货币储备领域有着重要的影响力。2002 年上海黄金交易所开业，2003 年人民银行通过取消黄金市场相关行政审批，初步开放了国内黄金市场。时隔 5 年，2007 年 9 月，经国务院同意，中国证监会批准上海期货交易所上市黄金期货；又隔 8 年，2015 年 2 月上海黄金交易所成功推出了黄金期权，成为国内第一个商品期权产品。黄金期货和期权的成功推出标志着中国黄金市场的开放进入了新的发展阶段，为国内人民币衍生产品增加了新的血液。本章简单介绍国内外黄金期货和黄金期权市场近年来的发展。

30.1 黄金货币属性与商品属性介绍

黄金是一种特殊的货币，既有货币属性，也有商品属性。

30.1.1 黄金的货币属性

黄金自古是各国的主要货币之一。大约公元前 700 年，位于小亚细亚的吕底亚王国（The Kingdom of Lydia）开始使用黄金作为货币；据出土的金币考证，我国春秋时代的楚国使用黄金作为货币，根据币面的铸字而称为"郢爰"；同时代的古罗马帝国也开始使用金币作为流通货币。

黄金的货币属性在 18 世纪的"金本位制"中到达高峰。"金本位制"是指黄金作为货币的基础，既可以作为货币在国内进行支付，也可以作为国际的结算货币自由地使用，黄金可以自由输出或输入国境。各国政府以法律形式规定货币的含金量，两国货币含金量的对比即为决定汇率基础的铸币平价。在 1821 年，英国率先实行"金本位制"，其他主要西方国家也陆续实行。"金本位制"对于在资本主义初期，促进国际贸易发展与结算起到了重要的作用。然而，随着经济规模的扩大，黄金生产的增长幅度远远低于经济的增长，不能够满足作为结算的需要；另外，在第一次世界大战期间，各国使用黄金大量购买军火，限制本国黄金的自由输出，最终导致了"金本位制"的崩溃。

1944 年 7 月，联合国在美国的新罕布什尔州的布雷顿森林通过了《国际货币基金组织协定》，建立新的货币体系，俗称布雷顿森林体系，规定 1 盎司黄金等于 35 美元，其他国家的货币与美元挂钩，美国承担其他国家以 35 美元兑换 1 盎司黄金的义务。布雷顿森林体系对于稳定"二战"以后的经济恢复与市场稳定起到了积极的作用。然而，美国的经济赤字增加导致其他国家将美元兑换黄金，美国有限的黄金储备难以维持，所以在 1971 年美国政府宣布美国不再承担其他国家用美元兑换黄金的义务。在 1976 年国际货币基金组织通过《牙买加协议》，废除了黄金官价。从此，黄金退出了国际清算体系。

虽然黄金退出了国际清算体系，但是，黄金仍旧作为一种重要货币在国际市场进行交易。黄金是各国央行的重要储备之一，2000 年到 2012 年，全球黄金储备金额占全球外汇储备总额比重从 15.1% 上升到了 15.4%，2013 年和 2014 年占比略微下降到了 11% 上下的水平①。尽管美国自 1971 年以来一直在打压黄金的货币属性，而美国黄金储备从 2000 年到 2014 年保持在 8133.5 吨没有变化。另外，黄金也是对抗全球金融风险的重要货币。作为跨国界的货币，当金融市场对各国经济失去信心时，黄金作为非国家货币的避险职能尤为突出。由于黄金的避险与抵抗通胀的作用，黄金也成为金融市场的重要投资工具。

30.1.2　黄金的商品属性

黄金具有其他货币不具备的商品属性，主要体现在黄金实物的供需关系上。

黄金的用途较为广泛，例如首饰、电子产品、牙医材料与投资等等。根据表 30-1 2013 年至 2014 年黄金消费统计表，黄金的主要用途在于首饰用金。另外，由于黄金良好的导电能力以及抗氧化，黄金是集成电路芯片的重要原料之一；黄金的无毒性与抗腐蚀能力，也是牙科的首选材料。黄金在工业方面的用途还很多，例如航天工业、食用、装饰等等。黄金的另外一个较大的需求在于投资，特别是在 2008 年金融危机发生以后，ETF（Exchange Traded Fund，ETF）基金与个人对于黄金的投资大幅度增加。当然黄金 ETF 对于金价走势比较敏感，在国际金价 2011 年开始整体向下后，黄金 ETF 持仓就出现较大幅度的下滑。表 30-1 给出了 2009 年到 2014 年全球黄金消费相关数据。表 30-1 显示，2009 年到 2014 年，首饰黄金需求才能够从 1814 吨上升到了 2153 吨，年均增幅 3.5%，工业与牙医需求年均降幅 1%，金条与金币等零售投资需求从 778 吨增长到 1064 吨，年均增幅 6.5%，而 ETF 投资却从 617 吨大幅度下降到了 -159 吨，导致同期全球黄金总需求年均增长率达 3.4%。

---

① 根据世界黄金协会公布的年底世界黄金储备金额 http：//www.gold.org/assets/file/value/stats/statistics/archive/pdf/World_Official_Gold_Holdings_Mar_2010.pdf 和国际货币基金组织（www.imf.org）公布的全球外汇储备数据计算得出。

表 30-1			2009 年到 2014 年全球黄金消费统计			单位：吨
需求（年份）	2009	2010	2011	2012	2013	2014
首饰	1814	2017	1972	1897	2385	2153
工业与牙医	410	466	452	407	408	389
金条与金币等零售投资	778	1149	1515	1253	1765	1064
ETF 投资	617	338	185	279	-880	-159
总量	3618	3971	4582	4380	4273	4278

数据来源：世界黄金协会 2014 年和之前年份黄金需求趋势报告。

　　世界黄金协会的报告指出在人类开始生产黄金以来，总产量约 158000 吨，其中 66% 的产量发生在 1950 年后。现在，全球金矿年产金大约在 3000 吨。黄金供给的不足主要通过央行售金或旧金回收等渠道来进行补充，表 30-2 给出了 2009 年到 2014 年全球黄金供给统计数据。表 30-2 显示，2009 年到 2014 年矿产金从 2353 吨提高到了 3114 吨，年均增幅高达 5.8%，比同期世界名义国内生产总值年均增幅 5.3% 还要高出 0.5%，同期央行等官方部门销售黄金额年均增幅 4.3%，而旧金回收量却从 1695 吨显著下降到了 1122 吨，年均降幅 7.9%，导致同期黄金供给总额年均增幅仅为 1.0%。

表 30-2			2009 年到 2014 年全球黄金供给统计			单位：吨
供应（年份）	2009	2010	2011	2012	2013	2014
矿产金	2353	2586	2851	2819	3051	3114
央行等官方部门销售黄金	34	76	-457	-543	-40	42
旧金回收	1695	1645	1649	1591	1262	1122
总量	4081	4155	4500	4410	4273	4278

数据来源：世界黄金协会 2014 年和之前年份黄金需求趋势报告。

30.2　国际黄金市场介绍与产品分析

30.2.1　黄金交易市场

　　黄金交易市场按照交易方式可以分为交易所场内与场外交易市场。交易所场内交易的黄金品种主要是黄金现货与期货。美国的纽约商业交易所（NYMEX）是全球最大的黄金期货与期权交易所，其他主要的期货交易所包括日本的东京商品交易所（Tokyo Commodity Exchange）、印度多种商品交易所（the Multi Commodities Exchange of India），我国的上海期货交易所等。我国的上海黄金交易所、香港金银业贸易场与土耳其的伊斯坦布尔黄金交易所（Istanbul Gold Exchange）是全球主要的黄金现货交易所，其中上海黄金交易所是全球最大的黄金现货交易所。

黄金场外交易的黄金品种主要是黄金即期、远期、掉期与期权。交易市场主要以英国的伦敦市场为代表，其他主要市场还包括瑞士的苏黎世和阿联酋的迪拜等。场外交易的主体是各国央行，投资银行，大型商业银行，基金，产金与用金企业，其他金融机构等等。伦敦市场是世界上最大的黄金场外交易市场，其主要构成是英国央行（英格兰银行）与伦敦金银市场协会（London Bullion Market Association，LBMA）的各级成员。在 2010 年 6 月，LBMA 拥有 9 家银行作为做市商在伦敦交易时段对黄金即期、远期与期权，按照其事先约定的产品范围进行双边报价；另外有 60 家一级会员（Full member）与 53 家二级会员（Associate）积极参与市场交易。

黄金的场外交易量大于场内交易量。在历史上，黄金交易的货币属性非常显著，现在即便黄金已经退出了清算货币体系，但是黄金仍旧是金融市场的重要货币之一。与其他货币一样，黄金的即期与衍生品交易以场外市场为主，银行是主要的市场参与者。Steve Sherrod，美国商品交易委员会的代理监管总监，在其调查报告中指出 2009 年伦敦市场黄金即期与远期产品交易量达到 5166 百万盎司（约 160681 吨），比起同期 COMEX 黄金期货交易量多出 51277 吨[①]。

30.2.2 黄金交易产品

国际市场上的黄金交易品种众多，主要包括以下交易品种：
■ 即期
■ 租赁
■ 远期与掉期
■ 期货
■ 期权

这些产品为满足市场交易与投资需要，帮助控制风险与降低融资成本起到了重要的作用。以下部分将对它们进行逐一介绍。

30.2.2.1 黄金即期

黄金即期是场外交易产品，结算采取 T + 2 天方式。标的黄金是纯度为 99.5% 的黄金，在伦敦交割。国际黄金以美元进行报价，例如 1000 美元/盎司，但也可以用英镑、欧元或者澳元进行报价。

黄金即期交易分为账户黄金与实物黄金交易。一般情况下，黄金交易是账户黄金（Unallocated Account Gold）交易，即像其他货币一样，黄金通过记账方

---

① Steve Sherrod, Statement of Steve Sherrod, 2010 年 3 月 25 日, http://www.cftc.gov/PressRoom/SpeechesTestimony/metalmarkets032510 _ sherrod. html.

式从卖方的黄金账号转到买方的黄金账号。账户金的余额并无指定的金条，而是清算行黄金库存的一部分。如果双方交易的是实物黄金，例如某个国家央行卖出储备实物黄金，实物黄金在结算日被进行交割，清算行收到实物黄金以后，把黄金记入到买方的实物黄金账号（Allocated Account）。账户金上的黄金与实物黄金账号上的黄金可以调换。

黄金即期是黄金市场中的最基础产品，央行、大型商业银行、投行、产金与用金企业都是该市场的活跃参与者。伦敦场外机构市场的每笔最小交易量是1000盎司。

伦敦的黄金即期定盘价是国际公认的黄金价格指数。伦敦的第一个黄金定盘价公布在 1919 年 9 月 12 日 11 点。经过 90 年的发展，伦敦现在公布早上和下午定盘价，时间分别是在早上 10：30 与下午 3：00。伦敦的五大定价金行包括汇丰银行、加拿大丰业银行、德意志银行、巴克莱银行与法国兴业银行。这些银行在定盘时间根据各自客户的交易指令，进行撮合交易，当买方的交割数量与卖方的交割数量一致，并且没有新的交易指令时，当时的黄金价格宣布为定盘价。

近年来，五家银行决定定盘价的方式颇受争议，美国和英国监管部门也曾着手对伦敦黄金定盘价是否存在操纵展开过调查，德意志银行则因为全球业务的调整而退出五大报价行的行列。从 2015 年 3 月 20 日开始，有近百年历史的伦敦黄金定盘价被 LBMA 黄金价格取代。新定价机制仍然每天两次定价（伦敦当地时间 10 时 30 分和 15 时），但与之前少数银行通过电话定价方法不同，这是一个电子和可交易的拍卖过程，独立管理，买卖集合竞价并实时发布，参与者数量可以尽可能地多。洲际交易所基准管理机构（IBA）是 LBMA 黄金价格的管理人，提供定价平台、方法，并全面独立负责定价管理（和讯网，转引金融时报王成洋，LBMA 黄金价格正式取代伦敦定盘价，http：//gold. hexun. com/2015 −0321/174267596. html）。

30. 2. 2. 2　黄金租赁

黄金租赁是指央行或者银行把库存黄金出租给其他商业银行或者企业，在到期时，租借方归还黄金与利息。以下是利息的计算公式：

$$黄金利息 = 黄金本金 \times r_{lease} \times 天数 \div 360$$

其中，

$$r_{lease}：黄金租赁率$$

例 30. 1　某商业银行库存 100000 盎司黄金，用于两天后支付，为了获取利息收益，该商业银行把黄金按照 0. 20% 年利率拆借给某投行，两天后归还。在两天以后，投行支付商业银行黄金本金与利息。

$$100001. 111 \text{ 盎司} = 100000 + 100000 \times 0. 20\% \times 2/360$$

黄金租赁市场的主要参与者是央行、投行、大型商业银行、金矿与用金企业。央行是黄金租赁市场流通性的主要提供者。在黄金租赁率比较高的时期，央行在市场大量租出黄金，例如在 2001 年年末，1 年期黄金租赁率约在 1.5% 水平，大约 80 家的央行借出超过 4650 吨黄金，而非央行机构借出的黄金不到 500 吨[①]。2002 年以后，由于黄金租赁率的下降，基本上接近零利率，导致央行的黄金租赁交易减少。黄金租赁是金矿的重要融资手段。由于黄金租赁率一般低于美元借款利率，所以许多金矿向商业银行租赁黄金，转换为现金用于矿山建设，在黄金产出后还给银行。银行是黄金租赁市场的中介。基于对信用风险的担心，央行不会直接租赁黄金给金矿或用金企业，而是拆借给信用良好的大型商业银行，商业银行再根据企业的信用状况贷出黄金。另外，银行在货币流动性紧张的时候，会拆借黄金来转换美元，缓解流动性压力。2008 年全球金融危机发生以后，金融市场流动性紧缺，黄金租赁率随着美元短期利率的大幅上升而上升，反映了投资者通过黄金租赁市场进行融资。

图 30 - 1 描述了 2008 年以来的 3 个月、6 个月和 12 个月的黄金租赁利率，从图中可以看到在 2008 年下半年次贷危机的最高峰，各个期限的黄金租赁利率也大幅飙升；当短期美元流动性因为美国的量化宽松政策而变得充裕时，各个期限的黄金租赁利率也大幅回落。

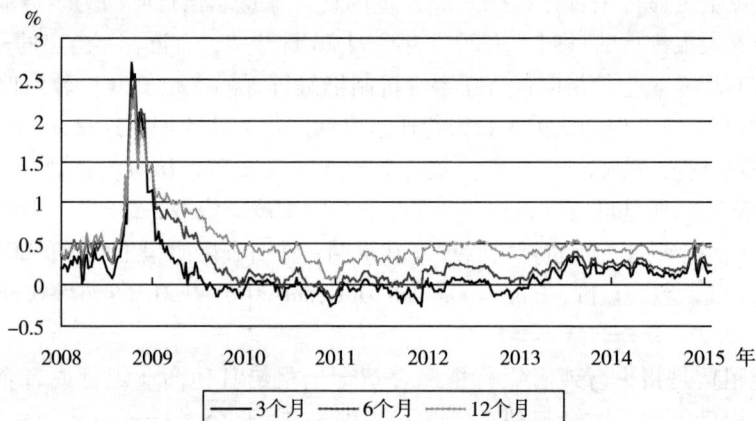

数据来源：彭博（2008 年 1 月 3 日到 2015 年 5 月 15 日，伦敦金银协会已经于 2014 年 9 月 22 日起停止公布 GOFO 和黄金租赁率，图 30 - 1 中 2014 年 9 月 22 日以后的 GOFO 和黄金租借率乃是我们用现货和黄金期货之间的基差估算得来）。

图 30 - 1　各个期限的黄金租赁利率的变化

黄金租赁率反映了租赁市场的供需关系，也体现了它与黄金远期价格、美元利率的无风险套利关，我们对这三者的关系将在黄金远期与掉期部分进行具

---

① Angolo Gold, Gold Avenue Encyclopedia Leasing, http://info. goldavenue.com/.

体讨论。

30.2.2.3　黄金远期与掉期

黄金远期是交易双方在约定的到期日，按照合约规定的价格、数量、黄金的成色，以及交割方式交易黄金。黄金远期的黄金交割与黄金即期一样，都是在伦敦交割 99.5% 黄金。黄金远期与其他货币的远期一样，在无风险套利的原则下，遵循利率平价（Interest Rate Parity）原理计算远期价格。

$$F = S \times \frac{\left(1 + r_{USD} \times \dfrac{t}{360}\right)}{\left(1 + r_{lease} \times \dfrac{t}{360}\right)}$$

其中，

F：远期价格

S：即期价格

t：即期日至远期到期日

r_{USD}：美元利率

在实际交易黄金远期时，交易员直接报出黄金远期利率，或称 GOFO（Gold Forward Offered Rate），而不是黄金远期价格。因此黄金远期公式调整如下

$$F = S \times \left(1 + r_{GOFO} \times \frac{t}{360}\right)$$

其中，

r_{GOFO} 是黄金远期利率。

金融市场简化 r_{GOFO} 与黄金租赁率、美元利率的关系，令以下等式成立

$$r_{lease} = r_{USD} - r_{GOFO}$$

表 30 - 3 是伦敦金银市场协会（London Bullion Market Association，LBMA）在 2010 年 6 月 1 日公布的黄金远期利率，以及伦敦银行间利率（LIBOR）与黄金租赁率。

表 30 - 3　LBMA 公布的 GOFO 和黄金租赁率（2010 年 6 月 1 日）

期限	GOFO（%）	LIBOR（%）	租赁率（LIBOR - GOFO）（%）
1 个月	0.59000	0.35088	- 0.23912
2 个月	0.63167	0.43438	- 0.19729
3 个月	0.66000	0.53625	- 0.12375
6 个月	0.79000	0.76113	- 0.02887
1 年	0.95333	1.20875	0.25542

数据来源：LBMA（鉴于伦敦金银协会已经于 2014 年 9 月 22 日起停止公布 GOFO 和黄金租赁率，图 30 - 1 中 2014 年 9 月 22 日以后的 GOFO 和黄金借率乃是我们用现货和黄金期货之间的基差估算得来，鉴于此处是引用其作为算例，因此如上数据时间保留 2010 年 6 月 1 日）。

例30.2 在2010年6月1日，某金矿企业计划在3个月后销售100000盎司黄金，因担心金价下跌，该金矿企业决定向某商业银行卖出3个月的黄金远期。假定当时黄金即期价格是1220美元/盎司，根据以上公式，该商业银行的远期报价计算如下：

$$1222.013 = 1220 \times (1 + 0.66\% \times \frac{90}{360})$$

黄金掉期是指同时买入与卖出相等数量的黄金，其中买入和卖出的结算日不同。一般情况下，黄金掉期的一交易是即期，另一交易是远期。黄金掉期可以分解为两笔黄金交易，对近期交易与远期交易分别按照黄金远期公式进行定价。黄金掉期是黄金远期市场的重要工具，投资者通过掉期进行展期交易或者利差交易。

例30.3 在上例中，如果该金矿企业在3个月后只生产了50000盎司黄金，另外的50000盎司要在一个月以后产出。为了对未生产的黄金进行套期保值，该金矿企业决定通过黄金掉期把50000盎司黄金的远期交易合约展期一个月。假定3个月远期合约到期时的黄金即期价格是1200美元/盎司，一个月期限的远期价格是1200.80美元/盎司。该企业与银行进行掉期交易，按照1200美元/盎司价格买入50000盎司即期黄金，然后按照1200.80美元/盎司价格卖出50000盎司1个月远期黄金。

结果分析：首先，该金矿企业在远期到期日按照1222.013美元/盎司的价格卖出50000盎司黄金，获得61100650美元收入。对于尚未产出的黄金，在远期到期日，掉期交易近期交易的付款（买入5000盎司黄金）对冲远期交易的收款（卖出50000盎司黄金），企业获得以下收益：

$$1100650 = (1222.013 - 1200.00) \times 50000$$

然后企业按照1200.80美元/盎司的价格在1个月以后卖出50000盎司黄金。

黄金远期与黄金掉期市场的主要参与者是银行、投行、基金与产金企业。金融机构通过远期与掉期进行利差交易，另外为金矿项目提供套期保值服务；产金企业主要使用这些产品进行套期保值，或者降低融资成本。由于黄金远期与掉期的交易是信用交易，在到期日前不需要进行黄金实物交割或者资金清算，所以交易量很大，是黄金场外市场的主要组成部分，根据国际清算银行（BIS）的统计，在2014年6月末的黄金远期与掉期头寸超过2400亿美元（参见第21章表21-1）。

30.3　国际黄金期货市场

30.3.1　国际黄金期货市场简史

纽约商品交易所[①]在 1974 年 12 月 31 日推出黄金期货，黄金期货的推出与黄金市场的自由化有密切联系。在 1971 年，美国尼克松政府放弃了布雷顿森林体系，实行美元对黄金比价的自由浮动；在 1974 年，美国取消禁止个人从黄金交易中盈利的法案。黄金期货的推出是黄金市场自由发展的必然趋势。

30.3.2　国际主要黄金期货交易所简介

黄金期货是一种期货交易所标准产品，与其他期货产品一样，黄金期货合约是一种标准合约，具有单位交易数量，统一的到期时间以及交割方式。全球主要的黄金期货交易集中在纽约商业交易所，印度多种商品交易所，东京工业品交易所，上海期货交易所与台湾期货交易所。表 30 - 4 给出了 2014 年交易量排名前四位的黄金期货和期权合约的情况。

表 30 - 4　　　　　　2014 年交易量排名前四位的黄金期货

和期权合约的成交量和成交金额

品种	交易单位	交易所	2014 年成交量（手）	2010 年成交量排名
黄金期货	100 盎司	纽约商业交易所	40518804	1
SPDR 黄金 ETF 期权		美国的期权交易所	29470882	2
黄金期货	1000 克	上海期货交易所	23865406	3
黄金期货	1 盎司	莫斯科交易所	11519763	4

数据来源：美国期货业协会 2014 年年度报告。

30.3.3　主要国家的黄金期货交易额比较

从表 30 - 3 可以看出，2014 年上海期货交易所的黄金期货以年成交 2387 万手为全球第二大黄金期货合约。自 2008 年诞生以来，在短短的不到 7 年的时间里，上海期货交易所的黄金期货就已经成长为仅次于纽约商业交易所黄金期货的全球第二大黄金期货品种，这充分说明了这些年中国黄金期货市场的快速发展和黄金期货在中国市场较为强大的生命力。

---

① 第一个推出黄金期货合约的交易所是纽约商品交易所（COMEX），纽约商业交易所与纽约商品交易所在 1994 年 8 月进行合并，统一称为纽约商业交易所，所以此处加以解释。

30.3.4　主要黄金期货合约

以下是对纽约商业交易所黄金期货合约的简单概括。

表 30 - 5　　　　　　　　　纽约商业交易所黄金期货合约

交易单位	100 盎司
报价单位	美元/盎司
交易时间	每日场内交易时间：纽约早上 8:20 至下午 1:30。电子交易平台交易从纽约时间每周日下午 6:00 至下周五下午 5:15，每天下午 5:15 到 6:00 之间有一个 45 分钟的休息时间
交易月份	即月，下两个日历月，23 个月内的所有 2 月、4 月、8 月、10 月，60 个月内的所有 6 月和 12 月
最小变动价位	0.1 美元/盎司（10 美元/手）
最后交易日	现货月最后一个工作日之前的第三个交易日
交割期限	交割月的第一个工作日到最后一个工作日
品质要求	纯度不得低于 99.5%

数据来源：纽约商业交易所（the New York Mercantile Exchange，COMEX）。

黄金期货的定价与黄金远期相似，也遵循利率平价模型。如果两者价格相差超过了交易成本，将产生套利机会，银行或者基金进行套利交易，最终统一两个市场的价格。

30.4　国内黄金市场介绍与产品分析

30.4.1　国内黄金市场发展历史介绍

新中国成立时的黄金储备接近零。从 1840 年鸦片战争到成立新中国的 100 多年间，我国长时间处于战争状态，大量的黄金流失海外。在近代战争中，西方列强对我国强索巨额的黄金、白银作为战争赔款，特别是在八年抗日战争中，日本恶性掠夺我国的资源，导致我国大量的黄金流失到国外。另外，国民党政府在 1948 年发行金元券，强迫民间把持有的黄金兑换成金元券，然后在逃离大陆时把所有国库的黄金转移到台湾。所以新中国成立时没有黄金储备。

在新中国成立后，我国通过自身黄金生产来增加黄金储备。在新中国成立以后到 1982 年，我国的黄金一直处于严格的控管阶段，产金企业必须把生产的黄金按照统一价格出售给中国人民银行，然后人民银行将黄金配售给用金企业，而黄金主要是用于国际支付以及增加外汇储备。

随着我国启动改革开放，黄金市场在 20 世纪 80 年代也逐渐放开。自我国在 1982 年恢复政策允许居民在首饰商店购买黄金首饰以后，我国逐步开放黄金市场，以下是我国黄金市场变革的主要事件：

1. 在 1982 年 9 月，国内恢复政策允许居民购买黄金首饰，迈开了黄金市场开放的第一步。

2. 1999 年 11 月，白银市场开放交易。12 月，上海华通有色金属现货中心批发市场成为当时我国唯一的白银现货交易市场。

3. 2000 年 8 月，上海老凤祥经人民银行批准，允许经营黄金饰品的收兑业务，成为全国首家黄金自由兑换的商业企业。

4. 2001 年 4 月，时任中国人民银行行长戴相龙宣布取消黄金统购统配政策，在上海组建黄金交易所。

5. 2001 年 6 月，人民银行实施黄金价格周报价制度，根据国际金价来调整国内金价。

6. 2001 年 8 月，金饰品、金精矿和其他金银产品价格放开。

7. 2002 年 10 月 30 日，上海黄金交易所开业，标志着我国黄金交易完全步入市场化。

8. 2003 年 11 月，中国银行推出黄金宝交易，标志着我国商业银行的个人纸黄金业务开始启动。

9. 2004 年 9 月，中国人民银行行长周小川在上海举办的伦敦金银市场协会年会上提出中国黄金市场要从商品交易为主向金融交易为主转变；由现货交易为主向期货交易为主转变；由国内市场向国际市场转变。

10. 2008 年 1 月 9 日，黄金期货在上海期货交易所上市，标志着我国的黄金衍生品交易进入新的阶段。

11. 2009 年 4 月，国家外汇管理局宣布我国国家黄金储备由 600 吨增加至 1054 吨。

30.4.2　国内黄金市场介绍

我国在经济改革开放以后，经过大约 30 年的快速发展，现在已经形成了以上海黄金交易所与上海期货交易所为主的场内市场，以及商业银行为主的场外市场的多品种、多层次的现代中国黄金市场。本节将会对这三大市场分别进行介绍。

上海黄金交易所（以下简称金交所）是我国最大的黄金交易所，交易所实行会员制组织形式，会员由在中华人民共和国境内注册登记，从事黄金业务的金融机构、从事黄金、白银、铂等贵金属及其制品的生产、冶炼、加工、批发、进出口贸易的企业法人，并具有良好资信的单位组成。现有会员 167 家，分散在全国 26 个省、市、自治区；交易所会员依其业务范围分为金融类会员、综合类会员和自营会员。金融类会员可进行自营和代理业务及批准的其他业务，综合类会员可进行自营和代理业务，自营会员可进行自营业务。现有国际会员 40 家。目前会员单位中年产金量约占全国的 80%；用金量占全国的 90%；冶炼能力占全国的 90%。

金交所的交易品种以黄金现货为主，是世界上最大的场内黄金现货交易市场，在 2014 年的交易量为 18487 吨。表 30 – 6 给出了 2014 年金交所年度交易量。

表 30 – 6　　　　　　　　　2014 年金交所年度交易量

交易品种	2014 年交易量（公斤）
Au99.95	916254
Au99.99	4204649
Au100g	12728.00
Au50g	0.8
Au99.5	100
iAu9999	156028
iAu100g	36.50
iAu99.5	225
Au（T+D）	8665016
mAu（T+D）	543321
Au（T+N1）	371387
Au（T+N2）	300466
黄金询价 99.95	49460
黄金询价 99.99	3267009
合计	18486681

数据来源：上海黄金交易所网站，www.sge.com.cn。

金交所的黄金产品主要分为两类，黄金现货交易产品与黄金延期交易产品。黄金现货交易产品包括 Au99.95、Au99.99、Au99.5、Au100g、Au50g、黄金询价 99.95、黄金询价 99.99、iAu9999、iAu100g 和 iAu99.5（iAu 系列为上海黄金交易所国际板上市交易的三个现货品种）。表 30 – 7 给出了上海黄金交易所黄金现货产品概括。

表 30 - 7　　　　　　　　　上海黄金交易所黄金现货产品

交易合约	Au99.99	Au99.95	Au99.5	Au50g	Au100g
黄金成色	纯度不低于 99.99%	纯度不低于 99.95%	纯度不低于 99.5%	纯度不低于 99.99%	纯度不低于 99.99%
最小交易单位	10 克	1 公斤	12.5 公斤	50 克	100 克
最小交割金条重量	1 公斤	3 公斤	12.5 公斤	50 克	100 克
最小变动价位	0.01 元/克				
每日价格变动上限	0.3				
结算	T + 0				

数据来源：上海黄金交易所网站，www.sge.com.cn。

Au99.99 不但是我国的最大黄金现货交易品种，其价格也是我国黄金的主要价格指数。

黄金延期产品主要包括 Au（T + D）、Au（T + N1）、Au（T + N2）和 mAu（T + D）。Au（T + D）是指投资者可以选择在合约交易日交割，或者延期到下一交易日交割，同时引入延期补偿费机制与中立仓来平抑交割供求矛盾的一种现货交易模式。Au（T + D）交割的标的物是纯度不低于 99.95 的黄金。延期交易采取保证金交易方式，在开仓时，投资者需要缴纳 10% 的保证金；对于采取延期交割的投资者头寸，交易所会进行每日无负债清算。

由于 Au（T + D）允许投资者延期交割，因此每天交割时，Au（T + D）的多头与空头的交割数量并不一定相等，金交所通过延期补偿费机制与中立仓来解决供求矛盾。Au（T + D）的实物交割有三种情况：

多头与空头申请交割相等；

多头申请交割数量大于空头申请交割数量；

多头申请交割数量小于空头申请交割数量。

延期补偿费机制要求交割较少的一方向对方缴纳延期费用。如果多头的交割申报量大于空头的交割申报量，未申报交割的空头缴纳延期费；如果空头的交割申报量大于多头的交割申报量，未申报交割的多头缴纳延期费。

然后，交易所允许拥有黄金或者资金的投资者申请中立仓来弥补交割的不足。例如，当多头的交割申报量大于空头的交割申报量，即 Au（T + D）卖方不能够提供足够的黄金给 Au（T + D）买方，差额部分可以由拥有黄金的投资者提供，投资者同时得到与交割黄金数量相等的 Au（T + D）多头头寸；或者当空头的交割申报量大于多头的交割申报量，即 Au（T + D）买方不能够提供足够的资金给 Au（T + D）卖方，差额部分可以由拥有资金的投资者提供，投资者同时得到与交割金额等值的 Au（T+D）空头头寸（按结算价折算）。申请差额部分的交割称为中立仓申请，中立仓申请成功的投资者获得延期费。延期费用按每天万分之二费率计算，以下是计算公式

延期费 = 持仓量×当日结算价×延期费率×天数

例子：Au（T+D）的多头与空头在交割前各持有 1 吨的头寸。多头交割申报 800 公斤收货，空头交割申报 500 公斤交货，由于多头收货大于空头交货，所以未交割的空头缴纳延期费。假定当天是周五，到下一个交易日周一相差 3 天，另外 Au（T+D）的结算价是 250 元/克，持仓量是 500 公斤，把这些参数代入延期费公式，得到

延期费 = 500000×250×0.0002×3

延期费 = 75000 元

如果投资者申报中立仓交出 300 公斤黄金，这些投资者申报成功后得到 300 公斤 Au（T+D）多头头寸以及以下延期费

延期费 = 300000×250×0.0002×3

延期费 = 45000 元

原先 Au（T+D）多头尚有 200 公斤多头，获得延期费 30000 元。如果中立仓投资者没有能够交出 300 公斤，交易所按照先报先得原则让申请交割的多头收货，未能得到货的多头交割申请退回，获得延期费补偿。

Au（T+N）品种与 Au（T+D）的交易规则基本相同，主要区别在于延期费率与延期费支付时间。Au（T+N）品种采用两个月定期集中支付延期费的方式，而 Au（T+D）是每天支付延期费。其中 Au（T+N1）合约的延期费用支付日为 1 月、3 月、5 月……等单数月份的最后一个交易日，Au（T+N2）合约的延期费用支付日为 2 月、4 月、6 月……等双数月份的最后一个交易日。Au（T+N）延期费率是每两个月 1%，而 Au（T+D）费率是 0.0002%。

Au（T+D）是金交所的最大黄金交易品种，其 2014 年交易量占交易所全年黄金品种交易量的 46.87%。相比于黄金现货交易品种，Au（T+D）是保证金交易，可以买多或者卖空，不需要全额资金或者黄金库存；另外，Au（T+D）交易费用只有 0.02%，低于现货品种 0.035%。所以，比起黄金现货交易，Au（T+D）交易更为灵活而且费用较低，所以更符合产金企业进行套期保值与投资者进行黄金投资的需要。

2014 年 9 月 18 日，上海黄金交易所国际板顺利上线运行。我们从投资者的视角出发对于国际板的特征和影响做一个简要的描述。

首先，上海交易所增加了 3 个黄金现货实盘的国际板合约，3 个国际板合约代码分别为 iAu99.5、iAu99.99、iAu100g，交割地点均为交易所自贸区指定交割仓库，合约其他参数分别与主板合约 Au99.5、Au99.99、Au100g 相同。国际板

并没有推出新的品种，对于国内投资者而言，参与国际板并不是参与新的黄金投资品种。

其次，国际和国内客户均可以参与主板和国际板的黄金品种合约的交易，这意味着国内主板市场迎来了国际投资者这一新的群体。国际会员和国际客户可参与交易的合约包括 3 个国际板合约和 Au99.99、Au99.95、Au100g、Au99.5、Au（T+D）、mAu（T+D）、Au（T+N1）、Au（T+N2）8 个主板合约，但只能对国际板合约办理出入库业务。国内会员和国内客户可参与国际板所有合约的交易，但不可以对 3 个国际板合约办理出入库业务（具有进出口资格的会员除外）。国际投资者的加入可能会大大增加国内黄金主板市场各个合约的交易活跃程度，提升市场流动性。

最后，国际板客户资金封闭运行的特征意味着国内客户的在岸人民币资金只能在国际板上进行现货黄金交易，不能由此流向国际，而国际投资者用以投资黄金的离岸人民币也无法转化为在岸人民币。《上海国际黄金交易中心客户资金封闭运行业务实施细则》规定："资金封闭运行业务是指国际中心在结算银行开设的结算专用账户、国际会员在结算银行开设的代理专用账户和国际客户在结算银行开设的银行账户之间形成固定的对应关系，实现资金的定向划转功能，使资金在封闭环境中运行的完整体系。""结算银行须与国际会员、国际客户签订三方协议，明确各方权益，建立绑定关系，非绑定账户的出入金须按原路退回原则处理。"

从近距离的视角来看，黄金国际板无非是打开大门迎客，将一批国际投资者引入到国内黄金投资市场，从而有助于增加国内市场流动性。但是，从远距离的视角来看，国际投资者由此得到一个贴近观察中国黄金市场的窗口，通过这个窗口的信息传递，国际金价对于中国黄金市场的变化乃至经济的脉搏会有更加及时的反应，从而令中国投资者获得本土信息优势。

30.5　上海期货交易所黄金期货

上海期货交易所在 2008 年 1 月 9 日推出黄金期货，为国内期货行业增加了新的内容。

30.5.1　上海期货交易所黄金期货合约

表 30-8 给出了上海期货交易所黄金期货合约的主要内容。[1]

---

[1]　上海期货交易所，上海期货交易所黄金期货标准合约，http://www.shfe.com.cn/shfe/upload/dir_200812/555_200812.doc。

表 30－8　　　　　　　　　　上海期货交易所黄金期货标准合约

交易品种	黄金
交易单位	1000 克/手
报价单位	元（人民币）/克
最小变动价位	0.05 元/克
每日价格最大波动限制	不超过上一个交易日结算价±3%
合约交割月份	最近三个连续月份的合约以及最近 11 个月以内的双月合约
交易时间	上午 9:00－11:30，下午 1:30－3:00 和交易所规定的其他交易时间
最后交易日	合约交割月份的 15 日（遇法定假日顺延）
交割日期	最后交易日后连续五个工作日
交割品级	金含量不小于 99.95% 的国产金锭及经交易所认可的伦敦金银市场协会（LB-MA）认定的合格供货商或精炼厂生产的标准金锭（具体质量规定见附件）
交割地点	交易所指定交割金库
最低交易保证金	合约价值的 4%
交割方式	实物交割

数据来源：上海期货交易所网站，www. shfe. com. cn。

30.5.2　上海黄金期货近年来的成交金额

在黄金期货交易启动以后，其交易量在当年已超过上海黄金交易所的交易量。黄金期货在 2008 年、2009 年与 2010 年的交易量分别是 7781 吨、6812 吨与 6794.09 吨，超过了金交所 4463.77 吨、4710.81 吨与 6051.50 吨交易量，分别为相应的黄金交易量的 1.74 倍、1.44 倍和 1.12 倍。2014 年，上海期货交易所的黄金期货年成交量为 23865 吨，同年上海黄金交易所黄金成交量为 18487 吨，前者是后者的 1.3 倍。

这主要归因于黄金期货交易期限从 1 个月到 12 个月，为进行套期保值的企业提供了期限更长、更为灵活的套期保值工具。

黄金期货的价格主要参考上海金交所的 Au99.95 与 Au（T＋D）价格，另外受到市场对黄金将来走势看法的影响，投机性较强。由于我国尚未形成成熟的场外人民币黄金交易市场，特别是人民币黄金远期交易市场与黄金租赁市场，所以黄金期货成熟的定价方式并未形成，它的价格现在主要是参考黄金现货的价格并受到市场投机力量的影响。

30.6　商业银行黄金交易市场

我国商业银行的黄金业务在过去几年也蓬勃发展，黄金产品与交易量都有所增加。我国商业银行的黄金业务主要分为场内与场外业务。

　　商业银行的场内交易主要是指在上海黄金交易所的交易。商业银行的场内交易可以分为自营交易与代理交易。自营交易指银行的黄金自营团队利用专业优势，通过市场的机会，为银行创造盈利。商业银行的自营业务为交易所提供了重要的流动性与平抑市场投机行为。2010 年，商业银行的自营交易量是 2093.71 吨，同比增加 28.8%。银行的代理业务是指代理企业和个人投资、交易上海黄金交易所的黄金产品。银行的代理业务在 2010 年得到飞跃式的发展，代理量比 2009 年上升 128.8%，达到 1396.17 吨[①]。

　　商业银行的场外交易业务主要包括纸黄金产品，品牌金产品，黄金租赁产品，黄金寄售产品，黄金（美元）衍生品产品。

　　• 纸黄金：投资者在商业银行买卖黄金现货，商业银行进行人民币或美元的双边报价，投资者在交易时必须有足够的资金或者账户黄金，不能够进行卖空黄金交易或者提取黄金实物。

　　• 品牌金：商业银行提供品牌实物黄金的销售与回购业务。

　　• 黄金租赁：指商业银行把黄金拆借给其他银行或者企业，在到期时，商业银行收回黄金本金与获得利息收入。

　　• 黄金寄售：指国外银行把黄金存放在我国已获准从事黄金进口代理业务的银行的金库，通过这些银行在上海黄金交易所出售黄金。

　　• 黄金（美元）衍生品：商业在国内向客户提供美元黄金衍生产品，或者银行到海外进行美元黄金衍生品交易。例如，中国银行在 2006 年向国内客户推出的美元黄金期权交易。

　　表 30-9 给出了我国商业银行近期场外交易的概括。

表 30-9　　　　　　　　2008—2010 年商业银行场外交易统计

业务类别	产品（单位）	2008 年		2009 年		2010 年	
		成交量	成交金额	成交量	成交金额	成交量	成交金额
账户金	美元金（万盎司，亿美元）	293.09	25.37	579.96	57.34	418.67	51.47
	人民币金（吨、亿）	1332.55	2546.3	1381.2	2923.48	1205.15	3227.49
实物金	自营（吨，亿元）	33.12	66.68	40.73	89.9	80.4	222.86
	代理（吨，亿元）	4.13	8.18	3.43	7.64	3.06	8.53
其他业务	黄金远期（万盎司，亿美元）	574.85	54.44	162.06	15.98	257.82	32.75
	黄金期权（万盎司，亿美元）	6.28	0.579	2.29	0.223	1.74	0.21
	黄金拆借（吨，亿元）	11.4	20.16	7.56	15.09	10.63	28.85
	黄金租赁（吨，亿元）	73.99	141.5	91.29	191.98	155.8	413.25

　　数据来源：中国人民银行上海总部[②]。

---

① 2010 年中国黄金市场报告，19 页。

② 2010 年中国黄金市场报告，21 页。

30.7 国内黄金期货市场存在的问题

上海期货交易所的黄金交易主要体现为投机交易，其套期保值还未完全得以体现。首先，黄金期货合约包含12个月合约，但是只有6月或者12月的合约较为活跃。大部分的产金与用金企业需要更为灵活期限进行套期保值，但是由于大部分合约没有流动性，所以这些企业并没有真正地使用期货进行套期保值。另外，在市场变动较大的情况下，黄金期货的价格与现货价格的关系脱节，反映了投机交易占主导地位。上海黄金交易所的黄金现货价格与国际金价基本联动，价差变动范围较窄，期货价格与国际金价的价差范围变动较大，甚至脱离了合理价值范围。例如，12月期货价格在2011年6月低于现货价格，反映了投机者判断金价走低，因此长期大规模沽空黄金，但是合理的期货价格应该在现货价格之上。过度的投机导致市场估价不合理，也会迫使套期保值的企业减少使用黄金期货。

30.8 黄金期权市场简介

黄金期权是指在未来一定时期可以买卖黄金的一项权利，是期权买方向期权卖方支付一定数量的金额（指权利金）后拥有的在未来一段时间内（指美式期权）或未来某一特定日期（指欧式期权）以事先约定好的价格（指履约价格）向期权卖方购买或出售一定数量、一定成色的黄金的权利，但不负有必须买进或卖出的义务。

黄金期权交易是最近几十年出现的一种黄金交易方式，最早开办黄金期权交易的是荷兰阿姆斯特丹交易所，后来英国、瑞士、美国开始经营黄金期权交易。目前世界上黄金期权市场并不是特别多，期权的标的包括黄金现货和黄金期货。

以黄金现货为标的的期权广泛地存在于场外市场，主要是金融机构之间，以及金融机构与公司和企业客户之间的黄金期权交易多采用以现货为标的。以黄金现货为标的的场外期权市场有交易期限、标的成色、标的重量、交割方式等灵活多样的特点，适合量身定制，满足客户多样化的需求。以现货为标的的黄金期权场内市场则不如场外市场那么发达，主要以台湾期货交易所为代表，巴西商品期货交易所和欧洲期货交易所也有挂牌交易，但成交都非常稀少，流动性较低。

以黄金期货为标的的期权目前是黄金期权市场的主流，其场内市场的交易量也远远大于以黄金现货为标的期权场内市场交易量。由于场内的黄金期货期权都是标准化合约，交易所统一清算，所以有着流动性好、交易简便、清算快捷、参与者众多等特点。以黄金期货为标的的期权场内市场主要有芝加哥商业交易所集团、东京商品交易所、俄罗斯期货交易所等，其中芝加哥商业交易所集团的交易量最大，市场流动性也较好，集中了全球众多的参与者，是黄金场内期权交易的首选。

30.9　国内黄金期权的推出及市场流动性

30.9.1　人民币黄金期权

黄金期权是产金企业的重要套期保值工具，期权在全球产金企业套期保值头寸的比重大于远期产品，另外期权交易为投资者添加了黄金投资交易模式，增加风险转移渠道，因此，从完善我国黄金市场的发展角度来说，期权是场外市场的重要组成部分。国际市场的主要黄金期权品种是欧式美元黄金期权，计价模型采用常见的 Black - Scholes 模型，参与者来自多个行业，例如银行、基金、产金与用金企业等等。我国可以推出欧式人民币黄金期权产品，计价采用 Black - Scholes 模型：

$$C = \frac{F \times N(d_1) - K \times N(d_2)}{\left(1 + r_{CNY} \times \dfrac{t}{360}\right)}$$

$$P = \frac{K \times N(-d_2) - F \times N(-d_1)}{\left(1 + r_{CNY} \times \dfrac{t}{360}\right)}$$

其中，

- C, P：人民币看涨期权权利金，人民币看跌期权权利金
- K, F：人民币行权价与远期价格
- v：人民币黄金隐含波动性
- t：即期日至期权到期日

关于 $N(\ )$、d_1 和 d_2 的计算方法请参照先前国际黄金期权部分。

相比较其他商品，在我国推出黄金期权的条件更为成熟。首先，我国黄金交易的主要参与者是国内商业银行与外资银行，具备较强的风险控制能力，对于新的金融产品学习与交易的能力很强；黄金期权与外汇期权的交易模式基本一样，国内不少银行已经有交易外汇期权的经验，甚至一些银行已经在国际市场上交易黄金期权。其他商品虽然在国内期货市场上的交易量很大，但市场的主要参与者是国有企业或者非银行投机者，没有管理非线性金融产品风险的经

验与能力。因此，推出黄金期权比推出其他商品期权的条件更为成熟。

30.9.2　国内黄金期权的推出及合约简介

2015 年 2 月 2 日，我国首个交易所现货期权产品——黄金询价现货期权在上海黄金交易所上市。询价期权业务的交易品种包括"OAu9999"和"OAu9995"等，行权方式为欧式期权，其行权合约分别为"询价 Au9999"和"询价 Au9995"即期或远期合约等。"OAu9999"期权和"OAu9995"期权的到期结算方式包括"实物交割"和"现金结算"。现金结算期权的参考价格类型必须为交易所市场产生的价格。参考价格日期不得晚于行权日；若参考价格产生时点晚于行权截止时间，则参考价格日期应早于行权日。

由于询价交易主要面向机构投资者，黄金询价现货期权目前暂不向个人投资者开放。不过黄金询价现货期权将会大大便利黄金生产企业的套期保值，同时这也是国内首个商品期权产品，其开创性意义不容低估。

30.10　其他人民币黄金产品的引进

场外黄金产品在现有产品的基础上应引入人民币黄金远期与掉期产品，实现我国的黄金交易从商品交易转变为金融交易。伦敦黄金场外交易市场的交易主要是以美元黄金远期与掉期为主，金融机构通过这些品种与美元或者其他币种的利率、汇率市场进行利差交易。根据无风险套利原则，人民币黄金远期的定价与人民币利率和国内黄金租赁率挂钩，公式如下：

$$F = S \times \frac{\left(1 + r_{CNY} \times \dfrac{t}{360}\right)}{\left(1 + r'_{lease} \times \dfrac{t}{360}\right)}$$

其中，

r_{CNY}：人民币利率

r'_{lease}：人民币黄金租赁率

另外，人民币黄金远期的价格与美元黄金的远期价格和人民币兑美元的远期汇率价格挂钩。如果人民币黄金远期价格偏离合理的价格，将会吸引投资者通过黄金远期市场、利率市场与外汇市场进行无风险套利。人民币黄金远期产品交易的建立将促使黄金交易市场与利率市场和汇率市场的接轨，标志着黄金交易市场从商品交易市场转化为金融交易市场。

黄金远期市场对于促进其他黄金产品市场的发展和帮助产金用金企业提高风险管理水平有重要意义。由于国内的黄金租赁率是人民币黄金远期定价的重要组成部分,黄金远期市场的发展将会反过来促进黄金租赁市场的繁荣;另外,黄金远期与黄金期货是相通的两种衍生品,黄金远期的合理定价将会促使上海期货交易所黄金期货的价格更为合理,减少过度投机行为,而且相通的两个市场将会互相促进流动性与交易量。关于企业的套期保值,由于人民币黄金远期的交易期限比期货产品期限更为灵活,而且交易合约按照企业需要进行设计,所以对我国产金与用金企业的金价风险管理有重要意义。

30.11　国内黄金衍生品的发展前景与潜力

我国的黄金产业与交易市场在改革开放以来的三十年期间快速发展,在2009 年实现了全球黄金产量第一与黄金消费第二,建立了全球最大的黄金现货场内交易市场——上海黄金交易所。我们也同时要看到国内黄金市场和国际黄金市场的差距,特别是黄金场外交易市场较小与人民币黄金衍生产品的缺乏。

如上文所述,国际上的黄金交易市场主要由场外交易与场内交易构成,其中场外交易是黄金市场的主要构成部分。黄金交易在国际市场上的交易是金融交易,本质是货币交易,因此黄金交易市场与其他货币市场紧密相连。黄金衍生品是实现黄金市场繁荣的必要工具。国际上丰富的黄金产品例如黄金租赁、远期、掉期和期权帮助产金和用金企业降低了融资成本,控制金价风险,同时也为金融机构在黄金市场与其他市场之间进行套利提供了关键的工具。

作为全球的主要产金大国与消费大国,我国发展黄金交易市场的潜力很大,特别是发展场外交易市场。如前所述,2009 年的伦敦场外市场的黄金即期与远期交易量超过了 16 万吨,我国商业银行同期的场外即期与远期交易量不到 2200吨,不到伦敦场外市场的 1.5% 。同时,我国产金行业与用金行业在过去几年飞速发展,对于黄金金融创新产品需求旺盛。例如,黄金租赁交易量的增长率在过去三年都超过双位数。另外,黄金价格持续创历史新高,黄金价格的波动加大,企业与黄金投资者都希望市场提供交易更灵活,流通性更好的黄金衍生产品来进行投资或者避险。因此,发展黄金场外交易市场既能满足国内市场需求,也符合国际市场发展趋势。

我国场外交易市场发展的两大重点是市场的发展与完善和产品的创新。

市场的发展与完善是指市场的参与主体与机制的发展与完善。场外市场的参与者一般包括金融机构与企业。我国大部分进行黄金交易的商业银行已经在不同程度上交易场外市场产品,建立了一定的系统基础与拥有专业人员;另外,许多大型的产金与用金企业都在上海黄金交易所与上海期货交易所进行交易,都有成熟的交易经验,熟悉黄金延期与黄金期货等衍生品的交易过程。所以,我国的商业银行与企业具备较好的基础,对于场外市场的交易模式与产品会较快熟悉与接受。市场机制指支持场外黄金交易的交易设施、清算交割机制与法律文件等。场外交易的交易设施比起交易所的交易设施较为简单，可以通过录音电话，电子联系系统例如 Reuters Dealing 完成，上海黄金交易所的询价交易系统也可以帮助交易双方撮合交易。伦敦的黄金交割通过黄金清算行完成，我国的黄金交割现在主要通过上海黄金交易所完成，我国的场外黄金产品的交割也可以通过上海黄金交易所进行。关于法律协议，银行之间的交易可以参考中国银行间市场交易商协会发布的《中国银行间市场金融衍生产品交易主协议》，该协议涵盖的衍生品包括人民币黄金衍生品；银行与企业之间的交易可以参考同一主协议或者银行自行制定。

另外，如我们在本书第八篇所示，近年来人民币国际化进程加速，截至 2015 年 3 月，人民币已经成为全球第 5 大支付货币和第 7 大储备货币。2015 年人民币有望成为第 5 支付货币和第 5 储备货币，而且有望成为国际货币基金组织一篮子货币（SDR）的第 5 种货币，今后几年人民币国际化程度将逐步持续提高。如我们在第 55 章所示，要在今后 5 ~ 10 年使人民币成为全球第 3 大国际货币，我国黄金储备额仍然过低，需要显著增持。要达到"货币三极"的水平，即人民币成为全球前 3 大国际货币，我国黄金储备应该接近甚至超过当前欧元区一万多吨和美国 8000 多吨的黄金储备。我国黄金储备的大幅度增加将大幅度地推动国内黄金现货、远期、期货、期权、掉期等产品的流动性。

30.12 本章总结

在新中国成立以后，我国黄金市场处于严格的管控状态。2002 年，上海黄金交易所成立是我国黄金市场进入市场化的里程碑；2008 年，黄金期货在上海期货交易所推出标志着我国人民币黄金衍生品市场的开始；2015 年黄金期权在上海黄金交易所推出成为我国黄金市场产品进一步丰富、风险管理工具进一步充足的重要标志。

比较国际市场，我国的黄金市场还是处于刚刚起步的阶段。我国的黄金市场侧重于实物黄金交易，虽然期货品种推出以来，交易比较活跃，但是相比较我国的实物黄金交易规模，还很不足。国际上的黄金交易主要市场只是黄金远期、掉期和期权市场，它们与黄金现货市场、期货市场相辅相成，也是企业的重要套期保值工具，所以它们是黄金市场必不可缺的组成部分。我国的黄金远期市场处于初级阶段，黄金期权市场刚刚起步，可以预计它们将成为我国黄金市场的重要组成部分。这些黄金衍生产品市场的发展对于保障我国的现货黄金市场流动性将起到重要的作用，也会促进期货市场的交易定价更为合理，更为理性。

第 31 章　股票指数期货

股票指数期货是国际金融市场中最重要的衍生产品之一，其实交易金额仅次于利率期货的主要金融期货，并且在权益类投资中占有重要地位。经过各界人士的长期努力，经中国证监会批准，由上海期货交易所、郑州商品期货交易所、大连商品期货交易所、上海证券交易所和深圳证券交易所共同发起设立的中国金融期货交易所于 2006 年 9 月 8 日在上海正式挂牌成立。沪深 300 指数期货于 2010 年 4 月 16 日成功推出一年多来，交易活跃，成交金额在推出后不久不仅超过了香港 H 股指数期货，而且同时也超过了香港恒生指数期货，表明国内股票指数期货推出的巨大成功。本章在介绍股票指数期货的概念和国际股票指数期货之后，着重介绍国内股指期货市场的发展和股指期货的应用。在下篇第 41 章介绍了香港 H 股指数期货和恒生指数期货后，我们对两地股票指数期货市场进行详细地比较。

31.1　股票指数

随着金融创新的发展，各种各样的指数相关产品交易活跃，成为金融市场上一股重要的力量，如股票指数期货、股票指数期权、股票指数期货期权、交易所交易基金（ETFs）、指数权证、指数基金等。股票指数是所有这些指数相关产品的基础。因此，在深入分析股票指数期货之前，我们先对股票指数的含义、计算方法、作用以及世界上主要的股票指数进行简单介绍。

31.1.1　股票指数的作用

（1）宏观经济的"晴雨表"。股票价格不仅可以反映上市公司定期披露的信息（如年报、半年报等），也可以反映上市公司即时披露的信息；不仅可以及时反映上市公司的经营管理情况，也可以反映宏观经济政策对上市公司经营业绩的影响。因此，作为股价汇总的股票价格指数通常也被作为衡量宏观经济发展情况及宏观政策执行效果的指标之一。传统的宏观经济指标，如通货膨胀率、失业率、进出口额等一般不像股票价格那样及时易得，因此股票价格以及市场的股价指数就成了及时反映宏观经济情况的"晴雨表"。

（2）股票市场的标尺。由股价指数计算出的收益率可以作为整个市场表现的标尺，拿它与同时期的政府债券、黄金以及其他形式的资产收益率作比较，可以评判各种资产的收益情况。新闻媒体也需要一个简单的指标来报道金融市场的整体波动情况，股票价格指数自然成为首选。

（3）股票市场的指示针。股票指数是对股票市场总体或者某一组股票价格变化的总体描述，反映特定范围、特定时间内股票价格相对于基期价格变动的趋势及程度，为投资者提供一个关于上市公司股票表现的总体衡量，方便投资者预测股价的总体变动方向，从而制定投资策略。针对市场对衡量股票市场总体表现的强烈需求，各种不同类型的股票价格指数得到了发展。本节的第三部分将对世界上最主要的股票价格指数做一介绍。

（4）创新产品的基础。有许多金融创新产品是基于整个（或部分）市场的变动而不是基于股票价格的变动而设计的，如股票指数期货、股票指数期权以及以股指期货为标的的期权等。如果没有相应的股票指数，这些金融产品的交易就无法进行。另外还有很多产品是完全依赖于股票指数的，如指数基金、交易所交易基金以及指数权证、指数期权等。因为本章的主要内容是介绍股指期货，这里不再对这些产品进行一一讨论，可以在本书其他章节查看这些产品的相关内容。

（5）技术分析的目标。基于股票指数的技术分析可以为交易员和基金经理提供关于市场走势与衡量标尺的必要信息，以方便进行投资决策。

（6）计算市场风险与个股贝塔的基础。资本资产定价模型（CAPM）、现代的投资组合理论等金融理论都基于必要的市场信息分析，这些信息包括市场风险（由市场收益率的标准差来衡量）、单只股票与市场收益的相关性等。股票价格指数是计算市场风险和个股贝塔等必要市场参数的基础。

31.1.2　股票指数的计算方法

有很多种方法可以对股票价格的变化进行加总形成指数，每种方法都有其优点和缺点。在把成千上万的价格变动汇总为单一的指数时，不可避免地要遗漏掉很多信息，因此没有任何一种指数的计算方法是十全十美的，对指数的选择总是一种折中。适用于某些问题的指数可能在其他问题上并不适用，因此人们设计出了很多种指数的计算方法，以适应不同的需要。指数的计算就是对股票价格进行加权平均，从计算方法上可以分为算术加权平均与几何加权平均两类，在每一类内部，根据权重分配方法的不同又可以分为若干种具体的方法。

31.1.2.1　算术平均法与几何平均法

顾名思义，算术平均法就是对选定的一定数量的股票价格进行算术平均计算指数，几何平均法则是对其进行几何平均得到的指数。以四只股票的组合为例，x_i 是第 i 只股票的修正价格（当期价格与基期价格之比），w_i 是第 i 只股票的权重，则算术加权平均指数的表达式为

$$AW = w_1 \times 1 + w_2 \times 2 + w_3 \times 3 + w_4 \times 4$$

相应的几何加权平均指数的表达式为

$$GU = [x_1]w_1[x_2]w_2[x_3]w_3[x_4]w_4$$

以 $GU(0,t)$ 表示以 0 时刻为基期, t 时刻的几何加权平均指数, 则由上面的公式可得: $GU(0,t) = GU(0,1) \times GU(1,2) \times GU(2,3) \times \cdots \times GU(t-1,t)$。这个式子可以帮助我们理解下面即将提到的几何平均指数一个很重要的性质。

与算术平均指数相比, 几何平均指数有如下优点:

(1) 基期调整的灵活性。由上面的式子很容易可以得到 $GU(0,t) = GU(0,k) \times GU(k,t)$ 或者 $GU(k,t) = GU(0,t)/GU(0,k)$, 当将以 0 为基期调整为以 k 为基期时, 只需要做一个简单的除法即可完成。因此对几何平均指数调整基期是很方便的。而基期的调整会对算术平均指数产生很大影响。

(2) 收益率不受基期选择的影响。

(3) 当改变指数中收录的股票时, 几何平均指数比算术平均指数更易计算。

(4) 方便用于指数期权的定价。由几何平均指数的计算公式可以推出, 当假定组成股票的价格服从对数正态分布时, 相应的几何平均指数也服从对数正态分布, 因此基于几何平均指数的期权要比基于算术平均指数的期权容易定价。几何平均指数期权也可以作为其对应的算术平均指数期权定价时的一个控制变量。

几何平均指数的缺点包括:

当指数中所反映的股票价格同步上涨（或下降）某一比例时, 指数也相应上涨（或下降）同一比例。但是一旦股票价格上涨（下降）幅度不同, 几何平均指数就会低估上涨幅度, 高估下跌幅度, 并且个股变动幅度越不一致, 这种低估或者高估的幅度就会越大。

31.1.2.2　权重分配方法

权重分配是股票指数计算的另一个重要方面。在众多分配方法中, 按照市场价值（资本总额）加权平均是应用最广泛的一种。下面以算术平均为例, 介绍几种常见的权重分配方法。

(1) 价格权重体系（等权重方法）。该体系对 n 种组成股票赋予相同的权重, 并对股票的分拆等情形做出相应调整, 具体计算公式如下:

$$AP_t = \sum_{i=1}^{n} P_{it}/DN_t$$

P_{it} 表示第 i 只股票在时刻 t 的价格, DN_t 表示 t 时刻的除数（Division Number）。对于由股票分拆引起的股价变化, 会对 DN_t 进行相应调整, 以使股票指数与分拆前保持一致。等权重体系下高价股对指数的影响要高于低价股, 因此也称为价格权重体系。一些比较流行的股票指数, 如道琼斯工业平均指数、主要市场指数（MMI）、日经225都是采用价格权重体系。

（2）资本总额加权平均。这种方法以每只股票的市场价值占整个股票市场总价值的比例为权重来计算指数，从而市场价值高的股票被赋予较高的权重，对指数的影响也越大。具体计算公式如下：

$$AWO_t = \sum_{i=1}^{n} w_i R_i$$

其中，w_i 指第 i 只股票的市价总额/所有 n 只股票的市价总额；$R_i = P_{it}/P_{io}$，是第 i 只股票的当期价格与基期价格之比；$\sum w_i = 1$。

这是当前应用最广泛的指数计算方法，标准普尔500指数、标准普尔100指数、FT - SE100指数、法国CAC 40指数、中国香港恒生指数等很多指数都采用这种方法。第32.5节将对中国香港恒生指数的计算做具体介绍。

31.1.3　世界上最主要的股票指数简介

当前世界上广泛使用的股票指数有很多种，多家不同的机构每天都会公布各自的股票指数，其中最为重要和广泛使用的是由三家主要机构公布的指数系列，除此之外各国都有各自的指数系统，下面简单加以介绍。

31.1.3.1　道琼斯公司

道琼斯公司不仅计算和公布美国的股票指数，而且还公布世界上其他国家的股票指数，其中道琼斯工业平均指数（Dow Jones Industrial Average，DJIA）最为有名。

（1）道琼斯工业平均指数，是由华尔街日报和道琼斯公司创建者查尔斯·道创造的几种股票市场指数之一。时至今日，平均指数包括美国30家最大和最知名的上市公司。名称中的"工业"来自历史，现在的30家构成企业里大部分与重工业无关。截至2002年2月底，平均指数中的30家公司总市值已经占到美国股票市场总市值的1/5。

（2）道琼斯全球指数系列（Dow Jones Global Index，DJGI），是一个由反映34个国家、12个地区，10种工业、40个部门的股票指数组成的指数系列，该系列提供5500多家公司实时的和历史的信息。

此外，还有道琼斯斯托克指数系列（Dow Jones STOXX Index Series）等。

31.1.3.2　标准普尔集团

标准普尔集团附属于麦格罗·希尔国际出版公司，在信用评级与提供指数等服务上处于顶尖水平。标准普尔指数被全世界的专家和学者广泛使用。下面对最主要的标准普尔指数做一介绍。

（1）标准普尔美国指数系列

标准普尔500指数：前身为标准普尔公司于1928年引进的标准普尔90指

数，是第一个以市场价值加权平均的指数。500 只股票是根据个股的流动性、规模以及对所在行业的代表性为依据选取的，大约 90% 的股票是从纽约股票交易所选取的，余下的 10% 是从新合并的纳斯达克/美国证券交易所选取的。

（2）标准普尔世界指数系列

标准普尔全球指数系列包括：标准普尔全球 1200 指数、标准普尔全球 100 指数、欧洲 350 指数、标准普尔/TSE 60 指数、标准普尔/Topix 150 指数以及亚太 100、拉美 40、英国 150 等指数。标准普尔全球指数系列覆盖了全球的绝大多数资本市场，其中部分指数被开发为衍生品标的指数进入期货交易所上市交易。其中，标准普尔全球 1200 指数是第一个实时计算的全球指数，覆盖了 31 个国家，由 6 个地区性指数组成（S&P500 指数、S&P 多伦多 60 指数、S&P 拉丁美洲 40 指数、S&P 东京 150 指数、S&P 亚太 100 指数和 S&P 欧洲 350 指数），旨在为投资者提供可投资的全球投资组合。

（3）标准普尔新兴市场指数系列

全球资本对新兴市场投资机会的追捧促使标准普尔指数公司编制新兴市场指数系列。标准普尔新兴市场指数主要包括标准普尔 IFCG（全球）指数、IFCI（全球可投资）指数和 IFCG 边缘指数。第一类指数代表 35 个国家的市场，是一种广泛的市场指标，不考虑投资需求，而更多关注样本股的覆盖率。第二类指数是标准普尔 IFCG（全球）指数的组成部分，衡量的是那些从法律和实际操作上外国投资者可获得的股票回报情况，更多地兼顾了参与者的投资需求。第三类指数提供 21 个规模小、流动性较差的资本市场的月度回报情况。

31.1.3.3　富时指数有限公司（FT - SE）

FT - SE 是世界领先的指数计算专业公司之一，尽管两大股东分别是伦敦证券交易所和金融时报，但该机构既不是证券交易所的一部分，也不是一个数据供应商。它从 1963 年就开始提供指数服务，但直到 1995 年才成为一个独立的机构。它的指数在伦敦国际金融期货交易所、EURONEXT 和纽约商品交易所中得到广泛运用。该公司提供的指数主要有：

（1）FT - SE 100，指按市值加权平均计算的英国 100 只最具代表性的大公司的股价。以 1983 年 12 月 31 日为基期，基期点数为 1000。

（2）FT - SE 250 和 FT - SE 350。FT - SE 250 指数样本选择的是 FT - SE 100 指数样本之后的 250 家公司。FT - SE 350 指数样本包含了 FT - SE 100 及 FT - SE 250 两种指数的样本。

（3）FT - SE ALL - WORLD Index Series。FT - SE 全球指数系列涵盖全球 49 个国家和地区的 2600 多只股票，市值覆盖面达到 90% 以上。

31.1.4 股票指数存在的问题

正如前面已经提到的，由于股票指数的高度概括性，任何单一的指数都不可能满足所有投资者的要求。每种指数都有自己的问题和缺点，但是也有一些问题是大多数指数不可避免的。这里简要分析一下股票市场上大部分指数都存在的一些问题。

（1）信息遗漏。对于一些综合指数，如纽约证券交易所综合指数（NYSE composite index）等，囊括了交易所交易的所有股票，因而包含了所有股价变动的信息，但是大多数指数只汇总了某些特定行业的信息，因此信息遗漏是大多数指数都存在的一个问题。

（2）长期低估偏向。如前所述，等权重几何平均指数会低估增长和高估下降。现实中股票价格具有长期增长的趋势并且数量不一。由 Marks 和 Stuart 在 1971 年做的一项经验研究表明，等权重几何平均指数只衡量了不到 1/3 的市场增长。

（3）基期选择偏差。构造指数时一般选择所衡量时期的期初时点或者期末时点作为基期。基期的选择对于算术平均指数有很大影响，而当前使用的大部分指数都是算术平均指数，这部分指数普遍存在基期选择的偏差问题。这里以两只股票为例来说明这种情况，见例 31.1。

例 31.1　基期选择的偏差问题简例：

	时期 0	时期 1	时期 2	时期 3
股票 A	10	15	10	10
股票 B	10	10	5	10

注：表 31-1 和表 31-2 给出了比较结果。

表 31-1　等权重几何平均（GU）与算术平均指数（AW）比较

	时期 0	时期 1	时期 2	时期 3
GU^0	1	1.2247	0.7071	1
GU^1	0.8165	1	0.5774	0.8165
GU^2	1.4142	1.7321	1	1.4142
AU^0	1	1.25	0.75	1
AU^1	0.8333	1	0.5833	0.8333
AU^2	1.5	1.75	1	1.5

表 31 – 2　　　　等权重几何平均（GU）与资产组合的收益比较　　单位：%

	Times 0 to1	Times 1 to2	Times 2 to3
GU^0	22.4	–42.26	41.42%
GU^1	22.4	–42.26	41.42
GU^2	22.4	–42.26	41.42
AU^0	25.0	–40.00	33.33
AU^1	20.0	–41.67	42.86
AU^2	16.67	–42.86	50.00
市场组合	25.0	–41.67	50.00

从表 31 – 2 中可以得出以下结论：几何平均指数收益与基期的选择无关；与市场组合相比，几何平均指数低估价格上涨幅度，高估价格下跌幅度；当以计算收益的期间的起点为基期时，算术平均指数收益恰为同时期市场组合的收益；对于不同的基期选择，算术平均指数收益会高于或者低于市场组合收益。

以上结果比较了几何平均指数、算术平均指数以及相应的市场组合。几何平均指数一致地低估市场组合，而算术平均指数则依赖于基期的不同选择或者高估或者低估市场组合。

（4）选择偏差。选择将哪些股票收入指数时也会出现偏差。对纽约证券交易所综合指数（NYSE composite index）等而言，由于收录范围是交易所上市的所有股票，因此不存在选择偏差的问题。但在现实中，为了计算的快速与方便，往往还需要更小范围的股票指数，由此产生了选择偏差的问题。

31.2　股票指数期货的概念和特征

31.2.1　什么是股票指数期货

股票指数期货简称股指期货，是一种特殊的期货合约，它的标的资产是由股票指数所代表的一篮子股票，交割时以到期日的指数价格与初始交易价格之差为基础进行现金结算。以标准普尔 500 指数期货为例，标的资产就是标准普尔 500 指数所代表的一篮子 500 只股票，每只股票的权重与其在指数中的权重相同。

31.2.2　股指期货的特征

股指期货在世界上主要的期货交易所都取得了很大的成功，这在很大程度上得益于股指期货相对于其相应的现货市场的一些优势。本节将简要介绍股指期货的主要特征。

（1）合约的标准化。与普通期货合约一样，股指期货在期限、数量、价格等各方面加以标准化，使得交易者无须自己去找相应的买家（卖家）就可以建仓或者平仓。虽然有各种不同到期日的股指期货可以交易，但是一般情况下只有最短到期日的合约具有最大的交易量和持仓量，这主要是因为较长期限的合约可以通过滚动合约来实现。

（2）流动性。流动性是众多交易者考虑的重要因素。期货合约的标准化设计以及确定的期限使得头寸持有者很容易找到对手对冲头寸。期货合约的交易量非常大，再加上各种"迷你"股指期货合约的引入，这都进一步提高了股指期货的流动性。作为目前交易最活跃的投资工具，股指期货的庞大交易量是由世界各地的交易者支持的，因此也具有相当好的流动性。

（3）现金结算制度。商品期货的交割可能会成为问题，例如商品期货的多头方若未在合约到期之前平仓，就不得不接受空头方以一定价格出售的商品，对空头方来说，商品交割也是一个问题。股指期货从理论上来讲应该交割股指所代表的一篮子股票，如标准普尔500指数期货就应该交割一篮子500种股票的组合，但这样做显然是不现实的，因此交易所规定股指期货的交割以现金结算，计算期货持有期间的差价，由合约的一方付现金给另一方，从而避免了交割一篮子股票的问题。

（4）杠杆效应。保证金交易制度使得期货合约的交易具有很高的杠杆性。对于初始保证金为5%的期货合约来说，其杠杆可以达到20倍。高杠杆性一方面使期货合约大受欢迎，另一方面也使得期货交易比起相应的现货交易，具有更大的风险。

（5）交易成本低。期货交易的交易费用是以签订的合约数为单位收取的，与股票交易按金额收取手续费的方式相比，交易一份股指期货要比交易相应的一篮子股票的成本低很多。网上交易的盛行极大地减少了期货交易的人力成本，再加上本来就极低的佣金，使得期货交易可以最大化投资者的收益。

（6）对冲方便。期货合约可以在市场交易的任何时刻对冲。此外，为减少隔夜市场的风险，许多交易所在收市之后还开通自动交易系统。由于股指期货的标的指数涵盖世界主要的股票市场，世界其他地区的市场变化可能会对收市之后的期货合约产生很大损失，自动交易系统的存在使得期货合约在收市之后也可以及时得到对冲，从而减少了交易的风险。

（7）交割由交易所保障。期货合约的交割是由交易所的清算中心保障进行的，因此合约持有者无须担心合约另一方的偿付能力问题。

（8）卖空机制。虽然大多数的证券交易所都有卖空机制，但包括中国股票市场在内的许多不发达的市场仍然不允许卖空，股指期货的卖空性质对于这些市场的交易者来说尤其具有吸引力。

（9）每日结算制度。与一般的期货交易相同，股指期货交易也实行"盯市"和每日结算制度。"盯市"制度将交易者的风险敞口限制在一定范围之内，有利于市场的稳定。在下一节介绍股指期货合约时我们还会对这一部分做详细的说明。

（10）风险最小化。如何最小化风险是所有的投资策略都要考虑的问题。从上一节可以知道，很多指数都是由许多大公司的股票组成的，这就使得股票指数不容易受到市场波动的影响。同时，由于需要大量资本金，由单个投资者操纵整个市场的现象几乎不可能出现。因此，股指期货不仅为希望在市场波动中寻求保障的投资者提供了工具，也为希望实现利润最大化的投资者提供了机会。投资者可以利用股指期货在股票市场无论是上涨还是下跌的情况下都能赚钱。

31.3　股指期货的历史演变

20 世纪 70 年代，西方各国出现经济滞胀，经济增长缓慢，物价飞涨，政治局势动荡，股票市场经历了第二次世界大战后最严重的一次危机，道琼斯指数跌幅在 1973 年到 1974 年的股市中超过了 50%，人们意识到在股市下跌面前没有恰当的金融工具可以利用。因此尽管比第一例金融期货合约——外汇合约的出现晚了 10 年，股指期货从一诞生就受到了市场的广泛关注，并且迅速成为全球范围内最流行的金融期货。

31.3.1　股指期货的诞生

1982 年 2 月 24 日，在世界上第一例金融期货——外汇期货在芝加哥商业交易所（CME）诞生 10 年之后，第一只股票指数期货——价值线（VLAI）期货诞生在以商品期货交易著称的堪萨斯市期货交易所（Kansas City Board of Trade，KCBT）。

早在 1977 年，KCBT 就组织一批金融专家研究股指期货交易的可行性。同年 10 月，KCBT 正式向期货监管机构——美国商品期货交易委员会（CFTC）提交了一份发展股指期货的报告。同时，还积极与道琼斯公司协商，希望与其合作开发道琼斯工业平均指数的期货，但 KCBT 的此举不仅遭到拒绝，还差点受到道琼斯公司对 KCBT 利用股指期货进行"赌博"投机行为的起诉。同样，KCBT 也遭到了标准普尔公司的拒绝。最终 KCBT 与 Arnold Bernhard & Company 达成合作协议，并于 1979 年 4 月再次向 CFTC 提交了申请。但是一方面由于考虑到股指期货交易对股票市场可能带来的负面冲击，另一方面由于 CFTC 和证券交易委员会（Security Exchange Commission，SEC）关于监管权限的分歧，第一例股指期货（VLAI）的推出不得不推迟。1981 年，新任 CFTC 主席约翰逊和新任 SEC 主席夏德达成"夏德—约翰逊协议"，明确规定股指期货合约的管辖权属于 CFTC，SEC 参与所有股指期货的批准过程。1982 年该协议在美国国会通过。同年 2 月，CFTC 即批准了 KCBT 的报告。2 月 24 日，KCBT 推出了第一份股指期货合约——价值线综合平均指数（The Value Line Index）合约。股指期货一经推出就取得了巨大的成功，价值线指数合约在推出的当天就交易了 1800 张。而作为美国最流行的股票指数，道琼斯工业平均指数期货却一直到 1997 年才开始在纽约证券交易所交易，比第一例股指期货的诞生晚了 15 年，相距 KCBT 第一次向道琼斯公司寻求合作已有 20 年。

31.3.2 其他主要国家和地区紧随其后竞相推出股指期货产品

紧随价值线指数期货，各大交易所也纷纷推出各自的股指期货产品。1982 年 4 月，芝加哥商业交易所推出了标准普尔 500 指数期货；5 月，纽约期货交易所推出 NYSE 综合指数期货。在接下来的几年中，CME 又陆续推出了 Nasdaq 100 指数、Russell 2000、Russell 1000 指数、日经 225 指数以及其他一些指数的期货。伴随着这些指数期货及其相应的"迷你"型期货的推出，CME 很快成为美国股指期货交易最主要的交易所。表 31 – 3 给出了美国主要期货交易所股指期货交易的具体信息，包括 2015 年 4 月 28 日的交易量和相应的持仓量。表31 – 3 显示，迷你标普 500 指数期货是美国股指期货最活跃的产品，即使按照迷你标普 500 指数和标普 500 指数期货的合约成数将迷你标普 500 指数期货交易量和持仓量除以 5（250/50 = 5），迷你标普 500 期货的交易量和持仓量也都超过标普 500 指数期货，表明迷你标普 500 指数期货确实是美国最活跃的股票指数期货合约。

表 31 – 3　　　　　　　美国主要期货交易所交易的股指期货信息

指数	交易所	合约乘数	交易量（手）	持仓量（手）
道琼斯工业指数（DJ Industrial Average）	芝加哥交易所（CBT）	$10	173	5043
迷你型道琼斯工业指数（Mini DJ Industrial Average）	芝加哥交易所（CBT）	$5	3291	108974
标普 500 指数（S&P 500 Index）	芝加哥商品交易所（CME）	$250	3548	117100
迷你标普 500 指数（Mini S&P 500 Index）	芝加哥商品交易所（CME）	$50	22907	2736383

指数	交易所	合约乘数	交易量（手）	持仓量（手）
标普中型 400 指数（S&P Midcap 400 Index）	芝加哥商品交易所（CME）	$500	109	1133
纳斯达克 100 指数（Nasdaq 100 Index）	芝加哥商品交易所（CME）	$100	668	6340
迷你纳斯达克 100 指数（Mini Nasdaq100 Index）	芝加哥商品交易所（CME）	$20	4515	361229
Mini Russell 1000	纽约期货交易所（NYF）	$100	1114	7873
Mini Russell 2000	纽约期货交易所（NYF）	$100	459	309335
日经 225 指数（Nikkei 225 Stock Average）	芝加哥商品交易所（CME）	$5	51087	437362

资料来源：彭博数据库，2015 - 05 - 28。

就在 KCBT 推出 VLI 期货，CME 和 NYFE 分别忙于推出标准普尔指数期货和 NYSE Composite 指数期货的同时，芝加哥交易所（CBT）为防止错失股指期货市场的时机，断然行动，同时与道琼斯公司和 KCBT 沟通寻求合作，均遭拒绝，最终与美国股票交易所（American Stock Exchange，AMEX）达成协议，并于 1983 年 8 月推出了主要市场指数（Major Market Index，MMI）期货。表 31 - 4 列出了美国其他一些流行的股指期货产品。

表 31 - 4　　　　　　　　　美国其他股指期货产品

指数名	交易所	合约乘数
价值线指数（Value Line Index）	堪萨斯期货交易所（KCBT）	$100
价值线指综合指数（Value Line Composite Index）	堪萨斯期货交易所（KCBT）	$100
迷你型价值线指数（Mini Value Line Index）	堪萨斯期货交易所（KCBT）	$100
主要市场指数（Major Market Index）	芝加哥交易所（CBT）	$250
东证综合指数（TOPIX）	芝加哥交易所（CBT）	JY5000

数据来源：彭博数据库，2015 - 05 - 28。

股指期货很快就成为了世界上最流行的金融期货产品。在 1987 年股市大崩盘之前的 5 年内，标准普尔 500 指数期货成为仅次于美国政府债券期货的世界上第二大金融期货产品，平均日成交量达到 80000 份，并且连续很多天超过100000 份。以当时的指数水平 320.00 和乘数为 500 计算，以美元计的日均成交

额就有 $500 \times 320 \times 80000 = 128$ 亿美元，远远超过了当时纽约证券交易所的日均成交金额。

31.3.3 标准股指期货合约的小型化

为促进标准普尔指数期货的交易，CME 在标准股指期货合约的设计上加入了一些后来对整个股指期货市场都影响巨大的"创新理念"。1997 年 9 月，CME 推出了期货业第一个小额交易电子下单和执行系统——E Mini S&P500。E Mini S&P500 一经推出就创下了很高的交易量，达到了相应的标准普尔 500 指数期货合约交易量的 5~8 倍，从而极大地增加了市场的流动性。与一般的标准普尔 500 指数期货合约相比，E Mini S&P500 基于同样的指数，规模却是标准期货合约的 20%，能让更多的投资者参与交易。

继 E Mini S&P500 取得成功之后，CME 又相继推出了 E - Mini S&P 中等市值 400 期货和 S&P 小市值 600 futures，从而使其股指期货产品包含大、中、小各种规模的交易。随后，标准化合约最小化的趋势在全美国以至世界股指期货市场上蔓延，使得股指期货的交易进一步活跃起来。

31.4 世界主要国家和地区股指期货的发展

股指期货在美国市场上的巨大成功也带来了其在世界市场的繁荣。在股指期货诞生之后一年，澳大利亚悉尼期货交易所于 1983 年 2 月 16 日推出了 Share Price Index（SPI）期货合约，成为首个美国之外的股指期货产品。目前全世界共有 30 多家主要的期货交易所提供以各自股票市场为标的的股指期货产品，还有许多新兴市场也在积极筹备推出股指期货。表 31 - 5 列出了世界主要国家和地区股指期货交易所及其股指期货推出的时间。

表 31 - 5　世界主要国家和地区股指期货交易的主要交易所及其推出时间

国家或地区，交易所	股指期货合约	推出时间
澳大利亚		
悉尼期货交易所	普通股票价格指数	1983 年 2 月 16 日
奥地利		
奥地利期货期权交易所（OTOB）	奥地利交易指数（ATX）	1992 年 8 月 7 日
比利时		
比利时期货期权交易所（BELFOX）	比利时 20 指数	1992 年
巴西		
Bolsa de Mercadorias & Futuros（BM&F）	IBOVESPA 股票指数	1986 年 2 月 14 日

续表

国家或地区，交易所	股指期货合约	推出时间
加拿大		
多伦多期货交易所（TFE）	多伦多 35 股票指数（TFX）	1987 年 5 月 27 日
	多伦多 100 股票指数（TOP）	1994 年 5 月 1 日
智利		
圣地亚哥股票交易所	IPSA 指数	1991 年 4 月 1 日
丹麦		
FUTOP Market – Copenhagen Stock Exchange and the FUTOP Clearing Center	KFX 股票指数	1989 年 12 月 1 日
芬兰		
SOM Finnish Securities and Derivatives Exchange（FOX）Clearing House	芬兰期权指数	1988 年 5 月 2 日
法国		
Marche a Terme Internationalde France（MATIF）	CAC 40 股票指数（CAC）	1988 年 11 月 1 日
德国		
DTB Deutsche Terminboerse（Deutsche Boerse AG）	德国股票指数（DAX）	1990 年 11 月 23 日
中国香港		
香港期货交易所（HKFE）	恒生指数	1986 年 5 月 6 日
香港期货交易所（HKFE）	H 股指数	2003 年 12 月 8 日
爱尔兰		
爱尔兰期货期权交易所（IFOX）	ISEQ 指数	1990 年 1 月 1 日
印度		
Mumba 股票交易所（BSE）	BSE Sensex 30 指数	2000 年 6 月 9 日
国家股票交易所（NSE）	S&P CNX Nifty50 指数	2000 年 6 月 12 日
以色列		
Tel Aviv 股票交易所（TASE）	MAOF – 25 指数	1993 年 8 月 1 日
意大利		
意大利股票交易所	MIB 30 指数	1994 年 12 月 2 日
日本		
Osaka Securities Exchange（OSE）	日经 225 股票平均指数	1988 年 9 月 3 日
	日经 300 股票平均指数	1994 年 2 月 14 日
Tokyo Stock Exchange（TSE）	东京股票价格指数（TOPIX）	1988 年 9 月 3 日

续表

国家或地区，交易所	股指期货合约	推出时间
马来西亚		
Kuala Lumpur 期权期货交易所（LOFFE）	Kuala Lumpur 综合指数（KLCI）	1995 年 12 月 15 日
荷兰		
欧洲期权交易所（EOE – Optiebeurs）	EOE 指数	1987 年 5 月 18 日
	Dutch Top 5 指数	1990 年 3 月 21 日
	Eurotop 100 指数	1991 年 6 月 6 日
Financiele Termijnmarkt Amsterdam N. V.（FTA）	EOE 指数	1987 年 5 月 18 日
	Dutch Top 5 指数	1990 年 3 月 21 日
	Eurotop 100 指数	1991 年 6 月 6 日
新西兰		
新西兰期货期权交易所（NZFOE）	NZSE – 40 资本股票价格指数	1991 年 9 月 23 日
挪威		
Oslo Stock Exchange	OBX 指数	1992 年 9 月 4 日
新加坡		
新加坡国际货币交易所（SIMEX）	日经 225 股票平均指数	1986 年 9 月 3 日
	SIMEX MSCI 香港指数	1993 年 3 月 31 日
	日经 300 股票平均指数	1995 年
SIMEX – SGX	MSCI 台湾指数	1997 年 1 月 1 日
南非		
南非期货交易所（SAFEX）	全股指数（ALSI）	1987 年
	JSE 工业指数（IND）	1987 年
韩国		
韩国期货交易所（KFE）	韩国股票 200 指数（KOPSI200）	1996 年 6 月 1 日
西班牙		
Meff Renta Variable（MEFF – V）	IBEX – 35 股票指数	1987 年 4 月 3 日
瑞士		
Swiss Options and Financial Futures Exchange（SOFFEX）	瑞士市场指数	1990 年 11 月 9 日
中国台湾		
台湾期货交易所（TAIFEX）	台湾股票交易所价值加权指数	1998 年 7 月 1 日
英国		
伦敦国际金融期货期权交易所（LIFFE）	FT – SE 100 指数	1984 年 5 月 3 日
	FT – SE Mid 250 指数	1994 年 2 月 25 日
OMLX，伦敦证券和衍生产品交易所	OMX 指数	1989 年 12 月 1 日

续表

国家或地区，交易所	股指期货合约	推出时间
美国		
CME（指数和期权部）	S&P 500 股票指数	1982 年 4 月 21 日
	Nikkei 225 股票平均指数	1990 年 9 月 25 日
	S&P Midcap 400 股票指数	1992 年 2 月 13 日
	FT – SE 100（LIFFE）	1992 年 10 月 15 日
	Russell 2000 股票价格指数	1993 年 2 月 4 日
	主要市场指数	1993 年 9 月 7 日
堪萨斯城市交易所（KCBT）	Value Line	1982 年 2 月 24 日
	Mini Value Line	1983 年 7 月 29 日
纽约期货交易所（NYFE）	NYSE 综合指数	1982 年 5 月 6 日
纽约商品交易所（COMEX 部门）	Eurotop 100 股票指数	1992 年 10 月 26 日
中国大陆		
中国金融期货交易所	沪深 300 指数	2010 年 4 月 16 日

资料来源：张光平：《股票指数期货和期权》（*Stock Index Futures and Options*），2002。

31.4.1　欧洲与南美

（1）英国

继澳大利亚成功推出 SPI 期货之后，伦敦国际金融期货期权交易所（LIFFE）于 1984 年 5 月 3 日推出了 FT – SE 100 Index 期货。差不多十年之后欧洲其他国家的主要交易所才开始推出各自的股指期货产品。作为欧洲金融创新领域的领袖，LIFFE 主要经营的股指期货产品有摩根士丹利资本国际欧洲指数期货合约等近 10 个合约。从 1997 年至 2002 年，LIFFE 的 FTSE Stock Index Futures 的年交易量以超过 30% 的年均增长率稳定增长。

（2）巴西

巴西是南美洲第一个推出股指期货的国家。1986 年才成立的 Bolsa de Mercadorias & Futuros（BM&F）于成立之初的 1986 年 2 月 14 日就推出了 IBOVESPA Stock Index 期货。尽管成立较晚，BM&F 已经跻身于世界前十大期货交易所之列。

（3）法国

1987 年 10 月的股票市场危机带来了 MARTIF 交易量 650% 的不稳定增长，日平均交易量首次突破 10000 手。经济突发事件的发生凸显了市场对风险管理工具的迫切需求。因此 MARTIF 于 1988 年 11 月推出的 CAC 40 指数期货立刻成为欧洲最流行的股指期货之一，MARTIF 也得以很快在交易量上可与 LIFFE 相媲美。

（4）德国

德国期货交易所（The German futures exchange，DTB）于 1990 年 11 月 23 日推出了欧洲最流行的股指期货之一——German Stock Index（DAX）期货。20 世纪 90 年代早期的 DTB 发展缓慢，直至 1998 年与 SOFFEX 合并成立 Eurex 之后才有了生机。除了成功发行 DAX 期货之外，Eurex 还于 1998 年发行了一个重要的股指期货产品——Dow Jones Euro Stoxx 50 Index。在下文中可以看到，这一产品是世界上持仓量排名第一的产品。

表 31-6 和表 31-7 分别给出了欧洲最流行的股指期货产品和最主要的期货交易所 2015 年的交易概况。

表 31-6 　　　　　　　　欧洲最流行的股指期货产品

指数	交易所	乘数	交易量（手）	持仓量（手）
Euro Stoxx 50	欧洲期货交易所	Euro10	1137756	3545265
法国 CAC40 指数 CAC 40	欧洲交易所——巴黎	Euro €10	130773	362714
富时 100 股票指数 FTSE-100	欧洲交易所——伦敦	Pound£ 10	100690	598518
德国 DAX 股票指数 DAX	欧洲期货交易所	Euro €25	125563	193940
瑞士市场指数 SMI	欧洲期货交易所	CHF10	24944	179291
RTS Index	俄罗斯交易系统：RTS	Dollar $2	523543	417320
OMXS30 指数	OMX 北欧交易所——斯德哥尔摩 SSE	SEK100	94254	539871
欧洲斯托克银行	欧洲期货交易所	Euro100	76205	431861

数据来源：彭博数据库，2015-04-28。

表 31-7 　　　　　　　　欧洲主要股指期货交易所交易概况

交易所	国家/地区	合约数	名义换手率 （€m）	交易所合约量占所有欧洲交易所合约总量百分比 （%）
奥地利期货及期权交易所 otob market. at	奥地利	8166	185.8	0.04
哥本哈根股票交易所 Copenhagen Stock Exchange	丹麦	38194	n/a	0.20

续表

交易所	国家/地区	合约数	名义换手率 （€m）	交易所合约量占 所有欧洲交易所 合约总量百分比 （%）
伦敦国际金融期货期权交易所 LIFFE	英格兰	2022183	118072.3	10.49
赫尔辛基交易所 Helsinki Exchange	芬兰	23	n/a	0
欧洲期货交易所 EUREX	德国/瑞士	12449630	406178	64.59
雅典衍生品交易所 ADEX	希腊	182544	764.4	0.95
意大利衍生工具市场 IDEM	意大利	581991	195228.9	3.02
欧洲交易所 Euronext	荷兰	2446205	n/a	12.69
奥斯陆股票交易所 Oslo Bors	挪威	70361	13.1	0.37
华沙证券交易所 WSE	波兰	230430	691	1.20
西班牙交易所 Spanish Exchanges（BME）	西班牙	246326	16468.4	1.28
斯德哥尔摩证券交易所 Stockholmsbörsen	瑞典	998913	5380	5.18

资料来源：路透金融数据库和各交易所网站。

从表 31-6 可以看出，欧洲 8 个最流行的股指期货产品中有 4 个是在 Eurex
交易的，而其余 4 个股指期货则分别在另外 3 家交易所交易，充分表明了 Eurex
在欧洲期货交易中的重要地位。表 31-7 再次证明了 Eurex 的重要地位。作为欧
洲最重要的交易所，Eurex 囊括了将近 2/3 的交易量。Euronext 排名第二，比
LIFFE 的市场占有率还多出 2.2%。

31.4.2　亚洲

亚洲是另外一个金融创新十分活跃的地区。尽管澳大利亚及美国最先推出
股指期货，但它的交易主要集中在本国范围内。与此相比，中国香港和新加坡

作为亚洲两个金融创新的中心，不仅学习很快，而且积极扩张，其产品的覆盖面远远超过了地域的限制。表 31－8 给出了亚洲主要股指期货产品的具体信息。

表 31－8 　　　　亚洲地区的股指期货推出的时间和指数一览表

推出年份	日期	指数	交易所	国家/地区
1983	2 月 16 日	所有普通股票价格指数 All Ordinaries Share Price Index	悉尼期货交易所 SFE	澳大利亚
1986	5 月 6 日	恒生指数 Hang Seng Index	香港期货交易所 HKFE	中国香港
1986	9 月 3 日	日经 225 股票平均价格指数 Nikkei 225 Stock Average	新加坡国际金融交易所 SIMEX	新加坡
1993	3 月 3 日	摩根士丹利资本国际香港指数 MSCI Hong Kong Stock Index	新加坡国际金融交易所 SIMEX	新加破
1995	2 月 3 日	日经 300 股票平均价格指数 Nikkei 300 Stock Average	新加坡国际金融交易所 SIMEX	新加坡
1995	12 月 15 日	吉隆坡股票交易所综合指数 Kuala Lumpur Stock Exchange CI	吉隆坡期权与金融期货交易所 KLOFFE	马来西亚
1996	5 月 3 日	韩国综合股票价格指数 KOSPI 200	韩国证券交易所 KSE	韩国
1997	1 月 9 日	摩根士丹利资本国际台湾指数 MSCI Taiwan Index	新加坡国际金融交易所 SIMEX	新加坡
1997	9 月 12 日	恒生香港中资企业指数 Hang Seng China Affiliated Corporations Index	香港期货交易所 HKFE	中国香港
1998	9 月 3 日	日经 225 股票平均价格指数 Nikkei 225 Stock Average	大阪证券交易所 OSE	日本
1998	5 月 26 日	香港期货交易所台湾指数 HKFE Taiwan Index	香港期货交易所 HKFE	中国香港
1998	7 月 2 日	台湾证券交易所加权股票指数 TAIEX Index	台湾期货交易所 Taiwan FE	中国台湾
1998	9 月 7 日	摩根士丹利资本国际新加坡自由指数 MSCI Singapore Free Index	新加坡国际金融交易所 SIMEX	新加坡
1998	9 月 3 日	东京股票交易所价格指数 Tokyo Stock Price Index	东京股票交易所 TSE	日本
1998	9 月 18 日	恒生 100 指数 Hang Seng 100	香港期货交易所 HKFE	中国香港

续表

推出年份	日期	指数	交易所	国家/地区
1998	11 月 2 日	道琼斯泰国股票指数 Dow Jone Thailand Index	新加坡国际金融交易所 SIMEX	新加坡
1999	6 月 9 日	恒生地产分类指数期货 Hang Seng Properties Sub – Index	香港期货交易所 HKFE	中国香港
1999	7 月 21 日	台湾证券交易所电子行业股票指数 TSE Electronics Index	台湾期货交易所 Taiwan FE	中国台湾
1999	7 月 21 日	台湾证券交易所金融行业股票指数 TSE Banking & Insurance（Finance）Index	台湾期货交易所 Taiwan FE	中国台湾
2000	6 月 9 日	孟买股票交易所敏感 30 股票指数 BSE Sensitive Index 30	孟买股票交易所 BSE	印度
2000	7 月 12 日	印度标准普尔 CNX Nifty 50 指数 S&P CNX Nifty 50 Index	印度国家证券交易所 NSE	印度
2003	12 月 8 日	香港恒生中国企业指数 Hang Seng China Enterprises Index （HSCEI）	香 港 期 货 交 易 所 HKFE	中国香港
2010	4 月 16 日	沪深 300 指数 CSI300	中国金融期货交易所 CFFE	中国内地

资料来源：各交易所网站。

鉴于香港地区经济对于中国内地的重要性，以及香港股市与 A 股市场的密切联系，我们会在第 46 章具体介绍在香港 H 股股指期货发展情况时再进一步比较相关期货合约，这里暂不介绍。

31.5 全球最活跃的股指期货排名

表 31 - 9 给出了按照 2014 年全球股指期货和期权成交量排名的全球前 20 个最活跃的股指期货和股指期权，其中包括最活跃的 6 个股指期货。如表 31 - 9 显示，2014 年全年交易量排在前 6 位股指期货分别是，迷你标普 500 期货（CME）、欧元区 50 期货（Euro Stoxx 50 Futures，Eurex）；俄罗斯 RTS 期货（RTS Futures，Moscow Exchange）；沪深 300 期货（中国金融期货交易所）；迷你日经 225 期货（日本大阪）和迷你纳斯达克 100 指数期货（CMR），分别是美国、欧洲、俄罗斯、中国内地、日本和美国的股指期货。

表 31 - 9　按照 2014 年交易量排名的世界上最活跃的股指期货和期权合约

单位：手，%

排名[*]	合约名称	指数乘数	2013 年	2014 年	百分比变化
1，O1	CNX Nifty Options，NSE India	50 Indian rupees	874835809	972738636	11.2
2，O2	SPDR S&P 500 ETF Options[*]	N/A	596304426	609148644	2.2
3，O3	Kospi 200 Options，Korea Exchange	500000 Korean won	580460364	462010885	- 20.4
4，O4	S&P Sensex Options，BSE	15 Indian rupees	108612615	439090333	304.3
5，F1	E - mini S&P 500 Futures，CME	50 U.S. dollars	452291450	425020210	- 6.0
6，F2	Euro Stoxx 50 Futures，Eurex	10 euros	268495189	293837558	9.4
7，F3	RTS Futures，Moscow Exchange	2 U.S. dollars	266131127	243320038	- 8.6
8，O5	Euro Stoxx 50 Options，Eurex	10 euros	225261910	241254907	7.1
9，O6	S&P 500 Options，CBOE	100 U.S. dollars	207488939	223798536	7.9
10，F4	CSI 300 Futures，CFFEX	300 Chinese RMB	193220516	216658274	12.1
11，F5	Nikkei 225 Mini Futures，OSE	100 yen	233860478	199121967	- 14.9
12，O7	iShares Russell 2000 ETF Options[*]	N/A	134857623	179676618	33.2
13，O8	VIX Options，CBOE	100 U.S. dollars	142999960	159369660	11.4
14，O9	Taiex Options，Taifex	50 New Taiwan dollars	109311515	151620546	38.7
15，O10	Powershares QQQ ETF Options[*]	N/A	94302472	132286215	40.3
16，O11	iPath S&P 500 VIX Short Term Futures ETN Options[*]	N/A	83532121	85309469	2.1
17，O12	iShares MSCI Emerging Markets ETF Options[*]	N/A	82452022	84576910	2.6
18，O13	Bank Nifty Options，NSE India	25 Indian rupees	55120938	84347528	53.0
19，O14	S&P BSE 100 Options，BSE	50 Indian rupees	141727404	76706804	- 45.9
20，F6	E - mini Nasdaq 100 Futures，CME	20 U.S. dollars	59393053	75483720	27.1

　　资料来源：2014 RECORD VOLUME，期货行业协会（Futures Industry Association，FIA）；排名（A，B）中 A 代表期货和期权总体排名，B 中 F 代表股指期货的排名，O 代表股指期权的排名，我们在第 35 章将专门介绍全球股指期货的发展情况。

　　日成交量（Daily Trading Volume）和每日持仓量（Daily Open Interest）是衡量期货交易的两个重要指标，也分别是期货交易排名的两个依据，依据不同的标准排名会得到不同的结果。另外，表 31 - 9 中不同国家和地区股指期货的乘数差异很大，加上各国货币与美元汇率不同，乘数的大小差异更大，因此表 31 - 9 给出的成交量排名与相应的成交金额排名结果差异应该很大。

31.5.1　按照股指期货合约的日成交量排名

表 31 - 9 给出的是按照 2014 年全年成交量排名全球最活跃股指期货合约，表 31 - 10 给出了按照 2015 年 4 月 28 日日成交量排名的世界前 20 个交易最活跃的股指期货合约。从表 31 - 10 中可以看出，排名前 6 位的分别为电子盘小型标普 500 期货合约、沪深 300 股指期货合约、欧盟斯托克 50 指数期货合约、日经 225 小型期货合约、印度标准普尔 CNX 轻巧指数和俄罗斯交易系统指数期货。

表 31 - 10　　按照日交易量排名的世界上最活跃的股指期货合约及交易量与持仓量比例（201 年 4 月 28 日）　单位：手，%

排名	合约名称	交易所	交易量	持仓量	交易量与持仓量比例
1	电子盘小型标普 500 期货	芝加哥商品交易所：CME	1474639	2706583	0.54
2	沪深 300 股指期货合约	中国金融期货交易所：CFF	1438546	89600	16.06
3	欧盟斯托克 50 指数期货	欧洲期货交易所（Eurex）：EUX	984254	3424906	0.29
4	日经 225 小型期货合约	大阪证券交易所：OSE	678047	353074	1.92
5	印度标准普尔 CNX 轻巧指数	印度国家证交所：NSE	648965	566126	1.15
6	俄罗斯交易系统（RTS）指数期货	俄罗斯交易系统：RTS	569708	400872	1.42
7	新加坡交易所（SGX）富时 A50 指数期货	新加坡交易所：SGX	537544	226937	2.37
8	小型 Ibovespa 期货合约	巴西商品期货交易所：BMF	347608	28907	12.03
9	上证 50 指数期货	中国金融期货交易所：CFF	329692	36374	9.06
10	印度标准普尔 CNX 轻巧指数	印度国家证交所：NSE	288833	346169	0.83
11	纳斯达克 100 电子盘小型期货	芝加哥商品交易所：CME	283966	365655	0.78
12	新加坡交易所（SGX）标普 CNX Nifty 指数期货	新加坡交易所：SGX	224431	206137	1.09
13	土耳其伊斯坦布尔股票交易所（ISE）30 期货	土耳其衍生产品交易所：TKD	219229	113133	1.94
14	恒生中国企业指数（HSCEI）期货合约	中国香港交易所：HKEX	176666	93126	1.90
15	国家证券交易所银行轻巧（Bank Nifty）	印度国家证交所：NSE	172573	50941	3.39

续表

排名	合约名称	交易所	交易量	持仓量	交易量与持仓量比例
16	OMXS30 指数期货	OMX 北欧交易所——斯德哥尔摩：SSE	167276	507904	0.33
17	中证 500 指数期货	中国金融期货交易所：CFF	164120	15900	10.32
18	电子盘小型道琼斯指数期货	芝加哥期货交易所：CBT	163876	114045	1.44
19	韩国 KOSPI200 指数期货合约	芝加哥期货交易所：CBT	127160	142932	0.89
20	恒生指数期货合约	中国香港交易所：HKEX	118575	67782	1.75

资料来源：彭博数据库。

表 31-10 显示，全球最活跃的 20 个股指期货名单中有 3 个合约为美国的股指期货合约，加上一个美国芝加哥期货交易所推出的韩国股指期货；3 个合约为我国内地的股指期货合约；3 个合约为印度的股指期货合约；2 个为新加坡的期货合约；另外，欧洲、日本、俄罗斯、巴西、土耳其、中国香港和瑞典分别有一个合约，在一定程度上反映出不同国家和地区股指期货的活跃度。

31.5.2 按照股指期货合约的持仓量排名

尽管日交易量是衡量期货交易的一个很好的指标，但是由于期货交易总是具有不同程度的投机性，仅看日交易量一个指标往往是不够的，经常要结合持仓量指标一起来考察。持仓量是指目前尚处在有效期的未平仓的合约数量。表 31-11 给出了按照 2015 年 4 月 28 日持仓量来排名的全球最主要的 20 个股指期货。

表 31-11　　按持仓量排名的全球主要股指期货（2015 年 4 月 28 日）　　单位：手

排名	合约名称	交易所	持仓量	交易量
1	欧盟斯托克 50 指数期货	欧洲期货交易所（Eurex）：EUX	984254	3424906
2	电子盘小型标普 500 期货	芝加哥商品交易所：CME	1474639	2706583
3	东京价格 Topix 期货合约	东京股票交易所：TSE	42045	659091
4	富时 100 指数期货	伦敦证券交易所：LSE	111917	592062
5	印度国家证券交易所标准普尔 CNX 轻巧指数	国家证交所：NSE	648965	566126
6	OMXS30 指数期货	OMX 北欧交易所——斯德哥尔摩：SSE	167276	507904
7	俄罗斯交易系统（RTS）指数期货	俄罗斯交易系统：RTS	569708	400872

续表

排名	合约名称	交易所	持仓量	交易量
8	Msci Ermerging Markets Index Futures	ICE 期货美国交易所：NYF	23109	376266
9	ibovespa 期货合约	巴西商品期货交易所：BMF	52850	372811
10	纳斯达克 100 电子盘小型期货	芝加哥商品交易所：CME	283966	365655
11	日经 225 期货合约	大阪证券交易所：OSE	53553	360943
12	标普 CNX NIFTY 指数期货	芝加哥商品交易所：CME	198122	354747
13	日经 225 小型期货合约	大阪证券交易所：OSE	678047	353074
14	印度标准普尔 CNX 轻巧指数	国家证交所：NSE	288833	346169
15	CAC40	欧洲期货交易所（Eurex）：EUX	119677	335490
16	日经 400	大阪证券交易所：OSE	40631	318072
17	Russell 2000 小型期货	ICE 期货美国指数：NYF	109836	311232
18	日经 225 股指期货	大阪证券交易所：OSE	72076	303473
19	恒生中国企业指数（HSCEI）期货合约	中国香港交易所：HKEX	127870	262792
20	澳大利亚证交所 spi 200	悉尼期货交易所：SFE	25097	246427

资料来源：彭博数据库。

表 31 - 11 显示，持仓量排在前 6 位的股指期货分别为欧盟斯托克 50 指数期货、电子盘小型标普 500 期货、东京价格（TIPOX）期货合约、富时 100 指数期货、印度国家证券交易所标准普尔 CNX 轻巧指数期货和瑞典斯德哥尔摩北欧交易所的（OMXS30）指数期货，分别代表了欧盟、美国、日本、英国、印度和瑞典股指期货市场；表 31 - 11 中 20 个股指期货中仅有 6 个是迷你型或者轻小型股指期货，表 30 - 1 根据成交量排名的迷你型或轻小型数量 8 个少了两个，表明迷你型和轻小型股指期货的持仓量相对较小。

31.5.3　按照日成交金额排名

股指期货合约的规模是由合约中规定的乘数决定的，不同的期货合约中规定的乘数也不一样，因此不顾合约规模而只是从量上进行比较是有失偏颇的。因此，用股指期货交易的价值额而不是交易量作为评价标准更加合理一些。此外，在进行国际比较时还要对汇率进行换算，统一用美元计价的价值额进行比较。

股指期货合约的价值 = 期货价格 × 乘数。例如，标准普尔 500 期货合约的价值就可以由期货价格乘以 250 美元得到。

表 31 – 12   按照股指期货日交易价值总额排名（2015 年 4 月 28 日）

排名	指数	交易所	指数值	乘数	交易量（手）	成交金额（亿美元）
1	标普 500 期货合约	芝加哥商品交易所：CME	2114.8	250	4165	5261.8
2	德国 DAX 指数期货合约	欧洲期货交易所（Eurex）：EUX	11811.7	25	116798	3289.8
3	沪深 300 股指期货合约	中国金融期货交易所：CFF	4741.9	300	1438546	2315.5
4	恒生指数期货合约	中国香港交易所：HKG	28442.8	50	90727	1833.0
5	日经 225 期货合约	大阪交易所：OSE	20059.0	1000	53553	1700.0
6	上证 50 股票指数期货	中国金融期货交易所：CFF	3282.3	300	329692	1604.9
7	东京价格 TOPIX 期货合约	大阪交易所：OSE	1627.4	10000	42045	1350.0
8	意大利富时 MIB 指数期货	米兰交易所：MIL	23532.1	5	34335	1276.8
9	Russell2000 小型期货	ICE 期货美国交易所：NYF	1259.4	100	109836	1251.7
10	韩国 KOSPI 200 指数期货合约	韩国期货交易所：KFE	268.6	500000	148057	1250.0
11	澳大利亚证交所 SPI200	澳大利亚交易所：SFE	5948.5	25	25097	1173.3
12	富时 100 指数期货	伦敦证券交易所：LSE	7030.5	10	111917	1074.9
13	电子盘小型标普 500 期货	芝加哥商品交易所：CME	2114.8	50	1474639	1052.4
14	小型日经 225 指数期货	大阪交易所：OSE	20059.0	5	11865	1003.8
15	瑞士指数期货合约	欧洲期货交易所（Eurex）：EUX	9259.8	10	32511	974.7
16	MSCI EAFE 指数期货合约	ICE 期货美国交易所：NYF	1945.6	50	1293	966.5
17	恒生中国企业指数（HS-CEI）期货合约	中国香港交易所：HKG	14714.8	50	127870	954.0
18	纳斯达克 100 电子盘小型期货	芝加哥商品交易所：CME	4515.3	20	283966	905.0
19	电子盘小型道琼斯指数期货	芝加哥期货交易所：CBT	18110.1	5	163876	899.5
20	日经 225 指数期货	芝加哥期货交易所：CBT	20059.0	500	72076	841.2

资料来源：彭博数据库。

表 31 – 12 与表 31 – 10 给出额排名有很大的不同。小型日经 225 指数和小型标普 500 指数在表 31 – 10 中按照日交易量分别排第 4 位和第 1 位，而在表 31 –

12 中，按照日交易价值总额却分别排在了第 14 位和第 13 位。这些排名差异的主要原因在于这些期货合约的规模不同，再加上汇率折算的因素，使得其成交金额与成交量有很大的不同。由于不同国家的股指期货合约规模大小相差较大，而且不同货币难以直接累加，成交量虽然方便，但是不同规模和不同货币的成交量实际上难以直接比较；而成交金额不仅将不同合约的大小概念考虑在内，而且还将不同货币的合约通过与美元汇率进行折算，因此成交金额比成交量可比性更高。所以表 31 – 12 给出的排名比表 31 – 10 排名结果更可靠。

从表 31 – 12 中还可以看出，按照日成交金额排名，前 20 位的股指期货中有 7 个是美国的股指期货（比表 31 – 10 给出的进入前 20 名的股指期货数量多 3 个），其成交金额占到了前 20 个合约总成交金额的 37.8%，比 2014 年美国国内生产总值的世界占比 22.2% 高出 15.6%，显示美国在全球股指期货领域的重要地位；前 20 位的股指期货中有 4 个是欧盟国家的股指期货（与表 31 – 10 给出的进入前 20 名的股指期货数量相同），这些股指期货成交金额占到了前 20 个合约总成交金额的 20.8%，与同年欧盟国内生产总值的世界占比相当；前 20 位的股指期货中有 3 个是日本的股指期货（与表 31 – 10 给出的进入前 20 名的股指期货数量多两个），这些股指期货成交金额占到了前 20 个合约总成交金额的 12.7%，比同年日本国内生产总值的世界占比 6.0% 高出一倍以上；前 20 位的股指期货中有 2 个是我国大陆的股指期货（与表 31 – 10 给出的进入前 20 名的股指期货数量少 1 个），这些股指期货成交金额占到了前 20 个合约总成交金额的 12.3%，比同年我国大陆国内生产总值的世界占比 13.4% 略低；前 20 位的股指期货中有 2 个是香港特区的股指期货（与表 31 – 10 给出的进入前 20 名的股指期货数量相当），这些股指期货成交金额占到了前 20 个合约总成交金额的 8.8%，比同年香港特区国内生产总值的世界占比 0.37% 高出 20 多倍。表 31 – 10 与表 31 – 12 间另外一个明显的差异是印度：进入表 31 – 10 的印度股指期货有 3 个，而该三个股指期货没有一个进入以成交金额排名的表 31 – 12。这里不再进一步比较其他国家和地区两种股指期货排名的差异。

31.5.4　按照持仓金额排名

表 31 – 13 给出了与表 31 – 11 相应的以持仓金额排名的全球主要股指期货排名。表 31 – 13 显示，排在前 18 位的有 7 个是美国的股指期货，排在前 5 位的除了标准普尔指数期货之外，另外 4 个分别是土耳其、日本、中国内地和巴西的股指期货。总体看来，表 31 – 13 中的 7 个美国股指期货的持仓总金额占到前 18 位总价值的 50% 以上，而其他国家则陆续增加，反映美国在全球股指期货市场的主导地位已经有所下降。

表 31 – 13　　　　按照持仓价值排名的股指期货（2015 年 4 月 28 日）

排名	指数	交易所	指数值	乘数	持仓量（手）	持仓金额（亿美元）
1	电子盘小型标普 500 期货	芝加哥商品交易所：CME	2114.8	50	2688678	2843.0
2	东京价格指数 TOPIX 期货合约	大阪交易所：OSE	1627.4	10000	600123	793.5
3	沪深 300 股指期货合约	中国金融期货交易所：CFF	4741.9	300	300309	688.5
4	IBX – 35 指数期货	巴西商品期货交易所：BMF	11607.7	10	517252	653.2
5	标普 500 股指期货	芝加哥商品交易所：CME	2114.8	250	115936	612.9
6	多伦多 60 股指期货	多伦多证券交易所：TSX	895.9	200	349277	503.4
7	SPI 200 指数期货合约	澳大利亚证交所（ASX）	5948.5	25	355481	409.5
8	阿姆斯特丹交易所指数期货	阿姆斯特丹交易所：AEX	501.7	200	372696	406.8
9	罗素 2000 小型指数期货	ICE 期货美国交易所：NYF	1259.4	100	300309	378.2
10	纳斯达克 100 电子盘小型期货	芝加哥商品交易所：CME	4515.3	20	360610	325.7
11	恒生指数期货合约	中国香港交易所：HKG	28442.8	50	148005	271.5
12	富时（FTSE）100 指数期货	芝加哥商品交易所：CME	7030.5	10	248063	268.4
13	欧盟斯托克 50 指数期货	欧洲期货交易所：EUX	3715.4	10	654724	264.6
14	日经 225 期货指数	大阪证券交易所：OSE	20059.0	1000	154108	251.1
15	韩国 KOSPI 200 指数期货合约	韩国期货交易所：KFE	268.6	500000	174328	211.4
16	mini MSCI Emerging Markets（EM）Index Futures	ICE 期货美国交易所：NYF	1067.0	50	372696	198.8
17	mini MSCI EAFE Index Futures	ICE 期货美国交易所：NYF	3282.3	300	78010	123.8
18	OMXS30 指数	OMX 北欧交易所 – 斯德哥尔摩 SSE	1679.5	100	57078	113.2

资料来源：彭博数据库。

　　从表 31 – 13 中还可以很明显看出，股指期货持仓金额排在前 5 位的分别是美国、日本、中国、巴西和美国的股指期货。从表单中可以看到，美国的股指期货上榜较多，共有 7 只，日本则有 2 只上榜，分别是股指期货 TOPIX 和日经

225 指数，排在第 3 位和第 15 位。

31.6 股票指数期货的定价

金融产品的定价对所有金融产品的交易者来说都是一个重要环节，因此在介绍股指期货的应用之前，有必要对股指期货的定价原理有所了解。本节首先分析影响股指期货价格的因素，股指期货价格与其相应现货市场价格之间的关系，讨论几种不同的定价方法并推导出一般公式。

31.6.1 影响股指期货价格的因素

期货市场和其相应的现货市场是紧密相连的，所有影响现货市场的因素也都会对期货市场有所影响。股指期货的标的是代表股票市场的股票指数，股票市场从某种程度上可以作为国家经济的代表，对于资本市场发达的国家来说尤其如此。因此，国际环境、宏观经济、政治环境等都会对股指期货市场产生影响。

31.6.2 股指期货现货价格与期货价格的关系

如前面指出的，股指期货市场与相应的现货市场紧密相连，这两个市场的影响因素也有很多相似之处。但是与股票指数所代表的一篮子股票组合相比，股指期货交易成本低，并且可以用保证金交易，交易更加方便，因此股指期货价格对市场信息的反应速度总是快于其对应的现货价格。

根据弱式有效市场假说，成熟有效的股票市场总是可以及时反映市场公开信息，对于股指期货市场也应如此。因此从理论上讲，市场信息是同时作用于现货和期货市场的，在无套利情形下，现货市场与期货市场是完全相关、同时变化的，不存在一个市场领导另一个市场或者一个市场滞后于另一个市场的现象。但是对世界股指期货市场的实证研究却并不支持上述结论。大量实证研究表明，股指期货价格普遍领先于股票指数的变化，时滞可以达到 45 分钟。电子交易系统的使用使得这一时滞大大缩短，但股指期货与现货市场的"领导—滞后"关系仍然存在（具体的实证分析结果本书不涉及）。

例如在 1987 年 10 月的股市大跌中，芝加哥的股指期货价格先于纽交所的现货指数而下跌，因此一些观察者得出了股指期货交易引起股市崩溃的结论。而事实上，想要卖掉股票的投资者无法通过纽交所及时执行而只能通过卖期货的方式进行。期货市场比股票市场发挥了更好的价格发现功能。

31.6.3 定价原理及假定

在连续、完全有效、没有交易成本的市场中，将不存在任何无风险的套利机会，从而在合约有效期内任意时刻都有股指期货价格与相应现货市场价格之间的一一对应关系。包括股指期货在内的所有金融衍生产品定价的基本原则都是"无套利定价"理论。

与所有经济金融理论一样，股指期货的定价理论也有很多的假定，这里仅列出最重要的假定：

（1）无风险借贷利率相同；

（2）无风险利率恒定（可扩展）；

（3）无税；

（4）无股利风险；

（5）没有交易成本；

（6）没有初始保证金要求；

（7）连续复利计息；

（8）标的资产（构成指数的股票）以及股指期货合约完全可分（可无限拆分）；

（9）期货合约没有违约风险；

（10）不存在交割时滞。

还有大量其他假定，这里不一一列举。

31.6.4　股指期货定价公式

尽管股指期货的定价原理和基本假定是相同的，但在具体操作过程中，对应于不同的假定会有不同的定价公式。这里针对三类主要类型的股利支付假定推导具体的定价公式。

31.6.4.1　离散的股利支付

股指期货的标的资产是股票指数，可以将其看成组成股票指数的一篮子付息股票组合的价格，组成股票的股利应付给资产组合的所有者。设股票组合在 t_i 时刻（$0 \leqslant t_i < T, i = 1,2,3,\cdots,m$）付股利为 $d_i \geqslant 0$，则该组合所付的股利现值为：

$$I = \sum_{i=1}^{n} d_i e^{-rt_i} \tag{31.1}$$

式中，r 为固定的无风险利率，e^{-rt_i} 为第 i 次股利的折现因子。

考虑由如下头寸组成的投资组合：

（1）以当前的期货价格 F 买入期货合约；

（2）以现货价格 S 卖空股指期货的标的指数所代表的股票篮子。

并且将 $(S - I)$ 的本金投入无风险资产，I 用于支付卖空股票的股利，则该组合期末的收益为 $(S - I)e^{rt_i} - F$，在无套利假设下该收益应该为 0，否则将存在套利机会。

若 $(S-I)e^{r_i}-F>0$，期货价格低估，投资者可以通过上述操作获得无风险的正收益，由于期货多头需求增加，推动期货价格上涨，当 $F=(S-I)e^{r_i}$ 时市场达到均衡；若 $(S-I)e^{r_i}-F<0$，期货价格高估，投资者可以通过卖空期货，借入 $(S-I)$ 的无风险资金投资于股票，于期末获得 $F-(S-I)e^{r_i}>0$ 的无风险收益，随着期货卖空数量的增多，期货价格将下降，降至 $F=(S-I)e^{r_i}$ 时，市场重新达到均衡。

因此无套利定价的公式应该为

$$F=(S-I)e^{r_i} \tag{31.2}$$

例 31.2　假设一只股票现在的价格是 50 港元，1 个月和 4 个月后分别有两笔股利收入，每笔为 2.5 港元，无风险利率为 $r=2.50\%$，求该股票 5 个月的期货价格。

解：把 $r=0.025$，$d_1=d_2=2.50$，$t_1=1/12$，$t_2=4/12=1/3$，代入公式（31.1）中，得到：

$I=2.50\times0.9979+2.50\times0.9917=4.974$ 港元

把 $S=50$，$I=4.974$，$r=0.025$ 和 $T=5/12$ 代入公式（31.2）中，得到：

$F=(50-4.974)\times1.0105=45.499$ 港元

31.6.4.2　固定股利收益率

上面推导了离散股利收益假设下股指期货的定价公式，虽然逻辑上成立，但股利支付次数很多，加上构成股票指数的股票数量很大，并且权重不确定，因此计算所有组成股票的股利现值很不方便。现实中经常假设股票指数具有固定的连续股利收益率，设为 g，则股指期货的价格应为

$$F=S\times e^{(r-g)T} \tag{31.3}$$

例 31.3　假设恒生指数现货价格为 9800 港元，年利率为 $r=2.50\%$，固定的年化股利为 2.05%，求 3 个月恒生指数期货的价格。

解：把 $r=0.025$，$g=0.0205$ 和 $T=3/12$ 代入公式（31.3）中，得到：

$F=9800\times\exp[(0.025-0.0205)\times3/12]=9811.13$ 港元

31.6.4.3　不平稳的股利支付

固定的连续股利定价公式简单易行，但是现实中的股利支付经常是季节性或者不规律的，固定的连续股利收益率假设不符合市场的实际情况，因此需要进一步分析。

研究者对美国和英国市场做了很多有用的经验研究，结果表明，S&P 500 Index 和 DJIA 以及 FT-SE 100 Index 的股利分配都是不均匀的。

表 31-14 给出了 Robertson 研究的 FT-SE 100 Index 的 1989 年月固定股利收益率。

表31-14   FT-SE 100 Index 的 1989 年月固定股利收益率

月份	百分比	月份	百分比
1	1.2	7	7
2	9.2	8	11.3
3	13.9	9	13.7
4	7.9	10	4.7
5	8.2	11	6.8
6	5.5	12	10.6

表31-15 给出了恒生指数 1991 年至 2002 年的平均月股利收益。

表31-15   恒生指数 1991 年至 2002 年的平均月股利收益

月份	百分比	月份	百分比
1	3.16	7	3.14
2	3.06	8	3.18
3	3.2	9	3.2
4	3.17	10	3.09
5	3.14	11	3.07
6	3.16	12	2.99

资料来源：根据 www.hsi.com.hk 数据计算。

假设某股票指数的月固定股利收益率为 g_1, …, g_{12}, 可将定价公式 (31.3) 扩展为

$$F = S \times e^{(r-g_a)T} \tag{31.4}$$

其中，

$$g_a = [g_1 \times T_1 + g_2 \times (T_2 - T_1) + \cdots + g_{12} \times (T_{12} - T_{11})]/T \tag{32.5}$$

T_1 表示第 1 个月在合约有效期内的时间，$T_{12} - T_{11}$ 表示最后 1 个月在合约有效期内的时间长度。

例31.4 假设 2007 年 1 月 14 日 FT-SE 100 指数现货值为 3945.6 港元，利率为 $r = 2.50\%$，各月股利如 Robertson 研究中所示分布，求 FT-SE 100 指数期货 2007 年 6 月的合约价格。

解：1 月离月底还有 16 天，FT-SE 100 指数期货于 2007 年 6 月 20 日到期，6 月中可以算上 20 天，所以 $T_1 = 16/(31 \times 12)$ 和 $T_6 - T_5 = 20/(30 \times 12)$，将 $r = 0.025$, $g_1 = 0.012$, $g_2 = 0.092$, $g_3 = 0.139$, $g_4 = 0.079$, $g_5 = 0.082$, $g_6 = 0.055$, $T_1 = 16/(31 \times 12)$, $T_2 - T_1 = T_3 - T_2 = T_4 - T_3 = T_5 - T_4 = 1/12$, $T_6 - T_5 = 20/(30 \times 12)$, $T = T_1 + 4/12 + T_6 - T_5 = 0.4319$ 代入公式 (31.5)，得到

$$g_a = [0.012 \times 16/(31 \times 12) + 0.092 \times 1/12 + 0.139 \times 1/12$$
$$+ 0.079 \times 1/12 + 0.082 \times 1/12 + 0.055 \times 20/(30 \times 12)]/0.4319$$
$$= 0.03624/0.4319 = 0.08391 = 8.39\%$$

把 $S = 3945.6$，$g_a = 0.08391$ 和 $T = 0.4319$ 代入公式（31.4），得到

$$F = 3945.6 \times \exp[(0.025 - 0.08391) \times 0.4319] = 3846.19 \text{ 港元}$$

31.6.5　股票指数的隐含股利收益率

上述股指期货定价公式中的股利现值和固定股利收益率都是通过历史数据估计的。但是历史数据无法反映现实情况如股利分配政策、市场环境等的改变。因此只使用历史数据的定价是不可靠的。

股指期货的价格中包含了十分丰富的信息，正如前面提到过的，期货价格对于标的资产信息的反应要快于现货市场价格的变化，对于股票指数期货来说尤其如此，因此可以将股指期货的市场价格作为重要的信息来源，利用股指期货的理论定价公式和现货指数信息，倒推出隐含的固定股利收益率。对公式（31.3）做变形可以得到：

$$g = r + (1/T) \times \ln(S/F) \tag{31.6}$$

其中的参数与公式（31.3）中的参数相同。

与历史股利收益率相比，从股指期货市场价格中推导出来的隐含股利收益率体现的是市场的前瞻性信息，而不是事后信息，并且隐含收益率可以在每天、小时甚至分钟的时间基础上计算，使得预测更加准确。此外，隐含收益率还对股票指数期权以及股指期货的期权的定价十分有用。

例31.5　假设2007年2月21日恒生指数的现货值为9250.86港元，3月和6月的恒生指数期货价格分别为9222港元和9115港元，年利率为 $r = 2.0\%$，求恒生指数的隐含股利率。

解：根据3月合约计算，2月还有8天，3月离该月期货合约到期还有28天，所以

$T = 8/(28 \times 12) + 28/(31 \times 12) = 0.099$，把 $T = 0.099$，$r = 0.02$，$S = 9225.86$，$F_m = 9222$ 代入公式（31.6），得到

$g = 0.02 + (1/0.099) \times \ln(9225.86/9222) = 0.0242 = 2.42\%$

根据6月合约计算：

类似地，把 $T = 8/(28/12) + 4/12 = 0.3571$ 和其他参数代入公式（31.6），得到

$g = 0.02 + (1/0.3571) \times \ln(9225.86/9115) = 0.0538 = 5.38\%$

31.7 股指期货的应用

对于国际股票市场的投资者来说，股指期货不仅是一个很好的套期保值工具，也是投资股票市场的一个重要手段。由于股指期货的价格与标的股票价格的变动具有一致性，因此投资股指期货具有同股票相同的收益率。此外，投资期货的成本低于购买股票，而且可以免除一些持有股票的税收，因此，股指期货的交易相当活跃，应用也十分广泛。

股指期货的使用者主要包括以下几类：

基金经理：使用股指期货套期保值；对基金的组成资产进行重新分配，使其交易更加方便的同时降低投资成本。

专业交易员：利用股指期货在现货与期货市场上 spread 和进行套利活动。

经纪人、承销商和证券公司：对持有的新发行证券进行套期保值。

个人交易者：标准股指期货合约的最小化使得个人投资者也可以交易股指期货合约。

股指期货有很多种应用，套期保值和现金流管理是其基本用途，此外，利用股指期货进行交易和套利活动也很常见。不同交易所的参与者结构不同，因此股指期货的交易对于上述各种用途的分配也不同。例如，澳大利亚股票交易所股指期货交易量的50%是以套期保值为目的的，40%以交易为目的，剩下的10%则是套利。我们将在第41章详细介绍恒生指数期货和H股指数期货的市场参与者结构在不同时期的变化情况。

31.7.1 股指期货的投资交易

股指期货最直接的应用就是买入股指期货合约，或者卖出股指期货合约，也叫股指期货"做多"（going long）或"做空"（going short）。

多头：当预计市场将要上升时，应当买入股指期货合约，也就是做股指期货的多头。如果预测准确，市场真的上扬，交易者将得到正的收益。

空头：当预计市场下滑时，应当卖出股指期货合约，也就是做股指期货的空头，在合约到期之前买入相同到期日的期货合约进行平仓，买卖不同时点期货价格之差就是该交易者的收益或损失。当市场真的下行时，空头头寸将为交易者带来正的收益。

例31.6 股指期货多头交易

某投资者认为沪深300股票市场将会上涨，于2015年1月5日以3588点的价格买入2015年2月到期的股指期货。如他所预料，18天后的2015年1月23日，恒生指数上升至3620点，他认为指数已涨到高峰，决定清仓，以3620点的价格平仓。该投资者这次交易的收益如下：

2015 – 01 – 08 以 3588 点的价格买入一份恒生指数期货合约

2015 – 01 – 23 以 3620 点的价格卖出恒生指数期货合约

利润（3620 – 3588）×300 = 9600 元

例 31.7 股指期货空头交易

假设上例中的投资者认为市场会下降，因此于 2015 年 1 月 8 日卖出一份股指期货合约，并且 18 天之后恒生指数下跌至 9675 点，此时平仓。该空头交易者的收益如下：

2015 – 01 – 08 以 3558 点的价格卖出一份恒生指数期货合约

2015 – 01 – 23 以 3548 点的价格买入恒生指数期货合约

利润（3558 – 3548）×300 = 3000 元

由此可见，由于股指期货的交易者既可以"做多"，也可以"做空"，因此只要对市场走向预测准确，无论市场是上升还是下降，都可以通过股指期货交易获利；股票市场的交易者由于受到不能卖空的限制，在市场普遍下滑时，即便预测准确也无法获利。

31.7.2 用股指期货套期保值

套期保值功能是大多数期货交易所引入股指期货交易的最正当理由，也是对基金经理及其他金融专业人员来说最主要的作用，他们可以利用股指期货来管理股票市场的系统性风险。

31.7.2.1 系统性风险与套期保值

持有股票存在两种不同性质的风险即非系统性风险和系统性风险。非系统性风险是指个股所独有的风险，股票价格变化与影响单个公司基本面情况的因素相关，这种风险可以通过分散化投资来消除，也称作可分散化风险。系统性风险则是指由国家（或世界）经济或者政治环境引起的整个股票市场的起伏，无法通过分散化投资来消除，是整个市场必须承担的风险，也称市场风险。例如中央银行的紧缩货币政策会引起利率的上升，从而对所有的金融资产价格产生负面影响，造成股票市场的整体下滑，这种利率风险就是无法通过分散化投资来消除的市场风险。

股指期货的出现为投资者和基金经理们提供了一个精确管理系统性风险的有效工具。通过持有合适数量的股指期货合约，投资者可以使其持有的资产与市场风险隔绝，之所以能这样是因为投资者在现货市场的损失可以由相反期货头寸的收益冲抵，从而保证资产价值不受影响。从理论上讲，只要持有对冲头寸的数量合适，就可以达到"免疫"的效果。

这种风险管理的方法就是套期保值。具体操作中，套期保值就是把合适数量的期货（或期权）头寸与持有或计划投资的现货头寸相结合，以期货市场的变化来对冲股票现货市场的风险。根据套期保值头寸的不同，可以分为多头对冲和空头对冲两种形式：

现货头寸	期货头寸	对冲头寸
多头	卖	空头对冲
空头	买	多头对冲

（1）空头对冲

当投资者持有现货资产时，为防止资产价格下降带来的损失，常常同时持有标的资产期货的空头头寸，构成一个空头对冲的保护性策略。投资者担心市场下滑而又不愿意卖出资产时，只需卖空期货合约即可。空头对冲图示如下：

	现货	期货
对冲开始日	买	卖
对冲结束日	卖	买

例 31.8 空头对冲保值交易

假设 2015 年 1 月 8 日，某香港市场的投资者持有价值 100 万港元充分分散的股票组合，由于预计市场将会整体下滑，该投资者既可以卖掉该组合待股价下降后再买回，也可以通过卖掉相当价值的恒生指数期货合约来构造一个保护性策略。

2015 年 3 月 11 日沪深 300 指数为 3525 点，4 月到期的恒生指数期货合约价格为 3556。

为保护 100 万元的资产价值不受股市下滑影响，投资者卖出 1 份 IF1504 指数期货合约。到 2015 年 3 月 25 日，4 月到期的 IF1504 指数期货的价格为 3974.4，此时平仓。该空头对冲保值交易的结果如下表所示：

时间	股票市场	期货市场	净头寸
2015 年 1 月 8 日	价值 100 万元的充分分散的股票组合	以 3657 元的价格卖出 1 份 3 月到期的 IF1503 指数期货合约	现货多头与期货空头相抵消
	沪深 300 指数为 3559	总价值为 1097100 元	
2015 年 1 月 19 日	沪深 300 指数下降至 3355 点	以 3360 的价格买入 1 份 IF1503 指数期货合约	买入期货合约对冲期货多头
	股票组合的价值下降至 942680 元（57320 元的损失）	期货头寸获利 89100 元	股票组合的价值损失由期货交易的收益补偿

期货市场收益 89100 元，与现货市场损失 57320 元较为接近，因此原资产组合的价值仍在 100 万元左右。在认为股票市场到达低谷时，投资者在空头合约到期之前买入合约清仓。持仓过程中基差的有利变化使得期货市场的收益基本可以弥补股票市场上的损失。

（2）多头对冲

与空头对冲相对应，多头对冲是另外一种保护性策略。当投资者有未来的现金流入及相应的投资计划时，使用多头对冲可以锁定未来投资的成本，避免因将来资产价格上涨而造成的投资成本增加。

基金公司、保险公司等机构投资者会定期从各种渠道得到资金，如员工节俭基金、养老基金、保险费用等，这些资金当中的相当一部分都是要投资于股票市场的。通过买入相应的期货合约，机构投资者可以在收到资金之前就锁定将来的投资成本，避免错失进入市场的机会。这种对未来现金流进行管理的套期保值策略也被称作"预见性对冲"，具体操作如下：

	现货	期货
对冲开始日	卖	买
对冲结束日	买	卖

例 31.9 预见性对冲

某人寿保险公司的基金经理预计将于 2015 年 3 月 30 日收到价值 1000 万港元的保费（Policy Premiums）。2015 年 5 月 4 日，该公司的投资委员会召集基金经理开会，认为股票市场将会经历一轮牛市，公司应该在股票市场中投资 1000 万元以在即将到来的牛市中获利。若该基金经理等收到资金后再投资于股市则会面临更高的股价。基于以上考虑，该基金经理买入 6 月到期的恒生指数期货以对未来的现金流入进行多头对冲。

假设 2015 年 5 月 4 日的沪深指数为 4800 点，6 月到期的 IF1506 指数期货价格为 4780 点，并且 5 月 30 日恒生指数上升至 12500 点。则上述预先套期的结果如下：

时间	股票市场	期货市场	净头寸
5 月 4 日	没有头寸；预计于 5 月 30 日将收到资金投资于股票市场；恒生指数为 11000	买入 7 份 6 月到期的 IF1506 指数期货，总价值为 10038000 元	期货多头；现货没有头寸
5 月 29 日	沪深 300 指数上升 0.8% 至 4840 点；收到 1000 港元投资于已上升了 0.8% 的股票市场	持有 7 份 IF1506 指数期货至到期日，以 4890 的价格平仓，获利 231000 元，用于投资股票市场	股票市场多头；期货合约到期，不再持有期货头寸

该例中，沪深300指数期货价格变化为0.8%，而恒生指数则变化了2.3%，二者并不相同，存在基差，因此这个套期不是一个完全套期。同样地，被套期股票组合与套期工具价格变化的不一致性（用被套期资产的β值衡量）也会影响套期效果。

31.7.2.2 β值与基差

如前所述，已经持有股票头寸的投资者可以应用空头对冲策略来抵御市场价格的风险；有预期现金流量并且计划投资于股票市场的投资者可以使用多头对冲策略锁定未来的投资成本，防止股价上涨给未来投资带来损失。上述两种策略从理论和逻辑上来讲都是可行的，但是被套期资产和套期工具之间存在差异，套期保值策略并不总能达到很好的效果。影响套期保值策略效果的因素主要有两个：

A. 被套期资产（投资者所持有或即将投资的股票组合）的波动率与套期工具标的资产（股指期货的标的指数所代表的股票组合）波动性的关系，通常用被套期资产的β值来衡量；

B. 套期（期货）基差随时间推移的变化（基差风险）。

下面分别分析上述两种因素及其对套期保值策略的影响。

（1）β值

股票指数作为股票市场价格的代表对一般股票组合的价格有一定的影响，但是股票组合的价格与股票指数变化完全相同的现象却非常少见。与股票指数相比，总有一些股票价格的变动幅度高于指数变动幅度，而另一些股票价格变动则低于指数的变动幅度。因此，为了准确衡量投资组合的风险，需要对股票价格与指数之间的变化关系做一估计。实践中采用回归分析的方法估计β参数，以衡量个股价格对于市场变化的敏感性。从数值上讲，资产组合的β就是组合收益与市场收益的协方差与市场收益方差之比。$\beta > 1$，表示组合收益的变化率大于市场收益变化率；$\beta < 1$，表示组合收益变化率小于市场收益变化率；$\beta = 1$，则表示组合收益与市场收益同向、同步变化。

例31.10 计算β值

上证A股股票市场的波动率为28.5%（以沪指收益的标准差衡量），中国石油股票收益率与沪指收益率的协方差为12.5%，则中国石油股票的$\beta = 12.5\% / (28.5\%)2 = 1.54$，表示当沪指变化1%时，中国移动的股价相应变化1.54%。

对β值不为1的资产组合进行套期保值时，应该根据β值计算修正的资产组合价值，以修正后的资产组合价值与一个股指期货合约所交易资产的价值之比作为套期策略使用的合约数量。修正的资产组合价值可以由资产组合的实际价值与加权平均β值相乘获得。加权平均β值是组合中单只股票β值以股票价值占组合价值的比例为权重得到的，其中单只股票的β值一般来源于历史数据。

此外，在具体合约的选定上一般采用到期日最近的合约，到期时进行合约滚动（roll over），以维持套期工具的流动性。

例 31.11　计算加权平均 β 值，修正后的资产组合价值、套期保值使用的股指期货合约数。

假设某投资组合是由下列股票组成的：

序号	股票名称	β	股票市值（元）	占投资组合比重（%）
1	中国石油	1.5	450000	22.5
2	中国石化	1.25	400000	20
3	中国核电	1.12	420000	21
4	厦门空港	1.66	480000	24
5	山东高速	0.56	250000	12.5

表中数值为假设值，只作说明计算过程之用。

a. 由上面的条件，该组合的加权平均为

$$\beta = (1.50 \times 0.225) + (1.25 \times 0.20) + (1.12 \times 0.21)$$
$$+ (1.66 \times 0.24) + (0.56 \times 0.125) = 1.2911$$

b. 该组合的总价值为 200 万元，则修正后的组合价值为

$$MPV = 2000000 \times 1.2911$$
$$= 2582200 \ 元$$

c. 沪深指数为 4000 则需要的恒生指数期货合约数量为

$$2582200/(4000 \times 300) = 4.15 \approx 4 \ 份$$

（2）基差风险

与套期保值策略相关的另一个风险叫基差风险，是由股指期货价格与其标的指数价格变动幅度不一致引起的风险。在套期保值中，基差定义：即被套期资产的现货价格与所使用合约的期货价格之差。用公式表示为

　　基差 = 被套期保值资产的现货价格 - 所使用合约的期货价格

随着时间的推移，现货价格与期货价格都会发生变化，现实中二者的变化往往是不完全同步的，由此引起的基差变化所带来的风险就叫基差风险。在做了套期保值交易之后，交易者必须随时注意观察基差的变化情况，并且确定基差的变化对自己是否有利。为使套期保值达到良好的效果，交易者必须能够区分正向市场与反向市场，明确基差在不同市场的变化对自身头寸的影响。具体来讲有以下四个步骤：

a. 确定所处的市场是正向市场还是反向市场；

b. 确定进行套期保值交易时的基差；

c. 确定一段时间之后的基差；

d. 判断基差的变化是扩大还是减少。

下面将首先介绍正向市场与反向市场的含义，然后通过具体例子分析不同市场中的基差变化对套期保值效果的影响。

从基差的定义可以看出，当期货价格高于现货价格时，基差为负，期货价格升水，现货价格贴水；当期货价格低于现货价格时，基差为正，期货价格贴水，现货价格升水。正向市场与反向市场反映了期货价格与现货价格可能存在的两种基本关系：一是正常情况下，近期月份合约的价格低于远期月份合约的价格，一方面由于持有资产的成本一般大于资产的股利收益，另一方面也反映了参与者对市场的乐观情绪，使得远期月份的合约价格上涨更快一些；二是特殊情况下，近期月份合约价格高于远期月份合约价格，对于金融期货来说，一方面是由于股票的股利收益高于融资成本造成实际为负的持有成本，另一方面也可能是由于市场参与者的悲观情绪（bearish sentiment）造成的，由于普遍认为市场会下滑，使得远期月份的期货价格下降更快。

套期保值交易所处的市场类型以及基差的变化方向共同影响套期保值策略的效果。

例 31.12 正向市场中基差扩大时的空头对冲

假设一个正向市场中的空头对冲，建仓时沪深 300 指数为 5000，沪深 300 指数期货价格为 5100；持仓期间分别下降至 4500 和 4800。基差由建仓时的 -100（=5000-5100）扩大至 -300（=4500-4800）。对于一个总价值为 150 万元，β 值为 1 的基金来说，该空头对冲的结果如下表所示：

时间	现货头寸	期货头寸	基差
建仓时	价值 150 万元的股票组合；沪深 300 指数为 5000	以 5100 的价格卖出 1 份沪深 300 期货合约，总价值为 1530000 元	-100
平仓时	沪深 300 降至 4500，下降了 10%；股票组合价值降至 1800000 元，现货市场损失 150000 元	以 4800 的价格买入 1 份沪深 300 期货，总价值为 1440000 元，期货头寸净收益为 90000 元	-300
比较	总收益/损失 =150000	基差变化 = -300 - (-100) = -200	

基差损失 $=200 \times 300 = 60000$ 元。

例 31.13 正向市场中基差扩大时多头对冲

假设一个正向市场中的多头对冲，建仓时沪深 300 与沪深 300 期货分别为 5000 和 5100；持仓期间分别上升至 5200 和 5200，对于一个总价值为 150 万港元，β 值为 1 的基金来说，该多头对冲的结果如下表所示：

时间	现货头寸	期货头寸	基差
建仓时	没有头寸，预计有价值 150 万港元资金计划投资股票组合；沪深 300 为 5000	以 5100 的价格买入 1 份沪深 300 期货合约，总价值为 1530000 元	-150
平仓时	沪深 300 升至 5200，上升了 4%；原计划投资股票组合价值增至 1560000 元，现货市场投资成本增加 60000 元	以 5200 的价格卖出 1 份沪深 300 期货，总价值为 1560000 港元，期货头寸净收益为 30000 元	-250
比较	总收益/损失 = 60000	基差变化 = -200 - (-100) = -100	

基差收益 = $100 \times 300 \times 1 = 30000$ 元。

例 31.14　反向市场中基差扩大时的空头对冲

假设一个反向市场中的空头对冲，建仓时沪深 300 与沪深 300 期货分别为 5000 和 4900；持仓期间分别降至 4800 和 4600。对于一个总价值为 150 万元，β 值为 1 的基金来说，该空头对冲的结果如下表所示：

时间	现货头寸	期货头寸	基差
建仓时	价值 150 万元的股票组合；沪深 300 为 5000	以 4900 的价格卖出 1 份沪深 300 期货合约，总价值为 1470000 元	150
平仓时	沪深 300 降至 4800，下降了 4%；股票组合价值降至 1440000 元，现货市场损失 60000 元	以 4600 的价格买入 1 份沪深 300 期货，总价值为 1380000 元，期货头寸净收益为 90000 港元	250
比较	总收益/损失 = -60000	基差变化 = 200 - 100 = 100	

基差收益 = $100 \times 300 \times 1 = 30000$ 元。

例 31.15　反向市场中基差缩小时的空头对冲

假设一个反向市场中的空头对冲，建仓时沪深 300 与沪深 300 期货分别为 5000 和 4850；平仓时，分别降至 4500 和 4450。对于一个总价值为 150 万元，β 值为 1 的基金来说，该空头对冲的结果如下表所示：

时间	现货头寸	期货头寸	基差
建仓时	价值 150 万元的股票组合；沪深 300 为 5000	以 4850 的价格卖出 1 份沪深 300 期货合约，总价值为 1455000 元	150
平仓时	沪深 300 降至 4500，下降了 10%；股票组合价值降至 1350000 元，现货市场损失 150000 元	以 4450 的价格买入 1 份沪深 300 期货，总价值为 1335000 元，期货头寸净收益为 120000 元	250
比较	总收益/损失 = -15000	基差变化 = 150 - 50 = 100	

基差损失 = 30000 元。

例 31.16 反向市场中基差缩小时的多头对冲

假设一个反向市场的多头对冲，建仓时沪深 300 与沪深 300 期货分别为 5000 和 4850；持仓期间分别升至 5500 和 5450。对于一个总价值为 150 万元，β 值为 1 的基金来说，该多头对冲的结果如下表所示：

时间	现货头寸	期货头寸	基差
建仓时	没有头寸，预计有价值 150 万元资金计划投资股票组合；沪深 300 为 5000	以 4850 的价格买入 1 份沪深 300 期货合约，总价值为 1455000 元	150
平仓时	沪深 300 升至 5500，上升了 10%；原计划投资股票组合价值增至 1650000 元，现货市场投资成本增加 150000 元	以 5450 的价格卖出 1 份沪深 300 期货，总价值为 1635000 元，期货头寸净收益为 180000 元	250
比较	总收益/损失 = 150000	基差变化 = 150 - 50 = 100	

基差收益 = 30000 元。

分析总结上面几个例子（例 31.11 到例 31.15）可以得到不同市场情形下空头和多头对冲的结果：

	正向市场	反向市场
空头对冲	基差缩小时获利/扩大时损失	基差扩大时获利/缩小时损失
多头对冲	基差扩大时获利/缩小时损失	基差缩小时获利/扩大时损失

以上介绍了如何在套期保值策略中分别引入 β 值和基差的因素，而在现实中这两种因素是同时存在的，下面以空头对冲为例把两个因素同时考虑进套期保值策略中进行分析。

例 31.17 正向市场中基差收窄且 $\beta < 1$ 时的空头对冲

考虑例 31.11 中，当假定 $\beta = 0.80$ 而不是 1 时，套期结果将发生怎样的变化。

套期需要的期货合约数 = 修正后的基金价值 / 一份股指期货合约的价值

$$= 2000000 \times 0.80/(300 \times 5150) = 1.04 \approx 1$$

基差由 -150 扩大至 -250，基差变化对套期结果的影响如下表所示：

时间	现货头寸	期货头寸	基差
建仓时	价值 200 万元的股票组合；沪深 300 为 5000	以 5150 的价格卖出 1 份沪深 300 期货合约，总价值为 1545000 元	-150
平仓时	沪深 300 降至 4500，下降了 10%；现货市场损失 2.0m × 10% × 0.80 = 160000	以 4750 的价格买入 1 份沪深 300 期货，总价值为 1425000 元，期货头寸净收益为 120000 元	-250
比较	总收益/损失 = 160000 - 120000 = 40000	基差变化 = -250 - (-150) = -100	

结果为损失 40000 元。

例 31.18　正向市场中基差收窄且 $\beta > 1$ 时的空头对冲

若例 32.16 中其他条件不变，$\beta = 1.25 > 1$ 时，空头对冲需要的期货合约数为：

$$2000000 \times 1.25 / (300 \times 5150) = 1.62 \approx 2 \text{ 份}$$

基差扩大对空头对冲的影响如下表所示：

时间	现货头寸	期货头寸	基差
建仓时	价值 200 万元的股票组合；沪深 300 为5000	以 5150 的价格卖出 2 份沪深 300 期货合约，总价值为3090000 元	− 150
平仓时	沪深 300 降至 4500，下降了 10%；现货市场损失 2.0m × 10% × 1.25 = 250000	以 4750 的价格买入 2 份沪深 300 期货，总价值为 2850000 元，期货头寸净收益为 240000 元	− 250
比较	总收益/损失 = 250000 − 240000 = 10000	基差变化 = − 250 − （ − 150） = − 100	

结果为损失 10000 元。

比较例 31.16、例 31.17 和例 30.11 的结果可以发现，β 的引入不会改变总的收益或者损失情况，而只能改变损益的程度。$\beta > 1$ 时损失更大一些，$\beta < 1$ 时损失更小一些。对于空头对冲来说，当基差缩小时也可以得到相似的结论，$\beta > 1$ 时收益更大一些，$\beta < 1$ 时收益更小一些。

进一步分析多头对冲以及反向市场的情形可以得到，无论是对于正向还是反向市场中的多头和空头对冲，都有上面的结论。这里不再一一举例说明，读者可自己根据基差分析的例子进行 β 值的扩展分析。

31.7.3　用股指期货进行价差交易

价差交易是股指期货的另一重要应用。价差交易是指同时买入和卖出不同到期日或者不同市场的股指期货，利用不同期货合约价格上的不同得到投资者想要的收益结构。基差是进行价差交易时所要考虑的最重要的概念。如前面指出，基差不仅代表现货价格与相应期货价格之差，也用来表示不同到期日的期货价格之间的差异。在上一节股指期货定价时指出，股指期货价格的波动率一般要大于相应的指数波动率，并且期货市场价格领导现货市场价格。一般而言，当市场处于牛市时，股指期货价格相对于标的指数升水；当市场的熊市情绪比较盛行时，股指期货价格相对于标的指数贴水。由基差所反映的期货合约的升贴水情况为股指期货交易者，尤其是价差交易者提供了一个重要的分析工具。

具体操作中，期货价差策略可以由一个期货合约多头与不同到期月份或者另一市场的期货合约空头组成。当价差策略由同一指数的两个到期月份的期货组成时，称作"Intra - market"、"Calendar Spread"或"Time Spread"；当价差策略由不同市场的指数期货组成时，如 CME 的标准普尔 500 指数期货多头与 NYSE 的 NYSE 综合指数空头组成的策略，被称作"跨市场价差交易"。价差交易者关心期货价格的相对变化而不管绝对变化情况如何。

31. 7. 3. 1　牛市价差策略（Bull Spread）

认为远期月份期货价格上涨速度快于近期月份期货价格上涨速度，或者认为远期月份期货价格下跌速度小于近期月份期货价格下跌速度的交易者可以构造一个 Bull Spread。当市场上升时，由于远期月份合约的价格上升更快，所以 Bull Spread 交易者应该卖出近期月份合约，买入远期月份合约。下面举例说明 Bull Spread 策略的构造以及损益情况。

例 31. 19　正向市场中基差变宽时的多头价差交易

某交易者于 2015 年 2 月 5 日卖出 20 份 3 月到期的沪深 300 期货合约，买入 5 月到期的沪深 300 期货，建立 Bull Spread。此时 3 月和 5 月沪深 300 期货的价格分别为 4975 和 5025。假设至 2 月 25 日平仓时，3 月和 6 月期货合约的价格分别上升至 5115 和 5215，则该价差交易的结果如下表所示：

时间	3 月期货	5 月期货	价差	价差基差
2 月 5 日	以 4975 的价格卖出 20 份合约，总价值为29850000元	以 5025 的价格买入 20 份合约，总价值为 30150000 元	建仓成本 =（5025 - 4975）× 20 × 300 = 300000	- 50
2 月 25 日	以 5115 的价格买入 20 份合约，总价值为 30690000 元	以 5215 的价格卖出 20 份合约，总价值为 31290000 元	平仓收益 =（5215 - 5115）× 20 × 300 = 600000	- 100

总损失/收益 = 100000 - 50000 = 300000

总损失/收益 = 600000 - 300000 = 300000 元
总价差收益 = 基差变化 × 合约数量 × 乘数
= [- 50 - (- 100)] × 20 × 300 = 300000 元。

例 31. 20　正向市场中基差变窄时的多头价差交易

某交易者于 2015 年 2 月 5 日卖出 20 份 3 月到期的沪深 300 期货合约，买入 5 月到期的沪深 300 期货，建立 Bull Spread。此时 3 月和 5 月沪深 300 期货的价格分别为 4 975 和 5 025。假设至 2 月 25 日平仓时，3 月和 5 月期货合约的价格分别上升至 5115 和 5140，则该价差交易的结果如下表所示：

时间	3 月期货	5 月期货	价差	价差基差
2 月 5 日	以 4975 的价格卖出 20 份合约，总价值为 29850000 元	以 5025 的价格买入 20 份合约，总价值为 30150000 元	建仓成本 =（5025 - 4975）× 20 × 300 = 300000	-50
2 月 25 日	以 5115 的价格买入 20 份合约，总价值为 30690000 元	以 5140 的价格卖出 20 份合约，总价值为 30840000 元	平仓收益 =（5140 - 5115）× 20 × 300 = 150000	-25
	总损失/收益 = 150000			

总价差损失 = 150000 元。

例 31.21　反向市场中基差变宽时的多头价差交易

某交易者于 2003 年 2 月 5 日卖出 20 份 3 月到期的沪深 300 期货合约，买入 5 月到期的沪深 300 期货，建立 Bull Spread。此时 3 月和 5 月沪深 300 期货的价格分别为 4975 和 4925。假设至 2 月 25 日平仓时，3 月和 6 月期货合约的价格分别上升至 5150 和 5050，则该价差交易的结果如下表所示：

时间	3 月期货	5 月期货	价差	价差基差
2 月 5 日	以 4975 的价格卖出 20 份合约，总价值为 29850000 元	以 4925 的价格买入 20 份合约，总价值为 29550000 元	建仓收益 =（4975 - 4925）× 20 × 300 = 300000	50
2 月 25 日	以 5150 的价格买入 20 份合约，总价值为 30690000 元	以 5050 的价格卖出 20 份合约，总价值为 30300000 元	平仓成本 =（5150 - 5050）× 20 × 300 = 600000	100
	总损失/收益 = 600000 - 300000 = 300000			

总价差收益 = 基差变化 × 合约数量 × 乘数

= [50 -（100）] × 20 × 300 = -30000 元。

例 31.22　反向市场中基差变窄时的多头价差交易

某交易者于 2015 年 2 月 5 日卖出 20 份 3 月到期的沪深 300 期货合约，买入 5 月到期的沪深 300 期货合约，建立 Bull Spread。此时 3 月和 5 月沪深 300 期货的价格分别为 4975 和 4925。假设至 2 月 25 日平仓时，3 月和 5 月期货合约的价格分别上升至 5150 和 5125，则该价差交易的结果如下表所示：

时间	3 月期货	5 月期货	价差	价差基差
2 月 5 日	以 4975 的价格卖出 20 份合约，总价值为 29850000 元	以 4925 的价格买入 20 份合约，总价值为 29550000 元	建仓收益 =（4975 - 4925）× 20 × 300 = 300000	50
2 月 25 日	以 5150 的价格买入 20 份合约，总价值为 30900000 元	以 5125 的价格卖出 20 份合约，总价值为 30750000 元	平仓成本 =（5150 - 5125）× 20 × 300 = 150000	25
总损失/收益 = 300000 - 150000 = 150000				

总价差收益 = 基差变化 × 合约数量 × 乘数

=（50 - 25）× 20 × 300 = 150000 元。

由上面四个 Bull Spread 交易的例子可以看出，在正向市场中，当基差扩大时 Bull Spread 交易者获利，基差缩小时损失；在反向市场则情形相反，当基差扩大时 Bull Spread 交易者损失，基差缩小时获利。

31.7.3.2　熊市价差策略（Bear Spread）

与 Bull Spread 相反，当交易者认为近期月份合约价格上涨速度更快或者下跌速度更慢时，可以构造一个 Bear Spread，买入近期月份合约，卖出远期月份合约。

例 31.23　正向市场中基差变宽时的空头价差交易

某交易者于 2015 年 2 月 5 日卖出 20 份 3 月到期的沪深 300 期货合约，买入 5 月到期的沪深 300 期货合约，建立 Bull Spread。此时 3 月和 5 月沪深 300 期货的价格分别为 4975 和 5025。假设至 2 月 25 日平仓时，3 月和 5 月期货合约的价格分别为 4825 和 4925，则该价差交易的结果如下表所示：

时间	3 月期货	5 月期货	价差	价差基差
2 月 5 日	以 4975 的价格买入 20 份合约，总价值为 29850000 元	以 5025 的价格卖出 20 份合约，总价值为 30150000 元	建仓收益 =（5025 - 4975）× 20 × 300 = 300000	- 50
2 月 25 日	以 4825 的价格卖出 20 份合约，总价值为 28950000 元	以 4925 的价格买入 20 份合约，总价值为 29550000 元	平仓成本 =（4925 - 4825）× 20 × 300 = 600000	- 100
总损失/收益 = 60000 - 300000 = - 300000				

总价差损失 = 300000 元。

依照 Bull Spread 的分析方法可以得到：正向市场中，基差缩小时，Bear Spread 交易者亏损，基差扩大时获利；反向市场中，基差缩小时获利，基差扩大时亏损。这里不再一一举例说明。

下表对不同市场情形下 Bull Spread 和 Bear Spread 交易者的收益情况做出了比较：

	正向市场	反向市场
看涨价差	基差扩大时获利/缩小时损失	基差扩大时损失/缩小时获利
看跌价差	基差扩大时损失/缩小时获利	基差扩大时获利/缩小时损失

31.7.4　套利交易

基于股指期货的套利交易是由同时持有相同数量、相反头寸的证券资产与股指期货合约构成的，利用二者价格之间的关系在市场价格不满足理论关系时进行相应的操作获得利润。套利行为是一种初始投入为零，没有风险，收益为正的活动。股指期货定价的基本原则是"无套利定价理论"。在上一节中曾经指出，在一定的假设条件下（主要是无交易成本的假设），当股指期货的市场价格偏离理论价格时就会有套利机会出现，套利者将利用上述的套利方法获利，推动市场重新达到均衡从而消除任何套利机会。套利行为的大量存在使得套利机会一经发现就被消除，这也是无套利定价原理得以成立的基础。

31.7.4.1　套利空间

由于税收、保证金要求、交易佣金等交易成本的存在，违背了无套利定价原理无交易成本的重要假设，因此只有当市场价格偏离其理论价格到一定程度时才可以通过套利行为获利。这个偏离程度可以由套利空间来衡量。套利空间定义为股指期货价格围绕其理论价格上下波动的最大幅度，在这个范围之内的交易价格不会带来套利机会。套利空间体现了构造套利组合的期货交易及相应实物资产交易的交易成本。此时套利可以理解为股指期货价格明显偏离其理论价格时的获利机会。

31.7.4.2　套利交易存在的问题

实践中，实施套利交易并没有想象中的简单，主要的难题有以下几个：

（1）买卖现货股票的交易高费率和股票现货市场中缺乏流动性可能使套利交易无法实施；

（2）无法准确按照股票指数的权重复制投资组合；

（3）由于理论与实践存在的差距，在实践中为股指期货确定"合理价格"非常困难。

总而言之，套利交易的困难来源于确定股指期货"合理价格"的困难。

31.7.5 合成指数基金

31.7.5.1 股票指数基金

股票指数基金是完全复制现有股票指数的收益与风险结构的资产组合，是最流行的指数基金。尽管股票指数早在 1971 年就在美国出现，但直至 20 年后，股票指数基金才引起市场重视，20 世纪 90 年代中期才开始繁荣发展。1994 年、1995 年和 1996 年 S&P 指数的回报率分别为 1.3%、37.0% 和 23.0%。与同期基金市场中的基金业绩相比，S&P 指数的回报率分别超越了同期市场中 78%、85% 和 75% 的基金的表现。标准普尔指数连续三年的高收益率使得很多基金经理意识到，只要复制指数组合就可以轻而易举获得比原有基金更高的收益率。市场表现是比任何研究成果都更有力的证据，股票指数基金以及其他遵循类似策略基金的总资产已经达到基金资产总额的 40%。

31.7.5.2 合成指数基金

（1）合成指数基金的构造

作为股票现货指数基金的替代，合成指数基金不需要在现货市场上买卖股票指数所代表的资产组合，而是通过买入股票指数期货，同时将本金投入货币市场工具而构成的。例如，合成标准普尔 500 指数基金是买入标准普尔 500 指数期货合约，合成沪深 300 基金则是买入沪深 300 期货合约，与此同时，都是将本金投资于合适的货币市场工具。

（2）现货指数基金与合成指数基金的比较

现货指数基金是由实际的股票买卖构成的，因此具有股票所有权和分配红利的权利等优势，但也有缺点：构造时需要较高的初始投入；无法保证精确复制指数组合；因为指数中的股票权重变化频繁，为精确跟踪指数组合需要频繁调整资产权重，带来交易成本的增加；保管成本高。

现货指数基金的缺点正是合成指数基金的优势所在。合成指数基金的优点包括：股指期货的保证金交易制度使得合成指数基金的初始投入较低；只需一次交易就可准确复制指数组合；没有复制错误风险；没有保管成本。

合成指数基金也有一些缺点，包括：可能会有很高的追加保证金风险（Variation Margin Risk）；存在股利风险；对所有股指期货来说基差风险都是很重要的方面；流动性风险；滚动交易的风险。

（3）合成指数基金与现货指数基金的市场表现

与股票现货市场的指数基金相比，对合成指数基金收益影响最大的两个因素是市场流动性情况以及股指期货定价是否合理。如果合成指数基金中的股指期货定价合理，则合成指数基金与现货指数基金具有相当的收益率水平；如果期货价格低估，则合成指数基金会有较高的收益水平；如果期货价格高估，则收益水平低于相应的现货市场指数基金。下面将以具体例子来说明上述三种情况。

例 31.24　期货合约被低估

假设当前的沪深 300 为 4945，3 个月期沪深 300 期货的价格为 4976，货币市场利率为 5.0%，股利收益率为 2.5%；投资者欲将 1000 万元的资本金投入沪深 300 组合。如果 3 个月后沪深 300 最终为 5050，比较合成指数基金与现货指数基金的收益情况。

解：（1）计算 3 个月期沪深 300 期货的合理价格

利用定价公式（31.3），得

$$期货价格 = 4945 \times \exp[(5.0\% - 2.5\%) \times (3/12)] = 4976$$

市场价格被低估了 1.0 个指数点。

（2）现货指数基金：将 1000 万元投入沪深 300 股票组合

合成指数基金：以 5.0% 的利率将 1000 万元的本金投入货币市场工具买入 8 份 3 个月期沪深 300 期货（合约数量 = 组合价值/（股票指数 × 合约乘数）= 10000000/（4945 × 300）= 6.74 ≈ 7）。

（3）收益结果

现货指数基金投资的最终价值

= 股票价值 + 股利

= 10000000 × （5050/4945）+ 10000000 × （2.5%）× （3/12）

= 10274836 元

合成指数基金投资的最终价值

= 货币市场投资价值 + 期货头寸收益

= 10000000 × [1 + 5.0% × （3/12）]+（5050 - 4976）× 300 × 7

= 10280400 元

合成指数基金的最终价值比现货指数基金高出 5564 元。

相应地，股指期货价格高估和合理定价的例子可以容易地得出，由于篇幅有限，这里从略。

由以上例子可以看出，当股指期货价格低估时，合成指数基金可以较低成本构造，因而具有较高的收益；当股指期货价格高估时，合成指数基金的构造成本也相应较高，收益低于相应的现货指数基金；当股指期货定价合理时，二者收益相当。

31.8　股指期货对现货市场的影响

在 1982 年首只股票指数期货诞生之前，就已经存在着关于股指期货的推出对股票市场影响的研究和争论。由于对股指期货可能产生负面影响的担忧，以及美国商品期货交易委员会（CFTC）与美国证券交易委员会（SEC）关于监管的争论，使得价值线股票指数（Value Line Index，VLI）期货的推出推迟了近三年。

理解股指期货对现货市场的影响，不仅对于需要对现货市场价格走势进行预测的市场参与者十分重要，对市场监管者也意义重大，监管者必须能够把握股指期货将产生的所有可能的影响。本节将在前人研究的基础上，分析股指期货对现货市场可能产生的影响以及其影响途径。

31.8.1　股指期货对现货市场影响的总结

期货交易对标的资产市场的潜在影响主要分为以下几类：

（1）期货交易如何影响标的资产的价格和回报；

（2）期货交易如何影响标的资产的波动率；

（3）期货合约临近到期日时是否存在"到期日效应"；

（4）衍生产品是否会从现货市场中分流资金和成交量；

（5）谁会从这些衍生产品交易中受益；

（6）推出衍生产品后，社会福利会增加、不变，还是降低；

以上六点影响我们可以称其为价格或回报效应、波动率效应、到期日效应、成交量效应、获利效应和福利效应。若考虑实物商品衍生品，还存在两种效应（存货效应、产出效应）：

（7）期货合约如何影响标的商品的存货水平；

（8）期货合约如何影响标的商品的产出。

综合研究以上八种效应超出了本章的介绍范围，这里我们将着重研究前两种效应，因为它们最为人们所关注。同时还要说明的是，由于新兴市场中的数据可得性和监管规范性的限制，使得关于股指期货的研究大多集中于发达市场，所得结论可能会与新兴市场的现象有所差异，有时甚至相悖。但新兴市场也在不断发展、完善，发达市场的规律仍值得我们研究和借鉴。

31.8.2　股指期货的价格（回报）效应

针对股指期货对股票市场影响的学术研究主要划分为两类：第一类研究集中于股指期货价格变动是否超前于标的股票指数的变化；第二类研究则着眼于股指期货如何作用于标的股票市场的回报模式。

31.8.2.1　股指期货价格变动超前于标的股票指数

股指期货合约的价格变动是否超前于股指的走势，针对这一问题的学术研究很多，表30–19给出了27篇针对全球11个国家和地区的14种股指期货合约进行研究的学术论文基本信息。在这 27 篇学术成果中，除了 Lim（1992）和 Shyy 等（1996）的研究外，其他研究者都找到了能够证明股指期货超前于标的股指变动的证据。由于低廉的交易费用、杠杆效应、较高流动性以及其他因素，股指合约的交易比其标的股指所包含的全部成分股票的买卖更加具有吸引力，这使得相同的市场信息和预期会首先通过股指期货反映出来，进而使股指期货合约的价格具有超前性。值得说明的是，虽然 Lim（1992）没有发现日经 225 指数期货与日经 225 指数之间存在超前滞后关系，但 IIhara、Kato 和 Tokunaga（1996）在继续 Lim 的研究工作时发现，日经 225 指数期货的价格变动确实超前于日经 225 指数。

表 31 – 16　　　　　针对股指期货合约超前反映股指变动的研究文献

作者	发表时间	标的股票指数	国家/地区
Abhyankar	1995	富时 100 指数 FT – SE 100	英国
Blank	1991	标准普尔 500 指数 S&P 500	美国
Chan	1992	标准普尔 500 和主要市场指数 S&P500 & MMI	美国
Chan，Chan and Karolyi	1991	标准普尔 500 指数 S&P 500	美国
Chan and Chung	1989	主要市场指数 MMI	美国
Cheung and Ng	1990	标准普尔 500 指数 S&P 500	美国
Finnerty and Park	1987	主要市场指数 MMI	美国
Gay and Jung	1999	韩国综合股票价格指数 200KOSPI 200	韩国
Grunbichler，Longstaff and Schwartz	1994	德国 DAX 指数 DAX	德国
Heaney	1990	澳大利亚综合股票价格指数 AOSPI	澳大利亚
Herbst et al.	1987	标准普尔 500 和主要市场指数 S&P500 & MMI	美国
Ibrahim	1999	Kuala Lumpur 综合指数 KLCI	马来西亚
IIhara，Kato and Tokunaga	1996	日经 225 指数 Nikkei 225	日本
Kawaller et al.	1987	标准普尔 500 指数 S&P 500	美国
Koutmos and Tucker	1996	标准普尔 500 指数 S&P 500	美国
Kutner and Sweeney	1991	标准普尔 500 指数 S&P 500	美国
Lim	1992	日经 225 指数 Nikkei 225	日本
Ma，Dare and Donaldson	1990	价值线综合指数 VLCI	美国
Maberly	1986	标准普尔 500 指数 S&P 500	美国

续表

作者	发表时间	标的股票指数	国家/地区
Martikainen, Perttunen and Puttonen	1995	赫尔辛基股票交易所指数 HESE	芬兰
Nieto, Fernandez and Munoz	1998	西班牙 IBEX35 指数 IBEX 35	西班牙
Roope and Zurbruegg	2002	台湾证券交易所加权股票指数 TAIEX	中国台湾 *
Ryoo and Smith	2000	韩国综合股票价格指数 200KOSPI 200	韩国
Shyy, Vijayraghavan and Quinn	1996	法国 CAC40 指数 CAC 40	法国
Stoll and Whaley	1990	标准普尔 500 和主要市场指数 S&P500 & MMI	美国
Wong an Meera	2001	Kuala Lumpur 综合指数 KLCI	马来西亚
Zeckhauser and Niederhoffer	1983	价值线综合指数 VLCI	美国

资料来源：学术研究文献。

Shyy、Vijayraghavan 和 Quinn（1996）认为，之前的研究中，研究者所应用的期货合约的数据来源于前一笔成交合约的成交价格，这一数据本身就具有超前性，数据的选取导致了交易数列不同步问题。他们在研究中发现，期货市场对现货市场的影响并不显著，而现货市场却明显影响着期货合约的价格走势。另外，Ryoo 和 Smith（2002）研究发现，现货价格与期货价格具有协整关系，并且两个市场具有双向因果关系。但这种双向的超前—滞后关系是不对称的，股票指数超前于相应现货市场的证据较弱，而股指期货市场超前于股指的证据较强。总的来说，大多数研究表明，期货市场价格反应超前于现货市场的现象确实存在。

31.8.2.2 股指期货对股指回报率的周期性波动影响

世界上大多数股票市场在一定程度上都存在着"星期一效应"，即每个星期一的平均股指回报率显著低于其他交易日的平均水平。在一些规模较小的市场中，比如日本、澳大利亚，则存在着"星期二效应"（Faff and McKenzie，2002）。

Kamara（1997）对从 1982 年至 1993 年的数据进行分析发现，在股指期货推出后，S&P500 指数波动的周期性（如"星期一效应"）显著降低。他认为，这种现象的出现是由于股指期货低廉的交易费用大大减少了市场中存在的套利障碍，更多的套利行为有助于无风险套利机会的消除，从而使得股指规律性的周期波动现象不再显著。

在对日经 225 指数期货进行研究时，Hiraki、Maberly 和 Taube（1998）发现，日经 225 股指期货对其标的指数日回报率的周期性波动产生了作用。具体来说，日经 225 指数期货推出后，日本股票市场上的"星期二效应"消失了，取而代之的是产生了"星期一效应"。研究者认为，这是由于股指期货交易为市场提供了更快更多的信息流的结果。

Faff 和 McKenzie（2002）在对美国、日本、澳大利亚、德国、西班牙、瑞士和英国的股票市场进行研究后，对股指期货是否影响股指日回报率的周期性波动问题进行了综合论证。他们发现，股指期货交易有助于减少股票指数的周期性波动。在美国、德国和瑞士，"星期一效应"被大大减弱，在英国也有一定程度的降低。类似地，在日本和澳大利亚，股票指数期货推出后，股票指数的"星期二效应"也不再显著。这一发现印证了 Kamara（1997）和 Hiraki 等（1998）的部分观点，比如，市场参与者可以运用交易成本较低的股指期货进行套利，进而减少或消除市场上存在的无风险套利机会，包括股票指数回报率有规律地波动。

关于股指期货合约变动超前于现货市场，以及其交易能够降低股票市场规律性波动的各种论证都表明，股指期货的引入有利于增进信息的传播效率，进而提高市场运作效率。

31.8.3　股指期货的波动率效应

针对股票指数期货波动率效应的学术研究主要分为三类：一是期货合约对现货市场波动率的影响；二是较之现货市场，期货市场的相对波动率大小；三是期货合约对"波动率"冲击的影响。

31.8.3.1　股指期货合约对现货市场波动率的影响

关于股指期货合约对现货市场的精确作用，学术界几乎没有完全一致的观点。尽管人们普遍认为衍生产品的推出很有可能是导致标的资产波动率增加的重要原因，但在实证分析中却缺少证据。当然，也有一些研究结论支持这一观点，认为期货交易可能会带来过度的、大量的不理智投机行为，从而增加现货市场的波动。比如，Antoniou 和 Holmes（1995）发现，在金融时报 100（FT－SE100）指数期货推出之后，金融时报 100 指数的波动率显著上升，他们认为这是由于期货交易扩大了市场信息流的传播渠道，从而导致股票市场波动幅度增大。

然而，多数研究表明，股指期货合约的推出并未增加股票市场的波动，即使波动率被发现有所增加，通常也只是短期波动发生了变化。在对其他商品期货的研究中，研究者发现，期货交易并不会影响商品价格的波动率，有时甚至会降低其波动幅度。

表 31－20 总结了关于股指期货波动率效应的主要研究成果，这 23 篇文献分别对全球 23 个国家和地区的主要股票市场进行了研究。其中 6 篇认为，期货交

易会给股票市场带来不稳定影响，即导致股票市场波动加剧；3 篇认为股指期货对股票市场波动幅度的影响存在综合效果，不能简单归纳成加剧或降低；剩下的 14 篇则认为股指期货合约的交易对股票市场并没有显著影响，有时则会一定程度上平抑其波动，即起到了稳定性作用。

表 31 –17　　　　　　　　　　股指期货的波动率效应研究文献

序号	学者	发表时间	股票市场	股票指数	结果
1	Antoniou and Holmes	1995	美国	富时 100 指数 FTSE 100	加剧
2	Gulen and Mayhew	2000	31 个国家和地区	35 个指数 35 Indices	在美国、日本加剧，在其他市场上相反。
3	Pericli et and Koutamas	1997	美国	标准普尔 500 指数 S&P 500	未加剧
4	Galloway and Miller	1997	美国	中等市值 400 指数 MidCap 400	降低
5	Choi and Subramaniam	1994	美国	主要市场指数 MMI	无明显变化
6	Edwards	1988a	美国	标准普尔 500 和价值线综合指数 S&P500 & VLCI	未加剧
7	Edwards	1988b	美国	标准普尔 500 和价值线综合指数 S&P500 & VLCI	未加剧
8	Lee and Ohk	1992	美国	标准普尔 500 指数 S&P 500	加剧
		1992	英国	富时 100 指数 FTSE 100	加剧
		1992	澳大利亚	澳大利亚综合股票价格指数 AOSPI	无变化
		1992	中国香港	恒生指数 HSI	降低
		1992	日本	日经 225 指数 Nikkei 225	加剧
9	Bacha and Villa	1993	日本	日经 225 指数 Nikkei 225	加剧

序号	学者	发表时间	股票市场	股票指数	结果
10	Hogson & Nicholls	1991	澳大利亚	AAOI	无变化
11	Lockwood & Linn	1990	美国	道琼斯工业平均指数和价值线综合指数 DJIA & VLCI	加剧
12	Freris	1990	中国香港	恒生指数 HS Index	未加剧
13	Ibrahim et al.	1999	马来西亚	Kuala Lumpur 综合指数 KLCI	未加剧
14	Oliveira et al	2001	葡萄牙	股票价格指数 20 SPI 20	未加剧
15	Gupta & Kumar	2002	印度	印度 CNX 和孟买交易所股票指数 CNX & BSE	降低
16	Harris	1989	美国	标准普尔 500 指数 S&P 500	加剧
17	Kamara et al.	1992	美国	标准普尔 500 指数 S&P 500	按日衡量加剧，按月衡量未加剧
18	Darrat, Rahman & Zhong	2001	美国	标准普尔 500 指数 S&P 500	未加剧
19	Darrat and Rahman	1995	美国	标准普尔 500 指数 S&P 500	降低
20	Maberly et al.	1989			不确定
21	Butterworth	2001	英国	富时 100 指数 FTSE 100	影响有限
22	Ryoo and Smith	2000	韩国	韩国综合股票价格指数 200 KOSPI 200	加剧
23	Shenbagaraman	2003	印度	印度标准普尔 CNX Nifty 指数 S&P CNX Nifty	影响有限

资料来源：学术研究文献。

表 31 - 17 中，Gulen 和 Mayhew（2000）的研究值得一提，他们对全球 31 个国家和地区 1999 年存在的 35 种股指期货合约进行综合分析后发现，大多数情况下，股指期货的持仓合约量高时，股票市场的波动率较低；只有在美国和日

本存在相反的结论。

以上关于股指期货波动率效应的研究主要包含两种假设：一是"不稳定因素"，即预测股指期货市场上存在的过度投机活动会产生不稳定效果，增加股票市场波动，制造市场泡沫；二是"市场完全作用"，即认为股指期货能够增加信息流的传播效率、增强市场信息的传播速度，为投资者提供更多的投资渠道，使得市场更加完全，从而起到减轻股票市场波动的作用；同时，投机者的跨市套利行为也能够平抑现货市场的过度波动。

31.8.3.2　股指期货市场与股票市场的相对波动

通常，人们认为由于标准化合约的特征以及特殊的运作特性，股指期货会具有比对应股票市场更剧烈的波动。具体来讲，期货价格具有前瞻性，它包含了到期前标的资产价格变动的不确定因素，它的波动应该比标的资产价格的波动更为剧烈。但是，由于期货市场与现货市场关系紧密，波动率也存在着从期货市场向现货市场的转移（如 Oliveira 等的研究，2001）。因此，从 1982 年股指期货诞生以来，关于股指期货合约相对股票市场的相对波动问题就引起了人们广泛的关注。表 31-18 列出了相关的研究文献。

表 31-18　　　　　　　　相对波动率：股指期货 vs 股票指数

作者	发表时间	市场	股票指数	结论
Chu and Bubnys	1990	美国	标准普尔 500 指数 S&P 500	股指期货 > 股票指数
Yadav and Pope	1990	英国	富时 100 指数 FSTE 100	股指期货 > 股票指数
Yau，Scheeweis and Yung	1990	中国香港	恒生指数 HSI	股指期货 > 股票指数
Brenner et al.	1990	日本	日经 225 指数（大阪证交所） Nikkei 225（OSE）	股指期货 < 股票指数
Choudhury	1997	中国香港	恒生指数 HSI	股指期货 > 股票指数
Choudhury	1997	日本	日经 225 指数（大阪证交所） Nikkei 225（OSE）	股指期货 < 股票指数
Choudhury	1997	澳大利亚	澳大利亚综合股票价格指数 AOSPI	股指期货 > 股票指数
Gupta & Kumar	2002	印度	印度 CNX 和孟买交易所股票指数 CNX & BSE	股指期货 > 股票指数

资料来源：学术研究文献。

这 6 篇文献中的 2 篇发现，股票指数的波动率高于其相应的股指期货。如 Brenner 等（1990）研究发现，日经（Nikkei）股票指数的波动率明显高于其在大阪交易的相应股指期货，但与在新加坡国际货币期货交易所（SIMEX）交易的对应期货波动率没有显著差别。Choudhury（1997）的研究也得到了与 Brenner 等相似的结论。除此之外的大多数市场中，股票指数期货市场的波动比股票指数更为剧烈。

31.8.3.3 波动率影响

在股指期货推出以前，市场信息对股票指数的作用是连续的，比如一个冲击不仅影响今天的波动率，它对明天、后天乃至今后一段时间的波动率都会产生影响，这时的股票市场并不是完全有效的，它没有立即反映市场可得信息。Lee 和 Ohk（1992）以及 Shenbagaraman（2003）发现，股指期货合约有助于消除相应股票市场波动率的持续性。任何对今天的波动率产生作用的冲击都不会再影响今后的波动率变动，股票指数能够立即反映市场上的信息变化，股指期货使得整个市场更加有效。

31.9 国际股票指数期货十几年来的交易及其与世界 GDP 的比较

在我们介绍国内 A 股指数期货推出一年多来的交易情况前，我们简单回顾一下全球十几年来的交易及与全球股票市场交易和世界 GDP 的比较。

31.9.1 国际股票指数期货十几年来的交易及其与世界 GDP 的比较

表 31 - 19 给出了 1994 年到 2015 年世界股票指数期货成交金额、成交金额/世界 GDP 比例和成交金额年增长率。从表 31 - 19 可以看出，1994 年全球股票指数期货年成交金额仅为当年世界 GDP 的三分之一；1997 年全球股票指数期货成交金额首次超过了世界 GDP 的一半；2005 年全球股票指数期货成交金额首次超过了世界 GDP 总额；2007 年全球股票指数期货成交金额首次超过了世界 GDP 的一倍多；2008 年金融危机对全球股票指数期货市场产生了影响，当年的总成交金额下降了 1.3%，2009 年进一步下降了 31.99%，股票指数期货成交总额与世界 GDP 比例从 2007 年的 229.87% 显著下降到了 2009 年的 146.60%；2010 年成交金额明显回升，占同年 GDP 比例也回升到了 170.84%，相当于 2005 年到 2006 年的水平；2014 年股票指数期货成交总额与世界 GDP 比例超过 200%。

表 31-19　　　世界股票指数期货成交金额、成交金额/世界 GDP 比例

（1994 年到 2015 年）　　　　　单位：亿美元，%

年份	1994	1995	1996	1997	1998	1999
股指期货成交额	94673.4	104709.9	127929.7	161271.6	189199.0	213523.9
成交金额/GDP	34.29	34.38	41.16	52.04	61.52	66.83
年增长率	34.24	10.60	22.18	26.06	17.32	12.86
年份	2000	2001	2002	2003	2004	2005
股指期货成交额	227252.1	215941.4	255599.6	310258.8	400607.6	517838.7
成交金额/GDP	69.16	66.09	75.20	81.31	93.27	111.34
年增长率	6.43	−4.98	18.37	21.38	29.12	29.26
年份	2006	2007	2008	2009	2010	2011
股指期货成交额	765505.9	1302809.9	1289029.3	876692.3	1116395.9	1310481.2
成交金额/GDP	151.93	229.87	207.57	146.60	170.84	181.07
年增长率	47.83	70.19	−1.06	−31.99	27.34	17.38
年份	2012	2013	2014	2015 *		
股指期货成交额	1128112.0	1385862.9	1550484.3	489595.5		
成交金额/GDP	153.21	183.40	200.52	264.8		
年增长率	−13.92	22.85	11.88	38.17		

　　数据来源：股指期货成交金额数据来自国际清算银行网站，www.bis.org，国内生产总值来自国际货币基金组织 2015 年 4 月公布的 2015 年及之前年份的全球 GDP；2015 年数据为该年第一季度数据，增长率为同比增长率，成交金额与 GDP 比例是第一季度成交金额乘 4 除以国际货币基金组织 2015 年 4 月公布的 2015 年全球 GDP 的预测数据得出。

31.9.2　股票指数期货的交易与股票市场交易比较

　　上文我们介绍了全球股票指数期货成交金额并与世界经济规模进行了比较。市场上通常还有一种衡量股票指数期货市场活跃程度的方法，即将股票指数期货的年成交金额与相应的股票市场成交金额进行比较。表 31-20 给出了 2000 年到 2014 年全球股票指数期货年成交金额和相应的股票市场成交金额及其比例。从表 31-20 可以看出，2000 年期货成交总额还不到相应股票成交金额的一半，而 2001 年首次超过了一半；2006 年全球股票指数期货成交总额首次超过了相应的股票市场成交总额；2007 年全球股票指数期货成交总额与相应的股票市场成交总额比例达到金融危机前的历史最高峰 131%，2008 年和 2009 年有所回落，达到 116% 和 105%；2009 年到 2013 年该比例重新显著回升，到 2013 年创下金融危机后的新高 136%，超过了金融危机前 2007 年的比例 131%，2014 年再创新高 149%，显示金融危机后全球股指期货已经超过了金融危机前的最高水平。

表 31 - 20　　全球股票指数期货年成交金额和股票市场成交金额及比例

（2000 年到 2014 年）　　　　　单位：万亿美元，%

年份	2000	2001	2002	2003	2004
全球股票交易金额	51.4	36.6	13.6	33.4	41.9
股指期货成交金额	22.7	21.6	25.6	31	40.1
期货占股票交易比例	44	59	188	93	96
年份	2005	2006	2007	2008	2009
全球股票交易金额	52.2	68.5	99.7	110.9	83.1
股指期货成交金额	51.8	76.6	130.3	128.9	87.7
期货与股票成交金额比例	99	112	131	116	105
年份	2010	2011	2012	2013	2014
全球股票交易金额	86.9	100.9	83.0	92.8	108.8
股指期货成交金额	111.6	131.0	112.8	138.6	155.0
期货与股票成交金额比例	128	130	136	149	142

数据来源：股票指数期货数据来自国际清算银行；股票成交金额来自世界交易商联盟网站。

表 31 - 20 显示，从 1982 年全球股指期货在美国首次推出后，用了 24 年的时间到 2006 年，全球股指期货名义成交金额才首次超过了相应的股市成交金额，显示股指期货相对于股票交易经过多年来达到了与股票市场可比的程度。我们下文会比较国内股指期货相关比例。

31.10　沪深 300 指数和中国金融期货交易所

自"327"国债期货事件之后，为了防范证券市场风险，国内一直没有再推出金融期货产品。然而，随着我国经济的快速稳定发展，我国股票现货市场已形成了较为完备的交易、监管体系，股市规模、结构不断优化，市场规模不断壮大，关系国计民生的蓝筹股不断上市，股指的代表性显著增强，机构投资者的不断壮大也极大地改变了投资者结构，特别是股权分置改革的成功使国内 A股实现了制度上的飞跃性变革，也为与国际全面接轨铺平了道路，我国已经具备了推出股指期货的基本条件。

31.10.1　沪深 300 指数

沪深 300 指数是我国即将推出的股指期货的标的股票指数，它由上海证券交易所和深圳证券交易所联合编制，并于 2005 年 4 月 8 日正式发布。沪深 300

指数以 2004 年 12 月 31 日为基日，基日点位 1000 点，它以上海和深圳证券市场中 300 只规模大、流动性好的股票 A 股作为样本，其中沪市有 179 只，深市 121 只。沪深 300 指数样本覆盖了沪深市场 60% 左右的市值，具有良好的市场代表性。

31.10.2　中国金融期货交易所

为了更好地促进我国金融期货的发展，经中国证监会批准，由上海期货交易所、郑州商品期货交易所、大连商品期货交易所、上海证券交易所和深圳证券交易所共同发起设立的中国金融期货交易所于 2006 年 9 月 8 日在上海正式成立。

中国金融期货交易所将成为我国金融期货上市交易的重要场所，对于完善资本市场体系、发挥资本市场功能具有重要的战略意义。2006 年 10 月，中国金融期货交易所公布，《沪深 300 指数期货合约》（征求意见稿）、《中国金融期货交易所交易细则》（征求意见稿）、《中国金融期货交易所结算细则》（征求意见稿）和《中国金融期货交易所风险控制管理办法》（征求意见稿），开始针对沪深 300 指数期货合约广泛征求意见。2007 年 6 月 27 日，中国金融期货交易所正式公布了《中国金融期货交易所交易规则》以及配套实施细则：《中国金融期货交易所违规违约处理办法》、《中国金融期货交易所交易细则》、《中国金融期货交易所结算细则》、《中国金融期货交易所结算会员结算业务细则》、《中国金融期货交易所会员管理办法》、《中国金融期货交易所风险控制管理办法》、《中国金融期货交易所信息管理办法》、《中国金融期货交易所套期保值管理办法》。

31.10.3　沪深 300 指数期货合约

由于沪深 300 指数期货还未最终推出，中国金融期货交易所公布的《中国金融期货交易所交易规则》中规定了沪深 300 指数期货的合约内容。表 30 - 21 给出了沪深 300 指数合约交易合约表的基本内容。

表 31 - 21　　　　　　　　　沪深 300 股指期货交易合约表

合约标的	沪深 300 指数
合约乘数	每点 300 元
报价单位	指数点
最小变动价位	0.2 点
合约月份	当月、下月及随后两个季月

续表

交易时间	上午 9:15 - 11:30, 下午 13:00 - 15:15
最后交易日交易时间	上午 9:15 - 11:30, 下午 13:00 - 15:00
每日价格最大波动限制	上一个交易日结算价的 ±10%
最低交易保证金	合约价值的 12%
最后交易日	合约到期月份的第三个周五, 遇法定节假日顺延
交割日期	同最后交易日
交割方式	现金交割
交易代码	IF

资料来源: 中国金融期货交易所网站, www. cffex. com. cn。

表 31 - 21 表明, 沪深 300 指数期货合约的乘数为每点 300 元, 按照 2007 年 10 月 12 日沪深 300 指数的收盘价 5737. 22 来说, 一张期货合约的价值为 172 万元左右 (5737. 22 ×300)。合约表中规定按照 10% 缴纳保证金, 也就是说投资者需要 17. 2 万元左右才能购买一张沪深 300 指数期货合约。由此可见, 沪深 300 指数期货合约的交易门槛较高, 其交易者主要应为机构投资者, 这表明了监管者和中国金融期货交易所对首次推出的股指期货产品持有的谨慎态度。

为了防止沪深 300 指数期货的交易受到操纵,《中国金融期货交易所风险控制管理办法》中设置了一些专门的规定。比如, 沪深 300 指数期货合约的每日价格最大波动限制为上一个交易日结算价的 ±10%, 这里的结算价不同于收盘价, 它是指某一期货合约最后一小时成交量的加权平均价。由于现货指数收盘价很容易受到操纵, 因此国际市场上大部分股指期货合约采用一段时间的平均价, 即结算价。

除了每日价格波动限制, 沪深 300 指数期货合约还制定了熔断机制。熔断机制是指对某一合约在达到涨跌停板之前, 设置一个熔断价格, 使合约买卖报价在一段时间内只能在这一价格范围内交易。在《中国金融期货交易所风险控制管理办法》中, 沪深 300 指数期货合约的熔断价格为前一交易日结算价的 ±6%, 当市场价格触及 6%, 并持续五分钟, 熔断机制启动。在随后的五分钟内, 卖买申报价格只能在 6% 之内, 并继续成交。超过 6% 的申报会被拒绝。五分钟后, 价格限制放大到 10%。设置熔断机制的目的是让投资者在价格发生突然变化的时候有一个冷静期, 防止做出过度反应。

为了使投资者能够更好地了解股指期货这一金融衍生产品, 中国金融期货交易所于 2006 年 10 月推出了沪深 300 指数期货的仿真交易, 并出台了相关仿真交易合约和规则，为沪深 300 指数的顺利推出奠定了基础。

31.10.4 股指期货推出的法律保证

在首只股指期货推出之前，我国已制定了相应的各项管理规定，包括针对期货交易的规定和针对交易所的规定，基本形成了我国金融期货监管的法律体系。表 31 - 22 列出了我国针对期货交易和中国金融期货交易所的各项法律规范。

表 31 - 22 针对金融期货交易与金融期货交易所的相关法律文件

施行日期	法律法规
2007 年 6 月 27 日	中国金融期货交易所交易规则
2007 年 6 月 27 日	中国金融期货交易所违规违约处理办法
2007 年 6 月 27 日	中国金融期货交易所交易细则
2007 年 6 月 27 日	中国金融期货交易所结算细则
2007 年 6 月 27 日	中国金融期货交易所结算会员结算业务细则
2007 年 6 月 27 日	中国金融期货交易所会员管理办法
2007 年 6 月 27 日	中国金融期货交易所风险控制管理办法
2007 年 6 月 27 日	中国金融期货交易所信息管理办法
2007 年 6 月 27 日	中国金融期货交易所套期保值管理办法
2007 年 4 月 19 日	期货公司金融期货结算业务试行办法
2007 年 4 月 18 日	期货公司风险监管指标管理试行办法
2007 年 4 月 15 日	期货交易所管理办法
2007 年 4 月 9 日	期货公司管理办法
2007 年 3 月 6 日	期货交易管理条例
2011 年 4 月 12 日	期货公司分类监管规定
2011 年 5 月 4 日	合格境外机构投资者参与股指期货交易指引
2011 年 6 月 27 日	信托公司参与股指期货交易业务指引
2012 年 10 月 12 日	保险资金参与金融衍生品产品交易暂行办法

资料来源：中国金融期货交易所网站，www.cffex.com.cn。

31.11　国内 A 股指数期货的推出以来市场运行情况及国际比较

31.11.1　国内 A 股指数期货的推出情况

经过多年的准别和实行交易，沪深 300 指数期货于 2010 年 4 月 16 日在中国金融期货交易所正式推出。沪深 300 指数期货推出 5 年多来，市场交易活跃，我们下文还会详细介绍。自沪深 300 指数期货推出后，2015 年 4 月 16 日，中国金融期货交易所又推出了上证 50 指数期货和中证 50 指数期货，显示国内股指期货市场创新力度增大的同时产品更为丰富。表 31-10 显示，2015 年 4 月 28 日国内沪深 300 指数期货、上证 50 指数期货和中证 50 指数期货的成交量分别排名全球第 2 名、第 9 名和第 17 名，显示虽然国内股指期货推出较晚，然而市场活跃度全球可观。

31.11.2　国内股指期货推出以来的月度成交金额介绍

表 31-23 给出了从 2010 年 4 月到 2015 年 12 月沪深 300 股票指数期货推出之后 5 年多来月度成交金额及与同期股票市场成交金额的比较（2015 年 4 月以来的数据包括中证 500 指数期货和上证 50 指数期货成交金额）。从表 31-23 我们可以容易地看出，国内股票指数期货推出后的第一个完整的月，即 2010 年 5 月内成交金额就超过了 4.71 万亿元，超过了同期股票交易所成交总金额 3.28 万亿元的 43.4%，2010 年推出后接近三个季度的时间内，沪深 300 指数期货总成交金额 41.07 万亿元，比同期股票市场总成交金额略低，然而沪深 300 指数期货推出的第一个完整年，2011 年沪深 300 指数期货总成交金额 43.77 万亿元，比同期股票市场总成交金额 42.16 万亿元高出 3.8 个百分点，取得了国际市场股指期货 1982 年推出后 24 年，即 2006 年才达到的超过 100% 的比例（见表 31-23）；2012 年沪深 300 股指期货成交金额与股市成交金额比例比 2011 年增长了一倍多达到了 241% 的高位，比同年全球市场相应的比例 136%（见表 31-23）高出 105%，2013 年沪深 300 股指期货成交金额与股市成交金额比例进一步增长到了 300.4% 的高位，比同年全球市场相应的比例 149% 高出一倍多；2014 年和 2015 年比例随比 2013 年的比例 300.4% 分别回落到 218.1% 和 207.1%，但是仍然保持在 200% 以上的高位。

这些数据显示国内股指期货市场的巨大成功的同时，也显示国内股指期货市场的投机性显著超过全球总体水平一倍多的重要问题，我们下文还会进一步讨论该问题。

表 31－23 沪深 300 指数股指数期货月度成交金额和股票市场成交
金额的比较（2010 年 4 月到 2015 年 12 月） 单位：万亿元，%

月份/年	股指期货成交额	股票市场成交额	股指期货成交额/股票市场成交额比例	月份/年	股指期货成交额	股票市场成交额	股指期货成交额/股票市场成交额比例
2010 年 4 月	1.4	5.2	26.4	2013 年 3 月	14.1	3.9	364.4
2010 年 5 月	4.7	3.3	143.4	2013 年 4 月	10.7	2.6	415.8
2010 年 6 月	4.5	2.5	177.3	2013 年 5 月	12.9	4.5	286.4
2010 年 7 月	6.1	3.3	185.3	2013 年 6 月	9.5	2.9	334.5
2010 年 8 月	6.1	4.4	137.0	2013 年 7 月	15.4	4.2	369.6
2010 年 9 月	3.8	6.3	60.2	2013 年 8 月	14.6	4.5	322.3
2010 年 10 月	4.5	8.3	55.0	2013 年 9 月	10.3	4.7	218.7
2010 年 11 月	5.7	8.3	68.7	2013 年 10 月	9.9	4.4	227.2
2010 年 12 月	4.4	5.0	88.8	2013 年 11 月	11.4	4.0	285.0
2011 年 1 月	4.0	3.5	115.2	2013 年 12 月	11.2	4.0	283.6
2011 年 2 月	2.9	3.8	76.2	2014 年 1 月	9.3	3.6	259.7
2011 年 3 月	4.4	6.3	69.1	2014 年 2 月	7.1	4.4	162.0
2011 年 4 月	3.1	4.6	67.5	2014 年 3 月	10.9	4.2	256.2
2011 年 5 月	3.2	3.4	93.0	2014 年 4 月	10.1	3.5	288.8
2011 年 6 月	3.3	3.1	104.4	2014 年 5 月	9.0	2.8	324.3
2011 年 7 月	3.2	4.2	76.0	2014 年 6 月	8.5	3.2	261.5
2011 年 8 月	3.9	3.7	106.6	2014 年 7 月	8.9	5.3	167.3
2011 年 9 月	4.0	2.2	179.0	2014 年 8 月	11.9	6.1	195.9
2011 年 10 月	3.2	2.1	156.9	2014 年 9 月	13.1	7.7	170.7
2011 年 11 月	4.0	2.3	176.1	2014 年 10 月	11.4	6.5	174.2
2011 年 12 月	4.6	3.0	154.2	2014 年 11 月	17.2	8.9	193.4
2012 年 1 月	4.0	1.7	242.0	2014 年 12 月	44.9	18.1	247.4
2012 年 2 月	6.1	3.4	180.5	2015 年 1 月	33.7	12.8	264.0
2012 年 3 月	5.5	3.9	142.0	2015 年 2 月	19.8	7.6	260.5
2012 年 4 月	4.7	2.7	174.2	2015 年 3 月	34.8	20.9	166.8
2012 年 5 月	5.7	3.5	161.8	2015 年 4 月	52.0	30.1	173.1
2012 年 6 月	5.4	2.4	226.0	2015 年 5 月	59.4	31.2	190.4
2012 年 7 月	6.5	2.5	259.1	2015 年 6 月	88.4	36.7	241.1
2012 年 8 月	5.6	2.4	233.5	2015 年 7 月	61.1	28.1	217.2
2012 年 9 月	7.5	2.3	322.5	2015 年 8 月	51.1	20.5	249.1
2012 年 10 月	6.6	1.8	363.0	2015 年 9 月	2.4	11.6	20.6
2012 年 11 月	7.9	1.8	448.8	2015 年 10 月	0.6	15.1	4.3
2012 年 12 月	10.4	3.2	328.0	2015 年 11 月	0.9	22.3	3.9
2013 年 1 月	11.7	4.3	270.2	2015 年 12 月	0.8	18.2	4.3
2013 年 2 月	9.1	3.0	299.4				
2010 年	41.1	46.4	88.4	2013 年	140.8	46.9	300.4
2011 年	43.8	42.2	103.8	2014 年	162.2	74.4	218.1
2012 年	75.8	31.5	241.0	2015 年	288.1	139.1	207.1

数据来源：期货成交金额来自中国金融期货交易所网站，http：//www. cffex. com. cn；股票市场成交金额来自中国证券监督管理委员会网站；2015 年 4 月以来的数据为沪深 300 指数期货、中证 500 指数期货和上证 50 指数期货成交金额总和。

表 31 - 23 也显示，从 2010 年到 2011 年，沪深 300 指数期货成交金额并未有显著的增长，尽管 2011 年成交日数比 2010 年多三个半月，然而 2011 年沪深 300 指数期货成交金额比 2010 年仅增长了 6.6%；从 2011 年到 2013 年，市场成交金额分别高速增长了 73.3% 和 85.7%；尽管 2013 年到 2014 年增幅减缓到了 15.2% 的水平，然而 2014 年到 2015 年增速重回 77.6% 的高位。

31.11.3　国内股指期货成交金额分布

表 31 - 23 给出的 2015 年 4 月之前的数据皆为沪深 300 指数期货的成交金额，而 2015 年 4 月以来包括沪深 300 指数期货、中证 500 指数期货和上证 50 指数期货的总成交金额。由于后两种期货推出时间较短，我们不专门列表给出不同股指期货的成交金额，这里简单介绍该两种期货推出后成交金额的占比情况。由于 2015 年 4 月后两种股指期货才刚刚推出，其成交金额占国内股指期货总成交金额比重分别仅为 5.4% 和 4.6%，沪深 300 指数期货的成交金额仍然占 90.1%；然而 2015 年 5 月，后两种股指期货成交金额占国内股指期货总成交金额比重分别上升到了 14.2% 和 9.2%，沪深 300 指数期货的成交金额占比下降到了 76.6%；2015 年 4 月到 10 月，后两种股指期货成交金额占国内股指期货总成交金额比重呈现持续显著上升的态势，平均比重分别为 12.2% 和 7.6%，沪深 300 指数期货的成交金额平均占比下降为 80.2%；2015 年 10 月到 12 月，后两种股指期货成交金额占国内股指期货总成交金额比重平均保持在 39.3% 和 13.5% 上下的水平，同时沪深 300 指数期货的成交金额平均占比下降到了 52.5%，表明国内股指期货市场沪深 300 指数、上证 50 指数和中证 50 指数期货在国内股指期货市场的格局已经基本形成；沪深 300 指数期货独大的历史已经过去，上证 50 指数和中证 50 指数期货在市场中的地位已经建立。

31.11.4　国内股指期货活跃度简析

表 31 - 23 给出沪深 300 指数期货推出以来股指期货成交金额与相应的股市成交金额比例及与表 31 - 20 给出的相应国际数据的比较，在很大程度已反映出国内股指期货的活跃度。然而，衡量期货市场活跃度还有另外一个参数，即一定时间段内期货累计成交量或成交金额与该时间段末期货市场持仓量或持仓金额比例，该比例实际上是股票市场换手率在期货市场上的应用。表 31 - 10 给出的按照交易量排名的 2015 年 4 月 28 日全球最活跃的 20 个期货活跃中，成交量与持仓量比例最高的前 4 个股指合约中国内三个股指期货就占了四分之三，沪深 300 指数期货、中证 50 指数期货和上证 50 指数期货的比例分别高达 16.06、10.32 和 9.06；沪深 300 指数期货的比例 16.06 比排名第 2 的巴西小型 Ibovespa 指数期货的比例 10.32 高出 5 成以上。这些比例显示国内股指期货的活跃性

过高。

31.11.5　国内股指期货投机性简析

表 31-23 给出的近年来国内股指期货成交金额与股票市场成交金额比例远高于表 31-20 给出的相应的国际市场比例的结果表明，国内股指期货市场的投资因素远高于国际总体水平；表 31-10 给出的成交量与持仓量比例也反映出国内股指期货市场过于活跃显示出国内股指期货市场投机程度程度过高的问题。

表 31-23 的数据显示，2015 年 10 月，国内股指期货成交金额与股市成交金额比例从 2015 年 9 月 249.1% 的高位跌落到了 20.6% 的水平，2015 年 10 月到 12 月，该比例进一步下降到了 4.2% 上下的历史低位，显示近来政策采取措施遏制市场投机行为的显著效果。投机性过高不利于风险管理功能的发挥和市场的健康发展；但是，市场流动性过低同样不利于风险管理功能的发挥和市场的健康发展。所以，把握好节制投机的度数是一件非常不易的事情，需要我们根据国内市场发展情况研究和探讨以找到有利于国内市场发展的最佳度数。

31.11.6　国内股指期货的全球占比

利用表 31-23 给出的 2011 年到 2015 年第一季度国内股指期货成交金额和表 31-20 给出的同期全球股指期货成交金额，我们可以容易地计算出 2011 年到 2014 年国内股指期货成交金额世界占比分别为 5.2%、10.6%、16.4% 和 17.0%，2015 年第一季度占比进一步上升到了 29.1% 的高位。这些比重显示，2013 年国内股指期货全球占比 16.4% 就首次超过了同年我国国内生产总值的世界占比 12.5%，2014 年国内股指期货全球占比 17.0% 也超过了同年我国国内生产总值的世界占比 13.4%。这些数据显示，国内股指期货市场已经成为国内场内首个金融衍生产品超过国际平均水平的同时，也超过了我国生产总值的世界占比水平。

31.11.7　国内股指期货今后的发展

上文显示，自 2010 年 4 月 16 日沪深 300 指数期货成功推出后整整 5 年，国内又有了上证 50 指数期货和中证 50 指数期货，表明国内股指期货品种更为丰富。然而比较表 31-3 和表 31-4 给出的美国股指期货种类，我们发现国内三个股指期货品种仍然较少，特别是涉外股指期货品种仍然缺位。随着人民币国际化的显著提升，国内投资者投资境外股市的兴趣将进一步提升，因此在国内推出涉外，尤其是 H 股相关指数和欧洲相关股指期货品种将成为一个趋势；另外，随着国内深化改革和全民创新，创新类股指期货和行业股指期货也将是市场需求的另一个方向，推出相关股指期货将在丰富国内股指期货品种的同时，也会满足投资者多样化和细化的需求。

31.12　本章总结

经过三十多年的发展，股票指数期货已经成为国际资本市场中重要的风险管理工具，为股票市场相关产品定价和风险管理体系提供基础市场难以提供的必要参数，并对股票市场风险管理有着重要的作用。经过多年的准备，我国股票指数期货——沪深 300 指数期货终于在 2010 年 4 月成功推出，成为国内第一个人民币金融期货产品；第一个股指期货成功推出后经过整整 5 年，2015 年 4 月 16 日，上证 50 指数期货和中证 50 股指期货同日推出，而且在该两个股指期货推出不到两个月的时间内，该两个期货合约都进入了 2015 年 5 月全球交易最活跃的 20 个股指期货合约的名单内，显示国内股指期货的活跃度和成功度。

我们将在第 46 章介绍香港恒生指数期货和 H 股指数期货之后，比较内地和香港两地股指期货成交情况。比较两地股指期货结果显示，从 2010 年 5 月到 2011 年 4 月 A 股指数期货推出的第一个完整年内其成交金额不仅超过了 H 股指数期货同期的成交金额，而且也超过了同期恒生指数期货的成交金额，同时还超过了同期 H 股指数期货和恒生指数期货成交总金额的 96%。

在国内股指期货推出的第二个完整年内，即 2012 年成交金额与同年股票市场成交金额比例 241% 就首次超过了同年全球市场相应得比例 136%，2013 年国内比例 300.4% 比同年全球相应的比例 149% 高出了一倍多，2014 年国内比例 218.1% 把持了远超国际比例 142% 的地位；国内股票指数期货推出后第三个完整年，即 2013 年成交总额的世界占比就首次超过了我国国内生产总值的世界占比，而且 2014 年以来国内股指期货成交金额世界占比已经远超过国内生产总值的世界占比。这些数据显示国内股指期货交易活跃的同时，股指期货投机性也成为各界应该关注的问题。第 46 章在介绍境外 H 股指数期货等相关产品后，将进一步比较境内外股指期货的关联性等问题。

第32章　信用风险缓释工具

为丰富市场参与者的信用风险管理手段，完善债券市场信用风险分担机制，防范系统性风险，中国银行间市场交易商协会于 2010 年 10 月 29 日正式推出了信用风险缓释工具（Credit Risk Mitigation，CRM）试点业务。信用风险缓释工具的推出，丰富了我国商业银行等市场主体进行信用风险管理的手段，完善了信用风险损失在不同市场参与者间的市场化分担机制，对于推动我国直接融资市场发展，维护宏观经济和金融环境的稳定，发挥金融市场支持经济发展方式转变和经济结构战略性调整具有极为重要的现实意义。

本章将对信用风险缓释工具这一信用衍生产品进行全面介绍，包括信用风险缓释工具的概念、分类、发展现状、与国外同类产品的对比等，进而阐述这种新型衍生工具今后的发展展望及其对于我国金融市场将产生何种意义。

32.1　信用衍生产品的起源与信用风险缓释工具

32.1.1　信用衍生产品的起源

在信用衍生产品产生之前，信用风险是银行等金融机构面临的最大风险，无论是在发达国家还是发展中国家，信用风险的发生往往意味着巨大的损失。以处于 1990 年到 1992 年经济衰退期的美国为例，在不到三年的时间里，美国共有 388 家银行倒闭，债务违约率飙升，信贷资产质量下降。在这种背景下，银行等金融机构迫切需要进行制度性创新以降低由信用风险带来的巨大损失，因此，以转移信用风险为目的的信用衍生工具应运而生，为银行等金融机构提供了全新的信用风险管理方法。

信用衍生产品最早出现在 1992 年的美国纽约，美国信孚银行（Banker's Trust New York Corporation，20 世纪八九十年代国际市场最具产品创新能力金融机构，1998 年 11 月被德意志银行收购）为了防止其向国外金融机构提供的贷款受到损失，设计了一种兑付金额取决于特定违约事件的债券，并向其他机构出售。这种债券与传统债券一样，投资者可从中获取收益，但是代价是一旦发生约定的违约事件，投资者必须向信孚银行支付赔款。

32.1.2　信用衍生产品的发展

在诞生的最初几年里，用来管理信用风险的信用衍生工具并未得到快速发展，存量和交易量都比较低，根据英国银行家协会（BBA）统计，截至 1995 年年底，全球未平仓的信用衍生合约不到 100 亿美元。但是伴随着美国金融生产力的不断提高，信用衍生工具的创新和发展进入了黄金期，从 1997 年到 2002 年，信用衍生工具取得了突飞猛进的发展，交易量在五年内增长了 10 倍，2002 年年底全球信用衍生产品交易达到 19520 亿美元。

从 2004 年下半年到 2007 年上半年，全球信用违约互换存量每半年保持了 100% 以上的增长速度，从 2004 年的 4.65 万亿美元持续增长到了 32.98 万亿美元；2007 年下半年同比虽然稍有减缓，但仍然高达 97.6%；2008 年上半年同比进一步增长 39.3%，达到 45.95 万亿美元，接近 2004 年的 10 倍；2008 年上半年同比出现 2005 年下半年到 2008 年间的最低增速，表明金融危机之前已经"春江水暖鸭先知"；2008 年下半年末到 2009 年上半年末存量半年同比分别下降了 24.04% 和 39.02%；虽然 2009 年下半年同比回升了 24.7%，2010 年上半年和下半年又连续下降了 17.01% 和 10.76%；2011 年上半年和下半年分别同比回升了 8.3% 和 0.53%，但是从 2012 年上半年到 2014 年上半年又连续 5 个季度同比下降到了 14.78 万亿美元，低于 2006 年上半年末 15.73 万亿美元，表明金融危机对国际信用违约互换市场的持续冲击。我们在第 2.7 节对十多年来全球信用违约互换的半年底存量和时间结构变化进行了较为详细的介绍，表 2-2 和表 2-3 给出了相应的数据，这里不再重复。

32.1.3　信用风险缓释工具的概念

我国推出的信用风险缓释工具（Credit Risk Mitigation，CRM）是指包括信用风险缓释合约、信用风险缓释凭证及其他用于管理信用风险的简单的基础性信用衍生产品。总体来说，信用风险缓释工具是中国化的信用违约互换，是金融机构运用信用风险缓释合约、信用风险缓释凭证及其他用于管理信用风险的"2 + N"的创新产品体系，其中以信用风险缓释合约（CRMA）和信用风险缓释凭证（CRMW）为核心产品，同时还包含了市场参与者可进行自主创新的其他简单基础性信用衍生产品。

虽然信用风险缓释工具包含有不同的产品形式，但所有产品的核心功能都旨在以市场化的手段量化、转移信用风险，为市场参与者提供有效的信用风险管理手段。简而言之，信用风险缓释工具是一种转移信用风险，降低违约概率、违约损失率及其他违约风险的市场化的风险管理工具。

32.2　信用风险缓释工具的分类

目前，我国的信用风险缓释工具主要包括两类：信用风险缓释合约和信用风险缓释凭证。

32.2.1　信用风险缓释合约

信用风险缓释合约（CRMA），是指交易双方达成的，约定在未来一定期限内，信用保护买方按照约定的标准和方式向信用保护卖方支付信用保护费用，由信用保护卖方就约定的标的债务向信用保护买方提供信用风险保护的金融合约。

信用风险缓释合约设计的目的是对信用风险进行量化和转移，其核心是由信用保护卖方就约定的标的债务向买方提供信用风险保护，而买方则按照约定的标准和方式向卖方支付信用保护费用。信用风险缓释合约是典型的场外（OTC）金融衍生交易产品，适用于现行的银行间金融衍生产品市场的运行框架，在交易和清算等方面与利率互换等场外金融衍生产品类似。

32.2.2　信用风险缓释凭证

信用风险缓释凭证（CRMW），是指由标的实体以外的机构创设的，为凭证持有人就标的债务提供信用风险保护的，可交易流通的有价凭证。

信用风险缓释凭证相对于信用风险缓释合约而言，是一种更为标准化的信用衍生产品，它是由标的实体以外的第三方创设，旨在为凭证持有人提供信用风险保护，并可在二级市场进行交易流通的证券。信用风险缓释凭证的运行遵循"集中登记、集中托管、集中清算"的三集中原则，旨在增强市场透明度，控制杠杆率，降低市场运行风险。

从以上两种工具的定义和特点可以看出，信用风险缓释合约和信用风险缓释凭证是我国在充分总结 2008 年国际金融危机经验教训的基础上，从中国国情及市场发展所处阶段的具体情况出发，自主研发并具有一定创新型特点的金融衍生产品。

32.3　比较信用风险缓释工具与国际主流信用衍生产品（CDS）的区别

32.3.1　信用违约互换的概念

信用违约互换（Credit Default Swap，CDS）又称信贷违约掉期，是目前全球交易最为广泛的场外信用衍生产品，它是指信用保护买方向信用保护卖方支付一定费用（Premium），如果双方约定的"参考资产"在规定的时间内发生特定"信用事件"（Credit Events）时，信用保护卖方须向信用保护买方支付相应款项的互换交易结构。如果在规定的时间内未发生约定的"信用事件"时，信用保护卖方则无须向信用保护买方支付任何对价。通过信用违约互换，信用保护买方可以将"参考资产"相关的信用风险转移至信用保护卖方，但该"参考资产"除信用风险以外的其他风险，如市场风险等仍由信用保护买方承担。

信用违约互换是国际互换和衍生产品协会（ISDA）于1998年创立的标准化合约，它的出现解决了信用风险的流动性问题，使信用风险可以像市场风险一样进行交易，从而实现了担保方风险的转移，降低了企业发行债券的门槛和成本。

32.3.2　信用风险缓释工具与信用违约互换的区别

与国际主流的信用衍生产品信用违约互换（CDS）相比，我国推出的信用风险缓释工具（CRM）具有以下特点：

32.3.2.1　产品种类简单

根据国际互换和衍生产品协会（ISDA）的定义，信用衍生产品是指用来分离和转移信用风险的各种工具和技术的总称。国际上的信用衍生产品包括一系列丰富的产品种类：单一产品主要有单一名称信用违约互换（CDS）和总收益互换（TRS）等，组合产品主要包括指数CDS和担保债务凭证等，其他产品还包括资产证券化信用违约互换（ABCDS）和外汇担保证券（CFXO）等与资产证券化紧密结合的信用衍生产品。种类繁多的产品中包含了很多复杂的多重衍生性信用衍生产品。

与信用违约互换等信用衍生产品不同，信用风险缓释工具从满足创新服务实际需要的理念出发，突出产品设计的简单性和基础性。目前我国的信用风险缓释工具仅包括信用风险缓释合约和信用风险缓释凭证两大简单的产品类型，未来的产品创新也将坚持"用于管理信用风险、简单、基础"三大原则。

32.3.2.2　标的债务明确

目前信用违约互换产品通过指定参考实体、债务类型和债务特征，把各种债务都纳入到信用保护的范围之内，而且对信用保护的债务类型没有限制，任何债权均可作为信用保护的标的。

与信用违约互换等信用衍生产品不同，信用风险缓释工具明确信用保护针对特定的具体债务，且标的债务类型仅限于债券和其他类似债务，每笔交易合约都与具体债务相对应，因而在交易结构上比国际通行的信用违约互换更加简单明确，充分体现了标的债务的"穿透性"原则。

32.3.2.3 市场参与者分层管理

国际上的信用衍生产品交易大多是在买卖双方之间自由进行，市场化程度较高，产品风险完全由交易双方自行承担。而我国《银行间市场信用风险缓释工具试点业务指引》第八条明确规定：核心交易商可与所有参与者进行信用风险缓释工具交易；其他交易商可与所有交易商进行出于自身需求的信用风险缓释工具交易，非交易商只能与核心交易商进行以套期保值为目的的信用风险缓释工具交易。这种对市场参与者进行分层管理的制度设计充分考虑到了我国市场参与者风险管理能力参差不齐的现状，此种制度安排体现了管理层保护中小参与者、最大限度地降低市场运行风险的理念。

32.3.2.4 严格控制交易杠杆

2008 年国际金融危机之前，国际上的信用衍生产品交易杠杆基本由保证金比例来控制，大型金融机构参与信用衍生产品交易的保证金比例非常低，交易杠杆极高，使得信用衍生产品逐渐背离了对冲信用风险的初衷，其交易规模大大超出了实体经济的真实需求。而且在政府监管方面，以美国为首的西方国家对信用衍生产品市场监管和风险防范措施的缺失，也在客观上纵容了市场规模的进一步膨胀和杠杆率的不断升高，最终导致了世界范围内的系统性风险大爆发。直到 2010 年 7 月，美国通过了致力于保护消费者权益、解决金融业系统性风险等问题的《多德—弗兰克华尔街改革与消费者保护法案》，美国政府才开始对从事衍生产品交易的公司实施特别的资本比例、保证金、交易记录和职业操守等监管要求，促使信用衍生产品交易杠杆率有所下降。

在充分吸取 2008 年国际金融危机经验教训的基础上，我国《银行间市场信用风险缓释工具试点业务指引》（以下简称《指引》），通过建立风险控制指标，对信用风险缓释工具买卖双方各自的净买入余额、净卖出余额及其与净资本的比例等方面进行限制，根据《指引》的规定，特定市场参与者针对某一具体产品的交易杠杆被限制在 1 倍以内，特定市场参与者总交易杠杆被限制在注册资本或净资本的 5 倍以内。通过采取严格控制交易杠杆、杜绝过度投机行为的措施，有效地降低了市场运行风险，为信用风险缓释工具在我国推出并平稳发展创造了良好的政策环境。

除了以上提到的四个特点，金融危机过后，虽然各国都开始努力推动信用衍生产品合同文本的标准化，但大部分信用衍生产品本质上的合同属性以及不可流通的特点仍然没有改变，我国的信用风险缓释工具在合同标准化文本的制度创新方面取得了突破。我国《银行间市场信用风险缓释工具试点业务指引》规定：信用风险缓释凭证是标准化的信用风险缓释合约，可以在不同投资者之间买卖转让；从市场运行框架上看，信用风险缓释凭证与债券类似，有创设登记、发行销售、交易结算、注销等一系列流程规范信用风险缓释凭证的管理。

正是基于市场化的登记制度，因而可以对信用风险缓释凭证进行事前控制和事中监测，提高了风险管理的主动性和有效性。

32.4　信用风险缓释工具的用途和意义

信用风险缓释工具是一种具有中国特色的创新型信用衍生产品，它的推出和健康发展对于有效管理信用风险、形成信用风险的市场化定价机制、解决低信用级别企业融资难、有效防范系统性风险、促进我国金融市场健康稳定发展方面具有重要意义。

32.4.1　有助于市场参与者有效管理信用风险

信用风险缓释工具以市场化的方式对信用风险进行剥离、转移和重新配置，为市场参与者提供了重要的信用风险管理手段，大大提高了信用风险的管理效率。近年来，我国债券市场发展迅速，截至 2010 年年底，市场规模已跃居亚洲第二、世界第六，特别是信用债券市场规模已居亚洲首位，截至 2009 年 9 月底，信用债券托管量已突破 3.4 万亿元；2010 年 11 月底，银行间市场信用债券发行量突破 1.5 万亿元（时文朝，2011）；截至 2015 年 4 月，信用债券托管量已突破 5.4 万亿元（见表 6-11）。日益庞大的信用产品规模对监管层、投资者的信用风险的管理手段和管理水平提出了更高的要求，特别是随着我国金融市场从以利率风险为主的一元风险结构逐渐发展成为利率风险与信用风险并存的二元风险结构，市场参与者亟须更加丰富的信用风险管理工具和产品，通过推出信用风险缓释工具，使信用风险得以在市场中流动、识别和转移，有助于市场参与者防范、管理乃至经营信用风险。

32.4.2　有助于信用风险的市场化分担，提高直接融资比例

在推出信用风险缓释工具之前，我国债券市场信用风险长期以来主要通过担保形式进行风险分担，市场化风险分担机制的缺失客观上造成了债券及其信用风险的被动捆绑持有情况，影响了市场参与者优化配置风险和收益比例。信用风险的市场化分担机制和工具的缺失也影响了部分市场参与者尤其是风险厌恶型资金及风险偏好型资金参与债券市场的积极性，制约了我国直接融资市场向纵深发展，使得我国企业直接融资规模和比例一直在低位徘徊。

随着信用风险缓释工具的推出，我国逐步建立起了信用风险损失的市场化分担机制，随着银行、保险、证券、基金等不同类型的投资者陆续参与到市场中，信用风险分担者范围将不断扩展，一方面将过去过于集中的信用风险在不

同机构和市场参与者间进行分担，另一方面也使不同机构和市场参与者有更多的工具来防范、管理乃至经营信用风险并从中获取收益。可以预见，信用风险缓释工具的推出和发展将进一步优化整个社会资金的合理配置，拓展我国债券市场的深度和广度，推动企业直接融资市场的发展。

32.4.3　有助于防范金融市场的系统性风险

宏观经济往往呈现出周期性和波动性发展的特征，虽然我国自 2002 年以来一直处于宏观景气周期，国民经济保持了持续、健康、快速增长，但是信用风险如果在金融体系内部过于集中，势必给金融体系乃至宏观经济带来系统性的风险隐患。通过推出信用风险缓释工具等信用衍生产品，市场可以更加及时、准确地反映供需状况、违约情况等相关风险信息，通过信用风险在不同主体间市场化配置和分担，有助于熨平宏观经济运行的波动周期，客观上降低系统性风险的触发概率，缓解其对金融体系乃至整个宏观经济的冲击。

32.5　信用风险缓释工具推出以来的成交情况

2010 年 10 月 29 日，中国银行间市场交易商协会发布了《银行间市场信用风险缓释工具试点业务指引》，此后市场成员积极参与信用风险缓释工具试点业务。11 月 5 日，中国首批信用风险缓释合约正式上线。11 月 11 日，银行间市场交易商协会召开专题会议，审议通过了中债信用增进股份投资有限公司、交通银行和民生银行等 3 家创设机构提交的 4 只信用风险缓释凭证的创设登记，中债信用增进股份投资有限公司、交通银行和民生银行等 3 家信用风险缓释凭证创设机构创设的 4 只信用风险缓释凭证继 11 月 22 日完成簿记建档，23 日完成认购缴款和凭证登记手续后，于 11 月 24 日开始在全国银行间债券市场交易流通，中国首批信用风险缓释凭证正式上线（时文朝，2011）。

首批 4 只信用风险缓释凭证名义本金共计 4.8 亿元，其中：中债信用增进 2010 年第一期信用风险缓释凭证（凭证代码 021001001），标的实体为中国联通公司，标的债务为 10 联通 MTN2，实际创设名义本金总额 1.3 亿元，凭证创设价格 0.87 元/百元面值，保障期限 1032 天；中债信用增进 2010 年第二期信用风险缓释凭证（凭证代码 021001002），标的实体中国联通公司，标的债务 10 联通 CP02，实际创设名义本金总额 1 亿元，凭证创设价格 0.3 元/百元面值，保障期限 301 天；交通银行 2010 年第一期信用风险缓释凭证（凭证代码 021002001），标的实体为 TCL 集团公司，标的债务为 10TCL 集 CP01，实际创设名义本金总额 5000 万元，凭证创设价格 0.35 元/百元面值，保障期限 9 个月；民生银行 2010 年第一期信用风险缓释凭证（凭证代码 021003001），标的实体为云南铜业（集团）有限公司，标的债务为 10 云铜 CP01，实际创设名义本金总额 2 亿元，凭证创设价格 0.23 元/百元面值，凭证到期日为 2011 年 10 月 20 日。

交易商协会数据显示，截至目前，已有 44 家机构备案成为 CRM 交易商，26 家机构备案成为核心交易商；同时，29 家机构备案已成为信用风险缓释凭证的创设机构。此外，目前已有 15 家 CRM 交易商达成 42 笔 CRMA 交易，名义本金合计 36.9 亿元；共有 6 家机构创设了 9 只 CRMW，名义本金合计 7.4 亿元，显示该产品自推出后几乎处于停滞状态。

32.6　信用风险缓释工具的参与主体情况

《银行间市场信用风险缓释工具试点业务指引》对包括交易商、核心交易商等参与主体，在注册资金、专业从业人员以及内控制度等多个方面提出了明确要求，并规定：核心交易商可与所有参与者进行信用风险缓释工具交易，其他交易商可与所有交易商进行出于自身需求的信用风险缓释工具交易，非交易商只能与核心交易商进行以套期保值为目的的信用风险缓释工具交易。截至 2011 年 5 月 16 日，已有 40 家机构备案成为交易商，23 家机构备案成为核心交易商。表 32－1 给出了信用风险缓释工具交易商名单。

表 32－1　　　　　　　　　信用风险缓释工具交易商名单

序号	机构名称
1	国家开发银行股份有限公司
2	中国工商银行股份有限公司
3	中国银行股份有限公司
4	中国建设银行股份有限公司
5	交通银行股份有限公司
6	中国光大银行股份有限公司
7	中国民生银行股份有限公司
8	兴业银行股份有限公司
9	上海浦东发展银行股份有限公司
10	汇丰银行（中国）有限公司
11	德意志银行（中国）有限公司
12	法国巴黎银行（中国）有限公司
13	花旗银行（中国）有限公司

续表

序号	机构名称
14	巴克莱银行上海分行
15	中国国际金融有限公司
16	中信证券股份有限公司
17	中债信用增进投资股份有限公司
18	渣打银行（中国）有限公司
19	招商银行股份有限公司
20	广东发展银行股份有限公司
21	中国农业银行股份有限公司
22	华夏银行股份有限公司
23	摩根大通银行（中国）有限公司
24	中银国际证券有限责任公司
25	招商证券股份有限公司
26	光大证券股份有限公司
27	北京高华证券有限责任公司
28	渤海银行股份有限公司
29	华泰证券股份有限公司
30	深圳发展银行股份有限公司
31	南京银行股份有限公司
32	三菱东京日联银行（中国）有限公司
33	杭州银行股份有限公司
34	上海银行股份有限公司
35	中信银行股份有限公司
36	南京证券有限责任公司
37	苏格兰皇家银行（中国）有限公司
38	宁波银行股份有限公司
39	平安证券有限责任公司
40	北京银行股份有限公司

资料来源：中国银行间市场交易商协会官方网站（www. nafmii. org. cn）。

表 32 - 2	信用风险缓释工具核心交易商名单
序号	核心交易商机构名称
1	国家开发银行股份有限公司
2	中国工商银行股份有限公司
3	中国银行股份有限公司
4	中国建设银行股份有限公司
5	交通银行股份有限公司
6	中国光大银行股份有限公司
7	中国民生银行股份有限公司
8	兴业银行股份有限公司
9	上海浦东发展银行股份有限公司
10	汇丰银行（中国）有限公司
11	德意志银行（中国）有限公司
12	法国巴黎银行（中国）有限公司
13	中国国际金融有限公司
14	中信证券股份有限公司
15	中国农业银行股份有限公司
16	招商银行股份有限公司
17	华夏银行股份有限公司
18	广东发展银行股份有限公司
19	摩根大通银行（中国）有限公司
20	渣打银行（中国）有限公司
21	三菱东京日联银行（中国）有限公司
22	上海银行股份有限公司
23	中信银行股份有限公司

资料来源：中国银行间市场交易商协会官方网站（www.nafmii.org.cn）。

　　从目前信用风险缓释工具的市场参与情况来看，参与主体主要是国有商业银行、股份制商业银行以及外资银行。在 40 家交易商中，商业银行 28 家，占比 70%；在 23 家核心交易商中，商业银行 20 家，占比 87%，市场参与主体类型较为单一的特征比较明显。市场参与主体类型的单一性特征，决定了目前信用风险还不能在全部市场参与者之间进行优化配置，但是，随着保险公司、共同基金以及非金融企业等具有不同风险偏好的投资者参与程度的不断提高，我国信用衍生产品市场分散和配置信用风险的功能将发挥越来越大的作用。

32.7　信用风险缓释市场存在的问题和发展展望

信用风险缓释工具的推出不仅填补了我国在信用衍生产品领域的空白，而且在信息披露和风险防范等方面与国外相比进行了多项制度性创新，为今后产品功能的充分发挥和市场的发展壮大奠定了良好的基础。但是作为创新型产品，信用风险缓释工具在市场流动性、历史数据积累和信用评级等市场运行机制方面还有待进一步完善和提高。

32.7.1　提升信用风险缓释工具市场的流动性

自信用风险缓释工具推出以来，从市场交易情况来看，交易的活跃程度较低，尤其是二级市场还没有有效运作。流动性不足影响了信用风险缓释工具产品功能的充分发挥和产品定价的准确性，因此在今后的市场培育和发展过程中，应大力提升信用风险缓释工具做市商的市场基础性作用，有效引导核心交易商对信用风险缓释工具产品进行积极的双边报价，提升市场定价的准确性和产品的成交数量，充分发挥信用风险缓释工具应有的功能。

32.7.2　加强基础数据的积累和完善

我国的信用债券和信用衍生产品市场起步较晚，信用风险相关的基础数据累积相对不足，难以通过 Merton 模型、简约化模型以及 MonteCarlo 模拟等数学方法对风险进行定价，只能根据现有的信用债收益率曲线，采取简化的信用利差法和二叉树法进行定价，影响了信用风险缓释工具产品定价的准确性。只有随着市场流动性的逐步提高以及相关的数据信息的不断积累，市场参与者才能逐渐依据真实的市场价格动态调整定价方法和模型，提高产品定价的准确性。

32.7.3　推动国内信用评级机构建设

信用评级是一项专业性很强的工作，我国信用评级机构起步较晚，在数据积累、技术研发和人才储备等方面的基础比较薄弱，客观上影响了我国信用评级机构评级的专业性。另外，我国信用评级机构的评级程序不够科学，难以公正客观地评价企业的信用级别，使得信用评级信息缺乏公信力，评级结果利用率低，影响力小。由于我国信用评级机构难以向市场提供客观、公允、权威的信用风险信息，因此给信用风险缓释工具的定价造成了一定困难，进而影响了市场参与者对信用风险缓释工具的市场参与度。为了提升我国信用评级机构的权威性和信誉度，信用评级机构应一方面在人员培训、技术储备、数据积累等方面加大投入力度，提升本机构的专业水平；另一方面应秉承打造百年老店的经营理念，从提供信息的客观性、真实性、权威性上下工夫，努力打造自身的公信力。

32.7.4　利率市场化等基础建设需提高

除如上几点之外，更重要的是利率市场化、利率曲线的进一步完善，企业债市场规模的进一步增长等基础建设为信用风险缓释工具市场稳健发展提供了必要条件。只有这些基础逐渐打好，信用风险缓释工具才有望持续稳健发展。

32.8　本章总结

信用衍生产品是国际金融市场中重要的金融衍生产品类型。即使国际金融危机后国际信用衍生产品年底存量和交易规模比危机前有了大幅度的下降，但是下降后的市场仍然具有可观的流动性，表明国际金融危机对危机前该市场很多问题有了必要的调整，该市场仍然继续发挥信用风险对冲、管理和转移的功能。

本章对信用风险缓释工具的概念、分类、用途和意义等进行了较为详细的介绍。作为中国版的信用违约互换，信用风险缓释工具在总结国外经验教训的基础上，在产品种类、债务标的、市场参与者管理、杠杆率控制及合约标准化等方面做出了与西方国家不同的规定，正是上述创新性的制度安排使得信用风险缓释工具成为中国式信用衍生产品的最早类型。

本章还对信用风险缓释工具推出以来的交易情况及今后的发展进行了介绍。信用风险缓释工具自推出以来，机构参与者数量和交易量都有一定的提升，但离真正实现信用风险的市场化定价和风险分担还有相当大的距离。作为一个创新型衍生产品，信用风险缓释工具今后还要在增加市场流动性、积累基础性数据和推动信用评级机构建设、利率市场化等方面做大量基础性工作。

信用风险缓释工具是中国金融衍生产品市场的一项重要创新成果，其推出和不断发展为市场参与者提供了全新的信用风险管理工具，同时也为建立我国信用风险的市场化分担机制提供了制度保障。创新成果不仅应该展现在文献里，更重要的是要显现在市场的发展方面，特别是在信用风险管理中发挥必要的作用。信用风险缓释工具推动出前几个月内还有一些交易量，如其他任何市场一样，但是该市场经过仅仅几个月的交易后就处于停滞状态，成为国内银行间推出最晚且最早处于停滞状态的一个产品。为何在国际市场上即使交易大幅度下降后仍然有相当流动性的产品，在国内推出后仅仅交易了几个月就快速地进入停滞状态，这需要我们在产品研发和设计、市场需求、监管规则等方面进行深入地反思。

相信随着我国债券市场及其主要风险管理产品如债券期货、远期利率协议、利率互换等市场的持续健康发展，信用风险缓释工具市场也会逐渐步入持续发展的轨道。

参考文献

［1］中国银行间市场交易商协会：《银行间市场信用风险缓释工具试点业务指引》，中国银行间市场交易商协会官方网站（www. nafmii. org. cn）。

［2］时文朝：《关于信用风险缓释工具的若干问题》，载《金融时报》，2011 - 01 - 15。

［3］时文朝：《稳步推动信用风险缓释工具创新与发展》，时文朝秘书长在"信用风险缓释工具座谈会上"的致辞，银行间市场交易商协会，中国银行间市场交易商协会官方网站（www. nafmii. org. cn）。

［4］邵伟：《我国信用风险缓释市场亟待创新》，载《上海金融报》，2011 - 06 - 03。

［5］徐永：《尴尬零成交信用缓释工具等待正名》，载《21 世纪经济报道》，2011 - 06 - 17。

第 33 章　人民币外汇期权

我们在第 13 章和第 14 章介绍了期权的概念、功能和应用及期权在全球范围内场内外交易的情况，第 19 章介绍了期权在亚洲金融危机前后发挥的作用。外汇期权是国际外汇市场的重要产品，虽然其成交金额在全球外汇市场的占比较低，但是却在外汇市场发挥着重要而独特的作用。虽然国内人民币衍生产品近年来有了较快的发展，但是外汇、债券、股指、期货期权却多年缺位。值得高兴的是，2011 年 4 月 1 日人民币外汇期权在国内银行间市场正式推出，成为国内场内外市场第一个期权产品。外汇期权推出至今已四年多，虽然 2014 年以来交易量增长较快，但外汇期权体量总体仍然较小，交易不活跃，在外汇市场的份额有待显著提高。本章介绍人民币外汇期权的相关内容。

33.1　人民币外汇期权的相关规定

2011 年 2 月 14 日，为进一步丰富外汇市场交易品种，为企业和银行提供更多的汇率避险保值工具，国家外汇管理局发布《关于人民币对外汇期权交易有关问题的通知》（汇发〔2011〕8 号，以下简称《通知》），批准中国外汇交易中心在银行间外汇市场组织开展人民币对外汇期权交易。2014 年，为贯彻落实《国务院办公厅关于支持外贸稳定增长的若干意见》（国办发〔2014〕19 号）精神，支持外贸稳定增长，促进和规范外汇衍生产品市场发展，更好地满足市场主体管理汇率风险需求，国家外汇管理局日前发布《国家外汇管理局关于印发〈银行对客户办理人民币与外汇衍生产品业务管理规定〉的通知》。以外汇期权为重点丰富汇率避险工具，支持银行在普通欧式期权和实需交易前提下，对客户开展买入或卖出以及组合等多样化期权业务。

33.1.1　人民币外汇期权推出的目的和期权的特点

《通知》的主要内容包括明确产品类型为普通欧式期权，指买入期权的一方只能在期权到期日当天才能执行的标准期权；银行开办期权业务实行备案管理，不设置非市场化的准入条件。《通知》的发布，有利于形成完整的期权市场结构，完善国内外汇市场人民币对外汇衍生产品体系，进一步便利企业、银行等市场主体规避汇率风险，有利于不断推进国内外汇市场发展，充分发挥市场在资源配置中的基础性作用。

33.1.2　银行开办对客户期权业务应具备的条件

银行要取得人民币外汇期权业务，必须取得国家外汇管理局备案核准的远期结售汇业务经营资格 3 年以上，同时执行外汇管理规定情况考核连续两年为 B 类（含）以上；具有开展外汇对外汇期权交易的相关经验；有健全的期权产品交易风险管理制度和内部控制制度及适当的风险计量、管理和交易系统等。

33.1.3　银行开办对客户期权业务应坚持实需原则

银行只能办理客户买入外汇看涨或看跌期权业务，除对已买入的期权进行反向平仓外，不得办理客户卖出期权业务；期权签约前，银行应要求客户提供基础商业合同并进行必要的审核，确保客户做期权业务符合套期保值原则；期权到期前，当客户的基础商业合同发生变更而导致外汇收支的现金流变化时，在提供变更证明材料及承诺书并经银行审核确认后，客户方可对已买入的期权进行对应金额的反向平仓等。

33.1.4　银行开办对客户期权业务的交易资格

为规范银行间外汇市场准入流程，保障外汇市场平稳运行，根据《国家外汇管理局关于调整金融机构进入银行间外汇市场有关管理政策的通知》（汇发〔2014〕48 号，以下简称《通知》）和银行间外汇市场相关管理政策法规，中国外汇交易中心制定了《银行间人民币外汇市场金融机构准入指引》。银行在银行间外汇市场开展期权交易，应按照《通知》要求向外汇交易中心申请取得衍生品交易资格。

33.1.5　银行开办对客户期权业务的风险管理要求

银行办理期权业务，应将期权的 Delta 头寸纳入结售汇综合头寸统一管理。银行应选择适当和公认的计量方法，基于合理的、符合市场水平的假设前提和参数，准确计量 Delta 头寸。期权的 Delta 头寸纳入结售汇综合头寸统一管理。

33.2　人民币外汇期权合约的主要特征

这一节我们介绍标准的人民币外汇期权合约的主要特征和条款。

33.2.1　期权的类型

人民币外汇期权是欧式的，即它们只能在到期日执行，这与亚洲主要国家和地区流行的期权形式相同。

33.2.2　期权交割货币和类型

正如名称所示，人民币外汇期权都是以人民币交割的，一般需全额交割。客户行权应以约定的执行价格对期权合约本金全额交割，原则上不得进行差额交割。客户以其经常项目外汇账户存款在开户银行叙做买入外汇看跌期权，可以进行全额或差额交割，但期权到期前，客户若支取该存款，须将对应金额的期权合约进行反向平仓。

33.2.3　按照期权虚实度分类的类型

人民币外汇期权目前按照虚实度有三个品种，即 Delta 为 25% 的看涨期权、平值期权和 Delta 为 25% 的看跌期权三类。

33.2.4　到期期限

人民币外汇期权目前的到期期限分别有 1 天、1 周、2 周、3 周、1 个月、2 个月、3 个月、6 个月、9 个月、1 年、18 个月、2 年和 3 年的期权。虽然人民币期权的到期期限最长可达三年，但是在大多外汇期权市场，超过一年的期权都不很活跃。人民币外汇期权推出 3 年来，大多数期权为短期期权。

33.2.5　货币对

人民币外汇期权目前有人民币兑美元、人民币兑欧元、人民币兑日元、人民币兑港元和人民币兑英镑 5 个货币对之上的期权可以交易，但是推出 3 个多月来，绝大多数人民币外汇期权仍然是人民币兑美元的期权。

33.3　人民币期权市场参与者

按照国家外汇管理局上述《通知》的要求，国家外汇管理局在 2011 年 3 月底前批准了中国工商银行、中国建设银行、中国银行和中信银行等 4 家国内银行，花旗银行、德意志银行、汇丰银行和渣打银行 4 家外资银行作为国内首批进入国内银行间外汇期权市场的银行；2011 年 4 月 7 日，兴业银行也获得了国家外汇管理局的批准，成为国内第 5 家进入国内银行间外汇期权市场的国内银行。截至 2015 年 4 月，银行间市场共有期权会员 45 家。

33.4　人民币兑主要货币汇率的历史波动率

从第 13 章和第 14 章我们知道，期权交易的奥秘完全集中在对标的资产波动率的估计和预判上。在介绍了人民币外汇期权的主要内容之后，我们在本节介绍人民币兑主要货币汇率的历史波动率。

33.4.1 人民币／美元汇率的历史波动率

我们在第 13 章介绍了用历史日数据计算标的资产波动率的方法。这种方法可以帮助人们了解标的资产波动性的总体幅度、历史变化以及市场信息对标的资产波动率的影响方式。但是，正如我们在第 13 章所指出的那样，这种方法存在严重的局限性，因为它暗含一个假设，即历史将会重复，而我们所知道的事实并非总是如此。这种方法的另一个局限是由此所得到的估计结果通常不够精确，因为估计的结果会受估计时所采用历史数据时间跨度长短的影响。例如，如果分别采用过去一周、两周、一个月或者三个月的历史数据进行估计，最后所得到的估计结果往往会有差异。

33.4.1.1 汇改前的人民币／美元汇率的波动率

图 33-1 给出了 2002 年 4 月 16 日到 2005 年 7 月 20 日（人民币汇率形成机制改革方案实施前）10 个工作日的移动标准均方差方法计算的年化波动率（10 天的移动标准均方差乘以 250 的开平方）。从图 33-1 我们可以看出，从 2002 年 8 月下旬到 2002 年 10 月上旬人民币／美元汇率波动率达到最高峰，曾经超过 0.08%；2005 年 2 月下旬到 3 月上旬之间波动率降到接近零的低位；2005 年 7 月汇改之前几个月波动率保持在 0.015% 上下的水平。

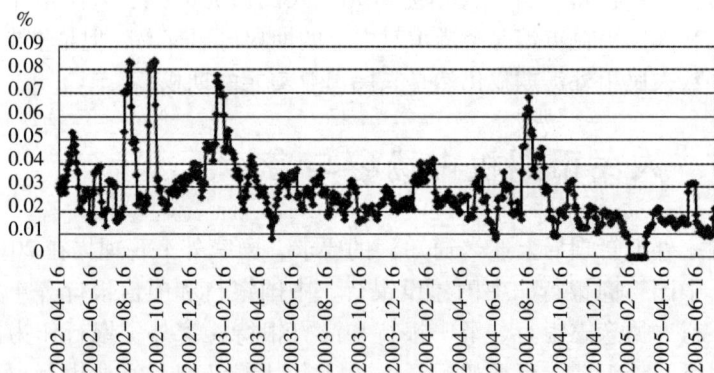

资料来源：根据外汇交易中心网站数据计算得出。

图 33-1 人民币／美元汇率年化波动率
（2002 年 4 月 16 日到 2005 年 7 月 20 日）

33.4.1.2 汇改前后人民币／美元汇率的波动率

图 33-2 给出了 2005 年 7 月 1 日到 2005 年 8 月 22 日（人民币汇率形成机制改革方案实施前后）10 天的移动标准均方差下的年化波动率。从图 33-2 我

们可以看出，从 2005 年 7 月 22 日到 2005 年 8 月 4 日（人民币汇率形成机制改革方案实施后 10 个交易日）波动率大幅上升到 10% 以上，从 8 月 5 日开始回落至 0.5% 左右。该段时间波动率高的原因就是人民币在 2005 年 7 月 21 日升至 2.05%，导致滚动期间波动率很高。

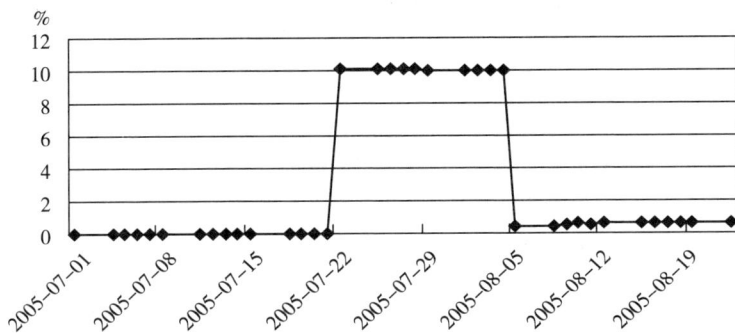

资料来源：根据外汇交易中心网站数据计算得出。

图 33 - 2 人民币/美元汇率年化波动率

（2005 年 7 月 1 日到 2005 年 8 月 22 日）

33.4.1.3 汇改后人民币/美元汇率的波动率

图 33 - 3 给出了从 2005 年 9 月 1 日到 2015 年 7 月 17 日的 10 天移动标准均方差下的年化波动率。从图 33 - 3 我们可以看出，从 2005 年 8 月 5 日到 2006 年 3 月 7 个月的时间内波动率在 0.5% 上下；从 2006 年 3 月到 2007 年 5 月达 1.0% 左右；从 2007 年 5 月到 2008 年 4 月上旬波动率增大到 2.0% 到 3% 左右；从 2008 年 10 月下旬到 2010 年 6 月 18 日持续下降到了接近零的低位；2010 年 6 月

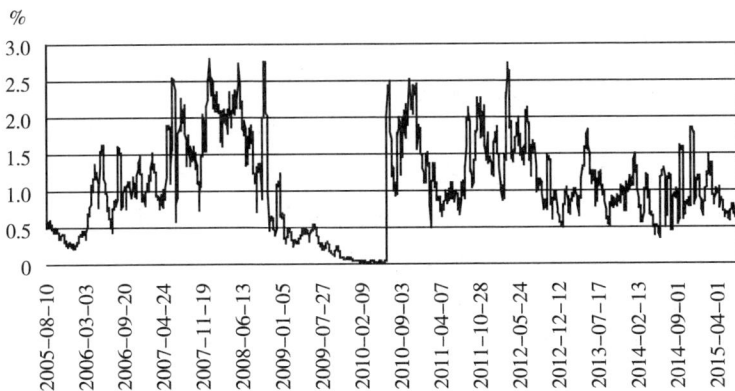

资料来源：国家外汇管理局网站，www.safe.gov.cn。

图 33 - 3 汇改后人民币/美元汇率历史波动

（2005 年 9 月到 2015 年 7 月 17 日）

19 日，人民银行宣布进一步推进人民币汇率形成机制改革，增强人民币汇率弹性即通常说的"汇改重启"后，到 2010 年 12 月上旬波动率重新上升到 2% 到 2.5% 上下；2010 年 12 月上旬到 2012 年 3 月下旬，波动率达到了金融危机后的历史最高峰 2.7% 以上；但是，从 2012 年 3 月下旬以来，波动率整体处于下降的趋势，2015 年 7 月中旬波动率降低到了略高于 0.4% 的低位，为 2014 年 5 月上旬以来的最低位。

通过如上对汇改之前、汇改实施刚过以及汇改后三段的历史波动率数据分析，我们清楚地看到汇改前数年的历史波动率基本上只有 0.02% 上下，几乎没有多少波动性；刚刚实施汇改后 10 个工作日内，波动率高达 10%（这明显是因为我们选择的滚动窗口所致）；之后半年，人民币兑美元的历史波动率增加到了 0.3% 到 0.5% 之间，2006 年 2 月底基本上不到 0.5%，0.5% 比汇改之前 0.02% 高了二十几倍。但是我们看从 2006 年 3 月一直到 2007 年 5 月，人民币历史波动率基本上达到了 1%，比汇改前的半年增加了一倍还多一些；2007 年 5 月到 2008 年 12 月底之前一直在 3% 到 0.5% 之间宽幅震荡，但此后由于人民币中间汇率从 2008 年年底开始一直在 6.83 左右徘徊了 1 年半的时间，2008 年 12 月至 2010 年 6 月的波动率一直低于 0.5%，甚至有很长一段时间处在 0.03% 左右的低位。2010 年 6 月后由于人民币重新进入微度升值通道，波动率也随之略有增长，目前重新回到了不到 0.5% 的历史低位。

人民币外汇即期、远期和掉期在境外离岸市场上大多以每 1 美元的人民币汇率作为基础，国家外汇管理局每日公布的人民币兑外币汇率中间价是以每 100 外币的人民币汇率；2011 年 4 月推出的国内银行间人民币外汇期权也是以人民币/美元汇率为基础，所以我们上文介绍的人民币兑美元汇率波动率是人民币/美元的波动率。然而按照常规，本币外汇期货或者期权应该或者通常是基于每单位本币的外币汇率的。

33.4.1.4 近三年来人民币兑美元汇率日浮动区间加倍后的波动率

2012 年以来的两次人民币兑美元汇率日浮动区间提高前后的人民币兑美元汇率波动率的变化尤其值得我们关注。2012 年 4 月 14 日和 2014 年 3 月 17 日开始人民币兑美元日交易浮动幅度分别提高到了 1% 和 2%，日浮动区间分别比之前增加了一倍。但是，图 33-3 显示，2012 年 4 月 14 日和 2014 年 3 月 17 日前后人民币兑美元日均波动率不仅没有比之前的一年有所提高，反而有所下降。具体来说，利用图 33-3 的数据，2012 年 4 月 14 日到 2013 年 8 月 13 日的 16 个月内，人民币兑美元日均波动率 1.2%，比 2012 年 4 月 14 日之前的 16 个月的相应日均波动率 1.4% 下降了 0.2%；2014 年 3 月 17 日到 2015 年 7 月 17 日的 16 个月内，人民币兑美元日均波动率 0.9%，比 2014 年 3 月 17 日之前的 16 个月的相应日均波动率 1.0% 下降了 0.1%，显示最近三年多来的两次人民币兑美元汇率日浮动区间加倍后相应的汇率波动率不仅没有提高反而有所下降，表明人民币兑美元日浮动区间扩大后人民币兑美元中间价波动不够，政策的潜能未能有效发挥。

33.4.2　人民币/欧元汇率的历史波动率

图 33 - 4 给出了从 2002 年 4 月 16 日到 2005 年 7 月 20 日之间（人民币汇率形成机制改革方案实施时）10 天的移动标准均方差方法计算的人民币/欧元年化波动率。从图 33 - 4 我们可以看出汇改前 3 年多内人民币兑欧元的汇率波动率一直保持在 10% 上下，2003 年 6 月中旬最高曾经达到 16.2%，2004 年 3 月底最高达 16.85%；2002 年 4 月 16 日到 2005 年 7 月 20 日人民币兑欧元波动率平均值为 9.35%，比同期人民币兑美元平均波动率 0.02% 高出 527.7 倍。

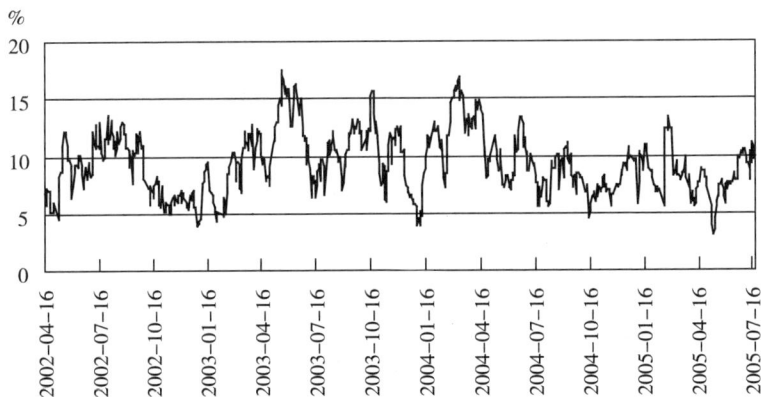

资料来源：根据外汇交易中心网站数据计算得出。

图 33 - 4　汇改前人民币/欧元汇率波动率
(2002 年 4 月 16 日到 2005 年 7 月 20 日)

图 33 - 5 给出了 2006 年 1 月 17 日到 2015 年 5 月 20 日人民币/欧元汇率波动率。

从图 33 - 5 我们可以看出，汇改后 2005 年 8 月 26 日至 2008 年 9 月，人民币兑欧元的波动率保持在 10% 以下，但是金融危机爆发后不久，2008 年 10 月上旬达到了超过 30% 的历史高位；但是这种高波动率从 2008 年 10 月到 2009 年 7 月持续下降到了不到 7% 的低位；从 2009 年 7 月到 2010 年 5 月下旬重新上升到了 17.5% 后，到 2014 年 8 月上旬又回到了持续下降的趋势，2014 年 8 月 6 日下降到了 2.5% 的历史低位；2014 年 8 月上旬以来重新回到了上升的态势。

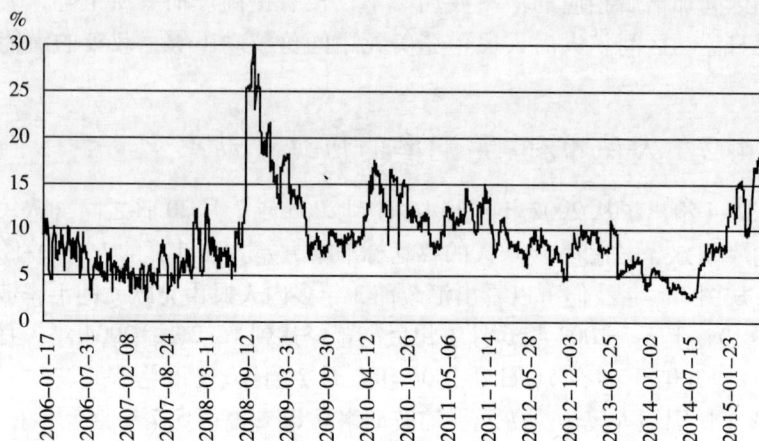

资料来源：根据外汇交易中心网站数据计算得出。

图 33－5　汇改后人民币/欧元汇率波动率

（2006 年 1 月 17 日到 2015 年 7 月 17 日）

33.4.3　人民币/日元汇率的历史波动率

图 33－6 给出了从 2002 年 4 月 16 日到 2005 年 7 月 20 日之间人民币/日元年化波动率。从图 33－6 我们可以看出汇改前 3 年多内人民币对日元的汇率波动率一直保持在 8% 上下的水平，比图 33－4 给出的人民币/欧元汇率略低一些；但是比同期人民币/美元平均波动率 0.02% 高出 455.6 倍。

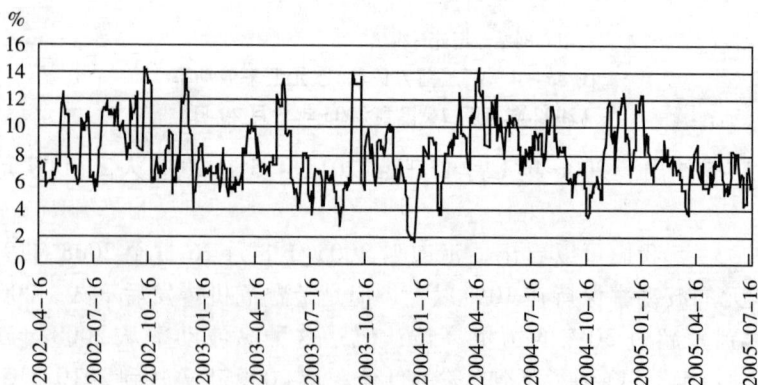

资料来源：根据外汇交易中心网站数据计算得出。

图 33－6　汇改前人民币/日元汇率波动率

（2002 年 4 月 16 日到 2005 年 7 月 20 日）

　　图 33 - 7 给出了 2006 年 1 月 18 日到 2015 年 7 月 17 日人民币/日元汇率波动率。从图 33 - 7 我们可以看出，2005 年 8 月 26 日至 2008 年 9 月，人民币兑日元的波动率保持在 8.0% 上下，但是金融危机爆发后不久，2008 年 10 月下旬达到 28.5% 的历史高位；但是这种高波动率从 2008 年 10 月下旬到 2011 年初持续下降；从 2011 年 2 月下旬以来除了 2013 年 4 月短暂触及 20% 上方之外，总体呈现下降的趋势，2014 年 7 月下旬达到了 2.8% 的历史最低位，到 2015 年 6 月以来基本保持在 10% 上下的水平。

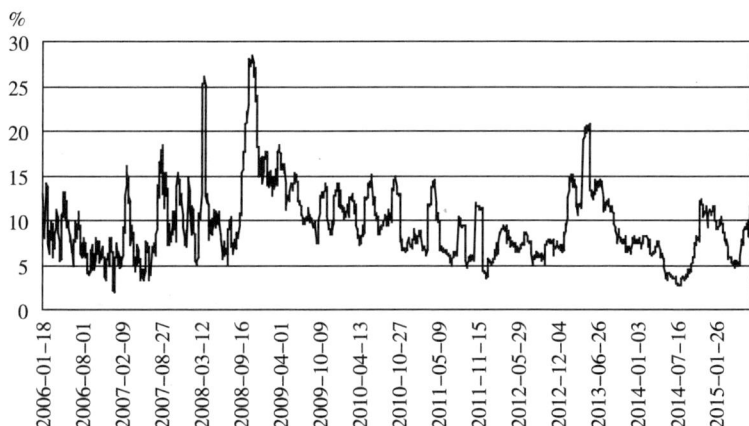

资料来源：根据外汇交易中心网站数据计算得出。

图 33 - 7　汇改后人民币/日元汇率历史波动率

（2006 年 1 月 18 日到 2015 年 7 月 17 日）

33.4.4　人民币/港元汇率的历史波动率

　　图 33 - 8 给出了从 2002 年 4 月 16 日到 2005 年 5 月 20 日之间人民币/港元。

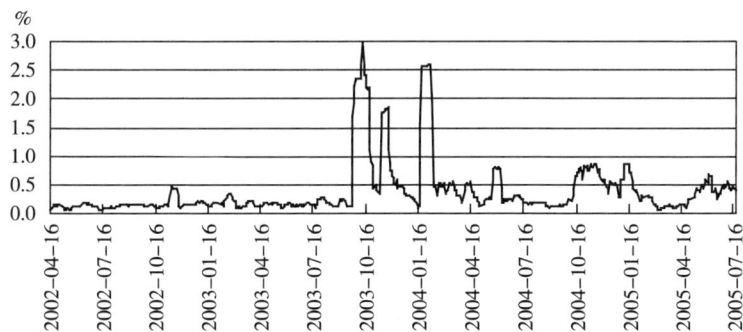

资料来源：根据外汇交易中心网站数据计算得出。

图 33 - 8　汇改前人民币/港元汇率波动率

（2002 年 4 月 16 日到 2005 年 7 月 20 日）

年化波动率。从图33-8我们可以看出汇改前3年多内人民币对港元的汇率波动率大多时间保持在0.5%上下的水平，同期人民币/港元平均波动率0.37%，比同期人民币/美元平均波动率0.02%高出20倍。

图33-9给出了2006年1月16日到2015年7月17日人民币/港元汇率波动率。

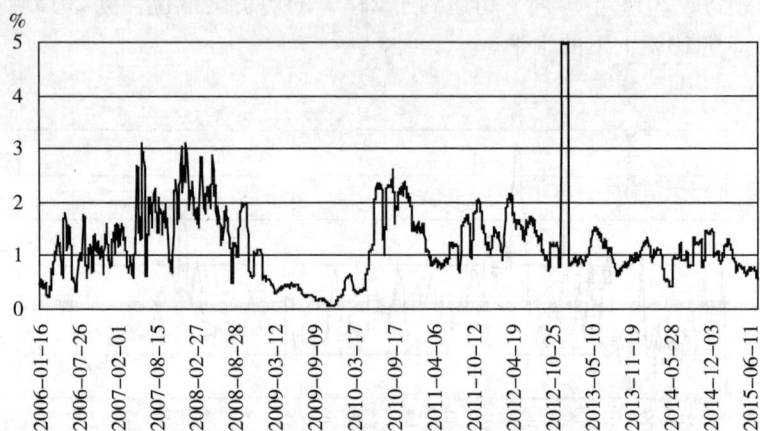

资料来源：根据外汇交易中心网站数据计算得出。

图33-9　汇改后人民币/港元汇率历史波动率

（2006年1月16日到2015年7月17日）

从图33-9我们可以看出，汇改后2005年8月至2011年5月，人民币兑港元的波动率保持在1.5%上下，远低于同期人民币兑欧元和日元的波动率；2010年9月以来，人民币兑港元波动率处于持续下降的趋势，2015年7月下降到了不到0.6%的低位。人民币兑港元汇率波动率过低是因为港元多年来与美元挂钩，因此港元与美元汇率波动率很低，从而导致人民币/港元汇率波动率低。

33.4.5　人民币兑美元波动率美元/欧元和美元/日元波动率比较

上文我们对四种主要人民币汇率在2005年7月汇改前后的波动率进行了较为详细的介绍，在我们结束讨论人民币汇率波动性之前，我们简单介绍美元/欧元和美元/日元这两大主要国际汇率近年来的波动率，进而比较人民币兑美元汇率波动率与如上两大主要国际汇率波动率之间的差异。数据显示，2015年7月人民币汇改后三年多内人民币兑欧元的汇率波动率大多时间保持在0.5%上下的水平，同期人民币/港元平均波动率0.37%，比同期人民币/美元平均波动率0.02%高出20倍，换句话说，人民币兑美元汇率波动率不到两大主要国际汇率波动率的 1/20。

　　图 33 – 10 给出了从 2008 年 8 月 5 日到 2015 年 7 月 17 日人民币兑美元汇率波动率与美元/欧元和日元/美元两个主要汇率的波动率的比例。图 33 – 10 显示，金融危机爆发之前，两大主要汇率波动率皆保持在 10% 上下的水平，而金融危机爆发不久，日元/美元汇率波动率首先于 2008 年 11 月上旬达到了超过 30% 的历史高峰，美元/欧元汇率波动率于 2008 年 12 月中下旬达到接近 35% 的历史高位。这两个主要汇率的波动率皆从 2009 年 7 月以来重新回到了金融危机之前的 10% 上下的水平。

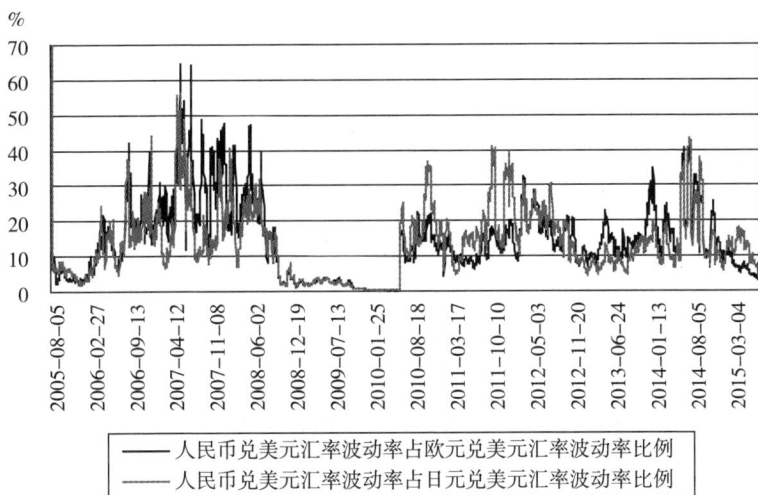

资料来源：根据外汇交易中心网站数据计算得出。

图 33 – 10　人民币兑美元波动率与美元/欧元和日元/
美元两个主要汇率波动率比例（2008 年 8 月 5 日到 2015 年 7 月 17 日）

　　图 33 – 10 显示，2006 年 6 月到 2008 年 6 月的两年时间内，人民币兑美元汇率波动率基本保持在欧元兑美元汇率和日元兑美元汇率波动率的三成左右；2008 年 9 月到 2010 年 7 月，前者与后两者的比例降低到了接近零的水平；2010 年 7 月到 2015 年 3 月，前者与后两者的比例保持在接近 20% 的水平，然而 2015 年 3 月以来，前者与后两者的比例持续下降到了不到 4% 左右，即前者降低到了后两者 1/25 上下的低位。

33.4.6　人民币汇率波动率讨论总结

　　上文我们对四种主要人民币汇率在 2005 年 7 月汇改前后的波动率进行了较为详细的介绍，而且对近三年来国际两大主要汇率的历史波动率进行了介绍。我们讨论的结果显示，2005 年 7 月人民币汇改之后的大多时间内，虽然人民币/

美元汇率波动率显著提升，但是与人民币/欧元和人民币/日元汇率波动率相比仍然很低。虽然 2010 年 6 月下旬人民币汇改重新启动后，人民币/美元汇率波动率有所回升，但是年化的波动率仍然仅在 1% 上下变化。如此低的波动率使得市场参与者感觉不到多大汇率风险，因而市场需求不大，不容易开展期权交易。然而我们比较图 33-5、图 33-7 和图 33-10 会发现，近年来人民币/欧元和人民币/日元汇率波动率与国际市场上美元/欧元和日元/美元波动率接近，在 10% 左右，这样容易开展期权交易。换句话说，人民币兑欧元和日元汇率波动率与该两大货币与美元的国际汇率波动率相似，推动人民币/欧元和人民币/日元期权比人民币/美元期权容易得多。

波动率是期权交易的最主要的市场因素，我们本章用了较大的篇幅讨论人民币兑主要货币在 2005 年汇改前后的波动率，这不仅对国内人民币外汇期权有用，而且对我们在后面介绍分析境外人民币可交割期权和无本金交割期权及相关产品也非常有用。

33.5　国内人民币外汇期权交易情况

33.5.1　国内人民币外汇期权前期交易情况

2011 年 4 月 1 日，我国银行间外汇市场正式开展人民币兑外汇期权交易。交易首日，交易系统运行顺畅，银行报价和询价积极，报价涵盖全部 13 个标准期限。全天共达成人民币兑美元期权交易 10 笔，期限覆盖 1~6 个月，名义本金合计 4900 美元。市场开展交易第一个月内，市场成交名义本金合计约 1.1 亿美元，成交在 30 笔左右。

人民币外汇期权在 5 月成交放量，随着参与机构的增加，5 月期权共成交 25 笔、成交金额 1.2 亿美元，环比增长 1.1 倍，全部发生在美元/人民币货币对，以美元看跌期权为主，交易期限趋于短期化。4 月曾较为活跃的 6 个月期权交易 5 月未再出现，5 月的期权交易期限都在 3 个月及以下，1 周期权当月首次出现，占全月期权交易的 44%；1 周交易占 36%，较上月提升 10 个百分点。

根据中国外汇交易中心的统计数据，2011 年 4 月 1 日人民币外汇期权推出后的三个月内成交总笔数为 63 笔，总成交金额为 3.2 亿美元。这样 2011 年 6 月的成交笔数应该仅仅在 10 笔左右，成交金额为 0.9 亿美元，为人民币外汇期权推出之后的成交金额最低的一个月。人民币外汇期权推出以来，美元、人民币期权报价比较全面，交易也相对活跃。机构交易以全额交割的美元看跌期权为主，期限覆盖 1 周至 1 年。

33.5.2　近年来国内银行间市场人民币外汇期权交易情况

图 33 - 11 给出了 2011 年第二季度到 2015 年第四季度国内银行间人民币外汇期权季度成交金额和银行对客户市场成交金额。图 33 - 11 显示，2011 年第二季度到 2012 年第二季度，人民币外汇期权推出后的前 5 个季度，人民币外汇期权季度成交金额虽有增长，但是每季不到 10 亿美元，显示人民币期权推出初期市场很不活跃；2012 年第三季度人民币外汇期权成交金额首次超过了 10 亿美元到 12.7 亿美元；2012 年第三季度到 2013 年第三季度，成交金额持续上升到了 21 亿美元；2013 年第四季度成交金额首次超过 100 亿美元，达到了 157.1 亿美元的季度最高峰；2014 年前两个季度成交金额虽然回落到了 60 多亿美元，但是 2014 年第三季度和第四季度成交金额连续两季分别创下历史纪录，分别达到了 357.2 亿美元和 997.5 亿美元的季度历史高位；2015 年第一季度到第二季度成交金额虽然持续略有回落，但是仍然超过 900 亿美元的水平，2015 年第三季度进一步回落到了不到 800 亿美元的低位，然而 2015 年第四季度达到了 945 亿美元的水平，仅次于 2014 年第四季度 997.5 亿美元的季度历史高位，显示 2014 年第二季度以来人民币外汇期权活跃的态势，然而 2015 年第一季度以来市场总体处于下降徘徊状态。

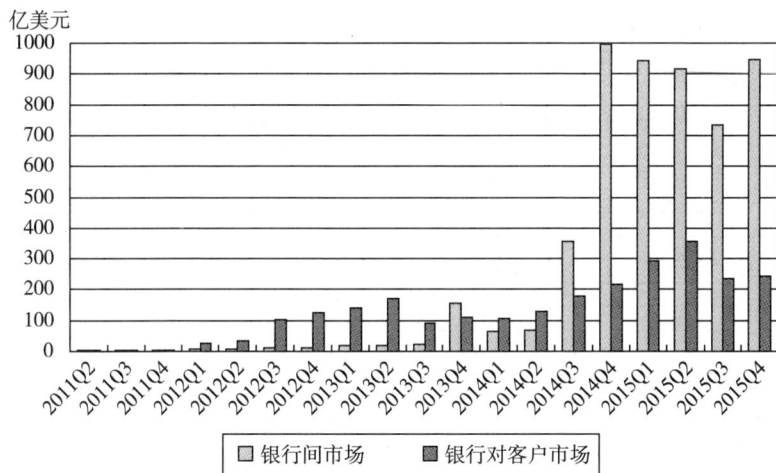

数据来源：中国外汇交易中心。

图 33 - 11　国内银行间人民币外汇期权季度成交金额

（2012 年第二季度到 2015 年第四季度）

2014 年 6 月 23 日，国家外汇管理局发布了《银行对客户办理人民币与外汇衍生产品业务管理规定》，放开客户卖空限制，进一步促进了期权市场发展，这是导致图 33－11 中 2014 年第三季度以来人民币外汇期权市场活跃的主因。2014年国内人民币外汇期权市场总成交金额达到了 1486.7 亿美元，比 2013 年的 217.5 亿美元增长了 5.8 倍。随着人民币汇率市场化的不断推动，国内人民币外汇期权市场的活跃度有望持续提高。

33.5.3 近年来国内银行对客户市场人民币外汇期权交易情况

银行间外汇市场的现货、远期、掉期和期权都有银行对客户市场和银行间市场两个重要组成部分，外汇期权市场也不例外。通常是银行与客户进行交易，然而银行根据客户的头寸和自营头寸再在银行间市场对冲其相关风险。因此，银行对客户市场应该是银行间市场的基础。图 33－11 也给出了 2011 年第二季度以来银行对客户市场人民币外汇期权的成交数据。上文我们介绍了国内推出外汇期权交易后银行间市场外汇期权的交易情况，这里简单介绍国内银行对客户市场人民币外汇期权的交易情况。

利用图 33－11 的数据，我们可以计算出 2011 年第二季度以来国内银行对客户市场外汇期权成交金额与银行间市场成交金额比例，图 33－12 给出了相应的结果。图 33－12 显示，2011 年第二季度到第四季度国内银行间人民币外汇期权推出初期，银行与客户市场外汇期权季度成交金额与银行间市场季度成交金额相当，都仅有 3 亿美元左右，两者比例在 1 上下；然而从 2012 年第一季度和 2012 年第二季度，前者快速增长，季度成交金额超过后者 3 倍上下；2012 年第

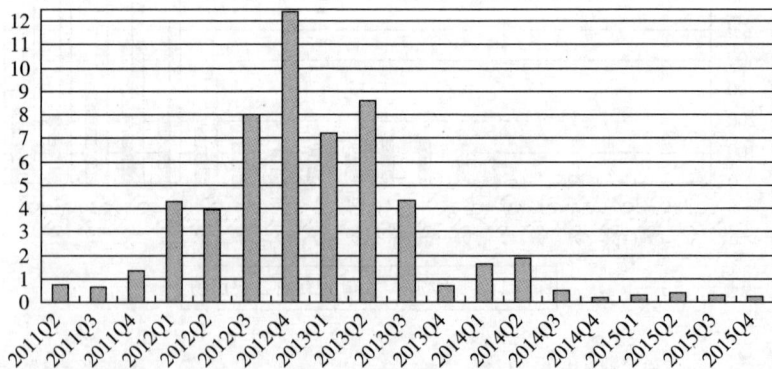

图 33－12　国内银行对客户人民币外汇期权成交金额与银行间人民币外汇期权成交金额比例（2011 年第二季度到 2015 年第四季度）

数据来源：同图 33－11。

二季度到第四季度，前者进一步快速增长，分别超过后者 7 倍和 11 倍以上；2012 年第四季度到 2013 年第二季度，前者超过后者的倍数回落到了 7 倍左右，2013 年第三季度进一步回落到了 3 倍多的水平，显示国内人民币外汇期权推出前两年多，银行与客户市场为期权市场的主力军作用；2013 年第四季度前者首次低于后者，仅为后者的 7 成略多；2014 年前两个季度前者重新高出后者三成多；但是，2014 年第三季度以来，前者一致低于后者，两者平均比例保持在不到 3 成的低位，显示银行对客户市场相对于银行间市场持续的低迷态势，需要进一步培育发展。

33.5.4　国内人民币外汇期权成交金额在外汇市场的比重

利用图 33 - 11 给出的国内人民币外汇期权年成交金额和人民银行历年货币政策执行报告公布的 2011 年以来国内人民币外汇成交金额数据，我们可以计算出 2011 年到 2014 年国内人民币外汇期权成交金额占人民币外汇成交金额的比重分别为 0.02%、0.35%、0.65% 和 1.51%，2015 年进一步上升到了 2.57% 的水平，显示国内人民币外汇期权市场的逐步活跃的良好态势。

33.5.5　境内外人民币外汇期权交易情况比较

我们在第六篇将系统地介绍境外人民币期权市场近年来的发展情况。虽然境外人民币无本金交割期权在香港已经交易了多年（参见第 40 章），但是直到 2010 年 8 月，随着香港境外人民币市场的起步，香港人民币可交割外汇期权才开始交易，之后境外人民币可交割期权逐步开始在新加坡和伦敦等境外人民币中心交易。根据伦敦金融城 2012 年以来公布的境外人民币可交割和无本金交割产品每半年日均成交金额数据，2011 年到 2014 年，伦敦人民币可交割期权日均成交金额分别为 1.13 亿美元、5.54 亿美元、31.31 亿美元和 57.54 亿美元，相应的年度成交金额分别为（假设每年 250 个工作日）282.5 亿美元、1385 亿美元、2727.5 亿美元和 14385 亿美元，分别为图 33 - 11 给出的 2011 年以来国内人民币外汇期权成交金额的 28 倍、37.3 倍、36 倍和 9.7 倍；这些还仅仅是在伦敦交易的人民币可交割期权的成交情况，如果加上伦敦、香港、新加坡和其他境外人民币外汇中心人民币外汇期权的数据，那么境外人民币可交割期权成交金额比国内人民币外汇期权的成交金额高出的倍数会更高。

由于伦敦等境外人民币外汇交易数据有可观的问题，这里难以详细介绍，我们在第 42 章介绍境外人民币外汇期权后还会对境外人民币可交割期权和无本金交割期权的成交数据进行详细地介绍和判断后，对境内外人民币期权的流动性进行系统地比较。

33.5.6　人民币外汇期权占外汇交易比重的国际比较

上文我们介绍了国内人民币外汇期权推出后国内人民币外汇期权成交金额占国内人民币外汇成交总额的比重，仅看国内数据，我们得知近年来国内人民币外汇期权的活跃度显著提高。2013 年 12 月国际清算银行公布的 2013 年 4 月全球外汇市场主要产品类型日均成交数据显示，2013 年 4 月全球外汇期权日均成交金额占总外汇日均成交金额比重高达 6.3%，分别比 2013 年到 2015 年国内人民币外汇期权成交额占相应的外汇交易比重 0.65%、1.51% 和 2.57% 高出 8.7 倍、3.2 倍和 1.5 倍，显示国内人民币外汇期权市场仍与国际外汇期权市场有着显著差距的同时，差距在显著缩短，国内人民币外汇期权市场仍有巨大的发展空间。

33.6　人民币外汇期权案例

虽然国内人民币外汇期权 2011 年 4 月才正式推出，但是人民币期权的案例 2005 年初就已经出现，而且规模相当可观。

中央汇金公司（以下简称"汇金"）成立于 2003 年 12 月 16 日，总部设在北京。汇金是根据国务院授权，代表国家依法对国有重点金融企业行使出资人权利和履行出资人义务的国有独资公司。汇金于 2005 年 1 月 5 日、1 月 12 日和 4 月 30 日分别与中国银行、中国建设银行、中国工商银行签订了"外汇期权交易协议"，使这 3 家商业银行的外汇资本金的汇率风险通过市场交易行为得以对冲。外汇期权的协议金额在不超过汇金公司注入的资本金的总额内，这三家银行可以选择需要套期保值的初始协议金额。其中，中国银行的外汇期权交易金额是 180 亿美元，建设银行是 225 亿美元，工商银行是 120 亿美元。汇金承诺从 2007 年 1 月 1 日起，分批从上述三家银行购入美元，价格定在 1 美元兑人民币 8.2769 元（期权执行价格）。需要说明的是，工商银行有一点差别，它的价格是定在 1 美元兑人民币 8.2765 元。因为整个期权合约期跨越 3~4 年不等，上述三家商业银行要分月向汇金公司支付期权费，期权费总额为初始协议金额的 3%（即每年 1%）。以中国银行为例，初始协议金额是 180 亿美元，以 8.2769 元人民币/美元计算，3 年要交期权费总计 5.4 亿美元，即 44.695 亿元人民币。

如上介绍的汇金公司与三大商业银行签订的实际上是美元看跌期权，或者说是人民币看涨期权，换句话说，汇金公司通过与三大银行签订协议实际上是卖给三家银行美元保值保险，属于真正的人民币外汇期权。由于当时国内人民币外汇期权还未推出，这些期权的风险难以对冲，因此汇金的这三个美元贬值期权带来相当大的损失。我们在介绍境外人民币无本金交割期权及其隐含波动率后会深入分析这三个期权的潜在损失。

33.7　人民币外汇期权风险管理的要求

因为期权是非对称性金融产品，期权的风险管理比远期、期货、掉期等对称性金融产品更为复杂。一般来讲，期权交易员关注三大风险，即 Delta 风险、Vega 风险和 Gamma 风险。我们在第 13 章对这些风险参数做了简单的介绍。国家外汇管理局发布的《关于人民币对外汇期权交易有关问题的通知》附件"人民币对外汇期权交易风险状况情景分析"和"人民币对外汇期权交易风险值"报表中对 Delta、Vega、Gama、Theta、Rho 这些期权风险参数专门有要求，显示管理机构对人民币外汇期权风险管理的重视。关于期权 Delta Hedge 和 Vega Hedge，读者可以参考第 13 章，或者参阅《新纪元的开始———专访上海银监局副局长张光平》，这里不再重复。

33.8　人民币外汇期权市场存在的主要问题

因为银行间人民币外汇期权才刚刚推出三个多月的时间，我们还难以全面地看出市场存在的主要问题。尽管如此，通过在本章介绍人民币兑美元和其他主要货币汇率波动率我们发现，人民币兑美元汇率的波动率过低，近来仅为 1%左右。如此低的波动率在国际市场上难以找到有活跃交易的期权市场。因此，在我们推出银行间人民币外汇期权的同时，拟逐步放宽人民币兑美元汇率的日区间，这样人民币兑美元汇率波动率才会显著上升，从而人民币兑美元期权才有望较为活跃地交易起来。

33.9　本章总结

人民币外汇期权的推出改变了我国银行间市场期权缺位的状况。国内人民币外汇期权 2011 年 4 月推出后的两年多时间内，市场还不够活跃，但是市场流动性有了一定程度的提高。2013 年，特别是 2014 年 6 月国家外汇管理局发布了《银行对客户办理人民币与外汇衍生产品业务管理规定》后，国内人民币外汇期权市场活跃度大幅度地提高，2014 年人民币外汇期权成交金额占外汇市场总成交金额比重首次超过了 1%。

关于国际上通用的期权定价模型，虽然模型的前提假设条件有一半以上在国内都满足不了，但也"勉强可用"。但是这个期权定价模型在世界各国都在运用，最主要的问题是"隐含波动率"的确定。笔者认为，国内人民币外汇期权最直接可以参考的波动率是境外人民币可交割期权的银行波动率，这是因为基础市场的标的汇率是同样的人民币兑美元汇率，而且近年来境外人民币外汇期权的流动性已经超过了国内多倍。做期权交易的商业银行在参考境外人民币外汇期权隐含波动率的同时，参考历史波动率就可对人民币外汇期权进行较有把握地定价。正如国内人民币外汇远期结售汇远期市场发展初期境外人民币无本金交割远期（Non–delivarable forwards，NDF）的影响一样，在国内人民币外汇期权市场发展初期，境外人民币可交割期权市场仍是国内人民币外汇期权较好的参照。随着国内人民币汇率形成机制逐步完善和资本项目的进一步开放，国内人民币外汇期权市场流动性在今后数年达到一定程度后，国内人民币外汇期权市场将反过来对境外市场产生影响，以至发挥主导作用。

多年来汇兑损失是困扰我国银行业和企业的一个严重的问题。国开行2011年6月初公布的2010年年报显示，2010年该行汇兑损失高达190亿元人民币，而且一旦人民币兑美元升值1%，那么国开行每年将出现55.44亿元的汇兑损失。除国开行外，中国银行从2006年到2008年汇兑损失分别为141.58亿元、269.23亿元和256.95亿元；2009年和2010年随着人民币升值的步伐放缓，该行汇兑损失显著下降，两年损失分别为19.38亿元和6.61亿元。可见我国银行业的汇兑损失已经成为一个相当重要的问题。只有加速发展国内人民币外汇期权市场，银行和其他金融机构才可以利用该市场对其汇兑损失进行一定的对冲。因此，发展国内人民币外汇期权对国内商业银行和政策性银行来说已经到了相当迫切的程度。

第 34 章 国债期货/利率期货

由于债券价格对利率变化反应敏感，债券期货通常也称作利率期货。表 12-1 显示，利率期货是国际市场上推出仅晚于外汇期货的金融期货产品，而且在全球金融期货市场中发挥着举足轻重的作用。利率期货是债券风险对冲和管理的最佳工具，对债券市场和外汇市场等的发展必不可少。本章在介绍国际利率期货及其功能的基础上，对国内 2013 年 9 月推出的国债期货进行简单地介绍和分析，并预估今后我国利率期货市场发展前景。

34.1 国债期货简介和演变

本节简单介绍国际上最早推出国债期货的国家、交易所和产品，以及其他主要国家和地区推出的时间。

34.1.1 最早的利率期货[①]

国债期货作为金融衍生品的一种，其产生是 20 世纪 70 年代金融创新的结果。这种金融创新的出现与美国当时的政策和经济环境密不可分。20 世纪 70 年代，美国的国债发行和交易实现了市场化，其国债存量以及交易量也达到了相当大的规模。受布雷顿森林体系的解体以及石油危机的影响，美国金融市场的利率出现了大幅的波动，由此催生了金融市场投资者强烈的利率风险管理需求。芝加哥商品交易所创造性地将商品期货的风险管理经验应用到金融市场，推出了世界上最早的国债期货——90 天期国债期货，美国国债期货市场就此产生。

34.1.1.1 美国国债期货推出的背景

美国国债期货的推出是在 20 世纪 70 年代，而在整个 70 年代，"滞胀"一直是困扰美国政府当局的问题，使得美国宏观经济政策一直处于顾此失彼的政策困境当中。作为这一政策困境的最直接后果就是日益扩大的财政赤字和国债规模以及频繁的利率波动。

一方面，1974 年和 1979 年发生的两次"石油危机"使美国经济陷入了停滞不前的窘境，为了刺激经济增长，同时也是为了应付越南战争所带来的庞大的

[①] 陈晗，吉喆：《国债期货的美国"读本"》，载《衍生品评论》，2013（1）。

军费支出，美国不得不实行赤字政策。1975 年，美国国债余额达到 5766.5 亿美元，比上年陡增 17 个百分点，远远高于此前十年平均增长率 4.35% 的水平。此后，在整个 70 年代中后期，其国债余额增长率平均达到两位数的水平，国债规模迅速增加。与此相对应，国债二级市场的交易量也成倍放大，仅以一级承销商为例，1975 年其短期债券的日均交易量为 38.9 亿美元，中长期国债为 21.3 亿美元；到了 1980 年，分别增长至 112.3 亿美元和 67.5 亿美元，分别增长了 1.89 倍和 2.17 倍。国债市场逐步成为美国金融市场中规模最大和影响力最广的市场之一。

另一方面，美国的高赤字政策也使得美国通货膨胀居高不下。在这一时期，美国利率政策时紧时松，进退维谷，利率波动频繁，而且幅度越来越大。以联邦基金利率为例，1972 年至 1982 年波动区间为 2.99% 到 22.36%，幅度是前 10 年的 0.25% 到 10.5% 的两倍，标准差也是前 10 年的两倍有余。美国 5 年期和 10 年期国债收益率的波动情况与上述情况类似，1974 年美国国债市场利率约为 7.8%，1977 年下降至 7% 的水平，1979 年国债市场利率又大幅上升，1981 年更是达到了创纪录的 15%。

因此，在这一时期，频繁而剧烈的利率波动使得金融市场中的借贷双方特别是持有国债的投资者面临着越来越严重的利率风险，投资者的经济利益无法得到基本保证。同时，其他金融商品的持有者也面临着日益严重的利率风险的威胁，为保证运营资本不受利率影响，保值和规避风险的需求日趋强烈，市场迫切需要一种便利有效的管理利率风险的工具。在这一背景下，芝加哥地区的交易所看准市场时机，将商品期货市场的风险管理经验创造性地应用到金融市场领域，推出了一系列的金融衍生产品。1976 年 1 月，美国芝加哥商业交易所（CME）推出了 90 天的国库券期货合约，这标志着国债期货的产生。

34.1.1.2　美国国债期货推出与美国利率市场化的关系

金融衍生品创新性发展的 20 世纪 70 年代也是美国逐步放松利率管制的时期，美国在其利率市场化进程中推出了国债期货。美国自 1970 年开始实施利率市场化改革，由于美国经济衰退，呈现出滞胀局面，而欧洲经济却渐渐崛起，实力日渐增强，这使得与美元挂钩的固定汇率制开始发生动摇。德法等欧洲先进工业国家纷纷向美国挤兑黄金，造成美国黄金储备大量外流。美国迫切需要大量投资，以适应世界经济权利的再分配。要增加投资，就必须有足够的储蓄。而 20 世纪 30 年代制定的旨在控制存款利率的 Q 条例的存在显然阻碍了储蓄的增长，使储蓄难以满足投资的需求。为了突破 Q 条例，1970 年，美国开始实行大额存款利率市场化，1973 年美联储取消了期限 90 天以上的大额存单的最高利率限制，而后政府又相继使用短期国债和共同基金支付结算，到 1980 年已在全国得到普遍使用。1978 年资金市场采取浮动利率，以后又开始实行小面额存款利率市场化，并先后推出活期贷款和货币市场存款账户。在利率市场化的进程中，国债的发行利率也在 20 世纪 70 年代得以实现市场化。

作为配合国债发行的措施之一，在 1970 年美国财政部引进了新的发行方式，即在票面利率仍然由财政部确定的情况下，认购者按照既定价格向财政部投标。其后，从 1974 年开始财政部的国债发行实行收益率招标，认购者按照收益率进行投标，同时由中标的竞争性投标者按其加权平均收益率来决定债券票面利率。中长期国债按照收益率来招标的发行方式在 1973 年到 1976 年逐渐取代了其他方式，成为中长期国债发行的唯一方式，按收益率招标的方式使得财政部不再需要在发行之前设定票面利率，从而保证新发行的长期债券和中期债券的票面利率能反映发行时债券市场上真实的供求状况。

单以国债的发行利率而言，自 1974 年起，美国实现了国债发行的市场化，而美国国债在二级市场的交易从 1790 年起就已出现。也就是说，虽然仍处于利率市场化进程中，自 1974 年起，美国国债的发行和交易都已实现市场化。以 Q 条例的废除为标志，美国直到 1986 年才成功地实现了利率的完全市场化。但是，早在此之前，美国就已经成功地上市了 10 年、30 年期等长期国债期货合约以及短期国库券期货合约。分析美国市场可以发现，国债期货的推出并不要求一个国家已经达到完全的利率市场化程度，只要国债现货市场实现利率市场化，同时国债现货市场在规模和流动性方面达到一定规模，投资者拥有规避利率风险的需求，国债期货就可以推出交易。在利率市场化进程中推出国债期货，还可以为投资者提供规避利率风险的有效工具，促进整个利率市场化进程的顺利进行。美国经验表明，在实行利率市场化的过程中一般都将面临阶段性利率风险的上升，这主要表现为利率波动幅度和频率提高。随着管制利率的逐步放开，金融市场在重新寻找基准利率的过程中，难免经历利率市场化所带来的阶段性利率风险，因而使各类金融主体面临更为复杂的经营环境，在适应变革的过程中难免遭受较大的损失。开展国债期货交易不仅可以为各类金融主体提供规避风险的有效工具，提升其自主决策能力，而且通过一个集中交易的国债期货市场，也可以促进国债现货市场形成统一的基础利率，同时提高债券二级市场的流动性，这些都有助于促进整个利率市场化进程的顺利进行。

34.1.2 其他国家利率期货的推出[①]

自美国国债期货推出以后，国债期货在全球范围内迅速发展，许多国家都已推出多个期限的国债期货产品，建立了完善的产品体系。其中以英国、日本、

[①] 李忠朝，李昕昕：《全球国债期货产品体系及其对我国的经验借鉴》，载《衍生品评论》，2014 (9)。

德国及澳大利亚和韩国等国家的国债期货市场先后推出，而且取得了不同程度的发展。

34.1.2.1 英国

英国于 1982 年推出长期国债期货，其国债期货市场一直以来都以长期品种为主导。长期英国金边国债期货于 1987 年在伦敦金融期货交易所（LIFFE）上市，直至 2009 年以前，都是市场上唯一的英国金边国债期货合约。英国的中、短期国债期货推出时间较晚，于 2009 年 11 月同时在 LIFFE 挂牌上市。中、短期合约上市后，2010—2013 年年均成交量仅为 7 万手和 18 万手，远不及长期金边国债期货。目前 LIFFE 也在筹备超长期金边国债期货，该合约可交割债券的剩余期限为 28~37 年，已于 2013 年 3 月 31 日上市交易。

34.1.2.2 澳大利亚

澳大利亚于 1984 年推出国债期货。澳大利亚的金融期货市场发展十分迅速。与大多数国家不同，澳大利亚的国债期货采用现金交割模式，已成功推出多个国债期货产品，尤其以长、短期品种最为成功。由于澳大利亚政府国债发行量相对较少，国债期货产品种类也较少，目前仅有 3 年期和 10 年期联邦政府债券期货两个产品，分别于 1984 年和 1988 年在悉尼期货交易所挂牌上市，覆盖收益率曲线的长短两端。3 年期联邦政府债券期货推出后取得了巨大的成功，在 2013 年全球国债期货成交量排名中位列第八，年成交量达到 4700 万手。

34.1.2.3 日本

1985 年，日本议会修改了证券交易的相关法律，解除了对金融衍生品的限制，同时为了配合利率市场化、金融自由化和国债现货市场的发展，东京证券交易所（TSE）于当年 10 月 19 日正式推出了日本第一个场内金融衍生品合约——10 年期国债期货。此后，TSE 在 1988 年 7 月 8 日推出了 20 年期国债期货合约，但该合约 1998 年 4 月后成交低迷，2002 年 12 月被暂停交易。到了 20 世纪 90 年代，随着中期国债存量增长，TSE 也增加了对中期国债进行套保的工具，于 1996 年 12 月 16 日推出 5 年期国债期货合约，目前这种合约成交量较小。为了适应不同类型投资者的需求和提高国债期货的价格发现功能，TSE 于 2009 年 3 月 23 日推出了迷你 10 年期国债期货合约。在短期利率期货方面，TSE 曾在 1989 年 12 月推出了国库券期货合约，但也由于该合约成交不活跃，于 1999 年 7 月暂停了该合约，并于 2001 年 11 月正式取消。

34.1.2.4 德国利率期货

德国是继美国之后第二个建立完整国债期货产品体系的国家。德国国债期货最初在英国伦敦国际金融期货交易所上市交易，成交非常活跃，为夺回德国国债定价权，德国交易所（DTB）分别于 1990 年 11 月和 1991 年 10 月先后推出了长期（10 年）德国国债期货和中期（5 年）德国国债期货，并于 1997 年 3 月推出了短期（2 年）德国国债期货，是目前在欧洲期货交易所（Eurex）挂牌的德国国债期货的前身。1998 年，德国交易所与瑞士期货期权交易所（SOFFEX）合并成立欧洲期货交易所。同年 10 月，Eurex 推出了超长期（30 年）德国国债期货，可交割国债为剩余期限在 24 ~ 35 年的德国国债，进一步完善了国债期货产品体系。德国国债期货市场以长、中、短期限产品为主，不同产品之间相互促进，均衡发展。中、短期德国国债期货产品推出后，对已有合约的活跃度均有明显提升。德国中期国债期货于 1991 年推出，次年德国国债期货市场年成交量增加 453 万手，其中仅有 29% 来自中期国债期货自身，其余均来自长期国债期货；至 1993 年，长期国债期货的成交量增幅也高达 49%。短期德国国债期货于 1997 年推出，全年成交量约 762 万手，同年中、长期德国国债期货成交量均有大幅提升，合计增长超过 5200 万手，增幅达到 83%，大大超过 1996 年的 54%。

34.1.2.5 韩国

韩国的国债期货市场发展迅速，已构建起了包含长、中、短各期限的国债期货产品体系，其中长、短期限的国债期货产品最为成功。韩国于 1999 年 9 月推出 3 年期国债期货，目前已经成为全球国债期货和期权市场上最为活跃的金融期货品种之一，2013 年成交量超过 2700 万手，2003 年 8 月，韩国交易所上市 5 年期韩国国债期货，由于成交清淡在 2007 年被迫退市；后虽于 2012 年 12 月恢复交易，但成交仍然低迷。2008 年，韩国交易所推出 10 年期国债期货合约，为韩国收益率曲线长端提供了价格发现和风险对冲工具。

34.2 利率期货的全球交易额及分布

上文我们介绍了利率期货的推出和发展，本节将主要从交易的角度介绍利率期货 20 年来的发展情况、在洲际间的分布以及利率期货的活跃程度等。

34.2.1 利率期货 20 年来的交易

表 34 - 1 给出了 1995 年到 2014 年利率期货的成交金额和年成交金额增长率。从表 34 - 1 可以看出，2001 年到 2007 年全球利率期货的成交金额快速增长，除 2002 年外，年增长率均超过 20%，特别是 2001 年的增长率高达 44.1%，超过前一年增长率的 4 倍；2001 年到 2007 年，全球利率期货成交金额的年复合增长率达到 25.5%；2007 年以后，受金融危机的影响，市场的风险偏好有所降低，利率期货的成交金额大幅下降，2009 年的成交金额大幅下降 27%，是历史降幅最大年份；2008 年到 2014 年，利率期货成交金额的年复合增长率呈现负增长，为 - 1.76%；2015 年第一季度成交金额同比下降 2.8%。

表 34 - 1　　　　利率期货年成交金额及增长率（1995—2015 年）

单位：万亿美元，%

年份	1995	1996	1997	1998	1999	2000	2001
利率期货成交金额	264.62	254.84	275.67	296.28	265.01	292.21	420.95
年增长率	-2.0	-3.7	8.2	7.5	-10.6	10.3	44.1
年份	2002	2003	2004	2005	2006	2007	2008
利率期货成交金额	472.83	588.74	783.14	939.59	1169.30	1433.76	1392.57
年增长率	12.3	24.5	33.0	20.0	24.4	22.6	-2.9
年份	2009	2010	2011	2012	2013	2014	2015 *
利率期货成交金额	1016.51	1235.88	1358.63	1025.43	1244.19	1266.58	312.52
年增长率	-27.0	21.6	9.9	-24.5	21.3	1.8	-2.8

数据来源：国际清算银行网站，www.bis.org；2015 年数据为该年第一季度数据，相应的增长率为同比增长率。

34.2.2　全球利率期货在三大洲际间的分布

表 34 - 2 给出了 1995 年到 2015 年全球利率期货交易的洲际分布。表 34 - 2 显示，北美是全球利率期货最主要的地区，20 世纪 90 年代中后期，北美利率期货世界占比在 4 成以上，进入 21 世纪占比超过全球一半，2014 年首次超过全球 6 成，2015 年第一季度占比进一步上升到了接近 7 成的高位，显示以美国为主的北美在全球利率期货市场的重要地位。

表 34 - 2　　　利率期货成交金额在洲际间的分布（1995—2015 年）

单位：万亿美元，%

洲际/年份	1995	1996	1997	1998	1999	2000	2001
北美地区	119.15	110.33	127.22	139.35	120.65	136.37	230.17
占比	45.0	43.3	46.1	47.0	45.5	46.7	54.7
欧洲地区	70.09	84.05	96.3	108.64	99.64	104.61	146.97
占比	26.5	33.0	34.9	36.7	37.6	35.8	34.9
亚太地区	73.36	57.78	50.22	45.67	43.09	48.66	40.01
占比	27.7	22.7	18.2	15.4	16.3	16.7	9.5
其他地区	2.02	2.68	1.94	2.61	1.63	2.58	3.81
占比	0.8	1.1	0.7	0.9	0.6	0.9	0.9

续表

年份	2002	2003	2004	2005	2006	2007	2008
北美地区	261.87	290.05	414.31	529.12	667.39	801.68	774.44
占比	55.4	49.3	52.9	56.3	57.1	55.9	55.6
欧洲地区	171.21	255.19	322.98	362.07	427.98	538.13	543.72
占比	36.2	43.3	41.2	38.5	36.6	37.5	39.0
亚太地区	36.97	40.38	40.69	41.67	65.71	81.5	63.81
占比	7.8	6.9	5.2	4.4	5.6	5.7	4.6
其他地区	2.78	3.12	5.16	6.74	8.22	12.45	10.6
占比	0.6	0.5	0.7	0.7	0.7	0.9	0.8
年份	2009	2010	2011	2012	2013	2014	2015*
北美地区	543.95	658.19	740.21	553.55	644.88	809.51	216.2
占比	53.5	53.3	54.5	54.0	51.8	63.9	69.2
欧洲地区	420.22	498.95	525.71	387.89	509.98	390.82	78.33
占比	41.3	40.4	38.7	37.8	41.0	30.9	25.1
亚太地区	43.81	60.9	71.66	64.66	68.8	51.17	14.61
占比	4.3	4.9	5.3	6.3	5.5	4.0	4.7
其他地区	8.53	17.84	21.05	19.33	20.53	15.08	3.37
占比	0.8	1.4	1.5	1.9	1.7	1.2	1.1

数据来源：国际清算银行网站，www.bis.org；2015 年数据为该年第一季度数据，相应的增长率为同比增长率。

表 34 - 2 同时显示，欧洲是全球利率期货的第二个主要地区，1995 年欧洲利率期货世界占比仅略高于 1/4，而从 1996 年到 2002 年欧洲利率期货世界占比保持在略高于 1/3 的水平，2003 年到 2013 年欧洲占比保持在 4 成上下的高位，然而从 2013 年到 2014 年欧洲利率期货全球占比迅速下降到了 30.9% 的低位，2015 年第一季度进一步下降到了略高于 1/4 的历史低位，显示近年来欧洲债务危机对欧洲利率期货市场的显著影响。

表 34 - 2 也显示，早在 1995 年亚太地区利率期货全球占比还高达 27.7%，高于同年欧洲的占比，然而从 1995 年到 2001 年亚太利率期货全球占比却持续下降到了不到一成的低位，2001 年到 2005 年亚太占比进一步下降到了不到 1/20 的低位，2005 年到 2014 年亚太利率期货全球占比保持在 1/20 上下的历史低位，

与近年来亚太地区 GDP 超过世界 GDP1/3 的比重很不相称，表明整个亚太地区利率风险管理水平亟须提高。

34.2.3　全球利率期货年度成交金额占金融期货成交金额比重

利率期货是金融期货品中最重要的品种类型。自 1976 年第一只国债期货产品问世以来，利率期货的交易量呈逐年攀升的趋势。表 34－3 给出了 1995 年到 2015 年全球利率期货和金融期货成交金额及前者占后者的比重。表 34－3 显示，从 1995 年到 2001 年全球利率期货占金融期货比重从 95.1% 下降到了 94.4%，从 2001 年到 2008 年持续下降到了 90.0%，从 2008 年到 2014 年又持续下降到了 87.3%；2015 年第一季度占比快速下降到了 84.7%。尽管全球利率期货成交额占金融期货的比重呈现持续地下降趋势，但是，利率期货仍然是全球金融期货最主要的产品类型。

表 34－3　　　　　　　　　　利率期货年成交金额占
金融期货成交金额比重（1995—2015 年）单位：万亿美元，%

年份	1995	1996	1997	1998	1999	2000	2001
利率期货	264.62	254.84	275.67	296.28	265.01	292.21	420.95
金融期货合计	278.30	270.28	294.53	317.76	289.20	317.80	445.70
占比	95.1	94.3	93.6	93.2	91.6	91.9	94.4

年份	2002	2003	2004	2005	2006	2007	2008
利率期货	472.83	588.74	783.14	939.59	1169.30	1433.76	1392.57
金融期货合计	501.42	624.27	830.61	1003.49	1262.47	1586.47	1547.90
占比	94.3	94.3	94.3	93.6	92.6	90.4	90.0

年份	2009	2010	2011	2012	2013	2014	2015 *
利率期货	1016.51	1235.88	1358.63	1025.43	1244.19	1266.58	312.52
金融期货合计	1128.78	1382.97	1526.45	1170.20	1415.39	1450.46	368.77
占比	90.1	89.4	89.0	87.6	87.9	87.3	84.7

数据来源：国际清算银行网站，www.bis.org；2015 年数据为该年第一季度数据，相应的增长率为同比增长率。

34.2.4　全球利率期货年度成交金额与世界 GDP 比例

上文显示，近年来全球利率期货成交金额在 1500 万亿美元上下，数额巨大，不易直观把握。表 34 - 4 给出了 1995 年到 2015 年全球利率期货成交金额与同年世界 GDP 的比例。从表 34 - 4 可以看出，2000 年以前，利率期货的年成交金额一般为世界 GDP 的 9 倍左右；2001 年到 2007 年，由于利率期货交易快速增长，其成交金额与世界 GDP 比例从 12.77 倍迅速上升到了 24.95 倍，几乎翻了一番，显示国际金融危机前国际市场上金融期货投机成分可观；国际金融危机以后，利率期货的交易量趋于稳定，利率期货成交金额与世界 GDP 的比重稳定在 16 倍上下的水平。

表 34 - 4　全球利率期货年成交金额占世界 GDP 的比较（1995—2015 年）

单位：万亿美元，%

年份	1995	1996	1997	1998	1999	2000	2001
利率期货成交金额	264.62	254.84	275.67	296.28	265.01	292.21	420.95
世界 GDP	30.69	32.52	31.39	31.16	32.22	33.18	32.97
成交金额/GDP	8.62	7.84	8.78	9.51	8.22	8.81	12.77
年份	2002	2003	2004	2005	2006	2007	2008
利率期货成交金额	472.83	588.74	783.14	939.59	1169.30	1433.76	1392.57
世界 GDP	34.28	38.56	43.42	47.02	50.97	57.46	63.00
成交金额/GDP	13.79	15.27	18.04	19.98	22.94	24.95	22.11
年份	2009	2010	2011	2012	2013	2014	2015*
利率期货成交金额	1016.51	1235.88	1358.63	1025.43	1244.19	1266.58	1250.09
世界 GDP	59.71	65.21	72.19	73.48	75.47	77.30	73.96
成交金额/GDP	17.02	18.95	18.82	13.96	16.49	16.39	16.90

数据来源：国际清算银行网站，www.bis.org；2015 年年成交金额是以该年第一季度成交金额 4 倍的简单方法估算得出，2015 年世界 GDP 数据为国际货币基金组织 2015 年 4 月估算出的结果，成交金额/GDP 比例为如上估算结果计算得出。

34.3　全球利率期货年底持仓金额和换手率

34.3.1　全球利率期货年底持仓金额

期货市场的持仓金额是截至某个时间点未平仓的期货合约的市值，表 34 - 5 给出了 1995 年至 2015 年全球利率期货的持仓金额。表 34 - 5 显示，

2003 年利率期货的持仓金额首次超过 10 万亿美元，之后稳步上升到了 2007 年的 26.77 万亿元，4 年增长了一倍多；2008 年金融危机导致该年底持仓金额大幅下降了 3 成，2009 年到 2014 年利率期货的持仓金额稳步小幅上升到了 25.35 万亿美元；然而 2015 年第一季度末持仓金额同比下降 1.5% 到 25.56 万亿美元。

表 34 - 5   利率期货年持仓金额与年增长率（1995—2015 年）

单位：万亿美元，%

年份	1995	1996	1997	1998	1999	2000	2001
利率期货持仓金额	5.88	5.98	7.59	8.03	7.92	7.91	9.27
年增长率	1.3	1.7	26.9	5.9	-1.3	-0.2	17.2

年份	2002	2003	2004	2005	2006	2007	2008
利率期货持仓金额	9.96	13.12	18.16	20.71	24.48	26.77	18.73
年增长率	7.4	31.8	38.4	14.0	18.2	9.4	-30.0

年份	2009	2010	2011	2012	2013	2014	2015 *
利率期货持仓金额	20.63	21.01	21.71	22.63	24.17	25.35	25.56
年增长率	10.1	1.8	3.3	4.2	6.8	4.9	-1.5

数据来源：国际清算银行网站，www.bis.org；2015 年数据为该年第一季度末数据，相应的增长率为同比增长率。

34.3.2   全球利率期货的换手率

换手率实际上是股票市场的概念，即指股市年成交金额与同年年底市值的比例，代表股市交易的活跃度。我们可以将此概念利率期货市场，即以利率期货市场年度成交金额与同年底持仓金额的比例代表利率期货市场的换手率，换手率越高，表明该品种越活跃。表 34 - 6 给出了 1995 年至 2015 年利率期货年度换手率。表 34 - 6 显示，1995 年到 2006 年，全球利率期货的年换手率基本稳定在 45 倍左右；2007 年换手率首次超过 50 达到 53.56，2008 年进一步提高到了 74.41 的历史高位；2009 年重回 50 以下；虽然 2010 年和 2011 年重新分别上升到了 58.82 和 62.58 的高位，然而 2012 年以来保持在 50 上下的水平，显示 2008 年国际金融危机期后利率期货的年换手率回到较为合理的水平。

表 34 - 6	1995—2015 年利率期货换手率						
	（年成交金额与年底持仓金额比例）						单位：%
年份	1995	1996	1997	1998	1999	2000	2001
年换手率	45.03	42.62	36.34	36.89	33.44	36.95	45.41
年份	2002	2003	2004	2005	2006	2007	2008
年换手率	47.49	44.86	43.11	45.37	47.77	53.56	74.35
年份	2009	2010	2011	2012	2013	2014	2015*
年换手率	49.27	58.82	62.58	45.32	51.49	49.97	48.90

数据来源：国际清算银行网站，www.bis.org；2015 年数据为该年第一季度成交金额的四倍除以该季末持仓金额比例。

34.4　利率期货的功能[①]

国债期货自 1976 年问世后 40 余年来，国债期货的蓬勃发展与其特定的功能密不可分。国债期货主要有如下功能。

34.4.1　对冲风险

对冲银行间衍生产品或其他资产利率风险是国债期货最主要的功能之一。在利率市场化的条件下，国债利率受资金面、经济运行周期、通货膨胀率、国际利率水平以及汇率等多种市场力量的影响，一直处于不断的波动之中。由于国债利率变化不定，国债投资者随时都面临着利率风险。存在风险的地方，一定会产生回避风险的需求。国债期货交易正是适应投资者规避利率风险的需要而建立和发展起来的，这也是国债期货交易得以存在的客观经济依据。

所谓套期保值，就是指投资者在买进或卖出某种国债现货的同时，在国债期货市场上卖出或买进同种同量的期货，使期货市场的盈利（亏损）与现货市场的亏损（盈利）相互抵销，从而防止价格波动的风险。这主要是基于以下两个原理：一是影响国债期货价格的因素也会影响到国债现货的价格，期货价格和现货价格的走势在方向上是一致的；二是随着国债期货合约到期日的临近，由于交割机制的存在，现货价格和期货价格呈现出趋同的特征。套期保值主要有多头（买入）套期保值和空头（卖出）套期保值。

事实上，由于银行间大多衍生产品的流动性有限，大多数金融机构利用国债期货来对冲其银行间其他衍生产品如利率互换和利率期权等产品的风险头寸。

---

① 鲁政委，林远洲，刘道百：《我国利率衍生品市场现状及开展国债期货的迫切性》，中国金融期货交易所课题，2011。

国际清算银行的数据显示，1998 年、2001 年、2004 年、2007 年、2010 年和 2013 年，交易所交易的利率期货年成交金额与银行间利率远期协议和利率互换成交金额（日均成交金额乘以 250 个工作日）比例分别为 5.18、3.66、3.67、3.91、2.64 和 2.29，显示交易所交易的利率期货比银行间的利率远期和利率互换要活跃得多。

表34-7　　　场内外利率衍生品日均成交量及比较（1998—2013 年）

单位：亿美元，%

年份	场外衍生品日均交易量			场内衍生品日均交易量		交易所/场外（期货）	交易所/场外（期权）
	利率远期	利率互换	期权及其他	利率期货	利率期权		
1998	74	155	36	1185	223	5.18	6.18
2001	129	331	29	1684	491	3.66	16.93
2004	233	621	171	3133	3133	3.67	18.32
2007	258	1210	217	5735	2191	3.91	10.09
2010	601	1275	208	4944	1875	2.64	9.02
2013	754	1415	174	4977	1417	2.29	8.14

数据来源：国际清算银行三年市场调查结果，国际清算银行网站，www.bis.org；相关内容参考张光平：《场内外衍生产品应当互动协调地发展》，2006-08-26，新浪财经。

34.4.2　价格发现

国债期货的市场价格是反映了未来国债价格、远期利率未来走势的重要载体，所以国债期货价格的形成对于国债以及其他利率产品的价格形成有着举足轻重的指导意义。而国债价格的发现是指在一个公开、公平、高效、竞争的国债期货市场中，通过国债期货交易形成的期货价格，具有真实性、预期性、连续性和权威性的特点，能够比较真实地反映出未来国债价格变动的趋势。

市场体制实质上是一套以价格为中心的资源配置的组织协调机制。价格是否能反映资源的稀缺程度、供求的实际态势决定着资源配置的效率。真正的或者说"公正"的市场价格的形成，需要一系列条件，这些条件包括供求的集中、市场有充分的流动性、市场的秩序化、公平的竞争等。国债期货交易是在专门的期货交易所内进行的，而期货交易所作为一种有组织的、正规化的统一市场，聚集了众多买方和卖方，不仅有套期保值者还有投机者，大量的不同目的的交易者的参与确保了市场的流动性，而且期货交易所通过公开竞价的方式避免了欺诈和垄断行为。此外，按期货交易所的价格报告制度规定，所有在交易场上达成的每一笔交易的价格，都要向会员及其场内经纪人报告并公诸于众，这就使得所有的期货交易者及其场内经纪人都能及时地了解期货市场上的行情变化，及时作出判断，并把自己的要求和愿望，把自己所作出的对供求关系的新变化及其变动趋势的判断再输入到交易场上去，最后反映到期货价格中去，这就进一步提高了期货价格的真实性和预期性。通过在交易所进行的国债期货交易，交易价格不断报出、修正和传播，从而使潜在的价格信息揭示得更充分、更合理，能够较为真实地反映供求状况和人们对某种国债未来价格的综合预期，这种集中交易形成的价格变市场的滞后调节为预先调节，成为投资者决策和规划资金的依据。

34.4.3　投机与套利

投机交易是指投机者根据自己的判断和操作技巧，利用价格在不同时间的变动差异，不断地买入或卖出期货合约，以博取较高的投机利润。由于其目的是赚取差价收益，所以，投机者一般只是平仓了结期货交易，而不进行实物交割。最经典的投机交易是国债期货的买空与卖空交易。

套利交易则是指投机者利用两个相互联系的市场或者国债期货合约之间的价格差别来获利的交易方式，它与投机交易不同的是套利交易往往在同一时间买入某种国债期货合约，同时卖出另一种国债期货合约，即在同一时间里投机者既是买空者又是卖空者。在进行套利时，投机者通常注意的不是国债期货合约的绝对价格水平，而是合约之间的相互价格关系，或称相对价格差异关系。套利交易往往从不同的两个合约彼此间的相对价格差异来套取利润，即买进"低价合约"，卖出"高价合约"。根据依据的两个合约性质的不同，国债期货套利交易大致可以分为跨期套利交易、跨品种套利交易及跨市场套利交易。

跨期套利交易是国债套利交易中最常见者，是指交易者利用标的物相同但到期月份不同的期货合约之间价格出现的变化差异，买进近期合约，卖出远期合约（或卖出近期合约，买进远期合约），待价格关系恢复正常时，再分别对冲已获利的交易方式。造成标的债券相同而到期期限不同的合约价格出现差异的主要原因，在于不同到期期限的持债成本不同，例如，如果短期资金成本过高，短期内持有现货的成本就被推高，从而期限较短的国债期货价格就偏高。跨期套利交易又分为牛市套利、熊市套利与蝶式套利。

牛市套利，是指投资者认为期限较近的国债期货价格的有利变动将大于期限较远的国债期货价格的有利变动，或者说期限较近的国债期货价格的不利变动将小于期限较远的国债期货价格的不利变动，从而同时买进短期国债期货合约和卖出长期国债期货合约的投资策略。熊市套利则正好与牛市套利相反，投资者买进长期国债期货合约并同时卖出短期国债期货合约。蝶式套利则是前两者的结合体：是指利用若干个交割标的相同到期期限不同合约的价差变动来获利的交易方式，它由两个相反方向、共享中间交割月份的跨期套利交易组成。

跨品种套利是利用两种标的债券不同的国债期货合约之间的价差变化进行套利。一般来说，跨品种套利是在同一交易所、相同到期月份但合约标的债券不同的国债期货合约之间进行的。这两种品种间的关联度强，价格影响因素大致相同，在正常情况下价差比较稳定。

跨市套利交易是指在某个期货交易所买入或卖出某一交割月份的某种品种合约的同时，在另一个交易所卖出或买入同一交割月份的同品种期货合约，然后，在时机有利时分别在两个交易所对冲在持合约，以从中获利的一种交易行为。当在不同交易所交易标的物相同的期货合约时，即使到期月份相同，其价格也并不一定相同，但两者之间必定有一个正常关系，一旦两者价格关系出现反常变化，套利机会就出现了，反应迅速的套利者将会马上采取行动，当价格关系恢复正常时，交易者再分别对冲从而实现套利收益。跨市套利的前提是需要有两个以上的期货交易所，这在国债期货刚起步的中国目前还不能实现。

除了常见的投机和套利交易外，还有一些应用较少的策略例如抢帽子交易或池中交易等等，它指的都是以略低于最近的交易价格买入国债期货合约，又以略高于最近的交易价的价格卖出期货合约的交易方式，这里不一一详述。

34.5 "3·27"国债期货事件及其对我国国债期货推出的影响[①]

要介绍国内国债期货市场，我们不能不首先介绍 20 年前国内国债期货市场的一个重大事件，即所谓的"3·27"国债期货事件。

34.5.1 "3·27"国债期货事件简介

1992 年 12 月 28 日，上海证券交易所首先向证券自营商推出了国债期货交易。1993 年 10 月 25 日，为了激发市场投资者的兴趣，上交所国债期货向社会公众开放，开始正式试点。与此同时，北京商品交易所也开始推出国债期货交易。虽然国债期货的发展提高了国债的流动性，有利于新国债的发行，并活跃了整个金融市场，但是在 1995 年却连续发生了数件重大违规事件，最终导致了中国国债期货试点暂停。

国债期货交易进入我国有着其特殊的背景。1981 年中国恢复发行国债，但是直到 1988 年才开始国债买卖的试点。到了 20 世纪 90 年代，借助交易所股票交易网络系统，国债二级市场才开始真正形成。但是 1992 年房地产市场和股票

---

① 高峰：《中国国债期货风险控制研究》华东师范大学硕士学位论文，2005。

市场火热，大量资金涌入这两个市场，对于国债市场问津者寥寥无几。一级市场发行困难，二级市场交易清淡。为了促进国债的发行并活跃国债现货和回购市场，建立高效率低成本的国债一级市场以满足国家筹集长期经济建设资金的需要，促进资金市场的建设和发展，增加投资者的投资渠道，国债期货应运而生。

在 1992 年 12 月到 1994 年上半年开办国债期货的交易所比较少，主要是上海证券交易所和北京商品交易所，成交量有限，处于萌芽阶段。到了 1994 年下半年以后，国债市场大有改观。1994 年、1995 年，国债流通市场扩大，国债交易量不断上升，经营国债业务的金融机构迅速发展。在短短一年左右的时间里，国债期货的交易所遍布全国，成交量成倍放大，投机风气日盛，在全国的影响日益增大，参与交易的机构和个人日益增多，国债期货交易进入了大规模发展阶段。据统计，1994 年我国国债期货总成交量达 28000 亿手，比 1993 年度增长了 9 倍。当时开办国债期货的交易所共有 14 家：上海证券交易所、深圳证券交易所、武汉证券交易中心、天津证券交易中心以及北京、广州、海口、四川、深圳、沈阳、重庆、大连、长春、郑州商品交易所，交易都十分火爆。1994 年全年上海证交所国债期货总成交量居全国首位，占全国国债期货交易总量的 2/3。

伴随着国债期货交易网点的拓展和国债期货交易量的迅猛增加，潜伏着的一系列严重问题日益显现且呈愈演愈烈之势，比如许多交易场所规章制度不健全，品种设置不合理，忽视风险控制和严格管理，过度投机和操纵市场等。

34.5.2 "3·27" 事件的简析

从 1995 年开始，国债期货交易更加火爆，持仓量猛增，市场风险也越来越大。2 月份发生的 "3·27" 事件对市场造成了严重的打击。当时由于股票市场低迷，钢材、煤炭、食糖等大宗商品期货品种相继被暂停，大量资金云集在国债期货市场上。上海证券交易所更是成为了一时的焦点。在 "3·27" 事件爆发前的数月中，上海证券交易所 314 国债合约上已经出现了数家机构联手操纵市场、日价格波动达 3 元的异常行情。"3·27" 国债期货合约对应的品种是 1992 年发行的 3 年期国库券，该券发行总量为 240 亿元，1995 年 6 月到期兑付，交易标的物是 9.5% 的票面利息加上保值贴补率。"3·27" 国库券到期的基础价格已经确定，即票面价值 100 元加上 3 年合计利息 2.850 元，合计为 128.50 元。但到期的价格还要受到是否加息和保值贴补率高低的影响，市场对此看法不一。因此，对是否加息以及对通胀率及保值贴补率的不同预期，成了 "3·27" 国债期货品种多空双方的主要分歧。

1995 年 2 月 22 日晚，财政部发出公告，公布了 "3·27" 国债期货品种具体的贴息办法，证实了"3·27"国库券到期还本付息时，将按同期银行储蓄存款利率计息并实行保值贴补。这对国债期货多头方来说是一个好消息，可却使空头方面临巨额亏损。但是，他们并不甘心承认失败。1995 年 2 月 23 日下午 4 点 22 分后，在短短的 8 分钟之内，空方的主要代表万国证券公司在并无交易保证金的情况下违规抛出大量的卖单。"3·27"国债期货收盘时价格被打到 14.740 元，使"3·27"合约暴跌 3.8 元，并使当日开仓的多头全线爆仓，造成了传媒界所称的"中国的巴林事件"。为制止事态的进一步恶化，上海证券交易所做出了"最后 8 分钟交易无效"的决定。并且中国证监会和财政部立即联合颁布了《国债期货交易管理暂行办法》，并在随后的两天内又向各个国债期货交易所发出了《关于加强国债期货风险控制的紧急通知》，交易保证金从以前约占合约面值的 2.5% 提高到 10%。遍布全国的交易所逐步向上海、深圳、武汉和北京 4 个交易所靠拢。

上海、深圳、武汉和北京四大交易所的交易量逐渐占到全国国债期货交易量的 90% 以上，交易所间的竞争渐趋理性。但是这一系列措施并未遏制市场浓厚的投机氛围。疯狂的投机商仍进行超仓、内幕交易、恶意操纵等违规操作，最终在 1995 年 5 月又发生了"3·19"事件。5 月 17 日，中国证监会鉴于中国当时尚不具备开展国债期货的基本条件，做出了暂停国债期货交易试点的决定，并发出通知要求各交易所从 5 月 18 日起组织会员协议平仓。1995 年 5 月 31 日，全国的国债期货交易所全部平仓完毕。

34.6　"3·27"事件暴露出的问题[①]

"3·27"事件的爆发暴露出很多问题，如对交易中产生的各种风险估计不足以至于立法滞后、各种管理制度不完善是导致我国国债期货交易试点失败等主要原因。二十多年来，诸多学者和职业人士对"3·27"事件有了系统的研究，本节简单介绍当时市场存在的主要问题。

34.6.1　法律法规不健全

在"3·27"国债风波以前，中国从事国债期货交易的地方性交易中心，均按当地政府制定的法规和规章运作，监管管理方面的规章制度在各市场间互不一致，其中最明显的例子就是保证金比例和涨跌停板制度设计上的差异。直到"3·27"风波事发后的第二天，中国证监会才匆匆忙忙地颁布了《国债期货交易管理暂行办法》，中国才有了第一部具有全国性效力的国债期货交易法规。

---

① 任永刚：《国债期货风险控制法律问题研究》，山西财经大学硕士学位论文，2007。

34.6.2 交易所风险制度不完善

从"3·27"国债期货风波可以看出当时交易所风险管理制度存在以下
问题。

34.6.2.1 保证金水平偏低

保证金是国债期货交易风险控制的核心。按照国际惯例，保证金金额一般
占合约成交总额的 5% ~ 10%。而在"3·27 风波"前，上交所规定客户保证金
比率是 2.5%，机构投资者自营的保证金比例仅为 1%，深交所规定为 1.5%，
武汉交易中心规定是 1%。这样偏低的保证金水平与国际通行标准相距甚远，甚
至不如国内当时商品期货的保证金水平。保证金偏低，交易者被要求追加保证
金和强行平仓的概率就越小，降低了交易成本，便利了交易者，从而把交易者
潜在的盈利与风险放大了几十倍，使市场投机气氛更为浓重。在偏低的保证金
水平下，甚至还存在保证金缴纳不严格的现象。此外，上证所的交易系统中没
有保证金也可以透支下单，这也是 1995 年 2 月 23 日收市前几分钟，一个会员公
司可以在没有保证金的情况下，一抛几千万手空单，造成严重违规，扰乱市场
秩序的根本原因。

34.6.2.2 最初没有涨跌停板制度以及实行该制度后难以奏效

国债市场发生过度投机必然引起价格暴涨暴落。因此，实行涨跌停板制度，
限制国债期货的每日价格最大波动幅度，可以使投资者根据价格变动趋势及时
平仓，防止过度投机，减少风险损失。"3·27 风波"前，上交所根本就没有采
取这种国际期货界通行的控制价格波动的基本手段，出现了差价达 4 元的振幅，
由于没有预警系统，使市场风险相当大，过分投机现象比较明显。"3·27 风
波"后，各期货交易所先后都按证监会要求设置了涨跌停板制度，但其中存在
一些不合理的地方，如以收市价而不是以结算价为涨跌停板的基点，容易被大
户作价操纵。在不合理的涨跌停板制度下，多方往往在开市后十几分钟或几十
分钟内便将期货价格拉抬至涨跌停板，致使空方无法平仓，亏损额如雪球般越
滚越大，期货价格也进一步偏离正常价格，多次出现的"多逼空"等市场力量
严重失衡的情况使得涨跌停板等价格管理措施难以奏效。

34.6.2.3 没有持仓限量制度

在当时中国国债的现券流通量很小的情况下，国债期货某一品种的可持仓
量与现货市场流通量之间的比例关系不合理。1995 年 2 月 22 日，上证所"3·
27"合约的持仓量达到 363 万手之巨，而且空仓相对集中在少数几家机构手中，
使市场蕴含了极大的风险。2 月 23 日，从"3·27"合约在尾市出现大笔抛单的
情况看，交易所显然对每笔下单缺乏实时监控，导致上千万手空单在几分钟之
内通过计算机撮合系统成交，扰乱了市场秩序。持仓量缺乏控制是"3·27"事

件暴露出的一个主要问题。

34.6.2.4 "逐日盯市"的结算制度无法杜绝透支交易

证券市场体系主要包括两大系统：交易系统和结算系统。从当时中国国债期货市场的情况来看，交易系统相对来说较为规范，而结算系统在防范和控制市场波动的作用却未能得到充分发挥，比如按"逐日盯市"方法来控制风险，而非"逐笔盯市"的清算制度，就不能杜绝透支交易，无法用静态的保证金和前一日的结算价格控制当日动态的价格波动，使得空方主力违规抛出千万手合约的"疯狂"行为得以实现。

34.6.2.5 信息制度不完善，导致内幕交易与市场缺乏公正性

首先，信息披露的内容不准确。有些交易所和期货经纪公司违反有关规定，在转载其他与交易所交易活动有关的社会信息时有意无意地加入主观意愿进行信息误导；有些交易所和期货经纪公司人为地制造虚假信息，以市场传闻的形式将一些可能影响市场"三公"原则的信息加以传播；有些交易所和期货经纪公司在信息披露上有所保留，没有按照规定将与市场有关的信息完整、准确地进行披露。

其次，信息披露的时效性差。时效性是信息的基本特征之一。由于受多种因素影响，中国国债期货市场许多相关信息的披露明显滞后，不仅影响了信息的利用率，而且直接影响投资者对交易行为的决策。

最后，信息的保密程度差。在证券期货市场比较成熟的国家，重大的信息披露及有关政策的公布均具有严格的程序和保密性，泄密者将受严惩，以保证交易具有"公平、公正、公开"性。然而，在中国国债期货交易中，国家的国债利息政策、发行计划和保值贴补率等信息在正式公布之前市场就有传闻。"3·27风波"的导火索就是2月23日国债发行计划和保值贴补率的公布，而这些消息早在三个月前就已开始在市场中传闻。信息披露的不规范导致竞争的不公平，不公平的竞争导致交易者无法按同一竞争规则赚取正常利润，使一些本来打算按规则行事的券商为了保持自己的生存不得不用违规的办法反击。信息披露不规范客观上影响了市场"三公"原则的落实，是市场风险的主要诱因之一，使中国国债期货市场始终没有能够形成一个公平竞争的交易秩序。

不仅如此，交易所还存在法制观念淡薄，执法不严的现象。交易所本应是非盈利机构，但一些由地方或部门开设的期货交易所为了地方利益、部门利益很难做到这一点，他们出资办交易所的目的就是为了赚钱，交易越大，交易所和经纪人得到的手续费也越多。这样，交易所在丰厚利润的驱使下，往往从自身利益出发，在如何吸引投资者，留住投资者上下工夫，一味地追求市场规模和交易量，忽视了法律法规的约束，甚至故意置法律法规于不顾。例如，"3·27风波"后，上海证券交易所虽然对各会员公司实行了限额持仓制度，但是，

上证所为了增加同周边市场的竞争力，对会员公司的持仓限额管理不严，一些会员公司蓄意违法违规后，居然得不到应有的处罚。执法不严使已经存在的法律法规失去了应有的作用，使法制观念更加淡薄。

34.6.3　利率管制、市场狭小

当时国债一级市场规模狭小，二级市场真正能够上市流通的国债极为有限。而且利率体制受到政府严格管制，利率尚未实现市场化，制约了国债期货市场的价格形成。除此之外，国债现券品种结构不尽合理，多以期限为 3 年的中期国债为主，缺乏保值需求较高、价格波动风险较大的长期国债，造成国债期货市场投机过度。

34.6.4　市场参与者蓄意违规操纵市场

一些机构为了牟取暴利不顾法律法规，故意采取违规手段操纵市场。国债期货市场是一个高收益的市场，一些机构、大户为了牟取暴利，利用其在资金、信息等方面的优势，故意违反国家有关期货交易规定和交易所的交易规则，违背期货市场公开、公平、公正的原则，单独或合谋使用不正当手段、严重扭曲期货市场价格，扰乱市场秩序，其采用的主要手段有：

（1）分仓。市场操纵者为了影响价格，规避交易所持仓限量规定，借用其他会员席位或其他客户名义在交易所从事期货交易，使其在各个席位上总的持仓量超过了交易所规定的持仓限量。

（2）移仓（倒仓）。市场操纵者为了制造市场假象，或者为转移盈利，把一个席位上的持仓转移到另外一个席位上。

（3）对敲。市场操纵者为了制造市场假象，严重影响期货价格或者市场持仓量，蓄意串通，按照事先约定的方式或价格进行交易或互为买卖的行为。

（4）逼仓。市场操纵者利用资金优势，通过控制期货交易头寸或垄断可供交割的现货商品，故意抬高或压低期货市场价格，超量持仓、交割，迫使对方违约或以不利的价格平仓从而牟取暴利的行为。根据操作手法不同，又可分为"多逼空"和"空逼多"两种方式。

34.7　国内国债期货合约介绍

经过了二十多年的反思和准备，2013 年 9 月中国金融期货交易所推出了国内国债期货，本节简单介绍国内国债期货的情况。

2013 年 9 月 6 日（星期五），5 年期国债期货上市交易，标志着国债期货在暂停 18 年后重启。2015 年 3 月 16 日，中金所修改了 5 年期国债期货合约，主

要涉及调整可交割国债的剩余期限；2015 年 3 月 20 日，第二个国债期货品种 10 年期国债期货上市。5 年期国债期货合约详细信息如下：

表 34 - 8　　　　　　　　　　**5 年期国债期货合约细则**

5 年期国债期货合约表	
合约标的	面值为 100 万元人民币、票面利率为 3% 的名义中期国债
可交割国债	合约到期月份首日剩余期限为 4～5.25 年的记账式附息国债
报价方式	百元净价报价
最小变动价位	0.005 元
合约月份	最近的三个季月（3 月、6 月、9 月、12 月中的最近三个季月循环）
交易时间	09：15—11：30，13：00—15：15
最后交易日交易时间	09：15—11：30
每日价格最大波动限制	上一个交易日结算价的 ±1.2%
最低交易保证金	合约价值的 1%
最后交易日	合约到期月份的第二个星期五
最后交割日	最后交易日后的第三个交易日
交割方式	实物交割
交易代码	TF
上市交易所	中国金融期货交易所

数据来源：中国金融期货交易所，www. cffex. com. cn。

国内 10 年期国债期货的合约详细信息如下：

表 34 - 9　　　　　　　　　　**10 年期国债期货合约细则**

10 年期国债期货合约表	
合约标的	面值为 100 万元人民币、票面利率为 3% 的名义长期国债
可交割国债	合约到期月份首日剩余期限为 6.5～10.25 年的记账式附息国债
报价方式	百元净价报价
最小变动价位	0.005 元
合约月份	最近的三个季月（3 月、6 月、9 月、12 月中的最近三个季月循环）
交易时间	9：15 - 11：30，13：00 - 15：15
最后交易日交易时间	9：15 - 11：30
每日价格最大波动限制	上一个交易日结算价的 ±2%
最低交易保证金	合约价值的 2%
最后交易日	合约到期月份的第二个星期五

续表

10 年期国债期货合约表	
最后交割日	最后交易日后的第三个交易日
交割方式	实物交割
交易代码	T
上市交易所	中国金融期货交易所

数据来源：中国金融期货交易所，www.cffex.com.cn。

其中，国债期货可交割国债的转换因子和应计利息计算公式公布如下：

转换因子计算公式如下：

$$CF = \frac{1}{\left(1 + \frac{r}{f}\right)^{\frac{xf}{12}}} \times \left[\frac{c}{f} + \frac{c}{r} + \left(1 - \frac{c}{r}\right) \times \frac{1}{\left(1 + \frac{r}{f}\right)^{n-1}}\right] - \frac{c}{f} \times \left(1 - \frac{xf}{12}\right)$$

其中，r：5/10 年期国债期货合约票面利率3%；

x：交割月到下一付息月的月份数；

n：剩余付息次数；

c：可交割国债的票面利率；

f：可交割国债每年的付息次数。

计算结果四舍五入至小数点后 4 位。

应计利息的日计数基准为"实际天数/实际天数"，每 100 元可交割国债的应计利息计算公式如下：

$$应计利息 = \frac{可交割国债票面利率 \times 100}{每年付息次数} \times \frac{配对缴款日 - 上一付息日}{当前付息周期实际天数}$$

计算结果四舍五入至小数点后 7 位。

34.8　我国国债期货近两年来的交易情况

尽管国债推出近两年，但是成交始终不够活跃。表 34 - 10 给出了 2013 年 9 月到 2015 年 6 月国债期货成交金额。表 34 - 10 显示，截至 2015 年 6 月底，5 年期国债期货合约的单月成交金额最高达到 4075.57 亿元，最低成交金额仅为 253.88 亿元，月均成交金额仅为 1172.53 亿元；10 年期国债期货合约的单月成交金额最高达到 719.45 亿元，最低成交金额仅为 133.38 亿元，月均成交金额仅为 499.25 亿元。相比较而言，国债期货重新上市至今，沪深 300 股指期货合约的单月成交金额最高达到 622681.01 亿元，最低成交金额为 71183.57 亿元，月平均成交金额为 203999.00 亿元，其中平均成交金额是 5 年期国债期货的 173.98 倍。

表 34 – 10　　　　　　　国债期货和股指期货成交金额比较

（2013 年 9 月到 2015 年 6 月）　单位：亿元人民币，%

月份	5 年期国债期货	10 年期国债期货	HS300 股指期货	国债期货合计	HS300 股指期货/5 年期国债期货
2013 年 9 月	1443.83		102680.79	1443.83	71.12
2013 年 10 月	345.67		98871.23	345.67	286.03
2013 年 11 月	695.73		113773.24	695.73	163.53
2013 年 12 月	578.66		111919.35	578.66	193.41
2014 年 1 月	439.94		93133.15	439.94	211.70
2014 年 2 月	327.24		71183.57	327.24	217.53
2014 年 2 月	316.77		108504.64	316.77	342.53
2014 年 3 月	253.88		101036.66	253.88	397.97
2014 年 4 月	355.10		89568.28	355.10	252.23
2014 年 5 月	470.01		84750.95	470.01	180.32
2014 年 6 月	389.15		98378.35	389.15	252.80
2014 年 7 月	450.76		119321.24	450.76	264.71
2014 年 8 月	482.72		130907.00	482.72	271.19
2014 年 9 月	661.07		113643.69	661.07	171.91
2014 年 10 月	2208.22		172330.09	2208.22	78.04
2014 年 11 月	2430.30		448626.93	2430.30	184.60
2015 年 1 月	1338.43		337018.59	1338.43	251.80
2015 年 2 月	1364.97		197927.58	1364.97	145.01
2015 年 3 月	4075.57	133.38	347819.44	4208.95	85.34
2015 年 4 月	2555.24	431.97	468709.22	2987.21	183.43
2015 年 5 月	2527.35	712.20	455193.01	3239.55	180.11
2015 年 6 月	2084.96	719.45	622681.01	2804.41	298.65

数据来源：中国金融期货交易所网站，www.cffex.com.cn。

　　表 34 – 11 给出了 2013 年 9 月到 2015 年 6 月国内国债期货和股指期货换手率及比较。表 34 – 11 显示，截至 2015 年 6 月底，5 年期国债期货合约的月度换手率最高达到 2070.5%，最低换手率为 464.92%，平均换手率为 860.58%；10 年期国债期货合约的月度换手率最高达到 489.07%，最低换手率为 302.19%，平均换手率为 388.96%。相比较而言，国债期货重新上市至今，沪深 300 股指期货合约的月度换手率最高达到 24251.54%，最低换手率为 7546.56%，平均换手率为 12510.51%，其中平均换手率是 5 年期国债期货合约的 14.54 倍。

表 34 – 11　　　　　　　国债期货和股指期货换手率比较
(2013 年 10 月到 2015 年 6 月)

月份	5 年期 国债期货（%）	10 年期 国债期货（%）	HS300 股指期货（%）	HS300 股指期货/ 5 年期国债期货
2013 年 10 月	880. 11		14441. 33	16. 41
2013 年 11 月	2070. 50		14878. 96	7. 19
2013 年 12 月	1958. 55		12387. 91	6. 33
2014 年 1 月	1132. 00		11508. 08	10. 17
2014 年 2 月	771. 01		8907. 12	11. 55
2014 年 2 月	668. 30		13539. 56	20. 26
2014 年 3 月	597. 42		11468. 85	19. 20
2014 年 4 月	769. 52		9311. 72	12. 10
2014 年 5 月	652. 54		7546. 56	11. 56
2014 年 6 月	513. 06		8712. 71	16. 98
2014 年 7 月	559. 59		9634. 50	17. 22
2014 年 8 月	490. 66		9678. 56	19. 73
2014 年 9 月	593. 05		8684. 68	14. 64
2014 年 10 月	1247. 36		10944. 10	8. 77
2014 年 11 月	1115. 60		20371. 71	18. 26
2015 年 1 月	604. 04		14224. 71	23. 55
2015 年 2 月	464. 92		8060. 66	17. 34
2015 年 3 月	1046. 87	489. 07	12541. 43	11. 98
2015 年 4 月	595. 70	428. 83	16601. 26	27. 87
2015 年 5 月	618. 77	302. 19	15024. 67	24. 28
2015 年 6 月	722. 66	335. 75	24251. 54	33. 56

数据来源：中国金融期货交易所网站，www. cffex. com. cn。

34.9　国债期货应用举例[①]

34.9.1　多头套期保值

多头套期保值，又称买入套期保值，是指准备将来某一时期投资于国债的

[①]　鲁政委，林远洲，刘道百：《我国利率衍生品市场现状及开展国债期货的迫切性》，中国金融期
货交易所课题，2011。

投资者担心因价格上涨而使购买国债的成本增加时，先在国债期货市场上买入一笔期货合约，以便对冲未来价格的不确定性。例如，某机构投资者 1 月份预计在 3 月份将购买 200 万面值的某 10 年期国债（记为 A 国债，并假设这个券种是目前期货市场上的最便宜可交割债券），相对于 10 年期国债期货合约，该国债的转换因子为 1.5，当时 A 国债价格为每百元面值 118.50 元，为防止 3 月份国债价格上涨，锁住成本，该投资者在国债期货市场上进行买入套期保值，具体操作策略如下：

表 34 - 12   多头套期保值示例

	国债现货市场	国债期货市场
当前	1 月 6 日 10 年期的 A 国债每百元价格 118.50 元	1 月 6 日以每百元 80.55 元的价格购入 3 份 3 月份交割的 10 年期国债期货合约，每份合约面值 100 万元，共计 300（200 × 1.5）万元
价格上涨	3 月 6 日国债现货市场价上涨至 120.00 元，买入面值 200 万元的 A 国债	3 月 6 日以 81.50 元价格平仓 3 份面值 100 万元 10 年期期国债期货合约
上涨时购入成本	国债现货购入成本—国债期货盈利 = 20000 × 120.00 - 30000 × 0.95 = 2371500 元（原购入成本 20000 × 118.50 = 2370000 元）	
价格下跌	3 月 6 日国债现货市场价下跌至 117.05 元，买入面值 200 万元的 A 国债	3 月 6 日以 79.55 元价格平仓 3 份面值 100 万元的 10 年期国债期货合约
下跌时购入成本	国债现货购入成本 + 国债期货亏损 = 20000 × 117.05 + 30000 × 1 = 2371000 元	

数据来源：兴业银行。

从上例可以看出，转换因子体现了期货价格与现货价格转换的比例，转换因子为 1.5 的话，要对冲 200 万元面值的现券则须用 300 万元的期货合约对冲。3 月 6 日，无论利率上行或是下行，投资者实际购入成本与 1 月 6 日 118.50 × 20000 = 2370000 元接近，而与当前国债现货的购入成本无关。也就是说，投资者利用国债期货价格的变动锁定现货价格的变动，实现了套期保值。

34.9.2 空头套期保值

空头套期保值，又称为卖出套期保值，则是指投资者准备将来某个时期卖出国债以变现资金，担心到时候价格下跌而受损失，于是先卖出一笔期货合同，届时再买入等额期货合同，以便对冲价格的不确定性。例如：某机构投资者 1 月份拥有 200 万元面值的某 10 年期 B 国债，假设该国债是最便宜可交割债券，并假设转换因子为 0.8。当时每百元价格为 88.50 元，该公司预计 3 月份要用款，需将其卖出，为防止国债价格下跌，该投资者在市场上的操作如下：

表 34 - 13   **空头套期保值示例**

	国债现货市场	国债期货市场
当前	1 月 6 日拥有 200 万元 10 年期的 B 国债，当时每百元价格 88.50 元。	1 月 6 日以 90.45 元的价格售出 10 年期的国债期货合约，合约总面值 160 万元（200×0.8）。
价格下跌	3 月 6 日国债现货市场价下跌至 86.95 元，卖出面值为 200 万元 10 年期 B 国债。	3 月 6 日 10 年国债期货价格下跌至 88.45 元，将 1 月 6 日卖出的合约平仓。
下跌时获得资金	国债现货购入成本 + 国债期货盈利 = 20000 × 86.95 + 16000 × 2 = 1771000 元（原获得资金量为 20000 × 88.50 = 1770000 元）	
价格上涨	3 月 6 日国债现货市场价上涨至 89.80 元，卖出 200 万元 B 国债。	3 月 6 日以 91.95 元的国债期货价格将 1 月 6 日的 160 万元面值合约平仓。
上涨时获得资金	国债现货购入成本 - 国债期货亏损 = 20000 × 89.80 - 16000 × 2.30 = 1772000 元	

数据来源：兴业银行。

　　我们可以看到，空头套期保值依然是用国债期货价格的变动冲销现货价格的变动，以达到套期保值的目的。

34.9.3　买空交易

　　买空交易是利用对国债期货价格上涨的判断获利，例如当前某 9 个月后到期的 3 年期国债期货价格为 90 元，假设每张期货合约面值 200 万元，某投机者 6 月份预测 3 个月后该国债期货合约价格会上涨至 92 元，于是他在国债期货市场上买入 5 张该国债期货合约，3 个月后再卖出，如果他的判断正确，那么他就能盈利（92 - 90）×20000 × 5 = 200000 元（未扣除手续费）。

34.9.4　卖空交易

　　与之相反，卖空交易则是利用对国债期货价格下行的判断获利，例如当前某 6 个月后到期的 5 年期国债期货合约价格为 90 元，每张期货合约面值仍为 200 万元，某投机者预测 3 个月后某国债期货价格会下跌至 88 元，于是他在当前的国债期货市场上先卖出 5 张该国债期货合约，3 个月后再买入平仓，如果他判断正确的话，那么他就盈利（90 - 88）×20000 × 5 = 200000 元（未扣除手续费）。

34.9.5　牛市套利

　　举例来说，2011 年 1 月，某投机者发现，2011 年某 3 月份到期的 10 年期国债期货价格为 116 元，2011 年 6 月到期的 10 年期国债期货价格为 120 元，两者价差为 4 元，投机者若预测 2011 年 2 月的 3 月份到期的 10 年国债期货合约涨幅会超过 6 月份的 10 年国债期货合约，或者前者的跌幅小于后者，假设一张期货合约面值 200 万元，那么他可以进行牛市套利：

表 34 – 14　　　　　　　　　牛市套利示例

	3 月份到期的 10 年期国债期货合约	6 月份到期的 10 年期国债期货合约
当前（1 月份）	1 月 6 日买进 5 张 3 月份到期的 10 年国债期货合约：价格 116 元。	1 月 6 日卖出 5 张 6 月份到期的 10 年国债期货合约：价格 120 元。
2 月份（假设价格上涨）	2 月 6 日卖出 5 张 3 月份到期的 10 年国债期货合约：价格 119 元。	2 月 6 日买入 5 张 6 月份到期的 10 年国债期货合约：价格 121 元。
获利	$(119-116) \times 20000 \times 5 - (121-120) \times 20000 \times 5 = 200000$ 元	
2 月份（假设价格下跌）	2 月 6 日卖出 5 张 3 月份到期的 10 年国债期货合约：价格 114 元。	2 月 6 日买入 5 张 6 月份到期的 10 年国债期货合约：价格 116 元。
获利	$(114-116) \times 20000 \times 5 - (116-120) \times 20000 \times 5 = 200000$ 元	

数据来源：兴业银行。

34.9.6　熊市套利

而若投机者预测 2 月份的 2011 年 3 月到期的 10 年期国债期货合约涨幅会小于 6 月份到期的 10 年国债期货合约，或者前者的跌幅超过后者，那么他可以进行熊市套利：

表 34 – 15　　　　　　　　　熊市套利示例

	3 月份到期的 10 年期国债期货	6 月份到期的 10 年期国债期货
当前（1 月份）	1 月 6 日卖出 5 张 3 月份到期的 10 年国债期货合约：价格 116 元。	1 月 6 日买入 5 张 6 月份到期的 10 年国债期货合约：价格 120 元。
2 月份（假设价格上涨）	2 月 6 日买入 5 张 3 月份到期的 10 年国债期货合约：价格 117 元。	2 月 6 日卖出 5 张 6 月份到期的 10 年国债期货合约：价格 123 元。
获利	$(123-120) \times 20000 \times 5 - (117-116) \times 20000 \times 5 = 200000$ 元	
2 月份（假设价格下跌）	2 月 6 日买入 5 张 3 月份到期的 10 年国债期货合约：价格 115 元。	2 月 6 日卖出 5 张 6 月份到期的 10 年国债期货合约：价格 118 元。
获利	$(118-120) \times 20000 \times 5 - (115-116) \times 200 \times 5 = 100000$ 元	

数据来源：兴业银行。

34.9.7　蝶式套利

蝶式套利复杂一些。假设当前 2011 年 12 月到期的 10 年国债期货价格为

123 元，若投资者认为 6 月份到期的 10 年国债期货涨幅要超过 3 月份到期与 12 月份到期的 10 年国债期货的平均涨幅，或者不及 3 月份到期与 12 月份到期的 10 年国债期货的平均涨幅，都可以进行蝶式套利：

表 34 - 16　　　　　　　　　　　蝶式套利示例

	3 月份到期的 10 年国债期货	6 月份到期的 10 年国债期货	12 月份到期的 10 年国债期货
判断 2 月份 6 月到期的国债期货涨幅较小：当前（1 月份）	1 月 6 日卖出 5 张 3 月到期的 10 年国债期货合约：价格 116 元。	1 月 6 日买入 10 张 6 月到期的 10 年国债期货合约：价格 120 元。	1 月 6 日卖出 5 张 12 月份到期的 10 年国债期货合约：价格 120 元。
2 月份	2 月 6 日买入 5 张 3 月国债期货合约：价格 117 元。	2 月 6 日卖出 10 张 6 月份国债期货合约：价格 123 元。	2 月 6 日买入 5 张 12 月份国债期货合约：价格 122 元。
获利	（123－120）×20000×10－（117－116）×20000×5－（122－120）×20000×5 ＝300000 元		
判断 2 月份 6 月到期国债期货涨幅较大：当前（1 月份）	1 月 6 日买入 5 张 3 月到期的 10 年国债期货合约：价格 116 元。	1 月 6 日卖出 10 张 6 月到期的 10 年国债期货合约：价格 120 元。	1 月 6 日买入 5 张 12 月份到期的 10 年国债期货合约：价格 120 元。
2 月份	2 月 6 日卖出 5 张 3 月份到期的 10 年国债期货合约：价格 118 元。	2 月 6 日买入 10 张 6 月份到期的 10 年国债期货合约：价格 121 元。	2 月 6 日卖出 5 张 12 月份到期的 10 年国债期货合约：价格 122 元。
获利	（118－116）×20000×5＋（122－120）×20000×5－（121－120）×20000×10 ＝200000 元		

数据来源：兴业银行。

34.9.8　跨品种套利

　　跨品种套利是利用两种标的债券不同的国债期货合约之间的价差变化进行套利。一般来说，跨品种套利是在同一交易所、相同到期月份但合约标的债券不同的国债期货合约之间进行的。这两种品种间的关联度强，价格影响因素大致相同，在正常情况下价差比较稳定。例如 2011 年 1 月某交易者发现 2011 年 9 月到期的 10 年期国债期货价格为 130 元，而同样是 9 月到期的 5 年期国债期货价格则为 125 元。他认为此价差高于正常价差，认为一个月后此价差会回落，于是该交易者在市场上卖出 5 张 10 年期国债期货合约，买进 5 张 5 年期国债期货合约，具体如下（假设每张合约面值 200 万元）：

表 34 - 17 跨品种套利示例

	以 5 年期国债为标的物的合约，9月份到期	以 10 年期国债为标的物的合约，9 月份到期
当前（1月份）	1 月 6 日买入 5 张 5 国债期货合约：价格 125 元。	1 月 6 日卖出 5 张 10 年期国债期货合约：价格 130 元。
一个月后（2月份）	2 月 6 日卖出 5 张 5 国债期货合约：价格 128 元。	2 月 6 日买入 5 张 10 年期国债期货合约：价格 131 元。
获利	（128 - 125）×20000×5 - （131 - 130）×20000×5 = 200000 元	

数据来源：兴业银行。

34.10 我国国债期货市场的主要问题

国债期货是当今全球规模最大、运作最成熟的金融衍生产品，是利率期货的最大组成部分，利率期货的交易额占全球各类金融期货交易额的 90% 左右，而国债期货占利率期货的比重在 50% 左右。我国在 2013 年 9 月 6 日重新推出国债期货，距今已经一年多，期间国债期货市场交易活跃，价格波动合理，投资者结构日益多元、均衡化，运行较为平稳。但我国的国债期货市场在产品体系、参与主体、基础市场等方面仍然存在一些问题。

34.10.1 期货品种较少，产品体系有待完善

国债期货的核心功能是利率风险管理，目前是全球使用最广泛、效果最显著的利率风险管理工具。但我国国债期货 2013 年重新推出以来，目前仅有 5 年期和 10 年期两个中长期品种，国债期货品种较少，不利于投资者管理整个收益率曲线上的风险。参考西方成熟市场的经验，如果要充分发挥国债期货价格发现、套期保值等作用，则至少应在短端、中端和长端各推出一种国债期货。

34.10.2 机构投资者参与不足，投资者结构需要进一步改善

我国的国债期货市场仍然禁止银行类金融机构参与，但商业银行又在我国的现券市场拥有较高的地位与影响力。商业银行国债持有量约占国债托管总量的七成，而大型商业银行国债持有量约占商业银行总体持有量的八成。美国等发达经济体的经验也表明，要加强国债期货的交投，增加流动性，国债期货市

场必须吸引机构投资者的广泛参与，商业银行的作用更是不容忽视。随着金融管制的放松和利率市场化的推进，我国商业银行面临的利率风险逐步增大，其对利率风险管理及其工具的需求也越来越强烈。因此，银行等机构加入国债期货市场迫在眉睫。

34.10.3　国债现货市场发展不完善

国债现货是国债期货发展的基础，目前我国的国债现货市场仍然存在市场分割、交易行为不足、国债期限结构不完善等问题，国债现货市场的完善将进一步促进国债期货市场的发展。

34.10.4　利率市场化尚未完成，利率风险意识较低

由于我国的利率市场化还未完成，金融市场的利率相对比较稳定，利率缺乏弹性，反映到期货市场国债的利率也相对比较平稳。利率波动较小，投资者的利率风险较低，利率风险对冲的意识较低，国债期货的参与热情不够。

34.10.5　国债不能充抵期货保证金，交易成本较高

国债充抵期货保证金是国际市场的通行做法，有利于提高投资者的资金使用效率，降低市场交易成本，盘活国债存量、优化增量。

34.11　我国国债期货的发展潜力

自 2013 年 9 月中金所重启国债期货交易以来，我国国债期货在一年多的时间内，在提升国债发行效率、管理利率波动风险方面的积极作用逐步得到认可；在成交量、交易主体、价格波动以及市场交割等方面，也都取得了可喜的成绩。

市场价格方面，国债期货价格波动合理，与现货价格联动性良好。从 2013 年 9 月 6 日 5 年期国债期货正式交易开始至 2014 年 12 月 31 日，主力合约平均日间波幅为 0.15%，最大日间波幅为 0.77%，均控制在 1% 之内。主力合约最大的收盘基差为 0.73 元，平均收盘基差为 0.18 元，这些指标都接近国际成熟市场水平，体现出目前我国国债期货的价格波动区间较为合理。

参与主体上，从目前的数据看，机构客户参与国债期货的程度不断深入，截至 2014 年 12 月 31 日，共有 19340 名客户参与了 5 年期国债期货交易，其中自然人客户 18544 名，法人客户 796 名，法人客户成交占比 25%，持仓占比为 62%，市场机构为主的特征逐步显现，有利于国债期货合理有序运行。

交割业务方面，5 年期国债期货上市至今，共顺利完成了 TF1312、TF1403、TF1406、TF1409、TF1412 五个合约的交割业务。参与交割业务的均为机构投资

者，交割行为理性，买卖双方全部履约。通过交割业务的顺利开展，国债期货对盘活国债存量的作用也开始体现。

目前，国内宏观经济正处于调结构稳增长的转型期，金融市场要更多服务于实体经济，国债期货的上市能为各类债券投资者提供新的避险工具；国债期货能发挥期货的价格发现功能，为造成良好的投资融资体系、推进利率市场化贡献一份力量；国债期货还能使交易所债券市场相互呼应，从而提高市场活跃度、降低交易成本、提高现券的活动性。

国内经济的持续高速成长决定了国债等债券市场的发展空间巨大，有这样一个坚实的现货基础，国债期货市场的发展也会相得益彰。另外，在国际成熟市场上，利率期货本身就是第一大品种，国际利率期货的年换手率基本稳定在50左右，日平均换手率约为20%，利率期货的年成交金额与世界 GDP 的比重稳定在16倍附近，而我国国债期货的成交金额仅相当于 GDP 的 1.38%，说明我国国债期货市场成交金额仍有巨大的增长空间和发展前景。

另外，近年来国内利率市场化的步伐明显加大，利率风险管理的需求将逐步迅速提高。利率风险管理需求的提高必将带动场内外利率衍生产品的快速发展，进而导致利率期货市场的快速发展。

34.12　本章总结

由于利率是金融市场最大的市场风险，利率衍生产品自然是金融市场中最主要的产品类型。由于场外或者柜台交易的衍生产品流动性较低，利率期货由于其较高的流动性自然成为利率风险对冲的最佳工具，导致利率期货成为全球遥遥领先的金融期货产品。利率期货是债券风险对冲和风险管理的必需品，对债券市场以至外汇市场的持续发展必不可少。

国债期货为市场提供了重要的风险管理工具，形成由债券发行、交易、风险管理三级构成的完整的债券市场体系，为债券市场提供有效的定价基准，形成健全完善的基准利率体系，有利于活跃国债现券交易，提高债券市场流动性，推动债券市场的统一互联，并且有助于促进债券发行，扩大直接融资比例，推动债券市场的长远发展，更好地发挥服务实体经济的作用。2013 年 9 月我国国债期货市场重启以来，国债期货市场在成交量、交易主体、价格波动以及市场交割等方面，都取得了十分不错的成绩。2015 年中金所又推出了十年期国债期货品种，使得国债期货的产品体系逐步完善。随着利率市场化的进一步深入，国债期货将进一步发挥利率风险管理工具的作用，我国的国债期货市场也将获得巨大的发展。

参考文献

［1］高峥：《中国国债期货风险控制研究》，华东师范大学硕士学位论文，2005。

［2］陈晗，吉喆：《国债期货的美国"读本"》，载《衍生品评论》，2013（1）。

［3］李忠朝，李昕昕：《全球国债期货产品体系及其对我国的经验借鉴》，载《衍生品评论》，2014（9）。

［4］鲁政委，林远洲，刘道百：《我国利率衍生品市场现状及开展国债期货的迫切性》，中国金融期货交易所课题，2011。

［5］任永刚：《国债期货风险控制法律问题研究》，山西财经大学硕士学位论文，2007。

第 35 章 股指期权

股指期权是国际市场上重要的金融衍生产品，在股票市场风险管理中发挥着重要的作用。2015 年 2 月 9 日，国内 50ETF（交易所交易基金，Exchange Traded Funds）期权在上海证券交易所正式挂牌交易，标志着国内场内期权实现了"零的突破"，打破了我国场内市场期权多年来的缺位状态。同时，50ETF 期权的破冰运行也大大推进了我国股指期权的上市步伐。本章主要从国内外股指期权的发展状况、股指期权的作用以及发展潜力等方面对股指期权进行全面的介绍。

35.1 股指期权的历史演变

我们在第 13 章、第 14 章和第 19 章对期权的概念和市场进行了简单的介绍，并在第 30 章和第 33 章分别介绍了国内黄金期权和人民币外汇期权的推出和发展。同时，我们在第 31 章介绍股指期货标的指数的构成和国际上主要的股票指数，这里不再重复股票指数的概念和编制相关内容。与股指期货类似，股指期权是基于股票指数而衍生出来的期权品种。全球第一个场内交易的期权是于 1973 年上市的股票期权（第 13 章），而股指期权的诞生却较股票期权晚了十个年头，即 1983 年美国芝加哥期权交易所（CBOE）推出了美国标普 100 指数期权，该交易所随后同年 7 月又推出了标普 500 指数期权。

芝加哥期权交易所成功推出首个股指期权后很快吸引了其他竞争者加入到股指期权市场中来，譬如纽约证券交易所及费城股票交易所也分别于 1983 年及 1985 年推出纽约综合指数期权以及价值线综合指数期权。市场竞争者的增加一方面有利于扩大整个期权市场的总量，吸引更多的投资者，另一方面也推进了各交易所股指期权产品的创新进程。目前，芝加哥期权交易所持续的创新意识和能力使其长期保持在期权市场中的龙头地位。随着全球经济的发展，全球其他成熟市场和新兴市场均先后推出了股指期权产品。数据显示，在全球 GDP 及股票市值排名前 20 位的国家和地区当中，在我国大陆 2015 年推出了股指期权产品前，一些新兴转轨经济体和金砖国家或地区，如韩国、巴西、俄罗斯、印度、波兰、中国台湾、以色列等也都在多年前成功推出股指期权。

股指期权产品一经推出，因其具有覆盖面广、应用便捷、市场需求大等特点，市场影响力迅速提升，并且在 2000 年，全球期权交易总量第一次超过了期货交易的总量。如表 35 - 1 所示，股指期权的成交量近 10 年期间呈稳定增长态势，年均增长率达到 14.71%。2011 年股指期权的成交量达到顶峰 58 亿手。随后，期权成交量虽有小幅下滑但仍然在 30 亿手上下高位运行。

表 35 - 1   **全球股指期权成交量**   单位：百万手

年度	2005	2006	2007	2008	2009	2010	2011	2012	2013	2014
成交量	1596.63	1749.49	3265.31	3775.15	3672.17	3245.86	5801.51	3738.5	2928.24	3320.43

资料来源：美国期货业协会（FIA）。

35.2 世界主要国家和地区股指期权的发展

1983 年美国推出股指期权后，其他发达国家和一些发展中国家先后推出了股指期权，成为全球金融市场的一个重要的产品类型，在国际金融体系中发挥着重要的作用。本节简单介绍股指期权在全球主要国家和地区的推出和发展情况。

35.2.1 美国股指期权发展

芝加哥期权交易所（CBOE）作为股票期权和股指期权合约的开创者，一直代表着世界期权产品的发展方向，也是美国股指期权的主要交易场所。除此之外，目前，挂牌股指期权合约的交易所（集团）还有波士顿期权交易所（BOX）、洲际交易所美国期货分所（ICE Futures U. S. ）、国际证券交易所（ISE）、芝加哥商业交易所集团（CME Group）、纳斯达克 - OMX 集团（NAS-DAQ OMX）和纽约泛欧交易所集团（NYSE Euronext）等等。尽管美国数家交易所（集团）均在交易市场提供股指期权合约，但主要的股指期权交易都集中在CBOE。根据世界交易所联盟（World Federation of Exchanges，EFE）统计数据，2014 年 CBOE 的股指期权交易量占美国市场交易总量的 74.57%，处于绝对的主体地位。此外，CME 集团的股指期权交易量也较大，占到美国市场的 24.88%，而其他交易所的总交易量则不到美国总交易量的 5%。

图 35 - 1 和图 35 - 2 给出了近十年来美国股指期权成交量的变化态势。该两图显示，2008 年美国金融危机后，虽然股指期权成交量稍有下滑，但后续发展态势依然强劲，近 10 年的年均增长率达到 11.85%，其中 CBOE 股指期权成交量的年均增速为 10.21%。目前，CBOE 股指期权成交量达到 4 亿手以上，且其股指期权的规模一直在不断发展壮大，合约品种也在不断增加与完善，目前品种主要包括标准普尔指数期权、道琼斯指数期权、纳斯达克（Nasdaq）指数期

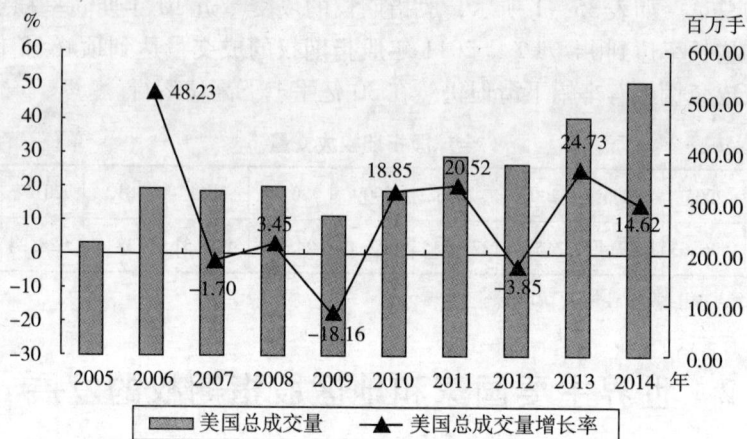

资料来源：世界交易所联合会（WFE）。

图 35 - 1　2005—2014 年美国股指期权成交量

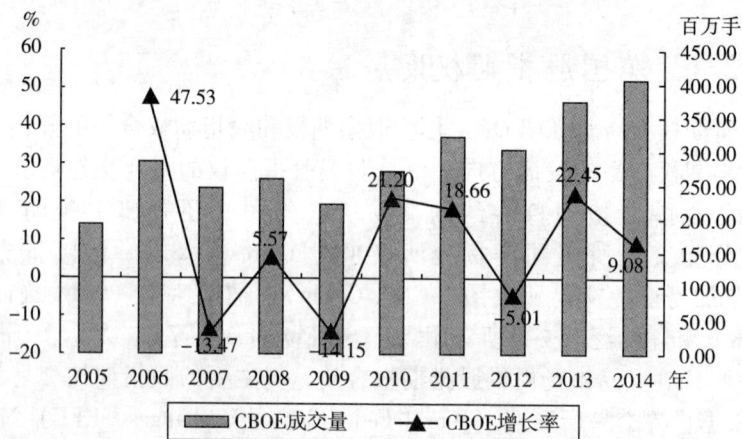

资料来源：世界交易所联合会（WFE）。

图 35 - 2　2005—2014 年 CBOE 股指期权成交量

权、罗素指数期权、波动率指数（VIX）期权以及摩根士丹利指数期权。其中，标普 500 股指期权和 VIX 指数期权在全球的活跃度最高，表 35 - 2 和表 35 - 3 对美国主要期权合约条款有详细的说明。尽管近几年来，美国股指期权市场的龙头地位已经被亚洲新兴国家所取代，但其一直在平稳发展且在全球股指期权交易中仍扮演重要角色。

表 35 – 2　　　　　　　　　　　　标普 500 股指期权合约条款

合约标的	标普 500 指数	
合约乘数	每点 100 美元	
合约类型	看涨期权、看跌期权	
报价单位	点	
最小变动价位	期权价格小于 3 美元	0.05 点（5 美元）
	期权价格大于 3 美元	0.10 点（10 美元）
合约月份	近 12 个月份期权合约都有，除此之外交易所上市 SPX LEAPS 长期期权合约。	
行权价格间距	5 点（远期合约为 25 点）	
行权方式	欧式	
交易时间	常规时间	8:30am – 3:15pm
	扩展时间	2:00am – 8:15am
最后交易日	计算履约结算价的前一个交易日（通常是星期四）。	
到期日	合约到期月份的第三个星期五。	
交割方式	现金交割	
上市交易所	CBOE	
头寸和履约限额	实际并没有期权持有和行权的头寸限制。但是，除做市商外，投资者在交易日关市时如果持有 100000 份合约（SPX 和 Mini – SPX Option）以上，必须向市场法规部说明情况。	
保证金	期权权利金 + 15% × 标的资产价值 – 期权价值的虚值额，但看涨期权的保证金不得低于期权权利金 + 10% × 总合约价值，看跌期权的保证金不得低于期权权利金 + 10% × 总履约价值。	

资料来源：芝加哥期权交易所（CBOE）。

表 35 – 3　　　　　　　　　　波动率指数（VIX）期权合约条款

合约标的	VIX 指数	
合约乘数	每点 100 美元	
合约类型	看涨期权、看跌期权	
报价单位	点	
最小变动价位	期权价格小于 3 美元	0.05 点（5 美元）
	期权价格大于 3 美元	0.10 点（10 美元）
合约月份	最多同时上市 6 个月份的合约，且距离最后一个到期月不超过 12 个月	
行权价格间距	执行价低于 15 美元	0.5 美元
	执行价低于 200 美元且大于 15 美元	1 美元
	执行价大于 200 美元	5 美元

续表

行权方式	欧式	
交易时间	常规时间	8：30am－3：15pm
	扩展时间	2：00am－8：15am
最后交易日	每个合约月份到期日前的一天，即星期二。	
到期日	合约到期月份下一个月的第三个星期五再往前推的第 30 天，该天正好是星期三。	
交割方式	现金交割	
上市交易所	CBOE	
头寸和履约限额	实际并没有期权持有和行权的头寸限制。但是，除做市商外，投资者在交易日关市时如果持有 100000 份合约及以上，必须向市场法规部说明情况。	
交易策略保证金	期权权利金＋20%×总合约价值－期权价值的虚值额，但看涨期权的保证金不得低于期权收益＋10%×总合约价值，看跌期权的保证金不得低于期权收益＋10%×总履约价值。	

资料来源：芝加哥期权交易所（CBOE）。

35.2.2　欧洲股指期权发展近况

欧洲股指期权的发展主要分为两个阶段。第一个阶段是欧盟成立前，欧洲市场最早诞生了一批股指期权，譬如，伦敦国际金融期货交易所于 1984 年推出英国金融时报 100 股指期权，法国期权交易所于 1988 年推出 CAC40 股指期权，德国期货交易所（DBT）于 1990 年推出 DAX30 股指期权等。第二阶段是欧盟成立后。欧盟的成立特别是欧洲统一货币体系的形成，给整个欧洲期货、期权市场带来了一场深刻的变革。各国期货交易所开始了新的整合，规模庞大、技术先进的欧洲期货交易所（EUREX）、泛欧交易所（EURONEXT）开始登上历史舞台，成为欧洲大陆最主要的期货、期权交易所。欧洲的股指期权交易目前基本上全部集中在这两家交易所。2014 年，欧洲期货交易所股指期权的场内期权成交量为 9600 万手，位居全球交易所第四位；泛欧交易所股指期权的成交量为 3700 万手，位居全球交易所第七位。除此之外，中东地区以色列的特拉维夫证券交易所的股指期权成交量在 2014 年度跻身世界前 10，排名第八。

目前，欧洲期货交易所较为活跃的股指期权主要包括德国法兰克福指数（DAX）期权、瑞士市场指数（SMI）期权、欧洲斯托克 50 指数期权、欧洲斯托克部门指数期权、斯托克欧洲 600 部门指数期权，其中最为活跃的是欧洲斯托克 50 指数期权及 DAX 指数期权。近几年欧洲期货交易所（EUREX）股指期权市场一直在稳步发展（如图 35－3 所示）。

泛欧交易所（EURONEXT）的主要股指期权产品有荷兰阿姆斯特丹指数（AEX）期权、比利时指数（BEL20）期权、英国富时 100 指数（FTSE100）期权、FTSE100 灵活指数期权（Flexible FTSE100 index option）及法国 CAC40 指数期权，最活跃的主要有 CAC40 期权、AEX 期权及 FTSE100 期权。与其他市场相比，泛欧交易所股指期权市场的发展并不太理想，成交量在逐年下滑（如图 35－4 所示）。

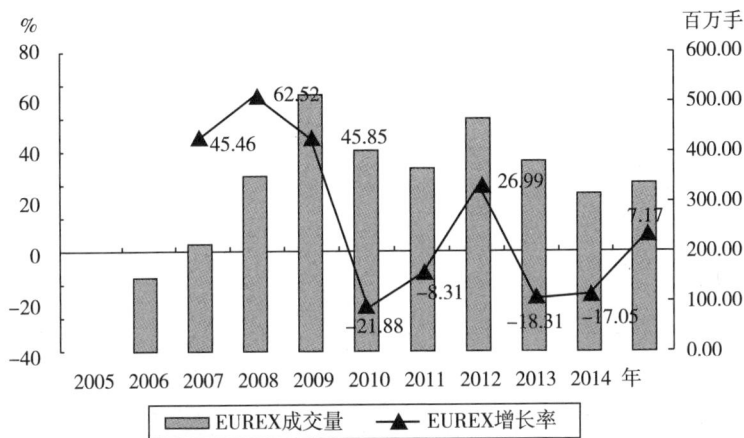

资料来源：世界交易所联合会（WFE）。

图 35－3 2005—2014 年 EUREX 股指期权成交量

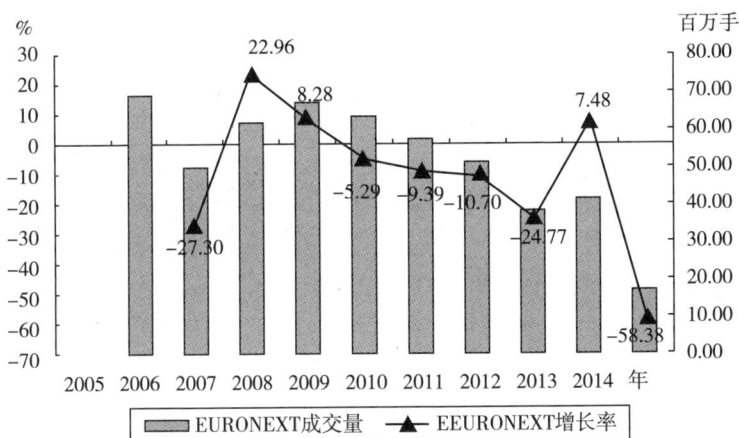

资料来源：世界交易所联合会（WFE）。

图 35－4 2005—2014 年 EURONEXT 股指期权成交量

35.2.3 亚洲股指期权市场的发展

亚洲市场的股指期权在全球衍生品市场可谓"一枝独秀"。与欧美国家相比，亚洲的金融衍生品发展起步较晚，但自推出以来便受到投资者的追捧，持续保持着高速增长。世界交易所联盟（WFE）2014 年度股指期权数据统计显示，亚太地区股指期权成交量达到 22.67 亿手，其中仅印度就贡献了 15.72 亿手，占比达到 69%，其次是韩国股指期权成交量占比达到 20%。同期，美国的成交量仅达到 5.4 亿手左右。欧非地区合计为 5.04 亿手。从区域市场份额看，在依据成交量排名前 10 名的交易所中，5 个交易所主要来自亚太地区，分别是印度国家证券交易所（第 1 名）、孟买证券交易所（第 2 名）、韩国交易所（第 3 名）、中国台湾证券交易所（第 6 名）、日本大阪交易所（第 9 名）。

35.2.3.1 日本股指期权市场的发展

日本股指期权市场是亚洲最早推出股指期权合约的交易所。1989 年 6 月大阪证券交易所推出日经 225 指数期权合约。同年 10 月，日本东京证券交易所也推出了其唯一的股指期权合约——东证指数（TOPIX）期权合约。

大阪证券交易所成立于 1878 年，东京证券交易所则成立于 1949 年。针对日本两大交易所对比来看，东京证券交易所的现货规模领先于大阪证券交易所，然而大阪证券交易所则在金融衍生品方面占据绝对优势。目前日本的股指期权市场主要集中于大阪证券交易所。如图 35 – 5 和图 35 – 6 所示，大阪股指期权成交量稳健增长，近 10 年的年均增速达到 7.43%；东京证券交易所的股指期权成交量仅在 2013 年达到顶峰 38 万手左右，远远低于大阪交易所股指期权成交量

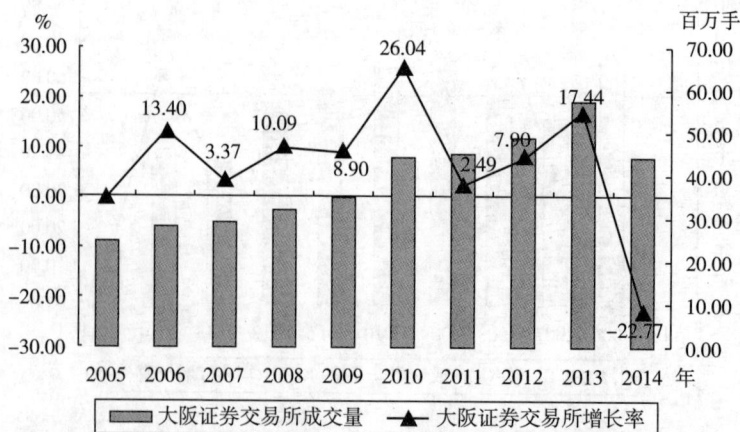

资料来源：世界交易所联合会（WFE）。

图 35 – 5　2005—2014 年大阪交易所股指期权成交量

5726 万手。

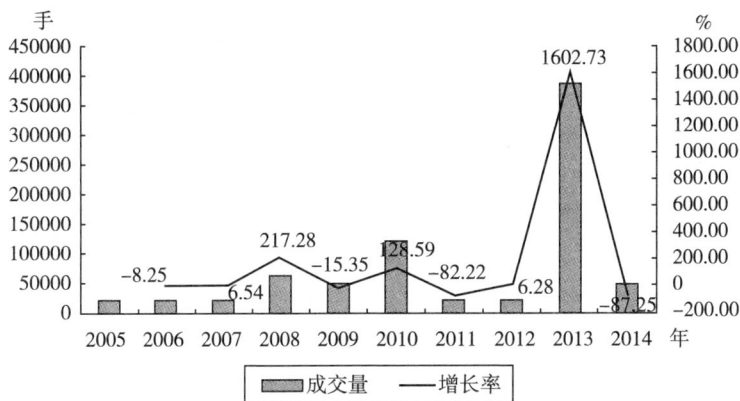

资料来源：世界交易所联合会（WFE）。

图 35 - 6 2005—2014 年东京交易所股指期权成交量

35.2.3.2 印度股指期权市场的发展

在 2014 年度股指期权成交的排名榜上，印度市场表现不凡，印度国家证券交易所和孟买证券交易所包揽了冠亚军的荣誉。同中国一样，印度的金融衍生品领域起步较晚，2000 年 6 月才推出股指期货。随后，印度的股指期权、个股期权和个股期货在短短一年的时间相继推出，迅速形成了完整的权益类衍生品系列。

印度股指期权的诞生主要是由孟买证券交易所和印度国家证券交易所于2001 年 6 月推进的。起初，股指期权交易未有发展，然而到这种局面在 2011 年下半年发生改变。2012 年孟买证券交易所股指期权交易出现奇迹般的增长，股指期权交易量直接冲到世界前五。目前印度国家证券交易所交易的股指期权有：CNX Nifty 指数期权、CNX PSE 指数期权、CNXIT 指数期权、BANK Nifty 指数期权、CNX Infrastructure 指数期权以及 Nifty Midcap 指数期权。以 CNX Nifty 为标的的的期权是印度股票市场的一个主要标杆，它于 2001 年在印度国家证券交易所挂牌，但是真正的腾飞是在 2009 年，交易量比 2008 年翻了一倍多，达到了 3.21亿张。如图 35 - 7 和图 35 - 8 分别展示了孟买证券交易所和印度国家证券交易所股指期权的成交量。图 35 - 7 显示，孟买证券交易所的股指期权成交量在 2012年迅速崛起，随后成交量逐年增多。然而如图 35 - 8 所示，印度国家证券交易所的股指期权成交量年年创新高，其成交量及其发展趋势要远远强于孟买证券交易所。

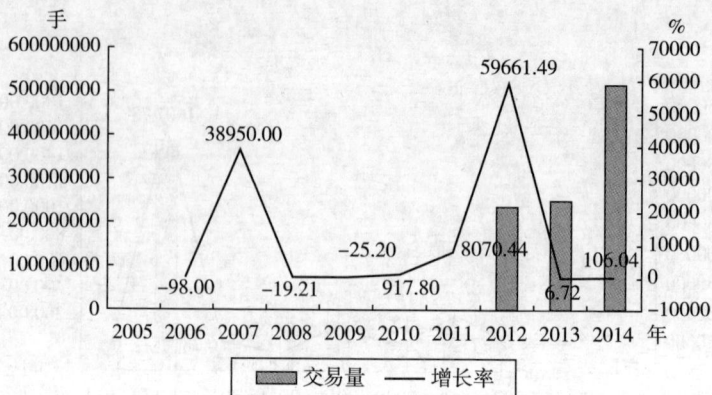

资料来源：世界交易所联合会（WFE）。

图 35 – 7　2005—2014 年孟买交易所股指期权成交量

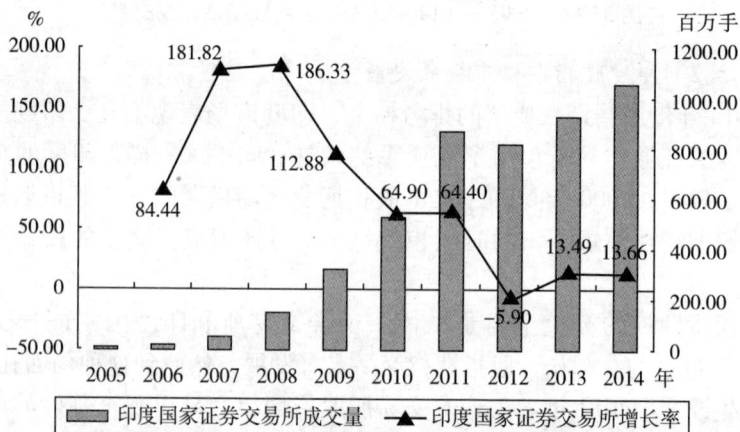

资料来源：世界交易所联合会（WFE）。

图 35 – 8　2005—2014 年印度国家证券交易所股指期权成交量

35.2.3.3　韩国股指期权市场

提及股指期权市场的发展，韩国的 KOSPI 200 指数期权可谓市场"传奇"。韩国证券交易所于 1997 年推出 KOSPI200 指数期权。合约一经推出后，市场发展迅猛，并于 1999 年坐上世界股指期权交易的头把交椅。后来，伴随着韩国期货交易所在 1999 年 4 月的成立，韩国证券交易所于 2004 年将 KOSPI200 指数期货和期权合约转移至韩国期货交易所。现在，人们经常提及的韩国交易所是由韩国证券交易所、韩国期货交易所和韩国创业板市场（KOSDAQ）在 2015 年合并而成。

韩国金融衍生品发展主要源于其资本市场的逐步开放和境外投资者交易量快速增长。鉴于金融衍生品的停滞、对冲系统风险工具的缺乏以及投资者的强烈需求，韩国在 1987 年全球股灾后不久开始建立金融衍生品市场。韩国的金融衍生品市场先是 1996 年 5 月推出 KOSPI200 指数期货，次年 6 月推出 KOSPI200 指数期权。虽然 KOSPI200 指数期权推出后不久遭遇亚洲金融危机，但是 KOS-PI200 指数产品却获得了空前成功，交投情况异常火爆，连续多年高速增长。个人投资者在 KOSPI200 指数期权市场上一度占据绝对主导地位，这在全球都十分罕见。也正因此，2000 年韩国交易所凭借 KOSPI200 指数期权首次跻入世界前五强，之后更是连续多年蝉联第一，在全球的衍生品市场有着举足轻重的地位。

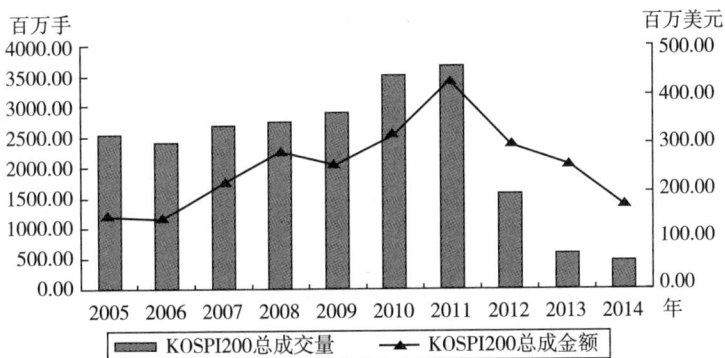

资料来源：韩国交易所。

图 35 – 9　2005—2014 年 KOSPI200 期权成交量和成交额

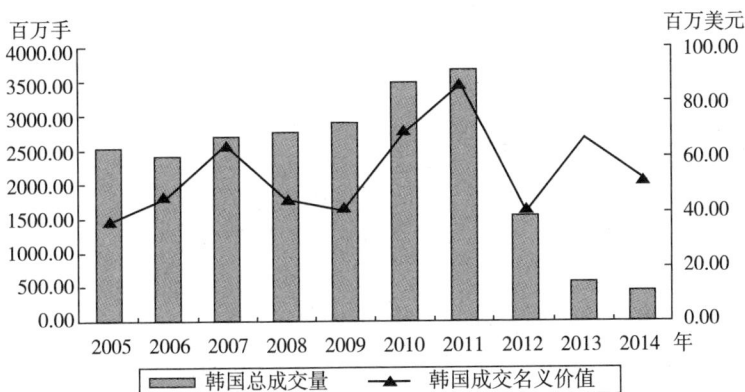

资料来源：世界交易所联合会（WFE）。

图 35 – 10　2005—2014 年韩国股指期权成交量和成交名义价值

图 35 – 9 和图 35 – 10 分别展示近 10 年 KOSPI200 股指期权和韩国股指期权成交量和成交金额的发展状况。从图 35 – 9 来看，KOSPI200 股指期权成交量自 2012 年起大幅下降，这主要是源于 KOSPI200 股指期权合约乘数变大。另外，KOSPI200 股指期权的成交金额较先前减少。从图 35 – 10 韩国股指期权的整体成交量和成交金额来看，成交量自 2012 年起大幅下降，但是成交金额虽有所回落但仍然呈现稳健的发展态势。

35.2.3.4 新加坡国际金融交易所

新加坡国际金融交易所是亚洲第一家金融期货交易所。新加坡的股指期权交易量虽然未能在 2014 年度的排名中被纳入前 10，但是其发展势头在全球股指期权市场的发展态势仍然值得关注。

新加坡国际金融交易所虽成立于 1984 年，但是其在 1986 年便抢先于日本推出日经 225 指数期货，开创了以别国股指为期货交易标的物的先例，并陆续推出了以中国香港股指和台湾股指等国外指数为标的的指数衍生品。1999 年 12 月新加坡国际金融交易所和新加坡证券交易所合并成立新加坡交易所，并依旧延续之前的发展战略。目前，新加坡交易所交易的股指期权合约有日经 225 指数期权、MSCI 台湾指数期权、MSCI 新加坡指数期权、STOXX 50 指数期权和印度 Nifty 指数期权等等。新加坡交易所这种通过推出国际指数衍生品来推动自身市场发展和国际化的模式在世界范围内都是独特的，也是非常成功的。

35.2.3.5 中国香港特区和台湾地区证券交易所

虽然我国大陆地区目前处于积极准备股指期权的推出，但香港和台湾地区却早在过去的十几年里迅速发展。香港期货交易所在 1986 年 5 月首开香港证券衍生产品先河，设立了恒生指数期货，它是世界上最早开设股指期货的少数市场之一，也是亚太地区最早的股指期货产品。然而股指期权合约却姗姗来迟，直到 7 年后的 1993 年 3 月，期交所才开设了第二个衍生证券品种——恒生指数期权。1998 年恒生指数期货和期权合约交易量占市场总交易量的 90% 以上。随后，香港期货交易所又陆续推出了恒生香港中资企业指数期权、恒生 100 期权、恒生地产分类指数期权、小型恒生指数期权、H 股指数期权、新华富时中国 25 指数期权等一系列期权产品，虽然其中有些因交投清淡而退市，但港交所恒生指数期权、小型恒生指数期权和 H 股指数期权的成交量表现活跃，得到不少投资者的青睐。图 35 – 11 和图 35 – 12 分别展示了香港和台湾衍生品市场股指期权近 10 年的成交量和成交名义市值，其成交量和成交名义价值虽然会出现少许回落的情况但是整体的走势比较稳健。

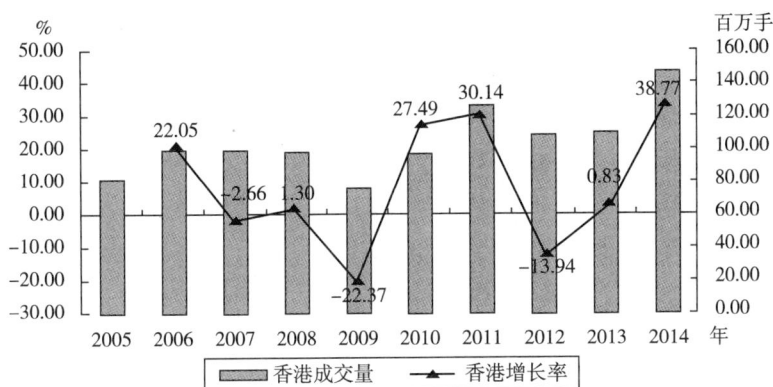

资料来源：世界交易所联合会（WFE）。

图 35 - 11 2005—2014 年香港股指期权成交量

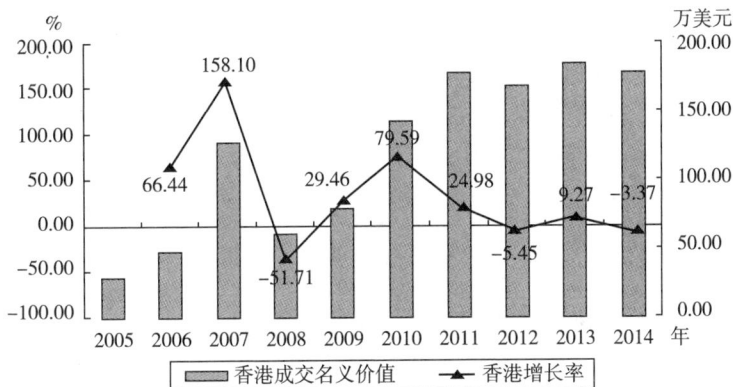

资料来源：世界交易所联合会（WFE）。

图 35 - 12 2005—2014 年香港股指期权成交名义价值

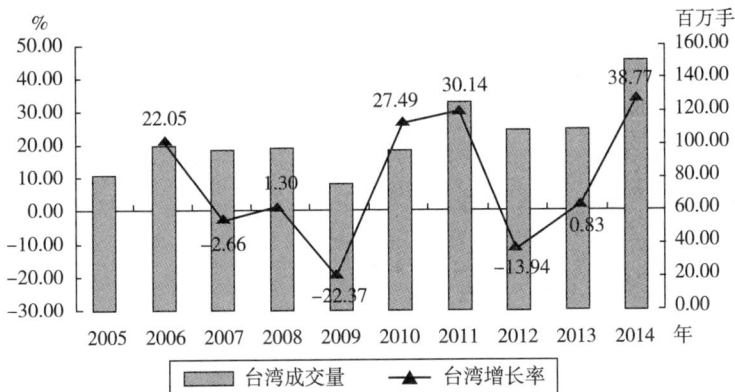

资料来源：世界交易所联合会（WFE）。

图 35 - 13 2005—2014 年台湾股指期权成交量

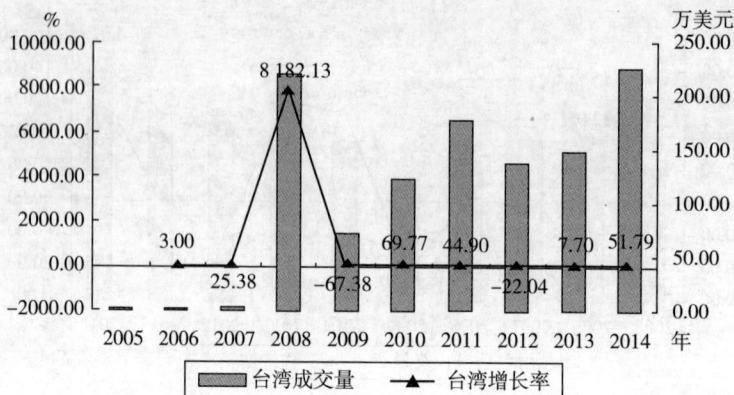

资料来源：世界交易所联合会（WFE）。

图 35 – 14　2005—2014 年台湾股指期权成交名义价值

综上可见，亚洲的股指期权市场远没有欧洲市场复杂，基本没有跨国的交易所集团。由于大多股指期权合约都在证券交易所交易，交易所之间的并购活动也比较少，市场发展路径清晰。在市场规模方面，较晚推出股指期权合约的韩国交易所、印度国家证券交易所和中国台湾期货交易所发展迅猛，交易量一直处于世界领先位置。

35.3　全球股指期权市场的流动性

1983 年美国股指期权推出后的十多年来内，虽然很多国家和地区先后也推出了股指期权产品，股指期权市场有了可观的发展，然而总的来说股指期权前十多年市场流动性还不够高；而是到了 20 世纪 90 年代后期以后市场才有了持续较高的增长。本节简单介绍和比较全球股指期权的成交量和成交金额。

35.3.1　全球股指期权成交量

期权成交量与期货成交量相似，是指在一定时间内交易的股指期权交易合约总数。表 35 – 2 给出了 1993 年到 2015 年全球股指期权成交量。表 35 – 2 显示，1993 年到 1994 年，股指期权成交量从 1.44 亿手增长到了 1.97 亿手，增幅 37.1%；1994 年到 1996 年，两年持续下降到了 1.71 亿手；1996 年到 1988 年又低速持续上升到了 1.95 亿手，仍略低于 1994 年的 1.97 亿手，1993 年到 1998 年的 5 年股指期权成交量增幅较低，年均增幅仅为 6.2%；然而从 1998 年到 2003 年，全球股指期权成交量从 1.95 亿手持续快速增长到了 32.34 亿手，5 年累计增长了 15.6 倍，年均复合增幅高达 75.4%，为全球股指期权市场的黄金期；

2003 年到 2008 年，股指期权成交量从 32.34 亿手缓慢增长到了 41.44 亿手，年均降幅降到了 6.8%，不到前 5 年年均增幅的 1 成，显示金融危机前 5 年全球股指期货市场的增速回到了 1993 年到 1998 年的年均增幅；2008 年到 2014 年，6 年累计降幅为 21%，年均复合降幅 3.8%，显示金融危机对全球股指期权市场的影响；2015 年一度比 2014 年同比增幅高达 40.6%，但是还难以看出金融危机后股指期权市场显著复苏的持续信号。

表 35−4　　　　全球股指期权成交量（1993—2015 年）　　　单位：亿手，%

年份	1993	1994	1995	1996	1997	1998
股指期权成交量	1.44	1.97	1.87	1.71	1.78	1.95
年增长率		37.1	−5.2	−8.5	3.9	9.6
年份	1999	2000	2001	2002	2003	2004
股指期权成交量	3.23	4.81	11.48	22.35	32.34	29.80
年增长率	65.44	49.3	138.5	94.7	44.7	−7.9
年份	2005	2006	2007	2008	2009	2010
股指期权成交量	31.40	31.77	38.15	41.44	42.28	50.87
年增长率	5.4	1.2	20.1	8.6	2.0	20.3
年份	2011	2012	2013	2014	2015 *	
成交金额/GDP	58.02	37.04	29.20	32.90	10.27	
年增长率	14.1	−36.2	−21.2	12.7	40.6	

数据来源：国际清算银行网站，www.bis.org；2015 年数据为第一季度数据，相应的增长率为同比增长率。

35.3.2　全球股指期权成交量在全球期权市场中的地位

上文指出，股指期权在 1983 年推出时，股票期权已经在美国芝加哥期权交易所交易了 10 年多，而且股票期权合约表股指期权平均要小很多，因此股票期权的成交量可观。由于股票期权不仅合约较小，而且对整个市场的总体影响较小，股票期权要略输股指期权一筹。无论是成熟市场还是新兴市场，各类机构投资者早已广泛运用股指期权进行风险管理、资产配置和产品创新。根据世界交易所联盟公布的数据，2014 年全球股指期权成交量占所有期权成交量的 36.46%，低于股票期权成交量占比 38.04%。股票期权和股指期权成交量占整个期权市场成家量的 74.5%，接近四分之三，显示股指期货和股指期权在整个期权市场的重要性。但是，如上所述，股票期权，甚至包括很多股指期权的合约名义金额不同，不同国家和地区，甚至同一国家和地区内地期权成交量都难以直接比较，成交量并不能很好地反映市场的流动性。利用世界交易所联盟的数据，相对于股指期权占 2014 年全球期权成交量的 36.46%，利率期权成交量仅占全球期权市场成交总量的 6.08%，前者为后者的 6 倍，然而同样根据国际清算银行的数据，2014 年全球股指期权成交金额仅为利率期权成交金额的 44.2%，再次显示期权成交量衡量期权市场流动性的局限性。下文我们将介绍全球股指期权市场的成交金额。

35.3.3 全球股指期权成交金额

期权成交金额与成交量不同，是指在一定时间内交易的股指期权总的名义金额。表 35 - 3 给出了 1993 年到 2015 年全球股指期权成交金额、成交金额年增长率和年成交金额与同年世界 GDP 比例。表 35 - 5 显示出与表 35 - 4 很不同的增长情况：1993 年到 1998 年，股指期权成交金额从 6.22 万亿美元持续增长到了 14.3 万亿美元，年均增幅 18.1%，显著高于表 35 - 4 给出的同期成交量的年均增幅 6.2%；从 1998 年到 2003 年的 5 年，全球股指期权成交金额从 14.3 万亿美元持续快速增长到了 42.87 万亿美元，5 年累计增长了 2 倍，年均复合增幅高达 24.6%，比表 35 - 4 给出的同期全球股指期权成交量年均增幅 75.4% 低 50.8%，显示出成交金额年均复合增长率更为合理；2003 年到 2007 年，股指期权成交金额从 42.87 万亿美元增长到了 152.76 万亿美元，年均增幅 21.3%，增幅显著高于表 35 - 4 给出的 2003 年到 2007 年的复合年均增长率 6.4%；1998 年到 2007 年的 9 年，股指期权年均复合增长率高达 30.1%，显著低于表 35 - 4 给出的同期全球股指期权成交量的年均复合增长率 39.2%；2007 年到 2014 年，全球股指期权年度成交金额累计下滑了 3%，7 年年均复合下降率为 0.4%；2015 年第一季度同比增长率为 21%，2014 年比 2013 年的成交金额增幅 34.7% 还低。

表 35 - 5　　　　全球股指期权成交金额（1993—2015 年）单位：万亿美元，%

年份	1993	1994	1995	1996	1997	1998
股指期权成交金额	6.22	8.10	9.06	9.99	12.34	14.30
年增长率		30.2	11.9	10.3	23.5	15.9
成交金额/GDP	24.2	29.4	29.5	31.7	39.3	45.9
年份	1999	2000	2001	2002	2003	2004
股指期权成交金额	16.05	18.34	24.31	35.87	42.87	50.75
年增长率	12.29	14.3	32.5	47.6	19.5	18.4
成交金额/GDP	49.8	55.3	73.7	104.6	111.2	116.9

年份	2005	2006	2007	2008	2009	2010
股指期权成交金额	72.73	100.28	152.76	133.51	96.38	134.37
年增长率	43.3	37.9	52.3	-12.6	-27.8	39.4
成交金额/GDP	154.7	196.7	265.9	211.9	161.4	206.1
年份	2011	2012	2013	2014	2015 *	
股指期权成交金额	166.62	108.98	109.99	148.12	38.84	
年增长率	24.0	-34.6	0.9	34.7	21.0	
成交金额/GDP	230.8	148.3	145.7	191.6	210.1	

数据来源：成交金额数据来源同表 35 - 2；GDP 数据来自国际货币基金组织 2015 年 4 月公布的世界 GDP 数据；2015 年数据为第一季度数据，相应的增长率为同比增长率，成交金额与 GDP 比例以该年第一季度成交 4 倍估算得出。

表 35 - 5 的数据显示，金融危机前的 9 年全球股指期权成交金额呈现出高速增长的态势，然而 2008 年金融危机后的 7 年，全球股指期货成交金额仍未恢复到 2007 年的水平，显示金融危机对全球股指期权市场的影响。

35.3.4　全球股指期权成交量和成交金额比较

由于不同股指期权合约的大小不同，而且不同国家股指期权的币种也不同，股指期权成交量将不同的期权合约数相加，有很大的问题；而股指期权成交金额是将不同股指期权合约的名义金额折算成同一货币如美元后相加，因此成交金额不仅考虑到了不同股指期权合约的大小，而且也考虑到了不同货币之间的相对汇率价值。因此，从理论上讲，成交金额应该比成交量更为准确地反映出股指期权市场的流动性。

利用表 35 - 3 的数据，如上给出的 1993 年以来到 2015 年不同时间段内全球股指期权成交金额年均变化率，比利用表 35 - 4 给出的相应时间段内全球股指期权成交量的年均增幅更为合理（表 35 - 4 给出的 1998 年到 2003 年五年全球股指期权成交量复合年均增幅高达 75.4%，不仅高于同期股指期权成交金额的复合年均增长率 24.6% 两倍多，而且比 2003 年到 2007 年股指期权成交量年均复合增长率 4.2% 高出十倍多，显示与表 35 - 3 给出的金融危机前 9 年持续高速增长的态势不同）。

另外，表 35 - 4 给出的 1993 年以来股指期权成交总量与同期全球股指期货成交总量比较显示，早于 1993 年，全球股指期权的成交总量 1.44 亿手就超过同年全球股指期货的总成交量 7032 万手一倍以上；然而比较表 35 - 5 给出的全球股指期权成交金额与表 31 - 23 给出的全球股指期货成交金额数据，我们发现到了 2001 年，全球股指期权成交金额才首次超过了股指期货，显示股指期权量大但是合约较小，导致其成交金额比起成交量更小，同时再次证明成交金额比成交量量度股指期权的合理性。

35.3.5 全球股指期权成交量和成交金额在洲际间的分布

由于包括股指期权在内的大多数金融衍生产品最早都是从美国开始推出，美国自然成为很多金融衍生产品的发源地和最活跃的地域。表 35 - 6 给出了 1993 年到 2015 年全球股指期权成交量在洲际间的分布。表 35 - 6 显示，1993 年到 1998 年，北美洲股指期权成交量保持了三大洲第一的地位；然而 1999 年欧洲和亚太股指期权都超过了美洲，分别成为全球股指期权成交量最大的两个洲，而北美洲却变成了股指期权成交量最低的一个洲；2000 年亚太股指期权成交量首次超过欧洲，成为全球股指期权成交量最大的区域，欧洲和北美洲的成交量分别排列第 2 和第 3；2001 年亚太地区股指期权成交量不仅超过了欧洲和美洲，而且还超过了欧洲和美洲成交量总和的 2.1 倍；2000 年到 2003 年亚太地区股指期权成交量飞速增长，三年增长了 13.2 倍，2003 年亚太地区股指期权成交量超过了欧洲和北美洲成交量总和的 8.2 倍，虽然 2003 年以来亚太地区股指期权成交量超过了欧洲和美洲成交量总和的倍数呈现下降的趋势，但是 2013 年和 2014 年亚太地区股指期权成交量超过了欧洲和北美洲成交量总和的倍数仍保持在 2.2 倍以上，显示亚太地区在股指期权领域"后来者居上"的强姿。亚洲市场较为突出的是韩国 KOSPI200 股指期权和印度股指期权，其余亚洲国家的股指期权交易的增速也非常显著。

表 35 - 6　　全球股指期权成交量在洲际间的分布（1993—2015 年）单位：百万手

年份	1993	1994	1995	1996	1997	1998
北美股指权成交量	90.8	125.1	112.8	97.4	83.7	80.7
欧洲股指权成交量	43.9	61.6	62.3	62.3	74.9	65.0
亚太股指权成交量	7.9	7.5	8.6	6.6	12.1	40.1
其他股指权成交量	1.4	3.2	3.5	5.1	7.2	9.1

年份	1999	2000	2001	2002	2003	2004
北美股指权成交量	67.9	58.8	63.0	76.2	83.0	105.7
欧洲股指权成交量	144.9	179.7	206.8	215.1	230.7	242.5
亚太股指权成交量	88.8	202.3	831.9	1902.6	2878.9	2581.8
其他股指权成交量	20.9	40.7	46.6	41.6	41.3	49.8

续表

年份	2005	2006	2007	2008	2009	2010
北美股指期权成交量	151.1	212.5	310.1	337.8	279.1	330.4
欧洲股指期权成交量	253.2	307.7	477.8	649.9	508.4	462.9
亚太股指期权成交量	2658.1	2568.0	2916.3	3055.9	3365.2	4215.1
其他股指期权成交量	77.1	89.1	111.2	100.9	75.1	78.4
年份	2011	2012	2013	2014	2015 *	
北美股指期权成交量	401.8	384.1	479.3	553.5	122.2	
欧洲股指期权成交量	559.6	445.6	417.2	436.4	125.0	
亚太股指期权成交量	4742.2	2802.1	1968.4	2248.0	767.2	
其他股指期权成交量	98.4	72.4	55.6	52.6	12.4	

数据来源：国际清算银行网站，www.bis.org；2015年数据为第一季度数据，相应的增长率为同比增长率。

表35-7给出了1993年到2015年全球股指期权成交金额在洲际间的分布。表35-7显示，1993年到2001年，北美洲和欧洲股指期权成交金额保持了三大洲前两位的地位，亚太排名第3；然而2002年亚太股指期权成交金额首次超过了欧洲，排名第2，而北美洲保持了股指期权成交金额第1的位置；2003年亚太股指期权成交金额首次超过美洲，成为全球股指期权成交金额最大区域，北美洲和欧洲的成交金额分别排列第2和第3，不仅亚太成交金额排名第1，当年亚太成交金额超过北美洲和欧洲的总和；亚太地区股指期权成交金额排名第1位置保持了10年到2012年，2013年以来北美洲股指期权成交金额重新回到了第1的位置，亚太成交金额排名第2，欧洲第3的排序延续到了2015年第一季度。

表35-7 全球股指期权成交金额在洲际间的分布（1993—2015年）

单位：万亿美元

年份	1993	1994	1995	1996	1997	1998
北美股指期权成交金额	4.26	5.92	6.61	7.30	8.50	10.20
欧洲股指期权成交金额	0.76	1.07	1.20	1.68	2.75	2.99
亚太股指期权成交金额	1.17	1.06	1.20	0.94	0.98	1.00
其他股指期权成交金额	0.02	0.05	0.05	0.08	0.11	0.11
年份	1999	2000	2001	2002	2003	2004
北美股指期权成交金额	10.92	11.50	14.46	16.36	15.30	17.27
欧洲股指期权成交金额	3.20	3.80	3.96	4.26	4.66	6.72
亚太股指期权成交金额	1.73	2.55	5.42	14.91	22.50	26.10
其他股指期权成交金额	0.21	0.49	0.47	0.35	0.40	0.66

续表

年份	2005	2006	2007	2008	2009	2010
北美股指期权成交金额	23.09	33.75	49.72	42.99	25.74	32.78
欧洲股指期权成交金额	9.23	14.17	27.18	30.44	18.08	17.54
亚太股指期权成交金额	39.15	50.57	72.88	57.36	50.79	81.59
其他股指期权成交金额	1.27	1.79	2.98	2.72	1.78	2.46
年份	2011	2012	2013	2014	2015 *	
北美股指期权成交金额	40.64	39.27	57.59	80.36	20.94	
欧洲股指期权成交金额	20.71	14.28	15.43	17.27	5.00	
亚太股指期权成交金额	101.97	53.26	35.09	48.55	12.43	
其他股指期权成交金额	3.29	2.17	1.87	1.94	0.48	

数据来源：国际清算银行网站，www. bis. org；2015 年数据为第一季度数据，相应的增长率为同比增长率。

比较表 35 - 6 和表 35 - 7 的结果我们发现，尽管 2013 年亚太股指期权成交量为北美洲的 4.4 倍，但是当年亚太地区股指期权的成交金额仅为北美洲的60.9%，而且该比例从 2013 年持续下降到了 2015 年第一季度的 59.3%。这些成交量和成交金额数据及相关比例显示，由于韩国和印度股指期权合约相对较小，成交量很高并不意味着相应的成交金额也很高，成交量不是股指期权流动性的最佳衡量参数。因此，尽管亚太股指期权十多年来有了快速的发展，但是由于成交金额与北美仍有可观的距离，根据成交量而得出的"后来者居上"的结论不够准确。

35.4 全球主要股指期权的排名

自 1983 年美国推出股指期权以来，股指期权可谓金融衍生品市场上一颗耀眼的明星，它在健全金融资产定价体系和完善风险管理机制中发挥着重要作用，其价值在众多资本市场获得广泛的认可。很多国家和地区都陆续推出了股指期权，各个国家和地区股指期权的活跃度很不相同。本节主要介绍全球股指期权依据成交量、成交金额、持仓量和持仓金额的排名信息。

目前世界范围内成交活跃的股指期权品种有韩国的 Kospi200 股指期权、印度的 CNX Nifty 期权、孟买的 S&P Sensex 期权、欧洲的 Euro Stoxx50 期权、美国的 S&P 500 期权以及中国台湾的台指期权等等。根据各交易所资料所整理的各地区交易总量较大的交易所股指期权产品的发展历史脉络可以发现，欧美地区在股指期权交易上起步较早。亚洲地区虽后发推出股指期权交易，但由于合约设计金额较小，吸引了中小投资者参与其中，从而在合约交易量上赶超欧美国家，成为股指期权交易占比最大的地区。作为全球股指期权市场的后起之秀，韩国、印度近两年发展迅猛，占据着股指期权交易的头两把交椅。

美国期货业协会（FIA）发布的《2014 年全球金融衍生品市场年度调查报告》显示，北美地区衍生品的增长率居首，其次是欧洲地区，但亚洲地区衍生品的成交量有所下滑。然而，世界交易所联盟（WFE）数据显示（见表 35 - 8），亚洲地区交易所的股指期权成交量仍稳居全球之首，占比达到 68.28%。进一步地，我们依据全球股指期权的成交量排名得到 2014 年度全球交易活跃的前十名股指期权（如表 35 - 9 所示）。

表 35 - 8 　　　　 股指期权成交量排名全球前 10 的交易所及其成交量

2014 年交易所排名前 10	2014 年股指期权成交量（百万手）	2013 年交易所排名前 10	2013 年股指期权成交量（百万手）
印度国家证券交易所（National Stock Exchange India）	1057.19	巴西证券期货交易所（BM 和 FBOVESPA）	909.31
印度孟买证券交易所（BSE India）	515.80	纳斯达克 NASDAQ OMX（US）	688.54
韩国交易所（Korea Exchange）	462.01	NYSE Liffe（US）	584.40
芝加哥期权交易所（Chicago Board Options Exchange）	406.50	芝加哥期权交易所（Chicago Board Options Exchange）	434.49
欧洲期货交易所（EUREX）	340.16	国际证券交易所（International Securities Exchange）	354.73
中国台湾期货交易所（TAIFEX）	152.19	欧洲期货交易所（EUREX）	202.81
CME 集团（CME Group）	130.16	ASX Derivatives Trading	124.30
特拉维夫证券交易所（Tel Aviv SE）	48.39	泛欧交易所（Euronext）	98.70
大阪证券交易所（Osaka SE）	44.23	印度国家证券交易所（National Stock Exchange India）	81.70
莫斯科交易所（Moscow Exchange）	40.95	香港交易所（Hong Kong Exchanges）	58.21
2014 年总计	3197.48	2013 年总计	3537.19

资料来源：世界交易所联合会（WFE）。

表 35 - 9 　　　　　　　　全球活跃度排名前 10 的股指期权

合约	合约乘数	2013 年度成交量（百万手）	2014 年度成交量（百万手）	增长率（%）
印度 CNX Nifty Options，NSE India	50 印度卢比	874.84	972.74	11.19
韩国 Kospi200 Options，Korea Exchange	50 万韩元	580.46	462.01	-20.41
S&P Sensex Options，BSE	15 印度卢比	108.61	439.09	304.27
欧元 Euro Stoxx 50 Options，Eurex	10 欧元	225.26	241.25	7.10
美国标普 S&P500 Options，CBOE	100 美元	207.49	223.80	7.86
美国波动率指数 VIX Options，CBOE	100 美元	143.00	159.37	11.45
台北 Taiex Options，Taifex	50 新台币	109.31	151.62	38.71
印度 Bank Nifty Options，NSE India	25 印度卢比	55.12	84.35	53.02
标普 S&P BSE100 Options，BSE	50 印度卢比	141.73	76.71	-45.88

资料来源：美国期货业协会（FIA）。

35.5　股指期权定价

期权作为一种金融衍生品，以其良好的规避风险和风险投资的双重功能，成为金融衍生品市场中最活跃的衍生品。在期权迅速发展的过程中，期权定价理论的迅速发展是其主要推动力。

期权思想的萌芽可追溯到公元前 1800 年古巴比伦的《汉穆拉比法典》。然而，期权定价模型的历史发展最早可回溯到 1900 年，法国数学家 Louis Bachelier 在他的博士论文《投机交易理论》中，构建了布朗运动数学模型并用它描述股票价格，这里历史上第一次把布朗运动应用于期权估值当中，也第一次对期权定价理论进行系统的研究。因此，Louis Bachelier 被公认为是金融数学和随机过程先驱。

1973 年美国金融学家 Black 和 Scholes 在其论文《期权定价及公司债务》首次提出了 Black - Scholes（BS）模型。在市场有效、股票价格遵循几何布朗运动且股票预期收益率的波动率为常数的假设下，该模型通过建立一个包含恰当的衍生品头寸和标的资产头寸的无风险资产组合来消除维纳过程，获得了著名的 Black - Scholes 期权定价模型。它是现代期权定价理论的一个创举，是今天全球期权市场的基础。

随着期权定价理论的迅速发展，现代期权在金融资本市场的发展中不仅仅局限于标准的场内交易，还包括为客户风险偏好量身定制的场外交易。针对场内外期权百花齐放的景象，本文对经典的场内外期权定价模型进行简单的介绍，并针对期权定价影响因素进行简单分析。

关于标准场内标准期权定价模型的发展，理论界主要有 BS 定价模型、SV（随机波动率）定价模型、SVJ 定价模型、SISV 模型和 SISV – J 模型等等。虽然期权定价模型的发展不断完善，但在实践应用中考虑到现实操作性等因素，众多金融机构均以 BS 定价模型为基准并加以修正。本节主要针对有解析解的 BS 定价模型和 Heston 的 SV 定价模型做简单的介绍和说明。

- B – S 定价模型

B – S 模型给出到期权价值的解析解为

$$C = SN(d_1) - Ke^{-r(T-t)}N(d_2) \tag{35.1}$$

$$d_1 = \frac{\ln(S/K) + \left(r + \frac{\sigma^2}{2}\right)(T - t)}{\sigma\sqrt{T - t}}, d_2 = d_1 - \sigma\sqrt{T - t}$$

式中，C 为期权的理论价格；S 为标的价格；K 为行权价格；r 为无风险利率；σ 为波动率；$T-t$ 为期权的存续期；$N(\cdot)$ 为正态分布函数的累积函数。

虽然实证研究显示，Black 和 Scholes（1973）提出期权定价模型（BS 模型）具有明显的定价偏差，其中最著名的定价偏差表现为隐含波动率微笑，然而 BS 定价模型的稳健性促使其在投资者中受到广泛应用。

- SV 模型

Heston（1993）指出尽管 BS 模型十分重要和成功，但是具有显著的偏差（Rubinstein，1985），而且该模型在外汇期权上的定价偏误尤其突出（Melino 和 Turnbull，1990，1991；Knoch，1992），这些问题很大程度上是 BS 模型将股票收益率视为正态分布且波动率和方差率为给定的不变值这一过强的假设所造成的。

Cox 和 Ross（1976）提出的不变方差弹性（Constant Elasticity of Variance，CEV）模型首次将随机波动率引入期权定价。尽管 CEV 模型允许波动率随机变动，但波动率和股价呈负相关且波动率是股价的函数的假定过于严格，这使股价高低直接决定了波动率的大小，波动率与股价实际上受同一个风险的影响。Scott（1987），Hull 和 White（1987），以及 Wiggins（1987）在 CEV 模型的基础上通过进一步放松波动率的假定，引入不同的随机波动率形式来修正 BS 模型。Melino 和 Turnbull（1990，1991）指出，这些修正对于外汇期权定价更加准确。

然而，上述模型并没有解析解（closed – form solutions），而只能通过复杂的数值方法求解二维偏微分方程得到期权价格。Jarrow Eisenberg（1991）和 Stein、Stein（1991）假定波动率与标的资产收益率无关，在不同的波动率路径上使用 BS 模型求得均值计算期权价格。但是波动率与标的资产收益率无关的假定无法解释收益率的负偏性现象。正是基于上述模型的不足，Heston 利用特征方程的方法，给出了在波动率与标的资产相关的情形下，外汇期权和债券期权的价格的解析解。其模拟结果表明标的资产收益率与波动率的相关性很好地解释了收益率的负偏性以及 BS 模型期权价格偏误现象。

在 Heston SV 模型中，假设标的资产价格服从满足如下扩散过程：

$$dS(t) = uSdt + \sqrt{\nu(t)} Sdz_1(t)$$

其中，$z_1(t)$ 是 Wiener 过程。波动率服从 Ornstein – Uhlenbeck 过程，即

$$d\sqrt{\nu(t)} = -\beta \sqrt{\nu(t)} dt + \delta dz_2(t)$$

根据 Ito 公式，我们可以得到方差服从如下的随机过程，

$$d\nu(t) = [\delta^2 - \beta\nu(t)]dt + 2\delta \sqrt{\nu(t)} dz_2(t)$$

上面的式子可以写成平方根过程（square – root）的形式，

$$d\nu(t) = \kappa[\theta - \nu(t)]dt + \sigma \sqrt{\nu(t)} dz_2(t)$$

式中，$z_1(t)$ 与 $z_2(t)$ 具有相关系数 ρ，ρ 代表了波动率与价格回报之间的相关性，此参数的刻画非常重要，因为它反映了价格变动的偏度，也很大程度上会刻画价格回报尖峰厚尾的特点。当 $\rho > 0$ 时，价格回报表现出厚尾右偏的特点，此时波动率随回报的变大而变大，会对价格变动起到放大作用，标的价格在上涨情况下会越涨越猛；相应地，当 $\rho < 0$ 时，价格回报呈现厚尾左偏，波动率随回报的变大而变小，会起到减小作用，标的价格变动幅度会越变越小。

假定利率为常数 r，此时贴现率满足 $p(t, t + \tau) = e^{-r\tau}$。运用 Black 和 Scholes（1973）及 Merton（1973）的无套利定价思想，期权价格 $U(S, v, t)$ 必满足如下偏微分方程：

$$\frac{1}{2}\nu S^2 \frac{\partial^2 U}{\partial S^2} + \rho\sigma\nu s \frac{\partial^2 U}{\partial S \partial \nu} + \frac{1}{2}\sigma^2\nu \frac{\partial^2 U}{\partial \nu^2}$$

$$+ rS + \{\kappa[\theta - \nu(t)] - \lambda(S, \nu, t)\}\frac{\partial U}{\partial \nu} - rU + \frac{\partial U}{\partial \nu} = 0$$

式中，$\lambda(S, \nu, t)$ 表示波动率风险的价格，且独立于特定资产。Lamoureux 和 Lastrapes（1993）的研究表明对于股票期权，$\lambda(S, \nu, t)$ 不为 0。Heston 基于 Breeden（1979）的模型，假定

$$\lambda(S, \nu, t)dt = \gamma Cov[d\nu, dC/C]$$

$C(t)$ 是消费率，γ 表示投资者的相对风险厌恶系数，根据 Cox, Ingersoll 和 Ross（1985）提出的消费过程，可以推导出具有执行价格 K，到期日为 T 的欧式看涨期权满足具有如下边界条件的偏微分方程：

$$U(S, \nu, t) = \text{Max}(0, S - K)$$

$$U(0, \nu, t) = 0,$$

$$\frac{\partial U}{\partial S}(\infty, \nu, t) = 1,$$

$$rS \frac{\partial U}{\partial S}(S,0,t) + \kappa\theta \frac{\partial U}{\partial \nu}(S,0,t)$$

$$- rU(S,0,t) + U_t(S,0,t) = 0,$$

$$U(S,\infty,t) = S$$

Heston 猜测上述偏微分方程的解满足如下形式：

$$C(S,\nu,t) = SP_1 - KP(t,T)P_2$$

第一项表示标的资产最优执行时的贴现价格，第二项表示以执行价格支付时的现值。令 $x = \ln[S]$，将上面的解代入偏微分方程，则 P_1, P_2 满足如下偏微分方程：

$$\frac{1}{2}\nu \frac{\partial^2 P_j}{\partial x^2} + \rho\sigma\nu \frac{\partial^2 P_j}{\partial x\partial \nu} + \frac{1}{2}\sigma^2\nu \frac{\partial^2 P_j}{\partial \nu^2} + (r + u_j\nu) \frac{\partial P_j}{\partial x}$$

$$+ (aj - bj\nu) \frac{\partial P_j}{\partial \nu} + \frac{\partial P_j}{\partial t} = 0, j = 1,2$$

式中，$u_1 = \frac{1}{2}$，$u_2 = \frac{1}{2}$，$\alpha = \kappa\theta$，$b_1 = \kappa + \theta - \rho\sigma$，$b_2 = \kappa + \lambda$，结合之前的边界条件，上述偏微分方程应具有如下的边界条件，

$$P_j(x,\nu,T;\ln[K]) = 1_{\{x \geq \ln[K]\}}$$

因此，P_1, P_2 可以解释为风险中性概率。经过推导，x 服从如下随机过程，

$$dx(t) = [r + u_1\nu]dt + \sqrt{\nu(t)}dz_1(t),$$

$$d\nu = (a_j - b_j\nu)dt + \sigma\sqrt{\nu(t)}dz_2(t)$$

p_j 表示期权到期时处于实值状态的条件概率，即

$$p_j(x,\nu,T;\ln[K]) = pr[x(T) \geq \ln[K] \mid x(t) = x, \nu(t) = \nu]$$

这些概率无法直接得到解析解，但是它们的特征函数满足相同的偏微分方程，且具有如下边界条件：

$$f_j(x,\nu,T;\phi) = e^{i\phi x}$$

求解特征方程得到：

$$f_j(x,\nu,T;\phi) = e^{c(T-t;\phi) + D(T-t;\phi)\nu + i\phi x}$$

式中，

$$C(\tau;\phi) = r\phi i\tau + \frac{a}{\delta^2}\left\{(b_j - \rho\sigma\phi i + d)\tau - 2\ln\left[\frac{1 - ge^{dt}}{1 - g}\right]\right\}$$

$$D(\tau;\phi) = \frac{b_j - \rho\sigma\phi i + d}{\delta^2}\left[\frac{1 - e^{dt}}{1 - ge^{dt}}\right]$$

且

$$g = \frac{b_j - \rho\sigma\phi i + d}{b_j - \rho\sigma\phi i - d}$$

$$d = \sqrt{(\rho\sigma\phi i - b_j)^2 - \delta^2(2u_j\phi i - \phi^2)}$$

通过对特征方程采用傅里叶逆变换即可得到 P_1，P_2 的概率：

$$p_j(x,\nu,T;\ln[K]) = \frac{1}{2} + \frac{1}{\pi}\int_0^\infty Re\left[\frac{e^{-\phi i\ln[K]}f_j(x,\nu,T;\phi)}{i\phi}\right]d\phi \quad (35-2)$$

从上面的推导可以看出，CEV 模型仅仅是随机波动率模型的一个特例；同时 Hull 和 White（1987），Scott（1987）的模型也是 Heston（1993）的一个特例。随后，很多学者在 Heston 提出的随机波动率模型基础上，根据市场上资产波动率特征又构造了很多新的随机波动率形式，比如 Heston 和 Nandi（1997）提出了期权定价的 GARCH 模型，且给出了该模型的封闭解。该模型假定其方差的随机项与过去的方差有关而不是像 Heston（1993）模型中与方差的平方根有关。

当然，Heston 模型也具有不足的一面。Leif Andersen 指出尽管 Heston 类的随机波动率模型得到了广泛应用，但对于实践中如何进行该类模型 Monte Carlo 模拟的研究却乏善可陈。后续地，Leif Andersen 考虑了几种时间离散化和对 Heston 类模型进行 Monte Carlo 模拟的新算法（包括 Euler Scheme，Kahl – Jackel Scheme，Broadie – Kaya scheme），提高了模拟的效率及稳健性。

35.6 股指期权价的风险参数

无论是 Black – Scholes 定价模型还是其他数值算法的定价模型，无论是标准场内期权还是场外奇异期权，期权的价格主要由如下因素决定：标的当前价格、波动率、无风险利率、期权到期时间以及行权价。由于行权价是由合约约定的，对于一份具体的期权合约，行权价是一个常量；但是其他五个变量中任意一个变量都会随着时间和市场条件而改变，这就造成相应期权的价值不断改变，期权的风险也正是来源于此。

希腊字母（Greeks）是度量期权风险的金融指标。主要有以下几种：

表 35 - 10   **期权希腊字母说明**

	符号	风险因素	数学含义
Delta	Δ	标的资产价格变化	期权价格变化/标的资产价格变化
Gamma	Γ	标的资产价格变化	Delta 变化/标的资产价格变化
Theta	Θ	期权到期时间变化	期权价格变化/期权到期时间变化
Vega	ν	标的资产波动率变化	期权价格变化/标的资产波动率变化
Rho	ρ	利率变化	期权价格变化/利率变化

对于奇异期权来说，其风险指标希腊字母的特性均不一致。为此，本节内容主要简单介绍标准场内期权下的风险指标及其特性。

35.6.1　标的指数价格变动的风险指标

Delta（Δ）度量的是当标的价格变动一个单位时，期权价格的变化，即期权价值对标的价格变化的敏感程度。数学定义如下：

$$\Delta = \frac{\partial C}{\partial S}$$

根据 Black – Scholes 公式，欧式期权的 Delta 是

$$\Delta_c = e^{-\delta T} N(d_1), \Delta_p = e^{-\delta T} N(-d_1)$$

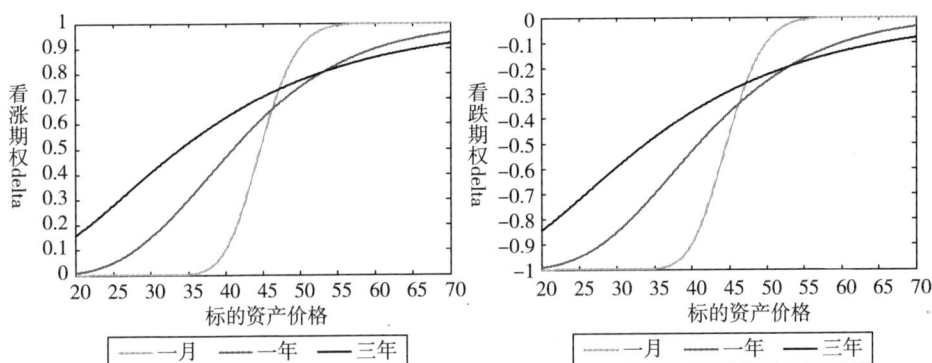

图 35 – 15　期权的 Delta 值

期权的 Delta 指标具有如下性质：

性质 1：$-1 < \Delta_p < 0 < \Delta_c < 1$；

性质 2：在其他合约条件保持不变的情况下，看涨期权和看跌期权的 Delta 值均随着标的指数价格的上升（下降）而增加（减少）；

性质 3：随着到期日来临，实值看涨（看跌）期权 Delta 收敛到 1（-1）；平值看涨（看跌）期权 Delta，收敛到 0.5（-0.5）；虚值看涨期权 Delta 收敛到 0。

性质 4：投资组合的 Delta 计算：$\Delta_{portfolio} = \sum_i n_i \Delta_i, n_i$ 是第 i 个期权的数量。

Delta 是期权以及其他衍生品最重要的风险指标，我们可以用 Delta 来计算衍生品的近似变动：$\Delta_c \approx \Delta_s \cdot$ Delta。期权做市商可以通过计算其持有期权组合头寸的 Delta 值，来确定标的指数的头寸进行对冲，从而达到套期保值的目的。

Gamma（Γ）是期权价格对标的的价格的二阶偏导数，度量的是期权 Delta 对标的的价格变化的敏感性。

数学定义是 $\Gamma = \dfrac{\partial^2 C}{\partial S^2}$

根据 Black – Scholes 公式，欧式期权的 Gamma 是 $\Gamma_c = \Gamma_p = \dfrac{e^{-\delta T} N(d_1')}{S\sigma\sqrt{T}}$

期权的 Gamma 二叉树算法是

$$\Gamma = \frac{(f_{2,2} - f_{2,1})/(S_0 u^2 - S_0) - (f_{2,1} - f_{2,0})/(S_0 - S_0 d^2)}{0.5(S_0 u^2 - Sd^2)}$$

投资组合的 Gamma 值计算：$\Gamma_{portfolio} = \sum_i n_i \Gamma_i, n_i$ 是第 i 个期权的数量。

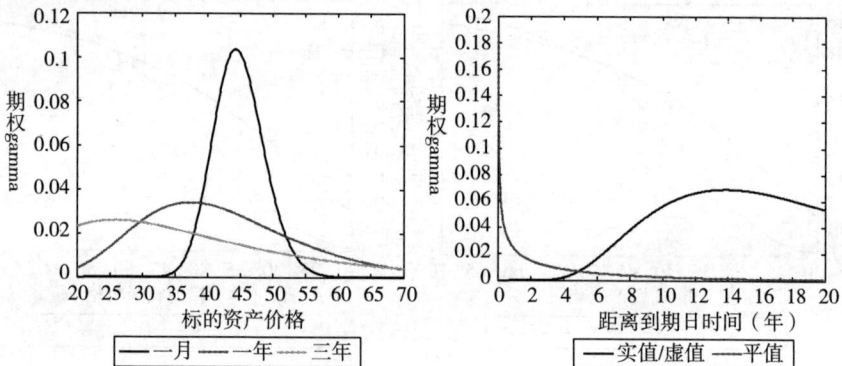

图 35 – 16　期权的 Gamma

期权的 Gamma 具有如下性质：

性质 1：期权 Gamma 值为正；

性质 2：平值期权随着到期日的临近急速增加；深度实值或虚值期权随着到期日临近，趋近于 0；

性质 3：合同条件相同的看涨期权和看跌期权，在平值附近其 Gamma 值基本相同。

35.6.2　期权的波动率风险指标

Vega（υ）度量的是当波动率变动 1 个单位时，期权价格的变化，它反映了期权价格对标的价格波动率的敏感程度。

数学定义是 $\nu = \dfrac{\partial c}{\partial \sigma}$，

根据 Black – Scholes 公式，欧式期权的 Vega 是 $\upsilon_c = \upsilon_p = Se^{-\delta T}\sqrt{T}N'(d_1)$，

期权的 Vega 具有如下性质：

性质 1：所有期权的 Vega 值均大于 0；

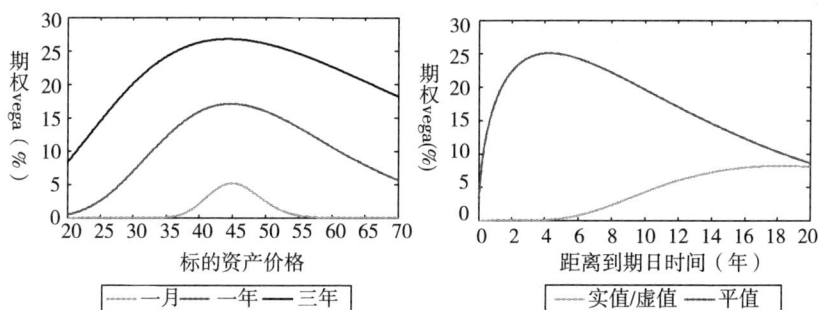

图 35 – 17　期权的 Vega

性质 2：平值期权的 Vega 不小于实值或虚值期权的 Vega；

性质 3：平值期权的 Vega 值临近在到期日附近，较快地收敛于 0；

性质 4：深度实值或虚值期权的 Vega 接近于 0。

35.6.3　期权的时间风险和利率风险指标

Theta（θ）度量的是当期权期限减少一天时，期权价格的变化，用于反映时间流逝给期权价格所带来的风险。

数学定义是 $\theta = \dfrac{\partial c}{\partial t}$，（其中时间的单位是年）

根据 Black – Scholes 公式，欧式期权的 Delta 是

$$\theta_c = \left[\delta Se^{-\delta T}\sigma N(d_1) - rKe^{-rT}N(d_2)\right] - \frac{Se^{-\delta T}\sigma N'(d_1)}{2\sqrt{T}},$$

$$\theta_p = -\left[\delta Se^{-\delta T}\sigma N(d_1) - rKe^{-rT}N(d_2)\right] - \frac{Se^{-\delta T}\sigma N'(d_1)}{2\sqrt{T}}$$

期权的 Theta 二叉树算法是

$$\theta = \frac{f_{2,2} - f_{0,0}}{2\Delta t}$$

期权的 Theta 具有如下性质：

性质 1：一般情况下期权的 Theta 值均小于 0；

性质 2：平值期权的 Theta 绝对值在临近到期日大于实值或虚值期权的 Theta；

性质 3：随着到期日临近，平值期权的 Theta 加速下降，深度实值、虚值期权的 Theta 值则近乎线性下降。

对于一个无红利的标的资产，其 Theta、Delta 和 Gamma 有如下关系：

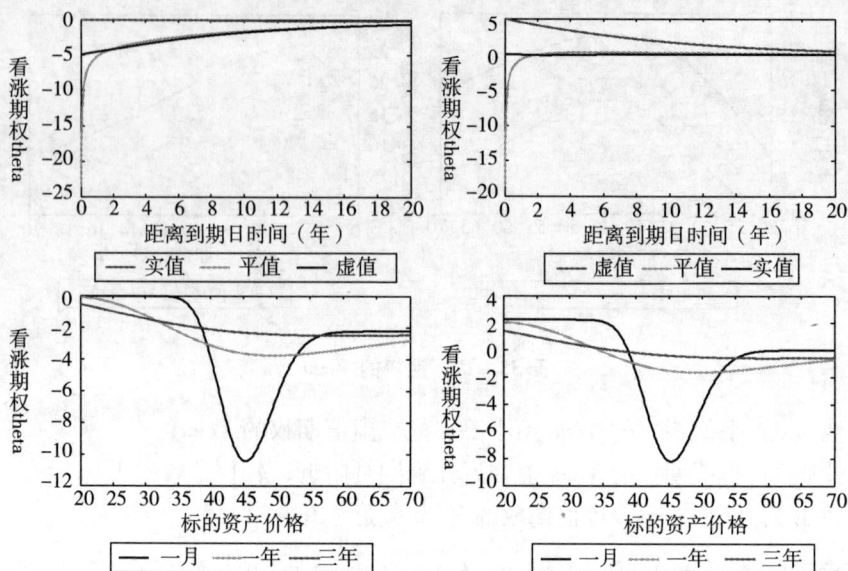

图 35 - 18　期权的 Theta

$$\theta + rS\Delta + \frac{1}{2}\sigma^2 S^2 \Gamma = rC$$

如前所述 Delta 对冲是不完美的，更好的对冲策略应该包含标的指数价格的二阶风险（Gamma）以及时间风险（Theta），根据泰勒级数有：

$$\Delta C \approx \Delta S \cdot \Delta + \frac{1}{2}\Gamma (\Delta S)^2 + \theta \Delta t$$

做市商根据这个公式能更好地实现套期保值。

Rho（ρ）度量的是当利率变动一个百分点时，期权价格的变化，Rho 反映期权价格的变化对于市场利率的敏感程度。数学定义是 $\rho = \frac{\partial c}{\partial r}$。

根据 Black - Scholes 公式，欧式期权的 Rho 是

$$\rho_c = Ke^{-rT}TN(d_2), \rho_p = -Ke^{-rT}TN(-d_2)$$

期权的 Rho 具有如下性质：

性质 1：所有看涨期权的 Rho 为正值，所有看跌期权的 Rho 为负值；

性质 2：期限越短，期权的 Rho 的绝对值越小；

性质 3：深度虚值的期权 Rho 随着到期日临近，快速收敛于 0；

性质 4：深度实值的期权的 Rho 接近于 0。

综合以上内容，我们将期权的风险指标总结在表 35 - 9 中：

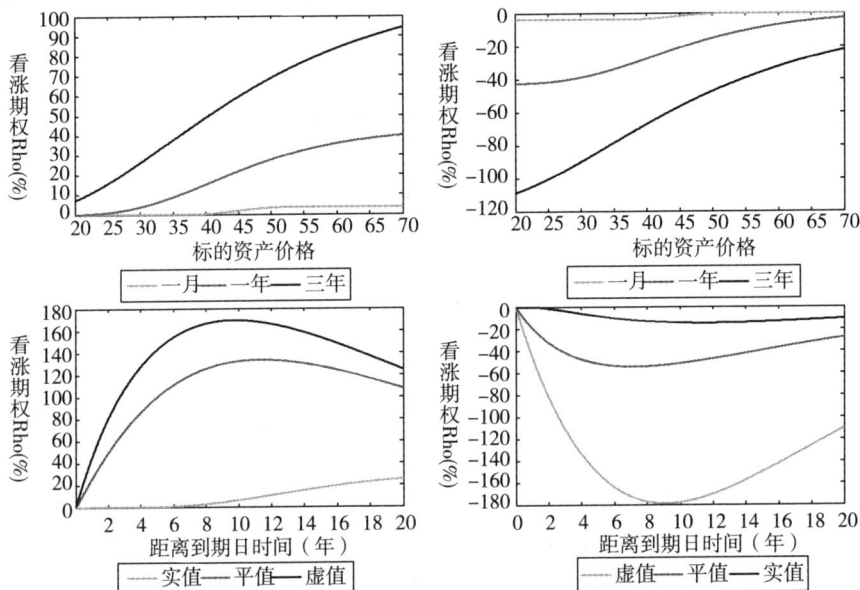

图 35 - 19　期权的 Rho

表 35 - 11　　　　　　期权风险指标公式一览表

风险指标	数学定义	看涨期权	看跌期权
Delta（Δ）	$\dfrac{\partial C}{\partial S}$	$e^{-\delta T}N(d_1)$	$-e^{-\delta T}N(d_1)$
Gamma（Γ）	$\dfrac{\partial^2 C}{\partial S^2}$	$\dfrac{e^{-\delta T}N'(d_1)}{S\sigma\sqrt{T}}$	
Theta（θ）	$\dfrac{\partial C}{\partial t}$	$[\delta Se^{-\delta T}\sigma N(d_1)-rKe^{-r}N(d_2)]$ $-\dfrac{Se^{-\delta T}\sigma N'(d_1)}{2\sqrt{T}}$	$-[\delta Se^{-\delta T}\sigma N(d_1)-rKe^{-r}N(d_2)]-$ $\dfrac{Se^{-\delta T}\sigma N'(d_1)}{2\sqrt{T}}$
Vega（ν）	$\dfrac{\partial C}{\partial \sigma}$	$Se^{-\delta T}\sqrt{T}N'(d_1)$	
Rho（ρ）	$\dfrac{\partial C}{\partial r}$	$Ke^{-rT}TN(d_2)$	$-Ke^{-rT}TN(d_2)$

35.7　股指期权的应用

股指期权作为全球最活跃的衍生品之一，现在被广泛应用于风险管理、资产配置和产品创新等领域，其市场价值已得到全世界范围内的广泛认同。股指期权产品的发展对资本市场的改革创新和健康发展具有十分重要的意义，同时也是我国多层次资本市场体系建设的重要举措。借鉴股指期权在海外资本市场的发展经验，我们相信股指期权的推进将对日益壮大的资产管理行业的发展以及投资者积极避险的迫切需求产生革命性的影响，具有专业优势的机构投资者在产品设计和交易策略上的创新，必将促使资本市场呈现百花齐放，百家争鸣的新局面。

35.7.1 股指期权在机构管理的资产组合中发挥着风险管理的功能，以期实现资产组合的保值增值功能

在欧美成熟市场，股票型基金常常应用股指/股票期权对冲市场下跌风险，降低投资组合的波动率，获取更高风险调整后收益。譬如，美国对冲基金 Gateway Fund 常常通过期权对冲，寻求较低的波动，控制回撤，据彭博数据显示目前资产管理规模已达到 77 亿美元。除此之外，BlackRock 作为全球最大的资产管理公司，其担当投资顾问的一只封闭式信托基金 International Growth and Income Trust，通过做空看涨期权来获取权利金收入，同时实现对资产的避险增值。根据该信托基金 2013 年第三季度报表，基金规模为 9.615 亿美元，其中有 46.85% 的资产通过卖出期权完成了套期保值。总之，海外机构灵活运用期权交易策略实现风险管理和资产套期保值的案例比比皆是。

35.7.2 股指期权助力投资者在产品设计创新和交易策略的多样化方面呈现金融产品百花齐放，百家争鸣的新局面

在我国，鉴于期权工具的缺失，机构投资者主要通过固定比例投资组合保险策略/时间不变性投资组合保险策略（CPPL/TIPP）寻求本金保护，并在保本的基础上寻求收益的最大化。然而，欧美成熟的发达市场常常利用期权实现不同类型投资者的保本基金需求。期权的存在拓宽了金融产品的设计空间，可以针对不同的市场情况以及投资者的偏好进行量身设计定制条款多样化的理财产品。通过使用股指期权，机构投资者还可以根据客户对于风险和收益的偏好程度，通过"一对多"专户理财来推出一系列的结构化含权类产品，从而设计出真正的股权票据链接（ELN，Equity–linked notes）、PGN（Principal Guaranteed Notes）等结构化产品。

在交易策略多样化方面，除了基本经典策略外，股指期权还可以用于改善择时策略的投资效果，这是因为战术性资产配置策略通常在波动大的时期表现良好，但是在波动小的时期表现不尽如人意。通常来说，小幅趋势很容易被噪音所影响，因此，相比较而言，市场大幅波动更加容易预测。另外，期权的价

值随着波动性的增加而增加，因此，当期权加入到动态配置策略的时候，适当的期权策略可以减少投资组合的风险。

35.7.3　股指期权为现有的资产配置方案注入新鲜血液，实现资产配置的个性化和全面化

关于股指期权在资产配置中的应用广泛性，众多金融机构很早便对此进行过积极调查。据美国期权业协会（OIC）2010 年进行的一项调查显示，在来自美国本土的 607 个投资顾问机构中，48% 的投资顾问机构利用期权管理其客户资产。其中，在管理资产规模超过 1000 万美元的投资顾问机构中，使用期权的比例高达 85%。中国香港交易所通过对 2006 年至 2011 年历年投资者的调查显示，股指期权投资者进行套期保值的比例均大幅高于股指期货投资者中所占比例。当前，期权产品的市场价值已得到社会各界的广泛认同。

总而言之，股指期权在海外机构的管理中有着广泛的应用。我们通过海外基金的季报、年报以及募集说明书，研究发现海外基金使用股指期权的策略相当广泛，其策略主要包含波动率套利、风险管理、减少回报波动性、Delta – gamma 对冲套利、稳定的现金收益、改善择时策略效果和新产品创新设计等等。

35.8　股指期权对现货市场的影响

股指期权对经济、金融市场的健康稳定发展发挥了积极作用，它的作用和价值早在 20 世纪的《南森（Nathan）报告》和《期货和期权交易对经济的影响研究》就得到了充分的论证。

据 1974 年威廉·鲍莫尔、马尔基尔等专家随后起草的《南森（Nathan）报告》了解，期权交易有助于平抑股票市场波动、增加股市流动性。投资者随着期权市场的发展变得更加成熟专业，对股票市场的分析更加积极。市场对新信息的反应速度更快、更有效。1981 年，《期货和期权交易对经济的影响研究》在美国财政部、美国期监会（CFTC）、美国证交会和美联储历经三年联合调研的基础上整理而成。该研究报告主要分析期货、期权市场对于美国经济的影响，并再一次充分肯定了金融期货和期权市场提供风险转移、增强流动性等市场职能，有利于提升经济效率和真实资本形成。金融衍生品之父利奥·梅拉梅德对该研究给予了高度评价："这项联合研究是金融期货与期权发展的一个里程碑。"该报告基本统一了美国社会各界对金融期货与期权产品功能的认识。

（1）股指期权为国家的宏观决策提供重要的信息指标。由于期权价格包含了投资者对未来市场波动的预期，是相关机构观察市场信心的"望远镜"。在预期价格波动水平基础上编制出来的波动率指数，也成为政府观察金融市场压力

的重要先行指标。我国股市"新兴加转轨"的特征非常明显，基础性制度建设相对不完善，各类财政、监管政策调整也较为频繁，投资者信心起伏频繁，市场波动较大。如果没有期权市场，就难以观察到投资者对未来的信心状况，也难以制定更加有效的政策措施，股市作为宏观经济晴雨表的功能也大打折扣。股指期权的发展有利于提高宏观决策调控的前瞻性和有效性。

（2）股指期权作为有利的风险管理工具，有利于稳定市场经济，熨平市场波动，促进实体经济的健康发展。股指期权的存在为股票市场提供新型避险工具，实现风险管理目的，避免股价的大幅波动，从而减少市场波动率，稳定市场经济，不仅仅为实体经济发展提供良好健康的资金血液，还可以对上市公司市值进行有效的组织管理，从而支持其长远的可持续性发展。另外，针对机构投资者而言，社会财富的保值增值对于经济发展必不可少。投资者不仅需要管理方向性风险，也要管理波动性风险，保持股票投资组合价值的稳定是极为重要的投资目标，为此股指期权作为对冲系统性风险的避险工具必不可少。

（3）股指期权为实体经济保驾护航。不同于大宗商品类期权利用其标的物衍生条款特性切实为提高实体经济的发展水平而服务，股指期权针对实体经济中与宏观经济政策紧密联系的业务帮助性更大。股指期权能够切实满足实体经济应对金融危机的风险需求。同时，股指期权的杠杆性可以帮助实体经济减少资金的无效利用，提高资金效率，真实促进实体经济的健康有序快速发展。

（4）股指期权发挥其价格发现和消弭信息不对称的功能，促使股票价格反映在更为合理的水平上，引导整个资本市场的发展更为成熟化。股指期权的存在有利于投资者树立长期投资的理念，改变频繁买卖、波段操作的股市短期行为，降低投机者数量进一步改变资本市场的投资结构格局，促进股价能够更有效发挥其价值水平，减少过度非理性波动，促使资本市场的作用功能真正发挥到位。

（5）期权是推动市场创新更为灵活的基础性构件。期权的多样性、非线性和杠杆性联同标的资产组合在一起，可以创造出不同的交易策略，满足不同交易和投资目的需要。这些优点使得期权成为比期货更为基础的金融衍生工具，是创造金融产品大厦的基础性构件，具有灵活性和可变通性，能激发大量的市场创新，引发交易所、金融机构等进行一系列的市场连锁创新，改变我国当前金融机构业务同质化现象严重的局面。

35.9 股指期权与股指期货的相互影响

股指期权和期货作为全球衍生品中最为活跃且不可或缺的品种，均发挥着风险管理、资产配置和业务创新等的重要功能。然而，股指期权和期货在风险管理中却扮演着不同角色。虽然期权相对于期货具有独特的功能与作用，但并不能由此替代期货。如同我国股票主板和创业板市场之间的关系，期货与期权两者相互补充，相互促进，构成风险管理的两块基石，共同形成了一个完整的场内市场风险管理体系。两者的并存与组合，可使避险者从中取长补短，满足经济实体多样化、复杂化的避险需求。

首先，股指期权和股指期货两个市场能够相互提供流动性，相互促进发展。通过期货市场和期权市场之间的套利，可以在两个市场互相提供流动性。

其次，股指期权和股指期货能够互为风险对冲工具。持有期货头寸的投资者往往使用期权管理风险。期权的做市商有时也使用期货对冲持有期权头寸的风险。此外，对于某些未能集中统一交易的基础资产，其期权一般是基于期货的期权，例如商品期货期权。期货期权的发展又推动了期货市场的发展。

最后，在市场有效性层面上，由于股指期权、股指期货和现货皆受到相同的信息驱动影响，理论上现货市场价格将与期权市场、期货市场价格同步变动。但是受制于交易成本、流动性等因素影响，股指期权对于市场风格的变化反映更为迅速，从而通过价格迅速反应市场信息。因此在短期内协同股指期货交互作用，较之现货市场先行，长期则由现货市场决定其表现。由此可见，股指期权和股指期货共同提高了市场的有效性，降低市场信息的不对称性，促进健康完善丰富多层次资本市场体系的建设。

35.10　国内股指期权的介绍

在我国资本市场的发展历程当中，与期权最为相似的品种便是权证了。我国股市第一个正式意义的权证是 1992 年 6 月大飞乐（即飞乐股份）发行的配股权证。同年 10 月 30 日，深宝安在深市向股东发行了我国第一张中长期（一年）认股权证：宝安 93 认股权证，发行总量为 2640 万张。宝安权证一发行就在市场上掀起了炒作狂潮，价格从 4 元一直飙升到 20 元。但其价值始终是负值，随着权证存续期最后期限的临近，归零也就不可避免。

然而，权证虽然和期权在某些方面具有相同的特性，但还不是真正的期权。截至目前，我国资本市场存在的期权品种仅有上海证券交易所于 2015 年 2 月 9 日上市的 50ETF 期权和中国外汇交易中心自 2011 年 4 月 1 日便推出人民币外汇场外期权。目前的成交量数据显示，50ETF 期权自上市以来呈现稳定增长的态势，日成交量最高达到 17 万张左右，日均增长率达到 8.79%。场外外汇期权距推出已 4 年有余，其成交量以平均每年 4.26 倍的速度递增，连续 4 年创新高。伴随资本市场改革创新步伐的加快，中金所股指期权的推出也迫在眉睫。目前，中金所主要推出的股指期权有上证 50 和沪深 300 股指期权。

35.10.1　沪深 300 指数期权

继上证 50ETF 期权破冰后，金融期权产品将继续完善。中国金融期货交易所筹备 4 年的沪深 300 股指期权有望在年内上市挂牌交易。为了加强投资者对沪深 300 股指期权合约的全方位了解，我们主要从合约标的、合约乘数、合约交易日、结算日以及结算价、行权价格间距、保证金等层面进行简单的介绍说明。

表 35-12　　　　　　　　沪深 300 股指期权仿真合约表

合约标的	沪深 300 指数	
合约乘数	每点 100 元人民币	
合约类型	看涨期权、看跌期权	
报价单位	点	
最小变动价位	0.2 点	
每日价格最大波动限制	上一个交易日沪深 300 指数收盘价的（+/-）10%	
合约月份	当月、下 2 个月及随后 2 个季月	
行权价格间距	当月与下 2 个月合约	50 点
	季月合约	100 点
行权方式	欧式	
交易时间	9:15-11:30, 13:00-15:15	
最后交易日交易时间	9:15-11:30, 13:00-15:00	
最后交易日	合约到期月份的第三个星期五，遇国家法定假日顺延	
到期日	同最后交易日	
交割方式	现金交割	
交易代码	IO	
上市交易所	中国金融期货交易所	

资料来源：中国金融期货交易所网站，www.cffex.com.cn。

关于沪深 300 股指期权合约的详细解读如下。

（1）合约标的与合约乘数

沪深 300 股指期权的标的为沪深 300 指数，并非沪深 300 股指期货。其次，合约乘数为每点 100 元人民币，这意味着在 2015 年 6 月 24 日沪深 300 收盘价为 4880.13 点时，一手沪深 300 股指期权合约的面值为元人民币。值得注意的是，这和沪深 300 股指期货合约的合约乘数并不一致，目前沪深 300 股指期货合约的合约乘数为 300。投资者若运用股指期货进行股指期权对冲操作时，需要注意合约乘数上的差别。

（2）最后交易日、结算日和结算价

与沪深 300 股指期货一样，沪深 300 股指期权合约的最后交易日是到期月的第三个星期五，结束日同最后交易日。然而，股指期权合约的当日结算价却是股指期权合约最后 15 分钟内成交价格按照交易量的加权平均价为当日结算价，如果在最后 15 分钟内没有成交的，当日结算价为最后 15 分钟内最新的最优买卖报价的中间价。如果最后 15 分钟内期权合约既无成交又无买卖报价或者计算出的结算价明显不合理的，由交易所确定当日结算价。计算结果保留至小数点后 1 位。股指期权合约的交割结算价为最后交易日标的指数最后 2 小时的算术平均价。

（3）行权价格间距

沪深 300 股指期权合约当月与下 2 个月合约行权价格间距为 50 点，随后 2 个季月合约的行权价格间距为 100 点。

（4）涨跌幅

沪深 300 股指期权合约的每日涨（跌）停板价格为上一个交易日结算价加上（减去）上一个交易日沪深 300 指数收盘价的 10%。计算结果小于最小变动价位的，以最小变动价位为跌停板价格。计算出的看跌期权涨停板价格高于其行权价格的，以其行权价格作为涨停板价格。

理论上，在有效市场中，合理的期权价格变化不会超过标的价格变化，因此这样的规定不仅不会影响期权价格恢复合理价值，而且还能有效控制由于非理性或错误操作产生的风险。

（5）保证金

每手看涨期权交易保证金 =（股指期权合约当日结算价 × 合约乘数）＋ max（标的指数当日收盘价 × 合约乘数 × 股指期权合约保证金调整系数 − 虚值额，最低保障系数 × 标的指数当日收盘价 × 合约乘数 × 股指期权合约保证金调整系数）

每手看跌期权交易保证金 =（股指期权合约当日结算价 × 合约乘数）＋ max（标的指数当日收盘价 × 合约乘数 × 股指期权合约保证金调整系数 − 虚值额，最低保障系数 × 股指期权合约行权价格 × 合约乘数 × 股指期权合约保证金调整系数）

其中，沪深 300 股指期权合约保证金调整系数为 15%，最低保障系数为 0.667。看涨期权虚值额为 max［（股指期权合约行权价格 − 标的指数当日收盘价）× 合约乘数，0］；看跌期权虚值额为 max［（标的指数当日收盘价 − 股指期权合约行权价格）× 合约乘数，0］。

35.10.2　上证 50 股指期权

同沪深 300 股指期权一样，上证 50 股指期权合约条款可详细参见表35－13。

上证 50 股指期权合约和沪深 300 股指期权合约条款的主要区别在于标的资产的差异。其他合约条款细则差别不大可参见沪深 300 股指期权合约。

表 35 – 13　　　　　　　　　　上证 50 股指期权仿真合约表

合约标的	上证 50 指数	
合约乘数	每点 100 元人民币	
合约类型	看涨期权、看跌期权	
报价单位	点	
最小变动价位	0.2 点	
每日价格最大波动限制	上一个交易日上证 50 指数收盘价的（ + / − ）10%	
合约月份	当月、下 2 个月及随后 2 个季月	
行权价格间距	当月与下 2 个月合约	50 点
	季月合约	100 点
行权方式	欧式	
交易时间	9：15 – 11：30，13：00 – 15：15	
最后交易日交易时间	9：15 – 11：30，13：00 – 15：00	
最后交易日	合约到期月份的第三个星期五，遇国家法定假日顺延	
到期日	同最后交易日	
交割方式	现金交割	
交易代码	HO	
上市交易所	中国金融期货交易所	

资料来源：中国金融期货交易所，www. cffex. com. cn。

35.11　国内股指期权推出以来市场活跃度和存在的问题

我国目前尚未推出股指期权，但是 50ETF（交易所交易基金期权）期权与股指期权相似。2015 年 2 月 9 日上海证券交易所 50ETF 期权的推出为国内首只股指期权的推出奠定了坚实的投资基础和专业基础。本节针对国内唯一上市的权益类期权 50ETF 期权做简单介绍，并着重分析 50ETF 期权推出以来的流动性及存在的问题。

35.11.1　50 ETF（交易所交易基金）简介

50ETF 期权的标的资产是 50 ETF。50ETF 作为国内首只交易型开放式指数基金（ETF），其跟踪标的是作为上海市场最具代表性的蓝筹指数之一的上证 50

指数。同其他 ETF 一样，50 ETF 结合了封闭式基金和开放式基金的运作特点，投资者既可以向基金管理公司申购或赎回基金份额，同时，又可以像封闭式基金一样在二级市场上按市场价格买卖 ETF 份额。不过，申购赎回必须以一篮子股票换取基金份额或者以基金份额换回一篮子股票。

关于上证 50ETF 的详细信息，我们可以详见 50 ETF 成立信息（见表 35 – 14）、上证 50ETF 的资产行业配置（见表 35 – 15）、十大重仓持股明细（见表 35 – 16）、上证 50ETF 累计单位净值走势（见图 35 – 20）、上证 50 ETF 的跟踪误差（见图 35 – 21）和上证 50 ETF 的历年分红情况。

表 35 – 14　　　　　　　　　　　上证 50ETF 概况

基金简称	上证 50ETF
基金代码	510050
基金上市交易所	上海证券交易所
基金上市日期	2005/2/23
基准指数	上证 50 指数
基金份额总额（2015/1/30）	115.83 亿份
最小申赎单位	100 万份

资料来源：上海证券交易所。

表 35 – 15　　　　　　　　　上证 50ETF 资产行业配置
（2014 年 12 月 31 日）

行业	占净资产比例（%）
金融业	65.18
制造业	15.59
采矿业	3.89
建筑业	2.76
交通运输、仓储和邮政业	2.37
信息传输、软件和信息技术服务业	2.13
房地产业	2.07
综合	0.67
水利、环境和公共设施管理业	0.5
农、林、牧、渔业	0.25
总计	95.43

资料来源：上海证券交易所。

表 35 –16　　　　上证 50ETF 十大重仓持股明细（2014 年 12 月 31 日）

品种代码	品种简称	持仓市值（元）	持仓数量（股）	占股票市值比例（%）	占基金净值比例（%）	占流通股本比例（%）
601318	中国平安	2367651345.04	31691224.00	9.59	9.16	0.61
600016	民生银行	1903111550.08	174918341.00	7.71	7.36	0.64
600036	招商银行	1827198063.39	110138521.00	7.40	7.07	0.53
600837	海通证券	1408325417.46	58533891.00	5.71	5.45	0.72
601166	兴业银行	1245637189.50	75493163.00	5.05	4.82	0.47
600000	浦发银行	1159719870.03	73914587.00	4.70	4.48	0.50
600030	中信证券	961787239.50	28371305.00	3.90	3.72	0.29
601668	中国建筑	712745276.88	97904571.00	2.89	2.76	0.33
601328	交通银行	707539150.00	104049875.00	2.87	2.74	0.32
601601	中国太保	692026627.90	21424973.00	2.80	2.68	0.34
合计		12985741729.78	776440451.00	52.61	50.22	

资料来源：上海证券交易所、WIND。

　　上证 50ETF 以紧密跟踪上证 50 指数为目标，力争日均跟踪偏离度绝对值不超过 0.1%，年跟踪误差不超过 2%，因此上证 50 ETF 与上证 50 指数走势极为相似（见图 35 – 20 和图 35 – 21），基金净值偏离指数主要是受到持仓限制（流动性）、费用提取、成分股分红、基金分红等因素的影响。自上证 50ETF 成立以来，其日均跟踪偏离度约为 0.01%，年跟踪误差约为 1.7%。上证 50ETF 历年分红情况统计如表 35 – 15 所示。

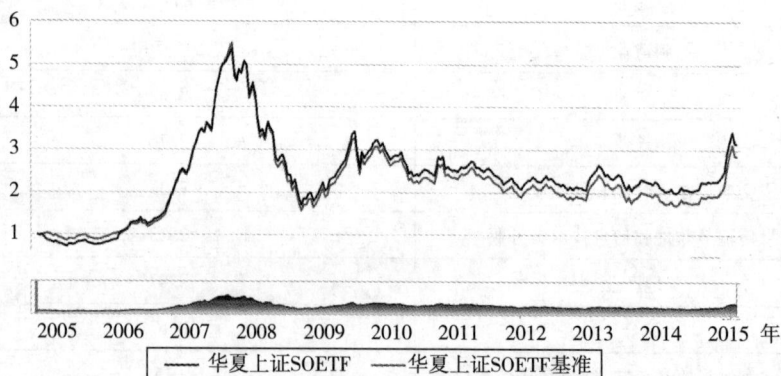

资料来源：WIND。

图 35 – 20　上证 50ETF 累计单位净值走势（2005 年到 2015 年）

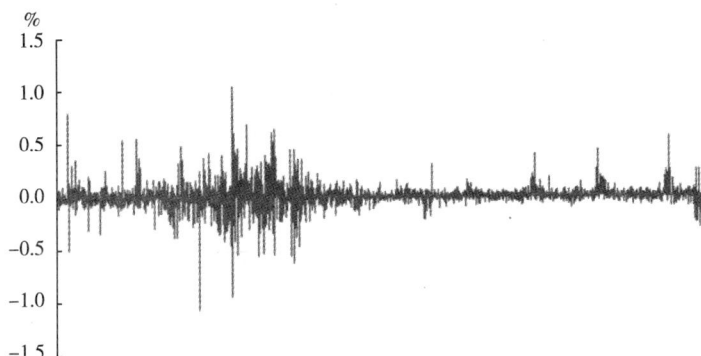

资料来源：WIND、上海证券交易所。

图 35－21　上证 50ETF 跟踪误差（2005 年到 2015 年）

表 35－17　上证 50ETF 历年分红情况

权益登记日	除息日	派息日	单位分红（元）	基准份额（份）
2014－11－14	2014－11－17	2014－11－20	0.0430	10814335437
2013－11－14	2013－11－15	2013－11－20	0.0530	12740422884
2012－11－12	2012－11－13	2012－11－16	0.0370	11212148471
2012－05－15	2012－05－16	2012－05－21	0.0110	11888383986
2010－11－15	2010－11－16	2010－11－19	0.0260	12541566757
2008－11－18	2008－11－19	2008－11－24	0.0600	11258566757
2006－11－15	2006－11－16	2006－11－21	0.0370	2837566757
2006－05－18	2006－05－19	2006－05－24	0.0240	4554566757

资料来源：WIND、上海证券交易所。

除此之外，上证 50 ETF 被选择首个 ETF 期权推出的标的主要在于它的规模和流动性方面的优势。从表 35－18 和表 35－19 来看，上证 50 ETF 规模占市场标的指数流动市值比例达到 0.224%，然而其他 ETF 平均占比才达到 0.079%；同时，上证 50ETF 的日换手率达到 4.29% 也要远远高于国内其他 ETF 平均换手率 3.38%。

表 35－18　上证 50 ETF 绝对及相对规模

名称	资产净值（亿元）	规模占标的指数流通市值比例（%）
上证 50ETF	258.6	0.224
其他 ETF 平均	70.6	0.079

资料来源：上海证券交易所。

表 35 – 19　　　　　　　　　　上证 50ETF 流动性指标

名称	日均换手率（%）	日均成交金额（亿元）
上证 50ETF	4.29	8.99
ETF 平均	3.38	1.44
封闭式基金平均	0.6	0.13
上证 50ETF 成分股平均	1.07	8.67

资料来源：上海证券交易所。

35.11.2　50ETF（交易所交易基金）期权简介

2015 年 2 月 9 日，我国 50ETF 期权是在上海证券交易所挂牌上市。关于50ETF 期权合约的简单介绍，我们可以参见表 35 – 20 给出的期权合约条款介绍。

表 35 – 20　　　　　　　　　　50ETF 期权合约基本条款

合约标的	上证 50 交易型开放式指数证券投资基金（"50ETF"）
合约类型	认购期权和认沽期权
合约单位	10000 份
合约到期月份	当月、下月及随后两个季月
行权价格	5 个（1 个平值合约、2 个虚值合约、2 个实值合约）
行权价格间距	3 元或以下为 0.05 元，3 元至 5 元（含）为 0.1 元，5 元至 10 元（含）为 0.25 元，10 元至 20 元（含）为 0.5 元，20 元至 50 元（含）为 1 元，50 元至 100 元（含）为 2.5 元，100 元以上为 5 元
行权方式	到期日行权（欧式）
交割方式	实物交割（业务规则另有规定的除外）
到期日	到期月份的第四个星期三（遇法定节假日顺延）
行权日	同合约到期日，行权指令提交时间为 9:15 – 9:25，9:30 – 11:30，13:00 – 15:30
交收日	c
交易时间	上午 9:15 – 9:25，9:30 – 11:30（9:15 – 9:25 为开盘集合竞价时间）；下午 13:00 – 15:00（14:57 – 15:00 为收盘集合竞价时间）
委托类型	普通限价委托、市价剩余转限价委托、市价剩余撤销委托、全额即时限价委托、全额即时市价委托以及业务规则规定的其他委托类型
买卖类型	买入开仓、买入平仓、卖出开仓、卖出平仓、备兑开仓、备兑平仓以及业务规则规定的其他买卖类型
最小报价单位	0.0001 元
申报单位	1 张或其整数倍

续表

涨跌幅限制	认购期权最大涨幅 = Max ｛合约标的前收盘价×0.5%，Min ［（2×合约标的前收盘价 – 行权价格），合约标的前收盘价］×10%｝；认购期权最大跌幅 = 合约标的前收盘价× 10%；认沽期权最大涨幅 = max ｛行权价格×0.5%，min ［（2×行权价格 – 合约标的前 收盘价），合约标的前收盘价］×10%｝；认沽期权最大跌幅 = 合约标的前收盘价×10%
熔断机制	连续竞价期间，期权合约盘中交易价格较最近参考价格涨跌幅度达到或者超过50%且价 格涨跌绝对值达到或者超过5个最小报价单位时，期权合约进入3分钟的集合竞价交易 阶段
开仓保证金	最低标准 认购期权义务仓开仓保证金 = ［合约前结算价 + Max（12%×合约标的前收盘价 – 认购 期权虚值，7%×合约标的前收盘价）］×合约单位 认沽期权义务仓开仓保证金 = Min ［合约前结算价 + Max（12%×合约标的前收盘价 – 认沽期权虚值，7%×行权价格），行权价格］×合约单位
维持保证金	最低标准 认购期权义务仓维持保证金 = ［合约结算价 + Max（12%×合约标的的收盘价 – 认购期权 虚值，7%×合约标的的收盘价）］×合约单位 认沽期权义务仓维持保证金 = Min ［合约结算价 + Max（12%×合约标的的收盘价 – 认沽 期权虚值，7%×行权价格），行权价格］×合约单位

资料来源：上海证券交易所。

为了保证我国期权市场稳健运行并抑制过度投机，上交所实现严格的投资者适当性管理制度和持仓限额制度。

在投资者适当性管理制度中，根据投资者的投资经验、专业知识、财务状况、风险偏好等综合情况，目前拟将投资者分为三级，并设置相应的交易权限。

一级投资者的交易权限：

第一，在持有期权合约标的时，进行相应数量的备兑开仓；

第二，在持有期权合约标的时，进行相应数量的认沽期权买入开仓；

第三，对所持有的合约头寸进行平仓或者行权。

二级投资者的交易权限：

第一，一级交易权限对应的交易；

第二，对本所上市期权合约进行买入开仓、卖出平仓委托。

三级投资者的交易权限：

第一，二级交易权限对应的交易；

第二，保证金卖出开仓。

上海证券交易所自2015年9月8日起，进一步加强50ETF期权持仓限额管理。具体最新持仓限额管理如下：

一、将单日买入开仓限额调整为单日开仓限额，对投资者单日买入开仓与卖出开仓实施合并限额管理，具体标准为

（1）投资者总持仓限额为 50 张的，单日开仓限额不超过 100 张；

（2）投资者总持仓限额为 50 张以上至 2500 张的，单日开仓限额不超过总持仓限额的 2 倍；

（3）投资者总持仓限额为 2500 张以上的，单日开仓限额不超过 5000 张。

二、期权经营机构应当严格按照本所相关业务规则的规定，结合客户的期权交易情况、额度使用情况及风险承受能力，审慎确定客户实际可以获得的权利仓、总持仓及单日开仓限额等各项持仓限额。

三、期权经营机构应当根据本通知的规定，尽快将单日开仓限额的管理要求通知客户，及时调整客户的各项持仓限额标准，并做好相应的前端控制和管理工作。

35.11.3　50ETF（交易所交易基金）期权推出以来的流动性

针对目前已上市的 50ETF 期权的活跃度分析我们可参见下图所示。这里关于期权成交名义价值[1]主要是根据 WIND 期权数据进行计算而来的。

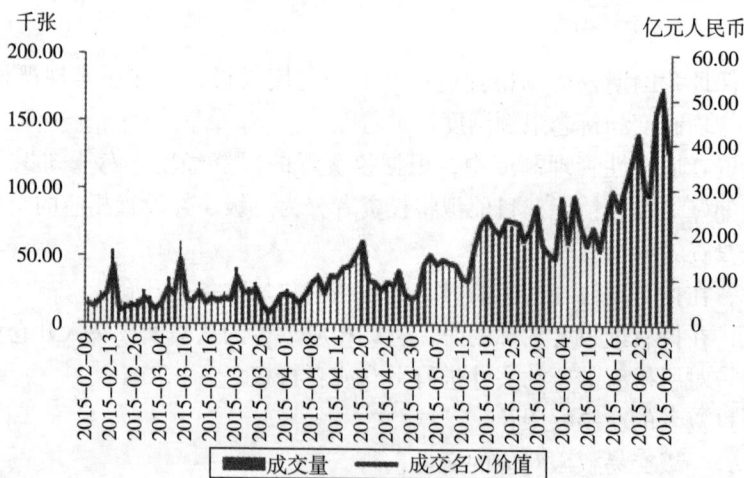

资料来源：WIND。

图 35－22　50ETF 期权成交量和成交名义价值

---

[1]　期权成交名义价值的计算方式为，每份期权的名义价值为期权成交量乘以期权行权价乘以合约乘数，最后将每份期权的名义价值累加即得总的期权成交名义价值。

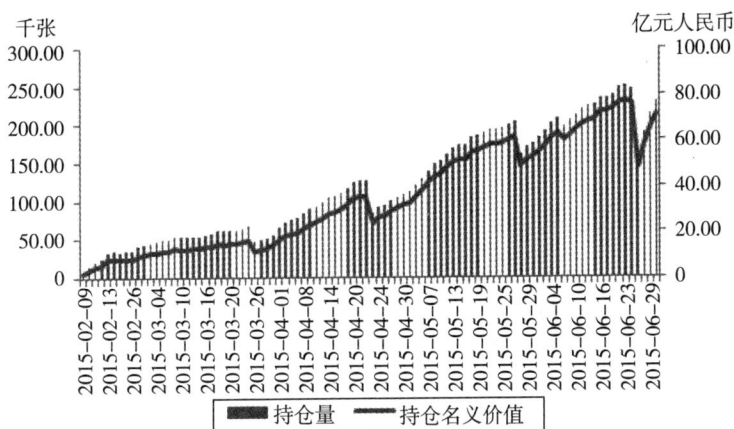

资料来源：WIND。

图 35 – 23　50ETF 期权持仓量和持仓名义价值

图 35 – 22 和图 35 – 23 分别展示了自 2015 年 2 月 9 日以来 50ETF 期权的每日成交量、持仓量、成交名义价值和持仓名义价值。这些图显示，成交量和持仓量呈现稳定增长的态势，而且在 2 月 9 日到 6 月 30 日期间日成交量和持仓量最高分别达到 175955 张和 250020 张，日成交名义价值最高达到 51.67 亿元，日持仓名义价值最高达到 76.72 亿元。同样，股票市场沪深两市在此期间的日成交金额最高曾超过 2 万亿元人民币。和现货市场相比，50ETF 期权的活跃度大大落后。究其原因，这主要在于 50ETF 期权活跃度受交易所规则的限制。

35.11.4　50 ETF 期权市场存在的主要问题

和国外期权的投资者要求来比，我国 50ETF 期权的投资者适当性管理制度可谓世上最严格的。除了资本要求、学历要求、专业知识等一系列要求外，50ETF 期权的交易分级制度让多数投资者处于一级、二级水平，不能够达到三级投资者期权买卖方向自由交易的水平。

上市初期，持仓限额限制要求：单个投资者的权利仓持仓限额为 20 张，总持仓限额为 50 张，单日买入开仓限额为 100 张。虽然，中金所后续对持仓限额有所调整，譬如"合约账户开立满 1 个月且期权合约成交量达到 100 张的投资者，权利仓持仓限额为 1000 张"等等，但严格的持仓限额制度制约 50ETF 期权的活跃度。

为了严控风险，上交所不仅仅对投资者实施严格的持仓限额制度，就是对期权经营机构也有所要求。这大大制约了期权业务开拓和发展，50ETF 期权的成交量自然有所制约。

虽然 50ETF 期权在交易层面有种种严格的限制条件，但是其近几个月来稳定的增长态势仍有效地反映了期权受投资者追捧的青睐性。相信股指覆盖面广、影响力大的特性将使股指期权大放异彩，同时股指期货的存在将为股指期权的发展如虎添翼。

35.12　本章总结

自 1983 年全球首只股指期权上市以来，特别是在 2008 年金融危机前十多年，全球股指期权市场增长迅速，在全球资本市场的作用得到了广泛的认可。同股指期货一样，股指期权在风险管理、资产配置和业务创新等方面发挥着重要作用。

虽然我国首例股指期权产品尚未推出，但是 50ETF 期权的成交量在严苛的投资者适当性管理制度下仍然不断地创新高。可见，期权魅力不容小觑。从国外股指期权的发展经验来看，越发达的国家和地区，其股指期权的发展规模也就越大越成熟。作为世界的第二大经济体，我国在股票和股指期权风险管理领域方面尚处于一片空白状况。随着投资者越来越成熟，避险需求的多样化对期权的需求也越来越强烈。股指期权的非线性特征充分弥补了股指期货的不足，不仅仅在风险管理层面更能灵活性地满足投资者需求，同时减少金融机构间恶性的同质性竞争并促进金融机构的转型升级。除此之外，股指期权的引入将对促进国内金融产品创新和市场发展发挥积极的作用。

我国在金融衍生品领域发展得较晚，虽然之前也做过诸如股票权证、债券市场上的可转换债券、外汇期权等业务的尝试，但和其他国家相比，在期权领域经验尚浅，推出的外汇、黄金和交易所基金期权流动性都相对较低，市场功能难以发挥。我们相信，50ETF 期权的破冰推出将促使股指期权等一系列业务创新的步伐越来越迫切，股指期权的引入必将为我国金融风险管理领域和产品创新增添新的有效工具。

参考文献

［1］Jhon Hull. Options, Futures, and Other Derivatives，第 7 版，清华大学出版社，2011 － 07。

［2］广发证券：《指数期权的推出对市场影响分析》，研究报告，2014 － 02 － 27。

［3］中信证券：《期权推出的市场影响及前景展望》，研究报告，2014 － 04 － 15。

［4］东兴证券:《指数、指数期货与指数期权的内在关系与交易策略》,研究报告,2014-03-27。

［5］广发证券:《期权在机构投资者中的应用之绝对收益》,研究报告,2014-02-26。

［6］广发证券:《期权在公募基金中的应用》,研究报告,2014-02-26。

［7］渤海证券:《个股期权和股指期权仿真交易规则总结》,研究报告,2014-06-16。

［8］丁佳宏:《浅议股指期货与股指期权对市场之影响》,新浪财经,2015-04-15。

［9］国泰君安期货:《股指期权投资手册》,研究报告,2015-07。

［10］王洋:《美国期权市场》,载《期货日报》,2014-04-21。

［11］张伟,朱伟骅:《股票期权将改善现货市场信息不对称现象》,网易财经,2015-01-09。

［12］熊熊,张宇,张维,张永杰:《股指期权推出对股票市场和股指期货市场波动性影响:以 KOSPI200 股指期权为例》,载《系统工程理论与实践》,2011,31(5):785-790。

［13］魏洁,韩立岩:《股指期货与股指期权市场之间的风险传递效应研究——来自香港恒生指数衍生品市场的证据》,数理统计与管理,2014,22(6):1132-1139。

［14］张宇:《股指期权推出对现货市场和股指期货市场影响研究》,硕士论文,天津大学,2009。

［15］国泰君安期货:《股指期权投资手册》,研究报告,2014-05-28。

第36章　国内理财市场介绍和简析

理财业务十多年来成为我国银行最活跃的新型业务，成为当前国内银行业的主要业务之一。我们在本篇前面的章节分别介绍和分析了人民币远期、人民币外汇互换和货币互换、债券远期、利率互换、外汇期权、股指期货、股指期权和利率期货等人民币衍生产品，这些产品在一定程度上是结构性理财产品的基础。由于理财业务不仅涉及外汇、股票、债券等基础市场，而且也涉及这些市场相关的远期、期货和期权等市场，因此理财业务是一个综合性的业务。所以，在介绍和分析国内其他产品和市场后，本篇最后一章介绍国内理财业务的发展和存在的问题。

本章将侧重介绍近年来活跃于国内市场的各类理财产品并通过介绍不同类型银行理财产品的发行了解其十多年来的发展。简单的理财产品实际上是固定回报的理财产品，或者说是储蓄的变形，属于传统的银行业务，而复杂的理财产品是涉及或具有与汇率、利率、商品、股票及相关指数的衍生产品在内的理财产品。复杂的理财产品通常也称作结构性理财产品，或挂钩性理财产品，这类理财产品通常含有各种不同的嵌入式期权。大多数与人民币无本金交割远期相关联的外汇存款都在境外，但有嵌入式期权人民币理财产品不仅在离岸市场存在，而且在国内也很普遍，且近年来也已经有了很大的发展，嵌入式期权类型也逐渐复杂。我们本章首先介绍外资银行外汇理财产品的主要类型及特征，然后介绍国内银行外汇理财产品和人民币理财业务，最后分析理财业务的风险以及其他问题。

36.1　我国理财市场的发展简介

理财十多年来成为我国银行业新型业务的最主要内容。十多年来，我国银行理财业务的发展主要经历了以下三个阶段[①]。

36.1.1　2003 年到 2005 年的起步阶段

自 2003 年年底开始，各银行机构相继推出了衍生产品类理财产品。值得一提的是，在 20 世纪 90 年代末期至 21 世纪初期的中国金融界，银证混业经营的

---

① 《中国银行业理财业务发展报告》。

呼声很高。当时正值股票市场的上升和繁荣时期，这种情形就为以银证合作为背景的理财服务提供了机会，大多数金融机构把这种银证合作看成了开展高端新兴理财业务的良好时机。截至 2002 年上半年，各商业银行对带有混业经营性质的银证业务进行了积极的探索，同时监管部门也查处了一大批违规理财业务。部分以银证混业经营为背景的增值理财业务一度导致了无序竞争和银行资金的混乱，但是这种为客户提供高端增值理财服务的理念是符合市场需要的。面对储蓄负利率的现状，储蓄存款向其他投资渠道分流已成定局。毋庸置疑，监管层也看到了这一点——必须为居高不下的储蓄存款提供合理的投资出口，必须通过提供合理有效的金融产品来繁荣需求旺盛的理财市场。

表 5 - 2 和表 5 - 3 给出的 2003 年到 2014 年国内不同类型银行的总资产和总负债数据显示，国内大型银行，即工行、农行、建行、中行和交行五大行在 2003 年的总资产和总负债占我国银行业比重分别高达 54.9% 和 54.8%，而同年股份制银行和城商行的资产占比分别仅为 13.3% 和 5.3%，相应的负债占比也分别仅为 14.4% 和 5.3%。2003 年大型银行的储蓄总额占比实际上比其负债占比更高。由于股份制银行和城商行等中小银行有吸纳储蓄的压力，这些银行利用理财而避开当时存款利率管制的限制，成为中小银行十多年前加速吸纳储蓄并快速发展的主要渠道，也是早期中小银行在理财业务早期比大型银行更加积极主动的主因。

这一阶段国内银行理财产品主要以外资银行产品、结构化产品、外币理财产品为主，主要是股份制银行和一些城商行在积极推出此业务。直至 2005 年五大国有银行才开始全面开展理财业务，据统计，截至 2005 年年底，约有 26 家银行开展了理财业务，当年理财产品余额约 2000 亿元（中国银行业理财网《我国商业银行理财业务发展历程》）。

36.1.2　2006 年到 2008 年的探索阶段

经历了早期的萌芽和探讨阶段，2006 年我国理财业务步入"快车道"，此后的两年多时间，中国理财市场逐步发展壮大。这一阶段是银行理财业务的探索阶段，各商业银行开始研究财富管理业务发展趋势及路径，总结财富管理经验，开始自主发展。面对日益旺盛的客户理财需求及存款市场的激烈竞争，各行不断加大理财产品的创新和发行力度，不断丰富和延伸理财品牌及价值链上的子产品（中国银行业理财网《我国商业银行理财业务发展历程》）。

36.1.3　2009 年至今的腾飞阶段

人民币产品逐渐成为国内理财市场主流，银行顺应客户需求推出期限短、收益稳定、资金门槛不高的固定收益类产品。这一阶段银行理财业务的特点主要体现在以下两个方面：一是参与发行理财产品的银行数量、银行种类取得较大突破；二是产品发行数量、规模呈高速增长态势（中国银行业理财网《我国商业银行理财业务发展历程》）。截至 2014 年年底，全国开展理财业务的银行业金融机构达 525 家，存续理财产品 55012 只，资金余额 15.02 万亿元，较 2013 年增长 4.79 万亿元，增幅达 46.68%（全国银行业理财信息登记系统发布的《中国银行业理财市场年度报告（2014）》）。

36.1.4 主要类型银行理财产品占比与负债占比随时间的变化

中小银行为扩大存款率先大力开展理财业务产生显著的效果，大型银行后来为了保持资金存款基础少被挖掘也不得不加速开展理财业务。根据本书第二版（张光平，2008）和第三版（张光平，2012）分别对 2007 年和 2010 年国内主要银行开展外币理财跟踪研究的结果，2007 年，国内包括五大银行在内的 18 家主要商业银行为客户提供的外币理财产品总数为 1114 个，而五个大型银行仅提供了 434 个产品（本书第二版，张光平，2006，表 35-4），占比仅为 39%，远低于同年大型银行负债占国内银行业比重 53.3%，而同年其他中小型银行推出的理财产品总数 680 个，占比 71%，超过大型银行 246 个产品，显示中小型银行在早期推动理财业的动力远高于大型银行；2010 年包括五大行在内的国内 22 家主要银行在国内总共推出了 6382 个理财产品，而五个大型银行仅提供了 2786 个产品（本书第三版，张光平，2012，表 34-4），占比仅为 43%，比 2007 年的占比 39% 略有提高，但仍显著低于 2010 年大型银行负债占国内银行业比重 49.2%，显示大型银行对理财业的重视程度有所提高；表 36-4 的结果显示，2014 年国内 24 家主要银行为客户提供的外币理财产品总数进一步提高到了 13895 只，其中五家大型银行提供的理财产品数 6765 只，占总数比重 47.1%（比 2010 年的 43% 提高了 4.1%），比 2014 年大型银行负债的行业占比 41.1% 高出 6%，显示大型银行对理财业务的重视程度持续提升。表 36-1 归纳了上文的讨论和比较。

表 36-1　　　　大型银行和股份制银行及部分城商银行理财产品数量
占比及与负债占比的比较（2007 年、2010 年和 2014 年）单位：只，%

银行类型	推出的理财产品数量			推出的理财产品数量占总理财产品数量比重		
年份	2007	2010	2014	2007	2010	2014
五家大型银行	434	2786	6765	39.0	43.2	48.3
股份制银行	502	2486	5292	45.1	38.6	37.7
部分城商行*	178	1170	1963	16.0	18.2	14.0
合计	1114	6442	14020	100.0	100.0	100.0

银行类型	负债占比 **			推出理财产品占总理财产品比重/负债占比 **		
年份	2007	2010	2014	2007	2010	2014
五家大型银行	53.3	49.2	41.1	73.1	87.9	117.5
股份制银行	14.6	16.7	19.6	308.1	231.7	192.3
部分城商行 *	6.4	8.2	10.5	251.3	220.5	133.1

数据来源：根据张光平（2008）、张光平（2012）和表 36－4 的结果整理计算得出；国内理财产品主要由大型银行、股份制银行和部分城商行；2007 年到 2014 年股份制银行包括十个股份制银行；2007 年、2010 年和 2014 年城商行分别有 3 家、6 家和 8 家；负债占比为大型银行、股份制银行和城商银行总负债占比。

表 36－1 显示，2007 年大型银行推出的理财产品占总理财产品比重与其负债占比仅为 73.1%，而股份制银行相应的比例却高达 308.1%，部分城商行相应的比例也高达 251.3%，显示股份制银行在早期理财领域的动力；2010 年大型银行、股份制银行和部分城商行的比例分别为 87.9%、231.7% 和 220.5%；2014 年这些类型的银行相应的比例分别为 117.5%、192.3% 和 133.1%，显示尽管大型银行在理财领域加大力度，然而其理财产品推出的力度仍然与股份制银行和城商行有显著的差距。我们在本章第 36.11 节还会进一步讨论各个主要银行理财产品推出与其市值的关系。

36.2　外资银行在我国的理财业务

外资银行在国际市场产品创新、产品估值、风险管理等方面有数十年的丰富经验，他们将这些国际产品经验直接应用于我国境内市场，在产品创新领域有着明显的优势。外资银行十多年来在我国境内的业务也不断增长，成为我国银行业务创新领域，特别是在理财领域的重要力量。本章首先介绍外资银行在国内的理财产品。

36.2.1　外资银行在我国理财产品介绍

在我们分析外资银行理财业务之前，我们首先要对外资银行目前在我国境内提供的理财产品有一个基本的了解。从 2004 年到 2014 年，外资银行一共在我国境内推出了 5126 款理财产品，其中外汇理财产品为 1401 款，占总数的 27.3%。由于外资银行在国内推出的理财数目繁多，我们选取了 6 家主要外资银行 2014 年在我国境内提供的外汇理财产品列举，见表 36－2。

表36-2   主要外资银行2014年在国内提供的外汇理财产品

汇丰银行

产品名称	委托币种	期限	安全性	始销日	停销日	挂钩标的	提前终止	收益类型
一年期美元结构性投资产品（2014年第135期）（到期100%本金保障）（IN9A421）	美元	1年	保本	2014/9/16	2014/9/25	指数	不可以终止	浮动收益
一年期美元结构性投资产品（2014年第119期）（到期100%本金保障）（IN9A410）	美元	370日	保本	2014/8/19	2014/9/5	指数	不可以终止	浮动收益
一年期美元结构性投资产品（2014年第109期）（到期100%本金保障）（IN9A403）	美元	1年	保本	2014/8/5	2014/8/20	指数	不可以终止	浮动收益
一年期美元结构性投资产品（2014年第100期）（到期100%本金保障）（IN9A395）	美元	1年	保本	2014/7/22	2014/8/5	指数	不可以终止	浮动收益
一年期美元结构性投资产品（2014年第89期）（到期100%本金保障）（IN9A387）	美元	1年	保本	2014/7/7	2014/7/22	指数	不可以终止	浮动收益
一年期美元结构性投资产品（2014年第81期）（到期100%本金保障）（IN9A381）	美元	1年	保本	2014/6/19	2014/7/7	指数	不可以终止	浮动收益
一年期美元结构性投资产品（2014年第72期）（到期100%本金保障）（IN9A373）	美元	1年	保本	2014/6/6	2014/6/20	指数	不可以终止	浮动收益

恒生银行

产品名称	委托币种	期限	安全性	始销日	停销日	挂钩标的	提前终止	收益类型
"恒汇盈"系列保本投资产品—区间投资（欧元/美元）（美元2万元起）（2014年12月17日）	美元	6个月	保本	2014/12/17	2014/12/23	汇率	银行可以终止	浮动收益

续表

产品名称	委托币种	期限	安全性	始销日	停销日	挂钩标的	提前终止	收益类型
代客境外理财产品（海外基金系列）—邓普顿亚洲增长基金（欧元）C1050414000225	欧元		非保本	2014/11/6	2014/11/6		投资者可赎回	浮动收益
代客境外理财产品（海外基金系列）—邓普顿亚洲增长基金（美元）C1050414000228	美元		非保本	2014/11/6	2014/11/6		投资者可赎回	浮动收益
代客境外理财产品（海外基金系列）—邓普顿环球均衡增长基金（美元）C1050414000229	美元		非保本	2014/11/6	2014/11/6		投资者可赎回	浮动收益
"恒汇盈"系列保本投资产品—区间投资（欧元/美元）（美元2万元起）（2014年11月6日）	美元	6个月	保本	2014/11/6	2014/11/12	汇率	银行可以终止	浮动收益
代客境外理财产品（海外基金系列）—邓普顿环球美元基金（美元）C1050414000214	美元		非保本	2014/10/27	2014/10/27		投资者可赎回	浮动收益
代客境外理财产品（海外基金系列）—恒生指数基金（港元）C1050414000208	港元		非保本	2014/10/27	2014/10/27		投资者可赎回	浮动收益
"恒汇盈"系列保本投资产品 C1050414000187	美元	186日	保本	2014/10/10	2014/10/16		银行可以终止	浮动收益
"恒汇盈"系列保本投资产品 C1050414000160	美元	182日	保本	2014/9/5	2014/9/15		银行可以终止	浮动收益
"恒汇盈"系列保本投资产品—区间投资（欧元/美元）（美元2万元起）（2014年8月19日）	美元	6个月	保本	2014/8/19	2014/8/25	汇率	银行可以终止	浮动收益
"恒汇盈"系列保本投资产品 C1050414000112	美元	184日	保本	2014/7/10	2014/7/16		银行可以终止	浮动收益
"恒汇盈"系列保本投资产品—区间投资（欧元/美元）（美元2万元起）（2014年6月17日）	美元	6个月	保本	2014/6/17	2014/6/23	汇率	银行可以终止	浮动收益

花旗银行

产品名称	委托币种	期限	安全性	始销日	停销日	挂钩标的	提前终止	收益类型
2014 年第 15 期澳元结构性票据理财产品	澳大利亚元	556 日	非保本	2014/12/5	2014/12/17	股票	不可以终止	浮动收益
2014 年第 13 期澳元结构性票据理财产品	澳大利亚元	1.5 年	非保本	2014/11/17	2014/11/26	股票	不可以终止	浮动收益
2014 年第 12 期澳元结构性票据理财产品	澳大利亚元	1.5 年	非保本	2014/10/20	2014/10/29	股票	不可以终止	浮动收益
2014 年第 11 期澳元结构性票据理财产品	澳大利亚元	5 年	非保本	2014/9/16	2014/9/28	股票	不可以终止	浮动收益
2014 年第 10 期澳元结构性票据理财产品	澳大利亚元	1.5 年	非保本	2014/8/27	2014/9/10	股票	不可以终止	浮动收益
2014 年第 8 期澳元结构性票据理财产品	澳大利亚元	1.5 年	非保本	2014/8/4	2014/8/13	股票	不可以终止	浮动收益
2014 年第 3 期澳元结构性票据理财产品	澳大利亚元	1.5 年	保本	2014/3/19	2014/3/26	指数	不可以终止	浮动收益
2014 年第 1 期澳元结构性票据理财产品	澳大利亚元	1.5 年	保本	2014/1/10	2014/1/23	指数	不可以终止	浮动收益

华侨银行

产品名称	委托币种	期限	安全性	始销日	停销日	挂钩标的	提前终止	收益类型
"代客境外理财计划"美盛凯利系列之美盛凯利灵活入息基金 A 类美元精选派息美元款 C1062114000235	美元		非保本	2014/7/24	2014/7/24		投资者可赎回	浮动收益
"代客境外理财计划"施罗德系列之施罗德欧元股票基金美元对冲类别美元款 C1062114000048	美元	13666 日	非保本	2014/2/17	2014/2/17		投资者可赎回	浮动收益
"代客境外理财计划"施罗德系列之施罗德环球收益股票基金收息类别美元款 C1062114000050	美元	13666 日	非保本	2014/2/17	2014/2/17		投资者可赎回	浮动收益
"代客境外理财计划"施罗德之施罗德环球收益股票基金累积类别美元款 C1062114000052	美元	31363 日	非保本	2014/2/17	2014/2/17		投资者可赎回	浮动收益

南商银行

产品名称	委托币种	期限	安全性	始销日	停销日	挂钩标的	提前终止	收益类型
摩根亚洲股息基金—美元累积类别—美元组别 C1050314000224	美元	31278日	非保本	2014/5/12	2014/5/12		投资者可赎回	浮动收益
摩根日本基金—日元累积类别—日元组别 C1050314000222	日元	31278日	非保本	2014/5/12	2014/5/12		投资者可赎回	浮动收益
摩根日本基金—美元对冲累积类别—美元组别 C1050314000218	美元	31278日	非保本	2014/5/12	2014/5/12		投资者可赎回	浮动收益
摩根欧洲动力基金—欧元累积类别—欧元组别 C1050314000223	欧元	31278日	非保本	2014/5/12	2014/5/12		投资者可赎回	浮动收益
摩根欧洲动力基金—美元对冲累积类别—美元组别 C1050314000217	美元	31278日	非保本	2014/5/12	2014/5/12		投资者可赎回	浮动收益
美盛西方资产亚洲机会基金—美元累积类别—人民币组别 C1050314000216	美元	31652日	非保本	2014/4/30	2014/4/30		投资者可赎回	浮动收益
美盛西方资产亚洲机会基金—美元累积类别—美元组别 C1050314000215	美元	31652日	非保本	2014/4/30	2014/4/30		投资者可赎回	浮动收益
美盛锐思美国小型资本机会基金—美元累积类别—美元组别 C1050314000170	美元	31652日	非保本	2014/4/30	2014/4/30		投资者可赎回	浮动收益
美盛凯利美国进取型增长基金—美元累计类别—美元组别 C1050314000167	美元	31652日	非保本	2014/4/30	2014/4/30		投资者可赎回	浮动收益

星展银行

产品名称	委托币种	期限	安全性	始销日	停销日	挂钩标的	提前终止	收益类型
"星利"系列 1602 期—12 个月澳元结构性投资产品	澳大利亚元	12个月	保本	2014/12/29	2015/1/13	利率	银行可以终止	浮动收益
"星利"系列 1601 期—12 个月澳元结构性投资产品	澳大利亚元	12个月	保本	2014/12/18	2014/12/29	利率	银行可以终止	浮动收益
"星利"系列 1600 期—12 个月澳元结构性投资产品	澳大利亚元	12个月	保本	2014/12/8	2014/12/19	利率	银行可以终止	浮动收益
"星利"系列 1599 期—12 个月澳元结构性投资产品	澳大利亚元	12个月	保本	2014/12/1	2014/12/9	利率	银行可以终止	浮动收益
"星利"系列 1598 期—12 个月澳元结构性投资产品	澳大利亚元	12个月	保本	2014/11/24	2014/12/8	利率	银行可以终止	浮动收益

产品名称	委托币种	期限	安全性	始销日	停销日	挂钩标的	提前终止	收益类型
"星利"系列1566期—12个月澳元结构性投资产品	澳大利亚元	12个月	保本	2014/11/13	2014/11/24	利率	银行可以终止	浮动收益
"星利"系列1565期—12个月澳元结构性投资产品	澳大利亚元	12个月	保本	2014/10/29	2014/11/13	利率	银行可以终止	浮动收益
"星利"系列1564期—12个月澳元结构性投资产品	澳大利亚元	12个月	保本	2014/10/20	2014/10/29	利率	银行可以终止	固定收益
"星利"系列1563期—6个月澳元结构性投资产品	澳大利亚元	182日	保本	2014/10/10	2014/10/20	利率	银行可以终止	固定收益
"星利"系列1562期6个月澳元结构性投资产品	澳大利亚元	6个月	保本	2014/9/26	2014/10/10	利率	银行可以终止	浮动收益
"星利"系列1544期6个月澳元结构性投资产品	澳大利亚元	6个月	保本	2014/9/14	2014/9/24	利率	银行可以终止	浮动收益
"星利"系列1543期—3个月澳元结构性投资产品	澳大利亚元	153日	保本	2014/8/28	2014/9/15		银行可以终止	固定收益
"星利"系列1542期—3个月澳元结构性投资产品	澳大利亚元	154日	保本	2014/8/12	2014/8/28	其他	银行可以终止	固定收益
"星利"系列1521期3个月美元结构性投资产品	美元	3个月	保本	2014/8/5	2014/8/22	利率	不可以终止	浮动收益
"星利"系列1541期48天澳元结构性投资产品	澳大利亚元	48日	保本	2014/8/4	2014/8/19	利率	银行可以终止	浮动收益
"星利"系列1503期6个月澳元结构性投资产品	澳大利亚元	6个月	保本	2014/7/28	2014/8/12	利率	银行可以终止	浮动收益
"星利"系列1540期3个月澳元结构性投资产品	澳大利亚元	3个月	保本	2014/7/24	2014/8/11	利率	银行可以终止	浮动收益
"星利"系列1502期6个月澳元结构性投资产品	澳大利亚元	6个月	保本	2014/7/14	2014/7/28	利率		浮动收益
"星利"系列1501期6个月澳元结构性投资产品	澳大利亚元	6个月	保本	2014/7/7	2014/7/21	利率		浮动收益
"星利"系列1481期3个月美元结构性投资产品	美元	3个月	保本	2014/7/1	2014/7/22	利率	不可以终止	浮动收益
"星利"系列1500期6个月澳元结构性投资产品	澳大利亚元	6个月	保本	2014/6/27	2014/7/14	利率	银行可以终止	浮动收益

产品名称	委托币种	期限	安全性	始销日	停销日	挂钩标的	提前终止	收益类型
"星利"系列 1499 期 6 个月澳元结构性投资产品	澳大利亚元	6 个月	保本	2014/6/19	2014/7/3	利率		浮动收益
"星利"系列 1498 期 6 个月澳元结构性投资产品	澳大利亚元	6 个月	保本	2014/6/18	2014/6/27	利率	银行可以终止	浮动收益
"星利"系列 1480 期 3 个月美元结构性投资产品（3 个月）	美元	3 个月	保本	2014/6/4	2014/6/26	利率	不可以终止	浮动收益
"星利"系列 1461 期 6 个月澳元结构性投资产品（6 个月）	澳大利亚元	6 个月	保本	2014/6/3	2014/6/18	利率	银行可以终止	浮动收益
"星利"系列 1479 期 3 个月美元结构性投资产品（3 个月）	美元	3 个月	保本	2014/5/29	2014/6/26	利率	不可以终止	浮动收益
"星利"系列 1478 期 6 个月美元结构性投资产品（6 个月）	美元	6 个月	保本	2014/5/28	2014/6/26	利率	不可以终止	浮动收益
"星利"系列 1460 期 6 个月澳元结构性投资产品（6 个月）	澳大利亚元	6 个月	保本	2014/5/19	2014/5/29	利率	银行可以终止	浮动收益
"星利"系列 1459 期 6 个月澳元结构性投资产品（6 个月）	澳大利亚元	6 个月	保本	2014/5/16	2014/5/29	利率	银行可以终止	浮动收益
"星利"系列 1458 期—6 个月澳元结构性投资产品	澳大利亚元	184 日	保本	2014/4/28	2014/5/16	其他	银行可以终止	固定收益
"星利"系列 1457 期—6 个月澳元结构性投资产品	澳大利亚元	183 日	保本	2014/4/18	2014/4/28	其他		固定收益
"星利"系列 1406 期—6 个月澳币结构性投资产品	澳大利亚元	182 日	保本	2014/3/17	2014/3/28	其他		固定收益
"星利"系列 1405 期—6 个月澳币结构性投资产品	澳大利亚元	184 日	保本	2014/2/28	2014/3/14	其他		固定收益
"星利"系列 1403 期 6 个月澳元结构性投资产品（6 个月）	澳大利亚元	6 个月	保本	2014/2/17	2014/2/27	利率	银行可以终止	浮动收益
"星利"系列 1402 期 6 个月澳元结构性投资产品（6 个月）	澳大利亚元	6 个月	保本	2014/1/28	2014/2/14	利率	银行可以终止	浮动收益

资料来源：相关银行网站。

36.2.2　外资银行理财产品简析

表 36 - 2 中 6 家外资银行提供的 75 个理财产品中有 67 个是浮动收益产品，

有49个产品含提前赎回条款，这些产品大多数包含嵌入式期权。这些产品名单较长，一下子难以看出他们的主要特点。表36-3将这些理财产品的特性进行了概括。

表36-3　　　　　　　2014年外资银行在国内发行的外币理财产品简析　　　单位：只，%

外资银行产品	固定收益类	浮动收益类			合计
		保本	非保本	小计	
数量	8	43	24	67	75
占比	10.7	89.3	36.7	65.3	100
	不可提前终止	可提前终止			
		投资者可赎回	银行可终止	小计	
数量	26	18	31	49	75
占比	36.7	24.0	41.3	65.3	100
挂钩种类	利率	指数	股票	其他	汇率	合计
数量	29	9	6	5	4	53
占比	38.7	12.0	8.0	6.7	5.3	70.7

资料来源：根据表36-2整理得出。

表36-3显示，外资银行提供的外币理财产品69%为不可以提前终止的产品，70.7%的理财产品为各类挂钩类型产品。挂钩的理财产品挂钩的标的以利率为主，指数次之，该两类产品数量占理财产品总数的50.7%；再次为股票类挂钩产品，占比8.0%；汇率类挂钩理财产品占比5.3%；其他类型的挂钩产品占比则为6.7%。因此，与利率和指数挂钩的外币理财产品为外资银行在国内发行外币理财产品的主流。

比较表36-3整理出的该6家外资银行2014年在国内推出的理财产品和本书第三版给出的同样6家银行2010年在国内推出的理财产品，我们发现该6家银行2014年推出的理财产品总数75只，比2010年的总数78只略有减少，挂钩的理财产品53只，也比2010年的62只略有减少，挂钩理财产品占总理财产品比重70.7%也比2010年的79.5%略有下降。外资银行挂钩类理财产品占比略微下降的原因在很大程度上是中资银行理财产品趋于简单化所致，我们下文还会讨论。

36.2.3　外资银行在我国的理财新产品

从2004年外资银行开始在中国推出理财产品以来，最初主要挂钩于汇率和利率（Libor或者Hibor），我们将其归纳在传统的理财产品之列。随着市场的扩大，取得合格境内机构投资者（QDII）资格的外资行增加，外资银行在境内推出的外汇理财产品挂钩的标的也逐渐丰富，挂钩方式也更加灵活。自 2005 年 8 月 1 日，渣打银行在境内首次推出了挂钩道琼斯工业指数的产品，2005 年 8 月 29 日，荷兰银行同时推出了挂钩国际商品指数的外汇理财产品和挂钩香港恒生指数的产品以来，与股票和股票指数挂钩的理财产品开始成为外资银行推出的理财产品重要组成部分，除此之外与大宗商品价格、基金以及各种指数挂钩的产品也开始出现，表 36－4 给出了最新的几款理财产品的介绍。

表 36－4　　　　　　　主要外资银行在我国提供的新型理财产品

名称	币种	期限	安全性	年收益率	挂钩标的	收益种类	最低限额
"恒汇盈" 系列保本投资产品－区间投资（欧元/美元）（美元 2 万元起）（2014 年 12 月 17 日）	美元	0.5 年	保本 + 0.025% 的最低收益	2% 的预期年收益率（视波幅大小而定）	汇率	浮动	20000 美元
华侨银行（中国）有限公司 "代客境外理财计划" 施罗德之施罗德环球收益股票基金累积类别美元款	美元	2 年以上	非保本	——	基金	浮动	20000 美元
花旗银行 2014 年第 8 期澳元结构性票据理财产品	澳元	1.5 年	非保本	预计到期回报最高可达 10.67%	路易威登、蒂芙尼股票	浮动	20000 澳元
"星利" 系列 1599 期—12 个月澳元结构性投资产品	澳元	1 年	保本	3.7% 的预期年收益率（视挂钩标的波幅大小而定）	澳元 3 个月兑换票据平均中间利率	浮动	10000 澳元

资料来源：Wind 数据终端。

表 36－4 介绍的外资银行在我国提供的理财产品表明外资银行在我国境内理财产品方面创新的举措。这些理财产品比传统的理财产品更有吸引力。随着我国利率市场化、汇率市场化、资本项目进一步开放，与境内外利率、汇率、股指、商品等挂钩的理财产品需求将进一步增加。由于外资银行在产品创新方面的经验和优势，可以预测外资银行今后数年在国内理财业务领域将发挥更大的作用。

36.3 国内银行外汇理财业务

36.3.1 国内外汇理财业务的发展概况

外汇理财业务可以说是我国银行业目前开展最广泛的中间业务，所有国有商业银行和股份制银行目前都从事理财业务。

5家大型银行、8家股份制银行和很多城商行目前都开展外汇理财业务。本章着重介绍和分析国内24家开展外汇理财业务的主要银行。截至2014年年底，24家中资银行共提供了14351种外汇储存产品（Wind数据终端）。如此大数目的理财产品清单过长，这里不宜全部列出，我们将这些产品的特征归纳在表36－5中。

表36－5 　　　　国内主要银行外汇理财
（固定/浮动回报）一览表（截至2014年底）

银行名称	固定回报	占比（%）	浮动回报	占比（%）	总计
交通银行	1068	38.68	1693	61.32	2761
中国银行	1444	57.39	1072	42.61	2516
招商银行	802	48.17	863	51.83	1665
中国光大银行	872	82.26	188	17.74	1060
上海银行	1033	99.61	4	0.39	1037
中信银行	769	90.05	85	9.95	854
中国建设银行	181	27.26	483	72.74	664
北京银行	548	83.79	106	16.21	654
中国工商银行	297	56.14	232	43.86	529
浦发银行	469	92.32	39	7.68	508
深圳发展银行	103	27.76	268	72.24	371
中国民生银行	123	35.45	224	64.55	367
中国邮政储蓄银行	328	99.09	3	0.91	331
兴业银行	65	20.00	260	80.00	325
中国农业银行	252	85.42	43	14.58	295
厦门国际银行	49	33.33	98	66.67	147
广发银行	60	48.39	64	51.61	124
平安银行	0	0	117	100.00	117
华夏银行	0	0	18	100.00	18

银行名称	固定回报	占比（%）	浮动回报	占比（%）	总计
浙商银行	17	100.00	0	0	17
渤海银行	1	16.67	5	83.33	6
杭州银行	1	50.00	1	50.00	2
盛京银行	0	0	2	100.00	2
宁波银行	0	0	1	100.00	1
总计	8482	59.10	5869	40.90	14371

资料来源：根据 Wind 数据终端理财产品资料整理而得。

36.3.2 国内外银行外汇理财业务的特点

36.3.2.1 保本特征

从表 36-6 给出的 14351 个理财产品的分布可以看出，我国外汇理财产品仍以保本类产品为主，占比高达 89.9%，而非保本类产品占比仅为 10.1%，说明我国外汇理财产品仍然处于初始阶段。尽管监管部门并未正式界定和认可保本产品的称谓，但是鉴于中国资本市场和理财市场的现状，客户的主要投资信心仍然依赖于银行隐含的国家信用。

表 36-6 　　　　中资银行产品简要总结（截至 2014 年年底）　　　单位：只，%

中资银行产品	固定收益类	浮动收益类			合计
		保本	非保本	小计	
数量	8482	4416	1453	5869	14351
占比	59.10	30.77	10.12	40.90	100

提前终止种类	不可提前终止	可提前终止					合计
		自动终止	投资者可终止	银行可终止	投资者、银行均可	小计	
数量	4282	144	508	9305	112	10069	14351
占比	29.84	1.00	29.84	29.84	29.84	70.16	100

挂钩种类	利率	汇率	股票	商品	指数	信用	基金	债券	其他	总计
数量	376	731	148	66	50	100	36	10	350	1865
占比	2.62	5.09	1.03	0.46	0.35	0.70	0.24	0.07	2.44	13.00

资料来源：根据 Wind 数据终端理财产品资料整理而得。

36.3.2.2 固定回报与浮动回报

我们将表 36-6 给出的 14351 个理财产品分成固定回报与浮动回报两类，并将结果放入表 36 - 5 中。由表 36 - 6 可以看出，固定回报的理财产品共有 8482 个，占总数量 14351 个的 59.1%。固定回报的理财产品实际上是储蓄产品，而不是真正的理财产品，因此对投资者来说并没有任何风险，而且固定回报比相应的储蓄回报会高出一定的幅度，否则投资者不会参与这些业务。但是对银行来说，在吸引了储蓄的同时，利率风险也在增大。

36.3.2.3 理财产品的时间结构

观察和分析表 36 - 6 给出的 14351 个理财产品的时间结构，可以发现不超过一年的产品共 13010 个，占 90.7%；时间在 1～2 年的共 1142 个，占 8.0%；时间在 2 年以上的共 177 个，占 1.2%，表明国内理财产品绝大部分为短期产品。

36.3.2.4 浮动理财产品的标的及特征

表 36 - 6 中 14351 个理财产品中仅 5869 个浮动理财产品，占全部产品的 40.9%，这 5869 个浮动理财产品中有 1865 个为挂钩类产品（占国内银行业外汇理财产品总数的 13%，比表 36 - 3 给出的 6 家外资银行在国内外币理财产品中挂钩产品占比 70.7% 低 57.7%），其中有 376 个以不同时期的 Libor 等利率指标为挂钩标的；731 个以各货币间相互汇率为挂钩标的；148 个以境外上市股票为挂钩标的，其余作为挂钩标的还有商品（黄金、原油）、指数（股票指数、基金指数、农产品指数）、信用事件及价格指数、欧洲碳排放权期货合约等较为新颖的产品。浮动产品大部分为传统的区间产品，即浮动标的在一定区间内的日数量占总日数的比例乘以固定回报率，或在一定区间的条件下获得回报，为区间前端的标的回报加上一定的幅度。我们在本章前面介绍有嵌入复杂期权的储蓄产品在国内还不是很流行，然而这类理财产品应该是今后国内理财产品发展的方向。

相对于固定回报的理财产品，浮动理财产品可以更灵活地体现投资者对风险的喜好，开发浮动理财产品也体现了银行对理财产品的研发水平和驾驭能力。浮动理财产品相对于全部理财产品的占比可以从一个侧面反映出银行的创新实力。从表 36 - 3 中可以看到，外资银行的外币理财产品中有 65.3% 是浮动收益的，而中资银行的这一占比仅为 40.9%，由此我们也可以看到中外资银行在金融创新方面的差距。表 36 - 6 对中资银行的浮动理财产品做了简要汇总。

36.3.2.5 国有商业银行与股份制银行的区别

详细观察表 36 - 6 我们也可以发现，虽然绝大多产品还比较简单，但个性化、结构性产品初露端倪。银行理财产品同质化现象一直困扰着理财市场，同质化产品的推广是依靠价格战来进行的。低价格往往以降低储蓄存款和捆绑定期存款销售来补充银行价格降低带来的损失。所以，个性化、结构性的理财产品会越来越受欢迎，不过这种产品往往操作技术含量较高，被定位于高端市场。我们在第 36.6 节会简单介绍我国理财产品的进一步发展。

36.3.3　2010 年到 2014 年主要国内银行理财产品结构的变化

比较表 36 - 6 给出的截至 2014 年年底国内 24 家主要银行产品数量和结构与本书第三版表 34 - 6 给出的国内银行 2010 年理财产品数量和结果，我们发现，2010 年到 2014 年国内银行理财产品总数从 6480 只猛增到了 14531 只，增长了一倍多；挂钩类理财产品总数从 1754 只增长到了 1865 只，增幅仅为 6.3%；挂钩类理财产品占总理财产品数的比重从 2010 年的 27.1% 下降到了 13.0%，降幅为 14.1%，显示 4 年来国内银行为客户提供的理财产品不仅没有在结构创新上有所提高，反而简单化的趋势明显。

36.4　中外资银行国内外汇理财业务比较

上文我们分别对外资和中资银行外汇理财产品进行了介绍，本节我国专门比较中外资银行理财产品的差异。

36.4.1　挂钩占比差别

表 36 - 3 和表 36 - 6 清楚地给出了外资银行和国内银行在国内外币理财产品方面的区别。虽然经过了多年的发展，国内银行目前推出的理财产品大多为固定收益类，到 2014 年固定收益类产品占比仍然高达 59.1%，挂钩产品占比仅为 13.0%；而外资银行推出的产品大多为挂钩类理财产品，占比高达 70.7%，固定收益类理财产品仅占 10.7%。这种巨大的差别反映出国内银行在产品设计方面与外资银行的差距，特别是对期权类产品的了解和经验与外资银行有很大的差距。客观的原因在于国内到目前为止场内外还没有具有一定流动性的期权市场，市场参与者不易设计，更难对冲相应的风险，因此理财产品难以设计；主观的原因在于大多国内银行对新产品设计、定价、风险对冲方面重视程度还远不够，表 36 - 5 占比 13.0% 的挂钩产品中有大多产品还不是国内银行设计出来的，而是与外资机构合作，更准确地说是代理外资机构的理财产品。我们在本章下文还会深入讨论这个问题。

36.4.2　挂钩目标差别

除如上挂钩理财产品占比的巨大差别外，中外资银行挂钩类理财产品的另外一个差别在挂钩的目标上。表 36 - 3 和表 36 - 6 显示，外资银行挂钩的理财产品中与利率和指数挂钩的占比分别高达 38.7% 和 12.0%，而国内银行相应的占比分别仅为 2.6% 和 0.4%。

36.4.3　中外资银行理财产品的相互影响

上文解释了外资银行在理财产品创新方面领先国内银行的现状和必然趋势，这种趋势从国内中外资银行理财业的历史数据看得更为明显。本书第二版和第三版分别对 2007 年和 2010 年外资银行在国内外资银行挂钩理财产品占总外资理财产品比例分别为 75.4% 和 79.5%，而中资银行相应的比重分别为 21.1% 和 27.1%，显示当时中资银行受外资银行的影响和引导，挂钩理财产品占比提升明显。

然而由于外资银行总资产金融危机以来占我国银行业总资产比例不断下降到了不到 2%，2010 年到 2014 年中资银行理财产品简单化倾向也导致了外资银行在国内推出的理财产品出现简单化：在中资银行挂钩产品占比从 2010 年的 27.1% 显著下降到了 13.0% 的情况下，同期主要外资银行在国内推出的挂钩类外币理财产品占其总理财产品比重也从 79.5% 下降到了 70.7%，然而降低的幅度远低于中资银行，显示中资银行产品倾向对外资银行的影响。

36.5　人民币理财产品

2004 年 10 月 29 日，央行宣布上调人民币存贷款利率后，居民储蓄利率结束了长达 9 年的单边下行，开始小幅上扬，人们在追逐高回报的利益驱使下，开始重新架构自己的资金分配，人民币利率和收益被前所未有地高度关注。但是，一次加息并不能满足人们对人民币收益的预期，于是在这种市场需求的推动下，自光大银行 2004 年推出首只理财产品后，各商业银行、基金管理公司等有资质的金融机构纷纷推出人民币理财产品。本节介绍国内人民币理财产品的发展情况。

36.5.1　人民币理财产品简介

人民币理财产品，就是金融机构将储户手中的钱集中起来，分别投向不同的理财渠道，从而产生高于定期存款利息收益的一种投资产品。从业务种类上讲，人民币理财业务属于中间业务，目前市面上可见的几种人民币理财产品基本上要搭配一定比例的同期定期存款，这样理财资金分为两个资金池：一部分用来做定期储蓄和固定收益债券，其比例一般为 10% 到 40%；其他通过银行间债券市场投资于信用级别较好的国债、金融债以及央行票据等，收益率在 3% 到 4%，相对于同期定期储蓄存款，收益提高 50% 左右。到目前为止，各国有银行、股份制银行和基金管理公司相继推出了不同特点的人民币理财产品。表 36 - 7 给出了 2004 年我国部分商业银行推出的人民币理财产品。

表36-7   **部分银行推出的人民币理财产品**

理财产品	所属银行	推出时间	预期收益率	最低金额	主要特色
阳光理财计划	光大银行	2004年8月陆续分批推出	半年期产品预期收益率为2.4%；2年期产品预期收益率为3.1%，部分达到3.3%	认购起点为1万元，递增金额不低于1000元	贴现发行、面值兑付；买两年期产品的客户，在1年期满时有权向银行要求提前全部终止
民生财富·人民币保得理财	民生银行	2004年11月17日	年产品最低收益率2.844%，最高2.943%	认购起点为1万元，递增金额1万元	投资金额比例在定期存款，报得理财间比例
人民币理财宝	中信银行	2004年11月23日	年产品最低收益率2.88%，最高3%	认购起点为2万元，递增金额1万元	第一个不需配比储蓄的人民币理财产品；10万元以上产品无存款配售；质押比例90%
金葵花理财	招商银行	2004年12月1日	一年期产品预期收益率2.9%；2年为3.2%	每份金额为1万元的整数倍	客户有权提前终止；银行可提供质押贷款服务；均无存款配售限制
万利宝	兴业银行	2004年12月8日	扣除管理费用后的预期收益分别为2.6%和3.04%。2005年1月推出的3.15%	认购起点为1万元，每份金额为1万元的整数倍	各分行根据地区情况自主决定存款配售比例
华夏理财·人民币稳赢	华夏银行	2004年12月21日	年最低益率2.775%，最高3.09%	认购起点为5000万元，递增金额1000元	银行可提供质押贷款服务、存款证明
心喜	北京银行	2004年12月20日	年产品最低收益率2.00%，最高3.05%	A计划认购起点为3万元，B计划认购起点为5万元；递增金额1万元	仅在北京发售，最短期产品只有3个月
"丰收"人民币献金牛计划	广发行	2004年12月25日	没有最低收益承诺，预期收益分别为2.25%和3.25%	认购起点为1000万元，递增金额1000元	仅在上海发售，投资金额起点1000元，每月分红一次

资料来源：各银行网站。

从表 36 - 7 可以看出，人民币理财产品作为个性化的金融服务手段在发行地域、起存点限额和流动性上具有一定的限制性，基本上面对的是银行高端客户。另外，其依靠银行信用而承诺的最低收益率也一直被监管部门所关注和调整。

36.5.2 人民币理财产品的收益和风险状况

由于各银行人民币理财产品的资金来源和投资手段、投资品种有很大的趋同性，所以决定其收益和风险情况基本相同。以民生银行推出的 1 年期人民币理财产品为例：如果可以投资 1 万元，其中 4000 元存为一年定期存款，6000 元投资理财产品，收益计算如下：

$$4000 \times 2.25\% \times 80\% + 6000 \times 3.24\% = 266.4 \ 元$$

远高于存入一年定期的收益：$10000 \times 2.25\% \times 80\% = 180$ 元。表 36 - 8 给出了部分人民币理财产品的收益情况。

表 36 - 8　　　　　　部分人民币理财产品的收益情况　　　　　单位：%

3 个月人民币理财产品		6 个月人民币理财产品		12 个月人民币理财产品	
产品名称	收益	产品名称	收益	产品名称	收益
兴业银行"万利宝"二期"季季丰"	2.5	浦发银行汇理财产品	7	光大银行"阳光理财"B + A 计划（浮动收益型）	4
浙商银行"涌金理财"第一期	2.5	兴业银行"万利宝"二期"陆陆发"	2.8	光大银行"阳光理财 B 计划"总第 6 期 1 年	3.3
交通银行"得利宝"一期 3 个月	2.35	华夏银行"稳赢"2 号 6 个月	2.72	兴业银行"万利宝"二期"年年升"	3.2
建设银行"利得盈"3 个月	2.3	北京银行"心喜"二期 B 计划	2.6	北京银行"心喜"二期 C 计划	3.15
交通银行"得利宝"一期 3 个月	2.3	中信银行"理财宝"一期 6 个月	2.6	光大银行"阳光理财 B 计划"2005 年 2 期 1 年	3.15

注：表中收益为年收益率；以上数据根据各银行公布数据整理、财智理财网，收益时间截至 2005 年上半年。

观察表 36 - 8 可以看出，银行的人民币理财产品收益情况大体上维持在 2% 到 4%，略高于一年定期存款。所以这就决定投资者不能只以收益高低来衡量产品优劣，而是应该综合考虑各种产品的流动性、风险性和收益性，根据自身需求选择最适合的产品。

由于人民币理财产品投资的金融产品以政府和央行的票据为主，所以对银行而言，操作风险相对较低，收益稳定而且相对安全，但是这并不意味着对储户投资者就没有任何风险。人民币理财产品的风险主要体现在外部环境上，首先是利率和利息变动的风险。因为该产品是根据现在的市场利率设定的，如果有升息或调利率的预期存在，对储户来说可能丧失其他投资机会，所以对储户来讲最好选择短期或者可以随时终止的理财品种。有的基金管理公司的货币基金公布的日利率是随着利息调整而调整的。其次是流动性风险。人民币理财品种往往有期限限定，规定在理财合同期内不能随便支取，投资者如果要提前支取，则会大大降低收益。最后是税收因素。人民币理财资金中定期存款部分由银行代扣 20% 的利息税，而投资于国债那部分暂时没有规定，但是投资于投资分红那部分则要交税，而相对于基金管理公司的货币基金是不用交税的，所以投资者在折算综合收益时，一定要考虑税收影响，综合对比各种理财品种。

　　上文主要介绍的是 2004 年国内理财产品市场的发展情况。近年来人民币理财产品有了很大的发展，我们将在下文对近年来国内理财产品市场进行介绍和比较分析。

36.6　理财业务的风险

理财业务面临诸多风险，本节简单介绍理财业务面临的主要风险。

36.6.1　客户风险评价

　　从前面列举的各类外汇理财产品看，所有的产品大部分都为保本产品，鉴于中国银行业隐含国家信用，所以大部分的外汇理财产品的信用风险均几乎为零。对客户而言，"保本"不应成为问题，从这一点来看，由于投资对象不同，人民币理财产品的风险比开放式基金和封闭式基金都要小，主要存在的风险为流动风险、市场风险和再投资风险。

36.6.2　流动性风险

　　绝大部分外汇理财产品必须到期领取本金或者提前终止选择权在银行方，因此，对于中、长期的外汇理财产品，客户必须保证在这么长的阶段内没有资金需求，否则一旦要求提前终止理财产品，往往需要支付较为高昂的违约费，造成实际意义上的本金损失。

36.6.3　利率风险

　　表 36-6 显示，2014 年国内银行 14351 个外币理财产品中有 376 个标的为伦敦银行间利率等利率指标。对于个人投资者而言，这些利率参数的走势，尤

其是长期的走势较难把握，一旦与自己的预期背离，虽然不会有本金的损失，但是会损失较大的机会成本。2014年11月到2015年5月，人民币利息已下降3次，表明人民币利率风险显著增大。利率风险的增大加大了包括理财在内的各种金融产品的市场风险。

36.6.4　汇率风险

被挂钩汇率的变化，影响着客户和银行的收益变化。比如附录中中国银行汇聚宝0408——"稳健进取型"理财计划与美元/欧元汇率挂钩、工商银行提供的第10期"聚金"系列个人外汇理财产品"资多星"与日元/美元的汇率挂钩、工商银行提供的"'二连星'保本型美元理财"与美元/澳元的汇率挂钩。如果出现汇率的巨幅波动，则银行和客户皆存在相当大的风险。随着2007年以来美国次级债风险的增大，国际汇率市场的风险也随之增加，与汇率挂钩的理财产品的汇率风险也随之增大。

36.6.5　期权性风险

如上分析，很多浮动回报的产品中有嵌入式期权。期权性工具因具有不对称的支付特征而会给卖方带来风险。银行在设计期权类理财产品时，一般都给出银行最大支付利息的上限或者具有提前终止权。因而，银行在进行产品设计或者利率走势研判时，要做出正确的设计和决断，争取把风险锁定在一定的范围内。尤其是提前终止时机的选择，这涉及对未来中、长期各类金融参数的走势以及银行对资金的管理，如果出现流动性风险，导致无法使用提前终止条款而被迫接受高额利息，也将对银行带来损失。在作为期权卖方的产品中，更要设计合理以减少因期权选择所带来的损失，同时要注意通过套期保值或对冲来规避风险。比如中国银行的期权宝理财品种。

此外，其他有嵌入期权的产品也存在较大的风险，如渣打银行的"汇利存款"产品。由于以何种货币支付客户的选择权在银行方，如果汇率出现巨大的波动，则会出现以一种货币计量保本而以另一种货币计量亏损的情况。在这种情况下，银行往往以实际购买力大幅下跌的货币作为偿还本金货币，这导致了客户存在本金损失的风险。

由于目前流行于我国的理财产品大多还属于简单性产品，绝大部分产品是保本性产品，近一半的产品仍为固定回报性产品，大部分浮动回报产品仅仅包含简单的嵌入式期权在内，理财产品的风险还有限。但这些理财产品已经与国际汇率、利率等因素相挂钩，其风险已经与国际市场的汇率风险和利率风险相联系，研究这些风险如何在国际市场上被管理和规避在我国已经具有实际意义。

36.7　理财业务发展相关政策和监管

随着国内理财业务的持续快速发展，监管部门也逐渐出台了一系列监管措施以规范市场的发展并提示市场相关风险。本节简单介绍国内理财业务相关监管政策的推出和演变。

36.7.1　早期理财业务发展相关政策

银行中间业务从 20 世纪 90 年代开始发展，中国人民银行 2001 年颁布了第 5 号令，开始实施《商业银行中间业务暂行规定》。2002 年，中国人民银行发出《中国人民银行关于落实〈商业银行中间业务暂行规定〉有关问题的通知》。这两份文件标志着中国商业银行的理财业务逐渐走向成熟。

2005 年，中国银监会颁布《商业银行个人理财业务管理暂行办法》（以下简称《办法》）及《商业银行个人理财业务风险管理指引》（以下简称《指引》）；2006 年，中国人民银行、中国银行业监督管理委员会、国家外汇管理局颁布《商业银行开办代客境外理财业务管理暂行办法》；2006 年，中国银监会发出《关于商业银行开展代客境外理财业务有关问题的通知》及《关于商业银行开展个人理财业务风险提示的通知》。这些办法的颁布对推动境内理财业务的稳步健康发展，防范潜在风险起到了非常重要的作用。

36.7.2　进一步推动理财业务发展的通知

为进一步丰富代客境外理财产品投资品种，促进该项业务稳健发展，2007 年 5 月 11 日，中国银监会发布《关于调整商业银行代客境外理财业务境外投资范围的通知》，对商业银行开办代客境外理财业务境外投资范围的有关规定做出以下调整：将"不得直接投资于股票及其结构性产品、商品类衍生产品，以及 BBB 级以下证券"的规定调整为"不得投资于商品类衍生产品，对冲基金以及国际公认评级机构评级 BBB 级以下的证券"。由此放开了银行系 QDII（合格境内机构投资者）投资境外股票的限制。

为了进一步促进理财业务的发展，完善《办法》和《指引》，中国银监会分别于 2007 年 11 月 28 日发布《关于调整商业银行个人理财业务管理有关规定的通知》，2008 年 4 月 3 日发布《关于进一步规范商业银行个人理财业务有关问题的通知》，补充和调整原《办法》和《指引》中的相关规定，进一步规范了商业银行个人理财市场秩序，促进商业银行个人理财业务持续健康发展。

2008 年 12 月 4 日，中国银监会颁布《银行与信托公司业务合作指引》。2010 年 8 月中国银监会发布《关于规范银信理财合作业务有关事项的通知》。对银信合作做出了具体的规定。2011年1月13日中国银监会发布《关于进一步规范银信理财合作业务的通知》。这些办法对促进商业银行和信托公司理财合作业务规范、健康发展，有效防范银信理财合作业务风险起到了非常重要的作用。

2013年8月，银监会下发《关于规范商业银行理财业务投资运作有关问题的通知》，即"8号文"，对银行理财投资"非标"比例做出了限制，要求理财资金投资非标债权的余额在任何时点均不得超过理财产品余额的35%与上一年度总资产的4%之间孰低者。

2014年12月4日，银监会下发《商业银行理财业务监督管理办法（征求意见稿）》，要求预期收益率型产品投资的非标债权资产应按照"实质重于形式"的要求回表核算，商业银行必须将预期收益率型产品管理费收入的50%计提风险准备金，其他产品（净值型产品、项目融资类产品、结构性产品等）为10%，同时，允许净值型产品的30%投资于非标债权资产，且无须回表核算。

36.7.3 国内银行理财业务的监管

正如前面介绍和分析的那样，理财业务已经在我国广泛地开展起来，成为我国银行业产品和业务创新的一个重要领域。虽然理财业务有了迅速的发展，但产品类型和灵活性等方面仍然处在相当初级的阶段。如上分析，理财业务也有相当的风险。这里我们介绍我国理财业务的监督管理和未来的发展。

为规范商业银行个人理财业务发展，提高商业银行业务经营和风险管理水平，增强综合竞争力，加强监管，中国银监会借鉴国际先进经验，结合我国商业银行理财业务发展情况和现有金融法律制度，研究制定相关管理办法和风险管理措施。早在2005年5月25日，银监会在其官方网站上就公布了《商业银行个人理财业务管理暂行办法（征求意见稿）》和《商业银行个人理财业务风险管理指引（征求意见稿）》，对商业银行办理个人理财业务时应拒绝捆绑储蓄存款做出了明确要求，并且规定"保证收益理财计划的起点金额，人民币应在5万元以上"。这两个文件对于规范我国理财业务和及时防范相关风险来说非常及时。银监会出台的这两个文件对市场上各类银行产品进行了严格的定义和明细分类，如分账经营管理、会计核算等。这样人民币理财产品将更加规范地走上健康发展的轨道。

2005年9月29日，银监会相继颁布了《办法》和《指引》。其中的重大政策调整：即允许商业银行销售保证受益的理财产品。《指引》规定，保证受益的理财计划起点金额为人民币5万元、外币5000美元以上；其他理财计划和投资产品的销售起点金额不低于保证收益理财计划的起点金额。但为了防止银行变相揽储，《办法》规定商业银行不得无条件向客户承诺高于同期储蓄存款利率的保证收益。《办法》和《指引》从2005年11月1日起实施。由于商业银行个人理财业务的不断扩大，理财产品不断创新，商业银行按照《办法》和《指引》中有关规定开展理财业务出现了一系列问题，2007 年 11 月 28 日，中国银监会发布《关于调整商业银行个人理财业务管理有关规定的通知》，对原《办法》中相关规定做出以下调整：发行保证收益性质的理财产品由审批制改为报告制；报告时间由提前十日改为五日；另外还增加了产品存续期和结束后向银监会报告的相关规定。2008 年 4 月 3 日，中国银监会发布《关于进一步规范商业银行个人理财业务有关问题的通知》，对商业银行理财产品设计管理机制、客户评估机制、规范宣传材料和信息披露做出了新的规定。这两条法规的出台对已有法规做出了适当的调整和补充，有利于进一步规范商业银行个人理财市场秩序，促进商业银行个人理财业务持续健康发展。

为了促进商业银行和信托公司理财合作业务规范、健康发展，有效防范银信理财合作业务风险，银监会先后于 2008 年 12 月颁布《银行与信托公司业务合作指引》，2010 年 8 月发布《关于规范银信理财合作业务有关事项的通知》，2011 年 1 月发布《关于进一步规范银信理财合作业务的通知》，进一步提高了对银信合作业务的监管要求，明确了银信合作业务风险归属，引导银信合作业务去信贷化、摒弃准银行业务，转向以投资为主的资产管理之路，借此鼓励信托公司转变经营方式，加强自主管理。

为了隔离非标产品风险，2013 年 8 月，银监会下发了《关于规范商业银行理财业务投资运作有关问题的通知》，即"8 号文"，对银行理财投资"非标"比例做出了限制，要求理财资金投资非标债权的余额在任何时点均不得超过理财产品余额的 35% 与上一年度总资产的 4% 之间孰低者。

2014 年 2 月，银监会下发《关于 2014 年银行理财业务监管工作的指导意见》，明确理财业务监管机制，强化理财业务非现场监管，加强现场检查。2014 年 12 月，银监会就《商业银行理财业务监督管理办法（征求意见稿）》征求意见，在梳理总结过去的监管规定的基础上，对理财业务的监督管理进行了全面系统地修订完善。

36.7.4　《办法》、《指引》和《银行与信托公司业务合作指引》的内容简介

《办法》共有 7 章 69 条，在归纳总结境内外商业银行实践经验和广泛讨论的基础上，结合我国个人理财业务发展的实际情况，对个人理财业务进行了分类，并界定了个人理财业务的性质。规定了商业银行开展个人理财业务应当满足的基本要求，商业银行管理个人理财业务风险应当遵循的基本原则。明确商业银行个人理财业务的监督管理制度，规定了监管部门对个人理财业务的监管要求、监管方式和有关程序。根据个人理财业务的特点，依据《中华人民共和

国银行业监督管理法》、《中华人民共和国商业银行法》等法律法规，对商业银行开展个人理财业务的违规行为规定了相应的法律责任和处罚规定。

《指引》共有5章64条，结合《办法》的相关规定，进一步细化了商业银行开展个人理财业务的风险管理要求，对商业银行开展理财顾问服务、综合理财服务、个人理财业务产品分别提出了具体的风险管理要求。银监会将及时分析商业银行个人理财业务发展和管理中存在的问题，进一步完善有关规定，适时出台必要的配套政策和规章，加强对商业银行业务创新活动的指导，完善相关风险管理与监管体系，促进商业银行个人理财业务健康稳定发展。

《银行与信托公司业务合作指引》共3章33条，在总结市场发展经验教训、充分调研的基础上，对银信理财合作的基本要求、风险管理体系、银行和信托公司各自应遵守的基本规范，合作双方的职责边界，信托公司对银信理财资金的管理职责，银行和信托公司各自的信息披露义务等做出了具体的规定；对银信其他合作，主要是进一步明确信贷资产证券化过程中信托公司、银行各自的责任和义务，同时对银行代为推介信托计划、信托资金代理收付、银行为信托资金开立信托财产专户、银行担任信托计划保管人等其他事务性合作提出要求；最后对银信合作过程中应该采取的风险管理措施做出原则性规定。

36.8 中国社科院《IFB银行理财产品发展及评价报告》

由于国内银行业理财业务的快速发展，国内近年来出现了多种研究和跟踪理财市场的研究报告。这些报告中中国社科院《IFB银行理财产品发展及评价报告》是发表最早的。另外西南财经大学从2010年开始发布的《中国理财市场发展报告》，主要内容包括宏观经济环境、基础市场动态和理财市场研究，内容比较广泛。第三种为中债登全国银行业理财信息登记系统从2014年开始每半年也会发布一个《中国银行业理财市场年度报告》，但是《中国银行业理财市场年度报告》主要是对理财市场运行现状的描述，并未对其进行系统评估。本节我们主要介绍中国社科院《IFB银行理财产品发展及评价报告》。

虽然境内近年来理财业务发展迅速，但整个市场却缺乏统一的评价系统对数以千计的各类理财产品进行定期评价。中国社会科学院金融所（Institute of Finance & Banking, Chinese Academy of Social Sciences, IFB）发布了一套理财发展及评价报告，对整个行业的发展很有意义。

中国社科院金融研究所于2006年年初成立了IFB理财产品项目组。项目组在自建的理财产品数据库的基础上，对2006年的500余只产品（占2006年发行数量的一半左右）进行了收益和风险的评估，于2007年6月正式向社会公布了

《IFB 银行理财产品发展及评价报告》（以下简称《报告》）。通过持续地跟踪评价，一方面为投资者的财富管理提供参考，另一方面为商业银行改进产品设计、推出更多更好的理财产品提供服务。

36.8.1　2006 年银行理财产品市场发展状况和特点

36.8.1.1　银行理财产品的分类

《报告》首先将银行理财产品分为"挂钩产品"和"非挂钩产品"两大类。从理财的角度看，挂钩产品的发行数量和结构设计体现了银行为客户"量身定制"金融产品的能力，而非挂钩产品则类似于货币市场基金和债券市场基金。表 36 – 9 给出了《报告》该方面的结果。

表 36 – 9　　　　　　　　　银行理财产品的主要分类方法

分类方法	种类	
按币种	人民币	外币（美元、港元等）
按发行期限	6 个月以内、6 ~ 12 个月、13 ~ 24 个月、24 个月以上等	
按发行银行	四大国有银行、中小银行、外资银行等	
按产品连接资产	非挂钩产品：没有明确指定影响产品本息收益的因素	挂钩产品：明确说明产品收益连接的资产类型，包括：利率连接、股票连接、商品连接、汇率连接、信用连接、保险连接以及混合连接等

资料来源：中国社会科学院金融所，《IFB 银行理财产品发展及评价报告》。

除了挂钩和非挂钩产品的区分之外，《报告》还按照理财产品的委托币种（人民币、外币等）、发行银行和委托期限等进行分类。根据这些分类方法，对 2006 年银行理财产品的发行特点进行了总结：

第一，从币种看，银行理财产品依然以外币产品为主。但是，在 2006 年中，人民币产品大幅度增加，其发行数量较 2005 年增加了一倍多。人民币产品的快速增长是 2006 年银行理财产品增长的主要动力。

第二，挂钩产品的发行数量有了明显上升，非挂钩产品的增幅不大。2006 年，不仅外币挂钩产品的数量增长了一倍，而且，曾经稀缺的人民币挂钩产品在 2006 年已经超过了人民币非挂钩产品。挂钩产品的增长说明理财产品的创新在加快。但是，需要特别注意的是，有相当一部分挂钩产品在结构和投资价值上与普通的非挂钩产品并无二致。

第三，从各类银行情况看，中小银行（股份制银行及其他国内银行）利用理财产品进行融资和创新的动力最强。2006 年，中小银行的发行数量继续超过四大国有银行和外资银行，而且，这类银行改变了 2005 年主要以简单的非挂钩产品为主的产品发行模式，大量增加了挂钩产品的发行。外资银行的特点也很鲜明，主要集中在外币理财产品和其中的挂钩产品上。

第四，从期限看，银行理财产品依然集中在短期品种上，6 个月和 1 年期品种的发行数量最多。从数量上看，2006 年理财产品的增长主要靠 1 年及以下期限的产品，2 年以上的品种有所萎缩。

36.8.1.2 人民币理财产品的特点

分析 2006 年人民币理财产品的发展，在产品的设计类型、银行创新的动力和能力以及银行吸引客户的主动性上都有一些不同于以往的特点。

第一，挂钩产品创新频繁，信用挂钩和股票挂钩产品尤为突出。

在 2006 年人民币理财产品的发展中，最鲜明的特点当属挂钩产品的大量增加。在人民币挂钩产品中，发行最多的是信用挂钩产品，这占到全部人民币挂钩产品的一半以上；其后依次是汇率、股票、商品、利率和混合连接类。

第二，股份制银行创新动力和能力强于其他银行。

随着人民币挂钩产品的大量推出，不同银行在创新动力和能力上的差异逐步体现出来。如果以挂钩产品的发行数量来衡量产品的创新能力和动力，显然，股份制银行要强于大型银行和城市商业银行。2006 年挂钩产品发行数量最多的前 6 家银行中，有 5 家是股份制银行和城市商业银行。与股份制银行数量多、种类齐全的产品谱系相比，工行、农行、中行、建行、交行等大型银行以及其他小银行的创新动力和能力显得相对较弱。

第三，中小银行意愿支付的产品收益率高于大型银行。

除了创新动力较强之外，中小银行通过理财产品的发行来吸引资金的愿望同样也强于大型银行。由于非挂钩产品的结构简单，银行公布的预计最高收益率通常与理论期望收益率和实际收益率差异不大，因此，预计最高收益率的高低就大体反映了不同银行对资金的渴望程度。从人民币非挂钩产品的预计最高收益率看，排名前三位的均是股份制银行。四大国有银行公布的预计最高收益率显著低于中小银行。

36.8.1.3 外币理财产品的特点

2006 年外币产品在产品设计、发行银行等方面也出现了一些不同于以往的特点。

第一，挂钩产品发展迅速，股票挂钩产品最为突出。2006 年，挂钩外币产品的发行数量比 2005 年大幅度增加。从连接资产的类型看，增加最多的就是股票挂钩产品。同人民币股票挂钩产品不同，外币股票挂钩产品清一色的是连接境外股票篮子或指数，其中又以连接香港股市的居多。由于香港及其他主要股票市场的繁荣，这类产品的预计最高收益率也显著高于其他产品。

在挂钩产品中，利率挂钩和汇率挂钩产品的变化不大。利率挂钩产品的发行数量仅次于股票挂钩产品，由于外币产品以美元和港元居多，这类产品连接的指数也是以美元 LIBOR 和 HIBOR 为主，产品的设计结构中依然偏好区间挂钩类。汇率挂钩产品连接的基本上是欧元兑美元的汇率。商品挂钩产品连接的资产以黄金为主，另有少量连接的是石油和农产品价格。

第二，中小银行发行数量最多，外资银行创新能力最强。分银行来看，在2006 年外币产品的发行中，股份制银行和城市商业银行等中小银行的发行数量最多。然而，从产品的类型看，创新能力最强的当属外资银行。如果以挂钩产品占产品发行总量的比例来衡量创新能力的话，可以看到，四大国有银行、中小银行和外资银行的比例分别为 16.7%、25.2% 和 82.6%，外资银行明显领先于国内银行。从 2006 年表现突出的股票挂钩产品与全部挂钩产品的比例可以发现，四大国有银行、中小银行和外资银行的比例分别为 19%、8.1% 和 72.4%，依然是外资银行遥遥领先。

36.8.2　人民币产品的评价结果

在对 2006 年发行的 69 只人民币产品进行评价的基础上，从结果看，挂钩产品的投资价值好于非挂钩产品。但是，不同挂钩类型和结构设计导致产品的差异极大。从不同银行设计的产品投资价值看，股份制银行的产品好于大型国有银行。

表 36 - 10　　　人民币产品评价的总体情况（按产品只数简单平均）　　　单位：%

	预计最高收益率（1）	预期收益率（2）	（2）／（1）	超额收益率	99% VaR
非挂钩产品	2.72	2.64	97.36	0.40	0.0201
挂钩产品	3.44	2.72	75.73	0.56	0.0336
总计	3.02	2.67	88.13	0.47	0.0259

注：共 69 只产品，其中，挂钩产品 30 只；"预计最高收益率"系发行银行公布，其余指标均来自评价系统。

资料来源：中国社会科学院金融研究所，《IFB 银行理财产品发展及评价报告》。

表 36 - 10 对人民币理财产品的评价进行了一个总结。总体上看，与相同期限的人民币存款利率相比，购买人民币理财产品可以获得 0.47% 的超额收益率，但需承担一定的风险。按照挂钩和非挂钩产品进行分类来看，非挂钩产品不仅在预期收益率和超额收益率方面都低于挂钩产品，而且，值得注意的是，按照 99% VaR 来衡量，挂钩产品在 99% 概率下达到的最小收益率也要高于非挂钩产品。所以，从总体上看，挂钩产品的投资价值高于非挂钩产品。

综合来看，挂钩产品的投资价值要明显好于非挂钩产品。不过，由于非挂钩产品的结构简单，并且，银行公布的预计最高收益率基本反映了产品的预期收益率，因此，对于投资者来说，购买非挂钩产品应该较为"放心"。挂钩产品在具有较高投资价值的同时，也需要注意其复杂的结构，这使得买卖双方的信息不对称问题较为突出，银行公布的预计最高收益率与其预期收益率的较大差值正反映了这一点。

36.8.3　外币产品的评价结果

外币理财产品的发行数量远超过了人民币产品，其中，美元产品又居外币产品发行数量的首位。目前，对 503 只外币产品进行了评价，其中，美元产品数量最多，达到了 353 只；港元产品次之，为 108 只。其余，如欧元、英镑、澳元分别评价了 19 只、3 只和 19 只。由于美元产品数量最多，种类齐全，以下就以美元产品为例，来分析外币产品的评价结果。从评价结果看，其特点类似于人民币产品，但外资银行的突出地位令人瞩目。

总体看来，对美元产品的评价结果与人民币产品类似：挂钩产品的投资价值较非挂钩产品为高，但银行公布的非挂钩产品预计最高收益率更加反映了这类产品的投资价值，见表 36 – 11。

表 36 – 11　　　　美元产品评价的总体情况（按产品只数简单平均）　　　单位：%

	预计最高收益率（1）	预期收益率（2）	（2）／（1）	超额收益率	99% VaR
非挂钩产品	4.81	4.72	98.27	1.8236	0.1000
挂钩产品	6.16	6.05	99.39	3.0703	0.3653
总计	5.20	5.10	98.58	2.1803	0.1759

注：共评价了 353 只美元产品，其中有 252 只非挂钩产品，101 只挂钩产品。

资料来源：中国社会科学院金融研究所，《IFB 银行理财产品发展及评价报告》。

从预期收益率、超额收益率以及 99% VaR 三个指标看，挂钩产品的投资价值都高于非挂钩产品。由于这里的评价结果均以美元计价，因此，对于境内居民来说，需要考虑人民币相对于美元的升值幅度。如果按照人民币年均升值 3%来计算，则美元理财产品总体的投资价值并不比人民币产品高。

36.8.4　本节小结

从 2006 年理财产品的发展特点及评价结果看，在境内银行中，股份制银行的创新动力明显较强。然而，当把中资银行与外资银行放在一起进行评估时，中资银行显然是以数量取胜，而外资银行则更加注重产品的设计和适销对路。因此，在产品的创新上，国内银行尚任重道远。此外，从部分银行理财产品的评价结果看，其预期收益率远低于银行公布的预计最高收益率（《IFB 报告》第五部分）。

36.9　金融机构境外理财

2007 年 5 月 11 日中国银监会出台《关于调整商业银行代客境外理财业务境外投资范围的通知》，放宽商业银行 QDII 产品投资限制、允许 QDII 资金投资境外股票市场。随后中国工商银行推出了国内商业银行的第一款直接以人民币投资于香港股市的代客境外理财产品——"东方之珠"。这是一款基金形态的银行理财产品。封闭期结束后投资者每周均可以申购、赎回，投资净值定期公布，同时投资资金在第三方银行托管。在产品的设计上，工行充分考虑了投资收益和市场风险，以中国、亚洲经济成长为主要投资理念，其中不超过 50% 的资金投资于挂牌香港交易所的中国企业，包括中国企业股票（H 股）、中资企业股票（红筹股）、新上市的中国企业股票等，充分分享港股投资收益，其余部分进行亚洲固定收益投资，借助亚洲债券的高收益及亚洲货币的升值趋势以规避人民币汇率升值风险。"东方之珠"一经亮相就备受关注，短短十几天募集资金就突破 10 亿元，甚至出现了单笔 2000 万元的认购额度，发行势头远远超过预期。建行、交行等都相继推出了 QDII 产品，交行 QDII 连接的是一篮子 H 股，而建行 QDII 投资的是股票基金。

中国证监会 2007 年 4 月 30 日颁布并于同年 7 月 5 日开始实施《合格境内机构投资者境外证券投资管理试行办法》有关问题的通知，允许证券公司、基金公司公开筹集资金投资海外股市。这是继推出银行 QDII 之后，我国引导资金走向海外、化解流动性过剩的又一重大举措。南方基金的"南方全球精选配置基金"获批成为首只股票类基金 QDII 产品，这是一只全球化配置的基金，涵盖全球 48 个主要国家和地区，将 60% 投资于成熟市场资产（其中 20% 左右投资于港股），40% 投资于新兴市场资产，实现资产的全球配置。由于基金 QDII 的低认购起点、申购赎回方便、专家理财以及信息披露及时等优势，中小投资者对内地首只股票型 QDII 产品投入了很大热情。该基金最终募集额度为 40 亿美元。

截至 2015 年 6 月 29 日，国家总共批准了 132 家合格的境内机构投资者，累计批准金额 899.93 亿美元，其中银行类、证券类、保险类和信托类合格境内机构投资者分别为 30 家、48 家、40 家和 14 家，相应的获准金额分别为 138.4 亿美元、375.5 亿美元、308.53 亿美元和 77.5 亿美元（国家外汇管理局网站），显然证券类和保险类合格境内机构投资者数量和获准金额排列前两位。境外投资有着比国内投资更大的风险，特别是外汇风险是国内金融机构多年来很不特长的方面。根据中国证券报披露数据[1]，受美国次贷危机影响，截至 2008 年 9 月 12 日，当时处于运行状态的 235 款银行系 QDII 理财产品中，亏损产品达 228 款，亏损率高达 97%，而基金系 QDII 产品中[2]，南方全球精选、华夏全球精选、嘉实海外中国和上投摩根亚太优势 4 只大型 QDII 基金平均净值也降至了 0.5845，亏损幅度达 41.6%，持有人合计亏损高达 701 亿元。

金融危机爆发后众多合格境内机构投资者巨额亏损和第 8 章给出的近年来我国境外投资的表现表明，国内机构境外投资需要学习和借鉴的领域还很多。境外投资理财不是本章的重点，第六篇将涉及境外投资涉及的相关风险和风险管理相关工具，这里不宜多述。

36.10　嵌入式期权—挂钩理财产品的核心

挂钩类理财产品不同于固定类理财产品和一般银行存款的重要特征是它内嵌有期权。因此，要想全面地掌握银行理财产品，对其内嵌期权的分析是必不可少的。嵌入理财产品中的期权与产品的收益和提前终止有关，下面我们分别进行介绍。

期权的核心问题是定价，第 13 章和第 40 章对主要标准期权和奇异期权定价进行了介绍。其他期权可参见张光平（《奇异期权》，1998）对不同类型的期权所做的全面介绍。从外资银行在国内推出的挂钩类理财产品来看，不仅简单期权（欧式和美式期权）嵌入其中，而且很多"奇异期权"，既复杂期权也已经被嵌入在很多挂钩类理财产品中了。如果对这些期权不够了解，那么了解嵌入这些期权的挂钩理财产品几乎是不可能的。本节简单介绍国内理财产品中嵌入的期权及相关问题。

36.10.1　从产品收益看期权

当理财产品的收益为浮动收益时，产品收益往往挂钩某种投资标的，投资者因此有机会获得相对于银行存款的超额回报。为了降低投资风险，增加对投资者的吸引力，目前绝大部分的理财产品均含有保本条款。保本相当于在产品里嵌入了看涨式期权，这些看涨式期权的种类与包含它们的理财产品应该是一致的。根据对本章附录的分析，浮动理财产品主要挂钩利率、汇率、股票、商品、指数和信用这六大类，因此，这些产品内嵌的也主要是挂钩这六类的看涨式期权。

---

[1]　钱杰：《次贷危机拖累银行系 QDII》，载《中国证券报》，2008 - 09 - 20。

[2]　http://news. stockstar. com/ss2008092530141610. shtml。

36.10.2 从产品提前终止看期权

提前终止是一种权利，拥有它的投资者或银行可以选择在对自己有利的时机终止理财产品，因此这也是一种嵌入在理财产品中的期权。根据 Wind 数据终端数据，大多数理财产品可以提前终止，占总量的69.7%，详细数据见表36－12。

表 36－12　　　　　　　　　　**理财产品提前终止性分析**　　　　　　单位：%

	中资银行		外资银行		所有银行	
	数量	占比	数量	占比	数量	占比
不可提前终止	4282	10.19	494	35.26	4776	30.32
可以提前终止	10069	89.81	907	64.74	10976	69.68
合计	14351	100	1401	100	15752	100

资料来源：根据表36－6和表36－3资料整理计算得出。

绝大多数的提前终止种类是银行或投资者有权在特定的一个日期或每隔固定的周期终止理财产品。这相当于在产品中嵌入了百慕大期权。有些外资银行的理财产品含有自动终止条款，即当发生"触发事件"时产品自动终止，这相当于在产品中嵌入障碍敲入/敲出期权。

36.10.3 浮动收益与提前终止

通过上面的分析可知，浮动收益理财产品的挂钩标的决定了嵌入期权的挂钩标的，因而从标的物角度决定期权；理财产品的提前终止决定了嵌入期权的行权方式，因而从行权角度决定期权。当浮动收益理财产品同时又允许提前终止时，其中嵌入期权的复杂程度相对较高，这些期权的定价问题是值得关注的。银行对这些期权的定价水平直接反映出银行开发理财产品的能力。

本章分析了浮动收益理财产品，表36－13反映的是这其中不可提前终止与可提前终止的数量和占比。

表 36－13　　　　　　　　**浮动收益理财产品提前终止性分析**　　　　　单位：%

	中资银行		外资银行		所有银行	
	数量	占比	数量	占比	数量	占比
浮动收益且不可提前终止	2017	36.37	432	36.29	2449	36.35
浮动收益且可提前终止	3852	65.63	828	65.71	4680	65.65
合计	5869	100.00	1260	100.00	7129	100.00

资料来源：根据表36－6和表36－3资料整理计算得出。

36.10.4　固定收益与提前终止

经过分析表 36 - 4、表 36 - 6、表 36 - 12 和表 36 - 13，我们得出固定收益产品与提前终止的数量占比关系，放在表 36 - 14 中。

通过分析中资银行的理财产品，发现银行有赎回权的产品有 9305 个，远超过"浮动收益且可提前终止"的 3852 个，这说明至少有 5453 个产品是收益固定且嵌入了银行的赎回权。这反映了在银行的理财产品中，银行相对于投资者占据了强势地位。

表 36 - 14　　　　　　　　固定收益理财产品提前终止性分析　　　　　　单位：%

	中资银行		外资银行		所有银行	
	数量	占比	数量	占比	数量	占比
固定收益且不可提前终止	2263	26.68	54	38.30	2317	26.87
固定收益且可提前终止	6219	73.32	87	61.70	6306	73.13
合计	8482	100.00	141	100.00	8623	100.00

资料来源：根据表 36 - 6 和表 36 - 3 资料整理计算得出。

36.11　近十年来国内不同类型银行理财产品推动力度与其经营指标的关系初探

我们在 36.1 节简单介绍了不同类型银行推出的理财产品数量占国内总理财产品数据比重与其相应的负载占比的关系，结果显示功能中小银行，特别是股份制银行在理财产品的推动中力度最足。本节我们进一步探讨各个主要银行2014 年理财产品推出的数量排名与其主要经营指标间的关系。

36.11.1　大型银行理财产品推出数量与其市值的关系

2008 年出版的本书第二版表 35 - 4 显示，2007 年工行、农行、中行、建行和交行五大行推出的理财产品数据分别为 90 只、85 只、107 只、81 只和 71 只，除中行外，五大行推出的理财产品数量基本与其资产规模和市值一致；2012 年出版的本书第三版表 34 - 4 显示，2010 年该五行推出的理财产品数量分别增长到了 307 只、182 只、1368 只、251 只和 678 只，显示中行和交行理财产品数量增幅排名前两名；表 36 - 5 显示，该五行 2014 年推出的理财产品数量分别为529 只、295 只、2516 只、664 只和 2761 只，分别比 2007 年增长了 72.3%、62.1%、83.9%、164.5% 和 307.2%，交行和建行增幅分别排名前两位。这些数据表明，近年来交行推出的理财产品数量增幅最快，显示该行由于近年来在资产规模方面与排名靠前的股份制银行差距缩小，理财业务推动力最足；建行近年理财业务推动力仅次于交行，与其市值等指标在大行中排名第二相一致。

36.11.2　股份制银行理财产品推出数量与其市值的关系

本书第二版表 35 – 4 显示，2007 年招商银行、民生银行、光大银行、兴业银行、中信银行和浦发银行推出的理财产品数据分别为 92 只、48 只、68 只、64 只、74 只和 61 只，招商银行排名股份制银行首位的地位已经明显；本书第三版表 34 – 4 显示，2010 年该六家银行推出的理财产品数据分别增长到了 611 只、200 只、499 只、149 只、378 只和 232 只，排名没有很大的变化；表 36 – 5 显示，这些银行 2014 年推出的理财产品数量分别增长到了 1665 只、367 只、1060 只、325 只、854 只和 508 只，分别比 2007 年增长了 172.5%、83.5%、112.4%、118.1%、125.9% 和 119.0%，招商银行不仅数量而且数量增幅均排名股份制银行之首，光大银行、中信银行和浦发银行数量分别排名第 2 位到第 4 位；另外，广发银行和华夏银行 2007 年推出的理财产品数量分别为 66 只和 1 只，2010 年分别增长到了 113 只和 18 只，2014 年又进一步增长到了 124 只和 18 只，数量和增幅都在股份制银行里排名靠后。如上股份制银行相关数量和增幅的排名与这些银行近年来的主要经营指标和市值的排名有很大的一致性。

36.11.3　部分城商行理财产品推出数量与其市值的关系

本书第二版表 35 – 4 中除五大行和 9 家股份制银行外，2007 年北京银行、上海银行和厦门国际银行分别推出了 98 只、55 只和 25 只理财产品；2010 年该三家银行推出的理财产品数据分别增长到了 391 只、608 只和 150 只，分别比 2007 年增长了 3.0 倍、10.1 倍和 5.0 倍；表 36 – 5 显示，该三家银行 2014 年推出的理财产品数量进一步增长到了 654 只、367 只、1037 只和 147 只，分别比 2010 年增长了 67.3%、70.6% 和 –2.0%，显示这些银行在理财业务方面持续推动的不同力度。实际上，表 36 – 5 显示，2014 年上海银行和北京银行推出的理财产品数据不仅超过大型银行和股份制银行以外的其他银行，而且还超过一些大型银行和股份制银行，显示两家城商行在国内城商行以至整个银行业的活力，这些结果与近年来两行主要经营指标和市值等在国内银行业的排名也较为一致。

36.12　国内银行理财业务存在的问题和今后的发展

随着理财业务在国内的持续推动，各种各样的问题也逐渐出现，多年来成为银行业投诉最多的领域之一。本节简单介绍国内银行理财业存在的主要问题。

36.12.1 存在的主要问题

近年来，国内理财业务有了巨大的发展，但其同时也存在很多问题。首先，产品方面，虽然各家银行为了抢占市场先机，推出了种类繁多的理财产品，但事实上只不过是对货币市场产品的简单组合，把个人业务、国际业务或同业银行业务进行了分类打包，真正创新的理财产品并无增加。而且市面上的各种理财产品同质性太强，没有将客户定向，市场竞争激烈导致收益率走低。

其次，市场方面，目前，商业银行的个人理财业务主要定位于少数高端优质客户，这必然造成僧多粥少的局面，加剧了银行间的客户竞争。应该仔细研究市场，研究不同客户的需求，主动发现市场机会，就中高端客户而言，他们需要个性化的有针对性的服务，但实际上，目前个人理财普遍倾向于对客户资产提供有关储蓄和国债方面的静态的理财建议，至于向客户提供的有关投资方面的动态理财建议，当前仅限于银行本身代理的几个基金和保险。另外部分银行对各地区没有准确的市场定位，如在西部欠发达地区照搬沿海城市的营销策略，对中小城市个人理财业务的重视程度也不够。

36.12.2 存在的其他主要问题

当然，除上述问题外，国内理财市场也存在很多其他问题，这些问题主要包括银行对推出产品潜在回报等信息公布得不够明确，同时对相应的风险提示不够，导致很多客户对理财业务提出很多投诉，成为银行业投诉的重中之重。除信息公布问题外，国内银行推出的大多挂钩类理财产品是与境外机构合作的，国内银行对境外机构设计的挂钩类理财产品理解有限，实际上成为境外机构理财产品的代理网点。由于国内银行对境外机构设计的理财产品把握程度有限，对这些理财产品中嵌入的期权理解不够，对这些产品的风险点把握不够，当理财产品到期时出现没有达到客户期望的回报甚至出现亏损时，引发投诉甚至一些社会问题。涉及境外代客理财业务，国内银行对境外合作机构投资的产品和市场及其风险把握程度有待提高，金融危机之前大量合格的境内机构投资者（QDII）代客投资境外，导致重大亏损就是很好的例子。其他问题这里难以一一列举。

36.12.3 今后的发展

人民币国际化已经启程而且近年来取得了很大的成绩，我们在第八篇会介绍和分析。随着人民币国际化进程向深度和广度迈进，国内机构、企业和个人投资境外的金额会大幅度增长。这就需要我国机构、企业和个人对境外市场的各类理财，特别是境外理财产品基于的外汇、债券、股票及其指数的期货、互换、期权等相关产品和市场有一定程度的理解和把握，否则由于我们缺乏对境外市场风险的经验，境外投资将需要交付巨额的学费。希望本书第三篇和第四篇的内容能够为国内投资者了解境外市场和产品提供一定的帮助。

我国商业银行的理财产品表明产品类型主要仍是引进国外成熟而简单的产品，适合我国经济和金融状况的产品还需要积极地开发和推广。学习和借鉴境外成熟产品是我国银行产品创新的必经之路，但是在学习和借鉴经验的同时，推出适合我国经济、金融环境和投资者兴趣的人民币理财产品在今后将更具生命力。如在我国通货膨胀压力增大的时候，实际利率下降为负数，银行吸纳的储蓄量增长速度在下降。如果银行能够推出与居民消费价格指数挂钩的人民币储蓄产品，一定会吸引很多投资者参与。这样银行可以减少储蓄下降的压力，投资者也可提高回报。与通货膨胀挂钩的人民币理财产品可以以这样的思路设计：当居民消费价格指数高于 2% 时，一年期储蓄利率可以在基准利率上增加 0.20%；如果两个月连续在 2% 之上，储蓄利率可以在基准利率上增加 0.30%；如果三个月连续在 2% 之上，储蓄利率可以在基准利率上增加 0.40%，等等。由于既满足了银行吸引储蓄的需求，同时又能使储蓄者降低通货膨胀风险，如上介绍的与利率挂钩的人民币理财产品一定会获得成功。以上仅介绍了一个适合我国目前经济和金融环境的人民币理财产品创新的产品，还有很多其他此类的理财产品，但这些产品超出了本章的范围。

另外，第 30 章介绍国内股票指数期货成功推出一年多了，市场流动性相对较足。银行如果设计出与 A 股指数挂钩的理财产品今后一定会吸引一定的客户从事与 A 股指数相关的理财产品。今后国内理财产品发展一定是向较为复杂，即向挂钩类理财产品的方向发展。因此国内银行和其他金融机构拟提高对产品创新的重视程度，加大产品研发力度，从而满足市场和客户的需求。

36.13　本章总结

2004 年，部分中小商业银行开始在国内开展人民币理财业务。商业银行发展个人理财业务，有利于改善银行客户结构和业务结构，有助于为金融消费者提供更丰富的投资工具，同时也有效规避了人行存款利率的管制，对提高商业银行的综合竞争能力有一定的作用。我们的研究显示，中小银行为了吸纳客户储蓄以做大资产规模，是银行理财业务的主力军，大型银行为了保住其储蓄基数，不得不参与理财业务。我们的数据显示，由于以股份制银行和城商行为主的中小银行大力推动理财产品，2004 年到 2014 年的十年间，股份制银行占我国银行业资产比重从 14.9% 持续提高到了 18.2%，提高了 4.4%，同期城商行资产占比从 5.4% 上升到了 10.5%，提高了 5.2%，同期大型银行的资产占比却从 53.6% 下降到了 41.2%，降幅高达 13.7%。

通过理财业务中小银行获得了资产规模快速增长的同时，银行的创新能力也得到了一定的提高，2010 年到 2014 年国内银行固定利率理财产品占比从 72.93% 下降到了 51.1%，而浮动回报理财产品占比从 27.07% 上升到了 40.9%。尽管如此，挂钩类的理财产品占比却从 2010 年的 27.1% 回落到了 13.0%，显示国内银行理财产品趋于简单化的趋势。在国内利率和汇率市场化持续推动的同时，国内理财产品大多仍属于传统的简单产品，挂钩类产品占比不仅没有提高，反而明显下降，表明国内理财产品还处于初期发展阶段，产品创新力度亟需加大。随着国内利率和汇率市场化的进一步推动，利率风险和汇率风险也会随之增加，这样我们在前面介绍的各类结构性理财产品在国内的需求也将随之增长，适应我国新的经济和金融环境的新型理财产品也一定会出现。

随着国内利率和汇率市场化程度的持续提高和我国资本项目自由化的推动，我国商业银行金融创新步伐在加快，为消费者提供综合化、个性化金融服务的个人理财业务逐渐将成为商业银行业务发展的重点，也将成为各类商业银行业务拓展的必然趋势。

凭借其产品创新领域的经验，外资银行已经在国内推出了一些功能多样化的理财产品，而且今后仍会引领国内理财产品潮流，使得理财市场进入新的竞争格局。外资银行和国内银行已经在境内为客户提供与股票及其指数挂钩的各类理财产品。随着境内股票指数期货的活跃和股指期权的推出及国债期货流动性的提高，与股票指数挂钩的理财产品也将成为新的理财业务需求。虽然商业银行不能直接参与股票市场及相关股指衍生产品的交易，但各类与 A 股指数挂钩的理财产品却活跃于境内理财市场，境内理财市场将会迎来新的一轮发展机遇。如果说前十年国内理财市场的竞争是以固定回报理财产品为主的规模竞争，那么下一轮将是适应金融市场化程度显著提高环境的挂钩性理财产品竞争的时期。

第五篇 总 结

本篇虽是全书八篇之一，但却是全书最重要的一篇，同时当然也是本书章节最多且篇幅最长的一篇。本篇总共 16 章，对国内 17 个场内外人民币衍生产品市场进行了不同程度的介绍和分析，几乎涵盖了国内场内外人民币衍生产品和市场的每一个领域和角落。我们高兴地看到，除国债期货和股指期权市场起步时间较短外，国内银行间市场远期类的衍生产品外汇远期、债券远期、远期利率协议、外汇掉期、货币互换等在国内已经逐步到位而且有了不同程度的发展；金融期货也逐步健全，目前除外汇期货仍未推出外，金融期货已经全部推出，包括外汇期权、黄金期权和股指期权，而且活跃度也有所提高。

近几年，国内人民币衍生产品不断丰富，同时已有的产品和市场大多也在逐渐活跃。对于新的产品和市场，本书侧重于介绍和理论分析；而推出一段时间的产品和市场，市场数据逐渐增多，从而使得理论结合实际的系统分析成为可能，如我们在第 24 章对中美主要经济和金融信息对国内人民币即期汇率和人民币外汇远期汇率影响的分析比其他章节更为系统而且深入，又如国内理财市场的分析程度也较以前有明显的提高。随着人民币衍生产品越来越丰富，市场的数据和产品的应用也逐年增多，导致本篇的篇幅一再增加且确实难以压缩。

1. 国内市场流动性国际比较

全篇 16 章的介绍、数据和分析内容相当多，实际上本身就已足够一本独立的书了，看完之后虽然不易很快总结出近年来国内人民币产品创新和市场活跃度的动态及在国际市场中的地位，但细细品读之后对于上述问题便能了然于胸了。本篇的章节排序主要以产品和市场推出的时间为主，实际上另外一种更好的排序方法可以以产品所在的场内外市场为主，同时以市场启动时间为辅而进行，这样可使读者从不同的角度来认识国内场内外人民币衍生产品。为了兼顾两种排序的优点，我们将本篇 16 章的 17 个产品和市场的主要结果及相应的国际地位列入表 1 中（由于国际银行间市场最新的数据为 2013 年 4 月的日均数据，为了与国际市场进行比较，我们选择了国内银行间 2013 年的交易数据以便与国际数据进行比较）。

表1　　　　　　　　国内主要人民币衍生产品市场流动性及国际占比

产品/市场	章	启动年份	2014 年全年总成交金额（万亿元人民币）	2014 年全球占比（%）
国内场内市场（交易所交易产品）				
商品期货	第 21 章	1990	127.97	22.27
认股权证	第 26 章	2005	0	0
可转债	第 22 章	2006	1.58	0.68
黄金期货	第 30 章	2008	5.25	2.26
股指期货	第 31 章	2010	162.24	16.91
国债期货	第 34 章	2013	0.68	0.01
黄金期权	第 30 章	2015		
股指期权	第 35 章	2015	0	0

产品/市场	章	启动年份	2013 年全年总成交金额（亿美元）	全球占比（%）
国内场外市场（银行间市场产品）				
人民币外汇远期	第 23 章	1997	6045.0	0.36
债券远期	第 25 章	2005	34032.0	0.56
人民币外汇掉期	第 27 章	2005	34032.0	0.56
利率互换	第 28 章	2006	4405.3	0.14
人民币货币掉期	第 27 章	2007	799.0	0.44
远期利率协议	第 29 章	2007	0	0
信用风险缓释合约	第 32 章	2010	0	0
人民币外汇期权	第 33 章	2011	731.0	0.09

数据来源：根据本篇各章数据和第 1 章相关数据计算得出，商品期货成交数据为成交量，单位为亿手；人民币外汇远期市场成交数据按照国际惯例包括银行与客户的远期结售汇数据和银行间交易数据总和；银行间市场全球占比以 2013 年 4 月日均成交金额乘以 250 个工作日的简单假设计算出全球年度成交金额计算得出；理财产品市场国内特色浓，国际少有相关可比数据，故未列出。

表 1 清楚地显示，国内场内市场（交易所市场）中商品期货和股指期货相对活跃，其 2014 年成交量或成交金额的国际占比已经超过了 2014 年我国国内生产总值的世界占比 13.4%，显示该两领域国内市场的活跃度可观；除国内商品期货和股指期货外，国内其他交易所交易的衍生产品离我国经济的世界占比仍有相当大的差距，大多差距离我国经济的世界比重仍有数量级的差距。

表 1 同时显示，国内银行间市场虽然有了可喜的发展，但是外汇市场流动性最高的外汇掉期 2013 年的成交金额仅占全球外汇掉期市场的比重 0.56%，不到 2013 年我国经济的世界占比 12.5% 的二十分之一；银行间利率互换 2013 年

目　　录

第一册

第二册

第三册

第六篇　境外人民币产品

第六篇 境外人民币产品

上篇我们着重介绍并简单分析了国内各类场内外人民币衍生产品及其应用，本篇我们着重介绍和分析境外各类人民币产品。由于历史原因，除国内各类人民币产品外，境外人民币产品实际上已经成为各类人民币衍生产品的重要组成部分，而且大多人民币衍生产品不仅境外比国内推出得要早，而且境外市场比国内市场更为活跃，对国内产品的推出和国内市场的发展都发挥了重要的推动作用。笔者2004年在境外出版Chinese Yuan Derivative Products（《人民币衍生产品》）一书时，国内除商品期货和人民币结售汇业务外，第五篇中的其他十多种人民币产品皆未推出，当时境外人民币无本金交割远期、无本金交割掉期、无本金交割期权、人民币结构性存款、人民币结构性票据、H股指数期货等产品已经存在，而且有些已经有了多年的成交历史。因此，研究境外离岸市场上的各类人民币产品及其市场和今后其他产品的推出情况，对于国内人民币产品的推出和市场发展很有必要。可以预见，今后很多人民币产品还会先在以中国香港为主的离岸市场推出，然后国内才会逐步推出并活跃起来。从第三篇到第五篇我们可以看出，虽然国内人民币产品种类到目前仍不齐全，特别是期权类产品才刚刚迈出了第一步，但是今后几年，国内人民币产品会逐渐丰富而且活跃起来。学习和借鉴离岸市场上的人民币产品及市场经验对国内人民币市场的发展必不可少。

当前主要人民币产品实际上既有境内市场，同时也有境外市场，两个市场相互影响，有些领域已经出现了两地跨市套利的交易，而且跨市套利交易达到了一定的规模。比如境内外出现最早的人民币产品——人民币远期结售汇和境外人民币无本金交割远期两个市场多年来相互影响，后者对国内市场多年来产生显著的带动作用，特别是随着人民币国际化的进一步展开，境外人民币市场发展迅速，跨境套利活动从境内外人民币即期交易逐渐蔓延至跨境人民币远期套利和人民币期权套利；又如两地股票指数期货虽然推出时间相差六年多，但是国内A股指数期货推出后交易量很快活跃起来，两地跨市场套利交易也已经开始，而且今后一定会更加活跃。因此，研究中国香港离岸市场上的各类人民币产品对国内市场的发展和风险防范非常重要。我们在第七篇会专门探讨境内外人民币远期市场之间的相互影响，从而对两地市场的联动有深入的了解和把握。

境外人民币远期和期权市场反映出来的境外人民币升值或贬值预期的变化是我们判断跨境资金流入或者撤离国内最主要的市场依据。我们在本篇介绍以中国香港为主的境外人民币产品后，在第七篇我们会专门介绍和分析跨境资金近年来如何流入和撤离我国，从而对我国经济和金融体系产生重要的影响。由于从 2002 年到 2007 年境外人民币升值预期持续增强，境外资金也随之持续流入我国，导致国内双顺差的持续增长，进而导致外汇储备的持续增长，投资冲动的持续增强，导致经济增长不断升温，这些因素促使人民币升值预期进一步上升，形成一个"过山车"式的高速循环。2008 年金融危机爆发使得之前近 6 年时间内人民币的升值预期重回贬值预期，资金从流入再次转向撤离国内；在国内一系列有效应对金融危机政策的大环境下，2009 年 3 月下旬美联储量化宽松一的实施，使得人民币重新回到了升值预期的轨道，跨境资金重新流入国内。然而随着美联储退出量化宽松政策，包括人民币在内的绝大所数货币皆兑美元出现了不同程度的贬值，从 2014 年下半年开始人民币兑美元贬值预期再次出现，而且在 2015 年 12 月中旬到 2016 年 2 月上旬的两个月内一年期人民币远期对美元贬值幅度甚至高达接近 6% 的高位，离金融危机期间人民币兑美元贬值预期最高峰超过 6% 的水平不远（2008 年 12 月上旬）。人民币告别单边走势进入双向区间波动格局后，境外人民币和境内人民币汇率上的基差更是直接体现了境外市场对人民币的升贬值预期，升贬值预期跟随国内外宏观经济数据的变动而波动，不再呈现出单边波动和稳定持续的特点。所以，境外人民币衍生产品为我们提供的人民币升值、贬值信息对我国判断和理解 2002 年下半年以来国内经济和金融市场走势提供了其他任何市场难以提供的有用信息，为我国理解国内经济如何受国际因素的影响提供了重要工具。

以中国香港为主的境外人民币市场是我国推动人民币国际化的重要渠道和场所。2010 年 7—8 月，由于清算协议的修订及离岸人民币回流机制的构建，香港人民币离岸业务快速发展，包括清算行在内的香港同业开始为人民币报价。离岸人民币产品创新十分迅速，包括掉期、远期、期权、交叉货币掉期等产品全面开放。以远期交易为例，离岸人民币远期交易无须有真实的贸易背景，不受外汇局监管，可随时平盘。在人民币国际化的大趋势下，香港人民币离岸市场的作用会越来越重要。所以，系统研究和跟踪香港人民币市场的各类人民币产品对我们把握人民币国际化的进程，对国内人民币产品的推进和发展均必不可少。

早期的境外人民币市场主要以人民币无本金交割产品为主，但是，随着境外人民币可接受度的提高和境外人民币中心业务的活跃，近年来境外人民币市场很多领域可交割产品的流动性已经显著超过了相应的无本金交割市场的流动性，境外人民币可交割产品已经逐渐成为境外人民币市场的主流。这是一个巨大的变化。鉴于此，本篇大部分章节除之前介绍人民币无本金交割产品外，加入了相应的可交割产品及市场流动性的研究，这样不仅内容更为全面，而且对整个境外人民币市场有更好的代表性。

另外，由于英国政府对人民币国际化的努力支持和相应政策落实，近年来伦敦人民币业务快速增长，在境内人民币市场交易的份额可能已经超过了香港特区，成为境外人民币市场另外一个重要组成部分。这是需要我们特别关注的境外人民币市场的新现象。但是，两个其他数据渠道表明，伦敦金融城 2012 年到 2014 年公布的境外人民币市场成交数据应该有严重的问题，对我们理解近年来境外人民币市场的发展和人民币国际化的总体进程很可能有很大的误导作用，我们在本篇和第八篇相关章节会详细讨论相关问题。

最后，境外人民币市场之所以重要的重中之重是其定价功能。境内外人民币外汇远期、外汇掉期和外汇期权等产品的定价权在很大程度上仍由境外决定，对国内市场仍然产生重要的影响力。尽管国内人民币市场近年来有了可喜的发展，但是很多市场的流动性仍然与境外人民币市场有着相当的距离，国内产品定价仍然不得不依赖境外市场。因此，不对境外人民币市场有深入系统的研究，我们将难以把握国内市场发展变化的趋势，更难把握境内外人民币市场发展的总趋势。所以，本篇的内容应该是全书的重中之重。

第 37 章　境外人民币远期

按照是否可以交割，境外人民币远期合约可以分为不可交割或者无本金交割远期（Non‑deliverable Forward，NDF）和可交割远期（Deliverable Forward，DF）两种类型。前者的典型代表为人民币无本金交割远期（CNY‑NDF），其结算汇率以国家外汇管理局公布的官方汇率为准。后者的典型代表为离岸人民币可交割远期（CNH‑DF），其结算汇率以到期日离岸人民币的即期汇率为准。中国香港和新加坡是亚洲最主要的人民币无本金交割远期交易市场，同时也是境外最主要的人民币可交割远期的市场。银行是人民币无本金交割远期交易的中介机构，供求双方基于对汇率看法的不同，签订非交割远期交易合约，合约到期时只需将约定汇率与定盘汇率差额进行交割清算，一般以美元作为结算货币，无须对本金，即受限制的人民币进行交割。离岸人民币可交割远期则是以离岸人民币为标的的可交割远期合约。

早在 1995 年，人民币无本金交割远期市场就已经在中国香港和新加坡初步形成。2002 年 9 月到 2008 年 3 月，人民币面临很大的升值压力，吸引了全球很多投资者和投机者的关注，投机需求带动了人民币交易额的稳步上升，使得这一市场日渐活跃。从 2002 年第四季度开始，它已经吸引了世界范围内广泛的注意。对于大多数国际参与者来说，人民币无本金交割远期是其最熟悉的人民币离岸衍生产品。另外，从 2010 年年中开始，中国人民银行试图放款货币管制，以扩大中外企业和个人在中国以外地区结算人民币贸易交易。中国人民银行还增强与香港金融管理局（HKMA）的紧密合作，将其作为离岸人民币（CNH）交易的优先地区。离岸人民币市场的形成为离岸人民币远期外汇市场交易产品的发展打下了重要基础，2010 年 7 月，离岸人民币可交割远期合约在香港出现，这标志着香港离岸人民币远期外汇市场也步入到新的发展阶段。本章的目的是研究境外人民币远期市场的各个主要方面。

37. 1　人民币无本金交割远期的简要历史

在 1997 年夏天亚洲金融危机爆发的两年前，人民币无本金交割远期市场就已经在中国香港和新加坡形成。促使该市场产生的主要原因，是中国吸引外国直接投资不断增加（1995 年和 1996 年，外国直接投资分别达到了 1328 亿美元和 1745 亿美元），一些大型跨国公司对它们在中国的投资有了保值的需求。同时，随着墨西哥危机爆发，出于对人民币贬值的忧虑，也有一些机构希望从人民币的贬值中获利，人民币无本金交割远期市场在中国香港和新加坡的国际性大银行中随之逐渐发展起来，因为流入中国的资本越来越多，这些客户进行汇率风险管理变得越来越有必要。

在人民币无本金交割远期市场形成初期，发展较为缓慢，交易也不活跃。当时，为完成一笔交易，要花几个小时甚至几天的时间。人民币无本金交割远期合约不仅市场流动性差，而且期限最长仅为 6 个月，后来才出现 12 个月的合约。目前，人民币无本金交割远期合约到期时间最长为 3 年，但是 1 年期限及以下的合约比较活跃。

在亚洲金融危机发生期间以及危机过后的一段时间内，人民币面临着巨大的贬值压力，这是因为在该地区除了人民币和港元以外，其他所有货币都贬值了。此时，人民币无本金交割远期交易金额稳步上升。2002 年以后，在东南亚金融危机逐渐消退、中国贸易顺差和宏观经济持续增长等因素的影响下，人民币无本金交割远期市场对人民币的预期从贬值转向升值，交易也逐渐活跃起来。在 2008—2009 年的高峰时期，每日成交量高达 100 亿美元左右。

一国货币无本金交割远期的出现，表明该国汇率政策需要向自由化调整，因此无本金交割远期的出现经常被看作是对外汇当局汇率政策的批评。它本身是受市场力量驱动而诞生的，即市场认为汇率应当处于什么样的水平。也正是由于这个原因，大多数机构不愿意向公众披露它们这方面的业务信息，因为大多数国家的中央银行不能容忍例如无本金交割远期这样的离岸衍生产品的存在。

人民币无本金交割远期市场形成后发生了急剧的变化。如前所述，在亚洲金融危机中人民币受到从无本金交割远期市场传来的贬值压力。在后面的章节中，我们将讨论近几年无本金交割远期市场所表现出来的人民币升值压力。

37.2 人民币无本金交割远期合约

我们在第 10 章介绍了无本金交割远期总协议的条款，这些主要条款规定了一份无本金交割远期合约所必须包含的主要项目。本节，我们集中讨论与人民币无本金交割远期合约相关的几个特殊问题。本节所用的合约版本是新加坡外汇交易委员会（SFEMC）、新兴市场交易者协会（EMTA）和外汇交易委员会（FEC）2004 年 12 月 1 日正式开始生效的最新版本。

37.2.1 合约主要条款

（1）标的货币和结算货币
标的货币为人民币，结算货币为美元。

（2）结算汇率

结算汇率是 1 美元兑换的人民币数额，是国家外汇管理局（SAEC）在计算日下午 5 时左右公布的官方汇率。结算汇率会在路透终端页面 CNY SAEC（CNY01）显示。

（3）未计划的公假日

到估值日之前两个工作日的上午 9 点钟之时，根据公开信息还不知道某日不是工作日的日期称作未计划的公假日。

（4）估值日期

估值时间为合约到期的前一个工作日。如果遇到未计划的公假日，那么估值日为随后的第一个工作日。

（5）交割日期

如果估值日按照随后的工作日调整了，那么交割日应该是估值日之后最早日，任何情况下都不能超过估值日之后的两个工作日。

（6）由于未计划的公假日发生的估值日推迟期

如果估值日按照随后的第一个工作日调整了，而且估值在计划（即合约）估值日之后 14 个连续日（包括 14 日）之内没有发生的那段时间称作估值推迟期。估值推迟期之后的第一个工作日应该是估值日。

（7）最大推迟日数

由于价格渠道发生意外、未计划的公假日等导致交割推迟的最长时间是 14 个自然日。

（8）判断决定估值日所依赖工作日的相关城市

中国北京。

（9）判断决定交割日所需工作日的相关城市

美国纽约。

（10）其他条款

除如上我们介绍的条款外，新加坡外汇交易委员会（SFEMC）、新兴市场交易者协会（EMTA）和外汇交易委员会（FEC）2004 年 12 月 1 日正式开始生效的最新美元/人民币无本金交割远期合约还涉及很多其他意外内容，如价格渠道发生意外的定义及其因之引起的估值推迟和相应的处理办法等。这些条款过于细腻，我们这里不再细述。

37.2.2 合约期限

目前在银行间交易的人民币无本金交割远期合约，有 1 周、2 周、3 周、1 个月、2 个月、3 个月、4 个月、5 个月、6 个月、9 个月、1 年、2 年、3 年、4 年、5 年等期限类型，但 2 周、3 周、4 个月、5 个月、2 年、3 年、4 年和 5 年期限合约的流动性很差，往往连价格信息都没有；而1周、1个月、2个月、3个月、6个月和1年期限合约的流动性比较好，9个月合约的流动性介于两者之间。我们在后面章节分析这些合约之间的套利交易时，会专门介绍这些合约的买卖价差，并集中分析3个月、6个月和1年期限合约之间的套利交易。

37.3 人民币无本金交割远期汇率揭示人民币兑美元贬、升值压力的变迁

在过去几年，很少有哪种货币像人民币这样经历了如此急剧的贬值和升值压力的重复变换。和其他亚洲货币一样，在亚洲金融危机前后人民币也承受着巨大的贬值压力，但从2002年第四季度底开始到2008年9月，人民币一直面临着巨大的升值压力；由于金融危机的爆发，2008年9月下旬到2009年3月下旬的半年时间内，人民币兑美元出现了贬值压力；2009年3月下旬到2013年年底，人民币重新回到了升值的预期中；2014年人民币进入双向波动态势后，整体上人民币兑美元经常出现贬值压力。本节我们主要通过境外人民币无本金交割远期市场人民币兑美元远期汇率的变化了解人民币升、贬值压力的变化。

37.3.1 东亚金融危机期间大幅度贬值

我们在第15章介绍东亚金融危机期间，东亚国家和地区的货币除港元和人民币外皆受到不同程度的贬值。虽然人民币顶住了贬值的压力，兑美元没有贬值，但是东亚金融危机期间人民币受到了巨大的贬值压力。图37-1给出了

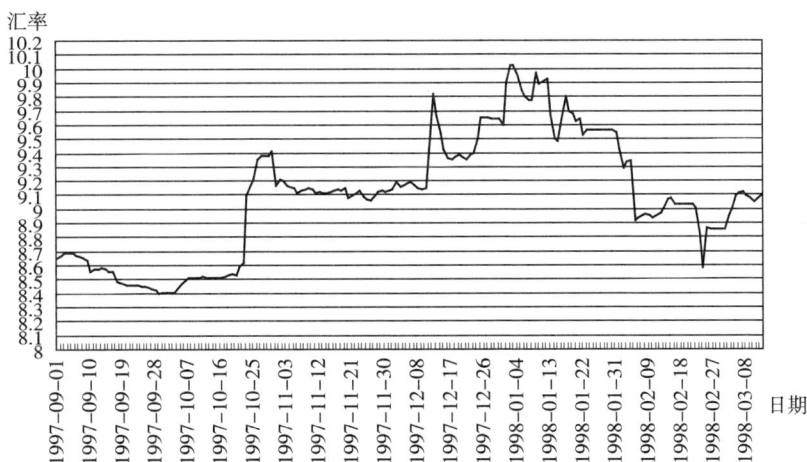

数据来源：Zhang（2004）。

图 37-1 亚洲金融危机期间境外一年期人民币无本金交割远期汇率

1997 年 9 月初到 1998 年 3 月上旬境外一年期人民币无本金交割远期汇率。

图 37 – 1 显示，1997 年 7 月初东亚金融危机爆发到 1997 年 10 月上旬，境外人民币虽然有贬值压力，但是贬值压力还不算很大，因为当时境外一年期人民币无本金交割远期汇率仅在 8.5 上下，离当时美元兑人民币的官方汇率 8.2765 不算很远；但是从 1997 年 10 月下旬到 12 月上旬，随着东亚金融危机导致中国香港股市大幅度下降，人民币的贬值压力显著增加，当时境外一年期人民币无本金交割远期汇率达到了 9.1 上下，相对于当时美元兑人民币的官方汇率 8.2765 相当于贬值 9% 以上；到了 1998 年 1 月上旬，当韩国向国际货币基金组织申请救助而未获得批准之前，韩元兑美元贬值显著，人民币的贬值压力也随之进一步显著增加（请参见第 15 章），当时境外一年期人民币无本金交割远期汇率最高超过了 10，相对于当时美元兑人民币的官方汇率 8.2765 相当于贬值 17% 以上。随着韩国形势的缓解，人民币的贬值压力有所减缓。虽然东南亚金融危机已经过去 18 年了，然而图 37 – 1 给出的东亚金融危机后半年多的时间内人民币兑美元贬值的显著变化对我们理解和分析 2014 年以来人民币贬值的变化有很好的参考意义。

37.3.2 从贬值到徘徊

图 37 – 1 显示随着亚洲金融危机走出低谷，人民币贬值压力有所减缓。图 37 – 2 给出了 1998 年 12 月 11 日到 2015 年 6 月 30 日 1 年期境外人民币无本金交割远期汇率。图 37 – 2 显示 1998 年年底，由于亚洲金融危机余波未尽，1 年期人民币无本金交割汇率仍然超过 9，贬值压力仍然显著；但是从 1999 年下半年到 2000 年随着亚洲金融危机余波的明显减缓，人民币贬值压力持续显著减缓。2000 年年初到 2001 年 4 月上旬，离岸市场 1 年期人民币无本金交割远期的日隐

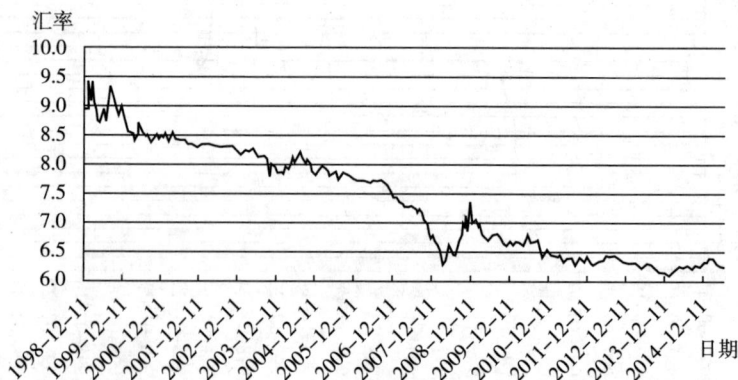

资料来源：彭博数据终端。

图 37 – 2 一年期人民币兑美元无本金交割远期汇率

含汇率在 8.500 上下波动；2001 年 4 月上旬到 2001 年 11 月中旬，日隐含汇率从
8.500 以上水平持续下降到 8.300 之下；从 2001 年 11 月中旬到 2002 年 10 月下
旬的近一年里，日隐含汇率在 8.300 上下波动，而人民币即期汇率为 8.2765，
这表明人民币当时既少有贬值压力也少有明显的升值压力。但从 2002 年 10 月开
始，情况开始发生显著的变化，我们下文专门详细介绍。

37.3.3　人民币升值压力首次出现并持续上升

为了对近年人民币无本金交割远期汇率有更准确的了解，我们绘出了 1 年
期人民币无本金交割远期汇率从 2002 年 1 月到 2008 年 3 月之间的日走势图，如
图 37－3 所示。图 37－3 清楚地显示，2002 年夏天一直在 8.2765 左右浮动的人
民币无本金交割远期汇率从 2002 年 11 月开始发生重大的变化，1 年期人民币无
本金交割远期汇率持续低于当时美元兑人民币的官方汇率 8.2765，这显示人民
币升值压力的抬头；2003 年 9 月下旬和 10 月上旬 1 年期人民币无本金交割远期
汇率达到接近 7.8 的最低位（相对于 8.2786 相当于升值 6.1%），随后一段时间
人民币升值压力有所缓解，但之后又分别在 2004 年 2 月中旬、2004 年 12 月下
旬、2005 年 4 月底到 5 月下旬几次达到或者接近 7.8 的水平，表明 2005 年 7 月
汇改前人民币升值压力显著。

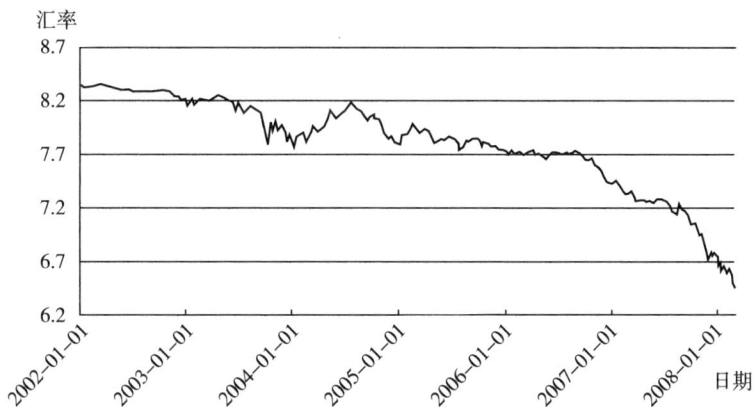

资料来源：彭博数据终端。

图 37－3　1 年期人民币兑美元无本金交割远期汇率

37.3.4　完善人民币汇率形成机制的推出和人民币升值
压力的部分释放

图 37－3 显示，2007 年 7 月 21 日完善人民币汇率形成机制推出之后的两年
时间内，人民币升值压力部分释放，因为 1 年期人民币汇率有所回升，表明完

善人民币汇率形成机制的推出对缓解当时境外人民币升值压力具有意义。然而这种缓解的效果没有延续很长的时间，人民币升值压力从 2007 年 10 月到 2008 年 3 月重新连创新高。截至 2008 年 3 月 13 日，在人民币兑美元两年多累计升值 16.62% 的基础上，1 年期人民币兑美元汇率达到了 6.2765 的历史最低点，隐含当时市场呼吁 1 年期人民币兑美元进一步升值 13.05%。

37.3.5 人民币升值压力的持续下降和金融危机期间长达半年的贬值压力

从 2008 年 3 月中旬人民币兑美元升值达到历史最高峰后，人民币兑美元的升值预期持续减缓，到了 2008 年 9 月金融危机的爆发，人民币重新回到了贬值的预期。图 37-4 给出了 2008 年 4 月到 2009 年 3 月 1 年期人民币无本金交割远期汇率。

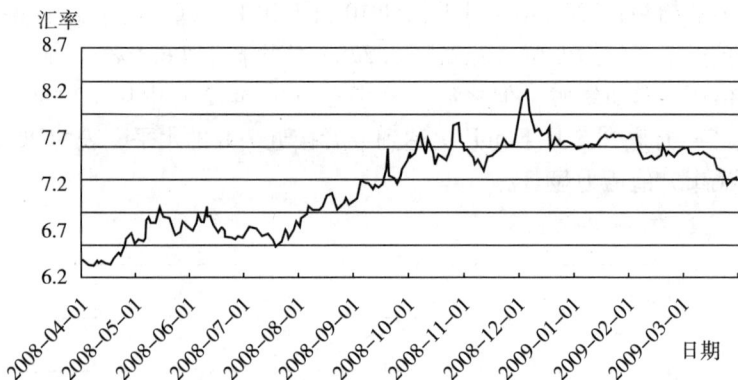

资料来源：彭博数据终端。

图 37-4　1 年期人民币无本金交割远期汇率

图 37-4 显示，2008 年 4 月 1 日到 2008 年 9 月 16 日，1 年期人民币无本金交割远期汇率从 6.3085 持续上升到了 6.8165，表明人民币在 2008 年 4 月之后的 5 个半月内升值预期持续下降。2008 年 9 月 16 日，美国雷曼公司宣布破产，标志着全球性的金融危机的爆发，之后亚洲的第一个工作日 1 年期人民币无本金交割远期汇率进一步上升到 6.847，高于当日美元兑人民币即期汇率 6.829，表明人民币重新回到了贬值的状态。从 2008 年 9 月 17 日到 2008 年 12 月 4 日，1 年期人民币无本金交割远期汇率持续上升到了 7.38，相对于当日美元兑人民币即期汇率为 6.8502，显示一年期人民币兑美元贬值 7.18%，代表人民币贬值压力的顶峰。

金融危机导致人民币兑美元的贬值压力从 2008 年 9 月中旬开始持续到了 2009 年 3 月下旬。2009 年 3 月 18 日，美联储宣布计划到 2009 年年底的 9 个多内月购买价值高达 1.25 万亿美元的美国国债和其他类型的债券（即现在我们称作的第一次量化宽松政策）。第一次量化宽松政策宣布不久，人民币重新回到了升值的态势。美国第一次量化宽松政策的宣布是触发点，2008 年第四季度到 2009 年国家应对金融危机的诸多政策及时到位，我国经济当时出现的好转迹象是当时人民币重新回到升值预期的经济基础。

37.3.6 人民币兑美元升值压力的重现

从 2009 年 3 月下旬人民币兑美元重新回到了升值状态后，人民币重新保持了持续的升值预期。图 37 - 5 给出了 2009 年 4 月到 2014 年 2 月 1 年期人民币无本金交割远期汇率。图 37 - 5 显示 2009 年 4 月下旬到 2014 年 2 月，1 年期人民币无本金交割远期汇率呈现出持续下降的趋势，这表明人民币升值压力的重现。2014 年 1 月 20 日，人民币无本金交割远期汇率达到了 2005 年后的最低点 6.0967。

资料来源：彭博数据终端。

图 37 - 5　一年期人民币兑美元无本金交割远期汇率

37.3.7 人民币兑美元贬值预期再现

2014 年 2 月之后，随着美国推出量化宽松政策的实施，美元对全球几乎所有货币升值，人民币兑美元新的一波贬值开始。中国人民银行主动调高人民币中间价，引导人民币出现了一轮贬值趋势，人民币自 2005 年保持的单边升值走势发生了迅速逆转，昭示人民币进入双向波动的区间走势，升值压力得到释放，贬值预期则开始加强。图 37 - 6 显示，1 年期人民币无本金交割远期汇率从 6.0967 低点开始一路上扬，在 2014 年大部分时间都保持在 6.20 到 6.25 区间运行态势；2014 年 11 月后，在中国人民银行降息和俄罗斯卢布危机的双重刺激下，人民币贬值预期飙升，1 年期人民币无本金交割远期汇率一度在 2015 年 3 月 4 日达到 6.4195 的高点。此后，随着人民币中间价的稳定，以及李克强总理在访欧期间发布的"不希望看到人民币贬值"的评论，人民币贬值预期迅速消退，截至 2015 年 6 月 30 日，人民币无本金交割远期汇率回到了 6.2436 的水平。

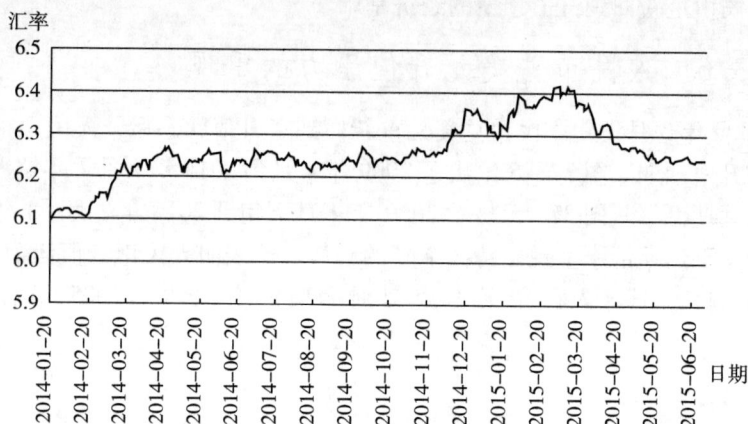

资料来源：彭博数据终端。

图 37-6 人民币兑美元一年期无本金交割远期汇率

37.3.8 本节小结

境外人民币升值、贬值预期是其他境内外任何市场难以提供的重要市场信息，对我们判断和把握跨境资金流动等情况来说不可或缺。本节我们详细地介绍了由境外人民币无本金交割远期汇率显示的人民币兑美元贬值、升值压力变迁更替。从图 37-2 到图 37-6 给出的 1998 年到 2015 年人民币兑美元从贬值到升值，再从升值到贬值几个循环的主要时段的变化情况，我们不易直观地看出十多年来境外人民币兑美元从贬值到升值，再从升值到贬值的整个循环的总体情况。图 37-7 给出了 2001 年 1 月初到 2015 年 4 月 11 日境外一年期人民币兑美元远期汇率。

从 1997 年亚洲金融危机到 2002 年第四季度人民币经受了大幅度的贬值压力（1998 年 1 月一年期贬值预期超过 17%，达到历史最高峰）到 2002 年 11 月开始首次出现持续的升值预期；从 2002 年 11 月到 2008 年 3 月人民币升值压力持续上升（2008 年 3 月 13 日升值预期超过 13%，达到历史最高点）；从 2008 年 3 月到 2008 年 9 月中旬金融危机爆发前，人民币升值压力持续减缓；金融危机爆发导致人民币重新回到了贬值预期，2008 年 12 月 4 日一年期人民币对美元贬值预期达到了危机后的最高峰 7.18%；2009 年 3 月下旬美国第一次量化宽松政策和

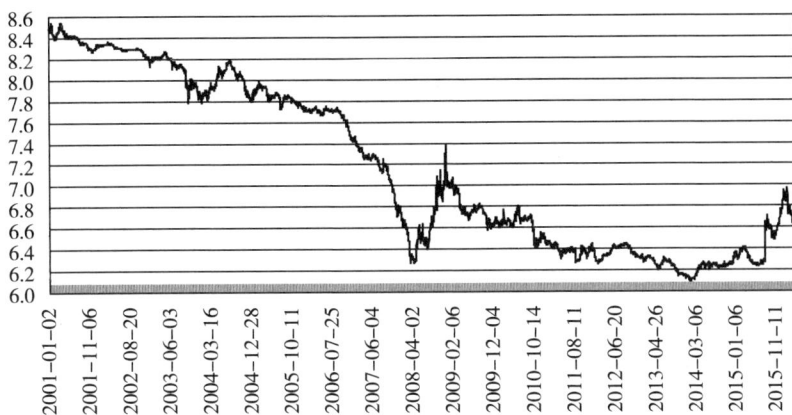

资料来源：彭博数据终端。

图 37 - 7　境外一年期人民币兑美元远期汇率（2001 年 1 月初到 2015 年）

我国积极应对金融危机的举措使得人民币重新回到了升值的态势。金融危机高峰期间人民币对美元贬值的最大预期 7.18% 不到亚洲金融危机高峰时期贬值最大预期 17% 的一半（从亚洲金融危机期间人民币贬值预期最高峰到本次金融危机期间人民币贬值预期最高峰整整经历了 10 年时间）；2009 年 3 月下旬后人民币重新回到了升值的态势并持续至 2014 年年初；2014 年初以来，随着美国退出量化宽松的传闻及之后该政策的实施，人民币兑美元贬值预期再现，而且在2015 年 12 月到 2016 年 2 月达到了金融危机后贬值的最高峰。我们下文还会进一步介绍和分析。

37.4　美元兑人民币升水、贴水的度量及变化

上文我们通过观察人民币无本金交割远期汇率来判断人民币升值和贬值的预期。这种方法在人民币汇改之前人民币兑美元汇率相对固定时还容易看出，但是在 2005 年人民币汇改之后人民币兑美元汇率相对浮动后就不容易直接从远期汇率变化看出人民币升值或贬值变化了；另外，由于美元兑人民币即期和远期汇率每日变化的程度有限，观察即期和远期汇率的相对变化不易直接看出人民币升值和贬值压力的变化。

37.4.1　美元兑人民币升、贴水的概念

为了解决这个问题，银行界在无本金交割远期交易时，通常使用远期汇率与即期汇率之间差值的 10000 倍来衡量相应货币升值或贬值的幅度，即远期和即期汇率的相对水平反映两个货币之间升值或者贬值的程度。例如，2007 年 10

月31日离岸市场12个月人民币无本金交割远期汇率为6.945，而相应的美元兑人民币即期汇率为7.4692，那么当日远期升、贴水幅度为

$$10000 \times （6.9450 - 7.4692） = -5242。$$

上面定义的美元兑人民币远期升、贴水指数为负值，表明美元有贬值压力，即人民币对美元有升值压力，称美元远期贴水 -5242 点；如果升水、贴水指数为正值，则表明美元有升值压力，即人民币有贬值压力。

按照如上定义，我们利用图 37 - 7 给出的一年期人民币无本金交割远期汇率和相应的美元兑人民币即期汇率转换成以升、贴水点数来描述的数据，结果如图 37 - 8 所示（2005 年 7 月 21 日汇改前美元/人民币即期汇率以 8.2765 为基准，汇改后按外管局每天公布的人民币兑美元汇率计算）。

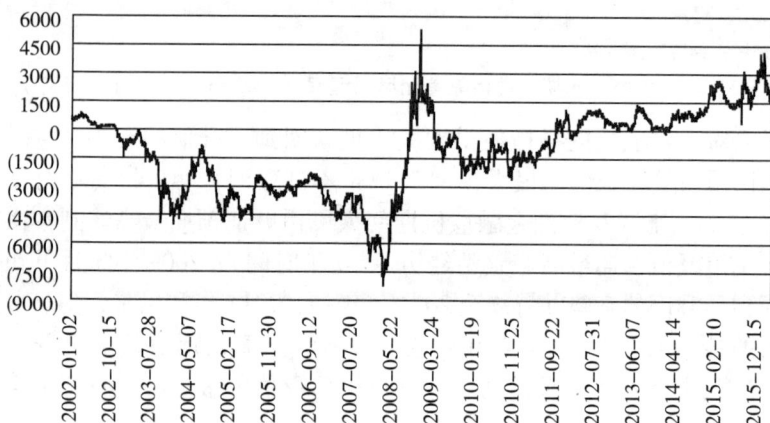

资料来源：彭博数据终端。

图 37 - 8　美元兑人民币升、贴水点数

图 37 - 8 显示，从 2002 年 1 月到 11 月上旬，美元兑人民币升水从 650 多点持续下降到了 100 多点的位置，但之后美元兑人民币开始出现持续的贴水，表明人民币对美元从贬值预期转向了升值预期；在 2003 年 10 月上旬到 2005 年 7 月之间，美元兑人民币贴水点有四次达到或者接近 -5000 点，表明 2005 年 7 月人民币汇改前有四次人民币兑美元升值预期的高峰；2005 年 7 月下旬人民币汇改后的一年时间内，美元贴水点数回升到 -2000 到 -3000 点左右，表明当时人民币升值压力有所减缓；但从 2006 年年底开始又逐渐接近 -5000 点左右；2007年 10 月中旬到 2008 年 1 月初美元贴水点数首次超过 -5000 点并持续急速下跌到了 -6000 点以上，并在 2008 年 3 月 13 日首次超过了 -8000 点，创下 2002 年以来人民币对美元升值预期的最高峰；2008 年 9 月 15 日，雷曼兄弟公司宣布申请破产保护，标志着金融危机的爆发，人民币兑美元很快从贴水变为升水，2008 年 12 月 4 日，人民币兑美元升水达到 5298 点的历史最高位（相当于对当

天人民币兑美元即期汇率 6. 8502 贬值 7. 18%）；2009 年 3 月下旬美联储宣布实施量化宽松政策后几天人民币兑美元又从升水变为贴水；2009 年 3 月下旬到 2011 年 9 月下旬的两年半时间内，人民币对美元保持了不同程度的贴水水平；然而从 2011 年 9 月下旬到 2012 年 3 月中旬，人民币兑美元升水和贴水互出现；2012 年 3 月中旬以来，特别是 2014 年下半年美国推出量化宽松政策以来的大多时间内，人民币兑美元处于贬值预期中，而且在 2015 年 12 月下旬到 2016 年 2 月上旬达到了接近 2008 年 12 月上旬的高峰。

37.4.2 "9 个月" 美元兑人民币升水、贴水 "直线" 与金融危机影响的关系

好奇的读者可能已经观察到了图 37 - 6 中的一个 "奇景"，即 2008 年 3 月中旬到 2008 年 12 月初 9 个半月间人民币升、贴水的近似 "直线" 式的变化。笔者在 2009 年年初观察出后特别好奇，这里简单谈一下这条 "直线" 的隐含意义。仔细观察图 37 - 6 我们会发现，从 2008 年 3 月中旬到 2008 年 9 月中旬金融危机爆发前的半年内，人民币升值压力直线式下降，除 2008 年 6 月后半个月在升水 4000 左右稍有徘徊外，人民币兑美元升值压力几乎没有多少犹豫地 "直线式" 下降；2008 年 9 月 16 日美国雷曼公司宣布破产，17 日人民币从升水变为贴水几乎没有一点犹豫，表明从 2008 年 3 月到金融危机爆发前的整整半年，市场预期早已成为了定局，而且这样的市场公开信息在金融危机前半年就已 "公开"。人民币兑美元升值的 "直线式" 下降的信息显示当时跨境资金流入我国的速度也应该直线式地减缓。这些信息对我们理解国内金融市场与国际市场的联动、当时我国货币政策及效果都是不可多得的重要信息。

37.4.3 人民币升值压力的几个阶段

下面，我们通过人民币升、贴水走势分阶段介绍 2005 年 7 月汇改前人民币的升值压力情况。

第一阶段：升值压力出现（2002 年 10 月到 2003 年 4 月下旬）

图 37 - 8 所示的是 12 个月人民币无本金交割远期汇率升、贴水点数曲线。2002 年 10 月 3 日美元升水点数为 237 点，之后开始持续下降，到 11 月 11 日首次从升水转为贴水。2002 年 11 月 11 日到 2003 年 1 月 6 日，贴水点数持续降至 -1450 点，这隐含着 1 年后人民币对美元升值 1.78%。2003 年 1 月 3 日到 4 月 23 日，贴水点数回升至 -78 点。在第一阶段，市场反映出人民币面临比较轻微的升值压力，隐含升值幅度较低，在 0 ~ 1.78%。

第二阶段：高峰前奏（2003 年 4 月下旬到 9 月下旬）

美元贴水点数在 2003 年 4 月 23 日回升至低点 -78，之后又持续降至 9 月 18

日的 -1997 点，隐含人民币升值 2.35%。2003 年 9 月 18 日是当时七国集团（G7）会议联合公告发表之前的最后一个工作日。我们在后面会介绍公告的主要内容。

第三阶段：升值压力达到高峰（2003 年 9 月下旬到 2004 年 4 月下旬）

人民币升值压力在这个阶段达到了最高峰。2003 年 9 月 20 日 G7 央行行长和财政部部长会议结束，G7 会议联合公告把人民币升值推向了最高峰。2003 年 9 月 22 日和 23 日，美元贴水点数分别下降 600 点和 926 点，两日累计下降 1526 点，达到 -3423 点的低点。10 月 1 日，美国国会举行听证会专门讨论人民币低估问题。10 月 7 日，12 个月人民币无本金交割远期汇率贴水点数在收盘时为 -4900 点，在当日下午 4 时 55 分，美元贴水点数曾一度达 -5400 点，创历史最低点，以人民币汇率 8.2770 为基准，这隐含 1 年后每美元兑人民币 7.737 元，即人民币约升值 7.1%。这是历史上人民币汇率第一次高于港元对美元的官方联系汇率 7.8。尽管美元贴水点数后来逐渐回升，但在 11 月末，贴水点数又开始稳步降至 -3000 点以下，12 月份保持在 -4000 点到 -4500 点区间内波动。在盘整三个月后，美元贴水点数在 2004 年 1 月 6 日达 -4974 点，再创日收盘低点，接近 -5000 点。从 2004 年 1 月上旬到 4 月下旬，贴水点数一直保持在 -3000 点之下。

第四阶段：调整波动（2004 年 4 月下旬到 11 月初）

从 2004 年 4 月下旬开始，美元贴水点数震荡回升，在 7 月下旬回升至 -900 点之上，之后又震荡下跌，在 11 月初回到 -3000 点的水平。

第五阶段：重回高位（2004 年 11 月初到 2005 年 7 月）

从 2004 年 11 月初开始，美元贴水点数又持续小幅震荡下跌，到 12 月底再次接近 -5000 点，在 2005 年 4 月几乎全月都保持在 -3000 点之下。2005 年 5 月上旬和中旬，贴水点数再次接近 -5000 点，表明人民币升值压力再次达到高峰。在 2005 年 7 月 21 日汇改前，美元贴水点数一直保持在 -4000 点以下。

为使结果一目了然，我们把上述五个阶段的时间和主要特征进行归纳，并列在表 37-1 中。

表 37-1　　　　　2005 年 7 月汇改前人民币升值压力的五个阶段

阶段	时间区间	美元兑人民币贴水范围	隐含升值范围
第一	2002 年 10 月到 2003 年 4 月下旬	-25 到 -1450	0.02% 到 1.75%
第二	2004 年 4 月下旬到 2003 年 9 月下旬	-90 到 -3625	0.11% 到 4.37%
第三	2003 年 9 月下旬到 2004 年 4 月下旬	-2300 到 -5150	2.78% 到 6.22%
第四	2004 年 4 月下旬到 2004 年 11 月初	-910 到 -4450	1.09% 到 5.37%
第五	2004 年 11 月初到 2005 年 7 月下旬	-2820 到 -4950	3.41% 到 5.98%

资料来源：根据图 37-8 中的数据整理和计算而得。

37.5 不同到期时间的合约对人民币升值期限和幅度的期望

为了方便，我们在本章前面几节主要只用了 1 年期人民币无本金交割远期的数据。实际上，不同到期时间的人民币无本金交割远期在不同时间对人民币升值的时间期限和幅度有不同的反应。图 37-9 给出了从 2002 年 1 月到 2015 年 6 月，1 年、6 个月和 3 个月到期的美元/人民币无本金交割远期汇率相对即期汇率的升贬值图。

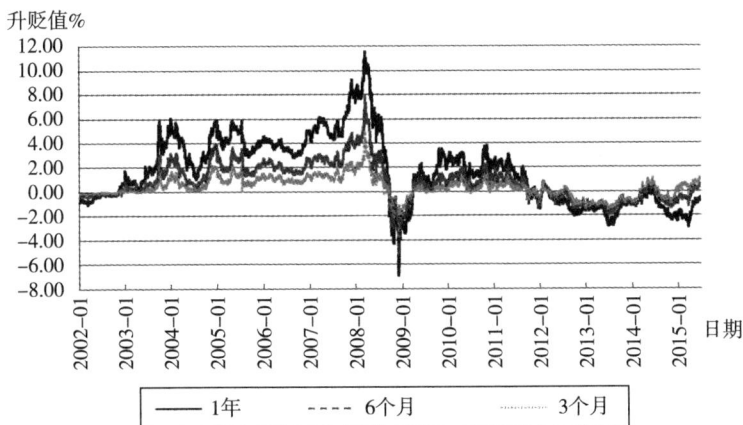

资料来源：根据彭博数据计算得出。

图 37-9 1 年、6 个月和 3 个月期人民币
无本金交割远期汇率相对即期汇率的升贬值情况

从图 37-9 我们可以看出，从 2002 年 6 月到 2008 年 9 月大部分时间 1 年期人民币无本金交割合约的隐含升值幅度高于 6 个月和 3 个月期合约的隐含升值幅度（对不同合约的升值幅度我们进行了年化处理从而使不同合约可比）。但是在 2003 年 10 月、2004 年 12 月、2005 年 5 月和 2008 年 10 月至 2009 年 3 月四次升值高峰时期，特别是在最后一个高峰时期，短期合约的隐含升值幅度比长期的更高。2004 年第一季度三个合约反映的升值程度相差不大；3 个月期合约在 2003 年 10 月 7 日和 2005 年 5 月 3 日分别升值 9.12% 和 9.40% 的历史高位；2004 年 12 月下旬，6 个月期合约的升值幅度达到 8.04%，略低于同样时间的 3 个月期合约的 8.64%；而 2005 年 5 月 3 日，6 个月期合约升值幅度为 7.07%，远低于同样时间的 3 个月期合约的

9.40%；在 2005 年 7 月 20 日（汇改前一天），6 个月期合约升值幅度为 6.77%，远低于同样时间的 3 个月期合约的 8.02%；到了 2008 年 3 月 14 日，1 年期合约升值幅度达到了 11.32% 的历史最高位，而同日 6 个月和 3 个月期合约的升值幅度仅为 7.01% 和 4.08%；仅过了 9 个月，2008 年 12 月 4 日，1 年期合约升值幅度又急剧下降到 −7.59% 的历史最低位，同日 6 个月和 3 个月期合约的升值幅度仅为 −5.83% 和 −4.23%。2009 年 3 月至 2011 年 9 月，人民币无本金交割合约的隐含升值幅度变化趋于平稳，一直保持在 4% 以内。2011 年 9 月到 2015 年 3 月的大部分时间里，人民币无本金交割合约的隐含升值幅度都是负数，在 −3% 到 1% 之间波动，1 年期、6 个月以及 3 个月期的合约基本保持同向波动。

37.6　人民币无本金交割远期市场的参与者

我们在前文已指出，柜台衍生产品交易的透明性远不如场内交易的衍生产品，前者的价格、成交量、市场参与者等信息均难以获得。如前所述，无本金交割远期这样的柜台产品本身就是对货币当局汇率政策不同程度的批评，要获得交易的相关信息就更加困难。但是如果不知道市场参与者，我们就很难深入了解该市场。本节的目的，是试图通过各种渠道去了解人民币无本金交割远期市场。

我们从两个渠道找到了一些关于市场参与者的信息：《亚洲风险》杂志的调查和新兴市场交易者协会（EMTA）的调查。

37.6.1　《亚洲风险》杂志的调查结果

37.6.1.1　《亚洲风险》杂志的调查排名

大多数国际性的银行为自己客户提供无本金交割远期业务。根据《亚洲风险》杂志 1999 年和 2000 年的调查，摩根大通、花旗银行、渣打银行和德意志银行是开展韩元、新台币和其他亚洲货币无本金交割远期业务的主要银行，我们已在第 11 章进行了介绍。本节我们介绍开展人民币无本金交割远期业务的主要银行。

表 37−2 给出了 1998 年到 2004 年人民币无本金交割远期交易业务最活跃的五个银行机构及其排名。从表 37−2 可以看出，汇丰银行几年连续保持了独占鳌头的位置，德意志银行从 1999 年的第一下滑到 2004 年的第五，而与摩根银行合并后摩根大通银行从以前的第三上升到了 2004 年的第二。美国花旗银行和英国渣打银行在 2004 年并列第三。

表 37 - 2　　1998—2004 年开展人民币无本金交割远期业务的主要银行

人民币（被评上的银行数量：12 家）				
银行	占比（%）	2004	1999	1998
汇丰银行	20.8	1	1	1
摩根大通	16.7	2	3	—
花旗银行	12.5	3	—	—
渣打银行	12.5	3	—	—
德意志银行	11.1	5	1	3
经纪商：万邦有利				

资料来源：《亚洲风险》（Asia Risk），2005 - 03。

　　表 37 - 3 给出了 2004 年和 2005 年人民币无本金交割远期交易业务更新的统计数据。《亚洲风险》杂志在其 2005 年 6 月公布的最新最终用户调查结果，显示有更多的回应问卷。表 37 - 3 的结果是建立在 25 家回应问卷的基础上得出的，较表 37 - 3 多 13 家。问卷总分为 249，相应的百分比是得分除以总分数 249。汇丰银行仍然保持了头把交椅，得 80 分；花旗银行从表 37 - 2 的第三上升到了第二，得 45 分；渣打银行与表 37 - 2 的排名相同仍为第三，得 23 分；巴克莱银行和荷兰银行分别进入第四和第五的位置，分别得 16 分和 8 分。值得注意的是德意志银行并没有进入前五名，更值得注意的是中国银行业进入排名而且与荷兰银行并列第五，得 8 分。由于表 37 - 3 相应问卷回应的公司比表 37 - 2 相应问卷回应的公司多一倍还多，前者的结果应该更加可靠。

表 37 - 3　　2004—2005 年开展人民币无本金交割远期业务的主要银行

人民币（25 家答复）				
银行	占比（2005）（%）	2005 年排名	2005 年得分	2004 年排名
汇丰银行	32.10	1	80	1
花旗银行	18.10	2	45	4
渣打银行	9.20	3	23	2
巴克莱银行	6.40	4	16	—
荷兰银行	3.20	5	8	—
中国银行	3.20	5	8	—
经纪商：万邦有利				

资料来源：《亚洲风险》（Asia Risk），2005 - 06。

　　表 37 - 4 给出了 2007 年到 2010 年人民币无本金交割远期交易业务最活跃的五个银行。表 37 - 4 显示，除 2010 年外，汇丰银行从 2007 年到 2009 年连续三

年被评为该领域最主要的银行，2010 年排名第三，四年皆进入前 5 名，排名最高；第二名为法国巴黎银行，四年排名分别为第五、第三、第二、第一，四年也皆进入前 5 名；第三名为渣打银行，四年有三年进入前五名，分别排名为第三、第三、第二；第四名为摩根大通银行，四年有三年进入前五名，分别排名为第三、第二、第五；第五名为德意志银行，四年也有三年进入前五名，分别排名为第四、第三、第四；第六名为苏格兰皇家银行，四年有两年进入前 5 名，分别排名为第二和第四。比较表 37 - 2 和表 33.3，我们发现汇丰银行和渣打银行在香港人民币无本金交割远期市场上十分活跃；然而 2005 年与荷兰银行并列排名第五的中国银行却从 2007 年到 2010 年再未出现在前 5 名之列，表明中国银行在该领域的业务仍然与外资银行有巨大的差距。

表 37 - 4　　　　　　　　　　2007—2010 年开展人民币
无本金交割远期业务的主要银行和经纪商

银行	占比（2007）（%）	2007 年排名	占比（2008）（%）	2008 年排名
汇丰银行	23.89	1	16.33	1
苏格兰皇家银行	13.27	2		
摩根大通银行	9.73	3	12.24	2
德意志银行	8.85	4	11.56	3
法国巴黎银行	7.96	5	11.56	3
渣打银行			11.56	3
经纪商		1 万邦有利 2 Icap 2 Tradition		1 万邦有利 2 BGC 2 Icap
汇丰银行	18.2	1	13.2	3
法国巴黎银行	14.9	2	19.2	1
渣打银行	11.7	3 =	14.3	2
巴克莱银行	9.7	3 =		
苏格兰皇家银行	7.8	4		
德意志银行			8.2	4
摩根大通银行			6.6	5
经纪商		1 BGC2 = Tradition 3 = Icap 3 = 万邦有利		1 Icap 2 = 万邦有利 3 = BGC 3 = Tradition

数据来源：《亚洲风险》（Asia Risk），2008—2011 年。

表 37 - 5 给出了 2011 年到 2014 年人民币无本金交割远期交易业务最活跃的五个参与银行。表 37 - 5 显示，汇丰银行从 2008 年人民币无本金交割远期市场

最大的参与银行下降到了 2011 年到 2013 年的排名第二，2014 年重回排名第 1 的地位；渣打银行从 2011 年的排名第 3 提高到了 2012 年和 2013 年排名第 1，而 2014 年却下降到了排名第 4 的地位；2007 年到 2010 年法国东方汇理、花旗和法国兴业银行皆不在人民币无本金交割远期参与银行前 5 之列，而该 3 家银行 2014 年却分别晋升到了第 2、第 3 和第 5 参与银行；苏格兰皇家银行、摩根大通银行、德意志银行、法国巴黎银行和英国巴克莱银行这些 2011 年前曾经进入人民币无本金交割远期前 5 参与银行在 2011 年到 2014 年却都未能进入人民币无本金交割远期参与银行前 5，显示近年来人民币无本金交割远期市场参与银行变化显著。

表 37 - 5　　　　　　　　　　2011 年到 2014 年开展人民币
无本金交割远期业务的主要银行和经纪商

银行	2011 年排名	2012 年排名	2013 年排名	2014 年排名
汇丰银行	2	2	2	1
法国东方汇理银行	—	—	—	2
花旗银行	—	—	—	3
渣打银行	3	1	1	4
法国兴业银行	—	—	—	5
经纪商	1 Icap	1 Icap	1 Icap	1 Icap
	2 = BGC	2 = Tullet Prebon	2 = Tullet Prebon	2 = Tullet Prebon
	3 = Tullet Prebon	3 = BGC	3 = BGC	3 = BGC

数据来源：《亚洲风险》（Asia Risk），2011—2014 年。

37.6.1.2　《亚洲风险》杂志调查的主要银行介绍

（1）汇丰银行（HSBC）

香港是主要的人民币无本金交割远期市场之一。作为英国老牌银行，汇丰银行在香港的衍生产品市场上十分活跃。表 37 - 2 到表 37 - 5 显示，在 1998 年到 2009 年，汇丰银行在人民币无本金交割远期业务上皆排名第一，然而 2010 年，该行人民币无本金交割业务排名却下降到了第三。

（2）法国巴黎银行（NBP Paribas）

法国巴黎银行是法国主要的银行之一，近年来在国际衍生产品市场，特别是在外汇衍生产品市场上越来越活跃，我们在第三篇中已经介绍过。表 37 - 2 到表 37 - 5 显示，1998 年到 2005 年该行在人民币无本金交割业务领域还未进入前五名的名单；但是 2007 年该行首次进入前五名的行列排名第五；2008 年、2009 年和 2010 年，该行人民币无本金业务排名从第三持续上升到第二和第一。在竞争激烈的中国香港市场，这种排名确实难得。

（3）渣打银行（Standard Chartered Bank）

2001 年，渣打银行在参与所有亚洲货币无本金交割远期交易的银行排名中，名列第一；虽然渣打银行的统治地位在 2002 年受到了其他银行的挑战，但它仍然位居前三；2008 年和 2009 年排名保持第三的位置；2010 年在汇丰银行排名较前大幅下滑的情况下，渣打银行却从 2009 年的第三上升到了第二，首次超过了汇丰银行的排名。

（4）德意志银行（Deutsche Bank）

1999 年，在人民币无本金交割远期交易商中，德意志银行从 1998 年的第三位跳到与汇丰银行并列第一位；德意志银行在亚洲货币无本金交割远期业务的排名中，从 2001 年的第二位升至 2002 年的第一位，说明德意志银行一直是人民币无本金交割远期市场主要玩家之一。2005 年德意志银行未进前五名，2007 年到 2010 年该行人民币无本金交割远期业务排名第四，2008 年排名第三。

（5）摩根大通银行（JP Morgan Chase）

大通曼哈顿银行在 1999 年人民币无本金交割远期业务排名第三。2000 年大通曼哈顿银行和摩根合并以后，摩根大通在亚洲货币无本金交割远期市场上的地位得到了进一步的加强。2004 年该行人民币无本金交割远期业务排名上升到了第二；2007 年排名第三，2008 年排名重新回到了第二；而 2009 年榜上无名，2010 年排名为第五，在一定程度上反映出金融危机对美资银行的冲击。

（6）花旗银行（Citi Bank）

花旗银行 2004 年在人民币无本金交割远期业务排名第三，2005 年排名上升到了第二。这家全球最大、引领世界金融混业经营潮流的银行，金融危机之前的几年在英国、日本等国家的经营上就遇到挫折，金融危机对该行冲击明显，2007 年到 2010 年该行在人民币无本金交割远期业务从未进入前五名。

（7）苏格兰皇家银行（Royal Bank of Scotland）

苏格兰皇家银行在早期人民币无本金交割远期业务方面不很活跃，1998 年、1999 年和 2004 年三年该行未进入排名前列；而 2007 年却迅速上升到第二；2008 年未进前五；2009 年排名第四；2010 年又未进前五名。该行近年来人民币无本金交割业务的排名反映出该行业重组的进程：2007 年以超过 1 千亿美元的价格成功收购了荷兰银行对该行士气有所鼓舞，但是 2008 年金融危机爆发后该行被英国政府控股，对该行发展战略和业务产生了重大的影响。

37.6.1.3 《亚洲风险》杂志调查的主要经纪商介绍

（1）万邦有利（Prebon Yamane）

万邦有利是一家全球知名的为世界各地机构服务的经纪行。作为全球最大的场外交易经纪行之一，万邦有利是以增强资金流动性以及对市场和产品有深入见解而著称的。万邦有利在包括无本金交割远期的外汇市场上一直保持领先地位。在 2001 年、2002 年连续两年，万邦有利在《亚洲风险》杂志关于亚洲货币无本金交割远期业务经纪商的排名中名列第一。

万邦有利也是在新加坡 OTC 市场排名第一的经纪商，在新加坡市场上红火的业务导致其新加坡分公司收入大幅增长。万邦有利在无本金交割远期业务和泛太平洋地区（日本除外）亚洲货币期权上获取了巨额的收入。他们在外汇业务上的收入，跟以前相比基本没有什么变化，但是在无本金交割远期和货币期权业务上的收入却急剧增加。从挑战经济气候这个角度讲，万邦有利香港分公司在收入和利润上都实现了非常强劲的增长。在大中华区无本金交割远期市场（人民币和新台币），万邦有利也被认为是名列榜首的经纪商，在每个地区都拥有重要的市场份额。

（2） ICAP （Intercapital plc）

ICAP 是伦敦股票交易所上市的一家全球性的金融经纪商，为客户提供声音和电子经纪业务。该公司 1986 年创办，1998 年在伦敦股票交易所上市。2010 年经纪收入高达 16.05 亿英镑（相当于 24.9 亿美元），税前利润 3.33 亿英镑（相当于 5.2 亿美元）。表 37 – 4 显示 ICAP 从 2007 年到 2010 年在人民币无本金交割远期市场的经纪排名分别为第二、第二、第三和第一，表明该公司在全球人民币无本金交割远期市场经纪业务的地位，我们下文还会用到该公司提供的重要信息。

（3） BGC

BGC 是纳斯达克上市（NASDAQ：BGCP）的全球性的电子经纪商，2008 年该公司在全球范围内推出了声讯和电子经纪业务。表 37 – 4 显示 BGC 2007 年在人民币无本金交割远期市场的经纪业务排名还未进入前三名，但是 2008 年和 2009 年排名就上升到了第二和第一的地位；2010 年排名下降到了第三，这显示该领域竞争的激烈程度。该公司目前为主要的人民币无本金交割远期市场的经纪商，我们下文还会用到该公司提供的重要信息。

37.6.2 新兴市场交易者协会会员

新兴市场交易者协会（EMTA）一直致力于制定无本金交割远期合约标准，以及促进无本金交割远期的发展，并做了许多创造性的工作。目前国际上仅有几个类似 EMTA 的组织。EMTA 的会员都是全球顶级的无本金交割远期交易的参与商。EMTA 还是世界上唯一曾经公布过无本金交割远期合约交易量的组织。

EMTA 有四类会员：正式会员（full members）、买方会员（buy - side members）、副会员（associate members）和准会员（affiliate members）。正式会员是无本金交割远期市场主要的参与者；买方会员是指那些投资于新兴市场的大型公司；副会员也在新兴市场上交易，但是规模和活跃度都不如正式会员；准会员不能直接交易，但对新兴市场有浓厚的兴趣。

表 37-6	新兴市场交易者协会正式会员名单		
1. 荷兰银行		15. 富达投资	
2. AIG 国际金融公司		16. 波士顿舰队	
3. 苏联境外经济银行		17. 高盛	
4. 美洲银行		18. 汇丰银行	
5. 巴克利		19. 荷兰 ING 银行金融市场	
6. 贝尔斯登		20. 摩根大通	
7. 法国 BNP Parisbas 银行		21. 雷曼兄弟	
8. CAI/IIF		22. Merinvest	
9. 嘉吉投资		23. 美林银行	
10. 花旗银行全球市场		24. 摩根士丹利	
11. 瑞士第一波士顿银行		25. 瑞富集团	
12. 德意志银行证券部		26. 桑坦德中央银行	
13. 德累斯顿银行		27. 伦敦标准银行	
14. Maxcor 欧洲代理		28. 瑞士 UBS 投资银行	

资料来源：新兴市场交易者协会网站（Emerging Market Trader's Association，EMTA），www. emta. org。

从表 37-6 可知，上述《亚洲风险》杂志调查的银行，除渣打银行是副会员外，其他银行都是新兴市场交易者协会的正式会员。

37.6.3 中国香港

因为大多数外国直接投资都是经中国香港进入中国内地的，同时香港本身也是地区性金融中心，因此从一开始，香港就是人民币无本金交割远期最主要的离岸市场。新兴市场交易者协会制定的无本金交割远期合约的范本一直得到新兴市场交易者协会及货币市场事务委员会（MPC）的支持。这些条款也一直被许多国家和地区的市场参与者使用，包括香港这个拥有众多亚洲货币无本金交割远期交易的地区。MPC 的会员主要包括香港金融市场协会（HKFMA）、香港银行公会（HKAB）、香港有限制牌照银行和接受存款公司协会（HKARLB-DTC）、香港外汇和存款经纪协会（HKFEDBA）。

货币市场事务委员会于 1992 年作为民间团体成立。在 2000 年，货币政策委员会进行了重组以发挥更全面的作用，目的是促进香港外汇和货币市场的发展并加强委员会和其他类似团体的联系与合作。

2005 年 9 月 23 日，香港《每日经济新闻》报道，香港金管局下属的香港财资市场发展委员会（TMF）正在研究逐步放开人民币无本金交割远期外汇交易合约（NDF）业务，并计划在香港推出最低入场费为 1 万美元的零售人民币 NDF 合约产品。推出零售人民币 NDF 是金管局意欲放开 NDF 市场、做大境外人民币交易业务的信号。该报道称，香港财资市场发展委员会已达成初步共识，计划在 11 月推出零售 NDF 产品，最低入场费暂定 1 万美元，以美元作为结算的货币，合约年期最长为一年，并设立庄家制开价，让买卖差价可以收窄。香港 3 家发钞行和 7 家本地银行将参与推出此种产品，这其中包括汇丰、渣打、中银香港、富邦、星展及花旗银行等。零售人民币 NDF 业务的推出会进一步提升香港作为人民币无本金交割远期市场的地位，从而提升香港作为境外人民币交易中心的地位。该业务的推出无疑会提高该市场的流动性，同时收窄买卖差价。

37.6.4　中国台湾

台湾当局在 2003 年 8 月 6 日宣布，即日起允许岛内银行国际金融业务分行（OBU）开展以美元交割的人民币无本金交割远期和无本金交割期权业务（记者 Lisa Wang，《台湾新闻》，2003－08－07）。因为台湾大多数公司在大陆有投资或业务往来，它们需要利用人民币无本金交割远期进行套期保值或投机。因此，台湾是人民币无本金交割远期交易的主要市场。台湾允许岛内公司利用人民币无本金交割远期市场来对人民币风险敞口进行套期保值，其效果是立竿见影的，它必将增加市场的流动性。

37.6.5　新加坡

新加坡无本金交割远期市场的主要参与者是世界排名前 20 位的国际性银行和投资机构。这些银行和投资机构为那些有人民币收入的国际性大公司、总部设在香港的中国公司等客户提供服务。进行人民币无本金交割远期交易的目的，要么是为了规避涉及人民币的货币汇率风险，要么是为了投机。新加坡是亚洲无本金交割远期的主要市场之一。

37.7　人民币无本金交割远期交易量的估计

因为大多数柜台交易衍生产品缺乏透明度，我们难以找到渠道去查明人民币无本金交割远期的准确交易量，本节我们将尝试对它进行大致的估算。

我们利用几种不同的方法来进行估计，然后再综合比较不同方法所得到的不同结果，最后得出估计结果。

37.7.1　新兴市场交易者协会的调查结果

（A）新兴市场交易者协会调查所得的 2003 年前两个季度的交易量

如我们在本章前面所述，新兴市场交易者协会是提供无本金交割远期交易量数据的唯一一家国际性组织。表 11.4 和表 11.5 列出了 2003 年前两个季度几个主要货币的无本金交割远期交易金额。从表中可知，人民币无本金交割远期交易量在 2003 年前两个季度分别是 95.4 亿美元和 214.98 亿美元。但是，它们可能与实际交易量有很大的差异，因为只有一部分会员对这个调查做出了回应。

（B）有回应和无回应会员之间的差异

新兴市场交易者协会 2003 年第一季度的调查数据仅来自 18 家回应者，占 EMTA 所有正式会员的 64.3%。尽管回应者的数量在 2003 年第二季度增加到了 21 家，但也仅占所有正式会员的 75%。根据 EMTA 在 2003 年 8 月 13 日发布的关于 2003 年第二季度新兴市场无本金交割远期交易量调查，做出回应的机构的名单列在表 37 - 7 中。

表 37 - 7　　EMTA2003 年第二季度新兴市场无本金交割远期交易量调查
做出回应的机构的名单

机构名称	会员类型
Ashmore 投资管理	（买方会员）
Babson Mass 共同基金	（非会员）
东京三菱银行	（准会员）
巴克雷	（准会员）
贝尔斯顿	（正式会员）
法国 BNP Parisbas 银行	（正式会员）
花旗银行全球市场	（正式会员）
瑞士第一波士顿银行	（正式会员）
德意志银行	（正式会员）
高盛银行	（正式会员）
汇丰银行	（正式会员）
摩根大通	（正式会员）
雷曼兄弟	（正式会员）
美林银行	（正式会员）
摩根士丹利	（正式会员）
寰宇一家投资	（正式会员）
Pharo 管理	（买方会员）
桑坦德中央银行	（正式会员）
Spinnaker 资本有限公司	（买方会员）
标准银行	（正式会员）
西德意志地方银行	（准会员）

资料来源：新兴市场交易者协会，2003 年。

表 37 – 8　　　　EMTA 2003 年第二季度调查回应机构的会员类型分布

会员类型	数量（家）	比例（%）
正式会员	14	50.0
买方会员	3	17.6
准会员	2	7.1

资料来源：根据表 37 – 6 和新兴市场交易者协会不同类型会员的网址计算而得。

（C）2003 年前两个季度实际交易金额的估计

表 11.4 和表 11.5 给出的交易金额是从占 28 家正式会员中 50% 的正式会员、17.6% 的买方会员和 7.1% 的准会员，总共 19 家会员得来的。如果我们忽略买方会员和准会员，那么 2003 年第二季度的实际交易金额上限应当为表 11.5 给出的数值的两倍左右，即大约为 214.98 × 2 = 429.96 亿美元。没有回应的那些正式会员可能有交易量，但没有回复，也可能交易量根本就不大。为了进行全面的估计，我们以正式会员的交易量为基准，假设没有回应正式会员的成交量为该基准的 25% ~ 50%，那么 2003 年第二季度的成交量可以估计为表 11.4 统计数据 214.98 亿美元的 1.25 倍到 1.50 倍，即 268.7 亿美元到 332.5 亿美元之间。

（D）2003 年第二季度之后每季度实际交易金额的估计

不幸的是，新兴市场交易者协会从 2003 年第三季度开始停止了对无本金交割远期交易量的调查，因此，我们没有任何渠道可以获得 2003 年第二季度之后人民币无本金交割远期交易金额的数据。但是我们可以用（C）中得到的第二季度成交量估计值作为基础，对 2003 年第二季度之后的交易金额进行估计。

远期交易量一般与远期合约基础市场的波动率成正比。幸运的是，我们能够容易地算出不同季度的人民币无本金交割远期的波动率，然后根据不同季度波动率与 2003 年第二季度波动率的比例，以及上面（C）中的成交量估计值，计算出 2003 年第二季度之后每个季度的交易量。表 37 – 9 列出了根据上述方法估计的 2003 年第二季度至 2005 年第一季度的每季度人民币无本金交割远期日回报率的年化波动率（日回报率标准差乘以 256 的开平方），季度波动率与 2003 年第二季度波动率的比例，以及每季度的交易量。

表 37 – 9　　　　人民币无本金交割远期季度波动率和交易量估算 单位:%，亿美元

季度	波动率	波动率/2003 年第二季度波动率	季度交易额*	季度交易额**
2003 年第一季度	2.36	0.97	271.7	313.4
2003 年第二季度	2.43	1.00	279.5	322.5

季度	波动率	波动率/2003 年 第二季度波动率	季度交易额*	季度交易额**
2003 年第三季度	3.34	1.38	384.9	444.1
2003 年第四季度	6.03	2.48	694.1	800.9
2004 年第一季度	4.07	1.68	468.4	540.5
2004 年第二季度	3.18	1.31	366.8	423.2
2004 年第三季度	2.74	1.13	314.9	363.3
2004 年第四季度	3.39	1.39	389.7	449.7
2005 年第一季度	3.09	1.27	355.2	409.9
2003 年	—	—	1630.1	1880.8
2004 年	—	—	1539.8	1776.7

资料来源：根据 Datastream 的数据和 2003 年第二季度的估计交易量计算而得；估计成交量 * 和 * * 分别代表 2003 年第二季度成交额为表 11.4 的 1.25 倍和 1.50 倍，即 268.7 亿和 332.5 亿美元为基础的估计额。

从表 37-9 我们可知，从 2003 年第二季度到第四季度，人民币无本金交割远期波动率持续上升，相应的交易金额也持续增长，到 2003 年第四季度成交额在 694 亿到 800 亿美元之间；随后三个季度波动率却持续下降；但在 2004 年第四季度又有所回升。表 37-8 中的波动率数值变化与我们在本章前面介绍和分析的人民币升值压力阶段变化相一致。表 37-8 显示，2003 年人民币无本金交割远期成交量在 1630 亿和 1880 亿美元之间，而 2004 年在 1540 亿和 1777 亿美元之间。

37.7.2　香港金融管理局的调查结果

香港金融管理局（Hong Kong Monetary Authority）在 2003 年 6 月和 2004 年 2 月进行的市场调查显示，在 2002 年全世界的人民币无本金交割远期的日均交易额在 1 亿到 2 亿美元之间；在 2003 年上半年日均交易额升至 3 亿美元左右；在 2003 年下半年市场波动增加，每日交易额约为 10 亿美元。利用香港金融管理局 2003 年的调查结果，我们可以估计出 2003 年四个季度的日均成交额上下限，进而估计出 2003 年成交总额。表 37-10 给出了 2003 年不同季度的日均交易额上下限，以及据此估计出来的季度人民币无本金交割远期交易额。

表 37 - 10		人民币无本金交割远期交易金额估计		单位：十亿美元
季度	日均交易额（低）	季度交易额（低）	日均交易额（高）	季度交易额（高）
2003 年第一季度	0.2	12.8	0.3	18.2
2003 年第二季度	0.3	18.2	0.39	25
2003 年第三季度	0.75	48	0.95	60.8
2003 年第四季度	1	64	1.3	83.2
2003 年	—	144	—	188.2
2003 年（平均）	166.1			

资料来源：根据每季度平均 62 个交易日和 HKMA 的日均交易额计算而得。

从表 37 - 10 我们可知，2003 年人民币无本金交割远期交易量估计在 1430
亿美元到 1880 亿美元之间。表 37 - 9 和表 37 - 10 中 2003 年交易额估计值的上
限相差不大，但后者的下限却比前者要低近 200 亿美元。

37.7.3　汇丰银行的估计数据

国际清算银行虽然对人民币无本金远期市场有很多研究，但其成交额的估
计值也相差很大。我们这里根据国际清算银行的数据对人民币无本金远期交
易量进行估计，并与上述两种估计结果进行比较。国际清算银行 2004 年第二
季度的季度报告中有 Guonan Ma、Corrinne Ho 和 Robert N. McCauley（2004）
三位学者关于亚洲 6 个国家和地区的无本金远期交易的研究报告。该报告有汇
丰银行、德意志银行、雷曼兄弟和新兴市场交易者协会对人民币无本金交割
远期 2003 年日均成交额的估计。汇丰银行估计人民币无本金交割远期在 2003
年中期的日均成交额为 10 亿美元，这比香港金管局的数据要高出很多。根据
国际清算银行和汇丰银行的估计值，我们将 2003 年的估计成交额列入表 37 -
11 中。

表 37 - 11		人民币无本金交割远期交易额估计		单位：十亿美元
季度	日均交易额（低）	季度交易额（低）	日均交易额（高）	季度交易额（高）
2003 年第一季度	0.3	19.2	0.6	38.4
2003 年第二季度	0.7	44.8	1.1	70.4
2003 年第三季度	0.9	57.6	1.3	83.2
2003 年第四季度	1.0	64.0	1.4	89.6
2003 年		185.6		281.6
2003 年（平均）		233.6		

资料来源：Guonan Ma, Corrinne Ho 和 Robert N. McCauley（2004）。

表 37 - 11 的估计结果比表 37 - 10 的要高出很多，因为汇丰银行估计人民币无本金交割远期交易量在 2003 年中期就达到 10 亿美元，而香港金管局调查的结果显示在 2003 年下半年才达到此数值。我们在后面会专门比较三种估计结果的区别，从而得到比较准确的估计值。

37.7.4 各种方法所得结果的比较

国际清算银行的统计数据具有相当高的权威性，2004 年的统计是第一次涉及人民币的统计。把表 37 - 9 的估计值与国际清算银行 2004 年的统计数据进行比较，我们可以知道国际清算银行的估计值下限比表 37 - 9 中 2003 年的估计值下限高出 77 亿美元，而相应的上限则比表 37 - 9 的上限高出近 90 亿美元。由于国际清算银行的权威性，我们可以选择在其基础之上的 2004 年估计值上下限的平均值（1617 + 1866）/2 = 1741 亿美元，作为 2004 年人民币无本金交割远期的年成交额，这正好是表 37 - 9 中 2004 年成交额上限估计值的98%。利用同样的比例关系，我们可以推测 2003 年成交额为相应上限 1880 亿美元的 98%，即 1842 亿美元。显然，2004 年的成交额 1741 亿美元小于 2003 年的 1842 亿美元，因为 2003 年下半年是人民币升值压力最大也是波动率最高的时期。

表 37 - 11 中的汇丰银行估计值相对偏高，我们上面根据新兴市场交易者协会数据估计得到的 2003 年人民币无本金交割远期成交额 1842 亿美元，在表37 - 10 和表 37 - 11 给出的区间之内。更具体地说，1842 亿美元接近表 37 - 11 的估计值上限 1880 亿美元，同时接近表 37 - 10 的估计值下限 1728 亿美元。这说明我们估计得出的 2003 年交易额 1840 亿美元和 2004 年交易额 1740 亿美元是比较合理的，与新兴市场交易者协会、香港金管局和汇丰银行的数据相一致。

37.7.5 经纪商提供的 2006 年以来境外人民币无本金交割远期日均成交额估计值

银行间市场流动性历来无准确的数据，只有国际清算银行公布的数据最具权威性，然而数据也仅每三年公布一次，无本金产品成交额比其他传统的银行间市场更难估计。可喜的是，国际经纪公司从 2006 年以来提供银行间人民币无本金交割远期月成交金额估计数据，为我们了解该市场提供了难得的数据。表 37 - 12 给出了 2006 年到 2015 年 6 月 BGC 和 TRADES 人民币无本金价格远期月成交金额估平均值、年成交金额、年度日均成交金额及其年增长率。

表 37 - 12　　　　　　　　境外人民币无本金交割远期月均成交额估计　单位：亿美元，%

月/年	2006	2007	2008	2009	2010	2011	2012	2013	2014	2015*
一月	361.3	486.7	597.7	284.3	477.4	622.4	448.4	462.9	435.1	401.1
二月	306.6	413.2	525.5	275.0	349.8	384.8	432.2	471.6	443.3	342.8
三月	387.0	568.6	565.4	286.0	544.9	487.0	518.1	426.8	401.2	446.9
四月	375.0	604.9	625.0	257.8	579.7	503.3	342.2	501.3	471.2	393.7
五月	405.3	650.2	662.0	292.1	524.7	463.4	332.9	471.0	442.7	323.8
六月	347.2	590.0	634.2	293.4	511.4	493.3	355.2	490.3	460.9	359.9
七月	372.3	619.7	779.8	299.6	359.8	456.9	377.5	462.0	495.6	
八月	432.1	623.0	776.3	335.2	340.9	498.2	284.0	486.2	456.5	
九月	373.4	576.6	654.9	423.1	387.1	448.4	390.0	512.3	481.3	
十月	415.0	654.0	421.0	381.7	489.1	478.3	405.5	579.4	517.1	
十一月	464.5	585.0	309.2	485.2	655.9	468.4	514.5	535.4	501.7	
十二月	368.0	417.5	254.4	404.8	633.3	498.1	363.0	579.2	436.5	
全年	4607.5	6789.1	6805.3	4018.0	5853.9	5802.3	4763.4	5978.4	5543.1	4536.4
全年日均成交金额	18.4	27.2	27.2	16.1	23.4	23.2	19.1	23.9	22.2	18.1
全年日均变化率		47.8	0	-40.8	45.3	-0.9	-17.7	25.2	-7.2	-18.2

数据来源：国际经纪公司 BGC 和 Tradition 两家公司数据的算术平均值；"﹡"表示 2015 年全年数据为上半年 6 个月总和乘以 2 得出；2015 年日均成交金额为上半年日均成交金额。

上文显示，2003 年全年境外人民币无本金交割远期成交金额在 1500 亿美元左右，表 37 - 12 显示 2006 年全年成交金额在 4607.5 亿美元，表明从 2003 年到 2006 年成交金额大幅度增长。表 37 - 12 显示，2006 年到 2007 年人民币无本金交割远期市场活跃度大幅度提升，日均成交金额从 18.4 亿美元上升到 27.2 亿美元，增幅 47.8%，显示金融危机前一年境外人民币无本金交割远期市场飞速增长；由于 2008 年 9 月金融危机的爆发之后，人民币无本金交割远期活跃明显下降，导致 2008 年全年成交金额基本与 2007 年持平；2009 年日均成交金额比 2008 年下降了 40.8% 到了 16.1 亿美元，低于 2006 年的水平；2010 年市场活跃度再次上升，日均成交金额比 2009 年提高了 45.3% 到了 23.4 亿美元，达到 2006 年和 2007 年之间的水平；2011 年日均成交金额比 2010 年略微下降了 0.9% 到了 23.2 亿美元；2012 年比 2011 年下降了 17.7%，2013 年比 2012 年回升了25.2%，而2014年日均成交金额又比2013年下降了7.3%，2015年如今成交金额比2014年又下降了18.2%，不到2011年和2012年的水平。下文我们比较2011年以来境外可交割远期市场的发展结果显示，2011年以来境外人民币无本金交割远期市场流动性下降的主因是境外人民币可交割远期市场的高速发展挤出了无本金交割市场的空间。

37.7.6 伦敦金融城提供的2002年以来境外人民币无本金交割远期日均成交额估计值

银行间外汇交易数据难得，银行间货币无本金交割交易数据更加难得。可喜的是，作为全球最大的外汇交易中心，伦敦金融城从2012年开始每半年公布之前半年的境外人民币可交割和无本金交割产品日均成交金额，为我们研究该市场提供了难得的数据。图37-10给出了根据伦敦金融城2013年以来公布的2011年以来境外人民币无本金交割远期每半年的日均成交金额。

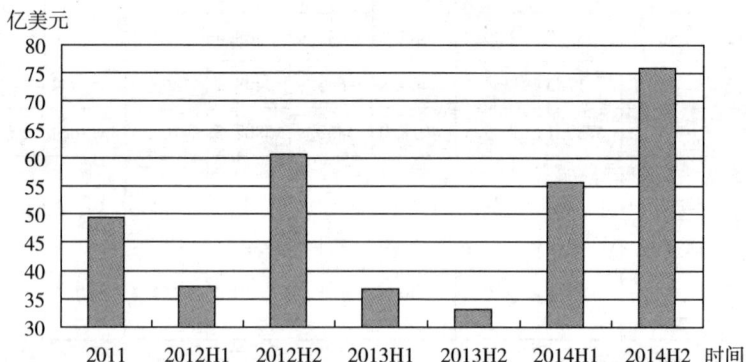

数据来源：根据伦敦金融城网站年境外人民币无本金交割远期日均成交金额数据，2011年数据为全年日均成交金额，H1和H2分别代表上半年和下半年，下半年日均成交金额根据全年日均和上半年日均成交金额折算得出。

图37-10 2011年到2014年每半年境外人民币无本金交割远期日均成交金额

图37-10显示，2011年境外人民币无本金交割远期日均成交金额超过49.45亿美元，2012年上半年下降到了37.22亿美元，2012年下半年回升到了60.56亿美元，2013年上半年和下半年比2012年下半年显著下降；2014年上半年虽比2013年下半年显著增长到了55.65亿美元，但仍不到2012年下半年60.56亿美元的水平；2014年下半年日均成交金额达到了历史最高峰75.89亿美元。

比较图37-10和表37-12的数据我们发现，伦敦金融城给出的2011年和2014年境外人民币无本金交割远期日均成交金额49.45亿美元和65.77亿美元分别比表 37 – 12 给出的相应日均成交金额 23.2 亿和 22.2 亿美元高出 1.13 倍和 1.96 倍，显示伦敦金融城给出的数据比表 37 – 12 给出的经纪商数据高出很多，表明伦敦金融城给出的数据可能过高，或含有一定程度的水分。我们在下文和第八篇还将进一步比较相关数据，从而得出相关数据的合理程度。

37.8　离岸市场人民币可交割远期汇率和市场流动性

离岸市场人民币外汇可交割远期市场在 2010 年 7 月离岸人民币市场启动不久就开始交易，而且 5 年来离岸市场人民币外汇可交割远期市场发展迅猛，流动性早在 2013 年上半年日均成交量就超过了相应的人民币无本金交割远期市场，成为境外人民币外汇远期的主流。因此，在介绍了境外人民币无本金价格远期后，本节介绍境外人民币可交割远期汇率和市场流动性，为下文比较离岸市场人民币可交割远期和无本金价格远期做好准备。

37.8.1　离岸市场人民币可交割远期汇率与无本金交割远期汇率的关系

离岸可交割远期合约于 2010 年 7 月在香港出现，2010 年 9 月开始出现活跃报价。图 37 – 11 给出了 2010 年 9 月到 2015 年 3 月的 1 年期离岸人民币可

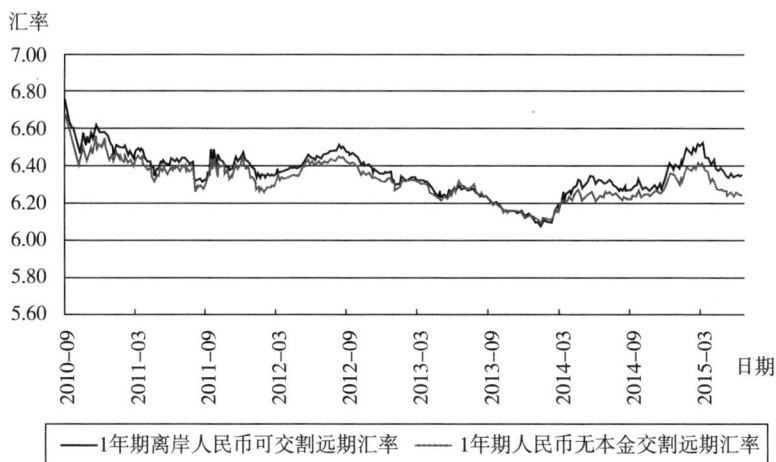

数据来源：彭博数据终端。

图 37 – 11　1 年期离岸人民币可交割远期汇率
和 1 年期人民币无本金交割远期汇率

交割远期汇率和 1 年期人民币无本金交割远期汇率。由于二者的标的资产均为人民币兑美元汇率，均反映了中国的经济基本面，故而人民币无本金交割远期汇率和香港离岸人民币可交割远期汇率的变动方向基本一致。由于香港离岸人民币可交割远期的可交割特性，其总供给受到 CNH 总供给的限制，因此香港离岸人民币可交割远期汇率的波动较人民币无本金交割远期而言更为剧烈。

37.8.2 境外人民币可交割远期合约掉期点比较

图 37 - 12 给出了 2010 年 9 月到 2015 年 3 月的 1 年期离岸人民币可交割远期掉期点和 1 年期人民币无本金交割远期掉期点。由于前者为本金可交割，掉期点反映更多的是离岸市场人民币与美元利率的差异，而后者为以美元进行结算的无本金交割，掉期点反映的更多是境外投资者对人民币升贬值的预期。由于人民币升贬值预期经常由于市场情绪变化而发生波动，人民币无本金交割远期掉期点的波动性比离岸人民币可交割远期更高。表 37 - 11 显示，从 2010 年 9 月到 2015 年 3 月，1 年期离岸人民币可交割掉期点在 2011 年 3 月 1 日达到最低点 - 1200 点，在 2015 年 3 月 12 日达到最高点 2367.5 点，而 1 年期人民币无本金交割远期掉期点在 2011 年 11 月 3 日达到最低点 - 2557 点，低于 1 年期离岸人民币可交割远期掉期点的最低值，在 2015 年 3 月 4 日达到最高点 2670 点，高于 1 年期离岸人民币可交割远期

数据来源：彭博数据终端。

图 37 - 12 1 年期离岸人民币可交割远期汇率

和 1 年期人民币无本金交割远期汇率

掉期点的最高值。在2011年10月人民币贬值预期出现的时候，1年期离岸人民币可交割远期掉期点直接上穿平价线转为人民币贴水。而1年期人民币无本金交割远期掉期点则在人民币升、贴水之间多次反复切换，最终确定趋势为人民币贴水。

37.8.3 离岸人民币可交割远期市场流动性介绍

与境外市场人民币无本金交割远期类似，境外人民币可交割远期市场的交易数据同样难以获得。可喜的是，上文介绍的伦敦金融城从2012年开始每半年公布境外人民币无本金交割远期和可交割远期等产品的日均成交金额，成为我们获取境外人民币远期市场成交金额的唯一数据来源。根据伦敦金融城网站（www. cityoflondon. gov. uk）2015年6月公布的《2014年伦敦人民币业务量》报告及之前的相关报告给出的数据，我们可以获得2011年全年到2014年每半年伦敦人民币可交割远期日均成交金额，伦敦外其他境外市场人民币可交割远期日均成交金额及境外人民币可交割远期总日均成交金额，结果如图37-13所示。

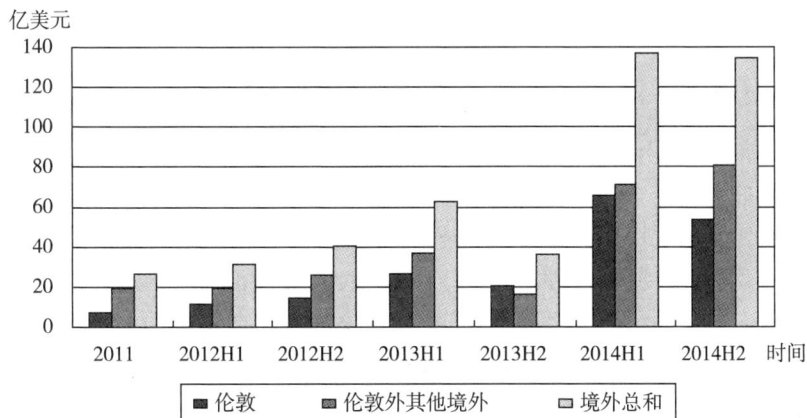

数据来源：伦敦金融城网站，www. cityoflondon. gov. uk；2011年为全年日均成交金额，H1和H2分别代表上半年和下半年，下半年日均成交金额根据全年日均成交金额和上半年日均成交金额数据转换得出；2011年伦敦外其他境外市场日均成交金额按照2012年伦敦占境外人民币可交割远期占整个境外市场份额37%的假设估算而得。

图37-13 境外人民币可交割远期日均成交金额

图37-13显示，2011年到2014年下半年，伦敦人民币可交割远期日均成交金额分别为7.17亿、11.51亿、14.25亿、26.46亿、20.24、65.62亿和53.78亿美元；伦敦外其他境外人民币中心的相应人民币可交割远期日均成交金

额分别为 19.38 亿、19.60 亿、26.10 亿、36.54 亿、16.12 亿、71.09 亿和 80.88 亿美元；境外人民币可交割远期总日均成交金额分别为 26.55 亿、31.11 亿、40.35 亿、63.00 亿、36.36 亿、136.71 亿和 134.66 亿美元，显示 2011 年到 2013 年上半年境外人民币可交割远期持续缓慢增长，除 2013 年下半年比 2013 年上半年有明显下降外，2014 年上半年比 2013 年下半年日均成交金额增长了 100.35 亿美元，增长了近三倍，达到 136.71 亿美元，2014 年下半年日均成交金额与 2014 年上半年基本持平，显示近年来境外人民币可交割远期市场流动性大幅度提高的趋势。

37.9　离岸和国内人民币远期市场流动性比较

第 23 章介绍国内人民币远期结销汇业务从 1997 年到现在已有 18 年的历史，国内银行间人民币远期市场交易也从 2005 年 8 月到现在也有 6 年的时间。可喜的是，国家外汇管理局 2012 年初以来每月公布我国银行间远期结销汇业务额，外汇交易中心也按月公布银行间人民币外汇远期数据，这样我们对国内人民币远期市场流动性有准确的把握。这里，我们对境内外人民币远期市场进行简单的比较。

37.9.1　国内和离岸人民币可交割远期市场流动性比较

表 37-13 给出了 2012 年第一季度到 2015 年第二季度国内远期结售汇、银行间远期日均成交金额、国内远期日均成交金额、境外人民币可交割远期日均成交金额和境外人民币无本金交割远期日均成交金额及相关比较数据。表 37-13 显示，2012 年到 2013 年，国内人民币远期结售汇日均金额增长了 57.1%，但同期国内人民币外汇远期日均成交金额不仅没有增长，反而下降了 62.6%，国内远期总的日均成交金额增长了 34.1%，2013 年到 2014 年国内远期总的日均成交金额仅增长了 2.5%，几乎没有变化，2012 年到 2014 年国内远期日均成交金额复合年均增长率仅为 17.2%；与此同时，境外人民币可交割远期却高速增长，2012 年到 2014 年年均复合增长率高达 94.1%，为国内相应的年均复合增长率 17.2% 的 5.5 倍。由于境外人民币可交割远期的高速增长，2014 年境外人民币外汇远期日均成交金额为国内人民币外汇远期日均成交金额的 5.39 倍，显示国内人民币外汇远期市场发展显著滞后于相应的境外市场，境内外市场发展不协调问题越来越严重。

表 37 - 13　国内人民币远期结售汇、远期交易和境外人民币无本金交割远期成交金额比较（2012 年第一季度到 2015 年第二季度）

单位：亿美元

季度	远期结售汇日均成交金额	远期交易日均金额	国内远期日均金额	境外人民币可交割远期日均成交金额（伦敦金融城）	境外人民币可交割远期日均成交金额（伦敦金融城）/国内远期日均金额	境外人民币无本金交割远期日均成交金额（经纪商）	境外人民币无本金交割远期日均成交金额（伦敦金融城）
2012Q1	13.7	8.6	22.3	31.1	1.39	22.6	37.2
2012Q2	14.2	1.8	16.0	31.1	1.95	16.6	37.2
2012Q3	14.4	0.9	15.3	40.4	2.64	17.0	48.9
2012Q4	16.4	2.7	19.1	40.4	2.11	20.7	48.9
2013Q1	22.4	0.3	22.8	63.0	2.77	22.0	36.8
2013Q2	24.2	0.8	25.0	63.0	2.52	23.6	36.8
2013Q3	21.6	0.6	22.2	36.4	1.64	23.6	34.9
2013Q4	24.0	3.5	27.5	36.4	1.32	27.3	34.9
2014Q1	32.8	2.2	35.0	136.7	3.91	20.6	55.7
2014Q2	18.2	2.0	20.2	136.7	6.76	22.2	55.7
2014Q3	22.0	2.3	24.4	134.7	5.53	20.5	65.8
2014Q4	18.4	2.0	20.4	134.7	6.61	22.0	65.8
2015Q1	20.8	1.4	22.2				
2015Q2	20.8	1.4	22.2				
2012 年	14.7	3.5	18.2	35.7	1.97	19.1	48.9
2013 年	23.1	1.3	24.4	48.7	2.00	23.9	34.9
2014 年	22.9	2.1	25.0	134.7	5.39	15.5	65.8

数据来源：国内银行间远期成交额来自国家外汇交易中心网站，www. chinamoney. com. cn，远期结售汇数据来自国家外汇管理局网站；人民币无本金交割经纪商数据根据表 37 - 12 的数据计算得出；伦敦金融城人民币无本金交割远期和人民币可交割远期数据来自伦敦金融城网站，www. cityoflondon. gov. uk。

37.9.2 离岸人民币无本金交割远期市场流动性比较

表 37 - 13 显示，伦敦金融城给出的 2012 年到 2014 年境外人民币无本金交割远期日均成交金额分别比表 37 - 12 给出的几个经纪商估算出的境外人民币无本金交割远期日均成交金额高出 1.6 倍、0.5 倍和 1.96 倍，2012 年到 2014 年 3

年前者比后者高出 1.35 倍，表明伦敦金融城给出的境外人民币无本金交割远期数据可能过高。伦敦金融城估算出的境外人民币无本金交割远期数据过高，那么其他数据也可能过高。我们在第八篇还会比较伦敦金融城给出的境外人民币数据和国际清算银行给出的境外人民币外汇数据，从而得出境外人民币市场流动性更客观可信的结果，进而对人民币国际化的真实程度有科学的判断。

37.9.3 离岸市场人民币无本金交割远期与人民币可交割远期流动性比较

表 37 - 13 显示，虽然伦敦金融城给出的境外人民币无本金交割远期日均成交金额显著高于相应的经纪商给出的数据均值，但是经纪商给出的数据也显示 2012 年以来境外人民币无本金交割流动性没有多大的变化；而伦敦金融城给出的数据显示，从 2013 年第一季度开始，境外人民币可交割远期日均成交金额就持续超过了相应的人民币无本金交割远期的日均成交金额。换句话说，2013 年以来，境外人民币可交割远期就取代了无本金交割远期，成为境外人民币远期市场的主流。

37.9.4 境内外人民币可交割远期市场流动性分布

表 37 - 13 的数据显示，2012 年和 2013 年，国内人民币外汇远期成交金额仅相当于境内外人民币可交割远期总成交金额的三分之一，而 2014 年国内市场成交金额还不到境内外人民币外汇远期市场总成交金额的六分之一，表明国内市场与境外市场流动性差距不仅没有缩小而且还在显著增大。由于国内人民币外汇远期市场流动性显著低于境外市场，国内人民币外汇远期仍受境外市场的影响，我们在第 50 章将分析境内外市场人民币远期汇率的相互影响程度。

37.9.5 境内外人民币远期市场的互动简析

表 37 - 13 的数据表明，国内人民币远期结售汇业务与银行间远期交易之间并不存在直接的互动关系，表明国内人民币远期市场还存在结构性或者机制性的问题，银行间远期交易对冲人民币外汇风险的功能仍未发挥。从表 37 - 13 给出的人民币远期结售汇日均成交金额与境外人民币可交割远期日均成交金额数据也难以看出国内人民币远期结售汇业务和境外人民币可交割远期两者之间的互动关系，表明境内外远期市场之间仍然严重分割，国内人民币远期结售汇业务这个基础市场对境内外人民币远期交易皆没有直接的带动作用，境内外市场互动和协调发展的趋势还没有苗头。这种情况表明境内外人民币远期市场仍然处于初期发展阶段。

由于国内人民币远期的流动性远低于境外人民币可交割远期市场的流动性，

而且国内人民币利率市场化定价仍尚需时日，可以预测境外人民币可交割远期汇率将如 2013 年前境外人民币无本金交割远期一样在今后数年对国内人民币远期汇率产生影响。

37.10 离岸人民币远期市场存在的问题

从上述分析中可以看出，近年来境外人民币远期市场发展非常迅速，特别是境外人民币可交割远期市场发展迅猛，流动性于 2013 年首次超过了活跃多年的境外人民币无本金交割远期市场，人民币无本金交割远期市场则走向了被边缘化的程度。导致这一变化趋势的原因主要有两方面，一方面，人民币国际化战略的推进、离岸人民币市场的逐步完善和离岸人民币供应量的日渐充足为离岸人民币可交割远期市场的发展提供了土壤。另一方面，人民币无本金交割远期的一些固有缺陷也容易让市场参与者转向离岸人民币可交割远期市场。人民币无本金交割远期存在的局限性主要有如下三点。

第一，现有理论难以对人民币无本金交割远期进行估值。从理论上讲，即期汇率和远期汇率必须满足利率平价关系。然而平价关系不能用来对人民币/美元无本金交割远期进行定价，从而也不存在统一的公式可用来对所有的非交割远期进行定价。无本金交割远期之所以诞生，往往是因为资本项目账户或经常项目账户受到管制，导致相关的货币不能被自由兑换。而不同的货币有不同的管制环境和监管系统，各国当局对无本金交割远期的管理方法又各有不同。因此，不存在一个能对所有无本金交割远期进行定价的统一公式或模型。

第二，市场情绪对人民币无本金交割远期汇率影响偏大。在成熟市场上，宏观经济数据、贸易数据、外汇储备、利率和其他基础数据是影响汇率波动的主要因素。它们本来也应该是影响人民币无本金交割远期汇率的主要因素，但实际上，虽然这些因素对人民币无本金交割远期有一定影响，但影响程度与各种政治因素相比却相当有限。这说明人民币无本金交割远期目前投机性过高，基本面因素在决定人民币无本金交割远期汇率中并没有扮演应有的重要角色，而人民币无本金交割远期汇率主要是由买卖双方对人民币升值的预期决定的，因此受到市场情绪的深刻影响。

第三，人民币无本金交割远期市场与境内市场相对隔离。表 37-13 显示国内人民币远期结售汇业务、国内银行间人民币远期交易和境外人民币无本金交割远期交易之间仍然相对隔离，两地人民币远期交易之间仍然难以看出互动的趋势。对外贸易和人民币远期结售汇业务这些基础市场皆在国内，两地市场没有明显互动表明境外人民币无本金交割远期的交易主要不是以国内贸易和结售汇业务为基础，而仍然是由投机人民币升值和其他因素所致。

随着境外人民币可交割远期市场的发展，可交割的特点更能满足市场参与者的需求。越来越多的离岸市场参与者开始由人民币无本金交割远期市场转向离岸人民币可交割远期市场，人民币无本金交割远期市场的流动性降低，其指标作用也正在逐渐减弱。当然，离岸人民币可交割远期仍然是一个相对较新的市场，从 2010 年 7 月第一张离岸人民币可交割远期合约出现至今仅有 5 年多的历史，而人民币无本金交割远期在境外离岸市场已经存在了十多年，且从 2003 年开始交易已经较为活跃。加之受到离岸人民币的存量和人民币合格境外机构投资者额度等限制，现阶段离岸人民币可交割远期市场依然无法完全取代境外人民币无本金交割远期市场，境外人民币可交割远期市场将随着人民币资本项目自由化的程度而逐步完善。

37.11　境外人民币远期市场今后的发展趋势

37.11.1　无本金交割远期的持续萎缩

在 2005 年的人民币汇改之前，人民币无本金交割远期市场交易非常活跃。然而自 2010 年境外人民币市场推出以来，随着汇改推进和人民币的逐步开放，人民币无本金交割远期市场开始不断萎缩，与之相对的是，2010 年建立起来的境外人民币远期市场规模不断扩展，2013 年境外人民币可交割远期市场流动性首次超过了境外人民币无本金交割远期市场。不仅香港，其他地方的人民币无本金交割远期市场交易规模也随着离岸人民币远期市场的发展而逐步缩减，交易量趋于缩减，市场影响力也将随成交量占比下降而减小。

人民币无本金交割远期市场的出现是基于境外投资者的人民币风险管理或对冲人民币外汇风险的需要。由于人民币不是可自由兑换货币，尽管境内有规模不小的人民币外汇交易市场，但由于资本项目管制，在境外市场不易获得需要的人民币，因此境外的市场参与者对以人民币为标的不可交割的工具存在需求。随着人民币资本项目的逐渐开放和境外人民币市场的发展，如上需求显著减弱，境外人民币无本金交割远期存在的空间也随之降低。

2009 年人民币无本金交割远期市场的发展发生了重大转折。2009 年 7 月，中国开展跨境贸易人民币结算试点，跨境贸易开始允许用人民币结算、支付，然后再允许境外办理跨境贸易时可以通过清算行平盘，境外有人民币需求的个体可以通过跨境贸易结算支付、外商直接投资、通过香港人民币清算行进行人民币兑换平盘等渠道进入内地市场或获得内地的价格。这标志着人民币国际化征程正式启动。

2010 年 7 月，中国人民银行和香港金融管理局同意扩大人民币在香港的贸易结算安排，香港银行为金融机构开设人民币账户和提供各类服务不再面临限制，个人和企业之间可通过银行自由进行人民币资金的支付和转账，离岸人民币市场随之启动。到 2010 年 12 月底，香港的人民币存款总额达 3149.38 亿元，环比和同比分别增加 353 亿元和 2522 亿元；2014 年 12 月底，香港的人民币存款总额达 10035.57 亿元，环比和同比分别增加 294.6 亿元和 1430.85 亿元。通过贸易结算安排，支付到香港的人民币资金不断增加，香港的人民币资金池达到了一定规模。

对那些预期人民币升值的套保者和投机者而言，在离岸市场交易的人民币无本金交割远期合约毫无疑问曾是最受欢迎的产品。在过去的十多年里，境外人民币无本金交割远期的发展对国内人民币远期定价等方面确实发挥了一定的作用，特别是其隐含的人民币升贬值的信息对我们判断跨境资金流动是不可或缺的重要信息来源。

尽管人民币资本项目逐渐开放是必然的趋势，人民币资本项目完全开放将仍需时日。人民币无本金交割远期市场随人民币资本项目开放不断萎缩也将是必然的趋势，然而从第 49 章韩元无本金交割远期与韩元可交割远期十多年来的流动性比较来看，境外人民币无本金交割远期还不会很快退出历史舞台。虽然人民币无本金交割远期市场交易量和重要性已经大大下降，目前正在面临边缘化，但人民币无本金交割远期市场也仍有其存在空间。一方面，某些持有离岸人民币的金融机构面临离岸和在岸人民币差价问题，在离岸人民币进入境内仍然受限的情况下，这一差价产生的风险没有方法完全对冲，金融机构需要一种在境外交易但追踪境内价格的非交割产品来控制风险。因此，在离岸和在岸市场被完全打通之前，人民币无本金交割市场仍会保持一定生命力。另一方面，2009 年至今，人民币跨境贸易虽得到快速发展，但仍有很多国家和地区使用人民币的金融机构数量有限，仍需要用传统的无本金交割工具。尽管人民币无本金交割远期的历史并不长，但 NDF 作为一个衍生品类别，其历史可以追溯到 20 世纪 70 年代。对于很多金融机构而言，这是一个成熟的产品，认知度也更高。因此，可以预计，人民币无本金交割远期市场依然将在整个境外人民币远期市场中占有一席之地。

37.11.2　离岸人民币市场的作用将进一步发挥

创建离岸人民币市场的目的，是在促进人民币国际化的同时，使在岸人民币市场仍在全球保持一定的独立性。这导致了人民币有三个不同的主要市场：内地的在岸人民币市场（CNY）、离岸人民币可交割远期市场（CNY DF CNH）和以美元结算的无本金交割远期市场（CNY NDF）。由于存在资本管制，且人民币在岸和离岸市场之间只能部分自由兑换，因此每个市场都有其自身的供需机制。这就形成了汇率、利率和证券定价有差异的三个市场，它们彼此独立但又息息相关。

离岸人民币市场的建立，以及离岸和在岸市场之间的渠道互通，改变了整个离岸市场对人民币汇率风险对冲工具的选择。之前境外机构对冲人民币汇率风险的唯一选择就是人民币无本金交割远期，而 2010 年之后随着离岸人民币市场的建立和发展，境外很多银行可以提供远期、掉期和跨货币掉期等多种风险对冲的产品，并且这些离岸人民币产品又都是可交割的。在这种局面下，市场的关注随之转向离岸人民币市场，与人民币无本金交割远期市场相比，离岸人民币市场参与者以有人民币实际需求的投资者为主，更偏好离岸人民币可交割远期的可交割特性。

此外，2014 年，人民币汇率从单向升值转为双向波动，这使得离岸人民币风险管理工具的效用更加明显。单向升值时，人民币持有者不需要通过卖空来对冲汇率风险，远期市场的交易量也不是很大。双向波动后，更多人愿意用衍生产品来对冲相关风险，使得离岸人民币及其衍生产品市场更加多元化。

香港离岸人民币可交割远期市场的形成与迅速发展源自我国人民币国际化战略下对香港离岸人民币市场建设的推动，其定价机制也主要由利率平价驱动，套利活动会拉近离岸人民币可交割远期和人民币无本金交割远期这两个市场的汇率曲线。进入 2012 年之后，从政策层面来看，增强在港人民币回流机制、允许外国资本参与在岸市场等有利政策的密集出台，意味着越来越多的实体可以在政策允许的范围内，同时参与三个市场，从而拉近离岸和在岸市场的汇率。

从创建离岸人民币市场的目的出发，未来境外人民币远期市场有很大可能将会延续目前的趋势，即随着离岸人民币市场的蓬勃发展，包括离岸人民币存量的增加，可参与离岸人民币交易的实体的增加，离岸人民币可交割远期市场将会在整个境外人民币远期市场中扮演越来越重要的角色。在人民币自由兑换实现之前，考虑到离岸有大量人民币的需要，离岸人民币市场的存在有其必要性。离岸人民币市场的存在，在一定程度上缓解了海外机构和投资者持有人民币的风险问题，是过去几年人民币国际化快速发展的重要基础。

37.11.3 从全球外汇远期在全球外汇市场中的份额看境外人民币外汇远期市场今后的发展

从伦敦金融城 2015 年 6 月公布的 2014 年境外主要人民币可交割产品日均成交金额分布来看，2014 年境外人民币可交割远期日均成交金额占境外人民币总日均成交金额之比已经达到了 12.5%，接近 2013 年国际清算银行 2013 年 12 月公布的该年 4 月全球外汇远期日均成交金额占比 12.7%，表明境外人民币市场经过了 5 年的发展，人民币可交割远期的占比分布已经接近全球外汇市场的水平，显示境外人民币可交割远期相对于境外人民币可交割掉期的发展将步入缓慢增长阶段。

37.12　本章总结

本章对活跃于境外市场十多年的人民币无本金交割远期市场的发展、市场参与者、合约的主要条款、市场流动性变化等进行了简单的介绍，并介绍了如何利用境外人民币无本金交割远期汇率判断人民币十多年来贬值、升值压力幅度的变化；本章也介绍了 2010 年以来离岸市场人民币可交割远期市场并将离岸市场人民币可交割远期与人民币无本金交割远期市场进行了简单的比较。我们的研究结果表明，虽然境外人民币可交割远期市场从建立到现在仅有 5 年，但是却发展迅猛，早在 2013 年其市场流动性就超过了活跃于境外市场多年的人民币无本金交割远期市场，显示境外人民币中心的快速发展和人民币接受度的迅速提高。

在境外人民币远期市场高速发展的同时，国内人民币外汇远期市场却多年徘徊不前。第 23 章的数据显示，2012 年第一季度到 2015 年第一季度国内人民币远期市场总成交额不仅没有提高，反而还略有下降，相应的日均成交金额也徘徊在 22 亿美元略高一点的水平，仅相当于伦敦金融城给出的 2014 年上半年境外人民币远期市场日均成交金额 135 亿美元的六分之一，境内外人民币市场发展很不协调的问题在境内外人民币外汇远期市场表现明显。我们在本篇其他章节还会探讨其他市场和产品。

随着人民币国际化程度的持续提高，境内外人民币远期市场互动协调发展将成为趋势。遗憾的是，表 37 – 13 给出的近年来境内外人民币外汇远期市场的数据显示，境内外人民币外汇远期市场仍然相对隔离，仍看不出境内外市场协调发展的态势。相信今后几年，随着境外人民币市场的快速发展，境外市场倒逼国内市场发展的趋势将更为明显，境内外市场互动的势头将很快出现，进而推动境内外人民币市场总体的发展。

参考文献

［1］Zhang，Peter G.，2004，Chinese Yuan Derivative Products，World Scientific Publishing Ltd.

［2］张光平，2012，《人民币衍生产品》（第三版），中国金融出版社。

［3］张光平，2016，《人民币国际化和产品创新》（第六版），中国金融出版社。

第38章 影响人民币无本金
交割远期市场的因素

我们在第37章介绍了境外人民币无本金交割远期和可交割远期市场的各个主要方面。虽然近年来境外人民币可交割远期取代了无本金交割远期，成为境外人民币外汇远期的主流，然而第37章的结果显示，几年来境外人民币无本金交割远期汇率与无本金价格远期汇率互动相当接近。因此，为了保持十多年的连续性，我们本章专门集中研究影响境外人民币无本金交割远期市场的各种因素。

十几年来，境外人民币无本金交割远期一直是人民币升值或贬值的风向标或者温度计，而人民币升值或者贬值压力的程度是跨境资金投入或撤离大陆的重要动因。所以，在第37章对境外人民币无本金交割远期各个主要方面介绍后，本章的目的是探讨影响离岸市场人民币无本金交割远期汇率的主要因素，并对这些因素对人民币无本金交割远期汇率的影响程度进行系统的分析和比较。由于国内人民币远期和境外人民币无本金交割远期相互影响（我们在第50章专门探讨），了解了国内外因素对境外人民币比无本金交割远期汇率的影响实际上对我们了解和把握国内人民币远期汇率也有非常重要的意义。

38.1 影响人民币无本金交割远期价格的几种主要因素

我们把2002年第四季度以来人民币无本金交割远期市场隐含的人民币升值压力分为七个主要阶段和六个升值压力高峰时期。本章着重介绍和分析影响人民币无本金交割远期的一些主要因素。

38.1.1 政治因素

政治因素无疑是促使人民币升值的最主要原因。我们虽然在前面简单介绍了一些主要事件，但两年多以来影响人民币的各类国际政治因素和事件变化多端。我们在本章会对这些主要事件和因素进行系统的介绍，并描述它们对人民币无本金交割远期市场的具体影响。

38.1.2　经济和金融因素

虽然人民币无本金交割远期主要仍然是受政治因素的影响，但主要宏观经济指标对人民币无本金交割远期也有一定的影响。我们将对我国的月外汇储备、月外贸数据、季度国内生产总值、月通货膨胀数据和利率对人民币无本金交割远期的影响进行介绍，然后进行定量分析。这些量化的分析对我们理解人民币无本金交割远期的功能有相当重要的意义。

由于美元是我国外汇交易的最主要货币，而且美元/人民币也是人民币无本金交割远期最主要的货币对，因此，我们除了研究我国经济和金融因素的影响外，也会对美国的月外贸数据、季度国内生产总值、月通货膨胀数据和利率变化的影响进行介绍，然后同样进行定量分析。

38.1.3　市场投机因素

在政治因素和经济金融这两类因素的影响下，各类市场参与者对人民币升值有不同的期望或预测，从而采取各类投机和套保交易策略。在政治和经济金融这两大类因素的影响和带动之下，市场参与者对人民币升值产生了各种期望和预测。这些因素共同推动了人民币无本金交割远期10年以来的变化。

38.2　影响人民币无本金交割远期价格的政治因素

我们在本书前面介绍了各方面要求人民币升值的呼声，这些方面包括了美国国会、美国政府、其他七国集团（G7）国家、来自其他新兴市场的官员、学术界和其他领域。有大量重要的事件影响着人民币无本金交割远期市场。该市场每天剧烈波动的主因是国际政治事件，即来自于主要发达国家特别是美国的政治因素所引发，而影响成熟外汇市场的主要经济和金融信息对人民币无本金交割远期市场的影响却比较有限。

38.2.1　第一阶段：2002 年 10 月到 2003 年 4 月下旬（升值预期产生期）

我们在前面已经指出，要求人民币升值的呼声最先是从 2002 年 5 月 1 日举行的美国参议院听证会传出的。尽管前面指出引致人民币升值压力的过程是由美国引发的，但并没有描绘全部具体的过程。本节将专门回顾引发人民币无本金交割远期隐含汇率变动的一些主要争论和事件。

谢国忠：摩根士丹利（香港）（2002 年 11 月 4 日）

能公开获得的最早的研究论文是由摩根士丹利（香港）的经济学家谢国忠

于 2002 年 11 月 4 日发表的《中国：对人民币升值说不》，他表达了对人民币升值将加剧中国通缩和压抑国内需求的担忧。他也强调，在一定程度上，中国应该让市场来决定其货币的价值，但这只有在中国的资本账户大部分开放的情况下才有可能实现。

日本财政大臣盐川正十郎（2002 年 12 月）

日本财政大臣盐川正十郎 2002 年 12 月上旬在向国会作证时表示，如果根据购买力平价（PPP）计算，人民币的币值被大大地低估了。他许诺将向中国政府呼吁放开人民币汇率，让人民币的币值根据市场规律浮动，并表示任何一个协调一致的、能有效恢复世界经济和扭转世界通缩的计划，都不能缺少对人民币汇率的调整。2002 年 12 月 2 日日本副财相黑田东彦（Haruhiko Kuroda）及其副手河合正弘（Masahiro Kawai）在英国《金融时报》上发表署名文章《全球性通货再膨胀正当其时》（Time for a Switch to Global Relation），称中国向亚洲国家输出了通货紧缩。

摩根士丹利（2002 年 12 月 24 日）

2002 年 12 月 24 日的《亚洲华尔街日报》载文称：看看在华的主要外国投资者之一——摩根士丹利是怎样对待人民币的吧！每个季度，摩根士丹利都会披露其最大的 5 笔外汇对冲交易，而近期最大的一笔是该公司对人民币进行的对冲交易。到 2002 年 6 月底，为了防止人民币走弱造成损失，摩根士丹利已经将其价值约 5.5 亿美元的人民币收入进行了对冲交易。这笔对冲交易更多地说明了摩根士丹利在中国的业务规模，而其本身并不表明任何看淡人民币的情绪。实际上，有很多人都愿意成为这笔对冲交易的另一方，买进价值 5.5 亿美元的人民币，因为他们相信人民币更可能升值而不是贬值。

七国财长巴黎会议（2003 年 2 月 21~22 日）

日本财长盐川正十郎在 22 日结束的七国集团（G7）财长会议上的一项提案，将全球压迫人民币升值的声浪推至顶峰。但是，美英等其他工业国在对伊战争阴云带来的全球经济衰退担忧中无暇顾及，日本提案就此流产。

38.2.2 第二阶段：2003 年 4 月下旬到 2004 年 4 月下旬（升值预期初期）

美国众议院拨款委员会商务部、司法部、国务院小组委员会听证会（2003 年 5 月 22 日）

美国众议院拨款委员会商务部、司法部、国务院（CJS）小组委员会在 2003 年 5 月 22 日（周四）举行听证会，主题为中国进口对美国中小型企业的影响。国务院小组委员会对许多贸易相关机构负有拨款的责任，这些和贸易相关的机构包括了商务部和国务院、美国贸易代表处、国际贸易委员会和美国国际贸易法院。国务院主席沃尔夫议员表达了他对由于从中国进口过量商品导致制造业和农业就业岗位不断下降这一情况的担忧。他表示，在最近几年由于从中国的进口造成了超过 110 万个就业岗位的丧失，仅在 2002 年就失去了 19 万个就业岗位。

高盛的报告（2003 年 6 月 11 日）

在一篇广为流传的高盛公司研究报告《人民币汇率制度须做变革》中，高盛（亚洲）董事、总经理兼首席经济学家胡祖六认为，对中国而言更明智和更可取的办法是进行汇率制度的变革，即用一种更为灵活的浮动汇率制度来代替现在的固定汇率制。中国可能会认识到这样做符合它的最大利益，即使这意味着初始时人民币汇率可能的升值。

美国财政部部长斯诺（2003 年 6 月 16 日）

在 2003 年 6 月初，美国财政部部长斯诺公开发表评论，表示华盛顿对中国货币政策改革持欢迎的态度，从而显示出布什政府希望弱势美元能解决美国巨大贸易赤字的愿望（见特别报道《人民币政策：对中国汇率的争论》，2003 年 8 月 18 日）。斯诺建议这个星期北京能够允许人民币升值，他说他很乐意看到这样的事情发生。

欧洲国家在人民币价值被低估的问题上达成一致（2003 年 7 月初）

在 2003 年 7 月初召开的亚欧财长会议上，欧洲国家一致认为，人民币汇率不能反映中国的实际经济力量。这表明中国便宜的商品也正涌入欧洲国家（见《日本时报》，2003 年 7 月 31 日）。欧洲财长们周六（2003 年 7 月 5 日）对亚洲各国政府施压，要求后者放松对其货币汇率的控制，允许其货币对美元升值，希望此举能抑制欧元进一步升值对欧洲经济造成的损害。

美联储主席格林斯潘（2003 年 7 月 17 日）

在 2003 年 7 月 17 日，美联储主席格林斯潘也对中国的汇率政策发表评论，他在美国参议院银行委员会上说，中国固定汇率政策最终会伤害到自己的经济（见以上提及的特别报道）。之后，1 年期的人民币无本金交割远期贴水从 7 月 16 日的 −1535 点跳到 2003 年 7 月 17 日晚些时候的 −1670 点，下降了 135 点。

中国商务部部长吕福源（2003 年 7 月 29 日）

"没有一个国家在考虑自己的货币政策时会仅考虑国外的情况，而不考虑国内的经济情况。"中国商务部部长吕福源于 2003 年 7 月底在大连召开的第五届亚欧经济部长会议上说。

日本和美国一起对中国进一步施压（2003 年 7 月 31 日）

"日本和美国一直在逐步提高要求中国把人民币升值的呼声"，他们指责说，"尽管中国经济在增长，但是，中国通过一个不公平的低汇率出口大量商品，从而向全世界传播了通缩和贸易赤字"（见《日本时报》，2003 年 7 月 31 日）。

2003 年 8 月 29 日，在同美国财政部部长斯诺会谈之前，日本财政大臣盐川正十郎再次敦促中国政府放开人民币汇率。

时任总理温家宝会晤美国财政部部长斯诺（2003 年 9 月 3 日）

2003 年 9 月 3 日，中国国务院总理温家宝在会见来访的美国财政部部长斯诺时强调，中国的立场是维持目前的人民币汇率，同时也在积极研究和探索一个能够反映出市场力量的汇率机制。

七国集团会议（2003 年 9 月 20 日）

2003 年 9 月 20 日召开的七个工业化国家的政府首脑会议上，更大的汇率弹性被要求实行以维持世界经济的平衡，很明显这是针对日本、中国和其他亚洲国家的。对人民币升值的要求在七国首脑会议的公报上被特别提出并强调"大国或经济体需要实行更加富有弹性的汇率，以加强基于市场机制的国际金融体系的平稳性和大幅调整"。1 年期人民币无本金交割远期在 2003 年 9 月 22 日（星期一）贴水点数下降了 1450 点。

泰勒的证词（2003 年 10 月 1 日）

美国财政部负责国际事务的副部长泰勒在众议院财政委员会国内及国际货币政策、贸易和技术小组委员会就中国汇率问题举行的听证会上作证。泰勒提及了认清楚中国还存在资本控制这一事实的重要性，中国允许资本流入甚于资本流出，这样势必造成外汇储备的急剧增加。放松对资本流出的控制将有助于减轻人民币升值的压力。美国和中国及其他国家的积极合作正是为朝着更自由的市场迈进扫清障碍。

美国立法者的压力（2003 年 10 月 1 日）

美国立法者在 9 月底向布什总统施加压力，他们认为中国对汇率市场的干预操纵了人民币的币值，而布什政府对此还做得不够。

从日本传来的谣言（2003 年 10 月 7 日）

《日本朝日新闻》报道：中国人民银行（PBC）根据国务院的一项最终决议，正考虑在未来五年之内将人民币币值调高约 30%。2003 年 10 月 7 日收市时，人民币 1 年期无本金交割远期合约（NDF）贴水大幅上扬至 -4295 点，较前日尾盘的 -5145 点上升了 850 点。

斯诺的证词（2003 年 10 月 16 日）

美国财政部部长斯诺于 2003 年 10 月 16 日在讨论美国政府汇率政策的参议院银行委员会听证会上作证。1 年期的人民币无本金交割远期贴水上升了 49 点，从 -3698 点升至 -3649 点。

美国总统乔治·布什（2003 年 10 月中旬）

在启程前往泰国曼谷，准备参加于 10 月 20 日至 21 日举行的亚太经合会议（APEC）之前，布什总统许诺要对中国施加压力，使其采取更为灵活的货币政策。1 年期的人民币无本金交割远期贴水上升了 49 点,从 10 月 15 日尾盘的 −3698 点升至 10 月 16 日尾盘的 −3649 点。

美国国会之前召开的听证会(2003 年 10 月 21 日)

在美国众议院召开关于国际关系的会议之前,于 2003 年 10 月 21 日举行了一场有关中美关系的听证会,主题为经济关系的再评价(第 108 届国会,第一次会议)。在听证会上,有议员认为,"正常的和非正常的贸易壁垒,其中包括操纵和低估人民币的措施,在最近几年中已经给制造业造成了 300 万个就业岗位的丧失","四年之前,中美双边贸易赤字是 700 亿美元。去年已经达到了 1030 亿美元,而今年,我估计将会在 1200 亿到 1300 亿美元之间"。

美国议员提出对中国产品加征关税(2003 年 10 月 22 日)

美国议员 Sue Myrick 和 John Spratt 提出一项法案:如果中国拒绝让人民币在公开市场自由浮动,那么将对从中国进口的商品加征 27.5% 的关税(《商业杂志》,2003 年 10 月 22 日)。

白宫发言人(2003 年 10 月 23 日)

白宫发言人在 2003 年 10 月 23 日发表声明,为了改善美国出口业及制造业的就业情况,白宫将继续就人民币升值问题和中国政府磋商(《香港经济新闻报》,2003 年 10 月 24 日)。1 年期的人民币无本金交割远期贴水从 10 月 22 日尾盘的 −3149 点跳到第二天尾盘的 −3574 点,整整下降了 425 点。

美国商务部部长唐纳德·埃文斯(2003 年 10 月 28 日)

在访问北京期间,美国商务部部长埃文斯在 2003 年 10 月 28 日表示,美国正在对中国"不公平"的贸易行为失去耐心,华盛顿政府不会容忍"不公平竞争"(a stacked deck),布什总统早些时候也敦促中国政府允许人民币随着市场变化而自由浮动,并暗示中国为了获得贸易优势,一直人为地保持一个弱势的人民币。

格林斯潘谈中国现行汇率政策与美国失业问题(2003 年 12 月 11 日)

美联储主席格林斯潘于 12 月 11 日在得克萨斯州大达拉斯地区世界事务委员会(World Affairs Council of Greater Dallas)上发表讲话时指出,即使遂美国制造商的心愿,中国政府让人民币升值,进而可能使中国对美国出口的纺织品和其他商品减少。但这并不会促进美国的纺织品生产,因为美国从亚洲其他低工资国家进口纺织品以取代中国纺织品的可能性要大得多。

中国人民银行行长周小川(2004 年 1 月)

"人民币升值的压力已经有了大幅的减弱,原因是美国经济的复苏、中国国有银行的重组以及中国对美国的净出口状况",中国人民银行行长周小川在香港举行的国际清算银行(BIS)会议上说(《北京晨报》,2004 年 1 月 13 日)。

国务院发布关于发展资本市场的九条意见(2004 年 2 月 2 日)

为了更进一步推进资本市场的发展，中国政府于 2004 年 2 月 2 日发布九条意见。这些意见被所有主要的证券报纸在头版头条所报道，表明了我国政府用更具体的规则来进一步发展资本市场的决心和承诺。这可以理解为改革外汇制度、允许人民币升值的一个必要的先导措施。1 年期的人民币无本金交割远期从上周五（2004 年 1 月 30 日）的 -3797 点骤降到了周一（2004 年 2 月 2 日）的 -3995 点。

西方七国财长会议（G7）（2004 年 2 月 9 日）

如同 2003 年 9 月召开的 G7 会议一样，在 2004 年 2 月召开的 G7 会议也对人民币无本金交割远期市场产生了重大的影响。G7 会议要求货币更有弹性的公告，看起来似乎是针对整个亚洲国家的，但没有具体的国家被点名。

格林斯潘：人民币升值没有答案（2004 年 2 月 27 日）

2004 年 2 月 27 日（周五），美联储主席格林斯潘在斯坦福经济政策研究所发表演讲时表示"我们还不能确定人民币被低估的程度（如果确实存在低估的话），也不能知道升值以后会发生什么事情"。1 年期的人民币无本金交割远期贴水从 -4178 点飙升了 499 点至下一个交易日（2004 年 3 月 1 日）的 -3679 点。

美国发布劳动就业数据（2004 年 3 月 7 日）

2004 年 3 月 7 日，美国劳工部发布的 2 月份失业率和 1 月份持平，仍为 5.6%，低于市场预期。在疲软的就业数据的推动下，周四（3 月 4 日）的 1 年期人民币无本金交割远期贴水下降 298 点，即从 -3797 点降至 3 月 5 日的 -4095 点。

哥伦比亚大学教授格莱恩·赫巴德发言（2004 年 3 月 12 日）

曾任美国布什政府白宫经济顾问委员会（CEA）主席的哥伦比亚大学教授格莱恩·赫巴德提到，中国政府在改变汇率政策之前应该着手金融产业的结构调整。赫巴德说，中国经济还不具备承受人民币升值压力的强壮体格。如果中国政府放弃现行的固定汇率制，改成浮动汇率制可能导致金融危机。他预测说，人民币汇率今后一二年不会有太大的变化。人民币无本金交割远期从 -3193 点上升了 199 点至 -2994 点。

美国财政部部长斯诺就人民币汇率政策发言（2004 年 3 月 26 日）

美国财政部部长斯诺表示，他已经与访美的中国人民银行行长周小川会面，并谈到了人民币汇率问题。2004 年 3 月底，美国财政部将派一名高级别的经济事务特使常驻北京，并从 2004 年夏天开始展开工作。斯诺把派特使前往中国的原因归结为：中国同意需要一个灵活的汇率，我们正在这个方向上取得进展。人民币升值并不是好主意，最好的办法是继续与中国展开外交接触，并为人民币迈向浮动汇率制提供技术上的帮助。人民币无本金交割远期贴水从 -3595 点上升 101 点到 −3494 点。

世界银行在北京召开记者发布会（2004 年 4 月 6 日）

2004 年 4 月 6 日世界银行在北京召开记者发布会介绍其年度报告《2005 年全球发展金融》时说，未来两年到两年半的时间内，美元的实际汇率有 5% ~ 10% 的贬值空间，但人民币不必考虑升值。人民币无本金交割远期从 −3546 点升至 −3496 点，人民币升值压力趋缓。

38.2.3 第三阶段：2004 年 4 月下旬到 2005 年 7 月下旬（汇改前升值预期）

美国政府官员表态（2004 年 4 月 28 日）

2004 年 4 月 28 日美国贸易代表佐利克、商务部部长埃文斯以及财政部部长斯诺就中美贸易关系联合接受采访时，基本表达了布什政府的态度，即中国必须满足美国法律的六项标准，美国的底线是市场力量，包括劳工标准和货币自由兑换能够决定经济的走向，否则中国将仍然是一个非市场经济国家（新浪财经网）。人民币无本金交割远期贴水下跌 175 点，从 −2327 点跌至 −2502 点，人民币升值压力变大。

国家外汇管理局副局长魏本华（2004 年 5 月 20 日）

2004 年 5 月 20 日，国家外汇管理局副局长魏本华表示，现阶段保持人民币汇率稳定是对全球经济的贡献。人民币汇率在合理、均衡的水平上保持稳定，不仅为我国经济的发展和改革开放创造了良好的环境，也是中国对全球经济稳定发展的贡献。人民币无本金交割远期汇率下降了 198 点。

中国人民银行行长周小川（2004 年 8 月 4 日）

2004 年 8 月 4 日，周小川行长明确表示，当前要继续保持人民币汇率基本稳定，不断完善人民币汇率形成机制。这是中国权威部门对 2003 年年底以来社会上关于人民币汇率问题讨论的又一次明确表态。人民币无本金交割远期贴水下降 180 点。

美国财政部部长斯诺（2004 年 9 月 22 日）

据道琼斯 9 月 22 日报道，美国财政部部长斯诺认为，固定汇率制度对全球经济构成诸多风险，发扬灵活的汇率制度应继续作为在国际议事日程中的重点。目前，全球经济较前几年稳定得多，原因之一就是灵活的汇率制度在全球经济中扮演了日益重要的角色。斯诺说，美国政府将继续敦促中国实施更为灵活的汇率制度。人民币无本金交割远期贴水从 −2249 点降至 −2349 点，下降了 100 点，人民币升值压力加大。

七国集团（G7）华盛顿会议（2004 年 10 月 1 日）

2004 年 10 月 1 日，应西方七国财长和央行行长的邀请，中国财政部部长金人庆和中国人民银行行长周小川出席了七国集团在华盛顿举行的相关会议。国际舆论对这一历史性举动给予了极大的关注。这次会议是迄今为止中国与七国集团财长会议举行的最高级别的工作会议。这次七国集团会议没有像前几次那样，直接或间接指明人民币问题，联合公告仅就油价、财政政策、货币政策、亚洲经济前景和汇率灵活性方面交换了意见。市场反应较为强烈，人民币无本金交割远期汇率上升了300点。

国际货币基金组织（IMF）（2004年11月5日）

2004年11月5日，国际货币基金组织抛出2004年与中国第四条款磋商的工作人员报告，呼吁扩大人民币汇率浮动区间。国际金融市场立刻响应，一些海外媒体推波助澜，称人民币应在下年第一季度小幅升值3%，人民币无本金交割远期贴水下降了701点，人民币升值压力加大。

中国人民银行对国际货币基金组织的报告提出回应（2004年11月8日）

2004年11月8日，中国人民银行做出应对，称国际货币基金组织在报告中虽提出建议，但报告中的经济数据是基于6月份之前，因此一些分析和判断可能需要更新。市场反应强烈，1年期人民币无本金交割远期贴水上升937点。

亚太经合组织金融与发展2004年年度论坛（2004年11月25日）

2004年11月25日，在海南三亚举行的亚太经合组织金融与发展项目（APEC Finance and Development Program，AFDP）2004年度论坛上，中国人民银行副行长李若谷发言指出，人民币汇率会在基本合理、均衡、稳定的情况下继续保持稳定。人民币汇率机制会进一步改革，但没有时间表，因为确实不知道应该用多长时间改革。境外1年期人民币无本金交割远期贴水上升了100点，人民币升值压力趋缓。

社会科学文献出版社发布的世界经济黄皮书（2005年1月5日）

2005年1月5日，社会科学文献出版社发布的世界经济黄皮书《2004—2005年：世界经济形势分析与预测》中称，"加息不仅将对我国经济产生较大的近期影响，同时也将对长期经济发展速度产生一定的负面影响"，"综合而言，选择使人民币升值的做法既可以使过热的投资得到有效控制，也可以抑制物价增长过猛的势头，是较为可取的一种政策"。境外1年期人民币无本金交割远期上升480点，市场反应强烈，人民币升值压力减小。

世界经济论坛达沃斯会议（2005年1月26日至30日）

2005年1月26日至30日世界经济论坛在瑞士达沃斯召开。该届会议的主题是"为艰难抉择承担责任"，会议就全球商业、科技、文化等主题进行200多场研讨会，并就中国经济的前景、欧洲、气候变化、全球化中的公平性、全球经济、大规模杀伤性武器、世界贸易、巴以问题、伊朗核问题、伊拉克局势和伊拉克大选等议题进行磋商和讨论。在这届论坛上，中国人民银行货币政策委员会余永定委员说，中国经济正面临通货膨胀，当前是人民币升值的适当时机，有关言论一度刺激远期人民币无本金交割远期汇率上升至近日高位 7.9015。

2005 年 1 月 28 日，中国人民银行副行长李若谷在达沃斯经济论坛上再次重申了中国的原则立场：既保持人民币汇率在合理、均衡水平上的基本稳定，同时又积极进行改革，进一步完善人民币汇率形成机制，逐步实现更加灵活的汇率机制。市场反应平淡。

七国集团伦敦会议（2005 年 2 月 5 ~ 6 日）

2005 年 2 月 5 ~ 6 日，七国集团会议在英国伦敦举行，中国财政部部长金人庆和中国人民银行行长周小川出席。这是中国连续两次出席七国集团会议。周小川表示，人民币汇率没有被大幅低估，我国将按照自己的改革发展需要进行汇率体制改革。境外 1 年期人民币无本金交割远期贴水上升 350 点，从 2 月 4 日的 - 3650 点升到 7 日的 - 3300 点。

2004 年第四季度货币政策执行报告（2005 年 3 月 3 日）

2005 年 3 月 3 日，在中国人民银行发布《2004 年第四季度货币政策执行报告》后的两天时间里，各投行纷纷发布了关于中国未来汇率政策和利率政策的预期。摩根士丹利、高盛等投行认为，中国 2005 年改革汇率政策的可能性已下降。第四季度报告中对 2005 年汇率政策趋势着墨甚多，提及的具体措施也比以往的货币政策执行报告中多，并表示将"积极稳妥地推进人民币汇率形成机制改革"。市场反应平淡。

十届全国人大三次会议中外记者招待会（2005 年 3 月 9 日）

2005 年 3 月 9 日，十届全国人大三次会议在人民大会堂举行中外记者招待会，中国财政部部长金人庆、国家税务总局局长谢旭人就财政税收工作答记者问时指出，人民币的汇率基本符合中国的经济发展情况和外贸进出口情况，并且基本上是保持稳定的。我们将进一步推进外汇改革，包括探索我们的汇率机制的形成，使我们的汇率能够在一个合理均衡的水平上保持稳定。1 年期人民币无本金交割远期汇率下跌 75 点。

温家宝总理答记者问（2005 年 3 月 14 日）

2005 年 3 月 14 日，温家宝总理在两会后答记者问，在谈到人民币汇率时指出"有些人强烈要求人民币升值，但并没有完全弄懂人民币升值以后会出现的问题。我们是一个负责任的国家，对于人民币升值和汇率体制的形成，我们不仅要考虑本国的利益，而且要考虑对周边国家和世界的影响。这项工作我们正在进行，何时出台、采取什么方案，这可能是一个出其不意的事情"。市场反应平淡，同日境外 1 年期人民币无本金交割远期汇率贴水仅上升 20 点。

美国参议院通过提案（2005 年 4 月 6 日）

2005 年 4 月 6 日，美国参议院以 67 对 33 的票数通过了由参议员舒默

（Charles Schumer）提出的议案，即如果北京不在 6 个月内调整人民币汇率，就对所有中国出口至美国的商品一律加征 27.5% 的关税（Robbins，2005）。在参议院提出议案的前 3 天，美国财政部报告称，中国没有操纵人民币汇率。4 月 6 日，境外 1 年期人民币无本金交割远期汇率下降 130 点，人民币升值压力加大。

美国总统布什向中国进一步施压（2005 年 4 月 14 日）

2005 年 4 月 14 日，美国总统布什向中国进一步施压，要求人民币升值以使贸易更加公平。他说，中国应该"把人民币升值，那样我们就能与中国进行自由、公平的贸易"；"我对中国的看法就是，它是一个疯狂发展的大国。这就是为什么美国人发现汽油 2 美元一升的原因之一，因为中国对能源的需求量巨大。全球的供应量跟不上需求量的增长"（路透社，华盛顿 4 月 14 日）。国际市场反应平淡，境外 1 年期人民币无本金交割远期没有变化。

七国财长华盛顿会议（2005 年 4 月 15 ～ 16 日）

2005 年 4 月 15 ～ 16 日，七国财长会议在华盛顿举行，世界原油价格上涨和美元汇率下跌成了会议的讨论重点。中国财政部部长金人庆和人民银行行长周小川决定不出席，只派副手列席了会议。这次七国会议虽然没有公开讨论人民币升值问题，但是参会的主要国家的财政部部长们仍然表示他们国家的企业受人民币低估的伤害，并重申希望中国采取更加灵活的汇率机制。2005 年 4 月 18 日，境外 1 年期人民币无本金交割远期下降 520 点。

人民币"超常"的浮动范围（2005 年 4 月 29 日）

2005 年 4 月 29 日的外汇市场上，人民币一度升值，超过了常规的浮动范围。1 美元兑人民币从 8.277 升值到 8.270。摩根大通的中国区首席经济学家龚方雄指出，8.270 的汇率在交易牌上停留了 20 分钟之久，说明中国金融当局是在试探市场，看假如人民币升值，他们需要采取什么手段才能控制住局面。2005 年 4 月 29 日，1 年期人民币无本金交割远期汇率贴水下降了 300 点，从 −4350 点降到 −4650 点，达到历史最高峰，隐含人民币 1 年升值 5.62%。

美国财政部继续向中国施压（2005 年 5 月 5 日）

2005 年 5 月 5 日，美国财长斯诺就人民币重估问题继续向中国施压，指出目前正是中国采取更加灵活的汇率制度的好时机。美国财政部助理部长彼特曼在伊斯坦布尔举行的亚洲开发银行管理委员会年会上发言时指出，现在应该是中国采用更加灵活的汇率制度的时候了。市场反应平淡。

中美两国金融事务会谈（2005 年 5 月 9 日）

中国人民银行与美国财政部官员于 2005 年 5 月 9 日在华盛顿举行了两国金融事务会谈。这是中美双方第 4 次举行这样的会议。美国财政部发言人弗拉托会后表示，此次会谈进行得相当顺利，特别是在人民币汇率弹性化问题上取得了有效进展，"使我们离中国实行更灵活的汇率制度的那天更接近了"。5 月 10

日 1 年期人民币无本金交割远期贴水下降 305 点，升值压力趋缓，从 - 4830 点升到 - 4525 点。

中国新闻社驻香港记者文章（2005 年 5 月 11 日）

中国新闻社驻香港记者关向东发表了一篇关于人民币升值可能造成的影响的文章，在全球外汇市场引起了轩然大波。这篇错误性的报道被翻译成英文。翻译的英文报道中赫然宣称中国将在下周中美经济官员会晤后宣布人民币升值。这篇翻译稿宣称，中国已决定在一个月内和一年后分别让人民币升值 1.26% 和 6.03%。实际上关向东文章中引述自当日香港报纸的这两个数字，所表示的只是人民币无本金交割远期市场交易报价所反映出的市场对人民币升值幅度的预期。1 年期人民币无本金交割远期当日贴水下降了 150 点，从 - 4800 点升到 - 4650 点。

美欧对我国纺织品实施配额限制（2005 年 5 月 13 日和 17 日）

2005 年 5 月 13 日美国正式对我国的纯棉裤子、纯棉针织衬衫和内衣裤实施配额限制；5 月 17 日欧盟贸易委员曼德尔森称欧盟将对从中国进口的两类纺织产品启动"紧急特保"措施，将其 2005 年进口数量的增长率控制在 7.5% 以内。人民币无本金交割远期市场对欧美这些贸易施压反应平淡。

美国政府进一步施压（2005 年 5 月 17 日）

2005 年 5 月 17 日，美国政府在向国会递交的报告中，进一步施压要求人民币升值。但美国政府拒绝按照国会和商界要求，把中国定性为一个操纵汇率以在国际贸易中获得优势的国家。人民币无本金交割远期汇率对这些贸易争端的反应微弱。

美联储主席格林斯潘发言（2005 年 5 月 20 日）

格林斯潘当天在"纽约经济俱乐部"发表演讲时说，他相信中国最终会对货币体系进行改革，但人民币升值并不能帮助美国减少贸易逆差。因为美国零售商将从其他国家进口，不一定转向本国供应商，所以，最后的结果是"我们将从其他地区进口，但我们进口的仍是同样的商品"。5 月 23 日，1 年期人民币无本金交割远期当日贴水上升了 100 点，从 - 4600 点升到 - 4500 点，人民币升值压力趋缓。

国际货币大会（2005 年 6 月 7 日）

云集了全球金融界重量级人物的国际货币大会在北京落下帷幕，这也是国际货币大会第一次在中国举办年会。中国央行行长周小川、欧洲央行行长特里谢和日本央行副行长武藤敏郎出席。美联储主席格林斯潘也通过视频与周小川等人展开精彩对话。格林斯潘表示：人民币汇率变动对美经济影响不大。周小川表示：人民币升值没有时间表。1 年期人民币无本金交割远期当日贴水上升了 100 点，人民币增值压力稍缓。

亚欧财长会议（2005 年 6 月 27 日）

中国国务院总理温家宝 26 日在亚欧财长会议上引人瞩目地阐述了人民币汇率问题。温家宝强调，人民币汇率改革必须坚持"主动性、可控性和渐进性"三原则，中国将以负责任的态度和做法推进改革。6 月 27 日，1 年期人民币无本金交割远期当日贴水上升了 150 点，升值压力趋缓（新浪网财经频道）。

美参议院延期表决制裁人民币法案（2005 年 6 月 30 日）

美国联邦储备局主席格林斯潘与美国财政部部长斯诺，周四前往美国参议院，要求议员延后表决制裁中国人民币的法案。格林斯潘与斯诺向议员保证，中国在未来几个月就会采取措施，放宽人民币汇率弹性。美国议员也决定将法案延后到 10 月或 11 月才表决，市场反应平淡（新华网，7 月 1 日）。

中国人民银行行长周小川在《财经》杂志上发表署名文章（2005 年 7 月 11日）

中国人民银行行长周小川在中国《财经》杂志上发表署名文章表示，近期应该减少一些不必要的外汇管制，为人民币汇率改革创造条件，这暗示中国正在按照自己的步骤进行人民币汇率改革。周小川在文章中指出，人民币应该逐步走向可兑换。近期应该积极稳妥地减少一些不必要的外汇管制，创造条件稳步推进货币可兑换进程。但他没有透露可能推出的具体措施。1 年期人民币无本金交割远期贴水在 7 月 12 日下降 110 点，人民币升值压力变大。

38.2.4 第四阶段：2005 年 7 月下旬到 2007 年 7 月下旬（汇改后升值前期）

中国人民银行调整汇率政策（2005 年 7 月 21 日）

中国人民银行发布公告，中国实施以市场供求为基础、参考一篮子货币进行调节、有管理的浮动汇率制度；人民币汇率不再盯住单一美元，形成更富弹性的人民币汇率机制。自 21 日 19 时，美元兑人民币交易价格调整为 1 美元兑 8.11 元人民币。1 年期人民币无本金交割远期反应强烈，22 日贴水，从 − 6440点升到 − 5765 点，变动了 675 点。

美联储第 10 次加息（2005 年 8 月 9 日）

美国联邦储备委员会周二将联邦基金利率从 3.25% 上调至 3.5%，并表示还将继续加息。这是美联储自 2004 年 6 月以来连续第 10 次加息。人民币 1 年期无本金交割市场反应强烈，从前日的 − 4890 点升到 − 4365 点，上升 525 点，人民币升值压力趋缓。

周小川关于一篮子货币发言（2005 年 8 月 10 日）

中国人民银行行长周小川 8 月 10 日表示，人民币汇率参考的一篮子货币中，权重主要集中于美元、欧元、日元和韩元。8 月 11 日，人民币 1 年期无本金交割市场反应强烈，从前日的 −2620 点降到 −2812 点，下降 192 点，人民币升值压力加大。

中国人民银行加快外汇市场发展的重要举措（2005 年 8 月 9 日到 10 日）

中国人民银行在 8 月 9 日、10 日相继颁布了《中国人民银行关于扩大外汇指定银行对客户远期结售汇业务和开办人民币与外币掉期业务有关问题的通知》、《中国人民银行关于加快发展外汇市场有关问题的通知》两项重要文件，旨在扩大外汇交易的客户群体、交易产品，推动该市场的快速发展。人民币 1 年期无本金交割市场反应强烈，在 10 日变化 475 点。

周小川释疑汇改：中国不具备汇率自由浮动条件（2005 年 9 月 12 日）

中国人民银行行长周小川日前应邀参加了在加拿大召开的中央银行行长圆桌会议，就中国汇率形成机制改革启动的时机、内容的选择以及改革对中国国际收支和外汇储备可能产生的影响等做了详细的解释和阐述。他明确表示：中国不具备汇率自由浮动条件。人民币 1 年期无本金交割市场反应强烈，9 月 12 日从 −4140 点下挫到 −4215 点，变化 75 点，人民币升值压力变大。

中国人民银行行长助理易纲：目前人民币汇率在均衡水平附近（2005 年 9 月 15 日）

中国人民银行行长助理易纲在 CBD 国际商务节论坛上表示，目前的汇率在均衡水平附近。易纲表示，现在国际对人民币升值的预期实际是降低的。据易纲分析，从人民币和美元的利率来看，人民币的利率为 1.3% 到 1.5%，而美元 LIBOR 1 年期则在 4% 左右，目前的汇率格局是在均衡水平附近的，人民币汇率浮动总体上会保持在合理均衡的水平上基本稳定。9 月 15 日、16 日，人民币 1 年期无本金交割远期市场反应平淡，贴水点数基本维持不变。

中国人民银行行长周小川：西方国家对中国汇改表示赞赏（2005 年 9 月 26 日）

中国人民银行行长周小川 26 日在华盛顿接受部分中文媒体驻当地记者采访时表示，西方国家一方面多次对中国的汇率改革表示赞赏，同时也希望这一改革动作再快一点。他表示，中国进行汇率改革是"摸着石头过河"，要不时看一看前一步的情况和市场的反馈，看是否达到了预期的效果。人民币 1 年期无本金交割远期贴水点数上升 250 点，人民币升值压力趋缓。

20 国集团会议召开在即，美国发起新一轮人民币升值声浪（2005 年 10 月 12 日）

20 国集团财长和央行行长会议将在北京香河召开之际，美国政府发起了新一轮人民币升值声浪。美元对人民币 10 月 11 日在现货市场收报 8.0864，而 7 月 20 日，也就是中国改革汇率形成机制的前一天，美元对人民币汇价报 8.2765（《上海证券报》）。

中国进出口银行行长李若谷称人民币过多升值将会"多输"（2005 年 10 月 19 日）

尽管汇率问题不在该届 20 国集团的五大议题之中，但这个问题显然比五大议题还要热门。中国进出口银行董事长兼行长李若谷日前表示，如果人民币大幅升值，将造成"多输"的局面（《中国贸易报》）。当日人民币 1 年期无本金交割远期贴水点数下降 50 点，人民币升值压力稍剧。

中国人民银行副行长吴晓灵：人民币进一步升值是大趋势，将曲折发展（2005 年 10 月 25 日）

中国人民银行副行长吴晓灵 25 日接受媒体采访时表示，未来人民币进一步升值是大趋势，但市场、金融机构和企业有一个逐渐适应的过程，中间具有不确定性，因此人民币升值将是"曲折性发展"（《中国证券报》）。26 日人民币 1 年期无本金交割远期贴水点数下降 80 点。

中国人民银行副行长苏宁：人民币升值预期有所减弱（2005 年 11 月 12 日）

尽管中国海关总署最新公布的数据显示 10 月份中国贸易顺差达至年度新高，但中国人民银行副行长苏宁今日在出席此间举行的一个会议时仍表示，前一阶段过快的外汇流入渐渐平稳，（人民币）升值预期有所减弱（中新社）。

香港金管局总裁：从长期看人民币仍处升值势头（2005 年 11 月 16 日）

对于人民币汇价近日屡创新高，香港金管局总裁任志刚 15 日出席研讨会后表示，随着内地经济改革开放过程加快，与亚洲地区贸易日益频繁，不排除因贸易需要而增加对人民币的需求，加上外资在内地的投资需要，基于种种因素带动下，相信长远而言，人民币仍处于升值势头（香港《文汇报》）。

国际货币基金组织（2005 年 11 月 21 日）

国际货币基金组织（IMF）在对中国政府一年一度的咨询报告中再次敦促中国调整人民币汇率，并期望中国充分利用现有汇率体制增加人民币汇率的弹性。IMF 认为，中国继续调整人民币汇率，可以帮助缓解"全球不平衡"。

美国财政部向国会提交半年度"国际经济与汇率政策报告"（2005 年 11 月 28 日）

11 月 28 日，美国财政部向国会提交了半年度"国际经济与汇率政策报告"。该报告拒绝将中国列为"汇率操纵国"，其理由是"中国 7 月 21 日的人民币汇率调整及其后对通过市场决定汇率更大灵活性的承诺与步伐"，让美国财政部更愿意通过观察中国未来 5 个月在汇率改革问题上的表现，来决定是不是在 2006 年 4 月的半年度报告中把中国列为"汇率操纵国"。

七国财长伦敦会议（2005 年 12 月 2～3 日）

在 2005 年度最后一次于伦敦举行的会议后，七国集团（G7）财政部长和央行行长发布的联合声明中继续施压，敦促中国政府采取更具弹性的人民币汇率政策。七国集团在声明中提到"我们希望更具弹性的中国货币体系将提高全球经济稳定，并有助于国际货币体系稳定"。比起在 2005 年 9 月会议上对中国政府调整人民币汇率措施的赞赏，这次声明的措辞明显变得强硬。欧洲央行行长特里谢在 3 日会见七国集团央行行长后表示，各行长均认为中国应当坚持对人民币汇率体制进行改革。

中国在银行间外汇市场引入做市商制度（2006 年 1 月 4 日）

自 2006 年 1 月 4 日起，中国在银行间即期外汇市场上引入询价交易方式（OTC 方式），在银行间外汇市场引入做市商制度。在新的市场框架下，做市商将成为银行间外汇市场流动性的主要提供者和市场风险分散的主渠道。做市商通过询价交易方式、撮合方式及柜台交易方式使外汇市场形成统一联动的价格传导机制，有利于培育外汇市场的价格形成与反馈机制，鼓励金融机构进行主动的风险管理，促进国际收支调节机制的建立与完善，使外汇市场供求逐步趋于平衡，更多的市场化因素将引入人民币对美元市场，甚至为我国外汇管制解除后汇率完全市场化运作打下基础。

瑞士达沃斯全球经济论坛年会（2006 年 1 月 26 日）

在 26 日举行的瑞士达沃斯全球经济论坛年会上，美国财政部副部长亚当斯表示，中国的确已经着手汇改，但是步伐应该更加快一些。但是法国财长布莱顿却表示，中国应该自主调整汇改步伐。美国和法国就向中国汇改施压的力度问题发生了分歧，导致 G7 集团内部出现分裂，这使得中国能够有更多的余地来延缓人民币升值问题。

美国财长斯诺（2006 年 1 月 6 日）

美国财长斯诺表示，美国对于中国在汇率改革方面的举措不满意，但警告称不能使用报复性贸易措施。中国确实需要调整在知识产权方面的行为，但是需要理解贸易是双向的。他指出，美国在汇率问题方面不满，但极为重要的是，美国反对具有保护主义色彩的施压手段。当日人民币 1 年期无本金交割远期上扬 80 点（《亚洲华尔街日报》）。

国际货币基金组织总裁罗德里戈·拉托：反对美国在人民币问题上对中国施压（2006 年 2 月 1 日）

罗德里戈·拉托在接受《金融时报》专访时表示，不赞成美国通过进一步施压迫使中国调整人民币汇率。在达沃斯世界经济论坛小组会议上，美国对中国的汇率政策提出看法，认为国际货币基金组织应该"对那些试图阻挠国际收支调整的国家"施加压力。拉托表示，国际货币基金组织不会考虑诸如公布参考性汇率，或对某些国家提出批评的做法。在谈到中国的汇率机制改革时，拉托说，国际货币基金组织提倡引入汇率灵活机制，该机构对中国正朝着这个方向努力感到高兴。

美国《2006 年总统经济报告》（2006 年 2 月 13 日）

美国《2006 年总统经济报告》指出，中国"严格控制的固定汇率"和"为限制货币升值而对外汇市场的干预"，一定程度上导致巨额美中贸易逆差，并敦促中国进一步放开汇率。灵活的汇率将使中国的商业周期更稳定，并令中国的经济增长从"出口依赖"逐渐向"内需拉动"的模式转变。在报告出炉的前三天，美国商务部公布了 2005 年美国对全球的贸易数字，其中美国对华贸易逆差激增 24.5%，达 2016 亿美元。巨额逆差在美国国会再掀波澜。两位参议员抛出提案，要求政府取消对中国的永久性正常贸易关系（PNTR）地位。

美国总统布什表示：将对人民币施压（2006 年 3 月 10 日）

美国商务部日前公布的统计数据显示，美国 1 月份贸易逆差达到创纪录的 685 亿美元，而对中国的贸易逆差，则从此前一个月的 163 亿美元攀升至 179 亿美元。面对与日俱增的压力，布什 3 月 10 日以贸易为例称中国为"战略伙伴"，但他承诺将会采取进一步措施向中国施压，迫使其浮动人民币汇率。

中国人民银行副行长吴晓灵（2006 年 2 月 20 日）

在谈及人民币汇率问题时，吴晓灵说，自 2005 年 7 月 21 日人民币汇率改革以来，国内外给予极大的关注。有人认为 2% 的初始调整不太够，人民币还需要进一步升值。而她认为，首先应该达成一个共识，就是一个国家货币汇率的高与低是难以估量和计算的。我们努力去做的，应该是完善人民币汇率的形成机制，寻求一种市场化的汇率机制，使它基本反映市场供求。2005 年的汇率改革不单是水准上的调整，更是重在机制的改革，不再盯住单一美元，而是参考"一篮子货币"，根据市场供求关系进行浮动（《财经》）。当日人民币 1 年期无本金交割远期贴水点数下降 175 点。

中国时任国务院总理温家宝：进一步完善人民币汇率形成机制，增加人民币汇率浮动弹性（2006 年 3 月 14 日）

在十届全国人大四次会议闭幕会后举行的新闻会上，中国国务院总理温家宝表示，将进一步完善人民币汇率形成机制，增加人民币汇率浮动弹性。那种行政性的、一次性使人民币或升或降的事情不会再存在，也不会再发生了（《金融时报》）。

中国国务院总理温家宝：政府没有允许人民币急剧升值的计划（2006 年 4 月 6 日）在出访斐济时，中国时任国务院总理温家宝重申中国政府没有允许人民币急剧升值的计划。尽管面临外界要求升值的压力，但中国会逐步放宽对个人和企业持有外汇的限制（香港《南华早报》）。市场反应平淡。

七国财长华盛顿会议（2006 年 4 月 21～22 日）

继美国研究机构发布报告指责中国扭曲亚洲汇率之后，七国集团（G7）4 月 22 日呼吁亚洲尤其是中国货币进行升值。G7 华盛顿会议结束后发表声明称：

"在新兴的亚洲国家尤其是中国，为了实现更灵活的汇率制度、扩大内需、减轻经济对出口的依赖和壮大金融市场，进行必要的货币升值是非常关键的。"

中国人民银行行长周小川反驳 G7：人民币汇率弹性已明显增强（2006 年 4 月 22 日）

"自去年 7 月 21 日对人民币汇率形成机制进行改革后，中国政府积极培育和发展外汇市场，增强市场的作用，人民币对美元汇率双向波动，弹性明显增强。" 4 月 22 日，中国人民银行行长周小川在国际货币与金融委员会（IMFC）春季部长级会议上发表演讲时，对于人民币汇率改革做了以上表述。

中国财政部部长金人庆：中国将继续推动人民币汇率弹性改革（2006 年 5 月 4 日）

中国财长金人庆表示，中国将毫不动摇地继续推动人民币汇率弹性改革，但在纠正全球失衡问题上不会亦步亦趋地听从其他国家的要求（新华网）。当日人民币 1 年期无本金交割远期贴水点数上升 275 点，人民币升值压力趋缓。

美国财政部向国会提交"世界经济和汇率政策半年度报告"（2006 年 5 月 10 日）

5 月 10 日下午，美国财政部向国会提交了"世界经济和汇率政策半年度报告"，其中的外汇市场部分再次确认，中国并没有为了扩大出口或保护其外汇储备而操纵汇率。

中国外交部发言人：中国将继续提高人民币汇率弹性（2006 年 5 月 11 日）

中国外交部发言人刘建超表示，中国将继续提高人民币汇率弹性，保持汇率在均衡水平上基本稳定。美国财政部一位高级官员同日在北京表示，中国现在没有理由不对汇率进行改变。他同时声称，中国是其他亚洲货币汇率能否更富弹性的关键（中新网）。

美国财政部长保尔森：对人民币只施压不制裁（2006 年 7 月 10 日）

由美国总统布什提名的高盛前首席执行官亨利·保尔森 7 月 10 日宣誓就任美国第 74 任财长。在就职典礼上，保尔森称，将继续其前任未尽职责，包括继续就人民币问题向中国施压，不过拒绝就人民币问题对中国实施制裁。他认为更具弹性的人民币汇率政策不仅对美国市场有利，也符合中国自己的利益，但人民币走向自由化还要经过一段过渡期，中国当局目前已经朝着这个方向前进。

德国经济部：中国应当随出口增加开放国内市场（2006 年 7 月 21 日）

针对该国对中国贸易逆差日益扩大的现状，德国经济部日前发出警告，强调中国应该随出口增加开放国内市场。德国经济部长罗斯表示，北京政府还必须考虑人民币汇率完全与美元脱钩，一个国家需要考虑让市场来决定更多问题。当日人民币 1 年期无本金交割远期贴水点数下降 90 点，人民币升值压力稍剧（路透社）。

美国欲增强中国在 IMF 中的话语权来敦促人民币升值（2006 年 7 月 24 日）

美国财政部负责国际事务的副部长蒂莫西·亚当斯表示，如果给予中国或任何其他国家在 IMF 中更大的话语权，那么，这些国家需要严肃对待在这一机构中相应的责任，且必须按照既定的规则来行使自己的权利。美国没有公开表示中国必须放松对人民币汇率的控制才能在 IMF 中拥有更多表决权，但美国所传递的信息一直都很明确。

国际货币基金组织（2006 年 9 月 14 日）

IMF 在 14 日公布的最新《世界经济展望》报告中，将中国 2006 年和 2007 年经济增长率预期均上调至 10%，其 4 月时对中国 2006 年和 2007 年经济增长率的预期分别为 9.5% 和 9.0%。IMF 在报告中再度呼吁中国提高人民币汇率弹性。IMF 称，中国提高人民币汇率弹性除了能避免经常账户过剩外，也可增强央行控制货币政策的效率。但鉴于过快地提高人民币灵活性恐将会给中国的宏观经济稳定带来负面影响，因此 IMF 认为中国在提高汇率弹性的同时，还必须持续进行金融改革。

七国财长新加坡会议（2006 年 9 月 15～16 日）

在新加坡举行会议的 G7 财长和央行行长发表声明，在这份旨在"评估全球经济前景并探讨促进持续发展"的文件中，再度特别提到了中国的汇率问题，称"那些拥有巨大经常项目盈余的新兴经济体，特别是中国，采取更大的汇率弹性是必要的"。相比 4 月 21 日华盛顿会议声明中有关"中国应采取更大汇率弹性以允许人民币必要升值"的提法，这次 G7 的表态似乎有所缓和。

中国人民银行副行长苏宁：中国将使人民币更加具有弹性（2006 年 10 月 21 日）

中国人民银行副行长苏宁 21 日在出席 2006 年中国经济增长论坛时表示，中国未来将逐步放宽对人民币汇率的控制，逐步令人民币更富弹性，并会开始发展各种衍生工具，如利率的远期及掉期业务，以协助银行及企业应对风险。

欧盟：中国对外资应进一步开放其经济，否则其飞速增长的出口将受损（2006 年 10 月 25 日）

欧盟发布文件，称中国人民币汇率机制扭曲了贸易实情，但目前正向着更大的灵活性迈进。欧盟亦敦促中国采取其他措施提振内需，以扶助欧盟企业并修正全球经济失衡局面。同日，美国财长保尔森再次呼吁中国加大人民币汇率的灵活性，并敦促有关人士重开降低贸易壁垒的谈判。当日人民币 1 年期无本金交割远期贴水点数下降 215 点，人民币升值压力加大（《参考消息》）。

国际货币基金组织公布 2006 年中国第四条款磋商报告（2006 年 10 月 31 日）

国际货币基金组织（IMF）公布了 2006 年中国第四条款磋商报告。IMF 在报告中表示，中国应加快利率和汇率市场化，以控制信贷和投资，防止经济过热，同时应降低经济增长对出口的依赖程度。

中方回应 IMF 片面"人民币观点"（2006 年 11 月 1 日）

10 月 31 日，国际货币基金组织（IMF）公布了 2006 年中国第四条款磋商报告。中国驻 IMF 执行董事王小奕表示，"这份报告未充分反映中国汇率形成机制改革的进展，对汇率作用的判断也值得进一步商榷"。

中国人民银行行长周小川：中国须加大经济和外汇政策的调整力度（2006 年 11 月 10 日）

因贸易顺差日益增长，中国人民银行行长周小川称中国须加大经济和外汇政策的调整力度。同日，投资银行高盛发表研究报告，调高中国人民币对美元的升值预期，估计人民币对美元在 12 个月内，将升值至 7.41 元。

美中经济与安全评估委员会发布年度报告（2006 年 11 月 17 日）

美中经济与安全评估委员会发布年度报告，对中国的人民币汇率改革、履行世贸组织规则、知识产权保护和承担国际责任等方面提出批评。这份报告提出 44 条建议，其中包括：美国国会对白宫施压，就中国操纵汇率问题向世贸组织和国际货币基金组织提出申诉。中国驻美使馆立刻做出强烈反应，指出该报告是"中国威胁论"的老调重弹。

中国国家外汇管理局副局长邓先宏（2006 年 12 月 12 日）

在北京召开的中国外汇论坛上，国家外汇管理局副局长邓先宏谈到中国外汇管理政策取向时表示，要继续改进经常项目外汇资金管理，简化手续；稳步推进人民币资本项目可兑换，健全投资政策，促进跨境资金平稳有序流入；根据可控性、渐进性和主动性原则，逐步提高汇率形成的市场化程度，保持人民币汇率在合理均衡水平上的稳定，增强汇率弹性。人民币 1 年期无本金交割远期贴水点数下降 270 点，人民币升值压力加大。

美联储主席伯南克：新角度谈人民币升值（2006 年 12 月 15 日）

12 月 15 日，美联储主席伯南克首次中国之行发表了《中国经济：进步和挑战》的演讲，摆脱了以前单纯从美国利益思考问题的角度，而是从中国经济本身出发提出要求人民币升值的观点。

美国财政部未将中国列为汇率操纵国（2006 年 12 月 20 日）

美国财政部未将中国认定为汇率操纵国，对中国采取的允许人民币升值的措施表示欢迎，但敦促中国加快汇率改革步伐。美国财政部表示，中国在汇改方面小心翼翼的态度，继续加剧其国内经济的扭曲程度，且阻碍了全球经济失衡的调整，指出步伐过于缓慢也不符合中国自身利益。人民币汇率弹性有限，使得其货币政策缺乏自主权，这对恢复经济成长平衡和改善金融中介效率构成重大障碍，这意味着中国政府不能充分利用利率政策来对经济进行微调（《华尔街日报》）。

美国国会议员再度提出法案，威胁对中国商品增加关税（2007 年 1 月 9 日）

三位美国共和党众议员再度提出法案，威胁对中国商品增加关税。三位共和党议员在其提出的法案中称，财政部应根据世界贸易规则的相关条款，而非现有的美国法律，来分析中国是否通过操纵汇率来获得不公平的贸易优势。如在此条款下，中国被认定存在操纵汇率的行为，保尔森需在 30 天之内对来自中国的进口商品加征关税，加征幅度与经认定的汇率操纵程度相当。

国际货币基金组织总裁罗德里戈·拉托：人民币更快升值（2007 年 1 月 26 日）

第四次访华的国际货币基金组织总裁罗德里戈·拉托在北京表示，允许人民币汇率更快升值符合中国最大利益，也是解决中国经济内部失衡的要求。时任国务院总理温家宝、中国人民银行行长周小川、财政部部长金人庆会见了拉托。拉托认为，中国在 2005 年 7 月做出的"从单一盯住美元到参考一篮子货币价值"的政策在当时和现今看来都是正确的，但对于未来来说更重要的是能否真正做到人民币汇率由市场机制决定。

美国国会听证会（2007 年 1 月 31 日）

美国财长保尔森向美国国会表示，如果中国不加快汇率改革步伐，国际社会"将对它失去耐心"。保尔森补充表示，他对中国汇率改革的步伐感到"失望"。

七国财长德国会议（2007 年 2 月 9 ~ 10 日）

以美国和德国为首的西方七国集团（G7）再度发出了要求人民币加快升值的更强信号。10 日在德国埃森落幕的 G7 财长和央行行长会议发表公报称，中国的"有效汇率"应该进一步调整，以改变经常项目盈余持续增长的局面。"我们再次确认，汇率应该反映经济基本面，对于那些有着巨大且不断增长的经常账户盈余的新兴经济体、特别是中国来说，我们希望其有效汇率加大波动，以促成必要的调整。"对此，中国人民银行行长周小川在出席会议期间表示，人民币当前的升值步伐是合适的，进一步的汇率弹性调整将根据中国经济的实际情况按部就班推进。

美国财政部长保尔森：中国应该向外资开放金融市场（2007 年 3 月 9 日）

美国财政部长保尔森在中国发表讲话称，中国应该向外资开放金融市场，引入海外竞争，其中包括允许外资企业掌握中国银行的所有权。他指出，引入外部竞争有助于中国加快其所需的金融改革，也有助于中国培育建立一个坚实的国内资本市场。同时警告，中国经济增长的驱动力正越来越偏向出口，不平衡状况正在日益加剧。减轻对工业活动的依赖，出产更多高附加值产品，减少自然资源消耗，对于朝着这一目标努力的中国经济而言，金融业的发展至关重要。

七国财长华盛顿会议（2007 年 4 月 13～14 日）

G7 在公报中重申汇率应反映经济基本面，不希望汇率出现过度和无序波动，将密切监控汇率。公报称："希望那些拥有不断增长的庞大经常账户盈余的新兴经济体，尤其是中国，采取措施推动其有效汇率，为必要的调整打好基础。"美国财长保尔森明确表示，美国的政策就是推动人民币实现更多的升值，人民币改革对中国乃至世界都很重要。

中国国务院副总理吴仪：人民币汇率改革将有条不紊地推进（2007 年 5 月24 日）

中国国务院副总理吴仪在美国美中贸易全国委员会等 6 团体举行的欢迎晚宴上发表演讲时说，中国的汇率改革将继续按照自主性、可控性和渐进性原则有条不紊地推进。与此同时，我们必须采取措施，使金融体系的风险得到有效控制和及时处置。吴仪指出，许多国际知名经济学家认为，人民币汇率不是造成美国巨额贸易逆差的主要原因，任何试图通过施压使人民币大幅升值的做法，不但于事无补，还有可能损害中美两国及民众的利益。

美国参议院公布人民币汇率新提案（2007 年 6 月 13 日）

美国国会参议院就人民币汇率问题提出一项提案，将外国货币汇率可能出现的"偏差"分成两类：一类是一般性国家的"偏差"，另一类则是由于相关政府采取明显政策举措，导致汇率出现的"根本偏差"。提案认为对后者需采取"优先行动"。新提案的另外一个重要特点是提出将货币低估视作倾销，并要求动用反倾销手段，对当事国加以制裁。

美国参议院：向中国汇改施压（2007 年 6 月 11 日）

以美国参议院财务委员会主席鲍卡斯为首的四名议员 11 日表示，将于 13 日宣布一项旨在向中国汇改施压的议案。对此，中国外交部发言人秦刚敦促美方不要将中美经贸问题政治化，并警告说，如果美国国会出台法案提高中国进口商品关税，中国有关部门也会做出反应。

国际货币基金组织通过《对成员国政策双边监督的决定》（2007 年 6 月 15日）

国际货币基金组织执行董事会通过了《对成员国政策双边监督的决定》（以下简称《决定》），以此替代 1977 年制定的《关于汇率政策监督的决定》。由于《决定》未能充分反映发展中国家的意见，中国对此持保留态度。

在过去的几年里，包括中国在内的许多发展中国家致力于国内经济结构调整、完善市场机制、加大汇率的灵活性，促进了全球经济的快速增长。经验表明，汇率调整对解决对外失衡有一定作用，但不是根本和唯一的政策工具。汇率大幅度无序调整不仅会加剧外部不稳定，还会影响一国国内经济的可持续增长，进而影响全球经济的持续增长和国际金融市场的稳定。

财政部发布调整部分商品出口退税政策（2007 年 6 月 18 日）

财政部和国家税务总局商国家发展改革委、商务部、海关总署发布《财政部　国家税务总局关于调低部分商品出口退税率的通知》，规定自 2007 年 7 月 1 日起，调整部分商品的出口退税政策。此次政策调整共涉及 2831 项商品，约占海关税则中全部商品总数的 37%。

美国财政部长保尔森：人民币需更快升值，但仅此不足以解决贸易失衡（2007 年 7 月 2 日）

美国财政部长保尔森表示，布什政府正在敦促中国让人民币更快升值，但警告这并不能解决美国巨额贸易逆差问题。"汇率非常重要，我愿意看到他们在汇率问题上动作更快一些，但汇率本身不会解决贸易失衡。"保尔森接受路透社采访时说。他表示，中国需要对其经济进行重大结构调整，其中包括让其市场对更多的美国产品和美国金融服务开放。

38.2.5 第五阶段：2007 年 7 月下旬到 2008 年 9 月中旬（危机前升值期）

美国参议院通过法案（2007 年 7 月 26 日）

美国参议院财政委员会以 20:1 的投票结果通过一项法案，提出如果一个国家货币的汇率在被认定为有"根本性偏差"后未进行重估，则可对该国实施反倾销惩罚。

美国参议院通过议案（2007 年 8 月 1 日）

参议院银行委员会以 17:4 的投票结果通过一项议案，严格政府对"货币操纵"的界定，取消一项曾使布什政府得以免对中国采取行动的政府豁免权。

美国财政部部长亨利·保尔森（2007 年 8 月 2~5 日）

美国财政部部长亨利·保尔森在访华期间，时任中国国家主席胡锦涛会见了保尔森，国务院副总理吴仪与保尔森进行了 2007 年以来的第三次会谈，对于大家关心的人民币汇率问题，中美两国代表也交换了意见。保尔森承认人民币自 2005 年 7 月以来已经升值超过 7%，但是他认为，如果人民币的升值再快一点的话会更有利于中国以及全世界的经济发展，目前中国已经成为世界范围内的一支非常重要的经济力量，而且中国的商品贸易和服务贸易已经融入到世界经济之中。如果人民币能进一步升值则会更好，如今没有任何证据证明人民币的升值给中国的经济带来了不利的影响。

中国人民银行：美元仍是储备的重要构成（2007 年 8 月 12 日）

中国政府努力打消人们关于它将大规模减持美元储备的猜测，一位央行官员在接受官方通讯社新华社的采访时说，美元和美国国债依然是"中国外汇储备投资中的一个重要组成部分"。中国以 1.3 万亿美元的巨额外汇储备位列世界首位，而其中大部分为美元资产，因而使得北京在全球外汇市场上拥有了巨大的潜在影响力。过去一周中有英国媒体援引中国政府研究人员的话报道称，中国准备大量缩减外汇储备中的美元资产，由此引发了全球市场的恐慌。

欧盟官员敦促中国关注人民币实际有效汇率（2007 年 9 月 19 日）

欧盟经济暨货币事务执委阿尔穆尼亚敦促中国更加关注人民币实际有效汇率，而不是其与特定货币之间的汇率。自 2005 年 7 月人民币汇率改革以来，人民币对美元已经升值 7.76%。但阿尔穆尼亚在一个新闻发布会上表示，人民币新的汇率制度尚未对人民币对欧元产生任何积极影响。阿尔穆尼亚称，"就人民币的实际有效汇率而言，影响并不明显"。

欧元区财长会议（2007 年 10 月 8 日）

10 月 8 日结束的欧元区财长会议未能就美元对欧元近期持续贬值向美国施压的问题达成一致，反而发表了一项声明，指责中国"经操纵的汇率"是"全球汇率失衡背后最大的问题"。

七国财长会议（2007 年 10 月 20 日）

G7 财长会议在美国华盛顿发布公报，敦促中国政府加速调整汇率机制，使人民币汇率更具弹性。在声明中，G7 呼吁"鉴于不断扩大的经常账户顺差和国内通货膨胀，中国应该让人民币的有效汇率加速升值"。

美国三部门再次向中国经贸政策施压（2007 年 10 月 23 日）

财政部部长保尔森、商务部部长古铁雷斯、贸易代表施瓦布一齐现身在华盛顿举办的"2007 年乔治·布什中美关系研讨会"，从三个不同的层面，再次向中国的经贸政策施压。保尔森说，中国的人民币汇率应该进一步加快升值；古铁雷斯说，中国的行业应该进一步向美国公司开放；施瓦布则说，中国应该在 WTO 多哈回合中发挥更大的作用。保尔森在发言中表示，人民币兑美元升值太慢，而加快人民币升值步伐会有利于中国推进其他领域的经济改革，以及控制通货膨胀。

2002 年以来七国集团会议对人民币无本金交割远期汇率产生了重要影响。本节对这些会议进行了简要的介绍，附录将这些会议纳入一张表格以便方便地看出这些会议对人民币无本金交割汇率的影响。本节对境外人民币升值压力产生以来的主要政治等基础因素之外的事件进行了简单的介绍，内容丰富而繁杂。为了明了这些事件及其对人民币无本金交割汇率的影响，我们将主要事件及其影响列入本章附录二中，以便读者参考。

保尔森表示，人民币升值速度仍"不够快到足以解决"全球贸易失衡问题（2007 年 12 月 6 日）

美国财长保尔森表示，人民币升值速度仍"不够快到足以解决"全球贸易失衡问题。2007 年 12 月 5 日，中国人民币兑美元创下 2005 年 7 月汇改以来最大单日跌幅。据中国外汇交易中心报价，北京时间 12 月 6 日 10 时 38 分，人民币兑美元下跌 0.26%，报 7.4075 元，稍早甚至一度下挫 0.38% 至 7.4160，而此前一天收报 7.3880 元。由于新公布经济数字转好，美元兑其他多种主要货币汇率当日均有较大升幅。高盛最新研究报告建议不再做空美元。

保尔森：中国汇率改革的步伐还不够快（2007 年 12 月 7 日）

美国财长保尔森 5 日表示，中国在提高汇率灵活性方面进展不够迅速，这带来了经济失衡加剧和保护主义抬头的风险。但保尔森也承认，中国汇率体制改革的步伐已经加快。他在为亚洲协会准备的讲话稿中表示，中国汇率改革步伐仍然不够快，不足以帮助中国平抑贸易顺差，处理内部经济失衡以及缓解外汇市场压力。他表示，目前中国经济的通货膨胀风险正在明显上升，提高人民币汇率灵活性。

陈德铭：人民币升值过快对世界非利好（2007 年 12 月 13 日）

中国商务部副部长陈德铭 12 日在第三次中美战略经济对话期间举行的新闻吹风会上表示，如果人民币过快升值，造成中国经济波动，对世界也不是利好消息。陈德铭说，商务部并不反对人民币升值，但反对人民币过快升值。所谓过快，就是超过极限的，不符合我们国情和承受能力的。世界上有些人希望人民币升值越快越好，这是不负责任的言论。

中国人民银行正在对人民币汇率进行又一轮重估（2008 年 1 月 3 日）

中国人民银行正在对人民币汇率进行又一轮的重估，但不同于 2005 年 7 月时中国政府出其不意的一次性升值举措，该轮渐进式升值已历时数周，且早已提前给出信号。

美国财政部：人民币仍被严重低估，但中国不是汇率操纵国（2008 年 5 月 16 日）

过去几周内人民币兑美元汇率的大幅攀升被上海一些交易员称为一轮"迷你型重估"，分析师表示，这意味着急于抑制通货膨胀的中国人民银行，对人民币汇率的政策发生了新的变化。美国财政部周四警告称，人民币汇率仍被严重低估，但重申中国并没有为获得贸易优势而故意操控汇率。财政部在向国会递交的有关美国主要贸易伙伴汇率政策的半年度报告中指出，中国近期已大幅加快人民币/美元升值进程，并敦促中国维持这种较快的步幅，以帮助抑制通货膨胀。

38.2.6 第六阶段：2008 年 9 月 16 日到 2009 年 3 月下旬（金融危机严重期间）

金融危机爆发之后到美国首次"量化宽松"政策实施之间的半年时间，也是金融危机最严重的半年，为 2002 年境外人民币升至出现之后的人民币兑美元重新出现贬值的半年。奇怪且正常的是，这段时间美国和其他发达国家忙于在国内应对金融危机的冲击，无暇顾及要求人民币升值的问题，当然我们也难以找到 2002 年以来多如牛毛的呼吁人民币升值的声音了。

第一轮量化宽松（QE1）：2008 年 11 月 25 日，美联储宣布，将购买政府支持企业（GSE）房利美、房地美、联邦住房贷款银行与房地产有关的直接债务，还将购买由两房、联邦政府国民抵押贷款协会（Ginnie Mae）所担保的抵押贷款支持证券（MBS），为美国量化宽松政策开始做准备。

38.2.7　第七阶段：2009 年 3 月下旬到 2013 年 10 月下旬（美国量化宽松期）

盖特纳重申中国未操纵汇率（2009 年 4 月 24 日）

2009 年 3 月 18 日，机构抵押贷款支持证券 2009 年的采购额最高增至 1.25 万亿美元，机构债的采购额最高增至 2000 亿美元，标志着美国量化宽松政策一的启动。此外，为促进私有信贷市场状况的改善，美联储还决定在未来六个月中最高再购买 3000 亿美元的较长期国债证券。2009 年 11 月 4 日，美联储宣布将购买总额达 1.25 万亿美元的抵押贷款支持证券和约 1750 亿美元的机构债。机构债的数额略低于美联储早先公布的 2000 亿美元。美联储由此小幅缩减了第一轮定量宽松政策的规模。美联储同时表示将于 2010 年第一季度结束前完成这些证券和机构债的购买。2010 年 4 月 28 日，美联储在利率会议后发表的声明中未再提及购买机构抵押贷款支持证券和机构债的问题。这标志着美联储的首轮定量宽松政策正式结束。首轮定量宽松总计为金融系统及市场提供了 1.725 万亿美元流动性。美联储在第一轮定量宽松政策期间共购买了 1.725 万亿美元资产，包括 1.25 万亿美元的抵押贷款支持证券。1750 亿美元的机构债和 3000 亿美元的长期国债。从 2009 年 3 月 1 日至 2010 年 3 月 31 日，美股标普 500 指数涨幅为 37.14%。美国经济在 2009 年中期触底反弹，当年后三个季度的国内生产总值（GDP）环比增速从负值逐步增至 5%。

美国财政部部长盖特纳 4 月 22 日在回答 CBN 记者提问时表示，他仍坚持中国未操纵汇率的观点。在 15 日递交给国会的外汇政策报告中，盖特纳表示没有证据表明有任何国家在 2008 年下半年非法操纵了其货币。而这一表态因与其今年 1 月 22 日在国会作证称中国操纵汇率的说法完全相悖而引发了各界的疑问。

克鲁格曼舌战龙永图：主流货币都要贬值（2009 年 5 月 12 日）

在与中国专家现场交流中，保罗·克鲁格曼认为，中国巨大贸易顺差是政府干预操控汇率的结果。"中国通过设定相对固定的汇率，然后通过大量购买外币来维持其货币比较弱的估值。"对此，博鳌亚洲论坛秘书长龙永图在随后的演讲中强硬回应称，中国不应因贸易顺差多而受到指责，中国也没有像克鲁格曼想象的那样操控汇率。中国目前不实行货币自由兑换其实是美国主导的金融秩序导致的后果，而不是中国政府的操控。

人民币渐成"区域硬通货"（2009 年 7 月 3 日）

时任国务院总理温家宝在今年两会期间回答外国记者提问时强调，"我们的目标是在合理、均衡的水平上保持人民币币值的基本稳定。但是，这是由我们自己决定的，任何国家不能对人民币升值或贬值施加压力"。

周小川：保持人民币币值稳定（2009 年 9 月 24 日）

金融危机阴影未散，维稳仍是主基调。昨日央行行长周小川公开表示，央行要通过不断调节货币政策的松紧程度来保持人民币的币值稳定。他表示，目前仍然要保持人民币币值稳定，通过不断地调节货币政策松紧的程度，使之既适应经济发展的需要，又适应解决就业的需要。"现在保持人民币币值稳定已经不仅仅只是国内的问题，还要考虑国外的因素。这其中就要统筹考虑四方面的因素：通货膨胀、经济增长、就业增长和国际收支平衡。"

伯南克呼吁美国政府向中国汇率施压（2010 年 2 月 26 日）

2010 年 2 月 26 日，美国联邦储备委员会主席伯南克周四敦促奥巴马政府呼吁中国提高人民币汇率弹性，称这将有助于避免出现经济过热现象。伯南克向参议院银行委员会表示，希望人民币汇率能够更具有弹性，以此作为降低经济过热风险的部分举措。

中国国务院总理温家宝（2010 年 3 月 14 日）

时任中国国务院总理温家宝 3 月 14 日表示，反对各国之间相互指责，甚至用强制的办法来迫使一国的汇率升值，因为这样做反而不利于人民币汇率的改革。温家宝同志明确指出，人民币的币值没有低估。一国的汇率是由一国的经济决定的，汇率的变动也是由经济的综合情况来决定的。在贸易问题上，我们主张协商，通过平等协商总会找到互赢或者多赢的渠道。温家宝同志强调，在国际金融危机爆发和蔓延期间，人民币汇率保持基本稳定，对世界经济复苏起了促进作用。人民币将继续坚持以市场供求为基础、有管理的浮动汇率制度。

商务部（2010 年 3 月 16 日）

中国商务部新闻发言人姚坚 3 月 16 日表示，随着中国融入全球化，人民币汇率机制会越来越成熟，贸易顺差不是人民币汇率变化的理由。姚坚指出，人民币汇率如果仅以中国顺差和美国经济低迷为依据的话是无意义的。

人民币汇率战打响　我国出口企业生死时速（2010 年 3 月 17 日）

2010 年 3 月 17 日，美国 130 位众议员史无前例地对中国汇率政策集体发难。在一封写给财政部部长盖特纳和商务部部长骆家辉的信中，这些议员们敦促政府机构动用一切可用资源，促使中国结束汇率操纵，不再利用被低估的汇率来促进出口。

周小川：人民币汇率问题政治化不利于解决问题（2010 年 3 月 17 日）

中国央行行长周小川表示，汇率问题如果被政治化是不利于解决问题的。各方应在强劲可持续平衡增长的框架内进行讨论和协商，解决所遇到的问题。同时，中国人民银行副行长、国家外汇管理局局长易纲在两会上接受中外媒体集体采访时重申，我国将继续保持人民币汇率在合理均衡水平上的基本稳定，并表示，我国一直在实行以市场供求为基础、参考"一篮子"货币进行调节、有管理的浮动汇率制，汇率的未来走势由市场决定。

华尔街日报称中国理应抵制逼迫人民币升值的压力（2010 年 3 月 19 日）

美国《华尔街日报》18 日发表评论文章指出，面对世界经济出现的问题，人民币汇率成了替罪羊，这是错误的，中国理应抵制逼迫人民币升值的压力。其中一个原因是，大幅升值会损害中国经济增长。此外，货币升值不可能解决贸易赤字问题。

斯蒂格利茨：什么比调整汇率作用更大（2010 年 3 月 22 日）

在中国高层发展论坛上，美国经济学家、诺贝尔经济学奖得主约瑟夫·斯蒂格利茨在记者见面会上表示，人民币升值无益于解决美国贸易逆差问题，而且会带来中国贫富分化。他 19 日在清华大学发表演讲时还表示，将人民币汇率问题政治化是"愚蠢的"。

斯蒂格利茨认为，美国的贸易逆差是美国自己的问题。真正能产生决定性作用的因素，就是取消一些贸易管制，比如取消美国对华高科技出口的一些限制，这会比调整汇率作用更大。

胡锦涛：推进汇率形成机制改革　不屈服外部压力（2010 年 4 月 13 日）

胡锦涛同志强调，中方推进人民币汇率形成机制改革的方向坚定不移。这是基于我们自身经济社会发展的需要。具体改革措施需要根据世界经济形势的发展变化和中国经济运行情况统筹加以考虑。尤其不会在外部压力下加以推进。

伯南克发出施压人民币升值最强音　称币值被低估（2010 年 4 月 17 日）

2010 年 4 月 14 日，美国联邦储备委员会主席伯南克在美国国会联合经济委员会作证时，发表了被外界视作其迄今针对人民币的最强硬言论：人民币币值被低估了，美国应该继续就人民币汇率问题向中国施压。

美国财长：将利用一切手段敦促中国调整汇率（2010 年 6 月 10 日）

美国财长盖特纳 2010 年 6 月 10 日表示，美国将利用一切可利用的手段敦促中国调整人民币汇率，同时财政部将重新考虑公布汇率报告时间。盖特纳表示，目前中国尚未决定将在何时，以何种方式调整人民币汇率。调整汇率是中国的选择，希望中国认识到这符合其最佳利益。

美国议员发出最后通牒令　中美货币战争硝烟再起（2010 年 6 月 18 日）

美国众议院筹款委员会主席桑德尔·莱文 17 日就人民币汇率问题提高了警告分贝，威胁称，如果中国到下周 20 国集团（G20）峰会还不改变汇率政策，就将付诸立法程序。

奥巴马：美国将继续施压人民币汇率（2010 年 7 月 1 日）

美国总统奥巴马 6 月 30 日表示，美国将继续就人民币汇率重估问题向中国施压，以确保贸易公平。奥巴马和时任中国国家主席胡锦涛在上周末的 G20 会议上就人民币政策问题进行了讨论。部分美国国会议员正推动强硬措施以对人民币汇率问题施压，包括采取向中国企业征收关税。

盖特纳施压人民币 暗示至少需升两成（2010 年 9 月 17 日）

盖特纳表示，此前人民币的升幅应该更加明显。人民币还被远远低估 20% 到 40%，人民币曾在上一次升值中，即 2005 年到 2008 年期间上扬近 20%。盖特纳或在暗示该轮人民币升值幅度至少应达到 20%。

奥巴马放言人民币"必须升值"（2010 年 9 月 22 日）

奥巴马说，中国领导人没有兑现允许人民币升值的"全部誓言"。这一看法与政府官员和议员上周在国会听证会上所表达的观点一致。总统在长达一小时的关于就业和经济发展问题的讨论会上说："我们已告诉他们的是：你们必须让货币升值。"

周小川：人民币不会快速大幅升值 难解开贸易结（2010 年 10 月 11 日）

周小川同志表示，对汇率走势要从中长期来看，那种认为人民币浮动不够或改革停滞的看法是片面的。周小川说，一些国家在货币升值后不久，往往又会出现大幅贬值，而人民币则是在中长期内保持持续、稳步升值的新兴市场货币之一。中国不会让人民币快速升值。通胀情况还不明朗，需要观察中期走势，目前没有足够证据表明，已经使用的数量型工具难以完成控制通胀预期目标。

第二轮量化宽松（QE2）

美联储货币政策决策机构联邦公开市场委员会 2010 年 11 月 2 日至 3 日召开了货币政策决策例会。会议发表的声明表示，美联储将在此后的各月中逐步实施这一计划，预计每月将购买 750 亿美元的美国长期国债；此外，美联储将延续把资产负债表中到期的债券本金进行再投资、购买国债的现行政策。美联储当天同时宣布，将联邦基金利率维持在 0 至 0.25% 的水平不变。这一被称作美联储第二轮量化宽松政策（QE2）的计划于 2011 年 6 月结束。到 2011 年 6 月底以前购买 6000 亿美元的美国长期国债。QE2 实施期间，美国股市展开新一轮上涨，标普 500 指数最大涨幅达到 28.3%。整体资产价格上涨，再次推动美国经济增长。美国 2010 年第三季度末期以及第四季度美国经济表现强劲，第四季度 GDP 年率增速突破 3%。

胡锦涛：渐进式推进人民币汇率改革（2010 年 11 月 12 日）

时任国家主席胡锦涛 2010 年 11 日在首尔会见美国总统奥巴马时，胡锦涛表示，中方推进人民币汇率形成机制改革的决心是坚定不移的，但改革需要良好的外部环境，只能是渐进式地推进。人民币兑美元现汇改以来最大日跌幅。

美中经济和安全审议委员会报告力促施压人民币（2010 年 11 月 19 日）

"中国通过低估人民币汇率、对国内企业倾斜性支持等政策，维持出口导向型经济"、"人民币持续被低估，这损害美国国内生产商的利益"——这是美中经济和安全审议委员会发布的年度报告中关于人民币汇率的表述。其中关于人民币汇率问题的基本观点就是中国政府操纵人民币汇率，并建议美国国会向财政部施压，要求财政部将中国正式列为"汇率操纵国"。

盖特纳：人民币将升值到一个合理水平（2010 年 11 月 22 日）

美国财政部部长盖特纳在接受国外媒体采访时表示，虽然人民币升值步伐缓慢，但最终会升值到一个合理水平。盖特纳表示，如果人民币不升值，所有经济基本面的压力最终都会化为通货膨胀或资产泡沫，从而可能影响中国未来的经济增长能力。盖特纳认为，目前的问题仅在于人民币将通过何种路径升值：是依靠通胀推高人民币实际币值，还是提高人民币名义汇率。

人民币升值压力再升温（2010 年 12 月 2 日）

人民币短期贬值趋势明显，美元指数的持续走强，使人民币升值的政治压力再度增加。随着人民币再度呈现贬值态势，来自外部的政治压力也开始上升。在美国中期选举之前，在以舒默为首的强硬派推动下，90 多位美国议员联名签署信件，敦促众议院民主党领袖就针对人民币汇率政策采取强硬措施的相关提案安排投票。此后，美国众议院筹款委员也就人民币汇率问题连续举行听证会。在中期选举之前，参众两院议员们在人民币升值问题上表现出来的鹰派态度，更多出于特殊的政治目的。

胡奥会将再谈汇率　汇率不是中美贸易失衡的主因（2011 年 1 月 7 日）

外交部发言人表示："大量事实已经证明，人民币汇率并不是造成中美贸易不平衡的主要原因。""中方将坚定不移地推进人民币汇率形成机制改革，按照主动性、可控性、渐进性原则，坚持以市场供求为基础、有管理的浮动汇率制度，保持人民币汇率在合理、均衡水平上的基本稳定。"

美国白宫发言人表示："中国在全球经济中扮演了重要角色，而中国也需要采取措施重新平衡其汇率。"

美国财长要求人民币加速升值（2011 年 1 月 17 日）

美国财长盖特纳再度向中国施压，要求人民币加速升值，以减轻通胀带来的压力。巴西财长曼特加也敦促中国允许人民币进一步升值。同时，新加坡总理李显龙表示，逐步升值的人民币能够推动中国的出口产业进行重组和升级，有助于将中国在经济发展方面获得的成就从出口行业分散到更多领域，同时减轻通货膨胀。

美国议员：将提出人民币汇率法案（2011年2月10日）

美国众议院筹款委员会民主党领袖莱文表示，他将再次提出一份类似于在2010年众议院通过的关于人民币汇率的法案，该法案目标仍是中国的汇率政策。莱文表示，即使考虑到中国的高通胀率，人民币仍低估了15%～25%。根据该法案，作为对汇率低估国家的报复，美国将可以对从该国进口的商品中征收惩罚性关税。但该法案从未在参议院进行过投票，因国会已经过选举，众议院将不得不再次对这一法案进行投票表决。

周小川：外部压力不会影响人民币升值步伐（2011年2月18日）

中国央行行长周小川表示，中国政府将自行决定人民币的升值步伐，而不会妥协于其他国家的压力。二十国集团（G20）财长和央行官员会议本周在巴黎召开，在此之前印度和巴西加入美国的阵营，对人民币缓慢的升值步伐表示忧虑，称这正在损害其出口。周小川说道："外部压力从来就不是考虑的重要因素，对此我们从未特别关注。我们主要依靠自己的判断，来自主调整人民币估值，并未过多留意外部压力大小与否。"

盖特纳：人民币不升值对中国经济伤害更大（2011年2月24日）

美国财长盖特纳表示，中国不愿加快人民币升值的步伐，这样做在经济上对中国和其他国家造成的伤害比对美国大。盖特纳表示，从广义上讲，在许多方面，中国的政策正在对中国造成伤害，这些政策对中国其他一些贸易伙伴造成的伤害比对美国大。盖特纳说，按实际价值计算，人民币对美元的升值幅度很大，因为中国的通货膨胀率大大高于美国。但平均来看，人民币相对于全球货币来说基本没有升值。

美国财长盖特纳：人民币升值将不可避免（2011年3月4日）

美国财长盖特纳表示，通胀加速将迫使人民币继续升值，假如人民币兑美元继续以当前的速度升值，则随着时间推移将显现巨大变化。如果中国政府放缓人民币升值步伐，通胀存在上升加快的风险。这就是为什么人民币不可避免地将继续升值，当然，我们也希望人民币尽可能快速地升值。盖特纳指出，包括通胀在内，人民币兑美元的年度升值速度达到10%，如果持续下去，随着时间的推移，将会形成巨大的改变。

萨科齐称赞人民币国际化进程（2011年3月31日）

法国总统萨科齐在南京G20会议演讲中表示，一些货币国际化进程已经成为现实，特别是人民币，他欢迎中国政府在这方面的雄心。另外他再次主张适时将人民币纳入SDR，并称G7需要吸纳新兴国家的合作。

美国参议员：应通过立法迫使人民币升值（2011年4月29日）

美国参议院议员舒默表示，他比以前更加相信，美国必须通过立法的形式强迫中国允许人民币对美元升值。尽管中国国内通胀问题明显，但中国政府似乎仍未打算允许人民币兑美元升至目前水平的上方。

骆家辉：中国仍需要增加人民币汇率弹性（2011 年 5 月 27 日）

美国商务部部长骆家辉表示，中国官员需要增强人民币汇率弹性，从而促进全球经济再平衡。人民币应当更快且更大幅度地自由浮动，美国仍然希望中国做出更多努力。骆家辉说，美国对人民币近期升值表示满意，但认为人民币仍然被低估。中国官员需要增强人民币汇率弹性，以促进全球经济再平衡。

戴相龙：2015 年人民币将成为 SDR 的重要货币（2011 年 6 月 26 日）

前央行行长、全国社保基金理事长戴相龙在第二届智库峰会上表示人民币国际化需三步走，即使人民币成为贸易结算货币、全球投资货币和国际储备货币，这一过程需要 15 ~ 20 年。他认为 2015 年人民币可成为 SDR 的重要货币。人民币国际化按照其功能可划分为三个阶段，一是使人民币成为贸易结算货币，二是成为全球投资货币，三是成为国际储备货币。保守估算这一过程需要 15 ~ 20 年，届时人民币成为国际储备货币要达到世界储备货币的一定比例，这一比例与中国经济总量占世界经济总量的比例相当。2015 年人民币将成为 SDR 的重要货币，在结算中广泛使用，在交易市场广泛使用，在这个过程中要大力发展香港成为人民币离岸市场。今后金融改革重点应该是国际化，围绕人民币国际化，进行利率汇率改革，让更多金融机构走向全球，同时加快建设国际金融中心。

美国商团：敦促国会投票反对人民币汇率法案（2011 年 6 月 26 日）

美国商会、美中贸易全国委员会、商业圆桌、全美外贸委员会等团体当天在给国会议员的信中指出，人民币汇率确实应稳步迈向市场决定的汇率，但通过汇率议案却可能起到反作用，不仅不利于实现针对中国汇率升值的目标，而且也不利于实现美国处理在中国面临的日益增长挑战的更大范围目标。商界所指的更大范围目标包括要求中国加强知识产权保护，扩大市场准入，实现金融领域自由化，取消稀土出口设限，改变自主创新政策等。如果国会通过汇率议案，对中国商品征收反补贴税，他们担心会招致中国的报复，使得上述更广泛目标遭遇挫折。自从中国 2010 年 6 月重启汇改以来，人民币兑美元已经升值5.46%，美国国会议员犹嫌不够，认为还应加大压力，迫使人民币更快升值。奥巴马政府则希望以更加谨慎的态度处理汇率问题，不愿意因为对华过度施压而打断目前人民币持续升值的势头。

陈德霖：人民币国际化是大势所趋（2011 年 6 月 27 日）

香港金融管理局总裁陈德霖认为，香港建立人民币离岸中心，不单是为以香港为基地的企业服务，同时也将人民币的业务辐射全球。这是大势所趋，但也应该现实看待人民币国际化，过程漫长，更需要"摸着石头过河"，一步一个脚印稳步推进。随着更多国家和海外企业选择以人民币去支付部分过去只能以美元或其他第三国货币做结算的贸易，中国外贸以人民币结算的比例将持续上升。要现实地面对人民币国际化的过程，可能会很漫长，因为人民币国际化不单是市场自然演变的结果，还取决于内地资本账户开放的程度和步伐。同时，人民币作为国际支付手段不会在短时间内建立，也不会在10年内取代美元，因为从相对经济实力上看，中美在基本规模和贸易量上还有很大差距。人民币国际化还要看在岸和离岸市场的发展，对离岸市场来说，需要不断推出满足人民币投资需求的产品。美元作为国际支付和储备货币并不简单。美元流通很多，还有非常多美元为本位的金融产品，所以人们愿意持有美元。人民币计价的金融市场和金融产品仍需逐步建立。

周小川：人民币汇率与国际收支高度相关（2011年9月26日）

中国央行行长周小川表示，人民币汇率与中国的国际收支状况高度相关。人民币汇率的确定基于以下两点：一是市场，二是与国际收支状况高度相关。因此，中国央行在制定汇率政策时也会高度重视市场对国际收支数据的反应。8月初人民币兑美元升值幅度异常高，折合成年率的升幅超过11%，高于今年1—7月份约5%的平均水平，这正是因为之前公布的数据显示7月份中国贸易顺差扩大至2009年1月以来的最高水平。中国的汇率政策制定只有在诸如2008年雷曼兄弟（Lehman Brothers）破产等特殊形势下才会直接考虑国际因素。尽管外界担心欧元区债务危机可能导致全球经济增长再度大幅放缓，但中国将继续让人民币逐步升值，并重申了对增强人民币汇率弹性的承诺。长期来看，人民币能否成为一种主要储备货币将取决于中国宏观经济改革成功与否以及中国经济增长的可持续性。如果一切进展顺利，人民币在国际市场上的地位将得以提升。将人民币纳入国际货币基金组织的特别提款权（SDR）货币篮子，最终将由市场决定。

美国参议院：程序性通过"货币汇率监督改革法案"立项预案（2011年10月4日）

美国国会参议员林赛·格雷厄姆、谢罗德·布朗、查克·舒默和杰夫·塞申斯在华盛顿出席新闻发布会。美国参议院不顾中方坚决反对，以79:19的投票结果，程序性通过了"2011年货币汇率监督改革法案"立项预案。外界普遍认为，美国参议院此举主要针对中国，旨在逼迫人民币加速升值。

外交部：中方坚决反对美国参议院通过涉人民币汇率法案（2011年10月4日）

外交部发言人马朝旭发表谈话说，日前，美国国会参议院不顾中方坚决反对，程序性通过"2011年货币汇率监督改革法案"立项预案。该案以所谓"货币失衡"为借口，将汇率问题进一步升级，采取保护主义措施，严重违背世贸组织规则,严重干扰中美经贸关系,中方对此表示坚决反对。中美经贸合作具有互利共赢的鲜明特征,给两国人民带来实实在在的利益,日益成为中美关系的重要基础和推动力量。中美已互为第二大贸易伙伴,中国是美国增长最快的出口市场。众所周知,人民币汇率不是造成中美贸易不平衡的原因。2010年6月中国决定进一步推进人民币汇率形成机制改革以来,人民币兑美元汇率已升值7%。中方将继续按照主动性、可控性、渐进性原则,完善有管理的浮动汇率制度,增强人民币汇率弹性,保持其在合理均衡水平上的基本稳定。中方敦促美国国会有关议员从中美经贸合作大局和美国自身利益出发,正确理性认识中美经贸合作互利共赢的本质,停止以国内立法手段制造问题向中国施压。中方呼吁美方摒弃保护主义,不把经贸问题政治化,以实际行动为两国经贸关系发展创造有利环境。

奥巴马回应人民币汇率法案,担心不符合国际条约(2011年10月6日)

美国总统奥巴马对参议院正在推动的一项涉及人民币汇率的法案持保留态度,并称此举可能因不符合国际条约和义务而徒具象征意义,并且很可能得不到世贸组织的支持。他认为无论通过什么样的法律工具,必须确保这些工具能够实际起作用,同时要确保它们与我们签署的国际条约和国际义务相一致。并不希望我们通过的法案,只具有象征意义,要知道该法案可能得不到世贸组织的支持。中国过去20年已经发生了显著变化,数以百万计的中国人民因此摆脱了贫困,而中美两国也以健康的方式实现了稳定的双边关系。美国完全可以与中国建立一个双赢的贸易关系。人民币汇率在过去一年已"小幅"升值,但还不够。

商务部:人民币汇率不是造成中美贸易失衡的主因(2011年11月16日)

商务部举行例行新闻发布会,通报1—10月我国商务工作运行情况。商务部新闻发言人沈丹阳在发布会上表示,对人民币汇率的指责既没有根据,也没有道理,人民币汇率不是造成中美贸易失衡的主要原因。人民币汇率是否在一个合理的区间,这需要有一套标准进行核定,无论是IMF,或者是经济学家,大家都认为目前人民币汇率基本处在一个合理的水平和合理的区间。中国许多经济学家和国外的一些经济学家,也包括美国的经济学家,经过实证研究,并获得理论的支撑,得出一个结论:当前人民币汇率处在一个合理的水平上。他们还得出另外一个结论:人民币汇率不是造成中美贸易失衡的主要原因。如果不考虑美国的因素,最近一两年,中国在整体上和其他国家的贸易已经处于一个基本平衡的状态。我们跟200多个国家和地区有贸易关系,其中和90%以上的国家和地区的贸易是基本平衡的,甚至我们是逆差的。中国主要的贸易顺差来自于美国。人民币汇率不是只适用于中美贸易关系,而是适用于所有国家和地区的,为什么可以和近200个国家、地区贸易基本平衡,但是却跟美国的贸易存在这样巨额的顺差呢？这是很值得思考的。中美贸易的不平衡不是一个简单的汇率问题，也不只是一个简单的经济问题，最关键的原因可能有两个：一是美国自身的经济结构出了问题。二是美国相对中国的出口产品采取限制性的、歧视性的措施，也许我们要从这些方面，从经济学家的分析当中找到原因。

温家宝：增强人民币汇率双向浮动的弹性（2011 年 11 月 19 日）

时任中国总理温家宝在印尼巴厘岛出席东亚领导人系列会议期间会见美国总统奥巴马时表示，中国一直在推进人民币汇率形成机制的市场化改革，已经取得明显成效。9 月下旬至 11 月初，海外无本金交割远期外汇市场出现人民币汇率的贬值预期。这种情况不是人为决定的，是市场对人民币汇率的反映。我们正在密切关注人民币汇率出现的新变化，并将继续按照主动性、渐进性、可控性原则，稳步推进改革，增强人民币汇率双向浮动的弹性。中美两国经贸关系的本质是互利共赢。在当前国际经济形势仍然严峻的情况下，加强中美经贸合作有着特殊重要的意义，更有现实的必要性。中美两国之间的贸易不平衡主要是结构性问题，解决这个问题，必须在深化双方经贸合作上下功夫。

盖特纳：人民币汇率仍被低估（2012 年 1 月 28 日）

美国财政部部长盖特纳在位于瑞士达沃斯小镇召开的世界经济论坛上表示，由于中国对某些关键的进口产品实施补贴，并人为地压低人民币的汇率，这些行为都为全球贸易体系带来了巨大的挑战。中国对其人民币汇率进行调整极为重要，并应该撤销对这些进口产品的提供补贴。中国已经在一定程度上对人民币汇率进行调整，但还需在未来做得更多。中国的人民币汇率依然被低估。因此，在未来，人民币不仅应该对美元升值，还应对全球其他主要的货币升值，诸如欧元和日元。美国经济的增速将达到 2% 至 3%，尽管经济增速适中，但美国经济在复苏的道路中依然面临着某些重大的挑战，来修补其在金融危机中出现的创伤，我们目前仍在采取各种措施修复金融危机对我们社会和生活造成的各种创伤。最重要的是，我们面临着一个极具挑战的世界。美国经济在未来的复苏进程中，还有许多挑战。

外管局：2011 年人民币汇率双向波动增强，人民币汇率单边升值预期被打破（2012 年 3 月 31 日）

根据《2011 年中国国际收支报告》，2011 年，银行间即期外汇市场人民币对美元交易价日间最大波动日均为 96 个基点，2010 年为 70 个基点；交易价相对中间价的日间最大波幅日均为 0.18%，2010 年为 0.10%。全年 244 个交易日中，交易价在 71 个交易日处于中间价升值区间波动，58 个交易日处于中间价贬值区间波动，151 个交易日围绕中间价上下波动，三个方向的分布更加平衡。人民币汇率双向波动增强。9 月下旬以来，随着国内外汇供求关系的变化，银行间市场多个交易日出现交易价触及当日中间价 0.5% 的浮动区间上限，人民币对美元跌停。但交易价跌停不等于人民币汇率贬值，第四季度人民币对美元中间价升值了 0.9%。人民币汇率单边预期被打破。2011 年初至 9 月中旬前，境内外均维持人民币对美元升值预期。但受世界经济复苏乏力、欧债危机持续发酵、中国经济增长放缓等内外部因素的共同影响，人民币升值预期震荡减弱，境外和境内人民币汇率预期相继在 9 月下旬和 12 月上旬由升转贬。2011 年，境内外远期市场 1 年期报价隐含的人民币升值预期幅度最高分别为 1.9% 和 3.0%，人民币贬值预期幅度最高分别为 0.6% 和 1.8%。2011 年，人民币对美元双边汇率继续升值。2011 年年末，人民币对美元汇率中间价收于 6.3009 元/美元，较 2010 年年末升值 5.1%。2005 年人民币汇率形成机制改革以来，人民币对美元汇率中间价累计升值 31.4%。人民币有效汇率进一步升值。根据国际清算银行数据，2011 年人民币对一篮子货币的名义有效汇率累计升值 4.9%，扣除通货膨胀因素的实际有效汇率累计升值 6.1%；2005 年人民币汇率形成机制改革以来，人民币名义和实际有效汇率累计分别升值 21.2% 和 30.3%。在国际清算银行监测的 61 个经济体货币中，2011 年人民币名义和实际有效汇率的升值幅度分别居第 3 位和第 2 位。报告预计，未来新兴市场汇率仍将随全球金融市场风险偏好的变化而呈现较大波动。随着外汇供求关系趋于平衡，人民币汇率预期分化，全年人民币汇率走势可能形成有升有贬、双向波动的局面。

　　中美两国就人民币汇率及放宽出口管制问题达成承诺（2012 年 5 月 5 日）

　　第四轮中美两国战略与经济对话在北京闭幕，美方最终承诺，在出口管制体系改革过程中，充分考虑中方提出给予公平待遇的要求。此前，尽管美国官员一再就放宽出口管制放出口风，但因其屡屡"口惠而实不至"而被中方讥为"只听楼梯响不见人下来"。如，美国正在研究放宽商业卫星设备出口，但同时强调继续严控对中国的出口。"据我所知，这是美方首次对此做出的非常明确的承诺，此举一旦落实，有助于平衡中美贸易。"中国财政部副部长朱光耀说。朱光耀的上述表态与中国商务部部长陈德铭 3 日的表态相呼应，后者认为，中美贸易的不平衡，主要是因为美国对中国出口有着 2400 多个品种的限制。美方承诺努力促进民用高技术对华民用最终用户和民用最终用途的出口。双方将共同努力营造促进和扩大双边民用高技术贸易的有利环境。美方承诺，对于中方希望采购的、可能受到美国出口管制的民用最终用户和民用最终用途出口物项，美方在收到《出口管理条例》所要求的必要材料后，将及时受理中方的具体申请。"我们希望美方尽快把上述承诺转化为实际行动。"朱光耀说。值得注意的是，美方此前坚持认为，造成中美贸易失衡的主因在于人民币汇率被低估而非美方出口管制。在 4 日召开的中美联合记者招待会上，美国财长盖特纳坦陈，经过中国的努力，中国经常性项目顺差已实现大幅回落，人民币汇率也已大幅升值。但他同时强调，人民币仍具升值空间。"人民币升值会帮助中国更好地实现改革目标，同时为中国在面对未来增长和通胀变化时提供更多独立性和灵活性。"盖特纳说。作为回应，中方承诺，将继续致力于推进汇率改革，增强人民币汇率双向浮动弹性，更大程度地发挥市场供求在汇率形成中的基础性作用。美方欢迎中方发表声明，扩大人民币对美元交易价格的浮动区间，以推进上述目标。

中国央行研究局：欧债危机已对人民币汇率产生影响（2012年6月28日）

中国央行研究局局长张建华在某金融论坛上发表讲话时指出，欧元区危机给全球金融市场带来新的不确定因素，并且已对人民币汇率产生影响。欧债危机导致资本流入放缓，并冲击了中国对欧洲的出口，进而影响到人民币汇率。受欧元区问题影响，近来欧元兑美元波动加剧，给人民币创造了不利环境。

中国央行：深化利率市场化和汇率形成机制等领域改革（2012年7月2日）

中国人民银行发布了《中国金融稳定报告（2012）》，对2011年我国金融体系的稳定状况进行了全面评估。报告认为，面对复杂多变的国内外经济金融形势，2011年我国经济保持平稳较快发展，金融业改革持续深化，整体抗风险能力进一步提升，金融市场运行平稳，政府、企业和住户部门财务状况良好，金融基础设施建设稳步推进，金融体系总体稳健。报告指出，2011年我国经济继续朝着宏观调控预期方向发展，结构调整有序推进；货币信贷增速回归常态，人民币汇率稳中有升。报告认为，2012年是"十二五"时期承前启后的重要一年，我国经济与社会发展处于重要战略机遇期，但同时也面临国际国内诸多挑战。为此，需积极推动市场制度建设，完善资源配置的市场机制，进一步深化利率市场化和汇率形成机制等重点领域改革，为保持经济长期平稳较快增长创造良好的金融环境。

IMF变调：人民币被显著低估转至被中度低估（2012年7月15日）

国际货币基金组织（IMF）完成与中国2012年第四条款磋商，并发布报告称人民币依然被中度低估，与此同时中国的经常账户顺差显著下降，表明中国贸易顺差有所下降，对全球经济有积极的溢出影响。不同于2011年对人民币"显著低估"的措辞，IMF 2012年的第四条款磋商报告认为当前人民币相对一篮子货币仍被"中度低估"。在本次报告中，IMF认为中国的货币政策有所放宽，截至6月份，人民币对美元汇率升值1.75%，名义有效汇率升值7.5%，实际有效汇率升值8.5%（截至5月份）。自2005年人民币汇改以来，人民币对美元实际有效汇率升值30%。同时，中国国际储备增加速度有所减缓，目前国际储备达到3.3万亿美元。IMF中国执行董事张涛也在报告中表示，中国央行在2012年4月放宽了人民币汇率浮动幅度，加速人民币汇率趋于平衡的步伐，同时进一步表示央行愿意让市场加强在人民币汇率上的决定作用，并继续改革汇率机制。

外汇局：当前人民币汇率水平合理　不存在大规模看空（2012 年 9 月 13日）

中国国家外汇管理局（简称"外汇局"）发布的《2012 年上半年中国国际收支报告》显示，2012 年上半年我国跨境资本流动呈现双向变化。2012 年第一季度，随着国际市场环境转暖，国际资本回流我国，资本和金融项目由 2011 年第四季度的逆差 290 亿美元转为顺差 561 亿美元；第二季度，在实体经济增速趋缓、欧债危机继续发酵、市场避险情绪上升等因素作用下再现净流出 412 亿美元。412 亿美元的资本净流出也让"国际游资看空人民币"的声音甚嚣尘上。不过，外汇局表示，资本和金融项目逆差主要是因为银行外汇存款迅速增长，单纯积累外汇资产、看空人民币的现象不明显。由于人民币升值预期减弱，企业对财务运作做出了相应调整，2012 年上半年商业银行累计增加 1301 亿美元外汇存款，同比多增 994 亿美元。受我国贸易顺差收窄、FDI 下降、资本流入减缓甚至流出等因素的影响，未来人民币已经不存在大幅升值的条件；但人民币持续贬值将引发资本大规模流出，冲击我国经济及金融市场。对此，外汇局表示，下一步将密切跟踪跨境资金流动走势，完善政策预案，防范化解外汇管理领域风险隐患。

第三轮量化宽松（QE3）

2012 年 9 月 14 日，美联储在结束为期两天的 9 月利率会议后宣布：0～0.25% 的超低利率的维持期限将延长到 2015 年年中，将从 9 月 14 日开始推出进一步量化宽松政策（QE3），按每月 400 亿美元的进度进一步购买机构抵押贷款支持债券（MBS），现有扭曲操作（OT）等维持不变。美联储推出第三轮量化宽松的当天，美元遭抛售，纽约股市三大股指涨幅均超过 1%，国际金价创七个月新高，国际油价涨 1.34%。

9 月 20 日中国外汇交易中心数据显示人民币对美元中间报价 6.3380，较上个交易日小幅上涨 12 个基点，但较 9 月 14 日 QE3 推出后首个交易日汇率回落了 63 个基点。9 月 14 日，QE3 落地后，人民币汇率呈现应声而涨，创下自 9 月份以来的新高，人民币对美元中间报价 6.3317，但高点并未维持太久，本周第二个交易日随即回落 58 个基点，9 月 19 日则继续小幅下跌，人民币对美元汇率中间报价为 6.3392。事实上，2012 年第二季度以来，人民币汇率贬值预期加剧，进入 8 月后，随着美联储 QE3 预期升温，人民币兑美元汇率才开始走强，并稳定在 6.33 至 6.34 附近。QE3 能否扭转人民币贬值预期已成为关注的焦点？中金公司分析师认为，QE3 短期内带来美元贬值压力，但是人民币兑美元升值空间不大。国内经济增长动能偏弱，货币政策放松的大方向短期内难以改变，限制人民币对美元可能的升值幅度。香港人民币期货市场的推出，可能会对香港的人民币现货市场汇率产生一定影响，但是受制于规模和传导机制，难以给在岸市场人民币汇率带来大的冲击。澳新银行大中华区首席经济学家刘利刚对本网表示，在全球主要央行一起放水的情况下，流动性的激增会推高资产价格，大宗商品、能源、农产品、黄金、房价和股市都会受益。美元套利交易的兴起将使资本从海外流向中国和其他一些新兴市场国家，中长期人民币升值的压力仍大。从规模来看，QE3 比 QE2 规模要大，因为前者没有上限。短期来看，因中国通胀较低，进口性通胀压力较小，同时经济下滑较快，并不影响中国货币政策的放松。渣打银行大中华区研究主管王志浩认为，就短期而言，人民币在2013 年的稳定性还是比较可观的。美国需要高一些的通货膨胀来降低债务和鼓励投资。如果他们能够继续增长，那么一点通货膨胀对中国来说还是有利的，对整个经济有利。但如果美联邦判断错误，而通货膨胀又变得很严重的话，那么美元将会贬值，对于人民币而言，也应当引起重视。中金分析报告预计，2012 年年底人民币对美元中间价将从 6.33 降低至 6.38，2013 年汇率平均值和2012 年基本持平，但波动幅度可能继续增加。中金认为向前看，短期内中国国内货币政策的大方向仍然是放松，这将限制人民币对美元继续升值的空间，而外汇资产再平衡是更长期地抑制人民币升值的因素。

周小川：人民币汇率弹性显著增强　趋于合理均衡水平（2012 年 10 月 9日）

中国人民银行行长周小川在《中国金融杂志》撰文表示，我国人民币汇率形成机制改革取得重大突破。目前，人民币汇率双向浮动，弹性显著增强，逐渐趋于合理均衡水平。2005 年 7 月，我国开始实行以市场供求为基础、参考"一篮子"货币进行调节、有管理的浮动汇率制度，人民币汇率形成机制改革迈出历史性一步。2010 年 6 月，进一步推进汇率形成机制改革，核心是坚持以市场供求为基础，参考"一篮子"货币进行调节，继续按照已公布的外汇市场汇率浮动区间，对人民币汇率浮动进行动态管理和调节。中国人民银行分别于2007 年、2012 年两次扩大银行间即期外汇市场人民币对美元汇率波幅，促进人民币汇率弹性逐步增强。周小川表示，目前，人民币汇率双向浮动，弹性显著增强，逐渐趋于合理均衡水平，促进经济结构调整和发展方式转变、调节国际收支平衡的作用初步显现。

外汇局否认热钱流入称未来人民币汇率仍有贬值趋势（2012 年 11 月 22 日）

外汇局表示，人民币连续涨停是中国经济回暖所致，而非所谓"热钱"的原因。从 10 月份以来，人民币兑美元汇率的即期汇率不断触及涨停线，创下连续 15 个交易日盘中涨停的现象。不少业内人士分析认为，这样的结果恐怕是在美国 QE3 政策的影响下，国际上短期投机性质的"热钱"流入到了中国境内，推高了人民币汇率。国家外汇局相关负责人表示，当下市场担忧我国资本外流、人民币贬值的紧张情绪有所缓解，但就 10 月份的统计数据来看，尚不支持当前我国跨境资本流入压力显著增加的判断。"尽管外汇形势未发生根本性变化,但由于国际国内因素的共同作用,近期市场情绪由前期对中国经济和货币前景的过于悲观转向乐观,导致人民币汇率走势偏强。"数据显示,从跨境收支情况看,10 月份,境内银行代客涉外收付逆差 53 亿美元,连续两个月小幅流出,其中内地对香港继续保持资金净流出。半年以上远期美元对人民币汇率延续升水,未来人民币汇率仍有贬值趋势。外汇局相关负责人表示,受到境内银行大幅下调外币存贷款利率、远期人民币汇率延续贬值、QE3 刺激资本流入的作用已被市场提前消化等五方面因素影响,中国尚未受到 QE3 引发"热钱"回流压力的显著影响。

美国财政部报告:中国不是"汇率操纵国"(2012 年 11 月 29 日)

美国财政部于当地时间 11 月 27 日发布的一份题为《国际经济和汇率政策报告》中指出,人民币汇率价格仍被严重低估。但报告并没把中国列为"汇率操纵国"。报告称,包括中国、巴西等在内的美国任何主要贸易伙伴都没有操纵其货币与美元的汇率。自 2011 年第三季度以来,中国大幅减少对汇率市场的干预,自 2010 年 6 月中国重启人民币汇改以来,人民币对美元汇率累计升值9.3%,如果考虑通胀因素,人民币对美元汇率实际升值 12.6%。2012 年以来,中国金融改革脚步在逐渐加快。除了 2012 年 4 月的汇率即期市场交易波动幅度从 5‰扩大到 1%后,又在 6 月进行了利率市场化的改革。同时,对于贸易项下的流动性管制也在不断放松,从而加快推进以市场为导向的汇率制度。基于以上,美国财政部认定"中国没有汇率操纵"。

第四轮量化宽松(QE4)

2012 年 12 月 12 日,美国联邦储备委员会宣布,将在 2012 年年底"扭转操作"到期后,扩大现有资产购买计划,并用美联储施行量化宽松政策量化数据指标来明确超低利率期限。美联储当天在结束为期两天的货币政策例会后发表声明说,在卖出短期国债、买入中长期国债的"扭转操作"年底到期后,每月除了继续购买 400 亿美元抵押贷款支持证券外,还将额外购买约 450 亿美元长期国债。同时,美联储将继续把到期的机构债券和机构抵押贷款支持证券的本金进行再投资。此外,美联储决定,在失业率高于 6.5%、未来 1 年至 2 年通胀水平预计高出 2%的长期目标不超过 0.5 个百分点的情况下,将继续把联邦基金利率保持在 0~0.25%的超低区间。美联储在声明中说,上次例会以来收集的信息显示,但依然处于高位。居民消费继续增长,房地产市场进一步改善,但企业固定资产投资增长放缓。通胀水平除了因能源价格波动而出现短期起伏外,基本处于美联储设置的长期目标水平之下。长期通胀预期保持稳定。

巴克莱称人民币汇率近均衡或难卷入货币战(2013 年 2 月 5 日)

巴克莱银行发布最新研究报告称,新一轮"货币战争"打响的风险正在加大，但人民币可能很难卷入其中，主要原因可能在于市场对于人民币汇率接近均衡水平这一观点正逐步达成共识。巴克莱预测，2013 年人民币兑美元将升值 2%，但人民币升值和贬值的风险同时存在。巴克莱在报告中表示，日元和新兴亚洲货币走弱可能在短期内对人民币造成贬值压力，但考虑到中国监管层对于金融稳定的担忧，人民币可能不会大幅贬值。由于年内中国经济企稳，且部分因海外量化宽松导致资本流入，人民币在 2013 年年底之前将面临较强的升值压力。日本的宽松货币政策使日元大幅贬值，若日元跌势持续，新兴亚洲货币将出现一波贬值。更大的风险则在于主要经济体的量化宽松政策，若引发流动性大举入侵后退出，可能使中国等部分新兴市场经济体出现经济泡沫化到泡沫破裂的周期。中国汇率改革的目标在于缩窄经常项目顺差，减少外汇市场干预，同时形成双向波动的汇率。今后中国央行有望继续推进实现国际收支基本平衡和金融自由化的目标，这些目标会导致干预活动进一步减少，汇率日内交易区间进一步放宽。

国际清算银行：人民币有效汇率指数再创新高（2013 年 2 月 19 日）

国际清算银行（BIS）公布的数据显示，2013 年 1 月人民币实际有效汇率指数为 111.83，较 2012 年 12 月上涨 1.53%，再次刷新自 1994 年该数据公布来新高。自 2012 年 10 月起，人民币实际有效汇率已连续四个月上涨，累计涨幅达 4.1%。数据显示，1 月人民币名义有效汇率指数月率上升 0.81%，至 107.47。2012 年全年，人民币实际有效汇率涨幅达 2.2%，名义有效汇率上涨 1.7%。以全年水平计，2012 年两大有效汇率的升幅已经较前几年有所收窄。此前，BIS 根据 2008—2010 年贸易数据权重，对其实际有效汇率指数进行了调整，并以 2010 年为基期，经调整后，人民币汇率指标中，欧元超越美元升至首位。

易纲：中国今年将保持人民币汇率稳定（2013 年 3 月 6 日）

中国人民银行副行长易纲在参加完全国政协经济界小组讨论后称，人民币汇率离均衡利率已经非常近，今年人民币汇率会继续保持稳定。自 2005 年汇率改革以来，人民币兑美元累计升值超过 30%。但 2012 年，人民币单边升值的态势结束。受贸易顺差减少和资本流出减少影响，人民币 2012 年一段时间承受了贬值压力。易纲认为目前人民币汇率离均衡点很近。"今年的汇率会更加均衡、富有弹性，并且会基本保持稳定。"全球主要经济体上个月在 G20 会议上承诺不会"竞争性贬值"。但分析人士称，只要世界主要国家央行继续施行量化宽松改革，货币战就很难避免。对此，易纲表示，他希望各国货币当局恪守 G20 共识。

美国财长访华前表示：将施压中国要求人民币汇率市场化（2013 年 3 月 20 日）

美国新任财政部部长雅各布·卢（Jacob J. Lew）选择了中国作为他海外访问的第一站。3 月 19 日，中国国家主席习近平在北京人民大会堂会见了这位到访的美国新财长。当天，雅各布·卢还与新任国家发展和改革委员会主任徐绍史举行了会谈。晚间，他与新任中国财政部部长楼继伟出席双边会议，并共进工作晚餐。美方表达了希望中国实现从出口向消费驱动的经济转型。雅各布·卢在会谈中呼吁中国继续提升国内需求以帮助实现全球经济再平衡，还呼吁两国减少贸易和投资壁垒。这是习近平同志正式就任国家主席后首次与来访的外国高官会晤，也是雅各布·卢上任不到一个月后的首次外访。外界普遍认为这反映出中美两国关系的紧密程度。根据美国财政部发布的消息，雅各布·卢将与中方讨论双边关系以及合作和发展的机会。他还将就公平竞争环境以及为美国工人和企业创造新的机会与中方展开讨论。雅各布·卢在出访前接受美国媒体访问时表示，他此行有很多议题可以讨论，包括市场准入、人民币汇率和知识产权问题等，他希望为美国商品打开市场。在此前美国参议院就其财长提名举行的听证会上，雅各布·卢曾就人民币汇率议题表态。他表示将向中国施压，要求中国让市场决定人民币汇率。

易纲：近期将扩大人民币汇率浮动区间（2013 年 4 月 19 日）

中国人民银行副行长、国家外汇管理局局长易纲日前在国际货币基金组织"汇率制度"研讨会上发表演讲时称，中国近期将进一步扩大人民币汇率浮动区间。同时也强调了人民币汇率改革取得的进展，以及对实体经济再平衡调整的影响。此外，他还提出中国基本满足了"最优货币区"的条件。"汇率将更加市场化。去年我们将人民币兑美元的浮动区间从 0.5% 扩大到了 1%，近期内我们将进一步扩大汇率浮动区间。"从宏观经济政策，即增长、就业、通胀以及国际收支平衡来看，中国在增长、就业和通胀方面做得不错，但在国际收支平衡方面，过去经常账户盈余很高，如今已开始改善。更平衡的国际收支是我们的目标。中国的东西部地区差距很大，甚至超出欧元区的情况，东部地区的人均收入是西部地区的 3～5 倍。中国基本上满足"最优货币区"的关键因素：第一，在财政制度上中国通过中央财政转移，从富裕地区转移到贫困地区；第二，中国有着高度流动的劳动力市场，至少有 1.6 亿名农民工正在城市务工；第三，国内交易市场非常统一；第四，有效的宏观经济政策。

罗杰斯：人民币终将取代美元　长期持有 A 股（2013 年 6 月 5 日）

国际著名投资家吉姆·罗杰斯（Jim. Rogers）在上海推介其新书，谈及中国的投资机遇，他认为，当前全球经济正受到人为的干扰，中国经济增速也有所放缓。但发展遇挫有利于发现问题。随着中国对经济危机应对能力的提高，以及人民币升值和国际化的稳固推进，中国仍将是 21 世纪最具投资潜力的国家，他看好中国经济未来走势，且将长期持有 A 股股票。据大公报报道，由于中国经济运行中出现地方债务、楼市泡沫和货币超发等问题，诸多外资机构近期抛出"做空中国"论断。对此，罗杰斯直言，中国的经济情况非常复杂，要做空中国为时过早，声称要做空中国的机构对中国没有足够的了解。对于中国金融体系可能出现的问题，罗杰斯坦言，中国将来可能出现经济过热和通胀严重的问题，但不会因此长期萎靡不振。

周小川：人民币不会竞争性贬值（2013年6月7日）

中国人民银行行长周小川近日在上海举行的国际货币会议2013年年会上表示，国家相关部门已关注到"热钱"流动，并且已在进行检测，但中国不会通过竞争性的货币贬值，来提高自己国内的竞争力。央行消息显示，5月31日~6月1日，G30（三十人小组）第69次全会在上海召开。G30理事会主席雅各布·弗兰克、G30主席特里谢（欧洲中央银行前行长）、周小川等25位G30成员以及15位中外特邀嘉宾参加了本次会议。这次G30会议主要讨论了全球经济金融形势、国际金融监管改革、巴塞尔资本协议III等议题。目前，由于发达国家普遍实行量化宽松的货币政策，中外资本固有的利差和人民币的升值势头，使得热钱流入压力加大，中国央行的货币政策就显得备受关注。周小川的话无疑给国际社会吃了一颗定心丸。他在会上表示，现在鉴于国际资本这样的大量流动，其实国家相关部门已看到了这个问题，并且已在进行检测了，但周小川提到了一个很重要的观点，就是中国不会通过竞争性的货币贬值来提高自己国内的竞争力。2013年5月，国家外汇管理局连发了《关于加强外汇资金流入管理有关问题通知》等6份文件，从银行、企业等层面，规范外汇资金流入，强化外汇资金监测，严防跨境资金流动风险。这一系列的措施被市场分析人士认为是中国狙击"热钱"的标志。此外，周小川在会议的致词中还对利率、汇率等问题发表了看法。他表示，中国正在稳步推进利率市场化，综合目前中国经济来看，现在是促进利率开放的一个好时机。汇率方面，周小川表示，其实我们从2005年实施汇改以来，人民币对美元已升值了35%。目前我国的外汇盈余已有所下降，这就给我们国家来推进汇率的市场化提供了一定空间。

商务部：坚决抵制竞争性贬值　人民币升值施压出口（2013年6月18日）

商务部召开例行新闻发布会，介绍2013年1~5月份商务运行情况。此前海关统计数据显示，5月份，我国进出口总值2.15万亿元人民币，增长0.4%。其中出口1.14万亿元人民币，增长1%；进口1.01万亿元人民币，下降0.3%。从数据来看，5月份进出口、出口和进口同比增速都创下2013年以来新低。商务部新闻发言人沈丹阳在回答记者提问时表示，人民币的不断升值是制约出口的主要原因。沈丹阳同时指出，目前全球主要央行竞相推出宽松的政策，通过竞争性的货币贬值来促进本国经济复苏，这种货币政策对其他国家已造成明显的负面溢出效应。沈丹阳分析称，这些国家竞相实施量化宽松的货币政策和降息，已经导致包括中国在内的一些国家的货币被迫大幅升值，人民币的升值也在其中。他指出，量化宽松货币政策虽然一定程度上有助于促进本国经济复苏，但在当前世界经济形势下，这种货币政策对其他国家的负面溢出效应也是更加明显。从海关发布的数据可见，这一轮的全球超宽松货币政策竞赛对我国出口影响甚为明显。沈丹阳表示，希望各国能够遵循 G20 央行行长和财长的共同声明，尽量减少本国货币政策对其他国家的负面溢出效应，特别是要坚决抵制竞争性的贬值。

伯南克问答环节要点：中国控制汇率损人利己（2013 年 7 月 18）

美国国会众议院下属金融服务委员会周三召开了一次听证会，美联储主席本 - 伯南克（Ben Bernanke）出席了此次听证会，并就美国经济和货币政策问题发表了言论。对于中国、日本政策和外汇问题，伯南克表示，"在过去多年时间里，中国当局一直都在管理人民币汇率，并将其保持在低于平衡水准的水平以下，其目的在于提高出口量。经济学家将此称为'零和游戏'；当中国从中受益时，基本上来说我们就会受损"。

中国外汇局："看空中国"力量抬头 人民币升值预期减弱（2013 年 7 月 22 日）

外汇局评论 2013 年上半年外汇形势时，这样解释近两个月跨境资金净流入明显放缓的原因：美联储表示将逐步退出 QE，加之中国经济面临下行压力，致"看空中国"的市场力量有所抬头，人民币升值预期减弱。目前中国没有出现外资主动集中撤离的迹象，预计下半年中国跨境资金将在波动中趋向基本平衡，今后跨境资金双向波动、外汇供求趋于基本平衡会越来越常见。"20 号文"对银行的本外币现金头寸影响较小。外汇局统计数据显示，2013 年 6 月，银行结汇 1434 亿美元，售汇 1438 亿美元，结售汇逆差 4 亿美元。2013 年 1～6 月，银行累计结汇 9114 亿美元，累计售汇 7730 亿美元，累计结售汇顺差 1384 亿美元。

IMF 报告：人民币汇率仍被低估 5%～10%（2013 年 8 月 2 日）

国际货币基金组织（International Monetary Fund）新近发布的一份报告称，根据中国经济基本面，经通胀调整后结果显示，中国的汇率低估了 5%～10%。IMF 报告指出，中国外部状况表现为温和强势，而汇率相较于中期经济基本面和可靠的政策环境显得略为低估，而且中国的外汇储备"略高于"IMF 标准水平，进一步累积储备并不可取。报告为人民币近年来的走势做出综述：2011 年年底至 2013 年 4 月上涨约 5%；2005 年年中汇改以来涨约 35%；2005 年汇改以前，实际汇率一直在下跌。汇率十年来仅上涨 14%，与同期中国比贸易伙伴高得多的生产力增长相比，汇率涨幅显得有些不及生产力增幅。在评估 28 个国家与欧元区的实际有效汇率后，报告判断中国的外部形势看来稍有增强，人民币温和贬值，这与中期的基本面和令人满意的政策环境一致。IMF 主席拉加德（Christine Lagarde）在华盛顿接受采访时称，中国经济再均衡过程已经启动，这是一个从国内投资转向国内消费的过程。我们在过去多年中已看到变化，但这一转变仍需进一步延续。

国际清算银行（BIS）报告：全球外汇交易额增至 5.3 万亿美元　人民币首次跻身十大交易货币（2013 年 9 月 6 日）

中国推动人民币国际化的努力有了新突破，国际清算银行（BIS）最新全球外汇市场成交量调查报告显示，今年人民币已成为日均交易额前十名的货币，从 2010 年 4 月的第 17 位跃升至第 9 位，将瑞典克朗、新西兰元和港元甩在身后。过去三年，人民币日均交易额增加了两倍多，由 340 亿美元增至 1200 亿美元，占全球总规模的 2.2%。美元今年日均 4.65 万亿元。三年来，全球外汇日均交易额已达到 5.3 万亿美元，增长约 30%。全球最大的外汇交易活动中心英国的日成交额占比从三年前的 37% 增至 41%。2013 年，新加坡超过日本成为世界第三大外汇交易活动中心。在发达市场货币中，今年日元交易额猛增，比 2010 年 4 月增加了 63%。美元兑日元交易增长约 70%。外汇交易越来越集中于主要金融中心——英国、美国、新加坡和日本，这四国交易额占比由三年前的 66% 升至 71%。其他新兴市场货币之中，墨西哥比索也和人民币一样跻身前十名，目前排名第 8。不过它首次进入前十是在 1998 年（该报告数据有问题，我们在第 56 章会详细分析）。

李克强：将推进利率和汇率市场化改革　推动资本项目开放（2013 年 9 月 11 日）

国务院总理李克强在 2013 年夏季达沃斯论坛（新领军者年会）开幕式上表示，要积极稳妥地推进利率、汇率的市场化，逐步推进人民币资本项下可兑换。推进金融机构的改革，特别是放宽市场准入，让多种所有制金融机构有更多的发展空间。同时积极推动多层次资本市场的培育发展，让市场更有活力。下一步要推进的金融体制改革，关键还是要坚持市场化改革的基本取向，积极稳妥地推进利率、汇率的市场化，逐步推进人民币资本项下可兑换。

外汇局：上半年人民币保持升值态势（2013 年 10 月 3 日）

中国国家外汇管理局日前发布的《2013 年上半年中国国际收支报告》指出，2013 年上半年，人民币对主要货币双边和一篮子多边汇率升值。根据报告，6 月末，人民币对美元汇率中间价较 2012 年年末升值 1.7%，2005 年人民币汇率形成机制改革以来累计升值 34%。人民币对欧元、日元汇率中间价较 2012 年年末分别升值 3.3% 和 16.7%。上半年，银行间外汇市场人民币对美元即期交易价总体处于中间价升值区间，前五个月持续贴近并一度触及中间价 1% 的浮动区间下限，日间最大波幅日均为 0.95%，主要是年初来以来跨境资金流入持续偏多的市场供求作用结果；6 月份，受市场供求变化影响，交易价逐渐脱离浮动区间下限，日间最大波幅日均为 0.66%，较前五个月显著回落。根据国际清算银行（BIS）的数据，2013 年上半年人民币对一篮子货币的名义有效汇率累计升值

5.9%，扣除通货膨胀因素的实际有效汇率累计升值 5.7%，在 BIS 监测的 61 种货币中升值幅度分别居第 1 位和第 3 位。2005 年汇改以来，人民币名义和实际有效汇率累计分别升值 30.5% 和 39.3%，在 BIS 监测的 61 个经济体货币中升值幅度分别居第 1 位和第 2 位。报告指出，尽管保持升值态势，但人民币汇率预期仍然基本稳定。

蒙代尔：人民币升值幅度基本到位（2013 年 10 月 21 日）

诺贝尔经济学奖得主、"欧元之父"罗伯特·蒙代尔在广州出席"中国新经济力量论坛"时表示，人民币下一步如能实现可自由兑换，世界有望形成美元、欧元、人民币的三角货币体系时代，这一"铁三角"将对全球经济有利。针对当前美国财政悬崖不时出现的问题，蒙代尔认为中国外储有必要降低对美债的依赖，让投资方式更加多元化；对于人民币汇率，蒙代尔认为人民币对美元无须再大幅度升值，"在 1 美元兑 6 元人民币附近保持稳定是不错的选择"。"2008 年金融危机之后欧元出现大幅波动，忽上忽下的走势让包括中国在内很多经济体出现问题，从中你可以看出一个稳定的货币体系的重要性"，蒙代尔表示，"这就需要相互合作的财政政策和货币政策，就像布雷顿森林体系时代差不多，让各国汇率保持相对稳定"。在这一合作的货币体系中，根据蒙代尔的构想，美国和欧元区经济总量合计占了世界经济体的 40%，"如果两大货币区域联合，全世界经济都将从中获利"。其认为中国作为世界第二大经济体，如果人民币也可以参与到这一货币体系中来，就将形成"美元、欧元、人民币"这一更加稳定的三角货币体系。"这样人民币和中国经济也可以避免不稳定，但这需要人民币的可自由兑换作为前提，否则人民币要想参与这一体系就会非常的困难。"人民币应该在国际货币体系中发挥更大作用，"我是非常希望看到中国、欧盟和美国货币联盟实现，我曾经创造一个理念叫做 INTOR，我们希望 INTOR 成为中央支付货币"。蒙代尔认为美国政府之前就出现过关门的情况，最近发生的关门事件不是第一次也不会是最后一次。近期有中国经济学家指出中国政府应当减少对美国国债的投资，蒙代尔认为，中国政府持有 1.28 万亿美元的巨额美国国债，中国不应该在美债出现问题了才做出抛售的决定，而应该在之前就逐步降低对美元储备的依赖，实现外储投资方式多元化。不过，在他看来，美联储不太可能一下子完全退出 QE，美国经济依然会复苏，出现债务违约的可能性也就非常小。在人民币对美元汇率问题上，蒙代尔表示不应该让人民币再大幅度地升值，"保持人民币汇率的相对稳定是有好处的，目前人民币升值幅度基本到位，控制在 1 美元兑 6 元人民币左右是不错选择"。

2013 年 10 月 29 日，美联储宣布 10 月结束资产购买计划，为六年前开始实施的量化宽松政策（QE）画上句号，同时明确下一步政策重点将转向加息，这意味着国际金融危机以来史无前例的宽松货币"盛宴"落幕。

美国财政部：中国的行动显示人民币汇率"被严重低估"（2013 年 10 月 31 日）

美国财政部 10 月 30 日发表声明称，外汇报告显示，德国需求疲弱和依赖出口造成欧元区及全球经济出现"通缩倾向"。该部门指出，2012 年德国名义经常账户盈余比中国还多；德国应该更多地关注如何提振其国内需求，以使欧元区经济更加稳定。美国财政部表示，这次不能将中国贴上汇率操纵国的标签，自 2010 年 6 月中国已允许人民币兑美元升值 12%，实际汇率升值 16%；中国的行动显示人民币汇率"被严重低估"。

38.2.8 第八阶段："量化宽松"退出准备和退出期（2013 年 10 月 31 日到 2014 年 10 月）

2013 年 10 月 31 日，美国、欧洲、瑞士、英国、加拿大和日本六家主要发达经济体央行同时宣布，它们之间已达成长期、无限、多边货币互换协议。这些多变货币互换协议的签订实际上是为后来美国退出"量化宽松"政策做准备。

美国最终退出量化宽松仍需时日（2013 年 12 月 21 日）

自次贷危机出现并引发国际金融危机以来，美联储先后实施了多轮量化宽松政策（简称 QE）。经济学家普遍认为，这种非传统货币政策，刺激了投资和消费，使美国避免了一场大萧条。但也有一些经济学家认为，QE 的边际效应逐渐递减，而且可能引发资产泡沫等潜在危害。当地时间 12 月 18 日，美联储宣布从 2014 年 1 月起削减长期债券购买计划，标志着美国朝着退出 QE 迈出了第一步。大多数经济学家都认为，美国削减 QE 规模对世界经济影响有限，从长远看，对新兴市场国家有益，但美国最终退出 QE 仍面临风险，还要取决于美国经济表现。

美联储主席伯南克表示，如果经济表现符合预期，美联储将继续在 2014 年的会议上分步小幅削减购债规模。他表示，美联储将到 2014 年年末，而非年中，才能完全停下资产购买的脚步。

穆迪主权评级业务首席经济学家卢西奥·维尼亚斯·德苏扎表示，随着美联储开始逐步缩减 QE 直至最终完全退出，资本外流和更高的资金成本将对一些国家带来影响。不过，其他国家可采取政策工具，至少部分抵消美联储退出 QE 带来的冲击。"总体而言，无论对其他发达国家还是对发展中国家来说，美国削减 QE 的影响，可能相对有限，而且不会持续太长时间。"

澳新银行大中华区首席经济学家刘利刚表示，在今后一段时间内，如果美国每月新增就业能够持续保持 20 万人以上，将会产生"美国经济在强劲复苏"的预期，美联储退出 QE 的速度也会相应加速。如此一来，更多的资本将有望从新兴经济体流回发达经济体，从中长期来看，更多的资本回流将使亚洲在流动性方面逐渐收紧。

中国香港金管局署理总裁余伟文表示，美联储在过去几年实施的量化宽松政策，导致大量资金流入新兴市场，随着美国经济逐渐复苏，资金流向可能逆转，新兴市场资产价格可能出现下调压力。美国现在有序地开始减少债券购买，对新兴市场长远来说是好事。

总部位于布鲁塞尔的研究机构欧洲政策研究中心主任丹尼尔·格洛斯表示，美联储这次小幅削减 QE 规模对经济并不会产生十分重大的影响。但此番动作却明确地释放了一个重要信号，即正式宣告美国的 QE 开始进入退出进程。格洛斯表示，此次削减 QE 规模会使新兴市场国家承受一定的风险。大量的资金可能会在一定程度上从新兴市场国家向美国本土回流。所以，新兴市场国家应该有心理准备，并需要采取更多的措施来应对。

日本信金中央金库海外业务支援部高级审议官露口洋介表示，此次美国削减 QE 规模造成了日元的阶段性贬值。外界普遍认为，美国经济的坚挺将给日本经济带来正面的效果。但是，日本如果希望让实体经济得到充分发展，仍需要相当长的时间。

巴西财政部部长吉多·曼特加表示，美联储宣布逐步退出量化宽松货币政策的做法"非常积极"，逐步退出量化宽松使"市场获得缓冲，避免较大冲击"，这"对世界有好处，对巴西也有好处"。

巴西里约热内卢联邦大学国际关系教授莱昂纳多·瓦伦特表示，美联储的决定对于拉美金融市场和各国货币汇率有直观的影响力。而美元问题，特别是在巴西，对于国内通胀水平的影响更是显而易见的。

18 日的发布会是伯南克最后一次以美联储主席的身份举行发布会。他承认，美国经济增长和就业改善的步伐仍不令人满意，货币政策不是万能药，并指出利率政策是货币政策第一位的工具，QE 只是辅助性工具。他也承认，QE 的推出和退出都将带来风险。

美国彼得森国际经济研究所高级研究员、原美联储研究与统计局局长戴维·斯托克顿表示，QE 的更大目标在于缓解危机时美国金融市场的紧张状况，就此而言，美联储似乎取得了成功。但斯托克顿认为，"判断政策是否成功的标准，不仅仅是其是否成功实施，还包括能否成功退出"。他认为，这将部分取决于美联储能否在不产生严重负面金融和经济问题的前提下，退出目前量化宽松政策。为此，美联储需要仔细权衡缩减 QE 的合适规模和时机。退出必须足够迅速，同时，要有足够的耐心，避免遏制美国经济的复苏。

日本庆应大学经济学部教授大西广在接受采访时表示，日美欧等国迄今所采取的所谓"大胆的金融宽松"政策，如果稍有差池，将导致国债的急剧贬值，并由此引发国债利率的上升，进而陷入国家破产的境地。正是由于这种金融宽松政策从经济学理论上讲根本无法持续，所以任何国家的央行都在等待退出时机。但是很有可能出现的一种情况就是，美国刚刚在 1 月份调整了政策，结果在 2 月份就再度面临"财政悬崖"，从而不得不回归原有政策。因此，从这个意义上来讲，这种金融宽松政策已经走入了进退维谷、骑虎难下的困境。归根到底，目前最大的问题还是在于美国经济的乏力。

世界银行东亚与太平洋地区首席经济学家郝福满认为，美国退出量化宽松的真正含义是货币政策的正常化。而回归正常的货币政策会让从中渔利的投机者受到损失。

巴西著名经济评论员泰伊斯·艾莱迪亚表示，美联储的量化宽松政策引发了一场"货币海啸"，而发展中国家，特别是巴西等几个金砖国家，在这场灾难中受到波及，本国货币汇率遭受了严重的起伏。由于美国的经济情况有明显回暖、就业率在提升，而且宽松政策的成本正在逐渐超过成效，因此要逐步削减直至最后退出量化宽松是不可避免的。

朱民：量化宽松政策的退出要以经济增长为前提（2014 年 1 月 22 日）

当地时间 1 月 22 日，参加冬季达沃斯论坛的国际货币基金组织副总裁朱民表示，美国量化宽松政策退出的时机取决于美国经济增长的强劲程度。朱民表示，如果美国经济增长恢复强劲，量化宽松政策的退出对美国和全球都是一件好事，因为过多的流动性在市场上对于经济具有潜在的风险。但是如果在经济增长不强劲的情况下，实行退出政策，可能对全球经济的增长产生负面影响。朱民认为量化宽松政策退出的前提有三个方面。第一，美国的退出机制要保持沟通的透明度，退出的步骤和增长的强度要保持一致性。如果在增长不强劲的情况下退出，大家就会担心。第二，要看市场的反应能不能和退出步骤相一致，从 5 月份的情况看，市场并不能完全反应退出的步骤，所以市场有很大的波动性。第三，量化宽松政策退出的过程中，会引导长期利率的上升，进而影响到其他国家。这些国家的融资成本就会上升。如果有的国家债务量较大，也增加了他们还债的财务成本。比如当 5 月份美国十年期国债上升 90 多个基点的时候，英国和德国的十年期债券也上升了 50 多个基点。

中国外汇局：中国有能力承受美国量化宽松政策退出（2014 年 1 月 25 日）

"总体看，2013 年抑制异常跨境资金流动取得了一定进展，但仍面临跨境资本大量流入的挑战。"国家外汇管理局国际收支司司长管涛 1 月 24 日在国务院新闻办举行的新闻发布会上说。据管涛介绍，2013 年我国跨境资金净流入压力加大。剔除汇率因素影响，2013 年银行结汇较 2012 年增长 15%，售汇增长 4%，结售汇顺差增长 2.1 倍；2013 年银行代客涉外收入较 2012 年增长 15%，对外付款增长 12%，跨境收付款顺差增长 85%。美国 QE（量化宽松政策）退出将给中国带来什么样的影响？管涛用三句话来概括："第一，影响还不明显。

第二，冲击有承受能力。第三，挑战不容忽视。"

耶伦表示延续前任政策　美国将审慎退出量化宽松（2014 年 2 月 13 日）

2 月 11 日，美国联邦储备委员会新任主席耶伦在美国国会出席听证会，这是耶伦 2 月 1 日上任后的"首秀"。耶伦表示将延续前任伯南克的政策，继续审慎退出量化宽松政策，同时对美国经济和就业前景表示谨慎乐观。在国会众议院金融委员会举行的半年度货币政策听证会上，耶伦重申了美联储此前的声明，表示其资产购买计划即量化宽松政策的退出没有"预设轨道"，取决于未来经济发展，但她同时表示，只有在美国经济前景"显著恶化"的情况下，才会考虑停止削减量化宽松政策的步伐。2013 年 12 月和 2014 年 1 月，美联储先后两次缩减资产购买规模各 100 亿美元。伯南克当时表示，美联储可能继续以相同的节奏退出资产购买计划。多数分析人士也认为，2014 年年内量化宽松政策将完全退出。耶伦坚持缩减量化宽松的表态，强化了投资者的看法，即美国经济足够强劲，能经受住减少货币政策刺激的考验。

中国央行：美国退出 QE 加大中国资本流动不确定性（2014 年 4 月 29 日）

央行发布中国金融稳定报告（2014）指出，美国多轮量化宽松政策其实施和退出都对全球金融体系产生重要影响，对我国经济金融的影响也不容忽视。美国量化宽松政策加大了我国跨境资本流入趋势。一是刺激境外资本流入我国境内，境内企业从香港股市和债券市场的融资也大幅增加。二是量化宽松政策直接降低联邦基金利率，使得我国境内外利差大幅升高，增强了跨境资本套取利差的动机。三是美国流动性增加，促使美元贬值、人民币升值，也增强了跨境资金通过汇率进行套利的可能。四是美国量化宽松政策通过增强经济复苏预期，降低了投资者的风险厌恶程度，促使资金从风险较低的发达经济体资产转移至风险较高的新兴经济体资产。

美国量化宽松退出路线图日趋明朗（2014 年 5 月 14 日）

从 2 月 3 日正式宣誓就职算起，美联储主席耶伦刚好履职百日（从 2 月 3 日到 5 月 13 日刚好一百天）。从此间透露的信息来看，美联储退出量化宽松政策的路线图日趋明朗，将采取先完成缩减购债计划、然后停止再投资政策、最后启动首次加息的"三步走"策略，循序渐进地小步缓慢退出。虽然具体执行节奏仍取决于美国经济复苏走势，但美联储 2014 年秋季结束购债计划已几无悬念。美联储曾于 2011 年制定退出量化宽松的策略，明确停止再投资政策是美联储收紧货币政策的第一步。耶伦近期在国会作证时也表示，美联储并不打算出售抵押贷款支持证券，而是依靠持有证券到期自动收缩资产负债表，整个货币政策正常化的过程可能会持续 5~8 年的时间。停止再投资政策后，美联储将考虑首次加息的时机。根据 3 月份对利率前瞻性指引进行的调整，美联储将通过评估就业、通胀和金融市场等一系列定性指标来决定加息时机。按照美联储官员 3 月份的最新预测，到 2016 年年底美国经济将回到正常水平，基准利率将升至约 2%。参考以往美联储通常每次加息 25 个基点的渐进式做法，以及每年只有 8 次货币政策例会，美联储最迟需在 2016 年年初启动首次加息。

美联储拟 10 月彻底退出量化宽松（2014 年 7 月 11 日）

美联储公布其三周前召开的 6 月份议息会议纪要。文件显示，美联储在此次会议上开始详细讨论退出量化宽松政策的最后步骤，并表示如果经济增长符合预期，那么计划将在 10 月份彻底结束资产购买。这基本与市场预期相吻合。美联储从 2014 年 1 月开始缩减原本达到每个月 850 亿美元的购债计划，每月减少的规模都是 100 亿美元，目前已减少到 350 亿美元。按照这样的节奏，10 月份确实是退出的最后时间点。

耶伦：美联储可能提前加息　10 月结束 QE（2014 年 9 月 18 日）

周四凌晨美联储结束利率会议，宣布维持联邦基金利率目标区间 0～0.25% 不变，并再度削减 QE 购债规模，从此前的每月 250 亿美元削减至 150 亿美元。对于市场最为关注的美联储加息立场，耶伦表示，美联储可能会提前加息，加息速度可能更加激进，也可能会以更慢的速度推后加息，这取决于未来数据。美联储还可以部署其他政策措施，将在必要时追加政策工具。将在必要时候使用逆回购，将会逐步停止，只有在必要时才会推出隔夜逆回购工具。自 6 月份的预期以来，FOMC 预期的变化非常小，FOMC 不打算持有更多本无必要持有的资产。在关于退出 QE 的方面，耶伦表示：目前 QE 退出计划已经增添了一些"新的元素"，如果前景维持不变，将在下一次（10 月）会议上结束 QE，但公布退出策略并不意味着政策会改变。

美联储宣布退出 QE　史上最大规模货币试验谢幕（2014 年 10 月 30 日）

为期两天的货币政策结束后，北京时间周四（10 月 30 日）凌晨美联储宣布，削减最后的购债规模 150 亿美元并从 11 月起结束 QE3。至此史上最大规模的货币试验宣告结束，该试验已在市场上引发了有关其效果的激烈争论，尽管美联储称其已达到了减少失业的主要目标。

38.2.9　第九阶段：2014 年 11 月到 2015 年 8 月 9 日（美国"量化宽松"退出和准备加息期）

美联储取消长时间宽松措辞　加息将保持耐心（2014 年 12 月 18 日）

北京时间 12 月 18 日凌晨 3 点，美联储麾下联邦公开市场委员会（FOMC）宣布，0～0.25% 超低利率政策依然是恰当的，但此前长期存在的"相当长时间"措辞消失，这意味着美联储在加息问题上可能采取略微超前的举措。但是，美联储同时指出，在加息问题上将保持耐心。北京时间凌晨 2：30，美联储主席耶伦将召开新闻发布会。美联储刚更新的利率预期显示，预计 2015 年利率提升的 FOMC 成员人数增多，但他们对 2015 年利率的中位预期从 1.375% 降至 1.125%，这与在加息上将保持耐心的措辞是呼应的。

FOMC 会议纪要：美联储就 6 月加息存分歧（2015 年 4 月 9 日）

4 月 9 日公布的 3 月 FOMC 会议纪要显示，美联储官员们就 6 月是否加息存在分歧。根据 3 月 17—18 日的 FOMC 会议纪要来看，一些美联储官员认为，经济数据和前景有可能支持美联储在 6 月会议上开始施行正常化货币政策。另一些官员则认为，能源价格的下降和美元的升值将继续抑制通胀，暗示加息应推迟到今年晚些时候。一些官员甚至表示，应将加息推迟至 2016 年。美联储 3 月声明删除"耐心"措辞，意味着打开了 6 月或之后加息的大门。然而，美联储下调经济增速预期。美联储称加息前应对通胀升到 2% 有合理信心，且就业市场持续改善。美联储在 3 月份的声明中还表示，一旦劳动力市场进一步改善，并且"有理由相信"通胀可能将回升到其 2% 的目标，美联储将考虑加息。

IMF：美联储应该晚点加息（2015 年 6 月 6 日）

国际货币基金组织（IMF）以少有的直率姿态加入到了美联储应该何时加息的争论中。在周四发布的每年一度的美国经济报告中，IMF 敦促美联储应该延迟到 2016 年再考虑加息，理由是美国经济仍不够乐观且加息对金融市场造成的波动值得警惕。IMF 同时将美国 2015 年增长预期下调到了 2.5%。2014 年 4 月，该机构预计美国经济今年会将增长 3.1%。尽管"持续增长和就业扩张的基石依旧存在"，但考虑到"未来经济增长弹性的显著的不确定性"，美联储近十年首次加息的条件还不够成熟，报告称 IMF 总裁拉加德表示，"我们相信 2016 年早些时候再加息会更好"。

高盛：美联储 2015 年 12 月将首次加息（2015 年 7 月 9 日）

北京 7 月 9 日早间消息　昨晚美联储公布了会议纪要，对此高盛评论称，估计美联储将在今年 12 月首次加息。同时法巴银行也预计美联储将在 2015 年 12 月加息一次，此前法巴银行预计美联储将在 2015 年加息两次。美联储周三公布了 6 月份美国联邦公开市场委员会（FOMC）政策会议的纪要。纪要显示，美联储官员在会上对经济政策进行讨论时明显倾向于"鸽派"立场，但同时为未来的加息举动奠定了基础。会议纪要显示，决策者们认为虽然住宅行业"在最近几个月有所好转，但发展依然缓慢"；会议纪要的整体基调呈"鸽派"。纪要指出，目前市场预期美联储将在 9 月份首次加息，但芝加哥商业交易所（CME）使用的一种追踪工具则显示，预计美联储将在 2016 年 1 月份首次加息。

美联储主席预期今年将启动加息（2015 年 7 月 11 日）

美国联邦储备委员会主席珍妮特·耶伦 10 日再次重申，美联储可能在今年晚些时候加息。珍妮特·耶伦 10 日在俄亥俄州克利夫兰发表演讲时表示，今年开启货币正常化道路是合适的。预计今年下半年，美国经济将稳步增长，至少允许美联储今年启动 2008 年以来的首次加息。"我预计今年晚些时候的某个时点启动首次加息是合适的。"耶伦说。为刺激经济恢复，从 2008 年 12 月开始，美联储在金融危机开始后大幅削减利率，并一直维持超低利率在接近于零的水平。目前，投资者和全球金融市场都在密切关注着美国启动金融危机以来首次加息的时点。而加息被看作美国经济从金融危机中几乎完全恢复的标志。

面对加息：左右为难的美联储（2015 年 7 月 30 日）

在最新的 7 月 FOMC 声明中，尽管美联储进一步肯定了劳动力市场的改善，但对通胀的企稳回升并未乐观。一方面，美联储暗示加息的时点可能延后，但同时又没有完全关上 9 月加息的大门。素有"美联储通讯社"之称《华尔街日报》记者 Hilsenrath 直言了美联储的纠结心态，最新会议声明表明，美国就业市场取得进步，FOMC 仍然处于在 9 月份或今年稍晚加息的正轨之上；但美联储对通胀率偏低表现出令人厌烦的担忧，使得部分官员保持谨慎，并据此将首次加息的时间延后。不过分析认为，目前的国际环境下，无论美联储选择何时加息，加息的速度一定很缓慢。

38.2.10　第十阶段：2015 年 8 月 10 日以来（完善人民币兑美元汇率中间价报价实施期）

2015 年 8 月 10 日国家外汇管理局每日公布的人民币兑美元汇率中间价比前一个工作日贬值了 1.82%，这是 2005 年 7 月 21 日人民币汇改后人民币兑美元单日贬值最大的一个工作日，2015 年 8 月 10 日之后连续两个工作日，人民币兑美元的中间价又连续分别贬值 1.59% 和 1.10%，成为十多年来人民币三个工作日累计贬值最高的三个工作日（三个工作日累计贬值 4.52%），显示国内人民币兑美元汇率形成机制改革的新举措。"这次改革主要是就人民币兑美元中间价报价机制做的一次调整，调整以后，整个汇率形成机制更加市场化"（"完善人民币兑美元汇率中间价报价吹风会文字实录"，国际外汇管理局网站，2015 年 8 月 13 日）。2015 年 8 月 10 日完善人民币兑美元汇率中间价报实施后，国家外汇管理局人民币兑美元汇率滚动年化波动率从之前不到 0.5% 上升到了超过 10% 的水平，达到了与主要国际汇率年化波动率相当的量纲，显示这次完善人民币兑美元汇率中间价报改革对人民币汇率形成体系确实产生了前所未有的积极效果。

2015 年 11 月 13 日，国际货币基金组织总裁拉加德女士宣布人民币已经达到了"可自由使用"水平，并建议国际货币基金组织执行董事会于 2015 年 11 月 30 日投票决定人民币可否纳入该组织特别提款权一揽子货币。2015 年 11 月 29 日，国际货币基金组织执行董事会决定，从 2016 年 10 月 1 日起人民币将纳入国际货币基金组织特别提款权一揽子货币（SDR），成为国际第五大储备货币。2015 年 11 月 13 日国际货币基金组织总裁宣布人民币加入一篮子货币建议到 2015 年 11 月 29 日该组织董事会决定人民币加入一篮子货币的半个月间，国内人民币兑美元累计贬值 0.35%，境外一年期人民币兑美元无本金交割远期隐含一年人民币兑美元贬值从 2.93% 上升到了 3.52%，提高了 0.60%；2015 年 11 月 29 日到 2016 年 2 月 3 日，国内人民币兑美元累计贬值 2.74%，境外一年期人民币兑美元无本金交割远期隐含一年人民币兑美元贬值从 3.52% 上升到了 5.93%，提高了 2.4%，显示人民币入篮决定后人民币兑美元贬值和贬值预期都显著加速。

2016 年 2 月 13 日，中国人民银行周小川行长在接受《财新周刊》专访时指出人民币没有持续贬值基础（"周小川行长接受《财新周刊》专访"，人民银行网站，2016 年 2 月 13 日）；2016 年 2 月 17 日，商务部新闻发言人沈丹阳在新闻发布会上称，国内吸引外资依然是正增长，国际收支仍然稳健，经济和国内市场基本面良好，不存在人民币持续贬值的基础，因此也就没有所谓的资金加剧外逃现象。2016 年 2 月 3 日到 2 月 18 日，国内人民币兑美元累计升值 0.65%，境外一年期人民币兑美元无本金交割远期隐含一年人民币兑美元贬值从 5.93% 下降到了 4.05%，回到了 2016 年 2 月 9 日以来的最低水平，显示人民币兑美元贬值压力明显下降。

38.3　我国经济、金融因素的影响

虽然人民币无本金交割远期在境外离岸市场已经存在了 10 多年的时间，但从 2002 年以来交易才逐渐活跃。我们上文介绍和叙述了影响人民币无本金交割远期的主要国内外政治因素及对人民币/美元无本金交割远期汇率的影响。本节的目的是探讨我国外汇储备、对外贸易、通货膨胀和利率对人民币无本金交割远期市场的影响。

本章附录中的结果明显表明，人民币无本金交割远期价格主要受中国、美国等国家政府官员的讲话和会议声明，以及主要国际机构如七国集团、世界银行、国际货币基金组织等的会议影响。这些政治因素少则影响 1 年期人民币无本金交割远期升降数百点，多则影响上千点（2003 年 10 月 1 日美国国会听证会导致指数下降 1190 点；胡锦涛同志 2003 年 10 月 20 日在曼谷召开的亚太高峰会上对人民币不宜升值的解释导致指数上升 700 点）。这些结果清楚表明，人民币无本金交割远期仍然主要反映政治等非基础因素，市场参与者猜测这些政治因素隐含的人民币升值的可能从而进行交易。表 38－1 给出了从 2005 年 8 月到 2015 年 5 月我国外汇储备、进出口、国内生产总值和利率等经济和金融因素对 1 年期人民币无本金交割远期升贴水点数的变化。

表 38 - 1　　　　　　　外汇储备、进出口、GDP 等主要经济数据对
1 年期人民币无本金交割远期的影响

公布日期	数据类型	1 年期人民币无本金交割汇率升贴水点变化
2005 年 8 月 11 日	海关总署公布上月进出口统计数据	- 162
2005 年 8 月 14 日	中国人民银行公布外汇储备数据	- 100
2005 年 9 月 12 日	海关总署公布上月进出口统计数据	- 50
2005 年 9 月 15 日	中国人民银行公布外汇储备数据	25
2005 年 10 月 11 日	海关总署公布上月进出口统计数据	63
2005 年 10 月 14 日	中国人民银行公布外汇储备数据	38
2005 年 10 月 20 日	国家统计局发布 GDP 统计数据	- 12
2005 年 11 月 10 日	海关总署公布上月进出口统计数据	55
2005 年 11 月 11 日	中国人民银行公布外汇储备数据	- 25
2005 年 12 月 9 日	海关总署公布上月进出口统计数据	80
2005 年 12 月 16 日	中国人民银行公布外汇储备数据	280
2006 年 1 月 11 日	海关总署公布上月进出口统计数据	100
2006 年 1 月 13 日	中国人民银行公布外汇储备数据	8
2006 年 1 月 20 日	国家统计局发布 GDP 统计数据	- 120
2006 年 2 月 13 日	海关总署公布上月进出口统计数据 中国人民银行公布外汇储备数据	- 3
2006 年 3 月 13 日	海关总署公布上月进出口统计数据	98
2006 年 3 月 17 日	中国人民银行公布外汇储备数据	78
2006 年 4 月 11 日	海关总署公布上月进出口统计数据	- 237
2006 年 4 月 14 日	中国人民银行公布外汇储备数据	- 20
2006 年 4 月 20 日	国家统计局发布 GDP 统计数据	- 3
2006 年 4 月 28 日	中国人民银行宣布提高利率	97
2006 年 5 月 12 日	海关总署公布上月进出口统计数据 中国人民银行公布外汇储备数据	- 30
2006 年 6 月 12 日	海关总署公布上月进出口统计数据	15
2006 年 6 月 16 日	中国人民银行公布外汇储备数据	- 30
2006 年 7 月 10 日	海关总署公布上月进出口统计数据	25
2006 年 7 月 14 日	中国人民银行公布外汇储备数据	15
2006 年 7 月 20 日	国家统计局发布 GDP 统计数据	- 10
2006 年 8 月 10 日	海关总署公布上月进出口统计数据	- 10

续表

公布日期	数据类型	1 年期人民币无本金交割汇率升贴水点变化
2006 年 8 月 11 日	中国人民银行公布外汇储备数据	65
2006 年 8 月 19 日	中国人民银行宣布提高利率	20
2006 年 9 月 11 日	海关总署公布上月进出口统计数据	− 100
2006 年 9 月 15 日	中国人民银行公布外汇储备数据	− 30
2006 年 10 月 11 日	海关总署公布上月进出口统计数据	40
2006 年 10 月 13 日	中国人民银行公布外汇储备数据	− 20
2006 年 10 月 24 日	国家统计局发布 GDP 统计数据	200
2006 年 11 月 8 日	海关总署公布上月进出口统计数据	− 165
2006 年 11 月 13 日	中国人民银行公布外汇储备数据	60
2006 年 12 月 10 日	海关总署公布上月进出口统计数据	65
2006 年 12 月 14 日	中国人民银行公布外汇储备数据	− 130
2007 年 1 月 11 日	海关总署公布进出口统计数据	96
2007 年 1 月 15 日	中国人民银行公布外汇储备数据	30
2007 年 1 月 25 日	国家统计局发布 GDP 统计数据	− 90
2007 年 2 月 12 日	海关总署公布上月进出口统计数据	99
2007 年 2 月 16 日	中国人民银行公布外汇储备数据	5
2007 年 3 月 12 日	海关总署公布上月进出口统计数据	− 105
2007 年 3 月 15 日	中国人民银行公布外汇储备数据	− 170
2007 年 3 月 18 日	中国人民银行宣布提高利率	− 170
2007 年 4 月 10 日	海关总署公布上月进出口统计数据	125
2007 年 4 月 12 日	中国人民银行公布外汇储备数据	95
2007 年 4 月 19 日	国家统计局发布 GDP 统计数据	− 90
2007 年 5 月 9 日	中国人民银行宣布提高利率	− 25
2007 年 5 月 11 日	中国人民银行公布外汇储备数据 海关总署公布上月进出口统计数据	− 30
2007 年 5 月 19 日	中国人民银行宣布提高利率	10
2007 年 6 月 11 日	海关总署公布上月进出口统计数据	50
2007 年 6 月 15 日	中国人民银行公布外汇储备数据	− 75
2007 年 7 月 10 日	海关总署公布上月进出口统计数据	− 140
2007 年 7 月 11 日	中国人民银行公布外汇储备数据	− 60

公布日期	数据类型	1 年期人民币无本金交割汇率升贴水点变化
2007 年 7 月 19 日	国家统计局发布 GDP 统计数据	−310
2007 年 7 月 21 日	中国人民银行宣布提高利率	−260
2007 年 8 月 10 日	海关总署公布上月进出口统计数据	160
2007 年 8 月 13 日	中国人民银行公布外汇储备数据	15
2007 年 8 月 22 日	中国人民银行宣布提高利率	−90
2007 年 9 月 10 日	中国人民银行公布外汇储备数据	−35
2007 年 9 月 11 日	海关总署公布上月进出口统计数据	−20
2007 年 9 月 15 日	中国人民银行宣布提高利率	85
2007 年 10 月 12 日	海关总署公布上月进出口统计数据 中国人民银行公布外汇储备数据	115
2007 年 10 月 25 日	国家统计局发布 GDP 统计数据	−45
2007 年 11 月 12 日	海关总署公布上月进出口统计数据 中国人民银行公布外汇储备数据	−165
2007 年 12 月 11 日	海关总署公布进出口统计数据 中国人民银行公布外汇储备数据	−225
2007 年 12 月 20 日	中国人民银行宣布提高利率	−105
2008 年 1 月 11 日	海关总署公布进出口统计数据 中国人民银行公布外汇储备数据	−215
2008 年 1 月 24 日	国家统计局发布 GDP 统计数据	−200
2008 年 2 月 18 日	海关总署公布进出口统计数据	−210
2008 年 3 月 10 日	海关总署公布进出口统计数据	95
2008 年 4 月 11 日	海关总署公布进出口统计数据 中国人民银行公布外汇储备数据	122
2008 年 4 月 16 日	国家统计局发布 GDP 统计数据	−53
2008 年 5 月 12 日	海关总署公布进出口统计数据	−92
2008 年 6 月 11 日	海关总署公布进出口统计数据	−710
2008 年 7 月 10 日	海关总署公布进出口统计数据	−140
2008 年 7 月 14 日	中国人民银行公布外汇储备数据	100
2008 年 7 月 17 日	国家统计局发布 GDP 统计数据	−285
2008 年 8 月 11 日	海关总署公布进出口统计数据	48
2008 年 9 月 10 日	海关总署公布进出口统计数据	−170

续表

公布日期	数据类型	1 年期人民币无本金交割汇率升贴水点变化
2008 年 9 月 16 日	中国人民银行宣布下调利率	754
2008 年 10 月 9 日	中国人民银行宣布下调利率	− 577
2008 年 10 月 14 日	海关总署公布进出口统计数据	− 775
	中国人民银行公布外汇储备数据	
2008 年 10 月 20 日	国家统计局发布 GDP 统计数据	− 351
2008 年 10 月 30 日	中国人民银行宣布下调利率	− 690
2008 年 11 月 11 日	海关总署公布进出口统计数据	450
2008 年 11 月 27 日	中国人民银行宣布下调利率	100
2008 年 12 月 10 日	海关总署公布进出口统计数据	− 50
2009 年 1 月 13 日	海关总署公布进出口统计数据	195
	中国人民银行公布外汇储备数据	
2009 年 1 月 22 日	国家统计局发布 GDP 统计数据	− 100
2009 年 2 月 11 日	海关总署公布进出口统计数据	− 50
2009 年 3 月 11 日	海关总署公布进出口统计数据	50
2009 年 4 月 10 日	海关总署公布进出口统计数据	135
	中国人民银行公布外汇储备数据	
2009 年 4 月 15 日	国家统计局发布 GDP 统计数据	35
2009 年 5 月 12 日	海关总署公布进出口统计数据	− 50
2009 年 6 月 11 日	海关总署公布进出口统计数据	115
2009 年 7 月 10 日	海关总署公布进出口统计数据	40
2009 年 7 月 14 日	中国人民银行公布外汇储备数据	− 140
2009 年 7 月 15 日	国家统计局发布 GDP 统计数据	− 210
2009 年 8 月 11 日	海关总署公布进出口统计数据	60
2009 年 9 月 11 日	海关总署公布进出口统计数据	− 25
2009 年 10 月 14 日	海关总署公布进出口统计数据	− 200
	中国人民银行公布外汇储备数据	
2009 年 10 月 21 日	国家统计局发布 GDP 统计数据	188
2009 年 11 月 11 日	海关总署公布进出口统计数据	− 225
2009 年 12 月 11 日	海关总署公布进出口统计数据	190
2010 年 1 月 11 日	海关总署公布进出口统计数据	− 50
2010 年 1 月 14 日	中国人民银行公布外汇储备数据	− 100

续表

公布日期	数据类型	1年期人民币无本金交割汇率升贴水点变化
2010 年 1 月 21 日	国家统计局发布 GDP 统计数据	75
2010 年 2 月 10 日	海关总署公布进出口统计数据	190
2010 年 3 月 10 日	海关总署公布进出口统计数据	−40
2010 年 4 月 12 日	海关总署公布进出口统计数据 中国人民银行公布外汇储备数据	160
2010 年 4 月 15 日	国家统计局发布 GDP 统计数据	−135
2010 年 5 月 10 日	海关总署公布进出口统计数据	−415
2010 年 6 月 10 日	海关总署公布进出口统计数据	−245
2010 年 7 月 10 日	海关总署公布进出口统计数据； 中国人民银行公布外汇储备数据	−100
2010 年 7 月 15 日	国家统计局发布 GDP 统计数据	−5
2010 年 8 月 10 日	海关总署公布进出口统计数据	−65
2010 年 9 月 10 日	海关总署公布进出口统计数据	−447
2010 年 10 月 13 日	海关总署公布进出口统计数据 中国人民银行公布外汇储备数据	−130
2010 年 10 月 20 日	中国人民银行宣布提高利率	−425
2010 年 10 月 21 日	国家统计局发布 GDP 统计数据	225
2010 年 11 月 10 日	海关总署公布进出口统计数据	−145
2010 年 12 月 10 日	海关总署公布进出口统计数据	−150
2010 年 12 月 26 日	中国人民银行宣布提高利率	−26
2011 年 1 月 10 日	海关总署公布进出口统计数据 中国人民银行公布外汇储备数据	0
2011 年 1 月 20 日	国家统计局发布 GDP 统计数据	125
2011 年 2 月 9 日	中国人民银行宣布提高利率	−130
2011 年 2 月 14 日	海关总署公布进出口统计数据	60
2011 年 3 月 10 日	海关总署公布进出口统计数据	260
2011 年 4 月 6 日	中国人民银行宣布提高利率	−95
2011 年 4 月 10 日	海关总署公布进出口统计数据	−315
2011 年 4 月 14 日	中国人民银行公布外汇储备数据	85
2011 年 4 月 15 日	国家统计局发布 GDP 统计数据	−100
2011 年 5 月 10 日	海关总署公布进出口统计数据	−20

续表

公布日期	数据类型	1 年期人民币无本金交割汇率升贴水点变化
2011 年 6 月 10 日	海关总署公布进出口统计数据	25
2011 年 7 月 6 日	中国人民银行宣布提高利率	133
2011 年 7 月 10 日	海关总署公布进出口统计数据	15
2011 年 7 月 12 日	中国人民银行公布外汇储备数据	40
2011 年 7 月 13 日	国家统计局发布 GDP 统计数据	− 150
2011 年 8 月 10 日	海关总署公布进出口统计数据	− 445
2011 年 9 月 10 日	海关总署公布进出口统计数据	170
2011 年 10 月 13 日	海关总署公布进出口统计数据	370
2011 年 10 月 14 日	中国人民银行公布外汇储备数据	− 195
2011 年 10 月 19 日	国家统计局发布 GDP 统计数据	10
2011 年 11 月 10 日	海关总署公布进出口统计数据	0
2011 年 12 月 10 日	海关总署公布进出口统计数据	0
2012 年 1 月 10 日	海关总署公布进出口统计数据	− 200
2012 年 1 月 13 日	中国人民银行公布外汇储备数据	− 95
2012 年 1 月 18 日	国家统计局发布 GDP 统计数据	− 335
2012 年 2 月 10 日	海关总署公布进出口统计数据	140
2012 年 3 月 10 日	海关总署公布进出口统计数据	− 15
2012 年 4 月 10 日	海关总署公布进出口统计数据	70
2012 年 4 月 12 日	中国人民银行公布外汇储备数据	− 140
2012 年 4 月 13 日	国家统计局发布 GDP 统计数据	5
2012 年 5 月 10 日	海关总署公布进出口统计数据	15
2012 年 6 月 7 日	中国人民银行宣布下调利率	− 100
2012 年 6 月 10 日	海关总署公布进出口统计数据	165
2012 年 7 月 10 日	海关总署公布进出口统计数据	10
2012 年 7 月 12 日	中国人民银行公布外汇储备数据	50
2012 年 7 月 16 日	国家统计局发布 GDP 统计数据	45
2012 年 8 月 10 日	海关总署公布进出口统计数据	65
2012 年 9 月 10 日	海关总署公布进出口统计数据	− 45
2012 年 10 月 13 日	中国人民银行公布外汇储备数据 海关总署公布进出口统计数据	− 140
2012 年 10 月 18 日	国家统计局发布 GDP 统计数据	105

续表

公布日期	数据类型	1年期人民币无本金交割汇率升贴水点变化
2012 年 11 月 10 日	海关总署公布进出口统计数据	−60
2012 年 12 月 10 日	海关总署公布进出口统计数据	−25
2013 年 1 月 10 日	中国人民银行公布外汇储备数据	−280
	海关总署公布进出口统计数据	
2013 年 1 月 21 日	国家统计局发布 GDP 统计数据	5
2013 年 2 月 8 日	海关总署公布进出口统计数据	−40
2013 年 3 月 8 日	海关总署公布进出口统计数据	−10
2013 年 4 月 10 日	海关总署公布进出口统计数据	−175
2013 年 4 月 11 日	中国人民银行公布外汇储备数据	20
2013 年 4 月 15 日	国家统计局发布 GDP 统计数据	65
2013 年 5 月 8 日	海关总署公布进出口统计数据	−215
2013 年 6 月 8 日	海关总署公布进出口统计数据	140
2013 年 7 月 10 日	海关总署公布进出口统计数据	−120
2013 年 7 月 12 日	中国人民银行公布外汇储备数据	65
2013 年 7 月 16 日	国家统计局发布 GDP 统计数据	−85
2013 年 8 月 8 日	海关总署公布进出口统计数据	−180
2013 年 9 月 8 日	海关总署公布进出口统计数据	−25
2013 年 10 月 12 日	海关总署公布进出口统计数据	−110
2013 年 10 月 14 日	中国人民银行公布外汇储备数据	−105
2013 年 10 月 19 日	国家统计局发布 GDP 统计数据	−8
2013 年 11 月 8 日	海关总署公布进出口统计数据	25
2013 年 12 月 8 日	海关总署公布进出口统计数据	−135
2014 年 1 月 10 日	海关总署公布进出口统计数据	−93
2014 年 1 月 15 日	中国人民银行公布外汇储备数据	72
2014 年 1 月 21 日	国家统计局发布 GDP 统计数据	62
2014 年 2 月 12 日	海关总署公布进出口统计数据	−30
2014 年 3 月 8 日	海关总署公布进出口统计数据	−5
2014 年 4 月 10 日	海关总署公布进出口统计数据	172
2014 年 4 月 15 日	中国人民银行公布外汇储备数据	2
2014 年 4 月 17 日	国家统计局发布 GDP 统计数据	35
2014 年 4 月 22 日	中国人民银行宣布下调利率	88

公布日期	数据类型	1 年期人民币无本金交割汇率升贴水点变化
2014 年 5 月 8 日	海关总署公布进出口统计数据	−156
2014 年 6 月 8 日	海关总署公布进出口统计数据	−145
2014 年 7 月 10 日	海关总署公布进出口统计数据	75
2014 年 7 月 15 日	中国人民银行公布外汇储备数据	62
2014 年 7 月 17 日	国家统计局发布 GDP 统计数据	35
2014 年 8 月 8 日	海关总署公布进出口统计数据	−90
2014 年 9 月 8 日	海关总署公布进出口统计数据	−15
2014 年 10 月 13 日	海关总署公布进出口统计数据	70
2014 年 10 月 16 日	中国人民银行公布外汇储备数据	80
2014 年 10 月 22 日	国家统计局发布 GDP 统计数据	80
2014 年 11 月 8 日	海关总署公布进出口统计数据	83
2014 年 11 月 21 日	中国人民银行宣布下调利率	−10
2014 年 12 月 8 日	海关总署公布进出口统计数据	120
2015 年 1 月 13 日	海关总署公布进出口统计数据	−150
2015 年 1 月 15 日	中国人民银行公布外汇储备数据	80
2015 年 1 月 21 日	国家统计局发布 GDP 统计数据	−35
2015 年 2 月 4 日	中国人民银行宣布下调利率	−60
2015 年 2 月 8 日	海关总署公布进出口统计数据	−175
2015 年 3 月 8 日	海关总署公布进出口统计数据	95
2015 年 4 月 13 日	海关总署公布进出口统计数据	10
2015 年 4 月 14 日	中国人民银行公布外汇储备数据	−100
2015 年 4 月 16 日	国家统计局发布 GDP 统计数据	−269
2015 年 5 月 8 日	海关总署公布进出口统计数据	−10

资料来源：商务部网站，www. mofcom. gov. cn；国家统计局网站：www. stats. gov. cn；外汇局网站：www. safe. gov. cn；新华网：www. xinhua. org。公布日期为周五或者公休假日，1 年期人民币无本金交割远期升贴水点数取最近的第二个工作日数据。

　　表 38－1 包括 238 个经济和金融数据，其中，59 个为月度外汇储备数据，118 个为月度进出口数据，39 个为国内生产总值数据，22 个为利率数据。根据表 38－1 的数据，我们可以计算出外汇储备、进出口贸易和国内生产总值，利率四类主要因素对 1 年期人民币无本金交割远期贴水点数的影响频率，并将结果放入表 38－2 中。从表 38－2 我们可以清楚地看出，进出口数据是影响 1 年期

人民币无本金交割远期市场的最主要因素，外汇储备和国内生产总值次之，利率数据也有一定影响。

表 38 – 2　　　**各种因素对 1 年期人民币无本金交割**
远期升贴水点数影响范围频率

升贴水范围	所有因素	外汇储备	进出口	利率	国内生产总值
< − 200	27	3	14	4	6
[− 200，− 100)	39	10	22	3	4
[− 100，0)	68	16	32	7	13
[0，100]	69	22	30	6	11
(100，200]	27	6	16	1	4
> 200	8	2	4	1	1

注：根据表 38 – 1 数据计算得出，若外汇储备和进出口贸易差额在同一天公布，则各记一次。

38.3.1　外汇储备

如表 38 – 2 所示，在表 38 – 1 的 238 组数据中，对 1 年期人民币无本金交割远期影响超过 200 点的 35 个数据中，有 5 个为月份外汇储备；影响在 200 点到 100 点的 66 个数据中，有 16 个为月份外汇储备量；影响在 100 点之内的 137 个数据中，有 38 个为月份外汇储备量。我们在上节指出人民币升值压力从 2002 年 11 月开始，表 38 – 2 的结果也为上述结论提供了支持。

2004 年 11 月 11 日，中国人民银行公布我国 2004 年 10 月底外汇储备数据，这促使 1 年期人民币无本金交割远期贴水点下降了 400 点，是外汇储备数据影响最大的一次。如表 38 – 2 所示，从 2005 年 8 月到 2015 年 5 月，表 38 – 1 的 238 组数据公布后，导致 1 年期人民币无本金交割远期贴水点数下降的共有 124 次，其中 29 次在外汇储备量公布之后。这些结果说明外汇储备量是影响人民币无本金交割远期最主要的基础因素。

38.3.2　进出口统计数据

除外汇储备量这个影响人民币无本金交割远期最重要的基础因素之外，进出口贸易额也是影响汇率的另一个重要因素。如表 38 – 2 所示，表 38 – 1 的 238 组数据公布后，对 1 年期人民币无本金交割远期影响超过 100 点的有 101 次，其中 56 次是进出口贸易数据导致的，这些结果说明进出口统计数据是影响人民币无本金交割远期的重要的基础因素。

38.3.3　国内生产总值

在国际外汇市场上，国内生产总值及其增长率是影响汇率变化的重要因素。

观察表 38 - 1，我们可以发现，国内生产总值数据对人民币无本金交割远期的影响有限。表中包含的 39 个国内生产总值数据中，对人民币无本金交割远期影响超过 100 点的有 15 次。

38.3.4　通货膨胀

我国通货膨胀对人民币无本金交割远期也有着一定的影响。通货膨胀在国外发达市场是中央银行确定基准利率调整的最重要指标之一，它对人民币无本金交割远期市场应该有类似的作用。通货膨胀率水平对人民币无本金交割远期有着一定的影响。特别值得注意的是，通货膨胀率从 2002 年 11 月 18 日后进入了较快的上升通道，这与人民币升值压力开始增强的时间基本一致。

38.3.5　利率

利率也是影响汇率的一个重要因素。在 2004 年以前的数年时间里，我国利率没有调整，而 2005 年 8 月以来，我国利率调高有 14 次，利率下调有 8 次。中国人民银行 2004 年 10 月 28 日公布从次日起上调金融机构存贷款基准利率，当天 1 年期人民币无本金交割远期汇率仅仅下降了 1 点。表 38 - 1 显示，2006 年 4 月 28 日公布从次日起上调金融机构存贷款基准利率，当天 1 年期人民币无本金交割远期汇率不降反升；2006 年 8 月 19 日公布从次日起上调金融机构存贷款基准利率，当天 1 年期人民币无本金交割远期汇率同样不降反升；2007 年 3 月 18 日公布从次日起上调金融机构存贷款基准利率，当天 1 年期人民币无本金交割远期汇率下跌 170 个点；2007 年 5 月 9 日公布从次日起上调金融机构存贷款基准利率，当天 1 年期人民币无本金交割远期汇率上升 10 个点；2007 年 7 月 21 日公布从次日起上调金融机构存贷款基准利率，当天 1 年期人民币无本金交割远期汇率下降 260 个点；2007 年 8 月 22 日公布从次日起上调金融机构存贷款基准利率，当天 1 年期人民币无本金交割远期汇率下跌 90 个点；2007 年 9 月 15 日公布从次日起上调金融机构存贷款基准利率，当天 1 年期人民币无本金交割远期汇率上扬 85 个点；2007 年 12 月 20 日公布从次日起上调金融机构存贷款基准利率，当天 1 年期人民币无本金交割远期汇率下降 105 个点；2008 年 9 月 16 日公布从次日起下调金融机构存贷款基准利率，当天 1 年期人民币无本金交割远期汇率上升 754 个点；2008 年 10 月 9 日公布从次日起下调金融机构存贷款基准利率，当天 1 年期人民币无本金交割远期汇率下降 577 个点；2008 年 10 月 30 日公布从次日起下调金融机构存贷款基准利率，当天 1 年期人民币无本金交割远期汇率下降 690 个点；2008 年 11 月 27 日公布从次日起下调金融机构存贷款基准利率，当天 1 年期人民币无本金交割远期汇率上升 100 个点；2010 年 10 月 20 日公布从次日起上调金融机构存贷款基准利率，当天 1 年期人民币无本金交割远期汇率下降 425 个点；2010 年 12 月 26 日公布从次日起上调金融机构存贷款基准利率，当天 1 年期人民币无本金交割远期汇率下降 26 个点。2011 年 2 月 9 日公布从次日起上调金融机构存贷款基准利率，当天 1 年期人民币无本金交割远期汇率下降了 130 个点。2011 年 4 月 6 日公布从次日起上调金融机构存贷款基准利率，当天 1 年期人民币无本金交割远期汇率下降 95 个点。

2012 年 6 月 7 日公布从次日起下调金融机构存贷款基准利率，当天 1 年期人民币无本金交割远期汇率下降 100 个点。2014 年 4 月 22 日公布从次日起下调金融机构存贷款基准利率，当天 1 年期人民币无本金交割远期汇率上升 88 个点。2014 年 11 月 21 日公布从次日起下调金融机构存贷款基准利率，当天 1 年期人民币无本金交割远期汇率下降 10 个点。2015 年 2 月 4 日公布从次日起上调金融机构存贷款基准利率，当天 1 年期人民币无本金交割远期汇率下降 60 个点。这表明人民币无本金交割远期市场还相当不成熟，对主要基础信息反应很不充分。

38.3.6　本节小结

虽然与政治因素相比，贸易、外汇储备、国内生产总值、利率调整和就业等经济和金融因素对人民币无本金交割市场的影响较小，但是它们的影响也的确十分重要，而且这些基础因素也成为市场预测人民币升值的根据和基础。随着利率市场化程度的深入和人民币汇率形成机制改革的深化和逐步完善，我们可以期望这些基础因素对人民币无本金交割远期的影响将会更加系统、持续和充分。

外贸是外汇储蓄增加的重要源泉，但从 2004 年以来，贸易顺差已经不是外汇增值的主要渠道。这也就解释了月贸易数据对人民币无本金交割远期的影响程度为何没有月度外汇储备数据那么高。人民币无本金交割远期虽然已经反映主要经济和金融信息，但这种反映还不很充分，我们会在第 38.7 节进一步介绍和分析。

38.4　中国经济金融因素的影响分析

在本节，我们对人民币无本金交割远期进行简单线性回归，从而得出这些因素对人民币无本金交割远期影响更加系统的结果。

利用我国从 2005 年 8 月到 2015 年 5 月贸易差额和月底外汇储备总额以及相应公布日期的数据，我们可以分析贸易顺差和外汇储备量对人民币无本金交割远期的影响。

38.4.1　外汇储备

我们这里用从 2005 年 10 月到 2015 年 5 月我国公布的外汇储备数据和公布当日 1 年期人民币无本金交割远期变化数据，得出月外汇储备对人民币无本金交割远期的准确的影响程度。

我们用月度外汇储备额作为自变量，以月外汇储备公布当日人民币无本金交割远期最后价格作为因变量，对 2005 年 10 月到 2015 年 3 月的数据进行简单线性回归分析，其中以金融危机为界，表 38 – 3A 表示从 2005 年 10 月到 2008 年 6 月的回归结果，表 38 – 3B 表示 2009 年 3 月到 2015 年 3 月的回归结果。表 38 – 3 给出了以外汇储备额作为自变量的回归结果。

表 38 – 3A　　　　外汇储备对人民币无本金交割远期影响的回归结果
（2005 年 10 月到 2008 年 6 月）

回归系数	– 0.000141	回归常数	8.969051
系数标准误差	6.97E – 06	常数标准误差	0.082304
回归相关性（R^2）	93.82%	Y 标准误差	0.412732
F 统计	409.7232	自由度	29
残差标准误差	0.104507	残差平方和	0.294885

表 38 – 3B　　　　外汇储备对人民币无本金交割远期影响的回归结果
（2009 年 3 月到 2015 年 3 月）

回归系数	– 2.83E – 05	回归常数	7.293528
系数标准误差	2.31E – 06	常数标准误差	0.074189
回归相关性（R^2）	86.64%	Y 标准误差	0.184327
F 统计	149.1151	自由度	25
残差标准误差	0.068831	残差平方和	0.108968

资料来源：根据表 38 – 1 的数据和数据公布之日 1 年期人民币无本金交割远期汇率进行简单线性回归得出。

从表 38 – 3 我们可以看出回归系数为负值，说明外汇储备越高，1 年期人民币/美元无本金交割远期的隐含汇率越低，隐含人民币升值幅度越大。表 38 – 3 显示回归相关性（R2）在金融危机前后分别为 93.82% 和 86.64%，显示外汇储备在金融危机前对人民币无本金交割远期变化的解释度高于危机之后，外汇储备确实是人民币升值的最重要基础因素。表 38 – 3 也显示回归的 F 统计数据分别高达 409.7232 和 149.1151。

表 38 - 3A 给出的国内外汇储备增长对人民币无本金交割远期汇率的回归系数 - 0.000141 相当于外汇储备每增加 1000 亿美元，人民币远期汇率就分别有下降 - 0.141，比表 24 - 6A 相应的千倍系数绝对值略高一些。我们可以用 2003 年以来每年外汇储备的增量来估算当时人民币无本金交割远期的汇率和相应的升值幅度，并且与人民币兑美元实际升值幅度进行了比较从而得出与表 24 - 7 类似的结果，结果放入表 38 - 4 中。

表 38 - 4　　　　　外汇储备对人民币无本金交割远期影响结果

估算人民币升值幅度与实际升值幅度的比较（2003 年到 2008 年上半年）

年份	外汇储备（亿美元）	外汇储备增幅（亿美元）	回归估算无本金交割远期汇率	期末人民币/美元汇率	回归估算无本金交割远期对人民币升值预期（%）	人民币实际升值幅度（%）	回归估算升值预期与实际升值幅度差额（%）
2003	4032.5	1168.4	8.4374	8.2767	- 1.9	0	- 1.9
2004	6099.3	2066.8	8.2059	8.2765	0.9	0	0.9
2005	8188.7	2089.4	7.9719	8.0702	3.8	2.6	1.3
2006	10663.4	2474.7	7.6947	7.8078	7.6	6.0	1.6
2007	15282.5	4619.1	7.1774	7.3046	15.3	13.3	2.0
2008H1	18088.3	2805.8	6.8632	6.8591	20.6	20.7	- 0.1

数据来源：根据 2003 年以来我国外汇储备数据和表 38 - 3A 的线性回归估算得出；人民币实际升值幅度根据外汇管理局公布的人民币兑美元即期汇率计算得出。

表 38 - 4 显示，2003 年，回归结果估算的人民币升值预期幅度与人民币实际升值幅度之间有较大的差别，为 - 1.9%；2004 年差别缩小到了 0.9%；2005 年差别仅有 1.3%；2006 年和 2007 年差别分别为 1.6%% 和 2.0%；2008 年上半年差别仅有 - 0.1%。比较表 38 - 4 和表 24 - 7 的结果，我们可以看出，表 38 - 4 给出的人民币无本金交割远期回归估算的结果比表 24 - 7 给出的人民币远期回归估算的结果的人民币实际升值的结果更加接近，因为 2004 年到 2008 年上半年的 4 年半时间，无本金交割远期估算的结果与实际升值结果平均每年仅为 1.2%，而远期估算的结果与实际升值结果平均每年却为 - 3.5%，前者对人民币升值的估计比实际升值略高一点，而后者对人民币升值的估计却比实际低很多，表明境外人民币无本金交割远期市场根据国内外汇储备增幅对人民币升值的判断比国内更为准确。我们在第 50 章研究境外人民币远期之间相互引导时还会进一步讨论两者之间的差别并探讨差别的原因。

38.4.2　贸易顺差

我们用月度贸易顺/逆差作为自变量，以月贸易数据公布当日 1 年期人民币无本金交割远期最后汇率作为因变量，对 2005 年 10 月到 2015 年 3 月的数据进行简单线性回归分析，其中以金融危机为界，表 38 - 5A 表示从 2005 年 10 月到 2008 年 6 月的回归结果，表 38 - 5B 表示 2009 年 3 月到 2015 年 3 月的回归结果。相应的回归结果如表 38 - 5 所示。

表 38 - 5A　　　贸易差额对人民币无本金交割远期影响的回归结果

（2005 年 10 月到 2008 年 6 月）

回归系数	- 0.002517	回归常数	7.691902
系数标准误差	0.001237	常数标准误差	0.229022
回归相关性（R^2）	11.78%	Y 标准误差	0.476566
F 统计	4.137991	自由度	33
残差标准误差	0.454789	残差平方和	6.411819

表 38 - 5B　　　贸易差额对人民币无本金交割远期影响的回归结果

（2009 年 3 月到 2015 年 3 月）

回归系数	- 0.000269	回归常数	6.459484
系数标准误差	0.000133	常数标准误差	0.034658
回归相关性（R^2）	5.40%	Y 标准误差	0.185806
F 统计	4.110095	自由度	74
残差标准误差	0.181970	残差平方和	2.384135

资料来源：根据表 38 - 1 的数据和数据公布之日 1 年期人民币无本金交割远期汇率进行简单线性回归得出。

从表 38 - 5 我们可以看出回归系数为负值，说明我国贸易顺差越高，1 年期人民币无本金交割远期的隐含汇率越低，隐含升值幅度越大。表 38 - 5 显示回归相关性（R2）为 11.78% 和 5.40%，相应的 F 统计数据为 4.137991 和 4.1100957。表明贸易差额也是影响人民币无本金交割远期的重要因素，但对于金融危机后的回归结果显示，贸易差额对人民币无本金交割远期重要因素不显著。显然，贸易差额对人民币无本金交割远期变化的解释度低于外汇储备。

38.4.3　国内生产总值

利用每个季度国内生产总值数据公布时间，我们可以容易地找到对应的 1

年期人民币无本金交割远期汇率。分别以季度国内生产总值及其增长率为自变量，相应 1 年期人民币无本金交割远期汇率为因变量，我们可以得出季度国内生产总值和其增长率对 1 年期人民币无本金交割远期影响的简单线性回归结果，对 2005 年第三季度到 2015 年第一季度的数据进行简单线性回归分析，其中以金融危机为界，表 38 - 6A 表示从 2005 年第三季度到 2008 年第二季度的回归结果，表 38 - 6B 表示 2009 年第一季度到 2015 年第一季度的回归结果，如表 38 - 6 所示。

表 38 - 6 显示，季度国内生产总值越高，1 年期人民币无本金交割远期汇率越低（系数为负）。同样，季度国内生产总值增长率越高，1 年期人民币无本金交割远期汇率越低（系数为负），表示国内生产总值的增加隐含人民币升值。

表 38 - 6A　　我国季度国内生产总值对人民币无本金交割远期影响的
回归结果（2005 年第三季度到 2008 年第二季度）

国内生产总值单独为自变量			
回归系数	- 1. 03E - 06	回归常数	7. 381900
系数标准误差	2. 53E - 06	常数标准误差	0. 381866
回归相关性（R^2）	1. 62%	Y 标准误差	0. 541459
F 统计	0. 164775	自由度	12
残差标准误差	0. 563265	残差平方和	3. 172678
增长率单独为自变量			
回归系数	- 0. 556637	回归常数	7. 312524
系数标准误差	12. 79778	常数标准误差	1. 637808
回归相关性（R^2）	0. 02%	Y 标准误差	0. 541459
F 统计	0. 001892	自由度	12
残差标准误差	0. 567833	残差平方和	3. 224345
总值和增长率皆为自变量			
总值回归系数	- 1. 04E - 06	增长率回归系数	0. 374970
总值回归系数标准差	2. 71E - 06	增长率回归系数标准差	13. 59928
回归常数	7. 335975	回归常数标准差	1. 713530
回归相关性（调整后 R^2）	20. 23%	Y 标准误差	0. 541459
F 统计	0. 074535	自由度	12
残差标准误差	0. 593709	残差平方和	3. 172410

表 38 - 6B　　我国季度国内生产总值对人民币无本金交割远期影响的
回归结果（2009 年第一季度到 2015 年年底）

国内生产总值单独为自变量			
回归系数	- 5.78E - 07	回归常数	6.569019
系数标准误差	2.10E - 07	常数标准误差	0.066880
回归相关性（R^2）	24.79%	Y 标准误差	0.186068
F 统计	7.582383	自由度	25
残差标准误差	0.164832	残差平方和	0.624900
增长率单独为自变量			
回归系数	4.685659	回归常数	6.012190
系数标准误差	2.587757	常数标准误差	0.221896
回归相关性（R^2）	12.48%	Y 标准误差	0.186068
F 统计	3.278645	自由度	25
残差标准误差	0.177818	残差平方和	0.727241
总值和增长率皆为自变量			
总值回归系数	- 5.33E - 07	增长率回归系数	3.877494
总值回归系数标准差	2.04E - 07	增长率回归系数标准差	2.332395
回归常数	6.228348	回归常数标准差	0.214819
回归相关性（调整后 R^2）	33.17%	Y 标准误差	0.186068
F 统计	5.463790	自由度	25
残差标准误差	0.158854	残差平方和	0.555158

资料来源：根据公布数据和数据公布之日 1 年期人民币无本金交割远期汇率，进行简单线性回归分析得出。

我们对季度国内生产总值及其增长率分别单独进行回归分析的原因是要得出两者各自对市场作用的结果。两者共同作为自变量的简单二元线性回归结果在表 38 - 6 里。二元简单回归的有效性分别为 20.23% 和 33.17%，同时二元简单回归的 F 统计数据为 0.074535 和 5.463790，跟季度国内生产总值作为单独自变量的回归的 F 统计数据比，数值均比较高。

季度国内生产总值二元回归的有效性低于表 38 - 3 给出的金融危机前后外汇储备的回归相关性 57.88%，说明在影响人民币无本金交割远期汇率方面，国内生产总值是次于外汇储备的基础因素。另外，表 38 - 6 也显示国内生产总值增长率的解释力度要小于国内生产总值。

38.4.4 通货膨胀

按照前面对外汇储备、贸易和 GDP 相同的分析方法，分别以居民消费者价格指数（CPI）同比增长率为自变量，相应 1 年期人民币无本金交割远期汇率为因变量，我们同样可以得出消费者价格指数增长率（通货膨胀率）对 1 年期人民币无本金交割远期影响的简单线性回归结果，对 2005 年 10 月到 2015 年 3 月的数据进行简单线性回归分析，其中以金融危机为界，表 38 - 7A 表示从 2005年 10 月到 2008 年 6 月的回归结果，表 38 - 7B 表示 2009 年 3 月到 2015 年 5 月的回归结果。如表 38 - 7 所示。

表 38 - 7A 我国月度消费价格指数增长率对人民币无本金交割远期的
回归结果（2005 年 10 月到 2008 年 6 月）

回归系数	- 17.22727	回归常数	7.904084
系数标准误差	0.847451	常数标准误差	0.039551
回归相关性（R^2）	93.02%	Y 标准误差	0.484459
F 统计	413.2408	自由度	33
残差标准误差	0.130024	残差平方和	0.524092

表 38 - 7B 我国月度消费价格指数增长率对人民币无本金交割远期的
回归结果（2009 年 3 月到 2015 年 3 月）

回归系数	- 3.644020	回归常数	6.496106
系数标准误差	1.047248	常数标准误差	0.033457
回归相关性（R^2）	14.40%	Y 标准误差	0.184357
F 统计	12.10772	自由度	73
残差标准误差	0.171752	残差平方和	2.123918

资料来源：根据公布数据和数据公布之日 1 年期人民币无本金交割远期汇率，进行简单线性回归分析得出。

表 38 - 7 显示，消费者价格指数（CPI）增长率越高，1 年期人民币无本金交割远期汇率越低（系数为负值）。回归相关性（R^2）为 93.02% 和 14.40%，金融危机前后一样，F 统计量比较高，分别为 413.2408 和 12.10772。

38.4.5 本节小结

我们在本节分别对我国外汇储备、贸易顺差、国内生产总值和通货膨胀对人民币无本金交割远期汇率进行回归分析。分析结果显示外汇储备是影响人民币无本金交割远期汇率最重要的基础因素，月度贸易顺差数据紧随其后；再就是国内生产总值。上述分析显示国际市场的关注重点首要是我国外汇储备，随着贸易顺差对我国外汇储备贡献逐步增加，其影响力也越来越大。另外，我国通货膨胀数据在人民币无本金市场上没有得到合理而且显著的反应和影响。

38.5　美国经济和金融因素的影响

由于美元是人民币无本金交割远期的标的和结算货币，我们这里类似地分析美国月贸易赤字、财政赤字、国内生产总值、通货膨胀、利率、失业率等经济金融因素对人民币/美元无本金交割远期汇率的影响。

38.5.1　贸易赤字数据

持续增长的美中贸易赤字是美国要求人民币升值的主要因素。表 38－8 给出了美国 2005 年 9 月到 2015 年 3 月贸易赤字数据及其发布的时间、发布日与前一个工作日相比 1 年期人民币无本金交割远期汇率贴水点数的变化以及相应的 1 年期人民币远期汇率。我们从表 38－8 可以看出，美国贸易赤字的公布确实对 1 年期人民币无本金交割远期汇率有着重要的影响。当贸易赤字增长幅度较大时，1 年期人民币无本金交割远期汇率贴水点数增加较大。

表 38－8 　　　　　　　**美国 2005 年到 2015 年月度贸易赤字**　　　　　　单位：亿美元

时间	公布时间	贸易赤字	1 年期人民币无本金交割远期汇率升贴水点数日变化	1 年期人民币无本金交割远期隐含汇率
2005 年 9 月	2005/11/10	20. 1287	55	7. 7775
2005 年 10 月	2005/12/14	20. 4837	36	7. 7636
2005 年 11 月	2006/1/12	18. 6186	－ 8	7. 7163
2005 年 12 月	2006/2/10	16. 3162	－ 50	7. 7165
2006 年 1 月	2006/3/9	17. 9856	－ 70	7. 7115
2006 年 2 月	2006/4/12	13. 8331	42	7. 6968
2006 年 3 月	2006/5/12	15. 6642	－ 30	7. 6765
2006 年 4 月	2006/6/9	17. 2267	48	7. 7370
2006 年 5 月	2006/7/12	17. 8835	5	7. 7085
2006 年 6 月	2006/8/10	19. 6868	－ 10	7. 7080
2006 年 7 月	2006/9/12	19. 8257	－ 70	7. 7015
2006 年 8 月	2006/10/12	22. 1101	15	7. 6495
2006 年 9 月	2006/11/9	23. 1096	－ 150	7. 5775

时间	公布时间	贸易赤字	1 年期人民币无本金交割远期汇率升贴水点数日变化	1 年期人民币无本金交割远期隐含汇率
2006 年 10 月	2006/12/12	24.5033	-290	7.4375
2006 年 11 月	2007/1/10	23.1793	100	7.4510
2006 年 12 月	2007/2/13	19.0934	90	7.3535
2007 年 1 月	2007/3/9	21.251	10	7.3490
2007 年 2 月	2007/4/13	18.506	-85	7.2795
2007 年 3 月	2007/5/10	17.2977	77	7.2580
2007 年 4 月	2007/6/8	19.5376	150	7.2980
2007 年 5 月	2007/7/12	20.1611	10	7.2390
2007 年 6 月	2007/8/14	21.5092	15	7.1415
2007 年 7 月	2007/9/11	23.9352	-20	7.1715
2007 年 8 月	2007/10/11	22.8717	10	7.0430
2007 年 9 月	2007/11/9	24.1071	-495	6.8755
2007 年 10 月	2007/12/12	26.0225	-20	6.7660
2007 年 11 月	2008/1/11	24.1992	-215	6.6635
2007 年 12 月	2008/2/14	19.1077	-5	6.6070
2008 年 1 月	2008/3/11	20.6363	10	6.3455
2008 年 2 月	2008/4/10	18.3978	-180	6.2885
2008 年 3 月	2008/5/9	16.1459	-403	6.5528
2008 年 4 月	2008/6/10	20.3004	928	6.6428
2008 年 5 月	2008/7/11	21.3589	-68	6.4638
2008 年 6 月	2008/8/12	21.7425	127	6.6278
2008 年 7 月	2008/9/11	25.0126	280	6.7705
2008 年 8 月	2008/10/10	25.6224	900	7.0450
2008 年 9 月	2008/11/13	27.8211	200	6.9300
2008 年 10 月	2008/12/11	27.949	-300	7.0850
2008 年 11 月	2009/1/13	23.0841	195	7.0225
2008 年 12 月	2009/2/11	19.9688	-50	6.9350
2009 年 1 月	2009/3/13	20.5838	-48	6.9548
2009 年 2 月	2009/4/9	14.1838	-105	6.7450

时间	公布时间	贸易赤字	1 年期人民币无本金交割远期汇率升贴水点数日变化	1 年期人民币无本金交割远期隐含汇率
2009 年 3 月	2009/5/12	15.6455	− 50	6.7265
2009 年 4 月	2009/6/10	16.7592	− 145	6.7100
2009 年 5 月	2009/7/10	17.4781	40	6.7905
2009 年 6 月	2009/8/12	18.4242	10	6.8025
2009 年 7 月	2009/9/10	20.4018	3	6.7290
2009 年 8 月	2009/10/9	20.2801	− 10	6.6875
2009 年 9 月	2009/11/13	22.1296	− 185	6.5865
2009 年 10 月	2009/12/10	22.6785	0	6.6580
2009 年 11 月	2010/1/12	20.1676	80	6.6135
2009 年 12 月	2010/2/10	18.1451	190	6.6815
2010 年 1 月	2010/3/11	18.3176	− 5	6.6360
2010 年 2 月	2010/4/13	16.5026	95	6.6335
2010 年 3 月	2010/5/12	16.8914	50	6.6815
2010 年 4 月	2010/6/10	19.3195	− 245	6.7699
2010 年 5 月	2010/7/13	22.2972	− 25	6.6570
2010 年 6 月	2010/8/11	26.1094	165	6.6815
2010 年 7 月	2010/9/9	25.9276	− 123	6.6975
2010 年 8 月	2010/10/14	28.1656	− 170	6.4315
2010 年 9 月	2010/11/10	28.0824	− 145	6.4355
2010 年 10 月	2010/12/10	25.666	− 150	6.5040
2010 年 11 月	2011/1/13	25.0884	100	6.4355
2010 年 12 月	2011/2/11	20.674	70	6.4425
2011 年 1 月	2011/3/10	23.3596	260	6.4395
2011 年 2 月	2011/4/12	18.8614	110	6.3865
2011 年 3 月	2011/5/11	18.0359	45	6.3470
2011 年 4 月	2011/6/9	21.5798	175	6.3900
2011 年 5 月	2011/7/12	24.9389	40	6.4095
2011 年 6 月	2011/8/11	26.5078	− 830	6.2725
2011 年 7 月	2011/9/8	26.9943	− 10	6.2905

时间	公布时间	贸易赤字	1 年期人民币无本金交割远期汇率升贴水点数日变化	1 年期人民币无本金交割远期隐含汇率
2011 年 8 月	2011/10/13	28.9525	370	6.4120
2011 年 9 月	2011/11/10	28.0486	0	6.3390
2011 年 10 月	2011/12/9	28.0785	0	6.4075
2011 年 11 月	2012/1/13	26.7677	−95	6.3050
2011 年 12 月	2012/2/10	23.1246	140	6.2780
2012 年 1 月	2012/3/9	26.0578	−15	6.2960
2012 年 2 月	2012/4/12	19.3201	−140	6.3290
2012 年 3 月	2012/5/10	21.6195	15	6.3550
2012 年 4 月	2012/6/8	24.55	165	6.4250
2012 年 5 月	2012/7/11	25.9789	−45	6.4190
2012 年 6 月	2012/8/9	27.4726	−15	6.4220
2012 年 7 月	2012/9/11	29.4166	−10	6.4200
2012 年 8 月	2012/10/11	28.6662	−250	6.3735
2012 年 9 月	2012/11/8	29.0887	−5	6.3545
2012 年 10 月	2012/12/11	29.4346	65	6.3205
2012 年 11 月	2013/1/11	28.9567	80	6.2765
2012 年 12 月	2013/2/8	24.5489	−40	6.3200
2013 年 1 月	2013/3/7	27.8107	−55	6.3135
2013 年 2 月	2013/4/5	23.6087	8	6.2895
2013 年 3 月	2013/5/2	17.7606	−140	6.2240
2013 年 4 月	2013/6/4	24.1876	15	6.2520
2013 年 5 月	2013/7/3	27.8702	90	6.3025
2013 年 6 月	2013/8/6	26.6676	15	6.2770
2013 年 7 月	2013/9/4	30.0824	−25	6.2340
2013 年 8 月	2013/10/24	29.8149	−10	6.1490
2013 年 9 月	2013/11/14	30.6306	−25	6.1575
2013 年 10 月	2013/12/4	28.7435	5	6.1485
2013 年 11 月	2014/1/7	27.0428	−11	6.1153
2013 年 12 月	2014/2/6	24.4917	42	6.1255

续表

时间	公布时间	贸易赤字	1 年期人民币无本金交割远期汇率升贴水点数日变化	1 年期人民币无本金交割远期隐含汇率
2014 年 1 月	2014/3/7	27.8396	−5	6.1498
2014 年 2 月	2014/4/3	20.8616	135	6.2345
2014 年 3 月	2014/5/6	20.4035	−185	6.2115
2014 年 4 月	2014/6/4	27.2843	18	6.2598
2014 年 5 月	2014/7/3	28.7697	99	6.2505
2014 年 6 月	2014/8/6	30.0582	−70	6.2275
2014 年 7 月	2014/9/4	30.863	5	6.2250
2014 年 8 月	2014/10/3	30.1974	−15	6.2705
2014 年 9 月	2014/11/4	35.5635	25	6.2480
2014 年 10 月	2014/12/5	32.5543	195	6.2860
2014 年 11 月	2015/1/7	29.9374	10	6.3200
2014 年 12 月	2015/2/5	28.3001	50	6.3870
2015 年 1 月	2015/3/6	28.6064	95	6.4065
2015 年 2 月	2015/4/2	22.5403	−70	6.3220
2015 年 3 月	2015/5/5	31.2347	−20	6.2755

资料来源：美国国家统计局（U. S. Census Bureau）。网站：www. census. gov/foreign – trade。

　　财政赤字是影响美元汇率的另外一个重要因素，该因素应该是影响人民币/美元汇率的另一主要因素。表 38 – 9 列出了美国 2005 年 10 月到 2015 年 4 月财政赤字数据及其发布的时间以及发布日与前一个工作日相比 1 年期人民币无本金交割远期汇率贴水点数的变化。我们从表 38 – 9 可以看出，在 2005 年到 2015 年的 115 个月份里，美国财政有 88 个月是赤字，占整个月份数的 76.5%；从表 38 – 9 我们也可以看出，美国财政赤字对 1 年期人民币无本金交割远期汇率有一定的影响。当美国财政赤字增长幅度较大时，1 年期人民币无本金交割远期汇率贴水点数增加较大，表示美元贬值压力增大和人民币升值压力增强。

　　表 38 – 9 分析美国贸易逆差对人民币/美元无本金交割远期汇率的影响应该用美国与我国贸易的逆差。由于两国贸易统计的方法不同，中美贸易差额数据相差相当大，所以我们在分析时暂时用美国总的贸易逆差来进行。

表 38 −9　　　　美国 2005 年 10 月到 2015 年 4 月月度财政盈余/赤字　单位：亿美元

时间	公布时间	预算	1 年期人民币无本金交割远期汇率升贴水点数日变化	1 年期人民币无本金交割远期隐含汇率
2005 年 10 月	2005/11/10	47. 277	55	7. 7775
2005 年 11 月	2005/12/12	83. 072	− 20	7. 7660
2005 年 12 月	2006/1/12	− 10. 967	− 8	7. 7163
2006 年 1 月	2006/2/10	− 20. 964	− 50	7. 7165
2006 年 2 月	2006/3/10	119. 237	47	7. 7163
2006 年 3 月	2006/4/12	85. 281	42	7. 6968
2006 年 4 月	2006/5/10	− 118. 841	− 42	7. 6755
2006 年 5 月	2006/6/12	42. 907	15	7. 7385
2006 年 6 月	2006/7/13	− 20. 517	5	7. 7090
2006 年 7 月	2006/8/10	33. 164	− 10	7. 7080
2006 年 8 月	2006/9/13	64. 717	− 210	7. 6805
2006 年 9 月	2006/10/12	− 56. 167	15	7. 6495
2006 年 10 月	2006/11/13	49. 321	10	7. 5640
2006 年 11 月	2006/12/12	73. 042	− 290	7. 4375
2006 年 12 月	2007/1/13	− 41. 961	64	7. 4670
2007 年 1 月	2007/2/13	− 38. 236	90	7. 3535
2007 年 2 月	2007/3/13	119. 993	− 145	7. 3240
2007 年 3 月	2007/4/12	96. 27	95	7. 2880
2007 年 4 月	2007/5/11	− 177. 674	− 30	7. 2550
2007 年 5 月	2007/6/13	67. 699	10	7. 2910
2007 年 6 月	2007/7/13	− 27. 481	30	7. 2420
2007 年 7 月	2007/8/11	36. 447	160	7. 1385
2007 年 8 月	2007/9/14	116. 973	85	7. 1520
2007 年 9 月	2007/10/12	− 112. 866	115	7. 0545
2007 年 10 月	2007/11/14	56. 838	20	6. 8595
2007 年 11 月	2007/12/12	98. 238	− 20	6. 7660
2007 年 12 月	2008/1/11	− 48. 261	− 215	6. 6635
2008 年 1 月	2008/2/12	− 17. 839	− 5	6. 5985
2008 年 2 月	2008/3/12	175. 563	− 180	6. 3275
2008 年 3 月	2008/4/10	48. 212	− 180	6. 2885
2008 年 4 月	2008/5/12	− 159. 282	− 92	6. 5435

续表

时间	公布时间	预算	1 年期人民币无本金交割远期汇率升贴水点数日变化	1 年期人民币无本金交割远期隐含汇率
2008 年 5 月	2008/6/11	165. 927	−710	6. 5718
2008 年 6 月	2008/7/11	−33. 547	−68	6. 4638
2008 年 7 月	2008/8/12	102. 767	127	6. 6278
2008 年 8 月	2008/9/11	111. 914	280	6. 7705
2008 年 9 月	2008/10/14	−45. 734	−775	6. 8875
2008 年 10 月	2008/11/13	155. 533	200	6. 9300
2008 年 11 月	2008/12/10	125. 201	−50	7. 1150
2008 年 12 月	2009/1/13	51. 754	195	7. 0225
2009 年 1 月	2009/2/11	63. 457	−50	6. 9350
2009 年 2 月	2009/3/11	193. 859	50	6. 9675
2009 年 3 月	2009/4/10	191. 589	135	6. 7585
2009 年 4 月	2009/5/12	20. 907	−50	6. 7265
2009 年 5 月	2009/6/10	189. 651	−145	6. 7100
2009 年 6 月	2009/7/13	94. 332	270	6. 8175
2009 年 7 月	2009/8/12	180. 68	10	6. 8025
2009 年 8 月	2009/9/11	103. 555	−25	6. 7265
2009 年 9 月	2009/10/16	45. 207	−260	6. 6075
2009 年 10 月	2009/11/12	176. 363	−60	6. 6050
2009 年 11 月	2009/12/10	120. 287	0	6. 6580
2009 年 12 月	2010/1/13	91. 41	50	6. 6185
2010 年 1 月	2010/2/17	42. 634	25	6. 6680
2010 年 2 月	2010/3/10	220. 909	−40	6. 6365
2010 年 3 月	2010/4/12	65. 387	160	6. 6240
2010 年 4 月	2010/5/12	82. 689	50	6. 6815
2010 年 5 月	2010/6/10	135. 927	−245	6. 7699
2010 年 6 月	2010/7/13	68. 422	−25	6. 6570
2010 年 7 月	2010/8/11	165. 043	165	6. 6815
2010 年 8 月	2010/9/13	90. 526	−74	6. 6454
2010 年 9 月	2010/10/15	34. 607	−360	6. 3955
2010 年 10 月	2010/11/10	140. 432	−145	6. 4355
2010 年 11 月	2010/12/10	150. 394	−150	6. 5040

续表

时间	公布时间	预算	1年期人民币无本金交割远期汇率升贴水点数日变化	1年期人民币无本金交割远期隐含汇率
2010年12月	2011/1/12	78.134	-160	6.4255
2011年1月	2011/2/10	49.796	70	6.4355
2011年2月	2011/3/10	222.507	260	6.4395
2011年3月	2011/4/12	188.154	110	6.3865
2011年4月	2011/5/11	40.387	45	6.3470
2011年5月	2011/6/10	57.641	25	6.3925
2011年6月	2011/7/13	43.08	-150	6.3945
2011年7月	2011/8/10	129.376	-445	6.3555
2011年8月	2011/9/13	134.143	230	6.3305
2011年9月	2011/10/15	62.75	-195	6.3925
2011年10月	2011/11/10	98.466	0	6.3390
2011年11月	2011/12/12	137.302	100	6.4175
2011年12月	2012/1/12	85.967	-40	6.3145
2012年1月	2012/2/10	27.407	140	6.2780
2012年2月	2012/3/12	231.677	235	6.3195
2012年3月	2012/4/11	198.157	25	6.3430
2012年4月	2012/5/10	-59.117	15	6.3550
2012年5月	2012/6/12	124.636	15	6.4220
2012年6月	2012/7/12	59.741	50	6.4240
2012年7月	2012/8/10	69.604	65	6.4285
2012年8月	2012/9/13	190.533	20	6.4195
2012年9月	2012/10/12	-75.18	-140	6.3595
2012年10月	2012/11/13	119.995	-50	6.3305
2012年11月	2012/12/12	172.112	-80	6.3125
2012年12月	2013/1/11	1.191	80	6.2765
2013年1月	2013/2/12	-2.886	-40	6.3200
2013年2月	2013/3/12	203.539	-45	6.3055
2013年3月	2013/4/10	106.53	-175	6.2605
2013年4月	2013/5/10	-112.889	150	6.2235
2013年5月	2013/6/12	138.732	140	6.2595
2013年6月	2013/7/11	-116.501	-15	6.2810

续表

时间	公布时间	预算	1 年期人民币无本金交割远期汇率升贴水点数日变化	1 年期人民币无本金交割远期隐含汇率
2013 年 7 月	2013/8/12	97.597	60	6.2640
2013 年 8 月	2013/9/12	147.905	-42	6.2148
2013 年 9 月	2013/10/24	-75.114	-10	6.1490
2013 年 10 月	2013/11/13	90.584	25	6.1600
2013 年 11 月	2013/12/11	135.226	95	6.1245
2013 年 12 月	2014/1/13	-53.22	-88	6.1000
2014 年 1 月	2014/2/12	10.52	-30	6.1103
2014 年 2 月	2014/3/12	193.532	25	6.1940
2014 年 3 月	2014/4/10	36.895	172	6.2355
2014 年 4 月	2014/5/12	-106.853	170	6.2400
2014 年 5 月	2014/6/11	129.971	145	6.2180
2014 年 6 月	2014/7/11	-70.519	8	6.2555
2014 年 7 月	2014/8/12	94.621	103	6.2360
2014 年 8 月	2014/9/11	128.677	85	6.2265
2014 年 9 月	2014/10/15	-105.803	-70	6.2420
2014 年 10 月	2014/11/13	121.713	-28	6.2658
2014 年 11 月	2014/12/10	56.818	-85	6.3080
2014 年 12 月	2015/1/13	-1.864	-150	6.2950
2015 年 1 月	2015/2/11	17.546	0	6.3690
2015 年 2 月	2015/3/11	192.35	75	6.4155
2015 年 3 月	2015/4/10	52.918	-5	6.3300
2015 年 4 月	2015/5/12	-156.714	-35	6.2575

资料来源：美国财政部（The U. S. Department of Treasury）。网站：http：//www. fms. treas. gov。

38.5.2　通货膨胀率

通货膨胀率是美联储调整利率时最重要的参考因素之一。这里我们分析美国消费价格指数和生产价格指数对人民币无本金交割远期汇率的影响。表 38 - 10 和表 38 - 11 分别列出了美国 2005 年 10 月到 2015 年 4 月美国消费价格指数和生产价格指数的数据，以及发布日与前一工作日相比 1 年期人民币无本金交割远期汇率的贴水点数变化。我们从表 38 - 10 和表 38 - 11 可以看出，美国消费者价格指数和生产价格指数数据的公布可以影响 1 年期人民币无本金交割远期汇率贴水点数数百点。

表 38 - 10   美国 2005 年 10 月到 2015 年 4 月月度消费价格指数

时间	公布日期	同比变化率	1 年期人民币无本金交割远期汇率升贴水点数日变化	1 年期人民币无本金交割远期隐含汇率
2005 年 10 月	2005/11/16	4. 3	37	7. 7788
2005 年 11 月	2005/12/15	3. 5	−291	7. 7345
2005 年 12 月	2006/1/18	3. 4	10	7. 7163
2006 年 1 月	2006/2/22	4	−25	7. 7163
2006 年 2 月	2006/3/16	3. 6	10	7. 7163
2006 年 3 月	2006/4/19	3. 4	−2	7. 7160
2006 年 4 月	2006/5/17	3. 5	5	7. 7163
2006 年 5 月	2006/6/14	4. 2	−110	7. 7225
2006 年 6 月	2006/7/19	4. 3	48	7. 7210
2006 年 7 月	2006/8/16	4. 1	−50	7. 7220
2006 年 8 月	2006/9/15	3. 8	−30	7. 6945
2006 年 9 月	2006/10/18	2. 1	5	7. 6625
2006 年 10 月	2006/11/16	1. 3	80	7. 5755
2006 年 11 月	2006/12/15	2	135	7. 4490
2006 年 12 月	2007/1/18	2. 5	−50	7. 4300
2007 年 1 月	2007/2/21	2. 1	5	7. 3260
2007 年 2 月	2007/3/16	2. 4	−170	7. 2855
2007 年 3 月	2007/4/17	2. 8	35	7. 2865
2007 年 4 月	2007/5/15	2. 6	30	7. 2575
2007 年 5 月	2007/6/15	2. 7	−75	7. 2915
2007 年 6 月	2007/7/18	2. 7	10	7. 2305
2007 年 7 月	2007/8/15	2. 4	320	7. 1735
2007 年 8 月	2007/9/19	2	−235	7. 1410
2007 年 9 月	2007/10/17	2. 8	−80	7. 0495
2007 年 10 月	2007/11/15	3. 5	−130	6. 8465
2007 年 11 月	2007/12/14	4. 3	35	6. 7605
2007 年 12 月	2008/1/16	4. 1	200	6. 6345
2008 年 1 月	2008/2/20	4. 3	35	6. 5575
2008 年 2 月	2008/3/14	4	490	6. 3240
2008 年 3 月	2008/4/16	4	−53	6. 2810
2008 年 4 月	2008/5/14	3. 9	497	6. 6300

续表

时间	公布日期	同比变化率	1 年期人民币无本金交割远期汇率升贴水点数日变化	1 年期人民币无本金交割远期隐含汇率
2008 年 5 月	2008/6/13	4.2	−415	6.5418
2008 年 6 月	2008/7/16	5	−75	6.4470
2008 年 7 月	2008/8/14	5.6	195	6.6450
2008 年 8 月	2008/9/16	5.4	754	6.8291
2008 年 9 月	2008/10/16	4.9	375	6.9525
2008 年 10 月	2008/11/19	3.7	−45	6.9860
2008 年 11 月	2008/12/16	1.1	400	7.1300
2008 年 12 月	2009/1/16	0.1	290	7.0700
2009 年 1 月	2009/2/20	0	125	6.9650
2009 年 2 月	2009/3/18	0.2	−160	6.9120
2009 年 3 月	2009/4/15	−0.4	35	6.7505
2009 年 4 月	2009/5/15	−0.7	85	6.7400
2009 年 5 月	2009/6/17	−1.3	180	6.7500
2009 年 6 月	2009/7/15	−1.4	−210	6.7825
2009 年 7 月	2009/8/14	−2.1	57	6.8083
2009 年 8 月	2009/9/16	−1.5	0	6.7325
2009 年 9 月	2009/10/15	−1.3	−180	6.6335
2009 年 10 月	2009/11/18	−0.2	−90	6.6155
2009 年 11 月	2009/12/16	1.8	115	6.6925
2009 年 12 月	2010/1/15	2.7	0	6.6085
2010 年 1 月	2010/2/19	2.6	25	6.6680
2010 年 2 月	2010/3/18	2.1	3	6.6680
2010 年 3 月	2010/4/14	2.3	−100	6.6235
2010 年 4 月	2010/5/19	2.2	310	6.7135
2010 年 5 月	2010/6/17	2	50	6.7425
2010 年 6 月	2010/7/16	1.1	25	6.6610
2010 年 7 月	2010/8/13	1.2	45	6.6935
2010 年 8 月	2010/9/17	1.1	−120	6.6215
2010 年 9 月	2010/10/15	1.1	−360	6.3955
2010 年 10 月	2010/11/17	1.2	−25	6.4875
2010 年 11 月	2010/12/15	1.1	201	6.5171

时间	公布日期	同比变化率	1 年期人民币无本金交割远期汇率升贴水点数日变化	1 年期人民币无本金交割远期隐含汇率
2010 年 12 月	2011/1/14	1.5	50	6.4405
2011 年 1 月	2011/2/17	1.6	30	6.4185
2011 年 2 月	2011/3/17	2.1	−60	6.4575
2011 年 3 月	2011/4/15	2.7	−100	6.3775
2011 年 4 月	2011/5/13	3.2	100	6.3715
2011 年 5 月	2011/6/15	3.6	140	6.3925
2011 年 6 月	2011/7/15	3.6	95	6.3990
2011 年 7 月	2011/8/18	3.6	140	6.2865
2011 年 8 月	2011/9/15	3.8	−115	6.3340
2011 年 9 月	2011/10/19	3.9	10	6.3905
2011 年 10 月	2011/11/16	3.5	−110	6.3395
2011 年 11 月	2011/12/16	3.4	−395	6.4085
2011 年 12 月	2012/1/19	3	115	6.2845
2012 年 1 月	2012/2/17	2.9	−60	6.2845
2012 年 2 月	2012/3/16	2.9	−105	6.3200
2012 年 3 月	2012/4/13	2.7	5	6.3295
2012 年 4 月	2012/5/15	2.3	−15	6.3740
2012 年 5 月	2012/6/14	1.7	−60	6.4145
2012 年 6 月	2012/7/17	1.7	0	6.4190
2012 年 7 月	2012/8/15	1.4	85	6.4315
2012 年 8 月	2012/9/14	1.7	−200	6.3995
2012 年 9 月	2012/10/16	2	5	6.3570
2012 年 10 月	2012/11/15	2.2	115	6.3340
2012 年 11 月	2012/12/14	1.8	−5	6.3145
2012 年 12 月	2013/1/16	1.7	10	6.2855
2013 年 1 月	2013/2/21	1.6	80	6.3285
2013 年 2 月	2013/3/15	2	−15	6.3035
2013 年 3 月	2013/4/16	1.5	−120	6.2515
2013 年 4 月	2013/5/16	1.1	70	6.2380
2013 年 5 月	2013/6/18	1.4	160	6.2745
2013 年 6 月	2013/7/16	1.8	−85	6.2755

续表

时间	公布日期	同比变化率	1 年期人民币无本金交割远期汇率升贴水点数日变化	1 年期人民币无本金交割远期隐含汇率
2013 年 7 月	2013/8/15	2	−180	6.2445
2013 年 8 月	2013/9/17	1.5	−17	6.2058
2013 年 9 月	2013/10/16	1.2	20	6.1505
2013 年 10 月	2013/11/15	1	55	6.1630
2013 年 11 月	2013/12/17	1.2	72	6.1333
2013 年 12 月	2014/1/16	1.5	−53	6.1003
2014 年 1 月	2014/2/20	1.6	153	6.1285
2014 年 2 月	2014/3/18	1.1	51	6.2170
2014 年 3 月	2014/4/15	1.5	2	6.2485
2014 年 4 月	2014/5/15	2	30	6.2375
2014 年 5 月	2014/6/17	2.1	135	6.2390
2014 年 6 月	2014/7/22	2.1	5	6.2560
2014 年 7 月	2014/8/19	2	−10	6.2145
2014 年 8 月	2014/9/17	1.7	95	6.2470
2014 年 9 月	2014/10/22	1.7	80	6.2495
2014 年 10 月	2014/11/20	1.7	15	6.2530
2014 年 11 月	2014/12/17	1.3	130	6.3225
2014 年 12 月	2015/1/16	0.8	295	6.3320
2015 年 1 月	2015/2/26	−0.1	−10	6.3870
2015 年 2 月	2015/3/24	0	−125	6.3650
2015 年 3 月	2015/4/17	−0.1	−6	6.2850
2015 年 4 月	2015/5/22	−0.2	−30	6.2410

资料来源：美国劳工部劳工数据局网站，www.bls.gov。

表 38 − 11　美国 2005 年到 2015 年月度生产价格指数（PPI）及其变化

时间	公布日期	同比变化率	1 年期人民币无本金交割远期汇率升贴水点数日变化	1 年期人民币无本金交割远期隐含汇率
2005 年 10 月	2005/11/15	5.9	75	7.7750
2005 年 11 月	2005/12/20	4.4	255	7.7630
2005 年 12 月	2006/1/13	5.4	8	7.7170
2006 年 1 月	2006/2/17	5.6	5	7.7163
2006 年 2 月	2006/3/21	3.9	−43	7.7163

时间	公布日期	同比变化率	1年期人民币无本金交割远期汇率升贴水点数日变化	1年期人民币无本金交割远期隐含汇率
2006 年 3 月	2006/4/18	3.6	137	7.7163
2006 年 4 月	2006/5/16	4.1	−5	7.7158
2006 年 5 月	2006/6/13	4.5	−50	7.7335
2006 年 6 月	2006/7/18	4.9	−13	7.7163
2006 年 7 月	2006/8/15	4.2	85	7.7270
2006 年 8 月	2006/9/19	3.7	−10	7.6910
2006 年 9 月	2006/10/17	0.9	147	7.6620
2006 年 10 月	2006/11/14	−1.2	−40	7.5600
2006 年 11 月	2006/12/19	0.9	10	7.4490
2006 年 12 月	2007/1/17	1.1	−185	7.4350
2007 年 1 月	2007/2/16	0.1	5	7.3260
2007 年 2 月	2007/3/15	2.4	−170	7.3025
2007 年 3 月	2007/4/13	3.1	−85	7.2795
2007 年 4 月	2007/5/11	3.2	−30	7.2550
2007 年 5 月	2007/6/14	3.9	80	7.2990
2007 年 6 月	2007/7/17	3.3	−35	7.2295
2007 年 7 月	2007/8/14	4	15	7.1415
2007 年 8 月	2007/9/18	2.2	−150	7.1645
2007 年 9 月	2007/10/12	4.4	115	7.0545
2007 年 10 月	2007/11/14	6.1	20	6.8595
2007 年 11 月	2007/12/13	7.3	−90	6.7570
2007 年 12 月	2008/1/15	6.2	−33	6.6145
2008 年 1 月	2008/2/26	7.4	10	6.4905
2008 年 2 月	2008/3/18	6.5	−315	6.3005
2008 年 3 月	2008/4/15	6.7	15	6.2863
2008 年 4 月	2008/5/20	6.4	15	6.5675
2008 年 5 月	2008/6/17	7.3	−55	6.4835
2008 年 6 月	2008/7/15	9.2	−192	6.4545
2008 年 7 月	2008/8/19	9.8	−252	6.6928
2008 年 8 月	2008/9/12	9.6	−168	6.7538

时间	公布日期	同比变化率	1 年期人民币无本金交割远期汇率升贴水点数日变化	1 年期人民币无本金交割远期隐含汇率
2008 年 9 月	2008/10/15	8.7	275	6.9150
2008 年 10 月	2008/11/18	5.2	305	6.9905
2008 年 11 月	2008/12/12	0.48	−150	7.0700
2008 年 12 月	2009/1/15	−0.9	185	7.0410
2009 年 1 月	2009/2/19	−0.9	−275	6.9525
2009 年 2 月	2009/3/17	−1.4	−80	6.9280
2009 年 3 月	2009/4/14	−3.4	70	6.7470
2009 年 4 月	2009/5/14	−3.5	27	6.7315
2009 年 5 月	2009/6/16	−4.8	−55	6.7320
2009 年 6 月	2009/7/14	−4.6	−140	6.8035
2009 年 7 月	2009/8/18	−6.8	−90	6.8160
2009 年 8 月	2009/9/15	−4.3	−75	6.7325
2009 年 9 月	2009/10/20	−4.8	47	6.5943
2009 年 10 月	2009/11/17	−2	220	6.6245
2009 年 11 月	2009/12/15	2.2	160	6.6810
2009 年 12 月	2010/1/20	4.3	135	6.6250
2010 年 1 月	2010/2/18	4.5	25	6.6680
2010 年 2 月	2010/3/17	4.2	112	6.6677
2010 年 3 月	2010/4/22	5.9	−95	6.6070
2010 年 4 月	2010/5/18	5.4	−192	6.6825
2010 年 5 月	2010/6/16	5.1	−324	6.7375
2010 年 6 月	2010/7/15	2.8	−5	6.6585
2010 年 7 月	2010/8/17	4.2	−160	6.6765
2010 年 8 月	2010/9/16	3.1	−290	6.6335
2010 年 9 月	2010/10/14	3.9	−170	6.4315
2010 年 10 月	2010/11/16	4.3	5	6.4900
2010 年 11 月	2010/12/14	3.4	−10	6.4970
2010 年 12 月	2011/1/13	3.8	100	6.4355
2011 年 1 月	2011/2/16	3.6	−210	6.4155
2011 年 2 月	2011/3/16	5.4	120	6.4635

时间	公布日期	同比变化率	1 年期人民币无本金交割远期汇率升贴水点数日变化	1 年期人民币无本金交割远期隐含汇率
2011 年 3 月	2011/4/14	5.6	85	6.3875
2011 年 4 月	2011/5/12	6.6	145	6.3615
2011 年 5 月	2011/6/14	7.1	−100	6.3785
2011 年 6 月	2011/7/14	7	−50	6.3895
2011 年 7 月	2011/8/17	7.2	−40	6.2725
2011 年 8 月	2011/9/14	6.5	150	6.3455
2011 年 9 月	2011/10/18	7	−50	6.3895
2011 年 10 月	2011/11/15	5.8	90	6.3505
2011 年 11 月	2011/12/15	5.6	15	6.4480
2011 年 12 月	2012/1/18	4.7	−335	6.2730
2012 年 1 月	2012/2/16	4.1	70	6.2905
2012 年 2 月	2012/3/15	3.4	−140	6.3305
2012 年 3 月	2012/4/12	2.8	−140	6.3290
2012 年 4 月	2012/5/11	1.8	35	6.3585
2012 年 5 月	2012/6/13	0.6	−15	6.4205
2012 年 6 月	2012/7/13	0.7	−95	6.4145
2012 年 7 月	2012/8/14	0.5	−20	6.4230
2012 年 8 月	2012/9/13	2	20	6.4195
2012 年 9 月	2012/10/12	2.1	−140	6.3595
2012 年 10 月	2012/11/14	2.3	−80	6.3225
2012 年 11 月	2012/12/13	1.5	25	6.3150
2012 年 12 月	2013/1/15	1.4	35	6.2845
2013 年 1 月	2013/2/20	1.5	−45	6.3205
2013 年 2 月	2013/3/14	1.8	35	6.3050
2013 年 3 月	2013/4/12	1.1	−55	6.2570
2013 年 4 月	2013/5/15	0.5	85	6.2310
2013 年 5 月	2013/6/14	1.6	−30	6.2755
2013 年 6 月	2013/7/12	2.3	65	6.2875
2013 年 7 月	2013/8/14	2.1	−20	6.2625
2013 年 8 月	2013/9/13	1.3	−38	6.2110

续表

时间	公布日期	同比变化率	1年期人民币无本金交割远期汇率升贴水点数日变化	1年期人民币无本金交割远期隐含汇率
2013年9月	2013/10/29	1.1	40	6.1555
2013年10月	2013/11/21	1.3	−17	6.1493
2013年11月	2013/12/13	1.1	15	6.1325
2013年12月	2014/1/15	1.2	72	6.1055
2014年1月	2014/2/19	1.3	55	6.1133
2014年2月	2014/3/14	1.2	148	6.2143
2014年3月	2014/4/11	1.4	10	6.2365
2014年4月	2014/5/14	1.8	−45	6.2345
2014年5月	2014/6/13	2.1	3	6.2136
2014年6月	2014/7/16	1.8	−40	6.2595
2014年7月	2014/8/15	1.9	−72	6.2248
2014年8月	2014/9/16	1.9	−20	6.2375
2014年9月	2014/10/15	1.6	−70	6.2420
2014年10月	2014/11/18	1.5	−95	6.2550
2014年11月	2014/12/12	1.3	−65	6.3120
2014年12月	2015/1/15	0.9	80	6.3025
2015年1月	2015/2/18	0	65	6.3906
2015年2月	2015/3/13	−0.6	15	6.4100
2015年3月	2015/4/14	−0.8	−100	6.3210
2015年4月	2015/5/14	−1.3	−50	6.2470

资料来源：美国劳工部劳工数据局网站，www.bls.gov。

38.5.3　利率

由于我国利率市场化刚刚起步，没有系统的数据可以分析人民币利率对人民币无本金交割远期汇率的影响，但美国从2002年年初至今利率调整了29次。我们知道美国利率调整的时间及其调整的幅度，从而可以研究和分析美元利率对人民币无本金交割远期汇率的影响。表38-12列出了2002年11月到2015年5月美国联邦基金利率（Federal Funds Rate）调整的公布时间、调整幅度、相应的利率水平，以及发布日与前一个工作日相比1年期人民币无本金交割远期汇率贴水点数变化。

表 38 - 12　　　　　　　　　　美国 2002 年到 2015 年基准利率调整表

年份	公布日期	调整幅度	利率（%）	1 年期人民币无本金交割远期汇率升贴水点数日变化	1 年期人民币无本金交割远期汇率
2002	11 月 6 日	- 0.50	1.25	- 10	8.290
2003	6 月 25 日	- 0.25	1.00	70	8.164
2004	6 月 30 日	0.25	1.25	0	8.114
2004	8 月 10 日	0.25	1.50	10	8.132
2004	9 月 21 日	0.25	1.75	- 76	8.059
2004	11 月 10 日	0.25	2.00	75	7.927
2004	12 月 14 日	0.25	2.25	25	7.829
2005	2 月 2 日	0.25	2.50	120	7.894
2005	3 月 22 日	0.25	2.75	100	7.936
2005	5 月 3 日	0.25	3.00	200	7.807
2005	6 月 30 日	0.25	3.25	- 25	7.863
2005	8 月 9 日	0.25	3.50	0	7.830
2005	9 月 20 日	0.25	3.75	- 145	7.815
2005	11 月 1 日	0.25	4.00	0	7.795
2005	12 月 13 日	0.25	4.25	- 60	7.755
2006	1 月 31 日	0.25	4.50	0	7.713
2006	3 月 28 日	0.25	4.75	85	7.732
2006	5 月 10 日	0.25	5.00	0	7.713
2006	6 月 29 日	0.25	5.25	- 40	7.715
2007	9 月 18 日	- 0.50	4.75	- 140	7.163
2007	10 月 31 日	- 0.25	4.50	10	6.945
2007	12 月 11 日	- 0.25	4.25	- 260	6.762
2008	1 月 22 日	- 0.75	3.50	190	6.678
2008	1 月 30 日	- 0.50	3.00	- 40	6.632
2008	3 月 18 日	- 0.75	2.25	- 290	6.298
2008	4 月 30 日	- 0.25	2.00	- 290	6.410
2008	10 月 8 日	- 0.50	1.50	237	7.004
2008	10 月 29 日	- 0.50	1.00	100	7.030
2008	12 月 16 日	- 0.75	0.25	400	7.110

资料来源：纽约联邦储备银行网站，www. ny. frb. org。

38.5.4　失业数据

失业数据是经济增长的重要指标。表 38 - 13 给出了美国 2005 年 10 月到 2015 年 4 月的失业率数据、相应发布时间，以及发布日与前一工作日相比 1 年期人民币无本金交割远期汇率贴水点数变化。从表 38 - 13 我们可以看出，失业率数据对 1 年期人民币无本金交割远期汇率贴水点数有较大影响，其中 2008 年 12 月 5 日公布同年 11 月失业率是影响最大的一次，1 年期人民币无本金交割远期汇率贴水点数下降 1745 点。

表 38 - 13　　　　　　　　美国 2005 年到 2015 年月度失业率

年份	公布日期	失业率（%）	1 年期人民币无本金交割远期汇率升贴水点数日变化	1 年期人民币无本金交割远期隐含汇率
2005 年 10 月	2005/11/4	5.0	− 25	7.7988
2005 年 11 月	2005/12/2	5.0	− 15	7.7750
2005 年 12 月	2006/1/6	4.9	77	7.7065
2006 年 1 月	2006/2/3	4.7	− 3	7.7163
2006 年 2 月	2006/3/10	4.8	47	7.7163
2006 年 3 月	2006/4/7	4.7	− 182	7.6980
2006 年 4 月	2006/5/5	4.7	97	7.7163
2006 年 5 月	2006/6/2	4.6	− 20	7.7230
2006 年 6 月	2006/7/7	4.6	− 90	7.7025
2006 年 7 月	2006/8/4	4.7	10	7.7125
2006 年 8 月	2006/9/1	4.7	− 30	7.7300
2006 年 9 月	2006/10/6	4.5	60	7.6530
2006 年 10 月	2006/11/3	4.4	− 115	7.6105
2006 年 11 月	2006/12/8	4.5	65	7.4725
2006 年 12 月	2007/1/5	4.4	15	7.4370
2007 年 1 月	2007/2/2	4.6	− 20	7.3680
2007 年 2 月	2007/3/9	4.5	10	7.3490
2007 年 3 月	2007/4/6	4.4	145	7.2845
2007 年 4 月	2007/5/4	4.5	− 15	7.2800
2007 年 5 月	2007/6/1	4.4	− 20	7.2860
2007 年 6 月	2007/7/6	4.6	24	7.2665
2007 年 7 月	2007/8/3	4.7	− 5	7.1600
2007 年 8 月	2007/9/7	4.6	− 150	7.1770

续表

年份	公布日期	失业率（%）	1年期人民币无本金交割远期汇率升贴水点数日变化	1年期人民币无本金交割远期隐含汇率
2007 年 9 月	2007/10/5	4.7	25	7.0720
2007 年 10 月	2007/11/2	4.7	−30	6.9515
2007 年 11 月	2007/12/7	4.7	−45	6.8085
2007 年 12 月	2008/1/4	5	−25	6.6800
2008 年 1 月	2008/2/1	5	−75	6.5930
2008 年 2 月	2008/3/7	4.9	−545	6.3350
2008 年 3 月	2008/4/4	5.1	−125	6.2855
2008 年 4 月	2008/5/2	5	−275	6.4135
2008 年 5 月	2008/6/6	5.4	−305	6.5500
2008 年 6 月	2008/7/3	5.6	267	6.5063
2008 年 7 月	2008/8/1	5.8	480	6.5653
2008 年 8 月	2008/9/5	6.1	90	6.7863
2008 年 9 月	2008/10/3	6.1	360	6.8585
2008 年 10 月	2008/11/7	6.5	15	6.9065
2008 年 11 月	2008/12/5	6.8	−1745	7.1955
2008 年 12 月	2009/1/9	7.3	−75	7.0000
2009 年 1 月	2009/2/6	7.8	−150	6.9250
2009 年 2 月	2009/3/6	8.3	45	6.9550
2009 年 3 月	2009/4/3	8.7	8	6.7468
2009 年 4 月	2009/5/8	9	−50	6.7250
2009 年 5 月	2009/6/5	9.4	20	6.6940
2009 年 6 月	2009/7/2	9.5	−25	6.7450
2009 年 7 月	2009/8/7	9.5	45	6.7825
2009 年 8 月	2009/9/4	9.6	−140	6.7805
2009 年 9 月	2009/10/2	9.8	−380	6.6885
2009 年 10 月	2009/11/6	10	−197	6.6253
2009 年 11 月	2009/12/4	9.9	165	6.6370
2009 年 12 月	2010/1/8	9.9	−225	6.6105
2010 年 1 月	2010/2/5	9.8	170	6.6810
2010 年 2 月	2010/3/5	9.8	−105	6.6450
2010 年 3 月	2010/4/2	9.9	0	6.6475

年份	公布日期	失业率（%）	1 年期人民币无本金交割远期汇率升贴水点数日变化	1 年期人民币无本金交割远期隐含汇率
2010 年 4 月	2010/5/7	9.9	130	6.7160
2010 年 5 月	2010/6/4	9.6	295	6.7950
2010 年 6 月	2010/7/2	9.4	0	6.6680
2010 年 7 月	2010/8/6	9.4	−140	6.6705
2010 年 8 月	2010/9/3	9.5	−80	6.7025
2010 年 9 月	2010/10/8	9.5	−770	6.4575
2010 年 10 月	2010/11/5	9.4	170	6.4395
2010 年 11 月	2010/12/3	9.8	−70	6.4890
2010 年 12 月	2011/1/7	9.3	50	6.4615
2011 年 1 月	2011/2/4	9.2	−240	6.4415
2011 年 2 月	2011/3/4	9	40	6.4055
2011 年 3 月	2011/4/1	9	−30	6.4145
2011 年 4 月	2011/5/6	9.1	−15	6.3485
2011 年 5 月	2011/6/3	9	−40	6.3565
2011 年 6 月	2011/7/8	9.1	30	6.3855
2011 年 7 月	2011/8/5	9	105	6.3855
2011 年 8 月	2011/9/2	9	60	6.2835
2011 年 9 月	2011/10/7	9	295	6.4345
2011 年 10 月	2011/11/4	8.8	−60	6.3560
2011 年 11 月	2011/12/2	8.6	−40	6.3805
2011 年 12 月	2012/1/6	8.5	10	6.3445
2012 年 1 月	2012/2/3	8.3	−25	6.2715
2012 年 2 月	2012/3/9	8.3	−15	6.2960
2012 年 3 月	2012/4/6	8.2	20	6.3335
2012 年 4 月	2012/5/4	8.2	−20	6.3420
2012 年 5 月	2012/6/1	8.2	−35	6.4345
2012 年 6 月	2012/7/6	8.2	130	6.4225
2012 年 7 月	2012/8/3	8.2	−90	6.4235
2012 年 8 月	2012/9/7	8	−148	6.4255
2012 年 9 月	2012/10/5	7.8	−45	6.4120
2012 年 10 月	2012/11/2	7.8	70	6.3595

年份	公布日期	失业率（%）	1 年期人民币无本金交割远期汇率升贴水点数日变化	1 年期人民币无本金交割远期隐含汇率
2012 年 11 月	2012/12/7	7.7	1	6.3165
2012 年 12 月	2013/1/4	7.9	−140	6.3175
2013 年 1 月	2013/2/1	8	125	6.3185
2013 年 2 月	2013/3/8	7.7	−10	6.3125
2013 年 3 月	2013/4/5	7.5	8	6.2895
2013 年 4 月	2013/5/3	7.6	5	6.2245
2013 年 5 月	2013/6/7	7.5	140	6.2595
2013 年 6 月	2013/7/5	7.5	50	6.3015
2013 年 7 月	2013/8/2	7.4	−70	6.2910
2013 年 8 月	2013/9/6	7.3	−25	6.2335
2013 年 9 月	2013/10/22	7.2	−20	6.1515
2013 年 10 月	2013/11/8	7.3	25	6.1605
2013 年 11 月	2013/12/6	7	−135	6.1315
2013 年 12 月	2014/1/10	6.7	−93	6.1088
2014 年 1 月	2014/2/7	6.6	−88	6.1168
2014 年 2 月	2014/3/7	6.7	−5	6.1498
2014 年 3 月	2014/4/4	6.7	15	6.2360
2014 年 4 月	2014/5/2	6.3	30	6.2520
2014 年 5 月	2014/6/6	6.3	−145	6.2448
2014 年 6 月	2014/7/3	6.1	99	6.2505
2014 年 7 月	2014/8/1	6.2	−65	6.2515
2014 年 8 月	2014/9/5	6.1	−15	6.2235
2014 年 9 月	2014/10/3	5.9	−15	6.2705
2014 年 10 月	2014/11/7	5.8	83	6.2645
2014 年 11 月	2014/12/5	5.8	195	6.2860
2014 年 12 月	2015/1/9	5.6	−130	6.3145
2015 年 1 月	2015/2/6	5.7	−175	6.3695
2015 年 2 月	2015/3/6	5.5	95	6.4065
2015 年 3 月	2015/4/3	5.5	−135	6.3085
2015 年 4 月	2015/5/8	5.4	−10	6.2710

资料来源：美国劳工部劳工数据局网站，www.bls.gov。

美国失业率在 2002 年到 2003 年夏天之前呈上升趋势，但从 2003 年 7 月开始持续下降，表明美国经济开始复苏。之后，受美联储提高利率以及次级债风波等影响，失业率有所上扬，自 2010 年起，失业率小幅回落。美国失业率数据应该是影响人民币无本金交割远期汇率的重要因素。

38.5.5　美国国内生产总值数据

国内生产总值是影响本国货币的重要指标，美国国内生产总值也应该是影响人民币/美元无本金交割远期汇率的重要因素。表 38 – 14 给出了美国 2005 年第三季度到 2015 年第一季度各季度的名义国内生产总值及其增长率、相应首次公布日期及其对 1 年期人民币无本金交割远期汇率贴水点数的影响（公布日与公布前一个工作日差值）。

表 38 – 14　　　　　美国 2005 年第三季度到 2015 年
第一季度国内生产总值及其增长率　　单位：10 亿美元，%

时间	公布日期	名义 GDP	名义 GDP 增长率	1 年期人民币无本金交割远期汇率升贴水点数日变化	1 年期人民币无本金交割远期隐含汇率
2005Q3	2005/10/28	13206.5	1.78	– 68	7.7970
2005Q4	2006/1/27	13383.3	1.34	– 3	7.7163
2006Q1	2006/4/28	13649.8	1.99	97	7.7163
2006Q2	2006/7/28	13802.9	1.12	80	7.7105
2006Q3	2006/10/27	13910.5	0.78	– 125	7.6210
2006Q4	2007/1/31	14068.4	1.14	55	7.3950
2007Q1	2007/4/27	14235	1.18	– 95	7.2815
2007Q2	2007/7/27	14424.5	1.33	– 130	7.1445
2007Q3	2007/10/31	14571.9	1.02	15	6.9475
2007Q4	2008/1/30	14690	0.81	– 45	6.6340
2008Q1	2008/4/30	14672.9	– 0.12	– 275	6.4135
2008Q2	2008/7/31	14817.1	0.98	– 85	6.5173
2008Q3	2008/10/30	14844.3	0.18	– 690	6.9710
2008Q4	2009/1/30	14546.7	– 2.00	300	7.0850
2009Q1	2009/4/29	14381.2	– 1.14	– 350	6.7550
2009Q2	2009/7/31	14342.1	– 0.27	– 25	6.7770
2009Q3	2009/10/29	14384.4	0.29	– 130	6.6755
2009Q4	2010/1/29	14564.1	1.25	– 30	6.6295
2010Q1	2010/4/30	14672.5	0.74	40	6.6145
2010Q2	2010/7/30	14879.2	1.41	50	6.6905

时间	公布日期	名义 GDP	名义 GDP 增长率	1 年期人民币无本金交割远期汇率升贴水点数日变化	1 年期人民币无本金交割远期隐含汇率
2010Q3	2010/10/29	15049.8	1.15	−145	6.4470
2010Q4	2011/1/28	15231.7	1.21	150	6.4685
2011Q1	2011/4/28	15242.9	0.07	0	6.3230
2011Q2	2011/7/29	15461.9	1.44	−5	6.3790
2011Q3	2011/10/27	15611.8	0.97	−410	6.3540
2011Q4	2012/1/27	15818.7	1.33	80	6.2925
2012Q1	2012/4/27	16041.6	1.41	0	6.3475
2012Q2	2012/7/27	16160.4	0.74	−53	6.4325
2012Q3	2012/10/26	16356	1.21	−30	6.3485
2012Q4	2013/1/30	16420.3	0.39	−95	6.3065
2013Q1	2013/4/26	16535.3	0.70	−35	6.2380
2013Q2	2013/7/31	16633.4	0.59	−40	6.2945
2013Q3	2013/11/7	16847.6	1.29	−15	6.1580
2013Q4	2014/1/30	17102.5	1.51	42	6.1255
2014Q1	2014/4/30	17149.6	0.28	30	6.2520
2014Q2	2014/7/30	17294.7	0.85	137	6.2565
2014Q3	2014/11/30	17535.4	1.39	80	6.2625
2014Q4	2015/1/30	17710.7	1.00	286	6.3951
2015Q1	2015/4/29	17710	0.00	15	6.2700

资料来源：美国商务部经济分析局网站，www. bea. gov，以及 http：//www. ghlsqh. com. cn。

38.6 美国经济金融因素的影响分析

我们在第 38.5 节对美国主要经济和金融数据进行了介绍。在本节，我们把第 38.5 节所介绍的数据作为自变量，对人民币无本金交割远期汇率进行回归分析，从而得出这些因素影响力度的定量结果。

38.6.1 贸易赤字

我们用表 38 - 8 给出的美国月度贸易赤字作为自变量，月贸易赤字公布当日人民币无本金交割远期最后价格作为因变量，对 2005 年 10 月到 2015 年 3 月的数据进行简单线性回归分析，其中以金融危机为界，表 38 - 15A 表示从 2005 年 10 月到 2008 年 6 月的回归结果，表 38 - 15B 表示 2009 年 3 月到 2015 年 3 月的回归结果。结果如表 38 - 15 所示。

表 38 - 15A　美国贸易逆差额对人民币无本金交割远期影响的
　　　　　　回归结果（2005 年 10 月到 2008 年 6 月）

回归系数	- 0.048338	回归常数	8.195152
系数标准误差	0.028505	常数标准误差	0.581440
回归相关性（R^2）	8.49%	Y 标准误差	0.477097
F 统计	2.875616	自由度	33
残差标准误差	0.463701	残差平方和	6.665569

表 38 - 15B　美国贸易逆差额对人民币无本金交割远期影响的
　　　　　　回归结果（2009 年 3 月到 2015 年 3 月）

回归系数	- 0.024183	回归常数	7.003228
系数标准误差	0.003742	常数标准误差	0.094810
回归相关性（R^2）	37.03%	Y 标准误差	0.182460
F 统计	41.75744	自由度	73
残差标准误差	0.145802	残差平方和	1.509327

资料来源：根据表 38 - 8 的数据和数据公布之日 1 年期人民币无本金交割远期汇率进行简单线性回归得出。

从表 38 - 15 我们可以看出，回归系数为负值，说明美国贸易赤字越高，1年期人民币无本金交割远期的隐含汇率越低，隐含升值幅度越大。

38.6.2　财政赤字

我们用表 38 - 9 给出的美国月度财政赤字作为自变量，月财政赤字公布当日 1 年期人民币无本金交割远期最后价格作为因变量，对 2005 年 10 月到 2015年 4 月的数据进行简单线性回归分析，其中以金融危机为界，表 38 - 16A 表示从 2005 年 10 月到 2008 年 6 月的回归结果，表 38 - 16B 表示 2009 年 3 月到 2015年 4 月的回归结果。结果如表 38 - 17 所示。

表 38 - 16A　美国财政赤字对人民币无本金交割远期影响的
　　　　　　回归结果（2005 年 10 月到 2008 年 6 月）

回归系数	- 0.000186	回归常数	7.252393
系数标准误差	0.000986	常数标准误差	0.087229
回归相关性（R^2）	0.11%	Y 标准误差	0.479257
F 统计	0.035457	自由度	33
残差标准误差	0.486648	残差平方和	7.341606

表 38 – 16B　　　美国财政赤字对人民币无本金交割远期影响的
回归结果（2009 年 3 月到 2015 年 4 月）

回归系数	0.000670	回归常数	6.349197
系数标准误差	0.000225	常数标准误差	0.027287
回归相关性（R^2）	10.92%	Y 标准误差	0.184521
F 统计	8.828258	自由度	74
残差标准误差	0.175358	残差平方和	2.214036

资料来源：根据表 38 – 9 的数据和数据公布之日 1 年期人民币无本金交割远期汇率进行简单线性回归得出。

从表 38 – 16 我们可以看出回归系数为 – 0.000186，回归常数约为 7.252394，说明美国财政赤字与 1 年期人民币无本金交割远期汇率相关度很低。表 38 – 16 显示回归相关性（R^2）接近于零，同时 F 统计数据比较低，显示美国财政赤字对 1 年期人民币无本金交割远期汇率的影响不很显著。

38.6.3　通货膨胀

我们把表 38 – 10 列出的美国月度消费价格指数作为自变量，相应数据公布当日 1 年期人民币无本金交割远期最后价格作为因变量，对 2005 年 10 月到 2015 年 4 月的数据进行简单线性回归分析，表 38 – 17A 给出了 2005 年 10 月到 2008 年 6 月的回归结果，表 38 – 17B 给出了 2009 年 3 月到 2015 年 4 月的回归结果。

从表 38 – 17 我们可以看出，回归系数、回归相关性和 F 统计数据分别为 – 0.154959 与 – 0.056401、8.46% 与 15.30%、2.863157 与 13.00650，表明美国消费价格指数对 1 年期人民币无本金交割远期汇率基本有一定的影响。

表 38 – 17A　　　美国消费价格指数对人民币无本金交割远期影响的
回归结果（2005 年 10 月到 2008 年 6 月）

回归系数	– 0.154959	回归常数	7.762122
系数标准误差	0.091579	常数标准误差	0.315487
回归相关性（R^2）	8.46%	Y 标准误差	0.483178
F 统计	2.863157	自由度	33
残差标准误差	0.469697	残差平方和	6.839087

表 38 - 17B　**美国消费价格指数对人民币无本金交割远期影响的**
回归结果（2009 年 3 月到 2015 年 4 月）

回归系数	- 0. 056401	回归常数	6. 492606
系数标准误差	0. 015639	常数标准误差	0. 031532
回归相关性（R²）	15. 30%	Y 标准误差	0. 186253
F 统计	13. 00650	自由度	74
残差标准误差	0. 172599	残差平方和	2. 144909

资料来源：根据表 38 - 10 的数据和数据公布之日 1 年期人民币无本金交割远期汇率进行简单线性回归得出。

我们对美国生产价格指数做了同样的回归分析，如表 38 - 18 所示，回归系数、回归相关性和 F 统计数据分别为 - 0. 120692 与 - 0. 013991、32. 42% 与 5. 17%、14. 87398 与 3. 928174。这些结果表明美国生产价格指数对 1 年期人民币无本金交割远期汇率有一定影响。

表 38 - 18A　**美国生产价格指数对人民币无本金交割远期影响的**
回归结果（2005 年 10 月到 2008 年 6 月）

回归系数	- 0. 120692	回归常数	7. 759060
系数标准误差	0. 031294	常数标准误差	0. 152259
回归相关性（R²）	32. 42%	Y 标准误差	0. 493665
F 统计	14. 87398	自由度	33
残差标准误差	0. 412310	残差平方和	5. 269983

表 38 - 18B　**美国生产价格指数对人民币无本金交割远期影响的**
回归结果（2009 年 3 月到 2015 年 4 月）

回归系数	- 0. 013991	回归常数	6. 432913
系数标准误差	0. 007059	常数标准误差	0. 025564
回归相关性（R²）	5. 17%	Y 标准误差	0. 185227
F 统计	3. 928174	自由度	74
残差标准误差	0. 181620	残差平方和	2. 374977

资料来源：根据表 38 - 11 的数据和数据公布之日 1 年期人民币无本金交割远期汇率进行简单线性回归得出。

38.6.4　利率

我们按照表 38 - 12 给出的美国联邦基金利率及其调整日期找出 1 年期人民币无本金交割远期汇率，并以前者作为自变量，后者作为因变量，对这 16 对数据进行简单线性回归分析。表 38 - 19 列出了相应的分析结果。

表 38 – 19　　　　美国利率对人民币无本金交割远期影响的回归结果

回归系数	17. 57327	回归常数	6. 553911
系数标准误差	7. 499315	常数标准误差	0. 280560
回归相关性（R^2）	28. 17%	Y 标准误差	0. 517100
F 统计	5. 491136	自由度	16
残差标准误差	0. 453630	残差平方和	2. 880924

资料来源：根据表 38 – 13 的数据和数据公布之日 1 年期人民币无本金交割远期汇率进行简单线性回归得出。

从表 38 – 19 我们可以看出，回归系数为正值，说明美国利率越高，1 年期人民币无本金交割远期的隐含汇率越高，隐含升值幅度越大。表 38 – 19 显示回归相关性（R^2）为 28. 17%，相应的 F 统计数据为 5. 491136，显示人民币/美元汇率与美元利率有一定的关系。

38. 6. 5　失业率

我们按照表 38 – 13 给出的美国失业率及其公布日期找出相应的 1 年期人民币无本金交割远期汇率，并以前者作为自变量，后者作为因变量，对这些数据进行简单线性回归分析，其中以金融危机为界，表 38 – 20A 表示从 2005 年 10 月到 2008 年 6 月的回归结果，表 38 – 20B 表示 2009 年 3 月到 2015 年 4 月的回归结果。

表 38 – 20A　　　美国失业率对人民币无本金交割远期影响的
回归结果（2005 年 10 月到 2008 年 6 月）

回归系数	– 0. 933359	回归常数	11. 68783
系数标准误差	0. 262133	常数标准误差	1. 246031
回归相关性（R^2）	29. 03%	Y 标准误差	0. 484402
F 统计	12. 67814	自由度	33
残差标准误差	0. 414619	残差平方和	5. 329171

表 38 – 20B　　　美国失业率对人民币无本金交割远期影响的
回归结果（2009 年 3 月到 2015 年 4 月）

回归系数	0. 099639	回归常数	5. 602081
系数标准误差	0. 010644	常数标准误差	0. 087472
回归相关性（R^2）	54. 90%	Y 标准误差	0. 185624
F 统计	87. 62776	自由度	74
残差标准误差	0. 125528	残差平方和	1. 134522

资料来源：根据表 38 – 10 的数据和数据公布之日 1 年期人民币无本金交割远期汇率进行简单线性回归得出。

从表 38 - 20 我们可以看出，回归系数在金融危机前后分别为 - 0. 933359 和 0. 099639，回归相关性（R^2）分别为 39. 03% 和 54. 90%，相应的 F 统计数据分别为 12. 67814 和 87. 62776。说明美国失业率越高，1 年期人民币无本金交割远期汇率越低。这是由于美国失业率越高，表明美国经济增长乏力，美元相对人民币的价值走弱，人民币走强。人民币无本金交割远期市场较好地反映了美国失业率信息。

38. 6. 6　国内生产总值

我们按照表 38 - 14 给出的美国名义国内生产总值和相应的增长率及其公布日期找出相应的 1 年期人民币无本金交割远期汇率，并以前两者作为自变量，后者作为因变量，对这些数据进行简单线性回归分析，其中以金融危机为界，表 38 - 21A 表示从 2005 年第三季度到 2008 年第二季度的回归结果，表 38 - 21B 表示 2009 年第一季度到 2015 年第一季度的回归结果。

表 38 - 21A　　美国国内生产总值对人民币无本金交割远期影响的
　　　　　　　　回归结果（2005 年第三季度到 2008 年第二季度）

总值和增长率皆为自变量			
总值回归系数	- 0. 000769	增长率回归系数	16. 93400
总值回归系数标准差	0. 000142	增长率回归系数标准差	14. 46373
回归常数	17. 90541	回归常数标准差	2. 117520
回归相关性（调整后 R^2）	88. 28%	Y 标准误差	0. 506640
F 统计	33. 89402	自由度	12
残差标准误差	0. 191756	残差平方和	0. 330933
国内生产总值单独作为自变量			
回归系数	- 0. 000877	回归常数	19. 63006
系数标准误差	0. 000110	常数标准误差	1. 549117
回归相关性（R^2）	86. 49%	Y 标准误差	0. 506640
F 统计	64. 04289	自由度	12
残差标准误差	0. 195278	残差平方和	0. 381336
增长率单独作为自变量			
回归系数	68. 00901	回归常数	6. 484587
系数标准误差	21. 40148	常数标准误差	0. 261524
回归相关性（R^2）	50. 24%	Y 标准误差	0. 506640
F 统计	10. 09823	自由度	12
残差标准误差	0. 374815	残差平方和	1. 404860

表 38 –21B　　　美国国内生产总值对人民币无本金交割远期影响的
回归结果（2009 年第一季度到 2015 年第一季度）

总值和增长率皆为自变量		
总值回归系数	– 0.000129	增长率回归系数	– 5.905248
总值回归系数标准差	1.91E – 05	增长率回归系数标准差	3.273692
回归常数	8.510588	回归常数标准差	0.300049
回归相关性（调整后 R^2）	72.64%	Y 标准误差	0.184678
F 统计	29.20695	自由度	25
残差标准误差	0.100892	残差平方和	0.223941
国内生产总值单独作为自变量		
回归系数	– 0.000137	回归常数	8.597890
系数标准误差	1.94E – 05	常数标准误差	0.310290
回归相关性（R^2）	68.60%	Y 标准误差	0.184678
F 统计	50.23706	自由度	25
残差标准误差	0.105720	残差平方和	0.257063
增长率单独作为自变量		
回归系数	– 11.30727	回归常数	6.493321
系数标准误差	5.447894	常数标准误差	0.055340
回归相关性（R^2）	15.78%	Y 标准误差	0.184678
F 统计	4.307828	自由度	25
残差标准误差	0.173132	残差平方和	0.689419

　　资料来源：根据表 38 –14 的数据和数据公布之日 1 年期人民币无本金交割远期汇率进行简单线性回归得出。

　　从表 38 –21 我们可以看出分别以国内生产总值和增长率单独作为自变量进行回归分析时，名义国内生产总值的回归系数为负值，且 F 统计量为 64.04289 和 50.23706，说明美国国内生产总值越高，美元越强，1 年期人民币无本金交割远期汇率也越低；名义国内生产总值增长率的回归系数为 68.00901 和 – 11.30727，且 F 统计量为 10.09823 和 4.3078285，说明在金融危机前美国国内生产总值越高、增长率越高，美元相对其他货币升值，人民币/美元汇率上升，人民币无本金交割市场对美国国内生产总值的反应是正确的。

　　从表 38 –21 我们可以看出，2005 年第三季度到 2008 年第二季度，国内生产总值和增长率分别作为自变量进行回归分析，回归相关性为 88.28%，且回归系数为 – 0.000769，以国内生产总值作为自变量进行回归分析，回归相关性为 – 0.000877，回归相关性为 86.49%，F 统计数据为 64.04289，说明美国国内生产总值对 1 年期人民币无本金交割远期汇率影响显著；2009 年第一季度到 2015

年第一季度，以国内生产总值作为自变量进行回归分析的回归系数仍为负值，回归系数仍高达 68.60%（比危机前略微下降），表明金融危机后虽然美国国内生产总值对 1 年期人民币无本金交割远期汇率的影响仍然显著。

38.6.7　本节小结

我们在本节对美国的贸易赤字、财政赤字、物价指数、利率、失业率和国内生产总值等主要经济和金融数据对 1 年期人民币无本金交割远期汇率的影响进行了回归分析。我们的分析结果表明，美国国内生产总值是影响人民币无本金交割远期汇率最重要的基础因素，美国贸易赤字和利率对人民币无本金交割远期汇率的影响有限。我们的结果也表明，美国财政赤字和失业率也是影响人民币无本金交割远期汇率的重要因素。

38.7　投机因素

上文的分析结果表明，在政治因素倡导人民币升值的国际环境下，我国经济因素也为人民币升值提供了相应的支持（外汇储备持续增加、大多数月份贸易顺差、国民经济稳步持续的高增长等），同时美国财政赤字的增加和失业率的提高也为人民币升值提供了部分支持。但是，市场对其他中美基础数据例如美国贸易赤字及利率等，却反映得不够明显。

这些表现说明两年多以来人民币无本金交割远期市场还是在人民币升值的期望主导之下运行的，还很不成熟。同时也说明市场参与者在政治因素的引导下对人民币升值有了明确认识，即使基础数据不利，但市场升值的期望仍然不变。在美国国会的呼吁及美国政府的推动下，国外著名的金融机构也不同程度地鼓动和宣传人民币升值的好处。在政治和基础因素共同作用下，三年多以来市场参与者制造了数波人民币升值的浪潮。即使不利数据被公布，人民币无本金交割远期也显示出贴水。

38.8　中美两国基础因素对人民币远期和无本金交割远期影响比较

我们在第 24 章对影响人民币远期和即期汇率的中美两国基础因素的程度进行了简析和比较，得知人民币远期结售汇汇率对中美两国的基础因素的反应皆比即期汇率要敏感得多。本章我们简单比较这些因素对人民币远期和无本金交割远期汇率的影响程度的差别。我们将我国外汇储备、净出口、国内生产总值、通货膨胀指数和利率及美国 6 类数据的回归结果汇集在表 38－22 中。

表 38 - 22　　　中美两国主要基础数据对人民币无本金交割远期的影响

数据类型		回归系数	回归相关性（%）	F 数据	回归相关性和 F 数据乘积
中国外汇储备	金融危机前	− 0.000141	93.82	409.7232	384.4
	金融危机后	− 2.83E − 05	86.64	149.1151	129.19
中国贸易顺差	金融危机前	− 0.002517	11.78	4.137991	0.49
	金融危机后	− 0.000269	5.40	4.110095	0.22
中国国内生产总值	金融危机前	− 1.03E − 06	1.62	0.164775	0
	金融危机后	− 5.78E − 07	24.79	7.582383	1.88
中国国内生产总值增长率	金融危机前	− 0.556637	0.02	0.001892	0
	金融危机后	4.685659	12.48	3.278645	0.41
中国价格指数	金融危机前	− 17.22727	93.02	413.2408	384.4
	金融危机后	− 3.64402	14.40	12.10772	1.74
美国贸易赤字	金融危机前	− 0.048338	8.49	2.875616	0.24
	金融危机后	− 0.024183	37.03	41.75744	15.46
美国财政赤字	金融危机前	− 0.000186	0.11	0.035457	0
	金融危机后	0.00067	10.92	8.828258	0.96
美国消费价格指数（CPI）	金融危机前	− 0.154959	8.46	2.863157	0.24
	金融危机后	− 0.056401	15.30	13.0065	1.99
美国生产价格指数（PPI）	金融危机前	− 0.120692	32.42	14.87398	4.82
	金融危机后	− 0.013991	5.17	3.928174	0.2
美国利率		17.57327	28.17	5.491136	0
美国失业率	金融危机前	− 0.933359	29.03	12.67814	3.68
	金融危机后	0.099639	54.90	87.62776	48.11
美国国内生产总值	金融危机前	− 0.000877	86.49	64.04289	55.39
	金融危机后	− 0.000137	68.60	50.23706	34.46

资料来源：根据第 38.4 节和第 38.6 节结果汇总得出。

　　表 38 - 22 罗列了中美两国 13 类主要基础数据对境外人民币无本金交割远期汇率的影响，第 24 章表 24 - 27 罗列了中美两国 8 类主要基础数据对境外人民币远期和即期汇率的影响。为了了解详细区别，我们将表 24 - 27 和表 38 - 22 的回归系数、回归相关性和 F 统计数据差别列入表 38 - 23 中。

　　从表 38 - 23 我们可以看出，国内人民币远期汇率比境外人民币无本金交割远期汇率对中国外汇储备的反应敏感些，因为前者的回归系数比后者大（前者的回归系数绝对值更大），而且前者的回归有效性比后者稍高，同时前者的 F 统计数据也比后者高；国内人民币远期汇率对中国贸易顺差的反应比境外人民币无本金交割远期略微差些，因为后者的回归系数比前者大（后者的回归系数绝对值更大），后者的回归有效性，F 统计数据高于前者；国内人民币远期汇率对中国贸易顺差的反应比境外人民币无本金交割远期略差，因为后者的回归系数比前者大，境外人民币无本金交割远期的有效性更高。

表 38 - 23A　　金融危机前中美两国主要基础数据对人民币远期
与无本金交割远期的影响比较

数据类型		回归系数	回归相关性（%）	F 数据	回归相关性和 F 数据乘积
中国外汇储备	境外人民币无本金交割远期	- 0.000141	93.82	409.7232	384.40
	国内人民币远期	- 0.000132	90.79	266.1155	241.61
中国贸易顺差	境外人民币无本金交割远期	- 0.002517	11.78	4.137991	0.49
	国内人民币远期	- 0.002391	11.16	3.894249	0.43
中国国内生产总值增长率	境外人民币无本金交割远期	- 0.556637	0.02	0.001892	0.00
	国内人民币远期	0.332848	0.01	0.000803	0.00
中国价格指数	境外人民币无本金交割远期	- 17.22727	93.02	413.2408	384.40
	国内人民币远期	- 16.61552	94.36	535.868	505.65
美国贸易赤字	境外人民币无本金交割远期	- 0.048338	8.49	2.875616	0.24
	国内人民币远期	- 0.046445	7.79	2.703549	0.21
美国失业率	境外人民币无本金交割远期	- 0.933359	29.03	12.67814	3.68
	国内人民币远期	- 0.978348	34.68	16.45693	5.71
美国国内生产总值	境外人民币无本金交割远期	- 0.000877	86.49	64.04289	55.39
	国内人民币远期	- 0.000811	83.09	49.12501	40.82

表 38 - 23B　　金融危机后中美两国主要基础数据对人民币远期与无
本金交割远期的影响比较

数据类型		回归系数	回归相关性（%）	F 数据	回归相关性和 F 数据乘积
中国外汇储备	境外人民币无本金交割远期	- 2.83E - 05	86.64	149.1151	129.19
	国内人民币远期	- 3.26E - 05	85.63	137.0339	117.34

数据类型		回归系数	回归相关性（%）	F数据	回归相关性和F数据乘积
中国贸易差额	境外人民币无本金交割远期	-0.000269	5.40	4.110095	0.22
	国内人民币远期	-0.000289	4.70	3.553466	0.17
中国国内生产总值增长率	境外人民币无本金交割远期	4.685659	12.48	3.278645	0.41
	国内人民币远期	5.725607	13.02	3.442312	0.45
中国价格指数	境外人民币无本金交割远期	-3.64402	14.40	12.10772	1.74
	国内人民币远期	-4.622621	17.08	14.82974	2.53
美国贸易赤字	境外人民币无本金交割远期	-0.024183	37.03	41.75744	15.46
	国内人民币远期	-0.028119	37.40	42.4153	15.86
美国失业率	境外人民币无本金交割远期	0.099639	54.90	87.62776	48.11
	国内人民币远期	0.111811	51.68	77.00581	39.80
美国国内生产总值	境外人民币无本金交割远期	-0.000137	68.60	50.23706	34.46
	国内人民币远期	-0.000158	66.85	46.37421	31.00

数据来源：根据表24-27和表38-22数据计算差额得出。

表38-23A显示，金融危机爆发之前，国内外汇储备是影响境外人民币无本金交割远期汇率的最重要的参数，再就是国内物价指数，随后才是贸易差额，国内生产总值仅为第4；表38-22B显示，金融危机爆发之后，虽然国内外汇储备对人民币无本金交割远期的影响较危机前大幅度降低，但是仍然保持了国内最主要的因素；国内物价影响程度也有所下降，同样也保持了第二重要的因素，而贸易差额在金融危机爆发后的影响力几乎降低到了微乎其微的地步。

38.9　本章总结

在本章我们对影响人民币无本金交割远期的政治、经济、金融和市场因素进行了系统深入地介绍和分析。我们的分析表明，人民币无本金交割远期到目前为止还一直主要受来自中国、美国、主要国际组织和其他国家政府官员言论的影响（见本章附录）。七国集团、中美两国政府相关会议和领导讲话可以影响人民币无本金交割远期汇率数百点甚至 1000 点以上，这说明人民币无本金交割远期市场仍然由政治因素主导。中美两国的重要经济和金融数据在人民币无本金交割远期市场"有选择地"反映出来。该市场由政治因素主导的局面还会延续相当长的一段时间。

从表 38 - 22 我们首先可以看出，我国外汇储备是影响人民币无本金交割远期汇率最重要的基础因素，其次是我国贸易差额和美国国内生产总值。美国财政赤字应该是影响人民币无本金交割远期汇率的重要因素，但是我们的分析结果表明这些因素的作用有限。

我们的分析表明，虽然人民币无本金交割远期市场对基础数据的反应有所"选择"，但是这些基础数据确实对人民币无本金交割远期市场产生一定的影响。结果表明，虽然人民币无本金交割远期市场目前仍然具有很大的投机性，但却能在一定程度上反映出中美两国基本面的"选择"信息。随着我国人民币汇率机制的不断完善，人民币无本金交割远期市场对基础市场信息反应的程度将会进一步增强。

附表 38 - 1　　　　　　　七国财长会议关于人民币汇率的态度

名称	时间	事件	1 年期 NDF 升贴水点数变化
七国财长巴黎会议	2003 年 2 月 21 - 22 日	日本财长在此次 G7 财长会议上的一项提案，将全球压迫人民币升值的声浪推至顶峰，但美英等其他工业国在对伊战争阴云带来的全球经济衰退担忧中无暇他顾，日本提案就此流产。	- 180
七国财长巴黎会议	2003 年 5 月 16 - 17 日	七国集团的重点放在准备"以合适的方式"应对因"地缘政治不确定因素增强"而恶化的世界经济形势问题上，对外汇市场的动身只是给予密切的关注，而没有提出实质性的对策或建议，说明目前的美元贬值仍在七国可接受的范围之内。	70
七国财长迪拜会议	2003 年 9 月 20 - 21 日	对人民币升值的要求在七国首脑会议的公报上被特别提出并强调"大国或经济体需要实行更加富有弹性的汇率，以加强基于市场机制的国际金融体系的平衡性和大幅调整"。	- 1450
七国财长佛罗里达会议	2004 年 2 月 9 - 10 日	会后发表的声明再度呼吁，汇率欠灵活，国家和地区应使汇制更加灵活，看起来似乎是针对整个亚洲国家的，但没有具体的国家被点名。	- 501
七国财长纽约会议	2004 年 5 月 24 - 25 日	西方七国财长本周末在纽约开会，高油价将是中心议题。央行行长不参加，利率和汇率问题不会被提及。	300

名称	时间	事件	1 年期 NDF 升贴水点数变化
七国财长华盛顿会议	2004 年 10 月 1－3 日	这次会议没有像前几次那样，直接或间接指明人民币问题，联合公告仅就油价、财政政策、货币政策、亚洲经济前景和汇率灵活性方面交换了意见。	300
七国财长伦敦会议	2005 年 2 月 5－6 日	周小川出席会议表示，人民币汇率没有被大幅低估，我国将按照自己的改革发展需要进行汇率体制改革。	350
七国财长华盛顿会议	2005 年 4 月 15－16 日	世界原油价格上涨和美元汇率下跌成为了会议的讨论重点，虽然没有公开讨论人民币升值问题，但是参会的财长仍然表示他们国家的企业受人民币低估的伤害，并重申希望中国采取更加灵活的汇率机制。	－ 520
七国财长华盛顿会议	2005 年 9 月 23－24 日	对于包括中国在内的亚洲国家的汇率改革问题，G7 会议讨论了大国的汇率弹性问题，换言之中国并不是此次会议的说教对象。	－ 75
七国财长伦敦会议	2005 年 12 月 2－3 日	七国集团（G7）财政部长和央行行长发布的联合声明中继续施压，敦促中国政府采取更为弹性的人民币汇率政策。七国集团在声明中提到我们希望更具弹性的中国货币体系将提高全球经济稳定性，并有助于国际货币体系。	75
七国财长埃森会议	2006 年 2 月 9－10 日	会议要求各国采取措施保持经济平衡增长和避免汇率过度波动，并且呼吁尽快恢复世贸组织多哈回合谈判，同时关注对冲基金的风险。	75
七国财长华盛顿会议	2006 年 4 月 21－22 日	G7 呼吁亚洲尤其是中国货币进行升值，发表声明称："在新兴的亚洲国家尤其是中国，为了实现更灵活的汇率制度、扩大内需、减少经济对出口的依赖和壮大金融市场，进行必要的货币升值是非常关键的。"	0
七国财长新加坡会议	2006 年 9 月 15－16 日	G7 财长和央行行长发表声明称"那些拥有巨大经常项目盈余的新兴经济体，特别是中国，施行更大的汇率弹性是必要的"。	－ 40
七国财长德国会议	2007 年 2 月 9－10 日	G7 财长和央行行长会议发表公报称，中国的"有效汇率"应该进一步调整，以改变经常项目盈余持续增长的局面。"汇率应该反映经济基本面，对于那些有着巨大且不断增长的经常账户盈余的新兴经济体、特别是中国来说，我们希望其有效汇率加大波动，以促成必要的调整。"	－ 50

续表

名称	时间	事件	1 年期 NDF 升贴水点数变化
七国财长华盛顿会议	2007 年 4 月 13 - 14 日	G7 在公报中重申汇率应反映经济基本面，不希望汇率出现过度和无序波动，将密切监控汇率。公报称："希望那些拥有不断增长的庞大经常账户盈余的新兴经济体，尤其是中国，采取措施推动其有效汇率，为必要的调整打好基础。"	-90
七国财长华盛顿会议	2007 年 10 月 19 - 20 日	七大工业国在其公报中关于人民币汇率的措辞发生显著改变，认为鉴于中国经常项目顺差的不断增长以及国内通货膨胀的抬头，人民币的有效汇率需要加快升值速度。人民币必须对包括欧元在内的所有货币升值，而非仅仅对美元升值。	-20
七国财长东京会议	2008 年 2 月 9 日	美国房产市场进一步恶化在内的经济放缓风险犹在，信贷环境进一步紧缩，一些国家的通胀还在上升，G7 国家认为，美国经济可能会进一步放缓，进而影响到全球经济增长。在金融危机影响下，七国财长会议认同松绑人民币，但欧洲仍呼吁加速人民币升值。	100
G20 财长华盛顿会议	2008 年 11 月 15 - 16 日	美国次贷危机的爆发，使得各国出台了一系列救助措施，但未来市场仍存在较大的不确定性。各国都同意改善金融监管，制定刺激方案，改革金融监管体系。美国否定了中国央行行长关于建立新金融体系的说法。	250
G20 财长英国伦敦峰会	2009 年 4 月 1 - 2 日	G20 宣称要恢复经济增长和就业机会，加强金融监管和调控，加强全世界金融机构的力量，抵制贸易保护主义，提高全球贸易和投资，确保公平和可持续再生。中国在应对金融危机中所采取的措施受到了广泛赞誉，但中国关于货币储备国保持汇率稳定的要求被严重忽视。	-355
G20 财长匹兹堡峰会	2009 年 9 月 24 - 25 日	经济正处于从危机迈向复苏的关键时刻，世界经济调整也最为严峻，国际贸易大幅下跌，全球产出急剧萎缩。国际贸易保护主义压力加大，多国将国际收支失衡与人民币汇率低估作为讨论焦点。尽管美国未把中国列为汇率操纵国，但表示人民币汇率遭到低估。	-80

续表

名称	时间	事件	1 年期 NDF 升贴水点数变化
G20 财长多伦多峰会	2010 年 6 月 26 - 27 日	全球经济持续复苏好于预期，尽管有些国家复苏道路不平坦。G20 表示坚决维护全球经济复苏，应对经济挑战，化解经济风险，建立强有力、可持续和平衡的经济增长框架。多国财长对人民币汇率施压，强调增强人民币汇率弹性，应从全球失衡背景下看待人民币。	10
G20 财长首尔峰会	2010 年 11 月 11 - 12 日	在人民币汇率问题上，美国施压人民币汇率升值的做法未得到 G20 成员国的一致响应。峰会决定实施市场决定型汇率制度，避免竞争性货币贬值，间接要求经常项目顺差过多的新兴市场国家改善结构。	210
G20 财长巴黎峰会	2011 年 2 月 18 - 19 日	会议最重要的成果是就衡量经济过度失衡的一揽子指标达成一致，并同意通过加强多边合作来缩减经济过度失衡，最终实现全球经济强劲、可持续、平衡增长。	6
G20 财长墨西哥峰会	2012 年 2 月 24 - 26 日	G20 重申承诺，将更快地向市场决定的利率制度前进以反映基本面，避免持久的汇率失调，避免货币竞争性贬值。中国承诺将让市场力量在决定人民币汇率中起更大的作用，并致力于汇率改革，提高汇率政策透明度。	100
G20 财长莫斯科峰会	2013 年 2 月 15 - 16 日	会后发表的联合声明指出，当前全球经济下行风险减弱，但全球经济增长依然过于疲弱。在本次会议前，有关"货币战"的争论一度占据各大媒体主要位置。部分分析人士甚至认为这一话题将成为会议的中心话题之一，但事实并非如此。包括国际货币基金组织（IMF）总裁拉德在内的多位国际财经组织掌门人均表示，围绕货币战的争论"毫无根据"且"徒劳无益"。	71
G20 财长华盛顿峰会	2013 年 4 月 - 19 日	会议认为，全球经济增长继续缓慢复苏，但复苏仍不均衡。宏观经济政策的不确定性、私人部门"去杠杆化"、财政紧缩、金融中介功能受损以及全球需求再平衡进程仍未完成，将继续拖累全球经济增长前景。会议要求尽快落实 2010 年国际货币基金组织（IMF）份额和治理改革方案，确保在 2014 年 1 月前完成份额总检查。	1

续表

名称	时间	事件	1 年期 NDF 升贴水点数变化
G20 财长莫斯科会议	2013 年 7 月 19 – 20 日	会议认为，全球经济增长依然低迷，复苏基础尚不稳固，各主要经济体之间复苏进度不平衡，许多国家的失业率依然居高不下。近期国际金融市场波动性上升，金融形势仍不乐观。会议强调，G20 成员国应继续采取有力措施促进增长并创造就业，进一步推动全球经济再平衡和本国经济的内部平衡，同时继续实施结构改革，提高生产率和劳动参与率并扩大就业。	

注：从附录 1 可以看出，几乎每一次的七国财长会议，都会对人民币汇率施加压力。

附表 38 – 2　主要的争论和事件与 1 年期人民币无本金交割远期波动

阶段	日期	事件	1 年期 NDF 升贴水点数变化
第一阶段（2002 年 10 月到 2003 年 4 月下旬）	2002 年 5 月 1 日	为了减少美中两国贸易赤字，美国参议院讨论人民币升值的必要性	0
	2002 年 9 月 20 日	七国集团会议	25
	2002 年 12 月早期	日本财相盐川正十郎向国会作证	– 180
第二阶段（2003 年 4 月下旬到 2003 年 9 月下旬）	2003 年 6 月 16 日	财政部部长斯诺对华盛顿政府欢迎人民币政策变化发表评论	– 177
	2003 年 9 月 3 日	中国前总理温家宝会见美国财长斯诺	– 212
	2003 年 7 月 17 日	格林斯潘对人民币汇率发表评论	– 135
	2003 年 9 月 20 日	七国集团会议	– 600
第三阶段（2003 年 9 月下旬到 2004 年 4 月下旬）	2004 年 2 月 9 日	七国会议要求货币更有弹性的公告，看起来似乎是针对整个亚洲国家的，尽管没有具体的国家被点名	– 100
	2004 年 3 月 5 日	时任中国国务院总理温家宝 5 日在十届全国人大二次会议上做《政府工作报告》时强调说，中国需要保持人民币汇率在合理、均衡水平上基本稳定	– 348
	2004 年 3 月 20 日	美国贸易代表佐立克 3 月 20 日宣布，美国政府已经正式向世界贸易组织提交指控，指控中国对进口半导体产品征收歧视性关税	– 227
	2004 年 3 月 26 日	美国财政部部长斯诺表示，他已经与访美的中国人民银行行长周小川会面，并谈到了人民币汇率问题	– 101

续表

阶段	日期	事件	1 年期 NDF 升贴水点数变化
第四阶段（2004年4月下旬到11月初）	2004 年 4 月 28 日	美国贸易代表佐利克、商务部部长埃文斯以及财政部部长斯诺就中美贸易关系联合接受采访时基本表达了布什政府的态度，即中国必须满足美国法律的 6 项标准，美国的底线是市场力量，包括劳工标准和货币自由兑换能够决定经济的走向，否则中国将仍然是一个非市场经济国家	-175
	2004 年 5 月 10 日	欧盟委员会 5 月发布的最新报告显示，欧盟 15 国决定，将于 2004 年 10 月率先上调中国在"普遍优惠制"（GSP）下享有的出口商品优惠关税，即由当前的 3.5% 提高到 5%，而到 2004 年上半年，将正式取消给予中国的"普惠制"	648
	2004 年 5 月 17 日	2004 年 5 月 17 日至 25 日，货币基金组织与中国央行官员在北京举行了会谈。会谈议题是在大量的资本流入情况下，中国继续控制货币和信贷增长变得越来越困难，增强汇率弹性将会强化中国执行独立货币政策和调节遭受冲击的能力	100
	2004 年 6 月 7 日	6 月 7 日，新华社发表文章引用了银监会负责人"QDII 管理办法即将出台"的说法，金融证券市场做出激烈反应	-356
	2004 年 7 月 22 日	《华尔街日报》7 月 22 日报道，美国财政部部长斯诺计划在参议院的一个委员会就美中两国汇率问题作证。这表明美国国内关于推动人民币升值的声音正在逐渐增大	150
	2004 年 8 月 4 日	中国人民银行行长周小川明确表示，当前要继续保持人民币汇率基本稳定，不断完善人民币汇率形成机制。这是中国权威部门对 2003 年年底以来，社会上关于人民币汇率问题讨论的又一次明确表态	160

续表

阶段	日期	事件	1 年期 NDF 升贴水点数变化
第四阶段（2004 年 4 月下旬到 11 月初）	2004 年 9 月 8 日	2004 年 9 月 8 日中国人民银行副行长苏宁重申，"虽然美国不断施压，要求中国放弃严格管制下的浮动汇率制度，中国依然决心保持人民币汇率的基本稳定"	－ 99
	2004 年 9 月 9 日	以美国劳联产联为首，联合 36 家纺织、钢铁、农业公司组成的"中国货币联盟"向美国政府提出申请，要求政府根据"301 条款"对中国是否操控货币进行调查，并实施制裁	－ 223
第五阶段（2004 年 11 月初到 2005 年 9 月下旬）	2004 年 11 月 5 日	11 月 5 日，国际货币基金组织抛出 2004 年与中国第四条款磋商的工作人员报告（磋商报告），呼吁扩大人民币汇率浮动区间，国际金融市场立刻响应，一些海外媒体推波助澜，称人民币应在 2005 年第一季度小幅升值 3%	－ 701
	2004 年 11 月 8 日	APEC 亚太经合组织第 12 次领导人非正式会议召开。时任中国主席胡锦涛在会上重申人民币成为完全可兑换货币是中国的一项长期目标，但不可能设定一个何时脱钩的时间表，当前仍需坚持固定汇率政策，因为保障中国国内市场稳定是最优先考虑的目标	－ 215
	2004 年 11 月 29 日	时任中国国务院总理温家宝在出席东盟与中日韩三国领导人会议之际重申，中国不会迫于外界压力对人民币重新估值	451
	2005 年 1 月 26 日	世界经济论坛在瑞士的达沃斯召开。在本届论坛上，中国人民银行货币政策委员会委员余永定说，中国经济正面临通胀，当前是人民币升值的适当时机，有关言论曾一度刺激人民币无本金交割远期（NDF）扩阔至近日高位 4225 点	－ 225

续表

阶段	日期	事件	1 年期 NDF 升贴水点数变化
第五阶段（2004 年 11 月初到 2005 年 9 月下旬）	2005 年 2 月 16 日	应邀前来英国与西方 7 国集团七国财长和央行行长举行对话的中国人民银行行长周小川在伦敦表示，人民币汇率没有被大幅低估。目前，我国就汇率改革进行的准备工作正在取得新的实质性进展。他表示，我国将按照自己的改革发展需要进行汇率体制改革	−238
	2005 年 4 月 6 日	参议院以 67∶33 的票数通过了由参议员舒默和格雷厄姆提出的修正案，即如果北京不同意让人民币升值，就对所有中国出口至美国的商品一律加征 27.5% 的关税	−100
	2005 年 4 月 15 日	七国财长会议在华盛顿举行，世界原油价格上涨和美元汇率下跌成为了会议的讨论重点。中国财政部部长金人庆和人民银行行长周小川决定不出席，只派副手列席了会议	−151
	2005 年 5 月 19 日	5 月 18 日，美国财政部部长斯诺重申，中国现在应当开始实行更灵活的汇率政策，如果进一步拖延将加剧眼下汇率不断上升的风险。但是他表示，中国已经采取了很多措施来加强金融体系建设，使其足以应对新的汇率政策，新交易系统的推出便是其中之一	−200
	2005 年 6 月 30 日	美国联邦储备局主席格林斯潘与美国财政部部长斯诺，30 日前往美国参院，要求议员延后表决制裁中国人民币的法案。格林斯潘与斯诺向议员保证，中国在未来几个月就会采取措施，放宽人民币汇率弹性。美国议员也决定将法案延后到 10 月或 11 月才表决	−140
	2005 年 7 月 12 日	中国人民银行行长周小川 11 日在中国《财经》杂志上发表署名文章表示，近期应该减少一些不必要的外汇管制，为人民币汇率改革创造条件，这暗示中国正在按照自己的步骤进行人民币汇率改革	−75

续表

阶段	日期	事件	1 年期 NDF 升贴水点数变化
第五阶段（2004 年 11 月初到 2005 年 9 月下旬）	2005 年 7 月 21 日	中国人民银行发布公告，中国实施以市场供求为基础、参考一揽子货币进行调节、有管理的浮动汇率制度；人民币汇率不再盯住单一美元，形成更富弹性的人民币汇率机制。自当日 19 时，美元兑人民币交易价格调整为 1 美元兑 8.11 元人民币	1265
	2005 年 9 月 12 日	中国人民银行行长周小川日前应邀参加了在加拿大召开的中央银行行长圆桌会议，就中国汇率形成机制改革启动的时机、内容的选择以及改革对中国国际收支和外汇储备可能产生的影响等做了详细的解释和阐述。他明确表示：中国不具备汇率自由浮动条件	−111
第六阶段（2005 年 9 月下旬到 2006 年 9 月下旬）	2005 年 10 月 12 日	20 国集团（G20）财长和央行行长会议将在北京香河召开之际，美国政府发起了新一轮人民币升值声浪。美元对人民币 10 月 11 日在现货市场收报 8.0879，而 7 月 20 日，也就是中国改革汇率形成机制的前一天，美元对人民币汇价报 8.2765	0
	2006 年 1 月 6 日	美国财长斯诺周四表示，美国对于中国在汇率改革方面的举措不满意，但警告称不能使用报复性贸易措施。中国确实需要调整在知识产权方面的行为，但是需要理解贸易是双向的	80
	2006 年 2 月 20 日	在谈及人民币汇率问题时，吴晓灵说，自 2005 年 7 月 21 日人民币汇率改革以来，国内外给予极大的关注。有人认为 2% 的初始调整不太够，人民币还需要进一步升值。而她认为，首先应该达成一个共识，就是一个国家货币汇率的高与低是难以估量和计算的	−175

阶段	日期	事件	1 年期 NDF 升贴水点数变化
第六阶段（2005 年 9 月下旬到 2006 年 9 月下旬）	2006 年 5 月 4 日	中国外交部发言人刘建超周四表示，中国将继续提高人民币汇率弹性，保持汇率在均衡水平上基本稳定。美国财政部一位高级官员同日在北京表示，中国现在没有理由不对汇率进行改变。他并称，中国是其他亚洲货币汇率能否更富弹性的关键	275
	2006 年 9 月 14 日	在为中国—欧盟经济峰会准备的演讲稿中，时任中国国务院总理温家宝表示，中国将根据对自身经济发展、金融稳定性、中国企业的活力，以及汇率机制改革对邻国、整个地区乃至全球经济和金融影响的适当考量为基础，来提高其汇率弹性	180
第七阶段（2006 年 9 月下旬到 2007 年 10 月下旬）	2006 年 10 月 25 日	欧盟周二发布文件，称中国人民币汇率机制扭曲了贸易实情，但目前正向着更大的灵活性迈进。欧盟也敦促中国采取其他措施提振内需，以扶助欧盟企业并修正全球经济失衡局面。同日，美国财长保尔森周二再次呼吁中国加大人民币汇率的灵活性，并教促有关人士重开降低贸易壁垒的谈判	−215
	2006 年 11 月 20 日	因贸易顺差日益增长，中国人民银行行长周小川称中国需加大经济和外汇政策的调整力度。同日，投资银行高盛周五发表研究报告，调高中国人民币兑美元升值预期，该行估计，人民币兑美元在 12 个月内，将升值至 7.41 元	−50
	2006 年 12 月 14 日	中国国务院副总理吴仪周四称，一些美国朋友对中国的实际情况知之不多，误解不少，这不利于两国关系的健康发展。她并称，中国将继续促进国际收支基本平衡，高度重视贸易顺差问题，促进进出口基本平衡	−130

续表

阶段	日期	事件	1 年期 NDF 升贴水点数变化
第七阶段（2006年9月下旬到2007年10月下旬）	2006 年 12 月 20 日	美国财政部周二未将中国认定为汇率操纵国，对中国采取的允许人民币升值的措施表示欢迎，但敦促中国加快汇率改革步伐。财政部表示，中国在汇改方面小心翼翼的态度，继续加剧其国内经济的扭曲程度，且阻碍了全球经济失衡的调整，步伐过于缓慢也不符合中国自身利益	−158
	2007 年 6 月 13 日	以美国参议院财务委员会主席鲍卡斯为首的 4 名议员当地时间 11 日表示，将于 13 日宣布一项旨在向中国汇改施压的议案。对此，中国外交部发言人秦刚 12 日敦促美方不要将中美经贸问题政治化，并警告说，如果美国国会出台法案提高中国进口商品关税，中国有关部门也会做出反应	125
	2007 年 7 月 26 日	美国参议院财政委员会以 20:1 的投票结果通过一项法案，提出如果一个国家货币的汇率在被认定为有"根本性偏差"后未进行重估，则可对该国实施反倾销惩罚	−176
	2007 年 8 月 1 日	参议院银行委员会以 17:4 的投票结果通过一项议案，严格政府对"货币操纵"的界定，取消一项曾使布什政府得以免对中国采取行动的政府豁免权	65
	2007 年 10 月 8 日	10 月 8 日结束的欧元区财长会议未能就美元兑欧元近期持续贬值向美国施压的问题达成一致，反而发表了一项声明，指责中国"经操纵的汇率"是"全球汇率失衡背后最大的问题"	−46
	2007 年 10 月 20 日	G7 财长会议在美国华盛顿发布公报，敦促中国政府加速调整汇率机制，使人民币汇率更具弹性。在声明中，G7 呼吁"鉴于不断扩大的经常账户顺差和国内通货膨胀，中国应该让人民币的有效汇率加速升值"	160

续表

阶段	日期	事件	1 年期 NDF 升贴水点数变化
第八阶段（2007 年 10 月下旬到 2009 年 4 月下旬）	2008 年 11 月 11 日	中国人民银行行长周小川赴巴西参加国际清算银行会议期间表示，不排除通过人民币贬值，来帮助推动出口，保持中国经济强劲增长的可能性。有关言论影响当日 NDF 值提升 400 点	400
	2008 年 12 月 10 日	美国财政部公布其向国会提交的半年度报告称"中国没有操纵人民币汇率以取得贸易优势，但中方应当让人民币升值至恰当水准"	−100
	2008 年 12 月 13 日	国务院办公厅发布《关于当前金融促进经济发展的若干意见》（国办发〔2008〕126 号）。该意见指出"按照主动性、可控性和渐进性原则，进一步完善人民币汇率形成机制，增强汇率弹性，保持人民币汇率在合理均衡水平上基本稳定"	200
	2009 年 1 月 16 日	2009 年 1 月 16 日，后任美国总统奥巴马表示将"通过所有途径"，包括向世界贸易组织投诉的方法，向中国施压，逼使中国调高人民币汇率。由此，中美开始了新一轮的人民币汇率争论。当日 NDF 值提高 290 点	290
	2009 年 7 月 1 日	中国人民银行、财政部、商务部、海关总署、税务总局、银监会共同制定的《跨境贸易人民币结算试点管理办法》，于 7 月 1 日公布实施，人民币结算试点业务正式启动	−120
第九阶段（2009 年 4 月下旬到 2010 年年底）	2009 年 11 月 7 日	IMF 在提交给二十国集团（Group of 20，G20）财长和央行行长的一份报告中发表言论称，人民币汇率被严重低估，而美元和欧元均处于各自理想汇率区间的强端	−230
	2009 年 11 月 11 日	中国央行于《2009 年第三季度中国货币政策执行报告》中首次提出，将结合国际资本流动和主要货币走势变化，完善人民币汇率形成机制	−245

阶段	日期	事件	1 年期 NDF 升贴水点数变化
第九阶段（2009年 4 月下旬到2010 年年底）	2010 年 2 月 3 日	美国总统奥巴马向参议院民主党政策委员会的议员发表演讲称，美国将在汇率上对中国采取更为强硬的立场，并且要求中国更大地开放市场从而扩大美国出口，在国内创造就业机会	175
	2010 年 3 月 14 日	时任中国国务院总理温家宝在人民大会堂三楼金色大厅会见中外记者时表示，反对各国之间相互指责，甚至用强制的办法来迫使一国的汇率升值，因为这样做反而不利于人民币汇率的改革。他强调，在国际金融危机爆发和蔓延期间，人民币汇率保持基本稳定，对世界经济复苏起了促进作用。人民币将继续坚持以市场供求为基础、有管理的浮动汇率制度	206
	2010 年 4 月 4 日	美国财政部网站发布财政部部长盖特纳声明称，美国政府将推迟公布原定于 4 月 15 日发布的主要贸易对象国际经济和汇率政策情况报告，即延迟决定是否将中国定为操纵汇率国家，但誓言将敦促中国实行更加灵活的汇率政策。受这一消息影响，NDF 值下降 260 点	−260
	2010 年 6 月 19 日	中国人民银行宣布，进一步推进人民币汇率形成机制改革，增强人民币汇率弹性。进一步推进人民币汇率形成机制改革，重在坚持以市场供求为基础，参考一揽子货币进行调节。继续按照已公布的外汇市场汇率浮动区间，对人民币汇率浮动进行动态管理和调节。6 月 21 日 NDF 值下降 650 点	−650
	2010 年 9 月 29 日	美国国会众议院以 348∶79 的投票结果通过《汇率改革促进公平贸易法案》，旨在对所谓低估本币汇率的国家征收特别关税。这一做法被认为是近期美国贸易保护主义升温的体现。参与提出这项法案的议员称，中国人民币对美元严重低估，造成美国对华贸易逆差，影响了美国就业和经济复苏	−230

注：负号表示无本金交割远期美元贴水较前一交易日扩大，人民币升值压力增加。

附表 38 - 3　　　　　　　**美国量化宽松改革相关时间表**

2008 年 11 月 25 日	美联储发布消息：购买 1000 亿美元政府支持机构（GSE）的直接债务以及 5000 亿美元抵押支持债券（MBS）。
2008 年 12 月 16 日	FOMC 会议纪要：评估购买较长期公债的收益。
2009 年 01 月 28 日	FOMC 会议纪要：扩大 MBS 购买计划至 1.25 万亿美元，购买最多 3000 亿美元长期国债。
2010 年 03 月 31 日	QE1 在 2010 年第一季度末结束。
2010 年 08 月 27 日	美联储主席伯南克暗示 QE2。
2010 年 11 月 03 日	OMC 会议纪要：宣布实施第二轮 6000 亿美元量化宽松政策。
2011 年 06 月 30 日	QE2 在 2011 年第二季度末结束。
2011 年 09 月 21 日	美联储宣布实施扭转操作（OT）截至 2012 年 6 月底。
2012 年 06 月 20 日	美联储宣布扭转操作延长至 2012 年年底。
2012 年 08 月 31 日	美联储主席伯南克 Jackson Hloe 讲话暗示 QE3。
2012 年 09 月 14 日	美联储推出 QE3。
2012 年 12 月 12 日	美联储推出 QE4。
2013 年 10 月 29 日	美联储宣布结束资产购买计划，量化宽松政策画上了句号。

第39章 境外人民币远期的应用

我们在前两章分别介绍了境外人民币远期概念、2002年以来的交易、市场参与者、市场流动性和影响境外人民币远期汇率的中外因素，本章简单介绍境外人民币远期的应用，介绍如何使用远期交易进行套利和对冲的策略。

39.1 人民币无本金交割远期价差

39.1.1 不同期限人民币无本金交割远期的买卖价差

由于2周、3周、4个月、5个月、9个月、2年、3年、4年和5年期人民币无本金交割远期合约的流动性相对较低，往往价格信息不全，我们这里只介绍流动性较好的合约。表39-1列出了1周、1个月、2个月、3个月、6个月和1年期人民币无本金交割远期在2007年11月28日和29日的买卖价差以及28日和29日的差额。从表39-1我们可知，在2007年11月28日，1年期人民币无本金交割远期买卖价分别为-6470点和-6420点，汇率在7.3970-6470/10000=6.7500到7.3970-6420/10000=6.7550之间。2007年11月28日贴水达到-6470点的历史高位，反映出境外人民币升值压力又达到高潮。2007年11月29日比28日贴水点数更有所增加，除一周回落45点，一个月持平外，2个月、3个月、6个月和1年期的人民币无本金交割远期贴水点数平均分别增加5点、20点、90点和150点。

表39-1　　2007年11月1年期人民币无本金交割远期买卖价差

合约期限	2007年11月28日		2007年11月29日		2007年11月28日和29日差额	
	下限	上限	下限	上限	下限	上限
1周	-200	-150	-150	-110	-50	-40
1个月	-605	-575	-600	-580	-5	5
2个月	-1195	-1165	-1205	-1165	10	0
3个月	-1780	-1740	-1800	-1760	20	20
6个月	-3440	-3390	-3530	-3480	90	90
12个月	-6470	-6420	-6620	-6570	150	150

资料来源：路透，ICAP（国际货币经纪公司，香港）。

39.1.2　12个月期人民币无本金交割远期的买卖价差

表39－1给出的是两日的价差。这里我们专门对无本金交割远期的主要合约，即1年期人民币无本金交割远期的买卖价差的历史数据进行分析。图39－1给出了从2004年10月到2015年6月1年期人民币无本金交割远期的买卖价差。从图39－1我们可以看出，2009年以前，1年期人民币无本金交割远期的买卖价差较大，2008年金融危机期间的价差波动剧烈。2009年以来，1年期人民币无本金交割远期的价差显著缩小。

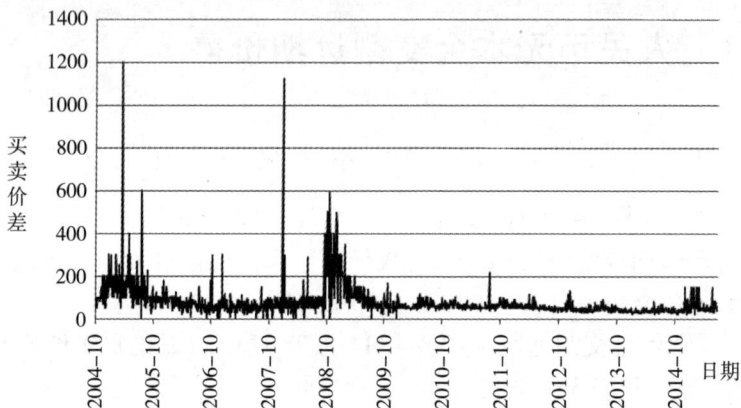

资料来源：彭博数据终端。

图39－1　1年期人民币无本金交割远期的买卖价差

39.1.3　1年期人民币无本金交割远期的买卖价差/合约面值比例

买卖价差不能与合约面值直接相比较，因此我们把图39－1所示的买卖价差转换成远期价格的百分比，结果如图39－2所示。

图39－2显示，2009年以来，1年期人民币无本金交割远期的买卖价差基本为相应远期价格的0.05%～0.15%。

39.1.4　1年期韩元无本金交割远期的买卖价差/远期价格比例

为了进行比较，我们计算出全球最活跃的无本金交割远期产品——韩元无本金交割远期（1年期）的买卖价差/远期价格比例，如图39－3所示。2009年10月至2015年6月，该比例大多时间都保持在0.10%至0.30%之间，比人民币的比例差不多高出1倍。比较图39－2和图39－3，我们可以看出韩元的比例具

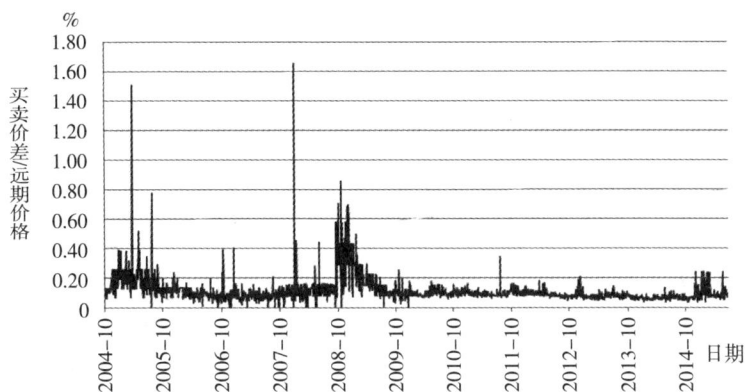

资料来源：根据图 39－1 的数据计算得出。

图 39－2　1 年期人民币无本金交割远期的买卖价差/远期价格比例

有更剧烈的波动性，显示韩元无本金交割远期比人民币无本金交割远期具有更高的流动性。

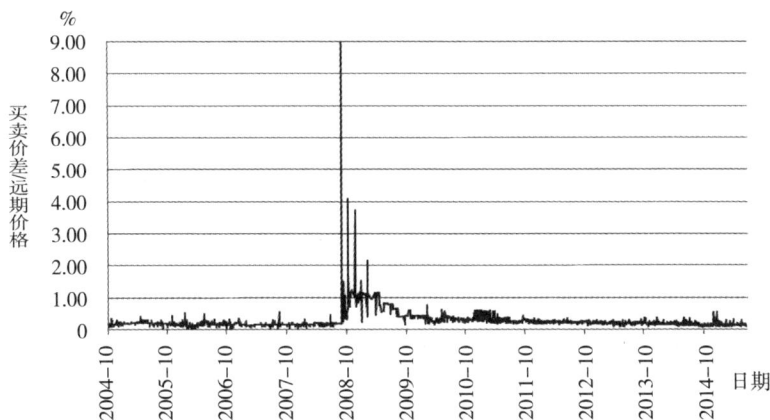

资料来源：彭博数据终端。

图 39－3　1 年期韩元无本金交割远期的买卖价差/远期价格比例

39.1.5　1 年期人民币无本金交割远期的最高价、最低价和收盘价

彭博从 2008 年 12 月开始记录 1 年期人民币无本金交割远期的最高价和最低价。图 39－4 描述了 1 年期人民币无本金交割远期最高价与最低价的差额，以及收盘价与最低价的差额的变化情况。如图 39－4 所示，1 年期人民币无本金交割远期的最高价与最低价的差额在 2012 年之前的波动区间基本在 0 到 0.04 之间，

偶尔会超过 0.08。2012 年以后，最高价与最低价的差额的波动区间基本在 0 到 0.03 之间。

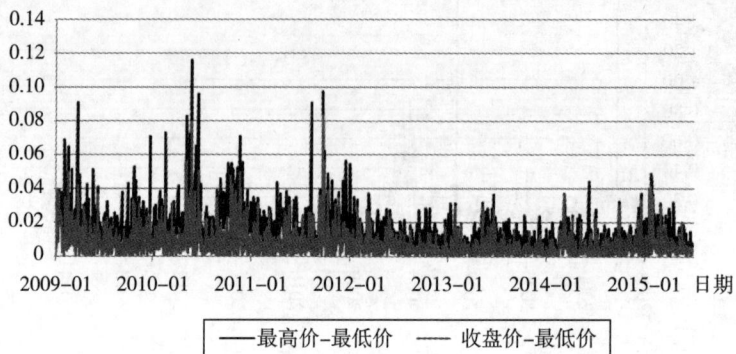

资料来源：彭博数据终端。

图 39 - 4   12 个月人民币无本金交割远期的最高价、最低价和收盘价
(2008 年 12 月到 2015 年 6 月)

39.2   香港离岸人民币可交割远期价差

39.2.1   1 年期离岸人民币可交割远期的买卖价差

图 39 - 5 给出了从 2010 年 9 月到 2015 年 6 月 1 年期离岸人民币可交割远期

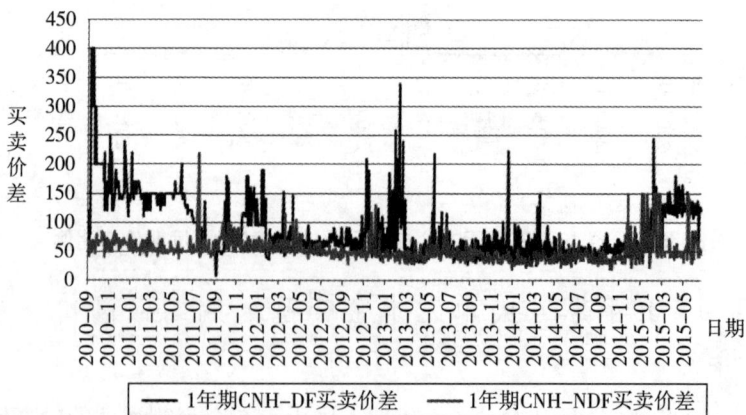

资料来源：彭博数据终端。

图 39 - 5   1 年期离岸人民币可交割远期和人民币无本金交割远期的买卖价差
(2010 年 9 月到 2015 年 6 月)

和人民币无本金交割远期的买卖价差。从图 39 – 5 我们可以看出，2013 年 3 月以前，离岸人民币可交割远期的买卖价差显著高于无本金交割远期的买卖价差。尤其是在离岸人民币可交割远期推出后的一年时间里（2010 年 9 月至 2011 年 9 月），离岸人民币可交割远期的买卖价差大多在 100 ~ 250 点，最高时到达 400 点，而同期无本金交割远期的买卖价差基本在 50 ~ 100 点。2013 年 3 月以后，离岸人民币可交割远期的买卖价差明显缩小至 50 ~ 100 点，与无本金交割远期的买卖价差趋于一致。这从侧面体现出离岸人民币可交割远期的流动性不断增强。

39.2.2　1 年期离岸人民币可交割远期的买卖价差/合约面值比例

图 39 – 6 显示，随着离岸人民币可交割远期流动性的改善，其买卖价差与合约面值的比例也不断减小。2013 年 3 月以来，1 年期离岸人民币可交割远期的买卖价差基本为相应远期价格的 0.05% ~ 0.15%，与 1 年期人民币无本金交割远期相近。

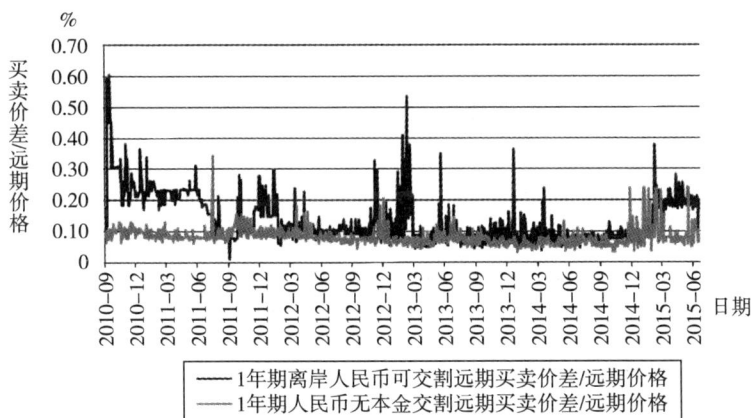

资料来源：根据图 39 – 5 的数据计算得出。

图 39 – 6　1 年期离岸人民币可交割远期和人民币无本金交割远期的买卖价差/远期价格比例（2010 年 9 月到 2015 年 6 月）

39.2.3　1 年期离岸人民币可交割远期的最高价、最低价和收盘价

图 39 – 7 描述了 1 年期离岸人民币可交割远期最高价与最低价的差额，以及收盘价与最低价的差额的变化情况。如图 39 – 7 所示，1 年期离岸人民币可交割

远期的最高价与最低价的差额在 2013 年 5 月之前的波动区间基本在 0 到 0.06 之间，偶尔会超过 0.08。2013 年 5 月以后，最高价与最低价的差额的波动区间基本在 0 到 0.04 之间。

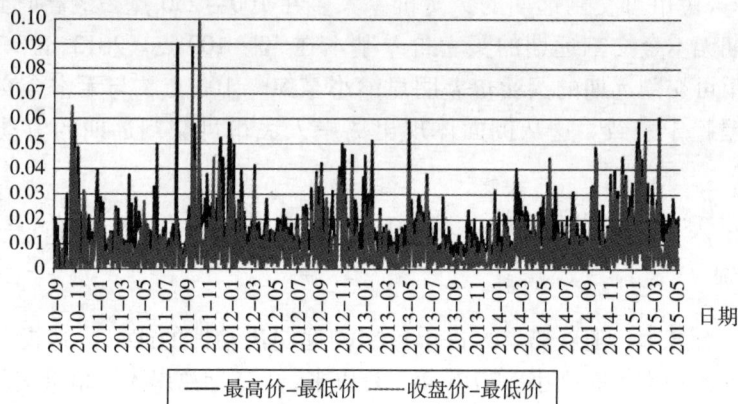

资料来源：彭博数据终端。

图 39 - 7　1 年期离岸人民币可交割远期的最高价、最低价和收盘价
（2010 年 9 月到 2015 年 6 月）

39.3　人民币远期交易

　　某海外投机者相信人民币将在一年内升值，但因为人民币的管制却使他不能在外汇市场上购得人民币。简单的办法是，他可以直接到新加坡或中国香港的银行进行交易，那里人民币离岸外汇市场相当活跃，人民币无本金交割远期流动性近年来也有所增强。假定 1 年期美元兑人民币无本金交割远期的汇率为 6.26 元，即 1 美元兑换 6.26 元人民币，他按此汇率卖出了名义本金为 100 万美元的 1 年期美元兑人民币无本金交割远期。

　　一年后出现的结果有三种可能性：一是美元人民币中间价与预期汇率；二是低于预期汇率；三是高于预期汇率。我们将这三种可能发生的结果列入表 39 - 2 中。

表 39 - 2　　　　　　　　　　人民币无本金交割远期投机举例

项目/结果	结果 A	结果 B	结果 C
美元/人民币	升值	持平	贬值
一年到期汇率	6.36	6.26	6.16
换算价格（美元）	984276.73	1000000.00	1016233.77
结算价（美元）	投机者支付给银行 15723.27 美元	不需相互支付	银行支付给投机者 16233.77 美元

下面我们用实例来分析离岸市场的参与者是如何利用人民币无本金交割远期合约来进行交易的。

例 39.1　某投资者在 2008 年 6 月 23 日买入一份本金为 1000 万美元 3 个月人民币无本金交割远期合约，汇率为 6.7810，该合约在 2008 年 9 月 25 日到期，到期时人民银行公布的定盘价为 6.8197，投资者的损益是多少？

解：投资者买入美元/人民币的远期汇率为 6.7810，定盘汇率为 6.8197

投资者收入 $10000000 \times (6.8197 - 6.7810) / 6.8197 = 56747.36$ 美元

例 39.2　某投资者在 2008 年 6 月 23 日买入一份本金为 1000 万美元 6 个月人民币无本金交割远期合约，6 个月贴水点为 -2215 点，远期汇率为 6.6545。到 2008 年 9 月 25 日，该合约距离到期还有三个月，此时三个月远期合约已经转为升水，升水点为 180 点，远期汇率为 6.8425，投资者的损益是多少？

解：投资者买入美元/人民币的远期汇率为 6.6545，经过三个月后，6 个月远期合约缩短为 3 个月，此时三个月远期合约的汇率为 6.8425

投资者收入 $10000000 \times (6.8425 - 6.6545) / 6.8425 = 274753.38$ 美元

以上范例中使用的数据接近当时的市场汇率实际数据，它们的损益头寸反映了进行这些人民币无本金交割远期合约交易的风险也相当高。

2014 年，某海外投资者相信人民币将会出现贬值，他可以选择的产品有人民币无本金交割远期和人民币可交割远期。由于该投资者未来具有人民币收入，为对冲人民币收入带来的汇率风险，由于人民币可交割远期的流动性要远远好于无本金交割远期，而且该投资者有人民币收入可以用于将来的交割，他选择了人民币可交割远期产品。

下面我们以市场实例来计算该投资者的损益。

例 39.3　某投资者在 2014 年 9 月 10 日买入 3 个月期限的美元人民币可交割远期，金额为 1000 万美元，远期汇率为 6.1780，交割日为 2014 年 12 月 12 日。交割日当天，境外美元兑人民币的即期汇率为 6.2020，投资者的损益为多少？

解：2014 年 12 月 12 日，投资者实际支付人民币为 $10000000 \times 6.1780 = 61780000$ 元人民币

如果投资者没有进行套期保值操作，按照即期汇率购汇，支付人民币为

$10000000 \times 6.2020 = 62020000$ 元人民币

投资者节省的购汇成本为 $10000000 \times (6.2020 - 6.1780) = 240000$ 元人民币。

例 39.4　某投资者在 2014 年 9 月 10 日买入 6 个月期限的美元人民币可交割远期，金额为 1000 万美元，远期汇率为 6.2125，交割日为 2015 年 3 月 12 日。交割日当天，境外美元兑人民币的即期汇率为 6.2770，投资者的损益为多少？

解： 2015 年 3 月 12 日，投资者实际支付人民币为 $10000000 \times 6.2125 = 62125000$ 元人民币

如果投资者没有进行套期保值操作，而是按照即期汇率购汇，支付人民币为

$10000000 \times 6.2770 = 62770000$ 元人民币

投资者节省的购汇成本为 $10000000 \times (6.2770 - 6.2125) = 645000$ 元人民币。

39.4 用人民币远期进行套利

根据香港金管局的报告，跨期套利是最常用的人民币无本金交割远期合约的交易策略。这一节我们主要以实例来阐述人民币远期合约的跨期套利。

39.4.1 升水和贴水

基差是套利最重要的概念。基差是实物价格与远期价格的价差，也可以是不同期限的远期合约之间的价差。该定义同样也适用于人民币远期合约。

当市场处于牛市时，相对于即期的汇率，人民币远期合约是贴水的，并且在未来的月份中可以更高的贴水卖出；当市场处于熊市时，相对于即期汇率，人民币远期是升水的，并且在到期之前的未来月份中可以升水更深。对于远期合约的交易者，特别是套利者来说，升水、贴水是多种远期合约交易策略的重要基础。

图 39 - 8 描绘了 6 个月和 1 年期人民币无本金交割远期从 2003 年 1 月到 2015 年 6 月之间升贴水的变化过程。观察图 39 - 8 相应的数据，我们可以知道，2005 年 7 月汇改之前人民币无本金交割远期就持续贴水，并且 1 年期合约比半年期合约贴水更深。2005 年 7 月汇改之后至 2006 年 8 月，人民币无本金交割远期运行相对平稳。从 2006 年 8 月至 2008 年 3 月人民币无本金交割远期显示出加速升值的趋势，而从 2008 年 4 月到 2008 年 8 月，6 个月和 1 年期人民币无本金交割远期对美元升值的预期逐渐减弱，从 2008 年 9 月下旬到 2009 年 3 月下旬，人民币对美元有贬值预期；从 2009 年 3 月下旬到 2011 年 9 月，6 个月和 1 年期人民币无本金交割远期对美元重新恢复贴水，而升值的区间保持在 2000 点之内。从 2011 年 9 月开始，人民币无本金交割远期持续升水，显示市场对于人民币转而拥有贬值预期。

图 39 - 9 描绘了 6 个月和 1 年期离岸人民币远期从 2010 年 8 月到 2015 年 6 月之间升贴水的变化过程。观察图 39 - 9 相应的数据，我们可以发现，1 年期离岸人民币远期的升贴水点数波动幅度显著大于 6 个月期离岸人民币远期的升贴

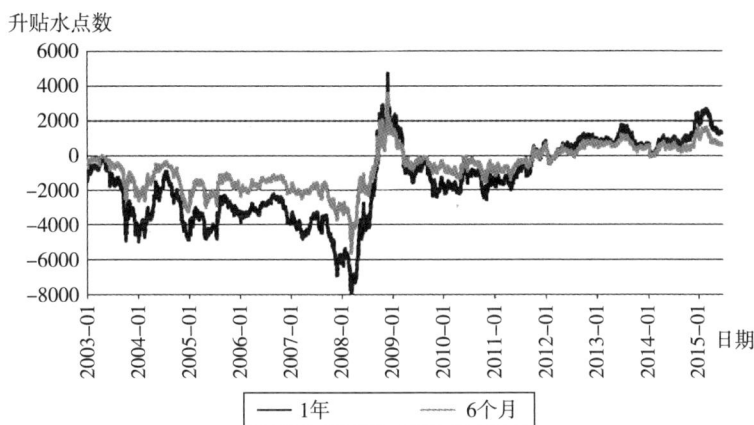

资料来源：彭博数据终端。

图 39 - 8　1 年期和 6 个月期人民币无本金交割远期升贴水

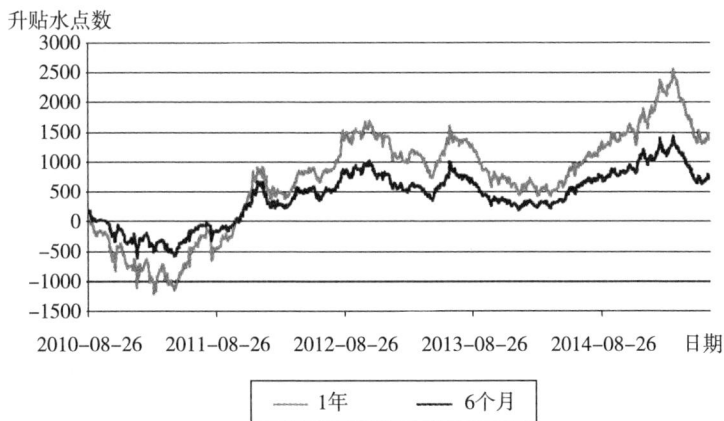

资料来源：彭博数据终端。

图 39 - 9　1 年期和 6 个月期离岸人民币远期升贴水

水点数波动幅度。2011 年 10 月前，美元兑离岸人民币远期在绝大多数时间里贴水，而 2011 年 10 月后，美元兑离岸人民币远期转为持续升水，显示市场对于人民币转向贬值预期，人民币贬值预期在 2015 年 3 月达到顶峰，2015 年 3 月 16 日，1 年期和 6 个月期美元兑离岸人民币远期升水同时攀升至高点 2570 点和 1445 点，而后迅速回落。截至 2015 年 6 月 30 日，1 年期美元兑离岸人民币远期升水 1425 点，6 个月期美元兑离岸人民币远期升水 760 点。

39.4.2　人民币远期合约的套利策略

远期合约套利是指建立一个远期合约多头寸的同时，相应地建立一个不同市场或月份的远期合约空头寸。这个远期合约可以是两个不同期限的合约，例如，在买一个3个月期合约的同时卖一个6个月期合约，这叫做市场内套利、跨期套利或时间套利。

套利者关心的并不是绝对价格的上下而是两个合约的相对价差变化。套利者试图在两个不同的远期合约基差超常时获利。套利者买进一份合约的同时卖出另一份合约，以期望在两个合约的价差扩大或缩小时获利。

升贴水点数差额

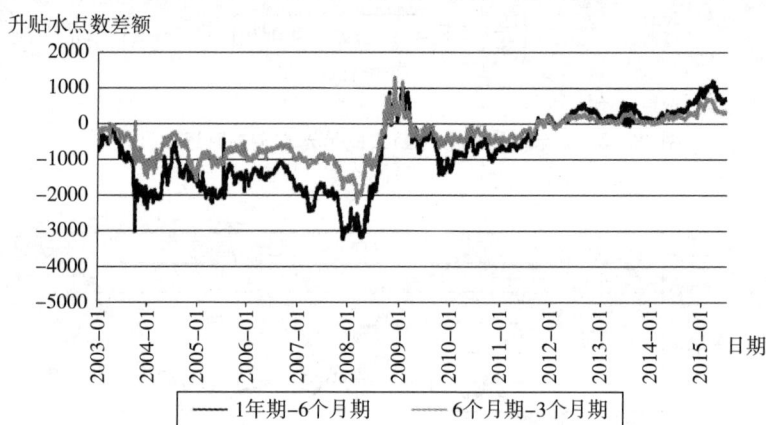

资料来源：彭博数据终端。

图 39 – 10　不同主要到期时间的人民币无本金交割远期升贴水差额

图39 – 10给出了2003年1月到2015年6月间1年与6个月期和6个月与3个月期人民币无本金交割远期的汇率升贴水差额变化情况。从图39 – 10我们可以观察到，2003年1月到2003年8月，两个差额皆比较低，在 – 1000点之内；从2003年9月上旬至2007年3月上旬，1年与6个月期合约的升贴水差大多时间保持在 – 1000点到 – 2000点之间，6个月与3个月期合约的升贴水差保持在 – 1000点上下；从2007年3月中旬到2008年5月上旬，1年与6个月期合约的升贴水差从 – 2000点左右持续上升到了超过 – 3500点的历史高位，同时6个月与3个月期合约的升贴水差也从 – 1000点左右持续上升到了超过 – 2000点的历史高位，表明当时境外人民币升值预期达到了历史高峰；从2008年5月上旬到2008年12月初，两个差额持续"直线"式下滑，从历史高位降落到了高于1000点的历史最低点，表现了金融危机的巨大冲击；2009年，两个差额大多时间在 – 1000点到0点之间徘徊。从2010年开始，两个差额的数值持续上升，并

于 2012 年初升至正值，此后大多时间皆在 0 点到 1000 点的小范围内徘徊。

图 39 - 11　不同主要到期时间的离岸人民币无本金交割远期升贴水差额

图 39 - 11 给出了 2010 年 8 月到 2015 年 6 月间 1 年与 6 个月期和 6 个月与 3 个月期人民币离岸人民币远期的汇率升贴水差额变化情况。从图 39 - 11 我们可以观察到，2011 年 10 月前，1 年与 6 个月期升贴水差额和 6 个月与 3 个月期升贴水差额均为负，2011 年 10 月后，1 年与 6 个月期升贴水差额和 6 个月与 3 个月期升贴水差额均由负转正。在整个时段内，1 年与 6 个月期的升贴水差额绝对值在绝大多数时期内大于 6 个月与 3 个月期升贴水差额绝对值。两者均在 2015 年 3 月 16 日达到局部极大值 1125 点和 647.5 点。截至 2015 年 6 月 30 日，1 年与 6 个月期升贴水差额为 665 点，6 个月与 3 个月期升贴水差额为 325 点。

不同日期两个人民币无本金交割远期汇率之间升贴水差额越大，两者间的套利机会就越大，从而套利动力就越大。因此，图 39 - 10 给出不同时期内不同人民币无本金交割远期间的升贴水差额的大小在很大程度上反映出该市场套利交易的活跃程度。对于离岸美元人民币的远期汇率而言，不同期限之间升贴水差额的变动，也存在着一样的套利机会。

39.5　人民币远期合约的牛市套利

牛市套利是指卖出一个到期时间较短远期合约的同时，买进一个到期时间较长的合约。套利者认为到期时间较长的合约比到期时间较短的合约而言，价格上涨较快；或者认为到期时间较短的合约比到期时间较长的合约而言，价格下跌较快，这就叫牛市套利。当人民币处于上升趋势中，到期时间较长的合约，其价格比到期时间较短的合约上升得快。我们下面用例子来具体说明。

例 39.5 某牛市套利者在 2003 年 6 月 26 日卖出一份本金为 1000 万美元的 3 个月人民币无本金交割远期合约，同时买入一份相同本金的 6 个月合约，且 3 个月和 6 个月合约分别贴水 135 点和 385 点。如果到 2003 年 9 月 26 日，3 个月和 6 个月合约的贴水分别达 597 点和 1447 点，该套利者的损益如何？

解： 用例 39.1 ~ 例 39.4 的方法，该套利的结果如下：

近端人民币非交割远期合约	远端人民币非交割远期合约	基差
期初 6 月 26 日，即期汇率 8.2770		
卖出贴水为 135 点的 3 月 USDCNY NDF	买入贴水为 385 点的 6 月 USDCNY NDF	
汇率为 8.2635	汇率为 8.2385	−250 点
期末仓位		
买入即期起息的 USDCNY NDF	卖出贴水点为 597 点的 3 月 USDCNY NDF	
汇率为 8.2770	汇率为 8.2173	−597 点
损益（美元）=		
−16310.26	−25799.23	
该交易套利总收益（美元）=		
−42109.49		

以上表格中的套利利润可以用基差简单地计算出来，即约等于基差乘以本金后兑换成美元，如下所示：

$$[(-597 + 250)/10000] \times 10000000/(8.277 - 597/10000) = 42227.98 \text{ 美元。}$$

相对于 42109.49 美元而言，其精确率达 99.70%。

例 39.6 某牛市套利者在 2003 年 9 月 26 日卖出一个本金为 1000 万美元的 6 个月人民币无本金交割远期合约，同时买入一个相同本金的 9 个月合约，而且 6 个月和 9 个月合约分别贴水 1500 点和 2400 点，如果到 2003 年 12 月 26 日，3 个月和 6 个月合约的贴水分别达 400 点和 1000 点时，该套利者的损益为多少？

解： 用例 39.1 ~ 例 39.4 的方法，9 月 26 日叙做的 6 个月对 9 个月套利交易，经过三个月后已经缩短为 3 个月对 6 个月套利交易，该套利的结果如下：

近端人民币非交割远期合约	远端人民币非交割远期合约	基差
期初 9 月 26 日，即期汇率 8.2770		
卖出贴水为 1500 点的 6 月 USDCNY NDF	买入贴水为 2400 点的 9 月 USDCNY NDF	
汇率为 8.1270	汇率为 8.0370	−900 点
期末 12 月 26 日，即期汇率 8.2770		
买入贴水点为 400 点的 3 月 USDCNY NDF	卖出贴水点为 1000 点的 6 月 USDCNY NDF	
汇率为 8.2370	汇率为 8.1770	−600 点
损益（美元）＝		
−133657.35	171211.94	
该交易套利总收益（美元）＝		
37554.58		

综上所述，套利利润约等于基差乘以本金后兑换成美元，如下：

$$[（-900 + 600）/10000] \times 1000000/（8.277 - 1000/10000） = 36668 \text{ 美元。}$$

相对于 37554.58 美元而言，存在 0.23% 的误差。

例 39.7　某牛市套利者在 2013 年 6 月 26 日卖出一个本金为 1000 万美元的 3 个月离岸人民币可交割远期合约，同时买入一份相同本金的 6 个月合约，且 3 个月和 6 个月合约分别升水 500 点和 900 点，当天离岸美元人民币即期汇率为 6.1520。如果到 2013 年 9 月 26 日，3 个月和 6 个月合约的升水分别达 200 点和 500 点，当天离岸美元人民币即期汇率为 6.1180，该套利者的损益如何？

解：运用例 39.1 ~ 例 39.4 的方法，该套利的结果如下：

3 个月离岸人民币可交割远期合约	6 个月离岸人民币可交割远期合约	基差
期初 6 月 26 日，即期汇率 6.1520		
卖出升水为 500 点的 3 月 USDCNH DF	买入升水 900 点的 6 月 USDCNH DF	
汇率为 6.2020	汇率为 6.2420	400 点
期末 9 月 26 日，即期汇率 6.1180		
买入即期起息的 USDCNH	卖出升水点为 200 点的 3 月 USDCNH DF	
汇率为 6.1180	汇率为 6.1380	200 点
损益（美元）＝		
137299.77	−169436.30	
该交易套利总收益（美元）＝		
−32136.53		

综上所述，套利利润约等于基差乘以本金后兑换成美元，如下：

[（200 － 400）/10000] × 1000000/（6.1180 + 200/10000）= － 32583 美元。

例 39.8 某牛市套利者在 2013 年 9 月 26 日卖出一个本金为 1000 万美元的 6 个月离岸美元人民币可交割远期合约，同时买入一个相同本金的 9 个月合约，而且 6 个月和 9 个月合约分别贴水 500 点和 700 点，当天离岸美元人民币即期汇率为 6.1180。如果到 2013 年 12 月 26 日，3 个月和 6 个月合约的贴水分别达 135 点和 270 点时，当天离岸美元人民币即期汇率为 6.0750。该套利者的损益为多少？

解：用例 39.1 ~ 例 39.4 的方法，9 月 26 日叙做的 6 个月对 9 个月套利交易，经过三个月后已经缩短为 3 个月对 6 个月套利交易，该套利的结果如下：

近端离岸人民币可交割远期合约	远端离岸人民币可交割远期合约	基差
期初 9 月 26 日，即期汇率 6.1180		
卖出升水为 500 点的 6 月 USDCNH DF	买入升水 700 点的 6 月 USDCNH DF	
汇率为 6.1680	汇率为 6.1880	200 点
期末 12 月 26 日，即期汇率 6.0750		
买入升水为 135 点的 3 月 USDCNH DF	卖出升水点为 270 点的 6 月 USDCNH DF	
汇率为 6.0885	汇率为 6.1020	135 点
损益（美元）=		
130574.03	－ 140937.40	
该交易套利总收益（美元）=		
－ 10363.36		

综上所述，套利利润约等于基差乘以本金后兑换成美元，如下：

[（135 － 200）/10000] × 1000000/（6.0750 + 270/10000）= － 10652.25 美元。

从以上 4 个牛市套利的范例我们可以总结如下：在正向市场中，当利差扩大时牛市套利者盈利，当利差缩小时亏损；在反向市场中，当利差扩大时牛市套利者亏损，在利差缩小时盈利。从上面这些范例我们也可以看到，相对于例 39.1 ~ 例 39.4 的单边交易而言，在套利策略的交易中，损失是可控的。

39.6 人民币无本金交割远期合约的熊市套利

熊市套利是指买进一个到期时间较短的无本金交割远期合约的同时，卖出一个到期时间较长的合约。熊市套利者期望到期时间较长的合约比到期时间较短的合约价格下跌得要快；或到期时间较短的合约比到期时间较长的合约价格上升得要快。在呈下降趋势的市场上，到期时间较长的合约比到期时间较短的合约价格下降得快。熊市套利者能利用不同到期期限合约的利差进行套利。下面我们用正、反向市场的例子来说明熊市套利。

例 39.9 某熊市套利者在 2003 年 6 月 26 日买入一个本金为 1000 万美元的 3 个月人民币无本金交割远期合约，同时卖出一个相同本金的 6 个月合约，且 3 个月和 6 个月合约分别贴水 135 点和 385 点。如果在 2003 年 9 月 26 日，3 个月和 6 个月合约的贴水分别达 597 点和 1447 点，该套利者的损益如何？

解： 用例 39.1 ~ 例 39.4 的方法，该套利的结果如下：

近端人民币非交割远期合约	远端人民币非交割远期合约	基差
期初 6 月 26 日，即期汇率 8.2770		
买入贴水为 135 点的 3 月 USDCNY NDF	卖出贴水为 385 点的 6 月 USDCNY NDF	
汇率为 8.2635	汇率为 8.2385	−250 点
期末仓位		
卖出即期起息的 USDCNY NDF	买入贴水点为 597 点的 3 月 USDCNY NDF	
汇率为 8.2770	汇率为 8.2173	−597 点
损益（美元）=		
16310.26	25799.23	
该交易套利总收益（美元）=		
42109.49		

以上表格中的套利利润可以用基差简单地计算出来，即约等于基差乘以本金后兑换成美元，如下所示：

$$[（-250+597）/10000]×10000000/（8.277-597/10000）=42227.98$$
美元。

相对于 42109.49 美元而言，其精确率达 99.70%。

例 39.10 某熊市套利者在 2003 年 9 月 26 日买入一个本金为 1000 万美元的 6 个月人民币无本金交割远期合约，同时卖出一个相同本金的 9 个月合约，而且 6 个月和 9 个月合约分别贴水 1500 点和 2400 点，如果到 2003 年 12 月 26 日，3 个月和 6 个月合约的贴水分别达 400 点和 1000 点时，该套利者的损益为多少？

解：用例 39.1~例 39.4 的方法，9 月 26 日叙做的 6 个月对 9 个月套利交易，经过三个月后已经缩短为 3 个月对 6 个月套利交易，该套利的结果如下：

近端人民币非交割远期合约	远端人民币非交割远期合约	基差
期初 9 月 26 日，即期汇率 8.2770		
买入贴水为 1500 点的 6 月 USDCNY NDF	卖出贴水为 2400 点的 9 月 USDCNY NDF	
汇率为 8.1270	汇率为 8.0370	-900 点
期末 12 月 26 日，即期汇率 8.2770		
卖出贴水点为 400 点的 3 月 USDCNY NDF	买入贴水点为 1000 点的 6 月 USDCNY NDF	
汇率为 8.2370	汇率为 8.1770	-600 点
损益（美元）=		
133657.35	-171211.94	
该交易套利总收益（美元）=		
-37554.58		

综上所述，套利利润约等于基差乘以本金后兑换成美元，如下：

$$[（600-900)/10000]×1000000/（8.277-1000/10000）=-36668 美元。$$

相对于 -37554.58 美元而言，存在 0.23% 的误差。

例 39.11 某熊市套利者在 2013 年 6 月 26 日买入一个本金为 1000 万美元的 3 个月离岸人民币可交割远期合约，同时卖出一份相同本金的 6 个月合约，且 3 个月和 6 个月合约分别升水 500 点和 900 点，当天离岸美元人民币即期汇率为 6.1520。如果到 2013 年 9 月 26 日，3 个月和 6 个月合约的升水分别达 200 点和 500 点，当天离岸美元人民币即期汇率为 6.1180，该套利者的损益如何？

解： 运用例 39.1 ~ 例 39.4 的方法，该套利的结果如下：

3 个月离岸人民币可交割远期合约	6 个月离岸人民币可交割远期合约	基差
期初 6 月 26 日，即期汇率 6.1520		
买入升水为 500 点的 3 月 USDCNH DF	卖出升水 900 点的 6 月 USDCNH DF	
汇率为 6.2020	汇率为 6.2420	400 点
期末 9 月 26 日，即期汇率 6.1180		
卖出即期起息的 USDCNH	买入升水点为 200 点的 3 月 USDCNH DF	
汇率为 6.1180	汇率为 6.1380	200 点
损益（美元）=		
−137299.77	169436.30	
该交易套利总收益（美元）=		
32136.53		

综上所述，套利利润约等于基差乘以本金后兑换成美元，如下：

$$[（400 - 200）/10000] \times 1000000/（6.1180 + 200/10000）= 32583 \text{ 美元。}$$

例 39.12 某熊市套利者在 2013 年 9 月 26 日买入一个本金为 1000 万美元的 6 个月离岸美元人民币可交割远期合约，同时卖出一个相同本金的 9 个月合约，而且 6 个月和 9 个月合约分别贴水 500 点和 700 点，当天离岸美元人民币即期汇率为 6.1180。如果到 2013 年 12 月 26 日，3 个月和 6 个月合约的贴水分别达 135 点和 270 点时，当天离岸美元人民币即期汇率为 6.0750。该套利者的损益为多少？

解： 用例 39.1 ~ 例 39.4 的方法，9 月 26 日叙做的 6 个月对 9 个月套利交易，经过三个月后已经缩短为 3 个月对 6 个月套利交易，该套利的结果如下：

近端离岸人民币可交割远期合约	远端离岸人民币可交割远期合约	基差
期初 9 月 26 日，即期汇率 6.1180		
买入升水为 500 点的 6 月 USDCNH DF	卖出升水 700 点的 6 月 USDCNH DF	
汇率为 6.1680	汇率为 6.1880	200 点
期末 12 月 26 日，即期汇率 6.0750		
卖出升水为 135 点的 3 月 USDCNH DF	买入升水点为 270 点的 6 月 USDCNH DF	
汇率为 6.0885	汇率为 6.1020	135 点
损益（美元）=		
– 130574.03	140937.40	
该交易套利总收益（美元）=		
10363.36		

综上所述，套利利润约等于基差乘以本金后兑换成美元，如下：

$[(200 - 135)/10000] \times 1000000/(6.0750 + 270/10000) = 10652.25$ 美元。

39.7 利用人民币无本金交割外汇远期交易的示例

对冲是所有的期货和远期（包括无本金交割远期）的主要用途，无本金交割远期也被进口商、出口商，以及那些在本国内没有远期市场或国内远期市场难以进入的投资者用来对冲汇率风险。除了第 39 – 5 节至第 39 – 6 节中介绍的套利交易外，人民币无本金交割远期也用于对冲涉及人民币的汇率风险。

例 39.13 某大型国际投资银行将在 6 个月后，即在 2005 年 10 月收到人民币 496.62 亿元的款项。因为人民币有可能贬值，该投行需要对冲人民币汇率风险。请问该银行应如何使用人民币无本金交割远期来对冲风险？

解： 该投资银行可以卖出一个本金为 496.62 亿元/8.277 = 60 亿美元的 6 个月期人民币无本金交割远期合约，我们可以用例 39.1 ~ 例 39.4 的方法计算出该笔交易的损益。从表 39 – 3 中，我们可以知道到期时该笔交易的多种可能结果。

表 39－3　　　　　　　人民币无本金交割远期合约的对冲结果

6 月人民币无本金交割远期（升水/贴水）	－ 730	－ 300	0	500	1000	1500
贬值/升值（%）	0.89	0.36	0.00	－ 0.60	－ 1.19	－ 1.78
USD/CNY 汇率	8.35	8.307	8.277	8.227	8.177	8.127
对冲损益	0.05	0.02	0	－ 0.04	－ 0.07	－ 0.01
不对冲的美元资产（十亿美元）	5.95	5.98	6	6.04	6.07	6.11

我们可以观察到，如果人民币升水，人民币无本金交割远期合约将盈利；如果人民币贴水，人民币无本金交割远期合约将损失；人民币无本金交割远期合约的盈利将弥补美元兑人民币贬值的损失。有效对冲资产风险后，人民币无本金交割远期合约的损益与资产价值的损益之和将总保持在 60 亿美元。

例 39.14　某跨国公司为了利用中国的廉价劳动力，计划将一部分生产转移到中国，估计投资总额为人民币 250 亿元。由于该投资将在一年之后进行，公司担心潜在的人民币升值风险，因为如果升值，公司将耗用更多的美元。请问该公司应如何对冲人民币潜在的升值风险？

解：该公司可以买入一个本金为 250 亿元人民币、升水 2000 点的 1 年期人民币无本金交割远期合约［250 亿元/（8.277 － 2000/10000）＝30.9 亿美元］。我们可以运用例 39.1～例 39.4 的方法计算出该笔交易的损益。从表 39－4 我们可以知道到期时该笔交易的多种可能结果。

表 39－4　　　　　　　人民币无本金交割远期合约的对冲结果

12 月人民币元本金交割远期（贴水）	1000	1500	2000	2500	3000	3500
人民币升值（%）	1.22	1.85	2.48	3.11	3.76	4.42
USD/CNY 汇率	8.177	8.127	8.077	8.027	7.977	7.927
对冲损益	－ 0.04	－ 0.02	0	0.02	0.04	0.06
不对冲的美元资产（十亿美元）	3.06	3.08	3.1	3.11	3.13	3.15

我们可以观察到，如果 1 年期人民币无本金交割远期合约的贴水高于预期的 2000 点，则无本金交割远期合约的多头头寸的盈利将正好抵销人民币的贬值产生的损失，投资总额仍然是 250 亿元人民币或 30.9 亿美元；如果 1 年期人民币无本金交割远期合约的贴水低于预期的 2000 点，则无本金交割远期合约的多头头寸损失将正好由人民币升值产生的盈利抵销。通过人民币无本金交割远期合约交易，投资者可有效地规避汇率风险。

39.8 利用境外人民币可交割外汇远期交易的示例

如上境外人民币无本金交割远期交易的例子全部可以转变成为境外人民币可交割远期的例子。由于近年来境外人民币可交割远期取代无本金交割远期，成为境外人民币外汇远期的主流，我们在本章结束前再举几个人民币可交割远期交易的实例，从而使读者对境外人民币外汇可交割远期有进一步的认识。

例 39.15 某跨国公司在华投资多年，每年年底都会形成大约 10 亿元人民币的利润，而且该公司在离岸市场也有一定的人民币收入。为了防范人民币大幅贬值造成的资产负债表上美元利润数据的大幅波动，该公司应当如何对冲人民币潜在的升值风险。

解： 该公司可以在年初卖出一笔 12 月期离岸美元人民币可交割远期，名义本金为 10 亿元人民币，我们假设成交的远期汇率为 6.2000，客户将在到期时收到 1.613 亿美元。从下表我们可以知道到期时该笔交易的多种可能结果。

USD/CNH 汇率	6.10	6.15	6.20	6.25	6.30	6.35
对冲损益（亿美元）	−0.026	−0.013	0	0.013	0.026	0.038
不对冲的美元资产（亿美元）	1.639	1.626	1.613	1.600	1.587	1.575
对冲后的美元资产（亿美元）	1.613	1.613	1.613	1.613	1.613	1.613

例 39.16 2015 年 4 月，某跨国公司在中国香港分公司与大陆某公司签订销售合约，并将在半年后即在 2015 年 10 月于香港收到以离岸人民币结算的共计 184.323 亿元的款项。公司希望在收到款项后将其兑换为美元汇回总部。公司因为担心离岸人民币未来贬值，所以希望对冲人民币汇率风险。假设 CNH 远期汇率为 6.144，请问该银行应如何使用离岸人民币可交割远期来对冲风险？

解： 该公司可以卖出一个本金为 184.323 亿元/6.1441 = 30 亿美元的 6 个月期的离岸人民币可交割远期合约。

到期 USD/CNY 汇率	6.044	6.094	6.144	6.194	6.244	6.294
对冲损益（亿美元）	−0.5	−0.2	0	0.3	0.5	0.7
不对冲收到的款项可兑换美元（亿美元）	30.5	30.2	30.0	29.7	29.5	29.3
对冲后收到的款项可兑换美元（亿美元）	30.0	30.0	30.0	30.0	30.0	30.0

我们可以观察到，若不使用离岸可交割远期合约对冲，如果人民币贬值，则该跨国公司收到的款项价值将少于 30 亿美元，如果人民币升值，则该跨国公司收到的款项价值将多于 30 亿美元。而若使用离岸可交割远期合约对冲，无论人民币汇率如何变动，该跨国公司均能兑换到 30 亿美元。

例 39. 17　某金融机构在香港向同业借入离岸人民币共 25 亿元，打算一年之后用美元购买离岸人民币归还，该机构担心潜在的离岸人民币升值风险，因为如果离岸人民币升值，偿还上述债务将耗用更多的美元。请问该公司应如何对冲离岸人民币潜在的升值风险？假设远期 USD/CNY 汇率为 6. 277。

解：该公司可以买入一个本金为 25 亿元人民币的 1 年期离岸人民币可交割远期合约。按照 USDCNY 远期汇率 6. 277，到时需花费 3. 98 亿美元购买离岸人民币偿还债务。

到期 USD/CNY 汇率	6. 177	6. 227	6. 277	6. 327	6. 377	6. 427
对冲损益（亿美元）	− 0. 07	− 0. 03	0	0. 03	0. 06	0. 09
不对冲需支付美元（亿美元）	4. 05	4. 01	3. 98	3. 95	3. 92	3. 89
对冲后需支付美元（亿美元）	3. 98	3. 98	3. 98	3. 98	3. 98	3. 98

我们可以观察到，若不使用离岸人民币可交割远期对冲，如果到期时美元兑人民币汇率高于 6. 277，公司需要花费的美元将少于 3. 98 亿，如果到期时美元兑人民币汇率低于 6. 277，公司需要花费的美元将多于 3. 98 亿。而若使用离岸人民币可交割远期对冲，无论远期到期时人民币汇率是多少，公司需要花费的美元均为 3. 98 亿美元。通过离岸人民币可交割远期合约交易，投资者可有效地规避汇率风险。

例 39. 18　某对冲基金已经将人民币点心债纳入其投资组合，预计一年后会在香港收到本息合计共 20 亿元离岸人民币。为了防范离岸人民币大幅贬值造成其回报率波动过大，该公司应当如何对冲离岸人民币潜在的贬值风险。

解：该公司可以在卖出一笔 12 月期离岸美元人民币可交割远期，名义本金为 20 亿元人民币，我们假设成交的远期汇率为 6. 2000，客户将在到期时收到 3. 226 亿美元。

到期 USD/CNH 汇率	6. 10	6. 15	6. 20	6. 25	6. 30	6. 35
对冲损益（亿美元）	− 0. 052	− 0. 026	0	0. 026	0. 052	0. 076
不对冲的美元资产（亿美元）	3. 278	3. 252	3. 226	3. 200	3. 174	3. 15
对冲后的美元资产（亿美元）	3. 226	3. 226	3. 226	3. 226	3. 226	3. 226

我们可以观察到，若不使用离岸人民币可交割远期对冲，如果到期时美元兑人民币汇率高于 6. 20，该基金投资于人民币点心债的美元资产将少于 3. 226 亿，如果到期时美元兑人民币汇率低于 6. 20，该基金投资于人民币点心债的美元资产将多于 3. 226 亿。而若使用离岸人民币可交割远期对冲，无论远期到期时人民币汇率是多少，该基金投资于人民币点心债的美元资产均为 3. 226 亿。通过离岸人民币可交割远期合约交易，投资者可有效地规避汇率风险。

39.9 本章总结

2002 年以来，随着人民币无本金交割远期合约流动性的提高，对于套期保值者和贸易商而言，用人民币无本金交割远期合约对冲风险变得越来越容易，人民币无本金交割远期合约一度成为境外企业对冲人民币汇率风险的主要手段。2013 年 3 月以来，随着人民币可交割远期产品陆续在香港、新加坡、伦敦、纽约等多个金融中心开展，人民币国际化程度越来越开放，人民币现金在境外的存量不断增加，离岸人民币可交割远期的流动性不断提高，其买卖价差、买卖价差与合约面值的比例等指标也逐渐开始超过人民币无本金交割远期合约，成为境外企业对冲人民币汇率风险的首选。

本章中我们以人民币无本金交割远期和离岸人民币可交割远期为例，运用实例解释如何使用远期交易进行套利和对冲的策略。我们所举的实例也说明如果远期合约的价格受官方发言的影响比受经济信息的影响大时，进行人民币远期交易将会有较大的风险。对于风险完全暴露的交易（如例 39.1～例 39.4），使用套利策略可在一定程度上降低风险。但总体来说，风险仍然相当巨大。

第 40 章　境外人民币外汇期货

我们在第 37 章介绍了境外人民币无本金交割远期十几年来的演变和发展，并在第 38 章和第 39 章分别分析了影响境外人民币无本金交割远期的国内外因素和人民币无本金交割远期的应用。本章我们介绍境外人民币外汇期货近年来的发展，目前人民币外汇期货主要在芝加哥商品交易所（CME）、香港交易所（HKEx）和新加坡交易所（SGX）挂牌交易。2006 年 8 月 28 日，芝加哥商品交易所（CME）按计划推出了全球最早的人民币外汇期货——境外人民币无本金交割期货，包括人民币兑美元、人民币兑欧元和人民币兑日元的期货合约。这些期货合约的推出标志着全球第一个人民币外汇场内衍生产品的诞生。2012 年 9 月 17 日，香港交易所（HKEx）推出离岸人民币兑美元可交割期货后，2014 年 10 月 20 日，新加坡交易所（SGX）也推出了人民币兑美元期货。

这些期货合约推出前后在境内外引起了广泛关注和争论，本章在介绍境外各种人民币期货交易的基础上，分析今后国内人民币外汇期货的必要性和发展的趋势。

40.1　芝加哥商品交易所人民币期货介绍

经过了一年多的准备，2006 年 8 月 28 日，芝加哥商业交易所在其全球电子交易平台 Globex 上正式推出了人民币对美元、欧元和日元的期货及期货期权产品，成为境外最早的人民币外汇期货。芝加哥商业交易所期货合约每张面值为 100 万元人民币，比该交易所交易的美元对欧元、英镑、日元、瑞士法郎等主要国际货币期货合约面值略大些。与境外人民币无本金交割远期类似，人民币期货交易的盈亏是以美元来进行每日清算的。表 40 - 1 给出了人民币期货和人民币期货期权合约的介绍。

表 40 - 1　　　　　芝加哥商业交易所人民币对美元期货合约

名称	人民币对美元期货
代码	RMB
合约单位	每份合约为 1000000 元人民币，约合 \$132262.9（按 2007 年 8 月 31 日的美元对人民币即期汇率换算）。
报价形式	\$0.1322/RMB，相当于 7.5607RMB/USD。

续表

名称	人民币对美元期货
最小价格波动	$0.00001 每人民币（即 $10 每份合约）。
每日最大价格波动限制	对单向期货交易而言，每份合约的最大波动限制为 ±600 美元；对套利期货交易而言，每份合约的最大波动限制为 ±100 美元。
交易时间	美国中部时间周日下午 5:00 至周五下午 4:00，每日下午 4:00 至下午 5:00 为非交易时间（换算到北京时间，交易时间为周一上午 7:00 至周六上午 6:00，每天上午 6:00 至上午 7:00 为非交易时间；在美国处于夏令时期间，交易时间为周一上午 6:00 至周六上午 5:00，每天上午 5:00 至上午 6:00 为非交易时间）。
合约月份	13 个连续的自然月，再加上第 13 个自然月后最近的 2 个 3－6－9－12 季度月。
最后交易日	北京时间每个月第 3 个周三的前一个工作日（通常是周二）的上午 9:00，当月的合约停止交易。换算到美国中部时间，是每个月第 3 个周三的前两个工作日（通常是周一）的晚上 7:00 或者夏令时时间晚上 8:00。
清算方式	现金清算。最终清算价格为最后交易日的中国人民银行公布的"银行间外汇市场美元对人民币即期汇率中间价"的倒数。中国人民银行通常会在北京时间的上午 9:15（美国中部时间晚上 7:15，美国中部夏令时时间晚上 8:15）公布这个价格。
保证金	建仓所需保证金 $338，维持仓位所需保证金 $250。
头寸限制	持有不同月份到期的期货合约净多头或净空头超过 6000 份，必须及时向交易所提供能够说明头寸性质的信息；对于当月到期的期货合约，到期前一周内持有的头寸不得超过 2000 份。

资料来源：芝加哥商业交易所网站 http://www.cmegroup.com/trading/fx/。

芝加哥商品交易所除推出了人民币外汇期货外，还推出了人民币对美元期货期权，即人民币对美元期货之上的期权。人民币对美元期货期权是以人民币期货为标的资产的美式期权。每份期权合约的基础资产即为一份人民币期货合约，其交易时间与期货相同。期权价格采取一单位人民币多少美元的报价方式。例如，0.00065 的报价代表一份期权合约的期权费为 650 美元（1000000 RMB × $0.00065/RMB）。最小价格波幅为 10 美元/合约。任何时点上可供交易的期权合约包括将于未来连续 12 个日历月份到期的 12 份月期权以及将于标的期货到期月的每周五到期的 4 份周期权。人民币期权合约中设置的每日最大价格波动限制与期货相同，而头寸限制则略有差异。受期权合约约束的头寸不单是期权合约头寸，而是期权合约头寸及标的期货合约头寸之和。人民币对欧元、人民币对日元期货期权与之类似。

2011 年 8 月 22 日，芝加哥商品交易所推出新的人民币期货合约，这些新的人民币期货合约基于银行间市场推出，反映每美元人民币的变化。与之前 2006 年推出的人民币期货一样，这些期货合约主要是针对银行间人民币无本金交割远期市场。同时芝加哥交易所也推出了电子—迷你合约，电子—迷你合约降低了单张合约面额，主要面向零售客户。然而，即使在 2008 年芝加哥商品交易所人民币期货成交最高时，相应的月度成交金额也仅相当于相应的人民币无本金交割远期的 1% 左右，2010 年 11 月以来芝加哥商品交易所人民币期货成交随国内人民币远期而显著活跃，其月度成交金额也还远不到相应人民币无本金交割远期成交金额的 0.4%。

40.2 芝加哥商品交易所人民币期货推出以来的交易情况

从 2006 年 8 月 28 日 CME 的人民币期货推出至 2007 年 8 月底的一年时间里，总的来说交易较为清淡。根据统计，统计区间内仅 2007 年 7 月有一笔人民币对欧元的期货，其余全为人民币对美元期货。人民币对日元不但没有交易，而且连报价都没有。人民币期货和期货期权也没有一笔成交。表 40-2 给出了 2006 年 8 月以来芝加哥商品交易所人民币/美元期货交易的月度成交量和月末持仓量。

表 40-2　　芝加哥商品交易所人民币/美元期货成交量和持仓量

（2006 年 8 月到 2015 年 6 月）　　　　　　　单位：张

月份	月总成交量	日均成交量	月末持仓量
2006 年 8 月	259	11	151
2006 年 9 月	949	45	643
2006 年 10 月	901	41	747
2006 年 11 月	1818	83	1038
2006 年 12 月	879	42	874
2007 年 1 月	352	15	727
2007 年 2 月	184	9	811
2007 年 3 月	484	22	440
2007 年 4 月	133	6	500
2007 年 5 月	101	4	486
2007 年 6 月	244	12	459
2007 年 7 月	62	3	487

续表

月份	月总成交量	日均成交量	月末持仓量
2007 年 8 月	138	6	460
2007 年 9 月	150	8	449
2007 年 10 月	672	29	496
2007 年 11 月	868	39	974
2007 年 12 月	711	34	951
2008 年 1 月	714	31	831
2008 年 2 月	927	44	1024
2008 年 3 月	1661	79	1236
2008 年 4 月	914	42	1165
2008 年 5 月	1382	63	1563
2008 年 6 月	1538	73	1307
2008 年 7 月	1132	49	1061
2008 年 8 月	886	42	1190
2008 年 9 月	1557	71	1043
2008 年 10 月	1469	64	735
2008 年 11 月	1297	65	704
2008 年 12 月	1957	85	308
2009 年 1 月	470	21	381
2009 年 2 月	1085	54	343
2009 年 3 月	1324	60	592
2009 年 4 月	691	31	323
2009 年 5 月	237	11	249
2009 年 6 月	66	3	123
2009 年 7 月	250	11	191
2009 年 8 月	266	13	240
2009 年 9 月	767	35	513
2009 年 10 月	1217	55	336
2009 年 11 月	452	22	335
2009 年 12 月	290	13	289
2010 年 1 月	78	4	278
2010 年 2 月	76	4	406
2010 年 3 月	227	10	533

月份	月总成交量	日均成交量	月末持仓量
2010 年 4 月	158	7	624
2010 年 5 月	201	10	619
2010 年 6 月	286	13	523
2010 年 7 月	101	5	473
2010 年 8 月	263	12	531
2010 年 9 月	228	10	409
2010 年 10 月	316	15	452
2010 年 11 月	918	42	1187
2010 年 12 月	640	28	1428
2011 年 1 月	337	16	1627
2011 年 2 月	376	19	1656
2011 年 3 月	988	43	852
2011 年 4 月	653	31	903
2011 年 5 月	713	32	1018
2011 年 6 月	692	31	1012
2011 年 7 月	204	10	1050
2011 年 8 月	425	18	1108
2011 年 9 月	419	19	962
2011 年 10 月	475	23	725
2011 年 11 月	279	13	685
2011 年 12 月	499	23	485
2012 年 1 月	168	8	436
2012 年 2 月	108	5	421
2012 年 3 月	299	14	347
2012 年 4 月	60	3	377
2012 年 5 月	205	9	349
2012 年 6 月	181	9	656
2012 年 7 月	204	9	823
2012 年 8 月	49	2	1173
2012 年 9 月	51	3	1150
2012 年 10 月	131	6	1170
2012 年 11 月	226	10	310

月份	月总成交量	日均成交量	月末持仓量
2012 年 12 月	297	14	291
2013 年 1 月	55	2	306
2013 年 2 月	68	3	323
2013 年 3 月	73	3	276
2013 年 4 月	214	10	302
2013 年 5 月	250	11	333
2013 年 6 月	342	17	544
2013 年 7 月	281	12	700
2013 年 8 月	252	11	616
2013 年 9 月	140	7	499
2013 年 10 月	236	10	583
2013 年 11 月	102	5	586
2013 年 12 月	263	12	548
2014 年 1 月	715	31	1150
2014 年 2 月	228	11	1021
2014 年 3 月	325	15	380
2014 年 4 月	232	11	423
2014 年 5 月	164	7	446
2014 年 6 月	186	9	386
2014 年 7 月	130	6	405
2014 年 8 月	62	3	374
2014 年 9 月	231	11	405
2014 年 10 月	175	8	543
2014 年 11 月	425	21	779
2014 年 12 月	828	36	756
2015 年 1 月	177	8	791
2015 年 2 月	407	20	764
2015 年 3 月	643	29	698
2015 年 4 月	302	14	630
2015 年 5 月	144	7	598
2015 年 6 月	103	5	524

资料来源：芝加哥商品交易所 www.cmegroup.com。

40.2.1　芝加哥商品交易所人民币期货月度成交情况

表 40-2 的数据显示，CME 人民币对美元期货从 2006 年 8 月到 2007 年 8 月总共成交 6504 份合约，总成交金额相当于 65 亿元人民币，日均成交合约 26 张，日均成交金额约为人民币 2600 万元；CME 人民币对美元期货推出后的第一个完整年份 2007 年全年成交总量 4099 张，2008 年成交总量比 2007 年增长了一倍多达到 15434 张，显示出高速增长的势头；但是受金融危机影响，2009 年成交金额比 2008 年下降了 53.9% 到 7115 张；2010 年成交金额比 2009 年进一步下降了 49.1% 到 3492 张，还不到 2006 年推出前不到 5 个月的总成交量 4806 张。单月成交量最大的为 2008 年 12 月的 1957 张，成交量最小为 2012 年 6 月，仅有 49 张。

从上述数据看，芝加哥商品交易所人民币期货在交易最活跃的 2008 年也仅有 15434 张，总成交金额 154.34 亿元人民币，仅相当于 7.28 亿美元，成交并不活跃；表 40-2 显示，2010 年 11 月到 2011 年 12 月 CME 人民币期货成交量出现了显著的回升，8 个月平均成交量 544 张，比 2009 年 11 月到 2010 年 10 月月均成交量 223 张高出 321 张。2010 年 11 月以来 CME 人民币期货成交量显著回升的原因与第 23 章介绍的国内人民币远期 2010 年 11 月开始显著增长有着密切的关系，我们下文还会进一步探讨。进入 2012 年之后，CME 人民币期货交易量再次陷入低谷，除 2014 年 1 月、2014 年 12 月和 2015 年 3 月外，CME 人民币期货月交易量均在 500 张以下，其中 2012 年、2013 年和 2014 年全年成交量分别只有 165 张、190 张和 308 张，显示芝加哥商品交易所人民币期货交易很不活跃。我们下文还会比较芝加哥商品交易所人民币外汇期货月度成交金额与离岸市场上人民币无本金交割金额，从而知道芝加哥商品交易所人民币外汇期货的相对流动性。

40.2.2　芝加哥商品交易所人民币期货月底持仓量变化

期货的持仓量也是衡量期货市场规模和活跃程度的重要指标。图 40-1 给出了 2006 年 8 月到 2011 年 3 月底芝加哥商品交易所人民币无本金交割期货的持仓量。图 40-1 形象地显示 2008 年 5 月底持仓量达到推出之后不到两年内的最高峰，正好与 2008 年 1 月到 4 月境外人民币升值预期达到最高峰一致；2011 年 1 月和 2 月底持仓量又分别连创新高，皆超过了 1600 张，比 2008 年 5 月的历史最高峰分别高出 64 张和 93 张。实际上，2010 年 11 月到 2011 年 6 月 CME 人民币期货月底持仓量显著上升，8 个月月底平均持仓量 1210.4 张，比 2006 年 8 月到 2010 年 10 月底平均持仓量 620.0 张高出近 1 倍。

我们分析，由于人民币即期交易市场主要在国内及香港，人民币远期完全在境内，境外人民币无本金交割远期主要在亚洲的中国香港和新加坡，芝加哥商品交易所推出的人民币无本金交割期货虽然比相应的境外人民币无本金交割远期透明性高，但是美国交易的时间正好是亚太地区的晚上，交易时间没有相应的市场信息，要使交易活跃起来应该仍需一定的时间，近期对人民币汇率的定价也未产生重要影响。

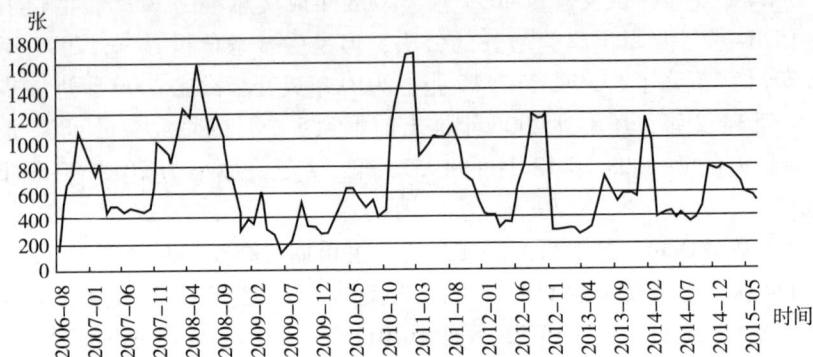

数据来源：表40 - 2。

**图 40 - 1　2006 年 8 月到 2015 年 6 月底芝加哥商品交易所
人民币无本金交割期货的持仓量**

40.3　芝加哥商品交易所人民币期货成交金额与境外人民币远期市场比较

由于美国至今未与中国大陆签订人民币外汇互换协议，芝加哥商品交易所人民币期货实际上是人民币无本金交割期货，它应该反映以中国香港为主的境外人民币无本金交割远期市场的交易情况。表 40 - 2 给出的月份成交量显示，芝加哥人民币期货成交量难以与以香港为主的境外人民币无本金交割远期市场成交量比较。实际上我们可以容易地将表 40 - 2 给出的月度成交量用人民币/美元月度汇率转换成以美元计价的成交金额，从而可以直接比较芝加哥商品交易所人民币期货月成交金额和相应的境外人民币无本金交割远期的成交金额。图 40 - 2 给出了芝加哥商品交易所人民币外汇期货月成交金额占境外人民币无本金交割远期月成交金额比例。

图 40 - 2 显示，从 2006 年 8 月到 2008 年 10 月，CME 人民币期货月度成交金额相当于境外人民币无本金交割远期月度成交金额的 0.2% 左右；2008 年 8 月到 12 月，CME 人民币期货月度成交金额与境外人民币无本金交割远期月度成交金额的比例从 2008 年 7 月和 8 月 0.2% 左右持续增长到了 12 月 1.1% 左右的历

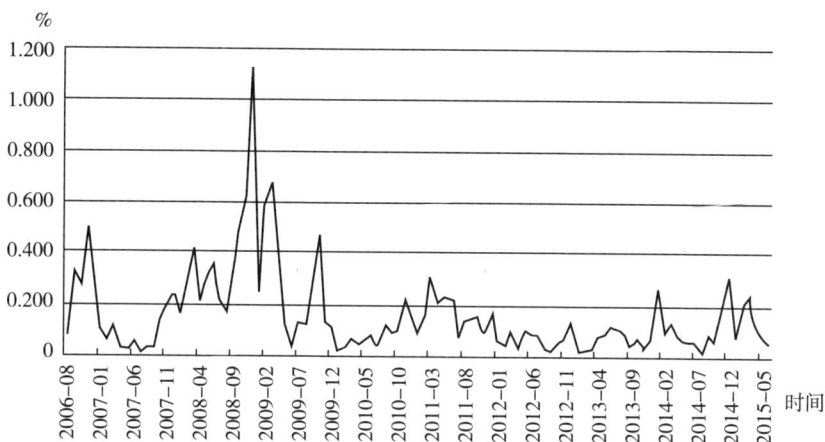

数据来源：根据表 40 - 2 成交量和人民银行网站公布的 2006 年以来人民币兑美元月均汇率计算出 CME 人民币期货月度成交金额，境外人民币无本金交割远期月度成交金额数据来自表 37 - 12。

图 40 - 2　芝加哥商品交易所月度成交金额与境外离岸市场

人民币无本金交割远期市场月度成交金额估值比例（2006 年 8 月到 2015 年 6 月）

史最高位；然而从 2008 年 12 月到 2009 年 6 月，该比例持续下降到了 0.033% 的历史最低点；从 2009 年 6 月到 2009 年 10 月，比例虽然回升到超过 0.46% 的水平，但是 2010 年 6 月到 2011 年 6 月基本保持在 0.15% 的水平。图 40 - 2 显示 2009 年 1 月到 2015 年 6 月的六年半内，大部分时期 CME 人民币期货月度成交金额仅仅相当于境外人民币无本金交割远期市场不到 0.2% 的水平，远远没有达到吸引境外离岸市场人民币无本金交割远期市场的目的。可以预判，随着境外人民币可交割远期市场的持续快速增长，境外人民币无本金交割远期市场将进一步被边缘化，芝加哥人民币无本金交割期货也将进一步被边缘化，其在境外人民币外汇期货市场的份额将进一步下降。我们下文对境外三家人民币外汇期货市场成交金额进行详细的比较。

40.4　芝加哥商品交易所人民币期货成交金额与境外人民币可交割远期成交金额及国内人民币远期市场成交金额比较

上文比较芝加哥商品交易所人民币期货成交金额和境外人民币无本金交割远期成交金额的结果显示，大部分时间里，芝加哥商品交易所人民币期货成交金额仅不到境外人民币无本金交割远期成交金额的 0.5%，显示芝加哥商品交易所人民币期货远未达到吸引境外人民币无本金交割期货业务的目的。第 37 章的结果显示，近年来随着境外人民币业务的持续快速增长，境外人民币可交割远期交易已经取代境外人民币无本金交割远期成为境外人民币兑美元的主要期货产品。因此，芝加哥人民币外汇远期与境外人民币可交割远期市场的流动性相差更大，这里不必详细比较。

值得关注的是表40-2显示2010年11月以来芝加哥商品交易所人民币期货月度成交量大幅度增长与表23-7显示的国内人民币远期市场月度成交金额从2010年11月开始大幅度增长非常地相似。这很难是巧合，合理的解释是国内人民币外汇远期市场交易大幅度增长的同时，有一部分交易，特别是可以直接参与境外期货的中外资银行可能利用芝加哥商品交易所人民币无本金交割期货来对冲分国内人民币远期相关风险，或者在两市之间进行套利。

近年来中国香港和新加坡交易所推出人民币期货之后，国内相关交易与中国香港和新加坡更为直接和方便，对芝加哥人民币期货的影响更大。具体而言，从交割清算和配套环境来看，港交所的人民币期货优势明显。由于目前人民币尚未实现自由兑换，无论是港交所人民币期货还是芝加哥商品交易所的人民币期货，都必须通过离岸人民币中心的香港进行交收。经过几年的发展，香港的离岸人民币业务已经初具规模，人民币投资品种日渐丰富，尤其是东盟贸易结算使用的人民币多数会回流到香港进行投资。因此，外贸企业和在香港有分支机构的海外投资机构也多数会选择在香港进行交易。这使得香港作为离岸人民币中心在发展人民币期货业务方面具有得天独厚的条件。除中国香港之外，新加坡是人民币支付最多的国家和地区之一，作为一个主要的区域性资金中心，新加坡为亚洲市场提供流动性服务历史悠久，清算体系业已发展成熟，加之其亚洲外汇交易中心的地位，因而在发展人民币期货方面，也具有相当大的比较优势。下面我们将详细介绍香港交易所人民币期货和新加坡交易所人民币期货。

40.5　香港交易所人民币期货及市场流动性介绍

2012年9月17日，香港交易所推出离岸人民币兑美元期货，这是全球首只在交易所买卖的可交割人民币期货。截至2014年年底，离岸人民币兑美元期货是香港交易所唯一交易的货币期货。

40.5.1　香港交易所人民币期货合约介绍

表40-3给出了香港交易所人民币期货和人民币期货期权合约的介绍。

表 40 - 3	香港交易所离岸人民币期货合约
名称	美元兑离岸人民币期货
代码	CUS
合约单位	每份合约为 100000 美元，约合 621650 元离岸人民币（按 2014 年 12 月 31 日的美元对离岸人民币即期汇率换算）。
报价形式	每美元兑离岸人民币。
最小价格波动	CNH0.0001（即 10CNH 每份合约）。
交易时间	上午 9 时至下午 4 时 15 分（香港时间）。 圣诞节前夕、新年前夕及农历新年前夕交易时段不会超过正午 12 时正。该三天的交易时间为上午 9 时正至正午 12 时正（香港时间）。
合约月份	当月、下三个月及之后的三个季月（即三月、六月、九月及十二月）。
最后交易日	最后结算日之前两个香港营业日。 最后结算日是合约月份的第三个星期三。如当日并不是香港营业日，最后结算日将为之后一个营业日。
清算方式	按照货币期货合约买卖规则及结算所规则内所载的机制及条款，由卖方缴付合约指定的美元金额，而买方则缴付以最后结算价计算的人民币金额。 最后结算价将根据财资市场公会在最后交易日上午 11 时 15 分公布的每美元兑人民币即期汇率定盘价所厘定。
头寸限制	每名交易所参与者就其本身账户而言，直至最后交易日（包括该日）的 5 个香港营业日内，所有合约月份合约净额 8000 张，及现货月未平仓合约不超过 2000 张； 就每名客户而言，直至最后交易日（包括该日）的 5 个香港营业日内，所有合约月份合约净额合共 8000 张，及现货月合约未平仓合约不超过 2000 张。

资料来源：香港交易所网站，www.hkex.com.hk。

40.5.2　香港交易所推出的离岸人民币期货自推出以来的交易情况

从 2012 年 9 月 17 日香港交易所推出离岸人民币期货至 2015 年 6 月底，香港离岸人民币期货的交易量上升明显。2015 年 6 月，香港离岸人民币期货总成交量和月末持仓量分别为 9142 张和 7583 张，分别比 2012 年 10 月上升了 100% 和 288%。表 40 - 4 给出了 2012 年 9 月到 2015 年 6 月香港离岸人民币对美元期货的月度成交量和月末持仓量。

表 40 – 4 　　　　　香港交易所人民币对美元期货合约交易情况
统计表（2012 年 9 月到 2015 年 6 月）　　　　单位：张

月份	月总成交量	日均成交量	月末持仓量
2012 年 9 月	2172	217	1076
2012 年 10 月	4565	228	1956
2012 年 11 月	6465	294	3551
2012 年 12 月	7075	393	3673
2013 年 1 月	12089	550	4847
2013 年 2 月	5979	352	5047
2013 年 3 月	6986	349	4791
2013 年 4 月	7451	373	4851
2013 年 5 月	18455	879	6685
2013 年 6 月	20332	1070	7028
2013 年 7 月	9104	414	7904
2013 年 8 月	8225	392	7974
2013 年 9 月	9539	477	9515
2013 年 10 月	16134	768	13067
2013 年 11 月	12626	601	16863
2013 年 12 月	11788	589	18701
2014 年 1 月	16262	774	22636
2014 年 2 月	27757	1461	15089
2014 年 3 月	31479	1499	9495
2014 年 4 月	11032	552	11400
2014 年 5 月	11302	565	11105
2014 年 6 月	11025	551	10154
2014 年 7 月	13903	632	10516
2014 年 8 月	14850	707	10247
2014 年 9 月	14090	671	11580
2014 年 10 月	11502	548	11056
2014 年 11 月	14848	742	10897
2014 年 12 月	26999	1286	9747
2015 年 1 月	19230	916	11078
2015 年 2 月	17043	947	11677
2015 年 3 月	21857	1041	12949
2015 年 4 月	14955	748	10219
2015 年 5 月	10240	512	8394
2015 年 6 月	9142	457	7583

资料来源：香港交易所网站，www. hkex. com. hk。

表 40－4 显示，香港交易所人民币期货成交金额自推出后的前 10 个月月成交量持续增长到了超过 2 万张的水平；2013 年 6 月到 2014 年 3 月，月成交量又持续增长到了超过 3 万张的水平，截至 2014 年第一季度成交量达到 75498 张的历史最高位；2015 年第一季度成交金额比 2014 年第一季度成交金额下降了 23% 到 58130 张，2015 年第二季度成交金额比 2015 年第一季度又下降四成以上 34337 张，仅略高于 2014 年第二季度的 33359 张，显示香港人民币外汇期货推出后一年半后成交金额达到了历史最高纪录，然而一年半后又回到了 2014 年第二季度的成交量水平，显示人民币期货受一年多来人民币兑美元贬值影响成交量下降的事实。

40.5.3　香港人民币外汇期货的成交金额及国际比较

表 40－4 给出的香港人民币外汇期货成交量可以容易地换算成成交金额：2013 年和 2014 年香港人民币外汇期货的成交金额分别为 138.7 亿和 205.0 亿美元，分别占该两年全球外汇期货成交金额 32.6 万亿和 28.8 万亿美元的 0.04% 和 0.07%。2014 年香港人民币外汇期货 205 亿美元的成交金额仅比表 12.11 给出的该年全球外汇期货成交金额排名第 16 的外汇期货——莫斯科交易所的欧元兑俄罗斯卢布的成交金额 254.1 亿美元低 49.1 亿美元，因此 2014 年香港人民币外汇期货成交金额应该可以排 2014 年全球最活跃的外汇期货第 20 位上下，成绩可观。

利用表 12－9 给出的 2013 年全球最活跃的 16 个外汇期货的成交量和与表 12－11 相同的计算方法，我们可以计算出 2013 年全球 16 个最活跃的外汇期货的成交金额，结果如表 40－5 所示。表 40－5 显示，2013 年香港人民币外汇期货 138.7 亿美元的成交金额比表 2013 年全球排名第 15 的外汇期货——莫斯科交易所的欧元兑俄罗斯卢布期货的成交金额 113.1 亿美元还要高出 25.6 亿美元，仅比同年排名第 14 的外汇期货——南非约翰内斯堡证券交易所的美元兑南非兰特期货的成交金额 163.5 亿美元低 24.8 亿美元。因此 2013 年香港人民币外汇期货成交金额应该可以排名 2013 年全球最活跃的外汇期货第 16 位上下，显示香港人民币外汇期货推出后第一个完整年内的可喜成绩。

表 40－5　　　2013 年全球主要外汇期货成交金额、占比及分布　　　单位：亿美元

成交量排名	合约名称	交易所	2013 年成交量	2013 年成交金额	2013 年成交量占比	2013 年成交金额占比	成交金额排名
1	美元兑俄罗斯卢布	莫斯科交易所（Moscow Exchange）	373466315	3734.7	39.13%	1.15%	10
2	美元兑印度卢比	印度股票交易所（NSE India）	566399936	5664.0	17.53%	1.74%	7

续表

成交量排名	合约名称	交易所	2013 年成交量	2013 年成交金额	2013 年成交量占比	2013 年成交金额占比	成交金额排名
3	美元兑印度卢比	印度大都会股票交易所（MSXI）	496230881	4962.3	6.70%	1.52%	9
4	美元	巴西商品和期货交易所（BM&F）	93426499	46713.2	4.91%	14.32%	3
5	美元	阿根廷罗萨里奥期货交易所（ROFEX）	50360076	503.6	3.86%	0.15%	13
6	欧元外汇期货	芝加哥商品交易所（CME）	61285617	105534.9	3.11%	32.36%	1
7	美元	韩国证券期货交易所	51814466	5181.4	2.90%	1.59%	8
8	日元	芝加哥商品交易所	42762257	50774.1	2.28%	15.57%	2
9	美元兑南非兰特	约翰内斯堡证券交易所（JSE）	16348258	163.5	1.61%	0.05%	14
10	欧元兑美元	莫斯科交易所（Moscow Exchange）	66436523	915.2	1.56%	0.28%	12
11	英镑	芝加哥商品交易所（CME）	29237763	30286.9	1.48%	9.29%	4
12	澳大利亚元	芝加哥商品交易所（CME）	26332299	23509.3	1.35%	7.21%	5
13	欧元兑俄罗斯卢布	莫斯科交易所（Moscow Exchange）	8210577	113.1	1.25%	0.03%	15
14	墨西哥比索兑美元	墨西哥衍生品交易所（MexDer）	13535162	1353.5	1.18%	0.41%	11
15	加拿大元	芝加哥商品交易所（CME）	17427832	16391.4	0.90%	5.03%	6
	合计		1913274461	295801	100.00%	90.69%	
	总计			326156		100.00%	

资料来源：根据表 12-9 给出的 2013 年最活跃外汇期货成交量数据、各交易所合约面值和 2013 年底相关汇率计算而得；全球总计成交金额数据来自国际清算银行网站；由于表 12-9 没有给出 2013 年布鲁塞尔证券交易所的美元对印度卢比期货成交金额，故表 40-5 仅有 15 个期货合约。

40.5.4 香港交易所人民币期货的持仓情况

持仓量是期货市场交易的重要衡量参数。持仓量的高低在很大程度上显示市场参与者对期货市场后续发展的信心。表 40 - 4 显示，香港人民币期货持仓量从 2012 年 9 月的 1076 张持续提高到了 2014 年 1 月的 22636 张，达到了香港人民币期货持仓量的最高水平，而 2014 年 2 月和 3 月香港人民币外汇期货月成交量连续两个月连创新高；2014 年 1 月到 2015 年 6 月香港人民币期货持仓量处于总体下降趋势，而相应的月度成交量也同样处于下降趋势，显示香港期货月度成交量与月底持仓量之间保持一定的相关关系。

40.6 新加坡交易所人民币期货介绍

新加坡交易所于 2014 年 10 月 20 日推出了人民币期货产品：新加坡交易所离岸人民币期货和新加坡交易所在岸人民币期货。前者以香港财资市场公会公布的美元/人民币定盘价为清算价格。而后者以央行早上九点公布的人民币中间价的倒数乘以 10 为清算价格。这两种产品在上市的首日成交量总计达到了 1846 张，面值达到了 11 亿元人民币。

40.6.1 新加坡人民币期货合约介绍

USD/CNH 合约自成立以来交易较 USD/CNY 合约更加活跃，2015 年 1 月、2 月、3 月、4 月份的交易量分别为 6548 张、4339 张、12200 张和 6011 张。2 月、3 月、4 月份月末的未平仓合约数分别为 2175 张、3047 张和 2331 张。表 40 - 6 给出了新加坡人民币期货合约的主要条款。

表 40 - 6　　　　　　　　　　　新加坡交易所离岸人民币期货合约

名称	美元兑离岸人民币期货
代码	UC
合约单位	每份合约为 100000 美元，约合 621650 元离岸人民币（按 2014 年 12 月 31 日的美元对离岸人民币即期汇率换算）。
报价形式	每美元兑离岸人民币
最小价格波动	CNH0. 0001（即 10CNH 每份合约）
交易时间	T session：新加坡时间 7. 40am - 6. 00pm T + 1 session：新加坡时间 6. 45pm - 2. 00am（第二天）
合约月份	13 个连续的自然月，再加上第 13 个自然月后最近的 8 个 3 - 6 - 9 - 12 季度月。
最后交易日	合约月份第三个周三之前两个香港营业日 T session：7. 40am - 11. 00am
清算方式	现金清算。清算价格为香港财资市场公会于香港时间上午 11 点公布的美元/人民币即期汇率定盘价。结果保留到小数点后四位。
头寸限制	10000 张

资料来源：新加坡交易所网站，www. sgex. com. sg。

40.6.2 新加坡交易所推出的离岸人民币期货自推出以来的交易情况

新加坡人民币期货历史较短，从 2014 年 10 月 20 日推出至今尚不满一年，从 2014 年 10 月 20 日 SGX 推出离岸人民币期货至 2015 年 6 月底，新加坡离岸人民币期货的交易量并无趋势性变化。2015 年 6 月，新加坡离岸人民币期货总成交量和月末持仓量分别为 8780 张和 2276 张。表 40 - 7 给出了 2012 年 9 月到 2015 年 6 月香港离岸人民币对美元期货的月度成交量和月末持仓量。

表 40 - 7　　　　新加坡离岸人民币对美元期货合约交易情况统计表
（2012 年 9 月到 2015 年 6 月）　　　　单位：张

月份	月总成交量	日均成交量	月末持仓量
2014 年 10 月	7709	771	2438
2014 年 11 月	12651	633	4144
2014 年 12 月	9596	417	2625
2015 年 1 月	6426	292	2299
2015 年 2 月	4333	217	2214
2015 年 3 月	12200	555	3047
2015 年 4 月	5835	265	2331
2015 年 5 月	6022	287	3205
2015 年 6 月	8780	399	2276

数据来源：新加坡交易所网站，www. sgex. com. sg。

表 40 - 6 显示，新加坡人民币外汇期货合约推出之后流动性很快就达到了很高的水平，新加坡人民币期货推出的第一个完整月，即 2014 年 11 月新加坡人民币外汇期货成交量就达到了 12651 张的月度历史最高纪录；然而 2014 年 11 月以来新加坡人民币期货的成交量却保持在徘徊不前的状态，日均成交量仅保持在产品刚刚推出前两个月一半上下的水平，显示新加坡交易所推出的人民币外汇合约的流动性有待提高。

40.6.3 新加坡交易所人民币期货的持仓量

表 40 - 6 显示，新加坡人民币期货自 2014 年 9 月推出以来于 2014 年 11 月持仓量达到了历史最高纪录的 4144 张；然而从 2014 年 11 月到 2015 年 2 月持仓量持续下降到了 2214 张；虽然 2015 年 3 月底持仓量回升到了 3047 张，而且 2015 年 5 月底持仓量又略升到了 3205 张，但是 2015 年 6 月底持仓量下降到了 2276 张，低于 2014 年 10 月的持仓量 2438 张，仅略高于 2015 年 2 月持仓量最低位 2214 张，显示新加坡人民币期货的持仓量自推出以来没有显著地上升，市场

活跃度有限。

40.7 境外人民币期货月度成交金额与离岸人民币远期的月度成交金额的比较

　　表40－2、表40－4和表40－6分别给出了芝加哥商品交易所、中国香港交易所和新加坡交易所推出的人民币期货的月度成交量。由于不同交易所期货合约的大小不同，我们难以对其成交金额进行比较。表40－8给出了2013年1月到2015年6月该三个交易所推出的人民币外汇期货月度成交金额。表40－8显示，虽然芝加哥商品交易所人民币外汇期货比香港交易所推出的人民币期货早6年，然而芝加哥人民币期货一直不够活跃，2013年1月到2015年6月，芝加哥人民币期货月度成交金额最高仅相当于香港交易所的6.7%，月均仅相当于香港交易所的2.5%，显示香港人民币期货虽然推出较晚，然而在境外人民币期货方面的地位明显。

表40－8　　　　　　　　　境外人民币期货月度成交金额比较

（2013年1月到2015年6月）　　　单位：亿美元，%

时间/类型	境外人民币期货成交金额				成交金额占比		
月份	芝加哥	中国香港	新加坡	合计	芝加哥	中国香港	新加坡
2013年1月	0.1	12.1	0.0	12.2	0.7	99.3	
2013年2月	0.1	6.0	0.0	6.1	1.8	98.2	
2013年3月	0.1	7.0	0.0	7.1	1.6	98.4	
2013年4月	0.3	7.5	0.0	7.8	4.4	95.6	
2013年5月	0.4	18.5	0.0	18.9	2.1	97.9	
2013年6月	0.6	20.3	0.0	20.9	2.7	97.3	
2013年7月	0.5	9.1	0.0	9.6	4.8	95.2	
2013年8月	0.4	8.2	0.0	8.6	4.7	95.3	
2013年9月	0.2	9.5	0.0	9.8	2.3	97.7	
2013年10月	0.4	16.1	0.0	16.5	2.3	97.7	
2013年11月	0.2	12.6	0.0	12.8	1.3	98.7	
2013年12月	0.4	11.8	0.0	12.2	3.5	96.5	
2014年1月	1.2	16.3	0.0	17.4	6.7	93.3	
2014年2月	0.4	27.8	0.0	28.1	1.3	98.7	
2014年3月	0.5	31.5	0.0	32.0	1.7	98.3	
2014年4月	0.4	11.0	0.0	11.4	3.3	96.7	
2014年5月	0.3	11.3	0.0	11.6	2.3	97.7	
2014年6月	0.3	11.0	0.0	11.3	2.7	97.3	

续表

时间/类型	境外人民币期货成交金额				成交金额占比		
2014 年 7 月	0.2	13.9	0.0	14.1	1.5	98.5	
2014 年 8 月	0.1	14.9	0.0	15.0	0.7	99.3	
2014 年 9 月	0.4	14.1	0.0	14.5	2.6	97.4	
2014 年 10 月	0.3	11.5	7.7	19.5	1.5	59.0	39.5
2014 年 11 月	0.7	14.8	12.7	28.2	2.5	52.7	44.9
2014 年 12 月	1.4	27.0	9.6	37.9	3.6	71.1	25.3
2015 年 1 月	0.3	19.2	6.4	25.9	1.1	74.1	24.8
2015 年 2 月	0.7	17.0	4.3	22.0	3.0	77.3	19.7
2015 年 3 月	1.0	21.9	12.2	35.1	3.0	62.3	34.8
2015 年 4 月	0.5	15.0	5.8	21.3	2.3	70.3	27.4
2015 年 5 月	0.2	10.2	6.0	16.5	1.4	62.1	36.5
2015 年 6 月	0.2	9.1	8.8	18.1	0.9	50.5	48.5

数据来源：根据表 40-2、表 40-4、表 40-6 给出的成交量数据和表 40-1、表 40-3、表 40-5 给出的人民币外汇期货合约参数及月底人民币兑美元汇率转换得出。

表 40-7 也显示，虽然新加坡交易所推出的人民币外汇期货比中国香港晚两年，但是新加坡人民币外汇期货似乎有后来居上的势头：2014 年 11 月，即新加坡人民币期货推出的第二个月新加坡人民币期货月成交金额就达到了 12.7 亿美元，比同月香港人民币期货成交金额仅差 2.1 亿美元；虽然新加坡和香港两个境外人民币中心都受境外人民币兑美元贬值的影响，2015 年 3 月以来两市人民币期货成交金额都出现了萎缩的趋势，但是 2015 年 6 月新加坡人民币外汇期货成交金额 8.8 亿美元，与同月香港人民币外汇期货成交金额 9.1 亿美元更为接近。新加坡人民币外汇期货推出时间尚不到一年，由于新加坡在东亚外汇市场的重要地位（2013 年 4 月新加坡取代日本成为亚洲最大的外汇交易中心），我们有理由相信 2015 年下半年或 2016 年新加坡人民币外汇期货成交金额会超过香港。

40.8 境外其他人民币外汇期货

40.8.1 俄罗斯人民币期货简介

莫斯科交易所在当地时间 2015 年 3 月 17 日发布公告称，该交易所金融衍生工具市场在当天启动了人民币/卢布期货交易。莫斯科交易所在公告中解释称，该交易所的人民币交易量大幅度增长，俄罗斯外汇市场上人民币和卢布结算量日益增长，出现了与此类交易有关的对冲需求。数据显示，2014 年莫斯科交易所的人民币交易量增长 7 倍之多，总金额为 3950 亿卢布（约合 480 亿元人民币），其中在 2014 年 10 月创下了 5.41 亿元人民币的日均交易额历史纪录。

"推出人民币/卢布期货交易只是莫斯科交易所在今后提供完整的人民币工具和对冲工具迈出的第一步。我们预计，这项新的合约将和交易所的其他衍生合约一样具有流动性和需求，同时有效地促进中国和俄罗斯的贸易规模。"莫斯科交易所副董事长安德烈·舍缅托夫（Andrey Shemetov）表示（"俄罗斯推人民币期货人民币国际化再开花"，第一财经日报　薛皎　2015 – 03 – 19）。

40.8.2　台湾人民币外汇期货简介

2015 年 7 月 20 日台湾推出了人民币汇率期货。台湾推出的人民币汇率期货包括小型美元兑人民币汇率期货（RTF）及美元兑人民币期货（RHF）首日总成交量达 5290 口，远远超乎市场预期，也比香港、新加坡及美国等地的日均量高。首推当日在 8 家自营商、银行共同造市下，人民币汇率期货交易相当活络，且中午 12 点以前就突破 2000 口，到下午 4:15 收盘时，总成交量更是超过 5000 口。

人民币汇率期货的首批造市商包括：中国建设银行台北分行和中国银行台北分行两家陆资银行。期交所董事长刘连煜表示，人民币汇率期货在台湾期货交易所挂牌交易，是台湾期货交易所成立 17 年生日的最好礼物。建设银行台北分行主管指出，希望借由造市业务的推动，协助提高台湾人民币汇率期货的流动性，促进台湾期货市场平衡运行、遏制过度投机，为台湾的人民币离岸市场建设贡献力量（"台湾推出人民币汇率期货首日成交超乎市场预期"，新华网，2015 年 7 月 21 日）。

40.9　境外人民币期货成交金额与境内外人民币外汇远期的成交金额比较

40.9.1　境外人民币期货成交金额与境外人民币外汇远期的成交金额比较

比较表 40 – 7 给出的境外人民币外汇期货月度成交金额与表 37 – 13 给出的境外人民币无本金交割远期和可交割远期季度日均成交金额我们发现，境外人民币外汇期货市场的日均成交金额与境外人民无本金交割远期市场有巨大的差距：2013 年第一季度境外人民币无本金交割远期日均成交金额为 22 亿美元（经纪商平均数据）或 36.8 亿美元（伦敦金融城数据），而表 40 – 7 给出的境外人民币期货 2013 年第一季度的日均成交金额仅为 0.41 亿美元，不到经纪商平均日均成交金额 22 亿美元的 2%，仅相当于相应伦敦金融城日均成交金额 36.8 亿美元的 1%；2014 年第二季度境外人民币无本金交割远期日均成交金额为 22.2 亿美元（经纪商平均数据）或 55.7 亿美元（伦敦金融城数据），而表 40 – 7 给出的境外人民币期货 2014 年第二季度的日均成交金额仅为 0.55 亿美元，不到经纪商平均日均成交金额 22.2 亿美元的 2.6%，仅相当于相应伦敦金融城日均成交金额 36.8 亿美元的 1.5%，显示境外人民币期货与境外人民币无本金交割远期市场有着巨大的差距。

利用同样的方法，我们可以比较境外人民币期货与境外人民币可交割远期市场的差距。2013 年第一季度境外人民币可交割远期日均成交金额为 63 亿美元，而表 40 – 7 给出的境外人民币期货 2013 年第一季度的日均成交金额仅为 0.41 亿美元，不到前者日均成交金额 63 亿美元的 0.65%；2014 年第四季度境外人民币可交割远期日均成交金额为 134.7 亿美元，而表 40 – 7 给出的境外人民币期货 2014 年第四季度的日均成交金额仅为 1.38 亿美元，仅相当于相应境外人民币可交割远期日均成交金额 134.7 亿美元的 1%，显示境外人民币期货与境外人民币可交割远期市场有着更大的差距。

40.9.2 境外人民币外汇期货成交金额与国内人民币外汇远期成交金额比较

表 40 – 8 给出的境外人民币外汇期货成交金额应该与国内银行间人民币外汇远期成交金额有一定的关系。图 40 – 3 给出了 2012 年第四季度到 2015 年第二

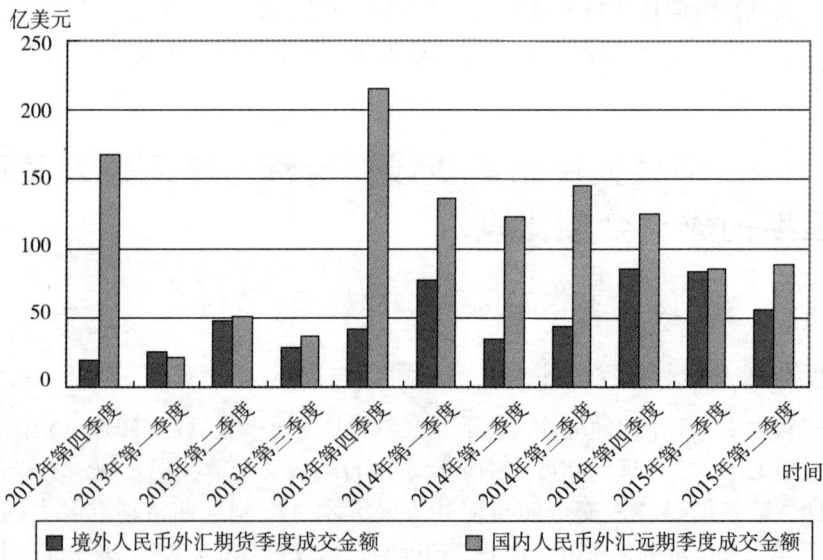

数据来源：境外人民币外汇期货季度成交金额数据根据表 40 – 8 数据计算得出，国内人民币外汇远期季度成交金额来自人民银行货币政策执行报告。

图 40 – 3　境外人民币外汇期货成交金额与国内银行间人民币外汇远期季度成交金额
（2012 年第四季度到 2015 年第二季度）

季度境外人民币外汇期货成交金额与国内银行间人民币外汇远期季度成交金额。图 40 - 3 显示，2013 年第一季度到第三季度及 2015 年第一季度，境外人民币外汇期货季度成交金额与国内人民币外汇远期季度成交金额非常接近，两者相差很小，显示出两个市场流动性都非常低；另外，2014 年第一季度到第三季度，境外人民币外汇期货与国内人民币外汇远期交易似乎出现同起降的趋势，但是2014 年第四季度这种趋势又有所削弱。随着两市流动性的提高，两市关系将进一步明显。

40.10　人民币期货发展潜力

国际清算银行 2001 年到 2013 年公布的每三年全球外汇远期数据显示，2001 年 4 月到 2013 年 4 月全球外汇远期市场日均成交金额分别为 1300 亿、2090 亿、3620 亿、4750 亿和 6800 亿美元，而根据国际清算银行公布的这些年份全球外汇期货的日均成交金额分别仅为 12.6 亿、29.6 亿、89.9 亿、142.6 亿和 130.5 亿美元，后者分别仅占前者 1.0%、1.4%、2.5%、3.0% 和 1.9%，显示全球外汇期货日均成交金额占全球外汇远期成交金额比重在 2010 年达到历史最高水平 3.0%，而 2013 年却回到了 2004 年和 2007 年之间的程度。这些数据显示，外汇期货相对于外汇远期来说还仍然是一个很小的部分，或者说外汇市场仍然是以银行间的场外市场为主，交易所市场份额仍然很小。这种状况今后多年仍然难有重大的变化。

芝加哥商品交易所作为全球最大的金融期货和期权交易所，同时也是全球最大的外汇期货和期权交易所，该交易所交易的外汇期货几乎包括全球所有重要的货币。芝加哥品交易所推出的境外人民币期货也是全球最早的人民币外汇期货，其推出的时间比香港推出的人民币外汇期货早了 6 年时间。但是芝加哥商品交易所推出的人民币外汇期货 11 年来交易很不活跃。由于美国至今未与中国人民银行签订人民币外汇互换协议，包括芝加哥商品交易所在内的美国商业机构难以推出境外人民币可交割产品，芝加哥商品交易所的人民币外汇期货只能是无本金交割期货，加上美国与东亚时差相差十多个小时，芝加哥商品交易所推出的人民币外汇期货和期权难以活跃起来。

香港人民币外汇期货最终比芝加哥商品交易所晚了 6 年，但是香港人民币外汇期货一推出就成为了境外人民币外汇期货的主力，月成交金额芝加哥商品交易所的几十倍到一百多倍，显示香港在境外人民币外汇市场的重要力量；然而从 2014 年 9 月新加坡推出境外人民币外汇期货后，新加坡与香港共享境外人民币外汇期货的格局就已经形成：2014 年 11 月新加坡人民币外汇期货的成交金额就达到了香港人民币外汇期货的 85%，2015 年 6 月前者成交金额进一步提高到了后者的 96%，显示新加坡在境外人民币外汇期货方面的快速成就。由于新加坡在东亚外汇市场的重要地位（2013 年新加坡取代日本成为亚洲最大、全球第三大外汇交易中心），可以预测，2015 年年底或者 2016 年新加坡人民币外汇期货成交金额可能超过香港，成为境外人民币外汇期货的主要市场。

最后，根据近年来全球外汇期货成交金额与全球国内生产总值比例，我们可以估算出今后 3 到 5 年，即到 2018 年和 2020 年全球人民币外汇期货市场的增长规模。表 40－8 给出了 2005 年到 2014 年全球外汇期货成交金额与世界 GDP 比例等相关数据。表 40－8 显示，2005 年到 2010 年全球外汇期货成交金额与世界 GDP 比例从 25.8% 提高到了 54.6%，而从 2010 年到 2014 年却又持续下降到了 37.3%。由于截至 2014 年，境外人民币外汇期货的成交金额相对很低，2005 年到 2010 年全球外汇期货成交金额与中国大陆外的世界 GDP（世界 GDP－中国大陆 GDP）比例从 27.1% 提高到了 60.1%，而从 2010 年到 2014 年却又下降到了 43.1%。假设 2018 年和 2020 年全球外汇期货与中国大陆外世界 GDP 比例达到 2009 年到 2014 年的平均比例 50.7%，2018 年和 2020 年全球人民币外汇期货成交金额与中国大陆 GDP 比例分别达到中国大陆外全球外汇期货与世界 GDP 比例的 50% 和 89%，那么我国可以估算出 2018 年和 2020 年全球人民币外汇期货成交金额，表 40－9 给出了相应的结果。

表 40－9　　　　2018 年和 2020 年全球人民币外汇期货成交金额估算

单位：万亿美元

年份	2005	2006	2007	2008	2009	2010	2011	2012	2013	2014	2018*	2020*
全球期货成交金额	12.1	16.6	22.5	26.5	24.7	35.7	37.2	32.0	32.6	28.8	38.3	43.1
世界 GDP	47.0	50.9	57.5	63.0	59.7	65.3	72.4	73.8	75.5	77.3	84.7	95.3
全球期货成交金额/世界 GDP	25.8%	32.6%	39.1%	42.0%	41.3%	54.6%	51.3%	43.3%	43.2%	37.3%	45.2%	45.2%
中国大陆 GDP	2.3	2.7	3.5	4.6	5.1	6.0	7.5	8.5	9.5	10.4	14.3	17.1
全球期货成交金额/（世界 GDP－中国大陆 GDP）	27.1%	34.5%	41.6%	45.3%	45.1%	60.1%	57.3%	48.9%	49.4%	43.1%	50.7%	50.7%
全球人民币外汇期货估算								0.00	0.01	0.02	3.6	7.4

数据来源：全球 GDP 和中国大陆 GDP 数据来自国际货币基金组织 2015 年 10 月公布的数据，全球外汇期货成交金额根据国际清算银行王章公布的季度数据计算得出；2018 年和 2020 年全球外汇期货成交金额与 GDP 比例为 2009 年到 2014 年平均比例；2018 年和 2020 年全球人民币外汇期货成交金额分别在假设届时人民币外汇期货成交金额与中国大陆 GDP 比例达到中国大陆外相应比例的 50% 和 89% 而估算得出。

表 40-5 显示，2018 年和 2020 年全球人民币外汇期货成交金额分别高达 3.6 万亿和 7.4 万亿美元，分别占当年全球外汇期货 9.4% 和 17.1%；2018 年全球人民币外汇期货成交金额占比 9.4% 仍显著低于该年中国大陆 GDP 的世界占比 16.9%（根据国际货币基金组织 2015 年 10 月公布的对中国大陆和世界 GDP 估算数据计算得出），而 2020 年全球人民币外汇期货成交金额占比 17.1% 仍略低于该年中国大陆 GDP 的世界占比 17.9%，显示表 4-5 给出的估算结果的合理性。

40.11 国内推出人民币期货的必要性

虽然国内人民币远期结售汇业务从 2012 年的 3641 亿美元快速增长了 57.1% 到 2013 年的 5721.2 亿美元，2014 年国内远期结售汇业务总额却比 2013 年下降了 1.0% 到 5666.8 亿美元，显示国内人民币远期结售汇市场本身也未达到一定的规模。2012 年国内远期结售汇金额占全年贸易总额比重仅为 9.4%，2013 年上升到了 13.8%，但是 2014 年却下降到了 13.1%，2015 年上半年进一步下降到了 6.9%，显示国内企业远期结售汇意愿不强。

在国内企业远期结售汇意愿不强的同时，银行间远期交易占远期结售汇的比重也未达到持续增长的态势：2012 年国内人民币远期交易与远期结售汇比例从 23.8% 下降到了 2013 年的 5.7%，又上升到了 2014 年的 9.3%，2015 年上半年又下降到了 6.9%，显示国内人民币外汇远期交易对冲远期结售汇的功能仍未较好地发挥。由于外汇远期市场是外汇期货的基础，国内外汇远期市场的基础仍不够牢固，即使国内推出人民币外汇期货，市场流动性也不会有多高。

随着境外人民币中心人民币也是的迅速增长，境外人民币可交割远期交易显著活跃。以香港和新加坡为主的离岸人民币可交割远期和期货市场已经有一定的规模而且今后还将持续增长。这样，境外人民币远期和期货市场倒逼国内人民币远期和期货市场发展的格局已经基本形成。

随着外资金融机构进入国内金融业的各个领域，特别是人民币合格境外机构投资者规模的持续扩大，外资机构既可以通过境内分支机构享有外汇交易中心会员资格，还可以通过境外机构从事境外人民币可交割远期、无本金交割远期和人民币期货，而中资银行无法有效利用境外市场，境内市场又不够活跃，因此无法有效规避人民币汇率风险。同时，由于缺少境内市场参与主体参与境外人民币无本金交割远期市场，境内外价格传导机制不够畅通，境外人民币可交割远期市场与国内银行间外汇远期交易的价差一直存在，不利于境外人民币可交割远期价格向境内市场主导力量认同的均衡水平靠拢。

外汇期货和外汇远期成为了互相补充的两个重要领域。人民币外汇市场的快速发展需要我国适时在国内市场推出人民币期货产品，从而提高市场的透明性，为国内金融机构和各经济实体提供管理人民币汇率波动的有效工具，同时逐步提升国内市场人民币远期汇率的定价功能。在国内人民币外汇远期市场日趋活跃的时候，国内没有相应的人民币外汇期货，势必会为境外人民币期货提供更好的机会。所以，在人民币外汇市场波动率上升和人民币远期交易趋向活跃的情况下，推出人民币外汇期货变得非常必要。

40.12　本章总结

外汇期货是外汇衍生产品的重要组成部分。虽然芝加哥商品交易所早在2006年就率先推出了人民币外汇期货，但是由于美国与中国的时差、芝加哥商品交易所人民币期货的无本金交割特点等因素的制约，芝加哥商品交易所的人民币外汇期货近十年来一直未活跃起来。而香港交易所2012年推出的人民币外汇期货是人民币可交割期货，香港人民币外汇期货推出后立即成为境外人民币期货的主力，其成交金额超过了芝加哥商品交易所几十倍到一百多倍。但是，2014年新加坡的人民币外汇可交割期货推出不久就形成了与香港人民币期货共享市场份额的格局。虽然新加坡人民币外汇期货月度成交金额目前仍然略低于中国香港，但是由于新加坡在亚洲外汇市场上的地位，可以预判，2015年下半年或2016年上半年新加坡人民币外汇期货成交金额会超过香港，成为境外人民币外汇期货的主要市场，2015年或2016年新加坡或香港人民币外汇期货有望进入全球成交金额最活跃的16个外汇期货之列。

第12章关于十多年来全球外汇期货市场的结果显示，外汇期货成交金额的货币分布实际上也是货币国际化的重要表现。美元外汇期货的成交金额占全球外汇期货成交金额的比重高于美元在全球银行间外汇交易的比重，显示美元在全球外汇期货市场的垄断程度还高于美元在银行间外汇交易的垄断程度。全球主要货币美元、欧元、英镑、日元、澳大利亚元和加拿大元的外汇期货几乎全部被芝加哥商品交易所垄断，欧洲、英国、日本、澳大利亚和加拿大这些发达国家和地区已经没有外汇期货交易。在2016年10月人民币纳入国际货币基金组织特别提款权一揽子货币在即，人民币国际化推动需要境内外人民币外汇期货市场的发展。另外，第12章的结果也显示，近年来印度和俄罗斯等发展中国家外汇期货高速发展的经验和巴西外汇期货十多年来持续稳步发展的经验表明，发展中国家外汇期货市场后发优势明显，增长潜力巨大。随着"一带一路"战略实施的加速推动，中欧经贸合作与亚太国家和地区内部合作都将更上层楼，人民币兑欧元、英镑、澳大利亚元、日元、韩元等外汇期货将为中外资企业人民币外汇风险管理提供必需的场所和工具。所以，适时推出能够发挥亚太地区和欧洲地区经贸和时差优势，包括人民币外汇期货在内的亚太地区外汇期货市场将迎来巨大的增长空间。

虽然国内近年来人民币远期结售汇业务逐步活跃，但是人民币远期交易流动性仍然过低。尽管如此，国内还是应该有自己的人民币外汇期货市场，适时推出人民币外汇期货对整个人民币外汇衍生产品市场非常重要。然而由于期货是标准化的合约，如果银行间非标准化的人民币远期市场活跃程度都达不到一定的水平，那么标准化的人民币期货推出也难以在短期内活跃起来。所以，及时调整目前相关政策，加速提高人民币汇率市场化水平，用足人民币兑美元日浮动区间，努力推动银行间的人民币外汇远期和互换市场的发展，才能为人民币外汇期货的推出创造必要的条件。否则，今后几年全球人民币外汇期货巨大的增长潜力将全部由境外市场挖掘，境内人民币市场不平衡的态势将更为明显。

第41章 境外人民币 外汇掉期和货币掉期

外汇掉期是国际外汇市场最主要的产品，自然境外人民币外汇市场最主要的产品，本章介绍境外人民币外汇掉期市场近年来的发展。外汇掉期是外汇远期的自然延伸，同样地，无本金交割掉期是无本金交割远期的延伸。这一章我们主要讨论另一种人民币衍生产品——人民币外汇掉期。

41.1 无本金交割掉期

境外人民币无本金交割掉期是境外人民币掉期最早的形式。在2010年境外人民币外汇市场推出之前，境外人民币无本金交割掉期是境外人民币外汇掉期的主要产品。因此，本章首先介绍境外人民币无本金交割掉期。

41.1.1 无本金交割掉期

一个无本金交割掉期合约的内容与外汇掉期几乎完全相同，唯一的区别在于无须进行实际的货币转换，即无本金交割互换是以美元或其他流动性较强的货币来进行交割的。

无本金交割掉期在概念上与货币掉期相似。无本金交割掉期的关键内容是本金和利息的交换都是无本金交割。无本金交割是指一个到期的受管制货币的应付款项转换成以即期汇率计算的主要货币（例如美元）。在每一个利息支付日和到期日，净结算额都是以主要货币计值的。交易开始时，将受管制的货币本金以即期汇率兑换成主要货币。最常用的形式是受管制的货币利息支付是固定的，而主要货币可以是固定利率或浮动利率。在每个利息支付日，两种货币进行利息交换（对于无本金交割品种而言）。

例如，某顾客在某一利息支付日应支付2000万元人民币，对方银行到期应支付260万美元。到期支付前一个工作日，美元/人民币的即期汇率是固定的。如果汇率为7.500，那么顾客在到期时应支付给银行20000000/7.500 = 2666667美元，则顾客和银行之间的净结算金额是2666667 – 2600000 = 66667美元。

41.1.2　无本金交割互换的基本原理

对于前面提到的由于当地对资本或外汇市场实行管制而导致的"不可对冲"风险来说，无本金交割掉期提供了一个离岸市场对冲机制。到期时，以交易时约定的汇率进行本金交换（对于无本金交割品种而言）。无本金交割互换没有交易费用，它是一种表外业务。

41.1.3　为什么使用无本金交割互换

当掉期交易中的一方货币受管制时，例如韩元、菲律宾比索、人民币等，无本金交割掉期是一种非常有效的工具。在较长的期限中，无本金交割掉期市场的流动性比远期市场要强。

41.1.4　无本金交割互换的结算方法

无本金交割掉期结算如采用固定的方法，则在交易时约定，它必须详细说明结算前 1 到 2 个工作日的即时汇率如何决定。通常该汇率是基于路透社提供的信息。使用此汇率将受管制货币的应付款项的利息和本金转换成相应的主要货币，两个现金流之差就是结算结果。

41.2　人民币无本金交割掉期

41.2.1　人民币无本金交割掉期市场介绍

人民币无本金交割掉期市场是人民币无本金交割远期市场的延伸。大多数人民币无本金交割掉期涉的货币对为美元对人民币。在一个典型的人民币对美元无本金交割掉期合约中，一方收到固定汇率人民币的同时，支付 6 个月浮动美元伦敦同业拆借市场利率（6m USD Libor）。大多数人民币无本金交割掉期合约与人民币无本金交割远期合约相类似，每隔 6 个月以美元结算。大多数人民币无本金交割掉期的期限不超过 3 年，3 年之内的掉期合约的流动性也较好。期限超过 3 年的人民币无本金交割掉期在报价时必须标明。

41.2.2　人民币无本金交割掉期率的历史数据

人民币无本金交割掉期与人民币无本金交割远期的主要区别在于，前者的期限较长，对人民币汇率的变化也较敏感。图 41－1 给出了 2002 年 4 月到 2015 年 6 月境外 3 年期人民币无本金交割掉期利率（3Y CNY NDCCS）和相应的单一货币（美元）的掉期利率（3Y USD Swap），以及 2002 年 2 月到 2014 年 12 月之间它们的价差（Spread）。从图 41 - 1 我们可以发现，人民币货币掉期利率从2002 年到 2008 年 3 月呈下降的趋势，从 2008 年 4 月到 2008 年 12 月持续上升，2009 年内持续下降，从 2010 年开始又缓慢上升，其趋势与第 37 章人民币无本金交割远期汇率非常相似。下文我们还会讨论这种相似性的原因是两个市场同时受同样的国内外政治和市场因素的影响，这里不再重复。

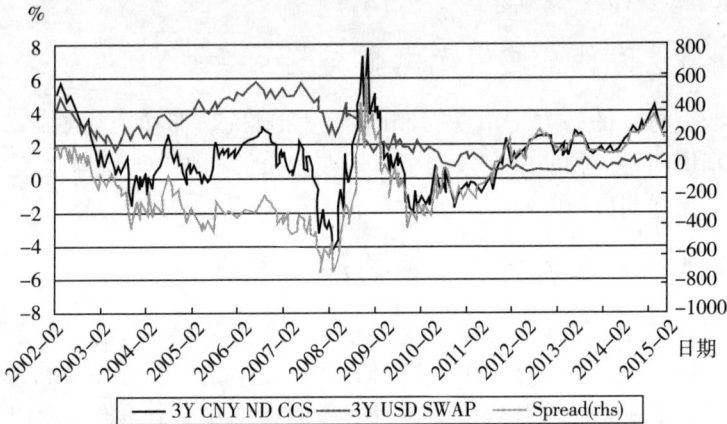

数据来源：彭博数据终端。

图 41 -1　3 年期人民币无本金交割掉期率和 3 年期美元互换利率

41. 2. 3　人民币无本金交割掉期的成交金额

遗憾的是，没有任何一个机构公布无本金交割掉期的成交金额，确实难以查询。国际清算银行于 2004 年 4 月开始首次公布了人民币相关外汇产品的日均成交金额，2007 年 4 月和 2010 年 4 月人民币外汇掉期的日均数据我们在第 27章已经进行了介绍。然而由于无本金交割产品实际上是以美元为主的主要国际货币清算的，国际清算银行公布的人民币掉期数据应该不包括境外人民币无本金交割数据。

41. 3　人民币无本金交割掉期的使用

41. 3. 1　无本金交割掉期的使用

无本金交割掉期可以帮助满足顾客的各种需求：可以用于主要货币贷款转换成固定支出无本金交割货币的贷款组合；允许顾客对不同现金流和时间进行管理；允许顾客用诸如美元、欧元、日元等最有效的货币融资；将受管制的货币资产人为地转换成主要流通货币；允许一个资产管理经理在一个资产收益和货币风险已知的海外市场进行投资，等等。在这一节我们将解析无本金交割掉期的几个主要用途。

41.3.2 使用人民币无本金交割掉期进行对冲交易

人民币无本金交割掉期可以被用于实现客户的独立目标，因此，不匹配的组合风险也较小。可能的组合包括：实物资产与负债相配、资产风险暴露部分与本金相配、资产的固定汇率和滚动日期与负债相配。我们用例子来说明人民币无本金交割掉期的应用。

例 41.1 互换外币资产

一个美国投资基金买入 20 亿元人民币债券。因为该基金用美元贷款，所以也想以美元为债券的回报。因为存在人民币升值以及加息的风险，为了对冲风险，该基金在 ABC 银行用无本金交割掉期将固定利息的人民币互换成同业拆借率计息的美元来支付。结构如下：

人民币债券投资是 20 亿元。如果美元对人民币的即期汇率是 7.500，相应的以美元计的本金是 $20/7.500 = 2.6667$ 亿美元。

该基金在付款日，用收到该笔人民币债券投资的利息，支付给 ABC 银行人民币固定利息。因为这个互换是无本金交割的，利息也被按美元对人民币的即期汇率（固定汇率）兑换成美元。ABC 银行将支付 2.6667 亿美元本金的 6 个月同业拆借率利息。

人民币无本金交割掉期到期时，本金的兑换也同时进行。到期时，该基金以固定利息支付给 ABC 银行 20 亿元人民币并收到兑换的美元，也就是 2.6667 亿美元和利息的差额部分。

关于人民币无本金交割掉期的信息可以从路透社的 PNDS 页面和路透链接（CNUSCS ＝ PREA）中找到。

41.4 人民币无本金交割远期掉期

41.4.1 外汇互换

在外汇掉期交易中，一个交易者可以卖出即期交割货币的同时买入另一个远期交割的货币。一个外汇掉期涉及两种货币。例如，卖出港元就等于买入美元，买入港元就等于卖出美元。一个外汇掉期可以看成是借入一种货币的同时贷出另一种货币。

掉期一般被用于减少短期汇率变化风险。例如，一个美国交易者要投资 7

天的日元存单。那么他可以买即期日元，用这笔资金买入短期的日元存单，同时卖出远期日元。在日元存单的有效期内，卖出远期日元可以保护这个美国投资者不会在美元对日元升值时受损失。交易者也可以用外汇掉期来改变整个货币头寸的到期结构。

外汇掉期市场是交易额巨大的外汇市场的一部分。2007 年 4 月，整个外汇市场日交易量为 3.21 万亿美元，其中货币掉期日交易量达 1.714 万亿美元。外汇掉期通常用于短期合约，2007 年 4 月日均成交金额 1.714 万亿美元中 1.329 万亿美元为到期时间不长于 7 天的掉期合约，占总额的 77.5%。

41.4.2 外汇远期掉期

在外汇远期掉期交易中，一个交易者可以在卖出远期交割货币的同时买入另一个交割日更远的货币。因此，一个外汇远期掉期是一个带有两个远期的外汇掉期。

41.4.3 无本金交割外汇远期掉期

无本金交割外汇远期掉期涉及一个受管制货币（例如韩元、人民币等）以及另一个主要货币（例如美元、欧元）。正如其名，无本金交割外汇远期掉期是以无本金交割为基础的，即无本金交割货币被转换成约定的以远期汇率计算的主要货币。

41.4.4 人民币无本金交割外汇远期掉期点

除了人民币无本金交割掉期外，还有另外一种在离岸市场上交易的掉期——人民币无本金交割外汇远期掉期。无本金交割外汇远期掉期的期限，通常可以由交易双方自由约定，但市场上流动性较好的主要有三种期限的人民币无本金交割外汇远期掉期：3 个月、6 个月和 1 年期。

图 41-2 描述了从 2002 年 10 月到 2015 年 6 月，3 个月、6 个月和 1 年期人民币无本金交割外汇远期掉期点。比较图 41-2 中的掉期点与图 35-6 中的人民币无本金交割远期汇率，我们会发现两者之间有着惊人地相似。图 35-6 中 1 年期无本金交割远期升水在 2003 年 10 月 7 日创历史高位 4900 点，而图 41-2 中人民币无本金交割外汇远期掉期点在 2003 年 10 月 6 日创下当时历史高位 -49.13%。这些相似之处实际上并不奇怪，因为影响人民币无本金交割远期和人民币无本金交割外汇远期掉期的政治、经济和金融信息都是相似的，我们在第 38 章专门系统地介绍和分析了这些信息的作用，这里不必重复。我们会在第 42 章介绍和分析另外一种主要人民币无本金交割产品——人民币无本金交割期权时详细分析这些信息对不同市场的作用。

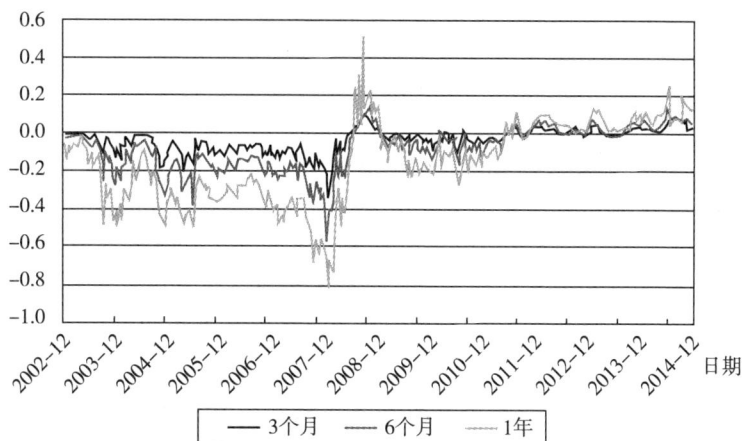

数据来源：彭博数据终端。

图41-2　3个月、6个月和1年期人民币无本金交割远期掉期点

41.4.5　人民币无本金交割外汇远期掉期的成交金额

与人民币掉期和人民币无本金交割远期一样，没有任何一个机构公布人民币无本金交割外汇远期掉期的成交金额。国际清算银行2004年4月首次公布了人民币相关外汇产品日均成交金额，但该数据与我们在本章第24章使用过的人民币外汇掉期数据一样，应该不包括人民币无本金交割外汇远期掉期的成交金额和其他类似产品。

41.4.6　人民币无本金交割外汇远期掉期的时间结构和参与者类型

根据国际清算银行的统计数据附表，人民币外汇掉期日均成交金额为900万美元，其中200万美元为期限不超过7天的掉期交易。根据该附表，我们得知2004年4月人民币外汇掉期日均900万美元的成交金额中，有500万美元是与其他金融机构的交易；另外400万美元是与其他向国际清算银行报告的经纪商的交易。从该附表我们还得知，与人民币无本金交割掉期相比，境外机构参与人民币外汇掉期的程度要大得多。

41.5　离岸人民币可交割外汇掉期

随着离岸人民币外汇市场的启动和发展，境外人民币可交割外汇掉期市场发展迅速，也逐步成为境外人民币外汇市场的主要产品。本节主要介绍境外人民币可交割外汇掉期。

41.5.1　离岸人民币掉期市场简介

香港是最大的离岸人民币外汇市场，自然也是境外人民币可交割外汇掉期市场的主要市场。2010 年境外人民币外汇市场启动以来，人民币可交割外汇掉期成为了境外人民币外汇市场的重要产品；2013 年以来，香港离岸人民币市场继续保持较好的发展态势，并呈现新的发展特点。越来越多的外资机构选择在香港发行人民币债券，并通过掉期交易将融得的离岸人民币资金换回美元等其他货币使用，香港的人民币掉期市场获得较大发展。

多家外资银行及外国跨国公司通过发行人民币债券配合掉期融资，极大促进了人民币境外第三方使用。近两年来，外资机构在香港发行人民币债券配合人民币掉期融资的操作较为活跃。俄国 VTB 银行、韩国现代金融、法国雷诺汽车等都进行过这一融资操作。

此种融资结构的产生主要是因为香港人民币存款大幅超过人民币资产而造成人民币资产短缺。人民币债券作为为数不多的人民币资产品种，其融资成本相对较低。有时在香港人民币债券市场上总的融资成本（包括发行利率和互换成本）低于在其他币种的市场上的融资成本，发行人会把握这种有利的时间窗口，进行相应的融资安排。当然近期随着美元流动性的大幅宽松，也有部分中资机构或拥有中国内地业务的外资机构进行相反方向的操作，选择发行美元债券后通过掉期换成人民币使用。

41.5.2　离岸人民币掉期的利率

图 41-3 给出了 2010 年 12 月到 2015 年 6 月 3 年期离岸人民币掉期利率、3

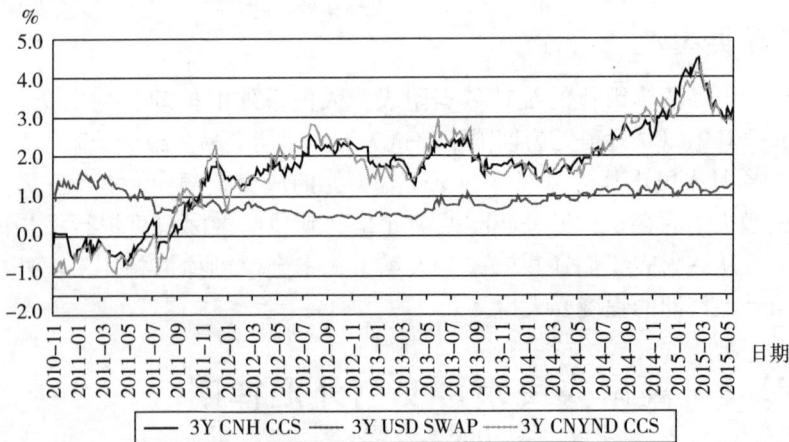

数据来源：彭博数据终端。

图 41-3　3 年期离岸人民币掉期利率，
3 年期人民币无本金交割掉期利率和 3 年期美元掉期利率

年期人民币无本金交割掉期利率和 3 年期美元掉期利率。3 年期离岸人民币掉期
利率和 3 年期人民币无本金交割掉期利率的区别主要在于：离岸人民币掉期使
用的人民币汇率为 CNH 即期汇率，每三个月付息一次；而人民币无本金交割掉
期使用的人民币汇率为中国外汇局公布的人民币定盘利率，每半年付息一次。
不过，这两种掉期利率的影响因素较为相近，从图 41 – 3 中我们也可以发现，3
年期离岸人民币掉期利率和 3 年期人民币无本金交割掉期利率非常接近。

41.6　境外人民币外汇掉期市场流动性介绍和分析

与外汇即期和远期相似，国际外汇市场上任何产品的流动性数据都来自国
际清算银行每三年的统计问卷数据，为我们理解和分析国际外汇市场的动态带
来一定的困难。尽管如此，如前我们介绍境外人民币外汇远期时利用的数据一
样，伦敦金融城自 2012 年开始每半年公布伦敦市场和伦敦内外其他境外市场人
民币可交割产品和无本金交割产品日均成交金额。本节利用伦敦金融城 2012 年
以来公布的历史数据，介绍境外人民币可交割外汇掉期、无本金交割掉期和货
币互换的日均成交金额。表 41 – 1 给出了 2011 年到 2014 年每半年和全年境外人
民币可交割外汇掉期和无本金交割掉期。

表 41 – 1　境外人民币可交割外汇掉期和无本金交割掉期日均成交金额

单位：亿美元，%

时间	2012 年上半年	2012 年下半年	2013 年上半年	2013 年下半年	2014 年上半年	2014 年下半年	2011 年	2012 年	2013 年	2014 年
可交割掉期										
伦敦	24.68	42.60	62.60	89.40	156.25	214.11	9.51	33.64	76.00	185.18
同比增长率			153.6	109.9	149.6	139.5		253.7	125.9	143.7
环比增长率		72.6	46.9	42.8	74.8	37.0		253.7	125.9	143.7
伦敦外其他境外市场	47.91	82.69	102.14	180.15	84.13	184.06	27.97	65.30	141.14	134.10
同比增长率			113.2	117.8	– 17.6	2.2		133.5	116.1	– 5.0
环比增长率		72.6	23.5	76.4	– 53.3	118.8		133.5	116.1	– 5.0
境外总和	72.59	125.29	164.74	269.55	240.38	398.17	37.48	98.94	217.14	319.28
同比增长率			126.9	115.1	45.9	47.7		164.0	119.5	47.0
环比增长率		72.6	31.5	63.6	– 10.8	65.6		164.0	119.5	47.0
伦敦/伦敦外其他境外市场	34.0	34.0	38.0	33.2	65.0	53.8	25.4	34.0	35.0	58.0

时间	2012 年上半年	2012 年下半年	2013 年上半年	2013 年下半年	2014 年上半年	2014 年下半年	2011 年	2012 年	2013 年	2014 年
无本金交割掉期	0.88	24.12	3.94	2.2	3.82	2.54	3.6	12.5	3.07	3.18
同比增长率			347.7	-90.9	-3.0	15.5		247.2	-75.4	3.6
环比增长率		2640.9	-83.7	-44.2	73.6	-33.5		247.2	-75.4	3.6

数据来源：伦敦上半年和全年人民币可交割掉期日均成交金额数据直接来自伦敦金融城网站，www. cityofloudon. gov. uk 2014 年 6 月公布的《2014 年伦敦人民币业务数据》；伦敦外其他境外市场上半年和全年日均成交金额根据伦敦日均成交数据和伦敦占整个境外市场份额计算得出；下半年数据根据全年和上半年数据折算得出；2011 年伦敦外其他境外市场数据是根据 2011 年伦敦占境外市场比例与 2012 年比例相同的假设估算得出。

41.6.1　境外人民币可交割外汇掉期市场流动性

表 41 - 1 显示，2011 年到 2014 年，境外人民币可交割外汇掉期日均成交金额从 37.48 亿美元增长了 7.52 倍到 319.28 亿美元，年均复合增长率高达 104.2%；特别是同期伦敦人民币外汇可交割掉期日均成交金额增长了 18.47 倍，复合年均增长率高达 169.0%，显示近年来境外人民币外汇掉期市场飞速发展的态势。然而表 41 - 1 的数据也显示，2011 年到 2014 年，整个境外人民币外汇掉期增幅已经趋于平缓，从 2012 年和 2013 年的三位数增长率降低到了两位数的增长率。表 41 - 1 的数据显示，2014 年伦敦外其他境外市场人民币外汇掉期日均成交金额出现同比下降 5% 的情况下，而伦敦市场人民币可交割掉期日均成交金额却同比增长 143.7%。这些数据显示伦敦在境外人民币市场的地位迅速提高的同时，伦敦金融城的数据也很有可能有较为严重的问题。

41.6.2　境内外人民币外汇掉期市场流动性比较

利用图 27 - 2 给出的 2012 年到 2014 年国内人民币外汇掉期的季度成交金额，我们可以计算出 2012 年到 2014 年国内人民币外汇掉期市场半年日均成交金额，进而可以与表 41 - 1 给出的数据进行比较。利用图 27 - 2 给出的数据，我们可以计算出 2012 年上半年国内人民币外汇掉期日均成交金额 90.8 亿美元，比表 41 - 1 给出的同期境外人民币外汇掉期日均成交金额高出 25.1%；然而 2012 年下半年国内外汇掉期日均成交金额虽然增长到了 110 亿美元，但是却首次低于后者 125.29 亿美元，前者比后者低 12.2%；2013 年上半年前者比后者低 26.6%，2013 年下半年前者比后者低 44.3%；虽然 2014 年上半年前者比后者低 32.4%，两者距离缩小，而 2014 年下半年前者为 195.2 亿美元，不到后者

398.15 亿美元的一半，显示截至 2014 年下半年国内人民币外汇掉期市场已经与境外市场有了非常大的差距。

虽然我们仍然没有境外市场 2015 年人民币市场的相关数据，但是从图 27.2 给出的 2015 年国内人民币外汇掉期市场高速发展的态势和同年境外人民币外汇掉期市场增长放缓的趋势判断，2015 年国内人民币外汇掉期市场与境外市场的差距应该显著缩小。

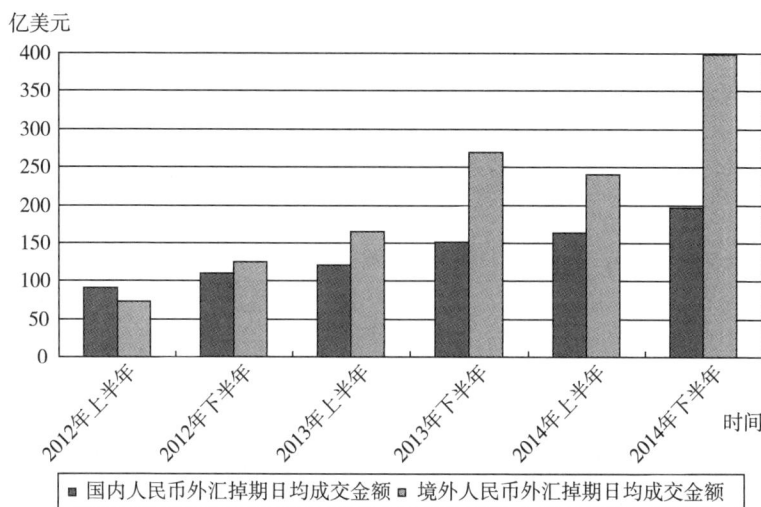

数据来源：图 27 - 2 和表 41 - 1。

图 41 - 4　境内外人民币外汇掉期日均成交金额比较

41.6.3　境外人民币无本金交割外汇掉期市场流动性

表 41 - 1 也显示，2011 年到 2012 年，境外人民币无本金交割外汇掉期日均成交金额从 3.6 亿美元增长到了 12.5 亿美元，然而从 2012 年到 2013 年日均成交金额却大幅下降到了 3.07 亿美元；2013 年到 2014 年日均成交金额没有多少变化，到 3.18 亿美元。2011 年到 2014 年境外人民币无本金交割外汇掉期日均成交金额从 3.6 亿美元下降到了 3.18 亿美元，累计下降了 12%，显示随着境外人民币可交割掉期的快速发展，人民币无本金交割掉期的功能在显著下降。

41.6.4　伦敦金融城数据与国际清算银行数据比较

国际清算银行 2013 年 12 月公布的该年 4 月人民币外汇掉期日均成交金额为 399.2 亿美元，减去该年 4 月国内人民币外汇掉期日均成交金额 124.2 亿美元（利用图 27 - 2 给出 2013 年第一季度和第二季度国内人民币外汇掉期成交金额

7253.0亿和7920.4亿美元可以计算出该两季度国内人民币外汇掉期日均成交金额分别为117.0亿和127.7亿美元，该两季度的日均成交金额分别相当于该年2月和5月的日均成交金额，利用线性插值法我们可以得出该年4月国内人民币外汇掉期日均成交金额为124.2亿美元），我们可以获得2013年4月境外人民币外汇掉期日均成交金额为275亿美元，比表41-1给出的2013年上半年境外人民币可交割外汇掉期日均成交金额164.7亿美元高出110.3亿美元，或者高出66.9%。两个机构对同期的同一产品的数据相差如此之大，反映出境外人民币外汇市场数据真实性问题不小。我们在第八篇判断近年来人民币国际化程度时还会对该问题进行深入分析。

41.7　境外人民币货币掉期及流动性分析

我们在第10章介绍了货币掉期（Cross Currency Swaps，CCS）的概念及其交易规模。虽然国际上第一个货币掉期早于1981年就开始交易，货币掉期目前在国际外汇市场上是外汇掉期、远期和期权之后最不活跃的外汇衍生产品，2013年货币掉期日均成交金额占全球外汇市场的份额仅为1%，远低于外汇远期和外汇期权的占比12.7%和6.3%。虽然货币掉期活跃度远不如外汇掉期、远期和期权，但是外汇互换在国际市场上仍有其独特的作用。本节简单介绍境外人民币外汇互换市场的基本情况。

41.7.1　境外人民币货币掉期

货币掉期是交易双方在约定的时期，以约定的频率如每季度、每半年、每年内交换不同的货币利息收入，且到期时以约定的汇率交换本金。

货币掉期涉及两种不同的货币本金。通常地，以即期汇率来决定交易的两种货币本金的交换汇率。交易双方同意在到期时交换本金是进行无本金交割货币掉期交易的基础。

所有的远期外汇可以被认为是约定交换两种不同货币的现金流的货币掉期（在一个外汇远期中有一个现金流），许多银行把长期外汇远期作为货币掉期的一部分来管理。像所有的外汇远期一样，货币掉期的使用者要承担外汇风险。货币掉期的主要使用者之一是债券发行者，因为他们可以在卖出"便宜"货币的同时将他们面临的汇率风险转化为期望得到的货币。同时，货币掉期也能让公司和企业更有效地利用全球资本市场。

41.7.2　境外人民币可交割货币掉期的流动性

由于流动性较低，境外人民币货币掉期的数据比境外人民币外汇远期和掉期更难获得。可喜的是，与表 41-1 数据源同样的渠道，伦敦金融城自 2012 年开始每半年公布境外人民币货币掉期日均成交金额数据，表 41-2 给出了 2011年到 2014 年每半年和全年境外人民币可交割货币掉期和无本金交割货币掉期日均成交金额。

表 41-2　境外人民币可交割货币掉期和无本金交割货币掉期日均成交金额

单位：亿美元，%

时间	2012 年上半年	2012 年下半年	2013 年上半年	2013 年下半年	2014 年上半年	2014 年下半年	2011 年	2012 年	2013 年	2014 年
可交割货币掉期										
伦敦	0.41	(0.13)	0.08	0.66	1.73	4.21	0.12	0.14	0.37	2.97
同比增长率			-80.5	-607.7	2062.5	537.9		16.7	164.3	702.7
环比增长率		-131.70	-161.5	725.0	162.1	143.4		16.7	164.3	702.7
伦敦外其他境外市场	0.80	(0.25)	0.13	1.24	0.93	0.55	0.35	0.27	0.69	0.74
同比增长率			-83.6	-592.9	613.7	-55.5		-23.0	152.8	8.1
环比增长率		-131.7	-151.7	852.9	-25.1	-40.6		-23.0	152.8	8.1
境外总和	1.21	-0.38	0.21	1.90	2.66	4.76	0.47	0.41	1.06	3.71
同比增长率			-82.5	-597.9	1164.2	150.2		-12.9	156.7	251.2
环比增长率		-131.7	-155.1	804.3	39.8	79.0		-12.9	156.7	251.2
伦敦/伦敦外其他境外市场	34.0	34.0	38.0	34.7	65.0	88.4	25.4	34.0	35.0	80.0
无本金交割货币掉期	1.61	-1.05	0.07	1.71	0.30	0.02	0.51	0.28	0.89	0.16
同比增长率			-95.7	-262.9	328.6	-98.8		-45.1	217.9	-82.0
环比增长率		-165.2	-106.7	2342.9	-82.5	-93.3		-45.1	217.9	-82.0

数据来源：伦敦上半年和全年人民币可交割货币掉期日均成交金额数据直接来自伦敦金融城网站，www. cityofloudon. gov. uk 2014 年 6 月公布的《2014 年伦敦人民币业务数据》；伦敦外其他境外市场上半年和全年日均成交金额根据伦敦日均成交数据和伦敦占整个境外市场份额计算得出（由于伦敦金融城没有公布伦敦人民币货币掉期日均成交金额占整个离岸市场的比重，我们假设伦敦人民币货币掉期占整个离岸市场的比重与伦敦人民币可交割外汇掉期的占比相同）；下半年数据根据全年和上半年数据折算得出；2011 年伦敦外其他境外市场数据是根据 2011 年伦敦占境外市场比例与 2012 年比例相同的假设估算得出；表中 2012 年下半年伦敦和伦敦外人民币货币掉期日均成交金额负数的出现应为统计差错所致。

表 41-2 显示，2011 年到 2014 年，境外人民币可交割货币掉期日均成交金额从 0.47 亿美元增长了 6.85 倍到 3.71 亿美元，年均复合增长率高达 98.7%；特别是同期伦敦人民币外汇可交割货币掉期日均成交金额增长了 23.75 倍，复

合年均增长率高达 191.4%，显示近年来境外人民币外汇掉期市场飞速发展的态势。

41.7.3 境内外人民币货币掉期市场流动性比较

利用图 27－6 给出的数据，我们可以计算出 2012 年上半年国内人民币货币掉期日均成交金额 1.0 亿美元，比表 41－2 给出的同期境外人民币货币掉期日均成交金额 1.21 美元低 15.7%；由于表 41－2 给出的 2012 年下半年境外人民币货币掉期成交数据不合理，我们难以进行比较；2013 年上半年国内人民币货币掉期日均成交金额 2.3 亿美元，比表 41－2 给出的同期境外人民币货币掉期日均成交金额 0.21 亿美元高出近 10 倍；2013 年下半年前者比后者高出 116.8%；2014 年上半年和下半年，前者比后者分别高出 193.6% 和 115.6%，显示从 2013 年上半年开始，国内人民币货币掉期市场流动性就显著超过了境外市场。

41.7.4 境外人民币无本金交割货币掉期的流动性

表 41－2 也显示，2011 年到 2013 年，境外人民币无本金交割货币掉期日均成交金额从 0.51 亿美元增长到了 0.89 亿美元，然而从 2013 年到 2014 年日均成交金额却大幅下降到了 0.16 亿美元；2011 年到 2014 年境外人民币无本金交割货币掉期日均成交金额从 0.51 亿美元下降到了 0.16 亿美元，累计下降了 79%，显示随着境外人民币可交割货币掉期市场的快速发展，人民币无本金交割货币掉期市场加速萎缩的趋势明显。

41.7.5 伦敦金融城数据与国际清算银行数据的比较

国际清算银行 2013 年 12 月公布的该年 4 月人民币货币掉期日均成交金额 5.1 亿美元。由于国内人民币货币掉期成交金额数据无从获得（请查可否获得），我们难以知道 2013 年 4 月国内人民币货币掉期日均成交数据。即使国内人民币货币掉期日均成交金额达到 2 亿美元，那么 2013 年 4 月境外人民币货币掉期日均成交金额就高达 3.1 亿美元，比表 41－2 给出的 2013 年上半年境外人民币货币掉期日均成交金额 0.21 亿美元高出近 14 倍，再次显示国际清算银行给出的境外人民币外汇交易数据过高的问题。

41.8 本章总结

我们在本章介绍了三类人民币掉期：人民币无本金交割货币掉期、人民币无本金交割外汇远期掉期、离岸人民币可交割掉期及人民币货币掉期等产品。掉期为投资者提供了一个规避风险的有效工具，同时也为我们提供了一个人民币是否升值的信息渠道。这些掉期率变化趋势与我们在第 37 章和第 38 章所研究的人民币无本金交割远期十分相似,其原因是它们都受相同的国际政治、经济和金融等基础因素的影响。我们在第 37 章已经对这些基础因素的影响做了系统深入的研究,这里不再重复。

外汇掉期是国际外汇市场最主要的产品,也是境外人民币外汇市场最主要的产品。本章在介绍境外最早的人民币无本金交割外汇掉期后,介绍了近年来境外人民币可交割外汇掉期市场和人民币货币掉期市场的发展及其市场流动性。我们的研究表明,近年来随着境外人民币可交割外汇掉期和货币掉期市场的快速发展,境外人民币无本金交割掉期和无本金交割货币掉期皆出现了不同程度的萎缩。尽管近年来国内人民币外汇掉期保持了多年的持续增长的态势,然而早在 2012 年下半年境外人民币外汇掉期日均成交金额就超过了国内市场,"外热内温"的现象在人民币外汇掉期市场反应明显。我们在第八篇探讨今后人民币外汇市场发展和人民币国际化趋势时还会对境内外人民币外汇掉期市场今后发展进行系统地分析。

第42章 境外人民币外汇期权

从第13章和第14章我们了解了期权的概念、功能和应用，以及期权在全球范围内场内外交易的情况。期权首先在柜台交易，然后在1973年首次被引入交易所交易。由于交易所交易期权的透明性比柜台交易的要强，买卖价格、日成交量、持仓量等信息可以及时从各种信息终端获得，每日信息也可从各种主要报纸获得。从1973年芝加哥期权交易所推出个股期权之后，期权在十几年内就被引进了债券、外汇、股票指数、债券指数、商品和利率市场，同时也被引入期货市场成为期货期权。由于交易所交易的期权十分活跃，这使得期权的概念和应用在全世界得到了普及，进而大大地推动了柜台交易的期权的发展。正如我们在第13章所指出的那样，外汇市场是各类奇异期权应用最多的市场之一。

在美国、英国和其他发达市场推出期权后不久，期权很快被所有发达国家、地区以及很多发展中国家在其交易所推出，并广泛应用于其柜台交易之中。外汇期权成为继外汇掉期和远期后最重要外汇衍生产品。期权不但在交易所交易而且也在柜台交易，更重要的是，期权不仅可以在现货之上交易（现货期权），而且还可以在远期、期货、掉期之上交易成为远期期权、期货期权和掉期期权等。因此，如果对期权没有深入的理解就不可能对整个衍生产品市场有深入的把握。所以，在本部分的前8章我们从各方面介绍和分析了人民币无本金交割及可交割远期和无本金交割掉期及可交割掉期之后，我们本章将主要研究离岸市场上两种重要的人民币衍生产品：人民币无本金交割期权（Non‑Deliverable Options，NDOs）和离岸人民币可交割期权。前者以国家外汇管理局公布的中间价为结算价格。后者以离岸人民币的即期汇率为结算价格。

对人民币期权的研究比对人民币远期的还要少，我们很难在媒体上看到相关信息，甚至在学术期刊也较少看到。由于可以直接使用的资料和数据相对缺乏，我们只能在仅有的资料和数据的基础上加工、整理并探讨人民币期权市场的特征、功能以及与其他市场，例如人民币远期、人民币无本金交割远期市场之间的关系。不少内容和结果超出本章的范围，我们会将它们放在第五部分开展进一步探讨。

42.1 境外人民币外汇期权市场发展

对于人民币无本金交割期权的研究比人民币无本金交割远期的研究还要少，

我们很难在各种媒体、期刊甚至学术或专业期刊中看到。人民币无本金交割期权是在出现人民币无本金交割远期的不久之后在香港出现的，随后不久其便在新加坡出现。人民币无本金交割期权初期的交易量很小。1997 年亚洲金融风暴以后，人民币无本金交割期权的交易才开始有所上升。

随着离岸人民币（CNH）现货市场不断增长，离岸人民币可交割外汇期权或者简称人民币外汇期权作为风险管理工具的流动性和受欢迎程度也随着增长。尤其是 2013 年以来离岸人民币外汇期权市场在流通量、产品专业化程度和市场参与度三个方面有显著发展。首先，越来越多跨国企业以人民币作为跨境贸易和投资的结算或计价货币，所以今年以来离岸人民币外汇流通量出现大幅增长；其次，离岸人民币结构化外汇产品市场总体发展迅速；最后，市场参与度较 2011 年离岸人民币市场刚刚形成初期有了较大程度提高，境外人民币外汇可交割期权 2013 年上半年日均成交金额就超过了相应的无本金交割期权的日均成交金额。

42.2　境外人民币外汇期权市场参与者

一般来说，期权交易要比远期交易更为复杂，期权市场和期货市场的参与者也不尽相同。但人民币无本金交割期权市场的参与者和人民币无本金交割远期的参与者很大程度上却是相同的，这是因为大多数参与者运用人民币无本金交割期权的各种交易策略来对冲他们在人民币无本金交割远期市场上的头寸。早期人民币无本金交割期权市场的主要参与者是在我国有投资或有贸易的以及和我国有其他业务往来的国际企业，它们担心人民币会像其他亚洲货币一样贬值，导致在我国的投资会遭受损失，从而产生了避险的需求。

2002 年以来，尤其是 2003 年 9 月以来，国际上要求人民币升值的呼声此起彼伏，参与人民币无本金交割远期市场的参与者也与东南亚金融风暴前后有了很大的不同。正如我们在第 21 章所指出的那样，很多机构和个人参与人民币无本金交割远期及期权市场的目的已经不是为了规避人民币贬值的风险，而是投机人民币升值的可能性。我们在本章后几节会进一步介绍和分析。

42.2.1　2004 年市场参与者结构

表 42 - 1 给出了根据国际清算银行 2004 年 12 月公布的 2004 年 4 月的数据附录整理而得的人民币期权市场参与者及其他币种期权市场参与者的类型比较。从表 42 - 1 我们可以看出欧元、日元和英镑是主要国际货币，其期权成交金额自然排列前三名；韩国、墨西哥、巴西和中国台湾地区的期权成交金额也超过了新加坡和中国香港地区；人民币期权的成交金额在这些国家和地区中是最低

的。表 42－1 显示，2004 年 4 月，人民币期权主要是回报机构参与，日均成交金额仅为 6200 万美元，加上其他金融机构和非金融机构的日均成交金额也仅仅为 8000 万美元。

表 42－1   2004 年 4 月人民币和其他外汇期权市场参与者结构比较

单位：百万美元

货币	汇报机构			其他金融机构			非金融金构			总计
	本地	跨境	合计	本地	跨境	合计	本地	跨境	合计	
卖出期权										
欧元	3694	9208	12906	1890	3506	5397	1058	1866	2924	21604
日元	3326	8459	11784	1555	3583	5138	1039	876	1915	19005
英镑	1478	2327	3805	500	840	1340	244	339	582	5816
港元	8	48	57	0	13	13	2	13	15	181
新加坡元	53	58	141	2	16	17	22	5	27	188
韩元	39	200	239	14	26	39	74	24	98	378
巴西里亚尔	18	76	94	24	15	39	108	16	124	257
墨西哥比索	34	248	282	46	66	112	75	18	93	487
新台币	57	225	282	7	56	63	44	65	109	501
人民币	5	57	62	4	1	5	0	2	2	80
买入期权										
欧元	3821	9629	13450	1690	4083	5773	1033	1870	2903	22528
日元	3336	8879	12215	1770	3582	5352	1116	1101	2217	19952
英镑	1535	2413	3948	714	1099	1814	292	480	772	6634
港元	18	149	167	0	2	2	0	10	10	296
新加坡元	51	58	139	1	18	19	50	15	65	224
韩元	29	172	201	25	40	65	125	28	153	421
巴西里亚尔	10	83	93	40	25	65	87	10	97	255
墨西哥比索	29	172	201	25	40	65	125	28	153	421
新台币	55	190	245	22	16	39	104	27	130	481
人民币	3	47	51	5	8	13	0	38	39	112

数据来源：根据国际清算银行 2004 年 12 月公布的 2004 年 4 月外汇和柜台衍生产品统计报告数据附录表整理。

表 42 - 1 数据显示, 2004 年人民币期权的跨境交易所占的比例最高, 汇报机构跨境买卖期权占比分别为 93.7% 和 91.9%, 皆超过 9 成; 另外非金融机构买入期权可观, 占总买入期权日均成交金额三分之一以上; 其他金融机构和非金融机构的成交并不活跃。

42.2.2　2007 年市场参与者结构

表 42 - 2 给出了根据 2007 年 12 月公布的 2010 年 4 月国际清算银行的数据附录整理而得的人民币期权市场日均成交量的比较。比较表 42 - 2 和表 42 - 1, 我们可以发现, 从 2004 年 4 月到 2007 年 4 月, 本地汇报机构人民币期权交易额并没有发生显著的变化, 日均买、卖金额仅仅从 300 万和 500 万美元分别上升到了 400 万和 600 万美元; 而同期跨境汇报机构日均买、卖金额却从 4700 万和 5700 万美元分别显著上升到了 8500 万和 8400 万美元; 跨境其他金融机构人民币期权交易额增长迅猛, 日均买、卖金额从 800 万和 100 万美元分别高速上升到了 1200 万和 3600 万美元; 而同期非金融机构日均卖出期权金额却从 2 万猛增到了 1400 万美元。从 2004 年 4 月到 2007 年 4 月, 人民币期权日均总买、卖金额从 1.12 亿美元和 0.8 亿美元分别增长到了 1.54 亿和 1.79 亿美元, 三年中年均增长率分别为 11.2% 和 30.8%, 增长可观, 但并没有大幅度地增长。

表 42 - 2　　2007 年 4 月人民币和其他外汇期权市场日均成交量比较

单位: 百万美元

| 货币 | 卖出期权 | | | | | | | | | 总计 |
| | 汇报机构 | | | 其他金融机构 | | | 非金融机构 | | | |
	本地	跨境	合计	本地	跨境	合计	本地	跨境	合计	
美元	14870	30071	44942	9977	23100	33076	10187	10034	20221	100185
欧元	7617	15775	23392	5817	11251	17068	4464	6747	11211	52045
日元	5625	12838	18463	4942	8327	13269	2877	4437	7314	39337
英镑	2956	5213	8168	2448	3401	5848	1366	1760	3125	17552
港元	147	320	467	293	1894	2187	26	67	94	2971
墨西哥比索	182	457	639	561	740	1301	209	156	555	2495
韩元	82	423	505	23	79	102	1300	19	1318	2168
巴西利亚元	126	352	478	258	255	513	42	61	103	1094
新加坡元	86	318	404	32	91	123	50	47	97	654
新台币	32	84	116	15	16	31	24	2	26	203
人民币	6	84	90	1	36	36	29	14	43	179

货币	买入期权									总计
	汇报机构			其他金融机构			非金融机构			
	本地	跨境	合计	本地	跨境	合计	本地	跨境	合计	
美元	20809	41449	62257	14431	30457	44887	10148	11685	30832	137976
欧元	7892	15130	23022	5466	11487	16953	4874	6396	11270	51711
日元	6237	12952	19190	4426	8929	13356	3118	3710	6828	39677
英镑	2903	5575	8478	2861	3611	6472	1408	2236	3644	19146
墨西哥比索	244	556	800	300	702	1002	204	404	608	2410
港元	131	496	627	97	289	386	87	42	129	1439
韩元	73	378	451	7	60	68	765	8	773	1386
巴西利亚元	117	402	519	286	230	516	13	38	51	1085
新加坡元	81	270	350	18	113	131	120	76	196	710
新台币	35	122	157	6	15	21	51	2	52	268
人民币	4	85	89	3	12	15	20	11	32	154

数据来源：根据国际清算银行 2007 年 12 月公布的 2007 年 4 月外汇和柜台衍生产品统计报告数据附录表整理。

42.2.3 2010 年市场参与者结构

表 42-3 给出了根据 2010 年 12 月公布的 2010 年 4 月国际清算银行的数据附录整理而得的人民币期权市场日均成交量与其他主要货币日均成交金额的比较。从表 42-3 我们可以看出，全球主要国家和地区的外汇期权日均成交量都有显著的增长，而美元、欧元、日元和英镑的期权成交金额仍位列前四名；澳元、瑞士法郎和加拿大元分别排名第 5 位到第 7 位；人民币期权日均成交金额有了巨大的增长，在所有货币期权中增长幅度最大，买、卖日均成交金额皆提升到了第 8 位的排名；港元的日均成交量增长幅度有限，买入和卖出日均成交金额分别排名第 16 位和第 19 位，比港元在国际外汇市场总体排名第 8 位要低很多，我们下文还会进一步讨论。

表 42 - 3　　　主要货币外汇期权市场日均成交量比较（2010 年 4 月）

单位：百万美元

货币	汇报机构			其他金融机构			非金融机构			总计
	本地	跨境	合计	本地	跨境	合计	本地	跨境	合计	
美元	16349	30867	47216	27862	19359	47221	4552	6540	11092	105529
欧元	8887	15924	24812	12117	13733	25850	2864	3919	6784	57445
日元	4990	7239	12229	14411	4988	19399	1386	1482	2869	34497
英镑	2524	3715	6239	2449	2831	5280	442	905	1347	12866
澳元	1561	4152	5713	1752	2003	3755	432	545	976	10444
瑞士法郎	1682	2444	4126	1671	1904	3575	582	914	1496	9197
加拿大元	642	1548	2189	713	908	1621	151	227	379	4189
人民币	447	1179	1626	668	529	1197	107	234	342	3164
巴西雷亚元	637	869	1506	457	932	1389	59	86	145	3040
土耳其里拉	431	658	1090	714	572	1286	97	87	183	2559
韩元	525	942	1467	341	495	836	81	136	217	2521
印度卢比	297	496	793	470	408	877	355	168	523	2194
新西兰元	379	634	1012	210	377	587	64	210	274	1873
瑞典克朗	261	534	795	243	479	723	158	133	290	1808
新加坡元	236	679	915	362	271	633	57	146	203	1750
墨西哥比索	231	608	839	225	387	613	44	100	144	1595
波兰兹罗提	201	415	616	235	335	570	58	128	186	1371
挪威克朗	160	337	497	252	249	501	77	133	210	1208
港元	96	416	513	125	178	303	185	155	340	1156
新台币	150	335	485	138	211	349	44	36	79	914
匈牙利福林	136	223	360	147	218	366	30	70	100	825
南非兰特	234	289	523	56	145	201	24	26	50	775
俄罗斯卢布	288	204	491	89	119	208	11	56	67	766

续表

货币	买入期权									总计
	汇报机构			其他金融机构			非金融机构			
	本地	跨境	合计	本地	跨境	合计	本地	跨境	合计	
美元	15463	29996	45459	23627	18758	42385	5402	7757	13159	101003
欧元	9198	17434	26633	8879	12450	21329	2750	4270	7020	54981
日元	3171	7458	10629	13282	4396	17678	1343	1748	3090	31397
英镑	2443	3991	6435	1898	3011	4909	607	1473	2080	13423
澳元	1524	4308	5832	1415	1735	3151	756	924	1680	10663
瑞士法郎	1422	2802	4224	1069	1640	2709	455	985	1440	8373
加拿大元	640	1465	2105	587	832	1419	222	309	531	4055
人民币	399	1337	1736	673	607	1280	213	288	501	3517
巴西雷亚元	631	1004	1634	426	1030	1456	41	56	97	3187
土耳其里拉	468	565	1033	192	628	820	330	76	407	2260
韩元	484	857	1341	467	371	838	117	143	260	2438
印度卢比	429	520	948	332	449	781	477	222	699	2429
新西兰元	333	780	1114	192	327	520	119	227	346	1979
瑞典克朗	300	565	865	193	476	669	239	200	438	1972
新加坡元	285	637	922	345	317	662	110	151	262	1846
墨西哥比索	154	508	662	51	129	180	182	99	281	1123
波兰兹罗提	221	413	634	187	356	543	76	85	160	1337
挪威克朗	144	388	529	144	266	411	113	152	265	1205
港元	253	530	783	253	356	609	36	104	139	1531
新台币	112	407	519	96	154	250	55	37	92	862
匈牙利福林	210	204	413	100	204	305	27	59	86	804
南非兰特	228	293	521	59	136	195	40	27	67	782
俄罗斯卢布	239	227	466	91	133	223	18	54	72	761

数据来源：根据国际清算银行 2010 年 4 月外汇和柜台衍生产品统计报告数据附录表整理。

比较表 42 - 3 和表 42 - 2，我们可以发现，从 2007 年 4 月到 2010 年 4 月，本地其他金融机构人民币期权日均买、卖金额增长最快，分别增长了 223.3 倍和 667.0 倍；其次为本地汇报金融机构人民币期权日均买、卖金额分别增长了 98.8 倍和 73.5 倍；从 2004 年 4 月到 2007 年 4 月，人民币期权日均总买、卖金额从 1.54 亿美元和 1.79 亿美元分别增长到了 35.2 亿和 31.6 亿美元，三年中年均增长率分别为 183.7% 和 160.5%，可谓飞速增长。

42.2.4　2013 年市场参与者结构

表 42 - 4 给出了根据 2013 年 11 月公布的 2013 年 4 月国际清算银行的数据附录整理而得的人民币期权市场日均成交量与其他主要货币日均成交金额的比较。从表 42 - 4 我们可以看出，全球主要国家和地区的外汇期权日均成交量都有显著的增长，美元、欧元、日元和英镑的期权成交金额仍位列前四名，日元升至第二位，欧元降至第三位；澳元、人民币、瑞士法郎和加元分别排名第五到第七位；人民币期权日均成交金额继续快速增长，从 2010 年的第八位升至第六位；港币的买入和卖出日均成交金额分别排名由 2010 年的第 16 位和第 19 位跌至第 20 和第 22 位，比港币在国际外汇市场总体排名第八要低很多。

表 42 - 4　　　2013 年 4 月主要货币外汇期权市场日均成交量比较

单位：百万美元

| 货币 | 卖出期权 | | | | | | | 总计 |
| | 汇报机构 | | 其他金融机构 | | 非金融机构 | | | |
	本地	合计	本地	跨境	本地	跨境	合计	
美元	33178	84149		46110	4789		11923	188885
欧元	9572	23400		9717	1447		3210	47530
日元	16296	39026		23891	1423		4293	94386
英镑	4632	9819		3756	571		1041	19448
澳元	3092	10105		4375	516		1429	18881
瑞士法郎	1158	3229		2019	160		405	8466
加拿大元	1128	3794		1460	222		557	7650
人民币	1234	4869		2868	374		2118	11166
巴西雷亚尔	1007	3673		2698	27		74	7569
土耳其里拉	398	1261		451	121		145	2146
韩元	304	1305		636	433		527	2856
印度卢比	414	945		392	166		276	1810
新西兰元	319	1093		519	50		175	2084
瑞典克朗	115	598		300	109		163	1263
新加坡元	352	1155		488	27		137	1999

续表

卖出期权								
货币	汇报机构		其他金融机构		非金融机构			总计
	本地	合计	本地	跨境	本地	跨境	合计	
墨西哥比索	630	2073		848	37		77	3988
波兰兹罗提	156	416		152	26		39	741
挪威克朗	162	520		371	63		104	1288
港元	117	417		206	19		65	750
新台币	95	295		317	28		55	785
匈牙利福林	164	360		118	4		9	647
南非兰特	247	591		215	114		144	1098
俄罗斯卢布	440	1102		406	78		195	1961
买入期权								
美元	33080	83634		45588	6689		14444	188433
欧元	9150	22885		9567	1940		3909	45920
日元	16342	40068		25835	1901		4749	98506
英镑	4805	10308		3608	789		1302	19575
澳元	3299	9942		3591	1343		2633	18600
瑞士法郎	1212	3209		2105	254		576	8348
加拿大元	1060	3535		1500	415		947	7620
人民币	1464	4622		2519	698		2260	10656
巴西雷亚尔	1048	4339		1740	23		90	7154
土耳其里拉	481	1231		434	325		371	2403
韩元	340	1339		599	313		409	2720
印度卢比	437	939		361	239		408	1886
新西兰元	348	1082		546	117		281	2183
瑞典克朗	152	594		280	155		220	1212
新加坡元	331	1022		448	145		271	1966
墨西哥比索	617	2285		750	106		168	4232
波兰兹罗提	169	443		146	41		60	743
挪威克朗	176	558		346	102		175	1221
港元	121	767		105	132		179	1111
新台币	92	281		240	56		93	696
匈牙利福林	163	373		122	13		32	682
南非兰特	224	554		273	129		199	1221
俄罗斯卢布	429	1055		385	118		196	1811

数据来源：根据国际清算银行2013年4月外汇和柜台衍生产品统计报告数据附录表整理。

比较表 42 - 4 和表 42 - 3,我们可以发现,从 2010 年 4 月到 2013 年 4 月,非金融机构人民币期权日均买、卖金额增长最快,分别增长了 3.51 倍和 5.21 倍;其次为其他金融机构人民币期权日均买、卖金额,分别增长了 1.95 倍和 2.49 倍;从 2010 年 4 月到 2013 年 4 月,人民币期权日均总买、卖金额从 35.2 亿美元和 31.6 亿美元分别增长到了 106.56 亿和 111.66 亿美元,三年中连续年均增长率分别为 45% 和 52%,增长速度很快。

从表 42 - 4 的数据不易看出不同机构占比,我们将表 42 - 4 给出的数据转换成每种货币期权境内和境外所占的比例,并将结果放入表 42 - 5 中。从表 42 - 5 中我们可以看出,汇报机构人民币期权的跨境卖出交易所占的比例依然超过 7 成,但跨境买入交易占比由 10 年的 77% 降至 68%;非金融机构和其他金融机构的跨境买卖交易占比大幅上升,非金融机构跨境买卖交易占比由 2007 年的 57.5% 和 68.6% 上升至 69.1% 和 82.3%,其他金融机构跨境买卖交易占比由 2007 年的 47.4% 和 44.2% 上升至 66.7% 和 68.6%。综观列示的三类机构的本地和跨境买卖交易占比,我们发现,汇报机构和其他金融机构的跨境买卖交易占比都明显高于本地买卖交易。

表 42 - 5　　　　**2013 年 4 月主要货币外汇期权市场参与者结构比较**　　　单位:%

| 货币 | 卖出期权 | | | | | | | | |
| | 汇报机构 | | | 其他金融机构 | | | 非金融机构 | | |
	本地	跨境	合计	本地	跨境	合计	本地	跨境	合计
美元	39.4	60.6	100.0	50.3	49.7	100.0	40.2	59.8	100.0
欧元	40.9	59.1	100.0	53.6	46.4	100.0	45.1	54.9	100.0
日元	41.8	58.2	100.0	53.2	46.8	100.0	33.2	66.8	100.0
英镑	47.2	52.8	100.0	56.3	43.7	100.0	54.9	45.1	100.0
澳元	30.6	69.4	100.0	40.5	59.5	100.0	36.1	63.9	100.0
瑞士法郎	35.8	64.2	100.0	58.2	41.8	100.0	39.5	60.5	100.0
加拿大元	29.7	70.3	100.0	55.8	44.2	100.0	39.8	60.2	100.0
人民币	25.3	74.7	100.0	31.4	68.6	100.0	17.7	82.3	100.0
巴西雷亚尔	27.4	72.6	100.0	29.4	70.6	100.0	37.1	62.9	100.0
土耳其里拉	31.5	68.5	100.0	39.0	61.0	100.0	83.5	16.5	100.0
韩元	23.3	76.7	100.0	37.9	62.1	100.0	82.2	17.8	100.0
印度卢比	43.8	56.2	100.0	33.4	66.6	100.0	60.0	40.0	100.0
新西兰元	29.2	70.8	100.0	36.4	63.6	100.0	28.8	71.2	100.0
瑞典克朗	19.2	80.8	100.0	40.3	59.7	100.0	67.0	33.0	100.0
新加坡元	30.5	69.5	100.0	30.9	69.1	100.0	19.5	80.5	100.0
墨西哥比索	30.4	69.6	100.0	53.8	46.2	100.0	48.3	51.7	100.0

货币	卖出期权								
	汇报机构			其他金融机构			非金融机构		
	本地	跨境	合计	本地	跨境	合计	本地	跨境	合计
波兰兹罗提	37.6	62.4	100.0	47.0	53.0	100.0	65.3	34.7	100.0
挪威克朗	31.2	68.8	100.0	44.1	55.9	100.0	60.7	39.3	100.0
港元	28.1	71.9	100.0	23.1	76.9	100.0	29.0	71.0	100.0
新台币	32.1	67.9	100.0	27.1	72.9	100.0	50.5	49.5	100.0
匈牙利福林	45.6	54.4	100.0	57.6	42.4	100.0	48.4	51.7	100.0
南非兰特	41.7	58.3	100.0	40.8	59.2	100.0	78.9	21.1	100.0
俄罗斯卢布	40.0	60.0	100.0	38.9	61.1	100.0	39.8	60.2	100.0
买入期权									
美元	39.6	60.4	100.0	49.5	50.5	100.0	46.3	53.7	100.0
欧元	40.0	60.0	100.0	50.0	50.0	100.0	49.6	50.4	100.0
日元	40.8	59.2	100.0	51.9	48.1	100.0	40.0	60.0	100.0
英镑	46.6	53.4	100.0	54.7	45.3	100.0	60.6	39.4	100.0
澳元	33.2	66.8	100.0	40.4	59.6	100.0	51.0	49.0	100.0
瑞士法郎	37.8	62.2	100.0	53.9	46.1	100.0	44.1	55.9	100.0
加拿大元	30.0	70.0	100.0	52.2	47.8	100.0	43.8	56.2	100.0
人民币	31.7	68.3	100.0	33.3	66.7	100.0	30.9	69.1	100.0
巴西雷亚尔	24.2	75.8	100.0	36.1	63.9	100.0	25.6	74.4	100.0
土耳其里拉	39.0	61.0	100.0	45.8	54.2	100.0	87.7	12.3	100.0
韩元	25.4	74.6	100.0	38.4	61.6	100.0	76.5	23.5	100.0
印度卢比	46.6	53.4	100.0	33.1	66.9	100.0	58.6	41.4	100.0
新西兰元	32.2	67.8	100.0	33.4	66.6	100.0	41.8	58.2	100.0
瑞典克朗	25.5	74.5	100.0	29.8	70.2	100.0	70.5	29.5	100.0
新加坡元	32.4	67.6	100.0	33.4	66.6	100.0	53.4	46.6	100.0
墨西哥比索	27.0	73.0	100.0	57.8	42.2	100.0	62.9	37.1	100.0
波兰兹罗提	38.2	61.8	100.0	39.1	60.9	100.0	68.2	31.8	100.0
挪威克朗	31.5	68.5	100.0	29.0	71.0	100.0	58.5	41.5	100.0
港元	15.7	84.3	100.0	36.5	63.5	100.0	73.7	26.3	100.0
新台币	32.9	67.1	100.0	25.4	74.6	100.0	59.9	40.1	100.0
匈牙利福林	43.6	56.4	100.0	56.0	44.0	100.0	42.2	57.8	100.0
南非兰特	40.6	59.4	100.0	41.7	58.3	100.0	64.8	35.2	100.0
俄罗斯卢布	40.7	59.3	100.0	31.2	68.8	100.0	60.4	39.6	100.0

资料来源：根据表42-4数据计算得出。

42.3　境外人民币外汇期权合约

本节介绍活跃于境外的人民币无本金交割外汇期权和人民币可交割外汇期权合约。

42.3.1　人民币无本金交割期权合约

这一节我们介绍标准的人民币无本金交割期权合约的主要条款。

42.3.1.1　标的金额

人民币无本金交割期权合约的名义标的金额在 1000 万 ~ 3000 万美元，平均金额为 2000 万美元，约合 12400 万元人民币。

42.3.1.2　期权费

正如名称中所包含的，多数的人民币无本金交割期权都是以美元进行结算的。

42.3.1.3　执行方式

绝大多数人民币期权是欧式的，即它们只能在到期日执行。

42.3.1.4　结算汇率

与第 37 章介绍的人民币无本金交割远期的结算汇率确定方式相同，人民币无本金交割期权的结算汇率也是人民币对美元的汇率，在中国国家外汇管理局（SAEC）公布后的两个工作日内进行结算。

42.3.1.5　到期期限

虽然人民币期权的到期期限最长可达 3 年期甚至更长，但期限超过 1 年的合约的流动性不如 1 年期的期权。不超过 1 年期的人民币期权的流动性一般比较好。与人民币无本金交割远期合约相似，目前在离岸市场上有 1 周、2 周、3 周、1 月、2 月、3 月、4 月、5 月、6 月、9 月和 1 年期限的期权合约，但 2 周、3 周、4 月和 5 月合约的流动性很小，1 周、1 月、2 月、3 月、6 月、9 月和 1 年合约的流动性较好。我们下面还会介绍这些较为活跃的合约的买卖价差及其隐含信息。

42.3.2　离岸人民币可交割期权合约

42.3.2.1　标的金额

人民币期权在银行间市场的标的金额多在 2000 万到 5000 万美元之间，平均金额为 3000 万美元，约合 18600 万元人民币。

42.3.2.2　交割方式

离岸人民币期权可以实物交割，也可以轧差交割，期权费通常为人民币。

42.3.2.3　执行方式

离岸人民币期权大多数均为欧式期权，即它们只能在到期日执行。

42.3.2.4 结算汇率

离岸人民币期权以离岸人民币的即期汇率为结算价格。

42.3.2.5 到期期限

离岸人民币期权的到期期限较为灵活，最短为1天，最长为1年，一般到期期限较短的期权流动性相对更高。一般而言，1周，1月，2月，3月，6月，12月这几种期限的期权流动性较好。

42.4 境外人民币外汇期权的成交金额

像人民币无本金交割远期一样，没有机构专门统计这些产品的成交情况，这样使我们估计人民币无本金交割期权的工作变得比较困难。人民币无本金交割期权的交易量一直比人民币无本金交割远期要少，2002年到2005年之间，前者一般只有后者的1/4左右。

42.4.1 2004年4月人民币期权的日均成交金额

由于境外人民币外汇期权在2010年8月境外人民币市场启动之后才开始交易，而且如第33章所示，国内人民币外汇期权于2011年4月才启动交易，表42-1中国际清算银行2004年4月的人民币期权应该全部为人民币无本金交割期权。根据表42-1的数据，2004年4月人民币期权日均成交金额为1.92亿美元，年成交金额则为1.92×250 = 480亿美元，相当于我们在第37章所估计的2004年人民币无本金交割远期年成交金额1700亿美元的27.6%，与前面人民币无本金交割期权成交金额在人民币无本金交割远期的四分之一左右基本一致。

42.4.2 2007年4月人民币期权的日均成交金额

同样，表42-2国际清算银行2007年4月的人民币期权也应该皆为人民币无本金交割期权。根据表42-2的数据，2007年4月人民币期权日均成交金额为3.33亿美元，年成交金额则为3.33×250 = 832.5亿美元；2007年4月人民币期权日均成交金额3.33亿美元，相当于表37-12中2007年4月所估计的同月内人民币无本金交割远期日均成交金额27.2亿美元的12.24%，显著低于前面人民币无本金交割期权成交金额在人民币无本金交割远期的四分之一的水平。

42.4.3 2010年4月人民币期权的日均成交金额

据国际清算银行2010年公布的2007年4月人民币期权相应的数据，2010年4月人民币期权日均成交金额为66.81亿美元，年成交金额则为66.81×250 = 16702.5亿美元；2010年4月人民币期权日均成交金额66.81亿美元，相当于表 37 - 12 中 2010 年 4 月所估计的同月内人民币无本金交割远期日均成交金额 26.35 亿美元的 253.5%，比前面人民币无本金交割期权成交额在人民币无本金交割远期的四分之一的水平高出许多倍。如此高的人民币期权成交金额可能是统计方面的问题，我们仍需进一步研究。

42.4.4　2013 年 4 月人民币期权的日均成交金额

据国际清算银行 2013 年公布的 2013 年 4 月人民币期权相应的数据，2013 年 4 月人民币期权日均成交金额为 170.77 亿美元，年成交金额则为 170.77 × 250 = 42692.5 亿美元，比 2010 年的日均成交金额 66.81 亿美元上升了 155.6%，结果有待商榷，我们仍需进一步研究。

42.4.5　伦敦金融城给出的 2011 年到 2014 年境外人民币无本金交割外汇期权和可交割外汇期权的日均成交金额

如第 37 章所示，境外市场人民币可交额和无本金交割产品的流动性数据通常难以获得。国际上唯一可靠的数据来源是我们本章上文利用的每三年公布一次的国际清算银行的统计数据。该数据不仅频率不够，而且数据质量也有较为严重的问题。可喜的是，作为全球最大的外汇交易中心，伦敦金融城从 2012 年开始每半年公布一次境外人民币可交割产品和无本金交割产品日均成交金额，为我们研究境外人民币市场的发展提供了难得的所需数据。下文我们介绍伦敦金融公布的 2011 年以来境外人民币可交割外汇期权和人民币无本金交割外汇期权的日均成交金额。

42.4.5.1　伦敦金融城原始数据

表 42 - 6 给出了 2011 年到 2014 年境外人民币可交割外汇期权和境外人民币无本金交割外汇期权每半年和全年的日均成交金额。

表 42 - 6　　　　　境外人民币可交割外汇期权和人民币

无本金交割外汇期权每半年和全年日均成交金额（2011 年到 2014 年）

单位：亿美元，%

时间	2012 年上半年	2012 年下半年	2013 年上半年	2013 年下半年	2014 年上半年	2014 年下半年	2011 年	2012 年	2013 年	2014 年
可交割期权										
伦敦	1.8	9.3	18.3	44.3	55.7	59.4	1.1	5.5	31.3	57.5
同比增长率			944.6	375.2	204.8	33.9		390.3	465.2	83.8
环比增长率		433.1	95.9	142.6	25.6	6.6		390.3	465.2	83.8
伦敦外其他境外市场	1.8	9.7	80.5	225.2	167.1	293.2	1.2	5.8	152.9	230.2

续表

时间	2012年上半年	2012年下半年	2013年上半年	2013年下半年	2014年上半年	2014年下半年	2011年	2012年	2013年	2014年
同比增长率			4321.3	2219.1	107.5	30.2		390.3	2551.1	50.6
环比增长率		433.1	729.3	179.6	−25.8	75.4		390.3	2551.1	50.6
境外总和	3.6	19.0	98.8	269.5	222.8	352.6	2.3	11.3	184.2	287.7
同比增长率			2666.7	1315.6	125.5	30.8		390.3	1529.0	56.2
环比增长率		433.1	418.9	172.8	−17.3	58.2		390.3	1529.0	56.2
伦敦/伦敦外其他境外市场	49.0	49.0	18.5	16.5	25.0	16.8	49.0	49.0	17.0	20.0
无本金交割期权	20.3	32.2	26.7	15.9	58.3	49.3	27.2	26.2	21.3	53.8
同比增长率			31.5	−50.8	118.7	211.2		−3.4	−19.0	153.2
环比增长率		58.9	−17.3	−40.5	267.7	−15.4		−3.4	−19.0	153.2

数据来源：伦敦上半年和全年人民币可交割期权日均成交金额数据直接来自伦敦金融城网站，www. cityofloudon. gov. uk2014 年 6 月公布的《2014 年伦敦人民币业务数据》；伦敦外其他境外市场上半年和全年日均成交金额根据伦敦日均成交数据和伦敦占整个境外市场份额计算得出；下半年数据根据全年和上半年数据折算得出；2011 年伦敦外其他境外市场数据是根据 2011 年伦敦占境外市场比例与 2012 年比例相同的假设估算得出。

表 42 - 6 显示，2011 年到 2014 年伦敦人民币可交割外汇期权日均成交金额从仅仅 1.1 亿美元高速增长到了 57.5 亿美元，增长了 49.9 倍，年均符合增长率高达 270.6%，伦敦外其他境外人民币可交割外汇期权日均成交金额从 1.2 亿美元增长到了 230.2 亿美元，增长了 194.7 倍，年均符合增长率高达 480.6%，比伦敦年均符合增长率高 210%；整个境外人民币可交割外汇期权日均成交金额从 2.3 亿美元高速增长到了 287.7 亿美元，增长了 123.8 倍，年均符合增长率高达 399.7%，显示近年来境外人民币可交割期权高速增长的态势。

42.4.5.2　伦敦金融城境外人民币外汇期权原始数据的问题及原因

仔细观察表 42 - 6 给出 2011 年到 2014 年境外人民币可交割外汇期权日均成交金额数据，我们可以发现这些数据有一定的问题。这些问题主要表现在伦敦外其他境外市场每半年的日均数据：2013 年下半年伦敦外其他境外市场人民币可交割外汇期权日均成交金额环比增长率高达 179.6%，而 2014 年上半年环比增长率却低到了 −25.8%，2014 年下半年的环比增长率又高达 75.4%，这与近年来境外人民币市场持续增长的态势不很一致。

进一步观察表 42 - 6 我们可以发现，2012 年伦敦人民币可交割期权日均成交金额占整个境外市场比重高达 49%，而 2013 年上半年却急速下降到了 18%，

2013 年下半年进一步下降到了 16.5%，然而 2014 年上半年却又上升到了 25%。由于伦敦外市场成交金额占比过低，在伦敦日均成交金额给定的条件下，其占比过低就导致伦敦外其他境外市场日均成交金额过高，进而导致 2013 年上半年和下半年伦敦外其他市场日均成交金额过高，最后导致 2014 年上半年伦敦外其他市场日均成交金额环比出现负增长的不正常情况。

42.4.5.3　伦敦金融城境外人民币外汇期权"合理"数据

上文指出了表 42 - 6 给出的 2013 年上半年和下半年伦敦外其他境外人民币可交割外汇期权日均成交金额过高的原因是该两半年伦敦占整个境外市场比重过低。将 2013 年上半年和下半年伦敦市场占比以 2012 年下半年和 2014 年上半年的占比"线性"差值调到 41% 和 33% 的合理水平，表 42 - 6 的结果即可变为表 42 - 7 给出的更为合理的结果。

表 42 - 7　　境外人民币可交割外汇期权和人民币无本金交割外汇期权
　　　　　每半年和全年的合理日均成交金额（2011 年到 2014 年）

单位：亿美元，%

时间	2012 年上半年	2012 年下半年	2013 年上半年	2013 年下半年	2014 年上半年	2014 年下半年	2011 年	2012 年	2013 年	2014 年
可交割期权										
伦敦	1.8	9.3	18.3	44.3	55.7	59.4	1.1	5.5	31.3	57.5
同比增长率			944.6	375.2	204.8	33.9		390.3	465.2	83.8
环比增长率		433.1	95.9	142.6	25.6	6.6		390.3	465.2	83.8
伦敦外其他境外市场	1.8	9.7	26.3	90.0	167.1	293.2	1.2	5.8	58.2	230.2
同比增长率			1344.2	827.0	535.3	225.5		390.3	908.7	295.7
环比增长率		433.1	170.9	242.2	85.7	75.4		390.3	908.7	295.7
境外总和	3.6	19.0	44.6	134.4	222.8	352.6	2.3	11.3	89.5	287.7
同比增长率			1148.4	605.7	399.8	162.4		390.3	691.4	221.5
环比增长率		433.1	134.2	201.4	65.8	58.2		390.3	691.4	221.5
伦敦/伦敦外其他境外市场	49.0	49.0	41.0	33.0	25.0	16.5	49.0	49.0	35.0	20.0
无本金交割期权	20.3	32.2	26.7	15.9	58.3	49.3	27.2	26.2	21.3	53.8
同比增长率			31.5	-50.8	118.7	211.2		-3.4	-19.0	153.2
环比增长率		58.9	-17.3	-40.5	267.7	-15.4		-3.4	-19.0	153.2

数据来源：将表 42 - 6 中 2013 年上半年和下半年伦敦市场占整个境外市场比重以 2012 年下半年和 2014 年上半年的比重以"线性差值"法上调到 41% 和 33% 的合理水平而计算得出。

表42-7显示，2013年上半年到2014年下半年伦敦外其他境外市场日均成交金额环比分别增长242.2%、85.7%和75.4%，比表42-6给出的更为合理；同时从2012年到2014年，伦敦外其他市场日均成交金额增长率分别为390.3%、908.7%和295.7%，也比表42-6给出的相应的增长率390.3%、2551.1%和50.6%更为合理。

42.4.6 伦敦金融城境外人民币外汇期权数据与国际清算银行数据的比较

上文指出2013年12月国际清算银行公布的2013年4月人民币可交割外汇期权日均成交金额为170.77亿美元，减去该月国内人民币期权日均成交金额0.31亿美元，该年4月境外人民币期权日均成交金额170.46亿美元，比表42-6给出的该年上半年境外人民币期权日均成交金额98.8亿美元高出71.6亿美元，或者高出72.5%，比表42-7给出的该年上半年境外人民币期权日均成交金额44.6亿美元高出125.9亿美元，或者高出182.3%，显示国际清算银行公布的2013年人民币外汇期权日均成交金额过高。

实际上，根据国际清算银行2010年公布的2010年4月全球外汇市场日均成交数据，2010年4月人民币期权日均成交金额占人民币外汇交易比重高达14.6%，而国内人民币期权是2011年4月才推出，2010年国内没有人民币外汇期权；2010年8月境外人民币市场也才开始，2010年4月境外人民币可交割期权也应该没有交易，所以2010年4月人民币期权日均成交金额占人民币外汇交易比重高达14.6%是不可能的。同样，国际货币基金组织2013年公布的该年4月人民币期权成交金额占比14.3%，不仅超过同期美元、欧元、英镑和日元等主要国际货币外汇期权占其总外汇交易的比重，而且超过同期全球外汇期权占全球外汇交易比重6.3%一倍以上。在境外人民币市场启动不到三年的时间内，而且国内人民币外汇期权仍很不活跃的情况下，2013年4月人民币外汇期权占人民币外汇交易比重高达14.3%的比重是不可能的。

所以，表42-6给出的2013年上半年伦敦占境外人民币外汇可交割期权比重过低的原因应该是为了使整个境外人民币外汇期权日均成交金额不要与国际清算银行给出的过高的结果相差太多。我们在第八篇判断人民币国际化现状时还会从其他方面进一步探讨国际清算银行数据的问题。

42.5 人民币期权的隐含波动率

从第13章和第14章我们知道，期权交易的奥秘几乎完全集中在对标的资产波动率的估计和预期上。在我们介绍和分析人民币无本金交割期权之前，我们将介绍估计波动率的主要方法，然后介绍期权的隐含波动率。

42.5.1 人民币对主要货币的历史波动率

我们在第33章介绍人民币外汇期权之前，介绍了人民币对美元、欧元、日元和港元在2005年7月人民币汇改前后波动率变化的情况。人民币对主要货币汇率波动性的主要特点在于人民币对欧元和日元在汇改之后波动率保持在10%上下的幅度，而人民币兑美元汇率波动率却相对较低，只有1%上下的程度，人民币兑港元汇率波动率与人民币兑美元波动相近。我们本章下文会直接应用第33章人民币对主要货币历史波动率的结果，这里不再重复。

42.5.2 隐含波动率（Implied Volatility）

为了克服上述历史估计方法的局限性，期权市场参与者在1973年著名的布莱克·舒尔茨期权定价模型发表后不久，便开始采纳隐含波动率的概念。隐含波动率的概念和计算方法我们在第13章有过详细的介绍和实例，这里不再重复介绍。

与历史估计方法相比，隐含波动率有着许多优势。其中，最明显的是它包含了期权标的资产从当前到期权到期日之间的未来波动信息。也就是说，隐含波动率是"前瞻性"的，因为它们包含了市场对标的资产未来预期的信息，而历史估计方法则是"后顾式"的。

表42-8列出了从2005年5月3日到6日四个工作日的1周、1个月、2个月、3个月、6个月、9个月和1年期人民币无本金交割期权的隐含波动率上下限以及两日之间的差额。从表42-8可以看出，从3日到4日所有期限的期权波动率皆有很大的增长，而且3个月和更短期限的期权波动率增长幅度比6个月和期限更长的期权更大，表明期权市场预期人民币在3月之内升值的可能性高于6个月；从5日到6日人民币期权波动率也发生了很大的变化，其中3个月合约变化最大，上下限分别下降了0.75%和1.25%。详细观察表42-5给出的数据，我们会发现期权期限短于3个月的波动率有所下降或者没变，而期限大于3个月的却大多有所上升（除9个月期权的下限略微下降了0.05%外），这表明期权市场预测人民币在3个月内升值的可能性比5月3日减小，而在3个月至1年内升值的可能性增加。

如表42-8所示，从2005年5月3~5日中短期2个~3个月期权的隐含波动率，比长期的6个月和1年期权的隐含波动率增长要快，而且在5日2个~3个月期权的隐含波动率高于6个月和1年期权的隐含波动率。中短期期权的波动率比长期期权的波动率要高，这表明市场对中短期人民币会升值的期望要高于长期。这与2005年5月初美国财政部部长公开谈论人民币汇率制度有关，对此我们已在第34章进行了介绍，在下一节我们还会专门分析政治因素对人民币期权市场的影响。

表42-8　　2005年5月3~6日人民币无本金交割期权隐含波动率差

合约期限	5月3日		5月4日		3~4日	
	下限	上限	下限	上限	下限	上限
1周	1.22	3.79	1.54	3.96	0.32	0.18
1月	3.39	4.71	3.81	5.17	0.43	0.46
2月	4.31	5.59	4.62	5.94	0.31	0.35
3月	4.76	5.95	5.04	6.26	0.28	0.31
6月	5.74	6.89	5.92	7.10	0.18	0.21
9月	6.52	7.65	6.65	7.76	0.13	0.12
1年	6.81	7.90	6.88	8.01	0.07	0.11

合约期限	5月5日		5月6日		5~6日	
	下限	上限	下限	上限	下限	上限
1周	4.50	5.50	4.50	5.50	0.00	0.00
1月	5.15	8.15	5.15	8.15	0.00	0.00
2月	6.00	9.00	5.55	8.55	0.45	0.45
3月	7.00	9.00	6.25	7.75	0.75	1.25
6月	6.50	8.50	6.50	9.00	0.00	-0.50
9月	6.50	8.50	6.45	8.80	0.05	-0.30
1年	6.75	8.75	7.00	8.00	-0.25	0.75

资料来源：路透数据终端，人民币期权模型。

42.5.3　隐含波动率的历史变化

表42-8给出的仅是4个连续工作日的期权波动率，图42-1描述了从2003年1月至2015年6月间3个月、6个月和1年期人民币期权的隐含波动率。从图42-1容易观察到从2003年1月到2003年4月，三个期限的期权的隐含波动率都呈现下降趋势，其中1年期期权隐含波动率从4%下降到2%以下，3个月和6个月期权的隐含波动率也呈类似的下降趋势；从2003年4月开始，1年期期权隐含波动率几乎单边地从2%左右增长到2003年10月的10%以上，表明在此期间人民币升值的压力非常巨大；一直到2004年1月，1年期期权隐含波动率基本维持在10%左右；从2004年1月到2004年夏，隐含波动率持续下降，随后又上升并在2004年12月再次达到9%左右的高峰；2005年由于汇改预期强烈，波动率反复攀高；2005年7月汇改实施后升值压力在短期内得到释放，此

后隐含波动率呈平稳下降态势，各期限期权的隐含波动率基本维持在2%左右；2007年6月到2009年1月各个期限波动率大幅上涨，并在2009年初达到历史高点，3个月、6个月和1年期的隐含波动率分别达到了9.7%、11.9%和15.5%。此后各个期限波动率逐步下降，在2010年的1月达到底部，之后重新上升，到2010年底三个期限的隐含波动率皆达到了4%左右。2011年起，三个期限的隐含波动率重新开始下降，到2014年年底，降至3%左右。2015年2月，隐含波动率再度走高至4%水平，而后逐渐回落到2%~3%水平。

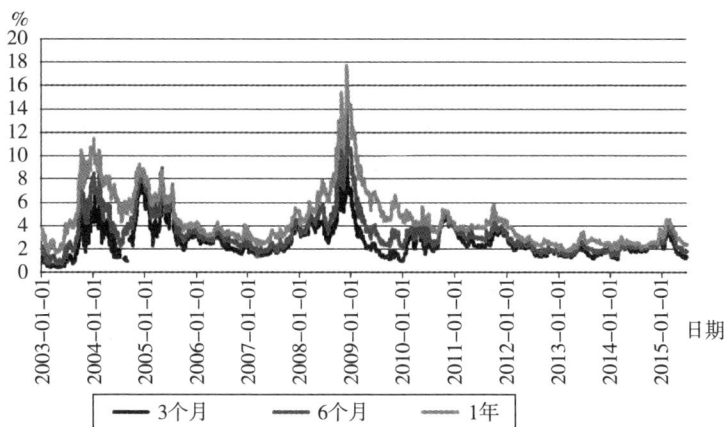

资料来源：彭博数据终端。

图42-1 3个月、6个月和12个月人民币无本金交割期权隐含波动率
（2003年1月到2015年1月）

随着离岸人民币（CNH）现货市场不断增长，离岸人民币期权作为风险管理工具的流动性和受欢迎程度也随着增长。尤其是2013年以来离岸人民币外汇期权市场在流通量、产品专业化程度和市场参与度三个方面有显著发展。首先，越来越多跨国企业以人民币作为跨境贸易和投资的结算或计价货币，所以今年以来离岸人民币外汇流通量出现大幅增长；其次，离岸人民币结构化外汇产品市场总体发展迅速。

图42-2给出了1年期无本金交割人民币期权和1年期离岸人民币期权的隐含波动率。我们可以看到，两者的趋势基本保持一致。而离岸人民币期权的隐含波动率要大于人民币无本金交割期权的波动率。主要原因来自于境外投资者对于人民币的贬值预期。大量境外套期保值投资者为了对冲人民币贬值的潜在风险，会购买看涨离岸人民币期权来对冲。这些买盘推动了隐含波动率的上涨，这又会吸引来部分投机盘，进一步向上推升了离岸人民币期权的隐含波动率。而对于人民币无本金交割期权，由于其结算价格为外汇管理局公布的中间价，

因此用该期权进行套保的人会相对少一些。由此导致了离岸人民币期权的隐含波动率大于人民币无本金交割期权的隐含波动率。

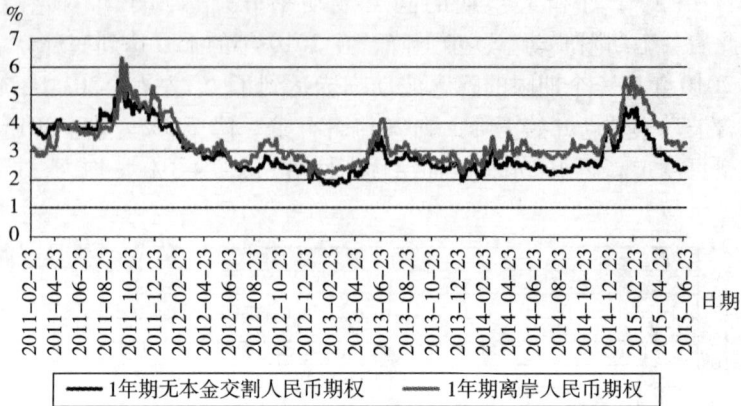

图 42 - 2　1 年期无本金交割人民币期权和 1 年期离岸人民币期权的隐含波动率
（2011 年 2 月到 2015 年 6 月）

42.5.4　历史波动率和隐含波动率的简单比较

图 42 - 3 给出的美元对人民币无本金交割期权的隐含波动率和历史波动率，我们可以明显地发现在 1999 年年初到 2001 年年初，隐含波动率明显高于历史波动率，表明此时受东南亚金融风暴影响人民币贬值余波还未完全消失；从 2001 年第二季度到 2002 年第三季度，隐含波动率与历史波动率相近；从 2002 年第四季度境外人民币升值压力产生之后到 2005 年 7 月完善人民币汇率形成机制实施期间，隐含波动率显著高于历史波动率。在 2004 年 2 月 12 个月期隐含波动率超过 11%，为当时历史波动率 1000 倍以上（为汇改前平均历史波动率 0.04% 的 275 倍）。从 2005 年 7 月汇改到 2007 年 3 月中旬，隐含波动率一直呈下降趋势；从 2007 年 3 月中旬到 2008 年年底，隐含波动率出现了汇改之后首次上升，并随着全球金融危机在 2008 年年底达到了顶峰。2009 年年初至 2009 年第三季度，隐含波动率迅速下降。2009 年年底至 2011 年年底，虽然隐含波动率仍高于历史波动率，但幅度只在 2% 左右。2012 年开始，隐含波动率逐渐降低，贴近历史波动率，在 2012 年下半年，隐含波动率首次开始低于历史波动率。2014 年年初人民币进入双向波动以来，一旦人民币出现贬值压力，隐含波动率都会上升，高于历史波动率，但幅度有限，两者之间总体来说比较接近，这表明境外人民币无本金交割期权市场走向相对成熟。

图 42 - 4 给出的离岸美元兑人民币 6 个月期权的隐含波动率和历史波动率，时间从 2011 年 2 月至 2015 年 6 月，我们发现大部分时间内，隐含波动率都要略

资料来源：彭博资讯（Bloomberg）。

图 42 - 3　6 个月人民币无本金交割期权隐含波动率和历史波动率
（1999 年 3 月到 2015 年 6 月，其中上方为隐含波动率）

高于历史波动率。只有当人民币贬值预期非常强烈的时期，如 2011 年 6 月到 7 月期间，2015 年 2 月到 3 月期间，隐含波动率才会大幅跳升，超过历史波动率 1 倍左右。这表明：在汇改后经历了多年的人民币单边走强趋势后，离岸市场更担心人民币出现贬值的尾部风险。实际上，人民币的走势仍然是相对稳定而有序的，虽然贬值预期会对隐含波动率造成短期扰动，但隐含波动率最终会慢慢回落到历史波动率附近震荡。

资料来源：彭博资讯（Bloomberg）。

图 42 - 4　6 个月离岸人民币期权隐含波动率和历史波动率
（2011 年 2 月到 2015 年 6 月，其中上方为隐含波动率）

42.6　隐含波动率风险逆差和时间结构

图 42 - 1 给出的皆为平值期权（执行价与标的资产现价相同的期权）的隐含波动率。我们在第 13 章专门介绍过不同虚实度的期权隐含波动率有所不同，不同执行价格相应的隐含波动率连接起来形成的曲线在期权术语中称为波动率

微笑。令人遗憾的是，人民币期权作为柜台交易产品，没有像交易所交易的期权那样有连续报价，所以我们很难画出像第 13 章那样的人民币波动率微笑曲线。

42.6.1 隐含波动率风险逆差

尽管我们难以获得人民币期权的波动率微笑曲线，但是我们可以获得人民币风险逆差数据。对于虚实度相同的期权（虚实度低于 50％，参见第 13.8 节）而言，如果人民币买权的隐含波动率要大于卖权的隐含波动率，则说明人们的预期倾向于人民币／美元升值。市场数据显示，随着人民币升值的压力加大，同等程度的人民币买权与卖权的隐含波动率之间的差距也在加大。

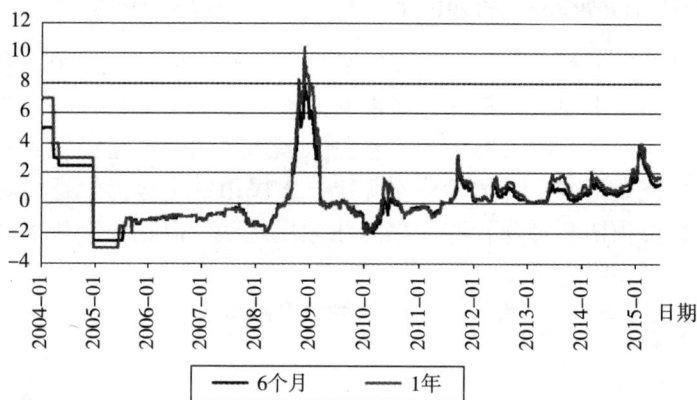

资料来源：彭博数据终端。

图 42－5　虚实度为 25％的 12 个月期和 6 个月期人民币无本金交割期权的风险逆差（2004 年 1 月到 2015 年 1 月）

实际上 1 年期和 6 个月期人民币无本金交割期权隐含波动率风险逆差在 2003 年 10 月初人民币首次升值高峰时分别超过了 7％和 6％；虽然在 2003 年 10 月中旬到 2003 年 11 月两个逆差分别下降到了 5％和 4％左右，但是从 2003 年 12 月到 2004 年 3 月，1 年期期权的逆差重回到了 7％上下的水平，同时 6 个月期期权的逆差也维持在 5％的水平，表明当时市场对人民币升值的期望增强。图 42－5 给出了从 2004 年 1 月到 2015 年 1 月虚实度为 25％的 1 年期和 6 个月期人民币无本金交割期权的风险逆差变化情况。从图 42－5 可以看出，2004 年 5 月上旬两者皆略微下降并分别维持在 3.0％和 2.5％；从 2005 年 7 月 21 日人民币汇改前后到 9 月中旬，1 年期和 6 个月期的逆差进一步下滑到 −1％；从 9 月中旬开始两者皆有所回升，而且 6 个月期的风险逆差较 1 年期略高，表明市场对短期人民币升值的期望高于长期，之后波动率接近于零。

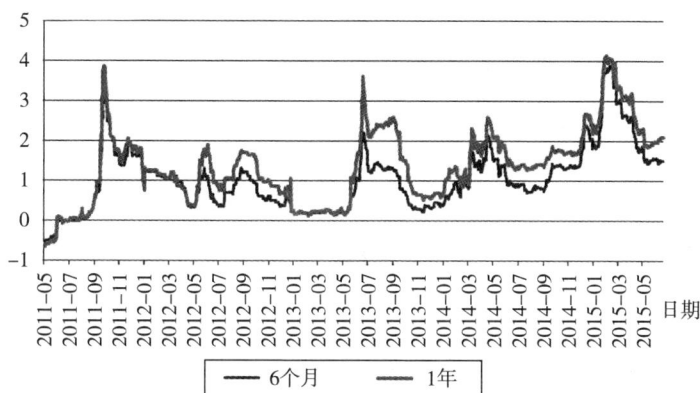

资料来源：彭博数据终端。

图 42 - 6 虚实度为 25％ 的 12 个月期和 6 个月期离岸人民币期权的风险逆差
（2011 年 5 月到 2015 年 6 月）

图 42 - 6 描述了从 2011 年 5 月到 2015 年 6 月虚实度为 25％ 的 1 年期和 6 个月期远期人民币期权的风险逆差变化情况。从图 42 - 6 可以看出 1 年期和 6 个月期人民币无本金交割期权隐含波动率风险逆差在 2011 年年初时短暂为负，2011年 9 月之后转为正数并迅速扩大，至 2011 年 9 月末接近 4％，然而进入 10 月之后，风险逆差迅速回落，并在 0 到 2％ 区间内震荡，直到 2013 年 5 月下旬，风险逆差再次急剧扩大至接近 4％，而后又迅速回落至 0 ~ 3％ 内震荡。最近一次风险逆差急速扩大发生于 2015 年 2 月中旬，风险逆差突破 4％，而后再次回落。截至 2015 年 6 月 30 日，虚实度为 25％ 的 1 年期和 6 个月期远期人民币期权的风险逆差均在 2％ 左右。

42. 6. 2 隐含波动率的时间结构

从图 42 - 1 中可以观察到，到期期限不同的期权，其隐含波动率也不同。一般情况下，到期期限越长，隐含波动率越高。对于标的资产相同的期权，期权的到期期限和隐含波动率之间的关系被称作波动率的期限结构。

隐含波动率的期限结构也能反映出人民币升值压力的大小。从图 42 - 1 可以观察到，从 2003 年 10 月上旬和 2004 年 2 月，当时市场认为人民币应该升值的看法较为一致，不同期限的期权的隐含波动率之间的差异也会减小，这在 2003 年 10 月和 2004 年 12 月显示得很明显。

42. 6. 3 同时运用隐含波动率和历史波动率

在期权交易的实践中，交易者通常会将隐含波动率与历史波动率进行对比，从而判断某一期权是否被高估（隐含波动率比历史波动率高）或被低估（隐含波动率比历史波动率低），这样他们就能在期权被高估时卖出，在期权被低估时买入。但这种做法对目前的人民币期权不适用，因为美元兑人民币汇率的历史波动率过低，很难与隐含波动率相比。随着我国人民币汇率形成机制的完善，这种情形会发生变化。我们会在第五部分专门讨论人民币汇率形成机制。

42.7　影响人民币期权隐含波动率的因素

我们在第 38 章中详细地讨论和分析了影响人民币无本金交割远期汇率的各种因素。本章上文发现，人民币期权的隐含波动率同人民币无本金交割远期汇率之间存在着很大的相似性。图 42－7 给出了 2001 年 1 月到 2015 年 6 月 1 年期人民币无本金交割远期汇率计算出的人民币升贴水和人民币无本金交割期权的隐含波动率之间的关系。图 42－8 给出了 2011 年 2 月到 2015 年 6 月 1 年期离岸人民币远期汇率计算出的人民币升贴水和离岸人民币期权的隐含波动率之间的关系。

资料来源：彭博数据终端。

图 42－7　1 年期人民币无本金交割期权隐含波动率和 1 年期人民币无本金交割远期升贴水变化（2001 年 1 月至 2015 年 6 月）

这两幅图显示远期升贴水和期权隐含波动率之间有着很大的相关性。这种相同绝非偶然，因为它们都受同样的国际政治、经济和金融等信息的影响。我们在第 38 章介绍和分析的各种因素影响人民币无本金交割远期汇率的结果可以间接地应用到这些因素影响人民币无本金交割远期上来，这里不再重复。

由于人民币无本金交割远期汇率和无本金交割期权同时受同样的国际政治、

资料来源：彭博数据终端。

图 42 – 8　1 年期离岸人民币期权隐含波动率和 1 年期离岸人民币远期升贴水变化（2011 年 2 月至 2015 年 6 月）

经济、金融和其他投机性因素的影响，它们互动的程度在很大的程度上会比该两个市场单独反映出的人民币升、贬值的预期更为有用，我们将在第 50 章专门讨论和分析该问题。

42.8　人民币无本金交割期权的定价和实例

与远期及期货不同，对于期权交易来说，价格是最重要的事情，因为在交易时就必须支付期权金。我们在本章前面几节已经对人民币期权的隐含波动率及其影响因素进行了介绍和分析，在本节中，我们将用例子来阐述人民币无本金交割期权的价格是如何确定的。但在此之前，我们需要先说明一个非常重要的概念：一个基于美元兑人民币汇率的看涨期权实际上是一个人民币看跌期权，同时也是一个美元看涨期权，因为美元兑人民币汇率升高标志着人民币对美元贬值；而一个基于美元兑人民币汇率的看跌期权实际上是一个人民币看涨期权，同时也是一个美元看跌期权，因为美元兑人民币汇率下降标志着人民币对美元升值。在目前国际市场期望人民币升值的环境下，购买人民币看涨期权，实际上等同于购买美元看跌期权。

以下例子一般均将美元作为本币而人民币作为外币计算，美元利率用 r 代表，人民币或港元利率用 r_f 代表，因此

人民币看跌期权价格即美元看涨期权价格由（13 – 1）确定：

$$C = Se^{-r_f t}N(d_1) - Ke^{-rt}N(d_2) \qquad (42-1)$$

此处，

$$d_1 = \frac{\ln\left(\dfrac{S}{K}\right) + (r - r_f + \sigma^2/2) \times \tau}{\sigma\sqrt{\tau}}$$

$$d_2 = d_1 - \sigma\sqrt{\tau} = \frac{\ln\left(\dfrac{S}{K}\right) + (r - r_f + \sigma^2/2) \times \tau}{\sigma\sqrt{\tau}}$$

对应的虚实度为 $Delta = e^{-r_f t}N(d_1)$

人民币看涨期权价格即美元看跌期权价格由（13 - 2）确定：

$$P = Se^{-r_f t}N(-d_1) + Ke^{-rt}N(d_2) \tag{42 - 2}$$

对应的虚实度为：$Delta = e^{-r_f t}N(-d_1)$。

式（42 - 1）和式（42 - 2）计算得到的期权价格单位是人民币/美元，可用即时汇率换算成美元/美元：c/s 或 p/s。但为计算简洁，通常只用单位"人民币"或"美元"，而不用"人民币/美元"或"美元/美元"。

实际上式（42 - 1）和式（42 - 2）与式（13 - 1）和式（13 - 2）完全一样。

例 42.1 已知美元兑人民币的即期汇率 = 期权的执行价格 = 7.5759，人民币利率 = 3.33%，美元利率 = 4.25%，到期时间为 1 年，波动率 10%，名义本金 2000 万美元，请计算该人民币看涨期权（或美元看跌期权）的价格及其虚实度？

解： 将 $S = K = 7.5759$，$r = 4.25\% = 0.0425$，$r_f = 3.33\% = 0.0333$，$\sigma = 10\% = 0.10$ 和 $\tau = 1.0$ 代入到（42.2）得到：$d_2 = 0.042$，$d_1 = 0.142$，$P = 0.2586$ 元人民币 $= 0.2586/7.5759$ 美元 $= 0.0341$ 美元 $= 3.41\%$；

期权费用为 $0.0341 \times 2000 = 68.2$ 万美元。

期权的虚实度为 $Delta = -0.4290 = -42.90\%$。

例 42.2 求与上例参数相同的人民币看跌期权的价格和虚实度。

解： 将 $S = K = 7.5759$，$r = 4.25\% = 0.0425$，$r_f = 3.33\% = 0.0333$，$\sigma = 10\% = 0.10$ 和 $\tau = 1.0$ 代入到（42.1）有：$d_2 = 0.042$，$d_1 = 0.142$，$C = 0.3257$ 元人民币 $= 0.043$ 美元 $= 4.30\%$ 美元，

期权费用为 $0.043 \times 2000 = 86.0$ 万美元。

期权的虚实度为 $Delta = 0.5382 = 53.82\%$。

例 42.1 和例 42.2 为两个平值期权的例子，我们下面给出几个虚值期权的例子，以加深我们对人民币期权的了解。

例 42.3 请计算其他参数与例 42.1 相同，执行价分别为 7.50、7.40、7.30、7.20 和 6.77 的人民币看涨期权的价格和虚实度。

解： 与例 42.1 相同，将 $S = 7.5759$，$K = 7.50$，$r = 4.25\% = 0.0425$，$r_f =$

$3.33\% = 0.0333$，$\sigma = 10\% = 0.10$ 和 $\tau = 1.0$ 代入（42.2）中有：$d_2 = 0.1427$，$d_1 = 0.2427$，$P = 0.2249$ 元人民币 $= 0.0297$ 美元 $= 2.97\%$ 美元；

期权费用为 $0.0297 \times 2000 = 59.4$ 万美元。

期权的虚实度为 $Delta = -0.3909 = -39.09\%$。

同样，执行价为 7.40、7.30、7.20 和 6.77 的人民币看涨期权的价格分别为 48.8 万、39.6 万、31.8 万和 10.0 万美元；这些期权的虚实度分别为 -34.16%、-29.40%、-25.00% 和 -10.00%。

我们前面特意选择为 7.20 和 6.77，就是为了向读者显示虚实度为 25% 和 10% 的人民币期权相应的执行价格。

例 42.4 请计算与例 39.3 相应的人民币看跌期权的价格和虚实度。

解：与例 42.2 相同，将 $S = 7.5759$，$K = 7.50$，$r = 4.25\% = 0.0425$，$r_f = 3.33\% = 0.0333$，$\sigma = 10\% = 0.10$ 和 $\tau = 1.0$ 代入（42.1）中，我们有：

$d_2 = 0.1427$，$d_1 = 0.2427$，$C = 0.3647$ 元人民币 $= 0.0481$ 美元 $= 4.81\%$ 美元；

期权费用为 0.0481×2000 万美元 $= 96.20$ 万美元。

期权的虚实度为 $Delta = 0.5764 = 57.64\%$。

同样，执行价格为 7.40、7.30、7.20 和 6.77 的人民币看跌期权的价格分别为 111.0 万、127.0 万、144.0 万和 230.80 万美元；这些期权的虚实度分别为 62.57%、67.32%、71.73% 和 86.72%。

例 42.5 请计算波动率分别为 5.00%、7.00% 和 9.00% 的人民币看涨期权的价格和虚实度，其他参数与例 42.1 相同。

解：与例 42.1 相同，把 $S = K = 7.5759$，$r = 4.25\% = 0.0425$，$r_f = 3.33\% = 0.0333$，$\sigma = 9\% = 0.09$ 和 $\tau = 1.0$ 代入（42.2）中，我们有：

$d_2 = 0.0572$，$d_1 = 0.1472$，$P = 0.2296$ 元人民币 $= 0.0303$ 美元 $= 3.03\%$ 美元；

期权费用为 $0.0303 \times 2000 = 60.6$ 万美元。

期权的虚实度为 $Delta = -0.4270 = -42.7\%$。

同样，波动率为 5% 和 7% 的人民币看涨期权的价格分别为 30.2 万和 45.38 万美元；这些期权的虚实度分别为 -40.36% 和 -41.97%。

例 42.6 请计算其他参数与例 42.1 相同，到期时间分别为 3 月、6 月和 9 月的人民币看涨期权的价格和虚实度。

解：与例 42.1 相同，将 $S = K = 7.5759$，$r = 4.25\% = 0.0425$，$r_f = 3.33\% = 0.0333$，$\sigma = 9\% = 0.09$ 和 $\tau = 3/12 = 0.25$ 代入（42.2）中，我们有：

$d_2 = 0.021$，$d_1 = 0.071$，$P = 0.1412$ 元人民币 $= 0.0186$ 美元 $= 1.86\%$ 美元；

期权费用为 $0.0186 \times 2000 = 37.2$ 万美元。

期权的虚实度为 $Delta = -0.4678 = -46.78\%$。

同样，到期时间为 6 月 $\tau = 6/12 = 0.50$ 和 9 月 $\tau = 9/12 = 0.75$ 的人民币看涨期权的价格分别为 50.95 万美元和 60.64 万美元；这些期权的虚实度分别为 -45.24% 和 -43.99%。还有很多关于人民币无本金交割期权定价的例子，我们留在下面讨论人民币无本金交割期权交易策略时再予以讨论。

42.9　人民币期权差套利策略

利用期货或远期可以进行很多跨期套利的交易，我们在第 13 章介绍了这些策略。有了期权，各种各样的交易策略比期货和远期多得多。本节将重点介绍几种最为流行的交易策略，如涨跌期权差策略、看涨期权差策略以及看跌期权差策略。

42.9.1　人民币牛市涨跌期权差策略

牛市价差套利策略是指买入人民币看涨期权，同时卖出人民币看跌期权。通常，当标的市场走势趋向牛市，相应的看涨期权的价格会上涨，同时看跌期权的价格会下跌，这时投资者和投机者通常是卖出看跌期权，将所得的期权费用来买入看涨期权。相反，当熊市来临时，看跌期权的价格将会上涨，投资者可以选择卖出看涨期权，并将所得的期权费用来买入看跌期权。随着人民币升值的压力加大，人民币看涨期权的价格上涨，相应看跌期权的价格下跌，所以牛市价差套利策略就成为人民币无本金交割期权交易中非常流行的交易策略。下面将用具体的例子进行分析。

例 42.7　买入一个波动率为 11%，其他参数与例 42.1 相同的人民币看涨期权，同时卖出一个波动率为 7%，其他参数与例 42.2 相同的人民币看跌期权。请求此期权差策略的价格和虚实度。

解：按照与例 42.1 相同的方法，可以很容易求得人民币看涨期权的价格为 0.2875 元人民币，即 0.0379 美元；同样按照与例 42.2 相同的方法，可以很容易求得人民币看跌期权的价格为 0.2390 元人民币，即 0.0315 美元。所以人民币看涨看跌期权的价差为

$(0.0379 - 0.0315) \times 2000 = 0.0064 \times 2000 = 12.8$ 万美元

人民币看涨期权的虚实度为 -43.03%，看跌期权的虚实度为 54.75%，因此看涨期权与看跌期权差的虚实度为 $-43.03\% - 54.75\% = -97.78\%$。这说明当美元兑人民币汇率上升（人民币贬值）1 元人民币时，该策略将损失 0.978 元人民币；而当该汇率下降（人民币升值）1 元人民币时，该策略盈利 0.978 元人民币。

例 42.7 说明了看涨看跌差策略有着明显的优势。如果不卖相应的看跌期权，购买看涨期权需要 75.8 万美元的成本，而卖出相应的看跌期权可获得 63.0 万美元的期权金收入，这样大大降低了购买看涨期权的成本。利用该期权差策略仅需要 12.8 万美元，仅仅相当于看涨期权价格 75.8 万美元的 16.9%。但该策略也有相当大的风险，虚实度为 −97.8%，接近 −100%。如果人民币不升值反而贬值，损失会很大。

当绝大多数市场参与者认为人民币会升值时，人民币看涨期权的价格会上升（由于绝大部分市场参与者都想买看涨期权，看涨期权的价格会上升，相应的波动率也会上升），同时人民币看跌期权的价格会下降（由于绝大部分市场参与者都想卖看跌期权，看跌期权的价格会下降，相应的波动率也会随之下降），如例 42.8 所示。

例 42.8　买入一个波动率为 13%，其他参数与例 42.1 相同的人民币看涨期权，同时卖出一个波动率为 4%，其他参数与例 42.2 相同的人民币看跌期权，请计算此期权差策略的价格及其虚实度。

解： 按照与例 42.1 相同的方法，可以很容易求得人民币看涨期权的价格为 0.3454 元人民币，即 0.0456 美元；同样按照与例 39.2 相同的过程，可以很容易求得人民币看跌期权的价格为人民币 0.1530 元人民币，即 0.0202 美元。所以人民币看涨看跌期权的价差为

$$(0.0456 - 0.0202) \times 2000 = 0.0254 \times 2000 = 50.8 \text{ 万美元}$$

人民币看涨期权的虚实度为 −43.14%，看跌期权的虚实度为 57.91%，因此看涨看跌期权差的虚实度为 −43.14% − 57.91% = −101.05%。说明当美元兑人民币汇率上升（人民币贬值）1 元人民币时，该策略损失 1.01 元人民币，而当该汇率下降（人民币升值）1 元人民币时，该策略盈利 1.01 元人民币。

例 42.7 和例 42.8 的结果说明了看涨看跌差策略的优势随人民币升值压力的上升而下降。当人民币升值压力上升时，人民币看涨期权的波动率从 10% 上升到 13%，同时人民币看跌期权的波动率从 10% 下降到 4%，这样卖出人民币看跌期权获得的期权金仅能弥补购买人民币看涨期权成本的一部分（卖出相应的看跌期权获得 40.4 万美元的期权金收入，占购买看涨期权金 91.2 万美元成本的 44.3%）。

42.9.2　人民币看涨期权差策略

例 42.7 和例 42.8 给出的是利用一对看涨期权和看跌期权的人民币牛市策略。这种策略有很大的优点，但同时也有相当大的风险。在实际交易中，买卖一对不同执行价格的看涨期权或看跌期权是在牛市情况下的一种不错策略。这里我们介绍买卖一对看涨期权的期权差交易。

　　看涨期权差策略是指买入一个看涨期权，同时卖出另外一个不同执行价格的同种看涨期权。由于在离岸市场上普遍预期人民币将升值，人民币的期权交易者可以买入一个平值（执行价格和人民币现汇汇率相等）期权或轻微的虚值（out of the money）期权，同时卖出一个执行价格较低的看涨期权。这样一对看涨期权差交易，正好反映了交易者对人民币将在某种程度范围内升值的预期。与买入单一的看涨期权相比，这种策略的执行成本要低得多，因为它实际上是卖掉了部分的盈利潜力。下面将用具体的例子介绍这一套利策略。

　　例 42.9　买入一个在例 42.1 所示的人民币看涨期权，同时卖出一个执行价格为 7.30，其他参数与例 42.1 相同的看涨期权。请求此看涨期权差策略的价格和虚实度。

　　解：按照例 42.1 中相同的方法，对于执行价格为 7.30 的看涨期权，容易求得它的价格为 0.1499 元人民币，即 0.0198 美元。利用例 39.1 的结果，看涨期权差策略的价格为

　　（0.0341 - 0.0198）×2000 = 0.0143×2000 = 28.6 万美元

　　执行价格为 7.30 的看涨期权的虚实度为 -29.40%。

　　例 42.1 中的人民币看涨期权的虚实度为 -42.90%。这样，看涨期权差的虚实度为 -42.90% - （-29.40%）= -13.5%。如例 42.9 所示，看涨期权差策略的成本 28.6 万美元仅为例 38.1 中的看涨期权金的 41.94%，节省了 58.06%。同时例 42.9 中的看涨期权差策略的虚实度也比例 42.7 和例 42.8 的虚实度低了很多，仅为 -13.5%。

　　例 42.10　买入一个执行价格为 7.30，其他参数与例 42.1 中相同的人民币看涨期权，同时卖出一个执行价格为 7.20，其他参数与例 42.1 中相同的人民币看涨期权。请求此看涨期权差策略的价格和虚实度。

　　解：对于前一个人民币看涨期权，可以容易求得其单位价格为 0.1499 元人民币，即 0.0198 美元；后一个人民币看涨期权的价格为 0.1197 元人民币，即 0.0158 美元。因此，看涨期权差的价格为 （0.0198 - 0.0158）×2000 = 0.004×2000 = 8.0 万美元。执行价格为 7.30 的看涨期权的虚实度为 -29.4%，执行价格为 7.20 的看涨期权的虚实度为 -25.0%，所以该看涨差期权的虚实度为 -29.4% - （-25.0%）= -4.4%。

　　人民币看涨期权差策略实际上是美元兑人民币汇率看跌期权差策略。如果采用该策略，则只有当人民币升值到两个期权的执行价格之间时才会获利。因为买入一个较高执行价格的人民币看涨期权，相当于买入人民币升值到该执行价格之下（例 42.9 的 7.5759、例 42.10 的 7.30）的所有可能性；卖出低较执行价格的人民币看涨期权（例 42.9 的 7.30、例 42.10 的 7.20），相当于卖出人民币升值到该执行价格之下的可能性。在波动率同为 10% 的情况下，

人民币汇率落在例 42.9 的执行价格范围的可能性远高于落在例 42.10 的执行价格范围的可能性，因此前者的成本 28.6 万美元也就远高于后者的 8.0 万美元。例 42.9 和例 42.10 阐述了如何使用看涨期权差策略在人民币升值的情况下获利，以及使用不同执行价格的人民币看涨期权差策略在人民币贬值的情况下获利。

42.9.3　人民币看跌期权差策略

前面介绍了如何使用两个人民币看涨期权差策略在人民币升值的情况下获利。事实上，使用人民币看跌期权差策略也能达到相同目的。我们这里专门介绍如何使用人民币看跌期权差策略在人民币升值的情况下获利。

例 42.11　买入一个执行价格为 7.30，其他参数与例 42.2 中相同的人民币看跌期权，同时卖出一个与例 42.2 中相同的看跌期权。请求出此看跌期权差策略的价格和虚实度。

解：按照例 42.2 中相同的方法，对于执行价格为 7.30 的看跌期权，容易求得它的价格为 0.4814 元人民币，即 0.0635 美元。利用例 39.2 的结果，可得到该看涨期权差策略的价格为 $(0.0635 - 0.043) \times 2000 = 0.0205 \times 2000 = 41.0$ 万美元；执行价格为 7.30 的人民币看跌期权的虚实度为 67.32%，例 27.2 中的人民币看跌期权的虚实度为 53.82%。这样，人民币看跌期权差的虚实度为 67.32% − 53.82% = 13.5%。如例 42.11 所示，人民币看跌期权差策略的成本为 41.0 万美元，仅为执行价格 7.30 人民币看跌期权 6.35% × 2000 = 127.0 万美元的 32.80%，节省了 67.20% 的成本。

例 42.12　买入一个执行价格为 7.20，其他参数与例 42.2 中相同的人民币看跌期权，同时卖出一个执行价格为 7.30，其他参数与例 42.2 中相同的人民币看跌期权。请求出此看跌期权差策略的价格和虚实度。

解：使用与例 42.2 类似的方法，可以求得执行价格为 7.20 的人民币看跌期权的单位价格为 0.547 元人民币，即 0.0722 美元；后一个人民币看跌期权的单位价格为 0.4814 元人民币，即 0.0635 美元。因此，看涨期权差的价格为

$$(7.22\% - 6.35\%) \times 2000 = 0.87\% \times 2000 = 17.4 \text{ 万美元}$$

执行价格为 7.20 的看跌期权的虚实度为 71.81%，执行价格为 7.30 的看跌期权的虚实度为 67.32%。所以该看涨差期权的虚实度为 71.81% − 67.32% = 4.49%。人民币看跌期权差策略实际上是美元兑人民币汇率看涨期权差策略。如果采用该策略，则只有当人民币汇率落在两个期权的执行价格之间时才能获利。因为买入一个较低执行价格的人民币看跌期权，相当于买入人民币贬值到该执行价格之上（例 42.11 的 7.30、例 42.12 的 7.20）的所用可能性；卖出较高执行价格的人民币看涨期权（例 42.11 的 7.5759、例 42.12 的 7.30），相当于

卖出人民币贬值到该执行价格之下的可能性。在波动率同为 10% 的情况下，人民币汇率落在例 42.11 中的执行价格范围的可能性远高于落在例 42.12 中的执行价格范围的可能性，因此前者成本 41.0 万美元也就远高于后者的 17.4 万美元。例 42.11 和例 42.12 阐述了如何使用人民币看跌期权差策略在人民币升值的情况下获利，以及如何使用不同执行价格的人民币看跌期权差策略在人民币贬值的情况下获利。

42.10 人民币与港元的卖权价差套利策略

我们在第 42.9 节介绍了如何在人民币升值或贬值的情况下使用人民币看涨和看跌期权组合策略获利。上述例子的基础标的皆为美元兑人民币汇率。在本节我们将介绍另一种在离岸市场广泛使用的用以投机人民币升值的价差套利策略，它涉及两个不同但密切相关的基础标的：美元兑人民币汇率，美元兑港元汇率。该策略要求卖出人民币看跌期权，同时买入相等数量的港元看跌期权。该策略的原理为，如果人民币升值，那么港元相对于人民币将发生贬值。它实际上也是看跌期权差策略，但是它与我们前面所介绍的看跌期权差策略有所不同，因为它涉及两种不同的标的汇率。在进行详细介绍之前，我们有必要对美元兑港元汇率有所了解。

42.10.1 作为人民币替代品的港元

自 1997 年 7 月 1 日香港回归中国后，作为中国的一个特别行政区，香港经济与中国内地经济的联系越来越密切。香港在中国改革的进程中，特别是在我国对外贸易、外国直接投资、股权融资等方面具有特殊的作用。在 2004 年年初，更紧密经济伙伴关系协议（CEPA）开始实施，这使得两地的经贸关系更加紧密，港元在国际市场上一定程度上被看作是人民币的替代品。由于港元可以自由兑换，港元即期流动性远超过人民币即期外汇成交金额。根据国际清算银行 2007 年公布的该年 4 月份的数据，港元日均成交金额高达 320 亿美元，比人民币相应的日均成交金额 55 亿美元高近 5 倍；2010 年 4 月，港元日均成交金额仍然为人民币日均成交金额四倍多；港元的远期、掉期、期权等产品在国际市场上有一定的流动性，套保者和投机者在交易中也已把港元看成人民币的替代品。

42.10.2 港元的波动率

自 1983 年 10 月开始，港元采取盯住美元的汇率政策，美元兑港元的汇率一直保持在 7.8 港币/美元左右。港元除了在 1997 年 10 月亚洲金融危机中遭到严重攻击致使汇率波动超过 5% 以外，它与美元的挂钩还是相当成功的。从图 42 - 9 可以看到，从 1999 年 1 月至 2000 年 7 月港元呈现对美元的小幅贬值态势；在 2000 年 7 月到 2003 年 7 月之间，美元兑港元汇率保持在 7.8 之下的窄幅区间内变动。但从 2003 年 9 月之后，由于人民币升值压力的增加，港元兑美元的升值幅度有所上升，波动幅度也开始加大。2012 年以来，港元兑美元的波动幅度明显减小。

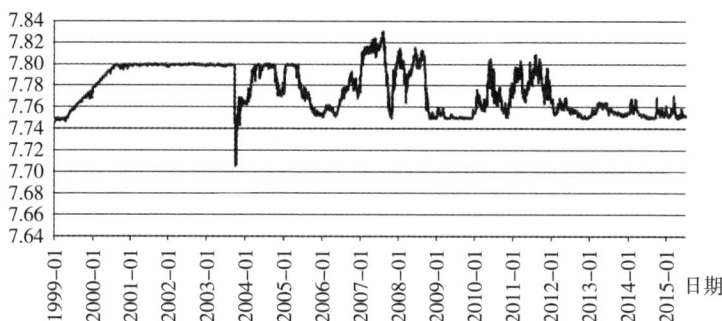

资料来源：彭博数据终端。

图 42 - 9　1999 年 1 月到 2015 年 6 月美元兑港币汇率的走势图

图 42 - 10 给出了 2002 年 5 月到 2005 年 6 月美元兑港元汇率的波动率变化情况。从图 42 - 8 可以看到，2003 年 9 月以前，美元兑港元汇率的历史波动率相当低，平均仅有 0.09%。但从 2003 年 9 月开始，波动率跳跃式增长，增长的原因与当时境外人民币兑美元升值预期迅速增长密切相关；虽然从 2004 年年初开始有所回落，但仍然保持在比 2003 年 9 月之前较高的水平上。

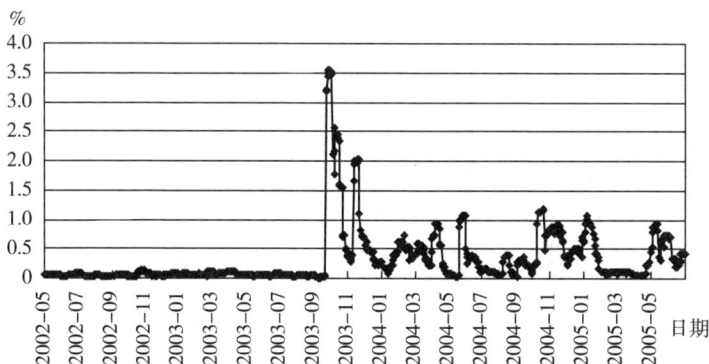

资料来源：根据图 42 - 9 的数据计算得出。

图 42 - 10　美元兑港元的历史波动率（2002 年 5 月到 2005 年 6 月）

图 42 – 11 给出了 2005 年 7 月至 2005 年 8 月美元兑港元的历史波动率。图 42 – 11 显示港元兑美元波动率在 2005 年 7 月完善人民币汇率形成机制实施先后突然猛升到超过 8% 的历史高位，图 42 – 11 与图 33 – 2 的相似性表明港元兑美元受人民币汇率形成机制的显著影响。

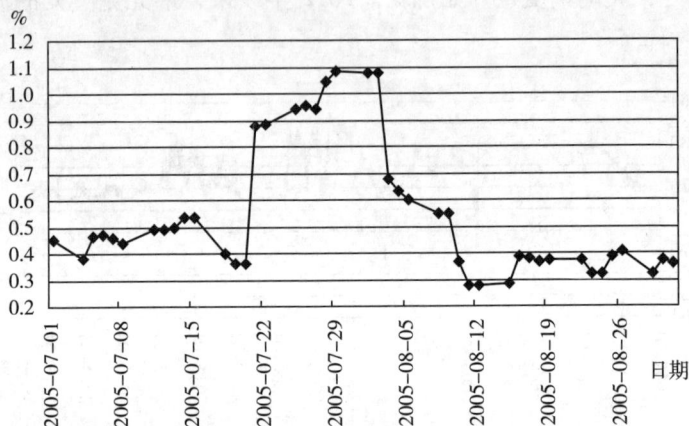

资料来源：根据图 42 – 9 的数据计算得出。

图 42 – 11　美元兑港元的历史波动率（2005 年 7 月到 2005 年 8 月）

图 42 – 12 给出了 2006 年 1 月至 2015 年 6 月美元兑港元的历史波动率。该图显示 2006 年 1 月以来港元对美元汇率波动率与图 33 – 3 给出的同期人民币兑美元汇率波动率变化趋势相当相似，然而港元兑美元的波动率却显著地低于相

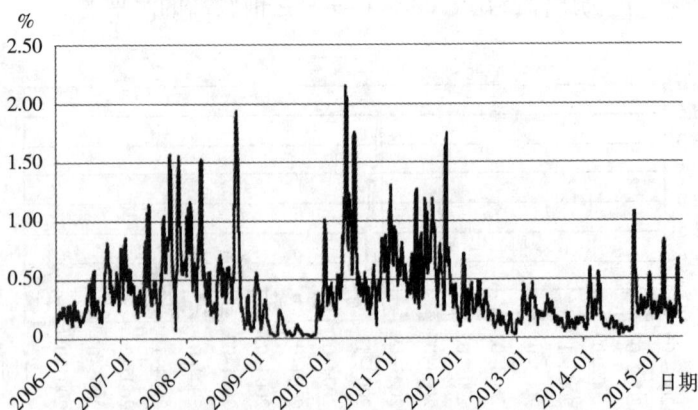

资料来源：根据图 42 – 10 的数据计算得出。

图 42 – 12　美元兑港币的历史波动率（2006 年 1 月到 2015 年 6 月）

应的人民币兑美元的波动率。两个汇率波动率的相似性在一定程度上说明了港元与人民币的替代性。

历史波动率的计算方式：首先将当天收盘价除以前一天收盘价，结果取自然对数后，以 9 天为一组取标准差，最后将标准差乘以 256 的平方根。

42.10.3　港元外汇期权

在我们阐述美元兑人民币和美元兑港元看跌期权差策略之前，让我们用例子来解释港元期权如何定价。

例 42.13　已知美元兑港元的即期汇率为 7.78，执行价格为 $K = 7.80$，波动率为 8.0%，港元利率为 2.9%，美元利率为 4.25%。请计算一年期港元看涨和看跌期权的价格及其虚实度。

解：将即期汇率 $S = 7.78$，执行价格 $K = 7.8$，$\sigma = 0.08$，$r = 4.25\% = 0.0425$，$r_f = 2.9\% = 0.029$ 和 $\tau = 1.0$ 代入（42.1）（42.2）中，我们可以得到港元看涨（美元看跌）期权的价格。如下所示：

$d_2 = 0.0967$，$d_1 = 0.1767$，$P = 0.2010$ 港元 $= 0.2010/7.78 = 0.0258$ 美元；

期权的虚实度为 $Delta = -0.4176 = -41.76\%$。

同样，我们可以得到港元看跌（美元看涨）期权的价格：

$C = 0.2832$ 港元 $= 0.2832/7.78 = 0.0364$ 美元。

期权的虚实度为 $Delta = 55.38\%$。

42.10.4　人民币和港元看跌期权差策略

下面我们通过实例来阐述买入港元看跌期权并卖出人民币看跌期权的看跌期权差策略。

例 42.14　卖出一个与例 42.2 中相同的人民币看跌期权，同时买入一个与例 42.13 中相同的港元看跌期权。请计算这个策略的成本。

解：引用例 42.2 和例 42.13 的结果，我们可以很容易地算出该策略的成本为

$$(0.0364 - 0.043) \times 2000 = -0.0066 \times 2000 = -13.2 \text{ 万美元}$$

例 42.15　卖出一个波动率为 5%，其他参数与例 42.2 中相同的人民币看跌期权，同时买入一个与例 42.13 中相同的港元看跌期权。请计算该策略的成本。

解：运用例 42.2 的方法，我们可以算出卖出人民币看跌期权的价格为 0.024 美元；买入港元看跌期权并卖出人民币看跌期权的成本为

$$(0.0364 - 0.024) \times 2000 = 0.0124 \times 2000 = 24.8 \text{ 万美元}$$

比较例 42.14 和例 42.15，我们发现，前者不但没有成本而且可以获得 13.2 万美元的期权金收入，这是因为我们使用了人民币/美元隐含波动率为 10% 的假

设；而后者的成本为 24.8 万美元，这是因为我们假设人民币/美元隐含波动率为 5%。如果大多数市场参与者都采用该策略，人民币看跌期权的价格会下降，同时港元看跌期权的价格会上升，采取买入港元看跌期权同时卖出人民币看跌期权策略的成本会上升，相应的回报也会下降。

42.11 人民币期权与港元期权的可替代性

我们在第 13 章通过国际清算银行的数据介绍了美元、欧元、日元和英镑这四大主要货币及墨西哥比索、韩元和巴西利亚元三个主要货币之外期权最活跃的货币。本节我们利用相同的数据来进一步探讨港元与人民币期权之间的替代性。

42.11.1 人民币期权

表 42 - 4 到表 42 - 9 显示从 2004 年到 2013 年人民币买入期权和卖出期权皆出现了飞速的增长，特别是从 2007 年到 2010 年，增长幅度可以用"惊人"两字来形容。表 42 - 9 给出了从 2010 年 4 月到 2013 年 4 月主要汇期权日均成交金额增长/下降率。表 42 - 9 显示，日元、人民币和墨西哥比索期权日均成交金额增长率位列表 42 - 9 中货币的前三位。

表 42 - 9　　　　　　　从 2010 年 4 月到 2013 年 4 月
主要外汇期权日均成交金额增长/下降率　　　　单位：%

| 货币 | 卖出期权 | | | | | | | | | 总计 |
| | 汇报机构 | | | 其他金融机构 | | | 非金融机构 | | | |
	本地	跨境	合计	本地	跨境	合计	本地	跨境	合计	
美元	102.9	65.1	78.2	67.6	138.2	96.6	5.2	9.1	7.5	79.0
欧元	7.7	- 13.2	- 5.7	- 7.5	- 29.2	- 19.1	- 49.5	- 55.0	- 52.7	- 17.3
日元	226.6	214.0	219.1	88.6	379.0	163.2	2.7	93.6	49.6	173.6
英镑	83.5	39.6	57.4	97.3	32.7	62.7	29.2	- 48.1	- 22.7	51.2
港元	21.9	- 28.0	- 18.8	- 50.6	15.7	- 11.6	- 89.8	- 70.2	- 80.9	- 35.2
墨西哥比索	172.6	137.5	147.1	339.7	119.2	199.8	- 15.9	- 60.3	- 46.8	150.0
韩元	- 42.0	6.3	- 11.0	13.8	28.4	22.5	434.2	- 30.9	142.7	13.3
巴西雷亚尔	58.1	206.8	143.9	145.9	189.5	175.2	- 53.6	- 46.0	- 49.1	149.0
新加坡元	49.3	18.3	26.2	- 39.6	80.1	11.6	- 53.1	- 24.6	- 32.6	14.2
新台币	- 36.8	- 40.1	- 39.1	- 14.7	50.2	24.5	- 37.2	- 24.8	- 30.8	- 14.1
人民币	176.1	208.3	199.4	96.3	442.2	249.2	249.4	645.3	519.2	252.9

货币	买入期权									总计
	汇报机构			其他金融机构			非金融机构			
	本地	跨境	合计	本地	跨境	合计	本地	跨境	合计	
美元	113.9	68.5	84.0	89.5	143.0	113.2	23.8	0.0	9.8	86.6
欧元	-0.5	-21.2	-14.1	7.7	-23.2	-10.3	-29.5	-53.9	-44.3	-16.5
日元	415.4	218.1	277.0	109.7	487.7	203.7	41.6	62.9	53.7	213.7
英镑	96.7	37.9	60.2	129.6	19.8	62.3	30.0	-65.2	-37.4	45.8
墨西哥比索	300.7	228.4	245.2	1917.6	481.4	888.3	-41.9	-37.0	-40.2	276.9
港元	-52.3	21.9	-2.1	-76.1	-70.5	-72.8	265.7	-54.9	28.5	-27.4
韩元	-29.7	16.6	-0.1	-20.1	61.4	16.0	167.2	-32.7	57.3	11.6
巴西雷亚尔	66.1	227.8	165.6	131.1	68.9	87.1	-44.0	19.5	-7.4	124.5
新加坡元	16.3	8.4	10.8	-34.9	41.5	1.7	31.7	-16.2	3.6	6.5
新台币	-17.5	-53.6	-45.8	-14.7	56.2	29.0	1.1	0.5	0.9	-19.2
人民币	267.0	136.2	166.2	86.5	315.0	194.9	227.6	442.4	351.1	203.0

数据来源：根据表 42-8 和表 42-10 的数据计算得出。

人民币期权非金融机构卖出期权日均成交金额增长了 519 倍，同时买入期权日均成交金额增长了 351 倍；其他金融机构卖出期权日均成交金额增长了 249 倍，同时买入期权日均成交金额增长了 195 倍；本地汇报机构期权卖出日均金额增长了 199 倍，同时买入期权日均成交金额增长了 166 倍。人民币期权日均买卖成交金额从 2010 年排名表 42-8 中第八位升至第六位。

总体来说，本地买卖金额和跨境买卖金额均增长迅速，但人民币期权仍然以跨境交易为主，2014 年 4 月跨境买、卖日均成交金额占比分别为 67.9% 和 73.9%。

42.11.2　港币期权

表 42-9 显示从 2010 年 4 月到 2013 年 4 月港元期权买、卖日均成交金额分别下降了 27.4% 和 35.2%。跨境非金融机构和本地其他金融机构成交金额下降幅度最大，跨境非金融机构港元期权买、卖日均成交金额分别下降了 54.9% 和 70.2%，本地其他金融机构的这两项指标分别下降了 76.1% 和 50.6%。与此同时，本地非金融机构的买入成交金额却增长了 265.7%。由于港元期权买、卖日均成交金额总体下降，2013 年 4 月港元期权买、卖日均成交金额从 2010 年的第 16 位和第 19 位下降至第 20 位和第 22 位。

42.11.3 新台币期权

表42－9显示从2010年4月到2013年4月新台币期权买、卖期权增长率分别为－19.2%和－14.1%。除了跨境其他金融机构买、卖金额分别增长56.2%和50.2%之外，其他机构的交易金额几乎都在下降。2013年4月，新台币期权买、卖日均成交金额排名第22位。

42.11.4 港元期权和人民币期权的"替代性"

根据我们上文港元与人民币波动率高度相似性的介绍，我们有理由相信港元期权从2004年到2007年的高速增长的主要原因是境外人民币升值趋势增长显著、国内境外投资和参股境外企业加速所致；然而在2007年到2013年人民币期权日均成交金额的大幅度增长、排名跃升至第六位的同时，港元期权的排名却明显下降。由于人民币资本项目和国内机构对人民币期权参与积极性等因素，国内人民币期权相对于港元期权近期难以大幅度活跃起来，但是境外人民币无本金交割期权确有了大幅度的增长，那么作为人民币最佳替代物的港元的期权在境外人民币无本金交割期权增长缓慢时高速增长，而在人民币无本金交割期权大幅度增长时却难以维持高速增长的态势。表42－9显示，2010年4月到2013年4月港元买、卖期权日均成交金额分别下降了27.4%和35.2%。由于这些原因，我们可以预测今后几年，人民币期权将进一步活跃，不仅在卖出而且在买入也将进一步接近英镑期权的水平，升至四大主要国际货币之后第5个期权最活跃的币种，同时港元期权可能会下滑到低于新台币的水平。

42.12 其他流行的交易策略

除了在第42.9节和第42.10节两节中介绍过的几种流行期权交易策略之外，还有一些其他的策略。随着境外人民币外汇期权流动性的迅速提高，各种期权交易策略也更容易地被应用于人民币外汇期权的交易中。我们将在本节里对这些策略通过例子做一简要介绍。

42.12.1 期权的时间价差套利策略

顾名思义，时间价差策略由一个期权的多头和一个空头构成，这两个期权的到期时间有所不同。下面我们用具体例子来说明该策略。

例42.16 从2005年5月3日到5日，人民币期权，特别是中短期限的期权的隐含波动率持续上升。2005年5月5日，3个月和6个月期权的隐含波动率比1年期权的要高。请计算卖出一个6个月、同时买入一个1年期人民币看涨期权策略的成本及其虚实度（期权波动率为表 42 - 3 中 5 月 6 日所示的相应期权波动率上限，$S = K = 8.2765$，$r = 3.65\%$，$r_f = 2.25\%$，$\tau = 1.0$）。

解： 从表 42 - 3 可知 6 个月和 1 年期期权的波动率分别为 9% 和 8%。按照例 42.1 的计算方法，将到期期限 6 个月 $\tau = 6/12 = 0.50$，波动率 $\sigma = 0.09$ 以及其他参数代入式（42 - 2）中，我们可以得到人民币看涨期权的价格为 $P(\tau = 0.5) = 0.1797$ 元人民币 $= 0.0217$ 美元。

同样，$P(\tau = 1.0) = 0.2041$ 元人民币 $= 0.0247$ 美元，所以，人民币看涨期权时间差策略的成本为（$0.0247 - 0.0217$）$\times 2000 = 0.3\% \times 2000 = 6.0$ 万美元。

上述例子中的 6 个月期权的波动率高于 1 年期权的波动率，买入 1 年期人民币期权同时卖出 6 个月期权，成本仅需 6 万美元，仅为只购买 1 年期人民币看涨期权 $2.47\% \times 2000$ 万美元 $= 49.4$ 万美元的 12.15%。6 个月期权和 1 年期权的虚实度分别为 -52.2% 和 -53.4%，所以 2 个看涨期权时间差策略的虚实度为 $-53.4\% - (-52.2\%) = -1.2\%$。例 42.16 的结果显示，期权时间差策略不仅比简单期权的成本要低，而且风险也较低，因为两个期权差的虚实度仅为 -1.2%，表明该策略对即期汇率变化的敏感性几乎为零。

例 42.17　请计算卖出一个 2 个月期，同时买入一个 3 个月期人民币看涨期权策略的成本及其虚实度（期权波动率为表 42 - 3 中 5 月 6 日所示的相应期权波动率上限，$S = K = 8.2765$，$r = 3.65\%$，$r_f = 2.25\%$，$\tau = 1.0$）。

解： 从表 42 - 3 可知，2 个月和 3 个月期限期权的波动率分别为 8.55% 和 7.75%。将到期期限 2 个月 $\tau = 2/12 = 1/6$，波动率 $\sigma = 0.0855$ 以及其他参数代入式（42 - 2）中，我们可以得到人民币看涨期权的价格为 $P(\tau = 1/6) = 0.1053$ 元人民币 $= 0.0127$ 美元。同样，3 个月期权的价格为 $P(\tau = 0.25) = 0.1131$ 元人民币 $= 0.0137$ 美元。所以，人民币看涨期权时间差策略的成本为（$0.0137 - 0.0127$）$\times 2000 = 0.001 \times 2000$ 万美元 $= 2$ 万美元。

上述例子中，2 个月期权的波动率比 3 个月期权的波动率要高，买入 3 个月人民币期权同时卖出 2 个月期权，成本为 2 万美元，仅为只买入 3 个月人民币看涨期权 $1.37\% \times 2000$ 万美元 $= 27.4$ 万美元的 7.3%。2 个月和 3 个月期权的虚实度分别为 -51.7% 和 -52.3%，所以两个看涨期权时间差策略的虚实度为 $-52.3\% - (-51.7\%) = -0.6\%$。例 42.17 的结果显示，期权时间差策略不仅比简单期权的成本要低，而且风险也比较低，因为两个期权差的虚实度仅为 -0.6%，表明该策略对即期汇率变化的敏感性也几乎为零。

42.12.2　其他流行的期权交易策略

交易者使用的其他流行策略还有很多，如鞍式套利策略（straddles）、蝶式套利策略（butterflies）等，这些策略的具体应用参见本书第 13.10 节。虽然这些策略也很流行，但是它们都是双向套利策略，即只有当标的汇率双向显著偏离当前的即期汇率时，它们才能盈利。2014 年 2 月之前人民币的升值主要是单向的，所以这些策略现在难以派上用场。然而随着人民币单边升值走势的结束和双向波动时代的开始，这些基于波动率的期权组合策略将越来越流行。

42.13　人民币无本金交割远期期权

我们在本章前面介绍了人民币无本金交割期权的各个方面，这些期权实际上还是基于人民币/美元汇率的现货期权。除人民币现货期权外，离岸市场上还有另一类重要的人民币期权，即人民币无本金交割远期之上的期权，简称人民币无本金交割期货期权。

42.13.1　期货期权和远期期权

期货期权通常比简单期权的交易更为活跃，这是因为期货价格不仅要反映当前的信息，还要反映从现在至期货到期日之间的基础市场不确定性，使得期货价格比相应标的资产的价格更具波动性。我们在第 13 章通过实例介绍了如何对外汇期货期权定价，在这里我们对外汇远期期权进行较为详细的阐述。

在柜台（OTC）市场上，与期货期权相对应的是基于远期的期权，简称远期期权。虽然在人民币外汇市场上，远期期权不如现货期权流行，但是它们在离岸金融市场中很受欢迎。2003 年以来人民币无本金交割远期期权的波动率远远高于美元兑人民币汇率的历史波动率和人民币期权的隐含波动率。

我们很难获得人民币无本金交割远期期权交易量或者价格等方面的数据。根据 Feng（2003）中的数据，2003 年人民币无本金交割远期期权的日交易量接近 2 亿美元。虽然有报价的人民币无本金交割远期期权的最长期限长达 3 年，但是真正具有流动性的合约的期限通常不超过一年，平均每笔交易的金额为 2000 万美元。

42.13.2　人民币无本金交割远期的历史波动率

波动率是对所有期权进行分析的关键。在这一节中，我们将讨论人民币无本金交割远期市场的历史波动率，并与人民币无本金交割远期期权的隐含波动率进行比较。正如我们在本章前面所指出的那样，与隐含波动率相比，历史波动率具有局限性，但是历史波动率可以告诉我们标的资产价格波动的总体幅度。利用彭博资讯（Bloomberg）提供的 1 年期人民币无本金交割远期的历史日数据，我们可以很容易得到亚洲金融危机期间人民币无本金交割远期 9 天移动平均的年波动率，见图 42 – 13。从图 42 – 13 我们可知，在 1997 年 10 月以前，人民币无本金交割远期的波动率特别低，但是到 1997 年 10 月末，波动率迅速跳至 30% 左右，并且在 1997 年 12 月风暴波及韩国时达到最高值 34%。

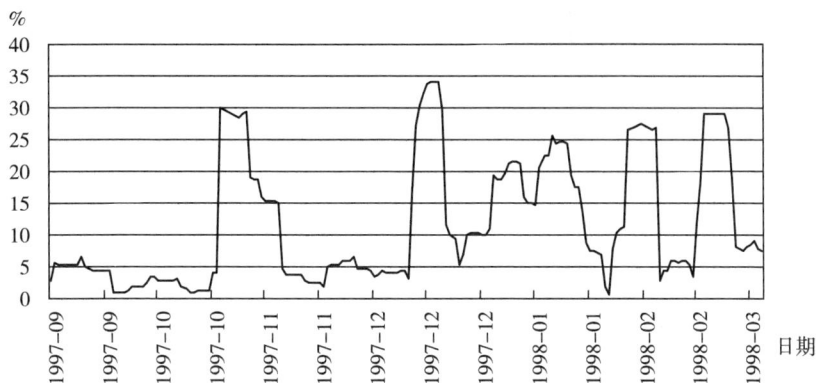

资料来源：彭博资讯（Bloomberg）。

图 42 – 13　1 年期人民币无本金交割远期的历史波动率
（1997 年 9 月到 1998 年 3 月）

与图 42 – 13 给出的人民币无本金交割远期 9 天移动平均的年波动率相类似，我们可以画出人民币无本金交割远期 2001 年 2 月到 2005 年 6 月 9 天移动年波动率变化图，即图 42 – 14。从图 42 – 14 可以看出，人民币无本金交割远期波动率从 2001 年 2 月的最高值 61.1% 持续下降，在 2002 年 9 月达到历史最低点 0.25%；2002 年 10 月境外出现要求人民币升值的呼声后，波动率又开始上升，在 2003 年 1 月 10 日达 2000 年 5 月以来的最高点 48.5%；随后虽有调整，但在

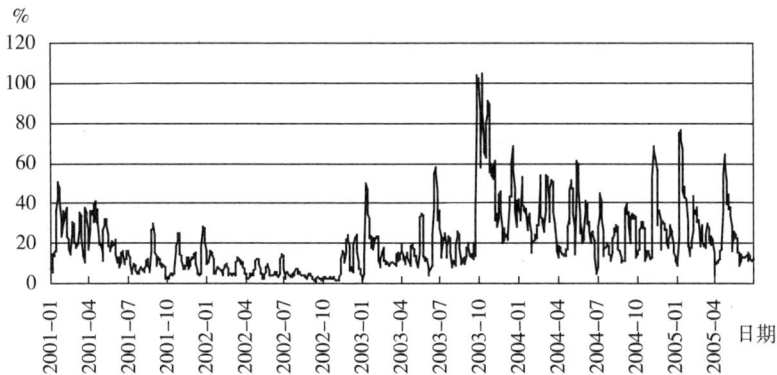

资料来源：彭博资讯（Bloomberg）。

图 42 – 14　1 年期人民币无本金交割远期的历史波动率
（2001 年 1 月到 2005 年 6 月）

2003 年 10 月中旬人民币升值达到首次高峰时，波动率也随之达到 2000 年 5 月以来的最高点 117.1%。

图 42-15 给出了 2005 年 7 月 1 日至 2005 年 8 月 31 日汇改前后 1 年期人民币无本金交割远期历史波动率，从该图可以看出波动率从 2005 年 7 月初的 10% 左右开始上升，分别在 2005 年 7 月下旬和 8 月中旬达到阶段高点近 60%，之后平缓回落至前期平均水平 20% 左右。

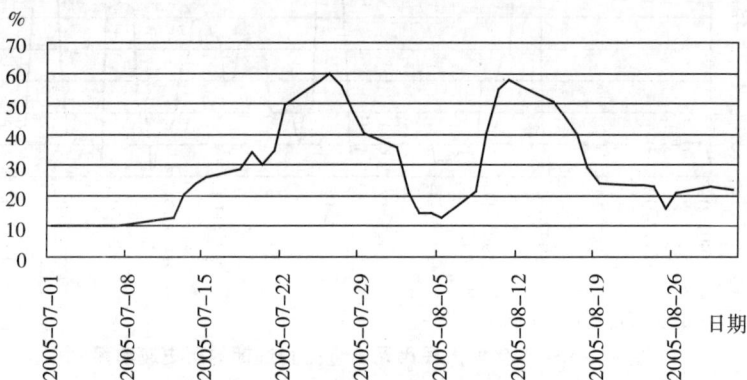

资料来源：彭博资讯（Bloomberg）。

图 42-15　汇改前后 1 年期人民币无本金交割远期历史波动率
（2005 年 7 月 1 日至 2005 年 8 月 31 日）

图 42-16 给出了汇改后 2005 年 9 月至 2015 年 6 月人民币无本金交割远期历史波动率。从该图可以看出汇改后波动率基本上在 20.0% 上下振荡，2006 年 11 月至 2007 年 3 月多次超过 40.0%，值得注意的是 2007 年 7 月后波动率开始

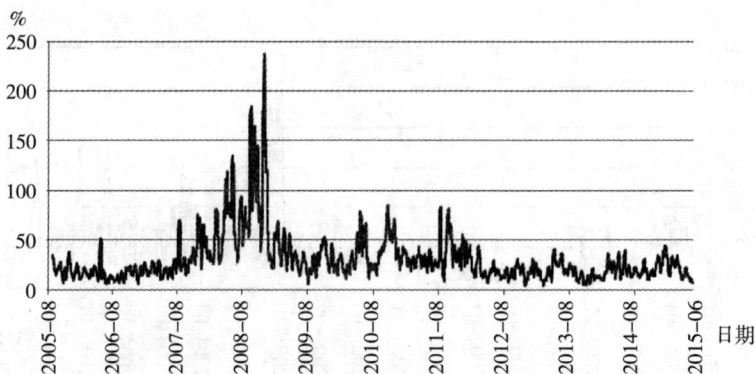

资料来源：彭博数据终端。

图 42-16　汇改后 1 年期人民币无本金交割远期历史波动率
（2005 年 8 月至 2015 年 6 月）

上升，在 2008 年 12 月 5 日达到历史高点 250%；此后波动率逐步下降，2009 年 5 月后波动率维持在 30% 上下震荡。2012 年以后，波动率进一步下降，在 20% 上下震荡。

42.13.3 人民币无本金交割远期期权和人民币远期期权的定价

远期期权与简单期权不同，其定价方式也不同。我们在这一节里将举例说明如何对人民币无本金交割远期期权进行定价。人民币无本金交割远期看涨期权和人民币无本金交割远期看跌期权的价格可以根据著名的期货期权定价公式（参见《奇异期权》张光平，1998）进行计算：

人民币看跌期货期权价格：

$$C = e^{-rt}[NDF \times N(d_1) - K \times N(d_2)] \tag{42-3}$$

此处，

$$d_1 = \frac{\ln\left(\dfrac{NDF}{K}\right) + \sigma^2\tau/2}{\sigma\sqrt{\tau}}$$

$$d_2 = d_1 - \sigma\sqrt{\tau} = \frac{\ln\left(\dfrac{NDF}{K}\right) + \sigma^2\tau/2}{\sigma\sqrt{\tau}}$$

对应的虚实度为 $Delta = e^{-rt}N(d_1)$

人民币看涨期货期权价格：

$$P = e^{-rt}[-NDF \times N(-d_1) + K \times N(-d_2)] \tag{42-4}$$

对应的虚实度为 $Delta = e^{-rt}N(-d_1)$。

NDF 和 K 分别表示人民币无本金交割远期汇率和期权执行价格，r 和 τ 分别表示美元的年利率和期权的到期时间，σ 表示人民币无本金交割远期的波动率。

上述远期期权定价公式实际上与第 13 章中的外汇期货期权定价公式相同，只不过是将基础资产外汇期货的价格换成了人民币无本金交割远期的价格。下面我们用实际例子阐述人民币无本金交割远期期权的定价和应用。

例 42.18 已知 1 年期人民币无本金交割远期汇率为 7.1495，人民币/美元即期汇率为 7.5759，美元利率为 4.25%，波动率为 5.0%，期权合约名义金额 1000 万美元。请分别计算出标的资产为 1 年人民币无本金交割远期、到期时间为 6 个月和 1 年的人民币无本金交割远期平值看涨期权（执行价格与标的资产现价相等）的价格和虚实度。

解： 将 $NDF = K = 7.1495$，$r = 4.25\% = 0.0425$，$\sigma = 5.0\% = 0.05$，$\tau = 6/12 = 0.5$ 代入（42.4）可得：$d_2 = -0.0177$，$d_1 = 0.0177$，$P = 0.0987$ 元人民币；

看涨期权的价格 0.0987 元人民币用人民币/美元即期汇率 7.5759 折合成 0.0987/7.5759 = 0.013 美元。期权的虚实度为 - 0.483 = - 48.3% 。同样，到期时间为 1 年的人民币看涨期权的价格为 0.1367 元人民币 = 0.018 美元；期权的虚实度为 - 0.4696 = - 46.96% 。

例 42.19 计算执行价格为 $K = 7.30$，其他参数与例 38.18 相同的人民币无本金交割远期看涨期权的价格和虚实度。

解： 把 $NDF = 7.1495$，$K = 7.30$，$r = 4.25\% = 0.0425$，$\sigma = 5.0\% = 0.05$，$\tau = 6/12 = 0.5$ 代入（42.4）可得 $d_2 = - 0.6069$，$d_1 = - 0.5715$，$P = 0.1903$ 元人民币 = 0.0251 美元；

期权的虚实度为 - 0.701 = - 70.1% 。同样，到期时间为 1 年的人民币看涨期权价格为 0.222 元人民币 = 0.0293 美元；期权的虚实度为 - 0.625 = - 62.5% 。

上文给出的人民币无本金交割远期期权的定价实际上也使用于人民币可交割远期期权。

42.13.4 远期期权的价格均衡关系

我们在第 13 章专门介绍了看涨期权和对应的看跌期权的价格均衡关系。这里我们将介绍人民币无本金交割远期期权的价格均衡关系，从而说明为什么人民币无本金交割远期涨跌期权差策略与人民币无本金交割远期多头相类似的原因。利用上述人民币无本金远期期权定价公式我们可以获得以下价格均衡关系：人民币无本金远期看涨期权与相应的看跌期权价格差

$$P - C = e^{-r\tau}(K - NDF)$$

从以上均衡关系我们不难看出，人民币无本金交割远期的收益可以用执行价格相同的一个多头人民币无本金交割远期看跌期权和看涨期权来复制。该均衡关系说明当市场预期人民币升值时，做多人民币无本金交割远期与使用人民币无本金交割远期看跌和看涨期权差策略效果基本相同。具体来讲，当人民币升值压力上升时，人民币无本金远期看涨期权的价格会上升，同时相应的看跌期权的价格会下降，从而期权差策略的价值（均衡关系等式左边）会上升；而人民币/美元无本金交割远期汇率会下降，从而均衡关系等式右边会上升以保持均衡关系。

例 42.20 计算例 42.19 相应的人民币无本金交割远期看跌期权的价格和虚实度，并证明上述人民币远期期权价格均衡关系。

解： 将 $NDF = 7.1495$，$K = 7.30$，，$r = 4.25\% = 0.0425$，$\sigma = 5.0\% = 0.05$，$\tau = 0.5$ 代入看跌期权定价公式，可得人民币无本金交割远期看跌期权的价格为 0.0429 元人民币，相应的虚实度为 0.278 = 27.8% 。利用例 42.19 看涨期权的价

格 0.1903，可得看涨期权和看跌期权价差为 0.1903 - 0.0429 = 0.1474 元人民币；而价格均衡关系等式右边 = e^{-rt}（$K - NDF$）= 0.9790 ×（7.30 - 7.1495）= 0.1473 元人民币，正好等于均衡关系等式左边的两个期权的价差。我们同样可以算出 1 年期人民币无本金交割远期看跌期权的价格为 0.0778 元人民币，这样均衡关系等式左边为 0.222 - 0.0778 = 0.1442 元人民币；而均衡关系等式右边为 = e^{-rt}（$K - NDF$）0.9584 ×（7.30 - 7.1495）= 0.1442 元人民币，正好等于均衡关系等式左边的两个期权的价差；看跌期权相应的虚实度为 0.333 = 33.3%。6 个月人民币看涨期权和看跌期权的虚实度差为 - 70.1% - 27.8% = - 97.9%；均衡关系等式右边 e^{-rt}（$K - NDF$）的虚实度为 0.979 ×（0 - 1）= - 97，9%，与均衡关系等式左边的虚实度相等。同样，1 年期人民币看涨期权和看跌期权的虚实度差为 - 62.5% - 33.3% = - 95.8%；均衡关系等式右边 e^{-rt}（$K - NDF$）的虚实度为 0.958 ×（0 - 1）= - 95.8%，与均衡关系等式左边的虚实度相等。

42.14 如何用人民币无本金期权对美元资产进行保值

人民币升值对于我国国内的人民币资产来说是件好事，但是对我国的外币资产，特别是美元资产来说却会带来直接的冲击。截至 2010 年年底，我国国际投资总资产额高达 41260 亿美元，其中对外直接投资、证券投资、其他投资和储备资产分别占 7.5%、6.2%、15.6% 和 70.6%；截至 2011 年 3 月底，我国外汇储备总量高达 30446.74 亿美元，其中绝大部分是以美元为主的美国政府债券和其他形式的美元资产。除美元资产外，我国外汇储备中一定的份额为欧元、日元和英镑等其他主要货币的资产。人民币对美元升值后，人民币对这些货币的汇率也相应发生变化。除了国家拥有美元资产外，企业和个人也拥有一定数量的美元资产。虽然用来规避外汇风险的国际外汇衍生产品市场相当活跃，但是直接与人民币相关的活跃产品却只有人民币无本金交割产品和国内人民币外汇衍生产品市场。本节的目的是介绍和分析在人民币汇率形成机制改革方案实施以后，如何用人民币无本金交割期权对国内的美元资产进行保值。

42.14.1 中央汇金公司投资入股我国商业银行和证券公司

中央汇金公司（以下简称"汇金"）于 2003 年 12 月 16 日注册成立，总部设在北京。汇金是根据国务院授权，代表国家依法对国有重点金融企业行使出资人权利和履行出资人义务的国有独资公司。直接控股参股金融机构包括大型商业银行、证券公司、综合性机构和再保险公司等。目前其投资已经涉及四大国有商业银行（中国银行、中国建设银行、中国工商银行、交通银行）、汇金控股参股金融机构包括国开行、光大银行、中国再保险、建银投资、中金公司、银河金融控股、申银万国、国泰君安等。汇金公司在成立之初三度向国有商业银行和股份制银行注入外汇资本金：一是 2003 年 12 月向中国银行和中国建设银行注入 450 亿美元外汇储备；二是 2004 年 6 月，汇金公司向当时正在进行财务重组的交通银行注资 30 亿元人民币；三是 2005 年 4 月向中国工商银行注入 150 亿美元。向四家银行总注入的外汇资本金为 630 亿美元。我们在第 33.6 节介绍了汇金公司与三家大型银行签订的"外汇期权交易协议"实际上是美元贬值期权，或者人民币看涨期权。

42.14.2　汇金期权特性和期权费分析

按照如上汇金公司外汇期权协议的介绍，我们可以判断这些期权实际上是三家国有商业银行以 3% 的期权费从汇金购买了"美元看跌期权"，即"美元下跌"保险。当人民币兑美元升值时，这些银行可以执行其权利以 8.2769 或 8.2765 来执行期权，同时汇金由于收了期权费，必须执行其保险承诺。正如我们在前面介绍，美元兑其他主要国际货币的期权流动性很强，而对人民币的期权在 2003 年时流动性仍然较弱。但是对我国的商业银行，美元的看跌期权实际上是对人民币而言的。人民币/美元期权即使到现在国内银行间市场上的流动性还较弱，而离岸市场上的人民币/美元本金交割期权的流动性却相对较高。美元看跌期权相对于人民币实际上是人民币看涨期权。根据本章上文人民币无本金交割期权定价的方法和实例，我们利用人民币无本金交割期权市场从 2003 年 9 月 16 日到 2005 年 9 月 16 日一年期人民币期权的隐含波动率来计算一年期美元看跌/人民币看涨平值期权（执行价与即期汇率相同）期权费的变化情况。图 42 – 17 给出了从 2003 年 9 月 16 日到 2015 年 6 月 30 日一年期美元看跌/人民币看涨平值期权费的变化情况。

从图 42 – 17 可以看出，从 2003 年 9 月中旬到 2004 年年初，美元看跌期权费从 2.5% 左右上升到超过 4.78% 的高峰，然后持续下降到 2004 年 7 月下旬的 2.0% 左右。从 2004 年 7 月下旬到 12 月又上升到了 3.0% 以上。2005 年 7 月 21 日人民币汇率形成机制改革方案实施之后，美元看跌期权费急剧下滑，从 2005 年 7 月 21 日的 2.01% 下降到了 7 月 22 日的 1.50%，并从 8 月 15 日开始一直下降到 0.5% 以下的历史低位。但值得注意的是，2007 年 7 月开始美元看跌期权费又进入了明显的上升通道，至 2008 年 12 月 5 日美元看跌期权费上升到最高位 7.7%，随后期权费下跌至 3%，并一直保持在 3% 左右到 2010 年年底。2011 年年初至 2011 年 9 月，期权费从 3% 上升至 4%；2011 年 10 月以后，期权费又重新回到 3% 左右。2015 年 2 月以来，期权费开始下行，至 2015 年 6 月末降至 2%

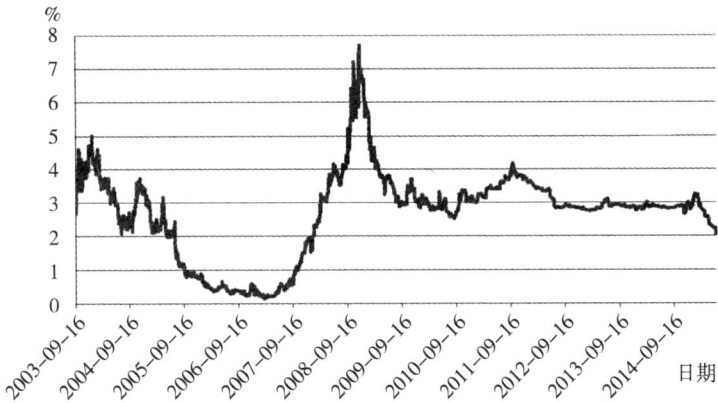

数据来源：彭博数据终端，中国人民银行网站；计算假设：隐含波动率根据一年期人民币无本金交割期权隐含波动率数据；人民币利率根据人民币一年期定期存款利率；美元利率根据美国基准利率数据；期权价格根据相应的即期汇率转换成美元，图中给出的是以美元计价的期权费，如 2004 年年初 10.44% 表明期权费为 0.1044 美元。

图 42 - 17　1 年期美元看跌/人民币看涨平值期权费

(2003 年 9 月 16 日到 2015 年 6 月 30 日)

左右。美元看跌期权费实际上与人民币看涨期权费相同，其变化受境外人民币在不同时期升值压力的直接影响。

表 42 - 10　　　　2004 年以来人民币一年期定期存款利率变动表

时间	存款基准利率
2004 - 10 - 29	1.98
2006 - 04 - 28	2.25
2006 - 08 - 19	2.52
2007 - 03 - 18	2.79
2007 - 05 - 19	3.06
2007 - 07 - 20	3.33
2007 - 08 - 22	3.60
2007 - 09 - 15	3.87
2007 - 12 - 20	4.14
2008 - 10 - 09	3.87
2008 - 10 - 30	3.60
2008 - 11 - 27	2.52

续表

时间	存款基准利率
2008 – 12 – 23	2.25
2010 – 10 – 20	2.50
2010 – 12 – 26	2.75
2011 – 02 – 09	3.00
2011 – 04 – 06	3.25
2011 – 07 – 07	3.50
2012 – 06 – 08	3.25
2012 – 07 – 06	3.00
2014 – 11 – 22	2.75
2015 – 03 – 01	2.50
2015 – 05 – 11	2.25
2015 – 06 – 28	2.00

数据来源：人民银行网站。

42.14.3　汇金公司的损益分析

在如上分析了美元看跌期权/人民币看涨期权费之后，我们可以分析中央汇金公司在"外汇期权交易协议"三年到期时的可能损益。如果三年到期时人民币/美元汇率为8.0357，人民币相对与汇改前升值3%，正好与汇金三年收取的期权费持平，汇金从中国银行、建设银行和工商银行将分别收取5.40亿美元、6.75亿美元和3.60亿美元的期权费；汇金同时必须以8.2769、8.2769和8.2765的汇率从三家银行买回美元，回收的期权费用正好与到期支付的资金持平，没有任何损失；如果三年到期时人民币/美元汇率为7.40，人民币相对于汇改前升值11.84%，比汇金三年收取的期权费高出8.84%，汇金从中国银行、建设银行和工商银行将分别收取的期权费与上不变，汇金同时必须以8.2769、8.2769和8.2765的汇率从三家银行买回美元，相应的损失分别为157.84亿 $[180 \times (8.2769 - 7.4000) = 157.84]$、197.30亿 $[225 \times (8.2769 - 7.4000) = 197.30]$ 和105.18亿 $[120 \times (8.2765 - 7.4000) = 105.18]$ 亿元人民币，将对这三家银行的损失折合成美元分别为21.3亿、26.7亿和14.2亿美元，从这些损失中减去相应的期权费收入5.40亿、6.75亿和3.60亿美元，汇金对这三家银行的净损失分别为15.9亿、19.9亿和10.6亿美元，总计46.5亿美元。根据如上算法，我们可以类似地算出不同的人民币/美元汇率假设情况下汇金公司的相应损益，并将结果放入表 42-11 中。

表 42-11　　　　中央汇金公司"外汇期权协议"的潜在损益

银行	金额	执行价	期权费	执行支付	执行支付	潜在盈亏
	(亿美元)		(亿美元)	(亿元人民币)	(亿美元)	(亿美元)
到期人民币/美元汇率			8.0357	3.00%（升值幅度）		
中国银行	180	8.2769	5.40	43.42	5.4	(0.0)
建设银行	225	8.2769	6.75	54.27	6.8	(0.0)
工商银行	120	8.2765	3.60	28.90	3.6	0.0
总计	525		15.75	126.58	15.8	(0.0)
到期人民币/美元汇率			7.7000	7.49%（升值幅度）		
中国银行	180	8.2769	5.40	103.84	13.5	(8.1)
建设银行	225	8.2769	6.75	129.80	16.9	(10.1)
工商银行	120	8.2765	3.60	69.18	9.0	(5.4)
总计	525		15.75	302.82	39.3	(23.6)
到期人民币/美元汇率			7.4000	11.84%（升值幅度）		
中国银行	180	8.2769	5.40	157.84	21.3	(15.9)
建设银行	225	8.2769	6.75	197.30	26.7	(19.9)
工商银行	120	8.2765	3.60	105.18	14.2	(10.6)
总计	525		15.75	460.32	62.2	(46.5)
到期人民币/美元汇率			7.1137	16.35%（升值幅度）		
中国银行	180	8.2769	5.40	209.38	28.3	(22.9)
建设银行	225	8.2769	6.75	261.72	35.4	(28.6)
工商银行	120	8.2765	3.60	139.54	18.9	(15.3)
总计	525		15.75	610.63	82.5	(66.8)

数据来源：根据三个期权交易协议条款和上文计算方法计算得出。

　　那么表 42-11 中哪种到期时间与 2008 年 1 月和 4 月的人民币/美元汇率到期实际情况相近呢？表 42-11 中最后一个到期人民币/美元汇率 7.1137 实际上是从三个期权交易协议到期时间 2008 年 1 月 5 日到 2008 年 4 月 30 日之间的人民币/美元平均汇率，因此最后一种情景，三家银行总共为汇金缴纳 15.75 亿美元的期权费，期权到期之行期权获得 610.63 亿元人民币的执行受益，相当于 82.5 亿美元，汇金公司损失 82.5 - 15.75 = 66.8 亿美元（相当于 552.6 亿元人民币）。

42.14.4 期权市场价格和汇金公司的风险

如上的分析表明，汇金公司也面临着很大的汇率风险。在如上分析中央汇金公司潜在风险的时候，我们没有考虑美元看跌期权的市场价格。这里我们专门考虑汇金公司收取的期权费是否合适并进一步分析汇金公司的风险。从图42-15我们可以看出，在汇金与三家国有银行分别于2005年1月5日、1月12日和4月30日签订"外汇期权交易协议"之时，1年期的美元看跌期权的期权费分别为3.07%、3.09%和3.17%，高于汇金收取的3年期权费总和的3%。收取过低的期权费使得汇金面临巨大的风险和损失。

42.14.5 本节小结

接受汇金投资的国有商业银行利用其持有的美元购买美国政府债券当时每年可以获得4%以上的回报，3年可获得12%的回报。汇金每年收取1%的期权费，对于商业银行来说确实不算什么风险。然而如果人民币在2005年初之后3年升值到人民币8.0354/美元之下，汇金就要面临损失。由于汇金收取了太低的期权费，在人民币进一步升值的情况下，汇金的风险进一步扩大。鉴于境外人民币无本金交割期权市场隐含波动率在人民币汇率形成机制改革方案实施以来大幅度下降的情况下，要对汇金卖出的美元看跌期权进行对冲的空间也变得相当有限。本节讨论的方法对国内机构规避美元相对于人民币贬值风险直接具有参考意义。进一步分析这个问题需要较多的期权策略等技术性问题，不宜在这里展开。

42.15 境外人民币权市场发展讨论

表42-1到表42-5给出的主要货币2004年4月到2013年4月卖出和买入期权日均成交金额是我们判断主要货币期权近年来的发展状况非常重要的信息。由于国内人民币外汇期权与离岸人民币期权在2011年才正式推出，那么表42-3到表42-5给出的人民币期权一定包括境外人民币期权。值得我们关注甚至难以理解的是2010年4月人民币期权日均买卖金额大幅度地增长，使得境外人民币无本金交割期权日均成交金额超过了相应的人民币无本金交割远期日均成交金额的3倍以上。境内外还没有任何其他人民币产品世界排名如此之高。

42.15.1 期权成交金额反映货币升值预期

从理论上讲，如果市场对某货币有升值预期，那么该货币的买入期权一定会超过相应的卖出期权。表42-13给出了2013年4月主要货币卖出期权与买入期权日均成交金额差，该表中 23 个货币卖出期权低于买入期权额的有 9 个。人民币期权除了本地汇报机构和本地非金融机构的买入超过卖出外，其他各项皆为卖出超过买入。

表 42 - 12　　2013 年 4 月主要货币卖出期权与买入期权日均成交金额差

单位：百万美元

货币	汇报机构			其他金融机构			非金融机构			总计
	本地	跨境	合计	本地	跨境	合计	本地	跨境	合计	
美元	98	417	515	1937	522	2459	−1900	−621	−2521	453
欧元	422	94	516	1645	149	1794	−493	−206	−700	1610
日元	−46	−996	−1042	−679	−1944	−2622	−478	22	−456	−4120
英镑	−174	−315	−489	475	148	623	−218	−43	−262	−128
澳元	−207	370	163	539	784	1322	−827	−377	−1204	281
瑞士法郎	−55	75	20	355	−87	269	−94	−77	−171	118
加拿大元	67	192	259	203	−41	162	−193	−197	−390	31
人民币	−230	477	247	56	349	405	−324	182	−142	510
巴西雷亚尔	−41	−625	−666	139	958	1097	4	−20	−16	415
土耳其里拉	−83	113	30	−79	18	−61	−204	−22	−226	−257
韩元	−36	2	−34	15	37	52	120	−2	118	135
印度卢比	−23	30	6	19	31	50	−73	−59	−132	−76
新西兰元	−30	40	11	23	−27	−4	−67	−39	−106	−99
瑞典克朗	−37	41	4	84	20	104	−46	−11	−56	51
新加坡元	21	113	134	−6	40	34	−118	−16	−134	33
墨西哥比索	13	−224	−212	−40	98	59	−69	−23	−91	−244
波兰兹罗提	−13	−14	−27	41	6	46	−15	−5	−20	−1
挪威克朗	−13	−25	−38	152	25	177	−39	−32	−71	68
港元	−4	−346	−350	1	101	102	−113	−1	−114	−361
新台币	2	12	14	36	76	112	−28	−10	−38	88
匈牙利福林	1	−14	−13	5	−4	1	−9	−14	−23	−35
南非兰特	22	15	38	−47	−59	−106	−15	−40	−55	−123
俄罗斯卢布	11	36	47	83	20	103	−41	40	−1	150

资料来源：根据表 42 - 4 数据计算得出。

表 42 - 13　　　　　　　2013 年 4 月主要货币卖出期权与

买入期权日均成交金额差与卖出期权比例　　　单位：%

货币	汇报机构			其他金融机构			非金融机构			总计
	本地	跨境	合计	本地	跨境	合计	本地	跨境	合计	
美元	0.29	0.82	0.61	4.15	1.13	2.65	-39.67	-8.71	-21.14	0.24
欧元	4.41	0.68	2.20	14.68	1.54	8.58	-34.08	-11.71	-21.80	3.39
日元	-0.28	-4.38	-2.67	-2.50	-8.14	-5.13	-33.58	0.77	-10.62	-4.37
英镑	-3.75	-6.08	-4.98	9.84	3.94	7.26	-38.24	-9.24	-25.15	-0.66
澳元	-6.69	5.28	1.62	18.12	17.91	18.00	-160.31	-41.31	-84.27	1.49
瑞士法郎	-4.71	3.61	0.63	12.63	-4.30	5.56	-59.05	-31.27	-42.24	1.39
加拿大元	5.97	7.18	6.82	11.03	-2.79	4.92	-87.18	-58.84	-70.12	0.40
人民币	-18.66	13.13	5.07	4.26	12.17	9.69	-86.62	10.42	-6.71	4.56
巴西雷亚尔	-4.10	-23.45	-18.15	12.38	35.51	28.71	16.22	-43.95	-21.63	5.48
土耳其里拉	-20.90	13.13	2.40	-27.36	3.91	-8.27	-168.94	-91.62	-156.20	-11.98
韩元	-11.76	0.19	-2.60	3.84	5.75	5.03	27.74	-2.42	22.36	4.74
印度卢比	-5.61	5.57	0.67	9.54	7.96	8.49	-44.18	-53.00	-47.70	-4.18
新西兰元	-9.36	5.23	0.97	7.71	-5.16	-0.48	-133.02	-31.01	-60.38	-4.75
瑞典克朗	-32.13	8.40	0.62	41.34	6.67	20.65	-41.68	-20.31	-34.62	4.04
新加坡元	5.93	14.04	11.56	-2.70	8.12	4.77	-441.64	-14.81	-98.20	1.64
墨西哥比索	2.00	-15.54	-10.21	-4.00	11.58	3.19	-185.62	-57.15	-119.15	-6.13
波兰兹罗提	-8.27	-5.51	-6.55	30.29	3.68	16.20	-58.29	-39.16	-51.66	-0.17
挪威克朗	-8.10	-6.87	-7.25	51.80	6.68	26.60	-62.44	-77.98	-68.54	5.26
港元	-3.08	-115.58	-83.98	2.24	48.98	38.20	-599.06	-1.61	-174.75	-48.20
新台币	2.58	5.89	4.83	30.44	24.11	25.82	-101.38	-37.26	-69.64	11.26
匈牙利福林	0.86	-7.36	-3.61	3.04	-3.49	0.27	-214.95	-303.34	-260.80	-5.46
南非兰特	9.00	4.45	6.35	-32.06	-27.25	-29.21	-13.36	-129.72	-37.92	-11.22
俄罗斯卢布	2.58	5.41	4.28	32.13	4.98	15.53	-52.39	34.02	-0.35	7.63

资料来源：根据表 42 - 4 数据计算得出。

42.15.2　人民币外汇期权今后的发展

境外人民币无本金交割期权 2013 年 4 月日均成交金额全球排名第 6，是所有能够获取的数据中境内外人民币各种产品世界排名最高的。2010 年 8 月香港离岸人民币交易市场正式启动，提供了人民币现货、债券和其他产品，相信香港离岸市场人民币期权市场今后几年还会持续显著增长。境外人民币期权市场规模的显著提升为国内人民币外汇市场也提供了很好的参考作用，对国内人民币外汇期权以至整个人民币外汇市场今后的发展都有积极的意义。

伦敦金融城给出的近年来境外市场人民币外汇期权的高速增长态势表明，2013 年以来境外人民币外汇期权市场增长速度开始有些放缓，但是年增长率仍然在 200% 以上，显示境外人民币可交割期权快速增长的态势，同时境外人民币无本金交割期权市场自 2011 年以来持续萎缩。这些数据显示，尽管境外人民币可交割期权增速较 2013 年前的初期发展期有所减缓，但是增幅仍然可观，成为境外人民币外汇市场的一个重要领域。可以预期，今后几年境外人民币外汇市场还将保持可观的增长速度。

外汇期权通常被用来对冲资产组合中的线性风险和波动率风险，或者 Delta 风险和 Vega 风险。如果外汇期权的流动性不够，那么 Delta 对冲和 Vega 对冲所需要的头寸就难以找到，风险难以对冲，投资规模也就难以保持持续增长。随着境外人民币外汇期权市场的流动性持续提高，期权市场上常用的组合交易策略和风险对冲也就变得易行，市场流动性也随之进一步提高。交易员们就可对其交易头寸中的 Delta 风险进行活跃地对冲。根据德意志银行的一个报告，"2013 年 Delta 对冲在现货市场总量高达 1250 亿美元。鉴于市场结构性产品的可观增长，仅 2014 年 1 月 Delta 对冲在现货市场总量就高达 600 亿美元"（亚洲风险杂志（Asia Risk），2014 年 3 月期，第 15 页）。随着境外人民币外汇期权市场流动性的进一步提升，特别是 2015 年 8 月 10 日国家外汇管理局更新了国内人民币汇率中间价形成机制，国内人民币兑美元汇率波动率大幅度提升，今后境外波动率对冲（Vega Hedge）也将很快开始流行起来，境外人民币外汇期权市场将进入新的发展阶段。

42.16 本章总结

本章对人民币期权的特征、定价、流行交易策略等方面进行了系统、深入的介绍和分析。期权比远期和期货有着很多更灵活和独特的功能，在发达市场中发挥着重要的功能。目前，我国国内人民币衍生产品品种仍然相对单一，虽然人民币远期交易从 2010 年 11 月以来交易趋于活跃，人民币外汇期权也从无到有，但是人民币外汇期权由于市场波动率相对较低，交易量仍远远低于境外人民币期权市场。由于近年来，人民币结束了单边升值走势，进入双向波动年代，市场各方对人民币未来走势开始产生分歧，这种观点上的分歧和未来走势上的不确定性，恰恰为人民币期权产品的发展奠定了坚实的基础，提供了广阔的发展空间，因此离岸人民币期权市场得以快速发展。这些产品对我国人民币产品创新有相当重要的借鉴作用。境外的人民币期权交易不仅对我国国内产品创新有着重要的借鉴作用，也正如我们在本章所指出的那样，隐含波动率对目前国内迅速发展的人民币理财以及其他相关业务的风险管理也提供了相当重要的信息。人民币期权的隐含波动率结构，即不同期限、不同虚实度的人民币期权的隐含波动率也为我们提供了分析人民币升贬值预期的另外一条重要途径。

由于我国人民币汇率机制的推出和完善尚需一定时间，境外人民币无本金交割远期、人民币无本金交割远期期权，特别是离岸人民币可交割期权在今后若干年内还会存在而且会进一步活跃，发展空间更为广阔，境内外人民币外汇期权发展不平衡的问题将进一步显现。随着我国经济的持续增长，特别是对外贸易在国民经济中的作用进一步增大，外国直接投资的持续增加，以及资本市场的进一步开放，人民币国际化进程的进一步推动，境外投资者和投机者对人民币的关注程度会不断增强，这为人民币期权在离岸市场的发展提供了更广阔的空间。特别值得我们关注的是，境外人民币期权的流动性进一步提升，为期权市场各类交易策略和风险管理工具的应用创造了更好的环境，为境外人民币外汇期权进一步发展开启了良性互动的通道，同时也进一步扩大了境内外人民币外汇期权市场的不平衡格局。

第43章 境外人民币利率互换

本篇介绍和分析的境外人民币远期、掉期和期权皆早于国内相应远期、掉期和期权。本章介绍的人民币无本金交割利率互换和离岸人民币利率互换是这些产品中最晚出现的，而且晚于国内相应的人民币利率互换。人民币无本金交割利率互换和离岸人民币利率互换出现的时间较晚，交易量也相对较小，所以其活跃程度有限。本章简单介绍这些产品。

43.1 人民币无本金交割利率互换的基本情况

境外人民币无本金交割利率互换（Non – deliverable Interest Rate Swap，NDIRS）始于2006年，第一笔境外无本金交割人民币利率互换交易达成于2006年8月16日。

境外无本金交割人民币利率互换合约是指交易双方约定在未来的一定期限内，根据约定数量的同种货币的名义本金，交换定息与浮息额的金融合约，该类合约采用美元作为结算货币。境外无本金人民币利率互换专为不能使用境内金融市场的企业及金融机构而设，以方便其管理利率风险。交易的达成主要是银行通过向经纪公司报价并成交，因此经纪公司提供的对话平台是主要的交易媒介。境外无本金交割人民币利率互换市场的主要参与者是境外注册的银行或银行分支机构。企业及基金公司等机构则通过银行进行交易，并不直接参与由经纪公司搭建的交易平台。

浮息利率的构成主要有人民币1年期定期存款利率，中国境内银行间市场7天期回购定盘利率，1天期定盘利率，以及SHIBOR的1天、7天和3个月期品种。其中，以7天期回购定盘利率为浮动端的交易是市场交易主要品种。与人民币1年期定期存款利率挂钩的品种在市场发展之初交易比较活跃，然而近期需求有所减弱。与SHIBOR挂钩的产品是在2007年推出并上市交易的，但一直不太活跃。目前市场交易主要集中于7天期回购的利率互换产品，日均成交量在100亿～200亿元人民币，期限主要以1年、3年、5年为主。

图43－1描述了从2007年2月开始到2015年6月的6个月、1年和3年期以3M SHIBOR为标的利率的人民币无本金利率互换固定支付利率和3个月期SHIBOR利率走势图。从图43－1中可以看出，人民币无本金利率互换走势领先

于 SHIBOR 利率，这说明人民币无本金利率互换很好地反映了利率的预期。

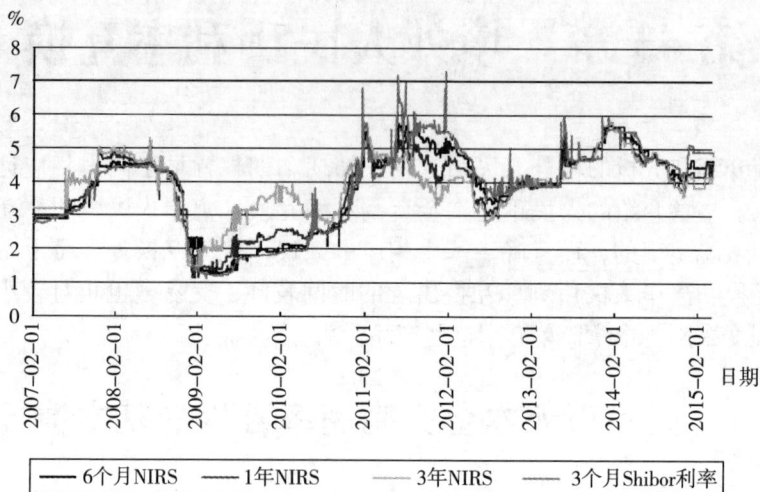

资料来源：彭博数据终端。

图 43-1　6 个月、1 年期和 3 年期 NDIRS 和 3 个月 SHIBOR 利率走势图

很显然，影响人民币利率的因素也将影响人民币无本金利率互换走势，因此经济景气程度也就成为了影响人民币无本金利率互换走势的最重要因素之一。比如 2007 年全球经济高涨，中国 GDP 增长率达到 13% 的历史高位，国内加息呼声高涨，最终导致人民币无本金利率互换固定支付利率持续攀升。这种持续走强的态势直到金融危机爆发从而影响实体经济才开始逆转。从图 43-1 中我们可以看出，从 2008 年 12 月开始，SHIBOR 利率急剧下降，从 4.5% 左右降至 1.2% 附近。此后随着经济危机见底，人民币无本金交割利率互换走势才企稳。从 2010 年 10 月国内首次加息后，SHIBOR 利率也随之呈现上升趋势，带动离岸市场人民币无本金利率的上升。

2011 年之后，为了应对经济减缓，中国人民银行的货币政策转为宽松，境外互换利率先于 SHIBOR 走入下降趋势，利差逐渐扩大。2012 年，随着利于人民币国际化的政策相继出台并生效，境内外利率利差逐渐缩窄，两条曲线逐渐耦合，并在 4% 左右的水平上运行了一段。2013 年，针对影子银行的管制政策导致银行间流动性出现经常性紧张，随之带来的是 SHIBOR 的走高趋势并偶尔出现尖峰，SHIBOR 的上升趋势一直持续到 2013 年年末。2014 年之后，我国进入降息周期，SHIBOR 也随之持续下降。

43.2 境内人民币利率互换与境外人民币无本金利率互换的关系

43.2.1 境内外人民币利率互换曲线的分化和耦合

市场开创之初，境内外人民币利率互换曲线之间不存在基差，随着交易的日益活跃及市场的发展，两条曲线开始出现分化。一般情况下，境外利率互换曲线高于境内曲线，2007 年 11 月 1 日两者之间的基差达到最大值 29 个基点，并于 11 月 22 日左右基差由峰值一路下滑为零，甚至在个别年限出现倒挂。出现境外曲线高于境内曲线的原因主要是两个市场的参与主体不同，对中国利率市场的看法也有差异，并且中国境内投资者除了利率互换外还有债券、存贷款等多种与人民币利率相关的品种可以投资，这些产品的价格对境内利率互换的价格有着重要的参考意义，而境外投资者没有其他与境内利率挂钩的产品对冲或搭配，对利率互换的交易主要基于对利率走势的判断，这也是造成境外曲线较高的原因。2013 年之后，随着人民币国际化进程加速和市场预期差的消失，境内外人民币利率互换曲线最终趋于一致。

43.2.2 境外市场较境内市场更为活跃

境外的交易机制相对成熟，交易主体经验丰富，在交易支持法律文本上没有障碍，这些因素促成了境外市场买卖报价区间较小，一般在 5 个基点附近，同时，报价量一般在 1 亿元人民币以上，而境内市场的报价量通常情况下仅在 5000 万元人民币左右。因此，境外市场的日均成交笔数和成交量都较大。然而，随着境内市场的迅速发展，目前境内市场的活跃度也有所上升，导致两者之间的差别明显缩小。

43.2.3 境内市场利率走势受境外市场波动影响

境内市场利率走势受境外市场波动影响较大，这从图 43 – 1 中可以看出，境外市场对于利率的敏感度要高于境内市场，因此对于加息预期的变动反映到价格上的速度较快，境内市场在得知境外市场的变动后虽然也会跟随其变动点差而波动，但整体波幅相对较小。总之，境外市场的导向性更强。

43.3 人民币无本金交割利率互换的主要市场参与者

表 43 – 1 给出了《亚洲风险》杂志 2010 年公布的 2009 年人民币无本金交

割利率互换市场的五个最活跃的交易者。

表 43 - 1　　2009 年人民币无本金交割利率互换市场最活跃的五家银行

排名	银行	占比（%）
1	渣打银行	17.9
2	德意志银行	12.5
3	花旗银行	10.7
4	巴克莱银行	8.9
4	瑞士银行	8.9

数据来源：《亚洲风险》（Asia Risk），2010 年 9 月，第 30 页。

表 43 - 1 显示，渣打银行在人民币无本金交割利率互换市场最为活跃，其次为德意志银行和花旗银行，巴克莱银行和瑞士银行并列排名第四。

境外人民币无本金交割利率互换的交易与国内人民币利率互换相似，而且外资银行既可以在境外交易人民币无本金交割利率互换，同时又可在国内交易人民币利率互换，这样他们可能会根据国内交易的头寸在两地市场进行对冲。表 43 - 2 给出了 2009 年和 2010 年主要外资银行在国内交易人民币利率互换的排名。比较表 43 - 1 和表 43 - 2 我们可以发现，渣打银行、德意志银行和花旗银行在两地市场上皆进入前 5 名的排名，表明两地市场通过这些活跃的交易银行有了一定程度的互动。随着市场的发展和数据的积累，我们会密切关注两个市场间的互动关系。

表 43 - 2　　　　2009 年和 2010 年人民币利率互换市场最活跃的银行

2009	银行	占比（%）	2010	经纪商
2	法国巴黎银行	19.6	1	Tullett Prebon
3	渣打银行	18.8	2	Tradition
4	汇丰银行	13.4	3	Icap
1	德意志银行	8.6		
5	花旗银行	6.3		

数据来源：《亚洲风险》（Asia Risk），2010 年 12 月/2011 年 1 月，第 28 页。

43.4　离岸人民币可交割利率互换的基本情况

随着香港离岸人民币市场的发展，相关的离岸人民币可交割利率互换，或者说利率互换市场也逐渐发展起来。离岸人民币利率互换以三个月离岸人民币香港银行间同业拆借利率为浮动利率（3M CNH Hibor），期限有 6 个月、9 个月、1 年、2 年、3 年、4 年、5 年、7 年、10 年。

图 43 - 2 描述了从 2013 年 6 月开始到 2015 年 6 月 6 个月期、1 年期和 3 年期以 3M CNH Hibor 为标的利率的离岸人民币利率互换固定支付利率和 3M CNH Hibor 走势图。与人民币无本金交割利率互换相比，标的利率 3M CNH Hibor 的变动幅度较小，离岸人民币利率互换的固定利率变动幅度也较小，基本保持在 2% 到 4% 之间。2014 年年末上行趋势明显，6 个月期的固定利率超过了 4%，最高时达到了 4.8%。这与无本金交割人民币利率互换的变动趋势一致。

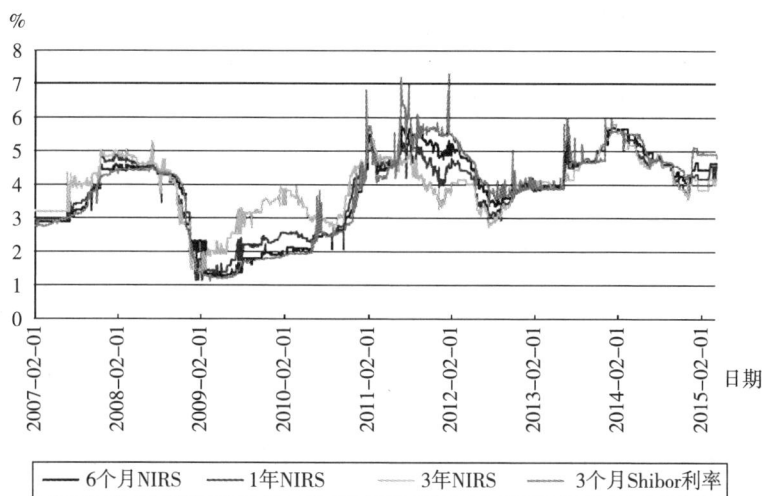

数据来源：彭博数据终端。

图 43 - 2 6 个月、1 年期和 3 年期境外人民币利率互换（CNH - IRS）和
3 个月 CNH Hibor 利率走势图

43.5 境外人民币互换成交金额及与国内利率互换的比较

市场成交金额是衡量市场发展程度的重要标志，本节简单介绍境外人民币无本金交割利率互换和可交割利率互换流动性及与国内人民币利率互换流动性的比较。

43.5.1 境外人民币无本金交割利率互换流动性

境外人民币无本金交割利率互换和可交割利率互换的成交数据比相应的境外人民币无本金交割远期和期权的数据更加难得。可喜的是，伦敦金融城从 2012 年开始每半年公布一次包括境外人民币无本金交割和可交割利率互换在内的境外人民币主要产品日均成交金额数据。表 43 - 4 给出了 2011 年到 2014 年境外人民币无本金交割利率互换和可交割利率互换日均成交金额。

表 43 - 3　　　　境内外人民币利率互换半年和全年日均成交金额

单位：百万美元，%

时间	2012 年上半年	2012 年下半年	2013 年上半年	2013 年下半年	2014 年上半年	2014 年下半年	2011 年	2012 年	2013 年	2014 年
可交割利率互换										
境外总和	2.0	18.0	0.0	0.0	1.0	(1.0)	10.0	10.0	0.0	0.0
无本金交割利率互换										
境外总和	103.0	561.0	15.0	1193.0	330.0	332.0	22.0	332.0	604.0	331.0
同比增长率		- 85.4	112.7	2100.0	- 72.2			1409.1	81.9	- 45.2
环比增长率	444.7	- 97.3	7853.3	- 72.3	0.6			1409.1	81.9	- 45.2
可交割/无本金交割	1.9	3.2	0.0	0.0	0.3	- 0.3	45.5	3.0	0.0	0.0

数据来源：境外人民币利率互换日均成交金额数据来自伦敦金融城网站，www. cityoflondon. gov. uk 2015 年 6 月公布的《2014 年伦敦人民币业务数据》报告；下半年的日均成交金额是根据全年日均成交金额和上半年日均成交金额转算得出；国内人民币利率互换日均成交金额根据第 28 章国内人民币利率互换成交金额和每年 250 个工作日记算得出。

表 43 - 3 显示，2011 年到 2012 年境外人民币无本金交割利率互换日均成交金额从 2200 万元人民币高速增长到了 3.32 亿元人民币，增长了 14.09 倍；2012 年到 2013 年又增长了 81.9% 到 6.04 亿元人民币，显示 2011 年到 2013 年境外人民币无本金交割利率互换活跃度大幅度增长；但是 2013 年到 2014 年境外人民币无本金交割利率互换日均成交金额下降了 45.2% 到 3.31 亿元，几乎回到了与 2012 年相同的水平，显示境外人民币无本金交割利率互换市场近年来活跃度显著下降；尽管如此，2011 年到 2014 年，境外无本金交割利率互换日均成交金额增长了 14 倍，年均复合增长率仍高达 146.9%。

43.5.2　境外人民币可交割利率互换流动性

表 43 - 4 也给出了 2011 年到 2014 年境外人民币可交割利率互换日均成交金额。表 43 - 4 显示，2011 年和 2012 年境外人民币可交割利率互换日均成交金额都仅为 1000 万元人民币，而 2013 年和 2014 年日均成交金额都为零，显示与境外人民币可交割远期、掉期和互换不一样，基本没有交易。

43.5.3　境内外人民币利率互换流动性比较

表 43 - 4 也给出了 2011 年到 2014 年国内人民币利率互换日均成交金额。表

43-4 显示，国内人民币利率互换日均成交金额比境外人民币利率互换日均成交金额高出很多，成为少有的国内市场活跃度高于境外相应市场的产品。这些数据表明，境内外人民币利率互换协调发展还没有开始。

43.6 本章总结

人民币无本金交割利率互换是境外推出晚于国内的少有产品之一。境外人民币无本金利率互换从 2011 年到 2013 年发展迅速，然而从 2013 年到 2014 年，境外人民币无本金交割利率互换的日均成交金额回到了与 2012 年相当的水平，显示境外人民币无本金交割利率互换经历两年左右的快速发展后，2013 年以来活跃度显著下降；与其他主要境外人民币市场可交割产品活跃度 2013 年超过相应的无本金交割产品不同的是，境外人民币可交割利率互换日均成交金额显著低于相应的无本金交割利率互换，2013 年和 2014 年境外人民币可交割利率互换没有交易，显示境外人民币利率互换市场仍然处于很初期的阶段。

第 28 章显示，虽然近年来国内人民币利率互换市场有了可喜的持续发展，但是市场日均成交金额仍然不到国际利率市场的 1%，与我国经贸超过全球 1 成的地位仍有数量级的差距。虽然国内人民币利率互换离国际利率互换市场仍有巨大的差距，国内人民币利率互换市场的流动性仍然高于境外人民币利率互换市场，成为当前少见的国内人民币市场流动性超过境外人民币市场流动的领域，显示境内外人民币利率互换市场联动协调发展还未有任何苗头。

第44章 人民币结构性票据

正如本书第四篇所介绍的那样，无论是在亚洲金融危机还是在墨西哥危机中，结构性票据都扮演了十分重要的角色。由于这些产品运用起来非常灵活，它们在离岸市场人民币衍生产品中也同样扮演着重要角色。本章在介绍2005年前后流行于境外的各类人民币结构性票据后介绍近年来流行于境外的人民币结构性票据，并介绍近年来境外人民币结构性票据嵌入的期权定价和风险对冲与十年前的差异。

44.1 结构性票据概述

结构性票据是在20世纪90年代出现并在东亚地区盛行的一种金融创新产品，它实际上是一种复合型衍生产品。如其名所示，结构性票据其实就是各种基本金融产品的组合，例如将债券或票据和一个或多个衍生产品（如期货、期权）组合在一起。

结构性票据有很明显的优势，它们为发行者和投资者提供比价格相同的证券组合更高的收益，或者其组合设计得更为合理，更有利于降低风险从而对投资者更有吸引力。在某些案例中，结构性票据甚至围绕着会计准则或政府规章来设计，从而达到降低筹资费用的目的，但在这种情况下，外汇风险敞口会比较大。

复合型工具包括可转换债券和可赎回债券等，它们都是在美国金融市场上定期发行的传统证券。和传统证券相比，一些属于金融创新的复合型工具也经历了一段发展历史，例如早期的结构性票据是由美国南部联邦的财政部发行的，它把不同类型的衍生品与债券联系起来，以加强其偿债能力。

在东亚发行的结构性票据的收益经常与发展中国家的一种货币或股票指数的价格联系在一起。这些结构性票据的发行者大多是来自发达资本市场的金融机构，而投资者往往是东亚的金融机构以及更倾向于持有本币或其近邻发展中国家货币的群体。这些投资者更愿意承担本国货币的汇率风险，原因之一是他们比来自发达资本市场的投资者更了解自己的国家和市场，另一个原因是他们从内心里更偏好自己国家的本币——因为假如固定汇率制崩溃的话，将殃及整个经济体系，这样他们用于发掘额外外汇风险敞口的成本就比较小。发达资本市场的金融机构对发行这些工具比较感兴趣，因为这样能更容易地在发展中国家货币体系与证券市场中确立它们的期货和期权等产品的长期地位——因为外汇远期和掉期市场主要是短期的市场，这些市场中大量的交易品种是一年期甚至更短。

1998 年国际清算银行报告显示，在外汇交易市场上只有 1.4% 的外汇掉期合约和 3.9% 的远期合约期限大于一年，大部分外汇合约的到期期限是 7 天。出于这种原因，在东亚金融市场上出现的复合型工具常被设计成多年期外汇衍生产品。发行者以本金之上每年 100 个或 200 个基本点的成本，长期持有发展中国家货币的空头头寸。

44.2　人民币看涨票据

人民币看涨票据抓住了投资者期望人民币升值的心态，可以使投资在人民币潜在升值实现时获利。本节将使用具体的例子介绍人民币看涨票据。

一个标准的看涨票据在到期前，可以以一定程度的本金同时限制向上和向下的风险敞口。我们首先介绍一下看涨票据合约的主要条款，再通过具体的例子来解释这些票据的运作。

44.2.1　面值

人民币结构性票据的面值通常被设计为 100 万美元的倍数，例如 200 万美元、500 万美元或 1000 万美元。

44.2.2　发行价格

发行价格常常和票据面值相同。

44.2.3　赎回价值

在看涨票据中通常设有下限以保护本金、限制本金数量。除下限外，还有乘数，它显示出看涨性票据的杠杆作用。乘数常常在 1.5 到 2.5 之间，视投资者对看涨程度的预期而定，我们将在本节后面用具体例子阐明。

44.2.4　即期汇率和执行汇率

人民币对美元的即期汇率在 2005 年 7 月人民币汇率形成机制改革方案实施之前通常被认为是 8.2770 的官方汇率，从而相应的平值期权的执行汇率也被设置为 8.2770。

44.2.5　到期汇率

目标汇率通常被设置成票据到期前 1 个或 2 个星期时人民币对美元的汇率。

与其他人民币相关产品一样，官方汇率规定为每天下午北京时间 5 时，由中国人民银行通过路透社（KFTC12）发布的汇率。如果得不到这个信息来源，经纪商们通常会使用一个公平的商业化途径来确定汇率。

通过上面的介绍，我们现在就能够通过具体例子来阐述人民币看涨票据的运作了。

例 44.1 人民币对美元的即期汇率和执行汇率给定为 8.2770，本金下限为 95%，面值为 500 万美元，上限汇率为 7.500，赎回乘数为 2.0，则人民币看涨票据的收益为多少？

解： 利用本金赎回的公式

max［下限 + 乘数 ×（人民币到期汇率 − 执行汇率）/ 执行汇率］= max［95% + 2.0 ×（1/ 人民币到期汇率 − 1/8.2770）/（1/8.2770）］

根据不同的人民币对美元的目标汇率，能够得出不同目标汇率下人民币看涨票据的潜在收益，如表 44 − 1 所示。

表 44 −1   **例 44.1 人民币看涨票据的潜在收益**

可能到期汇率	人民币增值/贬值（%）	到期赎回（%）	净收益（%）
7.200	14.96	124.92	24.92
7.300	13.38	121.77	21.77
7.400	11.85	118.70	18.70
7.500	10.36	115.72	15.72
7.600	8.91	112.82	12.82
7.700	7.49	109.99	9.99
7.800	6.12	107.23	7.23
7.900	4.77	104.54	4.54
8.000	3.46	101.93	1.93
8.100	2.19	99.37	− 0.63
8.200	0.94	96.88	− 3.12
8.277	0.00	95.00	− 5.00
8.400	− 1.46	95.00	− 5.00
8.600	− 3.76	95.00	− 5.00
8.800	− 5.94	95.00	− 5.00
9.000	− 8.03	95.00	− 5.00

从表 44 − 1 中我们可以观察到，由于本金的下限为 95%，损失被控制在 5% 以内。但由于本金没有上限，净收益在人民币升值时是没有幅度限制的。显而易见的是，由于乘数为 2，若人民币升值到 7.8 以下，净收益将比人民币升值幅度还大，但若人民币升值小于 5%，净收益会低于人民币升值程度，甚至为负。

表 44 –1 所示的人民币结构性票据实际上包含着一个人民币看涨（美元看跌）期权。我们会在第 44.5 节分析该期权的特点。

44.3　同时带有上限和下限的人民币看涨票据

我们在第 44.2 节介绍了不带上限的人民币看涨票据，在本节将阐述既有下限又有上限的并具有一定程度本金保护的人民币看涨票据。下面将通过具体例子介绍这种看涨票据。

在人民币看涨票据中除了以下限来保护本金之外，对于许多看涨票据而言，一个相应的本金上限同样能限制本金量的变化。

例 44.2　如果本金上限为 120%，其他参数与例 44.1 相同，那么例 44.1 的人民币看涨票据的收益是多少？

解：利用本金赎回公式

min［上限，下限＋乘数×（人民币到期汇率－执行汇率）/执行汇率］＝
min［120%，95%＋2.0×（1/到期汇率－1/8.2770）/（1/8.2770）］

根据不同的人民币对美元的到期汇率，我们能够得出不同到期汇率下人民币看涨票据的潜在收益，如表 44 –2 所示。

表 44 –2　　　　　　　**例 44.2 人民币看涨票据的潜在收益**

可能到期汇率	人民币增值/贬值（%）	到期赎回（%）	净收益（%）
7.200	14.96	120.00	20.00
7.300	13.83	120.00	20.00
7.400	11.85	120.00	20.00
7.500	10.36	120.00	20.00
7.600	8.91	112.82	12.82
7.700	7.49	109.99	9.99
7.800	6.12	107.23	7.23
7.900	4.77	104.54	4.54
8.000	3.46	101.93	1.93
8.100	2.19	99.37	–0.63
8.200	0.94	96.88	–3.12
8.277	0	95.00	–5.00
8.300	–0.28	95.00	–5.00
8.400	–1.46	95.00	–5.00
8.500	–2.62	95.00	–5.00
8.600	–3.76	95.00	–5.00

表 44-2 传达了一部分有用信息。首先，票据的净收益大约和目标汇率为 7.90 时的标的货币的净收益相同，而且由于杠杆乘数的作用，当目标汇率跌至 7.50 到 7.90 之间时，净收益将超过人民币本身的升值幅度；其次，即使到期汇率和即期汇率 8.277 相比轻微升值（在 8.100 到 8.277 之间），净收益也是负的，而且由于本金被控制在 95% 以内，损失会被控制 5% 以内；最后，由于本金的上限为 120%，在到期汇率低于 7.50 的履约率时，净收益的上限为 20%。

例 44.3 本金的上限给定为 118%，下限给定为 90%，赎回乘数为 1.8，其他条件与例 44.2 相同，这个人民币看涨票据的收益为多少？

解： 步骤与例 44.2 类似，可以得出不同目标汇率下人民币看涨票据的潜在收益，如表 44-3 所示。

表 44-3　　　　　　例 44.3 人民币看涨票据的潜在收益

可能到期汇率	人民币增值/贬值（%）	到期赎回（%）	净收益（%）
6.800	21.72	118.00	18.00
6.900	19.96	118.00	18.00
7.000	18.24	118.00	18.00
7.100	16.58	118.00	18.00
7.200	14.96	116.93	16.93
7.300	13.38	114.09	14.09
7.400	11.85	111.33	11.33
7.500	10.36	108.65	8.65
7.600	8.91	106.03	6.03
7.700	7.49	103.49	3.49
7.800	6.12	101.01	1.01
7.900	4.77	98.59	-1.41
8.000	3.46	96.23	-3.77
8.100	2.19	93.93	-6.07
8.200	0.94	91.69	-8.31
8.277	0.00	90.00	-10.00
8.300	-0.28	90.00	-10.00
8.400	-1.46	90.00	-10.00
8.500	-2.62	90.00	-10.00

比较表 44-2 和表 44-3，我们可以很容易地看出，例 44.2 中的票据应该比例 44.3 中的票据更吸引投资者，因为其潜在收益更高。但如果人民币不升值或升值幅度小于 5%，该票据的潜在损失也将更高。

表 44-2 和表 44-3 所示的人民币结构票据实际上各包含一对人民币期权。我们会在第 44.5 节分析这些期权的特点。

44.4 人民币的看涨债务

人民币看涨债务是投资者能从潜在的人民币升值中获得获利机会的另一种投资和投机工具。人民币看涨债务的盈利包括两部分：息票和本金。这两个部分都依赖于票据到期时固定的人民币对美元的汇率。息票设置如下：

人民币息票率×（即期汇率/固定汇率）×天数/360

本金通过下面的公式得出：

[1+乘数×（8.277-Fm）/Fm]×实际金额

式中，Fm代表人民币/美元的固定汇率，乘数则代表看涨程度，实际金额就是票据的实际价值。

我们下面用具体的例子来解释这些票据。

例44.4 一家香港银行打算以2000万美元

从一个美国投资机构买入一个90天到期的票据。票据的息票和本金以美金支付。假定票据的年息票为8%，并乘以人民币的即期利率与人民币/美元的到期汇率之比。如果乘数为2.8，不同的人民币/美元汇率下的票据到期收益是多少？

利用上面息票和本金支付公式，我们能得出不同的人民币/美元汇率下的票据到期收益，结果列在表44-4中。

表44-4　　　　　　　例44.4 人民币看涨票据的潜在收益

到期汇率	人民币升值/贬值（%）	本金报酬	息票报酬	总报酬	净收益（%）
7.500	10.40	25.802	0.441	26.243	31.20
7.600	8.90	24.988	0.436	25.424	27.10
7.700	7.50	24.196	0.430	24.626	23.10
7.800	6.10	23.425	0.424	23.849	19.20
7.900	4.80	22.672	0.419	23.091	15.50
8.000	3.50	21.939	0.414	22.353	11.80
8.100	2.20	21.224	0.409	21.632	8.20
8.200	0.90	20.526	0.404	20.930	4.60
8.277	0.00	20.000	0.400	20.400	2.00
8.300	-0.30	19.845	0.399	20.244	1.20
8.700	-4.90	17.277	0.381	17.658	-11.70
9.100	-9.00	14.935	0.364	15.299	-23.50
12.876	-35.70	0.000	0.257	0.257	-98.70
16.554	-50.00	-8.000	0.200	-7.800	-139.00

从表 44 - 4 可以容易地观察到，到期时极端的情况下，当人民币贬值到
12.876 和 16.554 时，本金可能分别降到 0 和 - 800 万美元。此外，从表 44 - 4
还能观察到，由于票据的杠杆效应，债务型票据的净收益或损失比人民币相应
的升值程度大得多。

例 44.5　如果乘数为 2.2，其他参数与例 44.4 相同，在不同的人民币对美
元的汇率下，例 44.4 中票据的到期收益是多少？

与例 44.4 的计算过程相同，我们能得出不同的人民币对美元汇率下的票据
到期收益，结果如表 44 - 5 所示。

表 44 - 5　　　　　　　例 44.4 人民币看涨债务的潜在回报

到期汇率	人民币升值/贬值（%）	本金报酬	息票报酬	总报酬	净收益（%）
7.500	10.40	24.558	0.441	25.000	25.00
7.600	8.90	23.919	0.436	24.355	21.80
7.700	7.50	23.297	0.430	23.727	18.60
7.800	6.10	22.691	0.424	23.115	15.60
7.900	4.80	22.100	0.419	22.519	12.60
8.000	3.50	21.524	0.414	21.937	9.70
8.100	2.20	20.961	0.409	21.370	6.90
8.200	0.90	20.413	0.404	20.817	4.10
8.277	0.00	20.000	0.400	20.400	2.00
8.300	- 0.30	19.878	0.399	20.277	1.40
8.700	- 4.90	17.861	0.381	18.241	- 8.80
9.100	- 9.00	16.021	0.364	16.384	- 18.10
12.876	- 35.70	4.285	0.257	4.542	- 77.30
16.554	- 50.00	- 2.000	0.200	- 1.800	- 109.00

比较表 44 - 4 和表 44 - 5 中的结果，我们能看出，表 44 - 4 中看涨债务的净
收益高于表 44 - 5 中的净收益，而且表 44 - 4 中的净损失也高于表 44 - 5 中的净
损失，其原因就在于乘数越大，杠杆效应也就越大。

44.5　结构性票据内含的嵌入式期权

我们已在本章前面指出，绝大多数结构性票据都有嵌入式或者隐含期权。
我们在这里专门分析这些嵌入式期权。为了方便叙述，我们分别用 U、L、m、x
和 k 分别代表本金赎回上限、本金赎回下限、乘数、人民币/美元到期汇率和人
民币/美元执行汇率。

44.5.1 仅有下限的结构性票据的嵌入式期权

仅有本金赎回下限的人民币结构性的本金赎回可以用以下公式表示：

$$max[L + m \times (1/x - 1/k)/(1/k), L]$$
$$= L + max\{m \times k \times [1/x - 1/k], 0\}$$
$$= L + m \times k \times max(1/x - 1/k, 0)$$

上面的 max [A，B] 代表取两个数值 A 和 B 的较大值。

上面的本金赎回公式显然包含一个多头人民币看涨期权，但是该看涨期权的标的资产不是人民币/美元汇率，而是美元/人民币汇率，同时该人民币看涨期权的执行价是 $1/k$，即人民币/美元汇率表示的执行价格。在我们第 44.1 节中的人民币结构性票据中，该嵌入式人民币看涨期权的执行价格为 $1/8.2770 = 0.1208$ 美元/人民币。

44.5.2 仅有上限的结构性票据的嵌入式期权

仅有本金赎回上限的人民币结构性本金赎回可以用以下公式表示：

$$min[L + m \times (1/x - 1/k)/(1/k), U]$$
$$= L + min[U - L + m \times k \times (1/x - 1/k)]$$
$$= L + m \times k \times (1/x - 1/k) - m \times k \times$$
$$max[1/x - (m - U + L)/(m \times k), 0]$$

上面的 min [A，B] 代表取两个数值 A 和 B 中的较小值。

上面的本金赎回公式显然包含一个空头人民币看涨期权，但是该看涨期权的标的资产不是人民币/美元汇率，而是美元/人民币汇率，同时该人民币看涨期权的执行价格是人民币/美元汇率表示的执行价格、乘数、上限和下限的函数，即 $(m - U + L) / (m \times k)$。将第 44.2 节中的人民币结构性票据的参数代入如上公式中，我们可以求出该嵌入式人民币看涨期权的执行价格为

$$(2.0 - 1.20 + 0.95)/(2 \times 8.2770) = 0.1057 \text{ 美元} / \text{人民币}$$

44.5.3 有上下限的结构性票据的嵌入式期权

从上面的分析我们得知仅有本金赎回下限的人民币看涨结构性票据实际上有一个多头嵌入式的人民币看涨期权，仅有本金赎回上限的人民币看涨结构性票据实际上有一个空头嵌入式的人民币看涨期权。这里我们分析同时有本金赎回上下限的人民币看涨结构性票据的嵌入式期权特征。

同时具有本金赎回上限和下限的人民币结构性的本金赎回可以用以下公式表示：

$$min\{L + max[m \times k \times (1/x - 1/k), 0], U\}$$

$$= U + min\{L - U + max[m \times k \times (1/x - 1/k),0],0\}$$
$$= L + m \times k \times max(1/x - 1/k,0)$$
$$- m \times k \times max\{max[(1/x - 1/k,0) - (U - L)/(m \times k),0]\}$$

上面的本金赎回公式显然包含一个与第44.5.1节中相同的多头嵌入式人民币看涨期权，但同时也有一个嵌入式的人民币看涨期权的看涨期权。

实际上，看涨期权的看涨期权是一种流行的奇异期权，流行于项目管理应用中。看涨期权的看涨期权实际上是以普通的看涨期权作为标的资产的期权，在期权行业中称为复合期权。复合期权超出了本书的范围，有兴趣的读者可以参考张光平的《奇异期权》（1998）。如上的基础人民币看涨期权与第44.5.1节中的看涨期权一样，而复合期权——人民币看涨期权的看涨期权的执行价格为（U−L）／（m×k）。对于表28−2所示的人民币看涨结构性票据，该复合期权的执行价格为

$$(1.20 - 0.95)/(2.0 \times 8.2770) = 0.0151 = 1.51\%$$

上面的人民币看涨期权的标的资产与第44.5.1～44.5.2节相同，不是人民币/美元汇率，而是美元/人民币汇率。

44.6　接近当前市场的人民币票据产品

本章前面的例子皆为2005年人民币汇改前后的市场的例子。掌握了这些产品设计的方法，我们可以容易地设计出与当前人民币/美元汇率相近，同时反映近期人民币兑美元升值预期的人民币升值票据。2015年6月，人民币/美元汇率在6.2左右，一年期和两年期的人民币/美元无本金交割远期升值预期在2%和4%上下。因此我们可以设计出例44.6如下。

例44.6　人民币对美元的即期汇率和执行汇率给定为6.20，本金下限为95%，面值为500万美元，上限汇率为5.90，赎回乘数为3.1，则人民币看涨票据的收益为多少？

解：利用例44.2同样的方法，我们能够得出不同目标汇率下人民币看涨票据的潜在收益，如表44−6所示。

表44−6　　　　　　　　　　　**例44.6人民币看涨票据的潜在收益**

到期汇率	人民币升值/贬值幅度（%）	本金报酬（%）	净回报（%）
5.70	8.77	110.76	10.76
5.75	7.83	110.76	10.76
5.80	6.90	110.76	10.76
5.85	5.98	110.76	10.76

到期汇率	人民币升值/贬值幅度（%）	本金报酬（%）	净回报（%）
5.90	5.08	110.76	10.76
5.95	4.20	108.03	8.03
6.00	3.33	105.33	5.33
6.05	2.48	102.69	2.69
6.10	1.64	100.08	0.08
6.15	0.81	97.52	−2.48
6.20	0	95.00	−5.00
6.25	−0.80	95.00	−5.00
6.30	−1.59	95.00	−5.00
6.35	−2.36	95.00	−5.00
6.40	−3.13	95.00	−5.00

表 44-6 给出的既有上限又有下限的人民币结构票据看似与表 44-2 给出的既有上限又有下限的人民币结构性票据相似，两者差别仅在票据的嵌入式期权的执行价上。实际上，表 44-6 给出的结构性票据与表 44-2 给出的票据却有着重要的隐含性差异：表 44-6 给出的票据中的嵌入式期权实际上是近年境外人民币可交割期权，而表 44-2 给出的人民币结构性票据中的嵌入式期权却是境外人民币无本金交割期权。虽然总产品结构中难以直接看出两者间的差异，然而两者还是有重要的区别。我们在第 44.8 节会进一步介绍两者的区别。

44.7　2013 年最流行的人民币结构性票据

随着人民币汇改进程不断深化，人民币单边升值预期日益强烈，2013 年，市场普遍预期，美元兑人民币汇率将跌破 6.0 大关。在这种市场背景下，看涨人民币的结构性票据得到市场的认同和追捧，2013 年，目标可赎回票据（Target Redemption Note）大行其道，最高峰发行面值近 3500 亿美元。

杠杆式目标可赎回票据强烈看涨人民币升值，该产品相当于人民币存款内嵌一个目标可赎回远期合约。目标可赎回远期合约（Target Redemption Forward，TRF）是一种衍生性金融产品，中央银行将其分类为期权类产品。客户利用 TRF 进行汇率单边走势的押注，押对方向，获利为本金乘以汇差。猜错方向，亏损除了价差乘上本金外，还须乘上杠杆倍数，也就是本金乘以汇差再乘以杠杆倍数。

TRF 合约期通常分为 12 个月或 24 个月，每月进行一次结算，约定一个比即期汇率低的执行价（如图 44 - 1 人民币 6.15 的汇价）、距离现价格更远的上方保护价（如图 44 - 1 人民币 6.2 的汇价），以及亏损时须乘上的杠杆倍数（最常见的为 2 倍杠杆倍数），同时再加设一个赎回价（如图 44 - 1 给出的人民币 6.05 的汇价，只要汇率触及此价位，合约自动终止），其损益变化图如下。

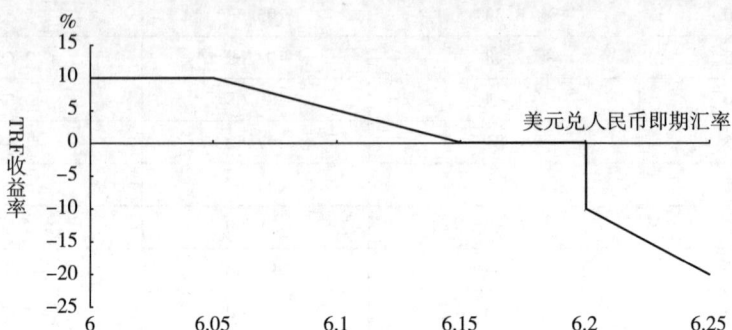

说明：当美元兑人民币汇率介于 6.15 至 6.2 之间时，投资者损益两平。当美元兑人民币跌破 6.15 时，投资者开始获利，但当累计获利达到本金的 10% 时，该票据将自动到期赎回，本息返还给投资者。当美元兑人民币升破 6.20 时，投资者开始亏损，亏损速度因为杠杆的存在而加倍，亏损上不封顶。显然，购买该票据的投资者强烈看涨人民币，并认为在触发票据自动赎回条款之前，人民币贬值超过 6.20 的概率极低。

图 44 - 1   目标可赎回远期合约的回报示意图（美元兑人民币汇率）

图 44 - 1 给出的目标可赎回远期合约回报实际上与表 44 - 2 和表 44 - 6 给出的结构性票据相似，主要区别仅在图 44 - 1 给出的目标可赎回远期合约回报是上封顶，即人民币升值超过 6.05 后回报封顶在 10%；上封顶的同时下不封底，即当人民币兑美元贬值超过 6.20 之后，贬值幅度越大，损失越多。

根据本章上文的方法，我们还可以设计出多种类似的包含有人民币看涨期权的人民币票据，这里不再多述。

44.8 2013 年以来人民币结构性票据嵌入式期权的定价和风险管理

本章前面人民币结构性票据的主要例子是 2005 年国内人民币汇改前活跃于境外市场的人民币结构性票据。实际上，这些产品从 2002 年第四季度境外人民币升值预期产生后就在境外市场逐渐活跃。表 42 - 7 的结果显示，虽然境外人民币可交割期权在 2010 年境外人民币市场推出后才开始交易，然而早在 2013 年上半年境外人民币可交割期权的日均成交金额 44.6 亿美元就显著超过了同期境外人民币无本金交割远期的日均成交金额 26.7 亿美元，前者为后者的 1.67 倍，而 2014 年下半年前者为后者的 7.15 倍。较高的流动性使得境外人民币可交割期权成为境外人民币结构性票据嵌入期权的更好选择。

由于 2010 年前境外人民币无本金交割期权是境外唯一能够凭借的外汇期权，所有人民币结构性票据的嵌入式期权不得不利用无本金交割期权。第 42 章显示，2010 年前境外人民币无本金交割期权的流动性有限，不仅境外人民币无本金交割期权定价有困难，而且要对冲这些期权的风险更为困难。随着境外人民币可交割期权市场的快速发展，境外人民币可交割期权成为了人民币结构性票据潜入的首选。由于 2014 年下半年境外人民币可交割期权的日均成交金额就超过了相应的人民币无本金交割远期的 7 倍，境外人民币可交割外汇期权流动性将随着境外人民币市场的快速发展进一步发展，使得各类境外人民币结构性票据定价变得更为容易的同时，也将使这些票据的嵌入式期权的风险管理变得简单易行，进而使得这些产品的价格下降并提高市场效率。

44.9　本章总结

结构性票据可以由期权或远期资产的许多不同组合构成。我们在本章通过实际例子简单介绍了仅有上限或下限的人民币看涨票据和同时有上下限的人民币看涨票据，并分析了这些票据包含的嵌入式期权。嵌入式期权往往比简单期权要复杂得多。如前所述，同时有上下限的人民币看涨票据不但有嵌入式简单看涨期权，而且还有看涨期权的看涨期权。由于这些产品超出了本书的范围，我们不在这里过多地介绍和分析。

随着 2002 年到 2007 年境外人民币升值预期的升温，一些在亚洲金融危机和墨西哥危机期间运用的结构性票据逐渐嫁接到了人民币与美元的汇率上开始进行交易，但许多设计更为复杂的和人民币升值有关的票据在市场中的运用还不是很多。早期的境外人民币结构性票据只能以国内外人民币无本金交割期权来设计，然而由于当时境外人民币无本金交割期权的流动性有限，这些票据往往存在股值和风险对冲方面的问题。

随着 2010 年离岸人民币市场的启动和发展，特别是随着境外人民币可交割期权流动性的大幅度提高（2013 年上半年境外人民币可交割外汇期权日均成交金额首次超过了境外无本金交割期权，而且 2014 年下半年前者超过后者 7 倍），境外人民币期权风险对冲变得简单易行的同时，对冲成本也显著下降，成为境外人民币结构性票据嵌入式期权的首先。相信随着境外人民币可交割期权市场流动性的进一步提高，境外更为复杂的人民币结构性票据将会流行，境外人民币产品也将更为丰富。

第 45 章　人民币结构性存款

我们在前面章节分别介绍和分析了人民币远期、人民币无本金交割远期（NDF）、人民币无本金交割掉期、人民币无本金交割期权（NDO）和人民币结构性票据等人民币衍生产品。本章将侧重介绍另一种人民币衍生产品——结构性存款，其中包括与人民币无本金交割远期相关并有嵌入式期权的人民币存款及外汇存款。大多数与人民币无本金交割远期相关联的外汇存款都在中国国境之外，但有嵌入式期权人民币存款不仅在离岸市场存在，而且在中国国内也存在。

类似的产品实际上在国内近年来也已经有了很大的发展，我们在本章首先介绍结构性存款的主要类型及特征，然后介绍我国外汇结构性存款和人民币结构性存款。

在亚洲金融危机以前，货币关联存款在东南亚比较普遍，因为泰国等国家的利息非常高。目前较为流行的一种无本金交割远期关联存款就是人民币无本金交割远期关联存款，主要原因在于人民币升值压力在 2002 年后期变得更为明显，存在一定的收益空间。目前，已有部分国际金融机构向美国和其他国际金融中心的特定投资者提供人民币无本金交割远期交易关联存款。

各种类型的奇异期权十分有用，因为它们不仅能直接交易，还能内嵌在其他产品之中（张光平，《奇异期权》，1998）。如本章将要阐述的，多种人民币存款已内嵌了期权，包括奇异期权。本章主要描述这些存款以及它们内嵌的期权，但对这些期权的技术性问题不作为重点进行分析。

45.1　无本金交割远期关联存款

45.1.1　无本金交割远期关联存款简介

存款通常以一种货币构成，其回报则由商业银行以同种货币用利息的形式支付。利用市场创新，存款也能以某种货币表示，这种货币的收益与受管制货币无本金交割远期交易中的隐含回报相关联。货币关联存款收益反映了来自无本金交割远期市场的潜在当地利率，它可能比主要货币的利率高得多。无本金交割远期货币关联存款对资产管理者尤其适合，他们需要持有一种有形资产，但同时也愿意参与高回报市场。

市场上有两类无本金交割货币关联存款：只与本金相关联的存款以及与本

金和利息两者都相关联的存款。前者只有本金的风险敞口，而后者提供了一个收益更高的息票，不过本金和利息都会面临汇率波动风险。可以看出，这两种货币关联存款的本金都不受保护。但这两种存款不仅拥有许多与无本金交割远期交易相同的优点，且较之离岸存款，还常常向存款者提供更低的信贷风险或更多的利息。

无本金交割货币关联存款通常不能在到期日前被提取或终止。尽管允许提前提款所需的条件依赖于市场状况，但假如一个货币关联存款的存款者希望提前提款，银行还是会尽最大努力满足他的要求。

45.1.2　无本金交割远期货币关联的外币存款实例

本节将用具体例子来阐述无本金交割货币关联存款是如何运作的。假设一个投资者希望得到期限为 6 个月的 200 万美元本金的人民币利息，而且在他的存款中，人民币货币同时有本金和利息的风险敞口。也就是说，他采用的是一种与人民币相关联的存款。

商业银行提供一种主要货币（例如美元），其收益大小与无本金交割货币的汇率相联系的存款。总收益反映了来自无本金交割市场的当地潜在利率，这一利率可能比主要货币的利率要高得多。这样无本金交割远期货币关联存款对于那些持有有形资产并希望得到更高回报的资产管理者尤其适合。

在进行分析之前需要做如下假设：

（1）假设人民币年息票率为 2.24%；

（2）目前人民币/美元的即期汇率为 8.277；

（3）利息将在第 6 个月月末支付

利息 = 2000000 × 2.24% × 180/360 = 45000.00 美元；

（4）本金加到期利息（没有和货币相关联）为 2045000.00 美元；

（5）相应的赎回额 = 2045000 美元 × 8.277/到期的人民币无本金交割远期汇率。

表 45 - 1 给出在 6 个月内四种人民币无本金交割远期可能出现的升贴水结果。

表 45 - 1　　　　　　　人民币无本金交割远期关联的美元储蓄回报

	情形 1	情形 2	情形 3	情形 4
溢价/折价（点）	2770	0	-2770	-3770
美元/人民币的固定汇率	8.554	8.277	8.000	7.900
赎回额（$）	1978777.77	2045000.00	2115808.13	2142590.51
回报（$）	-21222.24	45000	115808.13	142590.51
年回报率（%）	-2.21	4.50	11.58	14.26

在表 45 - 1 情形 1 中，人民币贬值的可能将关联存款的收益减至 - 2. 21% ；在情形 3 中，人民币的升值使投资者获得比原始息票更高的存款收益，收益率为 11. 58% ；在情形 4 中，人民币进一步升值使投资者可获得更高的收益率，为 14. 26% 。

在离岸市场的人民币升值压力下，中国被认为越来越有可能改变当时盯住美元的汇率政策。由于这种预期的存在，金融机构开始向特定的存款者或投资者提供人民币无本金交割远期关联存款。

45. 2　内嵌数码期权的货币存款

由于欧式数码期权是所有期权中最简单的期权，嵌入式期权为欧式数码期权的货币存款是各类货币存款中最简单的形式（张光平，《奇异期权》，1998）。这种存款目前已经开始在中国香港、中国内地和其他地方推行。此外，还有内嵌欧式数码期权的汇率看跌货币存款。本节将首先介绍这些有嵌入欧式数码期权的存款，然后介绍有嵌入美式数码期权的存款。

45. 2. 1　内嵌欧式数码期权的存款

存款货币往往是硬通货，标准汇率则与存款货币相关联。对人民币而言，存款货币可以是港元、美元、日元或其他任何主要货币，标准汇率则是人民币/美元、人民币/港元、人民币/日元和人民币/欧元等。当然，也可以以人民币为存款货币、其他汇率为测量工具构成一个货币存款。本节以下部分将以具体例子阐述这些存款。

除了具体的存款货币以外，在内嵌期权的货币存款中通常还要包括以下这些重要的参数：

特种账户货币存款的最小额

最小额可以是 100000 港元、10000 美元或者是 100000 人民币等。

到期日

到期日可以是半年、一年或两年。

关联汇率

关联汇率可以采用人民币/美元、人民币/日元、人民币/欧元、人民币无本金交割远期/美元等。

指定的最高和最低利率

一般而言，存款合约规定，最高的年利率用 Rmax 代表，比如 5. 0% ，最低的年利率用 Rmin 代表，比如 1. 0% 。

执行汇率

关联汇率的特别水平 X，也是内嵌期权的执行价格。如果到期时相关汇率超过 X，以最高利率 Rmax 支付存款货币；反之，就以最低利率 Rmin 支付存款货币。

货币存款中最为存款者所重视的是最高利率支付的概率。由于推导公式需要一些小技巧，我们这里直接使用 Zhang《Exotic Options》（1998）的结论。看涨货币存款支付最高利率的概率实际是按照欧式数码期权被执行的概率来计算的：

$$N\{[\ln(SF/X) + (r_1 - r_2 - 0.5 \times \sigma2/2) \times t]/[\sigma \times t]\}$$

这里 SF 是关联汇率的即期汇率，r_1 和 r_2 分别为美元利率和人民币利率，σ 是关联汇率的年波动率，t 为存款的期限，$\ln$（·）是自然对数函数，N（·）为标准正态分布的累积函数。下面将用一个具体的例子来阐明如何使用上面这个公式。

例 45.1　给定初始的人民币/美元的汇率为 8.277，其变动波幅为 3.0%。一个香港的存款者相信人民币将在一年内升值，于是存入 1 年期 500000 港元。如果人民币/美元的汇率跌至 8.00，银行将实施 4.0% 的最高年利率，反之将实施 0.80% 的最低年利率。那么存款者能够接受的期望利率是多少（人民币和美元的年利率分别为 1.5% 和 2.0%，给定美元利率为 3.50%，人民币利率为 2.24%）？

解：将 $SF = 8.277$，$X = 8.00$，$r_1 = 3.50\% = 0.035$，$r_2 = 2.24\% = 0.0224$，$\sigma = 3.0\% = 0.03$，$t = 1.0$ 代入以上的概率公式，得

$$N\{[\ln(8.277/8) + (0.035 - 0.0224 - 0.032/2) \times 1]/$$
$$[0.03 \times t]\} = 0.759 = 75.9\%$$

得出的期望利率是最高利率和最低利率的以概率为权数的加权平均。最高利率的出现概率为上述计算结果，最低利率出现概率 = 1 - 最高利率的出现概率。那么期望利率为

$$4.0\% \times 75.9\% + 0.8\% \times (1 - 75.9\%) = 3.23\%$$

例 45.2　给定人民币对美元的即期汇率为 8.277，1 年期人民币无本金交割远期交易贴水 2000 点，1 年期人民币无本金交割远期汇率的波幅为 12.0%，美元利息为 3.50%。一个香港的存款者相信人民币将在一年内升值，于是存入 1 年期的 500000 港元。如果人民币无本金交割远期交易贴水为 -4000 点，将实施 4.0% 的最高年利率，否则将实施 0.80% 的最低年利率。存款者接受的期望利率是多少？

解：将 $\sigma = 12\% = 0.12$，$t = 1.0$，$X = 8.277 - 4000/10000 = 7.877$
和 $SF = 8.277 - 2000/10000 = 8.077$ 代入如上给出的概率公式，得出：

$$N\{[\ln(8.077/7.877) - 0.12 \times 0.12/2] \times 1.0\}/(0.20 \times 1)$$

$$= 0.7941 = 79.41\%$$

和上例相似，期望利率是最高利率和最低利率的以概率为权数的加权平均。最高利率的出现概率为上述计算结果，最低利率出现概率 = 1 - 最高利率的出现概率。那么，期望利率为

$$4.0\% \times 79.41\% + 0.8\% \times (1 - 79.41\%) = 3.34\%$$

货币存款能够很简单地由作为存款货币的人民币和例如美元/欧元或日元对美元这样的标准汇率构成，其平均回报可以像例 45.1 和例 45.2 那样由计算得出。

45.2.2 内嵌美式数码期权的存款

前面描述的货币存款是有嵌入欧式数码期权的存款，因为利息支付是根据关联汇率是否处于存款到期时的确定时间来决定的。与有欧式数码期权的存款相比，有美式内嵌数码期权的存款的利息支付取决于关联汇率在存款到期前的时间内是否一直在给定的汇率水平之上或之下。美式数码期权比欧式要复杂很多，我们在第 14 章专门介绍了美式数码期权，这里可以直接利用该结果。

例45.3 请计算参数与例 45.2 完全相同的美式区间货币存款的期望利率，即 1 年期人民币/美元无本金交割远期汇率在存款期间一直保持在升水 4000 点相应的汇率之上。

解： 将 $\sigma = 12\% = 0.12$，$t = 1.0$，$B = 8.277 - 4000/10000 = 7.877$ 和 $SF = 8.277 - 2000/10000 = 8.077$ 和 $theta = 1$ 代入公式（14 - 3），我们获得下限 B 的概率为 84.03%，所以在存款期间下限从来不被碰到的概率为 1 - 84.03% = 15.97%，远低于例 45.2 中相应欧式数码期权的概率 79.41%，这是因为要在存款期间保持在一定水平之上比到期时保持在同样水平上要困难得多。

与例 45.2 相似，期望利率是最高利率和最低利率的以概率为权数的加权平均。最高利率的出现概率为上述的计算结果，最低利率出现概率 = 1 - 最高利率的出现概率。那么，期望利率为

$$4.0\% \times 15.97\% + 0.8\% \times (1 - 15.97\%) = 1.31\%$$

远小于例 45.2 相应的期望利率 3.34%，因为要使 1 年期人民币无本金交割远期汇率在存款期间保持在 7.877 之上，要比仅在存款到期时在 7.877 之上要困难，得到高利率的相应概率要低得多。

例45.4 给定人民币对美元的即期汇率为 8.277，1 年期人民币无本金交割远期交易贴水 -4000 点，其他参数与例 45.2 相同。如果人民币无本金交割远期交易贴水在存款期间总保持在 -2000 点之内，将实施 4.0% 的最高年利率，否则将实施 0.80% 的最低年利率。存款者接受的期望利率是多少？

解： 将 $\sigma = 12\% = 0.12$，$t = 1.0$，$B = 8.277 - 2000/10000 = 8.077$ 和 $SF = $

8. 277 - 4000/10000 = 7. 877 和 *theta* = - 1 代入公式（14 - 3），我们获得碰到上限 B 的概率为 81.95%，所以在存款期间下限从来不被碰到的概率为 1 - 81. 95% = 18. 05%。

与例 42.2 相似，期望利率是最高利率和最低利率的以概率为权数的加权平均。最高利率的出现概率为上述计算结果，最低利率出现概率 = 1 - 最高利率的出现概率。那么，期望利率为

$$4.0\% \times 18.05\% + 0.8\% \times (1 - 18.95\%) = 1.38\%$$

45.3　货币区间存款

货币区间存款是指那些利率由标准汇率是否在一个给定范围内变动来决定的货币存款。就存款结构而言，货币区间存款包括一对欧式数码期权，其执行价格在给定范围内上下变动。

45.3.1　区间和利息支付

对于一个特定的货币区间存款而言，除了有区间的规定之外，其他所有参数都与第 45.2 节中描述的货币存款相同。关联汇率的下限 Xlow 和上限 Xup（Xlow < Xup）已被事先给定。如果在存款到期日，关联汇率处于 Xlow 和 Xup 之间，存款货币将以最大利率 Rmax 进行支付，否则就以最小利率 Rmin 进行支付。

45.3.2　最大利率行使概率

货币区间存款中以最大利率进行支付的概率实际是两个欧式脉冲期权（第 14.4 节介绍）的概率差价：

$$N\{[\ln(SF/Xlow) - \sigma^2/2]\}/(\sigma \times t) - N\{[\ln(SF/Xup) - \sigma^2/2]\}/(\sigma \times t)$$

这里所有的参数和公式都与第 45.2 节中相同。

下面将通过一个具体的例子解释货币区间存款。

例 45.5　给定 1 年期人民币无本金交割远期交易贴水 2000 点，美元年利率为 3.5%，1 年期人民币无本金交割远期汇率的波幅为 10.0%。一个香港的存款者相信人民币将升值，并在银行存入 1 年期的 1000000 港元。如果人民币无本金交割远期交易贴水 1500 至 4000 点，将实施 4.0% 的最高年利率，否则将实施 0.80% 的最低年利率。那么存款者接受的期望利率是多少？

解：将 $\sigma = 10.0\% = 0.10$，$t = 1.0$，$SF = 8.277 - 2000/10000 = 8.077$，$Xlow = 8.277 - 4000/10000 = 7.877$ 和 $Xup = 8.277 - 1500/10000 = 8.127$ 代入以上的概率公式得出：

$$N\{[\ln(8.077/7.777) - 0.10^2/2] \times 1\}/(0.10 \times 1)$$

$$- N\{[\ln(8.077/8.127) - 0.10^2/2] \times 1\}/(0.10 \times 1)$$
$$= 0.7941 - 0.4098 = 0.3843 = 38.43\%$$

同样，期望利率是最高利率和最低利率的以概率为权数的加权平均。最高利率的出现概率为上述计算结果，最低利率的出现概率 = 1 - 最高利率的出现概率，则期望利率为

$$4.0\% \times 38.43\% + 0.8\% \times (1 - 38.43\%) = 0.0203 = 2.03\%$$

45.3.3　嵌入式期权为美式的货币区间存款

以上描述的货币区间存款是欧式货币区间存款，因为利息支付是根据关联汇率是否处于存款到期时的确定时间来决定的。在美式货币区间存款中，利息支付取决于关联汇率在存款到期前的时间内是否一直在上下限的范围内。在概念上与具有两个欧式数码期权价差的欧式货币区间存款相似，但美式货币区间存款实际上并不是两个美式数码期权的价差。在存款期间任何时间同时在上下限之间在数学上比仅有一个下限或上限要复杂得多，结果也相当复杂，有兴趣的读者可参考 Zhang（张光平）《Exotic Options（奇异期权）》（1998）。

45.4　双重货币存款

前面介绍的货币存款是以同种货币即存款货币进行利息支付的存款。实际上，利息还可以选择用存款货币以外的货币进行支付。例如，支付货币可以指定为欧元、日元、英镑或其他货币，如果存款货币是美元的话，关联汇率可以被指定为人民币无本金交割远期汇率。其分析内容与本章前部分的分析相似，因此本节不再举例描述了。

45.5　内嵌其他奇异期权的货币存款

第 14 章介绍了外汇奇异期权。奇异期权之所以有用，不仅因为它们能直接在柜台交易市场上进行交易，还因为它们是其他柜台交易产品的构成单位。内嵌奇异期权的货币存款是把奇异特征融入到货币存款的极好证明。数家外资银行在国内提供的外汇理财产品中有这些特性。我们将在本节集中介绍非常普遍的带奇异特征的货币存款。

45.5.1　带有"敲空"特征的货币存款

我们在第 14.5 节专门介绍和分析了各种外汇屏障式期权。带有"敲失"或"敲空"特征的货币存款实际上是内嵌"敲失"期权的货币存款（或叫界限期

权）。带有"敲空"特征的货币存款的利息支付取决于关联汇率是否触及预先设计好的界点。如果该界点在存款期内的任何时间被触动，"敲空"特征失去效果，利率要按照预先设定的利率计算，这被视为给敲空期权的回扣。如果在存款期内没有超出界点，利息支付则和普通存款相似，通过替代货币或其他方式支付。我们在第14章对各种屏障期权的特征进行了分析，这里只介绍屏障期权在存款中的应用。

因为有上界点（界点设定为高于相应的即期汇率）期权和下界点（界点设定为低于相应的即期汇率）期权，所以有上界点性质的货币存款和下界点性质的存款。

45.5.2　带有"敲入"特征的货币存款

上部分介绍了内嵌敲空期权的货币存款，与此相似，"敲入"期权也可以内嵌在货币存款中。由于存在有上界点和下界点的敲入期权，有些货币存款也具有上界点和下界点的敲入性质。详细论述这些金融产品涉及相当的技术性，有兴趣的读者请参见第14.5节关于"上得"和"下得"期权较全面的描述，这些期权可以很容易地应用到货币存款中。

45.5.3　双界点的货币存款

之前本书介绍的货币存款都只具有一个界点，要么是空，要么是多。而事实上，有很多货币存款具有两个与关联汇率相关的界点，一个上界点，一个下界点。如果在存款期内，上界点和下界点都没有被触及，利率照常支付，如果在存款期内，上界点被触及而下界点没有被触及，利率支付是不同的。反之也是如此。双界点有多种不同的组合，但这已经超出了本书的研究范围。

45.6　本金无担保人民币相关存款

我们到目前讨论的所有货币存款都是本金被担保的，所以面临的唯一风险就是利率风险。除此以外，还有一些较为普遍的货币存款属于本金无担保的，我们将在本章对它们进行详细介绍。

45.6.1　本金无担保货币存款

本金有担保货币存款和本金无担保货币存款（CDPNG）之间最重要的不同是，本金无担保存款的本金要根据它的即期汇率与关联外汇的参考利率水平比较的结果进行调整。本金一般按照如下的公式计算：

$$本金 \times [n + 1 - n \times (参考汇率 / 即期汇率)]$$

这里 n 可以是任何大于或等于 1 的整数。本金为存款设定的初始本金。显然，在给定 n 和可能的关联外汇的参考利率的情况下，本金可以跌到 0。比如，当即期利率跌至参考汇率的 $n/(n+1)$ 倍时，本金自然为 0。整数 n 一般设定在 2 至 10 之间，稍后将用一个特定的例子来阐述本金的变化。

45.6.2 内嵌期权

与前面讨论的本金有担保的货币存款相类似，大部分本金无担保的货币存款（CDPNG）也具有内嵌期权。尽管美式期权和奇异期权也能够嵌入，大部分嵌入期权还是欧式看涨期权或欧式看跌期权。我们用具体的例子来阐明。

例 45.6（3 个月期与人民币关联的本金无担保货币存款）：给定本金额 1000000 美元，期限为 3 个月，到期时间为满期日北京时间凌晨 5 点，参考汇率为 6.277，存款利率为 10.00%，存款者将在到期日收到本金额。如果美元对人民币的即期汇率高于参考汇率的话，存款者将接受第 45.6.1 节所给出的公式得出的金额，若即期汇率低于参考汇率 2%，$n=10$，本金是多少？

解： 计算即期汇率 $=6.277×(100\%-2\%)=6.15146$，$n=10$，参考汇率 $=6.277$，代入第 45.6.1 节给出的公式，得出本金：100 万 × （10+1-10× 6.277/6.15146）=795918.4 美元

如果人民币在 3 个月内贬值，以致汇率 $=6.277×(100\%+2\%)=6.40254>$ 参考汇率，本金不变，依然为 1000000 美元，利息支付为 100 万 × 10%/4=24000 美元。

同样地，我们可以观察到，如果人民币升值 2%，存款者会损失本金的 20.41%。

例 45.7 假定所有其他参数与例 42.6 相同，若 n 分别为 2 和 5，本金为多少？

解： 将即期汇率 $=6.277×(100\%-2\%)=6.15146$，$n=2$，参考汇率 $=6.277$ 代入第 45.6.1 节中的公式，得出本金：

100 万 × （2+1-2×6.277/6.15146）=959183.7 美元

将即期汇率 $=6.277×(100\%-2\%)=6.15146$，$n=5$，参考汇率 $=6.277$ 代入第 45.6.1 节中的公式，得出本金：

100 万 × （5+1-5×6.277/8.15146）=897959.2 美元

很明显，n 分别是 2 和 5，存款者会损失 4.1% 和 10.2% 的本金。这样，n 可以被理解为本金变化的一个放大器，类似于乘数，n 值越大，杠杆作用的效果越大；n 越大，本金损失的可能就越高。

本金无担保货币存款和未被行使的内嵌买入期权中本金减少的概率可以一样很简单地算出，这里就不再重复计算了。

45.6.3　部分本金保护的货币存款

以上的例子说明，如第 45.6.1 节所示，如果到期时即期汇率降到与参考汇率 × $n/(n+1)$ 相等，货币存款的本金可以降为 0，这样对于存款者而言，存在着巨大的风险，由此产生了部分本金保护的货币存款，以尽量降低这些风险。大体上，参考汇率、即期汇率和扩大的倍数都必须满足以下条件，以保证到期时得到的本金和初始本金的比例 k 满足 $0 < k < 1$，即部分本金受保护：

$$参考汇率 / 即期汇率 \leqslant (n + 1 - k)/n$$

例 45.8　给定 $n = 5$，$k = 80\%$，参考汇率 $= 6.277$，若即期汇率分别为 6.15146 和 6.02592，本金分别是多少？

解： 将 $n = 5$，参考汇率 $= 6.277$ 和即期汇率 $= 6.15146$ 代入第 45.6.1 节中的本金公式，得出：

$$初始本金 \times (5 + 1 - 5 \times 6.277/6.15146) = 0.898 \times 初始本金$$

将 $n = 5$，参考汇率 $= 6.277$ 和即期利率 $= 6.02592$ 代入第 45.6.1 节中的本金公式，得出：

$$初始本金 \times (5 + 1 - 5 \times 6.277/6.02592) = 0.794 \times 初始本金$$

当即期汇率为 6.02592 时，本金额跌至初始本金的 80% 以下，因为参考汇率/即期汇率 $= 1.0417 > (5 + 1 - 0.80)/5 = 1.04$，违反了本例前面所给出的不等式条件。而当即期汇率现价为 6.15146 时，本金虽然下跌，但占到了初始本金的 80% 以上，因为同样的不等式条件：

$$参考汇率 / 即期汇率 = 6.277/6.15146$$
$$= 1.02 < (n + 1 - k)/n$$
$$= (5 + 1 - 0.8)/5 = 1.04$$

得到了满足。

45.7　境外人民币可交割外汇期权市场的快速发展和人民币结构性存款

本文介绍的境外人民币结构性存款实际上是在 2002 年境外人民币出现升值后不久就开始在境外较为流行。由于当时境外其他人民币产品流动性都有限，这些人民币结构性储蓄实际上含有明显的赌人民币升值的成分。上文介绍的欧式数码期权、美式数码期权和其他奇异期权在很大程度上都直接或间接地与境外人民币无本金交割期权有关。与第 44 章介绍的境外人民币结构性票据相似，早期境外人民币结构性存款也不得不依赖境外人民币无本金交割期权以达到人民币升值预期的结构。因为多年来境外人民币无本金交割外汇期权流动性相对较低，本文介绍的人民币结构性存款的风险管理也如境外人民币结构性票据一样难以管理。

境外人民币可交割外汇期权市场的持续显著增长为境外人民币结构性存款创造了好的条件，使得境外很多之前风险对冲成本较高的人民币结构性存款变得简单易行，为境外人民币结构性存款等其他产品创新进一步发展打下了更好的基础。

45.8　本章总结

我们在本章介绍了数种国际市场上流行的结构储蓄产品以及在人民币升值情况下的应用。除本章介绍的结构性存款外，国际上还有许多其他类型的结构性储蓄。我们介绍和分析了国际市场上流行的结构性储蓄及其在人民币升值环境下的应用。我们描述过的存款主要和一种关联汇率相联系，还有和多于一种关联汇率相联系的货币存款。这些货币存款也可成为与一篮子关联汇率相联系的货币存款。

本章和第 44 章的内容实际上与国内近年来流行的各类挂钩性理财产品类似，包含有各种各样的嵌入式期权在内。由于期权各种各样，设计出的这类理财产品也会品种繁多。要对这些产品有深入地了解和把握，认真学习和掌握各类期权的特点和特性、定价和风险控制必不可少。如我们在第 44 章所介绍的境外人民币结构新票据与境外人民币期权的关系一样，境外人民币外汇可交割期权市场的快速发展对今后境外人民币结构性储蓄和其他产品创新将提供更好的条件，境外人民币产品创新也将进入新的阶段。

由于期权的介绍和描述离不开数学，介绍比较困难，我们从第三篇到本篇的境内外产品知识为设计各种新型的人民币理财产品已经打下了较好的基础，这里不再多述。

第 46 章　H 股指数期货

股票指数期货是国际金融市场中最重要的衍生产品之一，其交易量仅次于利率期货的场内金融期货，与股指期权一起在权益类投资中均占有重要地位。随着内地经济的快速增长，在香港市场上市的内地企业不断增多，其中众多股票目前已经成为了 H 股指数成分股，H 股指数期货、H 股指数期权、个股期货、个股期权和权证等逐渐成为建立在内地上市公司基础资产上在港交易的重要股权类衍生产品。随着国内股指期货市场的快速发展，特别是随着人民币资本项目的持续开放，两地股指期货等市场相互影响的格局将会形成。本章我们将主要分析 H 股指数期货发展情况。

46.1　H 股与 H 股指数

H 股是指在中国内地注册，在香港联合交易所上市的以人民币为面值、以港元计价和交易的股票。继 1993 年第一只 H 股在港上市后一年，恒生指数有限公司于 1994 年 8 月以 H 股为基础编纂了恒生中国企业指数（Hang Seng China Enterprises Index，HSCEI），也称为恒生 H 股指数（Hang Seng H‒Shares Index）。恒生 H 股指数中包括恒生综合指数（Hang Seng Composite Index，HSCI）中的所有 H 股，恒生综合指数包括香港股票市场上 200 只市值最大的股票，涵盖了所有联交所主板上市股票市值的 90%。截至 2014 年 12 月 31 日，恒生 H 股指数中共包括 40 只 H 股，均为主板上市，且是所有 H 股中市值最大的。因此，恒生 H 股指数能够反映主要 H 股的走势情况。表 46‒1 给出了 1993 年到 2014 年在香港主板上市的 H 股市值及市场份额。

截至 2015 年 4 月底，共有 207 只 H 股在香港联交所上市交易，其中在主板上市的有 183 家，在创业板上市的有 24 家。按照 2014 年 12 月 31 日的市值计算，H 股市值总额达 57239.93.53 亿港元，约占香港联交所所有股票市值总额的 22.99%。随着内地经济的迅猛发展，H 股市场也逐渐活跃，成为香港股市举足轻重的一部分，其主板年成交金额已经由 1993 年的 330 亿港元增长到了 2008 年的 61305.93 亿港元，2009 年至 2014 年成交金额有所回落，但仍占香港联交所主板成交总额的 34% 以上。

表 46 - 1   香港联交所主板 H 股市值及市场份额（1993 年到 2014 年）

年底	市价总值 （百万港元）	占股份总 市值比例（%）	年底	市价总值 （百万港元）	占股份总 市值比例（%）
1993	18228.70	0.61	2004	455151.75	6.87
1994	19981.32	0.96	2005	1280495.01	15.78
1995	16463.77	0.70	2006	3363788.46	25.39
1996	31530.63	0.91	2007	5056820.09	24.62
1997	48622.01	1.52	2008	2720188.76	26.53
1998	33532.66	1.26	2009	4686418.75	26.37
1999	41888.78	0.89	2010	5210324.73	24.88
2000	85139.58	1.78	2011	4096659.80	23.47
2001	99813.09	2.57	2012	4890925.94	22.36
2002	129248.37	3.63	2013	4906583.21	20.52
2003	403116.50	7.36	2014	5723993.53	22.99

数据来源：香港联交所网站。

表 46 - 2 给出了 1993 年到 2014 年在香港主板上市的 H 股成交金额及市场份额，图 46 - 1 给出了 2000 年到 2015 年 6 月香港 H 股指数与香港恒生指数之间的比较。

表 46 - 2   香港联交所主板 H 股年成交金额及市场份额
（1993 年到 2014 年）

年份	成交金额 （百万港元）	占股份总成交 金额比例（%）	年份	成交金额 （百万港元）	占股份总成交 金额比例（%）
1993	33037.82	3.01	2004	941056.29	27.49
1994	34208.97	3.32	2005	953309.23	26.41
1995	17291.65	2.27	2006	2536624.1	39.22
1996	24890.36	1.93	2007	7772532.22	46.62
1997	297769.58	8.48	2008	6138454.48	48.39
1998	73538.68	4.61	2009	5168307.01	44.40
1999	102788.51	5.80	2010	4717776.28	38.01
2000	171178.21	5.81	2011	4666859.78	38.67
2001	251356.04	13.52	2012	3682196.52	38.64
2002	143609.21	9.48	2013	4221561.44	37.62
2003	506149.58	21.96	2014	4401989.51	34.84

数据来源：香港联交所网站。

　　从表 46 - 1、表 46 - 2 和图 46 - 1 可以看出，H 股市场从 2003 年前后开始活跃起来，带动 H 股指数一路上涨，到 2007 年 10 月底达到顶峰，从 2003 年 1 月的 2000 点左右上涨至最高点 20400 点，年平均涨幅达 59%。由于 H 股的基本面是主要业务在中国内地的中国企业，而 H 股市场的投资者主要是国际大型金融机构，因此 H 股市场一路上扬的走势体现了国际投资者对中国内地经济发展持看好的态度，与此同时，也与 2003 年以来的一个重要事件——人民币升值有着密不可分的关系。

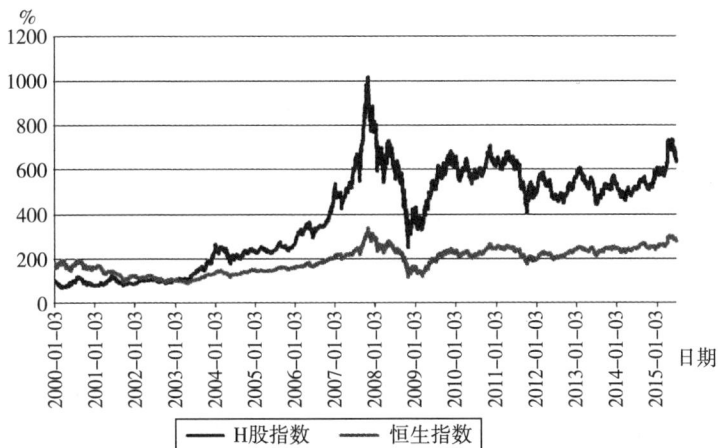

注：为统一量纲，取恒生指数和 H 股指数相对于 2003 年 1 月 2 日的增长幅度进行比较。

数据来源：根据彭博资讯（Bloomberg）数据整理。

图 46 - 1　H 股指数与恒生指数比较图（2000 年到 2015 年 6 月）

　　从图 46 - 1 恒生指数与 H 股指数的表现比较可以看出，H 股指数在 2003 年以来的上升周期内表现出远高于恒生指数的增幅，下文将分析除了基本面因素影响外，由境外人民币升值预期所带来的资金流量因素是造成这一现象的主要原因。

46.2　基于 H 股的指数期货产品

46.2.1　H 股指数期货

　　H 股指数期货（H - Shares Index Futures）于 2003 年 12 月 8 日推出，它为投资者提供了在 H 股整体表现上升或下降时获取盈利的机会，同时投资者也可以将 H 股指数期货作为对冲工具，对冲手中持有的 H 股下跌的风险。另外，投资者还可以在恒生中国企业指数和恒生指数走势出现差异时，利用 H 股指数期货赚取两个市场的相对表现盈利。表 46 – 3 和表 46 – 4 分别给出了 H 股指数期货合约的合约概要和自 2003 年推出以来的成交情况。

表 46 – 3 　　　　　　　　　　　H 股指数期货合约概要

项目	合约细则
相关指数	恒生中国企业指数
HKATS 代码	HHI
合约乘数	每指数点港币 \$50
最低价格波幅	一个指数点
合约月份	现月，下月，及之后的两个季月
开市前时段	上午 8:45—上午 9:15，中午 12:30—下午 1:00
交易时间	上午 9:15 – 中午 12:00，下午 1:00 – 下午 4:15，下午 5:00 – 下午 11:45 （到期合约月份在最后交易日收市时间为下午 4 时正）
最后交易日	该月最后第二个营业日
最后结算价	在最后交易日当天，下列时间所报指数点的平均数为依据，下调至最接近的整数指数点：（i）联交所持续交易时段开始后的五（5）分钟起直至持续交易时段完结前的五（5）分钟止期间每隔五（5）分钟所报的指数点，与（ii）联交所收市时。

数据来源：香港联交所网站。

表 46 – 4 　　　　　　　H 股指数期货的成交情况（2003—2014 年）

年份	交易日数	合约成交量		年度总成交量变化（%）	未平仓合约量	未平仓合约量变化（%）
		平均每日	总数			
2003	15	3196	47941		6299	
2004	247	7060	1743700	3537.2	22418	255.9
2005	246.5	8027	1978673	13.5	35125	56.7
2006	247	19759	4880470	146.7	59345	69.0
2007	245	44271	10846277	122.2	91786	54.7
2008	243	59428	14440965	33.1	96120	4.7
2009	247.5	50077	12394116	– 14.2	74324	– 22.7
2010	248	50120	12429800	0.3	94734	27.5
2011	245.5	61116	15003870	20.7	106277	12.2
2012	245.5	64863	15923813	6.1	181909	71.2
2013	244	85538	20871257	31.1	217646	19.6
2014	247	89005	21984297	5.3	259173	19.1

数据来源：香港交易所网站，www.hkex.com.hk。

从表 46 - 4 可以看出，自 2003 年 H 股指数期货推出以来，其交易相当活跃。从 2003 年到 2008 年，成交量连年持续增长，特别是 2006 年和 2007 年，两年成交量变化皆超过 100%；即使在全球爆发金融海啸的背景下，2008 年 H 股指数期货成交量依然较 2007 年增长 33.1%；受金融危机的影响 2009 年比 2008 年成交量下降了 14.2%，同时未平仓合约量下降了 22.7%；2010 年虽然未平仓合约量比 2009 年增长了 27.5%，但是成交量却仅比 2009 年增长了 0.3%；2011 年的成交量增速又回到两位数，显示 H 股指数期货交易在金融危机过后又开始变得活跃起来。

H 股指数期货虽然比恒生指数期货推出晚了 17 年多，但是 H 股指数期货日均成交量几年来已经超过了恒生指数期货的一半以上。以上数据可以看出，H 股指数期货已经成为香港交易所中一个极其重要的期货品种。由于不同期货合约不同，成交量难以直接比较，我们在下文会比较 H 股指数期货和恒生指数期货与国内沪深 300 指数期货的成交金额。

46.2.2　小型 H 股指数期货

小型 H 股指数期货（Mini H - shares Index Futures）于 2008 年 3 月 31 日推出，每张小型 H 股指数期货合约的价值为 H 股指数期货合约价值的 1/5。对于希望以较少金额追踪 H 股市场表现的投资者而言，小型 H 股指数期货能提供一项有效的交易及对冲工具，同时也能配合标准 H 股指数期货及期权合约的交易，二者相辅相成。

小型 H 股指数期货合约的标的指数仍为恒生中国企业指数，即 H 股；合约月份也与 H 股指数期货相同，是现月、下月及之后的两个季月。由于小型 H 股指数期货交易便利，自 2008 年推出以来，小型 H 股指数期货合约的成交量增加较快，其 2009 年半年成交量已经超过了 2008 年全年的成交水平。

46.2.3　其他基于 H 股的指数期货

随着我国内地金融改革的不断深入，在香港上市的内地银行及保险公司吸引了越来越多投资者的注意。为此，恒指服务有限公司于 2006 年 11 月推出了恒生 H 股金融行业指数（Hang Seng China H - Financials Index Futures），其中包括所有在恒生中国企业指数内的金融类股票。香港期货交易所在 H 股金融行业指数的基础上，曾于 2007 年 4 月 16 日推出过中国 H 股金融行业指数期货。

新华富时中国 25 指数期货（FTSE/Xinhua China 25 Index Futures）也是针对在港上市的内地企业股票而曾经推出过的期货产品，它是由香港期货交易所于 2005 年 5 月 23 日推出的，其标的指数是由新华富时指数有限公司编制的新华富时中国 25 指数，用以反映 25 只在香港联交所上市交易的内地企业股票的走势。

但由于市场需求偏低，香港期货交易所于 2008 年 12 月 23 日宣布，恒生中国 H 股金融行业指数期货及新华富时中国 25 指数期货停止交易。

46.3　H 股指数期货的应用和市场参与者

对于国际股票市场的投资者来说，股指期货、期权不仅是一个很好的套期保值工具，也是投资股票市场的一个重要手段。由于股指期货、股指期权的价值与标的股票价格的变动具有一致性，因此投资股指期货具有同股票相同的收益率。此外，投资股指衍生品可以免去购买股票并持有股票而产生的实际成本和机会成本，同时可以免除一些持有股票的税收，因此股指期货、期权的交易相当活跃，应用也十分广泛。

股指期货的使用者主要包括以下几类：

基金经理

使用股指期货、期权套期保值；对基金的组成资产进行重新分配，使其交易更加方便，同时降低投资成本。

专业交易员

利用期货、期权市场波动与现货市场的差异进行套利活动，经纪人、承销商和证券公司则可对持有的新发行证券进行套期保值。

个人交易者

标准股指期货、期权合约的小型化使得个人投资者也可以交易股指期货合约。

股指期货、期权有很多种应用，套期保值和现金流管理是其基本用途，此外利用股指期货、期权进行交易和套利的活动也很常见。由于不同交易所的参与者结构不同，因此股指期货与期权的交易对于上述各种用途的分配也不同。对于 H 股指数期货来说，2003 年到 2011 年上半年总交易量的 37% 至 63% 是用于交易目的，28% 到 45% 用于套期保值，剩下的比例用于套利；2011 年下半年到 2014 年上半年总交易量的 29% 至 33% 是用于交易目的，48% 到 54% 用于套期保值，剩下的比例用于套利。表 46 - 5 总结了香港期货交易所交易的股指期货从 2003 年到 2014 年的三种用途。

表 46 - 5　　　　　　在香港交易的 H 股指数期货的三种用途　　　　　　单位：%

年份	交易	对冲	套利	总计
2003/2004	62.1	28.9	9.0	100
2004/2005	46.2	44.9	8.9	100
2005/2006	54.8	31.7	13.5	100

续表

年份	交易	对冲	套利	总计
2006/2007	53.2	34.0	12.9	100
2007/2008	55.2	32.2	12.5	100
2008/2009	43.7	40.8	15.5	100
2009/2010	37.8	43.9	18.3	100
2010/2011	50.8	37.1	12.2	100
2011/2012	32.3	48.5	19.2	100
2012/2013	30.6	53.3	16	100
2013/2014	29.2	53.2	17.6	100

数据来源：根据香港联合交易所历年《衍生产品交易调查》数据整理而得。

从表 46-5 可以看到，利用 H 股指数期货进行套利的交易在 2011—2012 年统计年度占比最高，随后两年的占比有所降低，但仍高于此前不到 15% 的水平。这在一定程度上表明，2005 年 7 月我国汇率形成机制改革之后，越来越多的投资者希望借助于投资 H 股指数衍生品赚取人民币升值带来的超额收益，本章下一节将详细介绍 H 股市场与人民币升值之间的关系。

46.4　H 股指数期货与沪深 300 指数期货成交金额比较

我们在第 31 章介绍了国内 A 股指数期货推出以来的交易情况，本章上文介绍了香港 H 股指数期货的成交情况。由于 H 股指数实际上也是中国大陆企业在港上市股票的指数，H 股指数与国内 A 股指数应该有很好的相关性和互动性，H 股指数期货与国内 A 股指数期货也应该有相当高的关联度。随着人民币国际化的不断推动，两地股票指数期货之间的跨市套利交易会更加频繁，两个市场之间的联动会更加紧密。这里我们简单地比较 A 股指数期货与 H 股指数期货和恒生指数期货的流动性。A 股目前有三种股指期货合约，分别是沪深 300 股指期货合约、上证 50 股指期货合约和中证 500 股指期货合约。其中沪深 300 股指期货合约 2010 年 4 月起正式上市交易，运行时间较久，市场较为成熟。而上证 50 股指期货合约和中证 500 股指期货合约于 2015 年 4 月起正式上市交易，运行时间较短，市场尚未展现出稳定趋势，因此下面主要比较 H 股股指期货合约和沪深 300 股指期货合约，由于上证 50 股指期货合约和中证 500 股指期货合约的上市对沪深 300 股指期货市场存在暂时性结构冲击，因此研究窗口截至 2015 年 4 月。

中国金融期货交易所每日公布国内股票指数期货成交量、持仓量和成交金

额，遗憾的是，香港交易所仅仅公布 H 股指期货的成交量，并不公布 H 股指数
期货的成交金额，而两地股票指数期货成交量由于合约不同，比较成交量不能
说明问题。尽管如此，我们可以用 2014 年 4 月到 2015 年 4 月 12 个月 H 指数的
平均值和 H 股指数期货的成交量来估算每月 H 股指数期货的成交金额，然后用
每月港元与人民币汇率将估算的以港元记价的每月 H 股指数期货成交金额转换
成人民币，这样就可以直接与表 31-26 给出的沪深 300 指数期货成交金额直接
比较了。表 46-6 给出了 2014 年 4 月到 2015 年 4 月沪深 300 指数期货成交金额
和相应的 H 股指数估算的月度成交金额及其比例。

表 46-6　　沪深 300 指数期货和 H 股指数期货月度成交金额及其比较

月份	H 股指数期货月成交总量	H 股指数月均值	H 股指数期货成交额（亿元港元）	H 股指数期货成交额（亿元人民币）	沪深 300 指数期货成交金额/H 股指数期货成交金额	沪深 300 指数期货成交额/（恒生指数期货成交金额 + H 股指数期货成交金额）
2014 年 4 月	1604373	10067	8075.3	6482.7	15.59	5.27
2014 年 5 月	1536489	9955	7647.5	6154.0	14.55	5.08
2014 年 6 月	1515945	10378	7866.4	6323.4	13.40	4.77
2014 年 7 月	1605962	10635	8539.4	6830.4	14.40	5.00
2014 年 8 月	1606127	11032	8859.4	7035.1	16.96	5.65
2014 年 9 月	1855515	10879	10092.7	7992.3	16.38	5.87
2014 年 10 月	1817370	10402	9452.5	7464.2	15.23	5.00
2014 年 11 月	2055693	10685	10982.6	8677.2	19.86	8.04
2014 年 12 月	2739678	11445	15677.1	12516.1	35.84	16.81
2015 年 1 月	2504371	12006	15033.3	12057.7	27.95	12.95
2015 年 2 月	1647020	11881	9784.5	7888.4	25.09	10.52
2015 年 3 月	2483819	11887	14762.7	11871.5	29.30	13.67
2015 年 4 月	3339367	14194	23699.5	18963.5	24.72	12.42
合计			150473.0	120256.5	20.71	8.54

数据来源：香港交易所网站 http：//www.hkex.com.hk 和中国金融期货交易所网站 http：//
www.cffex.com.cn；人民币与港元汇率来自国家外汇管理局网站 http：//www.safe.gov.cn。

表 46-6 显示，2014 年 4 月至 11 月，沪深 300 指数期货成交金额是 H 股指
数期货成交金额的 13 ~ 20 倍，而从 2014 年 12 月开始，这一比例快速上升至
25.36 倍。虽然国内股票指数期货推出的时间比 H 股指数期货晚 6 年多，但是沪
深 300 指数期货的活跃程度已经大幅超过了 H 股指数期货。沪深 300 指数期货
流动性远超过 H 股指数期货的原因众多，其中近年来国内股票市场活跃程度显

著高于香港市场是最主要的原因之一，2006 年香港股票市场的成交金额还相当于国内沪深两市成交金额的 71.8%，到 2014 年，这一比例已经降至 18.51%。随着国内资本市场的持续稳健发展，沪深 300 指数期货成交金额超过香港 H 股指数期货成交金额的倍数有望进一步提高。

46.5　恒生指数期货与沪深 300 指数期货成交金额比较

利用上文计算 H 股指数期货成交金额的方法，我们可以同样计算出香港恒生指数期货 2014 年 4 月到 2015 年 4 月的成交金额并于同期沪深 300 指数期货进行比较，结果如表 46 – 7 所示。表 46 – 7 显示，2014 年 4 月至 11 月，沪深 300 指数期货成交金额是 H 股指数期货成交金额的 7 ~ 14 倍；从 2014 年 12 月开始，这一比例几乎都在 24 倍以上。以上数据表明，国内股票指数期货的交易金额已经显著超过了恒生指数期货。

表 46 – 7　沪深 300 指数期货和恒生指数期货月度成交金额及其比较

月份	恒生指数期货月成交总量	恒生指数月均值	恒生指数期货成交额（亿港元）	恒生指数期货成交额（亿元人民币）	沪深 300 指数期货成交额/恒生指数期货成交金额	沪深 300 指数期货成交额/（恒生指数期货成交金额 + H 股指数期货成交金额）
2014 年 4 月	1398232	22598	15798. 9	12683. 1	7. 97	5. 27
2014 年 5 月	1264248	22585	14276. 5	11488. 3	7. 80	5. 08
2014 年 6 月	1231332	23145	14249. 5	11454. 4	7. 40	4. 77
2014 年 7 月	1353839	23760	16083. 6	12864. 8	7. 65	5. 00
2014 年 8 月	1430956	24812	17752. 5	14096. 8	8. 46	5. 65
2014 年 9 月	1485899	24342	18084. 7	14321. 1	9. 14	5. 87
2014 年 10 月	1659312	23301	19332. 0	15265. 6	7. 44	5. 00
2014 年 11 月	1357201	23779	16136. 5	12749. 2	13. 52	8. 04
2014 年 12 月	1518215	23386	17752. 6	14173. 1	31. 65	16. 81
2015 年 1 月	1438720	24210	17415. 6	13968. 5	24. 13	12. 95
2015 年 2 月	1098560	24670	13550. 9	10925. 0	18. 12	10. 52
2015 年 3 月	1388129	24307	16870. 5	13566. 5	25. 64	13. 67
2015 年 4 月	1709213	27452	23460. 3	18772. 0	24. 97	12. 42
合计			220764. 2	176328. 5	14. 91	8. 54

数据来源：香港交易所网站 http：//www. hkex. com. hk 和中国金融期货交易所网站 http：//www. cffex. com. cn；人民币与港元汇率来自国家外汇管理局网站 http：//www. safe. gov. cn。

46.6 H 股指数期货与恒生股指数期货成交金额比较

表 46 - 6 和表 46 - 7 分别给出了 2014 年 4 月到 2015 年 4 月 H 股指数期货和恒生股指数期货月度成交金额，利用该两表数据，我们可以容易地计算出 H 股指数期货与恒生股指数期货月度成交金额比例。计算结果显示，H 股指数期货与恒生股指数期货月度成交金额比例在 60% 到 130% 之间，12 个月平均比例为 83.9%。

46.7 香港股票指数期货与沪深 300 指数期货成交金额比较

表 46 - 6 和表 46 - 7 分别给出了 2014 年 4 月到 2015 年 4 月国内沪深 300 指数期货与香港 H 股票指数期货和恒生指数成交金额的比较，结果显示经过多年的发展，沪深 300 指数期货已经大幅度地超过了香港 H 股票指数期货与恒生指数期货的成交金额。利用该两表的结果，我们可以容易地计算出香港 H 股票指数期货和恒生指数期货总成交金额并与同期沪深 300 指数期货比较。表 46 - 7 最后一列给出了比较结果，结果显示，到 2015 年 4 月，沪深 300 指数期货大幅度地超过了香港 H 股票指数期货和恒生指数期货成交总金额，前者是后者的 8 倍。

46.8 H 股指数期货交易变化的主要原因

表 46 - 8 给出的近年来恒生指数期货和 H 股指数期货主要市场参与者地域分类。从表 46 - 8 可以清晰地看出境外机构投资者比例与过往重要历史事件之间的联系。在 H 股指数期货和期权产品推出之前，恒生指数类产品是境外机构炒作中国经济和人民币概念的主要平台。随着 1999 年亚洲金融危机的结束，国际金融机构也结束了大规模看空香港市场的卖空交易，其占恒生指数期货的成交量份额开始下降并逐步趋于稳定。伴随着 2002—2003 年开始的人民币升值预期抬头，境外机构又重新将香港股市作为炒作人民币概念的重要市场，其占恒生指数期货的成交量份额又开始逐年上升。2003 年和 2004 年 H 股指数期货一经推出就受到了境外机构投资者的热烈追捧，所占份额在产品推出的第二年就达到了 40% 以上，而相应的其在恒生指数期货中的份额则有所下降，境外机构投资者在恒生指数期货份额在 2003—2004 年下降了 5 个百分点，恒生指数期权份额在 2005—2006 年下降了 10.1 个百分点。这一变化充分说明了境外机构通过利

用恒生指数期货，进而利用 H 股指数类产品间接炒作人民币升值的动机，也解释了在人民币升值压力上升阶段 H 股指数现货和期权与人民币汇率之间稳定的互相引导关系。我们在第 47 章还会对该问题进一步研究。

表 46 - 8　　　　　1997—2014 年香港股指期货交易机构分类　　　　单位:%

年份	做市商	交易所会员自由资金交易	本地零售	本地机构	境外零售	境外机构
恒生指数期货						
1997/1998	—	9.0	43.7	16.5	4.5	26.3
1998/1999	—	5.9	47.1	19.1	1.6	26.3
1999/2000	—	6.0	46.6	23.5	1.4	22.5
2000/2001	—	7.0	56.0	12.0	2.0	23.0
2001/2002	—	12.0	42.0	13.0	4.0	29.0
2002/2003	—	16.0	36.0	8.0	1.0	39.0
2003/2004	—	20.0	35.0	8.0	3.0	34.0
2004/2005	—	17.0	30.0	10.0	2.0	41.0
2005/2006	—	21.0	29.0	9.0	3.0	38.0
2006/2007	—	24.0	30.0	8.0	3.0	35.0
2007/2008	—	21.0	32.2	6.1	4.4	36.2
2008/2009	—	20.0	32.0	9.0	5.0	34.0
2009/2010	—	19.0	30.0	6.0	6.0	39.0
2010/2011	—	21.00	25.00	7.00	3.70	43.40
2011/2012	—	22.30	21.80	8.00	3.80	44.10
2012/2013	—	19.70	20.50	6.40	4.80	48.50
2013/2014	—	19.60	19.20	6.80	3.70	50.60
H 股指数期货						
2003/2004	2.2	15.0	28.5	11.7	3.0	39.7
2004/2005	2.1	12.4	23.8	10.5	2.4	48.8
2005/2006	0.4	15.4	27.7	12.8	2.9	40.8
2006/2007	—	18.0	28.3	8.4	2.4	42.9
2007/2008	—	17.6	24.7	6.1	2.7	48.9
2008/2009	—	22.0	17.0	7.0	5.0	49.0
2009/2010	—	26.0	11.0	5.0	2.0	56.0
2010/2011		23.20	9.90	7.30	2.20	57.40
2011/2012		25.90	7.30	8.30	2.10	56.40
2012/2013		26.30	6.90	7.20	1.70	57.80
2013/2014		24.70	6.80	7.80	2.50	58.20

数据来源：根据香港联合交易所历年《衍生产品交易调查》数据整理而得。

美国次级贷款危机从 2007 年就开始爆发，并且对美国国内的经济造成了一定影响，但是至 2008 年第一季度之前其波及的范围有限，而中国等发展较为稳定的新兴市场国家作为国际资金的避风港对于境外投资资金仍然具有很大的吸引力。但是如本书正文中分析，随着次贷危机日益恶化并最终蔓延为全球范围内的经济金融危机，包括中国在内的各新兴市场国家的经济也严重受累，在众多国际大型金融机构的巨额亏损浮出水面后，这些金融机构极有可能而且事实上也的确开始撤出其海外投资。2008 年下半年以后人民币汇率和 H 股市场都受到国际国内复杂因素的影响，这段时期 H 股市场的资金流动已不仅仅是由人民币汇率的变化引起的，其影响因素变得更加复杂。表 46 - 8 显示，虽然受金融危机的影响，2008 年以来境外机构参与 H 股指数期货的积极性却明显超过了金融危机前的最高峰。2009 年至 2014 年，境外机构参与 H 股指数期货的热情持续高涨，所占参与比例连年维持在 56% 高位上方，2014 年一度达到 58% 的历史新高。

46.9　香港 H 股股票期货

46.9.1　股票期货的简单历史

我们在第 12 章和第 31 章介绍了金融期货和股票指数期货，实际上与股票指数期货相似，个股期货也是股票相关的金融期货。顾名思义，股票期货是基于单个股票价格的期货产品。实际上，早在 2000 年股票期货就在伦敦、瑞典、西班牙、葡萄牙、澳大利亚和中国香港等国家和地区交易。由于美国期货监管委员会（Commodity Futures Trading Commission，CFTC）和美国证监会（Security Exchange Commission，SEC）不能达成股票期货由谁监管的共识，股票期货不允许推出。2000 年美国商品期货现代法（Commodity Futures Modernization Act）通过后，股票期货于 2002 年 11 月 8 日才开始在第一芝加哥（One Chicago）交易。印度于 2001 年 11 月推出股票期货，而且之后成为世界最活跃的股票期货交易的国家。

根据世界交易所联盟公布的数据，2009 年和 2010 年，全球股票期货的成交金额皆不到相应的股票指数期货的成交金额的 5%。由于股票期货的成交金额相对股票指数期货低很多，股票期货多年来在全球没有股票指数期货那么知名。

46.9.2　香港股票期货介绍

香港个股期货交易已经有二十多年的历史。截至 2014 年 12 月，香港交易所的 38 只股票有期货交易。这 38 只股票期货中有近一半为 H 股（这些股票的名称、代码、股票期货合约等可查询香港交易所网站 http://www.hkex.com.hk），香港股票期货有庄家或流通量提供者，不同的股票期货有不同的庄家和流通量提供者，这里不再细述。

46.9.3 香港股票期货近年来的成交情况

根据世界交易所联盟公布的数据，2013 年和 2014 年，香港股票期货的成交量分别为 437173 和 350103 手；2013 年和 2014 年相应的成交金额分别为 14.86 亿美元和 11.60 亿美元。香港股票期货市场活跃程度相对还很低。

46.10 本章总结

随着中国内地经济的迅速崛起以及在香港市场上市企业的不断增多，H 股已经成为国际资本投资中国内地资产的重要途径，而香港期货交易所推出的基于 H 股指数的期货、期权产品为投资者提供了更多可选择的工具。除此之外，港交所还推出了众多基于 H 股的个股期货、期权和权证，以便满足投资者的不同需求。正是由于 H 股本身所具备的其上市企业基本面在中国内地的特性，H 股指数走势和 H 股指数期货、期权成交数据都与人民币汇率之间存在密切的关系，H 股市场成为境外反映人民币升贬值预期的重要场所。

正如我们在第 31 章介绍的那样，国内沪深 300 指数期货 2010 年 4 月份正式成功推出之后，交易迅速活跃起来，而且很快超过了香港 H 股指数期货的成交金额。两地股票指数期货的基础股票很多相似或者相同，唯一的差别在于一个市场是境外的国际市场，另一个是国内市场。由于 H 股除受国内经济和金融信息影响外，还主要受国际经济和金融市场的影响，而国内 A 股指数只要受国内经济和金融信息的影响，因此两者间有一定的差异是必然的，两地股票指数期货市场之间的跨市套利交易也是必然的。随着国内人民币资本项目的持续开放，特别是沪港通 2014 年 11 月的启动，两地股指期货间套利等互动交易将更为频繁。近期深港通的启动，将为两地股指期货等市场的互动添加更多的动力，两地股指期货等领域协调互动发展的格局将上新的层面。

第47章 H 股指数期权和
H 股股票期权

股指期权是股票市场重要的产品，也是资产管理重要的工具。香港交易所早在 2003 年 12 月 8 日推出 H 股票指数期货之后，又在半年零 6 天后于 2004 年 6 月 14 日成功推出了 H 股指数期权。虽然 H 股指数期权比恒生指数期权推出晚了 11 年，但是 H 股指数期权推出之后交易很快活跃起来。随着沪港通等资本开放步伐的推进，两地股指期货和股指期权市场互动互通的趋势将更为明显。本章主要介绍香港 H 股指期权和 H 股股票期权的发展，并在 H 股指期权发展的基础上探讨国内股指期权市场发展的潜力。

47.1 H 股指数期权合约

表 47 - 1 给出了 H 股指数期权的合约概要，从表 47 - 1 中可知，H 股指数期权为欧式期权，和现货、期货一样，以港元计价和交易，其合约月份包括短期期权和长期期权两种，其中短期期权合约的交易最为活跃。

表 47 -1　　　　　　　　　　　H 股指数期权合约概要

项目	合约细则
相关指数	恒生中国企业指数
HKATS 代码	HHI
合约乘数	每指数点港币 $50
最低价格波幅	一个指数点
合约月份	短期期权：现月，下 2 个月及之后的 3 个季月
	长期期权：之后 3 个 6 月及 12 月合约月份
行使方式	欧式
期权金	以完整指数点报价
行使价	短期期权：
	指数点 行使价分隔
	低于 2000 点 50
	2000 点或以上但低于 8000 点 100

续表

项目	合约细则
行使价	8000 点或以上 200
	长期期权：
	指数点 行使价分隔
	低于 4000 点 100
	4000 点或以上但低于 8000 点 200
	8000 点或以上但低于 12000 点 400
	12000 点或以上但低于 15000 点 600
	15000 点或以上但低于 19000 点 800
	19000 点或以上 1000
交易时间	上午 9：15 – 中午 12：00 及下午 1：00 – 下午 4：15
	（到期合约月份在合约到期日收市时间为下午 4 时整）
合约到期日	该月倒数第二个营业日
最后结算价	在到期日当天下列时间所报指数点的平均数为依归，下调至最接近的整数指数点：（ i ）联交所持续交易时段开始后的五（5）分钟起直至持续交易时段完结前的五（5）分钟止期间每隔五（5）分钟所报的指数点，与（ ii ）联交所收市时

数据来源：香港交易所网站。

注：短期期权指的是到期日在现月、下 2 个月及之后的 3 个季月的期权，长期期权指的是到期日在之后 3 个 6 月及 12 月合约月份的期权。

47.2　H 股指数期权成交量

H 股指数期权推出后初期的交易量较小，2006 年年初开始迅速增长。大多数现货和期货市场的参与者会运用期权的各种交易策略来对冲他们在 H 股市场上的头寸，构造各自偏好的风险收益结构。图 47 – 1 给出了自 2004 年推出之后到 2014 年 12 月底 H 股指数期权的每日成交量。从图 47 – 1 可以看出，H 股指数期权在推出的第一年内成交量还不很活跃，但是从 2006 年年初到 2007 年 8 月下旬，日成交量持续稳步增长；虽然 2007 年 9 月下旬成交量有所回落，但是从 2007 年 9 月到 2015 年 6 月日成交量持续稳步增长。

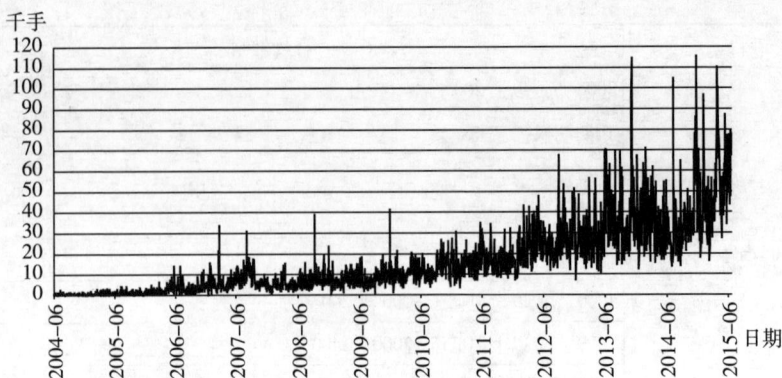

数据来源：彭博资讯（Bloomberg）。

图 47 – 1   H 股指数期权成交量（2004 年 6 月到 2015 年 6 月）

47.3   H 股指数期权的持仓量及与恒生指数期权持仓量比较

47.3.1   H 股指数期权的持仓量

持仓量代表一定日期或者时间段内未交割的期权合约总量，期权持仓量在很大程度上反映期权市场的活跃程度。图 47 – 2 给出了 2004 年 H 股指数期权推

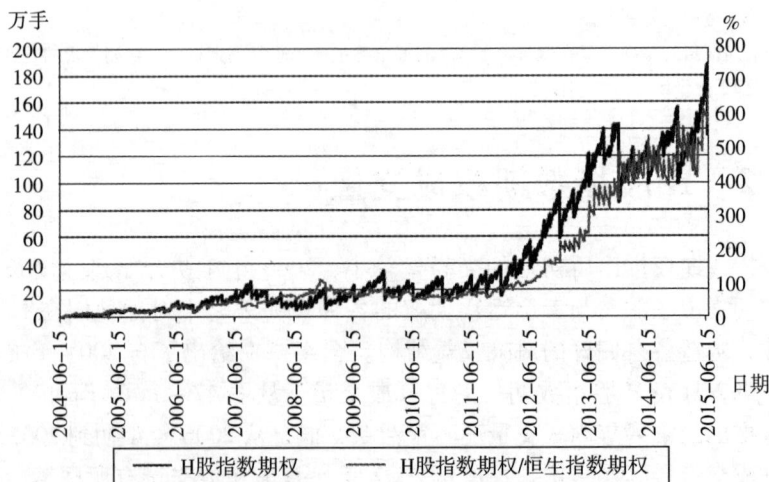

H股指数期权　　　　　　H股指数期权/恒生指数期权

数据来源：彭博资讯（Bloomberg）。

图 47 – 2   H 股指数期权持仓量及与恒生指数期权持仓量比例

（2004 年 6 月到 2015 年 6 月）

出到 2014 年 12 月底 H 股指数期权日持仓量及其占恒生指数期权持仓量的比例。从图 47 - 2 可以看出，H 股指数期权持仓量从推出之后到 2007 年 9 月下旬持续显著增长，首次超过了 25 万手；从 2008 年 7 月初到 2009 年 12 月底持仓量再次持续上升达到了 35 万手；然而从 2009 年 12 月底到 2011 年 6 月底持仓量稳步下降，保持在 20 万手到 30 万手之间。从 2011 年 7 月开始，持仓量迅速上升，直到 2015 年 6 月底达到了 180 万手左右。

47.3.2　H 股指数期权的持仓量与恒生指数期权持仓量比较

图 47 - 2 同时给出了 2004 年 6 月到 2015 年 6 月 H 股指数期权的持仓量与恒生指数期权持仓量比例。图 47 - 2 显示，从 2004 年 6 月到 2008 年 1 月底，H 股指数期权的持仓量与恒生指数期权持仓量比例达到了 50% 的程度；从 2008 年 2 月到 2008 年 11 月下旬，H 股指数期权的持仓量与恒生指数期权持仓量比例首次超过 100%；从 2008 年 12 月初到 2014 年 12 月底，该比例持续上升达到了 470% 上下，之后继续上升，2015 年 6 月底达到高峰 670%，显示 H 股指数期权在香港股指期权市场的重要地位。

47.4　H 股指数期权与 H 股指数期货成交金额比较及占亚太和全球股指期权的比重

利用与第 12 章将金融期货成交量转换成成交金额相似方法和彭博数据，可以估算出 H 股指数期权近年来的成交金额。由于衍生品交易普遍采用保证金制度，不同机构对于不同产品收取的保证金各不相同，因此无法估计实际发生的保证金交易金额，而只能对交易期权的成交金额进行估计并比较。表 47 - 2 给出了 2004 年到 2014 年 H 股股指期货、H 股股指期权、亚太地区股指期权和全球股指期权的成交金额及相关比例。

表 47 - 2　　　　　H 股指数期权年度成交金额（即期权面额总和）
及其与相关参照的比较

年份	H 股期权（亿美元）	H 股期货（亿美元）	亚太期权（万亿美元）	全球期权（万亿美元）	H 股期权/H股期货（%）	H 股期权/亚太期权（%）	H 股期权/全球期权（%）
2004	26	393	26.10	50.75	98.4	0.01	0.01
2005	79	439	39.15	72.73	17.9	0.02	0.01
2006	265	1323	50.57	100.28	20.0	0.05	0.03
2007	814	4160	72.88	152.76	19.6	0.11	0.05

年份	H 股期权 （亿美元）	H 股期货 （亿美元）	亚太期权 （万亿美元）	全球期权 （万亿美元）	H 股期权/H 股期货（%）	H 股期权/亚 太期权（%）	H 股期权/全 球期权（%）
2008	844	6202	57.36	133.51	13.6	0.15	0.06
2009	1079	5567	50.79	96.38	19.4	0.21	0.11
2010	1698	5771	81.59	134.37	29.4	0.21	0.13
2011	2277	7305	101.97	166.61	31.2	0.22	0.14
2012	3852	7547	53.26	108.98	51.0	0.72	0.35
2013	4972	9717	35.09	109.99	51.2	1.42	0.45
2014	5634	10501	48.55	148.12	53.6	1.16	0.38

数据来源：根据彭博数据和国际清算银行数据计算得出。

表 47 - 2 显示，H 股期权近年来的发展速度要高于 H 股期货，按照成交金额口径计算，2009 年之前，H 股期权的成交总面额仅仅相当于 H 股期货的 20% 左右，2010 年到 2011 年这一比例上升至 30% 上下；2012 年 H 股期权的成交金额上升至 H 股期货成交金额的 51%，但 2012 年以来，H 股期权的增长速度开始与 H 股期货的增长速度持平，H 股期权与 H 股期货的成交金额比例也维持在略高于 50% 的水平，保持了稳中略有提高的趋势。

从趋势上看，全球期权市场自金融危机过后开始呈现萎缩趋势，而 H 股期权则增长势头不减。但是，尽管 H 股期权近年来发展速度惊人，与亚太期权市场和全球期权市场相比，H 股期权市场占亚太和全球的比重依然很小。表 47 - 2 显示，从 2007 年到 2013 年，H 股期权成交金额占亚太和全球的比重分别从 0.11% 和 0.05% 提高到了 1.42% 到 0.45%，占比相当低，而 2014 年，H 股期权的成交面额仅占亚太市场期权成交金额的 1.16% 和全球期权市场期权成交面额的 0.38%，比重进一步下降。这与中国经济在全球经济中的地位极不相称。综合近年来的 H 股期权的发展趋势和 H 股期权当前在全球的地位，可以合理地认为 H 股期权仍然有很大的发展潜力，值得市场参与者予以持续关注。

47.5 H 股指数看跌期权与看涨期权成交量和持仓量比较及其市场信息

从看涨期权和看跌期权的名称我们可以看出，前者的交易量越多，或者累积的持仓量越多，表明市场对期权标的指数看涨的程度越高，换句话说市场"牛气"（bullish）越大；后者的交易量越多，或者累积的持仓量越多，表明市场对期权标的指数看跌的程度越高，或者说市场"熊气"（bearish）越浓。同样到期的期货只有一个合约，只能从多头或空头判断市场的走势，而期权市场有看涨和看跌两类。每天两类期权的成交量比例和持仓量比例包含期货市场难以获得的市场信息。这里我们简单介绍这些信息如何从市场数据中获取。

47.5.1 H股指数看跌期权持仓量与看涨期权持仓量比例的重要市场信息

国际期权市场分析两类期权比例通常用看跌期权日持仓量与看涨期权日持仓量比例（简称Put/Call Ratio或者跌/涨比例）来判断标的资产今后走势。如果市场处于牛市，那么看涨期权的持仓量会高于看跌期权的持仓量，持仓量跌/涨比例会越低，反之跌/涨比例会越高。图47-3给出了2004年6月15日到2015年6月30日H股指数看跌期权持仓量与看涨期权持仓量比例。

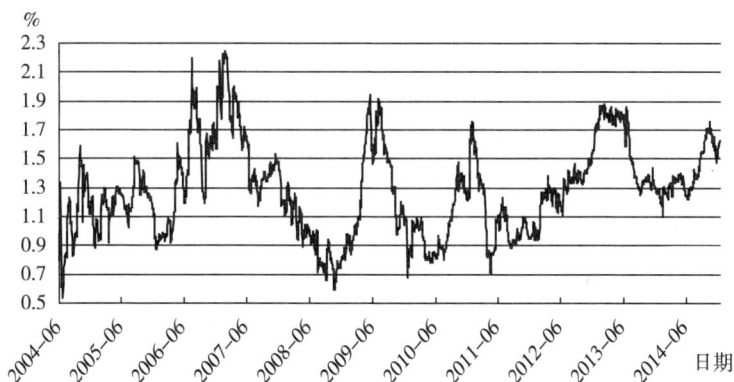

数据来源：根据彭博数据计算得出。

图47-3 H股指数看跌期权持仓量与看涨期权持仓量比例
（2004年6月15日到2015年6月30日）

图47-3显示看跌期权持仓量与看涨期权持仓量比例在2008年10月31日达到了2005年初以来的历史最低点0.59，表明当时看跌期权持仓量相对于看涨期权持仓量达到了历史最低，或者看涨期权持仓量相对于看跌期权持仓量达到了历史最高，提示了危机见底、市场从熊市向牛市的转折点。这与2008年10月下旬H股指数达到历史最低点250.7相当地吻合！这种吻合并非偶然，而是我们上文分析判断的直接推论，明期权市场重要的信息价值。

47.5.2 H股指数看跌期权成交量与看涨期权成交量比例的重要市场信息

上文介绍了看跌期权日持仓量与看涨期权日持仓量成交量比例包含的重要

市场信息。持仓量是一个累计的概念，看跌期权持仓量与看涨期权持仓量比例反映较长的市场趋势，而看跌期权日成交量与看涨期权日成交量比例同样反映市场信息，而反映的信息却代表相对较短的趋势。由于看跌期权日成交量与看涨期权日成交量比例每日变化很大，稳定性较低，通常用一定时间段内看跌期权日成交量与看涨期权日成交量比例的平均值代表市场趋势的变化。图 47 - 4 和图 47 - 5 分别给出了 2004 年 6 月 28 日到 2008 年 9 月 1 日和 2008 年 9 月 16 日到 2015 年 6 月 30 日 H 股指数看跌期权成交量与看涨期权成交量比例的 10 日滚动平均值。

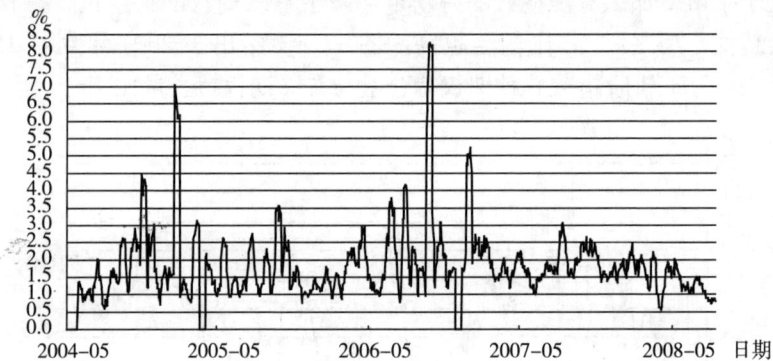

数据来源：根据彭博数据计算得出。

图 47 - 4　H 股指数看跌期权成交量与看涨期权成交量比例 10 日滚动平均值
（2004 年 6 月 28 日到 2008 年 9 月 15 日）

图 47 - 4 显示，2008 年金融危机之前，H 股指数看跌期权成交量与看涨期权成交量 10 日滚动平均比例大部分时间在 1 倍区间内波动，但也在 2005 年 2 月和 2006 年 10 月期间曾经跳升至 7 ~ 8 倍，反映了当时市场对指数下跌的担忧情绪达到了极高的水平。

图 47 - 5 显示，2008 年 9 月金融危机爆发后不久，H 股指数看跌期权成交量与看涨期权成交量的 10 日平均滚动比例先从 9 月 16 日的 0.79 持续上升到了 9 月 30 日的 1.36；9 月 30 日到 10 月 31 日又持续下降到了 0.43 的历史最低位，显示金融危机爆发后的最初一个半月市场对后来的走势还存在很大的不定性；但是从 2008 年 10 月底到 2009 年 4 月 22 日至 2009 年 5 月 19 日的近一个月内，平均比例在 5 个工作日达到接近或者超过 2.7 的危机后最高位，显示市场当时达到了"熊市"的高峰；2009 年 5 月下旬到 2010 年 4 月下旬，平均比例到达了 2009 年 5 月后的最低接近 0.70 的低位；2010 年到 2015 年 6 月，平均比例保持在 1.2 上下的水平，2015 年 6 月前两个星期，平均比例仅为 0.83，显示当时 H 股市场相对乐观的预期，与同期国内 A 股市场高峰相一致。

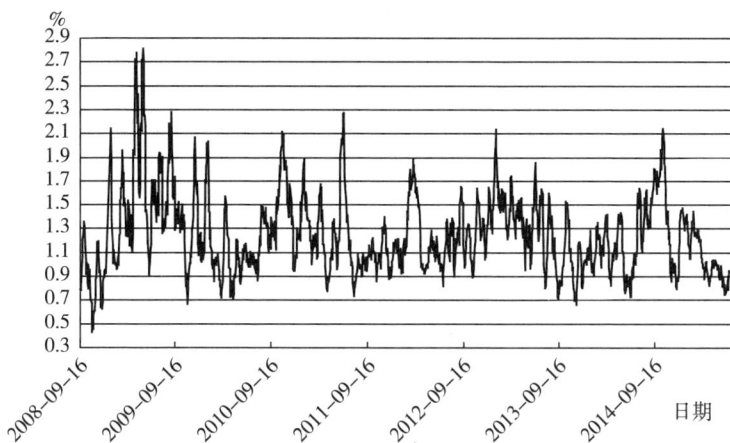

数据来源：根据彭博数据计算得出。

图47－5　H股指数看跌期权成交量与看涨期权成交量比例10日滚动平均值
（2008年9月16日到2015年6月30日）

值得注意的是，看跌期权成交量与看涨期成交量10日滚动平均比例与图47－3同样在2008年10月31日达到了2005年年初以来的历史最低点0.43，同样显示当时市场从熊市向牛市的转折点。值得注意的是，图47－5和图47－3在2008年10月31日同一天达到历史最低点。这不是巧合，而是市场信息反映的结果。如果分析得当，我们从期权市场数据中可以对市场走势有更好的把握。

47.6　H股指数期权的应用

对于国际股票市场的投资者来说，股票指数期权不仅是一个很好的套期保值工具，也是投资股票市场的一个重要手段。由于股指期权的价值与标的股票价格的变动具有一致性，因此投资股指期货具有同股票相同的收益率。此外，投资股指衍生品可以免去购买股票并持有股票而产生的实际成本和机会成本，同时可以免除一些持有股票的税收，因此股指期权的交易相当活跃，应用也十分广泛。

股指期权的使用者与股指期货的使用者相似，我们在第44章已经进行了介绍，这里不再重复。股指期权的用途可以说比相应的期货更多，运用我们在第13章介绍的各类期权交易策略，股指期权的交易更为广泛，这里不再重复。

表47－3总结了香港期货交易所交易的股指期货、期权从2005年到2014年的三种用途。

表 47 –3　　　　在港交所（HKFE）交易的 H 股指数期权的三种用途　　　　单位：%

年份	交易	对冲	套利	总计
2005—2006	62.4	28.4	9.2	100
2006—2007	55	28.5	16.5	100
2007—2008	46.2	35.9	17.9	100
2008—2009	58.4	34	7.5	100
2009—2010	30.3	56.1	13.6	100
2010—2011	23.6	60.1	16.3	100
2011—2012	23.7	68.4	7.9	100
2012—2013	30.5	60.9	8.5	100
2013—2014	30.7	59.7	9.6	100

数据来源：根据香港联合交易所历年《衍生产品交易调查》数据整理而得。

对 H 股指数期权来说，2005 年到 2009 年总交易量的 46% 到 63% 用于交易目的，28% 到 36% 用于套期保值，剩下的用于套利，2010 年到 2014 年总交易量的 23% 到 31% 用于交易目的，59% 到 69% 用于套期保值，剩下的用于套利。

从表 47 –3 可以看到，自 H 股指数期权推出后，出于套利目的的交易占比逐年增加，利用 H 股指数期权进行套利的交易在 2007—2008 年统计年度占比最高，随后的几年中占比有所降低。这在一定程度上表明，2005 年 7 月我国汇率形成机制改革之后，越来越多的投资者希望借助于投资 H 股指数衍生品赚取人民币升值带来的超额收益，本章下一节将详细介绍 H 股市场与人民币升值之间的关系。

47.7　香港股票期权介绍

从第 13 章我们得知，股票期权是全球最早的交易所交易期权，早在 1973 年芝加哥期权交易所开市交易，比全球最早的股指期权推出时间要早整整十年。虽然股票期权推出的时间较早，但是由于个股市场份额和市场信息占比较小，其成交金额难以与股指期权相比。本节简单介绍相关股票期权市场的发展。

47.7.1　全球股票期权简介

股票期权是在交易所买卖及由结算所结算的一种以个别股票为基础的金融合约，股票期权和股票指数期权一样有看涨期权和看跌期权两类。实际上，从第 13 章我们可以看出，世界上最早交易所交易的期权并不是股票指数期权，而是股票期权，1973 年股票期权在芝加哥期权交易所开始交易，10 年后股票指数期权才由同一交易所推出。由于股票指数期权的活跃度远高于个股期权，所以，近年来社会大众关注的主要是股票指数期权，股票期权的关注程度相对较低。

根据世界交易所联盟公布的数据，以 2009 年和 2010 年为例，全球股票期权的成交金额皆仅为相应的股票指数期权的成交金额的 5% 左右。由于股票期权的成交金额相对股票指数期权低很多，股票期权多年来在全球没有股票指数期权那么知名。

47.7.2　香港股票期权

香港可买卖的股票期权有近 80 只股票，其中 H 股股票占将近 30 只。国内五大银行和招商银行股票、中海油、中移动、中远洋等主要 H 股股票在港皆有相应的股票期权交易，有兴趣的读者可以就这些股票的名称、代码、股票期货合约等查询香港交易所网站 http://www.hkex.com.hk，这里不再细述。

47.7.3　股票期权行使方式

股票期权与表 47-1 中 H 股指数期权主要不同的是，H 股股票期权是美式的，即期权持有人可于任何营业日（包括最后交易日）的下午 6 时 45 分之前随时行使，有兴趣的读者可以参考香港交易所网站，从而了解香港股票期权的合约细节：http://www.hkex.com.hk/chi/prod/drprod/so/conspec_c.htm)。

47.7.4　股票期权的庄家流通量提供者

为了保证市场的流动性和报价的连续性，香港股票期货和期权引入了庄家和流通量提供者。股票期货和期权的庄家在报价、开价盘保留时限、最大的买卖盘差价等方面有一定的责任，同时交易所也给予庄家一定的回报。有兴趣的读者可以参考如上香港交易所网站了解关于股票期货和期权详细的内容，包括庄家和流通量提供者名单及其责任和奖励细节。

47.7.5　香港股票期权近年来的成交情况

根据世界交易所联盟公布的数据，2013 年和 2014 年，香港股票期权的成交量分别为 58207042 手和 69944143 手；2013 年和 2014 年相应的成交金额分别为 1673.89 亿美元和 1960.14 亿美元，分别为第 46.9 节介绍的同期香港股票期货成交金额 14.86 亿美元和 11.60 亿美元的 112.6 倍和 169.0 倍，显示香港股票期权比股票期货要活跃很多。

47.8　H 股票期权案例：中国建设银行期权

几年来，国内外广泛关注的与 H 股相关的期权协议莫过于中央汇金公司与美国银行之间的期权认购协议。我们本节对中国建设银行与美国银行之间的期权认购协议进行简单的介绍。

2008 年 5 月中国建设银行公布首次执行美洲银行与中央汇金公司 2005 年签订的建行期权协议在国内外引起了巨大的反响，少有期权的执行在国际市场上能够引起如此大的影响。该股票期权应该成为我们介绍 H 股期权的最佳案例。本节对建行与美洲银行之间的期权认购协议进行简单的介绍和分析，从而使读者不仅对股票期权有更深入的理解，而且通过观察金融危机前后建行股价的变化与境外人民币兑美元从升值转向贬值后的关系。

2008 年 5 月 27 日晚间，中国建设银行公告称，该行日前已收到通知，美洲银行将于 2008 年 6 月 5 日前向中央汇金公司购入 60 亿股 H 股。双方交易的价格将是 2.42 港元，而当日收盘，建设银行的 H 股股价已达 6.65 港元。折价率高达 63.60%（"逾千亿港元套利　建行三折卖股之谜"，21 世纪经济报道，2008 年 5 月 29 日）。2008 年 5 月 27 日，建行股价开盘和收盘价皆为 6.65 港元，日间最高价和最低价分别为 6.75 和 6.62 港元。为什么建行股价为 6.65 港元，而可以 2.42 港币的地价认购建行股票呢？这实际上是美洲银行执行之前与中央汇金公司签订的股份及期权认购协议。

作为吸引作为建行战略投资伙伴，汇金公司早在 2005 年 6 月 17 日与美洲银行签订入股建行协议时就商谈了给予其股票期权的问题。根据这些协议，美洲银行同意于全球发售中购入建行部分股份，并在建行若干业务范畴向其提供战略性协助。2005 年 8 月 29 日，作为建行大股东的汇金公司又与美洲银行订立《股份及期权收购协议》。按双方最初的协议，美洲银行接受了汇金方面提出的行权价格随时间变化"水涨船高"的建议。双方约定，2007 年 8 月 29 日之前美洲银行的行权价均为全球发售项下的每股发售价，这日之后增加至招股价的 103.00%；2008 年 8 月 29 日或之后再度加至招股价的 107.12%；2009 年 8 月 29 日或之后再度加至招股价的 112.48%；2010 年 8 月 29 日或之后截至期权到期时间 2011 年 3 月 1 日则加至 118.10%。按 2.35 港元的建行招股价，上述以比例计算的建行期权执行价分别对应每股 2.42 港元、2.52 港元、2.64 港元和 2.78 港元的行权价（21 世纪经济报道，2008 年 5 月 29 日）。这就是上文所说的 2008 年 6 月 5 日之前美洲银行在估价 6.65 港元的情况下可以 2.42 港元购买建行股票的原因。

47.9　建行自在香港上市以来股票价格的变化情况

要理解美洲银行在不同时期执行其建行股票期权协议，我们必要对建行上市后估价变化有所了解。图 47-6 给出了建行自 2005 年 10 月 27 日香在港 H 股上市到 2015 年 8 月 21 日的股价。

47.9.1　走向顶峰（2005 年 10 月 27 日到 2007 年 10 月 30 日）

图 47-6 显示，建行上市后前 9 个工作日，股票收盘价保持在 2.35 港元没变；从 2005 年 11 月 8 日到 2006 年 2 月 23 日，股价持续上升到了 3.8 港元的高位；随后到 2006 年 11 月 13 日近 9 个月的时间内股价保持在低于 3.8 港元的水平；从 2006 年 11 月 13 日到 2007 年 1 月 3 日，股价又迎来了新的一轮快速增长期达到了 5.28 港元的新的历史高位；从 2007 年 1 月 3 日到 2007 年 3 月 5 日，股价回调到了 4.04 港元；然而从 2007 年 3 月 5 日到 2007 年 10 月 30 日的近 8 个月股价迎来的第三轮快速增长，创下了历史最高价位 8.79 港元。值得关注的是，建行股价峰值比国内 A 股市在 2007 年 10 月 16 日的峰值晚了仅两个星期。

数据来源：Wind 资讯。

图 47-6　2005 年 10 月 27 日到 2015 年 8 月 21 日建行 H 股股价

47.9.2　从顶峰到谷底（2007 年 10 月 30 日到 2008 年 10 月 27 日）

图 47-6 显示，2007 年 10 月 30 日建行股价达到历史最高点后持续下降到 2008 年 3 月 17 日的 5.02 港元，四个半月略多的时间内降幅高达 42.9%；2008 年 3 月 17 日到 2008 年 5 月 6 日的不到两个月的时间内又回升 43.4% 到每股 7.2 港元；2008 年 5 月 6 日到 2008 年 10 月 27 日，建行股价下降到了 2005 年 12 月以来的最点 2.62 港元，仅比 2005 年 10 月的收盘价 2.35 高 11.5%。上文介绍的美洲银行第一次期权执行的 2008 年 6 月 5 日前正好是在建行股价从 2008 年 5 月 6 日达到新高后不久提出的。

47.9.3 低谷后再创高峰（2008 年 10 月 27 日到 2010 年 11 月 5 日）

图 47-6 显示，2008 年 10 月 27 日到 2010 年 11 月 5 日的两年多时间内，建行股价从低谷持续上升到了 8.3 港元的危机后高峰，累计升值 216.8%。

47.9.4 2011 年到 2014 年

2010 年 11 月 5 日到 2011 年 8 月 24 日，股价回调到了 5.11 港元，降幅达 38.4%；之后截至 2015 年 3 月，三年多时间内股价保持在 6 港元上下的水平；2015 年 3 月到 5 月底，虽然股价随国内股市回升到了接近 8 港元的高位，之后重回 6 港元上下的水平。

47.9.5 建行股价变化与境外人民币升、贬值间的关系

比较 2005 年 10 月到 2015 年 6 月图 47-6 给出的建行股价和图 37-8 给出的境外人民币无本金交割远期升值和贬值幅度，我们发现两者间存在很高的相关性：人民币升值预期高时建行股价较高，人民币贬值压力大时建行股价较低；两者的主要差异在境外人民币兑美元的升值在 2008 年 3 月下旬达到峰值后持续下降到了 2008 年 12 月上旬，而建行股价在 2008 年 5 月上旬开始持续下降到了 2008 年 10 月 27 日达到低谷，持续下降的时间比境外人民币升值预期持续下降的时间晚了 1 个多月，而建行股价低谷比境外人民币贬值低谷早了 1 个多月。因此，图 47-6 给出的建行股价表是我们了解境外 H 股价随境外人民币升值和贬值变化的一个好案例。

47.10　美洲银行建行股票期权的执行情况

47.10.1 美洲银行第一次执行建行股票期权的情况

上文介绍了 2008 年 5 月 27 日建设银行公告称美洲银行将于 2008 年 6 月 5 日前向中央汇金公司购入 60 亿股 H 股，为美洲银行第一次执行其期权。此次行权引起了媒体广泛的关注甚至质疑，关注和质疑的主要原因在于当时建行股价高达 6.65 港元上下，比行权价格 2.42 港元高出 1.75 倍；关注和质疑的另外一个主要原因是当时正处于金融危机爆发前三个多月的时间，金融危机的诸多信号还未被媒体大众体察，仍未对股市后来受金融危机冲击大幅下滑有任何心理预期准备。美洲银行第一次行权后，美洲银行持有建行股票比重从之前的 8.18% 提高到了 10.75%，提高了 2.57%。

47.10.2　美洲银行第一次执行建行股票期权的情况

美洲银行第二次执行建行期权发生在 2008 年金融危机爆发后两个多月。"记者昨日晚间从中国建设银行获悉，建行的境外股东美洲银行决定以 2.80 港元的价格从建设银行最大股东中央汇金投资有限责任公司手中购买 195.8 亿股建设银行 H 股，并计划在本月 30 日之前完成交割（'美洲银行增持建行 195.8 亿股 H 股看好盈利空间'，新京报，2008 年 11 月 18 日）。"美洲银行第二次执行期权低价购买的建行股票数 195.8 亿股比第一次的 60 亿股多两倍多，然而这次行权却没有引起媒体如前的关注程度，其原因应该有二：首先第二次行权公告和截至期建行股价仅在 3.9 港元上下，比期权执行价（即美洲银行买入价格）2.8 港元仅高出不到 40%，也不到上文介绍的第一次行权股价比执行价高出幅度 174.8% 的四分之一；另外一个主要原因是第二次行权公告是金融危机爆发后仅仅两个月，而且建行股价在 2008 年 10 月 27 日才刚刚跌至上市以来低谷 2.62 港元，低于第二次执行价。在金融危机爆发后美国股市持续下降的情况下，美洲银行通过执行期权而增持建行股票实际上对提升建行股票信心发挥了一定的作用。

47.10.3　美洲银行两次执行建行股票期权后仍未用足的额度

美洲银行第二次行权后，美洲银行持有建行股票比重从之前的 10.75% 提高到了 19.13%，提高了 8.38%，但仍比期权协议允许美洲银行行权的上限 19.9% 低 0.86%。别小看这 0.86% 的执行余额，它相当于 20.1 亿建行股份。

47.11　美洲银行执行建行股票期权收益和总投资收益及潜在收益计算

从 2005 年 6 月入股建设银行到 2013 年 9 月全部出售建行股票超过 8 年的时间内，美洲银行通过最初投资 25 亿美元和上市前入股 5 亿美元，持有建行 8.18% 的股份，之后于 2008 年两次行使建行期权分别增持建行 60 亿和 195.8 亿股，持有建行股份最高达 19.13%。受金融危机影响，2009 年到 2013 年美洲银行多次减持建行股份，截至 2013 年 9 月终于完全出售建行股份。由于投资和出售横跨 8 年多时间，涉及多次出售，美洲银行通过投资建行的收益计算比较复杂，表 47-4 给出了自 2005 年美洲银行投资和执行股票期权及出售情况一览表。

表 47 - 4 投资和执行股票期权及出售情况一览表

时间	事件	购入股份数（亿）	出售股份数（亿）	交易股份数量占总股比重（%）	价格（港元）	交易后美国持有的股份数量	当时的总股本	占总股本比例（%）
2005 年 8 月 29 日	美洲银行 25 亿美元入股建设银行	174.82		9.00	1.11（测算）	174.82	1942.3	9.00
2005 年 10 月	建设银行发行 H 股，美洲银行认购 5 亿美元	16.51		0.73	2.35	191.33	2246.9	8.52
2008 年 6 月	美洲银行第一次行权	60.00		2.57	2.42	251.33	2336.9	10.75
2008 年 12 月	美洲银行第二次行权	195.80		8.38	2.46	447.13	2336.9	19.13
2009 年 1 月	美洲银行第一次出售		56.24	2.41	3.92	390.89	2336.9	16.73
2009 年 5 月	美洲银行第二次出售		135.09	5.78	4.20	255.80	2336.9	10.95
2011 年 8 月	美洲银行第三次出售		130.77	5.23	4.94	125.03	2500.1	5.00
2011 年 11 月	美洲银行第四次出售		103.55	4.14	4.94	21.48	2500.1	0.86
2011 年 12 月	建设银行 2011 年年报显示美洲银行持股数下降至 20 亿股，美洲银行应在 2011 年 11 月至 2011 年年底之间出售了 1.48 亿股		1.48	0.06	5.32（估算）	20.00	2500.1	0.80
2012 年第三季度	美洲银行出售最后 20 亿股建设银行股份（未公布出售细节，根据季报股份变化推测交易时间在 2012 年第三季度）		20.00	0.80	4.63 - 5.81（媒体推测）	0.00	2500.1	0.00

数据来源：建行招股书和历年年报及相关季报；最初投资和认购投资自建行 H 股上市之日（2005 年 10 月 27 日）起最初入股投资有 3 年锁定期；第一次行权的股份在 2011 年 8 月 29 日之前不得出售转让。

47.11.1 执行建行股票投资的收益计算

利用表 47 - 4 给出的出售投资建行股票的时间和总量及图 47 - 6 给出的该行的股价，我们可以计算出从 2005 年最初投资到 2013 年全部出售建行股票的总收益合计 263.80 亿美元（根据美元和港元 7.8 的汇率假设，而且没有考虑不同时间出售股票的时间价值。最后一次出售价格按 5.22 港元计算），为最初投资 30 亿美元的 8.79 倍，或者说投资建行和执行建行期权总共利润为最初投资的

7.79 倍。

47.11.2　执行建行股票期权的潜在收益估算

表 47 - 3 显示，2008 年第二次执行建行股票期权后持有建行股票占建行总股份比重最高达到了 19.13%，比建行与股票期权协议执行后的最高比重 19.9% 还有 0.86% 没有用足。0.86% 的比重看似较低，但是却相当于建行 20 亿股以上。如果在第二次执行股票期权时将这 0.86% 执行充分，或者之后再进行第三次执行，那么在建行的总投资收益会比上文计算出的还要高。

47.11.3　出售建行股票的时机判断

比较表 47 - 3 给出的出售建行股票的时间和图 47 - 6 给出的这些时间点前后建行的股价，我们可以容易地发现几次出售建行股票的时间离建行股价高位仍有相当的距离。之所以未能选择较好出售时机有三个重要的原因，首先，投资建行的股票有锁定期，对出售有明显的限制；其次，金融危机的爆发对建行股价产生了重要的影响；最后，由于受金融危机影响自身资本充足率受到影响，因此不得不对其出售建行股票产生影响。因此，如果后两因素影响降低，选择出售建行股票的时间点更佳，其总收益还会更好。

47.12　对 "贱卖论" 的相关驳斥

上文介绍了在美洲银行 2008 年 5 月向建行提出首次期权执行消息公布后，媒体就提出了诸多国有资产贱卖的质疑。为此，建行、人民银行和银监会等很多负责人在不同场合对 "贱卖论" 进行了驳斥。2008 年首次执行建行股票期权协议，曾经热议过的 "贱卖论" 再度燃起战火。实际上，早在 2005 年 6 月建行刚与美洲银行签订了战略投资与合作协议不久，建行高层就对媒体，详细介绍了建行选择的原因和过程（和讯银行，2005 年 6 月 22 日）。回顾建行从最初引进战略合作伙伴和与签订期权协议到最后完全出售建行股票的历程，对我们理解媒体质疑，特别是理解建行股票期权签订的原因背景有很大的帮助。

47.12.1　"四轮" 贱卖

建行首席财务官庞秀生总结了媒体对建行的 "四轮" 贱卖，并对 "贱卖论" 做了很好的回应。第一轮 "贱卖" 从美洲银行入股建行开始是媒体对首期以建行账面净资产的 1.15 倍购买 25 亿美元汇金公司的老股产生质疑而出现首轮贱卖；第二轮是围绕建行当时 IPO 定价是否偏低；第三轮即与建行期权的设计有关，主要出现在 2008 年首次执行建行期权开始；第四轮为建行上市后股价持续走高，为"贱卖"的反证。期权执行价递增的价格体现了期权设计的另一个重要原因——保护汇金公司的收益。"把IPO定在2.35港元，与1.15倍的价格比，可以保证汇金两年内每年有超过40%的年收益率。这就是尽力提高定价的原因，之后破发与否倒是其次。"两年后期权行权因行权价提高，加之较高的分红比例，无论行权与否，汇金的收益都得到了保障，而赚的其实是市场价和行权价的差价。如果股价下跌，汇金不承担风险，就不同了（"建行CFO回应'贱卖论'：四轮'贱卖'是悖论"，金融时报，2008年6月18日）。

47.12.2　股份制改革初期的坎坷

虽然中银香港于2002年7月正式在香港联交所挂牌上市，交通银行也于2005年6日成功在香港上市，而建行是国内四大银行第一个境外上市的银行。其定价和发行确实有一定的不定性和难度，这不仅表现在寻找境外投资者的过程，寻找国内投资人的过程也颇为坎坷。陈彩虹说，我们试图引进发起人股东，向国家电网、宝钢、长江电力、中海油、中国人寿等发出参股要约。后来，中海油、中国人寿出于各种各样的理由，退出了。"中国银行业能改革到什么程度，我们没把握。"这成为内资谨慎的理由（"美银增持再引贱卖论　建行不再沉默公开历史真相"，华夏时报，2008年6月7日。）

建行首先将橄榄枝抛向了老牌劲旅花旗银行，但两方在谈判初期就停滞不前。"当时，花旗天天向建行提出要求，就是不谈实质性内容。而且，不提供花旗的材料。"陈彩虹回忆说，导致谈判直接流产的原因是，花旗当时提出折价，希望低于1元面值入股。后来出现了美洲银行，与建行、中行都进行了谈判。"开始的时候他们还很犹豫，谈判非常艰难。在光线暗淡的办公室里，连续好几天，一谈就是五六个小时。"美洲银行承诺不在中国做零售银行与建行竞争，承诺永不控股，不派管理者，踏踏实实协助，美银的诚意和背景都很切合当时建行所需。

47.12.3　认股期权的必要性和功能

为了保持长久的合作，真正实现战略协作，建行设计了较为复杂的认购期权。当时若没有这个选择权，美银不会这么积极进来，也不会花这么大力气帮助建行。期权的设计，提升了建行信誉，也使美银分享了成果。但没有把握建行股价的涨幅会如此之大，否则，当初在IPO之时，即可增持至19.9%（同上）。

47.12.4　对建行成功上市的两大重要功能

战略投资的入股不但提升了建行的价值，也促进了建行的成功转型。在提升价值方面，这保证了建行当时在香港成功上市。"可以大胆地讲，如果当时没有美银介入，H 股能否上市成功，不敢想象。"此外，还保证了建行在二级市场上平稳增长。经过价值发现，建行也是 A 股市场较为抗跌的股票。也为以后国有银行的改制提供了价值引导。随后的银行上市市净率有所增加（同上）。

47.12.5 监管领导对"贱卖论"的驳斥

中国金融业高层纷纷抨击国有银行贱卖论。"国有商业银行在改革中引发一些争议，是改革过程中的正常现象（中国人民银行行长周小川，上证报，2005 年 12 月 6 日）。""建行这次上市和上市以后的良好价格表现，充分说明了境外投资者非常看好中国和中国银行业的改革前景，也雄辩地说明了建行在战略投资者引进和上市的定价方面进行了精心设计以及成功实施"，刘明康评价道。针对目前银行改革过程中是否存在贱卖的问题，刘明康强调，从目前战略投资者入股中资银行的价位来看，都高于中资银行的账面净值，因此并不存在着贱卖的情况。

"如果不真正从机制上脱胎换骨，那么国内许多银行所具有的价值不仅不能够为正值，反之可能为负值。""如果不改革，国有商业银行资本金严重不足、不良资产增加、财务信息不真实，连生存都难以为继，这才是真正威胁国家金融安全和经济安全的最大隐患（时任建设银行行长郭树清）"。

47.13　美洲银行股价对建行初期投资和股票期权协议的反应及反思

上文给出了建行高管及监管部门领导对建行国有资产贱卖的各种批评和驳斥，相关问题可以说已经相当清楚。然而，市场是最好评判者。本节通过美洲银行初期投资建行和与汇金公司签订股票期权协议信息公布后美洲银行股价的市场反应来对美洲银行投资建行，特别是对汇金公司与美洲银行签订的建行股票期权协议的评判。

47.13.1　美洲银行初次投资建行的市场反应

2005 年 6 月 17 日投资建行消息公布后，美洲银行的股价于下一个工作日 6 月 20 日上升了 0.15%，同日美国标准普尔 500 指数却下降了 0.07%；2005 年 6 月 21 日美洲银行股价上升了 0.79%，同日美国标准普尔 500 指数却下降了 0.20%；从 2005 年 6 月 17 日到 6 月 24 日的一个星期内，美洲银行股价累计上升了 0.24%，而同期美国标准普尔股指却下降了 2.09%，其股价一周内累计比美国股票指数上升的幅度高出 2.32%，表明美国股市对投资建行并没有出现不看好的总体负面效果，与"入股的消息一宣布，其股价也应声而落"（"美银增持再引贱卖论　建行不再沉默公开历史真相"，华夏时报，2008 年 6 月 7 日）的说法不一致。事实上，在美洲银行入股建行消息公布的前一周（2008 年 6 月 9 日至 2008 年 6 月 16 日），美洲银行的股价上升 0.74%，而同期标普 500 指数上升了 0.84%，可见消息公布后美洲银行的股价确实略有走强，但是走强的幅度有限，表明市场对美洲银行投资建行反应比较平淡。

47.13.2 美洲银行首次执行建行股票期权的市场反应

2005 年 8 月 29 日，汇金公司又与美洲银行订立《股份及期权收购协议》，2008 年 5 月 27 日期权协议细节公布之后，美洲银行的股价在下一个交易日 5 月 28 日下跌了 0.88%，当日标普 500 指数却上涨了 0.40%；5 月 29 日美洲银行的股票价格上升 2.16%，而标普 500 则上升了 0.53%；从 2008 年 5 月 28 日到 6 月 3 日的一个星期内，美洲银行股价累计下跌了 2.52%，而同期美国标准普尔股指却只下降了 0.56%，其股价一周内累计比美国股票指数下跌的幅度高出 1.96%，表明美洲银行与汇金公司签订的建行股票期权对美洲银行股价不仅没有产生显著的支持作用，反而使其股价有明显的压力。

进一步拉长时间来看，从 2008 年 5 月 28 日到 6 月 27 日的一个月内，美洲银行股价累计下跌了 28.04%，而同期美国标准普尔股指却下降了 7.72%，其股价一月内累计比美国股票指数下跌的幅度高出 20.31%。可见，在金融危机的影响逐渐显现的时候，美洲银行股价显著下行应该主要是其经营基本面所致，然而执行建行期权继续增持建设银行股票，也使其股价承受了一定的压力。换句话说，美洲银行执行建行股票期权对其股价并未产生直接的提升作用。

47.13.3 美洲银行股价

第 2 章显示，美洲银行于 2014 年宣布与美国司法部达成协议同意支付超过 166 亿美元的史上最大罚单。虽然美洲银行与美国司法部罚单协议 2014 年才签订，但是金融危机前美洲银行在结抵押贷款支持证券方面的业界应该有一定程度知晓，其股价在 2008 年 5 月下跌幅度超过美国标普指数也应该主要反映其业务经营的情况。我们难以区分美洲银行 2008 年 5 月首次执行建行期权对其股价的作用。

综上市场对美洲银行投资建行对美洲银行的股价并未产生明显的提升，而且美洲银行执行建行股票期权不仅未对其股价产生拉动作用，而且在金融危机爆发前的国际市场环境下其股价反而有了显著的下行。虽然我们难以区分建行股票期权首次执行对金融危机前美洲银行股价的影响程度，但是在当时的环境下，建行期权的首次执行并未对美洲银行股价带来多少推动作用。

虽然我们可以从股价和期权协议中简单地计算出期权协议执行的损益，但是由于期权带来美洲银行对建行投资力度的提升，进而对建行的成功上市和转型增值，以及对其他国有大行成功上市的价格引导，还有在金融危机时刻对建行股价的支撑等相关价值确实难以相应地计算出来。

47.14　建行股票期权相关讨论

签订期权协议是巩固战略合作的必要措施，而且上文显示美洲银行在金融危机前后执行期权在一定程度上对提升建行股票信心也确实发挥了作用。因此，各种"贱卖论"的说法不够全面。

47.14.1　第二次行权对建行股价的支持作用

美洲银行在第二次执行期权时，即 2008 年 11 月 18 日到 30 日，建行股价平均股价仅为 3.9 港元，2008 年 11 月 18 日建行股价才从 2008 年 10 月 27 日的历史低估 2.62 港元走出了三个星期。换句话说，美洲银行第二次执行期权实际上在很大程度上对金融危机严重时期建行的股价有一定的支撑作用。

47.14.2　建行股票期权相关技术问题

尽管如此，在期权协议的签订过程中的技术层面确实也有很多可以提高的方面。从多个方面来判断，建行股票期权都是历史少见且世界少有的，或者说都是创造世界历史纪录的。首先，从期权到期时间来看，长达近 7 年的股票期权在国际市场上都是少见的。上文介绍的香港交易所长期股指期权的期限最长也仅有 3 年。由于未来股票价格受国际经济、金融、政治等诸多因素的影响，从而难以估算，期限超过 3 年的长期期权国际场内外市场中并不多见。大多交易所交易的股票和股指期权的到期日不到一年。因此，长达近 7 年的建行股票期权首先在到期时间上创造世界纪录。其次，从期权执行价格来看，建行股票期权也极少见。随时间变化"水涨船高"的期权行权价格没有与股票上市后 6 年多的时间内任何市场参数相联系。考察在境外从业时设计的诸多股指相关的奇异期权，绝大多数的执行价是未来某个时段内的平均指数或价格，很少见到还不知起点（发行价）自上市后多年上浮几个到十几个百分点的固定执行价期权。最后从期权价格来看，建行股票期权一定属于极少的零期权费期权。我们在第 13 章和第 14 章及第五篇和第六篇介绍期权境内外应用时知道，期权与期货或远期类产品最大的不同处在于期权有期权费，期权费如保险费，使保险者有享受保险或行使有利可图的权利。从上文建行期权协议可以看出，建行的期权是汇金公司白白送给美洲银行的，或者更准确地说是为了吸引美洲银行成为建行战略投资者的附加条件或者附加"资产"。

如此巨大资金的协议涉及技术相当强的诸多方面，在国际上绝大多数会找专业机构或人士进行咨询后才决定。而从建行《股份及期权认购协议》和其上市招股书等相关资料中我们难以发现在签订《股份及期权认购协议》前有相关的咨询费用。换句话说，金额高达数百亿协议的签订，很有可能就没有委托过咨询机构进行咨询。

47.15 本章总结

香港 2003 年 12 月 8 日推出 H 股票指数期货之后，在半年零 6 天的时间里于 2004 年 6 月 14 日推出了 H 股指数期权，推出后 H 股指数期货和期权皆成功活跃交易，为 H 股投资者提供了丰富的风险管理工具和场所。国内 A 股指数期货于 2010 年 4 月成功推出。不到 5 年后，于 2015 年 2 月 9 日，上证 50ETF 期权在上海证券交易所上市，A 股市场正式迈入期权时代。目前该期权合约设有严格的准入及限仓措施。预计随着期权试点的不断推进，限制将逐步放开，并且未来期权品种将会不断丰富，股票期权将逐渐发展成为国内金融市场的另一重要工具。

期权的作用和意义重大，我们在第 42 章介绍的中央汇金公司与 3 家大型银行签订的"外汇期权协议"和本章上文介绍的中国中央汇金公司与美国银行签订的《股份及期权认购协议》表明，期权在国际金融市场有着重要的作用，而且今后还会发挥重要的作用。只有国内人民币外汇期权、股票指数期权、商品期货期权、利率期权等国际市场上活跃的期权产品在国内有一定的发展，广大市场参与者、银行和企业管理者和政策制定者对期权的理解程度才会达到一定的深度和广度，市场风险的管控才有可能达到一定的水平。

作为 H 股股票期权的案例，汇金公司与美洲银行签订的股票期权协议是近十年来国内最为关注的股票期权。通过介绍和分析建行股票期权，我们不仅了解了国有银行初期改制上市的艰难曲折，而且也看出了期权在吸引外资和促进国有银行改革转型的巨大作用。市场对建行股票期权的反应并未有媒体宣称的根据期权协议指标计算出的那么大的"损失"，然而期权参数设计等方面现在看来确实也有可以提高的地方。期权是国际金融市场中最重要的构件，对金融创新和风险管理有着必不可少的地位和功能。我们只有继续学习和借鉴境外期权几十年来的发展经验并吸取相关教训，继续推出几十年来在国际市场上活跃的期权产品并提高国内期权市场的流动性，才能逐步熟悉期权的特征，利用好期权，逐步丰富国内金融产品并逐步提高金融风险管理能力。

第48章 人民币升贬值预期的量度及其对人民币资产价格的影响

我们在第37章和第42章介绍和分析了境外人民币无本金交割远期汇率和境外人民币无本金交割期权的隐含波动率，并在第38章和第42章介绍了影响无本金交割远期汇率和无本金交割期权隐含波动率的各种主要因素。本篇前面数章的内容显示人民币无本金交割远期汇率和人民币无本金交割期权的隐含波动率在很大程度上都反映了人民币升值预期，对我们判断人民币在不同时期内升值预期有很大的参考意义。这些数据都有意义，但是却都有同样的局限，即远期汇率和期权隐含波动率都为外汇市场价格，由于银行间市场性质，这些价格都难以找到相应的成交量来做支持。我们本章的主要目的是同时利用境外人民币无本金交割远期汇率和境外人民币无本金交割期权的隐含波动率的信息来获得判断境外人民币升值预期的一个更好方法。在对人民币升值预期有了更好的判断之后，我们简单分析香港H股股票指数、H股指数期货和H股指数期权市场变化与人民币升值预期之间的相互引导关系。

48.1 无本金交割远期汇率和无本金交割期权隐含波动率的关系

图48-1给出了2001年1月到2015年6月1年期人民币无本金交割期权的隐含波动率和1年期人民币无本金交割远期升贴水之间变化的情况。从图42-3可以看到，从2001年1月至2005年7月人民币汇改之前，人民币无本金交割远期汇率与人民币无本金交割期权隐含波动率变化的趋势非常相似；2005年7月人民币汇改之后两年左右时间两者的相似性有了一些差异；从2007年下半年，两者间相似性又似乎重新出现；2009年金融危机之后，特别是2009年年底以来，两者之间变化的趋势再次类似起来。2010年之后，人民币在升值通道中曾遭遇若干次较为强烈的贬值预期，反映为图中的隐含波动率尖峰。

人民币无本金交割期权的隐含波动率和人民币无本金交割远期汇率的相似性主要是因为两者大多时候受同样的国际、国内经济和金融及其他的因素影响。我们下文利用该两市场同期产品价格相似性来找出量度人民币升贬值的一个更好的参数。

图 48 - 1   1 年期人民币无本金交割期权隐含波动率与远期汇率
（2001 年 4 月—2015 年 6 月）

48.2   无本金交割远期汇率和无本金交割期权隐含波动率的互动性

上文讨论同期人民币无本金交割远期汇率和人民币无本金交割期权隐含波动率相似性主要是因为两者同时受同样的境内外因素影响。这些同样的市场和投资因素对人民币无本金交割远期汇率和人民币无本金交割期权隐含波动率的影响应该有所不同，但是当两个市场同时反映出人民币升值或者贬值时，或者说当两个市场互动反映出人民币升值或者贬值时，表明当时人民币升值或者贬值的力度较大。衡量两组市场数据互动的最方便的方法是该两组数据在不同时期内的相关性，即两组数据间的相关系数。如果两组数据间的正相关性很高，或者相关系数接近 100%，说明当时人民币贬值预期很高；同样如果两组数据间的负相关性很高，或者相关系数接近 - 100%，说明当时人民币升值预期很高。我们下文将利用同期人民币无本金交割远期汇率和人民币无本金交割期权隐含波动率之间的相关系数来度量人民币对美元升值或者贬值的预期程度。

图 48 - 2 给出了 2001 年 4 月至 2015 年 6 月期间 1 年期人民币无本金交割远期汇率与 1 年期人民币无本金交割期权日隐含波动率的 60 日移动相关系数。

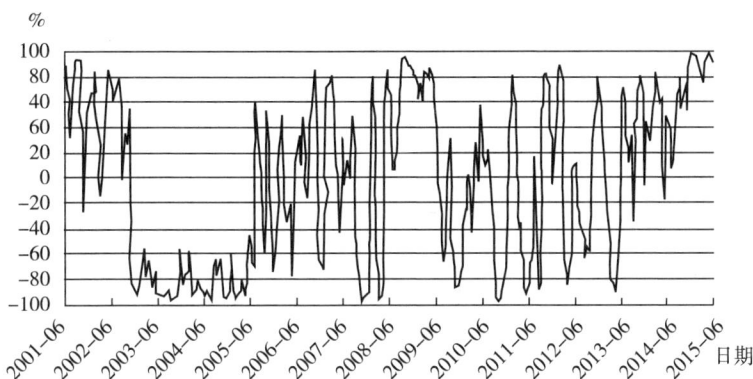

资料来源：根据彭博数据终端（Bloomberg）数据计算得出。

图 48－2　1 年期人民币无本金交割期权隐含波动率与远期汇率移动相关系数

48.3　无本金交割远期汇率和期权隐含波动率互动性及其隐含的意义

图 48－2 给出了 2001 年到 2015 年境外人民币无本金交割远期和期权隐含波动率之间的相关性。这里我们专门介绍这些相关性变化的意义。

48.3.1　2002 年 10 月之前的相关性

图 48－2 显示，2001 年 4 月到 2002 年 11 月之间，12 个月人民币无本金交割期权隐含波动与远期汇率移动相关系数绝大多数为正数，同时整体趋势在逐渐上升，表明虽然当时境外人民币贬值压力仍然存在，但是贬值的压力逐渐减弱。

48.3.2　2002 年 11 月到 2005 年 7 月之间的相关性

图 48－2 显示，2002 年 11 月到 2005 年 7 月之间，1 年期人民币无本金交割期权隐含波动与远期汇率移动相关系数绝大多数在 -60% 以下，而且保持在 -80% 左右，甚至最极端时超过了 -98%，表明从 2002 年 11 月境外人民币升值压力产生到 2005 年 7 月汇改之间境外人民币升值压力持续保持在很高的水平。

48.3.3　2005 年 8 月到 2007 年 9 月之间的相关性

图 48－2 显示，2005 年 8 月到 2007 年 9 月的两年多时间内，移动相关系数大多时间在 -60% 到 80% 之间震动，当时一年期人民币无本金交割远期对人民

币即期升值预期保持在 4% 上下，表明当时境外人民币贬值压在汇改之后显著释放。

48.3.4　2007 年 12 月到 2008 年 4 月汇改后的另外两次升值高峰

图 48-2 显示，2007 年 10 月到 2008 年 4 月的 7 个月时间内，移动相关系数在 2007 年 11 月底和 2008 年 4 月初分别重新达到了 -95% 左右，达到了 2002 年 11 月到 2005 年 7 月间最高峰的水平，当时一年期人民币无本金交割远期对人民币即期升值预期分别高达 10% 和 11% 以上，表明当时境外人民币贬值压在汇改之后重新出现了两次升值高峰。

48.3.5　金融危机前后的贬值压力

图 48-2 显示，2008 年 5 月到 2009 年 6 月的一年多时间内，移动相关系数绝大多数时间内为负值，从 2008 年 6 月下旬到 2009 年 6 月中旬，相关系数在 -100% 到 -60% 之间，而且在 2008 年 10 月中下旬达到了比 2001 年还要低的水平，表明金融危机爆发之前几个月到 2009 年前几个月境外人民币贬值压力的严重程度。

48.3.6　金融危机之后人民币继续升值但市场的贬值预期不时浮现

图 48-2 显示，2009 年 12 月、2010 年 10 月、2011 年 6 月和 2013 年 6 月，移动相关系数分别达到了金融危机后的三次极值，两者的相关性一度接近 -90%，表明当时国际市场对人民币的贬值预期使得隐含波动率大幅上升，但是人民币实际汇率走势依然走出了强势升值，这种汇率走势与波动率的背离最终以汇率走势的胜利告终——隐含波动率随着人民币的走强开始逐步降低。

除了这几个极值点之外，两者基本上又回复到正相关关系上，而且 2005 年第二季度两者间的相关性保持在 80% 以上的高位，说明隐含波动率基本跟随人民币的汇率走势的紧密性在提高，两者反映出人民币贬值预期的方向一致。

48.4　H 股指数变化与人民币升贬值压力的比较

H 股指数从 2003 年年初到 2007 年 11 月 1 日不到 5 年的时间内从 2007.53 增长了 9.04 倍到达 20164.22。H 股为什么能够在如此短的时间内增长如此之快呢？

推动股市上涨的原因有很多，但在不到 5 年的时间里上涨 9 倍主要是由于 H 股都为国内公司在港上市的股票，人们预测人民币升值而当时境外却获得人民币，而 H 股股票及相关指数产品自然成为境外投资和投机者赌博人民币升值最好的产品和工具。图 48 - 3 给出了 2003 年 1 月 2 日到 2015 年 6 月 30 日 H 股指数除以 62500 和 1 年期人民币无本金交割远期汇率相对于汇改之前人民币/美元汇率 8. 2765 的相对升值预期。其中相对升值预期的计算方法为用 8. 2765 减去 1 年期人民币无本金交割远期汇率的差值除以 8. 2765。

数据来源：彭博数据终端（Bloomberg）。

图 48 - 3 人民币无本金交割远期升值预期与 H 股指数之间的关系
（2003 年 1 月 2 日至 2015 年 6 月 30 日）

图 48 - 3 显示了 2003 年年初到 2010 年年末境外人民币升值预期与 H 股指数之间存在非常密切的变化趋势。这种密切关系的原因实际上也简单：因为 H 股票是人民币升值的最佳载体。2010 年之后这种相关性有所减弱。下文分析境外人民币升值对 H 股指数的引导作用。

48. 5 人民币升贬值预期对 H 股指数影响的实证研究

图 48 - 3 给出的是境外人民币无本金交割远期和其升值与 H 股指数之间的直观关系。本节我们利用简单线性回归来证明人民币升值预期对 H 股指数的引导关系。我们利用图 48 - 2 相应的数据和如下简单的回归方程：

$$H(t) = \beta_0 + \beta_1 \times NDF(t) + \beta_2 \times NDF(t-1) + \beta_3 \times H(t-1) + \varepsilon(t)$$

$$(48 - 1)$$

通过简单线性回归来求得相应的回归参数。表 48-1 给出了四个不同时间的回归结果。

表 48-1　　2003 年 1 月 2 日到 2015 年 6 月 30 日人民币升值预期对 H 股指数引导关系的回归结果

时间	β_0	β_1	β_2	β_3	R_2（%）	F 值
2003-01-02 至 2008-03-31	-243.995	-1150.58	1181.503	1.001425	99.77	177635.7
2008-04-01 至 2009-03-31	3797.599	-3276.79	2785.589	0.950711	98.85	6589.6
2009-04-01 至 2014-06-30	-148.716	-4309.58	4355.341	0.986905	98.26	23236.8
2014-07-03 至 2015-06-30	-984.762	-575.175	758.9463	0.986251	99.13	4461.4

数据来源：利用图 48-2 的数据和公式（48-1）进行简单回归得出。

如表 48-1 所示，2003 年年初到 2008 年 3 月底是金融危机前人民币升值预期持续增强期的时期，回归结果表明，这一阶段人民币升值预期对 H 股指数引导的回归相关性高达 99.77%，回归置信度超过 99.9%，F 值高达 177635.7，表明当时境外人民币升值预期对 H 股指数有着非常重要的引导作用；2008 年 4 月初到 2009 年 3 月底，这一时期处于金融危机前后，但人民币升值预期开始减缓，而后出现显著的贬值预期。这一时期人民币升值预期对 H 股指数的引导的回归相关性虽然较之前的 99.77% 略低，但是仍然高达 98.85%，F 值降到了 6589.6，表明金融危机期间境外人民币升值预期对 H 股指数仍然有着重要的引导作用；2009 年 4 月到 2014 年 6 月底，美联储开始大规模量化宽松，回归相关性则进一步下降至 98.26%，表明量化宽松期间境外人民币升值预期对 H 股指数的引导作用被量化宽松的政策冲击削弱。2014 年 7 月，美联储宣布退出量化宽松政策。2014 年 7 月初到 2015 年 6 月 30 日之间，境外人民币升值预期对 H 股指数的引导的回归相关性再度上升至 99.13%，表明这一阶段境外人民币升值预期对 H 股指数引导作用的重要性又伴随着量化宽松的退出而有所回升。

上述简单的线性回归已经清楚地显示人民币升值预期对 H 股指数有重要的引导作用。为了更详细地揭示两者的关系，我们运用协整检验和格兰杰因果检验等更高级统计工具对 H 股指数和人民币升值预期的关系进行了检验，主要结论[1]如下：

在 2003 年 1 月 2 日至 2008 年 3 月 31 日的总样本区间内，H 股指数与人民币升值各指标不存在稳定关系，但是在此区间内人民币升值对 H 股指数有明显的引导作用；但如果我们不考虑 H 股指数从 2007 年 11 月 1 日开始的下跌阶段，

---

①　引自张志强的硕士论文《人民币升值背景下 H 股市场和 A 股市场的相互关系研究》，中国人民银行金融研究所，2008 年 6 月。

则 H 股指数对人民币升值有明显的引导作用，这一点在 NDF 数据和人民币升值预期数据的分析中都得到了证实。所以，我们可以认为此段时间 H 股指数的走势很大程度上是受人民币升值驱动的，而且当 H 股指数处于上升趋势时 H 股指数是比一年无本金交割远期等传统的人民币升值指标更能反映人民币升值的状况和预期的指标。

总而言之，在 2003 年 1 月 2 日至 2008 年 3 月 31 日的总样本区间内人民币升值是影响 H 股市场表现的决定性因素，2003 年年初至 2007 年年末 H 股指数 805.50% 的涨幅主要是由人民币升值造成的。由于 H 股市场良好的流动性和比较完备的风险对冲工具，在很长时间内，H 股指数都表现出引导其他人民币升值指标（如一年期无本金交割远期）的特征，可以作为反映人民币升值的指标。

48.6　人民币升贬值预期对 H 股指数期货和期权的影响

我们在第 46 章和第 47 章专门介绍和分析了 H 股指数期货和期权。本章上文结果显示，2003 年到 2007 年境外人民币升值对 H 股指数起到了非常大的推动作用；2008 年金融危机爆发之后境外人民币对美元从升值预期转向贬值预期，H 股指数也随着人民币的贬值预期而显著下降；2009 年 3 月下旬随着美国"量化宽松政策"的公布和实施，境外人民币重新回到了对美元的升值态势，H 股指数也随之出现了显著的回升。人民币升贬值对 H 股指数起到了非常大的作用，那么，人民币升贬值对 H 股期货和期权、H 指数期货和期权也产生了相应的影响。我们在第 46 章和第 47 章对 H 指数期货和期权进行了专门的介绍和简析，有兴趣的读者可以用本章的方法对 H 指数期货和期权价格、成交额和持仓量等进行分析，这里不再重复。

48.7　本章总结

境外人民币无本金交割远期汇率和人民币无本金交割期权隐含波动率受同样的境内外政治、经济、金融等因素的影响，这些数据都在很大程度上反映了不同时期人民币对美元的升值和贬值的程度。由于离岸市场的特点，我们难以获得不同时期内无本金交割远期汇率和无本金交割期权隐含波动率相应的成交额，因此难以确认不同时期人民币升值、贬值的程度。尽管如此，两个市场的价格的相关性显示两市参与者在不同时期的互动性，可以更好地反映同期人民币对美元升贬值的程度。因此，人民币无本金交割远期汇率和人民币无本金交割期权隐含波动率之间的相关性在很大程度上比人民币无本金交割远期或人民币无本金交割期权能更好地反映人民币升值的程度。有了人民币在不同时期升值或贬值的幅度更为准确的度量，我们对 H 股股票和期权、H 股指数期货和期权、跨境资金流动等重要问题的研究也就打下了更好的基础。

本章我们介绍和研究了人民币在不同时期升贬值预期与 H 股指数之间的关系。研究结果显示，2003 年到 2007 年境外人民币升值对 H 股指数起到了非常大的推动作用；金融危机前后，两者之间仍然保持了很高的相关性，但是人民币升值对 H 股指数的推动作用比 2003 年到 2007 年显著降低。2011 年之后两者的相关性进一步降低。由于人民币升贬值预期对 H 股指数有着重要的带动作用，因而人民币升贬值预期对 H 股股票和期权、H 股指数期货和期权市场也有着重要的影响。人民币升值是近十年来影响国内和香港市场人民币相关资产最重要的因素之一，同时人民币升贬值预期也是香港人民币储蓄变化的重要因素，我们在第八篇会进一步探讨相关问题。

第六篇　总　　结

境外人民币衍生产品是人民币衍生产品的重要组成部分，而且由于近年来以人民币外汇市场为主的境外人民币外汇市场已经成为境内外人民币外汇市场的主力，成交量显著超过了国内人民币外汇市场的同时，境外人民币外汇远期、掉期和期权等主要人民币外汇产品的价格仍然对国内相应茶品产生重要的影响，本篇自然成为全书最重要的内容之一。本篇总共 12 章，对境外 10 个场内外人民币衍生产品市场进行了不同程度的介绍和分析，几乎涵盖了境内外人民币衍生产品和市场的每一个领域和角落。我们高兴地看到，境外人民币市场外汇远期、外汇期货、利率互换、外汇掉期、货币互换、外汇期权、股指期货、股指期权、股票期权和权证等几乎国际上应有的所有衍生产品在境外人民币市场全部都有，而且近年来得到了快速的发展。虽然境外人民币市场虽然起步还不到 5 年，但是境外人民币市场在大多领域成交金额已经超过了国内人民币市场，成为境内外人民币衍生产品市场增长的主力，也成为人民币国际化推动的生力军，对国内市场的发展将带来更大的推动作用。

近几年来，随着境外人民币中心的持续活跃，境外人民币可交割产品飞速发展，已经取代了活跃于境外多年的大多境外人民币无本金交割产品，对人民币国际化水平的提高发挥了重要的推动作用。随着境外市场数据的积累，我们对境外人民币市场的理解也会逐步加深，如我们在第 38 章对中美主要经济和金融信息对境外人民币外汇远期汇率影响的分析比其他章节更为系统而且深入，对境外人民币外汇远期、掉期和期权等产品的市场流动性的认识也更为准确。随着境外人民币市场的快速发展，境外人民币衍生产品也越来越丰富，市场流动性显著提高，市场的数据和产品的应用也逐年增多，导致本篇的篇幅增加且难以压缩。

全篇 12 章的介绍、数据和分析内容相当多，实际上本身就已足够一本独立的书了，特别是本版在继续介绍和分析之前境外人民币无本金交割产品的同时，增加了境外人民币可交割产品，市场的复杂性显著增加，读者看完本篇之后虽然不易很快总结出近年来境外人民币产品创新和市场活跃度的动态及在国际市场中的地位，但细细品读之后对于上述问题才能了然于胸。为了使读者对境外人民币衍生产品有一目了然的认识，在本篇结束前，我们将本篇 12 章的 10 个产品和市场的主要结果及相应的国际地位列入表六中。

表1   境外主要人民币衍生产品市场流动性及国际占比

产品/市场	章	启动年份	2014 年全年总成交金额（万亿元人民币）	全球占比
境外场内市场（交易所交易产品）				
H 股指期货	第 46 章	2003 年	64506.05	0.68%
H 股指期权	第 47 章	2004 年	34608.81	0.38%
人民币外汇期货	第 40 章	2012 年	1443.60	0.08%
产品/市场	章	启动年份	2014 年上半年日均成交金额（亿美元）	全球占比
境外场外人民币无本金交割市场（银行间市场产品）				
人民币外汇远期	第 37 章	1995 年	55.65	
人民币外汇期货	第 40 章	2006 年	0.03	
人民币外汇期权	第 42 章	1995 年	59.28	
人民币外汇掉期	第 41 章	1995 年	3.18	
利率互换	第 43 章	1995 年	3.31	
人民币货币互换	第 41 章	1995 年	0.16	
合计			121.61	
境外场外市场（银行间市场产品）				
人民币外汇远期	第 37 章	2010 年	136.71	1.78%
人民币外汇期权	第 42 章	2010 年	74.28	1.87%
人民币外汇掉期	第 41 章	2010 年	240.38	1.00%
利率互换	第 43 章	2010 年	0.01	0.00%
人民币货币互换	第 41 章	2010 年	2.66	0.46%
合计			454.04	0.89%

数据来源：根据本篇各章数据和第 1 章相关数据计算得出；银行间市场全球占比利用国际清算银行 2013 年 4 月日均成交金额和 2010 年 4 月到 2013 年 4 月年均复合增长率估算出的 2014 年 4 月全球外汇衍生产品市场日均成交金额计算得出；境外人民币外汇期货成交数据为香港 2014 年成交金额加上新加坡人民币外汇期货成交金额；境外人民币无本金交割外汇期货数据为芝加哥商品交易所交易数据。

1. 境外场内/交易所人民币衍生产品流动性和国际占比

表 1 显示，境外 H 股指数期货和期权相对比较活跃，2014 年成交金额占全球股指期货和期权总成交金额比重分别为 0.68% 和 0.38%，分别相当于 2014 年我国国内生产总值的世界占比 13.4% 的 20 分之一和 35 分之一，显示境外 H 股指数期货和期权市场活跃度还比较低；2014 年境外人民币外汇期货的成交金额占全球外汇期货成交金额比重仅为 0.08%，显示境外人民币期货活跃度也有待大幅度提高。

2. 境外人民币无本金交割产品和可交割产品日均成交金额比较

表1同时显示,虽然境外人民币无本金交割远期产品在境外平均已有十多年的历史,然而其日均成交金额却总体低于2010年才启动的境外人民币可交割产品。具体来说,除境外人民币无本金交割利率互换日均成交金额3.31亿美元显著超过相应的人民币可交割利率互换日均成交金额0.01亿美元外,其他所有人民币无本金交割产品的日均成交金额皆显著低于相应的人民币可交割产品的日均成交金额。2014上半年境外人民币可交割衍生产品总日均成交金额454.04亿美元比相应的无本金价格产品总日均成交金额121.61亿美元高出2.73倍,显示2010年境外人民币市场推出后人民币可交割产品交易持续活跃的趋势,已经取代了境外人民币无本金交割产品,成为境外人民币产品的主流。

3. 境内外人民币产品日均成交金额比较

比较表1和第五篇总结给出的境内外人民币主要衍生产品的日均成交金额数据,我们发现除国内商品期货和股指期货成交金额的世界占比显著高于国内经济的世界占比及国内人民币利率互换市场流动性超过境外市场外,国内人民币外汇衍生产品活跃度显著低于境外人民币可交割产品的活跃度,境内外人民币外汇衍生产品市场发展不协调问题已经相当明显。

本篇的结果表明,2010年境外人民币市场启动以来,境外人民币市场飞速发展,为近年来人民币国际化程度的提高做出了巨大的贡献。在境外人民币市场飞速发展的同时,第五篇总结显示国内银行间市场的发展总体发展相对迟缓,与境外人民币市场热火朝天的发展态势形成明显的落差。境外人民币市场是人民币国际化的必要且不可或缺的组成部分,但人民币国际化不能仅靠境外人民币市场的发展,境内外人民币各类市场必须有协调持续发展的态势。随着2016年人民币成为国际货币基金组织一篮子货币的第五货币,境外人民币市场将迎来新的发展机遇,境内外人民币市场的落差应该还会进一步扩大。通过境外人民币市场倒逼国内人民币市场的发展当然是一种美好的期望,但是加速国内金融改革以加速国内金融创新应该是活跃国内市场的内生动力。紧靠境外倒逼力量还不够,我们加速国内金融改革以加速国内市场的活跃才是重中之重。

我们在第七篇研究境内外市场相互影响后,将会体统研究人民币国际化近年来的成绩和存在的问题,对境内外人民币市场将作进一步的对比。

第七篇　境内外产品市场的关系及未来的发展

　　我们分别在第五篇和第六篇介绍了流行于境内外市场上的主要人民币衍生产品，并分析了影响人民币即期、远期和境外无本金交割远期汇率的中美两国主要因素。在对境内外主要人民币产品介绍和分析后，我们在第七篇将着重介绍和分析境内外人民币产品和市场之间相互影响的关系、与人民币升值和贬值预期变化有关的跨境资金流动途径和规模及其对国内经济和金融市场的影响等问题。

第49章 韩元远期与
韩元无本金交割远期的关系

境内市场上的远期与离岸市场上无本金交割远期之间的关系是反映境内外两地市场联动的最重要渠道。在我们介绍和分析国内人民币远期和境外无本金交割远期之间关系之前，我们首先介绍和分析国际市场上多年来最活跃的无本金交割远期——韩元无本金交割远期与韩元远期之间的关系，从而对我们理解人民币远期和境外无本金交割远期之间关系提供相关参考。虽然2013年境外人民币可交割远期取代无本金交割远期，成为境外人民币远期的主流，然而由于人民币资本项目完全开放仍需时日，境外人民币无本金交割远期还会如韩元一样与韩元远期共存。因此韩元无本金交割远期与韩元远期之间的关系对人民币还是有一定的借鉴意义的。

49.1 韩国汇率机制的演变和外汇交易额的变化

49.1.1 韩国汇率机制的演变

韩国的固定汇率机制从1964年5月起改为通过自由买卖外汇凭证来决定汇率的浮动机制。该机制在1980年2月又发展成为基于一篮子货币的汇率机制。在该机制下，汇率由"特别提款权"（Special Drawing Rights，SDR）来确定。一篮子货币汇率机制的优点是可以保证汇率的稳定，但它不能很好地反映国内外汇市场上的供求关系。为了解决此问题，韩国于1990年3月引进市场平均汇率系统。在该系统中，市场平均汇率为前一天韩国银行间韩元/美元现汇汇率和成交量的加权平均值。银行间汇率只允许在市场平均汇率上下的一定范围内波动。

最初波动区间仅为0.4%，但经过几次调整，浮动区间已扩大到10%。如我们在第三篇所介绍的那样，亚洲金融危机对韩国产生了巨大的冲击。在国际货币基金组织的要求下，韩国取消了汇率日浮动范围的限制，并于1997年12月开始采用目前的自由浮动汇率机制。亚洲金融危机之后，韩国政府两次采取重大措施，进一步放宽其汇率管制。1999年4月，韩国取缔了当时的《外汇管理法》，同时通过了《外汇交易法》，大大地放松了韩国外贸业务和外汇银行的管制。2001年1月，韩国又一次采取了外汇改革的重大措施，取消个人外汇交易管制，个人可以方便地进行国际外汇交易。同时，韩国还取消了对企业和境外居民进行外汇交易的限制。目前韩国个人和企业的国际旅游、留学、海外居住、股票和基金投资、贷款等都不存在被管制的情况。为了促进企业国际业务的发展，政府还放松了国际信贷、境外办公花费上限等方面的限制。尽管如此，韩元目前还不是一个完全可自由兑换的货币。为了减少由放松管制所带来的负面效应，在吸取金融危机教训的基础上，韩国外汇当局现在仍然对资本的高速流动、短期投机基金的投机等有所限制。这些限制的目的是确保外汇市场的健康运行并妥善管理企业的外债。

49.1.2　1998 年以来韩国外汇交易额的变化

由于韩国实施的这一系列措施，韩元外汇成交自东亚金融危机后显著增长。表 49-1 给出了 1998 年 4 月到 2013 年 4 月韩元外汇日均变化情况。

表 49-1　　　1998 年 4 月到 2013 年 4 月韩国外汇日均成交金额

单位：亿美元，%

年份	外汇总额	全球占比	三年累计增长率	三年内年均增长率
1998	22.96	0.15		
2001	120.97	0.804	426.9	74.0
2004	232.84	1.141	92.5	24.4
2007	389.54	1.156	67.3	18.7
2010	602.22	1.517	54.6	15.6
2013	642.01	1.201	6.6	2.2

数据来源：国际清算银行 2004 年 4 月到 2013 年 4 月日均统计数据。

表 49-1 显示，韩国外汇日均成交金额从 1998 年 4 月的 22.96 亿美元迅速增长到了 2001 年的 120.97 亿美元，三年增长了 426.9%，年均增长率高达 74%；从 2001 年 4 月到 2004 年 4 月又从日均 120.97 亿美元上升到了 232.84 亿美元，三年增长了 92.5%，年均增长率下降到了 24.4%；从 2004 年 4 月到 2007 年 4 月增长到了 389.54 亿美元，三年增长了 67.3%，年均增长率进一步下降到了 19.7%；从 2007 年 4 月到 2010 年 4 月再增长到了 602.22 亿美元，三年增长了 54.6%，年均增长率再下降到了 15.6%；2010 年到 2013 年 4 月韩元外汇日均成交金额增长到了 642.01 亿美元，三年累计增幅仅为 6.6%，不及之前三年年均增长率 15.6% 的一半，显示 1998 年到 2013 年韩国外汇交易增长持续显著减缓的趋势。

根据国际清算银行 2013 年 4 月日均统计数据，当年外汇交易中韩元即期、远期、掉期、货币互换和期权外汇交易占其外汇交易比重分别为 30.3%、37.2%、24.9%、1.1% 和 6.63%，分别比相应的国际外汇市场占比 38.3%、

12.7%、41.7%、1.0% 和 6.3% 高 −8.0%、24.5%、−16.8%、0 和 3.3%，显示韩元除外汇远期和外汇期权平均比国际市场活跃外，韩元即期和掉期市场的活跃度比国际市场要低很多。

49.2　韩元资本项目开放和韩元无本金交割远期市场的活跃度

虽然韩国自 1998 年以来采取了一系列措施放松外汇管制，但如前所述，韩元仍然未实现完全自由兑换。金融危机之后，韩元无本金交割远期市场不但仍然存在，而且发展相当迅速，并成为全球交易最活跃的无本金交割远期。这样，韩国境内的韩元远期与境外的韩元无本金交割远期同时存在。交易活跃的韩元无本金交割远期市场对韩国外汇现货市场、远期市场和掉期市场均有相当重要的影响。因此，韩国中央银行对韩元无本金交割远期市场相当关注，并专门为其设立部门跟踪该市场的变化以便及时掌握该市场的动向，有效防范各种可能出现的冲击。

虽然韩元无本金交割远期交易在亚洲金融危机前后都存在，但在 1999 年之前，韩国的银行进行韩元无本金交割远期交易还是有限制的。1999 年 4 月，随着韩国第一阶段外汇自由化措施中"实际需要原则"的废除，居民与非居民均可自由地与外汇银行进行一般外汇远期乃至无本金交割远期等衍生产品的交易。这样，韩国国内外汇银行与非居民之间的韩元/美元无本金交割远期外汇交易得以全面放开，境外交易规模也不断扩大。韩元无本金交割远期交易主要是非居民以韩元等尚未国际化的通货为对象，旨在进行外汇风险保值或外汇投机时所采用的交易方式。虽然以往新加坡外汇市场的交易量占大部分，但最近法兰克福、伦敦及纽约等外汇市场的交易量也呈增长之势。

表 11 − 3 和表 11 − 4 显示，早在 2003 年前两季度，韩元兑美元无本金交割远期就是全球最活跃的无本金交割产品，日均成交金额 15 亿美元左右，比当时排名第二的巴西雷亚尔兑美元无本金交割元日均成交金额高出很多；表 11 − 7 显示，2015 年 4 月伦敦市场韩元无本金交割远期市场日均成交金额 107.37 亿美元，仅比排名第 1 的印度卢比兑美元无本金交割远期日均成交金额 111.32 亿美元低 3.95 亿美元；2015 年 10 月伦敦市场韩元无本金交割远期市场日均成交金额 119.74 亿美元，比排名第 2 为的印度卢比日均成交金额 83.21 亿美元高出 36.95 亿美元，重回全球最活跃的无本金交割远期的排名。这些数据显示，2003 年到 2015 年的 12 年间，韩元兑美元无本金交割远期合约绝大多数时间内保持全球最活跃的无本金交割远期合约的地位，而且日均成交金额从 15 亿美元左右提高到了接近 300 亿的水平（以 2015 年 4 月和 2015 年 10 月伦敦韩元无本金交

远期平均日均成交金额 113.6 亿美元和表 57 - 3 给出的 2013 年伦敦外汇市场成交金额全球占比 40.9% 估算出 2015 年全球韩元无本金交割远期日均成交金额277.64 亿美元），增长了 17.5 倍，显示十多年来韩元对美元无本金交割远期市场的活跃度及重要地位。

49.3 韩元/美元无本金交割远期和日元/美元同潮化

我们在第 11 章和第 17 章对无本金交割远期进行了较系统的介绍。但即使对韩元这样全球交易最活跃的无本金交割远期货币，目前也很难找到有一定深度的研究论文。幸运的是，韩国银行（中央银行）国际局外汇市场组的李承镐先生对韩元无本金交割远期有相当深入的研究。本章关于韩元无本金交割远期的绝大部分内容来自李承镐先生的研究成果。

非居民的韩元/美元无本金交割远期交易，使得国内外汇银行的无本金交割远期买卖及外汇现货交易得以实施，导致国内外汇市场中交易的增加，并对外国人投资于国内证券等韩元资产提供了外汇风险保值的手段，因此，这种交易有利于促进外资的流入。相反，鉴于境外无本金交割远期交易引起国内外汇市场上韩元汇率的变动，在分析韩元汇率变动原因时，就需要对该交易的动向进行密切关注和分析。另外，境外发生的非居民之间的韩元/美元无本金交割远期交易，即使不发生实际的韩元清算交易，外汇远期交易也可以进行，因此，其有受非居民外汇投机打击的风险，而且非居民的过度投机性交易，也很可能导致外汇市场的混乱。

2003 年韩元/美元汇率变动的突出特征之一，就是出现了与日元/美元汇率变动的同潮化现象。2002 年韩元与日元的相关程度比以往表现得更为突出。根据每日交易数据计算韩元/美元汇率与日元/美元汇率的相关系数，就会发现，2002 年为 0.97，远远高于 2000 年和 2001 年的 0.71 和 0.62。众所周知，这种同潮化现象的原因，主要在于世界出口市场上日本和韩国之间存在较高的出口竞争度。也就是说，日元的贬值，会降低在美国等主要出口市场上韩国出口商品对日本商品的价格竞争力，这样经常收支就会恶化，因而韩元便会伴随贬值。

然而，2003 年韩元与日元汇率之间同潮化现象的深化，如果仅用韩国与日本的出口竞争关系这一因素来解释，存在局限性。因为境外的非居民无本金交割远期交易，不仅存在着主要参照日元汇率变动而进行交易的倾向，而且该交易对韩元/美元汇率也有积极的影响。所以，作为说明韩元与日元同潮化现象的重要因素，就有必要分析最近正在扩大的境外非居民无本金交割远期交易具有怎样的影响力。有鉴于此，我们有必要对最近规模迅速扩大的这种境外无本金交割远期交易进行深入分析。因此，我们对非居民的无本金交割远期交易发生的原因以及该交易对韩元汇率所带来的影响进行分析，并以此为基础，对无本金交割远期交易在韩元/美元汇率与日元/美元汇率的同潮化现象中所扮演的角色进行论述。

49.4　韩元/美元无本金交割远期交易 2003 年的动向

49.4.1　韩元/美元无本金交割远期交易的动机

非居民在境外从事无本金交割远期交易的动机，主要体现在以下两方面：第一是为了利用该交易而获得外汇差额利润；第二是为了对投资于韩国国内股票等韩元资产的资金发生的外汇风险进行保值。

在第一种情况下，非居民为了获得外汇差额利润随时进行短期无本金交割远期买卖交易，一般来说，非居民都以日元/美元汇率变动作为买卖的根据。也就是说，对于非居民而言，通常其在日元/美元汇率上升时的无本金交割远期买入优势和在日元/美元汇率下落时的无本金交割远期卖出优势的交易形态就体现出来。这是因为，由于受到韩国与日本之间存在较高的出口竞争关系等因素的影响，非居民买入韩元无本金交割远期时，韩元/美元汇率就进一步上升，由这种交易而导致的外汇差额利润就能够实现。

在第二种情况下，作为旨在对其投入到韩国国内股票等韩元资产的资金进行外汇风险保值的手段，非居民进行韩元/美元无本金交割远期交易。例如，当非居民投资于韩国国内的股票时，韩元汇率若高于股票投资当时的汇率，投资者就会受到因汇率上升而导致的外汇差额损失。这样，非居民就会通过在境外买入无本金交割远期来对外汇风险进行保值而参与该项交易。

49.4.2　2000 年到 2003 年韩元无本金交割远期成交金额

自 1999 年 4 月起，非居民和韩国国内外汇银行之间的韩元/美元无本金交割远期交易规模一直呈上升之势。2000 年的日均交易额为 4 亿美元，2002 年的日均交易额迅速增至 6.7 亿美元，尤其是 2002 年下半年以来交易规模进一步扩大，日均交易额甚至高达 7 亿~8 亿美元。这主要是因为，自 2002 年下半年起，随着日元/美元汇率的波动性进一步扩大，境外非居民为了获得外汇差额利润等，扩大了韩元/美元无本金交割远期交易的规模。2003 年第一季度、第二季度，随着汇率变动的增大，日均韩元无本金交割远期交易规模攀升至 13.8 亿~17.3 亿美元（见表 49-2 和表 49-3），使规模扩大的趋势进一步加速。

表 49-2　韩国银行与非居民之间的日均韩元无本金交割远期交易的规模

单位：亿美元

2000 年	2001 年	2002 年			
		第 1 季度	第 2 季度	第 3 季度	第 4 季度
4	5.1	5.5	6.3	6.9	7.9
2002 年	2003 年	2003 年			
		第 1 季度	第 2 季度	第 3 季度	第 4 季度
6.7	13.3	11.1	8.8	11.3	22

资料来源：2000—2003 年第一季度数据为李承镐（2003）文章的数据，2003 年后三季度数据来自韩国银行。

　　另外，看一下韩国国内银行的韩元无本金交割远期交易比重（以余额为基准）就会发现，韩国国内银行为了实现外汇收益，积极参与该项交易，其交易比重也呈增加之势。从 2000 年年底的 14.2%，升至 2002 年年底的 36.5%，进而又在 2003 年 3 月底升至 41.5%。表 49-3 列出了 2001 年到 2003 年韩国国内银行和外国银行在韩国分行参与韩元无本金交割远期交易的比重变化。

表 49-3　韩国银行与外国银行分行韩元无本金交割远期余额的比重变化　单位：%

银行类别	2000 年	2001 年	2002 年				2003 年 3 月
			3 月	6 月	9 月	12 月	
韩国国内银行	14.2	25.6	25.6	28.7	39.1	36.5	41.5
外国银行分行	85.8	73.4	74.4	71.3	60.9	63.5	58.5

注：外汇银行的韩元无本金交割远期买入余额，以期末值为准。

49.4.3　2004 年、2007 年和 2010 年韩元无本金交割远期成交金额

49.4.3.1　2004 年韩元无本金交割远期成交金额

　　根据国际清算银行 2004 年 12 月公布的 2004 年 4 月全球外汇市场各类产品和货币日均成交数据，2004 年 4 月韩元远期日均成交金额为 35.9 亿美元，其中本国汇报机构、金融机构和非金融机构日均成交金额分别为 4.1 亿、7.4 亿和 6.6 亿美元，本国日均成交总额为 18.1 亿美元，比相应的跨境日均成交金额 14.7 亿、2.8 亿和 0.3 亿美元的总和 17.8 亿美元高出 0.3 亿美元。由于我们没有韩元无本金交割远期的具体数据，这里我们只能简单进行估计。表 49-2 显示 2001 年韩元无本金交割远期日均成交金额为 5.1 亿美元，国际清算银行 2002 年公布的 2001 年 4 月全球外汇市场各类产品和货币日均成交数据显示，2001 年

4月韩元远期日均成交金额为10亿美元，这样2001年韩元无本金交割远期日均成交金额与韩元远期日均成交金额的比例为50%左右。如果该比例2004年还保持在50%左右，那么2004年韩元无本金交割远期日均成交金额应该在18亿美元上下，比2003年日均成交金额13.3亿美元增长了35.3%。

49.4.3.2　2007年韩元无本金交割远期成交金额

根据国际清算银行2007年公布的2007年4月全球外汇市场各类产品和货币日均成交数据，2007年4月韩元外汇日均成交金额为330亿美元，远期占比为29.4%，远期日均成交金额是330亿美元的29.4%为97.02亿美元，比2004年4月日均成交金额35.9亿美元增长170.3%。如果韩元无本金交割远期日均成交金额与韩元远期日均成交金额比例为50%左右，那么2007年4月韩元无本金交割远期日均成交金额应该在48.5亿美元，比2004年日均成交金额18亿美元增长了169.4%，显示韩元无本金交割远期近年来成交金额持续活跃。

49.4.3.3　2010年韩元无本金交割远期成交金额

根据国际清算银行2010年公布的2010年4月全球外汇市场各类产品和货币日均成交数据，2010年4月韩元外汇日均成交金额为180.18亿美元，占整个韩元外汇交易比重为29.9%，比2007年4月日均成交金额97.02亿美元增长85.7%。如果韩元无本金交割远期日均成交金额与韩元远期日均成交金额比例为50%左右，那么2010年4月韩元无本金交割远期日均成交金额应该在90.09亿美元左右，比2007年日均成交金额48.5亿美元增长了87.4%，显示韩元无本金交割远期近年来成交金额持续高速增长。

49.4.3.4　2007年到2010年韩元与人民币无本金交割远期日均成交金额比较

比较上文估算的2007年4月和2010年4月韩元无本金交割远期日均成交金额与表37-11给出的同期人民币无本金交割远期日均成交金额28.8亿美元和27.6亿美元（根据月总成交金额计算出日均成交金额），我们可以容易地计算出，2007年4月和2010年4月韩元无本金交割远期日均成交金额比同期人民币无本金交割远期日均成交金额分别高出68.4%和226.4%，表明韩元无本金交割远期确实仍然比人民币无本金交割远期活跃得多。

49.5　韩元无本金交割远期对韩元汇率的影响

非居民与国内外汇银行之间进行韩元无本金交割远期交易，马上就会对韩元/美元汇率产生影响。例如，当非居民买入韩元/美元无本金交割远期时，与非居民进行逆向买卖交易的韩国国内外汇银行在卖出韩元无本金交割远期后就会持有韩元头寸，因而也就面临着相应的外汇风险。为了使风险最小化，国内银行就在外汇市场上买入外汇现汇以实现综合头寸平仓状态。在这一过程中，对外汇现汇的需求增加，韩元/美元汇率便受到上升的压力。与一般外汇期货交易的情况不同，当韩元无本金交割远期到期时，国内银行为了减少因外汇期货合同的终结而发生的卖出多头，便进行外汇现汇卖出的交易（fixing 交易），这样，与签订韩元无本金交割远期合同时相反，外汇市场上就出现了外汇现汇供给增加的现象。最近，这种非居民的韩元无本金交割远期交易规模不断扩大，同时，其对韩元/美元汇率的影响也在逐渐增加。2002 年第一季度与第四季度的非居民韩元无本金交割远期净买入规模较小，对韩元/美元汇率波动所造成的影响也不大，但第二季度由于美元疲软（日元坚挺），非居民净卖出了 33.1 亿美元的韩元无本金交割远期，导致韩元/美元汇率下降；相反，第三季度日元开始疲软，非居民净买入了 27.7 亿美元的韩元无本金交割远期，韩元/美元汇率便上升。另外，在 2003 年第一季度的 2 月中旬以后，非居民持续增加买入韩元无本金交割远期，这成为导致韩元/美元汇率上升的主要原因。

表 49 - 4　　　　2000 年到 2003 年非居民的韩元无本金交割远期交易　单位：亿美元

项目	2000 年	2001 年	2002 年	2002 年				2003 年
				第 1 季度	第 2 季度	第 3 季度	第 4 季度	第 1 季度
买入	571.4	782.4	960.7	194.9	211.3	254.9	299.6	385.3
卖出	404.9	467.8	674.4	128.5	172.1	173.7	200.1	282.9
买卖差（A）	166.5	314.6	286.4	66.4	39.2	81.3	99.5	102.4
Fixing（B）①	-98.7	-299.8	-286	-63.6	-72.3	-53.6	-96.6	-91.2
净买入合计（A+B）②	67.8	14.8	0.4	2.8	-33.1	27.7	2.9	11.2
韩元/美元汇率③	1254.5	1313.5	1186.2	1325.9	1201.3	1227.8	1186.2	1254.6
日元/美元汇率④	114.9	131.3	118.7	132.7	119.3	121.9	118.7	119

注：①韩元无本金交割远期到期时的清算部分；②非居民的韩元无本金交割远期买入（＋）表现为国内外汇银行的 NDF 卖出（－），该数值若为正（＋），则表示外汇现汇的需求增加；若为负（－），则表示外汇现汇的供给增加；③以期末综合价格为基准；④以期末东京市场综合价格为基准。

由此可见，如果说非居民的韩元无本金交割远期交易，旨在根据日元/美元汇率变动获得外汇差额利润，结果导致了韩元汇率与日元汇率按同一方向变动，那么，韩元无本金交割远期交易就可以看作是支持韩元与日元汇率同潮化现象的原因之一。

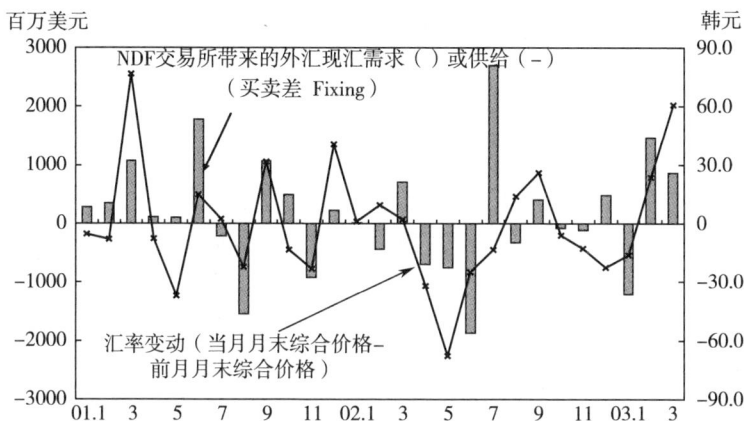

图 49 – 1　韩元无本金交割远期交易及韩元/美元汇率变动

49.6　韩元无本金交割远期相关实证分析

49.6.1　分析方法及数据

我们的实证分析主要分为两部分，一是分析非居民进行韩元无本金交割远期交易出于何种动机，二是分析韩元无本金交割远期交易对韩元汇率及外汇交易量会产生怎样的影响。进而，我们对韩元无本金交割远期交易是否随着日元汇率变动而实际受到影响，韩元无本金交割远期交易对韩元/美元汇率产生怎样的影响等进行介绍，并对其在韩元与日元汇率之间的同潮化现象中扮演怎样的角色进行分析。我们采用两变量间的 Granger 因果关系（Granger causality）分析法，首先确认两个变量之间的相互关系，然后进行回归推测。回归推测的方法，即采用兼顾了普通最小二乘法（OLS）和条件异方差（Conditional Heteroscedasticity）的 GARCH（Generalized ARCH）模型。

首先，我们设定韩元无本金交割远期交易动机的回归公式（见公式 49.1）。如前所述，由于预测到非居民在日元/美元汇率上升时将进行韩元/美元无本金交割远期交易的净买入，而且当外国人的国内股票净买入增加时，也在境外进行韩元无本金交割远期交易净买入，这样便可对今后因韩元/美元汇率上升而出现的外汇差额损失进行保值，因此，两个变量均可假设为正号（＋）。但是，当外国人买入股票时，买入日与结算日之间需要 2 天间隔，所以考虑到 t－2 时期的时差而进行了推测。

$$NDF_t = \beta_0 + \beta_1 \times NDF_{t-1} + \beta_2 \times YEN_t + \beta_3 \times KSI_t + \varepsilon_t \qquad (49.1)$$

这里的韩元无本金交割远期交易表示非居民的韩元无本金交割远期交易净买入额，*YEN* 表示日元/美元汇率（东京综合价格），*KSI* 表示外国人的国内股票净买入额。

下面，为了把握韩元无本金交割远期交易对韩元汇率的影响，采用 GARCH 模型将回归推测方程式设定如下（见公式 49.2）。这里的韩元/美元汇率由日元/美元汇率、国内股票价格、非居民的韩元无本金交割远期交易净买入的函数构成，日元/美元汇率与韩元无本金交割远期交易净买入表示为正号（＋），国内股票价格表示为负号（－）。这里假设，当国内股票价格上升时，由于外国人对国内股票的投资增加，外汇供给就增加，韩元/美元汇率便下降。进而，为了把握 NDF 交易增加对韩元/美元汇率的变动性所造成的影响，在联立方程式中追加了该项交易额的绝对值。

$$S_t = \beta_0 + \beta_1 \times S_{t-1} + \beta_2 \times YEN_t + \beta_3 \times KSI_t + \beta_4 \times NDF_t + \varepsilon_t$$

$$\varepsilon_t \in (0, \sigma^2), \qquad \sigma^2 = \alpha_0 + \alpha_1 \times \varepsilon_{t-1}^2 + \alpha_2 \times \delta_{t-1}^2 + \alpha_3 \times NDF_t \tag{49.2}$$

式中，*S* 表示韩元/美元现汇汇率综合价格，*KSI* 表示国内股票价格指数，*NDF* 表示非居民的韩元无本金交割远期交易净买入额的绝对值。

进而，通过对境外韩元无本金交割远期交易增加对国内外汇交易量的影响进行 Granger 因果关系检验，对包括外汇现汇交易、外汇期货以及外汇掉期交易在内的全部交易分别进行了分析。该外汇交易量资料，仅限于每日交易数据中所能够收集到的经由外汇中介公司而进行的那部分。实证分析中所采用的推测区间为 2000 年 1 月 1 日至 2002 年 10 月 22 日的每日数据，以把握为获得外汇差额利润而进行的韩元无本金交割远期交易对短期汇率变动的主要反应。另外，对于单位根检验结果，鉴于在上面的公式中所采用的大部分变量都表现为比较稳定的时间序列，所以对变量不进行差分而直接使用，对汇率或股票价格指数等则进行了对数（log）变换。

49.6.2 实证分析结果

49.6.2.1 韩元无本金交割远期交易的动机

首先，为了把握非居民的韩元无本金交割远期交易动机，采用 Granger 因果关系检验的实证分析结果如表 49－5 所示，非居民的韩元无本金交割远期交易，明显受日元/美元汇率、外国人的国内股票净买入、美国股票价格指数及国内股票价格指数等因素的影响。这表明，非居民的韩元无本金交割远期交易，不仅是为了获得外汇差额利益，而且与对国内股票投资加以外汇风险保值而进行的交易也有关系。

表 49 - 5　　　　　　韩元无本金交割远期交易动机的因果关系检验结果

待验假设	时差				
	1	2	3	4	5
日元/美元汇率 -/ - > ndf	5. 27 **	12. 70 ***	9. 09 ***	7. 45 ***	6. 00 ***
外国人股票投资 -/ - > ndf	4. 28 **	3. 84 ***	2. 87 **	2. 87 **	2. 45 **
国内股票价格指数 -/ - > ndf	9. 40 ***	7. 58 ***	4. 92 ***	3. 90 ***	3. 42 ***
美国道琼斯指数 -/ - > ndf	7. 30 ***	5. 36 ***	3. 74 **	2. 81 **	4. 18 ***
美国 NASDAQ 指数 -/ - > ndf	9. 68 ***	10. 19 ***	7. 10 ***	4. 27 ***	3. 61 ***

注: 数值为 F 值, * * * 、 * * 及 * 分别在 1%、5%、10% 这一程度上有意义。

通过回归分析, 我们得到了公式 (49.1) 的韩元无本金交割远期交易反应函数推测结果 (见表 49 - 6), 这一结果也和预想的一样, 两个变量在统计上都表现为有意义的正号 (+)。这意味着, 当日元/美元汇率上升时以及外国人的国内股票投资增加时, 非居民就增加了韩元无本金交割远期的净买入。虽然将美国股票价格及国内股票价格变动也包括在说明变量当中, 但当股票价格下落时, 就出现韩元无本金交割远期净买入现象, 表现为和预想刚好相反的符号。出现这一结果是因为, 2002 年外国人的国内股票投资资金的净流出增加, 同时外国人在股票价格变动时所采取的高价卖出及低价买入战略表现出了优势。

表 49 - 6　　　　　　韩元无本金交割远期交易的反应函数推测结果

外生变量	方程式 1	方程式 2	方程式 3
常数	962. 28 (-2. 38) **	69. 46 (9. 07) ***	- 1023. 2 (-2. 53) **
日元/美元汇率	217. 51 (2. 57) ***		229. 35 (2. 70) ***
外国人股票买入 - 2		0. 030 (2. 03) **	0. 033 (2. 25) **
前期变量	0. 25 (7. 07) ***	0. 28 (7. 49) ***	0. 25 (7. 10) ***
调整 R^2	0. 084	0. 078	0. 089
F 值	31. 4	29. 1	22. 0
D. W.	2. 04	2. 05	2. 04

注: ( ) 内为 t 值, * * * 、 * * 及 * 分别在 1%、5%、10% 这一程度上有意义。

49. 6. 2. 2　对韩元汇率的影响

接下来, 为了把握非居民的韩元无本金交割远期交易对韩元/美元汇率水平及波动性所造成的影响, 对公式 (49.2) 进行了推测, 其结果见表 49 - 7。该结果表明, 韩元/美元汇率受到日元/美元汇率上升和非居民的韩元无本金交割远期买入扩大这两个变量的正的 (+) 影响, 受到外国人国内股票净买入这个变量的负的 (-) 影响, 这一点与预想一致。另外, 旨在检验韩元无本金交割远期交易量与每日汇率变动幅度之关系的推测系数 3，在统计上也表现为正号（＋），表明韩元无本金交割远期交易的增加在一定程度上也扩大了韩元/美元汇率的变动性。

表 49 –7　　韩元无本金交割远期交易对韩元/美元汇率影响的推测结果

	方程式 4	方程式 5	方程式 6
0	1.89 (0.89)	–49.50 (–3.22)***	–83.05 (–4.78)***
1	0.99 (587.8)***	0.99 (248.9)***	0.97 (176.9)***
2		13.81 (3.35)***	30.04 (5.34)***
3			–3.73 (–3.99)***
4	0.012 (13.57)***	0.012 (13.19)***	0.012 (12.83)***
0	–0.81 (–2.52)**	–0.73 (–2.17)**	–0.69 (–2.06)**
1	0.24 (5.87)***	0.29 (5.60)***	0.27 (5.58)***
2	0.69 (18.13)***	0.63 (13.37)***	0.64 (13.74)***
3	0.021 (7.49)***	0.024 (6.81)***	0.024 (7.21)***
调整的 R^2	0.996	0.996	0.996
D. W.	1.93	1.90	1.93

注：( ) 表示 t 值，＊＊＊、＊＊及＊分别在 1%、5% 及 10% 这一程度上有意义。(但各符号所表示的内容分别为，S 表示现汇汇率（综合价格）的 log 变化值，YEN 表示日元/美元汇率的 log 变化值，KSI 表示国内股票价格指数的 log 变化值，ε 表示误差项，σ^2 表示误差项的离散程度（方差），ndf 表示境外韩元无本金交割远期交易额（＋表示非居民的韩元无本金交割远期净买入），$| ndf |$ 表示 ndf 交易金额的绝对值。)

如表 49 – 8 所示，采用 Granger 因果关系检验，韩元无本金交割远期交易对韩元/日元汇率所造成的影响进行分析的结果显示，在统计上并没有有意义的影响。这意味着，非居民的境外韩元无本金交割远期买入，主要是在日元/美元汇率上升时发生的，随着该交易的发生，韩元/美元汇率也开始上升，结果韩元/日元汇率并没有表现出什么变动，而非居民的境外韩元无本金交割远期交易，则成为进一步加剧韩元及日元同潮化现象的一个重要因素。

表 49 –8　　韩元无本金交割远期交易对汇率影响的因果关系检验结果

待验假设	时差				
	1	2	3	4	5
Ndf –/ –> 韩元/美元汇率	5.01***	1.68	2.55**	2.17*	2.28**
ndf –/ –> 韩元/日元汇率	0.98	0.73	0.62	0.88	0.78

注：＊＊＊、＊＊及＊分别表示在 1%、5% 及 10% 这一程度上有意义。

49.6.2.3　对外汇交易量的影响

如表 49 – 9 所示，在采用 Granger 因果关系检验对韩元无本金交割远期交易对外汇交易量所造成的影响进行分析的结果中，该交易对全部外汇交易量都表现为有意义的影响。也就是说，非居民的境外韩元无本金交割远期交易，在外汇现汇交易中虽然在统计上并未表现出特别有意义，但对于全部交易量而言，当存在一日时差的情况下，则表现为有意义。这表明，境外韩元无本金交割远期交易的扩大，正成为导致国内外汇银行的外汇掉期交易增大的一个主要原因。

表 49 – 9　　　　韩元无本金交割远期交易对外汇交易量的影响检验结果

待验假设	时差				
	1	2	3	4	5
Ndf – / – > 外汇现汇交易①	0.20	2.62 *	2.01	1.41	1.40
Ndf – / – > 全部交易1，②	0.48	3.57 **	2.63 **	1.89 *	1.84 *

注：①通过中介公司而进行的外汇中介交易；②包括外汇现汇、外汇期货及外汇掉期交易；＊＊＊、＊＊及＊分别表示在1%、5%及10%这一程度上有意义。

49.7　近年来韩元无本金交割远期与韩元远期之间的相互影响关系

上文我们引用李承镐先生的研究成果非常有用，但是他的研究过了好几年了，而且我们也难以找到近年来相应的关于韩元的结果。尽管如此，我们运用与公式（49.2）类似的方法，利用 2007 年 3 月到 2015 年 8 月韩元兑美元远期和无本金交割远期日汇率数据，我们可以分别获得韩元无本金交割远期汇率对韩元远期汇率和韩元远期汇率对韩元无本金交割远期汇率相互影响的结果，这些结果放入表 49 – 10 中。

$$DF_t = \beta_0 + \beta_1 \times NDF_t + \beta_2 \times NDF_{t-1} + \beta_3 \times DF_{t-1} + \varepsilon_{1t} \tag{49.3}$$

$$NDF_t = \alpha_0 + \alpha_1 \times DF_t + \alpha_2 \times DF_{t-1} + \alpha_3 \times NDF_{t-1} + \varepsilon_{2t} \tag{49.4}$$

表 49 – 10　　　　韩元远期和无本金交割远期相互影响回归结果

NDF 对 DF 影响的回归结果

时间	β_0	β_1	β_2	β_3	R^2（%）	F
2005 年 8 月 2 日到 2006 年 8 月 2 日	– 12.096	0.447	0.060	0.504	99.38	13717.51
2006 年 8 月 3 日到 2007 年 8 月 2 日	42.621	0.372	– 0.199	0.781	94.81	1564.83

时间	β_0	β_1	β_2	β_3	R^2（%）	F
2007 年 8 月 3 日到 2008 年 8 月 2 日	-4.404	0.668	-0.050	0.386	99.58	20303.47
2008 年 8 月 3 日到 2009 年 8 月 2 日	29.573	0.619	-0.025	0.382	98.19	4631.18
2009 年 8 月 3 日到 2010 年 8 月 2 日	-6.436	0.492	0.424	0.088	97.91	3992.38
2010 年 8 月 3 日到 2011 年 8 月 2 日	2.637	0.533	0.244	0.220	99.04	8812.04
2011 年 8 月 3 日到 2012 年 8 月 2 日	7.838	0.483	0.242	0.268	97.84	3887.47
2012 年 8 月 3 日到 2013 年 8 月 2 日	-7.897	0.635	0.323	0.049	98.89	7662.43
2013 年 8 月 3 日到 2014 年 8 月 2 日	0.574	0.576	0.393	0.030	99.52	17838.70
2014 年 8 月 3 日到 2015 年 8 月 2 日	-1.227	0.480	0.484	0.036	99.18	10341.90

DF 对 NDF 的回归结果

时间	α_0	α_1	α_2	α_3	R^2（%）	F
2005 年 8 月 2 日到 2006 年 8 月 2 日	11.576	0.537	-0.214	0.666	99.21	10888.86
2006 年 8 月 3 日到 2007 年 8 月 2 日	6.567	0.429	-0.350	0.914	96.19	2165.04
2007 年 8 月 3 日到 2008 年 8 月 2 日	6.357	0.848	-0.246	0.392	99.45	15747.81
2008 年 8 月 3 日到 2009 年 8 月 2 日	-6.732	0.824	-0.256	0.437	97.73	3694.25
2009 年 8 月 3 日到 2010 年 8 月 2 日	28.042	0.848	-0.041	0.170	96.34	2246.14
2010 年 8 月 3 日到 2011 年 8 月 2 日	5.771	1.028	-0.140	0.107	98.16	4581.27
2011 年 8 月 3 日到 2012 年 8 月 2 日	22.701	0.898	-0.135	0.218	95.99	2059.47

时间	α_0	α_1	α_2	α_3	R^2（%）	F
2012 年 8 月 3 日到 2013 年 8 月 2 日	17.199	0.883	−0.088	0.190	98.44	5388.47
2013 年 8 月 3 日到 2014 年 8 月 2 日	6.688	0.966	0.029	−0.002	99.20	10555.97
2014 年 8 月 3 日到 2015 年 8 月 2 日	6.681	0.982	0.021	−0.009	98.33	5046.80

数据来源：根据韩元远期和无本金交割远期数据回归得出结果，数据来自路透。

表 49−10 显示，2005 年 8 月到 2015 年 8 月的 11 年时间内，韩元远期与无本金交割远期之间的相互影响，其中 2006 年 8 月到 2007 年 8 月这一年度，韩元远期对韩元无本金交割远期的影响超过了后者对前者的影响，因为该年的回归结果显示 NDF 对 DF 的影响的回归有效性 94.81%，低于 DF 对 NDF 的影响的回归有效性 96.19%，同时 F 统计数据显示的情况也一致；而其他的 10 年里，韩元无本金交割远期对韩元远期的影响均超过了后者对前者的影响，因为这 10 年的回归结果显示 NDF 对 DF 的影响的回归有效性均高于相应 DF 对 NDF 的影响的回归有效性，同时 F 统计数据显示的情况也一致。

49.8 本章总结

关于韩元无本金交割远期的研究分析结果表明：首先，非居民的境外韩元无本金交割远期交易，除了为了获得外汇差额利润这一目的之外，还有为了对国内投资资产进行外汇风险保值这一动机；其次，这种交易对国内外汇市场还带来影响，即非居民的韩元无本金交割远期买入，不仅导致了韩元/美元汇率的上升，而且还是韩元/美元汇率波动性扩大的原因，这表明，非居民是根据日元/美元汇率的波动而进行韩元无本金交割远期交易的，从这一点来看，该交易便成为导致韩元与日元同潮化现象的一个重要因素；最后，该项交易还表现为具有以外汇掉期交易为中心而导致外汇交易量扩大这一积极的方面。

从上述实证分析结果可见，当境外发生非居民的一般性韩元无本金交割远期需求或供给时，就不能完全排除导致汇率的迅速波动及外汇掉期市场上的韩元和外汇资金不均衡这种可能性，但由于以往韩元无本金交割远期交易对汇率波动性扩大的影响程度并不大，所以可以说，目前该项交易的扩大成为导致外汇市场混乱原因的可能性也就不那么大。

迄今为止，韩元的完全可兑换性尚未得到确保，鉴于今后外商投资资金的流入仍将增加，可以预见，该项交易规模将进一步扩大。因此，今后非居民的韩元无本金交割远期交易对国内外汇市场的影响将会进一步增大，这样，对韩元无本金交割远期交易动向就要进行密切的关注。

尽管2013年以来境外人民币可交割远期取代了境外人民币无本金交割远期成为境外人民币远期的主要形式，人民币无本金交割远期的功能也相对下降，但是韩元无本金交割远期多年来在境外活跃的事实表明，境外人民币无本金交割远期不仅可能不会消失，而且还会存在一定的时间。因此，韩元无本金交割远期市场对韩元远期和韩元即期汇率的影响对我们还是会有重要的借鉴意义的。

第50章 境内人民币远期和境外人民币远期之间的关系

我们在第23章和第24章分别介绍并分析了人民币远期和影响人民币远期的因素，并在第37章和第38章分别介绍并分析了人民币无本金交割远期和影响人民币无本金交割远期的因素。人民币无本金交割远期和与人民币远期同样基于相同的人民币兑美元汇率，受同样的国内外汇率、政治和基础经济金融信息的影响，而且通过两市跨市套利交易，两市之间存在着自然的关系。在第48章对境内韩元远期和境外韩元无本金交割远期之间相互影响的基础上，我们将在本章对境内外人民币远期和无本金交割远期之间的相互引导关系进行探讨。

50.1 人民币远期与人民币无本金交割远期的关系

我们在第23章到第37章分别专门介绍和分析了人民币远期和人民币无本金交割远期及其在不同时期的变化。由于目前人民币汇率机制对人民币/美元日交易区间的限制，人民币远期交易整体还很不够活跃。本节比较境内外人民币外汇远期的差异，并为下文分析境内外人民币外汇远期相互影响做好准备。

50.1.1 国内人民币外汇远期与境外人民币无本金交割远期间的关系

图50-1给出了2003年4月到2015年9月之间国内1年期人民币远期汇率和境外1年期人民币无本金交割远期汇率。

图50-1显示，从2003年4月到2003年10月中旬，虽然国内1年期人民币远期汇率大多时间处于下降的趋势，但是一直保持在当时人民币兑美元汇率的8.2765之上，表明境外人民币升值的压力一直到2003年10月中旬还未正式传导到国内；然而从2003年10月下旬开始，1年期人民币远期就持续低于8.2765，表明境外人民币升值的预期或者压力从2003年10月下旬就通过人民币远期市场传导到了国内。这表明，境内人民币升值的压力比境外人民币升值压力产生的时间正好晚了一整年，同时说明，境内人民币远期在境外人民币升值压力产生以后就一直对国内人民币远期产生着推动的压力；图50-1也显示，金融危机后，特别是2011年以来，国内一年期人民币外汇远期汇率与境外一年

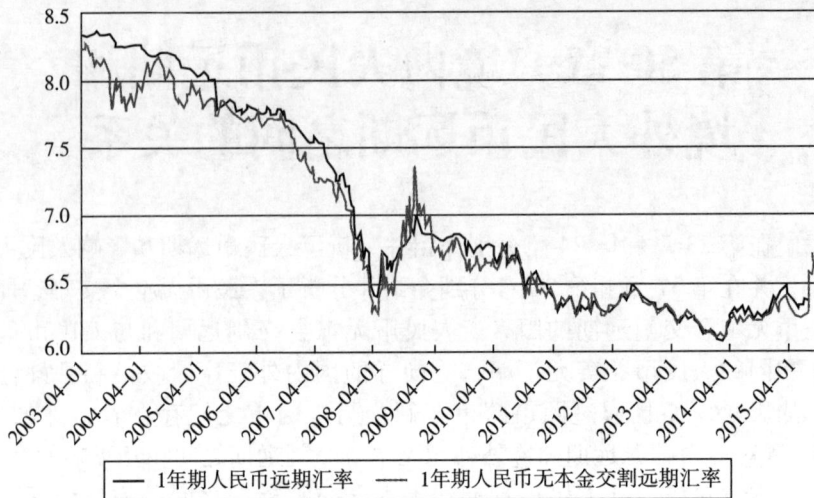

数据来源：彭博终端。

图 50 - 1   国内 1 年期人民币远期汇率和境外 1 年期人民币

无本金交割远期汇率比较（2003 年 4 月到 2015 年 9 月）

期人民币无本金交割远期汇率相差很小。

50.1.2   国内人民币外汇远期与境外人民币无本金交割远期间的关系

2010 年境外人民币外汇市场推出之前，境外仅有人民币无本金交割远期。然而随着 2010 年以来境外人民币外汇市场的逐步活跃，2013 年境外人民币可交割远期日均成交金额首次超过了相应的无本金交割远期（第 37 章），成为境外人民币外汇远期的主力军。因此，除比较国内人民币外汇远期与境外人民币无本金交割远期汇率外，很有必要对境内外人民币可交割外汇远期进行比较。图 50 - 2 给出了 2010 年 9 月到 2015 年 9 月境内外一年期人民币外汇远期汇率比较。

50.2   境外人民币可交割远期和无本金交割远期之间的关系

图 50 - 2 显示，从 2010 年 9 月到 2015 年 9 月，境外人民币可交割外汇远期汇率总体高于境外人民币无本金交割远期汇率，显示境外人民币可交割外汇远期相对于无本金交割远期总体反映出更高的人民币贬值预期。仔细观察图 50 -

境外1年期人民币可交割远期汇率 —— 1年期人民币无本金交割远期汇率

数据来源：彭博终端。

图 50 - 2　境外 1 年期人民币可交割远期汇率和境外 1 年期
人民币无本金交割远期汇率比较（2010 年 9 月到 2015 年 9 月）

2，我们发现，2013 年年底之前的两年多时间内境外人民币可交割远期和无本金交割远期两者间的差异较小，而 2014 年夏天以来两个市场间的差异变大。虽然境外人民币可交割远期和无本金价格远期都在境外交易，但是由于两个市场资金供求关系和市场参与者不同，两个市场反映出的人民币贬值预期也有一定程度的差异。

50.1.3　境内外人民币外汇可交割远期间的关系

上文简单比较了境内外人民币可交割远期与境外人民币无本金交割远期汇率间的关系。图 59 - 3 给出了 2010 年 9 月到 2015 年 9 月境内外一年期人民币可交割远期汇率之间的关系。图 59 - 3 显示，自 2010 年 9 月境外人民币市场启动以来，境内外人民币可交割远期汇率除 2001 年年底前后两个季度内差异较大外，其他时间内两者差异相对较小，但是总体来看境外人民币远期汇率略微高于国内人民币远期汇率，显示境外人民币可交割汇率总体比国内人民币远期汇率反映出略高的人民币贬值预期。

50.3　2005 年到 2015 年人民币远期和无本金交割远期的升、贴水

虽然图 37 - 3 给出了 2002 年 1 月到 2015 年 6 月人民币无本金交割远期汇率相对于国内人民币即期汇率的升贴水，而且图 50 - 1 也给出了 2003 年以来国内

境外1年期人民币可交割远期汇率　　境内1年期人民币可交割远期汇率

数据来源：彭博终端。

图 50 – 3　境内外 1 年期人民币可交割远期汇率比较
（2010 年 9 月到 2015 年 9 月）

人民币远期与境外人民币无本金交割远期汇率间的差异，但是境内外人民币远期汇率相对人民币即期汇率的升水或者贴水难以明显看出。尽管 2013 年以来境外人民币可交割远期取代境外人民币无本金交割成为境外人民币远期合约的主流，但是由于图 50 – 2 显示境外人民币可交割远期汇率与境外人民币无本金交割远期汇率间差异较小，为了研究 2003 年以来境内外人民币远期市场的相互关系，我们需要连续的境内外数据，因此我们只能继续用境外人民币无本金交割远期汇率与国内人民币远期汇率数据。图 50 – 4 给出的与图 50 – 1 相应的人民币无本金交割远期和国内 1 年期人民币远期的升、贴水点数更清楚地反映出境内外人民币远期汇率间的关系。

50.3.1　2003 年以来人民币从升值到贬值两次循环的压力皆自境外传到国内

图 50 – 4 显示，由于 2003 年 10 月中旬国内人民币远期汇率才首次出现升水，因此境外人民币升值压力（表 37 – 3 显示无本金交割远期相对于国内人民币即期汇率实际上从 2002 年 10 月开始就出现了升值压力）到 2003 年 10 月中旬才传导到了国内。所以，我们可以从表 37 – 7 和表 50 – 4 得出结论，境外 2002 年开始的人民币升值的压力用了一整年的时间才通过外汇远期市场境外传导到了国内。

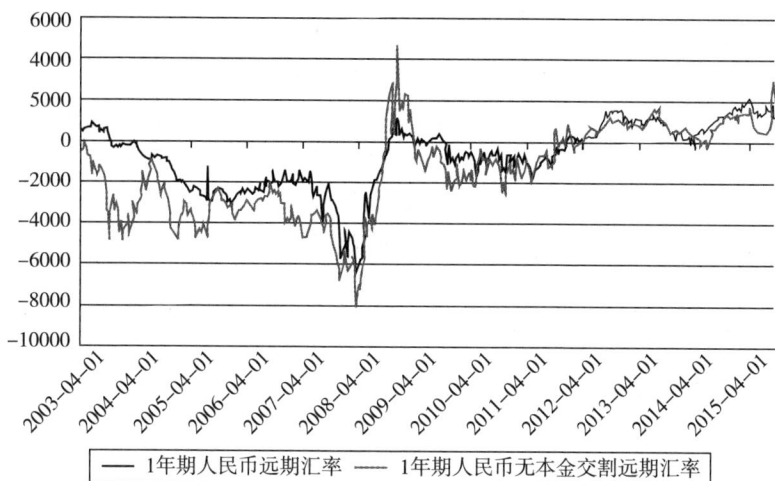

—— 1年期人民币远期汇率 —— 1年期人民币无本金交割远期汇率

数据来源：彭博终端；升、贴水点数为国内一年期人民币可交割远期与境外一年期人民币无本金交割远期汇率差额乘以10000。

图50-4　1年期人民币无本金交割远期汇率和国内1年期
人民币远期汇率升、贴水点数比较（2003年4月到2015年4月）

50.3.2　金融危机爆发后境外人民币贬值压力传导到国内

图50-3显示，2008年9月15日雷曼兄弟公司宣布破产的第一个工作日，境外人民币无本金交割远期就从之前对人民币的升值变成了贬值的预期，之后2～3个月内贬值的预期不断增大；而国内人民币远期则到了2008年10月下旬开始持续地显现人民币贬值压力，表明境外人民币贬值压力传导到了国内，用了一个多月的时间。

50.3.3　美国量化宽松一政策实施后人民币升值压力再次传导到国内

图50-4显示，由于当时我国应对金融危机政策及时到位，经济恢复信号明显，同时2009年3月美联储宣布实施（"量化宽松一"）导致人民币兑美元于3月下旬重新回到了升值的状态，人民币无本金交割远期出现了金融危机后首次贴水，而国内人民币远期到了2009年9月中旬才显现出持续的贴水，表明金融危机爆发后6个多月境外人民币升值压力重新传导到了国内，这次用了近6个月的时间。

通过上文比较 2003 年以来境外人民币无本金交割远期和国内人民币远期升、贴水可以看出，2008 年 9 月美国金融危机爆发的第一个工作日，境外人民币就从之前的升值转向了贬值，之后又很快地传导到了国内，2008 年 10 月下旬国内人民币远期开始显现人民币贬值的压力；2009 年 3 月下旬境外人民币重新回到了升值，之后升值压力逐渐再次传导到了国内，国内远期到 2009 年 10 月中旬才显现出人民币升值的预期。我们在本章下文还会进一步分析境外人民币升值、贬值和再次升值压力为何每次传导到国内的原因。

50.4　国内一年期人民币远期和人民币无本金交割远期汇率的差额

从图 50 - 1 给出的超过 10 年的人民币远期和无本金交割远期汇率虽然可以看出一定的趋势，但是两者之间的差别却难以直接看出。

50.4.1　金融危机爆发之前人民币无本金交割远期大多时间反映更多的升值压力

图 50 - 4 显示，2008 年金融危机爆发之前，除 2005 年 8 月中旬和 2006 年 10 月上旬较短一段时间内 1 年期人民币无本金交割远期汇率超过相应的 1 年期人民币远期汇率外，其他大多时间内，前者显著低于后者，表明 2008 年金融危机爆发之前的多数时间内境外人民币无本金交割远期反映出的人民币升值压力显著高于国内人民币远期显示的升值压力。

50.4.2　金融危机爆发后的半年时间无本金交割远期反映人民币贬值压力显著高于国内远期

图 50 - 4 显示，早于 2008 年 9 月 15 日金融危机爆发之前的 9 月 9 日到 2009 年 3 月下旬，1 年期人民币无本金交割远期汇率大幅度超过相应的 1 年期人民币远期汇率，表明在金融危机爆发之前到之后的半年多时间内，境外人民币无本金交割远期反映的人民币贬值压力显著高于国内人民币远期，而且高峰出现在 2008 年 12 月上旬。

50.4.3　2009 年 3 月下旬到 2011 年 6 月境外人民币无本金交割远期反映人民币升值压力显著低于金融危机前

图 50 - 4 显示，早于 2009 年 3 月下旬到 2011 年 6 月，虽然 1 年期人民币无本金交割远期汇率大多时间回到了低于相应的 1 年期人民币远期汇率的态势，但是前者低于后者的幅度却显著低于金融危机之前的大多时候，表明 2009 年 3

月下旬以来，境外人民币无本金交割远期反映出的人民币升值压力有限，而且 2011 年 5 月上旬以来，前者持续高于后者，同样表明境外人民币升值压力有限。

50.5　一年期人民币远期和人民币无本金交割远期之间的相关性

本章上文通过介绍人民币无本金交割远期汇率和 1 年期人民币远期汇率，两者人民币升、贴水及来者之间的差别来判断人民币升、贬值压力的传导和不同时期的强度。本节我们通过观察两者之间的相关性来判断 10 年多来两者之间的关系系数变化情况。图 50 - 5 给出了 2003 年 4 月到 2015 年 9 月，1 年期人民币无本金交割远期汇率和 1 年期人民币远期汇率之间半年（125 个工作日）和一年（250 个工作日）的滚动的相关系数。

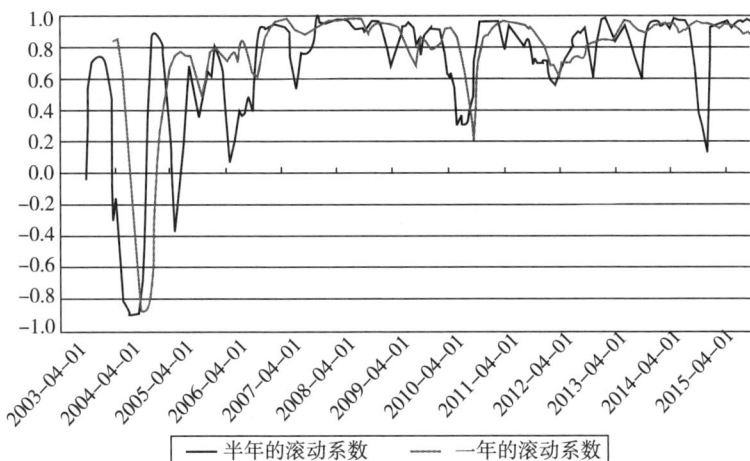

资料来源：根据图 50 - 1 的数据计算得出。

图 50 - 5　1 年期人民币无本金交割远期汇率与国内 1 年期
人民币远期汇率之间半年和一年的滚动相关系数（2003 年 4 月到 2015 年 4 月）

从图 50 - 5 我们还可看到，虽然从 2003 年 9 月到 2005 年 4 月间，一年期人民币无本金交割远期汇率与人民币远期汇率相关系数平均较低，表明两市之间互动程度较低；但是从 2005 年 2 月到 2011 年 6 月，仅除 2010 年 6 月下旬到 2010 年 10 月下旬的 4 个月外，绝大多数时间内两者之间的相关系数保持在 80% 以上；2012 年以来，两市汇率一年滚动相关系数总体呈现持续增高，一年多来保持在 90% 的高位，表明两市之间的相互影响程度在增强。

50.6 人民币远期和无本金交割远期相互引导实证分析

50.6.1 人民币远期与无本金交割远期的相互影响回归方法

上文我们主要通过直观比较境内外人民币远期汇率和观察两者间的相关系数来判断境内外人民币外汇远期之间的相互影响。本节我们将通过回归的方法更准确地判断境内外人民币外汇远期汇率间的相互影响程度。

以一年期人民币无本金交割当日远期汇率 NDF_t、前日汇率 NDF_{t-1} 和昨日国内远期 DF_{t-1} 为自变量，人民币远期 DF_t 为因变量，我们可以做如下简单线性回归：

$$DF_t = \beta_0 + \beta_1 \times NDF_t + \beta_2 \times NDF_{t-1} + \beta_3 \times DF_{t-1} + \varepsilon_{1t} \quad (50-1)$$

同样，以一年期人民币当日远期汇率 DF_t、前日汇率 DF_{t-1} 和前日无本金交割远期汇率 NDF_{t-1} 为自变量，人民币无本金交割远期 NDF_t 为因变量，我们可以做如下简单线性回归：

$$NDF_t = \alpha_0 + \alpha_1 \times DF_t + \alpha_2 \times DF_{t-1} + \alpha_3 \times NDF_{t-1} + \varepsilon_{2t} \quad (50-2)$$

50.6.2 人民币无本金交割远期对远期影响的回归结果

利用表 50-1 给出的境外人民币无本金交割远期和国内人民币远期的日数据，利用公式 50-1 进行简单现行回归，我们可以获得境外人民币无本金交割远期对国内人民币远期影响的实证结果。表 50-1 给出了 2003 年 4 月到 2015 年 9 月不同时间段内人民币无本金交割远期相对人民币远期影响的回归结果。

表 50-1　　　人民币无本金交割远期对人民币远期影响的回归结果

时间段	β_0	β_1	β_2	β_3	R^2	F
2003 年 4 月 1 日到 2008 年 3 月 31 日	-0.029	0.061	-0.044	0.987	99.89%	409301
2008 年 4 月 1 日到 2009 年 3 月 31 日	0.548	0.106	-0.022	0.835	98.54%	5793
2009 年 4 月 1 日到 2014 年 10 月 31 日	-0.044	0.342	-0.290	0.955	99.81%	258107
2014 年 11 月 1 日到 2015 年 9 月 14 日	0.204	0.562	-0.535	0.941	98.03%	3685

续表

时间分段	- 0.007	0.191	- 0.172	0.982	99.97%	3470770
2003 年 4 月 1 日到 2004 年 3 月 31 日	0.147	- 0.009	0.016	0.975	99.38%	13731
2004 年 4 月 1 日到 2005 年 3 月 31 日	- 0.008	- 0.014	0.022	0.993	99.66%	25127
2005 年 4 月 1 日到 2006 年 3 月 31 日	- 0.156	0.253	- 0.201	0.969	98.43%	5379
2006 年 4 月 1 日到 2007 年 3 月 31 日	0.520	0.102	- 0.025	0.856	98.41%	5282
2007 年 4 月 1 日到 2008 年 3 月 31 日	- 0.079	0.162	- 0.028	0.880	99.36%	13360
2008 年 4 月 1 日到 2009 年 3 月 31 日	0.548	0.106	- 0.022	0.835	98.54%	5793
2009 年 4 月 1 日到 20010 年 3 月 31 日	0.365	0.183	- 0.057	0.822	96.38%	2279
2010 年 4 月 1 日到 2011 年 3 月 31 日	0.115	0.396	- 0.272	0.859	98.24%	4795
2011 年 4 月 1 日到 2012 年 3 月 31 日	0.172	0.323	- 0.252	0.902	91.19%	887
2012 年 4 月 1 日到 2013 年 3 月 31 日	- 0.047	0.366	- 0.301	0.942	98.41%	5270
2013 年 4 月 1 日到 2014 年 10 月 31 日	- 0.050	0.458	- 0.418	0.968	99.08%	14702
2014 年 11 月 1 日到 2015 年 9 月 14 日	0.204	0.562	- 0.535	0.941	98.03%	3685

数据来源：根据图 50 - 1 的数据和公式（50 - 1）线性回归的结果。

50.6.3　国内人民币远期对人民币无本金交割远期影响的回归结果

利用表 50 - 1 给出的境外人民币无本金交割远期和国内人民币远期的日数据，利用公式 50 - 2 进行简单现行回归，我们可以获得国内人民币远期对境外人民币无本金交割远期影响的实证结果。表 50 - 2 给出了 2003 年 4 月到 2015 年 9 月不同时间段内人民币无本金交割远期相对人民币远期影响的回归结果。

表 50 - 2 给出了 2003 年 7 月到 2015 年 9 月不同时间段内人民币无本金交割远期相对人民币远期影响的回归结果。

表 50 - 2　　　　　人民币远期对人民币无本金交割远期影响的回归结果

时间段	β_0	β_1	β_2	β_3	R^2	F
2003 年 4 月 1 日到 2008 年 3 月 31 日	-0.019	0.066	-0.057	0.994	99.87%	337343
2008 年 4 月 1 日到 2009 年 3 月 31 日	-0.277	0.545	-0.428	0.924	97.86%	3923
2009 年 4 月 1 日到 2014 年 10 月 31 日	0.052	0.470	-0.433	0.955	99.65%	137218
2014 年 11 月 1 日到 2015 年 9 月 14 日	-0.210	1.030	-0.961	0.964	98.45%	4695
时间分段	-0.007	0.191	-0.172	0.982	99.97%	3470770
2003 年 4 月 1 日到 2004 年 3 月 31 日	-0.195	-0.335	0.381	0.977	97.98%	4146
2004 年 4 月 1 日到 2005 年 3 月 31 日	-0.018	-0.267	0.287	0.981	97.61%	3492
2005 年 4 月 1 日到 2006 年 3 月 31 日	0.238	0.202	-0.193	0.960	96.47%	2339
2006 年 4 月 1 日到 2007 年 3 月 31 日	-0.403	0.076	0.025	0.951	99.65%	24450
2007 年 4 月 1 日到 2008 年 3 月 31 日	-0.031	0.058	-0.040	0.985	99.73%	31673
2008 年 4 月 1 日到 2009 年 3 月 31 日	-0.277	0.545	-0.428	0.924	97.86%	3923
2009 年 4 月 1 日到 2010 年 3 月 31 日	-0.113	0.383	-0.258	0.891	95.99%	2048
2010 年 4 月 1 日到 2011 年 3 月 31 日	-0.042	0.499	-0.398	0.905	98.27%	4863
2011 年 4 月 1 日到 2012 年 3 月 31 日	0.385	0.548	-0.547	0.939	91.41%	912
2012 年 4 月 1 日到 2013 年 3 月 31 日	0.066	0.336	-0.333	0.987	98.27%	4856
2013 年 4 月 1 日到 2014 年 10 月 31 日	0.103	0.506	-0.480	0.957	98.24%	7647
2014 年 11 月 1 日到 2015 年 9 月 14 日	-0.210	1.030	-0.961	0.964	98.45%	4695

数据来源：根据图 50 - 1 的数据和公式（50 - 2）线性回归的结果。

50.6.4　人民币无本金交割远期和人民币远期相互影响回归结果比较

表 50－1 和表 50－2 分别给出了境外人民币无本金交割远期对国内人民币远期汇率的影响和后者对前者的影响结果。下文将比较两个表给出的结果的差异。

50.6.4.1　金融危机前人民币兑美元升值压力上升期人民币无本金交割远期和人民币远期相互影响回归结果比较

表 50－1 和表 50－2 的结果显示，在 2003 年 4 月到 2008 年 3 月间（境外人民币升值压力持续上升期），境外人民币无本金交割远期对国内人民币远期汇率的影响和后者对前者的影响回归相关性分别高达 99.89% 和 99.87%，两者相差仅为 0.02%，两者当日相互影响的系数都为正数，然而表 50－1 给出的无本金交割远期对国内远期汇率影响回归 F 统计值 409301 却比后者影响前者的回归 F 统计值 337343 高出 21.3%，显示该时段内境外人民币无本金交割远期对国内人民币远期汇率的影响超过后者对前者的影响，与图 50－1 和图 50－4 给出的直观结果相似。

进一步观察该时段内分时段回归结果我们发现，2004 年 4 月到 2005 年 3 月，境外人民币无本金交割远期对国内人民币远期影响的回归相关性 99.66%，比同期后者影响前者的相关性 97.61% 高出 2.05%，表 50－1 中同期回归的 F 统计值比表 50－2 高出 619.6%，这些数据皆比两个表中 2003 年 4 月到 2004 年 3 月相应的数据高，显示 2004 年 4 月到 2005 年 4 月境外人民币无本金交割远期对国内人民币远期的影响超过后者对前者的影响，而且影响程度超过 2003 年 4 月到 2004 年 3 月的程度；2005 年 4 月到 2006 年 3 月，虽然境外人民币无本金交割远期对国内人民币远期的影响仍然超过后者对前者的影响，但是影响程度显著低于前一个时间段；2006 年 4 月到 2008 年 3 月，不仅国内远期影响境外人民币无本金交割远期的回归相关系数高于境外无本金交割远期对国内汇率影响的回归相关性，而且前者回归 F 统计值也皆高于后者的 F 统计值，显示该时间段内（金融危机前人民币升值预期最高的两年）国内人民币远期对境外人民币无本金交割远期的影响超过了后者对前者的影响。

50.6.4.2　金融危机前后半年境外人民币无本金交割远期和国内人民币远期相互影响比较

比较表 50－1 和表 50－2 的结果我们发现，从 2008 年 4 月到 2009 年 3 月，即金融危机前后半年，或者境外人民币升值预期从 2008 年 3 月下旬最高点转折后的半年（正好是金融危机爆发前 5 个半月）到金融危机爆发后的半年，境外人民币无本金交割远期对国内人民币远期的影响程度重新超过了后者对前者的影响程度。具体来说，该时段内表 50－1 中境外人民币无本金交割远期对国内人民币远期影响的回归相关系数虽比上个年段的相关系数 99.36% 下降到了 98.54%，同期内后者对前者的影响回归的相关系数也比前一个年段的相关系数 99.73% 下降到了 97.86%，然而 99.36% 比 97.86% 高出 0.68%；该时段内表 50－1 中的 F 统计值大幅度下降到了 5793，然而比表 50－2 给出的相应的 F 统计值 3923 高出 47.7%，表明金融危机前后半年的一年时间内，境外人民币无本金交割远期对国内人民币远期的影响程度重新超过了后者对前者的影响程度。

50.6.4.3　美国量化宽松的 5 年多时间内人民币无本金交割远期和人民币远期相互影响比较

表 50－1 和表 50－2 的结果显示，2009 年 4 月到 2014 年 10 月（即美国量化宽松一开始实施到 2014 年 10 月美国宣布退出量化宽松政策期间），境外人民币无本金交割远期对国内人民币远期汇率的影响和后者对前者的影响回归相关性分别高达 99.81% 和 99.65%，两者皆接近 2003 年 4 月到 2008 年 4 月期间相应的回归相关性，然而两者的差异比危机前 5 年总体差异 0.02% 扩大到了 0.16%，两者当日相互影响的系数都为正数；虽然同期内两个总回归 F 统计值皆比危机前 5 年总体 F 统计值大幅度下降，但是表 50－1 给出的无本金交割远期对国内远期汇率影响回归 F 统计值 258107 却比后者影响前者的回归 F 统计值 137218 高出 88.1%，比危机前 5 年总体前者 F 统计值高出后者的幅度 21.3% 高出 4 倍多，显示美国量化宽松政策实施的 5 年多的时间内比金融危机前 5 年内境外人民币无本金交割远期对国内人民币远期汇率的影响不仅超过后者对前者的影响，而且超过的程度也高出金融危机前 5 年前者对后者的影响程度。

进一步观察美国量化宽松实施时段内分时段回归结果我们也发现不同年段内两者相互影响的程度也有较大的差异。2009 年 4 月到 2010 年 3 月，境外人民币无本金交割远期对国内人民币远期影响的回归相关性 96.38%，比同期后者影响前者的相关性 95.99% 高出 0.39%，表 50－1 中同期回归的 F 统计值 2279 下降到了表 50－1 届时所有年段内 F 统计值的最低点，同时表 50－2 中相应的 F 统计值 2048 也下降到了表 50－2 届时所有年段内 F 统计值的最低点，但是 2279 却比 2048 高出 11.3%，表明美国量化宽松政策一实施后的第一年内，境内外远期相互影响的程度皆明显下降，但是境外人民币无本金交割远期对国内人民币远期的影响还是超过后者对前者的影响；2010 年 4 月到 2011 年 3 月，国内人民币远期对境外人民币无本金交割远期的影响略微超过了后者对前者的影响，具体指标这里不再重复；2011 年 4 月到 2012 年 3 月，两者相互影响的回归相关系数和 F 统计值皆达到了 2003 年以来十多个年段最低点，表明两者相互影响程度达到了历史最低点，然而国内人民币远期对境外人民币无本金交割远期的影响仍然保持了整个年段内略微超过了后者对前者的影响，显示美国量化宽松一结束到量化宽松二实施期间境外人民币无本金交割对国内人民币远期影响明显下降；

2012 年 4 月到 2014 年 10 月底，境外人民币远期影响国内人民币远期的程度再次超过了后者影响前者的程度。

50.6.4.4 美国宣布退出量化宽松政策后人民币无本金交割远期和人民币远期相互影响比较

表 50 - 1 和表 50 - 2 显示，美国宣布退出量化宽松政策后，即从 2014 年 11 月初到 2015 年 9 月 14 日，国内人民币远期影响境外人民币无本金交割远期的程度又超过了后者影响前者的水平。在时段内国内外汇远期影响境外人民币无本金交割远期的程度超过后者影响前者的水平很可能是境外人民币可交割远期功能显著超过境外人民币无本金交割远期所致，我们下文还会进一步探讨。

50.7 国内人民币远期受境外人民币可交割远期影响的原因探讨

2008 年金融危机爆发前后境外人民币升值压力两次从境外传导到了国内，同时境外人民币兑美元的贬值压力也两次传到了国内。金融危机爆发人民币贬值压力很快从国外传导到了国内，表明境外人民币无本金交割远期对国内人民币远期产生着非常重要的引导作用。境外人民币无本金交割远期为何会对国内人民币远期产生如此重要的影响呢？满意的答案需要很长的篇幅，这里我们试图简单做出回答。

50.7.1 人民币远期和无本金交割远期对国内外各种因素反映的程度不同

表 38 - 2 和表 38 - 23 总结中美两国主要政治和基础数据对境外人民币远期影响结果，与表 24 - 2 和表 24 - 27 总结中美两国主要政治和主要基础数据对国内人民币远期影响结果显示，境内外国内人民币远期对中美两国主要政治和主要基础数据的反应和影响有着显著的区别。虽然国内人民币远期和境外无本金交割远期汇率在 2008 年 6 月前对国内外汇储备的回归结果相似，表明国内外汇储备对两市的影响皆非常显著，但是，两者包含的市场信息，特别是对人民币/美元汇率的预见性却有着惊人的差别。表 24 - 7 和表 38 - 4 分别根据国内外汇储备与远期和无本金交割远期汇率的回归结果和 2003 年 1 月到 2008 年 6 月国内外汇储备的变化对不同年份人民币升值预期的结果却非常巨大。2004 年到 2008 年上半年的 4 年半，人民币远期市场估算的人民币年均升值与同期人民币年均升值仅差 1.2%，而人民币无本金交割远期市场估算的人民币年均升值与同期人民币时间年均升值却高达 - 3.5%，而且 2008 年上半年前者的差别仅为 - 0.1%，后者差别却高达 - 3.9%。我们到目前还难以找到很好的原因解释 2004 年到

2008 年上半年境外人民币无本金交割远期和什么会对人民币/美元汇率有如此高的预见性。由于对人民币/美元汇率有着重要的预见性，境外人民币无本金交割市场对国内人民币远期有着重要的引导作用。

50.7.2 人民币远期和无本金交割远期两市活跃程度不同

第 23 章和第 37 章分别介绍了人民币远期和无本金交割远期近年来的成交金额，表 37 - 12 比较了 2010 年 1 月到 2014 年人民币远期和无本金交割远期月度成交金额及其占比。表 50 - 3 给出了 2006 年到 2014 年人民币远期和无本金交割远期年度成交金额及其占比。从表 50 - 3 可以看出 2006 年到 2009 年，人民币远期年度成交金额还不到相应的无本金交割远期成交金额的 4%。由于人民币远期成交金额远远低于无本金交割远期的成交金额，前者的定价功能难以与后者相比。表 50 - 3 也显示，2011 年上半年人民币远期成交金额超过了相应无本金交割远期的成交金额的四分之一，但是与后者仍然有相当的距离。只有国内人民币远期市场达到一定的活跃程度，否则定价能力难以发挥。

表 50 - 3　国内人民币远期和境外人民币无本金交割远期成交金额及其比较

单位：亿美元、%

年份	人民币远期成交额	人民币无本金交割远期成交额	远期成交额/无本金交割远期成交金额
2006	140.6	4607.5	3.05
2007	222.8	6789.1	3.28
2008	251.5	6805.3	3.70
2009	98.0	4018.0	2.44
2010	327.0	5853.9	5.59
2011	2146.0	5802.3	36.99
2012	866.0	4763.4	18.18
2013	323.7	5978.4	5.41
2014	529.0	5308.0	9.97

数据来源：中国人民银行 2006 年第一季度至 2014 年第四季度《中国货币政策执行报告》，人民币无本金交割远期来自表 37 - 12。

50.7.3 人民币利率市场化程度

第 10 章国际外汇远期定价原理显示，外汇远期实际上是由远期相关的两个货币在远期到期时间点的利差决定的，如果一个利率难以通过市场因素来确定，那么远期就难以确定。虽然人民币利率市场化几年来取得了一定的进展，而且中央债券登记结算公司的人民币利率曲线近年来也逐渐完善，但是，人民币利率市场化还有较长的路要走。由于国内利率市场化程度有待提高，国内人民币远期难以定价，因此人民币远期汇率在境外无本金交割远期汇率发生持续升值或者贬值的情况下，参考后者，导致人民币远期在 2003 年逐渐跟随境外的人民币无本金交割远期而反映升值，在 2008 年 9 月金融危机爆发后不久又跟随后者反映人民币贬值，而在 2009 年 9 月再次跟随后者重新反映人民币升值。因此，定价功能与利率等政策密不可分，利率市场化是外汇远期、掉期、期权，同时更是利率远期、掉期、期权等所有金融市场的必要条件。

50.7.4 人民币隐含利率有巨大的差异

图 50 - 6 给出了 2003 年 4 月到 2015 年 9 月 1 年期人民币无本金交割远期和 1 年期人民币远期的人民币隐含利率。从图 50 - 6 可以看出，从 2005 年 8 月到 2008 年 7 月的绝大多数时间内，人民币无本金交割远期的人民币隐含利率高于相应的人民币远期隐含利率，表明在此期间境外人民币升值压力大于国内；2008 年 8 月到 2008 年 9 月 2 日到 2009 年 3 月 19 日，前者却显著低于后者，表明金融危机影响严重时期人民币贬值压力从境外传导到了国内。由于国内人民币利率市场化程度有待提高，国内人民币利率走势不易判断，境外人民币市场的隐含利率也对国内市场产生了相当的影响。

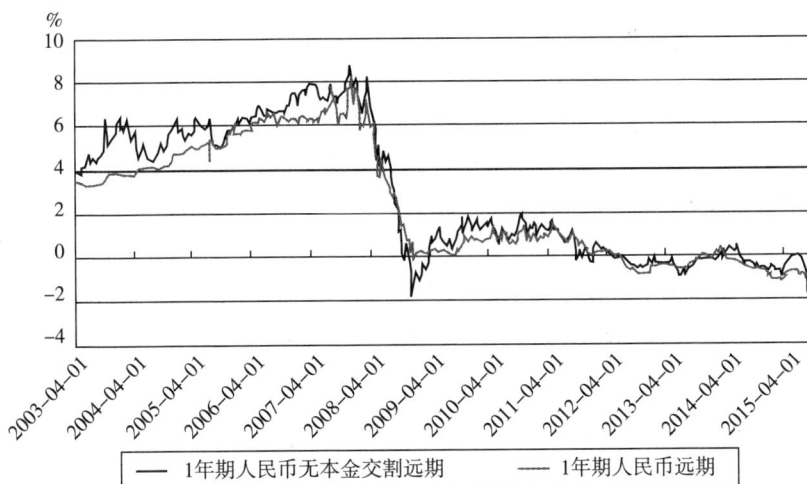

数据来源：根据公式（10 - 1）推导出计算人民币利率的公式：美国一年期利率 - ln（NDF/S）和美国一年期利率 - ln（DF/S）；美国利率来自表 38 - 12；远期汇率和无本金交割远期汇率来自图 50 - 1；人民币/美元汇率来自国家外汇管理局网站。

图 50 - 6 1 年期人民币无本金交割远期和 1 年期人民币远期的人民币隐含利率
（2003 年 4 月到 2015 年 4 月）

50.7.5　人民币远期市场机制

我们在第 23.10 节通过比较印度外汇远期市场结构与国内人民币市场结构后了解到国内人民币远期结售汇规模与我国外贸规模还有一定的距离，远期市场交易与结售汇业务之间没有显著的关联度。换句话说，国内远期结售汇大部分额度没有通过对冲进行外汇风险管理。利用第 37.13 的数据，我们可以容易地计算出 2012 年到 2014 年国内外汇远期成交金额与相应的外汇远期结售汇金额比例分别为 23.8%、5.6% 和 9.2%，显示即使 2012 年最高比例也不到四分之一，而且 2013 年比例急剧下降到了 5.6%；虽然 2013 年到 2014 年比例上升到了 9.2%，但是 2015 年上半年比例重新下降到了 6.7%。这些数据显示，国内远期交易与远期结售汇比例过低，近年来超过九成的远期结售汇并未用外汇远期进行对冲，而且对冲的占比不仅没有提高，反而有所下降。这些皆属于国内人民币远期市场结构性的问题和市场功能方面的问题。只有在广大市场参与者风险管理意识提高的同时，不断提高外汇市场风险管理能力，国内外汇市场机制才能逐渐完善，市场国内功能才会有效发挥，市场才会稳步发展。

50.8　国内人民币远期、境外人民币可交割远期和境外人民币无本金交割远期的相互关系

上文我们利用数据图表的直观判断和现行回归方法研究了境外人民币无本金交割远期与国内人民币外汇远期间相互影响。我们选择境外人民币无本金远期作为境外人民币外汇远期的主要代表的原因是考虑到境内外市场相互影响的连续性。上文的结果应该没有多大的问题，但是第 37 章显示，2013 年以来境外人民币可交割远期的日均成交金额首次超过了境外人民币无本金交易金额，成为境外主要的人民币外汇远期工具。由于境外人民可交割远期功能的迅速提高，它在境外人民币外汇市场的功能也应该会显著提高。因此，我们有必要进一步研究境外人民币可交割远期、境外人民币无本金交割远期和境内人民币外汇远期之间的相互影响。

50.8.1　境内外人民币即期、境内外人民币远期和境外人民币无本金交割远期协整检验

我们选取 2010 年 9 月 8 日到 2012 年 12 月 31 日和 2013 年 1 月 1 日到 2015 年 9 月 14 日两个时段的国内人民币即期汇率（CNYS）、境外人民币即期汇率（CNHS），国内人民币远期汇率（CNYF）、境外可交割远期汇率（CNHF）和境外人民币无本金交割远期汇率（NDF）的日数据，并对这些变量间相互影响进

行分析。首先采用 ADF 检验方法，对 5 个原序列以及一阶差分序列进行平稳性检验。结果显示，在 5% 的置信水平下，各序列都是一阶单整序列，可能存在协整关系，可以进一步对其进行协整关系检验。

采用 Johansen 协整检验方法，根据 LR 统计量、FPE（最终预测误差）、SC 信息准则、AIC 信息准则与 HQ 信息准则等五个指标来进行判断，确定第一阶段最优滞后阶数为 3，第二阶段最优滞后阶数为 2。分别建立 VAR（3）和 VAR（2）模型，协整检验结果如表 50 - 4 所示。

表 50 - 4A   第一阶段协整检验结果

原假设	特征值	迹检验		max 统计量	
		统计值	P 值	统计值	P 值
0 个协整向量	0.062	105.835	0.000**	38.381	0.014**
至多一个协整向量	0.046	67.454	0.000**	28.084	0.043**
至多两个协整向量	0.041	39.370	0.003**	25.079	0.013**
至多三个协整向量	0.022	14.290	0.075	13.102	0.076
至多四个协整向量	0.002	1.189	0.276	1.189	0.276

注：** 表示在 5% 的置信水平下拒绝原假设。

表 50 - 4B   第二阶段协整检验结果

原假设	特征值	迹检验		max 统计量	
		统计值	P 值	统计值	P 值
0 个协整向量	0.073	96.511	0.000**	53.514	0.000**
至多一个协整向量	0.040	42.996	0.133	28.373	0.040**
至多两个协整向量	0.013	14.623	0.804	9.352	0.803
至多三个协整向量	0.006	5.271	0.779	3.904	0.869
至多四个协整向量	0.002	1.367	0.242	1.367	0.242

注：** 表示在 5% 的置信水平下拒绝原假设。

通过协整检验，我们发现在第一阶段：五个变量之间存在三个协整变量；在第二阶段：五个变量之间存在两个协整变量（虽然迹检验和最大值统计量结果不同，但是经过检验，第二个协整变量也是平稳的），即都存在着稳定的协整关系。因此，为了讨论这五个变量之间的长期与短期均衡关系，我们考虑用向量误差修正模型（VEC）进行估计，表 50 - 5 给出了协整向量的估计结果。

表 50 - 5A 第一阶段协整向量的估计结果

CNHF	CNHS	CNYF	CNYS	NDF	常数项
1	0	0	0.005	- 1. 162	- 0. 958
			(0. 032)	(0. 064)	
0	1	0	- 1. 022	0. 422	- 2. 548
			(0. 073)	(0. 149)	
0	0	1	0. 174	- 1. 738	3. 579
			(0. 104)	(0. 211)	

注：表中括号内的是标准差。

用方程的形式表现出来，即为

$$CNHF_t = -0.005CNYS_t + 1.162NDF_t + 0.958 + ECM1_t \quad (50-3)$$

$$CNHS_t = 1.022CNYS_t - 0.422NDF_t + 2.548 + ECM2_t \quad (50-4)$$

$$CNYF_t = -0.174CNYS_t + 1.738NDF_t - 3.579 + ECM3_t \quad (50-5)$$

式中 ECM_t 表示回归方程的残差项，也即误差修正模型中的误差修正项。经检验，由上述方程得到的线性组合序列是平稳的，证明该协整关系是稳定的。方程（50-3）中的系数可以理解为，在其他条件不变的情况下，境内即期汇率每增加 1 个百分点，境外可交割远期汇率减少 0.005 个百分点。

表 50 - 5B 第二阶段协整向量的估计结果

CNHF	CNHS	CNYF	CNYS	NDF	常数项
1	0	- 0. 941	- 0. 066	- 0. 168	1. 071
		(0. 092)	(0. 111)	(0. 079)	
0	1	- 0. 013	- 0. 998	- 0. 095	0. 663
		(0. 046)	(0. 056)	(0. 040)	

注：表中括号内的是标准差。

用方程的形式表现出来，即为

$$CNHF_t = 0.941CNYF_t + 0.066CNYS_t + 0.168NDF_t - 1.071 + ECM4_t$$

$$(50-6)$$

$$CNHS_t = 0.013CNYF_t + 0.998CNYS_t + 0.095NDF_t - 0.663 + ECM5_t$$

$$(50-7)$$

经检验，由上述方程得到的线性组合序列是平稳的，证明该协整关系是稳定的。由于 VEC 模型中协整向量的估计并不唯一，我们通过协整方程只能得出五个变量之间的长期关系，而无法找出内在的因果关系，因此需要进一步地分析。

50.8.2　境内外人民币即期、境内外人民币远期和境外人民币无本金交割远期 VEC 模型的估算结果

方程（50-3）至方程（50-7）表示的是这五个变量之间的长期均衡关系，在此基础上讨论变量之间的短期关系。VEC 模型的估计结果如表 50-6 所示：

表 50-6A　　　　　　　　　**第一阶段 VEC 模型的估计结果**

变量	D（CNHF）	D（CNHS）	D（CNYF）	D（CNYS）	D（NDF）
ECM1	-0.160	-0.088	0.077	0.011	0.034
	(0.044)	(0.036)	(0.041)	(0.026)	(0.047)
ECM2	-0.050	-0.079	-0.075	-0.024	-0.050
	(0.023)	(0.018)	(0.021)	(0.013)	(0.024)
ECM3	0.014	-0.007	-0.080	-0.008	-0.008
	(0.019)	(0.016)	(0.018)	(0.011)	(0.021)
D（CNHF（-1））	-0.381	-0.175	-0.151	-0.091	0.036
	(0.073)	(0.059)	(0.067)	(0.042)	(0.078)
D（CNHF（-2））	-0.135	-0.115	0.038	-0.022	-0.033
	(0.074)	(0.059)	(0.068)	(0.043)	(0.079)
D（CNHF（-3））	-0.156	-0.094	-0.077	-0.018	-0.120
	(0.068)	(0.055)	(0.063)	(0.040)	(0.073)
D（CNHS（-1））	0.152	-0.073	0.159	0.034	-0.034
	(0.082)	(0.066)	(0.076)	(0.047)	(0.087)
D（CNHS（-2））	0.128	0.093	0.169	0.041	0.080
	(0.082)	(0.066)	(0.076)	(0.048)	(0.088)
D（CNHS（-3））	0.120	0.044	0.086	0.008	0.048
	(0.080)	(0.065)	(0.074)	(0.047)	(0.085)
D（CNYF（-1））	-0.014	0.002	-0.261	0.006	-0.023
	(0.052)	(0.042)	(0.048)	(0.030)	(0.055)
D（CNYF（-2））	-0.013	0.077	-0.037	0.066	0.015
	(0.052)	(0.042)	(0.049)	(0.031)	(0.056)
D（CNYF（-3））	0.022	0.034	-0.066	0.025	0.018
	(0.051)	(0.041)	(0.047)	(0.030)	(0.054)
D（CNYS（-1））	-0.008	-0.029	0.015	-0.169	0.009
	(0.088)	(0.071)	(0.082)	(0.051)	(0.094)

变量	D（CNHF）	D（CNHS）	D（CNYF）	D（CNYS）	D（NDF）
D（CNYS（-2））	-0.062	0.006	-0.149	-0.089	0.160
	(0.088)	(0.071)	(0.082)	(0.051)	(0.094)
D（CNYS（-3））	-0.094	-0.016	-0.118	-0.070	-0.024
	(0.088)	(0.071)	(0.081)	(0.051)	(0.093)
D（NDF（-1））	0.304	0.322	0.225	0.138	0.039
	(0.060)	(0.049)	(0.056)	(0.035)	(0.064)
D（NDF（-2））	0.054	0.003	-0.093	-0.029	-0.129
	(0.061)	(0.049)	(0.057)	(0.035)	(0.065)
D（NDF（-3））	0.078	0.056	0.095	0.053	0.010
	(0.057)	(0.046)	(0.053)	(0.033)	(0.061)
C	-0.001	-0.001	-0.001	-0.001	0.000
	(0.001)	(0.000)	(0.001)	(0.000)	(0.001)
R-squared	17.47%	19.12%	15.56%	7.09%	5.46%
Sum sq. resids	0.095	0.062	0.082	0.032	0.108
F-statistic	6.831	7.631	5.950	2.464	1.865
Mean dependent	-0.001	-0.001	-0.001	-0.001	-0.001
S. D. dependent	0.014	0.011	0.013	0.008	0.014

注：表中括号内的是标准差。

对模型的稳定性检验显示，所有根的模的倒数都位于单位圆内，因此该 VEC 模型是稳定的。从第一个方程可以看出，CNHS 的短期变动可以分成两部分：一部分是 ECM 代表的各市场偏离长期均衡的影响（包括各市场同期的影响）；另一部分是各市场滞后 3 期的波动影响。从系数大小来看，CNHF（-1）和 NDF（-1）对 CNHF 的影响比重较大，分别为 -0.381 和 0.304，除去自身影响，可以认为滞后一期的无本金交割远期汇率对境外远期汇率的影响最大，且是正向的，即当 NDF 增加时，CNHF 也会相应增加。同理，从其他四个方程分别可以看出：CNHS 受 CNHF 的负向影响最大，受 NDF 的正向影响最大；CNYF 受 CNHF 和 CNYS 的负向影响最大，受 NDF 的正向影响最大；CNYS 受 CNHF 的负向影响最大，受 NDF 的正向影响最大；NDF 受 CNHF 的负向影响最大，受 CNYS 的正向影响最大。由此可见 NDF 和 CNHF 分别对其他三个市场都有显著的正向和负向价格引导作用。

表 50 - 6B　　　　　　　　第二阶段 VEC 模型的估计结果

变量	D（CNHF）	D（CNHS）	D（CNYF）	D（CNYS）	D（NDF）
ECM1	- 0.024	0.040	0.042	0.031	0.004
	(0.039)	(0.032)	(0.029)	(0.022)	(0.039)
ECM2	- 0.083	- 0.155	0.000	- 0.003	- 0.004
	(0.061)	(0.049)	(0.044)	(0.034)	(0.061)
D（CNHF（- 1））	- 0.044	- 0.164	0.167	- 0.069	0.080
	(0.113)	(0.091)	(0.082)	(0.063)	(0.113)
D（CNHF（- 2））	0.043	0.006	0.179	0.037	0.216
	(0.113)	(0.091)	(0.082)	(0.063)	(0.113)
D（CNHS（- 1））	0.057	0.180	0.150	0.245	0.242
	(0.144)	(0.116)	(0.105)	(0.080)	(0.143)
D（CNHS（- 2））	- 0.172	- 0.054	- 0.143	- 0.016	- 0.215
	(0.142)	(0.115)	(0.104)	(0.079)	(0.142)
D（CNYF（- 1））	0.026	0.082	- 0.159	0.048	- 0.010
	(0.099)	(0.080)	(0.072)	(0.055)	(0.099)
D（CNYF（- 2））	- 0.030	0.025	- 0.098	- 0.004	- 0.030
	(0.095)	(0.076)	(0.069)	(0.053)	(0.094)
D（CNYS（- 1））	- 0.030	0.005	0.053	- 0.109	- 0.024
	(0.143)	(0.115)	(0.104)	(0.079)	(0.142)
D（CNYS（- 2））	- 0.089	- 0.155	- 0.098	- 0.108	- 0.107
	(0.140)	(0.113)	(0.102)	(0.078)	(0.140)
D（NDF（- 1））	0.048	0.080	0.098	0.080	- 0.058
	(0.078)	(0.063)	(0.057)	(0.043)	(0.078)
D（NDF（- 2））	0.197	0.104	- 0.015	0.033	- 0.043
	(0.077)	(0.062)	(0.056)	(0.043)	(0.077)
C	0.000	0.000	0.000	0.000	0.000
	(0.001)	(0.000)	(0.000)	(0.000)	(0.001)
R - squared	2.35%	4.54%	19.53%	12.06%	5.38%
Sum sq. resids	0.126	0.082	0.067	0.039	0.125
F - statistic	1.379	2.730	13.936	7.872	3.265
Mean dependent	0.000	0.000	0.000	0.000	0.000
S. D. dependent	0.014	0.011	0.011	0.008	0.014

注：表中括号内的是标准差。

对模型的稳定性检验显示，所有根的模的倒数都位于单位圆内，因此该VEC 模型是稳定的。同理，除去自身影响，可以看出：CNHF 受 CNHS 的负向影响最大，受 NDF 的正向影响最大；CNHS 受 CNHF 和 CNYS 的负向影响最大，受NDF 的正向影响最大；CNYF 受 CNHS 的负向影响最大，受 CNHF 的正向影响最大；CNYS 受 CNHF 的负向影响最大，受 CNHS 的正向影响最大；NDF 受 CNHS的负向影响最大，受 CNHF 的正向影响最大。综上可以看出，相比第一阶段，NDF 的影响力明显下降，CNHF 和 CNHS 的影响力增强，成为价格引导的主要力量。

50.8.3 境内外人民币即期、境内外人民币远期和境外人民币无本金交割远期间的因果检验结果

通过上述讨论，我们对五个变量之间的长期和短期均衡关系有了比较直观的认识，但是它们之间的因果关系却并没有揭示出来，因此在 VEC 模型的基础上，考虑 Granger – Wald 因果检验，得到表 50 – 7 的结果。

表 50 – 7A 　　　　第一阶段 Granger – Wald 因果检验的结果

	原假设	卡方统计量	自由度	P 值
CNYS 方程	CNYF 不能 Granger 引起 CNYS	4.977	3	0.174
	CNHS 不能 Granger 引起 CNYS	1.069	3	0.785
	CNHF 不能 Granger 引起 CNYS	4.861	3	0.182
	NDF 不能 Granger 引起 CNYS **	23.864	3	0.000
	CNYF、CNHS、CNHF、NDF 不能同时 Granger 引起 CNYS **	29.957	12	0.003
CNYF 方程	CNYS 不能 Granger 引起 CNYF	4.999	3	0.172
	CNHS 不能 Granger 引起 CNYF **	8.633	3	0.035
	CNHF 不能 Granger 引起 CNYF **	9.780	3	0.021
	NDF 不能 Granger 引起 CNYF **	31.831	3	0.000
	CNYS、CNHS、CNHF、NDF 不能同时 Granger 引起 CNYF **	54.201	12	0.000
CNHS 方程	CNYS 不能 Granger 引起 CNHS	0.253	3	0.969
	CNYF 不能 Granger 引起 CNHS	3.681	3	0.298
	CNHF 不能 Granger 引起 CNHS **	10.700	3	0.014
	NDF 不能 Granger 引起 CNHS **	52.013	3	0.000
	CNYS、CNYF、CNHF、NDF 不能同时 Granger 引起 CNHS **	57.004	12	0.000

续表

	原假设	卡方统计量	自由度	P 值
CNHF 方程	CNYS 不能 Granger 引起 CNHF	1.423	3	0.700
	CNYF 不能 Granger 引起 CNHF	0.382	3	0.944
	CNHS 不能 Granger 引起 CNHF	6.723	3	0.081
	NDF 不能 Granger 引起 CNHF **	27.130	3	0.000
	CNYS、CNYF、CNHS、NDF 不能同时 Granger 引起 CNHF **	39.340	12	0.000
NDF 方程	CNYS 不能 Granger 引起 NDF	3.251	3	0.355
	CNYF 不能 Granger 引起 NDF	0.424	3	0.935
	CNHS 不能 Granger 引起 NDF	1.311	3	0.727
	CNHF 不能 Granger 引起 NDF	3.224	3	0.358
	CNYS、CNYF、CNHS、CNHF 不能同时 Granger 引起 NDF	13.690	12	0.321

注：表中对于每个方程来说，前四行是关于每一个其他滞后内生变量在特定显著条件下的卡方统计量，第五行是方程中所有滞后内生变量在显著性条件下的卡方统计量。其中 ** 表示在 5% 的置信水平下拒绝原假设。

从表 50 - 7A 的结果可以看到：在前四个方程中，所有的联合检验在 5% 的置信水平下，都拒绝原假设，而在 NDF 方程中，无论单个变量的 Granger 因果检验还是联合检验，在 5% 的置信水平下都不能拒绝原假设，说明 NDF 是外生于这个系统的，也即 NDF 相对其他四个市场具有价格发现中心的地位，有很强的引导作用。对于前四个方程的单变量 Granger 因果检验，可以得到：NDF 是 CNYS 的 Granger 原因，CNHS、CNHF 和 NDF 都是 CNYF 的 Granger 原因，CNHF 和 NDF 是 CNHS 的 Granger 原因，NDF 是 CNHF 的 Granger 原因。与 VEC 模型的结论相吻合，并且更加突出了 NDF 对其他四个市场的引导作用。

表 50 - 7B　　　　**第二阶段 Granger - Wald 因果检验的结果**

	原假设	卡方统计量	自由度	P 值
CNYS 方程	CNYF 不能 Granger 引起 CNYS	0.840	2	0.657
	CNHS 不能 Granger 引起 CNYSz	9.518	2	0.009
	CNHF 不能 Granger 引起 CNYS	1.635	2	0.442
	NDF 不能 Granger 引起 CNYS	3.764	2	0.152
	CNYF、CNHS、CNHF、NDF 不能同时 Granger 引起 CNYS **	41.048	8	0.000

续表

	原假设	卡方统计量	自由度	P 值
CNYF 方程	CNYS 不能 Granger 引起 CNYF	1.424	2	0.491
	CNHS 不能 Granger 引起 CNYF	4.140	2	0.126
	CNHF 不能 Granger 引起 CNYF**	8.353	2	0.015
	NDF 不能 Granger 引起 CNYF	3.203	2	0.202
	CNYS、CNHS、CNHF、NDF 不能同时 Granger 引起 CNYF**	101.351	8	0.000
CNHS 方程	CNYS 不能 Granger 引起 CNHS	1.990	2	0.370
	CNYF 不能 Granger 引起 CNHS	1.067	2	0.587
	CNHF 不能 Granger 引起 CNHS	3.260	2	0.196
	NDF 不能 Granger 引起 CNHS	4.025	2	0.134
	CNYS、CNYF、CNHF、NDF 不能同时 Granger 引起 CNHS	14.482	8	0.070
CNHF 方程	CNYS 不能 Granger 引起 CNHF	0.409	2	0.815
	CNYF 不能 Granger 引起 CNHF	0.225	2	0.894
	CNHS 不能 Granger 引起 CNHF	1.655	2	0.437
	NDF 不能 Granger 引起 CNHF**	6.708	2	0.035
	CNYS、CNYF、CNHS、NDF 不能同时 Granger 引起 CNHF	9.647	8	0.291
NDF 方程	CNYS 不能 Granger 引起 NDF	0.588	2	0.745
	CNYF 不能 Granger 引起 NDF	0.099	2	0.952
	CNHS 不能 Granger 引起 NDF	5.390	2	0.068
	CNHF 不能 Granger 引起 NDF	4.046	2	0.132
	CNYS、CNYF、CNHS、CNHF 不能同时 Granger 引起 NDF**	18.435	8	0.018

注：表中对于每个方程来说，前四行是关于每一个其他滞后内生变量在特定显著条件下的卡方统计量，第五行是方程中所有滞后内生变量在显著性条件下的卡方统计量。其中 ** 表示在 5% 的置信水平下拒绝原假设。

从表 50 - 7B 的结果可以看到：在 CNHS 方程中，无论单个变量的 Granger 因果检验还是联合检验，在 5% 的置信水平下都不能拒绝原假设，说明 CNHS 是外生于这个系统的，也即 CNHS 相对其他四个市场具有价格发现中心的地位，有很强的引导作用。在其他四个方程中，所有的联合检验在 5% 的置信水平下，都拒绝原假设，而对于前四个方程的单变量 Granger 因果检验，可以得到：

CNHS 是 CNYS 的 Granger 原因，CNHF 是 CNYF 的 Granger 原因，NDF 是 CNHF 的 Granger 原因。在 NDF 方程中，联合检验结果认为其他四个变量对其有显著的影响，如果把置信水平放宽至 10%，则可以认为 CNHS 是 NDF 的 Granger 原因。综上，CNHS 的价格引导功能最强，NDF 次之，与 VEC 模型的结论相同，说明离岸市场的发展进入了一个较为成熟的时期。

50.9 人民币无本金交割远期与韩元无本金交割的比较

韩国在亚洲金融危机之后加快了金融改革的步伐，从而放松了外汇方面的主要管制。但是韩国也吸取了金融危机的教训，为了防止外汇过度投机，目前仍然对外汇有一定程度的管制。从 1999 年 4 月韩国政府允许境内企业和个人从事韩元/美元无本金交割远期以来，韩元/美元无本金交割远期交易越来越活跃，韩国政府对这些产品的交易也相当关注。从本章介绍的韩国中央银行李承镐先生关于韩元无本金交割远期的研究我们可以看出，韩国公司和个人占韩元无本金交割远期的市场份额从 2000 年的 14.2% 上升到 2003 年的 41.5%，目前韩国企业和个人与外国银行在韩元无本金交割远期市场各占据了半壁江山。

我国人民币无本金交割远期虽然和韩元无本金交割远期开始进行交易的时间相差不大，但是在 2002 年人民币升值压力上升之前日均成交金额还相当低。从第 36 章我们介绍影响人民币无本金交割远期的因素可以看出，国家已经将人民币汇率形成机制作为目前汇率改革的重要工作。随着人民币汇率形成机制的推出和进一步完善，人民币/美元远期的需求将随之增加，同时对人民币远期的真实贸易需求等限制也将逐渐放松以至最终取消；境内企业和个人参与人民币无本金交割远期以及其他产品交易也只是个时间问题。由于人民币无本金交割远期还不允许在国内交易，与韩元无本金交割远期类似的很多数据根本还不存在，有些数据虽然存在却难以获得，因此，我们无法做到像韩元无本金交割远期那样深入的研究。但是随着我国人民币汇率形成机制的不断完善，我国外汇现货市场、远期市场的进一步发展以及其他人民币衍生产品的推出，资本市场的进一步开放，人民币无本金交割远期等产品的交易也会更加活跃，这些产品的交易对我国外汇市场以至整个金融市场都将产生相当重要的影响。

50.10 本章总结

本章通过比较不同时期人民币远期和无本金交割远期升、贴水差别和两市相互影响的实证分析，我们清楚地得出 2002 年 10 月境外人民币升值压力产生不久就对国内人民币远期产生了影响，但是直到 2003 年 10 月，境外人民币升值压力才正式传导到了国内，并对国内人民币远期产生着重要的影响；金融危机爆发不久，境外人民币无本金交割远期重新开始引导国内人民币远期，境外人民币贬值压力传导到了国内。2009 年 3 月，国内应对金融危机政策及时有效，经济恢复明显，加上 2009 年 3 月 18 日，美联储宣布实施"量化宽松 I"政策对美元产生稀释作用，人民币很快对美元恢复到了升值的态势。尽管如此，国内人民币远期直到 2009 年 9 月才明显地显示出对美元升值。因此，金融危机后人民币对美元升值压力再次从境外传导到了国内，显示境外人民币无本金交割远期对国内人民币外汇市场的持续影响。

我们分析境内外人民币即期、远期和无本金交割远期的结果显示，虽然境外人民币无本金价格远期十多年来保持了对国内人民币远期的影响地位，但是随着境外人民币市场的推出和快速发展，特别是 2013 年以来境外人民币可交割远期流动性超过境外人民币无本金交割远期流动性，境外人民币可交割远期在境内外人民币远期市场的价格功能明显地超过了境外人民币无本金交割远期，成为境内外人民币远期市场中最重要的产品。随着境外人民币市场的进一步发展，境外人民币可交割远期的价格功能还将进一步显现，对国内人民币远期和即期汇率的影响将更为明显。

我国人民币汇率机制改革方案已经实施十年多了，今后人民币汇率形成机制还有一个完善的过程，而且资本项目的开放也需要一个过程。换句话说，人民币在今后较长一段时间内还不可能完全自由浮动，而且资本项目完全开放也需时日，所以，境外人民币无本金交割远期等产品还会继续存在下去，不但如此，这些产品的交易还会变得更加活跃，今后还会推出更多的相关新型产品。因此，跟踪和研究境外人民币可交割远期和无本金交割远期及其相关产品的交易情况、发展动态及其对国内相关产品的影响，对我国人民币汇率形成机制的不断完善、人民币产品的创新、市场风险管理体系的建立和完善都具有非常重要的意义。

境外人民币无本金交割远期实际上是以美元交割的人民币远期，而国内和境外人民币可交割远期实际上是以人民币交割的外汇远期。因此，前者对后者的影响实际可以理解为美元对人民币的影响。2003 年以来境外人民币无本金交割远期总体保持了对国内人民币远期的影响和 2013 年以来境外人民币可交割远期对国内人民币远期的影响，实事表明，国内人民币远期市场需要加速深化改革，或者说要加速推动人民币利率市场和人民币汇率市场化以提高流动性。只有加速国内利率和汇率市场化改革步伐，加速国内外汇市场和资本市场的发展，提高流动市场流动性，国内市场才可能发挥自身应有的境内外人民币市场的价格引导功能。

第51章　国际货币基金组织对跨境资金流动的监控要求

传统国际金融理论认为，跨境资金流动的管控会扭曲资本在全球范围内资源配置效率，因此不仅不应该鼓励，而且还应该禁止。20世纪90年代以来众多新兴经济体遭受金融危机冲击的事实并没有为资本项目自由化对经济和金融体系的稳定带来多少支持，而且实证研究也难以找到资本项目自由化与经济增长之间密切的互动性。亚洲金融危机之后的众多研究表明当时东亚国家或地区资本自由化条件还不成熟。尽管如此，直到最近，传统金融理论仍然主导着国际金融监管体系，国际货币基金组织仍然维持支持资本自由化的态度。发展中国家对资本流动的任何监控举措经常轻则被批评为不必要，重则常被扣上金融保护主义的帽子。这种状况应该在不久会发生一定的变化。

国际货币基金组织（IMF）被授权对国际金融体系的稳定负有责任。亚洲金融危机爆发前后，IMF解救各个成员国经常附加的前提条件是要求被解救国家放开资本管制，促进资本自由流动，进行体制改革从而促进贸易自由。这些做法多年来，特别是亚洲金融危机之后受到广泛的批评。尽管如此，IMF的做法多年来并没有显著的改变。2008年席卷全球的金融危机爆发以来，国际社会对IMF在金融危机爆发前没有对金融危机爆发提出任何预警，从而对其功能的发挥提出诸多质疑。因此，IMF组织了一系列相关研究（IMF，2010）并从2010年年底以来先后公开相关研究成果，为后来出台对跨境资金流动管控做法提供支持和建议。2011年4月5日，IMF正式公布了该组织对管理资本流动的态度并提出了适应不同国家和地区的政策工具建议。这一巨大的转变，特别是该组织建议今后对这些建议的逐渐实施，对国际经济、贸易和金融体系的稳定定会发挥一定的作用。

51.1　跨境资金流动监控的国外实证结果及启示

跨境资金流动是几十年来国际金融市场主要风险的重要源头之一，对新兴市场以至成熟市场皆有重大冲击。本节简单介绍近20年来跨境资金流入发展中国家的时期和规模。

51.1.1　新兴市场大规模资金流入时期

根据 IMF 统计，新兴市场在过去 20 年间，经历了 125 次大规模资本流入，表 51-1 给出的截至 2010 年跨境资金流入新兴市场的情况，其中 26 次被定义为仍在进行中。这些事件在全球范围内不均匀地分布着，拉丁美洲和欧洲的新兴市场通常经历了 3~4 次大规模资本流入，同期亚洲和其他地区的新兴市场的资金流入并不频繁。

表 51-1　　　　　　　　　新兴市场大规模资金流入时期列表

国家	期间	国家	期间	国家	期间
阿根廷	1991Q4 – 2000Q3	危地马拉	1990Q3 – 1993Q1	菲律宾	1990Q2 – 1993Q1
阿根廷	200Q1 – 2008Q2	危地马拉	1993Q3 – 1994Q4	菲律宾	1993Q3 – 1997Q3
阿根廷	2010Q1 至今	危地马拉	1998Q3 – 2004Q2	菲律宾	2006Q3 – 2007Q4
亚美尼亚	1994Q4 – 1995Q4	危地马拉	2005Q2 – 2008Q4	波兰	1997Q1 – 2001Q1
亚美尼亚	1996Q2 – 2001Q1	匈牙利	1993Q1 – 1995Q4	波兰	2003Q3 – 2008Q3
亚美尼亚	2002Q3 – 2008Q4	匈牙利	1996Q3 – 2001Q4	波兰	2009Q2 至今
亚美尼亚	2009Q2 至今	匈牙利	2002Q2 – 2009Q1	罗马尼亚	1991Q2 – 1992Q3
波斯尼亚及黑塞哥维那	1998Q1 – 2004Q1	印度	2004Q4 – 2008Q3	罗马尼亚	1993Q1 – 1997Q4
波斯尼亚及黑塞哥维那	2004Q3 – 2009Q3	印度	2009Q2 至今	罗马尼亚	1998Q2 – 1999Q1
巴西	1993Q3 – 1997Q3	印度尼西亚	1995Q2 – 1997Q3	罗马尼亚	2000Q2 – 2008Q4
巴西	1999Q2 – 2002Q2	印度尼西亚	2009Q3 至今	罗马尼亚	2009Q3 至今
巴西	2006Q3 – 2008Q3	以色列	1994Q2 – 2001Q2	俄罗斯	1997Q2 – 1998Q2
巴西	2009Q2 至今	以色列	2003Q4 至今	俄罗斯	2002Q4 – 2008Q3
保加利亚	1998Q3 – 2008Q4	牙买加	1990Q1 – 1998Q4	塞尔维亚	2007Q1 至今
智利	1991Q4 – 2001Q1	牙买加	2000Q1 至今	南非	1995Q1 – 2000Q3
智利	2001Q3 – 2008Q3	约旦	1990Q3 – 1995Q4	南非	2004Q1 – 2008Q3
智利	2009Q1 至今	约旦	1994Q3 – 1995Q4	南非	2009Q2 至今
中国	1993Q1 – 1998Q2	约旦	1999Q1 – 2008Q4	斯里兰卡	1990Q1 – 1997Q4
中国	2002Q3 – 2008Q4	约旦	2004Q2 – 2007Q4	泰国	1990Q1 – 1997Q1
中国	2009Q3 至今	约旦	2008Q2 – 2009Q3	泰国	2004Q3 – 2008Q3
哥伦比亚	1996Q1 – 1999Q1	哈萨克斯坦	1995Q1 – 2008Q3	泰国	2009Q2 至今
哥伦比亚	1999Q4 – 2002Q1	韩国	1994Q2 – 1997Q3	突尼斯	1990Q1 – 1994Q4
哥伦比亚	2005Q3 至今	韩国	2003Q2 – 2008Q3	突尼斯	2001Q1 – 2004Q4

国家	期间	国家	期间	国家	期间
哥斯达黎加	2004Q3 – 2008Q4	韩国	2009Q2 至今	突尼斯	2006Q1 – 2008Q3
哥斯达黎加	2009Q3 至今	拉脱维亚	1993Q1 – 2000Q4	土耳其	1995Q3 – 1998Q2
克罗地亚	1996Q2 – 1997Q4	拉脱维亚	2001Q2 – 2008Q3	土耳其	1999Q3 – 2000Q3
克罗地亚	1998Q2 – 2008Q4	黎巴嫩	2002Q1 – 2004Q4	土耳其	2002Q4 – 2008Q3
捷克共和国	1995Q1 – 1997Q4	黎巴嫩	2005Q2 至今	土耳其	2009Q3 至今
捷克共和国	1998Q2 – 2005Q4	立陶宛	1993Q3 – 2001Q4	乌克兰	1994Q1 – 1995Q2
捷克共和国	2006Q2 – 2008Q3	立陶宛	2003Q3 – 2008Q4	乌克兰	1997Q1 – 1998Q2
捷克共和国	2009Q2 至今	马来西亚	1991Q1 – 1993Q4	乌克兰	2003Q2 – 2008Q4
多米尼加共和国	1998Q1 – 2003Q4	马来西亚	1995Q1 – 2005Q3	乌克兰	2009Q3 至今
多米尼加共和国	2005Q1 – 2008Q4	马来西亚	2004Q1 – 2005Q3	乌拉圭	1994Q1 – 1997Q4
厄瓜多尔	1990Q1 – 1992Q2	马来西亚	2009Q3 至今	乌拉圭	2000Q2 – 2001Q1
厄瓜多尔	1995Q2 – 1996Q3	墨西哥	1990Q1 – 1994Q3	乌拉圭	2006Q3 至今
厄瓜多尔	1997Q3 – 1998Q4	墨西哥	1995Q3 – 2003Q2	委内瑞拉	1991Q1 – 1994Q1
埃及	2005Q1 – 2008Q2	墨西哥	2007Q1 – 2008Q3	委内瑞拉	1996Q4 – 1997Q3
萨尔瓦多	1995Q1 – 2000Q1	墨西哥	2009Q3 至今	委内瑞拉	1998Q1 – 2000Q2
萨尔瓦多	2000Q3 – 2003Q4	摩洛哥	1990Q1 – 1994Q4	越南	1996Q1 – 2000Q4
萨尔瓦多	2006Q2 – 2008Q4	巴基斯坦	2005Q4 – 2008Q2	越南	2002Q3 至今
爱沙尼亚	1993Q1 – 1999Q2	秘鲁	1993Q4 – 1998Q3		
爱沙尼亚	2000Q2 – 2008Q4	秘鲁	2006Q4 – 2008Q3		
		秘鲁	2009Q3 至今		

数据来源：IMF 报告，"Recent Experiences in Managing Capital Inflows——Cross – Cutting Themes and Possible Policy Framework"（近来管理跨境资金流动的经验 – 相关议题和潜在政策框架），2011 年 2 月 14 日，第 57 页。

表 51 – 1 显示，1993 年以来，境外资金大幅度流入我国有三次，其中前两次时间分别为 1993 年第一季度到 1998 年第二季度和 2002 年第三季度到 2008 年第二季度，两次的时间分别长达 5 年半和近 6 年，第三次为 2009 年第三季度到现在，仍在进行中。主要发展中国家，特别是金砖四国中，除巴西有四次外，中国流入次数最多，印度和俄罗斯分别有两次。虽然流入中国的次数比巴西少一次，但是，巴西前三次流入的总时间仅为 9 年，而流入中国的前两次的总时间为近 11 年半，比巴西长近两年半，表明跨境资金流入中国是主要发展中国家

最持久的。

51.1.2 部分新兴市场资金流入规模与 GDP 占比

上文介绍了近 20 年来资金流入主要新兴市场的时间，这里我们简单介绍资金流入主要新兴市场的规模。表 51－2 给出了截至 2010 年年底资金流入巴西等 7 个新兴市场国家的规模及政府采取的应对措施。

表 51－2　　　　　　　部分新兴市场资金流入及政策反应　　　　　单位：%

	最后一次净流入占GDP的百分比	自危机前的波谷以来的货币升值比例	自危机前的波谷以来的外汇储备增加	货币政策基准利率变化情况	过去6个月通货膨胀率/2006年至2008年平均值	过去6个月实际信贷增速（同比百分比）	财政政策2009—2010年	资金流入管理措施
巴西	6.2	38.4	6.0	提高	5.0/（4.5）	12.9	放宽	是
印度尼西亚	2.6	19.4	7.4	提高	6.2/（9.8）	9.2	收紧	是
韩国	1.9	17.5	10.7	提高	3.3/（3.2）	0.4	收紧	是
秘鲁	5.9	5.6	9.0	提高	2.1/（3.2）	9.3	放宽	是
南非	6.6	41.4	2.6	降低	3.6/（6.4）	－0.1	收紧	否
泰国	5.0	9.3	22.3	提高	3.1/（4.1）	4.3	放宽	是
土耳其	6.9	6.5	1.7	降低	7.9/（9.6）	21.4	放宽	是

注：1. 净流入包括外商直接投资、资产组合和其他投资活动，最后一次净流入统计时间为 2009 年第三季度到 2010 年第二季度，过去六个月为 2010 年下半年；

2. 资金流入管理措施包括加强行政管理、对特定资金流入征税、限制流入币种等措施。

表 51－2 显示，2009 年第三季度到 2010 年第二季度，跨境资金流入与 GDP 比例最高的是土耳其，占比高达 6.9%；其次是南非，占比高达 6.6%；再次是巴西，占比高达 6.2%；而后为秘鲁，占比高达 5.9%；泰国、印尼和韩国占比分别为 5.0%、2.6% 和 1.9%。资金的流入导致这些国家的货币升值，外汇储备增加，基准利率提升，物价上涨，对这些国家的经济发展产生了巨大的影响。

51.1.3 新兴市场国家采取措施控制资金流入

从表 51－2 可以看出，在统计期间内，上述国家均经历了较大规模的资本流入，外汇储备有较大程度的增加，实际汇率升值到了金融危机前的水平。资金的大幅度流入对流入国经济发展，特别是物价等产生巨大影响，绝大多数国家采取资金管制措施以控制资金的流入，或者不得不采取紧缩的财政政策。有兴趣的读者可参考 IMF 的报告，查询不同国家采取的这种控制措施，这里不再多述。

51.2 2014 年美国退出量化政策以来资金撤离新兴市场加速

表 51 – 1 给出的是截至 2010 年跨境资金流入和撤离全球主要新兴市场的时段。实际上，金融危机后不久，美国于 2009 年 3 月份宣布实施量化宽松政策到 2014 年 10 月底宣布退出量化宽松政策间四次量化宽松政策的实施总共向市场注入了超过 3.6 万亿美元的资金，这些资金的大部分通过各种渠道流向了广大新兴市场国家和地区。2013 年 10 月底，美联储、欧洲央行、日本央行、英格兰银行、加拿大央行和瑞士银行等 6 个主要发达国家中央银行同时宣布将其在金融危机初期相互签订的美元互保协议扩大到无限期和无限量，为后来美国退出量化宽松政策做好了准备。

实际上，在美国 2014 年 10 月底正式宣布退出量化宽松政策半年多前，全球主要货币大多已经开始对美元贬值。2014 年 10 月底，美国正式宣布退出量化宽松政策后，全球几乎所有货币对美元持续显著贬值，加上美国经济复苏信号明显，使得其他货币对美元贬值的幅度更大，导致大量资金重新回流美国，对全球金融市场产生重要的影响和冲击。

据英国《金融时报》2015 年 8 月 19 日报道，过去 13 个月（即从 2014 年 7 月到 2015 年 7 月）已有 1 万亿美元的资本洪流退出新兴市场，差不多两倍于金融危机期间的资本流出。根据 NN 对官方数据的汇总整理和估计，在截至 7 月底的 13 个月里，19 个最大新兴市场经济体的资本净流出总量达到 9402 亿美元，近乎两倍于 2008—2009 年金融危机时三个季度的 4800 亿美元净流出总量。资本流出标志着一个急剧逆转；金融危机过后的 6 年里，随着新兴市场帮助重振虚弱的全球经济，它们曾得到强劲的资本流入，从 2009 年 7 月到 2008 年 6 月底，上述 19 个新兴市场的资本净流入总量达到 2 万亿美元（"新兴市场资本外流增加，打击经济增长和货币"，英国《金融时报》网站，2015 年 8 月 19 日）。随着美国加息预期的提高，美元继续升值导致资金加速回流美国，2015 年第三季度和第四季度资金撤离新兴市场的规模还会更大，将会对全球新兴市场国家和地区带来可能比 2008 年金融危机更大的冲击。跨境资金撤离风险不可小觑。

51.3 2003—2007 年国际资金大幅度流入美国的启示

跨境资金流动的监管对于像美国这样的发达国家是相当棘手的问题。2011

年 2 月美联储主席伯南克在提交给在法国召开的 20 国集团会议的一份长达 38 页的研究报告中称，2003 年到 2007 年国际资金大量流入美国购买美国政府债券和按揭证券化证券导致美国利率下降是美国金融危机爆发的重要原因之一。美国对跨境资金监管都会出现不到位的时候，这种不到位在一定程度上对之后全球的金融危机的发生起到了一定的作用，因而对于其他国家，特别是发展中国家，跨境资金流动的监测和监管的重要性就更加重要了。

跨境资金流动的监控体系是一个涉及面相当广泛的系统。尽管伯南克的报告明显有将金融危机爆发的责任推给其他国家的动机，但是报告的数据确实也说明了跨境资金流动在金融危机前对美国利率、房地产等市场的影响。在当前积极推进跨境贸易人民币结算之初，对亚洲金融危机爆发后十几年来跨境资金如何流入和流出中国的方式、方法及其相应的流动规模进行深入、系统和扎实的研究显得非常必要。这是因为如果对新的资金流动渠道开通之前较为简单的情况都做不到心中有数、防范到位，那么在新的更多的资金流动渠道开通之后，问题势必更加复杂，防范也一定会更加困难。

51.4　国际货币基金组织管理跨境资金流动框架意见书的主要内容

在长达 97 页的实证研究报告《近来管理跨境资金流入的经验——相关议题和潜在政策框架》中（IMF，2011b），IMF 在对 20 年来除中国外几十个全球主要新兴市场跨境资金流动对流入国经济和金融市场的影响和冲击研究的基础上得出对跨境资金管控的主要思路和政策建议。跨境资金的流入会首先推动流入国家或地区投资和经济的增长，进而促进流入国外汇储备的增长、货币的升值、物价的增长，同时跨境资金的撤离会对流入国经济和金融体系稳定带来不同程度的冲击，严重的会达到危机的程度。

该报告指出，目前流向新兴市场的资金正在以较快的速度增加，如果从绝对值来看，已经非常接近历史高点。新兴市场较好的发展前景仍将吸引跨境资金进一步流入，这些资金可以为新兴市场促进投资增长及扩大融资渠道带来益处，同时大规模的资金流入也会带来较快的货币升值，从而影响流入国家或地区的出口。

认识到跨境资金流入对流入国家或地区可能带来潜在的冲击，采取适当措施对资金流动进行管理就成为顺理成章的结果。IMF 在 4 月 5 日同时也公布了长达 41 页的《管理跨境资金流动——采用哪些工具》（IMF，2011c）的讨论报告，对流入资金的类型及相关监测指标达到不同范围时，各个国家或地区根据本国或本地经济和金融的具体情况拟采纳的政策组合进行了较为详细的讨论。这些内容，特别是今后的进一步讨论和具体的实施，对国际金融体系的稳定和发展，特别是对发展中国家和地区今后的发展会有一定的积极作用。由于篇幅所限，我们不能对这些细节进行仔细地介绍或讨论。

51.5　主要政策建议

IMF 在 2011 年 4 月 5 日公布的《管理跨境资金流动——采用哪些工具》中对管控跨境资金流动提供了审慎监管和资本控制两大类型的政策性措施。

审慎监管措施的目的是提高金融机构承受更大风险的能力，或者为金融机构承担额外风险设定上限。审慎监管措施可以分为外汇相关审慎监管和其他审慎监管措施，前者主要是对境内银行业。外汇审慎监管措施主要是对不同货币区别对待，而不是对交易涉及双方在哪个国家采取措施。常用的做法是对银行外币投资净头寸占总资本比例设限，其他还包括限制银行外币贷款等。其他审慎监管措施主要目的是降低系统性风险，这些措施包括控制境内金融体系贷款增长率，设定贷款/市值比例上限，对资产和行业贷款集中度过高的领域设置上限和逆周期资本要求等。

资本管制措施主要是对居民或者非居民进行资本交易的限制，或者对影响这些交易的支付进行限制。这类措施通常包括对非居民的流入征税，或者设置特别业务许可要求，甚至直接设置上限，以至禁止。根据问题的严重程度和不同国家的情况，这些措施可以是全国范围，也可能是行业（通常是金融行业）或者具体的产业领域；可以是针对相关资金的流动（债务、股权、直接投资等），也可以是不同时间段内的流动，比如短期资金流动。审慎措施和资本措施往往难以准确分类，比如对外资银行要求比国内银行更高的额外存款保证金率通常被当作审慎措施，实际上它产生与资本管制相同的效果。报告涉及了很多其他的措施，这里不再一一介绍。

51.6　跨境资金监管政策实施措施和资本项目可兑换性的关系

2011 年 4 月 5 日公布的对跨境投机资金管控的指引是"二战"以来此类指引的第一次，具有划时代意义。它首次提出了对跨境投机性资金进行管控的必要性，而且提出了管控的指引和具体政策建议，标志着该组织对跨境投机资金审慎管控的认可和接受。虽然指引和相关附件及研究报告没有直接指出不同管控的措施对采纳国资本项目可兑换性的直接影响，但从指引的目的和出发点可以判断，必要的管控措施对可兑换性的影响是可以理解、认可、接受的。由于很多细节的问题还需要进一步讨论，指引的实施还需要一定的时间，很多问题不久应该会更加明了。

51.7 跨境资金管控的潜在负面影响

对跨境资金，特别是对短期投机性跨境资金的管控是必要的，但是这些管控的措施可能会对实施管控国家或地区带来不少负面影响。《近来管理跨境资金流入的经验——相关议题和潜在政策框架》第 58 段对管控措施可能带来的负面作用或成本有较为系统的介绍。这些成本首先包括对管控措施实施国资本市场的发展节奏和效率产生负面影响，市场容量的增大会削弱希望控制资本流入的跨境管理的作用，但会促使市场变得更加成熟，例如市场参与者被暴露在波动下将有利于对冲市场的发展；其次包括实施管控措施会促使规避监管的行为发生，管控的落实会大大提高监管成本；再次，管控导致措施实施国汇率波动率人为地降低（低于相应的历史波动率），但结果可能事与愿违，根据降低的汇率波动率计算出的风险回报率可能高于投机者之前的风险回报率，至少从短期来看，更加有吸引力，从而可能导致更大的投机冲动；最后，使用管控措施会带来严重的市场反向反应的潜在风险，管控措施的实施或者期望的实施可能导致资金大量反向流动，同时管控措施也会影响投资者的心理及未来投资意愿，而这些严重的反应往往是无法预计的，从而触发不稳定甚至危机的爆发。

51.8 加强跨境资金流动监控的必要性和合理性

IMF 正式公布对跨境资金流动监管的态度及政策建议使广大发展中国家对跨境资金的监管变得合理、合规、合法。我们应该密切跟踪 IMF 此项工作的进展和实施的进程，从而将这项重要工作做得更好。

早在 2004 年出版的 Chinese Yuan Derivative Products（境外版）一书就对从 2002 年到 2004 年第一季度两年多时间内在境外人民币升值预期下"热钱"流入我国的问题开始关注（第 24 章）并有简单的估计；2006 年出版的《人民币衍生产品》（国内首版）对 2002 年到 2005 年"热钱"流入我国问题进一步探讨（第 26 章），通过对我国贸易顺差、资本项目、短期资本等异动分析和基于国际金融学会（IIF）对"热钱"流入亚洲的国际资金数据，对 2002 年到 2005 年流入我国的跨境资金提出了几个方法进行估算和比较；2008 年出版的《人民币衍生产品》（国内第二版）对 2002 年到 2007 年"热钱"流入我国的问题做了进一步的探讨（第 37 章）。我们在第 51 章对此问题还会做进一步的探讨。

51.9　国际货币基金组织管制的局限性

在充分肯定国际货币基金组织对资本管制态度可喜转变的同时，我们也应该充分认识这种转变的局限性。IMF 肯定资本管制有着一系列的前提条件（《管理跨境资金流动——采用哪些工具》第 9 页第一段）：新兴市场国家应该首先大力发展本国金融市场，提高本国经济金融体系应对资本流动冲击的弹性来吸纳资本流入并让资本流入为金融深化与经济增长服务；其次，新兴市场国家应通过积累外汇储备、实现本币升值、降低本国利率、实施紧缩性财政政策等宏观经济手段来应对或抑制资本流入；最后，只有当上述政策未能生效或在特定环境下不能采用时，IMF 才建议实施直接的资本项目管制。可能正是由于这些条件的原因，IMF 在对多个国家和地区进行系统研究和讨论的同时，唯独没有对中国的问题进行专门研究并公布。除这些条件外，IMF 虽然指出了跨境资金源头国货币政策的作用，但是却没有明确指出如何采取措施从而相应地协调限制跨境资金的流动。

尽管如此，我们还是应该充分肯定 IMF 态度转变的积极意义。在当前以改革国际货币体系为目标的国际环境下，我们一定要在限制中探讨和利用各种有利的条件，争取主动，通过积极、稳步、扎实推动人民币国际化达到改革国际货币体系的最终目的。

51.10　本章总结

余永定（2009）指出，"如果人民币国际化、资本自由流出，由于市场很小，国内资本市场将很容易受到国际市场影响"，资本市场还是不够发达，金融深化程度太浅、市场容量太小，经不起资金流入、流出的巨大冲击。加强对跨境资金流动的监管对于维护经济和金融稳步持续发展至关重要。

对 1960 年到 2007 年之间 181 个国家跨境资本流动的实证研究（Reinhart 和 Reinhart，2008）表明，跨境资本一般会首先流入新兴市场国家，然后再逆转、撤出，进而给这些国家带来艰难的调整任务。正如第四篇所示，亚洲金融危机时期的国际资金流动对东南亚国家和地区的冲击仍然历历在目，表 15 - 6 显示，亚洲金融危机使东亚 8 个国家和地区用了 7～10 年时间才恢复到了 2006 年或者 2007 年的水平；2008 年金融危机以来的情况也是如此。近十年来，国内外众多专家和职业人士对加强"热钱"流入的监管和防范"热钱"撤出的风险有很多关注和建议。尽管到目前为止对 2002 年以来"热钱"流入国内的规模有不同的估算，对其影响有不同的看法，但是近年来国家对此问题的重视程度在逐步增加。国家外汇管理局近年来几次对"热钱"进行专项检查，而且开始定期发布跨境资金流动报告。外管局2010年以来连续5年发布跨境资金监测报告，显示国家对跨境资金流动的重视，然而这些报告将跨境资金流入我国的主要渠道——虚假贸易假设为正常资金流动，导致十多年来没有多少资金流入我国的结论。上文英国金融时报报道2009年7月到2014年6月底的6年内流入新兴市场的资金量超过2万亿美元，由于我国在全球新兴市场中的地位，金融危机后流入我国的跨境资金应该在2万亿美元一半以上。我们在第52章会详细介绍和分析金融危机前后流入我国的跨境资金并判断2014年以来跨境资金撤离我国的规模。

此次IMF管理跨境资金流动框架指引的发布和今后的继续讨论和实施，对我国进一步加强跨境资金流动监测和监管，以及对今后与推动人民币国际化相配套的资本项目进一步逐渐开放有积极意义。

参考文献

[1] 余永定：《关于人民币国际化若干看法》，上海发展研究基金会演讲报告，www. sdrf. org. cn/09. 05. 13yuyongding. htm，2009。

[2] IMF："The Fund's Role Regarding Cross – Border Capital Flows"，Prepared by the Strategy，Policy，and Review Department and the Legal Department，in consultation with other Departments，Approved by Reza Moghadam and Sean Hagan，November 15，2010.

[3] IMF，2011a："Recent Experiences in Managing Capital Inflows—Cross – Cutting Themes and Possible Policy Framework"，Prepared by the Strategy，Policy，and Review Department，in consultation with Legal，Monetary and Capital Markets，Research，and other Departments，Approved by Reza Moghadam，February 14，2011.

[4] IMF，2011b："Recent Experiences in Managing Capital Inflows—Cross – Cutting Themes and Possible Policy Framework"，Prepared by the Strategy，Policy，and Review Department，in consultation with Legal，Monetary and Capital Markets，Research，and other Departments，Approved by Reza Moghadam，February 14，2011.

[5] IMF，2011c："Managing Capital Inflows：What Tools to Use？" Prepared by Jonathan D. Ostry，Atish R. Ghosh，Karl Habermeier，Luc Laeven，Marcos Chamon，Mahvash S. Qureshi，and Annamaria Kokenyne Authorized for Distribution by Olivier Blanchard，April 5，2011.

[6] Reinhart，Carmen M. and Vincent Reinhart："From Capital Flow Bonanza to Financial Crash"，University of Maryland，http：// mpra. ub. uni muenchen. de/ 11866.

第52章 人民币升贬值压力与我国外汇储备变化的关系

我们在第50章介绍了国际货币基金组织对181个国家和地区近20年来跨境资金流动的实证结果。实证结果表明，跨境资金的流入导致流入国外汇储备增长、投资增长、货币升值、经济增长、通货膨胀压力增长等，对这些国家的经济和金融体系产生重大的影响；然而跨境资金撤离会导致相应国家或地区汇储备下降、投资下降、货币贬值、通货紧缩压力等，对这些国家的经济和金融体系产生重大冲击。从另外一个角度来解释国际货币基金组织的研究结果，就是一个发展中国家的货币升值会伴随着该国资产升值，因此跨境投机资金一定会流入该国。我们在本书第五篇和第六篇介绍了境内外人民币衍生产品，特别是对人民币远期、境外人民币无本金交割远期、无本金交割期权、H股指数期货、H股指数期权等产品和市场的研究，这些章节解释了人民币在不同时期内升值和贬值的幅度及原因。这些研究实际上为我们研究跨境资金流入我国做好了准备。遗憾的是，国际货币基金组织公布的跨境资金流入国数据中，没有包括在不同时期流入我国的资金规模数据。

2015年6月中旬以来，国内外诸多媒体一直热议境外资金或境外对冲基金如何影响国内股票市场。然而对跨境资金如何流入我国及流入的规模有多大等问题有科学的研判，境外资金如何影响国内股市的问题就是一个难以回答的问题。"未来能在中国不受制约地投机，对冲基金的典型做法是建立一家实体商品（如镍等原材料）的交易公司。多名内部人士称，这家公司随后会与中国本地的交易商联合向金融市场扩张。这家公司注册的经营范围仍是原材料交易。同其他公司一样，它可以用利润来炒股"（"对冲基金搅动中国市场"，德国 N－TV 电视台网站，2015年8月12日）。当然它也可以利用"利润"来炒房。跨境资金流入国内的方法与上述几乎完全一样，本章将用数据来证明相关问题，相应的监管措施也就顺理成章了。

2015年8月19日，英国《金融时报》网站发表了题为"新兴市场资本外汇增加，打击经济增长和货币"的文章。该文指出，"过去13个月已有近1万亿美元的资本洪流退出新兴市场，差不多两倍于金融危机期间的资本流出。各方对全球发展中经济体信心低落"。2015年5月到7月，我国外汇储备下降额占全球外汇储备下降总额的比重分别为48.5%、62.1%和32.6%，而同年8月我国外汇储备下降了939.3亿美元，同期我国外全球其他国家和地区的外汇储备却增长了 130 亿美元，显示近期跨境资金撤离我国的速度，必须引起我们高度的关注。跨境资金流动是境内外人民币市场互动和相互影响的主因，也是影响国内经济和金融市场的主因，本章的主要目的是基于 2002 年境外人民币升值的压力产生以来跨境资金流入和撤离我国的规模分析其产生的影响。

52.1 "热钱"或者跨境投机性资金的定义

2005 年汇改前后国内对于"热钱"的关注较多，金融危机之后一年"热钱"一词几乎销声匿迹，近年来又对其有所关注。然而由于没有较为统一的定义，再加上大多研究缺乏系统深入的模型，国内外众多学者、专家对该问题的看法有着较大的差别。在本章开始介绍和分析"热钱"流入和撤离我国之前，我们首先从"热钱"的定义入手。

52.1.1 "热钱"的定义

关于"热钱"的定义有数种版本，但没有统一的定义。实际上，"热钱"是以高收益为目的且具有高流动性的短期投机性资金。所以，"热钱"又称逃逸资本，是指流入某国家或地区主要从事资产增值投机买卖的短期资本。唐旭和梁猛（2007）称在中国境内不存在短期流动性强的"热钱"，而需改称为"长线投机资金"。由于近十年来流入我国的境外资金大多确实是长达数年的投机性资金，所以我们本章应该主要用"境外投机性资金"一词，而沿用"热钱"这个名词是因为其通俗易懂的含义。通过贸易或资本账户将外币直接兑换成人民币并从潜在的人民币升值中获利的同时，从国内资产升值中获利应该是投机性资金获利的主要途径。

国家外汇管理局局长易纲在回答记者提出的关于"热钱"问题时表示，关于"热钱"的定义有很多争论。在一个资本完全开放的国家，以短期投机为目的而流进、流出的钱是"热钱"，而中国资本项下还没有完全实现可兑换，还没有完全开放，所以，在中国的"热钱"很多情况下往往是披着合法的外衣，比如通过经常项目、FDI、个人等渠道流进来。当然也有通过地下钱庄流进来的，所以资本管制下的"热钱"和资本完全可兑换情况下的"热钱"，实际上是很不一样的（易纲：《防范"热钱"要标本兼治多方配合》，人民银行网站，2010 - 03 - 09）。

"热钱"这个词在国际、国内没有统一的定义，那么在资本自由流动的国家和有外汇管制的国家，笔者个人认为热钱应该有不同的分类。非法的没有真实交易背景的，包括在贸易和投资都没有真实性的交易背景，违背外汇管理法规的，这样的"热钱"就是我们外汇管理部门打击的对象。我们依法打击这种非法的、没有真实性交易背景的"热钱"（国家外汇管理局邓先宏副局长接受中央电视台财经频道采访，国家外汇管理局网站，2010 - 11 - 10）。"中国存在资本项目管理，短期资本不能自由进出，判断是否为"热钱"的关键是看资金流动是否具有真实、合法、合规的贸易投资背景（国家外汇管理局综合司司长刘薇就"热钱"有关问题接受了《新世纪》周刊采访，国家外汇管理局网站，2011 - 01 - 10）。

52.1.2 国际收支平衡表中的误差与遗漏项

因为"热钱"的流动大多绕开现存监管，因此不可能有任何现成指标直接反映"热钱"的规模。尽管如此，"热钱"的流动并不是不可能通过数学和统计的方法进行估算。早在 2002 年 9 月中旬，在国际清算银行与国家外汇管理局联合主办的关于资本项目自由化的研讨会上，国际清算银行副总裁 Andre Icard 就指出："尽管中国依然维持外汇管制，但却在很大程度上开放了国际资本流动。甚至可以说，中国已经比一些 OECD 国家在外商直接投资方面更加开放，特别体现在资源与技术方面。国际收支平衡表中误差与遗漏项目显示，中国存在较大的资本外流与大量的跨境资本活动。"第 37 章介绍显示，2002 年第四季度之前，境外人民币对美元贬值，因此，Andre Icard 指出当时中国存在较大的资本外流，我们在下文还会进一步讨论。

国家外汇管理局有关负责人早在 2003 年 10 月就 2003 年上半年我国国际收支状况答记者问时就指出，"近期（国际收支平衡表）净误差与遗漏出现在贷方，在统计方法没有调整的情况下，从一个侧面说明了可能存在一些流入未被明确记录或可能存在流出统计过高。近一段时间以来，受利率和汇率等因素影响，出现了境外资金的内流。这些内流资金主要是前几年存放境外的资金回流，也不能排除出于套利和投机目的的资金流入"（外汇管理局网站，2003 年 10 月 16 日）。因此，国家外汇管理局很早之前就在一定程度上认可国际收支平衡表中净误差与遗漏在很大程度上反映资金的流入。

上文表明，国内外皆关注国际收支平衡表中的净误差与遗漏项来判断资金的流入或者流出。这种关注绝非偶然。顾名思义，净误差与遗漏项就是没有或者不能被国际收支平衡表现有项目所统计或说明的净资金流动，这与上文我们定义中通过非法渠道、绕过现有资本控制法律法规流入的资金的概念相当一致。所以，我们在本章分析时将会以该定义作为分析的基础从而判断和分析资金流入和流出额。

52.2　"热钱"流入的主要渠道和统计的困难性

52.2.1　"热钱"流入的主要渠道

"热钱"流动有多种渠道，为了绕开监管，采取多种不同的方法。"热钱"流入的主要渠道和方法，在刘薇司长答记者问中介绍得精练而精彩："无真实贸易或投资背景的'热钱'，利用货物贸易、服务贸易、直接投资等渠道开放度高、业务手续简便等特点，以合法形式掩盖非法目的，违法违规或绕过法律规定迂回流入，且操作手法多样。比较典型的做法有如下几种：加工贸易企业通过从境外预收汇、多收汇将资金导入境内，结汇后投机牟利；有的资金以外商直接投资名义流入，采取欺骗手段进行资本金虚假结汇，改头换面进入楼市、股市或另作他用；还有的个人规避结售汇年度限额管理，将大额资金分拆，采取'蚂蚁搬家'的方式，从境外分散汇入、结汇。"还有其他的渠道如地下钱庄、离岸金融等，这里不再细述。

52.2.2　"热钱"规模统计的困难

自身的隐蔽性和流动方式的多样性使得"热钱"规模的统计和估算成为一个大难题。服务贸易项下的"热钱"主要是以运输费、咨询费名义违规办理收结汇，有些企业以服务贸易收入的名义收取资本项下外汇资金，以逃避外汇监管；外商投资项下的"热钱"很多与虚假外资有关（国家外汇管理局副局长邓先宏接受《人民日报》独家专访，2010 年 7 月 5 日，国家外汇管理局网站）。判断'热钱'规模，必须要看到'热钱'很多都是披着合法合规的外衣进入的，也就是说单靠算国际收支数据这本'会计账'是不大可能全面得出'热钱'流入情况的。但在管理实践中，通过监测和查处'热钱'，可以为判断'热钱'流入规模提供一定的依据（《科学全面看"热钱"》，国家外汇管理局副局长邓先宏接受《人民日报》独家专访，2010 年 7 月 5 日，国家外汇管理局网站）。

"在有资本部分管制的环境里面，热钱进来就是披着合法的外衣，如果它不合法，就进不来，也出不去。因此，只有通过外汇检查、排查才能知道真正的热钱有多少。……当然可能也有漏网的，但是我可以准确地告诉你，在我们国家不存在有大规模的热钱流入，这个散兵游泳都不是大规模的，都是分散的"（国家外汇管理局副局长邓先宏接受中央电视台财经频道采访，2010 年 11 月 10 日，国家外汇管理局网站）。

鉴于流动的渠道众多而复杂，"热钱"确实难以用现有方法来估算。尽管如此，"热钱"的流动，特别是在相应监管政策没有巨大变化的情况下，还是有一定的模式和规律的，因此不同时期内"热钱"的流动还可以通过一定科学的方法来估算。外管局 2011 年 2 月公布的 2001 年到 2010 年"热钱"流入和流出我国的估算结果就是一个很好的例子，我们下文会专门介绍并分析。

52.3 国家防范跨境"热钱"风险采取的相关措施

52.3.1 金融危机前防范跨境"热钱"风险采取的相关措施

早在 2003 年 9 月，外汇局就对收汇和结汇开始了检查，发现境内个人外汇收入和结汇增长较快（国家外汇管理局网站，2004 年 1 月 5 日），并发现银行在办理国际收支申报过程中存在错报、漏报等现象。在 2004 年年初召开的外汇管理工作会议上，时任外汇管理局局长郭树清先生在肯定了 2003 年外汇管理工作的成绩后指出"一些违法违规活动尚未得到及时的打击和查处，地下钱庄的活动仍然十分猖獗，对合法但异常的资金流入缺乏有效的调控手段，亟待研究解决"（国家外汇管理局网站，2004 年 2 月 26 日）。2007 年 4 月起，国家外汇管理局在沿海 10 个省市启动了外汇资金流入与结汇检查（国家外汇管理局网站，2007 年 5 月 18 日）。

金融危机爆发前几年，国家外汇管理局密切关注境外投机性资金的流入，并采取了一系列措施进行调研和打击非法资金的流入。在 2007 年 5 月国家外汇管理局外汇资金流入与结汇检查工作座谈会上，时任国家外汇管理局胡晓炼局长指出："今年以来，外汇资金流入势头依然不减，外汇储备持续增加，促进国际收支平衡任务仍然艰巨。促进国际收支基本平衡是外汇管理部门的中心工作，务必抓紧抓实。"

在 2007 年国家外汇管理局召开银行外汇检查情况通报会上，胡晓炼局长指出，当时国际收支不平衡的问题日益突出。对贸易、服务贸易、资本金、外债等外汇收支项目以及房地产、旅游等行业，从外汇资金流入与结汇方面有针对性的专项调查发现三类主要问题（国家外汇管理局网站，2007 年 6 月 26 日）。2007 年 10 月，国家外汇管理局和世界银行主办了国际资金流动性及其影响研讨会。外汇管理局副局长邓先宏分析了中国宏观经济面临的主要问题和挑战，并指出在经济全球化加速发展和国际资金流动性扩张的背景下，中国必须认真总结国际上正反两方面的经验和教训，解决好中国在发展关键时期的战略性问题，化不利因素为有利因素，切实维护好国家经济金融安全，推动中国经济又好又快发展（国家外汇管理局网站，2007 年 10 月 31 日）。

52.3.2 金融危机后国家防范跨境"热钱"风险采取的相关措施

金融危机之后，国家对跨境资金流动监管的力度明显加强。早在 2009 年 12 月 27 日，国家外汇管理局就下发了多管齐下防范异常跨境外汇资金流动风险的通知，对异常跨境外汇资金流动的管控提出了要求（国家外汇管理局网站，2009 年 12 月 27 日）。2010 年，国家外汇管理局分别发布了几个通知，对跨境资金流动监管和检测采取措施：2010 年 6 月上旬，外汇局发出了规范国际收支统计申报、加强跨境资金流动监测的通知，对跨境资金流动的统计进一步细化并提出了新的要求（国家外汇管理局网站，2010 年 6 月 8 日）；2010 年 11 月 9 日，外汇局发布《关于加强外汇业务管理有关问题的通知》，进一步规范贸易、外商直接投资、返程投资、境外上市等渠道的资金跨境流动，特别是加强银行结售汇综合头寸、短期外债的管理，强化银行在办理外汇业务时的真实性审核义务；2010 年 11 月 9 日，外汇局发布了加强外汇业务管理，严厉打击"热钱"跨境流动的通知，加强打击"热钱"流入的力度（汇发〔2010〕59 号，国家外汇管理局网站）。从 2010 年 2 月下旬开始，外汇局在部分外汇资金流入较为集中的地区开展了应对和打击"热钱"等违规资金流入专项行动；从 2010 年 10 月开始，外汇局开展了新一轮打击违法违规外汇资金流入的专项检查。

从 2010 年第三季度到 2011 年第一季度，外汇储备连续三个季度增长接近 2000 亿美元，社会各界对"热钱"的关注再次达到高潮。2011 年 1 月 10 日，国家外汇管理局综合司司长刘薇就"热钱"有关问题接受《新世纪》周刊采访时指出"境内市场主体积极调整本外币资产负债结构，如企业大量借入美元贷款替代购汇，银行尽可能减少境外资金摆布而调回境内市场运用，也间接导致外汇净流入增加。此外也不排除套利资金利用各种合法渠道或工具的渗透式流入"（国家外汇管理局网站，2011 年 1 月 10 日）。

进入 2011 年，国家对"热钱"管控的力度进一步加强。仅在 2011 年第一季度内，外汇局就发出了《积极促进国际收支平衡　防范跨境资本流动风险》（国家外汇管理局网站，2011 年 1 月 24 日）、《深化改革　强化监测　提升资本项目外汇管理成效》（国家外汇管理局网站，2011 年 3 月 8 日）和《国家外汇管理局关于进一步加强外汇业务管理有关问题的通知》（国家外汇管理局网站，2011 年 3 月 30 日）等三个通知，进一步加强对跨境资本流动的统计监测与分析预警，强化资本项目非现场核查和事后监管，依法打击"热钱"等违规资金流入。2011 年第一季度发出的通知就相当于 2010 年全年的通知数量，显示国家对"热钱"监管的重视。2011 年 8 月初外汇局分局局长南昌座谈会传出了 2011 年下半年"热钱"

仍然面临较大净流入的压力，仍要大力加强对"热钱"等违法违规资金流入的打击力度（国家外汇管理局网站，2011 年 8 月 4 日）。重视程度不断增强，然而资金的流入力度似乎仍然没有减缓的趋势，2011 年上半年外汇储备增幅达到十年来仅次于 2010 年后半年的历史最高峰，表明此项工作的艰巨性和困难性。

52.3.3　国家外汇管理局"热钱"查处

金融危机前后，外汇局前后多次组织了打击"热钱"流入的大检查，而且对众多违规企业和个人给予了处罚。2010 年 2 月开始的专项检查成果显著，查实各类外汇违规案件 197 起，累计涉案金额 73.4 亿美元（《国家外汇管理局关于部分银行违规办理外汇业务处罚情况的通报（二）》，国家外汇管理局网站，2010 年 12 月 29 日）；从 2010 年 10 月开始，外汇局开展了新一轮打击违法违规外汇资金流入的专项检查，共检查了 3 家商业银行总行以及 33 家中资银行分支机构和 9 家外资银行分支机构，涵盖了银行结售汇、短期外债、外汇资金来源和运用等业务。2011 年上半年，共查处各类外汇违法违规案件 1865 起，涉案金额超过 160 亿美元（《上半年我国保持高压打击"热钱"流入》，载《金融时报》，2011 年 8 月 17 日）。多年来国家外汇局重视"热钱"的流入问题，发出了多个通知，召开了多个会议，进行了多次检查，并对于相关违法违规企业和机构给予了处罚。这些措施对控制"热钱"的流入发挥了一定的作用。

52.3.4　国家打击非法跨境资金流动的新举措

为切实维护国家金融资本市场秩序，2015 年 4 月以来，公安部、中国人民银行、最高人民法院、最高人民检察院、国家外汇管理局联合开展"打击利用离岸公司和地下钱庄转移赃款专项行动"，广东、辽宁、北京、浙江等地接连破获多起涉案金额达数百亿元人民币的地下钱庄案，有效遏制了地下钱庄违法犯罪高发势头。2015 年 6 月 2 日，深圳市公安局经侦支队和宝安分局组成的专案组破获一起特大地下钱庄案，抓获犯罪嫌疑人 31 名，缴获涉案银行卡 300 多张，冻结涉及 18 家商业银行的 1087 个账户；经初步查明，涉案金额达 120 多亿元人民币（"打击非法跨境资金流动　公安机关连破多起地下钱庄案"，中国经济网，2015 年 8 月 29 日）。

2015 年以来，外汇局根据形势变化，抓住异常跨境资金违规流动主渠道，针对银行、融资租赁类公司、橡胶等各类行业组织开展专项检查，加大对地下钱庄等外汇领域违法犯罪行为的打击力度。据初步统计，截至目前，共查处外汇违规案件 1900 余件，共处行政罚款 4.1 亿元人民币。一是与人民银行、公安部、高检、高法等部门联合开展打击利用离岸公司和地下钱庄转移赃款专项行动，已协助公安机关破获地下钱庄等非法买卖外汇案件 60 余件。对通过地下钱庄进行违规交易的机构和个人，外汇局也加大处罚力度，已查处相关违规案件百余起，共处行政罚款 1.2 亿元人民币。二是严厉查处银行渠道跨境套利及异常流出行为。选取跨境收支业务量较大的 7 家银行开展外汇业务合规性检查，已查处违规案件 900 多件，罚款 5300 多万元人民币。三是开展融资租赁公司外汇业务专项检查。对外汇业务量大、经营情况异常、违规线索集中的 160 家融资租赁类公司进行检查，涉及跨境收支 154.5 亿美元，经查发现涉嫌违规企业 19 家，处罚款 893.4 万元人民币。四是开展天然橡胶行业贸易融资专项检查。共检查了 14 家具有代表性的企业，目前已发现 7 家企业存在外汇违规问题，涉案金额 1.3 亿美元。五是联合多部门重点对大额资金逃汇、非法网络炒汇等进行检查，不断加大查处力度，切实维护外汇领域市场秩序（国家外汇管理局网站 "2015 年第四季度外汇局政策新闻发布会文字实录"，2015 年 12 月 10 日）。

52.4 外汇局"热钱"流入规模估算方法和结果介绍

上文对"热钱"定义、特性的介绍和讨论表明"热钱"实际上是一个非常复杂的问题，估算"热钱"的流动规模比"热钱"概念的讨论更为复杂而且具有挑战性。可喜的是，2011 年 2 月 17 日国家外汇管理局国际收支分析小组首次公布了《2010 年中国跨境资金流动监测报告》（以下简称《报告》），对 1994 年到 2010 年的"热钱"年度流出和流入规模进行了分析和探讨，并给出了不同年份流出和流入规模的估算。该报告的公布表明国家对"热钱"的重视，对我们深入分析和判断"热钱"的流动及其对我国的影响有非常重要的意义。

52.4.1 《报告》方法论的意义

上文对"热钱"概念的讨论表明"热钱"的流动虽然渠道众多复杂，但是"披着合法外衣"或"绕过监管"应该是其实质。"绕过监管"确实难以量化，因此，对"热钱"流动规模的估算也就不可能有精确的方法，同时也不可能有准确的结果。尽管如此，对"绕过监管"的特性还是有一定的方法来对流动规模作出相对可信的估算。《报告》的公布证明了"热钱"是可以通过一定的方法估算的。只要方法可靠、可信，结果也会可靠、可信。因此，《报告》的公布意义重大，对我们研究"热钱"这个今后多年还会持续缠绕我国经济和金融体系的大问题有一定的指导作用。

52.4.2 《报告》的方法简介

《报告》中宏观和微观内容具有，因此既见树木又见森林。既有每年总金额流动的估算，又有主要渠道的流动的介绍和分析。所以，《报告》的意义不仅在于其主要结果，更在于分析的方法。具体到年度总流量的估算方法，《报告》假设每年进出口顺差、直接投资净流入、境外投资收益、境内企业境外上市融资为较稳定、合法合规的贸易投资项目，并假定其交易都是真实、合法的，然后从每年外汇储备增量中减去如上四项总和就是"热钱"流动净额。这种方法有一定的合理性，但同时也难免有较大的局限性，我们下文会进一步分析。

52.4.3　《报告》的主要结果

52.4.3.1　2001 年到 2010 年我国"热钱"流动净额估算结果

表 52－1 给出了《报告》估算的 2001 年到 2012 年我国"热钱"流动净额估算结果。表 52－1 显示，2001 年和 2002 年"热钱"流出我国；2003 年到 2005 年"热钱"持续流入我国；2006 年"热钱"改变了前 3 年持续流入的方向流出我国；2007 年到 2010 年"热钱"重新流入我国；2004 年"热钱"流入达到 10 年最高峰，不仅高于金融危机之前人民币升值压力最大的 2007 年，而且也高于 2010 年；2001 年到 2010 年 10 年总流入额仅为 2890 亿美元，平均每年仅289 亿美元。

表 52－1　　　　　　　2001 年到 2010 年我国"热钱"流动净额估算　　　单位：亿美元

年份	外贸顺差 I	直接投资净流入 II	境外投资收益 III	境外上市融资 IV	前四项合计 VI = I + II + III + V	外汇储备增量 VI	"热钱"流动净额 = VI － V
2001	225	398	91	9	723	466	－ 257
2002	304	500	77	23	905	742	－ 163
2003	255	507	148	65	974	1377	403
2004	321	551	185	78	1136	1904	768
2005	1021	481	356	206	2063	2526	463
2006	1775	454	503	394	3126	2853	－ 273
2007	2643	499	762	127	4032	4609	577
2008	2981	505	925	46	4457	4783	326
2009	1957	422	994	157	3530	3821	291
2010	1831	467	1289	354	3941	4696	755
合计	13313	4785	5330	1459	24887	27777	2890

数据来源：数据来自《2010 年中国跨境资金流动监测报告》表 1－1　2001—2012 年我国"热钱"流动净额估算，国家外汇管理局国际收支分析小组，2011 年 2 月 17 日。

52.4.3.2　1994 年到 2000 年我国"热钱"流动净额估算结果

《报告》也给出了 1994 年到 2000 年之间我国"热钱"流出的规模。从 1994

年到 2002 年的 9 年，"热钱"合计净流出近 4000 亿美元，2003 年到 2010 年"热钱"合计净流入 3300 亿美元左右，前期"热钱"净流出与近年来"热钱"净流入基本相抵，总体呈现净流出约 1000 亿美元。报告将 1994 年到 2002 年"热钱"流出的原因归结为当时我国经济增长比较平稳，GDP 增长率平均为 9%；而 2003 年到 2010 年的 8 年，"热钱"流入的原因为我国经济总体呈现高速发展势头，GDP 平均增长率为 11%，人民币单边升值预期有所强化。

52.4.3.3　2001 年到 2012 年我国"热钱"流动净额估算结果

国家外汇管理局国际收支分析小组《2010 年中国跨境资金流动监测报告》公布后每年更新原来的报告。在 2012 年 2 月 23 日公布的《2011 年中国跨境资金流动监测报告》中原来表 1－2 的名称"我国热钱流动净额估算"改成了"我国波动较大的跨境资金流动净额估算"而且沿用到《2012 年中国跨境资金流动监测报告》。虽然表的名称沿用到了 2012 年的检测报告，但是该表的格式却未改变。表 52－2 给出了《2012 年中国跨境资金流动监测报告》中估算出的 2001 年到 2012 年我国"热钱"流动净额估算结果。

表 52－2　　　2001 年到 2012 年我国波动较大的跨境资金流动净额估算

单位：亿美元

年份	外贸顺差Ⅰ	直接投资净流入Ⅱ	境外投资收益Ⅲ	境外上市融资Ⅳ	前四项合计Ⅵ＝Ⅰ＋Ⅱ＋Ⅲ＋Ⅴ	外汇储备增量Ⅵ	"热钱"流动净额＝Ⅵ－Ⅴ
2001	225	398	91	9	723	466	－257
2002	304	500	77	23	904	742	－162
2003	255	507	148	65	975	1377	402
2004	321	551	185	78	1135	1904	769
2005	1020	481	359	206	2066	2526	460
2006	1775	454	502	394	3125	2853	－272
2007	2643	499	766	127	4035	4609	574
2008	2981	505	1027	46	4559	4783	224
2009	1957	422	990	157	3526	3821	295
2010	1815	467	1288	354	3924	4696	772
2011	1551	559	1280	113	3503	3848	345
2012	2311	345	1438	160	4254	987	－3267
合计	17158	5688	8185	1732	32730	32611	－119

数据来源：《2012 年中国跨境资金流动监测报告》表 1－1　2001—2012 年我国波动较大的跨境资金流动净额估算，国家外汇管理局国际收支分析小组，2013 年 2 月 28 日。

首先，比较表 52－1 和表 52－2，我们发现 2001 年到 2010 年一些年份的数据有了调整：表 52－2 给出的 2007 年"热钱"净流入额 574 亿美元比表 52－1

下降了 3 亿美元；表 52 - 2 中 2008 年 "热钱" 净流入额 224 亿美元比表 52 - 1 中 326 亿美元下降了 102 亿美元；表 52 - 2 中 2010 年 "热钱" 净流入额 772 亿美元比表 52 - 1 给出的 755 亿美元提高了 17 亿美元，这些数据显示表 52 - 2 给出的一些年份的 "热钱" 流入比表 52 - 1 给出的较为合理。

上文指出《2010 年中国跨境资金流动监测报告》显示从 1994 年到 2002 年的 9 年，"热钱" 合计净流出近 4000 亿美元，2003 年到 2010 年 "热钱" 合计净流入 3300 亿美元左右，前期 "热钱" 净流出与近年来 "热钱" 净流入基本相抵，总体呈现净流出约 1000 亿美元；仔细观察表 52 - 2，我们发现 2001—2011 年 "热钱" 总流入额为 3150 亿美元，2012 年 "热钱" 净流出 3267 亿美元，表明 2012 年一年 "热钱" 净流出就抵去了 2001 年到 2011 年 "热钱" 总流入，我国进入世贸后的整整 12 年 "热钱" 流入和流出就更接近于相抵，不仅没有流入我国，而且净流出也仅为 119 亿美元。所以，根本不必担心 "热钱" 对我国经济和金融体系的影响。

52.4.3.4　《2013 年中国跨境资金流动监测报告》和《2014 年中国跨境资金流动监测报告》相关结果和问题

国家外汇管理局国际收支分析小组在 2014 年 2 月 25 日公布的《2013 年中国跨境资金流动监测报告》将《2012 年中国跨境资金流动监测报告》中表 1 - 1 "我国波动较大的跨境资金流动净额估算" 再次修改成了 "我国跨境资金流动中的稳定性和波动性因素"，而且首次将该表的格式也改变了，之前的贸易顺差、直接投资净流入、境外投资收益和境外上市融资等四个项目改为 "稳定性较高的资本流动" 和 "波动性较大的资本流动" 两类资金。

52.4.3.4.1　检测报告新格式的假设和定义

上文介绍了《2013 年中国跨境资金流动监测报告》和《2014 年中国跨境资金流动监测报告》中出现了 "稳定新较高的资本流动" 和 "波动较大的资本流动" 两类资金流动。没有这两类资金的准确定义，我们就难以理解相应的结果。《2013 年中国跨境资金流动监测报告》第 14 页指出 "为大致区分我国跨境资金整体流动中的稳定性因素和波动性因素，较佳选择仍是依托国际收支平衡表，按照国际通行的做法，将经常项目和直接投资的合计差额视为稳定性较高、与实体经济关系较大的跨境资金流动（即基础国际收支交易），将非直接投资资本流动（即 non - FDI capital flows，主要包括证券投资和其他投资，为增强与外汇储备资产变动的匹配程度，再加入净误差与遗漏）视为波动性较大的跨境资金流动。"

按照如上定义，稳定性较高的资本流动实际上是包括 2010 年到 2012 年监测报告中的贸易顺差和直接投资等主要内容，而波动较大的资本流动实际上包括证券投资和其他投资。因此，2013 年和 2014 年的监测报告并没有改变之前将以贸易为主的资金流动假设为正常资金流动的假设，只是增加了总体份额较小，对整个资金流动影响不大的证券投资和其他投资（2013 年和 2014 年例外），我们下文还会详细探讨。

52.4.3.4.2 《2013 年中国跨境资金流动监测报告》和《2014 年中国跨境资金流动监测报告》主要结果

修改后的结果难以与上文介绍的 2010 年到 2012 年检测报告比较，而且不仅难以看出 2008 年前后金融危机对我国资本流动的显著影响，也难以看出 2009 年开始美国数次"量化宽松"政策实施对我们资本流动的影响。2015 年 2 月 15 日公布的《2014 年中国跨境资金流动监测报告》沿用了 2013 年检测报告的名称和主要格式。虽然 2013 年和 2014 年的跨境资金流动检测结果难以与之前的结果比较，但还是包含了一定的重要信息。表 52 - 3 给出了《2014 年中国跨境资金流动监测报告》的相关结果。

表 52 - 3 　　　　　　　　我国跨境资金流动中的稳定性和波动性因素　　单位：亿美元，%

年份/资本类型	稳定性较高的资本流动		波动性较大的资本流动		总资本流动			
年份	规模	对外汇储备贡献率	规模	对外汇储备贡献率	规模	对外汇储备贡献率	外汇储备变动	"热钱"流动净额
2001	548	118	−74	−16	474	102	466	−8
2002	822	111	−67	−9	755	102	742	−13
2003	925	87	137	13	1062	100	1060	−2
2004	1291	68	610	32	1901	100	1904	3
2005	2228	88	238	9	2466	98	2526	60
2006	3320	116	−512	−18	2808	98	2853	45
2007	4923	107	−347	−8	4576	99	4609	33
2008	5354	112	−589	−12	4765	100	4783	18
2009	3304	86	660	17	3964	104	3821	−143
2010	4236	90	435	9	4671	99	4696	25
2011	3677	96	146	4	3823	99	3848	25
2012	3916	397	−2994	−303	922	93	987	65
2013	3678	85	605	14	4283	99	4327	44
2014	4123	347	−2945	−248	1178	99	1188	10
合计	42344	112	−4695	−12	37649	100	37810	161

数据来源：《2014 年中国跨境资金流动监测报告》表 1 - 1　2001—2014 年我国跨境资金流动中的稳定性和波动性因素，国家外汇管理局国际收支分析小组，2015 年 2 月 15 日；总资本流动额是稳定性较高的资本流动与波动性较大的资本流动相加而得，"热钱"流动净额是按照表 52 - 1 的定义用年度外汇储备变量减去总资本流动额而得。

比较表 52 - 2 和表 52 - 3，我们发现表 52 - 3 中除 2001 年到 2003 年、2009 年到 2012 年外，稳定性较高的资金皆高于表 52 - 2 中贸易顺差、直接投资、境外投资收益和境外上市融资的总和，2001 年到 2012 年，稳定性较高的资金流动比贸易顺差、直接投资、境外投资收益和境外上市融资的总和累计高出 1815 亿美元；根据表 52 - 1 和表 52 - 2 的计算方法，表 52 - 3 显示 2001 年到 2011 年，"热钱"流动规模总体不到表 52 - 2 给出的"热钱"总额的 2%。

表 52 - 3 也显示，2001 年到 2003 年，波动性较大的资金流出我国，但是额度总量不到 100 亿美元；2003 年到 2005 年波动性较大的资金流入我国；而 2006 年到 2008 年再次撤离我国，而且年均额度接近 500 亿美元；2009 年到 2011 年波动性较大的资金重新流入我国，年均流入额在 400 亿美元以上；2012 年到 2014 年波动性较大的资金发挥出其威力，撤离我国的规模接近 3000 亿美元；2001 年到 2014 年，稳定性较高的资金流入总体显著高于波动性较大的资金，波动性较大资金流动对我国外汇储备影响较小，除 2012 年外两者总规模占我国外汇储备增幅皆在 100% 左右，显示"热钱"对我国影响比表 52 - 2 更小。

52.4.3.4.3　《2013 年中国跨境资金流动监测报告》和《2014 年中国跨境资金流动监测报告》的主要问题

52.4.4　值得商讨的问题

国家外汇管理局 2011 年 2 月公布的 1994 年到 2011 年我国"热钱"流动报告意义重大，为研究"热钱"流入和流出我国开了一个很好的头，对推动该领域的研究和防范跨境资金流动的风险一定会发挥重要意义。由于问题的复杂性，任何估计"热钱"规模的研究或者方法一定不可避免地存在这样或那样的问题。这里我们简单探讨报告可能存在的一些问题。

52.4.4.1　外汇储备增量变化并不代表流入和流出资金总流量

在 2000 年以前我国外汇储备总额较低时，由于储备资产回报和储备资产主要货币对之间货币相对升值或贬值导致的外汇储备变化不大，因此外汇储备增量变化可以较好地代表资金流量；在外汇储备资产达到或者超过万亿美元时，特别是 2009 年以来我国外汇储备总额超过 2 万亿美元以来，储备存量资产的回报和储备资产主要货币对之间货币相对升值或贬值导致的外汇储备变化可能相当显著，一个季度存量仅因储备资产主要货币对之间货币相对升值或贬值导致的外汇储备变化就可高达数百亿美元，一年的变化额会更多，甚至超过表 52 - 1 估算出的年度"热钱"流动总额。这样，外汇储备增量变化很难代表资金流动，从而相应的"热钱"估算可能会造成较大误差。

52.4.4.2　"热钱"流入的主要渠道

报告假设贸易顺差、直接投资净流入、境外投资收益和境外上市融资四部分的净流入没有"热钱"成分贸易顺差完全假设为真实，实际上将"热钱"流入的主要渠道给假设出去了境外投资收益和境外上市融资的净流入应该包含的"热钱"成分确实较低，假设合理，但是将贸易顺差和直接投资净流入，特别是贸易顺差假设为没有"热钱"成分就需要实证研究来支持。数个实证研究和众多报道表明，在人民币升值压力大时，贸易顺差有相当的虚假成分，而且是"热钱"流入我国的主要渠道之一。将主要流入渠道假设成没有"热钱"成分实际上就将"热钱"流入的主要渠道假设出去了，估算出的结算会有不可忽视的严重问题。这种做法实际上与上文介绍的国家外汇局领导认为"热钱"利用开放渠道而绕开监管的理解也相矛盾：跨境资金绕开我国金融和资本监管只能利用我国已经开放了的经常账户流入或流出，而我国经常项目最主要的内容就是贸易项目。所以，假设贸易账户资金流动为真实或稳定性较高实际上就是将"热钱"流动的主要内容假设出去了。换句话说，假设与外汇局领导介绍"热钱"绕开监管的概念很不一致。我们下文会进一步介绍这些实证研究。

52.4.4.3 "热钱"流动的主要动因

报告虽然没有专门指出"热钱"流入和流出我国的具体原因，但是《2010年中国跨境资金流动监测报告》专栏1解释1994年到2002年"热钱"流出和2003年到2010年"热钱"流入的原因是，1994年到2002年我国经济增长比较平稳，年均GDP增长率为9%；而2003年到2010年我国经济呈现高速发展势头，GDP年均增长率为11%。从这些解释我们可以看出，报告认为经济增长快慢是决定"热钱"流入和流出的主要原因。若如此，那么问题就出现了：2004年我国经济增长10.1%，低于2005年到2007年的任何一年，仅高于2002年的增长率，但是表52-1显示2004年"热钱"流入却创历史最高纪录；2006年我国经济增长10.7%，仅仅低于2007年的最高增长率，但是2006年"热钱"不仅没有流入却撤离我国。因此经济增长率难以较好地解释"热钱"流动的主要动因。

从第六篇绝大部分境外人民币市场十多年来的发展来看，特别是第51章可以看出近二十年来诸多发展中国家"热钱"流动主要是因为货币升值预期。经济增长诚然是相应货币升值或者升值预期的重要动因，而我们第24章和第38章的实证研究结果表明，经济增长率对金融危机前后人民币升值和贬值预期的影响要远低于国内外汇储备和物价指数的影响，不仅如此，国内经济增长率对人民币升值或贬值的影响的F统计值远在可置信范围之外。因此，经济增长率只是影响人民币升值预期的国内因素之一，而且还不是最主要的因素。除国内因素外，影响人民币升值预期的还有美国贸易逆差和相应的量化宽松政策等。所以"热钱"流动的动因应该包括经济增长在内的数个国内外因素。如果对不同时期主要动因没有准确的掌握和量度，那么不同时期的流动规模就难以有较为准确的估算，更不能找到令人信服的解释。下文试图进一步讨论此问题。

52.4.4.4 报告结果与不同时期人民币的升值和贬值预期很不一致

利用图 37-6 给出的 2002 年到 2015 年境外人民币无本金交割远期升贴水点数我们可以计算出人民币升值预期的平均点数。计算结果表明 2006 年人民币日均升值预期高于 2004 年，因此从经济增长和人民币升值皆难以解释 2004 年"热钱"流入我国达历史最高峰，而同时 2006 年却流出我国的原因。

52.4.4.5 结果难以看出金融危机后美国"量化宽松"政策的影响

境外资金皆有源头，不知源头就难以知流动。无可置疑，国际金融危机后影响全球经济和金融市场最大的因素是美国历次"量化宽松"政策的实施向市场放水，总规模高达 3.63 万亿美元。这些资金一大半流入新兴市场经济体，而流入我国大陆的资金超过流入整个新兴市场一半以上。2009 年到 2011 年我国出口大幅度减缓增长的同时，表 52-2 显示这些年我国外汇储备年均增幅仍然超过 4000 亿美元就是金融危机后跨境资金流入我国的最好证明。而表 52-1 到表 52-3 却一点也看不出 2009 年以后美国量化宽松政策向市场注水对跨境资金流入我国的任何迹象，表明这些检测报告有不可忽视的问题。

52.4.4.6 结果难以看出金融危机对跨境资金流入和撤离我国的影响

自从 2002 年境外人民币出现升值预期以来，金融危机爆发之后的半年时间内是人民币唯一出现贬值预期的半年，分别为 2008 年第四季度和 2009 年第一季度。因此利用年度数据难以看出金融危机对"热钱"流动的影响。我们下文除利用年度数据外还会利用季度数据，从而金融危机的影响会更加清晰地显现出来。我们下文将试图就如上有待商讨的问题进行探讨。

52.5 人民币升值、贬值与境外投机性资金流动的关系

第 51 章介绍了国际货币基金组织研究的近二十年来国际资金流入几十个新兴市场国家的时段和流入主要新兴市场国家的规模。国际货币基金组织的实证研究结果表明，资金流入会导致流入国货币升值，实际上，一个新兴市场国家的货币如果有显著的升值预期，那么资金就会流入，而且升值预期越高，资金流入速度越快。更准确的描述应该是资金的流入导致货币升值和进一步升值的预期，而升值和进一步升值的预期进而导致更多的资金流入，两者之间相互作用。表 51-1 给出的 1993 年至今资金流入中国的三个时段里，后两次与人民币升值预期密切相关。由于资金流入中国的第一个时段内境外人民币无本金交割远期市场仍然不够活跃，相应的市场数据难以获得，因此我们难以对那时资金的流动深入研究。2002 年境外人民币升值压力产生，境外人民币无本金交割远

期市场开始活跃，我们有很好的市场数据，从而可以对 2002 年到 2014 年以来资金流入和撤离中国做有依据的实证研究。

表 51 – 1 显示的资金流入我国的后两个时段的起始时间与我们在第六篇研究的主要境外人民币产品所显示的人民币升值、贬值压力产生的起始时间几乎完全吻合，最多仅差一个季度。因为境外人民币无本金交割市场最活跃的两个市场——人民币无本金交割远期和人民币无本金交割期权市场皆显示境外人民币升值从 2002 年第四季度才持续出现，即使 2002 年第三季度资金开始流入中国，当时流量也应有限；同样，第 37 章、第 41 章和第 50 章的研究结果显示，受美国量化宽松政策的影响，2009 年 3 月下旬境外人民币就重回对美元的升值趋势，因此第三次资金流入中国应该是从 2009 年第二季度开始，而不是从 2009年第三季度开始。我们本章下文会用几组数据来证明如上判断，而且对 2002 年以来每个季度资金流入和撤离中国进行估算。

52.6 2001 年以来我国年度外汇储备变化及国际比较

跨境资金流入有多种渠道，而且每种渠道都比较隐蔽和复杂。尽管如此，流入的大多数资金都会形成外汇储备。换句话说，一定时间段内，外汇储备的变化是资金流入或撤出的上限。因此，在我们介绍和分析资金流入或者撤离我国之前，我们首先介绍和分析 2001 年以来我国外汇储备的变化。

52.6.1 2001 年以来我国外汇储备的变化与人民币升值的关系

图 52 – 1 给出了 2002 年以来我国外汇储备的变化与同期境外人民币无本金交割远期日均升、贴水点数。

52.6.1.1 金融危机前人民币日均升贴水与国内外汇储备的变化

从图 52 – 1 可以看出，2001 年人民币全年日均贴水高达 1178.5，表明当时境外人民币总体仍处于显著贬值状态，当年外汇储备仅增长了 465.9 万亿美元，2002 年人民币全年日均贴水下降到了 244.5，外汇储备增长到了 742.4 亿美元，显著高于 2001 年的增量，表明境外人民币总体仍处于贬值状态，外汇储备年增额皆不到 1000 亿美元；2003 年到 2007 年，人民币兑美元皆处于持续增大的升值预期状态，人民币兑美元平均升值预期越大，外汇储备增幅越大；2001 年到2007 年人民币日均升贴水点与国内外汇储备增量间呈现正相关，相关系数高达86.8%，表明该七年内人民币兑美元升值预期与国内外汇储备增量的直接关系。

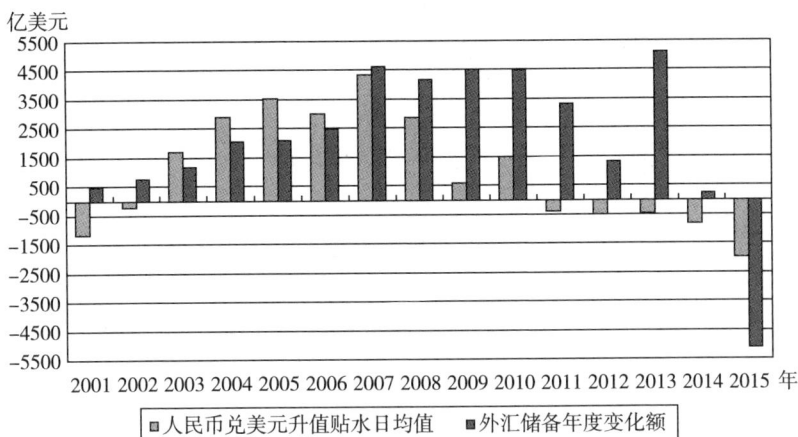

数据来源：外汇储备数据来自人民银行网站；境外人民币无本金交割远期的升贴水或贴水点数为年内境外人民币无本金交割远期升贴水点数的日平均值，数据来自图 37－6。

图 52－1　国内外汇储备年度变化和同期境外人民币
无本金交割远期的日均升贴水点数

52.6.1.2　金融危机爆发以来人民币日均升贴水与国内外汇储备的变化

图 52－1 同时显示，由于 2008 年金融危机的爆发，该年人民币兑美元日均升水点 2857.2 降低到了 2004 年到 2008 年年均最低位，然而当年国内外汇储备增幅仍然高达 4177.8 亿美元，仅低于之前 2007 年 4619.1 亿美元的危机前最高峰，显示 2008 年国内外汇储备增幅过高，显然不合理性，我们下文还会进一步讨论该问题；2009 年人民币日均升水大幅下降到了 562.4 点，为 2003 年到 2009 年间最低，然而 2009 年国内外汇储备不仅没有比 2008 年下降，增量反而超过了 2008 年达到了 4531.2 亿美元；2010 年人民币日均升水点比 2009 年回升了一倍多到 1481.8 点，该年国内外汇储备增幅却保持了比 2009 年略低的水平 4481.9 亿美元；2010 年到 2012 年，人民币兑美元日均升水点变成了日均贴水，2011 年和 2012 年两年的外汇储备比 2010 年显著持续下降，2012 年的外汇储备增量 1304.4 亿美元降到了仅略高于 2003 年的增量 1168.4 亿美元；奇怪的是，2013 年人民币兑美元日均贴水 468.4 点比 2012 年的日均贴水 520.1 点略低，但是 2013 年国内外汇储备却创下了超过 2007 年增量 4619.1 亿美元的历史最高纪录再创 5097.3 亿美元的新记录；2014 年人民币日均贴水 836.5 点比 2013 年略有增加，但是该年国内外汇储备却仅增长了 217 亿美元，不到 2001 年国内外汇储备增量 465.9 亿美元的一半，显示该年跨境资金流出问题开始严重；2015 年人民币兑美元日均贴水 1974.1 点，而国内外汇储备却大幅下降了 5126.6 亿美元，35126.6 亿美元，创下几十年来国内外汇储备降幅最高纪录。

52.6.1.3　金融危机前后人民币日均升贴水与国内外汇储备的年均变化

利用图 52－1 的数据，我们可以容易地计算出 2001 年到 2007 年，即金融危机前 7 年人民币兑美元平均日均升贴水 －2005.9 点，而该 7 年国内外汇储备年均却仅增长了 1946.7 亿美元；2008 年到 2014 年，即金融危机后 7 年人民币兑美元平均日均升贴水 －380.6 点，不到金融危机前 －2005.9 点的五分之一，而该 7 年国内外汇储备年均却仅增长了 3306.8 亿美元，超过危机前 7 年国内外汇储备年均增量 1946.7 亿美元近七成，显然金融危机后国内外汇储备增长比金融危机前更快的明显问题。

利用图 52－1 的数据，我们可以计算出 2008 年到 2015 年国内外汇储备年度变化与人民币贬值日均幅度相关性为 69.2%，比 2001 年到 2007 年两者的相关性 86.8% 降低了 17.6%，表明金融危机后两者间的相关度显著下降。

52.6.1.4　2008 年到 2014 年国内外汇储备猛增的主因探讨

上文显示，金融危机后人民币兑美元整体处于略微升值状态，然而国内外汇储备却比危机前以更高的速度增长。金融危机后国内外汇储备大幅度增长的主因是美国量化宽松政策放水，大量"热钱"通过虚假贸易等渠道流入国内，而 2014 年美元量化宽松推出后，人民币兑美元贬值预期提高，流入国内的"热钱"在国内投资房地产和股市大幅度获利撤离国内，导致国内外汇储备显著下降。我们下文会进一步讨论相关问题。

52.6.1.5　2015 年国内外汇储备创年度下降纪录

图 52－1 显示，2015 年国内外汇储备下降了 5126.6 亿美元，创下几十年来我国外汇储备下降的记录，而且该降额超过了几十年来国内外汇储备增额最高纪录 5097.3 亿美元（2013 年），表明 2015 年随着人民币兑美元贬值预期的增大，跨境资金加速撤离我国。从季度数据来看，2015 年第一季度我国外汇储备创下了单季下降的历史纪录 1129.8 亿美元，2015 年第二季度降幅略微下降到了 362 亿美元，而 2015 年第三季度和第四季度，又连续两个季度再创历史纪录 1797.2 亿美元和 1837.6 亿美元，与当时境外人民币兑美元比值程度相当。比较 2015 年前三季度我国季度外汇储备下降和全球外汇储备金额数据，我们发现第一季度我国外汇储备降额 1129.8 亿美元占同期全球外汇储备降额 1556.9 亿美元的 72.6%，第二季度全球外汇储备增长了 246.4 亿美元的同时，我国外汇储备却下降了 362 亿美元，第三季度我国外汇储备降额 1797.2 亿美元占同期全球外汇储备降额 2563.1 亿美元的 70.1%，表明 2015 年我国成了全球资金撤离的重中之重，需要我们高度关注事态的进展。

52.6.2　2001 年以来我国外汇储备变化的国际比较及相关问题

从图 52－1 给出的数据难以看出中国外汇储备十多年来在世界外汇储备中

的地位及影响。图 52-2 给出了 2001 年到 2014 年中国外汇储备的世界占比及中国外汇储备年度变化额的世界和亚洲新兴市场国家等相关占比。图 52-2 清楚地显示，2001 年到 2014 年第四季度，中国外汇储备的世界占比从 1/10 强持续增长到了接近 1/3 的水平，表明十多年来我国外汇储备增长在世界外汇储备中的显著地位；2002 年到 2008 年，中国外汇储备增量的世界占比从接近 1/5 增长到了 65.1%，接近 2/3；2008 年到 2012 年，中国外汇储备增幅的世界占比持续下降到了 17.5%，显示国际金融危机对我国外汇储备增量的影响；然而 2013 年我国外汇储备增量的世界占比再创历史纪录，达到接近七成的高位；2014 年全球外汇储备下降接近 1000 亿美元，而同年我国外汇储备不仅没有下降反而增长了 217 亿美元，增量世界占比 -23.1%，出现十多年来第一次不够合理的现象。

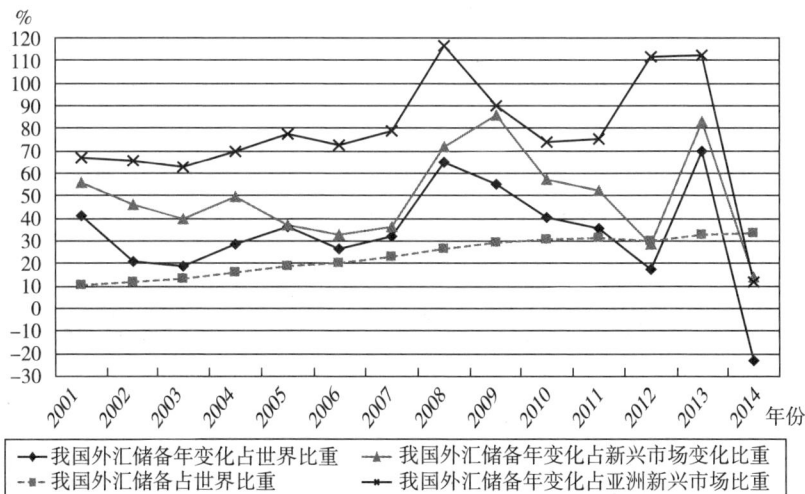

数据来源：中国外汇储备数据来自图 52-1；世界外汇储备数据来自国际货币基金组织网站（www.imf.org）2015 年 6 月公布的全球外汇储备数据；亚洲新兴市场国家外汇储备数据来自国际金融学院（IIF）历年《流入新兴市场国家资金》研究报告。

图 52-2　中国外汇储备的世界和亚洲新兴市场占比及中国外汇储备增幅的世界占比

图 52-2 同时显示，2001 年到 2004 年，我国外汇储备增量占亚洲新兴市场国家和地区外汇储备增量的六到七成，2005 年到 2007 年，占比提高到了七成到八成；2008 年我国外汇储备增量首次超过了亚太新兴市场外汇储备增量 16.7%，2009 年占比仍然超过九成；2010 年和 2011 年占比重回七成到八成的较为合理区间，但是 2012 年和 2013 年，占比连续两年超过 100%，再次出现不合理的问题；2014 年占比下降到了 12.0%，不到 2001 年到 2013 年 13 年平均比重 82.5% 的 1/6，显示 2014 年美国退出量化宽松政策后我国外汇储备变化出现了十多年未有的新特征或新问题。

52.6.3 2007年和2008年我国合理外汇储备数据估算

图52-2显示的2008年我国外汇储备增额超过亚洲新兴市场国家和地区总外汇储备增额显然不合情理。仔细观察该图的数据我们会发现2005年到2007年的3年及2009年和2010年两年中国外汇储备增幅占亚洲新兴市场国家和地区外汇储备增幅比重保持在75%左右，变化不大。如果我们用2005年到2007年、2009年和2010年5年中国外汇储备增量占亚洲新兴市场国家和地区总外汇储备增量的平均比例76.13%来估算，2008年中国外汇储备增量实际上仅有2725亿美元，比图52-1人民银行公布的4177.8亿美元少增1453亿美元；如果我们用同期中国外汇储备增量与世界外汇储备增幅平均比例38.17%来估算，2008年中国外汇储备增幅实际上仅有2436亿美元，比图52-1人民银行公布的4177.8亿美元少增1742亿美元。2008年我国外汇储备增量过高也可以更清楚地从下文我国季度外汇储备变化与世界同期变化占比看出，我们下文还会进一步讨论。2008年国内外汇储备增量过高的唯一可能的解释是2007年的外汇储备增量通过外汇掉期等工具推移到了2008年。换句话说，2008年国内外汇储备过高增量实际上就是2007年过低的增量，我们下文还会通过国内季度外汇储备增量变化及相关占比对2008年国内外汇储备增量进行合理估算。

52.7 2001年以来我国季度外汇储备变化及国际比较

图52-1显示虽然2008年国际金融危机爆发，但是危机后3年我国外汇储备增量比2007年却没有下降多少，而且2009年和2010年我国外汇储备增量保持在与2007年相当的水平，表明金融危机对我国年度外汇储备影响不大，从而难以清楚地反映出2008年金融危机后人民币兑美元贬值，特别是2009年3月美国"量化宽松一"实施后人民币重新对美元升值出现后国内外汇储备的变化情况。国内季度外汇储备变化数据可以更清楚地反映出金融危机后人民币从升值到贬值而后重新回到升值态势情况下外汇储备的变化趋势。本节简单介绍2001年以来我国季度外汇储备的变化，从而使我们对金融危机前后跨境资金流入和撤离我国有更直观的认识。

52.7.1 金融危机前我国季度外汇储备变化与人民币升、贬值的关系

季度外汇储备变化可更好地看出金融危机对我国外汇储备变化的影响。图52-3给出了2002年第一季度到2015年第四季度我国外汇储备季度变化与同期

境外人民币无本金交割远期平均升贴水点数乘以 −1/4。

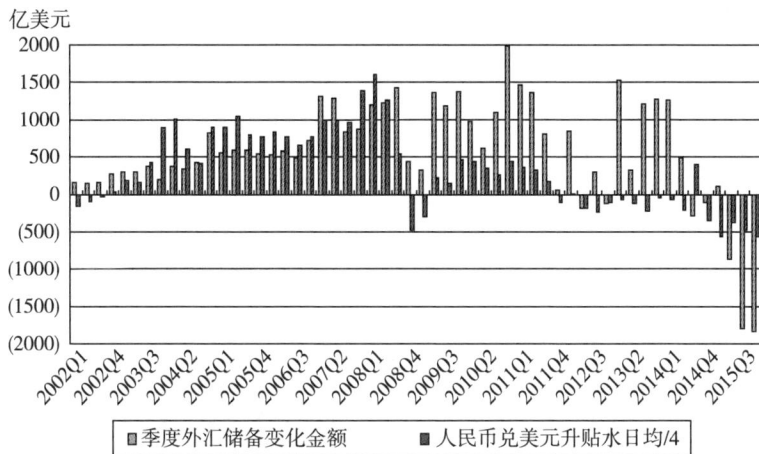

数据来源：外汇储备数据来自人民银行网站；境外人民币无本金交割远期的升贴水或贴水点数为年内境外人民币无本金交割远期升贴水点数的日平均值，数据来自图37−6；2015年数据为前个三季度的数据，境外人民币无本金交割远期的升、贴水点为季度人民币无本金交割远期的升、贴水点的平均值乘以 −1/4。

图52−3　中国外汇储备季度变化与同期境外人民币

无本金交割远期平均升、贴水点数

从图52−3中可以清楚地看出，2002年前三季度人民币兑美元仍处贬值预期中，季度外汇储备增量皆在150多亿美元，而随着2002年第四季度人民币兑美元从贬值转为升值预期，国内外汇储备增幅就比前三季度平均增幅高出100多亿美元；2003年第一季度到2008年第一季度人民币兑美元升值预期持续增大，季度外汇储备也随之从不到300亿美元大幅度上升到了1539.3亿美元，增幅与境外人民币升值的幅度非常吻合。这些数据显示，人民币升值预期越高，外汇储备增幅越大，2002年第一季度到2008年第一季度两者相关系数高达75.4%。

52.7.2　金融危机期间我国季度外汇储备变化与人民币贬值的关系

值得关注的是，2008年第一季度到第三季度，境外人民币升值压力持续显著下降，到第四季度出现了2002年第四季度后首次贬值预期，季内日均贴水达到了2002年以来的最高值1918点，表明当时人民币贬值压力巨大。尽管如此，当季国内外汇储备仍然增长了404.5亿美元（我们下文利用国际数据也会发现该季度国内外汇储备增量应该有问题）；2009年第一季度虽然人民币对美元仍然显著贬值，人民币兑美元日均贴水 1174.4 点，比 2008 年第四季度略有所减缓，但是该季度国内外汇储备却仍增加了 77.1 亿美元，明显与上文我们介绍的人民币升贬值关系不很符合，下文我们利用国际数据证明 2009 年第一季度国内外汇储备可能出现的问题。

52.7.3　美国量化宽松一和量化宽松二实施与我国季度外汇储备的变化

第 37 章和第 38 章显示，2009 年 3 月美国宣布实施量化宽松一政策后，人民币兑美元几天内从贬值转向了升值预期，2009 年第二季度国内外汇储备增长了 1778.7 亿美元，再创国内季度外汇储备历史高峰，超过了 2008 年第一季度的历史高峰达到 1539.3 亿美元；2009 年第三季度和第四季度国内外汇储备又分别增长了 1409.9 亿元和 1265.6 亿美元，导致 2009 年全年国内外汇储备增长 4531.2亿美元。

由于美国量化宽松一结束且量化宽松二还未启动，2010 年前两个季度，虽然人民币兑美元升值预期程度没有多时下降，但是该两个季度外汇储备增量分别仅有 479.3 亿美元和 71.9 亿美元；由于美国量化宽松二的实施 2010 年第三季度和第四季度国内外汇储备分别增长 1940.3 亿美元和 1990.4 亿美元，分别连创国内季度外汇储备新高，2010 年国内外汇储备累计增长 4481.9 亿美元；2011 年前两季度，国内外汇储备又分别增长了 1973.4 亿美元和 1528.2 亿美元；然而由于量化宽松二结束，2011 年第三季度人民币兑美元日均升水点显著下降，该季国内外汇储备增额仅为 41.9 亿美元，低于 2009 年第一季度的 71.9 亿美元，2011 年第三季度人民币兑美元从升值预期重新转向了贬值，该季外汇储备首次下降 205.4 亿美元；2012 年第一季度虽然外汇储备增长了 1238.2 亿美元，第二季度却下降了 649.7 亿美元。

52.7.4　美国量化宽松三和量化宽松四与我国季度外汇储备的变化

2012 年 9 月美国推出了量化宽松三，每月 400 亿美国债券，市场反应不够积极，人民币兑美元仍处于贬值预期，2013 年第三季度和第四季度国内外汇储备增幅皆在 500 亿美元以下；2012 年 12 月美国在量化宽松三的基础上又推出了量化宽松四，每月购债额度增加了 450 亿美元，人民币兑美元的贬值预期没有多少变化，但是在量化宽松三和量化宽松四共同作用下，2013 年国内外汇储备增长超过 5000 亿美元，创下年度增量历史纪录；2014 年第一季度国内外汇储备仍然增长了 1267.8 亿美元，显示美国量化宽松三和量化宽松四政策对国内外汇储备增长的显著贡献。

52.7.5　后量化宽松时期我国季度外汇储备的变化与人民币兑美元贬值的关系

2014 年第二季度，随着美国退出量化宽松政策的明朗化，人民币兑美元贬值的预期显著增长，人民币兑美元日均贴水点从第一季度的 289.4 迅速增长到了 821.5，该季国内外汇储备增幅也从第一季度的 1267.8 亿美元下降到了 451.2 亿美元；2014 年第三季度美国宣布退出量化宽松政策进一步明朗和宣布退出后，人民币兑美国元日均贴水平均每季超过了 1700 点，国内平均每季的外汇储备下降幅度也超过了 1000 亿美元。

图 51－3 也显示，2009 年第二季度以来，虽然季度人民币升值日均点数保持在 500 点之内（季度平均仅为 333 点，仅相当于 2003 年第四季度到 2008 年第二季度平均值 925 的三分之一），但是 2009 年第二季度以来季度外汇储备增幅却比金融危机之前大幅度提升（2009 年第二季度以来的 9 个季度外汇储备平均增幅为 1382 亿美元，比 2003 年第四季度到 2008 年第二季度增额 750 亿美元高出 84.3%），表明金融危机爆发后资金流入的速度显著增加。

从图 52－3 还可以看出，2003 年第一季度到 2008 年第一季度，国内外汇储备的增量与同季人民币兑美元日均升水点相当；而 2009 年第二季度到 2014 年第二季度，国内外汇储备的增量远高于相应的人民币兑美元的升水点；2014 年第三季度到 2015 年第四季度，国内外汇储备下降量又远高于相应的人民币兑美元的贴水点。2008 年第三季度到 2015 年第四季度国内外汇储备变量与人民币升贬值幅度之间的相关性从金融危机前的 75.4% 显著下降到了 57.5%，显示金融危机后两者间关系不如之前密切。

52.7.6　2002 年以来我国季度外汇储备变化的国际比较

图 52－4 给出了 2002 年第一季度到 2015 年第三季度我国外汇储备季度变化的世界占比。从图 52－4 可以看出，2002 年第一季度到 2008 年第二季度，我国外汇储备变化与相应世界外汇储备变化比例保持在 9.8% 到 66.8% 之间，季度平均比例为 31.7%，不到三分之一，比例较为合理；但是 2008 年第三季度我国外汇储备变化与相应世界外汇储备变化比例创历史最高纪录，达到 245.4%，这是因为当季我国外汇储备增长 967.6 亿美元，而当季全球外汇储备仅增长了 394.3 亿美元，这显然很有问题；2008 年第四季度和 2009 年第一季度我国外汇储备变化与相应世界外汇储备变化比例分别为 －26.5% 和 －4.4%，显然也不合理，这是因为当时受国际金融危机的冲击，该两季全球外汇储备分别下降了 1522.4 亿美元和 1835.9 亿美元，而同时我国外汇储备却分别增长了 404.5 亿美元和 77.1 亿美元；2009 年第二季度到 2011 年第三季度，国内外汇储备变化占全球外汇储

备变化重回合理区间 0 到 100%，季均占比 37.3%，比金融危机之前的平均占比还要高，表明金融危机以后资金流入我国的速度在加快，单是占比仍然合理；但是 2011 年第四季度和 2012 年第二季度国内占比又出现了 −55.1% 和 −72.1% 的不合理现象；2013 年前两个季度占比分别高达 95.2% 和 128.4%，表明当时美国量化宽松三和量化宽松四叠加相应导致国内外汇储备增幅超过全球外汇储备增幅，显然不够合理；2015 年第一季度国内外汇储备下降了 1129.8 亿美元，占同期全球外汇储备降额 1556.9 亿美元的 72.6%，接近四分之三的比重应该不够合理；2015 年第二季度国内外汇储备下降了 362 亿美元，而同期全球外汇储备不仅没有下降，反而增长了 246.4 亿美元，两者的比例 −146.9% 应该有更为严重的问题；2015 年第三季度我国外汇储备降额占世界外汇储备降额比重回到了 70.1%，虽比该年第一季度占比略低，但是超过 7 成的比重也不够合理。

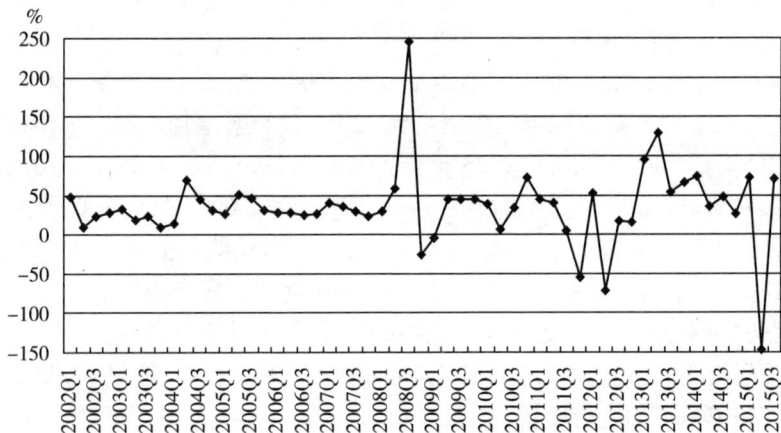

数据来源：中国外汇储备数据来自人民银行网站；世界外汇储备数据来自国际货币基金组织网站：www. imf. org 2015 年 12 月 31 日公布的 2002 年以来的季度外汇储备数据（Currency Composition of Official Foreign Exchange Reserves（COFER））。

图 52 −4　中国外汇储备季度变化占同期世界外汇储备变化比重（%）

52.7.7　2008 年金融危机前后我国季度外汇储备变化估算及其对年度外汇储备变化的影响

图 52 −4 给出的 2008 年第三季度我国外汇储备变化占同期全球外汇储备变化比重高达 245.4% 和 2008 年第四季度与 2009 年第一季度占比为负数比例显然皆很不合理，需要我们对这些不合理因素进行解释。图 52 −4 给出的 2002 年第一季度到 2008 年第二季度我国季度外汇储备变化与世界季度外汇储备变化占比在 31.7% 的平均水平上下。以此平均占比和 2008 年第三季度世界外汇储备的增

量 394.3 亿美元计算，2008 年第三季度我国外汇储备增量仅为 125.2 亿美元，比图 52-3 显示的同期 967.6 亿美元低 842.4 亿美元；同样以如上平均占比和 2008 年第四季度世界外汇储备的降量 1520.8 亿美元计算，2008 年第四季度我国外汇储备下降 483.3 亿美元，比图 52-3 显示的同期增幅 404.5 亿美元低 887.7 亿美元，这样 2008 年最后两个季度我国外汇储备增幅总高估了 1730.1 亿美元，与上文我们利用年度数据估算的 1741.3 亿美元仅差 11.2 亿美元。因此，为了方便起见，我们下文在估算 2008 年"热钱"流入时将用季度和年度两种方法估算的差额的平均值，即 1735.7 亿美元，即 2008 年的外汇储备为 2442.2 亿美元，同时 2007 年我国外汇储备增幅为 6354.8 亿美元。利用同样的方法，2009 年第一季度我国外汇储备增幅高估 659.9 亿美元，因此 2009 年我国外汇储备增幅应该比图 52-3 显示的低 695 亿美元。

52.8　2001 年以来因主要储备货币间升、贬值导致的外汇储备变化估计

本章上文指出一定时间段内外汇储备的变化实际上并不代表这段时间资金总流入或者流出量，因为外汇储备存量的回报的影响可能会较大，因此不应忽略。我国外汇储备 2004 年 9 月首次超过了 5000 亿美元，2006 年 10 月、2009 年 4 月和 2011 年 3 月分别超过了 1 万亿美元、2 万亿美元和 3 万亿美元大关。如此巨大的储备资产因国际主要储备货币间每月的升、贬值导致市值上升或下降也可能是可观的金额，对每季外汇储备变化产生可观的影响。如果不对这部分金额进行估算进而对外汇储备变量进行调整，那么我们就难以估算出不同季度或者年度跨境资金流入或者撤离的总额。本节我们对每个季度外汇储备升贬值额进行简单的估算。

52.8.1　中国外汇储备货币构成

从国际货币基金组织每季公布的全球外汇储备构成数据可以看出，2000 年到 2010 年，美元在国际可识别外汇储备中的占比从 71.1% 持续下降到了 61.8%，同期欧元占比却从 18.3% 持续增长到了 26.0%；2010 年年底到 2012 年年底美元、欧元、英镑和日元占比分别为 61.3%、24.2%、4.0% 和 4.1%；2015 年第三季度末美元占比回升到了 64.0%，同时欧元和英镑占比却分别下降和上升到了 20.3% 和 4.7%，日元占比略微下降到了 33.8%。虽然中国外汇储备的货币构成没有官方数据，但是与国际外汇储备的货币构成应该相差不大。媒体 2010 年 9 月 3 日援引外汇管理部门人士的话报道称，中国外汇储备货币结构比重为美元 65%、欧元 26%、英镑 5%、日元 3%，显示 2010 年前中国外汇

储备的货币构成除美元和欧元较高外基本与全球情况接近（《中国外汇储备币种结构中美元仍占比最大》，汇通网，2010 - 09 - 03）。据透露，中国的外汇储备中，美元一直占绝对的优势，在 2004 年和 2005 年的最高峰时，占比更达到约 68%，而 65% 的比例也不是最低，基本上都在 60% 以上（《中国外汇储备美元比例达 65% 今年增持日韩国债》，载《法制晚报》，2010 - 09 - 04）。

中国社会科学院金融研究所研究员杨涛 2011 年 6 月 16 日在《中国金融》杂志上撰文称，中国外汇储备中美元资产占比接近 70%。杨涛 2011 年 6 月 20 日表示，接近 70% 的占比只是部分学者的估计，并非官方数据（《社科院研究员：美元资产占中国外汇储备比例近 70%》，凤凰网财经，2011 - 06 - 21）。王永中（2011）利用 2003 年到 2009 年美国财政部公布的我国持有各种美元资产数据，计算出了 2003 年第一季度末和 2002 年 6 月末到 2009 年 6 月末我国持有各类美元资产金额，进而计算出我国持有的美元资产占我国外汇储备比重并分析了我国持有美元储备的成本。

52.8.2 2000 年以来我国外汇储备中美元资产占比计算

虽然如上几个渠道美元、欧元、英镑和日元在中国外汇储备中的占比信息不很一致，而且全非国家官方公布的信息，但还是给出了我国外汇储备货币构成的一些有用的信息。虽然我国未公布过国家外汇储备的货币构成，但是王永中（2011）利用截至 2010 年美国财政部每年上半年各国持有不同类型的美元资产报告的数据（Report on Foreign Portfolio Holdings of U. S. Securities）给出了 2000 年 3 月底和 2002 年到 2009 年 6 月底我国持有不同类型的美元资产和我国持有的总美元资产数据。更新王永中（2011）的结果到 2014 年 6 月末，我们可以获得 2002 年 6 月底到 2014 年 6 月底我国持有的美元资产总额，结果如表 52 - 4 所示。

表 52 - 4 2000—2014 年我国持有的美元资产及其我国总外汇储备的比重

单位：亿美元，%

时间	美元资产总值	时间	美元资产总值	我国外汇储备值	美元资产占外汇储备比重
2000 年 3 月底	920	2000 年底	1217	1655.7	73.5
		2001 年底	1612	2121.7	76.0
2002 年 6 月底	1810	2002 年底	2180	2864.1	76.1
2003 年 6 月底	2550	2003 年底	2980	4032.5	73.9
2004 年 6 月底	3410	2004 年底	4340	6099.3	71.2
2005 年 6 月底	5270	2005 年底	6130	8188.7	74.9

续表

时间	美元资产总值	时间	美元资产总值	我国外汇储备值	美元资产占外汇储备比重
2006 年 6 月底	6990	2006 年底	8105	10663.4	76.0
2007 年 6 月底	9220	2007 年底	10635	15282.5	69.6
2008 年 6 月底	12050	2008 年底	13345	19460.3	68.6
2009 年 6 月底	14640	2009 年底	15375	23991.5	64.1
2010 年 6 月底	16110	2010 年底	16690	28473.4	58.6
2011 年 6 月底	17270	2011 年底	16595	31811.5	52.2
2012 年 6 月底	15920	2012 年底	16635	33115.9	50.2
2013 年 6 月底	17350	2013 年底	17760	38213.2	46.5
2014 年 6 月底	18170	2014 年底	17009	38430.2	44.3

数据来源：2003 年 3 月 31 日和 2002 年 6 月 30 日到 2009 年 6 月 30 日我国持有总美元资产数据来自王永中（2011）；2010 年到 2014 年 6 月 30 日相应的数据来自与王永中（2011）相同的数据源 Report on Foreign Portfolio Holdings of U. S. Securities；2015 年 6 月 30 日我国持有的美元资产总额根据美国财政部 2015 年 8 月公布的该年 6 月末我国持有的美国政府债券 12712 亿美元和 2010 年 6 月底到 2014 年 6 月底我国持有不同类型美元资产年平均变化估计得出；2000 年年底和 2001 年年底我国持有的美元资产总额根据 2000 年 3 月底到 2002 年 6 月底 9 个季度季均变化为该 9 个季度平均增额 98. 89 亿美元的假设计算得出；2002 年到 2014 年年底总金额根据上年 6 月末和下年 6 月总金额平均估算得出。

表 52 - 4 显示，2001 年、2002 年和 2006 年，我国外汇储备中美元资产比重高达 76% 甚至还略高些；2000 年到 2006 年 7 年美元资产占我国总外汇资产比重平均高达 74. 5%；然而从 2006 年到 2014 年美元资产占我国外汇储备比重年均下降到了 57%，比之前 7 年年均水平下降了 17. 5%；2013 年我国持有的美元资产首次低于 50%。

52.8.3　2000 年以来我国外汇储备资产中欧元、英镑和日元资产构成的假设

有了表 52 - 4 给出的 2000 年到 2014 年美元资产占我国外汇储备的比重数据，就能比较容易地估算和假设欧元、英镑和日元资产每年占我国外汇储备资产的比重。根据上文不同渠道给出的我国外汇储备资产构成信息和国际货币基金组织公布的十多年来美元、欧元、英镑和日元这四大储备货币在世界外汇储备中的占比变化趋势，我们假设从 2001 年到 2006 年，欧元在中国外汇储备中占比从 10% 持续上升到了 15%，英镑和日元资产占我国外汇储备的比重分别在 5% 和 3% 上下；2007 年到 2014 年欧元资产占比每年逐渐从 20% 上升到了 26%，英镑和日元资产占我国外汇储备的比重与前期相同。由于中国外汇储备不同投

资没有公开公布的回报数据，我们假设外汇储备的变化仅为相应货币的升值或者贬值所致。

52.8.4　2000年以来我国外汇储备资产中黄金和其他资产的构成

有了表52-4给出的2000年到2014年美元资产占我国外汇储备的比重和上文关于我国外汇储备资产中欧元、英镑和日元资产比重的假设，我们就可估算出我国外汇储备资产中其他资产的占比。根据人民银行历年公布的我国外汇储备中的黄金储备量和年底国际黄金价格，我们就可计算出每年年底我国外汇储备中黄金储备的占比。表52-4显示，2006年以来，特别是2008年以来我国持有的美元资产占外汇储备比重持续显著下降，而欧元、英镑和日元资产占比相对稳定，这些资产占比逐步显著低于100%，正是媒体报道的近年来我国分散外汇储备资产所致。我国外汇储备中美元、欧元、英镑和日元资产外的外汇储备资产主要以石油和矿产资源类资产为主，到2014年这类资产占我国外汇储备资产比重应该超过一成。由于近年来欧元、英镑和日元相对于美元贬值导致这些外汇储备资产价值下降的同时，黄金和其他资产价格下降也使我国外汇储备资产缩水，导致2014年以来我国外汇储备资产显著下降。

52.8.5　由于欧元、英镑和日元对美元升值或贬值及黄金储备市值变化引起的我国外汇储备变化估计

根据中国外汇储备如上构成假设和欧元、英镑、日元相对于美元从2000年12月到2015年6月月度升值或者贬值的幅度，我们可以估算出2001年1月到2015年6月每个月中国外汇储备以美元计价的增值或者贬值的金额，然后计算出每个季度相应的外汇储备变化。图52-5给出了这些结果。

图52-5显示，从2005年第一季度到2006年第四季度，由于欧元、英镑和日元对美元的升值或贬值及黄金储备市值变换导致外汇储备季度变化相对比较平稳，8个季度季均增长仅16.2亿美元，之前数年相应的季均变化更低；而2007年第一季度到2008年第一季度的5个季度内，季均增幅显著提高到了169.4%，显示金融危机前的一年多由于欧元、英镑和日元三个储备货币对美元的升值及黄金价格上升对国内外汇储备增量贡献显著增加，其中2008年第一季度总增量达到了届时历史最高峰398.1亿美元；2008年第三季度，由于金融危机爆发，欧元、英镑和日元对美元的贬值及黄金储备价值下降导致外汇储备季度下降了493.4亿美元，也创下届时单季下降的历史纪录；2009年第二季度和2010年第三季度三个储备货币兑美元升值即黄金储备价值提高分别创下单季增幅的历史纪录899.7亿美元和926.1亿美元，分别占当季国内外汇储备增幅的

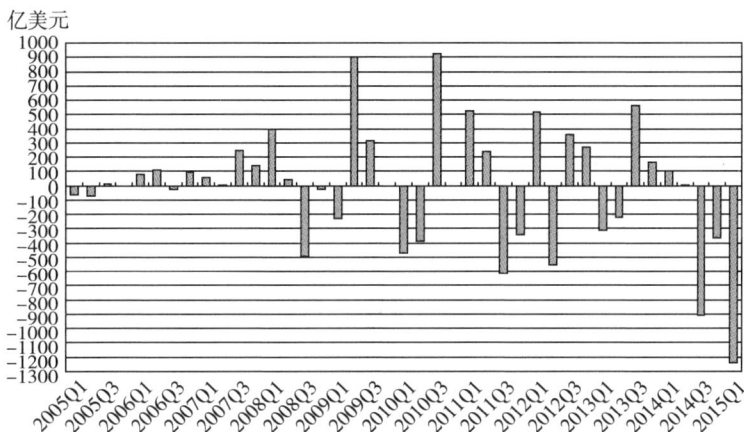

数据来源：根据来自中国人民银行的中国月度外汇储备数据和如上外汇储备货币构成假设，2004年12月底到2015年3月底美元与欧元、英镑、日元的汇率数据计算出欧元、英镑、日元兑美元的月度升值或贬值幅度及同期人行公布的国内黄金储备量和国际黄金价格计算得出。

**图52－5　由于主要国际储备货币对美元升值或
贬值及黄金储备价值变化导致的我国外汇储备变化金额**

50.6%和47.7%；2014年第三季度到2015年第一季度，三个储备货币兑美元贬值及黄金储备价值下降导致外汇储备持续显著下降，季均降额高达838.8亿美元，成为我国外汇储备下降的主要原因之一。

52.8.6　考虑欧元、英镑和日元对美元升值或贬值导致的季度外汇储备变化

根据图52－5的结果，我们将图52－3给出的2001年以来季度外汇储备变化减去由于三个储备货币兑美元升值/贬值及黄金储备市值变化导致的变化金额，从而得出季度资金流入额，结果如图52－6所示。比较图52－6和图52－3可以清楚地看出，图52－6给出的季度资金流量与人民币升值/贬值的关系更加密切，特别是金融危机之后，两者之间的正向相关性与金融危机之前更为接近。这种正相关的提升可以从两者之间的相关系数得到验证：图52－6中资金流入与人民币升值/贬值点数的相关系数在2005年第一季度到2008年第二季度为72.0%，与图52－3同期的相关系数相似；而图52－6中资金流入与人民币升值/贬值点数的相关系数在2008年第三季度到2015年第二季度却从图52－3同期的相关系数42.1%上升到了54.9%，提升了12.8%。金融危机前后资金流入与人民币升值/贬值升贴水点数的相关性的提高，特别是2008年第三季度到2011年第四季度相关系数从48.8%提高到了73.3%，提高了24.5%，显示我们

剔除由于欧元、英镑和日元对美元升值或贬值导致外汇储备增长或减少的部分更好地估算了资金流入和流出。实际上，金融危机爆发以来，特别是美国量化宽松政策退出以来，跨境资金撤离我国加速的幅度与人民币贬值预期幅度出现了之前十多年少见的问题。我们在其他地方还会进一步探讨。

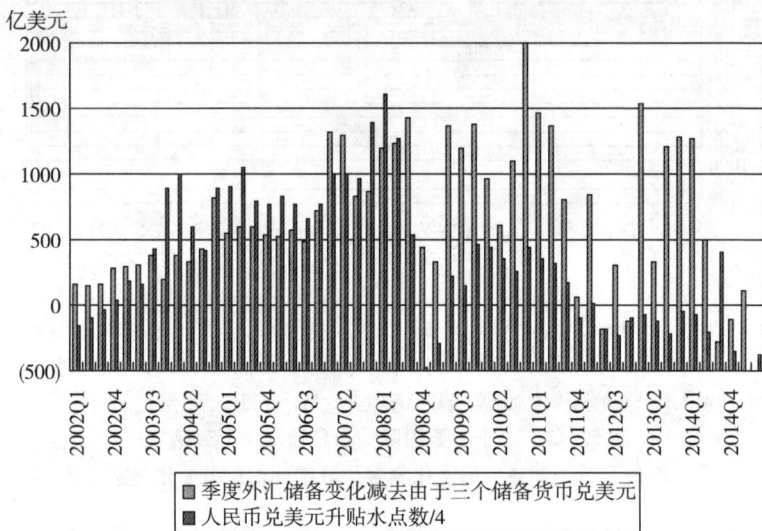

数据来源：用图 52-3 季度外汇储备变化数据减去图 52-5 给出的相应季度由于欧元、英镑和日元兑美元升值或贬值导致的外汇储备增额而得。

图 52-6 资金流入/流出总额及与人民币升、贴水的关系

52.8.7 考虑欧元、英镑和日元对美元升值或贬值导致的年度外汇储备变化

根据图 52-6 给出结果，我们可以容易地将图 52-1 给出的 2001 年以来年度外汇储备变化减去相应四个季度外汇储备升值/贬值金额，从而得出年度资金流入额，结果如图 52-7 所示。比较图 52-7 和图 52-1，我们可以看出年度资金流入与同年人民币升值/贬值的关系更加密切。利用图 52-7 给出的数据及之前的相应数据可以计算出 2001 年到 2007 年两者之间的相关系数为 88.6%，比图 52-1 相应的相关系数 86.6% 高 2%；而从 2008 年到 2014 年图 52-1 所示数据的相关系数为 42.7%，不够合理，而同期图 52-7 所示数据的相关系数却高达 57.6%，比前者合理性有所改善。这些数据显示，剔除由于欧元、英镑和日元对美元升值或贬值导致外汇储备增长或减少的部分也更好地估算了年度资金流入。

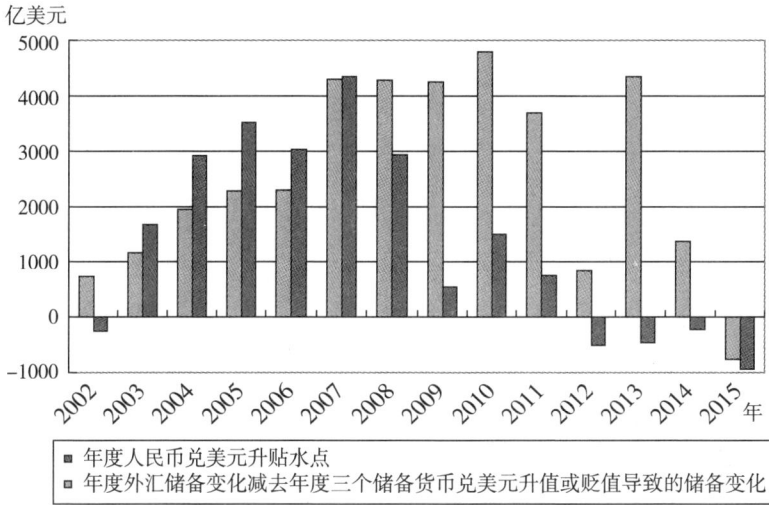

数据来源：用图 52-1 年度外汇储备变化数据减去图 52-5 给出的相应四个季度由于欧元、英镑和日元兑美元升值或贬值导致的外汇储备增额得出；2015 年数据为上半年数据。

图 52-7　2002 年到 2015 年我国外汇储备变化金额

52.9　我国涉外总收付差额与外汇储备变化的关系

国家外汇管理局从 2012 年开始每月公布我国月度涉外收入和涉外付款数据。这些数据使得我们理解涉外收付差额与外汇储备变化成为可能。图 52-8

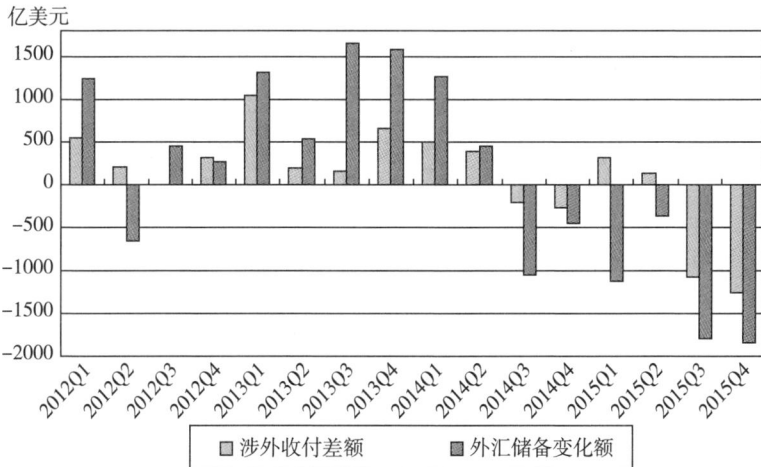

数据来源：涉外收付数据根据国家外汇管理局网站公布的月度数据计算得出，外汇储备数据来源同图 52-1。

图 52-8　我国涉外收付差额和相应的外汇储备变化额

给出了 2012 年第一季度到 2015 年第四季度我国涉外收付差额和相应的外汇储备变化额。

52.10　本章总结

我们在本章开始对"热钱"的定义和特性的介绍表明，"热钱"是非常复杂的概念，"热钱"的度量和估算尤为复杂。尽管如此，"热钱"还是可以用科学的方法进行科学的分析、科学的研究和科学的推算。从这个意义来讲，2011 年 2 月国家外汇局公布的我国第一个"热钱"报告具有重大的历史意义，为广大学者、业界人士、政策制定者和其他人士开了一个很好的头。由于"热钱"的复杂性和影响其流动的因素众多，而且随国内外市场变化，几乎不存在，或者难以找到在任何时候适用于任何国家的准确的估算方法。因此，我们本章的两种估算方法也一定存在这样或那样的不足，需要完善或提高。从很大程度上讲，本章的主要结果是本书集中研究境内外主要人民币产品和市场的延伸，换句话说，本书的主要研究内容为本章提供了不同程度的支持。如果对事物发生的动因没有一定程度的把握，那么我们就几乎不可能对事物的演变有可信的理解，更谈不上对今后发展趋势的把握。

第 51 章国际货币基金组织对近二十年来世界一百多个国家和地区资金流动的实证研究显示，没有任何发展中国家可以逃脱"热钱"流动的影响和冲击；第 2 章显示，甚至包括像美国这样全球头号经济和金融大国也难以做到对"热钱"冲击的完全屏蔽。作为全球最大的发展中国家和世界第二大经济体，在人民币国际化和国际金融体系改革势在必行的国内外环境下，"热钱"一定是我们未来多年都不可能回避的重大问题，对我国经济和金融体系的安全和持续稳步发展至关重要。因此我们今后还必须进一步深入、系统、扎实研究该重大问题，并在研究的基础上提出应对"热钱"流动的行之有效的措施。

第53章 虚假贸易等导致"热钱"流入和流出动的规模估算

第52章引用了国家外汇管理局前局长易纲"'热钱'很多情况下往往是披着合法的外衣，比如通过经常项目、FDI、个人等渠道流进来"的讲话，通过经常项目被排在各种"披着合法外衣"流入之首，可见虚假贸易在导入"热钱"的重要功能。本章在研究二十多年来我国虚假贸易的基础上，探讨跨境资金流入和撤离我国的规模。

本章结构如下：第53.1节介绍十多年来我国贸易顺差的异动和虚假程度；第53.2节介绍2002年到2015年我国贸易顺差对我国货币发行量的影响；第53.3节介绍我国大陆与香港特区间20多年来贸易的严重问题显示我国虚假贸易的严重程度和"热钱"流动规模巨大；第53.4节给出剔除我国大陆与香港间"初级"虚假贸易后两地贸易的计算结果；第53.5节简析大陆与港间虚假贸易发生的主要企业类型；第53.6节给出了剔除大陆与香港间"初级"虚假贸易和大陆与"中国"虚假贸易后总虚假贸易的计算结果；第53.7节在剔除总"初级"虚假贸易的基础上对国内虚假贸易进行估算；第53.8节讨论介绍1989年到2015年我国总虚假贸易额及分布；第53.9节小结我国虚假贸易研究结果；第53.11节介绍2014年和2015年我国服务贸易规模和逆差及对我国总贸易的影响；第53.12节讨论二十多年来两地虚假贸易证据对研究"热钱"流动的反思；第53.13节利用挤出虚假贸易顺差规模来估算"热钱"流入和流出的规模；第53.14节介绍流入亚洲新兴市场国家和地区不同类型的资金；第53.15节利用流入亚洲新兴市场国家和地区不同类型的资金数据估算流入中国的跨境资金，并比较挤出虚假贸易方法估算"热钱"规模的方法与国际金融协会方法估算出的结果；第53.16节总结本章。

53.1 2001年以来我国贸易顺差的异常变动

53.1.1 2001年以来我国实物贸易顺差

图53-1给出了2001年到2015年我国年度实物贸易顺差额。从图53-1可以看出，2000年到2004年，我国贸易顺差保持在200多亿美元到300多亿美元的水平，整体变化很小；但是从2004年到2005年，贸易顺差从321亿美元迅猛增长到了1020亿美元，首次超过1000亿美元，超过2002年到2004年三年贸易

顺差总和，同比增长率高达217.8%，为多年少见；2005年到2007年，同比增长分别高达74.0%和47.5%；从2004年到2007年三年贸易顺差年均增长率超过100%达到101.3%，比三年相应出口年均增长率27.1%高74.2%；2008年我国贸易顺差首次接近3000亿美元大关，2008年到2011年贸易顺差分别下降34.2%、6.6%和15.3%；2011年到2015年贸易顺差又分别增长了49.0%、12.4%、47.2%和55.4%，2015年贸易顺差5945亿美元接近6000亿美元，显示近4年来我国贸易总额单位数增长以至下降的同时，贸易顺差却重回高速增长的态势。

亿美元

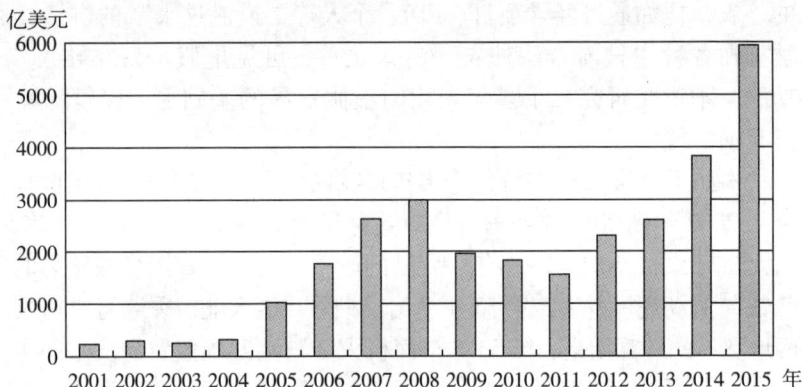

资料来源：海关总署网站，www.customs.gov.cn。

图 53 - 1　我国贸易顺差额

53.1.2　2005年到2008年我国贸易顺差猛增的各种解释

那么是什么因素导致2004年之后贸易顺差大幅度增长呢？金融危机前国内有竞争力提升说，即当时我国企业出口竞争力显著提升从而导致贸易顺差大幅度增长；有消费不足说，即我国消费不足导致出口增加；有经济结构有待完善说，即我国目前经济结构不够完善导致产品出口增大。这些说法可能都有道理，但是似乎没有任何一个能够较为满意地解释2004年到2005年一年贸易顺差的猛增，因为这些因素都很难在一年内发生突变。2005年国内唯一一个机制性的变化是当年7月的汇率改革，汇改之前12个月我国月均贸易顺差仅仅66.4亿美元，之后12个月月均贸易顺差迅速增长到了105.7亿美元，表明汇改对贸易顺差的影响明显。实际上汇改使得市场对人民币升值预期进一步增大，"热钱"通过开放了的经常项目大幅度流入我国，我们下文将通过数据实证如上假设。

53.1.3　2000年到2014年我国经常项目差额与出口和贸易总额比较

虚假贸易的严重程度也可以从经常项目差额与出口和贸易总额的比例看出。

图53-2给出了2000年到2014年我国经常项目差额与贸易总额和出口总额比例。图53-2显示，2000年到2003年经常项目差额与出口额比例平均仅为9%左右，而2003年到2007年该比例持续快速上升到了29.0%，增长了两倍多；2008年比例保持了比2007年略增的水平，但是2008年到2011年却大幅度下降到了7.2%，与2002年的比例相当；2011年到2014年4年平均比例仅为8.4%，比2000年到2003年的平均比例8.9%还要低些，显示2011年到2014年经常项目差额与出口比例回到了金融危机前高速增长前的水平，表明2004年到2008年我国经常项目中有可观程度的虚假成分。

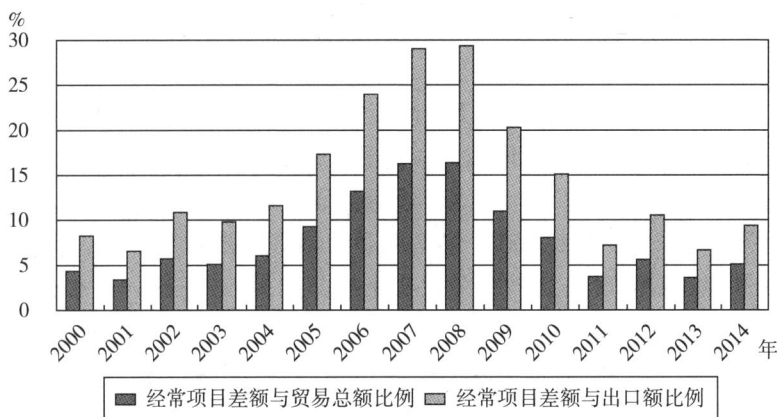

数据来源：经常项目差额来自国家外汇管理局；贸易数据来自商务部网站和海关总署网站。

图53-2 2000年到2014年我国经常项目差额与贸易总额和出口总额比例

53.1.4 2005年我国贸易顺差虚假程度估算

几年来中外媒体对该问题报道众多，然而多为描述性的。渣打银行王志浩（2006）利用环亚经济中国贸易伙伴的进口额和中国的出口额数据得出2005年我国贸易顺差1020亿美元中有670亿美元（占当年总顺差的65.7%）为非贸易资金流入的结论；利用2001年到2007年我国年度贸易数据，李东平（2008）得出2005年我国贸易顺差中有58%到61.5%为非贸易资金流入的成分。如上两个模型利用两种几乎完全不同的数据，得出的2005年虚假贸易的结果相差仅为42.7亿美元，非贸易成分比重最低相差仅为4.2%的结果很难是巧合，应该在很大程度上揭示当年贸易虚假程度。

53.2 2001年到2015年我国贸易顺差猛增对货币发行量的影响

贸易顺差的高速增长直接对我国货币发行产生巨大的影响。利用商务部公布的 2000 年以来每月贸易顺差和人民银行公布的相应人民币/美元月均汇率，我们可以容易地计算出每年通过贸易顺差流入我国的资金占我国同年货币发行总额的比例。结果显示，2002 年到 2004 年的三年，仅贸易顺差导致的货币发行占我国年度 M_1 总额的比重分别为 22.2%、16.0% 和 22.3%，三年平均为 20.2%；而 2005 年到 2007 年的三年，贸易顺差导致的货币发行占我国年度 M_1 总额的比重分别为 72.8%、73.9% 和 72.2%，三年平均为 73.0%，接近四分之三；2008 年金融危机爆发，由于当年我国 M_1 发行增量比 2007 年下降了 48.3% 到 1.37 万亿元，而同年我国贸易顺差却不降反增到了 2981.3 亿美元，导致当年 M1 增量与贸易顺差比例达到了历史高位 148.8%；2008 年到 2011 年我国贸易顺差连续三年持续下降到了 1551.4 亿美元，三年贸易顺差与贸易顺差比例分别显著降低到了 24.2%、26.8% 和 42.1%，三年年均 28.5%，回到了仅比 2002 年到 2004 年年均 20.2% 略高的较为合理的水平。

但是，2011 年到 2013 年，贸易顺差与贸易顺差比例又猛增到了 77.2% 和 56.2%，两年年均高达 66.7%，接近金融危机前 2005 年到 2007 年年均 73.0% 的高位；由于 2014 年美国推出量化宽松政策，我国当年 M_1 发行增量比 2013 年大幅度下降了 62.4%，同时贸易顺差却增长了 47.2%，导致当年贸易顺差与 M_1 增量比例再次创下历史新高到 218.2%；2015 年 M_1 增额比 2014 年增长了 3.9 倍，导致贸易顺差与 M_1 增量比例下降到了 70.0%，虽然比 2014 年大幅度下降，但是却接近金融危机前三年略超 70% 的高位。

仅靠正常的贸易很难想象贸易顺差会从 2002 年到 2004 年对货币发行的影响超过五分之一高速增长到之后的三年接近四分之三的高位；而且金融危机后我国货币发行也明显受到美国量化宽松政策的影响，导致贸易顺差与 M_1 发行增额比例显著变化。如果没有虚假贸易，贸易顺差难以对货币发行产生如此大的影响。

53.3 大陆与香港特区间 20 多年来贸易的严重问题

上文利用李东平（2008）的方法对十多年来我国虚假贸易和虚假贸易顺差有了一定的认识。然而由于李东平的方法技术性较强，其结果的直观性也有待进一步提高。张光平（2014，第 17 章）利用 1995 年到 2013 年我国大陆公布的大陆与香港特区的贸易数据和同期香港特区公布的香港与大陆间贸易数据的差异指出了两地间贸易的虚假成分和程度，张光平（2015）更新和扩展了张光平（2014）的结果。本节主要利用张光平（2015）的结果。本节的目的首先是使读者对我国大陆二十多年来虚假贸易严重程度有更直观的认识，进而对二十多年来"热钱"流出和流入我国大陆的规模有直观的认识，因此对"热钱"流出和流入我国有更有说服力的论据。

53.3.1　大陆进出口数据的严重问题

表53－1给出了1989年到2015年我国大陆出口、进口、贸易顺差和大陆与香港的相关贸易数据。表53－1显示，从1989年到2015年的27年间，仅1997年、1998年、2006年到2009年及2014年和2015年8年大陆与香港特区的贸易顺差占大陆总贸易顺差比重在0到100％之内的基本合理范围内，其他17年大陆与香港的贸易顺差大于大陆总贸易顺差，1989年和1993年两者方向恰恰相反，前者为顺差而后者却为逆差，因此27年有19年大陆与香港贸易数据出现严重的不合理问题。考虑到香港人口和经济规模相对较小，1997年和2014年大陆与香港的贸易顺差超过大陆总贸易顺差90％的比重实际上也不够合理。

表53－1　我国大陆进出口和我国大陆与香港特区进出口相关贸易数据

单位：亿美元，％

年份	总出口额	总进口额	贸易顺差	大陆对香港的出口额	大陆从香港的进口额	大陆与香港的贸易顺差	大陆与香港外的贸易顺差	大陆与香港的贸易顺差占总顺差比例	大陆与香港外的贸易顺差占总顺差比例
1989	525.4	591.4	(66.0)	142.7	79.7	63.0	−129.0	−95.5	195.5
1990	620.9	533.5	87.4	266.5	142.5	124.0	−36.6	141.8	−41.8
1991	719.1	637.9	81.2	321.4	174.6	146.7	−65.5	180.7	−80.7
1992	849.4	805.9	43.5	375.1	205.3	169.8	−126.3	390.3	−290.3
1993	917.4	1039.6	(122.2)	220.5	104.6	115.9	−238.1	−94.9	194.9
1994	1210.1	1156.1	54.0	323.6	94.6	229.0	−175.0	424.1	−324.1
1995	1487.8	1320.8	167.0	359.8	85.9	273.9	−106.9	164.0	−64.0
1996	1510.5	1388.3	122.2	329.1	78.3	250.8	−128.6	205.2	−105.2
1997	1827.9	1423.7	404.2	437.8	69.9	367.9	36.3	91.0	9.0
1998	1837.1	1402.4	434.7	387.5	66.6	320.9	113.8	73.8	26.2
1999	1949.3	1657.0	292.3	368.9	68.9	300.0	−7.7	102.6	−2.6
2000	2492.0	2250.9	241.1	445.2	94.3	350.9	−109.8	145.5	−45.5
2001	2661.0	2435.5	225.5	465.5	94.2	371.2	−145.7	164.6	−64.6
2002	3256.0	2951.7	304.3	584.7	107.4	477.2	−172.9	156.8	−56.8
2003	4382.3	4127.6	254.7	762.9	111.2	651.7	−397.0	255.9	−155.9
2004	5933.3	5612.3	321.0	1008.8	118.0	890.8	−569.8	277.5	−177.5
2005	7619.5	6599.5	1020.0	1244.8	122.3	1122.5	−102.5	110.1	−10.1
2006	9689.4	7914.6	1774.8	1553.9	107.9	1446.0	328.8	81.5	18.5

续表

年份	总出口额	总进口额	贸易顺差	大陆对香港的出口额	大陆从香港的进口额	大陆与香港的贸易顺差	大陆与香港外的贸易顺差	大陆与香港的贸易顺差占总顺差比例	大陆与香港外的贸易顺差占总顺差比例
2007	12177.8	9559.5	2618.3	1844.3	128.2	1716.2	902.1	65.5	34.5
2008	14306.9	11325.6	2981.3	1907.4	129.2	1778.2	1203.1	59.6	40.4
2009	12016.6	10056.0	1960.6	1662.3	87.1	1575.2	385.4	80.3	19.7
2010	15779.3	13948.3	1831.0	2183.2	122.6	2060.6	−229.6	112.5	−12.5
2011	18986.0	17434.6	1551.4	2680.3	155.0	2525.3	−973.9	162.8	−62.8
2012	20489.5	18178.3	2311.2	3235.3	179.6	3055.7	−744.5	132.2	−32.2
2013	22100.4	19502.9	2597.5	3847.9	162.2	3685.8	−1088.3	141.9	−41.9
2014	23427.5	19602.9	3824.6	3631.9	129.0	3502.9	321.7	91.6	8.4
2015	22749.5	16819.5	5930.0	3308.9	127.7	3181.2	2748.8	53.6	46.4

数据来源：商务部网站，www.mofcom.gov.cn 和国家海关总署网站，www.chinacostomsstat.com。

香港多年来经济总量占世界经济的比重不到0.4%，进出口贸易世界占比不到3%，然而大陆与香港贸易顺差额却在绝大多数年份超过大陆总贸易顺差额，1990年以来甚至有5年大陆与香港贸易顺差超出大陆总贸易顺差一倍以上。这些数据表明，大陆的贸易数据，特别是大陆与香港特区的贸易数据存在严重的问题。

53.3.2 香港特区公布的与我国大陆公布的双方贸易数据对比

我国大陆公布的与香港贸易数据与香港公布的与我国大陆公布的双方贸易数据除有一定幅度的误差外，应该与香港自大陆的进口数据相当，但事实上双方公布的相应数据却存在着巨大的差异。

表53-2给出了1989年到2015年香港政府统计处公布的香港从大陆的进口和向大陆的出口数据及与表53-1给出的大陆与香港贸易数据的差异。从香港特区公布的与我国大陆进出口贸易数据及与大陆公布的相应数据对比可以看出，1989年到2005年香港公布的从大陆的进口远超过大陆公布的对香港的出口数据；2006年到2015年上半年，大陆公布的对香港特区的出口数据又远大于香港公布的香港从大陆的进口数据。从数据的变化可以明显看出，2006年以来大陆向香港的出口开始超过香港从大陆的进口，背后的原因是2005年人民币对美元升值之前跨境资金主要通过压低我国出口的方法撤离大陆，而2005年后却通过抬高出口流入大陆。两地贸易数据的背离是造成大陆与香港特区总贸易数据异

常的主因之一，是跨境资金流出和流入所致。

表 53 – 2　　　香港特区公布的与我国大陆进出口贸易数据及相关比较

年份	大陆对香港的出口额（国内数据）A	大陆从香港的进口额（国内数据）B	香港从大陆的进口（香港数据）C	香港对大陆的出口（香港数据）D	A – C	B – D
1989	142.7	79.7	252.1	55.5	(109.5)	24.2
1990	266.5	142.5	303.2	60.9	(36.7)	81.6
1991	321.4	174.6	377.6	70.0	(56.2)	104.6
1992	375.1	205.3	457.9	80.1	(82.8)	125.2
1993	220.5	104.6	519.9	81.9	(299.4)	22.6
1994	323.6	94.6	609.3	78.9	(285.7)	15.6
1995	359.8	85.9	697.5	82.2	(337.6)	3.7
1996	329.1	78.3	737.6	79.7	(408.6)	(1.4)
1997	437.8	69.9	785.7	82.5	(347.9)	(12.6)
1998	387.5	66.6	749.6	72.4	(362.1)	(5.8)
1999	368.9	68.9	783.4	67.3	(414.5)	1.7
2000	445.2	94.3	914.1	71.0	(468.9)	23.3
2001	465.5	94.2	874.4	63.5	(408.9)	30.7
2002	584.7	107.4	919.5	53.0	(334.8)	54.4
2003	762.9	111.2	1009.0	47.2	(246.1)	64.0
2004	1008.8	118.0	1179.1	48.7	(170.3)	69.3
2005	1244.8	122.3	1346.5	57.3	(101.7)	65.0
2006	1553.9	107.9	1536.9	51.8	16.9	56.0
2007	1844.3	128.2	1703.0	52.0	141.3	76.2
2008	1907.4	129.2	1809.5	44.6	97.9	84.7
2009	1662.3	87.1	1612.9	34.4	49.5	52.7
2010	2183.2	122.6	1971.6	40.2	211.6	82.4
2011	2680.3	155.0	2206.4	39.4	473.9	115.5
2012	3235.3	179.6	2372.9	33.5	862.4	146.1
2013	3847.9	162.2	2455.8	31.9	1392.1	130.2
2014	3631.9	129.0	2745.9	34.7	886.0	94.4
2015H1	1419.5	43.5	1195.0	11.9	224.5	31.6

　　数据来源：国内数据同表 1，1990 年到 2011 年香港数据来自香港特别行政区政府统计处公布的以港元为单位的贸易数据根据同期港元对美元日均汇率折合成美元而得；2013 年数据来自 2015 年 2 月 5 日香港特别行政区政府统计处公布的该两年以港元为单位的贸易数据根据同期港元对美元日均汇率折合成美元而得；2014 年数据和 2015 年上半年数据根据 2015 年 8 月 13 日香港特区政府统计处公布的 2014 年全年和 2015 年前 6 个月香港特区对大陆的贸易指数计算得出；2015 年数据为该年上半年数据。

53.3.3　香港对大陆出口与大陆自港进口也存在明显的差异

大陆向香港的出口与香港自大陆的进口出现巨大差异的同时，大陆自香港的进口与香港对大陆的出口间也存在明显的差异。从表 53 - 2 可以看出，1989年到 2015 年的 27 年间，除 1996 年到 1998 年的三年大陆自香港进口略低于香港对大陆出口外，其他年份大陆自香港的进口皆显著大于香港对大陆的出口，特别是 2002 年到 2009 年大陆从香港的进口超过香港对大陆的出口一倍多，2010年到 2014 年前者更超过后者两倍多，以上数据的不吻合再次表明两地进出口贸易数据存在严重的差异。

53.3.4　大陆与香港贸易数据和香港与大陆贸易数据间巨大差异简析

除通常的统计误差外，大陆对香港的出口数据应与香港自大陆的进口数据大体吻合，不应存在特别大的差异。然而表 53 - 2 显示，1989 年到 2001 年的 13年间前者平均仅为后者的 55.1%，而 2010 年到 2014 年前者累计超过后者32.6%。进一步对比发现，1990 年到 2000 年香港公布的从大陆的进口与我国大陆公布的大陆对香港的出口差额总体呈现上升趋势，从 36.7 亿美元上升到了468.9 亿美元；而从 2000 年到 2005 年，两者的差异却持续显著缩小。这些差额的变化与 2002 年境外人民币汇率预期从贬值转向升值密不可分（见张光平，2014）。当本币贬值预期出现时，境外投资者通过压低出口和/或者抬高进口达到将收益撤离的目的；而当本币升值预期出现时，境外投资者通过抬高出口和/或者压低进口达到将境外"热钱"导入境内的目的。表 53 - 2 给出的大陆对香港的出口（A）与香港自大陆的进口（C）差额（A - C）从 2000 年开始持续缩小，而且到 2006 年首次出现正数 16.9 亿美元，2007 年到达金融危机前的最高峰 141.3 亿美元，这正好表明从 2000 年到 2005 年通过虚假贸易渠道流出我国的跨境资金额持续减小，在金融危机前的 2006 年跨境资金通过虚假贸易渠道从流出变为流入，并在 2007 年流入达到了危机前的最高峰。这些数据也从一定程度上给出了图 53 - 1 给出的 2005 年我国贸易顺差比 2004 年增长了 200% 以上的原因。

53.4　剔除我国大陆与香港间"初级"虚假贸易的结果

香港在国际经贸方面有着丰富的国际经验，其贸易数据应该更符合国际惯例，准确率也应更高。因此我们可以将表 53 - 2 给出的香港自大陆的进口及香港对大陆的出口数据视作大陆对香港的出口和自香港的进口的真实数据。将表53 - 2 给出的香港公布的自大陆的进口数据"取代"表 53 - 1 给出的大陆公布的对香港的出口数据（即剔除表 53 - 1 中的"初级"虚假出口数据）；同时以表53 - 2 给出的香港公布的对大陆出口数据"取代"表 53 - 1 中大陆公布的自港进口数据（即剔除表 53 - 1 中的"初级"虚假进口数据），即可获得 1989 年到2015 年我国大陆较为真实的总出口和进口数据，表 53 - 3 给出了相应的结果。

表 53 - 3　　　　剔除"初级"虚假贸易后我国大陆总进出口数据和

与香港特区的较为合理的贸易顺差比例　　单位：亿美元，%

年份	总出口额	总进口额	总贸易顺差	大陆与香港的贸易顺差占总顺差比例	大陆与香港外的贸易顺差占总顺差比例
1989	634.9	567.2	67.6	93.1	6.9
1990	657.6	451.9	205.7	60.3	39.7
1991	775.3	533.3	242.0	60.6	39.4
1992	932.2	680.7	251.5	67.5	32.5
1993	1216.8	1017.0	199.9	58.0	42.0
1994	1495.8	1140.5	355.3	64.5	35.5
1995	1825.4	1317.1	508.4	53.9	46.1
1996	1919.0	1389.7	529.3	47.4	52.6
1997	2175.9	1436.3	739.6	49.7	50.3
1998	2199.2	1408.2	791.0	40.6	59.4
1999	2363.8	1655.3	708.4	42.3	57.7
2000	2960.9	2227.6	733.2	47.9	52.1
2001	3069.9	2404.8	665.1	55.8	44.2
2002	3590.8	2897.3	693.4	68.8	31.2
2003	4628.4	4063.6	564.8	115.4	-15.4
2004	6103.6	5543.0	560.6	158.9	-58.9
2005	7721.2	6534.5	1186.7	94.6	5.4
2006	9672.5	7858.6	1813.9	79.7	20.3
2007	12036.5	9483.3	2553.2	67.2	32.8
2008	14209.0	11240.9	2968.0	59.9	40.1
2009	11967.1	10003.3	1963.8	80.2	19.8
2010	15567.7	13865.9	1701.8	121.1	-21.1

年份	总出口额	总进口额	总贸易顺差	大陆与香港的贸易顺差占总顺差比例	大陆与香港外的贸易顺差占总顺差比例
2011	18485.6	17319.1	1166.6	216.5	-116.5
2012	19627.1	18032.2	1594.8	191.6	-91.6
2013	20708.3	19372.7	1335.6	276.0	-176.0
2014	22541.4	19508.5	3032.9	115.5	-15.5
2015H1	10494.2	8054.6	2439.6	56.4	43.6

数据来源和计算说明：大陆对香港的出口额与香港从大陆的进口额差根据表52-4和表52-5的数据计算得出；大陆从香港的进口额与香港对大陆的出口额差也根据表52-4和表53-1的数据计算得出；表53-1中总出口额是表52-4总出口额减去表53-1中"A-C"；表53-2中总进口额是表52-4总进口额减去表53-1中"B-C"；表53-2中总贸易顺差根据表53-2给出的总出口和总进口额计算得出；2015年数据为上半年数据。

表53-3给出的我国大陆与香港贸易顺差占总贸易顺差的比例与表53-1相比更为合理：表53-1给出的比例中，仅有6年的数据在0到100%之间，属于较为合理的区间，而表53-3较为合理年份增长到了20年，不合理年份仅为2003年和2004年及2010年到2014年的7年，清楚地证明了剔除两地间"初级"虚假贸易数据方法的合理性。

53.5　内地与香港间虚假贸易发生的主要企业类型

大陆与香港特区存在的巨大虚假贸易究竟是哪些类型的机构进行的？仔细观察国家海关总署公布的按企业性质分类的进出口额与大陆对港贸易数据，可以发现从我国大陆总贸易顺差中减去国有企业和外商投资企业贸易顺差后剩余的其他企业贸易顺差与大陆对港贸易顺差走势惊人一致。图53-3给出了2003年到2015年上半年我国大陆除外资企业和国有企业外的其他企业贸易顺差和大陆与香港特区贸易顺差额的走势。

图53-3显示，自2003年以来，大陆与香港的贸易顺差同与大陆除外资企业和国有企业外的其他企业的贸易顺差在2005年、2007年、2009年到2013年几乎相同，两者相差不到10%，其他年份的差异也相当小，2003年到2013年的11年两者累计差额329.7亿美元，差异仅占大陆与香港累计贸易顺差的1.6%。大陆与香港特区间的贸易顺差额同与大陆除外资企业和国有企业外其他企业十多年来如此相近的贸易顺差额难以用巧合来解释，表明2003年到2013年十多年大陆与香港特区虚假贸易主要是通过与大陆除外资和国有企业外的其他企业来进行的。

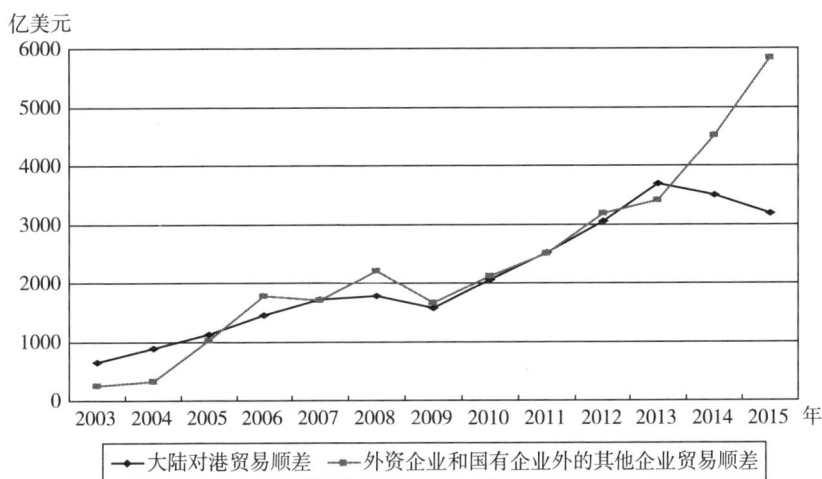

数据来源：大陆与香港贸易数据来自表 53 - 1，大陆除外资企业和国有企业外的其他企业贸易顺差数据来自海关总署网站，www. chinacustomsstat. cn 公布的每年总贸易顺差减去相应的外资企业和国有企业的贸易顺差数据得出；2015 年数据为上半年数据。

**图 53 - 3 我国大陆与香港特区贸易顺差和
大陆除外资企业和国有企业外的其他企业贸易顺差对比**

但是，值得关注的是，图 53 - 3 显示，2014 年和 2015 年除外资和国有企业外的其他企业贸易顺差分别高达 4516 亿美元和 5836. 1 亿美元，分别占当年我国总贸易顺差比重高达 118. 1% 和 98. 4%，相应的占比虽然从 2011 年的 161. 7% 持续下降，然而这些其他企业的贸易顺差比大陆与香港的贸易顺差却分别高出 1013 亿和 2655 亿美元，分别高出 28. 9% 和 83. 5%，出现了 2003 年到 2013 年基本吻合后的巨大异动，表明 2014 年以来外资和国有企业外的其他企业贸易中有严重的问题。

53. 6 剔除"初级"虚假贸易后国内虚假贸易的估算

53. 6. 1 我国从"中国"的进口介绍

笔者在十年前开始研究我国贸易数据时发现我国有一个非常特殊的贸易伙伴："中华人民共和国"（国家统计局用"中华人民共和国"，而海关总署近年来用"中国"代表该特殊贸易伙伴。为了方便起见，下文我们用"中国"代表该特殊贸易伙伴）。具体来说，2001 年我国大陆从"中国"的进口额还仅有

86.7 亿美元，然而从 2001 年到 2008 年 7 年间该数据迅速增长到了 924.6 亿美元，7 年年均复合增长率高达 40.2%，比同期我国出口和进口的年均复合增长率 27.2% 和 24.6% 分别高出 13 个和 15 个百分点；2008 年到 2013 年大陆从"中国"的进口额仍然保持了两位数的年均增长率 11.2%，2013 年该进口额更是高达 1575.4 亿美元，超过当年大陆自美国和台湾省的进口额，成为当年大陆仅次于韩国和日本的第三大进口"国"；2014 年虽然自"中国"的进口出现了 2001 年以来的首次减少，为 1448.4 亿美元，但仍然超过同年自美国和台湾省的进口额，保持了大陆第三大进口"国"的地位；2015 年上半年我国自"中国"的进口比 2014 年同期略微下降到了 643.6 亿美元，略微低于同期大陆从台湾的进口额。图 53-4 给出了 2001 年以来我国自"中国"的进口金额。

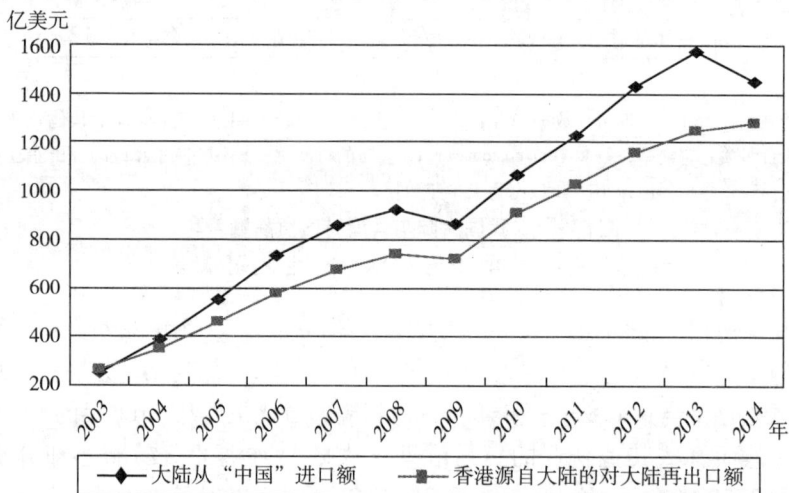

数据来源：香港源自大陆向大陆转出口额数据根据香港统计处 2013 年 6 月公布的香港与内地的贸易统计数据根据相应年份港元与美元年均汇率折合而得，大陆自"中国"的进口数据来自国家海关总署网站；2013 年和 2014 年的数据根据香港商品贸易统计（2014 年周年副刊）中香港对大陆的转口贸易总额及之前年份香港源自大陆且出口到大陆的贸易占比估算得出。

图 53-4　香港源自大陆产品向大陆的再出口额与大陆从"中国"的进口额比较

53.6.2　香港源自大陆的向大陆转口贸易额与大陆从"中国"进口额比较

根据香港政府统计处的数据显示，香港特区对大陆的贸易中最重要的是转口贸易，2003 年到 2014 年间香港对大陆的转口贸易额从 7057.9 亿港元增长到了 19558.2 亿港元，与相应年份香港自大陆的总进口额相当。香港对大陆的转口贸易事实上包括香港源自大陆、美国、日本、欧盟等国家和地区的进口通过香港包装后再向大陆出口的转口贸易，这种贸易形式近年来占据两地贸易的最大份额。这种将其他国家和地区通过香港转口的向大陆的出口也记作大陆自香港的转口进口的统计方法，与国内的外贸统计方法不一致。按照国内的外贸统计原则，其他国家和地区的产品通过香港出口到大陆的贸易，并不计作香港对大陆的出口，而记作转口出口。大陆从"中国"的进口额理论上应该相当于香港源自大陆的产品向大陆的转口贸易额。图52－4给出了2003年到2014年间两者的金额比较。

图52－4显示，2003年，大陆自"中国"的进口还低于香港源自大陆的向大陆的转口贸易额12.9亿美元，然而从2004年到2013年，前者却持续超过后者，而且超过的额度持续上升到了329.6亿美元，2014年前者超过后者的额度下降到了2013年一半的水平到了165.9亿美元。从2004年到2007年，前者超过后者的幅度从10.92%持续上升到了27.5%；2007年到2010年，前者超过后者的幅度又持续下降到了17.5%；2010年到2013年前者超过后者的幅度重回26.5%，而2014年却下降到了12.9%的低位，显示前者超过后者的幅度与人民币兑美元升贬值有关。表52－11显示，尽管大陆自"中国"的进口与香港源自大陆产品向大陆的转口贸易额非常接近，但是大陆自"中国"的进口与香港源自大陆的转口贸易间的差额应该是虚假贸易。

53.6.3 剔除大陆从"中国"的"初级"虚假进口对我国贸易数据的影响

从表53－4给出的我国大陆总进口中剔除相应年份我国大陆自"中国"的进口额，我们可以得出1989年到2015年我国总贸易、与香港的贸易及与香港外其他地区的总贸易顺差及占比数据，结果如表53－4所示。

表53－4　　　　剔除我国大陆与香港特区及和"中国"的
"初级"虚假贸易额后的我国进出口数据及相关占比

单位：亿美元，%

年份	总出口额	总进口额	贸易顺差	大陆与香港的贸易顺差（大陆数据）占总顺差比例	大陆与香港外的贸易顺差占总顺差比例	大陆与香港的贸易顺差（香港数据）占总顺差比例
1989	634.9	567.2	67.6	93.1	6.9	290.7
1990	657.6	451.9	205.7	60.3	39.7	117.8
1991	775.3	533.3	242.0	60.6	39.4	127.1
1992	932.2	680.7	251.5	67.5	32.5	150.2

续表

年份	总出口额	总进口额	贸易顺差	大陆与香港的贸易顺差（大陆数据）占总顺差比例	大陆与香港外的贸易顺差占总顺差比例	大陆与香港的贸易顺差（香港数据）占总顺差比例
1993	1216.8	1017.0	199.9	58.0	42.0	219.1
1994	1495.8	1140.5	355.3	64.5	35.5	149.3
1995	1825.4	1317.1	508.4	53.9	46.1	121.0
1996	1919.1	1389.7	529.4	47.4	52.6	124.3
1997	2175.8	1436.3	739.5	49.7	50.3	95.1
1998	2199.2	1408.2	791.0	40.6	59.4	85.6
1999	2363.8	1655.3	708.4	42.3	57.7	101.1
2000	2960.9	2227.6	733.2	47.9	52.1	115.0
2001	3069.9	2318.1	751.8	49.4	50.6	107.1
2002	3590.8	2747.5	843.2	56.6	43.4	102.7
2003	4628.4	3812.7	815.7	79.9	20.1	117.9
2004	6103.6	5156.4	947.2	94.0	6.0	119.3
2005	7721.2	5982.9	138.3	64.6	35.4	74.2
2006	9672.5	7125.3	2547.2	56.8	43.2	58.3
2007	12036.5	8625.6	3410.9	50.3	49.7	48.4
2008	14209.0	10316.3	3892.7	45.7	54.3	45.3
2009	11967.1	9139.2	2828.0	55.7	44.3	55.8
2010	15567.7	12797.1	2770.6	74.4	25.6	69.7
2011	18512.1	16092.9	2419.2	104.4	-4.4	89.6
2012	19627.1	16603.6	3023.4	101.1	-1.1	77.4
2013	20708.3	17797.3	2911.0	126.6	-26.6	83.3
2014	22541.5	18060.1	4481.3	78.2	21.8	60.5
2015H1	10494.2	7411.0	3083.2	44.6	55.4	38.4

数据来源：总进口额是从表52－6总进口额减去2001年以来大陆自"中国"的进口额而得后计算得出；2015年数据为该年上半年数据。

相对表53－3来说，表53－4给出的大陆与香港贸易顺差占大陆总贸易顺差比例更为合理：仅除2011年到2013年3年我国大陆与香港的年度贸易顺差占我国总顺差的比重略超过100％外，其他年份比重皆回到了0到100％的基本合理区间，基本合理年份年均比重为58.9％，因此表52－8给出的我国大陆贸易数据比表 52 - 7 更为合理；同期大陆与香港以外的其他国家和地区的年度贸易顺差占总贸易顺差的比重也皆位于 0 到 100% 的合理区间，年均 41.1%；虽然2011 年到 2013 年我国大陆与香港的贸易顺差占我国大陆总贸易顺差的比重仍然超过 100%，但超出的幅度却较表 53 - 3 给出的相应比重大幅度下降，同期大陆与香港以外的其他国家和地区的贸易顺差占我国大陆总贸易顺差虽仍为负数，但低于 0 的幅度也比表 53 - 3 显著下降，表明表 53 - 4 剔除大陆从"中国"的"初级"虚假进口方法的合理性。我们在第 55 章研究人民币跨境贸易结算时会专门分析判断 2011 年到 2013 年大陆与香港贸易顺差超过大陆总贸易顺差的主要原因是虚假人民币跨境贸易结算所致。

53.7　剔除"初级"虚假贸易后国内虚假贸易的估算

在表 53 - 4 给出的剔除"初级"虚假贸易后我国总进出口贸易数据的基础上，我们利用李东平（2008）的模型，进一步分析我国虚假贸易的规模。表53 - 5 给出了大陆总出口/进口比例、大陆对香港出口和进口比例及大陆与香港外的其他国家和地区出口/进口比例。

表 53 - 5　　　　　　　剔除"初级"虚假贸易后我国大陆、
香港和香港外其他地区出口与进口的比例　　单位：亿美元，%

年份	总出口额	总进口额	贸易顺差	总出口额/总进口额	大陆与香港总出口额/大陆与香港总进口额	大陆与香港外总出口额/大陆与香港外总进口额
1989	634.9	567.2	67.6	1.1193	4.5451	0.7479
1990	657.6	451.9	205.7	1.4551	4.9744	0.9065
1991	775.3	533.3	242.0	1.4538	5.3922	0.8585
1992	932.2	680.7	251.5	1.3695	5.7191	0.7897
1993	1216.8	1017.0	199.9	1.1965	6.3466	0.7453
1994	1495.8	1140.5	355.3	1.3116	7.7181	0.8351
1995	1825.4	1317.1	508.4	1.3860	8.4887	0.9134
1996	1919.1	1389.7	529.4	1.3809	9.2576	0.9019
1997	2175.8	1436.3	739.5	1.5149	9.5248	1.0268
1998	2199.2	1408.2	791.0	1.5617	10.3561	1.0852
1999	2363.8	1655.3	708.4	1.4280	11.6464	0.9952
2000	2960.9	2227.6	733.2	1.3292	12.8697	0.9491

年份	总出口额	总进口额	贸易顺差	总出口额/ 总进口额	大陆与香港总 出口额/大陆与 香港总进口额	大陆与香港外总 出口额/大陆与 香港外总进口额
2001	3069.9	2318.1	751.8	1.3243	13.7643	0.9738
2002	3590.8	2747.5	843.2	1.3069	17.3315	0.9914
2003	4628.4	3812.7	815.7	1.2139	21.3735	0.9612
2004	6103.6	5156.4	947.2	1.1837	24.2302	0.9641
2005	7721.2	5982.9	1738.3	1.2905	23.5155	1.0758
2006	9672.5	7125.3	2547.2	1.3575	29.6444	1.1502
2007	12036.5	8625.6	3410.9	1.3954	32.7644	1.2053
2008	14209.0	10316.3	3892.7	1.3773	40.6118	1.2071
2009	11967.1	9139.2	2828.0	1.3094	46.8709	1.1372
2010	15567.7	12797.1	2770.6	1.2165	49.0599	1.0658
2011	18512.1	16092.9	2419.2	1.1503	55.9450	1.0157
2012	19627.1	16603.6	3023.4	1.1821	70.7303	1.0413
2013	20708.3	17797.3	2911.0	1.1636	76.8739	1.0274
2014	22541.5	18060.1	4481.3	1.2481	79.2405	1.0982
2015H1	10494.2	7411.0	3083.2	1.4160	100.2581	1.2568

数据来源：根据表53-1到表53-4的相关数据和结果计算得出。

表53-5显示，我国大陆总出口与总进口比例1998年达到最高峰1.5617之后开始持续下降，并于2004年达到了金融危机前的最低点1.1837；2004年到2007年大陆总出口与总进口比例重新达到了新的峰值1.3954；2007年到2011年大陆总出口与总进口比例又达到了新的低谷1.1503；2011年到2014年再次回到了1.416的较高水平；在大陆总出口与进口比例涨跌反复的同时，大陆香港的出口与大陆相当的进口比例却从1989年到2015年保持了持续显著增长的态势，仅在2005年略有减缓之外，其他年份皆保持了持续增长的态势，显示出两地贸易数据剔除"初级"虚假贸易数据后仍然有严重问题；大陆与香港外其他国家和地区的总出口与总进口比例相对稳定，表明大陆与香港外的其他国家和地区的虚假贸易问题并不如与香港严重。

53.7.1 我国大陆与香港特区的虚假贸易额估算

由于境外人民币升值预期初现于2002年（张光平，2004），我们选择表53-5给出的2002年前两年，即2000年和2001年大陆与香港出口与进口比例的平均值 13.317 为基准比例较为合理。利用李东平（2008）虚假贸易估算方法，可以计算出 1989 年到 2015 年我国大陆与香港真实贸易顺差下限、上限、顺差上下限平均值、真实出口、真实进口、抬高出口相应的虚假出口额、压低进口相应的进口额及相关占比，结果如附录表 53 - 1 所示。

　　附录表 53 - 1 显示，1989 年到 1992 年间，大陆与香港的出口被压低的额度从 67.0 亿美元上升到了 304.1 亿美元，同时进口被抬高的金额从 5 亿美元上升到了 22.8 亿美元；1992 年到 2000 年间被压低的出口金额从 304.1 亿美元持续下降到了 15.9 亿美元，进口被抬高的金额从 22.8 亿美元持续下降到了 1.2 亿美元，显示亚洲金融危机爆发前后在境外人民币贬值预期下跨境资金通过压低出口的同时抬高进口而流出我国；2001 年到 2008 年随着我国加入世贸组织，特别是 2002 年党的十六大胜利召开宣布我国继续对外开放，境外人民币贬值压力逐步减弱以至消除，升值压力也在 2002 年第四季度首次出现而且持续增强，导致出口从压低转向了抬高，抬高的出口金额从 14.2 亿美元持续上升到了 608.1 亿美元，同时进口从抬高转向了压低，压低进口的额度从 1.1 亿美元持续上升到了 45.7 亿美元，表明全球金融危机前跨境资金通过抬高出口的同时压低进口流入的额度持续增加；虽然 2009 年抬高出口的额度比 2008 年有所下降，但是从 2009 年到 2014 年重回持续上升态势；2009 年压低进口的额度也比 2008 年有所下降，但是同样从 2009 年到 2014 年重回持续增长态势。这些结果与表 53 - 2 给出的同期大陆与香港进出口贸易差额趋势基本一致。

53.7.2　大陆与香港外其他国家和地区估算虚假贸易额估算

　　利用相同的方法，根据表 53 - 5 给出的 2000 年和 2001 年大陆与香港外国家和地区出口与进口的比例平均值 0.9615 和李东平（2008）的估算方法，我们可以类似地计算出 1989 年到 2015 年我国大陆与香港外国家和地区真实贸易顺差下限、上限、顺差上下限平均值、真实出口、真实进口、抬高出口相应的虚假出口额、压低进口相应的进口额及相关占比，结果如附录表 53 - 2 所示。

　　附录表 53 - 2 显示，1990 年到 1993 年间大陆与香港外的其他国家和地区压低出口额仅从 38.8 亿美元上升到了 160.8 亿美元，占同年大陆与香港外总出口比例也仅从 10.9% 提高到了 23.1%；1993 年到 1998 年间大陆与香港外的其他国家和地区压低出口额仅从 160.8 亿美元下降到了 24.8 亿美元，占同年总出口比例也仅从 23.1% 下降到了 1.7%；1998 年到 2004 年间大陆与香港外的其他国家和地区总体抬高出口金额从 24.8 亿美元持续上升到了 374 亿美元，占出口比重达到了 7.6%；2004 年到 2006 年间大陆与香港外的其他国家和地区抬高出口额从 374 亿美元快速下降到而且转为抬高出口 76.1 亿美元，占同年总出口比例也达到了 0.9%；2006 年到 2008 年，抬高出口仅为持续提高到了 374.7 亿美元，占相应的出口比重也提高到了 3.0%；2009 年抬高出口额大幅度下降到了 44.8%，占相应的出口比重也下降到了 0.4%；2010 年到 2014 年大陆与香港外的其他国家和地区抬高出口重新回到了压低出口，反映 2010 年境外人民币兑美元总体贬值的市场趋势。

如上所言，表 53 - 5 给出的大陆与香港的出口与进口比例和大陆与香港外的其他国家和地区的出口与进口比例显示后者比前者要平稳得多，表明大陆与香港外的其他国家和地区对我国总贸易顺差的贡献较低，虚假贸易程度也较低。

53.7.3 我国大陆总估算虚假贸易额及分布

将附录表 53 - 5 和附录表 53 - 2 给出的 1989 年到 2015 年我国大陆与香港特区及与香港外国家和地区的主要估算结果相加，可以得出这些年我国大陆与香港和与香港外其他国家和地区的汇总结果，如附录表 53 - 3 所示。附录表 53 - 3 显示，1989 年到 2000 年大陆与香港以压低出口为主的虚假贸易总额高达 2263.1 亿美元，占大陆与香港的贸易比重从 28.1%，占同期大陆与香港贸易顺差比重 35.7%，同期大陆与香港的虚假贸易占大陆总虚假贸易的平均比例为 81.2%；2001 年到 2008 年，大陆与香港转为以抬高出口为主的虚假贸易额高达 2585.7 亿美元，占大陆与香港的贸易比重 24.0%，占同期大陆与香港贸易顺差比重 26.0%，同期与香港的虚假贸易占总虚假贸易的平均比例下降到了 27.3%；2009 年到 2014 年，大陆与香港的虚假贸易占大陆与香港的贸易比重从 24.0% 上升到了 41.6%，同期大陆与香港的虚假贸易占总虚假贸易的平均比例重回 38.7%。大陆与香港外的其他国家和地区虚假贸易占相应贸易比重远低于与香港的相应比例，各种占比皆不到 9%，表明香港是大陆虚假贸易的主要源头。

53.8 1989 年到 2015 年我国总虚假贸易额及分布

附录表 53 - 3 给出的我国大陆与香港及香港外其他国家和地区虚假贸易额实际上是基于剔除"初级"虚假贸易后的我国总出口贸易基础上利用李东平（2008）的模型估算出的虚假贸易结果，但并不是二十多年来我国总的虚假贸易结果。每年总的虚假贸易额应该是表 53 - 1 到表 53 - 4 给出的"初级"虚假贸易加上附录表 53 - 3 估算出的虚假贸易额。

53.8.1 "初期"虚假贸易额计算

表 52 - 4 中给出的国内总出口和总进口额是提出"初级"虚假贸易后的总出口和总进口。因此用表 52 - 4 给出的国内总出口和总进口额减去表 53 - 1 给出

的相应的总出口和总进口即为每年我国总的"初级"虚假出口和进口；表 53-2 给出的大陆向香港出口与香港自大陆进口差额和大陆自香港进口与香港对大陆出口分别代表大陆与香港的"初级"虚假出口和进口额，两者的差额之和分别为大陆与香港的"初级"虚假顺差和"初级"虚假贸易额。

53.8.2 我国总虚假贸易及分布

如上大陆与香港"初级"虚假贸易和大陆与香港外的其他国家和地区的"初级"虚假贸易额加上附录表 53-3 给出的估算出的虚假贸易额即为大陆与香港和大陆与香港外的国家和地区总的虚假贸易额，附录表 53-4 给出了相应的结果及分布。

附录表 53-4 显示，1989 年到 2004 年大陆与香港的总虚假贸易为负数，高达 -4369.9 亿美元，占同期大陆总虚假贸易（-4466.1 亿美元）的 95.0%，比同期香港与大陆贸易占大陆总贸易的平均比重 13.8% 高出 5.55 倍，表明这 16 年内通过压低出口为主要形式撤离我国的资金规模十分可观；2005 年到 2008 年，由于我国人民币汇率机制的改革和之后大多时间人民币兑美元的持续升值压力，跨境资金通过抬高出口持续流入我国大陆，4 年间大陆与香港间以抬高出口和压低进口为主的虚假贸易累计高达 5469.7 亿美元，占同期我国总虚假贸易 1.22 万亿美元的 44.7%，比同期香港与大陆贸易比重 8.9% 高出 4.03 倍，表明 2005 年我国汇改后到 2008 年金融危机间的 4 年大陆与香港的虚假贸易占总虚假贸易的比重较前略有下降；2009 年到 2014 年，金融危机后的 6 年间大陆与香港间以抬高出口和压低进口为主的虚假贸易累计高达 1.8 亿美元，占同期我国总虚假贸易 2.67 万亿美元的 67.5%，比同期香港与大陆贸易比重 8.5% 高出 6.9 倍。这些数据明显显示香港确实是大陆虚假贸易的重要渠道，香港外的国家和地区虚假贸易占比相对较低。

53.8.3 2011 年以来虚假人民币跨境贸易结算及占总虚假贸易的比重

附录表 53-4 给出了 1989 年以来大陆总虚假贸易及分布。结果显示，1989 年到 2004 年虚假贸易是由资金撤离我国大陆所致，2005 年到 2008 年是由"热钱"流入我国所致；而 2010 年以来人民币兑美元升值预期不如国际金融危机前那么高，虚假贸易的规模不仅没有减缓而且反而加大，其主因是虚假人民币跨境贸易结算。上文利用张光平（2015）的结果显示，2011 年到 2014 年虚假人民币跨境贸易结算总额高达 1.196 万亿美元，分别占附录表 53-4 给出的我国总虚假贸易 2.031 万亿美元和与香港总虚假贸易 1.421 万亿美元的 59.4% 和 84.2%，表明近年来虚假人民币跨境贸易结算确实是我国虚假贸易的主要内容。

53.9　我国虚假贸易研究结果小结

对我国二十多年来虚假贸易的研究多年来在学术界和职业界未有较为一致的看法和认识。本文给出的二十多年来大陆公布的与香港贸易数据和香港公布的与大陆的贸易数据间的巨大差距直观地展示，大陆与香港两地间的虚假贸易问题严重，成为跨境资金撤离和流入我国的主要渠道。

基于 1989 年到 2014 年我国大陆公布的与香港的贸易数据和香港公布的与大陆的贸易数据，本文发现"大陆对香港的出口"与"香港从大陆的进口"及"大陆从香港的进口"与"香港对大陆的出口"这些本来应该是相同或相近的数据却存在着巨大的差异。这些差异揭示二十多年来大陆与香港间贸易存在的严重问题：2005 年前人民币跨境资金通过压低出口和抬高进口撤离我国，而从 2005 年开始却通过抬高出口和压低进口的方式流入我国。剔除大陆与香港和大陆与"中国"的"初级"虚假贸易后，大陆与香港的贸易顺差占大陆总顺差绝大多数年份的比例才回到了 0 到 100% 较为合理的范围内，印证了剔除这些"初级"虚假贸易的合理性；剔除 2011 年到 2014 年虚假人民币跨境贸易结算数据后，2011 年到 2014 年大陆与香港的贸易顺差占大陆总顺差的比例也回到了 0 到 100% 的合理范围，印证了近年来虚假人民币跨境贸易结算的问题。

李东平（张光平，2008）的模型是分析估算虚假贸易以至其他非正常变化的好模型，然而由于考虑的数据时间跨度较短，特别是 2003 年和 2004 年没有虚假贸易的假设将该两年高达数百亿美元的"初级"虚假贸易排除在外，因此有一定的局限性。基于剔除"初级"虚假贸易后我国更为合理的进出口数据，我们利用李东平（张光平，2008）的模型对 1989 年到 2014 年我国大陆的虚假贸易进行了系统的研究和估算。结果显示，1989 年到 2004 年由于当时大多时间境外人民币处于贬值预期中，跨境资金通过压低出口和抬高进口而撤离我国大陆；而从 2005 年以来却以抬高出口和压低进口的方式大幅度流入我国，估算出的出口和进口虚假趋势与大陆和香港间的"初级"虚假贸易趋势相似。本文研究大陆与香港两地"初级"虚假贸易和剔除"初级"后估算出的两地间的虚假贸易结果皆显示，显示香港确实是大陆虚假贸易的主要来源，大陆与香港外的其他国家和地区间的虚假贸易相对较低。

上文研究表明，估算出的二十多年来我国总虚假贸易三个不同阶段呈现出不同的特点：1989 年到 2004 年以压低出口和抬高进口为主使得资金撤离我国；2005 年到 2008 年间以抬高出口和压低进口为主使得"热钱"流入我国；2010 年到 2014 年以虚假人民币跨境贸易结算为主使得人民币资金流向香港。前两个阶段分别以流出和流入的跨境资金为主，而第三阶段却以虚假贸易将人民币资金流向香港。2011 年到 2014 年虚假人民币跨境贸易结算累计金额高达 1.196 万亿美元，分别占同期我国大陆总虚假贸易额和大陆与香港虚假额的 59.4% 和84.2%，显示近年来虚假人民币跨境贸易结算在总虚假贸易中的作用。

　　虚假贸易是涉及跨境资金流动以及货币政策自主性、有效性和经济稳步健康发展的大问题。通过抬高或压低出口和进口，跨境资金可以通过我国经常项目大幅度地流入或撤离我国，对我国经济和金融体系产生了巨大的影响，因此成为绕开管制，联动我国经济和金融体系与世界经济和金融体系的重要渠道。只有系统研究跨境资金通过我国贸易项目流入和撤离的具体方法和渠道及相应规模，才可能找出相应的应对和监控方法，否则我国货币政策、利率政策等经济金融政策的独立性和有效性仍将受到这些虚假成分的影响和困扰。

53.10　2001 年到 2015 年我国国际收支平衡表误差和遗漏项及含义

　　做了如上诸多准备工作后，我们就可以对 2001 年以来"热钱"流入我国进行较为合理的估算。

53.10.1　国际收支平衡表中的净误差与遗漏项

　　我们在本章开始介绍"热钱"概念和特性时就介绍了国际收支平衡表中误差项的重要性。从国际清算银行副总裁 Andre Icard 2002 年 9 月和外汇局 2003 年10 月的讲话就间接说明了一个国家或地区国际收支平衡表中的净误差与遗漏项对判断"热钱"流入和撤离该国或地区非常重要。实际上，顾名思义，所谓净误差与遗漏项就是现存项说明不了的部分，这与"热钱"披着合法的外衣相当吻合，因为如果明目张胆地流入或者流出，那么现有或者现存项目就可计算，对那些"披着合法的外衣"的部分，现有项不能解释或者说不清楚，那么净误差与遗漏项就在很大程度上不仅反映出了"热钱"的流动方向，而且反映出流动的规模。当净误差与遗漏项为负数时，表明"热钱"流出；反之，表明"热钱"流入。1997 年到现在的大多年份，我国国际收支平衡表大多时间反映出了这种趋势，我们下文会进一步介绍。

53.10.2　净误差与遗漏项数据的更新

　　国家外汇管理局从 2011 年开始调整之前公布的 2005 年到 2008 年之间国际收支平衡表中的净误差与遗漏，调整后的数据如表 53-6 所示。比较表 53-6 中调整前后的数据我们发现，2005 年调整前后的净误差与遗漏项不仅符号从负变正，而且相差高达 322.66 亿美元。国际上大多数国家的宏观数据都有初次公布到最后核实的过程，但是对五年前的数据改变符号的调整确实少见。调整多年前公布的数据对研究带来了很多新的挑战。我们下文分别利用这些新旧数据估算"热钱"流入，并比较它们与相应人民币升值的相关程度。

53.10.3 从流出到流入

国际收支平衡表中的净误差与遗漏项绝对值越大，表明资金流动越多。表 53-6 给出了 1995 年到 2015 年中国国际收支平衡表的净误差与遗漏项。表 53-6 显示从 1995 年到 2001 年净误差和遗漏项为负，而且在 1997 年亚洲金融危机时达到 222.54 亿美元的流出最高峰，表明东亚金融危机前在人民币贬值预期下资金撤离我国，资金撤离的规模与当时人民币贬值幅度一致；1997 年到 2001 年，虽然仍然保持了负值，而绝对值却持续下降到 48.56 亿美元，表明在东洲金融危机后，由于境外人民币继续贬值，资金持续流出我国，然而由于人民币兑美元贬值幅度降低资金流出速度下降。1995 年到 2001 年的 7 年时间内，境外人民币兑美元贬值幅度越高，资金流出速度越高，显示跨境资金流动与人民币贬值间的直接关系。

表 53-6　　　　　　　中国国际收支平衡表中净误差与遗漏项　　　　　　　单位：亿美元

年份	调整前的数据	调整后的数据	年份	调整前的数据	调整后的数据
1995	-178.12	-178.12	2006	-128.77	-6.00
1996	-155.66	-155.66	2007	164.02	116.00
1997	-222.54	-222.54	2008	-260.94	-209.00
1998	-187.24	-187.24	2009	-435.00	-435.00
1999	-177.88	-177.88	2010	-597.00	-597.00
2000	-118.93	-118.93	2011	-350.00	-350.00
2001	-48.56	-48.56	2012	-798.00	-798.00
2002	77.94	77.94	2013	-776.00	-776.00
2003	184.22	184.22	2014	-1401.00	-1401.00
2004	270.45	270.45	2015*	-1618.00	-1618.00
2005	-167.66	155.00			

数据来源：国家外汇管理局网站公布的不同时期的国际收支平衡表；2015 年数据为前三季度数据。

然而在 2002 年净误差与遗漏项首次转变为正为 77.94 亿美元，与 2002 年第四季度境外人民币兑美元开始出现升值一致；2003 年净误差与遗漏项进一步增长到了 184.22 亿美元,比 2002 年增加了 136.4%,表明投机性资金随境外人民币升值预期的提高而流入加速;2004 年净误差和遗漏项进一步增长到了 270.45 亿美元,比 2003 年增长 46.8%,也与境外人民币兑美元升值预期增大而境外投机性资金继续快速流入我国的关系一致。2002 年到 2004 年净误差和遗漏项持续显著增大,3 年资金由流出转为流入而且持续显著加速流入,这与我们在第六篇诸多章节分析境外人民币在 2002 年从贬值转向升值相一致。

实际上,外汇管理局负责人承认了 2002 年到 2004 年资金主要是前几年存放境外资金的回流,资金流向的变化主要是境外人民币从贬值到升值所致。

53.10.4 境外投机性资金在 2005 年、2006 年及 2008 年到 2015 年重新"流出"?

表 53-6 显示在外汇局 2011 年调国际收支平衡表数据之前,2005 年和 2006 年,净误差与遗漏项皆又变为负值,表明资金重新流出我国,这与第六篇诸多章节研究该两年境外人民币升值的趋势不仅不一致,而且还相矛盾。图52-1给出的 2005 年和 2006 年人民币升值压力比 2003 年和 2004 年还要大很多的事实很不一致,表明在境外人民币升值预期压力同比增加时,2005 年和 2006 年资金不应该改变 2002 年到 2004 年流入的方向而流出;表 53-6 也显示,即使调整后 2005 年的净误差与遗漏项从符号调整为正号,但是 2005 年净误差与遗漏项 155 亿美元却比 2004 年 270.45 下降了 42.7%,也与图 52-1 给出的 2005 年人民币升值预期日均升水点比 2004 年日均升水点高出 21.3% 很不一致;而且调整后的 2006 年的净误差与遗漏项仍为负数也与图 52-1 给出的当年人民币显著的升值预期很不一致。

表 53-6 显示,2007 年净误差与遗漏项虽然再次变为正数 164.02 亿美元,但仅比 2005 年的 155 亿美元高出 5.8%,与图 52-1 给出的 2007 年人民币日均升水点比 2005 年高出 42.5% 很不一致,应该有问题;2008 年到 2015 年,净误差与遗漏项再次全部变为负数,与图 52-1 给出的 2008 年到 2011 年 4 年人民币兑美元总体升值不一致,也与 2008 年到 2010 年我国外汇储备每年增长 4000 多亿美元的事实不相称。我们下文会专门分析如上诸多不一致相应的矛盾。

53.11 我国服务贸易规模和逆差及占我国经常项目比重

53.11.1 全球服务贸易规模及相关比例

全球服务贸易规模与实物贸易规模相比相对较小,2014 年全球服务贸易出口金额和进口金额分别为 9.49 万亿美元和 4.78 万亿美元（数据来自世界贸易组织网站，www.wto.org），与相应的实物贸易出口金额和进口金额比例分别为26.7% 和 25.6%，服务贸易总额 9.72 万亿美元与同年全球实物贸易金额比例为26.2%，略高于四分之一。由于全球服务贸易规模相对于实物贸易金额较小，因而在全球的关注程度显著低于实物贸易。

53.11.2　我国服务贸易规模及世界比较

多年来，服务贸易相对于我国实物贸易规模更低，因此也受到各界的广泛关注。国家外汇管理局 2014 年 1 月才开始首次公布我国服务贸易数据，因此我们只有 2014 年以来我国服务贸易的数据。根据国家外汇管理局公布的数据，2014 年我国服务贸易出口和进口金额分别为 1853 亿和 3833 亿美元，分别占同年我国实物贸易出口和进口比重的 7.9% 和 19.6%，占比比上文给出的全球比例 26.7% 和 25.6% 要低很多；2014 年我国服务贸易出口和进口金额占世界的比重分别仅为 3.8% 和 8.0%，前者不到同年我国实物贸易出口世界占比 12.7% 的 3 成，后者仅略超过我国实物进口贸易金额世界占比 10.5% 的四分之三，表明我国作为世界实物贸易出口大国服务贸易出口水平与实物贸易出口水平仍有巨大的差距。2015 年我国服务贸易出口和进口分别比 2014 年增长了 12.1% 和 11.0%，与同期我国实物贸易出口和进口皆下降形成了明显的区别，服务贸易出口和进口与我国实物贸易出口和进口的比例分别提高到了10.1% 和 26.6%，显示 2015 年我国服务贸易有了可喜的增长。由于 2015 年全球服务贸易数据还未公布，我们仍难以计算出该年我国服务贸易的国际比重。

53.11.3　我国服务贸易逆差及世界占比

由于我国服务贸易出口规模很小，同时我国服务贸易进口却相对较高，2014 年我国服务贸易逆差高达 1980 亿美元，超过全球服务贸易总顺差额 1600亿美元，同时超过我国外全球服务贸易总顺差 3580 亿美元的 55%，显示我国服务贸易的落后程度，也表明我国在服务贸易出口方面的巨大潜力。

2014 年我国服务贸易逆差 1980 亿美元相当于同年我国实物贸易顺差 3824.6亿美元的 51.8%。如果减去我国服务贸易逆差，2014 年我国总贸易顺差仅为1844.6 亿美元，服务贸易逆差相当于该年我国总贸易顺差的 -107.3%，也相当于同年我国经常账户差额 90.1%，显示服务贸易在我国对外贸易中不可忽视的重要作用，对我国经常账户有着巨大的影响。

上文显示，2015 年我国服务贸易出出口和进口皆有了两位数增长，同年我国服务贸易逆差也从 2014 年的 1879 亿增长了 9.9% 到 2065 亿美元，显示我国服务贸易在增长的同时服务贸易逆差也以相应的速度增长，我国服务贸易出口能力急需提高。

53.11.4　我国服务贸易逆差与人民币兑美元贬值预期的关系

图 53-5 给出了 2014 年 1 月到 2015 年 12 月我国服务贸易逆差和人民币兑美元贬值幅度的关系。图 53-4 显示，2014 年前 2 个月，境外人民币兑美元贬值预期还不很高时我国服务贸易逆差就已经相当可观了，达到了 100 亿美元上下的水平；2014 年 3 月到 6 月，境外人民币贬值压力明显提高，而服务贸易逆差却保持在 80 亿美元上下的水平；2014 年 7 月到 12 月随着美国退出量化宽松政策，服务贸易逆差随人民币贬值幅度的提高而显著提高，创下单月服务贸易逆差 235 亿美元的历史纪录。2015 年境外人民币贬值压力显著提升（月均贴水点 1978.1 比 2014 年月均 590.6 增长了 2.3 倍），然而 2015 年服务贸易逆差 2032 亿美元却仅比 2014 年增长了 3%，显示服务贸易逆差并未随人民币贬值压力而显著增大。这些数据显示，2014 年以来我国服务贸易逆差确实与人民币贬值相关，但两者关系并不紧密，2014 年 1 月到 2015 年 12 月，两者间的相关系数仅为 39.7%。

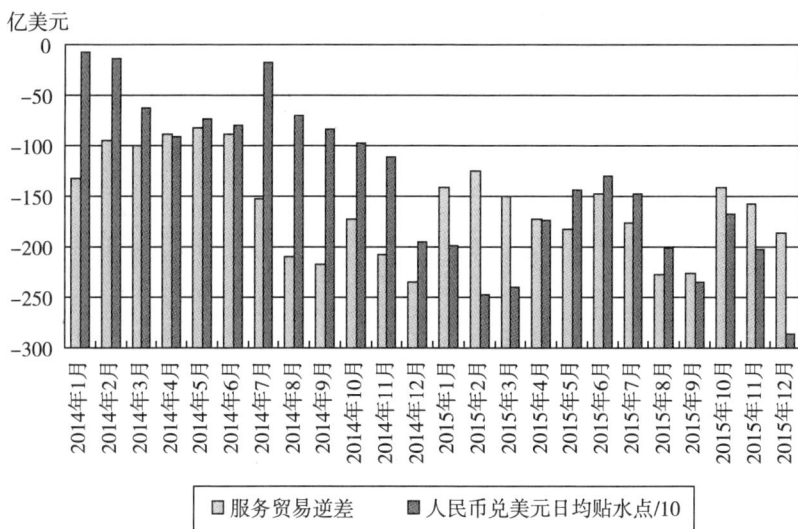

数据来源：服务贸易逆差数据来自国家外汇管理局网站，www.safe.gov.cn；人民币兑美元贬值数据同表 37-2 到表 37-6，贴水点数据为月内日均贴水点的十分之一。

图 53-5　我国服务贸易逆差和人民币兑美元贬值幅度的关系

53.11.5　我国服务贸易对估算跨境资金流动的影响

上文介绍 2014 年和 2015 年我国服务贸易逆差 1980 亿和 2032 亿美元，导致当年我国总贸易顺差从实物贸易顺差 3824.6 亿和 5930 亿美元分别下降到了 1844.6 亿美元和 3898.0 亿美元，对我国经常账户产生了巨大的影响，成为近年来跨境资金撤离我国的重要渠道之一，对我们估算当年跨境资金流动非常有用。然而由于国家外管局 2014 年初才开始公布服务贸易数据，我们难以获得之前的服务贸易数据，因此服务贸易逆差难以纳入我们总体的分析估算之中。下文我们仅用近两年服务贸易数据对估算结果进行相应的调整。

53.12　二十多年来两地虚假贸易证据对研究"热钱"流动的反思

本章上文基于张光平（2014）和张光平（2015）利用大陆与香港两地贸易数据得出的两地间虚假贸易的分析结果，为我们研究二十多年来我国虚假贸易提供了直观可信的依据，同时也为我们研究两地间跨境资金流动提供了直观可信的证据。这些结果使得我们不得不对之前研究和估算（张光平，2012）2001 年以来"热钱"流入和撤离我国的假设进行反思。

之前研究和估算 2001 年以来"热钱"流入我国的起点是根据表 53-6 给出的 2001 年前我国国际收支平衡表误差和遗漏项皆为负值，表明当时境外人民币兑美元贬值预期下资金持续撤离我国；而 2002 年该项变为正值，而且之后数年保持了正值，表明 2002 年"热钱"由于境外人民币兑美元升值预期的产生开始流入我国。这种判断并无问题，然而却与表 52-6 给出的"热钱"通过虚假出口在 2000 年达到撤离峰值 468.9 亿美元后，到 2005 年持续减缓撤离我国的事实不尽一致，表明 2002 年第四季度前后人民币兑美元从贬值预期向升值预期的转变并未立即使"热钱"从撤离转为流入，而是持续减缓撤离至 2005 年，而到 2006 年才开始流入。因此，我们之前关于"热钱"从 2002 年开始撤离转向流入的假设有待进一步探讨和商榷。

实物贸易是二十多年来我国贸易的主体，也是热钱撤离和流入我国的主要渠道，然而除实物贸易外，服务贸易，特别是服务贸易逆差近年来在我国对外贸易中的作用逐渐增大，成为"热钱"撤离我国不可忽视的渠道。由于国家公布的我国服务贸易数据有限，而且探讨基于新的"热钱"估算假设和模型需要大量的时间和气力，本版难以完成此任。所以，下文在继续沿用之前的假设和模型的基础上，利用上文虚假贸易的研究结果，估算十多年来"热钱"流入和撤离我国的规模。

53.13 挤出虚假贸易顺差规模估算"热钱"流入规模

上文我们介绍了"热钱"通过开放的经常项目，披着非贸易的外衣流入我国。尽管每年贸易顺差与经常项目差额有很大的不同，因经常项目主要还是贸易项目，贸易顺差中有了比较大的虚假成分，经常项目差额中同样地会有相应的虚假成分。我们上文估算出了 1989 年到 2010 年我国贸易顺差中的虚假成分，利用贸易顺差中的虚假成分占比我们可以估算出经常账户差额中的虚假成分。挤出经常账户差额中的虚假成分，相应的国际收支平衡表中的净误差与遗漏项就会发生变化，而新的净误差与遗漏项则更好地代表了不同年份"热钱"流入和撤离我国的方向和规模。表 53 - 7 给出了根据挤出经常项目差额中虚假成分的方法估算出的不同年份"热钱"流入我国的规模。

表 53 - 7 　　"热钱"流入我国的规模估算及与表 52 - 1 结果的比较 单位：亿美元

年份	新数据估算结果	与表 52 - 1 结果差额	原数据估算结果	与表 52 - 1 结果差额
2001	- 48. 6	208. 4	- 48. 6	208. 4
2002	78. 0	241. 0	78. 0	241. 0
2003	184. 2	- 218. 8	184. 2	- 218. 8
2004	270. 5	- 497. 6	270. 5	- 497. 6
2005	957. 1	494. 1	794. 3	331. 3
2006	1656. 3	1929. 3	1656. 2	1929. 2
2007	2810. 3	2233. 3	2994. 1	2417. 1
2008	3310. 1	2984. 1	2943. 2	2617. 2
2009	1337. 6	1046. 6	1582. 0	1291. 0
2010	1038. 6	283. 6	1038. 6	283. 6
总额	11642. 7	8495. 7	11541. 0	8394. 0

数据来源：根据上文介绍的挤出经常项目差额中虚假成分，然后相应调整误差与遗漏项而得。

表 53 - 7 显示，利用新的净误差与遗漏项和新的经常项目差额数据估算出的"热钱"流入规模与利用原来老的数据估算的结果相差不大，2005 年到 2010 年五年总共相差仅 101. 6 亿美元；尽管利用新老数据得出的估算结果相差不大，但是，新老数据估算的结果皆比表 52 - 1 估算的结果高出两倍左右（用新旧数据估算的结果分别比表 52 - 1 估算的结果高出 201. 1% 和 197. 6%）。这里我们难以对哪个结果更为合理作出判断，但是利用新老数据估算出的 2001 年到 2010 年不同年的"热钱"与相应年平均人民币升贴水平均点数的相关性分别为 62. 8%

和 61.6%，比表 52 – 1 的结果相应的相关性 52.9% 高出近 10%。

53.14 十多年来流入亚洲新兴市场国家和地区不同类型的资金

分析近年来流入亚洲新兴市场国家和地区不同类型资金的数据对我们判断流入中国的投机性资金规模和时间很有帮助。这里我们在各类资金流入亚洲的基础上分析流入我国的"热钱"规模。

53.14.1 2001 年到 2014 年流入亚洲新兴市场国家和地区的各类资金金额

表 53 – 8 给出了从 2001 年到 2014 年亚洲新兴市场国家和地区的经常账户余

表 53 – 8　　　　　　　　2001 年到 2014 年亚洲新兴市场国家和
地区主要资金流动额及相关比重　　　　　单位：亿美元，%

类型 年份	经常账户余额	私人资本流入净额	权益投资	直接投资	证券投资	私人信用净额	商业银行借款净额	非银行借款净额	亚洲外汇储备增幅	中国外汇储备增幅占比	中国经常项目余额占比	中国外来直接投资占比
2001	481	513	642	518	124	–129	–104	–25	693	67.2	36.2	85.4
2002	736	605	595	562	34	9	–10	20	1132	65.6	48.1	87.7
2003	992	1244	929	559	370	302	153	149	1858	62.9	43.4	88.5
2004	1179	1686	977	653	325	826	332	494	2974	69.5	58.1	95.1
2005	1810	2205	1327	940	387	879	521	358	2706	77.2	73.1	110.8
2006	2893	2582	1219	865	354	1363	905	458	3375	73.3	80.1	143.4
2007	4215	4222	2407	2107	299	1815	1519	296	5878	78.6	83.8	74.2
2008	4359	1218	1585	2129	–544	–367	–646	278	3579	116.7	96.5	80.6
2009	3282	3775	2576	1682	894	1199	628	571	5815	77.9	74.1	77.9
2010	3467	4995	2901	1618	1283	2093	1281	812	6087	73.6	68.6	150.6
2011	1970	2410	2010	2930	80	2470	1260	1110	4400	75.9	69.1	95.6
2012	1720	170	1810	2800	510	2000	800	1200	1430	91.2	125.2	86.1
2013	2230	1630	1850	3500	470	3740	1270	1470	4550	112.0	66.5	83.1
2014	2690	–70	2240	3720	730	1720	730	990	1810	12.0	81.7	77.7

数据来源：国际金融学院（Institute of International Finance）历年"流入新兴市场国家资金"研究报告汇总得出，中国相关比重根据国内数据计算得出。

额、外汇储备增幅、私人资本流入净额、权益投资和私人信用流入净额及中国外汇、直接投资和经常项目余额占比等。

53.14.2 金融危机前流入亚洲新兴市场国家和地区的各类资金金额

利用表53-8给出的数据，我们可以计算出2001年到2007年，私人资本流入净额六年持续年均增长高达38.2%，特别是从2002年到2003年和2006年到2007年年增长率分别高达105.6%和63.5%，显示国际金融危机前私人资本显著流入亚洲新兴市场的态势；私人信用净额增幅更加显著，2002年到2007年五年年均增长189.0%，显示金融危机前私人信用高速增长的态势。

53.14.3 金融危机后跨境资金流出和撤离亚洲新兴市场国家和地区的各类资金金额

表53-8也显示，金融危机爆发前增长越快的领域金融危机爆发后撤离的速度就越快，这显示"热钱"的投机特性，2008年流入亚太新兴市场的净私人资本比2007年下降了71.2%，下降了接近四分之三；2009年美国量化宽松政策实施后私人资本流入净额比2008年增长了209.9%到3775亿美元，但仍低于2007年4222亿美元的水平；2010年，随着美国量化宽松二的实施，流入亚洲新兴市场私人资本净额比2009年增长了32.3%，达到了4995亿美元的历史峰值，除经常项目余额和直接投资外，流入亚洲新兴市场的私人资本流入净额、权益投资、私人信用净额皆已显著超过了金融危机之前2007年的水平；然而2010年到2013年，流入亚太新兴市场的私人资本净额却持续显著下降，2014年私人资本出现了2001年以来首次净流出亚太新兴市场，显示该年美国退出量化宽松政策后国际资本对该地区的严重影响。

53.14.4 2011年到2014年流入和流出中国大陆总资金和私人资金占流入流出亚洲新兴市场国家和地区相应资金的比重

由于我国在全球新兴市场中的重要地位，国际金融学会（IIF）在其2013年1月22日公布的"流入新兴市场经济体资金"的研究报告中，首次对2011年到2014年流入和流出我国大陆的各类资金进行了研究和估算及预测，表53-9给出了2011年到2014年流入和流出我国大陆的国际资金及与流入和流出亚洲新兴市场国家和地区主要资金额的比较。

表 53-9　　　　　　　2011 年到 2014 年流入/流出中国和流入/
流出亚洲新兴市场国家和地区主要资金流动额及相关比重

单位：亿美元，%

资金类型 ＼ 年份	2011	2012e	2013f	2014f
我国大陆				
总流入	3704	3011	3131	3126
私人资金流入	3595	2937	3036	3032
总流出	-5721	-4986	-4881	-4926
私人资金流出	-1826	-3630	-4072	-4120
外汇储备变化	3878	850	809	806
经常项目变化	2017	1975	1750	1800
总净流入	-2017	-1975	-1750	-1800
私人资金净流入	1769	-693	-1036	-1088
外汇储备变化*	3338	1304	5097	217
经常项目变化*	1361	2154	1482	2197
亚洲新兴市场	2011	2012	2013	2014
总流入	5680	5480	5370	5500
私人资金流入	5470	5310	5170	5280
总流出	-7650	-7200	-6820	-6970
私人资金流出	-3060	-5140	-5400	-5500
外汇储备变化	4400	1430	1420	1460
经常项目变化	1970	1720	1450	1470
总净流入	-1970	-1720	-1450	-1470
私人资金净流入	2410	170	-230	-220
我国占亚洲新兴市场比重	2011	2012	2013	2014
总流入	65.2	54.9	58.3	56.8
私人资金流入	65.7	55.3	58.7	57.4
总流出	74.8	69.3	71.6	70.7
私人资金流出	59.7	70.6	75.4	74.9
外汇储备变化	88.1	59.4	57.0	55.2
经常项目变化	102.4	114.8	120.7	122.4
总净流入	102.4	114.8	120.7	122.4
私人资金净流入	73.4	-407.6	450.4	494.5
外汇储备变化*	75.9	91.2	359.0	14.9
经常项目变化*	69.1	125.2	102.2	149.4

数据来源："Capital Flows to Emerging Market Economies"（流入新兴市场经济体的资金），国际金融学会（IIF），2013 年 1 月 22 日；2012 年的数据为估算数据，2013 年和 2014 年数据为预测数据；2011 年到 2014 年外汇储备变化*和经常项目变化*数据为国内公布的实际数据，相应的占比为根据实际数据计算得出比重。

表53-9显示，2011年流出我国大陆的资金净额高达2017亿美元，比同年流出亚太地区资金净额1970亿美元高出2.4%，其中私人资本净流入1729亿美元；2012年到2014年总净流出我国大陆的国际资金超过流出亚洲新兴市场经济总额比重从2011年的2.4%持续提高到了22.4%，其中2012年私人资本净流出我国高达693亿美元，而同年私人资本向亚洲新兴市场却总体流入170亿美元，2013年到2014年私人资本净流出我国分别超过流出亚洲新兴市场总体3.5倍和3.9倍，显示跨境资金，特别是私人资金流出我国的速度和规模可观，必须高度重视。

表53-9同时显示，2011年到2014年我国经常项目余额与总资金净流出数据完全相同，而且亚洲新兴市场总体总资金净流出也与相应的经常项目余额数据相同，因此我国经常项目余额和总资金净流出占亚洲新兴市场比重相同，皆持续超过100%，显示国际金融协会的研究结果基于的假设可能太简单，因此表53-9给出的结果需要谨慎参考。尽管如此，这些结果可从另外一个角度证明了跨境资金撤离对我国的严重影响。

53.15 2001年到2010年流入中国"热钱"估算及比较

上文显示，2011年到2014年跨境资金流入和流出我国的金额占亚洲新兴市场平均比重分别接近6成和超过7成，我国外汇储备增幅占亚洲新兴市场比重平均超过6成，显示我国在亚洲新兴市场中的重要地位。

由于表53-8表明2001年到2004年投机性资金流出和流入我国的方向和规模皆与境外人民币升值趋势相一致，所以我们有理由相信资金的流动规模与当时净误差与遗漏项一致。假设国际投机性资金与我国外汇储备差额分别是我国经常项目余额、亚洲私人资本流入、外来直接投资流入我国额度和权益投资净额流入亚洲的线性函数，通过联解如上介绍的四个四元一次方程组，我们可以获得该四个年度资金相关的四个未知数。利用该四个解出的结果和2005年到2010年我国经常项目余额、亚洲私人资本流入、外来直接投资流入我国额度和权益投资净额流入亚洲的数额，我们可以较为准确地估算出2005年到2010年国际投机性资金流入我国的规模，结果放入表53-10中。

表53-10显示，利用调整前中国经常项目余额估算出的2001年到2010年流入中国的"热钱"规模与相应调整后中国经常项目余额估算出的同期流入中国的规模有一定的差别，2005年到2009年五年，前者估计的每年流入规模比后者估计的规模高出100多亿到300多亿美元，五年高出的额度累计1022亿美元，表明调整后的数据显示的"热钱"流入额比调整前的数据显示的流入额大幅度地下降。

表 53 − 10　　　　　　　2001 年到 2010 年"热钱"流入我国的
　　　　　　　　　规模估算及与表 51 − 1 结果的比较　　　单位：亿美元

年份	调整后数据估算结果	与表 51 − 1 结果差别	原数据估算结果	与表 51 − 1 结果差别
2001	− 48.6	208.4	− 48.6	208.4
2002	78.0	241.0	78.0	241.0
2003	184.2	− 218.8	184.2	− 218.8
2004	270.5	− 497.5	270.5	− 497.5
2005	1040.6	577.6	1285.6	822.6
2006	895.3	1168.3	1052.6	1325.6
2007	2700.3	2123.9	2863.8	2286.8
2008	2326.6	2000.6	2452.3	2126.3
2009	1180.3	889.3	1510.4	119.4
2010	1608.4	853.4	1608.4	853.4
总额	10284.2	7137.2	11305.8	8158.8

数据来源：根据表 51 − 4 给出的流入亚洲新兴市场国家和地区的各类资金数据和上文介绍的方法估算得出。

　　表 51 − 10 显示，利用调整前中国经常项目余额估算出的 2001 年到 2010 年"热钱"流入中国的规模与相应调整后中国经常项目余额估算出的同期流入中国的规模有明显的差别，2005 年到 2009 年 5 年前者每年流入的金额比后者高出 100 多亿到 300 多亿美元，5 年高出的额度累计 1022 亿美元，表明调整后的数据显示的"热钱"流入额比调整前的数据显示的流入额大幅度地下降。

　　比较表 53 − 7 和表 51 − 10 中两种方法估算的结果，我们发现利用调整后的数据计算的结果（表 51 − 3）比表 51 − 15 给出的结果累计高出 1358.5 亿美元，即前者比后者高 13.3%；而利用调整前的数据（表 51 − 3）计算的结果比表 51 − 5 给出的结果累计仅高出 235.3 亿美元，前者比后者仅高 2.1%，表明利用调整前的数据两种方法得出的结果惊人地相似。

　　表 51 − 5 与表 51 − 3 给出的结果类似，而且两个方法用调整前的数据得出的结果惊人地相似性表明这两种方法在一定程度上可以相互印证。表 51 − 5 利用调整前的数据估算出的 2001 年到 2010 年的年度流量与相应年度人民币升贴水平均值之间的相关性高达 63.4%，比表 51 − 3 相应的相关性 61.6% 高出 1.8%，比表 51 − 1 相应的相关性 52.9% 高出 10.5%；而表 51 − 5 利用调整后的数据估算出的 2001 年到 2010 年的年度流量与相应年度人民币升贴水平均值之间的相关性 63.1%，比表 51 − 3 相应的相关性 62.8% 高 0.3%，比表 51 − 1 相应的相关性 52.9% 高出 10.2%。

　　虽然我们难以对哪个结果更为合理作出准确的判断，但是表 51 − 3 和表

51 - 5 给出的两种方法利用调整前的数据估算出惊人相似的结果，而且与相应年人民币升贴水平均值关联度更高，这显示该两种方法估算出的结果有一定的合理和可信度。

53.16　本章总结

"热钱"是个复杂的概念，估算"热钱"是一项艰巨的工程。由于大多数发达国家和地区资本管制相对较少，"热钱"对大多数发达国家和地区不成问题，容易计算和估算。然而大多发展中国家都有不同程度的资本管制，而且资本管制也难以一下子取消，所以"热钱"是困扰绝大多数发展中国家的重要金融以至经济安全的重大问题。不同国家和地区有不同的法律和监管体系，因此"热钱"流入和撤离不同国家会有不同的渠道和方法，难以一统而论。

我国多年前就已经是全球最大的发展中国家，而且几年前就已成为全球最大的贸易体。十多年来我国外汇储备增量和跌量多年超过中国外全球相应的变化而大起大落，外汇占款的起伏和货币发行及居高不下的存款保证金率已经明确显示我国早已成为全球跨境资金流动的主要集中地，显示"热钱"对我国金融和经济已经产生了重大的影响。2015 年下半年以来国内股市持续动荡与之前多年流入我国的"热钱"密不可分，不从源头上探讨解决问题的方法，维持国内资本市场的稳定将是今后多年我国金融的重大问题。因此，我们不能因为"热钱"概念复杂，定义不一而对其视而不见或避而不谈。"热钱"已经成为影响我国金融和金融稳定和安全的重要因素，而且随着今后人民币国际化的不断推动，人民币"可自由使用"要求人民币资本流动更加畅通，跨境资金流动将有越来越多的渠道。所以，我们必须根据国内外相关数据，对"热钱"流入和撤离我国的动因、渠道和方法进行系统、扎实、深入的研究，从而对"热钱"的规模和动向有明确的把握，进而才可能制定出既有利于人民币国际化继续推动有利，又能有效防范和节制"热钱"流动对国内金融和金融可能产生不利影响的相关对策和政策。

"热钱"估算涉及境内外诸多市场相关数据，是一个复杂的工程，需要对多渠道的数据进行系统的分析和判断的同时，对各个主要渠道间相互关联的程度进行分析，进而才能对总体流动有可靠的把握。本书从 2004 年最初的英文版和 2006 年国内汉语第一版就对"热钱"开始了持续的关注、跟踪和分析，形成的模型与"热钱"流动的市场因素直接挂钩，产生的结果也与人民币升贬值趋势一致，然而模型仍然有待进一步修正和完善。由于此项工程巨大，进一步完善确实超过了笔者力所能及的范围。期盼业界同仁共同努力，进一步完善此项工程以确保国内金融和经济的稳定，为人民币国际化做好准备。

参考文献

［1］李东平（张光平）：《近年中国贸易顺差虚假程度及其对货币政策的影响简析》，载《国际经济评论》，2008（3）。

［2］唐旭、梁猛：《中国贸易顺差中是否有热钱，有多少?》，载《金融研究》，2007（9），1～19页。

［3］王志浩：《中国贸易：百慕大三角洲，计算方法问题，还是外汇流入?》，渣打银行，近期动态———亚洲，2006－04－20。

［4］王永中，《中国外汇储备的构成、收益与风险》，载《国际金融研究》2011（1），44～52。

［5］张光平，《人民币衍生产品》第三版，中国金融出版社，2012。

［6］张光平，《人民币国际化和产品创新》第五版，中国金融出版社，2014。

［7］张光平，"我国虚假贸易和跨境资金流动估算"，金融论坛，2015（10），41～54。

［8］张光平，《人民币国际化和产品创新》第六版，中国金融出版社，2016。

附表53-1　我国大陆与香港特区贸易顺差下限、上限、顺差上下限平均值、真实出口、真实进口、抬高出口相应的虚假出口额、压低进口相应的进口额及相关占比　　单位：亿美元，%

年份	贸易顺差下限（a/m-b）	贸易顺差上限（a-mb）	贸易顺差上下限平均值	真实出口（x）	抬高出口的虚假出口额（a-x）	抬高出口的虚假出口占比（a-x）/a
1989	-10.1	-134.0	(72.0)	332.5	-67.0	-25.2
1990	-38.2	-508.4	(273.3)	557.4	-254.2	-83.9
1991	-41.7	-554.9	(298.3)	655.0	-277.4	-73.5
1992	-45.7	-608.3	(327.0)	762.0	-304.1	-66.4
1993	-42.9	-571.1	(307.0)	805.5	-285.5	-54.9
1994	-33.2	-442.0	(237.6)	830.3	-221.0	-36.3
1995	-29.8	-396.7	(213.3)	895.8	-198.4	-28.4
1996	-24.3	-323.4	(173.9)	899.3	-161.7	-21.9

续表

年份	贸易顺差下限（a/m−b）	贸易顺差上限（a−mb）	贸易顺差上下限平均值	真实出口（x）	抬高出口的虚假出口额（a−x）	抬高出口的虚假出口占比（a−x）/a
1997	−23.5	−312.8	(168.2)	942.1	−156.4	−19.9
1998	−16.1	−214.3	(115.2)	856.8	−107.2	−14.3
1999	−8.4	−112.4	(60.4)	839.6	−56.2	−7.2
2000	−2.4	−31.8	(17.1)	930.0	−15.9	−1.7
2001	2.1	28.4	15.3	860.2	14.2	1.6
2002	16.0	213.0	114.5	812.9	106.5	11.6
2003	28.6	380.3	204.4	818.8	190.2	18.8
2004	39.9	531.0	285.5	913.5	265.5	22.5
2005	43.9	584.0	313.9	1054.5	292.0	21.7
2006	63.6	846.5	455.0	1113.7	423.2	27.5
2007	75.9	1010.8	543.4	1197.6	505.4	29.7
2008	91.3	1216.1	653.7	1201.4	608.1	33.6
2009	86.7	1154.6	620.7	1035.6	577.3	35.8
2010	107.9	1436.4	772.1	1253.4	718.2	36.4
2011	126.2	1681.2	903.7	1365.8	840.6	38.1
2012	144.6	1926.1	1035.4	1409.8	963.0	40.6
2013	152.5	2030.4	1091.4	1440.6	1015.2	41.3
2014	171.5	2284.4	1228.0	1603.7	1142.2	41.6
2015H1	77.8	1036.3	557.0	676.9	518.1	43.4

年份	真实进口（y）	压低进口的虚假进口占额（y−b）	压低进口的虚假进口占比（y−b）/b	总虚假贸易额（a−x）+（y−b）	总虚假贸易额占总贸易顺差比重[（a−x）+（y−b）]/（a−b）	总虚假贸易额占总贸易顺差比重[（a−x）+（y−b）]/（a+b）
1989	25.0	−5.0	−16.8	−72.0	−30.6	−24.4
1990	41.9	−19.1	−31.3	−273.3	−112.8	−75.1
1991	49.2	−20.8	−29.8	−298.3	−97.0	−66.6
1992	57.2	−22.8	−28.5	−327.0	−86.5	−60.8

续表

年份	真实进口 (y)	压低进口的 虚假进口占额 (y - b)	压低进口的 虚假进口占比 (y - b)/b	总虚假贸易额 (a - x) + (y - b)	总虚假贸易额占 总贸易顺差比重 [(a - x) + (y - b)]/(a - b)	总虚假贸易额占 总贸易顺差比重 [(a - x) + (y - b)]/(a + b)
1993	60.5	-21.4	-26.2	-307.0	-70.1	-51.0
1994	62.3	-16.6	-21.0	-237.6	-44.8	-34.5
1995	67.3	-14.9	-18.1	-213.3	-34.7	-27.4
1996	67.5	-12.1	-15.2	-173.9	-26.4	-21.3
1997	70.7	-11.7	-14.2	-168.2	-23.9	-19.4
1998	64.3	-8.0	-11.1	-115.2	-17.0	-14.0
1999	63.0	-4.2	-6.3	-60.4	-8.4	-7.1
2000	69.8	-1.2	-1.7	-17.1	-2.0	-1.7
2001	64.6	1.1	1.7	15.3	1.9	1.6
2002	61.0	8.0	15.1	114.5	13.2	11.8
2003	61.5	14.3	30.2	204.4	21.3	19.4
2004	68.6	19.9	41.0	285.5	25.3	23.3
2005	79.2	21.9	38.3	313.9	24.3	22.4
2006	83.6	31.8	61.3	455.0	30.6	28.6
2007	89.9	38.0	73.0	543.4	32.9	31.0
2008	90.2	45.7	102.5	653.7	37.0	35.3
2009	77.8	43.4	126.0	620.7	39.3	37.7
2010	94.1	53.9	134.2	772.1	40.0	38.4
2011	102.6	63.1	160.1	903.7	41.7	40.2
2012	105.9	72.3	215.6	1035.4	44.3	43.0
2013	108.2	76.2	238.6	1091.4	45.0	43.9
2014	120.4	85.8	247.5	1228.0	45.3	44.2
2015H1	50.8	38.9	326.4	557.0	47.1	46.2

数据来源：利用表52-6给出的大陆与香港的进出口数据、表52-10给出的2000年和2001年大陆与香港出口与进口的比例12.869和117.332的平均值13.317及李东平（2008）年的方法计算得出；2015年数据为上半年数据。

附录表 53 - 2　我国大陆与香港外贸易顺差下限、上限、顺差上下限

平均值、真实出口、真实进口、抬高出口相应的虚假出口额、

压低进口相应的进口额及相关占比　　单位：亿美元，%

年份	贸易顺差下限 (a/m-b)	贸易顺差上限 (a-mb)	贸易顺差上下限平均值	真实出口 (x)	抬高出口的虚假出口额 (a-x)	抬高出口的虚假出口占比 (a-x)/a
1989	-153.0	-147.1	(150.2)	475.8	-106.4	-28.8
1990	-22.4	-21.5	(21.9)	393.2	-38.8	-10.9
1991	-49.6	-47.7	(48.7)	453.7	-56.0	-14.1
1992	-107.3	-103.2	(105.3)	565.6	-91.3	-19.2
1993	-210.2	-202.1	(206.2)	857.7	-160.8	-23.1
1994	-139.5	-134.1	(136.9)	1026.1	-139.6	-15.7
1995	-61.7	-59.3	(60.5)	1246.7	-118.7	-10.5
1996	-81.2	-78.1	(79.7)	1314.2	-132.8	-11.2
1997	92.0	88.5	90.3	1450.9	-60.8	-4.4
1998	171.9	165.2	168.6	1474.4	-24.8	-1.7
1999	55.7	53.5	54.6	1674.4	-94.0	-6.0
2000	-27.8	-26.7	(27.2)	2219.4	-172.6	-8.4
2001	29.0	27.9	28.5	2350.8	-155.2	-7.1
2002	84.0	80.7	82.4	2835.5	-164.1	-6.1
2003	-1.0	-0.9	(0.9)	3900.1	-280.7	-7.8
2004	14.2	13.6	13.9	5298.6	-374.0	-7.6
2005	704.6	677.5	691.3	6509.9	-135.2	-2.1
2006	1388.3	1334.8	1362.0	8059.5	76.1	0.9
2007	2174.1	2090.3	2133.0	10028.0	305.5	3.0
2008	2624.8	2523.6	2575.1	12024.8	374.7	3.0
2009	1664.6	1600.4	1633.1	10309.5	44.8	0.4
2010	1384.2	1330.9	1358.0	13944.9	-348.8	-2.6
2011	905.9	871.0	888.8	17107.5	-801.7	-4.9
2012	1375.8	1322.8	1349.8	17890.5	-636.2	-3.7
2013	1218.8	1171.8	1195.8	19045.8	-793.4	-4.3
2014	2563.7	2464.9	2515.2	20024.6	-229.0	-1.2
2015H1	2272.9	2185.3	2229.9	8863.4	435.8	4.7

续表

年份	真实进口 （y）	压低进口的 虚假进口占额 （y－b）	压低进口的 虚假进口占比 （y－b）/b	总虚假贸易额 （a－x）+ （y－b）	总虚假贸易额占 总贸易顺差比重 [（a－x）+（y－ b）]/（a－b）	总虚假贸易额占 总贸易顺差比重 [（a－x）+（y－ b）]/（a+b）
1989	493.5	－43.7	－8.1	－150.2	89.5	－16.6
1990	407.8	16.9	4.3	－21.9	60.0	－2.9
1991	470.6	7.4	1.6	－48.7	74.2	－5.7
1992	586.6	－14.0	－2.3	－105.3	83.3	－9.8
1993	889.7	－45.4	－4.9	－206.2	86.6	－12.6
1994	1064.2	2.7	0.3	－136.9	78.2	－7.0
1995	1293.1	58.2	4.7	－60.5	56.6	－2.6
1996	1363.1	53.1	4.1	－79.7	62.0	－3.2
1997	1504.9	151.1	11.2	90.3	248.7	3.3
1998	1529.3	193.4	14.5	168.6	148.2	6.1
1999	1736.7	148.7	9.4	54.6	－710.9	1.7
2000	2302.0	145.3	6.7	－27.2	24.8	－0.6
2001	2438.2	183.7	8.1	28.5	－48.3	0.6
2002	2941.0	246.5	9.1	82.4	－356.4	1.5
2003	4045.2	279.8	7.4	－0.9	0.6	0.0
2004	5495.7	388.0	7.6	13.9	－7.6	0.1
2005	6752.1	826.5	13.9	691.3	153.9	5.6
2006	8359.3	1285.9	18.2	1362.0	128.2	9.0
2007	10401.1	1827.5	21.3	2133.0	121.2	11.3
2008	12472.2	2200.4	21.4	2575.1	121.0	11.4
2009	10693.1	1588.3	17.4	1633.1	130.7	8.4
2010	14463.7	1706.9	13.4	1358.0	161.8	5.2
2011	17744.0	1690.5	10.5	888.8	352.3	2.7
2012	18556.1	1986.0	12.0	1349.8	197.3	4.0
2013	19754.5	1989.1	11.2	1195.8	245.5	3.3
2014	20769.6	2744.2	15.2	2515.2	142.1	6.7
2015H1	9193.2	1794.1	24.2	2229.9	117.4	13.4

数据来源：利用表53－4给出的剔除"初级"虚假进出口贸易数据后的总进出口数据减去附录表53－1大陆与香港的进出口数据及李东平（2008）年的方法计算得出；2015年数据为上半年数据。

附录表 53 − 3　　我国大陆估算出的虚假贸易分布及与贸易的比重

单位：亿美元，%

年份	大陆与香港的虚假贸易额	大陆与香港外的虚假贸易额	大陆总虚假贸易额	大陆与香港的虚假贸易额与香港贸易顺差比重	大陆与香港的虚假贸易额占与香港贸易比重	大陆与香港外的虚假贸易额占与香港外的贸易比重	大陆总虚假贸易额占总贸易比重	大陆与香港的虚假贸易额占总虚假贸易比重
1989	− 72.0	− 150.1	− 222.1	− 30.6	− 24.4	− 12.5	− 39.2	32.4
1990	− 273.3	− 21.9	− 295.2	− 112.8	− 75.1	− 2.0	− 26.6	92.6
1991	− 298.3	− 48.6	− 346.9	− 97.0	− 66.6	− 3.7	− 26.5	86.0
1992	− 327.0	− 105.2	− 432.2	− 86.5	− 60.8	− 6.5	− 26.8	75.7
1993	− 307.0	− 206.1	− 513.1	− 70.1	− 51.0	− 9.2	− 23.0	59.8
1994	− 237.6	− 136.8	− 374.4	− 44.8	− 34.5	− 5.2	− 14.2	63.5
1995	− 213.3	− 60.5	− 273.8	− 34.7	− 27.4	− 1.9	− 8.7	77.9
1996	− 173.9	− 79.6	− 253.5	− 26.4	− 21.3	− 2.4	− 7.7	68.6
1997	− 168.2	90.3	− 77.9	− 23.9	− 19.4	2.5	− 2.2	215.9
1998	− 115.2	168.6	53.4	− 17.0	− 14.0	4.7	1.5	− 215.9
1999	− 60.4	54.6	− 5.8	− 8.4	− 7.1	1.4	− 0.1	1043.0
2000	− 17.1	− 27.2	− 44.3	− 2.0	− 1.7	− 0.5	− 0.9	38.6
2001	15.3	28.4	43.7	1.9	1.6	0.5	0.8	34.9
2002	114.5	82.4	196.8	13.2	11.8	1.3	3.1	58.2
2003	204.4	− 0.9	203.5	21.3	19.4	0.0	2.4	100.4
2004	285.5	14.0	299.4	25.3	23.3	0.1	2.7	95.3
2005	313.9	691.1	1005.0	24.3	22.4	5.0	7.3	31.2
2006	455.0	1361.6	1816.6	30.6	28.6	8.1	10.8	25.0
2007	543.4	2132.3	2675.7	32.9	31.0	10.3	12.9	20.3
2008	653.7	2574.3	3228.0	37.0	35.3	10.5	13.2	20.3
2009	620.7	1632.6	2253.3	39.3	37.7	7.7	10.7	27.5
2010	772.1	1357.7	2129.8	40.0	38.4	4.8	7.5	36.3
2011	903.7	888.6	1792.3	41.7	40.2	2.6	5.2	50.4
2012	1035.4	1349.4	2384.8	44.3	43.0	3.7	6.6	43.4
2013	1091.4	1195.5	2286.9	45.0	43.9	3.1	5.9	47.7
2014	1228.0	2514.5	3742.4	45.3	44.2	6.2	9.2	32.8
2015H1	557.0	2229.1	2786.2	47.1	46.2	12.4	15.6	20.0

续表

年份	大陆与香港的虚假贸易额	大陆与香港外的虚假贸易额	大陆总虚假贸易额	大陆与香港的虚假贸易额占与香港贸易顺差比重	大陆与香港的虚假贸易额占与香港贸易比重	大陆与香港外的虚假贸易额占与香港外的贸易比重	大陆总虚假贸易额占总贸易比重	大陆与香港的虚假贸易额占总虚假贸易比重
1989 年到 2000 年	-2263.1	-522.7	-2785.9	-35.7	-28.1	-1.6	-8.6	81.2
2001 年到 2008 年	2585.7	6883.1	9468.8	26.0	24.0	6.4	8.8	27.3
2009 年到 2014 年	5651.3	8938.3	14589.6	37.9	41.6	4.0	7.3	38.7
1989 年到 2014 年	5973.8	15298.7	21272.5	20.4	18.4	4.5	6.3	28.1

数据来源：附录表 53-1 给出的我国大陆与香港特区虚假贸易相关结果和附录表 53-2 给出的我国大陆与香港特区外其他国家和地区虚假贸易相关结果相加得出；附录表 53-3 计算所用的年度贸易顺差和贸易总额利用的是表 53-4 给出的剔除"初级"虚假贸易后的总进出口数据。

附录表 53-4　　　　我国大陆与香港的总虚假贸易和与香港外的
其他国家和地区总虚假贸易分布　　　单位：亿美元，%

年份	抬高出口的"初级"虚假贸易额	压低进口的"初级"虚假贸易额	总"初级"虚假贸易额	抬高出口的总虚假贸易额	压低进口的总虚假贸易额	总虚假贸易额	与香港的总虚假贸易额	与香港的总虚假贸易额占比
1989	-109.5	24.2	-85.3	-250.0	-57.4	-307.4	-157.3	51.2
1990	-36.7	81.6	44.9	-301.6	51.3	-250.3	-228.4	91.2
1991	-56.2	104.6	48.4	-357.5	59.0	-298.5	-249.8	83.7
1992	-82.8	125.2	42.5	-438.5	48.8	-389.7	-284.5	73.0
1993	-299.4	22.6	-276.8	-686.0	-103.9	-789.9	-583.8	73.9
1994	-285.7	15.6	-270.1	-573.7	-70.7	-644.5	-507.7	78.8
1995	-337.6	3.7	-333.9	-565.7	-42.0	-607.7	-547.1	90.0
1996	-408.5	-1.4	-409.9	-609.3	-54.2	-663.5	-583.8	88.0
1997	-348.0	-12.6	-360.6	-460.1	21.7	-438.4	-528.7	120.6
1998	-362.1	-5.8	-367.9	-386.6	72.1	-314.5	-483.1	153.6
1999	-414.5	1.7	-412.8	-443.9	25.3	-418.6	-473.2	113.0
2000	-468.9	23.3	-445.6	-498.1	8.2	-489.9	-462.7	94.4

年份	抬高出口的"初级"虚假贸易额	压低进口的"初级"虚假贸易额	总"初级"虚假贸易额	抬高出口的总虚假贸易额	压低进口的总虚假贸易额	总虚假贸易额	与香港的总虚假贸易额	与香港的总虚假贸易额占比
2001	−408.9	117.4	−291.5	−380.8	133.0	−247.8	−276.3	111.5
2002	−334.8	204.2	−130.6	−187.9	254.1	66.2	−16.1	−24.3
2003	−246.1	314.9	68.8	−56.4	328.7	272.4	273.3	100.3
2004	−170.3	455.9	285.6	102.1	482.9	585.0	571.1	97.6
2005	−101.7	616.6	515.0	529.1	990.9	1520.0	828.9	54.5
2006	16.9	789.3	806.3	1107.6	1515.3	2622.9	1261.3	48.1
2007	141.3	933.9	1075.2	1691.9	2059.0	3750.9	1618.6	43.2
2008	97.9	1009.3	1107.2	1967.9	2367.4	4335.3	1761.0	40.6
2009	49.5	916.8	966.3	1427.0	1792.5	3219.5	1586.9	49.3
2010	211.6	1151.2	1362.8	1595.3	1897.3	3492.6	2134.9	61.1
2011	500.4	1341.7	1842.1	1763.3	1844.1	3607.4	2745.8	76.1
2012	862.4	1574.7	2437.1	2486.9	2335.0	4821.9	3472.4	72.0
2013	1392.1	1705.6	3097.7	2993.3	2391.3	5384.6	4189.1	77.8
2014	1118.0	1547.5	2665.5	3379.0	2797.0	6176.0	3893.5	63.0
2015H1	224.5	675.2	899.7	1835.3	1850.6	3685.9	1456.7	39.5
1989 年到 2004 年	−4369.9	1475.2	−2894.7	−6094.1	1157.0	−4937.1	−4466.1	90.5
2005 年到 2008 年	154.5	3349.2	3503.7	5296.4	6932.6	12229.0	5469.7	44.7
2009 年到 2014 年	4133.9	8237.5	12371.4	13644.8	13057.2	26702.0	18022.7	67.5

数据来源：将附录表 53 - 3 给出的 1990 年到 2014 年大陆与香港特区及大陆与香港特区外的其他国家和地区的虚假贸易加上的相应的"初级"虚假贸易得出。

第54章　人民币升值对国内金融和经济的影响

在第53章介绍和估计了十多年来境外资金流入我国的情况后，本章的主要目的是介绍和简析"热钱"流入对国内金融市场和经济的影响。本章结构如下：第54.1节介绍外资金融机构在境内外交易的含有人民币掉期的贷款业务；第54.2节介绍人民币升值与国内外币贷款业务的发展；第54.3节介绍人民币升值对我国境外直接投资的影响；第54.4节探讨人民币升值对我国外债的影响；第54.5节介绍人民币升值对股票市场的影响；第54.6节介绍人民币升值预期对我国房地产价格的影响；第54.7节介绍人民币升值预期对国内消费者价格指数的影响；第54.8节简析人民币升值预期对我国投资的影响；第54.9节总结本章。

54.1　含有掉期的合成人民币贷款

合成人民币贷款能够克服境内人民币贷款和对应的美元贷款的问题和不足。合成的人民币贷款包括了三个部分：外资银行在中国的分行，即境内部分；它的境内客户（可以是外资公司、合资企业或是中资公司），外国银行在中国香港或新加坡的总公司或是地区性分公司的离岸部门和其客户的离岸公司之间的境外部分；外资银行总部与中国分行及企业之间的境内外部分。

为了描述方便，我们使用了 XYZ 来代表在中国外资银行的贷款分行。用 XYZHO 代表它的对应的总公司或是地区性总公司。我们描述的综合人民币贷款如下：

境内部门

XYZ 发放初始贷款给其在中国的客户，客户再将利息用美元定期偿还给 XYZ，直到贷款结束。在贷款到期时，再将本金偿还给 XYZ。

离岸部门——交叉货币掉期（CCS）

XYZ 总公司或地区性总公司和客户的离岸公司达成一个交叉货币互换，用这种形式，前者支付客户所需支付给 XYZ 的境内部门的利息金额，即美元 Libor + 1.25%；客户的离岸公司支付给 XYZHO 固定利率3.50%。

客户境内和离岸部门之间的交叉货币掉期如图 54 - 1 描绘了合成人民币贷款的现金流。客户的离岸公司和它的境内公司可以达成一个反向的 CCS，这样，离岸公司能将美元现金以境外投资或是外国公司的贷款名义转移到境内公司。这样的交易可以解释外国的来华投资企业的国际性借款。客户的境内公司以简单的对应的人民币支付额存入外资银行来赚取利润，再稍后支付给其离岸公司。这一过程反映在图 54 - 1 中。

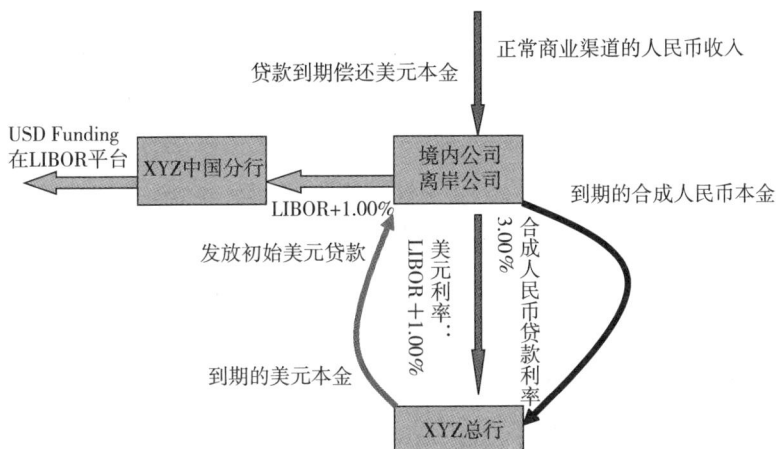

图 54 - 1　合成人民币贷款的现金流

对这样的合成贷款所需的必要条件是客户必须要有离岸公司。现在，所有的外资公司、大多数合资企业和越来越多的中国公司都已有了它们海外的分公司或是子公司，这一必要条件很容易得到满足。

54.2　人民币升贬值对国内外币贷款的影响

上文介绍外资金融机构在人民币升值背景下的境内外贷款业务中涉及很多外币贷款。实际上不仅外资银行在人民币升值预期强烈时对客户外币贷款增加，而且中资银行也有这样的业务需求，因为只要人民币有较强的升值预期，而后人民币升值了用外币还款有相当的益处。图 54 - 2 给出了 2007 年 1 月以来我国外币贷款月度变化情况。

54.2.1　金融危机前"热钱"流入对国内外币贷款的影响

图 54 - 2 显示 2007 年 1 月到 12 月，我国外币贷款月度变化在 - 3.84 亿到 89.57 亿美元之间，变化幅度还不是很大；但是 2008 年 1 月和 2 月，月度增幅分别达到 169.28 亿美元和 217.02 亿美元，达到当时历史最高纪录，这与当时境外人民币升值预期处于历史最高峰密切相关；2008 年 3 月，虽然当时

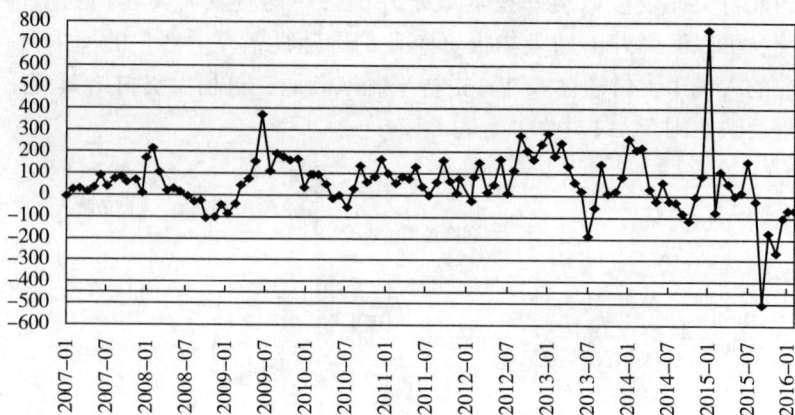

数据来源：人民银行网站；2015年1月以来人行公布的数据格式与之前有所调整，故2015年1月的变化数据与之前不可比。

图 54 – 2　国内外币贷款月度变化情况（2007 年 1 月到 2016 年 2 月）

境外人民币升值预期仍然处于高峰，但是当月外币贷款已经开始下调，比 2 月下降了 52% 到 103.62 亿美元，显示国内外币贷款对境外人民币升值有惊人的先导性；2008 年 4 月，尽管离金融危机的爆发还有近 5 个月的时间，境外人民币升值幅度显著减缓，国内外币贷款比同年 3 月下滑了 79.4% 到 21.35 亿美元；2008 年 5 月虽然比 4 月略微上升到了 30.04 亿美元，但是 2008 年 6 月比 5 月又下降了 53.3% 到 14.02 亿美元，达到了 2007 年 2 月后的历史最低点；到 2008 年 7 月和 8 月，虽然金融危机仍未爆发，国内外币贷款就已经出现了下降，两个月环比分别下降 145.3% 和 367.7% 到了 – 29.7 亿美元，再次表明国内外币贷款对境外人民币升值和金融危机的爆发有着惊人的"先导性"。

54.2.2　金融危机爆发后近三年国内外币贷款的变化

2008 年 9 月金融危机爆发，由于危机爆发后当月仅剩不到半个月的时间，国内外币贷款下降幅度不大，仅下降了 25.1 亿美元；2008 年 10 月国内外币贷款下降了 108.65 亿美元，创下单月下降的历史纪录；2008 年 11 月降幅仍高达 99.92 亿美元；2008 年 12 月和 2009 年 1 月，国内外币贷款平均每月下降 50 亿美元左右；2009 年 2 月，金融危机仍处于严重时期，但是当月外币贷款就出现了金融危机爆发后首次显著地减缓下降，降量为 42.1 亿美元，再次表明国内外币贷款对人民币升值有着先导性；2009 年 3 月 18 日，美联储宣布将在 2009 年年底前购买总额市值高达 1.25 万亿美元的美国长期国债和抵押贷款相关证券等资产（后称为第一次量化宽松政策），对美元产生了巨大的稀释作用，人民币对美元随之从贬值回到了升值预期（参见第 37 章），当月国内外币贷款出现了金融危机后首次增长，增长额为 42.62 亿美元，而且之后的 3 个月内连月持续高速增长到了 75.54 亿美元、154.47 亿美元和372.03 亿美元，环比增幅分别高达 77.3%、104.5% 和 140.8%，创下国内外币贷款单月增幅历史最高纪录，比 2008 年 2 月的高峰还高出 71.4%；2009 年 8 月到 2010 年 4 月的 9 个月时间内，每月增长平均值保持在 118.94 亿美元的高位。

54.2.3 2010 年 5 月到 2014 年 3 月国内外币贷款的变化

图 54-2 显示，2010 年 5 月到 7 月 3 个月持续出现了金融危机爆发后国内外币贷款首次持续下降，显示美国第一次量化宽松和第二次量化宽松政策间国内外币贷款的变化；2010 年 8 月到 2011 年 6 月的 11 个月，国内外币贷款月均增长 87 亿美元，超过 2007 年 2 月到 12 月月均增长 48.9 亿美元近 80%，表明当时资金流入的程度仍然很高。值得关注的是，2011 年 7 月外币贷款增幅仅有1.33 亿美元，出现了 2010 年 8 月之后的最低位，反映出当时人民币对美元升值压力处于低谷；2011 年 8 月到 2013 年 7 月间，除 2012 年 1 月外币贷款出现下降外，其他月份都保持了可观的增长态势，其中 2012 年 9 月和 2013 年 1 月，月度增量分别高达 278.23 亿美元和 284.53 亿美元；2013 年 2 月到 2014 年 3 月国内外币贷款总体处于显著的增长态势，与同期美国量化宽松政策实施和相应的人民币兑美元升值预期一致。

54.2.4 2014 年 1 月到 2015 年 7 月国内外币贷款的变化

图 54-2 也显示，2014 年 1 月到 2014 年 10 月，国内外币贷款出现了金融危机后最长的持续下降期，2014 年 10 月比 9 月下降了 116.52 亿美元，降额仅次于 2013 年 7 月的 188.01 亿美元；2014 年 10 月到 2015 年 1 月，虽然出现了三个月的回升，但是 2015 年 2 月重新回到了下降，而且 2015 年 6 月降量达到了440.72 亿美元的月度最大降额。虽然 2015 年 1 月的数据由于人行统计格式有所变化，该月增量与之前的数据不可比，但是 2015 年 1 月以来的数据基本可比，2015 年 1 月到 7 月国内外币贷款的大幅度波动和总体下降趋势对国内经济产生可观的影响。

54.2.5 2015 年 7 月以来国内外币贷款的变化

图 54-2 显示，2015 年 7 月以来，国内外币贷款月度变化全部处于下降的态势，特别是 2015 年 9 月外币贷款比 9 月下降了 502 亿美元，比 2003 年 7 月历史下降峰值 188 亿美元高 1.67 倍；2015 年 9 月以来，外币贷款降幅呈现持续缩

小的趋势，但是 2016 年前两月降额仍保持接近 70 亿美元的水平，显示资金撤离我国压力减轻。

54.3 "热钱"流入对外来直接投资的影响

外来直接投资中绝大多数应该是购买设备、厂房等方面的投资，难以想象外来直接投资中还会有"热钱"的成分，因此国家外汇局公布的"热钱"流入报告中假设外来直接投资为真实的。外来直接投资中也有相当可观的份额为"热钱"，虽然其具体份额难以估算，这里我们通过介绍 2003 年以来通过英属维尔京群岛和开曼群岛流入我国的外来直接投资的变化来说明外来直接投资中"热钱"的程度。图 54－3 给出了 2001 年 12 月到 2009 年 6 月来自中国香港和英属维尔京群岛及开曼群岛的季度外来直接投资占总外来投资的比重。英属维尔京群岛成为仅次于中国香港的第二大外来直接投资来源地，超过韩国、日本、新加坡、美国、中国台湾、德国等主要发达国家和地区，多年来保持第二直接投资来源地的地位。

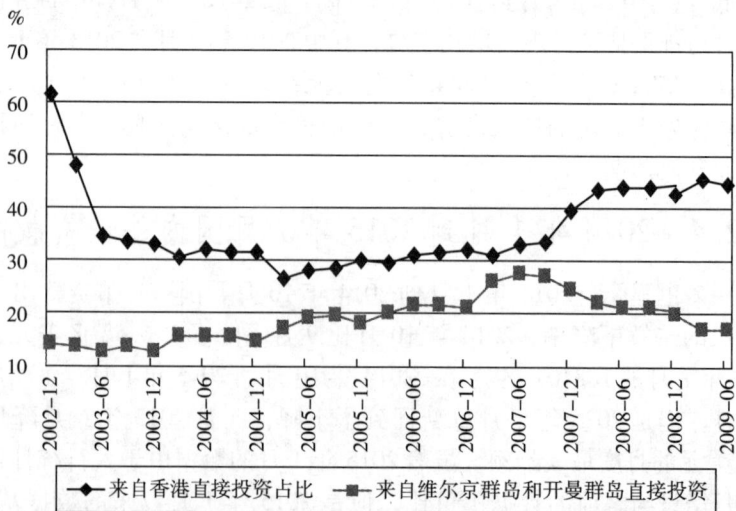

数据来源：商务部网站，www.mofcom.gov.cn；由于 2009 年 7 月以来，商务部不再单独公布自英属维尔京群岛及开曼群岛到我国的外来直接投资数据，本图只能截至 2009 年 6 月。

图 54－3　自中国香港和英属维尔京群岛及开曼群岛到
我国的季度外来直接投资占比（2002 年 12 月到 2009 年 6 月）

图 54－3 显示，2002 年底到 2003 年底，自英属维尔京群岛和开曼群岛到我国的直接投资占当时我国外来直接投资总额的 13% 左右；2004 年占比在 15% 左

右；2005 年 6 月到 2006 年 12 月上升到了 20% 左右；2007 年前三个季度末进一步上升到了接近 28% 的高位；从 2007 年第四季度末到 2009 年第二季度持续下降到了 17% 多些的水平。

各界公认，在英属维尔京群岛和开曼群岛这样的自由港注册的公司很多是因为避税或者规避监管等原因，来自这样的岛屿的直接投资很大的比例与投资人民币升值有着密切的关系。图 54 - 3 显示 2007 年境外人民币升值达到高峰时，来自英属维尔京群岛和开曼群岛的直接投资占比曾经接近三成，比 2003 年高出一倍以上，表明其中有一定的"热钱"成分。但是，从 2009 年 8 月以来，英属维尔京群岛却持续在我国外来投资十大来源地之外。当然统计口径的调整可能是导致英属维尔京群岛、开曼群岛等自由港 2009 年 8 月以来不再成为我国外来投资十大来源地的原因，因为商务部从 2009 年 8 月以来公布的我国外来投资十大来源地数据的说明中注明十大国家/地区对华投资数据包括这些国家/地区通过英属维尔京群岛、开曼群岛、萨摩亚、毛里求斯和巴巴多斯等自由港对华进行的投资。不论来自这些自由港的直接投资数据有多大的变化，在金融危机前人民币升值高峰期间，通过英属维尔京群岛和开曼群岛对华直接投资占比超高的事实显示这些直接投资中有一定的比重与投机人民币升值有关。

54.4　人民币升值与债券和债务的关系

54.4.1　外资金融机构购买人民币债券

购买人民币债券是另外一种从人民币升值中获益的有效途径，因为购买人民币债券相当于间接获得了人民币。结合图 54 - 4，可以从表 54 - 1 中看出，人民币的贬值预期从 2002 年开始转为升值预期，与此同时在华外资银行开始大幅增持人民币债券，尤其是中国的国债。从 2002 年至 2007 年，人民币的升值预期一直较为强烈，这段时间在华外资银行持有人民币债券的增速一直处于较高水平。仅仅在 2004 年下半年和 2005 年下半年略微有所缓解，对应的这两段时间内在华外资银行持有人民币债券的增速也相应地放缓了。在 2008 年金融危机时，人民币的升值预期迅速变为贬值预期，相应的在华外资银行持有人民币债券的余额增速迅速下降，在贬值预期最严重的 2008 年下半年，增速甚至为负。而随着人民币贬值预期的消除，在华外资银行继续增持人民币债券，但是增速随着升值预期的趋弱也趋缓。而 2015 年上半年在华外资银行持有人民币债券增速第二次为负，也印证了人民币汇率的贬值压力逐渐显现。

表 54 - 1   2001 年到 2015 年在华外资银行持有人民币债券托管数据

时间	在华外资银行持有国内银行间市场债券托管余额（亿元）	环比增速（%）	在华外资银行持有国内银行间市场国债托管余额（亿元）	环比增速（%）
2001	0.42		0.42	
2002H1	0.72	71.43	0.72	71.43
2002	4.87	576.39	4.27	493.06
2003H1	12.80	162.83	13.40	213.82
2003	19.73	54.14	18.03	34.55
2004H1	29.58	49.92	29.08	61.29
2004	32.86	11.09	39.26	35.01
2005H1	45.26	37.74	29.36	-25.22
2005	50.87	12.40	27.77	-5.42
2006H1	126.47	148.61	59.59	114.58
2006	215.34	70.27	120.74	102.62
2007H1	295.25	37.11	207.10	71.53
2007	447.11	51.43	295.23	42.55
2008H1	513.49	14.85	353.86	19.86
2008	456.00	-11.20	338.75	-4.27
2009H1	609.91	33.75	472.31	39.43
2009	721.46	18.29	494.75	4.75
2010H1	766.26	6.21	458.97	-7.23
2010	1018.70	32.94	552.37	20.35
2011H1	1411.96	38.60	715.30	29.50
2011	1625.00	15.09	948.71	32.63
2012H1	1755.17	8.01	997.63	5.16
2012	2128.68	21.28	912.01	-8.58
2013H1	2429.42	14.13	1185.68	30.01
2013	2792.49	14.94	1511.40	27.47
2014H1	3576.19	28.06	1747.98	15.65
2014	3959.97	10.73	2126.70	21.67
2015H1	3664.13	-7.47	1777.52	-16.42
2015.08	3712.88	1.33	1923.50	8.21

数据来源：国际外汇管理局网站，www.safe.gov.cn。

54.4.2　外债余额总量及其构成

经过国务院批准，国家外汇管理局从 2001 年开始按照新的国际标准公布国家外债数据。这个新的标准将在华外资公司和外资金融机构的外债也计入了国家外债数据之中。表 54 - 2 给了国内 2001 年到 2014 年每年外债总数、外资企业外债（FIEs）、外资金融机构的外债（FFIs）、短期外债（STDs）及相应的变化和占比。从表 54 - 2 可以看出，从 2003 年到 2007 年我国短期外债持续增长，2007 年底短期外债占总外债比重达到了当时历史最高纪录 60.55%；2008 年出现了 2002 年以后的首次下降，表明金融危机对我国外债构成的显著影响；2009 年到 2014 年，我国短期外债飞速持续增长，到 2013 年底短期外债占总外债比重创历史最高纪录 78.39%，比金融危机之前的历史纪录高出 18%。短期外债的高速增长实际上主要是外资金融机构所致。表 53 - 2 给出外债余额变化，特别是短期外债变化实际上与我们在第六篇诸章节介绍和分析的人民币升值与其变化密切相关，我们在下面会进一步分析。

表 54 - 2　　　　　国内 2001 年到 2014 年外债规模及相关占比　　　　单位：亿美元，%

年份	总外债余额	外商投资企业外债余额	外商金融机构外债余额	短期外债余额	短期外债比上一年底余额变化	短期外债余额同比增长率	短期外债余额占比	外商外债余额占登记外债余额比例
2001	2033.03	352.00	170.46	837.70			41.20	35.18
2002	2026.33	331.58	150.46	870.80	33.10	3.95	42.97	33.24
2003	2193.60	377.95	209.48	1027.70	156.90	18.02	46.85	37.40
2004	2629.92	446.46	316.34	1387.10	359.40	34.97	52.74	41.89
2005	2965.45	505.13	408.09	1716.40	329.30	23.74	57.88	48.00
2006	3385.88	608.43	496.34	1992.30	275.90	16.07	58.84	50.45
2007	3892.18	740.04	463.07	2356.80	364.50	18.30	60.55	50.02
2008	3901.61	961.33	435.30	2262.80	-94.00	-3.99	58.00	53.60
2009	4286.50	931.80	383.40	2592.60	329.80	14.57	60.48	49.27
2010	5489.40	1095.80	481.40	3757.00	1164.40	44.91	68.44	46.70
2011	6949.97	1363.60	540.50	5009.00	1252.00	33.32	72.07	42.71
2012	7369.86	1462.49	518.87	5409.30	400.30	7.99	73.40	44.48
2013	8631.67	1585.99	642.46	6766.30	1357.00	25.09	78.39	42.31
2014	8954.60			6833.60	67.30	0.99	76.31	

资料来源：国家外汇管理局网站（www.safe.gov.cn）。

注：外汇管理网站显示，2009 年贸易信贷抽样调查方法进行了调整，为保证数据的可比性，2001—2008 年末贸易信贷余额也进行了相应调整。此外，外汇管理局也将数据频率由半年改为一年。根据前后数据对比，此次抽样调查方法调整主要影响了短期外债数据，具体见本章附件。

54.4.3 短期外债控制及其效果

政府相关部门很早就关注了短期外债显著增长这个重要问题。2004 年 5 月 27 日国家发展改革委、人民银行和银监会联合发布了《境内外资银行外债管理办法》（以下简称《办法》），明确对外资银行短期外债实行总量控制。同年 6 月 21 日，国家外汇管理局下发了《关于实施境内外资银行外债管理办法》有关问题的通知，明确了短期外债指标的核定方法，并要求境内外资银行在 2004 年 12 月 31 日以前将其实际的短期外债余额逐步调整到核定的短期外债余额指标范围以内，在此期间其任一时点的短期外债余额不得超过该银行在 2004 年 6 月 30 日的短期外债余额。由于《办法》的实施，从 2004 年前 9 个月到 2004 年年底，外资金融机构外债余额有所下降，外债增长得到了一定的控制。但是，随着金融危机之前人民币升值预期的增强，短期外债占比仍然持续上升，虽然金融危机后出现了一些下调，但从 2009 年下半年开始重新持续上升。

54.4.4 外资企业和外资金融机构的负债

表 54－2 清楚地表明，尽管外资企业带来的外债增速与总外债的增速基本同步，但是由外资金融机构带来的外债增长却要快于总外债的增长速度。这意味着从 2003 年起，外资银行调整了以往的经营策略以适应变化的形势，这在很大程度上是由于人民币升值的预期引起的。

不仅是短期外债的增长，而且它的构成也引起了广泛的关注。2003 年 12 月 16 日，国家外汇管理局的官方统计显示，在华外资金融机构（主要为外资银行）2003 年前 9 个月借入了 585.57 亿美元的外债，其中 2003 年第三季度借入了 163.73 亿美元，增速为 38.7%。这些通过在华外资金融机构新增的外债占同期中国新增外债总额的 80.8%。而 2003 年上半年这个数字为 77.5%，也就是说，2003 年前 9 个月外资金融机构新增外债占总新增外债的比例比 2003 年上半年高出 3.3 个百分点。2003 年前 9 个月这些外资金融机构新增的外债中，552.4 亿美元是用来偿还所借外债的本息，较上半年的 383.61 亿美元有了较大的增长。

2003 年前 9 个月，通过在华外资金融机构净流入的外债占同期总的外债净流入的 97.5%。这么高的比率意味着在华外资金融机构不但从国外借入大量的资金而且从国外的母公司输入了大量的资本，即外资金融机构增加在中国的业务。

54.5 人民币升值预期和股票市场

本节我们将主要讨论股票市场投资和人民币升值之间的关系。我们在第 46 章专门介绍和研究了人民币升值预期对 H 股指数的影响。由于 2009 年之前人民币跨境贸易结算还未启动，境外获得人民币比较困难，因此难以在人民币升值预期中获利。而 H 股是国内公司在香港上市的股票，因此 H 股自然成为境外投资和投机人民币升值最佳工具。第 46 章已经对该问题进行了较为系统的研究，这里不再重复。

54.6　人民币升值预期和国内房地产价格的关系

类似于亚洲金融危机前"热钱"流入东南亚各国的情形，2003 年以来相当一部分国际"热钱"流向了我国房地产、工业及其他经济部门。早在 2003 年 8 月国家外汇管理局就决定开始在全国范围内的外汇指定银行展开针对汇兑和结算程序的调查，9 月即启动了一个特殊的审查程序。该审查主要针对那些疑似大规模投机资本的流入。该审查的结果表明，一些银行违反了外汇管理的有关条例，允许一些投资或制造业公司以注册资本或应收账款存款的名义调入了外汇并兑换成了人民币。该审查还发现这些资本并没有被用于制造业，而是用于房地产和证券投资，或是被存入了个人账户（《上海证券报》，2004 - 01 - 06）。2005 年 5 月 25 日中国人民银行公布的 2004 年上海市金融运行报告披露，2004 年 1 月至 11 月，境外资金通过多种途径流入上海房地产市场的总量超过 222 亿元，较上年增长 13.5%，其中用于房地产开发的约 150 亿元；用于购房的约 70 亿元，约占境外资金流入上海房地产市场总量的 1/3（《国际金融报》，2005 - 05 - 26）。图 54 - 4 给出了 2002 年第一季度以来全国房地产销售价格指数。

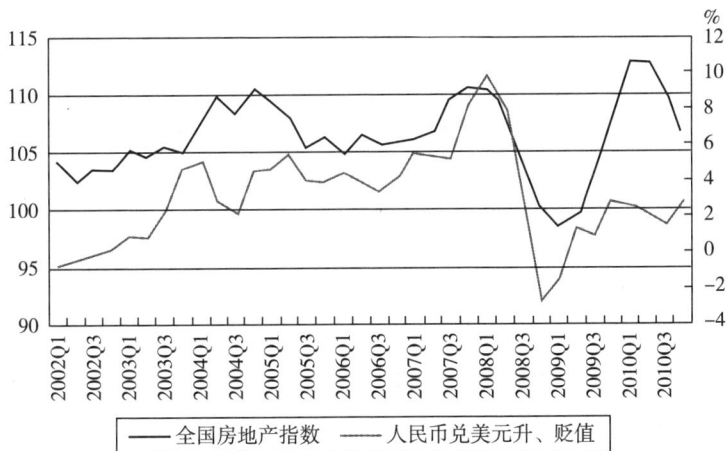

数据来源：万德 wind。

注：由于国家统计局从 2011 年开始停止更新全国房地产指数，转而开始公布百城房地产指数和 70 个大中城市的房地产指数，由于新的数据时间较短，而且与之前的数据难以比较，因此仍旧沿用全国房地产指数进行分析说明。

图 54 - 4　全国房地产销售价格指数（2002 年第一季度到 2010 年第四季度）

很难确认究竟多少资金流向了房地产市场，然而我们可以通过全国房地产指数数据来分析房地产价格与境外人民币升贬值之间的关系。图 54 - 4 给出了从 2002 年第一季度到 2015 年第二季度全国房地产销售价格指数。图 54 - 4 显示，2002 年第一季度到 2003 年第二季度，人民币升值预期初期，房地产价格指数没有多大的上升；然而从 2003 年第三季度到 2004 年第四季度，房地产价格指数从 104% 上下持续上升到了 110% 之上；虽然从 2005 年第一季度开始有所下降，而且在 2006 年持续保持在 105% 左右，但从 2006 年第三季度到 2008 年第一季度指数持续显著增长，达到当时历史最高峰，与图 37 - 6 显示当时人民币升值预期持续上升密切相关；2008 年第二季度到 2008 年第四季度指数高速下降，与图 37 - 6 显示当时人民币升值预期持续显著下降和贬值预期显著增长密切相关；2009 年第一季度，金融危机处于严重时期，人民币贬值显著，房地产价格指数创下 2002 年初以来历史最低点；随着 2009 年 3 月下旬人民币从贬值转向升值，房地产价格指数从 2009 年第二季度到 2010 年第一季度持续高速回升，创下历史最高纪录，达到 111.7%。因此，人民币升值和贬值预期对国内房地产市场价格指数有着明显的影响作用。

54.7 境外人民币升值对我国消费价格的影响

图 54 - 5 给出了 2002 年 1 月到 2015 年 8 月我国月度消费者物价指数和同期人民币对美元升值或贬值的幅度之间的关系。从图 54 - 5 可以清楚地看出，除 2002 年前 10 个月境外人民币对美元仍然处于贬值时期之外，2002 年 11 月到 2011 年 6 月的绝大多数时间内，我国消费者物价指数和人民币对美元升值或贬值预期之间存在着密切的关系。特别值得关注的是，2008 年金融危机爆发之前人民币升值预期峰值之后的 1—2 月消费者物价指数达到历史高峰；金融危机爆发后，2008 年 11 月到 2009 年 1 月人民币对美元贬值达到历史峰值后几个月，物价指数下降也达到了历史峰值，随着金融危机后人民币贬值压力的缓解，物价指数也迅速回升，表明人民币升值或贬值对国内消费者物价指数有着相当的先导性。这种先导性可以直观地解释为，人民币对美元升值/贬值预期导致资金流入/流出，从而导致物价的升降和投资的变化。我们在下文会介绍人民币对美元升值/贬值预期对我国社会固定投资的影响。

上文我们用图直观地介绍了国内消费者物价指数与人民币升值和贬值预期的关系。实际上我们在第 24 章和第 38 章分别就国内消费者物价指数对国内人民币远期和境外人民币无本金交割远期的影响进行了实证研究。表 24 - 12 和表 38 - 7 的结果显示，我国月度消费者物价指数对国内人民币远期和境外人民币无本金交割远期有一定的影响。利用类似的方法，我们对不同时期人民币升值预

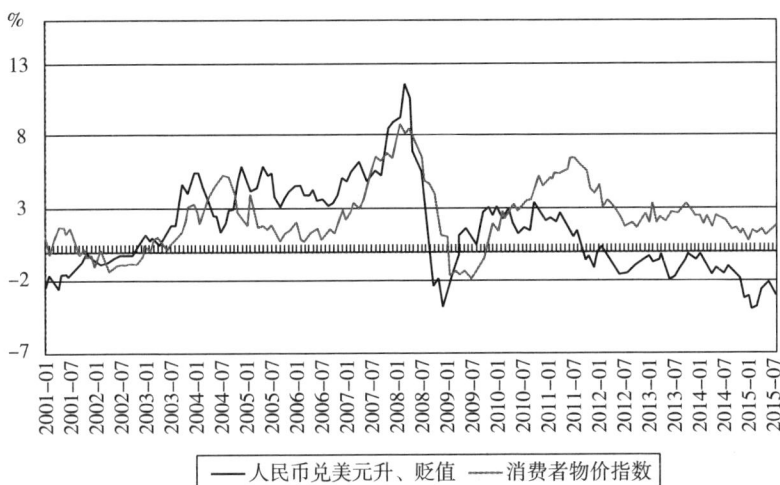

%

── 人民币兑美元升、贬值　── 消费者物价指数

数据来源：消费者物价指数来自国家统计局网站；人民币升贬值数据根据图 36 – 3 到图 36 – 5 的数据和国家外汇管理局网站相应的人民币/美元即期汇率计算而得。

图 54 – 5　我国月度消费者物价指数和同期人民币对美元升值/贬值的关系（2002 年 1 月到 2015 年 8 月）

期对国内消费者物价指数的影响做实证分析显示，人民币升值预期对国内消费者物价指数确实有客观的影响。由于篇幅有限，这里不再细述。

54.8　人民币升贬值预期对我国社会固定投资的影响

　　社会固定投资是直接影响国内生产总值的最主要因素之一。金融危机爆发之前的几年，我国投资增速持续超过消费增速，导致国内生产总值中投资占比"挤出"消费占比的现象。尽管导致投资过快增长有诸多原因，但是在人民币升值预期下跨境资金的流入是主要原因之一。详细分析人民币升贬值对我国社会固定投资的影响超过了本章的范围，这里我们简单地以数据来分析前者对后者的影响。

54.8.1　预算内资金和国内贷款占社会固定投资的比重

　　预算内资金实际上是政府投入社会固定投资的部分。1995 年到 1997 年，预算内资金占社会固定投资的比重分别为 3%、2.7% 和 2.8%；为了应对亚洲金融危机，我国从 1998 年到 2001 年实施了积极的财政政策，扩大了预算内投资，因此从 1998 年到 2001 年预算内资金占社会固定投资比重持续增长，此后我国的预算内投资占社会固定投资的比重在 4% ～5% 附近；国内贷款对社会固定投资的贡献从 1995 年到 1997 年持续下降，1998 年到 2001 年年均贡献度保持在接近 20% 的水平，仍然低于 1995 年的水平；金融危机后，国内贷款占社会固定投资的比重迅速下降，2014 年为 12%，已经低于金融危机最严重的 2008 年了。预算内资金和以大型银行为主的国内贷款两者对人民币升值预期这样的市场因素的反应相对较弱，因此我们将该两者合二为一来考虑，图 53 - 6 给出了 1995 年到 2014 年预算内资金和国内贷款占社会固定投资的比重。

54.8.2　自筹资金和其他资金占社会固定投资的比重

自筹资金是企业自筹的固定资产投资，占社会固定投资份额最大。1995 年自筹资金占社会固定资产投资总额比重高达 51.9%，1996 年到 2001 年的 6 年，自筹资金占社会固定投资比重保持在 50% 以下的水平。然而从 2002 年到 2008 年自筹资金年均增长率超过 30%，为社会固定投资五大类别中增长最快的，相应的占比也持续快速上升，从 2001 年的 49.8% 持续上升到了 2008 年的 64.8%。2009 年以后，随着金融危机的刺激政策逐渐退出，导致银行贷款、自筹资金的增速一直比贷款增速高 5 个百分点，2014 年时自筹资金占比已经达到 69.7% 的历史新高。其他资金为社会固定资金投资中预算资金、国内贷款、外资和自筹资金之外的其他部分。图 54 - 6 给出了 1995 年到 2014 年自筹资金和其他资金占社会固定投资总额比重。

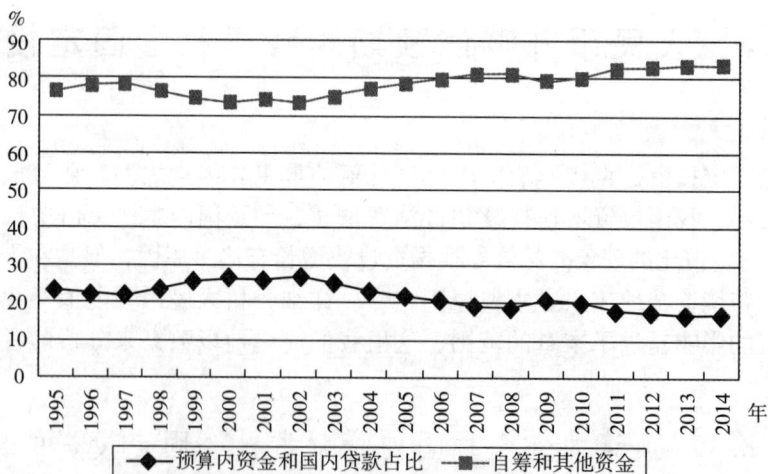

数据来源：根据国家统计局网站（www.stats.gov.cn）公布的数据计算得出。

图 54 - 6　预算内资金和国内贷款及自筹和其他资金占社会固定投资比重
（1995 年到 2014 年）

54.8.3　两类资金占社会固定投资的比重变化与人民币升值预期的关系

上文分别介绍了社会固定资产投资中预算内资金和国内贷款及自筹资金和其他资金两类，前者政策性强但对人民币升值的敏感性不大，而后者对人民币升值的敏感性很强。除该两类资金外，外来资金对人民币升值更为敏感，我们在第 52 章已经做过分析，由于外资占整个社会固定投资比重很低，这里不专门考虑。图 54－6 显示，由于国家应对亚洲金融危机采取积极的财政政策的实施，1997 年到 2001 年预算内资金和国内贷款占社会固定投资比重持续上升，然而积极的财政政策结束后的 2002 年到 2007 年，该类资金占比几乎直线下降，从 2003 年到 2007 年年均下降 1.5%；同时自筹资金和其他资金占比却直线上升，2003 年到 2007 年年均上升 1.7%。预算内资金和国内贷款占比的下降与国内宏观政策密切相关，而自筹资金和其他资金占比从 2002 年开始直线上升与境外人民币从 2002 年开始升值密切相关。由于自筹资金和其他资金占比超过预算内资金和国内贷款占比 3 倍左右，前者随市场因素增长在一定程度上挤出了后者的占比。

2008 年金融危机爆发后积极的财政政策和人民币从升值到贬值再到升值对如上两类资金占比的影响可以按照上文分析的方法获得，这里不再重复。

54.9　本章总结

由于篇幅所限，本章就人民币升贬值预期变化对国内银行贷款业务、外资金融机构在华短期外债、股票市场、房地产价格指数、我国消费者物价指数、国内社会固定投资等的影响进行了简单描述性的介绍。深入分析这些问题需要很长的篇幅，超出本书的范围。通过本章的介绍和简析，我们可以容易地看出，十年来境外人民币从贬值到升值，又从升值到贬值，再从贬值回到升值的变化对"热钱"流入和流出我国产生重要影响，从而对我国贸易顺差、外汇储备、外币贷款、房地产、消费者物价指数、投资等诸多方面产生重大影响，从而对我国经济产生重要的影响。

随着人民币汇率形成机制的不断完善，特别是人民币跨境贸易结算等业务的推出和试点的扩大以及资本项目的逐渐开放，境外各类人民币衍生产品将以很多目前还不很流行的方式直接或间接地与国内传统的金融业务联系起来，跨境资金的流动将会有越来越多的渠道，对监测和管控相应的风险提出挑战。

附录：

2009 年国家外汇管理局调整了贸易信贷抽样调查方法，为保证数据的可比性，2001—2008 年末贸易信贷余额也进行了相应调整。调整前后数据差异如下：

时间	总外债余额	外商投资企业外债余额	外商金融机构外债余额	短期外债余额
2001	331.93	0	0.06	331.90
2002	340.93	-0.02	-0.04	341.00
2003	257.30	-0.05	-0.02	257.30
2004	343.92	-0.04	0.04	344.00
2005	154.95	0.03	-0.01	155.00
2006	155.98	0.03	0.04	156.00
2007	155.98	0.04	-0.03	156.00
2008	155.01	0.03		154.90
2009	0	0	0	0
2010	0	0	0	0
2011	0	0	0	0
2012	0	0	0	0
2013	0	0	0	0
2014	0	0	0	0

注：数字为正表示调高，负数表示调低。

人民币衍生产品

（第四版）

第四册

张光平 著

中国金融出版社

目　　录

第一册

第二册

第七篇　境内外产品市场的关系及未来的发展

第四册

第八篇　人民币国际化趋势下产品创新和未来发展

第八篇　人民币国际化趋势下产品创新和未来发展

　　"人民币国际化是今后十年以至更长时期内我国经贸、金融以至社会发展中最重要的议题和发展战略。人民币国际化需要国内利率和汇率市场化程度不断提高的同时，也需要国内资本项目有逐渐开放从而使人民币可自由使用度不断提高。因此，人民币国际化是影响境内外人民币市场发展的最主要的因素，同时境内外包括人民币衍生产品在内人民币市场也是人民币国际化程度提高的反映。由于十多年来国际外汇衍生产品市场占整个外汇市场的比重持续超过六成，近年来境外人民币外汇衍生产品成交金额占整个境外人民币外汇市场成交金额比重超过七成，2015年国内人民币外汇衍生产品市场成交份额也首次超过了外汇即期市场，境内外人民币衍生产品市场已经成为境内外人民币外汇市场的主力军。所以，研究人民币国际化一定离不开境内外人民币衍生产品市场。我们在前面数篇分别介绍了境内外人民币衍生产品市场的演变和发展后，并介绍和分析了境内外市场之间的相互影响。作为本书最后一篇，我们介绍和探讨影响未来境内外人民币衍生产品市场最重要的因素：人民币国际化趋势下的境内外人民币市场发展。

　　人民币国际化涉及很多方面，是一个相当复杂的过程。回顾英镑和美元两百多年国际化的历程，我们可以容易地发现，经济和贸易的规模及增长等因素确实是货币国际化的重要基础，但是经贸的持续健康发展要有稳定和公平的政治体系作保障，同时稳定的政治环境还要有坚固坚强的军事力量做支撑。因此，经济、政治和军事三位一体，互为基础、互相促进、相互保障。包括笔者在内的大多数学者或职业人士只在几个领域有所专长，要在这"三位一体"三个领域都有所建树确实超过了笔者的学力和能力。因此，通常涉及广泛领域时，总用"由于篇幅有限"几字将其他领域的相关重要内容略去。实际上，即使篇幅没有限制，笔者也难以在超过经贸和金融领域有任何的发言权。这里笔者要特别感谢张炳献先生相关的建议和指导。尽管如此，本篇的主要内容还是在张光平（2016）第四篇和第五篇更新的基础上增加了与政治体系相关的亚投行和金砖银行发起国国家治理水平比较及对该两国际机构今后治理进展的预判，同时还增加了"一带一路"实施等相关新内容，对人民币国际化的现状、存在的问题和未来发展的主要方面进行介绍和分析。

第 55 章　国际贸易和结算及
人民币跨境贸易结算的相关进展

经济和贸易是货币国际价值的主要基础，而国际贸易结算是货币国际化应用最简单而基本的内涵。本章首先介绍近十年来国际贸易的发展格局，然后介绍我国对外贸易和人民币跨境结算的发展状况，从而对人民币国际化的基础有大致的评估。

55.1　全球国际贸易发展格局

贸易改变了世界。英国经济学家威廉·斯坦利·杰文斯（1865）说过，"贸易无疑以其自有的无形力量发展，将全球不同部分交汇成一个相互交易的网络，每部分独特的潜质会对其他部分皆有用处"。几百年前，随着欧洲国际航海业的发展，国际贸易也随之兴起。两百多年前，古典经济学家就指出了国际贸易对经济发展的重要性，并且提出了关于国际贸易诸多的新理论。这些理论已经成为经济学的基础内容，这里不再赘述。几百年来，这些学说为资本主义在全球的扩展提供了理论依据。资本主义数百年的兴盛和发展与国际贸易密不可分。本节简单介绍国际贸易的发展。

55.1.1　第二次世界大战后国际贸易发展简介

近代国际贸易出现两个持续增长阶段，一是 19 世纪中叶到"第一次世界大战"爆发，二是第二次世界大战后到现在。我们主要介绍第二次世界大战后国际贸易的发展。WTO 数据显示，1948 年到 1983 年，国际贸易年均增长率高达10.3%，比同期世界经济增速高出一倍多；1983 年到 2012 年国际贸易从 3.72 万亿美元增长到了 37.52 万亿美元，年均增长 8.3%，比同期世界经济年均增长率 6.6% 低 1.7 个百分点；然而 2012 年到 2014 年世界贸易总额却从 37.52 万亿美元下降到了 37.13 万亿美元，两年年均下降了 0.52%。

55.1.2　近年来国际贸易发展简介

著名经济学家罗伯特·蒙代尔先生 2012 年在上海的一次演讲中说道："人类历史上的第三次经济繁荣，应该是从 2002 年到 2008 年，我觉得这是历史上最伟大的一次繁荣期，你可以看到基本上全球所有的国家，尤其是中国，还有别的无论是发达国家、发展中国家，都在进入高速发展时期。"根据国际货币基金组织公布的数据，除阿富汗、伊拉克、南苏丹和津巴布韦，由于战争等原因没有相应的数据，其他所有国家皆实现了不同程度的增长。而且全球有 142 个国家和地区（占总数的 3/4 以上）的国内生产总值增长幅度超过全球增长幅度，这一阶段确实表现出全球繁荣的景象。与经济繁荣相对应，同期国际贸易发展水平也达到了前所未有的高度。根据世界贸易组织公布的数据，2002 年到 2008 年世界贸易从 13.23 万亿美元增长到了 32.68 万亿美元，年均复合增长 16.3%，是第二次世界大战后增长最快的阶段。同期世界名义国内生产总值年均增长 10.7%，比贸易增长慢 5.6 个百分点，国际贸易对世界经济呈现显著的推升作用。受国际金融危机冲击，2008 年以来世界贸易明显减速。2008 年到 2013 年，世界贸易年均增长率仅为 3.2%，不到此前 6 年年均增速的五分之一，2014 年比 2013 年增长了 2.8%，增速进一步下降。

55.1.3　国际贸易依存度变化

根据世贸组织的数据，1983 年到 2008 年，世界贸易依存度，即世界贸易总额与国内生产总值的比值，从 33.5% 逐步上升到 52.8%；国际金融危机爆发后，世界贸易增速从 2009 年开始放缓，2009 年世界贸易依存度回落到 43.1%，此后虽有所回升，但是到 2012 年仍然为 50.86%，2013 年和 2014 年又分别下降到了 48.64% 和 48.05%，显著低于 2007 年和 2008 年超过 50% 的平均水平。

55.1.4　国际贸易的分布

上文我们介绍了第二次世界大战后国际贸易的简单情况，本节我们介绍国际贸易在洲际间的分布。表 55-1 给出了 1963 年到 2014 年世界贸易在主要洲际和主要贸易伙伴间的分布。1963 年到 2013 年，虽然欧洲贸易占全球比重从 52% 下降到了 35.2%，但是仍比北美占比高出一倍多。在欧洲贸易占比持续下降和北美保持稳中下降的同时，亚洲占比却得到显著提高，成为仅次于欧洲的世界第二大贸易洲。中南美洲贸易占比存在下行趋势，近年来呈现略微回升的态势。非洲占比下降的同时，中东占比有所提升。根据 2011 年到 2013 年各地区贸易增长数据估算，到 2014 年亚洲进口就可能超过欧洲进口占比，成为全球最大的进口市场。2015 年前后，亚洲出口就可能超过欧洲，成为全球最大的出口来源地。

表 55 - 1 **1963 年到 2014 年世界贸易分布**　　单位：万亿美元，%

进口/国家或地区	1963	1973	1983	1993	2003	2011	2012	2013	2014
世界总额	0.16	0.59	1.88	3.79	7.69	18.44	18.83	18.41	18.64
北美洲占比	16.1	17.2	18.5	21.4	22.4	14.6	16.9	17.4	17.7
美国占比	11.4	12.3	14.3	15.9	16.9	12.3	12.4	12.7	12.9
南美洲和中美洲占比	6.0	4.4	3.8	3.3	2.5	4.0	4.0	4.2	4
巴西占比	0.9	1.2	0.9	0.7	0.7	1.3	1.2	1.4	1.3
欧洲占比	52.0	53.3	44.2	44.6	45.0	37.6	35.9	35.8	36.4
德国占比	8.0	9.2	8.1	9.0	7.9	6.9	6.5	6.5	6.5
非洲占比	5.2	3.9	4.6	2.6	2.2	3.1	3.4	3.4	3.4
中东占比	2.3	2.7	6.2	3.3	2.8	3.8	4.0	4.2	4.2
亚洲占比	14.1	14.9	18.5	23.7	23.5	32.3	32.8	31.8	31.5
中国占比	0.9	0.9	1.1	2.7	5.4	9.6	9.6	10.6	10.5
日本占比	4.1	6.5	6.7	6.4	5.0	4.6	4.7	4.5	4.4
金砖五国占比	8.7	7.0	7.9	5.4	8.5	15.8	15.2	17	16.6
中国外金砖国占比	7.8	6.1	6.7	2.7	3.1	6.3	5.6	6.4	6.1
出口/国家或地区	1963	1973	1983	1993	2003	2011	2012	2013	2014
世界总额	0.16	0.58	1.84	3.68	7.38	18.26	18.69	18.3	18.49
北美洲占比	19.9	17.3	16.8	18.0	15.8	12.5	12.8	13.2	13.5
美国占比	14.9	12.3	11.2	12.6	9.8	8.1	8.2	8.6	8.8
南美洲和中美洲占比	6.4	4.3	4.4	3.0	3.0	4.1	4.0	4	3.8
巴西占比	0.9	1.1	1.2	1.0	1.0	1.4	1.3	1.3	1.2
欧洲占比	47.8	50.9	43.5	45.4	45.9	36.2	35.7	36.3	36.8
德国占比	9.3	11.7	9.2	10.3	10.2	6.9	5.8	7.9	8.2
非洲占比	5.7	4.8	4.5	2.5	2.4	3.3	3.3	3.3	3
中东占比	3.2	4.1	6.8	3.5	4.1	6.9	7.0	7.4	7
亚洲占比	12.5	14.9	19.1	26.1	26.2	32.7	32.8	31.5	32
中国占比	1.3	1.0	1.2	2.5	5.9	10.4	11.0	12.1	12.7
日本占比	3.5	6.4	8.0	9.9	6.4	4.5	4.4	3.9	3.7
金砖五国占比	9.4	7.3	8.9	6.3	10.0	17.0	16.7	18.4	18.7
中国外金砖国占比	8.1	6.3	7.7	3.8	4.1	6.6	5.7	6.3	6

续表

进出口/国家或地区	1963	1973	1983	1993	2003	2011	2012	2013	2014
世界总额	0.32	1.17	3.72	7.46	15.07	36.69	37.52	36.71	37.13
北美洲占比	18.0	17.2	17.6	19.7	19.2	13.6	14.9	15.3	15.6
美国占比	13.1	12.3	12.8	14.3	13.5	10.2	10.3	10.7	10.9
南美洲和中美洲占比	6.1	4.4	4.1	3.1	2.7	4.0	4.0	4.1	3.9
巴西占比	0.9	1.1	1.0	0.9	0.8	1.4	1.3	1.4	1.3
欧洲占比	50.0	52.1	43.8	45.0	45.4	36.9	35.8	36.0	36.6
德国占比	8.6	10.4	8.7	9.7	9.0	6.9	6.2	7.2	7.3
非洲占比	5.4	4.4	4.5	2.6	2.3	3.2	3.4	3.4	3.2
中东占比	2.7	3.4	6.5	3.4	3.4	5.3	5.5	5.8	5.6
亚洲占比	13.3	14.9	18.8	24.9	24.8	32.5	32.8	31.7	31.7
中国占比	1.1	0.9	1.2	2.6	5.6	10.0	10.3	11.3	11.6
日本占比	3.8	6.4	7.4	8.1	5.7	4.6	4.5	4.2	4.1
金砖五国占比	9.0	7.2	8.4	5.8	9.2	16.4	15.9	17.7	17.6
中国外金砖国占比	7.9	6.2	7.2	3.2	3.6	6.4	5.7	6.4	6.1

数据来源：世贸组织网站（www.wto.org）；2013 年和 2014 年的数据根据世贸组织 2015 年 10 月公布的 2013 年和 2014 年主要贸易伙伴和主要洲际进出口贸易年度增长率计算得出。

表 55 - 1 显示，1963 年到 1983 年的 20 年间，中国贸易占比仅提升 0.1 个百分点；1983 年到 1993 年的 10 年间，我国贸易占比提升了 1.4 个百分点；1993 年到 2003 年的 10 年间，又提升了 3 个百分点；而 2003 年到 2014 年的 11 年间，提升幅度达到 6 个百分点，加入世贸组织成为驱动国际贸易发展的主要动力。我国对外贸易迅速发展的同时，其他金砖国家也已经发展成为国际贸易的重要力量。2011 年以来，其他金砖国家贸易规模也已经超越日本。

55.2　国际贸易的主要结算和融资货币及其分布

55.2.1　国际结算货币占比及排名

国际贸易需要以交易双方都接受的货币进行结算。货币的国际支付功能是其国际功能的主要体现。尽管国际贸易项下的货币结算数据难以获取，但贸易项目是全球货币国际结算的主导。因此，货币在全球支付中的功能与在贸易结算中的功能是相似的。世界银行间金融电信学会（the Society for Worldwide Interbank Financial Telecommunication，SWIFT）是全球最大的金融支付机构，该机构每月发布各种货币在全球金融市场支付的金额及占比数据。表 55 - 2 给出了 2012 年 1 月到 2015 年 12 月全球前 20 大货币国际支付金额占比。

表 55 - 2　　　　　　全球前 20 大货币国际支付金额占比及排名　　　　单位：%，位

货币名称	2012 年 1 月结算占比	2012 年 12 月结算占比	2013 年 6 月结算占比	2013 年 12 月结算占比	2014 年 6 月结算占比	2014 年 12 月结算占比	2015 年 8 月结算占比	2015 年 12 月结算占比
美元	29.73	39.76	36.44	39.52	41.86	44.64	44.82	42.68
欧元	44.04	33.34	36.56	33.22	31.25	28.30	27.20	29.50
英镑	9.00	8.68	8.28	9.13	8.54	7.92	8.45	8.88
人民币	0.25	0.57	0.87	1.12	1.55	2.17	2.79	2.28
日元	2.48	2.45	2.70	2.56	2.56	2.69	2.76	2.68
加拿大元	1.81	1.92	2.03	1.90	1.84	1.92	1.79	1.70
澳大利亚元	2.08	2.11	1.96	1.89	1.95	1.79	1.60	1.77
瑞士法郎	1.36	1.91	1.59	1.29	1.28	1.39	1.55	1.64
港元	0.95	1.09	1.05	1.11	1.08	1.27	1.41	1.17
泰铢	0.82	0.83	0.85	0.80	0.83	0.88	1.04	0.98
新加坡元	1.03	1.03	0.98	0.96	0.90	0.90	0.89	0.92
瑞典克朗	1.05	0.96	0.94	0.96	0.93	0.78	0.84	0.86
挪威克朗	0.93	0.84	0.83	0.76	0.79	0.72	0.65	0.76
波兰兹罗提		0.27	0.55	0.54	0.61	0.56	0.49	0.50
南非南特	0.48	0.40	0.43	0.39	0.40	0.45	0.46	0.43
丹麦克朗	0.54	0.45	0.47	0.48	0.48	0.40	0.40	0.47
新西兰元	0.33	0.35	0.35	0.37	0.43	0.39	0.40	0.34
墨西哥比索	0.31	0.39	0.47	0.42	0.37	0.36	0.37	0.34
土耳其新里拉	0.27	0.27	0.40	0.32	0.38	0.32	0.26	0.25
俄罗斯卢布	0.52	0.62	0.62	0.51	0.35	0.32		
人民币排名	20	14	11	8	7	5	4	5

数据来源：数据截止日期为 2012 年 1 月到 2015 年 8 月，见世界银行间金融电信学会（the Society for Worldwide Interbank Financial Telecommunication）网站（http：//www.swift.com）；波兰兹罗提 2012 年 1 月未进入前 20 位，俄罗斯卢布 2015 年 8 月未进入前 20 位。

表 55 - 2 显示，美元和欧元为全球最主要的支付货币，两者支付占比总和保持在七成以上，显示该两种货币在全球支付体系中的重要性；2012 年 1 月到 2013 年 12 月欧元结算占比下降了 10.70%，同时美元结算占比上升了 10.03%。欧债危机是导致两种货币结算占比变化的主要力量。2012 年 12 月到 2014 年 6 月，欧债危机有所缓和，欧元结算占比下降了 2.09%，同时美元结算占比上升

了 2.10%。英镑为全球第三大支付货币，支付占比不到一成；日元在 2015 年 8 月前为全球第四大支付货币，占比不到 3%；澳大利亚元和加拿大元在全球支付占比在 1.9% 左右，分别为全球第五和第六大支付货币。

55.2.2　货币支付和货币贸易结算的关系

比较表 55－1 和表 55－2，我们发现，欧元支付占比与欧洲贸易国际占比相当，表明欧元贸易计算是其国际结算的主要内容；而美元结算占比却相当于美国贸易占比的 4 倍，表明除结算美国贸易外美元还广泛地应用于其他国家的贸易结算和国际投资结算；英镑结算占比相当于英国贸易占比的 3 倍，表明英镑同样被用于其他国家贸易结算或者国际投资结算等；日元结算占比相当于日元贸易占比的一半略高一点，表明日元国际支付仅达到了其外贸结算的一半多些，日元在其他国家贸易和国际投资等方面的结算也非常有限；2013 年人民币结算占比仅相当于我国贸易占比的一成，表明人民币今后在国际贸易结算领域仍有巨大的增长空间，下文介绍人民币跨境贸易时还会进一步讨论。

55.2.3　近年来人民币国际支付占比和排名的提升

表 55－2 显示，2012 年 1 月人民币结算的世界占比仅为 0.25%，排名第 20 位；2012 年 12 月，人民币结算的世界占比增长了一倍多达到了 0.57%，排名上升到第 14 位；2013 年 6 月，人民币结算的世界占比进一步提升到了 0.87%，排名上升到第 11 位；2013 年 12 月，人民币结算的世界占比进一步上升到 1.12%，排名上升到第 8 位；2014 年 6 月，人民币结算的世界占比进一步上升到了 1.55%，排名首次上升到了第 7 位；2014 年 12 月人民币支付占比进一步提高到了 2.17%，保持第 7 位的排名；2015 年 8 月人民币支付占比进一步提高到了 2.79%，首次超过了日元支付占比 2.76%，成为全球第四大支付货币，与张光平（2014）预测的到 2015 年 6 月前后人民币成为第四支付货币的结果相近。2012 年 1 月到 2015 年 8 月，人民币用 3 年多的时间，在国际结算货币体系内的结算占比从 0.25% 提高到了 2.79%，增幅仅次于美元，排名从第 20 位上升到了第 4 位，排名提高最快，显示人民币在国际结算体系中的增长潜力；然而从 2015 年 8 月到 12 月，人民币支付占比却从 2.79 下降到了 2.28%，低于日元相应占比 2.68%，排名重回第 5 位，显示 2015 年 9 月到 12 月人民币兑美元贬值预期增大对人民币跨境支付的影响。

值得关注的是港元 2012 年 1 月结算占比世界排名第 10 位，2013 年 6 月排名提高到了第 8 位，同时人民币结算占比从 2012 年 1 月的第 20 位迅速提高到了第 11 位的水平。2013 年 6 月到 2013 年 12 月，人民币结算占比迅速增长到了 1.12%，首次超过港元，排名第 8 位结算货币，同时港元排名却下降到了第 9

位。2014 年 1 月人民币结算占比首次超过瑞士法郎，成为第七结算货币的同时，港元的结算占比排名重新回到了第 9 位；2015 年 8 月，人民币支付占比首次排名第 4 位，同时港元支付排名也保持在第 9 位；2015 年 12 月，人民币支付占比排名重回第 5 位，港元仍然保持第 9 位的排名。表 63 - 1 显示，2015 年港元在国内外汇市场交易金额比 2014 年下降了 40% 以上，港元今后在人民币国际化过程中的作用应该会逐步降低。

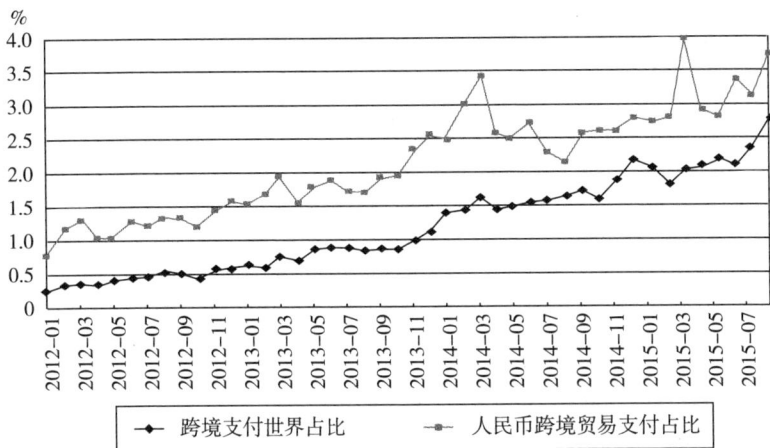

数据来源：支付占比数据来自表 55 - 2；人民币跨境贸易计算占比根据人民银行每月公布的人民币跨境贸易结算数据、海关总署公布的总贸易数据和表 17 - 1 给出的 2012 年以来中国大陆贸易全球占比数据计算得出。

图 55 - 1　人民币跨境支付全球占比变化

55.2.4　两地支付货币排名

2014 年 5 月，美元仍为与中国内地和香港外国际跨境支付最主要的货币，然而其占比却有所下降，人民币上升到了仅次于美元的第 2 位，占比提高到了 12%，港元占比略低于人民币，排名第 3 位（世界银行间金融电信学会，2014 年 6 月 26 日）。基于 2015 年 8 月的数据（世界银行间金融电信学会，2014 年 6 月 26 日），人民币超过美元成为亚太区内与我国内地和香港结算最主要的货币。

55.2.5　今后国际结算货币占比变化及排名预测

表 55 - 2 的数据显示，除美元外，人民币是全球货币结算占比提高速度最快的货币。利用表 55 - 2 的数据，我们可以计算出不同货币 2012 年、2013 年和 2015 年前 8 个月结算占比的月均变化，而且我们可以利用这些月均变化数据估算出 2015 年 12 月和 2016 年 6 月不同货币在全球货币结算中的占比及相应的排名，表 55 - 3 给出了相应的结果。表 55 - 3 显示，欧元和美元今后多年仍将保持世

界前两大支付货币的地位，两者占比总和仍将保持在七成以上的高位；到 2016 年 12 月前的 4 年多时间内英镑仍将保持第 3 大支付货币，与此同时人民币将保持第 4 大支付货币的地位，到 2016 年 12 月人民币可望取代英镑成为第三大支付货币。

表 55 - 3　　　　不同时期内全球主要货币全球支付月均占比变化比较

及以月均占比估算出 2015 年 12 月到 2019 年 12 月的支付占比　单位：%

货币名称	2012 年 1 月到 2012 年 12 月月均支付占比	2012 年 12 月到 2014 年 5 月月均支付占比	2013 年 12 月到 2014 年 5 月月均支付占比	2014 年 9 月到 2015 年 8 月月均支付占比	2014 年 12 月到 2015 年 8 月月均支付占比	2015 年 12 月支付占比估算 1	2015 年 12 月支付占比估算 2	2019 年 12 月支付占比估算 1	2019 年 12 月支付占比估算 2
美元	0.91	− 0.02	0.39	0.17	0.02	44.91	45.51	45.99	53.75
欧元	− 0.97	− 0.01	− 0.33	− 0.20	− 0.14	26.65	26.39	20.05	16.66
英镑	− 0.03	0.04	− 0.1	− 0.01	0.07	8.72	8.40	11.90	7.79
人民币	0.03	0.05	0.07	0.10	0.08	3.10	3.18	6.82	7.85
日元	0	0.01	0	0	0.01	2.80	2.77	3.22	2.85
加拿大元	0.01	0	− 0.01	0	− 0.02	1.73	1.79	0.95	1.84
澳大利亚元	0	− 0.02	0	− 0.02	− 0.02	1.51	1.45	0.37	− 0.39
瑞士法郎	0.05	− 0.05	0	0.01	0.02	1.63	1.60	2.59	2.26
港元	0.01	0	− 0.01	0.04	0.02	1.48	1.55	2.32	3.25
泰铢	0	0	0.01	0	0.01	1.12	1.07	2.08	1.42
新加坡元	0	− 0.01	− 0.01	0	0	0.89	0.87	0.83	0.65
瑞典克朗	− 0.01	− 0.01	0	0	0	0.87	0.83	1.23	0.75
挪威克朗	− 0.01	− 0.01	− 0.01	− 0.01	− 0.01	0.62	0.62	0.20	0.32
南非南特	− 0.01	0	0	0	0	0.47	0.46	0.53	0.46
波兰兹罗提		0.02	0.01	0	0	0.46	0.44	0.03	− 0.17
新西兰元	0	0	0.01	− 0.01	0	0.41	0.36	0.47	− 0.12
丹麦克朗	− 0.01	0	0	− 0.01	0	0.40	0.35	0.40	− 0.21
墨西哥比索	0.01	0	− 0.01	0	0	0.38	0.37	0.44	0.42
土耳其新里拉	0	0	0.01	− 0.01	− 0.01	0.23	0.23	− 0.13	− 0.07
俄罗斯卢布	0.01	− 0.01	− 0.03	− 0.02	− 0.02	0.14	0.13	− 0.58	− 0.65
人民币排名	2	2	2	2	1	4	4	4	3

数据来源：根据表 17 - 2 的数据计算得出；2015 年 12 月货币支付占比估算 1 是以 2015 年 8 月的占比为基础并假设 2015 年 8 月到 2015 年 12 月的月均变化保持 2014 年 12 月到 2015 年 8 月的日均变化不变计算得出；2015 年 12 月货币支付占比估算 2 是以 2015 年 8 月的占比为基础并假设 2015 年 8 月到 2015 年 12 月的月均变化保持 2014 年 9 月到 2015 年 8 月的均变化不变计算得出；2019 年 12 月占比估算 1 和估算 2 是以 2015 年 8 月的占比为基础，并分别假设 2015 年 8 月到 2019 年 12 月的月均变化保持 2014 年 12 月和 2014 年 9 月到 2015 年 8 月的均变化不变计算得出。

55.2.6　人民币今后国际支付货币占比及排名预测

表 55－3 显示，如果以 2014 年 12 月到 2015 年 8 月的月均占比估算，到 2016 年 12 月人民币仍将保持第 4 支付货币的地位；而如果以 2014 年 9 月到 2015 年 8 月月均占比估算，到 2016 年 12 月人民币可望首次取代英镑成为第三支付货币。

55.2.7　近年来离岸人民币中心的发展和人民币结算在境外分布

近年来，离岸人民币中心迅速发展。除最大的离岸中心中国香港外，新加坡、英国伦敦、美国、中国台湾、韩国、澳大利亚、法国、卢森堡、德国、中国澳门、日本、马来西亚、荷兰等十多个遍及欧美亚的境外人民币中心也陆续发展起来。这些离岸人民币中心的建立和发展显示出海外对人民币的信心，同时也是推动人民币跨境结算和国际化的重要依托，我们在第 22 章还会进一步讨论境外人民币结算中心近年来业务增长及排名。

55.2.8　国际融资货币占比和排名

除国际支付功能外，贸易融资也是货币国际功能的重要体现。根据世界银行间金融电信学会 2013 年 10 月公布的数据，人民币贸易融资的世界份额从 2012 年 1 月的 1.89% 迅速上升到了 2013 年 10 月的 8.66%，相应的排名从第 4 位上升到了第 2 位，同期排名第 1 位的美元占比从 84.96% 下降到了 81.08%，而欧元占比从 7.87% 下降到了 6.64%，排名从第 2 位下降到了第 3 位，使之成为人民币国际应用排名最高的一个领域。5 个利用人民币贸易融资最多的国家和地区分别是中国内地和中国香港、新加坡、德国和澳大利亚。根据中国银行离岸人民币市场月报（2014 年 6 月，总第 19 期），2013 年上半年前，人民币贸易融资以进口融资为主，而从 2013 年下半年开始，出口融资首次超过进口融资。

根据世界银行间金融电信学会 2015 年 9 月公布的数据，2015 年 8 月人民币信用证金额的世界占比上升到了 9.1%，排名保持第 2 位，排名第 1 位的美元占比略微下降到了 80.1%。

55.3　国际贸易结算货币理论的主要观点和实证研究结果

影响国际贸易中结算货币选择的因素很多而且复杂，国际学术界几十年来有大量的研究成果。国际贸易结算货币的选择有三种：出口国货币、进口国货币和第三国货币。20 世纪 70 年代以来，国际贸易结算货币选择问题受到越来越多学者的关注。三十多年来国际贸易结算货币选择的实证结果可以归纳为如下几点：（1）出口国货币相对于进口国货币更易被选为结算货币；（2）发达国家与发展中国家之间的贸易主要以发达国家或第三国货币结算；（3）异质性高的商品（相对于同质商品和初级产品而言有技术含量的商品）贸易通常以出口国货币结算，而同质商品和初级产品倾向于以低交易成本的单一国际关键货币进行计价结算；（4）世界贸易中份额较大国家的货币更可能被用作结算货币；（5）通货膨胀率相对较低和通货膨胀波动率相对较低国的货币更容易成为贸易结算货币；（6）坚挺货币更易成为贸易结算货币；（7）外汇市场和银行系统相对完善国家的货币更可能被用于贸易结算。

如上第（4）点到第（6）点支持人民币成为跨境贸易结算货币，因为我国占世界贸易的份额已经很高（2010 年就已成为最大的出口国和第二大进口国），通货膨胀相对较低，人民币数年来相当坚挺（从 2002 年到 2010 年的八年多时间里，人民币兑美元仅仅在国际金融危机爆发之后出现持续半年时间的贬值预期）。第（2）点、第（3）点和第（7）点是人民币成为跨境贸易结算货币的短板。我国总体上仍然属于发展中国家，虽然近年来出口产品的技术含量有所提高，但大多数产品仍然属于同质商品和初级产品类。相对于发达国家，甚至很多发展中国家，我国外汇市场还有待进一步完善。第（1）点表明出口国货币更容易成为结算货币。除如上因素外，影响结算货币选择的因素还有外汇市场风险及对冲、贸易交易规模、出口商所在国工业结构、市场占有率、需求价格敏感性、边际成本对冲、进口商国内经济稳定性等因素，有兴趣的读者可以参考 Goldberg 和 Tille（2010），Ligthart 和 Silva（2007），Novy（2006）和 Witte（2006）等相关的文献和研究，这里不再一一列举。随着人民币跨境结算的持续发展和相关，数据的积累，今后几年国内相关领域的研究会迅速增多。

55.4 我国对外贸易的发展和国际分布

表 55 - 1 显示，改革开放以来，我国对外贸易取得了飞速的发展，特别是 2001 年我国加入世贸组织后，对外贸易发展进一步加速。本节简单介绍改革开放以来我国的贸易增长、国际分布和主要贸易伙伴等情况。

55.4.1 我国贸易增长介绍

表 55 - 4 给出了 1978 年到 2014 年上半年我国出口、进口、进出口金额，年增长率和贸易总额与国内生产总值的比例。1978 年到 2001 年，我国出口、进口

和贸易年均增长率分别高达 15.5%、14.5% 和 15.0%，高于同期全球国际贸易增长幅度；同期贸易依存度（贸易与国内生产总值比例）也从 12.8% 增长到了 38.5%。2001 年到 2008 年，我国出口、进口和贸易年均增长率分别高达 27.2%、24.6% 和 26.0%，显著高于同期全球国际贸易增长幅度，2001 年到 2006 年贸易依存度也从 38.5% 持续增长到了 64.9% 的历史高位，比同年世界贸易依存度 49.1% 高出 15.8 个百分点。受国际金融危机影响，2009 年我国出口出现了三十多年来首次下降，2010 年和 2011 年进出口虽然重新回到了两位数的增长率，但是 2012 年和 2014 年出口和进口皆减缓到了个位数增长，而且贸易增长率降至了 1998 年东亚金融危机后除 2009 年外的最低幅度；2015 年进出口皆出现了 2009 年以来的首次下降。贸易依存度（贸易总金额与 GDP 比例）从 2006 年历史高峰 64.5% 持续下降到了 2014 年的 41.5%，显著低于同年世界贸易依存度 48.1%；2015 年我国贸易依存度进而下降到了 31.4%，达到 2000 年以来最低水平。

表 55 - 4　　　　我国出口、进口、进出口金额，年增长率和贸易总额
与国内生产总值的比例　　　　单位：亿美元，%

年份	出口金额	出口年增长率	进口金额	进口年增长率	贸易顺差	贸易顺差年增长率	贸易金额	贸易年增长率	贸易额/GDP
1978	97.5		108.9		(11.4)		206.4		12.8
1980	181.2	36.3	200.2	35.6	(19.0)	29.1	381.4	35.9	12.6
1982	218.1	9.7	289.1	20.2	(71.0)	93.3	507.2	15.3	18.0
1985	273.5	7.8	422.5	13.5	(149.0)	28.0	696.0	11.1	22.6
1988	475.2	20.2	552.7	9.4	(77.5)	-19.6	1027.9	13.9	25.3
1989	525.4	10.6	591.4	7.0	(66.0)	-14.8	1116.8	8.6	24.6
1990	620.9	18.2	533.5	-9.8	87.4	232.4	1154.4	3.4	29.4
1991	719.1	15.8	637.9	19.6	81.2	-7.1	1357.0	17.6	33.0
1992	849.4	18.1	805.9	26.3	43.5	-46.4	1655.3	22.0	33.7
1993	917.4	8.0	1039.6	29.0	(122.2)	-380.9	1957.0	18.2	31.7
1994	1210.1	31.9	1156.1	11.2	54.0	-144.2	2366.2	20.9	42.1
1995	1487.8	22.9	1320.8	14.2	167.0	209.3	2808.6	18.7	38.4
1996	1510.5	1.5	1388.3	5.1	122.0	-26.8	2898.8	3.2	33.7
1997	1827.9	21.0	123.7	2.5	404.2	230.8	3251.6	12.2	33.9

年份	出口金额	出口年增长率	进口金额	进口年增长率	贸易顺差	贸易顺差年增长率	贸易金额	贸易年增长率	贸易额/GDP
1998	1837.1	0.5	1402.4	-1.5	434.7	7.5	3239.5	-0.4	31.6
1999	1949.3	6.1	1657.0	18.2	292.3	-32.8	3606.3	11.3	33.1
2000	2492.0	27.8	2250.9	35.8	241.1	-17.5	4743.0	31.5	39.4
2001	2661.0	6.8	2435.5	8.2	225.5	-6.5	5096.5	7.5	38.3
2002	3256.0	22.4	2951.7	21.2	304.3	34.9	6207.7	21.8	42.5
2003	4382.3	34.6	4127.6	39.8	254.7	-16.3	8509.9	37.1	51.6
2004	5933.3	35.4	5612.3	36.0	321.0	26.0	11545.5	35.7	59.5
2005	7619.5	28.4	6599.5	17.6	1020.0	217.8	14219.0	23.2	62.7
2006	9689.4	27.2	7914.6	19.9	1774.8	74.0	17604.0	23.8	64.5
2007	12177.8	25.7	9559.5	20.8	2618.3	47.5	21737.3	23.5	61.7
2008	14306.9	17.5	11325.6	18.5	2981.3	13.9	25632.6	17.9	56.2
2009	12016.6	-16.0	10056.0	-11.2	1960.6	-34.2	22072.7	-13.9	43.6
2010	15779.3	31.3	13948.1	38.7	1831.0	-6.6	29727.6	34.7	49.2
2011	18986.0	20.3	17434.6	25.0	1551.4	-15.3	36420.1	22.5	48.6
2012	20489.5	7.9	18178.3	4.3	2311.2	49.0	38667.8	6.2	45.7
2013	22100.4	7.9	19502.9	7.3	2597.5	12.4	41603.3	7.6	43.8
2014	23427.5	6.0	19602.9	0.5	3824.6	47.2	43030.4	3.4	41.5
2015	22749.5	-2.9	16819.5	-14.2	5930.0	55.0	39569.0	-8.0	34.8

数据来源：海关总署网站：www. sustoms. gov. cn 和商务部网站：www. mofcom. gov. cn；1978 年到 1988 年增长率为年均符合增长率；贸易依存度以 2015 年 10 月根据货币基金组织公布的以美元计价的我国国内生产总值数据计算得出。

55.4.2　外商投资企业对我国贸易的贡献

表 55-1 显示，2012 年我国出口、进口和贸易总额世界排名分别为第一、第二和第二；2013 年分别排名第一、第二和第一。国际贸易的持续快速发展，驱动我国综合国力显著提升。但是，我国对外贸易中有一半实际上并不是我国企业的贸易，而是外资企业在我国的出口。表 55-5 给出了 2003 年到 2014 年上半年，外商投资企业和国有企业及其他企业出口、进口、进出口、净出口及其

占比。

表 55 – 5 外商投资企业和国有企业及
其他企业进出口、净出口及其占比　　　单位：亿美元，%

年份	出口占比	进口占比	进出口占比	出、进口占比差	净出口占比	净出口占比/出口占比	净出口金额
2003	54.90	56.20	55.53	– 1.30	33.50	61.10	85.3
2004	57.10	57.80	57.44	– 0.70	43.90	77.00	141.0
2005	58.30	58.70	58.49	– 0.40	55.70	95.50	567.6
2006	58.20	59.70	58.87	– 1.50	51.40	88.30	912.2
2007	57.10	58.53	57.73	– 1.42	51.91	90.91	1361.1
2008	55.34	54.71	55.07	0.63	57.76	104.37	1706.6
2009	55.94	54.22	55.16	1.72	64.77	115.79	1270.2
2010	54.65	52.91	53.83	1.74	67.89	124.23	1243.1
2011	52.42	49.60	51.07	2.82	84.12	160.47	1305.0
2012	49.92	47.93	48.98	1.99	65.56	131.34	1515.1
2013	47.25	44.86	46.13	2.40	65.24	138.06	1694.4
2014	45.87	46.39	46.11	– 0.51	43.25	94.28	1654.2
2015	44.16	49.34	46.36	– 5.18	29.48	66.76	1748.4

数据来源：根据商务部网站（http：//www.mofcom.gov.cn）和海关总署网站（www.customs.gov.cn）公布的数据计算得出。

表 55 – 5 显示，外资企业占我国出口、进口比重分别在 2005 年和 2006 年达到 58.3% 和 59.7% 的历史高位，贸易总额占比则在 2006 年达到了 58.87% 的历史高位。从 2006 年开始，外资企业在我国贸易的比重持续下降，到 2012 年首次下降到 50% 以下，2013 年和 2014 年下降到了 46.13% 和 46.11%，2015 年外商投资企业出口和净出口占我国出口和净出口比重继续保持下降的同时，其进口和总贸易占我国进口和贸易的比重却有不同程度的回升。这些数据表明，入世后绝大多数时间内外资企业占据着我国对外贸易的半壁江山左右，而国际金融危机以来外资企业占比总体呈现下降的趋势。

外资企业占我国贸易比重多年来保持在 50% 上下的水平，而且除 2003 年和 2004 年外，外资企业对我国贸易顺差的贡献远远高于贸易总额的占比。2008 年到 2013 年的 6 年，外资企业占我国贸易顺差平均比重高达 66.1%，接近三分之二，2014 年和 2015 年外资贸易顺差占总顺差比重分别下降到了 43.25% 和 29.48%，显示 2014 年人民币兑美元出现贬值后外资通过贸易顺差流入我国跨境资金的规模在缩减。因此，外资企业对我国贸易增长做出了重要的贡献，特别是外资企业贡献了超过一半的贸易顺差，推动了我国外汇储备的迅速积累。

55.4.3 剔除外资贡献后的国际贸易排名

外资企业占据我国国际贸易的半壁江山，如果剔除外资企业，那么中国的贸易排名将发生很大变化。利用表55-1和表55-5给出的数据，我们可以对剔除和不剔除外资企业相应的贸易占比和排名有准确地把握。表55-6给出了相应的结果。

表55-6 中国大陆进口、出口和贸易剔除和不剔除外资份额的占比和排名

单位：万亿美元，%

进口/国家	1973	1983	1993	2003	2011	2012	2013	2014
世界总额	0.58	1.84	3.68	7.38	18.26	18.69	19.14	19.54
美国占比	12.33	14.34	15.94	16.93	12.29	12.37	12.26	12.25
中国占比	0.88	1.14	2.75	5.36	9.55	9.59	10.18	10.00
德国占比	11.67	9.22	10.34	10.19	6.87	5.84	5.71	5.14
中国占比（剔除外资）	0.88	1.14	1.37	2.35	4.81	4.99	5.61	5.39
日本占比	6.47	6.72	6.38	4.98	4.64	4.71	4.66	4.67
出口/国家	1973	1983	1993	2003	2011	2012	2013	2014
世界总额	0.58	1.84	3.68	7.38	18.26	18.69	19.14	19.6
美国占比	12.34	11.19	12.64	9.83	8.11	8.24	8.25	8.32
中国占比	1.02	1.21	2.5	5.94	10.4	10.96	11.54	11.95
德国占比	11.67	9.22	10.34	10.19	6.87	5.84	5.71	5.14
中国占比（剔除外资）	1.02	1.21	1.25	2.69	4.95	5.49	6.09	6.47
日本占比	6.4	8	9.86	6.4	4.51	4.36	4.18	4.02
进出口/国家或地区	1973	1983	1993	2003	2011	2012	2013	2014
世界总额	1.17	3.72	7.46	15.07	36.69	37.52	38.31	39.14
美国占比	12.33	12.79	14.32	13.45	10.21	10.31	10.26	10.28
中国占比	0.95	1.17	2.62	5.65	9.97	10.27	10.86	11.3
德国占比	10.44	8.67	9.69	9	6.91	6.19	6.03	5.59
中国占比（剔除外资）	0.95	1.17	1.31	2.52	4.88	5.24	5.85	6.34
日本占比	6.43	7.35	8.09	5.67	4.58	4.54	4.42	4.34

数据来源：表55-1；2003年到2012年中国占比（剔除外资）数据是利用表55-1的占比减去表55-5给出的相应外资企业出口、进口和贸易占比计算得出；1993年中国占比（剔除外资）数据是假设当时外资企业进口和出口占我国相应比重为50%计算得出；由于1973年到1983年中国贸易规模很低，而且外资占比数据缺乏，中国占比（减去外资）数据与表17-1相同。

表55-6显示，剔除外资企业的进口和出口，2013年中国进口、出口和贸易皆排在美国和德国之后的世界第三位；如果假设2013年到2014年主要贸易大

国的进出口世界占比年均变化保持 2011 年到 2013 年的年均变化速度，那么 2014 年我国进口、出口和总贸易额将分别超过德国达到世界第二的水平。如上结果显示，即使剔除外资企业对我国的贸易贡献，2014 年我国企业的进口、出口和贸易也将是仅次于美国的世界第二，对人民币成为第三大国际货币也提供了有力的支持。

55.4.4　我国贸易在亚洲、欧洲、美洲和其他洲际间的分布

上文我们介绍了我国贸易的发展和世界排名，本节介绍我国贸易的分布。下文我们将分析我国贸易在洲际间和洲内贸易分别，从而使我们可以较为清楚地看出"一带一路"战略实施在不同地区推动贸易的潜力和潜能。表 55 - 7 给出了 2002 年到 2015 年上半年我国贸易在亚洲、欧洲、美洲等洲际间的分布。

表 55 - 7　　　　中国贸易在亚洲、欧洲、美洲等洲际间的分布　单位：亿美元，%

年/贸易区域	总额	亚洲	欧洲	北美洲	拉丁美洲	非洲	大洋洲及太平洋群岛
2002	6208	58.4	17.8	16.9	2.9	2.0	2.0
2003	8510	58.2	18.6	16.0	3.2	2.2	1.9
2004	11546	57.6	18.3	16.0	3.5	2.6	2.0
2005	14219	56.8	18.5	16.2	3.5	2.8	2.2
2006	17604	55.7	18.8	16.2	4.0	3.2	2.1
2007	21737	54.6	19.7	15.3	4.7	3.4	2.3
2008	25633	53.3	20.0	14.4	5.6	4.2	2.6
2009	22075	53.0	19.4	14.9	5.4	4.1	3.1
2010	29740	52.6	19.3	14.2	6.2	4.3	3.3
2011	36419	52.2	19.3	13.6	6.6	4.6	3.6
2012	38668	52.9	17.7	13.9	6.8	5.1	3.5
2013	41603	53.5	17.5	13.8	6.3	5.1	3.2
2014	43030	52.9	18.0	14.2	6.1	5.2	3.6
2015 *	18805	52.7	17.7	15.6	6.0	4.6	3.4

数据来源：根据海关总署网站（www. customs. gov. cn）的数据计算得出；2015 年数据为上半年数据。

表 55 - 7 显示，从 2002 年到 2011 年，我国与亚洲的贸易占比从 58.4% 持续下降到了 52.2%，而 2011 年到 2013 年略有回升，2013 年到 2015 年虽然占比又略有下降，但是保持在 2011 年 52.2% 上下的水平，表明亚洲对我国贸易的重要性；欧洲是我国第二大贸易伙伴洲，从 2002 年到 2008 年，欧洲与我国的贸易占

比持续明显上升，而 2008 年以来则呈现缓慢下降的趋势，但仍然保持在接近 1/5 的水平；北美洲是我国第三大贸易伙伴洲，2002 年到 2013 年北美洲与我国贸易占比 11 年来持续下降，而 2013 年到 2015 年我国与北美贸易占比却出现了略微回升的态势；拉丁美洲、非洲和大洋洲及太平洋群岛分别为我国第四、第五和第六大贸易伙伴洲，它们与我国的贸易占比皆保持了持续上升的态势，而且 2011 年该三洲与我国的贸易占比总和 14.8% 首次超过北美洲的 13.6%，而且该三洲从 2011 年到 2014 年占比总和保持了超过北美洲的占比，显示这三个洲与我国贸易的增长潜力。发展中国家仍然是我国最重要的贸易伙伴，2010 年到 2012 年亚、非、拉与我国贸易占比总和从 56.9% 上升到了 73.2%，2014 年和 2015 年占比总和保持在 7 成以上。

55.4.5　我国贸易在洲际间的分布及与日本的比较

前文给出我国贸易在主要洲际间的分布，对我们判断今后我国在洲际间贸易发展很有意义。然而与日本在国际金融危机前后贸易分布做对比，我们会得出其他的启示。利用日本外贸组织网站（www. Jetro. go. jp）公布的数据，我们发现国际金融危机前的 2004 年到 2008 年，日本与亚洲贸易占比从 47% 降到 45%，与北美和欧洲的占比从 21.1% 和 15.6% 分别下降到了 16.5% 和 12.9%，而与中东贸易占比从 7.6% 持续上升到了 13.0%。这些变化趋势与我国同期变化类似。但是，国际金融危机后，从 2008 年到 2011 年，日本与亚洲贸易占比从 45% 显著增长到了 50.2%，与北美和欧洲的占比从 16.5% 和 12.9% 进一步下降到了 14.3% 和 12.0%，同时与中东贸易占比也从 13.0% 下降到了 11.1%，这些变化趋势表明国际金融危机后日本贸易重回亚洲趋势明显。表 17 - 7 显示 2011 年以来我国与亚洲贸易的占比也出现了缓步回升的趋势。

55.4.6　中日贸易在洲际间的分布变化差异及启示

中日两国在国际金融危机前后国际贸易分布的变化表明，国际金融危机后日本国际贸易重回亚洲，我国贸易 2011 年也出现了缓步回升的态势，同时我国贸易更加走向亚洲外的国际市场。表 55 - 7 显示我国与亚洲贸易占比虽然保持在 52% 以上，但是如果减去表 17 - 8 给出的我国与"中国"的虚假贸易，那么从 2002 年到 2007 年我国与亚洲的贸易占比从 56.0% 持续下降到了 50.7%，2008 年首次低于 50% 到 49.7%，2011 年进一步下降到了 48.9%，表明在日本自国际金融危机后重回亚洲的同时，我国大陆却以更大的步伐走向国际，走向类似国际金融危机前日本的亚洲贸易占比显著低于 50% 的状态。这一趋势分化表明我国贸易抗国际金融危机能力的增强，同时也是我国经济和贸易持续增长、进一步推进全方位、多层次、宽领域的对外开放（何毅亭，2007）的结果。近年来东亚占日本贸易的比重高达 48% 左右，而我国相应的占比降低到了不足 1/3。在介绍和分析我国与亚洲贸易分布时还会对此进一步比较。

55.4.7　我国的主要贸易伙伴

上文给出了我国贸易在主要洲际间的分布。表 55 - 8 给出了 2002 年到 2015 年我国主要贸易伙伴与我国的贸易占比。2003 年以来，欧盟保持了我国最大贸易伙伴的地位，美国保持了我国第二大贸易伙伴的位置。欧元区实际上是欧盟的主要内涵，近年来欧元区经济总量占欧盟 7 成以上，欧盟与我国贸易中欧元区比重也在 3/4 上下，因此欧元区近年来保持我国第三大贸易伙伴地位。表 55 - 8 显示，2002 年到 2013 年间，除 2008 年和 2011 年外，欧元区与我国的贸易占比皆低于美国。受国际金融危机，特别是欧债危机的影响，自 2011 年以来欧元区与我国贸易占比持续显著下降，2013 年欧元区与我国贸易占比首次低于东盟。表 55 - 8 显示，2003 年到 2013 年欧盟和美国两大贸易伙伴与我国贸易占比持续下降，然而 2013 年以来该两大贸易货币与我国贸易占比却出现了不同程度的回升；作为我国第三大贸易伙伴的东盟十多年来与我国贸易占比保持了持续上升的态势，2012 年首次超过了一成，而且近年来保持了整体上升的态势，显示东盟对我国贸易的重要作用。

表 55 - 8　　　　　　　　　我国主要贸易伙伴及与我国的贸易占比　　　　　　　　单位：%

年/贸易伙伴	欧盟	美国	东盟	欧元区	中国香港	日本	韩国	中国台湾	中国	澳大利亚
2002	14.71	15.66	8.82	11.85	11.15	16.42	7.10	7.19	2.41	1.68
2003	15.48	14.85	9.20	12.62	10.27	15.69	7.43	6.86	2.95	1.59
2004	15.30	14.69	9.17	12.43	9.76	14.54	7.80	6.78	3.35	1.77
2005	15.22	14.88	9.17	12.31	9.61	12.97	7.87	6.42	3.88	1.92
2006	15.67	14.92	9.24	12.45	9.43	11.78	7.63	6.13	4.17	1.87
2007	15.99	13.90	9.32	12.96	9.07	10.85	7.35	5.73	3.95	2.02
2008	16.16	13.02	9.02	13.05	7.94	10.41	7.26	5.04	3.61	2.33
2009	16.01	13.51	9.65	12.93	7.92	10.36	7.08	4.81	3.91	2.72
2010	15.61	12.96	9.85	12.85	7.75	10.01	6.96	4.89	3.59	2.97
2011	15.06	12.26	9.97	12.41	7.78	9.41	6.74	4.39	3.37	3.20
2012	14.12	12.53	10.35	10.84	8.83	8.52	6.63	4.37	3.69	3.16
2013	13.44	12.52	10.66	10.13	9.64	7.51	6.59	4.74	3.79	3.28
2014	14.30	12.90	11.16	10.38	8.74	7.26	6.75	4.61	3.37	3.18
2015*	14.45	14.18	11.93	10.27	7.78	7.21	7.02	4.83	3.42	2.92

数据来源：根据国家统计局网站（www.stats.gov.cn）和海关总署网站（www.customs.gov.cn）的数据计算得出；2015 年数据为上半年数据。

表55-8显示，东盟从2011年超过日本成为我国第三大贸易伙伴；中国香港2012年超过日本成为我国内地第四大贸易伙伴，2009年到2013年香港与内地贸易占比明显上升，2013年到2015年却明显下降；日本与我国的贸易分别于2011年和2012年被东盟和中国香港超越，从2010年之前的我国第三大贸易伙伴降到了第五位；韩国2005年与我国的贸易额首次超过了1000亿美元，多年来保持了我国第六大贸易伙伴的地位，近年来韩国与我国贸易占比保持了持续增长的良好态势；中国台湾与大陆贸易2006年首次超过了1000亿美元，多年来保持了大陆第七大贸易伙伴的位置，近年来与大陆贸易占比基本稳定；表55-8中"中国"代表我国出口转内销的贸易额，规模位于台湾之后，多年来保持了"第八大贸易伙伴"的位置；澳大利亚与我国的贸易额2011年首次超过了1000亿美元，近年来与我国贸易增长幅度显著，成为我国第九（实际上是除去"中国"外的第八）大贸易伙伴。

表55-8给出的是与我国贸易额超过1000亿美元的主要伙伴。除这些主要贸易伙伴外，2013年马来西亚与我国的贸易额首次超过了1000亿美元达到了1060.8亿美元，成为我国第九大贸易伙伴；此外，2013年巴西、俄罗斯和新加坡与我国的贸易额分别为903亿美元、892亿美元和759亿美元；该三国2014年与我国贸易分别达到了865.8亿美元、952.8亿美元和797.4亿美元。相信今后几年该三个国家与我国贸易有望超过1000亿美元大关。

55.4.8　我国贸易在亚洲五个主要地区间的分布

上文我们介绍了我国贸易在全球的分布。由于亚洲是我国贸易的重镇，同时也将是人民币国际化最容易推进的区域，我们本节介绍和分析我国贸易在亚洲不同区域的分布和今后进一步发展的潜力。亚洲是我国最主要的贸易区域，然而我国贸易在亚洲的分布很不平衡。表55-9给出了2002年到2015年我国与亚洲五个区域的贸易分布。表55-9显示，东亚是我国在亚洲最大的贸易伙伴区，然而东亚与我国贸易占我国与亚洲贸易的比重呈现持续下降的趋势；东南亚为我国在亚洲的第二大贸易伙伴区，十多年来与我国贸易保持了持续可观的增长态势，占我国与亚洲贸易比重超过了1/5的份额；西亚是我国在亚洲的第三大贸易伙伴区域，2002年到2014年与我国贸易占我国与亚洲贸易比重持续增长，2015年上半年占比略有下降；南亚是我国在亚洲第四大贸易区域，近年来与我国贸易占我国与亚洲的贸易比重保持在1/20上下的水平。

表 55 - 9		我国在亚洲五个区域的贸易分布			单位：亿美元，%	
年/地区	总额	东亚	东南亚	西亚	南亚	中亚
2002	3468	75.2	15.8	5.9	2.4	0.7
2003	4687	73.4	16.7	6.5	2.6	0.9
2004	6242	72.2	17.0	6.7	3.1	0.9
2005	7505	70.2	17.4	7.7	3.5	1.2
2006	9049	68.4	17.8	8.7	3.8	1.3
2007	10984	65.7	18.4	9.4	4.6	1.8
2008	12701	62.3	18.2	11.9	5.2	2.4
2009	10824	62.0	19.7	10.9	5.3	2.2
2010	14563	61.0	20.1	11.3	5.5	2.1
2011	17767	58.8	20.4	13.1	5.5	2.2
2012	20449	61.4	19.6	12.3	4.5	2.2
2013	22249	61.1	19.9	12.4	4.4	2.3
2014	22742	58.9	21.1	13.3	4.6	2.0
2015 *	9902	56.4	22.4	12.1	5.4	1.7

数据来源：根据国家统计局网站（www.stats.gov.cn）和海关总署网站（www.customs.gov.cn）的数据计算得出；2015 年数据为上半年数据。

南亚诸国是我国在亚洲的第四大伙伴区，2002 年到 2011 年占我国与亚洲贸易的比重从 2.4% 持续增长到了 5.5%，从 2011 年到 2013 年却下降到了 4.4%，然而 2013 年到 2015 年占比又持续回升到了 5.4% 的水平；中亚五国是我国在亚洲的第五大贸易区，2002 年到 2013 年与我国贸易占比呈现上升态势，2013 年以来占比略有下降。

55.4.9　我国在亚洲的主要贸易伙伴及与我国贸易的潜力

上文介绍了我国贸易在亚洲五大区域的分布，这里介绍我国在亚洲的主要贸易伙伴。表 55 - 10 给出了 2008 年到 2014 年我国在亚洲的 25 个主要贸易伙伴及与我国贸易占比和这些贸易伙伴与我国的贸易依存度。这些贸易伙伴 2014 年与我国贸易额皆超过了 100 亿美元。表 55 - 10 显示，这 25 个国家和地区 2008 年和 2010 年与我国贸易总额占我国与整个亚洲贸易总额的 96% 以上；2012 年到 2014 年，该比例下降到了略高于 90% 的水平，显示这些国家和地区为我国在亚洲的主要贸易伙伴。

表 55 - 10 显示，2008 年到 2014 年我国在亚洲的 25 个主要贸易伙伴中，日

本、韩国、中国台湾、印度、新加坡、哈萨克斯坦、菲律宾、沙特和泰国等九个国家和地区与我国贸易占我国与亚洲贸易的份额分别有不同程度的下降，其中日本和韩国占比下降幅度最大，下降幅度分别为 7.3 个和 1.9 个百分点；其次中国台湾和印度占比分别下降了 1.5 个和 1 个百分点；另外 16 个国家和地区与我国贸易占我国与亚洲贸易的比重有不同程度的上升，其中越南、伊拉克、缅甸、土耳其和中国香港分别上升了 2.1 个、1.0 个、0.9 个、0.8 个和 0.5 个百分点，土库曼斯坦、印度尼西亚、马来西亚和卡特尔占比分别上升了 0.4 个、0.3 个、0.3 个和 0.3 个百分点，表明这些国家和地区与我国几年来的贸易增长迅速。

表 55 – 10　　　　我国在亚洲的主要贸易伙伴、与我国贸易占比

及对我国的贸易依存度　　　　　　　单位：%

贸易伙伴/年	2008	2010	2012	2013	2014	2013 年贸易/GDP	2014 年贸易/GDP
中国香港	16.0	15.8	16.7	18.0	16.5	145.4	129.3
日本	21.0	20.5	16.1	14.1	13.7	6.4	6.8
韩国	14.7	14.2	12.5	12.3	12.8	21.0	20.6
中国台湾	10.2	10.0	8.3	8.9	8.7	38.6	37.4
马来西亚	4.2	5.1	4.6	4.8	4.5	32.8	30.2
越南	1.5	2.1	2.5	2.9	3.7	38.3	45.0
新加坡	4.1	3.9	3.4	3.4	3.5	25.1	25.9
泰国	3.3	3.6	3.4	3.2	3.2	16.9	18.0
印度	4.1	4.2	3.2	3.0	3.1	3.5	3.4
沙特	3.3	3.0	3.6	3.3	3.0	9.7	9.3
印尼	2.5	2.9	3.2	3.1	2.8	7.5	7.2
阿联酋	2.2	1.8	2.0	2.1	2.4	12.0	9.1
伊朗	2.2	2.0	1.8	1.8	2.3	10.4	12.4
菲律宾	2.3	1.9	1.8	1.7	2.0	14.0	15.6
伊拉克	0.2	0.7	0.9	1.1	1.3	10.7	12.8
阿曼	0.9	0.7	0.9	1.0	1.1	29.8	33.2
缅甸	0.2	0.3	0.3	0.5	1.1	17.9	39.6
土耳其	0.2	0.2	0.9	1.0	1.0	2.7	2.9
哈萨克斯坦	1.4	1.4	1.3	1.3	1.0	12.4	10.4
巴基斯坦	0.6	0.6	0.6	0.6	0.7	6.1	6.5
科威特	0.5	0.5	0.6	0.6	0.6	7.0	7.8

贸易伙伴/年	2008	2010	2012	2013	2014	2013 年贸易/GDP	2014 年贸易/GDP
孟加拉国	0.3	0.5	0.4	0.5	0.6	6.4	6.8
以色列	0.4	0.5	0.5	0.5	0.5	3.7	3.6
卡塔尔	0.2	0.2	0.5	0.5	0.5	5.0	5.0
土库曼斯坦	0.1	0.1	0.5	0.5	0.5	24.4	21.9
总额	96.4	96.7	90.4	90.4	91.0	13.1	13.3

数据来源：贸易数据来自国家统计局网站（www.stats.gov.cn）和海关总署网站（www.customs.gov.cn），贸易依存度根据国际货币基金组织网站 2015 年 10 月公布的各个国家和地区的 GDP 数据计算得出。

表 55－10 显示，2014 年我国 25 个主要亚洲贸易伙伴总体对我国的贸易依存度从 2013 年的 13.1% 提高到了 13.3%；我国在亚洲的 25 个主要贸易伙伴中有 11 个对我国贸易依存度较高，对我国贸易依存度超过了当年 25 个国家和地区总体依存度 13.3%，其中中国香港、越南、缅甸、中国台湾、阿曼和马来西亚等 5 个国家和地区对我国贸易依存度超过了 30%；另外，新加坡、土库曼斯坦和韩国对我国的贸易依存度超过了 20%；土耳其、印度、以色列、巴基斯坦、卡塔尔、日本、孟加拉国、印尼、科威特、沙特等国家和地区对我国贸易依存度还仍然较低，与我国的贸易依存度还不到 10%，表明这些国家与我国贸易的发展空间有待挖掘。

55.4.10　我国贸易的相关问题

表 55－1 显示，30 多年来，特别是 2001 年我国加入世贸组织后，我国对外贸易取得了巨大的成就，表 17－6 显示即使减去外商企业的份额，我国企业的国际贸易同样取得了可喜的成绩。看到这些成绩的同时，我们也应该清醒地认识到我国国际贸易还存在一系列问题。其中，出口产品技术含量较低最为突出。以技术含量最高的集成电路和电子部件类产品为例，根据世贸组织公布的数据，1990 年到 2000 年我国该类产品贸易逆差从 7.5 亿美元大幅上升到 211.6 亿美元，占我国同期贸易顺差的比重从 8.5% 提高到 87.7%；到 2010 年，该类产品贸易逆差又攀升到 1809.9 亿美元，占同期贸易顺差的比重提高到了 98.9%；2011 年和 2012 年，该类产品贸易逆差分别提高到了 1961.5 亿美元和 2199.7 亿美元，占我国同期贸易顺差的比重分别为 126.4% 和 95.2%。这些数据表明我国集成电路相关技术的欠缺和相关产品的依赖，而且二十多年来这种现状并没有改观。

另外一个问题是虚假贸易问题。值得关注的是中国香港对内地贸易依存度从 2002 年的 41.6% 提高到了 2007 年的 93.2%，五年累计提高了 51.6 个百分点；2008 年和 2009 年累计下降了 11.4% 到 81.7%；而 2009 年到 2013 年的四年时间内，又累计提高了 63.7 个百分点到 145.4%。两地贸易的超常规增长表明，近两年来内地与香港间的贸易应该有相当程度的虚假成分。我们在第 52 章进行了相关介绍和分析，这里不再重复。

55.5 我国虚假贸易的规模和结果

张光平（2015）第 52 章更新了张光平（2014）关于我国二十多年来的虚假贸易结果。虚假贸易的分析和估算是相当复杂的工作，这里我们分别给出 20 多年来剔除"初级"虚假贸易和总虚假贸易后我国的出口、进口、贸易顺差和总贸易增长情况。

55.5.1 剔除"初级"虚假贸易后的我国对外贸易规模和增长率

张光平（2014）利用我国公布的内地与香港特区进出口贸易数据和香港特区公布的香港与内地的进出口贸易数据的明显差额及我国从"中国"的进口等数据，发现了内地与香港的贸易顺差在二十多年来大多年份超过内地总贸易顺差的不合理现象。这些数据间的明显不合理部分实际上是我国贸易的"初级"虚假贸易。剔除这些初级虚假贸易数据，二十多年来我国进出口贸易数据及相应的增长及贸易依存度会发生显著的变化。表 55-11 给出了 1989 年到 2014 年，剔除"初级"虚假贸易后我国出口、进口、贸易顺差、贸易总额及贸易依存度。

表 55-11　　　　剔除"初级"虚假贸易后我国进、出口贸易、
贸易顺差和贸易总额同比变化比较　　单位：亿美元，%

年份	总出口额	总进口额	贸易顺差	总贸易	贸易依存度	总出口增长率	总进口增长率	贸易顺差增长率	贸易增长率
1990	657.6	451.9	205.7	1109.5	28.3	3.6	-20.3	204.0	-7.7
1991	775.3	533.3	242.0	1308.6	31.8	17.9	18.0	17.7	17.9
1992	932.2	680.7	251.5	1612.8	32.9	20.2	27.6	3.9	23.3
1993	1216.8	1017.0	199.9	2233.8	36.2	30.5	49.4	-20.5	38.5
1994	1495.8	1140.5	355.3	2636.3	46.9	22.9	12.1	77.8	18.0
1995	1825.4	1317.1	508.4	3142.5	42.9	22.0	15.5	43.1	19.2
1996	1919.0	1389.7	529.3	3308.7	38.4	5.1	5.5	4.1	5.3

续表

年份	总出口额	总进口额	贸易顺差	总贸易	贸易依存度	总出口增长率	总进口增长率	贸易顺差增长率	贸易增长率
1997	2175.9	1436.3	739.6	3612.2	37.7	13.4	3.4	39.7	9.2
1998	2199.2	1408.2	791.0	3607.4	35.2	1.1	-2.0	6.9	-0.1
1999	2363.8	1655.3	708.4	4019.1	36.9	7.5	17.6	-10.4	11.4
2000	2960.9	2227.6	733.2	5188.5	43.0	25.3	34.6	3.5	29.1
2001	3069.9	2318.1	751.8	5388.0	40.4	3.7	4.1	2.5	3.8
2002	3590.8	2747.5	843.2	6338.3	43.4	17.0	18.5	12.2	17.6
2003	4628.4	3812.7	815.7	8441.1	51.2	28.9	38.8	-3.3	33.2
2004	6103.6	5156.4	947.2	11260.0	58.0	31.9	35.2	16.1	33.4
2005	7721.2	5982.9	1738.3	13704.0	60.4	26.5	16.0	83.5	21.7
2006	9672.5	7125.3	2547.2	16797.7	61.5	25.3	19.1	46.5	22.6
2007	12036.5	8625.6	3410.9	20662.1	58.6	24.4	21.1	33.9	23.0
2008	14209.0	10316.3	3892.7	24525.3	53.8	18.0	19.6	14.1	18.7
2009	11967.1	9139.1	2828.0	21106.3	41.7	-15.8	-11.4	-27.4	-13.9
2010	15567.7	12797.1	2770.6	28364.8	47.0	30.1	40.0	-2.0	34.4
2011	18485.6	16092.9	2392.7	34578.5	46.2	18.7	25.8	-13.6	21.9
2012	19627.1	16603.6	3023.4	36230.7	42.8	6.2	3.2	26.4	4.8
2013	20708.3	17797.3	2911.0	38505.6	40.6	5.5	7.2	-3.7	6.3
2014	22309.5	18055.4	4254.2	40364.9	39.0	7.7	1.5	46.1	4.8

数据来源：张光平（2015），贸易依存度根据剔除"初级"虚假贸易后的总贸易额和国际货币基金组织 2015 年 10 月公布的世界各国以美元计价的 GDP 数据计算得出。

表 55 - 11 显示，剔除"初级"虚假贸易后，我国出口、进口、贸易顺差和贸易总额增长率，特别是 2005 年到 2007 年的贸易顺差增长率比表 55 - 4 给出的根据公布数据计算出的增长率要合理很多，显示剔除"初级"虚假贸易的合理性，同时也显示"初级"虚假贸易的规模可观。

55.5.2 剔除总虚假贸易后的我国对外贸易规模和增长率

除"初级"虚假贸易外，我国贸易数据中还有通过抬高/压低出口和/或压低/抬高进口的虚假贸易。剔除"初期"虚假贸易和其他虚假贸易后，我国贸易数据有更大的不同。表 55 - 12 给出了 1989 年到 2014 年，剔除总虚假贸易后我国出口、进口、贸易顺差、贸易总额及贸易依存度。

表 55 - 12　　　　　　　剔除总虚假贸易后我国进、出口贸易、

贸易顺差和贸易总额同比变化比较　　单位：亿美元，%

年份	总出口额	总进口额	贸易顺差	总贸易	贸易依存度	总出口增长率	总进口增长率	贸易顺差增长率	贸易增长率
1990	922.5	482.2	440.4	1404.7	35.8	19.0	-25.7	247.6	-1.4
1991	1076.6	578.9	497.6	1655.5	40.2	16.7	20.1	13.0	17.9
1992	1287.9	757.1	530.7	2045.0	41.7	19.6	30.8	6.7	23.5
1993	1603.4	1143.5	459.9	2746.9	44.6	24.5	51.0	-13.3	34.3
1994	1783.8	1226.8	557.0	3010.7	53.5	11.3	7.3	21.1	9.6
1995	2053.5	1362.8	690.6	3416.3	46.7	15.1	11.1	24.0	13.5
1996	2119.8	1362.8	757.0	3482.6	40.5	3.2	0.0	9.6	1.9
1997	2288.0	1319.5	968.5	3607.5	37.7	7.9	-3.2	27.9	3.6
1998	2223.7	1257.9	965.8	3481.6	34.0	-2.8	-4.7	-0.3	-3.5
1999	2393.2	1564.5	828.7	3957.7	36.3	7.6	24.4	-14.2	13.7
2000	2990.1	2171.7	818.4	5161.8	42.8	24.9	38.8	-1.2	30.4
2001	3041.8	2239.0	802.2	5280.8	39.6	1.7	3.1	-1.9	2.3
2002	3443.9	2644.5	799.4	6088.4	41.6	13.2	18.1	-0.4	15.3
2003	4438.7	3751.6	687.0	8190.3	49.6	28.9	41.9	-14.1	34.5
2004	5831.2	5080.7	750.5	10911.9	56.2	31.4	35.4	9.2	33.2
2005	7090.4	5551.3	1539.1	12641.8	55.7	21.6	9.3	105.1	15.9
2006	8581.8	6347.4	2234.4	14929.2	54.7	21.0	14.3	45.2	18.1
2007	10485.9	7448.6	3037.3	17934.4	50.9	22.2	17.3	35.9	20.1
2008	12339.0	8913.6	3425.4	21252.7	46.6	17.7	19.7	12.8	18.5
2009	10589.6	8229.1	2360.5	18818.7	37.2	-14.2	-7.7	-31.1	-11.5
2010	14184.0	12010.8	2173.2	26194.8	43.4	33.9	46.0	-7.9	39.2
2011	17222.7	15551.1	1671.6	32773.8	43.7	21.4	29.5	-23.1	25.1
2012	18002.6	15809.8	2192.8	33812.4	40.0	4.5	1.7	31.2	3.2
2013	19107.1	17079.6	2027.5	36186.7	38.1	6.1	8.0	-7.5	7.0
2014	20048.5	16771.2	3277.2	36819.7	35.6	4.9	-1.8	61.6	1.7

数据来源：张光平（2015），贸易依存度根据剔除总虚假贸易后的总贸易额和国际货币基金组织2015年10月公布的世界各国以美元计价的 GDP 数据计算得出。

　　表 55 - 12 显示，总虚假贸易后，我国出口、进口、贸易顺差和贸易总额增长率比表 55 - 4 给出的更具公布数据计算出的增长率要合理很多，显示剔除"初级"虚假贸易的合理性，同时也显示"初级"虚假贸易的规模可观。

55.6 人民币跨境贸易结算试点推出前后人民币贸易结算的简单介绍

55.6.1 人民币跨境贸易结算试点前的人民币贸易结算

我国在 2009 年 7 月正式启动了进出口贸易人民币结算试点，而事实上多年前人民币就已经被用于与周边国家贸易及其他交易的结算。人民币在巴基斯坦、越南、缅甸和老挝等经济体基本实现了自由流通，获得了接近美元的地位。自 1997 年 10 月 1 日起对边境小额贸易出口的货物按国家税务总局印发的《出口货物退（免）税管理办法》（以下简称《办法》）开始办理出口退税，但是，依《办法》办理退税需提供的单证之一是收外汇（美元）的"出口外汇核销单（出口退税专用联），而云南出口缅甸、老挝、越南的边境小额贸易出口货物的 85% 以上采用人民币结算（"云南边贸发展急需国家对人民币结算予以出口退税的政策支持"，云南省政府网站，www. yn. gov. cn/yunnan，China）。

2004 年，在中蒙边境贸易中，以人民币作为结算货币的贸易额约占 90%，在中越边境贸易中约为 81%，在中朝边境贸易中约为 45%，在中俄边境贸易中约为 15%（刘明志，2008）。2004 年，在中蒙边境贸易中通过账户行的人民币结算量为 11.66 亿元，2005 年达到 27.32 亿元，2006 年达到 34.46 亿元，2007 年达到 68.69 亿元。在俄罗斯的流通领域内，人民币不能直接使用，主要是在边境贸易中用于结算（李东荣，2009）。

总的来说，在 2009 年 7 月国家实施人民币跨境贸易结算试点之前，由国际贸易引起的人民币流通量占我国境内货币供应量和我国进出口贸易总额的比例仍然很低，而且在非周边的其他亚洲经济体及欧美等地区基本没有利用人民币进行结算（旅游人民币兑换、支付除外）。由于边贸仅占我国与周边国家和地区总贸易的一小部分，而且目前政府没有公布边境贸易中人民币结算的相关数据，所以我们难以估算出人民币在我国贸易结算中的比例。王成基（2012）对 2009 年人民币跨境贸易结算试点之前的人民币贸易结算进行了研究，提供了一些相关数据和分析，这里不拟多述。随着人民币跨境贸易业务的不断推进，相信在不久的将来相关数据会定期公布，这样我们可以通过与其他国家不同发展阶段的对比进行分析。2010 年人民币跨境贸易结算的主要数据已经公布，我们下文会仔细分析研究。

55.6.2 跨境贸易人民币结算的政策准备

早在 20 世纪 90 年代，我国与有关邻国就已开始在边境贸易中使用人民币进行结算，但是使用的范围相对较小。进入 2009 年，我国政府开始加速推进人民币贸易结算功能的发挥。国务院常务会议 2009 年 4 月 8 日正式决定，在上海、广州、深圳、珠海、东莞等城市开展跨境贸易人民币结算试点，迈开了人民币走向国际化的关键一步，有利于人民币国际地位的逐步提升。2009 年 7 月 1 日，《跨境贸易人民币结算试点管理办法》公布，为人民币跨境贸易结算的实施提供了依据。2009 年 7 月 3 日，中国人民银行发布《跨境贸易人民币结算试点管理办法实施细则》。2009 年 7 月 6 日，跨境贸易人民币结算试点启动仪式在上海举行，与此同时，以人民币结算的首单进出口业务也在当日诞生。2010 年 6 月 22 日，中国人民银行等六部委联合发布了《关于扩大跨境贸易人民币结算试点有关问题的通知》，跨境贸易人民币结算试点范围由上海和广东的 4 个城市扩大到 20 个省（自治区、直辖市），将境外地域范围由中国港澳地区和东盟扩大到所有国家和地区，明确试点业务范围包括跨境货物贸易、服务贸易和其他经常项目人民币结算。2011 年 8 月 24 日，人民银行宣布人民币跨境贸易结算试点扩大到全国范围，标志着此项业务从试点走向相对成熟。

55.6.3　人民币跨境贸易结算早期试点结果

跨境贸易人民币结算在试点初期，即在 2009 年下半年还不是很活跃。从 2009 年 7 月上旬人民币跨境贸易结算试点实施到 2009 年年底，人民币跨境贸易结算总额仅为 35.9 亿元人民币。然而随着各项配套措施逐步到位，跨境人民币贸易结算从 2010 年第一季度就迈入持续显著增长的轨道，我们下文会系统介绍。

55.7　人民币跨境贸易结算取得的可喜成绩

经过不到半年的探索和实践，人民币跨境贸易结算逐渐走向正轨。2010 年人民币跨境贸易结算取得了可喜的成绩，2011 年和 2012 年的成绩更加显著。表 55-13 给出了 2010 年第一季度到 2015 年第二季度人民币跨境贸易结算额及占相应贸易总额的比重。该表各种相关计算较为复杂，下文会详细说明。表 55-13 显示，2011 年到 2013 年人民币跨境贸易结算总额分别高达 2.08 万亿元、2.94 万亿元、4.63 万亿元和 6.55 万亿元人民币，从占当年我国贸易总额的 5% 左右持续上升到了 20% 以上；2015 年上半年结算总额高达 3.27 万亿元，比 2014 年同期增长了 3.1%。在跨境人民币贸易结算试点推出仅 6 年的时间内取得如此成绩确实不易。

表 55 – 13　　　　　　　　　　　人民币跨境贸易结算额及占比　　　　　　　　单位：亿元，%

时间	结算贸易	结算出口	结算进口	结算进口/出口结算	贸易结算占比	出口结算占比	进口结算占比	进口占比/出口占比
2010Q1	183.5	21.4	162.2	7.58	0.4	0.1	0.8	7.94
2010Q2	486.6	67.2	419.4	6.24	1.0	0.3	1.8	6.98
2010Q3	1264.8	164.2	1100.6	6.70	2.4	0.6	4.5	7.91
2010Q4	3128.5	366.7	2643.1	7.21	5.5	1.2	10.4	8.40
2011Q1	3603.2	398.2	3205.0	8.05	4.9	1.5	8.3	5.58
2011Q2	5972.5	1037.8	3052.5	2.94	7.0	3.4	11.0	3.26
2011Q3	5834.1	1569.0	2626.7	1.67	6.7	4.7	9.0	1.91
2011Q4	5402.9	2030.3	2472.5	1.22	7.4	6.3	8.5	1.35
2012Q1	5804.0	2291.7	3208.4	1.40	10.1	8.4	11.8	1.40
2012Q2	6715.5	3054.7	3567.0	1.17	10.7	9.2	12.4	1.34
2012Q3	7989.6	3770.3	4219.3	1.12	12.6	11.0	14.4	1.31
2012Q4	8855.4	3709.2	4510.4	1.22	12.7	10.6	15.2	1.43
2013Q1	10039.2	4167.1	5872.1	1.41	16.4	13.0	20.1	1.54
2013Q2	10460.8	4684.9	5727.9	1.22	16.4	13.9	19.3	1.39
2013Q3	11100.0	4400.7	6562.1	1.49	16.7	12.7	21.2	1.67
2013Q4	14700.0	4606.6	10093.4	2.19	21.8	12.6	32.6	2.58
2014Q1	16500.0	5415.9	11000.0	2.03	27.8	18.0	37.0	2.10
2014Q2	16200.0	6848.5	9351.5	1.37	24.5	19.4	30.4	1.56
2014Q3	15300.0	6495.6	8804.4	1.36	21.8	16.6	28.2	1.70
2014Q4	17500.0	8488.8	8974.4	1.06	24.9	21.4	29.4	1.38
2015Q1	16545.9	9055.4	7490.5	0.83	29.8	28.7	31.3	1.09
2015Q2	17154.1	9236.5	7760.0	0.84	28.4	27.0	30.3	1.12
2010	5063.4	619.6	4325.3	6.98	2.5	0.6	4.6	7.91
2011	20812.7	5035.3	11356.7	2.26	6.5	4.1	9.2	2.24
2012	29364.5	12825.9	15505.1	1.21	11.6	9.9	13.5	1.36
2013	46300.0	17859.3	28255.5	1.58	17.9	13.0	23.4	1.79
2014	65 500.0	27248.8	38130.3	1.40	24.6	18.9	31.4	1.66
2015 *	33700.0	18291.9	15250.5	0.83	29.1	27.8	30.7	1.11

　　数据来源：基础数据来自 2010 年第一季度到 2015 年第二季度人民银行货币政策执行报告和人民银行公布的金融统计数据报告，中国人民银行网站（www.pbc.gov.cn）；由于数据公布的格式有数次更改，表中 2010 年第四季度和 2011 年第二季度到 2015 年第二季度进出口结算额及相应的占比计算方法在本节下文解释。

表 55 - 13 显示，从 2010 年第一季度到 2011 年第二季度人民币贸易结算额占同期贸易总额比重持续增长，从 0.4% 持续增长到了 7.0%，同期人民币进口结算保持了更高的增长态势，占比从 0.8% 持续上升到了 11.0%。由于 2011 年第三季度末境外人民币贬值预期的出现，该季人民币贸易结算占比出现了首次下降；虽然由于人民币对美元贬值预期的重现使得人民币进口结算减缓，而出口结算却保持了较好的增长势头。从 2011 年第三季度人民币贸易结算占季度贸易总额比重 6.7% 持续增长到了 2014 年第一季度的 27.89%，首季超过 1/4，同期进口结算占比从 11.03% 持续增长到了 37.94%，出口结算占比从 4.7% 持续上升到了 18.0%；受境外人民币贬值的预期影响，2014 年第二季度和第三季度，人民币结算占贸易总额比重分别回落到了 24.5% 和 21.8%，进口结算占比也回落到了 28.2%，同时出口结算占比也回落到了 16.6%；2014 年第三季度到 2015 年第一季度进出口结算占比重新回升到了接近 30% 的水平，人民币进出口结算不平衡的问题有了明显的好转。

55.7.1 2010 年前三个季度跨境贸易人民币结算进口和出口规模

不仅人民币跨境贸易结算的总额重要，而且总额中出口和进口结算的分布也同样重要。特别是随着跨境人民币结算额的显著增加，跨境人民币贸易结算对我国外汇储备和货币政策等皆会产生重要的影响。没有人民币跨境贸易结算的出口和进口金额，我们就难以判断人民币跨境贸易结算对我国贸易顺差及对我国外汇储备的影响，进而难以判断对我国货币政策的影响。

实际上，人民银行从 2010 年第一季度以来公布的季度货币政策执行报告仅在 2011 年第一季度的报告中直接给出了该季度货物贸易出口和进口人民币结算金额及相应的服务贸易出口和进口人民币结算金额，其他季度的人民币结算的出口结算金额和进口结算金额我们难以直接获得。人民银行从 2011 年第二季度开始仅公布人民币跨境贸易结算的实收和实付数据，而再未公布过人民币跨境进口和出口结算数据，为我们判断之后人民币跨境贸易结算的出口和进口金额带来了一定的困难。下文根据人行每季公布的人民币跨境贸易实收和实付数据来估算相应的人民币跨境贸易结算出口和进口。

55.7.2 2010 年以来人民币跨境贸易结算实收和实付规模及问题

跨境贸易结算实收金额实际上应该与跨境贸易结算的出口额相同，同时实付应该与跨境贸易结算的进口额相同，实收和实付实际上应该是出口和进口的另外一种说法。在没有虚假跨境贸易结算的情况下，两者应该相等。但是，数据显示，在人民币跨境贸易结算初期，"既无实收也无实付"的跨境人民币贸易结算占总结算比重较高，显示当时虚假跨境人民币贸易结算仍然较为严重；另外，2012年到2014年"既有实收也有实付"的跨境人民币贸易结算与常理下的贸易结算概念不符，实际上也是虚假人民币跨境贸易结算。表55-14给出了2011年第一季度到2015年第二季度人民币跨境贸易结算实收和实付金额、实收和实付比例、"既无实收也无实付"的跨境人民币贸易结算金额及占总结算金额比重。

表55-14　人民币跨境贸易结算实收和实付金额、实收和实付比例、
"既无实收也无实付"的跨境人民币贸易结算金额及占总结算金额比重

单位：亿元，%

季度/年	实收	实付	实付/实收比例	实收付总额	无实收付的结算额	无实收付结算额占比
2011Q1	392.5	2192.2	5.585	2584.7	1018.5	28.3
2011Q2	1037.8	3052.5	2.941	4090.3	1882.2	31.5
2011Q3	1569.0	2626.7	1.674	4195.7	1638.4	28.1
2011Q4	2030.3	2472.5	1.218	4502.8	900.1	16.7
2012Q1	2291.7	3208.4	1.400	5500.1	303.9	5.2
2012Q2	3054.7	3567.0	1.168	6621.7	93.8	1.4
2012Q3	3944.4	4414.2	1.119	8358.6	(369.0)	-4.6
2012Q4	3709.2	4510.4	1.216	8219.6	635.8	7.2
2013Q1	4167.1	5872.1	1.409	10039.2	0.0	0.0
2013Q2	4684.9	5727.9	1.223	10412.8	48.0	0.5
2013Q3	4400.7	6562.1	1.491	10962.8	137.2	1.2
2013Q4	5547.3	9337.9	1.683	14885.2	(185.2)	-1.3
2014Q1	5415.9	11000.0	2.031	16415.9	84.1	0.5
2014Q2	6884.1	9400.0	1.365	16284.1	(84.1)	-0.5
2014Q3	6511.2	8825.6	1.355	15336.8	(36.8)	-0.2
2014Q4	8488.8	8974.4	1.057	17463.2	36.8	0.2
2015Q1	9055.4	7490.5	0.827	16545.9	0.0	0.0
2015Q2	9236.5	7760.0	0.840	16996.5	157.6	0.9
2010	3437.4	4135.5	1.203	7572.9	(2509.5)	-49.6
2011	5029.6	10343.9	2.057	15373.5	5439.2	26.1
2012	13000.0	15700.0	1.208	28700.0	664.5	2.3

续表

季度/年	实收	实付	实付/实收比例	实收付总额	无实收付的结算额	无实收付结算额占比
2013	18800.0	27500.0	1.463	46300.0	0.0	0.0
2014	27300.0	38200.0	1.399	65500.0	0.0	0.0
2015H1	18291.9	15250.5	0.834	33542.4	157.6	0.5

数据来源：人民银行公布的2011年第四季度《中国货币政策执行报告》仅给出了2011年全年的实收与实付比例1.7，该年第四季度实收和实付数据是根据全年实收与实付比例1.7和假设第四季度既无实收也无实付金额占总结算金额比例为2011年第三季度比例28.1%和2012年第一季度的既无实收也无实付金额占总结算金额比例5.2%的平均比例16.7%计算得出的；其他季度的数据根据人行公布的相应季度时间段《中国货币政策执行报告》给出的数据直接计算得出。

表55－14显示，2011年第一季度到第四季度既无实收也无实付的跨境人民币贸易结算金额在900.1亿到1882.2亿元之间，占相应总季度人民币跨境贸易结算总的比重在16.7%到31.5%之间，全年既无实收也无实付的跨境人民币贸易结算金额累计5439.2亿元，占全年总人民币跨境贸易结算总额2.08万亿元的26.1%，显示2011年虚假人民币贸易结算比重相当高；然而2011年以后，既无实收也无实付的跨境人民币贸易结算金额明显降低；2012年第三季度、2013年第四季度、2014年第二季度和第三季度，实收和实付的人民币跨境贸易结算总额却超过了总结算金额，表明该四个季度内有"既是实收同时也是实付"的跨境贸易结算，这些结算显然也是虚假的人民币跨境贸易结算。从每季度总的人民币跨境贸易结算金额中减去这些"既无实收也无实付"及"既是实收也是实付"的结算金额我们才能获得相对较为真实的结算金额。

55.7.3 合理的人民币跨境贸易实收和实付数据估算

表55－14给出的根据人民银行公布的2011年第一季度到2015年第二季度人民币跨境贸易实收和实付数据实际上有明显的问题。首先，2011年第四季度实收/实付比例为0.67，为表55－14中18个季度最低的；其次，2012年第一季度和第二季度实收/实付比例相同为1.40，也似有问题；2012年第三季度该比例0.97为该表中第二最低的，是2011年年初以来第二次出现该比例低于1的季度。

众所周知，人民币跨境贸易实收和实付比例实际上反映当时人民币兑美元升值和贬值的预期程度：人民币兑美元升值预期较高时，境外接受人民币的欲望较强，进口容易结算，因此实收/实付比例较高；相反，人民币兑美元贬值预期较高时，境外接受人民币的欲望较低，进口不容易结算，因此实收/实付比例就较低。表55－15给出2011年第一季度到2015年第二季度人民币跨境贸易结算实收、实付、实收付总额、比例、无实收和实付总额及占总结算额比重。

表55−15　人民币跨境贸易结算实收、实付、实收付总额、比例、

无实收和实付总额及占总结算额比重　　　　单位：亿元，%

季度/年	实收	实付	实付/实收比例	实收付总额	无实收付的结算额	无实收付结算额占比
2011Q1	392.5	2192.2	5.59	2584.7	1018.5	28.3
2011Q2	1037.8	3052.5	2.94	4090.3	1882.2	31.5
2011Q3	1569.0	2626.7	1.67	4195.7	1638.4	28.1
2011Q4	2030.3	2472.5	1.22	4502.8	900.1	16.7
2012Q1	2291.7	3208.4	1.40	5500.1	303.9	5.2
2012Q2	3054.7	3567.0	1.17	6621.7	93.8	1.4
2012Q3	3770.3	4219.3	1.12	7989.6	0.0	0
2012Q4	3709.2	4510.4	1.22	8219.6	635.8	7.2
2013Q1	4167.1	5872.1	1.41	10039.2	0.0	0
2013Q2	4684.9	5727.9	1.22	10412.8	48.0	0.5
2013Q3	4400.7	6562.1	1.49	10962.8	137.2	1.2
2013Q4	4606.6	10093.4	2.19	14700.0	0.0	0
2014Q1	5415.9	11000.0	2.03	16415.9	84.1	0.5
2014Q2	6848.5	9351.5	1.37	16200.0	0.0	0
2014Q3	6495.6	8804.4	1.36	15300.0	0.0	0
2014Q4	8488.8	8974.4	1.06	17463.2	36.8	0.2
2015Q1	9055.4	7490.5	0.83	16545.9	0.0	0
2015Q2	9236.5	7760.0	0.84	16996.5	157.6	0.9
2011	5029.6	10343.9	2.06	15373.5	5 439.2	26.1
2012	12825.9	15505.1	1.21	28331.0	1033.5	3.5
2013	17859.3	28255.5	1.58	46114.8	185.2	0.4
2014	27248.8	38130.3	1.40	65379.1	120.9	0.2
2015Q2	18291.9	15250.5	0.83	33542.4	157.6	0.5

数据来源：人民币跨境贸易结算实收/实付比例数据来自表55−14，一年期人民币兑美元无本金交割远期对国内人民币及其汇率日均升值或贬值幅度根据彭博数据终端给出的每日一年期人民币兑美元无本金交割远期与国家外汇管理局公布的人民币兑美元中间价计算得出。

表55−15给出的2011年第一季度以来境外一年期人民币兑美元无本金交割远期对人民币即期日均升值和贬值幅度与季度人民币跨境贸易实收/实付比例数据显示，2011年第一季度以来，季度人民币实收/实付比例与同期境外人民币升

值或贬值的幅度关系与上述关系大多一致。以表 55 - 15 给出的关系来判断，尽管 2014 年第四季度境外人民币出现了 2011 年第一季度以后的首季贬值，但是贬值幅度远低于 2014 年第四季度，因此其实收/实付比例不应该比 2014 年第四季度的比例 1.06 低，更不该达到四年多来最低值 0.67；2012 年第一季度到 2012 年第二季度境外人民币兑美元从日均升值 0.07% 下降到了贬值 1.17%，变化高达 1.24%，该两季度实收/实付比例不应该相同为 1.4；另外，表 55 - 15 显示 2012 年第三季度境外人民币日均贬值预期 1.43%，远低于 2014 年第四季度的 2.22%，因此 2012 年人民币实收/实付比例 0.97 不应该比 2014 年的比例 1.06 低。以表 55 - 15 给出的季度人民币实收/实付比例与相应的境外人民币兑美元升值贬值关系，我们可以获得两者间的合理关系，结果如表 55 - 15 所示。

55.7.4 以 2011 年第一季度人民币跨境贸易结算数据为基准的估算方法

张光平（2014）以 2011 年第一季度人民币跨境贸易进口结算与出口结算比例 8.05/实付与实收比例 5.59 = 1.44 为基准，并假设 2011 年第一季度以后进口结算与出口结算比例/实付与实收比例保持在 1.44，从而将每季实付与实收比例转换成进口与出口结算比例，进而估算出每季度的人民币跨境贸易进口和出口结算金额。该方法有一定的合理性，但却没有考虑到 2011 年以后"既无实收也无实付"和"既是实收也是实付"的虚假结算金额占总结算比重显著下降的趋势，因此过高估算了进口的结算的额度和占比的同时，也低估了人民币跨境出口结算的占比。

55.7.5 以人民币跨境贸易结算实收和实付数据估算相应的出口和进口金额

顾名思义，实收结算金额实际上是出口结算金额，同时实付结算金额实际上是进口结算金额。因此，2011 年第二季度以来每季直接公布的或者根据相关时间段内数据推算出的实收和实付金额应该就是相应的出口和进口结算金额，每季公布的总结算金额减去实收金额和实付金额就是该季的虚假结算金额；季度实收结算金额和实付结算金额超过相应的总结算金额的部分为"既有实收也有实付"结算金额的虚假结算总额。每季公布的实收金额和实付金额总和超过季度总结算金额，我们就不得不对这些实收和实付金额数据进行必要合理调整。以 2012 年第三季度为例，表 55 - 14 给出该季实收结算金额和实付结算金额分别为 4240.1 亿元和 4118.6 亿元，总实付实收额为 8358.6 亿元，超过该季总结算金额 7989.6 亿元的 369 亿元，这样我们就不能以该季的实收金额和实付金额为出口和进口金额。以表 17 - 15 给出的 2012 年第三季度实收和实付比例和总结算金额，我们即可计算出该季实收和实付金额分别为 3461.7 亿元和 4527.9 亿元。同样，我们可以计算出 2013 年第四季度、2014 年第二季度和第三季度的实收和实付金额，结果如表 55 – 13 所示。

55.7.6 表 55 – 13 结果计算方法说明

表 55 – 13 给出的结果中 2011 年第一季度数据直接来自人行《中国货币政策执行报告》，出口结算金额为货物出口结算和服务出口结算之和，进口结算金额为货物进口结算金额与服务结算金额之和；2009 年货物出口和进口金额及服务出口和进口金额分别在假设 2009 年货物出口与进口比例和服务贸易结算金额与从结算金额比例贸易 2009 年人民币跨境贸易试点启动到 2010 年第一季度相同的比例下计算得出；2010 年第一季度到第三季度人民币跨境出口和进口金额数据是货物出口和进口加上服务贸易出口和进口结算金额之和；货物贸易出口和进口金额分别以 2009 年跨境人民币贸易结算试点启动到 2010 年第一、第二和第三季度累计数据减去前一累计数据而得，服务进口和出口结算金额是在假设 2010 年前三个季度服务进口结算金额与出口金额比例保持与 2011 年第一季度相同比例 1.79 的假设下计算得出；2010 年第四季度进出口结算数据是在假设该季度服务贸易结算占总贸易结算比例为 2010 年第三季度和 2011 年第一季度相应比例平均值 13.36%、该季度服务贸易进口和出口结算比例保持与 2011 年第一季度相同的比例 1.79、货物贸易进口结算与出口结算比例为 2009 年人民币跨境贸易结算试点开始到 2010 年第三季度末货物进口结算与出口结算比例 8.86、2011 年第一季度该比例 14.11 的平均比例 11.48 下计算得出；2011 年第二季度到 2015 年第二季度数据根据表 17 – 14 给出的数据计算得出。

55.8 境外人民币跨境支付占比与人民币跨境贸易结算占比比较

我们在第 55.2 节介绍了货币国际支付数据是其跨境贸易占比数据的较好替代品，人民币境外支付数据当然也应该是人民币跨境贸易结算较好的替代品。利用表 55 – 13 相应的月度人民币跨境贸易结算数据和相应的计算方法，我们可以类似地计算出 2012 年 1 月到 2015 年 8 月人民币跨境贸易结算占我国月度总贸易的比重。利用表 55 – 1 给出的 2012 年到 2014 年我国贸易占世界贸易比重及表 55 – 6 给出的 2014 年我国贸易占世界贸易估算比重，我们可以计算出 2012 年 1 月到 2015 年 8 月人民币跨境贸易月度结算金额占世界贸易比重。图 55 – 1 给出了 2012 年 1 月到 2015 年 8 月人民币跨境贸易结算占世界贸易比重及与境外人民币支付全球占比的比较。

图 55 – 1 显示，人民币跨境贸易结算世界占比持续显著超过人民币跨境支付世界占比。2012 年到 2014 年前者月均超过后者的比例分别为 1.83 倍、1.28 倍和 0.63 倍，2015 年前 8 个月前者月均超过后 0.47 倍，显示虽然前者持续显著超过后者，然而两者间的差异在明显缩小。虽然人民币跨境贸易结算占世界贸易比重与人民币跨境贸易结算占世界支付比重两个概念有所不同，而跨境贸易仍是跨境支付的主要内容，两者间巨大的差异表明很大一部分的人民币跨境贸易结算并没有相应的跨境支付，换句话说，人民币跨境贸易结算中有相当的份额是虚假的跨境结算。

55.9 人民币跨境贸易结算中出口结算和进口结算简析

表 55 – 13 显示，2010 年到 2012 年人民币进口结算占比与出口结算比例分别达到 6.98 倍、2.26 倍和 1.21 倍，显示 2010 年到 2012 年人民币进口和出口结算趋于合理；虽然 2013 年进口结算与出口结算比例略回升到了 1.58，然而 2013 年到 2015 年，该比例重回下降的趋势，表明人民币进出口结算合理程度随人民币兑美元的贬值压力的再现而趋于合理。

华泰联合证券刘湘宁 2010 年年底前研究估算，"今年 6 月跨境贸易人民币结算试点扩容以来，进口结算比重高达 85% 以上，目前估计为 85% ~ 90%"。根据人民银行 2011 年第一季度货币政策执行报告，2011 年前三个月，人民币跨境贸易进口和出口结算总额分别为 2853.7 亿元和 202.3 亿元，前者为后者的 14.1 倍。

1970 年到 1980 年的十年内，日元结算的日本跨境贸易出口结算占日本出口比例为相应的进口比例的 10 倍以上（我们第 20 章会进一步比较），前文国际贸易结算货币选择的 7 个条件中，除第 7 点不很满足外，其他 6 点皆支持日元成为日本出口贸易结算货币。日本结算出口占比高于进口占比的直接原因是日本进口的主要为能源和其他原材料（这些产品的差异性低），而且这些产品主要是以美元计价和结算的，因而日元进口结算难以有效推动。除了这些理论解释外，升值预期明显的货币容易成为其货币母国进口的结算货币，因为相应的出口商更愿意持有此货币。在 1985 年日本开始实施"广场协议"日元大幅度升值时日元进口结算占比大幅度上升，日元结算出口占比/进口占比从 1980 年的 12.3 倍大幅度下降到了 1985 年的 5.4 倍，到 1987 年又进一步下降到了 3.2 倍，成为日元进口结算占比增长最快的时期。日元进口结算占比在 1987 年之后仍然有持续的增长，但是增幅远低于 1985 年到 1987 年的阶段，表明本币升值时期推动本币进口结算确实具有优势。

如上我们计算出的我国 2010 年人民币跨境贸易结算中进口结算为相应出口结算的近 7 倍，与第 55.3 节国际贸易结算货币选择实证结果第一条不一致，正好与日本三十年前日元贸易结算初期的结果相反。然而我国近年来进口的能源和其他原材料与日本四十年前却很相似。到底是什么原因导致我国出现与国际经验相反的结果呢？实际上上文已经给出了答案：人民币跨境进口结算比出口更加容易实现的主要原因是在境外人民币升值压力的环境下，我国的境外"进口商"更愿意接受人民币。在我们充分肯定人民币跨境贸易结算取得显著成绩的同时，境外"进口商"通过贸易结算途径在两地市场间套利的动机值得我们关注。

55.10　人民币跨境贸易结算存在的问题简析

2010 年到 2014 年上半年，人民币跨境贸易结算取得了巨大的成绩，结算额占同期贸易总额的比例从 2.5% 提高到了 26.4%，超过四分之一。然而，在人民币跨境贸易结算额高速增长的同时，难免存在不少问题，有些问题可能还比较严重。

55.10.1　人民银行公布的总结算数据与香港金管局公布的数据差别显著

表 55 - 13 根据人民银行公布的 2011 年全年和前三个季度人民币跨境贸易结算数据推算出 2011 年第四季度结算额为 5402.9 亿元，而香港金管局公布的同期香港结算的人民币跨境贸易结算额却高达 5854.9 亿元，比人民银行公布的数据高出 452 亿元，后者比前者高出 8.4%；根据人民银行公布的 2012 年 1 月金融统计数据报告，2012 年 1 月人民币跨境贸易结算总额为 1284 亿元，而香港金管局 2012 年 2 月底公布的 2012 年 1 月香港人民币跨境贸易结算额为 1564 亿元，比人民银行公布的同月数据高出 280 亿元，后者比前者高出 21.8%；2012 年 5 月香港金管局公布的相应数据也比人民银行公布的数据高出 74 亿元，比人民银行公布的相应数据高出 3.4%；2012 年 6 月到 2014 年 7 月的两年多时间内香港公布的人民币结算数据一直低于人民银行公布的数据，但是 2014 年 7 月和 8 月前者分别高出后者 1.8% 和 8.5%，显示经过了 6 年业务实践两地跨境贸易协调仍然不够，结算数据仍然差异巨大。可能是两地统计的方法有别，或者是由于其他原因，香港结算的人民币跨境贸易额不应该超过人民银行公布的总额，特别是不应该高出 20% 以上。

55.10.2 "无实收付"的跨境贸易人民币结算问题

表 55-14 显示，从 2010 年第四季度到 2011 年第四季度，每季度有超过 1000 多亿元人民币的"无实收付"人民币跨境贸易结算；2010 年后三个季度无实收付人民币结算占比超过了 40%；2011 年无实收付人民币结算占同季度总结算额比重下降到了不足 30%；2012 年前两个季度无实收付占比大幅度下降，但是，2012 年后两个季度的数据出现了更加离谱的问题，即实收和实付总额超过了同期总贸易结算金额。顾名思义，即使服务也应该有实际收或实际付的结算，无实收付人民币结算应该是有问题的结算，或者是没有贸易背景的虚假结算；同样，既是实收又是实付的结算也应该与虚假贸易有关。因此，人民银行 2011 年第一季度以来公布的新的数据格式实际上间接地给出了 2011 年每个季度的虚假贸易结算数据。虽然 2011 年各季度的虚假程度比 2010 年整体有所下降，但是仍然超过 20%；2012 年上半年虚假结算占比显著减少，但是下半年虚假程度又达到了可观的水平。

55.10.3 人民币跨境贸易结算和人民币国际支付数据的差异

利用表 55-1 和表 55-2 给出的国际贸易占比和主要货币的世界结算占比数据及相应的主要货币的经济母体贸易数据，我们可以直接比较主要货币支付占比及相应经济体贸易的世界占比。比较两表结果显示，除美元、英镑、欧元、澳元、瑞士法郎、挪威克朗和新西兰元外，其他货币结算占比皆低于相应经济母体贸易占比，表明其他货币经济母体贸易结算对美元、英镑、欧元等有不同程度的依赖性；人民币支付占比与我国贸易世界占比差额最大，相差 -10%，表明人民币贸易结算潜力巨大。

55.10.4 人民币贸易计价功能未随跨境贸易结算的增长而提升

与其他国际货币通常在跨境贸易中兼做计价和结算货币不同，人民币的贸易计价职能并未伴随着跨境贸易结算的增长而得到提升。许多企业在跨境贸易中都不采用人民币计价，而仅将其作为支付货币。在人民币投资渠道仍旧匮乏的情况下，不少境外企业愿意选择人民币作为支付货币，很大程度上是青睐于人民币的升值空间。未来随着人民币双向波动预期的增强，这一驱动因素所带来的结算份额势必有所下滑，因此就整体而言，人民币跨境贸易结算规模是否能保持强劲的增长势头还未可定论（陆婷，2014）。

55.11　人民币跨境贸易结算今后的发展

上文我们介绍并计算出了我国贸易占世界的份额和人民币跨境贸易结算占我国贸易结算的份额。虽然人民币贸易结算占世界贸易的比重还比较低，但是近年来却有了可喜的进步。特别是 2011 年，人民币贸易结算占世界贸易总额的 0.88%，显著超过了同年人民币外汇交易占世界外汇交易的比重，表明人民币贸易结算从 2011 年就超过了人民币外汇市场的世界排名；2012 年人民币贸易结算首次超过了世界贸易 1% 的大关达到了 1.24%，比人民币外汇市场在世界的排名更高；2013 年人民币贸易结算达到了当年世界贸易总额接近 2% 的水平，比同年人民币外汇在全球外汇市场交易占比一倍以上，表明人民币外汇市场相对于人民币贸易结算和支付还有很大的距离，我们在后面几章还会系统介绍和分析人民币外汇市场的现状和发展。

跨境贸易人民币结算业务试点是人民币国际化的必然举措。然而，人民币跨境贸易结算逐步实施以后，间接地给国际游资进入和流出开放了新的渠道。2004 年到 2007 年我国贸易顺差年均增长率超过 100% 的事实使得越来越多的学者和专家认识到，在没有大力推动人民币跨境贸易结算的情况下，资金通过我国开放的贸易项目大量地流入国内将推高相应年份我国的固定资产投资水平（李东平，2008）。但是，在 2008 年第四季度和 2009 年第一季度大量资金转向撤离的时候，我国经济又随之受到了一定的影响，特别是 2014 年下半年以来，随着美国退出量化宽松政策导致全球绝大部分货币兑美元贬值，跨境资金撤离新兴市场国家对全球新兴市场经济体正在产生着重大的影响和冲击。

在利用人民币跨境贸易结算和境外直接投资业务启动后，跨境资金流动又多了新的渠道。如果不加强对跨境资金流动的监控，跨境资金流动对我国经济和金融市场的影响将更加显著。因此，在稳步推进人民币结算业务的过程中，需要不断完善人民币管理体制，逐步启动和加强相关配套措施的建设，建立跨境资金流动的监测体系和防范机制，以加强对资金跨境流动的驾驭能力。在今后资本项目逐渐开放的情况下，资金跨境流动的渠道将逐渐增多，建立跨境资金流动的监测体系和防范机制将是今后多年的任务。即使在今后若干年人民币资本项目已经完全开放，跨境资金流动的监控体系也将是保证我国经济平稳运行不可或缺的常设机制。

55.12　本章总结

本章介绍了人民币国际化诸多举措及成绩、人民币离岸市场的发展、人民币资本项目开放等方面的现状和问题。本章各类数据显示，近年来人民币国际化诸多举措皆取得了可喜的成绩和进展。2015 年 8 月人民币首次超过日元，成为全球第四大支付货币。但是，我们应该清晰地看到，与日元国际化的进程和结果，人民币国际化进程才达到了初期的水平。在充分认识推动人民币国际化经济和贸易等有利条件的同时，我们也应该认识到当前推动人民币国际化应该重视的诸多问题：如国内资本市场的深度和广度有待提高，利率市场化有待进一步提高，外汇市场活跃度需要显著提高，跨境资金监测和监管体系有待进一步健全等。解决或完善这些问题需要时间，但是必须有计划有步骤地逐步实施。

世界贸易组织（WTO）已将我国经济与世界经济紧密相连，而且今后的联系还会进一步密切。我国进入世贸组织十多年来经贸持续增长的事实证明了决策者的战略眼光。人民币国际化将我国金融和经济其他领域与世界紧密联系起来。人民币国际化是一个相对较长的进程，外国的经验虽然可供参考和借鉴，但是结合我国现状稳步推动人民币国际化仍然需要我们在很多领域探索前进。探索虽然不可少，但必须循序渐进，有计划、有步骤、有秩序地推进。换句话说，推动人民币国际化应该有中长期的路线图和时间表。推动人民币国际化主要应该以国内中长期战略发展和国民生活水平稳步提高为目标和出发点，也应该与亚洲地区的经济、贸易和金融市场发展和稳定相联系，同时还应该着眼于国际货币和金融体系改革和世界和平发展相联系。从这些方面讲，人民币国际化是一个前无古人的历史壮举，需要境内外各界有识之士的努力和奋斗。虽然"没有现成的路线图"，但是我们应该在我国经济和世界经济今后发展的科学判断基础上，制定推动人民币国际化的中期和长期战略目标、战略规划和相应实施细节，并根据国内外经济、贸易和市场变化作适度必要调整。相信在各界有识之士的共同努力下，人民币国际化程度在今后几年将会逐渐取得更加显著的成绩，逐渐接近以至达到与我国经济国际地位相当的水平。

本章结果显示，我国多年来与亚洲贸易额占总贸易比重虽然持续下降，但是仍然保持了超过一半以上的份额。人民币跨境贸易结算的推动首先应该从亚洲做起，人民币国际化的其他举措也应该以亚洲为主，进而转向欧洲、非洲、拉丁美洲和北美洲。经过数年的持续推动，人民币首先会成为亚洲最主要的结算货币，进而成为交易货币，这样美元、欧元、人民币分别在美洲、欧洲和亚洲成为主要货币，"货币三极"的理想状态最终会实现。

为更准确地反映全球化时代国际贸易现状，经济合作与发展组织（经合组织）和世界贸易组织（世贸组织）2013 年 1 月 16 日在巴黎首次发布了以单个商品在全球生产链上不同经济体产生的附加值为基础的新的国际贸易统计方法。该方法实际上侧重不同经济体在单个全球生产链上的附加值来统计不同经济体的贡献，比传统的统计方法更加科学。由于推出时间较短，相应的统计缺乏可比的历史数据，难以对不同经济体贸易进行比较，我们本章并未介绍该事项。随着今后该类统计数据的积累，我们今后会关注该方法，从而获得各个主要经济体在全球经贸体系的更为科学的比较结果。

参考文献

［1］何毅亭：《理论创新与时代精神》，北京，人民出版社，2007。

［2］何帆：《人民币国际化的现实选择》，载《国际经济评论》，2009，7－8。

［3］李东平（张光平）：《近年中国贸易顺差虚假程度及其对货币政策的影响简析》，载《国际经济评论》，2008（3）。

［4］刘明志：《金融国际化——理论、经验和政策》，北京，中国金融出版社，2008。

［5］陆婷，2014，"人民币国际化不可忽视贸易计价"，中国社会科学院世界经济与政治研究所国际金融研究中心，2014 年 7 月 7 日，人民币国际化专题No. 2014－08。

［6］张明：《离岸人民币债券市场将加速扩张》，中国社科院世界经济与政治研究所国际金融研究中心，2011，3。

［7］张明：《人民币结算为何在美国快速增长?》，中国社科院世界经济与政治研究所国际金融研究中心，2014 年 6 月 25 日，人民币国际化专题 No. 2014－07。

［8］王瑞、王紫雾：《离岸人民币基金试水》，载《新世纪周刊》，2011－02－14，41－43 页。

［9］李增新：《人民币国际化是长过程——专访 IMF 总裁特别助理朱民》，载《新世纪周刊》，2011－02－14，52－55 页。

［10］易纲：《加快外汇管理理念和方式转变深化外汇管理体制改革》，2011－01－18，人民银行网站。

［11］范力民：《约束人民币香港套利行为》，载《财经国家周刊》，2011（4）（总第 31 期），28 页。

［12］李建军：《人民币跨境贸易结算额还能大增吗?》，载《上海证券报》，2011－03－07。

［13］张大龙：《推动跨境贸易人民币结算业务发展》，载《上海金融报》，2011－03－11，A13。

［14］王庆：《"池子论治与人民币国际化》，载《财经》，2011（7）。

［15］许晟（记者刘铮）：《让人民币在岸和离岸两市场尽可能一致》，载

《第一财经日报》，2011－01－27。

[16] 刘湘宁：《流动性新启示：跨境贸易人民币结算与外汇占比"被增长"》，证券研究报告，宏观研究/专题报告，华泰联合证券，2010－12－21。

[17] 李东荣：《人民币跨境计价结算：问题与思路》，140页，北京，中国金融出版社，2009。

[18] 张光平，《人民币国际化和产品创新》第六版，北京，中国金融出版社，2016。

[19] 张光平，2015，"我国虚假贸易和跨境资金流动探讨和估算"，金融论坛，2015年第10期。

[20] 王成基：《从人民币和港币一体化看人民币国际化》，清华大学经济学硕士学位论文，2012。

[21] 李婧：《人民币区域化对中国经济的影响与对策》，57－58页，北京，中国金融出版社，2009。

[22] Standard Chartered（渣打）全球研究：《人民币远航——人民币前沿》，2012－05－11。

[23] Jevons, William Stanley, 1985, The Coal Question, London：Macmillanand Co.

[24] Cookson, Robert, "Battle rages in Hong Kong's renminbi trade", 2011－01－24, Financial times website：http：//www. ftchinese. com.

[25] He and McCauley, 2010 "Offshore markets for the domestic currency：monetary and financial stability issues", March 2010, US Treasury, Fed Reserve, BIS.

[26] Frankel, Jeffrey, 2009, "On global currency," Keynote speech for workshop on Exchange Rates：The Global Perspective, sponsored by Bank of Canada and ECB, Frankfurt, June 19.

[27] Goldberg, Linda S. and C. dric Tille, 2010, "Micro, Macro, and Strategic Forces in International Trade Invoicing", Federal Reserve Bank of New York and NBER, Geneva Graduate Institute for International and Development Studies and CEPR, February 18, 2010.

[28] Ligthart, Jenny E. and Jorge A. da Silva, 2007, "Currency Invoicing in International Trade：A Panel Data Approach", Tilburg University, Cambridge University, This Version：February 2007.

[29] Nicolas Winning and William Horobin, "IMF's Strauss－Kahn Wants The Yuan In SDR", DOW JONES NEWSWIRES, February 19, 2011.

[30] Novy, Dennis, 2006, "Hedge Your Costs：Exchange Rate Risk and Endogenous Currency Invoicing," University of Cambridge, 10 July 2006.

［31］ Special Report, "The New CNH Market", Standard Chartered Bank, 27 August 2010.

［32］ Witte, Mark David, 2006, "Currency Invoicing: The Role of 'Herding" and Exchange Rate Volatility", University of North Carolina at Chapel Hill.

［33］ Shen, Jianguang, 2011, "RMB's roadmap towards full convertibility", Mizuho Economics Research, April 7, 2011.

第56章 国际外汇储备资产构成和人民币国际储备的进展

货币的国际储备功能是货币国际化的最终体现。在介绍人民币国际化现状和未来趋势之前，我们有必要了解当前国际储备资产的货币构成及历史变迁，同时衡量人民币与储备货币之间的差距。

56.1 国际外汇储备资产的构成及变化

一国货币在国际储备资产中的权重，是国际化程度的重要标志。因此，本章首先介绍和分析国际外汇储备资产的构成和变化及人民币作为国际储备货币的进展。表56－1给出了1995年到2015年全球外汇储备资产总额、可识别外汇储备资产总额、不可识别外汇储备资产总额及其年增长率和占比情况。表56－1中可识别外汇储备是指外汇储备中可以找到相应具体货币的资产，不可识别外汇储备资产应该是黄金及其相关衍生产品等"找不到具体货币的"外汇储备，或者为没有披露具体识别货币的储备资产。

表56－1　　　　　　　全球外汇储备、可识别外汇储备、
不可识别外汇储备资产总额及其年增长率和占比

单位：万亿美元，%

年份	总外汇储备额	年增长率	可识别外汇储备额	可识别外汇储备额占比	可识别外汇储备年增长率	不可识别外汇储备额	不可识别外汇储备额占比	不可识别外汇储备年增长率
1995	1.39		1.04	74.5		0.35	25.5	
1996	1.57	12.7	1.23	78.3	18.5	0.34	21.7	-4.1
1997	1.62	3.2	1.27	78.8	3.8	0.34	21.2	0.9
1998	1.64	1.7	1.28	78.0	0.7	0.36	22.0	5.3
1999	1.78	8.4	1.38	77.4	7.6	0.40	22.6	11.4
2000	1.94	8.7	1.52	78.4	10.0	0.42	21.6	3.9
2001	2.05	5.9	1.57	76.6	3.4	0.48	23.4	14.9
2002	2.41	17.5	1.80	74.6	14.4	0.61	25.4	27.5
2003	3.02	25.6	2.22	73.5	23.8	0.80	26.5	31.0

续表

年份	总外汇储备额	年增长率	可识别外汇储备额	可识别外汇储备额占比	可识别外汇储备年增长率	不可识别外汇储备额	不可识别外汇储备额占比	不可识别外汇储备年增长率
2004	3.75	23.9	2.66	70.8	19.4	1.09	29.2	36.4
2005	4.32	15.3	2.84	65.8	7.1	1.48	34.2	35.1
2006	5.25	21.6	3.32	63.1	16.6	1.94	36.9	31.2
2007	6.70	27.6	4.12	61.4	24.2	2.59	38.6	33.4
2008	7.35	9.6	4.21	57.3	2.2	3.14	42.7	21.3
2009	8.16	11.1	4.59	56.2	9.0	3.57	43.8	14.0
2010	9.26	13.5	5.16	55.7	12.5	4.10	44.3	14.7
2011	10.21	10.2	5.65	55.4	9.5	4.36	42.7	6.3
2012	10.95	7.3	6.09	55.6	7.7	4.77	43.6	9.5
2013	11.69	6.7	6.22	53.3	2.3	5.46	46.7	14.5
2014	11.59	-0.8	6.09	52.5	-2.2	5.51	47.5	0.8
2015*	11.46	-4.4	6.67	58.2	5.5	4.79	41.8	-15.4
1995—2001		6.7			7.2			5.2
2001—2007		21.8			17.4			32.4
2007—2013		9.7			7.1			13.3
1995—2014		11.8			9.8			-1.8
2001—2014		14.3			11.0			20.6

数据来源：国际货币基金组织网站（http://www.imf.org/），2015 年数据为上半年数据，相应的增长率为同比增长率。

56.1.1　全球外汇储备总额增长情况

表 56-1 显示，1995 年至 2001 年全球外汇储备资产增长较为缓慢，复合年均增长率仅为 6.7%；从 2001 年到 2007 年全球外汇储备资产复合年均增长率高达 21.8%，比同期世界国内生产总值复合年均增长率 9.6% 高出 12.2 个百分点，显示国际金融危机之前 6 年全球外汇储备疯狂地增长；2007 年到 2013 年的 6 年间全球外汇储备年均复合增长率仅为 9.7%，不到之前 6 年年均增速 21.8% 的一半，比同期世界名义国内生产总值年均复合增长率 4.8% 高 4.9 个百分点；2011 年以来全球外汇储备增长速度持续放缓，到 2014 年和 2015 年上半年出现了加速下降的趋势。

56.1.2　全球外汇储备中可识别储备资产

顾名思义，可识别储备资产即储备资产的货币属性可被直接识别。长期以来，此类资产是外汇储备的主要内涵。表 56 – 1 显示，1995 年到 2001 年可识别储备资产年均增幅 7.2%，比相应的总储备资产年均增幅 6.7% 高出 0.5 个百分点；2001 年到 2007 年可识别储备资产年均增幅 17.4%，比相应的总储备资产年均增幅 21.8% 低 4.4 个百分点；2007 年到 2013 年可识别储备资产年均增幅 7.1%，比相应的总储备资产年均增幅 9.7% 低 2.6 个百分点，表明十多年来可识别储备资产增速低于总储备资产；可识别储备资产占总外汇储备的比例从 1997 年的 78.8% 持续下降到了 2014 年的 52.5%，2015 年第二季度末却回升到了 58.2%。

56.1.3　全球外汇储备中不可识别储备资产

直观判断，不可识别储备资产应该为黄金及其衍生产品等不能以具体储备货币来识别的储备资产。然而这种理解并不准确。由于很多中央银行不披露其外汇储备资产的构成，不可识别储备资产实际上是未披露具体识别货币的储备资产。因此，国际货币基金组织外汇储备分类的名称不够准确。将不可识别储备资产定义为未披露储备货币的储备资产更为合适。

表 56 – 1 显示，1995 年到 2001 年不可识别储备资产年均增幅 5.2%，比相应的总储备资产年均增幅 6.7% 低 1.5 个百分点；2001 年到 2007 年不可识别储备资产年均增幅 32.4%，比相应的总储备资产年均增幅 21.8% 高出 10.6 个百分点；2007 年到 2013 年不可识别储备资产年均增幅 13.3%，比相应的总储备资产年均增幅 9.7% 高出 3.6 个百分点，显示 2014 年以前十多年不可识别储备资产增速显著高于总储备资产；即使 2014 年可识别储备资产比 2013 年下降了 2.2%，而不可识别储备资产却比 2013 年增长了 0.8%；但是，2015 年上半年不可识别储备资产比 2014 年同期下降了 15.4%，为 1995 年以来的最大降幅。

56.2　全球外汇储备中可识别资产的主要货币构成

货币在储备资产中的占比是其国际化程度的重要表征。因此，本节我们着重介绍可识别储备资产的货币构成。表 56 – 2 给出了 2000 年到 2015 年第二季度可识别外汇储备不同货币储备资产总额及其年增长率和占比情况。

表56-2 全球可识别外汇储备中不同币种的储备资产总额
及其年增长率和占比 单位:亿美元,%

年份	2000	占比	2002	占比	2004	占比	2006	占比	2007	占比
总外汇储备额	19358.6	100.0	24075.8	100.0	37481.1	100.0	52529.9	100.0	67044.3	100.0
可识别外汇储备额	15182.4	78.4	17958.3	74.6	26550.1	70.8	33154.8	63.1	41193.2	61.4
美元储备额	10799.2	71.1	11942.5	66.5	17392.0	65.5	21575.7	65.1	26312.8	63.9
欧元储备额	2776.9	18.3	4247.2	23.7	6552.3	24.7	8272.3	25.0	10761.6	26.1
英镑储备额	418.0	2.8	524.7	2.9	927.4	3.5	1499.9	4.5	1988.8	4.8
日元储备额	920.8	6.1	887.3	4.9	1137.4	4.3	1149.5	3.5	1310.2	3.2
瑞士法郎储备额	40.9	0.3	73.1	0.4	44.2	0.2	56.9	0.2	64.0	0.2
其他	226.7	1.5	283.5	1.6	496.6	1.9	600.5	1.8	755.8	1.8

年份	2008	占比	2010	占比	2012	占比	2014	占比	2015*	占比
总外汇储备额	73459.1	100.0	92647.4	100.0	109522.2	100.0	115907.1	100.0	114596.6	100.0
可识别外汇储备额	42102.0	57.3	51634.0	55.7	60858.8	55.6	60850.1	52.50	66663.4	58.2
美元储备额	26848.6	63.8	31930.8	61.8	37314.7	61.3	38390.9	63.1	42499.1	63.8
欧元储备额	11035.2	26.2	13426.5	26.0	14744.3	24.2	13468.8	22.1	13670.0	20.5
英镑储备额	1775.5	4.2	2031.8	3.9	2459.5	4.0	2306.0	3.8	3128.3	4.7
日元储备额	1459.7	3.5	1887.7	3.7	2487.8	4.1	2370.9	3.9	2553.9	3.8
加元储备额	…	…	…	…	867.6	1.4	1150.5	1.9	1276.7	1.9
澳元储备额	…	…	…	…	886.1	1.5	1082.3	1.9	1267.6	1.9
人民币	…	…	…	…	…	…	926.9	0.8	1090.5	1.6
瑞士法郎储备额	58.0	0.1	66.3	0.1	129.4	0.2	163.5	0.3	197.5	0.3
其他	925.1	2.2	2290.8	4.4	1969.4	3.2	1917.3	3.2	2070.3	3.1

数据来源:国际货币基金组织2015年9月底公布的2015年第二季度及之前各季度数据;不同货币相应资产占比为当年可识别总资产的占比;2015年数据为第二季度末数据;2015年第二季度末的人民币储备资产数据为2015年4月末数据,2014年末人民币储备资产数据以假设2014年末数据为2015年4月末的85%下估算得出。

56.2.1 可识别储备中美元和欧元资产占比变化

表56-2显示,美元作为全球最主要的储备货币,其储备资产占整个可识别外汇储备总额的比例2000年到2007年从71.1%下降到了63.9%,7年累计下降了7.3个百分点,2007年到2012年进一步下降到了61.3%,5年累计下降了2.6个百分点;然而从2012年到2015年上半年美元占比回升到了63.8%,两年半累计回升了2.4%,回升到了2007年年底的水平,显示金融危机后近7年,美元在国际储备货币中的地位并未发生变化。与此同时,欧元资产占整个可识别外汇储备总额的比例2000年到2007年从18.3%上升到了26.1%,7年累计上升了7.8个百分点,2007年到2012年却下降到了24.2%,5年累计下降了1.9

个百分点；2012 年到 2015 年上半年欧元占比进一步下降到了 20.5%，两年半累计下降了 3.7%，下降到了 2001 年年底上下的地位，显示金融危机爆发前 7 年，欧元的国际储备功能取代了美元失去的份额，而金融危机后欧元在国际储备中的地位下降幅度最大。

56.2.2 可识别储备中英镑和日元占比介绍

表 56 - 2 显示，2000 年到 2007 年，日元资产占比累计下降了 2.9 个百分点，降幅仅次于美元，同时英镑资产占比上升了 2.1 个百分点；2007 年到 2012 年，日元资产占比累计回升了 0.9 个百分点，同时英镑资产占比却下降了 0.8 个百分点；2012 年到 2015 年上半年，日元资产占比累计下降了 0.3 个百分点，同时英镑资产占比却回升了 0.7 个百分点。金融危机爆发以来，英镑和日元合计在国际外汇储备资产中的占比保持在 8% 上下，没有发生多大的变化。

56.2.3 新的可识别储备货币：加拿大元和澳大利亚元

值得注意的是，表 56 - 2 在 2012 年到 2015 年第二季度增加了加拿大元和澳大利亚元两种新货币，这是因为国际货币基金组织在 2013 年 6 月公布的 2013 年第一季度和之前的国际储备资产数据中首次增加了加拿大元和澳大利亚元储备资产项目，而且也给出了 2012 年第四季度到 2015 年第二季度该两种货币储备资产的金额。表 56 - 2 显示，该两种货币在可识别储备资产中的占比显著超过了瑞士法郎的占比，而且 2012 年到 2014 年它们在国际储备资产中的占比还在显著地提升，然而 2015 年上半年该两货币储备资产占比增幅减缓。

56.2.4 可识别储备中其他货币占比变化

表 56 - 2 显示，2000 年到 2010 年，可识别储备资产中除美元、欧元、英镑、日元和瑞士法郎之外的其他货币资产占比从 1.5% 持续上升到了 4.4%，累计升幅高达 2.9 个百分点，增幅为同期仅次于欧元资产占比增幅。值得关注的是 2010 年，其他币种储备资产占比 4.4%，超过了同年英镑和日元占比的 3.9% 和 3.7%，表明其他货币储备资产在全球可识别储备中的作用达到了不可忽视的地位；然而 2012 年到 2015 年上半年，其他货币储备资产占比保持在 3.2% 左右的水平，未有多少变化。表 56 - 2 显示，2012 年到 2014 年第一季度新增加的加元和澳元储备资产占总储备资产的比重分别高达 2.9% 和 3.7%。将该两币的占比加到 2012 年和 2014 年其他币种储备占比 3.31% 和 2.85% 中去（因为 2012 年前该两种货币的储备占比在"其他"币种中）得到与 2012 年之前"其他"相对应的 2012 年和 2014 年的"其他"比重储备资产占比分别为 6.1% 和 6.4%，表明近两年来欧元储备资产和美元储备资产占比下降的份额主要由加元和澳元两

个新兴储备资产货币吸纳了。

56.2.5　人民币储备资产最新进展和今后的增长预期

近年来其他币种储备资产的增加中一定有人民币储备资产增加的成分。由于国际货币基金组织没有公布其他币种储备资产的构成，我们难以准确把握已经成为国际储备资产中的人民币储备资产的规模。近年来，我们获得了几个国家中央银行持有人民币资产作为其储备资产的报告，但难以获得其所持有的金额数据。2012 年 3 月 13 日，日本财长宣布日本已经获得人民银行批准购买金额为 650 亿元人民币（相当于 103 亿美元，或相当于日本外汇储备的 0.8%）的中国债券作为其外汇储备资产（路透社东京）；2013 年 4 月 24 日，澳大利亚央行副行长洛威（Philip Lowe）在上海的澳洲商会演讲时宣布，澳联储计划将近 5%的外汇资产投资于中国国债，并得到了中国人民银行的批准。以 2012 年年底澳大利亚外汇储备总额 492 亿美元来计算，5% 外汇总资产相当于 25 亿美元。发达国家持有人民币对加速人民币成为国际储备资产一定会发挥带动作用。我们在第 25 章还会进一步讨论该问题。

近年来，虽然媒体有诸多关于其他国家或地区货币当局用人民币资产作为其储备资产的报道，但是我们却难以获得人民币作为国际储备资产的全球数据。2014 年 12 月，时任人行副行长胡晓炼女士在讲话中宣布人民币已经成为全球第七大储备货币，但是我们还是不知道彼时人民币作为储备资产的规模。在 2015年 6 月人民银行首次发布的《人民币国际化报告》中公布，"截至 2015 年 4 月末，境外中央银行或货币当局在境内外持有债券、股票和存款等人民币资产余额约 6667 亿元"。虽然我们难以获得 2015 年第一季度末或第二季度末的人民币储备资产金额，从而难以与表 56－2 给出的其他储备货币资产进行比较，但是我们以该数据作为 2015 年第二季度的数据，并以 2015 年第二季度末人民币兑美元汇率换算成美元金额，表 56－2 给出了相应的结果。表 56－2 显示，2015 年第二季度末，人民币储备资产金额应该在 1090.5 亿美元以上，占比超过 1.6%，离加元和澳元的占比相差较小。

56.3　全球外汇储备中不可识别资产及其结构变化

表 56－1 显示不可识别储备资产占全球外汇储备的比重从 1995 年的四分之一左右持续上升到了接近一半的水平。本节主要介绍不可识别储备资产的相关内容。

56.3.1　全球黄金储备与全球不可识别储备资产的关系

黄金是不可识别储备资产的重要组成部分。我们首先探讨全球黄金储备和不可识别储备资产之间的关系。表 56-3 给出了 2000 年到 2015 年世界黄金储备金额、世界外汇储备和世界不可识别储备资产及相应占比。表 56-3 的数据显示，2000 年到 2015 年，世界黄金储备占外汇储备的比重从 15.1% 持续下降到了 10.7%；世界黄金储备占不可识别储备资产的比重从七成持续下降到了四分之一上下，显示黄金在整个外汇储备和不可识别外汇储备资产中份额处于总体下降趋势。

表 56-3　　世界黄金储备金额和世界不可识别储备资产额及相应比例

单位：亿美元，%

年份	世界黄金储备量（吨）	世界黄金储备金额	世界黄金外汇储备金额	世界黄金储备金额/世界外汇储备金额占比	世界不可识别储备金额	世界黄金储备金额/世界不可识别储备金额占比	世界其他不可识别储备资产金额/世界不可识别储备金额占比
2000	33157.26	2925.74	19358.59	15.1	4176.15	70.1	29.9
2001	32878.08	2922.78	20492.40	14.3	4796.88	60.9	39.1
2002	32510.19	3629.06	24075.75	15.1	6117.49	59.3	40.7
2003	31954.81	4276.47	30246.83	14.1	8016.90	53.3	46.7
2004	31435.97	4402.60	37481.14	11.7	10931.08	40.3	59.7
2005	30832.76	5085.39	43199.59	11.8	14764.14	34.4	65.6
2006	30467.70	6190.86	52529.87	11.8	19375.09	32.0	68.0
2007	29963.20	8031.91	67044.34	12.0	25851.16	31.1	68.9
2008	29981.12	8383.72	73459.11	11.4	31357.11	26.7	73.3
2009	30505.65	10666.06	81645.82	13.1	35746.28	29.8	70.2
2010	30840.00	13936.05	92647.35	15.0	41013.37	34.0	66.0
2011	31206.03	15360.60	102054.45	15.1	45527.95	33.7	66.3
2012	31681.19	16883.00	109522.22	15.4	48663.38	34.7	65.3
2013	31853.97	12335.73	116829.73	10.6	54556.09	22.6	77.4
2014	32028.74	12418.86	115907.11	10.7	55057.05	22.6	77.4
2015*	32682.37	12304.53	114596.64	10.7	47933.25	25.7	74.3

数据来源：黄金储备数据来自世界黄金协会（World Gold Council）网站（http：//www.gold.org/government affairs/gold_reserves）；世界外汇储备和不可识别外汇储备数据来自国际货币基金组织网站 http：//www.imf.org；2015 年数据为第二季度末数据。

56.3.2　主要国家和机构黄金储备量及全球占比

这里我们简单介绍主要国家和地区及国际机构黄金储备金额及占世界黄金储备比重和相应外汇储备的比例情况。表 56-4 给出了 2015 年 6 月底黄金储备超过 100 吨的国家和地区及国际机构的黄金储备。

表 56 - 4 世界主要国家和地区及机构的黄金储备及占世界黄金储备比重

单位：吨，%

排名	国家/地区/机构	吨	占世界黄金储备比重	占相应储备比例	排名	国家/地区/机构	吨	占世界黄金储备比重	占相应储备比例
1	美国	8133.46	24.89	71.70	19	黎巴嫩	286.83	0.88	23.90
2	德国	3381.01	10.35	67.60	20	西班牙	281.58	0.86	24.80
3	国际货币基金组织部	2814.04	8.61	—	21	奥地利	279.99	0.86	46.40
4	意大利	2451.84	7.50	66.50	22	比利时	227.43	0.70	34.30
5	法国	2435.41	7.45	65.10	23	卡萨克斯坦	205.65	0.63	22.10
6	中国	1658.42	5.07	1.10	24	菲律宾	195.45	0.60	10.10
7	俄罗斯	1275.05	3.90	9.40	25	国际清算银行	191.74	0.59	—
8	瑞士	1040.00	3.18	7.90	26	阿尔及利亚	173.65	0.53	3.50
9	日本	765.20	2.34	2.50	27	泰国	152.41	0.47	3.70
10	荷兰	612.45	1.87	53.70	28	新加坡	127.40	0.39	1.90
11	印度	557.74	1.71	7.50	29	瑞典	125.72	0.38	7.90
12	欧洲中央银行	504.77	1.54	26.40	30	南非	125.22	0.38	10.40
13	土耳其	499.86	1.53	15.90	31	墨西哥	122.20	0.37	2.70
14	中国台湾	423.63	1.30	4.20	32	利比亚	116.64	0.36	4.00
15	葡萄牙	382.51	1.17	84.30	33	希腊	112.56	0.34	4.00
16	委内瑞拉	361.02	1.10	70.70	34	韩国	104.44	0.32	4.00
17	沙特阿拉伯	322.91	0.99	1.80	35	罗马尼亚	103.73	0.32	4.00
18	英国	310.29	0.95	11.90	36	波兰	102.92	0.31	4.00
	本表前 36 总和	30965.19	94.75			美德意法日英总和	17202.93	52.64	
	欧元区总和	10442.13	31.95			本表中 17 个发达经济体总和	20920.64	64.01	
	欧元区 17 国家总和	10741.19	32.87			五个金砖国家总和	3683.61	11.27	
	世界	32682.37	100.00			本表中 12 个亚洲主要国家和地区总和	5299.96	16.22	

数据来源：国际货币基金组织 2015 年 9 月底公布的 2015 年第二季度及之前各季度数据；不同货币相应资产占比为当年可识别总资产的占比；2015 年数据为第二季度末数据；2015 年第二季度末的人民币储备资产数据为 2015 年 4 月末数据，2014 年末人民币储备资产数据以假设 2014 年末数据为 2015 年 4 月末的 85% 下估算得出。

56.3.2.1 主要国家和地区黄金储备量排名和占外汇储备比重

表56-4显示，美国作为世界最大经济体，其黄金储备也遥遥领先于其他任何国家，占世界黄金储备的24.89%，显著超过2014年其经济规模占全球比重22.5%；德国、意大利和法国这三大主要欧元区国家的黄金储备分别排名世界第2、第3和第4位（国家排名不考虑国际机构），总量超过了美国储备的134.8吨；欧元区总黄金储备10741.2吨，占世界黄金储备的32.87%，超出美国2607.7吨，超幅32.1%；作为第3和第7大经济体的日本和英国的黄金储备额排名分别在第8和第16位（国家排名不考虑国际机构）。

56.3.2.2 主要发展中国家黄金储备及占比

表56-4显示，主要发达国家的黄金储备普遍较高的同时，主要发展中国家的黄金储备普遍较低。虽然2014年金砖五国经济世界占比18.5%比欧元区占比17.4%高出1.1%，但表56-4显示金砖五国2015年上半年黄金储备3683.6吨，仅略超过欧元区黄金储备为1.07万吨的1/3；2014年金砖五国经济规模占全球比重仅较美国的22.5%相差4个百分点，而金砖五国黄金储备还不到美国的一半。

2014年美、德、意、法、日、英这六个主要发达国家的世界经济占比仅为43.7%，而2015年上半年其黄金储备总额占比却高达52.6%。黄金储备最多的美国，黄金储备占其外汇储备高达71.7%；德、意、法三个主要欧元区国家黄金储备占其外汇储备比重高达2/3左右；主要欧元区国家黄金储备占其外汇储备比重在六成左右。这些数据表明主要发达国家对黄金的"嗜好"仍然不减。直观感觉中，黄金的货币属性减弱而商品属性增强的判断，可能是错的。

56.3.2.3 黄金储，备变化最大的国家和国际机构

比较2015年第二季度末与2014年第二季度末各国和地区及机构黄金储备变化时我们发现，我国、俄罗斯、哈萨克斯坦和土耳其黄金储备增幅最大，分别增加了604.2吨、206.7吨、54.3吨和12.9吨；而降幅最大的为委内瑞拉和德国，分别下降了6.6吨和5.4吨；其他国家和地区同期黄金储备增幅较小。

2014年第二季度末到2015年第二季度末增量最大的是国际清算银行，增加了76.7吨黄金储备；国际清算银行2014年第二季度之前的一年黄金储备下降了404.8吨，而2014年第二季度到2015年第二季度仅增长了0.04吨，几乎没有变化。

56.3.2.4 我国黄金储备量排名和占外汇储备比重

我国黄金储备从2013年第一季度末的第6位下降到了2014年6月末的第7位，而表56-4显示，2014年第二季度到2015年第二季度我国黄金储备排名回

到了第 6 位，占世界黄金储备的比重也从 2014 年第二季度末的 3.3% 提高到了 5.1%，然而占比与 2014 年我国经济的世界占比 13.4% 很不相称。我国黄金储备占我国外汇储备份额从 2014 年第二季度末的 1.1% 提高到了 2015 年第二季度末的 1.7%，在表 56 - 4 中 33 个国家和地区占比最低，显示我国外汇储备中可识别资产和不可识别资产严重失衡。由于我国外汇储备绝大部分为美元和欧元储备资产，使得我国外汇储备承受着巨大的外汇风险和主要国家的政府信用风险。我们在本章下文还会进一步探讨和分析该问题。

56.3.3　全球不可识别储备资产中黄金外的其他产品及构成

2008 年国际金融危机前，黄金占不可识别外汇储备比重持续下降，而 2008 年到 2012 年黄金储备占不可识别储备资产比重出现回升，主要原因在于国际市场对美元国际储备功能的怀疑。黄金外的不可识别外汇储备资产应该包含黄金衍生产品以及矿藏等资源的投资。

全球不可识别储备资产中黄金外的其他产品规模

用表 56 - 3 给出的全球不可识别总额减去相应的黄金储备金额，我们就可获得不可识别外汇储备中黄金外的其他不可识别储备资产的规模，或者从 100% 中减去表 56 - 3 给出的黄金储备占不可识别外汇储备的比重，我们即可获得不可识别外汇储备中的黄金外其他不可识别储备资产的占比。数据显示黄金外其他不可识别储备资产占总不可识别储备资产比重从 2000 年的 29.9% 持续上升到了 2008 年的 73.3% 的历史高峰；2008 年到 2012 年黄金外的不可识别储备资产占总不可识别储备资产的比重虽然下降到了 65.3%，而从 2012 年到 2014 年却回升到了 77.4%，2015 年第二季度末又下降到了 74.3%。

国际货币基金组织数据显示，2002 年新兴的外汇储备还不到发达经济体的一半，而 2005 年第四季度开始，新兴和发展中经济体的外汇储备首次超过了发达经济体，2008 年第二季度前者首次超过后者一倍，而后持续保持在接近后者两倍的水平。2000 年第一季度到 2008 年第三季度新兴和发展中经济体可识别外汇储备与发达经济体可识别外汇储备的比例从 0.37 持续上升到了 1.01，而后总体处于略微小于后者的水平。值得关注的是，2000 年到 2003 年，新兴和发展中经济体的不可识别储备资产与发达经济体不可识别储备资产比例平均保持在接近 3 的水平，2004 年第一季度到 2008 年第三季度两者比例直线式上升到了 10.08 的高位，受国际金融危机的影响，2008 年第四季度到 2011 年第一季度，比例保持在 9.2 到 10 之间，而 2011 年第一季度以来比例重回持续上升态势，2014 年第一季度达到了 12.52 的历史高位。这些数据显示，全球不可识别储备资产主要是新兴和发展中国家的储备资产。

56.4 国际货币基金组织特别提款权的货币构成和分布及投票权分布

国际货币基金组织（IMF）在国际货币体系中发挥着重要的作用，尤其是特别提款权在国际可识别储备资产等方面发挥着非常重要的作用。本节简单介绍IMF黄金相关政策、特别提款权概念和计算、相应的货币构成及国际货币基金组织的份额和投票权等。

56.4.1 国际货币基金组织黄金持有额及相关政策

国际货币基金组织从2000年第一季度到2009年第三季度的黄金持有量保持在3217.32吨的水平。从2009年第三季度到2010年第四季度的5个季度连续累计减持黄金403.28吨后，2011年第一季度开始到2015年上半年末保持在2814.04吨的水平，使得该组织成为世界最大的黄金持有机构（欧洲中央银行从2001年第一季度到2005年第一季度末黄金储备维持在766.88吨，从2005年第二季度开始持续减持到2010年年底的501.4吨，2011年第一季度以来保持在502.1吨的水平，2000年以来累计减持了254.3吨）。国际货币基金组织章程对该组织黄金的使用有着非常严格的规定：只有会员投票超过85%，该组织方可出售或者接受会员单位以黄金进行支付，该组织严格禁止买卖黄金或者其他黄金相关交易。

56.4.2 国际货币基金组织特别提款权（SDR）简介和价值计算

国际货币基金组织特别提款权一揽子货币（SDR）最早由该组织创立与1969年，实际上是国际货币基金组织为了支持国际贸易和金融发展创立的黄金和美元之外的另外一种国际储备资产。实际上SDR既不是一种货币，也不是国际货币基金组织的债权，而是国际货币基金组织会员"可自由使用"货币的潜在债权。一个单位的SDR最初确定为0.888671盎司黄金，也对等于1美元；1973年布雷顿森林体系崩溃后，SDR又被重新定义为一揽子货币。目前该篮子货币包括美元、欧元、日元和英镑四种主要国际储备货币。以美元计价的SDR价值基于每天中午伦敦市场欧元、英镑和日元三中货币兑美元的汇率进行计算。

比如2015年11月30日中午，伦敦外汇市场欧元、英镑和日元三中货币兑美元的汇率分别为1.0574、1.5006和123.07，该三种货币在一揽子的比重折合成美元分别相当于0.44728、0.98318和0.166567美元，加上美元的比重0.66美元，总值为1.372165美元（介绍和数据来自国际货币基金组织网站）。当天美元、欧元、英镑和日元四种货币占 SDR 的比重分别为 48.10%、32.60%、12.14% 和 7.17%，分别比 2015 年 9 月末国际货币基金组织公布的 2015 年 6 月末该四种货币占全球外汇储备 11.46 万亿美元比重 35.49%、9.24%、1.87% 和 1.88% 高出 12.61%、23.35%、10.26% 和 5.29%，显示国际货币基金组织 SDR 货币比重与这些货币在全球外汇储备的比重有较大的差异。

56.4.3　国际货币基金组织特别提款权的货币构成的历史演变

在 20 世纪八九十年代，国际货币基金组织的特别提款权由 5 种主要货币组成，分别为美元、德国马克、日元、法郎和英镑。表 56 - 5 给出了 1981 年到 2015 年这些货币在特别提款权中的比重。数据显示，1981—2011 年的 30 年间，各货币权重变化不大，美元几乎维持在 42% 上下，日元和英镑总权重下降的幅度 5.3% 全部转给了欧元。2002 年初开始，欧元逐渐取代欧盟各国货币，截至 2002 年 7 月，包括德国马克和法国法郎在内的 11 个欧盟国家货币终止流通，我们可以将表 18 - 5 中的马克和法郎的比重作为欧元的比重，这样，构成特别提款权的货币就只剩下 4 种。从 2011 年 1 月 1 日开始生效，美元权重从之前的 44% 下降至 41.9%，欧元权重从 34% 上升至 37.4%，英镑权重也略微上升 0.3 个百分点至 11.3%，而日元权重却从之前的 11% 下降至 9.4%，成为一篮子货币中权重最低的货币。

表 56 - 5　　　　　国际货币基金组织特别提款权一篮子货币权重　　　　单位：%

时间/货币	美元	欧元（马克和法郎）	日元	英镑
1981 年 1 月 - 1985 年 12 月	42	32	13	13
1986 年 1 月 - 1990 年 12 月	42	31	15	12
1991 年 1 月 - 1995 年 12 月	40	32	17	11
1996 年 1 月 - 1998 年 12 月	39	32	18	11
1999 年 1 月 - 2000 年 12 月	39	32	18	11
2001 年 1 月 - 2005 年 12 月	45	29	15	11
2006 年 1 月 - 2010 年 12 月	44	34	11	11
2011 年 1 月 - 2015 年 12 月	41.9	37.4	9.4	11.3

数据来源：国际货币基金组织网站：www.imf.org。

表 56 - 5 给出的是国际货币基金组织每 5 年对 SDR 货币评估确定的不同货币在一揽子货币中的参考比重。实际上，由于不同货币与美元的汇率在不同时间随市场因素变化，不同时间段内不同货币在 SDR 一揽子货币中的实际比重与表 56 - 5 给出的权重经常有不同程度的差异，有时差异还会很大。图 56 - 1 给出

了 1986 年 1 月 3 日到 2015 年 11 月 25 日 SDR 一揽子货币的权重变化。图 56 – 1 显示，虽然 1996 年 1 月到 2015 年 11 月的绝大多时间内，美元比重显著高于欧元的比重，但是从 1987 年 1 月中旬到 1990 年底的近 3 年内，欧元占比（即当时的德国马克和法郎占比之和）绝大多数时间超过美元，欧元占比高达近 39%，同时美元占比地位仅为 31% 多些，两者与表 56 – 5 给出的占比相差高达 10% 上下，表明 20 世纪 80 年代后期美国通膨居高不下，美元地位受到了挑战；2008 年 3 月中旬到 2008 年 8 月上旬，欧元占比接近 40%，超过不到 39% 的美元占比，两者占比与表 56 – 5 给出的该时段内参考比重相差 5% 以上，表明 2008 年全球金融危机前美国次级债的蔓延已经反映到了两个主要国际货币的相对定价中；2014 年下半年美退出量化宽松政策后，美元对全球货币升值，美元占比 2015 年以来在 47% 左右，而欧元占比却在 33% 上下，两者分别与表 56 – 5 给出的 2010 年国际货币基金组织评估的 2011 年到 2015 年的参考份额 41.9% 和 37.4% 相差 5% 上下。这些数据显示，国际货币基金组织每 5 年给出的一揽子货币的参考权重与市场的反应往往有较大的差异。

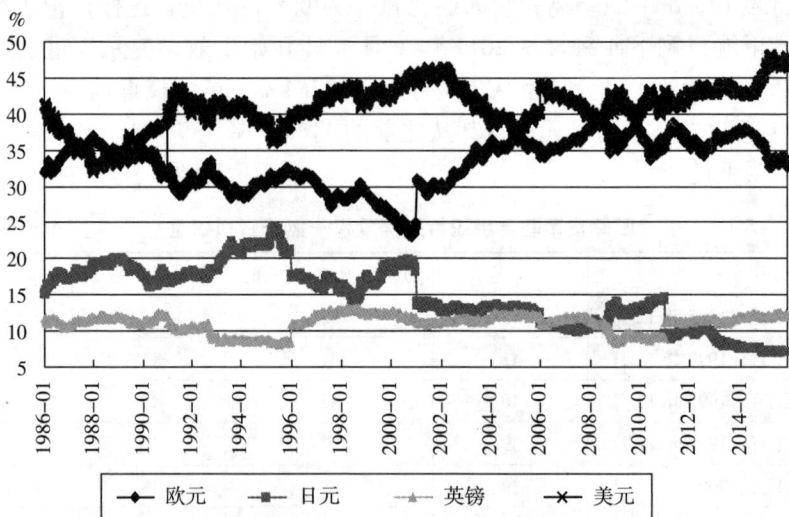

数据来源：根据国际货币基金组织网站给出的数据计算得出。

图 56 – 1　国际货币基金组织 SDR 一揽子货币的权重
（1986 年 1 月 3 日到 2015 年 11 月 25 日）

56.4.4　国际货币基金组织特别提款权在不同国家和地区间的分布

不同的国家和地区持有不同金额的特别提款权作为其外汇储备的一部分。

表56－6给出了全球25个主要国家和地区持有的SDR金额和分布及与相应的国内生产总值分布的比较。

表56－6　　　2009年主要国家和地区持有的SDR金额和分布及与
相关年份国内生产总值分布的比较　　单位：百万SDR，%

国家或地区	一般分配	特殊分配	总额	总额占比	2009年GDP占比	总额占比－2009年GDP占比	2015年GDP占比	总额占比－2015年GDP占比
美国	27539.1	2877.0	30416.2	16.65	24.16	－7.50	24.55	－7.90
日本	9868.9	1524.4	11393.3	6.24	8.44	－2.20	5.62	0.61
德国	9643.1	1205.3	10848.4	5.94	5.74	0.20	4.61	1.33
法国	7960.6	1093.8	9054.3	4.96	4.53	0.43	3.31	1.65
英国	7960.6	260.6	8221.1	4.50	3.87	0.63	3.91	0.59
中国	5997.3	755.6	6752.9	3.70	8.48	－4.78	15.55	－11.86
沙特	5178.4	1308.5	6487.0	3.55	0.72	2.83	0.86	2.69
意大利	5230.3	643.4	5873.7	3.22	3.67	－0.46	2.49	0.73
俄罗斯	4407.4	1264.4	5671.8	3.11	2.05	1.06	1.69	1.42
加拿大	4721.6	487.2	5208.8	2.85	2.30	0.56	2.15	0.70
荷兰	3826.9	479.4	4306.3	2.36	1.44	0.92	1.03	1.33
比利时	3413.9	424.2	3838.1	2.10	0.82	1.29	0.63	1.47
印度	3082.5	214.6	3297.1	1.81	2.29	－0.48	2.98	－1.18
瑞士	2563.8	724.2	3288.0	1.80	0.91	0.89	0.92	0.88
澳大利亚	2399.2	213.5	2612.6	1.43	1.64	－0.21	1.70	－0.26
墨西哥	2337.2	224.0	2561.2	1.40	1.50	－0.10	1.59	－0.18
西班牙	2260.2	268.6	2528.8	1.38	2.52	－1.13	1.67	－0.28
巴西	2250.7	277.7	2528.4	1.38	2.79	－1.41	2.46	－1.07
韩国	2170.0	161.5	2331.5	1.28	1.51	－0.23	1.90	－0.63
委内瑞拉	1971.2	255.1	2226.4	1.22	0.39	0.83	0.18	1.04
瑞典	1775.8	226.6	2002.4	1.10	0.72	0.38	0.66	0.44
印尼	1541.4	200.1	1741.5	0.95	0.97	－0.01	1.19	－0.24
南非	1385.1	179.9	1565.1	0.86	0.50	0.36	0.43	0.42
土耳其	883.1	75.9	959.0	0.53	1.03	－0.50	0.99	－0.46
欧元区	37405.6	4788.4	42194.1	23.10	22.55	0.56	15.93	7.17
金砖5国	17123.0	2692.2	19815.3	10.8	16.1	－5.26	23.1	－12.27
总计	120368	15346	135714	74.3	83.0	－8.67	83.1	－8.76
全球总额	161184	21453	182637	100	100	0	100	0.00
4币总和	82774.2	9450.4	92224.7	50.50	59.01	－8.52	50.02	0.48

数据来源：国际货币基金组织网站：www.imf.org公布的2009年9月9日的数据；4币总合指美元、欧元、日元和英镑四个SDR一揽子货币总合。

表 56 - 6 显示，4 大储备货币中欧元和英镑经济体持有的 SDR 份额显著超过其经济世界份额；2009 年日本持有的 SDR 份额低于其经济份额，而 2014 年也超过了其经济的份额；美国持有的 SDR 份额一直低于其经济的全球份额，然而 2009 年到 2015 年，美国持有的 SDR 份额与其经济份额间的差距在没有多少变化；2009 年中国持有的 SDR 份额 3.7% 比同年中国经济的世界占比 8.48% 低 4.78%，2015 年前者低于后者的差额扩大到了 11.86%，显示主要国家持有的 SDR 份额与其经济规模间有着巨大的差异，或者说，国际货币基金组织 SDR 分布对 2009 年世界经济的代表性较差，对 2015 年世界经济的代表性更差，对世界贸易的代表性也同样很差；4 大储备货币相应的国家持有的总 SDR 比重仅为 50.5%，而 2009 年到 2014 年，4 大货币经济母体占世界经济总比重从 59.01% 下降到了 50.02%，对全球经济的代表性显著下降。

表 56 - 6 给出的是主要国家和地区 2009 年持有的 SDR 金额及分布，显示该年全球 SDR 金额总计 1826.37 亿 SDR。国际货币基金组织网站显示，截至 2015 年 11 月 30 日，全球分布的 SDR 规模增长到了 2040.91 亿 SDR，比 2009 年低 2039.84 亿 SDR 增长了 0.05%。由于我们没有全球 SDR 的最新分布，表 56.6 给出的 2009 年 9 月的分布对我们理解主要国家 SDR 分布已经到达了较好的目的。

56.4.5　国际货币基金组织特别提款权新份额分布

不同会员在国际货币基金组织的特别提款权份额，很大程度上决定其在该组织的投票权。国际货币基金组织 2010 年 11 月 5 日宣布了其执行董事会当天通过的份额改革方案（2013 年 1 月生效）。表 56 - 7 给出主要国家和地区当前和

表 56 - 7　　主要国家和地区当前和 2013 年 1 月拟生效的份额和投票权

国家/地区	当前份额	当前投票权	2013 年 1 月开始的份额	2013 年 1 月开始的投票权
欧元区	23.250	22.570	18.146	17.712
美国	17.700	16.750	17.428	16.498
日本	4.510	4.290	6.466	6.140
中国	4.000	3.810	6.394	6.071
英国	6.570	6.230	4.228	4.025
印度	2.450	2.340	2.751	2.629
俄罗斯	2.500	2.390	2.706	2.587
巴西	1.790	1.720	2.316	2.218
南非	0.790	0.770	0.640	0.634
金砖五国	11.530	11.030	14.807	14.139

数据来源：国际货币基金组织网站（http://www.imf.org）。

2013 年 1 月拟生效的份额和投票权的变化。比较表 56 - 7 和表 56 - 5 可以看出，欧元区虽然份额将减少 5.1 个百分点，但仍将保持 IMF 最大的份额持有区；美国份额将减少 0.272 个百分点，但仍然是该组织最大的份额持有国；日本的份额将达到 6.466%，成为该组织第三大持有国；中国大陆的份额增长幅度最大，达到 6.394 个百分点，是第四大份额持有国。由于份额和投票权是基于各国经济总量等参数计算，相信我国的份额会进一步提升。金砖五国份额总占比提升 3.277 个百分点，达到 14.807%，仅比美国低 2.621 个百分点，在国际货币体系的比重显著增加。

表 56 - 7 给出的拟于 2013 年 1 月生效的主要国家和地区在国际货币基金组织的份额和投票权至今仍未生效。即使该改革方案生效，该方案对中国和其他金砖国家的代表性仍不够：从 2014 年开始日本经济规模不到中国的一半，而表 56 - 7 中国的份额和投票权仍低于日本；2011 年以来金砖 5 国 GDP 超过了欧元区，而表 56 - 7 显示金砖国家的新份额和投票权仍显著低于欧元区；2016 年中国 GDP 有望超过欧元区，而表 56 - 7 给出的中国新的份额和投票权仅略超过欧元区的三分之一，显示国际货币基金组织进一步改革的紧迫性。

56.4.6　国际货币基金组织投票权

表 56 - 7 也给出主要国家和地区当前和 2013 年 1 月拟生效的投票权。从表 56 - 7 可以看出，欧元区虽然投票权将减少 4.86 个百分点，但仍将保持 IMF 最大的投票权；美国投票权减少 0.252 个百分点，但仍然是该组织最大的投票权国，而且仍然独享该组织唯一否决权；日本的投票权将达到 6.14%，拥有该组织排名第三大投票权；中国的投票权增幅最大，将达到 6.071%，成为第四大投票权。相信在下次份额和投票权调整时，我国的投票权会进一步提升到 8% 以上，拥有该组织第二大投票权，在该组织中具有更大话语权。金砖五国投票权总占比将增加 3.109 个百分点，达到 14.139%，仅比美国低 2.359 个百分点，在国际货币体系的发言权显著增加。国际货币基金组织上一次份额改革是 2011 年 3 月 3 日生效的 2008 年改革方案，本次改革方案应该在 2013 年 1 月生效，但由于美国在 IMF 的单一投票权超过 16.5%，而任何关键决定都必须获得超过 85% 的支持才得以通过。

56.4.7　国际货币基金组织改革方案的生效时间

上文介绍了国际货币基金组织早在 2010 年 11 月 5 日宣布其执行董事会当天通过的份额改革方案，并计划该改革方案于 2013 年 1 月生效。然而预计生效时间一年半过去了，世界仍然难以明确该改革方案最后实施的时间。实际上，2013 年 3 月美国参议院否决了向新兴国家转让更多配合和投票权的提案。2014

年4月11日，国际货币与金融委员会发布了第29次会议联合公报，在发布会上，国际货币与金融委员会主席、新加坡财长尚达曼（Tharman Shanmugarat-nam）表示，相信美国国会将在2014年年底前通过在2010年由奥巴马政府修订的改革方案。2014年4月12日在华盛顿结束的G20财长峰会的联合公报中，各国财长敦促美国国会快速通过2010年由奥巴马政府修订的IMF改革方案，并指出如果在2014年年底前不能通过，IMF将寻求绕开美国达成改革目标的途径（美股新闻腾讯财经［微博］，2014-04-13）。在2014年7月16日结束的金砖国家领导人第六次会晤福塔莱萨宣言中五个金砖国家领导人共同指出"我们对2010年国际货币基金组织（IMF）改革方案无法落实表示失望和严重关切，这对IMF合法性、可信度和有效性带来负面影响"（金砖国家领导人第六次会晤福塔莱萨宣言，第18条，新华网，2014年7月17日）。2014年以来美国领导人在多个场合重复支持落实国际货币基金组织2010年的改革方案，但是一年过去了，仍然毫无进展。

2015年12月18日，美国国会通过了国际货币基金组织2010年份额和治理改革方案。这标志着2010年改革方案在拖延多年后即将正式生效。2010年改革方案将提高新兴市场和发展中国家在基金组织的代表性和发言权，有利于维护基金组织的信誉、合法性和有效性。未来，中方愿与各方密切合作，支持基金组织继续完善份额和治理结构，确保基金组织成为以份额为基础、资源充足的国际金融机构。2010年改革方案生效后，基金组织份额将增加一倍，从2385亿SDR增至4770亿SDR，并实现向有活力的新兴市场和发展中国家整体转移份额6个百分点（"中国人民银行对美国国会通过基金组织2010年份额和治理改革方案表示欢迎"，人民银行网站，2015年12月19日）。但是与之前计划的生效时间相差了3年，新的国际格局与通过了的改革方案又有了新的变化。

56.4.8　世界银行份额和投票权分布

2010年世界银行通过决议，向发展中国家和转型国家转让共计3.13%的投票权，中国的投票权比例增加至4.42%，仅次于美国和日本。但美国还是如同国际货币基金组织投票权改革提案一样予以否决。本次改革中，发达国家向发展中国家共转移了3.13个百分点的投票权，使发展中国家整体投票权从44.06%提高到47.19%；通过了国际金融公司提高基本投票权以及2亿美元规模的特别增资方案，使发展中国家在国际金融公司整体的投票权从33.41%上升到39.48%。会议还决定世行进行总规模为584亿美元的普遍增资，提高世行支持发展中国家减贫发展的财务能力（"中国在世行投票权提高至4.42%成第三大股东国。"新华网2010年4月26日。）

56.5　人民币纳入 SDR 后主要国家持有的 SDR 份额估算和人民币在一揽子中的合理权重及全球人民币储备的估算

国际货币基金组织 2015 年 11 月 30 日公布,将于 2016 年 10 月 1 日起将人民币正式纳入该组织特别提款权一揽子货币,成为该篮子的第五个货币。本节简单介绍人民币正式纳入一揽子货币后中国持有的 SDR 份额、人民币应该在一揽子货币中的权重及今后几年全球人民币外汇储备金额的估算。

56.5.1　人民币纳入 SDR 后中国持有的 SDR 份额估算及对 SDR 分布的影响

表 56 - 6 显示,国际货币基金组织 SDR 在全球主要国家和地区的分布不仅在 2009 年对各个国家和地区的经济代表性较差,对 2015 年各个国家和地区的代表性更差。由于 2014 年中国经济的世界占比 13.4% 显著超过同年日本和英国经济占比之和 9.78%,而且根据国际货币基金组织 2015 年 10 月公布的对 2015 年各国 GDP 的预测数据,2015 年中国经济的世界占比 15.55% 更加超过同年日本和英国经济占比之和 9.53%,因此中国持有的 SDR 比重应该超过该两国现存份额之和 10.94%。表 56 - 8 给出了中国应该持有的 SDR 份额应该在 11% 左右,比中国 2015 年中国经济的世界占比 15.5% 仍低 4.5%,比中国 2016 年 16.19% 的世界占比低 5.19%。

表 56 - 8　**人民币纳入 SDR 后主要国家和地区持有的 SDR 金额和分布及与 2016 年的国内生产总值分布的比较**

单位: 百万 SDR,%

国家或地区	一般分配	特殊分配	总额	总额占比	增加人民币额度后的总额占比	2016 年 GDP 占比	总额占比与 2016 年 GDP 占比差额
美国	27539.1	2877.0	30416.2	16.65%	15.39	24.70	- 8.05
日本	9868.9	1524.4	11393.3	6.24	5.77	5.51	0.73
德国	9643.1	1205.3	10848.4	5.94	5.49	4.59	1.35
法国	7960.6	1093.8	9054.3	4.96	4.58	3.29	1.67
英国	7960.6	260.6	8221.1	4.50	4.16	4.04	0.47
中国	5997.3	755.6	6752.9	3.70	3.42	16.19	- 12.49
沙特	5178.4	1308.5	6487.0	3.55	3.28	0.85	2.70

续表

国家或地区	一般分配	特殊分配	总额	总额占比	增加人民币额度后的总额占比	2016年GDP占比	总额占比与2016年GDP占比差额
意大利	5230.3	643.4	5873.7	3.22	2.97	2.47	0.75
俄罗斯	4407.4	1264.4	5671.8	3.11	2.87	1.56	1.55
加拿大	4721.6	487.2	5208.8	2.85	2.64	2.10	0.75
荷兰	3826.9	479.4	4306.3	2.36	2.18	1.03	1.32
比利时	3413.9	424.2	3838.1	2.10	1.94	0.63	1.48
印度	3082.5	214.6	3297.1	1.81	1.67	3.15	-1.34
瑞士	2563.8	724.2	3288.0	1.80	1.66	0.91	0.89
澳大利亚	2399.2	213.5	2612.6	1.43	1.32	1.66	-0.22
墨西哥	2337.2	224.0	2561.2	1.40	1.30	1.57	-0.17
西班牙	2260.2	268.6	2528.8	1.38	1.28	1.67	-0.29
巴西	2250.7	277.7	2528.4	1.38	1.28	2.21	-0.83
韩国	2170.0	161.5	2331.5	1.28	1.18	1.92	-0.64
委内瑞拉	1971.2	255.2	2226.4	1.22	1.13	0.18	1.04
瑞典	1775.8	226.6	2002.4	1.10	1.01	0.66	0.44
印尼	1541.4	200.1	1741.5	0.95	0.88	1.16	-0.20
南非	1385.1	179.9	1565.1	0.86	0.79	0.43	0.43
土耳其	883.1	75.9	959.0	0.53	0.49	0.95	-0.43
欧元区	37405.6	4788.4	42194.1	23.10	21.35	16.42	6.69
中国*	19311.3	2433.0	21744.3	11.00	11.00	16.19	-5.18
4币总和	82774.2	9450.4	92224.7	50.50	46.67	49.91	0.58
5币总和*	102085.5	11883.4	113969.0	61.50	57.67	66.1	-4.60

数据来源：同表18-6，中国*指人民币纳入SDR一篮子货币后中国应该持有的SDR比重及相关比较数据；5币总和*指4币加上中国增加的SDR持有额；2016年GDP占比为国际货币基金组织2015年10月公布的对各国2016年GDP的预测数据。

表56-8显示，人民币纳入SDR后中国持有的SDR比重应该达到11%，那么新的SDR5币相应的5个经济体持有SDR的总份额会提高到61.5%，5大经济体占2016年世界经济总比重会提高到66.1%，接近三分之二，对世界经济的代表性更好，表明人民币纳入SDR对全球货币体系稳定的益处。

56.5.2 人民币纳入SDR后中国持有的SDR的金额估算

表56-6显示，人民币纳入SDR前中国持有的67.5亿SDR，表56-8显

示，人民币纳入 SDR 后中国持有的 SDR 总额会增加 149.9 亿 SDR 到 217.44 亿 SDR，相当于 2015 年 11 月 30 日的 298.4 亿美元，亦相当于同日 1905.9 亿元人民币。人民币纳入 SDR 前中国持有的 SDR 应该是用 4 大储备货币购买的国际储备，而人民币纳入 SDR 后中国持有的 SDR 即可直接用人民币置换 SDR，那么人民币纳入 SDR 就相当于增加了 298.4 亿美元的人民币国际储备资产，这样表 18.2 给出的 2015 年 4 月底全球人民币储备资产会提高到接近 1400 亿美元的水平，显著超过表 56.2 给出的加元和澳元储备资产，成为全球第 5 大储备货币。

56.5.3 2016 年人民币纳入 SDR 后在 SDR 中的评估份额及原因

2015 年 11 月 30 日国际货币基金组织公布的根据新的公式计算出的 2016 年 10 月 1 日开始生效的人民币纳入一揽子货币后美元、欧元、人民币、日元和英镑在 SDR 一揽子货币中的比重分别为 41.73%、30.93%、10.92%、8.33% 和 8.09%，其中美元、欧元、日元和英镑份额分别比表 18.5 给出的该组织 2010 年评估该 4 种货币的份额 41.9%、37.4%9.4% 和 11.3% 下调了 0.17%、6.47%、1.07% 和 3.21%。"SDR 揽子测算方程式十分复杂。IMF 根据贸易、金融的权重，决定 SDR 比例的权重。这次，IMF 评估货币篮子是减少贸易权重，增加金融权重。经过无数方程的测算，人民币在 SDR 货币篮子中权重排名第三，仅次于美元、欧元，高于日元和英镑，各方基本上都接受"（"IMF 副总裁谈人民币入篮"内幕冶，环球时报，2015 年 12 月 3 日。）下文在比较国际货币基金组织前四次 SDR 份额评估结果与四个货币经贸份额的关系的基础上，进一步探讨 2016 年人民币在 SDR 的权重的原因及今后权重提升的潜力。

56.5.4 SDR 篮中货币份额与经济母体的经贸规模关系等因素探讨

第 63 章指出国际货币基金组织纳入一揽子货币的两大标准分别为货币经济母体出口在全球的占比和货币"可自由使用"程度，与上文引用的"IMF 副总裁谈人民币冶入篮"内幕指出的不同货币在 SDR 中的份额主要取决于该货币贸易和金融两大权重相同。表 56 - 9 给出了 2000 年到 2015 年 IMF 前 4 次 SDR 篮子货币评估比重、市场日均比重、GDP 比重和外汇储备比重间的关系。由于篮子货币经济母体 GDP 全球占比与其贸易占比相当，而且 GDP 数据比贸易数据更容易获得，表 56 - 9 利用 GDP 占比作为贸易占比的替代参数。

表 56 – 9　　　　SDR 篮子货币评估比重、市场日均比重、GDP 比重

和外汇储备比重间的关系（2000 年到 2015 年）　　　单位：%

年份	2000 年				2005 年			
货币	IMF 评估权重	市场日均比例	GDP 占比	储备占比	IMF 评估权重	市场日均比例	GDP 占比	储备占比
美元	39	41.4	44.6	55.8	45	39.1	42.8	43.8
欧元	32	35.6	28.2	14.3	29	35.9	34.4	15.7
英镑	11	9.1	6.7	2.2	11	12.1	7.9	2.5
日元	16	13.8	20.5	4.8	15	12.9	14.9	2.6
年份	2010 年				2015 年			
货币	IMF 评估权重	市场日均比例	GDP 占比	储备占比	IMF 评估权重	市场日均比例	GDP 占比	储备占比
美元	44	41.4	42.1	34.5	41.9	47.1	49.2	35.5
欧元	34	35.6	35.6	14.5	37.4	33.6	31.7	9.2
英镑	11	9.1	6.8	2.2	11.3	12.1	7.8	1.9
日元	11	13.8	15.5	2.0	9.4	7.1	11.3	1.9

数据来源：IMF 评估结果来自表 18 – 7，市场日均比例来自图 18 – 1，GDP 占比利用国际货币基金组织 2015 年 10 月公布的 2000 年到 2010 年的数据及 2015 年的预测数据计算得出（占比为 4 个经济体 GDP 数据除以 4 个经济 GDP 总合），储备占比根据国际货币基金组织 2015 年 9 月末公布的 2015 年 6 月末及之前该 4 种货币作为储备货币占全球外汇储备的比重；2015 年年市场日均比例为截止 2015 年 11 月 25 日的日均比例，储备占比为 2015 年第二极度末占比。

　　表 56 – 9 显示，国际货币基金组织前 4 次评估 SDR 一揽子货币的 4 个最后一年，4 个篮子货币，特别是美元和欧元市场日均比重与同年美国和欧元区经济的占比相当接近，表明该 4 币在 SDR 篮子中的权重与其 GDP 在 4 个相应经济体总合的比重相当；货币市场日均比例越高，相应年份该币在全球外汇储备的占比也就越高。这些数据显示，篮子货币在篮子中的权重基本反映其经贸在 4 个经济中的地位。

56.5.5　人民币在 SDR 篮中份额与中国经贸规模关系

　　表 56 – 10 给出了国际货币基金组织 2015 年 11 月 30 日给出的 2016 年 10 月 1 日即将生效的新的一篮子货币的权重，2016 年 5 个篮子货币相应的经济体 GDP 占 5 大经济体总 GDP 的比重及这些经济体 2014 年出口占 5 大经济体的总出口比重。表 56.10 显示，2015 年 11 月 30 日 IMF 公布的 2016 年 10 月 1 日人民币即将生效的篮子比重 10.92% 不到 2016 年中国 GDP 占 5 大经济体比重 24.5% 的一半，更不到 2014 年中国出口占 5 大经济体总出口比重 34.2% 的三分之一，表

明本次 IMF 评估中贸易所占的分额不到三分之一，金融因素或者"可自由使用"因素占比超过三分之二，这与第 63 章探讨 2015 年人民币"可自由使用"程度的四个子指标人民币在国际储备的权重、在国际银行负债占比、在国际债券存额占比和在全球外汇即期市场成交占比排名第 5 到第 8 的结果相当。

表 56 - 10　　　　国际货币基金组织新的一篮子货币权重一览表　　　　单位：%

货币	IMF 评估权重	GDP 占比	出口占比
美元	41.73	37.3	23.7
欧元	30.93	23.8	24.6
人民币	10.92	24.5	34.2
日元	8.33	8.3	10.0
英镑	8.09	6.1	7.5

数据来源：IMF 评估权重来自 2015 年 11 月 30 日公布的 "Review of the Special Drawing Right（SDR）Currency Basket"；GDP 占比利用国际货币基金组织 2015 年 10 月公布的对该 5 大经济体 2016 年 GDP 的预测数据计算得出；出口占比为该 5 大经济体 2014 年出口额占 5 大经济体总出口额的比重，欧元区出口额为其与欧元区外的出口。

随着国内利率市场化和汇率市场化的加速推动及资本项目自由化的持续推动，境内外人民币市场有望在今后几年快速发展，人民币"可自由使用"程度今后几年也会显著提高，到 2020 年国际货币基金组织下次评估时，人民币在 SDR 中的权重有望更加接近欧元。

56.5.6　人民币纳入 SDR 后几年全球人民币储备资产规模和占比估算

表 56 - 9 显示，2000 年和 2005 年，美元储备占比分别超过其在 SDR 市场年均份额 0.43 和 0.12，其他 3 个储备货币的国际储备占比皆低于其市场日均份额；而 2010 年和 2015 年，美元储备占比也和其他 3 个储备货币一样，分别低于其在 SDR 市场年均份额 0.22 和 0.25，欧元、英镑和日元储备占比比市场日均额占比低 0.57 到 0.85，显示国际金融危机后 4 大储备占全球外汇储备的份额皆低于其在 SDR 中的市场日均份额。由于 SDR 总规模有限，人民币纳入 SDR 直接对全球人民币储备资产总额提高的有限。然而，人民币纳入 SDR 后，各个国家和地区对 SDR 外的人民币储备资产的需求才是今后几年人民币储备资产大幅度提高的主力。假设今后 3 年到 5 年，即到 2018 年和 2020 年末，全球人民币储备资产金额占全球可识别外汇储备比重达到比表 56 - 10 给出的中国占全球 SDR 比重 10.92% 略低的水平 10%，那么到 2018 年和 2020 年全球人民币储备资产会增加到 0.94 万亿美元到 1.15 万亿美元，比表 56.2 给出的 2015 年 4 月末全球人民

币外汇储备总额 1090 亿美元高出 0.84 万亿美元到 1.05 万亿美元，对国内金融市场和全球金融市场将产生显著的影响。

56.6　美元资产在国际储备资产中的比重

美国持有国际货币基金组织最大投票权，而且仍然享有唯一否决权，因此美国对国际货币基金组织影响巨大。虽然表 56-4 显示美元资产在可识别国际储备资产中的占比十几年来持续下降，但是美元资产仍然是国际可识别储备资产中最重要的组成部分，从而支持美元保持世界头号货币的独特地位。

56.6.1　美元资产在国际储备资产中的地位和作用

美国政府债券多年来是金融机构投资和各国储备资产的首选。国际金融危机爆发前，美国政府负债占 GDP 的比重增长较慢，保持在 65% 上下的水平（2001 年到 2007 年，美国政府债务与 GDP 比例从 53% 增长到了 64.0%，年均增幅也保持在 1.8%）。然而国际金融危机爆发后，美国政府负债快速增长、债务负担迅速加重。2007 年到 2012 年的 6 年，美国政府债务分别增长了 1.45 万亿、1.68 万亿、1.77 万亿、1.19 万亿和 1.20 万亿美元，年度增幅与 GDP 的比例分别较前年增长了 8.8%、13.2%、8.7%、4.3% 和 3.5%。2012 年美国政府负债增额首次低于 1 万亿美元，2012 年到 2015 年美国政府债务增幅减缓，然而 2014 年和 2015 年其总债务与 GDP 比例仍然接近 105%。

虽然 2013 年和 2014 年美国政府债务增幅保持在 1 万亿美元以内，但仍然显著超过 2002 年到 2007 年 6 年年均增幅 606 亿美元的 50% 以上，显示美国控制债务发行努力的结果，但是控制力度仍然有限。国际金融危机后 7 年累计新增债务 8.2 万亿美元（上文利用数据来自国际货币基金组织公布的各国政府总债务占比相关数据计算得出），对美元的价值、信誉和国际地位无疑产生了一定程度的负面影响。

表 56-11　　　美国政府债券总额、国外持有的美国政府债券、
国外官方持有的美国政府债券和各国持有的美元总资产及相关占比

单位：万亿美元，%

年份	美国政府债券	国外持有的美国政府债券总额	国外持有的美国政府债券总额占比	国外官方持有的美国政府债券	国外官方持有的美国政府债券占比	外国持有的总美元储备资产
2004	8.04	1.85	23.0	1.23	15.3	1.73
2005	8.50	2.03	23.9	1.31	15.4	1.88

续表

年份	美国政府债券	国外持有的美国政府债券总额	国外持有的美国政府债券总额占比	国外官方持有的美国政府债券	国外官方持有的美国政府债券占比	外国持有的总美元储备资产
2006	8.82	2.10	23.8	1.45	16.4	2.15
2007	9.27	2.19	23.7	1.64	17.7	2.62
2008	10.72	2.59	24.2	2.14	20.0	2.68
2009	12.41	3.47	27.9	2.70	21.8	2.84
2010	14.18	4.09	28.8	3.19	22.5	3.18
2011	15.36	4.71	30.6	3.62	23.6	3.53
2012	16.56	5.31	32.1	4.03	24.4	3.73
2013	17.46	5.60	32.0	4.06	23.2	3.80
2014	18.18	6.02	33.1	4.11	22.6	3.84
2015*	18.84	6.34	33.6	4.16	22.1	4.25

数据来源：美国政府债券数据根据国际清算银行网站，www.bis.org/statistics/secstats.htm2015年10月公布的美国历年GDP和美国政府总债券与GDP比例结算得出；国外持有的美国政府债券和国外官方持有的美国政府债券数据来自美国财政部网站：http://www.treasury.gov/resource-center/data-chart-center/tic/Documents/mfh.txt；美元储备资产数据来国际货币基金组织季度国际外汇储备数据；2015年数据为第二季度末数据。

56.6.2　境外持有的美国政府债券

国外政府和私人机构不同程度地持有美国政府债券。表56-7显示，2004年到2015年，国外持有的美国政府债券增幅与美国政府债券增长速度相当，国外持有的美国政府债券占美国政府债券总额的比重从2004年的23.0%持续上升到了33.6%；国外官方持有的美国政府债券占美国政府债券总额比重从2004年的15.3%上升到了2012年的24.4%，而从2012年到2015年第二季度末却持续下降到了22.1%，表明国外官方持有的美国政府债券近年来相对有所下降。

56.6.3　国外持有的美国政府债券与美元储备资产的关系

我们研究美国政府债券的目的，是要分析国外持有美国政府债券和各国官方持有美国政府债券与全球美元储备资产之间的关系。图56-2给出了2000年第一季度到2014年第一季度全球美元储备资产与各国官方持有的美国政府债券季度总额差。图56-2显示，2000年到2005年，美元储备资产比各国官方持有美国政府债券总额平均高出 5500 亿美元左右；2005 年第四季度到 2008 年第一季度，两者差额持续快速上升，2008 年第一季度达到了 1.04 万亿美元的历史峰值，表明国际金融危机前世界各国持有的美元储备资产中风险资产占比显著提高，显示国际金融危机前世界各国对美元"信心"十足。然而从 2008 年第二季度到 2009 年第三季度的 5 个季度里，两者差额从 1.01 万亿美元呈断崖式下降至不到 403.8 亿美元的低位，5 个季度累计下降了 9715 亿美元，季均降幅高达 1943亿美元，表明金融危机削弱了对美元的信心，进而对美元资产产生了巨大的冲击。

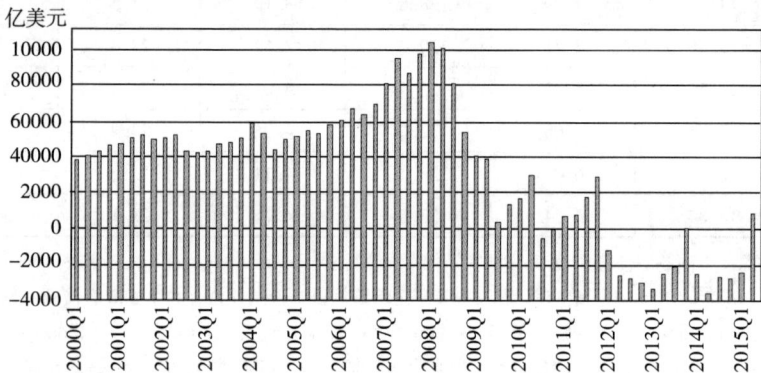

数据来源：美元储备资产数据来自表 56 - 2，各国持有的美国政府债券数据来自表 56 - 7 相同出处。

图 56 - 2　全球美元储备资产与外国官方持有的美国政府债券季度总差额

虽然从 2009 年第三季度到 2010 年第二季度，两者差额持续回升至 2983.4 亿美元，但仍然低于国际金融危机前的低点，而且 2010 年第二季度到第三季度再次"自由落体式"下滑到 - 545.2 亿美元，首次出现负差额，季度降幅高达 3528.6 亿美元，接近国际金融危机后 2009 年第三季度最大季度降幅的 3531.1 亿美元，表明当时美联储计划实施"第二轮量化宽松政策"对美元"信心"产生了巨大冲击。虽然从 2010 年第三季度到 2011 年第四季度，差额重新持续回升到 2858.4 亿美元，但该差额不仅比国际金融危机前任何时候低，而且低于 2010 年第二季度末的差额 2983.4 亿美元；2011 年第四季度到 2012 年第一季度差额第三次"自由落体式"地下滑了 4186.8 亿美元，季度降幅超过前两次季度下滑额，下滑到了 - 1328.3 亿美元，而且从 2012 年第一季度到 2013 年第一季度持续四个季度连续下滑到了 - 3395.5 亿美元，达到了历史最低点，显示国际市场对美国第三轮和第四轮量化宽松政策的顾虑；尽管 2013 年第一季度到第三季度差额略有回升，而 2013 年第三季度到 2014 年第一季度重回下滑趋势；2012 年第二季度到 2014 年第一季度的两年时间内季均差额保持在 - 3000 美元左右的历史低位。

　　详细分析图 56 - 2 给出的数据，我们可以容易地得出结论，2000 年到 2007 年，全球美元储备资产比各国持有的美国政府债券平均高出 59.1%，而 2008 年和 2009 年前者比后者平均仅高 15.8%；2010 年和 2011 年前者比后者平均仅高 4.3%，2012 年第一季度到 2013 年第一季度前者平均比后者低 7%，表明各国持有的美元资产主要以美国政府债券为主，政府债券之外的其他美元资产持有量大幅度下降，而且 2012 年第一季度以来国外政府持有的美国政府债券的一部分甚至还没有作为储备资产，世界对美元资产的信心已经有了显著的变化。

　　值得注意的是，图 56 - 2 显示，2015 年第二季度两者差额 856.1 亿美元为 2010 年第二季度以来最高，显示美国量化宽松政策退出后美国经济复苏使得世界对美元的信心略有回升，与表 56 - 2 给出的同期美元资产占全球外汇储备资产比重显著回升一致。

56.6.4　中国持有的美国政府债和其他美元资产

　　图 56 - 3 给出了 2000 年第一季度到 2014 年第一季度中国持有的美国政府债券金额。该图显示，我国持有的美国政府债券量保持了持续增长的态势，从 2000 年到 2013 年增长了 20.1 倍，年均增长 26.4%，比同期美国经济年均名义增长率 3.8% 高出 5.9 倍，比同期我国实际经济和名义经济年均增长率分别高出近 16.6 个和 10.3 个百分点，显示出中国对美国国际融资进而对美国经济做出了贡献。实际上，从 2008 年 9 月首次超过日本以来，我国一直保持着美国国债全球最大持有国的地位，不仅对美国经济的发展，而且对美元主导的国际货币体

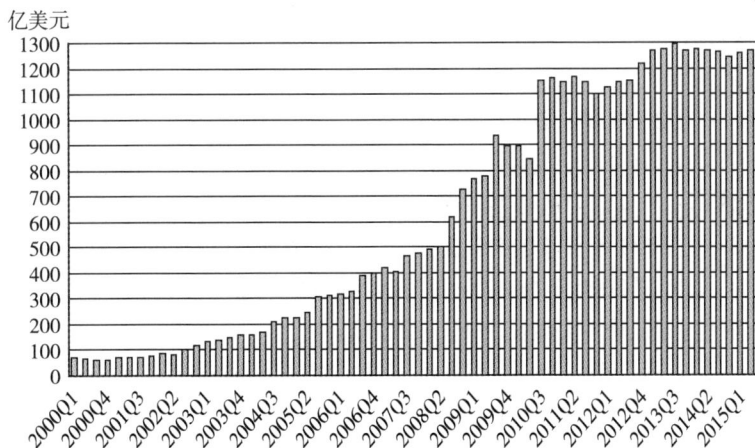

数据来源：美国财政部网站（http：//www. treasury. gov/resource - center/data - chart - center/ tic/Documents/mfh. txt）。

图 56 - 3　中国持有的美国政府债券额

系也发挥了重要的维护和支撑作用。当然，美国经济的发展也对我国出口等领域的增长产生了推动作用，从而也推动了我国经济的增长。图 56 – 2 显示，最近两年多来，我国持有的美国政府债券保持在接近 13000 亿美元的水平，没有多少变化。

56.6.5　我国持有的美国政府债外的其他美元资产

由于国家外汇管理局从未公布过我国外汇储备的货币分布，我们难以知道我国 2014 年第一季度末 4 万亿美元的外汇储备中美元和欧元等外汇储备资产的准确规模。中国社会科学院金融研究所研究员杨涛（2011）、张明（2012）等对近年来我国外汇储备货币构成进行过研究；星展银行（香港）的 Joseph Li（2014）利用 BCA Research（2014）的研究对截至 2014 年第一季度末前十年我国外汇资产构成有系统深入的研究；美国国会研究服务的 Morrison 和 Labonete（2012）发表了"中国持有美国证券及对美国经济的影响"一文，对2002 年到 2011 年中国持有美国政府债券的规模进行了较为详细的分析。根据Morrison 和 Labonete（2012）的研究成果计算，2002 年到 2011 年我国持有的美国政府债券和私营美国证券占我国外汇储备平均比例为 62.29%，比同期世界持有的美元储备资产占全球可识别外汇储备的平均比例 66.36% 低 4.07 个百分点。

我们用国际货币基金组织公布的 2000 年到 2009 年国际外汇储备数据可以计算出世界美元储备资产占可识别资产的季度比重。假设我国外汇储备的币种配置与世界可识别外汇储备相同（比杨涛（2011）给出的美元资产占比结果还低很多），这样我们可以计算出我国可识别外汇储备（总外汇储备减去黄金储备）中总美元储备资产金额，进而可以计算出我国外汇储备中美元政府债券之外的其他美元资产；2010 年、2012 年和 2014 年第一季度我国外汇储备中美元资产占比我们利用 Li（2014）的结果 57.7%、52.0% 和 48.0%。根据表 52 – 4（利用美国财政部 Report on Foreign Portfolio Holdings of U. S. Securities 的数据，扩展王永中（2011））2000 年到 2014 年我国持有的美元资产比重，我们可以计算出2000 年第一季度到 2015 年第二季度我国持有的美国政府债券之外的其他美元资产等相关数据，图 56–4 给出了相应的结果。

图 56–4 显示，我国持有美国政府债券之外的其他美元储备资产也像我国持有的美国政府债券一样持续显著增长，2000 年到 2013 年增长了 10.3 倍，年均增长率高达 20.5%；然而从 2013 年第四季度到 2015 年第二季度我国持有的美国政府债券外的其他美元资产在持续下降。我们下文还会详细比较我国和世界其他国家持有的美国政府债券之外的其他美元资产情况。

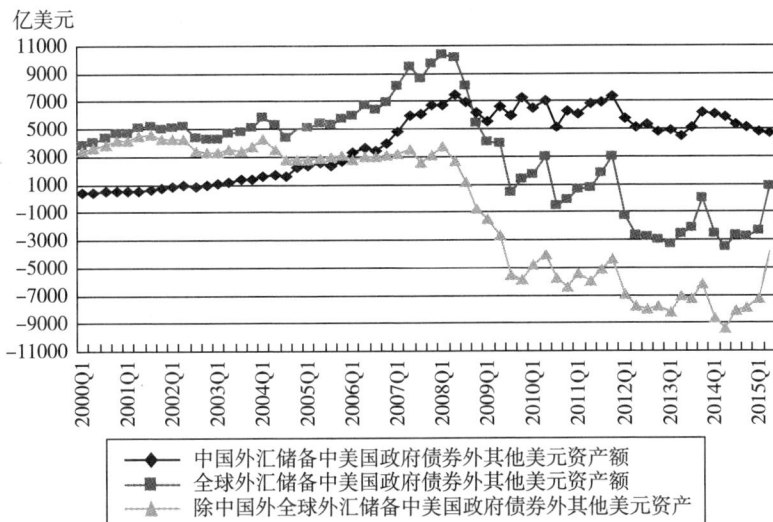

亿美元

图例：
━◆━ 中国外汇储备中美国政府债券外其他美元资产额
━■━ 全球外汇储备中美国政府债券外其他美元资产额
━▲━ 除中国外全球外汇储备中美国政府债券外其他美元资产

数据来源：国际美元资产数据来自国际货币基金组织网站；中国外汇储备来自人民银行网站；中国和世界持有美国政府债券数据来自美国财政部网站（http: // www. treasury. gov/resource – center/data – chart – center/tic/Documents/mfh. txt）。

**图 56 – 4　中国、世界和中国之外其他国家和
地区美国政府债券之外的其他美元储备资产**

56.6.6　中国以外其他国家和地区持有的美国政府债券之外的其他美元资产

图 56 – 4 还给出了同期世界及中国之外其他国家和地区持有的政府债券之外的其他美元储备资产，从而使我们不仅容易比较我国与其他国家和地区总量变化情况，也有助于我们解开全球持有的美元储备总额低于持有的美国政府债券的谜团。

56.6.6.1　其他国家和地区金融危机之前的"先知先觉"

图 56 – 4 显示，2000 年年底到 2007 年年底，除中国外其他国家和地区持有的政府债券外的其他美元资产增长缓慢，7 年总共增长了 22.3%，年均增长仅 2.9%；而同期中国累计增长了 7.9 倍，年均增长 36.8%（比上文给出的 2000 年到 2013 年 13 年的年均增长率 20.5% 高出 16.1 个百分点）；2008 年 9 月国际金融危机爆发之前的两个季度，即 2008 年第一季度和第二季度，除中国外全球其他国家和地区持有的美国政府债券外的其他美元储备资产就开始出现大幅度的下降，环比降幅分别为 1.5% 和 18.1%，表明除中国外全球其他国家和地区有着惊人的"先知先觉"，同期我国持有的美国政府债券外的其他美元储备资产却仍然保持了相当高的增长，环比增幅分别为 14.0% 和 10.9%。

56.6.6.2 其他国家和地区金融危机爆发后的快速减持

国际金融危机于 2008 年 9 月 15 日随雷曼兄弟公司申请破产保护而爆发。该季度除中国外全球其他国家和地区持有的美国政府债券外的其他美元储备资产环比下降了 43.4%，之后 2008 年第四季度环比再下降了 78%。2009 年 3 月美联储宣布实施"第一轮量化宽松政策"，而 2009 年第一季度除中国外全球其他国家和地区持有的美国政府债券外的其他美元储备资产首次出现了"负数"；到 2009 年年底，除中国外全球其他国家和地区持有的美国政府债券外的其他美元储备资产达到了 −4231.4 亿美元；虽然 2010 年前两个季度除中国外全球其他国家和地区持有的美国政府债券外的其他美元储备资产下降有所减缓，但是 2010 年第三季度美联储"第二轮量化宽松政策"的讨论和 2010 年第四季度"第二轮量化宽松政策"的实施，使得除中国外全球其他国家和地区持有的美国政府债券外的其他美元储备资产再次出现了显著下降，之后持续下降到了 2011 年第二季度末的 −6485.1 亿美元的历史低位；2011 年第三季度和第四季度虽然略有回升，但是 2012 年第四季度到 2013 年第一季度保持了持续下降的趋势，达到了 −1.237 万亿美元的历史纪录。

56.6.6.3 国际金融危机爆发后我国对美元其他储备资产的持续增持

2009 年第一季度开始出现的除中国外全球其他国家和地区持有的美国政府债券外的其他美元储备资产成为"负数"为 −820.6 亿美元，容易使我们产生一定的疑惑。疑惑实际上容易用上文我国持有的美国政府债券外的其他美元储备资产来解释。上文显示，我国持有美国政府债券之外的其他美元储备资产从 2000 年到 2012 年的 12 年年均增长了 26.3%，从 2000 年到 2007 年年均增长了 36.8%（同期其他国家和地区年均增长率仅 2.9%）；2008 年国际金融危机爆发前的两个季度，除中国外全球其他国家和地区"先知先觉"地开始减持美国政府债券外的其他美元储备资产，而我国不仅没有减持美债外的其他美元资产，反而继续"高歌猛进"，两个季度环比增长率分别高达 14% 和 10.9%；2007 年年底到 2012 年年底，除中国外全球其他国家和地区持有的美国政府债券外的其他美元储备资产累计下降了 238.3%，而同期我国持有量却增长了 83.9%。截至 2013 年第一季度末，我国持有的美国政府债券外的其他美元储备资产为 9104.3 亿美元，加上除中国外全球其他国家和地区持有量 −1.237 万亿美元，使得世界持有总量为 −3265.5 亿美元。

56.6.6.4 美国推出量化宽松政策后我国外全球持有美国政府债券外的其他美元资产

图 56−4 也显示，2014 年第二季度到 2015 年第二季度，除中国外的全球持有的美国政府债券外的其他美元资产却在显著回升，这与 2014 年美国推出量化宽松政策和美国经济复苏密切相关。

56.7　国际外汇储备资产今后的增长估计

表 56-1 给出的 1995 年到 2015 年全球外汇储备数据显示，从 1995 年到 2001 年的 6 年全球总外汇储备、可识别储备和不可识别储备年均分别增长 6.7%、7.2% 和 5.2%；从 2001 年到 2007 年三类储备资产年均分别增长 21.8%、17.4% 和 32.4%；而从 2007 年到 2013 年的 6 年三类储备资产年均分别仅增长 9.7%、7.2% 和 13.3%；2013 年到 2015 年上半年外汇储备出现了二十年来首次连续下降。这些数据表明国际金融危机前 6 年全球外汇储备高速增长，而国际金融危机后增长迅速减缓。换句话说，国际金融危机前增长率过高，而危机后的增长率回落到了相对合理的水平。因此，2015 年到 2020 年或 2021 年的 6 年国际外汇储备的增长应该与国际金融危机后 6 年的年均增长 9.7% 相当，或者比 1995 年到 2001 年的 6 年年均增长 6.7% 略高些。

具体来说，假设 2015 年到 2020 年国际外汇储备、可识别储备和不可识别储备的年均增长率为 1995 年到 2001 年的 6 年间的年均增长率与 2007 年到 2013 年的 6 年间的年均增长率的平均值，即 8.2%、7.2% 和 9.2% 较为合适。按以上年均增长率，我们可以估算出 2016 年和 2020 年总国际外汇储备、可识别外汇储备和不可识别储备资产额。估算的结果显示，到 2016 年年底，全球外汇储备资产总额、可识别外汇储备和不可识别外汇储备资产分别在 12.9 万亿美元、7.4 万亿美元和 8.6 万亿美元左右；到 2020 年年底，全球外汇储备资产总额、可识别外汇储备和不可识别外汇储备资产分别在 19.3 万亿美元、10.5 万亿美元和 8.5 万亿美元左右。

56.8　人民币成为国际主要储备货币需要具备的条件

上文显示，人民币成为主要国际储备货币之一的经贸条件已经基本具备。然而，人民币产品市场的成熟度却仍需进一步努力，人民币要成为主要国际储备货币之一还有不少条件仍需要提高或完善。

56.8.1　我国可识别与不可识别储备资产失衡

表 56-1 显示的不可识别储备资产的持续高速增长表明，以黄金为主的不可识别资产在国际储备资产中依然发挥着非常重要的作用。国际货币体系回到金本位实际上是不可能的，部分回归金本位也不易实现。如果部分回归金本位，无疑是对美国货币等政策增加限制。尽管如此，表 56-3 主要国家和机构黄金

储备数据显示，即使在国际金融危机和欧债危机严重的时期，它们对黄金的嗜好也未发生多少变化。特别是美国，几十年来黄金储备量几乎没有任何变化，表明尽管美国淡化黄金的作用，但对黄金在国际货币体系的地位却从来没有动摇过。

由于欧元区国家的黄金储备比美国高出 2650 吨，黄金作用的提升对欧元区的好处自然要多于美国。2012 年年底美国和欧元区黄金储备的世界占比分别高达 24.89% 和 32.87%，均超过它们相应的世界经济占比。不管黄金的作用今后发挥到何种程度，美国和欧元区皆会如意应对而且获益，这样轻视黄金或者重视黄金对它们均有利。而我国黄金储备过低，2014 年年底我国黄金储备占世界储备份额仅 3.30%，虽然 2015 年第二季度末占比上升到了 5.07%，但仍不到 2014 年我国经济世界占比 13.4% 的一半。另外，2014 年末我国外汇储备总额占世界外汇储备比例为 33.2%，而表 56-1 到表 56-3 的数据显示，由于我国黄金现货之外的衍生产品规模仍然非常有限，我国外汇储备以可识别储备资产为主。如果今后三年左右人民币成为主要国际储备货币之一时，人民币全球可兑换程度会显著提高，我国进口的大部分和国际投资可以直接用人民币来交易，我国对外汇的需求会逐步显著降低。届时可识别外汇储备应该下降的同时，黄金等相关储备应该显著提升，我国持有的黄金储备量应该与欧美相当。

56.8.2 人民币债券规模过小

近年来国际媒体报道马来西亚、韩国、尼日利亚和澳大利亚等国家储备人民币债券的消息越来越多。尽管这些都是很好的消息，但是要达到数千亿美元甚至更多的人民币储备资产，人民币必须成为国际货币基金组织特别提款权（SDR）的一篮子货币之一。人民币在 2016 年成为 SDR 的一篮子货币之一，届时中国经济规模与欧元区和美国的规模更加接近，同时我国金融市场的发展也会达到新的水平。本节根据 2016 年和 2020 年人民币储备资产在国际可识别外汇储备资产占比估算届时国际市场对人民币储备资产的需求量和相应全球人民币储备资产的规模。

在上文对 2016 年和 2020 年世界可识别外汇储备资产估算的基础上，我们可以估算出 2016 年和 2020 年人民币成为不同程度的储备货币时国际市场对人民币储备资产的需求量，结果如表 56-12 所示。

表 56-12　　2016 年和 2020 年全球人民币政府债券储备需求规模估计

人民币资产占国际储备资产比例假设（%）	2	3	4	5	8	10	15	18
2016 年达到比例国际需要的人民币储备债券额（万亿美元）	0.15	0.22	0.30	0.37	0.59	0.74	1.11	1.33

续表

项目								
2016 年达到比例国际需要的人民币储备债券额（万亿元人民币）	0.96	1.44	1.92	2.40	3.84	4.81	7.21	8.65
2016 年达到比例需要总人民币储备债券额（万亿元人民币）	7.69	11.53	15.38	19.22	30.76	38.45	57.67	69.21
2020 年达到比例国际需要的人民币储备债券额（万亿美元）	0.21	0.31	0.42	0.52	0.84	1.04	1.57	1.88
2020 年达到比例国际需要的人民币储备债券额（万亿元人民币）	1.21	1.82	2.42	3.03	4.84	6.05	9.08	10.89
2020 年达到比例需要总人民币储备债券额（万亿元人民币）	7.26	10.89	14.53	18.16	29.05	36.32	54.47	65.37

数据来源：国际需要的人民币储备资产直接根据人民币占全球可识别外汇储备资产假设及 2016 年和 2020 年全球可识别外汇储备资产估值 7.39 万亿美元和 10.45 万亿美元（上文 56.7 节）算出，届时人民币债券总额分别根据外国官方总持有八分之一和六分之一的中国政府债券的假设计算得出；该两年的人民币债券金额以 2015 年上半年到 2020 年年底每年人民币兑美元年均升值 1% 的假设推算出的人民币兑美元汇率折算得出；假设到 2016 年年底人民币兑美元汇率为 6.5。

表 56 - 12 显示，如果 2016 年人民币储蓄资产占国际可识别外汇储备资产 1% 到 4%，那么国际外汇储备需要人民币国债金额在 1500 亿美元到 3000 亿美元之间，相当于 0.96 万亿元到 1.92 万亿元人民币；如果届时境外人民币国债占国内国债总额的八分之一，需要国内国债市场在 7.69 万亿元到 15.38 万亿元人民币；如果 2020 年人民币储备资产占世界可识别储备资产比重达到 4% 到 8%，即超过表 56 - 2 给出的 2015 年英镑和日元储备资产占比，成为世界第三大储备货币，届时国际人民币储蓄资产将为 0.42 万亿美元到 0.84 万亿美元，相当于 2.42 万亿到 4.84 万亿元人民币。假设 2020 年境外人民币储备资产占我国政府债券的六分之一，那么届时我国人民币政府债券将需要高达 14.53 万亿到 29.05 万亿元人民币，而 2015 年末我国国债总额才略多于十万亿元人民币，国债加上金融债仅二十几万亿（见表 56 - 9），难以满足境外对人民币债券的储蓄需求。人民币债券规模过低，境外持有人民币债券占比过高，对我国金融稳定不利，急需探讨扩大人民币债券的规模。

56.8.3　境外机构对我国债券的偏好

由于缺乏境外央行投资国内债券市场的数据，因此难以判断境外央行持有我国债券的偏好程度。然而中央国债登记结算公司关于境外机构持有我国债券类型数据可以部分反映出境外央行持有我国债券的偏好。根据中央国债登记结算公司的数据（《中债指数专家指导委员会第十二次会议参考资料》），2015 年底外资机构持有的我国国债和金融债占其持有总量的 82.13%，显示境外机构对我国国债和金融债的明显偏好。值得关注的是，2015 年第境外机构持有的国内地方政府债余额仅为 3.8 亿元人民币，同比减少了 34.48%。这些数据显示，境外机构对国内国债和政策性债券偏好性强，该两类债券也应该是境外央行持有人民币储蓄的主要人民币资产，其他类型的人民币债券不易成为境外央行人民币储蓄资产的选项。因此，这些数据为我们研究判断今后境外央行人民币储蓄资产类型提供了有效的基础。

56.9　我国债券市场现状和存在的问题

上文我们分析了今后人民币成为主要国际储备货币时国际市场对人民币债券的需求，表明我国当前国债和金融债规模过小，难以满足今后人民币成为主要国际储备货币的需求。本节我们介绍和分析国内债券市场的现状和发展。

表 56－13 给出了 2000 年以来我国债券市场各类债券年底存量。表 56－13 显示，从 2004 年开始金融债存量就开始超过国债，成为我国规模最大的债券类型；由于近年来地方政府债券存量增速较快，2013 年以来政府债券重新超过了金融债存额；2015 年上半年，金融债存量占我国债券市值总存量比重高达34.78%，超过了规模第二的国券 9.41 万亿元占比 31.83%；企业债近年来增长较快，2015 年上半年市值占比提高到了 10.07% 的水平。

表 56－13　　　　2000 年到 2015 年我国债券市场各类债券年底存量

单位：亿元人民币，%

年份/债券类型	政府债券	金融债和政府支持机构债	企业债券	中期票据集合票据	证券化债券	其他债券	总额	总额/当年GDP 比例
2000	9318.0	7346.1	125.0				18789.1	21.3
2001	11472.8	8506.3	251.8				22231.9	23.2
2002	16827.5	11400.9	596.2				30826.6	29.8
2003	21314.8	15250.5	1272.8				3 9841.1	29.3
2004	23515.3	25746.9	1267.7				52533.9	32.9
2005	28852.4	43025.9	1855.2			2026.4	75759.9	41.2
2006	31016.1	58088.7	3017.7		138.4	2036.3	94297.2	45.0
2007	46197.2	68124.0	4301.5		250.3	2034.2	120907.2	47.0
2008	53848.5	92989.6	7 328.6	1784.7	388.4	2039.7	158379.5	50.4
2009	59619.5	94813.7	11142.0	8680.4	156.2	2 048.7	176460.5	51.8

续表

年份/债券类型	政府债券	金融债和政府支持机构债	企业债券	中期票据集合票据	证券化债券	其他债券	总额	总额/当年GDP比例
2010	67637.2	100314.0	14634.2	13638.9	54.9	2048.5	198327.7	49.4
2011	75 832.5	99031.8	16736.8	20114.1	27.6	2050.3	213793.1	45.2
2012	74235.9	85089.3	19302.2	23977.0	76.3	2051.4	204732.1	39.4
2013	101580.6	88719.6	23358.7	26323.4	171.4	18959.6	259113.3	45.6
2014	114100.5	99574.4	29366.5	20634.8	2688.9	20931.8	287297.0	45.2
2015	137818.1	122274.2	22825.2	4281.7	5298.2	44113.6	350421.9	51.8

数据来源：中国债券证券登记公司；政府债券包括国债、地方政府债和政府支持机构债券。

56.9.1 市场规模过小

表 56 – 13 显示，2014 年年底中央国债登记公司托管的债券市场总市值为 28.73 万亿元人民币（相当于 4.7 万亿美元），我国债券市场总市值为 35.64 万亿元人民币（仅相当于 5.83 万亿美元），占世界债券市场总市值的 5.8%，与同年我国经济世界占比 13.4% 相差甚远；2015 年我国债券市场总存量比 2014 年增长了 25.83% 到 44.85 万亿元，仅相当于 6.9 万亿美元，占世界债券市场总值指比重在 7% 左右，不到 2015 年我国 GDP 世界占比 15.6% 的一半。债券规模过低难以满足表 56 – 12 中人民币达到较高国际储备货币占比相应的人民币债券需求（或者如果满足相应需求，那么境外持有的人民币国债比重将过高）。因此，扩大我国债券市场规模，特别是扩大我们国债规模非常必要。

56.9.2 产品结构有待优化

从表 56 – 13 可以看出，我国债券市场仍然以国债、金融债为主，企业债、证券化债券等品种占比仍然较低，需要优化市场结构。

56.9.3 场内场外市场分割的不合理现象长期存在

由于历史原因，我国交易所债券市场与银行间债券市场隔离，不相往来，对整个债券市场的发展很不利。有效的资本市场要求这种格局应该被打破，从而发挥市场的潜能。

56.9.4 市场活跃度有待提高

除市场规模较小外，我国债券市场的活跃度急需提高。2013 年和 2014 年国内银行间现券累计成交 41.6 万亿元和 40.36 万亿元，日均 1664 亿元和 1614 亿元，同比分别下降 44.9% 和 3%；2014 年全年国债现券交易累计成交 5.88 万亿元，仅占银行间市场现券交易的 14.6%；2015 年银行间现券成交金额比 2014 年增长了 111.21% 到 85.78 万亿元，显示 2015 年银行现券交易大幅度活跃。这些数据显示，近年来我国债券市场活跃度有限，特别是国债现券交易不够活跃。如果 2015 年现券市场成交金额增幅能够保持一定的程度，那么国内债券市场有望在今后几年持续活跃起来。没有的活跃交易，任何市场的功能都难以充分发挥。

56.9.5 市场监管格局需要完善

"多头监管、市场分割"仍是我国债券市场发展的主要问题之一。央行主管中期票据和短期融资券，发改委主管企业债（主要是项目债券），证监会主管公司债，造成多头监管的分裂格局；同时证监会分管交易所市场，而央行分管银行间市场。多年来多头监管使得债券市场没有一个统一的发展规划和发展战略，不易协调，急需改进完善。

56.9.6 利率市场化等政策因素是市场不够活跃的主要因素之一

债券市场是资本市场最主要的组成部分，债券的价格走势主要受利率变化的影响。由于我国利率市场化程度有待进一步提高，市场对不同类型的债券价格变化难以较好判断，导致很多金融机构将国债等品种当作优质资产持有，从而使市场活跃度难以提高。活跃债券市场的最主要前提是进一步推动利率市场化进程。

56.10 发展我国债券市场的举措

我国债券市场规模较小，结构有待完善，同时市场交易有待进一步活跃。下文我们拟就改善这些问题提出相应的措施。

56.10.1 适度扩大人民币国债规模

2014 年和 2015 年我国国债余额与 GDP 比重仅为 15% 上下，债券总市场余额与 GDP 比重也分别仅有 56% 和 66%。为了满足今后几年人民币成为国际储备货币的需求，英爱可以采取一定的措施有计划地适度增发人民币国债。比如为解决务工人员户籍等重要问题发行特别国债，为城镇化的持续推动打下较好的基础。

56.10.2　大力发展人民币企业/公司债市场

表 56 - 13 显示，近年来我国企业债市场有了可喜的增长，2000 年到 2014 年，企业债年底存额年均复合增长率高达 52.2%，增幅为国内各类债券最高。2014 年，企业债余额占市场份额首次超过 10%，成为我国第三大类债券类型；然而 2015 年国内企业债余额却出现了十多年来首次回调。企业债的发展对于企业解决融资难问题、扩充融资渠道、扩大就业等皆有积极的意义。企业债的发行不仅可以考虑有规模的企业如上市公司，而且也可以扩大到有一定信誉的中等企业发行。企业债的发展也应考虑可以转换成股权的债券，即可转债，这方面我国十年前就开始试点而且已积累一定的经验，有条件进一步发展。企业债的发展非常重要的一项基础性工作就是企业信用评估，这方面央行近期也有了专门的举措。推动企业债应该尽量减少或者避免政府担保式的企业债发行，或者避免政府承担违约风险的企业债，因为这样的企业债实际上是政府融资平台的扩展，不利于企业债市场机制的健全。只有打好了基础，市场才能持续稳步发展。

2015 年以来，特别是 2016 年前 4 个月，国内企业债违约率明显提高，特别是国有企业债券违约打破了国内企业债刚性兑付的神话，值得我们反思。企业债的发展可以解决企业融资难的问题，对减缓经济下行压力有重要的贡献，但是多年持续高速发展对企业债风险的关注程度不够。任何市场的良性发展都需要重视到风险评估和风险管理，信用风险管理是投资风险管理的重要内容。一定比例的违约率是债券市场的常态，有了企业债违约及其规范处置，企业债市场才会迈入健康发展的轨道。

56.10.3　积极试点和推广地方债市场发展

地方政府性债务的快速增长引发了国内外各界的广泛关注，很多隐性债务难以准确统计更加剧了人们对地方政府性债务的担忧。国家从 2009 年开始由中央财政代发地方债券，政代发地方债券，2014 年年底我国地方政府债存额比 2013 年增长了一万多亿元，2015 年比 2014 年又增加三倍多到 5 万亿左右，成为国内第三大债券类型。地方政府债的快速发展对我国债券市场结构的完善也发挥了一些积极的作用。

2011 年 10 月，财政部公布了关于印发《2011 年地方政府自行发债试点办法》的通知，对我国地方政府发债进行了规范，对市场进一步发展发挥了积极的作用。由财政部代发，或者由财政部代还本付息诚然对于控制地方政府债券风险和我国政府债券的规模有积极的意义，但是，这种代还本息和指定发行指标的做法仍然相当于国债的发行，有计划经济的特点，没有体现或者明确地方政府的责、权、利。因此，在继续扩大试点的同时，应该逐步给予地方政府一定的主动性，从而使地方债券的发行与地方经济发展和财政收入相联系，进而发挥资本市场的功能。不仅如此，地方债券的发行还有利于推动地方政府财政公开、资金利用公开等。

2013 年 7 月 4 日，财政部网站发布《2013 年地方政府自行发债试点办法》。经国务院批准，2013 年适当扩大自行发债试点范围。现确定，2013 年上海市、浙江省、广东省、深圳市、江苏省、山东省开展自行发债试点。该试点的推出对我国地方政府债券市场的发展将产生一定的推动作用。国家只要对地方政府债券的规模和相关要求给予一定的指导和限制，这样提前达到条件的地方可以提早利用债券市场，没有达到条件的地方也会积极准备满足条件。这样不仅推动了地方债券市场的发展，也会对我国地方政府的财政和经济发展产生一定的促进作用。

56.10.4 扩大人民币证券化市场的发展

证券化债券，特别是按揭证券化债券是成熟市场非常常见的债券类产品，在市场占有相当的比重。我们在第 1 章谈到，虽然国际金融危机中美国证券化产品很多出了问题，但是并不证明这些产品和做法有问题。我国资产证券化早于 2005 年就开始试点，2007 年和 2008 年，我国资产支持证券市值分别达到 250.3 亿元和 388.4 亿元；国际金融危机之后几年，该试点暂缓推进，表 56 – 13 显示，2008 年到 2011 年国内证券化债券存量持续下降到了 27.6 亿元；而 2011 年以来却大幅度增长，显示近年来证券化债券重启后良好的发展态势。然而证券化债券存量规模仍然过小，加大推动资产证券化对提高我国银行业资产有效配置、提高投资品种等方面皆有意义。

56.11 建立健全多层次的人民币债券市场

早在 2004 年，《国务院关于推进资本市场改革开放和稳定发展的若干意见》中就明确提出，"逐步建立满足不同类型企业融资需求的多层次资本市场体系"。多层次的资本市场有不同的理解，上文我们介绍的发展债券市场的不同领域，实际上皆为传统的和基础的债券市场，而更高层次的实际上是债券或者利率衍生产品。这些债券衍生产品构成了多层次的债券市场。债券市场上最基本的衍生产品为利率远期、利率期货、远期利率协议、利率互换等，同时还有利率期权、互换期权等。这些产品及其市场为市场参与者提供了风险管理的工具和场所，也为金融机构和监管者进行风险管控提供了依据和参考，因而是债券市场有效、协调、持续、稳步发展必不可少的重要组成部分。本节我们简单介绍我国债券衍生产品市场的发展现状和存在的问题。

56.11.1　努力活跃现有市场

债券远期、利率互换和远期利率协议先后分别于 2005 年、2006 年和 2007 年推出，从无到有，成绩可观。然而本书第二篇对这些市场的介绍表明，债券远期市场和远期利率协议市场成交量近年来不仅没有上升反而大幅度地下降到了几乎零交易的不正常状态。虽然利率市场化近年来加速推动，在利率风险显著增大的同时，债券远期和远期利率协议却不增反降，表明国内机构利率风险管理意识仍需显著提高，风险管理的技术也需要加速学习利用。

56.11.2　及时允许银行参与利率期货交易以提高利率风险管理能力

利率期货是债券市场上最重要的风险对冲工具之一，占全球金融期货的比重达九成左右，在全球利率风险管理方面发挥着重要的作用。国内国债期货于 1995 年 3 月停止交易，18 年后的 2013 年 9 月国债期货再次推出。与股指期货不同的是，国债期货推出以来交易活跃度仍需大幅度提高。国债期货活跃度不够的主要原因是到现在为止利率风险的最大承担者银行类金融机构却仍不能参与交易。及时允许并鼓励银行类金融机构利用国债期货管理和对冲利率风险，是利率市场化进一步推动的必由之路。

56.11.3　积极推出利率期权等重要产品

期权是每个金融市场中与期货相对应的、必不可少的产品，债券市场也不例外，而且可能更加重要。2011 年 4 月初，我国银行间推出了外汇期权，弥补了我国期权市场的空缺。债券市场中利率期权也和利率期货一样是市场发展必不可少的对冲工具。

56.12　为人民币国际化打更好的基础和创造更好的环境

人民币成为主要国际货币的经贸基础已经基本具备，然而其他方面仍需做很多准备。根据我国经济转型和经济社会稳步发展的需要，适度扩大国债规模和其他人民币债券规模，从而提高国际市场对人民币储备资产的满足度，但却不能仅仅为了满足国际需求而过度扩大人民币国债规模，不然我们可能会重蹈美、欧、日、英等主要发达国家依靠债务发展的覆辙，并且延续甚至恶化当前国际货币体系中以"毒债"为基础的储备资产。人民币国际化非常复杂，需要我们利用一切可能利用的人类知识和智力资源才可能达到应有的地位。我们要开动脑筋，充分利用国内外学术和商业研究的成果，并充分借鉴发达国家几十年甚至更长时间内的经验和教训，在改革和创新国际储备资产以至改革和创新货币体系的进程中推动人民币国际化。这方面涉及很多内容，这里难以细述，主要讨论国际储备资产形式方面创新的必要性。

当前我国虽然没有与美、欧相当的国债规模，而且我们也不能像欧美那样为了满足国际对人民币资产的需求而无限制地发行国债，但是基于我国外汇储备中两万多亿美元债券资产，可以利用一定的金融工程方法将这些资产与人民币相链接发行，从而既可扩大人民币相关资产的规模，又可使美、欧这两大货币资产对人民币资产有一定的支持作用。这样既可避免发行过多的人民币国债，又解决今后国际市场上人民币储备资产不足的问题，更重要的是还会与美、欧这两大货币资产形成一定程度的互动和牵制。相关金融工程的具体方法技术性很强，这里不宜细述。

56.13　本章总结

人民币成为主要国际储备货币之一的经贸基础已经具备，但人民币债券市场规模和活跃度仍然难以达到人民币成为主要国际储备货币之一的要求。从世界各国十几年来持有的美元储备资产结构来看，除国债作为主要的储备资产外，其他资产也可能成为储备资产的一部分，而人民币债券市场除国债外的其他债券规模也有限，应该在适度扩大市场规模的同时，稳步推动利率市场化，完善监管结构，从而活跃境内外人民币市场，并加速健全利率衍生产品的推出和市场的活跃。

人民币国际化和产品创新持续上升的事实和主要发达国家持续持有大量黄金的情况同时表明，主要发达国家对黄金的"嗜好"并未削减，证明黄金不但没有脱离其货币属性，而且在国际外汇储备中仍然发挥着"并不太显眼"的重要作用。虽然 2015 年以来我国黄金储备比 2014 年有了明显的提高，但是黄金储备占我国外汇储备的比例仍然过低，而且离我国经济的世界占比也很低。

随着我国经贸的持续稳步增长和人民币国际化的持续推动，人民币成为主要国际储备货币的时间将渐行渐近，国际上对人民币储备资产，特别是对人民币国债的需求将显著增长。我国目前人民币国债的规模相对较小，而且根据近年来人民币国债增长趋势来判断，再过几年增长幅度也将有限，届时不易满足境外对人民币国债持有的需求，或者境外持有我国债券的比例将过高。因此，适度扩大人民币国债市场规模，大力发展我国债券市场的同时，也要开动脑筋探讨新的国际储备资产的形式，从而有效改革国际货币体系。如果我们根据境外的需求过多发行人民币国债，我国可能重蹈欧美主要发达国家债务过重的覆辙。这可能是人民币国际化进程中的瓶颈之一。

过为过，不及亦为过，既不过亦非不及方离"中和"的"佳境"不远矣。为了今后人民币成为主要国际储备货币之一，人民币国债、黄金储备、可识别资产等数量都不能过高，也不能过低。相信我们做好各种准备，人民币成为主要国际储备货币的时间就不远了。我们在第 25 章还会专门探讨人民币作为国际储备货币的进展和预判。

参考文献

［1］周小川：《关于改革国际货币体系的思考》，中国人民银行网站，2009年 3 月 24 日。

［2］张光平、杨健：Indian Financial Reforms and Experiences for China to Learn，Research sponsored by Asian Development Bank，2008。

［3］李瑶：《非国际货币、货币国际化与资本项目可兑换》，载《金融研究》，2003（8）。

［4］杨涛：《社科院研究员：美元资产占中国外汇储备比例近 70%》，凤凰网财经，2011 - 06 - 16。

［5］张明：《中国投资者是否将重新增持美国国债?》，中国社会科学院世界经济与政治研究所国际金融研究中心，Policy Brief No. 2012. 019。

［6］Li, Joseph，"Demysifying China's Foreign Assets：An Update"，July 3, 2014，DBS Bank Limited（Hong Kong）.

［7］Triennial Central Bank Survey, Foreign exchange and derivatives market activity in April 2010, Preliminary results, Monetary and Economic Department, September 2010.

［8］Triennial Central Bank Survey, Report on global foreign exchange market activity in 2010, Monetary and Economic Department, December 2010.

［9］Mihaljek, Dubravko and Frank Packer, "Derivatives in emerging markets", BIS Quarterly Review, December 2010.

［10］International Monetary Fund, 2010, Review of the Method of Valuation of the SDR, Prepared by the Finance Department, In consultation with the Legal and Other Departments, Approved by Andrew Tweedie, October 26, 2010.

［11］Morrison, Wayne M. and Marc Labonte, "China's Holdings of U. S. Securities：Implications for the U. S. Economy," December 6, 2012, US Congressional Research Service, 7 - 5700, www. crs. gov, RL34314.

［12］Zhang, Peter G. and Thomas Chan, 2011, Chinese Yuan Internationalization and Financial Products in China, John Wiley & Sons, ISBN978 - 0 - 470 - 82737.

第57章 货币在外汇市场活跃度简介和货币国际化程度量度的探讨

货币在外汇市场和资本市场的功能是其国际化的重要表现，也是衡量货币国际化程度的主要依据。在介绍了国际储备资产后，我们有必要了解当前主要国际货币的市场流动性和货币国际化程度度量的基本情况，从而为人民币国际化的现状分析和未来预判做好准备。

57.1 主要国际货币在国际外汇市场上的活跃度

本节我们将从国际外汇市场的流动性、主要货币对交易和各主要国家的外汇交易等几个方面探讨国际货币在国际市场上的地位。

57.1.1 国际外汇市场成交分布

外汇市场主要以柜台交易为主，因此，难以获得准确的年度数据。全球外汇市场最具权威的数据是国际清算银行每三年公布的当年4月的日均成交数据。表57-1给出了1998年到2013年国际外汇市场上主要货币的日均成交金额占比分布。由于每笔外汇交易涉及两种货币，所有货币交易占比总和为200%。据此，我们可以计算出美元、欧元、英镑和日元四大主要国际储备货币在外汇市场交易中的总份额。计算结果显示，1998年四大货币在全球外汇市场中的份额高达59.8%（表57-1中前四大货币占比之和除以2）；2001年和2004年该份额分别高达81.2%和81.4%；2007年到2013年保持在77.6%左右的水平。这些数据显示出四大货币在全球外汇市场中的垄断地位。

表57-1　　　　国际外汇市场主要货币日均成交金额占比　　　　单位：%

货币＼年份	1998	2001	2004	2007	2010	2013
美元	86.8	89.9	88.0	85.6	84.9	87.0
欧元	0.0	37.9	37.4	37.0	39.1	33.4
日元	21.7	23.5	20.8	17.2	19.0	23.0
英镑	11.0	13.0	16.5	14.9	12.9	11.8
澳大利亚元	3.0	4.3	6.0	6.6	7.6	8.6
瑞士法郎	7.1	6.0	6.0	6.8	6.3	5.2

续表

年份 货币	1998	2001	2004	2007	2010	2013
加拿大元	3.5	4.5	4.2	4.3	5.3	4.6
墨西哥比索	0.5	0.8	1.1	1.3	1.3	2.5
人民币	0.0	0.0	0.1	0.5	0.9	2.2
新西兰元	0.2	0.6	1.1	1.9	1.6	2.0
瑞典克朗	0.3	2.5	2.2	2.7	2.2	1.8
俄罗斯卢布	0.3	0.3	0.6	0.7	0.9	1.6
港元	1.0	2.2	1.8	2.7	2.4	1.4
挪威克朗	0.2	1.5	1.4	2.1	1.3	1.4
新加坡元	1.1	1.1	0.9	1.2	1.4	1.4
土耳其新里拉	0.0	0.0	0.1	0.2	0.7	1.3
韩元	0.2	0.8	1.1	1.2	1.5	1.2
南非兰特	0.4	0.9	0.7	0.9	0.7	1.1
巴西雷亚尔	0.2	0.5	0.3	0.4	0.7	1.1
印度卢比	0.1	0.2	0.3	0.7	1.0	1.0
丹麦克朗	0.3	1.2	0.9	0.8	0.6	0.8
波兰兹罗提	0.1	0.5	0.4	0.8	0.8	0.7
新台币	0.1	0.3	0.4	0.4	0.5	0.5
匈牙利福林	0.0	0.0	0.2	0.3	0.4	0.4
马来西亚林吉特	0.0	0.1	0.1	0.1	0.3	0.4
捷克克朗	0.3	0.2	0.2	0.2	0.2	0.4
泰铢	0.1	0.2	0.2	0.2	0.2	0.3
智利比索	0.1	0.2	0.1	0.1	0.2	0.3
以色列谢克尔	0.0	0.1	0.1	0.2	0.2	0.2
印尼卢比	0.1	0.0	0.1	0.1	0.2	0.2
菲律宾比索	0.0	0.0	0.0	0.1	0.2	0.1
罗马尼亚新列伊	0.0	0.0	0.0	0.0	0.1	0.1
哥伦比亚比索	0.0	0.0	0.0	0.0	0.1	0.1
沙特里亚儿尔	0.1	0.1	0.0	0.1	0.1	0.1
其他货币	…	6.6	6.6	7.7	4.7	1.7
人民币*	…	0.0	0.1	0.5	0.66	1.37
人民币**	…	0.0	0.1	0.5	0.66	0.83

数据来源：国际清算银行 2013 年 12 月公布的 2013 年 4 月日均交易数据和相应之前年份的数据；人民币 * 代表剔除境外人民币外汇日均数据水分后的人民币日均成交占比；人民币 * * 代表的数据为根据人民银行公布的 2011 年以来国内人民币外汇市场季度数据和同比增长数据计算出的国内人民币交易国际占比，"人民币 *" 和 "人民币 * *" 占比的具体计算方法见第 63.9 节。

从表57-1可以看出，2007年人民币在全球外汇市场的交易占比仅仅为0.5%，这与该年我国GDP全球占比6.1%极不相称；2010年人民币外汇交易占全球外汇市场比重为0.9%，世界排名第16位，与当年我国GDP世界占比9.2%和第2的世界排名很不相称；2013年人民币外汇交易占全球外汇市场比重快速提高到了2.2%，世界排名第9位，与当年我国GDP世界占比12.6%也很不相称。2010年到2013年，人民币国际排名有些难以置信地从第16位提升了7位到第9位，这是因为国际清算银行2010年和2013年公布的人民币外汇数据有严重的问题。我们在下文和第25章会对这些问题进一步深入探讨，从而使我们对人民币国际化的现状和未来发展有更准确地把握。尽管如此，人民币外汇市场的国际占比近年来还是取得了可喜的成绩，令人欣慰。

57.1.2 国际外汇市场主要货币对

表57-2给出了2001年到2013年主要货币对之间的外汇交易额及其占比。从表57-2可以看出，美元对其他三大国际货币欧元、日元和英镑之间的外汇交易是国际外汇市场上最主要的货币对交易，2001年和2004年该三种货币对交易占比总和分别为60.6%和58.4%；2007年到2013年该三种货币对占比总和虽然略有下降，但是仍然保持在51%以上的水平。

57.1.2.1 美元的垄断地位

表57-2显示，美元货币对占比总额虽然从2001年的89.8%下降到了2007年的85.6%，但是从2010年到2013年美元货币对占比总额不仅超过了2001年的89.8%，而且首次超过九成达到了94.7%的历史最高纪录，在全球外汇市场中居绝对领导地位。虽然经过国际金融危机的冲击，但美元在国际外汇市场中的地位不仅没有下降反而有所提高。表57-2给出的美元货币对的交易额在很大程度上也反映出不同货币的国际地位：2013年美元对人民币货币对排名美元货币对的第8位，加上美元本身，2013年人民币在全球货币排位第9位，排名与表57-1给出的总日均交易占比排名一致。

表57-2 主要货币对日均交易额及占比 单位：亿美元，%

年份 货币对	2001		2004		2007		2010		2013	
	金额	占比	金额	占比	金额	占比	金额	占比	金额	占比
美元/欧元	3720	30.0	5410	28.0	8920	26.8	10980	27.7	12890	24.1
美元/日元	2500	20.2	3280	17.0	4380	13.2	5670	14.3	9780	18.3
美元/英镑	1290	10.4	2590	13.4	3840	11.6	3600	9.1	4720	8.8
美元/澳元	510	4.1	1070	5.5	1850	5.6	2480	6.3	3640	6.8
美元/加元	540	4.3	770	4.0	1260	3.8	1820	4.6	2000	3.7

续表

年份 货币对	2001		2004		2007		2010		2013	
	金额	占比	金额	占比	金额	占比	金额	占比	金额	占比
美元/瑞法	590	4.8	830	4.3	1510	4.5	1660	4.2	1840	3.4
美元/墨西哥比索	…	…	…	…	…	…	…	…	…	2.4
美元/人民币	…	…	…	…	…	…	310	0.8	…	2.1
美元/新西兰元	…	…	…	…	…	…	…	…	…	1.5
美元/俄罗斯卢布	…	…	…	…	…	…	…	…	…	1.5
美元/港元	…	…	…	…	…	…	850	2.1	…	1.3
美元/新加坡元	…	…	…	…	…	…	…	…	…	1.2
美元/土耳其里拉	…	…	…	…	…	…	…	…	…	1.2
美元/韩元	…	…	…	…	…	…	…	…	…	1.1
美元/其他币种	1990	16.0	3070	15.9	6690	20.1	7180	18.1	9260	17.3
欧元/日元	360	2.9	610	3.2	860	2.6	1110	2.8	1470	2.8
欧元/英镑	270	2.1	470	2.4	690	2.1	1090	2.7	1020	1.9
欧元/瑞法	130	1.1	300	1.6	620	1.9	710	1.8	710	1.3
欧元/其他币种	220	1.8	440	2.3	1230	3.7	1620	4.1	1770	3.3
日元/其他币种	50	4.0	137	7.0	488	1.5	768	1.9	1060	2.0
其他币种对	230	1.8	360	1.9	900	2.7	720	1.8	890	1.7
所有货币对	12390	100.0	19340	100.0	33240	100.0	39710	100.0	53450	100.0

数据来源：国际清算银行2013年12月公布的2013年4月日均交易数据和相应之前年份的数据。

57.1.2.2　欧元和日元货币对

表57-2显示，2001年到2007年，欧元对其他货币的日均交易总占比保持在37.5%上下的水平；2007年到2010年欧元货币对占比虽然上升到了39.1%，但在2013年却下降到了33.4%，显著低于2001年到2007年平均占比37.5%，表明近年来欧债危机对欧元产生了明显的负面作用。

表57-2显示，2001年到2007年，日元与其他货币的货币对日均交易总占比从27.1%下降到了17.3%，降幅接近10%；虽然2007年到2010年日元货币对占比回升到了23.1%，但在2013年又下降到了19.8%，仍然处于中长期下降的趋势之中，反映日本二十多年经贸低迷的现实，也反映出日本大幅度刺激经济对日元外汇市场的作用有限。

57.1.2.3　其他货币对日均交易及占比

表57-2显示，除美元对其他货币的货币对、欧元对其他货币的货币对及日元对其他货币的货币对交易外，全球其他货币之间的交易日均成交额很低，

2001 年日均成交额仅有 230 亿美元，占比仅为 1.8%；2001 年到 2007 年日均成交易额虽然提高到了 900 亿美元，占比也提高到了 2.7%，但到了 2010 年和 2013 年日均成交额分别仅为 720 亿美元和 890 亿美元，占比分别下降了 1.8% 和 1.7%，皆低于 2007 年的水平。

57.1.3　国际外汇市场交易的区域分布

外汇交易在各个国家和地区间的分布在很大程度上也反映出全球外汇市场重要的信息。表 57-3 给出了 1998 年到 2013 年全球 36 个外汇交易最活跃的国家和地区及其外汇交易全球占比。

表 57-3　　　　　　全球外汇市场交易的国家和地区分布　　　　　单位：%

国家/地区＼年份	1998	2001	2004	2007	2010	2013
英国	32.6	31.8	32.0	34.6	36.8	40.9
美国	18.3	16.0	19.1	17.4	17.9	18.9
欧元区	17.0	14.5	13.2	10.6	9.5	9.0
新加坡	6.9	6.1	5.1	5.6	5.3	5.7
日本	7.0	9.0	8.0	5.8	6.2	5.6
中国香港	3.8	4.0	4.1	4.2	4.7	4.1
瑞士	4.4	4.5	3.3	5.9	4.9	3.2
法国	3.7	2.9	2.6	3.0	3.0	2.8
澳大利亚	2.3	3.2	4.1	4.1	3.8	2.7
德国	4.7	5.4	4.6	2.4	2.2	1.7
荷兰	2.0	1.8	2.0	0.6	0.4	1.7
丹麦	1.3	1.4	1.6	2.1	2.4	1.5
加拿大	1.8	2.6	2.3	1.5	1.2	1.0
俄罗斯	0.3	0.6	1.1	1.2	0.8	0.9
卢森堡	1.1	1.2	0.6	1.0	0.7	0.8
瑞典	0.8	1.5	1.2	1.0	0.9	0.7
韩国	0.2	0.6	0.8	0.8	0.9	0.7
中国	0.0	...	0.0	0.2	0.4	0.7
西班牙	1.0	0.5	0.5	0.4	0.6	0.6
印度	0.1	0.2	0.3	0.9	0.5	0.5
巴西	0.2	0.3	0.2	0.1	0.3	0.3
意大利	1.4	1.0	0.9	0.9	0.6	0.4

续表

年份 国家/地区	1998	2001	2004	2007	2010	2013
中国台北	0.2	0.3	0.4	0.4	0.4	0.4
比利时	1.3	0.6	0.8	1.2	0.6	0.3
挪威	0.4	0.8	0.6	0.7	0.4	0.3
奥地利	0.6	0.5	0.6	0.4	0.4	0.3
墨西哥	0.4	0.5	0.6	0.4	0.3	0.5
芬兰	0.2	0.1	0.1	0.2	0.6	0.2
爱尔兰	0.5	0.5	0.3	0.3	0.3	0.2
葡萄牙	0.2	0.1	0.1	0.1	0.1	0.1
沙特阿拉伯	0.1	0.1	0.1	0.1	0.1	0.1
波兰	0.1	0.3	0.3	0.2	0.2	0.1
匈牙利	0.1	0.0	0.1	0.2	0.1	0.1
印尼	0.1	0.2	0.1	0.1	0.1	0.1
以色列	…	0.1	0.2	0.1	0.1	0.1
哥伦比亚	…	0.0	0.0	0.0	0.1	0.1
捷克	0.2	0.1	0.1	0.1	0.1	0.1
其他国家和地区	1.6	1.8	1.6	1.6	1.7	1.9
总计	100.0	100.0	100.0	100.0	100.0	100.0

数据来源：国际清算银行2013年12月公布的2013年4月及之前年份的日均交易数据；欧元区数据为奥地利、比利时、爱沙尼亚、芬兰、法国、德国、希腊、爱尔兰、意大利、卢森堡、荷兰、葡萄牙、斯洛文尼亚、斯洛伐克和西班牙等15个进入2013年国际清算银行公布的外汇交易占比数据之列的欧元区货币总和。

57.1.3.1　英国持续独占鳌头

尽管英国多年来保持世界第6大经济体的地位，近年来世界占比也不到4%，但英国多年来的国际金融中心地位，特别是国际外汇市场独占鳌头的地位却难以撼动。表57-3显示，1998年到2004年英国占全球外汇市场的份额一直稳定于32%或略高的水平；2004年到2007年，英国外汇交易占比上升了2.6%，2007年到2013年又分别上升了2.1%和4.1%，2013年占比首次超过四成达到40.9%，超过全球最大经济体美国外汇交易占比一倍多，保持了名符其实的国际外汇交易中心的地位。这些数据显示，尽管受国际金融危机的影响，英国独占鳌头的地位不仅没有削弱，反而明显巩固。

比较表57-3和表57-1的数据我们可以发现，近年来英国外汇交易占比在显著上升的同时，英镑在国际外汇市场交易中的占比却持续下降，表明在英国交易的大量外汇实际上并不是英镑的外汇交易，而是与其他主要国际货币相关的"外币对"交易。英国独占鳌头的国际外汇市场地位及其对人民币国际化的兴趣和努力将对推动人民币国际化发挥一定的作用，我们在第58章会进一步探讨。

57.1.3.2　美国外汇交易地位没有多少变化

作为全球最大的经济体，美国外汇交易额占全球的比重从1998年到2013年几乎没有多大变化，保持在18%上下的水平。美国外汇交易占比没有显著变化的主要原因是美国金融机构大多在英国设有外汇的交易平台，因此美国的外汇交易很多在英国实现。下文显示，虽然2007年以来美国国内外汇交易全球占比没有多大变化，但是美元在美国国内外汇交易占比却显著提高。表57-3显示，从1998年到2013年，英国和美国仍然保持了全球最大的外汇交易的地位，两国外汇市场总份额从50%左右持续上升到了接近6成的高位。

57.1.3.3　欧洲、日本外汇交易占比明显下降

表57-3显示，欧元区15国的外汇交易占比十多年来出现明显的下滑趋势，虽然2007年以来的下滑速度有所减缓，但是总体下滑趋势没有改变。虽然欧元区作为货币经济体多年来保持在仅略低于美国的水平，但是其外汇交易占比却从2001年接近15%的水平持续下降到了2013年不到10%的低位，表明欧元虽然为全球第二大货币，但是欧元区外汇交易却有显著提升的潜力。日本外汇交易占全球比重从1998年的7.0%显著上升到了2001年的9.0%，而2001年到2007年却显著下降到了5.8%的低位；2007年到2010年虽然略微回升到了6.2%，但2010年到2013年又重新下降到了5.6%，其总体的下降趋势没有改变。

57.1.3.4　全球第三、亚太最大的外汇交易中心——新加坡

十多年来国际金融市场，特别是国际外汇市场最重要的变化之一是2013年新加坡取代日本成为全球第三、亚太最大的外汇交易中心。新加坡十多年来世界经济占比在0.3%到0.4%之间，然而其在亚太地区金融，特别是在外汇市场的地位却名列前位。表57-3显示，新加坡在截至2010年的十多年外汇市场中绝大多数时间排名世界第四、亚洲第二；2013年新加坡首次超过日本，成为亚洲最大、全球第三大外汇交易中心，显示新加坡在亚太乃至全球外汇市场中的地位。新加坡多年来致力于境外人民币市场的准备，2013年年初获得中国人民银行批准成为境外继中国香港后的第二大人民币离岸中心。新加坡在国际外汇市场的地位及其努力推动人民币国际化的诸多举措使得新加坡今后在亚太，特别在东盟推动人民币国际化方面将发挥重要的作用。

57.1.3.5　全球第五、亚太第三大外汇交易中心——中国香港

香港特区是我国内地三十多年来通向国际外汇市场的最主要的桥头堡，在

改革开放过程中发挥了巨大的作用。作为境外最大的人民币中心，香港今后将在人民币国际化进程中继续发挥重要作用。多年来中国香港的 GDP 高于新加坡，然而进入 21 世纪后新加坡的经济增长显著高于香港，2010 年前者的 GDP 首次超过后者。表 57－3 显示，1998 年到 2007 年，中国香港外汇交易占比一直低于新加坡，然而两者间的差距在缩小；2007 年到 2010 年，在中国香港外汇交易占比提高了 0.5% 到 4.7% 的同时，新加坡外汇交易占比却下降了 0.3% 到 5.3%，两者间的差距缩小到了十多年最小范围；然而 2010 年到 2013 年，中国香港外汇交易占比不增反降了 0.6% 到 4.1%，重新回到了 2004 年的占比水平，而新加坡外汇交易占比却增长了 0.4% 到 5.7%，两者间的差距扩大到了十多年来最大的程度。

基于 2010 年 12 月国际清算银行公布的数据，笔者在本书第二版曾经预测，我国内地在港推动人民币跨境贸易结算和其他人民币业务对香港外汇业务带来少有的刺激和推动，根据 2007 年到 2010 年中国香港和新加坡外汇交易占比变化趋势判断 2013 年中国香港有望首次超过新加坡，甚至超过日本成为亚太最大的外汇交易中心。而表 57－3 的数据显示，笔者对香港外汇市场发展过于乐观。我们在第 57 章介绍的香港人民币相关业务的增长和表 57－3 给出的 2010 年到 2013 年香港外汇交易的世界占比数据表明，近年来香港人民币交易迅速活跃的同时，中国香港其他外汇交易的增长幅度却显著低于新加坡，导致表 57－3 所示的香港 2010 年到 2013 年外汇交易占比不增反降的结果。表 57－3 也显示，虽然 2010 年到 2013 年中国香港外汇交易占比不增反降，但是由于瑞士在国际金融危机中受到的冲击最大，其外汇交易占比从 2007 年的 5.9% 迅速下降到了 2013 年的 3.2%，在全球外汇市场的排名显著下降，导致中国香港 2013 年的外汇市场排名反而从 2010 年的第 6 位提高到了 2013 年的第 5 位。

57.1.3.6　我国外汇交易占比及相关问题

表 57－3 显示，我国外汇交易的世界占比从 2007 年的 0.2% 提高到了 2013 年的 0.7%，排名也从第 26 位提高到了第 15 位（排名没有考虑欧元区），显示近年来我国外汇市场较快增长的态势。然而由于国内外汇交易绝大多数为人民币外汇交易（2010 年和 2013 年国内"外币对"交易分别仅占全年外汇交易总额的 1.00% 和 0.55%），我们在第 25 章将利用人民银行近年来公布的人民币数据及国际清算银行 2013 年公布的全球 2013 年 4 月的外汇日均成交金额 5.345 万亿美元，计算得出 2010 年 4 月和 2013 年 4 月我国外汇日均成交额分别仅为全球外汇日均成交金额的 0.34% 和 0.42%，比表 57－3 给出的中国该两年外汇交易全球占比（国际清算银行直接公布的数据）分别低 0.05% 和 0.24%，表明表 57－3 给出的我国外汇交易数据含有相当程度的水分，表 57－3 中国*给出了如上介绍的我国外汇交易真实占比。我们在本章下文和第 60 章会详细讨论这些。

57.2 主要国际货币在国际外汇衍生产品市场上的活跃度

虽然国际金融危机后衍生产品的名声不佳，但是衍生产品在国际金融市场中发挥着重要的作用。张光平（2015）显示，十多年来全球金融衍生产品市场的成交金额远超相应的债券、外汇和股票等传统金融市场的成交金额。我们上文介绍的国际外汇市场日均成交金额实际上不仅包括传统的外汇现货或即期交易，而且还包括外汇远期、外汇掉期、货币互换和外汇期权等外汇衍生产品交易，而且除外汇即期交易外的外汇衍生产品交易的比重早就超过了即期交易。实际上，早在十几年前，传统的外汇现货交易就已经不再是外汇市场的主要产品。换句话说，外汇交易中大多数为外汇衍生产品交易。本节的目的是介绍主要国际货币在全球外汇市场中不同产品类型的交易分布。表9-2给出了2007年4月到2013年4月全球24个主要币种外汇即期、外汇远期和外汇掉期三类产品的分布情况。

57.2.1 外汇现货/即期交易与外汇衍生产品交易比较

国际清算银行的数据显示，1992年外汇市场即期交易占比首次低于50%，1995年外汇掉期日均成交金额首次超过即期交易金额，成为外汇市场的主要产品。2001年到2007年，外汇即期交易占比进一步下滑到略微高于30%的历史低位。然而，受国际金融危机的影响，全球外汇交易市场的外汇互换占比显著下降，同时现货交易占比显著上升。表9-2显示，2007年全球外汇市场中现货或者即期交易占比仅为32.6%，外汇衍生产品占比则高达67.4%；2010年外汇市场中现货交易占比回升到了37.4%，2013年现货交易占比进一步回升到了38.3%，外汇衍生产品占比进一步下降到了61.7%，显示国际金融危机后全球外汇市场回归传统的趋势在延续。

57.2.2 不同货币外汇远期的占比比较

外汇远期是国际外汇市场最早且最简单的衍生产品。从表9-2可以看出，2007年所有货币的外汇远期交易占总交易额的比重为11.7%，其中美元、欧元、日元、英镑、澳大利亚元、加拿大元、瑞士法郎、新西兰元等主要发达国家的货币远期交易占比在11.7%。然而巴西雷亚尔、新台币、人民币、韩元、印度卢比等国家和地区的外汇远期占比却高达20%甚至超过40%，其他货币远期占比更高达39.3%。2007年到2013年，国际外汇远期交易占总交易比重分别提高到了11.9%和12.7%，上述主要发达国家货币的外汇远期交易占比也未发生大的变化，而韩元、巴西雷亚尔、印度卢比和新台币远期占比却相对于 2007 年进一步提高，其他货币远期交易占比却下降到了 30.6%。

57.2.3　不同货币的外汇掉期占比

外汇掉期是国家外汇市场最主要的产品。表 9 - 2 显示，2007 年到 2013 年，全球外汇掉期日均交易占比从 55.6% 分别下降到了 45.4% 和 41.7%，显示国际外汇市场国际金融危机后回归传统的趋势；尽管 2013 年外汇掉期交易占比下降到了危机后的低位 41.7%，但是外汇掉期仍然是外汇市场上占比最高的产品。表 9 - 2 也显示，2013 年美元、欧元、英镑、澳大利亚元、加拿大元等主要国际货币外汇掉期交易占比与国际占比相差不大，而日元和瑞士法郎的外汇掉期交易占比却比国际外汇掉期交易占比分别低 14.7% 和 - 12.5%，表明日元外汇掉期活跃度不够（日元的即期交易占比比国际占比 38.3% 高出 11.4%），而瑞士法郎的外汇掉期活跃度则远超国际水平（这是由于瑞士法郎即期和远期交易占比偏低所致）。

2007 年到 2013 年，由于美元在国际外汇市场的垄断地位，美元即期和掉期交易占比变化的趋势与全球总体趋势相同。欧元和日元却相对传统，掉期交易比重明显偏低，即期交易比重高于美元，甚至高于全球即期交易所占比例；2013 年巴西雷亚尔、印度卢比、韩元、新台币、人民币等货币外汇掉期交易占比显著低于国际外汇掉期交易占比，显示这些货币外汇掉期市场有着很大的发展空间。

57.2.4　不同货币外汇期权市场占比的比较

除外汇远期和外汇掉期外，国际外汇市场上还有外汇期权和货币互换两类外汇衍生产品。外汇期权在外汇市场上发挥着重要的作用。国际清算银行公布的数据显示，1998 年 4 月到 2007 年 4 月全球外汇期权日均成交金额分别仅为 870 亿美元、600 亿美元、1190 亿美元和 2120 亿美元，分别占外汇交易日均总额的 5.7%、4.8%、6.2% 和 6.4%；2007 年 4 月到 2010 年 4 月和 2013 年 4 月全球外汇期权日均成交金额分别达到 2070 亿美元和 3370 亿美元，占外汇交易日均总额的比重也仅为 5.2% 和 6.3%，显示外汇期权占比仅相当于表 9 - 2 给出的全球外汇远期占比的一半上下。

表 57 - 4 也给出了 2010 年 4 月和 2013 年 4 月主要国际货币外汇期权交易的占比。从表 57 - 4 可以看出，除日元外汇期权交易占比较高外，美元、欧元、英镑、澳大利亚元、加拿大元等主要发达国家和地区的货币的外汇期权交易占比与全球外汇期权总占比相当，没有很大的区别；巴西雷亚尔和人民币外汇期权占比显著超过国际外汇期权的交易占比。

表 57-4　　　　主要货币的货币互换和外汇期权占总日均成交额比重　　　　单位：%

年份	2010		2013	
货币/产品类型	货币互换	外汇期权和其他	货币互换	外汇期权和其他
美元	1.1	4.7	1.1	6.3
欧元	1.1	5.6	1.0	3.9
日元	0.9	7.2	0.9	12.5
英镑	0.5	3.9	0.7	4.6
澳大利亚元	1.9	5.1	1.3	5.9
瑞士法郎	0.7	5.3	0.5	4.9
加拿大元	1.4	2.9	0.9	4.8
墨西哥比索	0.7	4.6	0.6	4.5
人民币	0.2	14.6	0.4	14.3
新西兰元	1	4.8	1.4	3.0
瑞典克朗	0.8	3.4	0.9	2.0
俄罗斯卢布	0.5	2.9	0.6	3.2
港元	0.4	1.8	0.5	1.6
挪威克朗	1.2	3.6	0.5	2.6
新加坡元	0.1	4.8	0.8	3.9
土耳其里拉	6.5	12.8	3.6	4.7
韩元	1.6	5.9	1.1	6.6
南非兰特	0.5	3.6	0.3	2.9
巴西雷亚尔	1.4	17.1	4.3	18.1
印度卢比	0.1	9.9	0.6	5.2
丹麦克朗	0.5	0.9	0.5	0.2
波兰兹罗提	0.6	6.5	0.9	2.8
新台币	0.5	6.7	1.0	4.9
匈牙利福林	0.3	7.2	1.2	4.3
其他货币	0.2	0.5	0.8	5.7
全部货币	1.1	5.2	1.0	6.3

数据来源：根据国际清算银行 2013 年 12 月公布的该年 4 月和之前年份的数据计算得出。

57.2.5　不同货币的货币互换占比和比较

除了上文介绍的外汇远期、掉期和期权这三类外汇衍生产品外，国际外汇市场上还有货币互换这一种外汇衍生产品。货币互换实际上是国际外汇市场中最不活跃的四种外汇衍生产品之一，1998 年 4 月到 2007 年 4 月全球货币互换日均成交金额分别仅为 100 亿美元、70 亿美元、210 亿美元和 310 亿美元，分别占外汇交易日均总额的 0.7%、0.6%、1.1% 和 0.9%；2007 年 4 月到 2010 年 4 月和 2013 年 4 月全球货币互换日均成交金额分别上升到了 430 亿美元和 540 亿美元，占外汇交易日均总额的比重也仅为 0.9% 和 1.1%，显示货币互换占比还不到表 9-2 给出的全球外汇远期交易占比的一成。表 57-4 也给出了 2010 年 4 月和 2013 年 4 月主要货币互换占相应货币总日均成交额比重。

57.2.6 人民币外汇衍生产品占比的国际比较及问题

从表 9-2 也可以看出，2007 年人民币是这 24 个币种中最为传统的货币，因为 2007 年即期交易占比 61.4% 为所有货币中即期交易占比最高，远期交易占比 31.3% 几乎是所有国际外汇远期交易占比 11.7% 的 3 倍，而掉期占比仅 7.4% 为当年 24 个货币中巴西雷亚尔（占比 2.5%）之外的倒数第二；但是，2010 年人民币即期交易占比却迅速下降到了 23.7%，不到 2007 年即期交易占比 61.4% 的一半，不仅显著低于同年国际市场即期交易占比的 37.4%，而且还低于除瑞典克朗、港元、波兰兹罗提、丹麦克朗和挪威克朗之外的其他 18 种货币，表明 2007 年到 2010 年人民币外汇衍生产品市场有了一些发展，但是 3 年内从最"传统"的货币突然变为非常"非传统"的货币的跳跃确实有些令人难以置信；虽然 2013 年人民币外汇即期交易占比回升到了 28.4%，但是仍比同年国际即期交易占比 38.3% 低近 10%，远期占比回落到了 23.5%，虽比国际同年远期占比 12.7% 更为接近，但仍超过后者 10.8%，人民币外汇掉期交易占比提高到了 33.4%，离同年国际外汇掉期占比 41.7% 更为接近。

表 9-2 给出的 2010 年和 2013 年人民币外汇即期、远期和掉期交易占比数据与第 25 章给出的近年来我国外汇市场即期、远期和掉期数据相差甚远，再次表明国际货币基金组织公布的我国外汇市场数据有明显的问题，我们在本书第 60 章和第 61 章会进一步探讨。

57.3 主要国际货币在国际利率衍生产品市场上的地位

利率是影响整个金融市场以至于整个经济最为重要的市场因素，利率风险也是金融市场上最为重要的市场风险，利率衍生产品也就成为了金融市场上最为活跃的风险管理工具。另外，利率是汇率的基础，汇率的走势是由利率走势来决定的。因此，不同货币利率衍生产品的活跃程度在很大程度上反映了该货币的国际地位。由于债券市场，特别是发达国家政府债券市场仍将成为今后多年国际金融市场上更为重要的组成部分，国际利率衍生产品今后还会发挥重要的作用。本节介绍主要国际货币在全球利率衍生产品市场的作用。

57.3.1 国际利率衍生产品日均成交额与外汇衍生产品日均成交额比较

利率衍生产品是全球最大的衍生产品市场，主要包括远期利率协议、利率互换、利率期权等其他利率产品。介绍这些产品需要较多的篇幅，有兴趣的读者可参考张光平（2015）。表 57-5 给出了 1998 年 4 月到 2013 年 4 月国际利率衍生产品日均成交金额及与相应的外汇衍生产品日均成交金额。表 57-5 显示，1998 年和 2001 年，全球利率衍生产品日均成交金额比全球外汇衍生产品日均成交金额分别高出 75% 和 127%；2004 年到 2010 年全球利率衍生产品日均成交金额比全球外汇衍生产品日均成交金额分别高出 327%、231% 和 302%；2013 年前者高出后者近 121%。这些数据显示，全球利率衍生产品市场比相应的外汇衍生产品要大很多。

表 57-5　　　　不同货币场外利率衍生产品4月日均交易量占比

和场内外利率衍生产品日均成交额　　单位：%，万亿美元

货币 ＼ 年份	1998	2001	2004	2007	2010	2013
欧元	—	47.38	44.96	38.91	40.60	48.90
美元	26.68	31.02	33.88	31.59	31.83	28.04
英镑	6.26	7.52	8.77	10.20	10.39	7.97
澳大利亚元	1.14	1.71	1.16	1.11	1.78	3.25
日元	10.29	5.58	4.50	8.11	6.04	2.97
瑞典克朗	0.66	1.06	1.28	1.95	0.98	1.54
加拿大元	2.71	1.17	0.74	0.92	2.35	1.27
巴西雷亚尔	0.00	0.04	0.08	0.10	0.14	0.70
南非兰特	0.19	0.08	0.15	0.19	0.26	0.68
人民币	0.00	0.00	0.00	0.01	0.09	0.62
瑞士法郎	3.51	1.32	0.96	1.10	0.99	0.61
韩元	0.00	0.01	0.03	0.28	0.80	0.52
墨西哥比索	0.06	0.05	0.17	0.32	0.22	0.41
挪威克朗	0.66	0.62	0.81	0.47	0.73	0.40
波兰兹罗提	0.00	0.05	0.06	0.11	0.07	0.32

年份 货币	1998	2001	2004	2007	2010	2013
印度卢比	0.00	0.01	0.04	0.21	0.11	0.28
新西兰元	0.11	0.09	0.19	0.39	0.18	0.21
丹麦克朗	0.62	1.08	0.21	0.06	0.09	0.17
新加坡元	0.00	0.07	0.26	0.22	0.21	0.16
泰铢	0.00	0.00	0.01	0.02	0.06	0.11
匈牙利福林	0.00	0.00	0.01	0.07	0.01	0.11
港元	0.20	0.30	0.42	0.55	0.15	0.09
总计		100.0	100.0	100.0	100.0	100.0
利率衍生品 日均成交金额*	1.679	2.802	5.593	7.757	10.141	7.389
外汇衍生品 日均成交金额*	0.962	0.856	1.310	2.342	2.522	3.340
利率外汇衍生品日均 成交金额/外汇衍生 产品日均成交金额比	1.75	3.27	4.27	3.31	4.02	2.21

数据来源：不同货币利率衍生产品占比数据根据 2013 年国际清算银行公布的银行间利率衍生产品日均成交金额计算得出；利率衍生产品日均成交额 * 为银行间利率衍生产品日均成交金额加上交易所交易的利率衍生产品日均成交金额；外汇衍生产品日均成交额 * 为银行间利率衍生产品日均成交金额（国际清算银行 2013 年 12 月公布的数据）加上交易所交易的外汇衍生产品日均成交金额（国际清算网站公布的数据计算得出）。

57.3.2　主要国际货币利率衍生产品成交金额占比比较

表 57 - 5 也给出了 1998 年 4 月到 2013 年 4 月主要国际货币利率衍生产品日均成交金额占比。表 57 - 5 显示，2001 年 4 月到 2007 年 4 月欧元利率衍生产品日均成交金额占比比美元日均成交金额占比分别高出 16.36% 到 7.32%，高出的份额明显下降；2007 年 4 月到 2013 年 4 月，前者高于后者的份额从 7.32% 持续上升到了 20.8%，显示欧元在国际利率衍生产品市场交易比美元活跃，这也是欧元国际应用中少有的超过美元的领域；1998 年到 2013 年欧元和美元利率衍生产品日均成交金额占比总计在七成到八成之间，表明了这两种货币在国际利率衍生产品市场的垄断地位；英镑利率衍生产品交易占比呈现略微上升的态势，而日元和加元利率衍生产品交易占比却呈现明显的下降趋势；另外，澳大利亚元的利率衍生产品交易占比呈现显著的上升态势。从 2001 年到 2013 年，欧元、

美元、英镑、澳大利亚元、日元、瑞典克朗、瑞士法郎和加拿大元这八个主要国家货币的利率衍生产品交易占比总和保持在94.3%的平均水平上下，比表57－1给出的同期这些货币在全球外汇市场交易占比的平均值89.1%还要高出5.2%，显示这些货币在国际利率衍生产品市场的重要地位。

57.3.3 人民币利率衍生产品成交金额占比比较及问题

表57－5显示2010年4月到2013年4月，人民币利率衍生产品日均成交金额占比从0.09%上升到了0.62%，排名也从第18位上升到了第10位，显示了该三年来人民币在利率衍生产品交易方面的快速进步。然而，利用人民银行2010年以来公布的我国利率互换交易数据（除国内利率互换外，国内债券远期和利率远期协议近年来交易几乎接近于零，可以忽略不计；国内国债期货2013年9月才恢复，交易数据自然不在2010年4月和2013年4月交易数据之列）和表57－5中相应2010年4月和2013年4月全球利率衍生产品日均成交金额数据，国内人民币利率衍生产品日均成交金额世界占比分别仅为0.03%和0.08%，分别仅为表57－5给出的2010年和2013年人民币利率衍生产品交易额占比0.09%和0.62%的29.1%和13.7%，再次表明国际清算银行公布的人民币相关数据有可观的水分。

57.4 货币国际化程度度量参数探讨

上文分别通过从货币在国际货币基金组织特别提款权的份额、国际储备货币的权重、国际外汇市场交易占比、国际外汇和利率衍生产品市场的地位、国际债券市场规模的大小及其流通情况等角度来判断不同货币的国际化程度。实际上，还有很多其他指标能够反映一国货币的国际化程度，例如货币在境外流通范围的地位、在国际贸易流通体系中的地位、在国际信贷市场上的地位、在直接投资体系中的地位、在国际援助领域的地位等，鉴于篇幅限制，这里不详细列举和说明。从以上诸多方面可以看出，货币国际化程度的度量实际上是一个比较复杂的问题。

在《非国际货币、货币国际化与资本项目可兑换》（李瑶，《金融研究》2003年第8期）一文中，李瑶提出了度量货币国际化程度的一个模型，并得出2000年人民币国际化程度为美元国际化程度的1.85%的结论。近年来，随着人民币国际化的持续提升，境内外金融和研究机构分别编制和发行了多个人民币国际化相关指数。这些指数从不同方面对人民币国际化的提高有不同的反应，但绝大多数难以作为人民币国际化程度的总体反应。本章附录对这些主要指数的发布时间、发布机构、参数范围和研究意义等进行了介绍和比较，这里不再重复。

在《人民币国际化的实际、途径及其策略》一文中，李瑶利用类似的模型得出 2002 年人民币国际化程度为美元国际化程度的 2.0% 的结论。一国货币在不同市场或不同领域的使用在很大程度上反映了该货币的国际化程度，但是每个领域皆有不同的量度，而且不同领域权重的确定并不容易。因此，使用该种模型来计算货币国际化程度比较复杂，而且所需的各种数据不容易获得。如果能够用一个简单的参数来衡量不同货币的国际化程度，而且只需使用国际机构定期公布的简单数据，那将使我们在能够容易地大致判断货币国际化程度的同时，也能比较容易地大致判断它的变化情况。下面介绍一个简单的办法。

尽管货币的国际需求包括贸易结算需求、交易需求和风险管理需求等多方面，但这些需求的实现在很大程度上皆通过外汇交易来实现。所以，一种货币在国际外汇市场交易的活跃程度在很大程度上反映了它的国际化程度。但是，因为不同货币发行母体的经济规模大小有所不同，在以货币在国际外汇市场交易活跃度来衡量货币国际化程度时也应考虑货币母体经济的规模。

具体而言，一种货币外汇交易额在全球外汇交易总额中的份额与该货币母体 GDP 在全球 GDP 总值中的份额的比值，可以作为衡量一种货币国际化程度的既简单又方便的参数。例如，表 57 - 1 显示，2007 年美元在国际外汇市场的比重为 42.8%（表 57 - 1 总权重为 200%，其中美元权重为 85.6%；但单边计算交易量，总权重应当为 100%，将 85.6% 除以 2 得到 42.8%），同时 2007 年美国 GDP 在全球 GDP 总值中的占比为 25.17%，所以美元的国际化程度参数值为 42.8% 除以 25.17%，等于 186.9%；同样方式，可以计算出人民币 2007 年国际化程度参数值为 3.8%（0.23% 除以 2007 年我国 GDP 世界比重 6.13%），相当于美元的 2.05%。使用如上简单办法进行计算，2007 年人民币国际化程度为美元国际化程度的 2.05%，比上文李瑶估算出的 2000 年和 2002 年人民币国际化程度略有上升。下文，我们将利用该参数来衡量不同货币的国际化程度，并利用该参数在本书第 26 章估算今后几年人民币国际化程度的上升程度。

57.5　2007 年主要货币国际化程度度量和比较

本章上文介绍了主要国际货币在国际外汇市场的占比很大程度上反映了该货币的国际化程度，却没有考虑货币母体经济的规模。货币母体经济在世界经济占比的基础上考虑不同货币在国际外汇市场的占比会更好地反映该货币的国际化程度。表 57 - 6 给出了 2007 年世界主要货币外汇全球交易占比和相应的国家或地区 GDP 全球占比情况。我们选择 2007 年开始计算货币国际化程度的主要原因是 2007 年为国际金融危机前的最后一年，而且当年也正好有国际清算银行每三年的外汇市场数据。

表 57－6 中货币外汇交易占比与相应的 GDP 占比差额很好地反映出货币的国际化程度，但是由于该差额有正有负，往往不便比较，而货币外汇交易的全球占比与相应经济世界占比的比例总为正数，比较起来更为方便，所以它能更好地反映出货币的国际化程度。

表57－6 　　　　　2007 年主要国家和地区货币国际化度量和比较 　　　　单位：%

货币	2007 年外汇交易占比	2007 年GDP 占比	外汇交易占比与GDP 占比差额	外汇交易占比/GDP 占比
美元	42.80	25.17	17.63	170.03
欧元	18.50	22.40	－3.90	82.57
日元	8.60	7.57	1.03	113.54
英镑	7.45	5.15	2.30	144.59
澳大利亚元	3.30	1.65	1.65	200.45
瑞士法郎	3.40	0.83	2.57	409.28
加拿大元	2.15	2.53	－0.38	84.82
7 币总量	86.20	65.31	20.89	131.98
新西兰元	0.95	0.23	0.72	406.48
瑞典克朗	1.35	0.85	0.50	159.17
港元	1.35	0.37	0.98	366.95
挪威克朗	1.05	0.70	0.35	150.65
新加坡元	0.60	0.31	0.29	191.74
5 币总量	5.30	2.46	2.84	215.47
墨西哥比索	0.65	1.81	－1.16	35.83
土耳其新里拉	0.10	1.12	－1.02	8.90
韩元	0.60	1.95	－1.35	30.74
丹麦克朗	0.40	0.56	－0.16	72.01
波兰兹罗提	0.40	0.75	－0.35	53.61
新台币	0.20	0.71	－0.51	28.18
匈牙利福林	0.15	0.24	－0.09	62.26
马来西亚林吉特	0.05	0.35	－0.30	14.38
捷克科罗纳	0.10	0.33	－0.23	30.49
泰铢	0.10	0.46	－0.36	21.87
智利比索	0.05	0.30	－0.25	16.62
以色列谢克尔	0.10	0.31	－0.21	32.03

续表

货币	2007 年外汇交易占比	2007 年 GDP 占比	外汇交易占比与 GDP 占比差额	外汇交易占比/ GDP 占比
印尼卢比	0.05	0.82	−0.77	6.12
13 币总量	2.95	9.71	−6.76	30.39
9 币总量	1.65	6.18	−4.53	26.71
南非兰特	0.45	0.52	−0.07	86.55
俄罗斯卢布	0.35	2.26	−1.91	15.49
巴西雷亚尔	0.20	2.43	−2.23	8.24
印度卢比	0.35	2.15	−1.80	16.25
人民币	0.24	6.13	−5.89	3.84
金砖 5 币总量	1.59	13.49	−11.90	11.75
16 币总量	2.90	8.89	−5.99	32.63
金砖四币总量	1.14	12.97	−11.83	8.75
金砖五币总量	1.59	13.49	−11.90	11.75

数据来源：外汇交易占比数据来自表 19 - 1，GDP 占比数据根据国际货币基金组织更新的 2015 年 10 月各个国家和地区 GDP 更新数据计算得出；9 币总量为 13 币总量减去韩元、丹麦克朗、新台币和以色列谢克尔这四个发达经济体货币后的相应 9 个发展中国家的货币总和。

57.5.1 主要国际货币 2007 年的国际化程度度量和比较

从表 57 - 6 可以看出，除欧元和加拿大元外其他 5 种主要国际储备货币外汇交易量占全球交易量的比重皆超过了其相应母国 GDP 的比重，7 大国际储备货币 2007 年在国际外汇市场中的占比达 86.2%，比它们在世界经济总占比 65.31% 高出 20.89%，前者与后者的比例高达 131.98%，显示这 7 种货币在全球外汇市场的重要作用。我们之所以将这七种货币放入一组的原因如表 19 - 4 所示，国际货币基金组织从 2012 年第四季度开始公布这些货币相应的可识别外汇储备资产。

瑞士法郎全球外汇交易量占比 3.4%，显著超过其 GDP 全球占比 0.83%，外汇占比与经济占比的比例高达 409.28%，表明瑞士经济规模虽然较小，但瑞士法郎的国际化程度却相对较高；表 57 - 7 显示除瑞士法郎外，澳大利亚元的国际化外汇交易占比与其 GDP 世界占比的比例高达 200.45%，仅次于瑞士法郎；另外，美元和英镑在国际外汇市场的交易占比与其 GDP 的世界占比的比例分别高达 170.03% 和 144.59%，日元相应比例为 113.54%；欧元和加拿大元的国际化程度在七大储备货币中最低，外汇交易占比与 GDP 世界占比的比例分别为 82.57% 和 84.82%。七大储备货币外汇总占比与经济总体占比的比例为 131.98%。

57.5.2 其他主要发达国家和地区货币 2007 年的国际化程度度量和比较

表 57-6 显示新西兰元等五种发达国家和地区货币在外汇市场上的成交额占比皆显著超过了其 GDP 的全球占比，外汇交易占比与 GDP 占比的比值皆高于 100%，其中新西兰元外汇交易占比与 GDP 世界占比的比值最高为 406.48%，其次港元外汇交易占比与 GDP 全球占比的比值为 366.95%，显示中国香港作为地区金融中心的重要地位；五种货币外汇交易总占比与 GDP 占比总和的比值高达 215.47%，高于七大货币总体比例 131.98%，表明这 5 种货币虽然在国际外汇市场中的地位不如七大货币，但是相对于其经济体这些货币的国际化程度却更高；新加坡元和瑞典克朗外汇交易占比与 GDP 占比的比值分别为 191.74% 和 159.17%，略低于 5 种货币相应的总占比 215.47%。

57.5.3 其他国家和地区货币 2007 年的国际化程度度量和比较

表 57-6 中第三组货币，即以墨西哥比索开始的 13 种货币（除韩国、中国台湾、丹麦和以色列的货币为发达经济体货币外，其他 9 种货币皆为发展中国家的货币）。我们之所以将这些货币放入一组，是因为这些货币的外汇交易占比皆低于其经济母体 GDP 的世界占比。表 57-6 显示，第三组 13 种货币中丹麦克朗的国际化程度最高，其外汇交易占比与 GDP 占比的比值最高达 72.01%；其次为匈牙利福林，其外汇交易占比与 GDP 占比的比值为 62.26%；再次为波兰兹罗提和墨西哥比索，其外汇交易占比与 GDP 占比的比值分别为 53.61% 和 35.83%。该组货币中另外两个主要发达经济体货币韩元和新台币的国际化程度并不很高，其外汇交易占比与 GDP 占比比值分别仅为 30.74% 和 28.18%；该组 13 种货币中印尼卢比和土耳其新里拉的国际化程度最低，其外汇交易占比与 GDP 占比的比值分别仅为 8.9% 和 6.12%；13 种货币除去其中四个发达经济体的货币外，9 种发展中经济体的总体国际化程度明显低于总的 13 种货币。

57.6 国际金融危机以来主要国际货币国际化程度变化

上文我们利用 2007 年 4 月不同货币在全球外汇市场交易额占比与货币母国经济全球占比来衡量货币的国际化程度。本节我们利用国际清算银行 2010 年和 2013 年公布的全球外汇数据分析和判断主要货币国际化程度的变化。表 57-7

和表 57 - 8 分别给出了与表 57 - 6 相应的 2010 年和 2013 年的结果。

表 57 - 7　　　　　　　　**2010 年主要货币国际化程度比较**　　　　　单位：%

货币	2010 年 外汇交易占比	2010 年 GDP 占比	外汇交易占比与 GDP 占比差额	外汇交易占比/ GDP 占比
美元	42.45	22.90	19.55	185.35
欧元	19.55	19.38	0.17	100.86
日元	9.50	8.42	1.08	112.88
英镑	6.45	3.68	2.77	175.06
澳大利亚元	3.80	1.91	1.89	199.43
瑞士法郎	3.15	0.89	2.26	354.39
加拿大元	2.65	2.47	0.18	107.27
7 币总量	87.55	59.65	27.90	146.77
新西兰元	0.80	0.22	0.58	362.58
瑞典克朗	1.10	0.75	0.35	147.17
港元	1.20	0.35	0.85	342.93
挪威克朗	0.65	0.66	-0.01	99.11
新加坡元	0.70	0.36	0.34	193.46
5 币总量	4.45	2.34	2.11	190.52
墨西哥比索	0.65	1.61	-0.96	40.40
土耳其新里拉	0.35	1.12	-0.77	31.26
韩元	0.75	1.68	-0.93	44.77
丹麦克朗	0.30	0.49	-0.19	61.29
波兰兹罗提	0.40	0.73	-0.33	54.85
新台币	0.25	0.68	-0.43	36.61
匈牙利福林	0.20	0.20	0.00	100.84
马来西亚林吉特	0.15	0.39	-0.24	38.43
捷克科罗纳	0.10	0.32	-0.22	31.56
泰铢	0.10	0.52	-0.42	19.17
智利比索	0.10	0.33	-0.23	30.07
以色列谢克尔	0.10	0.36	-0.26	27.88
印尼卢比	0.10	1.16	-1.06	8.65
13 币总量	3.55	9.58	-6.03	37.06
9 币总量	2.15	6.37	-4.22	33.73
南非兰特	0.35	0.57	-0.22	60.93

续表

货币	2010 年 外汇交易占比	2010 年 GDP 占比	外汇交易占比与 GDP 占比差额	外汇交易占比/ GDP 占比
俄罗斯卢布	0.45	2.33	−1.88	19.28
巴西雷亚尔	0.35	3.38	−3.03	10.35
印度卢比	0.50	2.61	−2.11	19.12
人民币	0.45	9.24	−8.79	4.87
金砖5币总量	2.10	18.15	−16.05	11.57
16币总量	3.45	8.42	−4.97	40.96
金砖四币总量	1.75	17.57	−15.82	9.96
金砖五币总量	2.10	18.15	−16.05	11.57

数据来源：同表 19－7；9 币总量为 13 币总量减去韩元、丹麦克朗、中国台湾新台币和以色列谢克尔这四个发达经济体货币后的相应 9 个发展中国家的货币总和。

表 57－8　　　　　　　　　**2013 年主要货币国际化程度比较**　　　　　单位：%

货币	2013 年 外汇交易占比	2013 年 GDP 占比	外汇交易占比与 GDP 占比差额	外汇交易占比/ GDP 占比
美元	43.50	22.08	21.42	197.01
欧元	16.70	17.52	−0.82	95.34
日元	11.50	6.52	4.98	176.41
英镑	5.90	3.55	2.35	166.24
澳大利亚元	4.30	1.98	2.32	216.74
瑞士法郎	2.60	0.91	1.69	286.37
加拿大元	2.30	2.44	−0.14	94.39
7币总量	86.80	54.99	31.81	157.84
新西兰元	1.00	0.24	0.76	408.46
瑞典克朗	0.90	0.77	0.13	117.20
中国香港港元	0.70	0.37	0.33	191.58
挪威克朗	0.70	0.69	0.01	101.13
新加坡元	0.70	0.40	0.30	174.78
5币总量	4.00	2.47	1.53	161.89
墨西哥比索	1.25	1.67	−0.42	74.76
土耳其新里拉	0.65	1.09	−0.44	59.60
韩元	0.60	1.73	−1.13	34.68
丹麦克朗	0.40	0.45	−0.05	89.87

续表

货币	2013 年外汇交易占比	2013 年GDP 占比	外汇交易占比与GDP 占比差额	外汇交易占比/GDP 占比
波兰兹罗提	0.35	0.70	− 0.35	50.19
中国台湾新台币	0.25	0.68	− 0.43	36.90
匈牙利福林	0.20	0.18	0.02	113.12
马来西亚林吉特	0.20	0.43	− 0.23	46.68
捷克科罗纳	0.20	0.28	− 0.08	72.45
泰铢	0.15	0.56	− 0.41	26.94
智利比索	0.15	0.37	− 0.22	40.92
以色列谢克尔	0.10	0.39	− 0.29	25.81
印尼卢比	0.10	1.21	− 1.11	8.27
13 币总量	4.60	9.71	− 5.11	47.36
9 币总量	3.25	6.47	− 3.22	50.20
南非兰特	0.55	0.49	0.06	113.33
俄罗斯卢布	0.80	2.75	− 1.95	29.04
巴西雷亚尔	0.55	3.17	− 2.62	17.36
印度卢比	0.50	2.48	− 1.98	20.12
人民币	1.10	12.58	− 11.48	8.75
金砖 5 币总量	3.50	21.47	− 17.97	16.30
16 币总量	4.50	8.50	− 4.00	52.91
金砖四币总量	2.95	20.98	− 18.03	14.06
金砖五币总量	3.50	21.47	− 17.97	16.30

数据来源：外汇交易占比数据来自表 19 - 1，GDP 占比数据根据国际货币基金组织更新的 2015 年 10 月各个国家和地区 GDP 更新数据计算得出；9 币总量为 13 币总量减去韩元、丹麦克朗、新台币和以色列谢克尔这四个发达经济体货币后的相应 9 个发展中国家的货币总和。

从表 57 - 7 可以看出，2007 年到 2010 年加元和欧元国际化提高幅度很大，这两种货币外汇交易占世界外汇交易比重与其货币母体 GDP 与世界 GDP 比重的差额从 2007 年的负数变为正数，而且外汇交易占比与 GDP 占比的比值比 2007 年提高了 18.3% 和 22.5%，从而使 2010 年七大国际储备货币的外汇交易占比皆高于相应的 GDP 占比；同时美元的国际化程度不仅没有下降反而提高到了 185.3%；英镑外汇交易占比与 GDP 占比从 2007 年的 145.59% 上升了 30.5% 到 175.1%，提高幅度为 7 币之首；瑞士法郎、澳元和日元有所下降，而瑞士法郎降幅 54.9% 为 7 币之首；七大国际储备货币外汇交易总占比从 2007 年的 86.24% 上升到了 87.6%，同时货币母体 GDP 世界占比总和却下降了 5.66%，7 币外汇交易总占比与 GDP 总占比的比值从 2007 年的 131.98% 上升到了 146.77%。

比较表57-8和表57-7我们发现，2010年到2013年由于日元和美元的外汇交易占比提高的同时，日本和美国GDP世界占比却明显下降，导致日元和美元相对其经济母体的国际化程度提高幅度最大；瑞士法郎、加拿大元和欧元的国际化程度却有了不同程度的下降，欧元和加元外汇交易占比与GDP占比的比值重新回到了与表57-6中相似的低于100%的水平；7币外汇交易占比总额与GDP总占比的比值进一步提高到了146.77%，显示这七种货币在危机后总体国际化程度不仅没有下降反而有所上升。

57.7 国际金融危机以来其他国家和地区货币国际化程度变化

从表57-7可以看出，2007年到2010年新西兰元等五个发达经济体的货币外汇交易占比都高于GDP占比，然而除新加坡元外汇交易占比与GDP占比比表57-6给出的2007年的比例略有提高外，其他4币相应的比例皆有不同程度的下降，5币总外汇交易占比与GDP占比的比值从2007年的215.47%下降到了2010年的190.52%，进而下降到了2013年的161.89%，显示危机后新西兰等其他发达经济体货币的国际化程度明显下降。

表57-7和表57-8显示，2010年和2013年，墨西哥比索等13种货币的外汇交易占比都保持在类似于表57-6所示的低于GDP世界占比的状态；13种货币外汇交易占比总和与GDP占比总和的差额则从表57-6给出的2007年的-6.76%缩小到了2010年的-6.03%，2013年进而缩小到了-5.11%，外汇交易占比总和与GDP占比总和的比值从2007年的30.39%提高到了2010年的37.06%，进而提高到了2013年的47.36%，显示国际金融危机后这13种货币总体国际化程度有了一定程度的提高。

另外，值得关注的是，表57-8显示，2013年13种货币除韩元、丹麦克朗、新台币和以色列谢克尔外的9种货币总体国际化程度50.2%首次超过了13种货币总体的国际化程度47.36%，显示2013年发展中经济体货币的总体国际化程度比韩元等四个发达经济体货币总体国际化程度提高得更快。

57.8 "金砖五国"货币国际金融危机前后国际化程度的变化和比较

表57-6到表57-8给出的"金砖5币"是指巴西、俄罗斯、印度、中国和南非这五个国际媒体通常称为"金砖五国"的货币。国际金融危机后"金砖五国"在全球的影响力持续增强。2014年7月在巴西召开的"金砖五国"领导人

第六次会晤上宣布这五国正式达成协议，共同出资建立金砖银行，2015 年 7 月 21 日"金砖银行"正式在上海启动。预计该银行在 2015 年或 2016 年出启动运营。本节主要介绍金砖国家 5 种货币国际金融危机前后国际化程度的度量及比较。

57.8.1 "金砖五国"国际金融危机前后总 GDP 世界占比比较

根据国际货币基金组织 2014 年 4 月公布的数据计算，国际金融危机前的 2007 年，"金砖五国"GDP 总额占世界经济的比例仅为 13.49%，比欧元区和美国 GDP 占比分别低 11.69% 和 8.92%；然而到了 2010 年，"金砖五国"GDP 总额占世界经济的比例提高到了 18.15%，仅略低于欧元区相应的占比 19.38%，同时与美国 GDP 占比 22.9% 差额缩小到了 4.76%；2013 年"金砖五国"GDP 总额占世界经济的比例进一步提高到了 21.47%，首次超过欧元区相应的占比 17.52%，同时与美国 GDP 占比 22.08% 差额缩小到了 0.61%。根据国际货币基金组织 2015 年 10 月更新的对各国截至 2020 年 GDP 的估算数据，到 2018 年"金砖五国"GDP 总额将首次超过美国，在世界经济中的影响力将进一步提高。

57.8.2 2007 年"金砖五国"货币的国际化程度及比较

表 57 - 6 显示，2007 年金砖 5 币外汇交易总额占全球外汇交易总额的比重仅为 1.59%，比同年五国 GDP 总量的全球占比 13.49% 低 11.90%，外汇交易总额占比与同年五国 GDP 总量的全球占比的比值仅为 11.75%，略高于表 57 - 7 给出的 13 种货币相应比例 30.39% 的三分之一，不到表 57 - 7 给出的 9 种货币相应比例 26.71% 的一半，显示"金砖五国"货币总体国际化程度在发展中国家中都相对很低。

57.8.3 国际金融危机后"金砖五国"货币的国际化程度及比较

表 57 - 8 显示，2010 年金砖 5 币外汇交易总额占全球外汇交易总额的比重提高到了 2.1%，同年五国 GDP 总量的全球占比提高到了 18.15%，两者差额扩大到了 16.05%，外汇交易总占比与同年五国 GDP 总量的全球占比的比值进一步下降到了 11.57%，略高于表 57 - 7 给出的 13 种货币相应比例 37.06% 的三成，略高于表 57 - 7 给出的 9 种货币相应比例 33.73% 的三分之一；2013 年金砖 5 币外汇交易总额占全球外汇交易总额的比重提高到了 3.5%，而同年五国 GDP 总量的全球占比也进一步提高到了 21.47%，两者差额也进一步扩大到了 17.97%，外汇交易总占比与同年五国 GDP 总量的全球占比的比值虽然略微上升到了 16.30%，但是仅略高于表 57 - 7 给出的 13 种货币相应比例 47.36% 的三分

之一，同时不到表 57 - 7 给出的 9 种货币相应比例 50.20% 的三分之一。这些数据显示，2007 年到 2013 年的六年，金砖国家总体外汇市场发展持续低于其经济的增长速度，货币国际化的总体水平低于 9 个其他主要发展中经济体。

57.8.4 金砖 5 币的国际化程度比较

表 57 - 6 显示，2007 年金砖 5 币中南非兰特的国际化程度最高，其外汇交易占比与 GDP 世界占比的比值高达 86.55%，比同年金砖五国总的国际化程度 11.75% 高出 6 倍多；表 57 - 7 和表 57 - 8 显示，虽然南非兰特 2010 年的国际化程度略有下降，但是仍为金砖五国之首，2013 年兰特的国际化程度首次超过 100% 达到了 113.33%，不仅超过了其他金砖四国，还超过了表中包括四个发达经济体在内的 13 种货币中任何一种货币，甚至还超过了欧元、加元和挪威克朗，世界排名第 10 位；2010 年和 2013 年，金砖五国中俄罗斯卢布和印度卢比的国际化程度在金砖 5 币中分别排名第 2 和第 3，巴西雷亚尔排名第 4，人民币倒数第 1。

57.9 国际金融危机前后人民币国际化程度及国际比较

根据国际货币基金组织 2014 年 10 月公布的各国 GDP 数据计算，2009 年我国 GDP 占金砖五国 GDP 总额的比重首次超过 50% 到 52.6%，2014 年该比重首次超过六成到 61.0%。在度量和比较了国际主要货币的国际化程度后，本节主要比较 2007 年到 2013 年人民币国际化程度近年来的变化及与其他发展中国家货币的比较。

57.9.1 人民币外汇市场与经济总规模很不协调

表 57 - 6 到表 57 - 8 显示，2007 年人民币外汇交易占比 0.24% 与同年我国与 GDP 世界占比 6.13% 很不相称，2010 年人民币外汇交易占比 0.45% 与同年我国与 GDP 世界占比 9.24% 的差额扩大到了 - 8.79%，2013 年人民币外汇交易占比 1.1% 与同年我国与 GDP 世界占比 12.58% 的差额进一步扩大到了 - 11.48%，显示 2007 年到 2013 年尽管人民币外汇交易占比有所上升，但是上升幅度远低于经济占比增长的幅度；2007 年到 2010 年人民币外汇交易占比与我国 GDP 的世界占比的比值从 3.84% 提高到了 4.87%，不仅在金砖 5 币中排名倒数第一，而且在表 57 - 7 中 30 种货币中排名倒数第一；表 57 - 8 显示，人民币外汇交易占比与 GDP 全球占比的比值达到了 8.75%，但是仍然保持金砖 5 币排名倒数第一的同时，在表 57 - 8 中排名从表 57 - 7 中倒数第一提高到倒数第二（倒数第一

为印度尼西亚为 8.27%），有了些许长进，但是下文显示剔除 2013 年境外人民币虚假交易成分后仍保持排倒数第一的地位。

57.9.2　除人民币外的金砖货币总和的国际化程度

表 57 - 6 到表 57 - 8 给出了除人民币以外其他金砖 4 币总和的国际化程度度量数据显示，除人民币外的其他金砖 4 币国际化程度显著超过金砖 5 币的国际化程度，这是因为人民币的国际化程度为表 57 - 6 到表 57 - 8 中金砖货币中国际化程度最低的货币，拉低了金砖货币总体的国际化程度。金砖 5 币除南非兰特的国际化程度较高外，其他 3 币的国际化程度虽比人民币略高，但却比其他 9 个发展中国家货币要低很多。南非兰特的国际化程度虽高，但是其经济世界占比却比其他金砖四国经济要小很多，对整个金砖国家总体国际化程度影响较小。

57.9.3　剔除外汇交易占比水分后的人民币国际化度量及排名

表 57 - 1 给出了 2007 年到 2013 年国际清算银行公布的人民币日均成交金额占比、剔除水平后的人民币* 日均成交金额占比和国内人民币** 外汇交易日均成交金额占比数据。利用表 57 - 1 给出的剔除国际清算银行数据水分的人民币日均成交占比数据而获得的表 57 - 6 到表 57 - 8 中人民币* 国际化程度度量结果显示，2007 年和 2010 年人民币* 国际化程度排名在表 57 - 6 和表 57 - 7 中的 30 种货币中倒数第一，国际化程度仅相当于倒数第二的印度尼西亚国际化程度的一半；2013 年人民币* 国际化程度比 2010 年有所提高，但人民币外汇交易占比与 GDP 世界占比的比值为 5.45%，仍然显著低于倒数第二印尼卢比的相应比例 8.27%，仍然保持表 57 - 8 中 30 种货币中倒数第一的地位。

57.10　货币相对国际化程度量度

利用表 57 - 6 到表 57 - 8 给出的 30 种货币国际化程度度量数据，我们可以容易地计算出相对于任何一种货币的所有其他货币的相对国际化程度度量结果。本节简单介绍货币的相对国际化程度。

57.10.1　货币相对于美元的国际化程度量度

任何货币相对于美元的国际化程度可以以美元国际化程度为分母，其他国际化程度为分子容易地计算出来。本节介绍货币间的相对国际化程度。以美元国际化为分母，我们可以计算出不同货币相对于美元的国际化程度。表 57 - 9 给出了 2007 年到 2013 年不同货币相对于美元的国际化程度度量结果。

表 57－9　　　　　主要国家和地区货币相对于美元的国际化程度　　　　单位：%

货币	2007 年	2010 年	2013 年
美元	100.00	100.00	100.00
欧元	48.56	54.42	48.39
日元	66.78	60.90	89.54
英镑	85.04	94.45	84.38
澳大利亚元	117.89	107.60	110.01
瑞士法郎	240.71	191.20	145.36
加拿大元	49.89	57.88	47.91
7 币总量	77.62	79.19	80.12
新西兰元	239.06	195.62	207.33
瑞典克朗	93.61	79.40	59.49
港元	215.81	185.02	97.24
挪威克朗	88.60	53.47	51.33
新加坡元	112.77	104.37	88.72
5 币总量	126.73	102.79	82.17
墨西哥比索	21.07	21.80	37.95
土耳其新里拉	5.23	16.87	30.25
韩元	18.08	24.16	17.60
丹麦克朗	42.35	33.07	45.62
波兰兹罗提	31.53	29.59	25.48
新台币	16.57	19.75	18.73
匈牙利福林	36.61	54.41	57.42
马来西亚林吉特	8.46	20.73	23.69
捷克科罗纳	17.93	17.03	36.77
泰铢	12.86	10.34	13.68
智利比索	9.77	16.22	20.77
13 币总量	17.88	19.99	24.04
南非兰特	50.90	32.88	57.53
俄罗斯卢布	9.11	10.40	14.74

续表

货币	2007 年	2010 年	2013 年
巴西雷亚尔	4.85	5.58	8.81
印度卢比	9.56	10.32	10.21
人民币	2.26	2.63	4.44
金砖 5 币总量	6.91	6.24	8.27
16 币总量	19.19	22.10	26.86
金砖四国总量	5.15	5.37	7.14
金砖五国总量	6.91	6.24	8.27

数据来源：根据表 57 - 6 到表 57 - 8 的结果计算得出；人民币 * 为与表 57 - 1 中相应的剔除国际清算银行数据水分后的人民币相对于美元的国际化程度。

表 57 - 9 显示，7 种主要国际储备货币整体相对美元的国际化程度从 2007 年的 77.62% 略微上升到了 2010 年的 79.19%，进而上升到了 2013 年的 80.12%；新西兰元等 5 种其他发达国家和地区的货币整体相对于美元的国际化程度从 2007 年的 126.73% 明显地下降到了 2010 年的 102.79%，2013 年进一步下降到了 82.17%，仅比同年 7 大储备货币相对于美元的国际化程度 80.12% 高 2.05%；以墨西哥比索开始的 13 种货币相对于美元的国际化程度从 2007 年的 17.88% 上升到了 2010 年的 19.99%，2013 年进一步大幅上升到了 24.04%；9 种发展中国家货币整体相对于美元的国际化程度从 2007 年的 15.71% 略微上升到了 2010 年的 18.20%，2013 年进一步上升到了 25.48%；金砖 5 币总体相对于美元的国际化程度从 2007 年的 6.91% 略微下降到了 2010 年的 6.24%，2013 年进一步上升到了 8.27%；人民币相对于美元的国际化程度从 2007 年的 2.26% 上升到了 2010 年的 2.63%，2013 年进一步上升到了 4.44%；挤出 2010 年和 2013 年国际数据中的水分，人民币 * 相对于美元的国际化程度从 2010 年的 2.63% 略微升到了 2013 年的 2.76%。2007 年和 2010 年人民币相对于美元国际化程度的度量结果与上文介绍的李瑶（2003）和人民币国际化研究课题组研究计算出的人民币 2000 年和 2002 年相对于美元的国际化程度类似可比，表明人民币国际化近十年来变化不太显著。

57.10.2　人民币相对于其他货币的国际化程度量度

利用类似的方法，我们可以容易地以表 57 - 6 到表 57 - 8 中人民币国际化程度作为分子计算出 2007 年到 2013 年人民币相对于其他货币国际化程度的变化，结果如表 57 - 10 所示。

表 57 - 10　　　　　　人民币相对于其他货币国际化程度度量和比较　　　　单位：%

货币	2007 年	2010 年	2013 年
美元	2.26	2.63	4.44
欧元	4.65	4.83	9.17
日元	3.38	4.31	4.96
英镑	2.65	2.78	5.26
澳大利亚元	1.91	2.44	4.04
瑞士法郎	0.94	1.37	3.05
加拿大元	4.52	4.54	9.27
7 币总量	2.91	3.32	5.54
新西兰元	0.94	1.34	2.14
瑞典克朗	2.41	3.31	7.46
港元	1.05	1.42	4.57
挪威克朗	2.55	4.91	8.65
新加坡元	2.00	2.52	5.00
5 币总量	1.78	2.56	5.40
墨西哥比索	10.71	12.05	11.70
土耳其新里拉	43.12	15.57	14.68
韩元	12.48	10.87	25.22
丹麦克朗	5.33	7.94	9.73
波兰兹罗提	7.16	8.88	17.43
新台币	13.61	13.30	23.70
匈牙利福林	6.16	4.83	7.73
马来西亚林吉特	26.67	12.67	18.74
捷克科罗纳	12.58	15.42	12.07
泰铢	17.54	25.40	32.47
智利比索	23.09	16.19	21.38
以色列谢克尔	11.98	17.46	33.89
印尼卢比	62.72	56.27	105.76
13 币总量	12.62	13.14	18.47
9 币总量	14.36	14.43	17.42
南非兰特	4.43	7.99	7.72
俄罗斯卢布	24.77	25.25	30.12
巴西雷亚尔	46.56	47.03	50.39

货币	2007 年	2010 年	2013 年
印度卢比	23.61	25.46	43.47
人民币	100.00	100.00	100.00
金砖 5 币总量	32.64	42.07	53.65
16 币总量	11.76	11.89	16.53
金砖四国总量	43.83	48.89	62.22
金砖五国总量	32.64	42.07	53.65

数据来源：根据表 57 - 6 和表 57 - 8 的数据计算得出。

表 57 - 10 显示人民币相对于 7 种国际储备货币的相对国际化程度从 2007 年的 2.91% 上升到了 2010 年的 3.32%，进而到 2013 年的 5.54%；同时，人民币相对于 5 个其他发达国家和地区货币的国际化程度从 2007 年的 1.78% 上升到了 2010 年的 2.56%，进而到 2013 年的 5.40%；人民币相对于 9 个发展中国家和地区货币的国际化程度从 2007 年的 14.36% 上升到了 2010 年的 14.43%，进而到 2013 年的 17.42%；人民币相对于"金砖五国"货币总体的国际化程度从 2007 年的 32.64% 持续上升到了 2013 年的 53.65%。

57.11　度量货币国际化程度的另一方法：货币境外/境内外汇交易比例

表 57 - 1 和表 57 - 3 分别给出了 1992 年到 2013 年世界主要货币在全球外汇市场交易占比和主要国家和地区外汇交易的全球占比。每个国家和地区的外汇交易中本币与其他货币的交易是主要的，另外应该还有其他货币之间的交易。本节首先介绍主要货币境外本币外汇交易占境内外汇总交易比重后，介绍不同货币境外和境内外汇交易全球占比，进而计算出不同货币境外外汇交易和境内外汇交易比例。一般来说，任何货币境外/境内外汇交易比例越高，其国际化程度也就越高，从而成为货币国际化程度的另外一种度量方法。

57.11.1　主要货币本币国内外汇交易占其国内总外汇交易比重

表 57 - 3 给出了主要国家和地区外汇交易的全球分布，然而没有这些国家外汇交易中本币外汇交易占比，我们难以知道本币在国内外汇市场的活跃度，进而也难以知道不同货币在境外外汇市场的活跃度。图 19 - 1 出了 2007 年 4 月、2010 年 4 月和 2013 年 4 月 22 个主要国家和地区本币在其境内外汇市场交易额

占其境内总外汇交易额的比重。

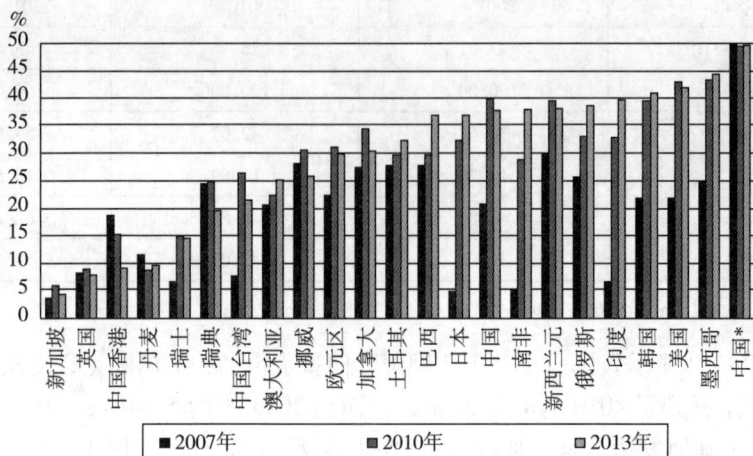

数据来源：根据国际清算银行2013年12月公布的2013年4月及之前相关日均成交金额数据中国家/地区和货币相关数据计算得出，其中欧元区的数据为欧元区奥地利、比利时、爱沙尼亚、芬兰、法国、德国、希腊、爱尔兰、意大利、卢森堡、荷兰、葡萄牙、斯洛伐克和西班牙等14个国家的数据计算得出；中国＊的数据根据2011年第一季度以来人民银行公布的我国季度货币政策执行报告和同比数据计算得出，计算方法请参考第59.9节。

图57-1　主要国家和地区本币在其境内外汇市场交易的比重

图57-1显示，全球最大和第3大外汇交易中心英国和新加坡的本币在其境内外汇交易占比皆不到10%，其中新加坡元外汇交易占新加坡外汇交易占比最低，平均仅为5%左右，表明该两外汇中心的外汇交易主要以"外币对"交易为主，本币交易占比微乎其微；作为全球第5大外汇交易中心，中国香港2007年到2013年本币外汇交易占其总外汇交易比重持续下降到了9.1%；丹麦和瑞士本币在其境内外汇交易平均占比在10%上下；瑞典、中国台湾和澳大利亚本币在其外汇交易平均占比在20%上下，"外币对"也是其外汇交易的主流；挪威、欧元区、加拿大、土耳其和巴西本币境内外汇交易占本国外汇交易比重平均在30%左右；2013年巴西、日本、新西兰、俄罗斯和印度本币外汇交易占境内外汇交易比重接近40%；韩国、美国和墨西哥本币外汇交易占境内外汇交易比重超过40%，显示这些国家和地区本币外汇交易在其总外汇市场的重要性。

值得关注的是，图57-1显示，2010年和2013年美国国内美元外汇交易占美国总外汇交易比重分别从2007年的21.8%提高到了43.1%和42.0%，比2007年占比高出近一倍，显示国际金融危机后美元外汇交易回归美国国内的趋势，比其2004年占比40.8%还要高一些。

图 57-1 显示，根据国际清算银行的数据，2007 年人民币国内外汇交易占我国国内人民币外汇交易占总外汇交易比重仅为 20.8%，2010 年和 2013 年占比分别仅为 39.9% 和 37.7%，这些比重显然与人民银行公布的近年来的相关数据有巨大的差异。人民银行货币政策执行报告公布的 2010 年和 2013 年国内外汇市场"外币对"交易额分别仅为 666.0 亿美元和 624.3 亿美元，分别占我国当年外汇总成交金额 6.67 万亿美元和 11.62 万亿美元的比重仅为 1.00% 和 0.55%，表明国内外汇市场仍然以人民币外汇交易为主，该两年人民币外汇交易单边占比分别高达 99.00% 和 99.45%，双边占比分别为 49.5% 和 49.73%，图 57-1 中中国*给出的国内人民币外汇交易占比即为根据人民银行货币政策执行报告计算出的占比，为图 57-1 中 22 种货币国内本币外汇占总外汇交易比重之最。

57.11.2　主要货币境外和境内外汇交易比例

有了图 57-1 给出的不同货币境内本币外汇交易占其国内总外汇交易比重和表 57-3 给出的不同货币母国外汇总交易占全球外汇交易的比重，我们即可容易地计算出不同货币在其国内的外汇交易占全球外汇交易的比重；从表 57-1 给出的不同货币在全球外汇交易的总比重中减去其国内外汇交易比重，我们就可计算出不同货币境外外汇交易的全球占比。表 57-11 给出了 2004 年 4 月到 2013 年 4 月主要货币本币境外、境内外汇交易占比及境外/境内外汇交易比例。

表 57-11　不同货币境外/境内外汇交易占比和境外/境内交易占比比例

境内、外	境外外汇交易占比				境内外汇交易占比				境外/境内外汇交易比例			
货币/年份	2004	2007	2010	2013	2004	2007	2010	2013	2004	2007	2010	2013
新西兰元	0.4	0.9	0.7	0.9	0.1	0.1	0.1	0.1	4.13	9.61	10.62	13.58
挪威克朗	0.5	0.8	0.5	0.6	0.2	0.2	0.1	0.1	2.28	3.98	3.90	7.60
加元	1.5	1.7	2.2	2.0	0.6	0.4	0.4	0.3	2.64	4.21	5.25	6.72
瑞典克朗	0.8	1.1	0.9	0.6	0.3	0.3	0.2	0.1	2.17	4.38	3.97	5.88
澳元	2.3	2.5	2.9	3.6	0.8	0.9	0.8	0.7	2.98	2.89	3.46	5.31
欧元	15.0	16.2	16.6	14.0	3.7	2.3	2.9	2.7	4.06	7.08	5.78	5.27
墨西哥比索	0.3	0.6	0.5	1.1	0.2	0.1	0.1	0.2	1.23	6.38	3.29	4.93
巴西雷亚尔	0.1	0.2	0.3	0.5	0.1	0.1	0.1	0.1	1.81	4.28	3.12	4.83
美元	36.2	39.0	34.7	35.6	7.8	3.8	7.7	8.0	4.64	10.29	4.49	4.47
日元	7.3	8.3	7.5	9.5	3.1	0.3	2.0	2.1	2.35	29.46	3.73	4.58
土耳其新里拉	0.0	0.1	0.3	0.5	0.1	0.0	0.1	0.1	0.21	2.37	2.72	3.99
南非兰特	0.2	0.4	0.3	0.4	0.1	0.0	0.1	0.1	2.14	26.53	3.39	3.69
人民币	0.0	0.2	0.3	0.9	0.0	0.0	0.2	0.3	5.37	4.00	1.76	3.47

续表

境内、外	境外外汇交易占比				境内外汇交易占比				境外/境内外汇交易比例			
货币/年份	2004	2007	2010	2013	2004	2007	2010	2013	2004	2007	2010	2013
瑞士法郎	2.1	2.0	1.9	1.9	0.9	1.4	1.2	0.6	2.26	1.35	1.57	3.05
新加坡元	0.2	0.4	0.4	0.5	0.2	0.2	0.3	0.2	1.19	1.84	1.25	1.83
印度卢比	0.1	0.3	0.3	0.3	0.0	0.1	0.2	0.2	2.28	4.90	1.66	1.66
俄罗斯卢布	0.0	0.1	0.2	0.2	0.3	0.3	0.3	0.4	−0.08	0.24	0.65	1.28
韩元	0.2	0.4	0.4	0.4	0.3	0.3	0.3	0.4	0.78	2.22	1.21	1.06
港元	0.4	0.6	0.5	0.4	0.5	0.8	0.7	0.4	0.68	0.72	0.65	0.94
英镑	4.2	4.6	3.2	2.7	4.0	2.8	3.3	0.4	1.05	1.62	0.96	0.85
人民币*	—	—	—	0.3	0.0	0.4	0.3	0.4	—	—	—	0.63

数据来源：根据表57-1、表57-3和图57-1的相关数据计算得出（2004年不同货币国内本币外汇交易占国内总外汇交易比重计算方法与图57-1给出的2007年到2013年比例计算方法相同；人民币*是根据2010年和2013年人民银行货币政策报告数据及表57-1给出的剔除境外人民币外汇交易水分后的交易占比数据计算得出。

57.11.2.1 主要货币本币境外/境内外汇交易比简介

表57-11显示，英镑除2007年境外/境内外汇交易比值1.62高于1外，2007年以来比例持续下降到了0.85的历史低位，比其金融危机前2004年比值1.05还要低很多，显示全球最大的外汇中心英国国内外汇交易以"外币对"交易为主外，英镑境外交易也很不活跃；中国香港本币境外/境内外汇交易比例仅比英镑略高些许；印度卢比、俄罗斯卢布和韩元本币境外/境内交易比值明显低于2；2013年首次成为全球第三大外汇交易中心的新加坡本币境外/境内外汇交易比值也显著低于2，显示新加坡元境外交易也不够活跃，也以"外币对"交易为主；2013年土耳其里拉和南非兰特本币境外/境内交易比值接近4；墨西哥卢比、巴西雷亚尔、美元和日元本币境外/境内外汇交易比值皆在4.5左右；挪威克朗、加拿大元、瑞典克朗、澳大利亚元和欧元本币境外/境内外汇交易比值皆超过5，新西兰元比例更超过10，表明这些货币国际化程度相对较高。

57.11.2.2 金融危机前后主要货币本币境外/境内外汇交易比例变化

表57-11显示，2007年除加拿大元、澳大利亚元、土耳其里拉、瑞士法郎、俄罗斯卢布、港元和人民币外其他13种货币境外/境内外汇交易比例皆达到2004年以来最高，显示绝大多货币金融危机前2007年境外交易比国内外汇交易更活跃，这13种货币金融危机后境外/境内交易皆不同程度地恢复到了金融危机前与2004年相近的水平。

57.11.2.3 金融危机前后主要国际货币境外/境内外汇交易比变化

表57-12显示，美元2007年以后本币境外/境内外汇交易比值回到了接近

金融危机前2004年的比值4.64；2010年和2013年日元境外/境内交易比例虽然比2007年低很多，但是却比2004年高出很多，显示日元金融危机后境外交易持续活跃；2004年到2013年加拿大元和澳大利亚元本币境外/境内外汇交易比例持续提高，2007年未出现其他主要货币相应比例冲高的现象，显示该两种货币金融危机后国际化程度显著提高，与表57-6到表57-8及表55-2给出的该两种货币国际化程度持续提高的结果一致。

57.11.3 主要新兴市场国家和地区货币境外/境内外汇交易比重比较

表57-11给出的22个币种中有七种货币是发展中国家的货币。该七种货币中墨西哥比索、巴西雷亚尔、土耳其里拉和南非兰特本币境外/境内外汇交易比值较高，显示这些货币在发展中国家货币国际化程度较高，与表57-6到表57-8给出的这些货币国际化程度较高的结果一致；同时表57-11显示印度卢比和俄罗斯卢布及韩元和新台币本币境外/境内外汇交易比值较低，表明这些货币的国际化程度较低，结果也与表57-6到表57-8给出的结果相似。

表57-11显示，利用国际清算银行的数据，2004年到2010年，人民币境外/境内外汇交易比值分别高达5.37、4.00和1.76，然而2010年8月境外人民币市场才启动，2010年8月之前境外人民币外汇交易应该接近零才对，所以2004年4月到2010年4月人民币境外/境内外汇交易比例的结果表明国际清算银行公布的人民币外汇交易数据有严重的问题，与国内公布的近年来人民币外汇数据严重不符；表57-11给出的根据国内公布的人民币外汇数据结果，人民币*在2004年到2010年境外/境内外汇比值皆为零，而2013年相应的比值也仅为0.66，接近2/3。表57-11给出的2013年人民币*境外/境内外汇交易比值与表57-6到表57-8给出的以外汇交易占比与GDP占比比例度量的人民币国际化程度最低的结果一致，再次证明国际清算银行数据存在问题的同时，也证明根据国内数据计算出的人民币结果的合理性。

57.12 本章总结

本章对主要国际货币构成、外汇产品及其流动性和货币国际化程度进行了较为全面的介绍。此外，我们还对其他主要发达国家和主要发展中国家或地区的货币、外汇产品及其流动性和相应货币国际化程度进行了简单的分析。以上分析表明，国际储备货币的国际地位主要体现在交易和储备功能上，主要储备货币的即期交易、远期交易和掉期/互换交易皆在国际外汇市场上发挥着重要的作用，而且以美元为主的国际货币在国际金融危机之后的国际影响力不仅没有下降，反而有所上升；除主要国际货币外，其他发达国家或地区的货币在国际市场上也发挥着重要的作用，然而这些货币的国际化程度却有所下降；几乎所有发展中国家或地区的货币在国际市场上的地位都与其经济地位不相称，或者说这些货币在国际外汇市场的交易占比皆低于其 GDP 的世界占比，表明这些国家或地区货币的国际地位还需进一步提高。

货币国际化程度的度量是非常重要的概念，因为只有有了客观科学的度量方法，我们才能对不同货币在不同时间段内国际化程度的变化有客观的把握。在今后多年推动人民币国际化的过程中，人民币国际化的度量，特别是与其他货币国际化程度可比的国际化度量对我们今后的工作非常重要，如果人民币相对于其他货币的国际化程度在一定时间内上升到了一定的目标水平，我们将继续努力推动；如果未达到目标程度，我们就容易找到没有达到目标的原因，从而调整和改进我们推动的策略和方法，进而达到有序推动的目的。

由于货币国际化功能表现在多个领域，涉及很多相关领域的数据和参数，准确而全面地度量货币国际化不是件容易的工作。然而不管货币国际化功能在多少个领域有所发挥，每个领域发挥程度的提升皆会导致相应货币外汇交易的活跃度，因此，我们利用货币在国际外汇市场的活跃程度间接地度量货币的国际化程度。本章基于该思路建立了一个既简单又切实可行的方法来度量货币国际化，而且可以容易地计算出不同货币或货币组之间相对的国际化程度。

经过十几年的发展，特别是 2005 年完善人民币汇率形成机制的方案实施以来，国内在外汇市场机制、产品创新和推出等方面取得了可喜的成绩，外汇远期、互换和掉期、远期利率协议、利率互换和外汇期权等产品经历了从无到有的转变，产品的流动性也有了一定提高。然而要推动我国金融市场的进一步发展，不仅要求我们和过去相比较，还需要我们找出和世界其他国家或地区金融市场之间的差距。通过上文的论述我们看到，在外汇和利率市场上，我国不仅与世界主要发达国家，而且与绝大多数其他主要发展中国家相比仍有相当的差距，产品的流动性依然较低、市场功能难以有效发挥、场内金融衍生产品不足等，这些仍是摆在我们面前亟待解决的问题。利用简单的度量方法，我们计算出了人民币在 2007 年到 2013 年的国际化程度及相对于其他货币的相对国际化程度。结果显示，2007 年到 2010 年人民币的国际化程度有了一些提高，然而相对于我国近年来经济的国际地位很不相称，不仅与发达国家和地区货币的国际化程度有很大的差距，而且与其他发展中国家和地区货币的国际化程度也有一定的差距；2010 年到 2013 年人民币国际化程度有了显著的提高，但是离我国经贸的世界地位仍然有着巨大的差距，而且离其他金砖国家货币也有显著的差距。

2009 年以来国家大力推动人民币跨境贸易结算、人民币境外债券发行、人民币境外直接投资等业务，这些领域皆有了显著的成绩，而同期我国相应的外汇市场交易却没有显著的增长，表明我们在推动人民币国际化各项业务的同时，应该重视国内人民币外汇市场的健康发展。只有人民币外汇市场有了健康的发展，各项人民币国际化的新业务才会有坚实的市场支撑，从而达到持续稳步推进的目标。换句话说，人民币国际化各项举措应该与人民币外汇市场协调发展。相信人民币国际化程度会在今后多年有显著的提升。

冰冻三尺，非一日之寒。我们在充分肯定取得成绩的同时，还应该扎实研究发达国家和其他发展中国家的成功经验和教训，为金融市场的完善、金融产品的推出和监管机制的建设等制定 3～5 年、5～8 年以至 10～20 年的短期、中期和长期发展的路线图和时间表，从而使我国金融市场的产品逐渐丰富、机制逐渐完善、市场活跃逐步提升、市场功能逐步发挥。也只有这样，我们才能使金融更好地为实体经济服务，为人民币国际化打好坚实的基础。我们在第 60 章和第 61 章还会进一步探讨今后人民币国际化的走势。

参考文献

［1］周小川：《关于改革国际货币体系的思考》，中国人民银行网站。

［2］张光平、杨健：Indian Financial Reforms and Experiences for China to Learn，Research sponsored by Asian Development Bank，2008。

［3］李瑶：《非国际货币、货币国际化与资本项目可兑换》，载《金融研究》，2003（8）。

［4］张光平，2012，《人民币衍生产品》（第三版），中国金融出版社。

［5］Triennial Central Bank Survey，Foreign exchange and derivatives market activity in April 2010，Preliminary results，Monetary and Economic Department，September 2010.

［6］Triennial Central Bank Survey，Report on global foreign exchange market activity in 2010，Monetary and Economic Department，December 2010.

［7］Mihaljek，Dubravko and Frank Packer，"Derivatives in emerging markets，" BIS Quarterly Review，December 2010.

［8］International Monetary Fund，2010，Review of the Method of Valuation of the SDR，Prepared by the Finance Department，In consultation with the Legal and Other Departments，Approved by Andrew Tweedie，October 26，2010.

［9］Zhang，Peter G. and Thomas Chan，2011，Chinese Yuan Internationalization and Financial Products in China，John Wiley & Sons，ISBN978 - 0 - 470 - 82737 - 6.

附录：境内外主要人民币国际化指数介绍

2007 年以来，多家境内外金融机构和学术机构先后推出了不同类型的人民币国际化指数，附表给出了推出人民币指数的机构名称、指数名称、推出时间、参数餐位和研究意义等。该表显示，不同指数有不同的侧重，有的侧重离岸人民币市场，如汇丰银行的离岸人民币外汇指数；有的侧重离岸人民币债券和权益，如中国银行的离岸人民币指数；有的侧重人民币未来的使用，如星展银行的人民币动力指数等。这些指数对人民币国际化不同侧面有不同程度的反应，相关指数编制机构基于这些指数也推出了相关的产品，对人民币市场发展和国际化的推动发挥了各自的作用，这里不再一一介绍和评判。有兴趣的读者可直接到相关机构网站查找相关指数的更详细的内容。

附表　　　　　　　　　　　　　　境内外主要人民币国际化指数

指数名称	编制机构	发布频度	参数范围	研究意义
人民币指数	北航经管学院	自 2007 年 7 月逐月发布	以汇率形成机制中"一篮子货币"对贸易和 FDI 的影响，对以下样本货币加权获得：美元汇率　日元汇率　欧元汇率　港元汇率　韩元汇率　新台币汇率　新元汇率　英镑汇率	推出人民币汇率指数旨在提供综合性外汇基准，并为将来推出指数类外汇期货和期权等衍生品提供合约标的，充分发挥人民币指数这一综合指标的信息功能、投资功能和评价功能
人民币有效汇率指数	深证证券信息有限公司	自 2010 年中期逐季发布	通过双边汇率以贸易加权计算获得：美元汇率　欧元汇率　日元汇率　港元汇率　澳元汇率　英镑汇率　卢布汇率　加元汇率　林吉特汇率	随国际经济联系的加深，双边汇率对反映我国货币价值的作用越来越有限，而与全球主要双边汇率的整体变化可以表征人民币的综合价值及汇率走势
人民币环球指数	渣打银行	以 2010 年 12 月为基期按月发布	指数覆盖三个人民币离岸市场：香港、伦敦、新加坡，分别以存款、点心债和存款证、贸易结算和其他国际付款、外汇来衡量人民币在财富储存、融资工具、国际贸易、交易渠道四个方面的发展	为企业和投资者量化离岸人民币活动的走势、规模和水平，了解离岸人民币的认受性和作为储备货币的推进程度，让客户在使用人民币作为营运资金时有更多的指标可以参考

续表

指数名称	编制机构	发布频度	参数范围	研究意义
离岸人民币外汇指数	汇丰银行	2011 年 3 月发布	作为单一货币指数，采用贸易加权的方式参考与多个国家的双边汇率与贵金属等	配合相应设计的人民币指数产品，可方便投资人管理手中的人民币头寸，加速人民币的国际化进程
离岸人民币指数 ORI	中国银行	自 2011 年年底起逐季发布	ORI 对以下指标进行综合加权计算：离岸人民币存款在所有货币离岸存款中的比重　离岸人民币贷款在所有货币离岸贷款中的比重　人民币计价的国际债券和权益投资余额在所有币种中的比重；全球外汇储备中人民币的占比　人民币外汇交易量在所有币种外汇交易量中的占比	是对人民币在离岸金融市场上资金存量规模、资金运用情况、金融工具使用等方面发展水平的综合评价
跨境人民币指数 CRI	中国银行	以 2011 年年底为基期逐季发布，2014 年 4 月起改为逐月发布	涵盖国际收支平衡中经常项目和有代表性的资本项目及境外流转项目的流量指标	从人民币跨境流出、境外流转、跨境回流的角度，反映一个时间段以内人民币在跨境交易中的使用水平
星展人民币动力指数	星展银行（香港）	自 2012 年年底起逐季发布	过去 12 个月的实际业务表现及未来 12 个月的预期表现，过去和未来对使用人民币经营业务的需求；企业对人民币贸易服务及应收付款服务的使用水平；企业获得人民币融资的难易程度	鉴于企业间人民币使用的水平与接受程度更有代表性，从在香港注册的公司角度，对使用人民币的接受和渗透程度进行衡量
人民币国际化指数 RII	中国人民大学	自 2012 年《人民币国际化报告》	世界贸易总额中人民币结算比重，全球对外信贷总额中人民币信贷比重，全球国际债券和票据发行额中人民币债券和票据比重，全球国际债券和票据余额中人民币债券和票据比重，全球直接投资中人民币直接投资比重，全球外汇储备中人民币储备比重	在资本账户有序开放前提下，从国际货币的计价支付和储备职能出发，编制的人民币国际化指数能衡量人民币国际化的实际水平，进而提高人民币国际化的管理能力。而且通过观察 RII 指数的数值及其结构变化，还可直观评判人民币国际化的程度及其主要影响因素

数据来源：根据不同指数编制和发行机构网站整理而得。

第 58 章 日元国际化的 经验和教训

货币国际化是一个相当复杂而漫长的过程，因为涉及国家或地区政治经济体制发展状态、贸易增长势头和货币政策等诸多宏观领域，而且与相应货币当局贸易结算、资本项目开放、资本市场发展和监管等方面的政策也有密不可分的联系。由于各个国家的经济金融体系、市场结构和监管框架不同，推动资本项目自由化的步骤和顺序也应该有所不同。尽管如此，别国在资本项目自由化和货币国际化过程中的经验和教训也值得我们学习和借鉴。1964 年之前的几年，为了迎接东京奥运会，日本启动了包括新干线在内的一系列大型项目，对推动日本经济发挥了重要作用。1968 年，日本取代了当时的西德成为全球第二大经济体，并保持此地位整整 42 年之久。日本成为第二大经济体之后几年的时间内，日元也成了国际主要储备货币之一。"二战"后，日本从贸易项目到资本项目开始逐渐自由化，为此后日元成为主要国际货币做了数十年的准备。

英镑国际化进程与大英帝国的兴衰相一致，美元国际化的进程始于 19 世纪，欧元是十多年前十多个欧洲发达国家的货币统合而成。人民币国际化的进程难以与如上三个主要国际货币直接比较，相应的经验也难以直接借鉴，而日元国际化的过程为人民币国际化提供了难得的借鉴意义。但是，在把握推动日元国际化的时机、日元升值、日本外汇和资本市场的发展等方面，日本犯了不少错误，错过了很多良机。从目前来看，日元国际化不算成功，甚至不少学者认为日元国际化实际上是失败的。日元占国际可识别储备货币的比重十几年来持续下降的事实说明了这一点。另外，日本几十年来全球外汇市场第三、亚洲第一大交易中心的地位 2013 年首次被新加坡取代更有力地说明了这一点。

要发挥后发优势，就必须将成为一线国际金融中心的目标与其他战略目标相适应，按照科学有效的路线图和时间表有序推进。在日本的发展过程中，东京形成了成为一线国际金融中心的许多必要特征但却不全，推进速度不够快，直到支撑战后日本高速崛起的经济基础走向反面，这些特征依然没有成熟。最为重要的失败原因是日元没有成为主要的国际周转货币（McKay, 2013）。亚洲金融危机对日本冲击很大，危机后日本努力推动日元国际化时已经力不从心。

本章的目的是介绍日本推动日元贸易结算和资本项目自由化、资本市场的发展和日元的国际化等主要历程，从而为人民币国际化和人民币产品创新提供一定的参考。本章结构如下：第 58.1 节介绍日元占国际可识别储备货币比重的演变，

第58.2节介绍日元的贸易结算功能，第58.3节比较日元贸易结算和人民币跨境贸易结算，第58.4节简单介绍日本境外资产和净资产的增长及与我国的比较，第58.5节比较中日两国境外资产规模和相关管理的差别，第58.6节简单介绍日本外汇管制的逐步开放，第58.7节介绍日本资本项目开放的主要类型，第58.8节概述日本推动日元国际化进程，第58.9节介绍日本为推动日元国际化在金融基础建设方面所做的工作，第58.10节介绍日本场内外衍生产品市场的发展，第58.11节简单介绍20多年来日本经济低迷期日元国际化程度的变化，第58.12节总结本章。

58.1　日元占国际可识别储备货币比重的演变

表57-4给出了包括日元在内的主要国际储备货币从2000年到2014年第一季度的相应储备资产的变化情况。实际上，日元占国际储备货币的比重从1999年就已经步入了下降通道。表58-1给出了1970年到2015年第二季度日元占国际可识别储备货币比重的变化。从表58-1我们可以看出，从1977年到1985年，日元占国际可识别储备货币的比重持续上升到了7.5%，经历了几年的震荡期后，1991年达到8.7%的历史最高水平；此后近二十年内总体处于下滑的趋势，2009年降至2.9%的历史最低水平；2010年到2012年虽然占比略有回升，但是2013年底重新下降到了3.85%，2014年又略有回升到了3.90%，2015年底进而回升到了4.08%，接近2012年底4.09%的水平。

表58-1　　　　　　　　　日元占国际可识别储备货币的比重

（1970年到2015年）　　　　　　　　　　　　　单位：%

年份	占比	年份	占比	年份	占比
1970	0.00	1989	7.30	2003	4.42
1975	0.50	1990	8.10	2004	4.28
1977	2.50	1991	8.70	2005	3.96
1978	3.30	1992	7.70	2006	3.47
1979	3.60	1993	7.70	2007	3.18
1980	4.40	1994	7.90	2008	3.47
1981	4.20	1995	6.77	2009	2.90
1982	4.70	1996	6.71	2010	3.66
1983	4.90	1997	5.77	2011	3.61
1984	5.70	1998	6.24	2012	4.09
1985	7.50	1999	6.37	2013	3.85
1986	6.90	2000	6.06	2014	3.90
1987	6.90	2001	5.05	2015	4.08
1988	7.00	2002	4.94		

数据来源：数据来源：1970—1994年数据来自IMF Annual Report；1994年之后的数据根据IMF COFER数据计算得出。

东亚金融危机爆发后日本政府采取了多种措施推动日元国际化进程，但是由于日本经济多年处于低迷状态，日元国际化程度不升反降。下文我们将专门介绍日本从 20 世纪 70 年代开始在推动贸易及资本项目自由化和日元国际化等方面的主要措施。

58.2 日元的贸易结算功能

国际货币最基本的功能之一是国际贸易结算。日本从 20 世纪 60 年代后期就开始推动日元在国际贸易中的结算功能，直到 70 年代初，日元的贸易结算功能才逐渐显现。

58.2.1 日元的贸易结算

表 58 - 2 给出了从 1970 年到 1998 年日元在日本进出口贸易中的结算比例。该表显示，1970 年，日元在日本进出口贸易中结算的比例相当低，分别仅有 0.3% 和 0.9%；到了 1980 年，虽然日元占进口结算的比例仅仅上升到了 2.4%，但是在出口结算中所占的比例却迅速上升到了 29.4%；从 1980 年到 1985 年，日元占出口结算的比例进一步上升到了 39.3% 的历史高位，之后保持在 30% 到 40% 的范围内；从 1980 年到 1998 年，日元在进口结算中的比例虽然也有了较高的增长，但是仍然远远低于相应时期在出口结算中所占的比例，仅相当于日元占出口结算比例的一半左右。

表 58 - 2　　　　日元在日本国际贸易中的结算占比（1970—1998 年）　　　　单位：%

年	出口至				进口自			
	世界	美国	欧盟	东南亚	世界	美国	欧盟	东南亚
1970	0.9	—	—	—	0.3	—	—	—
1975	17.5	—	—	—	0.9	—	—	—
1980	29.4	—	—	—	2.4	—	—	—
1985	39.3	19.7	51.3	47.3	7.3	9.2	27.3	11.5
1987	33.4	15.0	44.0	41.1	10.6	11.6	26.9	19.4
1988	34.3	16.4	43.9	41.2	13.3	10	26.9	17.5
1989	34.7	16.4	42.2	43.5	14.1	10.2	27.7	19.5
1990	37.5	16.2	42.1	48.9	14.6	11.6	26.9	19.4
1991	39.4	16.5	42.0	50.8	15.6	11.2	31.4	21.6
1992	40.1	16.6	40.3	52.3	17.0	13.8	31.7	23.8
1993	39.9	18.0	41.0	52.5	20.9	13.8	45.0	25.7

年	出口至				进口自			
	世界	美国	欧盟	东南亚	世界	美国	欧盟	东南亚
1994	39.7	19.4	40.9	49.0	19.2	13.3	38.6	23.6
1995	37.6	17.5	37.2	44.7	22.7	21.5	44.8	26.2
1996	35.2	15.9	36.1	46.3	20.6	16.4	46.1	24.0
1997	35.8	16.6	34.3	47.0	22.6	22.0	49.3	25.0
1998	36.0	15.7	34.9	48.4	21.8	16.9	44.3	26.7

数据来源：ICSEAD Working Paper；The International Use of The Japanese Yen：The Case of Japan's Trade with East Asia。

表58－2给出的数据为20世纪末的数据，与近年来的情况相差不大，因为近年来日元结算的部分约占日本出口的40%、进口的20%（福本智之，2012）。因此，日元结算的日本出口和进口比重在近二十年来几乎没有多少变化。我们在第18章介绍人民币跨境贸易结算时比较了两种货币结算的比率及其进程，下文还将进行相关比较。

58.2.2　日元结算在进出口方面的区别

日元的贸易结算在不同区域有着显著的区别，这些区别对人民币贸易结算也应该有一定的借鉴意义。表58－2显示，日元在与东南亚出口贸易结算中的比例最高，1985年到2000年保持在50%左右的水平；日元在与欧盟的出口贸易结算中占比略微低于东南亚，1985年到2000年保持在40%左右；与美国的出口贸易中，日元结算比例在三个区域中最低，表明美元的强势难以撼动。

日元在进口结算方面显著低于出口结算比例，这主要是由于日本的进口大多为能源和原材料等基础产品，这些产品的定价多以美元或者其他货币为主。进口结算在三个区域的比重也有着明显的区别，欧盟最高，东南亚次之，美国最低。

58.2.3　日元贸易结算与其他主要发达国家的比较

表58－3给出了1980年到1997年日本、美国、英国、德国、法国和意大利这6个主要发达国家利用本国货币来结算其进出口贸易的比重。从表58－3可以看出，日本在进出口贸易结算中利用本币的比例在6个国家中最低。即使在日本经济泡沫破灭之前的20世纪80年代后期，日元在其贸易结算中的比例也明显低于其他5个发达国家，这表明日元贸易结算的地位在发达国家中仍然较低。

表58 −3　　　　　　主要发达国家利用本币结算其进出口贸易的比重比较　　　　单位：%

出口	1980 年	1988 年	1995 年	1997 年
日本	29. 4	34. 3	36. 0	35. 8
美国	97. 0	96. 0	—	—
英国	76. 0	57. 0	—	—
德国	82. 3	81. 5	74. 8	—
法国	62. 5	58. 5	—	49. 2
意大利	36. 0	—	—	38. 0
进口	1980 年	1988 年	1995 年	1997 年
日本	2. 4	13. 3	22. 7	22. 6
美国	85. 0	85. 0	—	—
英国	38. 0	40. 0	—	—
德国	43. 0	52. 6	51. 5	—
法国	33. 1	48. 9	—	46. 6
意大利	18. 0	—	—	38. 1

数据来源：Ministry of International Trade and Industry（MITI）：Statistics on Export Confirmation（Yushutu Kakuninn Toukei）and Statistics on Import Report（Yunyuu Houkaku Toukei）。

表58 −4 给出了相关国家近年出口贸易的主要结算货币。从该表我们可以看出，日本出口贸易用美元结算的比例显著高于德国、法国和英国，同时用日元本币结算的出口额也显著低于前三个欧洲国家；日本用美元结算其出口贸易的比例却显著低于澳大利亚、南非、加拿大、韩国和巴基斯坦，同时日本用本币结算其出口贸易的比重也皆高于后面这些国家。这些数据表明，日本在 21 世纪用本币结算贸易的比重仍然显著低于欧洲主要发达国家，但同时显著高于其他国家。

表58 −4　　　　　　　　　出口贸易中各种结算货币所占比重　　　　　　　　单位：%

国家	德国	法国	英国	日本	澳大利亚	南非	加拿大	韩国	巴基斯坦
欧元	57. 7	49. 5	21. 0	8. 5	0. 9	17. 0	—	4. 9	4. 0
美元	26. 6	37. 9	27. 8	51. 2	67. 4	52. 0	70. 0	85. 5	91. 4
本币	57. 7	49. 5	49. 0	36. 3	28. 8	25. 0	23. 0	9. 2	4. 6

注：其中德国的数据是 2002—2004 年的平均值，法国、日本、澳大利亚、韩国数据是 1999—2003 年的平均值，英国是 1999—2002 年的平均值，南非为 2003 年数据，巴基斯坦为 2001—2003 年平均值，加拿大为 2001 年数据。

数据来源：Kamps（2006）。

58.2.4 日元贸易结算比例较低的原因分析

以日元进行贸易结算比例较低的主要原因是国际贸易中习惯使用美元和英镑等主要货币，除此之外，还有其他一些重要的原因。首先，选择哪种货币作为贸易结算货币，主要取决于哪种货币对冲汇率风险的成本较低，而货币对冲的成本取决于该种货币的汇率对冲工具如外汇远期、期货、期权或者掉期的市场流动性；其次，日本的大多数贸易是由一些大型贸易公司进行的，这些大型的贸易公司比它们的贸易伙伴在控制汇率风险方面更有经验。还有一个原因可能是日本生产商的货币偏好，为了维持生产水平的相对稳定，它们在出口结算中通过选用和进口时相同的结算货币来减少由于汇率波动而导致的外需波动。详细解释日元结算比例较低的原因超出了本章的范围，有兴趣的读者可以参考Taguchi（1982）以及 Tavlas 和 Ozeki（1991）。

58.3 人民币跨境贸易结算与日元贸易结算比较

比较表 55 – 16 给出的近年来人民币跨境贸易结算数据与表 58 – 2 给出的日元贸易结算数据可以直接看出，2009 年下半年到 2011 年底的两年半时间内，人民币跨境进口结算占同年中国进口占比达到了 9.2%，与 1986 年日元进口结算水平相当；2013 年人民币跨境进口结算占同年我国进口占比达到了 23.4%，超过了日元 20% 略多的进口结算比重。换句话说，人民币进口结算最初 4 年多的时间就达到了日元进口结算前二十年的结果，而人民币进口结算最初不到 5 年多的时间就超过了日元三十多年进口结算的比重，显示人民币跨境贸易结算的显著成绩。但是，人民币出口结算却进展缓慢。表 55 – 16 显示，2014 年底和 2015 年上半年底人民币跨境出口结算占同期我国出口占比分别达到了 18.9% 和 27.8%，仅相当于表 58 – 2 中日元 20 世纪 70 年代后半叶出口结算比重，表明人民币出口结算进展比日元要缓慢得多。

日元用了二十几年的时间，结算的出口和进口比重分别稳定在了 40% 和 20% 上下的水平，之后二十几年（福本智之，2012）仍然保持在这些比重的水平上下没有多少变化。表 55 – 16 显示，2013 年下半年以来人民币结算的进口占总进口的比重就持续显著超过了 20%，达到且超过了日元结算 20 世纪 90 年代后期的水平。人民币在能源和大宗产品进口方面的使用，很可能会使人民币比日元的国际化进程更快（"伊朗接受用人民币购买原油冶，英国金融时报网站，2012 – 05 – 07）。由于我国出口产品技术含量有待提高，人民币出口结算的占比要达到 1980 年日元的水平可能还需多年的时间。

58.4　日本国际资产和净资产

作为全球主要经济体、主要的出口国和外汇储备大国，日本二十几年来在境外积累了大量的国际资产，而且多年来保持了全球最大国际净资产国家的位置。本节简单介绍日本国际资产和净资产及与我国进行比较。

58.4.1　日本境外资产和净资产的增长介绍

表 58-5 给出了 1996 年到 2014 年日本国际投资头寸及相关比例。该表显示，日本国际净资产从 1999 年仅相当于日本当年国内生产总值的 18.2% 持续上升到了 2014 年达到其国内生产总值 69.6% 的水平；国际净头寸 2000 年前的 4 年持续保持在 1 万亿美元上下；从 2002 年开始持续显著增长，到 2007 年首次突破 3 万亿美元大关，创下当时历史高峰；受国际金融危机的影响，2008 年日本国际净资产略有下降，但 2008 年到 2012 年重回持续增长态势，2012 年首次超过了 4 万亿美元，达到 4.59 万亿美元的新高峰；由于 2013 年以来日元对美元显著贬值，2013 年日本国际净资产从 2012 年的历史高峰下降到了 3.09 万亿美元，2014 年回升到了 3.59 亿美元。

表 58-5　　　　　　　　日本国际总资产、总负债、
净资产及相关比例（1996 年到 2014 年）

单位：万亿日元和万亿美元，%

资产类型 年	总资产（日元）	总资产/GDP 比例	总负债（日元）	总负债/GDP 比例	净资产（日元）	净资产/GDP 比例	净资产（美元）	总负债/总资产比例	净资产/总资产比例
1996	302.2	64.7	198.9	42.6	103.4	22.1	0.95	65.8	34.2
1997	346.5	73.0	221.9	46.7	124.6	26.2	1.03	64.0	36.0
1998	336.8	72.4	203.5	43.7	133.3	28.6	1.02	60.4	39.6
1999	303.6	65.4	218.9	47.1	84.7	18.2	0.74	72.1	27.9
2000	341.2	71.9	208.2	43.8	133.0	28.0	1.23	61.0	39.0
2001	379.8	79.7	200.5	42.1	179.2	37.6	1.48	52.8	47.2
2002	365.9	76.6	190.6	39.9	175.3	36.7	1.40	52.1	47.9
2003	385.5	79.3	212.7	43.8	172.8	35.6	1.49	55.2	44.8
2004	433.9	87.2	248.1	49.9	185.8	37.4	1.72	57.2	42.8
2005	506.2	100.5	325.5	64.6	180.7	35.9	2.95	64.3	35.7
2006	558.1	108.9	343.0	66.7	215.1	42.0	2.95	61.5	38.5
2007	610.5	116.6	360.3	68.8	250.2	47.7	3.06	59.0	41.0

续表

资产类型\年	总资产（日元）	总资产/GDP 比例	总负债（日元）	总负债/GDP 比例	净资产（日元）	净资产/GDP 比例	净资产（美元）	总负债/总资产比例	净资产/总资产比例
2008	519.2	100.2	293.3	56.6	225.9	43.6	2.84	56.5	43.5
2009	554.8	113.3	286.6	58.5	268.2	54.8	3.06	51.7	48.3
2010	560.2	109.3	304.3	59.4	255.9	49.9	3.47	54.3	45.7
2011	581.5	113.9	316.1	61.9	265.4	52.0	3.98	54.4	45.6
2012	661.9	127.5	365.6	70.4	296.3	57.1	4.59	55.2	44.8
2013	797.1	151.1	472.1	89.5	325.0	61.6	3.09	59.2	40.8
2014	945.3	179.4	578.4	109.8	366.9	69.6	3.46	61.2	38.8
1999—2004年年均复合增长率	7.4		2.5		17.0		18.2		
2004—2007年年均复合增长率	12.1		13.2		10.4		21.2		
2008—2012年年均复合增长率	6.3		5.7		7.0		12.8		
2012—2014年年均复合增长率	19.5		25.8		11.3		−13.2		
1996—2014年年均复合增长率	6.5		6.1		7.3		7.4		

数据来源：日本中央银行网站（www. boj. or. jp/en/）。

表 58 – 5 显示，1996 年到 2014 年的 18 年，以日元计价的日本国际净资产的年均增长率 7.3%，而以美元计价的国际净资产的年均增长率 7.4%，分别比相应的总资产年均增长率 6.5% 高出 0.8% 和 0.9%；2002 年到 2007 年国际金融危机之前的 5 年，以日元和美元计价的日本国际净资产的年均增长率分别高达 7.4% 和 17.0%，显示国际金融危机前日本国际投资净资产增长显著；2008 年到 2014 年国际金融危机之后的 6 年，以日元和美元计价的日本国际净资产的年均增长率分别为 8.4% 和 3.4%，显示国际金融危机后日本国际投资净资产增长国

内明显放缓。

58.4.2　日本境外资产和净资产的国际排名

截至 2014 年，日本连续 24 年成为全球外汇最大的净资产国。根据 2014 年 6 月 5 日国际货币基金组织公布的 2006 年到 2012 年世界国际投资头寸数据，2006 年到 2012 年世界总国际资产中平均有 87.4% 为发达经济体持有，同期日本国际总资产占世界总资产平均比例为 5.5%；表 58−5 显示，2012 年日本国际净资产总额 4.59 万亿美元，为当年世界总国际净资产 0.411 万亿美元的 10.03 倍，显示日本国际净资产在全球的地位。

58.4.3　日本国际资产的杠杆率

表 58−5 显示，1996 年到 2000 年，日本国际总负债与总资产比率平均保持在 64.7% 的水平；2001 年到 2005 年，总负债与总资产比率下降到了平均 56.3% 的水平；2006 年到 2012 年，总负债与总资产比率进一步下降到了平均 56.1% 的水平，比国际货币基金组织公布的世界同期总负债与总资产比例 100.3% 要低很多，表明日本多年来国际投资相当稳健；2012 年到 2014 年年均负债率略升到了 60.2%，显示近年来日本国际投资的负债率略有提高。

58.5　日本国际资产管理与我国大陆的比较

近年来诸多境内外媒体报道了我国经济总量、外汇储备、美国政府债券持有量、贸易规模等方面超过日本，显示我国经贸等方面的巨大成就。实际上，反映一国真正实力的是其境外净资产总额，该方面我国与日本仍然有相当大的距离。日本境外资产管理的很多方面值得我国学习和借鉴，这里我们简单比较两国境外资产和净资产规模及与 GDP 的比例。

58.5.1　中日两国国际资产和净资产规模比较

表 58−6 给出了 2004 年到 2014 年我国大陆境外总资产、总负债、总净资产及相关比例。表 58−6 显示，2014 年底我国境外总资产为 6.41 万亿美元，与当年 GDP 比例为 61.9%，还不到表 58−5 中日本 1996 年的水平；同年我国境外净资产总额 1.78 万亿美元，仅相当于日本 2004 年的水平。如果以国际资产净头寸与相应国内生产总值的比例看，我国 2008 年国际净资产与 GDP 比例达到了 33.3% 的历史高位，相当于表 58−5 给出的日本 2000 年和 2001 年间的水平；然而我国国际净资产与 GDP 的比例 2008 年以来不仅没有提高，反而持续下降到了 2014 年的 17.2%，2015 年上半年末进而下降到了 12.9%，不到表 20−5 中日本

1996 年前的水平，与日本相差 20 年左右。2010 年我国国内生产总值首次超过了日本，但同年我国国际净资产总额 1.688 万亿美元还不到日本同年国际净资产总额 3.47 万亿美元的一半；2014 年我国境外净资产 1.464 万亿美元，仅略超过同年日本国际净资产显著增长到了 3.46 万亿美元的一半。这些数据表明虽然我国经济规模显著超过了日本，但国际净资产规模与日本仍有巨大差距。

表 58−6　　　中国大陆国际总资产、总负债、净资产及相关比例

（2004 年到 2014 年）　　　　　　单位：亿美元，%

年	总资产	总资产/GDP 比例	总负债	总负债/GDP 比例	净资产	净资产/GDP 比例	总负债/总资产比例
2004	9299.00	47.9	6371.0	32.8	2928.0	15.1	68.5
2005	12226.00	53.9	8000.0	35.3	4226.0	18.6	65.4
2006	16881.00	61.8	10347.0	37.9	6534.0	23.9	61.3
2007	23744.00	67.4	12125.0	34.4	11619.0	33.0	51.1
2008	29203.00	64.1	14013.0	30.7	15190.0	33.3	48.0
2009	34369.00	67.9	19464.0	38.5	14905.0	29.5	56.6
2010	41189.00	68.2	24309.0	40.2	16880.0	27.9	59.0
2011	47345.00	63.2	30461.0	40.7	16884.0	22.5	64.3
2012	52132.0	61.6	33467.0	39.6	18665.0	22.1	64.2
2013	59861.0	63.1	39901.0	42.0	19960.0	21.0	66.7
2014	64087.0	61.9	46323.0	44.7	17764.0	17.2	72.3
2015 *	64337.0	56.5	49697.0	43.7	14640.0	12.9	77.2
2004—2014年年均增长率	21.29		21.94		19.76		
2004—2008年年均增长率	33.12		21.78		50.92		
2008—2014年年均增长率	14.00		22.05		2.64		

　　数据来源：总资产、总负债和净资产数据来自国家外汇管理局网站：www.safe.gov.cn；2015 年的数据为第二季度末数据；GDP 数据来自国际货币基金组织 2015 年 10 月公布的 GDP 数据；2015 年的比例以该年上半年的数据和国际货币基金组织 2015 年 10 月公布的估算 GDP 数据计算得出。

58.5.2　两国境外资产杠杆程度比较

　　尽管我国国际净资产规模和相关占比等皆与日本有明显的差距，但是，表

58 - 5 和表 58 - 6 显示，早在 2004 年我国境外投资负债率，即总负债与总资产比重就远超日本；2004 年到 2014 年的 10 年，我国境外投资负债率年均 62.7%，超过日本同期比率 57.9%；2012 年到 2014 年我国境外负债率显著高速增长到了 72.3%，比日本 2014 年相应的负债率 38.8% 高出 34.5%。2015 年上半年我国境外资产负债率有显著提高到了 77.2%。高负债率意味着高成本和高风险。在我国当前国际利率和外汇等风险管理水平仍有待显著提高的情况下，这也是我国境外投资效率不高的一个重要原因之一，我们下文还会进一步讨论。

58.5.3 两国境外投资效率比较

国际资产和净资产规模及相关比例可以从一定侧面反映一国的国际金融实力，但是这些数据还只是表层的数据。反映一国国际投资水平，与其他投资一样，应该是投资的回报率。可惜我们难以获得各国国际投资头寸数据中每年不同资产收益或升值的数据，因此难以准确地计算出各国国际投资的回报率。尽管如此，我们还是可以间接地估算出不同国家每年国际投资的"回报率"，计算方法如表 58 - 7 注释及结果如表 58 - 7 所示。

表 58 - 7　　　　　　　中日两国国际总资产和净资产年度"回报率"

比较（1997 年到 2014 年）　　　　　　　单位：%

资产类型	日本总资产回报率		日本净资产回报率		中国总资产回报率	中国净资产回报率
年/记价货币	日元记价	美元记价	日元记价	美元记价	美元记价	美元记价
1997	7.02	2.61	20.54	8.37		
1998	2.51	-0.37	6.97	-1.13		
1999	-14.41	-9.68	-36.42	-26.93		
2000	15.91	16.93	57.02	65.96		
2001	13.54	7.07	34.73	19.47		
2002	-1.04	-2.32	-2.20	-5.21		
2003	-0.68	3.04	-1.42	6.62		
2004	3.37	6.64	7.51	15.20		
2005	-1.18	30.44	-2.74	71.97	13.96	44.33
2006	6.79	-0.08	19.03	-0.13	18.88	54.61
2007	6.30	2.32	16.34	3.73	30.12	77.82
2008	-3.98	-4.37	-9.72	-7.26	15.04	30.73
2009	8.15	4.64	18.74	7.94	-0.98	-1.88
2010	-2.22	7.16	-4.60	13.33	5.75	13.25

续表

资产类型	日本总资产回报率		日本净资产回报率		中国总资产回报率	中国净资产回报率
年/记价货币	日元记价	美元记价	日元记价	美元记价	美元记价	美元记价
2011	1.70	8.50	3.72	14.70	0.01	0.02
2012	5.31	9.13	11.64	15.40	3.76	10.55
2013	4.34	−20.08	9.69	−33.08	2.48	6.94
2014	5.25	5.12	12.87	12.56	−3.67	−11.00
1996—2004 年年均增长率	5.00	5.20	10.80	10.30		
2004—2014 年年均增长率	3.05	4.28	7.50	9.92	8.54	22.54
2004—2008 年年均增长率	1.98	7.07	5.73	17.08	19.50	51.88
2008—2014 年年均增长率	3.75	2.41	8.68	5.14	1.23	2.98

数据来源：利用表 20 – 5 和表 20 – 6 给出的中日两国不同年份的总资产和净资产数据，我们可以将一年净资产与前一年净资产差额当多该国一年内国际投资的"净回报"，用该"净回报"分别除以前一年的总资产和净资产我们即可获得该年国际投资的总资产回报率和净资产回报率。

表 58 – 7 显示，受东亚金融危机的影响，1997 年到 1999 年，日本国际投资受到了巨大的冲击，资产和净资产"回报率"创下了历史最低，显著低于 2008 年受国际金融危机的影响下该年日本相应的回报率；2004 年到 2008 年，日本国际投资年均资产"回报率"为 1.98%，同期净资产年均"回报率"为 7.07%，显示日本在吸取东亚金融危机教训后在 2008 年国际金融危机前国际投资相当稳健；同期我国国际资产和净资产年均"回报率"分别高达 19.50% 和 51.88%，显著高于日本相应的回报率；但是，国际金融危机后 2009 年到 2014 年，以美元计价的日本国际资产和净资产年均"回报率"分别达到 2.41% 和 5.14%，而同期我国国际资产和净资产年均"回报率"却分别仅为 1.23% 和 2.98%。两国国际金融危机后国际资产和净资产回报率的巨大差异显示，我国国际投资经验和风险管理与日本仍有巨大差距。

58.5.4 中日境外资产分布比较

日本央行公布的数据显示，日本近年来境外资产有八成左右是民间或私人持有，公共部门仅占两成左右，表明日本境外投资巨大部分是由非公共部门的民间投资和企业完成的，而我国境外投资的巨大部分是由国有企业或者国有银行完成的，效率有待显著提高。

58.6 日本外汇管制的逐步开放

1949 年和 1950 年，日本分别制定了《外汇和外贸控制法》和《外资监管法》，对贸易和资本项目有着严格的管制，这些管制延续了几十年。此后，随着日本国际收支平衡的逐步稳定，日本在经常项目和资本项目方面逐步开始实施。

58.6.1 日本外汇管制放开的步骤

在资本开放方面，日本首先放开了进口限制。日本经常项目自由度从 1960 年的 42% 迅速上升到了 1963 年的 92%，到 1963 年仅有 192 种产品进口还受到限制。1964 年，日本接受了国际货币基金组织第 8 条款，经常项目进一步放开，当时仅有包括大米在内的 66 种产品进口受到限制，但是日本人出国旅游携带的外汇数额仍受到严格的限制。直到 20 世纪 90 年代后期，日本人出国携带外汇的上限才扩大到 500 万日元（相当于 5 万美元）。

日本资本项目外汇管制的放开实际上是从 20 世纪 70 年代开始的。1980 年，新的《外汇和外贸控制法》或称《外汇法》通过。1980 年通过的《外汇法》将 1949 年和 1950 年分别通过的《外汇和外贸控制法》和《外资监管法》合二为一，该法一改从前禁止自由的态度，完全开放了经常项目，而对资本项目还保留着一定程度的限制。1997 年 5 月，日本对《外汇法》再次做出重大修改，包括废除资本交易的事前汇报体系以及实行事后的事实报告制等。此时，日本资本项目的开放已经达到了很高的程度。

58.6.2 日本外汇管制放开的特点

日本外汇管制的放开有如下几个特点。首先，对资本流入进行控制。直到 20 世纪 70 年代，日本政府一直努力将外债减少到最小。保护国内工业不受外来控制是日本多年来对待外资的首要考虑，因此，日本很长时间内将技术专利的购买或转让放在比外来直接投资更为重要的位置。日本在 1964 年放开了经常项目的控制，但直到 1980 年，外来直接投资才开始逐渐放开。所以，20 世纪五六十年代日本经济的高速增长并没有依赖外来直接投资，而主要是通过充分使用国内银行体系内的高储蓄来实现的。其次，资本的流入和流出大多通过银行来实现，达到一定标准的外资银行也被批准开展业务，这些银行向日本中央银行定期报告，这样不仅保持了较好的国际支付平衡数据，而且易对资金流动进行监管。最后，国际资金流动的自由化与日本国内金融控制的放松在很大程度上保持了同步，这样就避免了国内外市场出现套利空间。这些逐步放开的做法对我国当前人民币国际化仍有很强的借鉴意义。

58.7　日本资本项目开放的主要类型

由于资本项目开放对金融系统的稳定既有正面作用，也可能产生一定的负面效应，因此，各国对资本项目的开放多持谨慎态度。上文简单介绍了日本外汇管制的开放，并对日本资本项目开放作了描述，但是还不够详细。本节主要介绍日本资本项目开放的具体领域，从而使我们可以更清楚地看出日本资本项目开放的进程和特点。

58.7.1　外汇体系和授权外汇银行体系

从 1949 年到 1971 年，日本一直维持着 1 美元兑 360 日元的固定汇率体系。在 1973 年实行浮动汇率体系之前，固定汇率体系（1 美元兑 308 日元）恢复过一段较短的时间。从 1973 年到 1998 年的 25 年，日元对美元汇率曾出现大幅度波动，但总体上日元保持了对美元的升值趋势。1984 年日本外汇市场取消了实施多年的远期外汇交易中真实贸易需求的交易原则。在此之前，日本政府一直强调外汇银行的国际活动对国内市场的影响要降到最低，因此，日本外汇远期交易必须以对冲为唯一目的。授权外汇银行必须向监管当局按时汇报跨境交易业务，这是日本外汇监控最主要的工具之一。

银行对外汇净头寸（每日即期和远期总额度）监管到现在仍然有效，这在发达国家中都是很少见的。1986 年设立的东京离岸市场也有将在岸和离岸交易分割进行的要求。授权外汇银行必须将其涉外业务事前通知并事后汇报给日本中央银行，并对业务提供相关数据，为监管监控提供服务。

58.7.2　证券投资

虽然 1950 年设立的《外资监管法》允许非居民投资日本证券，但是对此却有限制，比如行业限制和投资份额限制等，直到 1980 年，外国投资者才可通过指定日本证券公司投资日本证券。日本投资外国证券始于 1970 年，外国可以在日本发行日元债券（武士债券），起初只有主权国家或国际机构才能以非居民身份在东京发行此种债券。1979 年，外国私人公司也可在日本发行日元债券，1984 年，外国私人公司被批准可以在日本之外发行日元债券，当然，发行公司在信用评级和财务状况方面要达到一定的条件。1970 年，国内投资者可通过共同基金投资境外证券，之后经过了几轮的自由化发展，到 1980 年，国内投资者通过指定证券公司投资境外证券也完全放开了。

58.7.3 境外直接投资

日本公司的境外直接投资均设有上限，直至多年前才逐渐放宽。1980 年，银行和证券公司在进行直接境外投资时，除渔业、珍珠养殖业、皮革、皮革生产加工、纺织行业加工处理、武器生产、毒品生产等特殊行业外，其他行业的境外投资原则上要求在一日之内处理完毕。《外资监管法》于 1950 年开始实施，然而在经济高速发展时期，日本对待外来直接投资的态度主要是以技术为目的，非居民投资或收购日本证券要受行业和非居民投资日本证券的双重限制。

58.7.4 紧急状态监管

顾名思义，紧急状态监管是指在特殊条件下对资本账户交易的监管办法。这些特殊条件包括维持支付平衡困难，日元汇率大幅度波动，或者境外市场对日本境内金融和资本市场产生严重的负面影响时。资本项目开放是一个相当复杂的问题，比如居民境外借贷、涉外交易、外汇交易、居民和非居民其他交易等技术性设计都超出了本章的范围，这里不再细述。

58.8 日本推动日元国际化概述

上文我们简单介绍了日本在外汇、资本项目等方面逐步开放的过程，这些内容实际上都是为日元国际化做准备。由于涉及诸多方面的内容，我们在本节只对这些主要内容进行一个系统的罗列。表 58-8 给出了 1949 年以来日元国际化相关的主要事件。

表 58-8　　1949 年以来日元资本项目开放和日元国际化的主要事件

1949 年		取消多赔给制度和价格控制，统一了一美元对 360 日元的汇率，出口自由
1964 年		经常项目开放
60 年代后期		放宽直接投资
70 年代初期		发展回购市场，外资银行进入日本，日本银行进入国外，储蓄利率灵活
1973 年		采纳浮动汇率体系
1977 年		停止政府债券定价支持系统，国内债券市场迅速发展
1979 年		引进大额协商存款
1980 年	12 月	全面修订《外汇及外贸控制法》，原则上建立了一个自由贸易的法律环境
1983 年	11 月	成立美日货币委员会
1984 年	4 月	取消了外汇期货交易的真实需求原则，仅外汇远期交易还保留着基于进出口真实需求的交易原则

	5 月	美日货币委员会发布了题为《金融自由化和日元国际化的现状及前景》的报告
	6 月	取消外币资金兑换为日元的限制（过去曾对外汇即期交易的头寸进行监管），放开对本国居民的短期欧洲日元贷款
	12 月	欧洲日元债券主要管理人的职位向国外机构放开
1985 年	3 月	外汇及其他交易理事会发布了题为《日元国际化》的报告
	4 月	取消了本国机构发行欧洲日元债券的预提所得税
	9 月	签署《广场协议》
1986 年	4 月	放宽了国外机构发行欧洲日元债券的资格要求，而通过信用评级来决定机构的发行资格
	5 月	部分修订了《外汇及外贸控制法》，建立海外市场
1987 年	2 月	签署《卢浮宫协议》
	6 月	发布《金融及资本市场自由化和国际化的展望》
	7 月	放宽了本国机构发行欧洲日元债券的资格要求，而通过信用评级体系来决定发行资格
	11 月	取消了对非本国居民持有欧洲日元商业票据的限制
1989 年	4 月	东京国际金融期货交易所成立
	5 月	放开了对本国居民的中长期欧洲日元贷款
	6 月	进一步放宽了对国外机构发行欧洲日元债券的资格要求（不参考信用评级），取消了非本国居民持有欧洲日元债券的限制（针对待偿期小于 4 年的欧洲日元债券）
	7 月	放宽本国居民持有海外市场的外币存款的限制（个人投资账户总额少于等于 500 万日元不再需要审批）
1990 年	7 月	放宽本国居民持有海外市场的外币存款的限制（企业和个人组合投资账户总额少于或等于 3000 万日元不再需要审批）
1993 年	4 月	取消财政部颁发的关于禁止日本银行海外下属机构成为日本企业海外公开发行证券主要管理人的行政指导准则（该项准则作为市场剧烈波动的应对措施有效期为 5 年）
	7 月	完全取消外国机构发行欧洲日元债券的资格限制
1994 年	1 月	放松了本国机构发行外币债券和外国机构发行武士债券的资格要求。取消主权欧洲日元债券的回购限制
	7 月	放开发行以日元计价的外国债券的资格要求
1995 年	4 月	简化了对外国居民发行欧洲日元债券和本国债券的审批和报告程序

	8 月	取消了国外机构对已发行欧洲日元债券的回购限制
1996 年	1 月	取消国外机构发行本国债券的资格限制
	4 月	本国机构发行的欧洲日元债券的回购期限从 90 天缩短至 40 天。取消发行欧洲日元商业票据的限制（将欧洲日元商业票据带入日本国内的限制也同时被取消）
1997 年	5 月	修改后的《外汇及外贸控制法》颁布
	6 月	金融系统研究委员会提交了题为《关于日本金融市场的改革》的报告，证券交易委员会发布了题为《全面改革的证券市场》一文
1998 年	4 月	修改后的《外汇及外贸控制法》开始执行
		取消本国机构回购发行的欧洲日元债券的限制
	6 月	《金融系统改革方案》颁布
	12 月	《金融系统改革方案》开始执行
1999—2004 年		引进国际会计标准

资料来源：日本大藏省网站和 Mitsuhiro Fukao [8] 的表 2。

表 58 - 8 表明，虽然美日货币委员会早在 1984 年就发布了题为《金融自由化和日元国际化的现状及前景》的报告，而且外汇及其他交易理事会也在 1985 年发布了题为《日元国际化》的报告，但实际上，日本在 20 世纪八九十年代十多年的时间内依然对日元国际化采取了相对谨慎的态度。其中主要的原因是 20 世纪 80 年代末日本泡沫经济破灭后，日本政府一直忙于处理大量呆坏账及遗留的经济金融问题，直到 90 年代后期，特别是东南亚金融危机爆发之后，日本才真正意识到推动日元国际化可以扩大日元在东亚的影响，降低区域市场风险从而确保日本经济和金融市场的稳定。然而，日本关于日元国际化的提议在美国和国际货币基金组织的反对下不得不放弃，再加上当时日本经济的低迷已经持续将近十年的时间，日本自身也力不从心。内外因素导致日元国际化进程最终不了了之。

58.9 日本金融体系改革的基础性工作

为了有效地推动日元国际化，日本政府采取了一系列的重要措施。这里我们主要强调日本政府关于金融市场环境和基础建设所做的改善。

58.9.1 提升短期政府债券的流动性

提升短期政府债券的流动性从而使境外投资者容易进入该市场是日本政府

1999 年在金融改革方面的重要举措之一。短期政府债券流动性的提高可以使境内外投资者使用无风险政府债券来管理日元资产。1999 年 4 月日本推出了短期日元债券竞价体系。

58.9.2 日元收益率曲线的构建

建立和完善利率曲线是整个金融体系最基本的工作之一，因为金融资产的定价离不开基于市场价格的利率曲线。为了完善政府债券的期限结构从而构建平滑可靠的利率曲线，日本于 2000 年 3 月之前分别推出了 1 年期、5 年期和 30 年期的政府债券。

58.9.3 所得税的减免

为了提升政府债券的流动性，日本 1999 年免去了政府债券利息收入所得税，并于 1999 年 3 月 31 日免去了证券交易税和所得税。这些措施对提升日本政府债券的流动性确实发挥了一定的作用。

58.10 日本场内外衍生产品交易

总体来讲，日本交易所交易市场（场内市场）和银行间市场或者和柜台交易衍生产品市场（场外市场）与欧美发达市场相比都有相当大的差距，本节我们介绍日本场内外市场的活跃程度。

58.10.1 日本场内衍生产品交易

日本有组织的商品期货市场大阪堂岛大米会所早在 1730 年（Schaede，1989）就开始交易，比 1848 年美国芝加哥期货交易所还早一个多世纪。尽管如此，近代日本期货行业的发展，甚至在其经济高速增长时期也不尽如人意，显示日本没有重视市场的发展和市场功能的发挥。金融期货从 20 世纪 80 年代中期才开始在日本交易，比美国晚了十几年。下文以日本外汇期货和股票指数期货为例，简单介绍日本场内衍生产品市场的发展。

58.10.1.1 日本外汇和其他衍生产品市场的发展

1972 年芝加哥商业交易所在全球首次推出外汇期货时就率先推出了日元兑美元期货，2008 年，芝加哥商业交易所日元兑美元期货合同的全年成交金额达 2010 万亿日元，是同期日元名义进出口总额的 12.57 倍。1989 年日本国内的外汇期货在刚成立的东京金融期货交易所推出，比美国晚 17 年，且流动性一直低于美国。芝加哥商业交易所的日元期货交易活跃，而日本境内日元兑美元期货的活跃程度却非常低，从 2003 年到 2005 年底总成交量为 800 手。由于交易量极低，2006 年东京金融期货交易所停止了日元兑美元的期货交易。至此，全球日元期货交易完全转移到了美国芝加哥商业交易所。

58.10.1.2 日本利率期货和期权市场的发展

如其他日本场内金融衍生产品一样，日本利率期货推出时间比美国等主要发达国家和地区要晚。以日本长期国债期货为例，1983 年日本东京证券交易所退出了长期国债期货，但是长期以来交易不够活跃，2014 年 4 月该交易所重新推出相似的产品以提高市场流动性。根据东京证券交易所网站公布的日本国债期货数据和国际清算银行公布的相应的全球总数据，2008 年到 2014 年，日本利率期货成交量占世界比重从 1.9% 下降到了 0.89%，而相应的年底持仓量世界占比仅为 0.1% 上下，表明市场很不活跃；相应交易所利率期权更不活跃，2010 年到 2013 年日本国债期权成交量占全球比重保持在 0.2% 左右的地位，持仓量占比则更低，2010 年到 2012 年占比从 0.015% 下降到了 0.001%，虽然 2013 年提高到了 0.04%，仍然太低，与日本经济和债券的世界占比相差几个数量级，表明日本长期以来场内利率衍生产品不够活跃的同时，场内外市场互联互通的格局远未形成。

58.10.1.3 日本股票指数期货和期权市场的发展

日本股票指数期货的发展总体比外汇期货和国债期货市场的发展要好很多。股票指数期货最早于 1982 年在美国成功推出，之后新加坡作为最具有创新动力的区域金融中心，鉴于自身市场规模有限，于 1986 年推出了基于日经 225 指数的期货，而且相当成功。由于当时日本政府担心现金交割股票指数期货可能带来风险，因此，开创了全球第一个用股票交割股指期货的先例，但是以失败告终。1987 年大阪股票交易所也推出了基于 50 只股票的股指期货，但也以失败而告终。在新加坡期货交易所推出日本股票指数期货两年之后，1988 年 9 月日本在大阪也推出了以现金交割的日经 225 股指期货。在日经股票指数期货推出早期，新加坡期货交易所的流动性还比较低，后来由于日本自己犯下的种种错误，新加坡期货交易所的日经股指期货的活跃程度显著超过大阪股票交易所。从 1990 年 1 月到 1993 年 8 月，大阪股票交易所连续四次提升了股票指数期货的保证金，而同期新加坡期货交易所则连续五次降低了保证金，导致前者比后者的保证金比例高出一倍以上。除保证金外，新加坡期货交易所的佣金和交易费也低于日本交易所，所以在短短几个星期内日经指数期货的主要市场参与者就从日本大阪转向了新加坡，导致前者市场流动性严重不足。这种情况一直延续到了 20 世纪 90 年代后期，日本政府才采取措施改正其问题。

根据世界交易所联盟公布的数据，2002 年到 2014 年，日本股指期权成交金额世界占比从 0.81% 提高到了 4.24%，相应的持仓金额占比从 1.85% 上升到了 4.53%，相应的股指期权成交金额占比和持仓金额与股指期货相当或者略高一些。日本股指期货和期权相关世界占比虽然离日本经贸和股市市值世界占比还有距离，但却比如上介绍的日元外汇和利率相关产品交易的世界占比要高出很多。

58.10.2　日本场外衍生产品市场

场外市场是金融市场的重要组成部分，而且还是非常重要的部分。国际金融市场实际上是场内外市场互通、互联、互补、互助的互动关系。场外市场不够活跃，场内市场也难以活跃；同时场外市场没有场内市场对冲等方面的支持也难以活跃起来。在上文介绍了日本场内市场后，我们下文介绍日本场外金融市场的发展。

58.10.2.1　日元外汇衍生产品

外汇衍生产品主要在场外的银行间市场交易。表 57 - 4 显示，2007 年和 2010 年日元即期和远期交易占比略高于全球水平，而掉期交易占比却显著低于国际水平；2013 年日元即期交易占比 49.7% 比国际即期交易占比 38.3% 高出 11.4% 的同时，日元远期和掉期交易占比 10.0% 和 27.0% 分别比全球相应的远期和掉期占比 12.7% 和 41.7% 低 2.7% 和 14.7%；表 57 - 5 显示，2010 年和 2013 年日元货币互换占比与其他主要国际货币相近的同时，日元外汇期权交易占比显著高于其他主要国际货币。虽然国际货币基金组织还未公布 2013 年上半年之后不同货币外汇衍生产品交易数据，但是 2013 年上半年底到 2014 年上半年底日元衍生产品存量金额从 15.18 万亿美元下降到了 13.18 万亿美元，2014 年下半年底存量金额虽然比 2014 年上半年底略升到了 14.24 万亿美元，但是 2015 年上半年第却又下降到了 13.50 万亿美元（国际清算银行网站公布的数据），仍显著低于 2013 年上半年底的存量金额，显示 2013 年以来日元衍生产品市场总体处于下降趋势。这些数据显示，日元外汇衍生产品交易总体不够活跃。

58.10.2.2　日元利率衍生产品

表 57 - 6 显示，1998 年到 2004 年，日元利率衍生产品日均成交金额下降了一大半；虽然 2004 年到 2007 年日元利率衍生产品日均成交金额显著提高，而 2007 年到 2013 年重新回到了持续下降的趋势，2013 年日均成交金额略低于 3 万亿美元，不到 2010 年的一半，首次低于澳大利亚元利率日均成交额，排名也首次从世界第四下降到了第五，显示日元利率衍生产品交易活跃度大幅下降。虽然我们美国 2013 年以来场外日元利率衍生产品的交易数据，国际清算银行公布的数据显示，2014 年上半年末日元利率衍生产品存量金额 51.71 万亿美元，比 2013 年上半年末下降了 6.5%，2014 年下半年末和 2015 年上半年末分别进一步下降到了 46.13 万亿美元和和 44.04 万亿美元（国际清算银行网站公布的数据），分别比 2013 年上半年末下降了 15.35% 和 19.19%，显示近年来场外日元

利率衍生产品市场仍处于显著的下降态势。

58.10.3 东京离岸市场的努力

1985 年 10 月日本外汇和其他交易委员会同意于 1986 年建立东京离岸市场，以推动日元的国际化进程。1986 年 6 月，日本大藏省公布了东京离岸市场账户操作的指导意见，指导意见明确指出：银行离岸账户不能将 5% 以上的账户用于在岸业务，流向在岸的资金必须接受对在岸资金同样的存款保证金要求；在岸资金同样不能自由流入离岸市场；离岸账户管理必须符合严格的注册等相关要求，严防离岸市场和在岸市场之间的资金流动。外资银行对东京离岸市场的监管要求有诸多意见，由于企业税和个人税仍然保留，相对于新加坡和中国香港这样的离岸市场，这些规定对境外企业的吸引力略显不足，甚至相对于纽约离岸市场免除市税和州税的措施，东京离岸市场的优惠条件也稍逊一筹。外资银行还抱怨东京离岸市场对离岸和在岸之间资金流动的监管过于严格。总之，由于这些严格的监管，东京离岸市场对于扩大日元国际化并没有起到应有的作用。

顾名思义，自由贸易区必须有在外汇和资本项目等方面比区外更为灵活的相关管制，与离岸市场有很大的相似性。上述东京离岸市场监管过严没有产生预期效果的例子和东南亚金融危机前后泰国离岸市场监管过松从而导致跨境资金监管不力的例子显示，把握好放松监管的度至关重要。东京离岸市场和泰国离岸市场开放和监管的经验和教训对中国（上海）自由贸易试验区有着非常重要的借鉴意义。

58.11 20 多年来日本经济低迷期日元国际化程度的变化

上文显示日元国际化过程中的很多失误在近二十多年来日本进入经济低迷前就已经发生。然而，二十多年来日元国际化程度却与日本经济低迷密切相关。在本章结束之前我们本节简单介绍二十多年来日本经济低迷的主要表现及对日元国际化程度的影响。

58.11.1 股市泡沫破灭

1989 年 12 月 29 日，日经指数创下历史最高之后急速下滑是日本经济泡沫破裂的最主要标志之一。1989 年 12 月 29 日日经指数收盘创下 38915.87 点的历史最高纪录。从 1989 年底的历史高位经过三年就持续下滑到了 1992 年底的 16924.95 点，累计下滑 56.5%；到 2003 年 4 月达历史新低点 7603.76 点，比 1989 年底的高位下滑了 80.5%，不到高峰时的五分之一；国际金融危机之前的

2007 年底达到 15307.78 点，比 1989 年底的历史高位下滑了 60.7%，不到高峰时的四成；2010 年底下降到了 10228.92 点，比 1989 年底的历史高位下滑了 73.7%，仅比高峰时的四分之一略高些；虽然 2013 年第四季度到 2014 年第一季度日本股市有了明显的恢复，但是 2014 年第二季度日经指数徘徊在 15000 点上下，保持在 2007 年底的水平；然而 2014 年第三季度到 2015 年 8 月中旬，日经指数持续上升到了 20000 上下；虽然到 2015 年 10 月中旬日经指数回落到了 18000 点左右，还是比 2014 年底上升了 4% 左右。

58.11.2 房地产泡沫破灭

日本经济泡沫破裂的另外一个主要标志是日本房地产市场泡沫的破灭。日本房地产指数从 1982 年到 1990 年持续显著增长至历史最高峰，但是从 1990 年到 1992 年急剧下滑，到 2002 年 3 月日本房地产指数下滑到 1990 年高峰时的五分之一上下，与股票市场低谷时下降的幅度相当。房地产市场泡沫的破灭使得日本大量金融财富化为乌有的同时，导致日本银行业在接下来的十多年忙于处理不良资产，难以对经济发展作出应有的贡献。

58.11.3 一系列的刺激政策连续失效导致债台高筑

20 世纪 90 年代初日本股市和楼市泡沫相继破灭后的二十多年来，日本各届政府连续出台了一系列的减税和刺激计划，力图使日本经济重回增长轨道。这些刺激计划不宜一一列举，而刺激的结果却使得日本债台高筑。图 58 - 1 给出了 1980 年到 2015 年日本政府总债务与 GDP 比例。

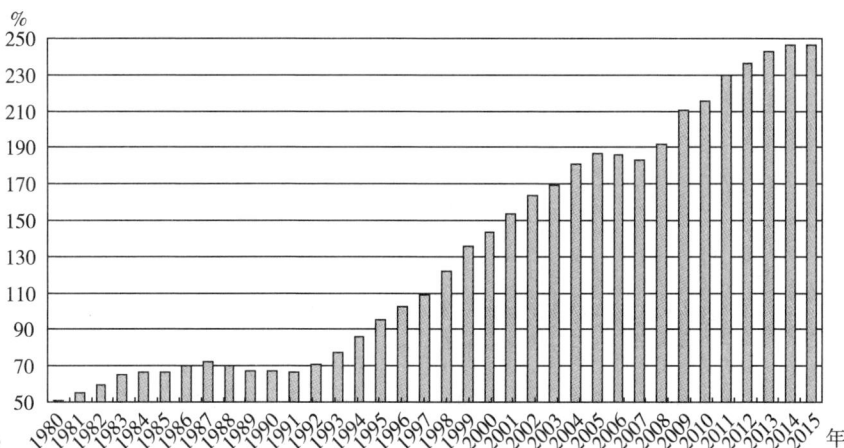

数据来源：国际货币基金组织网站（www.imf.org）。

图 58 - 1 日本政府总债务与 GDP 比例（1980 年到 2015 年）

图 58－1 显示，1980 年到 1991 年日本泡沫破灭前，日本政府总债与 GDP 比例保持在 67% 上下的水平；而 1991 年到 2005 年，日本政府总债与 GDP 比例从 66.45% 持续直线上升到了 186.44%，15 年内累计提高了 119.95%，年均增幅 8.57%；2005 年到 2007 年两年持续略微下降，累计降幅仅为 3.42%，而 2007 年到 2014 年重回快速增长轨道，7 年累计提高了 63.16%，年均增幅 9.02%，超过了 1991 年到 2005 年年均增幅；2014 年日本政府总债务与 GDP 比例高达 246.17% 的历史高位，超过意大利和希腊相应的占比，同时超过美国和英国一倍多，不仅创世界发达国家最高纪录，而且创下国际货币基金组织数据库中全球 189 个国家和地区的最高纪录。

2012 年到 2014 年日本政府总债务分别高达 14.1 万亿美元到 11.3 万亿美元，即使减去表 20－5 给出的这些日本海外净资产，2012 年到 2014 年日本政府总债务与 GDP 比例也分别高达 159.5% 到 171.0%，相当于该两年所有国家和地区政府债务与 GDP 比排名第二的希腊 156.5% 到 177.1% 的比例。过高的政府债务负担给继续刺激带来了更大的风险，也为今后很可能爆发的日债危机备足了"弹药"。日本二十多年来持续刺激经济效果有限，而且仍屡败屡试，确实值得我们深思。

58.11.4 安倍经济学及其效果

日本首相安倍晋三 2012 年底上台后加速实施一系列新的经济政策，其中最引人注目的就是宽松货币政策使得日元加速贬值以刺激日本出口，同时刺激日本物价上升从而使日本摆脱多年来通货紧缩的状态，最终摆脱二十多年经济低迷的状态以重振日本经济。可以说，安倍经济学实施近三年来还是取得了一定的成绩，2013 年和 2014 年日本实际 GDP 分别比前上年增长了 1.59% 和 -0.10%（根据国际货币基金组织 2015 年 10 月公布各国 GDP 数据计算得出，下同），2015 年增长 0.40%（2016 年 2 月日本内阁府公布的数据）；同时名义 GDP 分别比前年增长了 1.01% 和 1.56%，2015 年预计增长 2.51%；2013 年 GDP 通缩率为 0.58%，比 2012 年的通缩率 0.95% 明显下降，2014 年首次扭转了自 1998 年开始的持续 19 年之久的年均 1.05% 的通缩问题，GDP 通膨率高达 1.66%，预计 2015 年日本 GDP 通膨率会达到 1.92%，接近日本政府 2% 通膨的目标。但是，一旦通胀抬头，日本的麻烦可能会更大！通胀出现后，大量的日本国债价格会下降，日本央行、基金公司、银行等大量持有日本国债的机构的资产质量会下降，多年来日本国债过度的购买可能演变成抛售，从而带来金融动荡和财政崩溃问题。路透社近期一项调查显示，"约 44% 的日本企业高管预计未来十年日本会出现南欧式债务危机"（"日本银行业巨额公债持仓危如累卵，安倍政府压力山大"，Andy Mukherjee, http：//cn. reuters. com，2014 -07 -22）。

安倍经济学看似明显的成绩单里却潜藏着诸多严重的问题。首先，日本宽松货币政策导致日元贬值，进而导致日本贸易逆差的延续。从 2012 年 7 月到 2015 年 2 月的两年多，日本对外贸易出现了 32 个月的持续逆差，2015 年 3 月虽然出现了几年来首次顺差，2015 年 4 月以来又重回逆差而且总体呈现增长态势。2011 年到 2014 年，日本贸易逆差占 GDP 的比重从 − 0.32% 持续增长到了 − 1.12%、0.25% 和 −2.43%。由于 2014 年以来国际石油和大宗产品价格下降，2015 年前 8 个月贸易逆差累计高达 2.57 万亿日元，比 2014 年同期下降了 73%，但是，以 2015 年前 8 个月日本逆差的平均增幅来估算，2015 年日本贸易逆差占 GDP 比重也会超过 0.7%。贸易逆差对日本经济将产生可观的负面作用。

安倍经济学前两年多最大的亮点之一应属 2013 年以来日本股市的上涨。2013 年日经指数大涨了 56.7%，创下 41 年来最大涨幅；2014 年上涨了 7.1%；2016 年 1 月 12 日，日经指数跌近 3% 到 17%，195.85，抹去了 2015 年的全部涨幅；2016 年 2 月 26 日，日经指数进一步跌至 16188.41，比 2016 年 1 月 12 日累计跌幅 5.9%；截止 2016 年 4 月 8 日，日经指数跌至 15821.52，比 2016 年 2 月 26 日又累计下跌 2.3%，之前亮点逐渐失色。前两年股票市场的上涨提升了国际投资者和日本消费者对日本经济的信心。2014 年 4 月日本将消费税率从 5% 上调到了 8%，对日本消费产生了可观的负面影响。2015 年上半年日本经济同比增长了 2.4%，扣除价格因素后同比下降了 0.1%。2014 年启动的 17 年首次加税对日本个人消费的影响显著，但是一年多来的市场反应来看，日本经济已经消化了消费税对经济的负面影响，但是经济增长仍然乏力。2015 年以来股市持续低迷为日本消费者信心泼上了冷水。

最近，两位诺贝尔奖得主保罗·克鲁格曼和约瑟夫·斯蒂格利茨解释了安倍经济学为何一败涂地，以及安倍团队如何依然坚持着在日本现阶段和未来都没有立足之地的教条，正在对这一失败的政策加上双倍的赌注（"威廉·佩塞克：安倍经济学失败原因剖析，"威廉·佩塞克，《巴伦》周刊亚洲版执行主编，2016 年 4 月 9 日）。二十多年来世界第三大经济的表现一直吸引着全球眼球的主要原因不仅在于日本经济对世界经济的影响，更重要的原因是很多发达经济体都在担心会步入日本经济多年难以有效回升的泥坑。

58.11.5 日元国际化程度在日经低迷期的变化

表 58 − 1 显示日元占国际储备货币的比重在 1980 年到 1983 年的 4 年间保持在 4% 多些，然而 1985 年日元在"广场协议"签订之后加速升值，日元占国际储备货币的比重比 1984 年显著上升了 1.8% 达 7.5% 的高点，之后稳步升值到了 1991 年的历史最高峰 8.7%，正好分别是日本股票市场和房地产市场泡沫破裂后的一两年。从 1991 年日元占国际储备货币比重的最高峰后的 20 多年内，日元占

国际储备货币比重持续下降到 4% 上下的水平，不到高峰时期比重的一半。虽然 2010 年比重比 2009 年略有回升，2015 年比 2014 年也略有回升，但是日本国债占国内生产总值的比重高达 250% 上下，超过全球所有国家，特别是日本 2012 年以来超量化宽松的政策等因素表明，这种回升难以持续多长时间。

58.12　本章总结

本章简单介绍了日元贸易结算和资本项目的开放，特别是推动日元国际化的主要进程和内容。通过了解日本从 20 世纪 70 年代开始逐步推动日元国际化的种种举措，我们可以从中学习和借鉴很多东西。第一，要"克服作为后来者的劣势"并将其转换为后发优势，"就必须将成为一线国际金融中心的目标凌驾于其他竞争目标之上，这样才能及时地采取必要的中间步骤"。而这些必要的中间步骤就是 2012 年中央经济工作会议号召我们，也是我们要努力研究和探讨的深化金融改革的路线图和时间表的重要组成部分。第二，以注重科技含量和技术转移的态度来吸纳外来直接投资对于我国当前的经济结构转型意义重大。有选择且更有效地利用外资，可以使国内高储蓄发挥更大的作用以促进经济增长。第三，在推动货币国际化过程中，金融市场的基础建设一定要搞好，不然市场难以持续健康发展。第四，迅速推动人民币外贸结算，为人民币成为主要国际储备货币打好了基础。第五，各项改革政策要有一定的次序，内外金融改革要做到协调和配合。第六，离岸市场账户一定要做到与在岸市场账户的有效分离，从而将境内外市场有效分离。第七，涉外业务的批准、核实和必要的数据整理一定要做到位，为跨境业务和资金监管做好必要的准备。第八，高度重视跨境交易的跟踪和监控。当然，还有其他很多地方值得我们借鉴，这里不再一一列举。

尽管日本有诸多值得我国借鉴的地方，然而在我们仔细分析日元国际化进程及效果的时候，我们也会发现不少应该吸取的教训。第一，日本重贸易轻金融市场的策略使得日本金融开放相对滞后，同时重视国债的财政功能而相对忽视其金融功能和市场。第二，金融国际化，特别是资本项目自由化相对较晚，在 20 世纪 90 年代末，在其泡沫经济破灭近十年后才大力推动日元国际化，很大程度上错失了日元国际化的最佳时机。第三，政府干预打压日元升值，将日元/美元汇率保持在一定的范围内，这种做法在当时主要是出于对日本出口的考虑，但是对日元价值及其国际储备功能有很大的负面效应。第四，缺乏战略性的计划和规划。虽然美日货币委员会早在 20 世纪中期就提出了日元国际化，但是在日本经济占美国经济比例高达 50% 和 60% 之间的 20 世纪 80 年代后期和 90 年代前期，日本却没有认真采取行动，只是到了 90 年代后期，日本泡沫经济破灭影响显著的时候，日本政府才不得不被动地开始考虑采取积极措施改革金融体系以摆脱陷入困境的金融系统。1997 年东南亚金融危机爆发之后，日本进一步加速了日元国际化，更印证了如上判断——日本推动日元国际化缺乏战略规划。第五，理论研究缺乏，不能为指导和协调与日元国际化相关的各项政策提供支持。政府干预打压日元升值以促进出口与日元国际储备功能的发挥相矛盾，这表明日本虽然在很大程度上做到了日元国际化相关内外政策的协调，但是整体上还是缺乏研究和战略性部署，这导致各项政策之间出现矛盾的状况持续多年都没能得到及时调整和解决。第六，对市场功能的发挥重视不够。日本外汇和股票市场的衍生产品不仅推出时间较晚，而且之后也不够成功，外汇和资本市场的发展比不上英美等国，市场功能发挥不够。

从本章对日元国际化进程的介绍可以看出，货币国际化是一个相当复杂而漫长的过程。日本在推动日元贸易结算几年之后日元就成为了国际主要储备货币之一，比日元资本项目完全开放早了二十多年。我国 2009 年开始推动人民币跨境贸易结算，2010 年取得了与日本 1970—1971 年相当的成果。相信人民币2016 年就会成为国际储备货币之一，而且再过几年人民币储备额会超过日元。为了成功地实现货币国际化，既要从容谨慎，减小资本项目开放给国内金融市场的冲击，同时又要稳扎稳打，逐渐做好经济转轨期资本项目开放的必要准备，不然可能错失良机。

我们在《人民币衍生产品》第二版中用一章的篇幅讨论日元在"广场协议"前后急剧升值对我国的启示，本章我们主要探讨日元国际化对人民币国际化的启示。实际上日本还有很多值得我们研究的领域，比如在经济显著增长和资产高速升值的情况下如何采取适度的金融紧缩政策，从而使金融体系和经济体回到适度平稳增长的态势；在房地产和股市价位达到过高水平时如何使之"软着陆"；在人口红利消失后如何采取财政刺激之外其他政策延缓人口红利对经济增长的负面影响等方面皆有重要的教训需要我国吸取，皆对我国有"重金难买"的借鉴意义。

货币国际化是一个相当复杂的过程，日元国际化不成功也有诸多经贸、金融以至其他领域的因素。本章主要从贸易结算、金融市场、资本项目开放等方面讨论日元国际化不成功的原因和教训，有兴趣的读者请参考潘英丽（2014）第一卷第 6 章"日元国际化的历史及其不成功经验"。

最后，我们应该对安倍经济学前两年的效果有客观的认识。应该说 2014 年日本 GDP 通胀率 1.92% 已经接近其通货 2% 的目标。如果不是 2014 年以来国际油价和大宗产品价格的显著下降，日本 2014 年 2% 的通胀目标肯定会达到；另外日本股市两年多以来持续增长，在一定程度上反映出境内外投资者对日本经济的信心。然而 2015 年以来日本股市低迷中下跌，对日本消费信心有一定的打击。2016 年 1 月 29 日日本央行宣布日本央行于当地时间 29 日宣布将采取 −0.1% 的利率，成为亚洲首个实施负利率的国家，希望以此鼓励商业银行能进行更多的放贷活动，并刺激投资和经济增长。2015 年以来日本经济的表现表明安倍经济学的"三支箭"已经开始失色，安倍"新三剑"又开始推出（"热评：安倍'新三箭'实为挽回支持率前景堪忧"，中国新闻网，2015 年 12 月 22 日）。

数据显示，2014 年 10 月到 2015 年 10 月，中日间人民币使用率（日本与大陆和香港之间按价值计算的付款）增长了 105%，而 2013 年 10 月到 2015 年 10 月，中日间人民币使用率增长了 317%。虽然日元仍然保持用于日本和中国内地/香港之间支付货币第一位的地位，但人民币保持着不断上升的态势：截止 2015 年 10 月的两年，人民币超越了港币和美元，由第四位升至第二位（环球银行金融电信协会，SWIFT，2015 年 12 月 2 日）。中日两国是世界经贸皆排世界前列，两国关于历史等争议今后多年应该也不容解决。然而如果能够搁置争议，两国加强经贸和金融领域的合作，即落实 2011 年 12 月两国政府达成的"中日加强合作发展金融市场"（"中日加强合作发展金融市场"，人民银行网站，2011 年 12 月 25 日）的协议，将不仅对两国经贸发展皆有益，而且对两国货币的国际化程度都有巨大的促进作用。

参考文献

［1］福本智之：《人民币国际化尚需时日》，载《东洋经济》，2012 年 4 月 21 日。

［2］Shinji Fukukawa："Development of the Japanese Big Bang and its Impact"，Dentsu Institute for Human Studies，1997.

［3］Masunaga, Rei：The Deregulation Process of Foreign Exchange Control in Capital Transactions in Post – war Japan，1997.

［4］Shaede, Ulrike："Forwards and Futures in Tokugawa – Period Japan：A New Perspective on the Dojima Rice Market"，Journal of Banking and Finance，Vol. 13，pp. 487 – 513，1989.

［5］Taguchi, Hiroo：A Survey on the International Use of the Yen，BIS Working Paper，No. 6. Basle：Bank for International Settlements，July，1982.

［6］Tavlas, George S. and Yuzuru Ozeki："The Japanese Yen as an International Currency"，IMF Working Paper WP/91/2. Washington, D. C.：International Monetary Fund，January，1991.

［7］Tavlas, George S. and Yuzuru Ozeki，1992："The Internationalization of

Currencies: An Appraisal of the Japanese Yen", Occasional Paper 90. Washington, D. C. : International Monetary Fund, January, 1992.

［8］Mitsuhiro Fukao, "Capital account liberalisation: the Japanese experience and implications for China", BIS Papers No. 15, http: //www. bis. org/publ/bppdf/ bispap15h. pdf.

［9］McKay, Huw:《东京为何最终未能取得一线国际金融中心地位:失败原因与上海可借鉴的经验教训》, Westpac Bank, Australia, 2013, 潘英丽、胡永泰、杰弗里·萨克斯、钱军辉主编:《十字路口的金融体系:国际经验与中国选择》。

第59章 货币国际化的利弊简析

前面我们分别对国际贸易及结算、国际外汇储备资产和货币的国际化度量进行了简析，并对日元国际化过程进行了简单的回顾。本章将介绍货币国际价值的主要影响因素，进而讨论货币国际化的利弊。本章结构如下：第59.1节简单介绍影响货币国际价值的主要因素，第59.2节介绍货币国际化的国内益处，第59.3节简单介绍货币国际化的国际益处，第59.4节简单介绍货币国际化的成本及不利因素，第59.5节介绍铸币税的相关研究，第59.6节简单介绍主要国家铸币税率情况，第59.7节简单估算美元国际铸币税并简单估算我国支付的美元国际铸币税规模，第59.8节介绍十多年来我国货币政策所面临的"困境"，第59.9节简析人民币跨境贸易结算导致我国外汇储备间接增幅的估算，第59.10节总结本章。

59.1 影响货币国际价值的主要因素

影响货币国际价值的因素众多，本节和下面几节主要参考 Chinn 和 Frankel（2008）及 Chen，Feng 和 Shu（2009）的结果，有兴趣的读者可以参考相关文献。

59.1.1 经济和贸易规模

由于货币是经济的"衍生产品"，经贸规模当然是影响货币最主要的因素。货币发行国或地区的经济、贸易和金融市场规模在全球的地位是货币能否成为国际货币的天然条件。经贸规模是决定对该国或地区货币结算需求的最重要因素之一。以经济和贸易规模衡量，美国仍然是世界上最大的经济体，其次是欧元区，第三是中国（见表3-1）。一个国家或地区的经济规模及增长率，是其货币需求的重要决定因素，也是决定其货币国际价值的最重要因素之一。此外，一个国家或地区的贸易规模也是决定其货币国际价值的另一重要因素。一个国家或地区的对外贸易额越大，对其货币的结算需求越大，其货币的国际价值也将相应提高。诚然，经贸规模是货币国际地位最主要的决定因素之一，但研究表明，货币的国际使用程度并没有与其经济规模保持严格的正向线性关系。

59.1.2 金融市场

金融市场的发达程度是决定货币国际价值的又一重要因素。要成为国际货币，货币发行国（地区）的金融市场不仅要自由开放，而且还需要有一定的深度和广度。长期以来，纽约和伦敦的金融市场因美元和英镑的国际地位受益匪浅，同时金融市场在维持美元和英镑的国际地位中扮演着十分重要的角色。而欧元或之前的德国马克就没有与其金融市场形成如此顺畅的良性循环，因此，美元与英镑的国际地位一直难以撼动，而欧元的国际地位的提升却比较缓慢。金融市场的各个组成部分，股票、债券、外汇等市场的深度和广度皆对该国货币的国际地位有重要影响，外汇市场的活跃程度是衡量货币国际地位最重要的一个指标。

59.1.3　货币价值的信心

对于某种货币的信心实际上是对该货币币值稳定的预期。对一种货币价值的信心来自该货币价值的稳定性，特别是该货币发行国通货膨胀的温和程度。20 世纪 70 年代，日本、德国和瑞士货币当局保持了比美国更低的通货膨胀水平，对于这些国家货币国际地位的提升有着明显的正面作用。20 世纪 80 年代，美国通货膨胀率的平均值和均方差皆高于以上三个国家，同时低于英国、法国、意大利等其他发达国家。尽管 20 世纪 90 年代美国通货膨胀温和，但是当时人们对于通货膨胀的关注程度已经明显下降。如今影响美元国际地位最重要的负面因素是美国巨大的国内和国际债务。即使美联储未试图运用通货膨胀来稀释美国债务，美国巨额的双赤字依然是美元走弱的关注点。因此，除通货膨胀水平外，对于货币价值的信心受到相应国家或地区贸易和财政盈余状况以及国际收支状况的影响。

59.1.4　货币关联性使用的习惯

一个使用某种货币进行贸易结算的外贸商会进行以该种货币结算的金融交易；如果投资者用某种货币进行金融交易结算，自然而然会进行该种货币的外汇交易。因此，货币的贸易结算需求、金融交易及结算的需求和外汇交易需求是相互关联、相互影响的。

59.1.5　历史惯性

货币存在价值的重要条件是人们的使用。货币的历史地位，或者该货币在历史上的使用惯性对其国际价值有重大的影响。正如语言的使用一样，我们可以创造出比现在通用的英语、法语或者西班牙语更加优美的语言，但是不管这种语言多么优美、多么简洁，依然无法撼动目前国际通用语的地位。很多学者对国际货币的适用性做过研究（如 Krugman，1984）。研究表明，货币国际地位决定因素较小的变化不会对其在国际储备货币中的比重产生立竿见影的影响，其影响往往在之后很长一段时间才表现出来。

英镑近百年来国际化功能的演变是货币历史惯性的最好案例。国际数据显示［1900 年吉尔里—哈米斯元（Geary – Khamis dollar）统计］，美国 GDP 早在1872 年就首次超过英国，成为世界最大的经济体。然而经过了"两战"，美元仍然没有取代英镑成为全球最主要的储备货币，1950 年全球外汇储备中英镑储备资产仍然高达 55%，朝鲜战争的爆发才使得美元资产在国际储备资产的占比迅速提升。这些数据显示，虽然实体经济是货币价值的重要支撑，然而货币的国际储备功能受诸多经济外其他因素的影响，值得我们关注。货币国际价值的影响因素众多，这些不是本书的研究重点。但是，在人民币国际化的进程中，我们应该充分地学习和借鉴国外几十年甚至几百年来货币国际化的经验和教训。唯有如此，我们才能在人民币国际化的过程中少走弯路。

59.2　货币国际化的国内益处

货币国际化对于货币发行国或地区来说存在很多好处，否则，历史上也不会有如此多的国家或地区耗费巨大的资源和精力推动其货币的国际化。在推动人民币国际化的过程中，我们应该了解并分析货币国际化真正的利弊何在。货币国际化的益处可以分为国内益处和国际益处两部分。本节首先介绍国内益处。

59.2.1　降低本国外汇结算成本

一种货币的国际化既是用之结算的结果，同时又推动该货币在结算中更广泛地运用。这是因为一种货币若广泛运用于结算，自然而然地就成为了国际货币。另外，随着货币国际化程度的提高，该货币在结算领域被人们接受的程度将逐步地扩大。对于本国企业利用本币进行结算的成本将大幅降低，对于本国之外的企业，由于规模效应，结算的成本也会下降。2011 年 12 月 25 日，人民银行公布了"中日加强合作发展金融市场"的内容，其中涉及促进人民币与日元在两国跨境交易中的使用，包括便利人民币与日元在贸易结算中的使用，以降低两国进出口商的汇率风险与交易成本（人民银行网站）。据日本共同社报道称，由于目前没有确定日元与人民币汇率的机制，因此采用以"日元兑美元"、"美元兑人民币"的汇率进行计算的交叉汇率。但随着美元汇率波动产生损失的风险很大，且兑换手续费也高。2011 年，中国和日本贸易额达 3449 亿美元，而因为要采用美元，导致中日给美国央行交付巨额手续费。而如果人民币和日元直接兑换，预计中日贸易每年将节省 30 亿美元费用（"人民币直兑日元 6 月开闸企业国际贸易成本将降"，中国新闻网，2012 年 5 月 29 日）。然而 2012 年以来两国间经贸合作未能如期开展，表明货币国际化的推动除节省成本的互利因素外其他因素也会占据上风。

59.2.2　减少外汇储备从而降低外汇储备持有成本

当本币国际化后，在对外贸易及各种交易中本币支付和结算的比例会显著增加，特别是当本币成为国际储备货币以后，货币发行国可以减少外汇储备的持有量，从而减少为管理巨额外汇储备产生的成本。

59.2.3　降低外汇交易风险

对于国际化程度较高的经济体，外汇风险是贸易和金融交易中最主要的风险之一。货币的国际化程度越高，其用于贸易结算的比例也就越高，本国的对外贸易受国际外汇市场波动的影响就越小，本国经济被动地受国际外汇市场的影响程度也会越低。随着本国货币国际化程度的提高，在国际外汇市场上该货币产品的深度和广度也会得到相应的提高，外汇风险的管理和对冲将变得更加便利。

59.2.4　有利于货币发行国金融市场的发展，提升本国金融机构效率

欧元推出以来的实证结果表明（Papaioannou 和 Porte，2008），货币的国际化与其本币国内金融市场的发展，特别是在降低交易成本和提高融资效率等方面，有着显著的相互促进作用。欧元的使用对欧洲股票和债券市场有着积极的影响。国内金融市场交易成本的降低，特别是融资效率的提高对于国内企业融资，进一步发挥资本市场的功能有着积极的意义。资本市场效率的提高，对于国内产业的升级和更新换代有着重大意义。

59.2.5　提升本国金融机构的国际竞争力

本币国际化程度的提高，可以有效地提升本币在国际金融市场的结算比例，同时提升本币在国际外汇市场中的流动性，因而以本币计价的国际债券也会随之增加，与此同时，国内资本市场的发展水平和创新能力也会得到显著的提升，凭借本币的优势，国内金融机构拓展国际业务将具有优势，国际竞争力会得到相应的增强。在国际竞争能力提升的同时，国内金融机构开展国际收购兼并等服务的空间也会显著增大。

59.2.6　流动性溢价

所谓流动性溢价就是指在其他因素完全相同的情况下，流动性高的资产价格比相应流动性较低的资产价格高出的部分。随着本币国际化程度的提升，本币所在国外汇和资本市场的流动性也会随之提升，从而出现流动性溢价。这个

结论在欧元推出后的几年里得到了证明。欧元推出后不久，发行欧元债的国家不断增加，欧元在国际债市的流动性也显著上升，因而欧元区国家的借贷成本随之下降，这种现象体现了欧元流动性的溢价。

59.2.7　降低本国货币政策的被动性

随着本币的国际化，货币发行国的货币政策将获得更多的主动性。2003—2007年，我国货币政策被动受美国货币政策影响巨大，国际金融危机后美联储四次"量化宽松"政策的实施对我国货币政策也产生了巨大的影响，我们下文会专门讨论此问题。

59.2.8　国际金融中心的地位

随着本币的国际化，货币发行国的资本项目将逐渐开放，国内资本和金融市场将逐渐完善，市场的深度和广度将不断扩展。这对于货币发行国建立国际金融中心是一个难得的机会。没有人民币的国际化，上海国际金融中心建设将难以有效推进。上海国际金融中心的建设将与人民币国际化的进程齐头并进，或者说上海国际金融中心的建设在很大程度上取决于人民币国际化推进的步伐。

在人民币国际化的过程中，国内外汇和资本市场的逐步完善也是关键的内容。由于货币的国际化是一个复杂而漫长的过程，国际金融中心的建设也不可能一蹴而就。日本早在1996年就计划到2001年将东京建成与纽约和伦敦相当的国际金融中心，但是由于日元国际化进一步推进不理想，虽然日本从20世纪60年代末到2009年保持了世界第二大经济体的地位，但截至目前东京在国际金融市场中的地位不仅与纽约和伦敦存在着巨大的差距，而且2013年多年来亚洲最大的外汇交易中心的位置也捧手交给了新加坡。

59.3　货币国际化的国际益处

上文我们主要介绍了货币国际化对本国的益处，本节我们简单介绍货币国际化对本国在国际市场上的益处。

59.3.1　提高国际货币体系的稳定性

全球性金融危机的爆发使得更多国家越来越明显地认识到当前国际货币体系存在严重问题。历史的惯性和美国的国际地位成就了美元独大的现实，但是由于美国多年来的双赤字和积累至今的巨额债务，在这次国际金融危机爆发后多年世界对美元的担忧还在加深。欧元的成功推出及其在国际储备货币占比的稳步上升表明欧元代表欧洲作为主要的国际货币的地位已经基本形成，国际储备货币的分散化对国际货币体系的稳定发挥了一定的作用。日元曾经有潜力成为代表亚洲的主要国际货币，但正如我们在上一章介绍的那样，日元的国际化并没有人们预想的那样成功。上文显示决定货币国际价值最主要的因素之一是货币发行国的经济规模及贸易规模在世界经济中的比重。世界主要经济体的货币国际化将对国际货币体系的稳定发挥起到积极的作用。由于日本经济在世界经济中的比重不断下降的趋势已经确定，因而日元今后也难以成为代表亚洲的主要货币。已成为全球第二大经济体的中国，今后几十年在世界经济中的比重还会不断上升，人民币的国际化将是一个必然的趋势。人民币国际化的稳步推进对国际货币体系的稳定将产生深远的影响。

59.3.2　提升地区经济稳定性

研究显示，东南亚金融危机爆发后不久，亚洲货币与美元的相关性有所减弱，同时与日元的相关性有所上升。然而，如上所述，日本经济的持续低迷及今后在亚洲和世界经济地位的下降趋势使得日元国际化难以进一步推进。因此，日元对亚洲地区的影响力将难以进一步上升。随着中国经济的稳步增长，中国经济在亚洲经济的地位和影响力将持续上升，人民币国际化也将对亚洲经贸的稳定和发展起到积极作用。亚洲经济的稳步发展对中国经济也将产生日益深远的影响。

59.3.3　"分享"冶国际铸币税

"铸币税"或"铸币利差"是一国政府财政收入的重要来源之一。铸币税可以被看作是政府创造货币的价值与其制作成本的差额。开放经济条件下的国际铸币税是国际货币体系是否具有长期稳定性和相容性的决定性因素之一。封闭经济条件下一国发行货币抽取的铸币税完全归该国中央政府所有，因此不存在铸币税分配的问题。在开放经济条件下，一国货币能够流出国外，因而该国中央政府事实上能够对使用本国货币的外国居民和非居民征收铸币税。事实上，国际铸币税的分配问题与国际货币体系中的深层次矛盾密切相关。因此，铸币税的分配成为国际货币体系的一个重大议题。大英帝国之前与其殖民地分享铸币税（Humpage，2002），欧洲中央银行根据人口和 GNP 的加权计算的比例向欧元区各国分配铸币税（Stevens，1999）。由于铸币税涉及内容相对较多，我们下文专门将相关内容作为单独一节来介绍。

59.4　货币国际化的成本和不利因素

上文我们简单介绍了货币国际化对货币发行国在国内外的好处。任何益处都是有代价和成本的，货币国际化也不例外。本节我们简单介绍货币国际化的成本或不利因素。

59.4.1 影响汇率政策的灵活性

随着货币国际化进程的推进，相应的汇率形成机制也逐渐向国际化的方向调整，汇率也应对货币发行国经济和国际市场有更灵敏的反应。这样，货币发行国的汇率政策也将受到货币国际化进程的影响。换句话说，汇率政策的完善是货币国际化的一个重要组成部分。

59.4.2 对资本项目的逐渐开放提出新的要求

货币国际化实际上是相应的资本项目逐渐放松管制的过程，真正的国际化意味着资本项目的完全开放。"二战"之后国际金融市场的发展经验表明，资本项目的开放应该有一个合理的节奏，否则国际资金的流动将会对本国金融市场以致整个经济带来巨大的冲击，甚至导致金融和经济危机大爆发，使得多年的经济发展成果毁于一旦。东南亚金融危机对东亚国家和地区的冲击就是绝好的例子。但是，资本项目的开放并不是完全的"洪水猛兽"，只要坚持逐渐开放、协调国内外相应的政策、保持与国内金融市场发展一定的适应度，资本项目的逐渐开放将会对国内市场的逐渐完善、进一步发挥金融市场对实体经济发展的促进作用产生积极的影响。

资本项目每放开一个领域，资金的跨境流动就会增加一个渠道。在资本项目逐渐放开的几年甚至十几年的时间内，对已经放开和即将逐步放开的渠道要实施有效的监测和监管，换句话说，对于跨境流动的资金要有坚固的"堤坝"和相应的"闸门"。这样对"水量"的流入和流出才能做到心中有数，在水位较高时适度开闸放水，在水位较低时酌情关闸截流，从而有效地防范国际资金的流动给国内市场带来的冲击，保证经济和金融市场稳步、持续、健康地发展，最终实现货币国际化的目标。

59.4.3 "特里芬难题"风险

"特里芬难题"是指任何一个国家的货币如果充当国际货币，则必然在货币的币值稳定方面处于两难境地。一方面，随着世界经济的发展，各国持有的国际货币增加，这就要求该国通过国际收支逆差来实现，这就必然会导致该货币贬值。另一方面，作为国际货币又必须要求货币币值比较稳定，而不能持续逆差。这就使充当国际货币的国家处于左右为难的困境，这就是"特里芬难题"。"特里芬难题"是由美国耶鲁大学教授特里芬（Triffin，1960）在《黄金与美元危机——未来可兑换性》一书中提出的观点。要解决两难困境不容易，对国际货币发行国的货币政策、财政政策、金融政策等提出了很高的要求。

59.4.4　对国内货币政策造成一定影响

当一种货币进入国际化进程，该货币在国际间的计价、支付和储备功能将逐渐增强，因此，国际上对该货币的需求量将会逐渐上升，从而货币需求因素中增加了国际因素，因此，国内货币发行将增加一个考虑的因素，货币政策的制定和操作的难度将显著增加。国际化启动初期，在国际因素影响仍然较小的情况下注重积累货币政策经验，这样才能在国际因素逐渐增强时更加容易适应经济环境的变化。

59.4.5　对国内资本市场发展的影响

随着货币国际化程度的提高，特别是资本项目的逐渐放开，母国股票市场也会逐渐对境外投资者开放，这样境外资金对母国资本市场，特别是股票市场的影响将逐步显现。除股票市场外，债券市场的规模和流动性也是资本市场非常重要的内容。国内资本市场的改革和发展应该与货币国际化的步伐相一致，并逐渐开放和提高市场效率。缺乏一个有效的资本市场，货币国际化的程度也会受到相应的限制。

59.4.6　对国内经济政策产生的影响

在货币没有区域化、国际化的情况下，不管中央银行投放多少基础货币，它都只是在货币发行国境内流通。而当货币区域化和国际化启动以后，便有部分货币在境外流通，这部分流出境外的货币虽然暂时对国内物价不发生作用，但由于其准确数据难以被掌握，数量增减也难以为货币当局所控制，这就必然会增加中央银行对货币供应量调控的难度。特别是如上介绍的"堤坝"和"闸门"还没有牢固建成并发挥作用之前，中央银行很难准确把握对货币供应量的调控方向和力度。货币国际化对母国经济持续增长也可能会产生某种负面效应。

我国是一个人口众多、就业压力长期存在的国家，为了缓解就业压力、保持经济快速增长，必须在刺激内需的同时不断拓展外需。人民币国际化的最终目标是成为国际储备货币之一。作为国际储备货币，人民币必须能够为其他国家提供国际清偿力，这就要求我国的国际收支必须保持逆差，否则其他国家将难以储备人民币资产。而国际收支长期保持逆差则意味着出口减少和进口增加，其结果必然会是外需的减少和国内部分市场的丧失，这对增加国内就业、保持国内经济持续快速增长可能会产生一定的负面效应。

59.4.7 区域和全球经济金融稳定的责任

国际货币在享有诸多特权和便利的同时，国际货币发行当局对区域、全球经济和金融体系的稳定也负有相应的责任。因此，在货币国际化程度逐渐提高的过程中，该货币母国对区域或国际经济和金融体系稳定的责任也会随之上升，否则该货币的国际信誉将受到影响。稳定区域或全球经济和金融体系是一个相当艰巨的任务，货币当局不仅要有驾驭母国经济和金融市场的能力，同时还必须逐渐积累影响和调整区域、全球经济和金融体系的经验。

总之，货币的国际化，特别是与之相应的资本项目开放，使得货币母国可以更加便利地参与国际经济和金融市场，同时国际资金也会更加方便地进入母国的金融市场。因此，货币国际化必须与货币发行国的经济和金融改革同时推进，这意味着货币国际化会对国内经济金融改革、市场发展和政策协调等方面产生极其深刻的影响。

59.4.8 增大跨境资金流动风险及监管难度

国际货币由于其可兑换性使得国际资金可以容易地在境内外自由流动。大幅度的跨境资金流入和撤离对包括主要发达国家在内的世界各个国家和地区都有巨大的影响。十几年前发生的东南亚金融危机是跨境资金流动影响非常好的案例。美联储前主席伯南克 2011 年 2 月 18 日在法兰西银行午餐会的演讲（Bernanke，2011）和他提交给巴黎召开的法国央行会议的报告（Bernanke 等，2011）中指出，2003 年到 2007 年国际资金大量流入美国购买美国政府债券和按揭证券化证券，导致美国利率下降，是美国金融危机爆发的重要原因之一。即使美国这个世界最大的经济体和最大的金融市场对跨境资金监管不到位也会给经济和金融体系带来巨大的冲击，因而跨境资金监管对其他国家，特别是对新兴市场国家更具挑战性。第 11 章介绍和分析境外人民币无本金交割远期市场的结果表明，境外人民币升值导致相当多的资金流入我国。今后随着人民币资本项目的逐渐放开，每放开一个项目，跨境资金流动就多一个渠道，跨境资金的流动和监管难度一定会随之逐渐增加，有效监管的要求和难度也将随之提升。

59.5 铸币税的相关研究介绍

铸币税涉及铸币成本、基础货币及变化、支付的形式、税收和税率、通货膨胀、货币的机会成本、名义利率等广泛的领域。国外学者早在两百年前（Thorntn，1802）就开始关注并研究该问题。

59.5.1 国外铸币税方面的研究

Bresiani－Turroni（1937）、Friedman（1971）、Sargent 和 Wallace（1981）等在该领域作出了重要的贡献。McKinnon（1969）和 Grubel（1969）讨论指出竞争会使国际铸币税支付到零。Cohen（1971）研究了英镑作为主要国际货币的功能，并指出在其研究时间段内（1965—1969 年）英镑在国际市场实际上的垄断地位被美元的竞争所取代。几十年来，国外该领域文献较多，这里难以一一介绍，有兴趣的读者可以参考 Buiter（2007）、Nolivos 和 Vuletin（2010）。McGrattan 和 Prescott（2003）的研究表明短期美国政府债券为市场提供流动性，因此，市场估值过高，显示短期美国政府债券的国外持有者给美国政府支付铸币税；Gourinchas 和 Rey（2005）的实证研究表明后布雷顿森林体系期间（1973 年到 2004 年）美国资产平均回报与相应的美国债务的回报的差额 3.32% 显著高于 1952 年到 2004 年的差额 2.11%，超过 1% 的额外回报表明后布雷顿森林体系前期国外购买美国债券使得美国债券的回报明显下降，显示国外给美国支付了可观的铸币税。在对 Gourinchas 和 Rey（2005）研究模型进行了扩展的基础上，Eden（2006）表明如果用现金支付来定义"狭义"的铸币税，那么美国债券的国外持有者支付给美国政府的铸币税为美国年度 GDP 的 0.2%；如果用"广义"的包括现金支付来定义铸币税，那么美国债券的国外持有者支付给美国政府的铸币税为美国年度 GDP 的 0.7%；Click（1998）和 Gros（1993）的研究表明 20 世纪 70 年代到 90 年代，铸币税占 GDP 的比例在西欧国家基本上在 0.5% 左右。Humpage（2002）的研究表明，1990 年到 2000 年 10 个拉美国家的铸币税占其国内生产总值的平均比例仅有几个百分点，比例最高的三个国家——智利、巴西和乌拉圭的平均比例分别仅为 5.6%、4.2% 和 4.2%。利用日本数据，Miyakoshi（2008）研究显示政府社会福利的功能与铸币收入"厌恶"的假设相一致的程度在 21 世纪比 20 世纪 90 年代更加显著。

59.5.2 欧元铸币税方面的研究和分享

欧元铸币税方面的研究达到了很高的水平。Gros（1993）研究了欧元铸币税在欧盟国家分配、物价稳定和金融市场整合的财政含义等，Sinn 和 Feist（1997）给出了基于欧元区国际经济占比和人口占比分享欧元铸币税的具体方法；Feist（2001）研究了铸币税对新加入欧元区国家的分配方法。这些方法的技术设计和实施对我们研究该问题有很好的借鉴意义。

59.5.3 国内铸币税方面的研究

国内学者近二十年前就开始关注并研究铸币税。姜波克（1994）和谢平

（1994）早在二十年前就开始研究铸币税。谢平（1994）对中国政府从 1986 年至 1993 年的铸币税收入的计算结果表明这一时期内中央政府每年的货币发行收入平均为 GNP 的 5.4%。当时的铸币税收入主要运用在对金融机构的贷款、财政透支和借款、专项贷款、有价证券及外汇储备占款等方面。陈雨露等（2005）认为非居民持有的国际货币有两种形式：一种是现钞形式，另一种表现为中央银行所拥有的该货币储备资产。其中，非居民现钞持有比例较为有限，大多是居民所持货币流出而形成的。作为一国官方国际储备的国外央行拥有的储备资产，大多投资于货币发行国的银行体系、债券市场等，因此，可以通过国际货币发行国金融体系中的他国银行持有的储备资产扣除通货膨胀因素，计算得到一国货币（美元）的国际铸币税。用此方法，陈雨露等（2005）得出截至 2002 年，美元国际化而产生的名义国际铸币收益高达 6782 亿美元。褚华（2009）对 2030 年人民币国际铸币税进行了估算。

当前的国际货币体系实际上是一个美元主导下的中心——外围构架。美国通过输出美元获得了实际资源的注入，此外这些输出的美元往往又通过购买美国国债的方式流回美国国内（何帆、张明，2005）。钟伟（2004）估算美国政府从"二战"到 2003 年累计获得的国际铸币税的收益在 2 万亿美元左右。当前已经有一些中、南美洲国家实施了美元化。这些美元化国家政府本身丧失了征收铸币税的权力，而不得不向美联储支付大量的铸币税。因此，这些国家已经向美国提出，要求美国向美元化国家转移部分铸币税，此外还要求美联储货币政策委员会给美元化国家的代表提供席位，从而使这些国家能够对美元利率的制定施加影响。当然，美国不会轻易将铸币税的好处与别国共享，更不会轻易让渡部分货币政策制定权。因此，美国政府对美元区铸币税分配问题保持一种暧昧的冷处理态度，从而客观上造成了美元区铸币税分配问题进展缓慢（张明，2005）。所以对于国际化程度很高的大经济体，其货币的国际化将减少该经济体向其他国际货币发行国支付铸币税，或者说减少其因使用外币引起的财富流失，为利用境外资金开辟一条新的渠道，同时也增加自身货币的铸币税在国际铸币税总额中的比重。这也从另外一个角度说明了国际化程度很高的大国经济体推进货币国际化的必要性。

59.6 主要国家和地区铸币税率

国际货币基金组织 2005 年 9 月公布的一篇研究报告（Aisen 和 Veiga，2005），对全球 144 个国家和地区从 1960 年到 1999 年 40 年间铸币税及影响铸币税的政治稳定性、经济结构、制度等因素进行了系统的研究。Aisen 和 Veiga（2005）采用了铸币税/GDP 比例和铸币税/政府支出比率两种方法研究铸币税。

表 59-1 给出了主要国家和地区铸币税的比率。

表 59-1   **48 个国家和地区的铸币税率**   单位：%

国家/地区	铸币税/ GDP 比例	铸币税/ 政府支出比例	国家/地区	铸币税/ GDP 比例	铸币税/ 政府支出比例
澳大利亚	0.4	2.2	日本	0.9	8.4
奥地利	0.5	2.0	韩国	1.4	10.0
阿根廷	6.0	120.3	卢森堡	0.3	1.5
孟加拉	0.9		马来西亚	1.8	6.3
比利时	0.5	1.9	蒙古国	3.9	19.7
玻利维亚	2.6	48.1	墨西哥	2.2	23.5
巴西	3.6	24.7	荷兰	0.4	0.4
加拿大	0.3	2.1	新西兰	0.1	0.6
智利	6.9	28.3	挪威	0.5	2.0
中国大陆	6.3	47.4	巴基斯坦	1.9	12.6
香港特区	0.7		菲律宾	1.0	7.4
哥伦比亚	1.9	5.9	波兰	5.0	6.7
埃及	3.9	12.9	葡萄牙	1.4	7.5
芬兰	0.2	0.8	罗马尼亚	3.1	7.6
法国	0.4	1.7	俄罗斯		18.5
德国	0.4	1.9	新加坡	1.6	6.6
希腊	2.4	12.0	南非	0.7	2.7
匈牙利	2.5	5.2	西班牙	1.1	7.8
印度	3.2	19.9	瑞典	0.5	1.5
印度尼西亚	1.6	8.1	瑞士	0.9	11.0
爱尔兰	0.8	2.8	泰国	1.0	6.8
伊朗	3.2	19.9	土耳其	3.1	17.9
以色列	8.6	17.3	英国	0.4	1.3
意大利	0.7	4.0	美国	0.3	2.1

数据来源：Aisen 和 Veiga（2005）的表 1，第 14 页。

表 59 - 1 给出的 48 个国家和地区铸币税/GDP 比率差别很大，其中 20 个发达国家的平均比率仅为 0.47%，其他 28 个国家和地区的平均比率高达 2.92%；比率超过 3% 的国家有 12 个；比率不低于 6% 的有 4 个国家，分别为以色列、智利、中国大陆和阿根廷，比率分别为 8.6%、6.9%、6.3% 和 6.0%。由于国际铸币税的分配问题与国际货币体系中的深层次矛盾密切相关，因此，该问题不仅是一个学术问题，而且成为国际货币体系改革中的一个国际政治问题。由于问题的复杂性和主要国际货币的发行国不愿意别国准确了解其国际铸币税的获取额度，导致国外学术界的实证研究也相对缺乏。国内该领域的研究更显不足。我们应该学习和借鉴欧元区铸币税的计算方法，加强这方面的研究，从而不仅准确掌握我国向主要国际货币发行国/地区每年缴纳的铸币税的额度及变化，而且还能掌握随着人民币国际化程度的提升我国向这些国家/地区铸币税缴纳减少的程度，从而做到心中有数。

59.7　美元国际铸币税

虽然上文我们获得了一些美元国际铸币税研究的实证结果，但是这些结果不够使我们对美元国际铸币税规模有直观的和系统的把握。本节估算美元铸币税来估算我国大陆"缴纳"的美元铸币税。

59.7.1　美元国际铸币税的简单估算

系统研究该问题超出了本章的范围，这里我们利用上文 Eden（2006）、Cohen（1971）、Aisen 和 Veiga（2005）的研究结果简单估算 1950 年到 2015 年美元国际铸币税，结果如表 59 - 2 所示。

表 59 - 2 显示，从 1950 年到 2015 年的 66 年内美元国际铸币税总额在 7340 亿美元 [对应 Eden（2006）美国 GDP0.2% 的"狭义"结果] 到 2.57 万亿美元（对应 0.7% 的"广义"结果）；表 59 - 2 中美元铸币税/GDP0.3% 是利用 Aisen 和 Veiga（2005）的结果，相应地从 1950 年到 2015 年的 66 年内美元国际铸币税总额在 1.1 万亿美元。

钟伟（2004）的结果："二战"以来的美元国际铸币税总额在 2 万亿美元左右 [表 59 - 2 从 1950 年到 2014 年，起点比钟伟（2004）研究的时间少 4 年，而截至时间比钟伟（2004）研究的时间多 12 年]，与表 59 - 2 中"广义"结果相近；上文陈雨露等（2005）截至 2002 年的研究结果相当于表 59 - 2 中"美元国际铸币税 0.4%"的结果。我们下文利用该结果估计近年来中国支付的美元国际铸币税规模。

表 59 - 2　　　　　1950 年到 2015 年美元国际铸币税的规模估算　　　　单位：亿美元

年	美国 GDP	美元国际铸币税率 0.2%	美元国际铸币税率 0.3%	美元国际铸币税率 0.7%	年	美国 GDP	美元国际铸币税率 0.2%	美元国际铸币税率 0.3%	美元国际铸币税率 0.7%
1950	2937	2.9	4.4	10.3	1983	36381	72.8	109.1	254.7
1951	3393	3.4	5.1	11.9	1984	40407	80.8	121.2	282.8
1952	3583	3.6	5.4	12.5	1985	43468	86.9	130.4	304.3
1953	3793	3.8	5.7	13.3	1986	45901	91.8	137.7	321.3
1954	3804	3.8	5.7	13.3	1987	48702	97.4	146.1	340.9
1955	4147	4.1	6.2	14.5	1988	52526	105.1	157.6	367.7
1956	4374	4.4	6.6	15.3	1989	56577	113.2	169.7	396.0
1957	4611	4.6	6.9	16.1	1990	59796	119.6	179.4	418.6
1958	4672	4.7	7.0	16.4	1991	61741	123.5	185.2	432.2
1959	5066	5.1	7.6	17.7	1992	65393	130.8	196.2	457.8
1960	5264	5.3	7.9	18.4	1993	68787	137.6	206.4	481.5
1961	5448	5.4	8.2	19.1	1994	73088	146.2	219.3	511.6
1962	5857	5.9	8.8	20.5	1995	76641	153.3	229.9	536.5
1963	6178	6.2	9.3	21.6	1996	81002	162.0	243.0	567.0
1964	6636	6.6	10.0	23.3	1997	86085	172.2	258.3	602.6
1965	7191	14.4	21.6	50.3	1998	90892	181.8	272.7	636.2
1966	7877	15.8	23.6	55.1	1999	96606	193.2	289.8	676.2
1967	8324	16.6	25.0	58.3	2000	102848	205.7	308.5	719.9
1968	9098	18.2	27.3	63.7	2001	106218	212.4	318.7	743.5
1969	9844	19.7	29.5	68.9	2002	109775	219.6	329.3	768.4
1970	10383	20.8	31.1	72.7	2003	115107	230.2	345.3	805.7
1971	11268	22.5	33.8	78.9	2004	122749	245.5	368.2	859.2
1972	12379	24.8	37.1	86.7	2005	130937	261.9	392.8	916.6
1973	13823	27.6	41.5	96.8	2006	138559	277.1	415.7	969.9
1974	14995	30.0	45.0	105.0	2007	144776	289.6	434.3	1013.4
1975	16377	32.8	49.1	114.6	2008	147186	294.4	441.6	1030.3
1976	18246	36.5	54.7	127.7	2009	144187	288.4	432.6	1009.3
1977	20301	40.6	60.9	142.1	2010	149644	299.3	448.9	1047.5
1978	22938	45.9	68.8	160.6	2011	155207	310.4	465.5	1086.3
1979	25622	51.2	76.9	179.4	2012	161553	323.1	484.7	1130.9
1980	28625	57.2	85.9	200.4	2013	166632	333.3	499.9	1166.4
1981	32110	64.2	96.3	224.8	2014	173481	347.0	520.4	1214.4
1982	33450	66.9	100.4	234.2	2015 *	179682	359.4	539.0	1257.8

　　数据来源：1950 年到 1979 年美国 GDP 数据来自 www.usgovernmentspending.com；1980 年到 2015 年美国 GDP 数据来自国际货币基金组织网站更新的 2015 年 10 月的数据；由于 Cohen（1971）表明 1965 年到 1969 年美元取代了英镑在国际货币市场的垄断地位，而 Aisen 和 Veiga（2005）显示从 1960 年到 1999 年美元铸币税/GDP 比率为 0.3%；为了估算保守些，我们在估算 1950 年到 1959 年的美元国际铸币税时仅用 Eden（2006）结果税率的一半；2015 年的数据是根据国际货币基金组织对美国 GDP 的预测数据。

59.7.2 中国"缴纳"的美元国际铸币税估算

研究文献较少提及中国支付的美元国际铸币税。由于中国是全球美元储备资产最大的持有国，中国缴纳的美元铸币税也应该最多。上文提到陈雨露等（2005）认为可以通过国际货币发行国金融体系中的他国银行持有的储备资产扣除通货膨胀因素，计算得到一国货币的国际铸币税。上文已述，准确计算国际铸币税比较困难，这里我们利用陈雨露等（2005）的方法和表 59 - 2 给出的美元国际铸币税的总额来简单估算我国 2000 年以来的美元国际铸币税额。表 59 - 3 给出了相应的结果。

表 59 - 3　　　　2000 年以来中国大陆美元国际铸币税额估算　单位：亿美元，%

年	中国占美元资产比重	美元国际铸币税率 0.2%	美元国际铸币税率 0.25%	美元国际铸币税率 0.3%
2000	11.99	37.0	61.6	86.3
2001	15.50	49.4	82.3	115.3
2002	17.64	58.1	96.8	135.5
2003	19.57	67.6	112.6	157.6
2004	23.48	86.5	144.1	201.8
2005	30.16	118.5	197.4	276.4
2006	38.53	160.2	267.0	373.8
2007	45.20	196.3	327.2	458.1
2008	43.39	191.6	319.3	447.0
2009	41.85	181.0	301.7	422.4
2010	37.60	168.8	281.3	393.8
2011	35.09	163.4	272.3	381.2
2012	29.83	144.6	240.9	337.3
2013	30.67	153.3	255.6	357.8
2014	27.66	143.3	239.9	335.8
2015 *	26.32	141.9	236.5	331.0
累计		1920.0	3200.1	4480.1

数据来源：图 56 - 2、图 1 - 3 和表 59 - 2；表中中国持有美元储备资产占比是根据我国可识别外汇储备资产中美元储备资产占比与全球美元储备资产占全球可识别储备资产比例相同的假设计算得出的，国际可识别外汇储备资产和美元储备资产来自国际货币基金组织网站 Currency Composition of Official Foreign Exchange Reserves（COFER）数据；2015 年中国占全球美元资产为根据第一季度数据估算的结果。

表 59 - 3 显示，2000 年到 2004 年，我国持有的美元储备资产比例较低，支付的美元国际铸币税较低，每年仅有几十亿；然而 2005 年到 2013 年，我国持有的美元储备资产比例达美国国际储备资产的三成以上，因此我国支付的美元国

际铸币税显著上升，达到 100 亿美元以上；2013 年以来，我国持有的美元资产比重显著下降，支付的美元国际铸币税也随之下降。如上讨论的估算数据还仅为美元国际铸币资产占美国经济比重最低的 0.2%；如果我国利用国际货币基金组织 Aisen 和 Veiga（2005）美元铸币税率 0.3% 的结果，那么中国支付的美元国际铸币税额将更大，16 年累计高达 1920 亿美元。

59.8　我国货币政策面临的"困境"

我们在第 37 章介绍和简析了境外人民币无本金交割远期市场及其反映出的人民币升值和贬值的重要信息。实际上我们在《人民币国际化和产品创新》第三版对影响境外人民币无本金交割远期汇率的中美基础因素做了系统的实证研究，并专门研究了近十年来在人民币升、贬值预期的影响下，跨境资金流入和撤离我国的实证研究。这些研究为我们探讨近十年来我国货币政策受美国货币政策的影响程度提供了很好的依据。

59.8.1　对货币政策的影响

货币政策对任何国家经贸和金融市场的稳健有效运行至关重要。货币政策涉及面很广，这里我们简单介绍我国贸易顺差对我国货币发行的影响。由于 2002 年到 2007 年国际金融危机之前的 6 年人民币升值的预期持续上升，出口企业绝大多数结汇而持有人民币，这样贸易顺差的大幅度增长实际上带动了我国货币的发行。图 59 - 1 给出了 2002 年到 2015 年第二季度我国贸易顺差折合人民

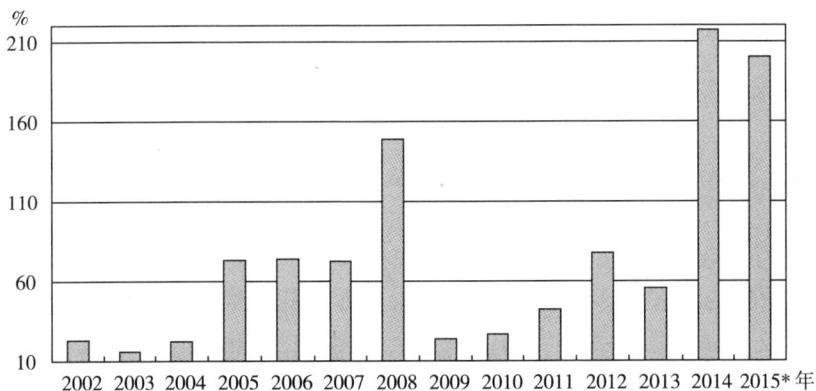

数据来源：货币发行数据和人民币/美元年均汇率来自人民银行网站（www.pbc.gov.cn），贸易顺差数据来自商务部网站和海关总署网站；2015* 为上半年数据；图中 2009 年以来人民币跨境贸易结算导致的相关非美元贸易顺差调整没有考虑在内，我们下文会探讨相关问题。

图 59 - 1　贸易顺差占同年我国狭义货币（M_1）增量比例（2002 年到 2015 年上半年）

币占同年我国狭义货币（M_1）增量的比例。

图 59-1 清楚地显示，2002 年到 2004 年，年度贸易顺差折合人民币与同年我国狭义货币增幅的比例分别为 22.9%、15.9% 和 22.4%，三年平均仅为 20.4%，表明 2005 年汇改之前贸易顺差对我国货币发行影响还有限；但是 2005 年到 2007 年，年度贸易顺差折合人民币与同年我国狭义货币增幅的比例高达 72.8%、73.9% 和 72.2%，三年平均达 73.0%，超过七成，表明 2005 年汇改之后相当比重的"热钱"通过经常项目流入我国（见第 53 章），导致我国贸易顺差"超高速"增长，从而影响我国货币发行；由于 2008 年国内狭义货币增幅比 2007 年增幅下降了近一半到 9%，该年贸易顺差折合人民币与同年我国狭义货币增幅的比例创下历史高峰 148.8%；2009 年国内狭义货币比 2008 年增幅增长了 33.2%，创下十多年来历史纪录，导致 2009 年贸易顺差折合人民币与同年我国狭义货币增幅的比例下降到了 24.2%，不到 2008 年的六分之一；2010 年到 2012 年，该比例持续上升到了 77.2%，达到了国际金融危机前 2007 年的水平；2013 年回落到了 55.3% 的较为合理的水平；而 2014 年和 2015 年上半年由于国内狭义货币增幅同比增长分别仅为 3.2% 和 2.3%，贸易顺差折合人民币与同期我国狭义货币增幅的比例分别上升到了 217.4% 和 200.5% 的不合理高位。

在国际金融危机前三年仅贸易顺差就导致超过七成的狭义货币的发行，2008 年竟超过我国货币发行 48.8%，表明国际金融危机前跨境贸易对我国货币发行影响的程度；国际金融危机后，特别是 2010 年以来比例似乎回到了较为合理的水平，但是 2014 年和 2015 年上半年比例再创新高，表明贸易顺差对我国货币发行仍然有重要的影响，显示国际金融危机前后我国货币发行随贸易顺差的被动局面。周小川行长几年前在回答记者问题时将我们如上分析表达得更为形象简洁："近年来，存款准备金率工具的使用主要和外汇储备增加或减少所产生的对冲要求有关，因此，绝大多数情况下，存款准备金率的调整并不是表明货币政策是松或者是紧"（《回放：央行就货币政策及金融改革问题答记者问》，人民网，2012-03-12）。

59.8.2　外汇储备的影响

人民币升、贬值预期是跨境资金流入和撤离我国的主要动力之一，而人民币升值、贬值预期的内因是我国经贸和金融因国内外因素增长幅度的变化，外因是美国"量化宽松"相关的货币政策。美国量化宽松政策稀释美元，人民币对美元的升值预期就高，流入我国的资金就多，我国外汇储备就增长得快；美国"量化宽松"退出，美元稀释速度降低，人民币兑美元的升值预期就减缓，甚至出现贬值的预期，外汇储备或者增长减缓甚至下降。图 59-2 给出了 2001 年第一季度到 2015 年第二季度我国外汇储备变化额。

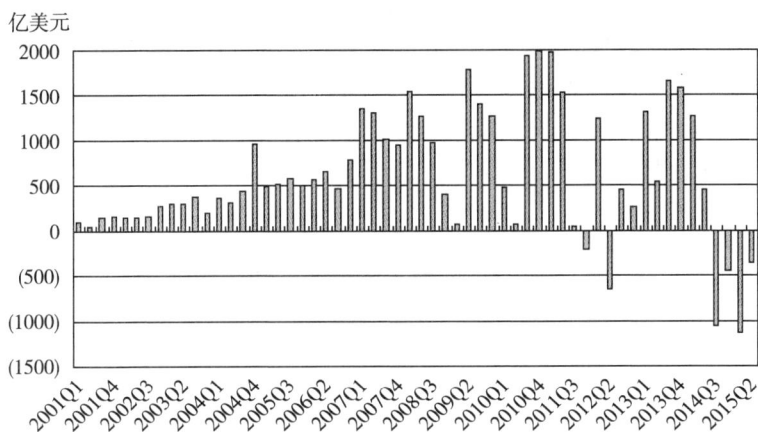

数据来源：人民银行网站（www. pbc. gov. cn）。

图 59 - 2　2001 年第一季度到 2015 年第二季度我国外汇储备变化额

图 59 - 2 显示，2005 年到 2006 年，我国外汇储备季度增幅从 100 多亿美元持续增长到了 700 多亿美元；2007 年第一季度增幅首次超过了 1300 亿美元，2008 年第一季度增幅首次超过了 1500 亿美元，达到了国际金融危机前的最高增幅；从 2008 年第一季度到 2009 年第一季度，增幅持续直线式下降到了接近零的低位（2002 年第一季度以后的最低位），表明国际金融危机对人民币升值、贬值的影响，进而影响到了我国外汇储备；2009 年 3 月下旬美联储宣布第一次"量化宽松"政策，对我国外汇储备产生了巨大的影响，2009 年第二季度我国外汇储备增幅又创新的历史高位，达到接近 1800 亿美元的高位，2009 年第三季度和第四季度增幅仍然保持在 1200 亿美元以上；由于美元第一次量化宽松政策到 2009 年底结束，2010 年前两个季度我国外汇储备增幅重新回到了相当低的水平；从 2010 年第三季度开始美联储计划实施第二次量化宽松政策并于 2010 年第三季度到 2011 年 6 月底实施了该计划，2010 年第三季度到 2011 年第一季度，我国外汇储备增幅再创新高，连续三个季度接近 2000 亿美元，超过了之前的历史纪录。与第一轮量化宽松政策执行之后半年相似，第二轮量化宽松政策结束后的两个季度，即 2011 年第三季度和第四季度，增幅再次大幅度下降，2011 年第四季度甚至出现了 1999 年以来的首季下降。资金流入的增长导致我国流动性泛滥、投资的冲动、物价的上涨等问题趋向严重，同样资金撤离对国内经济产生冲击，表明我国经济和金融受美国货币政策的影响程度。

59.8.3　存款保证金和利率的影响

国际金融危机前后大量跨境资金的流入给我国流动性控制带来了挑战。为了控制流动性，人民银行从 2003 年到 2008 年上半年 20 多次提高存款保证金率，累计提升幅度超过 10%；国际金融危机之后人民银行又数次提高存款保证金率，使存款保证金率接近 20% 的高位。2013 年以来我国经济进入换挡转型期，经济下行压力持续较大，然而多年来过高的非常态存款保证金率已经常态化，导致利率过高难下，进而导致企业成本居高不下，这从另外一个侧面显示我国货币和利率政策独立性的下降。

59.9　人民币跨境贸易结算对我国外汇储备的影响估算

随着人民币跨境贸易的增加，我国外汇储备增长的方式已经发生重大的变化而且将发生更大的变化。这是因为，用人民币进口结算相应的进口金额本来需要用等额美元来进口，而用人民币结算的进口用人民币就可以而不用外汇了，因此用人民币结算的进口导致我国外汇储备间接增长；同样用人民币出口结算相应的出口金额本来会创汇等额美元进来，而用人民币结算的出口用人民币就可以了，导致我国外汇储备间接下降；人民币结算的进口和出口差额即为由于人民币跨境贸易结算导致我国外汇储备的增长额。利用表 17 – 13 给出的 2000 年到 2015 年由于人民币跨境贸易结算进出口结算额导致的外汇储备变化额及与同年总外汇储备变化额的比较，图 21 – 3 给出了相应的结算。

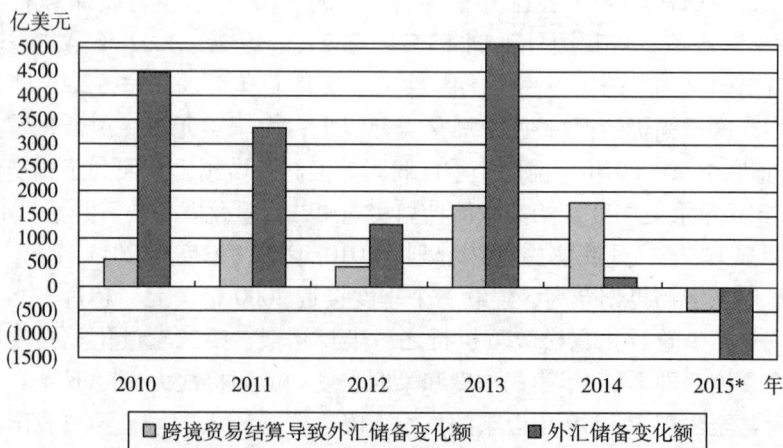

数据来源：根据表 17 – 13 给出的数据计算得出。

图 59 – 3　2010 年到 2015 年由于人民币跨境贸易结算导致我国外汇储备增加额与同年我国外汇储备总额变化的比较

图 59 - 3 显示，2010 年人民币跨境贸易结算占比较低，同时当年进出口贸易额也较小，导致相应的外汇储备增幅 559.5 亿美元，占当年我国外汇储备总增额的 12.5%；2011 年随着人民币跨境贸易结算比例的提高人民币跨境贸易导致我国外汇储备增长额提高到了 1003.3 亿美元，占当年我国外汇储备增额 3338.1 亿美元的 30.1%；2011 年和 2013 年，由于跨境人民币结算导致的外汇储备增额分别为 426.3 亿和 1705.2 亿美元，分别占同年外汇储备总增额的 32.7% 和 33.5%，其中 2013 年增额占总外汇储备增额的近三分之一；2014 年由于人民币跨境贸易结算导致我国外汇储备增幅高达 1778.3 亿美元，超过了当年我国外汇储备总增额 217 亿美元的 7.2 倍，表明 2014 年如果没有跨境人民币贸易结算导致的简介外汇储备增幅，那么该年我国外汇储备会显著下降。

值得关注的是，图 59 - 3 显示，2015 年上半年由于人民币兑美元贬值压力的提高，由于跨境人民币贸易结算导致的我国外汇储备首次变为下降 497.5 亿美元，占同期我国外汇储备总下降额 1491.8 亿美元的 33.3%，或者三分之一，显示跨境人民币贸易结算对我国外汇储备已经产生显著的影响。

随着本币国际化程度的提高，特别是人民币进口结算占比显著提高，人民币跨境贸易结算对我国外汇储备的影响还会增大。在本币升值预期高且外汇储备增长过快时，人民币跨境贸易结算会进一步导致外汇储备下降；而在本币贬值压力大且外汇储备下降时，人民币跨境贸易结算会导致外汇储备加速下降。人民币跨境贸易结算对我国外汇储备被动变化的影响还会更加显著，进而对国内货币政策产生更大的影响。

59.10　本章总结

本章在简要介绍影响国际货币价值主要因素的基础上，着重分析了货币国际化对货币发行国在国内外的益处及其成本。货币国际化是一个非常复杂的过程，涉及国内经济结构的重大调整和金融市场的逐渐改革。对于国际化程度高的大国经济，货币国际化是势在必行的，因为若不推进其货币的国际化，该国不仅必须向其他主要国际货币发行国支付数目可观的铸币税，还要被动地受国际经济和金融市场波动的巨大冲击和影响。因此，在中国成为世界第二大经济体的情况下，逐步推进人民币国际化已经是时不我待。人民币国际化的进程将是十年以至更长时间内的任务，我们应该对人民币国际化进行战略性的研究，从而制定出人民币国际化的战略规划。我们将在后续的两个章节对此进行论述。

人民币升值、贬值预期诚然是跨境资金流入和撤离我国的重要信息，但是还不是跨境资金流动的最初动力源头。真正的动力源实际上是美国的货币政策和我国经济增长势头。当美国货币政策宽松时，美元被稀释，人民币对美元的升值预期就上升，流入的资金池子的"水"源就多，就有大量的资金流入我国，对我国的外汇储备、物价指数、货币政策、投资等产生重大影响。当然我们不能忽略近十年来人民币升值、贬值预期的国内内因：我国经济持续增长是人民币升值预期产生的内因，同时我国经济结构性调整的相关政策的实施使得经济稳步发展等因素是人民币后金融危机贬值压力产生的内因。内外因共同作用才能产生效果。虽然我们不能用具体的数量来估算内外因在不同时期哪个更加重要，上文给出的数据不得不使我们明了美国货币政策对我国经贸和金融体系产生的重大影响，或者表明我国人民币货币政策的相对被动性。只有人民币国际化的水平不断提升，我国货币政策的主动性才会逐步提高，被动的格局才会逐步转变，进而达到发挥主动性的阶段。

参考文献

［1］陈雨露、王芳、杨明：《作为国家竞争战略的货币国际化》，载《经济研究》，2005（2），35－44。

［2］褚华：《人民币国际化研究》，复旦大学博士学位论文，2009。

［3］何帆、张明：《国际货币体系不稳定中的美元霸权因素》，载《财经问题研究》，2005（7）。

［4］姜波克：《人民币国际化问题探讨》，载《经济纵横》，1994（5），30－32。

［5］谢平：《中国转轨经济的通货膨胀和货币控制》，载《天津金融月刊》，1994（9）。

［6］余永定：《中国不能走财政赤字货币化的道路——关于铸币税的几点看法》，载《金融研究》，1999（7）。

［7］张明：《铸币税的定义、计算和分配》，中国社会科学院国际金融研究中心，工作论文，2005，No.72。

［8］钟伟、闻一：《崛起中的人民币：如何改写21世纪国际货币格局》，载《学术月刊》，2004（10）。

［9］Aisen, Ari and Francisco Jose Veiga, 2005, The Political Economy of Seigniorage, IMF Working Paper, Monetary and Financial Systems Department, Prepared by Ari Aisen and Francisco Jose Veigal, Authorized for distribution by David S. Hoelscher, September 2005.

［10］Bailey, M. (1956), "The welfare cost of inflationary finance", Journal of Political Economy 64：93－110.

［11］Buiter, William H., 2007, Seigniorage, NBER Working Paper Series,

Working Paper 12919, http：//www. nber. org/papers/w12919.

［12］Chinn, Menzie, and Jeffrey Frankel, "Why the Euro Will Rival the Dollar", University of Wisconsin and Harvard University.

［13］Click, R. W. , 1998, "Seignioragein a cross – section countries", Journal of Money, Credit and Banking 30 (2)：154 – 171.

［14］Cohen, Benjamin J. , 1971, The Seignorage gain of an international currency：an empirical test, Quarterly Journal of Economics, 494 – 507.

［15］Eden, Benjamin, 2006, Vanderbilt University and The University of Haifa, Economics, VU station B #351819 2301 Vanderbilt Place, Nashville, TN 37235 – 1819, E – mail：beneden@ Vanderbilt. edu.

［16］Feist, Holger, 2001, "The Enlargement of the European Union and the Redistribution of Seigniorage Wealth," CESifo Working Paper Series (Working Paper No. 48) .

［17］Friedman, M. , 1971, "Government Revenue from inflation", Journal of Political Economy, Vol. 79, No. 4, pp. 846 – 856.

［18］Gourinchas Pierre – Olivier and Helene Rey "From World Banker to World Venture Capitalist：US External Adjustment and The Exorbitant Privilege" NBER WP 11563, August 2005.

［19］Gros, Daniel, 1993, Seigniorage and EMU, The Fiscal Implications of Price Stability and Financial Market Integration, European Journal of Political Economy, 9, pp. 581 – 601.

［20］Gros, Daniel, 2004, "Profiting from the Euro? Seigniorage Gains from Euro Area Accession", Journal of Common Market Studies, Vol. 42, No. 4, pp. 795 – 813, November 2004.

［21］Grubel Herbert G. , 1969, "The Distribution of Seigniorage from International Liquidity Creation" in Robert A. Mundell and Alexander K.

［22］Swoboda, eds. , Monetary Problems of the International Economy (Chicago：University of Chicago Press) .

［23］Humpage, Owen F. , 2002, "An Incentive – Compatible Suggestion for Seigniorage Sharing with Dollarizing Countries", Policy Discussion Papers No. 4, Federal Reserve Bank of Cleveland.

［24］Krugman, Paul, 1984, "The International Role of the Dollar：Theory and Prospect", in John Bilson and Richard Marston (eds.), Exchange Rate Theory and Practice, Chicago：University of Chicago Press, 261 – 278.

［25］McGrattan Ellen, R. and Prescott Edward C. "Average Debt and Equity

Returns: Puzzling?", American Economic Review, Papers and Proceedings, May 2003, Vol. 93, No. 2, pp. 392 – 397.

[26] McKinnon, Ronald I. 1969, Private and Official International Money: The Case of the Dollar, Princeton Essays in International Finance No. 74 (Princeton: International Finance Section).

[27] Marty, A. L., 1976, "A note on the welfare cost of money creation", Journal of Monetary Economics 2: 121 – 124.

[28] Miyakoshi, Tatsuyoshi, 2008, "Seigniorage Revenue or Consumer Revenue? Theoretical and Empirical Evidences", Osaka University, March 2008.

[29] Nolivos, Roberto Delhy and Guillermo Vuletin, 2010, "The role of central bank independence on optimal taxation and seigniorage," October, 2010, http://ssrn.com/abstract = 1885389.

[30] Papaioannou, Elias, and Richard Porte, 2008, "Costs and benefits of running an international currency", Economic Papers 348, Economic and Financial affairs, European Commission.

[31] Reserve Bank of Australia, 1997, "Measuring Profits from Currency Issue", Reserve Bank of Australia Bulletin.

[32] Sargent, Thomas J. and Neil Wallace, 1981, "Some unpleasant monetarist arithmetic", Federa Reserve Bank of Minneapolis Quarterly Review, 5 (3): pp. 1 – 17.

[33] Sinn, H – W. , and H. Feist, 1997, "Eurowinners and Eurolosers: The Distribution of Seigniorage Wealth in EMU", European Journal of Political Economy, 13, pp. 665 – 689.

[34] Stevens, Edward J. , 1999, "The Euro", Federal Reserve Bank of Cleveland, Economic Commentary (January 1, 1999).

[35] Thornton, H. , 1802, An Enquiry into the Nature and Effects of the Paper Credit of Great Britain.

[36] Triffin, Robert, 1960, Gold and the Dollar Crisis: The future of convertibility, Yale University Press.

第60章　境外人民币中心的现状和发展

香港是我国设立最早而且也是最重要的境外人民币中心。除香港外，近年来其他离岸人民币中心如雨后春笋般地在世界各地蓬勃发展起来，成为人民币国际化的重要推动力量。本章的主要目的是介绍遍布全球的二十多个境外人民币中心近年来的发展和今后发展趋势，从而为我们判断今后人民币国际化的走势提供依据。

60.1　香港人民币中心的现状和发展

储蓄是最基本且简单的金融服务，为其他金融服务的基础。2004 年以前，流入香港的人民币就高达数百亿元甚至上千亿元人民币。由于缺乏官方统计，不同学者对流入人民币的额度有着不同的测算，有兴趣的读者请参考李靖（2009）。

为了便利内地与香港特别行政区之间的经贸和人员往来，引导在香港的人民币有序回流，经国务院批准，中国人民银行将为在香港办理个人人民币存款、兑换、银行卡和汇款业务的有关银行提供清算安排。2003 年 11 月 18 日，中国人民银行公布了《关于为香港银行办理个人人民币业务提供清算安排的公告》，该公告为香港人民币业务的开展打下了基础。

60.1.1　人民币存款规模的变化

表 60 - 1 给出了 2004 年 2 月香港银行体系开办人民币存款业务以来季度人民币存款额及同比变化率。从表 60 - 1 可以看出，从 2004 年第一季度开始，人民币存款不断增加，从最初的 43.94 亿元人民币（2004 年 3 月数据）持续高速增长至 2005 年 9 月底的 226.43 亿元人民币；2006 年 11 月到 2008 年 5 月底又出现了一段高速增长的时期，总额达到了 776.75 亿元人民币的历史高位；2008 年 5 月到 2009 年 4 月存款总额不仅没有增加而且下降到了 530.2 亿元，显示国际金融危机期间人民币兑美元出现了贬值预期对人民币储备的影响；2009 年 4 月到 2012 年 6 月香港人民币储蓄呈现持续的增长态势，达到了 5577.1 亿元；2012 年 6 月到 10 月香港人民币总储蓄重新回到了下降的趋势，下降到了 5547.77 亿元；2013 年四个季度相关人民币储蓄同比增幅持续上升到了 42.7% 的近年高位；2014 年四个季度相关人民币储蓄同比增幅从 2013 年第四季度的 42.7% 持续下降到了 16.6%；2014 年虽然总储蓄同比增幅比 2013 年减缓，但是到 2014 年 12 月末总额首次超过了 1 万亿元大关到了 10035.6 亿元的历史高位；然而从 2015 年

初以来，由于受境外人民币贬值压力的影响，人民币总储蓄四个季度中有三个季度下降，2015 年全年累计下降了 1524.5 亿元人民币到 8511.1 亿元人民币，比 2014 年底下降了 15.2%。

表 60 - 1 香港银行体系人民币季度存款额及分布 单位：亿元，%，家

时间	活期及储蓄存款	定期存款	总计	活期及储蓄存款占比	定期存款占比	总计同比增幅	持牌银行数
2004 年 2 月	7.0	1.9	9.0	78.7	21.3		32
2004 年 3 月	21.0	23.0	43.9	47.7	52.3		36
2004 年 6 月	28.5	39.5	68.0	41.9	58.1		39
2004 年 9 月	31.4	45.3	76.7	40.9	59.1		38
2004 年 12 月	54.2	67.1	121.3	44.7	55.3		38
2005 年 3 月	64.4	85.4	149.8	43.0	57.0	240.8	38
2005 年 6 月	93.6	115.4	209.0	44.8	55.2	207.2	39
2005 年 9 月	102.2	124.3	226.4	45.1	54.9	195.3	38
2005 年 12 月	106.7	119.7	225.9	47.0	53.0	86.2	38
2006 年 3 月	106.8	117.8	224.6	47.6	52.4	50.0	39
2006 年 6 月	112.9	114.3	227.1	49.7	50.3	8.7	39
2006 年 9 月	113.6	112.6	226.2	50.2	49.8	- 0.1	40
2006 年 12 月	122.3	111.8	234.0	52.2	47.8	3.6	38
2007 年 3 月	136.4	116.0	252.4	54.1	45.9	12.4	38
2007 年 6 月	172.3	103.9	276.2	62.4	37.6	21.6	38
2007 年 9 月	184.6	90.5	275.0	67.1	32.9	21.6	37
2007 年 12 月	225.4	108.6	334.0	67.5	32.5	42.7	37
2008 年 3 月	393.6	182.2	575.9	68.4	31.6	128.2	40
2008 年 6 月	512.4	264.0	776.4	66.0	34.0	181.1	40
2008 年 9 月	475.1	224.4	699.5	67.9	32.1	154.3	40
2008 年 12 月	381.2	179.4	560.6	68.0	32.0	67.8	39
2009 年 3 月	351.7	179.4	531.1	66.2	33.8	- 7.8	39
2009 年 6 月	359.2	184.6	543.8	66.1	33.9	- 30.0	40
2009 年 9 月	405.6	176.2	581.7	69.7	30.3	- 16.8	44
2009 年 12 月	406.6	220.6	627.2	64.8	35.2	11.9	60
2010 年 3 月	446.1	261.5	707.6	63.0	37.0	33.2	73
2010 年 6 月	524.3	372.8	897.0	58.4	41.6	65.0	77
2010 年 9 月	719.5	773.8	1493.3	48.2	51.8	156.7	92
2010 年 12 月	1175.7	1973.7	3149.4	37.3	62.7	402.1	111
2011 年 3 月	1374.5	3139.7	4514.2	30.4	69.6	538.0	118

续表

时间	活期及储蓄存款	定期存款	总计	活期及储蓄存款占比	定期存款占比	总计同比增幅	持牌银行数
2011 年 6 月	1803.5	3732.6	5536.0	32.6	67.4	517.2	128
2011 年 9 月	1915.3	4307.1	6222.4	30.8	69.2	316.7	131
2011 年 12 月	1764.0	4121.3	5885.3	30.0	70.0	86.9	133
2012 年 3 月	1567.9	3975.3	5543.2	28.3	71.7	22.8	135
2012 年 6 月	1366.2	4210.9	5577.1	24.5	75.5	0.7	133
2012 年 9 月	1190.0	4267.0	5457.0	21.8	78.2	− 12.3	136
2012 年 12 月	1235.4	4794.5	6030.0	20.5	79.5	2.5	139
2013 年 3 月	1443.1	5237.4	6680.6	21.6	78.4	20.5	140
2013 年 6 月	1275.1	5704.5	6979.6	18.3	81.7	25.1	140
2013 年 9 月	1352.2	5948.0	7300.2	18.5	81.5	33.8	143
2013 年 12 月	1510.6	7094.2	8604.7	17.6	82.4	42.7	146
2014 年 3 月	1670.8	7778.3	9449.1	17.7	82.3	41.4	147
2014 年 6 月	1507.0	7752.2	9259.1	16.3	83.7	32.7	148
2014 年 9 月	1443.1	8001.7	9444.7	15.3	84.7	29.4	149
2014 年 12 月	1769.7	8265.9	10035.6	17.6	82.4	16.6	149
2015 年 3 月	1574.4	7945.5	9519.9	16.5	83.5	0.7	147
2015 年 6 月	1804.8	8124.5	9929.2	18.2	81.8	7.2	146
2015 年 9 月	1658.5	7295.2	8953.7	18.5	81.5	− 9.8	145
2015 年 12 月	1609.1	6902.0	8511.1	18.9	81.1	− 4.9	145

数据来源：根据香港金融管理局网站：www. hkma. gov. hk 公布的数据计算得出。

60.1.2 香港人民币存款变化与境外人民币升/贬值的关系

表 60 - 1 给出的 2005 年到 2015 年 8 月相关人民币存款同比增长率在很大程度上反映出境外人民币升值的预期（如图 37 - 2 到图 37 - 5 所示）：人民币升值预期高的时候，香港人民币的存款增长率就高；而人民币贬值预期出现时，人民币储蓄就会萎缩。此关系反映最明显的是 2008 年 9 月国际金融危机爆发前 4个月和两个月，香港人民币活期存款和定期存款就分别出现了下降；由于中国内地及时应对国际金融危机，加上美联储 2009 年 3 月宣布购买大量美国债券，2009 年 3 月下旬境外人民币对美元从贬值重新回到了升值，从 2009 年第二季度开始香港人民币存款重新开始环比增长；2009 年 7 月初，中国开始实施人民币跨境贸易结算，香港成为人民币跨境贸易结算最主要的地区，特别是人民币跨

境进口结算在香港高速增长，导致香港人民币存款的高速增加。

实际上，从香港人民币储蓄的月度数据可以更容易地看出香港人民币储蓄对人民币对美元升值和贬值的反应：2008 年国际金融危机爆发前，香港人民币活期存款环比增幅总体高于相应的定期存款，而国际金融危机后前者环比增幅却大多时间内低于后者。比较图 11－2 给出的十多年来人民币对美元升值和贬值预期的数据与表 22－1 给出的香港相应人民币活期和定期存款变化率，我们会发现香港人民币活期存款对境外人民币对美元升值和贬值预期反应更为敏感，成为我们判断境外人民币升值或贬值的另外一个重要参数。

60.1.3　香港活期和定期人民币存款比较

表 60－1 显示，2005 年 2 月到 2010 年第二季度末的五年多时间里，香港人民币活期存款额显著超过定期存款额（此段时间内总活期存款占总存款比重超过六成），而 2010 年第三季度末以来，由于受人民币贬值的影响活期存款增幅显著低于定期存款的增幅，活期存款到 2014 年 3 月底不到总人民币存款额的1/5，表明当时香港人民币存款以对人民币升值和贬值不很敏感的定期存款为主，对推动境外人民币市场有利。

60.1.4　香港经营人民币业务认可机构

表 60－1 也显示，从 2004 年 2 月到 2009 年 6 月的五年多时间内，香港可以经营人民币业务的认可机构数保持在 30~40 家，没有显著的变化；而 2009 年 6 月之后迅速增加，到 2010 年 8 月底首次超过 80 家到 84 家，到 2013 年 6 月底达到 140 家，比 2008 年 6 月前后的 40 家增长了两倍多；2013 年 6 月以来，香港可以经营人民币业务的认可机构数缓慢增长，截至 2014 年 12 月，增长到了 149家；在 2014 年 12 月以来香港人民币储蓄略有下降的同时，在港经营人民币的认可机构数据也略有下降，2015 年 8 月下降到了 145 家，2015 年 8 月到 2015 年 12月机构数保持在 145 家。

60.1.5　香港人民币存款额度占香港其他存款比重

表 60－1 显示 2004 年年底香港人民币存款额 121.27 亿元仅占香港港元存款、外币存款和总存款的 0.25%、0.34% 和 0.30%；2010 年到 2013 年年底在港人民币存款从 3149.38 亿元增长到了 8604.72 亿元人民币，分别占香港港元存款、外币存款和总存款的比重从 1.38%、0.83% 和 1.12% 分别上升到了24.93%、22.85% 和 11.92%；截至 2014 年 12 月底，香港人民币存款额10035.6 亿元占香港港元存款、外币存款和总存款的比重进一步上升到了26.50%、24.13% 和 12.63%，显示人民币在港的地位持续上升；截至 2015 年 8

月底，香港人民币存款额占香港港元存款、外币存款和总存款的比重分别下降到了 22.34%、22.21% 和 11.14%，显示人民币贬值环境下人民币在港的储蓄地位略有下调。相信随着人民币国际化的持续稳步推进，在港人民币储蓄总额今后几年会成为在港港元之外最主要的储蓄货币。

60.1.6　香港人民币存款额度占内地人民币存款比重

利用表 60-1 给出的香港人民币存款总额和人民银行网站公布的同期内地人民币总存款数据，我们可以容易地算出不同时期香港人民币存款总额与内地人民币总存款额比例。结果显示，2007 年到 2009 年，香港人民币存款总额与内地人民币总存款额比例分别仅为 0.19%、0.25% 和 0.24%；而从 2010 年到 2014 年比例快速提高到了 1.02%、1.69%、1.48%、1.87% 和 1.98%；2015 年又下降到了 1.54%，低于 2013 年的水平。估计今后几年香港人民币总储蓄与内地人民币总存款会上升到 5% 左右，对推动境外人民币国际化发挥更重要的作用。

60.1.7　香港人民币大额可转换存单及其发展

随着香港人民币储蓄的增长和人民币境外企业贷款等应用的逐步扩展，人民币大额可转换存单（Certificate of Deposit, CD）业务也从 2010 年下半年开始在港启动。中信国际（中信银行在港子公司）2010 年 7 月 6 日在港发行了首个人民币大额可转换存单（"First Offshore RMB Certificate of Deposit issued in HK"，新华网英文网站 English. xinhuanet. com，2010 年 7 月 6 日）。该业务在港前几年有了迅速的发展。根据香港金管局公布的数据，2010 年年底到 2012 年年底，香港人民币大额可转换存单总额分别达到了 68 亿元、731 亿元和 1173 亿元人民币（Chan，2013）；2013 年和 2014 年年底，人民币大额可转换存单累计存量分别提高到了 1925 亿元和 1547 亿元（香港金管局 2014 年 3 月公布的"半年度货币和金融稳定报告"中的表 4-B 和香港半年度货币和金融稳定报告，2015 年 9 月），显示该业务增长的态势。如果加上人民币大额可转换存单累计存量，表 60-1 显示人民币储蓄总额会发生显著的增长，2014 年年底人民币储蓄和大额可转换存单总额达到了 11583 亿元人民币，2015 年 6 月末略降到了 11088 亿元。

60.1.8　香港人民币存款额度今后几年的增长估计

回顾三年前本书第二版定稿时（第二版第 19 章 3.2.4 节，257 页），国内外大多学者和专业人士对香港人民币储蓄的增长非常乐观，大多数人士当时估计 2011 年年底在港人民币会达到甚至超过 1 万亿元人民币，而表 21-1 表明当时那些估计太乐观了。在港人民币储蓄的增降受人民币贸易结算规模，特别受人民币对美元升值/贬值预期幅度和国内外货币政策等因素的影响，2015 年 1 月以来人民币对美元出现贬值对香港人民币储蓄有直接的影响。

表 60 - 1 显示，2013 年以来香港人民币储蓄增速已经放缓，而且 2015 年以来出现了较为持续的下降。由于人民币兑美元汇率已经接近均衡水平，今后即使人民币兑美元重回升值预期，届时的升值预期也不会像之前那么高，所以香港人民币储蓄今后几年也不会重回 20% 以上的年增长率。假设从 2015 年后 5 年香港人民币储备以年均 15% 左右的增长率增长，到 2020 年香港人民币储蓄会在 2 万亿元人民币上下。

60.2 境外人民币贷款业务及与主要国际货币境外贷款业务的比较

贷款是银行最主要的基础业务，也是银行资产的主要内容。不同货币的境外资产规模是其国际化程度的重要标志。本节在介绍近年来香港人民币贷款业务的基础上比较人民币境外贷款与主要货币的境外贷款规模，从而使我们对近年来人民币境外贷款与主要国际货币的差距有清除的认识。

60.2.1 近年来香港人民币贷款业务简介

除人民币储蓄外，几年前香港就开始了人民币贷款业务。2010 年年底香港人民币贷款余额仅为 18 亿元人民币，到 2012 年 7 月底，香港人民币贷款总额达到了 600 亿元，几乎为一年前的 4 倍（Yue，2012）；到 2012 年底和 2013 年底，香港人民币贷款额分别增长到了 790 亿元和 1156 亿元人民币（香港金管局 2014 年 3 月公布的《半年度货币和金融稳定报告》，表 4 - B），显示香港人民币贷款额增长迅速；2015 年 6 月末，香港人民币贷款余额增长到了 2363 亿元（香港半年度货币和金融稳定报告，2015 年 9 月）。2015 年 6 月末香港人民币贷款额2363 亿元仅相当于表 60 - 1 中 2015 年 6 月底香港的人民币存款额的 9929.2 亿元的 23.8%，比 2013 年年底相应的比例 13.4% 提高了 10.4%，表明香港人民币贷款业务起步较晚，然而增长显著。然而 2015 年 6 月末香港人民币贷款余额分别仅占同期港元贷款、香港外币贷款和总贷款额的 7.0%、8.8% 和 3.9%，显示人民币贷款在香港仍有巨大的增长空间。

60.2.2 主要国家本外币境外资产和负债规模及比较

不同国家银行境外本外币资产和负债的构成在很大程度上反映不同货币的国际化程度。表 60 - 2 给出了 2012 年到 2014 年主要国家和地区银行本外币境外资产和负债规模及相关占比。表 60 - 2 显示，2012 年到 2014 年，美国银行业境外资产中外币占本外币资产比重从 11.6% 略微上升到了 13.5%，为表 60 - 2 中 18 个国家和地区最低，显示美国银行业境外的美元资产占比最高，国际地位也最高；同时，美国银行业境外外币负债占本外币负债比重从 6.2% 微升到了 6.7%，表明美国银行业境外负债 9 成以上的是以美元计价的负债，同样显示美国最高的国际化水平。

表 60 - 2　　主要国家和地区本外币境外资产和负债规模及相关占比

单位：亿美元

年份/国家	总资产			总负债			资产净额		
	2012	2013	2014	2012	2013	2014	2012	2013	2014
本外币	292274	290133	284952	251253	258743	251811	41021	31390	33141
美国	31861	31656	32012	35289	41236	41243	-3428	-9580	-9231
欧元区	102227	99938	95590	82304	85177	80473	19923	14761	15117
英国	53766	49274	48070	47851	44136	41340	5915	5138	6730
日本	32508	31885	30542	13681	13018	11921	18827	18867	18621
瑞士	6847	10203	9133	7978	9010	8072	-1131	1193	1061
加拿大	4860	4730	4556	3470	3583	3936	1390	1147	620
澳大利亚	3536	3345	4159	7208	6693	7202	-3672	-3348	-3043
中国香港	9845	11328	12677	7241	8381	10126	2604	2947	2551
新加坡	7112	7504	7380	7037	7609	7405	75	-105	-25
瑞典	4540	4636	4509	2818	2620	2622	1722	2016	1887
中国台湾	2476	3073	3567	1370	1842	2106	1106	1231	1461
挪威	1746	1802	1742	2500	2474	2262	-754	-672	-520
丹麦	1740	2657	2590	2027	2746	2380	-287	-89	210
巴西	778	790	819	1369	1272	1490	-591	-482	-671
印度	273	339	334	1048	1282	1529	-775	-943	-1195
印尼	120	125	129	323	302	374	-203	-177	-245
墨西哥	102	121	139	226	264	250	-124	-143	-111
南非	535	483	471	427	346	422	108	137	49
外币	175034	175877	174969	139330	143587	140535	35704	32290	34434
美国	3684	4155	4325	2197	3011	2780	1487	1144	1545
欧元区	32641	33847	34257	24796	28833	28736	7845	5014	5521
英国	49239	44928	43680	40403	36925	34828	8836	8003	8852
日本	23618	24317	23119	10580	10650	9264	13038	13667	13855
瑞士	6228	7864	6906	6246	6872	6056	-18	992	850
加拿大	4006	3950	3714	2620	2725	2907	1386	1225	807

续表

年份/国家	总资产			总负债			资产净额		
	2012	2013	2014	2012	2013	2014	2012	2013	2014
澳大利亚	1960	2021	2704	5448	5310	5625	−3488	−3289	−2921
中国香港	9193	10640	11840	6114	7308	8397	3079	3332	3443
新加坡	7112	7504	7380	7037	7609	7405	75	−105	−25
瑞典	3716	3917	3763	1931	1697	1783	1785	2220	1980
中国台湾	2436	2987	3448	1220	1699	1952	1216	1288	1496
挪威	1523	1595	1486	1772	1824	1683	−249	−229	−197
丹麦	1505	1895	1672	1353	1606	1251	152	289	421
巴西	750	764	783	1337	1253	1470	−587	−489	−687
印度	257	327	320	453	653	685	−196	−326	−365
印尼	119	128	129	170	231	297	−51	−103	−168
墨西哥	83	111	127	155	177	182	−72	−66	−55
南非	371	360	371	219	190	258	152	170	113
外币占本外资比重	59.9	60.6	61.4	55.5	55.5	55.8			
美国	11.6	13.1	13.5	6.2	7.3	6.7			
欧元区	31.9	33.9	35.8	30.1	33.9	35.7			
英国	91.6	91.2	90.9	84.4	83.7	84.2			
日本	72.7	76.3	75.7	77.3	81.8	77.7			
瑞士	91.0	77.1	75.6	78.3	76.3	75.0			
加拿大	82.4	83.5	81.5	75.5	76.1	73.9			
澳大利亚	55.4	60.4	65.0	75.6	79.3	78.1			
中国香港	93.4	93.9	93.4	84.4	87.2	82.9			
新加坡	100.0	100.0	100.0	100.0	100.0	100.0			
瑞典	81.9	84.5	83.5	68.5	64.8	68.0			
中国台湾	98.4	97.2	96.7	89.1	92.2	92.7			
挪威	87.2	88.5	85.3	70.9	73.7	74.4			
丹麦	86.5	71.3	64.6	66.7	58.5	52.6			
巴西	96.4	96.7	95.6	97.7	98.5	98.7			
印度	94.1	96.5	95.8	43.2	50.9	44.8			
印尼	99.2	102.4	100.0	52.6	76.5	79.4			
墨西哥	81.4	91.7	91.4	68.6	67.0	72.8			
南非	69.3	74.5	78.8	51.3	54.9	61.1			

数据来源：国际货币基金组织《国际银行和金融市场发展》季度评论（"BIS Quarterly Review"，June 2015，International banking and financial market developments，2015 年 6 月）。

表60-2也显示，2012年到2014年，欧元区银行业境外资产中外币占本外币资产比重从31.9%略微上升到了35.8%，仅次于美元后比例最低的，显示欧元国际水平也仅次于美元；同时，欧元区银行业境外外币负债占本外币负债比重从30.1%微升到了35.7%，表明欧元区银行业境外负债有六成到七成是以欧元计价的负债，也是表60-2中仅高于美国的比重，同样显示欧元的国际化程度仅次于美元。

表60-2同时显示，日本银行业外币资产和负债占本外币资产和负债比例在表60-1中排名第三，显示日本银行业境外资产和负债中日元计价的比重仅次于美国和欧元区，其国际化程度排名第三；表60-2也显示，2013年和2014年日本银行业本外币净资产不仅超过欧元区，为18个国家和地区最高，而且其净资产额占18个国家和地区总额在六成上下，显示日本境外资产规模可观。表60-2显示，除美元、欧元和日元外，其他国家和地区银行业外币境外资产和负债占本外币境外资产的比重都相对较高，显示这些国家和地区银行业资产和负债主要依赖美国、欧元和日本等主要货币，其本币的国际化程度相对较低。

60.2.3　主要货币作为本币和外资的跨境资产规模及比例

表60-2给出的是不同国家银行境外本外币资产和负债的构成及比例可以反映其本币的国际化程度。另外，不同货币作为其他国家和地区跨境资产的规模和相关比例也可以很好地反映不同货币的国际化程度。表60-3给出了2012年到2014年主要货币作为本币和外资的跨境资产和负债及相关比例。

表60-3　　　　主要货币作为本外币跨境资产和负债及相关比例

单位：亿美元，%

年份/国家	总资产			总负债			资产净额		
	2012	2013	2014	2012	2013	2014	2012	2013	2014
本外币	292274	291033	284952	251253	258743	251 811	41021	32290	33141
本币	117055	113677	109291	111656	114537	110467	5399	-860	-1176
美元	117055	113677	109291	111656	114537	110467	5399	-860	-1176
欧元	28176	27500	27688	33100	38225	38463	-4924	-10725	-10775
英镑	7889	7568	7424	3101	2368	2657	4788	5200	4767
日元	69401	65956	61205	57241	56149	51519	12160	9807	9686
瑞法	6200	5892	5815	8627	8309	7521	-2427	-2417	-1706
外币	157913	156715	154654	125638	127991	123979	32275	28724	30675
美元	90360	91537	93743	78959	80578	79885	11401	10959	13858

续表

年份/国家	总资产			总负债			资产净额		
	2012	2013	2014	2012	2013	2014	2012	2013	2014
欧元	33241	30816	27768	25084	24218	22278	8157	6598	5490
英镑	7893	8008	7633	5602	6430	6198	2291	1578	1435
日元	4719	6868	5448	4297	4176	4213	422	2692	1235
瑞士法郎	3949	3746	3203	2217	2388	1892	1732	1358	1311
本外币	274968	270392	263945	237294	242528	234446	37674	27864	29499
美元	207415	205214	203034	190615	195115	190352	16800	10099	12682
欧元	61417	58316	55456	58184	62443	60741	3233	-4127	-5285
英镑	15782	15576	15057	8703	8798	8855	7079	6778	6202
日元	74120	72824	66653	61538	60325	55732	12582	12499	10921
瑞士法郎	10149	9638	9018	10844	10697	9413	-695	-1059	-395
外币占比	100.0	100.0	100.0	100.0	100.0	100.0			
美元	57.2	58.4	60.6	62.8	63.0	64.4			
欧元	21.1	19.7	18.0	20.0	18.9	18.0			
英镑	5.0	5.1	4.9	4.5	5.0	5.0			
日元	3.0	4.4	3.5	3.4	3.3	3.4			
瑞士法郎	2.5	2.4	2.1	1.8	1.9	1.5			

数据来源：同表 60-2。

表 60-3 显示，美元作为其他国家和地区银行业外币资产和负债占总外资资产和负债比重最高在 60% 上下，其次为欧元占比在 20% 上下，再次为英镑占比在 5% 上下，第四位日元占比在 3% 上下，显示这些货币在国际金融体系中的国际化程度，其排名顺序与表 19-1 给出的这些货币在全球外汇市场交易的排名相近，显示不同货币作为所有国家和地区境外外币资产占比是衡量其国际化程度的合理参数。

60.2.4　人民币全球境外资产的排名及今后的发展

虽然表 60-2 和表 60-3 还未有人民币相应的数据，第 60.2.1 给出的香港特区人民币贷款数据显示，境外人民币贷款和其他资产规模仍相当低。即使 2015 年上半年全球境外人民币贷款总额为香港人民币贷款总额的一倍，境外人民币贷款总额也仅不到 5000 亿元，不到 800 亿美元，仅相当于表 60-3 中瑞士法郎境外资产的四分之一，国际排名应该比表 54-1 给出的人民币在全球外汇交易的排名更低。因此，以境外人民币资产全球占比来衡量，人民币的国际化排名比其他指标排名更低。我们在第 63 章还会进一步比较人民币国际化的其他指标及排名。

60.3 伦敦离岸人民币市场的发展

表 57 - 3 显示，英国不仅为全球最大的外汇交易中心，而且其交易占全球外汇市场的份额近年来不仅没有下降反而增长到了 2013 年 4 成以上的份额。由于伦敦金融服务、法律体系和专业人士及其在全球债券发行和外汇市场的领导地位，伦敦人民币中心将在人民币国际化进程中发挥重要的作用。

60.3.1 两国政府互动与合作

中英经济财金对话依照中英两国总理（首相）于 2008 年达成的共识而建立，是一种双边经济、财政和金融领域的对话机制，分别于 2008 年 4 月、2009 年 5 月、2010 年 11 月、2011 年 9 月、2013 年 10 月和 2014 年 9 月举行了 6 次对话，为中国与其他国家此类双边关系中少见，对中英两国双边关系和两国经济金融发展起到了良好的推动作用。2015 年 8 月以来，第七轮中英两国战略对话、中英两国高级别人文交流机制第三次会议和第七次中英两国经济财金对话先后举行。在北京举行的中英两国第七次经济财金对话中，英国财政大臣奥斯本表示，英国要成为中国在西方最好合作伙伴（中国网络电视台，2015 年 10 月 14 日）。

与中英两国高层对话相对应的是一系列中英重大合作的事实。早在 2013 年 6 月，中英两国就签订了 2000 亿元的人民币外汇互换协议。虽然该协议金额低于我国内地与香港特区、韩国和新加坡签订的协议金额，然而英国是与我国签订该类协议的最早的西方主要国家。2013 年 10 月英国财政大臣访华，伦敦获得了人民币境外合格投资者（RFQII）800 亿元的额度。此前仅有中国香港拥有 RFQII 额度，英国成为亚洲之外第一个获得 RFQII 额度的国家。截至 2015 年 9 月 29 日，英国已经获得累计 228 亿元的人民币合格境外机构投资者批准额度，为西方国家中获批的最大额度的国家。

2014 年 10 月 14 日英国首只人民币国债的成功发售为伦敦人民币中心又增添了新的亮点，为主要发达国家首次发行人民币国债，将带动其他境外人民币中心人民币业务向深度和广度发展，为人民币成为国际储备货币迈开了坚实的一步。2015 年 3 月，英国率先宣布将加入亚投行，成为西方主要国家中第一个国家，为其他西方国家加入亚投行发挥了很好的带动作用。

中国国务院副总理马凯和英国财政大臣奥斯本于 2015 年 9 月 21 日在北京共同主持了第七次中英经济财金对话。《第七次中英经济财金对话政策成果》显示，中国人民银行将于近期在伦敦发行人民币计价的央行票据。中英双方支持上海证券交易所和伦敦证券交易所就互联互通问题开展可行性研究。中方同意根据市场需求扩大英国 RQFII 额度。中英双方支持中国外汇交易中心在伦敦设立机构，进一步促进伦敦人民币市场发展。

60.3.2 伦敦人民币中心的建立和发展

伦敦很早就开始密切关注人民币这一未来新的国际货币的崛起，中国谨慎推进人民币国际化的愿望为双方带来了合作的契机。早在 2012 年 4 月，伦敦金融城正式宣布启动人民币离岸中心建设。人民币要成为真正意义上的国际货币，首先必须要在全世界范围内得到使用，而伦敦作为全球最主要的外汇中心，可以为中国实现这一目标做出贡献。伦敦拥有时区优势，可以扩展人民币的交易时间；伦敦的国际金融界对新的市场需求反应迅速，擅于创新和培育高效的市场；伦敦的国际机构有能力通过集体合作，为市场提供大量流动性。

2014 年 3 月 31 日，中国人民银行与英格兰银行签署了在伦敦建立人民币清算安排的合作备忘录，同年 6 月 18 日中国人民银行授权建设银行伦敦分行作为伦敦人民币结算银行，成为境外有中国人民银行授权的我国主要银行结算的第五、欧洲首个中心，为伦敦人民币中心注入了新的活力和动力。

虽然伦敦人民币业务起步比香港晚，但是数据表明，伦敦在全球人民币离岸市场的份额增长强劲，正逐渐成为该市场的重要组成部分。世界银行间金融电信学会数据显示，英国人民币支付金额 2012 年 12 月首次超过了新加坡成为中国香港以外最大的人民币中心，然而 2013 年英国的位置被新加坡重新夺回。自 2011 年伦敦启动建设离岸人民币市场以来，英国在发行人民币计价金融产品、发行人民币债券、批准设立中资银行分行等多个领域屡开先河。

2014 年 8 月中国建设银行与伦敦证券交易所签订了战略合作协议，积极谋求产品创新等合作。2015 年 3 月 25 日，欧洲第一只人民币 RQFII 货币市场交易所基金正式在伦交所挂牌交易。这是中国建设银行 2014 年 6 月获批担任英国首家人民币清算银行后欧洲离岸人民币业务的又一重大突破（"英国首只人民币货币市场交易所基金挂牌交易"新华网，2015 年 3 月 26 日）。2014 年 6 月，中国建设银行在伦敦启动人民币清算业务，从 2016 年 6 月至 2014 年年底，交易量达 7000 亿元人民币。从 2015 年 1 月至今，总量已经达到 4 万亿元人民币，增长速度非常快。到 2015 年年底，预计可以达到 5 万亿元人民币（"建设银行：习近平访英为中英深化金融合作提供契机"，中国新闻网，2015 年 10 月 17 日）。

截至 2015 年 11 月，伦敦人民币支付占比重新超过了新加坡（表 60 - 5），成为香港外境外人民币第一大中心。随着企业和机构客户对人民币产品和服务认识的加强，伦敦人民币交易量将进一步上升，伦敦的银行和其他金融机构也将随之提供更丰富的人民币产品和服务，伦敦在境外人民币业务的作用有望进一步提高。

60.3.3　伦敦人民币外汇交易业务的快速增长

伦敦在全球外汇市场的优势是其他任何国际金融中心无可比拟的，近年来伦敦在全球境外人民币外汇市场的作用也很独特。2011 年到 2014 年，伦敦人民币外汇日均交易总额从 25.2 亿美元增长到了 488.9 亿美元，年均复合增长率高达 168.7%，比伦敦外的其他境外人民币中心人民币外汇总的日均成交金额年均复合增长率 156.6% 还要高（根据伦敦金融城网站，www.cityoflondon.gov.uk/economicresearch 近年来公布的境外人民币数据计算得出）。2015 年 8 月，伦敦离岸人民币外汇交易量占香港外境外人民币外汇交易比重 53.1%（环球同业银行金融电讯协会（SWIFT）网站，2015 年 10 月），显示伦敦人民币中心的重要作用。

当然伦敦人民币中心也有其不足的地方，如人民币储蓄金额过低（2013 年年底伦敦人民币存款仅有 146 亿元，不仅少于中国香港、新加坡和中国台湾，甚至还不到卢森堡相应存款的 1/4（中国银行：《伦敦离岸人民币市场月报》，2014-06）。尽管交易对资金池的依赖度不高，但资金池确实是所有人民币业务的基础。由于伦敦在全球外汇市场的地位，习近平主席 2015 年 10 月对英国的正式国事访问将两国战略合作提升到了新的水平，今后伦敦人民币外汇交易占整个境外人民币外汇市场的份额有望进一步提升。

60.4　新加坡离岸人民币市场的发展

新加坡多年前就开始积极准备和推动境外人民币业务的发展。作为新加坡推动境外人民币的重要举措之一，新加坡金管局早于 2010 年 7 月就与中国人民银行签订了金额高达 1500 亿元人民币的货币互换协议，两国货币当局又于 2013 年 3 月将之前签订的互换协议金额扩大到了 3000 亿元人民币。作为全球第三、亚太最大的外汇交易中心和东南亚最大的贸易和金融中心，新加坡在今后亚太地区人民币国际化推动过程中将发挥重要的作用。2013 年 2 月 8 日，中国人民银行宣布中国工商银行新加坡分行为新加坡人民币清算银行，使得新加坡成为境外第四个有人民币清算行的人民币中心。2013 年 5 月 27 日，新加坡离岸人民币清算服务正式启动，新加坡的人民币银行服务也于同日正式启动。

表 55-8 显示，东盟 2011 年超过日本成为我国继欧美之后第三大贸易伙伴，2012 年东盟与我国贸易总额首次超过 4000 亿美元，占我国对外贸易比重 10.35%，2014 年占比进一步增长到了 11.16%，成为近年来与我国贸易增长最

快的主要合作伙伴。新加坡是我国在东盟十国中仅次于马来西亚的第二大贸易伙伴，新加坡人民币中心人民币贸易结算和其他业务潜力巨大。2013年新加坡首次超过日本成为亚洲最大的外汇交易中心，新加坡人民币业务的启动不仅对人民币贸易结算有很大的推动作用，对境外其他人民币产品和交易也将产生巨大的推动作用。

新加坡人民币中心近年来人民币储蓄也有了持续较快的增长。图60-1给出了2015年12月新加坡金管局公布的2015年9月和之前公布的截至2015年9月及2016年2月29日公布的截止2015年底新加坡人民币中心人民币储蓄变化情况。图60-1显示，2013年1月到2014年6月，新加坡人民币储蓄持续显著增长，然而从2014年6月到2015年9月，新加坡人民币储蓄总体处于停滞状态，保持在2250亿元人民币上下，保持了仅次于中国香港和中国台湾两大境外人民币中心外第三大人民币储蓄中心，显示一年多来境外人民币贬值对新加坡人民币储蓄早就产生了影响。值得关注的是，2015年12月新加坡金管局更新的人民币储蓄数据显示，2015年9月及前公布的人民币储蓄，特别是2014年6月到2015年6月的人民币储蓄数据显著高估，表明之前境外人民币中心竞争人民币业务排名导致相关数据高估的情况。

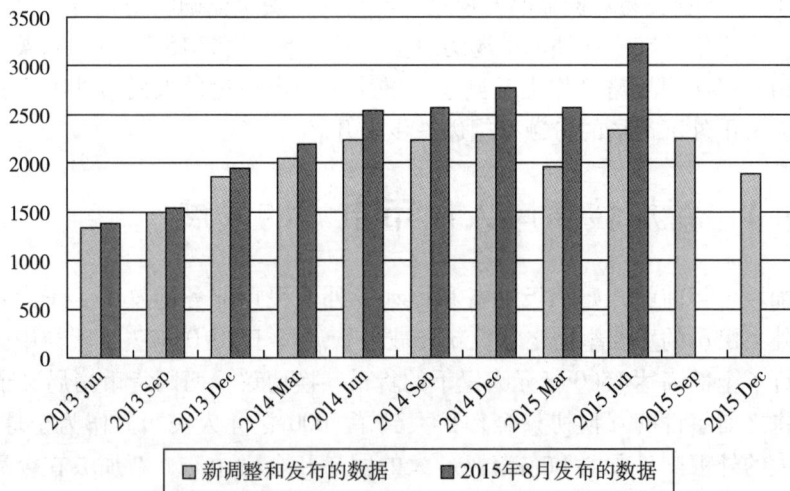

数据来源：新加坡金融管理局网站：www. mas. sg. gv。

图60-1　2013年1月到2015年12月新加坡人民币储蓄额

根据环球同业银行金融电讯协会（SWIFT）2014年4月发布的"人民币追踪"显示，虽然2012年6月伦敦首次超过新加坡成为中国香港外最大的境外人民币中心，而2013年3月到2014年3月，新加坡人民币支付金额增长了375%，重新夺回香港外人民币最大的支付中心地位，而且新加坡截至2015年8月仍保持境外中国香港以外最大的人民币中心的地位，其支付占比 22.85% 比伦敦占比 16.89% 高出 5.96%。相信新加坡很快会为境外人民币市场增加新的色彩和亮光。

60.5　亚太地区其他人民币中心的发展

亚太地区是我国贸易最主要的地区，自然成为近年来人民币境外使用最活跃的地区。在介绍了中国香港和新加坡两大亚太境外人民币中心后，本节我们介绍亚太地区其他主要人民币中心人民币业务的发展。

60.5.1　中国台湾人民币市场的发展

两岸金融合作虽然比我国内地与香港晚，但却比其他很多地区要早很多。早在 2008 年 6 月就有 14 家金融机构正式核准办理人民币现钞买卖业务，台湾金融监管当局逐步取消了对银行等金融机构的人民币业务限制，并在 2011 年 7 月开放国际金融业务分行（OBU）及海外分行办理人民币业务之后，有明显提速的趋势。自 2012 年 8 月《海峡两岸货币清算合作备忘录》签署以来，两岸金融合作加速，人民币业务管制松绑，人民币金融创新受到鼓励，台湾人民币离岸市场发展迅速。2013 年 2 月 6 日，中国人民银行宣布中国银行台北分行为人民币清算银行，使得台湾成为境外第三个有人民币清算行的人民币中心。2013 年 2 月，台湾启动外汇指定银行（DBU）开办人民币业务，随后进一步放开人民币金融衍生品业务管制，人民币业务种类及服务对象大幅拓展，为岛内人民币业务规模的迅速增长奠定了良好的基础。2013 年 5 月 24 日，台湾金融监管当局与中国银行台北分行签署货币清算协议后，台湾人民币业务正式启动。截至 2014 年 2 月，台湾外汇指定银行（DBU）以及国际金融业务分行（OBU）人民币存款共为 2470.51 亿元，同比增长约 533%，而在 2012 年 1 月时这个数字才仅为 65.98 亿元。增速惊人的是 2013 年 10 月至 2014 年 1 月，短短 4 个月人民币存款规模就增加了近 1000 亿元（陆婷，2014）。

图 60-2 给出了 2014 年 4 月到 2016 年 1 月台湾人民币中心人民币储蓄数据。图 60-2 显示，2014 年 4 月到 2015 年 6 月，台湾人民币中心人民币储蓄显著上升到了 3382.2 亿元，然而从 2015 年 6 月到 11 月，台湾人民币储蓄出现了明显的回落，与表 60-1 给出的香港人民币储蓄和图 60-1 给出的新加坡人民币储蓄变化趋势相似；但是，从 2015 年 11 月到 2016 年 1 月，台湾人民币储蓄重回适度回升态势，达到了 3201 亿元，保持了境外仅次于香港特区的境外第二大人民币储蓄中心的地位。

环球同业银行金融电讯协会（SWIFT）2013 年 3 月发布的"人民币追踪"显示，中国台湾过去 6 个月的人民币支付额增加 120%，超越美国及澳大利亚，

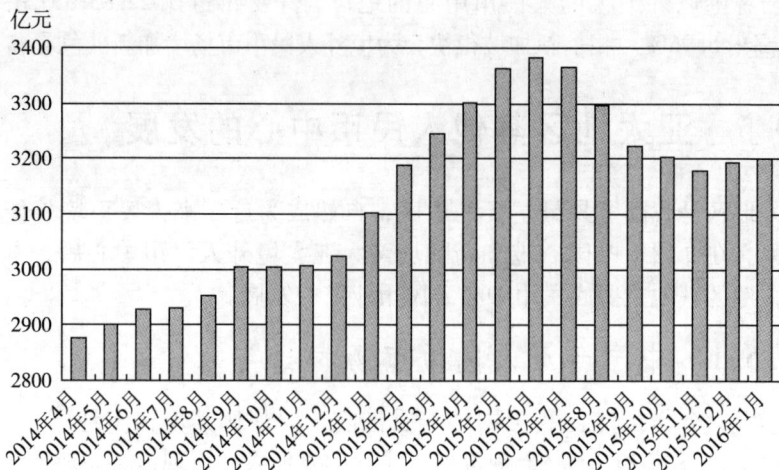

数据来源：台湾银行网站：www. bot. com. tw。

图 60 - 2　2014 年 4 月到 2016 年 1 月台湾人民币中心人民币储蓄

跳升三级成为第四大人民币离岸中心（全球共有 136 个人民币支付国家）。如果不计香港及中国内地相关人民币业务，2013 年 2 月中国台湾的人民币支付额紧随法国（第三位）之后，但仍然与新加坡（第 2 位）和英国（第 1 位）有较大的差距。环球同业银行金融电讯协会 2015 年 8 月发布的数据显示，中国台湾 2015 年 7 月人民币支付占比保持其 2014 年 1 月第 4 的排名，仅次于新加坡、英国和美国；然而环球同业银行金融电讯协会 2015 年 12 月发布的数据显示，2015 年 11 月中国台湾人民币中心人民币支付占比在低于英国和新加坡的同时，却首次低于韩国，然而却超过美国，仍然保持境外中国香港外第四大人民币中心的地位。

中国内地多年来是台湾地区最大的贸易合作伙伴。由于台湾经济严重依赖制造业，两岸人民币清算系统的建立，人民币的直接支付将大大降低台湾制造商与大陆贸易的交易和清算成本，规避由于美元汇率的波动带来的中间汇兑损失。因此，两岸人民币相关业务的合作基础广阔。台湾人民币业务的快速发展的同时，也存在如"套利套汇动机强，人民币真实需求不足"、境外流通及回流机制缺乏等诸多问题。

60.5.2　韩国人民币中心的发展

韩国是我国最主要的贸易伙伴之一。为了加速两国经贸和金融合作，韩国早于 2008 年 12 月就与我国签订金额高达 1800 亿元人民币的外汇互换协议，成为国际金融危机后与我国签订外汇互换协议最早的国家之一；2011 年 10 月两国货币当局将之前签订的人民币外汇互换协议加倍到 3600 亿元人民币，金额仅次于中国内地与香港特区 4000 亿元人民币互换协议，显示两国合作的积极性和力度。

根据环球同业银行金融电讯协会（SWIFT）2014 年 7 月公布的数据，2013 年 6 月到 2014 年 6 月韩国人民币支付金额增长了 563%，占中国香港外所有人民币中心支付额的 2.5%，成为中国香港外亚太地区继新加坡、中国台湾和澳大利亚后第 4 和中国香港外所有人民币外汇中心中第八大人民币中心，显示一年间韩国人民币业务高速增长的态势。尽管如此，韩国与我国签订人民币互换协议最早，而且签署的金额仅次于中国香港，但是韩国人民币中心两年前相对其他亚太地区人民币中心却发展相对缓慢。2014 年 7 月 3 日，中韩两国发表联合声明，同意致力于建立韩元兑人民币直接交易市场，并在首尔设立人民币清算安排，由交通银行首尔分行作为首尔人民币清算行。韩国进出口银行 2015 年 6 月 4 日再次发行离岸人民币债券融资，此次发债规模为 12.5 亿元人民币。

中韩金融合作取得了新的进展。中韩两国同意近期在中国外汇交易中心建立人民币对韩元直接交易机制。韩国政府将尽快修改其国内相关立法。中方愿意与韩方加强合作，便利两国货币直接交易。另外，为发展两国债券市场、推进人民币国际化，中方欢迎和支持韩国在中国银行间债券市场发行人民币主权债。韩方将为当地人民币债券市场的发展提供便利，我方支持国内机构赴韩发行债券。三是双方同意将目前在青岛市开展的企业自韩国银行机构借入人民币资金试点推广到山东全省，以降低中国企业融资成本，便利韩国银行机构有效管理其人民币资金。同时，双方考虑在山东省开展股权众筹融资试点，推进山东省区域性股权市场和韩国柯斯达克（KOSDAQ）市场合作。四是中方决定将韩国人民币合格境外机构投资者（RQFII）投资额度调增至 1200 亿元。五是在风险可控的前提下，促进中韩债券市场基础设施，包括登记、托管、结算机构之间的互联互通机制建设（"中韩金融合作取得新进展"，人民银行网站，2015 年 10 月 30 日。）

环球同业银行金融电讯协会 2015 年 8 月公布的该年 7 月公布的数据显示，韩国占境外人民币支付比重 2.3% 已经接近澳大利亚占比 1.1% 的两倍，中国台湾地区人民币支付比重 2.6% 不远；环球同业银行金融电讯协会 2015 年 12 月发布的数据显示，2015 年 11 月韩国人民币中心人民币支付占比 2.8%，首次超过中国台湾中心占比 2.6%，成为中国香港、英国和新加坡后境外第四大人民币中心，在境外人民币市场的地位进一步提高。相信随着首尔人民币清算安排的落实，韩国人民币中心将保持良好的增长势头，今后几年韩国在境外人民币市场的地位还会进一步上升。

60.5.3　澳大利亚离岸人民币中心的发展

表 55-8 显示，澳大利亚多年来保持了我国第八大贸易伙伴地位，近年来

与我国贸易增速较高。为了加强两国经贸和金融合作，中澳两国早在 2012 年 3 月就签订了 2000 亿元人民币互换协议，澳大利亚成为与我国签署人民币互换协议最早的发达国家之一。经过一段时间的准备，澳大利亚人民币业务有了较快的增长。根据环球同业银行金融电讯协会（SWIFT）2013 年 1 月 8 日发布的数据，经过一段不够活跃期后，2012 年 8 月到 11 月澳大利亚人民币支付金额迅速增长，从之前全球第 12 位上升到了第 4 位（除中国内地和香港特区）；截至 2014 年 4 月，澳大利亚人民币支付总额比之前一年增长了 2.5 倍；2014 年 6 月澳大利亚人民币支付占中国香港外的总额 4.8%，成为继新加坡、英国、美国、中国台湾和法国后的第六大人民币中心，截至 2015 年 7 月澳大利亚保持了中国香港外境外第六大人民币中心的地位；环球同业银行金融电讯协会 2015 年 12 月发布的数据显示，2015 年 11 月澳大利亚人民币中心人民币支付占比从 2015 年 7 月的 4.0% 下降到了 3.4%，在境外中国香港外人民币中心的排名从第六位下降到了第八位。

为了推动澳大利亚人民币业务和与中国香港在人民币业务方面的合作，澳大利亚政府分别于 2013 年 4 月和 2014 年 5 月在中国香港进行了两次"香港—澳大利亚人民币贸易和投资对话"，就双方共同关心的人民币相关业务进行交流和合作，这在开展境外人民币业务的国家和地区中还不多见。表 60－1 和表 60－8 到表 60－10 显示澳元的国际地位近年来快速提升。加强与澳大利亚贸易和金融合作对于人民币国际化将有积极的意义。

60.5.4 马来西亚人民币中心的发展

马来西亚近年来与我国贸易增长迅速，两国其他方面的合作也较为密切。2013 年马来西亚与我国贸易总额首次超过 1000 亿美元大关，成为我国继澳大利亚后第 9 大贸易伙伴。马来西亚早于 2009 年 2 月就与我国签订了金额为 800 亿元人民币的外汇互换协议，为马来西亚推动人民币业务打下了一定的基础。

另外，人民币除与四大主要国际货币和港元直接交易外，马来西亚林吉特是人民币与其他货币交易最早的货币，自 2010 年 8 月 19 日起，国家外汇管理局公布人民币对林吉特汇率中间价，成为第六种在国内挂牌交易的货币，为相关交易和结算提供支持。根据环球同业银行金融电讯协会（SWIFT）2012 年 9 月公布的数据，截至 2012 年 8 月马来西亚人民币支付金额仅次于伦敦和新加坡，为当时除中国香港外境外第三大人民币中心，显示马来西亚人民币中心的前期较为活跃；2014 年 6 月马来西亚人民币支付金额在香港外中心的占比为 2.1%，成为香港外境外第十大人民币中心，2015 年 7 月马来西亚保持了中国香港外境外第十大人民币中心的地位。

60.5.5　中国澳门、日本和蒙古人民币中心

澳门特区虽然经济规模较小，与中国内地贸易量也不大，但是澳门人民币中心的发展却较为迅速。早于 2009 年 12 月，中国银行澳门分行就被指定为澳门人民币清算行，使澳门成为继香港后境外第二个有人民币清算行的人民币中心。根据环球同业银行金融电讯协会（SWIFT）2012 年 9 月公布的数据，2012 年 8 月澳门人民币支付金额排名第 5（香港外），高于当时台湾相应的第 8 位；2012 年 1 月澳门占香港外人民币支付比重 1.3%，2012 年 9 月 1.9%，增长较为缓慢；2015 年 7 月中国澳门人民币中心人民币支付境外占比 1.3%，与马来西亚和日本并列第 10 位；2015 年 11 月中国澳门人民币中心人民币支付境外占比略增到 1.4%，在中国香港外的境外人民币中心排名低于排名第 9 的日本和排名第 10 的卢森堡，排名第 11 位。

中日两国政府早在 2011 年 12 月就达成了"中日加强合作发展金融市场"（"中日加强合作发展金融市场"，人民银行网站，2011 年 12 月 25 日）。虽然两国间至今仍未签订人民币互换协议，2012 年 9 月日本人民币支付占比排名境外人民币中心第 9 位（环球同业银行金融电讯协会（SWIFT），2012 年 10 月）。尽管日本没有人民币清算银行安排，2015 年 7 月日本支付的境外人民币占比仍高达 1.3%，与中国澳门和马来西亚并列第 10 位；2015 年 11 月日本人民币中心人民币支付境外占比增长了一倍多到 2.7%，在中国香港外的境外人民币中心排名上升到了第 9 位，与同期排名第 8 的澳大利亚占比 3.4% 仅差 0.7%。中日两国如果能够切实落实 2011 年 12 月签订的《中日加强合作发展金融市场》协议，日本有潜力成为亚太地区主要的人民币中心之一。

除中国澳门外，蒙古人民币中心早期的发展相对于其经济规模来说较为迅速。蒙古早于 2012 年 3 月就与我国签订了 100 亿元的人民币外汇互换协议。根据环球同业银行金融电讯协会 2012 年 9 月公布的数据，截至 2012 年 8 月蒙古人民币支付金额排名第 7（香港外），高于当时中国台湾相应的第 8 排名，显示蒙古人民币支付业务前期的较快增长。由于该国中心最近两年来人民币业务增长低于其他境外中心，2014 年 6 月和 2015 年 7 月排名均在十名以后。

60.5.6　卡塔尔和阿联酋人民币中心

卡塔尔人民币中心在 2015 年 4 月 14 日举行了启动仪式，成为中东地区第一个人民币中心。实际上，2014 年 11 月 3 日，中国人民银行就与卡塔尔央行签署了规模为 350 亿元人民币的双边本币互换协议。与此同时，双方还签署了在多哈建立人民币清算安排的合作备忘录，并同意将人民币合格境外机构投资者（RQFII）试点地区扩大到卡塔尔，初期投资额度为 300 亿元人民币（"中卡两国

金融合作迈出新步伐"，人民币银行网站，2015年12月14日）。2007年到2011年，我国与卡塔尔贸易总额从12.1亿美元增长到了58.9亿美元，增长了近4倍，4年年均复合增长率高达48.6%；2011年到2014年两国贸易总额进一步增长到了105.8亿美元，年均复合增长率高达21.6%，2014年卡塔尔与我国贸易依存度达到了5.0%；由于原油价格下降等原因，2015年卡塔尔与我国贸易下降到了68.9亿美元，与我国贸易依存度也下降到了3.6%。根据环球银行金融电信协会2016年1月公布的数据，2015年卡塔尔与中国大陆和香港地区间的支付金额有60%为人民币支付，比2014年增长了247%。卡塔尔人民币中心将对整个中东地区人民币业务的推动发挥重要的带头作用。

阿联酋早于2012年1月就与中国人民银行签署了规模为350亿元人民币的双边本币互换协议，然而阿联酋人民币币中心的建立比卡塔尔稍晚一些。2015年12月14日，中国人民银行与阿联酋中央银行续签了双边本币互换协议，互换规模维持350亿元人民币，有效期三年。同日，双方签署了在阿联酋建立人民币清算安排的合作备忘录，并同意将人民币合格境外机构投资者（RQFII）试点地区扩大到阿联酋，投资额度为500亿元人民币（"中国和阿联酋两国金融合作迈出新步伐"，2015年12月14日）。虽然阿联酋人民币合格境外机构投资者（RQFII）试点协议安排比卡塔尔晚了近一年时间，但是批准额度却超过卡塔尔150亿元人民币，而且阿联酋与我国签订人民币互换协议也比卡塔尔早。据新华社2015年12月下旬报道，中国和阿联酋签订协议，决定创建人民币结算中心，这将是中东第二个人民币中心。2007年到2011年，我国与阿联酋贸易总额从200.4亿美元增长到了251.2亿美元，年均复合增长率15.1%；2011年到2014年两国贸易总额进一步增长到了548.1亿美元，年均复合增长率16.0%，2014年阿联酋与我国贸易依存度达到了13.7%；由于原油价格等因素的影响，2015年我国与阿联酋贸易下降到了485.5亿美元，与我国贸易依存度却上升到了14.3%。根据环球银行金融电信协会2016年1月公布的数据，2015年，在阿联酋对中国大陆和香港的付款中，人民币占74%，与2014年相比增加52%，成为中东地区人民币支付增长仅次于卡塔尔的国家。由于阿联酋多年来保持了我国在中东仅次于沙特的第二贸易国的地位，今后阿联酋人民币中心对整个中东人民币业务的推动将发挥重要的引领作用。

60.5.7 亚太地区其他人民币中心

除上文介绍的亚太地区人民币中心外，泰国、菲律宾、印尼和越南等国家近年来也得到了不同程度的发展。特别是菲律宾，2012年4月到2015年4月该国与我国内地和香港支付人民币占比从53%提高到了73%；同期印尼、泰国和越南占比分别从7%、13%和6%提高到了26%、25%和14%，显示这些国家三年内人民币支付增长迅速。

另外，卡塔尔人民币中心在 2015 年 4 月 14 日举行了启动仪式，成为中东第一个人民币中心。实际上，2014 年 11 月 3 日，中国人民银行就与卡塔尔央行签署了规模为 350 亿元人民币的双边本币互换协议。与此同时，双方还签署了在多哈建立人民币清算安排的合作备忘录，并同意将人民币合格境外机构投资者（RQFII）试点地区扩大到卡塔尔，初期投资额度为 300 亿元人民币。2007 年到 2011 年，我国与卡塔尔贸易总额从 12.1 亿美元增长到了 58.9 亿美元，增长了近 4 倍，4 年年均复合增长率高达 48.6%；2011 年到 2014 年两国贸易总额进一步增长到了 105.8 亿美元，年均复合增长率高达 21.6%。卡塔尔人民币中心将对整个中东地区人民币业务的推动发挥重要的带头作用。

60.6　欧洲人民币中心的发展

除上文介绍的英国人民币中心外，近年来欧洲也成为除亚太地区外人民币中心最多的地区。本节简单介绍欧洲主要人民币中心的情况。

欧洲央行于 2013 年 10 月与中国人民银行签署了金额高达 3500 亿元的人民币外汇互换协议，金额仅次于中国人民银行与中国香港特区和韩国签署的人民币互换协议金额。欧央行与中国人民银行人民币外汇互换协议的签订显示欧元区对推动人民币业务的积极态度，为欧元区人民币的开展打下了较好的基础。

60.6.1　法国人民币中心的发展

法国三年多来一直排名欧元区人民币中心之首。根据环球同业银行金融电讯协会 2012 年 4 月公布的数据，2012 年 3 月之后的一年，法国人民币支付金额同比增长了 249%，使得法国 2013 年 3 月成为当时除中国香港外境外仅次于英国、新加坡和中国台湾后的第四大人民币中心；该协会之后的数据显示，2015 年 7 月法国成为中国香港外境外人民币第 7 大人民币中心，占境外人民币支付比重 1.1%。2014 年 3 月 26 日，《中华人民共和国和法兰西共和国联合声明》宣布"分配给法国 800 亿元人民币合格境外机构投资者（RQFII）额度"（新华网巴黎，2014 年 3 月 27 日）；截至 2015 年 9 月 28 日，法国有三家金融机构累计获批 150 亿元人民币的 RQFII 额度，总金额仅次于英国的 228 亿元人民币，为欧洲第二大获得 RQFII 额度的国家。2014 年 6 月 28 日，中国人民银行与法兰西银行签署了在巴黎建立人民币清算安排的合作备忘录，随后巴黎人民币业务清算行将很快确定。双方将充分协商和相互合作，做好相关业务监督管理、信息交换、持续评估及政策完善工作（人民银行网站）。巴黎人民币清算安排的建立，将有利于中法两国企业和金融机构使用人民币进行跨境交易，进一步促进贸易、投资自由化和便利化。

法国多年来 GDP 世界占比比德国低 1% 以上，表 19 - 3 显示，1998 年到 2004 年法国外汇交易占比也比德国低 1% 以上，然而从 2007 年开始法国外汇交易占比却开始超过德国，而且 2013 年法国外汇交易占比超过了德国占比的 1.2%。仔细观察表 19 - 3 我们会发现，从 2001 年到 2013 年法国外汇交易的世界占比基本保持在 2.8% 上下的水平，而同期德国的占比却下降了 3.7%，显示国际金融危机后两国在国际外汇市场上表现得明显有差异，同时也在很大程度上给出了法国在人民币外汇市场上积极进取的姿态。

60.6.2　德国人民币中心

德国虽为欧洲最大经济体，但是德国在全球外汇市场的交易占比却从 2001 年的 5.4% 持续下降到了 2013 年的 1.7%，表明世界第四大经济体确实是重视经贸科技而对外汇市场的重视程度有待提高。根据环球同业银行金融电讯协会 2013 年 6 月公布的数据，2013 年 4 月和 5 月德国人民币支付金额同比增长了 71%，使得德国成为中国香港外第八大境外人民币中心，而且在 2014 年 6 月提高到了第七的地位，超过了同期卢森堡相应的第九排名；2015 年 7 月德国人民币排名下降到了第 8 位，2015 年 11 月德国人民币中心人民跨境币支付占比比 2015 年 7 月增长了一倍多到 4.1%，首次超过法国占比 3.7%，在香港外境外人民币中心排名上升到了第 6 位。德国多年来保持为我国在欧洲最大的贸易伙伴。2014 年 3 月 28 日，中国人民银行与德意志联邦银行签署了在法兰克福建立人民币清算安排的合作备忘录，之后中国人民银行确定了人民银行法兰克福分行为法兰克福人民币业务清算行。相信随着中国银行法兰克福人民币清算地位的确定，今后德国人民币业务将有更快的发展。

60.6.3　卢森堡人民币中心的发展

根据环球同业银行金融电讯协会 2013 年 8 月公布的数据，截至 2013 年 7 月一年，卢森堡人民币支付金额同比增长了 86%，成为当时继法国后欧元区第二大人民币中心（法国排名第六、卢森堡排名第八）；2013 年 7 月卢森堡与中国内地和香港间的支付超过 58% 是以人民币支付，而 2012 年 7 月相应的比例仅有 42%；2014 年 6 月卢森堡人民币支付占比排在中国香港外境外第九大人民币中心；2015 年 7 月卢森堡人民币支付占比与德国并列第八位。卢森堡人口和经济规模虽小，但是其人民币存款却在欧洲最高［2013 年年底人民币存款高达 640 亿元人民币，比同期伦敦存款 146 亿元高出 3 倍多（中国银行《伦敦离岸人民币市场月报》，2014 年 6 月，第 19 期）］，显示卢森堡人民币中心的地位。

2014 年 6 月 28 日，中国人民银行与卢森堡中央银行签署了在卢森堡建立人民币清算安排的合作备忘录，之后将确定卢森堡人民币业务清算行。双方将充分协商和相互合作，做好相关业务监督管理、信息交换、持续评估及政策完善工作。相信卢森堡将会发挥其在欧洲大陆金融中心的功能，其人民币业务规模将进一步提升。

60.6.4　欧元区其他人民币中心

除上述三个欧元区人民币中心外，欧洲还有其他人民币中心。比利时人民币中心起步较早，2012 年 1 月比利时人民币支付金额排名中国香港外境外继新加坡、英国、美国、法国和卢森堡后第六大人民币中心和欧元区第三大人民币中心。由于其他境外中心人民币中心业务发展更快，特别是德国人民币中心近两年来发展速度超过比利时，比利时 2014 年成为欧元区仅次于德国的第四大人民币中心，2015 年 7 月比利时人民币跨境支付占比排名在 12 名之后。

虽然荷兰近年来 GDP 仅相当于英国的 1/3 左右，但是荷兰截至 2013 年保持了我国在欧洲第二大贸易伙伴的地位，2014 年荷兰与我国的贸易额首次低于英国，成为我国在欧洲第三大贸易伙伴。荷兰人民币中心起步相对较晚，但是 2015 年 7 月荷兰人民币中心人民币跨境支付占比 0.3%，排名香港外第 13 位，占比超过了比利时；2015 年 11 月荷兰人民币中心人民跨境币支付占比提高到了 1.4%，排名也相应地提高，与中国澳门并列排名中国香港外境外人民币中心第 11 位。由于中荷两国贸易规模可观，荷兰人民币中心占比今后会显著提高，在全球人民币中心的排名也会进一步提升。

60.6.5　俄罗斯人民币中心的发展

2002 年到 2011 年中俄两国贸易复合年均增长率高达 23.4%，2014 年中俄两国贸易达到 952.8 亿美元，接近 1000 美元。中国是仅次于欧洲的俄罗斯第二大贸易伙伴，自 2010 年 11 月 22 日起，国家外汇管理局就开始公布人民币对卢布汇率中间价，成为继马来西亚林吉特交易之后第七种在国内挂牌交易的货币，显示中俄两国金融合作的力度。《华尔街日报》网站 2014 年 5 月 31 日援引国际文传电讯社的报道称，俄罗斯第二大国有银行俄罗斯外贸银行首席执行官科斯京 30 日对俄罗斯总统普京表示，该行计划扩大非美元货币计价的交易。2014 年早些时候，由于西方国家在俄罗斯吞并克里米亚问题上对俄采取制裁，俄罗斯官员和商人越来越多地讨论在国际贸易中采用其他货币以替代美元。科斯京表示，在谈到俄罗斯外贸银行正寻找美元的替代货币时，他主要指的是人民币。俄罗斯外贸银行在中国的分行已经在提供俄罗斯卢布和人民币贷款，这对中俄双边贸易至关重要。随着西方对俄制裁的加剧，中俄两国经贸合作也会加速，俄罗斯人民币业务前景广阔。

2014 年 10 月 13 日，中国人民银行与俄罗斯联邦中央银行签署了规模为1500亿元人民币/8150亿卢布的双边本币互换协议，旨在便利双边贸易及直接投资，促进两国经济发展（人民银行网站）。中俄两国人民币互换协议的签署对俄罗斯人民币中心将产生重要的推动作用。尽管近年来关于中俄两国经贸合作的报道很多，而且俄罗斯与我国外汇直接交易也早在 2010 年就已启动，但是俄罗斯人民币中心人民币跨境支付比重却相对较低，今后比重的提高有很大的空间。

60.6.6　其他欧洲人民币中心

2014 年 7 月 21 日，瑞士央行与中国人民银行签订了 1500 亿元人民币的货币互换协议，为中瑞两国经贸往来及瑞士离岸人民币资金池提供流动性支持。2015 年 1 月，中国人民银行宣布将人民币合格境外机构投资者试点地区扩大到瑞士，投资额度为 500 亿元人民币，为海外投资者在瑞士投资中国资本市场创造了条件，也扩大了外资投资人民币的渠道。瑞士金融市场监管局于 2015 年 10 月 20 日向新华社记者证实，中国建设银行已经获得瑞士银行业营业执照，可以在苏黎世设立分行并开展人民币清算业务（"财经观察：人民币国际化将在瑞士迈出新步伐"，中央政府门户网站：www. gov. cn，2015 年 10 月 20 日）。中国建设银行在瑞士银行业营业执照的获取标志着瑞士人民币中心即将启动。

瑞士虽然多年来世界经济排名第 20 位，然而其货币在全球外汇市场的排名却高达第五位，外汇市场交易占比与其 GDP 的世界占比比例却排名前列（表19 - 7 到表 19 - 9），显示瑞士法郎在国际货币体系中的重要作用。相应瑞士人民币中心经过不长的时间人民币支付占比会在欧洲排名在第 3 上下。

2015 年 6 月 27 日，中国人民银行与匈牙利央行签署在匈牙利建立人民币清算安排的合作备忘录。6 月 28 日，中国人民银行授权中国银行担任匈牙利人民币清算行，这是中东欧地区首个人民币清算行。目前中国对匈牙利的总投资超过 35 亿美元，中国已成为匈牙利在欧洲以外的最大贸易伙伴，匈牙利是中国在中东欧地区最大的投资对象国。建立人民币清算机制，将会进一步降低双方经贸成本，丰富投融资选择，也为两国深化合作开辟了新的空间（"中行匈牙利分行人民币清算中心启动仪式在布达佩斯举行"，中国经济网，2015 - 10 - 14）。

60.7　美国人民币中心的发展

作为全球最大的经济体，美国人民币中心发展相对缓慢。2012 年 1 月，美国支付的人民币金额仅占中国内地和香港特区外的其他人民币中心支付总额的5.6%，为中国香港外仅次于新加坡和伦敦的第三大人民币中心；2012 年 11 月，美国支付的人民币金额仅占中国内地和香港特区外的其他人民币中心支付总额的 6.6%，12 月相应占比却下降到了 4.1%，在中国内地和香港特区外的境外人民币中心排名降到了第 6。2012 年 12 月，美国与中国内地和香港特区间结算的 95.5% 仍然为美元，其次分别为港元 2.7%，马来西亚林吉特 0.9%，日元 0.4% 和人民币 0.3%，显示当时人民币仅为中美两国间结算的第五种货币。

值得高兴的是，美国《华尔街日报》2014 年 7 月 10 日发表题为《美国企业青睐人民币结算》的报道称，美国公司使用人民币结算的贸易规模正在达到创纪录的水平。环球同业银行金融电讯协会提供的数据显示，从 2013 年 4 月到 2014 年 4 月的一年，美国人民币支付金额增长了 327%，成为中国香港外新加坡和伦敦后第 3 大人民币中心，并保持此排名到 2014 年 12 月；2015 年 4 月，美国人民币支付占比首次低于台湾占比，在境外人民币中心排名下降到了中国香港外的第 4 位，2015 年 11 月进一步下降到了韩国和中国台湾之后，在境外人民币中心排名进一步下降到了中国香港外的第 5 位。

人民币受到美国企业青睐的原因在于用人民币进行支付更加节约成本。报道称，包括福特汽车公司和小型服装进口商在内的美国企业用人民币支付的规模增长了 3 倍。企业的需求是人民币在美国获得支持和认可的主因。虽然中美两国贸易总额占我国贸易比重从 2002 年超过 15% 下降到了 2012 年和 2013 年 12.5% 的水平，美国 2003 年以来保持我国第二大贸易伙伴的地位却未有变化。一年多来美国人民币支付迅速增长的主因是企业的需求和认可，巨大的中美贸易和金融合作使得人民币在美国有着巨大的空间。

在中美两国没有清算银行安排，仅靠市场力量，截至 2015 年 7 月，美国人民币跨境支付占比 2.9%，仅次于中国香港外的新加坡和英国，全球排名第三，显示美国人民币跨境支付的潜力巨大。相信随着人民币国际化在亚太地区和欧洲的快速推动，市场化力量会进一步提高人民币在美国的应用，美国人民币全球跨境支付占比会显著提高，美国将成为人民币境外的主要中心之一。

60.8　其他离岸人民币中心发展

上文我们介绍了亚太地区、欧洲地区和美国的人民币中心。除了这些人民币中心外，还有一些重要的人民币中心。下文我们简单介绍这些中心的发展情况。

60.8.1　加拿大人民币中心的发展

2014 年 11 月 8 日中国人民银行及加拿大总理办公室先后发布声明称，加拿大将建立北美首个人民币离岸中心，将确定多伦多人民币业务清算行。中国与加拿大同意采取多项措施，在贸易、商业以及投资领域增加使用人民币，推进加拿大人民币市场的稳定和健康发展；同日，加拿大与中国两国央行签署了规模为 2000 亿元人民币/300 亿加元的双边本币互换协议，旨在支持建立人民币业务清算行。加拿大中央银行将为人民币业务提供紧急流动性支持。声明还称，中加双方签署了在加拿大建立人民币清算安排的合作备忘录，并同意将人民币合格境外机构投资者（RQFII）试点地区扩大到加拿大，初期投资额度为 500 亿元人民币（"北美首个人民币离岸中心落户加拿大中加 2000 亿元互换协议签署"，http：//wallstreetcn.com，2014 年 11 月 9 日）。

经过 4 个多月的准备，加拿大人民币交易中心于 2015 年 3 月 23 日正式成立，中国工商银行加拿大子公司将担任人民币业务清算行。中心成立后将为西方企业从事人民币交易提供便利，多国企业将可借此通过加拿大银行进行人民币交易（"Ontario home to first renminbi trading hub in the Americas"，China Daily，2015 - 03 - 25）。2015 年 11 月加拿大人民币中心人民币跨境支付占比提高到了 1.0%，排名超过了马来西亚等其他中心，在香港外境外人民币中心排名第 13 位，显示加拿大人民币中心推出半年多就取得了可喜的成绩。加拿大人民币中心的启动和发展不仅会推动加拿大人民币业务的发展，而且对整个北美洲人民币业务的开展将产生显著的带动作用。

60.8.2　智利人民币中心

在 2015 年 5 月访问智利期间，李克强总理会见记者时透露，两国将签订货币互换协议（2015 年 5 月 25 日中智两国签订了 220 亿元人民币的货币互换协议），并将在智利建设拉美第一家人民币清算行。同时，智利也将成为拉美地区第一个获得 500 亿元人民币合格境外机构投资者（RQFII）额度的国家。李总理说"我们可以把智利作为和拉美合作的门户。智利在中拉产能合作中可以发挥独特优势"（"中国将在智利建拉美首家人民币清算行"，新京报，2015 年 5 月 26 日）。智利人民币中心的启动将对整个拉丁美洲人民币业务的推动产生示范效果。

60.8.3　南非人民币中心的发展

南非多年来是我国在非洲最大的贸易伙伴。南非经济虽然世界排名三十几位，而且世界经济占比也仅 0.5% 多点，而南非金融体系相对绝大多数发展中国家更为开放而且有一定的国际影响了。表 19 - 7 到表 19 - 9 显示，近年来南非兰特国际化程度不仅位居"金砖五国"之首，而且还超过很多发达国家和地区货币。

2015 年 4 月 10 日，中国人民银行与南非央行签订了 300 亿元人民币的货币互换协议，为南非人民币中心的建立打下了必要的基础。2015 年 7 月 8 日，中国人民银行发布公告称，根据《中国人民银行与南非储备银行合作备忘录》（人行网站）相关内容，中国人民银行决定授权中国银行约翰内斯堡分行担任南非人民币业务清算行（"人民币离岸中心再下一城　清算行落子南非"，一财网，徐燕燕，2015 - 07 - 09）。中非两国在经贸和金融方面合作空间巨大，南非人民币中心将对整个非洲人民币业务的推进发挥重要的示范作用。

60.9　人民币存款和支付额在境外人民币中心间的分布及排名

上文我们介绍了境外人民币中心近年来的可喜发展，本节我们简单介绍主要境外人民币中心间人民币存款和支付额的分布，从而可知这些中心的相对地位。

60.9.1　人民币存款在主要境外人民币中心间的分布

表 60 - 1 显示，2015 年 8 月底香港人民币存款额 9789.6 亿元，远超其他任何境外人民币中心；2015 年 6 月到 9 月台湾地区人民币存款 3382.2 亿元持续下降到了 3223.3 亿元，占香港人民币存款三分之一左右；2015 年 9 月新加坡人民币储备从 6 月的 2340 亿元下降到了 2250 亿美元（新加坡金管局网站，www. mas. gov. sg）；2015 年 8 月韩国人民币存款比 2015 年 7 月下降了 36.8 亿元到 106.3 亿元，占香港人民币存款额的 1.1%〔新华社《人民币国际化月报》，2015 年 9 月（总第 8 期）〕。其他境外人民币中心人民币存款数据公布不够准确及时。中国银行《伦敦离岸人民币市场月报》，2014 年 8 月（总第 20 期）的数据显示，台湾地区、卢森堡、首尔、巴黎和伦敦人民币存款分别为 2927.4 亿元、794 亿元（2014 年第一季度末）、742 亿元、200 亿元（2013 年 3 月）和 150 亿元（2013 年底）人民币。这些数据显示，中国香港、中国台湾和新加坡分别为境外前三大人民币储备中心。

从未有任何机构公布过全球人民币储蓄总额。国际货币基金组织 2015 年 8 月公布的人民币入篮评估报告（IMF2015）指出，境外人民币储蓄从 2010 年的 1000 亿元左右增长到了 2015 年 6 月（由于 IMF2015 是 2015 年 8 月 3 日公布的 2015 年 7 月 16 日完成的报告，因此，该估算数据最晚截止日期应该为 2015 年 6 月）接近 2.5 万亿元人民币，近一半的境外人民币储蓄在中国香港。表 60 - 1 显示，2010 年底和 2015 年 6 月底中国香港人民币储蓄分别为 3149.4 亿元和 9929.2 亿元，分别为上文 IMF 给出的同期全球境外人民币储蓄 1000 亿元和 2.5 亿元的 314.9% 和 39.7%，表明国际货币基金组织估算的境外人民币总存款金额数据也有明显的问题。

60.9.2　境外人民币中心人民币 QFII 额度比较

不同境外人民币合格境外机构投资者（RQFII）的人民币额度是其开展境外

人民币业务的基础。上文简单介绍了一些境外人民币中心 RQFII 的额度，这里我们系统地介绍和比较不同境外人民币中心获得的 RQFII 总额度及已经获批的额度。表 60-4 给出了主要境外人民币中心获得 RQFII 总额度和截至 2015 年 9月获批的累计额度。

表 60-4   境外人民币中心获得 RQFII 总额度及已经获批的额度比较

单位：亿元人民币，%

国家和地区	批准总额度	累计获准额度	累计获准额度占比
中国香港	2700	2700	100.00
韩国	1200	570	47.50
中国台湾	1000	0	0.00
新加坡	1000	315	31.50
英国	800	228	28.50
法国	800	170	21.25
德国	800	60	7.50
澳大利亚	500	100	20.00
卢森堡	500	0	0.00
瑞士	500	50	10.00
加拿大	500	2.25	0.45
智利	500	0	0.00
匈牙利	500	0	0.00
卡塔尔	300	0	0.00
累计	11600	4195.25	36.17

数据来源：批准总额度数据来自人民银行网站，累计获批额度为截至 2015 年 10 月 29 日获批数据，来自国家外汇管理局网站。

表 60-4 显示，中国香港获得的 RQFII 总额度最高 2700 亿元，而且这些年额度已经完全用上了；韩国获得的 RQFII 总额度 1200 亿元，而且这些年额度已经用了 46.5%；中国台湾和新加坡皆获得了 1000 亿元的总额度，但中国台湾还未使用，而新加坡动用 31.5%；英、法、德国皆获得了 800 亿元的总额度，相应的使用额度占比分别为 28.5%、21.25% 和 7.5%；澳大利亚、卢森堡、瑞士、加拿大、智利和匈牙利皆获得 500 亿元的总额度，然而澳大利亚和瑞士分别使用了 20% 和 10%，加拿大仅动用了 0.45%，卢森堡、智利和匈牙利还未动用；卡塔尔获得了 300 亿元的总额度，仍未启用。不同中心使用 RQFII 额度的多少在很大程度上反映出其推动人民币业务的积极性，进而反映其人民币业务的活跃程度。

60.9.3   中国香港人民币支付在境外人民币支付中的龙头地位

环球同业银行金融电讯协会的数据显示，香港占境外人民币支付比重从 2012 年 1 月的 78% 上升到了 2012 年 6 月的 81%；2012 年 7 月到 11 月保持在 80% 的水平；2012 年 11 月到 2014 年 4 月持续下降到了 72%；2014 年 7 月到 2015 年 6 月香港占境外人民币支付比例保持在 70% 上下的水平，显示香港在整个境外人民币支付领域的龙头地位。随着其他人民币中心的快速发展，香港在整个境外人民币支付中的比重应该还会下降。

60.9.4   中国香港外其他人民币中心总支付占比变化

环球同业银行金融电讯协会的数据显示，香港外其他人民币中心占境外人民币支付比重从 2012 年 1 月到 8 月保持在 14%；从 2012 年 8 月到 2014 年 4 月持续上升到了 25%，显示香港外的其他境外人民币中心在整个境外人民币结算中的作用逐步提高，而且该趋势今后应该难以逆转。表 60 - 5 给出了 2012 年 1 月到 2015 年 11 月香港外其他主要境外人民币中心占全球人民币跨境支付比例变化。

表 60 - 5   **香港外境外其他人民币中心人民币支付占比和排名变化**   单位：%

国家和地区/时间	2012 年 1 月	2012 年 12 月	2013 年 6 月	2014 年 6 月	2015 年 4 月	2015 年 6 月	2015 年 7 月
英国	23.7	28.3	30.9	22.5	16.6	15.6	18.0
新加坡	32.7	22.7	16.5	28.4	23.1	24.8	17.3
韩国			1.0	2.4	7.5	8.3	9.5
中国台湾			10.3	9.3	11.2	9.6	8.8
美国	5.6	4.1	8.5	10.8	8.8	8.6	8.1
德国			3.4	2.5	1.7	1.7	4.1
法国	5.0	7.2	8.1	5.4	4.1	4.0	3.7
澳大利亚		8.2	3.4	4.8	3.7	3.3	3.4
日本					1.0	1.3	2.7
卢森堡	3.9	4.3	3.8	2.3	2.4	2.3	2.0
马来西亚			2.2	2.1	1.0	1.3	
中国澳门					1.4	1.3	1.4
荷兰						1.0	1.4
加拿大							1.0
其他	29.10	25.20	11.90	9.50	17.63	17.88	21.02

数据来源：根据环球同业银行金融电讯协会不同时期公布的数据整理而得；2012 年 1 月到 2015 年 6 月数据为香港外其他中心占比，2015 年 11 月数据为包括香港在内的 14 个境外人民币中心占比。

60.9.5 中国香港外主要人民币中心支付占比及排名

虽然有超过一百多个国家和地区与我国内地和香港有人民币支付业务，但绝大多数国家和地区人民币支付金额还较小，香港和其他十几大境外人民币中心人民币支付占比超过了人民币总支付比重九成以上。表 22-5 显示，早在 2012 年 1 月新加坡就占据了中国香港外人民币支付第一的地位；之后 11 个月时间内，英国获得了中国香港外人民币支付第一的位置，而 2014 年 3 月到 2015 年 6 月，新加坡排名重新回到了第一的位置，2014 年 6 月新加坡人民币支付占香港外人民币总支付比重 28.4%，比排名第 2 的英国的 22.5% 高出 5.9%；然而 2015 年 11 月伦敦重新夺回了中国香港外境外人民币支付的头把交椅，显示伦敦和新加坡近年来争夺境外人民币中心的竞争剧烈。从不同主要境外人民币中心不同时间占境外人民币支付比重可以容易地计算出其占比在境外人民币中心的排名，这里不再重复。

60.10 使用人民币作为支付货币的金融机构数量及在全球的分布

环球银行金融电信协会（SWIFT）10 月发布的 2015 年《人民币跟踪特别》报告显示，2015 年 8 月，全球已使用人民币作为与中国内地及香港的支付货币的金融机构数从 2013 年 8 月的 939 家增长到了 1134 家，带动人民币支付使用量的增长。按区域来看，2013 年 8 月到 2015 年 8 月，作为与中国内地及香港之间的支付人民币的亚太金融机构从 471 家增长到了 555 家，增幅 18%，占比从 35% 增长到了 39%；欧洲与中国内地及香港之间的支付人民币的亚太金融机构从 305 家增长到了 379 家，增幅 24%，占比从 27% 增长到了 35%；美洲与中国内地及中国香港之间的支付人民币的亚太金融机构从 100 家增长到了 118 家，增幅 18%，占比从 32% 增长到了 37%；非洲和中东从 63 家增长到了 82 家，增幅 30%，占比从 23% 增长到了 30%。

如上数据显示，虽然美洲仅有加拿大、智利、阿根廷和巴西等主要国家签订了人民币货币互换协议，而且仅有加拿大、智利和阿根廷与中国人民银行有了人民币清算安排，然而近两年来美洲使用人民币的金融机构数量仍有 18% 的增长，显示美洲市场因素推动人民币使用的力度还是相当可观的。

60.11 人民币跨境支付系统对人民币国际化的推动作用

2015 年 10 月 8 日，人民币跨境支付系统（一期）成功上线运行。人民币跨境支付系统（CIPS）为境内外金融机构人民币跨境和离岸业务提供资金清算、结算服务，是重要的金融基础设施。该系统按计划分两期建设，一期工程便利跨境人民币业务处理，支持跨境货物贸易和服务贸易结算、跨境直接投资、跨境融资和跨境个人汇款等业务。其主要功能特点包括：一是 CIPS（一期）采用实时全额结算方式处理客户汇款和金融机构汇款业务。二是各直接参与者一点接入，集中清算业务，缩短清算路径，提高清算效率。三是采用国际通用 ISO20022 报文标准，便于参与者跨境业务直通处理。四是运行时间覆盖欧洲、亚洲、非洲、大洋洲等人民币业务主要时区。五是为境内直接参与者提供专线接入方式。

为培育公平竞争的市场环境，中国人民银行发布了《人民币跨境支付系统业务暂行规则》，规定了参与者准入条件、账户管理要求和业务处理要求等，为 CIPS 稳定运行奠定制度基础。同时，推动成立了跨境银行间支付清算（上海）有限责任公司，负责独立运营 CIPS。该公司接受人民银行的监督和管理。

CIPS 首批直接参与机构包括中国工商银行、中国农业银行、中国银行、中国建设银行、交通银行、招商银行、浦发银行、中国民生银行、兴业银行、平安银行、华夏银行、汇丰银行（中国）、花旗银行（中国）、渣打银行（中国）、星展银行（中国）、德意志银行（中国）、法国巴黎银行（中国）、澳大利亚和新西兰银行（中国）和东亚银行（中国）等 19 家境内中外资银行。此外，同步上线的间接参与者包括位于亚洲、欧洲、大洋洲、非洲等地区的 38 家境内银行和 138 家境外银行。

2009 年以来，中国人民银行陆续推出一系列政策，便利人民币跨境贸易投资和使用，深化双边货币合作。通过"代理行模式"和"清算行模式"等多种方式支持人民币跨境支付业务。目前，人民币已经成为中国第二大跨境支付货币和全球第三大支付货币，迫切需要建设基础设施支撑业务发展。经过充分论证和研究，在境内有关商业银行的密切配合和支持下，人民银行于 2012 年启动建设 CIPS。CIPS 的建成运行是我国金融市场基础设施建设的又一里程碑事件，标志着人民币国内支付和国际支付统筹兼顾的现代化支付体系建设取得重要进展。作为重要的金融基础设施，CIPS 符合《金融市场基础设施原则》等国际监管要求，对促进人民币国际化进程将起到重要支撑作用（本节内容直接引用"人民币国际化重要里程碑人民币跨境支付系统（一期）成功上线运行"，人民银行网站，2015 年 10 月 8 日）。

60.12　境外人民币中心排名与合格境外机构投资者获准金额分布的关系

上文介绍了境外人民币中心人民币跨境支付占比分布及与人民币合格境外

机构投资者分布的关系。表 60-6 给出了截至 2016 年 1 月 27 日我国合格境外机构投资者（QFII）获批额度在不同主要境外人民币中心的分布。表 60-6 显示，虽然中国香港在获准境外机构投资者数量和金额皆名列前茅，但在香港注册的获国内合格境外机构投资者获准金额占比 39.33% 却比 2015 年香港占境外人民币支付 70% 上下的比重仍相差甚远；比较表 60-6 给出的获准 QFII 金额占比与表 60-5 给出的境外人民币中心境外人民币支付占比分布，我们发现中国台湾地区获准 QFII 金额占比 11.62% 和排名第 2 位远超其相应的境外支付占比 8.6%和排名第 5 位（表 60-5 排名第 4 位加上排名第 1 位的香港在整个境外排名第 5位）；新加坡在表 60-5 给出的境外人民币支付排名第 2（加上排名第 1 的中国香港在整个境外排名第 2 位），而在表 60-6 给出的 QFII 获准金额占比却仅排名第 5 位；美国在表 60-5 给出的境外人民币支付占比 9.3% 和排名第 4 位（加上排名第 1 位的中国香港在整个境外排名第 4 位），与表 60-6 给出的 QFII 获准金额占比 9.33% 几乎相等，但却排名第 3 位，显示美国 QFII 获准额度占比与其境外人民币支付占比和排名皆相当；日本在表 60-5 给出的境外人民币支付排名第 13（加上排名第 1 位的中国香港），而在表 60-6 给出的 QFII 获准金额占比 3.2% 却排名第 8 位；加拿大人民币中心设立较晚，因此加拿大排在表 60-5 给出的境外人民币支付排名第 15 位之外，而其在表 60-6 给出的 QFII 获准金额占比却高达 3.69% 却排名第 7 位，显示加拿大人民币中心今后发展的潜力。

表 60-6　　　　合格境外机构投资者（QFII）获批额度在不同

主要境外人民币中心的分布　　　单位：亿美元，%

国家或地区	机构数	占比	获准金额	占比
中国香港	49	17.56	317.77	39.33
中国台湾	26	9.32	93.96	11.63
美国	40	14.34	75.37	9.33
英国	24	8.60	67.82	8.39
新加坡	15	5.38	60.82	7.53
韩国	17	6.09	42.08	5.21
加拿大	9	3.23	29.85	3.69
日本	15	5.38	26.04	3.22
法国	6	2.15	16.25	2.01
德国	3	1.08	16.15	2.00
澳大利亚	3	1.08	16.00	1.98
瑞士	7	2.51	11.86	1.47
荷兰	8	2.87	5.76	0.71

国家或地区	机构数	占比	获准金额	占比
卢森堡	3	1.08	4.50	0.56
其他	54	19.35	23.72	2.94
合计	225	80.65	784.23	97.06
总计	279	100.00	807.95	100.00

数据来源：根据附表 4 给出的截至 2016 年 1 月 27 日我国合格境外机构投资者数据整理得出。

表 60-6 显示，法国、德国、荷兰和卢森堡四个欧元区国家的 QFII 获准额度占比分别仅为 2.01%、2.00%、0.71% 和 0.56%，排名分别仅为第 9、第 10、第 13 和第 14 位；四个欧元区国家 QFII 获准总金额占比也仅为 5.28%，显著低于新加坡的占比 7.53%，总体排名也仅相当于第 6 位，也低于表 60-5 给出的 3 个欧元区人民币中心境外人民币支付总占比 7.62%，显示欧元区 QFII 获准额度比其境外人民币支付程度还低，欧元区在推动人民币国际化方面仍有巨大的空间。

另外，表 60-6 显示，澳大利亚 QFII 金额占比 1.98%，排名第 11 位，不到表 60-5 给出的该国境外人民币支付占比 4.0% 的一半；瑞士境外人民币支付较低，在表 60-5 给出的境外人民币排名之外，但其获准 QFII 额度占比 1.47% 却排名第 12 位，显示瑞士人民币中心今后发展的潜力。值得关注的是，美国和日本在至今仍没有人民币清算安排的条件下，QFII 获准金额占比分别高达 9.33% 和 3.22%，相应的境外人民币支付占比也高达 9.3% 和 1.3%，显示该两国市场力量推动人民币国际化的力度仍然显著。

60.13　境外人民币中心排名与人民币合格境外机构投资者获准金额分布的关系

不同国家和地区对人民币合格境外机构投资者的兴趣在很大程度上反映出相应人民币中心对人民币业务的兴趣和发展潜力。与合格境外机构投资者获准金额分布密切相关的是近年来人民币合格境外机构投资者获准金额分布。表 60-7 给出了近年来不同国家和地区申请人民币合格境外机构投资者批准时间和累计批准额度一览表。表 60-7 显示，香港特区在人民币合格境外机构投资者总数和累计批准额度占比皆超过了总额的一半，成为境外人民币中心中申请人民币合格境外机构投资者最多中心，然而香港累计批准额度占比 57.47% 仍显著低于近年来香港人民币跨境支付 70% 左右的占比；韩国人民币合格境外机构投资者总数和累计批准额度占比皆仅次于中国香港，申请人民币合格境外机构投资者批准额度总额 740 亿元，占比 15.75% 超过排名第 3 位和第 4 位的新加坡和英国合计占比 12.72%，显示韩国今后在境外人民币中心的地位还会显著提升；新加坡累计批准额度占比为 6.72%，排名第 3 位，与新加坡近年来在跨境人民币支付占比排名境外前 3 位的地位相当；澳大利亚累计批准额度占比 6.39%，略低于新加坡占比 6.70%，排名第 4 位，显著超过表 60 - 5 中澳大利亚人民币中心在境外人民币中心跨境支付占比排名第 9 位，显示澳大利亚人民币中心今后发展的潜力；英国累计批准额度占比为 6.02%，排名第 5 位，显著低于表 60 - 5 中英国 2015 年在境外人民币支付排名前 3 位的水平；法国累计批准额度占比 4.21%，仅次于英国占比 6.02% 和第 5 位的排名，比表 60 - 5 给出的法国在跨境人民币支付占比第 8 位的排名高出 3 位，显示法国人民币中心今后发展的潜力；德国、瑞士和卢森堡累计批准额度占比分别为 1.28%、1.06% 和 1.06%，分别排名第 7 位到第 9 位，与该三国在境外人民币支付占比排名较低比较相当。

表 60 - 7 　　　　人民币合格境外机构投资者（RQFII）获批额度在不同
　　　　　　　主要境外人民币中心的分布　　　　　单位：亿美元，%

国家或地区	投资者总数	投资者总数占比	累计批准额度	累计批准额度占比
中国香港	79	50.32	2700.00	57.47
韩国	34	21.66	740.00	15.75
新加坡	20	12.74	315.00	6.70
澳大利亚	1	0.64	300.00	6.39
英国	13	8.28	283.00	6.02
法国	5	3.18	198.00	4.21
德国	1	0.64	60.00	1.28
瑞士	1	0.64	50.00	1.06
卢森堡	2	1.27	50.00	1.06
加拿大	1	0.64	2.25	0.05
欧元区	41	26.11	988.00	21.03
	157	100.00	4698.25	100.00

数据来源：根据附表 63 - 6 给出的截至 2016 年 1 月 27 日人民币合格境外机构投资者数据整理得出。

表 60 - 7 显示，欧元区法国、德国和卢森堡三个国家累计批准总额度占比高达 21.03%，显著低于该三国人民币中心 2015 年 11 月跨境人民币支付占比总和 2.9%，显示欧元区在境外人民币支付方面仍有巨大的增长潜力。

60.14　离岸人民币市场发展的主要因素和存在的问题

　　上文简单介绍了近年来境外人民币中心的发展和业务分布，显示近年来境外人民币在亚欧美三大洲皆有了可喜的发展，而且发展势头良好。境外人民币中心的发展有几个主要的推动因素，同时也存在诸多的问题。本节简单介绍境外人民币中心的主要推动因素和存在的问题。

60.14.1　境外人民币中心的主要推动因素

近年来境外人民币业务得到了快速发展的最主要原因第一，政府努力推动。第 25 章显示，从 2008 年国际金融危机爆发不久开始，中国人民银行就开始与韩国和中国香港等亚太地区、欧洲和南美洲二十多个国家和地区签署了总额超过 3 万亿元人民币外汇互换协议，对这些国家和地区人民币业务的开展打下了一定的基础，同时中国人民银行放宽了外汇管制方面的一些限制对境外人民币业务的推动也必不可少。第二，中国人民银行还与诸多国家和地区货币当局签署了人民币清算协议并及时指定了清算银行，为这些国家和地区的人民币业务的顺利开展做好了必要的准备。第三，中国人民银行和国家外汇管理局为人民币回流及时推出了人民币合格的境内机构投资者机制，为人民币回流打开了通道。第四，中国人民银行与香港金管局及其他国家间经过多年的努力建立好了人民币流动的技术相关基础建设平台和系统，为境外人民币业务的开展提供了必要技术支持。第五，香港金管局几年来在世界各地做了大量的人民币相关路演等推广、推介、宣传和培训工作，对世界各地的人民币业务的推动发挥了重要的作用。第六，香港金管局建立起了与世界各地人民币中心人民币流动的技术平台和系统，为世界各地人民币业务的开展提供了必要技术保障。第七，中国银行、中国工商银行、中国建设银行等国内大型银行抓住人民币国际化战略机遇和商业机会，积极推动境外人民币业务，特别是人民币清算功能，为人民币业务的顺利推动发挥了积极的作用。第八，境内外企业努力拓展使用境外人民币业务的意愿也是人民币相关业务在境外增长的基础，如此等等。还有很多其他方面的因素，这里难以一一列举。

60.14.2　境外人民币中心有待完善的方面

境外人民币中心在几年内从无到有，而且已经遍布亚欧美非大洲，发展之快确实是我们之前难以想象的。在如此短的时间内有如此快的发展，存在这样或那样的问题也在所难免。反映各中心人民币业务规模的唯一数据源是环球同业银行金融电讯协会每月公布的人民币支付数据和相关人民币贸易融资数据，而各中心人民币储蓄、交易等相关数据却难以获得，即使有些机构公布的相关数据或者存在不同程度的水分或有差错。相信随着境外人民币中心的进一步发展和逐渐成熟，这些基础数据将会逐渐全面并及时公布。

60.14.3　境外人民币业务与我国贸易分布不够均衡

首先，上文介绍了我国与主要发展中国家，即"金砖国家"的俄罗斯的贸易和金融合作虽然起步较早，但是人民币在俄罗斯的进展较慢；另外我国与巴西虽然早在 2013 年 3 月就签署了 1900 亿元人民币的外汇互换协议，而且巴西是我国在南美最大的贸易伙伴，然而人民币贸易结算等业务在巴西的进展却相对缓慢。其次，"金砖银行"主要发起国家印度，至今仍未与我国签订人民币货币协议，人民币业务开展更慢。再次，我国与墨西哥、土耳其和沙特三个世界经济排名前二十位的主要发展中国家至今仍未签订人民币货币协议，加大与这些主要发展中国家的合作从而提高人民币在这些国家的应用对推动人民币国际化意义重大。最后，人民币中心至今仍未在意大利和西班牙这两大欧元区国家开展，与该两国合作对提高我国与欧元区整体的合作程度相当重要。

60.14.4　业务仍相对简单

上文显示，包括香港在内的境外人民币中心的主要业务是与人民币贸易结算相关的人民币支付和人民币储蓄等相关简单业务，香港这个最重要的人民币中心的人民币贷款额也仅仅达到了存款额的 1/7 左右。境外人民币市场的深度和广度急需扩张。央行批准境外人民币业务清算行和参加行可开展中国银行间债券市场的境外回购交易，打通了两地银行间债券市场。主权机构、多边机构也有可能选择伦敦发行系列人民币债券。随着境外人民币业务的发展，境外中心人民币业务和产品将逐渐丰富和活跃，我们将在第 23 章进一步探讨相关问题。

60.15　本章总结

本章介绍了三年多来包括香港在内的境外人民币中心的发展和现状。各种数据显示，近年来境外人民币支付业务有了迅速的发展，遍及亚欧美非四大洲的二十几个人民币中心业务呈现出了良好的较快发展势头，特别是 2015 年 8 月在人民币兑美元持续贬值而且预期贬值显著的环境下，人民币跨境支付的全球占比到了 2.79%，首次超过日元占比 2.76%，成为全球第 4 大支付货币，境外人民币支付业务仍呈现出可喜的发展势头，显示国际市场对人民币和我国经贸及今后发展的信心。然而 2015 年 8 月到 10 月，人民币跨境支付占全球跨境支付的比重却持续下降到了 1.92%，排名回落到了低于日元的第 5 位，2015 年 10 月到 12 月虽然占比回升到了 2.31%，却保持了第 5 位的国际排名，显示人民币贬值对人民币境外支付的影响可观。

成绩显著，令人振奋。然而我们也应该看到境外人民币接受的程度与我国贸易的全球分布还很不平衡，特别是印度这个亚洲第三大经济体和南亚最大经济体，巴西这些全球第九大经济体和拉美最大经济体，意大利和西班牙这两个主要欧元区国家，及墨西哥、土耳其、沙特等主要发展中国家人民币中心至今尚未建立，人民币跨境支付增长潜力巨大。特别值得关注的是，2013 年 3 月巴西就与我国签订了金额高达 1900 亿元人民币的人民币货币互换协议，而且巴西不仅是亚投行发起成员国，也是金砖银行成员国，然而巴西至今仍未建立人民币中心；另外，作为南亚最大的经济体，印度即是亚投行发起成员国，而且也是金砖银行成员国，2014 年 7 月到 2015 年 7 月，印度人民币支付金额增长了462%，排名全球第 45 个人民币支付的国家（环球同业银行金融电讯协会 2015年 8 月公布的数据）。由于印度至今仍未与我国签订人民币外汇互换协议，该国人民币业务开展缓慢，急需探讨加强与印度的人民币业务合作。相信再过几年境外人民币支付额会持续增长的同时，人民币支付的分布也会更加均衡，人民币的国际化程度也会随之持续提升。

参考文献

［1］李婧，《人民币区域化对中国经济的影响与对策》，中国金融出版社，2009，57－58。

［2］陆婷，"台湾人民币离岸市场的现状、问题和前景"，中国社会科学院世界经济和政治研究所国际金融研究中心，论文 2014W13，2014 年 4 月。

［3］罗布特·米肯尼，刘健恒，《人民币的崛起——国际地位及影响》，中信出版社，2013。

［4］张光平，《人民币国际化和产品创新》（第六版），中国金融出版社，2016。

［5］Chan，Norman T. L.，2013，"Development of Offshore Renminbi Business in Hong Kong：Review and Outlook"，21 February 2013.

［6］Chan，Norman T. L.，2014，Hong Kong as Offshore Renminbi Centre – Past and Prospects.

［7］Yue，Eddie，2012，"Hong Kong – Challenges and Opportunities Ahead"，Deputy Chief Executive，Hong Kong Monetary Authority（Speech at the Hong Kong Institute of Bankers Annual Conference 2012 "The Year of Transformation – Heading into a New Era"）13 September 2012.

［8］Yue，Eddie，2013，"The Development and Future of the Offshore Renminbi Market，" Deputy Chief Executive，Hong Kong Monetary Authority（Keynote address at Euromoney Global Offshore RMB Funding Forum 2013），8 May 2013.

［9］Hong Kong Monetary Authority，2014，"Briefing to the Legislative Council，Panel on Financial Affairs"，5 May 2014，www. hkma. gov.

第 61 章　离岸人民币市场

　　2010 年 7 月 19 日，中国人民银行与香港人民币业务清算行中国银行（香港）有限公司在香港签署了新修订的《香港银行人民币业务的清算协议》，为香港离岸人民币市场的启动做好了铺垫。2010 年 8 月 17 日，《中国人民银行关于境外人民币清算行等三类机构运用人民币投资银行间债券市场试点有关事宜的通知》发布，允许相关境外机构进入国内银行间债券市场投资试点。该通知的发布标志着境外人民币业务和交易的启动。在人民币国际化的大背景下，国家为提高人民币的国际流通和结算地位，在人民币资本项下未完全可兑换的条件下开展离岸人民币交易和贸易结算非常必要。发展人民币贸易结算需要解决流出境外人民币的流通和交易问题，使企业可以根据自身头寸融入融出人民币，这就需要发展离岸人民币市场，使流到境外的人民币可以在境外的人民币离岸市场上进行交易；使持有人民币的境外企业可以在这个市场上融通资金、进行交易、获得收益；同时使境外人民币有可靠的回流机制。本章主要介绍离岸人民币市场的发展概况和主要产品种类及其流动性。

61.1　香港离岸人民币利率指数

　　贷款是任何货币最基本的业务。第 60 章显示，虽然香港人民币贷款业务近年来有了可喜的发展，然而其贷款规模与存款规模的差距仍然很大。本节介绍影响境外人民币贷款和诸多其他人民币业务的重要因素：离岸人民币利率。经过详细的研究准备和一年的试点，香港金管局和财资市场公会（Treasury Markets Association）于 2013 年 6 月正式推出了人民币香港银行间同业拆息定价（CNH Hong Kong Interbank Offered Rate，CNH HIBOR），使境外人民币利率定价机制的形成迈出了一大步。该利率的推出对香港以至其他境外人民币中心人民币贷款、掉期等业务的发展提供了有益的参考。

　　人民币香港银行同业拆息定价包括隔夜、1 个星期、2 个星期、1 个月、2 个月、3 个月、6 个月及 12 个月的期限，将根据 15～18 家活跃于人民币同业市场的报价银行所报利率计算定出，已有 13 家银行提供上述期限的拆息供市场参与者参考。香港财资市场公会称，人民币香港银行同业拆息定价的推出，将会为市场参与者提供一个正式的基准，作为人民币贷款及利率合约的定价参考。人民币香港银行同业拆息的管理监测机制将与港元香港银行同业拆息趋同，由香港金管局监测报价银行是否遵守操守准则（"香港 6 月推出人民币香港银行同业拆息定价"，第一财经网，2013 年 4 月 25 日）。该利率机制的形成对市场参与者管理人民币利率风险也会有很大的帮助，对于增强香港境外人民币中心的功能有里程碑的意义（Chan，2014）。

61.2 离岸人民币债券市场

国际债券的发行额和存量是货币国际化程度的重要反映，人民币境外债券的发行和交易自然成为我们关注的重点之一。2007 年 1 月 11 日中国人民银行宣布：内地金融机构经批准可以在香港发行人民币金融债券，人民银行将为此项业务提供相应的清算安排。内地金融机构通过在香港发行人民币金融债券，不仅增加了香港金融市场里的债券发行主体和债券币种，还有助于香港的银行扩大其资产业务范围，增加香港居民及企业的人民币投资选择。

61.2.1 监管环境

2007 年 1 月 14 日，中国人民银行发布了《中国人民银行公告［2007］第 3 号》（以下简称《公告》），首次规定境内金融机构经批准可在香港发行人民币债券。随后，中国人民银行与国家发展和改革委员会于 2007 年 6 月 8 日联合发布了《境内金融机构赴香港特别行政区发行人民币债券管理暂行办法》（以下简称《办法》）。《公告》和《办法》为境内机构境外发行人民币债券提供了政策依据。2010 年 2 月 11 日，香港金融管理局发布了《香港人民币业务的监管原则及操作安排的诠释》，首次从香港监管机构的角度对在香港发行人民币债券的相关事宜做出了解释。由此，两地对在港发行人民币债券有了政策依据，为该市场的发展打下了基础。

2013 年 7 月 10 日，中国人民银行出台《关于简化跨境人民币业务流程和完善有关政策的通知》（货币政策二司，2013 年 7 月 5 日），对经常项下人民币结算、银行卡人民币账户跨境清算、境内非金融机构人民币境外放款、境内非金融机构境外发行人民币债券、境内非金融机构对外提供人民币担保、境内代理行对境外参加行人民币账户融资等跨境人民币业务政策进行了较大力度完善，对进一步推动跨境人民币业务发挥了积极作用。

61.2.2 境内银行类机构赴港发行人民币债券的情况

2007 年 6 月 27 日至 7 月 6 日，国家开发银行在香港发行了第一只人民币债券，发售对象为机构及个人投资者，期限 2 年，票面年利率为 3%。债券发行量最高不超过 50 亿元人民币，其中零售债券最低发行量约为 10 亿元人民币，个人投资者最低认购额为 2 万元人民币。这是内地金融机构首次在香港成功发行人民币债券。此次发行吸引的总申购金额超过 140 亿元人民币，接近发行额的 3 倍，显示出香港市场对此项业务的热情。国开行发行首笔人民币境外债券后，中国进出口银行、国内大型商业银行和其他金融机构分别获准在中国香港、伦敦和卢森堡等地发行人民币债券。

61.2.3　发行人民币债券的境外机构

2009 年 6 月 19 日，汇丰银行和东亚银行获准在香港发行人民币债券，这是首批在香港发行人民币债券的本地注册外资银行。此后发债主体逐渐扩展至港澳公司（合和基建与银河娱乐）、红筹公司（中国重汽）、跨国公司（麦当劳与卡特彼勒）、外国银行（澳新银行与俄罗斯外贸银行）。2011 年 2 月 10 日，由工银国际与台湾永丰证券担任联席主承销商和账簿管理人的永丰余开曼群岛公司 3 亿元人民币债券在香港成功发行，标志着台资企业在香港发行首只人民币债券。

除中国香港外，伦敦也成为境外人民币债券发行的重要中心。第 22 章显示，汇丰银行早在 2012 年 4 月就在伦敦发行了 20 亿元 3 年期的人民币债券，之后澳新银行等国外银行也在伦敦发行了人民币债券。2015 年 6 月 24 日，日本国内首只以人民币计价的公司债券由三菱东京日联银行正式发行，面向银行、保险公司等日本国内机构投资者，计划募集 3.5 亿元人民币（约 70 亿日元），用于帮助在华日本企业筹集人民币。

汇丰香港和中银香港 9 月 29 日在我国银行间债券市场各自发行了 10 亿元人民币金融债券，这是国际性商业银行首次获准在银行间债券市场发行人民币债券。国际性商业银行首发"熊猫债"，成为全球发行人拓展人民币融资渠道的"探路"之举（中国银行，《伦敦离岸人民币市场月报，2015 年 9 月，总第 28 期》）。

61.2.4　国际机构

亚洲开发银行于 2009 年 12 月初发行了 10 年期 10 亿元人民币债券，2009 年 12 月 8 日起息，2019 年 12 月 8 日到期。这是国际机构进行的首笔此类交易，凸显亚洲开发银行对人民币债券市场的支持。2011 年 1 月 14 日，世界银行在香港发行了 5 亿元 2 年期人民币债券，为 2011 年首单人民币债券发行。世界银行债券票息为 0.95%，每半年付息一次，创同期限债券最低利率水平。该债券起息日为 2010 年 1 月 14 日，信用等级为 AAA 级。这是世界银行首次发行人民币债券，具有标志性意义。国际金融公司于 2014 年 6 月在伦敦发行了 5 亿元 3 年期人民币绿色债券，收益率为 2%。

61.2.5 "点心债券"和"熊猫债券"

离岸市场人民币债券起步较好,今后还会持续稳步发展。除继续推进离岸人民币债券(也称"点心债券")市场建设外,为进一步促进人民币国际化,中国政府还有必要继续扩大"熊猫债券"(即外国机构与企业在中国发行人民币债券)的发行规模。"点心债券"是"走出去","熊猫债券"是"引进来"。在未来相当长时间里,"点心债券"与"熊猫债券"将成为推动人民币国际化的"双引擎"(张明,2011)。

2007 年至 2012 年上半年,新发行债券(存款证除外)的加权平均偿还期由 2.2 年上升至 3.8 年。主要原因在于财政部和国有银行发行的长期债券出现 10 年期以上品种,为其他机构发行人提供了有效的定价指标。以财政部为例,2010 年全年发债规模仅 80 亿元,期限包括 2 年、3 年、5 年和 10 年,而 2012 年上半年已发行 230 亿元,期限增加了 7 年和 15 年两类;剔除财政部和国有银行这两类发行人,其他发行人的产品期限呈现短期化趋势。

61.2.6 承销点心债的主要银行

点心债主要由银行来承销,汤森路透(IFR)整理了今年以来主要银行承销点心债的金额排名:1. 汇丰银行,26.426 亿元;2. 渣打银行,24.357 亿元;3. 新加坡星展银行,7.855 亿元;4. 法国巴黎银行,7.489 亿元;5. 中国银行,5.183 亿元("纽约市场加入离岸人民币交易全时区启动"、2014 年 3 月 17 日,凤凰财经综合),显示两家香港银行点心债的承销能力远超其他银行,而中银香港作为香港人民币的结算银行的点心债承销量不仅不及汇丰银行和渣打银行,而且还低于星展银行和法国巴黎银行。

61.2.7 香港人民币债券的发行和存额

根据香港金管局 2014 年给香港立法委金融事务简报(Hong Kong Monetary Authority,2014)的数据,2011 年到 2014 年,在香港发行的人民币债券发行量为 1467 亿元、2372 亿元、3100 亿元和 4382 亿元,显示这些年香港人民币债券发行持续增长的态势;然而 2015 年上半年发行总额仅为 1797 亿元,比 2014 年同期下降了 36.2%(香港金管局货币和金融稳定半年度报告,2015 年 9 月)。2015 年上半年,我国内地非国有人民币债券发行同比下降了 82.1%,同期境外海外人民币债券发行同比却增长了 61.7%,2015 年上半年末香港人民币债券存额为 5849 亿元人民币。境外人民币发行显著增长的原因可能是境外对人民币的需求显著增大,也可能是由于境外发行者用融到的人民币兑换美元从而降低其融资成本(香港金管局货币和金融稳定半年度报告,2014 年 3 月)。

61.3 主要货币在国际债券市场的规模和占比比较

不同货币在国际债券市场的发行量、存量和流动性在一定程度上也反映该货币的国际化程度。本节简单介绍主要国际货币国际债券发行规模、占比和排名，从而了解不同货币在国际债券市场的作用。

61.3.1 欧元和美元在国际债券市场的规模和占比比较

表 61-1 给出了 2001 年到 2015 年第一季度 18 种主要货币的国际债券存量。表 61-1 显示，在欧元推出后的第 5 年，即 2003 年，以欧元发行的浮动利率、固定利率和股权相关的国际债券总额首次超过了以美元发行的相应的国际债券存量，2003 年到 2014 年，欧元国际债存量持续超过了美元的国际债存量，显示欧元在国际债券市场上的重要地位；从 2003 年到 2009 年，欧元国际债券余额占比超过美元占比幅度从 3.7% 持续上升到了 20.1%；然而从 2009 年到 2014 年，前者超过后者的幅度又持续下降到了 1.5%；2015 年第一季度末欧元国际债存量十多年来首次低于美元，表明欧元在国际债券市场的优势也受到了美元的冲击。

表 61-1　　　　　　　　　主要货币国际债券存量比较　　　　单位：亿美元，%

货币/年份	2001	2003	2005	2007	2009	2011	2013	2014	2015Q1
欧元	19168	40008	51122	88219	102869	97926	103080	90496	81302
美元	30180	36532	42163	54764	61346	69902	81299	87278	88968
英镑	5104	7951	10948	17753	21894	20231	21428	20691	19945
日元	4246	5166	5099	5857	6924	7764	5021	4391	4314
瑞士法郎	1284	1958	2131	3130	3745	4067	3734	3157	3048
澳元	341	867	1410	2172	2462	3169	2914	2881	2668
加元	460	760	1416	2556	2804	3159	2626	2093	1824
人民币	1	1	4	52	115	370	715	954	977
瑞典克朗	85	161	230	468	697	1043	1294	1081	974
挪威克朗	56	222	191	295	510	831	953	703	650
港元	310	469	551	711	696	771	660	602	619
新西兰元	67	121	365	516	429	393	424	457	455
新加坡元	46	81	128	228	278	366	402	399	394
巴西雷亚尔	0	0	55	216	242	492	483	448	368
墨西哥比索	3	2	37	185	163	218	329	311	305
南非兰特	55	94	182	304	364	329	298	306	290

货币/年份	2001	2003	2005	2007	2009	2011	2013	2014	2015Q1
土耳其里拉	0	0	57	168	168	216	301	317	270
俄罗斯卢布	4	3	6	94	119	209	351	208	207
总额	61658	94694	116488	178559	206815	212616	227352	217798	208507
前 7 占比	98.6	98.5	98.1	97.7	97.7	97.0	96.8	96.9	96.9
欧元占比	31.1	42.3	43.9	49.4	49.7	46.1	45.3	41.6	39.0
美元占比	48.9	38.6	36.2	30.7	29.7	32.9	35.8	40.1	42.7
欧元占比与美元占比差	17.9	-3.7	-7.7	-18.7	-20.1	-13.2	-9.6	-1.5	3.7

数据来源：国际清算银行网站，www.bis.org；2015 年数据为该年第一季度末数据。

表 61-1 的数据也显示，2001 年到 2015 年欧元和美元国际债券存量占总存量比重从 80% 持续上升到了 81.7%，显示两大国际货币在全球国际债券市场的重要地位。

61.3.2　其他主要国际货币在国际债券市场的规模和占比比较

表 61-1 显示，尽管英镑国际债与欧元和美元有很大的差距，但是却比其他主要国际货币高出很多，成为十多年来名副其实的第三大国际债券发行货币；日元、瑞法、澳元和加元排名从第 4 位到第 7 位。2001 年到 2013 年这前七大国际债券发行货币占全球国际债券发行总比保持在 97% 上下，比表 19-1 给出的这些货币同期外汇交易国际平均占比 89.1% 还要高出很多，显示主要国际货币在国际债券市场的地位比其在国际外汇市场总体地位还要重要。2001 年到 2014 年，前七大主要国际债券发行货币中澳大利亚元国际债券复合年均增长率最高，达到了 17.1%。

61.3.3　其他发达国家和地区货币在国际债券市场的规模和占比比较

表 61-1 显示，瑞典克朗和挪威克朗近年来保持了全球第 9 和第 10 大国际债券发行货币的地位，2001 年到 2014 年，该两货币的国际债券发行额复合年均增长分别高达 20.6% 和 20.7%，显著高于前 7 大币种同期复合增长率；港元从 2011 年到 2014 年国际债券发行额复合年均增长率仅为 5.5%，除高于日元同期复合年均增长率 0.1% 外，低于表 61-1 中 16 种货币的任何一种货币，表明港元在国际债券市场的疲惫态势。2013 年港元国际债券发行额首次被人民币取代，

从第 10 位下降到了第 11 位；2015 年第一季度末新西兰元和新加坡元分别排名第 12 和第 13 位，2011 年到 2014 年这两种货币国际债券发行额复合年均增长率分别为 15.9% 和 10.0%。

61.3.4 主要发展中国家货币在国际债券市场的规模和占比比较

表 61-1 相应的数据显示，2015 年第一季度末，巴西雷亚尔、墨西哥比索、南非兰特、土耳其里拉和俄罗斯卢布等 5 个发展中国家的货币在国际债券发行额的排名从第 14 到第 18 位，该 5 种货币从 2005 年到 2014 年国际债券发行额复合年均增长率分别为 23.5%、26.5%、5.3%、18.9% 和 49.0%，除南非兰特外，4 种货币年均复合增长率显著高于发达国家同期复合年均增长率最高的澳元增长率 20.9%，显示主要发展中国家货币近年来在国际债券市场的地位显著提升的态势。

61.3.5 香港人民币债券占人民币国际债比重

根据上文给出的香港人民币债券年底存量和人民币兑美元年底汇率，我们可以计算出 2011 年年底到 2014 年年底香港人民币债券金额，并利用表 61-1 给出的境外人民币债券年底总金额计算出香港人民币债券占整个境外人民币债券比重从 2011 年的 62.9% 提高到了 2014 年的 75.1%，显示香港在境外人民币债券市场的重要地位。香港金融管理局将于 2015 年 11 月 23 日进一步优化人民币流动资金安排，就日间及隔夜回购协议推出双边安排，以取代现行的三方安排。这将进一步提高香港人民币市场的效率和活跃度，进而提高香港在整个境外人民币市场的地位。

61.4 人民币国际债券市场的规模和境内外机构债券市场的合作

61.4.1 人民币国际债券市场的规模及占比比较

国际清算银行公布的 2013 年第一季度国际债券存量数据中还没有人民币债券发行的数据，因此本书第四版相应的表格中没有人民币国际债券的数据。值得高兴的是，表 61-1 的数据显示，2013 年人民币成为全球第 10 大国际债券发行货币，2015 年第一季度末人民币国际债券存量超过了瑞典克朗和挪威克朗，成为全球第 8 大国际债券发行货币。2001 年到 2003 年，人民币国际债券存量接近零，2005 年存量才达到了 4 亿美元的水平。实际上人民币国债券从 2005 年第

四季度才开始发行。2005 年到 2014 年人民币国际债券存量复合年均增长率高达
84.8%，为表 61 - 1 给出的 18 种货币中年均复合增长率最高，表明近 10 年来人
民币国际债券高速增长的态势。如果以 2009 年到 2014 年不同货币国际债券发行
复合年均增长率估算，到 2016 年、2017 年和 2018 年年底人民币有望分别成为
全球第 7、第 4 和第 3 大国际债券发行货币。

61.4.2　央行允许境外央行类机构进入银行间外汇市场

中国人民银行允许境外央行类机构可通过人民银行代理、中国银行间外汇
市场会员代理以及直接成为中国银行间外汇市场境外会员三种途径中的一种或
多种进入中国银行间外汇市场，开展包括即期、远期、掉期和期权在内的各品
种外汇交易（新华社　中国金融信息网《人民币国际化月报》，2015 年第 8
期）。这将有助于境外人民币债券交易和规模的增长。

61.4.3　32 家境外机构获准进入中国银行间债券市场

中国人民银行金融市场司 2015 年 4 月 30 日在上海清算所发布公告称，32
家具有 QFII、RQFII 或人民币结算资质的境外机构获准进入银行间债券市场。央
行此前的数据显示，截至 2014 年年末，共有 211 家包括境外中央银行或货币当
局、国际金融机构、主权财富基金、人民币业务清算行、跨境贸易人民币结算
境外参加行、境外保险机构、RQFII 和 QFII 等在内的境外机构获准进入银行间
债券市场，较 2013 年年末增加 73 家，其中已有 180 家境外机构入市交易，持有
债券 5720.4 亿元。境外机构进入国内银行间债券市场不仅会活跃国内债券市场，
而且对推动境内外人民币债券市场联动和境外人民币债券规模的增加，都有积
极的意义。

为进一步推动银行间债券市场对外开放，便利符合条件的境外机构投资者
依法合规投资银行间债券市场，中国人民银行发布了 2016 年 3 号公告，引入更
多符合条件的境外机构投资者，取消额度限制，简化管理流程。根据《公告》，
在中华人民共和国境外依法注册成立的各类金融机构，上述金融机构依法合规
面向客户发行的投资产品，以及养老基金、慈善基金、捐赠基金等中国人民银
行认可的其他中长期机构投资者，均可投资银行间债券市场。为维护债券市场
平稳健康发展，人民银行鼓励境外中长期机构投资者投资银行间债券市场，此
类投资者投资银行间债券市场没有额度限制。人民银行对境外机构投资者的投
资行为实施宏观审慎管理。符合条件的境外机构投资者通过银行间市场结算代
理人完成备案、开户等手续后，即可成为银行间债券市场的参与者（"中国人民
银行进一步放开境外机构投资者投资银行间债券市场"，人民银行网站，2016 年
2 月 24 日）。

61.5 离岸人民币外汇即期市场及其波动性和流动性

2010 年 7 月境外人民币外汇市场正式开始运营交易。本节简单介绍境外人民币即期市场及近年来的发展、波动性和流动性等。

61.5.1 离岸市场人民币即期汇率

国际外汇市场交易人民币外汇的交易符号为人民币英文单词 Chinese Yuan 的缩写 CNY，而在香港离岸市场上交易的人民币外汇符号为 CNH。不少人可能认为 CNH 中的"H"字母是香港英文 Hong Kong 的第一个字母，而香港业内人士却解释为汉字"海外"的汉语拼音 Haiwai 的第一个字母（罗布特·米肯尼和刘健恒，2013）。看来两种解释都有一定的道理，而后种解释更能代表境外人民币汇率的含义。

61.5.2 香港人民币兑美元基准汇率

2010 年 8 月，离岸美元对人民币现货即期（USDCNH SPOT）交易正式在香港启动。经过多年实践，香港离岸美元对人民币即期市场具有较好的流动性、市场报价较为连续。随着人民币国际结算地位的不断提高，伦敦、新加坡、中国台湾等离岸中心也越来越多地参与到离岸人民币即期交易中来。2011 年 6 月香港财资市场公会（The Treasury Markets Association）推出了了香港离岸市场人民币兑美元即期汇率形成机制（TMA's Spot USD/CNY（HK）Fixing，https：//www.tma.org.hk/en_market_info.aspx），成为香港离岸市场时美元兑人民币即期汇率的基准。该基准是从 15 家指定银行提供的中间报价中剔除两个最高及两个最低报价，再以平均数定出。该基准利率的推出不仅对离岸人民币即期市场，而且对离岸人民币远期、期货等其他人民币外汇市场的发展也有很大的参考意义。

61.5.3 离岸人民币对美元即期汇率及与国内人民币对美元汇率的比较

图 61-1 给出了 2010 年 8 月 23 日到 2015 年 10 月 26 日境内外人民币对美元汇率。图 61-1 显示在离岸人民币市场推出的初期，境内外人民币汇率存在较大的差异，而 2011 年第四季度到 2015 年第二季度，两者间的差异呈现出下降的趋势。图 61-2 给出了同期境内外人民币汇率之间的差异，从而我们可以更容易地看出两者间的差别。

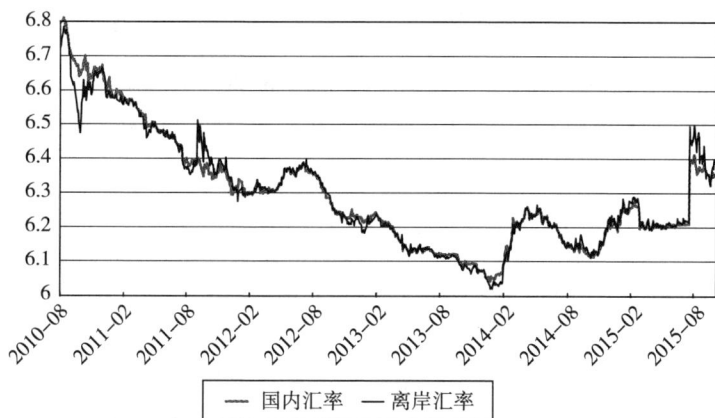

数据来源：彭博资讯。

图 61 - 1　境内、离岸人民币即期汇率

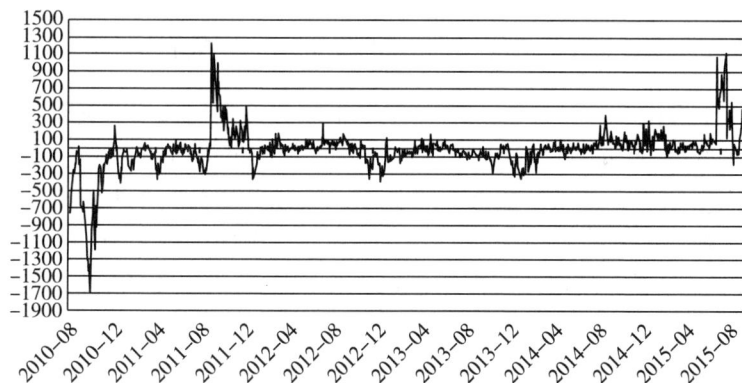

数据来源：根据图 61 - 1 的数据计算 10000 ×（离岸人民币/美元汇率 - 国内人民币/美元汇率差额）得出。

图 61 - 2　境内外人民币即期汇率点差

图 61 - 2 显示，在 2010 年 8 月 23 日到 10 月 18 日，离岸人民币汇率比国内相应汇率低 1116 ~ 1791 点，反映当时离岸市场人民币升值预期较强，境内外汇率差异巨大；2010 年 10 月到 12 月，两者间差异显著缩小；2011 年年初到 9 月中旬，两者间差异大多时间保持在 - 300 点到 0 之间；2011 年 9 月下旬，离岸人民币汇率比国内相应汇率高出 1000 点左右，反映当时离岸市场人民币贬值预期；2011 年 11 月到 2015 年 8 月初两者间的差距处于缩小的趋势；然而 2015 年 8 月上旬以来，两者间的差异再次扩大，接近 2010 年第三季度的程度。

为了提高市场流动性，2013 年 4 月 25 日，香港金管局宣布放松对人民币净头寸和流动性比率的要求。香港授权机构不再需要保持最低的美元对人民币净头寸，可将美元对人民币作为普通外币对进行管理。与此同时，香港金管局宣布取消 2012 年 2 月 9 日和 2012 年 6 月 14 日颁布的人民币流动资产比率的要求。此举大大提高了人民币在香港的流动性，为人民币的国际化和自由兑换做出了重要铺垫。

2015 年 8 月 11 日，中国人民银行发布公告称，为增强人民币兑美元汇率中间价的市场化程度和基准性，决定完善人民币兑美元汇率中间价报价。自 2015 年 8 月 11 日起，做市商在每日银行间外汇市场开盘前，参考上日银行间外汇市场收盘汇率，综合考虑外汇供求情况以及国际主要货币汇率变化向中国外汇交易中心提供中间价报价，中国人民银行授权中国外汇交易中心公布当日人民币中间价。2015 年 8 月 11 日银行间外汇市场人民币汇率中间价为 1 美元兑人民币 6.2298 元，较上一交易日大涨 1136 个基点，人民币兑美元汇率中间价贬值 1.8%。由此引发国内汇率和离岸汇率市场大幅波动，当周人民币国内汇率和离岸汇率分别贬值 2000 和 2500 基点左右，两者的汇率差额也拉宽至 500 基点。

61.5.4 离岸市场人民币即期汇率波动性比较

图 61-1 和图 61-2 显示，2011 年以来境内外人民币对美元汇率相近，可能给人一种两个市场相近的感觉，实际不然。外汇市场很重要的参数之一是波动性。利用图 61-1 给出的数据计算显示，2010 年 10 月到 2015 年 3 月，离岸市场人民币即期汇率的波动率绝大多数时间高于国内人民币即期汇率，前者平均比后者高出 31.2%。较高的市场波动率是离岸人民币市场活跃的重要原因。2015 年 4 月至 6 月，境外汇率与国内汇率的波动率较为接近，而 2015 年 7 月以后境外汇率的波动性重新加大，7 月至今离岸汇率较国内汇率平均波动率高出 118.2%，显示在央行改革汇率中间价定价前，离岸市场对人民币汇率的分歧逐渐加大，汇率波动性大幅提高。

61.5.5 离岸市场人民币外汇即期市场的流动性

银行间市场数据通常难有系统而准确的，对于起步不久的离岸人民币市场更是如此，离岸人民币外汇市场日均成交量也不例外。第 59 章显示，反映货币国际化的最简洁而且准确的指标是其在全球外汇市场的流动性，因此我们用很大的精力挖掘各种数据判断境外人民币市场流动性，目的是要找到合理数据，进而判断人民币国家化程度提高的准确程度。

61.5.5.1 香港特区公布的香港人民币外汇日均成交金额

据统计，2012 年 4 月，香港离岸人民币市场即期日均成交额约为 20 亿元人民币。2013 年离岸人民币即期市场活跃度不断上升。2013 年上半年，香港离岸人民币市场即期日均成交约 60 亿元人民币（根据香港毅联汇业经纪公司（TPS‐ICAP）、德利万邦经纪公司（TULLETTS）、GFI 经纪公司、中诚国际经纪公司（BGC）、溢胜亚洲经纪公司（NITTAN）五家经纪公司的统计），相当于 10 亿美元。而根据香港金管局 2013 年 2 月公布的数据（Chan，2013），截至 2013 年 2 月，香港人民币即期和远期在内日均成交额达到了 50 亿美元，比上文经纪公司的相应数据高出 4 倍。

61.5.5.2　伦敦金融城公布的境外人民币外汇日均成交金额

基于伦敦在全球外汇市场的龙头地位，特别是英国对人民币国际化的重视，伦敦金融城从 2012 年开始每半年公布一次伦敦和伦敦外境外人民币即期和人民币外汇等衍生产品日均成交金额数据。表 61‐2 给出了 2012 年到 2014 年半年和全年境外人民币外汇即期市场日均成交金额。表 61‐2 显示，2011 年到 2014 年，伦敦人民币外汇即期日均成交金额增长了 24.2 倍，年均复合增长率高达 193.3%；同期伦敦外境外人民币外汇即期增长了 16.9 倍，年均复合增长率为 161.5%；伦敦人民币外汇日均成交金额增长率不仅高于伦敦外，而且伦敦半年度日均成交金额同比增长率仍然处于加速的态势，而伦敦外却显示出减缓增长的趋势。因此，伦敦占整个境外人民币外汇即期的比重仍然在提高，2014 年下半年占比接近 3/4，2014 年全年占比略超过 2/3。

表 61‐2　半年和全年境外人民币外汇即期市场日均成交金额及增长率

单位：亿美元，%

时间	2012 年上半年	2012 年下半年	2013 年上半年	2013 年下半年	2014 年上半年	2014 年下半年	2011 年	2012 年	2013 年	2014 年
伦敦	16.9	33.0	48.2	63.1	144.9	222.2	7.3	25.0	55.6	183.5
同比增长率			184.7	91.2	200.8	251.9		243.3	122.9	229.8
环比增长率		95.2	45.9	31.1	129.4	53.4		243.3	122.9	229.8
伦敦外其他境外市场	11.8	22.9	34.9	52.6	104.9	75.9	5.1	17.3	43.7	90.4
同比增长率			196.7	129.2	200.8	44.3		243.3	152.0	106.7
环比增长率		95.2	52.0	50.8	99.5	−27.7		243.3	152.0	106.7
境外总和	28.7	55.9	83.0	115.7	249.7	298.0	12.3	42.2	99.4	273.9
同比增长率			189.7	106.8	200.8	157.6		243.3	134.9	175.7
环比增长率		95.2	48.4	39.4	115.9	19.3		243.3	134.9	175.7
伦敦/伦敦外其他境外市场	59.0	59.0	51.0	43.0	58.0	74.5	59.0	59.0	56.0	67.0

数据来源："伦敦人民币业务量 2014"（London RMB business volumes 2014）及之前的数据整理得出，伦敦金融城网站：www.cityoflundon.gov.uk/economicresearch。

61.5.5.3　伦敦和香港公布的境外人民币外汇交易数据差异

表61-2显示，2014年上半年以香港为主的伦敦外其他中心人民币外汇即期日均成交金额为104.9亿美元，比2013年下半年增长率不到1倍；2014年全年以香港为主的伦敦外其他中心人民币外汇即期日均成交金额为90.4亿美元，比2013年全年增长1倍略多些；而香港金管局（Chan，2014）的数据显示，2014年5月下旬，香港人民币即期和远期日均成交额在200亿美元到300亿美元之间，比2013年增长了多倍，与表61-2给出伦敦外其他境内境外市场增幅有显著的差异，我们在第25章还会进一步探讨伦敦金融城数据的相关问题。

61.6　离岸人民币外汇衍生产品市场流动性和外汇市场流动性

我们在第六篇分别介绍了境外人民币可交割外汇远期、外汇掉期、货币互换和外汇期权市场近年来的发展和日均成交金额。外汇衍生产品包括外汇远期、掉期、货币互换和外汇期权这四类产品。将这些章节的数据相加，我们即可获得近年来境外人民币外汇衍生产品的日均成交金额，表61-3给出了2012年到2014年半年和全年境外人民币外汇衍生产品和境外人民币外汇市场日均成交金额。

表61-3　　　　　　半年和全年境外人民币外汇衍生产品市场和
境外人民币外汇市场日均成交金额及增长率　单位：亿美元，%

时间	2012年上半年	2012年下半年	2013年上半年	2013年下半年	2014年上半年	2014年下半年	2011年	2012年	2013年	2014年
外汇衍生产品										
伦敦	38.4	66.1	107.4	154.6	279.3	331.5	17.9	52.2	131.0	305.4
同比增长率			180.1	134.1	160.0	114.3		191.1	151.0	133.1
环比增长率		72.2	62.6	44.0	80.6	18.7		191.1	151.0	133.1
伦敦外其他境外市场	70.1	116.4	165.1	287.5	521.1	552.7	32.1	93.3	226.3	536.9
同比增长率			135.5	147.0	215.6	92.2		190.8	142.7	137.2
环比增长率		66.0	41.8	74.1	81.2	6.1		190.8	142.7	137.2
境外总和	108.5	182.5	272.5	442.2	800.4	884.2	50.0	145.5	357.4	842.3
同比增长率			151.2	142.3	193.3	100.0		190.9	145.7	135.7
环比增长率		68.2	49.4	62.2	81.0	10.5		190.9	145.7	135.7
伦敦/境外总和	35.4	36.2	39.4	35.0	34.9	37.5	35.9	35.8	36.7	36.3

续表

时间	2012年上半年	2012年下半年	2013年上半年	2013年下半年	2014年上半年	2014年下半年	2011年	2012年	2013年	2014年
外汇市场										
伦敦	55.3	99.1	155.6	217.8	424.2	553.6	25.2	77.2	186.7	488.9
同比增长率			181.5	119.8	172.6	154.2		206.2	141.9	161.9
环比增长率		79.3	57.0	40.0	94.8	30.5		206.2	141.9	161.9
伦敦外其他境外市场	81.9	139.4	200.0	340.1	626.0	628.6	37.1	110.6	270.0	627.3
同比增长率			144.3	144.1	213.0	84.8		197.9	144.1	132.3
环比增长率		70.2	43.5	70.1	84.1	0.4		197.9	144.1	132.3
境外总和	137.1	238.4	355.5	557.9	1050.1	1182.2	62.3	187.8	456.7	1116.2
同比增长率			159.3	134.0	195.4	111.9		201.3	143.2	144.4
环比增长率		73.9	49.1	56.9	88.2	12.6		201.3	143.2	144.4
伦敦/境外总和	40.3	41.5	43.8	39.0	40.4	46.8	40.4	41.1	40.9	43.8

数据来源：同表61-2。

61.6.1 境外人民币外汇衍生产品

表61-3显示，2011年到2014年，伦敦人民币外汇衍生产品日均成交金额增长了16.0倍，年均复合增长率高达157.3%；同期伦敦外境外人民币外汇衍生产品日均成交金额增长了15.7倍，年均复合增长率155.8%；伦敦人民币外汇衍生产品日均成交金额增长率仅略高于伦敦外境外人民币市场，伦敦人民币外汇衍生产品日均成交金额占整个境外人民币外汇衍生产品的份额保持在36%上下，没有多大的变化；伦敦和伦敦外人民币外汇衍生产品市场日均成交金额虽然仍然保持了三位数的复合年均增长率，单是增长率出现了逐渐减缓的势头。

61.6.2 境外人民币外汇市场日均成交金额

表56-1给出的国际清算银行的外汇日均成交金额数据实际上是包括外汇即期日均成交金额和外汇衍生产品日均成交金额。因此，将表61-3给出的外汇衍生产品日均成交金额加上表61-2给出的外汇即期日均成交金额，我们即可获得2012年到2014年半年和全年境外人民币外汇市场日均成交金额，表61-2给出了相应的结果。表61-3显示，2011年到2014年，伦敦人民币外汇日均成交金额增长了18.4倍，年均复合增长率高达168.7%；同期伦敦外境外人民币外汇日均成交金额增长了15.9倍，年均复合增长率156.6%；伦敦人民币外

汇日均成交金额占整个境外人民币外汇市场的份额从 40.4% 提高到了 43.8%。

61.7 有人民币清算协议安排的境外人民币中心在全球的分布

人民币清算是境外人民币业务的基础。自 2010 年 7 月人民银行首次与香港人民币业务清算行中国银行（香港）有限公司在香港签署了新修订的《香港银行人民币业务的清算协议》后，中国人民银行与近二十个国家和地区分别签订了类似的人民币业务清算协议，为这些国家和地区人民币中心的建立和发展打下了基础。表 61 – 4 给出了 2010 年以来不同国家和地区人民币清算行安排及相应的时间。

表 61 – 4 　　　　　　　　　　境外人民币清算行一览表

国家或地区	清算行	清算银行	日期
中国香港	香港人民币业务清算行	中国银行（香港）有限公司	2010/7/19
中国澳门	澳门人民币业务清算行	中国银行澳门分行	2012/9/24
中国台湾	台湾人民币业务清算行	中国银行台北分行	2012/12/11
新加坡	新加坡人民币业务清算行	中国工商银行新加坡分行	2013/2/8
英国	伦敦人民币业务清算行	中国建设银行（伦敦）有限公司	2014/6/18
德国	法兰克福人民币业务清算行	中国银行法兰克福分行	2014/6/19
韩国	首尔人民币业务清算行	交通银行首尔分行	2014/7/4
法国	巴黎人民币业务清算行	中国银行巴黎分行	2014/9/15
卢森堡	卢森堡人民币业务清算行	中国工商银行卢森堡分行	2014/9/16
卡塔尔	多哈人民币业务清算行	中国工商银行多哈分行	2014/11/4
加拿大	多伦多人民币业务清算行	中国工商银行（加拿大）有限公司	2014/11/9
澳大利亚	悉尼人民币业务清算行	中国银行悉尼分行	2014/11/18
马来西亚	吉隆坡人民币业务清算行	中国银行（马来西亚）有限公司	2015/1/5
泰国	曼谷人民币业务清算行	中国工商银行（泰国）有限公司	2015/1/6
智利	智利人民币业务清算行	中国建设银行智利分行	2015/5/25
匈牙利	匈牙利人民币业务清算行	匈牙利中国银行	2015/6/28
南非	南非人民币业务清算行	中国银行约翰内斯堡分行	2015/7/7
阿根廷	阿根廷人民币业务清算行	中国工商银行（阿根廷）股份有限公司	2015/9/18
赞比亚	赞比亚人民币业务清算行	赞比亚中国银行	2015/9/30

资料来源：新华社　中国金融信息网《人民币国际化月报》，2015 年第 8 期。

清算是所有金融业务的基础，没有人民币清算安排的境外人民币中心大多发展会有各种障碍。表 61-4 显示，人民币清算安排越早的国家和地区人民币业务规模较大，人民币境外支付占比就越高。表 61-4 同时显示，中国银行在境外 19 个人民币清算行中占有 10 个，工商银行有 6 个，建设银行有 2 个，交通银行有 1 个。随着境外人民币需求的增加，今后几年境外清算行也将随之迅速增加，对推动境外人民币中心的发展发挥重要的作用。

中国人民银行 2015 年 6 月 3 日发布通知称，已获准进入银行间债券市场的境外人民币业务清算行和境外参加银行可开展债券回购交易，包括债券质押式回购交易和债券买断式回购交易。其中，正回购的融资余额不高于所持债券余额的 100%，且回购资金可调出境外使用。通知指出，境外人民币业务清算行，是指经中国人民银行授权，在已建立境外人民币清算安排的境外地区开展人民币清算业务的机构；境外参加银行（是指根据有关规定开展跨境人民币结算业务的境外商业银行（中国银行，《伦敦离岸人民币市场月报》，2015 年 1 月，总第 25 期）。这些新的业务安排将进一步活跃境外人民币清算行的业务。

61.8　境外人民币外汇交易金额在主要境外人民币中心的分布

我们在第 60 章介绍了二十多个境外人民币中心及主要境外人民币跨境支付比重，本节简单介绍境外主要人民币中心人民币外汇交易的分布。

61.8.1　2014 年境外人民币外汇交易金额在主要境外人民币中心的分布

境外人民币中心人民币交易活跃度是其国际地位的重要衡量指标。根据路透社统计，2014 年外汇电子交易平台上的人民币交易量呈现 350% 的增长（中国银行，《伦敦离岸人民币市场月报》，2015 年 1 月，总第 25 期）。截至 2014 年 12 月底，全英 2014 年度累计离岸人民币交易占全球 44%，香港作为全球最大的离岸人民币中心占 40%。图 61-3 给出了截至 2014 年年底全球人民币交易最大的四个中心人民币交易量占比分布。图 61-3 显示，作为全球仅次于香港的境外第二大人民币支付中心，2014 年新加坡人民币交易量占比 9%，排名第三；至今仍未与我国签订人民币货币互换协议和人民币清算安排的美国，2014 年人民币交易量占全球比例 4%，排名第四。

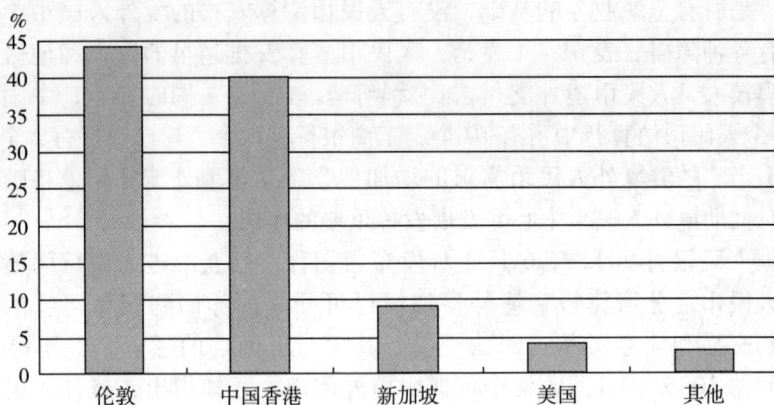

数据来源：路透。

图 61 – 3　2014 年境外人民币外汇交易金额在主要境外人民币中心的分布

61.8.2　2015 年境外人民币外汇交易金额在香港外主要人民币中心的分布

环球同业银行金融电信协会（SWIFT）2012 年 6 月到 2015 年 9 月公布的数据显示，2015 年 8 月境外人民币外汇成交金额比 2015 年 7 月增长了 20% 以上，比 2014 年 8 月增长了 50% 以上。图 61 – 4 给出了 2015 年 8 月除香港特区外的其他 5 个境外人民币中心人民币外汇交易金额占比。

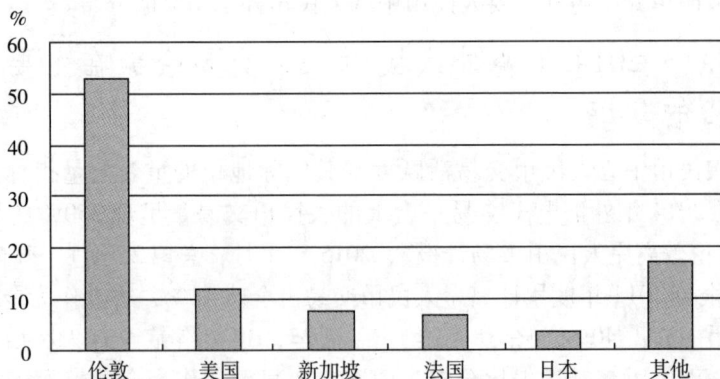

数据来源：环球同业银行金融电信协会（SWIFT）2012 年 6 月到 2015 年 9 月公布的数据整理得出。

图 61 – 4　2015 年 8 月香港外的其他境外人民币中心人民币外汇交易金额占比

图 61 – 4 显示，2015 年 8 月伦敦为境外香港外最大的人民币外汇交易国家，占比高达 53.1%，显示伦敦在境外人民币外汇市场的重要性；美国虽然至今未

有人民币清算安排而且也未与我国签订人民币货币互换协议，然而美国人民币外汇交易占比高达11.9%，比境外中国香港外最大的人民币支付中心新加坡的外汇交易占比7.7%高出4.2%，显示美国人民币外汇交易的重要性；新加坡虽然在境外人民币支付占比高于伦敦，但是其人民币外汇交易占比却显著低于伦敦和美国，排名第3；虽然法国人民币中心占境外人民币支付比重排名低于中国台湾、韩国和澳大利亚（表60-5），然而其在境外人民币外汇交易方面却排在中国台湾、韩国和澳大利亚之前，仅次于英国、美国和新加坡，排名第4；虽然日本的境外人民币支付排名仅为第10（表60-5），然而日本占境外人民币外汇交易的比重却排名第5。

在未与我国签订人民币外汇互换协议，而且未与中国人民银行有人民币清算安排的条件下，美国和日本人民币外汇交易分别排名第2和第5确实不易，同时也显示美国和日本在境外人民币业务方面的巨大潜力。

61.9　人民币无本金交割产品的弱化

伦敦金融城2015年7月公布的《伦敦2014年人民币业务数据》显示，2011年到2014年伦敦人民币可交割外汇日均成交金额增长了18.32倍，同期伦敦人民币无本金交割产品日均成交金额仅增长了0.56亿美元，显示境外人民币可交割产品高速增长的同时，人民币无本金交割产品增长乏力；2011年伦敦人民币可交割产品日均成交金额25.3亿美元，不到同期人民币无本金交割产品日均成交金额80.93亿美元的三分之一，2013年上半年伦敦人民币可交割产品日均成交金额155.58亿美元，首次超过了同期人民币无本金交割产品日均成交金额67.6亿美元；2014年伦敦人民币可交割产品日均成交金额488.89亿美元，超过同期伦敦人民币无本金交割产品日均成交金额126.21亿美元近3倍，显示可交割交易大幅度增长的同时无本金交割产品交易却在显著下降。

星展银行2013年发布的研究报告（DBS Group Research，4 February，2013）指出，境外人民币远期进一步取代无本金交割远期的趋势将加速，其原因主要有以下几点：首先，CNH作为人民币现货，可直接用于交割外汇和本币产品，随着越来越多人民币计价产品的推出，人民币将被更加广泛地使用和兑换，用于投资和支付；而NDF作为无本金交割的货币期货难以满足此要求，尤其是对希望持有人民币获得货币收益的投资者。其次，随着离岸人民币清算机制的不断完善，人民币清算规模已达到初期的几倍。香港金管局对人民币净头寸和流动比率的放松，有力地维护了人民币流动性的长期稳定，从而鼓励更多的企业客户、个人客户进行人民币投资和使用。

61.10 境内外人民币汇率和远期汇率的相互引导关系

比较第 23 章和第 37 章境内外人民币远期汇率的变化，可以容易地发现，由于国内人民币外汇远期结售汇市场流动性较低和国内人民币汇率和利率市场程度有待提高，2002 年境外人民币升值压力产生后一年左右的时间，境外人民币升值压力就通过人民币远期结售汇市场传到了国内。第 50 章十多年对境内外人民币汇率和远期汇率进行了实证研究，结果显示，2010 年境外人民币外汇市场建立之前，境外人民币无本金交割汇率一直是影响国内人民币外汇远期汇率的主要因素；2010 年到 2013 年，境外人民币可交割市场仍然处于初期阶段，流动性相对较低，境外人民币无本金交割远期仍然在境外人民币外汇市场发挥着重要的定价作用；然而 2013 年以来，随着境外人民币可交割远期市场取代无本金交割市场，成为境外人民币外汇市场的主流后，境外人民币可交割远期的定价功能超过了相应的人民币无本金交割远期，成为境外人民币外汇远期的主要定价工具。

由于国内人民币外汇远期市场流动性比境外人民币可交割远期市场要低很多，因此国内人民币外汇远期的定价功能仍远低于境外市场。只有国内市场流动性达到或超过境外，人民币外汇市场的定价权才能真正回到国内。

61.11 境外人民币中心今后的发展趋势

随着境外人民币市场的持续发展，发展境外人民币存贷业务外的其他更多的产品和服务将是境外人民币市场的方向。要使离岸市场人民币中介服务变得更为普遍，特别是使非中国居民更愿意借贷人民币，还有很多方面的工作需要准备，市场效率需要通过创新和不同市场参与者更为积极地参与加以提高，境外人民币市场的深度和广度也需不断开拓。

61.11.1 香港中心向其他境外人民币中心的辐射

第 60 章显示，香港占人民币跨境支付比重仍然高达 8 成左右，所有其他境外人民币中心仍然难以与香港比拟；香港人民币存款显著超过其他境外人民币中心。境外人民币存款是所有人民币业务的基础，因此香港仍然是境外人民币中心的龙头。2010 年香港对境外人民币应付和应收款项分别仅为 196 亿元和 109 亿元，而 2011 年分别增长到了 1217 亿元和 1214 亿元，2013 年进一步增长到了 1660 亿元和 1645 亿元，2014 年又分别增长到了 1452 亿元和

1933亿元，显示香港人民币应收付款项大幅度上升，与其他境外人民币业务的合作显著提高。

61.11.2 伦敦人民币市场的引领作用

伦敦多年来是全球外汇中心，占全球外汇市场成交金额比重超过四成。表61－2和表61－3显示，2014年伦敦人民币外汇即期日均成交金额占整个境外人民币外汇即期市场份额已经超过了三分之二，伦敦人民币外汇日均成交金额占整个境外人民币市场份额从2013年的40.9%提高到了2014年的43.8%，显示伦敦人民币市场的重要性在提升。

伦敦在美元和欧元国际化进程中发挥着至关重要的作用。在伦敦清算的美元多于在美国本土清算的美元，在伦敦清算的欧元多于在欧元区清算的欧元总额。就人民币业务来说，图61－3显示，2014年伦敦离岸人民币交易量已超越香港，占全球44%，比香港占比40%高出4%（中国银行《伦敦离岸人民币市场月报》，2015年5/6月，总第28期）。英国政府对人民币国际化潜能的认识和重视使得伦敦在今后多年整个境外人民币市场的作用将更加显著地发挥，对整个境外人民币市场将起到引领作用。

61.11.3 离岸人民币资本市场的发展需求

离岸人民币市场的进一步发展需要离岸人民币资本市场的发展。香港点心债市场有了可喜的发展，然而需要发行机构和投资者双双拓宽渠道。另外，债券期限和种类需要增加，以满足发行者融资的要求和投资者的需求；财政部定期发行境外人民币债券会对境外人民币基准利率曲线的形成发挥作用。本节主要内容引用了（Yue，2013）。

61.11.4 中德交易所将共建离岸人民币金融工具交易平台

根据协议，合资公司将定名为"中欧国际交易所股份有限公司"，上交所、中金所和德意志交易所集团将按40%、20%和40%的比例分别持有新公司股权。合资公司的主要职能是研发和上市交易以离岸人民币计价的证券和衍生产品。新公司将在德国法兰克福注册成立，计划于2015年第四季度正式投入运作（新华社 中国金融信息网《人民币国际化月报》，2015年第4期）。

61.11.5 离岸人民币资本市场发展的新模式

法国当地时间2015年6月30日下午，中国工商银行与泛欧交易所在巴黎签署了总金额达30亿欧元的战略合作协议。根据协议，工商银行将与泛欧交易所在欧洲资本市场开展相关业务，特别是境外人民币债券、首次公开发行、人民币全球存托凭证、合格境外机构投资者及人民币合格境外投资者等业务领域开展深度合作，将进一步丰富离岸人民币投资品种，对人民币的跨境使用和中国资本市场的对外开放发挥积极的促进作用（新华社《人民币国际化月报》，2015年9月，总第8期）。

61.11.6　离岸人民币产品将更加丰富

在资本账户限制不断放开的条件下，1~2年内离岸人民币产品会出现快速增加。特别是跨境资本流动渠道大大加宽，例如沪港通、深港通和中港基金互认等，在保有一定程度风险可控的前提下，打通境内外资本市场，实现人民币全球范围内有序循环，使人民币走得出，回得来。离岸人民币资本市场今后还会有新的模式和产品出现，市场将更加丰富和活跃。

61.12　2015年主要国家和地区银行业境外资产和负债及占比比较

银行是全球金融市场，特别是跨境市场的重要参与者。在介绍2015年我国银行业境外资产和负债情况前，我们需要对全球主要国家和地区跨境资产和负债有情况有一定的了解，从而才能比较我国银行业跨境业务和推动人民币国际化进程中的作用。表61-5给出了2015年第三季度末全球主要国家和地区银行业和总跨境资产和负债规模和占这些国家和地区总跨境资产、负债和净资产及相关比重比较。

表61-5　　2015年第三季度末主要国家和地区银行业和总跨境资产、
负债和净资产及占比比较　　　　单位：万亿美元，%

国家或地区	银行资产	银行负债	银行权益	总资产	总负债	总权益	银行资产占总资产比例	银行负债占总负债比例	银行权益占总权益比例
美国	1.86	2.75	-0.89	3.12	4.03	-0.908	59.7	68.2	97.5
欧元区*	4.30	3.25	1.06	7.78	6.69	1.091	55.3	48.5	97.1
英国	2.31	2.28	0.03	4.49	3.82	0.676	51.5	59.8	4.8
日本	0.95	0.99	-0.03	3.13	1.21	1.920	30.5	81.7	-1.6
加拿大	0.24	0.21	0.03	0.46	0.39	0.070	51.8	53.8	40.6
澳大利亚	0.30	0.57	-0.28	0.44	0.68	-0.235	67.1	84.5	117.5
瑞士	0.52	0.36	0.16	0.86	0.83	0.035	60.2	43.2	470.1
瑞典	0.33	0.22	0.12	0.45	0.27	0.178	74.4	81.1	64.5

国家或地区	银行资产	银行负债	银行权益	总资产	总负债	总权益	银行资产占总资产比例	银行负债占总负债比例	银行权益占总权益比例
挪威	0.10	0.14	-0.03	0.18	0.22	-0.045	58.9	62.2	75.6
丹麦	0.15	0.14	0.01	0.23	0.18	0.044	65.1	76.3	19.0
韩国	0.09	0.19	-0.10	0.22	0.26	-0.032	40.7	74.9	318.1
新加坡	0.35	0.47	-0.12	0.72	0.71	0.016	48.1	66.3	-764.8
中国香港	0.82	0.65	0.17	1.27	1.02	0.253	64.7	64.0	67.6
中国澳门	0.06	0.05	0.01	0.11	0.08	0.030	51.5	59.2	29.9
中国台湾	0.18	0.12	0.06	0.36	0.20	0.160	50.2	59.3	38.7
开满群岛	0.96	0.80	0.16	1.30	1.31	-0.010	73.7	60.7	-1587.3
印度	0.01	0.02	-0.01	0.04	0.14	-0.099	33.8	16.5	9.0
巴西	0.08	0.14	-0.06	0.09	0.15	-0.063	96.4	96.8	97.3
印尼	0.15	0.31	-0.15	0.16	0.04	0.127	95.1	866.5	-119.1
墨西哥	0.01	0.02	-0.01	0.02	0.02	-0.004	62.7	84.2	168.3
土耳其	0.03	0.11	-0.09	0.03	0.13	-0.097	82.6	87.0	88.4
南非	0.03	0.03	0.00	0.05	0.04	0.010	69.3	77.1	37.8
中国大陆*	0.72	0.94	-0.22	6.22	4.62	1.596	11.6	20.4	-13.9
合计	15.00	14.51	0.50	27.36	24.14	3.224	54.8	60.1	15.4
16 个发达国家和地区合计	13.53	13.17	0.36	25.13	21.88	3.244	53.9	60.2	11.2
7 个发展中国家合计	1.04	1.57	-0.53	6.61	5.14	1.470	15.8	30.7	-36.2
中国大陆外 6 个发展中国家合计	0.32	0.63	-0.31	0.39	0.51	-0.126	83.0	123.0	246.0

数据来源：国际清算银行网站，www.bis.org 公布的 2015 年三季度末的地域跨境银行数据；欧元区数据为德国、法国、意大利、奥地利、希腊、卢森堡、西班牙、葡萄牙、芬兰、比利时、爱尔兰和塞浦路斯等 12 个欧元区国家数据总和；中国大陆数据为国家外汇管理局首次公布的 2015 年底的数据；合计数据不包括中国大陆在内的其他国家和地区总和。

61.12.1 主要国家和地区跨境资产、负债和权益比较

表 61-5 显示，虽然日本跨境总资产 3.13 万亿美元分别低于欧元区、中国大陆和英国总资产排名第 4，而且日本跨境总负债 1.21 万亿美元也低于欧元区、中国大陆、美国和英国排名第 5，然而日本跨境权益或净资产却高达 1.92 万亿美元，排名第 1；我国大陆跨境总资产和总负债皆仅次于欧元区，排名第 2，净资产也排名第 2；欧元区总资产和总负债皆排名全球第 1，而净资产却低于日本

和我国大陆排名第3；英国境外总资产和总负债分别排名第3和第4，净资产也排名第4；16个发达国家和地区境外总资产和总负债分别占全球91.8%和90.7%，净资产合计占全球合计净资产3.22万亿美元的100.6%（合计净资产3.22万亿为不包括中国大陆数据），显示发达国家在全球跨境资产中的绝对领先地位；中国大陆外其他六个主要发展中国家境外总资产和总负债占合计的比重分别仅为1.4%和2.1%，净资产合计占全球合计比重为－3.9%，显示中国大陆外主要发展中国家在全球跨境资产中的地位仍然非常低。我们下文还会专门比较我国在全球跨境资产中的地位。

61.12.2　主要国家和地区银行跨境资产、负债和权益比较

表61－5也显示，欧元区银行业跨境资产、负债和净资产皆排名全球第1，其中德国银行业境外资产和负债虽然皆低于英国和美国，但是其银行业境外净资产却高达6378亿美元，占欧元区跨境净资产比重高达60.2%；英国银行业境外资产超过美国，排民第2，英国银行负债排名第3，而英国银行业跨境净资产却仅为326亿美元，不到香港地区银行业净资产0.17万亿美元的五分之一；16个发达国家和地区银行业跨境总资产和总负债分别占全球90.2%和90.8%，净资产合计占全球73.2%，显示发达国家在全球银行跨境资产中的领先地位；中国大陆外其他六个主要发展中国家银行业跨境总资产和总负债占世界的比重分别仅为2.1%和4.4%，净资产合计占世界比重为－62.6%，显示中国大陆外主要发展中国家银行业在全球银行业跨境资产中的地位仍然非常低。

61.12.3　主要国家和地区银行业跨境资产、负债和权益占比比较

表61－5显示，美国银行业跨境资产和负债占美国总跨境资产和负债比重分别高达59.7%和68.2%，净资产或权益占比竟高达97.5%，显示美国银行业跨境业务在整个美国跨境业务的重要地位；欧元区银行业跨境资产和负债占其总跨境资产和负债比重分别高达55.3%和48.5%，净资产占比竟高达97.1%，显示欧元区银行业跨境业务在整个欧元区跨境业务的重要地位；英国银行业跨境资产和负债占其总跨境资产和负债比重分别高达51.5%和59.8%，净资产占比却仅为4.8%；日本银行业跨境资产和负债占其总跨境资产和负债比重分别为30.5%和81.7%，净资产占比却为－1.6%；16个发达国家和地区银行业总资产和总负债占其总资产和总负债比重分别高达53.9%和60.2%，显示发达国家和地区银行业在其境外投资活动中的重要地位；而除中国大陆外6个发展中国家银行业总资产和总负债占其总资产和总负债比重分别高达83.0%和123%，银行

业总权益占比也高达 246.0%，显示其他发展中国家银行业在其境外投资活动中的地位更高。我们下文会专门讨论和比较我国银行业相应的情况。

61.13　我国银行业境外资产、负债和净资产及国际比较

银行业是本币国际化的主要推动者，同时也是本币国际化的最大受益者。我们在第 5 章介绍了我国主要银行近年来"走出去"的主要举措和成绩，然而从这些举措和成绩还难以准确表明我国银行业近年来国际化程度的提升程度及国际比较。银行业境外资产、负债和利润占总资产和利润的比例能更好地反映出银行业国际化水平的提高程度。本节简单介绍近年来我国银行业境外资产、负债和我国银行业境外人民币资产和负债及国际比较。

61.13.1　近年来我国大型银行境外资产和利润占比

利用 2013 年和 2014 年我国 5 个大型银行报表数据，我们可以计算出 2013 年到 2014 年工商银行、建设银行、农业银行、中国银行和交通银行境外资产占总资产比例分别从 6.8%、4.6%、2.5%、27.7% 和 8.7% 提高到了 7.0%、5.6%、3.3%、29.6% 和 9.8%，显示我国大型银行国际化程度皆有不同程度的提高，五大行总境外资产占比从 9.8% 提高到了 10.7%；2013 年到 2014 年前四大行境外利润占总利润比例分别从 4.1%、1.3%、1.0% 和 19.3% 提高到了 5.1%、2.0%、1.4% 和 22.8%，四大行境外总利润占境内外总利润比重从 5.8% 提高到了 7.1%，同样显示我国主要四大银行国际化程度皆有不同程度的提高。仔细分析如上境外资产和利润占比我们发现，2013 年到 2014 年我国主要银行国际化程度略有提高外，这些银行境外利润占比却显著低于其境外资产占比，显示我国主要银行境外竞争力仍然有待显著提高。

61.13.2　2015 年我国银行业境外资产和负债情况介绍

2016 年 3 月 31 日，国家外汇管理局首次发布了中国银行业（不包含中央银行，以下简称银行业）对外金融资产负债数据。实际上，2015 年底，国家外汇管理局致函国际清算银行确认中国正式加入国际银行业统计（International Banking Statistics，简称 IBS），参加 IBS 是二十国集团数据缺口动议之一。IBS 统计原则与国际货币基金组织的《国际收支和国际投资头寸手册》（第六版）一致。外汇局公布的中国银行业对外金融资产负债数据按照 IBS 要求编制，公布频率为季度（国家外汇管理局网站，2016 年 3 月 31 日）。这样我们有了我国银行业与国际银行业可比较的数据，为我们判断我国银行业国际化进展提供了难得的数据。

61.13.2.1　2015 年我国银行业境外资产和负债规模及占比

根据国际外汇管理局公布的数据，2015 年 12 月末，我国银行业对外金融资产 7216 亿美元，对外负债 9437 亿美元，对外净资产 -2221 亿美元，占同期我国银行业总资产、总负债和总净资产比重分别为 0.36%、0.51% 和 -1.46%，显示我国银行业境外资产规模仍然显著低于该年人民币外汇交易的国际占比，同时境外负债过高导致境外负资产规模可观。这些数据表明我国银行业的国际化程度比国内人民币外汇市场的发展程度还要低，离人民币国际化的要求还有巨大的差距。

61.13.2.2　2015 年我国银行业境外资产和负债的货币构成

根据国际外汇管理局公布的数据，2015 年 12 月末，我国银行业境外资产中有人民币资产 579 亿美元，美元资产 5285 亿美元，其他币种资产 1352 亿美元，分别占比 8%、73% 和 19%（国际外汇管理局网站，2016 年 3 月 31 日），人民币资产占比明显过低；我国境外总负债 9437 亿美元中人民币负债 4362 亿美元，美元负债 2298 亿美元，其他币种负债 2777 亿美元，分别占比 46%、24% 和 29%；我国银行业境外净负债 2221 亿美元中，人民币净负债 3783 亿美元，外币净资产 1562 亿美元，显示我国银行业境外人民币业务仍出初期发展期，人民币负债显著超过人民币资产。

61.13.2.3　2015 年我国银行业境外资产和负债占同年我国境外总资产和负债比重

利用如上国家外汇管理局公布的 2015 年末我国银行业境外资产相关数据和同日国家外汇管理局公布的同期我国境外资产相关数据，我们可以计算出 2015 年底我国银行业境外总资产、总负债和总权益占同期我国境外总资产、总负债和总权益的比重分别仅为 11.6%、20.4% 和 -13.9%，不仅显著低于表 61-5 给出的主要发达国家和地区相应的占比，而且也显著低于其他发展中国银行业相应的占比，显示我国银行业在我国境外资产经营中的地位仍然过低，我国银行业境外负债比重接近资产占比的一倍，同时银行业境外经营效率仍然过低，有待显著提高。

61.13.3　2015 年我国银行业境外资产相关占比与外资银行在国内相关占比比较

利用表 5-2 和表 5-3 给出的相关数据，我们可以计算出 2015 年外资银行在我国的资产、负债和权益占我国银行的比重分别为 1.34%、1.27% 和 2.31%，显著高于我国银行业境外资产占我国银行业的相应比例 0.36%、0.51% 和 -1.46%，显示我国银行业"走出去"与外资银行"走进来"的程度还相差甚远，离人民币国际化的要求仍有巨大的距离。

61.14　我国银行业跨境资产、负债和净资产的国际比较

有了表 61-5 给出的主要发达国家和地区和主要发展中国银行业境外资产、负债和权益及相关占比数据和上文我国银行业相关数据，我们就可容易地比较我国银行业境外业务与其他国家和地区相关情况。

61.14.1　我国银行业境外资产、负债和净资产及占比与发达国家和地区总体比较

表 61-5 显示，16 个发达国家和地区银行业跨境资产、负债和净资产占其总资产和负债比重分别高达 53.9%、60.2% 和 11.2%，分别比我国银行业相应的占比却分别仅为 11.6%、20.4% 和 -13.9% 高出 3.6 倍、1.9 倍和 1.8 倍，显示我国银行业境外业务的开展与发达国家和地区总体仍有着巨大的差距；特别值得关注的是我国银行业镜子净资产占我国总境外净资产比重 -13.9%，显示我银行业境外业务的经营效率需要显著提高，在人民币国际化的推动过程中仍有待发挥更大的作用。

61.14.2　我国银行业境外资产、负债和净资产及占比与其他发展中国家总体比较

表 61-5 也显示，虽然我国大陆外的其他 6 个发展中国家跨境总资产 0.39 万亿美元和总负债 0.51 万亿美元仍然很低，仅占全球比重分别仅为 1.4% 和 2.1%，在全球市场几乎没有多少影响力；这些国家银行业跨境总资产和总负债规模的世界占比也分别仅为 2.1% 和 4.4%，而且该 6 个国家除印尼和南非略有点境外净资产外，印度、巴西、墨西哥和土耳其境外净资产皆为负资产；同时该 6 国除南非银行业有 37 亿跨境净资产外，其他 5 国银行业跨境净资产皆为负资产。尽管如此，这些国家银行业跨境资产和负债占其总资产和负债比重分别高达 83.0% 和 123.0%，分别比我国银行业相应的比重 11.6% 和 20.4% 高出 6.1 倍和 5.0 倍，显示该 6 国银行业境外业务为其国家的主力军，比我国银行业的作用要大很多，显示我银行业在人民币国际化的推动过程中仍有待发挥更大的作用。

61.14.3　我国银行业境外资产和负债与美国银行业的比较

表 61-5 显示，美国银行业跨境净资产高达 -0.89 万亿美元，占美国总跨境净资产 -0.91 万亿美元的 97.5%，显示美国银行业境外高负债经营的明显特征，同时美国银行业跨境资产和负债占美国总跨境比重分别高达 59.7% 和

68.2%，分别比我国大陆银行业相应的比重 11.6% 和 20.4% 高出 4.1 倍和 2.3 倍，显示我国大陆银行业跨境业务需要显著提高。

61.14.4 我国银行业境外资产和负债与日本银行业的比较

日本银行业境外业务与我国有更好的可比性。表 61 - 5 显示，日本银行业跨境净资产 - 310 亿美元，占日本总跨境净资产 1.92 万亿美元的比重仅为 - 1.6%，比我国相应的比重 - 13.9% 要高很多，同时日本银行业跨境资产和负债占日本总跨境比重分别高达 30.5% 和 81.7%，分别比我国大陆银行业相应的比重 11.6% 和 20.4% 高出 1.6 倍和 3.9 倍，显示我国银行业跨境业务与日本银行业仍有明显的差距。另外，利用表日本央行最新公布的 2015 年日本国际投资头寸相关数据，2015 年日本银行业国际投资资产、负债和净资产占日本国际投资资产、负债和净资产的比重分别为 23.0%、27.9% 和 14.6%，分别比我国银行业要高出很多，显示我国银行业"走出去"的程度有待显著提高。

61.14.5 我国大陆银行业境外资产和负债与港澳台三地银行业的比较

表 61 - 5 给出的香港地区、澳门地区和台湾地区银行业跨境数据和上文给出的我国大陆相关数据使得我们能够比较大陆和三地的情况。表 61 - 5 显示，香港地区银行业跨境资产和负债占其总跨境资产和负债比重分别高达 64.7% 和 64.0%，分别比大陆银行业相应的比重 11.6% 和 20.4% 高出 4.6 倍和 2.1 倍，银行业跨境净资产占其总跨境净资产比重也高达 67.6%，显示香港地区银行业的重要作用；另外香港跨境净资产 0.25 万亿美元，仅低于日本、中国大陆、欧元区和英国，排名第 5，显示香港在全球金融业的重要作用及对人民币国际化推动的潜能；另外澳门和台湾地区银行业跨境资产和负债占其总跨境资产和负债比重也都超过 50%，银行业跨境净资产占其总净资产比重也高达 30% 上下，显示该两地区银行业在今后人民币国际化推动过程中仍有显著的潜力可以挖掘。

61.15 国内银行间债券市场对外进一步开放

第 1 章显示，债券市场是全球金融市场最主要的组成部分，因此债券市场的国际化是债券本币国际化的重要内容。本节简单介绍国内债券市场近年来对外开放的进程和成绩。

61.15.1 境外金融机构金融国内银行间债券市场前期进展

为了配合跨境贸易人民币结算试点，拓宽人民币回流渠道，早在 2010 年 8 月，人民银行就发布了《关于境外人民币清算行等三类机构运用人民币投资银行间债券市场试点有关事宜的通知》（人民币银行网站，2010 年 8 月 17 日）。该通知所称境外人民币清算行等三类机构是指境外中央银行或货币当局，香港、澳门地区人民币业务清算行，和跨境贸易人民币结算境外参加银行。参加跨境服务贸易试点的其他境外金融机构运用人民币投资银行间债券市场，境外机构投资银行间债券市场的人民币资金应当为其依照有关规定开展央行货币合作、跨境贸易和投资人民币业务获得的人民币资金。境外机构参与国内债券市场是人民币国际化的必由之路，三类机构试点后其他类型机构金融国内债券市场也逐渐扩大。

61.15.2 合格境外机构投资者和人民币合格境外机构投资者进展

另外，第 6 章和第 7 章介绍了几年来国内试点合格境外机构投资者（QFII）批准的情况。第 63 章附录表 4 显示，截止 2016 年 1 月 27 日，已有 279 家境外机构获得了总计 807.95 亿美元的投资额度。这些机构获批的在国内投资的额度实际上是可以投资国内银行间债券市场的；另外第 60 章也介绍了近年来国内人民币合格境外机构投资者（RQFII）的试点情况和批准额度。第 63 章附录表 6 显示，截止 2016 年 1 月 27 日，已有 157 家境外机构获得了总计 4698.25 亿元人民币的投资额度，这些资金实际上也可以投资该年银行间债券市场。

61.15.3 境外央行、国际机构和主权基金投资国内银行间债券市场

2010 年人民银行《关于境外人民币清算行等三类机构运用人民币投资银行间债券市场试点有关事宜的通知》后，关于境外机构投资于银行间市场的政策不断完善。2015 年 7 月，人行发布了《中国人民银行关于境外央行、国际金融组织、主权财富基金运用人民币投资银行间市场有关事宜的通知》，将申请程序简化为备案制，取消了对上述机构的额度限制，投资范围大幅扩展，并允许其自主选择人民银行或银行间市场结算代理人为其代理交易和结算（"中国人民银行关于境外央行、国际金融组织、主权财富基金运用人民币投资银行间市场有关事宜的通知"，人民银行网站，2015 年 7 月 14 日）。截止 2016 年 4 月 22 日，中央国债登记结算有限公司累计为 137 家境外央行在彭博等信息终端免费开通

了中债价格指标的权限，显示人行允许境外央行、国际金融组织、主权财富基金投资国内债券市场后半年多来境外机构进入国内债券市场的积极性较高。允许境外央行等金融国内债券市场对进一步活跃国内债券市场和推动人民币国际化发挥了可喜的作用。

61.15.4 境外机构在国内银行间债券市场的持有债券规模

经过了几年的试点和逐步完善，境外机构参与国内债券市场的程度逐年提高。截止 2014 年末，境外机构持有国内债券市场债券金额达到了 6000 亿元人民币左右，2015 年末比 2014 年末又增长了 10% 左右到 6600 亿元上下（根据中央国债结算结算有限公司《中债指数专家指导委员会第十二次会议参考资料》相关数据计算得出）。虽然国内银行间债券市场对外开放度越来越高，但境外机构参与国内债券市场的规模整体仍然偏低。截止 2015 年底，境外机构持有国内债券比重仅约为 1.72%（同上），明显低于第 55 章介绍的 2015 年 1 月到 2016 年 2 月人民币跨境支付的月均世界占比 2.2%，显示境外机构参与国内债券市场的规模仍有待显著提高，对活跃境外人民币债券市场仍有巨大的潜在作用。

61.15.5 境外机构在国内银行间债券市场发行债券

在持续对境外机构开放国内债券市场的同时，人民银行业也在逐步批准境外机构在国内债券市场发行人民币债券。2015 年 9 月，人民银行批复同意香港上海汇丰银行有限公司和中国银行（香港）有限公司在我国银行间债券市场分别发行 10 亿元和 100 亿元人民币金融债券，这是国际性商业银行首次获准在银行间债券市场发行人民币债券。（"香港上海汇丰银行有限公司和中国银行（香港）有限公司获准在银行间债券市场发行人民币债券"，人民银行网站，2015 年 9 月 22 日）。境外机构在国内债券市场发行人民币债券不仅会活跃国内人民币债券市场交易，而且同时也会活跃境外人民币债券市场的交易，对人民币国际化有着重要的推动作用。

61.16 本章总结

境外人民币市场近年来获得了飞速的发展，成为近年来推动人民币国际化的主要渠道。境外人民币市场近年来的快速发展当然与国内经贸的持续增长和金融开放密不可分，然而香港金管局一系列放松人民币相关监管的举措对香港人民币市场的活跃也功不可没。人民币相关监管限制的逐渐取消使得人民币相关业务监管与其他币种监管接近，对在港银行开展人民币提供了更多的空间和灵活性（Chan，2013）。

人民币的可兑换性及国内金融市场的深度和流动性是境外人民币市场持续发展的基础。然而近几年来境内外人民币业务发展迅速，而国内外汇市场和资本市场的发展速度却相对缓慢。境外人民币业务的快速增长带动人民币国际结算地位不断提高，多样化的离岸人民币产品备受关注，创新产品层出不穷，交易量逐年上升。境外人民币业务持续高速增长，特别是远高于国内人民币外汇市场的增长表明境外投资者对人民币的兴趣和信任，同时也反映出境外市场机制的明显作用。境外人民币市场的发展在今后多年将会在很大程度上带动并倒逼国内人民币外汇市场和资本市场的发展，从而推动整个境内外人民币市场的发展，最终推动人民币国际化的进程。

本章研究境外人民币市场的主要依据是近年来伦敦金融城公布的伦敦人民币市场和伦敦外境外人民币市场的日均成交金额。此外我们难以获得其他系统的数据。然而，值得我们特别注意的是，2015 年 7 月英格兰银行旗下的伦敦外汇市场联席常务委员会（FXJSC）公布的 2015 年 4 月伦敦外汇市场人民币日均成交金额数据显示，伦敦金融城之前公布的前几年伦敦人民币外汇市场日均成交金额数据有严重的问题。因为 2015 年 4 月伦敦市场人民币日均成交金额应该与 2015 年上半年伦敦市场的日均成交金额相当，而根据 FXJSC 公布的 2015 年 4 月伦敦人民币市场日均成交金额及增长率推算出的 2014 年 10 月伦敦人民币市场日均成交金额与伦敦金融城之前公布的 2014 年下半年伦敦市场人民币日均成交金额有着巨大的差异，因此我们可以推断伦敦金融城近年来公布的境外人民币数据有着严重的问题。有兴趣的读者读者可参考本书后记，这里不宜详细介绍。

国际数据显示，银行业是各个国家和地区跨境业务的主要领导者和推动者，对各个国家和地区跨境业有着重要的支持和引领作用。虽然近年来我国银行业在支持企业"走出去"和境外布局有了可喜的成绩，但是无论从境外资产规模和境外经营效率等各个方面来看，我国大陆银行业跨境业务仍处初期或早期发展阶段，这与"一带一路"战略实施和人民币国际化的要求仍有巨大的差距。十多年来，主要外资银行大多在国内设立了法人银行或分支，占我国银行业的资产和权益比重不算很高，仅为 2% 上下，但是该比例却比我国银行业境外占比要高出很多。因此，在我国银行业加速海外布局的同时，争取与境外银行，特别是加强与欧洲银行业多种合作是提高我国银行业境外资产规模和经营水平的必要选择。我们在第 62 章还会进一步探讨相关细节。

参考文献

［1］张光平：《人民币国际化和产品创新》第六版，北京，中国金融出版

社，2016。

［2］伦敦金融城经济发展部：《伦敦：人民币业务中心》，2012 年 4 月，www. cityoflondon. gov. uk/economicresearch。

［3］伦敦金融城经济发展部：《伦敦人民币业务数据发布 2012 年 1 月至 6 月》，2013 年 1 月，www. cityoflondon. gov. uk/economicresearch。

［4］伦敦金融城经济发展部：《伦敦人民币业务数据发布 2012 年 1 月至 12 月》，2013 年 6 月，www. cityoflondon. gov. uk/economicresearch。

［5］伦敦金融城经济发展部：《伦敦人民币业务数据发布 2013 年 1 月至 6 月》，2014 年 1 月，www. cityoflondon. gov. uk/economicresearch。

［6］伦敦金融城经济发展部：《伦敦人民币业务数据发布 2013 年 1 月至 12 月》，2014 年 6 月，www. cityoflondon. gov. uk/economicresearch。

［7］罗布特·米肯尼，刘健恒，2013，《人民币的崛起——国际地位及影响》，中信出版社。

［8］ "China/HK：The allure of Dim Sum bonds"，DBS Group Research，31 March 2011，www. bsrvresearch. com.

［9］ "CNH：Eclipsing the NDF Market"，DBS Group Research，4 February，2013，www. bsrvresearch. com.

［10］ "CNH：Singapore and Taiwan style"，DBS Group Research，19 February，2013，www. bsrvresearch. com.

［11］ "CNH：Qianhai to offer CNH Trust Products"，DBS Group Research，16 May 2013，www. bsrvresearch. com.

［12］Chan，Norman T. L.，2013，"Development of Offshore Renminbi Business in Hong Kong：Review and Outlook"，21 February 2013，Hong Kong Monetary Authority，http：//www. hkma. gov. hk.

［13］Chan，Norman T. L.，2013，"Remarks by Norman T. L. Chan，Chief Executive of the Hong Kong Monetary Authority"，25 April 2013.

［14］Chan，Norman T. L.，2014，"Opening Remarks at the Second Hong Kong – Australia RMB Trade and Investment Dialogue"，22 May 2014，Hong Kong Monetary Authority.

［15］Yue，Eddie，2013，"Welcome remarks at the Third Meeting of the Hong Kong – London RMB Forum"，Acting Chief Executive，Hong Kong Monetary Authority，26 September 2013.

［16］Hong Kong Monetary Authority，2014，"Briefing to the Legislative Council，Panel on Financial Affairs"，5 May 2014，www. hkma. gov.

第62章 亚投行、金砖银行和 "一带一路"战略与 人民币国际化的相互推动关系

2015 年迎来了亚洲基础设施投资银行（Asian Infrastructure Investment Bank，简称亚投行或 AIIB）和 "金砖银行" 同年正式启动，标志着 "一带一路" 战略实施和人民币国际化道路上两大重要的里程碑。亚投行和金砖银行都将对 "一带一路" 战略实施和人民币国际化发挥重要的推动作用。本章在简单介绍该两银行的基础上，介绍和探讨该两银行及与其他国际区域性开发银行合作等对 "一带一路" 战略实施和人民币国际化的推动作用及相关问题。

本章结构如下：第 62.1 节介绍亚投行设立背景；第 62.2 节介绍亚投行的发起成员国及在全球经济中的地位；第 62.3 节介绍亚投行的投资目标和设立时间等；第 62.4 节介绍 "金砖五国" 人口和经济相关情况及世界比较；第 62.5 节介绍 "金砖五国" 在国际货币基金组织和世界银行的份额及投票权；第 62.6 节介绍 "金砖五国" 合作进程和金砖银行的正式启动；第 62.7 节介绍国家治理的概念及对亚投行和金砖银行成功运营的重要作用；第 62.8 节介绍亚投行主要发起成员国和金砖银行主要发起成员国国家治理水平间的显著差异；第 62.9 节介绍我国国家治理水平与亚投行主要发起成员国和金砖银行主要发起成员国的显著差距；第 62.10 节探讨加速推动我国国家治理现代化的路线图和时间表；第 62.11 节介绍 "一带一路" 沿线国家和地区分布；第 62.12 节探讨 "一带一路" 战略的国际布局和意义；第 62.13 节讨论加强与其他国际机构合作对人民币国际化的推动作用；第 62.14 节探讨加大中欧合作对 "一带一路" 战略实施的重要意义及相关政策建议；第 62.15 节介绍亚投行和金砖银行等对 "一带一路" 战略实施的推动作用；第 62.16 节简单探讨 "一带一路" 战略实施与人民币国际化的关系；第 62.17 节简单介绍丝路基金对 "一带一路" 和人民币国际化的推动作用；第 62.18 节总结本章。

62.1 亚投行设立背景及发起成员国简介

2014 年亚洲经济占全球经济总量的 34%，人口占全球人口 60.1%，是世界最具经济活力和增长潜力的地区。但因建设资金有限，一些国家铁路、公路、桥梁、港口、机场和通讯等基础建设严重不足，在一定程度上制约了该区域的

经济发展。2013 年 10 月 2 日下午，国家主席习近平在雅加达同印度尼西亚总统苏西洛举行会谈时表示，为促进本地区互联互通建设和经济一体化进程，中方倡议筹建亚洲基础设施投资银行，愿向包括东盟国家在内的本地区发展中国家基础设施建设提供资金支持。亚投行将同域外现有多边开发银行合作，相互补充，共同促进亚洲经济持续稳定发展。

中国提出的筹建亚投行的倡议得到全球分为内的广泛支持，许多国家反响积极。2014 年年初以来，中方牵头与亚洲域内、域外国家进行了广泛沟通。经过多轮多边磋商，各域内意向创始成员国就备忘录达成了共识。2014 年 10 月 24 日，包括中国、印度、新加坡等在内的首批意向创始成员国的财长和授权代表在北京签约，共同决定成立亚投行，总部设在北京，法定资本 1000 亿美元。2015 年 6 月 29 日，《亚洲基础设施投资银行协定》（以下简称《协定》）签署仪式在北京举行。亚投行 57 个意向创始成员国财长或授权代表出席了签署仪式，其中已通过国内审批程序的 50 个国家正式签署《协定》。

62.2　亚投行的签约成员国和意向成员国介绍和分布

截至 2015 年底，亚投行有 57 个创始成员国，其中亚洲域内国家 37 个、域外国家 20 个，涵盖亚洲、大洋洲、欧洲、拉美、非洲等五大洲。表 62 - 1 给出了亚投行签约成员国和意向成员国 2014 年 GDP 和人口分布及世界占比。表 62 - 1 显示，57 个亚投行签约成员和意向成员国 2014 年的总 GDP 占同年世界 GDP 的 57.9%，总人口占世界比重的 69.2%，显示亚投行成员国在世界经济和人口中的重要地位，有着广泛的代表性。

表 62 - 1　　　　　亚投行签约成员国和意向成员国一览表

国家	GDP（亿美元）	人口（百万）	国家	GDP（亿美元）	人口（百万）
澳大利亚	14427.2	23.6	尼泊尔	197.6	2.2
奥地利	4375.8	8.5	荷兰	8807.2	28.1
阿塞拜疆	741.5	9.4	新西兰	1975.0	4.5
孟加拉国	1838.2	158.2	挪威	4998.2	5.2
巴西	23465.8	202.8	阿曼	777.8	4.1
柬埔寨	165.5	15.3	巴基斯坦	2468.5	186.3
文莱	171.0	0.4	葡萄牙	2299.5	10.4
中国	103565.1	1367.8	卡塔尔	2101.1	2.2
埃及	2864.4	86.7	俄罗斯	18606.0	143.7
芬兰	2726.5	5.5	沙特	7462.5	30.8
法国	28336.9	63.9	新加坡	3078.7	5.5

续表

国家	GDP（亿美元）	人口（百万）	国家	GDP（亿美元）	人口（百万）
格鲁吉亚	165.4	4.5	西班牙	14065.4	46.5
德国	38744.4	81.1	斯里兰卡	749.2	21.0
冰岛	170.4	0.3	瑞典	5705.9	9.7
印度	20512.3	1259.7	瑞士	7038.5	8.1
印尼	8886.5	251.5	塔吉克斯坦	92.4	8.3
伊朗	4164.9	78.0	土耳其	7983.3	76.9
意大利	21477.4	60.0	阿联酋	3994.5	9.3
以色列	3056.7	8.2	英国	29500.4	64.5
约旦	358.8	6.7	乌兹别克斯坦	626.1	30.6
哈萨克斯坦	2160.4	17.4	越南	1859.0	90.6
韩国	14103.8	50.4	泰国	4048.2	68.7
吉尔吉斯斯坦	74.0	5.7	波兰	5478.9	38.0
老挝	116.8	6.9	菲律宾	2846.2	99.4
卢森堡	656.8	0.6	丹麦	3423.6	5.6
马尔代夫	28.9	0.3	科威特	1726.1	4.0
马耳他	105.1	0.4	马来西亚	3381.1	30.3
蒙古	120.4	2.9	南非	3500.8	54.0
缅甸	631.4	51.4			
总计	447003.9	4916.6			
世界	772691.7	7105.1			
世界占比	57.9%	69.2%			

数据来源：财政部网站：www.mof.gov.cn；波兰为第53个签约成员国，其他几个意向成员国皆在2015年底前签了约；各国GDP和人口数据来自国际货币基金组织2015年10月公布的各国数据。

　　详细观察表62-1，我们发现，亚投行57个签约和发起成员国中有35个是亚洲国家，这35个亚洲国家2014年总GDP和人口分别占亚洲总GDP和人口比重分别高达78%和92.9%，显示亚投行成员国在亚洲的代表性很高；57个签约和意向成员国中有22个是发达经济体，为全球36个发达经济的六成以上，显示亚投行获得了大多数发达经济体的支持；另外表62-1给出的57个成员国中包括了2014年全球20大经济体的16个，该16大经济体2014年总GDP占同年20大经济体总GDP比重为59.5%。

62.3 亚投行和亚洲发展银行的目标、股本结构和国际合作等

亚投行将主要投资亚洲铁路、公路、桥梁、港口、机场和通讯等基础建设，提高亚洲基础建设对经济发展的支持力度，推动亚洲经济发展。

62.3.1 亚投行的股本

亚投行的法定股本为 1000 亿美元，分为 100 万股，每股的票面价值为 10 万美元。初始法定股本分为实缴股本和待缴股本。实缴股本的票面总价值为 200 亿美元，待缴股本的票面总价值为 800 亿美元。域内外成员出资比例为 75∶25。经理事会超级多数同意后，亚投行可增加法定股本及下调域内成员出资比例，但域内成员出资比例不得低于 70%。域内外成员认缴股本在 75∶25 范围内以 GDP（按照 60% 市场汇率法和 40% 购买力平价法加权平均计算）为基本依据进行分配。初始认缴股本中实缴股本分 5 次缴清，每次缴纳 20%。目前总认缴股本为 981.514 亿美元，原因是个别国家未能足额认缴按照其 GDP 占比分配的法定股本。中方认缴额为 297.804 亿美元（占比 30.34%），实缴 59.561 亿美元（"《亚洲基础设施投资银行协定》签署仪式在北京举行"，财政部新闻办公室，2015 年 6 月 29 日）。

62.3.2 亚投行与世界银行和国际货币基金组织的合作

筹建亚投行倡议提出以来，世行金墉行长、国际货币基金组织拉嘉德总裁和亚行中尾武彦行长分别在多个场合表态积极支持筹建亚投行，表示将与亚投行开展合作。世行、亚行等多边开发银行已与亚投行筹建多边临时秘书处建立了工作联系，在许多方面给予了支持。作为亚投行发起方和世行、亚行重要股东国，在亚投行筹建以及未来运作过程中，中方都将积极推动亚投行与世行、亚行等现有多边开发银行在知识共享、能力建设、人员交流、项目融资等方面开展合作，共同提高本地区基础设施融资水平，促进本地区的经济和社会发展（"史耀斌副部长就亚投行筹建有关问题答记者问"，财政部网站，2015 年 4 月 15 日）。

62.3.3 亚投行成立时间

2015 年 11 月 3 - 4 日，筹建亚投行第八次首席谈判代表会议在印度尼西亚首都雅加达举行。会议审议了亚投行 2016 年业务规划及预算、公共信息临时政策、环境与社会框架、开业准备等一系列文件草案。目前，各意向创始成员国

正在积极推动国内立法机构尽快完成《亚投行协定》批准程序。根据筹建工作计划，待《亚投行协定》经合法数量并达到规定股份占比的国家批准生效后，亚投行将于 2015 年底前正式成立（"筹建亚投行第八次首席谈判代表会议在印度尼西亚雅加达举行"，财政部网站，2015 年 11 月 4 日）。2016 年 1 月 16 日上午，亚洲基础设施投资银行开业仪式在北京钓鱼台国宾馆举行。中国国家主席习近平出席开业仪式并致辞，强调通过各成员国携手努力，亚投行一定能成为专业、高效、廉洁的 21 世纪新型多边开发银行，成为构建人类命运共同体的新平台，为促进亚洲和世界发展繁荣作出新贡献，为改善全球经济治理增添新力量。

62.4　"金砖五国"人口和经济相关比较

"金砖五国"是指巴西、俄罗斯、印度、中国和南非五个国家，代表全球主要新兴市场和发展中国家经济体。人口和经贸是金融和货币的基础，本节简单比较"金砖五国"人口和经贸等方面的差异及在世界经济中的地位。

62.4.1　"金砖五国"人口与其他国家和地区的比较

人口是经济和社会发展的基础，表 62 - 2 给出了公元 1000 年到 2016 年"金砖五国"人口与其他主要国家和地区的比较。表 62 - 2 显示，一千年前，中印两国的人口总和就达到了接近世界一半的水平；1820 年我国人口超过了世界人口三分之一的程度；近二十年来，我国人口世界占比持续下降，而印度人口世界占比仍呈现缓慢上升，巴西人口占比也略有下降，俄罗斯人口占比明显下降，"金砖五国"总人口世界占比呈现总体缓慢下降的趋势，但占世界比重仍然超过 4 成；2014 年"金砖五国"人口世界占比 42.6%；同时七国集团和发达经济体的世界人口都呈略微下降的趋势。

表 62 - 2　　　"金砖五国"和其他国家和地区人口世界占比

（公元 1000 年到 2018 年）　　　　　　　　单位：%

国家或地区 ＼ 年	1000	1500	1820	1992	2002	2007	2011	2014	2018
巴西	—	—	—	2.9	2.9	2.9	2.8	2.9	2.8
俄罗斯	2.7	3.9	5.3	2.8	2.4	2.2	2.1	2.0	1.9
印度	28.0	25.1	20.1	16.8	17.3	17.5	17.6	17.7	17.8
中国	22.0	23.5	36.6	22.3	20.9	20.1	19.6	19.3	18.8
南非	—	—	—	0.7	0.7	0.8	0.8	0.8	0.8

续表

年 国家或地区	1000	1500	1820	1992	2002	2007	2011	2014	2018
金砖五国	52.6	52.5	61.9	45.6	44.2	43.4	42.9	42.6	42.1
中国外金砖四国	30.6	29.0	25.3	23.3	23.3	23.2	23.3	23.4	23.3
欧元区	—	—	—	5.8	5.1	4.9	4.8	4.9	5.0
美国	na	0.5	1.0	4.9	4.7	4.6	4.5	4.5	4.4
G7（七强）	9.5	13.1	12.8	12.6	11.5	11.1	10.8	10.6	10.3

数据来源：1000 年到 1820 年数据来自经合组织发表的麦迪逊（Maddison）教授 "Development Centre Studies The World Economy A Millennial Perspective：A Millennial Perspective"；1000 年和 1500 年 G7 数据为当时西欧的数据，1000 年和 1500 年俄罗斯数据为麦迪逊教授给出的当时"苏联"数据，"金砖五国"数据为当时"苏联"、印度和中国之和；1992 年以来的数据来自国际货币基金组织 2015 年 10 月公布的各国和地区人口数据及预测人口数据计算得出。

62.4.2 "金砖五国"经济与其他国家和地区的比较

表 62－3 给出了公元 1000 年到 2018 年"金砖五国"GDP 与其他国家和地区的比较。该表显示，公元 1000 年到 1820 年间，中印两国 GDP 世界占比总和在 50% 上下，1820 年我国 GDP 世界占比下降到了不到三分之一，近二十年来我国 GDP 世界占比持续显著提升，同时其他"金砖国家"占比也不同程度地提高，"金砖五国"GDP 世界占比总比重从 1992 年仅为欧元区 21.7% 到 2011 年首次超过欧元区，2014 年超过后者 26.1%；根据国际货币基金组织 2015 年 10 月公布的对今后几年各国 GDP 的估算数据，2018 年"金砖五国"GDP 占世界经济总比重将达到 24.5%，首次超过美国占比 24.2%，在世界经济中的作用会进一步提高。

表 62－3　　　"金砖国家"和其他国家和地区 GDP 世界占比比较

（公元 1000 年到 2018 年）　　　　　　单位：%

年 国家或地区	1000	1500	1820	1992	2002	2007	2011	2014	2018
巴西	—	—	—	1.6	1.5	2.4	3.5	3.0	2.2
俄罗斯	2.4	3.4	5.4	0.4	1.0	2.3	2.7	2.4	1.7
印度	28.9	24.5	16.0	1.2	1.6	2.2	2.7	2.7	3.4
中国	22.7	25.0	32.9	2.0	4.3	6.2	10.3	13.4	16.9
南非	—	—	—	0.5	0.3	0.5	0.6	0.5	0.4
金砖五国	54.1	52.9	54.4	5.6	8.7	13.6	19.7	22.0	24.5

续表

年 国家或地区	1000	1500	1820	1992	2002	2007	2011	2014	2018
中国外金砖四国	31.3	27.9	21.5	3.7	4.4	7.4	9.4	8.6	7.7
欧元区	—	—	—	26.0	20.5	21.9	18.5	17.4	15.2
美国	—	0.3	1.8	26.6	32.5	25.7	21.9	22.5	24.2
G7（七强）	8.7	18.0	23.6	68.3	65.2	55.3	48.4	41.0	41.1
发达经济体	—	—	—	83.6	79.8	71.7	63.6	60.8	59.2
其他发展中经济体	—	—	—	10.8	11.5	14.7	16.7	17.3	16.3

数据来源：同表 62-2。

62.4.3　"金砖五国"对世界经济增长贡献比较

利用表 62-3 给出的"金砖五国"和其他国家和地区的 GDP 数据，我们可以计算出"金砖五国"和其他国家和地区对世界经济增长的贡献比重。计算结果显示，早在 2005 年，"金砖五国"对世界经济增长的贡献度 24.4%，分别超过当年欧元区和美国的贡献 10.7% 和 23.3%；2008 年到 2012 年"金砖五国"对世界经济增长的贡献度超过了欧元区和美国贡献度总和；2014 年"金砖五国"对世界经济增长的贡献度超过了欧元区和美国贡献度总和 42.3%，超过七国集团 41.4%，显示"金砖五国"国际金融危机后在世界经济中的作用在提高。

62.4.4　"金砖五国"人均 GDP 相关比较

利用表 62-2 和表 62-3 的数据我们可以容易地看出"金砖五国"人均 GDP 与其他国家和地区的差距。首先，表 62-3 显示，2014 年我国 GDP 世界占比 13.4%，而表 62-2 显示同年我国人口世界占比 19.3%，显示我国人均 GDP 仅为同年世界人均 GDP（10875 美元）的 69.6%，即 7572 美元；2014 年"金砖五国"GDP 世界占比 22.0%，而同年"金砖五国"总人口世界占 42.6%，"金砖五国"人均 GDP 仅为同年世界人均 GDP 的 51.5%，显示"金砖五国"总体人均产值仅略超世界人均产值的一半；2014 年中国外"金砖四国"GDP 世界占比 8.6%，同年中国外"金砖四国"总人口世界占 23.4%，"金砖四国"人均 GDP 仅为同年世界人均 GDP 的 36.6%；而同年欧元区和七国集团人均 GDP 分别为世界人均 GDP 的 3.56 和 3.88 倍，显示新兴经济体和发达经济体间的巨大差距，同时也隐含着新型经济体巨大的发展潜能。

62.5 "金砖五国"在国际货币基金组织和世界银行的份额及投票权

"金砖五国"在国际货币基金组织和世界银行的份额及投票权在很大程度上反映这些国家在现有国际体系的发言权。表56－6给出了当前和2013年1月拟生效的"金砖五国"在国际货币基金组织拟生效的份额和投票权总额。实际上，当前巴西、俄罗斯、印度、中国和南非在国际货币基金组织拟生效前的份额分别为1.77%、4.0%、2.45%、2.5%和0.79%，合计11.51%，不到欧元区23.25%的一半；相应的投票权分别占1.72%、3.81%、2.34%、2.39%和0.77%，合计11.03%，也不到欧元区22.57%的一半，表明当前国际货币基金组织份额和投票权对"金砖五国"的代表性很不合理。

第56章介绍了国际货币基金组织2010年11月5日宣布了其执行董事会当天通过的份额改革方案，"金砖五国"在通过的份额和投票权除南非略有下降外其他四国皆有不同程度的提高。表56－6显示，拟生效的"金砖五国"总份额和总投票权分别提高到了14.807%和14.139%，分别比欧元区的份额和总投票权低3.339%和3.573%，分别比美国的份额和总投票权低2.621%和2.359%，比上述当前份额和投票权分布更加合理，但与2013年"金砖五国"和欧元区经济世界占比21.31%和17.19%仍不够合理。第59章显示，2013年1月拟生效的新的国际货币基金组织份额和投票权代表性更合理，而美国国会虽然拖延了3年的时间于2015年12月终于批准了该改革计划，然而时隔三年多，新批准的国际货币基金组织份额和投票权的合理性又有待提高。

62.6 "金砖五国"合作进展

62.6.1 前期探讨合作

"金砖四国"作为一个整体在世界舞台上正式亮相始于2009年，中国、俄罗斯、印度、巴西四国领导人在俄罗斯叶卡捷琳堡举行会晤，正式启动了"金砖"国家之间的合作机制。经过几年的努力和发展，"金砖"国家机制已成为新兴市场国家和发展中国家的重要合作平台。"金砖四国"领导人首次会晤正值国际金融危机全面爆发后的动荡期，四国领导人在会晤中探讨了如何共同应对国际金融危机，并就经济和发展领域的重大问题深入交换看法，规划了四国对话合作协调发展蓝图。2010年，"金砖四国"领导人在巴西举行第二次会晤，呼吁："世界需要一个经过改革、更稳健的金融体系，使全球经济能有效预防和抵御未来危机的冲击。"与会领导人重点就世界经济金融形势、国际金融机构改革交换了看法，更系统表达了发展中国家对世界经济金融体系改革的主张，四国务实合作走向深入。

2011 年，"金砖"国家领导人第三次会晤在中国海南省三亚市举行，南非作为正式成员加入"金砖"国家合作机制。会议通过的《三亚宣言》对"金砖"国家未来的合作进行了详细规划，决定深化在金融、工商界、能源等领域的交流合作，达成了广泛共识。三亚峰会的重要成果之一，就是五家成员国银行共同签署《"金砖国家"银行合作机制金融合作框架协议》，明确提出稳步扩大本币结算和贷款业务规模，加强重要项目投融资合作，开展资本市场合作和信息交流。

62.6.2　合作新进展

"金砖"国家领导人 2012 年在印度举行了第四次会晤，此次会议通过了《德里宣言》，宣布了"金砖国家"一体化经济的基本原则。在此次会晤中，五国开发银行共同签署了《金砖国家银行合作机制多边本币授信总协议》和《多边信用证保兑服务协议》，增强了"金砖"各国的金融联系，显示"金砖五国"合作取得新进展，对推动人民币在主要发展中国家的应用具有划时代的意义。新德里会议决定五国共同筹备"金砖银行"，为这些国家的经济发展服务。根据协议，中国国家开发银行、巴西开发银行、俄罗斯开发与对外经济活动银行、印度进出口银行、南非南部非洲开发银行五家成员行，将稳步扩大本币结算和贷款业务规模，服务于"金砖"国家间贸易和投资便利化。

2013 年"金砖"国家领导人在南非德班举行的第五次会晤中制定了建立开发银行的路线图，把它作为世界银行之外的另一种选择。随着新兴经济体在全球金融格局中的影响力与日俱增，长期由美国和欧洲通过国际货币基金组织和世界银行主导的国际金融体系已难以代表各经济体的利益和诉求。因此，此次会晤还提议建立"金砖"国家稳定基金，让其在避免短期资金流动压力和加强全球金融稳定方面起到预先防范作用，"金砖"国家希望借此推出自己在世界金融体系中的一个平台（《本节上文主要引自"金砖"国家合作机制的"前世今生"》，新华网，2014 年 7 月 14 日）。

62.6.3　合作落实处

2014 年 7 月 15 日至 16 日在巴西举行的"金砖"国家领导人第六次峰会上共同发表了《福塔莱萨宣言》（中国新闻网，www.chinanews.com，2014 年 7 月 17 日），同意共同发起"金砖国家开发银行"和签署建立金砖应急储备基金等主要议题。按计划，"金砖银行"将于 2016 年开始运营，这将大大简化"金砖国家"间的相互结算与贷款业务，并且减少对美元和欧元的依赖。业内人士普遍认为，该银行将成为国际货币基金组织和世界银行的可替代选择。"金砖国家"成立应急储备基金（基金初始为1000亿美元）也将有助于建立应对国际金融危机的应急机制。外媒评价称，"金砖国家"将联合自己的力量以创建一种能够相互进行金融支持的机制。

62.6.4 "金砖银行"启动

2015年7月20日至21日，金砖银行开业仪式系列活动在上海举行。财政部部长楼继伟出席了金砖银行开业系列活动，并在21日举行的金砖银行开业仪式上，与上海市市长杨雄、金砖银行行长卡马特共同启动了金砖银行，标志着金砖银行正式开业。金砖银行预计将于2015年底或2016年初启动运营（"金砖银行正式开业 预计年底或明年初启动运营"，中国新闻网，2015年7月21日）。金砖银行正式开业，标志着筹备多年的银行启航，今后将在全球市场发挥应有的作用。

62.7 国家治理的概念及对亚投行和金砖银行成功运营的重要性

从亚投行的倡议到成功设立的时间、发起成员国的规模和范围等方面来看，亚投行在国际政治、国际合作和国际金融历史上皆创造了奇迹，成为中华民族伟大复兴的重要里程碑之一。从金砖银行的股东范围及全球覆盖面来看，金砖银行也独创了全球南南合作的先例。该两机构的成功设立将对全球货币体系改革、亚洲经贸和金融市场的发展、对"一带一路"战略的实施和人民币国际化的推动都将产生不可估量的作用。

任何一个机构的运行水平完全取决于该机构的治理水平，亚投行和金砖银行的治理水平几乎完全取决于主要发起成员国或股东的治理水平。现存主要国际机构如世界银行和国际货币基金组织多年来都由主要发达国家发起且由主要发达国家为主而管理运营，这些主要发达国家的政治体系、法律体系和治理水平相近，因此还比较容易合作协调。但是，亚投行发起成员国在政治体系、法律体系、国家治理水平等方面存在着巨大的差异，即使金砖银行的五个主要发展中国家的国家治理水平间也存在着较大的差异，使该两机构今后成功发挥其潜在功能有不可忽视的潜在制度性障碍。本节简单介绍国家治理的概念和内涵，为下文比较亚投行和金砖银行主要发起成员国国家治理水平差异做好准备。

62.7.1 国家治理的概念

治理的概念最早用于公司，半个多世纪以来公司治理已经被广泛地应用于全球上市公司、金融机构等领域，并已成为国内外监管部门开展监管实践的重要内容。然而，治理被用于国家层面要比公司晚很多年。20 世纪 80 年代，国家治理成为很多学者和国际机构的研究热点之一。世界银行是在该领域最早行动的国际机构，并早在 20 世纪 80 年代末就将国家治理的理念应用于诸多政策工具中。联合国和多家经济合作机构也于 20 世纪 90 年代开始重视该领域并将相关研究成果用于国际关系的相关工作中。

20 世纪 90 年代初，世界银行将国家治理定义为"国家权力用于国家发展以管理国家经济和社会资源的方式"；2010 年世界银行在其"全球治理指数"项目中将国家治理定义为"国家权力通过传统和机构执行的方式"。联合国开发计划署把国家治理定义为解决社会成员间矛盾并接受法律决策的政治体系的一系列规制。联合国开发计划署用该定义来描述社会机构合理运行、被公众接受的程度及激励政府提高效率等。治理分析框架（GAF）将国家治理定义为"社会成员互动和决策以创新、加强或再生社会规范和机构的进程。"

如上几种国家治理的定义虽各有不同侧重，但均涉及国家法律体系、社会结构、政府功能的合理发挥等诸多方面。但不管国家治理有多少定义同时包括多少方面，习总书记多次讲过的"加强对权力运行的制约和监督，把权力关进制度的笼子里"是对国家治理形象且全面的描述。

62.7.2　国家治理的主要内涵

"加强对权力运行的制约和监督，把权力关进制度的笼子里"（习近平总书记在中纪委第二次全体会议上讲话）首先是要有"制度的笼子"，然后才是如何"把权力关进"去。制度的笼子就是国家法律法规体系，依法治国、依法行政、依法监管、依法反腐就是把权力有效地关起来。换句话说，把权力关进制度的笼子里，有效地管住政府这只"闲不住的手"，从而保证让市场在资源配置中发挥决定性作用是国家治理的主要内涵。

国家治理的概念多年来已经被多个国际机构用来衡量国家治理的程度及变化。最早，而且持续并有一定可比性的衡量国家治理的指标是世界银行的"全球治理指数"。该指数从 1996 年开始每年对全球 200 多个国家和地区的国家治理程度进行持续的定量衡量和比较，涵盖了法制或司法有效性、监管质量、政府效能、腐败控制、政局稳定与反暴力和话语权与问责等六个方面域的量化参数。近十多年来，"全球治理指数"应该是全球最系统的关于国家治理的量化体系。

有学者（FRANÇOIS）对世界银行世界治理指数提出了批评并建立了"世界治理指数"。"世界治理指数"包括和平和安全、法治、人权和参与、可持续发展和人类发展等五个领域。该指数明显强调可持续发展和人的因素，但同时也重视依法治国。贝达斯曼基金会 2009 年提出了以度量经合组织国家改革需求和改革能力为目的的"可持续治理指数"。该指数主要检查政府识别、形成并执行有效改革以面对未来的挑战。这两个模型在很大程度上反映的是欧洲或者发达国家对国家治理相关问题的关注，对我国推进国家治理体系和治理能力现代化有一定的参考意义。世界银行的全球治理指数的主要内容与"把权力关进制度的笼子里"的治理理念更为接近，对我国借鉴意义更加直接。

62.7.3 世界银行全球治理指数、估算方法及结果格式

从 1996 年开始，世界银行根据三十多个数据源提供的四百多个变量对全球 215 个经济体的国家治理进行年度评估，形成了世界银行全球治理指数，在全球范围内有一定的知名度和认可度。全球治理指数有三十多个渠道的数据来源，包括非洲发展银行国家政策和机构评估，经合组织发展中心非洲经济展望，非洲晴雨表，亚洲发展银行国家政策和机构评估，商业环境和企业表现调查，商业环境风险情报，贝塔斯曼转换指数，国际洞察国际风险服务，欧洲复兴开发银行转换报告，国际电子政府指数，经济学人洞察，透明国际贪腐晴雨表，世界经济论坛国际竞争力调查，国际诚实指数，盖洛普民意调查公司，美国传统基金会经济自由指数，理查兹人权数据库和政治恐怖量纲，国际农业发展基金农业表现评估，国际安全风险评估，机构轮廓数据库，拉美晴雨表，企业情报灰色地带动态，媒体可持续指数，国际预算项目公开预算指数，世界银行国家政策和机构评估，政治风险服务国家风险指南，无国界记者媒体自由指数，美国国务院人口贩卖报告，美国范德堡大学美洲晴雨表和管理发展世界竞争力研究所年鉴等。

如上数据来源广泛，有来自各洲际发展银行，也有来自专业的数据、咨询、评估机构；这些数据源既包括客观性较强的比如世界经济论坛的国际竞争力调查等，也包括主观性较浓的数据提供方是对不同国家或机构的评估结果，数据还有一定的比例含有主观成分，导致世界银行全球治理指数结果有一定的主观性。这也是全球治理指数一个最主要的欠缺之处。

国家治理涉及政治体系、政局稳定、法律司法体制、政府运行效率和监管效率、控制腐败、民众话语权和政府问责等几个方面，世界银行通过一套估算方法计算出每个不同国家和地区的治理指数和对应的子指数（估算方法比较复杂，这里不作细述）。估算出的每个国家治理指数结果都会对应一个不定性数据，即均方差数据，不定性越高表明估算出的结果的可信度越低。

每个国家和地区的全球治理子指数都是一个 −2.5 到 2.5 的数字，同时有一个相应的不定性参数。−2.5 到 2.5 的评估结果不容易形成直观的感受，但我们可以用（估算结果 + 2.5）/5 将该指数转换成百分数。比如估算结果 −1.5 和

1.5 可以分别转换成（－1.5＋2.5）/5＝20% 和（1.5＋2.5）/5＝80%。由于全球治理指数的主要结果皆为－2.5 到2.5 之间，我国在介绍主要结果是还沿用原有格式，但是在解释时转换成百分数，便于直观的理解和比较。我们下文利用世行全球治理指数来比较亚投行和金砖银行主要发起成员国国家治理水平的差异，进而找到加速推动我国国家治理现代化的路线图和时间表。

62.8 亚投行主要发起成员国和金砖银行主要发起成员国国家治理水平的显著差异

62.8.1 亚投行主要发起成员国国家治理水平的显著差异

利用世行全球治理评估结果数据，我们可以计算出2014 年亚投行和金砖银行主要发起成员国国家治理的六个指标及平均值，表62－4 给出了相应的结果。

表62－4　　　亚投行主要发起成员国和金砖银行发起成员国

2014 年国家治理水平比较　　　　　单位：%

国家＼治理评估结果	腐败控制	司法效率	监管质量	政府效率	政治稳定性	话语权和问责制	六项平均值
中国	43.39	43.31	44.67	56.79	40.74	19.11	41.33
印度	40.72	48.22	41.00	45.91	30.78	58.43	44.18
巴西	42.43	48.36	48.55	46.91	49.72	58.19	49.03
俄罗斯联邦	32.56	35.77	41.91	48.43	33.19	29.15	36.84
沙特阿拉伯	51.95	55.38	49.87	54.50	45.24	14.31	45.21
土耳其	47.57	50.74	58.16	57.61	28.82	43.56	47.74
印度尼西亚	38.46	43.08	47.97	49.78	42.63	52.60	45.75
伊朗	38.59	29.34	20.75	41.78	31.85	18.55	30.14
阿塞拜疆共和国	31.59	37.87	44.15	43.22	39.96	21.22	36.33
孟加拉国	31.79	35.59	31.17	34.59	32.47	40.61	34.36
柬埔寨	28.36	31.50	41.94	36.43	49.20	28.36	35.97
埃及	38.15	37.96	34.91	33.61	18.35	26.14	31.52
格鲁吉亚	64.84	54.04	68.51	59.69	45.33	54.51	57.82
约旦	53.10	59.63	51.60	52.69	38.81	34.59	48.40
哈萨克斯坦	34.81	39.04	44.64	49.70	51.07	26.75	41.00
科威特	44.75	50.99	47.39	47.05	52.72	37.00	46.65
吉尔吉斯斯坦共和国	27.88	31.28	41.53	33.27	34.30	39.33	34.60
老挝	34.71	35.88	33.03	42.24	59.20	17.00	37.01

续表

治理评估结果 国家	腐败 控制	司法 效率	监管 质量	政府 效率	政治 稳定性	话语权和 问责制	六项 平均值
马来西亚	59.54	62.81	66.73	72.79	56.80	43.42	60.35
蒙古	40.60	42.98	44.95	41.70	67.31	54.58	48.69
缅甸	31.56	26.68	22.19	24.42	28.73	22.14	25.95
尼泊尔	39.12	36.47	33.00	33.38	35.93	41.13	36.50
巴基斯坦	33.73	34.40	36.29	35.03	1.29	35.15	29.31
菲律宾	41.16	43.44	49.71	53.85	35.95	52.56	46.11
波兰	61.85	66.35	71.19	66.49	67.31	71.96	67.52
卡塔尔	71.85	69.72	61.33	69.85	69.99	30.50	62.21
南非	47.73	53.19	56.44	56.57	48.49	63.06	54.25
斯里兰卡	43.24	47.00	48.33	51.78	44.99	35.64	45.16
塔吉克斯坦	30.07	30.76	29.80	35.07	36.45	21.19	30.56
泰国	41.90	46.99	55.32	56.78	31.84	33.10	44.32
阿联酋	74.66	64.21	69.55	79.55	66.30	28.72	63.83
乌兹别克斯坦	27.65	28.36	15.24	37.36	45.35	12.23	27.70
越南	40.02	43.78	38.18	48.75	49.94	23.21	40.65
文莱达鲁萨兰国	62.67	59.91	69.40	71.64	75.35	36.83	62.63
马尔代夫	47.74	40.26	42.73	42.66	67.67	43.43	47.42
阿曼	55.01	61.59	63.80	55.74	63.18	28.94	54.71
德国	86.59	87.04	83.90	84.64	68.70	79.15	81.67
法国	75.48	79.33	71.71	78.06	57.12	74.39	72.68
英国	84.55	87.74	86.60	82.32	58.80	75.93	79.33
意大利	47.80	56.74	63.23	57.53	59.96	69.55	59.14
澳大利亚	87.40	88.55	87.39	81.81	71.63	77.50	82.38
西班牙	60.52	68.74	65.54	73.08	56.33	69.95	65.69
韩国	59.82	69.61	72.18	73.54	53.72	63.64	65.42
荷兰	89.97	89.64	85.55	86.59	70.90	81.55	84.03
瑞士	93.78	90.32	86.36	92.56	74.89	81.59	86.58
瑞典	92.84	89.86	86.06	85.78	71.49	82.59	84.77
奥地利	78.75	89.14	79.81	81.36	75.88	78.26	80.53
丹麦	95.23	91.87	84.33	86.13	68.87	80.96	84.57
芬兰	93.59	92.41	88.08	90.32	75.68	81.36	86.91

治理评估结果\国家	腐败控制	司法效率	监管质量	政府效率	政治稳定性	话语权和问责制	六项平均值
以色列	66.49	72.10	74.17	73.17	30.13	64.55	63.44
冰岛	86.40	84.43	74.22	79.92	74.83	77.73	79.59
卢森堡	91.78	87.91	82.95	83.11	77.80	80.59	84.02
新西兰	95.40	90.34	88.90	88.57	79.86	81.12	87.37
挪威	94.55	90.91	82.75	86.20	72.64	84.20	85.21
葡萄牙	67.69	72.61	65.39	70.20	65.86	72.18	68.99
新加坡	92.34	87.89	94.61	93.88	74.52	47.87	81.85
马耳他	67.27	74.13	72.08	70.53	72.30	73.38	71.61
36 个发展中国家平均	43.77	45.19	46.27	49.10	44.92	36.03	44.22
21 个发达国家和地区平均	81.34	82.92	79.80	80.92	67.23	75.15	77.89
57 个发起成员国平均	57.61	59.09	58.63	60.82	53.14	50.44	56.62
金砖五国平均	41.37	45.77	46.51	50.92	40.58	45.59	45.12

数据来源和说明：根据 2015 年世界银行"全球治理指数"公布的 2014 年全球治理评估 -2.5 到 2.5 的结果数据整理计算得出。

表 62 - 4 显示，2014 年亚投行 57 个发起成员国国家治理平均水平为 56.62%，其中 36 个发展中国家平均治理水平仅为 44.22%，与 5 个金砖国家平均治理水平 45.12% 相当，而 21 个发达国家的平均治理水平却高达 77.89%，比 36 个发展中国家平均水平高出 33.67%，显示亚投行发起成员国间的国家治理水平有显著的差异。进一步观察表 62 - 4，我们发现 21 个发达发起成员国平均腐败控制评估平均评估得分 81.34%，比 36 个发展中国家发起成员国的平均得分 43.77% 高出 37.57%，显示两类国家在腐败控制方面有着巨大的差距，而该项也是其他西方国家批评亚投行今后能否控制好项目涉及腐败问题的重要因素，因此是亚投行今后能否成功运营的一个主要方面。

表 62 - 4 的数据进一步显示，亚投行 36 个发展中国家发起成员国与 21 个发达发起成员国在司法效率、监管质量和政府效能方面的平均评估结果分别相差 37.73%、33.53% 和 31.82%，显示两类发起成员国在这些方面存在着巨大的差异。要协调好这些发起成员国，共同管理治理好该国际机构还是有一定的难度。

62.8.2 "金砖银行"发起成员国国家治理水平的明显差异

表 62 - 4 也给出了 2014 年金砖五国的国际治理评估结果。该表显示，2014

年金砖五国平均国家治理评估得分仅为 45.12%，仅比表 62-4 中亚投行 36 个发展中国家发起成员国平均评估得分 44.22% 高出 0.90%，显示金砖五国的平均治理水平与亚投行 36 个发展中国家发起成员国没有多少差别。值得关注的是，表 62-4 给出的数据显示，金砖五国平均腐败控制评估得分仅为 41.37%，比亚投行 36 个发展中国家发起成员国的平均得分 43.77% 还要低 2.40%，显示金砖国家在腐败控制方面还低于亚投行 36 个发展中国家发起成员国。腐败控制也是西方国家批评金砖银行否控制好项目涉及腐败问题的重要因素，因而是金砖银行今后能否成功运营的重要领域。

南非在"金砖"国家中人口和经济规模最小，然而其国家治理的水平却位居五国之首，2014 年其国家治理平均在 54.25%，高于所有其他四个主要金砖国家；2014 年巴西国家治理评估平均得分 49.03%，排名金砖五国第二；印度平均评估得分 44.18%，金砖五国排名第三；中国和俄罗斯平均得分仅为 41.33% 和 36.84%，分别在金砖五国中排名第四和第五。

"金砖五国"国家治理水平最高的南非 2014 年评估得分也仅为不及格，其他"金砖"国家治理水平更低。比较"金砖"国家间的国家治理水平很有意义，但是如果仅着眼于"金砖"国家治理评估结果，我们就难以看出所有"金砖"国家该方面的差距。另外，表 62-4 的数据进一步显示，金砖五国在司法效率、监管质量、政府效能和政府稳定性等方面皆与亚投行发达发起成员国存在着巨大的差异，要管理治理好该银行从而在全球发展中国家阵营发挥带动作用存在一定的挑战性。

实际上，表 62-4 显示，金砖国家平均治理水平与亚投行发达发起成员国间有着巨大的差距，或者有着巨大的改进空间，要在全球市场中达到带动发展中国家发展，确实任重而道远。只有金砖银行发起成员国国家治理水平显著提高，金砖银行的潜在功能才可能有效发挥，市场竞争力也才会相应地提高。

62.9 我国国家治理水平与亚投行和金砖银行其他主要发起成员国国家治理水平的显著差异

任何机构主要发起人理所当然地要在被发起机构承担主要的融资和管理职能，国际机构更是如此。作为亚投行和金砖银行的主要发起成员国和最大的股东，我国理所当然地要在这些国际机构中发挥主要的引领和领导作用。然而，表 62-4 显示，2014 年我国国家治理水平 41.33%，不仅低于 36 个亚投行发展中国家发起成员国平均水平 44.22%，也低于金砖五国国家治理的平均水平 45.12%，在金砖五国中排名倒数第二，在表 62-4 给出的 57 个亚投行发起成员国排名第 41 位，显示我国国家治理急需提高的迫切性。凭借如此低的国家治理水平，要引领亚投行和金砖银行两大新生多边国际机构在全球经济和金融改革中发挥应有的重要作用确实有相当的难度，迫切需要我国尽快提升国家治理水平。

从表62-4给出的世行全球国家治理评估结果来看，2014年我国在腐败控制和司法有效性两个方面的平均评估结果分别为43.39%和43.31%，在57个亚投行发起成员国分别排名为34位和39位，显示我国在该两领域急需显著提高；在政府监管效率和政府效率两个方面的平均评估结果分别为44.67%和56.79%，在57个亚投行发起成员国分别排名为39位和28位，显示我国在该两领域也需显著改进。

我国经贸规模、外汇储备规模及其他方面在全球的排位已经名列前茅，然而我国国家治理水平的世界排名仍然还比我国人均产值排名更低：2014年我国人均产值世界排名第80（根据国际货币基金组织2015年10月公布的189个国家和地区人均产值数据排名），而国家治理却在同样的189个国家和地区中排名133，比人均产值排名还落后53名，显示我国人均产值国际排名与我国主要经贸指标国际排名有巨大落差的同时，我国国家治理水平与人均产值也有巨大的落差。这些数据再次表明，要在亚投行和金砖银行两大国际机构中发挥应有的领导作用，加速推动国家治理现代化急需而迫切。

62.10　加速推动我国国家治理现代化的路线图和时间表

上文比较我国国家治理与亚投行及金砖银行主要发起成员国国家治理水平的数据显示，我国国家治理在亚投行和金砖银行发起成员国中排名很低，而且2014年我国国家治理在全球189个国家和地区中排名第133位，比同年我国人均产值的第80位排名还要低53位，显示加速提高我国国家治理水平从而在亚投行和金砖银行发挥应有的主要领导作用的急迫性。令人鼓舞的是党的十八届三中全会决定将"推进国家治理体系和治理能力现代化"作为全面深化改革的指导思想之一。国家治理是国家管理公平性和有效性的重要体现，决定提出的"推进国家治理体系和治理能力现代化"是发挥市场决定性作用的重要制度保障。十八届三中全会将市场对资源配置的基础性作用提高到了"决定性作用"的高度，这是自改革开放以来我党对市场功能认识的又一次飞跃，将会对我国今后多年深化改革发挥巨大的指导和推动作用。然而，市场功能不会自动地从基础作用上升到决定作用，发挥市场决定性作用有赖于依法治国、政府效率、监管质量和腐败控制等一系列制度保障。换句话说，发挥市场决定性作用的前提是"更好发挥政府作用"。而"更好发挥政府作用"不仅仅是八个字，而是要在依法治国、政府效率、监管质量和腐败控制等方面进行有效落实和协调推进。

所以，十八届三中全会决定提出的"推进国家治理体系和治理能力现代化"是发挥市场决定性作用的重要制度保障。"推进国家治理体系和治理能力现代化"首次出现在中央文件中，其核心内涵是党的领导、依法治国、依法执政、依法反贪的有机统一。"推进国家治理体系和治理能力现代化"将会大大推动我国现有的自上而下的官僚体系向市场起决定性作用的有限政府管理体系的转变。

62.10.1 推动国家治理现代化和贯彻落实"四个全面"的紧密关系

虽然习近平总书记2014年整体提出了"四个全面"的重要论述，然而其中几个"全面"自2012年十八大以来就逐步提出。张光平（2015a）研究表明，全面从严治党和全面依法治国应该与世界银行全球治理指标体系中的腐败控制和司法效率两个指标对应；虽然世界银行全球治理指标体系中没有指标与全面深化改革直接对应，但是政府效能发挥得越好，市场功能就会发挥得越好，深化改革的成效就越显著，因此政府效能应该与全面深化改革直接对应。另外政府功能发挥过度，市场功能也难以有效发挥，因此，深化改革进展应该与政府功能提高密切相关。全面建设小康社会的目标应该以考虑环保在内的人均包容性财富来衡量，然而由于包容性财富的概念2012年才由联合国提出，到目前仍然缺乏可比的数据，因此人均国内产值应该是小康社会建设目标最好的衡量指标。所以，贯彻落实"四个全面"和推动国家治理现代化有异曲同工之妙。表62−5给出了2013年到2014年25个主要国家和地区人均产值占全球人均产值比重、腐败控制、司法效率及政府效能和监管质量的变化。

62.10.2 近年来我国国家治理水平的显著提升

表62−4给出的是亚投行发起成员国2014年国家治理的评估结果，从难以看出近年来相关国家治理水平变化的程度。表62−5给出了2013年到2014年全球主要经济体和相关国家和地区国家治理水平的变化情况。

表62−5　　　主要国家和地区治理评估结果变化（2013年到2014年）　　　单位：%

国家或地区	腐败控制	法律效能	监管质量	政府效能	政府稳定	话语权和问责	六项平均	排名
美国	0.8	1.6	0.3	−0.8	0.2	−0.5	0.26	17
中国	0.4	2.5	0.8	7.4	1.7	0.7	2.24	4
日本	1.6	3.8	0.7	4.5	0.8	−1.1	1.71	8
德国	1.0	4.7	2.9	4.2	0.2	1.0	2.33	3

国家或地区	腐败控制	法律效能	监管质量	政府效能	政府稳定	话语权和问责	六项平均	排名
英国	1.0	4.3	1.3	3.0	-0.9	-0.4	1.38	9
法国	-0.6	1.4	-1.2	-1.4	-1.4	0.4	-0.48	20
印度	2.0	0.2	0.5	0.8	4.5	0.2	1.36	11
意大利	-1.4	-0.4	-2.2	-1.4	-0.2	0.9	-0.79	24
巴西	-5.2	0.7	-2.8	-1.4	5.3	0.9	-0.42	19
加拿大	-1.0	3.1	2.3	-0.2	2.9	-0.5	1.09	13
韩国	-1.2	0.9	2.5	1.2	-1.0	-0.1	0.37	16
澳大利亚	2.2	3.5	1.6	-0.7	1.3	-1.3	1.11	12
俄罗斯	2.4	1.4	-0.7	5.6	-1.8	-0.6	1.05	14
西班牙	-5.6	-1.2	-3.1	0.1	6.0	0.6	-0.52	21
墨西哥	-5.0	2.6	-0.6	-2.3	-0.4	-2.7	-1.40	25
印尼	0.8	4.1	1.9	4.6	2.6	2.6	2.76	2
荷兰	-1.0	3.5	0.2	1.3	-1.4	28.4	5.15	1
土耳其	-4.6	-0.8	-0.1	0.3	2.7	-1.2	-0.62	22
瑞士	1.2	4.5	3.7	6.5	-2.6	-1.4	1.98	6
沙特	2.2	0.2	-1.7	3.3	3.4	0.8	1.37	10
阿根廷	-2.4	-3.5	-1.8	2.2	0.3	1.1	-0.67	23
台湾地区	3.2	3.0	3.2	3.6	-1.2	0.0	1.96	7
香港	0.2	6.2	2.6	2.1	4.9	-4.0	1.99	5
新加坡	0.8	3.0	5.5	2.3	-2.2	-3.4	1.00	15
南非	0.2	0.6	-1.7	-2.1	-0.4	1.4	-0.31	18
15 个发达国家和地区平均	0.1	2.8	1.3	1.6	0.4	1.2	1.2	12
10 个发展中国家平均	-0.9	0.8	-0.6	1.8	1.8	0.3	0.5	15
金砖五国平均	0.0	1.1	-0.8	2.1	1.9	0.5	0.8	13
中国与 10 个发展中国家和地区平均	1.3	1.7	1.4	5.5	-0.1	0.3	1.70	(11)

　　数据来源和说明：国家治理评估结果是将世界银行全球治理指数评估的 -2.5 到 2.5 的评估结果转换成百分数；表中国家和地区为 G20 国家和 2014 年全球前 20 大经济体相应的国家和地区，加上台湾地区、香港特区、新加坡和南非共 25 个国家和地区，该 25 个国家和地区 2014 年总产值占世界总国内生产总值比重高达 82.5%，对全球经济有较好的代表性。

表 62-5 显示，2014 年我国国家治理指标中政府效能提高幅度最高，高达 7.4%，比同年相应增幅排名第二的瑞士增幅 6.5% 高出 0.9%；我国国家治理增幅排名第 2 位的是司法有效性，2014 年比 2013 年增加了 2.5%，增幅在表 62-5 中 25 个国家和地区排名第 14，显示 2014 年我国司法有效率方面的可喜进展；我国政府稳定、监管质量、话语权和腐败控制四个参数增幅分别为 1.6%、0.8%、0.7% 和 0.4%，增幅在表 62-5 中 25 个国家和地区排名分别为第 9、第 11、第 9 和第 13 位，在表 62-5 中 10 个发展中国家排名分别为第 6、第 2、第 6 和第 5 位，显示我国在该四方面的改进程度与大多发展中国家仍有显著的差距。

表 62-5 的数据也显示，2014 年我国国家总体治理水平比 2013 年提高了 2.24%，增幅在表 62-5 中 25 个国家和地区排名全球第 4，一年增幅超过 2002 年到 2013 年 11 年累计增幅 1.06% 一倍以上，显示 2014 年我国贯彻落实 "四个全面" 和推动国家治理的显著成绩。

62.10.3 近年来贯彻落实 "四个全面" 的显著成绩

上文指出，全面从严治党和全面依法治国应该与世界银行全球治理指标体系中的腐败控制和司法效率两个指标高度对应；虽然世界银行全球治理指标体系中没有指标与全面深化改革直接对应，但是政府效能发挥得越好，市场功能就会发挥得越好，深化改革的成效就越显著，因此政府效能应该与全面深化改革直接对应；另外政府功能发挥过度，市场功能也难以有效发挥，因此，深化改革进展应该与政府功能密切相关。表 62-6 给出了 2013 年到 2014 年 25 个主要国家和地区人均产值年变化率、腐败控制、司法效率及政府效能和监管质量的变化结果。

表 62-6 贯彻落实 "四个全面" 的显著成绩（2013 年到 2014 年的变化） 单位：%

国家或地区	人均产值与全球人均产值比例变化	腐败控制变化	法律效能变化	政府效能变化	平均变化	平均变化排名
美国	3.35	0.80	1.60	-0.83	1.23	12
中国	8.55	0.40	2.52	7.37	4.71	1
日本	-6.24	1.60	3.79	4.50	0.91	13
德国	2.99	1.00	4.74	4.23	3.24	6
英国	9.42	1.00	4.27	2.98	4.42	2
法国	0.38	-0.60	1.37	-1.39	-0.06	16
印度	7.97	2.00	0.22	0.76	2.74	7
意大利	-1.34	-1.40	-0.40	-1.43	-1.14	20

续表

国家或地区	人均产值与全球人均产值比例变化	腐败控制变化	法律效能变化	政府效能变化	平均变化	平均变化排名
巴西	−2.70	−5.20	0.74	−1.42	−2.14	23
加拿大	−3.99	−1.00	3.05	−0.23	−0.54	17
韩国	7.59	−1.20	0.86	1.16	2.10	8
澳大利亚	−4.99	2.20	3.48	−0.69	0.00	15
俄罗斯	−12.10	2.40	1.37	5.62	−0.67	18
西班牙	1.22	−5.60	−1.19	0.07	−1.37	21
墨西哥	1.19	−5.00	2.59	−2.35	−0.89	19
印尼	−3.91	0.80	4.08	4.60	1.39	10
荷兰	1.52	−1.00	3.46	1.25	1.31	11
土耳其	−4.07	−4.60	−0.80	0.25	−2.30	24
瑞士	1.45	1.20	4.51	6.48	3.41	3
沙特	−2.27	2.20	0.18	3.29	0.85	14
阿根廷	−13.60	−2.40	−3.48	2.20	−4.32	25
台湾地区	3.32	3.20	3.04	3.55	3.28	5
香港	4.85	0.20	6.21	2.13	3.35	4
新加坡	0.55	0.80	3.02	2.32	1.67	9
南非	−5.91	0.20	0.65	−2.08	−1.78	22
15 个发达国家和地区平均	1.34	0.08	2.79	1.61	1.45	11
10 个发展中国家和地区平均	−2.68	−0.92	0.81	1.83	−0.24	16
金砖五国平均	−0.8	0.0	1.1	2.1	0.6	14
中国与 10 个发展中国家平均变化差额	11.24	1.32	1.71	5.55	4.95	(15)

数据来源：人均产值数据根据国际货币基金组织 2015 年公布的各个国家和地区 2013 年和 2014 年人均国内生产总值数据计算得出，其他数据来自表 62−5。

表 62−6 显示，2013 年到 2014 年，我国人均产值年增长率、腐败控制、司法效率和政府效能和监管质量提高分别代表全面小康社会建设、全面从严治党、全面依法治国和全面深化改革"四个全面"的四个指标的提高程度，该四项平均增长了 4.71%，在 25 个国家和地区排名第 1 位，显示 2014 年我国贯彻落实"四个全面"的显著成绩。具体来说，表 62−6 中政府效能平均值提高了 7.37%，比排名第二的瑞士增幅 6.48% 还高出 0.89%，在 25 个国家和地区中排

名第1，显示2014年政府放宽管制、简化行政审批和推动创新等方面的举措已经产生了明显的效果；人均产值年增长率、腐败控制和司法效能分别增长了8.55%、0.40%和2.52%，分别在25个国家和地区中分别排名第1、第13和第13位，在10个发展中国家中分别排名第1、第5和第3，显示2014年我国在小康社会建设和依法治国方面的成果显著，然而在腐败控制方面仍有待进一步提高。

62.10.4 "十三五"和第一个一百年推进国家治理的路线图和时间表

研究表明（张光平，2015），发达国家和地区人均收入国际排名与其国家治理水平的国际排名基本相当，人均产值越高的国家或地区相应的国家治理水平也越高，反之亦然（2014年国际货币基金组织公布的189个国家和地区人均产值与其全球治理平均水平相关性高达68.1%）。"十三五"规划的主要目标之一是到2020年完成人均GDP和城乡居民收入翻两番，标志着届时我国国家治理水平也应该有显著的提高，否则人均产值的提高将缺乏制度的保障。上文显示，虽然2014年我国国家治理排名从2013年的126位提高到了120位，但是2014年我国人均产值排名仅从2013年的86位提高到了81位，国家治理排名与人均产值排名仍有巨大的差距。到2020年我国人均产值比2010年提高一倍，那么到2020年我国国家治理水平需要有更大幅度的提升。

由于2021年是我党百年华诞，与"十三五"截至时间仅差一年，因此"十三五"国家治理和"四个全面"奋斗目标应该与第一个一百年的奋斗目标相近。根据历年来世界银行全球治理数据，即使2014年到2020年我国治理评估结果每年以2013年到2014年的增幅2.24%增加，那么到2020年我国治理评估结果也将仅为54.8%，比2010年的评估结果38.9%仅增长40.8%，与同期我国人均产值翻两番的增幅有巨大的差距，国家治理仍将与人均产值排名差距将进一步拉大；如果从2014年到2020年我国治理评估结果每年以3.11%的增幅（高于表2给出的增幅排名第二的印尼增幅2.76%，但却显著低于表1中增幅排名最高的荷兰增幅5.15%）增加，那么到2020年我国治理评估结果也将达到60%及格的水平，比2010年的评估结果38.9%增长54.2%，与同期我国人均产值翻两番的增幅仍有明显的差距，届时我国国际治理的排名与人均产值的排名差距仍将拉大，但要国家治理水平保持6年年均增长3.11%也非易事。

如果从2014年到2020年我国治理评估结果每年以3.52%的增幅（仅率低于表1中增幅排名最高的荷兰增幅5.15%）增加，那么到2020年我国治理评估结果也将达到62.5%，比2010年的评估结果38.9%增长60.7%，与同期我国人均产值翻两番的增幅仍有一定的差距，届时我国国际治理水平将在表1中10个主要发展中国家排名首位, 比 10 个主要发展中国家的平均治理水平高出 10% 以上, 同时也将超过意大利和西班牙两个排名较低的发达国家的治理水平。但是, 要保持国家治理水平持续 6 年年均增长 3.52% 绝非易事, 实现有一定的困难。

62.10.5 第二个一百年国家治理的目标

"十三五"的时间较短, 要在五六年内大幅度提高国家治理水平不很容易。但是, 从 2014 年到 2049 年第二个一百年仍有三十多年的时间, 贯彻落实"四个全面"有望取得巨大的成绩。图 62 - 1 给出了 1996 年到 2014 年的 18 年内 25 个国家和地区国家治理水平累计变化情况。

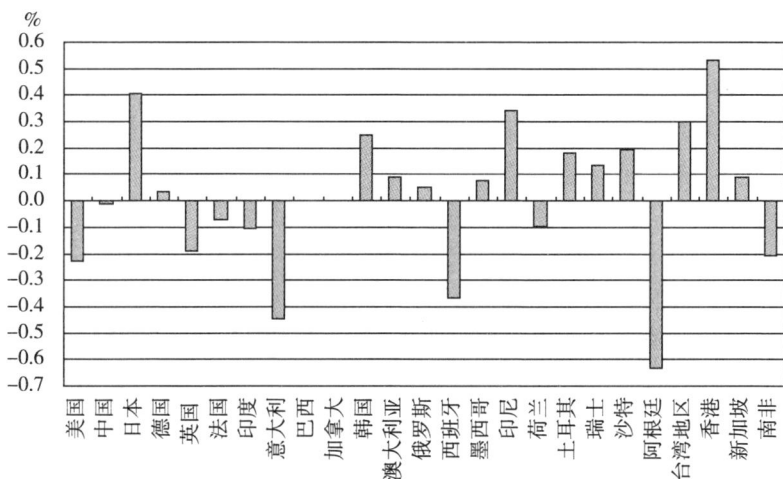

数据来源: 根据表 62 - 5 所用的历年世界银行全球治理指数评估数据整理计算得出。

图 62 - 1 1996 年到 2014 年 25 个国家和地区国家治理水平累计变化情况

图 62 - 1 中 25 个国家和地区有 10 个国家治理水平不仅没有提高, 反而有不同程度的下降, 降幅最高的五个国家和地区分别为阿根廷、意大利、西班牙、南非和英国, 我国也在累计下降之列 (累计略降 0.2%); 其他 15 个国家和地区有不同程度的增长, 其中年均增幅最高的六个国家和地区分别为中国香港地区、日本、印尼、中国台湾地区、韩国和沙特, 年均增幅分别为 0.53%、0.40%、0.34%、0.30%、0.25% 和 0.19%, 该六个国家和地区仅有沙特为发展中国家。这些数据显示, 要在近 20 年的较长时间内保持国家治理水平持续提高确实不是件容易的事, 而要保持在较长时间内持续较快提高就更不容易了。对于绝大多数发展中国家来说, 要保持持续较高速度提高国家治理能力就更不容易了。

如果从 2014 年到 2049 年, 我国治理水平能每年提高 0.53% (即 1996 年到 2014 年表 1 给出的 25 个国家和地区年均增幅最高的增幅, 亦即表 2 给出的 2013

年到 2014 年我国增幅 2.24% 的 23.9%），而且其他 24 个国家和地区同期年均增幅也保持 2013 年到 2014 年年均增幅的 23.9%，那么到 2049 年我国治理水平将正好达到 60% 及格的水平，上文讨论该目标应为随着持续贯彻落实"四个全面"，在"十三五"就有望实现；如果从 2014 年到 2049 年，我国治理水平能每年提高 0.73%（即比 1996 年到 2014 年表 1 给出的 25 个国家和地区年均最高增幅 0.53% 还高出 0.21%，亦即表 2 给出的 2013 年到 2014 年我国增幅 2.24% 的三分之一的程度），而且其他 24 个国家和地区同期年均增幅保持 1996 年到 2014 年年均增幅，那么到 2049 年我国治理水平将达到 67.4%，不仅超过上文指出的意大利和西班牙，而且还会超过韩国治理水平 65.7%；如果从 2014 年到 2049 年，我国治理水平能每年提高 0.89%（即比 1996 年到 2014 年表 1 给出的 25 个国家和地区年均最高增幅 0.53% 还高出 0.36%，亦即表 2 给出的 2013 年到 2014 年我国增幅 2.24% 的 4 成），而且其他 24 个国家和地区同期年均增幅也保持 1996 年到 2014 年年均增幅，那么到 2049 年我国治理水平将达到 72.7%，不仅超过上文的韩国，而且还会超过法国和中国台湾地区的治理水平 72.6% 和 71.6%，我国国家治理水平将步入中等发达国家的水平。

如果从 2014 年到 2049 年，我国治理水平能每年提高 1.01%（即比 1996 年到 2014 年表 1 给出的 25 个国家和地区年均最高增幅 0.53% 还高出 0.47%，亦即表 2 给出的 2013 年到 2014 年我国增幅 2.24% 的 45%），而且其他 24 个国家和地区同期年均增幅也保持 1996 年到 2014 年年均增幅，那么到 2049 年我国治理水平将达到 76.6%，不仅超过上文的韩国、法国和中国台湾地区，而且还会超过届时美国的 74.2%，同时略超过 15 个发达国家和地区平均水平 76.4%，中华民族伟大复兴的中国梦将发放出耀眼的光芒。

62.10.6　努力创造国家治理现代化的世界奇迹

改革开放后三十多年我国创造了三十多年年均接近 10% 的世界经济增长的奇迹。随着全党全国贯彻落实"四个全面"和推动国家治理现代化的持续推进，到"十三五"末或到第一个一百年，我国国家治理水平有望达到及格的程度；到第二个一百年的今后三十多年，我国有望在创造经济增长奇迹后再创全球治理奇迹。世界银行 1996 年到 2014 年全球治理评估数据显示，表 62-5 中 25 个国家和地区 18 年治理水平累计不增反降的有 10 个，其中有 8 个是发达国家和地区（超过表 62-5 中 15 个发达国家和地区总数的一半），2 个为发展中国家（占表 62-5 中 10 个发展中国家总数的两成），显示大多主要发达国家和地区治理达到一定程度后治理水平不增反降，而绝大多数发展中国家在长达 18 年的时间内国家治理水平却有了不同程度的提高。

上文分析显示，即使从 2014 年到 2049 年，我国国家治理水平保持 2013 年到 2014 年增幅 2.24% 的三分之一，那么到 2049 年我国的国家治理水平也将达到 67.4%，年均增幅将达到 0.75%，超过 1996 年到 2014 年 25 个国家和地区年均增幅最高的幅度 0.53%，有望创造三十多年全球治理的奇迹；如果从 2014 年到 2049 年，我国国家治理水平保持 2013 年到 2014 年增幅 2.24% 的四成五，那么到 2049 年我国的国家治理水平也将达到 76.6%，年均增幅将达到 1.01%，比 1996 年到 2014 年 25 个国家和地区年均增幅最高幅度 0.53% 高出 0.47%，我国的国家治理水平将超过 15 个发达国家和地区平均程度，可望在今后三十多年内再创全球治理的奇迹。

62.10.7　加强我国国家治理相关研究的必要性

上文显示，2014 年我国腐败控制程度仅比 2013 年提高了 0.4%，为包括司法效能、监管质量、政府效能、政府稳定和话语权和问责在内六个子参数增幅最低的参数，这明显与十八大以来我党严惩腐败的显著成绩不很一致。换句话说，2014 年我国腐败控制结果未能较好地反映在世界银行全球治理的指标体系中，表明世界银行全球治理数据采集以至模型本身应该有不可忽视的问题。世界银行全球治理模型主要是建立在发达国家法律体系、监管体系和政治体系等之上的，因此其评估结果与发达国家和地区的发展程度更为吻合，但是对广大发展中国家的实际情况的反映却有明显的差异。所以，在加强与世界银行等其他国家机构的国家治理相关领域沟通和合作的同时，加强我国国家治理相关研究，建立我国国家治理模型势在必行。只有这样，我们才能摆脱对境外相关渠道和结果的依靠和依赖，对国内相关领域进展有第一手资料，对相关领域和区域的进展和举措进行及时必要的调整，各项工作才可能按照既定的路线图和时间表有效推进，我国创造国家治理现代化世界奇迹的能能才会落到实处。

62.11　"一带一路"沿线国家和地区人口和经济规模分布

"一带一路"实际上是"丝绸之路经济带"和"21 世纪海上丝绸之路"的简称。"一带一路"横跨亚欧，涉及东南亚、南亚、中亚、西亚和中东欧等 60 多个沿线国家和地区，而且"一带一路"的目的地为欧洲。本节简单介绍"一带一路"沿线国家和地区人口和经济规模分布，从而使得我们对这些国家和地区有具体的认识，进而对"一带一路"战略有更清晰的认识。表 62 - 7 给出了 2003 年以来东南亚、南亚、中亚、西亚和中东欧及独联体地区人口、国内产值和人均产值分布数据。

表 62 - 7　　"一带一路"相关地区（东亚、东南亚、南亚、中亚、

西亚和欧洲新兴和发展中国家）人口、国内产值和

人均产值占世界比重分布（2003 年到 2015 年）　　单位：%

人口占比	地区经济体数	2003 年	2007 年	2010 年	2014 年	2015 年
东亚	7	24.0	23.3	22.8	22.1	22.2
东南亚	11	8.6	8.7	8.7	8.7	8.8
南亚	7	22.5	22.8	23.0	23.4	23.7
中亚	6	3.7	3.6	3.5	3.5	3.5
西亚	16	4.1	4.3	4.4	4.5	4.6
亚洲	47	62.9	62.6	62.4	62.2	62.8
东亚外亚洲	40	38.9	39.3	39.6	40.1	40.6
欧洲新兴和发展中经济体	20	5.2	4.8	4.6	4.5	4.4
"一带一路"沿线国家总计	60	44.1	44.2	44.2	44.5	45.0
"一带一路"沿线总计加中国大陆	61	64.7	64.8	64.9	65.2	65.7
GDP 占比	地区经济体数	2003 年	2007 年	2010 年	2014 年	2015 年
东亚	7	18.4	16.7	20.3	22.3	22.3
东南亚	11	2.0	2.4	3.0	3.2	3.1
南亚	7	2.1	2.6	3.2	3.3	3.4
中亚	6	0.5	0.5	0.6	0.6	0.5
西亚	16	2.9	4.0	4.5	4.7	4.2
亚洲	47	25.9	26.3	31.5	34.1	33.6
东亚外亚洲	40	7.5	9.6	11.2	11.9	11.3
欧洲新兴和发展中经济体	20	3.4	5.0	4.8	4.8	3.8
"一带一路"沿线国家总计	60	10.9	14.6	16.0	16.6	15.1
"一带一路"沿线国家总计加中国大陆	61	15.2	20.7	25.2	30.1	30.1
人均 GDP 占比	地区经济体数	2003 年	2007 年	2010 年	2014 年	2015 年
东亚	7	76.76	71.77	89.05	100.59	100.43
东南亚	11	23.15	27.85	34.93	37.18	35.46
南亚	7	9.15	11.56	13.79	14.13	14.52
中亚	6	14.26	14.36	15.86	17.53	15.73
西亚	16	70.02	94.25	101.24	104.60	90.65
亚洲	47	41.14	42.05	50.53	54.88	53.50
东亚外亚洲	40	19.17	24.41	28.34	29.62	27.78
欧洲新兴和发展中经济体	20	66.15	102.27	103.74	107.33	86.13
"一带一路"沿线国家总计	60	24.66	32.96	36.26	37.39	33.49
"一带一路"沿线国家总计加中国大陆	61	23.41	31.91	38.82	46.10	45.81

数据来源：人口和 GDP 数据来自国际货币基金组织 2016 年 4 月公布的各个国家和地区数据，人均产值占比根据 GDP 和人口数据计算得出；地区经济体数是进入国际货币基金组织人口和 GDP 数据库的国家和地区；欧洲新兴和发展中经济体包括中东欧国家和独联体国家。

62.11.1　"一带一路"相关地区人口分布

表 62 - 7 显示，2003 年到 2015 年"一带一路"沿线国家和地区人口占世界人口比重从 44.1% 上升到了 45.0%，加上我国大陆人口的世界占比"一带一路"人口占比从 64.7% 上升到了 65.7%，接近三分之二。值得关注的是 2010 年南亚人口总数增长到了 15.63 亿，首次超过了东亚总人口 15.51 亿，成为亚洲以至全球人口最多的区域；估计到 2022 前后南亚人口占世界比重会首次超过四分之一，届时"一带一路"沿线加上中国大陆人口将超过全球人口三分之二，对世界的影响力将显著提高。

62.11.2　"一带一路"沿线国家经济规模分布

表 62 - 7 和表 62 - 8 显示，2003 年到 2015 年，亚洲经济占世界经济比重从四分之一强提高到了三分之一强的水平，超过了欧洲经济的比重，重回世界最大的经济区域；然而，亚洲经济发展很不平衡，除东亚国内生产总值占全球经济五分之一强外，西亚、南亚和东南亚经济的世界占比皆为 4 个百分点上下，中亚占比更低，不到一个百分点；另外，中东欧和独联体国家经济总规模的世界占比也仅为 4 个百分点左右，整个"一带一路"沿线国家和地区总经济占世界比重仅为七分之一多些，相当于我国国内产值的一半。这些数据显示，"一带一路"沿线国家经济总体有着巨大的发展潜力，"一带一路"战略的实施将有效推动这些国家和地区经贸的发展，有利于全球经济协调发展。

62.11.3　"一带一路"沿线国家人均产值分布

表 62 - 7 显示，除东亚和西亚近年来人均产值相对较高，略超全球人均产值外，欧洲新兴和发展中经济体人均产值近年来明显下降到了世界人均产值不到 9 成的水平；东南亚人均产值略超过世界水平的三分之一；而中亚和南亚人均产值仅为全球水平的 15% 上下，为全球人均产值最低的区域；整个"一带一路"沿线国家总体人均产值仅为世界水平的三分之一略高的低位，显示这些国家和地区经济发展有着巨大的潜力，"一带一路"战略的实施对沿线国家和地区经济发展、人民生活水平的提高将有着巨大的潜在推动作用。

62.11.4 "一带一路"沿线国家与我国贸易分布

表 55 - 9 显示，尽管东亚国家和地区仍然保持了我国在亚洲最主要的贸易伙伴地区，但是十多年来我国与东亚国家和地区贸易占我国贸易比重呈现持续下降的趋势；与此同时，我国与东南亚、西亚、南亚和中亚的贸易占比却呈现持续上升的态势；表 55 - 10 显示，东南亚、西亚、南亚和中亚主要国家对我国

贸易依存度仍然很低，仍有着巨大的增长空间。"一带一路"战略的实施将进一步促进我国与这些地区经贸的发展，达到互利共赢的目标。

62.12 "一带一路"的国际战略布局和意义

"一带一路"横跨亚欧大陆和西太平洋及印度洋区域，该战略的实施将对亚欧以至全球经济和贸易和金融市场将产生巨大的影响和推动作用。

62.12.1 中国、亚洲、欧洲和美国经济中长期增长趋势回顾

表62-3及相关数据显示，公元元年到1820年，以中印两大经济体绝大多数时间经济总和占世界经济的比重在一半上下，过去两千年间9成以上的时间内，亚洲都一直是世界经济的中心。表62-8给出了1770年到1980年中国、亚洲、欧洲和美国不同时间段内经济规模、年均增长率和规模分布。表62-8显示，由于欧洲工业革命等因素，到了19世纪80年代末，欧洲取代亚洲成为全球最大经济体；然而欧洲全球最大经济的地位保持了仅半个多世纪，到1943年美国取代欧洲成为全球最大经济体，而且到1945年"二战"结束时美国经济超过欧洲经济而且占世界经济比重高达46.8%，显示美国通过"二战"获得其全球经济头把交椅的地位。

表62-8 中国、亚洲、欧洲和美国中长期经济规模、年均增速和规模分布

(1770年到1980年，1990年国际元即 International Geary - Khamis dollars)

单位：亿、%

国家或地区/年份	1700	1820	1850	1880	1913	1943	1945	1974	1980
经济规模									
中国	828	2286	2472	1897	2414	2705	2632	7519	10411
亚洲	2015	3866	4105	3898	6121	8050	6628	64870	87247
欧洲	812	1599	2613	3771	9022	13400	11200	41851	48492
亚欧洲	2828	5464	6718	7669	15143	21449	17828	106722	135739
美国	5	125	426	984	5174	15811	16448	35267	42306
亚洲、欧洲和美国总计	2833	5590	7144	8653	20317	37261	34276	141989	178044
年均复合增长率									
中国		0.85	0.26	-0.88	0.73	0.38	-1.35	3.69	5.57
亚洲		0.54	0.20	-0.17	1.38	0.92	-9.26	8.18	5.06
欧洲		0.57	1.65	1.23	2.68	1.33	-8.57	4.65	2.48
亚欧洲		0.55	0.69	0.44	2.08	1.17	-8.83	6.36	4.09
美国		2.68	4.16	2.83	5.16	3.79	1.99	2.67	3.08
亚洲、欧洲和美国总计		0.57	0.82	0.64	2.62	2.04	-4.09	5.02	3.84

续表

国家或地区/年份	1700	1820	1850	1880	1913	1943	1945	1974	1980
经济规模分布									
中国	29.2	40.9	34.6	21.9	11.9	7.3	7.7	5.3	5.8
亚洲	71.1	69.2	57.5	45.1	30.1	21.6	19.3	45.7	49.0
欧洲	28.7	28.6	36.6	43.6	44.4	36.0	32.7	29.5	27.2
亚欧洲	99.8	97.8	94.0	88.6	74.5	57.6	52.0	75.2	76.2
美国	0.2	2.2	6.0	11.4	25.5	42.4	48.0	24.8	23.8
美国/欧洲	0.6	7.8	16.3	26.1	57.3	118.0	146.8	84.3	87.2
亚洲、欧洲和美国总计	100.0	100.0	100.0	100.0	100.0	100.0	100.0	100.0	100.0

数据来源：1000 年到 1820 年数据来自经合组织发表的麦迪逊（Maddison）教授"Development Centre Studies The World Economy A Millennial Perspective：A Millennial Perspective"；1000 年和 1500 年 G7 数据为当时西欧的数据，1000 年和 1500 年俄罗斯数据为麦迪逊教授给出的当时"苏联"数据，"金砖五国"数据为当时"苏联"、印度和中国之和；1992 年以来的数据来自国际货币基金组织 2015 年 10 月公布的各国和地区人口数据及预测人口数据计算得出。

表 62-8 的信息量巨大，有很多值得我们深思的地方。首先，1820 年到 1850 年，在欧美经济显著持续增长的同时，中国经济增长却显著减速，仅相当于 1770 年到 1820 年年均增速的 3 成；1850 年到 1880 年，欧美经济持续显著增长，而中国经济不尽没有增长却反而大幅度下降。这六十年间中国国际地位显著下降既有列强侵略分割的外部因素，也有清政府故步自封、不思进取改革，未能跟上世界科技发展等步伐的内部因素。欧洲凭借其工业革命和全球掠夺，到 1890 年前后就首次超过亚洲而成为全球最大经济体，然而由于内部矛盾升级为两次世界大战，经济遭受严重打击，在"二战"结束前就将世界经济的头把交椅拱手交给了美国；而美国虽在"二战"中获取全球最大经济和金融地位，但由于战时经济结构的调整和撕毁美元与黄金挂钩的承诺等因素，战后 30 年年均增长首次低于欧洲，到 1974 年美国经济下滑到了比欧洲经济总体还要低 15.7% 的水平。所以，通过"一带一路"战略实施以推动沿带沿路国家和地区经贸发展和中欧经贸的发展不仅是中国伟大复兴的需求，而且也是欧洲经贸发展的内在需求。

62.12.2 三十多年来中国、亚洲、欧洲和美国经济中长期增长趋势简析

表 62-8 给出了近 300 年来亚洲经济体经济规模及分布数据，然而由于早期的数据大多是通过研究估算出的数据，准确度和可比性可能存在一定的问题。表 62-9 给出了 1980 年到 2014 年国际货币基金组织公布的相关数据及对 2015 年到 2020 年的估算数据。表 62-9 显示，2000 年到 2015 年中国经济世界占比

从 3.6%提高到了 15.5%，接近欧元区占比 15.7%；亚洲新兴市场占比从 6.9%
提高到了 21.9%，接近欧盟占比 22.1%；亚洲占比从 23.6%提高到了 30.6%，
超过欧洲占比 24.4%。实际上亚洲经济早于 2012 年占比 28.0%就超过了欧洲占
比 25.8%，重回最大经济体地位。

表 62-9　亚洲和欧洲相关国家和地区 GDP 及分布（1980 年到 2020 年）

单位：万亿美元、%

国家或地区/年份	1980	1990	2000	2010	2015	2020	2000 年到 2015 年的变化	2015 年到 2020 年的变化
中国	0.30	0.39	1.21	6.04	11.38	18.06	16.85	6.68
亚洲新兴经济体	0.75	1.11	2.31	9.71	16.08	24.25	21.94	8.17
亚洲发达经济体	1.22	3.56	5.69	7.29	6.41	7.79	2.09	1.38
亚洲	1.97	4.67	8.00	17.00	22.49	32.04	24.04	9.54
欧元区			6.50	12.66	11.57	13.99	7.49	2.42
欧盟	3.74	7.23	8.82	16.97	16.27	20.19	11.36	3.92
欧洲新兴经济体	0.25	0.36	0.58	1.70	1.68	2.20	1.62	0.52
欧洲	3.99	7.59	9.41	18.67	17.94	22.39	12.98	4.44
亚欧洲	5.96	12.26	17.41	35.68	40.44	54.42	37.02	13.99
美国	2.86	5.98	10.28	14.96	17.97	20.60	10.32	2.63
世界	11.14	23.22	33.46	65.34	73.51	96.19	62.74	22.69
世界占比分布								
中国大陆	2.7	1.7	3.6	9.2	15.5	18.8	15.17	3.29
亚洲新兴经济体	6.8	4.8	6.9	14.9	21.9	25.2	18.31	3.33
亚洲发达经济体	10.9	15.3	17.0	11.2	8.7	8.1	-8.92	-0.63
亚洲	17.7	20.1	23.9	26.0	30.6	33.3	9.39	2.70
欧元区			19.4	19.4	15.7	14.5	-4.88	-1.19
欧盟	33.6	31.1	26.4	26.0	22.1	21.0	-5.39	-1.14
欧洲新兴经济体	2.2	1.6	1.7	2.6	2.3	2.3	0.54	0.01
欧洲	35.8	32.7	28.1	28.6	24.4	23.3	-4.85	-1.14
亚欧洲	53.5	52.8	52.0	54.6	55.0	56.6	4.54	1.57
美国	25.7	25.8	30.7	22.9	24.4	21.4	-9.33	-3.03
亚、欧发达经济体	44.5	46.5	43.4	37.1	30.8	29.1	-14.31	-1.77

　　数据来源：根据国际货币基金组织 2015 年公布的主要国家和地区 GDP 数据及估算数据计算得出；其
中亚洲发达经济体包括日本、台湾地区、香港地区、新加坡和以色列 5 个国家和地区总和。

表62-9的数据也显示，到2020年中国经济世界占比将提高到18.8%，显著超过欧元区占比14.5%，亚洲新兴市场占比将提高到25.2%，不仅超过欧盟占比21.0%，而且超过欧洲占比23.3%；亚洲占比将达到三分之一，比届时欧洲占比23.3%高出1成。表62-9最为值得关注的是，2000年到2015年代表欧洲发达经济的欧元区世界经济占比累计下降了4.88%，欧盟累计下降了5.39%，欧洲总体占比累计下降了4.85%，亚洲发达经济体累计下降了8.92%（主要是日本同期累计下降了8.54%所致），显示欧元区以至整个欧洲抓住"一带一路"的战略机遇，重振经贸和加速政治和金融改革以重振欧元，才能使欧元区以至欧盟重回持续增长的道路。

62.12.3 相关国家和国际组织对"一带一路"倡议的反应

2013年习近平总书记提出"一带一路"战略构思之后，"一带一路"战略很快获得了相关国家和地区的积极回应。"一带一路"倡议提出以来两年多的时间内"一是参与的伙伴越来越多，目前已经有70多个国家和国际组织表达了合作的意愿。30多个国家同我们签署了共建"一带一路"合作协议。二是金融支撑基本到位。中方发起的亚投行已经开业运营，丝路基金首批投资项目已经正式启动。三是互联互通网络逐渐成形。以中巴、中蒙俄等经济走廊建设为标志，基础设施、金融、人文等领域取得了一批重要早期收获。中欧班列贯通欧亚，匈塞铁路、雅万高铁开工建设，中老、中泰等泛亚铁路网建设也迈开重要步伐。四是产能合作全面推进。我们同近20个国家开展了机制化产能合作，开创了中国-哈萨克斯坦合作新模式，一大批重点项目已在各国落地生根。"（"王毅：30多国家同中国签署共建'一带一路'协议"，中国新闻网，2016年3月8日。）已与我国签署"一带一路"合作协议的三十多个国家已经达到了沿线国家总数的一半以上，成绩显著。

""一带一路"倡议是中国的，但机遇是世界的。提出这一倡议，顺应了亚欧大陆要发展、要合作的普遍呼声，标志着中国从一个国际体系的参与者快速转向公共产品的提供者。"一带一路"秉持共商、共建、共享原则，奉行的不是"门罗主义"，更不是扩张主义，而是开放主义。"一带一路"带给未来世界的，一定是一幅亚欧大陆共同发展繁荣的新的历史画卷"（同上）。

62.13 广泛合作推动"一带一路"战略实施和人民币国际化

除新设的亚投行和金砖银行外，加强与其他区域性开发银行的合作也将促进我国与世界各国的合作力度，对"一带一路"战略实施和人民币国际化推动有积极的作用。本节简单介绍我国与其他区域性开发银行的合作情况。

62.13.1　1985 年我国成为非洲开发银行会员国

非洲开发银行（African Development Bank，简称 ADB）1964 年正式成立。1966 年 7 月 1 日开业。总部设在科特迪瓦的经济中心阿比让。2002 年，因科政局不稳，临时搬迁至突尼斯至今。非洲开发银行是非洲最大的地区性政府间开发金融机构，其宗旨是促进非洲地区成员的经济发展与社会进步。中国于 1985 年 5 月加入非洲开发银行。截至 2006 年底，中国在非行持股 24230 股，占总股份的 1.117%（www.afdb.org）。

62.13.2　2009 年我国成为美洲开发银行会员国

美洲开发银行（Inter – American Development Bank，简称 IADB）成立于 1959 年 12 月 30 日，是世界上成立最早和最大的区域性、多边开发银行。总行设在华盛顿。该行是美洲国家组织的专门机构，其他地区的国家也可加入，但非拉美国家不能利用该行资金，只可参加该行组织的项目投标。该组织有 20 个创始成员国（19 个拉美国家和美国。截至 2006 年，该行由美国、巴西等 28 个美洲地区国家和日本、英国、德国、韩国等 19 个区域外成员组成。IADB 致力于服务拉丁美洲和加勒比地区，以提高该地区人民生活水平为宗旨。中国于 1993 年向美洲开发银行正式提出了入行申请，并于 2004 年重申了这一申请。近年来中国与拉美经贸关系发展迅速，很多拉美国家也希望中国尽早加入美洲开发银行。2008 年全球金融危机发生后，美洲开发银行迫切希望中国加入以共同应对金融危机，中国于 2009 年 1 月正式成为美洲开发银行第 48 个会员国，同时也是亚洲地区第四个参加该组织的国家（www.iadb.org）。

62.13.3　我国为亚洲开发银行第三大股东

亚行创建于 1966 年 11 月 24 日，总部设在菲律宾首都马尼拉。亚行理事会于 1986 年 2 月 17 日通过第 176 号决议同意接纳中华人民共和国为亚行成员。截至 2013 年 12 月底，亚行有 67 个成员，其中 48 个来自亚太地区，19 个来自其他地区。按各国认股份额，中国居第三位（6.44%），日本和美国并列第一（15.60%）。按各国投票权，中国也是第三位（5.45%）；日本和美国并列第一（12.78%）在这个组织中都是第一大出资国，拥有一票否决权。

在 1987 年 4 月举行的理事会第 20 届年会董事会改选中，中国当选为董事国并获得在董事会中单独的董事席位。同年 7 月 1 日，亚行中国董事办公室正式成立。1986 年，中国政府指定中国人民银行为中国对亚行的官方联系机构和亚行在中国的保管银行，负责中国与亚行的联系及保管亚行所持有的人民币和在中国的其他资产。2000年6月16日，亚行驻中国代表处在北京成立。

62.13.4 我国申请成为欧洲复兴开发银行会员

中国申请加入欧洲复兴开发银行，既有利于中国扩大在国际金融机构中影响力，也有助于欧洲增加融资渠道，同时还将大力驱动中欧在基础设施投资、地区发展、人民币国际化等方面合作。为助推"一带一路"倡议与"欧洲投资计划"顺利对接，深化与欧洲复兴开发银行的合作关系，中国向欧洲复兴开发银行表达了加入意愿。欧洲复兴开发银行董事总经理兼代理首席经济学家汉斯·彼得·兰克斯说，预计12月中旬就中国的申请作出决定（"中国为啥要进欧洲复兴开发银行？"，新华网，2015年11月9日）。

2016年1月15日，国务院决定加入《欧洲复兴开发银行成立协定》并接受欧洲复兴开发银行理事会通过的《关于中国成员资格的决议》。外交部王毅部长签署了加入书，外交部出具了法律意见函，人民银行周小川行长签署了股本认购函等函件。这意味着中国加入欧洲复兴开发银行的相关法律程序已经完成，中国正式成为欧洲复兴开发银行成员（"中国正式成为欧洲复兴开发银行成员"，人民银行网站，2016年1月15日。）

62.14 中欧互利共赢合作相关政策建议

上文显示，"一带一路"沿线国家和地区经贸世界占比相对较低，有着巨大的发展潜力；然而"一带一路"的目的地是欧洲，欧洲经贸的世界占比却相当可观，而且欧洲在全球金融等领域的地位非常重要；上文也显示，"一带一路"连通中欧经济体不仅对中华民族伟大复兴意义重大，而且同时也为欧洲复兴带来难得的历史机遇。

近年来中欧合作已经取得了可喜的进展，第63章显示2015年欧元取代日元成为国内外汇市场仅次于美元的第二大外币就是一个明显的证据。虽然中欧合作取得了可喜的成绩，但是仍有诸多环节可以加深合作，从而加速"一带一路"战略的实施。我们提出如下政策建议。

62.14.1 提高人民币和欧元贸易等结算以支持人民币国际化和欧元国际化

欧盟从2003年和2004年分别超过美国和日本，成为我国最大的贸易伙伴，十多年来保持了最大的贸易伙伴位置。虽然欧盟是我国最大的贸易伙伴，而且近年来包括英国和欧元区在内的主要欧盟国家与我国经贸和金融合作加速，但是欧元和人民币在中欧跨境贸易结算方面的进展仍达不到贸易占比水平。所以，提高中欧贸易和投资人民币和欧元结算不仅对人民币国际化有重要的意义，而且对欧元和英镑也会有一定的支持作用。

62.14.2　提高与欧洲人民币外汇互换协议额度及使用率

表63-2显示，2009年以来我国与三十多个国家和地区签订了人民币外汇互换协议，其中与7个欧洲国家和地区累计签订了价值10255亿元人民币的外汇互换协议，占总额的31%；这七个欧洲国家和地区仅有英国和欧元区是欧盟国家，该两地分别与我国签订了3500亿人民币外汇互换协议，占总额比重仅为21.2%。几年来我国与欧元区的贸易超过与英国贸易6倍左右，而如此大的欧元区与我国签订的人民币外汇互换协议总额才仅与英国签订的总额相同，表明我国与欧元区金融合作的潜力空间更大。

62.14.3　提高合格境外机构投资者的欧元区额度

附表62-4给出的截至2016年1月27日外管局比重279个合格境外机构投资者中仅有25个机构是欧元区的，这些欧元区机构获准的金额累计仅为52.6亿美元，仅占总额的6.5%，远低于2014年和2015年我国与欧元区贸易占比14.3%，而且这25个欧元区机构集中在荷兰、法国、德国和卢森堡，分别仅有8家、7家、3家和3家，意大利和西班牙这样的欧元区主要国家分别仅有一家，显示我国加强与欧元区金融合作的空间仍然巨大。

另外，表60-4显示，截至2015年9月29日，欧元区仅有法国、德国和卢森堡三个国家分别批准人民币境外合格机构投资者800亿、800亿和500亿元人民币额度，总计2100亿元，比英国获准额度800亿元人民币高出1.6倍，与近年来我国与欧元区贸易比与英国的贸易6倍左右的倍数还相差很多；虽然欧元区比准额度相对于英国较低，而同时欧元区三国累计获准额度230亿元人民币与英国累计获准额度228亿元人民币相当，显示我国与欧元区人民币合作力度有待显著加强。

62.14.4　增加中欧金融、科技等领域企业相互持股

第5章和第47章建行H股期权案例显示，十年前，我国国有银行开始探索境外上市时，大多银行引境外战略投资者，对我国银行业的市场化和转型升级发挥了重要的作用。然而，回顾十年多我国银行业改革的历程，当时引进战略投资者是实，而实际上是以成功上市为主要目的，还谈不上与投资者战略合作的程度。十年后的今天，我国银行业改制发展取得了巨大的成绩，我国主要银

行真正有了一定的资本、管理水平和银行市值，这样使得我国银行有在新的国际格局中寻找真正的战略合作伙伴以服务"一带一路"战略实施和推进人民币国际化的进程。第5章相关数据显示，到目前为止，我国主要大型银行和很多股份制银行已经有了境外合作伙伴持有我国银行的部分股份，而且我国几家大型银行和个别股份制银行也在境外收购了一些境外银行的资产，但是，我国大型银行和股份制银行仍少有主要外资银行相应的股份。为加速实施"一带一路"战略和推动人民币国际化，特别是在欧洲金融业和其他行业近几年来经营差强人意和市值低迷之时，通过公开市场和其他渠道持有欧洲银行、证券、保险、科技等领域上市公司一定比例的股份，即对我国银行业和其他领域企业经营所急需的国际经验有帮助，而且对欧洲相应公司也给予了支持，进而达到与欧洲战略合作伙伴"利益捆绑"的目的，最终达到更紧密的合作水平。

62.14.5 促进中外资银行互换股份以加速人民币国际化

英国多年来保持了全球外汇中心的地位，而且近年来对推动人民币国际化热情不减。汇丰银行是全球境外人民币业务量最大的外资银行，建设银行被人民银行授权为伦敦人民币清算银行。如建行与汇丰银行以一定的方式换股，不仅对汇丰银行伦敦的人民币业务有利，而且对建行伦敦人民币业务也有利，同时可加速伦敦人民币中心的发展；同样，中国银行是多年来我国涉外业务的主要银行，中国银行香港分行是被授权的在港人民币清算银行，以中银香港上市公司的股份与汇丰银行或者渣打银行换股，同样会产生对双方商业皆有利的效果；另外，工商银行是新加坡人民币清算银行，新加坡近年来推动境外人民币业务发展成绩显著，而且2015年新加坡元取代日元和港元成为国内人民币外汇交易的第三大货币，如工商银行与新加坡主要银行星展银行相互持股，同样也会产生互利共赢的目的，对推动新加坡人民币中心的发展和"一带一路"战略实施产生积极的推动作用；再者，德国和法国是欧元区的核心，中国银行是授权的法兰克福和巴黎人民币清算银行，以中国银行与德意志银行和法国巴黎银行或者法国兴业银行换股，也有望产生如上所述双赢的结果。国内在境外其他人民币中心的清算银行与中心所在国主要银行的相应战略合作也会产生相似的结果，这里不再多述。

62.14.6 加强与法国和西班牙合作力度以创建中非和中拉合作新渠道

中非和中拉合作是"一带一路"的自然延伸。近年来中非和中拉合作皆取得了可喜的成绩，然而需要结合"一带一路"战略的推动，创建更多的第三方合作渠道，从而达到利用第三国经验以降低合作风险的目的。法国和西班牙在非洲和拉美有数百年的历史渊源，该两国对非洲和拉美历史、政治、文化、军事、经贸、金融等各个领域的理解和认识都是我国短期内难以达到的。因此，通过与该两国金融和其他企业及机构多种"利益互绑"式的合作，即可达到利用其经验和技能的目的，同时也有望取得加深中欧合作和创造中非和中拉合作新模式的一举两得的效果。

特别是西班牙，欧元区第四大经济体，2007 年以来受国际金融危机冲击最大的欧元区主要国家，2014 年经济世界排名从 2007 年的第 8 位下降到了第 14 位。西班牙语是整个拉美除巴西和伯利兹外所有国家的官方语言，西班牙在整个拉美几百年来有着其他欧洲国家难以想象的影响力。然而由于其经贸和金融实力的相对下降，在拉美影响力也随之下降。尽管如此，西班牙国际银行有限公司（SANTANDER CENTRAL HISPANO S. A.），也叫桑坦德银行，在 2015 年福布斯全球最大企业中市值、资产和利润仍分别排名全球第 9、第 8、第 7 大银行，成为仅次于英国汇丰银行的欧洲第二大银行，各项指标皆超过德意志银行、法国巴黎银行、法国兴业银行和瑞士联合银行等欧洲主要银行。桑坦德银行除在整个拉美大多国家有经营多年的分行，对当地经贸和金融领域的经营和风控有着其他国家金融机构未有的独特优势。

然而，虽然西班牙是亚投行发起成员国之一，但是截至 2016 年 1 月 27 日，西班牙仅有一家（西班牙对外银行）机构是我国的合格境外机构投资者，而且该银行累计获准额度仅有 1 亿美元（附表 62 - 4）；另外，截至 2016 年 1 月 27 日，西班牙还没有任何一家机构获准人民币合格境外投资者资格，显示与西班牙金融合作继续加强。因此，加强中资金融机构与桑坦德银行和其他西班牙机构的合作不仅会提高中国和西班牙的合作程度，同时也会间接达到通过该行在拉美地区的发展和风险管控的目的。

62.14.7　加强中欧品牌、服务和管理等领域的合作

上文探讨了加强中欧在金融和科技领域合作的必要性和方法。实际上，除科技和金融领域外，欧洲诸多国家在商业品牌、贸易服务和企业管理等领域皆比国内企业有一定的优势。在欧洲经济复苏乏力、欧元等欧洲货币相对估值较低的环境下，通过收购兼并等方式加速中欧在这些领域的合作以达到中欧利益互绑，对中欧相关企业都会产生互利共赢的结果，对"一带一路"战略的实施和人民币国际化的推动将产生积极的效果。

62.15　亚投行和金砖银行等对"一带一路"战略实施的作用

亚投行和金砖银行的设立及我国与其他区域性开发银行的合作，在很大程

度上都是为了推动"一带一路"战略的实施。

62.15.1 亚投行对"一带一路"战略实施的作用

亚投行的设立就是为了填补亚洲在铁路、公路、桥梁、港口、机场和通讯等基础建设方面的严重不足,而这些投资业务正是"一带一路"实施的基础性工作。因此,亚投行是"一带一路"战略实施的基础或准备,而且亚投行中亚洲外广泛的发达经济体成员国为"一带一路"战略的实施可以提供必需的经验。

62.15.2 金砖银行是"一带一路"沿线及其扩展区域的支撑

表56-9和表56-10显示,南亚是我国在亚洲贸易发展较为薄弱的缓解,而印度是南亚最大经济体,而且印度对我国贸易依存度在我国主要的25个亚洲国家和地区最低;俄罗斯是东欧最大的经济体,同时也是我国在东欧国家最大的贸易伙伴,与我国经贸和金融合作潜力显著;巴西是南美最大的经济体,也是我国在拉美最大的贸易伙伴;南非是非洲第二大经济体,多年来保持我国最大的非洲贸易合作伙伴,而且南非人民币中心为我国在非洲第一个人民币中心(表61-4)。

62.15.3 多边合作主推"一带一路"战略实施

值得关注的是,"一带一路"沿线地区的人民币业务将可能加快发展。目前"一带一路"64个国家中,与中国央行签署货币互换协议的央行或货币当局有17个,指定的人民币清算行为8家,部分国家与中国在大宗商品交易中开始采用人民币结算。随着中国可能在这些地区加大富余产能输出、对外投资和基础设施开发建设,人民币在该地区的跨境使用将得到空前提高。

62.15.4 金砖银行对"一带一路"战略实施的作用

"金砖银行"既类似于世界银行,又与世界银行有很大的区别,其运营模式确实需要探讨和研究。但是,"金砖银行"的目标明确,是为"金砖国家"及其他新兴市场和发展中国家解决基础设施缺口和满足可持续发展需求方面解决融资问题。该目标实际上与中国国家开发银行几十年来的功能相类似。特别值得关注的是,"金砖银行"的目标不仅为"金砖国家",而且为其他新兴市场和发展中国家解决融资难问题,这样,"金砖银行"的服务目标将不限于"金砖五国",而且全球一百多个新兴市场和发展中国家都可能成为"金砖银行"的会员和潜在服务对象,对推动全球和平发展和协调发展做出重大的贡献。

62.16　"一带一路"战略实施与人民币国际化的关系

十多年来我国银行业经营和发展取得了巨大的成就，然而在市场风险管理，特别是在汇率风险管理方面仍然与国际银行有着巨大的差距。"走出去"的企业经常好不容易赚到了一定数额的利润，而经常在汇兑方面那就损失三分之一甚至一半。人民币国际化的不断提升可以使我国企业和金融机构直接利用人民币在境外开展业务，这样就避免或降低了企业和银行汇率风险，对我国企业和金融机构竞争力有直接的提升作用。因此，人民币国际化程度越高，企业"走出去"的推动"一带一路"就更有优势，更有利于"一带一路"的实施。

从另一方面来看，"一带一路"战略推动越广泛深入，人民币在境外使用度就越高，对人民币国际化的提升作用就越明显。所以，人民币国际化的推动和"一带一路"战略实施是相辅相成和互相促进的。

亚投行、金砖银行和丝路基金等新设机构及加强与世界其他区域性金融机构和合作能够显著扩大人民币在相关地区的贸易结算和海外融资领域的使用，对构建和扩展"人民币圈"意义重大。

62.17　丝路基金对"一带一路"和人民币国际化的推动作用

习近平主席 2015 年 11 月 4 日主持在中央财经领导小组第八次会议上指出，研究丝绸之路经济带和 21 世纪海上丝绸之路规划、发起建立亚洲基础设施投资银行和设立丝路基金。习近平发表重要讲话强调，丝绸之路经济带和 21 世纪海上丝绸之路倡议顺应了时代要求和各国加快发展的愿望，提供了一个包容性巨大的发展平台，具有深厚历史渊源和人文基础，能够把快速发展的中国经济同沿线国家的利益结合起来。要集中力量办好这件大事，秉持亲、诚、惠、容的周边外交理念，近睦远交，使沿线国家对我们更认同、更亲近、更支持（"习近平：办好亚投行和丝路基金"，中国政府网，2014 年 11 月 6 日）。

作为我国实施"一带一路"战略的重要金融支持机构，丝路基金有限责任公司日前正式落户金融街，并完成登记注册程序。该公司首期注册资本 100 亿美元，由中国人民银行牵头会同有关部门负责筹备工作，主要发起人包括外汇管理局、国开金融公司、中投公司、进出口银行。丝路基金将为"一带一路"沿线基础设施建设、资源开发、产业合作等有关项目提供投融资支持，其设立对实现亚洲国家之间的互联互通，推动区域经济发展具有重要意义（"丝路基金正式落户北京金融街",人民网,2015 年 1 月 22 日)。丝路基金对"一带一路"战略实施和人民币国际化将发挥直接的推动作用。

62.18 本章总结

亚投行在较短的时间内获得全球各大洲的五十多个国家的积极响应和顺利启动,标志着世界诸多国家对我国战略倡议的支持,实际上也是对人民币国际化的支持;"金砖银行"的启动标志着金砖五国多年来的合作已经开始开花,结果指日可待。金砖五国整体出现在国际舞台的力量比我国单独更具影响力,而且对全球发展中国家的代表性更好。充分利用好"金砖五国"的平台,进一步提升其他金砖国家与我国经贸和金融的合作力度,对"一带一路"战略实施和人民币国际化都有着巨大的推动力度,对全球发展中国家经济的发展也具有重要的意义。

本章的结果显示,尽管我国 2009 年开始经济规模就超过其他"金砖四国"总和,但是从外汇市场和资本市场的发展程度来衡量,我国在很多方面与其他"金砖国家"还有一定的差距,特别是国内本币外汇市场方面我国还需加速改革发展。因此,加强与其他"金砖国家"的精诚合作,相互取长补短,不仅对有效推动人民币国际化和促进我国金融改革和发展有积极意义,而且对推动"金砖国家"及其他新兴市场和发展中国家的发展将有巨大的潜力。特别值得指出的是,南亚最大的国家,印度不仅是亚投行的发起成员国,而且也是金砖银行的发起成员国,但是印度至今仍未与我国签订人民币货币互换协议;2014 年印度对我国贸易依存度 3.4%,在我国 25 个主要亚洲贸易伙伴中排名倒数第二,仅略高于排名倒数第一,土耳其对我国的贸易依存度 2.9%,显示我国与金砖国家和其他主要发展中国家的贸易合作仍有巨大的潜力。

金砖银行前景广阔,潜力巨大,然而发展不会一帆风顺。西方媒体一年多来已经指出了金砖银行今后正式设立和今后发展的诸多挑战,这里难以一一列举。"金砖银行"面对的最大挑战,不是内讧,而是受援国的腐败("金砖银行开启'后美国时代"(陈平,经济导刊,2014 年 8 月刊,26 - 31 页)。腐败确实是绝大多数发展中国家的通病,以新兴经济体和发展中国家为主要服务对象的亚投行和金砖银行今后确实会面临相关挑战,推动我国国家治理现代化将成为该两国际机构发挥潜能的重要基础。只要我们切实贯彻落实十八届三中全会决定精神,贯彻落实"四个全面",切实"推进国家治理体系和治理能力现代化",作为主要发起国包括腐败控制在内的国际治理水平就会有可观的提升,才能为金砖银行的健康发展打下必要的基础。我们期待亚投行和"金砖银行"会尽快在发展中国家持续发展和国际金融体系改革中发挥应有的作用。

参考文献

张光平，2015，"贯彻落实'四个全面'的路线图和时间表 – 中国银监会局级干部深入学习习总书记系列重要讲话精神暨建党工作培训班学习总结"，战略与管理，2015 年第 6 期（总第 102 期）。

第 63 章　人民币国际化的现状及风险防范

有步骤地推动人民币国际化已经成为我国经济、贸易和金融等领域发展的战略选择和必由之路。只有稳步推动人民币国际化，才可能减少主要储备货币发行国对我国货币政策的影响和束缚，进而才可能在国际金融领域逐步获得与我国经贸规模相应的影响力，我国经济和货币政策才能获得更多的主动性，在大国博弈中获取主动地位。本章在介绍境外人民币其他应用后，利用境内外相关数据，挤出国际清算银行数据的水分，从而系统地判断 2010 年以来人民币国际化程度的变化。

63.1　人民币国际化的简单回顾

人民币在 2004 年以前从未在我国之外应用或流通过，任何境外应用都需要探讨和开拓。香港金管局早在 2001 年 11 月就向中国人民银行提出了在港开展个人人民币业务的想法，相关实质性的讨论早于 2002 年 2 月就开始了。2003 年 3 月爆发的重症急性呼吸综合征（SARS）在一定程度上延缓了相关讨论。该年 6 月香港金管局与中国人民银行就人民币在港应用达成了共识，同年 11 月国务院批准了人民币个人业务在港的开展。经过了三个月左右的准备，在港银行于 2004 年 2 月 25 日开始提供个人人民币存款、外汇兑换、储蓄卡和信用卡等业务（Chan，2014）。

20 世纪 90 年代以来，我国与世界经济的融合程度不断提高，进出口贸易占国内生产总值的比例从 30% 上下的水平上升到了 2005 年超过 60% 的高位；受国际金融危机的影响，2008 年到 2009 年我国贸易依存度持续下降到了不到 50%，2010 年虽然略有回升，但 2010 年到 2014 年持续下降到了略高于 40% 的水平。我国外汇管理体制改革也逐步向前推进，并于 1996 年 12 月 1 日起正式接受国际货币基金组织协定中第 8 条第 2 款、第 3 款和第 4 款等的义务规定，实现人民币经常项目下的可自由兑换。1997 年亚洲金融危机爆发之后，国际经济学界对国际资本流动可能带来的风险进行了深刻的反思，认为当新兴市场遭受投机性冲击时，资本管制会暂时起到"防火墙"的作用，因此，我国也对人民币自由兑换采取了更为慎重的态度。国际金融危机爆发以来，特别是美国退出轮量化宽松政策后，跨境资本流动对很多发展中国家的经济和金融产生了严重的冲击。

很多国家和地区重新审视并采取措施加强跨境资金的监管。从 2003 年开始，我国开始逐步放松资本管制，尤其是在人民币升值压力出现之后，外汇管理通过放宽对居民用汇的限制，在一定程度上缓解了升值压力。

人民币国际化多年前就已经开始。近年来，资本项目开放也在稳健推进。人民币的境外使用主要是作为交易媒介，在价值贮藏方面人民币国际化也有了一定的规模。到目前为止，人民币仍然没有成为其他货币的驻锚（何帆，2009）。

63.2 人民币在离岸市场使用的基本状况

改革开放以来，香港一直是我国与世界连接的纽带，是外来直接投资最主要的来源地，同时也是内地最主要的贸易伙伴之一。甚至到 2014 年上半年，我国外汇直接投资总额中仍然有六成以上来自香港。由于香港的特殊地位，特别是 2004 年 1 月 1 日开始实施了《内地与香港关于建立更紧密经贸关系的安排》（CEPA）以来，香港自然成为了最活跃的离岸人民币市场。香港作为东亚地区主要的金融中心之一，凭借着其与内地的紧密联系，在今后人民币国际化的进程中将会发挥重要作用。本节简要介绍人民币在香港特区和其他离岸市场上的流通和使用情况。

63.2.1 相关政策的推进和演变

2003 年年底，经国务院批准，中国人民银行同意为香港个人人民币业务提供结算安排。人民币业务于 2004 年 1 月 18 日在香港正式推出，香港商铺及自动柜员机开始接受内地银行发行的扣账卡及信用卡。自 2004 年 2 月 25 日开始，香港银行可为客户提供人民币存款、兑换及汇款服务。自 2004 年 4 月 30 日开始，香港银行可发行人民币扣账卡及信用卡，供香港居民在内地使用。

2005 年 11 月 1 日，中国人民银行发布公告，宣布为扩大香港银行办理人民币业务提供平盘及清算安排的范围，同时为完善现有人民币业务，进一步拓展香港人民币业务，采取五项措施：（1）中国人民银行深圳市中心支行接受香港人民币业务清算行的存款；（2）放宽人民币与港元兑换业务提供平盘服务的有关要求：个人人民币现钞兑换的限额由每人每次不超过等值 6000 元人民币提高至每人每次不超过等值 20000 元人民币，为其持有的人民币现钞提供兑换服务的香港指定商户的范围扩大至包括在港提供交通、通讯、医疗及教育服务等行业的商户，指定商户可将其在参加行存款账户的人民币存款单兑换成港元；（3）具有个人人民币业务经营资格的内地银行接受经由香港居民个人人民币汇款的最高限额，由每人每天 50000 元人民币提高至每人每天 80000 元人民币；（4）清算行为香港居民个人签发的人民币支票提供清算服务，香港居民个人可用人民币支票在每个账户每天 80000 元人民币的限额内支付在广东省的消费性支出，该人民币支票不得转让；（5）取消香港银行发行人民币卡每张最高授信 10 万元人民币的限额。2010 年 7 月 19 日中国人民银行与香港人民币业务清算行中国银行（香港）有限公司在香港签署了新修订的《香港银行人民币业务的清算协议》。当日中国人民银行还与香港金融管理局就扩大人民币贸易结算的安排，签订了补充合作备忘录，修订后的协议放宽了对人民币兑换、机构开户等不涉及跨境资金流动的限制，从而将刺激离岸人民币市场的需求，促进市场供需自我循环，为香港离岸人民币市场的启动打下了必要的基础。

63.2.2　汇款

随着客户减少现金携带而改为使用汇款服务将资金汇至内地，汇款业务开始稳步增长。2010 年香港金管局发布的信息显示，香港居民可将人民币汇到内地银行开设的同名账户，每天每户上限为 80000 元人民币；2011 年香港居民可将人民币汇到内地银行开设的同名账户，每天每户上限为 80000 元人民币。对于支票方式的款项由香港参加行人民币支票账户持有人签发的人民币支票可以在香港及内地使用。自 2009 年 7 月，企业可以利用人民币支票在不同银行开设的账户之间进行资金调拨以汇集人民币资金做贸易结算之用。而汇款则只限于境外企业与内地试点企业进行双向汇款，参与行可以在香港进行资金调拨服务，但只限于同一企业在不同银行开设的账户之间调拨。

随着跨境人民币贸易结算等业务的迅速增长，香港与港外银行收付款额度也随之快速增长。根据香港金管局公布的数据，香港银行业境外人民币业务收付金额从 2010 年的 196 亿元和 109 亿元及差额 87 亿元增长到了 2013 年的 1645 亿元和 1660 亿元及差额 – 15 亿元；2014 年进一步增长到了 1933 亿元和 11452 亿元及差额 481 亿元；2015 年上半年又增长到了 1745 亿元和 1422 亿元及差额 323 亿元人民币，显示香港作为全球最大的人民币中心在全球人民币资金流的辐射作用持续增大。随着人民币跨境贸易结算、境外人民币债券和境外人民币直接投资的持续发展，人民币在两地之间和两地外的世界各地的流动将随之显著增长。

63.2.3　信用卡境外消费额的快速增长

银联卡境外消费也在一定程度上反映人民币的国际使用。2012 年到 2014 年，境内银联卡在境外交易额从 3634 亿元增长到了 5203 亿元，2012 年到 2014 年年增长率分别为 25.5% 和 14.1%；另外 2013 年到 2014 年银联在境外发行的银联卡在境外交易额从 50.8 亿元增长到了 64.2 亿元，增幅 26.4%。随着人民币在境外接受度的进一步提高，银联卡境外消费额也将持续增长，成为人民币国际化程度的另外一个反映。

63.2.4　香港人民币即时结算系统日均交易持续上升

香港人民币结算系统于 2006 年 3 月在香港推出，以提升银行同业交易的结算效率。2007 年 6 月，金管局对该系统进行升级，成为全面的人民币即时支付结算系统（RTGS）。人民币 RTGS 系统由中国银行（香港）有限公司担任清算行，香港银行同业结算有限公司则负责系统运作事务。自 2009 年 5 月起，人民币 RTGS 系统连同港元、美元及欧元 RTGS 系统以及债务工具中央结算系统（CMU 系统）从原有的专用操作平台转至环球银行金融电信协会系统的开放式平台。近年来香港人民币即时支付结算系统每日平均交易额持续上升，成为境外人民币市场活跃度的一个重要指标。2012 年到 2013 年，香港人民币 RTGS 日均成交金额从 2137 亿元增长到了 3954 亿元人民币，增幅为 85%；2015 年上半年，香港人民币 RTGS 日均成交金额达到了 8903 亿元，比 2014 年同期 6918 亿元增长了 28.7%；2015 年 7 月、8 月份首次突破 1 万亿元，2015 年 12 月又达到了 1 万亿元的水平。香港金管局总裁陈德霖曾表示，预料人民币即时支付结算系统 2015 年全年的每日平均交易金额将较 2014 年增加，但因基数增大，增速会放缓。

63.3　人民币在境外交易的情况介绍

我们在第 58 章介绍了境外人民币市场的启动和近年来的发展，主要介绍了境外人民币外汇市场的情况。这里我们简单介绍境外人民币外汇市场之外的其他产品和业务的交易情况。

63.3.1　境外人民币市场启动后不久的预测及结果

2010 年境外人民币市场启动不久，华尔街日报就做了很好的报道："仅仅几个月，境外人民币交易从零增至 4 亿美元。作为世界第二大经济体的货币，人民币开始在全球流动。""可能只需要几年的时间，中国进出口额当中有 20% 到 30% 就会以人民币而不是美元进行结算。""不久以后，人民币交易量会与日元交易量匹敌，成为继美元和欧元之后交易第三活跃的货币（《人民币离岸交易大幅度增长》，《华尔街日报》网站，2010 - 12 - 14）。"第 17 章介绍人民币跨境贸易结算及占比数据显示，2014 年人民币跨境贸易结算就已经达到了 24.6%，2015 年上半年进一步上升到了 29.1%，与上述预测相当一致；2015 年 8 月人民币首次超过日元成为全球第四大支付货币，2015 年年底成为继美元和欧元之后交易第三活跃的货币。

63.3.2　境外人民币交易所交易证券

香港证监会介绍，若要投资上市的人民币计价证券，投资者必须在香港本地银行开立人民币银行账户并存有足够金额应付交易相关费用，而在现行规定中，只有持有香港身份证的香港特别行政区居民才可以在香港开设人民币个人银行账户（魏伶：《香港证监会：人民币上市证券将推出》，一财网，2011 - 03 - 21）。2011 年 4 月 29 日，香港首只以人民币计价的证券产品——汇贤房地产信托基金在港交所挂牌交易。作为香港首只人民币计价的证券产品，汇贤被香港业界认为是人民币业务的"试金石"，将促进香港人民币证券业的发展（"香港首只以人民币计价证券今挂牌"，新华网，2011 - 04 - 29）。

香港交易所 2012 年 10 月 25 日宣布，首只人民币交易股本证券于 2010 年 10 月 29 日在港交所上市买卖，是首只在境外上市的人民币交易股本证券，并为港交所首只双柜台股本证券。港交所行政总裁李小加表示，首只在境外上市的人民币交易股本证券在香港交易所登场，加上是港交所首只双柜台股本证券，两者都是发展人民币产品的重要里程碑，更可加强香港作为领先的人民币离岸中心的地位。李小加表示，人民币交易股本证券将是人民币交易的债券、交易所买卖基金、房地产投资信托基金及可交收人民币货币期货以外，又一重要产品类别。李小加预计，随着人民币愈趋国际化，投资者对人民币产品的兴趣将与日俱增（证券时报网，kuaixun. tcn. om/2012/10/25）。相信更多的以人民币计价的证券产品今后会在香港推出交易。

中国香港南方东英资产管理公司与英国交易所交易型开放式指数基金（ETF）提供者索斯 2014 年 1 月 9 日宣布，由二者共同推出的交易型开放式指数基金（ETF）当天在伦敦证交所正式挂牌交易。这只名为"南方 Source 富时中国 A50 UCITS ETF"的 ETF 基金是欧洲交易市场上的首只人民币合格境外机构投资者（RQFII）ETF 基金，为欧洲投资者进入中国 A 股市场提供了新渠道（中国银行《伦敦离岸人民币市场月报》，2014 年 8 月）。

2015 年 3 月 25 日，欧洲第一只人民币 RQFII 货币市场交易所基金（ETF）正式在伦交所挂牌交易，该只基金由建银国际资产管理有限公司（建银资产管理）担当基金管理人角色。2014 年 8 月中国建设银行与伦敦证券交易所签订了战略合作协议，积极谋求产品创新等合作。

63.3.3　与"欧洲美元"市场的简单比较

离岸市场人民币业务的发展时间还较短，然而它与存在半个世纪而且已经相当成熟的欧洲美元市场有很大的相似性。比较这两个市场对今后离岸人民币市场的发展有很好的借鉴意义。由于美国资本项目控制和税务方面相关的限制，欧洲美元从 20 世纪 60 年代初期开始迅速增长。由于欧洲美元市场不受美国联邦储备银行利率监管和美国税务等方面的限制，以伦敦为中心的欧洲美元市场不仅可以提供比美国国内更低的贷款利率，而且可以为境外美元储蓄提供比美国国内更高的储蓄利率。虽然到 20 世纪 80 年代和 90 年代，美国资本项目管制和税务条款进一步自由化，但是欧洲美元市场却得到了相当的发展。截至 2008 年年底，离岸市场美元债券总额达到 8.396 万亿美元，达到同期境内外美元债券总金额 27.43 万亿美元的 30.6%（渣打银行特别报道，Special Report，2010）。表 58 - 1 显示，2014 年，美元国际债规模达到了 8.728 万亿美元，占同年美国国内债券市场总额 26.92 万亿美元的 32.4%。

欧洲美元市场的成功有诸多因素，但是最主要的原因之一是美国政府从来没有对境外美元在美国结算有过任何阻挠（He 和 McCauley，2010）。换句话说，离岸欧洲美元市场上的机构可以自由地与美国境内机构清算相关交易。在能够自由与在岸市场清算各种头寸的基础上，离岸银行就可以根据自身的需要建立外汇的买卖头寸，对美元境内外外汇市场的协调发展发挥了重要作用（He 和 McCauley，2010）。等到 20 世纪 80 年代和 90 年代，美国资本项目管制和主要税务限制放松时，欧洲美元市场已经发展到了一定的规模而且保持了重要的地位。伦敦银行间美元利率到现在为止已经成为国际上和美国国内企业贷款的基准（渣打银行特别报道，Special Report，2010）。

63.4 人民币与其他货币的直接交易

人民币对美元、欧元、日元、英镑和港元交易多年前已经开始。从 2006 年 1 月 4 日起，中国人民银行授权中国外汇交易中心于每个工作日上午 9 时 15 分对外公布当日人民币对美元、欧元、日元和港元汇率中间价，作为当日银行间即期外汇市场（含 OTC 方式和撮合方式）以及银行柜台交易汇率的中间价。人民币除与美元、欧元、日元、英镑这四大国际储备货币及港元交易外，从 2010 年起，人民币分别开始与马来西亚林吉特、俄罗斯卢布、澳大利亚元、加拿大元和欧元等货币开展直接交易。这里我们简单介绍人民币与这些货币的外汇交易。

63.4.1 人民币与马来西亚林吉特交易的起步

虽然近年来经济规模仅为印度尼西亚 1/3 多些，但是马来西亚是我国在东盟最大的贸易伙伴，2013 年我国与马来西亚贸易首次超过 1000 亿美元。因此，马来西亚林吉特是人民币与其他货币交易最早的货币之一，成为第六种在国内挂牌交易的货币。自 2010 年 8 月 19 日起，国家外汇管理局公布人民币对林吉特汇率中间价，为交易和结算提供支持。人民币兑林吉特汇率中间价采取间接标价法，即 100 元人民币折合多少林吉特。2015 年人民币兑林吉特在国内外汇市场交易总金额为 15 亿元人民币，占比 0.005%，排名为第 12 位（请参见表 63 - 1）。人民币与林吉特的直接交易对进一步活跃中马贸易等提供了较好平台。

63.4.2 人民币与俄罗斯卢布交易的起步

自 2010 年 11 月 22 日起，国家外汇管理局公布人民币对卢布汇率中间价。人民币对卢布汇率中间价采取间接标价法，即 100 元人民币折合多少卢布。2010 年 11 月 22 日，中国外汇交易中心宣布，经中国人民银行授权，自当日起，在银行间外汇市场开办人民币对俄罗斯卢布的交易。同年 11 月 24 日，时任国务院总理温家宝和俄罗斯总理普京宣布，双方决定用本国货币实现双边贸易结算。这是继国内外汇市场启动人民币对美元、港元、日元、欧元、英镑和马来西亚林吉特交易之后，第七种在国内挂牌交易的货币。人民币与卢布的交易是我国与其他主要发展中国家第一个直接交易的货币，2014 年俄罗斯与我国贸易总额达到了 953 亿美元，很快将成为继马来西亚后我国第十大贸易伙伴。人民币与卢布的交易无疑会为两国间经贸和投资等合作提供更好的支持。然而数据显示，2015 年俄罗斯卢布兑人民币在国内外汇市场成交金额 225 亿元人民币，比 2014 年的 255 亿元下降了 11.76%（请参见表 63 - 1）。在中俄两国合作加速的情况下，俄罗斯卢布在国内外汇市场成交金额不增反降的结果表明，两国在外汇市场合作方面仍需加强。

63.4.3 人民币与澳元和加元交易的起步

2013 年和 2014 年加拿大和澳大利亚两国经济分别排世界第 11 位和第 12 位，表 19 - 1 显示 2013 年加元和澳元在国际外汇市场交易额分别排名第 7 和第 5，表 18 - 4 显示 2012 年到 2015 年第一季度加元和澳元资产在国际外汇储备资产中分别排名第 5 和第 6。这些数据表明，加元和澳元在国际外汇市场和外汇储备中的地位显著高于它们相应的经济在世界经济中的排名，显示这两种货币在国际外汇以至金融市场中的重要作用。由于这两国货币在国际外汇市场中的地位及两国与我国经贸发展的潜力，自 2011 年 11 月 28 日起，国家外汇管理局公布人民币对澳元、加元汇率中间价，人民币与澳元和加元交易正式启动。数据显示，2014 年到 2015 年，加拿大元兑人民币在国内外汇市场成交金额从 14 亿元增长超过 8 倍到 128 亿元人民币，成为 2015 年增幅最大的外币；同期澳大利亚元兑人民币在国内外汇市场成交金额却从 1486 亿元下降到了 1005 亿元人民币，降幅高达 32.37%，排名从 2014 年的第 5 下降到了第 6（请参见表 63 - 1），表明澳大利亚元在国内外汇市场的地位不增反降。人民币与加元和澳元的直接交易一定会加强我国与两国经贸和投资等领域的合作，对提升人民币国际化有重要的意义。

63.4.4　人民币与日元直接交易

2012 年 5 月 29 日，经中国人民银行授权，中国外汇交易中心宣布完善银行间外汇市场人民币对日元的交易方式，发展人民币对日元直接交易。发展人民币对日元直接交易，有利于形成人民币对日元直接汇率，降低经济主体汇兑成本，促进人民币与日元在双边贸易和投资中的使用，有利于加强两国金融合作，支持中日之间不断发展的经济金融关系（人民银行网站，2011 - 12 - 25）。中日两国皆为世界主要经济体和贸易体，在经贸、金融、外汇等领域的合作不仅对两国贸易成本降低、国际竞争力提高并对两国货币国际化程度提高等诸多方面有非常积极的意义，而且对亚太地区以至全球都将发挥积极的作用。然而数据显示，2014 年到 2015 年，日元兑人民币在国内外汇市场成交金额从 4511 亿元下降到了 3370 亿元人民币，降幅为 25.29%，排名从 2014 年仅次于美元的第二位下降到了低于美元、欧元和新加坡元的第四位（请参见表 63 - 1），显示近年来日元在国内外汇市场的地位显著下降的趋势；2011 年 12 月两国达成的"中日加强合作发展金融市场"协议在人民币与日元直接交易之后两年多来两国间诸多问题的出现而未能实施，表明达成互利共赢的合作还有不少困难需要克服。

63.4.5　人民币与英镑的直接交易

2014 年 6 月 18 日，经中国人民银行授权，中国外汇交易中心宣布在银行间外汇市场开展人民币对英镑直接交易。在遵循市场原则的基础上开展人民币对英镑直接交易，这是中英两国共同推动双边经贸关系进一步向前发展的重要举措。开展人民币对英镑直接交易，有利于形成人民币对英镑直接汇率，降低经济主体汇兑成本，促进人民币与英镑在双边贸易和投资中的使用，有利于加强两国金融合作，支持中英之间不断发展的经济金融关系（人民银行网站：www.pbc.gov.cn，2014 - 06 - 18）。尽管英镑与人民币直接交易启动，但是 2014 年到 2015 年，英镑兑人民币在国内外汇市场成交金额却从 1377 亿元下降到了 780 亿元人民币，降幅高达 43.36%，排名从 2014 年的第六位下降到了 2015 年的第七位（请参见表 63 - 1），显示直接交易启动不仅没有活跃国内外汇市场英镑与人民币的交易，而且还使得该货币对交易显著下降，需要我们深刻反思其原因。

63.4.6　人民币与欧元的直接交易

欧盟央行执行委员会成员 Yves Mersch 表示，欧元与人民币的直接兑换有利于欧盟和中国经济……法兰克福人民币清算和结算的业务一旦开始，可能即意味着欧元与人民币直接兑换率先在德国拉开序幕。人民币与欧元直接兑换对中欧是双赢。一方面，除了贸易受惠之外，更重要的是这将加速人民币自由兑换进程，与此同时提升和巩固欧元的国际地位；另一方面，中长期内有助于尽快实现美元、欧元和人民币未来形成三足鼎立之势，并可以重构国际金融和货币体系，从而促进多极世界格局的形成（"人民币欧元直接兑换或将扬帆起航"，新华国际，2014－05－18）。

可喜的是，"经中国人民银行授权，中国外汇交易中心宣布在银行间外汇市场开展人民币对欧元直接交易。在遵循市场原则的基础上开展人民币对欧元直接交易，这是中欧共同推动双边经贸关系进一步向前发展的重要举措"（人民银行网站，2014－09－29）。欧元区是我国重要的贸易伙伴，"开展人民币对欧元直接交易，有利于形成人民币对欧元直接汇率，降低经济主体汇兑成本，促进人民币与欧元在双边贸易和投资中的使用，有利于加强中欧金融合作，支持中欧之间不断发展的经济金融关系"（同上）。

2014 年 9 月欧元兑人民币直接交易才正式启动，而 2014 年欧元兑人民币在国内外汇市场成交金额就达到了 3155 亿元人民币，占国内外汇市场成交金额 1.24%，排名仅次于美元和日元，成为国内外汇市场第三大外币；2015 年欧元兑人民币外汇交易金额增长了 34.93% 到 4257 亿元人民币，占比提高到了 1.39%，首次超过日元成为国内人民币外汇市场仅次于美元的第二大外币（请参见表 63－1），显示欧元在国内外汇市场增长的潜力。表 57－1 显示，2001 年到 2013 年的 12 年间，欧元在全球外汇市场成交金额占比平均高达 18.5%，与相应的美元平均占比 34.5% 的比例超过 42%。而表 63－1 显示，2015 年欧元兑人民币外汇成交金额占国内人民币外汇市场成交金额比例仅为 1.39%，仅为同年美元在国内人民币外汇市场成交金额 94.89% 的 1.5%，不到 2001 年到 2013 年全球外汇市场欧元成交金额与美元成交金额平均比例 42.5% 的 3.6%，或者说 2015 年欧元兑人民币在国内人民币外汇市场占比 1.39% 仅相当于 2001 年到 2013 年全球外汇市场欧元成交金额与美元成交金额平均比例 42.5% 的二十八分之一，显示欧元在国内人民币外汇市场有着巨大的增长空间。随着中国与欧元区以至整个欧洲合作推动"一带一路"战略实施和亚投行等相关业务合作的加深，今后几年欧元在国内人民币外汇市场的成交金额有 10 到 30 倍的增长空间。

63.4.7　人民币与新加坡元直接交易

新加坡是全球第三大、亚洲最大的外汇交易中心，东盟主要的贸易和金融中心，而且新加坡也是除中国香港外人民币最大的境外中心，人民币与新加坡元直接兑换将有利于新加坡人民币中心的发展并有利于我国与东盟的经贸和金融合作，对于进一步推动人民币国际化将发挥重要的作用。可喜的是 2014 年 10

月 27 日，在江苏省苏州市举行的中国—新加坡双边合作联合委员会第十一次会议上，张高丽副总理宣布将于 10 月 28 日在银行间外汇市场开展人民币对新加坡元直接交易。在遵循市场原则的基础上开展人民币对新加坡元直接交易，这是中新两国共同推动双边经贸关系进一步向前发展的重要举措（人民银行网站，2014 - 10 - 27）。

相对于其他外币，新加坡元兑人民币在国内外汇市场直接交易启动较晚。尽管启动较晚，2014 年新加坡元兑人民币在国内人民币外汇市场成交金额就高达 838 亿元人民币，占国内外汇市场成交金额 1.24%，排名在美元、日元、港元、澳大利亚元和英镑后的第 6 位；然而，2015 年新加坡元兑人民币在国内外汇市场成交金额比 2014 年增长了 353.58% 到 3801 亿元，占比提高到了 1.24%，超过了同年日元和港元对人民币外汇成交金额，成为 2015 年国内外汇市场美元和欧元后第 3 大外币（请参见表 63 - 1）。由于 2001 年到 2013 年新加坡元在全球外汇市场成交金额平均占比仅为 0.59%，略超同期港元相应平均占比 1.05% 的一半，同时也略超日元同期相应平均占比 10.36% 的二十分之一，2015 年新加坡元在国内人民币外汇市场成交金额占比超过港元实属不易，超过日元在国内外汇市场成交金额占比真是难上加难的奇迹。这些数据表明，新加坡元今后在国内外汇市场以至在整个人民币国际化进程中将发挥比前想象的更大的作用。

63.4.8 人民币对新西兰元即期竞价交易推出

中国外汇交易中心于 2015 年 1 月 12 日起推出人民币对新西兰元即期竞价交易。人民币对新西兰元即期竞价交易采用集中清算制度，由上海清算所集中进行资金清算。人民币对新西兰元直接交易做市商连续提供买、卖双向报价，为市场提供流动性，竞价流动性限额为 500 万新西兰元。新西兰元在国内外汇市场直接交易启动更晚，但是 2014 年新西兰元兑人民币在国内人民币外汇市场成交金额就高达 281 亿元人民币，高于同年俄罗斯卢布在国内外汇市场成交金额 255 亿元，在国内人民币外汇市场排名第 8 位；2015 年新西兰元兑人民币在国内人民币外汇市场外汇成交金额下降了 39.86% 到 169 亿元人民币，低于同年俄罗斯卢布在国内外汇市场成交金额 225 亿元，在国内人民币外汇市场排名下降到了第 9 位，仅次于俄罗斯卢布第 8 位的排名。

63.4.9 人民币与瑞士法郎直接交易

2015 年 11 月 9 日，经中国人民银行授权，中国外汇交易中心宣布在银行间外汇市场开展人民币对瑞士法郎直接交易。在遵循市场原则的基础上开展人民币对瑞士法郎直接交易，这是中瑞两国共同推动双边经贸关系进一步向前发展的重要举措。开展人民币对瑞士法郎直接交易，有利于形成人民币对瑞士法郎直接汇率，降低经济主体汇兑成本，促进人民币与瑞士法郎在双边贸易和投资中的使用，有利于加强两国金融合作，支持中瑞之间不断发展的经济金融关系。中国人民银行对此予以积极支持（"中国人民银行欢迎中国外汇交易中心开展人民币对瑞士法郎直接交易"，人民银行网站，2015 年 11 月 9 日）。2015 年瑞士法郎兑人民币在国内人民币外汇市场成交金额 149 亿元，占国内人民币外汇市场 0.05%，排名第 10。相信随着中瑞两国经贸和金融合作的加深，瑞士法郎在国内人民币外汇市场的流动性会进一步显著上升。

63.4.10　人民币与韩元直接交易

2014 年 12 月 1 日韩中两国银行间韩元对人民币直接交易在韩正式启动，这是韩国离岸人民币市场发展中具有标志性意义的事件。韩国新韩银行、友利银行、企业银行、产业银行、渣打银行、花旗银行、外换银行以及中国交通银行、中国工商银行、德意志银行、摩根大通银行、汇丰银行的韩国分行被指定为银行间外汇市场韩元对人民币直接交易做市商。这 12 家银行作为做市商，将在银行间外汇市场提供买卖双向报价，引导交易价格，提升市场流动性，促进韩元与人民币跨行直接交易（"银行间韩元对人民币直接交易今日启动"，新华网，2014 年 12 月 1 日）。韩国银行（央行）和韩国企划财政部 2015 年 2 月 27 日表示，将向韩元对人民币直接交易市场做市商提供减免部分外汇健全性负担金（银行税）的优惠。另外，运营人民币直接交易市场的金融中介公司"韩国资金中介"和"首尔外汇中介"将从 3 月起按照人民币交易业绩，降低 20% 左右的中介手续费，有利于激活直接交易市场。2015 年 6 月 26 日，中国银行首尔分行被韩国企划财政部及韩国银行选定为"韩元—人民币直接交易市场做市商"（中国银行，总第 26 期）。这些为国内人民币兑韩元直接交易打下了较好的基础。

除上文介绍的与人民币直接交易的货币外，人民币与巴西雷亚尔、印度卢比、墨西哥比索、印尼比索等重要发展中国家货币的直接交易也相当必要。相信人民币与这些货币的直接交易会不久也将启动。

63.4.11　2014 年到 2015 年国内人民币外汇对外汇交易额分布

上文介绍了国内人民币外汇对交易的启动时间及对国内外汇市场的影响。表 63 - 1 给出了 2014 年到 2015 年国内人民币外汇对外汇交易额分布。表 63 - 1 显示，2014 年到 2015 年，美元兑人民币仍然保持了国内第一大外汇对交易的龙头老大地位，美元兑人民币外汇交易增长了 21.13%，占比从 94.17% 提高到了 94.89%；欧元兑人民币交易增长了 34.93%，占比从 1.24% 提高到了 1.39%，取代日元成为国内第二大外汇对；新加坡元兑人民币交易增长了 353.58%，占比从 0.33% 提高到了 1.24%，从 2014 年排名第七猛升到了国内第三大外汇对地位；虽然加拿大元和马来西亚林吉特对人民币外汇交易分别增长 814.29% 和 25.0%，但由于该两货币对人民币外汇交易规模仍然很低，排名在第十之后。

表 63-1　　　2014 年到 2015 年国内人民币外汇对外汇交易额分布

单位：亿元人民币，%

货币	2014 年	占比	2015 年	占比	2014 年到 2015 年变化	
美元	239942	94.17	290645	94.89	50703	21.13
欧元	3155	1.24	4257	1.39	1102	34.93
新加坡元	838	0.33	3801	1.24	2963	353.58
日元	4511	1.77	3370	1.10	-1141	-25.29
港元	2931	1.15	1750	0.57	-1181	-40.29
澳大利亚元	1486	0.58	1005	0.33	-481	-32.37
英镑	1377	0.54	780	0.25	-597	-43.36
俄罗斯卢布	255	0.10	225	0.07	-30	-11.76
新西兰元	281	0.11	169	0.06	-112	-39.86
瑞士法郎			149	0.05		
加拿大元	14	0.01	128	0.04	114	814.29
马来西亚林吉特	12	0.00	15	0.00	3	25.00
哈萨克斯坦坚戈	3	0.00				
泰铢	2	0.00	2	0.00	-1	-25.00
总计	254807	100.00	306296	100.00	51343	20.21

数据来源：2014 年第四季度和 2015 年第四季度中国货币政策执行报告。

表 63-1 也显示，2014 年到 2015 年，日元和港元兑人民币外汇交易分别下降了 25.29% 和 40.29%，分别从 2014 年的第 2 和第 4 的排名下降到了第 4 和第 5，显示日本和中国香港特区去年与大陆经贸活动皆有明显的减缓；另外澳大利亚元、英镑和新西兰元兑人民币外汇交易都出现了不同程度的下降，表明中英加大金融合作也并未真正落到实处。值得之一的是，虽然 2015 年中俄两国经贸合作加速，然而表 63-1 显示，2015 年俄罗斯卢布兑人民币外汇成交额不增反降了 11.76%，应该是 2015 年俄罗斯卢布兑美元等国家货币大幅度贬值所致。

63.4.12　2014 年和 2015 年国内人民币外汇外币分布及相关问题

表 63-1 显示，美元在国内人民币外汇市场占据着绝对的垄断地位，2015

年美元兑人民币在国内人民币外汇市场的成交金额不仅没有下降，反而增长了 21.13%，占国内人民币外汇市场的比重增长到了 94.89%，超过 2001 年到 2013 年美元成交金额在全球外汇市场的平均比重 43.54% 一倍多，而在国际外汇市场上排名第 2 到第 7 的欧元、日元、英镑、澳大利亚元、瑞士法郎和加拿大元 2015 年在国内人民币外汇市场的总比重才仅为 4.40%，不仅没有比 2014 年有所增加，反而从 4.47% 下降了 0.07%。这些数据显示，美元占垄断地位的国内人民币外汇市场的外币分布与十多年来国际外汇市场的货币分布仍有巨大的距离，因而很不合理，需要欧元、英镑、澳元和加元等国际货币在国内人民币外汇市场的流动性显著提高，才能改变当前美元独大的不合理格局。

63.5　离岸市场人民币计价基金和其他人民币计价产品的发展

63.5.1　离岸市场人民币计价基金的发展

随着人民币跨境贸易结算的迅速推进，境外离岸人民币基金也在 2010 年下半年逐渐获得越来越多的关注。2010 年 8 月 31 日，海通香港推出了境外首只人民币计价基金——海通环球人民币收益基金。该基金目前的上限为 50 亿元人民币。截至 2015 年 9 月 30 日，该基金的总资产价值约为 4.81 亿元。除海通环球基金外，已经发行的离岸人民币计价基金包括恒生银行发行的恒生人民币债券基金（公募债券基金）（2010 年 2 月规模约为 3 亿元），工银亚洲发行的工银亚洲环球人民币定息基金（公募债券基金）和建银国际发行的建银国际人民币收益基金（公募债券基金）。除这些公募债券基金外，国信香港、施罗德和瑞银等拟计划发行离岸人民币计价的私募股权基金和其他私募基金。资产规模约 40 亿美元的 Pharo Management 计划成立首只人民币计价的对冲基金。

另外一只人民币债券基金来自汇丰全球资产管理公司（HSBC Global Asset Management），该公司在 2011 年 11 月忙于向英国投资者推介汇丰 GIF 固定收益基金（HSBC GIF Fixed Income Fund），该公司相信人民币升值的必然趋势，并将此视为极具说服力的投资理由。该基金是汇丰 2011 年推出的第二只人民币债券基金。除汇丰外，联博有限公司（Alliance Bernstein）、Amundi、巴克莱（Barclays）、法国巴黎银行（BNP Paribas）、宏利（Manulife）以及德盛安联资产管理公司（Allianz Global Investors）也推出了各自的人民币债券基金。

2012 年 2 月 15 日，全球首只人民币黄金 ETF（交易所交易基金）在港挂牌交易，为香港的离岸人民币资金提供了一条新出路。该基金由恒生银行推出，回报以人民币计价，目的是为在港人民币提供新的投资选择，使在港人民币留在香港，不用流回内地（《全球首只人民币黄金 ETF 基金在港挂牌》，新华网，2012－02－15）。

除香港人民币计价基金外，台湾人民币计价基金也迅速发展。台湾首档人民币计价基金——复华伞型人民币基金 2013 年 4 月初获主管机关审核通过，募集资金总额从 200 亿元人民币上升为 280 亿元（路透台湾：《台湾首档人民币计价基金募集额 280 亿元，供人民币存款另一去处》，2013－04－01）。

对冲基金经理格里芬（Kenneth C. Griffin）麾下的 Citadel LLC 成为首家根据试点计划完成人民币募资的外国公司。据上海市政府 5 月 21 日发布的声明，总部位于芝加哥的 Citadel 现在可以将所募人民币换汇成美元进行投资。2013 年 9 月，中国外汇监管机构授予 Citadel 和另外五家境外对冲基金合格境内有限合伙人制度（Qualified Domestic Limited Partner Program，QDLP）资格，每家募资额度为 5000 万美元。该试点计划允许中国高净值群体通过境外对冲基金投资海外市场（中国银行，《伦敦离岸人民币市场月报》，2014－07）。

2015 年 5 月 22 日证监会新闻发言人邓舸宣布，中国证监会与香港证监会就开展内地与香港基金互认工作正式签署《中国证券监督管理委员会与香港证券及期货实务监察委员会关于内地与香港基金互认安排的监管合作备忘录》，同时发布《香港互认基金管理暂行规定》，自 2015 年 7 月 1 日起施行。证监会称，基金互认有利于吸引境外资金进入内地资本市场。证监会表示，开展内地与香港基金互认工作，将拓宽跨境投资渠道，提升两地市场竞争力；为两地监管机构共同建立基金监管标准奠定基础；为两地投资者提供更加多元化的投资产品（中国银行，《伦敦离岸人民币市场月报》，2015－07，总第 27 期）。

63.5.2　人民币计价功能在大宗商品方面取得突破

2012 年 11 月 29 日港交所收购伦敦金属交易所（LME）获得英国金融服务管理局（FSA）批准，2014 年 12 月推出了以人民币计价的首批伦敦铝、伦敦锌及伦敦铜三个期货小型合约，未来期待有更多动作（中国银行，《伦敦离岸人民币市场月报》，2015 年 5/6 月，总第 28 期）。2015 年 7 月 28 日讯伦敦金属交易所宣布接受人民币作为抵押品，这是中国在进军伦敦大宗商品市场上的里程碑事件，为该交易所今后推出人民币计价产品打下了基础，未来期待有更多人民币计价产品在该交易所推出。

63.5.3　中欧国际交易所股份有限公司

2015 年 5 月，上海证券交易所、中国金融期货交易所与德意志交易所集团就共同建设离岸人民币金融工具交易平台达成战略合作协议，计划在法兰克福合资成立"中欧国际交易所股份有限公司"，主要研发和上市交易以离岸人民币计价的证券和衍生产品。另外，MSCI 已与中国证监会成立工作小组，紧密合作力保中国 A 股明年纳入 MSCI 新兴市场指数（中国银行，《伦敦离岸人民币市场月报》，2015 年 5/6 月，总第 28 期）。

63.6　人民币资本项目开放的进展和今后的发展

人民币国际化战略的表述最早可以追溯至 2003 年党的十六届三中全会，会议提出要在有效防范风险的前提下，有选择、分步骤地放宽对跨境资本交易活动的限制，逐步实现资本项目可兑换，加快推进与港澳地区货物贸易的人民币结算试点。党的十八大报告将"逐步实现人民币资本项目可兑换"作为今后金融改革的目标之一；十八届三中全会决定又明确指出要"加快实现人民币资本项目可兑换"。十多年来，我国资本项目开放和可兑换方面取得了一系列重要进展，本节主要介绍在资本项目开放方面的进展。

63.6.1　资本项目有序双向开放

"十一五"期间，人民币资本项目开放取得了显著进展。一是有序拓宽对外投资金融渠道。2006 年 4 月，实行合格境内机构投资者（QDII）制度，有序拓宽境内机构和个人对外金融投资渠道。二是有序扩大境内证券市场开放。在 2002 年引入合格境外机构投资者（QFII）制度的基础上，2007 年以来，先后提高 QFII 总额度和单家 QFII 投资额度，鼓励境外中长期投资者在境内进行证券投资（易纲，2011）。

根据国家外汇管理局网站公布的数据，截至 2016 年 1 月 27 日，国家共批准 132 家 QDII 机构，获批额度共计 899.93 亿美元（请参见附录 63 - 5）；共批准 279 家 QFII 机构，获批额度共计 807.95 亿美元。为了拓宽流入香港的人民币的投资渠道，2011 年 12 月 16 日，证监会、人民银行和国家外汇管理局联合发布了《基金管理公司、证券公司人民币合格境外机构投资者境内证券投资试点办法》，为人民币合格境外机构投资者（RQFII）的试点打下了基础。附表 63 - 6 给出了截至 2016 年 1 月 27 日人民币合格境外机构投资者的机构名称、批准时间和批准资金额度等。附表 63 - 6 显示，截至 2016 年 1 月 27 日，总共批准 RQFII 机构总数为 157 家，累计批准资金总额 4698.25 亿元人民币，相当于 721 亿美元，接近 QFII 总授权额度 807.95 亿美元的 9 成。相信该试点不久还会进一步拓宽，为境外人民币基金的进一步发展打下更好的基础。

在成功推动人民币合格境外机构投资者（RQFII）后，中国人民银行 2015 年还会"推动人民币合格境内机构投资者（RQDII）业务，允许境内机构投资者以人民币进行境外证券投资"。这项业务与人民币合格境外机构投资者

（RQFII）业务互相配合，有利于拓宽境内外人民币资金双向流动渠道，有利于壮大境外人民币资金池，支持境外人民币产品创新，推动境外人民币市场发展（"周小川行长在博鳌亚洲论坛香港分论坛晚餐会上的讲话"，人民银行网站，2015 年 4 月 11 日）。

据《证券时报》2015 年 5 月 26 日报道，合格境内个人投资者（QDII2）境外投资试点管理办法将很快发布，首批试点 QDII2 的城市共有六个，分别为上海、天津、重庆、武汉、深圳和温州。QDII2 是指在人民币资本项下不可兑换的条件下，有控制地允许合格的境内个人投资境外资本市场的股票、债券等有价证券投资业务的一项制度安排。这较之前的合格境内机构投资者（QDII）制度有新的突破。

63.6.2　资本项下人民币业务

2007 年，中国人民银行会同国家发展改革委等部门决定允许符合条件的境内金融机构赴香港发行人民币债券。2010 年开展人民币对外直接投资、对外放款、对外担保等跨境资本项目业务试点。人民银行 2011 年 1 月 13 日公布了新年 1 号文件《境外直接投资人民币结算试点管理办法》（以下简称《办法》）。根据《办法》，跨境贸易人民币结算试点地区的银行和企业可开展境外直接投资人民币结算试点。这意味着 2010 年 10 月底在新疆先行试点的境外直接投资人民币结算得以推广（中国人民银行，2011）。实际上，在 2010 年 6 月扩大跨境贸易人民币结算试点之后，开展境外直接投资人民币结算的工作就一直在稳步推进，2010 年 10 月 28 日，新疆成为首个跨境直接投资人民币结算试点地区，并于 2010 年 11 月中旬完成首宗交易。

截至 2010 年年底，各试点地区共办理人民币跨境投融资交易 386 笔，金额 701.7 亿元（2010 年第四季度《中国货币政策执行报告》）；2011 年到 2015 年，银行累计办理对外直接投资人民币结算业务分别为 201.5 亿元、292 亿元、856.1 亿元、1865.6 亿元和 7362 亿；外商直接投资人民币结算业务额分别为 907.2 亿元、2510 亿元、4481.3 亿元、8620.2 亿元和 15871 亿元人民币，显现出快速增长的态势。

国家外汇管理局 2015 年 2 月 15 日发布《2014 年中国跨境资金流动监测报告》指出，2014 年，非银行部门来华直接投资中，人民币净流入 542 亿美元，增长 43%，币种占比由上年的 27% 上升至 37%，显示人民币在外来直接投资中的作用显著提升。

63.6.3　按国际货币基金组织分类项目开放情况

截至 2011 年年初，按照国际货币基金组织划分的 7 大类共 40 项资本项目交易中,我国实施严格管制的主要是跨境金融衍生工具交易等,其他项目已实现一定程度的可兑换,人民币资本项目可兑换程度明显提高(易纲,2011)。我国资本项目完全可兑换需要具备诸多条件,包括宏观经济是否具有稳定的基础,国内的金融体系是否完备,企业和金融机构的风险管理意识和管理能力是否具备,国际收支格局是否稳定,国内宏观调控的路径和手段是否基本成熟,跨境资金流动是否能够被有效监控等。"十二五"时期,外汇管理部门将在党中央、国务院的领导下,以科学发展为主题,以加快转变经济发展方式为主线,处理好保持经济平稳较快发展与促进国际收支平衡的关系,处理好扩大对外开放与防范风险的关系,处理好贸易投资便利化与异常资金流动监管的关系,推动外汇管理工作更好地为经济平稳较快发展服务(易纲,2011)。

63.6.4 强制结售汇制度退出历史舞台

1996年12月,我国宣布实现经常项目可兑换,对经常项目对外支付和转移不予限制,但企业出口等外汇收入原则上仍应卖给指定银行。2002年,账户限额为企业上年度经常项目外汇收入的20%。2004年,提高到30%或50%。2005年,进一步提高到50%或80%。2006年,改变之前仅按收入核定限额的方法,按照企业上年度经常项目外汇收入的80%与经常项目外汇支出的50%之和核定限额,企业可保留的外汇限额进一步提高。2007年,取消账户限额管理,允许企业根据经营需要自主保留外汇。2008年,修订后的《外汇管理条例》明确企业和个人可以按规定保留外汇或者将外汇卖给银行。2009年以来,为进一步促进贸易投资便利化,提高政策透明度,外汇管理部门大力开展法规清理,涉及强制结售汇的规范性文件被宣布废止、失效或修订。目前,强制结售汇政策法规均已失去效力,实践中不再执行("强制结售汇制度退出历史舞台企业和个人可自主保留外汇收入",国家外汇管理局网站,2012-04-16)。

63.6.5 资本项目开放是货币国际化的必要条件,条件满足需要时间

诸多媒体报道,国际货币基金组织,特别是美国政府多次强调资本的自由流动是人民币成为IMF特别提款权一篮子货币的必要条件。这种说法有其道理,但实际上也有些强词夺理,因为它与其他货币成为一篮子货币时的要求大相径庭。表20-6显示,日本资本项目完全放开是在1998年12月《金融系统改革方案》开始实施以后,表20-1显示早在1975年日元就开始占国际可识别外汇储备资产的0.5%,1977—1978年日元占当时国际可识别储备资产的份额迅速分别提高到了2.5%和3.3%,1980年进而超过了4%;实际上,早在1974年7月到1980年12月日元就成为了IMF特别提款权一篮子货币之一而且权重高达

7.5%。换句话说，日元成为 IMF 特别提款权一篮子货币的时间比其资本项目完全开放早了 24 年。虽然时过境迁，但是国际货币基金组织不应该用差别太大的两重标准来做同样的事。

63.6.6　我国资本项目开放的时间表

多年来境内外广泛关注人民币资本项目开放的进程和时间表，而主管部门从未有过相关表态。人民网 2012 年 2 月 27 日发表了"央行首次公开资本项目开放路径称条件基本成熟"的文章。该文引用了《经济参考报》介绍中国人民银行调查统计司司长盛松成领衔的课题组撰写的一份报告，明确指出中国加快资本账户开放的条件基本成熟，并将整个过程分为短期、中期、长期三个阶段。"短期安排（1~3 年），放松有真实交易背景的直接投资管制，鼓励企业'走出去'"。直接投资本身较为稳定，受经济波动的影响较小；中期安排（3~5 年），放松有真实贸易背景的商业信贷管制，助推人民币国际化；长期安排（5~10 年），加强金融市场建设，先开放流入后开放流出，依次审慎开放不动产、股票及债券交易，逐步以价格型管理替代数量型管制。这是央行首次以官方报告的形式，描绘出中国资本市场开放的较为明确的路径图，并给出相对具体的时间表。

"2015 年，正好也是第十二个五年规划的最后一年，我们打算通过各方面改革的努力来实现这样一点。"央行行长周小川 3 月 22 日在"中国发展高层论坛 2015 上如是说（"周小川：人民币资本项目可兑换年内有望实现"，第一财经日报（上海），2015 年 3 月 23 日）。中国货币政策仍是相当稳健的。新常态下文件的货币政策，既要支持经济增长，也要促进结构改革。中国四年前就提出加快推进人民币实现资本项目可兑换，今年是第十二个五年规划的最后一年，我们打算通过各方面改革来努力实现这个目标。第一，要使境内境外个人投资更加便利化。第二，资本市场会更加开放。第三，修改《外汇管理条例》。在这次修改过程中，将考虑人民币实现资本项目可兑换，变成可自由使用货币所提出的要求，以此为框架，审视、修改《外汇管理条例》（同上）。

为达到 2015 年人民币资本项目可兑换年内有望实现的目标，2015 年以来中国资本账户开放步伐加快。政策放开方面，国内资本账户开放步伐加快，实现本外币全面可兑换。根据 IMF 的标准，资本项下 43 个科目，中国只有三个科目没有完成，分别是外商投资和中国企业"走出去"需要批准，中国居民对外负债，还有中国资本市场不对外资开放。这三个科目使用人民币都是有路可行的。预计 2015 年 11 月前人民币放宽政策会相继出台，接下来市场需要一段消化期对这些政策做出反应，进行产品服务的重组和创新（中国银行《伦敦离岸人民币市场月报》，2015 年 5/6 月，总第 28 期）。

2015 年 11 月初公布的《中共中央关于制定国民经济和社会发展第十三个五

年规划的建议》中明确提出扩大金融业双向开放，有序推动人民币资本项目可兑换，推动人民币加入特别提款权（SDR），成为可兑换、可自由使用的货币。所以，人民币国际化已经成为"十三五"期间国家发展的重大战略之一。

63.7　人民币货币互换及在人民币国际化过程中的作用

在人民币资本项目完全开放尚需时日的情况下，与其他国家或地区签订人民币货币互换协议，并在需要的时候启用这些互换协议可以部分地解决人民币资本项目还未完全开放的局限，从而有利于人民币跨境贸易结算、人民币投资等业务的推动，进而有利于人民币国际化进程的推进。

63.7.1　人民币货币互换协议签署的国家和地区及签署金额分布

自 2008 年国际金融危机爆发以来，中国人民银行已与中国香港、马来西亚、韩国、新加坡、澳大利亚、巴西、英国、欧央行、瑞士、俄罗斯和加拿大等近 30 多个国家和地区的货币当局签署了人民币货币互换协议，总金额超过了 3.3 万亿元人民币（相当于 5000 亿美元）。表 63 - 2 给出了这些互换协议签署的时间、人民币金额和相应的外币金额。

表 63 - 2　　　　　　2009 年以来人民银行与其他国家和

地区货币当局签署的人民币外汇互换一览表

单位：亿元人民币，%

签订日期	国家/地区	协议金额	相应外币金额/占比
2009 年 1 月 20 日	中国香港	2000	约 2270 亿港元
2009 年 2 月 8 日	马来西亚	800	约 400 亿林吉特
2009 年 3 月 11 日	白俄罗斯	200	约 8 万亿白俄罗斯卢布
2009 年 3 月 23 日	印度尼西亚	1000	约 175 万亿印尼卢比
2009 年 4 月 2 日	阿根廷	700	约 380 亿阿根廷比索
2009 年 4 月 20 日	韩国	1800	约 38 万亿韩元
2010 年 6 月 9 日	冰岛	35	约 5.128 亿美元
2010 年 7 月 23 日	新加波	1500	约 300 亿新加坡元
2011 年 4 月 18 日	新西兰	250	约 48.62 亿新西兰元
2011 年 4 月 19 日	乌兹别克斯坦	7	约 10780 亿苏姆
2011 年 5 月 6 日	蒙古国	50	约 9000 亿图格里克

续表

签订日期	国家/地区	协议金额	相应外币金额/占比
2011 年 6 月 13 日	哈萨克斯坦	70	约 1100 亿坚戈
2011 年 10 月 26 日	韩国	3600	约 64 万亿韩元
2011 年 11 月 22 日	中国香港	4000	约 4900 亿港元
2011 年 12 月 22 日	泰国	700	约 3200 亿泰铢
2011 年 12 月 23 日	巴基斯坦	100	约 1400 亿卢比
2012 年 1 月 17 日	阿联酋	350	约 200 亿迪拉姆
2012 年 2 月 8 日	马来西亚	1800	约 900 亿林吉特
2012 年 3 月 20 日	蒙古国	100	约 2 万亿图格里克
2012 年 3 月 22 日	澳大利亚	2000	约 300 亿澳大利亚元
2012 年 6 月 26 日	乌克兰	150	190 亿格里夫那
2013 年 3 月 7 日	新加波	3000	约 600 亿新加坡元
2013 年 3 月 26 日	巴西	1900	约 600 亿雷亚尔
2013 年 6 月 22 日	英国	2000	约 200 亿英镑
2013 年 9 月 9 日	匈牙利	100	约 3750 亿匈牙利福林
2013 年 9 月 12 日	阿尔巴尼亚	20	约 358 亿阿尔巴尼亚列克
2013 年 10 月 1 日	印度尼西亚	1000	约 175 万亿印尼卢比
2013 年 10 月 9 日	欧元区	3500	约 450 亿欧元
2014 年 7 月 21 日	瑞士	1500	约 210 亿瑞士法郎
2014 年 9 月 16 日	斯里兰卡	100	约 2250 亿卢比
2014 年 10 月 13 日	俄罗斯	1500	约 8150 亿卢布
2014 年 11 月 3 日	卡塔尔	350	约 208 亿里亚尔
2014 年 11 月 8 日	加拿大	2000	约 300 亿加元
2014 年 11 月 16 日	土耳其	100	约 30 亿里拉
2014 年 12 月 14 日	哈萨克斯坦	70	约 2000 亿坚戈
2014 年 12 月 22 日	泰国	700	约 3700 亿泰铢
2015 年 3 月 18 日	苏里南	10	约 5.2 亿苏里南元
2015 年 3 月 25 日	亚美尼亚	10	约 770 亿亚美尼亚元
2015 年 4 月 10 日	南非	300	约 540 亿元南非兰特
2015 年 5 月 10 日	白俄罗斯	70	约 16 万亿白俄罗斯卢布
2015 年 5 月 25 日	智利	220	约 22000 亿智利比索
2015 年 9 月 7 日	塔吉克斯坦	30	约 30 亿索摩尼
2015 年 10 月 20 日	英国	3500	约 350 亿英镑

签订日期	国家/地区	协议金额	相应外币金额/占比
2015 年 11 月 16 日	土耳其	120	约 50 亿里拉
2015 年 12 月 14 日	阿联酋	350	约 200 亿迪拉姆
合计		33092	100.0
亚太地区		17697	53.5
欧洲		10265	31.0
美洲		4830	14.6
非洲		300	0.9
发达经济体		23385	70.7
发展中国家和地区		9707	29.3

数据来源：由中国人民银行网站公布的数据整理得出；2007 年中国人民银行与日本签订的人民币互换协议由于早就到期作废故未列入；另外表中到期展期的等额协议未更新列入展期的时间，不影响总协议金额。

63.7.2　人民币货币互换协议在洲际和不同发展界别的经济体间的分布

表 63 – 2 显示，与我国签订人民币互换协议的主要国家和地区集中在亚太地区，该区域占总协议金额的 53.5%，欧洲和美洲分别占比 31.0% 和 14.6%，与该三区域近年来推动人民币国际化的力度相当。另外，表 63 – 2 显示，与我国签订人民币货币互换协议的发达经济体占比高达 70.7%，而与发展中国家总占比仅为 29.3%，与我国近年来与发达经济体和发展中国家的贸易占比不很相称。

63.7.3　人民币货币互换协议的动用情况

表 63 – 2 给出的大多数人民币互换协议实际上并没有启动使用。以韩国为例，早在 2009 年 4 月 20 日，韩国就与中国人民银行签订了面额为 1800 亿元人民币的互换协议，2011 年 10 月 26 日两国又将之前的互换协议扩大了一倍。最初协议签订到现在五年多了，截至 2014 年 5 月 30 日前从未启用过货币互换资金。可喜的是，韩国开始计划采取一些措施改变这种状况。如果能够使用韩中两国货币互换资金，将对韩元国际化产生巨大帮助。除韩国外，中国香港和新加坡金融监管部门已经计划采取措施激活利用与中国人民银行签订的人民币互换协议，从而为市场提供更好的流动性，推动两地人民币市场的发展。2014 年 5 月 30 日，中国人民银行使用中韩本币互换协议下 4 亿韩元（约合 240 万元人民币）资金支持企业贸易融资。这是中国人民银行首次在双边本币互换协议下动用对方货币。2014 年上半年在人民银行与境外货币当局签署的双边互换协议

下境外货币当局共开展交易 5110 亿元人民币。

63.7.4 人民币货币互换协议签订与人民币升贬值的关系

表 63 - 2 显示，2013 年 11 月以来各国与中国人民银行签订人民币互换协议的速度明显减缓，2013 年 11 月以后仅与瑞士、斯里兰卡、俄罗斯、卡达尔和加拿大等国签订了互换协议。人民币货币互换签署的减速与人民币升值减缓和贬值预期密切相关。人民币货币互换总额 3.3 万亿元人民币虽然规模可观，然而仍仅相当于 5000 亿美元，在国际金融市场上仍然是较低的份额，表明该方面今后还有很长的路要走。

63.7.5 人民币货币互换协议签订与境外人民币中心的关系

比较 63 - 1 给出的不同国家和地区与我国签订人民币互换协议的时间和金额与表 60 - 5 给出的不同境外人民币中心境外人民币支付比重，我们会容易地发现，与我国签署人民币货币互换协议规模大且时间较早的国家或地区对人民币需求高而且对人民币国际化的潜力早有认识，相应的人民币支付比例就高，境外人民币中心的地位也就越高。

63.8 人民币作为国际储备货币的进展和预判

如果说贸易结算是国际化货币最基本的功能，那么成为储备货币就是货币国际化的最终目标，同时也是最为困难的"最后一跃"。第 56 章介绍了国际储备货币价值取决于货币发行国经贸规模、金融市场功能和政策稳定性等诸多复杂因素。可喜的是，人民币在成为国际储备货币方面也有了一些进展，但是离真正成为国际储备货币还有一定的距离。本节专门讨论人民币成为储备货币方面取得的进展和相应的问题。

63.8.1 主权基金对人民币作为国际储备货币的兴趣和进展

主权财富基金跻身于中国公开市场的最大投资者之列，对人民币成为储备货币发挥一定的推动作用。阿塞拜疆主权财富基金 2014 年计划向人民币资产投资至多 18 亿美元，这可能是对人民币资产的最大公开投资之一。挪威的石油基金、科威特投资局以及新加坡的淡马锡持有最大的人民币计价资产投资配额。卡塔尔和阿布扎比投资局也有相当大的配额，而一些基金还委托当地经理投资于人民币债务（中国银行：《伦敦境外人民币月报》，2014–08）。

63.8.2 人民币作为国际储备货币在一些国家和地区的进展

人民币可接受范围已经逐步从民间走向官方，人民币正在向储备货币迈进。印度、菲律宾等国政府已通过官方宣布的方式接受人民币作为可兑换货币，纳入其汇率货币篮子。早在 2005 年 11 月 5 日，印度储备银行宣布调整汇率指数，将人民币纳入一篮子货币；2006 年 11 月 20 日，菲律宾货币委员会宣布，自 2006 年 12 月 1 日起接纳人民币为菲律宾中央银行储备货币；马来西亚中央银行在 2010 年 9 月购买了人民币债券作为其外汇储备，从而对其储备进行多元化储备（《金融时报》，http://www.ft.com/home/asia，2010–09–19）；泰国中央银行（泰国银行）行长张旭洲 2012 年 3 月表示，泰国央行已经从中国政府获批 3 亿美元的上市证券投资额度，以及通过银行间债券市场投资 10 亿美元的额度，泰国央行将很快开始投资中国资产，并且正在促进外汇储备投资组合多元化（"专访：泰中将进一步推进金融合作——访泰国央行行长张旭洲"，新华网，2012–04–27）。

尼日利亚央行官员表示该行计划在最短的时间内动用约 10% 的外汇储备配置人民币资产。2011 年年底，中国人民银行与奥地利央行正式签署了奥央行投资中国银行间债券市场的代理协议。这是中国人民银行首次与亚洲以外的央行签署此类协议。

韩国银行表示，2012 年 1 月该行从中国人民银行获准购买 200 亿元人民币中国国债（《韩国央行开始投资中国国债》，中国新闻网，2012–04–28）。日本财务大臣安住淳 2012 年 3 月 13 日说，经中国相关当局许可，日本获准最多可购 650 亿元人民币（相当于 103 亿美元）中国国债（《日本宣布获准购入 650 亿元人民币国债》，新华网东京，2012–03–13）。2013 年 4 月 24 日澳大利亚央行副行长菲利普·罗伊（Philip Lowe）表示，"我们目前的意向是在中国持有约 5% 的澳大利亚外汇资产。中国人民银行已经批准了一项初始投资配额，目前我们正在致力于做出投资前的一些必要协议"，中国人民银行已经批准了初始配额（《华尔街日报》，2013–04–25），澳大利亚当年 5% 的外汇资产相当于 20 亿美元。

63.8.3 人民币作为国际储备货币的相关统计

渣打银行在 2014 年 4 月的报告中指出，至少 40 个国家和地区的央行（或货币当局）在人民币上有投资，还有更多家准备这样做。29 家已经公开宣布在离岸或在岸市场持有人民币。其余至少 11 家央行投资了人民币资产，但没有对外宣布。在上述 29 家持有人民币的央行中，14 家来自和中国有密切贸易往来的亚洲地区：澳大利亚、中国香港、印度尼西亚、日本、卡塔尔、韩国、中国澳门、马来西亚、巴基斯坦、菲律宾、新加坡和泰国等。它们或自发声明或在接受媒体采访的时候宣布持有人民币；6 家来自欧洲：奥地利、白俄罗斯、挪威、法国、立陶宛和俄罗斯；9 家来自南美或非洲：玻利维亚、巴西、智利、加纳、肯尼亚、尼日利亚、南非、坦桑尼亚和委内瑞拉（中国银行：《伦敦境外人民币月报》，2014 - 08）。

63.8.4 英国人民币国债对人民币成为国际储备货币的带动作用

英国财政部 2014 年 10 月 14 日发布的声明显示，英国首只人民币国债已经完成发售。这是全球首只由中国以外经济体发行的人民币主权债券。根据英国驻华使馆的新闻简报，本只人民币主权债券规模为 30 亿元人民币，期限达三年。包括中国银行、汇丰银行和渣打银行的主承销商银团共同完成了承销工作。认购期间，这只人民币国债受到全球投资者追捧，共收到 85 个订单，认购额约 58 亿元人民币。买方包括来自全球的中央银行、银行国库及基金经理。这只债券为单次发行，债券票息率为 2.7%（《英国首只人民币国债完成发售》，中国新闻网，2014 - 10 - 16）。英国发行的全球首只人民币主权债券对于其他国家将产生一定的带动作用，对人民币成为国际储备货币将产生积极的推动作用。

中国银行间市场交易商协会接受加拿大不列颠哥伦比亚省在我国银行间债券市场发行 60 亿元人民币债券的注册。此前，国际开发机构、境外非金融企业和境外商业银行已先后在我国银行间债券市场发行了人民币债券。此次，加拿大不列颠哥伦比亚省人民币债券在银行间债券市场注册发行，将进一步扩大债券发行主体范围，有利于促进我国债券市场对外开放，推进人民币跨境使用（"加拿大不列颠哥伦比亚省在银行间债券市场注册发行人民币债券"，人民币银行网站，2015 年 11 月 27 日。）中国银行间市场交易商协会接受韩国政府在我国银行间债券市场发行 30 亿元人民币主权债券的注册。此次韩国人民币主权债券的注册发行将进一步丰富银行间债券市场品种，促进债券市场对外开放，也有利于加强中韩金融合作、深化中韩经贸关系（"韩国政府在银行间债券市场注册发行人民币主权债券"，人民币银行网站，2015 年 12 月 8 日。）

63.8.5 人民币作为国际储备货币的数据和国际比较及今后发展

几年来，关于人民币资产作为不同国家和地区储备资产的报道很多，但是我国难以获得整体的数据。我们在第 56.2 节对人民币作为国际储备资产进行了较为详细的介绍，表 56 - 2 也给出了相对于 2015 年第一季度末，人民币作为全球储备货币的占比达到了 1.79%，略低于同期加元和澳元占比 1.90% 和 1.88%，成为了第七大国际储备货币。以一年多来诸多国家对亚投行支持的力度来判断，到 2015 年年底人民币储蓄资产总额超过澳元和加元从而成为全球第五大储备货币的可能性并不很高。这是因为，我们已经看到 2014 年下半年以来人民币兑美元贬值导致中国香港特区、台湾地区和新加坡等主要境外人民币中心人民币存款不仅没有增长，反而连续下降的市场反应。各国持有人民币作为储备资产与境外个人和企业人民币储蓄相近，对人民币贬值预期反应敏感。

63.9　人民币纳入国际货币基金组织特别提款权一篮子货币的进展

我们在第 56 章对国际货币基金组织（IMF）特别提款权（SDR）一篮子货币的构成及比重演变进行了简单的介绍。IMF 于 1969 年创造了 SDR，它是 IMF 成员国对可自由使用货币配额的潜在债权（目前 188 家成员国）。SDR 本身既不是一种货币，也不是对 IMF 本身的债权，它是一种补充性的国际储备资产，是 IMF 和其他一些国际组织的记账单位。2015 年 11 月初公布的《中共中央关于制定国民经济和社会发展第十三个五年规划的建议》中明确指出推动人民币加入特别提款权（SDR）。人民币进入 SDR 一篮子货币就意味着人民币成为真正意义上的国际储备货币。近年来有关人民币纳入国际货币基金组织特别提款权（SDR）一篮子货币的讨论很多。随着 2015 年国际货币基金组织启动评估人民币是否被纳入 SDR 以来，全球对人民币是否会被纳入 SDR 的关注程度持续升温。本节我们简单探讨人民币进入 SDR 的相关问题和市场参数。

63.9.1　美国政府对人民币纳入 SDR 的态度

作为国际货币基金组织最大投票权和唯一有否决权的美国对人民币纳入 SDR 的态度当然非常重要。早在 2011 年 1 月 19 日，中美两国在华盛顿发表联合声明，声明指出美方支持中方逐步推动将人民币纳入特别提款权的努力。中美双方认同纳入特别提款权的货币应仅为在国际贸易和国际金融交易中广泛使用的货币（付碧莲：《美方支持人民币纳入 SDR 人民币汇率：和解？缓解？》，人民网，2011 - 01 - 21）。

2011 年 3 月 31 日在南京召开的 G20 峰会讨论了国际货币体系改革和 SDR 扩容问题。"我讨论的中国加入 SDR 是以'数年'来计算的，不是以'星期'来计算。而且我从来都没有说这是一种立即行为。"时任美国财长盖特纳在接受记者采访时表示。"当然在更长的时间内，我们认为在国际贸易和金融交易中所使用到的大经济体的货币，应该成为 SDR 一篮子货币中的一部分。"盖特纳表示，为了达成上述目标，这些国家应该拥有灵活的汇率系统、独立央行以及准许资本自由流动，中国目前已经向那个方向前进（《G20 研讨会激辩人民币加入SDR》，《第一财经日报》，2011 - 04 - 01）。

2013 年 7 月结束的第五轮中美战略与经济对话联合成果表明，"中美双方支持 IMF2015 年底前对特别提款权篮子进行审查。美方重申，支持人民币在满足IMF 现有纳入标准时进入特别提款权篮子"（第五轮中美战略与经济对话框架下经济对话联合成果情况说明，新华网，2013 - 07 - 12）。

国家主席习近平 2015 年 9 月 22 日至 25 日对美国进行国事访问期间，中美两国达成的主要共识和成果中，中方认识到，满足其他主要储备货币透明度标准对成功实施人民币国际化具有重要意义。美方支持中方关于进一步推动金融改革和资本市场改革的承诺，相应地，美国重申在人民币符合 IMF 现有标准的前提下支持人民币在特别提款权（SDR）审查中纳入 SDR 篮子。双方承诺尊重IMF 在 SDR 审查中的程序和流程，并将在人民币加入 SDR 事宜上加强沟通。

63.9.2　人民币的 SDR 之路

IMF 曾在 2010 年的第 14 届评估中以人民币不能"自由使用"为由拒绝人民币入篮。IMF 的准入标准在 2011 年发生了变化，2015 年，人民币向 SDR 货币篮子再次发起进攻（中国银行，《伦敦离岸人民币市场月报》，2015 年 4 月，总第 27 期）。2015 年 5 月，IMF 董事会将就中国有关人民币纳入 SDR 货币篮子的诉求进行初步讨论，并与 2015 年 8 月发表了人民币入篮的评估报告（IMF，2015）；2015 年 11 月 13 日，国际货币基金组织总裁宣布人民币已经满足该基金"可自由使用"的标准，并建议基金执行董事会于 2015 年 11 月 30 日投票决定人民币入篮事项；2015 年 11 月 30 日，国际货币基金组织宣布，人民币已经满足"可自由使用"标准，并于 2016 年 10 月 1 日正式纳入该基金组织特别提款权一篮子货币，人民币在一篮子货币中的权重低于美元的 41.73% 和欧元的30.93%，为 10.92%，同时高于日元的 8.33% 和英镑的 8.09% 的占比。所以，人民币正式加入 SDR 指日可待。

63.9.3　加入 SDR 货币篮子的两大标准

早在 2011 年 5 月 12 日国际货币基金组织第一副总裁利普斯基（John Lipsky）在北京接受《第一财经日报》采访时就表示，"可兑换性"并不是一种货币加入 SDR 篮子的前提条件，而加入 SDR 一篮子货币的两大标准应该是"可自由使用"以及在国际贸易中达到可观的使用规模。实际上，国际货币基金组织对纳入其特别提款权的一篮子货币的新货币的标准经过了近二十年的讨论、修改和完善，于 2015 年 7 月完成了"评估一篮子货币估值方法的初步考量"报告（IMF，2011）。该报告对国际货币基金组织最新扩大一篮子货币评估的方法和标准进行了更新综述。评估新纳入一篮子货币的条件有两大标准，第一个标准是该货币经济母体在全球出口的规模或占比，第二个是该货币是否满足"可自由使用"标准。

实际上，如上两个标准并不是并列的，前一个标准如果达不到，后一个根本不用谈；在第一个标准达到后，主要的考量就集中在后一个"可自由使用"标准上了。

63.9.4　人民币入篮的出口标准

事实上，出口最初是货币能否加入一篮子货币的唯一一个标准，出口标准反映货币经济体在全球商贸的重要性，确保储备资产的适度提供，进而限制篮子货币的数量。国际货币基金组织 2015 年 8 月的报告（IMF，2015）指出，2005 年到 2009 年中国实物出口和服务出口年均额为 8720 亿美元，占比为 8.1%，超过已入篮的英国和日本，达到第 3 位；2010 年到 2014 年中国实物出口和服务出口年均额增长了近一倍到 16130 亿美元，占比提高到了 11.0%，不仅超过入篮的英国和日本的占比 4.9% 和 5.0%，而且超过了英国和日本两国出口占比之和 9.9%。所以，人民币在过去的 10 年不仅已经达到此标准，而且超过了此标准。

63.9.5　人民币"可自由使用"条件满足情况

上文介绍的货币的可自由使用度，而非资本项目完全可兑换，是被纳入 SDR 的另外一个重要标准。可自由使用是指该货币必须"被广泛使用"和"在主要市场大量交易"，并获得 IMF 执董会（24 位董事，由成员国任命或几家成员国组成的集团选举产生，董事投票权为相对应的成员国或成员国集团投票份额）70% 以上的投票支持。第 60 章和第 61 章分别介绍分布在全球二十多个境外人民币中心和境外人民币市场显示近年来人民币在全球贸易和外汇交易中的使用度持续快速提升。人民币已经是全球第二大贸易融资货币，也是全球第五大最被广泛使用的支付货币；表 63 - 2 显示，我国已与 30 多个国家和地区签订了人民币货币互换协议，离岸人民币市场流动性持续显著提高，人民币可自由使用度快速提升。

具体来说，国际货币基金组织主要通过考察如下四个指标来衡量"可自由使用"标准，我们下文将分别介绍该四个指标的满足程度。

63.9.5.1　国际外汇储备份额

国际货币基金组织在 2015 年 8 月公布的对人民币入篮评估报告（IMF2015）中指出，2013 年人民币已经成为了全球第 7 大储备货币，而且 2014 年也保持了第 7 的位置。表 56 - 2 利用 2015 年 6 月人民银行首次发布的《人民币国际化报告》中截至 2015 年 4 月的数据，境外货币当局在境内外持有债券、股票和存款等人民币资产余额约 6667 亿元，约占 2015 年 6 月全球可识别外汇储备比重 1.6%，成为位于澳元和加元之后的全球第七大储备货币；人民币储备资产金额 1085.3 亿美元离美元、欧元、英镑和日元超过 2000 亿美元的规模仍有显著的差距，但比澳元和加元储备资产占比 1.9% 仅差 0.3%，为全球第 7 大储备货币。

63.9.5.2 以人民币计价的国际银行借贷

以不同货币计价的国际银行借贷规模或全球占比也是其可自由使用的重要表现。目前境外人民币借贷数据还未列入国际货币基金组织定期公布的季度国际银行借贷数据中，因此我们难以判断人民币借贷数据及国际占比。国际货币基金组织在最近（IMF，2015）对人民币评估的报告中指出，2014 年以人民币计价的资产占全球银行负债比重为 1.9%，介于同期日元和瑞士法郎之间，排名第 5，达到进入 SDR 一篮子货币的条件（IMF，2015）。

63.9.5.3 以人民币计价的国际债券

表 61 - 1 的数据显示，2014 年全球 21.8 万亿美元总国际债中有高达 93.3% 的债券是以美元、欧元、英镑和日元这四个 SDR 篮子货币计价的，与 2011 年的 92.1% 相比还进一步提高了 1.2%，显示 SDR 篮子货币在国际债券市场的地位不仅没有下降反而略有提高；表 61 - 1 也显示，2009 年以人民币计值的国际债券金额仅为 115 亿美元，排名 22 位，占比 0.06%；到 2013 年，以人民币计值的国际债券金额快速增长到了 715 亿美元，占比提高到了 0.31%，排名上升到了第 10 位；到 2015 年第一季度末，人民币国际债券进一步提高到了 977 亿美元，占比提高到了 0.47%，世界排名第 8。2015 年第一季度末人民币国际债仅相当于排名第 6 和第 7 的澳元和加元债券金额的三分之一和二分之一，显示人民币国际债券金额有待显著提高。

国际货币基金组织最近对人民币入篮评估报告（IMF，2015）指出，人民币国际债券发行额占比从 2010 年的 0.1% 和排名 11 提高到了 2014 年的 1.4% 和第 6 位，显示近年来人民币国际债券发行增长较快。

63.9.5.4 人民币外汇交易量

国际货币基金组织最近对人民币入篮评估报告（IMF，2015）对人民币外汇交易的数据直接利用了表 57 - 1 给出的国际清算银行的数据，即人民币外汇交易从 2010 年占比 0.4% 和排名第 17 位提高到了 2013 年的占比 1.1% 和排名第 9（表 57 - 1 给出的占比除以 2）；人民币即期外汇交易从 2010 年占比 0.3% 和排名第 19 位提高到了 2013 年的占比 0.8% 和排名第 11。

表 57 - 1 和表 57 - 4 的数据显示，2013 年 4 月人民币即期外汇日均成交金额仅为 339.5 亿美元，仅占同期全球即期外汇日均成交金额 2.046 万亿美元的 1.66%，全球排名第 11 位；利用表 63 - 3 给出的数据计算得出，2013 年上半年

到 2015 年上半年国内人民币即期外汇日均成交金额分别仅增长了 3.7% 和 3.1%；而表 61 - 2 给出的境外离岸市场人民币即期日均成交金额从 2013 年上半年的 83 亿美元到 2014 年上半年同比增长了 190.5% 到 249.7 亿美元，2014 年上半年境内外人民币即期日均成交金额为 553 亿美元，相当于表 57 - 1 和表 57 - 4 给出的 2013 年全球第 9 位；即使 2014 年下半年到 2015 年上半年境外人民币即期环比增长率保持 2014 年上半年到 2014 年下半年的增长水平 53.4%，那么 2015 年上半年境外人民币即期外汇日均成交金额 355.6 亿美元，境内外人民币即期外汇日均成交金额 668 亿美元，相当于表 57 - 1 和表 57 - 4 中低于四种 SDR 货币及澳元、瑞士法郎和加元后第八大即期交易货币，与表 61 - 1 给出的人民币 2015 年第一季度末国际债券的国际排名相当。

但是，下文 63.10.5.2 引用的英国外汇市场联系委员会公布的 2015 年 4 月伦敦市场人民币外汇日均成交金额数据显示，2015 年 4 月伦敦人民币外汇市场成交金额比 2014 年 10 月仅增长了 25%，不到表 61 - 2 给出的 2014 年上半年到 2014 年伦敦人民币外汇即期市场日均成交金额环比增长率 53.4% 的一半，表明如上估算的 2015 年上半年人民币即期成交金额全球第 8 的排名难以达到。我们在本书后记中还会进一步讨论伦敦两个数据源的相关问题。

63.9.6　对国内外人民币市场和国际外汇市场等影响巨大

虽然人民币纳入 SDR 对国内市场的直接影响可能还不很大，但是对国内金融市场和金融改革却有显著的影响和推动。首先，人民币纳入 SDR 货币篮子，将标志着 IMF 首次将一个新兴经济体的货币作为主要储备货币，也意味着中国将在国际货币体系中扮演更重要角色；其次，人民币纳入 SDR 货币篮子，将使得更多的国家和地区持有更多的人民币资产作为储备资产，今后几年境外对人民币资产的需求会在 5000 亿～1 万亿美元，对国内金融市场甚至利率都将产生一定的影响；再次，国际市场对人民币储蓄需求显著增加的同时就是对其他现存主要货币储蓄的相对减少，对各个国家和地区，特别是对我国目前持有的美元和欧元储备资产的市值将产生重要的影响，必须提前做好风险管理的准备；最后，国内纳入 SDR 作为金融改革的一个目标，从而加速资本项目开放、利率市场化和汇率体制改革。近年来，特别是 2015 年以来国内各项金融改革的举措似乎都与该目标相关。另外还有很多其他方面的影响，这里不宜细述。

63.9.7　人民币正式入篮前人民币"可自由使用"条件可能变化

本节上文介绍了国际货币基金组织 2015 年批准人民币入篮决定及相应的人民币入篮"可自由使用"条件的满足程度。国际货币基金组织决定人民币入篮是以《人民币入篮评估报告》（IMF，2015）为基础的，而该报告是 2015 年 7 月 16 日完成的，因此该报告所用的相关数据最迟也应该是 2015 年上半年的数据。而表 60 – 1、图 60 – 2 和图 60 – 1 分别显示，2015 年 6 月以来和 2015 年 12 月的半年内，中国香港、中国台湾和新加坡三大境外人民币中心人民币储蓄皆出现了不同程度的下降，其中香港和台湾人民币中心人民币储蓄分别累计下降了 14.28% 和 5.57%，2015 年 6 月到 9 月新加坡人民币储蓄下降了 30.1%（由于新加坡金管局 2015 年 12 月才更新了 2015 年 6 月和之前的人民币储蓄数据，国际货币基金组织完成的人民币评估报告 2015 年 7 月才完成，国际货币基金组织评估报告用的应该是新加坡金管局更新前的数据，因此计算新加坡人民币储蓄降幅应该用更新前的人民币储蓄数据）。境外人民币储蓄的下降直接导致以人民币计价的国际银行借贷的下降，进而导致人民币计价借贷在全球银行业排名的下降。

虽然我们没有 2015 年 6 月以来全球人民币储备资产和境外人民币债券的相关数据，储蓄资产和境外人民币债券发行量及存量也应该与人民币储蓄相似，随人民币兑美元的贬值而下降。由于人民币"可自由使用"参数 2015 年下半年比 2015 年上半年下降的主要原因是下半年人民币兑美元贬值预期高于上半年。从 2015 年 12 月到 2016 年 2 月人民币兑美元贬值幅度明显超过 2015 年上半年，而且贬值趋势还会延续一定的时间，我们可以判断，到 2016 年 10 月初人民币正式入篮前后，人民币"可自由使用"的大多参数指标很可能还会进一步下降，对届时人民币正式入篮会产生一定的影响。

63.10　2010 年以来人民币外汇日均成交金额估算

第 57 章利用国际清算银行公布的数据提出的度量货币国际化程度的方法并对 2007 年到 2013 年主要货币的国际化程度进行了计算和比较。张光平（2012）利用 2011 年以来我国季度外汇交易数据对 2010 年人民币国际化程度进行了度量。本节利用同样的方法和国内外更新的数据，在挤出国际清算银行人民币外汇交易数据水分后，对 2010 年以来人民币国际化程度进行合理度量，从而使我们对人民币国际化的现状有准确的把握。

63.10.1　国内人民币外汇市场近年来的活跃程度

可喜的是 2011 年第一季度以来中国人民银行开始连续公布我国季度外汇交易数据和相应的同比变化率。张光平（2014）利用这些数据推算出 2010 年我国季度外汇交易额及日均交易额，并估算出 2010 年 4 月到 2013 年 4 月日均成交额，从而提高国内人民币外汇交易数据与国际清算银行数据的可比性。这里将张光平（2016）的数据扩展到 2015 年第四季度，表 63 – 2 给出了相应的结果。

表 63 – 3　　　　　　　　　　国内人民币外汇交易额分布
（2010 年第一季度到 2015 年第四季度）　　　　　　单位：亿美元

市场 时间	人民币即期		人民币远期交易		人民币外汇掉期	人民币货币掉期	人民币外汇期权		人民币外汇总交易额	人民币外汇季度日均交易额
	银行间	银行对客户	银行间	银行对客户	银行间		银行间	银行对客户		
2010Q1	7709.0	4794.0	30.4		2849.8				15383.2	240.4
2010Q2	7757.4	5581.0	24.4		3455.7				16818.5	275.7
2010Q3	7493.7	6091.0	17.5		3199.9				16802.1	271.0
2010Q4	7492.3	6480.0	255.0		3493.0				17720.3	281.3
2011Q1	8133.0	6172.0	595.0		3377.0	25.7			18302.7	286.0
2011Q2	9375.0	6852.0	564.0		4549.0	31.8	3.2	2.3	21377.4	350.4
2011Q3	10159.0	7391.0	608.0		5239.0	39.5	4.3	2.9	23443.6	378.1
2011Q4	7871.0	7861.0	379.0		4545.0	46.0	2.6	3.5	20708.1	328.7
2012Q1	8720.0	7089.0	534.0	851.0	5445.0	57.1	6.2	26.6	22728.9	355.1
2012Q2	8580.0	7517.0	111.0	880.0	5955.0	70.9	8.2	32.5	23154.6	379.6
2012Q3	8700.0	7850.0	53.0	894.0	6600.0	90.6	12.7	101.7	24302.0	392.0
2012Q4	7600.0	8094.0	168.0	1016.0	7200.0	112.4	10.0	124.2	24324.6	386.1
2013Q1	9124.0	8410.0	21.0	1390.0	7253.0	126.1	19.5	140.5	26484.1	413.8
2013Q2	9965.5	8434.0	51.3	1501.0	7920.0	156.5	19.9	171.5	28220.2	462.6
2013Q3	10620.9	9002.0	36.1	1341.0	8998.1	230.7	21.0	90.9	30340.7	489.4
2013Q4	11289.6	9111.0	215.3	1489.2	9836.0	286.2	157.1	111.1	32495.0	515.8
2014Q1	11056.0	8743.0	136.0	2033.2	10020.0	437.4	64.5	104.9	32595.0	509.3
2014Q2	9644.0	8666.0	123.0	1129.0	10380.0	542.6	67.5	128.1	30681.1	503.0
2014Q3	9708.0	9413.0	145.0	1364.9	12377.8	574.8	357.2	178.3	34119.0	550.3
2014Q4	10792.0	9837.0	125.0	1138.8	12122.2	713.2	997.5	217.7	35943.4	570.5
2015Q1	11564.6	9155.0	85.0	1291.0	12645.2	759.6	942.0	292.6	36735.1	574.0
2015Q2	9435.4	9229.0	88.0	1219.3	18354.8	942.2	915.0	357.4	40541.2	664.6
2015Q3	15713.0	10056.0	106.0	1575.0	24000.0	669.0	735.0	236.0	53090.0	856.3
2015Q4	12281.0	9349.0	93.0	508.8	28514.0	148.0	945.0	242.0	52080.8	826.7
2010	30452.4	22946.0	327.3		12998.4				66724.2	266.9
2011	35538.0	27005.0	2146.0	3871.0	17710.0	143.0	10.1	8.7	86431.8	345.7
2012	33568.0	27873.0	866.0	3641.0	25200.0	331.0	33.0	285.0	91797.0	367.2
2013	40747.0	30117.0	324.0	5721.0	34032.0	799.0	217.0	514.0	112471.0	449.9
2014	41232.0	31255.0	529.0	5450.0	44900.0	2268.0	1299.0	629.0	127562.0	510.2
2015	48994.0	37789.0	372.0	4594.1	83514.0	2519.0	3537.0	1128.0	182447.1	582.9

　　数据来源：2011 年第一季度到 2014 年第二季度数据根据中国人民银行货币政策执行报告和中国货币网（chinamoney.com.cn）数据计算得出，2010 年的数据根据 2011 年第一季度到第四季度同比数据计算得出；2010 年到 2015 年数据来自国家外汇管理局年度和半年度《中国国际收支报告》；根据人民银行货币政策执行报告中季度数据计算出的年度和半年度数据与《中国国际收支报告》给出的数据有一定的偏差；2011 年到 2015 年季度货币掉期和银行对客户期权数据根据 2011 年到 2015 年上半年和《中国国际收支报告》给出的半年度数据估算得出，估算方法见本章附件。

表 63-3 显示，2010 年到 2014 年国内人民币外汇市场有了可喜的发展，年度成交总额复合年均增长率 17.6%，2015 年比 2014 年增长了 43.0%，为 2010 年以来国内外汇市场年度增幅最快的一年，显示国内利率和汇率改革加速对外汇市场的明显推动作用。表中给出的季度日均交易数据难以与国际清算银行公布的（见表 60-1）每年 4 月日均交易数据进行直接比较。我们利用张光平（2012）的方法，分别将每年第一季度和第二季度的日均数据当作"2 月"和"5 月"的日均交易数据，这样我们就可以利用线性插值的方法计算出该年 4 月的日均数据。我们计算出 2010 年 4 月到 2014 年 4 月国内人民币外汇日均交易额分别为 263.9 亿美元、329.0 亿美元、371.4 亿美元、446.4 亿美元、505.1 亿美元和 634.4 亿美元。2010 年 4 月国内人民币外汇日均交易额 263.9 亿美元占同月全球外汇市场日均成交金额 39710 亿美元的 0.66%。由于 2010 年 8 月境外人民币市场才启动，2010 年 4 月境外人民币交易应该非常低，这就是我们在表 61-1 中使用的 2010 年人民币外汇占比数据 0.66% 的原因。换句话说，国际清算银行公布的 2010 年 4 月人民币外汇日均成交金额占世界比重 0.86% 中有 0.2% 的水分。

63.10.2　2010 年以来人民币外汇市场主要产品类型交易分布

利用表 63-3 给出的国内人民币外汇交易的数据，我们可以计算出 2010 年到 2015 年国内人民币外汇现货、远期、掉期和期权交易额占总交易的比重，表 63-4 给出了相应的结果。表 63-4 显示，2010 年人民币外汇现货交易仍然占总交易额的八成，外汇掉期占比仅接近两成，远期占比仅为 0.5%；2011 年以来人民币外汇现货交易占比持续下降的同时，外汇掉期和外汇期权市场占比持续提高，表明国内人民币外汇市场主要产品类型结构持续改善，然而 2011 年到 2015 年远期市场占比却不增反降，离国际外汇市场的差距不仅没有缩小反而进一步扩大。

表 63-4　　　　　　　国内人民币外汇产品成交金额分布

（2010 年第一季度到 2015 年第四季度）　　单位：亿美元，%

时间/类型	人民币外汇现货交易	人民币外汇远期交易	人民币外汇掉期交易	人民币货币掉期	人民币外汇期权
2010Q1	81.3	0.20	18.5		
2010Q2	79.3	0.15	20.5		
2010Q3	80.9	0.1	19.0		
2010Q4	78.8	1.4	19.7		
2011Q1	78.2	3.3	18.5	0.1	
2011Q2	75.9	2.6	21.3	0.1	0.03

续表

时间/类型	人民币外汇现货交易	人民币外汇远期交易	人民币外汇掉期交易	人民币货币掉期	人民币外汇期权
2011Q3	74.9	2.6	22.3	0.2	0.03
2011Q4	76.0	1.8	21.9	0.2	0.03
2012Q1	69.6	6.1	24.0	0.3	0.14
2012Q2	69.5	4.3	25.7	0.3	0.18
2012Q3	68.1	3.9	27.2	0.4	0.47
2012Q4	64.5	4.9	29.6	0.5	0.55
2013Q1	66.2	5.3	27.4	0.5	0.60
2013Q2	65.2	5.5	28.1	0.6	0.68
2013Q3	64.7	4.5	29.7	0.8	0.37
2013Q4	62.8	5.2	30.3	0.9	0.83
2014Q1	60.7	6.7	30.7	1.3	0.52
2014Q2	59.7	4.1	33.8	1.8	0.64
2014Q3	56.0	4.4	36.3	1.7	1.57
2014Q4	57.4	3.5	33.7	2.0	3.38
2015Q1	56.4	3.7	34.4	2.1	3.36
2015Q2	46.0	3.2	45.3	2.3	3.14
2015Q3	48.5	3.2	45.2	1.3	1.83
2015Q4	41.5	1.2	54.7	0.3	2.28
2010	80.0	0.5	19.5		
2011	72.4	7.0	20.5	0.17	0.02
2012	66.9	4.9	27.5	0.36	0.35
2013	63.0	5.4	30.3	0.71	0.65
2014	56.8	4.7	35.2	1.78	1.51
2015	47.6	2.7	45.8	1.38	2.56

数据来源：根据表63-2给出的数据计算得出。

表63-4的数据显示，2010年第一季度到2015年第四季度，国内人民币外汇市场即期成交金额占比总体呈现下降的趋势，特别值得关注的是，从2015年第二季度开始国内外汇即期交易金额占比首次低于50%，并在2015年第四季度进一步下降到了41.5%，显示国内外汇市场从2015年开始外汇衍生产品成交金额首次超过外汇即期交易，成为我国外汇市场的主力，与国际外汇市场的差距显著缩小。具体来看，表63-3给出的2015年我国外汇即期、远期、外汇掉期、货币掉期和外汇期权市场占比47.6%、2.7%、45.8%、1.38%和2.56%，分别比表61-4给出的2013年国际外汇市场相应的比重38.3%、12.7%、41.7%、

1.0%和6.3%高出9.3%、-10.0%、4.1%、0.4%和-3.7%，显示国内外汇期权，特别是外汇远期市场占比离国际市场占比仍有显著的差距，同时国内外汇掉期和货币掉期市场占比却率先超过国际市场占比，国内外汇即期市场占比仍有显著的下降空间，外汇衍生产品市场仍有巨大的增长空间。

63.10.3 国际清算银行人民币外汇交易数据疑问

2005年汇改到2010年，人民银行从未公布过我国外汇交易相关数据。我们能够获得的相关数据的唯一渠道是国际清算银行每三年一次的数据。然而国际清算银行公布的2010年人民币外汇交易数据与人民银行2011年以来公布的数据有巨大的差异，导致国内外各界对近年来人民币国际化程度判断有显著误差。

表61-1给出的国际清算银行2010年12月公布的中国2010年4月人民币外汇交易数据显示，人民币外汇交易占全球外汇市场2010年的比重0.9%（实际上是0.86%四舍五入的结果），而根据国际清算银行2010年12月公布的该年4月全球外汇市场日均成交金额39710亿美元和国内同期人民币外汇日均交易263.9亿美元（见表63-2）计算，国内人民币外汇交易占全球比重仅为0.66%，两者竟相差0.20%。第57章显示境外人民币市场2010年8月才正式启动，该年4月全球人民币外汇交易应该仅为国内交易，因此我们可以有把握地认为2010年国际清算银行公布的人民币外汇交易占比0.86%中有0.20%的水分，这0.20%的水分占国际清算银行公布的0.86%占比比重高达23.3%。

另外，国际清算银行2010年12月公布的我国2010年4月人民币外汇即期、远期、掉期等产品日均成交金额占比份额23.7%、41.6%、19.9%更有严重的问题。表63-3的数据显示，2010年4月我国外汇远期交易还不到总外汇交易的0.2%，不到国际清算银行给出的2010年4月人民币远期交易的1/10；同时，国际清算银行公布的2010年4月人民币外汇掉期占比41.6%比表63-3给出的同期国内人民币外汇掉期占比高出1倍多。由于2010年4月境外人民币市场还未启动，全球人民币外汇交易基本都在国内，所以，国际清算银行公布的2010年的人民币数据不能作为我们研究2010年人民币国际化的依据，2013年12月公布的2013年4月日均人民币外汇数据也相应地有类似的问题。本节下文将利用2010年以来人民银行公布的季度人民币外汇交易数据作为基础，挤出国际清算银行公布的数据的水分，从而使得我们对当前人民币国际化有更为合理而准确的判断，进而能更好地判断人民币国际化今后的走势。

63.10.4 2013年人民币外汇交易占比合理估算

上文显示，国际清算银行2010年公布的人民币外汇交易数据有严重问题，2013年的数据也难免有类似的夸大问题。由于很多境外人民币中心希望提高自已在人民币市场中的地位，夸大人民币市场成交数据即可达到目的。表 57 – 1 中 2013 年 4 月境外人民币日均交易数据的水分首先可以简单来判断。国际货币结算支付功能、计价功能和储备三大功能中，近年来人民币在跨境结算支付方面取得了最显著的进展，而计价功能和储备功能却进展缓慢。表 55 – 2 的数据显示，2013 年 4 月人民币跨境支付世界占比 0.69%，全球排名仅为第 13 位。所以，2013 年 4 月以外汇占比度量的人民币国际化整体排名不会高达表 57 – 1 给出的第 9 位。换句话说，2013 年 12 月国际清算银行公布的 2013 年 4 月人民币日均成交金额数据有可观的水分或夸大成分。

63.10.4.1 2013 年 4 月人民币日均成交金额

表 63 – 4 给出了 2013 年 12 月国际清算银行公布的 2013 年 4 月人民币外汇即期、远期、掉期和期权等日均成交金额，国内人民币外汇即期、远期、掉期和期权等日均成交金额的估算数据、伦敦人民币外汇即期、远期、掉期和期权等日均成交金额、伦敦外其他境外人民币市场相应的数据及与国际清算银行公布的数据的相关比较。

表 63 – 5　2013 年 4 月境内外人民币各类产品日均成交金额及分布结构

单位：亿美元，%，位

市场/产品	现货	远期	外汇掉期	货币掉期	期权	总外汇	国际排名
国内	292.5	24.3	124.3	2.4	2.9	446.4	
伦敦	48.2	26.5	62.6	0.1	18.3	107.4	
伦敦外其他境外市场	37.8	32.3	116.3	0.1	83.3	269.9	
境内外总计	378.5	83.1	303.2	2.6	104.5	871.8	
国际清算银行数据	339.5	281.0	399.2	5.1	170.8	1195.6	
全球外汇市场	20460	6800	22280	540	3370	53450	
国际清算银行数据/境内外总计	89.70	338.19	131.69	193.83	163.49	137.14	
合理境内外总计	331.0	77.4	241.9	2.1	83.4	736	
境内外总计占全球比重	1.85	1.22	1.36	0.49	3.10	1.63	11
国际清算银行数据占全球比重	1.66	4.13	1.79	0.94	5.07	2.24	9
合理日均成交额世界占比	1.62	1.14	1.09	0.39	2.47	1.38	15
境外与国内比重	29.40	241.98	143.89	9.52	3501.92	95.30	
合理境外与国内比重	13.16	218.65	94.63	– 12.60	2774.46	64.83	

数据来源：表 63 – 2 和表 61 – 3 给出的境内外人民币外汇市场数据计算得出；国际清算银行数据来自其 2013 年 12 月公布的三年全球外汇市场统计报告，见表 61 – 1；由于伦敦金融城给出的上半年日均数据与国际清算银行给出的 4 月份日均数据接近，我们以伦敦金融城上半年的日均数据与国际清算银行公布的月日均计算。

63.10.4.2　境外各类人民币市场日均成交金额

表 63－5 显示，境外人民币除即期和货币掉期日均成交金额分别仅为国内人民币即期和货币掉期交易的 29.4％ 和 9.52％ 外，境外人民币远期、外汇掉期和期权日均成交金额分别比国内相应日均成交金额高出 1.42 倍、0.44 倍和 34.02 倍，境外总人民币外汇日均成交金额为国内人民币外汇日均成交金额的 95.3％。

63.10.4.3　国际清算银行数据的水分

表 63－5 显示，境内外市场数据除人民币即期日均成交总金额 378.5 亿美元比国际清算银行公布的 339.5 亿美元高出 39 亿美元外，国际清算银行公布的人民币外汇远期、外汇掉期、货币掉期和外汇期权日均成交金额分别比利用伦敦金融城计算出的境内外人民币交易数据高出 238.19％、31.69％、93.83％ 和 63.49％，表明国际清算银行的数据有显著的水分。下文我们在挤出伦敦数据的水分后进而挤出国际清算银行数据的水分。

63.10.5　2013 年 4 月境外人民币日均成交金额水分计算

63.10.5.1　2013 年上半年伦敦金融城人民币数据水分计算

表 63－4 显示，以伦敦金融城境外数据计算 2013 年 4 月境内外人民币日均成交金额全球占比 1.63％，在表 56－1 中排名第 11 位。图 54－1 给出 2012 年 1 月到 2015 年 8 月人民币跨境支付世界占比仅为 0.69％，排名第 13 位。众所周知，近年来人民币跨境支付是人民币国际化进展最快的领域，作为人民币国际化总体程度衡量的人民币外汇世界占比排名不应该高于排名最高的人民币跨境支付的排名。所以，不仅表 63－4 国际清算银行给出的排名第 9 相应的世界占比 2.2％ 有显著水分，表中基于伦敦金融城的排名第 12 和相应的世界占比 1.56％ 也有一定程度的水分。2013 年 4 月境内外人民币外汇交易金额世界占比排名应该在第 13 名以下，或者说相应的境内外人民币外汇日均成交金额占比应该比排名第 13 的挪威克朗的占比 1.436％ 要低。

由于国际清算银行 2013 年 12 月公布的人民币外汇衍生产品日均交易额皆有水分，那么其公布的人民币即期日均成交金额也难保没有水分。表 63－4 显示伦敦外的其他境外人民币中心，即伦敦外以香港为主的境外人民币中心人民币即期和远期日均成交金额为 70.2 亿美元，高于 Chan（2013）给出的 2013 年 2 月前后香港人民币外汇即期和远期日均成交金额 50 亿美元；2013 年 4 月新加坡和中国台湾等人民币中心才刚刚起步，人民币外汇即期交易应该很低，假设这些中心人民币即期和远期日均成交金额总和为 6 亿美元，那么伦敦外其他境外人民币即期和远期日均成交金额 56 亿美元，为表 63－4 给出的伦敦外其他境外中心人民币即期和远期日均成交金额 70.2 亿美元的 79.8％，换句话说，伦敦外即期和远期日均成交金额数据有 20.2% 的水分。以 20.2% 水分对伦敦境外其他境外人民币外汇掉期、货币掉期和外汇期权日均成交金额打折,我们即可获得伦敦外这些产品日均成交金额,进而获得境外人民币日均成交金额和境内外人民币总日均成交金额,结果如表 63 - 4 中合理境内外总计所示。

　　表 63 - 4 中合理的境内外人民币外汇日均成交金额 735.8 亿美元为境内外日均成交金额 871.8 亿美元的 84.4%,即伦敦数据有 15.6% 的水分;合理日均成交金额 735.8 亿美元占世界比重 1.38%,在表 56 - 1 中排名第 15,比图 54 - 1 给出的 2013 年 4 月人民币跨境支付占比排名第 13 位低两位,结果更加合理。

63.10.5.2　2014 年伦敦金融城人民币数据问题的新证据

英格兰银行支持的伦敦外汇市场联席常务委员会 (The London Foreign Exchange Joint Standing Committee, FXJSC) 2015 年公布的该年 4 月伦敦外汇市场日均成交金额比 2014 年 10 月下降了 8%,同时伦敦人民币日均成交金额增长了 25% 到 430 亿美元,比表 61 - 3 给出的 2014 年下半年伦敦市场人民币外汇日均成交金额就高达 553.6 亿美元下降了 22.33%。按照如上 2015 年 4 月日均成交金额比 2014 年 10 月增长 25% 推算得出 2014 年 10 月伦敦人民币市场日均成交金额仅为 344 亿美元,而表 61 - 3 给出的 2014 年下半年日均成交金额 553.6 亿美元,两者差距竟高达 209.6 亿美元。按常理推断,2014 年 10 月的日均成交金额难以与 2014 年下半年日均成交金额会有如此大的差异。由于伦敦外汇市场联席常务委员会是英格兰银行支持的职业性机构,其专业和职业水平应该高于伦敦金融城公布的相似数据。如上巨大的差异为伦敦金融城公布的近年来伦敦人民币市场交易数据的显著水分提供了新的证据,对我们冷静判断近年来伦敦以至整个境外人民币市场的发展提供了难得的资料。

　　如上英国外汇市场联合委员会公布的 2015 年 4 月伦敦人民币市场日均成交金额数据不仅为我们提供了伦敦金融城数据的严重问题,而且还很有可能会导致我们对 2011 年以来整个境外人民币外汇市场活跃度的重新评估。由于截至目前相关数据局限性,我们只能等待 2016 年下半年国际清算银行公布的 2016 年 4 月全球人民币外汇市场日均成交金额数据,或者伦敦金融城不久将公布的 2015 年上半年伦敦人民币外汇市场日均成交金额数据 (即使解释了如此大差异的原因,职业性一定会受到严重质疑,因此伦敦金融城很有可能今后不再公布相关的数据) 以进一步判断伦敦金融城 2012 年到 2014 年相关数据的严重程度,进而对 2011 年以来整个境外人民币外汇市场活跃和人民币国际化进程进行重新评估。

63.10.5.3　国际清算银行 2013 年 4 月人民币外汇交易数据的水分计算

　　有了表 63 - 4 给出的 2013 年 4 月合理的人民币日均成交金额数据,我们可以容易地计算出 2013 年 4 月国际清算银行人民币日均成交金额数据的水分。表

63 - 4 中合理的境内外人民币外汇日均成交金额 735.8 亿美元为国际清算银行给出的人民币日均成交金额 1195.6 亿美元的 61.5%，即国际清算银行的数据有39.5% 的扩大水分。

2010 年国际清算银行公布的当年 4 月人民币外汇交易全球占比 0.9%（0.863% 精确到小数点后一位），上文根据表 63 - 2 给出的 2010 年国内人民币交易数据计算出的人民币日均成交金额仅占全球相应的外汇日均成交金额0.66%。换句话说，2010 年国际清算银行公布的人民币数据从 0.66% 夸大到了0.893%，夸大幅度为 25.6%（1 - 0.66%/0.89%）；而表 63 - 4 显示，2013 年境内外人民币外汇日均成交金额占全球比重 1.38% 被夸大到了 2.237%，夸大幅度为 38.5%（1 - 1.38%/2.24%），比 2010 年夸大幅度提高了 12.9%。

63.10.5.4 国际清算银行数据与伦敦金融城数据的进一步比较

国际清算银行每三年国际外汇市场日均成交数据是全球外汇市场唯一的数据源，然而该数据频率不够，使我们难以获得三年间两个年份的国际市场动态。凭借其国际外汇市场的龙头地位，伦敦金融城 2012 年以来每半年境外人民币日均成交数据成为全球跟踪境外人民币市场半年动态的唯一渠道。然而，上文研究结果表明，虽然伦敦数据的水分比国际清算银行要低很多，但是仍然有 1/7以上的水分。因此，我们在利用伦敦金融城数据时需要考虑到该问题，从而使我们对人民币国际化的进程有更客观的把握。

63.11 2010 年到 2015 年人民币国际化程度全球市场排名

63.11.1 非公布年份全球外汇市场日均成交金额估算

由于没有 2010 年和 2013 年两个公布年份间非公布年份 2011 年和 2012 年全球外汇市场的日均成交金额数据，我们难以准确计算人民币外汇市场日均成交金额的全球占比。通常的做法是利用 2010 年和 2013 年的数据进行线性插值，从而可以估算出 2011 年和 2012 年全球市场的日均成交金额分别为 4.429 万亿美元和 4.887 万亿美元；另外一种常用的方法是计算出 2010 年到 2013 年的年均复合增长率 10.4%，并假设 2010 年到 2013 年间每年增长保持年均复合增长率，那么即可利用 2010 年的数据和年均复合增长率估算出 2011 年和 2012 年全球外汇市场日均成交金额分别为 4.385 万亿美元和 4.841 万亿美元。张光平《人民币国际化和产品创新》第三版和之前的版本就是利用年均复合增长率估算法估算出的。

如上两种方法都简单易行，但是都太简单，因为该两种方法都没有充分利用占全球外汇市场日均成交金额六成以上的外汇衍生产品市场的其他相关重要信息，因此两种方法的估算结果皆有待提高。张光平和马钧（2015）利用两个公布年份日均成交金额、上半年外汇衍生产品存量金额和非公布年份上半年外汇衍生产品存量金额信息，估算出两个公布年份间非公布年份上半年日均成交金额（本章附表 63 - 2 给出了相关结果）。利用张光平和马钧（2015）的方法，如 2007 年和 2010 年及 2008 年和 2009 年上半年全球外汇市场日均成交金额分别为 4.428 万亿美元和 3.530 万亿美元，分别比利用年均复合增长率法估算出的结果 3.527 万亿美元和 3.743 万亿美元高出 0.901 万亿美元和 - 0.213 万元美元，前者比后者分别高出 25.5% 和 - 5.7%。由于 2008 年上半年金融危机仍未爆发，当时的日均成交金额应该比 2007 年更高，而由于金融危机爆发后的 2009 年上半年日均成交金额应该比按年均复合增长率方法更低。由于利用了国际外汇市场衍生产品上半年的存量金额数据，因此新方法结果比我们之前的简单方法更为准确，这些更为准确的全球市场估算结果使得我们对不同年份人民币国际化进展的判断也更为准确。由于该方法技术性较强，这里不宜多述，有兴趣的读者请参考附录 63 - 2。我们下文利用该方法估算出的 2011 年和 2012 年及 2014 年和 2015 年的结果对这些年人民币国际化水平进行评估。

利用同样的方法和同样的数据源，我们也可以估算出美元、欧元、日元、英镑、瑞士法郎和加元 2011 年和 2012 年及 2014 年和 2015 年上半年外汇日均成交金额，为我们比较和排名这些年人民币国际化程度的提高提供了更加精确的信息。

63.11.2　2010 年到 2014 年国内人民币外汇日均成交金额的国际占比

利用表 63 - 3 给出的 2010 年到 2015 年国内人民币外汇季度数据，我们可以计算出 2010 年 4 月到 2015 年 4 月国内人民币外汇日均成交金额分别为 263.9 亿美元、329.0 亿美元、371.4 亿美元、446.4 亿美元、505.1 亿美元和 634.4 亿美元，分别占同年全球外汇市场 4 月日均成交金额的比重为 0.66%、0.69%、0.76%、0.84%、0.93% 和 1.18%，占比略有提高，但是提高幅度很小，表明近年来人民币国际化程度的提高主要是境外市场的贡献。

63.11.3　2010 年到 2013 年境外人民币外汇日均成交金额占比估算

利用表 61 - 3 给出的 2011 年到 2014 年上半年境外人民币日均成交金额数据和上文根据表 63 - 5 计算出的 2013 年上半年伦敦金融城数据的水分程度，我们挤出 2011 年和 2012 年及 2014 年伦敦数据的水平后，可以类似地计算出 2010 年到 2014 年境外人民币日均成交金额全球占比，结果如表 63 - 6 所示。

表63-6　　　主要货币外汇市场日均成交额占比和人民币排名　　　单位：%，位

货币/年	2001	2004	2007	2010	2011	2012	2013	2014
美元	90.30	88.00	85.60	84.86	91.16	86.60	87.05	83.24
欧元	37.60	37.40	37.00	39.05	43.74	37.48	33.41	34.17
日元	22.70	20.80	17.20	18.99	20.57	21.08	23.04	20.92
英镑	13.20	16.50	14.90	12.88	12.88	12.16	11.81	10.13
澳大利亚元	4.20	6.00	6.60	7.59	7.94	8.29	8.64	8.99
瑞士法郎	6.10	6.00	6.80	6.31	7.81	6.25	5.15	5.99
加拿大元	4.50	4.20	4.30	5.28	5.90	4.65	4.57	3.38
墨西哥比索	0.90	1.10	1.30	1.26	1.68	2.11	2.53	2.96
人民币	0.01	0.10	0.50	0.86	0.95	1.04	2.24	2.82
新西兰元	0.60	1.10	1.90	1.59	1.71	1.84	1.96	2.08
瑞典克朗	2.60	2.20	2.70	2.19	2.05	1.91	1.76	1.62
俄罗斯卢布	0.40	0.60	0.70	0.90	1.13	1.37	1.60	1.83
港元	2.30	1.80	2.70	2.37	2.06	1.75	1.45	1.14
挪威克朗	1.50	1.40	2.10	1.32	1.36	1.40	1.44	1.47
新加坡元	1.10	0.90	1.20	1.42	1.41	1.40	1.40	1.39
土耳其新里拉	…	0.10	0.20	0.74	0.93	1.12	1.32	1.51
韩元	0.80	1.10	1.20	1.52	1.41	1.31	1.20	1.10
南非兰特	0.90	0.70	0.90	0.72	0.85	0.98	1.11	1.25
巴西雷亚尔	0.50	0.30	0.40	0.69	0.83	0.97	1.11	1.25
印度卢比	0.20	0.30	0.70	0.95	0.96	0.97	0.99	1.00
丹麦克朗	1.20	0.90	0.80	0.57	0.64	0.71	0.78	0.86
波兰兹罗提	0.50	0.40	0.80	0.81	0.77	0.74	0.70	0.66
人民币*	0.01	0.10	0.50	0.66	0.93	1.12	1.37	1.61
人民币**	0.01	0.10	0.50	0.66	0.69	0.76	0.84	0.93
人民币排名	35	29	20	17	16	17	9	9
人民币*排名	35	29	20	21	18	17	15	12
人民币**排名	35	29	20	21	21	20	20	20

数据来源：2001年到2013年每隔3年的数据来自国际清算银行2013年和之前的报告；2014年4月全球外汇日均成交金额按照张光平和马钧（2015）方法估算得出（见本章附录2）；2011年、2012年和2014年美元、欧元、日元、英镑、瑞士法郎和加元的数据按照上文介绍的张光平和马钧（2015）方法估算得出（见本章附录2），人民币外其他货币的数据按照2010年和2013年两年占比的线性插值法计算得出，2014年的占比在2013年基础上加上2010年到2013年的年均变化得出；"人民币＊＊"为仅包括国内人民币日均成交额及相应的国际占比及排名，数据根据表63-3的季度数据和张光平和马钧（2015）方法估算出的国际市场日均成交金额计算得出；2012年到2014年"人民币＊"为根据表61-3给出的境外人民币日均成交金额数据、相应的"人民币＊＊"数据和张光平和马钧（2015）方法估算出的国际市场日均成交金额计算得出并根据正文中即剔除水分后的人民币日均成交额的国际占比；2011年"人民币＊"数据为2010年"人民币＊"数据和2012年"人民币＊"数据的平均值。

63.11.4　2010 年到 2014 年主要货币外汇日均成交金额占比排名

表 63 - 5 显示，2010 年到 2014 年人民币外汇日均成交金额全球占比的国际排名分别为第 17 位、第 15 位、第 11 位、第 9 位和第 9 位，排名持续上升，显示近年来人民币国际化的可喜成绩；2010 年到 2014 年以国内人民币 ＊ 外汇日均成交金额全球占比的国际排名分别为第 21 位、第 21 位、第 20 位、第 20 位和第 20 位，多年徘徊不前；剔除国际数据的水分后人民币 ＊ 日均成交金额占比国际排名分别为第 21 位、第 18 位、第 17 位、第 15 位和第 12 位，占比和排名有了可喜的提高，显然主要归功于近年来境外人民币外汇市场的快速增长。表 63 - 6 给出的 2013 年剔除国际数据水分后人民币 ＊ 排名第 15 位，比表 55 - 2 相应的 2013 年 4 月境外人民币支付国际排名第 13 位略低，显示表 63 - 6 挤出国际数据水分的合理性；2014 年剔除国际数据水分后人民币 ＊ 排名提高到了第 12 位，仍不到表 57 - 1 给出的国际清算银行公布的 2013 年人民币全球第 9 位的排名。

63.12　跨境资金流动监测监控的必要性

虽然人民币国际化的重要条件是可自由使用，而并非资本项目可兑换，然而资本项目与可自由使用密切相关。资本项目多开放一项，跨境资金流动就多一条渠道。因此，对跨境资金的有效监测和监管是人民币资本项目可兑换趋势下重大的挑战。人民银行公布的数据显示，2015 年 7 月，我国外汇储备下降了 425.3 亿美元，接近国际货币基金组织公布的截至 2015 年 10 月 27 日除我国外全球 78 个国家和地区总外汇储备下降额 880.2 亿美元的一半；2015 年 8 月，我国外汇储备下降了 939.3 亿美元，而国际货币基金组织截至 2015 年 10 月 27 日公布的除我国外全球 75 个国家和地区外汇储备总体不仅没有下降，反而增长了 132.8 亿美元，显示近来除我国外的其他国家和地区总体外汇储备未降反升的同时，而我国的外汇储备却加速下降，资本流出值得高度关注。因此，资本项目开放既不能太慢，因为那样很可能会失去难得的战略机遇期，同时又不能太快，因为金融机构、企业和广大的个人投资者适应新环境需要时间。本节简单讨论在资本项目可兑换或开放环境下如何有效加强跨境资金流动的监测和监管的重要性和必要性。

63.12.1　十多年来流入我国的跨境资金规模

虽然多年来对有多少跨境资金或"热钱"流动我国多有争论，但是十多年来我国货币被动快速发行导致货币存量与 GDP 比例持续升高而且存款保证金率居高不下的事实表明，流入的跨境资金不是数百亿甚至数千亿美元能够解释的。

跨境资金流入的规模研究是一项非常复杂的问题，然而张光平（2015）利用1989年到2014年我国公布的与香港的贸易数据和香港公布的与内地的贸易数据间的明显差异计算出25年来两地虚假贸易规模的结果应该找到了这些年来跨境资金流出、流入到再流出的问题所在，跨境资金流动规模显著，与国内货币发行密切相关（请参见第54章相关结果）。由于问题复杂，这里不宜多述，有兴趣的读者可参考张光平（2015A）。

63.12.2　我国资本项目开放拟考虑的因素

首先，资本项目开放确实不能等到利率市场化和汇率自由化条件完全成熟再进行，但是资本项目开放不能不考虑利率和汇率市场化的进展程度，必须相互协调发展；同时资本项目的开放还必须考虑到我国金融机构和企业"走出去"是否适应的情况，即与我国企业国际风险管理水平的提高相适应。其次，必须考虑我国金融市场的发展程度，特别是风险对冲——金融衍生产品市场的提高程度及国内金融机构和企业对这些市场的熟悉应用程度。再次，必须考虑我国资本项目开放的过程中对跨境资金流动监测和监控水平的提升程度。最后，必须考虑到第21章介绍的我国宏观经济政策，特别是货币政策的应对程度等。否则，国内金融机构和企业"走出去"即不服"国际"水土，对国内产品创新和以金融衍生产品为主的市场也难以得心应手，既要防范国内由于金融"四化"（利率市场化、汇率市场化、资本项目自由化和人民币国际化）的推动带来的新的风险，又要在境外适应还很不熟悉的国际市场风险，压力应该相当显著。尽管2012年到2014年我国对外直接投资年均增长高达18.3%，而我国相应的境外净资产年均却仅下降了2.4%，与同期日本对外净资产年均增长了11.3%形成了巨大的反差，不得不令人反思我们对"走出去"节奏的把握和效率的提高（张光平，2016，第20章）。

63.12.3　人民币跨境贸易结算对国内外汇储备的影响

跨境贸易人民币结算业务试点是人民币国际化的必然举措，也是六年多来人民币国际化取得进展最大的领域。然而，跨境贸易人民币结算逐步实施以后，间接地给国际游资进入和流出开放了新的渠道。2004年到2007年我国贸易顺差年均增长率超过100%的事实使得越来越多的学者和专家认识到，在没有大力推动人民币跨境贸易结算的情况下，资金通过我国开放的贸易项目大量地流入国内将推高相应年份我国的固定资产投资水平（李东平，2008）。但是，在2008年第四季度和2009年第一季度和2014年下半年以来大量资金转向撤离，我国经济又受到一定程度的影响。

人民币跨境贸易结算和境外直接投资业务启动后，跨境资金流动又多了新的渠道。因此，在稳步推进人民币结算业务的过程中，需要不断完善人民币管理体制，逐步启动和加强相关配套措施的建设，建立跨境资金流动的监测体系和防范机制，以加强对资金跨境流动的驾驭能力。在今后资本项目逐渐开放的情况下，资金跨境流动的渠道将逐渐增多，建立跨境资金流动的监测体系和防范机制将是今后多年的任务。即使在今后若干年人民币资本项目已经完全开放，跨境资金流动的监控体系也将是保证我国经济平稳运行不可或缺的常设机制。

63.13　本章总结

本章数据显示，近年来人民币国际化诸多方面皆取得了可喜的成绩，2010年到 2014 年人民币国际化排名从第 21 位提高到了第 9 位，年均提高 3 位，速度相当可观，境外人民币市场对提升人民币国际化程度作出了主要贡献。在充分认识成绩和推动人民币国际化经济和贸易等有利条件的同时，我们也应该充分认识到当前推动人民币国际化应该重视的诸多问题：如国内资本市场的深度和广度有待提高，利率市场化有待进一步提高，资本市场和外汇市场活跃度需要显著提高，跨境资金监测和监管体系有待进一步健全等。解决或完善这些问题需要时间，但是必须有推动的路线图和时间表有步骤地逐步实施。

早在 2010 年 10 月，国际货币基金组织发表的"SDR 估值方法评估"报告（IMF，2010）中就对截至 2010 年 8 月人民币在香港的主要使用有具体的跟踪分析。按照贸易和经济规模，人民币进入 SDR 的条件已经具备，而按照资本项目开放程度、国际银行和债券等方面的指标，人民币还有一定的差距。实际上，我们前几章的内容显示，上次评估到现在 4 年来，人民币在资本项目开放程度、国际银行和债券等方面皆取得了显著的进步。然而，即使国际货币基金组织现在同意人民币成为 SDR 一篮子货币，我们在人民币储备资产准备、外汇市场发展等方面的准备还有待显著提高。做好各种必要准备，就会水到渠成。世界贸易组织（WTO）已将我国经贸与世界经贸紧密相连，而且今后的联系还会更为紧密。人民币国际化将我国经贸和金融等其他领域与世界更加紧密地联系起来。

人民币国际化是一个相对较长的进程，外国的经验虽然可供参考和借鉴，但是结合我国现状稳步推动人民币国际化仍然需要我们在很多领域探索前进。探索不可少，但必须循序渐进，有计划、有步骤、有秩序地推进，换句话说，推动人民币国际化应该有路线图和时间表。推动人民币国际化主要应该以国内中长期战略发展和国民生活水平稳步持续提高为目标和出发点，但是也应该与亚洲地区经济、贸易和金融市场发展和稳定相联系，同时还应该着眼于国际货币和金融体系改革与世界和平发展相联系。从这些方面讲，人民币国际化是一个前无古人的历史壮举，需要境内外各界有识之士共同努力奋斗。我们应该在我国经济和世界经济今后发展的科学判断基础上，探索出人民币国际化的路线图和时间表及相应实施细节，并根据国内外经济、贸易和市场变化做适度必要调整。相信在各界有识之士的共同努力下，人民币国际化程度在今后几年将会逐渐取得更加显著的成绩，逐渐接近以至达到与我国经贸国际地位相当的"货币三极"的地位。

参考文献

[1] 何帆：《人民币国际化的现实选择》，载《国际经济评论》，2009（7－8）。

[2] 李东平：《近年中国贸易顺差虚假程度及其对货币政策的影响简析》，载《国际经济评论》，2008（3）。

[3] 刘明志：《金融国际化——理论、经验和政策》，北京，中国金融出版社。

[4] 张明：《离岸人民币债券市场将加速扩张》，中国社科院世界经济与政治研究所国际金融研究中心，2011。

[5] 王瑞、王紫雾：《离岸人民币基金试水》，载《新世纪周刊》，2011－02－14，41－43页。

[6] 李增新：《人民币国际化是长过程——专访 IMF 总裁特别助理朱民》，载《新世纪周刊》，2011－02－14，52－55页。

[7] 易纲：《加快外汇管理理念和方式转变深化外汇管理体制改革》，2011－01－18，中国人民银行网站。

[8] 范力民：《约束人民币香港套利行为》，载《财经国家周刊》，2011（4）（总第31期），28页。

[9] 李建军：《人民币跨境贸易结算额还能大增吗?》，载《上海证券报》，2011－03－07。

[10] 张大龙：《推动跨境贸易人民币结算业务发展》，载《上海金融报》，2011－03－11（A13）。

[11] 王庆：《"池子论"与人民币国际化》，载《财经》，2011（7）。

[12] 许晟（记者刘铮）：《让人民币在岸和离岸两市场尽可能一致》，载《第一财经日报》，2011－01－27。

[13] 刘湘宁：《流动性新启示：跨境贸易人民币结算与外汇占比"被增长"》，研究报告，宏观研究/专题报告，华泰联合证券，2010－12－21。

[14] 李东荣：《人民币跨境计价结算：问题与思路》，140页，北京，中国金融出版社。

[15] 沈建光：《人民币加入 SDR 提升中国金融话语权》，载《上海证券

报》，2015 - 10 - 04。

［16］张光平，2014，《人民币国际化和产品创新》第五版，北京，中国金融出版社。

［17］张光平，2015，"我国虚假贸易和跨境资金流动探讨和估算"，金融论坛，2015 年第 10 期。

［18］张光平，2016，《人民币国际化和产品创新》第六版，北京，中国金融出版社。

［19］张光平，马钧，"货币国际化程度的准确度量"，金融论坛，2015 年第 11 期。

［20］王成基：《从人民币和港币一体化看人民币国际化》，清华大学经济学硕士学位论文，2012。

［21］李婧：《人民币区域化对中国经济的影响与对策》，57 - 58 页，北京，中国金融出版社，2009。

［22］Standard Chartered（渣打）全球研究，"人民币远航——人民币前沿"，2012 - 05 - 11。

［23］伦敦金融城经济发展部：《伦敦人民币业务数据发布 2013 年 1 月至 6 月》，2014 年 1 月，www. cityoflondon. gov. uk/economicresearch。

［24］Shen, Jianguang, 2011, "RMB's roadmap towards full convertibility", Mizuho Economics Research, April 7, 2011.

［25］Cookson, Robert, "Battle rages in Hong Kong's renminbi trade", 2011 - 01 - 24, Financial times website: http: //www. ftchinese. com.

［26］He and McCauley, "Offshore markets for the domestic currency: monetary and financial stability issues", March 2010, US Treasury, Fed Reserve, BIS.

［27］Frankel, Jeffrey, 2009, "On global currency", Keynote speech for workshop on Exchange Rates: The Global Perspective, sponsored by Bank of Canada and ECB, Frankfurt, June 19.

［28］Goldberg, Linda S. and Cedric Tille, 2010, "Micro, Macro, and Strategic Forces in International Trade Invoicing", Federal Reserve Bank of New York and NBER, Geneva Graduate Institute for International and Development Studies and CEPR, February 18, 2010.

［29］Ligthart, Jenny E. and Jorge A. da Silva, 2007, "Currency Invoicing in International Trade: A Panel Data Approach", Tilburg University, Cambridge University, This Version: February 2007.

［30］Nicolas Winning and William Horobin, "IMF's Strauss - Kahn Wants The Yuan In SDR", DOW JONES NEWSWIRES, February 19, 2011.

[31] Novy, Dennis, 2006, "Hedge Your Costs: Exchange Rate Risk and Endogenous Currency Invoicing", University of Cambridge, 10 July 2006.

[32] Special Report, 2010, "The New CNH Market", Standard Chartered Bank, 27 August 2010.

[33] Witte, Mark David, 2006, "Currency Invoicing: The Role of Herding and Exchange Rate Volatility", University of North Carolina at Chapel Hill.

[34] Yue, Eddie, 2013, "Welcome remarks at the Third Meeting of the Hong Kong – London RMB Forum", Acting Chief Executive, Hong Kong Monetary Authority, 26 September 2013.

附录 63.1

国家外汇管理局从 2011 年开始每半年公布国内外汇市场不同产品交易数据和总的外汇交易数据，然而却没有相应的季度数据，为我们计算和比较不同季度内不同外汇产品的成交金额带来了一定的不便。但是，利用 2012 年上半年到 2015 年上半年 7 个半年的人民币货币掉期和银行对客户的期权交易数据，我们可以计算出该 7 个半年内的半年平均复合增长率。有了这些半年年均复合增长率，我们即可计算出 2012 年第一季度到 2015 年第二季度的季度成交金额，使得 2012 年第一季度到 2015 年第二季度季均复合增长率正好与相应的半年平均复合增长率相一致。

附录 63.2 张光平和马钧（2015）及相关更新内容

由于货币的外汇交易总量是货币所有国际化应用的集中表现，而且货币外汇交易数据有定期统一的国际数据，货币在国际外汇市场交易占比是其国际化程度的最好量度（张光平，2014）。然而遗憾的是，不同货币在全球外汇市场上的成交金额数据仅由国际清算银行公布，而该机构国际外汇成交数据每三年才公布一次。这样对于三年间两个年度，即非公布年份的国际外汇市场日均成交数据我们只能利用简单的线性插值方法或者两个公布年份间年均复合增长率来估算（张光平，2014）。这些方法虽然简单易行，但是却没有充分利用非公布年份的国际外汇衍生产品市场存量数据，因此估算的结果有进一步提高的空间。

本文的目的是在国际清算银行每三年公布的国际外汇日均成交数据的基础上，利用非公布年份上半年外汇衍生产品存量数据，估算出非公布年份全球市场外汇衍生产品日均成交金额，进而估算出非公布年份全球外汇市场日均成交金额及主要国际货币外汇日均成交金额。有了这些非公布年份全球外汇市场和主要国际货币外汇日均成交金额更为精确的估算结果，我们就可计算出这些年份不同货币在全球外汇交易占比的更为精确的估算，进而对不同年份人民币国际化程度进展有更好的判断和把握。

1. 公布年份国际外汇衍生产品市场换手率

虽然国际清算银行每三年才公布一次当年 4 月全球外汇市场日均成交金额数据，但是该机构却每半年公布全球外汇衍生产品市场留存金额数据。多年来国际外汇衍生产品交易为全球外汇市场的主要内容，而且外汇衍生产品留存金额相当于交易所公布的场内衍生产品的持仓量。国际清算银行公布的每三年 4 月的全球外汇衍生产品市场日均成交金额可以被看做相应年度上半年的外汇衍生产品日均成交金额，这样我们可以容易地计算出这些公布年份上半年全球外汇衍生产品总成交金额（每半年平均 125 个工作日，这样上半年的外汇市场衍生产品成交额可以 4 月日均成交金额的 125 倍来估算）。这些年份上半年的成交金额除以相应上半年的总外汇衍生产品留存金额即可获得这些年份上半年的全球外汇衍生产品市场换手率。附图 1 给出了 1998 年上半年到 2013 年上半年全球外汇衍生产品市场六个公布年份上半年的换手率。

附图 1 显示，虽然这段时间内爆发了多年少见的国际全球金融危机，但是这段时间内每隔三年的六个上半年全球外汇市场衍生产品换手率却持续稳步略微下降，并未出现明显的异动。这些相对平稳的换手率为我们估算非公布年份上半年外汇衍生产品市场换手率提供了较好的依据。

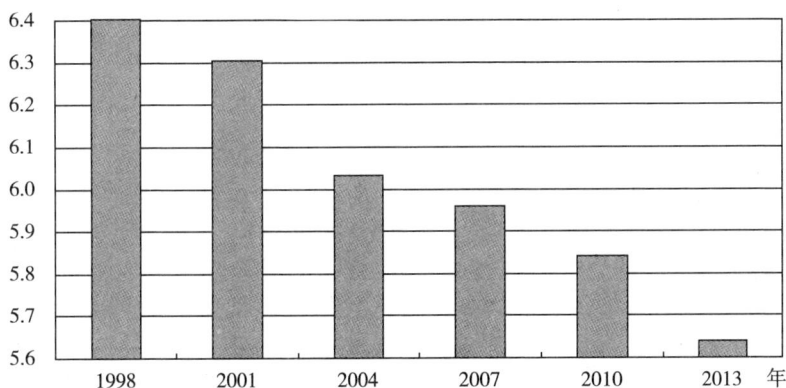

数据来源：根据国际清算银行 www. big. org 1998 年到 2013 年的调查汇总数据（Triennial Central Bank Survey Global foreign exchange market turnover）计算得出。

附图 1　全球外汇衍生产品市场上半年换手率（成交金额与上半年留存额比例）

2. 非公布年份全球外汇衍生产品市场日均成交金额估算

由于公布年份国际外汇衍生产品市场换手率持续稳步下降，我们可以利用这些公布年份上半年的外汇衍生产品市场换手率和线性差值法计算出其中两个非公布年份（如2010年和2013年两个公布年份间的2011年和2012年）上半年的外汇衍生产品市场换手率，进而利用这些非公布年份上半年的换手率和相应的上半年全球外汇衍生产品留存金额推算出这些非公布年份上半年外汇衍生产品日均成交金额，附表63-1给出了相应的结果。

附表63-1　　　　　　　全球外汇市场衍生产品和外汇
日均成交金额估算结果（1998年到2015年）

单位：万亿美元，%

年	上半年底存量额	公布年份上半年底换手率	上半年底换手率	上半年外汇衍生产品日均成交金额	公布年份4月即期占总外汇交易比例	4月即期占总外汇交易比例	上半年即期日均成交金额	4月总外汇日均成交金额	年均增长率方法估算出的4月总外汇日均成交金额	新估算方法估算结果与年增长率估算方法差异
1998	18.7	6.40	6.40	0.96	37.2	37.2	0.57	1.527	1.527	0.0
1999	14.9		6.37	0.76		35.2	0.41	1.172	1.424	-17.7
2000	15.5		6.34	0.79		33.2	0.39	1.176	1.328	-11.5
2001	16.9	6.31	6.31	0.85	31.2	31.2	0.39	1.239	1.239	0.0
2002	18.1		6.21	0.90		31.6	0.42	1.314	1.437	-8.6
2003	22.1		6.12	1.08		32.1	0.51	1.593	1.667	-4.4
2004	27.0	6.03	6.03	1.30	32.6	32.6	0.63	1.934	1.934	0.0
2005	31.1		6.01	1.49		31.8	0.70	2.192	2.317	-5.4
2006	38.1		5.98	1.83		31.0	0.82	2.646	2.775	-4.6
2007	48.6	5.96	5.96	2.32	30.2	30.2	1.01	3.324	3.324	0.0
2008	63.0		5.92	2.98		32.6	1.45	4.428	3.527	25.5
2009	48.7		5.88	2.29		35.1	1.24	3.530	3.743	-5.7
2010	53.2	5.84	5.84	2.48	37.5	37.5	1.49	3.972	3.972	0.0
2011	64.7		5.77	2.99		37.7	1.81	4.800	4.385	9.5
2012	66.7		5.71	3.04		38.0	1.87	4.910	4.841	1.4
2013	73.1	5.64	5.64	3.30	38.3	38.3	2.05	5.345	5.345	0.0
2014	74.8		5.57	3.33		38.6	2.09	5.425	5.901	-8.1
2015	74.5		5.51	3.28		38.8	2.08	5.364	6.515	-17.7

数据来源：全球上半年外汇市场衍生产品留存数据来自国际清算银行网站，www.bis.org；上半年换手率根据国际清算银行每三年公布的4月全球外汇衍生产品日均成交金额和相应的半年的全球外汇市场衍生产品留存数据计算得出（假设4月日均成交金额为上半年日均成交金额）；非公布年份上半年换手率是利用两个公布年份换手率线性差值计算得出；公布年份外汇即期日均成交金额占总外汇日均成交金额比重根据国际清算银行每三年公布的4月全球外汇不同产品日均成交金额数据计算得出；2014年上半年和2015年上半年外汇即期交易占总外汇交易比重是根据2013年的占比加上2010年到2013年占比年均变化计算得出；外汇即期日均成交金额FXSpot根据外汇即期交易占总外汇交易比重a和外汇衍生产品日均成交金额FXD的计算公式FXSpot = a×FXD/（1-a）计算得出。

3. 非公布年份国际外汇市场日均成交金额估算

有了非公布年份全球外汇衍生产品市场日均成交金额估算结果而没有相应的全球外汇市场即期日均成交金额，我们还是难以获得相应的全球外汇市场总日均成交金额。然而利用国际清算银行 1998 年以来公布的每三年 4 月全球外汇市场即期日均成交金额和衍生产品日均成交金额，我们可以计算出 1998 年 4 月到 2013 年每隔三年 4 月全球外汇市场即期日均成交金额占总外汇日均成交金额比例，同样利用两个临近的公布年份即期日均成交金额占总外汇日均成交金额比例和线性差值法，我们可以获得其中两个非公布年份外汇即期日均成交额占总外汇日均成交金额比例。有了非公布年份外汇即期日均成交金额占总外汇日均成交金额比例 a 和相应年份外汇衍生产品的日均成交金额 FXD，我们就可计算出这些年份外汇即期日均成交金额 FXSpot。

因为 a = FXSpot/（FXSpot + FXD），所以 FXSpot = a×FXD/（1−a）），进而获得这些年份上半年总外汇市场日均成交金额（FXSpot + FXD），即这些非公布年份 4 月全球外汇市场日均成交金额，估算结果如附表 63 − 1 所示。

附表 63 − 1 显示，利用国际清算银行公布的国际外汇市场日均成交金额与半年的存量数据方法估算出的非公布年份国际外汇市场日均成交金额与之前利用每三年年均增长法估算出的结果有较大的差异。具体来说，附表 63 − 1 显示，传统的年均增长率法估算出的非公布年份日均成交金额没有利用非公布年份外汇市场衍生产品留存信息而仅假设两个公布年间交易增长保持相同的年均增长率，因此估算结果较为平滑，而新的方法却有较大幅度的波动。虽然新方法估算结果波动较大，然而其结果却离实际应该更加接近：附表 63 − 1 显示，2008 年上半年金融危机仍未爆发，利用上半年国际外汇市场衍生产品留存数据估算出的国际外汇市场日均成交金额 4.428 万亿美元比年均增长率法估算的结果 3.527 万亿美元高出 9011 亿美元，前者高出后者 25.5%；利用同样的数据我们可以估算出 2009 年上半年国际外汇市场日均成交金额 3.530 万亿美元，比年均增长率法估算出 3.743 万亿美元低 2130 亿美元，前者低于后者 5.7%。这些结果显示，新的方法估算出的结果与金融危机爆发前后的市场活跃度变化更加一致。所以，利用公布年份数据和每上半年全球外汇衍生产品留存数据估算的非公布年份外汇市场日均成交结果比传统的年均增长率估算出的非公布年份年均外汇日均成交结果更能反映非公布年份市场变化，因此更为准确可靠。

4. 主要国际货币非公布年份全球外汇市场日均成交金额估算

有了附表 63 − 1 给出的非公布年份全球外汇市场日均成交金额更为准确的估算值，我们即可计算出这些非公布年份人民币外汇日均成交金额的全球占比，对人民币国际化在非公布年份国际化的进展有更为准确的把握。但是，如果没有主要国际货币，或者说没有外汇日均成交金额排在人民币前面的其他货币在非公布年份日均成交金额占比的估算结果，我们也难以得知在非公布年份人民币国际化成交更为准确的排名。可喜的是，利用附表 1 同样的数据源和上文同样的方法，我们同样可以估算出美元、欧元、日元、英镑、瑞士法郎、加元等在非公布年份外汇日均成交金额及相应的国际占比，附表 2 给出了相应的估算结果。

附表 63 - 2　非公布年份全球主要国际货币外汇市场日均成交金额估算

单位：万亿美元，%

年	上半年底存量额	公布年份上半年底换手率	上半年底换手率	上半年外汇衍生产品日均成交金额	公布年份4月即期占总外汇交易比例	4月即期占总外汇交易比例	上半年即期日均成交金额	4月总外汇日均成交金额	全球外汇市场占比
美元									
2007	33.76	7.468	7.468	2.017	35.16	29.70	0.845	2.862	86.09
2010	45.13	6.066	6.066	2.185	35.20	35.20	1.187	3.371	84.90
2011	54.04		5.957	2.575		35.58	1.423	3.998	91.16
2012	57.38		5.848	2.684		35.97	1.508	4.192	86.60
2013	64.48	5.740	5.740	2.961	36.35	36.35	1.691	4.652	87.03
2014	65.13		5.631	2.934		36.74	1.704	4.638	83.24
2015	64.10		5.523	2.832		37.12	1.672	4.504	81.81
欧元									
2007	18.28	5.315	5.315	0.777	44.45	36.90	0.454	1.231	37.04
2010	20.11	5.378	5.378	0.863	44.40	44.40	0.689	1.553	39.10
2011	24.97		5.407	1.080		43.68	0.838	1.918	43.74
2012	23.80		5.436	1.035		42.96	0.779	1.814	37.48
2013	24.37	5.291	5.291	1.032	42.24	42.24	0.754	1.786	33.41
2014	26.45		5.262	1.113		41.52	0.791	1.904	34.17
2015	27.34		5.233	1.145		40.80	0.789	1.933	35.12
日元									
2007	10.60	3.854	3.854	0.327	39.75	40.40	0.231	0.558	16.78
2010	11.82	4.822	4.822	0.455	39.70	39.70	0.300	0.754	19.00
2011	13.07		4.913	0.514		43.04	0.388	0.902	20.57
2012	13.67		5.005	0.547		46.39	0.473	1.021	21.08
2013	15.18	5.096	5.096	0.619	49.73	49.73	0.612	1.231	23.03

续表

年	上半年底存量额	公布年份上半年底换手率	上半年底换手率	上半年外汇衍生产品日均成交金额	公布年份4月即期占总外汇交易比例	4月即期占总外汇交易比例	上半年即期日均成交金额	4月总外汇日成交金额	全球外汇市场占比
2014	13.18		5.188	0.547		53.08	0.619	1.166	20.92
2015	13.50		5.279	0.570		56.42	0.738	1.308	23.76
英镑									
2007	7.77	5.406	5.406	0.336	41.55	32.50	0.161	0.497	14.95
2010	6.62	5.659	5.659	0.299	46.10	46.10	0.236	0.535	13.48
2011	7.01		5.771	0.324		42.71	0.241	0.565	12.88
2012	7.59		5.882	0.357		39.32	0.231	0.589	12.16
2013	8.43	5.994	5.994	0.404	35.92	35.92	0.227	0.631	11.81
2014	9.18		6.105	0.449		20.56	0.116	0.565	10.13
2015	9.03		6.216	0.449		17.16	0.093	0.542	9.85
瑞法									
2007	3.06	5.342	5.342	0.131	36.35	42.20	0.095	0.226	6.80
2010	3.86	5.249	5.249	0.191	36.40	36.40	0.091	0.282	7.10
2011	4.88		5.405	0.211		38.42	0.131	0.342	7.81
2012	4.05		5.560	0.180		40.43	0.122	0.303	6.25
2013	4.18	5.716	5.716	0.191	42.45	42.45	0.084	0.275	5.14
2014	3.94		5.871	0.185		44.46	0.148	0.334	5.99
2015	3.93		6.026	0.189		46.48	0.164	0.354	6.43
加元									
2007	2.24	5.487	5.487	0.098	37.04	29.70	0.042	0.141	4.23
2010	2.24	7.431	7.431	0.162	37.00	37.00	0.078	0.240	6.03
2011	3.07		6.867	0.168		34.88	0.090	0.259	5.90
2012	3.00		6.303	0.151		32.75	0.074	0.225	4.65
2013	3.28	5.740	5.740	0.151	30.63	30.63	0.093	0.244	4.57
2014	3.25		5.176	0.135		28.50	0.054	0.188	3.38
2015	3.58		4.613	0.132		26.38	0.047	0.180	3.26

注：数据来源和计算方法皆同附表63－1。

附表 63－2 显示，2014 年美元外汇日均成交金额全球占比 82.24%，比 2013 年占比 87.03%下降了 3.80%，2015 年比 2014 年进一步下降了 1.43%到 81.81%，显示美元交易全球占比从 2011 年以来持续下降的趋势，同时也回到了比金融危机前 2007 年还要低的水平；2014 年欧元外汇日均成交金额全球占比 34.17%，比 2013 年占比 33.41%回升了 0.75%，2015 年进一步回升了 0.95%到 35.12%，显示 2013 年以来欧元成交金额占比持续上升的趋势，但 2015 年的占比仍显著低于 2007 年 37.04%的水平；2014 年日元外汇日均成交金额全球占比比 2013 年下降了 2.11%到 20.92%，但 2015 年却比 2014 年提高了 2.84%，2013 年到 2015 年日元累计占比提高了 0.73%，2015 年日元占比 23.76%显著高于金融危机前 2007 年 16.78%的水平；2014 年英镑外汇日均成交金额全球占比比 2013 年下降了 1.67%到 10.13%，2015 年进一步下降了 0.28%到 9.85%，比 2007 年的占比 14.95%低 5.1%；2013 年到 2015 年瑞士法郎日均成交金额世界占比持续两年分别增长了 0.84%和 0.44%到 6.43%，接近金融危机前 2007 年的占比 6.80%；2013 年到 2015 年加拿大元日均成交金额世界占比持续两年分别下降了 1.19%和 0.12%到 3.26%，比金融危机前 2007 年的占比 4.23%接近 1%。这些结果显示，2013 年到 2015 年，美元、英镑和加拿大元日均成交金额全球占比显著回落的同时，欧元、瑞士法郎和日元相应的占比却有所回升。

5. 非公布年份人民币外汇市场日均成交金额全球占比估算

有了非公布年份全球外汇市场日均成交金额的准确估算，我们即可根据人民币日均成交金额更好地估算出非公布年份人民币外汇交易的全球占比。附表 63－3 给出了 2010 年到 2014 年国内人民币外汇市场季度日均成交金额和 4 月日均成交金额及相应的全球占比。由于附表 1 给出的 2011 年和 2012 年利用公布年份和半年全球外汇衍生产品市场留存数据估算的全球外汇日均成交比例用年均复合增长率估算的高，附表 63－3 给出的该两年国内人民币外汇日均成交金额全球占比比利用传统方法估算的国际外汇市场日均成交金额计算出的占比分别低 0.06%和 0.01%；而由于附表 63－1 给出的利用上半年全球外汇衍生产品市场留存数据估算的 2014 年上半年和 2015 年上半年全球外汇日均成交比例用传统的年均复合增长率估算的略低，附表 63－3 给出的该两年国内人民币外汇日均成交金额全球占比 0.93%和 1.18%比利用传统方法估算的国际外汇市场日均成交金额计算出的占比 0.86%和 0.97%分别高出 0.08%和 0.21%。由于不同货币的日均成交金额估算占比直接影响其国际化程度的排名，因此新的估算方法给出的结果可以使我们对不同年份人民币国际化的进展有更为准确的把握。

附表63－3　　　国内人民币外汇市场季度日均成交金额和
4月日均成交金额及相应的全球占比　　单位：亿美元，%

季度/市场	现货	远期	外汇掉期和货币掉期	期权	总额	季度日均	4月总日均成交金额	4月总日均成交金额世界占比
2010Q1	12503.0	30.4	2849.8	0.0	15383.2	240.4		
2010Q2	13338.4	24.4	3455.7	0.0	16818.5	275.7	263.9	0.66
2010Q3	13584.7	17.5	3199.9	0.0	16802.1	271.0		
2010Q4	13972.3	255.0	3493.0	0.0	17720.3	281.3		
2011Q1	14305.0	595.0	3402.7		18302.7	286.0		
2011Q2	16227.0	564.0	4580.8	5.5	21377.4	350.4	329.0	0.69
2011Q3	17550.0	608.0	5278.5	7.2	23443.6	378.1		
2011Q4	15732.0	379.0	4591.0	6.1	20708.1	328.7		
2012Q1	15809.0	1385.0	5502.1	32.8	22728.9	355.0		
2012Q2	16097.0	991.0	6025.9	40.7	23154.6	379.6	371.4	0.76
2012Q3	16550.0	947.0	6690.6	114.4	24302.0	392.0		
2012Q4	15694.0	1184.0	7312.4	134.2	24324.6	386.1		
2013Q1	17534.0	1411.0	7379.1	160.0	26484.1	413.8		
2013Q2	18399.5	1552.3	8076.9	191.5	28220.2	462.6	446.4	0.84
2013Q3	19622.9	1377.1	9228.8	111.9	30340.7	489.4		
2013Q4	20400.6	1704.5	10122.2	268.2	32495.4	515.8		
2014Q1	19799.0	2169.2	10457.4	169.4	32595.0	509.3		
2014Q2	18310.0	1252.9	10922.6	195.6	30681.1	503.0	505.1	0.93
2014Q3	19121.0	1509.9	12952.6	535.5	34119.0	550.3		
2014Q4	20629.0	1263.8	12835.4	1215.2	35943.4	570.5		
2015Q1	20719.6	1376.0	13404.8	1234.6	36735.1	574.0		
2015Q2	18664.4	1307.3	19297.2	1272.4	40541.2	664.6	634.4	1.18
2015Q3	25769.0	1681.0	24669.0	971.0	53090.0	856.3		
2015Q4	21630.0	601.8	28662.0	1187.0	52080.8	826.7		

数据来源：表63－2；由于央行和外汇局没有公布国内日均外汇交易数据，我们只能利用季度外汇日均成交金额估算出4月的外汇日均成交金额：每年第一季度日均成交金额相当于该年2月的日均成交金额，第二季度日均成交金额相当于5月的日均成交金额，4月日均成交金额可以用2月的日均成交金额和5月的日均成交金额线性插值计算得出；每年4月日均成交金额全球占比根据附表63－3给出的日均成交额除以附表63－1给出的相应年份全球4月日均成交金额得出。

　　附表 63 - 3 显示，2010 年到 2014 年国内人民币外汇日均成交金额占全球外汇市场日均成交金额比重从 0.66% 持续上升到了 0.93%，4 年仅提高了 0.27%，增长相当缓慢，相应的国际排名从 2010 年的第 21 位提高到了 2012 年的第 20 位，2012 年到 2014 年排名保持在第 20 位未变，表明 2010 年到 2014 年国内外汇市场发展相对于境外人民币市场增长过慢。表 63 - 6 显示 2010 年到 2014 年人民币整体排名从全球第 21 位、持续提高到了第 12 位，比仅考虑国内人民币外汇市场的排名要高出很多，表明 2010 年到 2014 年人民币国际化程度显著提升的主要贡献来自境外人民币市场，国内人民币外汇市场加速发展从而使境内外人民币市场协调发展已经成为人民币国际化的一个重要任务。

　　附表 63 - 3 也显示，2015 年 4 月国内人民币外汇日均成交金额世界占比从 2014 年 4 月的 0.93% 显著提高到了 1.18%，比 2014 年提高了 0.25%，一年的增幅接近 2010 年到 2014 年的累计占比增幅 0.27%，显示 2015 年由于人民币加入一篮子货币准备工作国内人民币外汇市场而加速增长的可喜态势，境内人民币市场协调发展初现端倪。但是，2015 年国内人民币外汇市场高速增长的态势由于入篮因素能否持续保持还有待观察，2016 年 1 月国内外汇市场成交金额 1.59 万亿美元比 2015 年 12 月成交金额 1.89 万亿美元下降 15.9%，为我们观察国内市场可否持续快速发展提供了依据。

　　6. 总结

　　不同货币全球外汇市场日均成交金额全球占比是其国际化程度的简洁而综合的反映，因此是其国际化程度的最好度量。然而国际外汇市场和其他场外市场一样，仅有每隔三年的 4 月日均成交数据，给我们准确判断公布年份外其他非公布年份全球外汇市场日均成交金额带来了一定的困难。通常的简单做法对两个三年的公布的数据进行线性插值从而获得两个公布年份间年份日均成交金额，或者利用两个公布年份的数据计算出三年间复合年均增长率，并假设三年间年度增长率保持年均复合增长率而计算出公布年份间年份的日均成交金额（张光平，2014）。该两个方法简单易行，然而却没有利用两个公布年份间半年的全球外汇衍生产品存量的重要信息，因此估算的结果准确性有待提高。本文基于公布年份全球外汇即期和衍生产品日均成交数据和上半年全球外汇衍生产品留存金额数据，假设公布年份间外汇衍生产品换手率保持两个公布年份外汇衍生产品换手率的变化幅度，从而获得公布年份间年度外汇市场日均成交金额。附表 1 给出的 2008 年和 2009 年上半年外汇市场日均成交金额估算结果显示，本文的方法估算出的该两年结果确实比简单方法更接近金融危机前后的市场现状。

　　人民币国际化程度的提升将是今后多年国内外各界人士广泛关注的重大议题。只有充分利用国内外市场信息，我们才可能获得更好的研究结果，进而才能对人民币国际化每年的进程有更准确的把握。本文对全球外汇市场非公布年份日均成交金额的估算结果及对主要国际货币相应的估算结果不仅对我国准确判断人民币国际化程度的年度进展有意义，而且还对我们准确预测人民币国际化今后走势有意义。只有我们对人民币国际化每年的进展和今后走势有基于市场且更为准确的判断，我们才能做到心中有数，进而才可能对相关政策和业务推进有针对性的调整。

2010 年境外人民币市场启动到 2014 年的 4 年内，境外人民币市场热火朝天地发展，成为境内外人民币市场增长的主要源头，自然成为近年来人民币国际化程度显著提升的主要动力源；然而由于国际外汇市场形势的变化，也很可能由于伦敦金融城这些年来公布的境外人民币市场的数据有严重的误导作用，2015 年上半年境外人民币市场出现多年未见的减缓增长，甚至可能出现了一定程度的下降（我们仅从 63.5.10.2 利用的外汇市场联合委员会的最新数据还不能充分证明 2015 年境外人民币外汇市场出现了显著的减缓或者下降）。在境外人民币市场减缓甚至下降的同时，2015 年国内人民币外汇市场出现了多年来少有的增长态势，向境内外人民币市场协调发展迈出了重要的一步。

附表 63-4　　　合格境外机构投资者（QFII）投资额度审批情况表

（截止 2016 年 1 月 27 日）　　　　　　单位：亿美元

序号	QFII 中文名称	QFII 英文名称	注册地	托管银行	批准日期	累计批准额度
1	瑞士银行	UBS AG	瑞士	花旗银行	2011-01-06	7.90
2	瑞银环球资产管理（新加坡）有限公司	UBS（Singapore）GlobalLtdAsset Management	新加坡	花旗银行	2014-08-26	7.50
3	瑞银环球资产管理（香港）有限公司	UBS（HongGlobalKong）AssetLimitedManagement	中国香港	花旗银行	2013-06-24	1.00
4	瑞银韩亚资产运用株式会社	UBS Hana Asset Management Co., Ltd.	韩国	花旗银行	2014-01-22	1.00
5	国投瑞银资产管理（香港）有限公司	UBS SDIC Asset Management（Hong Kong）	中国香港	工商银行	2015-02-13	1.00
6	野村证券株式会社	Nomura Securities Co., Ltd.	日本	农业银行	2006-11-07	3.50
7	野村资产管理株式会社	Nomura Asset Management Co., Ltd	日本	工商银行	2012-08-16	3.50
8	花旗环球金融有限公司	Citigroup Global Markets Limited	英国	德意志银行	2005-11-24	5.50
9	花旗集团基金管理有限公司	Citigroup Management First Limited Investment	中国香港	德意志银行	2014-10-30	2.00

序号	QFII 中文名称	QFII 英文名称	注册地	托管银行	批准日期	累计批准额度
10	摩根士丹利国际股份有限公司	Morgan PLC. Stanley & Co. International	英国	汇丰银行	2012－12－24	6.00
11	摩根士丹利投资管理公司	Morgan Stanley Investment	美国	汇丰银行	2010－04－22	4.50
12	三菱日联摩根士丹利证券股份有限公司	Mitsubishi Securities Co., UFJ Ltd. Morgan Stanley	日本	中国银行	2009－03－25	1.00
13	高盛公司	Goldman, Sachs & Co.	美国	汇丰银行	2006－09－05	3.00
14	高盛国际资产管理公司	Goldman Sachs Asset Management	英国	汇丰银行	2014－02－25	6.00
15	高盛国际	Goldman Sachs International	英国	汇丰银行	2014－11－27	3.00
16	香港上海汇丰银行有限公司	The Hongkong and Shanghai Banking	中国香港	建设银行	2012－11－21	6.00
17	汇丰环球投资管理（香港）有限公司	HSBC（Hong Global Kong）Limited Asset Management	中国香港	交通银行	2015－07－29	3.27
18	汇丰中华证券投资信托股份有限公司	HSBC（Taiwan）Global Limited Asset Management	中国台湾	交通银行	2015－12－25	3.00
19	德意志银行	Deutsche Bank Aktiengesellschaft	德国	花旗银行	2012－12－26	6.00
20	荷兰安智银行股份有限公司	ING Bank N. V.	荷兰	渣打银行	2015－04－28	0.70
21	安智投资管理亚太（香港）有限公司	ING Pacific Investment（Hong Kong）ManagementLimited Aisa	中国香港	花旗银行	2012－08－16	1.50
22	摩根大通银行	JPMorgan Chase Bank, National	美国	汇丰银行	2014－10－30	6.00
23	JF 资产管理有限公司	JF Asset Management Limited	中国香港	建设银行	2013－05－31	5.25
24	摩根证券投资信托股份有限公司	JPMorgan Asset Management Taiwan	中国台湾	建设银行	2015－06－29	2.90
25	瑞士信贷（香港）有限公司	Credit Suisse（Hong Kong）Limited	中国香港	汇丰银行	2013－05－03	6.00
26	瑞士信贷银行股份有限公司	Credit Suisse AG	瑞士	工商银行	2012－03－09	3.00
27	日兴资产管理有限公司	Nikko Asset Management Co., Ltd.	日本	交通银行	2006－05－17	4.50

续表

序号	QFII 中文名称	QFII 英文名称	注册地	托管银行	批准日期	累计批准额度
28	渣打银行（香港）有限公司	Standard Chartered Bank (Hong Kong)	中国香港	中国银行	2012 - 09 - 19	1.75
29	恒生银行有限公司	Hang Seng Bank Limited	中国香港	建设银行	2012 - 11 - 21	1.50
30	大和证券资本市场株式会社	Daiwa Securities Capital Markets	日本	工商银行	2004 - 07 - 05	0.50
31	大和证券投资信托株式会社	DAIWA Asset Management Co.	日本	中国银行	2010 - 11 - 26	2.00
32	美林国际	Merrill Lynch International	英国	汇丰银行	2014 - 08 - 26	8.00
33	雷曼兄弟（欧洲）公司	Lehman Brothers International	英国	农业银行	2006 - 02 - 22	2.00
34	比尔及梅林达盖茨信托基金会	BillTrust& Melinda Gates Foundation	美国	汇丰银行	2014 - 02 - 25	4.00
35	喀斯喀特有限责任公司	Cascade Investment, L. L. C.	美国	德意志银	2014 - 05 - 30	2.00
36	苏格兰皇家银行有限公司	The Royal Bank of Scotland N. V.	荷兰	汇丰银行	2015 - 01 - 30	0.20
37	法国兴业银行	Société Générale	法国	汇丰银行	2015 - 07 - 29	10.00
38	巴克莱银行	Barclays Bank PLC	英国	渣打银行	2015 - 07 - 29	6.52
39	法国巴黎银行	BNP Paribas	法国	工商银行	2013 - 07 - 26	3.50
40	法国巴黎投资管理亚洲有限公司	BNP Paribas Investment Partners	中国香港	中国银行	2015 - 05 - 29	5.70
41	新韩法国巴黎资产运用株式会社	Shinhan BNP Paribas Asset Management Co. , Ltd.	韩国	汇丰银行	2014 - 10 - 30	1.50
42	德国商业银行股份有限公司	Commerzbank AG	德国	工商银行	2015 - 08 - 28	3.20
43	加拿大鲍尔公司	Power Corporation of Canada	加拿大	建设银行	2004 - 11 - 21	0.50
44	东方汇理银行	Credit Agrigole Corporate	法国	汇丰银行	2005 - 01 - 10	0.75
45	东方汇理资产管理香港有限公司	Amundi Hong Kong Limited	中国香港	建设银行	2012 - 01 - 20	1.00
46	景顺资产管理有限公司	INVESCO Asset Management Limited	英国	中国银行	2015 - 04 - 28	1.25
47	新加坡政府投资有限公司	GIC Private Limited	新加坡	渣打银行	2014 - 03 - 28	15.00

续表

序号	QFII 中文名称	QFII 英文名称	注册地	托管银行	批准日期	累计批准额度
48	马丁可利投资管理有限公司	Martin Currie Investment-Management Ltd.	英国	花旗银行	2014－08－26	2.26
49	淡马锡富敦投资有限公司	Temasek Fullerton Alpha Pte Ltd.	新加坡	汇丰银行	2013－10－30	15.00
50	富敦资金管理有限公司	Fullerton Fund Management	新加坡	工商银行	2012－10－30	2.50
51	柏瑞投资有限责任公司	PineBridge Investment LLC	美国	中国银行	2015－09－28	2.92
52	第一生命保险株式会社	The Dai－ichi Life Insurance	日本	中国银行	2012－05－04	2.50
53	星展银行有限公司	DBS Bank Ltd.	新加坡	农业银行	2013－09－26	2.00
54	比联金融产品英国有限公司	KBC Financial Products UK Limited	英国	花旗银行	2011－01－07	0.20
55	比利时联合资产管理有限公司	KBC Asset Management N. V.	比利时	工商银行	2011－01－07	2.10
56	加拿大丰业银行	The Bank of Nova Scotia	加拿大	中国银行	2015－11－27	0.85
57	法国爱德蒙得洛希尔银行	La Compagnie Financierr Edmond de Rothschild Banque	法国	中国银行	2012－01－20	2.00
58	耶鲁大学	Yale University	美国	汇丰银行	2008－05－19	1.50
59	安保资本投资有限公司	AMP Capital Investors Limited	澳大利亚	建设银行	2012－10－30	5.00
60	瀚亚投资（香港）有限公司	Eastspring Investment (Hong Kong) Limited	中国香港	农业银行	2013－08－28	3.50
61	斯坦福大学	Stanford University	美国	汇丰银行	2013－11－27	0.80
62	大华银行有限公司	United Overseas Bank Limited	新加坡	工商银行	2006－11－07	0.50
63	施罗德投资管理有限公司	Schroder Investment MangementLimited	英国	交通银行	2012－11－21	4.25
64	通用电气资产管理公司	GE Asset Management Incorporated	美国	汇丰银行	2012－03－27	3.00
65	瑞穗证券株式会社	Shinko Securities Co. , Ltd.	日本	建设银行	2007－02－13	0.50
66	新光投信株式会社	Shinko Asset Management Co. , Ltd.	日本	汇丰银行	2012－02－26	1.00
67	瑞穗投信投资顾问有限公司	Mizuho Asset Management Co. , Ltd.	日本	汇丰银行	2012－09－19	1.00
68	三井住友资产管理株式会社	Sumitomo Mitsui Asset ManagementCompany , Limited	日本	花旗银行	2014－11－27	3.04

续表

序号	QFII 中文名称	QFII 英文名称	注册地	托管银行	批准日期	累计批准额度
69	三井住友银行株式会社	Sumitomo Mitsui Banking	日本	中国银行	2012 - 05 - 04	1.00
70	挪威中央银行	CorporationNorges Bank	挪威	花旗银行	2015 - 02 - 13	25.00
71	百达资产管理有限公司	Pictet Asset Management Limited	英国	汇丰银行	2015 - 11 - 27	1.08
72	哥伦比亚大学	The Trustees of Columbia Universityin the City of New York	美国	汇丰银行	2015 - 09 - 28	0.20
73	保德信资产运用株式会社	Prudential Asset ManagementCo. , Ltd.	韩国		2012 - 03 - 15	0.00
74	保德信证券投资信托股份有限公司	Prudential Financial SecuritiesInvestment Trust Enterprise	中国台湾	汇丰银行	2014 - 06 - 30	1.20
75	荷宝基金管理公司	Robeco Institutional Asset	荷兰	花旗银行	2015 - 11 - 27	1.26
76	未来资产基金管理公司	Mirae Asset Global Investments Co. , Ltd.	韩国	工商银行	2013 - 05 - 03	3.50
77	铂金投资管理有限公司	Platinum Investment CompanyLimited	澳大利亚	汇丰银行	2014 - 06 - 30	3.00
78	道富环球投资管理亚洲有限公司	State Street Global Advisors AsiaLimited	中国香港	渣打银行	2008 - 11 - 03	0.50
79	魁北克储蓄投资集团	Caisse de dépt et placement du Québec	加拿大	汇丰银行	2013 - 11 - 27	5.00
80	三星资产运用株式会社	Samsung Investment Trust Management Co. , Ltd.	韩国	中国银行	2015 - 04 - 28	6.50
81	华侨银行有限公司	Oversea - Chinese BankingCorporation Limited	新加坡	建设银行	2016 - 01 - 27	0.55
82	联博有限公司	Alliance Bernstein Limited	英国	汇丰银行	2010 - 05 - 31	1.50
83	安达国际控股有限公司	ACE INA International Holdings, Ltd.	美国	工商银行	2008 - 11 - 13	1.50
84	哈佛大学	President and Fellows of HarvardCollege	美国	工商银行	2008 - 11 - 14	2.00
85	普信投资公司	T. Rowe Price Associates , Inc.	美国	汇丰银行	2015 - 11 - 27	1.60
86	阿布扎比投资局	ABU Dhabi Investment Authority	阿联酋	汇丰银行	2015 - 12 - 25	25.00

续表

序号	QFII 中文名称	QFII 英文名称	注册地	托管银行	批准日期	累计批准额度
87	德盛安联资产管理卢森堡	Allianz Global Investors Luxembourg S. A.	卢森堡	工商银行	2012 - 08 - 16	2.00
88	德盛安联证券投资信托股份有限公司	Allianz Global Investors TaiwanLimited	中国台湾	德意志银行	2015 - 07 - 29	0.62
89	资本国际公司	Capital International, Inc.	美国	汇丰银行	2009 - 03 - 31	1.00
90	安石股票投资管理（美国）有限公司	Ashmore Equities InvestmentManagement (US) LLC	美国	汇丰银行	2013 - 05 - 31	0.25
91	安石投资管理有限公司	Ashmore Investment ManagementLimited	英国	工商银行	2012 - 08 - 21	3.50
92	首域投资管理（英国）有限公司	First State Investment Management (UK) Limited	英国	花旗银行	2015 - 01 - 30	6.30
93	韩华资产运用株式会社	Hanwha Investment TrustManagement Co., Ltd.	韩国	花旗银行	2012 - 09 - 19	2.38
94	大华资产管理有限公司	UOB Asset Management Ltd.	新加坡	工商银行	2009 - 08 - 25	0.50
95	马来西亚国家银行	Bank Negara Malaysia	马来西亚	汇丰银行	2014 - 07 - 30	15.00
96	DWS 投资管理有限公司	DWS Investment S. A.	卢森堡	汇丰银行	2009 - 09 - 09	2.00
97	罗祖儒投资管理（香港）有限公司	Lloyd George Management (HongKong) Limited	中国香港	汇丰银行	2009 - 11 - 06	0.50
98	韩国产业银行	The Korea Development Bank	韩国	建设银行	2016 - 01 - 27	1.30
99	邓普顿投资顾问有限公司	Templeton Investment Counsel, LLC	美国	汇丰银行	2012 - 07 - 17	3.00
100	壳牌资产管理有限公司	Shell Asset Management Company B. V.	荷兰		2011 - 02 - 01	0.00
101	东亚联丰投资管理有限公司	BEA Union Investment Management Limited	中国香港	工商银行	2009 - 12 - 08	1.00
102	韩国友利银行股份有限公司	Woori Bank Co., Ltd.	韩国	工商银行	2009 - 12 - 30	0.50
103	韩国投资信托运用株式会社	Korea Investment Trust Management Co., Ltd.	韩国	工商银行	2014 - 10 - 30	3.00
104	三井住友信托银行股份有限公司	The Sumitomo Trust & Banking Co., Ltd.	日本	花旗银行	2009 - 12 - 31	0.50
105	霸菱资产管理有限公司	Baring Asset Management Limited	英国	汇丰银行	2010 - 02 - 10	2.00

续表

序号	QFII 中文名称	QFII 英文名称	注册地	托管银行	批准日期	累计批准额度
106	宏利资产管理（香港）有限公司	Manulife Asset Management（HongKong）Limited	中国香港	工商银行	2012 - 07 - 17	3.00
107	东洋资产运用（株）	Tongyang Asset Management Corp.	韩国	花旗银行	2012 - 05 - 17	0.70
108	加拿大皇家银行	Royal Bank of Canada	加拿大	工商银行	2010 - 08 - 19	1.00
109	达以安资产管理公司	DIAM Co. , Ltd.	日本	汇丰银行	2010 - 09 - 01	1.00
110	常青藤资产管理公司	Ivy Investment ManagementCompany	美国	汇丰银行	2010 - 09 - 01	1.00
111	法国欧菲资产管理公司	OFI Asset Management	法国	渣打银行	2010 - 10 - 24	1.50
112	安本亚洲资产管理公司	Aberdeen Asset Management Asia Limited	新加坡	花旗银行	2016 - 01 - 27	0.77
113	纽约梅隆资产管理国际有限公司	BNY Mellon Asset Management International Limited	英国	建设银行	2010 - 11 - 26	1.50
114	富达基金（香港）有限公司	Fidelity Investments Management（Hong Kong）Limited	中国香港	汇丰银行	2015 - 03 - 26	12.00
115	美盛投资（欧洲）有限公司	Legg Mason Investements（Europe）Limited	英国	汇丰银行	2013 - 06 - 24	2.00
116	KB 资产运用	KB Asset Management Co. , Ltd.	韩国	花旗银行	2015 - 05 - 29	3.00
117	香港金融管理局	Hong Kong Monetary Authority	中国香港	花旗银行	2014 - 09 - 22	25.00
118	富邦证券投资信托股份有限公司	Fubon Securities Investment Trust Co. , Ltd.	中国台湾	建设银行	2015 - 03 - 26	10.00
119	富邦人寿保险股份有限公司	Fubon Life Insurance Co. Ltd	中国台湾	花旗银行	2015 - 09 - 28	15.00
120	富邦产物保险股份有限公司	FUBON INSURANCE COMPANYLIMITED	中国台湾	工商银行	2013 - 10 - 30	0.50
121	群益证券投资信托股份有限公司	Capital Securities Investment Trust Corporation	中国台湾	汇丰银行	2015 - 05 - 29	2.50
122	英杰华投资集团全球服务有限公司	Aviva Investors Global ServicesLimited	英国	工商银行	2015 - 12 - 25	0.18
123	瑞士宝盛银行	Bank Julius Bear & Co. , Ltd.	瑞士	花旗银行	2014 - 01 - 22	1.50
124	科提比资产运用株式会社	KTB Asset Management Co. , Ltd.	韩国	建设银行	2011 - 10 - 19	1.00

续表

序号	QFII 中文名称	QFII 英文名称	注册地	托管银行	批准日期	累计批准额度
125	领先资产管理	Lyxor Asset Management	法国	建设银行	2011 - 11 - 28	1.00
126	元大证券投资信托股份有限公司	Yuanta Securities Investment Trust Co. , Ltd.	中国台湾	农业银行	2014 - 07 - 30	4.00
127	忠利保险有限公司	Assicurazioni Generali S. p. A.	意大利	工商银行	2015 - 11 - 27	0.83
128	忠利基金管理有限公司	GENERAIL Fund Management S. A.	卢森堡	建设银行	2013 - 03 - 28	1.00
129	西班牙对外银行有限公司	Banco Bilbao Vizcaya Argentaria, S. A.	西班牙	中信银行	2011 - 12 - 20	1.00
130	国泰证券投资信托股份有限公司	Cathay Securities Investment Trust Co. , Ltd.	中国台湾	农业银行	2015 - 09 - 28	10.50
131	国泰人寿保险股份有限公司	Cathay Life Insurance Co. , Ltd.	中国台湾	中国银行	2015 - 09 - 28	10.00
132	国泰世华商业银行股份有限公司	Cathay United Bank Co. , Ltd.	中国台湾	工商银行	2013 - 12 - 24	1.00
133	复华证券投资信托股份有限公司	Fuh Hwa Securities Investment Trust Co. , Ltd.	中国台湾	花旗银行	2015 - 06 - 29	3.00
134	蒙特利尔银行投资公司	BMO Investments Inc.	加拿大	工商银行	2012 - 01 - 11	1.00
135	亢简资产管理公司	Comgest S. A.	法国	德意志银行	2012 - 01 - 20	1.00
136	GMO 有限责任公司	Grantham, Mayo, Van Otterloo &Co. LLC	美国	汇丰银行	2016 - 01 - 27	0.50
137	新加坡金融管理局	Monetary Authority of Singapore	新加坡	汇丰银行	2012 - 01 - 20	1.00
138	新光人寿保险股份有限公司	Shin Kong Life Insurance Co. , Ltd.	中国台湾	花旗银行	2014 - 12 - 28	3.00
139	中国人寿保险股份有限公司（台湾）	China Life Insurance Co. , Ltd. （Taiwan）	中国台湾	建设银行	2014 - 12 - 28	5.50
140	普林斯顿大学	Princeton University	美国	汇丰银行	2014 - 12 - 28	2.10
141	加拿大年金计划投资委员会	Canada Pension Plan Investment Board	加拿大	汇丰银行	2014 - 09 - 22	12.00
142	泰国银行	Bank of Thailand	泰国	汇丰银行	2012 - 03 - 09	3.00
143	科威特政府投资局	Kuwait Investment Authority	科威特	工商银行	2014 - 01 - 22	15.00
144	台湾人寿保险股份有限公司	Taiwan Life Insurance Co. , Ltd.	中国台湾	工商银行	2014 - 11 - 27	4.00

续表

序号	QFII 中文名称	QFII 英文名称	注册地	托管银行	批准日期	累计批准额度
145	韩国银行	The Bank of Korea	韩国	汇丰银行	2015－02－13	9.00
146	安大略省教师养老金计划委员会	Ontario Teachers' Pension Plan Board	加拿大	汇丰银行	2013－07－26	3.00
147	韩国投资公司	Korea Investment Corporation	韩国	汇丰银行	2013－06－24	4.00
148	家庭医生退休基金	Stichting Pensioenfonds voor Huisartsen	荷兰	汇丰银行	2012－03－09	0.60
149	国民年金公团（韩国）	National Pension Service	韩国	汇丰银行	2013－11－27	4.00
150	华宜资产运用有限公司	HI Asset Management Co., Linmited.	韩国	工商银行	2012－04－10	1.00
151	医院管理局公积金计划	Hospital Authority Provident Fund Scheme	香港	汇丰银行	2012－04－10	1.00
152	纽伯格伯曼欧洲有限公司	Neuberger Berman Europe Limited	英国	工商银行	2014－06－30	1.75
153	马来西亚国库控股公司	KHAZANAH NASIONAL BERHAD	马来西亚	工商银行	2015－03－26	5.00
154	罗素投资爱尔兰有限公司	Russell Investments Ireland Limited	爱尔兰	汇丰银行	2014－02－25	2.00
155	全球人寿保险股份有限公司	Trans Globe Life Insurance Inc.	中国台湾	花旗银行	2012－05－04	1.50
156	全球保险集团美国投资管理有限公司	AEGON USA Investment Management, LLC	美国	花旗银行	2013－06－24	1.00
157	贝莱德机构信托公司	Black Rock Institutional Trust Company, N. A.	美国	花旗银行	2014－12－28	2.50
158	贝莱德资产管理北亚有限公司	BlackRock Asset Management North Asia Limited	中国香港	花旗银行	2015－08－28	10.00
159	北美信托环球投资有限公司	Northern Trust Global Investments Limited	英国	交通银行	2012－06－08	1.00
160	三商美邦人寿保险股份有限公司	Mercuries Life Insurance Co., Ltd.	中国台湾	汇丰银行	2012－06－08	0.50
161	美国友邦保险有限公司	AIA Company Limited	中国香港	中国银行	2012－06－08	1.50
162	资金研究与管理公司	Capital Research and Management Company	美国	汇丰银行	2012－06－08	1.00

续表

序号	QFII 中文名称	QFII 英文名称	注册地	托管银行	批准日期	累计批准额度
163	伦敦市投资管理有限公司	City of London Investment Managementi Company Limited	英国	汇丰银行	2015－08－28	0.53
164	冈三资产管理股份有限公司	Okasan Asset Management Co.，Ltd.	日本	汇丰银行	2012－06－08	0.50
165	泛达公司	Van Eck Associates Corporation	美国	工商银行	2012－07－17	1.00
166	威廉博莱公司	William Blair & Company，L.L.C.	美国	汇丰银行	2014－06－30	2.00
167	信安环球投资有限公司	Principal Global Investors LLC	美国	建设银行	2012－08－21	1.50
168	中银国际英国保诚资产管理有限公司	BOCI－Prudential Asset Management Limited	中国香港	渣打银行	2015－09－28	1.11
169	安耐德合伙人有限公司	EARNEST Partners LLC	美国	建设银行	2012－09－19	1.50
170	预知投资管理公司	Prescient Investment Management PTY LTD.	南非	工商银行	2014－04－30	1.50
171	得克萨斯大学体系董事会	Board of Regents of The University of Texas System	美国	汇丰银行	2014－04－30	1.50
172	南山人寿保险股份有限公司	Nan Shan Life Insurance	中国台湾	工商银行	2015－05－29	6.00
173	迈世勒资产管理有限责任公司	Metzler Asset Management GmbH	德国	工商银行	2012－10－30	2.00
174	骏利资产管理有限公司	Janus Capital Management LLC	美国	汇丰银行	2012－11－21	1.00
175	SUVA 瑞士国家工伤保险机构	Suva	瑞士	花旗银行	2015－12－25	2.20
176	安大略退休金管理委员会	Ontario Pension Board	加拿大	中国银行	2012－11－21	1.50
177	麦格理银行有限公司	Macquarie Bank Limited	澳大利亚	汇丰银行	2015－03－26	8.00
178	海通资产管理（香港）有限公司	Hai Tong Asset Management （HK）Limited	中国香港	交通银行	2014－11－27	3.00
179	卡塔尔控股有限责任公司	Qatar Holding LLC	卡塔尔	农业银行	2012－11－21	10.00
180	中银集团人寿保险有限公司	BOC Group Life Assurance	中国香港	农业银行	2012－12－31	2.00

续表

序号	QFII 中文名称	QFII 英文名称	注册地	托管银行	批准日期	累计批准额度
181	惠理基金管理香港有限公司	Value Partners Hong Kong Limited	中国香港	汇丰银行	2014 - 07 - 30	2.00
182	教会养老基金	The Church Pension Fund	美国	工商银行	2012 - 12 - 26	0.50
183	杜克大学	Duke University	美国	工商银行	2014 - 12 - 28	1.00
184	瑞士盈丰银行股份有限公司	EFG Bank AG	瑞士	花旗银行	2015 - 09 - 28	0.66
185	兴元资产管理有限公司	Genesis Asset Managers, LLP	美国	德意志银行	2014 - 09 - 22	4.00
186	鼎晖投资咨询新加坡有限公司	CDH Investment Advisory Private Limited	新加坡	建设银行	2014 - 07 - 30	3.50
187	高瓴资本管理有限公司	Hillhouse Capital Management Pte. Ltd.	新加坡	建设银行	2015 - 01 - 30	9.00
188	毕盛资产管理有限公司	APS Asset Management Pte Ltd.	新加坡	建设银行	2015 - 08 - 28	2.30
189	大众信托基金有限公司	Public Mutual Berhad	马来西亚	花旗银行	2013 - 01 - 24	0.60
190	统一证券投资信托股份有限公司	Uni - President Assets Management Corporation	中国台湾	汇丰银行	2014 - 08 - 26	1.50
191	瀚博环球投资公司	Hansberger Global Investors, Inc.	美国	渣打银行	2013 - 02 - 28	1.00
192	韩亚大投证券株式会社	Hana Daetoo Securities Co., Ltd.	韩国	花旗银行	2014 - 10 - 30	2.00
193	不列颠哥伦比亚省投资管理公司	British Columbia Investment Management Corporation	加拿大	汇丰银行	2015 - 11 - 27	5.00
194	奥博医疗顾问有限公司	OrbiMed Advisors LLC	美国	花旗银行	2014 - 08 - 26	1.00
195	嘉实国际资产管理有限公司	Harvest Global Investments Limited	中国香港	中国银行	2014 - 10 - 30	3.00
196	易方达资产管理（香港）有限公司	E Fund Management (Hong Kong) Co., Limited	中国香港	汇丰银行	2016 - 01 - 27	6.58
197	华夏基金（香港）有限公司	China Asset Management (Hong Kong) Limited	中国香港	汇丰银行	2014 - 11 - 27	2.00
198	中信证券国际投资管理（香港）有限公司	CITIC Securities International Investment Management (HK)	中国香港	工商银行	2014 - 04 - 30	3.00
199	利安资金管理公司	Lion Global Investors Limited	新加坡	花旗银行	2013 - 03 - 28	0.50

序号	QFII 中文名称	QFII 英文名称	注册地	托管银行	批准日期	累计批准额度
200	IDG 资本管理（香港）有限公司	IDG CAPITAL MANAGEMENT (HK) LIMITED	中国香港	建设银行	2013 - 03 - 28	0.60
201	海拓投资管理公司	Cutwater Investor Services Corporation	美国	中国银行	2013 - 03 - 28	1.00
202	永丰证券投资信托股份有限公司	SinoPac Securities Investment Trust Co., Ltd.	中国台湾	工商银行	2013 - 03 - 28	1.00
203	第一金证券投资信托股份有限公司	First Securities Investment Trust Co., Ltd.	中国台湾	汇丰银行	2015 - 06 - 29	0.74
204	南方东英资产管理有限公司	CSOP Asset Management Limited	中国香港	渣打银行	2014 - 08 - 26	2.00
205	招商证券资产管理（香港）有限公司	CMS Asset Management (HK) Co., Limited	中国香港	交通银行	2015 - 12 - 25	0 - 20
206	新思路投资有限公司	New Silk Road Investment Pte. Ltd.	新加坡	汇丰银行	2013 - 03 - 28	0.50
207	国泰君安资产管理（亚洲）有限公司	Guotai Junan Assets (Asia) Limited	中国香港	交通银行	2015 - 08 - 28	1.61
208	泰康资产管理（香港）有限公司	Taikang Asset Management (HK) Company Limited	中国香港	工商银行	2015 - 12 - 25	5.20
209	EJS 投资管理有限公司	EJS Investment Management S. A.	瑞士	交通银行	2013 - 04 - 28	0.50
210	东部资产运用株式会社	Dongbu Asset Management Co., Ltd.	韩国	建设银行	2014 - 12 - 28	1.20
211	欧利盛资产管理有限公司	Eurizon Capital S. A.	卢森堡	工商银行	2013 - 05 - 31	1.00
212	AZ 基金管理股份有限公司	AZ Fund Management S. A.	卢森堡	德意志银行	2013 - 05 - 31	1.00
213	瀚森全球投资有限公司	Henderson Global Investors Limited	英国	渣打银行	2013 - 05 - 31	0.50
214	瑞典第二国家养老金	Andra AP - fonden	瑞士	汇丰银行	2015 - 01 - 30	4.00
215	工银亚洲投资管理有限公司	ICBC (Asia) Investment Management	中国香港	建设银行	2013 - 06 - 24	1.00

续表

序号	QFII 中文名称	QFII 英文名称	注册地	托管银行	批准日期	累计批准额度
216	工银瑞信资产管理（国际）有限公司	ICBC Credit Suisse Asset Management（International）Company	中国香港	汇丰银行	2015－01－30	3.00
217	中国光大资产管理有限公司	China Everbright Assets Management Limited	中国香港	汇丰银行	2014－11－27	4.00
218	Nordea 投资管理公司	Nordea Investment Management AB	瑞典	汇丰银行	2014－05－30	1.00
219	海富通资产管理（香港）有限公司	HFT Investment Management（HK）Limited	中国香港	花旗银行	2014－05－30	1.00
220	奥本海默基金公司	Oppenheimer Funds, Inc.	美国	汇丰银行	2015－11－27	5.00
221	高观投资有限公司	Overlook Investments Limited	中国香港	汇丰银行	2014－06－30	1.00
222	华顿证券投资信托股份有限公司	Paradigm Asset Management Co., Ltd.	中国台湾	工商银行	2014－08－26	1.00
223	广发国际资产管理有限公司	GF International Investment Management Limited	中国香港	工商银行	2016－01－27	3.31
224	广发资产管理（香港）有限公司	GF Asset Management（Hong Kong）Limited	中国香港	工商银行	2015－03－26	2.00
225	国信证券（香港）资产管理有限公司	Guosen Securities（HK）Asset Management Company Limited	中国香港	工商银行	2014－09－22	2.00
226	彭博家族基金会	The Bloomberg Family Foundation Inc.	美国	汇丰银行	2014－09－22	0.75
227	安盛基金管理公司	AXA Fund Management S. A.	卢森堡	汇丰银行	2014－10－30	1.00
228	麻省理工学院	Massachusetts Institute of	美国	汇丰银行	2014－11－27	2.00
229	石溪集团	Technology The Rock Creek Group, LP.	美国	汇丰银行	2014－12－28	0.50
230	宾夕法尼亚大学校董会	Trustees of the University of Pennsylvania	美国	汇丰银行	2015－02－13	0.75
231	万金全球香港有限公司	Viking Global Hong Kong Limited	中国香港	花旗银行	2015－02－13	1.00
232	麦盛资产管理（亚洲）有限公司	Munsum Asset Management（Asia）Limited	中国香港	兴业银行	2015－03－26	2.00

续表

序号	QFII 中文名称	QFII 英文名称	注册地	托管银行	批准日期	累计批准额度
233	申银万国投资管理（亚洲）有限公司	Shenyin Wanguo Asset Management（Asia）Limited	中国香港	工商银行	2015 – 04 – 28	2.00
234	玉山商业银行股份有限公司	E. Sun Commercial Bank, Ltd.	中国台湾	中国银行	2015 – 05 – 29	0.50
235	加利福尼亚大学校董会	The Regents of the University of Califormia	美国	德意志银行	2015 – 05 – 29	4.00
236	富国资产管理（香港）有限公司	Fullgoal Asset Management（HK）Limited	中国香港	汇丰银行	2015 – 05 – 29	2.00
237	淡水泉（香港）投资管理有限公司	Springs Capital（Hong Kong）Limited	中国香港	汇丰银行	2015 – 06 – 29	2.00
238	汇添富资产管理（香港）有限公司	China Universal Asset Management（Hong Kong）Company Limited	中国香港	建设银行	2015 – 06 – 29	4.00
239	文莱投资局	Brunei Investment Agency	文莱	渣打银行	2015 – 07 – 29	2.00
240	台湾银行股份有限公司	Bank of Taiwan	中国台湾	汇丰银行	2015 – 07 – 29	1.00
241	建银国际资产管理有限公司	CCB International Asset ManagementLimited	中国香港	工商银行	2015 – 09 – 28	2.00
242	忠诚保险有限公司	Fidelidade – Companhia de Seguros, S. A.	葡萄牙	工商银行	2015 – 12 – 25	7.00
243	泛亚投资管理有限公司	General Oriental Investments, S. A.	瑞士	汇丰银行	2015 – 12 – 25	1.00
	合计					807.95

数据来源：国际外汇管理局网站：www. safe. gov. cn。

附表 63 – 5　　合格境内机构投资者（QDII）投资额度审批情况表
（截至 2016 年 1 月 27 日）　　　　　　　　　　单位：亿美元

序号	机构名称	投资额度获批时间	获批额度
1	中国银行股份有限公司	2014 – 12 – 28	3.00
2	中国工商银行股份有限公司	2014 – 12 – 28	3.00
3	东亚银行（中国）有限公司	2014 – 12 – 28	2.00
4	交通银行股份有限公司	2006 – 07 – 27	5.00
5	中国建设银行股份有限公司	2014 – 12 – 28	5.00

续表

序号	机构名称	投资额度获批时间	获批额度
6	汇丰银行（中国）有限公司	2015 - 03 - 26	34.00
7	招商银行股份有限公司	2014 - 12 - 28	2.00
8	中信银行	2006 - 09 - 18	1.00
9	恒生银行（中国）有限公司	2006 - 09 - 27	0.30
10	花旗银行（中国）有限公司	2006 - 09 - 27	34.00
11	兴业银行	2014 - 12 - 28	1.00
12	渣打银行（中国）有限公司	2015 - 01 - 30	20.00
13	民生银行	2006 - 11 - 08	1.00
14	中国光大银行	2014 - 12 - 28	1.00
15	北京银行	2006 - 12 - 11	0.50
16	中国银行（香港）有限公司内地分行	2007 - 01 - 11	0.30
17	瑞士信贷银行股份有限公司上海分行	2007 - 01 - 30	0.30
18	中国农业银行	2014 - 12 - 28	2.00
19	南洋商业银行（中国）有限公司	2015 - 02 - 13	1.80
20	德意志银行（中国）有限公司	2007 - 08 - 17	0.30
21	上海浦东发展银行	2007 - 08 - 31	0.30
22	上海银行	2008 - 01 - 24	0.30
23	星展银行（中国）有限公司	2010 - 07 - 28	8.00
24	法国巴黎银行（中国）有限公司	2010 - 07 - 28	1.00
25	法国兴业银行（中国）有限公司	2010 - 09 - 01	1.00
26	华侨银行（中国）有限公司	2011 - 01 - 06	1.00
27	澳大利亚和新西兰银行（中国）有限公司	2014 - 10 - 30	4.00
28	大华银行（中国）有限公司	2012 - 10 - 25	3.00
29	瑞士银行（中国）有限公司	2013 - 06 - 24	0.30
30	平安银行股份有限公司	2014 - 09 - 22	2.00
	银行类合计		138.40
31	华安基金管理公司	2015 - 02 - 13	12.00
32	南方基金管理公司	2015 - 03 - 26	26.00
33	华夏基金管理公司	2015 - 02 - 13	35.00
34	嘉实基金管理公司	2015 - 03 - 26	34.00
35	上投摩根基金管理公司	2015 - 01 - 30	27.00
36	工银瑞信基金管理公司	2014 - 12 - 28	3.00
37	华宝兴业基金管理有限公司	2015 - 01 - 30	10.50
38	中国国际金融有限公司	2014 - 12 - 28	22.00

序号	机构名称	投资额度获批时间	获批额度
39	海富通基金管理公司	2015 - 01 - 30	5.00
40	银华基金管理公司	2008 - 04 - 03	3.00
41	招商证券股份有限公司	2014 - 11 - 27	4.00
42	交银施罗德基金管理有限公司	2015 - 02 - 13	6.00
43	易方达基金管理有限公司	2015 - 02 - 13	19.00
44	招商基金管理有限公司	2009 - 10 - 19	5.00
45	博时基金管理有限公司	2009 - 11 - 06	6.00
46	汇添富基金管理有限公司	2009 - 11 - 09	4.00
47	广发基金管理有限公司	2015 - 02 - 13	6.00
48	鹏华基金管理有限公司	2015 - 01 - 30	6.00
49	长盛基金管理有限公司	2009 - 12 - 11	3.00
50	国泰基金管理有限公司	2015 - 03 - 26	4.00
51	国投瑞银基金管理有限公司	2015 - 03 - 26	18.00
52	建信基金管理有限公司	2014 - 12 - 28	1.00
53	信诚基金管理有限公司	2015 - 02 - 13	6.00
54	诺安基金管理有限公司	2014 - 12 - 28	3.00
55	光大保德信基金管理有限公司	2014 - 12 - 28	5.50
56	富国基金管理有限公司	2014 - 12 - 28	2.00
57	大成基金管理有限公司	2014 - 12 - 28	3.50
58	中银基金管理有限公司	2010 - 03 - 12	7.00
59	泰达宏利基金管理有限公司	2014 - 12 - 28	1.00
60	华泰证券股份有限公司	2010 - 04 - 14	1.00
61	上海国泰君安证券资产管理有限公司	2014 - 12 - 28	4.50
62	长信基金管理有限责任公司	2014 - 12 - 28	4.50
63	华泰柏瑞基金管理有限公司	2014 - 12 - 28	1.00
64	上海光大证券资产管理有限公司	2015 - 01 - 30	3.00
65	景顺长城基金管理有限公司	2015 - 03 - 26	2.00
66	国海富兰克林基金管理有限公司	2015 - 02 - 13	7.00
67	上海东方证券资产管理有限公司	2010 - 11 - 26	1.00
68	国信证券股份有限公司	2015 - 01 - 30	10.00
69	融通基金管理有限公司	2015 - 01 - 30	9.00
70	广发证券资产管理（广东）有限公司	2015 - 02 - 13	12.00
71	中信证券股份有限公司	2014 - 12 - 28	4.00
72	安信证券股份有限公司	2012 - 08 - 16	5.00

续表

序号	机构名称	投资额度获批时间	获批额度
73	申万宏源证券有限公司	2015 - 01 - 30	4.00
74	中银国际证券有限责任公司	2014 - 12 - 28	3.00
75	中国银河证券股份有限公司	2013 - 01 - 24	4.00
76	泰康资产管理有限责任公司	2015 - 01 - 30	3.00
77	上海海通证券资产管理有限公司	2015 - 01 - 30	8.00
78	太平洋证券股份有限公司	2014 - 04 - 30	2.00
	证券类合计		375.50
79	平安保险（集团）股份有限公司	2015 - 01 - 30	71.90
80	中国人寿保险集团公司	2006 - 12 - 14	1.00
81	中国人民财产保险公司	2014 - 12 - 28	8.00
82	中国人寿保险股份有限公司	2015 - 02 - 13	35.50
83	泰康人寿保险股份有限公司	2007 - 06 - 22	18.85
84	中意人寿保险有限公司	2014 - 12 - 28	4.15
85	中国人民保险集团股份有限公司	2015 - 01 - 30	3.15
86	生命人寿保险股份有限公司	2007 - 08 - 16	44.09
87	中国再保险（集团）公司	2007 - 10 - 18	5.00
88	中国太平洋保险（集团）公司	2015 - 12 - 04	0.37
89	中国太平洋人寿保险股份有限公司	2015 - 12 - 04	3.50
90	中国人民健康保险股份有限公司	2007 - 09 - 24	0.15
91	中国人民人寿保险股份有限公司	2007 - 09 - 26	0.34
92	安邦保险集团股份有限公司	2014 - 12 - 28	7.10
93	太平人寿保险有限公司	2015 - 03 - 26	3.20
94	华安财产保险股份有限公司	2007 - 11 - 15	0.20
95	华泰财产保险股份有限公司	2007 - 11 - 15	0.30
96	华泰资产管理有限公司	2007 - 04 - 23	0.30
97	友邦保险境内分公司	2007 - 12 - 24	1.68
98	渤海财产保险股份有限公司	2007 - 12 - 18	0.05
99	金盛人寿保险有限公司	2007 - 12 - 28	0.08
100	都邦财产保险股份有限公司	2008 - 01 - 23	0.25
101	太平财产保险有限公司	2009 - 12 - 30	0.79
102	民安保险（中国）有限公司	2010 - 04 - 14	0.25
103	中国财产再保险股份有限公司	2010 - 05 - 31	1.92
104	中国出口信用保险公司	2011 - 09 - 30	10.00
105	新华人寿保险股份有限公司	2015 - 01 - 30	22.00

续表

序号	机构名称	投资额度获批时间	获批额度
106	永诚财产保险股份有限公司	2012 – 12 – 26	0.30
107	天安财产保险股份有限公司	2015 – 03 – 26	8.00
108	阳光人寿保险股份有限公司	2014 – 12 – 28	17.00
109	中国人寿再保险股份有限公司	2013 – 12 – 09	10.00
110	复星保德信人寿保险有限公司	2014 – 01 – 22	0.11
111	太平再保险有限公司北京分公司	2014 – 02 – 25	0.50
112	华夏人寿保险股份有限公司	2015 – 01 – 30	7.00
113	合众人寿保险股份有限公司	2014 – 02 – 25	2.00
114	安邦财产保险股份有限公司	2015 – 01 – 30	11.00
115	中国人寿资产管理有限公司	2014 – 10 – 30	1.30
116	中邮人寿保险股份有限公司	2014 – 10 – 30	2.00
117	泰山财产保险股份有限公司	2015 – 01 – 30	0.20
118	前海人寿保险股份有限公司	2015 – 01 – 30	5.00
	保险类合计		308.53
119	中诚信托有限责任公司	2014 – 11 – 27	16.00
120	上海国际信托有限公司	2014 – 12 – 28	9.50
121	中海信托股份有限公司	2009 – 12 – 30	1.00
122	平安信托有限责任公司	2011 – 09 – 30	1.00
123	大连华信信托股份有限公司	2011 – 12 – 20	1.00
124	华宝信托有限责任公司	2014 – 12 – 28	19.00
125	中信信托有限责任公司	2014 – 12 – 28	9.50
126	新华信托股份有限公司	2015 – 01 – 30	1.50
127	中国对外经济贸易信托有限公司	2014 – 09 – 22	5.00
128	建信信托有限责任公司	2014 – 11 – 27	4.00
129	中融国际信托有限公司	2014 – 11 – 27	3.00
130	兴业国际信托有限公司	2015 – 02 – 13	2.00
131	北京国际信托有限公司	2015 – 02 – 13	3.00
132	交银国际信托有限公司	2015 – 03 – 26	2.00
	信托类合计		77.50
	总计		899.93

数据来源：国际外汇管理局网站：www.safe.gov.cn。

附表 63-6　　　　人民币合格境外内机构投资者（RQFII）

投资额度审批情况表（截至 2016 年 1 月 27 日）　　单位：亿美元

序号	RQFII 中文名称	RQFII 英文名称	注册地	批准日期	累计批准额度
1	南方东英资产管理有限公司	CSOP Asset Management Ltd.	中国香港	2014-09-22	461.00
2	嘉实国际资产管理有限公司	Harvest Global Investment Limited	中国香港	2014-09-22	147.40
3	华夏基金（香港）有限公司	China Limited Asset Management（Hong Kong）	中国香港	2013-07-26	218.00
4	大成国际资产管理有限公司	Da Management Cheng International Co., Ltd. Asset	中国香港	2014-04-30	37.00
5	汇添富资产管理（香港）有限公司	China Universal（Hong Kong）Company Asset Management Limited	中国香港	2013-05-15	31.00
6	博时基金（国际）有限公司	Bosera（International）Asset Management Co., Ltd.	中国香港	2014-08-26	96.00
7	海富通资产管理（香港）有限公司	HFT Investment（HK）Limited	中国香港	2014-05-30	44.00
8	华安资产管理（香港）有限公司	Hua An Limited Asset Management（Hong Kong）	中国香港	2013-05-30	39.00
9	易方达资产管理（香港）有限公司	E Fund Management（HK）Co., Limited	中国香港	2014-05-30	272.00
10	银瑞信资产管理（国际）有限公司	ICBC（International）Credit Suisse Company Asset Limited Management	中国香港	2014-06-30	28.00
11	上投摩根资产管理（香港）有限公司	CIFM Limited Asset Management（Hong Kong）	中国香港	2012-12-26	8.00
12	广发国际资产管理有限公司	GF Management International Limited Investment	中国香港	2014-05-30	39.00
13	国投瑞银资产管理（香港）有限公司	UBS SDIC Limited Asset Management（Hong Kong）	中国香港	2014-06-30	28.00
14	富国资产管理（香港）有限公司	Fullgoal Asset Management（HK）Ltd.	中国香港	2014-07-30	38.00
15	诺安基金（香港）有限公司	LFM Co., Ltd. Global Investment（Hong Kong）	中国香港	2014-05-30	10.00
16	工银亚洲投资管理有限公司	ICBC Company（Asia）Limited Investment Management	中国香港	2014-03-28	23.00

续表

序号	RQFII 中文名称	RQFII 英文名称	注册地	批准日期	累计批准额度
17	申万宏源（国际）集团有限公司	Shenwan Holdings Hongyuan Limited（International）	中国	2014－04－30	39.00
18	安信国际金融控股有限公司	Essence Holdings International Limited Financial	中国香港	2014－07－30	24.00
19	中国国际金融（香港）有限公司	China（HK） Limited International Capital Corporation	中国香港	2013－06－24	17.00
20	国信证券（香港）金融控股有限公司	Guosen Financial Securities Holdings（Hong Kong）Co.，Ltd.	中国香港	2013－06－24	17.00
21	光大证券金融控股有限公司	Everbright Limited Securities Financial Holdings	中国香港	2014－05－30	35.00
22	华泰金融控股（香港）有限公司	Huatai Limited Financial Holdings（Hong Kong）	中国香港	2014－03－28	29.50
23	国泰君安金融控股有限公司	Guotai Junan Financial Holdings	中国香港	2014－05－30	69.00
24	海通国际控股有限公司	Haitong Internatioanal Holdings Limited	中国香港	2014－08－26	107.00
25	广发控股（香港）有限公司	GF Limited Holdings（Hong Kong）Corporation	中国香港	2014－04－30	27.00
26	招商证券国际有限公司	China Limited Merchants Securities International	中国香港	2014－03－28	27.00
27	中信证券国际有限公司	CITIC Limited Securities International Company	中国香港	2014－06－30	14.00
28	国元证券（香港）有限公司	Guoyuan Securities（Hong Kong）	中国香港	2014－08－26	73.00
29	中投证券（香港）金融控股有限公司	Limited China Investment Securities（HK）	中国香港	2014－05－30	11.00
30	长江证券控股（香港）有限公司	Changjiang Securities Holdings（HK）Limited	中国香港	2013－11－27	2.00
31	粤海证券有限公司	Guangdong Securities Limited	中国香港	2014－01－22	10.00
32	建银国际资产管理有限公司	CCB International Asset Management	中国香港	2014－08－26	43.00
33	泰康资产管理（香港）有限公司	Limited Taikang Asset Management（Hong Kong）Company Limited	中国香港	2014－08－26	74.00

序号	RQFII 中文名称	RQFII 英文名称	注册地	批准日期	累计批准额度
34	中国人寿富兰克林资产管理有限公司	China Life Franklin Asset Management Co., Ltd.	中国香港	2014 - 08 - 26	65.00
35	农银国际资产管理有限公司	ABCI Asset Management Limited	中国香港	2014 - 07 - 30	53.00
36	恒生投资管理有限公司	Hang Seng Investment Management	中国香港	2013 - 07 - 26	10.00
37	信达国际资产管理有限公司	LimitedCinda International Asset Management Limited	中国香港	2013 - 08 - 28	8.00
38	兴证（香港）金融控股有限公司	Industrial Securities (HK) Financial Holdings Limited	中国香港	2014 - 04 - 30	13.00
39	太平资产管理（香港）有限公司	Taiping Assets Management (HK) Company Limited	中国香港	2014 - 03 - 28	13.00
40	中银香港资产管理有限公司	BOCHK Asset Management Limited	中国香港	2013 - 08 - 28	8.00
41	中国平安资产管理（香港）有限公司	Ping An of China Asset Management (Hong Kong) Company Limited	中国香港	2013 - 08 - 28	10.00
42	汇丰环球投资管理（香港）有限公司	HSBC Global Asset Management (Hong Kong) Limietd	中国香港	2013 - 09 - 26	8.00
43	丰收投资管理（香港）有限公司	Income Partners Asset	中国香港	2013 - 09 - 26	8.00
44	交银国际资产管理有限公司	Management (HK) BOCOM International Asset	中国香港	2013 - 09 - 26	8.00
45	惠理基金管理香港有限公司	ManagementValue Partners Hong Kong Limited	中国香港	2014 - 04 - 30	13.00
46	南华资产管理（香港）有限公司	Nanhua Asset Management (Hong Kong) Corporation Limited	中国香港	2014 - 09 - 22	8.00
47	中国东方国际资产管理有限公司	China Orient International Asset Management Limited	中国香港	2014 - 06 - 30	25.00
48	东亚银行有限公司	The Bank of East Asia, Limited	中国香港	2013 - 10 - 30	10.00
49	东方金融控股（香港）有限公司	Orient Finance Holding (Hong Kong) Limited	中国香港	2013 - 10 - 30	5.00
50	柏瑞投资香港有限公司	PineBridge Investment Hong Kong	中国香港	2013 - 11 - 27	8.00
51	永丰金资产管理（亚洲）有限公司	Limited SinoPac Asset Management (Asia) Ltd.	中国香港	2014 - 06 - 30	10.00

续表

序号	RQFII 中文名称	RQFII 英文名称	注册地	批准日期	累计批准额度
52	未来资产环球投资（香港）有限公司	Mirae Asset Global Investments (Hong Kong) Limited	中国香港	2014-04-30	13.00
53	中信建投（国际）金融控股有限公司	China Securities (International) Finance Holding Company Limited	中国香港	2014-06-30	20.00
54	中国光大资产管理有限公司	China Everbright Assets Management Limited SHANGHAI INTERNATIONAL	中国香港	2014-05-30	19.00
55	香港沪光国际投资管理有限公司	ASSET MANAGEMENT (HONG KONG) COMPANY LIMITED	中国香港	2014-01-22	8.00
56	JF 资产管理有限公司	JF Asset Management Limited	中国香港	2014-01-22	10.00
57	创兴银行有限公司	Chong Hing Bank Limited	中国香港	2014-09-22	13.00
58	中国银河国际金融控股有限公司	China Galaxy International Financial Holdings Limited	中国香港	2014-09-22	11.00
59	瑞银环球资产管理（香港）有限公司	UBS Global Asset Management (Hong Kong) Limited	中国香港	2014-03-28	10.00
60	景林资产管理香港有限公司	Greenwoods Asset Management Hong Kong Limited	中国香港	2014-08-26	20.00
61	华宝兴业资产管理（香港）有限公司	Fortune SG Asset Management (Hong Kong) Co., Limited	中国香港	2014-03-28	10.00
62	润晖投资管理香港有限公司	Cephei Capital Management (Hong Kong)	中国香港	2014-05-30	13.00
63	贝莱德资产管理北亚有限公司	BlackRocks Asset Management Noth Asia	中国香港	2014-05-30	20.00
64	施罗德投资管理（香港）有限公司	Schroder Investment Management (Hong Kong) Limited	中国香港	2014-05-30	10.00
65	麦格理基金管理（香港）有限公司	Macquarie Funds Management Hong Kong	中国香港	2014-09-22	15.00
66	招商资产管理（香港）有限公司	China Management Merchants Asset (Hong Kong) Company	中国香港	2014-06-30	10.00
67	越秀资产管理有限公司	Yue Xiu Asset Management Limited	中国香港	2014-06-30	10.00
68	赤子之心资本亚洲有限公司	Pureheart Capital Asia Limited	中国香港	2014-09-22	4.50
69	易亚投资管理有限公司	Enhanced Investment Products Limited	中国香港	2014-07-30	3.00

续表

序号	RQFII 中文名称	RQFII 英文名称	注册地	批准日期	累计批准额度
70	交银施罗德资产管理（香港）有限公司	BOCOM Schroder Asset Management（Hong Kong）Company	中国香港	2014 - 08 - 26	10.00
71	道富环球投资管理亚洲有限公司	State Street Global Advisors Asia	中国香港	2014 - 08 - 26	10.00
72	新华资产管理（香港）有限公司	Limited New LimitedChina Asset Management（Hong Kong）	中国香港	2014 - 08 - 26	10.00
73	齐鲁国际控股有限公司	Qilu International Holdings Limited	中国香港	2014 - 08 - 26	8.00
74	辉立资本管理（香港）有限公司	Phillip Capital Management（HK）Ltd.	中国香港	2014 - 08 - 26	1.00
75	联博香港有限公司	Alliance Bernstein Hong Kong Limited	中国香港	2014 - 09 - 22	5.00
76	嘉理资产管理有限公司	Galaxy Asset Management	中国香港	2014 - 09 - 22	5.00
77	国泰君安基金管理有限公司	（H. K.）Limited Guotai Junan Fund Management	中国香港	2014 - 09 - 22	4.00
78	元富证券（香港）有限公司	Limited Masterlink Corporation Securities Limited（Hong Kong）	中国香港	2014 - 09 - 22	1.60
79	高泰盆景资产管理（香港）有限公司	Gottex Penjing Asset Management（HK）Limited	中国香港	2014 - 09 - 22	5.00
	香港地区共计				2700.00
80	富敦资金管理有限公司	Fullerton Fund Managemnt Company Ltd.	新加坡	2014 - 06 - 30	12.00
81	日兴资产管理亚洲有限公司	Nikko Asset Management Asia Ltd.	新加坡	2014 - 06 - 30	10.00
82	毕盛资产管理有限公司	APS Asset Management Pte. Ltd.	新加坡	2014 - 08 - 26	15.00
83	新思路投资有限公司	New Silk Road Investment Pte. Ltd.	新加坡	2014 - 08 - 26	15.00
84	安本亚洲资产管理有限公司	Aberdeen Asset Management Asia	新加坡	2014 - 10 - 30	6.00
85	星展银行有限公司	Limited DBS Bank Ltd.	新加坡	2014 - 10 - 30	30.00
86	利安资金管理公司	Lion Global Investors Limited	新加坡	2014 - 11 - 27	10.00
87	加拿大丰业（亚洲）银行	The Bank of Nova Scotia Asia Limited	新加坡	2015 - 01 - 30	15.00
88	施罗德投资管理（新加坡）有限公司	Schroder Investment	新加坡	2015 - 01 - 30	10.00

续表

序号	RQFII 中文名称	RQFII 英文名称	注册地	批准日期	累计批准额度
89	KKR 新加坡有限公司	Management （Singapore） KKR Singapore Pte. Ltd.	新加坡	2015－03－26	35.00
90	摩根资产管理（新加坡）有限公司	JPMorgan Asset Management （Singapore）	新加坡	2015－03－26	20.00
91	纽伯格伯曼新加坡	Neuberger Berman Singapore	新加坡	2015－03－26	8.00
92	英杰华投资亚洲私人有限公司	Pte. Limited Aviva Investors Asia Pte. Limited	新加坡	2015－04－28	10.00
93	达杰资金管理有限公司	Target Asset Management Pte. Ltd.	新加坡	2015－04－28	2.00
94	大华资产管理有限公司	UOB Asset Management Ltd.	新加坡	2015－04－28	12.00
95	新加坡政府投资有限公司	GIC Private Limited	新加坡	2015－04－28	50.00
96	CSAM 资产管理有限公司	CSAM Asset Management Pte. Ltd.	新加坡	2015－05－29	7.00
97	安联环球投资新加坡有限公司	Allianz Global Investors Singapore	新加坡	2015－05－29	10.00
98	华侨银行有限公司	Limited Oversea－Chinese Limited Banking Corporation	新加坡	2015－06－29	10.00
99	东方汇理资产管理新加坡有限公司	Amundi Singapore Limited	新加坡	2015－10－29	28.00
	新加坡共计				315.00
100	安石投资管理有限公司	Ashmore Investment Management	英国	2014－02－25	30.00
101	贝莱德顾问（英国）有限公司	Limited Black Rock Advisors （UK) Limited	英国	2014－08－26	21.00
102	汇丰环球投资管理（英国）有限公司	HSBC Global Asset Management （UK) Limietd	英国	2014－08－26	30.00
103	天达资产管理有限公司	Investec Asset Management Limited	英国	2014－10－30	15.00
104	赛德堡资本（英国）有限公司	Cederberg Capital UK LLP	英国	2014－12－28	3.00
105	百达资产管理有限公司	Pictet Asset Management Limited	英国	2014－12－28	10.00
106	威灵顿投资管理国际有限公司	Wellington Management International Limited	英国	2016－01－27	38.00
107	兴元投资管理有限公司	Genesis Investment Management，LLP	英国	2015－04－28	30.00

续表

序号	RQFII 中文名称	RQFII 英文名称	注册地	批准日期	累计批准额度
108	GAM 国际管理有限公司	GAM International Management	英国	2015 – 05 – 29	18.00
109	嘉实国际资产管理（英国）有限公司	LimitedHarvest Global Investment（UK）Limited	英国	2015 – 05 – 29	30.00
110	Insight 投资管理（环球）有限公司	Insight Investment Management（Global）Limited	英国	2015 – 06 – 29	12.00
111	蓝海资产管理公司	Blue Bay Asset Management LLP	英国	2015 – 09 – 28	16.00
112	广发国际资产管理（英国）有限公司	GF International Asset Management（UK）Company Limited	英国	2015 – 12 – 25	30.00
	英国共计				283.00
113	凯敏雅克资产管理公司	Carmignac Gestion	法国	2015 – 06 – 29	60.00
114	法国巴黎资产管理公司	BNP Paribas Asset Management	法国	2014 – 10 – 30	30.00
115	领先资产管理公司	Lyxor Asset Management	法国	2015 – 05 – 29	60.00
116	UBI 资产管理公司	Union Bancaire Gestion Institutionnelle（France）SAS	法国	2015 – 10 – 29	20.00
117	东方汇理	Amundi	法国	2015 – 12 – 25	28.00
	法国共计				198.00
118	新韩法国巴黎资产运用株式会社	Shinhan BNP Paribas Asset Management Co., Ltd.	韩国	2015 – 04 – 28	80.00
119	未来资产基金管理公司	Mirae Asset Global Investments Co., Ltd.	韩国	2015 – 01 – 30	10.00
120	东部资产运用株式会社	Dongbu Asset Management Co., Ltd.	韩国	2015 – 02 – 13	20.00
121	NH – CA 资产管理有限公司	NH – CA Asset Management Co., Limited	韩国	2015 – 02 – 13	15.00
122	韩国投资信托运用株式会社	Korea Investment Management Co., Ltd.	韩国	2015 – 02 – 13	15.00
123	东洋资产运用（株）	Tong Yang Asset Management Corp.	韩国	2015 – 02 – 13	20.00
124	MY Asset 投资管理有限公司	MY Asset Investment Management Co., Ltd.	韩国	2015 – 03 – 26	15.00
125	瑞银韩亚资产运用株式会社	UBS Hanna Asset Management Co., Ltd.	韩国	2015 – 03 – 26	15.00

续表

序号	RQFII 中文名称	RQFII 英文名称	注册地	批准日期	累计批准额度
126	Truston 资产管理有限公司	TRUSTON Asset Management Co., Ltd.	韩国	2015－03－26	10.00
127	大信资产运用株式会社	Dashin Asset Management Co., Ltd.	韩国	2015－03－26	20.00
128	三星资产运用株式会社	Samsung Asset Management Co., Ltd.	韩国	2015－04－28	25.00
129	兴国资产管理	Heungkuk Asset Management	韩国	2015－04－28	30.00
130	新韩金融投资	Shinhan Investment Corporatin	韩国	2015－04－28	20.00
131	韩亚金融投资株式会社	Hana Daetoo Securities Co., Ltd.	韩国	2015－04－28	10.00
132	三星证券株式会社	Samsung Securities Co., Ltd.	韩国	2015－05－29	30.00
133	大宇证券（株）	Daewoo Securities Co., Ltd.	韩国	2015－05－29	20.00
134	教保安盛资产运用（株）	Kyobo AXA Investment Managers Co., Ltd.	韩国	2015－05－29	15.00
135	迈睿思资产管理有限公司	Meritz Asset Management Co., Ltd.	韩国	2015－06－29	30.00
136	华宜资产运用株式会社	HI Asset Management	韩国	2015－07－29	15.00
137	三星生命保险株式会社	Samsung Lifd Insurance Co., Ltd.	韩国	2015－07－29	20.00
138	东部证券股份有限公司	Dongbu Securities Company Limited	韩国	2015－08－28	25.00
139	KB 资产运用有限公司	KB Asset Management Co., Ltd.	韩国	2015－08－28	20.00
140	韩国产业银行	Korea Development Bank	韩国	2015－08－28	10.00
141	IBK 投资证券株式会社	IBK Securities Co., Ltd.	韩国	2015－09－28	20.00
142	韩华资产运用株式会社	Hanwha Asset Management Co., Ltd.	韩国	2015－09－28	30.00
143	韩国投资证券株式会社	Korea Investment & Securities Co., Ltd.	韩国	2015－10－29	10.00
144	韩国产业银行资产管理有限公司	KDS Asset Management Co., Ltd.	韩国	2015－10－29	20.00
145	未来资产证券株式会社	Mirae Asset Securities Co., Ltd.	韩国	2015－11－27	10.00
146	Kiwoom 投资资产管理有限公司	Kiwoom Asset Management Co., Ltd.	韩国	2015－11－27	30.00
147	元大证券株式会社	Yuanta Securities Korea Co., Ltd.	韩国	2015－11－27	25.00
148	大信证券（株）	Daishin Securities Co., Ltd.	韩国	2015－11－27	25.00

续表

序号	RQFII 中文名称	RQFII 英文名称	注册地	批准日期	累计批准额度
149	三星火灾海上保险公司	Samsung Fire & Marine Insurance Co. , Ltd.	韩国	2015 - 11 - 27	30. 00
150	爱斯普乐基金管理公司	ASSETPLUS Investment Management Co. , Ltd.	韩国	2015 - 12 - 25	20. 00
151	现代投资公司（株）	Hyundai Investments Co. , Ltd.	韩国	2016 - 01 - 27	30. 00
	韩国共计				740. 00
152	德意志资产及财富管理投资有限公司	Deutsche Asset & Wealth Management Investment GmbH	德国	2015 - 03 - 26	60. 00
	德国共计				60. 00
153	领航投资澳洲有限公司	Vanguard Investment Australia Ltd.	澳大利亚	2016 - 01 - 27	300. 00
	澳大利亚共计				300. 00
154	瑞士再保险股份有限公司	Swiss Reinsurance Company Ltd.	瑞士	2015 - 07 - 29	50. 00
	瑞士共计				50. 00
155	CI 投资管理公司	CI Investments Inc.	加拿大	2015 - 10 - 29	2. 25
	加拿大共计				2. 25
156	中国工商银行（欧洲）有限公司	Industrial and Commercial Bank of China (Europe) S. A.	卢森堡	2015 - 11 - 27	40. 00
157	中国银行（卢森堡）有限公司	Bank of China (Luxembourg) S. A.	卢森堡	2015 - 11 - 27	10. 00
	卢森堡共计				50. 00
	合计				4698. 25

数据来源：国家外汇管理局网站：www. safe. gov. cn。

第 64 章　人民币国际化趋势下的人民币产品创新和市场发展

　　国际化货币需要货币发行国经贸有一定规模，外汇市场和资本市场要有一定的深度和广度，同时也需要货币母国的金融市场拥有充足的风险管理工具，这样货币的结算、交易和储备功能才能充分发挥出来。介绍了人民币主要产品及其市场发展现状、国际货币的功能、人民币国际化的现状后，本篇最后一章将在估算 2015 年人民币国际化水平的基础上，预测 2020 年人民币国际化的水平并简析 2020 年人民币外汇市场及其主要产品应该具有的规模。

64.1　基础市场的发展要求

　　资本市场的发展程度是决定货币国际化程度的重要基础之一。如果本币资本市场没有一定的深度和广度，那么货币的持有者将难以找到合适的投资工具和风险管理手段。多年来，为了配合国家经济政策的实施，国债的财政功能发挥得较多，然而其金融功能的发挥却有待进一步挖掘。近年来，财政部、人民银行、银监会、证监会等机构对国债金融功能的重视程度显著提升，人民币国债收益率曲线的建设取得了可喜的进展。目前中央国债登记结算有限责任公司编制的利率曲线已经被政府相关部门在债券发行和监管等方面应用，国内主要金融机构都采用该公司编制的曲线。另外，通过彭博、财汇、新华 08、万得、路透等信息渠道发布中债价格指标产品，在国内外债券市场发挥着很好的作用。但是，我国债券市场不仅在总量上还有发展空间，在结构上也有待完善：信用类债券、资产支持证券和地方政府债占比较低；债券投资主体还需要进一步丰富；场内场外债券市场隔离等问题尚未解决。为了有效推动资本市场的持续发展，加强市场基础建设，尚需采取更多措施，如规范信息披露、合理的投资者保护、放宽市场准入等。只有采取一系列切实有效的配套措施，有效提升人民币债券市场的流动性和效率，境内外机构才能积极地参与到该市场，才能对人民币国际化发挥更好的推动作用。

　　股票市场是资本市场的重要组成部分，也是国民财产性收入和金融财富的主要形式。然而市场持续低迷和过高的市场换手率不利于股票市场资本功能的发挥，也不利于股票市场对实体经济的支持。2011 年到 2015 年我国股票市场换手率（年成交金额与市值的比例）分别高达 214.8%、71.1%、196.1%、

199.7%和480.1%，5 年平均高达276.3%，不仅高于主要发达国家，而且高于大多数其他发达国家和绝大多数发展中国家及地区；我国股指期货名义成交金额与股市成交金额比例也显著超过国际水平（2012 年到2015 年我国期货市场成交金额与股市成交金额比例分别高达300.4%、218.1%和207.1%（请参见表31 –23），分别比表31 –20 给出的同年国际市场相应比例136%、149%和142%分别高出164.4%、69.2%和62.7%），表明我国股票市场的投机性显著高于投资性。需要采取一系列必要措施切实整治股市投机性过高等弊端，使市场步入持续发展的健康轨道，那么股市直接融资对实体经济的支持作用和其金融财富增长对国内消费的推动作用将逐步发挥。2014 年我国证券化程度（股票市场的市值与 GDP 比例）从 2013 年的 42.0% 提高到了 60.0%，一年增长了 18.0%，相对于 2006 年到 2013 年的 7 年累计降幅 0.7% 来说真可谓巨大的增长；2015 年我国证券化程度进一步提高到了 78.5%，比 2014 年提高了 18.5%。然而近年来我国股市震荡幅度远超国际市场，股市持续稳步发展成为重要的目标。如果我国证券化程度从 2015 年的 78.5% 能够每年保持与 GDP 增幅相当的水平，那么到 2020 年我国国内股票市场市值将会超过 100 万亿元人民币，相当于 2015 年年底 A 股市值 53 万亿元的两倍，增额高达 50 多万亿元人民币。如此高的金融财富增幅将对我国消费拉动、经济结构性转型促进和经济可持续发展发挥巨大作用。

64.2　风险管理工具和场所的必要性

多年来风险管理已经成为国际金融市场重要内容之一。本书介绍了传统的外汇风险管理工具，即外汇远期、互换、期货和期权市场。其他市场的风险管理工具包括基于利率、股票和商品及相关指数的各类远期、掉期、期货、期权、掉期期权等。尽管其中有些产品，如信用违约掉期，确实对国际金融危机有推波助澜的作用，而且其他一些产品在金融危机之前的几年内由于投机性过高也曾导致交易过度活跃的问题出现，但是场内衍生产品，即交易所交易的期货和期权在国际金融危机前后的全球范围内却并没有发生问题。由于国际金融危机的冲击，2008 年和 2009 年全球交易所的衍生产品年成交额连续两年比前一年分别下降了 3.3% 和 24.8%，而 2010 年和 2011 年成交金额虽然同比分别回升了 19.7% 和 8.7%，2012 年同比下降了 26.4%，2013 年和 2014 年又分别增长了 18.4% 和 2.9%。2014 年全球交易所期货和期权成交金额 1936.5 万亿元，相当于当年世界 GDP 的 25.1 倍，虽比 2007 年相应 39.8 的比例显著下降，但却与 2003 年和 2004 年相应的比例 22.9 倍和 26.6 倍的平均比例 24.7 倍相当，显示国际金融危机后场内衍生产品市场的投机泡沫下降后其风险管理功能还是不可否认的。

面临未知事件的冲击，市场永远有不定性，因此市场参与者需要通过期货和期权来对冲他们所面临的风险，从而使风险可以通过这些风险管理工具在市场参与者之间分散或对冲。任何现货市场反映的只是即期的供求关系，而对未来的供求关系只能通过期货或者远期来反映。期货市场反映各类市场未来的供求关系，市场参与者可以用资金投票来确定未来价格、汇率、利率等"市场价格"，其他任何机制都难以提供更好的此类信息。同时，期权市场还可以反映各类市场中的另外一种未来信息：未来一定时间内价格、汇率、利率等市场因素的不确定性（通过市场期权价格可以计算出股票、汇率、利率等市场的波动率），这种信息是包括期货市场在内的其他任何市场都难以提供的，这些信息对风险管理必不可少。

经过二十多年的探讨和实践，我国商品期货市场已取得了可喜的成就，但目前国际市场上重要的石油期货在国内仍未推出，与我国经济的国际地位和能源消费量极不相称。没有定价机制和场所，受制于人的状况难以摆脱。金融期货方面，股指期货于 2010 年 4 月推出以来，为广大的市场参与者提供了必要的避险工具和场所，同时也为投机者提供了投机的渠道；2013 年 9 月国债期货恢复以来成交不够活跃，2014 年和 2015 年全年成交金额仅分别为相应的股指期货成交金额的 0.42% 和 2.01%，显示国内国债期货还需进一步大力推动。但是，国内各类期权产品也仍然缺位或者不够活跃，风险管理难以有效实施。为了人民币国际化的稳步推进，原油期货、股指期权、利率期权、期货期权等产品也应该逐步推出并完善。

64.3 场内外市场协调稳步发展

国际市场几十年来的发展经验表明，场内外市场（场内市场指交易所市场，场外市场主要指银行间的柜台市场）的协调发展是整个市场发展的重要特征。由于要满足客户的独特商业需求，场外市场个性化强，标准化程度较低，透明度也相对较低，但是产品创新的灵活性却强；而场内市场由于产品皆为标准化产品，而且也有交易所作为中央对手方，有效降低了交易的信用风险，同时其流动性强，透明程度也很高，自然成为场外市场交易头寸的对冲场所。因此，可以说没有场外市场的大量需求，场内市场就难以活跃起来；同时如果没有场内市场提供对冲工具，场外市场的风险将难以有效规避，因此也难以发展起来。总而言之，这两种市场互相促进，协调发展，缺一不可。

当然，国际市场由于此次国际金融危机之前存在杠杆过高和投机过度导致衍生产品交易增长过快并对国际金融危机起到了一定的推波助澜作用。我们不应该学习发达国家为了交易而交易，但是市场活跃度过低其市场定价功能就难以发挥。

没有利率和股指期权等场内市场品种，很多金融产品将会缺乏定价的可靠依据，相关市场风险也难以有效进行对冲和管理。利率市场化的推进将改变我国整个金融体系的市场化程度，相应的利率风险也将上升，这将为利率期权的推出创造好的政策环境，同时也将为场外利率风险管理工具的活跃创造更好的环境。相信我国场内外期货和期权等产品也会逐渐稳步推出和发展，场内外市场将进一步完善和健全，两个市场之间的互相协调和互相促进的格局将会最终形成，对国民经济的持续稳步发展会发挥更好的作用。

64.4　利率市场化的有序推动及其影响

利率是资本的机会成本，是影响经济整体和金融市场每个角落最重要的市场因素，利率市场化也是提高经济整体和金融市场每个部分市场化程度的必要举措。由于利率是各类外汇产品定价的基础，因此利率市场化是人民币市场定价的必要条件之一，是活跃境内外人民币产品市场的主要动力，也是推动金融机构创新的动力源泉。

如果从 1996 年 6 月 1 日人民银行取消同业拆借利率上限为我国利率市场化起步的标志，那么到现在人民币利率市场化已经超过 19 个年头了，超过美国 16年、日本和韩国各 17 年完成利率市场化的时间。如果以 2012 年 6 月存贷利率上下限调整为我国利率市场化的起步时间，我国利率市场化的时间才刚刚过了 3年，利率市场化已经接近尾声。

64.4.1　利率风险在全球金融市场风险中的重要性

利率不仅是固定收益类金融产品的主要定价因素，而且也是其他各类金融产品定价的重要因素。利率在整个国际金融体系中举足轻重的地位可以从全球利率期货和期权在全球场内交易的衍生产品比重中看到：1995—2014 年全球场内交易的期货成交总额中的利率期货成交金额年占比 20 年平均高达 91.7%；相应的利率期权与全球场内期权成交金额的占比平均为 78.2%，利率期货和利率期权成交总额占所有期货和期权成交总额的平均比重为 89.9%（根据国际清算银行公布的数据计算得出），这些数据表明利率风险是国际市场上金融风险的重中之重。如果这个最重要的市场因素市场化程度不够高，不仅直接导致固定收益类产品的市场交易不够活跃，而且其他诸如外汇类金融市场的交易也难以活跃起来。换句话说，只有利率市场化的提高，利率风险才会逐步释放，固定收益、外汇、资产并购等各类金融市场活跃度会随之提高，这些市场产品的定价功能也会随之增强。

64.4.2　人民币利率市场化的历史回顾

早在 1993 年，党的十四届三中全会通过的《中共中央关于建立社会主义市场经济体制若干问题的决定》中就提出了利率市场化改革的基本设想。1996 年 6 月 1 日，人民银行在《关于取消同业拆借利率上限管理的通知》中明确要求银行同业拆借市场利率由拆借双方根据市场资金供求自主确定，标志着我国利率市场化迈出了具有开创性的一步。1998 年 10 月 31 日起金融机构对小企业的贷款利率上浮幅度由 10% 扩大到 20%，农村信用社贷款利率上浮幅度由 40% 扩大到 50%，大中型企业贷款利率最高上浮幅度 10% 不变，代表着我国贷款利率市场化的破冰之举。

2003 年 8 月，农村信用社改革试点地区信用社的贷款利率浮动上限扩大到基准利率的 2 倍。2004 年 10 月，基本取消了金融机构人民币贷款利率上限，仅对城乡信用社贷款利率实行基准利率 2.3 倍的上限管理，人民币贷款利率过渡到上限放开、实行下限管理的阶段，市场化程度显著提高。2000 年 9 月，外币贷款利率和 300 万美元以上大额外币存款利率放开。2003 年 7 月小额外币存款利率管制币种由 7 种减少为 4 种。同年 11 月，小额外币存款利率下限放开。2004 年 11 月，1 年期以上小额外币存款利率全部放开。为扭转管制利率自我膨胀的惯性，鼓励市场定价与创新，人民银行采取逐步放开利率管制的方式推进市场化（易纲，2009）。

64.4.3　利率市场化的重大举措

中国人民银行 2012 年 6 月 7 日决定，自 2012 年 6 月 8 日起：将金融机构存款利率浮动区间的上限调整为基准利率的 1.1 倍；同时将金融机构贷款利率浮动区间的下限调整为基准利率的 0.8 倍。允许金融机构存贷利率在一定范围内上下调整实际上就是利率市场化的正式启动。银行存贷利率市场化启动三年多来对我国商业银行的经营和风险管理已经产生了一定的影响。利率市场化的进一步提高将促使商业银行等金融机构经营模式和风险管理的切实转变。

2013 年 7 月 19 日，经国务院批准，《中国人民银行关于进一步推进利率市场化改革的通知》发布。人民银行决定，自 2013 年 7 月 20 日取消金融机构贷款利率 0.7 倍的下限，由金融机构根据商业原则自主确定贷款利率水平，取消农村信用社贷款利率 2.3 倍的上限，由农村信用社根据商业原则自主确定对客户的贷款利率，全面放开了金融机构贷款利率管制。这是我国利率市场化的又一重大举措，对我国金融机构经营模式转变、产品创新、市场活跃和风险管控将产生重大的影响。

中国人民银行决定，自 2015 年 10 月 24 日起，下调金融机构人民币贷款和存款基准利率，以进一步降低社会融资成本。其中，金融机构一年期贷款基准利率下调 0.25 个百分点至 4.35%；一年期存款基准利率下调 0.25 个百分点至 1.5%。同时，对商业银行和农村合作金融机构等不再设置存款利率浮动上限，并抓紧完善利率的市场化形成和调控机制，加强央行对利率体系的调控和监督指导，提高货币政策传导效率（人民银行网站，"中国人民银行决定下调存贷款基准利率并降低存款准备金率"，2015 年 10 月 23 日）。央行公告不久，国内诸多媒体以国内利率市场化接近收官进行了报道，表明国内利率市场接近尾声。

64.4.4　利率市场化是金融创新的最大动力源泉

利率风险是整个金融市场中最主要的市场风险，管理利率风险对整个金融市场创新和发展产生巨大的影响。笔者 20 世纪 90 年代初开始在纽约金融界工作时，正逢国际金融创新的高潮，各类金融衍生产品，特别是千奇百怪的"奇异"衍生产品层出不穷。当时笔者边工作边学习研究，到 1997 年将当时流行于银行间市场加上自己设计出的近百种奇异期权的结构、定价公式和风险参数等整理汇集成《奇异期权》一书，十多年来在国际市场得到了一定的应用。

几年前国内一批年轻金融专业人士用了几年的时间将笔者 18 年前在海外出版的 700 多页的英文专著 "Exotic Options（2nd Edition）" 翻译成了汉语（请参见张光平（2014），马晓娟等译），并于 2014 年由机械工业出版社出版，译者邀我为中文版作序。作序之时回想当年在国际金融界工作初期国际市场金融产品的层出不穷，才联想到了 20 世纪 80 年代中期正是美国利率市场化和日本利率市场化接近尾声之时，国际利率风险得到了充分的释放，各种各样规避和转移由于利率风险导致的债券、汇率、股票等资产风险的需求是金融产品层出不穷的根本动力。美国利率市场化是 20 世纪 80 年代中期到 90 年代中期十多年国际金融创新达到高潮的主要原因和动力源泉。随着人民币利率市场化进入收官阶段，人民币债券、外汇、股票、期货、期权等市场的活跃性将显著提高，人民币产品创新的高潮也将到来。

64.4.5　利率风险管理的必要性

第五篇相关章节的结果显示，近年来国内利率风险管理市场除利率互换市场保持了持续较快增长外，债券远期市场，特别是十多年来国际市场上日均成交金额占利率互换日均成交金额一半上下的远期利率协议近年来在国内却没有一单交易，到了停滞状态；2014 年和 2015 年推出不久的银行间标准利率衍生产品成交金额也分别仅有 413.5 亿元和 5014 亿元人民币；2014 年和 2015 年国债期货成交金额与同年我国国内生产总值比例分别仅为 1.1% 和 8.6%，远低于该两年国际市场上 1500% 上下相应平均比例的 1%；即使近年来国内增长最快的利率风险管理市场——利率互换市场，2013 年到 2015 年的成交金额占国际市场的比重也仅从 0.18% 提高到了 0.35%（以 2010 年 4 月到 2013 年 4 月全球利率互换日均成交金额年均复合增长率 3.5% 和 2013 年 4 月全球利率互换日均成交金额 1.145 万亿美元估算出的 2014 年和 2014 年全球利率互换市场成交金额计算得出）。这些比例没有一个达到其至接近国际市场 0.5% 的占比水平，与我国经贸世界占比皆显著超过一成的水平仍有这巨大的差距。这些数据显示，我国广大的企业和金融机构或者仍不重视利率风险管理，或者仍不知道如何进行利率风险管理。在几年来国内利率市场化程度较低，利率风险相对较低的环境下，不对利率风险进行管理问题还不打，但是在当前利率市场化接近尾声之时，如果仍不重视利率风险管理，很多金融机构必将面临不可估量的利率风险损失。看来很多机构只有遭受到损失后才会开始重视利率风险的管理。

人民币成为国际货币的一个重要条件是人民币及其产品定价能够通过市场因素实现，而人民币利率市场化是人民币外汇类和其他产品定价的基础。国内诸如人民币外汇远期等诸多产品定价受制于境外市场的格局多年来难以打破，境内外市场发展不协调的状况只有通过加速国内人民币利率市场化和汇率形成机制来改善。

64.5　深圳前海、上海自贸区等地区人民币跨境业务试点的作用

除境外人民币中心外，国内近年来诸多自贸区的设立和发展对人民币国际化也有重要的推动作用。

64.5.1　深圳深港现代服务业合作区

国务院此前陆续批准的《珠江三角洲地区改革发展规划纲要》（国家发改委，2008 年 12 月）和《深圳市综合配套改革总体方案》（2009 年 5 月获国务院批准），均明确要求深圳加强与香港更紧密合作，加快推进前海的规划建设和体制创新。而 2010 年 4 月签订的《粤港合作框架协议》进一步确定前海作为粤港重点合作区。深港两地政府部门均意识到了前海合作的重要性，不仅签署了《关于推进前海深港现代服务业合作的意向书》，而且成立了前海专责联络机构和协调机制，两地在基础设施、产业发展、环境保护、要素流动等方面相继签署了一系列合作文件，已初步形成了前海深港合作的政策框架。2013 年 5 月 24 日，"前海"在获得两家内地银行的进驻之后，迎来了外资银行的青睐。深圳银监局的批示称，批准东亚银行（中国）有限公司和恒生银行（中国）有限公司于深圳筹建深圳前海支行。作为粤港合作的重要区域，前海或将成为内地与香港金融和贸易进一步合作的前沿之一。前海深港现代服务业合作区的发展将为

两地人民币业务互动发挥重要的作用。

2015 年 3 月 9 日，外汇局正式批复将深圳前海深港现代服务业合作区列为首批外债宏观审慎管理试点地区，试点主要内容包括统一中外资企业外债管理方法，对区内非金融企业借用外债实行比例自律管理，要求外债余额不超过上年末经审计净资产的 2 倍；中资非金融企业办理外债签约登记时，其全部负债（含当次外债签约额）不超过其总资产的 75%；区内企业借用的外币外债资金，可按规定结汇使用。

64.5.2　上海自贸区对人民币国际化的潜在推动作用

2013 年 8 月国务院批准了中国（上海）自由贸易试验区，2013 年 9 月上海自贸区挂牌成立，银监会、保监会和证监会同月发布支持自贸区的相关政策措施。2013 年 12 月 2 日人民银行发布《关于金融支持中国（上海）自由贸易试验区建设的意见》（以下简称《意见》），标志上海自贸区在金融改革和对外开放的关键支持政策落地。人民银行发布的《意见》共七项 30 条，从人民币跨境使用、资本项目可兑换、利率市场化和外汇管理等领域，"进一步促进贸易投资便利化，扩大金融对外开放，推动试验区在更高平台参与国际竞争"，着力推进人民币跨境使用、人民币资本项目可兑换、利率市场化和外汇管理等领域改革试点，为上海自贸区的各项试点提供了政策支持。特别是自贸区内机构可按规定从境外融入本外币资金，允许符合条件的区内企业按规定开展境外证券投资和境外衍生品投资业务等将为区内企业参与境外本外币融资和风险管理等交易打开窗口，对人民币跨境使用产生重要的推动作用。

2014 年 4 月，中国人民银行和香港金管局公布了沪港股票连通，为人民币资本项目自由化另一重大举措。该项目试点将于 2014 年 10 月启动，对沪港两地股市联动产生了重要的推动作用。沪港通的启动将使国际投资者通过港交所投资上海证券交易所交易的 A 股，同时国内投资者也可通过上证所投资港交所交易的境外股票。这将明显提升人民币的国际应用，特别是随着试点的逐步扩大，人民币境外资本项目的应用将显著提高，成为境外人民币应用的另外一个重要领域，对人民币支付、融资等方面将有巨大的推动作用（中国银行：《伦敦境外人民币月报》，2014 - 08）。沪港股通将有力推动人民币资本项下的应用，对人民币国际化将产生新的动力。

2015 年 1 月 29 日，国务院下发了关于推广中国（上海）自由贸易试验区可复制改革试点经验的通知。通知表示上海自贸试验区的可复制改革试点经验将在全国范围内推广。其中金融领域包括个人其他经常项下人民币结算业务、外商投资企业外汇资本金意愿结汇、银行办理大宗商品衍生品柜台交易涉及的结售汇业务、直接投资项下外汇登记及变更登记下放银行办理等。通知对全国范围内深化改革和推动人民币国际化将有重要意义。

2015 年 10 月 29 日，人民银行、商务部、银监会、证监会、保监会、外汇局和上海市人民政府联合公布了关于上海自贸区金改方案《进一步推进中国（上海）自由贸易试验区金融开放创新试点加快上海国际金融中心建设方案》（以下简称《方案》）。《方案》包括率先实现人民币资本项目可兑换、进一步扩大人民币跨境使用、不断扩大金融服务业对内对外开放、加快建设面向国际的金融市场、不断加强金融监管和切实防范风险等方面四十条具体内容，为上海自贸区进一步对外开放、推动人民币国际化和金融市场建设提出了具体的指导意见和方法，对上海自贸区建设注入了新的动力。

64.5.3　四大自贸区加快推进资本项目可兑换

2015 年 4 月，新设的广东、天津、福建三个自由贸易试验区总体方案正式公布。广东、天津、福建自贸区均提出，区内试行资本项目限额内可兑换。中国（天津）自由贸易试验区在推进金融制度创新方面将深化金融体制改革，实施业务模式创新，培育新型金融市场，加强风险控制，推进投融资便利化、利率市场化和人民币跨境使用，做大做强融资租赁业，服务实体经济发展。中国（广东）自由贸易试验区在推进金融制度创新方面将推动跨境人民币业务创新发展；推动适应粤港澳服务贸易自由化的金融创新；推动投融资便利化；建立健全自贸试验区金融风险防控体系。中国（福建）自由贸易试验区内试行资本项目限额内可兑换，符合条件的自贸试验区内机构在限额内自主开展直接投资、并购、债务工具、金融类投资等交易。这些自贸区将对加速推动资本项目可兑换发挥积极作用。

64.5.4　新加坡园区对外开放试点

中国人民银行天津/南京分行通告指出在中新天津生态城和中新苏州工业园试点跨境人民币创新业务试点四项内容：新加坡银行机构对试点区内的企业发放跨境人民币贷款；试点区内注册的股权投资基金可使用人民币对新加坡投资；试点区内企业可到新加坡发行人民币债券；试点区内个人可在经常项下及对外直接投资项下人民币直接汇出（中国银行：《伦敦离岸人民币市场月报》，2014 - 08）。这些国内园区人民币跨境创新业务试点也将对人民币跨境应用发挥作用。2014 年新加坡园区对外开放试点和同年新加坡元对人民币直接交易等举措对新加坡元在国内外汇市场的活跃度有了巨大的提升。2015 年新加坡元对人民币外汇交易从 2014 年的 838 亿元人民币增长了三倍多到 3801 亿元人民币，成为国内外汇市场仅次于美元和欧元的第三大外币，显示涉外园区的开放对外汇市场产生的巨大推动作用。

64.6　国内人民币外汇市场开放的最新举措

继 2015 年 7 月人行发布了《中国人民银行关于境外央行、国际金融组织、主权财富基金运用人民币投资银行间市场有关事宜的通知》后不久，人民银行又公布的首批境外央行类机构进入国内外汇市场、延长外汇交易时间和进一步引入合格境外主体进入国内外汇市场等，对进一步活跃国内外汇市场有着重要的推动作用。

64.6.1　境外央行类机构进入国内外汇市场

人行于 2015 年 11 月 25 日完成了首批境外央行类机构在中国外汇交易中心备案，正式进入中国银行间外汇市场。境外央行类机构进入国内外汇市场有利于稳步推动中国外汇市场对外开放。这些境外央行类机构包括：香港金融管理局、澳大利亚储备银行、匈牙利国家银行、国际复兴开发银行、国际开发协会、世界银行信托基金和新加坡政府投资公司，涵盖了境外央行（货币当局）和其他官方储备管理机构、国际金融组织、主权财富基金三种机构类别。以上境外央行类机构各自选择了直接成为中国银行间外汇市场境外会员、由中国银行间外汇市场会员代理和由中国人民银行代理中的一种或多种交易方式，并选择即期、远期、掉期、货币掉期和期权中的一个或多个品种进行人民币外汇交易。（"首批境外央行类机构进入中国银行间外汇市场"，人民银行网站，2015年 11 月 25 日。）这些机构进入国内外汇市场不仅有利于活跃国内外汇现货市场，而且对人民币外汇远期、掉期、期权等外汇衍生产品市场也将有重要的推动作用。

2016 年 1 月 12 日，第二批境外央行类机构在中国外汇交易中心完成备案，正式进入中国银行间外汇市场。这些境外央行类机构包括：印度储备银行、韩国银行、新加坡金管局、印度尼西亚银行、泰国银行、国际清算银行、国际金融公司。截至 2016 年 1 月 12 日，共有 14 家境外央行类机构完成备案，正式进入中国银行间外汇市场（"第二批境外央行类机构进入中国银行间外汇市场"，人民银行网站，2016 年 1 月 12 日）。

64.6.2　延长外汇交易时间和进一步引入合格境外主体

除批准境外央行类机构参与国内外汇市场外，人行在 2015 年 12 月又采取了延长外汇交易时间和进一步引入合格境外主体的举措，进一步活跃国内外汇市场，促进形成境内外一致的人民币汇率，进而推动人民币国际化进程。"随着人民币汇率市场化、可兑换和国际化进程的加快，加快国内外汇市场发展、特别是推动市场对外开放的需求日益上升。此次延长外汇交易时间和进一步引入合格境外主体，主要着眼于丰富境内外汇市场的参与主体、拓宽境内外市场主体的交易渠道，促进形成境内外一致的人民币汇率，这是深化外汇市场发展的改革举措"（"中国人民银行有关负责人就延长外汇交易时间和进一步引入合格境外主体有关问题答记者问"，人民银行网站，2015 年 12 月 23 日）。

64.7　2015 年人民币国际化程度估算和 2020 年人民币国际化程度的研判

第 63 章的内容显示，由于数据的缺乏，判断近年来人民币国际化程度的变化都不是件容易的事，而预测 2020 年人民币的国际化程度就是一件更为困难的任务。尽管如此，我们还是可以根据国内外最新市场数据得到一些有依据的启示，为我们今后各项相关政策的制定和投资及风险管理提供一定的依据。表63－6 给出的 2001 年到 2014 年全球主要货币在全球外汇市场交易占比和排名的结果及第 63 章附表 63－3 给出的 2015 年上半年国内人民币外汇市场日均成交金额的全球占比可以使我们较有把握地对今后人民币国际化程度进行估算。

64.7.1　2015 年上半年人民币外汇交易的总体判断

表 58－3 显示，2014 年下半年境外人民币外汇交易同比，特别是环比出现了明显的减缓增长态势，与当时人民币兑美元出现贬值压力逐步提高一致。2015 年 5 月，纯亚洲时段的交易（0:00－05:00）占 42%，亚洲和欧非交叉时段（6:00－12:00）占 49%，13:00－16:00 占 7%，17:00 以后占 2%。交易量和 2014 年同比均有下降，但是亚洲时段下降量远远大于其他时段的下降量（中国银行：《伦敦离岸人民币市场月报》，2015 年 5/6 月，总第 28 期）。2015 年 3 月 24 日，汇丰银行发布的一项年度调查显示，人民币在亚太地区之外的使用程度依然有限，复杂的规则让很多企业望而却步。汇丰银行的本次调查访问了全球范围的 1610 家企业，调查对象的年销售额至少为 300 万美元。受访企业中有 17% 回应说，正在使用人民币进行交易结算，低于之前一年的 22%。调查显示，人民币在德国的使用比例从 23% 降低到 7%，法国从 26% 降至 10%，主要由于人民币汇率在过去 12 个月中，相比欧元升值了 26%（中国银行：《伦敦离岸人民币市场月报》，2015 年 5/6 月，总第 26 期）。如上两个渠道显示，2015 年上半年境外人民币交易确实出现减缓增长甚至下降的可能，与 2015 年以来人民币兑美元贬值压力上升密切相关。

64.7.2　英国外汇市场联席委员会公布的 2015 年 4 月伦敦人民币外汇市场日均成交金额数据

表 63-5 没有给出 2015 年主要国际货币日均成交金额全球占比和人民币日均成交金额全球占比的主要原因是国际清算银行给出的半年全球和主要货币衍生产品数据不包括人民币的相关数据，而且 2015 年境外人民币日均成交金额至今仍难以获得，因此我们难以有依据地估算出 2015 年上半年境内外人民币日均成交金额，进而难以估算出人民币日均成交金额占比，也就难以估算出 2015 年人民币国际化进展的程度。尽管如此，2015 年 7 月 27 日，全球最大的外汇中心的专业机构，伦敦外汇市场联席常务委员会（The London Foreign Exchange Joint Standing Committee，FXJSC，是一个由英国外汇市场主要银行和经纪商的资深代表组成的联席委员会，牵头行为英格兰银行）公布了其完成的调查报告。该报告显示，2015 年 4 月伦敦外汇市场日均成交金额 2.481 万亿美元，比 2014 年 10 月的日均成交金额下降了 8%，而 2015 年 4 月伦敦人民币外汇市场日均成交金额 430 亿美元，比 2014 年 10 月增长了 25%。这些数据为我们较为准确地估算 2015 年 4 月或上半年整个境外人民币市场日均成交金额提供了必需的数据。

64.7.3　2015 年上半年人民币外汇交易国际占比估算和排名

表 61-3 显示 2014 年上半年伦敦人民币外汇市场日均成交金额占整个境外人民币外汇市场日均成交金额比重 40.4%，假设 2015 年 4 月伦敦人民币外汇市场日均成交金额占整个境外人民币市场日均成交金额比重保持 2014 年上半年的比例 40.4%，那么我们可以估算出 2015 年 4 月伦敦外境外人民币外汇市场日均成交金额为 634.6 亿美元，因此 2015 年 4 月境外人民币外汇市场日均成交金额 1064.6 亿美元，占全球外汇市场日均成交金额比重 1.93%（利用第 63 章附表 63-2 给出的利用张光平和马钧（2015）的方法估算出的 2015 年上半年全球外汇市场日均成交金额 5.51 万亿美元计算得出），加上第 63 章计算出的 2015 年上半年国内人民币外汇市场日均成交金额世界占比 1.18%，2015 年上半年境内外人民币外汇市场日均成交金额世界占比 3.12%。

有了 2015 年上半年境内外人民币外汇市场日均成交金额世界占比数据，和第 63 章附表 63-2 给出的主要货币 2015 年上半年外汇日均成交金额世界占比等数据，我们可以计算出 2015 年人民币、人民币＊（剔除水分后）和人民币＊＊（仅考虑国内人民币外汇市场）在全球外汇市场的占比及排名。表 64-1 给出了 2013 年到 2015 年相关结果和排名及与其他货币结果和排名的比较。

表 64 −1　　　**2015 年和 2020 年主要货币外汇市场交易占比分布估计**　　　单位：%

货币/年	2013 年占比	2014 年占比	2015 年占比	2007 年到 2013 年年均变化	2020 年占比
美元	87.05	83.24	81.81	0.24	83.01
欧元	33.41	34.17	35.12	−0.60	32.13
日元	23.04	20.92	23.76	0.97	28.62
英镑	11.81	10.13	9.85	−0.52	7.27
澳大利亚元	8.64	8.98	9.32	0.34	11.02
瑞士法郎	5.15	5.99	6.43	−0.27	5.06
加拿大元	4.57	3.38	3.26	0.04	3.48
墨西哥比索	2.53	2.74	2.94	0.21	3.97
人民币	2.24	2.82	3.12	0.29	4.57
新西兰元	1.96	1.97	1.98	0.01	2.03
瑞典克朗	1.76	1.61	1.45	−0.16	0.67
俄罗斯卢布	1.60	1.75	1.90	0.15	2.64
港元	1.45	1.24	1.03	−0.21	−0.01
挪威克朗	1.44	1.32	1.21	−0.11	0.66
新加坡元	1.40	1.43	1.46	0.03	1.62
土耳其新里拉	1.32	1.50	1.69	0.19	2.62
韩元	1.20	1.20	1.20	0.00	1.20
南非兰特	1.11	1.15	1.19	0.04	1.37
巴西雷亚尔	1.11	1.22	1.34	0.12	1.93
印度卢比	0.99	1.04	1.08	0.05	1.32
丹麦克朗	0.78	0.78	0.78	0.00	0.76
波兰兹罗提	0.70	0.68	0.67	−0.02	0.58
人民币*	1.37	1.61	1.84	0.17	2.68
人民币**	0.84	0.93	1.18	0.06	1.46
人民币排名	9	9	8		7
人民币*排名	15	12	11		9
人民币**排名	20	20	17		14

数据来源：2013 年和 2014 年的数据来自表 63 −6；2015 年美元、欧元、英镑、日元、瑞士法郎和加拿大元日均成交金额估算数据来自第 63 章附表 63 −2；2014 年和 2015 年人民币国内日均成交占比来自第 63 章附表 63 −3，2014 年境外人民币日均成交金额占比根据表 61 −3 给出的 2014 年上半年境外人民币日均成交金额和第 63 章附表 63 −1 给出的该年 4 月全球外汇市场日均成交金额估算结果得出，2015 年境外人民币日均成交金额根据第 64.7 节中文估算方法和第 63 章附表 63 −1 给出的该年 4 月全球外汇市场日均成交金额估算结果结算得出；其他货币 2014 年和 2015 年及 2020 年的占比数据是基于 2007 年到 2013 年 6 年年均变化表 63 −2 给出的 2013 年的占比估算得出。

表 64 - 1 显示，尽管 2014 年和 2015 年主要国际货币美元、欧元、英镑、日元、瑞士法郎和加拿大元日均成交金额占比发生了一定的变化，但是这些货币的国际地位仍然排列前七大货币；2015 年人民币日均成交金额占比上升到了 3.12%，排名从 2013 年和 2014 年的第 9 位提高到了第 8 位；仅考虑国内人民币外汇市场人民币 * * 排名从 2013 年和 2014 年的第 20 位提高了 3 位到第 17 位，显示 2015 年国内外汇市场快速增长产生的效果，剔除水分后的人民币国际排名从 2014 年的 12 位提高到第 11 位。

64.7.4　2015 年和 2020 年主要国际货币外汇交易国际占比估算及排名

利用第 63 章附表 63 - 2 给出的 2015 年美元、欧元、日元、英镑、瑞士法郎和加拿大元日均成交金额世界占比估算结果和表 56 - 1 给出的主要货币 2007 年到 2013 年在国际外汇市场交易占比数据，假设从 2015 年到 2020 年各种货币占比年均变化幅度保持 2007 年到 2013 年年均变化幅度，我们可以计算出这些货币 2015 年和 2020 年在外汇市场成交的占比，表 64 - 1 给出了相应的结果。

表 64 - 1 显示，到 2020 年美元和欧元日均成交金额的国际占比都将有所下降，但是它们将保持世界前两大国币的地位；日元日均成交金额世界占比将显著上升，仍将排名世界第 3 大货币；而英镑的国际地位将被澳大利亚元取代，排名降低到全球第 5 位；澳大利亚元、瑞士法郎和加拿大元的排名分别将为第 4 位、第 6 位和第 8 位；人民币排名将介于瑞士法郎和加拿大元之间，排名第 7 位；剔除数据水分后人民币的国际排名从 2015 年的 11 位提高到第 9 位，即达到国际货币基金组织 2013 年 12 月公布的该年人民币全球外汇市场排名。2020 年人民币未来国际排名比我们之前（张光平，2016）估算的要低的主要原因是 2015 年境外人民币外汇市场增速显著减缓所致。等到 2016 年 12 月国际清算银行 2016 年 4 月人民币全球日均交易数据公布后，我们才会对 2014 年到 2016 年人民币国际化进程有更为准确的计算，进而对 2017 年到 2020 年人民币国际化的进展有更为准确的估算。

64.8　境内外市场需要协调发展

境内外市场协调发展是国际货币的一个重要特征。外因是变化的条件，内因是变化的根据。境外市场活跃应用是货币国际化程度的反映，国内市场是货币国际化的底力。国内市场流动性达不到必要的水平，境外市场也难以持续稳步增长。第 61 章显示，2011 年到 2014 年境外人民币市场高速发展的同时，国内人民币市场却相对缓慢增长，境内外人民币外汇市场不协调的问题显而易见。

64.8.1　主要国际货币境内外本币外汇交易比例

表57-12显示，2004年到2013年的每三年，美元境外外汇交易与美元境内外汇交易的比例分别为4.64倍、10.29倍、4.49倍和4.47倍，显示金融危机后境外美元外汇交易与美国国内美元交易比例显著回调到了比金融危机前2004年还略低的水平；同期境外欧元外汇交易与境内欧元外汇交易的比例分别为4.04倍、7.08倍、5.78倍和5.27倍，显示金融危机后境外欧元外汇交易也与欧元区内欧元外汇交易的比例也与美元相似比2007年有所回调，但是2010年和2014年比例却比金融危机前2004年的4.04信显著提高；同期日元境外和境内外汇交易的比例分别为2.35倍、29.46倍、3.73倍和4.58倍，2007年境外日元外汇交易与境内日元外汇交易比例达到了接近30倍的峰值，然而金融危机后日元比例与欧元相似地同样回落，但却达到了接近2004年2.35倍一倍的水平；同期英镑境外和境内外汇交易的比例分别仅为1.05倍、1.62倍、0.96倍和0.85倍，显示虽然金融危机后境外英镑外汇交易与境内交易比例与其他三大国际货币出现了相似的下调，但是金融危机后英镑的比例却持续显著低于其2004年1.05倍的水平，表明四大国际储备货币中英镑境外交易比例最低，国际化程度明显下降。

这些比例显示，除英镑外，2010年和2013年其他三个国际储备货币境外本币外汇交易与境内本币外汇交易比例在4倍上下。

64.8.2　2011年到2014年人民币境外和境内外汇交易比例

由于境外人民币市场2010年8月才启动，2010年4月人民币外汇交易全部集中在国内市场，而表57-12显示，2007年4月到2013年4月境外人民币交易与国内人民币交易比例分别高达5.37倍、4.00倍和1.76倍，显然是不可能的，明显是由于国际清算银行数据误差所致，再次证明国际清算银行数据问题的严重程度。

利用表63-3和表61-3给出的2012年到2014年境内外人民币外汇市场日均成交金额，我们可以计算出2012年到2014年境外人民币外汇市场日均成交金额与国内人民币外汇市场日均成交金额比例分别为0.37倍、0.95倍和2.08倍；上文第64.7.3估算得出2015年上半年境外人民币外汇市场日均成交金额1064.6亿美元，为表63-3给出的同期国内人民币外汇市场日均成交金额618.2亿美元的1.72倍，显示2012年到2014年境外人民币外汇市场告诉增长，境外人民币外汇日均成交金额与国内日均成交金额比例持续上升到了超过2倍的水平；2013年上半年境外人民币外汇市场日均成交金额接近国内，而2014年上半年境外人民币外汇市场日均成交金额分别超过国内市场一倍以上；2015 年境外人民币外汇市场增长明显放缓的同时，国内外汇市场却出现了多年少见的增长，导致境外境内人民币外汇成交金额比例回落到了 1.72 倍的水平。

64.8.3　今后几年人民币境内外外汇交易比例的变化

表 61-3 显示，2011 年到 2014 年境外人民币市场以年均复合 161.6% 的速度高速增长，对人民币国际化发挥了主要的推动作用；而表 63-3 的数据显示，同期国内人民币外汇市场成交金额年均复合增长率仅为 13.9%，不到 2010—2013 年全球外汇市场年均复合增长率 34.6% 的一半，也不到境外市场相应的复合增长率的一成，显示近年来境内外人民币市场发展冰火两重天的巨大差别；然而 2015 年 7 月伦敦外汇联席常务委员会（FXJSC）公布的 2015 年 4 月伦敦人民币外汇市场日均成交金额仅为 430 亿美元，比表 63-3 给出的 2014 年上半年伦敦人民币外汇日均成交金额 424.2 亿美元仅增长了 1.38%，而表 63-4 给出的数据显示 2015 年上半年国内人民币外汇市场成交金额同比增长了 22.1%，显示 2015 年上半年境外市场同比首次出现下调的同时，国内人民币外汇市场增速却出现了多年来少见的提高，表明 2015 年境内外人民币市场出现了较为协调的迹象。

伦敦金融城公布的 2012 年到 2014 年的境外人民币外汇市场数据很有可能有着更大的水分，需要我们等到 2016 年 12 月国际清算银行公布的 2016 年 4 月包括人民币外汇市场数据在内全球外汇市场日均成交数据来进一步证明。因此，今后几年境外人民币外汇市场与国内人民币外汇市场成交金额比例还会保持在 1 倍到 2 倍之间。

境外市场诚然是货币国际化的重要表现，然而国内市场达不到应有的活跃度，仅靠境外市场推动国际化达到一定高度的货币不多。利用境外市场"倒逼"国内市场的发展确实是一个必需的路子，但是境内外反差过大将对国内市场带来影响以至冲击。因此，加速国内市场的发展已经成为一项重要的任务。

64.9　"倒逼推算"出 2020 年人民币国际化排名

今后多年人民币国际化程度是宏观经贸和金融市场发展诸多政策制定的基础。估算 2020 年人民币国际化程度是一项艰巨的任务。上文我们利用 2007 年到 2013 年主要国际货币外汇交易世界占比的年均历史变化和 2014 年和 2015 年上半年境内人民币外汇交易数据估算出了 2020 年人民币国际化程度及相应的排名。这里我们在表 64-1 的基础上，在 2020 年人民币可能达到的国际排名假设下"倒逼推算"出境内外人民币市场 2015 年到 2020 年所需的年均增长率，进而判断达到这些年均增长率的可能性，最后得出 2020 年人民币国际化可能达到的合理水平。

64.9.1　主要假设

表 55-7 和表 55-8 分别给出了 2007 年和 2010 年主要货币在全球外汇市场成交占比与其 GDP 世界占比的比率在很大程度上反映出不同货币相对于其经济规模的国际化程度。本节根据 2020 年人民币在国际外汇市场交易占比与中国 GDP 世界占比的合理假设来估算届时人民币外汇市场规模和相应的年均增长率。

2008 年到 2014 年，中国经济占世界经济的比重从 7.23% 上升到了 13.4%，6 年年均上升 1.03 个百分点。假设从 2014 年到 2020 年的 6 年中国经济的世界比年均增长 1%（由于中国经济增速从 2011 年开始减缓，因此假设今后 6 年我国经济占世界经济比重每年增速低于之前的 6 年），那么到 2020 年中国经济占世界经济的比重应该在 19.4% 左右，略高于国际货币基金组织 2015 年 10 月公布的 2020 年中国经济全球占比 19.2%。

根据国际清算银行公布的 2013 年 4 月外汇市场日均成交数据，2007 年 4 月到 2013 年 4 月国际外汇市场日均成交金额从 3.324 万亿美元增长到了 5.345 万亿美元，年均增长率为 8.2%。第 63 章附表 63-1 显示，2013 年到 2015 年全球外汇市场日均成交金额增幅显著减缓到了几乎没有增长的低位。假设从 2013 年到 2020 年的 7 年国际外汇市场年均增长率保持比 2007 年到 2013 年年均增长率 8.2% 略低的水平 6%，那么我们就可以计算出 2020 年 4 月全球外汇市场日均成交金额为 8.037 万亿美元。

上文显示，2014 年人民币境外/境内外汇交易比例为 2.08，2015 年上半年境外/境内外汇交易比例为回落到了 1.72。英国外汇联席委员会（JSC）2015 年 7 月公布的 2015 年 4 月伦敦人民币外汇市场日均成交金额 430 亿美元，比 2014 年 10 月增长了 25%，因此我们可以推算出 2014 年 10 月伦敦人民币外汇市场日均成交金额仅为 344 亿美元，比表 61-4 给出的伦敦金融城给出的 2014 年下半年伦敦人民币外汇市场日均成交金额 553.6 亿美元低 37.86%，显示伦敦金融城公布的近年来境外人民币外汇市场数据有着巨大的水分。因此，根据表 61-4 数据计算出的近年来境外人民币外汇市场日均成交金额与国内人民币外汇市场日均成交金额比例应该不会如前估算得那么高。即使今后几年境外人民币市场保持较快的增长速度，境外人民币/境内人民币外汇交易比例也仅可能达到 2 倍到 3 倍间，离表 57-12 给出的主要国际储备货币相应的比例仍有一定的差距。因此，在我们估算 2020 年境内外人民币外汇交易时假设 2020 年人民币境外/境内人民币外汇交易比例在 2 倍到 3 倍之间，略低于表 57-12 给出的主要国际货币境外/境内外汇交易比重接近，即届时国内人民币外汇交易占境内外人民币外汇交易的四分之一到三分之一之间较为合理。

64.9.2　主要结果

根据 2020 年人民币国际化可能排名和相应国际外汇市场占比及上文我们估算的 2020 年 4 月全球外汇市场日均成交金额，我们可以估算出届时境内外人民币外汇市场应该有的日均成交金额，进而可以"倒逼推算"出 2020 年境内外人民币外汇市场的总规模，最后推算出 2015 年到 2020 年 5 年间人民币外汇市场成交额在不同可能排名下应该达到的年均复合增长率，表 64-2 给出了相应的估算结果。

表 64-2　2020 年不同人民币国际化排名下的人民币外汇市场规模及
2015 年到 2020 年达到给定排名所需国内人民币外汇市场的年均增长率

单位：%

人民币国际可能排名	七	六	五	四	三	二
中国 GDP 占世界比重	19.4	19.4	19.4	19.4	19.4	19.4
人民币外汇市场份额/GDP 份额	20.5	26.1	37.5	56.8	147.5	165.6
境内外人民币外汇市场占世界比重	3.97	5.06	7.27	11.02	28.62	32.13
国内人民币外汇市场占世界比重（1/3）	1.32	1.69	2.42	3.67	9.54	10.71
国内人民币外汇市场占世界比重（1/3.5）	1.13	1.45	2.08	3.15	8.18	9.18
国内人民币外汇市场占世界比重（1/4）	0.99	1.27	1.82	2.76	7.16	8.03
国内人民币外汇市场年成交额（1/3）（万亿美元）	30.8	39.2	56.4	85.4	221.9	249.1
国内人民币外汇市场年成交额（1/3.5）（万亿美元）	26.4	33.6	48.3	73.2	190.2	213.5
国内人民币外汇市场年成交额（1/4）（万亿美元）	23.1	29.4	42.3	64.1	166.4	186.8
国内人民币外汇市场成交额年均复合增长率（1/3）	14.2	19.9	28.9	40.0	69.5	73.5
国内人民币外汇市场成交额年均复合增长率（1/3.5）	10.7	16.2	25.0	35.8	64.4	68.2
国内人民币外汇市场成交额年均复合增长率（1/4）	7.8	13.2	21.7	32.2	60.0	63.8

数据来源：假设 2020 年主要国际货币外汇交易占比排名为表 64-1 给出的前八大货币届时的占比排名；如果 2020 年人民币要达到排名第四位或第三位，届时人民币外汇交易占比应该分别高于表 64-1 给出的排名第四位和第三位的澳大利亚元和日元的交易占比 11.02% 和 28.62%，依此类推；表 64-2 给出的 2020 年人民币境外/境内外成交金额比例假设 2、2.5 和 3 分别相当于国内人民币外汇成交额分别占境内外人民币总外汇交易额的 1/4、1/3.5 和 1/3；倒逼年均增长率是以表 63-2 给出的 2015 年上半年国内人民币外汇日均成交金额推算而得。

64.9.3 2020 年人民币排名第六较易、达到排名第五到第四难度加大

表 64-2 显示，2020 年人民币的国际化程度如果达到第 6 的世界排名较为容易，因为在 2020 年境外/境内人民币成交额占比为 2 到 3 的情况下，2015 年到 2020 年国内人民币外汇市场日均成交金额所需的年均增长率不到 20%，比根据表 63-2 数据计算出的 2010 年到 2014 年国内人民币外汇日均成交金额复合年均复合增长率 17.6% 略高一些，而且低于 2010 年到 2015 年国内人民币外汇市场年均复合增长率 22.3%，达到较为容易；然而 2020 年人民币的国际化程度要达到第 5 和第 4 的排名，那么 2020 年境外/境内人民币成交金额比例为 2 的情况下，2015 年到 2020 年国内人民币外汇市场日均成交金额所需的最低年均增长率分别为 28.9% 到 40.0%，分别比根据表 63-2 数据计算出的 2010 年到 2015 年国内人民币外汇日均成交金额复合年均增长率 22.3% 高出 6.3% 和 17.7%，通过加速国内人民币外汇市场发展可以达到；然而到 2020 年要达到第 3 的国际排名所需要 2015 年到 2020 年国内人民币交易年均复合增长率超过 69.5%，比根据表 63-2 数据计算出的 2010 年到 2015 年国内人民币外汇日均成交金额复合年均增长率 22.3% 高出两倍多，达到的困难程度显著增大。

总结上文，从 2015 年到 2020 年人民币要达到第 5 或第 4 的国际排名需要国内人民币外汇市场有一定的加速发展即可达到，而要达到第 3 的排名国内外汇市场的增长率需要超过 2010 年到 2015 年年均复合增长率两倍以上的复合年均增长率，需要国内外汇市场有巨大的改革和推动力度，否则难以达到。

64.9.4 2020 年人民币理想排名

表 3-1 显示，人民币成为第三大国际货币的经贸基础已经具备，人民币成为第三大国际货币，"货币三极"是人民币的理想目标。然而，由于人民币利率市场化和汇率市场化有待进一步推动，人民币资本市场，特别是人民币外汇市场的产品有待丰富和完善，市场活跃度有待显著提高。近年来国内外汇市场与境外人民币市场高速发展的态势不够协调，要在 2020 年达到"货币三极"的理想目标还有巨大的困难。2015 年 11 月国际货币基金组织批准人民币纳入国际货币基金组织一篮子货币 SDR 的第 5 种货币，而且 2016 年 10 月正式入篮，成为 SDR 的第 5 种货币实际上就标志着人民币成为主要国际货币之一，国际市场上对人民币储蓄资产的需求将显著增加，人民币结算和交易需求也将显著增加，境外人民币市场将会有更大的动力发展，更需国内市场快速发展以使境内外市场协调发展。

64.10　与 2020 年人民币国际化程度相应的外汇市场的规模和增速估算

上文我们利用"倒逼推算法"推算出 2020 年人民币国际化可能程度及排名。本节在上文推算 2020 年人民币国际化程度的基础上估算出国内人民币外汇即期、远期、掉期和期权市场今后的规模和年均增长率。

表 63 - 4 显示，近年来我国外汇即期市场的占比持续下降的同时，外汇掉期和期权的占比持续上升，外汇市场结构总体更趋合理。虽然表 59 - 3 给出的人民币外汇市场结构与国际清算银行公布的近年来国际外汇市场结构仍然有很大的差异，但是人民币外汇市场结构的变化呈现出与国际外汇市场结构接近的趋势。随着人民币利率市场化和汇率市场化的进一步推进，人民币外汇市场风险管理的需求会进一步增大，人民币外汇远期、掉期和期权市场增长的潜力巨大。表 64 - 4 显示，2015 年国内人民币外汇即期、远期、掉期、货币掉期和外汇期权成交金额占整个人民币外汇市场比重分别为 47.6%、2.7%、45.8%、1.4% 和 2.6%，分别比国际清算银行 2013 年的报告数据计算出的 2013 年国际外汇市场即期、远期、掉期和互换及期权成交金额占比 38.3%、12.7%、41.7%、1.0% 和 6.3% 高 9.3%、-10.0%、4.1%、0.4% 和 -3.7%，显示国内人民币外汇掉期市场和货币掉期市场占比已经超过了国际市场相应的比重；然而即期市场占比仍有显著下降的空间，同时国内外汇远期和外汇期权占比仍有显著提高的空间。

基于以上对今后五年国内外汇产品交易占比的判断，我们假设到 2020 年国内人民币即期、远期、掉期、货币掉期和外汇期权市场占整个国内人民币外汇市场分别为 39.0%、7.5%、48.0%、1.5% 和 4.0%，那么利用表 64 - 2 估算出的 2020 年全球外汇市场规模、届时人民币外汇市场规模估算数据和表 63 - 3 给出的 2015 年人民币外汇即期、远期和掉期市场规模我们可以推算出 2015 年到 2020 年国内人民币外汇即期、远期和掉期和期权市场日均成交额年均增长率，结果如表 64 - 3 所示。

表 64 - 3　　2020 年国内人民币外汇即期、远期、掉期和期权市场
　　　　　　年成交金额和 2015 年到 2020 年所需的复合年均增长率　　　单位：%

人民币国际可能排名	七	六	五	四	三	二
国内人民币外汇即期成交额年均增长率（1/3）	9.0	14.4	23.0	33.6	61.8	65.5
国内人民币外汇即期成交额年均增长率（1/3.5）	5.7	10.9	19.2	29.6	56.8	60.5
国内人民币外汇即期成交额年均增长率（1/4）	2.9	8.0	16.1	26.2	52.7	56.3

人民币国际可能排名	七	六	五	四	三	二
国内外汇市场远期成交额年均增长率（1/3）	33.8	40.5	51.1	64.2	98.7	103.3
国内外汇市场远期成交额年均增长率（1/3.5）	29.8	36.2	46.5	59.2	92.6	97.2
国内外汇市场远期成交额年均增长率（1/4）	26.4	32.6	42.6	55.0	87.6	92.0
国内外汇市场掉期成交额年均增长率（1/3）	17.3	23.2	32.4	43.9	74.2	78.2
国内外汇市场掉期成交额年均增长率（1/3.5）	13.8	19.4	28.4	39.5	68.9	72.8
国内外汇市场掉期成交额年均增长率（1/4）	10.8	16.3	25.0	35.9	64.4	68.3
国内外汇市场货币掉期成交额年均增长率（1/3）	5.4	10.6	19.0	29.3	56.5	60.1
国内外汇市场货币掉期成交额年均增长率（1/3.5）	2.2	7.3	15.3	25.3	51.7	55.3
国内外汇市场货币掉期成交额年均增长率（1/4）	-0.5	4.4	12.3	22.0	47.7	51.2
国内外汇市场期权成交额年均增长率（1/3）	19.3	25.2	34.6	46.3	77.1	81.2
国内外汇市场期权成交额年均增长率（1/3.5）	15.7	21.4	30.5	41.9	71.7	75.7
国内外汇市场期权成交额年均增长率（1/4）	12.6	18.2	27.1	38.1	67.2	71.1

数据来源：利用表 64 - 2 给出的 2020 年国内人民币成交金额和上文给出的届时国内人民币外汇即期、远期、掉期和期权市场交易占比假设数据和上文到 2020 年国内外汇即期、远期、掉期、货币掉期和外汇期权市场占比假设，基于表 63 - 3 给出的 2015 年前两个季度国内人民币外汇即期、远期、掉期和期权市场年成交数据及 2020 年相应市场成交金额估算数据计算得出。

64.10.1　人民币外汇即期市场的发展趋势

外汇即期市场是外汇市场基础而传统的内容。国际清算银行数据显示，1998 年到 2007 年，即期市场占外汇市场的比重从 37.2% 持续下降到了 30.2% 的低位，而 2010 年即期市场交易占比出现了回升的态势，达到了 37.5% 的水平，2013 年进一步上升到了 38.3%，表明金融危机后国际外汇即期市场回归传统的趋势。表 63 - 4 显示，2010 年到 2015 年我国外汇即期成交金额占整个外汇市场的比重持续下降，而且 2015 年我国外汇市场即期交易占比首次低于 50%，表明 2015 年国内人民币外汇市场首次告别以即期市场为主状态，国内外汇市场衍生产品交易占比成为了主力军，离国际市场结构更加接近。由于今后国内外汇市场即期占比会进一步下降，今后人民币即期年均增长率会相对比较缓慢。表 60 - 3 显示，如果 2020 年人民币国际化排名全球第 5 而且届时国内人民币外汇即期市场占整个外汇市场比重降低到 39%，需要 2015 年到 2020 年人民币外汇即期的年均增长率高达 23.0%（假设届时境外/境内人民币外汇交易比例为 2），比表 63 - 3 给出的 2010 年到 2015 年国内人民币外汇即期交易的年均增长率 10.2% 高出一倍多，有一定的难度；如果 2020 年人民币国际化排名全球第 4 而

且届时国内人民币外汇即期市场占整个外汇市场比重降低到 40%，需要 2015 年
到 2020 年人民币外汇即期的年均增长率高达 33.6%（假设届时境外/境内人民
币外汇交易比例为 2），比表 63 - 3 给出的 2010 年到 2015 年国内人民币外汇即
期交易的年均增长率 10.2% 高出两倍多，难度进一步加大；如果届时人民币国
际化排名第 3，需要同期国内人民币外汇即期市场交易年均增长 61.8%，难度再
加大，实现更加困难。

64.10.2　外汇远期市场的发展

外汇远期是规避汇率风险的重要工具。表 63 - 4 显示，2011 年到 2015 年国
内人民币远期市场成交金额占国内人民币外汇市场比重从 7.0% 持续下降到了
2.7% 的低位，与 2013 年国际市场相应的占比 12.7% 相差 10%，成为国内人民
币外汇市场占比与国际外汇市场相应占比差距最大的市场组成部分。因此，国
内人民币外汇远期市场增长潜力巨大。表 64 - 3 显示，即使 2020 年人民币国际
排名第 5 而且届时国内远期交易占比提高到 7.5%，需要 2015 年到 2020 年国内
人民币外汇远期年均增长率超过 51.1%（假设届时境外/境内人民币外汇交易比
例为 2），比根据表 63 - 3 给出的 2011 年到 2015 年国内人民币外汇远期交易的
年均复合增长率 -6.2% 高 56.3%，落实却有难度；如果届时人民币国际化排名
达到第四，那么需要 2015 年到 2020 年国内人民币外汇远期年均增长率超过
64.2%（假设届时境外/境内人民币外汇交易比例为 2），达到的困难进一步
增加。

64.10.3　外汇掉期市场的发展

国际清算银行数据显示，早在 2001 年外汇掉期成交金额就首次超过了
50%，2007 年仍高达 51.6%；虽然 2010 年外汇掉期占外汇市场的比重重新回到
了 50% 以下至 44.3% 的低位，2013 年进一步下降到了 41.7%，但是 2010 年和
2013 年掉期占比皆保持了显著超过相应的即期的占比，保持了国际外汇市场最
主要的产品地位。表 63 - 3 显示，2010 年到 2015 年国内人民币外汇掉期占比持
续显著增长，年均复合增长率高达 45.1%，导致国内外汇掉期市场成交金额占
国内外汇市场交易比重持续上升到了 2015 年 45.8% 的历史高位，比 2013 年国
际掉期占比 41.7% 还要高出 4.1%，成为国内人民币外汇市场成交金额占总成交
金额比重超过国际相应比例最高的领域，显示近年来国内人民币外汇掉期市场
增长的可喜趋势。表 64 - 3 显示，如果 2020 年人民币国际排名第 4 而且假设届
时国内外汇掉期和货币掉期占外汇交易比重 48%，需要 2015 年到 2020 年人民
币外汇掉期市场成交金额年均复合增长率要达到 43.9%（假设届时境外/境内人
民币外汇交易比例为 2），比根据表 63 - 3 给出的 2010 年到 2015 年国内人民币

外汇掉期交易金额复合年均增长率45.1%还要略低些，达到没有问题；如果届时人民币国际化排名第3，需要同期国内人民币外汇掉期市场交易金额年均复合增长率超过74.2%，达到有一定的困难。

64.10.4　外汇货币掉期市场的发展

表63－3显示，2011年到2015年国内人民币外汇货币掉期占比持续显著增长，年均复合增长率高达104.9%，导致国内外汇货币掉期市场成交金额占国内外汇市场交易比重从0.2%持续上升到了2015年的1.4%，比2013年国际掉期占比1.07%还要高出0.4%，成为国内人民币外汇市场成交金额增幅复合年均增长率仅次于外汇期权的市场，导致国内外汇货币掉期市场成交金额占外汇市场总成交金额比重超过国际相应比例仅次于外汇掉期的第二领域，显示近年来国内人民币外汇货币掉期市场增长的可喜态势。表64－3显示，如果2020年人民币国际排名第4而且假设届时国内外汇掉期和货币掉期占外汇交易比重1.5%，需要2015年到2020年人民币外汇货币掉期市场成交金额年均复合增长率要达到29.3%（假设届时境外/境内人民币外汇交易比例为2），比根据表63－3给出的2011年到2015年国内人民币外汇掉期交易金额复合年均增长率104.9%要低很多，达到没有问题；如果届时人民币国际化排名第3，需要同期国内人民币外汇货币掉期市场交易金额年均复合增长率超过56.5%，达到也没有多大困难。

64.10.5　外汇期权市场的发展

期权是国际金融市场风险管理重要且不可或缺的产品类型。第33章显示，2011年4月我国银行间外汇期权正式推出而且保持了可喜的增长态势。根据表63－3的数据计算得出，2011年到2015年人民币外汇期权飞速增长，成交金额年均复合增长率高达296.9%，超过同期国内人民币外汇市场任何一个领域，导致国内人民币外汇期成交金额占人民币外汇交易比重从2011年的0.02%持续上升到了2015年2.56%的高位。表64－3显示，如果2020年人民币国际排名要达到第4而且假设届时国内人民币外汇期权交易占比提高到4%，那么需要2015年到2020年国内人民币外汇期权交易额年均复合增长不低于46.3%（假设届时境外/境内人民币外汇交易比例为2），显著低于根据表63－3给出的数据计算出的2011年到2015年国内人民币外汇掉期交易的年均复合增长率296.9%，表明达到比较容易；如果2020年人民币国际排名要达到第3，需要2015年到2020年国内人民币外汇期权交易额年均增长77.1%，也低于根据表63－3计算出的2011年到2015年国内人民币外汇掉期交易的年均增长率296.9%，表明达到仍然比较容易。

综上所述，近年来国内外汇市场中除人民币外汇远期市场增长过慢，占比持续下降外，其他领域，特别是外汇期权和外汇货币掉期及外汇掉期增长态势较好。要在 2020 年国内外汇市场结构与国际较为接近，国内外汇远期市场增长压力最大的还是外汇远期，特别是银行间外汇远期交易必须大幅度地增长。

64.11　2020 年人民币银行间外汇市场场外其他市场的发展潜力

上文我们讨论并分析了 2020 年人民币国际化可能达到的程度并估算了人民币国际化排名达到不同排名的情况下，国内人民币外汇市场和人民币外汇产品可能达到了年均复合增长率，使我们对今后五年国内人民币外汇市场的发展有了较为清楚的认识。表 1－3 显示，全球外汇市场诚然是以银行间市场为主，2013 年和 2014 年全球交易所交易的外汇衍生产品总成交金额仅占全球外汇衍生产品的 4.1% 和 3.7%，显示全球外汇市场主要以银行间市场为主的重要特征。因此，上文以国内银行间外汇市场分析到 2020 年人民币外汇市场发展情况代表了 95% 以上的外汇市场份额，然而我们忽略了全球交易所人民币外汇期货和期权的成交份额。表 1－4 显示，全球股票及衍生产品市场以交易所交易的为主，场外交易占比不到 1 成，显示股票相关产品以场内为主的重要特征；表 1－5 显示，全球债券/利率产品交易以交易所或场内市场为主，场外市场为辅，前者和后者占全球利率相关产品交易的比重分别在 3/4 和 1/4 左右。本节在上文人民币场外外汇市场今后发展的基础上，研究估算今后五年国内人民币利率、股票和外汇相关衍生产品市场发展的趋势和规模。

64.11.1　境内外银行间人民币利率相关产品今后发展趋势

第六篇的研究结果显示，虽然近年来境外人民币市场飞速发展，但是发展最快的还是人民币外汇即期和外汇相关衍生产品，境外 H 股指数期货和期权虽然有一定的流动性，但却是以港元计价的产品，并非人民币产品；境外人民币利率互换的日均成交金额仅有几亿美元（见表 43－3），与人民币外汇主要产品相比几乎可以忽略不计。因此，境外人民币外汇以外的其他人民币产品流动性仍然很低，我们主要介绍和预判到 2020 年国内银行间人民币外汇外的利率衍生产品的市场规模和年均增长率。

第五篇总结中的表 1 显示，2013 年国内人民币利率互换、远期利率协议和信用风险缓释协议日均成交金额占世界比重分别仅为 0.12%、0 和 0。以 2013 年全球利率互换、远期利率协议和利率期权日均成交金额 14152.2 亿美元、7536.7 亿美元和 1697.4 亿美元和 2010 年到 2013 年日均成交金额年均复合增长率 3.54%、7.84% 和 -6.55%，我们可以估算 2014 年和 2015 年这些产品全球日均成交金额；利用人民银行《中国货币政策执行报告》给出的 2014 年和 2015 年国内利率互换和远期利率协议成交金额，我们可以计算出国内这些产品 2014 年和 2015 年的日均成交金额，进而计算出国内这些产品日均成交金额及世界占比，表 64 - 4 给出了相应的结果。

表 64 - 4 　　2013 年到 2015 年国内主要利率衍生产品日均成交金额及全球占比及 2020 年日均成交金额和占比估算　单位：亿美元，%

产品/年份	2013	2014	2015	2020A	2020B	2020C
全球利率互换日均成交金额	14152.2	14653.1	15171.7	18053.4	18053.4	18053.4
国内利率互换日均成交金额	17.6	26.0	52.9	722.1	1083.2	1444.3
国内利率互换日均成交金额的世界占比	0.12	0.18	0.35	4.00	6.00	8.00
国内增长率和 2015 年到 2020 年年均复合增长率	-4.1	47.8	103.0	68.7	82.9	93.8
全球远期利率协议日均成交金额	7536.7	8127.4	8764.3	12781.0	12781.0	12781.0
全球远期利率协议日均成交金额与利率互换日均成交金额比例	53.3	55.5	57.8	70.8	70.8	70.8
国内远期利率协议日均成交金额	0.0	0.3	3.2	127.8	383.4	639.0
国内远期利率协议日均成交金额与国内利率互换日均成交金额比例	0.0	1.2	6.1	17.7	35.4	44.2
国内远期利率协议日均成交金额的世界占比	0.0	0.0	0.0	1.0	3.0	5.0
全球利率期权日均成交金额	1697.4	1586.2	1482.3	1056.3	1056.3	1056.3
全球利率期权日均成交金额与利率互换日均成交金额比例	12.0	10.8	9.8	5.9	5.9	5.9
国内利率期权日均成交金额	0.0	0.0	0.0	31.7	42.3	52.8
国内利率期权日均成交金额与国内利率互换日均成交金额比例	0.0	0.0	0.0	4.4	3.9	3.7
国内利率期权日均成交金额的世界占比	0.0	0.0	0.0	3.0	4.0	5.0

数据来源：2013 年全球日均成交金额来自国际清算银行 2013 年 12 月公布的 2013 年 4 月全球银行间利率衍生产品日均成交金额，2014 年 4 月到 2015 年 4 月日均成交金额根据 2010 年到 2013 年全球银行间利率衍生产品日均成交金额年均复合增长率和 2013 年 4 月日均成交金额估算得出；2013 年到 2015 年国内利率衍生产品日均成交金额根据人民银行公布的货币市场执行报告给出的数据计算得出；2020 年全球日均数据根据 2010 年 4 月到 2013 年 4 月年均复合增长率和 2013 年 4 月日均成交金额估算得出，国内 2020 年日均成交金额根据该年国内银行间人民币利率衍生产品日均成交金额占全球比重的三种 A、B 和 C 三种可能假设，即不同产品类型表中假设的国际占比计算得出。

64.11.1.1　2020 年国内利率互换市场的规模和增速估算

表 64 - 4 显示，2013 年到 2015 年，国内人民币利率互换日均成交金额比上年分别增长 - 4.1%、47.8% 和 103.0%，占全球市场日均成交金额比重分别为 0.12%、0.18% 和 0.35%，显示 2014 年以来随着国内利率市场化的加速，国内利率互换市场大幅度活跃；然而国内利率互换日均成交金额世界占比仍然太低，企业和金融机构对利率风险管理的重视程度仍有待大幅度地提高。假设 2020 年国内人民币利率互换日均成交金额占全球市场比重分别为 4%、6% 和 8%（即从 2015 年到 2020 年的 5 年每年占比增幅提高 1% 左右，相当于 2020 年我国 GDP 的世界 20% 左右占比的三分之一上下），那么到 2020 年国内人民币利率互换日均成交金额分别会高达 722.1 亿美元、1083.2 亿美元和 1444.3 亿美元，分别比 2015 年国内利率互换日均成交金额 52.9 亿美元高出 12.7 倍、19.5 倍和 26.3 倍；表 64 - 4 显示，到 2020 年国内利率互换日均成交金额要达到全球 4%、6% 和 8% 的占比，2015 年到 2020 年国内利率互换日均成交金额 5 年年均复合增长率需要分别达到 68.7%、82.9% 和 93.8% 的高位，分别比国内利率互换市场 2010 年到 2015 年 5 年年均复合增长率 42.8% 高出 25.9%、40.1% 和 51.0%，达到有相当的困难。但是，2015 年国内利率互换市场成交金额比 2014 年增长 103% 却显著高于如上三个所需增长率最高幅度 93.8%，在国内利率市场化接近收官、国内利率风险管理需求增大的市场环境下，2015 年到 2020 年 5 年国内利率互换市场保持 68.7% 或者更高的年均复合增长还是有可能的，到 2020 年国内利率互换市场日均成交金额的世界占比达到 6% 上下的水平还是有很大的可行性，届时国内利率互换市场日均 1000 亿美元左右的成交金额将对国内银行间市场带来巨大的流动性和市场机会。

64.11.1.2　2020 年国内远期利率协议市场的规模和增速估算

第 29 章显示，2011 年以来国内远期利率协议市场几乎没有任何交易，然而 2014 年中国外汇交易中心推出的银行间标准利率衍生产品实际上与远期利率协议相近，但 2014 年和 2015 年银行间标准利率衍生产品成交金额分别仅为 413.5 亿元和 5014 亿元人民币，日均成交金额很低，在全球市场占比几乎为零。表 64 - 4 显示，2013 年全球远期利率协议日均成交金额相当于利率互换日均成交金额的 53.3%，前者超过后者一半，显示远期利率协议是仅次于利率互换的重要利率风险管理产品。表 64 - 4 显示，即使到 2020 年国内利率互换日均成交金额占世界市场比重在 1% 到 5% 之间，那么到 2020 年国内人民币远期利率协议日均成交金额也会达到 127.8 亿美元到 639.0 亿美元，占国内利率互换日均成交金额比例将在 17.7% 到 44.2%，略低于国际市场超过 50% 的比例。国内远期利率协议市场的活跃将有效补充利率互换市场的不足，成为国内利率风险管理的重要工具。

64.11.1.3 2020 年国内利率期权市场的规模和增速估算

截至目前，国际市场上利率风险管理的另外一个重要产品——利率期权，在国内仍然缺位。表 64 - 4 显示，2013 年全球银行间利率期权日均成交金额 1697.4 亿美元，分别不到相应的利率互换和远期利率协议日均成交金额的八分之一和四分之一，但是由于第 13 章和第 14 章显示的期权独特的功能，利率期权是全球利率风险管理必不可少的工具。表 64 - 1 显示，即使到 2020 年国内银行间利率期权日均成交额达到国际市场的 3% 到 5% 的份额，届时国内银行间利率期权日均成交金额将达到 31.7 亿美元到 52.8 亿美元，与届时国内利率互换日均成交金额比例将在 4% 左右，与国际市场接近 6% 相应比例仍有一定的距离，达到还是有较高的可能性。

64.11.2 2020 年国内人民币利率、股指和外汇场内衍生产品规模估算

上文研究结果表明，到 2020 年人民币国际化水平应该排名全球第四上下，届时人民币可自由应用和资本项目可兑换程度会比 2015 年更加显著提高，境内外人民币交易所利率期货和期权，股票指数期货和期权以及外汇期货和期权的成交金额与国内 GDP 比重应该与世界水平相当。假设到 2020 年，国内股票指数期货成交金额、股票指数期权成交金额、利率期货成交金额和利率期权、外汇期货和期权的成交金额与国内 GDP 比例分别达到 2014 年国际水平 200.66%、191.70%、1639.18%、433.30%、37.32% 和 3.97%（根据国际清算银行网站公布的 2014 年期货和期权年度成交金额除以国际货币基金组织 2015 年 10 月公布的 2014 年全球 GDP 得出）的 10% 到 100%，那么我们根据国际货币基金组织 2015 年 10 月公布的对我国 2020 年国内生产总值估值 18.06 万亿美元的估算数据估算出 2020 年我国全球股票指数期货、股指期权、利率期货和期权年度成交金额，结果如表 64 - 5 所示。

表 64 - 5　　　2020 年国内股票指数期货和期权、利率期货和期权及外汇期货和期权年度成交金额估算规模

单位：万亿美元，%

达到 2014 年国际比例的可能程度	10.0	20.0	30.0	40.0	50.0	60.0	70.0	80.0	90.0	100.0
股指期货成交金额	3.6	7.2	10.9	14.5	18.1	21.7	25.4	29.0	32.6	36.2
股指期权成交金额	3.5	6.9	10.4	13.8	17.3	20.8	24.2	27.7	31.2	34.6
股指期货和期权	7.1	14.2	21.3	28.3	35.4	42.5	49.6	56.7	63.8	70.9
利率期货成交金额	29.6	59.2	88.8	118.4	148.0	177.6	207.2	236.8	266.4	296.0

续表

达到 2014 年国际比例的可能程度	10.0	20.0	30.0	40.0	50.0	60.0	70.0	80.0	90.0	100.0
利率期权成交金额	7.8	15.7	23.5	31.3	39.1	47.0	54.8	62.6	70.4	78.3
利率期货和期权	37.4	74.9	112.3	149.7	187.1	224.6	262.0	299.4	336.9	374.3
外汇期货成交金额	0.67	1.35	2.02	2.70	3.37	4.04	4.72	5.39	6.07	6.74
外汇期权成交金额	0.07	0.14	0.22	0.29	0.36	0.43	0.50	0.57	0.65	0.72
外汇期货和期权	0.75	1.49	2.24	2.98	3.73	4.47	5.22	5.97	6.71	7.46
期货期权	45.3	90.5	135.8	181.0	226.3	271.6	316.8	362.1	407.3	452.6

数据来源：国内 GDP 数据来自国际货币基金组织 2015 年 10 月公布的对 2020 年我国 GDP 的估算数据 18.06 万亿美元；2020 年我国股指期货、股指期权、利率期货、利率期权、外汇期货和外汇期权成交金额按照 2014 年全球市场年度成交金额与世界 GDP 比例 200.66%、191.70%、1639.18%、433.30%、37.32% 和 3.97% 和 2020 年国内 GDP 估值 18.06 万亿美元计算得出。

64.11.2.1 2020 年我国股指期货和期权成交金额估算结果

利用表 31-23 给出的 2012 年到 2014 年国内股指期货年度成交金额和国家统计局提供的国内 GDP 数据，我们可以计算出 2012 年到 2014 年，国内股指期货与国内 GDP 比例分别为 146.0%、247.6% 和 255.0%，超过表 31-20 给出的 1994 年到 2014 年任何一年的全球股指期货与 GDP 比例，表明国内股指期货成交金额与显示国内股指期货确实投机性过高，推出后几年成交金额与 GDP 比例就超过了世界平均水平。然而表 31-23 显示，2015 年 8 月到 9 月，国内股指期货成交金额从 51.1 万亿元跌落到了 2.4 万亿元，2015 年 10 月到 12 月，又跌落到了不到 1 万亿元人民币的低位。以美元 1 万亿元人民币估算，2016 年国内股指期货成交金额与国内 GDP 比例应该不到 20%。假设到 2020 年，国内股指期货成交金额与国内 GDP 比例回升到 60% 上下的水平，那么到 2020 年国内股指期货成交金额会达到 21.7 万亿美元左右。

虽然国内股指期权尚未正式推出，而第 35 章显示 2015 年 2 月 9 日上海证券交易所推出了 50ETF 期权，为国内首只股指期权的推出奠定了一定的基础。图 35-21 显示，50ETF 期权的成交金额较低，占国内生产总值比重也接近零。表 64-5 显示，如果到 2020 年国内股指期权成交金额占国内 GDP 比例达到 2014 年国际比例 191.7% 的 6 成左右，那么到 2020 年国内股指期权年成交金额会达到 20.8 万亿美元上下的水平，2020 年国内股指期货和期权总成交金额会超过 42.5 万亿美元。

64.11.2.2 2020 年国内利率期货和期权成交金额估算结果

表 34-10 给出的数据显示，2014 年我国国债期货成交金额仅为 6797.8 亿美元，与同年我国 GDP 63.6139 万亿元的比例仅为 1.07%。假设到 2020 年国内

利率期货成交金额与国内 GDP 比例仅达到 2014 年全球比例 1639.18% 的 10%，那么届时国内人民币利率期货年成交金额也会高达 29.6 万亿美元，高于国内股指期货的成交金额。2015 年前三个季度国内利率互换同比增长皆超过 100% 的高速增长显示，随着国内利率市场化的接近尾声，允许银行业进入利率期货市场进行利率风险管理和对冲，到 2020 年国内利率期货成交金额与国内 GDP 的比例很有可能达到 2014 年国际比例 1639.18% 的五成到六成，那么届时国内利率期货成交金额会分别达到 148.0 万亿美元到 177.6 万亿美元，显示国内利率风险管理的巨大需求和利率期货市场发展的巨大潜力。

虽然国内利率期权至今仍未推出，但是表 13-2 给出的数据显示，1995 年到 2014 年全球交易所利率期权成交金额占全球交易所期权总成交金额平均比重高达 78.2%，显示利率期权在全球利率风险管理中的重要地位及在全球期权市场的重要性。我国利率市场化接近尾声，银行等金融机构利率风险管理的需求将显著提高，对利率期权的需求将必不可少。由于利率期权有利率期货缺乏的特征和功能，利率期权在利率风险管理方面也有利率期货难以发挥的作用。因此，相信国内利率期权会在今后几年内适时推出。表 64-5 显示，即使到 2020 年国内利率期权成交金额与国内 GDP 比例达到 2014 年国际比例 433.3% 的一成到两成，那么届时国内利率期权成交金额也会达到 7.8 万亿美元到 15.7 万亿美元；如果到 2020 年国内利率期权成交金额与国内 GDP 比例达到 2014 年国际比例 433.3% 的五到六成，那么届时国内利率期权成交金额也会高达 39.1 万亿美元到 47 万亿美元，显示国内利率期权市场巨大的潜力。

64.11.2.3 2020 年我国外汇期货成交金额估算结果

到目前国内人民币外汇期货和交易所人民币外汇期权仍未推出，仍然处于缺位的状态。表 63-3 给出的近年来国内外汇掉期和外汇期权市场高速显著增长的态势表明，国内人民币外汇风险管理的意识在提高的同时，外汇风险管理的需求也在提高。随着国内人民币汇率形成机制的进一步完善，人民币兑美元汇率波动性会进一步扩大，国内银行间人民币外汇远期、掉期、货币掉期和期权的增长速度也会提高，国内对交易所人民币期货和期权的需求将随之增大。第 40 章在介绍境外多个人民币外汇期货近年来发展的基础上讨论了国内人民币外汇期货推出的必要性，这里不再重复。表 64-5 显示，如果到 2020 年国内人民币外汇期货成交金额与国内 GDP 比例分别达 2014 年国际市场相应比例 37.32% 的一成到三成，那么届时国内人民币外汇期货的成交金额会分别达到 0.67 万亿美元和 2.02 万亿美元，分别相当于根据表 64-1 和表 64-2 估算出的 2020 年国内银行间外汇远期市场成交金额 4.74 万亿美元（假设到 2020 年人民币国际化达到第四的排名和届时境外人民币市场日均成交金额与国内市场日均成交金额比例为 2.5 倍）的 14.2% 和 42.7%，对国内人民币外汇市场的发展将产生一定的推动作用。

表 64 - 3 显示，国内银行间人民币外汇期权自 2011 年推出以来保持了持续快速的增长，2015 年国内银行间人民币外汇成交金额占外汇市场总成交金额比重达到了 2.56%，显示国内银行间外汇期权经过几年的普及和推广已经有了一些基础。如果今后几年国内交易所推出人民币外汇期权，也会有可观的市场流动性。如果到 2020 年国内交易所人民币外汇期权成交金额与国内 GDP 比例分别达到 2014 年国际相应比例 3.97% 的一到四成，那么到 2020 年国内人民币外汇期权的成交金额会分别达到 0.07 万亿美元和 0.29 万亿美元，分别相当于根据表64 - 1 和表 64 - 2 估算出的 2020 年国内银行间外汇期权市场成交金额 2.53 万亿美元（假设到 2020 年人民币国际化达到第四的排名和届时境外人民币市场日均成交金额与国内市场日均成交金额比例为 2.5 倍）的 2.8% 和 5.2%，对国内人民币外汇市场的发展将产生一些的推动作用。

64.11.3　2020 年国内人民币衍生产品潜在规模总结

人民币国际化要求人民币利率和汇率市场化要逐步达到接近完全的程度，而利率和汇率市场化的加深将释放利率和汇率两大市场风险，必然导致国内债券市场和外汇市场的活跃；同时也加大利率和汇率市场风险，进而导致市场对利率和汇率市场风险管理的需求。2015 年国内利率互换和外汇掉期成交金额分别比 2014 年成交金额增长了 103.0% 和 88.5% 的多年来少见的高速增长表明，国内利率和汇率市场化加速带来的市场风险管理需求的初步释放，今后这些市场还可能迎来更快的增长。第五篇总结中的表 1 显示，2013 年国内外汇掉期和利率互换日均成交金额占全球的比重分别仅为 0.56% 和 0.12%，离当年我国国内生产总值 12.6% 还有数量级的差距；表 64 - 4 显示，到 2020 年我国利率互换和远期利率协议的利率风险管理工具在国内有着巨大的增长潜力；表 64 - 5 显示，与利率互换远期利率协议两个银行间主要利率风险管理工具相应的利率期货和利率期权今后 5 年在国内交易所市场有着更大的增长空间；除这些场内外利率风险管理工具外，国内股指期权缺位的状态过几年也会为市场风险管理的需求而推出，在国内股票市场发挥其应有的作用。

64.12　国际货币基金组织对跨境资金流动的监控态度

64.12.1　国际组织监管态度的可喜转变

传统国际金融理论认为对跨境资金流动的管控会扭曲资本在全球范围内配

置效率，因此不仅不应该鼓励，还应该禁止。然而20世纪90年代以来众多新兴经济体遭受国际金融危机冲击的事例说明资本项目自由化并未对经济和金融体系的稳定提供支持，而且实证研究也难以找到资本项目自由化与经济增长之间密切的互动性。直到最近，传统金融理论仍然主导着国际金融监管体系，发展中国家对资本流动的任何管控举措经常轻则被批评为不必要，重则常被扣上金融保护主义的帽子。

国际货币基金组织（IMF）被授权对国际金融体系的稳定负有责任。亚洲金融危机爆发前后，IMF解救各个成员国经常附加的前提条件是要求被解救国家放开资本管制，促进资本自由流动，进行体制改革从而促进贸易自由。这些做法多年来受到广泛的批评，尽管如此，IMF的态度和做法并没有显著改变。2008年国际金融危机爆发以来，国际社会指出IMF在国际金融危机爆发前没有对国际金融危机爆发提出任何预警，从而对其功能的发挥提出诸多质疑。因此，IMF组织了一系列相关研究，并从2010年年底以来先后公开相关研究成果，为后来出台对跨境资金的流动管控做法提供支持和建议。2011年4月5日，IMF正式公布了该组织对管理资本流动态度的转变并提出了适用不同国家和地区的政策工具的建议。这一明显的转变对国际经济、贸易和金融体系的稳定会发挥一些作用。

64.12.2 国际货币基金组织"管理跨境资金流动"框架意见书的主要内容和主要政策建议

长达97页的实证研究报告《近年来管理跨境资金流动的经验——相关议题和潜在政策框架》中（IMF，2011a），IMF通过对二十年来对除中国外几十个全球主要新兴市场跨境资金流动对流入国经济和金融市场的影响和冲击研究的基础上得出对跨境资金管控的主要思路和政策建议。跨境资金的流入会首先推动流入国家或地区投资和经济的增长，进而促进流入国外汇储备的增长、货币的升值、物价的增长，同时跨境资金的撤离会对流入国经济和金融体系稳定带来不同程度的冲击，严重的会达到产生危机的后果。

IMF公布的《管理跨境资金流动——采用哪些工具》报告，对管控跨境资金流动提供了审慎监管和资本控制两大类型的政策性措施。审慎监管措施的目的是提高金融机构承受更大风险的能力，或者为金融机构承担额外风险设定上限。审慎监管措施可以分为外汇相关审慎监管和其他审慎监管措施，前者主要是针对境内银行业。外汇审慎监管措施主要是对不同货币区别对待，而不是对交易涉及双方在哪个国家采取措施。常用的做法是对银行外币投资净头寸占总资本的比例设限，其他还包括限制银行外币贷款等。其他审慎监管措施的主要目的是降低系统性风险，这些措施包括控制境内金融体系贷款增长率，设定贷款/市值比例上限，对资产和行业贷款集中度过高的领域设置上限和反周期资本要求等。报告涉及了很多其他的措施，这里不再一一介绍，有兴趣的读者可以参考张光平（2015）。

64.12.3　跨境资金监管政策实施措施和资本项目可兑换性的关系

2011 年 4 月 5 日公布的对跨境投机资金管控的指引是第二次世界大战以来此类指引的第一次，具有划时代意义。它首次提出了对跨境投机性资金进行管控的必要性，而且提出了管控的指引和具体政策建议，标志着该组织对跨境投机资金审慎管控的认可和接受。虽然指引和相关附件及研究报告没有直接指出不同的管控措施对资本项目可兑换性的直接影响，但从指引的目的和出发点可以判断，必要的管控措施对可兑换性的影响是可以理解、认可、接受的。由于很多细节问题还需要进一步讨论，指引的实施还需要一定的时间，很多问题日后会更加明了。

64.13　"修渠筑坝建闸"——建立我国跨境资金预警和监测体系

早在 2008 年 5 月国际金融危机还没有爆发之前，时任国务院副总理王岐山就明确指出应该"改进外汇管理方式，完善外汇管理的法律法规，强化对跨境资本流动的监管"（2008 年陆家嘴论坛主题演讲）。国际金融危机期间，资金撤离我国对我国经济产生的冲击表明了监控跨境资金对维护经济和金融体系的稳步发展的重要性。"防范发生系统性区域性金融风险"是"十三五"规划中提出的今后五年我国金融业的一项重要任务。随着人民币跨境业务的进一步推进，我国跨境资金监控的任务和要求会进一步增长。

64.13.1　人民币跨境贸易结算和直接投资启动进一步增加了跨境资金流动性监控的难度

人民币贸易结算和人民币境外投资启动后，跨境资金流动又多了新的渠道，增加了跨境资金监管的难度。跨境人民币业务的启动和迅猛增长将人民币也纳入了跨境资金流动的管理，有效区分跨境人民币经常贸易项目交易和资本项目交易，相应项目资金来源等问题变得比监管外币更加困难，监管的难度加大（张大龙，2011）。"绝大多数境外居民获取人民币并存在香港的最主要目的就是赌人民币升值"（王庆，2011），境外人民币储蓄的高速增长加大了今后跨境资金流动监管的难度。长期以来跨境资金流动以外汇及外汇收支作为监管的主要内容。人民币跨境贸易结算和直接投资实施后，"应考虑将长期以来以外汇及外汇收支作为监管内容的外汇管理框架转变为对跨境资金流动的监管，从制度安排、监管设计上将人民币的跨境流动及境外资金负债纳入监管检测体系并作为重要的监管内容（杨小平，2011）。

资本项目每放开一个领域，跨境资金流动也会增加一个渠道，所以如果到时相应地对跨境资金流动的监控没有到位，这种放开的渠道将对未放开的渠道发挥一定的替代作用，降低还未开放的资本项目的管制效果。我们不仅要在这些方面进行深入研究，还要准备好相应的应急措施，从而减少外来因素对我国金融体系和宏观经济的冲击。

64.13.2   国际资金 2003—2007 年大幅度流入美国的启示

跨境资金流动的监管对于像美国这样的发达国家都是相当棘手的问题。2011 年 2 月美联储主席伯南克（2011）在提交给法国召开的 20 国集团会议的一份长达 38 页的研究报告中称，2003 年到 2007 年国际资金大量流入美国购买美国政府债券和按揭证券化证券，导致美国利率下降是美国金融危机爆发的重要原因之一。美国的跨境资金监管尚且出现不到位的情况，对其他国家特别是发展中国家来说，跨境资金流动的监测和监管就显得更加重要。

跨境资金流动的监控体系是一个涉及面相当广泛的系统。在当前积极推进跨境贸易人民币结算之初，对亚洲金融危机爆发至今跨境资金如何流入、流出中国及其流动规模进行深入、系统和扎实的研究显得非常必要。这是因为如果对新的资金流动渠道开通之前的简单情况都做不到心中有数、防范到位，那么在更多的新资金流动渠道开通之后，问题势必更加复杂，防范也一定会更加困难。

2009 年 3 月美国开始实施第一次"量化宽松"到 2014 年 10 月底美国宣布四次量化宽松政策退出，美联储总共给市场注入 3.63 万亿美元的资金，其中大部分流入发展中国家和地区。美联储宣布退出量化宽松政策后，全球几乎所有的货币，特别是发展中国家货币皆兑美元出现了不同程度的可观贬值，表明资金回流美国趋势明显。在美国经济复苏，2015 年 12 月美国加息和 2015 年继续加息的预期下，资金回流美国，特别是加速撤离新兴市场国家。资金撤离新兴市场对新兴市场会产生巨大的影响甚至冲击，对东亚经济和金融市场的影响应该与 1997 年东亚金融危机相似，必须提前防范相应的风险。

64.13.3   建立跨境资金流动监测体系

跨境资金流动渠道繁多、方法各异。有效的监测体系应该对不同渠道流动的情况有及时的反映。我国跨境资金监测体系拟对外币贷款、银行涉外支付、股票市场、股票指数期货、人民币境内外债券市场、贸易信贷、贸易真实度、商品期货、外汇远期结售汇和外汇远期交易、外汇互换、外汇期权、境外人民币无本金交割远期、境外人民币无本金交割期权、境外人民币无本金交割互换、人民币跨境贸易结算、人民币境外投资、反洗钱和地下钱庄等领域进行及时监测，从而及时把握跨境资金的流动情况，为系统和全面分析跨境资金流动提供了基础资料和数据。

64.14　本章总结

人民币国际化不仅对境内外人民币外汇市场的发展，而且对境内外资本市场的深度和广度也同样提出了新的要求。人民币国际化需要人民币利率和汇率市场化程度要逐渐达到完全的程度，同时为了使人民币成为可自由使用也对人民币资本项目开发提出了更高的要求，而资本项目进一步开放使得境内外人民币市场联动和互动更为紧密。人民币利率和汇率市场化的进一步推动在活跃国内外债券和外汇市场的同时，利率和汇率市场风险也将显著释放，境内外人民币利率和汇率市场风险管理的需求也将显著增大，导致境内外人民币利率和汇率衍生产品市场显著活跃。

近年来，人民币国际化程度显著提高，成绩喜人。然而在境外人民币市场快速增长的同时，国内人民币外汇市场的增长率却相对缓慢，未能反映出人民币贸易结算和人民币直接投资等领域快速增长的态势，市场各个部分之间仍然没有较好地协调发展。由于国内人民币外汇市场增速（2010 年到 2014 年国内外汇市场成交金额年均复合增长率仅为 17.6%）仅略高于整个国际外汇市场增速（2010 年到 2013 年全球外汇市场年均复合增长率为 10.4%），导致数年来仅以国内人民币外汇交易占比排名徘徊不前的局面，与近年来推动人民币各项举措及其成就很不相称。可喜的是，2015 年国内人民币外汇市场成交金额比 2014 年增长了 43%，超过 2010 年到 2014 年年均复合增长率 17.6% 一倍以上，境内外人民币市场协调发展有了较好的势头。

货币国际化除了以国家经济和贸易规模作为主要支撑外，货币发行国的外汇市场和资本市场的发达程度决定其货币国际化程度。我国经济今后持续稳步地发展将为人民币国际化奠定更好的基础，经济占世界经济比重的逐渐上升也为人民币成为主要国际货币之一创造了很好的条件。除了宏观条件外，持续完善外汇和资本市场、开发人民币产品、提升市场的交易和运行效率、提升金融机构竞争力和加强金融风险管控等也将是支持人民币国际化的重要组成部分。

人民币利率市场化已经达到了接近收官的程度，利率市场化为外汇远期、掉期和期权等产品有效定价打下了必要的基础。人民币国际化的进程将为"一带一路"战略实施，中国经济进一步走向世界、融入世界打下必要的基础。人民币国际化的过程需要中国对内和对外的经济和金融政策不断地调整和改革，还需逐渐丰富境内外人民币产品并逐步提升市场流动性。要达到与我国经济较为匹配的第三大国际货币的理想地位，我们要做出更大的努力，特别是在活跃国内外汇和资本市场方面。为了保证该进程的持续稳步推进，我们必须做好中长期的战略规划，同时"修渠筑坝建闸"，加强跨境资金流动的监测、监控和监管，在若干年后人民币资本项目实现了完全的自由，这些经过时间验证的"坝"和"闸"将成为我们防范国际风险的重要内容。人民币国际化程度的不断提升诚然需要人民币资本项目不断开放，然而即使少用甚至不用，这些"坝"和"闸"的建设也将是必需的防范建设，不能没有。相信通过各界的共同努力，2016年人民币成为国际货币基金组织的一篮子储备货币之一，向"货币三极"迈出了坚实的一步，国内外人民币外汇和其他市场也将迎来新的发展契机。

境外人民币市场的快速发展将提高境外人民币交易的市场报价与交易能力，也将对国内金融机构产生重要的影响。尽快学习境外市场交易报价和风险管理已是摆在中资金融机构面前的紧迫课题。另外，随着境外人民币市场的快速发展，境外人民币产品也将逐步丰富，而且还会以各种方式流入国内，对国内人民币产品创新提出更高的要求。如果国内金融机构不加速金融创新，特别是产品创新能力，今后多年国内多种人民币产品将依赖境外提供；没有产品研发能力的金融机构只能算作别人产品的代销店或零售点，产品和市场发展的主动性不够，金融服务的重要收益也会送给别人。所以，人民币国际化的快速提升迫切需要国内金融机构加大产品创新的力度，为境内外广大市场参与者提供利率和汇率市场化环境下的新的产品和服务。

根据2015年7月英国外汇市场联席委员会公布的2015年4月伦敦人民币市场日均成交金额430亿美元及该数据比2014年10月增长25%可以推算出2014年10月伦敦人民币外汇市场日均成交金额仅为344亿美元，比伦敦金融城公布的2014年下半年伦敦人民币外汇市场日均成交金额553.6亿美元低38.9%！显示伦敦金融城公布的2011年到2014年的境外人民币外汇市场日均成交金额数据有巨大的水分，因此2011年到2014年境外人民币外汇市场的增长幅度应该远比之前公布的低，我们对此应保持清醒的认识。在我们获得2016年12月国际清算银行公布的2016年4月境内外人民币日均成交金额等相关数据后才能对以上判断进一步确认，并对境内外人民币市场的发展有更加准确的认识。

参考文献

[1] 许江山：《从国外经验看中国利率市场化》，载《期货日报》，2011 -

03 - 10。

　　［2］张光平：《人民币国际化和产品创新》（第六版），中国金融出版社，2016。

　　［3］张光平：《奇异期权》，马晓娟等译，机械工业出版社，2014。

　　［4］Chan，Norman T. L.，2014，"Opening Remarks at the Second Hong Kong – Australia RMB Trade and Investment Dialogue"，22 May 2014，Hong Kong Monetary Authority.

　　［5］Federal Reserve Bank of New York，"The Foreign Exchange and Interest Rate Derivatives Markets：Turnover in the United States"，April 2001 to April 2013.

后　记

　　经过了一年多的努力，本书第四版修改和更新工作在致谢中所谢诸多同仁的关心、帮助和支持下终于完成。笔者在略感欣慰之时，却仍有言犹未尽之感。我们尽了最大的努力将近年来境内外人民币衍生产品市场和人民币国际化的相关进展和数据进行了力所能及的更新、修改和分析，但是由于涉及数据广泛，很多已经更新的内容难以达到尽善尽美的程度。最近市场发生的一些情况使我们对今后境内外人民币市场发展和人民币国际化进程的判断有了更贴近实际的认识。这些最新的认识恰是笔者感到言犹未尽的内容。因此，在本书后记里，将这几个问题向读者做最后的说明。

　　一、对 2011 年到 2014 年境外人民币市场高速发展的重新评估

　　对 2011 年到 2014 年境外人民币市场高速发展的态势必须进行重新评估。

　　众所周知，全球外汇市场和银行间市场仅有的统计数据是国际清算银行每三年的调查统计数据。到目前最新的数据是该行 2013 年 12 月公布的 2013 年 4 月全球日均成交数据，下次公布的数据将是 2016 年 12 月公布的 2016 年 4 月的日均数据。由于缺乏 2013 年以来境外人民币市场的可靠数据，我们难以对 2013 年以来境外人民币市场的发展有可靠的把握，进而难以对近年来人民币国际化程度的进展有可靠的把握。虽然缺乏必须的数据，但伦敦金融城从 2012 年开始每半年公布的伦敦人民币市场和伦敦外境外人民币市场主要人民币产品日均成交数据为我们分析和判断境外人民币市场的发展提供了难得的可贵数据。我们在第六篇很多章节和第 61 章分别利用了相关数据，对这些年境外市场的发展有了较为清楚的认识。

　　2015 年 7 月伦敦外汇市场联席常务委员会（The London Foreign Exchange Joint Standing Committee，FXJSC）公布的 2015 年 4 月伦敦人民币市场日均成交金额为 432.2 亿美元（该委员会公布的 430 亿美元应该为其网站公布的准确数据 432.2 亿美元四舍五入的结果），比 2014 年 10 月的日均成交金额增长了 25%。该数据使得我们对伦敦金融城数年来公布的境外人民币市场数据产生了巨大的质疑，进而认识到需要对 2012 年到 2014 年境外人民币市场发展速度做必要的纠正。实际上，伦敦外汇市场联席委员会网站（www.bankofengland.co.uk）公布的 2015 年 4 月伦敦人民币外汇市场日均成交金额 432.2 亿美元包括了伦敦市场人民币无本金交割远期日均成交金额 73.3 亿美元。人民币无本金交割远期实际上是以美元交割的人民币外汇产品，与人民币没有直接的关系，因此不应

区人民币储蓄为 3193.8 亿元比 2015 年 6 月下降了 188.4 亿元人民币，降幅为 5.6%，2016 年第一季度比 2015 年底又下降 1.59% 到 3143.15 亿元，2015 年到 2016 年一季度末累计下降了 7.1%；2015 年底新加坡人民币储蓄为 1890 亿元，比 2015 年 6 月下降了 450 亿元，降幅为 19.2%（实际上，新加坡金融监管局 2015 年 12 月前要求在新加坡金融机构对之前人民币储蓄重新报送，重新公布的 2015 年 6 月新加坡人民币储蓄 2340 亿元比之前公布的 3220 亿元少了 880 亿元）。由于国际货币基金组织 2015 年 8 月评估境外人民币入篮报告应该用的是新加坡金管局之前公布的人民币储蓄数据，因此以新加坡金管局之前公布的 2015 年 6 月底人民币储蓄金额计算，2015 年 12 月新加坡人民币储蓄比 2015 年 6 月下降了 41.3%。这样，2015 年 6 月到 2015 年 12 月，在中国香港、中国台湾和新加坡三个境外最大的人民币储蓄中心，人民币总储蓄从 2015 年 6 月的 1.653 万亿元下降到了 1.359 万亿元人民币，降幅为 17.76%。境外人民币储蓄的显著下降直接导致人民币资产在全球银行体系负债的占比下降，进而导致人民币可自由使用程度的下降。虽然 2016 年 1 月香港和台湾两大人民币中心人民币储蓄比 2015 年底分别回升了 10 亿元和 6.2 亿元人民币，但是回升幅度较低，2016 年 2 月和 3 月两地人民币储蓄重回持续下降的趋势。

再次，境外人民币外汇交易市场也显示出明显的减缓增长态势。根据伦敦外汇联系委员（FXJSC）公布的 2015 年 10 月伦敦外汇市场主要货币外汇日均成交数据，2015 年 10 月伦敦市场人民币日均成交金额为 388.5 亿美元，比 2015 年 4 月日均成交金额 398.9 亿美元略降 2.6%，排名却从 2015 年 4 月的第 17 位提高到了第 7 位。其中，人民币对美元外汇即期日均成交金额从 2015 年 4 月 145.0 亿元提高到了 2015 年 10 月的 180.3 亿美元，排名从第 11 位提高到了第 7 位，同时人民币与美元外汇衍生产品日均成交金额却从 358.9 亿美元下降到了 208.2 亿美元。由于伦敦外汇市场成交金额占全球份额超过四成，伦敦外汇市场数据对全球外汇市场有很好的代表性，因此如上数据显示 2015 年上半年到 2015 年下半年境外人民币外汇市场趋缓趋势明显。虽然 FXJSC 给出的数据仅包括人民币对美元的相关外汇产品，2015 年美元在境内外汇市场高达 94.9% 的份额（表 63 - 1）表明境外市场人民币外汇也应该以美元为主。上述结果应该有较好的代表性。另外，2015 年 8 月境内人民币外汇市场成交金额首次超过 2 万亿美元后出现了两个月的下降，累计降幅达到了 26.6%，2015 年 11 月和 12 月虽然比 10 月连续两个月回升，但 2016 年 1 月到 3 月成交金额进一步分别下降到了 1.59 万亿、1.0 万亿和 1.65 万亿美元，比 2015 年 8 月峰值成交金额 2.07 万亿美元分别下降了 23.2%、51.69% 和 20.29%，表明境内人民币外汇市场成交金额在 2015 年第三季度新汇改后不仅没有持续提高，反而出现了明显的下降势头。

最后，国际货币基金组织 2016 年 3 月发布的 "*SEPARATE IDENTIFICATION OF THE CHINESE RENMINBI IN THE COFER SURVEY*"（IMF 网站：www. imf. org）显示，国际货币基金组织将从 2016 年第四季度才开始将人民币单独纳入季度外汇储备货币构成（Currency Composition of Official Foreign Exchange Reserves，COFER）统计中。这样我们在 2016 年底前将不会获得关于人民币作为国际储备货币的任何官方数据。因此，除第 63 章第 9 节给出的该组织 2015 年 8 月公布的 2014 年人民币国际储备第 7 的排名及相应金额和表 56 - 2 给出的根据 2015 年 6 月人民银行公布的截至 2015 年 4 月底人民币国际储备同样的排名外，我们将难以获得任何关于人民币储备的新数据。虽然没有新的数据，但是人民币储备金额应该在人民币兑美元贬值的环境下难以显著增加的同时，即便下降也会保持高于瑞士法郎储备的金额。所以，表 52 - 2 给出的人民币国际储备资产的国际占比可能会略有下降，但是国际排名第 7 的地位应该不会变化。

上文显示，受美国加息预期等国内外因素的影响，2015 年下半年特别是 2015 年 11 月以来人民币贬值压力显著增加，导致人民币"可自由使用"相关的一系列指标也随之出现了明显的逆转。境外人民币储蓄的下降直接导致以人民币计价的国际银行借贷规模和占比下降；人民币对美元贬值压力的加大，使全球人民币储蓄额和人民币国际债券发行额及存量也和境外人民币存款一样出现了下降；境外人民币市场出现了多年来少见的减缓增长甚至出现了下降。尽管 2016 年 2 月上旬以来人民币兑美元贬值预期程度比 2015 年 12 月到 2016 年 1 月明显减缓，但是仍明显高于 2015 年下半年的平均程度，人民币可自由使用的几个指标仍不易扭转 2015 年下半年以来逆转的趋势。这样到 2016 年 10 月初人民币正式加入国际货币基金组织一篮子货币时人民币可自由使用程度可能还会有所下降。但是，随着国内深化改革的加速，人民币兑美元贬值预期有望进一步减缓，人民币国际化进程将重新步入快速轨道，我们下文还会进一步讨论。

三、2015 年以来跨境资金流动问题严重

第七篇的相关章节显示，跨境资金的流入对我国经济和金融市场的发展产生过积极的推动作用，但是跨境资金的撤离同时也是影响我国经济金融稳定和安全的重要因素，因此必须高度关注。国家外汇管理局的月度数据显示，从 2015 年 6 月到 2016 年 2 月，我国涉外收付款已经保持了连续 8 个月的逆差，而且 2016 年 1 月逆差为 558 亿美元，保持在仅略低于 2015 年 9 月和 2015 年 12 月的两个逆差峰值 704 亿和美元 724 亿美元的高位，2016 年 2 月逆差略下降到了 304 亿美元，显示通过我国金融体系的资金流出额仍保持在较高的水平。资金外流的同时，我国外汇储备总额也从 2015 年 5 月的 3. 711 万亿美元持续下降到了 2016 年 2 月的 3. 2 万亿美元，其中 2015 年第三和第四季度分别下降了 1797. 2 亿和 1837. 6 亿美元，连续创下我国外汇储备季度下降的记录，显示资金外流和我

国外汇储备投资损失都达到了多年来最高的程度。

　　现在仍难以获取全球跨境资金近期的准确数据，但全球外汇储备的变化即可显示资金撤离我国的严重程度。根据国际货币基金组织网站最新数据，2015年7月到9月，我国外汇储备下降额度占全球外汇储备下降额度比例分别高达33.7%、118.3%和52.1%，三个月平均占比为62.3%，远超我国经济和贸易低于两成的世界占比。2015年10月我国外汇储备增额占世界增额比例高达69.1%；2015年11月到2016年1月，我国外汇储备下降额度占全球外汇储备下降额度比例分别高达41.6%、109.8%和154.7%（截至2016年5月5日公布的数据），3个月平均占比高达78.3%，比2015年7月到9月的平均占比62.3%增长了16.0%，显示截至2016年1月的3个月我国外汇储备下降额度占全球外汇储备下降额度的四分之三以上；2016年2月，虽然我国外汇储备降幅缩小到了137.7亿美元，但是全球除我国大陆外其他所有国家和地区外汇储备却增长了781.2亿美元，显示资金撤离我国的情况仍然可观。如上，2015年7月、2015年12月和2016年1月我国外汇储备降额超过全球外汇储备降额100%的数据表明该3个月全球除我国大陆外其他所有国家和地区总外汇储备实际上分别增长141.9亿、100.6亿和341.7亿美元，而该3个月我国外汇储备却平均下降超过1000亿美元；2015年7月到2016年1月的7个月中，全球除我国大陆外所有国家和地区总外汇储备有4个月是增长的，而我国大陆外汇储备有6个月是下降的。这些数据说明，2015年下半年以来，特别是2015年12月到2016年2月，我国大陆已经成为全球资金撤离和外汇储备投资损失的集中地。因此，必须对资金撤离的渠道进行监测和监管，对非法资金流动采取措施坚决打击，对相关违规行为进行遏制。

　　实际上，如上介绍的境外人民币市场的发展、人民币可自由使用度的变化和跨境资金流动三大问题的最新进展都与人民币贬值预期密切相关，而人民币兑美元贬值预期的变化却与中美两国以至世界经贸的走势及国际炒家炒作人民币贬值等因素密切相关。因此，要推动境外人民币市场进一步发展、提高人民币可自由使用度和控制资金外流，最有效的办法莫过于降低人民币贬值预期了。采取措施打击资金撤离的相关非法和违规行为是必然必须的，但是应该在法律法规和合理监管的范围之内，否则对市场机制的完善、对人民币可自由使用度的提高和人民币国际化进程将带来不可忽视的负面作用。

　　在法律法规和监管的合理范围内，监测和防范资金外流不仅对资金撤离有一定的缓解作用，同时更重要的是提高现有的法律法规及监管的严肃性。但是，这些做法都只在治标的层面，只有采取有效措施减缓人民币贬值预期才是治本之举。只有密切跟踪境内外人民币市场变化，及时把握人民币"可自由使用"的参数变化，有效管理人民币贬值预期，如上问题才会相应地有效缓解。相信随着党的十八届三中全会决定和十八届五中全会"创新、协调、绿色、开放、共享"发展理念的切实落实，特别是"进一步转变政府职能"，"建立更加公平更可持续的社会保障制度，实施全民参保计划，实现职工基础养老金全国统筹，划转部分国有资本充实社保基金，全面实施城乡居民大病保险制度"和解决区域性整体贫困等惠民措施的加速落实，将显著拉动消费对经济增长的贡献，我国经济将会真正步入中高速的发展轨道，人民币贬值预期也会随之得到显著减缓，甚至重回适度升值预期，境外人民币市场才会重回较快发展，资金撤离将会减缓甚至重新回流，人民币将成功入篮，而且人民币国际化程度可望会在今后数年达到甚至超过人民币在一篮子货币中的给定比重，达到货币三极目标，成为三大国际货币之一。

张光平

2016 年 5 月 6 日

相关重要网址

国家发改委
National Development and Reforming Commission (NDRC)：
　　　　　　　　　　　　　　http：//www. ndrc. gov. cn/
国有资产监督管理委员会
State – owned Assets Supervision and Administration Commission (SASAC)：
　　　　　　　　　　　　　　http：//www. sasac. gov. cn/
国家统计局
National Bureau of Statistics of China (NBSC)：
　　　　　　　　　　　　　　http：//www. stats. gov. cn/
财政部
Ministry of Finance (MOF)：　　　　http：//www. mof. gov. cn
中国人民银行
People's Bank of China (PBOC)：　　http：//www. pbc. gov. cn/
教育部
Ministry of Education (MOE)：　　　http：//www. moe. edu. cn/
商务部
Ministry of Commerce (MOC)：　　　http：//www. mofcom. gov. cn/
国际计划生育委员会
National Population and Family Planning Commission (NPFPC)：
　　　　　　　　　　　　　　http：//www. npfpc. gov. cn/
中国银行监督管理委员会
China Banking Regulatory Commission (CBRC)：
　　　　　　　　　　　　　　http：//www. cbrc. gov. cn/
中国证券监督管理委员会
China Securities Regulatory Commission (CSRC)：
　　　　　　　　　　　　　　http：//www. csrc. gov. cn/
中国保险监督管理委员会
China Insurance Regulatory Commission (CIRC)：
　　　　　　　　　　　　　　http：//www. circ. gov. cn/

国家外汇管理局
State Administration of Foreign Exchange（SAFE）：

　　　　　　　　　　　　　　　　　　http：//www. safe. gov. cn/

中国海关总署
Customs General Administration（CGAPRC）： http：//www. customs. gov. cn/

中国外汇交易中心
China Foreign Exchange Trade Center（CFETCS）：

　　　　　　　　　　　　　　　　　　http：//www. chinamoney. com. cn/

中国工商银行
Industry and Commercial Bank of China（ICBC）：

　　　　　　　　　　　　　　　　　　http：//www. icbc. com. cn/

中国银行
Bank ofChina（BOC）：　　　　　　　　http：//www. bank – of – china. com/

中国建设银行
China Construction Bank（CCB）：　　　http：//www. ccb. cn/

中国农业银行
Agriculture Bank of China（ABC）：　　http：//www. abchina. com/

国家开发银行
China Development Bank（CDB）：　　　http：//www. cdb. com. cn/

中国进出口银行
The Export – Import Bank of China（EIBC）： http：//www. eximbank. gov. cn/

上海证券交易所
Shanghai Stock Exchange（SSE）：　　　http：//www. sse. com. cn/

深圳证券交易所
Shenzhen Stock Exchange（SZSE）：　　http：//www. szse. com. cn/

上海期货交易所
Shanghai Futures Exchange（SFFE）：　http：//www. shfe. com. cn/

大连商品交易所
Dalian Commodity Exchange（DCE）：　http：//www. dce. com. cn/

郑州商品交易所
Zhengzhou Commodity Exchange（CZCE）： http：//www. czce. com. cn/

人民网（英文版）
People's Daily：　　　　　　　　　　　http：//english. peopledaily. com. cn/

中国日报
China Daily：　　　　　　　　　　　　http：//www. chinadaily. com. cn/

香港金融管理局

The Hong Kong Monetary Authority（HKMA）:http：//www. info. gov. hk/hkma/

新加坡金融监管局

Monetary Authority of Singapore（MAS）：　　　http：//www. mas. gov. sg

国际货币基金组织

International Monetary Fund（IMF）：　　　http：//www. imf. org/

亚洲基础设施投资银行

Asian Infrastructure Investment Bank（AIIB）: huup：//www. aiib. cn

国际清算银行

Bank for International Settlements（BIS）：　　　http：//www. bis. org/

世界贸易组织

World Trade Organization（WTO）：　　　http：//www. wto. org/

世界交易所联盟

World Federation of Exchanges（WFE）：　　　http：//www. world – exchanges. org/

证券及期货事务监察委员会

Hong Kong Securities and Futures Commission（HKSFC）：

　　　　　http：//www. hksfc. org/

香港金融研究中心

Hong Kong Institute for Monetary Research（HKIMR）：

　　　　　https：//www. hkimr. org/

环球同业银行金融电讯协会

The global provider of secure financial messaging services（SWIFT）：

　　　　　http：//www. swift. com/

伦敦金融城

City ofLundon：　　　http：//ww. cityoflondon. gov. uk/

证券业和金融市场协会

Securities Industry and Financial Markets Association（SIFMA）：

http：//en. wikipedia. org/wiki/Securities_ Industry _ and _ Financial _ Markets _ Association

美国国家统计局

U. S. Census Bureau：　　　http：//www. census. gov/foreign – trade

美国财政部

The U. S. Department of Treasury：　　　http：//www. fms. treas. gov

美国劳工部劳工数据局

Bureau of Labor Statistics（BLS）：　　　http：//www. bls. gov

美国经济分析局

U. S. Bureau of Economic Analysis（BEA）：

http：//www. markosweb. com/www/bea. doc. gov/

美国联邦储备银行

Board of Governors of the Federal Reserve System：

http：//www. federalreserve. gov/

纽约联邦储备银行

Federal Reserve Bank ofNew York：　　　http：//www. newyorkfed. org/

欧洲证券和市场监管局

European Securities and Markets Authority（ESMA）：

http：//www. esma. europa. eu/

欧洲央行

European Central Bank（ECB）：

http：//www. ecb. europa. eu/home/html/index. en. html

英格兰银行

Bank of England：　　　　　　　http：//www. bankofengland. co. uk

伦敦外汇联席常务委员会

The London Foreign Exchange Joint Standing Committee（FXJSC）：

http：//bankofengland. co. uk /markets/ /Pages/forex/fxjsc

日本银行

Bank of Japan（BOJ）：　　　　　　　http：//www. boj. or. jp/

东京外汇市场委员会

Tokyo Foreign Exchange Market Committee：　http：//www. fxcomtky. com/

财经杂志

Caijing：　　　　　　　　　http：//www. caijing. com. cn/

亚洲银行家

The Asian Banker：　　　　　　http：//www. theasianbanker. com/

亚洲银行家人民币中心

Renminbi andCNY Center：

http：//transactionbanking. theasianbanker. com/renminbi － center/

芝加哥商业交易所

Chicago Mercantile Exchange（CME）：　　http：//www. cme. com/

巴西期货交易所

Brazil Mercantile & Futures Exchange（BM&F）：

http：//www. bmf. com. br/

费城证券交易所
Philadelphia Stock Exchange（PHLX）：　　　http：//www. phlx. com/
特拉维夫证券交易所
The Tel – AVIV Stock Exchange（TASE）：　　http：//www. tase. co. il/
泛欧证券交易所
The Pan – European Exchange（Euronext）：　　http：//www. euronext. com/
标准普尔网站
Standard & Poor's：　　　　　　　　　　　　http：//www. standardandpoors. com/

参考文献

［1］范力民：《约束人民币香港套利行为》，载《财经国家周刊》，2011（4）（总第 31 期）。

［2］高国华：《银行间市场人民币外汇衍生产品交易活跃》，载《金融时报》，2011－06－11。

［3］何帆：《人民币国际化的现实选择》，载《国际经济评论》，2009 年 7～8 月。

［4］福本智之：2012，《人民币国际化尚需时日》，载《东洋经济》，2012 年 4 月 21 日。

［5］李东平（张光平）：《近年中国贸易顺差虚假程度及其对货币政策的影响简析》，载《国际经济评论》，2008（3）。

［6］李建军：《人民币跨境贸易结算额还能大增吗?》，载《上海证券报》，2011－03－07。

［7］李婧，2009 年，《人民币区域化对中国经济的影响与对策》，中国金融出版社，P57－58。

［8］李瑶：《非国际货币、货币国际化与资本项目可兑换》，载《金融研究》，2003（8）。

［9］李增新：《人民币国际化是长过程——专访 IMF 总裁特别助理朱民》，载《新世纪周刊》，2011－02－14。

［10］刘鹤：《"十二五"规划掹建议业的基本逻辑》，载《中国改革》，2011（6）（总第 331 期）。

［11］罗布特·米肯尼，刘健恒，2013，《人民币的崛起——国际地位及影响》，中信出版社。

［12］刘明志：《金融国际化——理论、经验和政策》，北京，中国金融出版社，2008。

［13］刘湘宁：《流动性新启示：跨境贸易人民币结算与外汇占比"被增长"》，证券研究报告，宏观研究/专题报告，华泰联合证券，2010－12－21。

［14］刘遵义，Lawrence Lau：《东亚新兴工业化国家经济增长的源泉》，1993。

［15］刘遵义，Lawrence Lau：《东亚是否是一新的墨西哥》，1995。

［16］陆婷，2014，"人民币国际化不可忽视贸易计价"，中国社会科学院世

界经济与政治研究所国际金融研究中心，2014 年 7 月 7 日，人民币国际化专题 No. 2014 – 08。

[17] McKay, Huw:《东京为何最终未能取得一线国际金融中心地位：失败原因与上海可借鉴的经验教训》，Westpac Bank，Australia，2013，潘英丽、胡永泰、杰弗里·萨克斯、钱军辉主编：《十字路口的金融体系：国际经验与中国选择》。

[18] 邵伟:《我国信用风险缓释市场亟待创新》，载《上海金融报》，2011 – 06 – 03。

[19] 沈建光:《人民币加入 SDR 提升中国金融话语权》，载《上海证券报》，2015 年 10 月 4 日。

[20] 沈建光:《亚洲金融危机对当下的三点启示》，载《金融时报》中文网，2016 年 1 月，http：//www. ftchinese. com/story/001065917？full = y。

[21] 时文朝:《关于信用风险缓释工具的若干问题》，载《金融时报》，2011 – 01 – 15。

[22] 时文朝:《稳步推动信用风险缓释工具创新与发展》，时文朝秘书长在"信用风险缓释工具座谈会冶上的致辞，中国银行间市场交易商协会官方网站（www. nafmii. org. cn）。

[23] 唐旭，梁猛:《中国贸易顺差中是否有热钱，有多少?》，载《金融研究》，2007（9）（总第 327 期）。

[24] 王华庆:《国际货币体系和人民币国际化》，载《复旦学报》，2010（1）。

[25] 王洛林，余永定和李薇:《香港股灾发展过程中金融产品发挥的作用》，载《国际经济评论》，1998 年第 3 ~ 4 期。

[26] 王瑞，王紫雾:《离岸人民币基金试水》，载《新世纪周刊》，2011 – 02 – 14。

[27] 王宇鹏等:2015，《金融发展与宏观经济波动——来自世界 214 个国家的经验证据》，载《国际金融观察》，2015 – 2。

[28] 王庆:《"池子论"与人民币国际化》，载《财经》杂志，2011（7）。

[29] 王志浩:《中国贸易：百慕大三角洲，计算方法问题，还是外汇流入?》，渣打银行，近期动态 – 亚洲，2006 – 04 – 20。

[30] 王成基:《从人民币和港币一体化看人民币国际化》，清华大学经济学硕士学位论文，2012。

[31] 王永中，2011，《中国外汇储备的构成、收益与风险》，载《国际金融研究》，2011（1），第 44 页到 52 页。

[32] 魏昊，戴金平，靳晓婷:《货币国际化测度、决定因素与人民币国际化对策》，载《贵州社会科学》，2010（9）（总 249 期）。

［33］许晟：《让人民币在岸和离岸两市场尽可能一致》，载《第一财经日报》，2011－01－27。

［34］吴念鲁、陈全庚，《人民币汇率研究》，2002。

［35］吴晓灵：《中国改革开放 30 年中的利率改革》，新浪财经，2008－12－24。

［36］徐滇庆：《房价与泡沫经济》，北京，机械工业出版社，2006。

［37］徐永：《尴尬零成交摇信用缓释工具等待正名》，载《21 世纪经济报道》，2011－06－17。

［38］易纲：《加快外汇管理理念和方式转变摇深化外汇管理体制改革》，人民银行网站，2011－01－18。

［39］易纲：《中国改革开放三十年的利率市场化进程》，载《金融研究》，2009（1）。

［40］余永定：《关于人民币国际化若干看法》，上海发展研究基金会演讲报告，www. sdrf. org. cn/09. 05. 13yuyongding. htm，2009。

［41］余永定：《行政推动人民币国际化是拔苗助长》，载《环球经济评论》，《第一财经日报》，2011－07－04。

［42］袁明洁：2013，《对东亚金融危机的再认识》，上海财经大学，载《合作经济与科技》。

［43］叶永刚、李源海，2001，《远期结售汇——人民币兑外汇远期汇率研究》，武汉大学出版社。

［44］张大龙：《推动跨境贸易人民币结算业务发展》，载《上海金融报》，2011－03－11。

［45］张斌：《次序颠倒的人民币国际化进程》，载《第一财经日报》，2011－06－28。

［46］张光平：《巴林倒逼与金融衍生工具》，上海，上海人民币出版社，1996。

［47］张光平：《人民币衍生产品》（第二版），北京，中国金融出版社，2008。

［48］张光平：《人民币产品创新》，北京，中国金融出版社，2010。

［49］张光平：《人民币产品创新》（第二版），北京，中国金融出版社，2011。

［50］张光平：《人民币衍生产品》（第三版），北京，中国金融出版社，2012。

［51］张光平：《人民币国际化和产品创新》（第五版），北京，中国金融出版社，2014。

［52］张光平，2014，《奇异期权》，马晓娟等译，中国机械出版社。

［53］张光平，2015，"我国虚假贸易和跨境资金流动探讨和估算"，金融论坛，2015 年第 10 期，第 41 – 54 页。

［54］张光平，2015，"贯彻落实"四个全面"的路线图和时间表 – 中国银监会局级干部深入学习习总书记系列重要讲话精神暨建党工作培训班学习总结治，战略与管理，2015 年第 6 期（总第 102 期）。

［55］张光平，《人民币国际化和产品创新》（第六版），北京，中国金融出版社，2016。

［56］张光平，马钧，2015，"货币国际化程度的准确度量"，金融论坛，2015 年第 11 期，第 337 页到第 343 页。

［57］张明，2011，《离岸人民币债券市场将加速扩张》，中国社科院世界经济与政治研究所国际金融研究中心。

［58］张明，2004，《人民币结算为何在美国快速增长?》，中国社科院世界经济与政治研究所国际金融研究中心，2014 年 6 月 25 日，人民币国际化专题 No. 2014 – 07。

［59］郑博宏：《美国五大行回购超 400 亿摇 ARS 危机探金融创新底线》，载《21 世纪经济报道》，2008 – 08 – 19。

［60］中国社会科学院世界经济与政治研究所，国际投资研究室，国家风险评级课题组，《2014 年中国海外投资国家风险评级报告》，2014 年 12 月 1 日。

［61］周小川，2009，《关于改革国际货币体系的思考》，中国人民银行网站，2009 年 3 月 24 日。

［62］Aisen, Ari and Francisco Jose Veiga, 2005, The Political Economy of Seigniorage, IMF Working Paper, Monetary and Financial Systems Department, Prepared by Ari Aisen and Francisco Jose Veigal, Authorized for distribution by David S. Hoelscher, September 2005.

［63］Bailey, M. (1956), "The welfare cost of inflationary finance", Journal of Political Economy 64: 93 – 110.

［64］Bernake, 2011, "Global imbalances – links to economic and financial stability", at the Banque de France Financial Stability Review Launch Event, Paris, 18 February.

［65］Buiter, William H., 2007, Seigniorage, NBER Working Paper Series, Working Paper 12919, http: //www. nber. org/papers/w12919.

［66］Chinn, Menzie, and Jeffrey Frankel, "Why the Euro Will Rival the Dollar", University of Wisconsin and Harvard University.

［67］Click, R. W., 1998, "Seignioragein a cross – section countries", Journal of Money, Credit and Banking 30 (2): 154 –171.

［68］Cliford Chance, 2010, Regulation of OTC derivatives markets: A comparison of EU and US initiatives.

［69］Cohen, Benjamin J. , 1971, The Seignorage gain of an international currency: an empirical test, Quarterly Journal of Economics, 494 –507.

［70］Cookson, Robert, "Battle rages in Hong Kong" s renminbi trade", 2011 年 01 月 24 日, Financial times website: http: //www. ftchinese. com.

［71］"CNH: Eclipsing the NDF Market", DBS Group Research, 4 February, 2013, www. bsrvresearch. com.

［72］"CNH: Singapore and Taiwan style", DBS Group Research, 19 February, 2013, www. bsrvresearch. com.

［73］"CNH: Qianhai to offer CNH Trust Products", DBS Group Research, 16 May 2013, www. bsrvresearch. com.

［74］Dell" Ariccia, Giovanni, Deniz Igan, Luc Laeven: "Credit Booms and Lendings Standards: Evidence from the Subprime Mortgage Market", February 2008.

［75］Eden, Benjamin, 2006, Vanderbilt University and The University of Haifa, Economics, VU station B #351819 2301 Vanderbilt Place, Nashville, TN 37235 – 1819, E –mail: beneden@ Vanderbilt. edu.

［76］Engdahl, William. " Credit Default Swaps the Next Crisis", July 6, 2008. http: //www. financialsense. com/ editorials/engdahl/2008/0606. html.

［77］Ernanke, Ben S. B, Carol Bertaut, Laurie Pounder DeMarco, and Steven Kamin, 2011, "International Capital Flows and the Returns to Safe Assets in the United States, 2003 –2007", Board of Governors of the Federal Reserve System, International Finance Discussion Papers, Number 1014, February 2011.

［78］Feist, Holger, 2001, "The Enlargement of the European Union and the Redistribution of Seigniorage Wealth," CESifo Working Paper Series (Working Paper No. 48) .

［79］Friedman, M. , 1971, "Government Revenue from inflation", Journal of Political Economy, Vol. 79, No. 4, pp. 846 –856.

［80］McCauley, Robert and Michela Scatigna, 2011, "Foreign exchange trading in emerging currencies: more financial, more offshore", Robert. mccauley. bis. org, michela. scatigna@ bis. org, BIS Quarterly Review, March 2011, p. 67 –75.

［81］Frankel, Jeffrey, 2009, "On global currency," Keynote speech for workshop on Exchange Rates: The Global Perspective, sponsored by Bank of Canada and ECB, Frankfurt, June 19.

[82] Goldberg, Linda S. and Cedric Tille, 2010, "Micro, Macro, and Strategic Forces in International Trade Invoicing", Federal Reserve Bank of New York and NBER, Geneva Graduate Institute for International and Development Studies and CEPR, February 18, 2010.

[83] Gourinchas Pierre – Olivier and Helene Rey "From World Banker to World Venture Capitalist: US External Adjustment and The Exorbitant Privilege" NBER WP 11563, August 2005.

[84] Gros, Daniel, 1993, Seigniorage and EMU, The Fiscal Implications of Price Stability and Financial Market Integration, European Journal of Political Economy, 9, pp. 581 – 601.

[85] Gros, Daniel, 2004, "Profiting from the Euro? Seigniorage Gains from Euro Area Accession", Journal of Common Market Studies, Vol. 42, No. 4, pp. 795 – 813, November 2004.

[86] Grubel Herbert G. , 1969, "The Distribution of Seigniorage from International Liquidity Creation" in Robert A. Mundell and Alexander K.

[87] He and McCauley, "Offshore markets for the domestic currency: monetary and financial stability issues", March 2010, US Treasury, Fed Reserve, BIS.

[88] Hui, Daniel, 2010, "The Offshore reminbi – a practical premier on the CNH market," Macro Asian Currencies, HSBC Global Research, 1 December 2010.

[89] Humpage, Owen F. , 2002, "An Incentive – Compatible Suggestion for Seigniorage Sharing with Dollarizing Countries 冶, Policy Discussion Papers

[90] INTERNATIONAL MONETARY FUND, 2010, Review of the Method of Valuation of the SDR, Prepared by the Finance Department, In consultation with the Legal and Other Departments, Approved by Andrew Tweedie, October 26, 2010.

[91] Krugman, Paul, 1984, "The International Role of the Dollar: Theory and Prospect", in John Bilson and Richard Marston (eds.), Exchange Rate Theory and Practice, Chicago: University of Chicago Press, 261 – 278.

[92] Krugman, Paul. "The Myth of Asia" s Miracle", Foreign Affairs, No. 6, 1994.

[93] Ligthart, Jenny E. and Jorge A. da Silva, 2007, "Currency Invoicing in International Trade: A Panel Data Approach", Tilburg University, Cambridge University, This Version: February 2007.

[94] Marty, A. L. , 1976, "A note on the welfare cost of money creation 冶, Journal of Monetary Economics 2: 121 – 124.

[95] Masunaga, Rei: The Deregulation Process of Foreign Exchange Control in

Capital Transactions in Post – war Japan, 1997.

[96] McCauley, Robert, 2011, "Foreign exchange trading in emerging curren-cies: more financial, more offshore", BIS Quarterly Review, March 2011, p. 67 – 75.

[97] McKinnon, Ronald I. , 1969, Private and Official International Money: The Case of the Dollar, Princeton Essays in International Finance No. 74 (Princeton: International Finance Section) .

[98] Mihaljek, Dubravko and Frank Packer, "Derivatives in emerging markets," BIS Quarterly Review, December 2010.

[99] Miyakoshi, Tatsuyoshi, 2008, "Seigniorage Revenue or Consumer Reve-nue? Theoretical and Empirical Evidences", Osaka University, March 2008.

[100] Morrison & Foerster, 2010, " The Dodd – Frank Act: a cheat sheet", ht-tp: //www. mofo. com.

[101] Morrison, Wayne M. and Marc Labonte, "China" s Holdings of U. S. Se-curities: Implications for the U. S. Economy," December 6, 2012, US Congressional Research Service, 7 – 5700, www. crs. gov, RL34314.

[102] Nicolas Winning and William Horobin, "IMF's Strauss – Kahn Wants The Yuan In SDR", DOW JONES NEWSWIRES, February 19, 2011.

[103] Nolivos, Roberto Delhy and Guillermo Vuletin, 2010, "The role of central bank independence on optimal taxation and seigniorage," October, 2010, http: //ss-rn. com/abstract = 1885389.

[104] Novy, Dennis, 2006, "Hedge Your Costs: Exchange Rate Risk and En-dogenous Currency Invoicing," University of Cambridge, 10 July 2006.

[105] Palmer, Roxanne, "Lehman Reportedly To Settle $ 22B Derivatives Claims", LAW360, http: //www. law360. com/topnews/ articles.

[106] Papaioannou, Elias, and Richard Porte, 2008, "Costs and benefits of run-ning an international currency", Economic Papers 348, Economic and Financial af-fairs, European Commission.

[107] Reinhart, Carmen M. and Vincent Reinhart: "From Capital Flow Bonanza to Financial Crash ", University of Maryland, http: //mpra. ub. unimuenchen. de/11866.

[108] Shaede, Ulrike: "Forwards and Futures in Tokugawa – Period Japan: A New Perspective on the Dojima Rice Market", Journal of Banking and Finance, Vol. 13, pp. 487 – 513, 1989.

[109] Sargent, Thomas J. and Neil Wallace, 1981, "Some unpleasant monetarist arithmetic", Federa Reserve Bank of Minneapolis Quarterly Review, 5 (3): pp. 1 – 17.

[110] Shen, Jianguang, 2011, "RMB" s roadmap towards full convertibility," Mizuho Economics Research, April 7, 2011.

[111] Sheng, Liugang, 2010, "Did China Diversify Its Foreign Reserves?" Department of Economics, University of California, Davis, December 18, 2010; http://apps.olin.wustl.edu.

[112] Sinn, H – W., and H. Feist, 1997, "Eurowinners and Eurolosers: The Distribution of Seigniorage Wealth in EMU", European Journal of Political Economy, 13, pp.665 – 689.

[113] Shinji Fukukawa: "Development of the Japanese Big Bang and its Impact", Dentsu Institute for Human Studies, 1997.

[114] Special Report, "The New CNH Market", Standard Chartered Bank, 27 August 2010.

[115] Stevens, Edward J., 1999, "The Euro", Federal Reserve Bank of Cleveland, Economic Commentary (January 1, 1999).

[116] Swoboda, eds., Monetary Problems of the International Economy (Chicago: University of Chicago Press).

No. 4, Federal Reserve Bank of Cleveland.

[117] Taguchi, Hiroo: A Survey on the International Use of the Yen. BIS Working Paper, No. 6. Basle: Bank for International Settlements, July, 1982.

[118] Tavlas, George S. and Yuzuru Ozeki: "The Japanese Yen as an International Currency", IMF Working Paper WP/91/2. Washington, D. C. : International Monetary Fund, January, 1991.

[119] Tavlas, George S. and Yuzuru Ozeki: "The Internationalization of Currencies: An Appraisal of the Japanese Yen", Occasional Paper 90. Washington, D. C. : International Monetary Fund, January, 1992.

[120] Teather, David: "The Woman Who Built Financial 'Weapon of Mass Destruction'", The Guardian, September 20, 2008. Accessed 3 – 17 – 09.

[121] Tett, Gillian: "The Dream Machine: Invention of Credit Derivatives", Financial Times, March 24, 2006. Accessed 3 – 17 – 09.

[122] Thornton, H., 1802, An Enquiry into the Nature and Effects of the Paper Credit of Great Britain.

[123] Triennial Central Bank Survey, Foreign exchange and derivatives market activity in April 2010, Preliminary results, Monetary and Economic Department, September 2010.

[124] Triennial Central Bank Survey, Report on global foreign exchange market

activity in 2010, Monetary and Economic Department, December 2010.

[125] Witte, Mark David, 2006, "Currency Invoicing: The Role of "Herding" and Exchange Rate Volatility," University of North Carolina at Chapel Hill.

[126] Zhang, Peter G., 1995, Baring's Bankruptcy and Financial Derivatives, World Scientific Publishing Ltd.

[127] Zhang, Peter G., 1998, IMF and Asian Financial Crisis, World Scientific Publishing Ltd.

[128] Zhang, Peter G., 1998, Exotic Options – a guide to second generation options (2nd Edition), World Scientific Publishing Ltd.

[129] Zhang, Peter G., 2004, Chinese Yuan Derivative Products, World Scientific Publishing Ltd.

[130] Zhang, Peter G. (Guangping) and Thomas Chan, 2011, Chinese Yuan Internationalization and Financial Products in China, John Wiley & Sons.

[131 IMF: "The Fund's Role Regarding Cross – Border Capital Flows", Prepared by the Strategy, Policy, and Review Department and the Legal Department, in consultation with other Departments, Approved by Reza Moghadam and Sean Hagan, November 15, 2010.

[132] International Monetary Fund, 2010, Review of the Method of Valuation of the SDR, Prepared by the Finance Department, In consultation with the Legal and Other Departments, Approved by Andrew Tweedie, October 26, 2010.

[133] International Monetary Found, 2011, "Criteria for Broadening the SDR Currency Basket" Prepared by the Finance and Strategy, Policy, and Review Departments (In consultation with other departments), Approved by Andrew Tweedie and Reza Moghadam, September 23, 2011, http: //www. imf. org/external/ pp/ppindex. aspx.

[134] IMF, 2011, "Recent Experiences in Managing Capital Inflows—Cross – Cutting Themes and Possible Policy Framework", Prepared by the Strategy, Policy, and Review Department, in consultation with Legal, Monetary and Capital Markets, Research, and other Departments, Approved by Reza Moghadam, February 14, 2011.

[135] IMF, 2011, "Recent Experiences in Managing Capital Inflows—Cross – Cutting Themes and Possible Policy Framework", Prepared by the Strategy, Policy, and Review Department, in consultation with Legal, Monetary and Capital Markets, Research, and other Departments, Approved by Reza Moghadam, February 14, 2011.

[136] International Monetary Found, 2015, " REVIEW OF THE METHOD OF THE VALUATION OF THE SDR – INITIAL CONSIDERATIONS", Electronic copies of IMF Policy Papers, August 3, 2015, http: //www. imf. org/external/pp/ppindex. aspx.